WANDER GARCIA E ANA PAULA GARCIA
COORDENADORES

5ª EDIÇÃO 2021

CONCURSOS DE PROCURADORIAS E ADVOCACIA ESTATAL

3.900
QUESTÕES COMENTADAS

2.737 QUESTÕES IMPRESSAS
1.181 QUESTÕES ON-LINE

COMO PASSAR

2021 © Editora Foco

Coordenador: Wander Garcia
Coordenarora: Ana Paula Dompieri Garcia
Autores: Wander Garcia, Ana Paula Garcia, André Barbieri, André de Carvalho Barros, André Nascimento, Ariane Wady, Arthur Trigueiros, Bruna Vieira , Eduardo Dompieri, Fabiano Melo, Fábio Tavares Sobreira, Felipe Maciel, Fernanda Camargo Penteado, Flávia Moraes Barros, Gabriela Rodrigues, Gustavo Nicolau, Henrique Subi, Hermes Arrais Alencar, Hermes Cramacon, Ivo Shigueru Tomita, José Antonio Apparecido Junior, Luiz Dellore, Luiz Felipe Nobre Braga, Renan Flumian, Roberta Densa, Robinson Barreirinhas, Rodrigo Bordalo, Teresa Melo e Vanessa Trigueiros
Diretor Acadêmico: Leonardo Pereira
Editor: Roberta Densa
Assistente Editorial: Paula Morishita
Revisora Sênior: Georgia Renata Dias
Revisora: Luciana Pimenta
Capa Criação: Leonardo Hermano
Diagramação: Ladislau Lima
Impressão miolo e capa: Gráfica PLENA PRINT

Dados Internacionais de Catalogação na Publicação (CIP) de acordo com ISBD

C735

Como passar em Concursos de Procuradorias e Advocacia Estatal / Ana Carolina Chamon ... [et al.] ; coordenado por Ana Paula Garcia, Wander Garcia. - 5. ed. - Indaiatuba, SP : Editora Foco, 2021.
784 p. ; 17cm x 24cm.

ISBN: 978-65-5515-224-1

1. Metodologia de estudo. 2. Procuradorias. 3. Advocacia Estatal. I. Garcia, Ana Paula. II. Barbieri, André. III. Barros, André de Carvalho. IV. Nascimento, André. V. Wady, Ariane. VI. Trigueiros, Arthur. VII. Vieira, Bruna. VIII. Dompieri, Eduardo. IX. Melo, Fabiano. X. Sobreira, Fábio Tavares. XI. Maciel, Felipe. XII. Penteado, Fernanda Camargo. XIII. Barros, Flávia Moraes. XIV. Rodrigues, Gabriela. XV. Nicolau, Gustavo. XVI. Subi, Henrique. XVII. Alencar, Hermes Arrais. XVIII. Cramacon, Hermes. XIX. Tomita, Ivo Shigueru. XX. Apparecido Junior, José Antonio. XXI. Dellore, Luiz. XXII. Braga, Luiz Felipe Nobre. XXIII. Flumian, Renan. XXIV. Densa, Roberta. XXV. Barreirinhas, Robinson. XXVI. Bordalo, Rodrigo. XXVII. Melo, Teresa. XXVIII. Trigueiros, Vanessa. XXIX. Garcia, Wander. XXX. Título.

2021-548   CDD 001.4   CDU 001.8

Elaborado por Vagner Rodolfo da Silva – CRB-8/9410
Índices para Catálogo Sistemático:
1. Metodologia de estudo 001.4   2. Metodologia de estudo 001.8

DIREITOS AUTORAIS: É proibida a reprodução parcial ou total desta publicação, por qualquer forma ou meio, sem a prévia autorização da Editora FOCO, com exceção do teor das questões de concursos públicos que, por serem atos oficiais, não são protegidas como Direitos Autorais, na forma do Artigo 8º, IV, da Lei 9.610/1998. Referida vedação se estende às características gráficas da obra e sua editoração. A punição para a violação dos Direitos Autorais é crime previsto no Artigo 184 do Código Penal e as sanções civis às violações dos Direitos Autorais estão previstas nos Artigos 101 a 110 da Lei 9.610/1998. Os comentários das questões são de responsabilidade dos autores.

NOTAS DA EDITORA:

Atualizações e erratas: A presente obra é vendida como está, atualizada até a data do seu fechamento, informação que consta na página II do livro. Havendo a publicação de legislação de suma relevância, a editora, de forma discricionária, se empenhará em disponibilizar atualização futura.

Bônus ou Capítulo On-line: Excepcionalmente, algumas obras da editora trazem conteúdo no *on-line*, que é parte integrante do livro, cujo acesso será disponibilizado durante a vigência da edição da obra.

Erratas: A Editora se compromete a disponibilizar no site www.editorafoco.com.br, na seção Atualizações, eventuais erratas por razões de erros técnicos ou de conteúdo. Solicitamos, outrossim, que o leitor faça a gentileza de colaborar com a perfeição da obra, comunicando eventual erro encontrado por meio de mensagem para contato@editorafoco.com.br. O acesso será disponibilizado durante a vigência da edição da obra.

Impresso no Brasil 02.2021   Data de Fechamento 02.2021

2021

Todos os direitos reservados à
Editora Foco Jurídico Ltda.

Avenida Itororó, 348 – Sala 05 – Cidade Nova
CEP 13334-050 – Indaiatuba – SP

E-mail: contato@editorafoco.com.br
www.editorafoco.com.br

Acesse JÁ os conteúdos *ON-LINE*

  ATUALIZAÇÃO em PDF e VÍDEO
para complementar seus estudos*

Acesse o link:
www.editorafoco.com.br/atualizacao

CAPÍTULOS ON-LINE

Acesse o link:
www.editorafoco.com.br/atualizacao

* As atualizações em PDF e Vídeo serão disponibilizadas sempre que houver necessidade, em caso de nova lei ou decisão jurisprudencial relevante.
* Acesso disponível durante a vigência desta edição.

AUTORES

SOBRE OS COORDENADORES

Wander Garcia – @wander_garcia

É Doutor, Mestre e Graduado em Direito pela PUC/SP. É professor universitário e de cursos preparatórios para Concursos e Exame de Ordem, tendo atuado nos cursos LFG e DAMASIO. Neste, foi Diretor Geral de todos os cursos preparatórios e da Faculdade de Direito. Foi diretor da Escola Superior de Direito Público Municipal de São Paulo. É um dos fundadores da Editora Foco, especializada em livros jurídicos e para concursos e exames. É autor *best seller* com mais de 50 livros publicados na qualidade de autor, coautor ou organizador, nas áreas jurídica e de preparação para concursos e exame de ordem. Já vendeu mais de 1,5 milhão de livros, dentre os quais se destacam "Como Passar na OAB", "Como Passar em Concursos Jurídicos", "Exame de Ordem Mapamentalizado" e "Concursos: O Guia Definitivo". É também advogado desde o ano de 2000 e foi procurador do município de São Paulo por mais de 15 anos. É *Coach* Certificado, com sólida formação em *Coaching* pelo IBC e pela *International Association of Coaching*.

Ana Paula Garcia

Procuradora do Estado de São Paulo, Pós-graduada em Direito, Professora do IEDI, Escrevente do Tribunal de Justiça por mais de 10 anos e Assistente Jurídico do Tribunal de Justiça. Autora de diversos livros para OAB e concursos.

SOBRE OS AUTORES

André Barbieri

Mestre em Direito. Professor de Direito Público com mais de dez anos de experiência. Professor em diversos cursos pelo País. Advogado.

André de Carvalho Barros

Mestre em Direito Civil Comparado pela PUC/SP. Professor de Direito Civil e de Direito do Consumidor exclusivo da Rede LFG. Membro do IBDFAM. Advogado.

André Nascimento

Advogado e Especialista em Regulação na Agência Nacional do Petróleo, Gás Natural e Biocombustíveis.Coautor de diversas obras voltadas à preparação para Exames Oficiais e Concursos Públicos. Coautor de livros e artigos acadêmicos. Instrutor de cursos, tendo recebido menção elogiosa pela destacada participação e dedicação na ANP. Graduado em Direito pela Universidade Presbiteriana Mackenzie/SP. Graduando em Geografia pela Universidade de São Paulo. Frequentou diversos cursos de extensão nas áreas de Direito, Regulação, Petróleo e Gás Natural e Administração Pública.

Ariane Wady

Especialista em Direito Processual Civil (PUC-SP). Graduada em Direito pela PUC-SP (2000). Professora de pós-graduação e curso preparatório para concursos - PROORDEM - UNITÁ Educacional e Professora/Tutora de Direito Administrativo e Constitucional - Rede LFG e IOB. Advogada

Arthur Trigueiros

Pós-graduado em Direito. Procurador do Estado de São Paulo. Professor da Rede LFG e do IEDI. Autor de diversas obras de preparação para Concursos Públicos e Exame de Ordem.

Bruna Vieira

Pós-graduada em Direito. Professora do IEDI, PROORDEM, LEGALE, ROBORTELLA e ÊXITO. Professora de Pós-graduação em Instituições de Ensino Superior. Palestrante. Autora de diversas obras de preparação para Concursos Públicos e Exame de Ordem, por diversas editoras. Advogada.

Eduardo Dompieri

Pós-graduado em Direito. Professor do IEDI. Autor de diversas obras de preparação para Concursos Públicos e Exame de Ordem.

Fabiano Melo

Professor de cursos de graduação e pós-graduação em Direito e Administração da PUC-MG. Professor da Rede LFG.

Fábio Tavares Sobreira

Advogado atuante nas áreas de Direito Público. Professor Exclusivo de Direito Constitucional, Educacional e da Saúde da Rede de Ensino LFG, do Grupo Anhanguera Educacional Participações S.A. e do Atualidades do Direito. Pós-Graduado em Direito Público. Especialista em Direito Constitucional, Administrativo, Penal e Processual Civil. Palestrante e Conferencista. Autor de obras jurídicas.

Felipe Maciel (@Felipemaciel)

Pós-graduado em Direito Constitucional pela UFRN. Graduado pela UFRN. Professor Universitário (UFRN e UnP). Professor de Cursos Preparatórios para Exame de Ordem e Concursos Públicos do IEDI. Assessor Jurídico concursado do Município de Natal. Advogado.

Fernanda Camargo Penteado

Professora de Direito Ambiental da Faculdade de Direito do Instituto Machadense de Ensino Superior Machado-MG (FUMESC). Mestre em Desenvolvimento Sustentável e Qualidade de Vida (Unifae)

Flávia Moraes Barros

Procuradora do Município de São Paulo. Mestre em Direito Administrativo pela PUC/SP. Doutora em Direito Administrativo pela USP. Professora de Direito Administrativo.

Gabriela Rodrigues

Pós-Graduada em Direito Civil e Processual Civil pela Escola Paulista de Direito. Professora Universitária e do IEDI Cursos On-line e preparatórios para concursos públicos exame de ordem. Autora de diversas obras jurídicas para concursos públicos e exame de ordem. Advogada.

Gustavo Nicolau (@gustavo_nicolau)

Doutor e Mestre pela Faculdade de Direito da USP. Professor de Direito Civil da Rede LFG/Praetorium. Advogado.

Henrique Subi (@henriquesubi)

Agente da Fiscalização Financeira do Tribunal de Contas do Estado de São Paulo. Mestrando em Direito Político e Econômico pela Universidade Presbiteriana Mackenzie. Especialista em Direito Empresarial pela Fundação Getúlio Vargas e em Direito Tributário pela UNISUL. Professor de cursos preparatórios para concursos desde 2006. Coautor de mais de 20 obras voltadas para concursos, todas pela Editora Foco.

Hermes Arrais Alencar

Procurador Federal. Mestre em Direito Previdenciário pela Pontifícia Universidade Católica de São Paulo. Integrante da Advocacia-Geral da União. Professor de Direito Previdenciário nos principais cursos de Pós Graduação e preparatório para concursos

Hermes Cramacon (@hermescramacon)

Possui graduação em Direito pela Universidade Cidade de São Paulo (2000). Mestrando em Direito da Saúde pela Universidade Santa Cecília. Docente da Universidade Municipal de São Caetano do Sul e professor da Faculdade Tijucussu. Professor de Direito do Trabalho e Direito Processual do Trabalho do IEDI Cursos Online e Escolha Certa Cursos nos cursos preparatórios para Exame de Ordem. Tem experiência na área de Direito, com ênfase em Direito do Trabalho, Direito Processual do Trabalho, Direito Processual Civil e Prática Jurídica.

Ivo Shigueru Tomita

Especialista em Direito Tributário pela PUC/SP – Cogeae. Autor e organizador de obras publicadas pela Editora Foco. Advogado.

José Antonio Apparecido Junior

Procurador do Município de São Paulo. Consultor em Direito Urbanístico. Especialista em Direito Público pela Escola Superior do Ministério Público do Estado de São Paulo. Mestre em Direito Urnabístico pela PUC/SP. Doutorando em Direito do Estado pela USP

Luiz Dellore (@dellore)

Doutor e Mestre em Direito Processual pela USP. Mestre em Direito Constitucional pela PUC/SP. Visiting Scholar na Syracuse Univesity e Cornell

University. Professor do Mackenzie, da FADISP, da Escola Paulista do Direito (EPD), do CPJur e do Saraiva Aprova. Ex-assessor de Ministro do STJ. Membro do IBDP (Instituto Brasileiro de Direito Processual) e do Ceapro (Centro de Estudos Avançados de Processo). Advogado concursado da Caixa Econômica Federal.

(Twitter: @dellore)

Luiz Felipe Nobre Braga

Membro do Ministério Público Federal (Procurador da República). Doutor pela Pontifícia Universidade Católica do Rio de Janeiro. Mestre pela Universidade Federal de Pernambuco. Procurador Regional Eleitoral de Minas Gerais (2010/2012) Professor de Direito Civil e Direito do Consumidor da Escola Superior Dom Helder Câmara (2003/2018). Professor de Teoria Geral do Direito, Direito Civil e Direito do Consumidor da Pontifícia Universidade Católica de Minas Gerais (2002/2006). Professor da Escola Superior do Ministério Público da União. Publicou capítulos de livros em 29 obras coletivas.

Renan Flumian

Mestre em Filosofia do Direito pela Universidad de Alicante. Cursou a Session Annuelle D'enseignement do Institut International des Droits de L'Homme, a Escola de Governo da USP e a Escola de Formação da Sociedade Brasileira de Direito Público. Professor e Coordenador Acadêmico do IEDI. Autor e coordenador de diversas obras de preparação para Concursos Públicos e o Exame de Ordem. Advogado.

Roberta Densa

Doutora em Direitos Difusos e Coletivos. Professora universitária e em cursos preparatórios para concursos públicos e OAB. Autora da obra "Direito do Consumidor", 9ª edição publicada pela Editora Atlas.

Robinson Barreirinhas

Secretário Municipal dos Negócios Jurídicos da Prefeitura de São Paulo. Professor do IEDI. Procurador do Município de São Paulo. Autor e coautor de mais de 20 obras de preparação para concursos e OAB. Ex-Assessor de Ministro do STJ.

Rodrigo Bordalo

Doutor e Mestre em Direito do Estado pela Pontifícia Universidade Católica de São Paulo (PUC-SP). Professor de Direito Público da Universidade Presbiteriana Mackenzie (pós-graduação). Professor de Direito Administrativo e Ambiental do Centro Preparatório Jurídico (CPJUR) e da Escola Brasileira de Direito (EBRADI), entre outros. Procurador do Município de São Paulo, atualmente lotado na Coordenadoria Geral do Consultivo da Procuradoria Geral do Município. Advogado. Palestrante.

Teresa Melo

Procuradora Federal. Mestranda em Direito Público pela UERJ. Assessora de Ministro do Supremo Tribunal Federal. Ex-assessora de Ministro do STJ.

Vanessa Trigueiros

Analista de Promotoria. Assistente Jurídico do Ministério Público do Estado de São Paulo. Graduação em Direto pela PUC-Campinas. Pós-graduada em Direito Processual Civil pela UNISUL. Pós-graduada em Direito Processual Civil e Civil pela UCDB.

SUMÁRIO

AUTORES V

COMO USAR O LIVRO? XIX

1. DIREITO CONSTITUCIONAL www. 1

1. PODER CONSTITUINTE 1
2. TEORIA DA CONSTITUIÇÃO E PRINCÍPIOS FUNDAMENTAIS.............................3
3. HERMENÊUTICA CONSTITUCIONAL E EFICÁCIA DAS NORMAS CONSTITUCIONAIS 9
4. CONTROLE DE CONSTITUCIONALIDADE...13
5. DIREITOS E DEVERES INDIVIDUAIS E COLETIVOS 29
6. DIREITOS SOCIAIS...41
7. NACIONALIDADE..42
8. DIREITOS POLÍTICOS..42
9. ORGANIZAÇÃO DO ESTADO...46
10. ORGANIZAÇÃO DO PODER EXECUTIVO 58
11. ORGANIZAÇÃO DO PODER LEGISLATIVO. PROCESSO LEGISLATIVO..............61
12. DA ORGANIZAÇÃO DO PODER JUDICIÁRIO 69
13. DAS FUNÇÕES ESSENCIAIS À JUSTIÇA 75
14. DEFESA DO ESTADO...76
15. TRIBUTAÇÃO E ORÇAMENTO...77
16. ORDEM ECONÔMICA E FINANCEIRA...80
17. ORDEM SOCIAL 83
18. TEMAS COMBINADOS..86

2. DIREITO ADMINISTRATIVO www. 93

1. REGIME JURÍDICO ADMINISTRATIVO E PRINCÍPIOS DO DIREITO ADMINISTRATIVO..............................93
2. PODERES DA ADMINISTRAÇÃO PÚBLICA 95
3. ATOS ADMINISTRATIVOS 100

www. Acesse o conteúdo on-line. Siga as orientações disponíveis na página III

COMO PASSAR EM CONCURSOS DE PROCURADORIAS E ADVOCACIA ESTATAL

4. ORGANIZAÇÃO ADMINISTRATIVA 113

5. SERVIDORES PÚBLICOS 128

6. IMPROBIDADE ADMINISTRATIVA 137

7. BENS PÚBLICOS...145

8. INTERVENÇÃO DO ESTADO NA PROPRIEDADE 150

9. RESPONSABILIDADE DO ESTADO 160

10. LICITAÇÃO 169

11. CONTRATOS ADMINISTRATIVOS 185

12. SERVIÇOS PÚBLICOS...191

13. CONTROLE DA ADMINISTRAÇÃO PÚBLICA 197

14. LEI DE ACESSO À INFORMAÇÃO...204

3. DIREITO TRIBUTÁRIO www.   205

1. COMPETÊNCIA TRIBUTÁRIA...205

2. PRINCÍPIOS 207

3. IMUNIDADES 212

4. DEFINIÇÃO DE TRIBUTO E ESPÉCIES TRIBUTÁRIAS 214

5. LEGISLAÇÃO TRIBUTÁRIA – FONTES 216

6. VIGÊNCIA, APLICAÇÃO, INTERPRETAÇÃO E INTEGRAÇÃO 217

7. FATO GERADOR E OBRIGAÇÃO TRIBUTÁRIA 219

8. LANÇAMENTO E CRÉDITO TRIBUTÁRIO 221

9. SUJEIÇÃO PASSIVA, CAPACIDADE E DOMICÍLIO...222

10. SUSPENSÃO, EXTINÇÃO E EXCLUSÃO DO CRÉDITO 228

11. IMPOSTOS E CONTRIBUIÇÕES EM ESPÉCIE 233

12. GARANTIAS E PRIVILÉGIOS DO CRÉDITO 248

13. ADMINISTRAÇÃO TRIBUTÁRIA, FISCALIZAÇÃO 251

14. DÍVIDA ATIVA, INSCRIÇÃO, CERTIDÕES 254

15. REPARTIÇÃO DE RECEITAS 255

16. AÇÕES TRIBUTÁRIAS...256

17. MICROEMPRESAS – ME E EMPRESAS DE PEQUENO PORTE – EPP...265

18. CRIMES TRIBUTÁRIOS...266

19. REGIMES ESPECIAIS 266

20. TEMAS COMBINADOS E OUTRAS MATÉRIAS 266

4. DIREITO PROCESSUAL CIVIL — 271

I – PARTE GERAL 271

1. PRINCÍPIOS DO PROCESSO CIVIL 271

2. JURISDIÇÃO E COMPETÊNCIA...272

3. PARTES, PROCURADORES, SUCUMBÊNCIA, MINISTÉRIO PÚBLICO E JUIZ 274

4. PRAZOS PROCESSUAIS E ATOS PROCESSUAIS...276

5. LITISCONSÓRCIO E INTERVENÇÃO DE TERCEIROS...279

6. PRESSUPOSTOS PROCESSUAIS, ELEMENTOS DA AÇÃO E CONDIÇÕES DA AÇÃO................................281

7. FORMAÇÃO, SUSPENSÃO E EXTINÇÃO DO PROCESSO. NULIDADES 281

8. TUTELA PROVISÓRIA..282

II – PROCESSO DE CONHECIMENTO...284

9. PETIÇÃO INICIAL..284

10. CONTESTAÇÃO E REVELIA...286

11. PROVAS..287

12. JULGAMENTO CONFORME O ESTADO DO PROCESSO E PROVIDÊNCIAS PRELIMINARES....................289

13. SENTENÇA, COISA JULGADA E AÇÃO RESCISÓRIA...290

III – CUMPRIMENTO DE SENTENÇA E EXECUÇÃO...292

14. CUMPRIMENTO DE SENTENÇA...292

15. PROCESSO DE EXECUÇÃO 295

16. EXECUÇÃO E CUMPRIMENTO DE SENTENÇA CONTRA A FAZENDA PÚBLICA 296

17. EXECUÇÃO FISCAL...298

IV – RECURSOS 299

18. TEORIA GERAL DOS RECURSOS..299

19. RECURSOS EM ESPÉCIE E OUTROS MEIOS DE IMPUGNAÇÃO 301

20. PROCEDIMENTOS ESPECIAIS PREVISTOS NO CPC...306

21. PROCEDIMENTOS ESPECIAIS PREVISTOS EM LEGISLAÇÃO EXTRAVAGANTE 308

22. PROCESSO COLETIVO 311

23. TEMAS COMBINADOS 314

5. DIREITO CIVIL — 319

1. LINDB..319

2. GERAL..321

3. OBRIGAÇÕES..343

4. CONTRATOS...350

COMO PASSAR EM CONCURSOS DE PROCURADORIAS E ADVOCACIA ESTATAL

5. RESPONSABILIDADE CIVIL 364

6. COISAS 373

7. FAMÍLIA 388

8. SUCESSÕES 390

9. OUTROS TEMAS E TEMAS COMBINADOS 394

6. DIREITO EMPRESARIAL WWW. 403

1. TEORIA GERAL 403

2. DIREITO SOCIETÁRIO 408

3. DIREITO CAMBIÁRIO 418

4. DIREITO CONCURSAL – FALÊNCIA E RECUPERAÇÃO 422

5. SISTEMA FINANCEIRO NACIONAL 426

6. CONTRATOS EMPRESARIAIS 427

7. PROPRIEDADE INDUSTRIAL 429

8. INSTITUIÇÕES FINANCEIRAS 430

9. SISTEMA FINANCEIRO DA HABITAÇÃO 431

10. QUESTÕES COMBINADAS E OUTROS TEMAS 432

7. DIREITO DO TRABALHO WWW. 437

1. INTRODUÇÃO, FONTES E PRINCÍPIOS 437

2. CONTRATO INDIVIDUAL DE TRABALHO E ESPÉCIES DE EMPREGADOS E TRABALHADORES 439

3. CONTRATO DE TRABALHO COM PRAZO DETERMINADO 445

4. TRABALHO DA MULHER E DO MENOR 446

5. ALTERAÇÃO, INTERRUPÇÃO E SUSPENSÃO DO CONTRATO DE TRABALHO 447

6. REMUNERAÇÃO E SALÁRIO 451

7. JORNADA DE TRABALHO 454

8. EXTINÇÃO DO CONTRATO DE TRABALHO 455

9. ESTABILIDADE 461

10. SEGURANÇA E MEDICINA DO TRABALHO 462

11. DIREITO COLETIVO DO TRABALHO 464

12. TEMAS COMBINADOS E FGTS 468

8. DIREITO PROCESSUAL DO TRABALHO WWW. 473

1. PRINCÍPIOS, ORGANIZAÇÃO DA JUSTIÇA DO TRABALHO, COMPETÊNCIA E NULIDADES PROCESSUAIS 473

2. PRESCRIÇÃO 479

3. RESPOSTAS E INSTRUÇÃO PROCESSUAL	480
4. PROCEDIMENTOS E SENTENÇA	483
5. RECURSOS	485
6. EXECUÇÃO TRABALHISTA	490
7. AÇÕES ESPECIAIS	494
8. TEMAS COMBINADOS	495

9. DIREITO FINANCEIRO www. — 501

1. PRINCÍPIOS E NORMAS GERAIS	501
2. LEI DE DIRETRIZES ORÇAMENTÁRIAS – LDO E PLANO PLURIANUAL – PPA	505
3. LEI ORÇAMENTÁRIA ANUAL – LOA	506
4. LEI DE RESPONSABILIDADE FISCAL – LRF	508
5. RECEITAS	512
6. RENÚNCIA DE RECEITA	514
7. DESPESAS	515
8. DESPESAS COM PESSOAL	519
9. EXECUÇÃO ORÇAMENTÁRIA, CRÉDITOS ADICIONAIS	521
10. OPERAÇÕES DE CRÉDITO, DÍVIDA PÚBLICA	523
11. PRECATÓRIOS	525
12. CONTROLE, FISCALIZAÇÃO, TRIBUNAIS DE CONTAS	527
13. OUTROS TEMAS E COMBINADOS	528

10. DIREITO ECONÔMICO — 533

1. PRINCÍPIOS GERAIS DA ATIVIDADE ECONÔMICA	533
2. DIREITO CONCORRENCIAL, LEI ANTITRUSTE	535
3. DIREITO ECONÔMICO INTERNACIONAL	537
4. QUESTÕES COMBINADAS E OUTROS TEMAS	538

11. DIREITO AMBIENTAL www. — 539

1. CONCEITOS BÁSICOS	539
2. PATRIMÔNIO CULTURAL BRASILEIRO	539
3. DIREITO AMBIENTAL CONSTITUCIONAL	540
4. PRINCÍPIOS DO DIREITO AMBIENTAL	545
5. COMPETÊNCIA EM MATÉRIA AMBIENTAL	548
6. LEI DE POLÍTICA NACIONAL DO MEIO AMBIENTE	550

COMO PASSAR EM CONCURSOS DE PROCURADORIAS E ADVOCACIA ESTATAL

7. INSTRUMENTOS DA POLÍTICA NACIONAL DO MEIO AMBIENTE 553

8. PROTEÇÃO DA FAUNA E FLORA. CÓDIGO FLORESTAL 563

9. RESPONSABILIDADE CIVIL AMBIENTAL...567

10. RESPONSABILIDADE ADMINISTRATIVA AMBIENTAL..572

11. RESPONSABILIDADE PENAL AMBIENTAL 573

12. TEMAS COMBINADOS E OUTROS TEMAS...576

12. DIREITO URBANÍSTICO | 587

1. ESTATUTO DA CIDADE..587

2. QUESTÕES COMBINADAS..592

13. DIREITO DO CONSUMIDOR | 597

1. CONCEITO DE CONSUMIDOR E RELAÇÃO DE CONSUMO..597

2. PRINCÍPIOS E DIREITOS BÁSICOS 598

3. RESPONSABILIDADE PELO FATO DO PRODUTO OU DO SERVIÇO E PRESCRIÇÃO 601

4. RESPONSABILIDADE POR VÍCIO DO PRODUTO OU DO SERVIÇO E DECADÊNCIA...................601

5. DESCONSIDERAÇÃO DA PERSONALIDADE JURÍDICA. RESPONSABILIDADE EM CASO DE GRUPO DE EMPRESAS 602

6. PRÁTICAS COMERCIAIS..602

7. PROTEÇÃO CONTRATUAL 604

8. RESPONSABILIDADE ADMINISTRATIVA 605

9. SNDC..606

10. DEFESA DO CONSUMIDOR EM JUÍZO 607

11. OUTROS TEMAS...608

14. DIREITO PREVIDENCIÁRIO | 609

1. PRINCÍPIOS E NORMAS GERAIS...609

2. CUSTEIO E CONTRIBUIÇÕES SOCIAIS...611

3. SEGURADOS E DEPENDENTES 613

4. BENEFÍCIOS...614

5. SERVIDORES PÚBLICOS 619

6. PREVIDÊNCIA PRIVADA COMPLEMENTAR 628

7. ACIDENTES, DOENÇAS DO TRABALHO 629

8. AÇÕES PREVIDENCIÁRIAS 630

9. ASSISTÊNCIA SOCIAL E SAÚDE 630

10. OUTROS TEMAS E MATÉRIAS COMBINADAS...631

15. DIREITO PENAL www. 635

1. PRINCÍPIOS 635

2. APLICAÇÃO DA LEI PENAL 636

3. CONCEITO E CLASSIFICAÇÃO DOS CRIMES 638

4. FATO TÍPICO E TIPO PENAL 638

5. CRIMES DOLOSOS, CULPOSOS E PRETERDOLOSOS 638

6. TENTATIVA, CONSUMAÇÃO, DESISTÊNCIA, ARREPENDIMENTO E CRIME IMPOSSÍVEL 639

7. ANTIJURIDICIDADE E CAUSAS EXCLUDENTES 640

8. CONCURSO DE PESSOAS 641

9. CULPABILIDADE E CAUSAS EXCLUDENTES 643

10. PENAS E SEUS EFEITOS 644

11. APLICAÇÃO DA PENA 645

12. *SURSIS* E EFEITOS DA CONDENAÇÃO 646

13. AÇÃO PENAL 648

14. EXTINÇÃO DA PUNIBILIDADE EM GERAL 648

15. PRESCRIÇÃO 649

16. CRIMES CONTRA A PESSOA 649

17. CRIMES CONTRA O PATRIMÔNIO 650

18. CRIMES CONTRA A FÉ PÚBLICA 650

19. CRIMES CONTRA A ADMINISTRAÇÃO PÚBLICA 654

20. CRIMES CONTRA O MEIO AMBIENTE 660

21. CRIMES CONTRA A ORDEM TRIBUTÁRIA, ECONÔMICA E CONTRA AS RELAÇÕES DE CONSUMO 661

22. CRIMES DE TRÂNSITO 661

23. ESTATUTO DO DESARMAMENTO 662

24. CRIMES RELATIVOS À LICITAÇÃO 662

25. CRIME DE TORTURA 662

26. CRIMES DE ABUSO DE AUTORIDADE 663

27. CONTRAVENÇÕES PENAIS 663

28. OUTROS CRIMES DO CÓDIGO PENAL E DA LEGISLAÇÃO EXTRAVAGANTE 664

29. TEMAS COMBINADOS DE DIREITO PENAL 667

16. DIREITO PROCESSUAL PENAL www. 675

1. FONTES, PRINCÍPIOS GERAIS, EFICÁCIA DA LEI PROCESSUAL NO TEMPO E NO ESPAÇO 675

2. INQUÉRITO POLICIAL E OUTRAS FORMAS DE INVESTIGAÇÃO CRIMINAL 675

3. AÇÃO PENAL	678
4. JURISDIÇÃO E COMPETÊNCIA. CONEXÃO E CONTINÊNCIA	680
5. QUESTÕES E PROCESSOS INCIDENTES	681
6. PRERROGATIVAS DO ACUSADO	682
7. PROVAS	682
8. PRISÃO, MEDIDAS CAUTELARES E LIBERDADE PROVISÓRIA	684
9. PROCESSO E PROCEDIMENTOS	685
10. JUIZADOS ESPECIAIS	687
11. NULIDADES	687
12. RECURSOS	688
13. *HABEAS CORPUS*, MANDADO DE SEGURANÇA E REVISÃO CRIMINAL	688
14. EXECUÇÃO PENAL	688
15. LEGISLAÇÃO EXTRAVAGANTE	688
16. TEMAS COMBINADOS E OUTROS TEMAS	689

17. DIREITO INTERNACIONAL PÚBLICO E PRIVADO — 695

1. DIREITO INTERNACIONAL PÚBLICO	695
2. DIREITO INTERNACIONAL PRIVADO	709

18. DIREITOS HUMANOS — 717

1. TEORIA GERAL	717
2. SISTEMA GLOBAL DE PROTEÇÃO DOS DIREITOS HUMANOS	718
3. SISTEMA INTERAMERICANO DE PROTEÇÃO DOS DIREITOS HUMANOS	719
4. DIREITOS HUMANOS NO BRASIL	723
5. DIREITO HUMANITÁRIO	726
6. DIREITO DOS REFUGIADOS	728

19. DIREITO EDUCACIONAL — 729

1. NORMAS CONSTITUCIONAIS	729
2. LEI DE DIRETRIZES E BASES DA EDUCAÇÃO	730
3. SISTEMA DE COTAS	731
4. CRÉDITO ESTUDANTIL	732

20. RECURSOS HÍDRICOS — 733

21. DIREITO AGRÁRIO — 737

1. CONCEITOS E PRINCÍPIOS DO DIREITO AGRÁRIO 737

2. USUCAPIÃO ESPECIAL RURAL 738

3. AQUISIÇÃO E USO DA PROPRIEDADE E DA POSSE RURAL 738

4. DESAPROPRIAÇÃO PARA A REFORMA AGRÁRIA...740

5. CONTRATOS AGRÁRIOS 742

6. TERRAS DEVOLUTAS 742

7. TERRAS INDÍGENAS E QUILOMBOLAS 742

8. OUTROS TEMAS E TEMAS COMBINADOS...745

22. LÍNGUA PORTUGUESA — 747

COMO USAR O LIVRO?

Para que você consiga um ótimo aproveitamento deste livro, atente para as seguintes orientações:

1º Tenha em mãos um *vademecum* ou **um computador** no qual você possa acessar os textos de lei citados.

Neste ponto, recomendamos o **Vade Mecum de Legislação FOCO** – confira em www.editorafoco.com.br.

2º Se você estiver estudando a teoria (fazendo um curso preparatório ou lendo resumos, livros ou apostilas), faça as questões correspondentes deste livro na medida em que for avançando no estudo da parte teórica.

3º Se você já avançou bem no estudo da teoria, leia cada capítulo deste livro até o final, e só passe para o novo capítulo quando acabar o anterior; vai mais uma dica: alterne capítulos de acordo com suas preferências; leia um capítulo de uma disciplina que você gosta e, depois, de uma que você não gosta ou não sabe muito, e assim sucessivamente.

4º Iniciada a resolução das questões, tome o cuidado de ler cada uma delas **sem olhar para o gabarito e para os comentários**; se a curiosidade for muito grande e você não conseguir controlar os olhos, tampe os comentários e os gabaritos com uma régua ou um papel; na primeira tentativa, é fundamental que resolva a questão sozinho; só assim você vai identificar suas deficiências e "pegar o jeito" de resolver as questões; marque com um lápis a resposta que entender correta, e só depois olhe o gabarito e os comentários.

5º **Leia com muita atenção o enunciado das questões.** Ele deve ser lido, no mínimo, duas vezes. Da segunda leitura em diante, começam a aparecer os detalhes, os pontos que não percebemos na primeira leitura.

6º **Grife as palavras-chave, as afirmações e a pergunta formulada.** Ao grifar as palavras importantes e as afirmações você fixará mais os pontos-chave e não se perderá no enunciado como um todo. Tenha atenção especial com as palavras "correto", "incorreto", "certo", "errado", "prescindível" e "imprescindível".

7º Leia os comentários e **leia também cada dispositivo legal** neles mencionados; não tenha preguiça; abra o *vademecum* e leia os textos de leis citados, tanto os que explicam as alternativas corretas, como os que explicam o porquê de ser incorreta dada alternativa; você tem que conhecer bem a letra da lei, já que mais de 90% das respostas estão nela; mesmo que você já tenha entendido determinada questão, reforce sua memória e leia o texto legal indicado nos comentários.

8º Leia também os **textos legais que estão em volta** do dispositivo; por exemplo, se aparecer, em Direito Penal, uma questão cujo comentário remete ao dispositivo que trata de falsidade ideológica, aproveite para ler também os dispositivos que tratam dos outros crimes de falsidade; outro exemplo: se aparecer uma questão, em Direito Constitucional, que trate da composição do Conselho Nacional de Justiça, leia também as outras regras que regulamentam esse conselho.

9º Depois de resolver sozinho a questão e de ler cada comentário, você deve fazer uma **anotação ao lado da questão**, deixando claro o motivo de eventual erro que você tenha cometido; conheça os motivos mais comuns de erros na resolução das questões:

DL – "desconhecimento da lei"; quando a questão puder ser resolvida apenas com o conhecimento do texto de lei;

DD – "desconhecimento da doutrina"; quando a questão só puder ser resolvida com o conhecimento da doutrina;

DJ – "desconhecimento da jurisprudência"; quando a questão só puder ser resolvida com o conhecimento da jurisprudência;

FA – "falta de atenção"; quando você tiver errado a questão por não ter lido com cuidado o enunciado e as alternativas;

NUT - "não uso das técnicas"; quando você tiver se esquecido de usar as técnicas de resolução de questões objetivas, tais como as da **repetição de elementos** ("quanto mais elementos repetidos existirem, maior a chance de a alternativa ser correta"), das **afirmações generalizantes** ("afirmações generalizantes tendem a ser incorretas" - reconhece-se afirmações generalizantes pelas palavras *sempre, nunca, qualquer, absolutamente, apenas, só, somente exclusivamente* etc.), dos **conceitos compridos** ("os conceitos de maior extensão tendem a ser corretos"), entre outras.

obs: se você tiver interesse em fazer um Curso de "Técnicas de Resolução de Questões Objetivas", recomendamos o curso criado a esse respeito pelo IEDI Cursos On-line: www.iedi.com.br.

10º Confie no **bom-senso**. Normalmente, a resposta correta é a que tem mais a ver com o bom-senso e com a ética. Não ache que todas as perguntas contêm uma pegadinha. Se aparecer um instituto que você não conhece, repare bem no seu nome e tente imaginar o seu significado.

11º Faça um levantamento do **percentual de acertos de cada disciplina** e dos **principais motivos que levaram aos erros cometidos**; de posse da primeira informação, verifique quais disciplinas merecem um reforço no estudo; e de posse da segunda informação, fique atento aos erros que você mais comete, para que eles não se repitam.

12º Uma semana antes da prova, faça uma **leitura dinâmica** de todas as anotações que você fez e leia de novo os dispositivos legais (e seu entorno) das questões em que você marcar "DL", ou seja, desconhecimento da lei.

13º Para que você consiga ler o livro inteiro, faça um bom **planejamento**. Por exemplo, se você tiver 30 dias para ler a obra, divida o número de páginas do livro pelo número de dias que você tem, e cumpra, diariamente, o número de páginas necessárias para chegar até o fim. Se tiver sono ou preguiça, levante um pouco, beba água, masque chiclete ou leia em voz alta por algum tempo.

14º Desejo a você, também, muita **energia**, **disposição**, **foco**, **organização**, **disciplina**, **perseverança**, **amor** e **ética**!

Wander Garcia

Coordenador

1. DIREITO CONSTITUCIONAL

Fábio Tavares Sobreira, Felipe Maciel, Teresa Melo, Bruna Vieira, André Nascimento e André Barbieri

1. PODER CONSTITUINTE

(Procurador do Município – Prefeitura Fortaleza/CE – CESPE – 2017) A respeito do poder constituinte, julgue os itens a seguir.

(1) Não foram recepcionadas pela atual ordem jurídica leis ordinárias que regulavam temas para os quais a CF passou a exigir regramento por lei complementar.

(2) De acordo com o STF, cabe ação direta de inconstitucionalidade para sustentar incompatibilidade de diploma infraconstitucional anterior em relação a Constituição superveniente.

(3) Os direitos adquiridos sob a égide de Constituição anterior, ainda que sejam incompatíveis com a Constituição atual, devem ser respeitados, dada a previsão do respeito ao direito adquirido no próprio texto da CF.

(4) O poder constituinte derivado reformador manifesta-se por meio de emendas à CF, ao passo que o poder constituinte derivado decorrente manifesta-se quando da elaboração das Constituições estaduais.

(5) Com a promulgação da CF, foram recepcionadas, de forma implícita, as normas infraconstitucionais anteriores de conteúdo compatível com o novo texto constitucional.

1. Incorreta. As normas anteriores à CF de 1988 que estivessem *materialmente* de acordo com a nova ordem constitucional foram recepcionadas, ainda que sua forma tenha sido alterada pela CF/88; **2.** Incorreta. Para a verificação da compatibilidade de normas pré-constitucionais (ou anteriores à Constituição) com a CF/88 cabe ADPF, não ADIn; **3.** Incorreta. As normas da constituição anterior, ainda que sobre direito adquirido, não são oponíveis ao Poder Constituinte Originário. Assim, não há falar em direito adquirido sob a égide da Constituição anterior, contra a Constituição atual; **4.** Correta. O poder constituinte derivado reformador manifesta-se por meio de emendas constitucionais ou de emendas de revisão. O Poder constituinte derivado decorrente manifesta-se tanto para a elaboração de constituições estaduais, quanto para a revisão dessas mesmas normas; **5.** Correta. Todas as normas infraconstitucionais que não confrontassem materialmente com a nova CF foram recepcionadas. **TM**
Gabarito "1E, 2E, 3E, 4C, 5C."

(Procurador do Município – Valinhos/SP – 2019 – VUNESP) A respeito da supremacia constitucional, é correto afirmar que

(A) todas as normas constitucionais são equivalentes em termos de hierarquia e dotadas de supremacia formal em relação às demais normas infraconstitucionais.

(B) para assegurar essa supremacia, basta um sistema jurídico escalonado, não sendo necessário um controle de constitucionalidade sobre as leis e os atos normativos.

(C) no Estado que adota uma Constituição do tipo flexível, existe supremacia formal da Constituição, por- que há distinção entre os processos legislativos de elaboração das normas.

(D) a constituição não se coloca no vértice do sistema jurídico do país e os poderes estatais são legítimos independentemente de quem os estruture.

(E) só há supremacia formal na Constituição costumeira quando for a regra da rigidez constitucional que esteja em vigor.

RESPOSTA: **Correta é a letra A**, pois a todas as normas que formam o bloco de constitucionalidade estão no mesmo plano hierárquico, no mesmo status. Tanto que, para as normas constitucionais originárias não se admite eventual inconstitucionalidade. Errada a letra B, pois o controle de constitucionalidade pressupõe a existência de hierarquia entre as normas constitucionais e o restante. A letra C está errada, pois não existe tal supremacia. A letra D também equivocada, pois a Constituição é o topo do sistema jurídico, bem como todas as "criaturas" deverão respeitar o "criador". Por fim, letra E incorreta, pois não há tal supremacia, mas é possível, diga-se de passagem, a supremacia material. **AB**
Gabarito "A."

(Procurador Municipal – Prefeitura/BH – CESPE – 2017) Assinale a opção correta, com relação ao direito constitucional.

(A) Expresso na CF, o direito à educação, que possui aplicabilidade imediata, é de eficácia contida.

(B) De acordo com a doutrina dominante, a possibilidade de o município de Belo Horizonte editar a sua própria lei orgânica provém do poder constituinte derivado decorrente.

(C) Conforme entendimento do STF, é vedada a aplicação de multa ao poder público nas situações em que este se negar a cumprir obrigação imposta por decisão judicial, sob o risco de violação do princípio da separação dos poderes.

(D) O poder constituinte difuso manifesta-se quando uma decisão do STF altera o sentido de um dispositivo constitucional, sem, no entanto, alterar seu texto.

A: incorreta. O STF tem jurisprudência no sentido de que se trata de norma constitucional de eficácia plena; **B:** incorreta. O Poder Constituinte Derivado Decorrente é atribuído aos Estados e ao DF, para organizar suas Constituições Estaduais e a Lei Orgânica do DF (não existe, para a maioria dos doutrinadores, para os Municípios e Territórios). Além disso, condiciona-se ao Poder Constituinte Originário, relacionando-se diretamente com ele; **C:** incorreta. O respeito às decisões do Poder Judiciário é garantia para a continuidade de seu funcionamento, conforme previsto pelo próprio principio da separação dos Poderes; **D:** correta. Trata-se do fenômeno da mutação constitucional, sendo um poder de fato, não ilimitado, já que deve observar os limites impostos pela própria Constituição. **TM**
Gabarito "D."

(Procurador do Estado – PGE/PR – PUC – 2015) A tarefa do Poder Constituinte é criar normas jurídicas de valor constitucional, isto é, fazer a Constituição que atenda às demandas políticas e jurídicas de criação ou transformação. Sobre a teoria do Poder Constituinte, assinale a assertiva **CORRETA.**

(A) O Poder Constituinte derivado é competência constitucional estabelecida voltada exclusivamente à revisão do texto constitucional.

(B) O Poder Constituinte derivado decorrente não pode ser considerado limitado, sob pena de violação do princípio da autonomia dos entes federados.

(C) De acordo com a teoria clássica do Poder Constituinte, a Constituição é resultado do exercício de um poder originário, anterior e superior a ela, no qual ela se radica e do qual advêm toda a sua premência e irrestrição.

(D) O processo da mutação constitucional equivale formalmente ao exercício do Poder Constituinte derivado reformador.

(E) O Poder Constituinte – tanto em sua versão originária quanto derivada – possui as mesmas características e limites, já que estabelece normas constitucionais por meio de um processo legislativo extraordinário.

A: incorreta. O Poder Constituinte Derivado pode ser Reformador (como trata a questão), como também Derivado Decorrente (aquele que permite aos Estados elaborar e alterar as suas próprias constituições); **B:** incorreta. Todo Poder Constituinte Derivado é limitado; apenas o Poder Constituinte Originário é ilimitado; **C:** Correta. O Poder Constituinte Originário (PCO) é inicial porque inaugura uma nova ordem jurídica; ilimitado porque não se submete aos limites impostos pela ordem jurídica anterior; autônomo porque exercido livremente por seu titular (o povo) e incondicionado por não se submeter a nenhuma forma preestabelecida para sua manifestação (nem mesmo a tratados internacionais). Importante ressaltar que, para a doutrina jusnaturalista, o direito natural impõe limites ao PCO que, por essa razão, não seria totalmente autônomo; **D:** incorreta. Equivale ao chamado Poder Constituinte Difuso; **E:** incorreta. Somente o Poder Constituinte Originário é inicial, autônomo, ilimitado e incondicionado. O poder constituinte derivado condiciona-se ao originário, não possuindo as mesmas características. **TM**
,,Gabarito "C".

(Procurador do Estado – PGE/PA – UEPA – 2015) Sobre o Poder Constituinte, é correto afirmar que:

(A) para a Teoria Clássica do Poder Constituinte de Emmanuel Joseph SIEYÈS, o titular do Poder Constituinte seria o povo.

(B) a Constituição da República Federativa do Brasil, de 1988, foi elaborada por Assembleia Constituinte cujos membros foram eleitos especial e exclusivamente para esta tarefa.

(C) o processo de Revisão constitucional, previsto em nossa atual Constituição da República (art. 3º, ADCT), difere-se do processo de Emenda por se tratar (a Revisão) de possibilidade de modificação geral do texto constitucional, bem como por ser um processo extraordinário, ainda que se trate de processo com regras formais similares ao processo de Emenda.

(D) pode ser citada como exemplo da teoria do poder constituinte evolutivo, a Emenda Constitucional nº 8, de 1977, que modificou o artigo 48, da Constituição Federal de 1967 (redação dada pela Emenda Constitucional nº 1, de 1969), alterando o quórum de aprovação de emenda ao texto constitucional de maioria de dois terços dos membros em cada casa do Congresso Nacional para maioria absoluta.

(E) o STF admite a legitimidade do parlamentar e das mesas do Congresso Nacional e de suas Casas, para impetrar mandado de segurança com a finalidade de coibir atos praticados no processo de aprovação de lei ou emenda constitucional incompatíveis com disposições constitucionais que disciplinam o processo legislativo.

A: incorreta. Para Sieyés, o titular do Poder Constituinte Originário é a nação, não o povo; **B:** incorreta. Não houve eleição de assembleia constituinte com finalidade específica para a elaboração da nova Constituição, mas o próprio Congresso em funcionamento atuou como Assembleia Constituinte; **C:** incorreta. Conforme dispõe o art. 3º do ADCT, a revisão constitucional ocorreu uma única vez, após cinco anos, contados da promulgação da Constituição, pelo voto da maioria absoluta dos membros do Congresso Nacional, em sessão unicameral; **D:** correta. O chamado Poder Constituinte Evolutivo nasce da tensão entre constitucionalismo e democracia, e diz respeito à possibilidade de alteração das cláusulas pétreas da Constituição, que não poderiam ser opostas às gerações futuras por violação da democracia, ou seja, não se poderia obrigar as gerações futuras a aceitar a inalterabilidade daquilo que o constituinte entendeu que não poderia ser objeto de reforma. Assim, primeiro se alteraria a Constituição para abrandar a impossibilidade de reforma das cláusulas pétreas para, depois, alterar a norma com base nas novas regras (dupla revisão, revisão de dupla face ou de dois tempos); **E:** incorreta. O STF apenas admite a legitimidade dos parlamentares, não da Mesa, pois o que está em jogo é o devido processo legislativo. **TM**
,,Gabarito "D".

(PROCURADOR DO ESTADO/MG – FUMARC – 2012) O Poder Constituinte é complexo, de fundamentação política e/ou jurídica, sendo exercido pela autoridade inicial do Estado, por Assembleia Constituinte ou movimento revolucionário. Analise os conceitos reduzidos abaixo e assinale a alternativa correta:

I. O Poder Constituinte Originário é caracterizado por sua autonomia em relação a outros órgãos e poderes, bem como por ser ilimitado juridicamente, rompendo por completo com a ordem jurídica anterior, exceto no que condiz aos tratados internacionais previamente firmados;

II. O Poder Constituinte Derivado Decorrente, doutrinariamente aceito por parte dos juristas, é o conferido aos demais entes federativos, excetuados os territórios, para que organizem suas próprias constituições ou leis orgânicas, respeitando os limites da *Lex Maior*, não se relacionando diretamente com o Poder Constituinte Originário;

III. O Poder Constituinte Derivado Reformador é criado pelo Poder Constituinte Originário e difere desse por ser limitado por regras rígidas, que preservam a intangibilidade de alguns temas.

ALTERNATIVAS

(A) As alternativas I, II e III são incorretas;

(B) As alternativas I e II são incorretas;

(C) As alternativas I e III são incorretas;

(D) As alternativas II e III são incorretas;

(E) As alternativas I, II e III são corretas.

I: Errada. O Poder Constituinte Originário (PCO) é inicial porque inaugura uma nova ordem jurídica; ilimitado porque não se submete aos limites impostos pela ordem jurídica anterior; autônomo porque exercido livremente por seu titular (o povo) e incondicionado por não se submeter a nenhuma forma preestabelecida para sua manifestação (nem mesmo a tratados internacionais). Importante ressaltar que, para a doutrina jusnaturalista, o direito natural impõe limites ao PCO que, por essa

1. DIREITO CONSTITUCIONAL

razão, não seria totalmente autônomo; **II:** Errada. O Poder Constituinte Derivado Decorrente é atribuído aos Estados e ao DF, para organizar suas Constituições Estaduais e a Lei Orgânica do DF (não existe, para a maioria dos doutrinadores, para os Municípios e Territórios). Além disso, condiciona-se ao Poder Constituinte Originário, relacionando-se diretamente com ele; **III:** Correta. O poder constituinte derivado reformador pode ser exercido através da reforma da Constituição Federal – ou da Constituição Estadual – obedecendo-se os limites formais (art. 60, § 2º), materiais (art. 60, § 4º) e circunstanciais (art. 60, § 1º) previstos na CF. Parte da doutrina refere-se, ainda, a limites implícitos ao poder de reforma da CF. São exemplos desses últimos a titularidade do poder constituinte (povo) e o próprio procedimento de reforma da Constituição que, apesar de não escritos na Constituição, não podem ser alterados pelo legislador constituinte derivado.

Gabarito "B".

(Procurador do Município/São José dos Campos-SP – 2012 – VUNESP)
São espécies de limitações circunstanciais ao poder constituinte reformador no direito brasileiro:

(A) a votação das propostas de emendas em dois turnos e a exigência de aprovação por três quintos dos membros de cada Casa do Congresso Nacional.

(B) a intervenção federal e o estado de defesa.

(C) a iniciativa de emenda por um terço, no mínimo, dos membros da Câmara dos Deputados ou do Senado Federal e a votação em dois turnos em cada Casa do Congresso Nacional.

(D) o estado de sítio e a proibição de abolição da forma federativa de Estado.

(E) a vedação de abolição dos direitos e garantias individuais e a da separação dos poderes.

Art. 60, § 1º, da CF. Note-se que se trata de limitações *circunstanciais*, não temporais.

Gabarito "B".

(Advogado da União/AGU – CESPE – 2012) A respeito das disposições constitucionais transitórias, da hermenêutica constitucional e do poder constituinte, julgue os itens subsequentes.

(1) De acordo com o denominado método da tópica, sendo a constituição a representação do sistema cultural e de valores de um povo, sujeito a flutuações, a interpretação constitucional deve ser elástica e flexível.

(2) O poder constituinte de reforma não pode criar cláusulas pétreas, apesar de lhe ser facultado ampliar o catálogo dos direitos fundamentais criado pelo poder constituinte originário.

(3) O sistema constitucional brasileiro não admite a denominada cláusula pétrea implícita, estando as limitações materiais ao poder de reforma exaustivamente enumeradas na CF.

(4) Pelo poder constituinte de reforma, assim como pelo poder constituinte originário, podem ser inseridas normas no ADCT, admitindo-se, em ambas as hipóteses, a incidência do controle de constitucionalidade.

1: Errada. De acordo com Pedro Lenza, por meio do método tópico-problemático "parte-se de um problema concreto para a norma, atribuindo-se à interpretação um caráter prático na busca da solução dos problemas concretizados. A Constituição é, assim, um sistema aberto de regras e princípios" (Pedro Lenza, *Direito constitucional esquematizado*, 2012, p.154); **2:** Correta. O procedimento de reforma da

Constituição, estabelecido no art. 60 da CF, é considerado uma limitação *implícita* ao poder de reforma, ou seja, o Poder Constituinte Derivado não pode alterá-lo, embora não haja regra expressa nesse sentido. O Brasil não adotou a chamada teoria da dupla revisão ; **3:** Errada. Há limitações implícitas ao poder de reforma da Constituição, podendo existir limitações materiais implícitas; **4:** Errada. Após a promulgação da CF, só o Poder Constituinte Derivado pode inserir regras no ADCT. Além disso, apesar de ser cabível controle de constitucionalidade de normas oriundas do Poder Constituinte Derivado (provenientes de emendas constitucionais, por exemplo), não cabe controle de constitucionalidade de normas originárias.

Gabarito 1E, 2C, 3E, 4E.

2. TEORIA DA CONSTITUIÇÃO E PRINCÍPIOS FUNDAMENTAIS

(Procurador do Estado/SP – 2018 – VUNESP) Assinale a alternativa correta que justifica a classificação da atual Constituição Federal brasileira como rígida.

(A) A matéria constante de proposta de emenda rejeitada ou havida por prejudicada não pode ser objeto de nova proposta na mesma legislatura.

(B) A Constituição Federal poderá ser emendada mediante proposta exclusiva do Presidente da República; de um terço, no mínimo, dos membros do Congresso Nacional, ou das Assembleias Legislativas das unidades de Federação, manifestando-se, cada uma delas, pela maioria absoluta de seus membros.

(C) A proposta de emenda à Constituição deverá ser discutida e votada em cada Casa do Congresso Nacional, em dois turnos, considerando-se aprovada se obtiver, em ambos, três quintos dos votos dos respectivos membros. Será então promulgada pelas Mesas da Câmara dos Deputados e do Senado Federal, com o respectivo número, não estando sujeita à sanção ou ao veto do Presidente da República.

(D) Os tratados e convenções internacionais que forem aprovados, via decreto legislativo especial, com o respectivo número, em cada Casa do Congresso Nacional, em dois turnos, por três quintos dos votos dos respectivos membros, serão equivalentes às emendas constitucionais, após a devida sanção ou veto do Presidente da República.

(E) A garantia de que somente as normas materialmente constitucionais possam ser submetidas ao processo de reforma via emenda constitucional.

A: incorreta, pois a matéria constante de proposta de emenda rejeitada ou havida por prejudicada não pode ser objeto de nova proposta na mesma **sessão legislativa** (art. 60, § 5º, da CF). A sessão legislativa ordinária é o período de atividade normal do Congresso a cada ano (de 2 de fevereiro a 17 de julho e de 1º de agosto a 22 de dezembro). Já a *legislatura* é o período de cada quatro sessões legislativas, a contar do ano seguinte ao das eleições parlamentares; **B:** incorreta, pois a Constituição poderá ser emendada mediante proposta: do Presidente da República; de um terço, no mínimo, dos membros da **Câmara dos Deputados ou do Senado Federal**; de mais da metade das Assembleias Legislativas das unidades da Federação, manifestando-se, cada uma delas, pela **maioria relativa** de seus membros (art. 60 da CF); **C:** correta, pois Constituição rígida é aquela que somente pode ser modificada mediante processo legislativo especial e qualificado, mais dificultoso do que o da lei, tal como aquele previsto para as emendas constitucionais (art. 60, §§ 2º e 3º, da CF); **D:** incorreta, porque **(i)** apenas os tratados e convenções internacionais sobre **direitos humanos** serão

equivalentes às emendas constitucionais, caso aprovados pela maioria qualificada do § 3º do art. 5º da CF; e **(ii)** compete exclusivamente ao Congresso Nacional resolver definitivamente sobre tratados, acordos ou atos internacionais (art. 49, I, da CF), o que o faz por meio de decreto legislativo promulgado pelo presidente do Senado Federal (sem sanção ou veto do presidente da República); **E:** incorreta, pois a Constituição somente pode ser alterada por emenda constitucional (art. 60 da CF), independentemente de serem normas materialmente constitucionais ou formalmente constitucionais. **AN**
Gabarito "C".

(**Procurador Municipal – Prefeitura/BH – CESPE – 2017**) Acerca das Constituições, assinale a opção correta.

(**A**) De acordo com a doutrina, derrotabilidade das regras refere-se ao ato de se retirar determinada norma do ordenamento jurídico, declarando-a inconstitucional, em razão das peculiaridades do caso concreto.

(**B**) O neoconstitucionalismo, que buscou, no pós-guerra, a segurança jurídica por meio de cartas constitucionais mais rígidas a fim de evitar os abusos dos três poderes constituídos, entrou em crise com a intensificação do ativismo judicial.

(**C**) A concepção de Constituição aberta está relacionada à participação da sociedade quando da proposição de alterações politicamente relevantes no texto da Constituição do país.

(**D**) Devido às características do poder constituinte originário, as normas de uma nova Constituição prevalecem sobre o direito adquirido.

A: incorreta. A derrotabilidade das normas jurídicas (*defeasibility*, de Herbert Hart) refere-se à possibilidade de uma norma que preencha todas as condições para sua aplicação ao caso concreto seja, entretanto, afastada, por conta de uma exceção relevante não prevista de forma exaustiva. Dá-se como exemplo a decisão do STF sobre possibilidade de antecipação terapêutica do parto (aborto) em casos de gravidezes de fetos anencefálicos, exceção não prevista no Código Penal, mas relevante o suficiente para afastar a aplicação da sanção penal; **B:** incorreta. De acordo com Pedro Lenza, busca-se, dentro da realidade do neoconstitucionalismo, "não mais atrelar o constitucionalismo à ideia de limitação do poder político, mas, acima de tudo, buscar a eficácia da Constituição, deixando o texto de ter um caráter meramente retórico e passando a ser mais efetivo, especialmente diante da expectativa de concretização dos direitos fundamentais"; **C:** incorreta. A sociedade aberta dos intérpretes da Constituição opera não apenas quando da proposição de alterações politicamente relevantes, mas se dá a partir de uma participação mais ativa da população na interpretação da Constituição, independentemente da sua forma ou conteúdo; **D:** correta. Não há direito adquirido em face da nova Constituição, já que o Poder Constituinte Originário é inicial, autônomo, ilimitado e incondicionado. **TM**
Gabarito "D".

(**Procurador do Estado – PGE/RS – Fundatec – 2015**) O movimento do constitucionalismo surgiu:

(**A**) no final do século XVIII, com a elaboração das primeiras constituições escritas, com o objetivo de assegurar direitos e coibir o arbítrio, mediante a separação dos poderes.

(**B**) no início do século XX, com a emergência das constituições sociais, com o objetivo de assegurar a igualdade social, em face do flagelo da 1ª Guerra Mundial.

(**C**) em meados do século XX, com a emergência do pós-positivismo, com o objetivo de assegurar o princípio da dignidade humana e a proteção de direitos.

(**D**) no final do século XX, com a emergência das constituições pós-sociais, com o objetivo de reduzir o alcance do Estado, em nome do princípio da eficiência.

(**E**) no final do século XVII, com a elaboração das primeiras constituições escritas, com o objetivo de assegurar liberdades e coibir o arbítrio, mediante a cláusula federativa.

A alternativa "A" está correta, tornado erradas todas as demais. De acordo com Daniel Sarmento e Cláudio Pereira de Souza Neto, "a ideia de Constituição, tal como a conhecemos hoje, é produto da Modernidade, sendo tributária do iluminismo e das revoluções burguesas dos séculos XVII e XVIII, ocorridas na Inglaterra, nos Estados Unidos e na França. Ela está profundamente associada ao constitucionalismo moderno, que preconiza a limitação jurídica do poder político, em favor dos direitos dos governados". Os três principais modelos do constitucionalismo moderno são o inglês, o francês e o norte-americano. **TM**
Gabarito "A".

(**Procurador do Estado – PGE/PR – PUC – 2015**) Sobre as possíveis classificações da Constituição, assinale a afirmação **CORRETA**.

(**A**) Na classificação de Loewenstein, a Constituição semântica é juridicamente válida, porém, não é real e efetiva. Nesse caso, a Constituição possui validade jurídica, todavia, não é integrada na comunidade política e social.

(**B**) A Constituição da República Federativa do Brasil, outorgada em 5/10/1988, pode ser classificada como semirrígida, porque admite o fenômeno da mutação.

(**C**) As Constituições classificadas como flexíveis são assim conhecidas porque admitem a alteração de seu conteúdo, desde que por meio de um processo legislativo formal, solene e mais dificultoso que o ordinário.

(**D**) A noção de Constituição dirigente determina que, além de organizar e limitar o poder, a Constituição também preordena a atuação governamental por meio de planos e programas de constituicionais vinculantes.

(**E**) As Constituições tidas por rígidas são típicas de exercícios políticos autoritários e temporalmente ilimitados.

A: incorreta. Quanto ao critério ontológico, que busca identificar a correspondência entre a realidade política do Estado e o texto constitucional, Karl Loewenstein classificava as constituições em normativas, nominalistas e semânticas. Segundo Pedro Lenza "enquanto nas Constituições normativas a pretendida limitação ao poder se implementa na prática, havendo, assim, correspondência com a realidade, nas nominalistas busca-se essa concretização, porém, sem sucesso, não se conseguindo uma verdadeira normatização do processo real do poder. Por sua vez, nas semânticas nem sequer se tem essa pretensão, buscando-se conferir legitimidade meramente formal aos detentores do poder, em seu próprio benefício". Dessa forma, continua o mesmo autor, "da normativa à semântica percebemos uma gradação de democracia e Estado democrático de direito para autoritarismo."; **B:** incorreta. A Constituição de 1988 pode ser assim classificada: a) quanto à origem: promulgada (fruto do trabalho de uma Assembleia Nacional Constituinte); b) quanto à forma: escrita (normas reunidas em um único texto solene e codificado); c) quanto à extensão: analítica (tratam de todos os temas que os representantes do povo entendem importantes e, por isso, em geral são extensas e detalhistas); d) quanto ao modo de elaboração: dogmática (ou sistemática), porque traduzem os dogmas, planos e sistemas preconcebidos; e) quanto à estabilidade ou alterabilidade: rígida, já que prevê, para a alteração das normas constitucionais, um mecanismo mais difícil que aquele estabelecido para as normas não constitucionais (art. 60 da CF). Além disso, observe-se

1. DIREITO CONSTITUCIONAL

que a CF/88 é formal, pois classifica como constitucional toda a norma presente em seu texto, independentemente de seu conteúdo. O fato de admitir mutação não a torna semirrígida, já que a mutação deve observar as cláusulas pétreas (com exceção da doutrina do Poder Constituinte Evolutivo); **C**: incorreta. Quanto à alterabilidade, as constituições podem ser classificadas como rígidas, semirrígidas (ou semiflexíveis) e flexíveis. As rígidas são aquelas que preveem, para a alteração das normas constitucionais, um mecanismo mais difícil que aquele estabelecido para as normas não constitucionais. As semirrígidas preveem normas constitucionais que só podem ser modificadas por meio de procedimento mais complexo e outras normas constitucionais que podem ser modificadas pelo mesmo processo aplicável às leis infraconstitucionais. As flexíveis, por sua vez, não preveem mecanismo mais dificultoso para a alteração das normas constitucionais, que podem ser modificadas tal como as leis infraconstitucionais; **D**: correta. Sim, porque as normas programáticas estabelecem um programa de atuação para o legislador infraconstitucional e indicam os fins a serem alcançados pelos órgãos estatais, sendo típicas de Constituições ditas dirigentes; **E**: incorreta. Não há relação entre constituições rígidas e regimes autoritários. A CF/88 é rígida e o Brasil um país democrático. **TM**
"Gabarito "D".

(Procurador do Estado – PGE/PA – UEPA – 2015) Analise as afirmativas abaixo e assinale a alternativa correta.

I. As Revoluções Francesa e Estadunidense, do final do século XVIII, produziram constituições com Força Normativa Similar, ambas, a dos EUA (1787) e a francesa (1791) pretendendo exercer a supremacia de seus respectivos ordenamentos jurídicos.

II. A Constituição dos EUA (1787), em seu texto aprovado, pretendia DIVIDIR sua supremacia com outros textos normativos.

III. As primeiras Constituições que afirmaram, em seu texto, Direitos Humanos de 2ª Geração, foram a mexicana (1917) e a Alemã (Weimar, 1919).

IV. As Constituições, quanto à essência, consoante Karl Loewenstein, dividem-se em Normativas, Nominais e Semânticas.

A alternativa que contém todas as afirmativas corretas é:

(A) II e III.

(B) II e IV.

(C) I e III.

(D) I e IV.

(E) I, III e IV.

I: incorreta. Em relação à constituição dos Estados Unidos, a questão está correta, mas não para a França. De acordo com Daniel Sarmento e Cláudio Pereira de Souza Neto: "O protagonista do processo constitucional no modelo francês é o Poder Legislativo, que teoricamente encarna a soberania e é visto como um garantidor mais confiável dos direitos do que o Poder Judiciário (...). Isso levou, na prática, a que a Constituição acabasse desempenhando o papel de proclamação política, que deveria inspirar a atuação legislativa, mas não de autêntica norma jurídica, que pudesse ser invocada pelos litigantes nos tribunais."; **II**: correta. Em verdade, como a Constituição dos EUA foi o texto de consenso entre federalistas e republicanos, abriu espaço para que os estados tivessem autonomia para definir diversas questões específicas e importantes, não sendo vista como o documento que deve dirigir o futuro do país; **III**: O gabarito classifica a questão como errada, mas a doutrina majoritária classifica como marco dos direitos sociais as Constituição do México e de Weimar; **IV**: correta. Quanto ao critério ontológico, que busca identificar a correspondência entre a realidade política do Estado e o texto constitucional, Karl Loewenstein classificava as constituições em normativas, nominalistas e semânticas. Segundo Pedro Lenza "enquanto nas Constituições normativas a pretendida limitação ao

poder se implementa na prática, havendo, assim, correspondência com a realidade, nas nominalistas busca-se essa concretização, porém, sem sucesso, não se conseguindo uma verdadeira normatização do processo real do poder. Por sua vez, nas semânticas nem sequer se têm essa pretensão, buscando-se conferir legitimidade meramente formal aos detentores do poder, em seu próprio benefício". Dessa forma, continua o mesmo autor, "da normativa à semântica percebemos uma gradação de democracia e Estado democrático de direito para autoritarismo". **TM**
"Gabarito "B".

(Procurador do Estado – PGE/PA – UEPA – 2015) Sobre o que trata as alternativas abaixo, é correto afirmar que:

(A) o princípio republicano, por repelir privilégios e não tolerar discriminações, levou o STF a impedir a prerrogativa de foro, perante a Corte, nas infrações penais comuns, salvo nos casos onde a prática delituosa tenha ocorrido durante o período de atividade funcional, se sobrevier a cessação da investidura do indiciado, denunciado ou réu no cargo, função ou mandato.

(B) consoante o STF, com apoio na Relevância Jurídica do Preâmbulo de nossa atual Constituição da República, a consagrar sua força normativa, pode concluir-se pela capacidade de servir como parâmetro de controle nas ações diretas de constitucionalidade.

(C) o STF vem, aos poucos, porém progressivamente, acatando a tese de que há hierarquia entre normas constitucionais originárias.

(D) o STF, prestigiando o Princípio Federativo e o Princípio da Territorialidade, reconheceu as distorções alocativas e o impacto negativo decorrente da tributação do ICMS pelo Estado de origem, especialmente sobre o crescimento econômico e sobre a distribuição das receitas estaduais, consignando a constitucionalidade da exigência de tal tributo nas operações interestaduais que destinem mercadoria ou bem ao consumidor final, cuja aquisição ocorrer de forma não presencial no estabelecimento remetente (e-commerce).

(E) em relação à força normativa da Constituição, Konrad Hesse esclarece que a Constituição real e Constituição jurídica estão em uma relação de coordenação. Elas condicionam-se mutuamente, mas não dependem, pura e simplesmente, uma da outra. Ainda que não de forma absoluta, a Constituição jurídica tem significado próprio. Sua pretensão de eficácia apresenta-se como elemento autônomo no campo de forças do qual resulta a realidade do Estado. A Constituição adquire força normativa na medida em que logra realizar essa pretensão de eficácia.

A: incorreta. O STF ainda não possui esse entendimento, embora o Ministro Luís Roberto Barroso tenha apresentado voto nesse sentido. O julgamento está suspenso com pedido de vista do Ministro Alexandre de Moraes (V. QO na AP 937/RJ, Rel. Min. Roberto Barroso); **B**: incorreta. Embora o preâmbulo possa ser utilizado como vetor interpretativo, não possui força normativa, ou seja, não se podem propor ações com fundamento no preâmbulo da Constituição; **C**: incorreta. Não existe hierarquia formal entre as normas constitucionais, embora se possa falar em hierarquia axiológica; **D**: incorreta. A questão ainda não foi decidida pelo Pleno, havendo decisão monocrática do Relator, Ministro Dias Toffoli, concedendo a liminar para suspender a mudança das regras de recolhimento do ICMS no comércio eletrônico (Ver MC na ADI 5464); **E**: correta. As constituições deixam de ser vistas como cartas políticas para serem alçadas ao centro do ordenamento jurídico, com força normativa para filtrar todas as demais normas. **TM**

Gabarito "E".

(Advogado União – AGU – CESPE – 2015) Com relação a constitucionalismo, classificação e histórico das Constituições brasileiras, julgue os itens que se seguem.

(1) Constituições promulgadas — a exemplo das Constituições brasileiras de 1891, 1934, 1946 e 1988 — originam-se de um órgão constituinte composto de representantes do povo que são eleitos para o fim de as elaborar e estabelecer, ao passo que Constituições outorgadas — a exemplo das Constituições brasileiras de 1824, 1937 e 1967 — são impostas de forma unilateral, sem que haja participação do povo.

(2) No neoconstitucionalismo, passou-se da supremacia da lei à supremacia da Constituição, com ênfase na força normativa do texto constitucional e na concretização das normas constitucionais.

1. A questão foi anulada, mas consideramos incorreta. Constituições promulgadas são fruto do trabalho de uma assembleia constituinte (eleita especificamente para o fim de elaborar uma nova constituição) ou de um congresso constituinte (que, já eleito, assume a função de assembleia constituinte e, após a elaboração do novo texto constitucional, retorna às funções legislativas – como ocorreu em 1987/1988), nascendo de uma deliberação popular. Constituições outorgadas são as impostas de forma unilateral, sem participação direta ou indireta do povo; **2.** Com o neoconstitucionalismo, os valores constitucionais passam a ser priorizados e concretizados, há uma aproximação das ideias de direito e justiça. Ao contrário do mencionado, há no neoconstitucionalismo uma **ascensão do Poder Judiciário**, na medida que ao validar princípios e valores constitucionais, atribui-lhes força normativa. Segundo Ana Paula de Barcellos: "Do ponto de vista material, ao menos dois elementos caracterizam o neoconstitucionalismo e merecem nota: (i) a incorporação explícita de valores e opções políticas nos textos constitucionais, sobretudo no que diz respeito à promoção da dignidade humana e dos direitos fundamentais; e (ii) a expansão de conflitos específicos e gerais entre as opções normativas e filosóficas existentes dentro do próprio sistema constitucional". **TM**

Gabarito "1E, 2C".

(Advogado União – AGU – CESPE – 2015) Julgue os itens seguintes, que se referem ao Estado federal, à Federação brasileira e à intervenção federal.

(1) No federalismo pátrio, é admitida a decretação de intervenção federal fundada em grave perturbação da ordem pública em caso de ameaça de irrupção da ordem no âmbito de estado-membro, não se exigindo para tal fim que o transtorno da vida social seja efetivamente instalado e duradouro.

(2) Entre as características do Estado federal, inclui-se a possibilidade de formação de novos estados-membros e de modificação dos já existentes conforme as regras estabelecidas na CF.

1. incorreta. Não reflete o disposto no art. 34, III, CF; **2.** correta. Art. 18 da CF. **TM**

Gabarito "1E, 2C".

(Procurador – PGFN – ESAF – 2015) Sobre "neoconstitucionalismo", é correto afirmar que se trata:

(A) de expressão doutrinária, de origem inglesa, desenvolvida com a série de julgados da Câmara dos Lordes, que retém competência legislativa e judicante.

(B) de expressão doutrinária, que tem como marco histórico o direito constitucional europeu, com destaque para o alemão e o italiano, após o fim da Segunda Guerra mundial.

(C) do novo constitucionalismo de expressão doutrinária, que tem origem e marco histórico no direito brasileiro com a redemocratização e as inovações constantes da Constituição de 1946.

(D) de expressão doutrinária, de origem anglo-saxã, desenvolvida na Suprema Corte dos Estados Unidos à época em que John Marshall era seu presidente, caracterizada pelo amplo ativismo judicial.

(E) de expressão doutrinária atribuída ao constitucionalista argentino Bidart Campos e tem como marco histórico a reforma constitucional de 1957.

A e B: Para Pedro Lenza, os marcos históricos são "as Constituições do pós-guerra, na Europa, destacando-se a da Alemanha de 1949 (Lei Fundamental de Bonn) e o Tribunal Constitucional Federal (1951); a da Itália de 1947 e a instalação da Corte Constitucional (1956); a de Portugal (1976) e a da Espanha (1978), todas enfocando a perspectiva de redemocratização e Estado Democrático de Direito. No Brasil, o destaque recai sobre a Constituição de 1988, em importante processo democrático"; **C:** incorreta. No Brasil, o neoconstitucionalismo surge com a Constituição de 1988; **D:** incorreta. John Marshall foi o idealizador do controle de constitucionalidade (Marbury x Madison), não do neoconstitucionalismo; **E:** incorreta. O neoconstitucionalismo tem origem na Europa, não na América do Sul. **TM**

Gabarito "B".

(Procurador – PGFN – ESAF – 2015) Considerando a história constitucional do Brasil, é correto afirmar que:

(A) a Constituição de 1937 previu o Supremo Tribunal Federal, mas extinguiu a Justiça Federal.

(B) ao ser promulgada, a Constituição Federal de 1946 previu a ação direta de inconstitucionalidade.

(C) a Emenda Constitucional n. 03/93, que instituiu a ação declaratória de constitucionalidade, estabeleceu como legitimados para propô-la os mesmos da ação direta de inconstitucionalidade.

(D) o mandado de segurança foi introduzido no direito brasileiro pela Constituição de 1946.

(E) a Constituição de 1891 determinou o ensino religioso nas escolas mantidas ou subvencionadas pela União, Estados ou Municípios.

A: correta. Arts. 182 e 185 da Constituição de 1937; **B:** incorreta. A representação genérica de inconstitucionalidade surgiu com a Emenda Constitucional 16/1965; **C:** incorreta. Embora tenha surgido com a EC 03/1993, inicialmente não possuía os mesmos legitimados ativos da ADI. Atualmente pode ser proposta pelos legitimados do art. 103 da CF; **D:** incorreta. Surgiu com a CF de 1934; **E:** incorreta. Pela Constituição de 1891, o ensino público é laico. A Constituição de 1946 instituiu o ensino religioso nas escolas públicas. **TM**

Gabarito "A".

(Procurador Distrital – 2014 – CESPE) Considerando a evolução constitucional do Brasil, julgue os itens a seguir.

(1) A Assembleia Nacional Constituinte de 1946 contou com a participação de representantes comunistas.

(2) Coerente com os processos decorrentes da Revolução de 1930, a Constituição de 1934 contemplou a eleição, pelo voto direto e secreto, de todos os integrantes das casas legislativas.

1. DIREITO CONSTITUCIONAL

(3) A primeira Constituição brasileira, datada de 1824, foi regularmente aprovada e democraticamente promulgada por assembleia nacional constituinte.

(4) A Constituição de 1937 dissolveu a Câmara dos Deputados, o Senado Federal, as assembleias legislativas e as câmaras municipais.

1: correto. De fato, a Constituição de 1946 contou com a participação de uma bancada comunista durante o seu processo de elaboração. Ocorre que seis meses após a sua promulgação, os representantes comunistas saíram do comando; **2:** errado. De acordo com o art. 23 da Constituição da República dos Estados Unidos do Brasil de 1934, a Câmara dos Deputados compõe-se de representantes do povo, eleitos mediante sistema proporcional e sufrágio universal, igual e direto, e de representantes eleitos pelas organizações profissionais na forma que a lei indicar. O § 3º do mesmo dispositivo determinava que os Deputados das profissões fossem eleitos na forma da lei ordinária por sufrágio indireto das associações profissionais compreendidas para esse efeito, e com os grupos afins respectivos, nas quatro divisões seguintes: lavoura e pecuária; indústria; comércio e transportes; profissões liberais e funcionários públicos; **3:** errado. A primeira Constituição do nosso país foi a Imperial, de 1824, outorgada (imposta) pelo imperador Dom Pedro I. **4:** correto. De fato a Constituição de 1937 dissolveu a Câmara dos Deputados, o Senado Federal, as Assembleias Legislativas e as Câmaras Municipais. Em 1937, Getúlio Vargas, ainda mantido no poder, solicitou a elaboração de uma nova Constituição a Francisco Ramos e, por meio de um golpe de Estado, acabou outorgando a Constituição de 1937. As principais regras dessa Constituição tinham caráter ditatorial, impositivo. Como exemplo temos a concentração das funções legislativas e executivas, a supressão da autonomia dos estados-membros, a destituição dos governadores, com a consequente nomeação de interventores, e a criação de serviços de informações para que o Presidente controlasse o povo, o Poder Judiciário e, principalmente, a imprensa.
Gabarito 1C, 2E, 3E, 4C

(Procurador do Estado/BA – 2014 – CESPE) Em relação ao Ato das Disposições Constitucionais Transitórias (ADCT), julgue os itens seguintes.

(1) No ADCT, não há previsão expressa para que o Brasil envide esforços para a formação de um tribunal internacional dos direitos humanos.

(2) O ADCT concedeu anistia àqueles que foram atingidos por atos de exceção, institucionais ou complementares, em decorrência de motivação exclusivamente política.

(3) Segundo o ADCT, a revisão constitucional será feita a cada cinco anos, em sessão bicameral do Congresso Nacional.

1: errado. Ao contrário do mencionado, de acordo com o art. 7º do ADCT, o Brasil propugnará pela formação de um tribunal internacional dos direitos humanos; **2:** correto. O art. 8º do ADCT determina a concessão da anistia aos que, no período de 18 de setembro de 1946 até a data da promulgação da Constituição, foram atingidos, em decorrência de motivação exclusivamente política, por atos de exceção, institucionais ou complementares, além de outros; **3:** errado. Conforme dispõe o art. 3º do ADCT, a revisão constitucional ocorreu uma única vez, após cinco anos, contados da promulgação da Constituição, pelo voto da maioria absoluta dos membros do Congresso Nacional, em sessão unicameral.
Gabarito 1E, 2C, 3E

(Procurador Federal – 2013 – CESPE) Considerando os fundamentos do Estado federal brasileiro e o princípio da separação dos poderes, julgue os próximos itens.

(1) A CF atribui grande relevância ao princípio da separação dos poderes, que constitui cláusula pétrea. Nesse sentido, o texto constitucional considera que os atos do presidente da República atentatórios à separação dos poderes configuram crime de responsabilidade, e que a União possui a prerrogativa de intervir nos estados e no DF a fim de garantir o livre exercício de qualquer dos poderes.

(2) São fundamentos constitucionais da República Federativa do Brasil, entre outros, os valores sociais do trabalho e da livre iniciativa.

1: correto. De fato, o art. 85, II, da CF determina que os atos do Presidente da República que atentem contra o livre exercício do Poder Legislativo, do Poder Judiciário, do Ministério Público e dos Poderes constitucionais das unidades da Federação configuram crimes de responsabilidade. Além disso, dentre as situações excepcionais que ensejam intervenção federal, previstas no art. 34 da CF, encontra-se a garantia do livre exercício de qualquer dos Poderes nas unidades da Federação (inciso IV); **2:** correto. Os fundamentos da República Federativa do Brasil estão previstos no art. 1º da CF e são os seguintes: I – a soberania; II – a cidadania; III – a dignidade da pessoa humana; IV – **os valores sociais do trabalho e da livre iniciativa** e V – o pluralismo político.
Gabarito 1C, 2C

(Procurador Federal – 2013 – CESPE) Considerando o entendimento prevalecente na doutrina e na jurisprudência do STF sobre o preâmbulo constitucional e as disposições constitucionais transitórias, julgue os itens seguintes.

(1) As disposições constitucionais transitórias são normas de eficácia exaurida e aplicabilidade esgotada. Por serem hierarquicamente inferiores às normas inscritas no texto básico da CF, elas não são consideradas normas cogentes e não possuem eficácia imediata.

(2) A jurisprudência do STF considera que o preâmbulo da CF não tem valor normativo. Desprovido de força cogente, ele não é considerado parâmetro para declarar a constitucionalidade ou a inconstitucionalidade normativa.

1: errado. As disposições constitucionais transitórias, ao contrário do mencionado, possuem o mesmo grau de eficácia que as demais normas constitucionais e são consideradas disposições cogentes. Por outro lado, o ADCT (Ato das Disposições Constitucionais Transitórias) é composto de regras criadas para executarem um determinado papel que, sendo cumprido, passam a não ter mais utilidade. É por esse motivo que tais normas são conhecidas como de eficácia esgotada ou exaurida. Cumprido o encargo para o qual foram criadas, não possuem mais utilidade alguma. Tais regras, embora integrem o texto constitucional e para serem modificadas também seja necessário o processo das emendas constitucionais, ficam ao final da Constituição e possuem numeração própria (artigo 1º ao 97). Isso é assim, pois não seria técnico deixar no corpo das disposições permanentes algo que, mais dia menos dia, não terá mais utilidade alguma; **2:** correto. O preâmbulo, embora traga princípios que norteiam a interpretação da CF, não tem força normativa, não cria direitos e obrigações e não pode ser utilizado como parâmetro para eventual declaração de inconstitucionalidade. Além disso, já definiu a Corte Maior (ADI 2076/AC, Rel. Min. Carlos Velloso) que o preâmbulo não é tido como norma de reprodução obrigatória pelas Constituições dos estados-membros.
Gabarito 1E, 2C

(Procurador do Município/Sorocaba-SP – 2012 – VUNESP) *A Constituição de um país é, em essência, a soma dos fatores reais do poder que regem esse país, sendo esta a constituição real e efetiva, não passando a Constituição escrita de uma 'folha de papel'.*

O conceito de constituição apresentado é de autoria de um autor clássico do direito constitucional. Assinale a alternativa que aponta o nome desse autor.

(A) Hans Kelsen.
(B) Carl Schmitt.
(C) Ferdinand Lassalle.
(D) Konrad Hesse.
(E) J. J. Gomes Canotilho.

A ideia de *Constituição* é apresentada pela doutrina em três principais noções: a) em sentido sociológico (Ferdinand Lassale); b) em sentido político (Carl Schimitt) e c) em sentido jurídico (Hans Kelsen). Para Ferdinand Lassale a Constituição diz respeito ao "fato social", pois é resultado do somatório das "forças reais de poder". Caso não haja correspondência entre a constituição real e esse "fato social", a constituição será mera "folha de papel".

Gabarito "C".

(Advogado da União/AGU – CESPE – 2012) No que se refere ao conceito e à classificação das constituições bem como das normas constitucionais, julgue os itens que se seguem.

(1) De acordo com o critério da função exercida pela norma constitucional, considera-se impositiva a regra que veda a imposição de sanção penal ao indivíduo no caso de inexistir lei anterior que defina como crime conduta por ele praticada.

(2) Consoante a concepção moderna de constituição material, ou substancial, o texto constitucional trata da normatização de aspectos essenciais vinculados às conexões das pessoas com os poderes públicos, não abrangendo os fatores relacionados ao contato das pessoas e dos grupos sociais entre si.

1: Errada. De acordo com José Afonso da Silva, as normas constitucionais de eficácia limitada podem ser classificadas em: de princípio institutivo ou de princípio programático. As normas constitucionais de eficácia limitada de princípio institutivo, por sua vez, dividem-se em impositivas ou permissivas. A norma citada na questão é de eficácia plena; 2. Errada: a constituição em sentido material leva em consideração as normas que, por seu conteúdo, são consideradas constitucionais – pode englobar tanto a relação das pessoas com os poderes públicos, como a relação das pessoas entre si.

Gabarito 1E, 2E.

(Procurador do Estado/PA – 2011) Sobre o *constitucionalismo*, assinale a alternativa INCORRET**A:**

(A) Não obstante seu uso recente, as ideias centrais abrigadas em seu conteúdo remontam à Antiguidade Clássica, mais notadamente ao ambiente da *polis* grega, por volta do século V a.C..

(B) A efetiva utilização do termo no vocabulário político e jurídico do mundo ocidental data de pouco mais de duzentos anos, associando-se aos processos revolucionários francês e soviético do século XVIII.

(C) *Constitucionalismo* e democracia são termos que, apesar de sua proximidade e usual superposição, não se confundem. Para muitos autores, pode até haver tensão entre eles. Por exemplo, direitos fundamentais, frequentemente, apresentam-se como limites ao princípio majoritário no processo político democrático.

(D) Traduz o ideal de limitação do poder e de supremacia da lei. (Estado de Direito, *rule of law*, *Rechtsstaat*).

(E) O ideal constitucionalista pode estar presente sem a existência de uma Constituição escrita – como no exemplo da tradição político-jurídica do Reino Unido; por outro lado, em inúmeros outros exemplos, apesar da vigência formal e solene de Cartas escritas, o ideal não se concretiza – como nas ditaduras latino-americanas das últimas décadas do século XX, e no caso da Constituição de Weimar, durante o predomínio do Nacional Socialismo na Alemanha de 1933 a 1945.

A: Correta. De acordo com Pedro Lenza, "analisando a antiguidade clássica, Karl Loewenstein identificou, entre os hebreus, timidamente, o surgimento do constitucionalismo, estabelecendo-se no Estado teocrático limitações ao poder político ao assegurar aos profetas a legitimidade para fiscalizar os atos governamentais que extrapolassem os limites bíblicos. (...) mais tarde, no século V. a.C, a experiência das Cidades-Estado gregas como importante exemplo de democracia constitucional" (Direito constitucional esquematizado, 2012, p. 57); B: Incorreta. Para Luis Roberto Barroso, "há razoável consenso de que o marco inicial do processo de constitucionalização do Direito foi estabelecido na Alemanha. Ali, sob o regime da Lei Fundamental de 1949 e consagrando desenvolvimentos doutrinários que já vinham de mais longe, o Tribunal Constitucional Federal assentou que os direitos fundamentais, além de sua dimensão subjetiva de proteção de situações individuais, desempenham uma outra função: a de instituir uma ordem objetiva de valores. O sistema jurídico deve proteger determinados direitos e valores, não apenas pelo eventual proveito que possam trazer a uma ou a algumas pessoas, mas pelo interesse geral da sociedade na sua satisfação. Tais normas constitucionais condicionam a interpretação de todos os ramos do Direito, público ou privado, e vinculam os Poderes estatais. O primeiro grande precedente na matéria foi o caso Luth, julgado em 15 de janeiro de 1958"; C: Correta. Sobre o tema, confira-se interessante colocação de Luis Roberto Barroso no multicitado artigo *Neoconstitucionalismo e constitucionalização do direito*: "o debate central na teoria constitucional norte-americana contrapôs, de um lado, liberais (ou progressistas), favoráveis ao *judicial review* e a algum grau de ativismo judicial, e, de outro, conservadores, favoráveis à autocontenção judicial e a teorias como originalismo e não interpretativismo. De algum tempo para cá, em razão do amplo predomínio republicano e conservador, com reflexos na jurisprudência da Suprema Corte, alguns juristas liberais vêm questionando o que denominam 'supremacia judicial' e defendendo um ainda impreciso constitucionalismo popular, com a 'retirada da Constituição dos tribunais'. O debate, na sua essência, é universal e gravita em torno das tensões e superposições entre constitucionalismo e democracia. É bem de ver, no entanto, que a ideia de democracia não se resume ao princípio majoritário, ao governo da maioria. Há outros princípios a serem preservados e há direitos da minoria a serem respeitados. Cidadão é diferente de eleitor; governo do povo não é governo do eleitorado. No geral, o processo político majoritário se move por interesses, ao passo que a lógica democrática se inspira em valores. E, muitas vezes, só restará o Judiciário para preservá-los. O *déficit* democrático do Judiciário, decorrente da dificuldade contra majoritária, não é necessariamente maior que o do Legislativo, cuja composição pode estar afetada por disfunções diversas, dentre as quais o uso da máquina administrativa, o abuso do poder econômico, a manipulação dos meios de comunicação"; D: Correto. Sim, com a prevalência dos direitos fundamentais; E: Correta, mas há polêmica. No caso do Reino Unido, para Luis Roberto Barroso, "mesmo que se concedesse a esses argumentos, não seria possível superar um outro: a inexistência do controle de constitucionalidade e, mais propriamente, de uma jurisdição constitucional no sistema inglês. No modelo britânico vigora a supremacia do Parlamento, e não da Constituição". Por isso, segundo o autor, seria difícil falar em constitucionalismo no Reino Unido.

Gabarito "B".

1. DIREITO CONSTITUCIONAL

(Procurador do Estado/PA – 2011) "O marco filosófico do novo direito constitucional é o pós-positivismo. O debate acerca de sua caracterização situa-se na confluência das duas grandes correntes do pensamento que oferecem paradigmas opostos para o Direito: o jusnaturalismo e o positivismo. Opostos, mas, por vezes, singularmente complementares. A quadra atual é assinalada pela superação (...) dos modelos puros por um conjunto difuso e abrangente de ideias, agrupadas sob o rótulo genérico de pós-positivismo." (BARROSO, Luís Roberto. *Curso de Direito Constitucional Contemporâneo: os conceitos fundamentais e a construção do novo modelo*. São Paulo: Saraiva, 2009, p. 247)

Acerca do paradigma pós-positivista no Direito Constitucional, leia as proposições a seguir e assinale a alternativa CORRETA:

I. Caracteriza-se, entre outros aspectos, pelo reconhecimento da normatividade dos princípios e de sua diferença qualitativa em relação às regras.

II. Caracteriza-se, entre outros aspectos, pela tese da rígida separação entre direito, moral e política, expressa na obra *O Império do Direito,* de Ronald Dworkin.

III. Caracteriza-se, entre outros aspectos, pela reabilitação da razão prática e da argumentação jurídica, manifesta, por exemplo, na obra de Robert Alexy.

IV. Caracteriza-se, entre outros aspectos, pelo desenvolvimento de uma teoria procedimentalista dos direitos fundamentais, elaborada por autores como Ronald Dworkin e H. L. Hart.

V. Caracteriza-se, entre outros aspectos, pela concepção da interpretação-aplicação do direito como um fenômeno volitivo e não cognoscitivo, pela retomada dos valores na interpretação e pela ilimitada discricionariedade judicial nos casos difíceis, como sustenta o realismo jurídico alemão.

(A) Apenas as alternativas II, IV e V estão corretas.

(B) Apenas as alternativas III, IV e V estão corretas

(C) Apenas as alternativas I e V estão corretas.

(D) Apenas as alternativas II e IV estão corretas.

(E) Apenas as alternativas I e III estão corretas.

De acordo com Luís Roberto Barroso, "o pós-positivismo busca ir além da legalidade estrita, mas não despreza o direito posto; procura empreender uma leitura moral do Direito, mas sem recorrer a categorias metafísicas. A interpretação e aplicação do ordenamento jurídico hão de ser inspiradas por uma teoria de justiça, mas não podem comportar voluntarismos ou personalismos, sobretudo os judiciais. No conjunto de ideias ricas e heterogêneas que procuram abrigo neste paradigma em construção incluem-se a atribuição de normatividade aos princípios e a definição de suas relações com valores e regras; a reabilitação da razão prática e da argumentação jurídica; a formação de uma nova hermenêutica constitucional; e o desenvolvimento de uma teoria dos direitos fundamentais edificada sobre o fundamento da dignidade humana. Nesse ambiente, promove-se uma reaproximação entre o Direito e a filosofia". Para um estudo mais aprofundado do tema, v. Luís Roberto Barroso, Fundamentos teóricos e filosóficos do novo direito constitucional brasileiro. In: *Temas de direito constitucional*, 2005, t. III. Gabarito "E".

(ADVOGADO – CORREIOS – 2011 – CESPE) No que se refere ao conceito de constituição e a sua classificação, julgue os itens seguintes.

(1) Segundo os doutrinadores, a ideia de uma constituição aberta está ligada à possibilidade de sua permanência dentro de seu tempo, evitando-se o risco de perda ou desmoronamento de sua força normativa.

(2) Quanto a sua extensão e finalidade, a constituição sintética examina e regulamenta todos os assuntos que reputa relevantes à formação, à destinação e ao funcionamento do Estado.

1: correto, pois com o Neoconstitucionalismo, a Constituição passou a ser reconhecida enquanto um sistema aberto de regras e de princípios (Gomes Canotilho). Ademais, a abertura constitucional ampliou o alcance da hermenêutica constitucional e do rol de intérpretes da Constituição (Peter Häberle); 2: incorreto, pois a Constituição sintética, ao contrário, regulamenta somente os princípios fundamentais e estruturais do Estado. O item, em verdade, traz o conceito de Constituição analítica. Gabarito: 1C, 2E

(ADVOGADO – CORREIOS – 2011 – CESPE) Com referência ao preâmbulo da Constituição Federal de 1988 (CF) e às normas constitucionais programáticas, julgue os seguintes itens.

(1) Constitui exemplo de norma programática o dispositivo segundo o qual o Estado deve garantir a todos pleno exercício dos direitos culturais e acesso às fontes da cultura nacional, além de apoio e incentivo a iniciativas de valorização e difusão das manifestações culturais.

(2) O preâmbulo constitucional estabelece as diretrizes políticas, filosóficas e ideológicas da CF, razão pela qual pode servir de elemento de interpretação e de paradigma comparativo em eventual ação de declaração de inconstitucionalidade.

1: correto, pois de acordo com a classificação de José Afonso da Silva, as normas constitucionais de eficácia limitada declaratórias de princípios programáticos – ou normas programáticas – são aquelas que veiculam um programa a ser implementado pelo Estado, uma meta a ser alcançada visando à realização de fins sociais, de modo a direcionar as atividades administrativas e legislativas; 2: incorreto, pois prevalece o entendimento de que o preâmbulo constitucional não possui relevância jurídica, mas tão somente importância histórica e política, de modo que não pode servir como parâmetro de controle de constitucionalidade, sendo esta, inclusive, a posição do STF (ADI 2.076-AC, DJ 08/08/2003). Gabarito: 1C, 2E

3. HERMENÊUTICA CONSTITUCIONAL E EFICÁCIA DAS NORMAS CONSTITUCIONAIS

(Procurador do Estado/SP – 2018 – VUNESP) O jurista alemão Konrad Hesse, ao analisar a interpretação constitucional como concretização, afirmou que "bens jurídicos protegidos jurídico-constitucionalmente devem, na resolução do problema, ser coordenados um ao outro de tal modo que cada um deles ganhe realidade.", ou seja, pode-se dizer que em determinados momentos o intérprete terá de buscar uma função útil a cada um dos bens constitucionalmente protegidos, sem que a aplicação de um imprima a supressão do outro. A definição exposta refere-se ao Princípio

(A) da Comparação Constitucional.

(B) Hermenêutico-Concretizador.

(C) da Forma Justeza ou da conformidade funcional.

(D) da Concordância Prática ou da Harmonização.

(E) da Proporcionalidade.

A: incorreta, pois o **método da comparação constitucional** é aquele em que o intérprete recorre ao Direito Comparado para buscar a melhor direção interpretativa das normas constitucionais do seu país; **B:** incorreta, pois o **método hermenêutico-concretizador** é aquele em que o intérprete, partindo da norma constitucional para a resolução de um problema, utiliza a sua pré-compreensão do significado da norma e leva em conta as circunstâncias históricas para obter o sentido da norma no caso concreto; **C:** incorreta, pois o **princípio da justeza ou da conformidade funcional** afirma que o intérprete não pode deturpar o esquema organizatório-funcional estabelecido na Constituição, de forma a violar o sistema de repartição de funções e competências; **D:** correta, pois o **princípio da concordância prática ou da harmoniza-ção** estabelece que o intérprete deve sopesar normas constitucionais conflitantes de modo a harmonizá-las, evitando o sacrifício total (supressão) de uma em relação a outra; em outras palavras, no conflito de normas constitucionais, o alcance delas deve ser reduzido até que se encontre o ponto de equilíbrio de acordo com o caso concreto; **E:** incorreta, pois o **princípio da proporcionalidade ou da razoabilidade** consubstancia a ideia de justiça, equidade, bom senso, moderação e proibição de excesso que deve pautar a interpretação e aplicação das normas, aferindo se os meios utilizados são adequados e necessários à consecução dos fins visados. **AN**

Gabarito "D".

(Procurador do Estado/AC – 2017 – FMP) Considerando-se que a tradição constitucional norte-americana se encontra cifrada, ainda que não de forma total e absoluta, na ideia de Constituição como regra do jogo da competência social e política, assim como na afirmação e garantia da autonomia dos indivíduos como sujeitos privados e como agentes políticos, cuja garantia essencial é a jurisdição, enquanto que a tradição europeia é preponderantemente marcada por um forte conteúdo normativo que supera o limiar da definição das regras do jogo organizando o poder, afirmando-se como um projeto político delineado de forma a participar diretamente do jogo, condicionando decisões estatais destinadas a efetivar um programa transformador do Estado e da sociedade, seria correto afirmar que

(A) o Neoconstitucionalismo resulta exclusivamente do influxo da tradição constitucional europeia.

(B) o Neoconstitucionalismo resulta exclusivamente do influxo da tradição constitucional norte americana.

(C) o Neoconstitucionalismo resulta da aproximação entre os dois modelos, tanto ao adotar a ideia – tipicamente europeia – de constituição como um texto jurídico supremo destinado a instrumentalizar um programa transformador, quanto ao deferir à jurisdição – o que é característico do modelo norte americano – a tarefa de implementar tal programa quando o legislador não o faz, de que é exemplo a inconstitucionalidade por omissão tal como existente no sistema constitucional brasileiro.

(D) o Neoconstitucionalismo caracteriza-se essencial-mente como um rompimento tanto com a tradição constitucional europeia quanto com a norte-ameri-cana.

(E) na ambiência do Neoconstitucionalismo, rompe-se definitivamente a separação entre direito e moral, uma vez que se considera que o julgador pode e deve tanto interpretar normas jurídicas a partir de suas convicções morais, quanto aplicar diretamente preceitos morais na solução dos casos concretos quando inexistente norma jurídica específica.

Correta é a letra C, pois retrata fielmente, ainda que de forma resumida, o neoconstitucionalismo. A letra A está errada, pois existe influência norte-americana. A letra B não é correta, pois também há influência europeia. Letra D errada, porque não ocorreu tal rompimento. Por último, letra E errada, uma vez que a separação definitiva entre Direito e moral não é verdadeira como, por exemplo, confirma-se no artigo 37, *caput*, da CF. **AB**

Gabarito "C".

(Procurador – SP – VUNESP – 2015) Este princípio, ao reduzir a expressão semiológica do ato impugnado a um único sentido interpretativo, garante, a partir de sua concreta incidência, a integridade do ato do Poder Público no sistema do direito positivo. Essa função conservadora da norma permite que se realize, sem redução do texto, o controle de sua constitucionalidade. (STF)

O conceito apresentado diz respeito a um princípio de interpretação constitucional denominado de Princípio da:

(A) Unidade.

(B) Interpretação Conforme a Constituição.

(C) Supremacia da Constituição.

(D) Concordância Prática.

(E) Harmonização.

A: incorreta. Pelo princípio da **unidade**, a Constituição deve ser analisada de forma integrada. Normas constitucionais formam um conjunto de regras que não devem ser vistas isoladamente. Sempre que possível, os comandos constitucionais não devem ser separados do todo. É necessário que todos aqueles que interpretam a Constituição o façam de modo a impedir, ou pelo menos evitar, a existência de contradições com outras normas dispostas na própria Constituição. Decorre também da ideia de unidade da Constituição o fato de não haver hierarquia formal entre as normas constitucionais; **B:** correta. A **interpretação conforme a Constituição**, como o próprio nome expressa, indica que as normas devem ser interpretadas de acordo com o que dispõe a Constituição Federal. É, a um só tempo, mecanismo utilizado no controle de cons-titucionalidade e técnica de interpretação da Constituição. Tratando da "interpretação conforme" como técnica de interpretação, devemos lembrar que ela é utilizada quando estamos diante de normas que possuem mais de um significado. São as conhecidas normas polissê-micas ou plurissignificativas (que possuem mais de uma interpretação). Desse modo, se determinado dispositivo possui dois significados, o sentido que terá de ser atribuído à norma é o que encontra respaldo constitucional, devendo ser descartado aquele que não vai de encontro ao Texto Maior, ou seja, aquele que vai contra a Constituição. Cabe a observação de que o mecanismo da interpretação conforme a Consti-tuição não dá ao intérprete a possibilidade de atuar como legislador, criando normas gerais e abstratas; **C:** incorreta. Pelo princípio da **supremacia**, a Constituição Federal é a lei máxima do ordenamento jurídico brasileiro. É fundamento de validade de todos os demais atos normativos. Está no ápice da pirâmide normativa e determina as regras que devem ser observadas. Todas as normas infraconstitucionais devem guardar relação de compatibilidade com a Constituição, sob pena de serem declaradas inconstitucionais; **D** e **E:** incorretas. A **harmonização ou concordância prática** indica que as normas constitucionais devem ser conciliadas para que possam coexistir sem que uma tenha de ser privilegiada em detrimento de outra. Tal princípio também tem relação com o da unidade da constituição e com o princípio da igualdade, pois o todo é que deve ser analisado e de forma harmônica, evitando-se, ao máximo, a anulação de um direito por conta de outro. A concordância

1. DIREITO CONSTITUCIONAL | 11

prática reforça a ideia de inexistência de hierarquia entre os princípios constitucionais. **BV**

Gabarito "B".

"O intérprete não pode chegar a um resultado que subverta ou perturbe o esquema organizatório-funcional estabelecido pelo constituinte. Assim, a aplicação das normas constitucionais propostas pelo intérprete não pode implicar alteração na estrutura de repartição de poderes e exercício das competências constitucionais estabelecidas pelo constituinte originário".

(Procurador do Município – S.J. Rio Preto/SP – 2019 – VUNESP) Esse aspecto de interpretação das normas constitucionais diz respeito ao princípio

(A) da harmonização.

(B) da justeza.

(C) da força normativa da Constituição.

(D) do efeito integrador.

(E) do normativo-estruturante.

Correta é a letra B, pois o princípio da justeza limita o intérprete e não permite que este altere a repartição de funções constitucionalmente estabelecidas, por exemplo. Em relação ao enunciado, o princípio da justeza é p única que se encaixa perfeitamente, pois o princípio da harmonização fala da combinação de bens jurídicos na busca por se evitar o sacrifício total de um deles, diante de um conflito, por isso letra A errada. A força normativa da Constituição determina ao intérprete a prevalência da eficácia da Constituição, logo, letra C errada por não encaixar no que diz o enunciado. A letra D também está errada, pois o efeito integrador busca solucionar os conflitos com integração política e social. Por fim, a letra E está errada porque a normatividade-estruturante determina que o texto da norma deve ser uma espécie de ponto de partida. **AB**

Gabarito "B".

(Procurador do Estado – PGE/PR – PUC – 2015) Em que pesem os debates contemporâneos, ainda é bastante utilizada a classificação de José Afonso da Silva acerca da eficácia das normas constitucionais. De acordo com essa classificação clássica, assinale a assertiva **CORRETA**.

(A) Poderá ser impetrado Mandado de Injunção para sanar omissão de norma constitucional de eficácia limitada.

(B) Todas as normas definidoras de direitos e garantias fundamentais contidas no artigo 5º da Constituição podem ser consideradas como normas constitucionais de eficácia plena.

(C) Normas constitucionais de eficácia contida são aquelas desprovidas de qualquer eficácia jurídica e social enquanto não houver legislação integrativa infraconstitucional que lhes dê aplicabilidade.

(D) Normas constitucionais de eficácia limitada são aquelas que têm aplicabilidade integral, produzindo seus efeitos desde a entrada em vigor da Constituição, podendo sofrer redução no seu alcance por atuação do legislador infraconstitucional.

(E) O artigo 5º, § 1º, da Constituição Federal, que consigna a aplicabilidade imediata dos direitos e garantias fundamentais, é norma constitucional de eficácia limitada.

A: correta. Art. 5º, LXXI, CF; **B:** incorreta. No art. 5º da CF há direitos fundamentais de eficácia plena, contida e limitada; **C:** incorreta. De

acordo com José Afonso da Silva, há: a) normas constitucionais de eficácia plena (ou absoluta) e aplicabilidade imediata, que produzem efeitos plenos tão logo entram em vigor; b) normas constitucionais de eficácia contida (ou redutível ou restringível) e aplicabilidade mediata, que muito embora tenham eficácia direta e aplicabilidade imediata quando da promulgação da CF, podem vir a ser restringidas pelo legislador infraconstitucional no futuro e c) normas constitucionais de eficácia limitada, que, por sua vez, podem ser: c.1) de princípio instituitivo (ou organizativo) ou c.2) de princípio programático; **D:** incorreta. Normas constitucionais de eficácia limitada são as que possuem aplicabilidade indireta e eficácia mediata, pois dependem da intermediação do legislador infraconstitucional para que possam produzir seus efeitos jurídicos próprios. Serão de princípio instituitivo se contiverem regras de estruturação de instituição, órgãos ou entidades, como a norma do art. 18, § 2º, da CF. As normas constitucionais de eficácia limitada e de princípio programático veiculam programas a serem implementados pelo Estado (arts. 196, 205 e 215, da CF). Além disso, importante observar que toda norma constitucional, ainda que de eficácia limitada, possui eficácia para revogar as normas em contrário ou para servir de vetor de interpretação para o legislador ordinário. Assim, mesmo tendo baixa densidade normativa, as normas de eficácia limitada podem servir como parâmetro para a declaração de inconstitucionalidade das leis que com elas colidem; **E:** incorreta. A norma é de eficácia plena. **TM**

Gabarito "A".

(Advogado União – AGU – CESPE – 2015) Julgue os itens a seguir, relativos a normas constitucionais, hermenêutica constitucional e poder constituinte.

(1) De acordo com o princípio da unidade da CF, a interpretação das normas constitucionais deve ser feita de forma sistemática, afastando-se aparentes antinomias entre as regras e os princípios que a compõem, razão por que não devem ser consideradas contraditórias a norma constitucional que veda o estabelecimento de distinção pela lei entre os brasileiros natos e os naturalizados e a norma constitucional que estabelece que determinados cargos públicos devam ser privativos de brasileiros natos.

(2) Diferentemente do poder constituinte derivado, que tem natureza jurídica, o poder constituinte originário constitui-se como um poder, de fato, inicial, que instaura uma nova ordem jurídica, mas que, apesar de ser ilimitado juridicamente, encontra limites nos valores que informam a sociedade.

1. correta. Pelo princípio da unidade da Constituição, as normas constitucionais devem ser observadas não como preceitos isolados, mas como parte de um sistema, devendo, por isso, ser interpretadas em conjunto com as demais regras e princípios constitucionais. Além disso, dele decorre também a afirmação de que não há hierarquia formal entre normas constitucionais, podendo-se falar, apenas, em hierarquia axiológica; **2.** correta. Como o Poder Constituinte Originário é inicial, ilimitado, incondicionado e autônomo, considera-se como poder de fato. Já o Poder Constituinte Derivado, que é condicionado pelo Poder Constituinte Originário e nele encontra limites, é considerado um poder estabelecido juridicamente. **TM**

Gabarito "1C, 2C".

(Procurador – PGFN – ESAF – 2015) É de Rui Barbosa a seguinte lição: "Uma constituição é executável por si mesma, quando, completa no que determina, lhe é supérfluo auxílio supletivo da lei, para exprimir tudo o que intenta, e realizar tudo o que exprime" (Comentários à Constituição, 1933, II). No que diz respeito à eficácia e aplicabilidade da norma constitucional, é correto afirmar que:

(A) as prescrições mandatórias e as prescrições diretórias têm o mesmo significado, alcance e validade.

(B) o Supremo Tribunal Federal considerou, logo após a promulgação da Constituição Federal de 1988, autoaplicável o dispositivo do mandado de injunção, o que dispensaria a necessidade de regulamentação, não obstante tenha assinalado que a legislação do mandado de segurança seria utilizada de empréstimo.

(C) a concepção de normas constitucionais autoaplicáveis (*self-executing*) e não autoexecutáveis (*not self-executing*) tem origem na Inglaterra, resultado da lenta construção do seu sistema constitucional consuetudinário.

(D) apesar da sua inegável relevância, o art. 196 da Constituição Federal, que diz que a saúde é direito de todos e dever do Estado, necessita de lei para produzir efeitos, conforme tem decidido o Supremo Tribunal Federal ao negar o prosseguimento de recursos que intentam compelir o Estado a arcar com a responsabilidade de tratamento de saúde.

(E) após a promulgação da Emenda Constitucional n. 45/04, não se considera programático o dispositivo da Constituição que requer a aprovação de lei por maioria simples.

A: incorreta. Termos do direito americano. As prescrições mandatórias (*mandatory provisions*) são cogentes, as diretórias (*directory provisions*) não vinculam o legislador; **B:** correta. A lei regulamentadora do Mandado de Injunção só foi editada em 2016 (Lei 13.300/2016), antes disso utilizava-se por empréstimo as disposições da lei do mandado de segurança; **C:** incorreta. A origem está na doutrina estadunidense; **D:** incorreta. O STF e o Poder Judiciário em geral conferem eficácia plena e aplicabilidade imediata ao direito à saúde; **E:** incorreta. As normas constitucionais que requerem edição de lei para que possam ser aplicadas são consideradas de eficácia limitada (algumas de conteúdo programático, outras não). **TM**
„.ᗺ„ oʇᴉɹɐqɐ⅁

(Procurador – PGFN – ESAF – 2015) A interpretação constitucional experimentou ampla evolução desde a primeira decisão judicial que declarou a inconstitucionalidade de um ato normativo, primazia da Suprema Corte dos Estados Unidos, em 1803, no caso Marbury *v*. Madison. A respeito desse tema, princípio da interpretação constitucional, é correto afirmar que:

(A) denomina-se "princípio da unidade da Constituição" aquele que possibilita separar a norma do conjunto e aplicar o texto da Constituição mediante sua divisão em diversos sistemas.

(B) por sua característica de documento fundamental, fruto de soberana outorga popular a um poder especial que se denomina de Poder Constituinte Originário, os dispositivos da Constituição encerram, em sua grande e esmagadora maioria, um compromisso político, desprovido de eficácia normativa imediata.

(C) o princípio da interpretação conforme a constituição tem como característica fundamental a prevalência da súmula vinculante na interpretação de cânone constitucional de natureza fundamental.

(D) o princípio da concordância prática manifesta sua utilidade nas hipóteses de conflito entre normas constitucionais, quando os seus programas normativos se abalroam.

(E) pelo princípio da eficácia integradora, os instrumentos de controle de constitucionalidade, especialmente a ADI, devem ser interpretados de modo a, tanto quanto possível, integrar o texto impugnado à Constituição.

A: incorreta. Pelo princípio da unidade da Constituição, as normas constitucionais devem ser observadas não como preceitos isolados, mas como parte de um sistema, devendo, por isso, ser interpretadas em conjunto com as demais regras e princípios constitucionais. Além disso, dele decorre também a afirmação de que não há hierarquia formal entre normas constitucionais, podendo-se falar, apenas, em hierarquia axiológica; **B:** incorreta. Todas as normas constitucionais têm força normativa, ainda que algumas tenham eficácia limitada; **C:** incorreta. A interpretação conforme a Constituição é, ao mesmo tempo, princípio de interpretação e técnica de controle de constitucionalidade, tendo aplicação diante de normas jurídicas *plurissignificativas*. Vale dizer, a interpretação conforme a Constituição somente será possível quando a norma infraconstitucional apresentar vários significados ou puder ser interpretada de várias formas, umas compatíveis com as normas constitucionais e outras não, devendo-se excluir a interpretação contra o texto constitucional e optar pela interpretação que encontra guarida na CF, ou seja, pela interpretação conforme a Constituição. Entretanto, não legitima o intérprete a atuar como legislador positivo; **D:** correta. O princípio da concordância prática também é conhecido como *harmonização*. Ou seja, diante da inexistência de hierarquia entre os princípios constitucionais, deve-se buscar a redução proporcional do alcance de cada um dos bens em conflito, de modo que seus núcleos não sejam atingidos, evitando o sacrifício total de um bem em benefício do outro; **E:** incorreta. De acordo com o princípio do efeito integrador (Canotilho), na resolução dos problemas jurídico-constitucionais deve ser dada primazia aos critérios favorecedores da integração política e social, bem como ao reforço da unidade política. **TM**
„.ᗡ„ oʇᴉɹɐqɐ⅁

(PROCURADOR DO ESTADO/MG – FUMARC – 2012) Sobre a eficácia e aplicabilidade das normas constitucionais, assinale a alternativa correta:

(A) Normas de Eficácia Plena contém argumentos suficientes para sua aplicabilidade imediata e integral, como por exemplo, as que preveem programas oficiais do Estado;

(B) As Normas de Eficácia Limitada possuem eficácia imediata em relação ao efeito vinculante do legislador ordinário.

(C) As Normas de Eficácia Limitada, aplicabilidade diferida ou mediata imprescindem de integração com outra norma constitucional para que tenham eficácia plena;

(D) As normas constitucionais definidoras de direitos e garantias fundamentais possuem eficácia plena ou absoluta e aplicabilidade imediata;

(E) As normas de eficácia contida, em razão do cunho constitucional, apenas podem ter sua aplicabilidade reduzida em face de norma igualmente constitucional.

De acordo com José Afonso da Silva, há: a) normas constitucionais de eficácia plena (ou absoluta) e aplicabilidade imediata, que produzem efeitos plenos tão logo entram em vigor; b) normas constitucionais de eficácia contida (ou redutível ou restringível) e aplicabilidade mediata, que muito embora tenham eficácia direta e aplicabilidade imediata quando da promulgação da CF, podem vir a ser restringidas pelo legislador infraconstitucional no futuro e c) normas constitucionais de eficácia limitada, que, por sua vez, podem ser: c.1) de princípio institutivo (ou organizativo) ou c.2) de princípio programático. Normas constitucionais de eficácia limitada são as que possuem aplicabilidade indireta e eficácia mediata, pois dependem da intermediação do legislador infraconstitucional para que possam produzir seus efeitos jurídicos próprios. Serão de princípio institutivo se contiverem regras de estruturação de instituição, órgãos ou entidades, como a norma do art. 18, § 2º, da CF. As normas constitucionais de eficácia limitada e de princípio programático veiculam programas a serem implementados pelo Estado (arts. 196, 205 e 215, da CF). Além disso, importante observar que toda norma constitucional, ainda que de eficácia limitada, possui eficácia para revogar as normas em contrário ou para servir de vetor de interpretação para o legislador ordinário. Assim, mesmo tendo baixa densidade normativa, as normas de eficácia limitada podem servir como parâmetro para a declaração de inconstitucionalidade das leis que com elas colidem.

Gabarito "B".

(Procurador do Município/São José dos Campos-SP – 2012 – VUNESP) Analise os seguintes dispositivos constitucionais.

I. É vedado à União, aos Estados, ao Distrito Federal e aos Municípios: criar distinções entre brasileiros ou preferências entre si.

II. No caso de iminente perigo público, a autoridade competente poderá usar de propriedade particular, assegurada ao proprietário indenização ulterior, se houver dano.

III. Compete privativamente à União legislar sobre: desapropriação.

Conforme a doutrina clássica que trata da eficácia e aplicabilidade das normas constitucionais, os dispositivos da Constituição Federal reproduzidos na questão são considerados, respectivamente, normas de eficácia

(A) plena, contida e limitada.

(B) contida, plena e limitada.

(C) limitada, contida e plena.

(D) plena, contida e plena.

(E) plena, plena e limitada.

De acordo com José Afonso da Silva, há: a) normas constitucionais de eficácia plena (ou absoluta) e aplicabilidade imediata, que produzem efeitos plenos tão logo entram em vigor; b) normas constitucionais de eficácia contida (ou redutível ou restringível) e aplicabilidade mediata, que muito embora tenham eficácia direta e aplicabilidade imediata quando da promulgação da CF, podem vir a ser restringidas pelo legislador infraconstitucional no futuro e c) normas constitucionais de eficácia limitada, que, por sua vez, podem ser: c.1) de princípio institutivo (ou organizativo) ou c.2) de princípio programático.

Gabarito "D".

4. CONTROLE DE CONSTITUCIONALIDADE

(Procurador do Estado/AC – 2017 – FMP) Considere as assertivas abaixo, acerca do controle de constitucionalidade.

I. Uma decisão do TJ local proferida em ADI estadual, tendo por parâmetro norma da Constituição Estadual de imitação de norma da CF, não poderá ser submetida a exame pelo STF mediante a interposição de Recurso Extraordinário.

II. O controle prévio jurisdicional difuso, realizado em concreto mediante impetração de mandado de segurança, somente pode ser suscitado por parte de quem tenha direito subjetivo lesado ou ameaçado de lesão (interesse legítimo) quando se tratar da tramitação de Proposta de Emenda Constitucional, nunca de projeto de lei.

III. Quando julgado o mérito de ADI, havendo decisão de procedência sem manifestação expressa em sentido contrário, produzir-se-ão efeitos repristinatórios da norma revogada pela norma então julgada inconstitucional.

Sobre as assertivas acima, é correto afirmar que

(A) todas as afirmativas são incorretas.

(B) a alternativa 1 é incorreta; as alternativas II e III são corretas.

(C) somente a alternativa II é correta.

(D) somente a alternativa III é correta.

(E) as alternativas I e II são corretas; a alternativa III é incorreta.

Correta é a letra D, uma vez que somente o item III é correto. O item I está errado, pois cabe sim o recurso extraordinário em tal situação. O item II é incorreto porque a legitimidade é do parlamentar (MS 24.667. Rel. Min. Carlos Velloso. STF). AB

Gabarito "D".

(Procurador do Estado/AC – 2017 – FMP) Considere as assertivas abaixo relativamente às ações constitucionais.

I. A Procuradoria do Estado pode propor ações civis públicas que tenham por objeto tanto direitos subjetivos coletivos em sentido estrito, assim entendidos aqueles decorrentes de uma relação jurídica básica, quanto tendo por objeto direitos difusos, assim entendidos aqueles de natureza transindividual indivisíveis.

II. Procurador do Estado pode propor habeas data e mandado de injunção tendo por objeto direitos subjetivos individuais homogêneos e direitos difusos.

III. No caso de decisão do Tribunal de Justiça do Acre em mandado contra ato do chefe do Ministério Público daquele Estado, concedendo a segurança pleiteada, caberá à Procuradoria do Estado interpor recurso e arrazoá-lo.

Assinale a alternativa correta.

(A) as assertivas I, II e III são incorretas.

(B) apenas as assertivas I e II são corretas.

(C) apenas as assertivas I e III são corretas.

(D) apenas as assertivas II e III são corretas.

(E) as assertivas I, II e III são corretas.

Correta é a letra C, pois o item I está correto (artigo 5º, III, da Lei 7347/85). O item II está errado, porque a pessoa jurídica de direito público não pode impetrar MI (artigo 12, da Lei 13.300/16). O item III está correto, conforme artigos 6º e 7º, da Lei 12.016/09, uma vez que o sujeito passivo seria a pessoa jurídica de direito público (Estado do Acre). AB

Gabarito "C".

(Procurador do Estado/AC – 2017 – FMP) Considere as assertivas abaixo:

I. Quando couber ADI estadual perante TJ-AC (CE, art. 95, 1, f) tendo como parâmetro norma constitucional de reprodução obrigatória, ainda que implícita na Constituição Estadual, terá aplicação o princípio da subsidiariedade, com o que, nos termos da jurisprudência do STF, será incabível a ADPF.

II. No caso de Prefeito Municipal ser autor da ADI estadual tendo por objeto norma de outro Município que não o seu, deverá comprovar a existência de pertinência temática, sob pena de inadmissão da ação que tenha proposto.

III. Quando a norma objeto do controle de constitucionalidade dispuser sobre determinado assunto sem direcionar seus efeitos a todos os sujeitos e/ou a todas as situações (iguais) que deveriam estar incluídas no seu âmbito de aplicação, tem-se inconstitucionalidade por omissão parcial.

Sobre as assertivas acima, é correto afirmar que

(A) todas são corretas.

(B) todas são incorretas.

(C) somente as alternativas I e III são corretas.

(D) somente as alternativas II e III são corretas.

(E) somente as alternativas I e II são corretas.

Correta é a letra D, pois o item I está errado, uma vez que sendo cabível ADI não falaremos da ADPF e, por consequência, inaplicável o princípio da subsidiariedade. O item II está correto, pois o prefeito, mesmo não estando no rol dos legitimados da Constituição Federal, poderá estar no rol da Constituição Estadual e, assim, caso seria de demonstrar a pertinência temática numa eventual ação de controle. O item III também está correto, pois a omissão pode ser total ou parcial. Sendo parcial, pode ser a omissão parcial propriamente dita ou a omissão parcial relativa, conforme afirmado no citado enunciado. AB

Gabarito "D".

(Procurador do Estado/AC – 2017 – FMP) No Brasil, com relação ao controle abstrato de constitucionalidade de lei ou ato normativo no âmbito estadual, é correto afirmar que

(A) passou a existir, de forma obrigatória, com CF de 1891.

(B) passou a existir, de forma facultativa, com a CF de 1946.

(C) passou a existir, de forma obrigatória, com a CF de 1967.

(D) passou a existir, de forma facultativa, com a CF de 1934.

(E) passou a existir, de forma obrigatória, com a CF de 1988.

Correta é a letra B, pois surgiu facultativamente com a Constituição de 1946 (EC 16/65). AB

Gabarito "B".

(Procurador do Estado/AC – 2017 – FMP) No controle abstrato de constitucionalidade, ainda que seja considerado processo objetivo, dado que nele não há sujeitos envolvidos como partes, tem-se que

(A) no âmbito do Estado do Acre, necessariamente, deverá ser citado o Procurador-Geral de Justiça para defender a norma impugnada.

(B) no âmbito federal, deverá ser citado o Procurador-Geral da República para defender a norma impugnada.

(C) no âmbito do Estado do Acre, necessariamente, deverá ser citado o Defensor Público-Geral para defender a norma impugnada.

(D) no âmbito do Estado do Acre, necessariamente, deverá ser citado o Procurador Geral do Estado para defender a norma impugnada.

(E) no âmbito do Estado do Acre, necessariamente, deverá ser citado o Procurador Geral do Estado que, se entender que seja o caso, poderá defender a norma impugnada.

Correta é a letra D, conforme artigo 103, §3º, da CF, aplicação por simetria, além do próprio artigo 104, §4º, da Constituição do Estado do Acre: "Quando o Tribunal de Justiça do Estado apreciar a inconstitucionalidade, em tese, de norma legal ou ato normativo, citará previamente, o procurador geral do Estado, que defenderá o ato ou texto impugnado.". (A)

Gabarito "D".

(Procurador do Estado/SP – 2018 – VUNESP) Na Ação Declaratória de Constitucionalidade com pedido cautelar nº 19, ajuizada pelo Presidente da República, o Plenário do Supremo Tribunal Federal (STF), por votação unânime, declarou a constitucionalidade dos artigos 1º, 33 e 41 da Lei Federal nº 11.340/2006, conhecida como 'Lei Maria da Penha', que cria mecanismos para coibir a violência doméstica e familiar contra a mulher, em consonância ao artigo 226, § 8º da Constituição Federal. A decisão analisou em conjunto a Ação Declaratória de Constitucionalidade (ADC) nº 19 e a Ação Direta de Inconstitucionalidade (ADI) nº 4.424. Considerando este cenário, é correto afirmar sobre o controle de constitucionalidade:

(A) as decisões definitivas de mérito, proferidas pelo STF nas ADCs, produzirão eficácia erga omnes e efeito vinculante, relativamente aos demais órgãos do Poder Judiciário e à Administração Pública direta e indireta, nas esferas federal, estadual, porém, não admitem, em nenhuma hipótese, reclamação constitucional, intervenção de terceiros ou *amicus curiae* e realização de qualquer tipo de prova.

(B) quanto ao procedimento da ADC, prevalece o entendimento no Supremo Tribunal Federal de que se aplica o princípio da causa petendi aberta, ou seja, a Corte poderá basear-se em outros fundamentos que não aqueles trazidos pela petição inicial para fundamentar a sua decisão, motivo pelo qual é garantido ao autor optar pela desistência da ação a qualquer momento.

(C) o Supremo Tribunal Federal, por decisão da maioria absoluta de seus membros, poderá deferir pedido de medida cautelar na ação declaratória de constitucionalidade, consistente na determinação de que os juízes e os Tribunais suspendam o julgamento dos processos que envolvam a aplicação da lei ou do ato normativo objeto da ação até seu julgamento definitivo, devendo, nesse caso, publicar em seção especial do Diário Oficial da União, no prazo de dez dias, a parte dispositiva da decisão e proceder ao julgamento da ação no prazo de cento e oitenta dias, sob pena de perda de sua eficácia.

(D) a legitimidade ativa para propor a ADC inclui, além do Presidente da República, o Congresso Nacional, os Deputados Estaduais ou Distritais, o Governador de Estado ou do Distrito Federal; o Procurador-Geral da República; o Conselho Federal da Ordem dos Advogados do Brasil; partido político com representação no Congresso Nacional e sindicatos.

(E) para a admissibilidade da ação declaratória de constitucionalidade é dispensável a comprovação de controvérsia ou dúvida relevante quanto à legitimidade da norma, uma vez que, proclamada a constitucionalidade, julgar-se-á improcedente a ação direta ou procedente eventual ação declaratória; e, proclamada a inconstitucionalidade, julgar-se-á procedente a ação direta ou improcedente eventual ação declaratória.

1. DIREITO CONSTITUCIONAL

A: incorreta, pois a declaração de constitucionalidade tem eficácia contra todos e efeito vinculante em relação aos órgãos do Poder Judiciário e à Administração Pública federal, estadual e municipal (art. 28, parágrafo único, da Lei 9.868/1999), não se admitindo intervenção de terceiros (art. 18 da Lei 9.868/1999), mas se admitindo *amicus curiae* (aplicação, por analogia, do art. 7º, § 2º, da Lei 9.868/1999), produção de provas (art. 20, § 1º, da Lei 9.868/1999) e reclamação constitucional para a garantia da autoridade da decisão (art. 102, I, *l*, da CF); **B:** incorreta, visto que, proposta a ação declaratória, **não** se admitirá desistência (art. 16 da Lei 9.868/1999); **C:** correta, nos termos do art. 21 da Lei 9.868/1999; **D:** incorreta, já que a legitimidade ativa para propor a ADC inclui o Presidente da República; a Mesa do Senado Federal; a Mesa da Câmara dos Deputados; a Mesa de Assembleia Legislativa ou da Câmara Legislativa do Distrito Federal; o Governador de Estado ou do Distrito Federal; o Procurador-Geral da República; o Conselho Federal da Ordem dos Advogados do Brasil; partido político com representação no Congresso Nacional; e confederação sindical ou entidade de classe de âmbito nacional (art. 103 da CF); **E:** incorreta, tendo em vista que a petição inicial deverá indicar a existência de controvérsia judicial relevante sobre a aplicação da disposição objeto da ação declaratória (art. 14, III, da CF). **AN**

Gabarito "C".

(Procurador do Estado/TO – 2018 – FCC) O princípio da separação de poderes, erigido como cláusula pétrea da Constituição da República, traduzindo o sistema de freios e contrapesos do regime democrático, impõe restrições à atividade do Poder Legislativo, entre as quais,

I. inconstitucionalidade de leis de iniciativa parlamentar instituindo programas de governo, que estabeleçam competências ou atribuições específicas para órgãos da Administração.

II. vedação à apresentação de projetos de lei que gerem despesa, salvo na forma de emenda à Lei Orçamentária Anual.

III. restrição ao poder de emendar projetos de iniciativa privativa do Chefe do Executivo quando a emenda não guarde pertinência temática com a proposição original, apresentando matéria diversa.

Está correto o que se afirma APENAS em

(A) I e II.

(B) I.

(C) I e III.

(D) III.

(E) II e III.

Correta é a letra C, pois o que se afirma no item I está correto (ADI 2.329, STF). O item II está errado (ADI 3.394, STF). O item III está correto (ADI 3.655, STF). **AB**

Gabarito "C".

(Procurador do Município – Prefeitura Fortaleza/CE – CESPE – 2017) No que concerne a controle de constitucionalidade, julgue o item a seguir.

(1) Se a demanda versar exclusivamente sobre direitos disponíveis, é vedado ao juiz declarar de ofício a inconstitucionalidade de lei, sob pena de violação do princípio da inércia processual.

1. incorreta. Qualquer juiz ou tribunal pode conhecer questões de inconstitucionalidade de ofício, ainda que se trate apenas de direitos disponíveis. **TM**

Gabarito 1E

(Procurador Municipal – Prefeitura/BH – CESPE – 2017) O STF declarou a inconstitucionalidade da interpretação da norma que proíbe a realização de aborto na hipótese de gravidez de feto anencefálico, diante da omissão de dispositivos penais quanto àquela situação. Essa decisão visou a garantir a compatibilidade da lei com os princípios e direitos fundamentais previstos na CF.

De acordo com a doutrina pertinente, nesse caso, o julgamento do STF constituiu sentença ou decisão:

(A) interpretativa de aceitação.

(B) aditiva.

(C) substitutiva.

(D) interpretativa de rechaço.

A: incorreta. No âmbito da interpretação constitucional, mais propriamente dentro da interpretação conforme a Constituição, existem as chamadas sentenças meramente interpretativas e as sentenças normativas ou manipuladoras. As sentenças de interpretação conforme *interpretativas*, por sua vez, podem ser divididas em interpretativas de aceitação e de rechaço (ou repúdio). As interpretativas de aceitação anulam as decisões que estejam contrárias à Constituição, por conterem interpretações da Constituição que não são válidas. Assim, a norma permanece no ordenamento, mas a intepretação que lhe foi conferida é declarada inconstitucional; **B:** correta. Já as decisões *manipuladoras ou normativas*, podem ser aditivas ou substitutivas. Nas aditivas, a Corte declara a existência de uma omissão inconstitucional na norma, como no caso do direito de greve do servidor público. Diante da omissão do legislador em regulamentá-lo, o STF garantiu seu exercício a partir da aplicação por analogia da lei de greve da iniciativa privada; **C:** incorreta. Nas decisões manipulativas substitutivas, ao contrário, a Corte declara a inconstitucionalidade da norma atacada substituindo-a por outra, criada pelo próprio tribunal; **D:** incorreta. Nas sentenças interpretativas de repúdio ou rechaço, o enunciado da norma permanece válido, mas a Corte adota a interpretação da norma que está de acordo com a Constituição, repudiando todas as demais. **TM**

Gabarito "B".

(Procurador do Município – Valinhos/SP – 2019 – VUNESP) A Constituição Federal poderá ser emendada

(A) mediante proposta de menos da metade das Assembleias Legislativas das unidades da Federação.

(B) mediante proposta do Vice-Presidente da República.

(C) na vigência de estado de defesa ou de estado de sítio, mas não na vigência de intervenção federal.

(D) e a matéria constante de proposta de emenda rejeitada ou havida por prejudicada pode ser objeto de nova proposta na mesma sessão legislativa.

(E) mediante proposta de um terço, no mínimo, dos membros da Câmara dos Deputados ou do Senado Federal.

Correta é a letra E, tendo em vista o artigo 60, da CF: "Art. 60. A Constituição poderá ser emendada mediante proposta: I – de um terço, no mínimo, dos membros da Câmara dos Deputados ou do Senado Federal; II – do Presidente da República; III – de mais da metade das Assembleias Legislativas das unidades da Federação, manifestando-se, cada uma delas, pela maioria relativa de seus membros. § 1º A Constituição não poderá ser emendada na vigência de intervenção federal, de estado de defesa ou de estado de sítio. § 2º A proposta será discutida e votada em cada Casa do Congresso Nacional, em dois turnos, considerando-se aprovada se obtiver, em ambos, três quintos dos votos dos respectivos membros. § 3º A emenda à Constituição será promulgada pelas Mesas da Câmara dos Deputados e do Senado Federal, com o respectivo número de ordem. § 4º Não será objeto

de deliberação a proposta de emenda tendente a abolir: I – a forma federativa de Estado; II – o voto direto, secreto, universal e periódico; III – a separação dos Poderes; IV – os direitos e garantias individuais. § 5º A matéria constante de proposta de emenda rejeitada ou havida por prejudicada não pode ser objeto de nova proposta na mesma sessão legislativa.". Logo, a única correta é a letra E (artigo 60, I, da CF). Letra A incorreta, porque a proposta deve ser de mais da metade das Assembleias Legislativas. Letra B errada, pois a proposta seria do Presidente da República. Letra C errada, porque não cabe emenda em qualquer um dos estados excepcionais. Letra D incorreta, pois não pode ser objeto de nova proposta na mesma sessão legislativa. **AB**
Gabarito "E".

(Procurador Municipal – Prefeitura/BH – CESPE – 2017) À luz do entendimento do STF, assinale a opção correta, a respeito do controle de constitucionalidade.

(A) Admite-se reclamação para o STF contra decisão relativa à ação direta que, proposta em tribunal estadual, reconheça a inconstitucionalidade do parâmetro de controle estadual em face da CF.

(B) Lei municipal poderá ser objeto de pedido de representação de inconstitucionalidade, mas não de arguição de descumprimento de preceito fundamental.

(C) Ato normativo editado por governo de estado da Federação que proíba algum tipo de serviço de transporte poderá ser questionado mediante ação declaratória de constitucionalidade no STF.

(D) Súmula vinculante poderá ser cancelada ou revista se demonstradas modificação substantiva do contexto político, econômico ou social, alteração evidente da jurisprudência do STF ou alteração legislativa sobre o tema.

A: incorreta. Nesse caso cabe recurso extraordinário, já que o tribunal estadual declarou a inconstitucionalidade de lei estadual em face da Constituição Federal; **B:** incorreta. Cabe ADPF em face de leis municipais, por expressa previsão no art. 1º da Lei 9.882/1999; **C:** incorreta. Só cabe ação declaratória de constitucionalidade em face de lei ou ato normativo federal (art. 102, I, *a*, CF); **D:** correta. Entendimento do STF consagrado ao julgar a PSV 13. **TM**
Gabarito "D".

(Procurador Municipal – Prefeitura/BH – CESPE – 2017) De acordo com o previsto na CF e considerando a jurisprudência do STF, assinale a opção correta, a respeito do controle de constitucionalidade.

(A) Em relação à ADI interventiva, a intervenção estadual em município será possível quando o Poder Judiciário verificar que ato normativo municipal viola princípio constitucional sensível previsto na Constituição estadual.

(B) Turma do STF poderá deliberar sobre revisão de súmula vinculante pelo quórum qualificado de dois terços de seus membros.

(C) O CNJ, como órgão do Poder Judiciário, tem competência para apreciar a constitucionalidade de atos administrativos.

(D) O ingresso como *amicus curiae* em ADI independe da demonstração da pertinência temática entre os objetivos estatutários da entidade requerente e o conteúdo material da norma questionada.

A: correta. Art. 35, IV, da CF; **B:** incorreta. A competência é do Pleno do STF, por quórum de 2/3 (art. 2º, § 3º, Lei 11.417/2006); **C:** incorreta. O

CNJ é órgão do Poder Judiciário, mas não possui competências judicantes; **D:** incorreta. Para ser aceito como *amicus curiae*, a pessoa ou entidade deve demonstrar a relevância da matéria e a representatividade do postulante. A pertinência temática está ligada à demonstração do segundo requisito. **TM**
Gabarito "A".

(Procurador Municipal – Sertãozinho/SP – VUNESP – 2016) Não pode ser objeto de ADI perante o Supremo Tribunal Federal:

(A) Resoluções do Conselho Nacional de Justiça ou do Conselho Nacional do Ministério Público em qualquer hipótese.

(B) Lei Distrital no exercício de competência municipal do Distrito Federal.

(C) Emendas Constitucionais.

(D) Decreto Legislativo.

(E) Decreto autônomo.

A: incorreta. As Resoluções do Conselho Nacional de Justiça ou do Conselho Nacional do Ministério Público que forem dotadas dos atributos da generalidade, impessoalidade e abstração, e forem consideradas como atos primários, poderão ser objeto de ADI perante o STF. Segundo o STF: "A Resolução nº 07/05 do CNJ reveste-se dos atributos da generalidade (os dispositivos dela constantes veiculam normas proibitivas de ações administrativas de logo padronizadas), impessoalidade (ausência de indicação nominal ou patronímica de quem quer que seja) e abstratividade (trata-se de um modelo normativo com âmbito temporal de vigência em aberto, pois claramente vocacionado para renovar de forma contínua o liame que prende suas hipóteses de incidência aos respectivos mandamentos). A Resolução nº 07/05 se dota, ainda, de caráter normativo primário, dado que arranca diretamente do § 4º do art. 103-B da Carta-cidadã e tem como finalidade debulhar os próprios conteúdos lógicos dos princípios constitucionais de centrada regência de toda a atividade administrativa do Estado, especialmente o da impessoalidade, o da eficiência, o da igualdade e o da moralidade" (ADC 12-MC, Rel. Min. Ayres Britto, j. 16.02.2006, Plenário, DJ 01.09.2006); **B:** correta. De fato, as leis distritais que forem criadas com base no exercício da competência municipal, por conta da ADI não admitir a discussão de lei municipal que viole a Constituição, não poderão ser objeto de ADI perante o STF; **C:** incorreta. As emendas constitucionais, por serem fruto do poder derivado reformador, que é limitado e condicionado, podem ser objeto de controle de constitucionalidade por meio de ADI no STF; **D:** incorreta. Em regra, os decretos legislativos, por serem atos primários e dotados de abstração e generalidade, podem ser objeto de ADI no STF; **E:** incorreta. O decreto autônomo também pode ser objeto de ADI no STF. **BV**
Gabarito "B".

(Procurador Municipal/SP – VUNESP – 2016) A Ação Declaratória de Constitucionalidade julgada procedente, nos termos da Constituição Federal, produzirá eficácia:

(A) somente entre as partes que figuraram no processo e ex tunc, retroagindo ao momento em que a lei ou ato normativo julgado constitucional entrou no ordenamento.

(B) erga omnes e efeito vinculante, relativamente aos demais órgãos do Poder Legislativo, do Poder Executivo e do Poder Judiciário.

(C) erga omnes e efeito vinculante, relativamente aos demais órgãos do Poder Judiciário e à Administração Pública direta e indireta, nas esferas federal, estadual e municipal.

(D) somente entre as partes que figuraram no processo e ex nunc, produzindo efeitos somente a partir do

1. DIREITO CONSTITUCIONAL

momento em que a lei ou ato normativo foi julgado constitucional.

(E) erga omnes e ex nunc, produzindo efeitos somente a partir do momento em que a lei ou ato normativo foi julgado constitucional, sem retroatividade.

A: incorreta. Os efeitos são, em regra, *erga omnes* (para todos) e, de fato, retroativos (*ex tunc*); B: incorreta. O efeito vinculante não obriga o Poder Legislativo, que poderá legislar em sentido diverso; C: correta. O § 2º do art. 102 da CF determina que as decisões definitivas de mérito, proferidas pelo Supremo Tribunal Federal, nas ações diretas de inconstitucionalidade e nas ações declaratórias de constitucionalidade, produzirão eficácia contra todos e efeito vinculante, relativamente aos demais órgãos do Poder Judiciário e à Administração Pública direta e indireta, nas esferas federal, estadual e municipal; D: incorreta. Como mencionado, os efeitos, em regra, são *erga onmes* e *ex tunc*; E: incorreta. *Erga omnes* está correto, mas tais efeitos são retroativos. BV

Gabarito "C".

(Procurador Municipal/SP – VUNESP – 2016) Acerca do controle de constitucionalidade das leis na atual ordem jurídica pátria, é correto afirmar que:

(A) o sistema concentrado de controle significa a possibilidade de qualquer juiz ou tribunal, observadas as regras de competência, realizar o controle de constitucionalidade, pela via incidental.

(B) a decisão de órgão fracionário de tribunal que, embora não declare expressamente a inconstitucionalidade de lei ou ato normativo do poder público, afasta sua incidência, no todo ou em parte, não se submete à cláusula de reserva de plenário.

(C) aplica-se o princípio da subsidiariedade à Arguição de Descumprimento de Preceito Fundamental, o que significa que esta é cabível na inexistência de outro meio eficaz de sanar a lesão, ou seja, não havendo outro meio apto a solver a controvérsia constitucional relevante de forma ampla, geral e imediata.

(D) é admitido o ajuizamento de Ação Direta de Inconstitucionalidade para atacar lei ou ato normativo revogado muito tempo antes do início do processo, na medida em que o paradigma produziu efeitos e não pode ser considerado como revestido de valor meramente histórico.

(E) em nosso ordenamento jurídico, é admitida a figura da constitucionalidade superveniente, pois, se o vício de inconstitucionalidade se referir a dispositivos da Constituição Federal que não se encontram mais em vigor, não há mais relevância para o exercício do controle, estando a matéria superada.

A: incorreta, pois o sistema concentrado remete ao STF. O que se refere ao Poder Judiciário seria o difuso; B: incorreta, pois é flagrante violação ao que determina a súmula vinculante 10, STF; C: correta, sendo a ADPF a "última salvação" no controle de constitucionalidade – ver artigo 4º, §1º, da Lei 9.882/1999; D: incorreta, pois para norma revogada cabível seria a ADPF; E: incorreta, pois a constitucionalidade superveniente não é admitida. Ao contrário, o STF aplica a teoria da receptividade das normas anteriores ao texto constitucional. AB

Gabarito "C".

(Procurador – IPSMI/SP – VUNESP – 2016) Na realização do controle de constitucionalidade pelo Poder Judiciário, em algumas situações, é possível verificar a ocorrência do efeito repristinatório. Trata-se de efeito:

(A) decorrente da declaração de inconstitucionalidade, por controle concentrado, de ato normativo que tenha revogado outro ato normativo, provocando o restabelecimento de ato normativo anterior.

(B) que torna vinculante para todas as instâncias judiciais determinada decisão proferida pelo Supremo Tribunal Federal.

(C) que, independentemente de disposição expressa, restaura, de forma automática, lei anterior após a lei revogadora perder vigência.

(D) por meio do qual se altera a data em que iniciará a produção de efeitos da declaração de inconstitucionalidade de determinada norma.

(E) resultante da não recepção de lei pela Constituição Federal de 1988.

A: correta, em que pese a repristinação ser um instituto, em regra, não aplicável no ordenamento jurídico brasileiro. Na repristinação temos uma norma revogada, que volta a vigorar, a partir da declaração de inconstitucionalidade da norma revogadora; B: incorreta, pois não ocorre o efeito vinculante; C: incorreta, pois não ocorre repristinação automática; D: incorreta, pois refere-se à modulação dos efeitos; E: incorreta, pois a receptividade (ou não) da norma anterior ao texto constitucional atual não se confunde com a repristinação. AB

Gabarito "A".

(Procurador do Estado – PGE/MT – FCC – 2016) A Lei nº 6.841/1996, do Estado de Mato Grosso, de iniciativa parlamentar, aprovada pela maioria simples da Assembleia Legislativa daquele Estado e sancionada pelo Governador, apresenta o seguinte teor: *"Art. 1º O servidor militar da ativa que vier a falecer em serviço ou que venha a sofrer incapacidade definitiva e for considerado inválido, impossibilitado total ou permanente para qualquer trabalho, em razão do serviço policial, fará jus a uma indenização mediante seguro de danos pessoais a ser contratado pelo Estado de Mato Grosso. Parágrafo único. A indenização referida neste artigo será o equivalente a 200 vezes o salário mínimo vigente no País. Art. 2º A indenização no caso de morte será paga, na constância do casamento, ao cônjuge sobrevivente; na sua falta, aos herdeiros legais; no caso de invalidez permanente, o pagamento será feito diretamente ao servidor público militar. Parágrafo único Para fins deste artigo a companheira ou companheiro será equiparado à esposa ou esposo, na forma definida pela Lei Complementar nr 26, de 13 de janeiro de 1993. Art. 3º Para o cumprimento do disposto nesta lei, fica o Poder Executivo autorizado a abrir crédito orçamentário para a Polícia Militar do Estado de Mato Grosso. Art. 4º Esta lei entra em vigor na data de sua publicação, revogadas as disposições em contrário".*

Referida lei é:

(A) incompatível com a Constituição Federal, mas não poderá ser mais questionada, haja vista o transcurso do prazo decadencial para arguição de inconstitucionalidade e por ter sido convalidada pelo Chefe do Poder Executivo Estadual quando de sua sanção.

(B) compatível com a Constituição Federal e a Constituição do Estado de Mato Grosso, sob os aspectos material e formal.

(C) incompatível com a Constituição do Estado de Mato Grosso, por conter vício formal no processo legislativo, uma vez que seria exigido o *quorum* mínimo para aprovação da maioria absoluta da assembleia para aprovação.

(D) incompatível com a Constituição do Estado de Mato Grosso, uma vez que a matéria regulada deveria ser objeto de Emenda à Constituição estadual, e não lei ordinária.

(E) incompatível com a Constituição Federal e a Constituição do Estado de Mato Grosso, por vício de iniciativa, ao versar sobre matéria inerente ao regime jurídico dos servidores públicos militares.

A: incorreta. É inconstitucional por vício de iniciativa, mas em controle de constitucionalidade não há prazo decadencial para propositura de ações. O ato inconstitucional, para a doutrina clássica, é ato nulo; **B:** incorreta. A lei é incompatível com a CF (e, por simetria federativa, com a constituição do estado) por vício de iniciativa, haja visto o disposto no art. 61, § 1º, II, *f*, CF; **C:** incorreta. Embora a lei seja inconstitucional, o motivo é o vício de iniciativa; **D:** incorreta. Pode ser tratada por lei, mas de iniciativa do chefe do Poder Executivo (aplicação simétrica da regra do art. 61, § 1º, II, *f*, CF); **E:** correta. Ver art. 61, § 1º, II, *f*, CF. TM
„Gabarito "E"

(Procurador do Estado – PGE/MT – FCC – 2016) Suponha que lei de determinado Estado da federação institua a obrigatoriedade de as empresas operadoras de telefonia fixa e móvel constituírem cadastro de assinantes interessados em receber ofertas de produtos e serviços, a ser disponibilizado às empresas prestadoras de serviço de venda por via telefônica.

Nessa hipótese, referida lei seria:

(A) inconstitucional, por versar sobre matéria sujeita à lei complementar.

(B) constitucional, por se tratar de matéria de competência comum de União, Estados, Distrito Federal e Municípios.

(C) constitucional, por se tratar de matéria de competência legislativa concorrente de União, Estados, Distrito Federal e Municípios.

(D) inconstitucional, por versar sobre matéria de competência legislativa privativa da União.

(E) constitucional, por se tratar de matéria competência legislativa suplementar dos Estados.

A lei seria inconstitucional por tratar de matéria de competência legislativa privativa da União (consumidor). Ver art. 21, XIX, CF. A constituição não exige lei complementar para tratar a matéria. TM
„Gabarito "D"

(Procurador do Estado – PGE/MT – FCC – 2016) Sobre a arguição de descumprimento de preceito fundamental (ADPF), à luz da Constituição Federal e da legislação pertinente, considere:

I. A ADPF submete-se ao princípio da subsidiariedade, pois não será admitida quando houver outro meio eficaz de sanar a lesividade.

II. A ADPF poderá ser ajuizada com o escopo de obter interpretação, revisão ou cancelamento de súmula vinculante.

III. Por meio da ADPF atos estatais antes insuscetíveis de apreciação direta pelo Supremo Tribunal Federal, tais como normas pré-constitucionais ou mesmo decisões judiciais atentatórias a cláusulas fundamentais da ordem constitucional, podem ser objeto de controle em sede de processo objetivo.

IV. Possuem legitimidade para propor ADPF os legitimados para a ação direta de inconstitucionalidade, bem como qualquer pessoa lesada ou ameaçada por ato do Poder Público.

Está correto o que se afirma APENAS em:

(A) I, II e III.

(B) I e III.

(C) I, II e IV.

(D) II e IV.

(E) III e IV.

I: correta. Art. 4º, § 1º, Lei n. 9.882/1999; **II:** incorreta. A ADPF tem por objeto evitar ou reparar lesão a preceito fundamental da Constituição, resultante de ato do Poder Público ou quando for relevante o fundamento da controvérsia constitucional sobre lei ou ato normativo federal, estadual ou municipal, incluídos os anteriores à Constituição (ver art. 1º da Lei 9.882/1999); **III:** correta. Apenas pela via da ADPF é possível questionar atos pré-constitucionais, desde que se enquadrem nas hipóteses de cabimento da ação (ver art. 1º, parágrafo único, I, da Lei 9.882/1999); **IV:** Incorreta. Apenas a primeira parte está correta, haja vista que o inciso II do art. 1º, § único, foi revogado. Os legitimados ativos para a ADPF são os mesmos da ADI. TM
„Gabarito "B"

(Procurador do Estado – PGE/MT – FCC – 2016) Projeto de Lei de Iniciativa do Chefe de Poder Executivo Estadual versando sobre vencimentos de servidores da Administração Pública direta foi objeto de emenda parlamentar para majorar vencimentos iniciais de uma determinada categoria. No caso em tela, a norma resultante da emenda parlamentar é:

(A) constitucional.

(B) inconstitucional por acarretar aumento de despesa.

(C) inconstitucional, uma vez que projeto de lei de iniciativa privativa do Chefe do Poder Executivo não poderia ser objeto de emenda parlamentar em hipótese alguma.

(D) inconstitucional se o projeto de lei já com a emenda parlamentar não for aprovado em um único turno de votação, por no mínimo dois terços dos membros da Assembleia Legislativa.

(E) inconstitucional se o projeto de lei já com a emenda parlamentar não for aprovado, em dois turnos de votação, por no mínimo dois terços dos membros da Assembleia Legislativa.

Somente o chefe do Poder Executivo pode iniciar leis que aumentem o vencimento de servidores públicos do seu ente (art. 61, § 1º, II, *a*, CF) e, em relação a tais leis, o Poder Legislativo não pode propor emendas que aumentem a despesa inicialmente prevista pelo Executivo, sob pena de violação da separação de Poderes. A regra é expressamente prevista no art. 63, I, CF. Por isso, a norma questionada é inconstitucional por acarretar aumento de despesa. TM
„Gabarito "B"

(Procurador do Estado – PGE/RS – Fundatec – 2015) É promulgada Emenda à Constituição alterando a técnica de repartição de competências entre os entes federados, com a finalidade de instituir poderes remanescentes ou residuais à União e poderes enumerados aos Estados. Essa proposta:

(A) Não é passível de controle da constitucionalidade, pois a Emenda à Constituição tem hierarquia constitucional.

(B) É passível de controle da constitucionalidade, ao violar a forma federativa de Estado, pois concentra poderes na União.

(C) Não é passível de controle da constitucionalidade, pois a União é hierarquicamente superior aos Estados, estando em consonância com a forma federativa de Estado.

(D) É passível de controle da constitucionalidade apenas se contemplar vício de natureza formal, pois o Poder Constituinte Derivado pode alterar a forma federativa de Estado.

(E) Não é passível de controle da constitucionalidade, pois objetiva a descentralização política do poder do Estado no plano geográfico espacial.

A: incorreta. O STF tem firme entendimento de que cabe controle de constitucionalidade de emendas à Constituição, por serem fruto do Poder Constituinte Derivado. Só não cabe controle de constitucionalidade de normas constitucionais originárias; **B:** correta. A alteração das competências inicialmente previstas na Constituição afeta o equilíbrio de forças que deve pautar uma federação, tornando a União mais forte e os Estados mais fracos. Por isso, caberia controle de constitucionalidade por violação da cláusula pétrea referente à forma federativa de Estado (art. 60, § 4º, I, CF); **C:** incorreta. Não há hierarquia entre os entes da federação, mas sim uma divisão de competências constitucionalmente estabelecidas; **D:** incorreta. A forma federativa de Estado é cláusula pétrea e, por isso, não pode ser abolida por emenda à constituição; **E:** incorreta. É passível de controle em razão do disposto no art. 60, § 4º, I, CF. **TM**

Gabarito "B".

(Procurador do Estado – PGE/RS – Fundatec – 2015) No que tange à legitimidade ativa para a proposta de ação direta de inconstitucionalidade, a Constituição Federal de 1988:

(A) Expandiu o rol dos legitimados para agir, antes restrito apenas ao Procurador-Geral da República, atribuindo a todos os entes do artigo 103, incisos I a IX, legitimação ativa universal, conforme jurisprudência do STF.

(B) Manteve a legitimação ativa exclusivamente ao Procurador-Geral da República, que atua na defesa da ordem jurídica, do regime democrático e dos interesses sociais e individuais indisponíveis, tendo legitimação ativa universal, conforme jurisprudência do STF.

(C) Manteve a legitimação ativa exclusivamente ao Procurador-Geral da República, que, por provocação do Conselho Federal da OAB, de partido político com representação no Congresso Nacional e de confederação sindical ou entidade de classe de âmbito nacional, atua na defesa da ordem jurídica, do regime democrático e dos interesses sociais e individuais indisponíveis, tendo legitimação ativa universal, conforme jurisprudência do STF.

(D) Expandiu o rol dos legitimados para agir, antes restrito apenas ao Procurador-Geral da República, atribuindo ao Conselho Federal da OAB e a partido político com representação no Congresso Nacional legitimação ativa universal, conforme jurisprudência do STF.

(E) Expandiu o rol dos legitimados para agir, antes restrito exclusivamente ao Procurador-Geral da República, demandando do Conselho Federal da OAB e de partido político com representação no Congresso Nacional a comprovação de pertinência temática

para a propositura da ação, conforme jurisprudência do STF.

A: incorreta. Embora a CF/88 tenha aumentado o rol de legitimados ativos da ADI, nem todos os órgãos e entidades previstos no art. 103, I a IX, da CF possuem legitimação ativa universal. O STF, em interpretação restritiva do dispositivo constitucional, entende que determinados legitimados ativos devem observar o requisito da *pertinência temática* para propor ADI, exigência que não está prevista na Constituição nem na legislação infraconstitucional, mas encontra-se amplamente sedimentada na jurisprudência do STF. Por pertinência temática deve-se entender a existência de uma relação direta entre a questão presente na lei ou no ato normativo a ser impugnado e os objetivos sociais da entidade demandante (ou entre a lei objeto de controle e as funções institucionais do legitimado ativo). Vale dizer, a noção é muito próxima do *interesse de agir* da Teoria Geral do Processo e faz surgir duas classes de legitimados ativos: os *universais* ou *neutros* e os *interessados* ou *especiais*. De acordo com o STF, são legitimados *neutros* ou *universais* para a proposta de ADin (têm legitimidade ativa em qualquer hipótese, sem necessidade de demonstração de pertinência temática): o Presidente da República, as Mesas do Senado e da Câmara, o Procurador-Geral da República, o Conselho Federal da OAB e o partido político com representação no Congresso Nacional. São legitimados *interessados* ou *especiais*, ou seja, precisam demonstrar relação de pertinência temática entre o objeto da ADIn e sua esfera jurídica (ou a de seus filiados): o Governador de Estado, a Mesa de Assembleia Legislativa (ou da Câmara Legislativa do DF), bem como as confederações sindicais ou entidades de classe de âmbito nacional; **B:** incorreta. O rol de órgãos e entidades que podem propor ADI foi ampliado pela CF/88 e encontra-se listado no art. 103, I a IX, CF; **C:** incorreta. Ver comentário à letra "B"; **D:** correta. De acordo com o STF, são legitimados *neutros* ou *universais* para a proposta de ADin (têm legitimidade ativa em qualquer hipótese, sem necessidade de demonstração de pertinência temática): o Presidente da República, as Mesas do Senado e da Câmara, o Procurador-Geral da República, o Conselho Federal da OAB e o partido político com representação no Congresso Nacional; **E:** incorreta. Ver comentários à letra "A". **TM**

Gabarito "D".

(Procurador do Estado – PGE/PR – PUC – 2015) Sobre o controle concentrado de constitucionalidade no modelo constitucional pátrio vigente, aponte a afirmação **CORRETA**.

(A) O ordenamento brasileiro, embora não tenha sido expresso em tal sentido, inequivocamente estendeu ao legislador efeitos vinculantes da decisão de inconstitucionalidade.

(B) A nulidade decorrente do vício da inconstitucionalidade está intrinsecamente vinculada à determinação dos efeitos *ex nunc* no seu reconhecimento. Em que pese ser essa a doutrina de filiação do direito pátrio, há sua mitigação tendo em vista valores constitucionais incidentes no caso concreto.

(C) O *amicus curiae* é figura processual peculiar e exclusiva do controle concentrado de constitucionalidade, servindo para ampliar a participação democrática nos processos de controle concentrado cujo rol de legitimados é restrito.

(D) As declarações de constitucionalidade ou inconstitucionalidade proferidas pelo Supremo Tribunal Federal têm eficácia contra todos e efeito vinculante em relação aos órgãos do Poder Judiciário e à administração pública federal, estadual e municipal.

(E) A concessão de medida cautelar, em sede de ação direta de inconstitucionalidade, não torna aplicável a legislação anterior acaso existente, por vedação da repristinação.

A: incorreta. A decisão em controle de constitucionalidade vincula toda a Administração Pública e o Poder Judiciário, mas não o Legislativo (art. 102, § 2º, CF); **B:** incorreta. A doutrina clássica entende que o ato inconstitucional é nulo. Entretanto, embora nulo, pode ter seus efeitos reconhecidos por algum tempo, cessando a partir da decisão que reconhece a inconstitucionalidade ou em outro momento a ser definido pelo STF (art. 27 da Lei 9.868/1999); **C:** lincorreta. O *amicus curiae* também é admitido em recursos extraordinários com repercussão geral, hipótese de controle difuso, desde que demonstre representatividade adequada (pertinência temática); **D:** correta. Art. 102, § 2º, CF; **E:** incorreta. O art. 11, § 2º, da Lei 9.868/1999 permite a repristinação da legislação anterior, salvo expressa manifestação em contrário. **TM**
Gabarito "D".

(Advogado União – AGU – CESPE – 2015) Acerca do controle de constitucionalidade das normas, julgue os itens subsecutivos.

(1) Situação hipotética: O presidente da República ajuizou no STF ação direta de inconstitucionalidade que impugna a constitucionalidade de uma lei estadual com base em precedente dessa corte. A petição inicial dessa ação também foi assinada pelo AGU. Assertiva: Nessa situação, conforme entendimento do STF, o AGU deverá defender a constitucionalidade da lei ao atuar como curador da norma.

(2) Considerando-se que a emenda constitucional, como manifestação do poder constituinte derivado, introduz no ordenamento jurídico normas de hierarquia constitucional, não é possível a declaração de inconstitucionalidade dessas normas. Assim, eventuais incompatibilidades entre o texto da emenda e a CF devem ser resolvidas com base no princípio da máxima efetividade constitucional.

(3) O caso Marbury *versus* Madison, julgado pela Suprema Corte norte-americana, conferiu visibilidade ao controle difuso de constitucionalidade, tendo a decisão se fundamentado na supremacia da Constituição, o que, consequentemente, resultou na nulidade das normas infraconstitucionais que não estavam em conformidade com a Carga Magna.

---

1. incorreta. A regra é de que o Advogado-Geral da União atua como curador da constitucionalidade das leis, ou seja, tem o dever de defender a constitucionalidade da norma quando é questionada perante o STF (art. 103, § 3º, CF). Entretanto, interpretando a norma do art. 103, § 3º, CF, o Supremo entendeu "ser necessário fazer uma interpretação sistemática, no sentido de que o § 3º do art. 103 da CF concede à AGU o direito de manifestação, haja vista que exigir dela defesa em favor do ato impugnado em casos como o presente, em que o interesse da União coincide com o interesse do autor, implicaria retirar-lhe sua função primordial que é a defender os interesses da União (CF, art. 131). Além disso, a despeito de reconhecer que nos outros casos a AGU devesse exercer esse papel de contraditora no processo objetivo, constatou-se um problema de ordem prática, qual seja, a falta de competência da Corte para impor-lhe qualquer sanção quando assim não procedesse, em razão da inexistência de previsão constitucional para tanto" (ADIn 4309/TO, Rel. Min. Cezar Peluso). Vide *Informativo STF* 562/2009. O AGU tampouco precisa defender a constitucionalidade da norma quando já houver precedentes do STF pela inconstitucionalidade, como é o caso da questão; **2.** incorreta. O STF tem firme jurisprudência no sentido de que as normas constitucionais oriundas de emendas à constituição (fruto do Poder Constituinte Derivado) podem ser objeto

de controle de constitucionalidade. Apenas as normas constitucionais originárias não podem ser objeto de controle; **3.** incorreta. É assente na doutrina que o caso Marbury x Madison inaugurou o controle de constitucionalidade difuso nos EUA, afirmando a supremacia da Constituição e do Poder Judiciário para conferir a "última palavra" sobre a interpretação e a aplicação da Constituição. Entretanto, como explica o professor Rodrigo Brandão em artigo sobre o precedente americano, "cuida-se, a bem da verdade, de leitura dos seus fundamentos com total abstração do seu 'dispositivo', e, sobretudo, do contexto político vivido nos EUA na primeira década do século XIX". 'William Marbury e outros, embora nomeados pelo governo (anterior) para o cargo de juiz de paz no Distrito de Columbia, não receberam as suas investiduras, pois Marshall, na condição de Secretário de Estado de (John) Adams, não teve tempo de entregá-las; assim postulavam a obtenção de ordem judicial que compelisse o novo governo a dar-lhes posse'. O mesmo Marshall, que era secretário de Estado do Presidente anterior (John Adams), julgou o caso como Ministro da Suprema Corte dos EUA. 'Marshall afirmou, inicialmente, que os impetrantes possuíam direito à investidura nos cargos, já que o poder discricionário do Executivo se encerraria no momento da nomeação, de modo que após a prática deste ato deveria ser respeitada a estabilidade dos juízes em seus cargos. Assim, a conduta de Madison, secretário de Estado de (Thomas) Jefferson (Presidente que sucedeu John Adams), no sentido de reter os atos de investidura foi tida como ilegal, na medida em que violara o direito dos nomeados a exercerem o cargo de juiz de paz pelo lapso de tempo determinado legalmente. Todavia, o desafio perpetrado ao governo de Jefferson parou por aí. Sob o argumento de que as competências originárias da Suprema Corte estão submetidas à 'reserva de Constituição', a Corte reconheceu a inconstitucionalidade do dispositivo legal que lhe concedera competência para julgar o caso, e, assim, negou-se a ordenar o Presidente a dar posse aos impetrantes". A ação, portanto, não foi conhecida. Ver Rodrigo Brandão, "O outro lado de Marbury x Madison".**TM**
Gabarito "1E, 2E, 3E".

(Procurador – PGFN – ESAF – 2015) Sobre o controle de constitucionalidade de leis no Brasil, assinale a opção incorreta.

(A) Respeitadas as regras processuais de distribuição e competência, a qualquer juiz ou tribunal do país é reconhecido o poder de controlar a conformidade dos atos normativos à Constituição, desde que a decisão do litígio reclame, como premissa lógica, o exame do tema da inconstitucionalidade, configurando, portanto, como uma questão prejudicial.

(B) No controle difuso de constitucionalidade, a matéria da constitucionalidade é pedido deduzido na ação e não na sua causa de pedir.

(C) O sistema brasileiro adota o controle misto de constitucionalidade, convivendo com o controle concentrado e o controle difuso de constitucionalidade, sendo o primeiro relacionado com o controle principal e abstrato e o segundo com o modelo incidental e concreto.

(D) No sistema brasileiro há o controle de constitucionalidade político e o jurisdicional.

(E) No sistema brasileiro admite-se o controle judicial preventivo, nos casos de mandado de segurança impetrado por parlamentar com objetivo de impedir a tramitação de projeto de emenda constitucional lesiva às cláusulas pétreas.

A: correta. No sistema difuso de constitucionalidade, também adotado pelo Brasil, cabe a qualquer juiz ou tribunal reconhecer a inconstitucionalidade de leis ou atos normativos; **B:** incorreta. No controle difuso, a declaração de inconstitucionalidade não é aduzida como pedido

1. DIREITO CONSTITUCIONAL

principal da ação, mas como causa de pedir. Será pedido principal nas ações de controle concentrado de constitucionalidade; **C:** correta. O controle difuso é exercido por qualquer juiz ou tribunal, ao apreciar as causas que lhes são apresentadas e o controle concentrado é exercido diretamente no STF ou nos Tribunais de Justiça/Tribunais Regional Federais, conforme a competência para apreciar e julgar a matéria; **D:** correta. Em regra é realizado pelo Poder Judiciário (*controle judicial repressivo*), em controle concentrado (por exemplo, em ADIN ou em ADPF) ou em controle difuso (via recurso extraordinário ao STF, por exemplo). Entretanto, o Poder Legislativo também pode exercer o controle de constitucionalidade, seja preventivamente (nas comissões de constituição e justiça), ou de modo repressivo (*controle político repressivo*), como no caso de não aprovação, pelo Congresso Nacional, de Medida Provisória por inconstitucionalidade ou pela sustação congressual de ato do Executivo que exorbite dos limites de delegação legislativa (art. 49, V, da CF); **E:** correta. O STF admite a hipótese de impetração de mandado de segurança por parlamentar, para impedir a tramitação de emenda à constituição que vise a abolir cláusulas pétreas, reconhecendo-lhe o direito líquido e certo ao devido processo legislativo. Notem que apenas os parlamentares podem impetrar mandado de segurança nesse caso. **TM**
Gabarito "B".

(Procurador – PGFN – ESAF – 2015) Assinale a opção correta.

(A) Os vícios formais traduzem defeito de formação do ato normativo, pela inobservância de princípio de ordem técnica ou procedimental ou pela violação de regras de competência. Nesses casos, viciado é o ato nos seus pressupostos, no seu procedimento de formação, na sua forma final, atingindo diretamente seu conteúdo.

(B) No direito brasileiro, a consolidação do sistema de controle com amplo poder de julgar as questões constitucionais inclui a matéria relativa à interpretação de normas de regimento legislativo, não circunscrevendo-se no domínio *interna corporis*.

(C) A inconstitucionalidade material envolve não somente o contraste direto do ato legislativo com o parâmetro constitucional, mas também a aferição do desvio de poder ou do excesso de poder legislativo.

(D) O controle de convencionalidade passou a ser estudado no Brasil especialmente após a entrada em vigor da Emenda Constitucional n. 45/2004 e a partir das decisões do Supremo Tribunal Federal que elevaram o *status* de todos os tratados de direitos humanos a patamar de emendas constitucionais, excluindo, consequentemente, o controle de constitucionalidade sobre as regras jurídicas de caráter doméstico.

(E) Não há distinção entre inconstitucionalidade originária e inconstitucionalidade superveniente.

A: incorreta. A parte inicial está correta, mas o vício formal não atinge o conteúdo da norma. Se o vício estiver no conteúdo, terá natureza material (não formal). Por oportuno, lembremos que os vícios formais podem ser: a) orgânicos; b) formais propriamente ditos; c) formais por violação a pressupostos objetivos do ato; **B:** incorreta. As normas previstas nos regimentos internos das casas legislativas são tidas como questões *interna corporis*, de natureza política, não sendo passível de controle de constitucionalidade – a não ser que estejam em confronto com a Constituição ou nos casos de proposta de emenda constitucional tendente a abolir cláusulas pétreas (pela via do mandado de segurança impetrado por parlamentar); **C:** correta, de acordo com doutrina de Gilmar Ferreira Mendes. No entanto, alguns doutrinadores defendem limites ao controle do Judiciário, frente à margem de conformação do legislador; **D:** incorreta. Embora a primeira parte esteja correta, a EC 45/2004 não elevou o status de todos os tratados internacionais, mas

inseriu o § 3º ao art. 5º da CF, prevendo a possibilidade de os tratados internacionais *sobre direitos humanos* terem o mesmo status das emendas constitucionais, caso observado o procedimento previsto no art. 5º, § 3º, CF; **E:** incorreta. Haverá inconstitucionalidade originária se a norma infraconstitucional analisada for inconstitucional em relação à norma constitucional vigente (que é o seu parâmetro). Haverá inconstitucionalidade superveniente se, por força de uma nova ordem constitucional, a norma infraconstitucional que já existia quando do advento da nova constituição, se tornar inconstitucional de acordo com esse novo parâmetro. Para o STF não há inconstitucionalidade superveniente, o caso será de recepção ou não da norma infraconstitucional anterior (em face da nova constituição). **TM**
Gabarito "C".

(Procurador – PGFN – ESAF – 2015) Sobre a concessão de medida cautelar em sede de Ação Direta de Inconstitucionalidade (ADI), é correto afirmar que:

(A) a Constituição Federal de 1988 estabelece que a medida cautelar somente será concedida por maioria de 2/3 dos membros do Supremo Tribunal Federal.

(B) a medida cautelar somente pode ser concedida depois da manifestação do Procurador-Geral da República, que dispõe do prazo de 3 dias.

(C) admite-se, conforme jurisprudência do STF, a concessão monocrática de medida cautelar, em caráter excepcional e ainda que fora do período de recesso da Corte.

(D) não cabe medida cautelar contra Emenda Constitucional promulgada.

(E) a medida cautelar será concedida por decisão de 2/3 dos membros do Superior Tribunal de Justiça.

A: incorreta. A CF não prevê quórum para a concessão de cautelar em ADI. Está previsto no art. 10 da Lei 9.868/1999 e é de maioria absoluta; **B:** incorreta. O Relator ouvirá o Advogado-Geral da União e o Procurador-Geral da República somente se entender indispensável (art. 10, § 1º, Lei 9.868/1999); **C:** correta. A regra é de que a cautelar será apreciada em sessão plenária. Entretanto, pode ser deferida pelo Presidente do Tribunal nos períodos de recesso, sujeita a referendo do plenário e, se a Corte não estiver de recesso, de forma excepcionalíssima, se a espera pela próxima sessão plenária colocar em risco a utilidade do direito. **TM**
Gabarito "C".

(Procurador – PGFN – ESAF – 2015) Sobre o sistema brasileiro de controle de constitucionalidade, assinale a opção incorreta.

(A) A Constituição de 1934, mantendo o sistema de controle difuso, introduziu a ação direta de inconstitucionalidade interventiva, a cláusula de reserva de plenário e a atribuição ao Senado Federal de competência para suspender a execução, no todo ou em parte, de lei ou ato declarado inconstitucional por decisão definitiva.

(B) A ruptura do chamado "monopólio da ação direta", outorgado ao Procurador-Geral da República para o exercício de controle de constitucionalidade de leis no Brasil, ocorreu com a Constituição de 1946.

(C) A partir da Constituição de 1891 consagrou-se, no direito brasileiro, a técnica do controle difuso de constitucionalidade, repressivo, posterior, pela via da exceção ou defesa, pela qual a declaração de inconstitucionalidade se implementa de modo incidental como prejudicial ao mérito.

(D) A Constituição de 1824 não contemplava qualquer modalidade de controle de constitucionalidade das leis. Era outorgada ao Poder Legislativo, sob influência francesa, a atribuição de fazer leis, interpretá-las, suspendê-las e revogá-las, bem como velar pela guarda da Constituição.

(E) A Constituição de 1937 vedou expressamente ao Poder Judiciário conhecer das questões exclusivamente políticas.

A: correta. Tais institutos encontram-se no texto da Constituição de 1934 pela primeira vez na história constitucional brasileira; **B:** incorreta. Apenas a partir da Constituição de 1988 ampliou-se o rol de legitimados ativos para a propositura de ADI (art. 103, I a IX, CF); **C:** correta. O controle difuso de constitucionalidade foi previsto na Constituição de 1891 por influência do direito norte-americano; **D:** correta. Vigorava a supremacia do Parlamento quanto à interpretação das normas constitucionais; **E:** correta. Hoje se verifica o contrário, haja vista o descrédito do Parlamento e a ascensão do Judiciário. **TM**

Gabarito "B".

(Procurador do Estado – PGE/RN – FCC – 2014) Em ação direta de inconstitucionalidade proposta pelo Procurador-Geral da República, na qual o Advogado-Geral da União manifestou-se pela defesa da lei impugnada, determinada lei federal é declarada inconstitucional por decisão proferida à unanimidade pelo Plenário do Supremo Tribunal Federal (STF). Em sede de embargos de declaração, opostos no prazo legal, o Advogado-Geral da União, invocando razões de segurança jurídica, requer que sejam atribuídos efeitos prospectivos à decisão. Nesse caso, o STF

(A) poderá acolher os embargos de declaração para o fim de atribuir os efeitos pretendidos à decisão, em vista de razões de segurança jurídica, pelo voto de, pelo menos, dois terços de seus membros.

(B) não poderá acolher os embargos de declaração, para fins de modulação de efeitos da decisão, uma vez que o julgamento em que se declarou a inconstitucionalidade da lei já havia sido concluído, devendo a decisão produzir efeitos temporais regulares, retroativos à publicação da lei.

(C) somente poderá modular os efeitos da decisão em sede de ação rescisória proposta por quem legitimado para a propositura da própria ação direta de inconstitucionalidade.

(D) não poderá sequer conhecer dos embargos de declaração, que somente podem ser opostos por quem possua legitimidade para a propositura da ação direta de inconstitucionalidade, não se incluindo o Advogado-Geral da União nesse rol.

(E) poderia, em sede de embargos de declaração, modular os efeitos subjetivos da decisão, mas não os temporais, que deverão ser produzidos retroativamente à data de propositura da ação direta de inconstitucionalidade.

Os embargos de declaração apenas são cabíveis em face de omissão, obscuridade ou contradição e, a rigor, se a decisão não aplica a modulação temporal (que é exceção), deveria ser-lhe aplicada a regra da eficácia temporal *ex tunc*. Assim, não haveria propriamente uma omissão e, por isso, não seriam cabíveis os aclaratórios. Entretanto, pelo entendimento atual, o STF admite a possibilidade de modulação de efeitos temporais pela via dos embargos de declaração, seja em controle concentrado ou em controle difuso (ainda que os motivos não estejam muito claros – para o cabimento dos embargos de declaração sem a

ocorrência dos vícios que o autorizam, a matéria deve ser de ordem pública ou dever do tribunal). **TM**

Gabarito "A".

(Procurador do Município – Boa Vista/RR – 2019 – CESPE/CEBRASPE) A respeito de controle de constitucionalidade, julgue o próximo item.

(1) Os tribunais de justiça possuem competência para julgar ação direta de inconstitucionalidade movida em desfavor de lei orgânica municipal, desde que o parâmetro para a fundamentação dessa ação seja a Constituição Federal.

Errado, pois a lei orgânica municipal seria caso de ADPF, bem como o STF fixou que tal competência somente em face da Constituição Estadual (ADI 347, STF): "É pacífica a jurisprudência do Supremo Tribunal Federal, antes e depois de 1988, no sentido de que não cabe a tribunais de justiça estaduais exercer o controle de constitucionalidade de leis e demais atos normativos municipais em face da Constituição federal.". **AB**

Gabarito 1E

(Procurador Distrital – 2014 – CESPE) A respeito do sistema de controle de constitucionalidade de leis no âmbito da União e do DF, julgue os seguintes itens.

(1) A declaração de inconstitucionalidade de lei distrital em face da LODF cabe a qualquer turma do TJDFT.

(2) O PGDF tem competência para propor ação direta de inconstitucionalidade, em face da LODF, contra lei distrital.

(3) O TJDFT pode realizar controle de constitucionalidade de lei federal.

(4) A aferição de inconstitucionalidade de lei distrital em face da CF, em controle concentrado, compete ao STF.

1: errado. De acordo com o art. 97 da CF, se a declaração de inconstitucionalidade tiver de ser dada por um tribunal, somente poderá ser feita pelo voto da maioria absoluta dos seus membros ou dos membros do respectivo órgão especial. Vale lembrar que a Súmula Vinculante nº 10 (STF) prevê a violação da cláusula de reserva de plenário pela decisão de órgão fracionário de tribunal que, embora não declare expressamente a inconstitucionalidade de lei ou ato normativo do poder público, afasta sua incidência, no todo ou em parte. Isso significa que os órgãos fracionários de um determinado tribunal, por exemplo, as Turmas e as Câmaras, não poderão declarar, sozinhas, a inconstitucionalidade de uma norma. Para que o façam, é necessário o voto da maioria absoluta de seus membros ou de seu órgão especial, quando existir; **2:** errado. O Procurador Geral do Distrito Federal integra a carreira da advocacia pública e exerce a representação judicial e a consultoria jurídica do Distrito Federal (art. 132 da CF), do mesmo modo que o Advogado Geral da União o faz em relação à União (art. 131 da CF). No rol de legitimados à propositura das ações constitucionais (Ação Direta de Inconstitucionalidade – ADI, por exemplo), do art. 103 da CF, não há menção ao AGU, portanto, por simetria, também não há possibilidade do Procurador do DF propor ADI em face da lei orgânica do DF, contra lei distrital; **3:** correto. Se a lei federal violar a lei orgânica do DF ela poderá ser impugnada por ADI no TJDFT; **4:** correta. O controle de constitucionalidade concentrado, quando se tem como padrão a CF, deve ser realizado exclusivamente pelo STF, guardião da Constituição.

Gabarito 1E, 2E, 3C, 4C

(Procurador Federal – 2013 – CESPE) Com referência à declaração de inconstitucionalidade sem redução de texto e à interpretação conforme a Constituição, julgue os itens consecutivos.

1. DIREITO CONSTITUCIONAL

(1) Na ação direta de inconstitucionalidade por omissão, a legitimidade passiva restringe-se ao Poder Legislativo inadimplente, ao qual será estipulado prazo para adotar as providências cabíveis no sentido de suprir a omissão.

(2) A declaração de inconstitucionalidade sem redução de texto, assim como a interpretação conforme a Constituição, apresenta eficácia *erga omnes* e efeito vinculante relativamente aos órgãos do Poder Judiciário e à administração pública federal, estadual e municipal.

1: errado. A legitimidade passiva na ação direta de inconstitucionalidade por omissão deve ser ocupada pela autoridade ou ao órgão responsável pela omissão inconstitucional, que pode ser tanto do poder legislativo como da administração pública. O art. 12-H, *caput* e § 1º, da Lei 9.868/99, determina que declarada a inconstitucionalidade por omissão, seja dada ciência ao Poder competente para a adoção das providências necessárias. Essa hipótese se aplica à omissão advinda do Poder Legislativo. Caso a omissão seja imputável a órgão administrativo, as providências deverão ser adotadas no prazo de 30 (trinta) dias, ou em prazo razoável a ser estipulado excepcionalmente pelo Tribunal, tendo em vista as circunstâncias específicas do caso e o interesse público envolvido; **2: correto.** De acordo com o art. 28, parágrafo único, da Lei 9.868/99, a declaração de constitucionalidade ou de inconstitucionalidade, inclusive a interpretação conforme a Constituição e a declaração parcial de inconstitucionalidade sem redução de texto, têm eficácia contra todos e efeito vinculante em relação aos órgãos do Poder Judiciário e à Administração Pública federal, estadual e municipal. Gabarito 1E, 2C

(Procurador do Estado/AC – FMP – 2012) ASSINALE A ALTERNATIVA CORRETA. O Procurador-Geral de Justiça do Estado ajuizou ação, buscando a declaração de inconstitucionalidade de lei municipal, alegando ser essa legislação incompatível com a ordem constitucional estadual, por prever a contratação temporária de servidores públicos, para atuarem na Secretaria da Saúde do município (médicos, enfermeiros, motoristas, agentes administrativos), Secretaria da Fazenda (fiscais) e Secretaria da Educação (merendeiras), sem concurso público e não estando enquadrada na previsão da excepcionalidade, havendo, ainda, o ferimento do princípio da impessoalidade. Diante do disposto na Constituição Estadual, cabe ao Procurador-Geral do Estado:

I. fazer a defesa da norma impugnada.

II. apresentar manifestação concordando com a posição do Ministério Público.

III. demonstrar que se trata de serviços essenciais e, portanto, não podem sofrer interrupções, ante o princípio da continuidade da atividade estatal.

IV. demonstrar que não há violação à norma constitucional do concurso público, quando a Administração, cumprindo com o princípio da democracia econômica e social do Estado Democrático de Direito, lança mão do permissivo inscrito na própria Carta Política – contratação emergencial por tempo determinado – para a consecução de seus fins, guardando proporcionalidade entre os meios utilizados e os fins pretendidos.

(A) Apenas a afirmativa I está correta.

(B) Apenas a afirmativa II está correta.

(C) As afirmativas I e III estão corretas.

(D) As afirmativas I, III e IV estão corretas.

I: Por simetria à norma do art. 103, § 3º, da CF; **II:** Violaria o disposto no art. 103, § 3º, da CF, aplicado por simetria aos estados; **III:** Principal fundamento de mérito a ser levantado. O princípio da continuidade é muito utilizado também em casos de ações propostas contra a greve dos servidores públicos; **IV:** O concurso é a regra, a contratação emergencial é a exceção. A proporcionalidade não pode ser utilizada para afastar a regra. Gabarito "D".

(Procurador do Estado/AC – FMP – 2012) De acordo com as afirmações abaixo, assinale a alternativa correta.

I. A decisão do STF em sede de Ação Direta de Inconstitucionalidade tem efeito *ex tunc* (retroativo), podendo ser alterado para *ex nunc*, caso em que haverá necessidade de votação por maioria qualificada (dois terços) dos ministros, assim como poderá ter efeitos diferidos no tempo.

II. A Ação Direta de Inconstitucionalidade pode ser interposta por qualquer pessoa, cidadão brasileiro, que se sinta violada em seus direitos constitucionais por lei em tese.

(A) Apenas a afirmativa I está correta.

(B) As afirmativas I e II estão corretas.

(C) Apenas a afirmativa II está correta.

(D) Nenhuma afirmativa está correta.

I: Correta. Art. 27 da Lei 9.868/1999; **II:** Errada. Só pelos legitimados no art. 103 da CF. Gabarito "A".

(Procurador do Estado/AC – FMP – 2012) Lendo-se as afirmações abaixo tem-se que:

I. a Ação Declaratória de Constitucionalidade só é admitida no STF caso se comprove já na inicial a controvérsia jurídica relevante que ponha em questão a presunção de constitucionalidade de lei ou ato normativo federal ou estadual.

II. a Arguição de Descumprimento de Preceito Fundamental pode ser interposta por qualquer pessoa para controle concentrado de constitucionalidade de atos que geram o descumprimento de preceitos fundamentais.

(A) Apenas a afirmativa I está correta.

(B) Nenhuma das afirmativas está correta.

(C) Apenas a afirmativa II está correta.

(D) Todas as afirmativas estão corretas.

I: Correta. Art. 14, III, da Lei 9.868/1999; **II:** Errada. Só pode ser proposta pelos mesmos legitimados ativos para a ADIn. Art. 2º, I, da Lei 9.882/1999 c/c art. 103 da CF. Gabarito "A".

(Procurador do Estado/AC – FMP – 2012) A teor do disposto no art. 97 da CRFB/88, pode-se dizer que a *cláusula de reserva de plenário* está fundada na presunção de constitucionalidade das leis e, assim, a decisão de órgão fracionário de tribunal que afasta a incidência de lei ou ato normativo:

(A) viola a referida cláusula, acaso declare expressamente a inconstitucionalidade da lei ou ato normativo.

(B) não viola a cláusula de reserva de plenário.

(C) viola a cláusula de reserva de plenário, mesmo que não declare expressamente a inconstitucionalidade da lei ou ato normativo.

(D) esta cláusula não admite que monocraticamente se rejeite a arguição de invalidade dos atos normativos.

Art. 97 da CF. Muitas vezes, para "disfarçar", os órgãos fracionários não afirmam que estão declarando a inconstitucionalidade da norma, mas a afastam sob outro fundamento. Essa conduta viola o art. 97 da mesma forma. O incidente de deslocamento, necessário por determinação do art. 97 da CF, é realizado na forma dos arts. 480 e 481 do CPC, sendo desnecessário quando houver pronunciamento anterior do próprio Pleno ou órgão especial do próprio Tribunal ou do Plenário do STF (art. 481, parágrafo único, do CPC). Sobre o tema, confira-se ainda o teor da Súmula Vinculante nº 10/STF: "Viola a cláusula de reserva de plenário (CF, artigo 97) a decisão de órgão fracionário de tribunal que, embora não declare expressamente a inconstitucionalidade de lei ou ato normativo do poder público, afasta sua incidência, no todo ou em parte". Gabarito "C".

(PROCURADOR DO ESTADO/MG – FUMARC – 2012) Se a secularização conduziu o Brasil de uma Ditadura Militar a uma Democracia de Direito. Nos últimos 23 anos, o país também teve uma mudança radical em sua cultura jurídica, mas será que observamos essa realidade no contexto do controle de constitucionalidade? Pensar em tendências é absolutamente importante nos processos em que a inconstitucionalidade é o foco das indagações. Assinale a alternativa que acompanha a tendência da jurisprudência e da doutrina, no que condiz ao controle de constitucionalidade:

(A) As decisões judiciais sobre o controle de constitucionalidade de lei, desde a Carta Magna de 1988, sempre sustentaram a tendência de retratar o vício de inconstitucionalidade no plano da validade das normas, aplicando efeitos *ex nunc* aos atos promovidos em razão da lei, até a prolação da sentença que decretou sua nulidade;

(B) A tendência hermenêutica se transformou sobre a temática ao longo anos. Os tribunais tendiam a situar o vício no plano da validade das normas e aplicar efeitos *ex nunc*, no início. Atualmente, é crescente a mitigação dessa postura, para a consideração do vício no plano de existência e aplicação de efeitos *ex tunc* na sentença;

(C) As decisões judiciais sobre o controle de constitucionalidade de lei, desde a Carta Magna de 1988, sempre sustentaram a tendência de retratar o vício de inconstitucionalidade no plano da existência das normas, aplicando efeitos *ex tunc* aos atos promovidos em razão da lei, até a prolação da sentença que decretou sua nulidade;

(D) As decisões judiciais sobre o controle de constitucionalidade de lei, desde a Carta Magna de 1988, sempre sustentaram a tendência de retratar o vício de inconstitucionalidade no plano da existência das normas, aplicando efeitos *ex nunc* aos atos promovidos em razão da lei, até a prolação da sentença que decretou sua nulidade;

(E) A tendência hermenêutica se transformou sobre a temática ao longo anos. Os tribunais tendiam a situar o vício no plano da validade das normas e aplicar efeitos *ex nunc*, no início. Atualmente, é crescente a mitigação dessa postura, para a consideração do vício no plano de existência e aplicação de efeitos *ex nunc* na sentença.

Art. 27 da Lei 9.868/1999. Gabarito "E".

(PROCURADOR DO ESTADO/MG – FUMARC – 2012) Analise as afirmativas abaixo como Verdadeiras (V) ou Falsas (F) e assinale a opção correta:

I. ADI Genérica: A Ação Direta de Inconstitucionalidade Genérica tem por objeto demandar pela inconstitucionalidade, por exemplo, de ato normativo estadual, podendo gerar efeitos cautelares interpartes e definitivos *erga omnes*, sendo os Governadores dos Estados legitimados ativos para tal mister;

II. ADO: A Ação Direta de Inconstitucionalidade por Omissão visa reparar a falta de medida regulamentadora de artigo com eficácia limitada da Constituição Federal, gerando determinações administrativas ou apelos ao legislador para que preencham a lacuna do ordenamento, gerada pela falta de norma regulamentadora;

III. ADPF: A Ação de Descumprimento de Preceito Fundamental pode ser impetrada pelo Procurador Geral da República, com efeitos cautelares, para evitar lesões a direitos fundamentais diante de ato da União que gere relevantes controvérsias constitucionais, podendo gerar apenas efeitos *ex tunc*; por vincularem de maneira geral sua aplicação;

IV. ADC: A Ação Direta de Constitucionalidade (também conhecida como ADECON), é ação de competência originária do Supremo Tribunal Federal que, em cautelar, suspende o julgamento de casos que dependam da decisão sobre a constitucionalidade, por exemplo, de Lei ou Ato Normativo Estadual, gerando efeitos *ex nunc*, interpartes e vinculantes em decisão meritória.

ALTERNATIVAS

(A) V, V, V, V

(B) V, F, V, F

(C) V, V, F, F

(D) F, V, F, F

(E) F, F, V, V

I: Verdadeira, de acordo com o art. 102, I, "a", da CF; art. 11, § 1º, da Lei 9.868/1999; art. 103, V, da CF; **II:** Verdadeira. V. art. 12-B da Lei 9.868/1999; **III:** A ADPF será proposta perante o Supremo Tribunal Federal e terá por objeto evitar ou reparar lesão a preceito fundamental, resultante de ato do Poder Público, ou quando for relevante o fundamento da controvérsia constitucional sobre lei ou ato normativo federal, estadual ou municipal, incluídos os anteriores à Constituição (art. 1º, I, da Lei 9.882/1999). O PGR tem legitimidade para propor ADPF (art. 2º, I, da Lei 9.882/1999); **IV:** Errada. Não reflete, por exemplo, o disposto nos arts. 21 e 27 da Lei 9.868/1999. Gabarito "C".

(Procurador do Município/Cubatão-SP – 2012 – VUNESP) Sobre o controle de constitucionalidade brasileiro, é correto afirmar que

(A) não é cabível a ação declaratória de constitucionalidade de lei ou ato normativo estadual perante o Supremo Tribunal Federal.

(B) compete ao Supremo Tribunal Federal processar e julgar, originariamente, a ação direta de inconstitucionalidade de lei ou ato normativo federal, estadual ou municipal.

1. DIREITO CONSTITUCIONAL

(C) as decisões liminares, proferidas pelo Supremo Tribunal Federal, nas ações diretas de inconstitucionalidade produzirão eficácia contra todos e efeito vinculante, relativamente aos demais órgãos do Poder Judiciário e do Poder Legislativo.

(D) quando o Supremo Tribunal Federal apreciar a inconstitucionalidade, em tese, de norma legal ou ato normativo, citará, previamente, o Procurador-Geral da República, que defenderá o ato ou o texto impugnado.

(E) declarada a inconstitucionalidade por omissão de medida para tornar efetiva norma constitucional, será dada ciência ao Poder competente para a adoção das providências necessárias e, em se tratando de órgão do Poder Judiciário, para fazê-lo em trinta dias.

A: Só cabe ação declaratória de leis federais (art. 102, I, "a", da CF); **B:** Não cabe ADIn em face de leis municipais, apenas federais e estaduais (art. 102, I, "a", da CF); **C:** Não reflete o disposto no art. 11, §§ 1° e 2° da Lei 9.868/1999; **D:** Citará previamente o AGU (art. 103, § 3°, da CF); **E:** Não reflete o disposto no art. 103, § 2°, da CF.
Gabarito "A".

(Procurador do Município/São José dos Campos-SP – 2012 – VUNESP) Sobre o controle de constitucionalidade preventivo, é correto afirmar que

(A) tem sua origem no direito norte-americano e, no Brasil, é exercido pelos três poderes da República.

(B) tem sua origem no direito francês e, no Brasil, esse controle é feito pela Arguição de Descumprimento de Preceito Fundamental.

(C) pode ser exercido pelo STF, no sistema difuso, visando o cumprimento das regras do processo legislativo.

(D) tem sua aplicação no direito brasileiro e é exercido por meio da ação declaratória de constitucionalidade.

(E) não é admitido no direito brasileiro.

Tem origem no direito francês. No Judiciário, o controle preventivo é admitido pelo STF na hipótese de impetração de MS por deputados e senadores (não pelo Presidente da República), para evitar a tramitação de proposta de emenda constitucional que fira o art. 60, § 4°, da CF, por entender que os congressistas têm direito líquido e certo ao devido processo legislativo.
Gabarito "C".

(Procurador do Município/São José dos Campos-SP – 2012 – VUNESP) Assinale a alternativa correta a respeito da Arguição de Descumprimento de Preceito Fundamental.

(A) Tem caráter residual, não devendo ser admitida quando houver qualquer outro meio eficaz de sanar a lesividade.

(B) Pode ser utilizada em controvérsia constitucional sobre lei ou ato normativo federal, estadual ou municipal, excluídos os anteriores à Constituição de 1988.

(C) A decisão na ADPF terá eficácia *inter partes* e efeito vinculante relativamente aos demais poderes da República.

(D) A decisão que julgar procedente ou improcedente o pedido em arguição de descumprimento de preceito fundamental é irrecorrível, mas poderá ser objeto de ação rescisória.

(E) Caberá agravo regimental contra o descumprimento da decisão proferida pelo Supremo Tribunal Federal, na forma do seu Regimento Interno.

A: Art. 4°, § 1°, da Lei 9.882/1999; **B:** Incluídos os anteriores à CF (art. 1°, parágrafo único, I, da Lei 9.882/1999); **C:** Não reflete o disposto no art. 10, § 3°, da Lei 9.882/1999; **D:** Não cabe sequer ação rescisória (art. 12 da Lei 9.882/1999); **E:** Cabe reclamação – art. 13 da Lei 9.882/1999.
Gabarito "A".

(Procurador do Município/Sorocaba-SP – 2012 – VUNESP) O controle de constitucionalidade é estudado e subdividido, historicamente, pela doutrina, tendo em vista três grandes sistemas mundiais, considerando as suas diferentes formas de controle: o difuso, o concentrado e o preventivo. Assim sendo, assinale a alternativa que contempla, correta e respectivamente, os três países onde esses sistemas jurídicos surgiram e se desenvolveram.

(A) França, Estados Unidos da América e Alemanha.

(B) Alemanha, Estados Unidos da América e França.

(C) Portugal, Estados Unidos da América e Alemanha.

(D) Estados Unidos da América, Áustria e França.

(E) Estados Unidos da América, França e Áustria.

Historicamente, sim. O Brasil adota o controle misto de constitucionalidade, vale dizer, convivem em nosso país o controle abstrato (ou concentrado) e o controle difuso (ou concreto). Dessa forma, qualquer juiz ou tribunal (inclusive o STF), ao analisar um caso concreto, pode verificar a compatibilidade de lei ou ato normativo diante da Constituição Federal (controle difuso). Ao mesmo tempo, apenas ao STF cabe o controle concentrado (ou abstrato ou por via de ação) de lei ou ato normativo federal ou estadual diante da Constituição Federal (e aos TJs locais o controle concentrado em face da Constituição estadual). Assim, o STF realiza as duas espécies de controle: o difuso, em exercício de competência recursal (art. 102, III, da CF), ao analisar um recurso extraordinário; e o concentrado, em competência originária, ao julgar ADIn, ADC e ADPF (art. 102, I, "a" e § 1°, da CF).
Gabarito "D".

(Advogado da União/AGU – CESPE – 2012) Com relação à ADI e à ADIO, julgue os itens subsecutivos.

(1) Considere a seguinte situação hipotética. Foi ajuizada ADI no STF contra lei estadual por contrariedade a dispositivo expresso na CF. Porém, antes do julgamento da ação, o parâmetro de controle foi alterado, de modo a tornar a norma impugnada consentânea com o dispositivo constitucional. Nessa situação hipotética, admite-se, de acordo com recente jurisprudência do STF, a denominada constitucionalidade superveniente, devendo, portanto, ser afastada a aplicação do princípio da contemporaneidade e julgada improcedente a ação.

(2) O atual posicionamento do STF admite a fungibilidade entre a ADI e a ADIO.

(3) Assim como ocorre na ADC e na ADI, ato normativo já revogado não pode ser objeto de ADPF.

(4) Ao contrário da ADC, a ADPF não exige a demonstração de controvérsia judicial relevante.

1: Errada. O STF alterou o entendimento anterior sobre o tema (V. ADIn 2.158 e ADIn 2.189, Rel. Min. Dias Toffoli). Hoje, como bem explica Pedro Lenza, "o STF não admite fenômeno da constitucionalidade superveniente e, assim, por esse motivo, a referida lei, que nasceu inconstitucional, deve ser nulificada perante a regra da Constituição que vigorava à época de sua edição (princípio da contemporaneidade). Dessa forma, analisando a situação do caso concreto, modificando o seu entendimento, o STF não admitiu o pedido de prejudicialidade, analisando a constitucionalidade da lei à luz da regra constitucional que à época vigorava" (Direito Constitucional Esquematizado, 2012, p. 301); 2. Correta. O STF admite, em tese, a fungibilidade entre as ações constitucionais, porém no caso de ADPF, só é possível a fungibilidade se inexistir outro meio capaz de sanar a lesividade (art. 4º, § 1º, da Lei 9.882/1999); 3. Errada. O STF entende que não cabe ADIn se a lei ou ato normativo questionado for revogado, independentemente da produção de efeitos residuais; 4: Errada. V. art. 1º, parágrafo único, I e art. 3º, V, ambos da Lei 9.882/1999.

Gabarito 1E, 2C, 3E, 4E

(ADVOGADO – CEF – 2012 – CESGRANRIO) Qual o ato do poder público que não pode ser objeto de Arguição de Descumprimento de Preceito Fundamental (ADPF)?

(A) Lei complementar estadual posterior à norma constitucional violada

(B) Lei ordinária anterior à norma constitucional violada

(C) Lei federal de efeitos concretos anterior à norma constitucional violada

(D) Decreto municipal posterior à norma constitucional violada

(E) Decreto federal anterior à norma constitucional violada

Uma das características da ADPF é a subsidiariedade, isto é, o fato de ela não poder ser admitida se houver outro meio capaz de sanar a lesividade (art. 4º, § 1º, da Lei 9.882/99). Analisando as demais alternativas, percebe-se que em todas elas não é cabível nem a Ação Direta de Inconstitucionalidade – ADI nem a Ação Declaratória de Constitucionalidade – ADC, de modo que a única ação de controle concentrado de constitucionalidade possível é a ADPF. Isso porque a ADI pode ter como objeto leis e atos normativos federais e estaduais posteriores à Constituição Federal e a ADC apenas leis e atos normativos federais posteriores à Constituição Federal (art. 102, inciso I, alínea "a", da CF). Vale dizer: não cabe ADPF contra lei complementar estadual posterior à norma constitucional violada, porque nesse caso, é cabível tanto a ADC como a ADI.

Gabarito "A."

(Procurador do Estado/TO – 2018 – FCC) Proposta ação direta de inconstitucionalidade perante o Supremo Tribunal Federal,

(A) o autor poderá desistir da ação apenas enquanto não juntado aos autos do processo o parecer emitido pelo Procurador Geral da República.

(B) o Advogado-Geral da União não será citado para a defesa do ato normativo impugnado quando esse tiver sido editado em âmbito estadual.

(C) a decisão sobre a constitucionalidade ou a inconstitucionalidade do ato normativo impugnado poderá ser tomada na hipótese de estarem presentes na sessão apenas oito Ministros, podendo ser declarado inconstitucional, com efeitos vinculantes, pelo voto de cinco dos presentes.

(D) o Tribunal poderá conceder medida cautelar com eficácia contra todos, mas não para alcançar atos jurídicos praticados anteriormente à decisão judicial.

(E) a concessão de medida cautelar pelo Tribunal torna aplicável a legislação anterior acaso existente, salvo expressa manifestação em sentido contrário.

Correta é a letra E, conforme artigo 11, §2º, da Lei 9.868/99. A letra A está errada, conforme artigo 5º, da citada Lei. A letra B está errada (artigo 103, §3º, da CF e ADI 3.413, STF). A letra C está incorreta, pois requer 6 ministros. A letra D está errada (artigo 11, §1º, da CF).

Gabarito "E."

(Procurador do Estado/TO – 2018 – FCC) Determinado Estado da Federação editou lei instituindo gratificação financeira mensal, a ser acrescida ao subsídio pago ao Governador e ao Vice-Governador, sendo devida em razão do exercício de segundo mandato eletivo no mesmo cargo. Essa norma inspirou a previsão em Lei Orgânica Municipal de igual vantagem econômica para beneficiar Prefeito e Vice-Prefeito. Considerando a Constituição Federal e a jurisprudência do Supremo Tribunal Federal –STF:

(A) apenas a lei municipal contraria a Constituição Federal, mas não poderá ser objeto de ação direta de inconstitucionalidade perante o STF, ainda que possa ser objeto de arguição de descumprimento de preceito fundamental.

(B) ambas as leis são compatíveis com a Constituição Federal, mas a gratificação somente poderá ser paga aos titulares dos mandatos eletivos se observado o limite remuneratório máximo imposto pela Constituição Federal aos agentes políticos beneficiados.

(C) ambas as leis contrariam a Constituição Federal, mas, na hipótese de violarem também a Constituição do respectivo Estado, caberá apenas ao Tribunal de Justiça, e não ao STF, o exercício do controle abstrato e principal de sua constitucionalidade, sendo permitida a interposição de recurso extraordinário contra o acórdão proferido pelo Tribunal estadual.

(D) ambas as leis contrariam a Constituição Federal, podendo a lei estadual ser objeto de ação direta de inconstitucionalidade perante o Tribunal de Justiça caso a Constituição do respectivo Estado reproduza a norma da Constituição Federal que dispõe sobre a matéria.

(E) apenas a lei estadual contraria a Constituição Federal, podendo ser objeto de ação direta de inconstitucionalidade perante o Tribunal de Justiça caso a Constituição do respectivo Estado reproduza a norma da Constituição Federal que dispõe sobre a matéria, sendo permitida a interposição de recurso extraordinário contra o acórdão proferido pelo Tribunal estadual.

Correta é a letra D, pois assim determinou o STF: "1. Tribunais de Justiça podem exercer controle abstrato de constitucionalidade de leis municipais utilizando como parâmetro normas da Constituição Federal, desde que se trate de normas de reprodução obrigatória pelos Estados. Precedentes. 2. O regime de subsídio é incompatível com outras parcelas remuneratórias de natureza mensal, o que não é o caso do décimo terceiro salário e do terço constitucional de férias, pagos a todos os trabalhadores e servidores com periodicidade anual." (RE 650.898. Rel. Min. Roberto Barroso. STF). A partir dessa decisão, as demais alternativas estão equivocadas, tendo em vista o caso concreto apresentado pela questão. AB

Gabarito "D."

(Procurador do Estado/TO – 2018 – FCC) Considerando a ausência de lei federal na matéria, determinado Estado editou lei, de iniciativa parlamentar, para o fim de exigir que os ônibus que realizam o serviço público de transporte coletivo municipal e intermunicipal de passageiros contem com equipamentos redutores de estresse aos motoristas e cobradores. Trata-se de norma que, à luz da Constituição Federal e da jurisprudência do Supremo Tribunal Federal, revela-se

(A) inconstitucional, uma vez que apenas poderia dispor sobre equipamentos dos ônibus que realizam o serviço

1. DIREITO CONSTITUCIONAL

de transporte coletivo intermunicipal de passageiros, já que o transporte coletivo municipal se insere no âmbito da competência municipal.

(B) constitucional, uma vez que, embora disponha sobre transporte, matéria de competência privativa da União, a ausência de lei federal permite aos Estados legislar sobre questões específicas de seu interesse.

(C) constitucional, uma vez que dispõe sobre matéria de competência legislativa concorrente entre União e Estados, que poderão exercer a competência legislativa plena na ausência de norma federal.

(D) inconstitucional, uma vez que dispõe sobre matéria de iniciativa legislativa privativa dos Chefes do Poder Executivo estadual e municipal.

(E) inconstitucional, uma vez que dispõe sobre matéria de competência privativa da União, que poderia ser objeto de lei estadual apenas na hipótese de lei federal autorizar os Estados a legislarem sobre questões específicas na matéria.

Correta é a letra E, nos moldes da jurisprudência do STF: "Competências legislativas exclusivas da União. Ofensa aparente ao art. 22, incs. I e XI, da CF. Liminar concedida. Precedentes. Aparenta inconstitucionalidade, para efeito de liminar, a lei distrital ou estadual que dispõe sobre obrigatoriedade de equipar ônibus usados no serviço público de transporte coletivo com dispositivos redutores de estresse a motoristas e cobradores e de garantir-lhes descanso e exercícios físicos." (ADI 3671. STF). Além disso, conforme artigo 22, XI, da CF. As letras B e C estão erradas, pois a inconstitucionalidade é evidente. A letra A e D estão incorretas, pois é caso de competência privativa da União. **AB**
Gabarito "E".

(Procurador do Estado/TO – 2018 – FCC) Determinado Município editou lei para fixar o horário de funcionamento de estabelecimentos comerciais de venda de bebidas alcoólicas de modo incompatível com o horário de funcionamento estabelecido por lei do respectivo Estado. De acordo com a Constituição Federal e considerando a jurisprudência do Supremo Tribunal Federal – STF, a referida lei municipal

(A) ateve-se aos limites constitucionais de sua competência legislativa, muito embora a lei estadual deva ser regularmente aplicada aos estabelecimentos comerciais situados em Municípios que não têm disciplina legislativa sobre a matéria.

(B) invadiu competência dos Estados, podendo ser objeto de arguição de descumprimento de preceito fundamental perante o STF por violação do princípio federativo.

(C) invadiu competência dos Estados, podendo ter sua constitucionalidade discutida apenas em sede de controle difuso e incidental de constitucionalidade, já que a aferição da compatibilidade da lei municipal com a ordem jurídica constitucional demanda o exame do ato normativo estadual infraconstitucional.

(D) ateve-se aos limites constitucionais de sua competência legislativa, sendo inconstitucional a lei estadual, que poderá ser objeto de ação direta de inconstitucionalidade perante o STF, mas não poderá ser objeto de reclamação constitucional, ainda que a lei estadual tenha contrariado súmula vinculante editada na matéria.

(E) ateve-se aos limites constitucionais de sua competência legislativa, sendo inconstitucional a lei estadual, que poderá ser objeto de ação direta de inconstitucionalidade perante o STF, bem como de reclamação constitucional, visto que a lei estadual contrariou súmula vinculante editada na matéria.

Correta é a letra D, com base na Súmula Vinculante 38, do STF: "É competente o Município para fixar o horário de funcionamento de estabelecimento comercial.". No mesmo sentido o RE 852.233. Rel. Min. Roberto Barroso. STF). Além disso, não cabe reclamação constitucional, pois não é caso de ato administrativo ou decisão judicial, nos termos do artigo 103-A, §3º, da CF: "Art. 103-A. O Supremo Tribunal Federal poderá, de ofício ou por provocação, mediante decisão de dois terços dos seus membros, após reiteradas decisões sobre matéria constitucional, aprovar súmula que, a partir de sua publicação na imprensa oficial, terá efeito vinculante em relação aos demais órgãos do Poder Judiciário e à administração pública direta e indireta, nas esferas federal, estadual e municipal, bem como proceder à sua revisão ou cancelamento, na forma estabelecida em lei. (...) § 3º Do ato administrativo ou decisão judicial que contrariar a súmula aplicável ou que indevidamente a aplicar, caberá reclamação ao Supremo Tribunal Federal que, julgando-a procedente, anulará o ato administrativo ou cassará a decisão judicial reclamada, e determinará que outra seja proferida com ou sem a aplicação da súmula, conforme o caso.". Em raciocínio inverso, nota-se que as demais alternativas estão equivocadas. **AB**
Gabarito "D".

(Procurador do Estado/TO – 2018 – FCC) Projeto de Lei estadual de iniciativa do Chefe do Poder Executivo cria órgão incumbido da realização de exames médicos em crianças e adolescentes, bem como cargos públicos com atribuições voltadas para essas atividades, tendo sido apresentada emenda parlamentar que acrescentou às competências do referido órgão a realização gratuita de teste de maternidade e de paternidade aos beneficiários da Assistência Judiciária Gratuita. Paralelamente foi apresentado projeto de lei de iniciativa parlamentar para obrigar o Poder Público a realizar, gratuitamente, teste de maternidade e de paternidade aos beneficiários da Assistência Judiciária, sem indicar o órgão estadual competente para desempenhar essa função. À luz das disposições da Constituição Federal sobre processo legislativo,

(A) o primeiro projeto de lei é constitucional, inclusive no que toca à apresentação da emenda parlamentar, sendo, no entanto, inconstitucional o segundo, por tratar de matéria de iniciativa exclusiva do Chefe do Poder Executivo.

(B) a emenda parlamentar é constitucional, assim como o segundo projeto de lei.

(C) o primeiro projeto de lei é constitucional, inclusive no que toca à apresentação da emenda parlamentar, sendo, no entanto, inconstitucional o segundo por criar despesa para o Poder Executivo.

(D) ambos os projetos de lei são constitucionais, inclusive no que toca à apresentação da emenda parlamentar.

(E) a emenda parlamentar é inconstitucional, uma vez que implicou aumento de despesas em projeto de lei de iniciativa exclusiva do Chefe do Poder Executivo, sendo constitucional o segundo projeto de lei.

Correta é a letra E, conforme artigos 61, §1º, bem como artigo 63, I, ambos da Constituição Federal. Perante o STF, RE 745.811 e ADI 2.079. **AB**
Gabarito "E".

(Procurador do Estado/TO – 2018 – FCC) Certo Estado, ao editar lei dispondo sobre a estrutura dos órgãos do Poder Executivo, determinou, entre outras medidas:

Art. 1º O Chefe do Poder Executivo poderá, mediante decreto, promover as reformas necessárias à adequação dos órgãos, entes e unidades integrantes das suas estruturas básica e operacional, compreendendo:

I. criação e extinção, fixando-lhes as respectivas competências, denominações e atribuições;
II. vinculação, denominação e estrutura operacional;
III. a criação e as atribuições de cargos públicos.

À luz da Constituição Federal, trata-se de lei que se mostra

(A) inconstitucional no que toca à autorização para que Decreto crie e extinga órgãos públicos, e que fixe as respectivas competências e atribuições, bem como para que crie cargos públicos e que defina suas atribuições.

(B) constitucional, uma vez que cabe ao Poder Executivo dispor sobre as matérias que a Lei delegou à disciplina por Decreto, sendo esse o instrumento normativo adequado para instituir regulamentos para a fiel execução das leis.

(C) inconstitucional apenas no que toca à autorização para que Decreto crie cargos públicos, uma vez que as demais matérias se inserem no âmbito da competência constitucional do Governador para discipliná-las mediante Decreto.

(D) inconstitucional no que toca à autorização para que Decreto crie e extinga órgãos, bem como para que crie cargos públicos, embora possa a Lei delegar ao Governador a fixação das atribuições de cargos públicos por Decreto.

(E) inconstitucional apenas no que toca à autorização para que Decreto crie cargos públicos, bem como para que defina suas atribuições, podendo delegar ao Governador a disciplina das demais matérias por Decreto.

Correta é a letra A, nos moldes da jurisprudência do STF: " À luz do princípio da simetria, são de iniciativa do Chefe do Poder Executivo estadual as leis que versem sobre a organização administrativa do Estado, podendo a questão referente à organização e funcionamento da Administração Estadual, quando não importar aumento de despesa, ser regulamentada por meio de Decreto do Chefe do Poder Executivo (art. 61, § 1º, II, e e art. 84, VI, a da Constituição federal). Inconstitucionalidade formal, por vício de iniciativa da lei ora atacada.". (ADI 2.857). **AB**

Gabarito "A".

(Procurador do Estado/TO – 2018 – FCC) Suponha que em 31 de dezembro de 2017 foi editada lei de iniciativa do Tribunal de Contas da União aumentando a remuneração dos respectivos servidores, embora tenha sido constatado que o projeto de lei não estava amparado em prévia dotação orçamentária suficiente para arcar com a vantagem remuneratória no exercício de 2018. A falta de previsão de dotação orçamentária para fazer frente às despesas criadas pela lei fundamentou o ajuizamento de ação direta de inconstitucionalidade perante o Supremo Tribunal Federal contra o referido ato normativo federal. Nessa situação, considerando o disposto na Constituição Federal e a jurisprudência do Supremo Tribunal Federal, a lei federal mostra-se

(A) compatível formal e materialmente com a Constituição Federal, não sendo exigível a prévia dotação orçamentária para que a lei seja aplicada no exercício de 2018.

(B) incompatível com a Constituição Federal, por ter sido aprovada sem prévia dotação orçamentária suficiente, o que, embora não autorize sua declaração de inconstitucionalidade em sede de ação direta, impede que seja aplicada em 2018.

(C) incompatível com a Constituição Federal, devendo ser declarada formalmente inconstitucional, uma vez que o projeto de lei tratou de matéria de iniciativa privativa de uma das Casas do Congresso Nacional.

(D) incompatível com a Constituição Federal, devendo ser declarada formalmente inconstitucional, uma vez que o projeto de lei tratou de matéria de iniciativa privativa do Presidente da República.

(E) incompatível com a Constituição Federal, por ter sido aprovada sem prévia dotação orçamentária suficiente, devendo ser declarada inconstitucional por esse motivo.

Correta é a letra B, correlacionada especificamente com a jurisprudência do STF (ADI 3.599): "A ausência de dotação orçamentária prévia em legislação específica não autoriza a declaração de inconstitucionalidade da lei, impedindo tão-somente a sua aplicação naquele exercício financeiro.". **AB**

Gabarito "B".

(Procurador do Estado/TO – 2018 – FCC) A Constituição de determinado Estado determina que as Secretarias de Estado serão assessoradas juridicamente por advogados de livre nomeação e exoneração, cabendo-lhes o desempenho de atividade de consultoria jurídica, ao passo que a representação judicial da unidade federada será exercida por Procuradores do Estado admitidos por concurso público e organizados em carreira. Trata-se de norma estadual que se mostra

(A) incompatível com a Constituição Federal, uma vez que a consultoria jurídica referida deve ser exercida por Procuradores do Estado admitidos por concurso público e organizados em carreira, embora a Constituição Estadual pudesse ter atribuído exclusivamente a ocupantes de cargos em comissão, de livre nomeação e exoneração, a representação judicial da unidade federada.

(B) compatível com a Constituição Federal, uma vez que cabe ao Estado, no exercício de sua autonomia organizacional e administrativa, estabelecer as normas aplicáveis à sua advocacia pública.

(C) incompatível com a Constituição Federal, uma vez que a matéria se insere no âmbito da iniciativa legislativa do Governador, não podendo, portanto, ser disciplinada na Constituição do Estado.

(D) incompatível com a Constituição Federal, uma vez que a consultoria jurídica referida somente poderia ser exercida por advogados ocupantes de cargos públicos em comissão caso não fosse prevista na própria Constituição do Estado a instituição da carreira de Procurador do Estado.

(E) incompatível com a Constituição Federal, uma vez que a consultoria jurídica e a representação judicial referidas devem ser exercidas por Procuradores do

1. DIREITO CONSTITUCIONAL

Estado admitidos por concurso público e organizados em carreira.

Correta é a letra E, conforme jurisprudência do STF: "É inconstitucional o diploma normativo editado pelo Estado-membro, ainda que se trate de emenda à Constituição estadual, que outorgue a exercente de cargo em comissão ou de função de confiança, estranho aos quadros da Advocacia de Estado, o exercício, no âmbito do Poder Executivo local, de atribuições inerentes à representação judicial e ao desempenho da atividade de consultoria e de assessoramento jurídicos, pois tais encargos traduzem prerrogativa institucional outorgada, em caráter de exclusividade, aos Procuradores do Estado pela própria Constituição da República. Precedentes do Supremo Tribunal Federal. Magistério da doutrina. – A extrema relevância das funções constitucionalmente reservadas ao Procurador do Estado (e do Distrito Federal, também), notadamente no plano das atividades de consultoria jurídica e de exame e fiscalização da legalidade interna dos atos da Administração Estadual, impõe que tais atribuições sejam exercidas por agente público investido, em caráter efetivo, na forma estabelecida pelo art. 132 da Lei Fundamental da República, em ordem a que possa agir com independência e sem temor de ser exonerado "ad libitum" pelo Chefe do Poder Executivo local pelo fato de haver exercido, legitimamente (...).". (ADI 4.843). **AB**

Gabarito "E".

5. DIREITOS E DEVERES INDIVIDUAIS E COLETIVOS

(Procurador do Município – Prefeitura Fortaleza/CE – CESPE – 2017) Acerca dos remédios constitucionais, julgue os próximos itens.

(1) Pessoa jurídica pode impetrar *habeas corpus*.

(2) Embora não tenham personalidade jurídica própria, os órgãos públicos titulares de prerrogativas e atribuições emanadas de suas funções públicas — como, por exemplo, as câmaras de vereadores, os tribunais de contas e o MP — têm personalidade judiciária e, por conseguinte, capacidade ativa de ser parte em mandado de segurança para defender suas atribuições constitucionais e legais.

1. correta. Pessoas jurídicas podem impetrar HC, mas em favor de pessoa física, ou seja, embora possam impetrar o remédio, não podem ser beneficiárias (haja vista a ausência de direito de locomoção); **2. correta.** Os entes despersonalizados não podem ajuizar ações pelo procedimento comum, mas podem impetrar mandado de segurança. Veja-se o teor da Súmula 525 do STJ: "A Câmara de Vereadores não possui personalidade jurídica, apenas personalidade judiciária, somente podendo demandar em juízo para defender os seus direitos institucionais" **TM**

Gabarito "1C, 2C".

(Procurador do Município – S.J. Rio Preto/SP – 2019 – VUNESP) O Chefe do Departamento de Recursos Humanos da Prefeitura Municipal de São José do Rio Preto, sem qualquer motivo legal, recusou-se a fornecer para João, funcionário público municipal, a sua certidão de tempo de serviço que é necessária para pedir a sua aposentadoria. Nesse caso, e a fim de garantir seus direitos, João poderá

(A) recorrer ao Ministério Público.

(B) propor ação civil pública.

(C) propor ação popular.

(D) impetrar o mandado de injunção.

(E) impetrar o mandado de segurança individual.

Correta é a letra E, pois trata-se de direito líquido e certo da pessoa do impetrante. A obtenção de certidões para a defesa de direitos é um direito líquido e certo, tanto que não seria caso de *habeas data*, ainda que não tenha tal alternativa. Letras A, B e D desconexas com o enunciado, logo, erradas. Letra C equivocada, pois não é caso de ofensa à moralidade administrativa. **AB**

Gabarito "E".

(Procurador do Estado/AC – 2017 – FMP) A CF/88 contempla verdadeiro sistema de direitos fundamentais que se caracteriza, dentre outras circunstâncias, pela previsão expressa de normas de sistematização que disciplinam a aplicação dos direitos fundamentais em espécie; quanto às normas de sistematização, é correto afirmar que

(A) independentemente de qualquer intervenção legislativa, nos termos do art. 5º, § 1º, as normas jus fundamentais são aptas a produzir todos os seus efeitos a partir da mera previsão expressa no texto constitucional.

(B) os brasileiros e os estrangeiros residentes no Brasil, tal como previsto no caput do art. 5º, são, em igualdade de condições, sujeitos dos direitos fundamentais.

(C) os turistas, assim como as pessoas jurídicas, não contemplados no caput do art. 5º não são sujeitos de quaisquer direitos fundamentais.

(D) pessoas jurídicas não são sujeitos de direitos fundamentais.

(E) direito humano internalizado no ordenamento pátrio como direito fundamental, não obstante permissivo expresso no art. 5º, LXVII, impede a prisão civil do depositário infiel por dívida.

Correta é a letra E, com base na jurisprudência do STF: "PRISÃO CIVIL. Depósito. Depositário infiel. Alienação fiduciária. Decretação da medida coercitiva. Inadmissibilidade absoluta. Insubsistência da previsão constitucional e das normas subalternas. Interpretação do art. 5º, inc. LXVII e §§ 1º, 2º e 3º, da CF, à luz do art. 7º, § 7, da Convenção Americana de Direitos Humanos (Pacto de San José da Costa Rica). Recurso improvido. Julgamento conjunto do RE nº 349.703 e dos HCs nº 87.585 e nº 92.566. É ilícita a prisão civil de depositário infiel, qualquer que seja a modalidade do depósito.". (RE 466.343. Rel. Min. Cezar Peluso). **AB**

Gabarito "E".

(Procurador Municipal – Prefeitura/BH – CESPE – 2017) Acerca dos direitos e garantias fundamentais, assinale a opção correta.

(A) Após a condenação criminal transitada em julgado, os direitos políticos do infrator ficarão suspensos enquanto durarem os efeitos da referida condenação.

(B) Nas situações em que se fizer necessário, o cidadão poderá impetrar *habeas data* para obter vistas dos autos de processo administrativo de seu interesse.

(C) O *habeas corpus* é o instrumento adequado para impedir o prosseguimento de processo administrativo.

(D) Os direitos fundamentais são personalíssimos, razão por que somente o seu titular tem o direito de renunciá-los.

A: correta. Art. 15, III, CF; **B:** incorreta. De acordo com o art. 5º, LXXII, CF, o habeas data somente pode ser proposto: a) para assegurar o conhecimento de informações relativas à pessoa do impetrante, constantes de registros ou bancos de dados de entidades governamentais ou de caráter público; ou b) para a retificação de dados, quando não se prefira fazê-lo por processo sigiloso, judicial ou administrativo; **C:** incorreta. A hipótese é de impetração de mandado de segurança, haja vista não estar em jogo o direito de locomoção; **D:** incorreta. A doutrina clássica defende a irrenunciabilidade dos direitos fundamentais. **TM**

Gabarito "A".

(Procurador Municipal – Prefeitura/BH – CESPE – 2017) À luz do entendimento do STF, assinale a opção correta, a respeito dos direitos e garantias fundamentais.

(A) A licença-maternidade não é garantida à mulher adotante.

(B) Lei para alteração de processo eleitoral pode ser aplicada no mesmo ano das eleições, desde que seja editada cento e oitenta dias antes do pleito.

(C) O direito de reunião e o direito à livre expressão do pensamento legitimam a realização de passeatas em favor da descriminalização de determinada droga.

(D) As prerrogativas constitucionais de investigação das CPIs possibilitam a quebra de sigilo imposto a processo sujeito ao segredo de justiça.

A: incorreta. O STF estendeu a licença-maternidade também à adotante, por igual prazo. Ver RE 778889, Rel. Min. Roberto Barroso; **B:** incorreta. De acordo com o art. 16 da CF, a lei que alterar o processo eleitoral entrará em vigor na data de sua publicação, não se aplicando à eleição que ocorra até um ano da data de sua vigência; **C:** correta. Ao julgar a ADPF 197, o STF conferiu interpretação conforme a Constituição ao art. 287 do Código Penal, para não considerar as manifestações em defesa da legalização das drogas como apologia de "fato criminoso"; **D:** incorreta. CPI não pode quebrar sigilo judicial, conforme decido pelo STF no MS 27.483: "Comissão Parlamentar de Inquérito não tem poder jurídico de, mediante requisição, a operadoras de telefonia, de cópias de decisão nem de mandado judicial de interceptação telefônica, quebrar sigilo imposto a processo sujeito a segredo de justiça. Este é oponível a Comissão Parlamentar de Inquérito, representando expressiva limitação aos seus poderes constitucionais". **TM**

Gabarito "C".

(Procurador Municipal – Sertãozinho/SP – VUNESP – 2016) A respeito dos remédios constitucionais, assinale a alternativa correta.

(A) Para efeito de análise de cabimento de mandado de segurança, considera-se líquido e certo o direito comprovado de plano, admitindo o rito da ação, contudo, ampla instrução probatória.

(B) Conceder-se-á habeas corpus sempre que alguém sofrer ou se achar ameaçado de sofrer violência ou coação em sua liberdade de locomoção e de associação, por ilegalidade ou abuso de poder.

(C) Em respeito ao princípio da segurança jurídica, a desistência do mandado de segurança não pode ocorrer após a prolação de sentença.

(D) A impetração de mandado de segurança coletivo por entidade de classe em favor dos associados independe da autorização destes.

(E) Conceder-se-á mandado de injunção sempre que a falta de norma regulamentadora torne inviável o exercício dos direitos e liberdades constitucionais e das prerrogativas inerentes à nacionalidade, à soberania e à cidadania, sendo o uso do instrumento processual adequado nos casos em que os referidos direitos estejam contemplados em normas constitucionais de eficácia plena.

A: incorreta. **Não há dilação probatória** em mandado de segurança; **B:** incorreta. Conforme determina o art. 5º, LXVIII, da CF, **apenas a ameaça e violação à liberdade de locomoção** é que são protegidas pelo *habeas corpus*; **C:** incorreta. Ao contrário do mencionado, a jurisprudência do STF e STJ, em regra, admite a desistência do mandado de segurança após a prolação da sentença (STF. RE 669287/RJ, Min. Rosa Weber, j. 02.05.2013; STJ. 2ª Turma. REsp 1.405.532-SP, Rel. Min. Eliana Calmon, j. 10.12.2013. Info 533); **D:** correta. É o que determina a Súmula 629 do STF; **E:** incorreta. A parte final da afirmação está errada, pois o mandado de injunção é o instrumento adequado nos casos em que os direitos mencionados estejam contemplados em normas constitucionais de eficácia **limitada** (não plena, como afirmado na alternativa). **BV**

Gabarito "D".

(Procurador Municipal – Sertãozinho/SP – VUNESP – 2016) Com base na Lei da Transparência (Lei Federal nº 12.527/2011), assinale a alternativa correta.

(A) As informações que puderem colocar em risco a segurança do Presidente e Vice-Presidente da República e respectivos cônjuges e filhos(as) serão classificadas como ultrassecretas e ficarão sob sigilo pelo prazo de 25 (vinte e cinco) anos.

(B) O acesso à informação classificada como sigilosa cria a obrigação para aquele que a obteve de resguardar o sigilo.

(C) O recurso apresentado em face de decisão que indefere pedido de acesso a informações será direcionado à própria autoridade que a proferiu, a qual se manifestará no prazo de cinco dias a respeito do preenchimento dos pressupostos legais de admissibilidade.

(D) A Lei Federal nº 12.527/2011 somente se aplica aos órgãos públicos integrantes da Administração direta dos Poderes Executivo, Legislativo, incluindo as Cortes de Contas, e Judiciário e do Ministério Público, as autarquias, as fundações públicas, as empresas públicas, as sociedades de economia mista e demais entidades controladas direta ou indiretamente pela União, Estados, Distrito Federal e Municípios.

(E) O serviço de busca e fornecimento da informação deverá ser remunerado mediante cobrança de taxa.

A: incorreta. As informações mencionadas, de acordo com o art. 24, § 1º, III, e 2º, da Lei 12.527/2011, são classificadas como **reservadas e o prazo máximo de restrição de acesso é de 5 (cinco) anos**. Vale lembrar que tais informações ficarão sob sigilo até o término do mandato em exercício ou do último mandato, em caso de reeleição; **B:** correta. Determina o art. 25, § 2º, da Lei 12.527/2011, que o acesso à informação classificada como sigilosa **cria a obrigação para aquele que a obteve de resguardar o sigilo**; **C:** incorreta. De acordo com o art. 15 da mencionada lei, no caso de indeferimento de acesso a informações ou às razões da negativa do acesso, poderá o interessado interpor recurso contra a decisão no prazo de 10 (dez) dias a contar da sua ciência. O parágrafo único determina que o recurso será dirigido à autoridade hierarquicamente superior à que exarou a decisão impugnada, que deverá se manifestar no prazo de 5 (cinco) dias; **D:** incorreta. O erro da alternativa está na palavra "somente", pois o art. 2º da lei determina que **aplicam-se** as disposições desta Lei, no que couber, **às entidades privadas sem fins lucrativos** que recebam, para realização de ações de interesse público, recursos públicos diretamente do orçamento ou mediante subvenções sociais, contrato de gestão, termo de parceria, convênios, acordo, ajustes ou outros instrumentos congêneres; **E:** incorreta. Ao contrário do mencionado, o art. 12 da lei determina que o serviço de busca e fornecimento da informação é **gratuito**, salvo nas hipóteses de reprodução de documentos pelo órgão

1. DIREITO CONSTITUCIONAL

ou entidade pública consultada, situação em que poderá ser cobrado exclusivamente o valor necessário ao ressarcimento do custo dos serviços e dos materiais utilizados. **BV**

Gabarito "B".

(Procurador Municipal – Sertãozinho/SP – VUNESP – 2016) A respeito dos direitos e garantias fundamentais, é correto afirmar que:

(A) é livre a manifestação do pensamento, garantido o anonimato.

(B) as associações só poderão ser compulsoriamente dissolvidas ou ter suas atividades suspensas por decisão judicial, exigindo-se, em ambos os casos, o trânsito em julgado.

(C) é ilícita a prisão civil de depositário infiel, qualquer que seja a modalidade do depósito.

(D) a partir do início da vigência da Emenda Constitucional nº45/04, todos os tratados internacionais relativos a direitos humanos são incorporados no direito brasileiro com hierarquia de emenda constitucional.

(E) a lei considerará crimes inafiançáveis e imprescritíveis a prática da tortura, o tráfico ilícito de entorpecentes e drogas afins, o terrorismo e os definidos como crimes hediondos, por eles respondendo os mandantes, os executores e os que, podendo evitá-los, se omitirem.

A: incorreta. De acordo com o inciso IV do art. 5º da CF, embora a manifestação do pensamento seja livre, **o anonimato é proibido; B:** incorreta. Apenas a dissolução da associação por decisão judicial é que exige o trânsito em julgado. Determina o art. 5º, XIX, da CF que as associações só poderão ser compulsoriamente dissolvidas ou ter suas atividades suspensas por decisão judicial, exigindo-se, no primeiro caso, o trânsito em julgado; **C:** correta. É o que determina a Súmula Vinculante 25 (STF); **D:** incorreta. Não são todos os tratados. Determina o § 3º do art. 5º da CF que os tratados e convenções internacionais sobre direitos humanos **que forem aprovados, em cada Casa do Congresso Nacional, em dois turnos, por três quintos dos votos dos respectivos membros, serão equivalentes às emendas constitucionais; E:** incorreta. De acordo com o inciso XLIV do art. 5º da CF, constitui crime inafiançável e imprescritível **a ação de grupos armados, civis ou militares, contra a ordem constitucional e o Estado Democrático. BV**

Gabarito "C".

(Procurador Municipal/SP – VUNESP – 2016) Dentre os direitos e garantias fundamentais previstos na Constituição Federal, consta a seguinte previsão:

(A) todos podem reunir-se pacificamente, sem armas, em locais abertos ao público, independentemente de autorização, desde que não frustrem outra reunião anteriormente convocada para o mesmo local, sendo apenas exigido prévio aviso à autoridade competente.

(B) a criação de associações e de cooperativas independe de autorização, sendo vedada a interferência estatal em seu funcionamento, não podendo tais entes ser compulsoriamente dissolvidos ou ter suas atividades suspensas, ainda que por decisão judicial.

(C) conceder-se-á mandado de injunção para proteger direito líquido e certo, quando o responsável pela ilegalidade ou abuso de poder for autoridade pública ou agente de pessoa jurídica no exercício de atribuições do Poder Público.

(D) qualquer cidadão é parte legítima para propor ação civil pública que vise a anular ato lesivo ao patrimônio público ou de entidade de que o Estado participe, à

moralidade administrativa, ao meio ambiente e ao patrimônio histórico e cultural.

(E) os tratados e convenções internacionais sobre direitos humanos que forem aprovados, em cada Casa do Congresso Nacional, em dois turnos, por três quintos dos votos dos respectivos membros, serão equivalentes às leis complementares.

A: correta. É o que determina o inciso XVI do art. 5º da CF; **B:** incorreta. É possível a suspensão das atividades e a dissolução, desde que por ordem judicial. De acordo com o inciso XIX da CF, as associações só poderão ser compulsoriamente dissolvidas ou ter suas atividades suspensas por decisão judicial, exigindo-se, no primeiro caso, o trânsito em julgado; **C:** incorreta. O remédio correto nesse caso é o mandado de segurança. Determina o inciso LXIX do art. 5º da CF que concederse-á mandado de segurança para proteger direito líquido e certo, não amparado por habeas corpus ou habeas data, quando o responsável pela ilegalidade ou abuso de poder for autoridade pública ou agente de pessoa jurídica no exercício de atribuições do Poder Público; **D:** incorreta. A ação correta nessa hipótese é a ação popular. De acordo com o inciso LXXIII do art. 5º da CF, qualquer cidadão é parte legítima para propor ação popular que vise a anular ato lesivo ao patrimônio público ou de entidade de que o Estado participe, à moralidade administrativa, ao meio ambiente e ao patrimônio histórico e cultural, ficando o autor, salvo comprovada má-fé, isento de custas judiciais e do ônus da sucumbência; **E:** incorreta. Tais tratados serão equivalentes às emendas constitucionais. De acordo com o § 3º do art. 5º da CF, os tratados e convenções internacionais sobre direitos humanos que forem aprovados, em cada Casa do Congresso Nacional, em dois turnos, por três quintos dos votos dos respectivos membros, serão equivalentes às emendas constitucionais. **BV**

Gabarito "A".

(Procurador Municipal/SP – VUNESP – 2016) Com fundamento na Lei de Transparência (Lei Federal nº12.527/11), cidadão solicita cópia integral, a ser-lhe remetida pelo correio, de um processo administrativo da Prefeitura Municipal de Rosana, no qual consta a documentação referente à licitação e ao contrato de aquisição de produtos médico--hospitalares e de fisioterapia, com entrega parcelada. A Prefeitura Municipal defere o pedido comunicando a data e local em que o processo administrativo ficará disponível para consulta do cidadão, bem como o valor que será cobrado pela reprodução de cada uma das folhas. O cidadão apresenta recurso à autoridade hierarquicamente superior, afirmando que a Prefeitura deve lhe remeter a cópia integral do processo administrativo, via correio, sem qualquer custo, pois sua situação econômica não permite arcar com as despesas de deslocamento e de reprodução do documento. Nesse caso, a autoridade competente para a análise do recurso deverá:

(A) dar provimento total ao recurso, encaminhando as cópias via correio, que é meio legítimo para a prestação das informações, a critério do cidadão solicitante, devendo, também, dispensá-lo dos custos de reprodução, pois está isento de ressarci-los todo aquele que declarar, sob as penas da lei, que sua situação econômica não lhe permite fazê-lo sem prejuízo do sustento próprio ou da família.

(B) dar provimento parcial ao recurso, em relação ao pagamento devido, pois mediante declaração de que não possui recursos financeiros suficientes para arcar com os custos da reprodução de documentos, sem prejuízo do sustento próprio ou de sua família, o cidadão pode ser dispensado do ressarcimento de tais custos, devendo ser negado, todavia, o envio da documentação pelo correio, pois o acesso à informação deve ser pessoal ou por meio da internet.

(C) negar provimento ao recurso, em relação aos dois pleitos, pois o acesso à informação deve ser pessoal ou por meio da internet, nos termos da Lei Federal nº 12.527/11, e, em relação aos custos de reprodução, prevê a referida lei que o serviço de busca e fornecimento da informação é gratuito, mas é cobrado o valor necessário ao ressarcimento do custo dos serviços e dos materiais utilizados.

(D) dar provimento parcial ao recurso, em relação ao envio pelo correio dos documentos solicitados, pois a Lei Federal nº 12.527/11 prevê que requerente pode declarar não dispor de meios para realizar por si mesmo tais procedimentos, mas, no tocante aos custos de reprodução, é obrigatório o ressarcimento, para que não haja prejuízo ao erário em razão dos custos dos serviços de reprografia e dos materiais utilizados.

(E) dar provimento total ao recurso, dispensando o cidadão dos custos de reprodução, pois está isento de ressarci-los todo aquele que declarar, sob as penas da lei, que sua situação econômica não lhe permite fazê-lo sem prejuízo do sustento próprio ou da família, enviando a documentação pelo correio, que é meio legítimo, cobrando-lhe, no entanto, as despesas de postagem.

A: incorreta, pois a informação solicitada, de acordo com o art. 10, § 2º, da Lei 12.527/2011, deve ser dada pessoalmente ou por meio dos sítios oficiais do órgão **na internet**. A segunda parte está correta, pois a declaração de que não possui recursos financeiros suficientes para arcar com os custos da reprodução de documentos, sem prejuízo do sustento próprio ou de sua família, de fato, dispensa o cidadão do ressarcimento de tais custos, conforme determina o art. 12, parágrafo único, da mencionada lei; **B**: correta, nos termos dos arts. 10, § 2º e 12, parágrafo único, ambos da Lei 12.527/2011; **C**: incorreta, pois o pleito do pagamento devido é legítimo; **D**: incorreta, pois deve ser pessoalmente ou por meio dos sítios oficiais do órgão na internet; **E**: incorreta, pois é caso de provimento parcial, conforme comentado na letra B. AB

Gabarito "B".

(Procurador – IPSMI/SP – VUNESP – 2016) De acordo com a Constituição Federal de 1988,

(A) o direito à saúde é direito social, de segunda geração, garantido apenas aos brasileiros natos ou naturalizados.

(B) a lei não poderá restringir a publicidade de atos processuais.

(C) a lei considerará crimes inafiançáveis e insuscetíveis de graça ou anistia, exclusivamente, os crimes de tortura, terrorismo, racismo e homofobia.

(D) é garantido o direito à herança, desde que respeitada a função social da propriedade.

(E) é possível a extradição de qualquer brasileiro naturalizado em caso de crime comum, praticado antes da naturalização, ou de comprovado envolvimento em tráfico ilícito de entorpecentes e drogas afins, praticados antes ou depois da naturalização.

A: incorreta. De fato, o direito à saúde, além de outros como os relacionados ao trabalho e à educação, faz parte da segunda geração dos direitos fundamentais. Valores ligados à igualdade foram prestigiados

nessa dimensão. Ocorre que tal direito não é garantido apenas aos brasileiros (natos e naturalizados), **estrangeiros também são destinatários** dos direitos sociais. É o que determina o "caput" do art. 5º da CF; **B**: incorreta. Ao contrário do mencionado, a lei **poderá** restringir a publicidade dos atos processuais **quando a defesa da intimidade ou o interesse social o exigirem**. É o que determina o inciso LX do art. 5º da CF; **C**: incorreta. Determina o inciso XLIII do art. 5º da CF que a lei considerará crimes **inafiançáveis e insuscetíveis de graça ou anistia** a prática da **tortura**, o **tráfico** ilícito de entorpecentes e drogas afins, o **terrorismo** e os definidos como **crimes hediondos**, por eles respondendo os mandantes, os executores e os que, podendo evitá-los, se omitirem; **D**: incorreta. A **segunda parte não consta** no texto constitucional. Dispõe o inciso XXX do art. 5º, que é garantido o direito de herança. A exigência do cumprimento da função social tem a relação com o direto à propriedade, não com o direito à herança. O inciso XXIII do art. 5º da CF informa que a propriedade atenderá a sua função social; **E**: correta. De fato, a extradição do brasileiro naturalizado pode ocorrer nas duas hipóteses mencionadas. É o que determina o inciso LI do art. 5º da CF. BV

Gabarito "E".

(Procurador – IPSMI/SP – VUNESP – 2016) A ação popular, assim como o voto, a iniciativa popular, o plebiscito e o referendo, configura-se como relevante instrumento de democracia direta e de participação política. A respeito da ação popular, assinale a alternativa correta.

(A) Pode ser proposta por qualquer brasileiro nato ou naturalizado.

(B) Esse remédio constitucional tem por escopo anular ato lesivo ao patrimônio público, à moralidade administrativa, ao meio ambiente e ao patrimônio histórico e cultural.

(C) O autor da ação popular é isento de custas judiciais, salvo se a ação for julgada improcedente. Nesse caso, dispensa-se o recolhimento retroativo dos valores, sendo obrigatório, porém, o pagamento das custas judiciais a partir de então.

(D) A propositura de ação popular, como forma de dar maior efetividade ao direito de petição e ao acesso à Justiça, tal qual o caso excepcional das ações propostas perante os juizados especiais cíveis, pode ocorrer sem a presença de advogado.

(E) Trata-se de remédio constitucional que pode ser utilizado pelo Ministério Público em razão de pedido subscrito por, no mínimo, um por cento do eleitorado nacional, distribuído pelo menos por cinco Estados, com não menos de três décimos por cento dos eleitores de cada um deles.

A: incorreta. A ação popular pode ser proposta pelo cidadão, que é aquele sujeito que **possui título de eleitor** e está no gozo dos seus direitos políticos. Os fundamentos são encontrados no art. 5º, LXXIII, da CF e no art. 1º, § 3º, da Lei 4.717/1965; **B**: correta. De acordo com o art. 5º, LXXIII, da CF, qualquer cidadão é parte legítima para propor ação popular que vise a anular ato lesivo ao **patrimônio público ou de entidade de que o Estado participe, à moralidade administrativa, ao meio ambiente e ao patrimônio histórico e cultural**, ficando o autor, salvo comprovada má-fé, isento de custas judiciais e do ônus da sucumbência; **C**: incorreta. Apenas se for comprovada a má-fé do autor popular é que a ação não será isenta de custas; **D**: incorreta. É necessária a presença do advogado; **E**: incorreta. O Ministério Público não poderá propor a ação, mas poderá assumir o polo ativo caso o cidadão que entrou com a ação não dê andamento. Determina o art. 9º da Lei 4.717/1965 (Ação Popular) que se o autor desistir da ação ou der motivo à absolvição da instância, serão publicados editais nos prazos e

1. DIREITO CONSTITUCIONAL

condições previstos no art. 7º, inciso II, ficando assegurado a qualquer cidadão, bem como ao representante do Ministério Público, dentro do prazo de 90 (noventa) dias da última publicação feita, promover o prosseguimento da ação. **BV**
Gabarito "B".

(Procurador – IPSMI/SP – VUNESP – 2016) No tocante à Lei nº 12.527/11, é correto afirmar:

(A) com a edição do ato decisório fica dispensável o acesso aos documentos ou às informações neles contidas utilizados como fundamento da tomada de decisão e do ato administrativo.

(B) qualquer interessado poderá apresentar pedido de acesso a informações aos órgãos e entidades públicas, devendo o pedido conter os motivos determinantes da solicitação de informações de interesse público.

(C) os Municípios com população de até 10.000 (dez mil) habitantes ficam dispensados da divulgação obrigatória na internet de dados gerais para o acompanhamento de programas, ações, projetos e obras de órgãos e entidades, assim como de informações concernentes a procedimentos licitatórios, inclusive os respectivos editais e resultados, bem como a todos os contratos celebrados.

(D) a competência prevista para a classificação dos documentos como ultrassecreta e secreta não poderá ser delegada pela autoridade responsável.

(E) negado o acesso a informação pelos órgãos ou entidades do Poder Executivo Federal, o requerente poderá recorrer ao Senado Federal que deliberará no prazo de 5 (cinco) dias.

A: incorreta. Ao contrário do mencionado, de acordo com o art. 7º, § 3º, da Lei 12.527/2011, **o direito de acesso** aos documentos ou às informações neles contidas utilizados como fundamento da tomada de decisão e do ato administrativo **será assegurado com a edição do ato decisório** respectivo; B: incorreta. O § 3º do art. 10 da CF, de forma diversa do art. 10 da mencionada lei, determina que são **vedadas quaisquer exigências relativas aos motivos determinantes** da solicitação de informações de interesse público; C: correta. De acordo com o art. 8º, § 4º, da citada lei, os Municípios com população de até 10.000 (dez mil) habitantes ficam **dispensados da divulgação obrigatória na internet** a que se refere o § 2º, mantida a obrigatoriedade de divulgação, em tempo real, de informações relativas à execução orçamentária e financeira, nos critérios e prazos previstos no art. 73-B da Lei Complementar 101, de 4 de maio de 2000 (Lei de Responsabilidade Fiscal); D: incorreta. Determina o art. 27, § 1º, da lei, que a competência prevista nos incisos I e II, no que se refere à classificação como ultrassecreta e secreta, **poderá ser delegada** pela autoridade responsável a agente público, inclusive em missão no exterior, vedada a subdelegação; E: incorreta. O recurso **não é dirigido ao Senado Federal, mas à Controladoria-Geral da União**. Dispõe o art. 16 da lei que negado o acesso a informação pelos órgãos ou entidades do Poder Executivo Federal, o requerente poderá recorrer à Controladoria-Geral da União, que deliberará no prazo de 5 (cinco) dias se: I – o acesso à informação não classificada como sigilosa for negado; II – a decisão de negativa de acesso à informação total ou parcialmente classificada como sigilosa não indicar a autoridade classificadora ou a hierarquicamente superior a quem possa ser dirigido pedido de acesso ou desclassificação; III – os procedimentos de classificação de informação sigilosa estabelecidos nesta Lei não tiverem sido observados; e IV – estiverem sendo descumpridos prazos ou outros procedimentos previstos nesta Lei. **BV**
Gabarito "C".

(Procurador do Estado – PGE/MT – FCC – 2016) No que concerne aos Tratados Internacionais de proteção dos direitos humanos e sua evolução constitucional no direito brasileiro à luz da Constituição Federal, eles são caracterizados como sendo de hierarquia

(A) supraconstitucional, independentemente de aprovação pelo Congresso Nacional.

(B) constitucional, dependendo de aprovação pelas duas casas do Congresso Nacional, pelo *quorum* mínimo de 3/5, em dois turnos, em cada casa.

(C) infraconstitucional legal, dependendo de aprovação pelas duas casas do Congresso Nacional pelo *quorum* mínimo de 3/5 de cada casa.

(D) infraconstitucional legal, independentemente de aprovação pelo Congresso Nacional, bastando a assinatura do Presidente da República.

(E) constitucional, independentemente de aprovação pelas duas casas do Congresso Nacional, bastando a assinatura do Presidente da República.

De acordo com o art. 5º, § 3º, da CF (acrescentado pela EC 45/2004), os tratados e convenções internacionais sobre direitos humanos **que forem** aprovados, em cada Casa do Congresso Nacional, em dois turnos, por três quintos dos votos dos respectivos membros, serão equivalentes às emendas constitucionais. Não houve previsão na EC 45/2004 a respeito da "hierarquia" das normas dos tratados sobre direitos humanos **anteriores** à sua vigência, ainda que aprovados pelo mesmo procedimento das emendas à Constituição. O STF já conferiu a tais tratados (anteriores à EC 45) o caráter de "supralegalidade". Assim, temos três diferentes status de tratados internacionais no direito brasileiro: a) os de direitos humanos aprovados na forma do art. 5º, § 3º, da CF, com status de emenda constitucional; b) os de direitos humanos não aprovados na forma do art. 5º, § 3º, da CF, com status supralegal, ou seja, superiores às leis e inferiores à Constituição e c) os tratados internacionais em geral (que não tratam sobre direitos humanos), com status de lei ordinária. **TM**
Gabarito "B".

(Procurador do Estado – PGE/RS – Fundatec – 2015) A respeito da cláusula de abertura constitucional consagrada no artigo 5º, § 2º, da Constituição Federal de 1988, e considerando a hierarquia dos tratados internacionais, sustenta a atual jurisprudência do Supremo Tribunal Federal – STF que:

(A) Os tratados internacionais, independentemente de seu objeto, têm paridade hierárquica com a lei federal por serem juridicamente vinculantes.

(B) Os tratados internacionais têm hierarquia inferior à lei federal por serem promulgados por decreto presidencial.

(C) Os tratados internacionais têm hierarquia supraconstitucional por serem expressão do *jus cogens* internacional.

(D) Os tratados internacionais, independentemente de seu objeto, têm hierarquia constitucional por expandirem o "bloco de constitucionalidade".

(E) Os tratados internacionais de proteção dos direitos humanos têm hierarquia superior à legalidade ordinária, permitindo o controle de convencionalidade das leis.

De acordo com a CF e com o STF, temos três diferentes *status* de tratados internacionais no direito brasileiro: a) os de direitos humanos aprovados na forma do art. 5º, § 3º, da CF, com status de emenda constitucional; b) os de direitos humanos não aprovados na forma do art. 5º, § 3º, da CF, com status supralegal, ou seja, superiores às leis e inferiores à Constituição; e c) os tratados internacionais em geral (que não tratam sobre direitos humanos), com status de lei ordinária. O controle de convencionalidade permite a verificação de compatibilidade das leis e atos normativos com os tratados e convenções internacionais de direitos humanos, que têm hierarquia superior (de emenda constitucional, se aprovados na forma do art. 5º, § 3º, CF, ou de supralegalidade, se não aprovados na forma desse artigo). **TM**

Gabarito "E".

(Procurador do Estado – PGE/RS – Fundatec – 2015) No que se refere à ação popular e à ação civil pública, a Constituição Federal de 1988:

(A) Equiparou o objeto da ação popular ao objeto da ação civil pública, visando à proteção de todo e qualquer direito difuso e coletivo.

(B) Ampliou o objeto da ação popular para também tutelar a moralidade administrativa, o meio ambiente e o patrimônio histórico e cultural, estendendo ainda o objeto da ação civil pública para a proteção de todo e qualquer direito difuso ou coletivo.

(C) Ampliou o objeto da ação popular para também tutelar a moralidade administrativa, o meio ambiente e o patrimônio histórico e cultural, restringindo o objeto da ação civil pública para atos de improbidade administrativa.

(D) Manteve o objeto da ação popular e o objeto da ação civil pública para a proteção exclusiva do patrimônio público e social.

(E) Ampliou o objeto da ação civil pública para também tutelar a moralidade administrativa, o meio ambiente e o patrimônio histórico e cultural, estendendo ainda o objeto da ação popular para a proteção de todo e qualquer direito difuso ou coletivo.

A: incorreta. A ação popular só pode ser proposta pelo cidadão, para anular ato lesivo ao patrimônio público ou de entidade de que o Estado participe, à moralidade administrativa, ao meio ambiente e ao patrimônio histórico e cultural (art. 5º, LXXIII, CF), enquanto que a ação civil pública pode ser proposta pelo Ministério Público para a defesa do patrimônio público e social, do meio ambiente e de outros interesses difusos e coletivos (art. 129, III, CF). A ACP também pode ser proposta pela Defensoria Pública; pela União, Estados, DF e Municípios; autarquia, fundação, empresa pública ou sociedade de economia mista e por associação que, concomitantemente, esteja constituída há pelo menos um ano e inclua, entre suas finalidades institucionais, a proteção ao patrimônio público e social, ao meio ambiente, ao consumidor, à ordem econômica, à livre concorrência, aos direitos de grupos raciais, étnicos ou religiosos ou ao patrimônio artístico, estético, histórico, turístico e paisagístico; **B:** correta. O objeto da ACP é mais amplo que o da ação popular, além de ter legitimados ativos diferentes; **C:** incorreta. Cabe ACP para proteção de todo e qualquer direito difuso ou coletivo; **D:** incorreta. Não reflete o disposto no art. 5º, LXXIII e no art. 129, III, ambos da CF; **E:** incorreta. Justo o contrário, conforme letra "B". **TM**

Gabarito "B".

(Procurador do Estado – PGE/RS – Fundatec – 2015) Ao julgar a ação direta de inconstitucionalidade em que se questionava a (in)constitucionalidade de lei determinando a fixação de cotas raciais em Universidades e ao julgar a ação declaratória de constitucionalidade em que se questionava a (in)constitucionalidade da Lei Maria da Penha, o STF acolheu:

(A) uma concepção material de igualdade, com o reconhecimento de identidades específicas, realizando

o papel do Judiciário na promoção do princípio da dignidade humana.

(B) uma concepção material de igualdade, com o reconhecimento de identidades específicas, afastando a discriminação direta.

(C) uma concepção material de igualdade, com o reconhecimento de que todos são iguais perante a lei, com base no ativismo judicial, em afronta ao princípio da separação dos poderes.

(D) uma concepção formal de igualdade, com o reconhecimento da vedação a toda e qualquer forma de discriminação, salvo a hipótese de discriminação indireta.

(E) uma concepção formal de igualdade, com o reconhecimento de identidades específicas, com base no ativismo judicial, em afronta ao princípio da separação dos poderes.

A: correta. A igualdade não é apenas formal, ou perante a lei, mas deve ser entendida sob o ponto de vista material. Ao apreciar a ADPF 186, o Supremo entendeu que "o legislador constituinte não se restringira apenas a proclamar solenemente a igualdade de todos diante da lei. Ele teria buscado emprestar a máxima concreção a esse importante postulado, para assegurar a igualdade material a todos os brasileiros e estrangeiros que viveriam no país, consideradas as diferenças existentes por motivos naturais, culturais, econômicos, sociais ou até mesmo acidentais. Além disso, atentaria especialmente para a desequiparação entre os distintos grupos sociais"; **B:** incorreta. O STF reconheceu a concepção material de igualdade, com reconhecimento de identidades específicas (direito à diferença), afastando qualquer tipo de discriminação; **C:** incorreta. O reconhecimento de que todos são iguais perante a lei refere-se à igualdade formal. O STF ampliou a abrangência do princípio da igualdade, que deve operar no mundo real dos fatos, justificando medidas que busquem a efetiva igualdade (como a política de cotas); **D:** incorreta. Tal corresponde à concepção de igualdade material; **E:** incorreta. Como já explicado anteriormente, o STF reconheceu a igualdade material, não apenas formal. **TM**

Gabarito "A".

(Procurador do Estado – PGE/RS – Fundatec – 2015) Ao tratar do alcance da liberdade de expressão em relação ao chamado "discurso do ódio" (*hate speech*), o STF sustentou que:

(A) O direito à liberdade de expressão é um direito relativo, objeto de ponderação, à luz dos princípios da dignidade humana, proporcionalidade e razoabilidade, não podendo acolher a incitação ao ódio racial ou religioso.

(B) O direito à liberdade de expressão é insuscetível de ponderação, em decorrência do regime democrático.

(C) O direito à liberdade de expressão é insuscetível de ponderação, em decorrência da cláusula pétrea relativa a direitos e garantias individuais.

(D) O direito à liberdade de expressão é insuscetível de ponderação, salvo nas hipóteses de estado de sítio e estado de defesa.

(E) O direito à liberdade de expressão é um direito relativo, objeto de ponderação, à luz dos princípios da dignidade humana, proporcionalidade e razoabilidade, sendo admissível a incitação ao ódio, na hipótese de emergência pública.

A: correta. O direito à liberdade de expressão não admite o "*hate speech*" ou discurso de ódio; **B:** incorreta. Nenhum direito fundamental é

1. DIREITO CONSTITUCIONAL

absoluto. O direito de liberdade de expressão, ao ser relativo, permite a ponderação com outros direitos; **C:** incorreta. O direito de liberdade de expressão pode ser ponderado, o que ocorre com frequência em contraposição ao direito à intimidade; **D:** incorreta. É suscetível de ponderação; **E:** incorreta. Embora a primeira parte esteja correta, não se admite a incitação ao ódio. TM

Gabarito "A"

(Procurador do Estado – PGE/RS – Fundatec – 2015) No que se refere ao mandado de injunção, previsto no artigo 5º, inciso LXXI, da Constituição Federal de 1988, é correto afirmar que a jurisprudência do STF:

(A) Sempre adotou a corrente não concretista, equiparando sua finalidade à da ação de inconstitucionalidade por omissão.

(B) Inicialmente adotou a corrente não concretista, equiparando sua finalidade à da ação de inconstitucionalidade por omissão, transitando em 2007 para a corrente concretista com efeitos gerais.

(C) Inicialmente adotou a corrente concretista com efeitos gerais, equiparando sua finalidade à da ação de inconstitucionalidade por omissão, transitando em 2007 para a corrente não concretista.

(D) Inicialmente adotou a corrente concretista particular, transitando em 2007 para a corrente não concretista, equiparando sua finalidade à da ação de inconstitucionalidade por omissão.

(E) Sempre adotou a corrente concretista, no sentido de tornar viável o exercício de direitos e liberdades inviabilizados por faltar norma regulamentadora.

De acordo com Pedro Lenza, segundo a "posição concretista geral: através de normatividade geral, o STF legisla no caso concreto, produzindo a decisão efeitos *erga omnes* até que sobrevenha norma integrativa pelo Poder Legislativo; posição concretista individual direta: a decisão, implementando o direito, valerá somente para o autor do mandado de injunção, diretamente; posição concretista individual intermediária: julgando procedente o mandado de injunção, o Judiciário fixa ao Legislativo prazo para elaborar a norma regulamentadora. Findo o prazo e permanecendo a inércia do Legislativo, o autor passa a ter assegurado o seu direito; posição não concretista: a decisão apenas decreta a mora do poder omisso, reconhecendo-se formalmente a sua inércia". O STF inicialmente decidia de forma não concretista, entendendo que o mandado de injunção tinha apenas a função de comunicar ao legislador sua mora em concretizar determinado direito fundamental, tendo evoluído para adotar a corrente concretista geral. Ver MI 708, STF. TM

Gabarito "B"

(Procurador do Estado – PGE/RS – Fundatec – 2015) É promulgada Emenda à Constituição abolindo a garantia do *habeas data*, sob o argumento de que a Lei nº 12.527/11 já estaria a proteger o direito constitucional de acesso às informações públicas. Essa Emenda é:

(A) Constitucional, porque a Lei nº 12.527/11 ampliou o alcance do direito à informação.

(B) Inconstitucional, porque apenas nas hipóteses de estado de sítio ou de estado de defesa tal supressão seria admissível.

(C) Constitucional, porque tem hierarquia constitucional, sendo insuscetível de controle de constitucionalidade.

(D) Inconstitucional, porque apenas na hipótese de intervenção federal tal supressão seria admissível.

(E) Inconstitucional, porque viola a cláusula pétrea atinente aos direitos e garantias individuais.

O habeas data é um remédio constitucional para garantir direito fundamental e, como estabelece o art. 60, § 4º, IV, CF, não será admitida emenda constitucional tendente a abolir os direitos e garantias individuais e coletivos. TM

Gabarito "E"

(Procurador do Estado – PGE/RS – Fundatec – 2015) O princípio da laicidade estatal:

(A) Veda ao Estado que estabeleça cultos religiosos ou igrejas, de forma a subvencioná-los, embaraçar-lhes o funcionamento ou manter com eles relações de dependência ou aliança, ressalvada a colaboração de interesse público.

(B) Veda ao Estado que estabeleça cultos religiosos ou igrejas, de forma a subvencioná-los, embaraçar-lhes o funcionamento ou manter com eles relações de dependência ou aliança, exceto no que se refere às religiões nacionalmente majoritárias, em observância ao regime democrático e à regra da maioria.

(C) Veda ao Estado que estabeleça cultos religiosos ou igrejas, de forma a subvencioná-los, embaraçar-lhes o funcionamento ou manter com eles relações de dependência ou aliança, exceto no que se refere às religiões nacionalmente minoritárias, em observância ao princípio republicano e aos direitos das minorias.

(D) Veda ao Estado que estabeleça cultos religiosos ou igrejas, de forma a subvencioná-los, embaraçar-lhes o funcionamento ou manter com eles relações de dependência ou aliança, exceto no que se refere às religiões nacionalmente majoritárias, em observância ao princípio republicano e à prevalência do interesse público.

(E) Veda ao Estado que estabeleça cultos religiosos ou igrejas, de forma a subvencioná-los, embaraçar-lhes o funcionamento ou manter com eles relações de dependência ou aliança, exceto no que se refere às religiões nacionalmente minoritárias, em observância ao regime democrático e à prevalência do interesse público.

Art. 19, I, CF: "É vedado à União, aos Estados, ao Distrito Federal e aos Municípios: I – estabelecer cultos religiosos ou igrejas, subvencioná-los, embaraçar-lhes o funcionamento ou manter com eles ou seus representantes relações de dependência ou aliança, ressalvada, na forma da lei, a colaboração de interesse público". TM

Gabarito "A"

(Procurador do Estado – PGE/PR – PUC – 2015) O direito brasileiro tem gradualmente reconhecido direitos especiais a determinadas coletividades que mantêm uma singularidade cultural. Por vezes, confere-lhes uma disciplina legal específica relacionada à posse e ao uso do seu território. Sobre o regime jurídico de proteção dos povos indígenas, comunidades remanescentes de quilombolas e faxinais, assinale a afirmativa **CORRETA**.

(A) Embora seja competência privativa da União demarcá-las, as terras tradicionalmente ocupadas pelos índios são consideradas bens dos Estados e do Distrito Federal.

(B) O aproveitamento dos recursos hídricos, incluídos os potenciais energéticos, a pesquisa e a lavra das riquezas minerais em terras indígenas, quando efetivados com autorização do Congresso Nacional, dispensa a consulta às comunidades afetadas, não se exigindo, nesse caso, a participação dessas comunidades nos resultados da lavra.

(C) O direito à propriedade conferido aos remanescentes das comunidades dos quilombos não possui referência no texto constitucional e é reconhecido apenas por lei ordinária.

(D) A Convenção n. 169 da Organização Internacional do Trabalho (OIT), que trata dos direitos dos povos indígenas e tribais, tem sido aplicada no contexto brasileiro para abranger também as comunidades quilombolas.

(E) A Lei do Estado do Paraná n. 15.673/2007, que trata dos faxinais e sua territorialidade, embora reconheça a identidade faxinalense, não chega a considerar as práticas sociais tradicionais dos grupos faxinalenses como objeto de preservação do patrimônio cultural imaterial do Estado.

A: incorreta. São bens da União (art. 20, XI, CF); **B:** incorreta. Precisa da consulta das comunidades afetadas e a participação das comunidades nos resultados da lavra é exigido pela CF (art. 231, § 3º, CF); **C:** incorreta. A propriedade lhes foi garantida pelo art. 68 do ADCT; **D:** correta. Embora a ADI 3239 ainda não tenha sido definitivamente julgada pelo STF, há vários precedentes no direito brasileiro; **E:** incorreta. De acordo com o art. 4º da Lei 15.673/2007, do Estado do Paraná, "as práticas sociais tradicionais e acordos comunitários produzidos pelos grupos faxinalenses deverão ser preservados como patrimônio cultural imaterial do Estado, sendo, para isso, adotadas todas as medidas que se fizerem necessárias". **TM**
Gabarito "D".

(Procurador do Estado – PGE/PR – PUC – 2015) À medida que a sociedade contemporânea presenciou a emergência de relações jurídicas massificadas e a expansão do direito material para alcançar a categoria dos direitos coletivos, o direito processual desenvolveu instrumentos para a tutela de direitos difusos e coletivos, bem como mecanismos voltados às ações multitudinárias.

Sobre o tema, com base na jurisprudência recente do Superior Tribunal de Justiça e do Supremo Tribunal Federal, assinale a alternativa CORRETA.

(A) Com base no art. 5°, XXI, da Constituição Federal, as entidades associativas têm legitimidade para representar seus filiados judicial ou extrajudicialmente, sendo suficiente para o exercício da representação judicial a autorização estatutária genérica da entidade associativa.

(B) Em se tratando de lesividade à moralidade administrativa, não é cabível a ação popular se não for demonstrado efetivo dano material ao patrimônio público.

(C) Em Mandado de Segurança coletivo, dispensa-se a autorização expressa pelos substituídos para a legitimidade de sindicato, que atua na qualidade de substituto processual.

(D) Ações de pretensão de cessação dos danos ambientais, em virtude do seu caráter continuado, estão sujeitas ao prazo prescricional legal.

(E) A ação popular é um importante instrumento processual de tutela do meio ambiente, ainda que a defesa do meio ambiente não conste expressamente como uma de suas finalidades na Constituição de 1988.

A: incorreta. O art. 5º, XXI, CF exige autorização expressa dos seus membros, não bastando a autorização estatutária genérica; **B:** incorreta. O STF, ao julgar o ARE 824781, com repercussão geral, reafirmou sua jurisprudência no sentido de que não é necessária a comprovação de prejuízo material aos cofres públicos como condição para a propositura de ação popular; **C:** correta. De acordo com o STF, o art. 8º, III, da CF, traz hipótese de substituição processual (legitimação extraordinária). Assim, não são os eventualmente substituídos, senão o próprio sindicato, que atua em nome próprio, mas na defesa de direito alheio. Assim, a autorização expressa não é necessária; **D:** incorreta. Justamente por terem caráter continuado, são imprescritíveis; **E:** incorreta. Está expressamente prevista no art. 170, VI, da CF. **TM**
Gabarito "C".

(Procurador do Estado – PGE/PR – PUC – 2015) Julgamento do Supremo Tribunal Federal consignou sobre a incidência das normas de direitos fundamentais às relações privadas o que segue ementado: "Sociedade civil sem fins lucrativos. União brasileira de compositores. Exclusão de sócio sem garantia da ampla defesa e do contraditório. Eficácia dos direitos fundamentais nas relações privadas. Recurso desprovido." (RE 201819 – Relator(a): Min. Ellen Gracie. Relator(a) p/ Acórdão: Min. Gilmar Mendes. Segunda Turma, julgado em: 11/10/2005. DJ 27-10-2006, p. 00064 Ement vol-02253-04, p. 00577. RTJ vol-00209-02, p. 00821).

Com base no julgado acima, e à luz do regime constitucional dos direitos fundamentais, é CORRETO afirmar que:

(A) Os direitos fundamentais assegurados pela Constituição vinculam diretamente só os poderes públicos, estando direcionados mediatamente à proteção dos particulares e apenas em face dos chamados poderes privados.

(B) O julgado reforça a chamada "eficácia horizontal" dos direitos fundamentais, que pugna que os direitos fundamentais assegurados pela Constituição vinculam diretamente não apenas os poderes públicos, estando direcionados, também, à proteção dos particulares em relação com outros particulares.

(C) A autonomia da vontade, constitucionalmente consignada, é inoponível à proteção das liberdades e garantias fundamentais.

(D) Para o STF, a violação do devido processo legal não restringe a liberdade de exercício profissional do sócio em decorrência de seu caráter público, que deve contar com envolvimento estatal direto para ser oponível e limitadora da liberdade associativa.

(E) O julgamento reitera o modelo adotado pelo direito constitucional pátrio, que aponta para a dimensão valorativa dos direitos que não acarreta sua incidência direta nas relações privadas, mas apenas implica a necessidade de que sejam levados em conta pelo Estado na criação legislativa ou na interpretação do direito privado.

A: incorreta. Os direitos fundamentais vinculam o Estado e os particulares, todos diretamente; **B:** correta. Ao lado da "eficácia vertical", entre o Estado e os particulares, encontra-se a horizontal – cujo termo refere-se justamente à igualdade de posição entre os particulares em uma determinada relação jurídica; **C:** incorreta. Os direitos e garantias

1. DIREITO CONSTITUCIONAL

individuais devem ser respeitados também nas relações particulares, não sendo certo afirmar que a autonomia das partes afasta sua incidência; **D:** incorreta. Para o STF, a exclusão do sócio de determinada sociedade deve observar o devido processo legal, conforme precedente citado no enunciado da questão; **E:** incorreta. O STF já reconheceu a eficácia horizontal dos direitos fundamentais, sendo certo que no direito brasileiro eles também se aplicam às relações privadas. **TM**
Gabarito "B".

(Procurador do Estado – PGE/PR – PUC – 2015) Dispõem os parágrafos 2º e 3º do artigo 5º da Constituição Brasileira, respectivamente: "Os direitos e garantias expressos nesta Constituição não excluem outros decorrentes do regime e dos princípios por ela adotados, ou dos tratados internacionais em que a República Federativa do Brasil seja parte" e "Os tratados e convenções internacionais sobre direitos humanos que forem aprovados, em cada Casa do Congresso Nacional, em dois turnos, por três quintos dos votos dos respectivos membros, serão equivalentes às emendas constitucionais.". Sobre esses dispositivos, assinale a alternativa **CORRETA**, tendo em consideração o atual entendimento do Supremo Tribunal Federal.

(A) As normas de direitos humanos constantes nos tratados internacionais em que a República Federativa do Brasil seja parte não compõem o bloco de constitucionalidade brasileiro.

(B) As normas de direitos humanos constantes nos tratados internacionais em que a República Federativa do Brasil seja parte são recepcionadas com hierarquia superior às próprias normas constitucionais internas, haja vista o princípio constitucional da prevalência dos direitos humanos (art. 4º, II).

(C) As normas de direitos humanos constantes nos tratados internacionais em que a República Federativa do Brasil seja parte possuem *status* de lei federal em decorrência do previsto no art. 102, III, b, da Constituição Federal.

(D) As normas de direitos humanos constantes nos tratados internacionais em que a República Federativa do Brasil seja parte, aprovados antes da entrada em vigor do § 3º, submetem-se apenas ao previsto no § 2º, gozando de hierarquia supralegal, mas infraconstitucional.

(E) As normas de direitos humanos constantes nos tratados internacionais em que a República Federativa do Brasil seja parte, se aprovadas pelo rito previsto no § 3º do artigo 5º, serão emendas formais à Constituição.

De acordo com o art. 5º, § 3º, da CF (acrescentado pela EC 45/2004), os tratados e convenções internacionais sobre direitos humanos **que forem** aprovados, em cada Casa do Congresso Nacional, em dois turnos, por três quintos dos votos dos respectivos membros, serão equivalentes às emendas constitucionais. Não houve previsão na EC 45/2004 a respeito da "hierarquia" das normas dos tratados sobre direitos humanos **anteriores** à sua vigência, ainda que aprovados pelo mesmo procedimento das emendas à Constituição. O STF já conferiu a tais tratados (anteriores à EC 45) o caráter de "supralegalidade". Assim, temos três diferentes status de tratados internacionais no direito brasileiro: a) os de direitos humanos aprovados na forma do art. 5º, § 3º, da CF, com status de emenda constitucional; b) os de direitos humanos não aprovados na forma do art. 5º, § 3º, da CF, com status supralegal, ou seja, superiores às leis e inferiores à Constituição e c) os tratados internacionais em geral (que não tratam sobre direitos humanos), com status de lei ordinária. Assim, o bloco de constitucionalidade brasileiro,

na visão do Supremo Tribunal Federal, passou a ser integrado, após a Reforma do Judiciário (Emenda Constitucional 45/2004), pelos tratados internacionais de direitos humanos. **TM**
Gabarito "D".

(Procurador do Estado – PGE/PA – UEPA – 2015) A respeito dos Direitos Humanos e Fundamentais, julgue as afirmativas a seguir:

I. No plano internacional os denominados Direitos Sociais começaram a ser positivados primeiramente. Assim, pode-se dizer que, no plano normativo internacional, os direitos sociais formam os "Direitos de 1ª geração".

II. Entende-se por controle de convencionalidade o juízo de compatibilidade entre duas normas jurídicas, sendo, a norma parâmetro não a Constituição, mas os Tratados Internacionais que versem sobre Direitos Humanos. De tal controle podem advir dois efeitos, o efeito de afastamento e o efeito paralisante.

III. Consoante o STF, o tratamento médico adequado aos necessitados insere-se no rol dos deveres do Estado, sendo responsabilidade solidária dos entes federados, podendo figurar no polo passivo qualquer um deles em conjunto ou isoladamente.

IV. O chamado Núcleo da Ponderação consiste em uma relação que se denomina Lei da Ponderação que pode ser formulada do seguinte modo: "quanto maior seja o grau de não satisfação ou de restrição de um dos princípios em conflito, tanto maior deverá ser o grau de importância da proteção do outro".

A alternativa que contém todas as afirmativas corretas é:

(A) I, II, III e IV.

(B) II e III.

(C) III e IV.

(D) II, III e IV.

(E) I, II e III.

I: correta. De acordo com André de Carvalho Ramos, "a enumeração das gerações pode dar a ideia de antiguidade ou posteridade de um rol de direitos em relação a outros: os direitos de primeira geração teriam sido reconhecidos antes dos direitos de segunda geração e assim sucessivamente, o que efetivamente não ocorreu. No Direito Internacional, por exemplo, os direitos sociais (segunda geração) foram consagrados em convenções internacionais do trabalho (a partir do surgimento da Organização Internacional do Trabalho em 1919), antes mesmo que os próprios direitos de primeira geração (cujos diplomas internacionais são do pós-Segunda Guerra Mundial, como a Declaração Universal de Direitos Humanos de 1948)"; **II:** correta. Aplica-se o controle de convencionalidade aos tratados e convenções internacionais de direitos humanos (que podem ter status de emenda constitucional ou de norma supralegal, a depender da observância ou não do procedimento previsto no art. 5º, § 3º, da CF), haja vista que os demais tratados possuem status de lei ordinária; **III:** correta. Entendimento do STF reafirmado ao julgar o RE 855178, com repercussão geral; **IV:** correta. A transcrição corresponde à lei de ponderação de Robert Alexy, segundo a qual quanto maior a restrição a um dos princípios em conflito, maior deverá ser a proteção conferida ao outro. **TM**
Gabarito "A".

(Procurador do Estado – PGE/PA – UEPA – 2015) Quanto às Ações Constitucionais é INCORRETO afirmar, consoante o STF, que:

(A) é lícito ao impetrante desistir da ação de mandado de segurança, independentemente de aquiescência da autoridade apontada como coatora ou da entidade estatal interessada ou, ainda, quando for o caso, dos litisconsortes passivos necessários.

(B) não cabe habeas corpus contra decisão condenatória a pena de multa, ou relativo a processo em curso por infração penal a que a pena pecuniária seja a única cominada.

(C) a ação de habeas data visa à proteção da privacidade do indivíduo contra abuso no registro e/ou revelação de dados pessoais falsos ou equivocados, sendo meio idôneo, pois, para obter-se vista de processo administrativo.

(D) a orientação do STF é pela prejudicialidade do mandado de injunção com a edição da norma regulamentadora então ausente. Excede os limites desta Ação a pretensão de sanar eventual lacuna normativa do período pretérito à edição da lei regulamentadora.

(E) pessoas físicas já impetrantes de mandados de segurança individuais não possuem autorização constitucional para nova impetração "coletiva".

A: correta. Entendimento do STF reafirmado ao julgar o RE 669.367/RJ, em repercussão geral; **B:** correta. Súmula 693/STF; **C:** incorreta, devendo ser assinalada. Vide HD 90-Agr/DF, julgado pelo STF; **D:** correta. Entendimento reiterado do STF. Ver MI 1011/SE; **E:** correta. Entendimento do STF no MS-Agr 32832/DF. **TM**
Gabarito "C".

(Advogado União – AGU – CESPE – 2015) No que se refere a ações constitucionais, julgue os itens subsequentes.

(1) O princípio constitucional da norma mais favorável ao trabalhador incide quando se está diante de conflito de normas possivelmente aplicáveis ao caso.

(2) De acordo com o atual entendimento do STF, a decisão proferida em mandado de injunção pode levar à concretização da norma constitucional despida de plena eficácia, no tocante ao exercício dos direitos e das liberdades constitucionais e das prerrogativas relacionadas à nacionalidade, à soberania e à cidadania.

1. correta. Como o próprio princípio afirma, é necessária a existência de mais de uma norma aplicável ao caso para que ele possa incidir. Trata-se de princípio de solução de antinomias; **2.** correta. O STF, que antes adotava a corrente não concretista em relação ao mandado de injunção (equiparando seus efeitos ao da ADI por omissão) evoluiu para adotar a corrente concretista geral, ou seja, na ausência de norma regulamentadora, o Supremo edita a norma faltante, com caráter geral (*erga omnes*), que deve subsistir até que a omissão seja suprida pelo Poder Legislativo. **TM**
Gabarito "1C, 2C".

(Procurador – PGFN – ESAF – 2015) Sobre as garantias constitucionais do devido processo legal, da ampla defesa e do contraditório, assinale a opção incorreta.

(A) É direito do defensor, no interesse do representado, ter acesso amplo aos elementos de prova que, já documentados em procedimento investigatório realizado por órgão com competência de polícia judiciária, digam respeito ao exercício do direito de defesa.

(B) Ao inquérito policial não se aplica o princípio do contraditório e ampla defesa, uma vez que não há acusação, logo, não se fala em defesa.

(C) A pretensão à tutela jurídica que corresponde à garantia aos acusados do contraditório e ampla defesa, com

os meios e recursos a ela inerentes, contém os direitos a: informação, manifestação, de ver seus argumentos considerados.

(D) Os poderes inquisitivos do juiz encontram limite no princípio do contraditório que impõe à autoridade judiciária o dever jurídico processual de assegurar às partes o exercício das prerrogativas inerentes à bilateralidade do juízo.

(E) Tendo em vista a garantia constitucional do amplo direito de defesa e do contraditório, é válida a denúncia que não aponte, especificadamente e de forma adequada, a exposição do fato delituoso com todas as suas circunstâncias.

A: correta. Texto da Súmula Vinculante 14/STF; **B:** correta. Entendimento do STF. No caso, o contraditório e a ampla defesa são diferidos, pois são posteriormente realizados no processo judicial; **C:** correta. Ver MS 22693, Rel. Min. Gilmar Mendes: *"a pretensão à tutela jurídica, que corresponde exatamente à garantia consagrada no art. 5°, LV, da Constituição, contém os seguintes direitos: a) direito de informação* (Recht auf Information), que obriga o órgão julgador a informar a parte contrária dos atos praticados no processo e sobre os elementos dele constantes; *b) direito de manifestação* (Recht auf Äusserung), que assegura ao defendente a possibilidade de manifestar-se, oralmente ou por escrito, sobre os elementos fáticos e jurídicos constantes do processo; *c) direito de ver seus argumentos considerados* (Recht auf Berücksichtigung), que exige do julgador capacidade de apreensão e isenção de ânimo (Aufnahmefähigkeit und Aufnahmebereitschaft) para contemplar as razões apresentadas"*; **D:** correta. Entendimento do STF. Ver HC 69.001, Rel. Min. Celso de Mello; **E:** incorreta, devendo ser assinalada. O STF não aceita a *denúncia genérica*, ou seja, aquela que não especifica de forma adequada o fato delituoso e todas as suas circunstâncias, justamente por não possibilitar ao acusado o exercício do direito ao contraditório e à ampla defesa. **TM**
Gabarito "E".

(Procurador do Estado – PGE/BA – CESPE – 2014) No que se refere aos tratados e convenções internacionais sobre direitos humanos de que o Brasil seja signatário, julgue os itens seguintes.

(1) A Corte Interamericana de Direitos Humanos, composta de sete juízes, detém, além de competência contenciosa, de caráter jurisdicional, competência consultiva.

(2) Suponha que a Corte Interamericana de Direitos Humanos tenha determinado ao Estado brasileiro o pagamento de indenização a determinado cidadão brasileiro, em decorrência de sistemáticas torturas que este sofrera de agentes policiais estaduais. Nesse caso, a sentença da Corte deverá ser executada de acordo com o procedimento vigente no Brasil.

(3) O Pacto Internacional sobre Direitos Civis e Políticos de 1966, juntamente com a Convenção Americana sobre Direitos Humanos de 1969 e outros atos internacionais compõem o denominado Sistema Regional Interamericano de Proteção dos Direitos Humanos.

1. correta. A Corte Interamericana de Direitos Humanos é órgão do Sistema da Organização de Estados Americanos – OEA, com sede na Costa Rica, da qual o Brasil faz parte. Foi criada pela Convenção Interamericana de Direitos Humanos (Pacto de San José da Costa Rica), com competência contenciosa e consultiva. De acordo com o art. 52 da Convenção, é integrada por sete juízes, escolhidos dentre os países-

1. DIREITO CONSTITUCIONAL 39

-membros da OEA; **2.** correta. Se houver lei ou convenção assinada pelo Brasil afirmando que a sentença da corte internacional tem natureza de título executivo, deve ser executada no Brasil como as demais sentenças nacionais contra a Fazenda Pública (sem necessidade de homologação da sentença estrangeira). De acordo com Juan Carlos Hitters, "Não nos deve passar inadvertido que, no âmbito da proteção internacional dos direitos humanos, o art. 68, apartado 2, da Convenção Americana sobre Direitos Humanos, chamada também Pacto de San José de Costa Rica, expressa que a parte da sentença da Corte Interamericana de Direitos Humanos que imponha indenização compensatória poderá ser executada no país respectivo pelo procedimento interno vigente para a execução de sentenças contra o Estado, isso sem nenhum tipo de exequatur nem trâmite de conhecimento prévio"; **3.** incorreta. Há três Sistemas Regionais de Proteção aos Direitos Humanos: o americano, o europeu e o africano. Os três formam o Sistema Interamericano de Proteção aos Direitos Humanos. **TM**

Gabarito "1C, 2C, 3E".

(Procurador do Estado/AC – FMP – 2012) Com fundamento no princípio da dignidade da pessoa humana, está correto afirmar que:

I. a pesquisa com células-tronco afetam o princípio da dignidade da pessoa humana, pois objetiva o enfrentamento e a cura de patologias e traumatismos que severamente limitam, atormentam, infelicitam, desesperam e não raras vezes degradam a vida de expressivo contingente populacional (ilustrativamente, atrofias espinhais progressivas, distrofias musculares, a esclerose múltipla e a lateral amiotrófica, as neuropatias e as doenças do neurônio motor).

II. Só é lícito o uso de algemas em casos de resistência e de fundado receio de fuga ou de perigo à integridade física própria ou alheia, por parte do preso ou de terceiros.

(A) Apenas a afirmativa I está correta.

(B) Apenas a afirmativa II está correta.

(C) Nenhuma das alternativas está correta.

(D) Ambas as alternativas estão corretas.

I: O enunciado está mal redigido, mas pode-se entender correto. V. STF, ADI 3510, Rel. Min. Ayres Britto: "(...)Inexistência de ofensas ao direito à vida e da dignidade da pessoa humana, pois a pesquisa com células-tronco embrionárias (inviáveis biologicamente ou para os fins a que se destinam) significa a celebração solidária da vida e alento aos que se acham à margem do exercício concreto e inalienável dos direitos à felicidade e do viver com dignidade (Ministro Celso de Mello)"; **II:** Correta. Súmula Vinculante 11/STF: "Só é lícito o uso de algemas em casos de resistência e de fundado receio de fuga ou de perigo à integridade física própria ou alheia, por parte do preso ou de terceiros, justificada a excepcionalidade por escrito, sob pena de responsabilidade disciplinar, civil e penal do agente ou da autoridade e de nulidade da prisão ou do ato processual a que se refere, sem prejuízo da responsabilidade civil do Estado".

Gabarito "D".

(PROCURADOR DO ESTADO/MG – FUMARC – 2012) Segundo o artigo 5º, inciso LXXI da Constituição Federal, "conceder-se-á mandado de injunção sempre que a falta de norma regulamentadora torne inviável o exercício dos direitos e liberdades individuais constitucionais e das prerrogativas inerentes à nacionalidade, à soberania e à cidadania." Ao longo dos anos, as decisões judiciais mandamentais adotam posicionamentos distintos. Correlacione corretamente possibilidade de posicionamento do Judiciário

(Coluna A) com o conceito de sua aplicação (Coluna B) e assinale a alternativa correta:

COLUNA A		COLUNA B
I. Concretismo Individual Direto		A. As decisões procedentes implementam o direito pleiteado mediatamente, diante da manutenção da inércia do Poder Público, após o trânsito de prazo concedido para preenchimento da lacuna normativa
II. Concretismo Individual Intermediário	X	B. As decisões procedentes reconhecem a inércia do Poder Público e sugerem a adoção das providências normativas regulatórias e operativas de Direitos e Garantias Fundamentais
III Concretismo Geral		C. As decisões procedentes geram efeitos erga omnes e se opera nos casos concretos, no aguardo de norma integrativa que a supra
IV. Não Concretismo		D. As decisões procedentes implementam o direito pleiteado imediatamente, mantendo o Poder Público no dever de regulamentar a matéria em questão

ALTERNATIVAS

(A) I – D; II – A; III – C; IV – B

(B) I – A; II – D; III – C; IV – B

(C) I – B; II – C; III – A; IV – D

(D) I – D; II – A; III – B; IV – C

(E) I – A; II – B; III – C; IV – D

A resposta está em Pedro Lenza: "posição concretista geral: através de normatividade geral, o STF legisla no caso concreto, produzindo à decisão, efeitos erga omnes até que sobrevenha norma integrativa pelo Poder Judiciário; posição concretista individual direta: a decisão, implementando o direito, valerá somente para o autor do mandado de injunção, diretamente; posição concretista individual intermediária: julgando procedente o mandado de injunção, o Judiciário fixa ao Legislativo prazo para elaborar a norma regulamentadora. Findo o prazo e permanecendo a inércia do Legislativo, o autor passa a ter assegurado o seu direito; posição não concretista: a decisão apenas decreta a mora do poder omisso, reconhecendo-se formalmente a sua inércia" (Direito Constitucional Esquematizado, 2012, p. 1054). Pode-se afirmar, com o autor, que atualmente o STF é concretista geral.

Gabarito "A".

(Procurador do Município/São José dos Campos-SP – 2012 – VUNESP) Considerando a posição majoritária da doutrina e da jurisprudência sobre o tema, é correto afirmar que é cabível o mandado de segurança

(A) contra ato puramente normativo.

(B) contra decisão judicial com trânsito em julgado.

(C) contra os atos de gestão comercial praticados pelos administradores de empresas públicas.

(D) contra ato de administradores de entidades autárquicas.

(E) de ato do qual caiba recurso administrativo com efeito suspensivo, independentemente de caução.

A: Súmula 266/STF: "Não cabe mandado de segurança contra lei em tese"; **B:** Súmula 268/STF: "Não cabe mandado de segurança contra decisão judicial com trânsito em julgado"; **C:** Só cabe contra os atos de império, praticados com as prerrogativas da Administração Pública – os meros atos comerciais não ensejam MS; **D:** Sim, pois as autarquias são pessoas jurídicas de direito público; **E:** Não cabe MS nessa hipótese, por força do art. 5º, I, da Lei 12.016/2009.

Gabarito "D".

(Procurador do Município/Sorocaba-SP – 2012 – VUNESP) A Carta Magna dispõe, expressamente, que são gratuitas as ações de

(A) *habeas-corpus* e *habeas-data.*

(B) *habeas-corpus* e mandado de segurança.

(C) *habeas-data* e mandado de segurança.

(D) *habeas-corpus* e mandado de injunção.

(E) mandado de injunção e mandado de segurança.

Art. 5º, LXXVII, da CF.

Gabarito "A".

(Advogado da União/AGU – CESPE – 2012) À luz da jurisprudência do STF, julgue os itens subsequentes, relativos aos denominados remédios constitucionais, ao direito à saúde na ordem constitucional e à Federação brasileira.

(1) Embora a proteção à saúde esteja inserida no rol de competências de todos os entes da Federação, os estados-membros não têm competência para criar contribuição compulsória destinada ao custeio de serviços médicos, hospitalares, farmacêuticos e odontológicos prestados aos seus servidores.

(2) De acordo com o entendimento do STF, o estado-membro não dispõe de legitimidade para propor, contra a União, mandado de segurança coletivo em defesa de supostos interesses da população residente na unidade federada.

1. Correta. STF, RE 630784, Rel. Min. Dias Toffoli: "O Plenário desta Corte, ao apreciar o RE nº 573.540/MG-RG, cuja repercussão geral já havia sido reconhecida, Relator o Ministro Gilmar Mendes, DJe de 11/6/10, decidiu que falece aos Estados-membros competência para a criação de contribuição compulsória ou de qualquer outra espécie tributária destinada ao custeio de serviços médicos, hospitalares, farmacêuticos ou odontológicos prestados aos seus servidores "; 2. Correta. STF, MS 21059, Rel. Min. Sepúlveda Pertence. Nesse sentido:

"é importante mencionar que o Supremo Tribunal já teve oportunidade de afirmar que o Estado-membro não dispõe de legitimação para propor mandado de segurança coletivo contra a União em defesa de supostos interesses da população residente na unidade federada, seja porque se cuide de legitimação restrita, seja porque esse ente político da federação não se configura propriamente como órgão de representação ou de gestão de interesse da população" (Curso de Direito Constitucional. Gilmar Ferreira Mendes e Paulo Gustavo Gonet Branco. 6ª ed., pág. 483).

Gabarito: 1C, 2C.

(Procurador do Município/Cubatão-SP – 2012 – VUNESP) Analise as seguintes afirmativas relativas aos direitos e garantias fundamentais:

I. a lei considerará crimes inafiançáveis e insuscetíveis de graça ou anistia a prática da tortura, o tráfico ilícito de entorpecentes e drogas afins, o terrorismo e os definidos como crimes hediondos, por eles respondendo os mandantes, os executores e os que, podendo evitá-los, se omitirem.

II. a lei só poderá restringir a publicidade dos atos processuais quando a defesa da intimidade ou o interesse da administração pública o exigirem.

III. conceder-se-á mandado de segurança para proteger direito líquido e certo, não amparado por *habeas-corpus* ou mandado de injunção, quando o responsável pela ilegalidade ou abuso de poder for autoridade pública ou agente de pessoa jurídica no exercício de atribuições do Poder Público.

IV. todos têm direito a receber dos órgãos públicos informações de seu interesse particular, ou de interesse coletivo ou geral, que serão prestadas no prazo da lei, sob pena de responsabilidade, ressalvadas aquelas cujo sigilo seja imprescindível à segurança da sociedade e do Estado.

Considerando o que dispõe expressamente o texto da Constituição Federal brasileira, está correto somente o que se afirma em

(A) I e II.

(B) I e IV.

(C) II e III.

(D) II e IV.

(E) III e IV.

I: Art. 5º, XLIII, da CF; II: Não reflete o disposto no art. 5º, LX, da CF; III: Não reflete o disposto no art. 5º, LXIX, da CF; IV: Art. 5º, XXXIII, da CF.

Gabarito "B".

(Procurador do Município/São José dos Campos-SP – 2012 – VUNESP) Conforme o que estabelece a Carta Magna, as associações

(A) não podem ser compulsoriamente dissolvidas.

(B) dependem de autorização para serem criadas.

(C) somente podem ter suas atividades suspensas após trânsito em julgado de decisão judicial.

(D) possuem plena liberdade para fins lícitos, inclusive a de caráter paramilitar.

(E) possuem garantia contra a interferência estatal em seu funcionamento.

Art. 5º, XVIII, da CF. Note-se também, sobre o tema, que o art. 5º, XVII, da CF deve ser interpretado em conjunto com o inciso XIX do mesmo artigo. Assim, só se exige trânsito em julgado para a dissolução compulsória da associação. A suspensão de atividades só pode ser determinada por decisão judicial, mas não se exige o trânsito em julgado da decisão nesse caso.

Gabarito "E".

(ADVOGADO – PETROBRÁS – 2012 – CESGRANRIO) O mandado de segurança coletivo NÃO pode ser impetrado por

(A) partido político

(B) entidade de classe de âmbito regional

(C) sindicato

(D) ministério público

(E) associação

O mandado de segurança coletivo pode ser impetrado por partido político com representação no Congresso Nacional ou por organização sindical, entidade de classe ou associação legalmente constituída e em funcionamento há pelo menos um ano, em defesa dos interesses de seus membros ou associados (art. 5º, inciso LXX, da CF).

Gabarito "D".

1. DIREITO CONSTITUCIONAL

6. DIREITOS SOCIAIS

(Procurador do Município – Valinhos/SP – 2019 – VUNESP) Ao tratar dos Direitos Sociais, a Constituição Federal determina que

(A) nas empresas de mais de duzentos empregados, é assegurada a eleição de três representantes destes para, entre outras finalidades, promover o entendimento direto com os empregadores.

(B) a lei poderá exigir autorização do Estado para a fundação de sindicato, bem como o registro no órgão competente, vedada ao poder público a interferência, e permitida a intervenção na organização sindical.

(C) não é obrigatória a participação dos sindicatos nas negociações coletivas de trabalho.

(D) é vedada a criação de mais de uma organização sindical, em qualquer grau, representativa de categoria profissional ou econômica, na mesma base territorial, que será definida pelos trabalhadores ou em- pregadores interessados, não podendo ser inferior à área de um Município.

(E) não é vedada a dispensa do empregado sindicalizado a partir do registro da candidatura a cargo de direção ou representação sindical.

Correta é a letra D, nos termos do artigo 62, §9º, da CF: "§ 9º Caberá à comissão mista de Deputados e Senadores examinar as medidas provisórias e sobre elas emitir parecer, antes de serem apreciadas, em sessão separada, pelo plenário de cada uma das Casas do Congresso Nacional. A letra A está errada (11, da CF). A letra B está incorreta (artigo 8º, inciso I, da CF). A letra C está incorreta (artigo 8º, inciso VI, da CF). A letra E está equivocada (artigo 8º, inciso VIII, da CF). AB
Gabarito "D".

(Procurador do Estado – PGE/PR – PUC – 2015) Acerca do regime constitucional contemporâneo dos direitos sociais e econômicos, é **CORRETO** dizer que:

(A) No que toca à realização dos direitos sociais constitucionalmente garantidos, há que se atentar para a vedação do retrocesso social, que se coloca apenas às políticas públicas executivas, posto que não se pode ferir a liberdade do legislador.

(B) No que toca aos direitos sociais e econômicos, a norma constitucional que fixa a aplicabilidade imediata dos direitos fundamentais (art. 5º, § 1º) deve ser interpretada de modo restritivo, já que esses direitos não geram efeitos *tout court* e exigíveis de imediato do Poder Público, que possui ampla discricionariedade para sua implementação.

(C) A Constituição de 1988 é pioneira dentre as constituições brasileiras, pois integrou ao elenco dos direitos fundamentais, com todas as consequências do regime jurídico daí decorrente, os direitos sociais e econômicos.

(D) A teoria de efetivação desses direitos na dependência de recursos econômicos ("reserva do possível") é a adaptação de entendimento fixado pela jurisprudência constitucional alemã e integralmente aceito pelo Supremo Tribunal Federal.

(E) Os direitos econômicos e sociais são normas de natureza programática, a depender de densificação legislativa e/ou administrativa posterior.

A: incorreta. O princípio da vedação ao retrocesso social é dirigido principalmente ao legislador. A margem de conformação do legislador não pode ser legitimamente arguida para efetivar o retrocesso social (inconstitucional); **B:** incorreta. Todos os direitos fundamentais (como todas as normas constitucionais) têm força normativa. Ainda que não tenham eficácia direta e aplicabilidade imediata, detêm eficácia suficiente para não permitir atos contrários ao seu texto ou para atuar como vetores da interpretação constitucional. Assim, não se pode falar que não geram efeitos jurídicos; **C:** correta. Embora já tenham constado em constituições anteriores, a CF/88 listou os direitos sociais e econômicos como direitos fundamentais, integrando-os ao rol de direitos e garantias individuais e coletivas; **D:** incorreta. O STF tem firme entendimento de que a "reserva do possível" não pode ser aplicada se comprometer o núcleo básico que qualifica o mínimo existencial ou para legitimar o inadimplemento de deveres estatais impostos ao Poder Público pela Constituição; **E:** incorreta. Nem todos os direitos sociais e econômicos são normas programáticas. TM
Gabarito "C".

(Procurador – PGFN – ESAF – 2015) Sobre os direitos sociais coletivos dos trabalhadores, assinale a opção correta.

(A) É livre a criação de sindicatos, condicionados ao registro no órgão competente, cabendo aos trabalhadores ou empregadores interessados estabelecer a base territorial respectiva, não inferior à área de um município.

(B) Para a Súmula Vinculante n. 40, do Supremo Tribunal Federal, a contribuição assistencial só é exigível dos filiados ao sindicato.

(C) Cabe aos trabalhadores, diante do princípio da liberdade e autonomia sindical, artigo 8º, caput, da Constituição da República Federativa do Brasil de 1988, decidir pela participação dos sindicatos nas negociações coletivas de trabalho.

(D) Nas empresas com mais de 200 empregados, é assegurada a eleição de um representante destes com a finalidade exclusiva de promover-lhes o entendimento direto com os empregadores, sendo vedada a dispensa do representante eleito, a partir do registro da candidatura e, se eleito, ainda que suplente, até um ano após o término do mandato.

(E) A Constituição da República Federativa do Brasil de 1988 confere, como direito fundamental coletivo, o exercício do direito de greve, sendo vedada regulamentação por lei ordinária.

A: correta. Art. 8º, II, CF (princípio da unicidade sindical); **B:** incorreta. A Súmula Vinculante 40/STF trata da contribuição confederativa, que só se exige dos filiados; **C:** incorreta. A participação dos sindicatos nas negociações coletivas é obrigatória (art. 8º, VI, CF); **D:** incorreta. Com efeito, nas empresas com mais de 200 empregados, lhes é garantida a eleição de um representante – que não goza, todavia, de estabilidade; **E:** incorreta. A CF prevê o direito de greve e a sua regulamentação (ver art. 9º, § 1º, CF). TM
Gabarito "A".

(Procurador Federal – 2013 – CESPE) Com relação aos direitos constitucionais do trabalho, julgue o próximo item.

(1) A CF estabelece um rol de direitos de natureza trabalhista que tem como destinatários tanto os trabalhadores urbanos quanto os rurais.

1: correto. De fato há um rol de direitos trabalhistas destinados aos trabalhadores **urbanos e rurais**, além de outros que visem à melhoria de sua condição social, previstos no art. 7º da CF.
Gabarito 1C

(Procurador do Estado/MT – FCC – 2011) Como garantia da liberdade de associação profissional ou sindical, a Constituição da República prevê que

(A) a lei não poderá exigir autorização do Estado para a fundação de sindicato, ressalvado o registro no órgão competente, vedadas ao Poder Público a interferência e a intervenção na organização sindical.

(B) os trabalhadores ou empregadores interessados definirão a base territorial para a criação de organização sindical, em qualquer grau, representativa de categoria profissional ou econômica, não podendo a base, contudo, ser inferior à área de um Estado.

(C) ninguém será obrigado a filiar-se ou a manter-se filiado a sindicato, salvo disposição contrária prevista nos atos constitutivos respectivos.

(D) é vedada a dispensa do empregado sindicalizado a partir de sua eleição para cargo de direção ou representação sindical, ainda que suplente, até dois anos após o final do mandato, salvo se cometer falta grave nos termos da lei.

(E) o aposentado filiado tem direito a votar nas organizações sindicais, embora não o tenha a ser votado.

A: Art. 8º, I, da CF; **B:** Não reflete o disposto no art. 8º, II, da CF; **C:** O art. 8º, V, da CF não prevê exceções; **D:** Não reflete o disposto no art. 8º, VIII, da CF; **E:** Tem direito de votar e de ser votado (art. 8º, VII, da CF). _Gabarito "A"_

7. NACIONALIDADE

(Procurador do Estado – PGE/MT – FCC – 2016) Juliana, brasileira nata, obteve a nacionalidade norte-americana, de forma livre e espontânea. Posteriormente, Juliana fora acusada, nos Estados Unidos da América, da prática de homicídio contra nacional daquele país, fugindo para o Brasil. Tendo ela sido indiciada em conformidade com a legislação local, o governo norte-americano requereu às autoridades brasileiras sua prisão para fins de extradição. Neste caso, à luz da Constituição Federal e da jurisprudência do Supremo Tribunal Federal, Juliana,

(A) poderá ser imediatamente extraditada, uma vez que a perda da nacionalidade brasileira neste caso é automática.

(B) não poderá ser extraditada, por continuar sendo brasileira nata, mesmo tendo adquirido nacionalidade norte-americana.

(C) poderá ter cassada a nacionalidade brasileira pela autoridade competente e ser extraditada para os Estados Unidos para ser julgada pelo crime que lhe é imputado.

(D) não poderá ser extraditada, pois, ao retornar ao território brasileiro, não poderá ter cassada sua nacionalidade brasileira.

(E) não poderá ser extraditada se optar a qualquer momento pela nacionalidade brasileira em detrimento da norte-americana.

Trata-se de caso de renúncia à nacionalidade brasileira (art. 12, § 4º, II, CF), sendo necessária a edição de portaria do Ministério da Justiça para declarar a perda da nacionalidade. Não sendo mais brasileira, pode ser extraditada para os EUA, para lá responder ao processo criminal, de acordo com as leis estadunidenses. O STF decidiu exatamente esse caso (Caso Claudia Sobral) ao apreciar a Ext 1462, Rel. Min. Roberto

Barroso "1. Conforme decidido no MS 33.864, a Extraditanda não ostenta nacionalidade brasileira por ter adquirido nacionalidade secundária norte-americana, em situação que não se subsume às exceções previstas no § 4º, do art. 12, para a regra de perda da nacionalidade brasileira com decorrência da aquisição de nacionalidade estrangeira por naturalização. 2. Encontram-se atendidos os requisitos formais e legais previstos na Lei nº 6.815/1980 e no Tratado de Extradição Brasil-Estados Unidos, presentes os pressupostos materiais: a dupla tipicidade e punibilidade de crime comum praticado por estrangeiro. 3. Extradição deferida, devendo o Estado requerente assumir os compromissos de: (i) não executar pena vedada pelo ordenamento brasileiro, pena de morte ou de prisão perpétua (art. 5º, XLVII, a e b, da CF); (ii) observar o tempo máximo de cumprimento de pena possível no Brasil, 30 (trinta) anos (art. 75, do CP); e (iii) detrair do cumprimento de pena eventualmente imposta o tempo de prisão para fins de extradição por força deste processo".**TM** _Gabarito "C"_

8. DIREITOS POLÍTICOS

(Procurador do Estado/SP – 2018 – VUNESP) Acerca dos partidos políticos, assinale a alternativa correta.

(A) A filiação partidária é condição de elegibilidade, cabendo aos partidos políticos, após adquirirem personalidade jurídica de direito público interno no cartório de registro civil do respectivo ente federativo ao qual é vinculado, promover o registro de seus estatutos no Tribunal Regional Eleitoral, ato conhecido como "notícia de criação de partido político".

(B) É assegurada aos partidos políticos autonomia para definir o regime de suas coligações nas eleições proporcionais, uma vez que há o vínculo de obrigatoriedade entre as candidaturas em âmbito nacional, estadual, distrital ou municipal.

(C) O direito a recursos do fundo partidário e acesso gratuito ao rádio e à televisão, na forma da lei, é garantido aos partidos políticos que tiverem elegido pelo menos quinze Deputados Federais distribuídos em pelo menos um terço das unidades da Federação.

(D) Ao eleito por partido que não preencher os requisitos constitucionais que asseguram o direito ao fundo partidário é vetado filiar-se a outro partido que os tenha atingido, uma vez que a lei procura assegurar a igualdade na distribuição dos recursos e de acesso gratuito ao tempo de rádio e de televisão.

(E) Os partidos políticos não podem estabelecer normas de disciplina e fidelidade partidária, assim como são proibidos de receber recursos financeiros de entidade ou governo estrangeiros ou de subordinação a estes.

A: incorreta, pois os partidos políticos, após adquirirem personalidade jurídica, na forma da lei civil, registrarão seus estatutos no **Tribunal Superior Eleitoral** (art. 17, § 2º, da CF), sendo que os partidos políticos são **pessoas jurídicas de direito privado**, de acordo com o art. 44, V, do Código Civil; **B:** incorreta, visto que é assegurada aos partidos políticos autonomia para definir o regime de suas coligações nas eleições majoritárias, vedada a sua celebração nas eleições proporcionais, sem obrigatoriedade de vinculação entre as candidaturas em âmbito nacional, estadual, distrital ou municipal (art. 17, § 1º, da CF); **C:** correta, conforme art. 17, § 3º, II, da CF; **D:** incorreta, já que ao eleito por partido que não preencher os requisitos constitucionais que asseguram o direito ao fundo partidário é assegurado o mandato e facultada a filiação, sem perda do mandato, a outro partido que os tenha atingido, não sendo essa filiação considerada para fins de distribuição dos recursos do fundo partidário e de acesso gratuito ao tempo de rádio e de televisão (art. 17,

1. DIREITO CONSTITUCIONAL

§ 5°, da CF); **E:** incorreta, pois os partidos políticos devem estabelecer normas de disciplina e fidelidade partidária (art. 17, § 1°, *in fine*, da CF), sendo proibidos de receber recursos financeiros de entidade ou governo estrangeiros ou de subordinação a estes (art. 17, II, da CF).

Gabarito "C".

(Procurador do Estado/SP – 2018 – VUNESP) No julgamento da ADI no 5.081/DF, o Supremo Tribunal Federal fixou a seguinte tese: [...] por unanimidade de votos, em conhecer da ação e julgar procedente o pedido formulado para declarar a inconstitucionalidade, quanto à Resolução n° 22.610/2007, do Tribunal Superior Eleitoral, do termo "ou o vice", constante do art. 10; da expressão "e, após 16 (dezesseis) de outubro corrente, quanto a eleitos pelo sistema majoritário", constante do art. 13, e para "conferir interpretação conforme a Constituição ao termo "suplente", constante do art. 10, com a finalidade de excluir do seu alcance os cargos do sistema majoritário. Fixada a tese com o seguinte teor: "A perda do mandato em razão da mudança de partido não se aplica aos candidatos eleitos pelo sistema majoritário, sob pena de violação da soberania popular e das escolhas feitas pelo eleitor", nos termos do voto do Relator.

Considerando as regras constitucionais do sistema eleitoral brasileiro e os fundamentos utilizados para construir a jurisprudência aqui reproduzida, assinale a alternativa correta.

(A) Dentre as causas expressas de perda do mandato de Deputados Federais ou Estaduais estão as hipóteses de ser investido no cargo de Ministro de Estado, Governador de Território, Secretário de Estado, do Distrito Federal, de Território, de Prefeitura de Capital ou chefe de missão diplomática temporária.

(B) A interpretação conforme é uma regra hermenêutica que visa consagrar a força normativa da constituição ao retirar do ordenamento jurídico normas infraconstitucionais que sejam incompatíveis com a ordem jurídica, de modo a dar prevalência a soluções que favoreçam a integração social e a unidade política.

(C) O sistema eleitoral brasileiro adota o sistema majoritário para eleição do Prefeito e do Vice-Prefeito. No caso dos Municípios com mais de 200 mil eleitores, se nenhum candidato alcançar maioria absoluta na primeira votação, far-se-á nova eleição em até vinte dias após a proclamação do resultado, concorrendo os dois candidatos mais votados e considerando-se eleito aquele que obtiver a maioria dos votos válidos.

(D) O sistema proporcional adotado para a eleição dos senadores caracteriza-se pela ênfase nos votos obtidos pelos partidos, motivo pelo qual a Corte fixou entendimento de que a fidelidade partidária é essencial nesse caso.

(E) A soberania popular é exercida por meio da participação direta na organização político-administrativa quando se permite que os Estados possam se incorporar entre si, subdividir-se ou desmembrar-se para se anexarem a outros, ou formarem novos Estados ou Territórios Federais, mediante aprovação da população diretamente interessada, por plebiscito ou referendo.

A: incorreta, pois não é causa de perda do mandato de Deputado ou Senador a hipótese de ser investido no cargo de Ministro de Estado, Governador de Território, Secretário de Estado, do Distrito Federal, de Território, de Prefeitura de Capital ou chefe de missão diplomática temporária (art. 56, I, da CF); **B:** incorreta, visto que a interpretação conforme a Constituição é um método de interpretação hermenêutico – ou uma técnica de controle de constitucionalidade – pelo qual o intérprete ou aplicador do direito, ao se deparar com normas polissêmicas ou plurissignificativas (isto é, que possuam mais de uma interpretação), deverá adotar aquela interpretação que mais se compatibilize com o texto constitucional, excluindo determinadas hipóteses de interpretação da norma inconstitucionais; **C:** correta, conforme art. 29, II, combinado com art. 77, § 3°, da CF; **D:** incorreta, visto que o STF entende que "*o sistema majoritário, adotado para a eleição de presidente, governador, prefeito e senador, tem lógica e dinâmica diversas da do sistema proporcional. As características do sistema majoritário, com sua ênfase na figura do candidato, fazem com que a perda do mandato, no caso de mudança de partido, frustre a vontade do eleitor e vulnere a soberania popular*" (ADI 5081, Rel. Min. Roberto Barroso, Tribunal Pleno, j. em 27-05-2015); **E:** incorreta, na medida em que os estados podem incorporar-se entre si, subdividir-se ou desmembrar-se para se anexarem a outros, ou formarem novos estados ou territórios federais, mediante aprovação da população diretamente interessada, por meio de **plebiscito**, e do Congresso Nacional, por lei complementar (art. 18, § 3°, da CF).

Gabarito "C".

(Procurador – SP – VUNESP – 2015) Assinale a alternativa correta a respeito dos direitos políticos previstos na Carta Magna brasileira.

(A) Não podem se alistar como eleitores os estrangeiros, os analfabetos e, durante o período do serviço militar obrigatório, os conscritos.

(B) A idade de trinta e cinco anos é uma das condições de elegibilidade para Governador e Vice-Governador de Estado e do Distrito Federal.

(C) Para concorrerem a outros cargos, o Presidente da República, os Governadores de Estado e do Distrito Federal e os Prefeitos devem renunciar aos respectivos mandatos até seis meses antes do pleito.

(D) São inelegíveis os inalistáveis, os analfabetos e os militares.

(E) O mandato eletivo poderá ser impugnado ante a Justiça Eleitoral no prazo de quinze dias contados da posse, instruída a ação com provas de abuso do poder econômico, corrupção ou fraude.

A: incorreta. Os **analfabetos podem se alistar como eleitores**, conforme determina o art. 14, § 1°, II, *a*, da CF; **B:** incorreta. Conforme determina o art. 14, § 3°, VI, *b*, da CF, a idade mínima para os cargos mencionados é de **30 (trinta)** anos; **C:** correta. É o que determina o art. 14, § 6°, da CF; **D:** incorreta. Os **militares alistáveis são elegíveis**, desde que preencham as condições previstas nos incisos I e II do § 8° do art. 14 da CF, que são as seguintes: I – se contar menos de dez anos de serviço, deverá afastar-se da atividade, II – se contar mais de dez anos de serviço, será agregado pela autoridade superior e, se eleito, passará automaticamente, no ato da diplomação, para a inatividade; **E:** incorreta. Determina o § 10 do art. 14 da CF que o mandato eletivo poderá ser impugnado ante a Justiça Eleitoral no prazo de quinze dias **contados da diplomação**, instruída a ação com provas de abuso do poder econômico, corrupção ou fraude.

Gabarito "C".

(Procurador Municipal – Sertãozinho/SP – VUNESP – 2016) Com base nas disposições constitucionais a respeito dos direitos políticos, assinale a alternativa correta.

(A) O alistamento eleitoral e o voto são obrigatórios para os analfabetos, os maiores de setenta anos e para os maiores de dezesseis e menores de dezoito anos.

(B) São inelegíveis os inalistáveis e os analfabetos.

(C) A lei que alterar o processo eleitoral entrará em vigor na data de sua publicação, não se aplicando à eleição que ocorra até dois anos da data de sua vigência.

(D) O mandato eletivo poderá ser impugnado ante a Justiça Eleitoral no prazo de trinta dias contados da diplomação, instruída a ação com provas de abuso do poder econômico, corrupção ou fraude.

(E) Para concorrerem a outros cargos, o Presidente da República, os Governadores de Estado e do Distrito Federal e os Prefeitos devem renunciar aos respectivos mandatos até um ano antes do pleito.

A: incorreta. Ao contrário do mencionado, o alistamento eleitoral e o voto são **facultativos** para essas pessoas. É o que determina o art. 14, § 1º, II, *a*, *b* e *c*, da CF; **B:** correta. De fato, os inalistáveis (estrangeiros e conscritos, durante o período do serviço militar obrigatório) e os analfabetos são inelegíveis, conforme determina o art. 14, § 4º, da CF; **C:** incorreta. De acordo com o art. 16 da CF, a lei que alterar o processo eleitoral entrará em vigor na data de sua publicação, não se aplicando à eleição que ocorra até **um ano** da data de sua vigência; **D:** incorreta. Determina o § 10 do art. 14 da CF que o mandato eletivo poderá ser impugnado ante a Justiça Eleitoral no prazo de **quinze dias** contados da diplomação, instruída a ação com provas de abuso do poder econômico, corrupção ou fraude; **E:** incorreta. O § 6º do art. 14 da CF determina que para concorrerem a outros cargos, o Presidente da República, os Governadores de Estado e do Distrito Federal e os Prefeitos devem renunciar aos respectivos mandatos até **seis meses** antes do pleito. **BV**

Gabarito "B".

(Procurador – PGFN – ESAF – 2015) Escolha a opção correta.

(A) Constitui crime inafiançável e imprescritível a ação de grupos armados, civis ou militares, contra a ordem constitucional e o Estado Democrático, bem como, depois de declaradas ilegais por decisão judicial, as greves em setores essenciais para a sociedade, definidas como tal em lei complementar.

(B) A lei ordinária estabelecerá casos de inelegibilidade e os prazos de sua cessação, a fim de proteger a probidade administrativa.

(C) O prazo para impugnação do mandato eletivo é de quinze dias contados da diplomação.

(D) A incapacidade civil absoluta não é motivo para a perda ou suspensão de direitos políticos.

(E) O militar alistável é elegível, se contar menos de dez anos de serviço será agregado pela autoridade superior e, se eleito, passará automaticamente, no ato da diplomação, para a inatividade.

A: incorreta. A primeira parte está correta, mas a greve em setores essenciais não constitui crime; **B:** incorreta. Os casos de inelegibilidade são estabelecidos por lei complementar; **C:** correta. Art. 14, § 10, CF; **D:** incorreta. Não reflete o disposto no art. 15, II, CF; **E:** incorreta. Apenas o militar com mais de dez anos de serviço é agregado pela autoridade superior e passa para a inatividade com a diplomação. **TM**

Gabarito "C".

(Procurador Distrital – 2014 – CESPE) Acerca da disciplina constitucional e legal referente à composição dos cargos públicos, julgue os seguintes itens.

(1) Em razão do princípio da simetria, a Constituição estadual deve reproduzir a CF em relação à norma que rege a composição do Tribunal de Contas da União.

(2) Caso já ocupe o cargo de deputado distrital, filho de governador do estado torna-se elegível para o mesmo cargo na eleição subsequente.

(3) O governador do DF é inelegível para quaisquer outros cargos, a não ser que renuncie a seu mandato com uma antecedência mínima de seis meses em relação à data do pleito.

(4) Filho de governador de estado é inelegível para qualquer cargo eletivo em âmbito nacional.

1: correto. De fato as regras previstas na CF sobre a organização dos tribunais de contas dos estados e do DF são de observância obrigatória pelos Estados e DF; **2:** correto. A inelegibilidade reflexa, prevista no § 7º do art. 14 da CF, não atinge o parente que já for titular de mandato eletivo e candidato à reeleição. De acordo com tal dispositivo, são inelegíveis, no território de jurisdição do titular, o cônjuge e os parentes consanguíneos ou afins, até o segundo grau ou por adoção, do Presidente da República, de Governador de Estado ou Território, do Distrito Federal, de Prefeito ou de quem os haja substituído dentro dos seis meses anteriores ao pleito, salvo se já titular de mandato eletivo e candidato à reeleição; **3:** correto. O art. 14, § 6º, da CF, determina que para concorrerem a outros cargos, o Presidente da República, os Governadores de Estado e do Distrito Federal e os Prefeitos devem renunciar aos respectivos mandatos até seis meses antes do pleito; **4:** incorreto. A inelegibilidade neste caso está adstrita ao território de jurisdição do titular. É o que determina o art. 14, § 7º, da CF.

Gabarito 1C, 2C, 3C, 4E

(Procurador do Estado/BA – 2014 – CESPE) Acerca dos direitos políticos, julgue os itens a seguir.

(1) Não são alistáveis como eleitores nem os estrangeiros nem os militares.

(2) As ações de impugnação de mandato eletivo tramitam necessariamente em segredo de justiça.

(3) Os direitos políticos passivos consagram as normas que impedem a participação no processo político eleitoral.

1: errado. Os estrangeiros, de fato, são inalistáveis, conforme dispõe o art. 14, § 2º, da CF. Em relação aos militares, apenas os conscritos, durante o período do serviço militar obrigatório, é que não podem se alistar como eleitores; **2:** correto. De acordo com o art. 14, § 11, da CF, a ação de impugnação de mandato tramitará em segredo de justiça, respondendo o autor, na forma da lei, se temerária ou de manifesta má-fé; **3:** errado. Os direitos políticos **passivos**, também denominados de capacidade eleitoral passiva, dizem respeito ao direito de ser votado, de participar das eleições concorrendo a um mandato eletivo. Já as normas que impedem a participação no processo político eleitoral são tratadas como direitos políticos **negativos** e incluem as causas de suspensão ou perda dos direitos políticos e as inelegibilidades.

Gabarito 1E, 2C, 3E

(Procurador do Estado – PGE/RN – FCC – 2014) Um Prefeito de determinado Município e sua ex-esposa, divorciados desde o primeiro ano de seu mandato, ambos filiados ao mesmo partido político, pretendem candidatar-se, nas próximas eleições municipais: ele, à reeleição; ela, a uma vaga na Câmara de Vereadores do mesmo Município, pela primeira vez. Nessa hipótese, considerada a disciplina constitucional da matéria,

(A) tanto a candidatura dele como a dela seriam impossíveis, porque ambos são atingidos por causa de inelegibilidade reflexa, prevista na Constituição da República.

1. DIREITO CONSTITUCIONAL

(B) tanto a candidatura dele como a dela somente seriam possíveis se ele renunciasse ao mandato de Prefeito até seis meses antes do pleito.

(C) a candidatura dela somente seria possível se ele renunciasse ao mandato respectivo até seis meses antes do pleito, hipótese em que ele estaria impedido de concorrer a um novo mandato à frente da chefia do Executivo municipal.

(D) somente a candidatura dele é possível, não havendo obrigação de renúncia ao mandato respectivo para que concorra à reeleição, sendo a dela inadmissível, ainda que ele renunciasse ao mandato até seis meses antes do pleito.

(E) a candidatura dele é possível, independentemente de renúncia ao respectivo mandato, e a dela somente seria possível se ele renunciasse ao mandato de Prefeito até seis meses antes do pleito.

Segundo o STF, "I – A dissolução da sociedade conjugal, no curso do mandato, não afasta a inelegibilidade prevista no art. 14, § 7º, da CF. II – Se a separação judicial ocorrer em meio à gestão do titular do cargo que gera a vedação, o vínculo de parentesco, para os fins de inelegibilidade, persiste até o término do mandato, inviabilizando a candidatura do ex-cônjuge ao pleito subsequente, na mesma circunscrição, a não ser que aquele se desincompatibilize seis meses antes das eleições". Ver Art. 14, §§ 6º e 7º, CF. **TM**

Gabarito "E".

(Procurador do Município/Sorocaba-SP – 2012 – VUNESP) Felisberto Silva candidatou-se nas eleições para o cargo de Prefeito do Município de Romão e foi eleito para o respectivo cargo público, tendo sido devidamente diplomado. No entanto, apurou-se por meio de provas concretas que Felisberto está envolvido em casos de abuso do poder econômico, corrupção e fraude. Nessa hipótese, a Carta Magna prevê que o mandato de Felisberto

(A) não mais poderá ser impugnado, uma vez que Felisberto já foi devidamente diplomado.

(B) não poderá ser impugnado, tendo em vista que, ao ser eleito e diplomado, Felisberto adquiriu imunidade, e, assim, somente poderá ser processado depois de terminado o seu mandato.

(C) poderá ser impugnado ante a Justiça Eleitoral no prazo de quinze dias contados da diplomação, instruída a ação com provas dos referidos crimes.

(D) poderá ser impugnado perante o Tribunal de Justiça, que é o órgão competente para processar o Prefeito Municipal.

(E) poderá ser impugnado junto à Justiça Eleitoral, no prazo de trinta dias depois de encerradas as eleições, por ação judicial que deverá ser instruída com as provas dos crimes.

Art. 14, § 10, da CF.

Gabarito "C".

(Procurador do Estado/MT – FCC – 2011) Por força de previsão expressa na Lei Federal nº 8.239, de 1991, será atribuído serviço alternativo ao serviço militar obrigatório aos que, em tempo de paz, após alistados, alegarem imperativo de consciência decorrente de crença religiosa ou de convicção filosófica ou política, para se eximirem de atividades de caráter essencialmente militar. O mesmo diploma legal define, ademais, o que se entende por serviço alternativo,

a ser prestado em substituição às atividades de caráter essencialmente militar. As previsões legais em questão são

(A) compatíveis com a Constituição da República, que admite, nessas condições, a possibilidade de exercício de objeção de consciência em relação a atividades de caráter essencialmente militar.

(B) compatíveis com a Constituição da República apenas no que se refere à possibilidade de exercício de objeção de consciência por motivo de convicção filosófica ou política.

(C) incompatíveis com a Constituição da República, que não prevê a possibilidade de atribuição de serviço alternativo na hipótese em tela, estabelecendo a suspensão de direitos políticos como consequência à recusa ao cumprimento de serviço militar.

(D) incompatíveis com a Constituição da República, que admite o exercício de objeção de consciência para recusa a obrigação imposta por lei a todos, mas não a admite em relação ao serviço militar obrigatório, por ser este previsto em sede constitucional.

(E) incompatíveis com a Constituição da República, que não admite a possibilidade de recusa ao cumprimento de obrigação legal a todos imposta.

V. art. 3º, § 2º, da Lei 8.239/1991. A *escusa de consciência* só leva à perda dos direitos políticos (art. 15, IV, da CF) se o escusante negar-se a cumprir a prestação alternativa que a lei fixar.

Gabarito "A".

(Procurador do Estado/PR – UEL-COPS – 2011) Julgue os itens:

I. o sistema proporcional permite que um deputado seja eleito, apesar de ter recebido menos votos do que outro.

II. o sistema majoritário não é utilizado para eleições a cargos legislativos.

III. o sistema proporcional não é utilizado para eleições a cargos legislativos.

IV. a inelegibilidade do cônjuge de Prefeito para as eleições no território de jurisdição do titular, nas condições estabelecidas na Constituição da República, estende-se ao companheiro de relação estável homoafetiva.

V. o Governador pode candidatar-se para um único período subsequente a outro cargo qualquer sem necessidade de renúncia.

Quais são as afirmativas **corretas**:

(A) as afirmativas I e IV;

(B) as afirmativas II e IV;

(C) as afirmativas I e III;

(D) as afirmativas II e V;

(E) as afirmativas III e IV.

I: Correta. Essa é uma das principais críticas ao sistema proporcional; II e III: Erradas. O sistema majoritário é adotado nas eleições para Presidente da República, Senador, Governador de Estado e do Distrito Federal e Prefeitos; o sistema proporcional para as eleições de Deputado Federal, Deputado Estadual e Vereador; IV: Sim, apesar de a CF não referir-se a essa hipótese; V: Não reflete o disposto no art. 14, § 6º, da CF.

Gabarito "A".

(Procurador do Estado/RO – 2011 – FCC) No recente julgamento do Supremo Tribunal Federal, conhecido como caso "ficha limpa", a questão central da discussão baseou-

-se na interpretação do princípio da anualidade, o qual significa que a lei que alterar o processo eleitoral entrará em vigor

(A) na data de sua publicação, não se aplicando à eleição que se realize até um ano da data de sua vigência.

(B) um ano após a sua publicação e só se aplica à eleição realizada após a sua vigência.

(C) na data de sua publicação, com aplicação imediata.

(D) na data estipulada pelo Congresso Nacional, não será aplicada à eleição que se realize até um ano da data de sua vigência.

(E) na data estipulada pelo Superior Tribunal Eleitoral, não se aplicando à eleição que se realize até um ano da data de sua vigência.

Art. 16 da CF.

Gabarito "A".

9. ORGANIZAÇÃO DO ESTADO

9.1. Da União, Estados, Municípios e Territórios

(Procurador do Estado/TO – 2018 – FCC) Lei complementar estadual, fruto de projeto de iniciativa do Governador, instituiu região metropolitana constituída por Municípios limítrofes, a fim de integrar a organização, o planejamento e a execução de funções públicas de interesse comum, entre as quais a de construção de moradias e a de saneamento básico. Referida lei ainda determinou que essas funções públicas seriam exercidas pelos Municípios em consonância com as normas editadas pela autoridade estadual nomeada pelo Governador. À luz da Constituição Federal e da jurisprudência do Supremo Tribunal Federal, a referida lei estadual

(A) não poderia ter instituído região metropolitana que tenha como objeto a integração, o planejamento e a execução das funções de construção de moradias, uma vez que essa atividade se insere no âmbito da competência privativa dos Municípios.

(B) pode ser alterada por lei ordinária, uma vez que a Constituição Federal não exige lei complementar nessa matéria.

(C) foi regularmente editada, sendo formal e materialmente compatível com a Constituição Federal.

(D) não poderia ter atribuído exclusivamente à autoridade estadual a competência para editar as normas que regerão a execução das funções de interesse comum, tendo em vista que a instituição de região metropolitana não pode afastar o princípio constitucional da autonomia municipal.

(E) não poderia ter instituído região metropolitana que tenha como objeto a integração, o planejamento e a execução das funções de saneamento básico, uma vez que essa atividade se insere no âmbito da competência privativa dos Municípios.

Correta é a letra D, assim determina a Constituição Federal: "Art. 25. Os Estados organizam-se e regem-se pelas Constituições e leis que adotarem, observados os princípios desta Constituição. (...) § 3º Os Estados poderão, mediante lei complementar, instituir regiões metropolitanas, aglomerações urbanas e microrregiões, constituídas por agrupamento de municípios limítrofes, para integrar a organização, o planejamento e a execução de funções públicas de interesse comum.".

Além disso, a jurisprudência do STF confirma o item D como correto (ADI 1842. STF). **AB**

Gabarito "D".

(Procurador do Estado/SP – 2018 – VUNESP) Ao julgar a ADI nº 2.699/PE, que tinha por objeto a análise da competência para legislar sobre direito processual, o Supremo Tribunal Federal destacou ser importante compreender que a Constituição Federal proclama, na complexa estrutura política que dá configuração ao modelo federal de Estado, a coexistência de comunidades jurídicas responsáveis pela pluralização de ordens normativas próprias, que se distribuem segundo critérios de discriminação material de competências fixadas pelo texto constitucional. Nesse contexto, a respeito do tema competência constitucional para legislar sobre a matéria de direito processual, assinale a alternativa correta.

(A) A União poderá delegar aos Estados a competência para legislar integralmente sobre o tema, considerando as reiteradas críticas à excessiva centralização normativa no âmbito federativo.

(B) Os Estados-membros e o Distrito Federal não dispõem de competência para legislar sobre direito processual. Com fundamento no sistema de poderes enumerados e de repartição constitucional de competências legislativas, somente a União possui atribuição para legitimamente estabelecer, em caráter privativo, a regulação normativa, inclusive a disciplina dos recursos em geral, conforme posição consolidada do Supremo Tribunal Federal.

(C) Estabelecida a lide com fundamento em conflito de competência legislativa entre a União e os Estados-Membros ou o Distrito Federal, a ação judicial deverá ser julgada de forma originária pelo Superior Tribunal de Justiça, uma vez configurada a instabilidade no equilíbrio federativo.

(D) A competência é comum da União, dos Estados, do Distrito Federal e dos Municípios, podendo lei complementar autorizar cada ente federal a legislar sobre questões específicas das matérias relacionadas na Constituição Federal.

(E) A competência para legislar sobre direito processual é concorrente, de modo que cabe à União fixar normas gerais e aos Estados-Membros e ao Distrito Federal normas suplementares, em concordância com a jurisprudência pacífica sobre o tema.

A: incorreta, visto que a União, por meio de lei complementar, poderá autorizar os Estados a legislar sobre **questões específicas** das matérias relacionadas à sua competência privativa, tal como direito processual (art. 22, I e parágrafo único, da CF); **B:** correta, pois, conforme jurisprudência do STF, *"os Estados-membros e o Distrito Federal não dispõem de competência para legislar sobre direito processual, eis que, nesse tema, que compreende a disciplina dos recursos em geral, somente a União Federal – considerado o sistema de poderes enumerados e de repartição constitucional de competências legislativas – possui atribuição para legitimamente estabelecer, em caráter de absoluta privatividade (CF, art. 22, n. I), a regulação normativa a propósito de referida matéria"* (ADI 2699, Rel. Min. Celso de Mello, Tribunal Pleno, j. em 20-05-2015); **C:** incorreta, pois o Supremo Tribunal Federal tem competência originária para processar e julgar as causas e os conflitos entre a União e os estados, a União e o Distrito Federal, ou entre uns e outros, inclusive as respectivas entidades da administração indireta (art. 102, I, *f*, da CF), desde que tais litígios tenham potencialidade para

1. DIREITO CONSTITUCIONAL

desestabilizar o pacto federativo. A jurisprudência do STF distingue **conflito entre entes federados** e **conflito federativo**, sustentando que, no primeiro caso, observa-se apenas a litigância judicial promovida pelos membros da Federação, ao passo que, no segundo, além da participação desses na lide, a conflituosidade da causa importa em potencial desestabilização do próprio pacto federativo, sendo que o legislador constitucional restringiu a atuação da STF à última hipótese (ACO 1.295 AgR-segundo, Rel. Min. Dias Toffoli, j. 14-10-2010); **D e E:** incorretas, pois a competência para legislar sobre direito processual é **privativa** da União (art. 22, I, da CF) – vale destacar que competência comum diz respeito à competência material. **AN**
Gabarito "B".

(Procurador do Município – Boa Vista/RR – 2019 – CESPE/CEBRASPE) Considerando as disposições constitucionais aplicáveis ao regime federativo brasileiro, julgue os itens seguintes.

(1) A Constituição Federal de 1988 assegura aos municípios a participação no resultado da exploração de petróleo ou gás natural, de recursos hídricos para fins de geração de energia elétrica e de outros recursos minerais no respectivo território, ou a compensação financeira por essa exploração.

Certo, conforme artigo 20, §1º, da CF: "Art. 20. São bens da União: (...) § 1º É assegurada, nos termos da lei, à União, aos Estados, ao Distrito Federal e aos Municípios a participação no resultado da exploração de petróleo ou gás natural, de recursos hídricos para fins de geração de energia elétrica e de outros recursos minerais no respectivo território, plataforma continental, mar territorial ou zona econômica exclusiva, ou compensação financeira por essa exploração.". **AB**
Gabarito 1C.

(Procurador do Município – Boa Vista/RR – 2019 – CESPE/CEBRASPE) Considerando as disposições constitucionais aplicáveis ao regime federativo brasileiro, julgue os itens seguintes.

(1) Compete aos municípios explorar diretamente, ou mediante concessão, os serviços de gás canalizado.

Errado, pois a competência é do Estado (artigo 25, §2º, da CF). **AB**
Gabarito 1E.

(Procurador do Município – Valinhos/SP – 2019 – VUNESP) Nos termos da Constituição Federal, compete à União explorar, diretamente ou mediante autorização, concessão ou permissão,

(A) os serviços de transporte rodoviário estadual e interestadual de passageiros.

(B) os serviços de radiodifusão sonora, e de sons e imagens.

(C) o serviço postal e o correio aéreo nacional.

(D) a ordenação do território e de desenvolvimento econômico e social.

(E) a produção e o comércio de material bélico.

Correta é a letra B, com base na literalidade do artigo 21, inciso XI, da CF: "Art. 21. Compete à União: (...) XII – explorar, diretamente ou mediante autorização, concessão ou permissão: a) os serviços de radiodifusão sonora, e de sons e imagens.". A letra A está errada, pois "os serviços de transporte rodoviário interestadual e internacional de passageiros." (Artigo 21, XII, e, da CF). A letra C é incorreta, conforme artigo 21, X, da CF. A letra D, também errada, com base no artigo 21, IX, da CF e, por fim, a letra E está no artigo 21, VI, da CF. Perceba que o enunciado exige "compete à União explorar, diretamente ou mediante autorização, concessão ou permissão", por isso a única possível é a letra B. **AB**
Gabarito "B".

(Procurador Municipal – Prefeitura/BH – CESPE – 2017) Acerca da organização político-administrativa, assinale a opção correta.

(A) A fim de fazer cumprir ordem legal, a União poderá decretar intervenção federal nos municípios que se recusarem a cumprir lei federal que tenha sido recentemente sancionada, em razão de discordarem de seu conteúdo.

(B) Conforme o entendimento do STF, para realizar o desmembramento de determinado município, é necessário consultar, por meio de plebiscito, a população pertencente à área a ser desmembrada, mas não a população da área remanescente.

(C) De acordo com o entendimento do STF, as terras indígenas recebem tratamento peculiar no direito nacional devido ao fato de, juridicamente, serem equiparadas a unidades federativas.

(D) O parecer técnico elaborado pelo tribunal de contas tem natureza meramente opinativa, competindo à câmara municipal o julgamento anual das contas do prefeito.

A: incorreta. A União só pode decretar intervenção nos estados (ou no DF). A intervenção em municípios é realizada pelos estados, nas hipóteses constitucionais (arts. 34 e 35, CF); **B:** incorreta. Ver ADI 2650, Rel. Min. Dias Toffoli: "Após a alteração promovida pela EC 15/1996, a Constituição explicitou o alcance do âmbito de consulta para o caso de reformulação territorial de Municípios e, portanto, o significado da expressão 'populações diretamente interessadas', contida na redação originária do § 4º do art. 18 da Constituição, no sentido de ser necessária a consulta a toda a população afetada pela modificação territorial, o que, no caso de desmembramento, deve envolver tanto a população do território a ser desmembrado, quanto a do território remanescente. Esse sempre foi o real sentido da exigência constitucional – a nova redação conferida pela emenda, do mesmo modo que o art. 7º da Lei 9.709/1998, apenas tornou explícito um conteúdo já presente na norma originária. A utilização de termos distintos para as hipóteses de desmembramento de Estados-membros e de Municípios não pode resultar na conclusão de que cada um teria um significado diverso, sob pena de se admitir maior facilidade para o desmembramento de um Estado do que para um Município"; **C:** incorreta. Ver Pet 3388, Rel. Min. Carlos Britto: "Todas as 'terras indígenas' são um bem público federal (inciso XI do art. 20 da CF), o que não significa dizer que o ato em si da demarcação extinga ou amesquinhe qualquer unidade federada. Primeiro, porque as unidades federadas pós-Constituição de 1988 já nascem com seu território jungido ao regime constitucional de preexistência dos direitos originários dos índios sobre as terras por eles 'tradicionalmente ocupadas'. Segundo, porque a titularidade de bens não se confunde com o senhorio de um território político. Nenhuma terra indígena se eleva ao patamar de território político, assim como nenhuma etnia ou comunidade indígena se constitui em unidade federada. Cuida-se, cada etnia indígena, de realidade sociocultural, e não de natureza político-territorial"; **D:** correta. Tese de repercussão geral estabelecida no RE 729744: ""Parecer técnico elaborado pelo Tribunal de Contas tem natureza meramente opinativa, competindo exclusivamente à Câmara de Vereadores o julgamento das contas anuais do chefe do Poder Executivo local, sendo incabível o julgamento ficto das contas por decurso de prazo". **TM**
Gabarito "D".

(Procurador Municipal – Sertãozinho/SP – VUNESP – 2016) Sobre a competência dos Entes Municipais, segundo a jurisprudência do STF e a Constituição Federal, assinale a alternativa correta.

(A) Ofende o princípio da livre concorrência lei municipal que impede a instalação de estabelecimentos comerciais do mesmo ramo em determinada área.

(B) Em respeito ao princípio da simetria, os Municípios não poderão ter símbolos próprios.

(C) Compete aos Municípios legislar sobre trânsito e transporte.

(D) O Município dispõe de competência para legislar concorrentemente com a União e os Estados sobre juntas comerciais.

(E) Não é competente o Município para fixar horário de funcionamento de estabelecimento comercial.

A: correta. Determina a Súmula Vinculante 49 (STF) que, de fato, ofende o princípio da livre concorrência lei municipal que impede a instalação de estabelecimentos comerciais do mesmo ramo em determinada área; **B:** incorreta. De acordo com o art. 13, § 2º, da CF, os Estados, o Distrito Federal e os Municípios **poderão** ter símbolos próprios; **C:** incorreto. A competência para legislar sobre trânsito e transporte é **privativa da União**, conforme determina o art. 22, XI, da CF; **D:** incorreta. Segundo o art. 24, "caput" e inciso II, da CF a competência **concorrente é dada à União, aos Estados e ao Distrito Federal**; **E:** incorreta. Ao contrário do mencionado, a Súmula Vinculante 38 (STF) determina que o **Município é competente** para fixar o horário de funcionamento de estabelecimento comercial. **BV**
Gabarito "A".

(Procurador Municipal – Sertãozinho/SP – VUNESP – 2016) Com base na disciplina normativa dispensada pela Constituição Federal aos Municípios, assinale a alternativa correta.

(A) Compete aos Municípios a instituição de regiões metropolitanas.

(B) É permitida a criação de Tribunais, Conselhos ou órgãos de Contas Municipais caso esses Entes possuam população superior a quinhentos mil habitantes.

(C) O controle externo no âmbito municipal será exercido pela Câmara Municipal com o auxílio dos Tribunais de Contas dos Estados ou do Município ou dos Conselhos ou Tribunais de Contas dos Municípios, onde houver.

(D) O Município reger-se-á por lei orgânica, votada em dois turnos, com o interstício mínimo de dez dias, e aprovada por três quintos dos membros da Câmara Municipal.

(E) A iniciativa popular de projetos de lei de interesse específico do Município, da cidade ou de bairros, poderá ocorrer por meio de manifestação de, pelo menos, três por cento do eleitorado.

A: incorreta. De acordo com o art. 25, § 3º, da CF, os **Estados poderão,** mediante lei complementar, **instituir regiões metropolitanas,** aglomerações urbanas e microrregiões, constituídas por agrupamentos de municípios limítrofes, para integrar a organização, o planejamento e a execução de funções públicas de interesse comum; **B:** incorreta. Ao contrário do mencionado, **é proibida** a criação de Tribunais, Conselhos ou órgãos de Contas Municipais, conforme determina o § 4º do art. 31 da CF; **C:** correta. O art. 31, "caput", da CF, determina que a fiscalização do Município seja exercida pelo Poder Legislativo Municipal, mediante controle externo, e pelos sistemas de controle interno do Poder Executivo Municipal, na forma da lei. O § 1º do dispositivo mencionado completa mencionando que o controle externo da Câmara Municipal será exercido com o auxílio dos Tribunais de Contas dos Estados ou do Município ou dos Conselhos ou Tribunais de Contas dos Municípios, onde houver; **D:** incorreta. De acordo com o "caput" do art. 29 da CF, o Município reger-se-á por lei orgânica, votada em dois turnos,

com o interstício mínimo de dez dias, e aprovada por **dois terços** dos membros da Câmara Municipal, que a promulgará, atendidos os princípios estabelecidos nesta Constituição, na Constituição do respectivo Estado e pelos preceitos citados nos incisos do artigo mencionado; **E:** incorreta. Determina o art. 29, XIII, da CF que a iniciativa popular de projetos de lei de interesse específico do Município, da cidade ou de bairros, ocorrerá através de manifestação de, pelo menos, **cinco por cento** do eleitorado. **BV**
Gabarito "C".

(Procurador Municipal/SP – VUNESP – 2016) A respeito da intervenção nos Municípios, é correto afirmar que a Constituição Federal prevê que:

(A) uma das hipóteses que autorizam a intervenção consiste na não aplicação do mínimo exigido, da receita municipal, na manutenção e desenvolvimento da educação, nas ações e serviços públicos de saúde e nas ações de preservação ambiental.

(B) a competência para decretação e execução da intervenção, em qualquer Município da federação, é do Governador de Estado ou do Presidente da República.

(C) é hipótese de intervenção o provimento pelo Tribunal de Justiça de representação que vise a assegurar a observância de princípios indicados na Constituição Estadual, ou para prover a execução de lei, de ordem, de decisão judicial ou de decisão do Tribunal de Contas.

(D) são requisitos do decreto interventivo as especificações de amplitude, de prazo e de condições de execução, sendo que o Governador de Estado deverá obrigatoriamente nomear interventor, afastando as autoridades envolvidas.

(E) se a suspensão da execução do ato impugnado não for suficiente para o restabelecimento da normalidade, o Governador de Estado decretará a intervenção no Município, submetendo esse ato à Assembleia Legislativa, que, estando em recesso, será convocada extraordinariamente.

A: incorreta, pois o texto constitucional não traz a previsão quanto às ações de preservação ambiental (art. 35, III, da CF); **B:** incorreta, pois não cabe intervenção federal em Município localizado em Estado-membro (ver IF 590/CE, STF); **C:** incorreta, pois não há menção ao Tribunal de Contas; **D:** incorreta, pois não requer nomeação obrigatória do interventor, vez que tal nomeação é facultativa (se couber); **E:** correta, nos termos do art. 36, § 2º, da CF. **AB**
Gabarito "E".

(Procurador – IPSMI/SP – VUNESP – 2016) Em relação aos Municípios, a Constituição Federal prevê que:

(A) a criação, fusão, incorporação ou desmembramento de Município condiciona-se exclusivamente à consulta mediante plebiscito às populações dos Municípios envolvidos.

(B) é competência do Município manter, com cooperação técnica e financeira da União e do Estado, programas de educação infantil, de ensino fundamental e de ensino médio.

(C) as regiões metropolitanas, constituídas por agrupamentos de Municípios limítrofes, para integrar a organização, o planejamento e a execução de funções públicas de interesse comum podem, mediante lei complementar, ser instituídas pelos Estados.

(D) o número de vereadores da Câmara Municipal deve ser proporcional ao número de eleitores do Município.

(E) o total de despesas com a remuneração dos vereadores não poderá ultrapassar o montante de dez por cento da receita do Município.

A: incorreta. A consulta mediante plebiscito é apenas um dos requisitos para tais atos. De acordo com o art. 18, § 4º, da CF, a criação, a incorporação, a fusão e o desmembramento de Municípios, far-se-ão por **lei estadual**, dentro do período determinado por Lei Complementar Federal, e dependerão de **consulta prévia, mediante plebiscito**, às populações dos Municípios envolvidos, **após divulgação dos Estudos de Viabilidade Municipal**, apresentados e publicados na forma da lei; **B:** incorreta. **O ensino médio não faz parte da competência municipal.** Determina o art. 30, VI, da CF que é da competência dos Municípios a manutenção, com a cooperação técnica e financeira da União e do Estado, de programas de educação infantil e de ensino fundamental; **C:** correta. É o que determina o art. 25, § 3º, da CF. Segundo o dispositivo mencionado, os Estados poderão, mediante lei complementar, instituir regiões metropolitanas, aglomerações urbanas e microrregiões, constituídas por agrupamentos de municípios limítrofes, para integrar a organização, o planejamento e a execução de funções públicas de interesse comum; **D:** incorreta. O número de vereadores é fixado de acordo com os **habitantes**, conforme determina o art. 29, IV, a a x, da CF; **E:** incorreta. Determina o art. 29, VII, da CF que o total da despesa com a remuneração dos Vereadores não poderá ultrapassar o montante de **cinco** por cento da receita do Município. **BV**

Gabarito "C".

(Procurador – IPSMI/SP – VUNESP – 2016) De acordo com a Constituição Federal, a respeito do procedimento de intervenção federal e estadual, é correto afirmar que:

(A) os Estados são os únicos legitimados a intervir nos Municípios, mesmo que em Territórios Federais, assim como a União nos Estados da federação, por questão de hierarquia constitucional.

(B) uma das hipóteses de intervenção federal reside no fato de o Estado suspender o pagamento da dívida fundada por mais de três anos consecutivos, salvo motivo de força maior.

(C) o decreto de intervenção, que especificará a amplitude, o prazo e as condições de execução e que, se couber, nomeará o interventor, será submetido à apreciação da Câmara dos Deputados ou da Assembleia Legislativa do Estado, no prazo de quarenta e oito horas.

(D) cessados os motivos da intervenção, as autoridades afastadas de seus cargos não mais poderão retomá-los, sendo que seus sucessores hierárquicos deverão tomar posse em vinte e quatro horas.

(E) a decretação da intervenção dependerá, no caso de desobediência a ordem ou decisão judiciária, de requisição do Supremo Tribunal Federal, do Superior Tribunal de Justiça ou do Tribunal Superior Eleitoral.

A: incorreta, pois a União poderá intervir em Município localizado em Território Federal, nos termos do art. 35, da CF; **B:** incorreta, pois o prazo é de mais de 2 anos (art. 34, V, *a*, da CF); **C:** incorreta, pois o prazo é de 24 horas, além da apreciação ser do Congresso Nacional ou da Assembleia Legislativa (art. 36, §1º, da CF); **D:** incorreta, pois o art. 36, § 4º, da CF, determina que as autoridades afastadas de seus cargos a estes voltarão, salvo impedimento legal; **E:** correta, nos termos do art. 36, II, da CF. **AB**

Gabarito "E".

(Procurador do Estado – PGE/MT – FCC – 2016) Determinado Município do Estado de Mato Grosso vem reiteradamente violando princípios indicados na Constituição Estadual. Neste caso, a Constituição Federal admite, excepcionalmente, a intervenção do Estado no Município, que será decretada pelo Governador do Estado:

(A) e dependerá necessariamente de provimento de representação pelo Tribunal de Justiça, dispensada apreciação do decreto de intervenção pela Assembleia Legislativa.

(B) de ofício, ou mediante representação, por meio de decreto, dispensada a apreciação pela Assembleia Legislativa.

(C) de ofício, ou mediante representação, por meio de decreto, que deverá ser submetido à apreciação da Assembleia Legislativa no prazo máximo de trinta dias.

(D) de ofício ou mediante representação, por meio de decreto, que deverá ser submetido à apreciação da Assembleia Legislativa no prazo de 24 horas.

(E) e dependerá necessariamente de provimento de representação pelo Tribunal de Justiça, devendo o decreto de intervenção ser submetido à apreciação da Assembleia Legislativa no prazo de 24 horas.

Ver art. 35, IV e art. 36, § 3º, ambos da CF: "Art. 35. O Estado não intervirá em seus Municípios, nem a União nos Municípios localizados em Território Federal, exceto quando: (...) IV – o Tribunal de Justiça der provimento a representação para assegurar a observância de princípios indicados na Constituição Estadual, ou para prover a execução de lei, de ordem ou de decisão judicial". Art. 36, § 3º: "§ 3º Nos casos do art. 34, VI e VII, ou do art. 35, IV, dispensada a apreciação pelo Congresso Nacional ou pela Assembleia Legislativa, o decreto limitar-se-á a suspender a execução do ato impugnado, se essa medida bastar ao restabelecimento da normalidade". **TM**

Gabarito "A".

(Procurador do Estado – PGE/PR – PUC – 2015) Sobre intervenção federal nos Estados, assinale a alternativa **CORRETA**.

(A) Não obstante a Constituição Federal traga rol de hipóteses que possam ensejar intervenção federal nos Estados, são elas *numerus apertus*, competindo ao Poder Executivo, discricionária e motivadamente, definir, diante do caso concreto, outras hipóteses de intervenção.

(B) O Supremo Tribunal Federal, para deferimento de intervenção federal por não pagamento de dívidas judiciárias (precatórios), fixa como pressuposto o descumprimento voluntário e intencional de decisão judicial transitada em julgado.

(C) A ausência de recursos para pagamento de dívidas judiciárias (precatórios), segundo entendimento do Supremo Tribunal Federal, denota vícios na execução orçamentária e, independentemente de dolo, enseja intervenção federal no Estado.

(D) Para a decretação da intervenção federal em Estado da Federação, o Presidente da República deverá solicitar autorização ao Poder Legislativo, o qual decidirá em vinte e quatro horas.

(E) Configurada hipótese que enseja intervenção federal em Estado da Federação, é dever do Presidente da República decretá-la, sob pena de crime de responsabilidade.

A: incorreta. As hipóteses de intervenção federal estão categoricamente previstas na CF, sendo o rol "numerus clausus"; **B:** correta. O STF entende que o descumprimento voluntário e intencional de decisão judicial transitada em julgado é pressuposto indispensável ao acolhimento do pedido de intervenção federal; **C:** incorreta. Conforme visto na letra "B", a atuação do Estado precisa ser voluntária e intencional, ou seja, o dolo é necessário; **D:** incorreta. O Presidente não precisa de autorização *prévia*, o decreto de intervenção é encaminhado no prazo de 24h ao Poder Legislativo. Ver art. 36, § 1º, CF: "O decreto de intervenção, que especificará a amplitude, o prazo e as condições de execução e que, se couber, nomeará o interventor, será submetido à apreciação do Congresso Nacional ou da Assembleia Legislativa do Estado, no prazo de vinte e quatro horas"; **E:** incorreta. Tal conduta não constitui crime de responsabilidade pela Lei 1.079/1950, que define os crimes de responsabilidades e regula o seu procedimento. **TM**

Gabarito "B".

(Procurador do Estado – PGE/PR – PUC – 2015) Sobre a competência legislativa dos entes federativos, na esteira do entendimento do Supremo Tribunal Federal, é **CORRETO** afirmar:

(A) É adequada à Constituição Federal norma em Constituição Estadual que define, em caso de dupla vacância dos cargos de Prefeito e Vice-Prefeito nos municípios, a ordem sucessória.

(B) O município tem competência legislativa para criar normas que definam horário de funcionamento bancário em relação às agências bancárias localizadas em seu território.

(C) O município não detém competência para determinar normas sobre atendimento ao público e o tempo máximo de espera em fila dos estabelecimentos bancários.

(D) O município é competente para fixar horário de funcionamento de estabelecimento comercial.

(E) O município não tem competência legislativa para proibir e impor multa, por lei, a estacionamento de veículos sobre áreas ajardinadas ou canteiros, bens públicos municipais.

A: incorreta. A competência seria dos municípios, não dos Estados. Ver ADI 3549, Rel. Min. Cármen Lúcia: "A vocação sucessória dos cargos de prefeito e vice-prefeito põe-se no âmbito da autonomia política local, em caso de dupla vacância. Ao disciplinar matéria, cuja competência é exclusiva dos Municípios, o art. 75, § 2º, da Constituição de Goiás fere a autonomia desses entes, mitigando-lhes a capacidade de auto-organização e de autogoverno e limitando a sua autonomia política assegurada pela Constituição brasileira"; **B:** incorreta. A competência é da União, dada a repercussão em todo o território nacional; **C:** incorreta. Embora não tenha competência para fixar o expediente bancário, o STF entende ser de interesse local a definição sobre atendimento ao público e tempo máximo de espera em filas de bancos. Daí a competência do Município para essas matérias específicas; **D:** correta. Esse é o texto da Súmula Vinculante 38/STF; **E:** incorreta. O STF entende se tratar de interesse local e, por isso, confirma a competência do município para estabelecer multa por estacionamento irregular. **TM**

Gabarito "D".

(Procurador do Estado – PGE/PR – PUC – 2015) Sobre a criação, incorporação, fusão e o desmembramento de municípios, na linha da jurisprudência do Supremo Tribunal Federal (STF), é **CORRETO** afirmar:

(A) Sobre a exigência, pelo texto constitucional, de consulta prévia, mediante plebiscito, às populações dos municípios envolvidos para que ocorra desmembramento, o STF entende que se deve consultar a

população do território a ser desmembrado e a do território remanescente.

(B) Embora inexista Lei Complementar Federal a determinar o período para criação de municípios, há possibilidade de criação, fusão, incorporação ou desmembramento de novos municípios mediante aprovação de lei federal específica, segundo entendimento reiterado do STF.

(C) Como inexiste Lei Complementar Federal a determinar o período para criação de municípios, não se criou novo município após o advento da Emenda Constitucional 15.

(D) A consulta prévia, mediante plebiscito, às populações dos municípios envolvidos, no caso de criação, fusão, incorporação ou desmembramento de municípios, deve ser realizada previamente à divulgação dos Estudos de Viabilidade Municipal.

(E) A consulta prévia, mediante plebiscito, às populações dos municípios envolvidos, exigida pela Constituição Federal, é dispensável na criação de municípios, sendo imprescindível, contudo, na fusão, desmembramento e incorporação.

A: correta. Ver ADI 2650, Rel. Min. Dias Toffoli: "Após a alteração promovida pela EC 15/1996, a Constituição explicitou o alcance do âmbito de consulta para o caso de reformulação territorial de Municípios e, portanto, o significado da expressão 'populações diretamente interessadas', contida na redação originária do § 4º do art. 18 da Constituição, no sentido de ser necessária a consulta a toda a população afetada pela modificação territorial, o que, no caso de desmembramento, deve envolver tanto a população do território a ser desmembrado, quanto a do território remanescente. Esse sempre foi o real sentido da exigência constitucional – a nova redação conferida pela emenda, do mesmo modo que o art. 7º da Lei 9.709/1998, apenas tornou explícito um conteúdo já presente na norma originária. A utilização de termos distintos para as hipóteses de desmembramento de Estados-membros e de Municípios não pode resultar na conclusão de que cada um teria um significado diverso, sob pena de se admitir maior facilidade para o desmembramento de um Estado do que para o desmembramento de um Município"; **B:** incorreta. Lei federal desmembrando municípios seria inconstitucional por ferir a forma federativa de Estado; **C:** incorreta. Embora inexista a lei complementar exigida pelo art. 18, § 4º, CF, vários municípios foram criados após a emenda, cujas leis estaduais foram declaradas inconstitucionais pelo STF sem pronúncia de nulidade, posteriormente convalidadas por outra emenda constitucional. Ver ADI 2240: "A inconstitucionalidade da lei estadual que viole dispositivo constitucional e contrarie pacífica jurisprudência do Supremo Tribunal Federal deve ser também considerada à luz da excepcionalidade proveniente da situação fática e da omissão do legislador federal em regulamentar o dispositivo constitucional por meio de lei complementar. A decisão do Supremo Tribunal Federal deve levar em conta a força normativa dos fatos e ponderar entre o princípio da nulidade da lei inconstitucional e o princípio da segurança jurídica. Dessa forma, a lei pode ser julgada inconstitucional, sem declaração de nulidade por certo período de tempo, até que o legislador emende a legislação de acordo com as exigências constitucionais, conforme regulamentadas em lei complementar a ser editada em nível federal"; **D:** incorreta. Os estudos sobre a viabilidade municipal devem preceder às consultas; **E:** incorreta. É indispensável, conforme comentários à letra "A". **TM**

Gabarito "A".

(Advogado União – AGU – CESPE – 2015) A respeito das competências atribuídas aos estados-membros da Federação brasileira, julgue os itens subsecutivos à luz da jurisprudência do STF.

(1) Seria constitucional norma instituída por lei estadual exigindo depósito recursal como pressuposto para sua

1. DIREITO CONSTITUCIONAL   51

interposição no âmbito dos juizados especiais cíveis do estado, uma vez que esse tema está inserido entre as competências legislativas dos estados-membros acerca de procedimento em matéria processual.

(2) Seria constitucional lei estadual que, fundada no dever de proteção à saúde dos consumidores, criasse restrições ao comércio e ao transporte de produtos agrícolas importados no âmbito do território do respectivo estado.

(3) Situação hipotética: Determinada Constituição estadual condicionou a deflagração formal de processo acusatório contra governador pela prática de crime de responsabilidade a juízo político prévio da assembleia legislativa local. Assertiva: Nessa situação, a norma estadual é compatível com o estabelecido pela CF quanto à competência legislativa dos estados-membros.

---

1. incorreta. A matéria é privativa da União (art. 22, I, CF) e, no caso, contraria o disposto na Lei 9.099/95, que não prevê nenhum tipo de depósito como requisito de admissibilidade para recursos; **2.** incorreta. A competência é privativa da União (art. 22, VIII, CF), o que atrai a inconstitucionalidade formal. Ver ADI 3813: "1. É formalmente inconstitucional a lei estadual que cria restrições à comercialização, à estocagem e ao trânsito de produtos agrícolas importados no Estado, ainda que tenha por objetivo a proteção da saúde dos consumidores diante do possível uso indevido de agrotóxicos por outros países. A matéria é predominantemente de comércio exterior e interestadual, sendo, portanto, de competência privativa da União (CF, art. 22, inciso VIII). 2. É firme a jurisprudência do Supremo Tribunal Federal no sentido da inconstitucionalidade das leis estaduais que constituam entraves ao ingresso de produtos nos Estados da Federação ou a sua saída deles, provenham esses do exterior ou não"; **3.** correta. Ver ADIs 4791, 4800 e 4792. Em julgamento conjunto das ações diretas, o STF firmou o seguinte entendimento: "1. Inconstitucionalidade formal decorrente da incompetência dos Estados-membros para julgarem sobre processamento e julgamento de crimes de responsabilidade (art. 22, inc. I, da Constituição da República). 2. Constitucionalidade das normas estaduais que, por simetria, exigem a autorização prévia da assembleia legislativa como condição de procedibilidade para instauração de ação contra governador (art. 51, inc. I, da Constituição da República)". **TM**
Gabarito "1E, 2E, 3C."

(Procurador – PGFN – ESAF – 2015) Sobre "competência", é correto afirmar que compete:

(A) à União emitir moeda, manter o serviço postal e o correio aéreo nacional; e aos Estados compete explorar, diretamente ou mediante autorização, concessão ou permissão, os serviços de transporte rodoviário interestadual de passageiros.

(B) privativamente à União legislar sobre registros públicos e compete à União, aos Estados e ao Distrito Federal legislar concorrentemente sobre populações indígenas.

(C) à União planejar e promover a defesa permanente contra as calamidades públicas, especialmente as secas e as inundações e compete à União, aos Estados e ao Distrito Federal legislar concorrentemente sobre educação, cultura, ensino e desporto.

(D) privativamente à União legislar sobre propaganda comercial, e aos Estados legislar sobre emigração e imigração.

(E) à União e aos Estados autorizar e fiscalizar a produção e o comércio de material bélico.

A: incorreta. Todas as competências listadas são da União (art. 21, X e XII, *e*, CF); **B:** incorreta. As duas matérias são da competência legislativa privativa da União (art. 22, XIV e XXV, CF); **C:** correta. Art. 21, XVIII e art. 24, IX, ambos da CF; **D:** incorreta. A primeira parte está correta (art. 22, XXIX, CF), mas emigração e imigração também são da competência legislativa privativa da União (art. 22, XV, CF); **E:** Incorreta. A competência é da União (art. 21, VI, CF). **TM**
Gabarito "C."

(Procurador do Estado – PGE/BA – CESPE – 2014) No que concerne ao estatuto constitucional da União, dos estados, dos municípios, do Distrito Federal (DF) e dos territórios, julgue os itens seguintes.

(1) Compete exclusivamente à União legislar sobre direito financeiro.

(2) Cabe aos municípios explorar os serviços locais de gás canalizado.

(3) Os estados têm competência para criar, organizar e suprimir distritos.

(4) A CF autoriza a divisão de territórios em municípios.

---

1. incorreta. A competência legislativa é concorrente (art. 24, I, CF); **2.** incorreta. A competência é dos estados-membros (art. 25, § 2º, CF); **3.** incorreta. A competência é municipal (art. 30, IV, CF); **4.** correta. Ver art. 33, § 1º, CF. **TM**
Gabarito "1E, 2E, 3E, 4C."

(Procurador do Estado – PGE/RN – FCC – 2014) Determinada lei municipal, promulgada em 2008, estabeleceu ser obrigatória a presença física de vigilante uniformizado nos locais de atendimento bancário, inclusive postos de autoatendimento. Nessa hipótese, à luz da Constituição da República, a lei municipal em questão:

(A) é fruto de exercício regular de competência residual, em matéria de competência concorrente, para legislar sobre consumo e responsabilidade por dano ao consumidor.

(B) invadiu competência material da União para fiscalizar operações de natureza financeira.

(C) invadiu competência privativa da União para legislar sobre direito do trabalho e condições para o exercício das profissões.

(D) invadiu competência suplementar do Estado, em matéria de competência concorrente, para legislar sobre consumo e responsabilidade por dano ao consumidor.

(E) é fruto de exercício regular da competência do Município para legislar sobre assuntos de interesse local.

Ao apreciar a matéria o STF afirmou que: "Nos termos da jurisprudência do Supremo Tribunal Federal, os Municípios possuem competência para legislar sobre assuntos de interesse local, tais como medidas que propiciem segurança, conforto e rapidez aos usuários de serviços bancários". **TM**
Gabarito "E."

(Procurador do Estado – PGE/RN – FCC – 2014) De acordo com as normas de repartição de competências previstas na Constituição Federal, cabe aos Estados-membros:

I. explorar diretamente, ou mediante concessão, os serviços locais de gás canalizado, na forma da lei, vedada a edição de medida provisória para a sua regulamentação.

II. instituir, mediante lei complementar, regiões metropolitanas, aglomerações urbanas e microrregiões, constituídas por agrupamentos de municípios, limítrofes ou não, para integrar a organização, o planejamento e a execução de funções públicas de interesse comum.

III. exercer a competência privativa para promover a melhoria das condições de saneamento básico.

IV. legislar, privativamente, sobre assistência jurídica e defensoria pública.

Está correto o que se afirma APENAS em:

(A) IV.

(B) I.

(C) I e II.

(D) II e III.

(E) III e IV.

I: correta. Art. 25, § 2º, CF; II: incorreta. Não reflete o disposto no art. 25, § 3º, CF (a competência estadual limita-se aos municípios limítrofes); III: incorreta. A competência é comum (art. 23, IX, CF); IV: incorreta. A competência legislativa é concorrente (art. 24, XIII, CF). 🆃🅼

Gabarito "B".

(Procurador do Estado/BA – 2014 – CESPE) No que concerne ao estatuto constitucional da União, dos estados, dos municípios, do Distrito Federal (DF) e dos territórios, julgue os itens seguintes.

(1) Compete exclusivamente à União legislar sobre direito financeiro.

(2) Cabe aos municípios explorar os serviços locais de gás canalizado.

(3) Os estados têm competência para criar, organizar e suprimir distritos.

(4) A CF autoriza a divisão de territórios em municípios.

1: errada. A competência para legislar sobre direito financeiro não é exclusiva da União. Conforme dispõe o art. 24, I, da CF, compete à União, aos Estados e ao Distrito Federal legislar **concorrentemente** sobre direito tributário, **financeiro**, penitenciário, econômico e urbanístico; 2: errada. De acordo com o art. 25, § 2º, da CF, **cabe aos Estados explorar** diretamente, ou mediante concessão, **os serviços locais de gás canalizado**, na forma da lei, vedada a edição de medida provisória para a sua regulamentação; 3: errada. Conforme dispõe o art. 30, IV, da CF, **compete aos Municípios** criar, organizar e suprimir distritos, observada a legislação estadual; 4: correta. De acordo com o art. 33, § 1º, da CF, os Territórios poderão ser divididos em Municípios. Gabarito 1E, 2E, 3E, 4C

(Procurador Federal – 2013 – CESPE) Julgue os itens a seguir, relacionados às competências da União e dos estados-membros.

(1) A fim de integrar a organização, o planejamento e a execução de funções públicas de interesse comum, o Poder Executivo estadual pode, mediante ato administrativo, instituir regiões metropolitanas, aglomerações urbanas e microrregiões, constituídas por agrupamentos de municípios limítrofes.

(2) A União é pessoa jurídica de direito público interno à qual incumbe exercer prerrogativas do Estado federal brasileiro, como, por exemplo, assegurar a defesa nacional e permitir, nos casos previstos em lei complementar, que forças estrangeiras transitem pelo território nacional ou nele permaneçam temporariamente.

1: errado. De acordo com o art. 25, § 3º, da CF, os **Estados poderão, mediante lei complementar**, instituir regiões metropolitanas, aglomerações urbanas e microrregiões, constituídas por agrupamentos de municípios limítrofes, para integrar a organização, o planejamento

e a execução de funções públicas de interesse comum; **2:** correto. É o que determina o art. 21, III e IV, da CF.

Gabarito 1E, 2C

(PROCURADOR DO ESTADO/MG – FUMARC – 2012) O artigo 18 da Constituição Federal preceitua a organização da República Federativa do Brasil a partir da relação de entes federativos autônomos, resguardando a soberania para o Estado Brasileiro. Nos últimos meses, alguns Estados Brasileiros passaram por perturbações de ordem pública severas, em razão da greve das polícias. A cidade de Salvador, por exemplo, teve um aumento absurdo em relação à violência social. Analise as assertivas abaixo, como se fatos análogos incidissem em Município do Estado de Minas Gerais e à luz das normas constitucionais federais e estaduais e assinale a resposta correta:

(A) Por ato discricionário e privativo, o Governador do Estado poderá promover INTERVENÇÃO no município, visando o restabelecimento da Ordem Pública, por meio de decreto, sob o qual recairá necessário controle político do Poder Legislativo;

(B) O Presidente da República, mediante aquiescência do Conselho de Defesa Nacional e por solicitação do Governador do Estado ou da Assembleia Legislativa do Estado de Minas Gerais, poderá decretar ESTADO DE SÍTIO, limitando alguns direitos e garantias individuais nas áreas afetadas, submetendo sua ordem à apreciação do Congresso Nacional no prazo de 24 horas, para aprovação;

(C) Tanto o Presidente da República como o Governador do Estado poderão decretar ESTADO DE DEFESA por trinta dias prorrogáveis por igual período, limitando alguns direitos e garantias constitucionais, visando restabelecimento da ordem pública, consultando previamente o Conselho de Defesa Nacional (que emitirá parecer não vinculativo) e submetendo, respectivamente, o decreto de instalação ao Congresso Nacional ou Assembleia Legislativa de Minas Gerais;

(D) O Presidente da República poderá decretar intervenção no Estado ou ESTADO DE DEFESA na região atingida, de acordo com o tipo de comprometimento à ordem pública ou de desordem institucional, colhendo parecer não vinculativo do Conselho Nacional de Justiça, emite um decreto que será apreciado pelo Congresso Nacional;

(E) O Governador do Estado de Minas, por solicitação do Executivo do Município em questão, poderá decretar ESTADO DE DEFESA para estabilizar a ordem pública regional, submetendo seu ato à aprovação da Assembleia Legislativa no prazo de 24 horas.

A: A situação não se enquadra nas hipóteses listadas no art. 35 da CF; **B:** O PR deve solicitar a decretação ao Congresso Nacional (art. 137 da CF); o Conselho de Defesa é órgão meramente consultivo, não precisa aquiescer (art. 91, § 1º, II, da CF); **C:** É ato do Presidente da República (art. 136 da CF); **D:** Art. 34, II e art. 136, caput e § 4º, ambos da CF; **E:** É ato do Presidente da República (art. 136 da CF).

Gabarito "D".

(Procurador do Município/Cubatão-SP – 2012 – VUNESP) Assinale a alternativa correta a respeito dos Municípios.

(A) A lei orgânica municipal deve ser votada pela Câmara Municipal em dois turnos e, para ser aprovada, necessita de dois terços dos votos dos Vereadores, sendo,

1. DIREITO CONSTITUCIONAL

em seguida, remetida ao Prefeito Municipal para a sanção e promulgação.

(B) A eleição para Prefeito e Vice-Prefeito será realizada em dois turnos nos Municípios com mais de duzentos mil habitantes.

(C) Para a composição da Câmara Municipal, o limite máximo de Vereadores permitido pela Constituição em um Município com mais de oito milhões de habitantes será de 58 Vereadores.

(D) O total da despesa com a remuneração dos Vereadores não poderá ultrapassar o montante de cinco por cento da receita do Município.

(E) É permitida a criação de Tribunais, Conselhos ou órgãos de Contas Municipais, com a finalidade de auxiliar o Poder Legislativo no controle externo municipal.

A: Art. 29, caput, da CF, não exige participação do prefeito; B: O art. 29, II, da CF refere-se a municípios com mais de duzentos mil eleitores, não habitantes; C: O art. 29, IV, "x", da CF estabelece o número máximo de 55 vereadores; D: Art. 29, VII, da CF; E: Art. 31, § 4º, da CF.
Gabarito "D".

(Procurador do Município/São José dos Campos-SP – 2012 – VUNESP) A competência para legislar sobre responsabilidade por dano ao meio ambiente, ao consumidor, a bens e direitos de valor artístico, estético, histórico, turístico e paisagístico é uma competência

(A) legislativa privativa da União.

(B) para a qual a União limitar-se-á a estabelecer normas gerais.

(C) legislativa concorrente entre a União, os Estados e o Distrito Federal e os Municípios.

(D) legislativa privativa dos Estados.

(E) comum entre a União e os Estados e o Distrito Federal.

Art. 24, VIII, da CF.
Gabarito "B".

(Procurador do Município/São José dos Campos-SP – 2012 – VUNESP) O Presidente da Câmara Municipal de um determinado Município gastou 65% da receita da Câmara, no ano passado, com a folha de pagamento dos funcionários, incluído o gasto com o subsídio de seus Vereadores. Diante do que dispõe a Constituição Federal referente a essa conduta do Parlamentar, é correto afirmar que o Presidente da Câmara

(A) deverá responder por crime de responsabilidade e será julgado pelo Tribunal de Justiça do Estado.

(B) responderá por crime comum e será julgado pelo Superior Tribunal de Justiça.

(C) deverá responder por crime de responsabilidade e será julgado pela Câmara de Vereadores.

(D) deverá ter seu mandato cassado por falta de decoro parlamentar por ter gasto mais do que o limite permitido pela Constituição Federal.

(E) não responderá por crime algum, uma vez que não gastou mais do que o limite permitido pela Constituição.

Art. 29-A, § 1º, da CF.
Gabarito "E".

(Procurador do Município/Sorocaba-SP – 2012 – VUNESP) Conforme dispõe a Constituição Federal, a competência para legislar sobre assistência jurídica e Defensoria pública é uma competência

(A) privativa da União.

(B) comum entre a União, Estados, Distrito Federal e Municípios.

(C) concorrente entre a União e Estados e Distrito Federal.

(D) privativa dos Municípios.

(E) dos Estados, que devem estabelecer as normas gerais sobre a matéria.

Art. 24, XIII, da CF.
Gabarito "C".

(Procurador do Município/Sorocaba-SP – 2012 – VUNESP) Determinado Prefeito Municipal pretende criar um Conselho de Contas Municipais, para auxiliá-lo no controle das contas do Município. Considerando o disposto na Constituição Federal, pode-se dizer que essa pretensão

(A) tem amparo constitucional, uma vez que é dever do Prefeito zelar pelas contas do Município e a criação do Conselho tem esse objetivo.

(B) é inconstitucional, pois a Constituição veda a criação de Tribunais, Conselhos ou órgãos de Contas Municipais.

(C) é permitida pela Constituição, mas a criação do Conselho terá que ser aprovada pela Câmara Municipal.

(D) não poderá ser concretizada pelo Prefeito, já que a Constituição estabelece que somente por lei Estadual poderá ser criado esse Conselho.

(E) é viável juridicamente, já que a criação do Conselho é matéria de lei de iniciativa exclusiva do Chefe do Executivo, mas deve o Prefeito incluir no orçamento os recursos necessários para esse fim.

Art. 31, § 4º, da CF, mas a Constituição ressalva os Tribunais de Contas Municipais já existentes à época de sua promulgação (art. 31, § 1º, parte final, da CF).
Gabarito "B".

(Procurador do Município/Sorocaba-SP – 2012 –VUNESP) Pelas regras constitucionais, a criação de Municípios

(A) far-se-á por lei Federal, dentro do período determinado por Lei Complementar estadual.

(B) far-se-á por meio de Lei Orgânica Municipal, depois de aprovada a criação por lei estadual.

(C) dependerá de referendo para a sua aprovação.

(D) exige estudos de viabilidade municipal, que devem ser divulgados, apresentados e publicados na forma da lei.

(E) é vedada pela Constituição Federal.

A criação, a incorporação, a fusão e o desmembramento de municípios devem seguir o regramento estabelecido no art. 18, § 4º, da CF, ou seja, a) realizarem-se durante o período previsto em lei complementar federal, b) após a elaboração de estudo de viabilidade municipal, c) com consulta prévia (mediante plebiscito) às populações diretamente interessadas e, cumpridos esses requisitos, o processo é finalizado pela edição de, d) lei estadual.
Gabarito "D".

(Procurador do Município/Sorocaba-SP – 2012 – VUNESP) O total da despesa com a remuneração dos vereadores, considerando a receita do Município, não poderá ultrapassar o montante de

(A) 1%.

(B) 2%.

(C) 3%.

(D) 5%.

(E) 7%.

Art. 29, VII, da CF.

Gabarito "D".

(Procurador do Município/Sorocaba-SP – 2012 – VUNESP) O Vereador João Sinésio, do Município de Bretão, no exercício do mandato, ao discursar em convenção do seu partido que ocorreu na cidade vizinha de Bretinha, chamou seu desafeto político de ladrão, na frente de várias testemunhas. Nessa situação, a Constituição Federal prevê que o vereador

(A) não poderá ser processado, já que não cometeu qualquer crime.

(B) poderá ser processado, pois os vereadores, diferentemente dos deputados e senadores, não possuem qualquer tipo de imunidade.

(C) poderá ser processado se a Câmara Municipal de Bretinha autorizar a abertura de processo contra ele.

(D) poderá ser processado se a Câmara Municipal de Bretão autorizar a abertura de processo contra ele.

(E) poderá ser normalmente processado pelo crime cometido, visto que a inviolabilidade dos vereadores não o protege fora do seu Município.

A imunidade material (por opiniões, palavras e votos) só protege o político no exercício do mandato ou em razão dele. A limitação territorial da imunidade parlamentar material existe apenas para os vereadores (art. 29, VIII, da CF).

Gabarito "E".

9.2. Da Administração Pública

(Procurador do Município – Prefeitura Fortaleza/CE – CESPE – 2017) De acordo com a jurisprudência dos tribunais superiores, julgue os itens subsecutivos, relativos a servidores públicos.

(1) Os reajustes de vencimentos de servidores municipais podem ser vinculados a índices federais de correção monetária.

(2) Caso um procurador municipal assuma mandato de deputado estadual, ele deve, obrigatoriamente, se afastar de seu cargo efetivo, devendo seu tempo de serviço ser contado para todos os efeitos legais durante o afastamento, exceto para promoção por merecimento.

(3) Havendo previsão no edital que regulamenta o concurso, é legítima a exigência de exame psicotécnico para a habilitação de candidato a cargo público.

(4) É inconstitucional a supressão do auxílio-alimentação em decorrência da aposentadoria do servidor.

1. incorreta. Ver Súmula Vinculante 42/STF: "É inconstitucional a vinculação do reajuste de vencimentos de servidores estaduais ou municipais a índices federais de correção monetária"; **2.** correta. Art. 38, IV, CF; **3.** incorreta. Ver Súmula Vinculante 44/STF: Só por lei se pode sujeitar a exame psicotécnico a habilitação de candidato a cargo público; **4.** incorreta. Súmula Vinculante 55/STF: O direito ao auxílio-alimentação não se estende aos servidores inativos. **TM**

Gabarito "1E, 2C, 3E, 4E".

(Procurador Municipal – Prefeitura/BH – CESPE – 2017) No que diz respeito à responsabilidade civil do Estado, assinale a opção incorreta.

(A) Como o direito brasileiro adota a teoria do risco integral, a responsabilidade extracontratual do Estado converte-o em segurador universal no caso de danos causados a particulares.

(B) Cabe indenização em decorrência da morte de preso dentro da própria cela, em razão da responsabilidade objetiva do Estado.

(C) O regime publicístico de responsabilidade objetiva, instituído pela CF, não é aplicável subsidiariamente aos danos decorrentes de atos notariais e de registro causados por particulares delegatários do serviço público.

(D) As pessoas jurídicas de direito público e as de direito privado, nas hipóteses de responsabilidade aquiliana, responderão pelo dano causado, desde que exista prova prévia de ter havido culpa ou dolo de seus agentes em atos que atinjam terceiros.

A: incorreta. O direito brasileiro não adota a teoria do risco integral, que não admite excludentes de responsabilidade do Estado. No Brasil vige a Teoria do Risco Administrativo, segundo a qual o Estado responde por atos causados a terceiros, salvo por caso fortuito ou força maior, ou por culpa exclusiva da vítima; **B:** correta. O STF, ao julgar com repercussão geral o RE 580252, fixou a seguinte tese: "Considerando que é dever do Estado, imposto pelo sistema normativo, manter em seus presídios os padrões mínimos de humanidade previstos no ordenamento jurídico, é de sua responsabilidade, nos termos do artigo 37, § 6º, da Constituição, a obrigação de ressarcir os danos, inclusive morais, comprovadamente causados aos detentos em decorrência da falta ou insuficiência das condições legais de encarceramento"; **C:** correta. A Lei 13.286/2016 alterou o art. 22 da Lei 8.935/1994, alterando a responsabilidade antes objetiva para subjetiva. Hoje, notários e oficiais de registro somente respondem quando houver dolo ou culpa, tendo a prescrição sido reduzida para 3 anos; **D:** correta. A responsabilidade civil aquiliana é a extracontratual. Nesse caso, a responsabilidade civil do Estado é subjetiva. De acordo com magistério de Hely Lopes Meirelles, "o que a Constituição distingue é o dano causado pelos agentes da Administração (servidores) dos danos ocasionados por atos de terceiros ou por fenômenos da natureza. Observe-se que o art. 37, § 6º, só atribui responsabilidade objetiva à Administração pelos danos que seus agentes, nessa qualidade, causem a terceiros. Portanto, o legislador constituinte só cobriu o risco administrativo da atuação ou inação dos servidores públicos; não responsabilizou objetivamente a Administração por atos predatórios de terceiros, nem por fenômenos naturais que causem danos aos particulares". **TM**

Gabarito "A".

(Procurador Municipal – Prefeitura/BH – CESPE – 2017) A respeito da administração pública, assinale a opção correta.

(A) Um assessor da PGM/BH que, após ocupar exclusivamente cargo em comissão por toda a sua carreira, alcançar os requisitos necessários para se aposentar voluntariamente terá direito a aposentadoria estatutária.

(B) A paridade plena entre servidores ativos e inativos constitui garantia constitucional, de forma que quais-

1. DIREITO CONSTITUCIONAL

quer vantagens pecuniárias concedidas àqueles se estendem a estes.

(C) De acordo com o STF, apesar da ausência de regulamentação, o direito de greve do servidor público constitui norma autoaplicável, de forma que é proibido qualquer desconto na remuneração do servidor pelos dias não trabalhados.

(D) No Brasil, de acordo com o STF, a regra é a observância do princípio da publicidade, razão pela qual, em *impeachment* de presidente da República, o sigilo do escrutínio é incompatível com a natureza e a gravidade do processo.

A: incorreta. A aposentadoria seguirá as regras do Regime Geral de Previdência; **B:** incorreta. O art. 40, § 8°, foi alterado pela EC 41/2003, que acabou com a paridade entre ativos e inativos; **C:** incorreta. O direito de greve depende de lei regulamentadora, mas o STF entendeu que, na sua ausência, deve-se aplicar a lei de greve da iniciativa privada. Entretanto, não há vedação para o desconto de dias não trabalhados, tendo a hipótese sido considerada legítima pelo STF. Segundo o Supremo, em repercussão geral, o desconto dos dias não trabalhados é possível, desde que não tenha havido acordo para a compensação das horas ou que a greve não tenha sido causada por conduta abusiva do Poder Público (ver RE 693456); **D:** correta. Ao julgar a ADPF 378, Rel. para acórdão Min. Roberto Barroso, o STF entendeu que: "Em uma democracia, a regra é a publicidade das votações. O escrutínio secreto somente pode ter lugar em hipóteses excepcionais e especificamente previstas. Além disso, o sigilo do escrutínio é incompatível com a natureza e a gravidade do processo por crime de responsabilidade. Em processo de tamanha magnitude, que pode levar o Presidente a ser afastado e perder o mandato, é preciso garantir o maior grau de transparência e publicidade possível. Nesse caso, não se pode invocar como justificativa para o voto secreto a necessidade de garantir a liberdade e independência dos congressistas, afastando a possibilidade de ingerências indevidas. Se a votação secreta pode ser capaz de afastar determinadas pressões, ao mesmo tempo, ela enfraquece o controle popular sobre os representantes, em violação aos princípios democrático, representativo e republicano. Por fim, a votação aberta (simbólica) foi adotada para a composição da Comissão Especial no processo de impeachment de Collor, de modo que a manutenção do mesmo rito seguido em 1992 contribui para a segurança jurídica e a previsibilidade do procedimento". **TM**
Gabarito "D".

(Procurador – IPSMI/SP – VUNESP – 2016) O teto do funcionalismo tem como base parâmetros distintos a depender do ente federativo e da esfera de Poder. Assim, conforme previsão constitucional,

(A) no âmbito do Poder Judiciário Estadual, o teto equivale ao subsídio mensal dos Desembargadores do TJ, limitado a 85,75% do subsídio mensal, em espécie, dos Ministros do Supremo Tribunal Federal.

(B) no âmbito do Município, tanto na esfera legislativa como na executiva, o teto equivale ao subsídio do Prefeito.

(C) no âmbito do Poder Legislativo estadual, o teto equivale ao subsídio mensal do Governador de Estado.

(D) os tetos da Magistratura federal e estadual são idênticos, equivalendo a 85,75% do subsídio mensal dos Ministros do Supremo Tribunal Federal.

(E) no âmbito do Poder Legislativo Municipal, o teto equivale ao subsídio mensal dos Vereadores.

A: incorreta, pois a limitação equivale a 90,25% do subsídio mensal, em espécie, dos Ministros do Supremo Tribunal Federal (art. 37, XI, da CF);

B: correta, pois, no âmbito municipal, o teto é o subsídio do Prefeito; **C:** incorreta, pois o teto equivale ao subsídio mensal dos Deputados Estaduais; **D:** incorreta, pois com a decisão do STF a remuneração dos juízes e desembargadores estaduais poderá alcançar o teto remuneratório praticado na Justiça Federal (ADI 3.854/DF), tendo em vista o caráter nacional do·Poder Judiciário; **E:** incorreta, pois equivale ao subsídio do Prefeito. **AB**
Gabarito "B".

(Procurador Municipal/SP – VUNESP – 2016) Nos termos da Constituição Federal de 1988, os servidores nomeados para cargo de provimento efetivo em virtude de concurso público:

(A) adquirem estabilidade após dois anos de efetivo exercício, mas podem perder o cargo em virtude de processo administrativo em que lhe seja assegurada a ampla defesa.

(B) são estáveis após três anos de efetivo exercício, mas podem perder o cargo em virtude de decisão do Tribunal de Contas.

(C) adquirem estabilidade após cinco anos de efetivo exercício, mas podem perder o cargo em virtude de procedimento de avaliação periódica de desempenho, no qual deve ser assegurada a ampla defesa.

(D) são estáveis após um ano de efetivo exercício, mas podem perder o cargo em virtude de decisão da Justiça Eleitoral transitada em julgado.

(E) são estáveis após três anos de efetivo exercício, todavia podem perder o cargo em virtude de sentença judicial transitada em julgado.

A: incorreta. De acordo com o "caput" do art. 41 da CF, são estáveis após **três** anos de efetivo exercício os servidores nomeados para cargo de provimento efetivo em virtude de concurso público. A segunda parte da alternativa está correta, pois tais servidores podem perder o cargo em virtude de processo administrativo em que lhe seja assegurada ampla defesa, conforme determina o inciso II do § 1° do art. 41 da CF; **B:** incorreta. Decisão do Tribunal de Contas **não gera perda** do cargo do servidor estável; **C:** incorreta. O **prazo correto é de três anos**, como já mencionado. Por outro lado, o procedimento de avaliação periódica de desempenho, na forma de lei complementar, e desde que assegurada ampla defesa, pode gerar a perda do cargo do servidor estável, como informa o inciso III do § 1° do art. 41 da CF; **D:** incorreta. O prazo está errado e a informação de que a perda do cargo pode advir de decisão da Justiça Eleitoral também; **E:** correta. É o que determinam o "caput" e o inciso I do § 1° do art. 41 da CF. **BV**
Gabarito "E".

(Procurador do Estado – PGE/PR – PUC – 2015) Acerca da remuneração dos agentes públicos, é **CORRETO** afirmar:

(A) A iniciativa de lei que fixa os subsídios do governador, do vice-governador e dos secretários de Estado é da Assembleia Legislativa e independe de sanção do governador.

(B) O valor do subsídio mensal do governador é o valor remuneratório máximo para todos os órgãos do Estado, inclusive procuradores e defensores públicos.

(C) É cabível ao Poder Judiciário aumentar vencimentos de servidores públicos sob o fundamento de isonomia.

(D) Por ser direito previsto na Constituição Federal, a revisão geral anual da remuneração e subsídios dos agentes públicos pode se dar por decreto do Poder Executivo e, em sua falta, será cabível a impetração de mandado de injunção.

(E) Há previsão constitucional que autoriza, como medida para redução de despesas de pessoal, perda do cargo de servidores estáveis.

A: Incorreta. O art. 28, § 2º, da CF garante a iniciativa da lei à Assembleia Legislativa e não afasta a necessidade da fase de sanção/veto do projeto; **B:** incorreta. O STF afastou o teto estadual para os procuradores e defensores públicos, que observam o teto de Ministro do STF; **C:** incorreta. Vide Súmula Vinculante 37/STF: "Não cabe ao Poder Judiciário, que não tem função legislativa, **aumentar vencimentos de servidores públicos sob o fundamento de isonomia**"; **D:** incorreta. A revisão geral anual só pode ser realizada por lei (art. 37, X, CF); **E:** Correta. Art. 169, § 4º, CF. Gabarito 'E'.

(Procurador do Estado – PGE/PA – UEPA – 2015) Sobre os Princípios e Disposições Constitucionais Gerais da Administração Pública, é INCORRETO afirmar que:

(A) em atenção aos princípios da impessoalidade e isonomia, que regem a admissão por concurso público, a dispensa do empregado de empresas públicas e sociedades de economia mista que prestam serviços públicos deve ser motivada, consoante entendimento do STF.

(B) o STF firmou o entendimento de que é prescindível a comprovação da má-fé do administrado para a configuração do dever de ressarcimento de valores indevidamente recebidos por erro da administração.

(C) o Direito à informação acerca da folha de pagamento de órgãos e entidades públicas não pode ser obstado, consoante o STF, nem em nome do Direito Fundamental à intimidade ou à vida privada, desde que sejam tomados alguns cuidados para não se revelar CPF, RG e endereço dos servidores.

(D) não é compatível com o regime constitucional de acesso aos cargos públicos a manutenção no cargo, sob fundamento de fato consumado, de candidato não aprovado que nele tomou posse em decorrência de execução provisória de medida liminar ou outro provimento judicial de natureza precária, supervenientemente revogado ou modificado.

(E) a jurisprudência do STF, em relação à greve de servidor público, admite a possibilidade de desconto pelos dias não trabalhados, considerando que a comutatividade inerente à relação laboral entre servidor e Administração Pública justifica o emprego, com os devidos temperamentos, da *ratio* subjacente ao art. 7º da Lei 7.783/1989, segundo o qual, em regra, 'a participação em greve suspende o contrato de trabalho'.

A: correta. Entendimento do STF no RE 589998, Rel. Min. Roberto Barroso: "I – Os empregados públicos não fazem jus à estabilidade prevista no art. 41 da CF, salvo aqueles admitidos em período anterior ao advento da EC nº 19/1998. Precedentes. II – Em atenção, no entanto, aos princípios da impessoalidade e isonomia, que regem a admissão por concurso público, a dispensa do empregado de empresas públicas e sociedades de economia mista que prestam serviços públicos deve ser motivada, assegurando-se, assim, que tais princípios, observados no momento daquela admissão, sejam também respeitados por ocasião da dispensa. III – A motivação do ato de dispensa, assim, visa a resguardar o empregado de uma possível quebra do postulado da impessoalidade por parte do agente estatal investido do poder de demitir"; **B:** incorreta, devendo ser assinalada. De acordo com o Supremo, é imprescindível a comprovação da má-fé do administrado para a configuração do dever de ressarcimento de valores indevidamente recebidos por erro da admi-

nistração; **C:** correta. O STF suspendeu todas as liminares em sentido contrário, determinando a divulgação dos vencimentos e proventos dos servidores públicos, uma vez que correspondem a "gasto do Poder Público que deve guardar correspondência com a previsão legal, com o teto remuneratório do serviço público e, em termos globais, com as metas de responsabilidade fiscal"; **D:** correta. O STF entende que "1. Não é compatível com o regime constitucional de acesso aos cargos públicos a manutenção no cargo, sob fundamento de fato consumado, de candidato não aprovado que nele tomou posse em decorrência de execução provisória de medida liminar ou outro provimento judicial de natureza precária, supervenientemente revogado ou modificado. 2. Igualmente incabível, em casos tais, invocar o princípio da segurança jurídica ou o da proteção da confiança legítima. É que, por imposição do sistema normativo, a execução provisória das decisões judiciais, fundadas que são em títulos de natureza precária e revogável, se dá, invariavelmente, sob a inteira responsabilidade de quem a requer, sendo certo que a sua revogação acarreta efeito *ex tunc*, circunstâncias que evidenciam sua inaptidão para conferir segurança ou estabilidade à situação jurídica a que se refere" (RE 608482); **E:** correta. O STF apreciou a questão em repercussão geral, tendo decidido que o desconto dos dias parados é possível, a não ser que haja acordo de compensação ou se a greve tenha sido causada por conduta ilegal do Poder Público (ver RE 693456). Gabarito 'B'.

(Advogado União – AGU – CESPE – 2015) De acordo com o entendimento do STF, julgue o item seguinte, a respeito da administração pública e do servidor público.

(1) Segundo o STF, por força do princípio da presunção da inocência, a administração deve abster-se de registrar, nos assentamentos funcionais do servidor público, fatos que não forem apurados devido à prescrição da pretensão punitiva administrativa antes da instauração do processo disciplinar.

1. correta. Ver MS 23262, Rel. Min. Dias Toffoli: "(...) 2. O princípio da presunção de inocência consiste em pressuposto negativo, o qual refuta a incidência dos efeitos próprios de ato sancionador, administrativo ou judicial, antes do perfazimento ou da conclusão do processo respectivo, com vistas à apuração profunda dos fatos levantados e à realização de juízo certo sobre a ocorrência e a autoria do ilícito imputado ao acusado. 3. É inconstitucional, por afronta ao art. 5º, LVII, da CF/88, o art. 170 da Lei nº 8.112/90, o qual é compreendido com projeção da prática administrativa fundada, em especial, na Formulação nº 36 do antigo DASP, que tinha como finalidade legitimar a utilização dos apontamentos para desabonar a conduta do servidor, a título de maus antecedentes, sem a formação definitiva da culpa". Gabarito 1C.

(Procurador – PGFN – ESAF – 2015) Sobre os servidores públicos, assinale a opção incorreta.

(A) Os vencimentos dos cargos do Poder Legislativo e do Poder Judiciário não poderão ser superiores aos pagos pelo Poder Executivo.

(B) O direito de greve será exercido nos termos e nos limites definidos em lei complementar.

(C) É vedada a vinculação ou equiparação de quaisquer espécies remuneratórias para o efeito de remuneração de pessoal do serviço público.

(D) A administração fazendária e seus servidores fiscais terão, dentro de suas áreas de competência e jurisdição, precedência sobre os demais setores administrativos, na forma da lei.

(E) A lei estabelecerá os casos de contratação por tempo determinado para atender a necessidade temporária de excepcional interesse público.

1. DIREITO CONSTITUCIONAL

A: correta. Art. 37, XII, CF; **B:** incorreta, devendo ser assinalada. A Constituição exige lei ordinária para regulamentar o direito de greve; **C:** correta. Art. 37, XIII, CF; **D:** correta. Art. 37, XVIII, CF; **E:** correta. Art. 37, IX, CF. **Gabarito "B".**

(Procurador do Estado – PGE/RN – FCC – 2014) Lei estadual criou vários cargos em comissão de médico, de livre provimento pelo Secretário de Saúde, para atender a necessidade imediata da população. Segundo a lei, os titulares dos cargos devem exercer suas atividades no âmbito do Sistema Único de Saúde – SUS, prestando seus serviços diretamente aos pacientes necessitados, por prazo indeterminado. A referida lei estadual é:

(A) incompatível com a Constituição Federal, uma vez que os cargos em comissão somente podem ser criados para as atribuições de direção, chefia e assessoramento, a serem preenchidos por servidores de carreira nos casos, condições e percentuais mínimos previstos em lei.

(B) compatível com a Constituição Federal, uma vez que a urgência na prestação do serviço público autoriza a criação de cargos em comissão de livre provimento e exoneração.

(C) compatível com a Constituição Federal, uma vez que cabe ao Estado, por lei complementar, definir os cargos públicos estaduais a serem preenchidos por livre nomeação, observados os princípios constitucionais da Administração pública.

(D) incompatível com a Constituição Federal, uma vez que os cargos privativos de médicos somente podem ser preenchidos através de concurso de provas ou de provas e títulos.

(E) incompatível com a Constituição Federal, uma vez que, para o exercício das atribuições previstas na Lei, deveriam ter sido criadas pelo legislador estadual funções de confiança.

A lei é inconstitucional por força do art. 37, V, da CF. **Gabarito "A".**

(Procurador do Estado/AC – FMP – 2012) O servidor público, diante de ordem manifestamente desconforme à legalidade, emanada de autoridade competente, pode:

(A) questionar a validade da determinação perante o órgão do Judiciário competente para julgar o conflito.

(B) cumprir a determinação, pois não lhe é dado questionar ordem emanada de autoridade competente.

(C) não dar cumprimento à ordem, inclusive como dever de cidadania peculiar ao Estado de Direito.

(D) não dar cumprimento à ordem, ficando sujeito às consequências jurídicas pela desobediência à ordem superior.

STF, HC 73454, Rel. Min. Maurício Corrêa: "Ninguém é obrigado a cumprir ordem ilegal, ou a ela se submeter, ainda que emanada de autoridade judicial. Mais: é dever de cidadania opor-se à ordem ilegal; caso contrario, nega-se o Estado de Direito". **Gabarito "C".**

(Procurador do Estado/AC – FMP – 2012) O concurso público é pressuposto constitucional de acesso aos cargos públicos, presente no art. 37 da Carta Republicana de 1988. Sendo assim, realizado o concurso público para o ingresso em

carreira do funcionalismo estadual fica a Administração Pública vinculada à nomeação dos candidatos aprovados até o limite das vagas previstas no edital que regula o certame.

I. Mesmo assim, poderá a Administração Pública escolher o momento no qual se realizará a nomeação.

II. Surge, então, um dever de nomeação para a Administração e um direito à nomeação titularizado por todos os candidatos aprovados.

(A) Apenas a afirmativa I está correta.

(B) Apenas a afirmativa II está correta.

(C) Nenhuma das afirmativas está correta.

(D) Ambas as afirmativas estão corretas.

I e II: STF, RE 598099, Rel. Min. Gilmar Mendes: "Dentro do prazo de validade do concurso, a Administração poderá escolher o momento no qual se realizará a nomeação, mas não poderá dispor sobre a própria nomeação, a qual, de acordo com o edital, passa a constituir um direito do concursando aprovado e, dessa forma, um dever imposto ao poder público. Uma vez publicado o edital do concurso com número específico de vagas, o ato da Administração que declara os candidatos aprovados no certame cria um dever de nomeação para a própria Administração e, portanto, um direito à nomeação titularizado pelo candidato **aprovado dentro desse número de vagas**" A segunda afirmativa é falsa, pois nem todos os aprovados ficam classificados no limite das vagas previstas no edital. **Gabarito "A".**

(PROCURADOR DO ESTADO/MG – FUMARC – 2012) Nos últimos anos, a complexidade das sociedades modernas determinou uma reavaliação dos princípios de gestão pública. Lembremos que, dentre os princípios da administração pública, a eficiência é um preceito constitucional que deve nortear os focos dos governos. Nesse sentido, a Constituição Mineira se alinhou com a Constituição Federal, ao predispor sobre a possibilidade jurídico-política da adoção de estratégias de gestão. Analise as afirmativas abaixo e assinale a alternativa correta:

I. A Constituição Mineira prevê a possibilidade da articulação regional de planejamento de funções públicas de interesse comum nas áreas de intensa urbanização e assistência aos municípios que sofrem com a escassez de recursos e condições socioeconômicas;

II. As Regiões Metropolitanas serão criadas por Lei Complementar, que determinará quais são as funções de interesse comum dos Municípios que integram a região, bem como contará com plano diretor integrado, um fundo específico e uma Assembleia Metropolitana com competência definida;

III. As Assembleias Metropolitanas definem as macrodiretrizes do planejamento global da região metropolitana e tem poder de veto em relação aos projetos que impactam o Fundo de Desenvolvimento Metropolitano.

ALTERNATIVAS

(A) As alternativas I, II e III estão corretas;

(B) Apenas as alternativas I e II estão corretas;

(C) Apenas as alternativas I e III estão corretas;

(D) Apenas as alternativas II e III estão corretas;

(E) As alternativas II e III estão incorretas.

I: Art. 41, I e III, da CE/MG; II: Art. 43, § 2º e art. 46, I a V, da CE/MG; III: Não reflete o disposto no art. 46, § 1º, da CE/MG: "§ 1º A Assembleia

Metropolitana constitui o órgão colegiado de decisão superior e de representação do Estado e dos municípios na região metropolitana, competindo-lhe: I – definir as macrodiretrizes do planejamento global da região metropolitana; II – vetar, por deliberação de pelo menos dois terços de seus membros, resolução emitida pelo Conselho Deliberativo de Desenvolvimento Metropolitano".

Gabarito "B".

(Procurador do Município/Sorocaba-SP – 2012 – VUNESP) Assinale a alternativa que aponta uma acumulação de cargos, empregos ou funções públicas, vedada pela Constituição Federal.

(A) Um cargo de professor na Administração Direta com outro técnico ou científico em autarquia.

(B) Dois cargos de enfermeiro, sendo um em hospital Municipal e outro em Posto de Saúde em outro Município.

(C) Dois cargos de professor na Administração Direta.

(D) Cargo de Procurador Municipal com o emprego de consultor jurídico numa sociedade de economia mista.

(E) Cargo de médico na Prefeitura e outro de médico em empresa pública.

Art. 37, XVI, "a" a "c", da CF.

Gabarito "D".

(Procurador do Município/Sorocaba-SP – 2012 – VUNESP) É um direito constitucional do servidor ocupante de cargo público:

(A) relação de emprego protegida contra despedida arbitrária ou sem justa causa, nos termos de lei complementar, que preverá indenização compensatória, dentre outros direitos.

(B) seguro-desemprego, em caso de desemprego involuntário.

(C) fundo de garantia do tempo de serviço.

(D) jornada de seis horas para o trabalho realizado em turnos ininterruptos de revezamento, salvo negociação coletiva.

(E) proteção do mercado de trabalho da mulher, mediante incentivos específicos, nos termos da lei.

A, B, C, **D**: Direito dos trabalhadores urbanos e rurais (art. 7º, I, II, III e XIV, da CF), não dos servidores públicos; **E**: Art. 7º, XX c/c art. 39, § 3º, ambos da CF.

Gabarito "E".

(Procurador do Estado/RO – 2011 – FCC) Quanto à responsabilidade civil do Estado por danos decorrentes de fenômenos da natureza é correto afirmar:

(A) Gera o direito à indenização por danos morais, exclusivamente.

(B) A pessoa prejudicada tem direito à indenização com base na responsabilidade objetiva do Estado e do risco administrativo.

(C) Incide no campo da responsabilidade extracontratual do Estado e gera direito à indenização.

(D) A Administração Pública só poderá ser responsabilizada se ficar comprovada sua omissão ou atuação deficiente.

(E) Não há de se falar em direito à indenização nesta hipótese.

O caso fortuito e a força maior são eventos que excluem a responsabilidade civil objetiva do Estado (art. 37, § 6º, da CF). Entretanto, no caso de omissão, o Estado responde subjetivamente. Ou seja, caso se comprove omissão ou atuação deficiente quando deveria agir, o elemento subjetivo está comprovado e o Estado responde pelo dano.

Gabarito "D".

10. ORGANIZAÇÃO DO PODER EXECUTIVO

(PROCURADOR DO ESTADO – PGE/MT – FCC – 2016) Considere a seguinte situação hipotética de acordo com a Constituição do Estado de Mato Grosso: O Governador e o Vice-Governador do Estado falecem trágica e simultaneamente em um acidente aéreo, no início do terceiro ano do mandato. Neste caso, vagando os respectivos cargos, serão sucessivamente chamados ao exercício da chefia do Poder Executivo Estadual, o Presidente:

(A) do Tribunal de Justiça e o Presidente da Assembleia Legislativa e far-se-á eleição indireta noventa dias depois de abertas simultaneamente as vagas.

(B) da Assembleia Legislativa, da Câmara Municipal da Capital do Estado e o Presidente do Tribunal de Justiça, e far-se-á eleição direta noventa dias depois de abertas simultaneamente as vagas.

(C) da Assembleia Legislativa e o Presidente do Tribunal de Justiça, cabendo à Assembleia Legislativa realizar eleição indireta para ambos os cargos após o decurso do prazo de trinta dias da vacância, na forma da lei.

(D) da Assembleia Legislativa e o Presidente do Tribunal de Justiça e far-se-á eleição direta noventa dias depois de abertas simultaneamente as vagas.

(E) da Assembleia Legislativa, da Câmara Municipal da Capital do Estado e o Presidente do Tribunal de Justiça, cabendo à Assembleia Legislativa realizar eleição indireta para ambos os cargos após o decurso do prazo de trinta dias da vacância, na forma da lei.

Aplicação, por simetria federativa, da norma dos arts. 80 e 81 da CF. **TM**

Gabarito "D".

(Procurador do Estado/TO – 2018 – FCC) Constituição de certo Estado, ao disciplinar a responsabilidade do Chefe do Poder Executivo,

I. estabeleceu a possibilidade de o Governador perder o cargo por prática de crime de responsabilidade previsto exclusivamente na Constituição do Estado.

II. atribuiu ao Tribunal de Justiça a competência para o processo e julgamento do Governador por prática de crime comum.

III. condicionou a instauração de processo judicial por prática de crime comum cometido pelo Governador à licença prévia da Assembleia Legislativa.

IV. permitiu ao Governador permanecer no exercício de suas funções após o recebimento de denúncia ou queixa-crime pelo Tribunal competente, por entender o constituinte estadual que cabe ao Poder Judiciário decidir sobre a aplicação de medidas cautelares penais, inclusive sobre eventual afastamento do cargo.

São compatíveis com a Constituição Federal e com a jurisprudência do Supremo Tribunal Federal a(s) norma(s) referida(s) APENAS em

1. DIREITO CONSTITUCIONAL

(A) IV.

(B) II e III.

(C) I.

(D) I e IV.

(E) III.

Correta é a letra A, uma vez que o item IV. O item I está errado, conforme a Súmula Vinculante 46, do STF: "A definição dos crimes de responsabilidade e o estabelecimento das respectivas normas de processo e julgamento são da competência legislativa privativa da União.". No item II está errado, pois a competência é do STJ (artigo 105, I, alínea a, da CF). O item III está errado, pois não requer licença prévia da Assembleia Legislativa (ADI 4764. STF): "A Constituição Estadual não pode condicionar a instauração de processo judicial por crime comum contra Governador à licença prévia da Assembleia Legislativa. A república, que inclui a ideia de responsabilidade dos governantes, é prevista como um princípio constitucional sensível (CRFB/1988, art. 34, VII, a), e, portanto, de observância obrigatória, sendo norma de reprodução proibida pelos Estados-membros a exceção prevista no art. 51, I, da Constituição da República.". O item IV é o único correto (ADI 5540. STF), uma vez que o afastamento ou não do Governador, de suas respectivas funções, cabe ao STJ decidir.▯

Gabarito "A".

(Procurador do Município – S.J. Rio Preto/SP – 2019 – VUNESP) Em relação ao tema Intervenção Estadual nos Municípios, assinale a alternativa correta.

(A) A intervenção estadual nos municípios é um ato administrativo, atemporal e personalíssimo.

(B) A intervenção estadual, em qualquer hipótese, não se submete ao controle político, por parte da Assembleia Legislativa.

(C) Conforme Súmula do STF, não cabe recurso extraordinário contra acórdão de Tribunal de Justiça que defere pedido de intervenção estadual em município.

(D) Como o ato é de natureza administrativa, somente poderá ser decretada a intervenção pelo Chefe do Poder Executivo.

(E) O Município que já sofreu intervenção estadual não poderá sofrer, novamente, a mesma medida, por motivos idênticos aos que ocasionaram o primeiro ato interventivo.

Correta é a letra C, conforme Súmula 637, do STF: "Não cabe recurso extraordinário contra acórdão de Tribunal de Justiça que defere pedido de intervenção estadual em Município.". A letra A está errada, pois o ato é temporal (artigo 36, §1º, da CF). Letra B errada, pois ocorre sim apreciação pelo Poder Legislativo, nos moldes do citado §1º, do artigo 36, da CF. Letra D incorreta, conforme artigo 36, I, da CF, bem como é um ato político. A letra E está incorreta, porque não há tal vedação no texto constitucional. ▯

Gabarito "C".

(Procurador do Estado – PGE/RS – Fundatec – 2015) A Constituição do Estado "X" estabelece a possibilidade de o Governador do Estado adotar medida provisória, em caso de relevância e urgência. Tal previsão é:

(A) Constitucional, porque o Poder Constituinte Derivado Decorrente autoriza o Estado a legislar plenamente para atender as suas peculiaridades.

(B) Constitucional, porque o Poder Constituinte Derivado Reformador autoriza o Estado a legislar concorrentemente, dotando-lhe de competência suplementar e supletiva.

(C) Inconstitucional, porque apenas o Presidente da República tem legitimidade ativa para a sua adoção, sendo este o atual entendimento jurisprudencial do STF.

(D) Constitucional, porque o Poder Constituinte Derivado Decorrente confere ao Estado capacidade de auto--organização, mediante a qual rege-se pela constituição e leis que adotar, observados os princípios da Constituição Federal.

(E) Inconstitucional, porque a adoção de medidas provisórias pelo Governador do Estado está condicionada exclusivamente à hipótese de federalização de graves violações a direitos humanos.

O STF admite a adoção de medida provisória pelo governador de Estado desde que haja previsão na constituição estadual e sejam observados os princípios e limitações impostos pelo modelo estabelecido na CF. O Poder Constituinte Derivado Decorrente é atribuído aos Estados e ao DF para organizarem suas constituições estaduais e a Lei Orgânica do DF (não existe, para a maioria dos doutrinadores, para os Municípios e Territórios). Além disso, condiciona-se ao Poder Constituinte Originário, relacionando-se diretamente com ele. No mais, pelo art. 18 da CF, a União, os Estados-membros, como também os Municípios, são autônomos. Segundo a doutrina, autonomia é a capacidade de auto-organização (cada um dos entes federativos pode elaborar sua própria Constituição), autogoverno (garantia assegurada ao povo de escolher seus próprios dirigentes e de, por meio deles, editar leis) e autoadministração (capacidade assegurada aos Estados de possuir administração própria, faculdade de dar execução às leis vigentes).▯

Gabarito "D".

(Procurador do Município – S.J. Rio Preto/SP – 2019 – VUNESP) De acordo com a Constituição Federal, compete privativamente ao Presidente da República, sem qualquer possibilidade de delegação,

(A) conceder indulto e comutar penas.

(B) fixar os subsídios dos Ministros de Estado.

(C) decretar e executar a intervenção federal.

(D) prover cargos públicos federais.

(E) autorizar referendo e convocar plebiscito.

Correta é a letra C, pois é a redação do artigo 84, X, da CF: "Art. 84. Compete privativamente ao Presidente da República: (...) X – decretar e executar a intervenção federal; (...) Parágrafo único. O Presidente da República poderá delegar as atribuições mencionadas nos incisos VI, XII e XXV, primeira parte, aos Ministros de Estado, ao Procurador-Geral da República ou ao Advogado-Geral da União, que observarão os limites traçados nas respectivas delegações.". Logo, a competência do inciso X é indelegável. A letra A está errada, pois é delegável (artigo 84, XII, da CF). A letra B está errada, pois a competência é do Congresso Nacional (artigo 49, VIII, da CF). A letra D também está errada, pois é caso de competência delegável (artigo 84, XXV, da CF). A letra E está equivocada, pois é competência do Congresso nacional (artigo 49, XV, da CF). ▯

Gabarito "C".

(Procurador do Estado – PGE/PA – UEPA – 2015) Sobre o processo de impeachment e das atribuições e responsabilidades do Presidente da República, do Governador do Estado e de seus respectivos Vices, julgue as afirmativas abaixo.

I. O Estado-membro dispõe de competência para instituir, em sua própria Constituição, cláusulas tipificadoras de crimes de responsabilidade diferentes das previstas nacionalmente.

II. O impeachment do presidente da República será processado e julgado pelo Senado Federal. O Senado formulará a acusação (juízo de pronúncia) e proferirá o julgamento.

III. Em face do disposto no art. 86, § 3º e § 4º, da Constituição da República de 1988, no que se refere à imunidade à prisão cautelar, tem-se que tal imunidade não se aplica aos governadores dos Estados, mas, exclusivamente, ao presidente da República. Porém, o Estado-membro, consoante o STF, desde que em norma constante de sua própria Constituição, pode, validamente, outorgar ao governador a prerrogativa extraordinária da imunidade à prisão em flagrante, à prisão preventiva e à prisão temporária.

IV. Os governadores de Estado, consoante o STF, que dispõem de prerrogativa de foro *ratione muneris,* perante o STJ, estão sujeitos, uma vez obtida a necessária licença da respectiva Assembleia Legislativa, a processo penal condenatório, ainda que as infrações penais a eles imputadas sejam estranhas ao exercício das funções governamentais.

A alternativa que contém todas as afirmativas corretas é:

(A) I, II, III e IV.

(B) I, II e III.

(C) II, III e IV.

(D) III e IV.

(E) II e IV.

I: incorreta. Deve seguir o modelo federal, por simetria federativa. Para o STF, "o Estado-membro não dispõe de competência para instituir, mesmo em sua própria Constituição, cláusulas tipificadoras de ilícitos político-administrativos, ainda mais se as normas estaduais definidoras de tais infrações tiverem por finalidade viabilizar a responsabilização política de agentes e autoridades municipais"; **II:** correta. Ver MS 21623/STF: "O *impeachment* na Constituição de 1988, no que concerne ao presidente da República: autorizada pela Câmara dos Deputados, por 2/3 de seus membros, a instauração do processo (CF, art. 51, I), ou admitida a acusação (CF, art. 86), o Senado Federal processará e julgará o presidente da República nos crimes de responsabilidade. É dizer: o *impeachment* do presidente da República será processado e julgado pelo Senado e não mais a Câmara dos Deputados formulará a acusação (juízo de pronúncia) e proferirá o julgamento. CF/1988, art. 51, I; art. 52; art. 86, § 1º, II, § 2º, (MS 21.564-DF). A lei estabelecerá as normas de processo e julgamento. CF, art. 85, parágrafo único. Essas normas estão na Lei 1.079, de 1950, que foi recepcionada, em grande parte, pela CF/1988 (MS 21.564-DF). O *impeachment* e o *due process of law:* a aplicabilidade deste no processo de *impeachment*, observadas as disposições específicas inscritas na Constituição e na lei e a natureza do processo, ou o cunho político do juízo. CF, art. 85, parágrafo único. Lei 1.079, de 1950, recepcionada, em grande parte, pela CF/1988"; **III:** incorreta. Ver ADI 978, Rel. Min. Celso de Mello: "O Estado-membro, ainda que em norma constante de sua própria Constituição, não dispõe de competência para outorgar ao governador a prerrogativa extraordinária da imunidade à prisão em flagrante, à prisão preventiva e à prisão temporária, pois a disciplinação dessas modalidades de prisão cautelar submete-se, com exclusividade, ao poder normativo da União Federal, por efeito de expressa reserva constitucional de competência definida pela Carta da República. A norma constante da Constituição estadual – que impede a prisão do governador de Estado antes de sua condenação penal definitiva – não se reveste de validade jurídica e, consequentemente, não pode subsistir em face de sua evidente incompatibilidade com o texto da CF"; **IV:** correta. Ver ADI 1027, Rel. Min. Ilmar Galvão: "Os Governadores de Estado – que dispõem de prerrogativa de foro ratione muneris perante o Superior Tribunal de Justiça (CF, art. 105, I, a) – estão permanentemente sujeitos, uma vez obtida a necessária licença da respectiva Assembleia Legislativa (RE 153.968-BA, Rel. Min. Ilmar Galvao; RE 159.230-PB, Rel. Min.

Sepúlveda Pertence), a processo penal condenatório, ainda que as infrações penais a eles imputadas sejam estranhas ao exercício das funções governamentais. – A imunidade do Chefe de Estado a persecução penal deriva de cláusula constitucional exorbitante do direito comum e, por traduzir consequência derrogatória do postulado republicano, só pode ser outorgada pela própria Constituição Federal". **TM**

Gabarito "F.

(Procurador Municipal/SP – VUNESP – 2016) Os Municípios são regidos por Leis Orgânicas, que deverão observar determinados preceitos previstos na Constituição Federal. Nesse sentido, em relação ao Poder Executivo Municipal, deverá a Lei Orgânica Municipal prever:

(A) a posse do Prefeito e do Vice-Prefeito até o dia 10 de janeiro do ano subsequente ao da eleição e o julgamento do prefeito pelo Tribunal de Justiça Estadual.

(B) aplicação das regras atinentes à realização de dois turnos de votação, previstas para a Presidência da República, no caso de Municípios com mais de cem mil eleitores.

(C) subsídios do Prefeito, do Vice-Prefeito e dos Secretários Municipais fixados por lei de iniciativa da Câmara Municipal, que não poderão exceder o subsídio mensal, em espécie, dos Ministros do Superior Tribunal de Justiça.

(D) a perda do mandato para o Prefeito que assumir outro cargo ou função na administração pública direta ou indireta, ressalvada a posse em virtude de concurso público e observado o afastamento previsto na Constituição Federal.

(E) como crime de responsabilidade do Prefeito se a Câmara Municipal gastar mais de setenta por cento de sua receita com folha de pagamento, incluído o gasto com o subsídio de seus Vereadores.

A: incorreta, pois a data é de 1º de janeiro (art. 29, III, da CF); **B:** incorreta, pois precisamos de mais de 200 mil eleitores (art. 29, II, da CF); **C:** incorreta, por infração ao art. 29, V, da CF; **D:** correta, pois é o que determina o art. 29, XIV, da CF; **E:** incorreta, pois o crime de responsabilidade será do Presidente da Câmara (ver arts. 29, §§ 1º, 2º e 3º, da CF). **AB**

Gabarito "D".

(Procurador – IPSMI/SP – VUNESP – 2016) Em caso de vacância do cargo e diante do impedimento (temporário) do Vice, será chamado para governar:

(A) o Presidente do Senado Federal, se o cargo for de Presidente da República.

(B) o Presidente da Câmara dos Deputados, se o cargo for de Presidente da República.

(C) o Presidente do Tribunal de Contas, se o cargo for de Governador do Distrito Federal.

(D) o Presidente do Tribunal de Justiça local, se o cargo for de Prefeito.

(E) o Presidente do Tribunal de Justiça local, se o cargo for de Governador de Estado.

A: incorreta. A ordem de sucessão presidencial, no âmbito federal, vem prevista no art. 80 da CF, de modo que em caso de impedimento do Presidente e do Vice-Presidente, ou vacância dos respectivos cargos, serão sucessivamente chamados ao exercício da Presidência o **Presidente da Câmara dos Deputados, o do Senado Federal e o do Supremo Tribunal Federal**; **B:** correta. É o que determina o mencionado art. 80 da CF; **C:** incorreta. O Presidente da Câmara Legislativa é que seria chamado nessa hipótese; **D:** incorreta. O Presidente da Câmara Municipal é quem deve ocupar o cargo; **E:** incorreta. O Presidente da Assembleia Legislativa é quem deve ocupar o cargo.

Gabarito "B".

(Procurador do Estado/AC – FMP – 2012) A autorização parlamentar a que se refere o texto da Constituição da República (prevista em norma que remonta ao período imperial) – necessária para legitimar, em determinada situação, a ausência do chefe do Poder Executivo (ou de seu vice) do território nacional – configura:

(A) instrumento constitucional de controle do Legislativo sobre atos e comportamentos dos nossos governantes.

(B) uma intromissão descabida do Parlamento na gestão administrativa do Estado.

(C) uma prática ultrapassada diante das novas tecnologias.

(D) nenhuma das alternativas está correta.

Art. 49, III, da CF.

Gabarito "A".

(Procurador do Município/São José dos Campos-SP – 2012 – VUNESP) Dentre as competências privativas do Presidente da República, algumas atribuições podem ser delegadas aos Ministros de Estado, ao Procurador-Geral da República ou ao Advogado-Geral da União, que observarão os limites traçados nas respectivas delegações. Assim, assinale a alternativa que contempla atribuição que pode ser delegada por previsão expressa da Constituição Federal.

(A) Celebrar tratados, convenções e atos internacionais, sujeitos a referendo do Congresso Nacional.

(B) Permitir, nos casos previstos em lei complementar, que forças estrangeiras transitem pelo território nacional ou nele permaneçam temporariamente.

(C) Nomear membros do Conselho da República.

(D) Conceder indulto e comutar penas, com audiência, se necessário, dos órgãos instituídos em lei.

(E) Iniciar o processo legislativo, na forma e nos casos previstos na Constituição.

Art. 84, XII e parágrafo único, da CF.

Gabarito "D".

(Procurador do Estado/PA – 2011) Com relação aos cargos do Poder Executivo, é CORRETO afirmar:

(A) Exige-se a desincompatibilização do cargo para que o Governador postule um novo mandato, em reeleição.

(B) Nos crimes de responsabilidade, ainda que conexos com os do Presidente da República, os Ministros de Estado serão julgados pelo Supremo Tribunal Federal.

(C) Em lugar da candidatura à reeleição do titular do cargo de Presidente da República, de Governador ou de Prefeito, admite-se a candidatura do cônjuge ou parente até o segundo grau, o qual, se eleito, não poderá postular a reeleição para o cargo.

(D) No caso de vacância dos cargos de Presidente da República e de Vice-Presidente da República nos dois últimos anos de mandato, o Congresso Nacional deverá convocar nova eleição direta, inaugurando-se novo mandato de quatro anos, com direito à reeleição.

(E) Os Ministros de Estado são nomeados pelo Presidente da República, após aprovação pelo Senado.

A: Não reflete o disposto no art. 14, § 6°, da CF; **B:** A competência é do STF, mas na forma do art. 102, I, "c", da CF. Além disso, o julgamento do Presidente da República por crime de responsabilidade é competência do Senado Federal (art. 52, I, da CF). Cumpre mencionar que os cometidos pelos Ministros de mesma natureza, conexos com os do Presidente da República, serão também julgados pelo Senado Federal; **C:** Art. 14, § 5°, da CF, aplicável aos cônjuges ou parentes (v. tb art. 14, § 7°, da CF); **D:** Não reflete o disposto no art. 81, §§ 1° e 2°, da CF; **E:** O art. 84, I, da CF não exige aprovação pelo Senado, que ocorre nas hipóteses do art. 52, III, da CF.

Gabarito "C".

11. ORGANIZAÇÃO DO PODER LEGISLATIVO. PROCESSO LEGISLATIVO

(Procurador do Estado/SP – 2018 – VUNESP) Ao escrever sobre a relação entre liberdade política, democracia e poder, no Livro XI da obra clássica "O Espírito das Leis", Montesquieu já afirmava: 'Para que não se possa abusar do poder, é preciso que, pela disposição das coisas, o poder limite o poder.". A ideia foi incorporada pela Constituição brasileira de 1988, sendo correto afirmar sobre a independência e harmonia dos Poderes:

(A) a Comissão Parlamentar de Inquérito, enquanto projeção orgânica do Poder Legislativo da União, nada mais é senão a longa manus do próprio Congresso Nacional ou das Casas que o compõem. Assim, as suas decisões que respeitarem aos princípios da colegialidade e da motivação não estarão sujeitas ao controle jurisdicional ou revisão por parte do Poder Judiciário.

(B) compete privativamente à Câmara dos Deputados processar e julgar o Presidente e o Vice-Presidente da República nos crimes de responsabilidade, bem como os Ministros de Estado e os Comandantes da Marinha, do Exército e da Aeronáutica nos crimes da mesma natureza conexos com aqueles.

(C) a decretação da intervenção federal dependerá sempre de prévia solicitação do Poder Legislativo ou do Poder Executivo coacto ou impedido, ou de requisição do Supremo Tribunal Federal, se a coação for exercida contra o Poder Judiciário.

(D) a discussão e votação dos projetos de lei de iniciativa do Presidente da República, do Supremo Tribunal Federal e dos Tribunais Superiores terão início no Senado Federal e cada parte interessada poderá solicitar urgência para apreciação de projetos de sua iniciativa.

(E) cabe ao Congresso Nacional, mediante controle externo, fiscalizar a aplicação de quaisquer recursos repassados pela União mediante convênio, acordo, ajuste a outros instrumentos congêneres, a Estado, ao Distrito Federal ou a Município.

A: incorreta, pois a Comissão Parlamentar de Inquérito, enquanto projeção orgânica do Poder Legislativo da União, nada mais é senão a *longa manus* do próprio Congresso Nacional ou das Casas que o compõem, sujeitando-se, em consequência, em tema de mandado de segurança ou de *habeas corpus*, ao controle jurisdicional originário do Supremo Tribunal Federal. O controle jurisdicional de abusos praticados por comissão parlamentar de inquérito não ofende o princípio da separação de poderes. (MS 23452, Rel. Min. Celso de Mello, Tribunal Pleno, j. em 16-09-1999); **B:** incorreta, visto que compete privativamente ao **Senado Federal** processar e julgar o Presidente e o Vice-Presidente da República nos crimes de responsabilidade e os Ministros de Estado nos crimes da mesma natureza conexos com aqueles (art. 52, I, da CF); **C:** incorreta, porque a decretação da intervenção federal somente dependerá de solicitação do Poder Legislativo ou do Poder Executivo coacto ou impedido, ou de requisição do Supremo Tribunal Federal, para garantir o livre exercício de qualquer dos Poderes nas unidades da Federação (art. 36, I, c/c art. 34, IV, da CF); **D:** incorreta, tendo em vista que a discussão e votação dos projetos de lei de iniciativa do Presidente da República, do Supremo Tribunal Federal e dos Tribunais Superiores terão início na **Câmara dos Deputados** e apenas o Presidente da República poderá solicitar urgência para apreciação de projetos de sua iniciativa (art. 64, *caput* e § 1º, da CF); **E:** correta, pois o controle externo é exercido pelo Congresso Nacional com o auxílio do Tribunal de Contas da União, cabendo-lhe fiscalizar a aplicação de quaisquer recursos repassados pela União mediante convênio, acordo, ajuste ou outros instrumentos congêneres, a Estado, ao Distrito Federal ou a Município (art. 71, *caput* e inciso VI, da CF). **AN**

Gabarito "E".

(Procurador Municipal – Sertãozinho/SP – VUNESP – 2016) A respeito do processo legislativo brasileiro, assinale a alternativa correta.

(A) É constitucional projeto de lei municipal proposto por vereador que disponha sobre o aumento de remuneração de servidor público estatutário vinculado ao Poder Executivo.

(B) O veto do chefe do Poder Executivo deve ser expresso. A exposição da sua motivação, contudo, é dispensada, uma vez que se trata de ato de natureza política.

(C) É possível a edição de medida provisória por parte de Estado-Membro, desde que prevista tal possibilidade expressamente na Constituição Estadual.

(D) É vedada a edição de medidas provisórias sobre matéria relativa a direito penal, processual penal, direito civil e processual civil.

(E) O sistema jurídico brasileiro não contempla hipótese de projeto de lei cuja iniciativa é vinculada.

A: incorreta, nos termos do art. 61, §1º, II, *a*, da CF, uma vez que é matéria de competência do Chefe do Poder Executivo; **B:** incorreta, pois o veto deve ser sempre motivado, ao contrário da sanção que pode ser tácita (art. 66, §1º, da CF); **C:** correta, desde que a Constituição Estadual assim permita e, por evidente, sejam respeitados os limites estabelecidos na Constituição Federal (por respeito à simetria – nesse sentido ver ADI 2391/SC); **D:** incorreta, pois o veto não abrange o direito civil (art. 62, §1º, I, *b*, da CF); **E:** incorreta, tendo em vista, por exemplo, a vinculação nas leis orçamentárias. **AB**

Gabarito "C".

(Procurador do Município – Valinhos/SP – 2019 – VUNESP) Ao tratar das medidas provisórias, a Constituição Federal estabelece que

(A) a deliberação do Congresso Nacional sobre o mérito das medidas provisórias não dependerá de juízo prévio sobre o atendimento de seus pressupostos constitucionais.

(B) é permitida a reedição, na mesma sessão legislativa, de medida provisória que tenha sido rejeitada ou que tenha perdido sua eficácia por decurso de prazo.

(C) caberá à comissão mista de Deputados e Senadores examinar as medidas provisórias e sobre elas emitir parecer, antes de serem apreciadas, em sessão separada, pelo plenário de cada uma das Casas do Congresso Nacional.

(D) será prorrogado o período de vigência de medida provisória, que no prazo de noventa dias, contado da data da publicação, não tiver sua votação encerrada nas duas Casas do Congresso Nacional.

(E) as medidas provisórias terão sua votação iniciada no Senado Federal.

Correta é a letra C, nos termos do artigo 62, §9º, da CF: "§ 9º Caberá à comissão mista de Deputados e Senadores examinar as medidas provisórias e sobre elas emitir parecer, antes de serem apreciadas, em sessão separada, pelo plenário de cada uma das Casas do Congresso Nacional. A letra A está errada (artigo 62, §5º, da CF), uma vez que dependerá de juízo prévio. A letra B está incorreta (artigo 62, §10º, da CF), pois não é permitida. A letra D está equivocada (artigo 62, §7º, da CF), na medida em que o prazo será de 60 dias e, a letra E, errada porque a votação começa na Câmara dos Deputados (artigo 62, §8º, da CF). **AB**

Gabarito "C".

(Procurador – IPSMI/SP – VUNESP – 2016) No processo legislativo,

(A) a iniciativa popular pode ser exercida pela apresentação à Câmara dos Deputados de projeto de lei subscrito por, no mínimo, um por cento do eleitorado nacional, distribuído pelo menos por cinco Estados, com não menos de três décimos por cento dos eleitores de cada um deles.

(B) a Constituição poderá ser emendada mediante proposta de um quarto, no mínimo, dos membros da Câmara dos Deputados ou do Senado Federal.

(C) prorrogar-se-á uma única vez por igual período a vigência de medida provisória que, no prazo de cento e vinte dias, contado de sua publicação, não tiver a sua votação encerrada nas duas Casas do Congresso Nacional.

(D) decorrido o prazo de quinze dias, o silêncio do Presidente da República importará veto.

(E) as leis complementares serão aprovadas por dois terços dos membros do Congresso Nacional.

A: correta. É o que determina o § 2º do art. 61 da CF; **B:** incorreta. De acordo com o art. 60 da CF, a Constituição poderá ser emendada mediante proposta: I – **de um terço**, no mínimo, dos membros da Câmara dos Deputados ou do Senado Federal, II – do Presidente da República e III – de mais da metade das Assembleias Legislativas das unidades da Federação, manifestando-se, cada uma delas, pela maioria relativa de seus membros; **C:** incorreta. Dispõe o § 7º do art. 62 da CF que prorrogar-se-á uma única vez por igual período a vigência de medida provisória que, no prazo de **sessenta dias**, contado de sua publicação, não tiver a sua votação encerrada nas duas Casas do Congresso Nacional; **D:** incorreta. Ao contrário, o silêncio importará **sanção tácita** e o prazo para a manifestação presencial é de 15 dias úteis. Determina o art. 66, § 3º, da CF que decorrido o prazo de quinze dias, o silêncio do Presidente da República importará sanção; **E:** incorreta. O "caput" do art. 69 da CF determina que as leis complementares devem ser aprovadas por **maioria absoluta**. **BV**

Gabarito "A".

(Procurador – IPSMI/SP – VUNESP – 2016) No que tange à separação de poderes, as funções atípicas permitem que:

(A) o Poder Legislativo fiscalize o Poder Executivo.

(B) os Tribunais Superiores aprovem súmula com efeito vinculante para todos os órgãos da Administração.

(C) o Congresso Nacional julgue o Presidente da República nos crimes de responsabilidade.

(D) o Poder Legislativo apure fato determinado e por prazo certo com poderes de investigação próprios de autoridades judiciais.

(E) o Poder Judiciário declare a inconstitucionalidade das leis por meio do controle difuso.

A: incorreta, pois o ato de fiscalizar não se insere num contexto de atividade/função atípica; **B:** incorreta, uma vez que o ato de aprovar uma súmula com efeito vinculante é atividade típica do Poder Judiciário; **C:** incorreta, pois o Senado Federal tem a função típica de julgar o Presidente da República nos crimes de responsabilidade (art. 52, I, da CF); **D:** correta, ainda que o fato do Poder Legislativo atuar mediante uma CPI não seja, por si só, uma função atípica, contudo, quando se utiliza de poderes de investigação que são próprios do Poder Judiciário temos, de fato, o exercício de uma função atípica; **E:** incorreta, pois é nítida função típica do Poder Judiciário. **AB**
Gabarito "D".

(Procurador do Município – S.J. Rio Preto/SP – 2019 – VUNESP) As matérias de competência exclusiva do Congresso Nacional, sendo dispensada a intervenção do Poder Executivo, muito menos a do Poder Judiciário, são materializadas por

(A) decreto legislativo.

(B) portarias.

(C) leis complementares.

(D) resoluções.

(E) normas específicas.

Correta é a letra A, conforme artigos 48, 49, 50 e 51, todos da Constituição Federal. **AB**
Gabarito "A".

(Procurador do Município – S.J. Rio Preto/SP – 2019 – VUNESP) A emenda parlamentar aos projetos legislativos que propicia a fusão de emendas parlamentares, ou, também, permite fundir essas emendas a projetos de lei, é denominada de

(A) aditiva.

(B) redacional.

(C) supressiva.

(D) aglutinativa.

(E) modificativa.

Correta é a letra D, pois emenda aglutinativa que ocorre da fusão com outras emendas, ou destas com o texto. Emenda aditiva seria no caso de um acréscimo, emenda redacional sana um vício de linguagem. Emenda supressiva retira qualquer parte de outra proposição. Emenda modificativa altera a proposição sem que ocorra modificação substancial. Portanto, apenas a letra D está correta. Sugiro a leitura do Artigo 118, do Regimento Interno da Câmara dos Deputados. **AB**
Gabarito "D".

(Procurador do Estado – PGE/PR – PUC – 2015) Sobre as Comissões Parlamentares de Inquérito (CPIs), na linha com o entendimento do Supremo Tribunal Federal, é **CORRETO** afirmar:

(A) Compete à CPI, e não ao Poder Judiciário, o juízo sobre a restrição à publicidade da sessão da CPI.

(B) Requer-se a aquiescência de, no mínimo, um quinto dos membros da Casa Legislativa para criação da CPI.

(C) Não viola a Constituição Federal a norma inserta em Constituição Estadual que condiciona a criação da CPI à deliberação pelo Plenário da Casa Legislativa.

(D) Devido à separação de poderes e aos *freios e contrapesos*, a CPI poderá convocar magistrado com o fito de investigar ato jurisdicional, ou seja, avaliar as razões de decisão judicial.

(E) Por possuírem poderes de investigação próprios das autoridades judiciais, as CPIs poderão decretar indisponibilidade de bens dos investigados.

A: correta. Ver HC 96982-MC, Rel. Min. Celso de Mello; **B:** incorreta. O quórum é de um terço (art. 58, § 3º, CF); **C:** incorreta. Na ADI 3619 o STF reafirmou que para a criação de CPI basta o requerimento de um terço dos membros das casas legislativas, afastando o condicionamento à deliberação do plenário da casa legislativa; **D:** incorreta. A CPI não pode investigar fato relacionado a ato jurisdicional, justamente por respeito ao princípio da separação de Poderes; **E:** incorreta. De acordo com o STF, a Comissão Parlamentar de Inquérito não é competente para expedir decreto de indisponibilidade de bens de particular, que não é medida de instrução – a cujo âmbito se restringem os poderes de autoridade judicial a elas conferidos no art. 58, § 3º, mas de provimento cautelar de eventual sentença futura, que só pode caber ao Juiz competente. **TM**
Gabarito "A".

(Procurador do Estado – PGE/PR – PUC – 2015) A iniciativa legislativa é a fase introdutória do procedimento legislativo. Sobre o tema, e na esteira da jurisprudência do Supremo Tribunal Federal, é **CORRETO** afirmar:

(A) A iniciativa legislativa em matéria tributária é exclusiva do chefe do Poder Executivo.

(B) Leis que disponham sobre serventias judiciais são de iniciativa exclusiva do Poder Judiciário, ao contrário das leis que disponham sobre serventias extrajudiciais, as quais são de iniciativa concorrente.

(C) Compete ao Poder Executivo estadual a iniciativa de lei referente aos direitos e deveres de servidores públicos.

(D) Leis que tratam dos casos de vedação a nepotismo são de iniciativa exclusiva do Chefe do Poder Executivo.

(E) Norma que dispõe sobre regime jurídico, remuneração e critérios de provimento de cargo público de policiais civis é de iniciativa concorrente.

A: incorreta. Qualquer membro do Poder Legislativo pode propor projeto de lei em matéria tributária. Apenas as matérias previstas no art. 61, § 1º, são de iniciativa privativa do Presidente da República (e, por simetria, do chefe do Poder Executivo dos demais entes federativos); **B:** incorreta. É pacífica a jurisprudência do STF no sentido de que as leis que disponham sobre serventias judiciais e extrajudiciais são de iniciativa privativa dos Tribunais de Justiça, a teor do que dispõem as alíneas *b* e *d* do inciso II do art. 96 da CF; **C:** correta. Aplicação do art. 61, § 1º, II, CF; **D:** incorreta. A iniciativa é compartilhada entre o Chefe do Executivo e o Legislativo, decidiu o STF em repercussão geral, ao julgar o RE 570392; **E:** incorreta. A competência é privativa do Chefe do Executivo (art. 61, § 1º, I, a e c, CF). **TM**
Gabarito "C".

(Procurador – PGFN – ESAF – 2015) A Comissão Parlamentar de Inquérito (CPI) exerce importante papel no ordenamento jurídico brasileiro. A ela a vigente Constituição Federal outorgou poderes que são próprios àqueles historicamente outorgados ao Poder Judiciário. Sobre a CPI, é correto afirmar que:

(A) possui todas as prerrogativas outorgadas ao Judiciário, não se admitindo, por força do princípio da Separação dos Poderes, controle judicial dos seus atos.

(B) segundo entendimento do STF, é ilegítima a rejeição de criação de CPI pelo plenário da Câmara dos Deputados, ainda que por expressa votação majoritária, porquanto a Constituição protege a prerrogativa institucional de investigar, especialmente a dos grupos minoritários que atuam no âmbito dos corpos legislativos.

(C) a criação de CPIs depende da assinatura de 1/3 dos membros da Câmara dos Deputados, ou do Senado, ou da Câmara dos Deputados e do Senado, na hipótese de CPI mista, ou, alternativamente, de ato do Presidente da Câmara ou do Senado.

(D) compete à Justiça Federal no Distrito Federal julgar as ações ajuizadas contra ato de Presidente de CPI, a exemplo de convocação para depor como investigado ou testemunha.

(E) a apuração de fato determinado, tal qual estabelece o art. 58, § 3º, da CF/88, pode ser objeto de especificação após a criação da CPI, vale dizer, ele não necessariamente deve preexistir à criação da Comissão.

A: incorreta. Possui os poderes instrutórios das autoridades judiciais e seus atos estão sujeitos a controle judicial; **B:** correta. O único requisito para a criação da CPI é a manifestação de um terço dos membros da casa legislativa, sendo ilegítimo o condicionamento da criação da CPI à manifestação do Plenário da Casa, conforme já decidiu o STF; **C:** incorreta. CPI não pode ser criada por ato do Presidente da Câmara ou do Senado. É criada por assinatura de 1/3 dos membros da Casa Legislativa; **D:** incorreta. Cabe ao STF julgar a ação contra ato do Presidente da CPI; **E:** incorreta. Não cabe instauração de CPI genérica. O fato deve ser determinado e certo à época de sua criação. 🔳

Gabarito "B".

(Procurador – PGFN – ESAF – 2015) A Constituição Federal de 1988 (CF/88) atribui, em casos específicos, a iniciativa legislativa a determinada autoridade, órgão ou Poder. Sobre ela (iniciativa para deflagrar o processo legislativo, para formalmente apresentar proposta legislativa), é correto afirmar que:

(A) compete privativamente ao Presidente da República e ao Procurador-Geral da República a iniciativa legislativa sobre a organização, estrutura e aumento salarial da Procuradoria-Geral da República.

(B) a Constituição Federal de 1988 estabelece que compete concomitantemente ao governador de Estado, juntamente com o Procurador-Geral de Justiça, a iniciativa legislativa sobre a Lei Orgânica do Ministério Público estadual.

(C) a Emenda Constitucional n. 45/04, entre outras modificações, alterou o Ato das Disposições Constitucionais Transitórias (ADCT) para autorizar a criação de Varas Municipais, nos municípios com população superior a 500 mil habitantes.

(D) sobre criação de Tribunais Regionais Federais, o Supremo Tribunal Federal (STF) decidiu, em 2013, em sede de medida cautelar em ADI, que sequer a utilização de emenda à Constituição pode atalhar a prerrogativa de iniciativa do Poder competente, de modo que a iniciativa para criar tribunais é do Poder Judiciário, via projeto de lei.

(E) sobre criação de Varas no âmbito da Justiça Estadual, o Supremo Tribunal Federal (STF) decidiu, em 2013, em sede de medida cautelar em ADI, que a Assembleia Legislativa do Estado pode propor a criação dessas Varas, desde que devidamente autorizada pela Constituição do Estado.

A: incorreta. Pelo art. 127, § 2º, CF, a iniciativa legislativa é do próprio Ministério Público; **B:** incorreta. Essa competência existe por aplicação do

princípio da simetria federativa, não estando expressa no texto da Constituição de 1988, como afirma a questão; **C:** incorreta. Não existe Poder Judiciário Municipal; **D:** correta. A iniciativa é do Poder Judiciário, não podendo ser exercida sequer por emenda à Constituição, como decidiu o STF; **E:** incorreta. A competência é privativa do Poder Judiciário. 🔳

Gabarito "D".

(Procurador – PGFN – ESAF – 2015) O Congresso Nacional, por ambas as Casas, aprovou um projeto de lei, posteriormente sancionado, promulgado e publicado. Após entrar em vigor, inúmeras ações foram ajuizadas contra o ato normativo (lei), todas elas sob o argumento de que a lei acolhia evidente excesso de poder legislativo (excesso de poder no exercício da função legislativa, ou simplesmente, como doravante, "excesso de poder legislativo"), sendo incompatível com os fins constitucionais previstos. Tomando-se por base esse argumento, assinale a opção correta.

(A) O argumento de excesso de poder legislativo não pode ser objeto de apreciação judicial.

(B) O excesso de poder legislativo deve ser aferido por decisão do Supremo Tribunal Federal.

(C) A doutrina de excesso de poder legislativo não tem amparo no Supremo Tribunal Federal.

(D) Uma das formas de manifestação de excesso de poder legislativo é a inconstitucionalidade substancial.

(E) Não se pode atribuir à Lei Complementar excesso de poder legislativo.

A: Incorreta. O excesso de poder legislativo corresponde a uma inconstitucionalidade material, que pode ser objeto de controle pelo Poder Judiciário; **B:** Incorreta. Pode ser apreciado por qualquer juiz ou tribunal, inclusive pelo STF; **C:** Incorreta. Foi reconhecida na Reclamação 19662, Rel. Min. Dias Toffoli; **D:** Correta. A inconstitucionalidade material (ou substancial) é a consequência do excesso de poder legislativo; **E:** Incorreta. Pode existir em todas as manifestações de poder legislativo. 🔳

Gabarito "D".

(Procurador – PGFN – ESAF – 2015) Sobre o processo legislativo escolha a opção correta.

(A) O Presidente da República dispõe de prazo de 15 dias para sancionar ou vetar Proposta de Emenda à Constituição.

(B) As limitações de ordem material não atingem a medida provisória.

(C) Se o Presidente da República considerar o projeto, no todo ou em parte, inconstitucional ou contrário ao interesse público, vetá-lo-á total ou parcialmente, no prazo de quinze dias úteis, contados da data do recebimento, e comunicará, dentro de quarenta e oito horas, ao Presidente da Câmara dos Deputados os motivos do veto.

(D) A medida provisória mantém-se integral até que sancionado ou vetado o projeto de lei de conversão que alterou o seu texto original.

(E) No âmbito do Poder Judiciário, a competência para apresentar projeto de lei é exclusiva do Supremo Tribunal Federal.

A: Incorreta. As propostas de emenda à constituição são exercício do Poder Constituinte Derivado e, portanto, não se sujeitam à sanção ou veto do Presidente da República; **B:** Incorreta. Há diversas matérias sobre as quais não se pode editar MP (ver art. 62, § 1º, CF); **C:** Incorreta. A comunicação é feita ao Presidente do Senado Federal (art. 66, § 1º, CF); **D:** Correta. Se antes de expirado o prazo de vigência for aprovada

1. DIREITO CONSTITUCIONAL

lei de conversão, a medida provisória mantém seus efeitos até a sanção do Presidente da República, ainda que esta ocorra após o prazo constitucional de eficácia da MP; **E:** Incorreta. Os tribunais superiores e os tribunais de justiça também podem apresentar projeto de lei. **TM**
Gabarito "D".

(Procurador do Estado – PGE/RN – FCC – 2014) Determinada Constituição estadual prevê, dentre as espécies normativas que se sujeitam ao processo legislativo, a lei delegada, com as seguintes características: a) é elaborada pelo Governador do Estado, que deve solicitar a delegação à Assembleia Legislativa; b) a delegação ao Governador se faz por resolução da Assembleia Legislativa, que deve especificar seu conteúdo e os termos de seu exercício; c) a resolução pode determinar que haja apreciação do projeto pela Assembleia Legislativa, caso em que esta o faz em votação única, sendo vedada, no entanto, qualquer emenda; d) não podem ser objeto de delegação os atos de competência exclusiva da Assembleia Legislativa, matéria reservada à lei complementar, nem a legislação sobre: I – organização do Poder Judiciário e do Ministério Público, a carreira e a garantia de seus membros; e II – planos plurianuais, diretrizes orçamentárias e orçamentos.

Consideradas as normas atinentes ao processo legislativo, constantes da Constituição da República, assim como as limitações incidentes sobre o poder de elaboração das Constituições estaduais, a previsão de lei delegada como espécie normativa estadual, nos termos acima especificados, é

(A) incompatível com a Constituição da República, no que se refere às matérias que não podem ser objeto de delegação legislativa, dentre as quais ainda deveria estar prevista a legislação sobre nacionalidade e cidadania.

(B) compatível com a Constituição da República.

(C) incompatível com a Constituição da República, uma vez que a delegação legislativa, sendo excepcional na sistemática constitucional da separação de poderes, somente pode ser admitida na esfera federal, em que prevista expressamente no texto constitucional.

(D) incompatível com a Constituição da República, no que se refere à possibilidade de o órgão legislativo submeter a lei delegada à sua apreciação, uma vez que, em havendo a delegação, o poder de dispor sobre determinada matéria, durante o período da delegação, passa a ser do órgão executivo.

(E) incompatível com a Constituição da República, uma vez que esta exige que a delegação se dê por decreto legislativo, e não por resolução, dado que esta espécie normativa é reservada para a prática de atos com efeitos *interna corporis*, e não externos.

A lei delegada estadual é constitucional por força do princípio da simetria federativa. **TM**
Gabarito "B".

(Procurador do Estado – PGE/RN – FCC – 2014) Proposta de emenda à Constituição subscrita por 27 Senadores pretende alterar os dispositivos da Constituição relativos à chefia do Poder Executivo federal, bem como à forma de escolha dos Ministros de Estado, para estabelecer que: a) o Poder Executivo será exercido pelo Presidente da República, na qualidade de chefe de Estado, com o auxílio dos Ministros de Estado, dentre os quais caberá ao Primeiro-Ministro a

chefia de governo; b) o Primeiro-Ministro será escolhido dentre brasileiros natos, maiores de trinta e cinco anos, integrantes de uma das Casas legislativas, pelo voto da maioria absoluta dos membros do Congresso Nacional; c) o Primeiro-Ministro poderá ser destituído do cargo pelo voto de dois terços dos membros do Congresso Nacional, mediante requerimento de qualquer membro das Casas legislativas, nas hipóteses estabelecidas na Constituição.

Se eventualmente aprovada, a emenda constitucional resultante de proposição com essas características

(A) deveria ser promulgada pelo Presidente do Congresso Nacional e, após publicada, entraria em vigor imediatamente, salvo se a própria emenda dispusesse em sentido contrário.

(B) violaria limite formal ao poder de reforma constitucional, referente à iniciativa para sua propositura.

(C) violaria limite material implícito ao poder de reforma constitucional, referente ao sistema de governo adotado pela Constituição, bem como limite explícito, relativo à separação de poderes.

(D) violaria limite material explícito ao poder de reforma constitucional, relativo à separação de poderes, tão somente no que se refere à escolha do Primeiro Ministro pelo Congresso Nacional.

(E) somente entraria em vigor após ser submetida a plebiscito.

Proposta de emenda à Constituição tendente a abolir as cláusulas pétreas não pode sequer tramitar. Se aprovada, será inconstitucional por violação da separação de poderes (art. 60, § 4º, III, CF). A questão do presidencialismo como limite implícito ao poder de reforma constitucional surgiu após sua confirmação como sistema de governo no plebiscito de 1993. O STF irá analisar a questão no julgamento do MS 22972, Rel. Min. Alexandre de Moraes. **TM**
Gabarito "C".

(Procurador do Estado/BA – 2014 – CESPE) Julgue os itens que se seguem, com base nas disposições da Constituição do Estado da Bahia.

(1) O procedimento de emenda constitucional previsto no texto da Constituição baiana obedece ao princípio da simetria.

(2) O governador do estado da Bahia está autorizado a editar medidas provisórias, desde que atendidos os requisitos da relevância e da urgência e observadas as vedações constitucionais de natureza formal e material.

1: correto. As regras que tratam da alteração da Constituição Baiana estão previstas em seu art. 74 e seguem o modelo trazido pela CF, portanto obedecem ao princípio da simetria.; **2:** errado. Não há essa autorização na Constituição Baiana, de modo que o Governador não poderá editar medidas provisórias. O STF entende que o Governador do Estado só poderá editar medida provisória se a Constituição do seu respectivo Estado trouxer essa autorização. Além disso, devem ser cumpridos os requisitos trazidos pela CF que são: relevância e urgência. **TM**
Gabarito 1C, 2E

(Procurador/DF – 2013 – CESPE) Com relação ao processo legislativo, julgue os próximos itens.

(1) É vedada a edição de medida provisória em matéria penal, processual penal e processual civil, salvo se em benefício do acusado, como, por exemplo, na criação de hipótese de extinção de punibilidade.

(2) Os projetos de lei de iniciativa reservada, como os que dispõem sobre a organização dos serviços administrativos dos tribunais federais e do MP, não admitem a apresentação de emenda parlamentar.

1: incorreta. É vedada a edição de medidas provisórias sobre matéria relativa a direito penal, processual penal e processual civil, independentemente se for para beneficiar ou não o réu, nos termos do art. 62, § 1º, I, "b", da CF/1988; **2:** incorreta. Em algumas hipóteses, a Constituição reserva a possibilidade de dar início ao processo legislativo a apenas algumas autoridades ou órgãos. Fala-se, então, em iniciativa reservada ou privativa. Como figuram hipóteses de exceção, os casos de iniciativa reservada não devem ser ampliados por via interpretativa. A iniciativa privativa visa subordinar ao seu titular a conveniência e oportunidade da deflagração do debate legislativo em torno do assunto reservado. Vejamos: **I: Iniciativa privativa de órgãos do Judiciário:** A Constituição cuida de iniciativa privativa de tribunais. É da iniciativa reservada do Supremo Tribunal Federal a Lei complementar sobre o Estatuto da Magistratura (CF/1988, art. 93). Os tribunais têm competência privativa, nos termos do art. 96, I d, da CF/1988 para propor a criação de novas varas judiciárias. É, igualmente, da iniciativa privativa do Supremo Tribunal Federal, dos Tribunais Superiores e dos Tribunais de Justiça propor a alteração do número de membros dos Tribunais inferiores, a criação e a extinção de cargos, e a remuneração dos seus serviços auxiliares e dos juízes que lhe forem vinculados, bem como a fixação do subsídio de seus membros e dos juízes, inclusive dos Tribunais inferiores, onde houver, a criação ou extinção dos tribunais inferiores, e a alteração da organização e da divisão judiciária (CF/1988, art. 96, I). **II: Iniciativa privativa do Ministério Público:** O art. 127, § 2º, da CF/1988 defere ao Ministério Público a iniciativa para propor ao Poder Legislativo a criação e a extinção de seus cargos e serviços auxiliares, bem assim a política remuneratória e aos planos de carreira. No art. 128, § 5º. CF/1988 faculta ao chefe do Ministério Público a iniciativa de Lei complementar que estabelece a organização, as atribuições e o estatuto de cada Ministério Público. É de se notar que, pelo art. 61, § 1º, II, "d", da CF/1988, o constituinte reserva ao Presidente da República a iniciativa de lei sobre organização do Ministério Público. O STF reconheceu a impropriedade terminológica, mas conciliou os dispositivos, entendo que, no caso, "essa privatividade" (da iniciativa do Presidente da República) só pode ter um sentido, que é o de eliminar a iniciativa parlamentar. **III: Iniciativa privativa da Câmara dos deputados, do Senado e do Tribunal de Contas:** A Câmara dos Deputados e o Senado Federal têm a iniciativa privativa para leis que fixem a remuneração dos servidores incluídos na sua organização (arts. 51, IV e 52, III, da CF/1988). **IV: Iniciativa privativa do Tribunal de Contas da União:** Também tem a iniciativa para apresentar projeto de lei visando a dispor sobre a sua organização administrativa, criação de cargos e remuneração de servidores, fixação de subsídio dos membros da Corte. **V: Iniciativa privativa do Presidente da República:** O art. 61, § 1º, I e II, da Constituição elenca assuntos da iniciativa privativa do Presidente da República, que abrange leis que fixem ou modifiquem os efetivos das forças armadas; que disponham sobre criação de cargos, funções ou empregos públicos na administração direta e autárquica ou aumento de sua remuneração; que versem sobre organização administrativa e judiciária, matéria tributária e orçamentária, serviços públicos e pessoal da administração dos territórios; que cuidem dos servidores públicos da União e territórios, seu regime jurídico, provimento de cargos, estabilidade e aposentadoria; que estabeleçam a organização do Ministério Público e da Defensoria Pública dos Estados, do Distrito Federal e dos territórios; que fixem a criação e extinção de Ministérios e órgãos da Administração Pública, observado o disposto no art. 84, VI, da CF/1988, que cogitem dos Militares da Forças Armadas, seu regime jurídico, provimento de cargos, promoções, estabilidade, remuneração, reforma e transferência para a reserva. Consoante a isto, depois de apresentado, o projeto é debatido nas comissões e nos plenários das Casas Legislativas. **Podem ser formuladas emendas (proposições alternativas) aos projetos. A emenda cabe ao parlamentar e, em alguns casos, sofre restrições. Não se admite a proposta de emenda que importe aumento de despesa**

prevista nos projetos de iniciativa exclusiva do Presidente da República e nos projetos sobre organização dos serviços administrativos da Câmara dos Deputados, do Senado Federal, dos Tribunais Federais e do Ministério Público. Assim, não se impede a emenda em casos de iniciativa reservada, mas a emenda estará vedada se importar incremento de dispêndio. Nos casos de leis que cuidam de matéria orçamentária, é também possível a emenda parlamentar, mas com certas ressalvas. Nas leis de orçamento anual, as emendas devem ser compatíveis com o plano plurianual e com a lei de diretrizes orçamentárias. Devem, ainda, indicar os recursos necessários para atendê-las, por meio de anulação de outras despesas previstas no projeto.

Gabarito 1E, 2E

(Procurador/DF – 2013 – CESPE) No que se refere ao controle de constitucionalidade e ao controle exercido pelos TCs, julgue os itens a seguir.

(1) Não se admite ação direta de inconstitucionalidade, perante o STF, cujo objeto seja ato normativo editado pelo DF no exercício de competência que a CF/1988 reserve aos municípios, tal como a disciplina e polícia do parcelamento do solo.

(2) Embora os TCs não detenham competência para declarar a inconstitucionalidade das leis ou dos atos normativos em abstrato, eles podem, no caso concreto, reconhecer a desconformidade formal ou material de normas jurídicas com a CF/1988, deixando de aplicar, ou providenciando a sustação, de atos que considerem inconstitucionais.

(3) O STF possui competência para apreciar a inconstitucionalidade por omissão, legislativa ou administrativa, de órgãos federais em face da CF/1988, mas, no que diz respeito aos órgãos estaduais, a competência para conhecer essas omissões pertence aos tribunais de justiça dos estados.

1: correta. Nos termos da Súmula 642 do STF: "Não cabe ação direta de inconstitucionalidade de lei do distrito federal derivada da sua competência legislativa municipal". Portanto, Lei do DF só pode ser objeto de ADI quando tratar de assunto de competência estadual. Agora, se a mesma lei utilizar de suas duas competências, o STF somente conhecerá do pedido de julgamento da inconstitucionalidade no que tange à competência estadual, alegando incompetência na parte municipal. Isso porque, somente o TJ do DF pode julgar ADI contra lei de conteúdo municipal em face da Lei Orgânica do DF; **2:** correta. A Súmula n. 347 do órgão de Cúpula do Poder Judiciário (STF), determina que "o Tribunal de Contas, no exercício de suas atribuições, pode apreciar a constitucionalidade das leis e dos atos do Poder Público". A referida regra sumular foi aprovada na Sessão Plenária de 13.12.1963; **3:** incorreta, pois a regra se aplica a todos os órgãos, independentemente da esfera.

Gabarito 1C, 2C, 3E

(Procurador/DF – 2013 – CESPE) Considerando a disciplina constitucional relativa aos TCs, julgue os itens subsecutivos.

(1) Os membros do MP junto ao TCU ocupam cargos vitalícios, providos por concurso público específico; são titulares dos mesmos direitos atribuídos aos membros do MP comum e sujeitos às mesmas vedações a que estes se submetem.

(2) As decisões dos TCs não são imunes à revisão judicial, mas, quando imputarem débito ou multa, constituirão título executivo extrajudicial.

1: correta. Interpretação extraída do art. 130, da CF/1988 que dispõe que aos membros do Ministério Público junto aos Tribunais de Contas aplicam-se as disposições da Seção I, Capítulo IV, arts. 127 a 130-A, da

1. DIREITO CONSTITUCIONAL

CF/1988, pertinentes a DIREITOS, VEDAÇÕES e forma de INVESTIDURA; **2:** correta (art. 71, § 3º, da CF/1988).
Gabarito 1C, 2C

(Procurador do Estado/AC – FMP – 2012) De acordo com as afirmações abaixo sobre o Processo Legislativo no âmbito federal, assinale a alternativa correta.

I. O veto jurídico do Presidente da República, forma de controle prévio de constitucionalidade de lei, será sempre expresso.

II. O Congresso Nacional também exerce controle prévio de constitucionalidade, a partir das Comissões de Constituição e Justiça presentes nas duas Casas Legislativas, que oferecem pareceres aos projetos de lei em andamento.

(A) Apenas a afirmativa I está correta.

(B) Nenhuma das afirmativas está correta.

(C) Apenas a afirmativa II está correta.

(D) Ambas as afirmativas estão corretas.

I: Art. 66, § 1º, da CF; II: O Legislativo exerce controle de constitucionalidade, por exemplo, ao rejeitar projeto de lei pela Comissão de Constituição e Justiça por inconstitucionalidade (controle político preventivo), e ao não aprovar Medida Provisória por inconstitucionalidade (controle político repressivo). Há, ainda, o caso do art. 49, V, da CF.
Gabarito "D".

(Procurador do Estado/AC – FMP – 2012) Sobre as leis ordinárias e as leis complementares, pode-se afirmar:

I. Ambas têm o mesmo patamar normativo no âmbito da hierarquia das normas no entendimento do STF.

II. Uma das diferenças relevantes diz respeito à competência temática, pois as leis ordinárias são enumeradas na Constituição.

III. Considerando a ausência de algum(ns) parlamentares nas sessões deliberativas, a aprovação de uma lei complementar exige mais votos do que a aprovação de uma lei ordinária, porém as duas prescindem de sanção ou veto do Presidente da República.

Assim, está(ão) correta(s) a(s) afirmativa(s):

(A) apenas a I

(B) apenas a I e a II.

(C) apenas a III.

(D) apenas a II e a III.

I: Correta. STF, RE 348605-ED, Rel. Min. Dias Toffoli: "Inexiste hierarquia entre lei complementar e lei ordinária. O que há, na verdade, é a distribuição constitucional de matérias entre as espécies legais"; II: Errada. As leis complementares estão enumeradas na CF; III: As leis complementares são aprovadas por maioria absoluta (art. 69 da CF) e as ordinárias por maioria simples (art. 47 da CF), mas ambas demandam sanção/veto do Chefe do Poder Executivo (art. 66 da CF).
Gabarito "A".

(Procurador do Estado/AC – FMP – 2012) Analise as afirmações abaixo.

I. A medida provisória terá força de lei apenas depois de aprovada pelo Congresso Nacional.

II. O veto do Presidente da República será sempre expresso, enquanto a sanção poderá ser tácita ou expressa.

III. O Congresso Nacional tem competência para derrubar o veto do Presidente da República, seja ele jurídico ou político.

Tem-se que é incorreto:

(A) o afirmado no item I.

(B) o afirmado nos itens I e II.

(C) o afirmado nos itens I e III.

(D) o afirmado nos itens II e III.

I: Errada. Tem força de lei desde a edição – art. 62 da CF; II: Correta. Art. 66, §§ 1º e 3º, da CF; III: Correta. Art. 66, § 4º, da CF.
Gabarito "A".

(Procurador do Estado/AC – FMP – 2012) Com relação às medidas provisórias, pode-se afirmar que o Presidente da República poderá, após editá-las, retirá-las da apreciação no Parlamento ou ab-rogá-las pela edição de nova medida provisória, inclusive pela simples suspensão dos efeitos da anterior.

(A) A afirmativa está totalmente correta.

(B) A afirmativa está correta apenas na parte que admite a possibilidade de o Presidente da República retirá-la da apreciação pelo Parlamento.

(C) A afirmativa está correta apenas na parte que admite a possibilidade de o Presidente da República ab-rogá-la pela edição de nova medida provisória.

(D) A afirmativa está totalmente incorreta.

V. STF ADI 1315 MC, Rel. Min. Ilmar Galvão. De acordo com o art. 62, *caput*, da CF, uma vez adotada a Medida Provisória, seu texto deve ser submetido de imediato ao Congresso Nacional, razão pela qual não é permitido ao Presidente da República retirar o ato da apreciação dos parlamentares. Para resolver o impasse institucional, há muito o STF admite a adoção de nova medida provisória para ab-rogar a primeira, embora essa solução seja criticada pela doutrina. Dessa forma, a primeira medida provisória deixaria de trancar a pauta de votação do Congresso, atendendo à vontade do Presidente da República. Ocorre que a segunda medida provisória não teria efeitos meramente revogatórios, devendo ser submetida à análise do Poder Legislativo, uma vez que a Constituição não traz nenhuma exceção à regra da imediata submissão ao Congresso Nacional. Ademais, a eficácia ab-rogatória da segunda MP só se tornará definitiva se e quando seu texto for convertido em lei. Até então o que se terá é a suspensão da vigência da primeira medida provisória, condicional à aprovação da segunda. Assim, se a segunda MP for rejeitada ou caducar, a primeira voltará a viger, pelo restante do prazo constitucional ainda existente, cabendo também ao Congresso a sua análise. Pelo mesmo motivo, uma possível ação direta de inconstitucionalidade proposta contra a primeira MP não se torna prejudicada pela simples adoção da medida ab-rogatória, mas apenas com a conversão da segunda MP em lei. Note-se, por fim, que a hipótese não equivale à repristinação, que só é admitida pelo ordenamento brasileiro se houver manifestação expressa do legislador nesse sentido (art. 2º, § 3º, da LINDB). Aqui, a continuidade da eficácia da primeira medida provisória é resultado do procedimento previsto pela própria Constituição para o trâmite das medidas provisórias e depende da existência de prazo residual.
Gabarito "C".

(Procurador do Estado/AC – FMP – 2012) Dentre as regras básicas do processo legislativo federal, de observância compulsória pelos Estados, por sua implicação com o princípio fundamental da separação e independência dos Poderes e do Pacto Federativo, encontram-se as previstas nas alíneas *a* e *c* do art. 61, § 1º, II, da CF, que determinam a iniciativa reservada do chefe do Poder Executivo (da União) na elaboração de leis que disponham sobre o regime jurídico e o provimento de cargos dos servidores públicos civis e militares.

(A) A afirmativa está correta.

(B) A afirmativa está incorreta.

(C) A afirmativa está correta, porém pode a Constituição estadual disciplinar diversamente.

(D) Nenhuma das alternativas anteriores.

STF, ADIn 549, Rel. Min. Carlos Velloso: "Matéria de iniciativa reservada do Chefe do Poder Executivo: C.F., art. 61, § 1°, II, a e c, de observância obrigatória pelos Estados-membros e pelo Distrito Federal".
Gabarito "A".

(PROCURADOR DO ESTADO/MG – FUMARC – 2012) Acerca do Processo Legislativo Estadual, assinale a alternativa INCORRETA:

(A) A Emenda à Constituição Mineira deverá ser discutida, votada e aprovada em dois turnos, nos quais deverá obter, em ambos, três quintos dos votos dos membros, para, posteriormente, passar por veto do Governador, para ser promulgada;

(B) A Constituição Estadual pode ser emendada por proposta proveniente de, pelo menos, um terço dos membros da Assembleia Legislativa de Minas Gerais, do Governador do Estado, de, no mínimo, 100 (cem) Câmaras Municipais (por quorum próprio);

(C) As Leis Complementares e Ordinárias podem ser propostas por qualquer membro da Assembleia Legislativa Mineira, pelo Governador, pelo Tribunal de Justiça do Estado, pelo Tribunal de Contas, pelo Procurador Geral de Justiça e por iniciativa popular, nos termos da lei.

(D) São matérias de ordem privativa do Governador de Minas Gerais as propostas de leis que tenderem à mudança do regime de previdência e jurídico único dos servidores da administração direta, da organização dos planos plurianuais e das diretrizes orçamentárias;

(E) Para os projetos de lei de iniciativa popular, é necessária a manifestação idônea de, no mínimo dez mil eleitores do Estado, por meio de entidade associativa legalmente constituída, limitada pelas hipóteses de matéria indelegável ou de iniciativa privativa.

A: Na elaboração de emendas à Constituição não há a fase de sanção ou veto, pois se trata de exercício do Poder Constituinte Derivado; **B:** Art. 64, I a III, da CE/MG; **C:** Art. 65 da CE/MG; **D:** Art. 66, III, "c", da CE/MG; **E:** Art. 67 da CE/MG.
Gabarito "A".

(Procurador do Município/Cubatão-SP – 2012 – VUNESP) Assinale a alternativa correta acerca do processo legislativo.

(A) A iniciativa popular pode ser exercida pela apresentação ao Senado Federal de projeto de lei subscrito por, no mínimo, um por cento do eleitorado nacional, distribuído pelo menos por cinco Estados, com não menos de três décimos por cento dos eleitores de cada um deles.

(B) Em caso de relevância e urgência, o Presidente da República poderá adotar medidas provisórias, com força de lei, devendo submetê-las em até 30 dias ao Congresso Nacional.

(C) É vedada a edição de medidas provisórias sobre matéria relativa a direito tributário.

(D) A discussão e votação dos projetos de lei de iniciativa do Presidente da República, do Supremo Tribunal Federal e dos Tribunais Superiores terão início no Senado Federal.

(E) O veto será apreciado em sessão conjunta, dentro de trinta dias a contar de seu recebimento, só podendo ser rejeitado pelo voto da maioria absoluta dos Deputados e Senadores, em escrutínio secreto.

A: Não reflete o disposto no art. 61, § 2°, da CF; **B:** A submissão é imediata (art. 62, caput, da CF); **C:** Não é vedada, apenas possui peculiaridades (art. 62, § 2°, da CF); **D:** O início é na Câmara dos Deputados (art. 64 da CF); **E:** Art. 66, § 4°, da CF. É importante ressaltar que a Emenda Constitucional 76, de 28 de novembro de 2013, alterou a redação do § 4° do art. 66 da CF e eliminou o escrutínio secreto das votações de apreciação em sessão conjunta do veto.
Gabarito "E".

(Procurador do Município/São José dos Campos-SP – 2012 – VUNESP) A Constituição Federal veda a edição de medidas provisórias sobre matéria

(A) reservada à lei complementar.

(B) relativa à organização da Defensoria Pública.

(C) relativa a direito civil.

(D) relativa a direito tributário.

(E) referente aos sistemas bancário e financeiro.

Art. 62, § 1°, III da CF.
Gabarito "A".

(Procurador do Município/Sorocaba-SP – 2012 – VUNESP) O projeto de lei de iniciativa popular, entre outros requisitos,

(A) deve ser apresentado perante o Senado.

(B) deve ser subscrito por, no mínimo, um por cento do eleitorado nacional.

(C) deve ser subscrito por eleitores de pelo menos três Estados.

(D) deve ser subscrito por eleitores de pelo menos um décimo por cento dos eleitores de, no mínimo, três Estados.

(E) não pode tratar de matéria reservada à lei ordinária.

Art. 61, § 2°, da CF.
Gabarito "B".

(Advogado da União/AGU – CESPE – 2012) A respeito do processo legislativo e da competência legislativa da União e dos estados, julgue os próximos itens.

(1) Serão constitucionais leis estaduais que disponham sobre direito tributário, financeiro, penitenciário, econômico e urbanístico, matérias que se inserem no âmbito da competência concorrente da União, dos estados e do DF.

(2) A competência para votar os projetos de lei é, em regra, dos plenários da Câmara dos Deputados e do Senado Federal, mas as mesas diretoras das respectivas casas podem, mediante decreto legislativo, outorgar às comissões permanentes, em razão da matéria de sua competência, a prerrogativa de discutir, votar e decidir as proposições legislativas.

1: Correta. Art. 24, I, da CF; 2. Errada. Não reflete o disposto no art. 58, § 2°, I, da CF.
Gabarito 1C, 2E

12. DA ORGANIZAÇÃO DO PODER JUDICIÁRIO

(Procurador do Estado – PGE/MT – FCC – 2016) Sobre o Poder Judiciário, de acordo com a Constituição Federal e a jurisprudência do Supremo Tribunal Federal, considere:

I. Lei Complementar Estadual que instituiu a Lei Orgânica do Poder Judiciário de determinado Estado estabeleceu critérios diversos dos previstos na Lei Orgânica da Magistratura Nacional para desempate na lista de antiguidade da Magistratura Estadual. Trata-se de dispositivo inconstitucional por versar sobre matéria própria do Estatuto da Magistratura, de iniciativa do Supremo Tribunal Federal.

II. A aplicação das normas e princípios previstos para o Poder Judiciário na Constituição Federal de 1988 depende da promulgação do Estatuto da Magistratura.

III. É inconstitucional dispositivo de Lei Complementar de determinado Estado que institui a possibilidade de, mediante prévia inspeção médica e comprovação de idoneidade moral, haver readmissão de Magistrado exonerado, que ingressará nos quadros da Magistratura, assegurada a contagem do tempo de serviço anterior para efeito de disponibilidade, gratificação, adicional e aposentadoria, desde que o interessado não tenha mais de 25 anos de serviço público.

IV. É constitucional a criação por lei estadual de varas especializadas em delitos praticados por organizações criminosas, com previsão de indicação e nomeação de magistrados que ocuparão as referidas varas pelo Presidente do Tribunal de Justiça, com a aprovação do respectivo tribunal, para mandato de 2 anos.

Está correto o que se afirma APENAS em:

(A) I e III.

(B) II e III.

(C) I e IV.

(D) II e IV.

(E) I e II.

I: correta. Ver ADI 4462, Rel. Min. Cármen Lúcia; **II**: incorreta. As normas e princípios da magistratura previstos na CF são de eficácia direta e aplicabilidade imediata; **III**: correta. Violaria os arts. 37, II e 93, I, da CF e a Lei Orgânica da Magistratura Nacional, conforme já decidido pelo STF; **IV**: incorreta. Conforme julgado na ADI 4414, Rel. Min. Luiz Fux, "os juízes integrantes de Vara especializada criada por Lei estadual devem ser designados com observância dos parâmetros constitucionais de antiguidade e merecimento previstos no art. 93, II e VIII-A, da Constituição da República, sendo inconstitucional, em vista da necessidade de preservação da independência do julgador, previsão normativa segundo a qual a indicação e nomeação dos magistrados que ocuparão a referida Vara será feita pelo Presidente do Tribunal de Justiça, com a aprovação do Tribunal". **TM**

Gabarito "A".

(Procurador do Estado/TO – 2018 – FCC) Suponha que certo Estado editou, em dezembro de 2017, lei aumentando a alíquota da taxa judiciária devida pela prestação do serviço jurisdicional, o que ensejou a edição de ato pela Corregedoria do Tribunal de Justiça determinando aos servidores da Justiça a aplicação da nova alíquota a partir de janeiro de 2018. O Conselho Nacional de Justiça – CNJ, todavia, ao julgar representação proposta contra o referido ato do Tribunal local, afastou sua validade por entendê-lo inconstitucional e determinou ao Tribunal de Justiça que, ao aplicar a lei,

observe o prazo de 90 dias contados de sua publicação para exigência da nova alíquota. Considerando as disposições da Constituição Federal e a jurisprudência do Supremo Tribunal Federal, o CNJ decidiu

(A) incorretamente, uma vez que a taxa judiciária é preço público, a ela não se aplicando o princípio constitucional da anterioridade, não cabendo ao CNJ, ademais, afastar a aplicação do ato do Tribunal de Justiça incompatível com a Constituição Federal, uma vez que essa atribuição foi reservada exclusivamente ao Poder Judiciário.

(B) incorretamente, uma vez que, embora a taxa judiciária tenha natureza tributária, a ela se aplicando o princípio constitucional da anterioridade, não cabe ao CNJ afastar a aplicação do ato do Tribunal de Justiça incompatível com a Constituição Federal, uma vez que essa atribuição foi reservada exclusivamente ao Poder Judiciário.

(C) corretamente, uma vez que a taxa judiciária tem natureza tributária, a ela se aplicando o princípio constitucional da anterioridade, cabendo ao CNJ declarar a inconstitucionalidade do ato do Tribunal de Justiça pelo voto da maioria simples de seus membros presente a maioria absoluta.

(D) corretamente, uma vez que a taxa judiciária tem natureza tributária, a ela se aplicando o princípio constitucional da anterioridade, cabendo ao CNJ afastar a aplicação do ato do Tribunal de Justiça e determinar que o Tribunal se adeque às normas da Constituição Federal.

(E) incorretamente, uma vez que a taxa judiciária é preço público, a ela não se aplicando o princípio constitucional da anterioridade, embora caiba ao CNJ afastar a aplicação do ato do Tribunal de Justiça incompatível com a Constituição Federal.

Correta é a letra D, conforme jurisprudência do STF: "Atuação do órgão de controle administrativo, financeiro e disciplinar da magistratura nacional nos limites da respectiva competência, afastando a validade dos atos administrativos e a aplicação de lei estadual na qual embasados e reputada pelo Conselho Nacional de Justiça contrária ao princípio constitucional de ingresso no serviço público por concurso público, pela ausência dos requisitos caracterizadores do cargo comissionado. 3. Insere-se entre as competências constitucionalmente atribuídas ao Conselho Nacional de Justiça a possibilidade de afastar, por inconstitucionalidade, a aplicação de lei aproveitada como base de ato administrativo objeto de controle, determinando aos órgãos submetidos a seu espaço de influência a observância desse entendimento, por ato expresso e formal tomado pela maioria absoluta dos membros do Conselho.". (Pet 4.656. Rel. Min. Cármen Lúcia). **AB**

Gabarito "D".

(Procurador do Estado – PGE/MT – FCC – 2016) O Conselho Nacional de Justiça, nos termos preconizados pela Constituição Federal, é composto de 15 membros, com mandato de dois anos, admitida uma recondução. Dentre os seus componentes haverá necessariamente:

(A) um juiz de Tribunal Regional Federal, indicado pelo Superior Tribunal de Justiça.

(B) dois advogados indicados pelo Presidente da Ordem dos Advogados do Brasil Nacional.

(C) um membro do Ministério Público Federal, escolhido e indicado pelo Procurador-Geral da República.

(D) um juiz do Tribunal Regional do Trabalho, indicado pelo Supremo Tribunal Federal.

(E) dois cidadãos, de notável saber jurídico e reputação ilibada, indicados pelo Presidente do Congresso Nacional.

Art. 103-B. O Conselho Nacional de Justiça compõe-se de 15 (quinze) membros com mandato de 2 (dois) anos, admitida 1 (uma) recondução, sendo: I – o Presidente do Supremo Tribunal Federal; II – um Ministro do Superior Tribunal de Justiça, indicado pelo respectivo tribunal; III – um Ministro do Tribunal Superior do Trabalho, indicado pelo respectivo tribunal; IV – um desembargador de Tribunal de Justiça, indicado pelo Supremo Tribunal Federal; V – um juiz estadual, indicado pelo Supremo Tribunal Federal; VI – um juiz de Tribunal Regional Federal, indicado pelo Superior Tribunal de Justiça; VII – um juiz federal, indicado pelo Superior Tribunal de Justiça; VIII – um juiz de Tribunal Regional do Trabalho, indicado pelo Tribunal Superior do Trabalho; IX – um juiz do trabalho, indicado pelo Tribunal Superior do Trabalho; X – um membro do Ministério Público da União, indicado pelo Procurador-Geral da República; XI – um membro do Ministério Público estadual, escolhido pelo Procurador-Geral da República dentre os nomes indicados pelo órgão competente de cada instituição estadual; XII – dois advogados, indicados pelo Conselho Federal da Ordem dos Advogados do Brasil; XIII – dois cidadãos, de notável saber jurídico e reputação ilibada, indicados um pela Câmara dos Deputados e outro pelo Senado Federal. **TM**

Gabarito "A".

(Procurador do Estado – PGE/RS – Fundatec – 2015) A Reclamação Constitucional é fruto de construção jurisprudencial do Supremo Tribunal Federal, com fundamento na teoria dos poderes implícitos, cujo objetivo primordial é proteger a ordem jurídico-constitucional. Atualmente, encontra-se prevista na Constituição Federal de 1988, nos artigos 102, inciso I, alínea *l*, e 105, inciso I, alínea *f*, e seu procedimento disciplinado na Lei nº 8.038/90. Sobre a reclamação constitucional, assinale a alternativa correta.

(A) A reclamação constitucional, na condição de típico sucedâneo da ação rescisória, pode ser ajuizada contra decisão transitada em julgado, principalmente contra decisão que afrontou competência absoluta do STF ou STJ, desde que seja respeitado o prazo decadencial de 2 (dois) anos.

(B) É cabível reclamação constitucional, com fundamento na preservação da competência, contra ato judicial comissivo ou omissivo, que impeça que o STF ou STJ exerça sua competência.

(C) De acordo com orientação firmada pelo STF e pelo STJ, é cabível reclamação constitucional dirigida ao STJ contra sentença proferida por juiz de juizado especial cível, que contrariar entendimento pacífico na jurisprudência do STJ.

(D) Em virtude do objetivo maior de proteção da ordem jurídico-constitucional, mediante preservação da competência e garantia da autoridade das decisões do STF e STJ, é permitida na reclamação constitucional ampla dilação probatória, concedendo às partes todos os poderes processuais necessários para provar os fatos alegados.

(E) O entendimento do STF é no sentido de ser cabível reclamação constitucional contra ato judicial que desobedecer decisão proferida em ação direta de inconstitucionalidade ou ação declaratória de constitucionalidade, em razão do caráter vinculante, salvo nos casos de decisão liminar, uma vez que baseada em cognição sumária e desprovida da autoridade da coisa julgada material.

A: incorreta. Ver Súmula 734 STF; **B:** correta. Conforme bem resumido em notícia do STF, "a Reclamação é cabível em três hipóteses. Uma delas é preservar a competência do STF – quando algum juiz ou tribunal, usurpando a competência estabelecida no artigo 102 da Constituição, processa ou julga ações ou recursos de competência do STF. Outra, é garantir a autoridade das decisões do STF, ou seja, quando decisões monocráticas ou colegiadas do STF são desrespeitadas ou descumpridas por autoridades judiciárias ou administrativas. Também é possível ajuizar Reclamação para garantir a autoridade das súmulas vinculantes: depois de editada uma súmula vinculante pelo Plenário do STF, seu comando vincula ou subordina todas as autoridades judiciárias e administrativas do País. No caso de seu descumprimento, a parte pode ajuizar Reclamação diretamente ao STF. A medida não se aplica, porém, para as súmulas convencionais da jurisprudência dominante do STF; **C:** incorreta. De acordo com a Resolução STJ 03/2016, cabe ao Tribunal de Justiça julgar reclamação para dirimir conflito entre decisão de Turma Recursal Estadual ou do DF e a jurisprudência do STJ; **D:** incorreta. A prova na reclamação, assim como no mandado de segurança, deve estar pré-constituída; **E:** incorreta. A cautelar em ADC tem eficácia vinculante, segundo jurisprudência pacífica do STF. **TM**

Gabarito "B".

(Procurador do Estado – PGE/PR – PUC – 2015) A *accountability* do Poder Judiciário fortaleceu-se com o advento do Conselho Nacional de Justiça (CNJ), em 2004. Sobre o órgão e sua competência disciplinar, na esteira da compreensão do Supremo Tribunal Federal, assinale a alternativa **CORRETA**.

(A) O CNJ detém competência subsidiária, mas não originária ou concorrente, para instaurar procedimentos administrativos disciplinares aplicáveis aos magistrados, podendo atuar após a inércia dos Tribunais dos Estados-membros, os quais devem ter sua autonomia preservada.

(B) O CNJ detém competência originária e concorrente para instaurar procedimentos administrativos disciplinares aplicáveis a magistrados.

(C) O CNJ detém competência para analisar, apenas em grau de recurso, os procedimentos administrativos disciplinares aplicáveis aos magistrados e instaurados pelos respectivos Tribunais de Justiça.

(D) O CNJ detém somente competência subsidiária para instaurar procedimentos administrativos disciplinares aplicáveis aos magistrados das Justiças estaduais, mas detém competência originária em relação aos magistrados federais.

(E) O CNJ detém competência para regulamentar a atuação dos Tribunais, mas não para instaurar procedimentos administrativos disciplinares.

A *accountability* refere-se à prestação de contas e à responsividade dos atos do Poder Judiciário. No caso, o STF firmou o entendimento, ao julgar a ADI 4638, que o CNJ pode iniciar investigação contra magistrados independentemente da atuação da corregedoria do tribunal, sem necessidade de fundamentar a decisão. **TM**

Gabarito "B".

(Procurador – PGFN – ESAF – 2015) Assinale a opção incorreta.

(A) A Justiça do Trabalho detém competência para julgar as ações de indenização por dano moral ou patrimonial, decorrentes da relação de trabalho e as ações relativas às penalidades administrativas impostas aos empregadores pelos órgãos de fiscalização das relações de trabalho.

1. DIREITO CONSTITUCIONAL   71

(B) Compete à Justiça do Trabalho dirimir controvérsias em torno de representação sindical, transferida da Justiça Comum para a do Trabalho, conforme previsão na Emenda Constitucional n. 45, de 2004, mantendo, por decisão do STF, a competência residual dos TJs e do STJ para apreciar os recursos nessa matéria, quando já proferidas decisões na Justiça Comum antes da promulgação da Emenda em comento.

(C) As decisões tomadas pelo Tribunal Superior do Trabalho são irrecorríveis, salvo: as decisões denegatórias de mandado de segurança, *habeas corpus* ou *habeas data*, cabendo recurso ordinário para o Supremo Tribunal Federal e as decisões que contrariarem a Constituição ou declararem a inconstitucionalidade de lei federal ou tratado, quando caberá recurso extraordinário para o Supremo Tribunal Federal.

(D) A Emenda Constitucional n. 45, de 2004, manteve o Poder Normativo da Justiça do Trabalho como forma de solução dos conflitos coletivos exigindo, previamente, ao ajuizamento do dissídio coletivo de natureza econômica, a comprovação do esgotamento do processo negocial entre empregados e empregadores.

(E) Com a redação da Emenda Constitucional n. 45, de 2004, o Tribunal Superior do Trabalho passou a ser composto por vinte e sete Ministros, escolhidos entre brasileiros, com mais de 35 e menos de 65 anos, nomeados pelo Presidente da República, após a aprovação pela maioria absoluta do Senado Federal, sendo 1/5 entre advogados com mais de dez anos de efetiva atividade profissional e membros do Ministério Público do Trabalho, com mais de dez anos de efetivo exercício, indicados em lista sêxtupla pelos órgãos de representação da respectiva classe.

A: correta. Art. 114, VI e VII, CF; **B:** correta. Art. 114, III, CF; **C:** correta, segundo doutrina de Gilmar Ferreira Mendes; **D:** incorreta, devendo ser assinalada. O esgotamento do processo negocial entre empregados e empregadores não é condição para o ajuizamento de dissídio coletivo; **E:** incorreta. Art. 111-A, I e II, CF c/c art. 94 da CF. TM
Gabarito "D".

(Procurador – PGFN – ESAF – 2015) A competência recursal da Suprema Corte dos Estados Unidos é discricionária. Os juízes (*Justices*) que a compõem têm a prerrogativa de aceitar ou não recurso contra decisões de órgãos judiciários inferiores. Elegem o tema que entendem merecer a apreciação do, por assim dizer, "pleno". Essa regra é considerada salutar e responsável pelo número relativamente pequeno de processos que a Suprema Corte norte--americana julga a cada ano, possibilitando mais tempo para julgar, para refletir, o que se traduz em votos mais densos e de melhor qualidade. Sobre esse tema, redução do número de processos julgados pela Corte Máxima, no caso brasileiro, é correto afirmar que:

(A) os ministros do Supremo Tribunal Federal, desde a Constituição de 1946, têm essa prerrogativa, vale dizer, selecionar os recursos que vão ou não julgar, constituindo-se um avanço naquela que é considerada umas das mais democráticas constituições da nossa história.

(B) a Arguição de Preceito Fundamental é o instrumento adequado para fazer esse filtro de recursos ao Supremo Tribunal Federal.

(C) o Brasil não adota esse sistema, todos os recursos interpostos para julgamento pelo Supremo Tribunal Federal serão analisados pelos Ministros daquela Corte, sem exceção.

(D) a Emenda Constitucional n. 45/05 criou mecanismo que se assemelha ao filtro existente na Suprema Corte dos EUA, que, no Brasil, é a repercussão geral, sem a qual o número de recursos no Supremo Tribunal Federal seria ainda maior que o atual.

(E) a discricionariedade no sistema processual constitucional brasileiro verifica-se mediante instrumentos próprios que estão presentes desde a promulgação da Constituição Federal de 1988, especificamente para o Superior Tribunal de Justiça e o Supremo Tribunal Federal, aos quais o texto constitucional outorgou a prerrogativa da discricionariedade recursal a cada um de seus ministros.

A: incorreta. Os ministros do STF não têm competência discricionária para escolher os recursos que irão julgar. Caso obedecidos os requisitos legais, os recursos serão admitidos e julgados; **B:** incorreta. A ADPF é ação constitucional de controle de constitucionalidade, cabível nas hipóteses do art. 102, § 1º e art. 1º da Lei 9.882/1999; **C:** incorreta. Caso não sejam preenchidos os requisitos de admissibilidade, os recursos não serão apreciados; **D:** correta. A repercussão é requisito de admissibilidade do recurso extraordinário (art. 102, § 3º, CF), correspondendo a filtro para o seu processamento, já que o recorrente deverá demonstrar a existência, ou não, de questões relevantes do ponto de vista econômico, político, social ou jurídico, que ultrapassem os interesses subjetivos da causa; **E:** incorreta. Não existe discricionariedade recursal no sistema brasileiro. TM
Gabarito "D".

(Procurador – PGFN – ESAF – 2015) Como resposta ao 11 de setembro, o governo dos Estados Unidos lançou ampla ofensiva contra o terrorismo, denominada de "Guerra ao Terror". Vários acusados de práticas terroristas ou de apoio foram presos e levados à prisão de Guantánamo Bay, em Cuba. Durante largo espaço de tempo, a condição desses prisioneiros, nacionais ou estrangeiros, restou legalmente indefinida até que a Suprema Corte dos Estados Unidos decidiu que eles poderiam impetrar *habeas corpus* e impugnar judicialmente os motivos para a prisão, ainda que alguns deles não possuíssem nacionalidade norte--americana. A Constituição Federal de 1988 se ocupa do tema, dispondo em alguns momentos sobre guerra e estabelecendo consequências. Tomando-se por base o direito constitucional brasileiro, é correto afirmar que:

(A) em caso de guerra somente o Supremo Tribunal Federal retém competência constitucional para julgar ações contra lesão a direito.

(B) na hipótese de estado de beligerância, a competência originária para dirimir conflitos surgidos em razão desse estado é do Tribunal Regional Federal que tiver jurisdição sobre o órgão militar que tomou a decisão.

(C) na hipótese de lesão a direito individual praticado por ato administrativo de autoridade militar, o juiz natural é o Tribunal Superior Militar, ainda que se trate de lesão a direito de civil.

(D) a Constituição Federal de 1988 autoriza, no Ato das Disposições Constitucionais Transitórias, a criação de Tribunal específico, formado por civis e militares na ativa em posição equiparada ao generalato, com jurisdição para tratar, entre outros temas, de lesão a direito individual ou coletivo, em caso de guerra.

(E) o princípio da inafastabilidade da apreciação pelo Judiciário de lesão ou ameaça a direito autoriza que, mesmo em caso de guerra, o Judiciário mantenha sua jurisdição.

O princípio da inafastabilidade do controle pelo Poder Judiciário (art. 5º, XXXV, CF), que abrange a divisão de competências entre os diversos órgãos do Judiciário (art. 92), não prevê exceções para casos de guerra. TM

Gabarito "E".

(Procurador do Estado/BA – 2014 – CESPE) No que se refere ao Poder Judiciário, julgue os itens seguintes, considerando que STJ se refere ao Superior Tribunal de Justiça.

(1) Os tribunais regionais federais não podem funcionar de forma descentralizada, ressalvada a justiça itinerante.

(2) O tribunal regional eleitoral deve eleger seu vice-presidente entre os juízes federais.

(3) Compete ao STJ processar e julgar, originariamente, o conflito de competência instaurado entre juiz federal e juiz do trabalho.

(4) A função de ministro-corregedor do Conselho Nacional de Justiça deve ser exercida por ministro do STJ.

1: errado. De acordo com o art. 107, § 3º, da CF, os Tribunais Regionais Federais poderão funcionar **descentralizadamente**, constituindo Câmaras regionais, a fim de assegurar o pleno acesso do jurisdicionado à justiça em todas as fases do processo; **2:** errado. Conforme dispõe o art. 120, § 2º, da CF, o Tribunal Regional Eleitoral elegerá seu Presidente e o Vice-Presidente dentre os **desembargadores**; **3:** correto. De acordo com o art. 105, I, "d", da CF, compete ao STJ o processo e julgamento, de forma originária, dos **conflitos de competência** entre quaisquer tribunais, ressalvado o disposto no art. 102, I, "o", bem como entre tribunal e juízes a ele não vinculados e **entre juízes vinculados a tribunais diversos**; **4:** correto. Determina o art. 103-B, § 5º, da CF, que o Ministro do Superior Tribunal de Justiça exercerá a função de Ministro-Corregedor e ficará excluído da distribuição de processos no Tribunal. Gabarito 1E, 2E, 3C, 4C

(Procurador do Estado – PGE/RN – FCC – 2014) Lei estadual instituiu adicional de insalubridade em favor de determinados servidores públicos, no valor de dois salários mínimos. A constitucionalidade da lei foi discutida em ação judicial pelo rito ordinário proposta por servidores públicos, na qual foi proferido acórdão pelo Tribunal de Justiça que, confirmando a sentença de primeiro grau, determinou que o valor do adicional fosse convertido para o equivalente em moeda nacional e corrigido monetariamente pelos critérios de cálculo do Tribunal de Justiça, tendo em vista a vedação constitucional de utilização do salário mínimo para fins de cálculo de remuneração. A parte interessada, querendo impugnar o acórdão proferido pelo Tribunal de Justiça, perante o Supremo Tribunal Federal,

(A) não poderá fazê-lo por reclamação constitucional, uma vez que o acórdão não foi proferido pelo órgão plenário ou especial do Tribunal de Justiça.

(B) poderá fazê-lo por reclamação constitucional, desde que atendidos os demais pressupostos legais que a autorizam, tendo em vista que o acórdão violou súmula vinculante que trata da matéria.

(C) poderá fazê-lo por reclamação constitucional, uma vez que presentes seus pressupostos, ainda que o acórdão impugnado tenha transitado em julgado.

(D) não poderá fazê-lo por reclamação constitucional, uma vez que a medida apenas tem cabimento contra ato proferido pela Administração pública que viole diretamente norma constitucional ou súmula vinculante editada pelo Supremo Tribunal Federal.

(E) não poderá fazê-lo por reclamação constitucional, uma vez que o acórdão não foi proferido em sede de mandado de segurança, *habeas corpus* ou *habeas data*.

A Reclamação é cabível em três hipóteses. Uma delas é preservar a competência do STF – quando algum juiz ou tribunal, usurpando a competência estabelecida no art. 102 da Constituição, processa ou julga ações ou recursos de competência do STF. Outra, é garantir a autoridade das decisões do STF, ou seja, quando decisões monocráticas ou colegiadas do STF são desrespeitadas ou descumpridas por autoridades judiciárias ou administrativas. Também é possível ajuizar Reclamação para garantir a autoridade das súmulas vinculantes: depois de editada uma súmula vinculante pelo Plenário do STF, seu comando vincula ou subordina todas as autoridades judiciárias e administrativas do país. No caso de seu descumprimento, a parte pode ajuizar Reclamação diretamente ao STF. A medida não se aplica, porém, para as súmulas convencionais da jurisprudência dominante do STF. No caso, a decisão feriu o teor da Súmula Vinculante 4/STF: "Salvo nos casos previstos na Constituição, o salário mínimo não pode ser usado como indexador de base de cálculo de vantagem de servidor público ou de empregado, nem ser substituído por decisão judicial". TM

Gabarito "B".

(Procurador do Estado – PGE/RN – FCC – 2014) O Conselho Nacional de Justiça – CNJ deliberou acolher representação para o fim de avocar processo disciplinar contra juiz de direito, em curso perante o Tribunal de Justiça respectivo. O Tribunal de Justiça entendeu que a decisão do CNJ violou, abusivamente, sua autonomia administrativa por ter avocado o processo disciplinar sem amparo legal e contrariamente à jurisprudência, motivo pelo qual pretende impugná-la pela via do mandado de segurança. A pretensão do Tribunal de Justiça

(A) poderá ser exercida, uma vez que, embora seja permitido avocar processo disciplinar em curso contra juiz, eventual abuso de poder poderá ser objeto de mandado de segurança perante o Superior Tribunal de Justiça, se presentes os requisitos legais.

(B) não encontra amparo constitucional, uma vez que, embora não seja permitido ao CNJ avocar processo disciplinar em curso contra juiz, mas apenas processo disciplinar contra outros servidores do Poder Judiciário, não cabe mandado de segurança contra a decisão do CNJ.

(C) encontra amparo constitucional, uma vez que, embora seja permitido ao CNJ avocar processo disciplinar em curso contra juiz, eventual abuso de poder poderá ser objeto de mandado de segurança perante o Supremo Tribunal Federal, se presentes os requisitos legais.

(D) encontra amparo constitucional, uma vez que não é permitido ao CNJ avocar processo disciplinar em curso contra juiz, mas apenas processo disciplinar contra outros servidores do Poder Judiciário, cabendo a impetração de mandado de segurança perante o Superior Tribunal de Justiça, se presentes os requisitos legais.

1. DIREITO CONSTITUCIONAL — 73

(E) encontra amparo constitucional, uma vez que, embora seja permitido ao CNJ avocar processo disciplinar em curso contra juiz, eventual abuso de poder poderá ser objeto de mandado de segurança perante o juiz monocrático competente, se presentes os requisitos legais.

Art. 103-B, § 4°, III, CF: "Art. 103-B, § 4° – Compete ao Conselho o controle da atuação administrativa e financeira do Poder Judiciário e do cumprimento dos deveres funcionais dos juízes, cabendo-lhe, além de outras atribuições que lhe forem conferidas pelo Estatuto da Magistratura: (...) III – receber e conhecer das reclamações contra membros ou órgãos do Poder Judiciário, inclusive contra seus serviços auxiliares, serventias e órgãos prestadores de serviços notariais e de registro que atuem por delegação do poder público ou oficializados, sem prejuízo da competência disciplinar e correcional dos tribunais, podendo avocar processos disciplinares em curso e determinar a remoção, a disponibilidade ou a aposentadoria com subsídios ou proventos proporcionais ao tempo de serviço e aplicar outras sanções administrativas, assegurada ampla defesa". **TM**

Gabarito "C".

(Procurador do Município/São José dos Campos-SP – 2012 – VUNESP) Assinale a alternativa correta a respeito do Poder Judiciário.

(A) Os servidores do cartório judicial receberão delegação para a prática de atos de administração, de atos de mero expediente sem caráter decisório e decisões cujo teor tenha sido previamente encaminhado por modelo pelo juiz da Comarca.

(B) Os juízes gozam de vitaliciedade, que, no primeiro grau, só será adquirida após três anos de exercício, dependendo a perda do cargo, nesse período, de deliberação do tribunal a que o juiz estiver vinculado.

(C) Aos juízes é vedado dedicar-se à atividade político-partidária, exceto se expressamente autorizado pela maioria absoluta do órgão especial do Tribunal a que esteja vinculado.

(D) As decisões administrativas dos tribunais serão motivadas e em sessão secreta, sendo as disciplinares tomadas pelo voto da maioria absoluta de seus membros.

(E) Aos juízes é vedado exercer a advocacia no juízo ou tribunal do qual se afastou, antes de decorridos três anos do afastamento do cargo por aposentadoria ou exoneração.

A: Apenas para a prática de atos de administração e atos de mero expediente sem caráter decisório (art. 93, XIV, da CF); **B:** Não reflete o disposto no art. 95, I, da CF; **C:** Há vedação expressa na CF (art. 95, parágrafo único, III, da CF); **D:** Não reflete o disposto no art. 93, X, da CF; **E:** Art. 95, parágrafo único, V, da CF.
Gabarito "E".

(Procurador do Município/Sorocaba-SP – 2012 – VUNESP) Assinale a alternativa correta a respeito do Poder Judiciário segundo a Constituição Federal.

(A) Compete ao Supremo Tribunal Federal processar e julgar, originariamente, a ação declaratória de constitucionalidade de lei ou ato normativo federal ou estadual.

(B) As decisões definitivas de mérito, proferidas pelo Supremo Tribunal Federal, nas ações diretas de inconstitucionalidade e nas ações declaratórias de constitucionalidade produzirão eficácia contra todos

e efeito vinculante, relativamente aos demais órgãos do Poder Judiciário, do Poder Legislativo e à administração pública direta e indireta, nas esferas federal, estadual e municipal.

(C) O Advogado-Geral da União deverá ser previamente ouvido nas ações de inconstitucionalidade e em todos os processos de competência do Supremo Tribunal Federal.

(D) Compete ao Conselho Nacional do Ministério Público o controle da atuação administrativa e financeira do Poder Judiciário e do cumprimento dos deveres funcionais dos juízes, cabendo-lhe, ainda, outras atribuições que lhe forem conferidas pela Lei Orgânica do Ministério Público.

(E) Compete ao Superior Tribunal de Justiça processar e julgar, originariamente, a homologação de sentenças estrangeiras e a concessão de **exequatur** às cartas rogatórias.

A: Só cabe ação declaratória de lei ou ato normativo federal (art. 102, I, "a", da CF); **B:** Não há efeito vinculante em relação ao Poder Legislativo (art. 102, § 2°, da CF); **C:** O art. 103, § 1°, da CF refere-se ao Procurador-Geral da República. O AGU funciona como curador da constitucionalidade das normas e, por isso, funciona nas ações de inconstitucionalidade (art. 103, § 3°, da CF); **D:** O art. 103-B, § 4°, da CF estabelece que essas atribuições são do CNJ, não do CNMP; **E:** Art. 105, I, "i", da CF.
Gabarito "E".

(Advogado da União/AGU – CESPE – 2012) No que se refere ao estatuto constitucional da magistratura e às competências do STF, julgue os itens subsequentes.

(1) Embora o rol de matérias de competência originária do STF seja taxativo na CF, esse tribunal reconheceu serem de sua própria competência as causas de natureza civil instauradas contra o presidente da República ou qualquer das autoridades que, em matéria penal, disponham de prerrogativa de foro perante essa Corte ou que, em sede de mandado de segurança, estejam sujeitas à jurisdição imediata desta.

(2) A CF veda aos juízes que se aposentarem ou forem exonerados o exercício da advocacia no juízo ou tribunal do qual se afastaram até o decurso de três anos após o desligamento.

1: Errada. V. STF, Pet 1.738-AgR, Rel. Min. Celso de Mello: "A competência do STF – cujos fundamentos repousam na CR – submete-se a regime de direito estrito. A competência originária do STF, por qualificar-se como um complexo de atribuições jurisdicionais de extração essencialmente constitucional – e ante o regime de direito estrito a que se acha submetida –, não comporta a possibilidade de ser estendida a situações que extravasem os limites fixados, em *numerus clausus*, pelo rol exaustivo inscrito no art. 102, I, da CR. Precedentes. O regime de direito estrito, a que se submete a definição dessa competência institucional, tem levado o STF, por efeito da taxatividade do rol constante da Carta Política, a afastar, do âmbito de suas atribuições jurisdicionais originárias, o processo e o julgamento de causas de natureza civil que não se acham inscritas no texto constitucional (ações populares, ações civis públicas, ações cautelares, ações ordinárias, ações declaratórias e medidas cautelares), mesmo que instauradas contra o presidente da República ou contra qualquer das autoridades, que, em matéria penal (CF, art. 102, I, *b* e *c*), dispõem de prerrogativa de foro perante a Corte Suprema ou que, em sede de mandado de segurança, estão sujeitas à jurisdição imediata do Tribunal (CF, art. 102, I, *d*)"; **2:** Correta. Art. 95, parágrafo único, V, da CF.
Gabarito 1E, 2C.

(ADVOGADO – PETROBRÁS – 2012 – CESGRANRIO) A Súmula Vinculante nº 21, editada pelo STF, dispõe que

É inconstitucional a exigência de depósito ou arrolamento prévios de dinheiro ou bens para admissibilidade de recurso administrativo.

Se fosse aprovada uma lei ordinária pelo Congresso Nacional, contrariando o disposto na referida súmula, seria cabível ajuizar a seguinte ação junto ao STF:

(A) Reclamação
(B) Arguição de Descumprimento de Preceito Fundamental
(C) Ação Declaratória de Constitucionalidade
(D) Ação Direta de Inconstitucionalidade por Omissão
(E) Ação Direta de Inconstitucionalidade

Apesar de o STF ter firmado o entendimento mediante Súmula Vinculante, seus efeitos não atingem o Poder Legislativo, de modo que nada impede que uma lei seja aprovada contrariando expressamente o verbete sumular. Desta forma, a lei posterior à edição da súmula vinculante somente poderia ser atacada mediante a ação direta de inconstitucionalidade.
Gabarito "E".

(ADVOGADO – CEF – 2012 – CESGRANRIO) O TRF da 2a Região denegou a ordem de segurança pleiteada em processo de sua competência originária. Nesse caso, qual seria o recurso cabível contra tal decisão?

(A) Recurso Extraordinário ao STF, se a decisão contrariar dispositivo constitucional.
(B) Recurso Especial ao STJ, se a decisão contrariar lei federal.
(C) Recurso Ordinário ao STJ, se a decisão contrariar lei federal.
(D) Recurso Ordinário ao STF, independentemente do conteúdo da decisão.
(E) Recurso Ordinário ao STJ, independentemente do conteúdo da decisão.

Como se trata de competência originária, cabe contra a decisão que denegou a segurança, Recurso Ordinário para o STJ, nos termos do art. 105, inciso II, alínea "b", da Constituição Federal. Ressalte-se que, caso a segurança houvesse sido concedida, não caberia o Recurso Ordinário, mas tão somente Recurso Extraordinário ou Especial (respectivamente ao STF e ao STJ), caso presente alguma das hipóteses dos artigos 102, inciso III, e 105, inciso III, da Constituição Federal.
Gabarito "E".

(Procurador do Estado/RO – 2011 – FCC) A Emenda Constitucional nº 45 institucionalizou o Conselho Nacional de Justiça no âmbito federal. Determinado Estado-membro decide criar órgão semelhante na esfera estadual, por iniciativa do Poder Legislativo local. Quanto à legalidade da medida é correto afirmar:

(A) O Estado sempre pôde criar órgão de controle administrativo com membros externos ao Poder Judiciário Estadual com base na autonomia garantida aos membros da federação e no princípio da separação dos Poderes.
(B) O Estado não pode criar órgão administrativo de controle administrativo do Poder Judiciário do qual participem outros Poderes ou entidades, por ser inconstitucional diante do princípio da separação dos Poderes e do caráter orgânico unitário da magistratura.

(C) Após a edição da Emenda Constitucional nº 45, conhecida como Emenda da Reforma do Poder Judiciário, passou a ser possível a criação de órgão semelhante ao Conselho Nacional de Justiça, no âmbito de seu território.
(D) O ato só será válido após a criação do órgão estadual que deve ser feita por ato do próprio Conselho Nacional de Justiça e ratificada pelo Poder Judiciário local.
(E) O Estado poderá criar o órgão por ato exclusivo do Poder Judiciário local.

O CNJ é órgão nacional, não federal. Portanto, exerce suas competências tanto em relação à justiça federal quanto à justiça estadual. Daí contar com autoridades estaduais em sua composição (v. art. 103-B da CF).
Gabarito "B".

(Procurador do Estado/RO – 2011 – FCC) Diante da inadimplência da maioria das unidades federadas, a Constituição Federal de 1988 acrescentou o artigo 33 do Ato das Disposições Transitórias que previu o pagamento do débito em até oito anos para os precatórios de natureza não alimentar, pendentes de pagamento na data de sua promulgação. A crise econômica do País, na Década de 80, levou ao aumento da dívida e à promulgação das Emendas Constitucionais nº 29/98 e nº 62/2009 para tentar equalizar a questão. Neste contexto, pode-se asseverar quanto aos precatórios:

(A) A Constituição Federal autoriza o parcelamento de todos os tipos de precatório, alimentar e não alimentar, por período a ser fixado livremente por cada ente estatal de acordo com sua capacidade financeira (Fazendas Públicas Federal, Estaduais, Distrital e Municipais).
(B) No momento da expedição dos precatórios não é permitida a compensação de valor correspondente aos débitos líquidos e certos, inscritos ou não, em dívida ativa e constitutivos contra o credor original pela Fazenda Pública devedora.
(C) A preferência de pagamento dos débitos de natureza alimentar segue a ordem de idosos, pessoas com mais de 60 (sessenta) anos na época do trânsito em julgado da ação principal e credores acometidos de doenças graves, nos termos fixados na legislação pertinente ao imposto de renda.
(D) Contas especiais são administradas pelo Tribunal de Justiça Estadual para pagamento de precatórios expedidos pelos Tribunais em geral, inclusive Tribunais Federais, Tribunais Regionais do Trabalho e demais Tribunais Estaduais.
(E) Foram canceladas automaticamente todas as cessões de crédito efetuadas antes da entrada em vigor da Emenda Constitucional nº 62/2009, não sendo mais admitida a negociação dos créditos.

A: Não reflete o disposto no art. 78 do ADCT. Sobre o tema, ver ADI 2362; **B:** Não reflete o disposto no art. 100, § 9º, da CF; **C:** Não reflete o disposto no art. 100, § 2º, da CF; **D:** V. art. 8º da Resolução CNJ 115/2010; **E:** Não reflete o disposto no art. 100, § 13, da CF.
Gabarito "D".

(Procurador do Estado/PR – UEL-COPS – 2011) A respeito das súmulas de efeito vinculante:

I. podem nascer de provocação do Tribunal de Justiça do Estado do Paraná.

1. DIREITO CONSTITUCIONAL

II. desafiam reclamação em caso de descumprimento.

III. estendem o alcance subjetivo de decisão que declara a inconstitucionalidade total e absoluta de uma lei federal em ação direta de inconstitucionalidade.

IV. podem ser editadas pelo Supremo Tribunal Federal, em relação a questões constitucionais, e pelo Superior Tribunal de Justiça, em relação a questões legais.

V. exigem fundamentação específica acerca de sua aplicabilidade ou não, quando isso for suscitado nos recursos administrativos.

Quais as afirmativas **corretas**:

(A) as afirmativas I, II e III;

(B) as afirmativas I, II e IV;

(C) as afirmativas II, III e V;

(D) as afirmativas I, II e V;

(E) as afirmativas II, IV e V.

I: Correta. Art. 3°, XI, da Lei 11.417/2006; II: Correta. Art. 103-A, § 3°, da CF; III: Errada. A declaração de inconstitucionalidade em ADIn, por si só, já produz efeitos contra todos e vinculantes (art. 102, § 2°, da CF); IV: Errada. O STJ não edita súmulas vinculantes, apenas súmulas persuasivas; V: Correta. Arts. 56, § 3° e 64-A, da Lei 9.784/1999.
Gabarito "D."

13. DAS FUNÇÕES ESSENCIAIS À JUSTIÇA

(Procurador do Município – Prefeitura Fortaleza/CE – CESPE – 2017) A respeito das funções essenciais à justiça, julgue os itens seguintes à luz da CF.

(1) Aos defensores públicos é garantida a inamovibilidade e vedada a advocacia fora das atribuições institucionais.

(2) Em decorrência do princípio da unidade, membro do MP não pode recorrer de **decisão** proferida na segunda instância se o acórdão coincidir com o que foi preconizado pelo promotor que atuou no primeiro grau de jurisdição.

(3) De acordo com o entendimento do STF, são garantidas ao advogado público independência funcional e inamovibilidade.

(4) O ente federado tanto pode optar pela constituição de defensoria pública quanto firmar convênio exclusivo com a OAB para prestar assistência jurídica integral aos hipossuficientes.

---

1. Correta. Art. 134, § 1°, CF; 2. incorreta. O princípio da unidade tem natureza administrativa. Significa que os membros do MP estão sob a direção de um único chefe, devendo ser visto como uma única instituição. Não impede que o procurador regional da República discorde do procurador da República que atue em primeira instância; 3. incorreta. A advocacia pública não tem independência funcional e nem garantia de inamovibilidade; 4. incorreta. O ente federado deve organizar sua defensoria pública, sob pena de omissão inconstitucional.
Gabarito "1C, 2E, 3E, 4E."

(Procurador do Estado – PGE/RN – FCC – 2014) Lei estadual criou cargos em comissão de assessor jurídico junto aos Gabinetes de Secretários de Estado, de livre provimento por estes, dentre bacharéis em direito com inscrição na Ordem dos Advogados do Brasil. De acordo com a lei, aos titulares dos cargos cabe exercer a consultoria jurídica a respeito da legalidade dos atos administrativos, normativos e contratos de interesse da Secretaria, bem como atuar em juízo em defesa dos atos praticados pelo Secretário. A referida lei é:

(A) incompatível com a Constituição Federal, uma vez que a consultoria jurídica aos Gabinetes de Secretários é atribuição dos Procuradores do Estado, podendo os assessores jurídicos exercer, exclusivamente, a representação judicial do Estado.

(B) compatível com a Constituição Federal, uma vez que os Estados têm autonomia para criar cargos em comissão junto aos Gabinetes dos Secretários de Estado, ainda que para o exercício da consultoria jurídica e da representação judicial de que trata a Lei.

(C) incompatível com a Constituição Federal, uma vez que a consultoria jurídica aos Gabinetes de Secretários e a representação do Estado em juízo são atribuições dos Procuradores do Estado.

(D) incompatível com a Constituição Federal, uma vez que o cargo de assessor jurídico é cargo técnico, devendo ser preenchido mediante concurso público, ainda que não seja exigível seu preenchimento por Procuradores do Estado para o exercício das atribuições previstas na Lei.

(E) incompatível com a Constituição Federal, uma vez que apenas a Constituição Estadual poderia excluir das atribuições da Procuradoria Geral do Estado a assessoria jurídica aos Gabinetes de Secretários.

A: incorreta. A primeira parte é correta e afasta a segunda parte, ou seja, os assessores jurídicos ocupantes exclusivamente de cargo em comissão não podem exercer a representação judicial do Estado; B: incorreta. Os cargos em comissão devem ser criados para direção, chefia ou assessoramento, não lhes cabendo exercer funções ordinárias, como a consultoria jurídica e a representação judicial (que, além disso, é atribuição de membros concursados da procuradoria dos Estados, do DF ou da AGU); C: correta. No âmbito federal, é atribuição da Advocacia-Geral da União; D: Incorreta. O cargo de assessor pode ser criado, desde que para funções de direção, chefia ou assessoramento; E: incorreta. A Constituição estadual não pode contrariar o disposto na Constituição Federal (art. 37, V, CF). TM
Gabarito "C."

(Procurador Distrital – 2014 – CESPE) Julgue os itens subsequentes, a respeito das funções essenciais à justiça no DF, com base na disciplina constitucional e legal.

(1) Aplicam-se aos procuradores da CLDF as garantias e os impedimentos dos procuradores do DF.

(2) A PGDF é competente para representar judicialmente a CLDF no que respeita à cobrança judicial de dívida.

(3) A destituição do defensor público geral do DF depende de deliberação da CLDF.

(4) Compete ao governador distrital nomear o procurador-geral do DF, cuja destituição cabe exclusivamente à CLDF.

1: correto. De acordo com o art. 113 da Lei Orgânica do DF, aplicam-se aos Procuradores das Autarquias e Fundações do Distrito Federal e aos Procuradores da Câmara Legislativa do Distrito Federal os mesmos direitos, deveres, garantias, vencimentos, proibições e impedimentos da atividade correcional e de disposições atinentes à carreira de Procurador do Distrito Federal; 2: correto. Conforme dispõe o art. 111, VII, da Lei Orgânica do DF, dentre as funções institucionais da Procuradoria-Geral do Distrito Federal, no âmbito do Poder Executivo, encontra-se a de efetuar a cobrança judicial da dívida do Distrito Federal. O § 1° do mesmo dispositivo determina que a cobrança judicial da dívida do Distrito

Federal a que se refere o inciso VII deste artigo inclui aquela relativa à Câmara Legislativa do Distrito Federal; **3**: correto. Vale lembrar que a Procuradoria da CLDF é responsável pela a representação judicial da CLDF, salvo no tocante à cobrança judicial de dívidas que, conforme mencionado, é da competência da PGDF; **4**: errado. De acordo com o art. 60, XX, da Lei Orgânica do DF, compete, privativamente, à Câmara Legislativa do Distrito Federal aprovar previamente a indicação ou destituição do Procurador-Geral do Distrito Federal. O art. 100, XIII, da mesma lei determina que compete ao Governador do Distrito Federal, de forma privativa, nomear e destituir o Procurador-Geral do Distrito Federal, na forma da lei. Sendo assim, é possível concluir que o Governador Distrital é quem destituirá o Procurador-Geral do DF, após aprovação dada pela CLDF.

Gabarito 1C, 2C, 3C, 4E

(Advogado da União/AGU – CESPE – 2012) Acerca da AGU, julgue os itens a seguir.

(1) Incumbe à AGU, diretamente ou mediante órgão vinculado, exercer a representação judicial e extrajudicial da União, assim como as atividades de consultoria e assessoramento jurídico dos Poderes Executivo, Legislativo e Judiciário, no âmbito federal.

(2) A CF estabelece expressamente que a representação da União, na execução da dívida ativa de natureza tributária, cabe à Procuradoria-Geral da Fazenda Nacional, observado o disposto em lei.

1: Errada. A AGU exerce a consultoria e o assessoramento jurídico do Poder Executivo (art. 131 da CF); 2. Correta. Art. 131, § 3º, da CF.

Gabarito 1E, 2C

14. DEFESA DO ESTADO

(Procurador Municipal – Prefeitura/BH – CESPE – 2017) Com relação ao estado de defesa, assinale a opção correta.

(A) A prisão por crime contra o Estado, determinada pelo executor da medida, será por este comunicada imediatamente ao juiz competente, ficando a autoridade policial dispensada de apresentar o exame de corpo de delito do detido.

(B) O estado de defesa poderá ser instituído por decreto que especifique as áreas a serem abrangidas e as medidas coercitivas a vigorarem, a exemplo de restrições de direitos e ocupação e uso temporário de bens e serviços públicos.

(C) O tempo de duração do estado de defesa não poderá ser prorrogado.

(D) O sigilo de correspondência e de comunicação telefônica permanecem invioláveis na vigência do estado de defesa.

A: incorreta. Não reflete o disposto no art. 136, § 3º, I, da CF, que prevê a possibilidade de o preso requerer exame de corpo de delito; **B:** correta. Art. 136, § 1º, CF; **C:** incorreta. Não reflete o disposto no art. 136, § 2º, que prevê o prazo de 30 dias, podendo ser prorrogado uma única vez; **D:** Incorreta. Podem ser restringidos de acordo com o art. 136, § 1º, I, *b* e *c*, CF.

Gabarito "B"

(Procurador do Estado/TO – 2018 – FCC) Considere que certo Município não cumpriu ordem judicial do Tribunal de Justiça do Estado, expedida em demanda ajuizada por sindicato de servidores públicos municipais titulares de cargos públicos efetivos, em que se determinou o imediato pagamento de vencimentos atrasados devidos aos servidores filiados ao autor. Frustradas as medidas judiciais ordinárias para que a ordem judicial fosse cumprida pelo Município, foi proposta representação interventiva perante o Tribunal de Justiça, que deu provimento ao pedido e cientificou o Governador do Estado para que tomasse as providências cabíveis. Considerando a Constituição Federal e a jurisprudência do Supremo Tribunal Federal – STF,

(A) o Tribunal não deveria ter conhecido da representação, uma vez que a intervenção estadual fundada no descumprimento de ordem judicial depende de requisição do STF, e não de provimento à representação proposta perante o Tribunal de Justiça.

(B) a representação interventiva não poderia ter sido proposta perante o Tribunal de Justiça, que não é a corte competente para julgá-la, uma vez que a medida fundou-se no descumprimento de ordem proferida pelo próprio Tribunal.

(C) o Tribunal deveria ter negado provimento à representação interventiva, uma vez que a ordem judicial determinando o pagamento de salários atrasados foi proferida por juízo incompetente, sendo competente para julgar a matéria uma das Varas da Justiça do Trabalho.

(D) o Município, caso entenda que o acórdão proferido pelo Tribunal de Justiça na representação interventiva tenha contrariado a Constituição Federal, poderá impugná-lo por meio de recurso extraordinário.

(E) o Tribunal de Justiça é o órgão competente para julgar a representação interventiva, tendo o Governador atribuição para decretar a intervenção no Município, ocasião em que poderá determinar o afastamento das autoridades municipais e nomear interventor se essas providências forem necessárias ao estabelecimento da normalidade.

Correta é a letra E, conforme artigo 35, IV, da CF: "Art. 35. O Estado não intervirá em seus Municípios, nem a União nos Municípios localizados em Território Federal, exceto quando: (...) IV – o Tribunal de Justiça der provimento a representação para assegurar a observância de princípios indicados na Constituição Estadual, ou para prover a execução de lei, de ordem ou de decisão judicial.". Além disso, é preciso lembrar que a Súmula 637, do STF: "Não cabe recurso extraordinário contra acórdão de Tribunal de Justiça que defere pedido de intervenção estadual em Município.". AB

Gabarito "E"

(Procurador do Estado – PGE/RN – FCC – 2014) Considere as afirmativas abaixo sobre a disciplina constitucional da segurança pública.

I. A polícia federal, entre outras finalidades, destina-se a apurar infrações penais contra a ordem política e social ou em detrimento de bens, serviços e interesses da União ou de suas entidades autárquicas e empresas públicas, assim como outras infrações cuja prática tenha repercussão interestadual ou internacional e exija repressão uniforme, segundo se dispuser em lei.

II. Os Municípios poderão constituir guardas municipais destinadas à proteção de seus bens, serviços e instalações, conforme dispuser lei complementar.

III. Ressalvada a competência da União, cujas funções de polícia judiciária são exercidas, com exclusividade, pela polícia federal, incumbem às polícias civis,

1. DIREITO CONSTITUCIONAL 77

subordinadas aos Governadores de Estados, Distrito Federal e Territórios e dirigidas por delegados de polícia de carreira, as funções de polícia judiciária e a apuração de infrações penais, exceto as militares.

IV. A segurança viária, exercida para a preservação da ordem pública e da incolumidade das pessoas e do seu patrimônio nas vias públicas, compete, no âmbito dos Estados, do Distrito Federal e dos Municípios, aos respectivos órgãos ou entidades executivos e seus agentes de trânsito, estruturados em carreira, na forma da lei.

Está correto o que se afirma APENAS em:

(A) III.

(B) I, II e III.

(C) I e IV.

(D) I, III e IV.

(E) II e IV.

I: correta. Art. 144, § 1º, I, CF; **II:** incorreta. O art. 144, § 8º, da CF, exige apenas lei ordinária; **III:** Correta. Art. 144, § 4º, CF; **IV:** correta. Art. 144, § 10, I e II, CF. **TM**
Gabarito "D".

(Procurador do Estado – PGE/RN – FCC – 2014) Um cidadão, brasileiro naturalizado, recusa-se a prestar serviço de júri para o qual havia sido convocado, invocando, para tanto, motivo de crença religiosa. Diante da recusa, o juiz competente, com fundamento em previsão expressa do Código de Processo Penal, fixa serviço alternativo a ser cumprido pelo cidadão em questão, consistente no exercício de atividades de caráter administrativo em órgão do Poder Judiciário. Nessa hipótese,

(A) o cidadão não poderia ter exercido objeção de consciência, por se tratar de direito assegurado pela Constituição da República tão somente a brasileiros natos, no pleno gozo de seus direitos políticos.

(B) a previsão do Código de Processo Penal que autoriza a fixação de serviço alternativo é inconstitucional, uma vez que ninguém poderá ser compelido a cumprir qualquer obrigação, ainda que imposta legalmente a todos, quando invocar para tanto motivo de crença religiosa ou de convicção filosófica ou política.

(C) o cidadão estará obrigado ao cumprimento do serviço alternativo, sob pena de cancelamento de sua naturalização por ato do Ministro da Justiça e consequente suspensão dos direitos políticos.

(D) a fixação de serviço alternativo pelo juiz é compatível com a Constituição, uma vez que prevista em lei, não podendo o cidadão recusar-se a seu cumprimento, sob pena de suspensão de seus direitos políticos, enquanto não prestar o serviço imposto.

(E) o cidadão não poderia ter-se recusado à prestação do serviço do júri por motivo de crença religiosa, mas tão somente por motivo de convicção política ou filosófica, devendo ser privado do exercício de seus direitos políticos.

A hipótese trata da escusa de consciência, prevista no art. 143, § 1º, CF: "1º Às Forças Armadas compete, na forma da lei, atribuir serviço alternativo aos que, em tempo de paz, após alistados, alegarem imperativo de consciência, entendendo-se como tal o decorrente de crença religiosa e de convicção filosófica ou política, para se eximirem de atividades de caráter essencialmente militar". Ver também art. 15, IV, CF. **TM**
Gabarito "D".

---

15. TRIBUTAÇÃO E ORÇAMENTO

(Procurador do Município – Prefeitura Fortaleza/CE – CESPE – 2017) Acerca de tributação e finanças públicas, julgue os itens subsequentes, conforme as disposições da CF e a jurisprudência do STF.

(1) As disponibilidades financeiras do município devem ser depositadas em instituições financeiras oficiais, cabendo unicamente à União, mediante lei nacional, definir eventuais exceções a essa regra geral.

(2) Os municípios e o DF têm competência para instituir contribuição para o custeio do serviço de iluminação pública, tributo de caráter *sui generis*, diferente de imposto e de taxa.

(3) A imunidade tributária recíproca que veda à União, aos estados, ao DF e aos municípios instituir impostos sobre o patrimônio, renda ou serviços uns dos outros é cláusula pétrea.

1: correta. Art. 164, § 3º, CF; **2:** correta. Art. 149-A da CF; **3:** correta. A imunidade recíproca está prevista no art. 150, VI, *a* da CF e é considerada cláusula pétrea pelo STF. **TM**
Gabarito "1C, 2C, 3C".

(Procurador Municipal – Prefeitura/BH – CESPE – 2017) De acordo com a CF e a jurisprudência dos tribunais superiores, assinale a opção correta, acerca do Sistema Tributário Nacional.

(A) A jurisprudência do STF considera a mora do contribuinte, pontual e isoladamente considerada, fator suficiente para determinar a ponderação da multa moratória.

(B) Aos estados e aos municípios cabe legislar o modo como isenções, incentivos e benefícios fiscais serão concedidos e revogados.

(C) A fazenda pública pode exigir prestação de fiança, garantia real ou fidejussória para a impressão de notas fiscais de contribuintes em débito com o fisco.

(D) A exigência de depósito prévio como requisito de admissibilidade de ação judicial na qual se pretenda discutir a exigibilidade de crédito tributário é inconstitucional.

A: incorreta. Segundo o STF, "a mera alusão à mora, pontual e isoladamente considerada, é insuficiente para estabelecer a relação de calibração e ponderação necessárias entre a gravidade da conduta e o peso da punição. É ônus da parte interessada apontar peculiaridades e idiossincrasias do quadro que permitiriam sustentar a proporcionalidade da pena almejada" (RE 523471); **B:** incorreta. Pelo art. 155, § 2º, XII, *g*, CF, a competência é dos Estados e do DF e deve ser exercida por lei complementar; **C:** incorreta. A exigência foi considerada inconstitucional pelo STF, em repercussão geral (RE 565048); **D:** correta. Texto da Súmula Vinculante 28/STF. **TM**
Gabarito "D".

(Procurador Municipal – Prefeitura/BH – CESPE – 2017) Tendo como referência as determinações constitucionais acerca do PPA, da LDO e da LOA, assinale a opção correta.

(A) A implementação do PPA após a aprovação da LOA ocorre por meio da execução dos programas contemplados com dotações.

(B) A regionalização a que se refere o PPA na CF é aplicável apenas no âmbito federal.

(C) O STF admite ADI contra disposições da LDO em razão de seu caráter e efeitos abstratos.

(D) A LDO é o instrumento de planejamento que deve estabelecer as diretrizes relativas aos programas de duração continuada.

A: correta. A implementação do plano plurianual ocorre, ano a ano, pelas Leis Orçamentárias Anuais. Após a elaboração do plano plurianual (diretrizes, objetivos e metas), do estabelecimento das metas e prioridades pela lei de diretrizes orçamentárias e da aprovação da Lei Orçamentária Anual é que ocorre a implementação do PPA, por meio da execução dos programas contemplados com dotações na LOA; **B:** incorreta. O art. 165, § 1º, CF, deve ser observado pelos demais entes por simetria federativa; **C:** incorreta. Não cabe ADI, por constituir lei de efeitos concretos; **D:** incorreta. Programas de duração continuada são previstos no PPA. **TM**
Gabarito "A".

(Procurador – SP – VUNESP – 2015) Assinale a alternativa que contempla o dispositivo constitucional que diz respeito ao princípio orçamentário da programação.

(A) A lei de diretrizes orçamentárias compreenderá as metas e prioridades da administração pública federal, incluindo as despesas de capital para o exercício financeiro subsequente, orientará a elaboração da lei orçamentária anual, disporá sobre as alterações na legislação tributária e estabelecerá a política de aplicação das agências financeiras oficiais de fomento.

(B) A lei que instituir o plano plurianual estabelecerá, de forma regionalizada, as diretrizes, objetivos e metas da administração pública federal para as despesas de capital e outras delas decorrentes e para as relativas aos programas de duração continuada.

(C) O projeto de lei orçamentária será acompanhado de demonstrativo regionalizado do efeito, sobre as receitas e despesas, decorrente de isenções, anistias, remissões, subsídios e benefícios de natureza financeira, tributária e creditícia.

(D) A lei orçamentária anual não conterá dispositivo estranho à previsão da receita e à fixação da despesa, não se incluindo na proibição a autorização para abertura de créditos suplementares e contratação de operações de crédito, ainda que por antecipação de receita, nos termos da lei.

(E) Os planos e programas nacionais, regionais e setoriais previstos nesta Constituição serão elaborados em consonância com o plano plurianual e apreciados pelo Congresso Nacional.

A: incorreta, pois não há referência ao princípio da programação (artigo 165, §2º, da CF); **B:** incorreta, pois define o plano plurianual (art. 165, §12, da CF); **C:** incorreta, pois é o caso do princípio da transparência orçamentária (art. 165, § 6º, da CF); **D:** incorreta, pois seria caso do princípio da exclusividade, art. 165, § 8º, da CF; **E:** correta, nos termos do art. 165, §§ 4º e 7º, da CF. Assim o orçamento deve ir além da mera previsão de receitas e despesas para o próximo exercício financeiro, mas, também, trazer a previsão de metas para as necessidades públicas. **AB**
Gabarito "E".

(Procurador do Estado – PGE/MT – FCC – 2016) Um Decreto editado pelo Governador de determinado Estado altera o prazo de recolhimento de ICMS, com vigência imediata a partir de sua publicação, no mês de janeiro de 2016. Neste caso, referido decreto, à luz da Constituição Federal, é

(A) incompatível com a Constituição Federal, por ferir o princípio constitucional tributário da legalidade.

(B) incompatível com a Constituição Federal, por ferir o princípio constitucional tributário da anterioridade.

(C) incompatível com a Constituição Federal, por ferir o princípio constitucional tributário da irretroatividade.

(D) compatível com a Constituição Federal, não estando sujeito ao princípio constitucional tributário da anterioridade.

(E) incompatível com a Constituição Federal, por ferir o princípio constitucional tributário da capacidade contributiva.

De acordo com a Súmula Vinculante 50/STF, "Norma legal que altera o prazo de recolhimento de obrigação tributária não se sujeita ao princípio da anterioridade". **TM**
Gabarito "D".

(Procurador do Estado – PGE/MT – FCC – 2016) No que concerne às limitações do poder de tributar, à luz da Constituição Federal e da jurisprudência do Supremo Tribunal Federal, considere:

I. O imóvel pertencente a uma determinada instituição de assistência social sem fins lucrativos que atenda aos requisitos da lei está imune ao Imposto sobre a Propriedade Predial e Territorial Urbana – IPTU, ainda que alugado a terceiros, desde que o valor dos aluguéis seja aplicado nas atividades para as quais a instituição foi constituída.

II. Não estão imunes à incidência do Imposto sobre a Propriedade de Veículos Automotores – IPVA veículos de propriedade da Empresa de Correios e Telégrafos, independentemente de serem utilizados no exercício de atividades em regime de exclusividade ou em concorrência com a iniciativa privada.

III. Aplica-se a imunidade tributária para fins de incidência de Imposto sobre a Propriedade Predial e Territorial Urbana – IPTU aos imóveis temporariamente ociosos e sem qualquer utilização pertencentes a um determinado partido político.

IV. A imunidade tributária não abrange os serviços prestados por empresas que fazem a distribuição, o transporte ou a entrega de livros, jornais, periódicos e do papel destinado à sua impressão.

Está correto o que se afirma APENAS em:

(A) I e II.

(B) II, III e IV.

(C) I, II e III.

(D) III e IV.

(E) I, III e IV.

I: correta. Súmula Vinculante 52/STF: "Ainda quando alugado a terceiros, permanece imune ao IPTU o imóvel pertencente a qualquer das entidades referidas pelo art. 150, VI, "c", da Constituição Federal, desde que o valor dos aluguéis seja aplicado nas atividades para as quais tais entidades foram constituídas"; **II:** incorreta. De acordo com o STF, ao julgar a ACO 765/RJ, "a norma do art. 150, VI, "a", da Constituição Federal alcança as empresas públicas prestadoras de serviço público, como é o caso da autora, que não se confunde com as empresas públicas que exercem atividade econômica em sentido estrito. Com isso, impõe-se o reconhecimento da imunidade recíproca prevista na norma supracitada"; **III:** correta. O STF julgou a matéria em repercussão geral (RE 767332), concluindo que "a imunidade tributária, prevista no

1. DIREITO CONSTITUCIONAL

art. 150, VI, *c*, da CF/88, aplica-se aos bens imóveis, temporariamente ociosos, de propriedade das instituições de educação e de assistência social sem fins lucrativos que atendam aos requisitos legais"; **IV:** correta. Entendimento do STF ao julgar o RE 530121-AgR. **TM**

Gabarito "E".

(Procurador do Estado – PGE/PR – PUC – 2015) Para aparelhamento da Defensoria Pública, alguns Estados-membros, a exemplo do Estado do Paraná, vêm vinculando, por lei, uma fração da receita das custas e emolumentos das atividades notariais e de registro a fundo daquele órgão. Diante disso, é **CORRETO** afirmar:

(A) Segundo entendimento do Supremo Tribunal Federal, a vinculação das receitas cartoriais viola a Constituição Federal, cujo texto define que as custas e emolumentos serão destinados exclusivamente ao custeio dos serviços afetos às atividades específicas da Justiça.

(B) Segundo o Supremo Tribunal Federal, a vinculação do produto da arrecadação de taxa sobre as atividades notariais e de registro não viola a Constituição Federal, salvo se a receita possuir destinação específica regulada em lei.

(C) O Supremo Tribunal Federal julgou, reiteradamente, que tributos não admitem vinculação com órgão, fundo ou despesa, razão pela qual não pode haver aperfeiçoamento da jurisdição com recursos provenientes de custas e emolumentos.

(D) Para o Supremo Tribunal Federal, será considerada inconstitucional a vinculação se não houver previsão expressa na Constituição do Estado-membro.

(E) O Supremo Tribunal Federal consolidou entendimento de que o produto da arrecadação de taxa sobre as atividades notariais e de registro não está restrito ao reaparelhamento do Poder Judiciário, mas ao aperfeiçoamento da jurisdição e, portanto, não existe inconstitucionalidade.

O STF vem admitindo que o produto da arrecadação da taxa sobre serviços notarias seja também utilizado para aparelhamento do Ministério Público ou da Defensoria Pública, não apenas do Judiciário. Ver ADI 3028. **TM**

Gabarito "E".

(Procurador do Estado – PGE/RN – FCC – 2014) A Constituição Federal determina que a despesa com pessoal ativo e inativo da União, dos Estados, do Distrito Federal e dos Municípios não poderá exceder os limites estabelecidos em lei complementar. Para o cumprimento desse limite, a Constituição Federal autoriza, dentre outras medidas, que:

(A) sejam reduzidas em 20% as despesas com cargos em comissão, vedada a redução de despesas com funções de confiança, vez que ocupadas por titulares de cargos públicos efetivos.

(B) seja decretada a intervenção federal no Estado infrator, após decisão proferida pelo Superior Tribunal de Justiça dando provimento à representação interventiva, proposta pelo Procurador-Geral da República, para obrigar o Estado a cumprir a referida lei complementar.

(C) seja suspenso o repasse de verbas federais para o Estado infrator, desde que a medida seja previamente autorizada pelo Tribunal de Contas da União, em

processo que assegure ao Estado o contraditório e a ampla defesa.

(D) sejam exonerados, durante o prazo fixado na lei complementar referida, servidores estaduais não estáveis.

(E) sejam exonerados servidores estaduais estáveis, nos termos previstos em lei estadual especificamente editada para este fim, observadas as normas gerais da União a respeito da matéria, vedado o pagamento de indenização ao servidor exonerado por este motivo.

A: incorreta. A redução de despesa com funções de confiança também é admitida pela CF, e na mesma proporção de 20% (art. 169, § 3º, I, CF); **B:** incorreta. A hipótese não se encontra no rol do art. 34, V, CF; **C:** incorreta. Não reflete o disposto no art. 169, § 2º, CF; **D:** correta. Art. 169, § 4º, CF; **E:** incorreta. Não reflete o disposto no art. 169, § 4º, CF. **TM**

Gabarito "D".

(Procurador/DF – 2013 – CESPE) Julgue os itens seguintes, relativos ao Sistema Tributário Nacional, às limitações do poder de tributar e aos princípios gerais da atividade econômica.

(1) O princípio da imunidade recíproca, mediante o qual é vedado à União, aos estados, ao DF e aos municípios instituir impostos sobre patrimônio, renda ou serviços uns dos outros, é extensivo às autarquias e às fundações instituídas e mantidas pelo poder público, no que se refere ao patrimônio, à renda e aos serviços, vinculados a suas finalidades essenciais ou às delas decorrentes.

(2) As empresas públicas, as sociedades de economia mista e suas subsidiárias que explorem atividade econômica de produção ou comercialização de bens, mas não as que se destinem à prestação de serviços, sujeitam-se ao regime jurídico próprio das empresas privadas, inclusive quanto aos direitos e obrigações civis, comerciais, trabalhistas e tributários.

(3) A União pode criar empréstimos compulsórios visando investimentos públicos de caráter urgente e de relevante interesse nacional, mas está impedida de cobrar tais tributos no mesmo exercício financeiro em que haja sido publicada a lei que os instituiu.

1: correta (art. 150, VI, "a" e o seu § 2º, da CF/1988); **2:** Incorreta, pois a assertiva excluiu a prestação de serviços públicos, sendo que o correto é, "as empresas públicas, as sociedades de economia mista e suas subsidiárias que explorem atividade econômica de produção ou comercialização de bens **ou prestação de serviços**, sujeitam-se ao regime jurídico próprio das empresas privadas, inclusive quanto aos direitos e obrigações civis, comerciais, trabalhistas e tributários", nos termos do art. 173, § 1º, II, da CF/1988; **3:** correta. Na doutrina tributária brasileira, **empréstimo compulsório** é considerado um tributo, e consiste na tomada compulsória de certa quantidade em dinheiro do contribuinte a título de "empréstimo", para que este o resgate em certo prazo, conforme as determinações estabelecidas por lei. Na prática, o passado está recheado de episódios em que empréstimos compulsórios só foram devolvidos após muito tempo. Como o Brasil vivia crise de hiperinflação, o dinheiro devolvido foi "reduzido a pó". O empréstimo compulsório serve para atender a situações excepcionais, e só pode ser instituído pela União empréstimos compulsórios para atender às despesas extraordinárias decorrentes de calamidade pública, guerra externa ou sua iminência (art. 148, I, da CF/1988). Diferentemente, o empréstimo compulsório para assuntos de interesse relevante precisa atender ao princípio da anterioridade (art. 148, II da CF/1988). Os empréstimos compulsórios, a rigor e de acordo com a Teoria Geral do Direito Tributário, são tributos por não representarem incremento à receita do Estado, vez que sua contabilização no ativo também gera lançamentos em contrapartida no passivo, que representa o endividamento. Contudo, a Constituição de 1967, através da Emenda Constitucional n. 1/1969, determinou a aplicação, em se tratando de empréstimo compulsório, das normas e princípios gerais aplicáveis aos tributos. Determinou-se, portanto, assim, uma equivalência prática entre empréstimos compulsórios e tributos. Há doutrinadores que entendem ser tal disposição da antiga constituição prova cabal da carência de natureza tributária dos empréstimos compulsórios, vez que não seria necessária norma explícita no sentido de definir conceitos (o que não representa o propósito clássico da norma jurídica) se fosse tal espécie classificável como tributo.

Gabarito 1C, 2E, 3C

(PROCURADOR DO ESTADO/MG – FUMARC – 2012) A Constituição Mineira determina a repartição das receitas tributárias, em conformidade com a Carta Magna de 1988. Assinale a alternativa que retrata a real disposição normativa sobre a distribuição de recursos provenientes da atividade tributária, expressa nas normas constitucionais em apreço:

(A) O imposto que recai sobre a propriedade rural fica integralmente no município responsável pelo seu recolhimento, caso opte por executar sua cobrança;

(B) Aos municípios correspondem 30% dos recursos provenientes dos impostos das operações de crédito;

(C) O IPVA é repartido pelo Estado, que repassa ao município de origem 25% do total arrecadado;

(D) O Estado transmite 25% do Imposto sobre Operações Relativas à Circulação de Mercadorias para o Fundo de Participação dos Municípios;

(E) É vedado ao Estado conceder incentivos fiscais distintos para diversas regiões sob sua gestão.

A: Art. 158, II, da CF; **B:** Não figura na lista do art. 158, I a IV, da CF; **C:** 50% (art. 158, III, da CF); **D:** 25% para os Municípios (art. 158, IV, da CF). **E:** Não reflete o disposto no artigo 155, XII, alínea "g".

Gabarito "A"

(Procurador do Município/Cubatão-SP – 2012 – VUNESP) Em relação ao Imposto sobre a Propriedade de Veículos Automotores licenciados em seus territórios (IPVA) e ao Imposto sobre operações relativas à circulação de mercadorias e sobre prestações de serviços de transporte interestadual e intermunicipal e de comunicação (ICMS), de acordo com as regras constitucionais de repartição de receitas tributárias, pertencem aos Municípios, respectivamente, as seguintes percentagens de arrecadação:

(A) 20% e 25%.

(B) 25% e 25%.

(C) 50% e 25%.

(D) 25% e 50%.

(E) 50% e 50%.

Art. 158, III e IV, da CF.

Gabarito "C"

(Procurador do Estado/MT – FCC – 2011) Em matéria de finanças públicas, a Constituição da República veda

(A) ao banco central conceder, direta ou indiretamente, empréstimos ao Tesouro Nacional e a qualquer órgão ou entidade que não seja instituição financeira.

(B) a inclusão na lei orçamentária anual de dispositivo estranho à previsão da receita e à fixação da despesa, compreendida na proibição a autorização para contratação de operações de crédito.

(C) a instituição de fundos de qualquer natureza.

(D) a transposição, o remanejamento ou a transferência de recursos de uma categoria de programação para outra ou de um órgão para outro.

(E) a abertura de crédito suplementar ou especial sem indicação dos recursos correspondentes, salvo na hipótese de haver prévia autorização legislativa.

A: Art. 164, § 1º, da CF; **B:** Exceção no art. 165, § 8º, da CF; **C:** Permite-se, desde que haja autorização legislativa prévia (art. 167, IX, da CF); **D:** Permite-se, desde que haja autorização legislativa prévia (art. 167, VI, da CF); **E:** Só podem ser abertos se houver indicação de recursos correspondentes **e** prévia autorização legislativa (art. 167, V, da CF).

Gabarito "A"

16. ORDEM ECONÔMICA E FINANCEIRA

(Procurador Municipal – Prefeitura/BH – CESPE – 2017) Considerando as disposições constitucionais acerca da ordem econômica e financeira, assinale a opção correta.

(A) Os beneficiários da distribuição de imóveis rurais pela reforma agrária receberão títulos de domínio ou de concessão de uso inegociáveis pelo prazo de dez anos.

(B) Compete ao município, concorrentemente, as funções de fiscalização, incentivo e planejamento, sendo esta última determinante para o setor público e indicativo para o setor privado.

(C) Lei municipal poderá impedir a instalação de estabelecimentos comerciais do mesmo ramo em determinada área.

(D) O Estado favorecerá a organização da atividade garimpeira em OSCIPs que privilegiem a proteção do meio ambiente e a promoção econômico-social dos garimpeiros.

A: correta. Art. 189, CF; **B:** incorreta. As funções de incentivo, fiscalização e planejamento cabem ao Estado como um todo, não apenas aos municípios (art. 174, CF); **C:** incorreta. Súmula Vinculante 49/STF: "Ofende o princípio da livre concorrência lei municipal que impede a instalação de estabelecimentos comerciais do mesmo ramo em determinada área"; **D:** incorreta. Favorecerá sua organização em cooperativas (art. 174, § 3º, CF). **TM**

Gabarito "A"

(Procurador do Município – Valinhos/SP – 2019 – VUNESP) A Constituição Federal dispõe sobre a Ordem Financeira e Econômica que

(A) incumbe ao Poder Público, diretamente, a prestação de todos os serviços públicos.

(B) cada ente federativo disporá sobre o transporte e a utilização de materiais radiativos nos seus territórios.

(C) não dependerá de autorização ou concessão o aproveitamento do potencial de energia renovável de capacidade reduzida.

(D) a autorização para pesquisa de recursos naturais será sempre por prazo indeterminado, e as autorizações e concessões poderão ser cedidas ou transferidas, total ou parcialmente, independentemente de qualquer autorização.

(E) a pesquisa, a lavra, o enriquecimento, o reprocessamento, a industrialização e o comércio de minérios e minerais nucleares e seus derivados não constituem monopólio da União.

1. DIREITO CONSTITUCIONAL

Correta é a letra C, nos termos do artigo 176, §4º, da CF: "Não dependerá de autorização ou concessão o aproveitamento do potencial de energia renovável de capacidade reduzida.". A letra A está errada (artigo 175, da CF), pois é perfeitamente cabível a concessão e a permissão de serviços públicos. A letra B equivocada (artigo 177, §3º, da CF). A letra D é errada, nos termos do artigo 176, §3º, da CF, uma vez que o prazo é determinado. A letra E é incorreta, pois são monopólios da União (artigo 177, V, da CF). **AB**
Gabarito "C".

(Procurador do Município – S.J. Rio Preto/SP – 2019 – VUNESP) Em relação aos princípios constitucionais do orçamento, aquele que estabelece que a receita não possa ter vinculações que reduzem o grau de liberdade do gestor e engessa o planejamento de médio, curto e longo prazos, e que se aplicam somente às receitas de impostos, denomina-se princípio

(A) do orçamento bruto.

(B) da não afetação das receitas.

(C) do equilíbrio.

(D) da objetividade.

(E) da exatidão.

Correta é a letra B, conforme artigo 167, IV, da CF: "Art. 167. São vedados: IV – a vinculação de receita de impostos a órgão, fundo ou despesa, ressalvadas a repartição do produto da arrecadação dos impostos a que se referem os arts. 158 e 159, a destinação de recursos para as ações e serviços públicos de saúde, para manutenção e desenvolvimento do ensino e para realização de atividades da administração tributária, como determinado, respectivamente, pelos arts. 198, § 2º, 212 e 37, XXII, e a prestação de garantias às operações de crédito por antecipação de receita, previstas no art. 165, § 8º, bem como o disposto no § 4º deste artigo;". Todas as demais alternativas estão erradas porque não guardam relação direta com o enunciado. **AB**
Gabarito "B".

Procurador – SP – VUNESP – 2015) Ressalvados os casos previstos na própria Constituição, a exploração direta de atividade econômica pelo Estado:

(A) não será permitida.

(B) será permitida exclusivamente às empresas públicas da União.

(C) só será permitida às empresas públicas e às sociedades de economia mista em assuntos estratégicos para o desenvolvimento do país.

(D) só será permitida quando necessária aos imperativos da segurança nacional ou a relevante interesse coletivo, conforme definidos em lei.

(E) será permitida desde que as empresas públicas autorizadas a fazê-lo não recebam investimentos estrangeiros.

De acordo com o caput do art. 173 da CF, ressalvados os casos previstos nesta Constituição, a exploração direta de atividade econômica pelo Estado **só será permitida quando necessária aos imperativos da segurança nacional ou a relevante interesse coletivo, conforme definidos em lei. BV**
Gabarito "D".

(Procurador Municipal – Sertãozinho/SP – VUNESP – 2016) A Constituição Federal, ao regular a Política Urbana, estabelece que:

(A) os imóveis públicos urbanos podem ser objeto de usucapião, desde que respeitados os requisitos legais.

(B) aquele que possuir como sua área urbana de até duzentos e cinquenta metros quadrados, por cinco anos, ininterruptamente e sem oposição, utilizando-a para sua moradia ou de sua família, adquirir-lhe-á o domínio, desde que não seja proprietário de outro imóvel urbano ou rural. Nessa hipótese, esse direito não poderá ser adquirido pelo mesmo possuidor mais de uma vez.

(C) o plano diretor, aprovado pela Câmara Municipal, obrigatório para cidades com mais de dez mil habitantes, é o instrumento básico da política de desenvolvimento e de expansão urbana.

(D) as desapropriações de imóveis urbanos serão feitas preferencialmente com justa indenização em títulos da dívida pública urbana.

(E) não há disposição constitucional expressa relacionando o atendimento da função social da propriedade urbana à ordenação da cidade expressa no plano diretor, eis que o uso de tal instrumento normativo é facultativo.

A: incorreta. Ao contrário do mencionado, o § 3º do art. 183 da CF determina que os imóveis públicos **não serão adquiridos por usucapião**; **B:** correta. É o que informa o "caput" do art. 183 da CF; **C:** incorreta. O § 1º do art. 182 da CF dispõe que o plano diretor, aprovado pela Câmara Municipal, obrigatório para cidades com mais de **vinte mil habitantes**, é o instrumento básico da política de desenvolvimento e de expansão urbana; **D:** incorreta. De acordo com o § 3º do art. 182 da CF, as desapropriações de imóveis urbanos serão feitas com **prévia e justa indenização em dinheiro**; **E:** incorreta. Diversamente, o § 2º do art. 182 da CF determina que a **propriedade urbana cumpre sua função social** quando atende às exigências fundamentais de ordenação da cidade expressas no plano diretor. **BV**
Gabarito "B".

(Procurador do Estado – PGE/PA – UEPA – 2015) Sobre a Ordem Econômica é correto afirmar, consoante posição do STF, que:

(A) se a restrição ao direito de construir advinda da limitação administrativa causa aniquilamento da propriedade privada, resulta, em favor do proprietário, o direito à indenização. Todavia, o direito de edificar é relativo, dado que condicionado à função social da propriedade. Se as restrições decorrentes da limitação administrativa preexistiam à aquisição do terreno, assim já do conhecimento dos adquirentes, não podem estes, com base em tais restrições, pedir indenização ao Poder Público.

(B) os privilégios da Fazenda Pública são inextensíveis às sociedades de economia mista que executam atividades em regime de concorrência ou que tenham como objetivo distribuir lucros aos seus acionistas, ressalvada a possibilidade de utilização do sistema de pagamento por precatório de dívidas decorrentes de decisões judiciais.

(C) as empresas governamentais (sociedades de economia mista e empresas públicas) muito embora sejam qualificadas como pessoas jurídicas de direito privado, dispõem dos benefícios processuais inerentes à Fazenda Pública, notadamente da prerrogativa excepcional da ampliação dos prazos recursais.

(D) o quantitativo cobrado dos usuários das redes de água e esgoto é tido como taxa.

(E) é inconstitucional lei que concede passe livre às pessoas portadoras de deficiência, em face de nítida afronta aos princípios da ordem econômica, da isonomia, da livre iniciativa e do direito de propriedade.

A: correta. A alternativa traz o teor da ementa do RE 140.436, Rel. Min. Carlos Velloso; **B:** incorreta. O sistema de precatórios também é privilégio dos entes estatais e da Administração Pública, excluídas as sociedades de economia mista que atuam no regime de concorrência; **C:** incorreta. Embora integrantes da Administração Pública, são pessoas jurídicas de direito privado e não gozam dos benefícios processuais da Fazenda Pública; **D:** incorreta. Tem natureza de tarifa; **E:** incorreta. De acordo com o STF (ADI 2649), "Lei que concede passe livre no sistema de transporte coletivo interestadual aos portadores de deficiência obedece ao princípio da igualdade, na medida em que dá tratamento distinto aos usuários para igualá-los no direito de acesso ao serviço. Empresa prestadora de serviço público não dispõe de ampla liberdade para prestação que lhe foi outorgada, mas sujeita-se a um regime de iniciativa de liberdade regulada nos termos da lei e segundo as necessidades da sociedade". **TM**

Gabarito "A".

(Procurador do Estado – PGE/RN – FCC – 2014) A expropriação de propriedades rurais de qualquer região do país em que for identificada a exploração de trabalho escravo, sem qualquer indenização ao proprietário, para destinação à reforma agrária, é medida:

(A) compatível com a Constituição da República, na qual está prevista expressamente, dependente a norma constitucional, no entanto, de lei para produzir os efeitos pretendidos.

(B) incompatível com a Constituição da República, que sujeita a propriedade, nessa hipótese, a desapropriação mediante prévia e justa indenização, em títulos da dívida agrária, com cláusula de preservação do valor real.

(C) incompatível com a Constituição da República, que somente admite a expropriação de propriedades rurais em que são localizadas culturas ilegais de plantas psicotrópicas.

(D) incompatível com a Constituição da República, que determina, nessa hipótese, que a propriedade seja destinada ao assentamento de colonos, para o cultivo de produtos alimentícios e medicamentosos.

(E) compatível com a Constituição da República, embora não esteja nela prevista expressamente, na medida em que a propriedade em que não se observem as disposições que regulam as relações de trabalho descumpre a função social, sujeitando-se à reforma agrária.

Art. 243, CF: "As propriedades rurais e urbanas de qualquer região do País onde forem localizadas culturas ilegais de plantas psicotrópicas ou a exploração de trabalho escravo na forma da lei serão expropriadas e destinadas à reforma agrária e a programas de habitação popular, sem qualquer indenização ao proprietário e sem prejuízo de outras sanções previstas em lei, observado, no que couber, o disposto no art. 5º". **TM**

Gabarito "A".

(Procurador do Estado – PGE/RN – FCC – 2014) A Lei Federal nº 6.538/1978 dispõe sobre a prestação dos serviços postais e prescreve em seu artigo 9º:

Art. 9º – São exploradas pela União, em regime de monopólio, as seguintes atividades postais:

I. recebimento, transporte e entrega, no território nacional, e a expedição, para o exterior, de carta e cartão-postal;

II. recebimento, transporte e entrega, no território nacional, e a expedição, para o exterior, de correspondência agrupada;

III. fabricação, emissão de selos e de outras fórmulas de franqueamento postal.

§ 1º – Dependem de prévia e expressa autorização da empresa exploradora do serviço postal:

a) *venda de selos e outras fórmulas de franqueamento postal;*

b) *fabricação, importação e utilização de máquinas de franquear correspondência, bem como de matrizes para estampagem de selo ou carimbo postal.*

§ 2º – Não se incluem no regime de monopólio:

a) *transporte de carta ou cartão-postal, efetuado entre dependências da mesma pessoa jurídica, em negócios de sua economia, por meios próprios, sem intermediação comercial;*

b) *transporte e entrega de carta e cartão-postal, executados eventualmente e sem fins lucrativos, na forma definida em regulamento.*

Considerando as disposições da Constituição Federal vigente sobre a matéria, bem como a jurisprudência do Supremo Tribunal Federal, o serviço de entrega de carta cujo conteúdo seja não comercial, de interesse específico e pessoal do destinatário, rege-se pelo regime jurídico:

(A) da atividade econômica em sentido estrito, cuja exploração se sujeita aos princípios da livre iniciativa e livre concorrência, podendo ser prestado pela União enquanto necessária aos imperativos da segurança nacional ou a relevante interesse coletivo, conforme definidos em lei.

(B) da atividade econômica sob monopólio da União, cuja exploração deve observar os princípios constitucionais da ordem econômica.

(C) do serviço público, de competência da União, mas pode ser prestado diretamente pela iniciativa privada sob os princípios da livre iniciativa e livre concorrência, nos termos da lei.

(D) do serviço público, de competência da União, não se submetendo aos princípios da livre iniciativa e livre concorrência.

(E) da atividade econômica em sentido estrito, na hipótese de ser explorado por empresa pública federal, mas o regime jurídico será o do serviço público, caso prestado diretamente pela União.

O STF manteve o monopólio dos Correios para entrega de cartas pessoais ao julgar a ADPF 46. **TM**

Gabarito "D".

(Procurador do Município/São José dos Campos-SP – 2012 – VUNESP) O instrumento básico da política de desenvolvimento e de expansão urbana, previsto na Constituição Federal, é o(a)

(A) Lei Orgânica Municipal.

(B) Plano Diretor.

(C) Orçamento Participativo.

(D) Constituição Estadual.

(E) Estatuto da Cidade.

Art. 182, § 1º, da CF.

Gabarito "B".

1. DIREITO CONSTITUCIONAL

(Advogado da União/AGU – CESPE – 2012) Julgue os itens a seguir, acerca da ordem econômica e financeira e da edição de medida provisória sobre matéria tributária.

(1) A CF admite a edição de medida provisória que institua ou majore impostos, desde que seja respeitado o princípio da anterioridade tributária.

(2) Não ofende o princípio da livre iniciativa edição de lei que regule a política de preços de bens e serviços em face da configuração de circunstância em que o poder econômico, com vistas ao aumento arbitrário dos lucros, atue de forma abusiva.

1: Correta. Art. 62, § 2º, da CF; **2.** Correta. V. STF, ADIn 314-QO, Rel. Min. Moreira Alves: "Em face da atual Constituição, para conciliar o fundamento da livre iniciativa e do princípio da livre concorrência com os da defesa do consumidor e da redução das desigualdades sociais, em conformidade com os ditames da justiça social, pode o Estado, por via legislativa, regular a política de preços de bens e de serviços, abusivo que é o poder econômico que visa ao aumento arbitrário dos lucros."

Gabarito 1C, 2C

(Procurador do Município – Boa Vista/RR – 2019 – CESPE/CEBRASPE) Relativamente às normas constitucionais aplicáveis aos orçamentos, julgue o seguinte item.

(1) Desde que autorizados por lei específica, os estados podem realizar transferência voluntária de recursos financeiros para realizar o pagamento de despesas com pessoal ativo dos municípios.

Errado, conforme artigo 167, X, da CF: "Art. 167. São vedados: (...) X – a transferência voluntária de recursos e a concessão de empréstimos, inclusive por antecipação de receita, pelos Governos Federal e Estaduais e suas instituições financeiras, para pagamento de despesas com pessoal ativo, inativo e pensionista, dos Estados, do Distrito Federal e dos Municípios.". **AB**

Gabarito "1E"

(ADVOGADO – PETROBRÁS – 2012 – CESGRANRIO) Embora o Estado deva respeitar o princípio da isonomia, a partir dos princípios que regem a ordem econômica constitucional, ele pode praticar alguns atos discriminatórios EXCETO:

(A) conferir tratamento diferenciado a empresas em razão do impacto ambiental de seus produtos e serviços e de seus processos de elaboração e prestação.

(B) conceder às empresas públicas e às sociedades de economia mista (que exercem atividade econômica) privilégios fiscais não extensivos às do setor privado.

(C) favorecer a organização da atividade garimpeira em cooperativas.

(D) favorecer empresas de pequeno porte constituídas sob as leis brasileiras e que tenham sua sede e administração no País.

(E) punir empresas que pratiquem atos que resultem em abuso de poder econômico com vistas à eliminação da concorrência.

A: incorreto (art. 170, inciso VI, da CF); **B:** correto (art. 173, § 2º, da CF); **C:** incorreto (art. 174, § 3º, da CF); **D:** incorreto (arts. 146, inciso III, alínea "d", art. 170, inciso IX, e art. 179, todos da CF); **E:** incorreto (art. 173, § 4º, da CF).

Gabarito "B"

17. ORDEM SOCIAL

(Procurador do Município – S.J. Rio Preto/SP – 2019 – VUNESP) De acordo com o que disciplina a Constituição Federal, a questão da Ordem Social tem como base e objetivo, respectivamente,

(A) a defesa do consumidor e a preservação do meio ambiente.

(B) a defesa da propriedade privada e a preservação de um meio ambiente sadio.

(C) a propriedade privada e a defesa do consumidor.

(D) o primado do trabalho e o bem-estar e a justiça sociais.

(E) o primado do trabalho e a defesa do consumidor.

Correta é a letra D, conforme artigo 193, da CF: "Art. 193. A ordem social tem como base o primado do trabalho, e como objetivo o bem-estar e a justiça sociais.". As demais alternativas estão erradas diante do que foi solicitado pelo enunciado da questão. **AB**

Gabarito "D".

(Procurador do Estado/SP – 2018 – VUNESP) Assinale a alternativa correta a respeito do direito à comunicação social.

(A) Na análise do caso de publicação de biografias não autorizadas, o Supremo Tribunal Federal fixou o entendimento da necessidade de autorização prévia do interessado ou de seu representante legal, uma vez que o caso envolve tensão entre direitos fundamentais da liberdade de expressão, do direito à informação e dos direitos da personalidade (privacidade, imagem e honra).

(B) Os meios de comunicação social eletrônica, independentemente da tecnologia utilizada para a prestação do serviço, deverão observar os princípios constitucionais que regem a produção e a programação das emissoras de rádio e televisão, como dar preferência a finalidades educativas, artísticas, culturais e informativas.

(C) Nenhuma lei poderá conter dispositivo que possa constituir embaraço à plena liberdade de informação jornalística em qualquer veículo de comunicação social, sendo resguardado o sigilo da fonte, em todas as circunstâncias.

(D) Compete ao Congresso Nacional outorgar e renovar concessão, permissão e autorização para o serviço de radiodifusão sonora e de sons e imagens, observado o princípio da complementaridade dos sistemas privado, público e estatal.

(E) É competência comum da União, dos Estados, do Distrito Federal e dos Municípios legislar sobre os meios legais que garantam à pessoa e à família a possibilidade de se defenderem de programas ou programações de rádio e televisão que vinculem propaganda de produtos, práticas e serviços que possam ser nocivos à saúde e ao meio ambiente.

A: incorreta, pois o STF declarou ser **inexigível** autorização de pessoa biografada relativamente a obras biográficas literárias ou audiovisuais, sendo também **desnecessária** autorização de pessoas retratadas como coadjuvantes (ou de seus familiares, em caso de pessoas falecidas ou ausentes) (ADI 4815, Rel. Min. Cármen Lúcia, Tribunal Pleno, j. em 10-06-2015); **B:** correta, de acordo com o art. 222, § 3º, combinado com o art. 221, I, ambos da CF; **C:** incorreta, visto que nenhuma lei conterá dispositivo que possa constituir embaraço à plena liberdade de informação jornalística em qualquer veículo de comunicação social, sendo resguardado o sigilo da fonte, quando necessário ao exercício profissional (art. 220, § 1º, c/c art. 5º, XIV, da CF); **D**: incorreta, haja vista que compete ao **Poder Executivo** outorgar e renovar concessão, permissão e autorização para o serviço de radiodifusão sonora e de sons e imagens, observado o princípio da complementaridade dos sistemas privado, público e estatal (art. 223 da CF); **E**: incorreta, pois compete **privativamente** à União legislar sobre propaganda comercial (art. 22, XXIX, da CF), cabendo à lei federal estabelecer os meios legais que garantam à pessoa e à família a possibilidade de se defenderem de programas ou programações de rádio e televisão que vinculem propaganda de produtos, práticas e serviços que possam ser nocivos à saúde e ao meio ambiente (art. 220, § 3º, II, da CF). AN

Gabarito "B".

(Procurador do Município – Prefeitura Fortaleza/CE – CESPE – 2017) Acerca de assuntos relacionados à disciplina da saúde e da educação na CF, julgue os itens que se seguem.

(1) A rede privada de saúde pode integrar o Sistema Único de Saúde, de forma complementar, por meio de contrato administrativo ou convênio.

(2) É permitida a intervenção do estado nos seus municípios nas situações em que não for aplicado o mínimo exigido da receita municipal nas ações e nos serviços públicos de saúde.

(3) Os municípios devem atuar prioritariamente no ensino fundamental e na educação infantil, ao passo que os estados devem atuar prioritariamente no ensino fundamental e no médio.

(4) Desenvolver políticas públicas para a redução da ocorrência de doenças e a proteção da saúde da população é competência concorrente da União, dos estados, do DF e dos municípios.

1: correta. Art. 199, § 1º, CF; **2**: correta. Art. 35, III, CF; **3**: correta. Art. 211, §§ 2º e 3º, CF; **4**: incorreta. A competência é do Município, ainda que com auxílio da União e dos Estados (art. 30, VII, CF). TM

Gabarito "1C, 2C, 3C, 4E."

(Procurador do Município – Boa Vista/RR – 2019 – CESPE/CEBRASPE) A respeito de intervenção estadual nos municípios, julgue o item que se segue.

(1) Uma das hipóteses em que a intervenção dos estados em seus municípios é autorizada é a não aplicação do mínimo exigido da receita municipal nas ações de manutenção e desenvolvimento do ensino.

Certo, nos termos do artigo 35, III, da CF: "Art. 35. O Estado não intervirá em seus Municípios, nem a União nos Municípios localizados em Território Federal, exceto quando: (...) III – não tiver sido aplicado o mínimo exigido da receita municipal na manutenção e desenvolvimento do ensino e nas ações e serviços públicos de saúde.". AB

Gabarito "1C."

(Procurador do Estado – PGE/PR – PUC – 2015) No Direito brasileiro, ao lado dos bens culturais materiais, são também protegidos bens culturais imateriais. Recentemente, a Roda de Capoeira foi reconhecida como integrante do patrimônio imaterial da humanidade. De interesse regional, foi reconhecido como integrante do patrimônio cultural imaterial nacional o Fandango caiçara, uma expressão musical-coreográfica-poética e festiva, cuja área de ocorrência abrange o litoral sul do Estado de São Paulo e o litoral norte do Estado do Paraná.

Sobre a proteção jurídica do patrimônio cultural, assinale a afirmativa CORRETA.

(A) Na ausência de leis federais regulamentando genericamente a proteção ao patrimônio cultural imaterial, aos Estados incumbirá o exercício da competência legislativa plena nessa matéria, voltado ao atendimento de suas peculiaridades.

(B) Os Estados, por deterem a titularidade da propriedade sobre sítios arqueológicos e pré-históricos, poderão definir o regime jurídico da proteção a ser dada a essa modalidade de patrimônio cultural.

(C) A Lei do Tombamento (Decreto-lei n. 25/1937), além da proteção do patrimônio histórico e artístico manifestado por bens móveis e imóveis, também se volta à proteção dos bens de natureza imaterial por meio do estabelecimento de procedimento próprio, denominado Registro de Bens Culturais de Natureza Imaterial.

(D) A Constituição de 1988, embora tenha avançado significativamente na proteção do patrimônio cultural, deixou de contemplar a proteção dos bens de natureza imaterial.

(E) Embora possam realizar o tombamento de bens móveis e imóveis de valor histórico, paisagístico e cultural, aos Estados é vedado implementar instrumentos próprios para proteção de bens de natureza imaterial em complementação às normas gerais expedidas pela União.

A: correta. A proteção cultural é matéria de competência concorrente (art. 24, VII, CF) e, na ausência de norma federal, o Estado tem competência plena (art. 24, § 3º, CF); **B**: incorreta. São bens da União (art. 20, X, CF); **C**: incorreta. O Registro de Bens Culturais de Natureza Imaterial foi instituído pelo Decreto 3.551/2000; **D**: incorreta. O art. 216 da CF refere-se expressamente ao patrimônio cultural imaterial; **E**: incorreta. A competência é concorrente em matéria de patrimônio cultural (art. 24, VII, CF). TM

Gabarito "A".

(Procurador do Estado – PGE/PA – UEPA – 2015) No que pertine à Ordem Social julgue as afirmativas a seguir:

I. Em relação às demandas judiciais visando efetivar o Direito Fundamental à Saúde, e consoante posição atual do STF, em geral, deverá ser privilegiado o tratamento fornecido pelo SUS em detrimento de opção diversa escolhida pelo paciente, sempre que não for comprovada a ineficácia ou a impropriedade da política de saúde existente.

II. O direito à previdência social, conforme o STF, constitui direito fundamental e, uma vez implementados os pressupostos de sua aquisição, não deve ser afetado pelo decurso do tempo. Como consequência, inexiste prazo decadencial para a concessão inicial do benefício previdenciário. É legítima, todavia, a instituição de prazo decadencial para a revisão de benefício já concedido, com fundamento no princípio da segurança jurídica.

III. É firme a jurisprudência do STF, no sentido de que o aposentado tem direito adquirido ao quantum de seus proventos calculado com base na legislação vigente ao tempo da aposentadoria, mas não aos critérios legais com base em que esse quantum foi estabelecido, pois não há direito adquirido a regime jurídico.

IV. A proteção do Estado à união estável, conforme entendimento do STF, alcança apenas as situações

1. DIREITO CONSTITUCIONAL

legítimas e nestas não está incluído o concubinato. A titularidade da pensão decorrente do falecimento de servidor público pressupõe vínculo agasalhado pelo ordenamento jurídico, mostrando-se impróprio o implemento de divisão a beneficiar, em detrimento da família, a concubina.

A alternativa que contém todas as afirmativas corretas é:

(A) I, II, III e IV.

(B) I, II e III.

(C) II, III e IV.

(D) I, III e IV.

(E) I, II e IV.

I: correta. Ver STA 175-AgR, Rel. Min. Gilmar Mendes: "podemos concluir que, em geral, deverá ser privilegiado o tratamento fornecido pelo SUS em detrimento de opção diversa escolhida pelo paciente, sempre que não for comprovada a ineficácia ou a impropriedade da política de saúde existente. Essa conclusão não afasta, contudo, a possibilidade de o Poder Judiciário, ou de a própria Administração, decidir que medida diferente da custeada pelo SUS deve ser fornecida a determinada pessoa que, por razões específicas do seu organismo, comprove que o tratamento fornecido não é eficaz no seu caso. Inclusive, como ressaltado pelo próprio Ministro da Saúde na Audiência Pública, há necessidade de revisão periódica dos protocolos existentes e de elaboração de novos protocolos. Assim, não se pode afirmar que os Protocolos Clínicos e Diretrizes Terapêuticas do SUS são inquestionáveis, o que permite sua contestação judicial"; **II:** correta. Ver RE 946918, Rel. Min. Dias Toffoli: "1. O direito à previdência social constitui direito fundamental e, uma vez implementados os pressupostos de sua aquisição, não deve ser afetado pelo decurso do tempo. Como consequência, inexiste prazo decadencial para a concessão inicial do benefício previdenciário. 2. É legítima, todavia, a instituição de prazo decadencial de dez anos para a revisão de benefício já concedido, com fundamento no princípio da segurança jurídica, no interesse em evitar a eternização dos litígios e na busca de equilíbrio financeiro e atuarial para o sistema previdenciário"; **III:** correta. Entendimento do STF ao julgar o RE 575089, em repercussão geral. Na ementa consta ainda que: "**I – Inexiste direito adquirido a determinado regime jurídico, razão pela qual não é lícito ao segurado conjugar as vantagens do novo sistema com aquelas aplicáveis ao anterior. III – A superposição de vantagens caracteriza sistema híbrido, incompatível com a sistemática de cálculo dos benefícios previdenciários**"; **IV:** Incorreta. Embora haja precedentes do STF nesse sentido, esse entendimento deve comportar temperamentos, principalmente diante de relacionamentos longos e com filhos. O caso encontra-se em repercussão geral para julgamento pelo STF. **TM**

Gabarito "B".

(Procurador do Estado/BA – 2014 – CESPE) Considerando o disposto na Constituição Federal de 1988 (CF) a respeito dos índios, dos idosos e da cultura, julgue os itens a seguir.

(1) A CF assegura a gratuidade dos transportes coletivos urbanos aos maiores de sessenta e cinco anos.

(2) Aplica-se ao Sistema Nacional de Cultura o princípio da complementaridade nos papéis dos agentes culturais.

(3) Os índios detêm o usufruto exclusivo das riquezas do solo, do subsolo, dos rios e dos lagos existentes nas terras por eles tradicionalmente ocupadas.

1: correto. De acordo com o art. 230, § 2°, da CF, aos **maiores de sessenta e cinco anos** é garantida a **gratuidade dos transportes coletivos urbanos**; **2:** correto. Dentre os princípios que regem o Sistema Nacional de Cultura, encontra-se o da **complementaridade nos papéis dos agentes culturais**, conforme determina o art. 216-A, § 1°, VI, da

CF (com redação dada pela EC 71/2012); **3:** errado. Conforme dispõe o art. 231, § 2°, da CF, as terras tradicionalmente ocupadas pelos índios destinam-se a sua posse permanente, cabendo-lhes o usufruto exclusivo das **riquezas do solo**, **dos rios e dos lagos** nelas existentes. O subsolo não faz parte desse rol.

Gabarito 1C, 2C, 3E

(Procurador do Estado – PGE/RN – FCC – 2014) Ao legislarem sobre o regime de previdência obrigatória dos servidores públicos titulares de cargos efetivos, os Estados

(A) não podem instituir contribuição previdenciária sobre os proventos de aposentadorias e pensões concedidas pelo regime da previdência oficial obrigatória.

(B) podem estabelecer hipóteses de aposentadoria especial para além daquelas previstas na Constituição Federal.

(C) devem exercer a competência legislativa plena na matéria, visto que inserida dentre suas competências legislativas privativas.

(D) podem prever o pagamento do benefício de aposentadoria integral em valor acima do subsídio pago aos Ministros do Supremo Tribunal Federal.

(E) devem observar, no que couber, os requisitos e critérios fixados para o regime geral de previdência social.

A: incorreta. Os Estados podem instituir contribuição previdenciária de inativos, a exemplo do que ocorre em nível federal (art. 40, "caput", CF); **B:** incorreta. Devem observar os casos previstos na Constituição Federal (art. 40, § 4°, CF); **C:** incorreta. A matéria é de competência concorrente entre os entes federados (art. 24, XII, CF); **D:** incorreta. Devem observar o disposto no art. 37, XI, CF (art. 39, § 11, CF); **E:** correta. Art. 40, § 12, CF. **TM**

Gabarito "E".

(Procurador do Estado – PGE/RN – FCC – 2014) Entidade privada com fins lucrativos que pretenda participar do Sistema Único de Saúde – SUS de forma complementar:

(A) não poderá fazê-lo, uma vez que a Administração pública poderá firmar contratos de direito público para este fim apenas com entidades privadas sem fins lucrativos ou com entidades filantrópicas.

(B) poderá fazê-lo, mediante contrato de direito público firmado com a Administração pública, mas a Constituição Federal assegura preferência às entidades filantrópicas e às sem fins lucrativos.

(C) poderá fazê-lo, mediante contrato de direito público firmado com a Administração pública, o qual poderá prever a destinação de recursos públicos para auxílios ou subvenções à entidade.

(D) poderá fazê-lo, independentemente de contrato de direito público firmado com a Administração pública, uma vez que a assistência à saúde é livre à iniciativa privada.

(E) não poderá fazê-lo, uma vez que o SUS é integrado por ações e serviços públicos de saúde, do que se extrai que as entidades privadas dele não podem participar, sequer de forma complementar.

Art. 199, § 1°, CF: "As instituições privadas poderão participar de forma complementar do sistema único de saúde, segundo diretrizes deste, mediante contrato de direito público ou convênio, tendo preferência as entidades filantrópicas e as sem fins lucrativos". **TM**

Gabarito "B".

(Procurador/DF – 2013 – CESPE) Com relação às disposições constitucionais acerca da seguridade social, julgue o próximo item.

(1) As contribuições sociais dos empregadores para a seguridade social têm caráter uniforme, não se admitindo alíquotas ou bases de cálculo diferenciadas em razão do porte das empresas ou das atividades econômicas que desenvolvem.

1: incorreta. Nos termos do art. 195, § 9º, da CF/1988 as contribuições sociais do empregador, da empresa e da entidade a ela equiparada na forma da lei, poderão ter alíquotas ou bases de cálculo **diferenciadas**, em razão da atividade econômica, da utilização intensiva de mão de obra, do porte da empresa ou da condição estrutural do mercado de trabalho. Gabarito 1E

(Procurador do Estado/AC – FMP – 2012) Tomando emprestado o texto do art. 196 da CF/88 – direito à saúde – pode-se afirmar que o fornecimento de medicamentos constitui-se em direito fundamental do cidadão não estando submetido a nenhum requisito para a sua concessão por meio de decisão judicial.

(A) A afirmativa está correta.

(B) A afirmativa está incorreta, pois a concessão do pedido fica condicionada à demonstração pelo requerente da sua necessidade e a impossibilidade de custeá-los com recursos próprios.

(C) A afirmativa está incorreta, pois para a concessão do pleito deverá o requerente apenas demonstrar a necessidade do medicamento.

(D) A afirmativa está incorreta, devendo o requerente demonstrar a eficácia do tratamento para a moléstia.

STF, RE 607381-AgR, Rel. Min. Luiz Fux: "O recebimento de medicamentos pelo Estado é direito fundamental, podendo o requerente pleiteá-los de qualquer um dos entes federativos, desde que demonstrada sua necessidade e a impossibilidade de custeá-los com recursos próprios. Isso por que, uma vez satisfeitos tais requisitos, o ente federativo deve se pautar no espírito de solidariedade para conferir efetividade ao direito garantido pela Constituição, e não criar entraves jurídicos para postergar a devida prestação jurisdicional." Gabarito "B".

18. TEMAS COMBINADOS

(Procurador do Estado/SP – 2018 – VUNESP) Segundo a Constituição do Estado de São Paulo, os Poderes Legislativo, Executivo e Judiciário manterão, de forma integrada, sistema de controle interno, sobre o qual é correto afirmar:

(A) ao tomarem conhecimento de qualquer irregularidade, ilegalidade, ou ofensa aos princípios de legalidade, impessoalidade, moralidade, publicidade e eficiência, previstos no artigo 37 da Constituição Federal, dela darão ciência ao Tribunal de Contas do Estado, sob pena de responsabilidade solidária.

(B) são legitimados para propor ação de inconstitucionalidade de lei ou ato normativo estaduais ou municipais, contestados em face da Constituição do Estado de São Paulo ou por omissão de medida necessária para tornar efetiva norma ou princípio desta Constituição, no âmbito de seu interesse.

(C) não há de se falar em forma integrada de sistema de controle interno, conceito inconstitucional, por ferir o princípio da separação dos Poderes e a competência do Tribunal de Contas do Estado.

(D) podem convocar a qualquer momento o Procurador-Geral de Justiça, o Procurador-Geral do Estado e o Defensor Público-Geral para prestar informações a respeito de assuntos previamente fixados, relacionados com a respectiva área.

(E) deverão avaliar as metas previstas no plano plurianual, nas diretrizes orçamentárias e no orçamento anual por meio de inspeções e auditorias de natureza contábil, financeira, orçamentária, operacional e patrimonial, nas unidades administrativas.

A: correta, nos termos do art. 35, § 1º, da Constituição do Estado de São Paulo; **B:** incorreta, pois são legitimados para propor ação direta de inconstitucionalidade de lei ou ato normativo estadual ou municipal, contestado em face da Constituição do Estado de São Paulo, ou por omissão de medida necessária para tornar efetiva norma ou princípio desta Constituição: (i) o Governador do Estado e a Mesa da Assembleia Legislativa; (ii) o Prefeito e a Mesa da Câmara Municipal; (iii) o Procurador-Geral de Justiça; (iv) o Conselho da Seção Estadual da Ordem dos Advogados do Brasil; (v) as entidades sindicais ou de classe, de atuação estadual ou municipal, demonstrando seu interesse jurídico no caso; (vi) os partidos políticos com representação na Assembleia Legislativa, ou, em se tratando de lei ou ato normativo municipais, na respectiva Câmara (art. 90 da Constituição do Estado de SP); **C:** incorreta, pois o art. 74 da Constituição Federal determina que os Poderes Legislativo, Executivo e Judiciário manterão, de forma integrada, sistema de controle interno, o que é reproduzido pelo art. 35 da Constituição do Estado de São Paulo; **D:** incorreta, porque cabe às Comissões da Assembleia Legislativa convocar o Procurador-Geral de Justiça, o Procurador-Geral do Estado e o Defensor Público Geral para prestar informações a respeito de assuntos previamente fixados, relacionados com a respectiva área (art. 13, § 1º, 4, da Constituição do Estado de SP); **E:** incorreta, pois cabe ao **controle externo** – a cargo da Assembleia Legislativa e exercido com auxílio do Tribunal de Contas do Estado – avaliar a execução das metas previstas no plano plurianual, nas diretrizes orçamentárias e no orçamento anual (art. 33, IV, da Constituição do Estado de SP). Ressalte-se que cabe ao **sistema de controle interno** – a cargo dos Poderes Legislativo, Executivo e Judiciário – avaliar o cumprimento das metas previstas no plano plurianual, a execução dos programas de governo e dos orçamentos do Estado (art. 35, I, da Constituição do Estado de SP). AN Gabarito "A".

(Procurador do Município – Valinhos/SP – 2019 – VUNESP) Sobre a seguridade social, é correto afirmar que

(A) seus objetivos são a garantia de padrão de qualidade e o piso salarial profissional nacional para os profissionais da área.

(B) compreende um conjunto integrado de ações de iniciativa dos poderes públicos e da sociedade, destinadas a assegurar os direitos relativos à saúde, à previdência e à assistência social.

(C) será financiada por toda a sociedade, de forma direta, nos termos da lei, mediante recursos provenientes dos orçamentos dos Estados, do Distrito Federal e dos Municípios.

(D) tem como base o primado do trabalho, e como objetivo o bem-estar e a justiça sociais.

(E) tem por objetivo o caráter democrático e centralizado da Administração, mediante gestão tripartite, com participação dos trabalhadores, dos empregadores e do Governo nos órgãos colegiados.

Correta é a letra B, nos termos do artigo 194, da CF: "A seguridade social compreende um conjunto integrado de ações de iniciativa dos

1. DIREITO CONSTITUCIONAL   87

Poderes Públicos e da sociedade, destinadas a assegurar os direitos relativos à saúde, à previdência e à assistência social". A letra A está errada, pois tais objetivos não existem (artigo 194, parágrafo único, da CF). A letra C está errada (artigo 195, da CF), pois seria de forma direta e indireta. A letra D também é errada (artigo 193, da CF) fala da ordem social. A letra E equivocada (artigo 194, inciso VII, da CF), na medida em que o caráter é descentralizado e a gestão é quadripartite.
Gabarito "B".

(Procurador do Estado/SP – 2018 – VUNESP) Ao Estado de São Paulo cumpre assegurar o bem-estar social, garantindo o pleno acesso aos bens e serviços essenciais ao desenvolvimento individual e coletivo, motivo pelo qual é correto afirmar:

(A) constituem patrimônio cultural estadual os bens de natureza material e imaterial, portadores de referências à identidade, à ação e à memória dos diferentes grupos formadores da sociedade, nos quais não se incluem as criações científicas, artísticas e tecnológicas e os espaços destinados às manifestações artístico-culturais.

(B) o patrimônio físico, cultural e científico dos museus, institutos e centros de pesquisa da Administração direta, indireta e fundacional são inalienáveis e intransferíveis, em qualquer hipótese.

(C) políticas públicas de promoção social, com as ações governamentais e os programas de assistência social, pela sua natureza emergencial e compensatória, em todos os casos, prevalecem sobre a formulação e aplicação de políticas sociais básicas nas áreas de saúde, educação, abastecimento, transporte e alimentação.

(D) a participação do setor privado no Sistema Único de Saúde efetivar-se-á mediante contrato, caso em que não se aplicam as diretrizes e as normas administrativas incidentes sobre a rede pública, com prevalência das regras do direito privado.

(E) o Poder Público organizará o Sistema Estadual de Ensino, abrangendo todos os níveis e modalidades, incluindo a especial, estabelecendo normas gerais de funcionamento para as escolas públicas estaduais e municipais, bem como para as particulares.

A: incorreta, pois constituem patrimônio cultural estadual os bens de natureza material e imaterial, tomados individualmente ou em conjunto, portadores de referências à identidade, à ação e à memória dos diferentes grupos formadores da sociedade nos quais se incluem: as formas de expressão; as criações científicas, artísticas e tecnológicas; as obras, objetos, documentos, edificações e demais espaços destinados às manifestações artístico-culturais; os conjuntos urbanos e sítios de valor histórico, paisagístico, artístico, arqueológico, paleontológico, ecológico e científico. (art. 260 da Constituição do Estado de SP); **B:** incorreta, porque o patrimônio físico, cultural e científico dos museus, institutos e centros de pesquisa da administração direta, indireta e fundacional são inalienáveis e intransferíveis, sem audiência da comunidade científica e aprovação prévia do Poder Legislativo (art. 272 da Constituição do Estado de SP); **C:** incorreta, já que as ações governamentais e os programas de assistência social, pela sua natureza emergencial e compensatória, **não deverão prevalecer** sobre a formulação e aplicação de políticas sociais básicas nas áreas de saúde, educação, abastecimento, transporte e alimentação (art. 233 da Constituição do Estado de SP); **D:** incorreta, pois a participação do setor privado no sistema único de saúde efetivar-se-á **mediante convênio ou contrato de direito público**, aplicando-se as diretrizes do sistema único de saúde e as normas administrativas incidentes sobre o objeto de convênio ou de contrato (art. 220, §§ 4º e 5º, da Constituição do

Estado de SP); **E:** correta, de acordo com o art. 239 da Constituição do Estado de São Paulo. **AN**
Gabarito "E".

(Procurador do Município – Prefeitura Fortaleza/CE – CESPE – 2017) Acerca dos direitos fundamentais, do regime jurídico aplicável aos prefeitos e do modelo federal brasileiro, julgue os itens que se seguem.

(1) De acordo com o STJ, é exigida prévia autorização do Poder Judiciário para a instauração de inquérito ou procedimento investigatório criminal contra prefeito, já que prefeitos detêm foro por prerrogativa de função e devem ser julgados pelo respectivo tribunal de justiça, TRF ou ter, conforme a natureza da infração imputada.

(2) Não se admite o manejo de reclamação constitucional contra ato administrativo contrário a enunciado de súmula vinculante durante a pendência de recurso interposto na esfera administrativa. Todavia, esgotada a via administrativa e judicializada a matéria, a reclamação constitucional não obstará a interposição dos recursos eventualmente cabíveis e a apresentação de outros meios admissíveis de impugnação.

1: incorreta. O entendimento do STJ dispensa a autorização prévia, no que diverge do entendimento do STF; **2:** correta. Art. 7º, caput e § 1º, da Lei 11.417/2006. **TM**
Gabarito "1E, 2C".

(Procurador do Município – Prefeitura Fortaleza/CE – CESPE – 2017) A respeito das normas constitucionais, do mandado de injunção e dos municípios, julgue os itens subsequentes.

(1) Os municípios não gozam de autonomia para criar novos tribunais, conselhos ou órgãos de contas municipais.

(2) Pessoa jurídica pode impetrar mandado de injunção.

(3) O princípio da legalidade diferencia-se do da reserva legal: o primeiro pressupõe a submissão e o respeito à lei e aos atos normativos em geral; o segundo consiste na necessidade da regulamentação de determinadas matérias ser feita necessariamente por lei formal.

1: correta. Art. 31, § 4º, CF; **2:** correta. Art. 3º da Lei 13.300: "São legitimados para o mandado de injunção, como impetrantes, as pessoas naturais ou jurídicas que se afirmam titulares dos direitos, das liberdades ou das prerrogativas referidos no art. 2º e, como impetrado, o Poder, o órgão ou a autoridade com atribuição para editar a norma regulamentadora"; **3:** correta. De acordo com José Afonso da Silva, "o primeiro (princípio da legalidade) significa a submissão e o respeito à lei, ou a atuação dentro da esfera estabelecida pelo legislador. O segundo (princípio da reserva legal) consiste em estatuir que a regulamentação de determinadas matérias há de fazer-se necessariamente por lei".**TM**
Gabarito "1C, 2C, 3C".

(Procurador do Estado – PGE/PR – PUC – 2015) É **CORRETO** afirmar, de acordo com a Constituição Federal e com a recente jurisprudência do Supremo Tribunal Federal, que:

(A) Em relação aos Procuradores do Estado e do Distrito Federal, a Constituição Federal, em seu art. 132, restringe literalmente a capacidade postulatória do advogado.

(B) É impossível a conversão da arguição de descumprimento de preceito fundamental em ação direta quando imprópria a primeira, e vice-versa.

(C) Nenhum brasileiro será extraditado, salvo comprovado envolvimento em tráfico ilícito de entorpecentes e drogas afins.

(D) A vedação do nepotismo exige a edição de lei formal para coibi-lo. Tal exigência decorre diretamente dos princípios contidos no art. 37, *caput*, da CF.

(E) Na ponderação entre os direitos que dão conteúdo à liberdade de imprensa e os direitos à imagem, honra, intimidade e vida privada, há precedência do primeiro bloco em homenagem ao princípio proibitivo da censura prévia.

A: incorreta. O art. 132 da CF nada dispõe sobre redução da capacidade postulatória: "Art. 132. Os Procuradores dos Estados e do Distrito Federal, organizados em carreira, na qual o ingresso dependerá de concurso público de provas e títulos, com a participação da Ordem dos Advogados do Brasil em todas as suas fases, exercerão a representação judicial e a consultoria jurídica das respectivas unidades federadas"; **B:** incorreta. Em regra o STF admite a fungibilidade entre as ações, mas já a restringiu em razão de erro grosseiro; **C:** incorreta. A vedação à extradição refere-se ao brasileiro nato. O naturalizado pode ser extraditado na forma da Constituição. Ver art. 5º, LI, CF: "nenhum brasileiro será extraditado, salvo o naturalizado, em caso de crime comum, praticado antes da naturalização, ou de comprovado envolvimento em tráfico ilícito de entorpecentes e drogas afins, na forma da lei"; **D:** incorreta. A proibição do nepotismo não exige lei formal, decorre diretamente dos princípios listados no art. 37, "caput", da CF. Ver Súmula Vinculante 13/CF; **E:** correta. A alternativa corresponde à primazia prima face da liberdade de expressão, defendida por exemplo, por Daniel Sarmento. O entendimento, entretanto, não é pacífico. **TM**

Gabarito "E".

(Advogado União – AGU – CESPE – 2015) Acerca de aspectos diversos relacionados à atuação e às competências dos Poderes Executivo, Legislativo e Judiciário, do presidente da República e da AGU, julgue os itens a seguir.

(1) Caso um processo contra o presidente da República pela prática de crime de responsabilidade fosse instaurado pelo Senado Federal, não seria permitido o exercício do direito de defesa pelo presidente da República no âmbito da Câmara dos Deputados.

(2) Conforme entendimento do STF, compete à justiça federal processar e julgar o crime de redução à condição análoga à de escravo, por ser este um crime contra a organização do trabalho, se for praticado no contexto das relações de trabalho.

(3) Compete à AGU a representação judicial e extrajudicial da União, sendo que o poder de representação do ente federativo central pelo advogado da União decorre da lei e, portanto, dispensa o mandato.

(4) Caso uma lei de iniciativa parlamentar afaste os efeitos de sanções disciplinares aplicadas a servidores públicos que participarem de movimento reivindicatório, tal norma padecerá de vício de iniciativa por estar essa matéria no âmbito da reserva de iniciativa do chefe do Poder Executivo.

(5) O veto do presidente da República a um projeto de lei ordinária insere-se no âmbito do processo legislativo, e as razões para o veto podem ser objeto de controle pelo Poder Judiciário.

(6) No ordenamento jurídico brasileiro, admitem-se a autorização de referendo e a convocação de plebiscito por meio de medida provisória.

1: incorreta. O STF tem entendimento de que o direito de defesa deve ser oportunizado na fase pré-processual, em razão do dano que o próprio processo causa à figura pública do Presidente da República (Ver MS-MC-QO 21564); **2:** correta. Embora constitua crime contra a liberdade individual, a doutrina defende que se trata de crime contra a organização do trabalho, o que atrai a competência da Justiça Federal; **3:** correta. Os advogados públicos possuem procuração "ex lege", não necessitando de procuração para defesa do ente. À AGU compete a representação judicial e extrajudicial da União, sendo que realiza as atividades de consultoria e assessoramento jurídico apenas do Poder Executivo. O Poder Legislativo tem órgão próprio de consultoria, sendo judicialmente representado pela AGU. O Judiciário é judicialmente representado pela AGU; **4:** correta. Matéria reservada à iniciativa do Chefe do Poder Executivo. Ver ADI 1440; **5:** incorreta. Embora a fase de sanção ou veto faça parte do processo legislativo, o STF, ao julgar a ADPF n. 1, entendeu que não se enquadra no conceito de "ato do Poder Público" que justificaria o cabimento de ADPF; **6:** incorreta. Plebiscito e referendo não são convocados por lei, mas por decreto legislativo. Medida provisória tem força de lei, mas não substitui os atos deliberativos do Congresso Nacional, como a edição de um decreto legislativo. Além disso, não cabe MP para dispor sobre direitos políticos. **TM**

Gabarito "1E, 2C, 3C, 4C, 5E, 6E".

(Advogado União – AGU – CESPE – 2015) Com base nas normas constitucionais e na jurisprudência do STF, julgue os itens seguintes.

(1) Situação hipotética: Servidor público, ocupante de cargo efetivo na esfera federal, recebia vantagem decorrente do desempenho de função comissionada por um período de dez anos. O servidor, após ter sido regularmente exonerado do cargo efetivo anterior, assumiu, também na esfera federal, novo cargo público efetivo. Assertiva: Nessa situação, o servidor poderá continuar recebendo a vantagem referente ao cargo anterior, de acordo com o princípio do direito adquirido.

(2) Situação hipotética: Determinado estado e um dos seus municípios estão sendo processados judicialmente em razão de denúncias acerca da má qualidade do serviço de atendimento à saúde prestado à população em um hospital do referido município. Assertiva: Nessa situação, o estado, em sua defesa, poderá alegar que, nesse caso específico, ele não deverá figurar no polo passivo da demanda, já que a responsabilidade pela prestação adequada dos serviços de saúde à população é do município, e, subsidiariamente, da União.

(3) Vice-governador de estado que não tenha sucedido ou substituído o governador durante o mandato não precisará se desincompatibilizar do cargo atual no período de seis meses antes do pleito para concorrer a outro cargo eletivo.

1: incorreta. Houve exoneração do cargo efetivo antes de assumir o novo cargo efetivo, não havendo direito adquirido na hipótese; **2:** incorreta. Os entes respondem em conjunto, haja vista que a saúde é dever do Estado; **3:** correta. Ver Resolução 19491/TSE. **TM**

Gabarito "1E, 2E, 3C".

(Procurador do Estado – PGE/BA – CESPE – 2014) Em relação ao Ato das Disposições Constitucionais Transitórias (ADCT), julgue os itens seguintes.

(1) No ADCT, não há previsão expressa para que o Brasil envide esforços para a formação de um tribunal internacional dos direitos humanos.

1. DIREITO CONSTITUCIONAL 89

(2) O ADCT concedeu anistia àqueles que foram atingidos por atos de exceção, institucionais ou complementares, em decorrência de motivação exclusivamente política.

(3) Segundo o ADCT, a revisão constitucional será feita a cada cinco anos, em sessão bicameral do Congresso Nacional.

1: incorreta. Ver art. 7º do ADCT; **2:** correta. Art. 8º do ADCT; **3:** incorreta. Eis a redação do art. 3º do ADCT: "A revisão constitucional será realizada após cinco anos, contados da promulgação da Constituição, pelo voto da maioria absoluta dos membros do Congresso Nacional, em sessão unicameral". **TM**
Gabarito "1E, 2C, 3E".

(Procurador do Estado – PGE/RN – FCC – 2014) Considere as situações abaixo.

I. Proibição, por lei municipal, da instalação de novo estabelecimento comercial a menos de 500 metros de outro da mesma natureza.

II. Proibição, por atos normativos infralegais, da importação de pneus usados.

III. Exigência, pela Fazenda Pública, de prestação de fiança, garantia real ou fidejussória para a expedição de notas fiscais de contribuintes em débito com o fisco.

São incompatíveis com a Constituição da República, por afronta aos princípios da livre iniciativa e da liberdade de exercício de atividade econômica, as situações descritas em:

(A) I, II e III.

(B) I, apenas.

(C) II, apenas.

(D) I e III, apenas.

(E) II e III, apenas.

I: correta. É incompatível com a Constituição. Ver Súmula Vinculante 49/STF; **II:** incorreta. A proibição é constitucional, conforme julgou o STF na ADPF 101; **III:** correta, sendo incompatível com a Constituição. Ver RE 565048. Lembre-se que a questão pede que sejam assinaladas as condutas que afrontam a CF. **TM**
Gabarito "D".

(Procurador Distrital – 2014 – CESPE) Julgue os itens que se seguem, à luz das disposições constitucionais sobre a repartição de competências, o processo legislativo e a questão federativa.

(1) À CLDF cabe, mediante lei complementar, dispor sobre o plano diretor de ordenamento territorial.

(2) Será considerado formalmente inconstitucional projeto de lei distrital de iniciativa parlamentar que confira aumento de remuneração aos servidores do governo do DF.

(3) A lei que disciplina a organização do Poder Judiciário do DF é de iniciativa privativa do governador distrital.

(4) A CLDF abarca tão somente as competências das assembleias legislativas estaduais.

(5) Compete ao TJDFT julgar o governador do DF nos crimes comuns.

1: correto. De acordo com o art. 75, parágrafo único, VIII, da Lei Orgânica do DF, constituirão leis complementares, entre outras, a lei que disponha sobre o plano diretor de ordenamento territorial do Distrito

Federal; **2:** correto. No âmbito federal, o projeto de lei que confira aumento de remuneração aos servidores da administração pública é da competência privativa do Presidente da República (art. 61, § 1º, II, "a", da CF). Sendo assim, no DF tal projeto deve ser iniciado pelo Governador do DF. Essa regra decorre do princípio da simetria ou paralelismo das formas. Por outro lado, se um parlamentar iniciar tal projeto de lei, a norma terá de ser declarada formalmente inconstitucional por vício de iniciativa. Vale lembrar que ainda que o Governador sancione o projeto, o vício persiste, pois a sanção não convalida vício de iniciativa; **3:** errado. De acordo com o art. 21, XIII, da CF, com redação dada pela EC 69/12, a organização e manutenção do Poder Judiciário do DF compete à União; **4:** errado. De acordo com o art. 32, § 1º, da CF, ao Distrito Federal são atribuídas as competências legislativas reservadas aos Estados e Municípios. Além disso, o art. 14 da Lei Orgânica do DF determina que ao Distrito federal sejam atribuídas as competências legislativas reservadas aos Estados e Municípios, cabendo-lhe exercer, em seu território, todas as competências que não lhe sejam vedadas pela Constituição Federal; **5:** incorreto. Determina o art. 105, I, "a", da CF que compete ao Superior Tribunal de Justiça o processo e julgamento, de forma originária, nos crimes comuns, dos Governadores dos Estados e do Distrito Federal, e, nestes e nos de responsabilidade, os desembargadores dos Tribunais de Justiça dos Estados e do Distrito Federal, os membros dos Tribunais de Contas dos Estados e do Distrito Federal, os dos Tribunais Regionais Federais, dos Tribunais Regionais Eleitorais e do Trabalho, os membros dos Conselhos ou Tribunais de Contas dos Municípios e os do Ministério Público da União que oficiem perante tribunais.
Gabarito "1C, 2C, 3E, 4E 5E

(Procurador Federal – 2013 – CESPE) Julgue os itens a seguir, que tratam da organização de instituições do Estado brasileiro e de seu funcionamento.

(1) Os membros do Conselho Nacional de Justiça e os membros do Conselho Nacional do Ministério Público serão, todos eles, nomeados pelo presidente da República e exercerão os seus respectivos mandatos por dois anos, admitida somente uma recondução.

(2) Os membros do Ministério Público da União não poderão exercer atividade político-partidária, salvo se prévia e expressamente licenciados para esse fim pelo Conselho Superior do Ministério Público.

(3) Nos termos da CF, compete privativamente ao Senado Federal processar e julgar o procurador-geral da República nos crimes de responsabilidade e nas infrações penais comuns.

(4) Compete privativamente ao presidente da República declarar guerra em caso de agressão estrangeira e celebrar a paz, desde que, em ambos os casos, ocorra prévia autorização do Senado Federal.

(5) De acordo com a CF, os julgamentos dos órgãos do Poder Judiciário serão públicos e todas as decisões administrativas dos tribunais ocorrerão em sessões públicas.

1: errado. De acordo com o art. 103-B, § 1º, da CF, o CNJ é **presidido pelo Presidente do Supremo** Tribunal Federal e, nas suas ausências e impedimentos, pelo Vice-Presidente do Supremo Tribunal Federal. Os demais membros, de fato, são nomeados pelo Presidente da República, depois de aprovada a escolha pela maioria absoluta do Senado Federal, conforme determina o § 2º do mesmo dispositivo. Por outro lado, conforme determina o art. 130-A, *caput*, da CF, todos os membros do CNMP são nomeados pelo Presidente da República, depois de aprovada a escolha pela maioria absoluta do Senado Federal. Tanto no CNJ como no CNMP, o mandato dos membros é de dois anos, admitida uma recondução; **2:** errado. Aos membros do Ministério é vedada a atividade político-partidária e não há possibilidade de licença para esse fim, conforme determina o art. 128, § 5º, II, "e", da CF; **3:** errado. O Senado Federal processa e julga o Procurador-geral da República apenas nos crimes de responsabilidade (art. 52, II, da CF). Nas infrações penais comuns quem o julga é o STF (art. 102, I, "d", da CF); **4:** errado. Quem autoriza o Presidente da República a declarar a guerra e celebrar a paz é o Congresso Nacional, de forma exclusiva, conforme determina o art. 49, II, da CF; **5:** correto. De fato o art. 93, IX, da CF determina que todos os **julgamentos dos órgãos do Poder Judiciário sejam públicos**, e fundamentadas todas as decisões, sob pena de nulidade, podendo a lei limitar a presença, em determinados atos, às próprias partes e a seus advogados, ou somente a estes, em casos nos quais a preservação do direito à intimidade do interessado no sigilo não prejudique o interesse público à informação. Além disso, o inciso X do mesmo dispositivo trata das **decisões administrativas** dos tribunais mencionando que devem ser motivadas e em **sessão pública**, sendo as disciplinares tomadas pelo voto da maioria absoluta de seus membros.

Gabarito 1E, 2E, 3E, 4E, 5C

(Procurador Federal – 2013 – CESPE) Ainda sobre a organização e o funcionamento de diversas instituições públicas brasileiras, julgue os itens seguintes.

(1) O Congresso Nacional, mediante delegação, atribuiu ao Senado Federal a competência para suspender a execução do todo ou de parte de lei declarada inconstitucional por decisão definitiva do STF.

(2) O sigilo das comunicações telefônicas só poderá ser afastado por decisão judicial e somente para fins da instrução processual penal.

(3) Compete ao STF processar e julgar originariamente o mandado de injunção quando a elaboração da norma regulamentadora for atribuição do TCU.

(4) A Advocacia-Geral da União tem por chefe o advogado-geral da União, de livre nomeação pelo presidente da República entre os integrantes da carreira que tenham mais de trinta e cinco anos de idade, notável saber jurídico e reputação ilibada.

(5) É vedado à União, aos estados, ao DF e aos municípios instituir impostos sobre o patrimônio, renda ou serviços dos partidos políticos e de suas fundações em qualquer hipótese e independentemente das atividades desenvolvidas por esses entes.

(6) O Ato das Disposições Constitucionais Transitórias assegurou o direito de opção, nos termos de lei complementar, pela carreira da AGU aos procuradores da República que ingressaram nesse cargo antes da promulgação da atual CF.

(7) Compete ao TCU, entre outras atribuições, fiscalizar a aplicação de quaisquer recursos repassados pela União mediante convênio, acordo, ajuste ou outros instrumentos congêneres, a estado, ao DF ou a município, aplicando aos responsáveis, em caso de ilegalidade de despesa ou de irregularidade de contas, as sanções previstas em lei.

1: errado. A competência para suspender a execução, no todo ou em parte, de lei declarada inconstitucional pelo STF, por decisão definitiva, é privativa do Senado Federal. Tal determinação não advém de delegação, decorre da própria CF, conforme dispõe o art. 52, X, do Texto Maior; **2:** errado. De acordo com o art. 5º, XII, da CF, é inviolável o sigilo da correspondência e das comunicações telegráficas, de dados e das **comunicações telefônicas**, salvo, no último caso, **por ordem judicial**, nas hipóteses e na forma que a lei estabelecer **para fins de investigação criminal ou instrução processual penal**; **3:** correto. É o que determina

o art. 102, I, "q", da CF; **4:** errado. De acordo com o art. 131, § 1º, da CF, a Advocacia-Geral da União tem por chefe o Advogado-Geral da União, de livre nomeação pelo Presidente da República dentre cidadãos maiores de trinta e cinco anos, de notável saber jurídico e reputação ilibada. O mencionado dispositivo não exige que a escolha seja feita entre os integrantes da carreira; 5: errado. De acordo com o art. 150, VI, "c", da CF, de fato, é vedado à União, aos Estados, ao Distrito Federal e aos Municípios: VI – instituir impostos sobre: c) patrimônio, renda ou serviços dos partidos políticos, inclusive suas fundações, das entidades sindicais dos trabalhadores, das instituições de educação e de assistência social, sem fins lucrativos, atendidos os requisitos da lei. Ocorre que o § 4º do mesmo dispositivo determina que **as vedações** expressas no inciso VI, alíneas "b" e "c", **compreendem somente o patrimônio, a renda e os serviços, relacionados com as finalidades essenciais das entidades** nelas mencionadas; 6: correto. Conforme dispõe o art. 23 do ADCT, é assegurado aos defensores públicos investidos na função até a data de instalação da Assembleia Nacional Constituinte o **direito de opção** pela carreira, com a observância das garantias e vedações previstas no art. 134, parágrafo único, da Constituição; 7: correto. É o que determina o art. 71, VI, da CF.

Gabarito 1E, 2E, 3C, 4E, 5E, 6C, 7C

(Advogado da União/AGU – CESPE – 2012) Julgue o item seguinte, a respeito do ADCT.

(1) Dada a natureza jurídica das normas prescritas no ADCT, por meio delas podem ser estabelecidas exceções às regras constantes no corpo principal da CF.

1: Correta. De acordo com Pedro Lenza, "O ADCT, como o nome já induz (Ato das Disposições **Constitucionais** Transitórias), tem natureza de norma constitucional e poderá, portanto, trazer exceções às regras colocadas no corpo da Constituição. Assim como no corpo, encontramos regras (por exemplo, tratamento igual entre brasileiro nato e naturalizado, art. 12, § 2º) e exceções a essas regras (por exemplo, art. 12, § 3º, I, que reserva o cargo de Presidente da República somente para brasileiros natos), também o ADCT poderá excepcionar regras gerais do corpo, por apresentar a mesma natureza jurídica delas. Dessa forma, em razão de sua natureza constitucional, a alteração das normas do ADCT ou a inclusão de novas regras dependerão da manifestação do poder constituinte derivado reformador, ou seja, necessariamente por meio de emendas constitucionais" (Direito Constitucional Esquematizado, 2012, p. 171).

Gabarito 1C

(Procurador do Município – Valinhos/SP – 2019 – VUNESP) É entendimento sumulado pelo Superior Tribunal de Justiça:

(A) O excesso de prazo para a conclusão do processo administrativo disciplinar não causa nulidade, em nenhuma circunstância.

(B) A inversão do ônus da prova não se aplica às ações de degradação ambiental.

(C) O locatário possui legitimidade ativa para discutir a relação jurídico-tributária de IPTU e de taxas referentes ao imóvel alugado.

(D) A ocupação indevida de bem público configura detenção, de natureza precária, sendo suscetível de retenção e/ou indenização por acessões e benfeitorias.

(E) Desde que devidamente motivada e com amparo em investigação ou sindicância, é permitida a instauração de processo administrativo disciplinar com base em denúncia anônima, em face do poder-dever de autotutela imposto à Administração.

Correta é a letra E, nos termos da Súmula 611, do STJ: "Desde que devidamente motivada e com amparo em investigação ou sindicância,

1. DIREITO CONSTITUCIONAL   91

é permitida a instauração de processo administrativo disciplinar com base em denúncia anônima, em face do poder-dever de autotutela imposto à Administração.". A letra A está errada (Súmula 592, do STJ). A letra B está errada, conforme Súmula 618, do STJ. A letra C está incorreta (Súmula 614, do STJ). A letra D é errada, nos termos da Súmula 619, do STJ.

Gabarito "E".

(Procurador do Município – Valinhos/SP – 2019 – VUNESP) É texto de Súmula do Supremo Tribunal Federal:

(A) A competência do Tribunal de Justiça para julgar prefeitos restringe-se aos crimes de competência da Justiça comum estadual; nos demais casos, a competência originária caberá ao respectivo tribunal de segundo grau.

(B) A extinção do mandato do prefeito impede a instauração de processo pela prática dos crimes previstos no art. 1o do Dl. 201/67.

(C) São da competência legislativa dos Estados a definição dos crimes de responsabilidade e o estabelecimento das respectivas normas de processo e julgamento.

(D) Somente o Advogado-Geral da União tem legitimidade para propor ação direta interventiva por inconstitucionalidade de Lei Municipal.

(E) Cabe recurso extraordinário contra acórdão de Tribunal de Justiça que defere pedido de intervenção estadual em Município.

Correta é a letra A, nos termos da Súmula 702, do STF: "A competência do Tribunal de Justiça para julgar prefeitos restringe-se aos crimes de competência da Justiça comum estadual; nos demais casos, a competência originária caberá ao respectivo tribunal de segundo grau.". As demais letras estão equivocadas porque não possuem encaixe perfeito com as respectivas Súmulas 703 (letra B), 722 (letra C), 614 (letra D) e 637 (Letra E), todas do STF.

Gabarito "A".

(Procurador do Município – S.J. Rio Preto/SP – 2019 – VUNESP) A pauta jurídica mais importante dos Estados constitucionais, que elegem a democracia como corolário funda- mental da vida em sociedade, levou o Supremo Tribunal Federal a editar Súmula Vinculante nº 13 que proibiu as práticas nepotistas para a Administração Pública, em decorrência da obrigatoriedade de se observar os princípios constitucionais da

(A) legalidade e da publicidade administrativa.

(B) impessoalidade e da eficácia administrativa.

(C) publicidade e da moralidade administrativa.

(D) eficiência, da supremacia do interesse público e da publicidade.

(E) moralidade, da eficiência e da impessoalidade no âmbito da Administração.

Correta é a letra E, conforme a redação da citada Súmula Vinculante: "A nomeação de cônjuge, companheiro ou parente em linha reta, colateral ou por afinidade, até o terceiro grau, inclusive, da autoridade nomeante ou de servidor da mesma pessoa jurídica investido em cargo de direção, chefia ou assessoramento, para o exercício de cargo em comissão ou de confiança ou, ainda, de função gratificada na administração pública direta e indireta em qualquer dos Poderes da União, dos Estados, do Distrito Federal e dos Municípios, compreendido o ajuste mediante designações recíprocas, viola a Constituição Federal.". Logo, tal súmula tutela a impessoalidade e a moralidade e, por via reflexa, promove

a eficiência dentro da Administração Pública. Sendo assim, a única alternativa correta é a letra E.

Gabarito "E".

(Procurador do Município – S.J. Rio Preto/SP – 2019 – VUNESP) É correto afirmar que a política de desenvolvimento urbano envolve

(A) a elaboração de um plano diretor, aprovado pela Câmara Municipal, como instrumento básico da política de desenvolvimento e de expansão urbana.

(B) a elaboração de um plano diretor, aprovado pela Câmara Municipal, que é obrigatório para cidades com, no mínimo, quarenta mil habitantes.

(C) a faculdade do Poder Público Municipal de impor exigências ao proprietário de solo urbano não edificado e depende de aprovação por meio de lei estadual.

(D) a desapropriação de imóveis urbanos, que é feita com prévia e justa indenização em títulos da dívida pública.

(E) a cobrança do IPTU progressiva e gradual, subindo ao longo do tempo, e podendo gerar confisco.

Correta é a letra A, sendo mandamento do artigo 182, §1º, da CF: "Art. 182. A política de desenvolvimento urbano, executada pelo Poder Público municipal, conforme diretrizes gerais fixadas em lei, tem por objetivo ordenar o pleno desenvolvimento das funções sociais da cidade e garantir o bem- estar de seus habitantes. § 1º O plano diretor, aprovado pela Câmara Municipal, obrigatório para cidades com mais de vinte mil habitantes, é o instrumento básico da política de desenvolvimento e de expansão urbana.". Letra B errada, pois a obrigatoriedade é para cidades com mais de vinte mil habitantes. Letra C errada (artigo 182, §4º, da CF). Letra D incorreta, (artigo 182, §3º), haja vista a indenização ser em dinheiro. A letra E está errada, pois não cabe confisco (artigo 182, §4º, II, da CF).

Gabarito "A".

(Procurador do Estado/TO – 2018 – FCC) Considere que determinada universidade pública realize atividades, para fins de ensino em cursos de graduação de medicina veterinária, utilizando animais vivos. De acordo com as disposições da Constituição da República e da legislação federal que disciplina a matéria, tal prática

(A) é admitida apenas em instituições públicas federais, sendo expressamente vedada em outras esferas de governo e em instituições privadas, que podem, contudo, celebrar convênios com instituição federal para transferência de conhecimento e apoio pedagógico.

(B) é expressamente vedada, sendo admissível apenas para pesquisa, em projetos devidamente certificados ou credenciados junto ao Ministério de Ciência e Tecnologia.

(C) é admitida, observados os requisitos e limites legais e regulamentares, incluindo a obrigatoriedade de credenciamento da instituição de ensino junto ao CONCEA.

(D) somente poderá ser admitida se existir previsão específica em legislação estadual disciplinando a matéria no âmbito da competência supletiva fixada pela Constituição da República.

(E) é possível apenas se a referida universidade for credenciada como instituição de pesquisa junto ao órgão federal competente, utilizando os mesmos animais destinados à pesquisa nas atividades pedagógicas.

Correta é a letra C, pois está diretamente ligada com o artigo 12, da Lei 11.794/08: "Art. 12. A criação ou a utilização de animais para pesquisa ficam restritas, exclusivamente, às instituições credenciadas no CONCEA.".
Gabarito "C".

(Procurador do Estado/TO – 2018 – FCC) Determinado Estado da Federação extinguiu órgão público que prestava serviços de saúde diretamente a uma parcela da população, decidindo, por razões de economicidade, atribuir a execução dessa atividade à entidade privada. Trata-se de medida que se revela, à luz da Constituição Federal e da jurisprudência do Supremo Tribunal Federal,

(A) constitucional, não se aplicando à entidade privada a exigência de concurso público para a contratação de seus empregados, nem a lei que disciplina o procedimento licitatório para as contratações firmadas pela Administração Pública.

(B) inconstitucional, uma vez que os serviços públicos de saúde não podem ser prestados diretamente ao cidadão por entidade privada.

(C) constitucional, desde que o acordo seja firmado com entidade filantrópica ou sem fins lucrativos, que poderá participar do Sistema Único de Saúde de forma complementar, podendo o Ministério Público fiscalizar a aplicação dos recursos públicos recebidos pelo parceiro privado.

(D) constitucional, devendo, no entanto, a entidade privada contratar seus empregados mediante concurso público realizado pelo ente federado e submeter suas contratações ao procedimento licitatório estabelecido em lei para a Administração pública, sempre que as respectivas despesas forem pagas com recursos financeiros públicos.

(E) constitucional, devendo, no entanto, as contratações da entidade privada ser submetidas ao procedimento licitatório estabelecido em lei para a Administração Pública, sempre que as respectivas despesas forem pagas com recursos financeiros públicos, não cabendo, todavia, ao Tribunal de Contas fiscalizar a aplicação dos recursos públicos recebidos pela entidade privada.

Correta é a letra A, conforme entendimento do STF (ADI 1923).
Gabarito "A".

(Procurador do Estado/AC – 2017 – FMP) No âmbito do Estado do Acre, os membros da carreira de Procurador do Estado,

(A) não gozam de independência funcional.

(B) gozam de independência funcional relativa, que pode ser excepcionada por decisão fundamentada do Procurador Geral do Estado.

(C) gozam de inamovibilidade relativa, que pode ser flexibilizada em razão do interesse público, por decisão do Procurador Geral do Estado.

(D) gozam de inamovibilidade relativa, que pode ser flexibilizada em razão do interesse público, por decisão do Conselho Superior da PGE.

(E) gozam de inamovibilidade relativa, que pode ser flexibilizada em razão do interesse público, por decisão da Corregedoria Geral da PGE.

Correta é a letra C, conforme artigo 122, I, a, da Constituição do Estado do Acre: "Lei orgânica da Procuradoria Geral do Estado estabelecerá os direitos e deveres observando-se: I – as seguintes garantias: a) inamo-

vibilidade, salvo por motivo de interesse público, mediante decisão do Procurador Geral do Estado.".
Gabarito "C".

(Procurador do Estado/AC – 2017 – FMP) Dentre outras atribuições, é correto afirmar que à Procuradoria do Estado compete

(A) promover a execução judicial, das multas aplicadas pelo Tribunal de Contas do Estado do Acre aos responsáveis em casos de ilegalidade de despesas ou irregularidades de contas.

(B) promover a ação judicial de responsabilização dos agentes públicos responsáveis pelo incumprimento das metas previstas no plano plurianual, da execução dos programas de governo e dos orçamentos do Estado.

(C) promover a ação de arguição de descumprimento de preceito fundamental da Constituição do Estado do Acre, junto ao Tribunal de Justiça estadual.

(D) propor a ação penal privada nos casos de crimes contra a honra do Procurador Geral do Estado.

(E) propor a ação penal privada nos casos contra a honra do Governador do Estado, dos Secretários estaduais de governo e dos Deputados estaduais.

Correta é a letra A, conforme jurisprudência do STF: "Recurso extraordinário com agravo. Repercussão geral da questão constitucional reconhecida. Reafirmação de jurisprudência. 2. Direito Constitucional e Direito Processual Civil. Execução das decisões de condenação patrimonial proferidas pelos Tribunais de Contas. Legitimidade para propositura da ação executiva pelo ente público beneficiário. 3. Ilegitimidade ativa do Ministério Público, atuante ou não junto às Cortes de Contas, seja federal, seja estadual. Recurso não provido." (ARE 823.347. Rel. Min. Gilmar Mendes).
Gabarito "A".

(Procurador do Estado/AC – 2017 – FMP) Nos termos da Constituição do Estado do Acre e em vista da disciplina da CF/88, o Estado, excepcionalmente, poderá intervir em seus Municípios

(A) quando não forem prestadas as contas devidas, desde que seja denunciado ao Tribunal de Contas do Estado e este considerar, pela maioria absoluta de seus membros, devidamente comprovada a denúncia e decretar a intervenção do Estado.

(B) quando forem praticados atos de corrupção devidamente comprovados perante o Tribunal de Contas do Estado e este a decretar pela maioria simples de seus membros.

(C) quando o Tribunal de Justiça local der provimento à representação do Procurador Geral do Estado, para assegurar a observância dos princípios indicados na Constituição do Estado, bem como para prover a execução de lei, ordem ou decisão judicial.

(D) quando o Tribunal de Justiça local der provimento à representação do Procurador Geral da Justiça, para assegurar a observância dos princípios indicados na Constituição do Estado, bem como para prover a execução de lei, ordem ou decisão judicial.

(E) quando o Tribunal de Justiça local der provimento à representação do Defensor Público Geral do Estado, para assegurar a observância dos princípios indicados na Constituição do Estado, bem como para prover a execução de lei, ordem ou decisão judicial.

Correta é a letra D, conforme artigo 25, VI, da Constituição do Estado do Acre.
Gabarito "D".

2. DIREITO ADMINISTRATIVO

Wander Garcia, Rodrigo Bordalo, Henrique Subi, Flávia Moraes Barros e Ariane Wady

1. REGIME JURÍDICO ADMINISTRATIVO E PRINCÍPIOS DO DIREITO ADMINISTRATIVO

(Procurador do Município/Manaus – 2018 – CESPE) Quanto às transformações contemporâneas do direito administrativo, julgue os itens subsequentes.

(1) Um dos aspectos da constitucionalização do direito administrativo se refere à releitura dos seus institutos a partir dos princípios constitucionais.

(2) O princípio da juridicidade, por constituir uma nova compreensão da ideia de legalidade, acarretou o aumento do espaço de discricionariedade do administrador público.

(3) A processualização do direito administrativo, a participação do cidadão na gestão pública e o princípio da transparência são elementos que contribuem para a democratização da administração pública.

1: correta – os princípios administrativos acabaram previstos de forma expressa na CF/1988 e de forma implícita, como decorrência de outros ditames constitucionais. Eles acabaram por remoldar princípios antigos e reestruturá-los para essa nova realidade. Tanto é assim que o princípio da supremacia do interesse público sobre o privado permanece vigente, mas não pode violar direitos individuais previstos na carta constitucional; **2:** incorreta – o princípio da juridicidade da administração, entendido como a subordinação ao direito como um todo, implica a submissão a princípios gerais de direito, à Constituição, a normas internacionais, a disposições de caráter regulamentar, a atos constitutivos de direitos etc. Daí porque implica em diminuição e não em aumento da discricionariedade administrativa; **3:** correta – essas são todas facetas do devido processo legal no processo administrativo e na própria Administração Pública, como resultado dos direitos constitucionalmente garantidos. **FB** Gabarito 1C, 2E, 3C

(Procurador do Município – Prefeitura Fortaleza/CE – CESPE – 2017) Acerca do direito administrativo, julgue os itens que se seguem.

(1) Considerando os princípios constitucionais explícitos da administração pública, o STF estendeu a vedação da prática do nepotismo às sociedades de economia mista, embora elas sejam pessoas jurídicas de direito privado.

---

1. correta. Sendo as Sociedades de Economia Mista integrantes da Administração Indireta, são atingidas pela Súmula Vinculante 13, STF, que inclui todas as pessoas jurídicas da Administração Pública Direta e Indireta. **AW** Gabarito 1C

(Procurador do Estado – PGE/BA – CESPE – 2014) Acerca do regime jurídico-administrativo e dos princípios jurídicos que amparam a administração pública, julgue os itens seguintes.

(1) O atendimento ao princípio da eficiência administrativa autoriza a atuação de servidor público em desconformidade com a regra legal, desde que haja a comprovação do atingimento da eficácia na prestação do serviço público correspondente.

(2) De acordo com a jurisprudência do Supremo Tribunal Federal (STF), a administração pública está obrigada a nomear candidato aprovado em concurso público dentro do número de vagas previsto no edital do certame, ressalvadas situações excepcionais dotadas das características de superveniência, imprevisibilidade e necessidade.

(3) Suponha que o governador de determinado estado tenha atribuído o nome de Nelson Mandela, ex-presidente da África do Sul, a escola pública estadual construída com recursos financeiros repassados mediante convênio com a União. Nesse caso, há violação do princípio da impessoalidade, dada a existência de proibição constitucional à publicidade de obras com nomes de autoridades públicas.

(4) A prerrogativa de presunção de veracidade dos atos da administração pública autoriza a aplicação de penalidade disciplinar a servidor público com base na regra da verdade sabida.

(5) Suponha que, em razão de antiga inimizade política, o prefeito do município X desaproprie área que pertencia a Cleide, alegando interesse social na construção de uma escola de primeiro grau. Nessa situação hipotética, a conduta do prefeito caracteriza desvio de poder.

---

1. incorreta. Nunca é possível o descumprimento da lei para atender outro dispositivo legal ou um princípio. O Poder Público está adstrito ao que determina a lei, por isso não pode descumpri-la (princípio da estrita legalidade); **2.** Correta. Trata-se da súmula 15, do STF, que se coaduna com a seguinte jurisprudência: "Dentro do prazo de validade do concurso, a Administração poderá escolher o momento no qual se realizará a nomeação, mas não poderá dispor sobre a própria nomeação, a qual, de acordo com o edital, passa a constituir um direito do concursando aprovado e, dessa forma, um dever imposto ao poder público. Uma vez publicado o edital do concurso com número específico de vagas, o ato da Administração que declara os candidatos aprovados no certame cria um dever de nomeação para a própria Administração e, portanto, um direito à nomeação titularizado pelo candidato aprovado dentro desse número de vagas." (RE 598099, Relator Ministro Gilmar Mendes, Tribunal Pleno, julgamento em 10.8.2011, DJe de 3.10.2011, com repercussão geral - tema 161)"; **3:** incorreta. Não há afronta ao princípio da impessoalidade, tendo em vista que o ato administrativo não foi realizado com subjetividade, sendo o nome atribuído à escola um nome público, notoriamente reconhecido; **4:** incorreta. O atributo da presunção de legitimidade ou veracidade dos atos administrativos é relativo, ou seja, sempre admite prova em contrário. Por isso, não se admite condenação, nem mesmo qualquer outra decisão, com fundamento nessa regra da "verdade sabida", devendo-se sempre respeito ao princípio do contraditório e ampla defesa (art. 5º, LV, CF); **5:** correta. Houve desvio de finalidade ou de poder, ou seja, o Prefeito atuou contrariamente ao interesse público. **AW** Gabarito 1E, 2C, 3E, 4E, 5C

1.1. Regime jurídico administrativo

(Procurador Municipal – Prefeitura/BH – CESPE – 2017) Considerando as modernas ferramentas de controle do Estado e de promoção da gestão pública eficiente, assinale a opção correta acerca do direito administrativo e da administração pública.

(A) Em função do dever de agir da administração, o agente público omisso poderá ser responsabilizado nos âmbitos civil, penal e administrativo.

(B) O princípio da razoável duração do processo, incluído na emenda constitucional de reforma do Poder Judiciário, não se aplica aos processos administrativos.

(C) Devido ao fato de regular toda a atividade estatal, o direito administrativo aplica-se aos atos típicos dos Poderes Legislativo e Judiciário.

(D) Em sentido objetivo, a administração pública se identifica com as pessoas jurídicas, os órgãos e os agentes públicos e, em sentido subjetivo, com a natureza da função administrativa desempenhada.

A: correta. O art. 125, da Lei 8.112/1990 dispõe que as responsabilidades civil, comercial e administrativas são independentes entre si; B: incorreta. O art. 5º, LXXVIII, CF é expresso quanto à aplicação do princípio da razoabilidade também no âmbito administrativo; **C:** incorreta. O direito administrativo só se aplica aos atos atípicos dos demais Poderes, já que os atos típicos, no caso, são os de julgar (Poder Judiciário) e legislar (Poder Legislativo); **D:** incorreta. O conceito está invertido, pois em sentido objetivo a Administração Pública se identifica com a atividade administrativa, enquanto que em sentido subjetivo, com as pessoas, agentes e órgãos públicos. **AW**

Gabarito "A".

1.2. Princípios basilares do direito administrativo (supremacia e indisponibilidade)

(Procurador do Estado/TO - 2018 - FCC) Acerca das modernas correntes doutrinárias que buscam repensar o Direito Administrativo no Brasil, Carlos Ari Sundfeld observa:

Embora o livro de referência de Bandeira de Mello continue saindo em edições atualizadas, por volta da metade da década de 1990 começou a perder aos poucos a capacidade de representar as visões do meio – e de influir [...] Ao lado disso, teóricos mais jovens lançaram, com ampla aceitação, uma forte contestação a um dos princípios científicos que, há muitos anos, o autor defendia como fundamental ao direito administrativo [...].

(Adaptado de: Direito administrativo para céticos, 2a ed., p. 53)

O princípio mencionado pelo autor e que esteve sob forte debate acadêmico nos últimos anos é o princípio da

(A) presunção de legitimidade dos atos administrativos.

(B) processualidade do direito administrativo.

(C) supremacia do interesse público.

(D) moralidade administrativa.

(E) eficiência.

O princípio da supremacia do interesse público constitui, de acordo com o entendimento de Celso Antônio Bandeira de Mello, um dos fundamentos do regime jurídico-administrativo. No entanto, este postulado vem sendo questionado por autores mais modernos do direito administrativo (como Carlos Ari Sundfeld, Floriano de Azevedo Marques Neto e Gustavo Binenbojm), sob o argumento, entre outras razões, de

que os direitos fundamentais do indivíduo não estão em posição de inferioridade em relação ao interesse público. **RB**

Gabarito "C".

1.3. Princípios administrativos expressos na Constituição

(ADVOGADO UNIÃO – AGU – CESPE – 2015)

(1) Conforme a doutrina, diferentemente do que ocorre no âmbito do direito privado, os costumes não constituem fonte do direito administrativo, visto que a administração pública deve obediência estrita ao princípio da legalidade.

(2) Situação hipotética: Um secretário municipal removeu determinado assessor em razão de desentendimentos pessoais motivados por ideologia partidária. Assertiva: Nessa situação, o secretário agiu com abuso de poder, na modalidade excesso de poder, já que atos de remoção de servidor não podem ter caráter punitivo.

---

1. incorreta. Conforme ensina Hely Lopes Meirelles, "No direito administrativo brasileiro o costume exerce ainda influência, em razão da deficiência da legislação. A prática administrativa vem suprindo o texto escrito, e, sedimentada na consciência dos administradores e administrados, a praxe burocrática passa a suprir a lei, ou atua como elemento informativo da doutrina."(Direito Administrativo Brasileiro, 38 ed, p.37); **2:** incorreta. O secretário agiu com abuso de poder na modalidade "desvio de poder ou de finalidade", eis que o excesso se configura quando o agente atua alem de sua competência. No caso, houve afronta ao princípio da impessoalidade, havendo atitude contrária ao interesse público, portanto.**AW**

Gabarito 1E, 2E

(Procurador Distrital – 2014 – CESPE) Relativamente à compreensão principiológica do direito administrativo, julgue os itens subsequentes.

(1) No âmbito dos processos administrativos disciplinares, aplica-se a garantia da ampla defesa e do contraditório, ou seja, direito que o servidor tem à informação, à manifestação, à consideração dos argumentos apresentados e à participação obrigatória de advogado habilitado.

(2) Com fundamento no princípio da moralidade e da impessoalidade, o STF entende que, independentemente de previsão em lei formal, constitui violação à CF a nomeação de sobrinho da autoridade nomeante para o exercício de cargo em comissão, ainda que para cargo político, como o de secretário estadual.

(3) Em atendimento ao princípio da publicidade, a administração pública deve proporcionar ampla divulgação dos seus atos, e a lei regular o acesso dos usuários de serviço público a registros administrativos e a informações sobre atos de governo, observadas, no entanto, as restrições estabelecidas constitucionalmente quanto ao direito à intimidade e à segurança da sociedade e do Estado.

1: incorreta, pois as garantias mencionadas de fato existem, mas não há obrigatoriedade da presença de advogado, já que, de acordo com a Súmula Vinculante nº 5 do STF "a falta de defesa técnica por advogado no processo administrativo disciplinar não ofende a Constituição"; **2:** incorreta, pois o STF entende que a vedação ao nepotismo tem uma exceção, qual seja, no caso de nomeação de servidores para cargo de natureza política (AgRg na MC na Rcl 6.650-9/PR, Pleno, j. 16.10.2008,

2. DIREITO ADMINISTRATIVO

rel. Min. Ellen Gracie, *DJe* 21.11.2008); **3:** correta (art. 37, *caput* e §
3º, II, da CF/1988).

Gabarito 1E, 2E, 3C

(Procurador/DF – 2013 – CESPE) Julgue o seguinte item.

(1) Por força do princípio da legalidade, a administração
pública não está autorizada a reconhecer direitos
contra si demandados quando estiverem ausentes
seus pressupostos.

1: certa, pois, ausentes os pressupostos legais autorizadores do
reconhecimento de um direito, este, por óbvio não existe e não pode
ser reconhecido.

Gabarito 1C

(PROCURADOR DO ESTADO/MG – FUMARC – 2012) Assinale a
alternativa INCORRETA:

(A) O princípio da impessoalidade, aplicado no âmbito
da função administrativa do Estado, não tem valor
absoluto, razão pela qual se admite, por exemplo,
tratamento parcialmente diferenciado a micro e
pequenas empresas em processos de licitação.

(B) O princípio da razoabilidade expressa noção jurídica
correlata ao devido processo legal substantivo.

(C) O princípio da juridicidade, concebido para parte da
doutrina como estágio evolutivo atual do princípio da
legalidade, exige do administrador público atuação
em conformidade não apenas com a lei, em sentido
formal, mas com todo o direito.

(D) O princípio da publicidade poderá ter sua aplicação
diferida no tempo nos casos em que a Constituição
ou a lei admitir o sigilo.

(E) O princípio da eficiência fundamenta a informalidade
ou o formalismo moderado dos atos administrativo de
menor repercussão, mas que ficam sujeitos ao controle
de resultados.

A: assertiva correta (arts. 42 a 49 da Lei Complementar 123/2006);
B: assertiva correta; para a jurisprudência do STF, devido processo
legal substancial (ou material) é a exigência de proporcionalidade
(razoabilidade) das decisões, ao passo que o devido processo legal
formal é o conjunto de garantias mínimas para que um processo seja
constitucionalmente devido; **C:** assertiva correta; mas do que respeitar
a *legalidade estrita*, o que se espera hoje é que o administrador atenda
ao *Direito* como um todo, ou seja, busque uma decisão de acordo com
a *juridicidade* ou *legitimidade*, daí a ideia de que, mais do que o respeito
ao princípio da legalidade, o administrador tem que respeitar o princípio
da juridicidade; **D:** assertiva correta (art. 5º, XXXIII, da CF); **E:** assertiva
incorreta, devendo ser assinalada; apesar de o princípio da eficiência
estar de acordo com a eliminação das formalidades exageradas e que
não colaboram com a busca da eficiência, não há que se falar em
informalidade no Direito Administrativo.

Gabarito "E".

1.4. Princípios Administrativos Expressos em Outras Leis ou Implícitos

(Procurador Municipal – Prefeitura/BH – CESPE – 2017) A respeito dos
princípios aplicáveis à administração pública, assinale a
opção correta.

(A) Dado o princípio da autotutela, poderá a administração anular a qualquer tempo seus próprios atos,
ainda que eles tenham produzido efeitos benéficos a
terceiros.

(B) Apesar de expressamente previsto na CF, o princípio
da eficiência não é aplicado, por faltar-lhe regulamentação legislativa.

(C) Ao princípio da publicidade corresponde, na esfera
do direito subjetivo dos administrados, o direito de
petição aos órgãos da administração pública.

(D) O princípio da autoexecutoriedade impõe ao administrador o ônus de adequar o ato sancionatório à
infração cometida.

A: incorreta. A Administração poderá anular seus próprios atos,
respeitados os direitos de terceiros de boa-fé, conforme disposto na
Súmula 473, STF; **B:** incorreta. O princípio da eficiência consta de uma
norma de eficácia plena (art. 37, "caput", CF), por isso independe de
regulamentação; **C:** correta. O direito de petição (art. 5º, XXXIII e XXXIV,
CF) só pode ser exercido se o ato for público, caso contrário, não será
possível impugná-lo; **D:** incorreta. O princípio da autoexecutoriedade é
o que determina que o administrador pode praticar seus atos independentemente de autorização judicial, não se relacionando à adequação
à infração cometida, portanto. AW

Gabarito "C".

(Procurador/DF – 2013 – CESPE) Julgue o seguinte item.

(1) Constitui exteriorização do princípio da autotutela
a súmula do STF que enuncia que "A administração
pode anular seus próprios atos, quando eivados
dos vícios que os tornam ilegais, porque deles não
se originam direitos; ou revogá-los, por motivo de
conveniência e oportunidade, respeitados os direitos
adquiridos, e ressalvada, em todos os casos, a apreciação judicial".

1: certa, valendo salientar que o princípio da autotutela também está
previsto no art. 53 da Lei 9.784/1999.

Gabarito 1C

2. PODERES DA ADMINISTRAÇÃO PÚBLICA

Para resolver as questões deste item, vale citar as definições de cada poder administrativo apresentadas por
Hely Lopes Meirelles, definições estas muito utilizadas
em concursos públicos. Confira:

A) poder vinculado – "é aquele que o Direito Positivo – a
lei – confere à Administração Pública para a prática de
ato de sua competência, determinando os elementos e
requisitos necessários à sua formalização";

B) poder discricionário – "é o que o Direito concede
à Administração, de modo explícito, para a prática de
atos administrativos com liberdade na escolha de sua
conveniência, oportunidade e conteúdo";

C) poder hierárquico – "é o de que dispõe o Executivo
para distribuir e escalonar as funções de seus órgãos,
ordenar e rever a atuação de seus agentes, estabelecendo
a relação de subordinação entre os servidores do seu
quadro de pessoal";

D) poder disciplinar – "é a faculdade de punir internamente as infrações funcionais dos servidores e demais
pessoas sujeitas à disciplina dos órgãos e serviços da
Administração";

E) poder regulamentar – "é a faculdade de que dispõem
os Chefes de Executivo (Presidente da República, Governadores e Prefeitos) de explicar a lei para sua correta
execução, ou de expedir decretos autônomos sobre matéria de sua competência ainda não disciplinada por lei";

F) poder de polícia – "é a faculdade de que dispõe a Administração Pública para condicionar e restringir o uso e gozo de bens, atividades e direitos individuais, em benefício da coletividade ou do próprio Estado".

(**Direito Administrativo Brasileiro**, 26ª ed., São Paulo: Malheiros, p. 109 a 123)

2.1. Poder hierárquico

(**Procurador do Estado/PR – UEL-COPS – 2011**) Leia atentamente os três enunciados que seguem, para depois responder à pergunta:

I. a delegação de competência é o ato por meio do qual um órgão administrativo e/ou o seu titular podem, desde que não haja impedimento legal expresso, transferir a integralidade de sua competência a outro órgão (ou outra pessoa), inferior ou equivalente na escala hierárquica.

II. a avocação de competência pode ser compreendida como a possibilidade de o superior hierárquico trazer para si, por tempo indeterminado, a competência originalmente atribuída a órgão (ou agente) a si subordinado.

III. não podem ser objeto de delegação, dentre outras hipóteses definidas em lei, a decisão em recursos administrativos e as matérias de competência exclusiva (ou privativa) do órgão ou autoridade.

Pergunta: assinale a alternativa **correta**:

(A) os três enunciados (I, II e III) são corretos;

(B) nenhum dos três enunciados (I, II e III) é correto;

(C) apenas o enunciado II é correto;

(D) apenas o enunciado III é correto;

(E) todas as quatro alternativas acima são incorretas.

I: incorreta, pois não é possível delegar a integralidade da competência, mas apenas parte dela (art. 12, *caput*, da Lei 9.784/1999); de rigor mencionar também que a regulamentação da delegação de competência não faz qualquer condicionamento à posição hierárquica do órgão ou titular dela delegatário (art. 12, *caput*, da Lei 9.784/1999); II: incorreta, pois a avocação é sempre temporária e nunca por prazo indeterminado (art. 15 da Lei 9.784/1999); III: correta (art. 13, II e III, da Lei 9.784/1999).
Gabarito "D".

2.2. Poder regulamentar

(**Procurador Municipal – Prefeitura/BH – CESPE – 2017**) Em relação aos poderes e deveres da administração pública, assinale a opção correta.

(A) É juridicamente possível que o Poder Executivo, no uso do poder regulamentar, crie obrigações subsidiárias que viabilizem o cumprimento de uma obrigação legal.

(B) De acordo com o STF, ao Estado é facultada a revogação de ato ilegalmente praticado, sendo prescindível o processo administrativo, mesmo que de tal ato já tenham decorrido efeitos concretos.

(C) De acordo com o STF, é possível que os guardas municipais acumulem a função de poder de polícia de trânsito, ainda que fora da circunscrição do município.

(D) Do poder disciplinar decorre a atribuição de revisar atos administrativos de agentes públicos pertencentes às escalas inferiores da administração.

A: incorreta. O poder regulamentar é subsidiário, infralegal. Ele só pode atuar se houver lei, por isso é que, não sendo possível saber pelo enunciado se há lei anterior sobre a obrigação que se pretende regulamentar, não podemos afirmar que está correta a assertiva; **B:** incorreta. Não há prescindibilidade quanto à anulação de um ato ilegal. É dever do Poder Público anular os atos ilegais, havendo, portanto, dois erros, um quanto ao fato de que se trata de anulação, e outro, pelo fato dessa ser obrigatória; **C:** correta. O STF entende ser constitucional a atribuição às guardas municipais do exercício do poder de polícia, conforme RE 658570/MG, sendo o que o art. 144, § 8º, CF dispõe que "Os Municípios poderão constituir guardas municipais destinadas à proteção de seus bens, serviços e instalações, conforme dispuser a lei; **D:** incorreta. O poder disciplinar é instrumento do Poder Público para aplicar penalidades. AW
Gabarito "C".

(**Procurador do Município – Prefeitura Fortaleza/CE – CESPE – 2017**) Acerca do direito administrativo, julgue o item que se segue.

(1) O exercício do poder regulamentar é privativo do chefe do Poder Executivo da União, dos estados, do DF e dos municípios.

1: correta. O poder regulamentar só pode ser exercido pelo Chefe do Poder Executivo, que é o único que pode regulamentar as leis e outros atos normativos infraconstitucionais. O art. 84, VI, CF é um exemplo desse poder e de sua privatividade. AW
Gabarito 1C

(**Procurador/DF – 2013 – CESPE**) Acerca do direito administrativo, julgue os itens a seguir.

(1) Segundo jurisprudência do STJ, no direito brasileiro admite-se o regulamento autônomo, de modo que podem os chefes de Poder Executivo expedir decretos autônomos sobre matérias de sua competência ainda não disciplinadas por lei.

1: errada, pois, no Brasil, os Decretos são de execução de lei, e não autônomos de lei; assim, um decreto não pode inovar na ordem jurídica, mas apenas explicar a lei; as únicas hipóteses de decreto autônomo no Brasil são as previstas no art. 84, VI, da CF.
Gabarito 1E

(**Advogado da União/AGU – CESPE – 2012**) A respeito dos limites do poder regulamentar, julgue o próximo item.

(1) O AGU, utilizando-se do poder regulamentar previsto na CF, pode conceder indulto e comutar penas, desde que por delegação expressa do presidente da República.

1: Correta, pois o art. 84, parágrafo único, da CF faculta ao Presidente da República a delegação da competência para conceder indulto e comutar penas (art. 84, XII, da CF) aos Ministros de Estado, ao Procurador-Geral da República ou ao Advogado-Geral da União, que observarão os limites traçados nas respectivas delegações.
Gabarito 1C

2.3. Poder de polícia

(**Procurador – IPSMI/SP – VUNESP – 2016**) Sobre os poderes administrativos, é correto afirmar que

(A) ocorre excesso de poder quando a atuação do agente busca alcançar finalidade diversa do interesse público.

(B) é constitucional lei que firma ser de competência de entidades privadas o exercício do serviço de fiscalização das profissões regulamentadas.

2. DIREITO ADMINISTRATIVO

(C) o poder de polícia permite que a Administração aplique sanções em agentes públicos a ela vinculados quando os servidores incorrem em infrações funcionais.

(D) a concessão de poder a um agente público confere sempre a ele a faculdade de exercê-lo de acordo com o juízo de conveniência e oportunidade.

(E) não é válida a conduta de condicionar a renovação de licença do veículo ao pagamento de multa quando o agente infrator não foi notificado.

A: Incorreta. O excesso de poder é a atuação diversa às regras de competência estabelecidas na lei. O desvio de poder ou de finalidade é que é a busca contrária ao interesse público. **B:** Incorreta. O exercício de fiscalização das profissões regulamentadas é feito por meio de autarquias, pessoas jurídicas de direito público, eis que temos um serviço público (art. 21, XVI, CF) que envolve o exercício do Poder de Polícia, que não admite delegação quanto aos atos executórios, que não podem ser afastados dessas entidades (não tem como fiscalizar o exercício profissional sem deixar de executar as penalidades em casos de sanções). **C:** Incorreta. O Poder de Polícia é externo, aplicando-se aos particulares, e não aos próprios agentes públicos, que devem sofrer sanções disciplinares por meio do Poder Disciplinar. **D:** Incorreta. A delegação de um Poder é sempre vinculada, de forma que o administrador só pode atuar nos limites do que lhe foi delegado e em conformidade com a lei; **E:** Correta. Trata-se da súmula 127, STJ, que assim dispõe: "É ilegal condicionar a renovação da licença de veículo ao pagamento de multa, da qual o infrator não foi notificado". AW

Gabarito "E".

(Procurador do Estado – PGE/MT – FCC – 2016) Sobre o exercício do poder de polícia, no âmbito dos Estados-membros, é correto afirmar:

(A) Viola a competência privativa da União lei estadual que impede a renovação da licença de trânsito em razão do inadimplemento do IPVA.

(B) É lícita a apreensão de mercadorias, quando o contribuinte não recolheu o tributo que deveria ter recolhido previamente à saída do estabelecimento.

(C) É competente a autoridade estadual para apreender e desemplacar veículos que são flagrados no exercício irregular de transporte coletivo intermunicipal.

(D) O Estado pode decretar administrativamente o perdimento de bens apreendidos em decorrência da prática de importação irregular.

(E) É ilícita a apreensão de mercadorias em razão da ausência de documentação fiscal, haja vista o princípio da presunção de boa-fé.

A: incorreta. Trata-se de competência estadual (súmulas 127 e 312, STJ), sendo que esse mesmo Tribunal entendeu que é legítima a retenção de veículo, até que as multas sejam pagas; **B:** incorreta. Há súmula do STF, 323, que assim dispõe: "é inadmissível a apreensão de mercadorias como meio coercitivo para pagamento de tributos"; **C:** correta. É competente a autoridade estadual para apreender e desemplacar veículos que são flagrados no exercício irregular de transporte coletivo intermunicipal. Adi 2751; **D:** incorreta. O estado pode decretar administrativamente o perdimento de bens apreendidos em decorrência de importação irregular; **E:** incorreta. A retenção de mercadoria, até a comprovação da posse legítima daquele que a transporta, não constitui coação imposta em desrespeito ao princípio do devido processo legal tributário (ADI395). AW

Gabarito "C".

(Procurador do Município – Prefeitura Fortaleza/CE – CESPE – 2017) Acerca do direito administrativo, julgue o item que se segue.

(1) O exercício do poder de polícia reflete o sentido objetivo da administração pública, o qual se refere à própria atividade administrativa exercida pelo Estado.

1: O poder de polícia é um instrumento de atuação do Estado para disciplinar, condicionar e frenar os atos dos administrados, sendo uma atividade típica do Poder Executivo, por isso se insere na classificação objetiva do direito administrativo, qual seja, da atividade administrativa propriamente dita. AW

Gabarito 1C

(Procurador do Estado – PGE/RS – Fundatec – 2015) Sobre o poder de polícia, assinale a alternativa correta.

(A) O poder de polícia é um poder discricionário por natureza, destinado à defesa da segurança nacional.

(B) A licença é um ato de consentimento administrativo plenamente vinculado por meio do qual se faculta ao particular o exercício de uma atividade.

(C) O poder de polícia consiste na imposição de restrições, condicionamentos e conformações a direitos individuais, mas não a imposição de deveres aos particulares.

(D) O exercício do poder de polícia configura fato gerador do tributo denominado contribuição social.

(E) A delegação de atos de polícia administrativa a particulares é, em regra, admitida no Direito brasileiro.

A: incorreta. O poder de polícia realmente é discricionário, mas não se destina à Segurança Pública, e sim, ao condicionamento de atos dos particulares, adequando-os à finalidade pública; **B:** correta. Esse é o conceito de licença, sendo ato vinculado, ao qual se faculta ao particular o exercício de uma atividade de interesse público; **C:** incorreta. O poder de polícia pode impor deveres aos particulares, como o de respeito à sinalização de trânsito, ao respeito ao silêncio, dentre outras; **D:** incorreta. O poder de polícia enseja a cobrança de "taxa de polícia" (art. 145, II, CF); **E:** incorreta. Excepcionalmente é admitida a delegação dos atos de polícia, mas somente quanto à sua execução. AW

Gabarito "B".

(Procurador do Estado – PGE/PA – UEPA – 2015) A respeito da Taxa de Controle, Acompanhamento e Fiscalização das Atividades de Pesquisa, Lavra, Exploração e Aproveitamento de Recursos Minerários - TFRM, é correto afirmar que:

(A) o exercício do poder de polícia conferido ao Estado sobre a atividade de pesquisa, lavra, exploração e aproveitamento dos recursos minerários será exercido pela Secretaria de Estado da Fazenda - SEFA, com o apoio operacional de outros órgãos da Administração Estadual.

(B) são isentos do pagamento da TFRM o microempreendedor individual (MEI), microempresa e a empresa de pequeno porte, com exceção das que realizam a lavra, exploração ou o aproveitamento de minério de ferro.

(C) o Poder Executivo poderá reduzir o valor da TFRM, com o fim de evitar onerosidade excessiva e para atender as peculiaridades inerentes às diversidades do setor minerário.

(D) os contribuintes da TFRM remeterão à Secretaria de Estado de Ciência, Tecnologia e Inovação - SECTI, na forma, prazo e condições estabelecidas em regulamento, informações relativas à apuração e ao pagamento da taxa.

(E) as pessoas, físicas ou jurídicas, obrigadas à inscrição no Cadastro Estadual de Controle, Acompanhamento e Fiscalização das Atividades de Pesquisa, Lavra, Exploração e Aproveitamento de Recursos Minerários - CERM estarão sujeitas ao pagamento de taxa no momento da inscrição, na forma estabelecida na lei.

A: incorreta. O art. 3°, da Lei Estadual 7.591/2011 dispõe que o poder de polícia é exercido pela Secretaria de Estado de Comércio; **B:** incorreta. O art. 4°, da Lei 7.591/2011 dispõe que somente são isentos o microempreendedor individual e a empresa de pequeno porte; **C:** correta. Trata-se do que consta no art. 6°, § 3°, da Lei 7.591/2011, que assim dispõe: "O Poder Executivo poderá reduzir o valor da TFRM definido no caput deste artigo, com o fim de evitar onerosidade excessiva e para atender as peculiaridades inerentes às diversidades do setor minerário"; **D:** incorreta. O art. 10, do referido diploma legislativo, dispõe outro órgão como competente para a prestação dessas informações; **E:** incorreta. O art. 13, parágrafo único, da Lei 7.591/2011 dispõe que: "A inscrição no cadastro não estará sujeita ao pagamento de taxa e terá o prazo e os procedimentos estabelecidos em regulamento." **AW**
Gabarito "C".

(Procurador – PGFN – ESAF – 2015) Quando o Estado, mediante processo licitatório, contrata uma empresa especializada para fornecer e operar aparelho eletrônico (radar fotográfico) que servirá de suporte à lavratura de autos de infração de trânsito, está

(A) agindo corretamente, pois o poder de polícia, para fins do Código de Trânsito Brasileiro, é delegável.

(B) ferindo o ordenamento jurídico, porque o poder de polícia do Estado é indelegável.

(C) celebrando um contrato de prestação de serviço para atividade de suporte material de fiscalização.

(D) celebrando um contrato de permissão de serviço público para atividade auxiliar da Administração.

(E) celebrando uma contratação integrada, com delegação de competências materiais.

A: incorreta. O poder de polícia não é delegável, exceto quanto aos seus atos de execução material; **B:** incorreta. Esse é um ato de execução material, por isso poderia ser delegado; **C:** correta. Trata-se de um ato de execução material do poder de polícia e pode, portanto, ser delegado; **D:** incorreto. Temos a delegação da execução material de um ato de polícia administrativa; **E:** incorreta. Não temos contratação integrada (contratação de quem realiza o projeto e a execução de um serviço). **AW**
Gabarito "C".

(PROCURADOR DO ESTADO/MG – FUMARC – 2012) Partindo da premissa de que as atividades abaixo relacionadas sejam, de fato, competências legalmente estabelecidas, exemplos de expressão do poder de polícia administrativa no âmbito do Estado de Minas Gerais, assinale a alternativa que NÃO se enquadra nesse contexto:

(A) Por parte do Instituto Mineiro de Agropecuária, exercer a inspeção animal e vegetal e o controle de produtos de origem animal e vegetal, na produção e na industrialização, podendo fixar multas em casos como a não aplicação, em rebanhos, das vacinas obrigatórias.

(B) Por parte do Instituto Estadual de Florestas, fiscalizar e supervisionar a execução das atividades de gestão florestal no território do Estado, em articulação com o Instituto Brasileiro do Meio Ambiente e dos Recursos

Naturais Renováveis – IBAMA, cabendo-lhe conceder licenciamento ambiental.

(C) Por parte da Polícia Civil, órgão administrativo autônomo, subordinado ao Governador do Estado, investigar e apurar, no território estadual, infrações criminais, exceto as militares.

(D) Por parte da do Instituto de Pesos e Medidas, fiscalizar, em todo o Estado, diversos instrumentos, tais como bombas medidoras de combustíveis líquidos, instrumentos de pesar e de medir, taxímetros, hidrômetros, cuja não observância dos parâmetros técnicos de funcionamento poderá ensejar lacre ou apreensão.

(E) Por parte da Agência Reguladora de Serviços de Abastecimento de Água e de Esgotamento Sanitário do Estado de Minas Gerais – ARSAE-MG, supervisionar, controlar e avaliar os serviços de abastecimento de água e esgotamento sanitário, podendo aplicar sanções legais em caso de descumprimento das diretrizes técnicas e econômicas.

As alternativas "a", "b", "d" e "e" trazem típicos exemplos de poder de polícia administrativa, consistente na faculdade de que dispõe a Administração Pública para condicionar e restringir o uso e gozo de bens, atividades e direitos individuais, em benefício da coletividade ou do próprio Estado. Já a alternativa "c" traz exemplo de polícia judiciária, e não de polícia administrativa.
Gabarito "C".

(Procurador do Município/Cubatão-SP – 2012 – VUNESP) O poder de polícia

(A) não tem o condão de restringir atividades e direitos individuais.

(B) tem como um de seus atributos específicos a discricionariedade.

(C) administrativa incide sobre as pessoas, enquanto que a polícia judiciária incide sobre bens, direitos e atividades do particular.

(D) pode, com base no requisito da arbitrariedade, impor coativamente medidas diretas de proibição ou de punição contra os administrados que estejam infringindo normas legais urbanísticas.

(E) tem a desapropriação de bens como um de seus meios típicos de atuação contra os administrados, em prol do interesse público.

A: incorreta, pois o poder de polícia consiste justamente no poder de restringir pessoas, bens e atividades, condicionando-os aos interesses coletivos; **B:** correta, pois a doutrina aponta que o poder de polícia tem como atributos a discricionariedade, a autoexecutoriedade e a coercibilidade; **C:** incorreta, pois é o contrário, ou seja, a polícia administrativa age sobre bens e pessoas, ao passo que a polícia judiciária age sobre pessoas; **D:** incorreta, pois em Direito Administrativo há, no máximo, *discricionariedade* (margem de liberdade) e nunca *arbitrariedade* (liberdade total); **E:** incorreta, pois poder de polícia e desapropriação não se confundem; o primeiro recai genericamente sobre as pessoas, atingindo pessoas indeterminadas, ao passo que o segundo atinge pessoas determinadas; o primeiro decorre diretamente da lei, ao passo que o segundo depende de processo de desapropriação; o primeiro permite que o Poder Público cobre taxa do fiscalizado, ao passo que o segundo impõe o contrário, ou seja, o pagamento de uma indenização em favor do particular.
Gabarito "B".

2. DIREITO ADMINISTRATIVO

(Procurador do Município/São José dos Campos-SP – 2012 – VUNESP) No que se refere aos poderes administrativos, assinale a alternativa correta.

(A) Para o poder de polícia administrativa, há competências exclusivas e não concorrentes das três esferas estatais, dada a centralização político-administrativa decorrente do sistema constitucional.

(B) O poder de polícia é o mecanismo de frenagem de que dispõe a Administração Pública para conter os abusos do direito coletivo.

(C) A polícia administrativa especial é aquela que cuida genericamente da segurança, da salubridade e da moralidade pública.

(D) A finalidade do poder de polícia é a proteção ao interesse público no seu sentido mais estrito.

(E) Com a ampliação do campo de incidência do poder de polícia, chega-se hoje a utilizar esse poder até para a preservação da segurança nacional, que é, em última análise, a situação da tranquilidade e garantia que o Estado oferece ao indivíduo e à coletividade, para a consecução dos objetivos do cidadão e da nação em geral.

A: incorreta, pois há uma série de competências comuns em matéria de poder de polícia, decorrente de um esforço de descentralização e não de centralização político-administrativa; um exemplo é a polícia administrativa ambiental, competência comum dos quatro entes políticos; **B:** incorreta, pois o poder de polícia é sinônimo de restrições feitas pela Administração, não sendo um bom exemplo de ferramenta para conter os abusos do direito coletivo; são ferramentas voltadas a essa contenção os princípios da legalidade, da impessoalidade, da moralidade, da motivação, da proporcionalidade e da segurança jurídica; **C:** incorreta, pois a polícia administrativa, por natureza, não é especial, mas geral; **D:** incorreta, pois a finalidade do poder de polícia deve ser sempre dividida em duas partes, quais sejam, a finalidade mediata, que é atender ao interesse público, e a finalidade imediata, que visa a resguardar algum interesse público em especial, como os interesses relacionados a vigilância sanitária, ao sossego público, ao meio ambiente etc.; **E:** correta, pois qualquer atividade tendente a condicionar genericamente os direitos, as atividades e os bens das pessoas ao interesse público é poder de polícia, circunstância mantida mesmo quando se visa a preservar a segurança nacional.
Gabarito "E".

(Procurador do Município/Sorocaba-SP – 2012 – VUNESP) Apontam-se como atributos do poder de polícia a

(A) vinculação, a exigibilidade e a materialidade.

(B) exigibilidade, a materialidade e as decisões.

(C) discricionariedade, a autoexecutoriedade e a coercibilidade.

(D) direção, o sujeito e o objeto.

(E) coercibilidade, o objeto e a materialidade.

São atributos do poder de polícia a discricionariedade, a autoexecutoriedade e a coercibilidade. Assim, somente a alternativa "c" está correta.
Gabarito "C".

(Advogado da União/AGU – CESPE – 2012) Julgue o item seguinte.

(1) Por serem atos de polícia administrativa, a licença e a autorização, classificadas, respectivamente, como ato vinculado e ato discricionário, são suscetíveis de cassação pela polícia judiciária.

Incorreta, pois a polícia judiciária tem como finalidade a investigação de ilícitos criminais e não o exercício do poder de polícia.
Gabarito 1E.

2.4. Poderes administrativos combinados

(Advogado União – AGU – CESPE – 2015) Foi editada portaria ministerial que regulamentou, com fundamento direto no princípio constitucional da eficiência, a concessão de gratificação de desempenho aos servidores de determinado ministério.

Com referência a essa situação hipotética e ao poder regulamentar, julgue os próximos itens.

(1) A portaria em questão poderá vir a ser sustada pelo Congresso Nacional, se essa casa entender que o ministro exorbitou de seu poder regulamentar.

(2) As portarias são qualificadas como atos de regulamentação de segundo grau.

(3) Na hipótese considerada, a portaria não ofendeu o princípio da legalidade administrativa, tendo em vista o fenômeno da deslegalização com fundamento na CF.

1: correta. Trata-se do disposto no art. 49, V, CF, ou seja, o Congresso poderia sustar atos normativos que exorbitem do poder regulamentar; **2:** correta. As portarias são atos normativos infralegais e por estarem submetidas à lei, também se denominam de "segundo grau"; **3:** incorreta. Houve violação da hierarquia legal, eis que a portaria é ato administrativo infralegal e não poderia ser editada com fundamento direto no texto constitucional. **AW**
Gabarito "1C, 2C, 3E".

(Procurador do Estado – PGE/BA – CESPE – 2014) Em relação aos poderes administrativos, julgue os itens subsecutivos.

(1) Constitui exemplo de poder de polícia a interdição de restaurante pela autoridade administrativa de vigilância sanitária.

(2) Ao secretário estadual de finanças é permitido delegar, por razões técnicas e econômicas e com fundamento no seu poder hierárquico, parte de sua competência a presidente de empresa pública, desde que o faça por meio de portaria.

(3) A aplicação das penas de perda da função pública e de ressarcimento integral do dano em virtude da prática de ato de improbidade administrativa situa-se no âmbito do poder disciplinar da administração pública.

1: correta. Trata-se da polícia sanitária, que visa a limitar e condicionar essa atividade para preservar a qualidade da alimentação disponibilizada à população em geral; **2:** incorreta. Não é possível essa delegação com fundamento no poder hierárquico, pois a empresa pública não é subordinada ao Ministério, havendo apenas uma relação de controle de legalidade entre aquele e essa; **3:** incorreta. Não temos poder disciplinar nesse caso, e sim, atuação judicial, decorrente de um processo civil de improbidade administrativa. **AW**
Gabarito "1C, 2E, 3E".

(Procurador do Estado – PGE/RN – FCC – 2014) A correlação válida entre os chamados poderes da Administração está em:

(A) O poder disciplinar pode ser decorrente do poder hierárquico, mas também pode projetar efeitos para além das relações travadas *interna corporis*.

(B) O poder hierárquico decorre do poder disciplinar, na medida em que estabelece relação jurídica dentro dos quadros funcionais do poder público.

(C) O poder hierárquico decorre do poder normativo no que se refere à estruturação e criação de secretarias de Estado, na medida em que esse se qualifica como autônomo e originário.

(D) O poder disciplinar permite a aplicação de sanções não previstas em lei, o que o aproxima, quanto aos predicados, do poder normativo.

(E) O poder hierárquico e o poder disciplinar confundem--se quando se trata de relações jurídicas travadas dentro da estrutura da Administração.

A: incorreta. O poder disciplinar é interno e não pode se projetar para além das relações travadas "interna corporis"; B: correta. O poder hierárquico é correlato ao disciplinar, já que só pode aplicar penalidade o superior hierárquico, sendo restrito aos quadros internos e funcionais do Poder Público; C: incorreta. O poder hierárquico não se relaciona com o poder normativo, porque esse é externo e interno (editar normas internas à estrutura administrativa e gerais, externas, que valem para todos); D: incorreta. O poder disciplinar é vinculado quanto às penalidades, ou seja, só pode aplicar as penalidades previstas em lei. Seu aspecto discricionário corresponde ao "quantum" ou dosagem e escolha da penalidade, a depender das circunstâncias do caso concreto; E: incorreta. Não há confusão entre os dois poderes, sendo correlatos, um conseqüência do outro. O disciplinar é consequência do hierárquico, mas um não se confunde com o outro. **AW**

Gabarito "B".

(Procurador do Estado/BA – 2014 – CESPE) Em relação aos poderes administrativos, julgue os itens subsecutivos.

(1) Constitui exemplo de poder de polícia a interdição de restaurante pela autoridade administrativa de vigilância sanitária.

(2) Ao secretário estadual de finanças é permitido delegar, por razões técnicas e econômicas e com fundamento no seu poder hierárquico, parte de sua competência a presidente de empresa pública, desde que o faça por meio de portaria.

(3) A aplicação das penas de perda da função pública e de ressarcimento integral do dano em virtude da prática de ato de improbidade administrativa situa--se no âmbito do poder disciplinar da administração pública.

1: correta; poder de polícia é a faculdade de que dispõe a Administração Pública para condicionar e restringir o uso e gozo de bens, atividades e direitos individuais, em benefício da coletividade ou do próprio Estado; a interdição de um estabelecimento pela vigilância sanitária cumpre exatamente esse papel de condicionar o exercício de atividades às exigências da coletividade, como a exigência de que os restaurantes cumpram as normas sanitárias, de modo a garantir ambiente limpo e refeições que não causem danos à saúde dos consumidores; 2: incorreta, pois a competência administrativa só pode ser delegada por autoridades administrativas, o que não é o caso do presidente de uma empresa pública, já que esta é uma pessoa jurídica de direito privado, não tendo capacidade administrativa, ou seja, capacidade para praticar atos típicos de Estado; 3: incorreta, pois, além da esfera administrativo--disciplinar, que pode atuar com vistas à demissão de um servidor e com vistas a tentar um acordo com este para ressarcimento ao erário, há a esfera da improbidade administrativa, regulada pela Lei 8.429/1992, em que a pessoa jurídica lesada ou o Ministério Público podem ingressar com ação de improbidade administrativa, com vistas à aplicação das sanções mencionadas, bem como das demais sanções previstas no art. 12 da mencionada lei.

Gabarito 1C, 2E, 3E

3. ATOS ADMINISTRATIVOS

3.1. Conceito, perfeição, validade e eficácia

(Procurador – IPSMI/SP – VUNESP – 2016) Com base na teoria do ato administrativo, assinale a alternativa correta.

(A) Atos perfeitos são atos que estão em conformidade com o direito e que já exauriram os seus efeitos, tornando- se irretratáveis.

(B) Atos complexos são formados pela manifestação de dois órgãos, sendo o conteúdo do ato definido por um, cabendo ao segundo a verificação de sua legitimidade.

(C) A cassação consiste na extinção do ato administrativo em razão do descumprimento das razões impostas pela Administração ou ilegalidade superveniente imputável ao beneficiário do ato.

(D) A caducidade é a extinção do ato administrativo em virtude da sua incompatibilidade com o seu fundamento de validade no momento da edição.

(E) A revogação é a extinção do ato administrativo quando a situação nele contemplada não mais é tolerada pela nova legislação.

A: Incorreta. Os atos perfeitos são os já "acabados", formados, que percorreram todo o processo para a sua formação, mas não significa que produziram efeitos, eis que podem ser ineficazes. B: Incorreta. Os atos complexos são os que dependem da manifestação de vontade de um só órgão, sendo o outro apenas legitimador ou verificador da sua legitimidade. C: Correta. A cassação do ato é sua retirada por descumprimento, do seu destinatário, das condições para a sua manutenção, sendo que essas condições são impostas por lei, por isso podem advir da ilegalidade superveniente imputável ao beneficiário. D: Incorreta. A caducidade é a retirada do ato administrativo em razão da superveniência de norma jurídica incompatível com a manutenção do ato. E: Incorreta. Esse seria o conceito de caducidade. A revogação é a retirada do ato administrativo por motivos de conveniência e oportunidade. **AW**

Gabarito "C".

(Procurador/DF – 2013 – CESPE) Julgue o seguinte item.

(1) O ato administrativo pode ser perfeito, inválido e eficaz.

1: certa, pois ato perfeito é o ato que existe; ato inválido é o que está em desacordo com a lei e ato eficaz é o que produz efeitos; um ato que existe (ato perfeito), mesmo sendo inválido (ato inválido), pode estar a produzir efeitos (ato eficaz), efeitos esses que podem ser extirpados da ordem jurídica no momento em que a invalidade é pronunciada pela Administração ou pelo Judiciário.

Gabarito 1C

(Procurador do Estado/RO – 2011 – FCC) Um cidadão, interessado em realizar uma construção em terreno de sua propriedade, protocolizou o pedido de licença para construir e aguardou, durante seis meses, a apreciação do pedido pela Administração Municipal, sem obter resposta. Diante dessa situação, é correto concluir que

(A) se trata de hipótese de "silêncio eloquente", na qual o titular do direito subjetivo se vê legitimado a exercê-lo, até que haja contraposição expressa pela autoridade administrativa.

(B) ocorreu a prática de ato administrativo tácito, de conteúdo negativo. Portanto, o particular deverá conformar-se com o indeferimento de seu pedido,

2. DIREITO ADMINISTRATIVO

haja vista que se trata de decisão discricionária da Administração.

(C) houve a prática de ato administrativo indireto, sendo que na hipótese de direitos subjetivos de natureza potestativa, como o direito de construir, a Administração somente poderá impedir seu exercício mediante o sacrifício do direito, com a consequente indenização ao titular.

(D) não se trata de ato administrativo, pois não ocorreu a manifestação de vontade imputável à Administração; todavia, a omissão configura um ilícito administrativo, que pode ser corrigido pela via judicial, em que a decisão judicial obrigará a autoridade administrativa à prática do ato ou suprirá os efeitos da omissão administrativa.

(E) se trata de comportamento omissivo e antijurídico da Administração; nesse caso, por se tratar de ato administrativo de competência discricionária da autoridade do Poder Executivo, o Judiciário não poderá suprir os efeitos da omissão da autoridade pública nem compeli-la a praticar o ato, resolvendo-se a questão pela via indenizatória.

No caso, o fato de a Administração se calar, não significa que ela está consentindo. Em Direito Administrativo não há, como regra, essa máxima de que "quando a Administração cala, consente". Assim, cabe ao particular prejudicado ingressar com ação cujo pedido pode ser a determinação para que a autoridade administrativa pratique o ato ou para que a decisão judicial supra os efeitos da omissão administrativa. Dessa forma, a alternativa "D" é a correta.

Gabarito "D."

3.2. Requisitos do ato administrativo (Elementos, Pressupostos)

Para resolver as questões sobre os requisitos do ato administrativo, vale a pena trazer alguns elementos doutrinários. Confira:

Requisitos do ato administrativo (são requisitos para que o ato seja válido)

– **Competência:** *é a atribuição legal de cargos, órgãos e entidades.* São vícios de competência os seguintes: a1) usurpação de função: alguém se faz passar por agente público sem o ser, ocasião em que o ato será inexistente; a2) excesso de poder: alguém que é agente público acaba por exceder os limites de sua competência (ex.: fiscal do sossego que multa um bar que visita por falta de higiene); o excesso de poder torna nulo ato, salvo em caso de incompetência relativa, em que o ato é considerado anulável; a3) função de fato: exercida por agente que está irregularmente investido em cargo público, apesar de a situação ter aparência de legalidade; nesse caso, s praticados serão considerados válidos, se houver boa-fé.

– **Objeto:** *é o conteúdo do ato, aquilo que o ato dispõe, decide, enuncia, opina ou modifica na ordem jurídica.* O objeto deve ser lícito, possível e determinável, sob pena de nulidade. Ex.: o objeto de um alvará para construir é a licença.

– **Forma:** *são as formalidades necessárias para a seriedade do ato.* A seriedade do ato impõe a) respeito à forma propriamente dita; b) motivação.

– **Motivo:** *fundamento de fato e de direito que autoriza a expedição do ato.* Ex.: o motivo da interdição de estabe-

lecimento consiste no fato de este não ter licença (motivo de fato) e de a lei proibir o funcionamento sem licença (motivo de direito). Pela Teoria dos Motivos Determinantes, o motivo invocado para a prática do ato condiciona sua validade. Provando-se que o motivo é inexistente, falso ou mal qualificado, o ato será considerado nulo.

– **Finalidade:** *é o bem jurídico objetivado pelo ato.* Ex.: proteger a paz pública, a salubridade, a ordem pública. Cada ato administrativo tem uma finalidade. **Desvio de poder (ou de finalidade):** *ocorre quando um agente exerce uma competência que possuía, mas para alcançar finalidade diversa daquela para a qual foi criada.* Não confunda o excesso de poder (vício de sujeito) com o desvio de poder (vício de finalidade), espécies do gênero abuso de autoridade.

(Procurador do Estado/TO - 2018 - FCC) Custódio Bocaiúva é Chefe de Gabinete de uma Secretaria de determinado Estado. Certo dia, em vista da ausência do Secretário Estadual, que saíra para uma reunião com o Governador, Custódio assinou o ato de nomeação de um candidato aprovado em primeiro lugar para cargo efetivo, em concurso promovido pela Secretaria Estadual. No dia seguinte, tal ato saiu publicado no Diário Oficial do Estado. Sabendo-se que a legislação estadual havia atribuído ao Secretário a competência de promover tal nomeação, permitindo que este a delegasse a outras autoridades hierarquicamente subordinadas, é correto concluir que o ato praticado é

(A) válido, pois havia direito subjetivo do candidato a ser nomeado para o cargo efetivo.

(B) inexistente, haja vista que não reúne os mínimos elementos que permitam seu reconhecimento como ato jurídico.

(C) válido, em vista da teoria do funcionário de fato, amplamente reconhecida na doutrina administrativa.

(D) inválido, pois, segundo a Constituição Federal, a nomeação de servidores é atribuição exclusiva e indelegável do Chefe do Poder Executivo, regra sujeita à observância em âmbito estadual, por conta do princípio da simetria.

(E) inválido, porém sujeito à convalidação pelo Secretário de Estado, desde que não estejam presentes vícios relativos ao objeto, motivo ou finalidade do ato.

A hipótese descrita apresenta um vício de competência, pois uma autoridade (Chefe de Gabinete) que não tinha a atribuição (tampouco recebeu delegação para tanto) procedeu à nomeação de servidor, cuja competência pertence a outra autoridade (Secretário de Estado). Trata-se, assim, de ato inválido. No entanto, a ilegalidade é passível de convalidação, pois a desconformidade envolve questão de competência. Com efeito, de acordo com a doutrina, o vício da competência, desde que não seja exclusiva, admite saneamento. Nesse sentido, caso estejam ausentes vícios nos demais requisitos, o ato inválido pode ser convalidado. Correta a alternativa E. RB

Gabarito "E."

(ADVOGADO UNIÃO – AGU – CESPE – 2015)

(1) Removido de ofício por interesse da administração, sob a justificativa de carência de servidores em outro setor, determinado servidor constatou que, em verdade, existia excesso de servidores na sua nova unidade de exercício. Nessa situação, o ato, embora seja discricionário, poderá ser invalidado.

1: correta. O ato de remoção teve como motivação a "carência de servidores em outro setor", sendo comprovada, posteriormente, a sua falsidade (da motivação), razão pela qual o ato é nulo, eis que os motivos, quando declarados, vinculam o ato, conforme Teoria dos Motivos Determinantes. AW

Gabarito 1C

(Procurador do Estado – PGE/PR – PUC – 2015) O STJ proferiu decisão com o seguinte teor: "(...) o administrador vincula-se aos motivos elencados para a prática do ato administrativo. Nesse contexto, há vício de legalidade não apenas quando inexistentes ou inverídicos os motivos suscitados pela administração, mas também quando verificada a falta de congruência entre as razões explicitadas no ato e o resultado nele contido.". (MS 15.290/DF – Rel. Min. Castro Meira. DJe 14.11.2011). É **CORRETO** afirmar que o acórdão tem como fundamento e é consoante à:

(A) Teoria do controle negativo da discricionariedade dos atos administrativos.

(B) Teoria da convalidação e confirmação dos atos administrativos.

(C) Teoria dos motivos determinantes.

(D) Teoria da publicidade dos atos administrativos.

(E) Teoria do controle dos pressupostos de existência dos atos administrativos.

A: incorreta. Não há o "controle negativo" de atos discricionários. Nesse caso temos a Teoria dos Motivos Determinantes, pela qual o motivos, quando declarados ou expressos na edição do ato, a ele se vinculam; **B:** incorreta. O enunciado fala em motivação e sua vinculação aos atos em que ela se verificou; **C:** correta. Como explicado na alternativa "A", temos aplicação da Teoria dos Motivos Determinantes; **D:** incorreta. Não há no enunciado questionamento a respeito da publicidade ou não do ato; **E:** incorreta. Os pressupostos do ato administrativo não foram questionados, e sim a sua motivação. AW

Gabarito "C".

(Advogado União – AGU – CESPE – 2015) O titular do Ministério da Ciência, Tecnologia e Inovação redigiu e submeteu à análise de sua consultoria jurídica minuta de despacho pelo indeferimento de pedido da empresa Salus à habilitação em dada política pública governamental. A despeito de não apresentar os fundamentos de fato e de direito para o indeferimento, o despacho em questão invoca como fundamento da negativa uma nota técnica produzida no referido ministério, cuja conclusão exaure matéria coincidente com aquela objeto do pedido da empresa Salus.

A propósito dessa situação hipotética, julgue os itens que se seguem, relativos à forma dos atos administrativos.

(1) O ato em questão — indeferimento de pedido — deve ser prolatado sob a forma de resolução e não de despacho.

(2) Na hipótese considerada, a minuta do ato do ministro apresenta vício de forma em razão da obrigatoriedade de motivação dos atos administrativos que neguem direitos aos interessados.

1: incorreta. As resoluções são atos normativos infralegais e só podem ser emitidos para complementar uma lei, o que não temos no problema, e sim, uma decisão a respeito de uma consultoria jurídica, sendo tipicamente um despacho (**despachos são atos administrativos praticados no curso de um processo administrativo**); **2:** incorreta. Houve motivação, sendo essa remissiva a outra ato, denominada, portanto, de motivação "aliunde". AW

Gabarito 1E, 2E

(Procurador Distrital – 2014 – CESPE) Após ter sido submetido a processo administrativo em razão do cometimento de infração disciplinar, determinado servidor público foi removido de ofício por seu superior hierárquico, agente competente para tanto, como forma de punição pela prática do ato. Acerca dessa situação hipotética, julgue o seguinte item.

(1) Embora observada a regra de competência referente ao poder disciplinar, houve desvio de poder, já que não foi atendida a finalidade prevista em lei para a prática do ato de remoção do servidor.

1: correta, pois a finalidade do ato de remoção não é de punir o servidor (a punição é finalidade dos atos de imposição de advertência, suspensão, multa, demissão e cassação de aposentadoria), mas sim atender aos objetivos de interesse particular relevantes (remoção para que haja o encontro de cônjuges) ou interesse público na melhor organização do serviço público; assim, tem-se desvio de finalidade, que também é chamado de desvio de poder; quando um agente público pratica um ato, tem que atender à finalidade desse ato, sob pena de nulidade.

Gabarito 1C

(Procurador Distrital – 2014 – CESPE) Julgue os itens que se seguem.

(1) O DF não pode delegar o poder de polícia administrativa a pessoas jurídicas de direito privado, a exemplo das sociedades de economia mista, mesmo que embasado no princípio da eficiência e limitado à competência para a aplicação de multas.

(2) Se, fundamentado em razões técnicas, um secretário estadual delegar parte de sua competência relacionada à gestão e à execução de determinado programa social para entidade autárquica integrante da administração pública estadual, tal procedimento caracterizará exemplo de exercício do poder hierárquico mediante o instituto da descentralização.

1: correta, pois esse poder provém privativamente de autoridade pública, ou seja, não é permitida sua delegação ao particular; a este somente é possível ser credenciado para contribuir materialmente com o poder de polícia, como no caso de empresa que controla radares fotográficos de trânsito, mas a declaração de vontade será, ao final, da autoridade pública, que, com base nesses elementos materiais, poderá aplicar ou não uma multa de trânsito; ou seja, o poder de polícia não pode ser delegado para entidade privada (STF, ADI 1.717-6/DF, Pleno, j. 07.11.2002, rel. Min. Sydney Sanches, *DJ* 28.03.2003), mas é possível que o particular receba (por contrato de prestação de serviço ou por credenciamento) a incumbência de colaborar, com atividades materiais, com a Administração Pública; **2:** incorreta, pois a delegação de competência de uma pessoa jurídica (no caso, um Estado-membro) para outra (no caso, uma autarquia) caracteriza *descentralização*, e não *desconcentração* (esta consiste na delegação de atribuição de órgão para órgão, ou seja, internamente a uma pessoa jurídica).

Gabarito 1C, 2E

(Procurador do Estado/BA – 2014 – CESPE) Julgue o item subsequente.

(1) Incorre em vício de forma a edição, pelo chefe do Executivo, de portaria por meio da qual se declare de utilidade pública um imóvel, para fins de desapropriação, quando a lei exigir decreto.

1: correta, pois se o ato-forma exigido pela lei é o Decreto e foi utilizada a Portaria, tem-se violação ao requisito do ato administrativo "forma".

Gabarito 1C

2. DIREITO ADMINISTRATIVO

(Procurador do Estado/BA – 2014 – CESPE) Julgue o item subsequente.

(1) O ato de exoneração do ocupante de cargo em comissão deve ser fundamentado, sob pena de invalidade por violação do elemento obrigatório a todo ato administrativo: o motivo.

1: incorreta, pois tanto a nomeação, como a exoneração de alguém em cargo em comissão são livres (independentemente de motivação, portanto), nos termos do art. 37, II, da CF/1988; vale lembrar também que a ausência de motivação viola o requisito "forma" e não o requisito "motivo", pois, dentro do elemento "forma", exige-se cumprimento à forma propriamente dita (ex.: escrita) e a existência de uma motivação, sendo que há violação ao requisito "motivo", quando, motivado o ato (portanto, respeitada a "forma") há problema no motivo apresentado (ex.: o motivo de fato apresentado é falso ou o fundamento jurídico apresentado é inadequado). Gabarito 1E

(Procurador do Município/Cubatão-SP – 2012 – VUNESP) Assinale a alternativa correta a respeito dos atos administrativos.

(A) Os administradores de empresas estatais e de fundações podem praticar atos equiparados aos atos administrativos típicos, os quais podem sofrer controle judicial por mandado de segurança ou por ação popular.

(B) A competência para o ato administrativo é intransferível, improrrogável e indelegável.

(C) Em razão dos princípios administrativos implícitos, é permitido juridicamente ao administrador substituir a finalidade do ato indicada na norma legal, desde que a nova finalidade eleita também seja de interesse público.

(D) Em função do seu necessário revestimento material, a forma legal do ato administrativo é a escrita, não se admitindo atos administrativos emanados de forma não escrita, por ordens verbais ou por sinais.

(E) A Administração Pública não pode praticar atos regidos pelo regime de direito privado no desempenho normal de suas atividades.

A: correta; a respeito dessa possibilidade vale citar, por exemplo, a Súmula STJ n. 333, pela qual "cabe mandado de segurança contra ato praticado em licitação promovida por sociedade de economia mista ou empresa pública"; **B:** incorreta, pois a competência pode ser delegada, nos termos do art. 12 da Lei 9.784/1999; **C:** incorreta, pois cada ato administrativo tem a sua finalidade, devendo-se praticar o ato buscando somente a finalidade prevista nele, sob pena de configuração do chamado "desvio de poder" ou "desvio de finalidade"; **D:** incorreta, pois a lei prevê hipóteses em que os atos administrativos se revestem de forma diversa da escrita; um exemplo é o disposto no art. 60, parágrafo único, da Lei 8.666/1993, que admite contrato administrativo verbal nas compras pequenas e de pronto pagamento; **E:** incorreta, pois, eventualmente, a Administração pratica atos regidos pelo Direito Privado, como a emissão de um cheque, a celebração de um contrato de locação de imóvel para uma repartição pública, a contratação de seguro, dentre outros. Gabarito "A"

(Procurador do Município/Sorocaba-SP – 2012 – VUNESP) O desvio de poder é um vício do ato administrativo relativo

(A) ao motivo.

(B) ao objeto.

(C) à forma.

(D) à finalidade.

(E) ao sujeito.

O *desvio de poder* ou *desvio de finalidade* é um vício no requisito finalidade, de modo que a alternativa "d" é a correta. Gabarito "D".

(ADVOGADO – PETROBRÁS – 2012 – CESGRANRIO) Conforme conhecimento convencional, a competência é um dos elementos dos atos administrativos. De acordo com a legislação pertinente, competência

(A) constitui elemento tipicamente discricionário.

(B) integra a noção de mérito administrativo.

(C) admite delegação, sendo vedada a avocação, ainda que temporária.

(D) admite avocação, sendo vedada a delegação, ainda que em caráter precário.

(E) é irrenunciável e se exerce pelos órgãos administrativos a que tiver sido atribuída como própria, ressalvadas as hipóteses de delegação e avocação.

A: incorreta, pois a *competência* e a forma são sempre elementos vinculados; **B:** incorreta, pois, em sendo a competência elemento vinculado (e não discricionário) não há que se falar em mérito administrativo, pois este significa "margem de liberdade" e esta não existe em atos vinculados; **C e D:** incorretas, pois a lei autoriza tanto a delegação, como a avocação de competência (arts. 12 e 15 da Lei 9.784/1999); **E:** correta (arts. 12 e 15 da Lei 9.784/1999). Gabarito "E".

3.3. Atributos do ato administrativo

Para resolver as questões sobre os atributos do ato administrativo, vale a pena trazer alguns elementos doutrinários. Confira:

Atributos do ato administrativo (são as qualidades, as prerrogativas dos atos)

– **Presunção de legitimidade** *é a qualidade do ato pela qual este se presume verdadeiro e legal até prova em contrário*; ex.: uma multa aplicada pelo Fisco presume-se verdadeira quanto aos fatos narrados para a sua aplicação e se presume legal quanto ao direito aplicado, a pessoa tida como infratora e o valor aplicado.

– **Imperatividade** *é a qualidade do ato pela qual este pode se impor a terceiros, independentemente de sua concordância*; ex.: uma notificação da fiscalização municipal para que alguém limpe um terreno ainda não objeto de construção, que esteja cheio de mato.

– **Exigibilidade** *é a qualidade do ato pela qual, imposta a obrigação, esta pode ser exigida mediante coação indireta*; ex.: no exemplo anterior, não sendo atendida a notificação, cabe a aplicação de uma multa pela fiscalização, sendo a multa uma forma de coação indireta.

– **Autoexecutoriedade** *é a qualidade pela qual, imposta e exigida a obrigação, esta pode ser implementada mediante coação direta, ou seja, mediante o uso da coação material, da força*; ex.: no exemplo anterior, já tendo sido aplicada a multa, mais uma vez sem êxito, pode a fiscalização municipal ingressar à força no terreno particular, fazer a limpeza e mandar a conta, o que se traduz numa coação direta. A autoexecutoriedade não é a regra. Ela existe quando a lei expressamente autorizar ou quando não houver tempo hábil para requerer a apreciação jurisdicional.

Obs. 1: a expressão autoexecutoriedade também é usada no sentido da qualidade do ato que enseja sua imediata e direta execução pela própria Administração, independentemente de ordem judicial.

Obs. 2: repare que esses atributos não existem normalmente no direito privado; um particular não pode, unilateralmente, valer-se desses atributos; há exceções, em que o particular tem algum desses poderes; mas essas exceções, por serem exceções, confirmam a regra de que os atos administrativos se diferenciam dos atos privados pela ausência nestes, como regra, dos atributos acima mencionados.

(Procurador Municipal – Prefeitura/BH – CESPE – 2017) No que tange a conceitos, requisitos, atributos e classificação dos atos administrativos, assinale a opção correta.

(A) Licença e autorização são atos administrativos que representam o consentimento da administração ao permitir determinada atividade; o alvará é o instrumento que formaliza esses atos.

(B) O ato que decreta o estado de sítio, previsto na CF, é ato de natureza administrativa de competência do presidente da República.

(C) Ainda que submetido ao regime de direito público, nenhum ato praticado por concessionária de serviços públicos pode ser considerado ato administrativo.

(D) O atributo da autoexecutoriedade não impede que o ato administrativo seja apreciado judicialmente e julgado ilegal, com determinação da anulação de seus efeitos; porém, nesses casos, a administração somente responderá caso fique comprovada a culpa.

A: correta. A licença e autorização são veiculados por meio de um alvará, que é um ato formal de aprovação para a realização de uma atividade (uma ordem do Poder Público para permitir ao particular o exercício de uma atividade); **B:** incorreta. Esse decreto previsto no art. 137, CF tem natureza político-administrativa, eis que é um ato hierarquicamente superior aos demais atos administrativos, por isso está incorreto equiparar aos atos administrativos como um todo; **C:** incorreta.Os atos praticados pelas concessionárias são de direito privado, nunca de direito público, porque são particulares contratados pelo Poder Público, não integrando esse Poder, portanto; **D:** incorreta. No caso de anulação de um ato administrativo pelo Poder Judiciário os efeitos dessa (anulação) incidem, independentemente do ato ser praticado com culpa ou dolo, eis que devem ser respeitados os direitos dos terceiros de boa-fé, conforme disposto na súmula 473, STF. **AW**
Gabarito "A"

(Procurador do Estado – PGE/RS – Fundatec – 2015) Analise as assertivas abaixo:

I. Em razão do princípio da proteção da confiança legítima, um ato administrativo eivado de ilegalidade poderá ser mantido, considerada a boa-fé do administrado, a legitimidade da expectativa induzida pelo comportamento estatal e a irreversibilidade da situação gerada.

II. Salvo comprovada má-fé, o direito de a Administração Pública Federal anular seus próprios atos que geraram benefícios a terceiros caduca em 5 (cinco) anos.

III. De acordo com a Lei do Processo Administrativo Federal, é vedado à Administração Pública aplicar retroativamente nova interpretação de um dispositivo legal.

Quais estão corretas?

(A) Apenas II.

(B) Apenas I e II.

(C) Apenas I e III.

(D) Apenas II e III.

(E) I, II e III.

I: correta, porque os atos administrativos se presumem legítimos, razão pela qual, os administrados confiam que sua realização é fundamentada na legalidade; **II:** correta, conforme disposto no art. 54, da Lei 9.784/1999; **III:** correta. O art. 2º, parágrafo único, XIII, da Lei 9.784/99 dispõe ser vedada a aplicação retroativa de nova interpretação de um dispositivo legal. **AW**
Gabarito "E".

(Procurador do Estado/MT – FCC – 2011) Constitui atributo do ato administrativo:

(A) executoriedade, caracterizada pela possibilidade de a Administração colocá-lo em execução sem necessidade de intervenção judicial, independentemente de previsão legal.

(B) vinculação ao princípio da legalidade, impedindo a prática de atos discricionários.

(C) presunção de veracidade, não admitindo prova em contrário no que diz respeito aos seus fundamentos de fato.

(D) presunção de legitimidade, só podendo ser invalidado por decisão judicial.

(E) imperatividade, caracterizada pela sua imposição a terceiros, independentemente de concordância, constituindo, unilateralmente, obrigações a estes imputáveis.

A: incorreta, pois a possibilidade de a Administração fazer essa imposição depende de previsão legal, em virtude do princípio da legalidade; **B:** incorreta, pois os atributos do ato administrativo são os seguintes: presunção de legitimidade, imperatividade, exigibilidade, executoriedade e tipicidade. A "vinculação ao princípio da legalidade" não é um atributo do ato administrativo; **C:** incorreta, pois o atributo da presunção de veracidade e de legalidade (ou simplesmente presunção de legitimidade) admite sim prova em contrário, tratando-se de presunção relativa; **D:** incorreta, pois a própria Administração, pelo princípio da autotutela, pode anular seus atos, não sendo providência exclusiva do Judiciário; **E:** correta, pois a imperatividade, também chamada de poder extroverso, é um dos atributos do ato administrativo.
Gabarito "E".

(Procurador do Município/Sorocaba-SP – 2012 – VUNESP) Considerando a presunção de veracidade dos atos administrativos, indique a alternativa correta.

(A) Em nome da segurança jurídica, o Judiciário deve apreciar **ex officio** a validade do ato.

(B) Enquanto não decretada sua invalidade, ele produzirá efeitos como um ato válido.

(C) O ato deixa de produzir efeitos, mesmo sem a decretação de sua invalidade, deixando de ser obrigatório.

(D) Somente a Administração Pública tem o poder/dever de invalidar os atos administrativos.

(E) Somente o Poder Judiciário pode decretar a invalidade do ato administrativo, quando instado para esta finalidade.

A: incorreta, pois o Judiciário atua mediante provocação, face o princípio da inércia jurisdicional; no entanto, há casos em que se admite que o Judiciário atue de ofício, ocasião em que o princípio justificador dessa atuação é o da legalidade e não o da segurança jurídica; **B:** correta, pois a presunção de legitimidade tem justamente o efeito de possibilitar que o ato seja executado, enquanto não decretada a sua invalidade; **C:** incorreta, pois a presunção mencionada tem justamente o sentido inverso, ou seja, o sentido de permitir que o ato produza seus efeitos enquanto não decretada a invalidade; **D:** incorreta, pois o Judiciário também pode promover a *invalidação* dos atos administrativos, o que é feito normalmente mediante provocação; já a *revogação*, essa sim só pode ser feita pela Administração; **E:** incorreta, pois a Administração, pelo princípio da autotutela, também pode decretar a invalidade do ato administrativo (art. 53 da Lei 9.784/1999).

Gabarito "B".

3.4. Vinculação e discricionariedade

(Procurador do Estado/AC - 2017 - FMP) Sobre a doutrina da discricionariedade administrativa e do controle jurisdicional, considere as seguintes assertivas:

I. A discrição administrativa pode decorrer da hipótese da norma, no caso da ausência de indicação explícita do pressuposto de fato, ou no caso de o pressuposto de fato ter sido descrito através de termos ou expressões que ilustram conceitos vagos, fluidos ou imprecisos.

II. A noção de discricionariedade não se prende somente ao campo das opções administrativas disponíveis efetuadas com base em critérios de conveniência e oportunidade, no chamado campo do mérito do ato administrativo.

LLI. À hipótese de discricionariedade administrativa sempre corresponderá uma situação concreta em que se identifica que a decisão do administrador é tida como intangível, pois corresponderá a uma opção de mérito cuja escolha se sintoniza com o espectro de possibilidades antevisto pela norma jurídica aplicável.

IV. A abstrata liberdade de atuação conferida no âmbito textual da norma jurídica aplicável define de antemão o espaço da discricionariedade administrativa a ser concretizado pelo agente público.

São CORRETAS

(A) apenas a I, II e III.

(B) apenas a II, III e IV.

(C) apenas a I e II.

(D) apenas a I, III e IV.

(E) apenas a I e IV.

Comentário: A discricionariedade pode estar associada ao motivo do ato administrativo, seja na hipótese deste pressuposto não ser expressamente elencado, seja no caso de sê-lo com base em conceitos jurídicos indeterminados. Nesse sentido, correta a assertiva I. Como lecionа Maria Sylvia Zanella Di Pietro (Direito administrativo, 27.ed., p. 222), "é amplo o âmbito de atuação discricionária da Administração", havendo situações em que a lei é omissa em relação às opções da atuação administrativa, cabendo à autoridade decidir de acordo com os princípios do ordenamento. Em outras hipóteses, a lei expressamente confere a competência discricionária à Administração. Nesse sentido, pode-se afirmar que as assertivas III e IV são incorretas, pois restringem a caracterização da discricionariedade, o que não se verifica na assertiva II, que está correta.

Gabarito "C".

(Procurador do Estado/AC – FMP – 2012) Com relação aos atos administrativos, é **CORRETO** afirmar:

(A) O ato que atribui licença à servidora gestante é um ato vinculado.

(B) A extinção de uma Sociedade de Economia mista é um ato vinculado.

(C) A exoneração de Secretário de Estado é um ato vinculado.

(D) A atribuição de licença para tratamento de saúde é um ato discricionário.

A: correta, pois a servidora gestante tem direito subjetivo à licença, não havendo discricionariedade para a Administração, que deverá necessariamente concedê-la, praticando ato vinculado, portanto; **B:** incorreta, pois a análise do Poder Público sobre se vai ou não extinguir uma sociedade de economia mista leva em conta análise discricionária, não havendo lei alguma determinando isso objetivamente, ou seja, de forma vinculada; **C:** incorreta, pois a nomeação e a exoneração de alguém de um cargo em comissão é livre, ou seja, há discricionariedade e não vinculação para esse ato; **D:** incorreta, pois, configurado o problema de saúde passível de licença, a Administração é obrigada a deferi-la, tratando-se, assim, de ato vinculado.

Gabarito "A".

(Procurador do Município/Sorocaba-SP – 2012 – VUNESP) Quanto ao motivo da discricionariedade do ato administrativo, este ocorre quando

(A) a lei estabelece o motivo para a prática do ato.

(B) a lei estabelece a conduta a ser adotada pela Administração.

(C) a lei define o motivo com conceitos jurídicos indeterminados.

(D) a lei utiliza conceitos jurídicos determinados.

(E) o motivo for posterior à prática do ato.

A e B: incorretas, pois, se a lei estabelece ou define exatamente o que deve ser feito e quando se dever fazer algo, não há discricionariedade (margem de liberdade), mas vinculação; **C:** correta, pois a existência de conceitos jurídicos indeterminados (ex: a lei estabelece que, "em caso de *interesse público*, é possível se fazer tal coisa") confere margem de liberdade para a Administração, ou seja, confere discricionariedade; **D:** incorreta, pois se a lei é clara e objetiva (traz conceitos determinados), não há discricionariedade, mas vinculação; **E:** incorreta, pois em caso de competência discricionária o agente público é obrigado a apresentar os motivos da prática do ato antes ou no momento da expedição deste, mas nunca depois.

Gabarito "C".

3.5. Extinção dos atos administrativos

Segue resumo acerca das formas de extinção dos atos administrativos

– Cumprimento de seus efeitos: como exemplo, temos a autorização da Prefeitura para que seja feita uma festa na praça de uma cidade. Este ato administrativo se extingue no momento em que a festa termina, uma vez que seus efeitos foram cumpridos.

– Desaparecimento do sujeito ou do objeto sobre o qual recai o ato: morte de um servidor público, por exemplo.

– Contraposição: *extinção de um ato administrativo pela prática de outro antagônico em relação ao primeiro.* Ex.: com o ato de exoneração do servidor público, o ato de nomeação fica automaticamente extinto.

– **Renúncia:** extinção do ato por vontade do beneficiário deste.

– **Cassação:** *extinção de um ato que beneficia um particular por este não ter cumprido os deveres para dele continuar gozando.* Não se confunde com a revogação – que é a extinção do ato por não ser mais conveniente ao interesse público. Também difere da anulação – que é a extinção do ato por ser nulo. Como exemplo desse tipo de extinção tem-se a permissão para banca de jornal se instalar numa praça, cassada porque seu dono não paga o preço público devido; ou a autorização de porte de arma de fogo, cassada porque o beneficiário é detido ou abordado em estado de embriaguez ou sob efeito de entorpecentes (art. 10, § 2º, do Estatuto do Desarmamento – Lei 10.826/2003).

– **Caducidade.** *Extinção de um ato porque a lei não mais o permite.* Trata-se de extinção por invalidade ou ilegalidade *superveniente*. Exs.: autorização para condutor de perua praticar sua atividade que se torna caduca por conta de lei posterior não mais permitir tal transporte na cidade; autorizações de porte de arma que caducaram 90 dias após a publicação do Estatuto do Desarmamento, conforme reza seu art. 29.

– **Revogação.** *Extinção de um ato administrativo legal ou de seus efeitos por outro ato administrativo, efetuada somente pela Administração, dada a existência de fato novo que o torne inconveniente ou inoportuno, respeitando-se os efeitos precedentes* (efeito "ex nunc"). Ex.: permissão para a mesma banca de jornal se instalar numa praça, revogada por estar atrapalhando o trânsito de pedestres, dado o aumento populacional, não havendo mais conveniência na sua manutenção.

O **sujeito ativo da revogação** é a *Administração Pública*, por meio da autoridade administrativa competente para o ato, podendo ser seu superior hierárquico. O Poder Judiciário nunca poderá revogar um ato administrativo, já que se limita a apreciar aspectos de legalidade (o que gera a anulação), e não de conveniência, salvo se se tratar de um ato administrativo da Administração Pública dele, como na hipótese em que um provimento do próprio Tribunal é revogado.

Quanto ao tema **objeto da revogação**, tem-se que este recai sobre o ato administrativo ou relação jurídica deste decorrente, salientando-se que o ato administrativo deve ser válido, pois, caso seja inválido, estaremos diante de hipótese que enseja anulação. Importante ressaltar que não é possível revogar um ato administrativo já extinto, dada a falta de utilidade em tal proceder, diferente do que se dá com a anulação de um ato extinto, que, por envolver a retroação de seus efeitos (a invalidação tem efeitos "ex tunc"), é útil e, portanto, possível.

O **fundamento da revogação** *é a mesma regra de competência que habilitou o administrador à prática do ato que está sendo revogado*, devendo-se lembrar que só há que se falar em revogação nas hipóteses de ato discricionário.

Já o **motivo da revogação** é a *inconveniência ou inoportunidade* da manutenção do ato ou da relação jurídica gerada por este. Isto é, o administrador público faz apreciação ulterior e conclui pela necessidade da revogação do ato para atender ao interesse público.

Quanto aos efeitos da revogação, esta suprime o ato ou seus efeitos, mas respeita os efeitos que já transcorreram. Trata-se, portanto, de eficácia "ex nunc".

Há **limites ao poder de revogar**. São atos irrevogáveis os seguintes atos: os que a lei assim declarar; os atos já exauridos, ou seja, que cumpriram seus efeitos; os atos vinculados, já que não se fala em conveniência ou oportunidade neste tipo de ato, em que o agente só tem uma opção; os meros ou puros atos administrativos (exs.: certidão, voto dentro de uma comissão de servidores); os atos de controle; os atos complexos (praticados por mais de um órgão em conjunto); e atos que geram direitos adquiridos. Os atos gerais ou regulamentares são, por sua natureza, revogáveis a qualquer tempo e em quaisquer circunstâncias, respeitando-se os efeitos produzidos.

– **Anulação (invalidação):** *extinção do ato administrativo ou de seus efeitos por outro ato administrativo ou por decisão judicial, por motivo de ilegalidade, com efeito retroativo* ("ex tunc"). Ex.: anulação da permissão para instalação de banca de jornal em bem público por ter sido conferida sem licitação.

O **sujeito ativo da invalidação** pode ser tanto o *administrador público* como o *juiz*. A Administração Pública poderá invalidar de ofício ou a requerimento do interessado. O Poder Judiciário, por sua vez, só poderá invalidar por provocação ou no bojo de uma lide. A possibilidade de o Poder Judiciário anular atos administrativos decorre do fato de estarmos num Estado de Direito (art. 1º, CF), em que a lei deve ser obedecida por todos, e também por conta do princípio da inafastabilidade da jurisdição ("a lei não poderá excluir da apreciação do Poder Judiciário lesão ou ameaça de lesão a direito" – artigo 5º, XXXV) e da previsão constitucional do mandado de segurança, do "habeas data" e da ação popular.

O **objeto da invalidação** é o ato administrativo inválido ou os efeitos de tal ato (relação jurídica).

Seu **fundamento** é o dever de obediência ao princípio da legalidade. Não se pode conviver com a ilegalidade. Portanto, o ato nulo deve ser invalidado.

O **motivo da invalidação** é a *ilegalidade* do ato e da eventual relação jurídica por ele gerada. Hely Lopes Meirelles diz que o *motivo da anulação é a ilegalidade ou ilegitimidade* do ato, diferente do *motivo da revogação*, que é a inconveniência ou inoportunidade.

Quanto ao **prazo** para se efetivar a invalidação, o art. 54 da Lei 9.784/1999 dispõe*"O direito da Administração de anular os atos administrativos de que decorram efeitos favoráveis para os destinatários decai em 5 (cinco) anos, contados da data em que foram praticados, salvo comprovada má-fé".* Perceba-se que tal disposição só vale para atos administrativos em geral de que decorram efeitos favoráveis ao agente (ex.: permissão, licença) e que tal decadência só aproveita ao particular se este estiver de boa-fé. A regra do art. 54 contém ainda os seguintes parágrafos: § 1º:*"No caso de efeitos patrimoniais contínuos, o prazo de decadência contar-se-á da percepção do primeiro pagamento"*; § 2º:*"Considera-se exercício do direito de anular qualquer medida de autoridade administrativa que importe impugnação à validade do ato".*

No que concerne aos **efeitos da invalidação**, como o ato nulo já nasce com a sanção de nulidade, a declaração se dá retroativamente, ou seja, com efeito "ex tunc". Invalidam-se as consequências passadas, presentes e futuras do ato. Do ato ilegal não nascem direitos. A anulação importa no desfazimento do vínculo e no retorno das partes ao estado anterior. Tal regra é atenuada em face dos terceiros de boa-fé. Assim, a anulação de uma nomeação de um agente público surte efeitos em relação a este (que é parte da relação jurídica anulada), mas não em relação aos terceiros que sofreram consequências dos atos por este praticados, desde que tais atos respeitem a lei quanto aos demais aspectos.

(Procurador do Estado/AC - 2017 - FMP) Existem diversas alternativas possíveis quanto às hipóteses abstratas de extinção dos atos administrativos, EXCETO

(A) o decurso do tempo.

(B) a renúncia do interessado.

(C) a revogação pelo Poder Judiciário.

(D) a invalidação pela própria Administração.

(E) o desaparecimento do pressuposto fático.

A extinção dos atos administrativos representa um gênero que comporta diversas categorias, como aquelas indicadas nas alternativas A (decurso do tempo), B (renúncia do interessado), D (invalidação pela própria Administração) e E (desaparecimento do pressuposto fático). A única hipótese inadmitida é aquela da alternativa C, pois o Poder Judiciário não pode revogar atos administrativos dos demais poderes, sob pena de violação ao princípio da separação entre os poderes. De fato, considerando que a revogação significa uma forma de controle do mérito do ato administrativo, e que o Judiciário não pode exercer tal controle sobre a Administração, incabível a revogação pelo Judiciário. Gabarito "C".

(Procurador Municipal – Prefeitura/BH – CESPE – 2017) No que concerne a revogação, anulação e convalidação de ato administrativo, assinale a opção correta.

(A) Assim como ocorre nos negócios jurídicos de direito privado, cabe unicamente à esfera judicial a anulação de ato administrativo.

(B) Independentemente de comprovada má-fé, após o prazo de cinco anos da prática de ato ilegal, operar-se-á a decadência, o que impedirá a sua anulação.

(C) O prazo de decadência do direito de anular ato administrativo de que decorram efeitos patrimoniais será contado a partir da ciência da ilegalidade pela administração.

(D) Um ato administrativo que apresente defeitos sanáveis poderá ser convalidado quando não lesionar o interesse público, não sendo necessário que a administração pública o anule.

A: incorreta. Tanto o Administração quanto o Poder Judiciário poderão anular os atos administrativos, não sendo exclusividade do Poder Judiciário, tendo o princípio da autoexecutoriedade dos atos administrativos; B: incorreta. Se comprovada a má-fé, a prescrição não correrá, conforme disposto no art. 54, da Lei 9.784/1999; C: incorreta. O prazo inicial para a contagem da decadência é o dia da prática do ato, conforme disposto no art. 54, da Lei 9.784/1999; D: correta. Trata-se do disposto no art. 55, da Lei 9.784/1999, que possibilita o saneamento dos atos quando não acarretarem lesão a terceiros, nem ao interesse público. AW Gabarito "D".

(Procurador Municipal/SP – VUNESP – 2016) Assinale a alternativa que corretamente discorre sobre aspectos concernentes ao ato administrativo.

(A) A Administração pode revogar seus próprios atos, quando eivados de vícios que os tornem ilegais, porque deles não se originam direitos, ou anulá-los, por motivo de conveniência ou de oportunidade, respeitados os direitos adquiridos e ressalvada, em todos os casos, a apreciação judicial.

(B) O vício de finalidade, ou desvio de poder, consiste na omissão ou na observância incompleta ou irregular de formalidades indispensáveis à existência ou à seriedade do ato, que tem apenas a aparência de manifestação regular da Administração, mas não chega a se aperfeiçoar como ato administrativo.

(C) Afirma-se que um ato é discricionário nos casos em que a Administração tem o poder de adotar uma ou outra solução, segundo critérios de oportunidade, de conveniência, de justiça e de equidade, próprios da autoridade, porque não definidos pelo legislador, que deixa certa margem de liberdade de decisão diante do caso concreto.

(D) A atuação da Administração Pública, no exercício da função administrativa, é discricionária quando a lei estabelece a única solução possível diante de determinada situação de fato; ela fixa todos os requisitos, cuja existência a Administração deve limitar-se a constatar, sem qualquer margem de apreciação subjetiva.

(E) O desvio de poder ocorre quando o agente público excede os limites de sua competência; por exemplo, quando a autoridade, competente para aplicar a pena de suspensão, impõe penalidade mais grave, que não é de sua atribuição; ou quando a autoridade policial se excede no uso da força para praticar ato de sua competência.

A: Incorreta. A revogação tem como fundamento critérios de conveniência e oportunidade, e não vício de legalidade. B: Incorreta. Temos a descrição de vício de forma, e não de finalidade do ato administrativo (busca do interesse coletivo, da finalidade pública). C: Correta. A assertiva descreve bem a possibilidade de adoção de decisões diversas, de análise e julgamento do ato por parte do administrador, sendo esse o conceito de discricionariedade (liberdade de decidir conforme critérios de razoabilidade, proporcionalidade, justiça, equidade, legalidade). D: Incorreta. No caso de a lei estabelecer a única solução possível a ser tomada pelo administrador temos hipótese de ato vinculado, onde só é possível a escolha da solução determinada em lei. E: Incorreta. A alternativa descreve o abuso de poder, que é gênero e abrange o excesso de poder (atuação além dos limites de competência) e o desvio de poder ou de finalidade (atuação contrária ao interesse público, como no caso de ação desarrazoada, arbitrária), sendo esse o erro, portanto. AW Gabarito "C".

(Procurador Municipal – Sertãozinho/SP – VUNESP – 2016) Assinale a alternativa que corretamente discorre sobre o ato administrativo.

(A) Em certos atos, denominados vinculados, a lei permite ao agente proceder a uma avaliação de conduta, ponderando os aspectos relativos à conveniência e à oportunidade da prática do ato.

(B) A Administração pode revogar seus próprios atos, quando eivados de vícios que os tornem ilegais, porque deles não se originam direitos, ressalvada, em todos os casos, a apreciação judicial.

(C) É defeso ao Poder Judiciário apreciar o mérito do ato administrativo, cabendo-lhe unicamente examiná-lo sob o aspecto de sua legalidade, isto é, se foi praticado conforme ou contrariamente à lei.

(D) A revogação também pode ser feita pelo Poder Judiciário, mediante provocação dos interessados, que poderão utilizar, para esse fim, as ações ordinárias e especiais previstas na legislação processual.

(E) Anulação é o ato administrativo discricionário pelo qual a Administração extingue um ato válido, por razões de oportunidade e conveniência, respeitando os efeitos já produzidos pelo ato, precisamente pelo fato de ser este válido perante o direito.

A: Incorreta. Nos atos vinculados não há qualquer avaliação de conduta. O administrador só faz o que a lei determina, sem ter liberdade para ponderar nada. **B:** Incorreta. A revogação tem como fundamento a análise de conveniência e oportunidade, e não a legalidade, como afirmada na assertiva. **C:** Correta. O Poder Judiciário poderá apreciar o mérito dos atos administrativos discricionários, mas somente quanto à sua legalidade, ou seja, não pode adentrar no juízo discricionário, na escolha em si da causa e motivo do ato. **D:** Incorreta. O Poder Judiciário nunca pode revogar um ato administrativo discricionário, sendo exclusividade do administrador forma de retirada do ato administrativo. **E:** Incorreta. A anulação é forma de retirada do ato administrativo por ele ser inválido, sem nenhuma análise de sua legalidade, portanto. AW
Gabarito "C".

(Procurador – PGFN – ESAF – 2015) Correlacione as colunas abaixo e, ao final, assinale a opção que contenha a sequência correta para a coluna II.

COLUNA I	COLUNA II
(1) É a extinção do ato administrativo quando o seu beneficiário deixa de cumprir os requisitos que deveria permanecer atendendo.	( ) Caducidade
(2) Ocorre quando uma nova legislação impede a permanência da situação anteriormente consentida pelo poder público.	( ) Contraposição
(3) Ocorre quando um ato, emitido com fundamento em determinada competência, extingue outro ato, anterior, editado com base em competência diversa, ocorrendo a extinção porque os efeitos daquele são opostos aos deste.	( ) Conversão
(4) Consiste, segundo orientação majoritária, em um ato privativo da Administração Pública, mediante o qual ela aproveita um ato nulo de uma determinada espécie, transformando-o, retroativamente em ato válido de outra categoria, pela modificação de enquadramento legal.	( ) Cassação

(A) 1, 3, 4, 2.
(B) 2, 3, 4, 1.
(C) 3, 2, 1, 4.
(D) 1, 3, 2, 4.

(E) 2, 4, 1, 3.

Caducidade ocorre quando há retirada do ato administrativo pela superveniência de norma que o torna ilegal. Contraposição ou derrubada ocorre quando há novo ato, de competência diversa, que torna insubsistente o ato anterior. Cassação é a retirada do ato administrativo pelo descumprimento das condições impostas ao seu destinatário. Conversão ocorre quando há modificação do enquadramento legal do ato, a fim de permitir a sua manutenção no ordenamento jurídico. AW
Gabarito "B".

(Procurador do Estado – PGE/PA – UEPA – 2015) Quanto à validade dos atos administrativos, é correto afirmar que:

I. De acordo com a Súmula 346 do STF é permitido à Administração Pública anular o ato eivado de vício de legalidade.

II. Por motivo de conveniência ou oportunidade, a Administração Pública deverá revogar os atos administrativos, respeitados os direitos adquiridos, e ressalvada, em todos os casos, a apreciação judicial.

III. A Administração Pública detém a prerrogativa de convalidação dos atos anuláveis independente de qualquer situação que estes acarretem.

IV. O direito da Administração de anular os atos administrativos de que decorram efeitos favoráveis para os destinatários decai em cinco anos, contados da data em que foram praticados, salvo comprovada má-fé.

A alternativa que contém todas as afirmativas corretas é:

(A) I e II.
(B) I e IV.
(C) II e IV.
(D) I e III.
(E) I, II e III.

I: correta. A súmula 346, STF assim dispõe: "'A administração pública pode declarar a nulidade dos seus próprios atos' (Súmula 346)"; **II:** incorreta. A revogação dos atos administrativos independe de aprovação ou análise do Poder Judiciário, sendo um ato discricionário; **III:** incorreta. Tanto a Administração Pública quanto o Poder Judiciário detêm a prerrogativa de anular atos administrativos, por isso está incorreta a assertiva; **IV:** correta. Trata-se do disposto no art. 54, da Lei 9.784/1999. AW
Gabarito "B".

(Procurador – PGFN – ESAF – 2015) O Prefeito do Município X decidiu construir, defronte à sede da Prefeitura, um monumento em homenagem a seu avô, fundador da universidade local. A obra teria 20 metros e seria esculpida em mármore e aço. A associação de pais de crianças portadoras de necessidades especiais ajuizou ação civil pública para impedir a construção do monumento, sob a alegação de que os recursos envolvidos na aludida homenagem seriam suficientes para a reforma e adaptação de acessibilidade das escolas municipais, de forma a proporcionar o pleno acesso de pessoas com deficiência. Os procuradores do município argumentaram que a construção do monumento visa a preservar a memória da cidade, bem como que a alocação de recursos seria ato discricionário do Prefeito. Diante do relatado e com base na jurisprudência atual sobre o controle jurisdicional da administração pública, assinale a opção correta.

(A) O ato do Prefeito, embora discricionário, é passível de controle pelo Poder Judiciário, a fim de que este

2. DIREITO ADMINISTRATIVO

avalie a conformidade desse ato com os mandamentos constitucionais.

(B) O Poder Judiciário, se entender pela violação a princípio da administração pública, poderá revogar o ato administrativo expedido pelo Prefeito.

(C) O ato discricionário não é sindicável pelo Poder Judiciário.

(D) Neste caso, o Poder Judiciário poderá decidir pela alteração do projeto e do material a ser utilizado no monumento, de forma a diminuir os custos da obra.

(E) A associação de pais de crianças portadoras de necessidades especiais não tem legitimidade para ajuizar ação civil pública.

A: correta. O ato do Prefeito, mesmo sendo discricionário, tem que ser motivado e só pode ser realizado debaixo dos princípios da indisponibilidade e supremacia do interesse público sobre o privado. Assim, se há um interesse público superior ao que ele, Prefeito, motivou para o seu ato, esse ato é ilegal e passível de controle pelo Poder Judiciário; **B:** incorreta. O Poder Judiciário nunca poderá revogar um ato administrativo, eis que a revogação é privativa do Poder Executivo; **C:** incorreta. O ato discricionário sempre poderá ser avaliado pelo Poder Judiciário, quanto à sua legalidade; **D:** incorreta. O Poder Judiciário não tem poder decisório quanto ao ato e seu mérito, mas somente quanto à sua adequação ao ordenamento jurídico, ou seja, quanto à sua legalidade, proporcionalidade, razoabilidade. **AW**

Gabarito "A".

(Procurador do Estado – PGE/RN – FCC – 2014) Suponha que o Ministro da Fazenda tenha concedido benefício creditício à empresa privada, sem, contudo, a necessária oitiva de órgão colegiado que detém competência legal para opinar sobre a matéria. Referido ato, considerando as disposições da Lei Federal nº 9.784/1999,

(A) poderá ser anulado ou convalidado, sempre pela autoridade superior, a qual cabe sopesar, independentemente do cumprimento do requisito legal, o interesse público envolvido.

(B) é passível de convalidação, caso suprido o defeito sanável, desde que não acarrete lesão ao interesse público nem prejuízo a terceiros.

(C) deverá ser anulado, se não transcorrido mais de 2 (dois) anos, após o que se presume convalidado.

(D) deverá ser revogado pelo agente prolator, não se admitindo convalidação, eis que esta somente é possível em relação a atos vinculados.

(E) é passível de convalidação apenas pela autoridade superior, de acordo com juízo de conveniência e oportunidade.

A: incorreta. O interesse coletivo não se sobrepõe à Lei, por isso o erro está no fato da assertiva possibilitar a relativização do cumprimento da lei; **B:** correta. Trata-se do disposto no art. 55, da Lei 9.784/1999, que assim dispõe: "Em decisão na qual se evidencie não acarretarem lesão ao interesse público nem prejuízo a terceiros, os atos que apresentarem defeitos sanáveis poderão ser convalidados pela própria Administração."; **C:** incorreta. O prazo prescricional para anulação do ato administrativo é de 5 anos (art. 54, da Lei 9.784/1999); **D:** incorreta. Admite-se a convalidação, conforme explicado na alternativa "B"; **E:** incorreta. Não há exigência da autoridade competente para convalidar o ato, sendo apenas aferível a presença de defeitos sanáveis, e não os critérios de conveniência e oportunidade, como afirmado na assertiva. **AW**

Gabarito "B".

(Procurador do Estado/BA – 2014 – CESPE) Julgue o item subsequente.

(1) Os atos enunciativos, como as certidões, por adquirirem os seus efeitos por lei, e não pela atuação administrativa, não são passíveis de revogação, ainda que por razões de conveniência e oportunidade.

1: correta; tais atos apenas enunciam (atestam) uma dada situação de fato ou jurídica; assim, tais atos não ficam inconvenientes (o que permitiria a revogação), podendo ficar no máximo desatualizados, como se dá com uma certidão emitida pela Administração, que, passado um tempo, pode não mais refletir a realidade, o que não gerará sua revogação, mas apenas a constatação de que está desatualizada.

Gabarito 1C

(Procurador Federal – 2013 – CESPE) Julgue os itens subsequentes, relativos aos atos administrativos.

(1) Caso a administração pública revogue determinado ato administrativo e, posteriormente, se constate que o ato de revogação não fora praticado em consonância com as exigências legais, tal revogação poderá ser anulada tanto pela própria administração pública quanto pelo Poder Judiciário.

(2) O ato anulatório, por meio do qual se anula um ato administrativo ilegal vinculado ou discricionário, tem natureza meramente declaratória e não constitutiva.

(3) Se determinado particular interpuser recurso administrativo perante a autoridade competente, e esta delegar a subordinado seu a competência para decisão, não haverá qualquer irregularidade no ato de delegação, pois, embora a competência configure requisito vinculado do ato administrativo, a legislação de regência autoriza a delegação na hipótese em apreço.

1: correta; o caso é de ato ilegal, que enseja anulação, mesmo se tratando de um ato revocatório de outro; assim, a Administração poderá anular esse ato, com base nos princípios da legalidade e da autotutela (art. 37, *caput*, da CF/1988; e art. 53 da Lei 9.784/1999); já o Poder Judiciário, também, poderá anular o ato, com base no princípio da inafastabilidade da jurisdição, pelo qual nenhuma lesão ou ameaça de lesão a direito ("ilegalidade") pode ser subtraída de sua apreciação (art. 5º, XXXV, da CF/1988); **2:** incorreta; no Direito Público existe um atributo dos atos administrativos que é a sua presunção de legalidade; assim, um ato administrativo, mesmo que ilegal, presume-se legal e com aptidão para produzir efeitos, enquanto não anulado; assim, o ato de anulação no Direito Público tem carga muito mais forte, podendo-se dizer que desconstitui verdadeiramente o ato e seus efeitos, sendo que tal se dá com efeitos "ex tunc", como regra; **3:** incorreta, pois não é ilegal a delegação da competência para julgar recursos administrativos (art. 13, II, da Lei 9.784/1999).

Gabarito 1C, 2E, 3E

(Procurador do Estado/MT – FCC – 2011) A Administração constatou irregularidades em atos de concessão de benefícios salariais a determinados servidores. Nessa situação, de acordo com a Lei n. 9.784, de 29 de janeiro de 1999, que regula o processo administrativo, a Administração

(A) poderá anular o ato, apenas se constatar que o servidor concorreu para a prática da ilegalidade, assegurado o contraditório e a ampla defesa.

(B) não poderá anular o ato, se de tal anulação decorrer a redução dos vencimentos dos servidores.

(C) deverá anular o ato, exceto se transcorrido o prazo decadencial de 5 anos.

(D) poderá convalidar o ato, apenas em relação aos seus aspectos pecuniários, apurando-se a responsabilidade administrativa pelas concessões irregulares.

(E) poderá revogar o ato, caso constatada a ilegalidade da concessão, a critério da autoridade competente.

A: incorreta, pois a Administração pode anular o ato mesmo que se constate que o servidor não concorreu para a prática da ilegalidade; a única coisa é que ela terá, nesse caso, o prazo decadencial de 5 anos para invalidar o ato (art. 54 da Lei 9.784/1999); **B:** incorreta, pois, da ilegalidade, não nascem direitos adquiridos; **C:** correta (art. 54 da Lei 9.784/1999); **D:** incorreta, pois o caso é de anulação do ato, conforme já mencionado; **E:** incorreta, pois, em sendo o ato ilegal, o caso é de anulação e não de revogação.
Gabarito "C".

(Procurador do Estado/PR – UEL-COPS – 2011) Assinale a alternativa correta:

(A) um edital de licitação realizado pelo Poder Legislativo tem a natureza jurídica de ato legislativo;

(B) todos os atos administrativos devem ser fundamentados, exceção feita àqueles praticados no exercício da discricionariedade técnica atribuída como privativa do agente titular;

(C) a Administração Pública deve anular os próprios atos quando constata vício de legalidade – mas, caso o ato tenha gerado efeitos perante terceiros, a anulação deve ser antecedida do devido processo legal;

(D) na medida em que a revogação dos atos administrativos diz respeito a casos de motivação relativa à oportunidade e conveniência do ato a ser extinto ("mérito" do ato administrativo), não necessita de processo administrativo prévio;

(E) no sistema jurídico brasileiro, a falta de defesa técnica por advogado no processo administrativo disciplinar ofende a Constituição e gera a nulidade absoluta de todos os atos nele praticados.

A: incorreta, pois tem natureza de ato administrativo; **B:** incorreta, pois os atos discricionários também devem ser motivados; **C:** correta, pois o princípio da autotutela, de fato, impõe que a Administração anule seus atos ilegais (art. 53 da Lei 9.784/1999); porém, a Administração não pode se furtar de obedecer ao devido processo legal, impondo-se o respeito ao contraditório e à ampla defesa; **D:** incorreta, pois, conforme já mencionado, de rigor instaurar processo que possibilite assegurar o contraditório e a ampla defesa em favor daquele que ficará prejudicado com a revogação do ato; **E:** incorreta, pois a Súmula Vinculante STF 5 é no sentido de que a falta de defesa técnica por advogado no processo disciplinar não ofende a Constituição.
Gabarito "C".

(Advogado da União/AGU – CESPE – 2012) Julgue o item seguinte.

(1) Embora a revogação seja ato administrativo discricionário da administração, são insuscetíveis de revogação, entre outros, os atos vinculados, os que exaurirem os seus efeitos, os que gerarem direitos adquiridos e os chamados meros atos administrativos, como certidões e atestados.

Incorreta, pois a doutrina aponta que são irrevogáveis os seguintes atos, mencionados na afirmativa: a) atos vinculados, pois não há margem para análise de conveniência e oportunidade; b) atos exauridos e seus efeitos, pois, se já extinto o ato, não há o que se revogar; c) atos que geraram direito adquirido, pois nem a lei pode prejudicar um direito adquirido, quanto mais um outro ato administrativo; d) meros ou puros

atos administrativos (ex: certidões), pois esses atos não ficam inconvenientes ou inoportunos com o tempo, mas apenas desatualizados.
Gabarito 1E

3.6. Classificação dos atos administrativos e atos em espécie

Antes de verificarmos as questões deste item, vale trazer um resumo das principais espécies de atos administrativos.

Espécies de atos administrativos segundo Hely Lopes Meirelles:

– Atos normativos *são aqueles que contêm comando geral da Administração Pública, com o objetivo de executar a lei.* Exs.: regulamentos (da alçada do chefe do Executivo), instruções normativas (da alçada dos Ministros de Estado), regimentos, resoluções etc.

– Atos ordinatórios *são aqueles que disciplinam o funcionamento da Administração e a conduta funcional de seus agentes.* Ex.: instruções (são escritas e gerais, destinadas a determinado serviço público), circulares (escritas e de caráter uniforme, direcionadas a determinados servidores), avisos, portarias (expedidas por chefes de órgãos – trazem determinações gerais ou especiais aos subordinados, designam alguns servidores, instauram sindicâncias e processos administrativos etc.), ordens de serviço (determinações especiais ao responsável pelo ato), ofícios (destinados às comunicações escritas entre autoridades) e despacho (contém decisões administrativas).

– Atos negociais *são declarações de vontade coincidentes com a pretensão do particular.* Ex.: licença, autorização e protocolo administrativo.

– Atos enunciativos *são aqueles que apenas atestam, enunciam situações existentes. Não há prescrição de conduta por parte da Administração.* Ex.: certidões, atestados, apostilas e pareceres.

– Atos punitivos *são as sanções aplicadas pela Administração aos servidores públicos e aos particulares.* Ex.: advertência, suspensão e demissão; multa de trânsito.

Confira mais classificações dos atos administrativos:

– Quanto à liberdade de atuação do agente

Ato vinculado *é aquele em que a lei tipifica objetiva e claramente a situação em que o agente deve agir e o único comportamento que poderá tomar.* Tanto a situação em que o agente deve agir, como o comportamento que vai tomar são únicos e estão clara e objetivamente definidos na lei, de forma a inexistir qualquer margem de liberdade ou apreciação subjetiva por parte do agente público. Exs.: licença para construir e concessão de aposentadoria.

Ato discricionário *é aquele em que a lei confere margem de liberdade para avaliação da situação em que o agente deve agir ou para escolha do melhor comportamento a ser tomado.*

Seja na situação em que o agente deve agir, seja no comportamento que vai tomar, o agente público terá uma margem de liberdade na escolha do que mais atende ao interesse público. Neste ponto fala-se em mérito administrativo, ou seja, na valoração dos motivos e escolha do comportamento a ser tomado pelo agente.

Vale dizer, o agente público fará apreciação subjetiva, agindo segundo o que entender mais conveniente e oportuno ao interesse público. Reconhece-se a discricionariedade, por exemplo, quando a regra que traz a competência do agente traz conceitos fluídos, como *bem comum, moralidade, ordem pública* etc. Ou ainda quando a lei não traz um motivo que enseja a prática do ato, como, por exemplo, a que permite nomeação para cargo em comissão, de livre provimento e exoneração. Também se está diante de ato discricionário quando há mais de uma opção para o agente quanto ao momento de atuar, a forma do ato (ex.: verbal, gestual ou escrita), sua finalidade ou conteúdo (ex.: advertência, multa ou apreensão).

A discricionariedade sofre alguns temperamentos. Em primeiro lugar é bom lembrar que todo ato discricionário é parcialmente regrado ou vinculado. A competência, por exemplo, é sempre vinculada (Hely Lopes Meirelles entende que *competência, forma e finalidade* são sempre vinculadas, conforme vimos). Ademais, só há discricionariedade nas situações marginais, nas zonas cinzentas. Assim, se algo for patente, como quando, por exemplo, uma dada conduta fira veementemente a moralidade pública (ex.: pessoas fazendo sexo no meio de uma rua), o agente, em que pese estar diante de um conceito fluído, deverá agir reconhecendo a existência de uma situação de imoralidade. Deve-se deixar claro, portanto, que a situação concreta diminui o espectro da discricionariedade (a margem de liberdade) conferida ao agente.

Assim, o Judiciário até pode apreciar um ato discricionário, mas apenas quanto aos aspectos de legalidade, razoabilidade e moralidade, não sendo possível a revisão dos critérios adotados pelo administrador (mérito administrativo), se tirados de dentro da margem de liberdade a ele conferida pelo sistema normativo.

– Quanto às prerrogativas da administração

Atos de império são os *praticados no gozo de prerrogativas de autoridade.* Ex.: interdição de um estabelecimento.

Atos de gestão são os *praticados sem uso de prerrogativas públicas, em igualdade com o particular, na administração de bens e serviços.* Ex.: contrato de compra e venda ou de locação de um bem imóvel.

Atos de expediente *são os destinados a dar andamentos aos processos e papéis que tramitam pelas repartições, preparando-os para decisão de mérito a ser proferida pela autoridade.* Ex.: remessa dos autos à autoridade para julgá-lo.

A distinção entre ato de gestão e de império está em desuso, pois era feita para excluir a responsabilidade do Estado pela prática de atos de império, de soberania. Melhor é distingui-los em atos regidos pelo direito público e pelo direito privado.

– Quanto aos destinatários

Atos individuais *são os dirigidos a destinatários certos, criando-lhes situação jurídica particular.* Ex.: decreto de desapropriação, nomeação, exoneração, licença, autorização, tombamento.

Atos gerais *são os dirigidos a todas as pessoas que se encontram na mesma situação, tendo finalidade normativa.*

São diferenças entre um e outro as seguintes:

– só ato individual pode ser impugnado individualmente; atos normativos, só por ADIN ou após providência concreta.

– ato normativo prevalece sobre o ato individual

– ato normativo é revogável em qualquer situação; ato individual deve respeitar direito adquirido.

– ato normativo não pode ser impugnado administrativamente, mas só após providência concreta; ato individual pode ser impugnado desde que praticado.

– Quanto à formação da vontade

Atos simples: *decorrem de um órgão, seja ele singular ou colegiado.* Ex.: nomeação feita pelo Prefeito; deliberação de um conselho ou de uma comissão.

Atos complexos: *decorrem de dois ou mais órgãos, em que as vontades se fundem para formar um único ato.* Ex.: decreto do Presidente, com referendo de Ministros.

Atos compostos: *decorrem de dois ou mais órgãos, em que vontade de um é instrumental à vontade de outro, que edita o ato principal.* Aqui existem dois atos pelo menos: um principal e um acessório. Exs.: nomeação do Procurador Geral da República, que depende de prévia aprovação pelo Senado; e atos que dependem de aprovação ou homologação. Não se deve confundir *atos compostos* com *atos de um procedimento*, vez que este é composto de vários atos acessórios, com vistas à produção de um ato principal, a decisão.

– Quanto aos efeitos

Ato constitutivo *é aquele em que a Administração cria, modifica ou extingue direito ou situação jurídica do administrado.* Ex.: permissão, penalidade, revogação e autorização.

Ato declaratório *é aquele em que a Administração reconhece um direito que já existia.* Ex.: admissão, licença, homologação, isenção e anulação.

Ato enunciativo *é aquele em que a Administração apenas atesta dada situação de fato ou de direito.* Não produz efeitos jurídicos diretos. São juízos de conhecimento ou de opinião. Ex.: certidões, atestados, informações e pareceres.

– Quanto à situação de terceiros

Atos internos *são aqueles que produzem efeitos apenas no interior da Administração.* Ex.: pareceres, informações.

Atos externos *são aqueles que produzem efeitos sobre terceiros.* Nesse caso, dependerão de publicidade para terem eficácia. Ex.: admissão, licença.

– Quanto à estrutura.

Atos concretos *são aqueles que dispõem para uma única situação, para um caso concreto.* Ex.: exoneração de um agente público.

Atos abstratos *são aqueles que dispõem para reiteradas e infinitas situações, de forma abstrata.* Ex.: regulamento.

Confira **outros atos administrativos, em espécie:**

– Quanto ao conteúdo: a) **autorização:** *ato unilateral, discricionário e precário pelo qual se faculta ao particular, em proveito deste, o uso privativo de bem público ou o desempenho de uma atividade, os quais, sem esse consen-*

timento, seriam legalmente proibidos. Exs.: autorização de uso de praça para festa beneficente; autorização para porte de arma; b) **licença**: *ato administrativo unilateral e vinculado pelo qual a Administração faculta àquele que preencha requisitos legais o exercício de uma atividade*. Ex.: licença para construir; c) **admissão**: *ato unilateral e vinculado pelo qual se reconhece ao particular que preencha requisitos legais o direito de receber serviço público*. Ex.: aluno de escola; paciente em hospital; programa de assistência social; d) **permissão**: *ato administrativo unilateral, discricionário e precário, pelo qual a Administração faculta ao particular a execução de serviço público ou a utilização privativa de bem público, mediante licitação*. Exs.: permissão para perueiro; permissão para uma banca de jornal. Vale lembrar que, por ser precária, pode ser revogada a qualquer momento, sem direito à indenização; e) **concessão**: *ato bilateral e não precário, pelo qual a Administração faculta ao particular a execução de serviço público ou a utilização privativa de bem público, mediante licitação*. Ex.: concessão para empresa de ônibus efetuar transporte remunerado de passageiros. Quanto aos bens públicos, há também a *concessão de direito real de uso*, oponível até ao poder concedente, e a *cessão de uso*, em que se transfere o uso para entes ou órgãos públicos; f) **aprovação**: *ato de controle discricionário*. Vê-se a conveniência do ato controlado. Ex.: aprovação pelo Senado de indicação para Ministro do STF; g) **homologação**: *ato de controle vinculado*. Ex.: homologação de licitação ou de concurso público; h) **parecer**: *ato pelo qual órgãos consultivos da Administração emitem opinião técnica sobre assunto de sua competência*. Podem ser das seguintes espécies: *facultativo* (parecer solicitado se a autoridade quiser); *obrigatório* (autoridade é obrigada a solicitar o parecer, mas não a acatá-lo) e *vinculante* (a autoridade é obrigada a solicitar o parecer e a acatar o seu conteúdo; ex.: parecer médico). Quando um parecer tem o poder de *decidir* um caso, ou seja, quando o parecer é, na verdade, uma decisão, a autoridade que emite esse parecer responde por eventual ilegalidade do ato (ex.: parecer jurídico sobre edital de licitação e minutas de contratos, convênios e ajustes – art. 38 da Lei 8.666/1993).

– Quanto à forma: a) **decreto**: é a forma de que se revestem os atos individuais ou gerais, emanados do Chefe do Poder Executivo. Exs.: nomeação e exoneração (atos individuais); regulamentos (atos gerais que têm por objeto proporcionar a fiel execução da lei – art. 84, IV, da CF); b) **resolução e portaria**: são as formas de que se revestem os atos, gerais ou individuais, emanados de autoridades que não sejam o Chefe do Executivo; c) **alvará**: forma pela qual a Administração confere licença ou autorização para a prática de ato ou exercício de atividade sujeita ao poderes de polícia do Estado. Exs.: alvará de construção (instrumento da licença); alvará de porte de arma (instrumento da autorização).

(Procurador do Município/São José dos Campos-SP – 2012 – VUNESP) Assinale a alternativa correta.

(A) Atos administrativos regulamentares são todos aqueles que se dirigem a destinatários certos, criando-lhes situação jurídica particular.

(B) Atos de gestão são os atos que a Administração pratica para dar andamento aos processos e papéis que tramitam pelas repartições públicas, preparando-os para a decisão de mérito a ser proferida pela autoridade competente.

(C) Atos administrativos internos são os destinados a produzir efeitos no recesso da administração, e por isso mesmo incidem, normalmente, sobre os órgãos e agentes da Administração que os expediram.

(D) Atos de expediente são os que a Administração pratica sem usar de sua supremacia sobre os destinatários.

(E) Atos de efeitos externos são todos aqueles que a Administração pratica usando de sua supremacia, impondo obrigatório atendimento.

A: incorreta, pois os atos administrativos regulamentares são aqueles que se dirigem a destinatários indeterminados, criando normas gerais; **B:** incorreta, pois a alternativa trouxe a definição de *atos de expediente* e não de *atos de gestão*; estes podem ser definidos como *os praticados sem uso de prerrogativas públicas, em igualdade com o particular, na administração de bens e serviços*; **C:** correta; os atos administrativos externos, como o próprio nome diz, são aqueles que produzem efeitos em relação a terceiros fora da Administração; **D:** incorreta, pois os atos praticados sem supremacia sobre os destinatários são os *atos de gestão* e não os *atos de expediente*; **E:** incorreta, pois a definição dada na alternativa é de *atos de império*, e não de atos de efeitos externos. Gabarito "C".

3.7. Temas combinados de ato administrativo

(Procurador do Município - S.J. Rio Preto/SP - 2019 - VUNESP) O controle jurisdicional dos atos administrativos:

(A) pode recair sobre atos administrativos vinculados e discricionários, relativamente ao mérito e a quaisquer de seus elementos.

(B) pode incidir sobre atos administrativos vinculados, mas não sobre atos administrativos discricionários.

(C) tendo em vista o princípio da deferência, limita-se à verificação da autoridade competente, da adoção da forma prescrita em lei e do trâmite regular do respectivo procedimento administrativo, não podendo recair sobre o mérito administrativo ou a finalidade do ato.

(D) pode recair sobre atos administrativos vinculados e discricionários, desde que, em qualquer caso, esgotadas as instâncias de controle administrativo.

(E) pode recair sobre atos administrativos vinculados e discricionários, não cabendo ao Poder Judiciário, entretanto, o controle do juízo de oportunidade e conveniência exercido com razoabilidade e motivação pela Administração Pública dentro dos parâmetros legais.

O controle dos atos administrativos pelo Poder Judiciário apresenta limites. Vale apontar que esse controle pode recair tanto nos atos vinculados quanto nos discricionários. Com efeito, os atos vinculados apresentam todos os seus requisitos (competência, forma, finalidade, motivo e objeto) precisamente definidos na lei. Já os atos discricionários detêm requisitos que são vinculados (competência, forma e finalidade) e outros que são discricionários (motivo o objeto). Nesse sentido, o controle judicial sobre os atos discricionários somente pode recair sobre os seus requisitos vinculados, adstritos à legalidade (controle de legalidade). Incabível o controle jurisdicional sobre o mérito (juízo de conveniência e oportunidade) do ato administrativo, sob pena de violação ao princípio da separação entre os poderes. Nesse sentido,

2. DIREITO ADMINISTRATIVO

as alternativas A, B e C estão incorretas. A alternativa D está incorreta, pois o controle jurisdicional dos atos administrativos não depende do esgotamento das instâncias administrativas. Conclui-se, portanto, que a alternativa correta é a E. **RB**

Gabarito "E".

(Procurador do Estado – PGE/MT – FCC – 2016) A propósito dos atos administrativos,

(A) o lançamento de ofício de um tributo é ato administrativo negocial, vinculado, de natureza autoexecutória e dotado de presunção de legitimidade.

(B) o registro de marcas não é reputado como ato administrativo, visto que não decorre de exercício de competência legal atribuído a autoridades administrativas, mas sim de atuação autorregulatória do setor industrial.

(C) o decreto regulamentar constitui um ato-regra, simples, imperativo e externo.

(D) o decreto de nomeação de uma centena de servidores públicos é qualificado como ato-condição, de caráter geral, ablativo e de efeito ampliativo.

(E) a emissão de uma licença em favor de um particular é ato de outorga, negocial, bilateral e complexo.

A: incorreta. O lançamento de ofício de um tributo é ato administrativo vinculado; **B:** incorreta. O registro de marcas e patentes é um ato administrativo, porque é feito no INPI (Instituto Nacional da Propriedade Industrial), que é uma autarquia; **C:** correta. O Decreto Regulamentar é um ato administrativo que veicula um regulamento, por isso ele veicula "regras" infralegais, sendo imperativo (de observância obrigatória) e externo, porque editado pelo Chefe do Poder Executivo; **D:** incorreta. Esse decreto de nomeação de servidores é um ato individual ou coletivo, não é geral, porque se aplica somente ao servidores que se sujeitarem à nomeação. Também, não é um ato "ablativo", porque esses atos negam condições, o que é contrário à concessão ou designação de servidores; **E:** incorreta. A licença não é um ato administrativo negocial, e sim, um ato vinculado, unilateral e simples, em regra. **AW**

Gabarito "C".

(Procurador do Município – Prefeitura Fortaleza/CE – CESPE – 2017) Em cada um do item a seguir é apresentada uma situação hipotética seguida de uma assertiva a ser julgada, a respeito da organização administrativa e dos atos administrativos.

(1) A prefeitura de determinado município brasileiro, suscitada por particulares a se manifestar acerca da construção de um condomínio privado em área de proteção ambiental, absteve-se de emitir parecer. Nessa situação, a obra poderá ser iniciada, pois o silêncio da administração é considerado ato administrativo e produz efeitos jurídicos, independentemente de lei ou decisão judicial.

(2) O prefeito de um município brasileiro delegou determinada competência a um secretário municipal. No exercício da função delegada, o secretário emitiu um ato ilegal. Nessa situação, a responsabilidade pela ilegalidade do ato deverá recair apenas sobre a autoridade delegada.

1: incorreta. O silencio da Administração não é considerado um ato jurídico, porque não se constitui em manifestação de vontade, por isso não produz efeitos jurídicos; **2:** correta. O art. 14, § 3º, da Lei 9.784/1999 dispõe que o ato delegado é de responsabilidade da autoridade delegada, estando correta a assertiva, portanto. **AW**

Gabarito 1E, 2C

(ADVOGADO – CORREIOS – 2011 – CESPE) Considerando a disciplina dos atos administrativos, julgue os itens subsequentes.

(1) Elemento do ato administrativo, o sujeito é aquele a quem a lei atribui competência para a prática do ato, razão pela qual não pode o próprio órgão estabelecer, sem lei que o determine, as suas atribuições.

(2) Segundo a doutrina, no que se refere à exequibilidade, ato administrativo consumado é aquele que já exauriu seus efeitos e se tornou definitivo, não sendo passível de impugnação na via administrativa nem na judicial.

(3) Quanto ao conteúdo, a aprovação e a homologação são espécies de atos administrativos unilaterais e discricionários, por meio dos quais se exerce o controle *a posteriori* do ato.

(4) O atributo da autoexecutoriedade está presente em todos os atos administrativos, como também o da presunção de legitimidade e o da imperatividade.

1: correta, pois traz informações adequadas acerca do sujeito; **2:** correta, valendo salientar que, em se tratando o ato consumado aquele que exauriu os efeitos, não mais existe no mundo jurídico, não havendo mesmo que se falar em impugnação nas vias administrativa ou judicial; **3:** incorreta, pois a homologação é ato vinculado e não discricionário; **4:** incorreta, pois a autoexecutoriedade, consistente na possibilidade de se usar a força para fazer valer um ato administrativo, só existe quando a lei expressamente autorizar ou quando não houver tempo hábil para se buscar o Judiciário, não sendo atributo, portanto, presente em todos os atos administrativos.

Gabarito 1C, 2C, 3E, 4E

4. ORGANIZAÇÃO ADMINISTRATIVA

4.1. Temas gerais (Administração Pública, órgãos e entidades, descentralização e desconcentração, controle e hierarquia, teoria do órgão)

Segue um resumo sobre a parte introdutória do tema Organização da Administração Pública:

O objetivo deste tópico é efetuar uma série de distinções, de grande valia para o estudo sistematizado do tema. A primeira delas tratará da relação entre pessoa jurídica e órgãos estatais.

Pessoas jurídicas estatais *são entidades integrantes da estrutura do Estado e dotadas de personalidade jurídica,* ou seja, de aptidão genérica para contrair direitos e obrigações.

Órgãos públicos *são centros de competência integrantes das pessoas estatais instituídos para o desempenho das funções públicas por meio de agentes públicos.* São, portanto, parte do corpo (pessoa jurídica). Cada órgão é investido de determinada competência, dividida entre seus cargos. Apesar de não terem personalidade jurídica, têm prerrogativas funcionais, o que admite até que interponham mandado de segurança, quando violadas. Tal capacidade processual, todavia, só têm os órgãos independentes e os autônomos. Todo ato de um órgão é imputado diretamente à pessoa jurídica da qual é integrante, assim como todo ato de agente público é imputado diretamente ao órgão à qual pertence (trata-se da chamada "teoria do órgão", que se contrapõe à teoria da representação ou do mandato). Deve-se ressaltar, todavia, que a representação legal da entidade é atribuição de determinados agentes, como o Chefe do Poder Executivo e os Procuradores. Confiram-se algumas classificações dos órgãos públicos, segundo o magistério de Hely Lopes Meirelles:

Quanto à **posição**, podem ser órgãos *independentes* (originários da Constituição e representativos dos Poderes do Estado: Legislativo, Executivo de Judiciário – aqui estão todas as corporações legislativas, chefias de executivo e tribunais, e juízos singulares); *autônomos* (estão na cúpula da Administração, logo abaixo dos órgãos independentes, tendo autonomia administrativa, financeira e técnica, segundo as diretrizes dos órgãos a eles superiores – cá estão os Ministérios, as Secretarias Estaduais e Municipais, a AGU etc.), *superiores* (detêm poder de direção quanto aos assuntos de sua competência, mas sem autonomia administrativa e financeira – ex.: gabinetes, procuradorias judiciais, departamentos, divisões etc.) e *subalternos* (são os que se acham na base da hierarquia entre órgãos, tendo reduzido poder decisório, com atribuições de mera execução – ex.: portarias, seções de expediente).

Quanto à **estrutura**, podem ser *simples* ou *unitários* (constituídos por um só centro de competência) e *compostos* (reúnem outros órgãos menores com atividades-fim idênticas ou atividades auxiliares – ex.: Ministério da Saúde).

Quanto à **atuação funcional**, podem ser *singulares* ou *unipessoais* (atuam por um único agente – ex.: Presidência da República) e *colegiados* ou *pluripessoais* (atuam por manifestação conjunta da vontade de seus membros – ex.: corporações legislativas, tribunais e comissões).

Outra distinção relevante para o estudo da estrutura da Administração Pública é a que se faz entre desconcentração e descentralização. Confira-se.

Desconcentração *é a distribuição interna de atividades administrativas, de competências*. Ocorre de órgão para órgão da entidade Ex.: competência no âmbito da Prefeitura, que poderia estar totalmente concentrada no órgão Prefeito Municipal, mas que é distribuída internamente aos Secretários de Saúde, Educação etc.

Descentralização *é a distribuição externa de atividades administrativas, que passam a ser exercidas por pessoa ou pessoas distintas do Estado*. Dá-se de pessoa jurídica para pessoa jurídica como técnica de especialização. Ex.: criação de autarquia para titularizar e executar um dado serviço público, antes de titularidade do ente político que a criou.

Na descentralização **por serviço** a lei atribui ou autoriza que outra pessoa detenha a *titularidade* e a execução do serviço. Depende de lei. Fala-se também em *outorga* do serviço.

Na descentralização **por colaboração** o contrato ou ato unilateral atribui a outra pessoa a *execução* do serviço. Aqui o particular pode colaborar, recebendo a execução do serviço, e não a titularidade. Fala-se também em *delegação* do serviço e o caráter é transitório.

É importante também saber a seguinte distinção.

Administração direta *compreende os órgãos integrados no âmbito direto das pessoas políticas (União, Estados, Distrito Federal e Municípios)*.

Administração indireta *compreende as pessoas jurídicas criadas pelo Estado para titularizar e exercer atividades públicas (autarquias e fundações públicas) e para agir na atividade econômica quando necessário (empresas públicas e sociedades de economia mista)*.

Outra classificação relevante para o estudo do tema em questão é a que segue.

As **pessoas jurídicas de direito público** *são os entes políticos e as pessoas jurídicas criadas por estes para exercerem típica atividade administrativa, o que impõe tenham, de um lado, prerrogativas de direito público, e, de outro, restrições de direito público, próprias de quem gere coisa pública.*[1] Além dos entes políticos (União, Estados, Distrito Federal e Municípios), são pessoas jurídicas de direito público as *autarquias, fundações públicas, agências reguladoras e associações públicas* (consórcios públicos de direito público).

As **pessoas jurídicas de direito privado estatais** *são aquelas criadas pelos entes políticos para exercer atividade econômica, devendo ter os mesmos direitos e restrições das demais pessoas jurídica privadas, em que pese terem algumas restrições adicionais, pelo fato de terem sido criadas pelo Estado*. São pessoas jurídicas de direito privado estatais as *empresas públicas*, as *sociedades de economia mista*, as *fundações privadas criadas pelo Estado* e os *consórcios públicos de direito privado*.

Também é necessário conhecer a seguinte distinção.

Hierarquia *consiste no poder que um órgão superior tem sobre outro inferior, que lhe confere, dentre outras prerrogativas, uma ampla possibilidade de fiscalização dos atos do órgão subordinado.*

Controle (tutela ou supervisão ministerial) *consiste no poder de fiscalização que a pessoa jurídica política tem sobre a pessoa jurídica que criou, que lhe confere tão somente a possibilidade de submeter a segunda ao cumprimento de seus objetivos globais, nos termos do que dispuser a lei*. Ex.: a União não pode anular um ato administrativo de concessão de aposentadoria por parte do INSS (autarquia por ela criada), por não haver hierarquia; mas pode impedir que o INSS passe a comercializar títulos de capitalização, por exemplo, por haver nítido desvio dos objetivos globais para os quais fora criada a autarquia. Aqui não se fala em subordinação, mas em vinculação administrativa.

Por fim, há entidades que, apesar de *não fazerem* parte da Administração Pública Direta e Indireta, colaboram com a Administração Pública e são estudadas no Direito Administrativo. Tais entidades são denominadas *entes de cooperação* ou *entidades paraestatais*. São entidades que não têm fins lucrativos e que colaboram com o Estado em atividades não exclusivas deste. São exemplos de paraestatais as seguintes: a) *entidades do Sistema S* (SESI, SENAI, SENAC etc. – ligadas a categorias profissionais, cobram contribuições parafiscais para o custeio de suas atividades); b) *organizações sociais* (celebram *contrato*

---

1. Vide art. 41 do atual Código Civil. O parágrafo único deste artigo faz referência às *pessoas de direito público com estrutura de direito privado*, que serão regidas, no que couber, pelas normas do CC. A referência é quanto às fundações públicas, aplicando-se as normas do CC apenas quando não contrariarem os preceitos de direito público.

2. DIREITO ADMINISTRATIVO

de gestão com a Administração); c) *organizações da sociedade civil de interesse público* – OSCIPs (celebram *termo de parceria* com a Administração).

(Procurador do Município - S.J. Rio Preto/SP - 2019 - VUNESP) É forma lícita de prestação de serviço público, dentre outras:

(A) a prestação descentralizada, por meio de autarquias, empresas públicas ou sociedades de economia mista.

(B) a prestação indireta, por meio de concessão administrativa, de concessão patrocinada e de concessão de uso privativo de bem público.

(C) a gestão associada de serviços públicos, por meio de consórcios privados e convênios.

(D) a prestação indireta, por meio de autorização, concessão de serviço público e de concessão de direito real de uso.

(E) a prestação direta e centralizada, por meio dos órgãos e sociedades integrantes da Administração Pública.

Nos termos do art. 175 da CF, incumbe ao Poder Público, diretamente ou sob regime de concessão ou permissão, sempre através de licitação, a prestação de serviços públicos. Observe-se que a prestação direta dos serviços pelo Poder Público (Administração direta) representa a prestação centralizada. Ocorre que é possível a prestação descentralizada, seja por meio de entidades da Administração indireta (autarquias, empresas públicas ou sociedades de economia mista), seja por meio de entes privados, através de concessão ou permissão. Nesse sentido, correta a alternativa A. **RB**

Gabarito "A".

(Procurador do Estado/SP - 2018 - VUNESP) Modelo de gestão orientado para práticas gerenciais com foco em resultados e atendimento aos usuários, qualidade de serviços e eficiência de processos com autonomia gerencial, orçamentária e financeira, sem abandonar parâmetros do modelo burocrático pode, em tese, e de acordo com o ordenamento jurídico em vigor, ser adotado por autarquia

(A) observada a autonomia, desde que qualificada como agência executiva, por meio de deliberação da autoridade máxima da autarquia, ratificada pelo Titular da Pasta tutelar, a quem competirá executar controle de finalidade e monitorar o atingimento das metas especificadas no âmbito do programa de ação do ente descentralizado.

(B) mediante celebração de contrato entre o Poder Público, por meio da Pasta tutelar, e o ente descentralizado, que abranja plano de trabalho voltado ao alcance dos objetivos e metas estipulados de comum acordo entre as partes.

(C) de forma autônoma, por meio de seu regimento interno, que deverá estabelecer objetivos estratégicos, metas e indicadores específicos observados os critérios de especialização técnica que justificaram a autorização legal para criação do ente descentralizado.

(D) mediante lei específica que autorize a contratualização de resultados entre o setor regulado e a autarquia que pretenda adotar o modelo gerencial, observada a finalidade de interesse público que justificou a desconcentração técnica no específico setor de atuação do órgão.

(E) mediante celebração de acordo de cooperação técnica, precedido de protocolo de intenções, a serem

firmados entre a autarquia em regime especial e a pessoa de direito público interno que autorizou a sua criação, com derrogação em parte do regime jurídico administrativo, nos limites de lei específica.

O artigo 37 § 8º da CF/1988 estabelece a possibilidade de celebração do chamado contrato de gestão (ou contrato de desempenho, conforme a Lei federal 13.934/19), nos seguintes termos: "§ 8º a autonomia gerencial, orçamentária e financeira dos órgãos e entidades da administração direta e indireta poderá ser ampliada mediante contrato, a ser firmado entre seus administradores e o poder público, que tenha por objeto a fixação de metas de desempenho para o órgão ou entidade, cabendo à lei dispor sobre: I - o prazo de duração do contrato; II - os controles e critérios de avaliação de desempenho, direitos, obrigações e responsabilidade dos dirigentes; III - a remuneração do pessoal." **FMB**

Gabarito "B".

(Procurador Municipal – Prefeitura/BH – CESPE – 2017) No que se refere a organização administrativa, administração pública indireta e serviços sociais autônomos, assinale a opção correta.

(A) Por execução indireta de atividade administrativa entende-se a adjudicação de obra ou serviço público a particular por meio de processo licitatório.

(B) É possível a participação estatal em sociedades privadas, com capital minoritário e sob o regime de direito privado.

(C) Desde que preenchidos certos requisitos legais, as sociedades que comercializam planos de saúde poderão ser enquadradas como OSCIPs.

(D) Desconcentração administrativa implica transferência de serviços para outra entidade personalizada.

A: incorreta. O erro dessa assertiva está no fato de que a execução indireta abrange também a execução da obra ou serviço pelas pessoas jurídicas integrantes da Administração Indireta, e não somente aos particulares; **B:** correta. Tratam-se das Sociedades de Economia Mista, que podem explorar atividade econômica, em regime tipicamente privado, conforme disposto no art. 173, CF; **C:** incorreta. O art. 2º, VI, da Lei 9.790/1999 dispõe ser vedado às OSCIP desenvolver atividades de comercialização de planos de saúde; **D:** incorreta. A desconcentração é a divisão interna da atividade administrativa em órgãos ou departamentos, tendo em vista o cumprimento do princípio da eficiência. **AW**

Gabarito "B".

(Procurador – IPSMI/SP – VUNESP – 2016) A respeito da estruturação da Administração Pública brasileira, assinale a alternativa correta.

(A) As agências executivas possuem natureza de pessoa jurídica de direito privado, diferenciando-se, assim, das autarquias e fundações.

(B) As agências reguladoras são autarquias com regime jurídico especial, dotadas de autonomia reforçada em relação ao ente estatal.

(C) As empresas públicas estão necessariamente revestidas da forma jurídica de sociedade anônima.

(D) Os empregados das empresas estatais estão necessariamente submetidos ao teto remuneratório.

(E) As fundações públicas de direito privado, assim como as autarquias, são criadas por lei.

A: Incorreta. Como não houve especificação sobre as fundações públicas, se pessoas jurídicas de direito público ou privado, está incorreta a questão. **B:** Correta. As Agências Reguladoras realmente são autarquias de regime especial, dotadas de independência e autonomia em relação à Administração Direta, como todas as demais autarquias, mas por terem esse "regime especial", ainda possuem uma atuação fortemente autônoma em relação à pessoa jurídica da Administração Indireta que a criou (por meio de lei). **C:** Incorreta. As empresas públicas são pessoas jurídicas de direito privado e podem adotar quaisquer das formas empresariais previstas em lei. **D:** Incorreto. O art. 37, § 9º, CF determina que somente se submetem ao teto geral as empresas estatais que recebem recursos do Estado para pagamento de despesas com pessoal ou custeio em geral. **E:** Incorreta. As fundações públicas de direito privado são autorizadas à criação por lei (art. 37, XIX, CF). **AW**

Gabarito "B".

(Procurador do Estado – PGE/PR – PUC – 2015) Sobre a estruturação da competência dos órgãos e entidades da Administração Pública brasileira, é **CORRETO** afirmar que:

(A) A delegação de competência é forma de descentralização por meio da qual um órgão administrativo, superior ou equivalente na escala hierárquica, transfere a outro órgão (subordinado ou não) parcela de sua competência.

(B) Não podem ser objeto de delegação os atos normativos, a decisão em recursos administrativos e as matérias de competência exclusiva.

(C) A avocação de competência pode ser compreendida como a possibilidade de o superior hierárquico trazer para si a apreciação de determinada matéria, originalmente atribuída à competência privativa do órgão (ou agente) a si subordinado, mas que este abdicou do exercício.

(D) A avocação de competência é ato discricionário da administração, ao passo que a delegação é ato vinculado.

(E) O ato de delegação não é revogável, mas pode ser anulado pela autoridade superior (desde que obedecido o devido processo legal).

A: incorreta. A delegação de competência não é descentralização administrativa, porque essa só acontece no caso de criação de novas pessoas jurídicas, de "fora da Administração Direta" para desenvolverem a atividade administrativa de prestação de serviços públicos; **B:** correta. Trata-se do disposto no art. 13, da Lei 9.784/1999; **C:** incorreta. A avocação ocorre sempre em relação à competência originariamente do órgão ou autoridade inferiores; **D:** incorreta. Ambos são atos discricionários; **E:** incorreta. O ato de delegação é revogável (art. 14, § 2º, da Lei 9.874/1999). **AW**

Gabarito "B".

(Advogado União – AGU – CESPE – 2015) À luz da legislação pertinente à organização administrativa e ao funcionamento da AGU, julgue os seguintes itens.

(1) A Secretaria-Geral de Contencioso é o órgão de direção superior da AGU competente para subsidiar as informações a serem prestadas pelo presidente da República ao STF em mandados de segurança, tendo em vista a sua atribuição de assistência na representação judicial da União perante referido tribunal.

(2) Se a consultoria jurídica junto ao Ministério do Meio Ambiente divergir acerca da interpretação dada pela consultoria jurídica junto ao Ministério do Desenvolvimento Agrário sobre determinada lei, a controvérsia deverá ser dirigida à Secretaria-Geral de Consultoria, órgão de direção superior da AGU competente para orientar e coordenar os trabalhos das consultorias

jurídicas no que se refere à uniformização da jurisprudência administrativa e à correta interpretação das leis.

(3) Na hipótese de haver controvérsia extrajudicial entre um órgão municipal e uma autarquia federal, poderá a questão ser dirimida, por meio de conciliação, pela Câmara de Conciliação e Arbitragem da Administração Federal.

(4) Para prevenir litígios nas hipóteses que envolvam interesse público da União, pode o AGU autorizar a assinatura de termo de ajustamento de conduta pela administração pública federal, o qual deve conter, entre outros requisitos, a previsão de multa ou sanção administrativa para o caso de seu descumprimento.

1: incorreta. O art. 8º, II, do Decreto 7.392/2010 dispõe: "I – assistir o Advogado-Geral da União na representação judicial, perante o Supremo Tribunal Federal, dos Ministros de Estado e do Presidente da República, ressalvadas as informações deste último em mandados de segurança e injunção;" **2:** incorreta. A competência não é a Secretaria Geral de Consultoria e sim a Consultoria Geral da União (art. 2º, I, *c* da LC 73/1993 e art. 2º, II, *c*, do Decreto 7.392/2010); **3:** correta. Trata-se do disposto no art. 18, III, do Decreto 7392/2010, que assim dispõe: "Art. 18. A Câmara de Conciliação e Arbitragem da Administração Federal compete: (...) III – dirimir, por meio de conciliação, as controvérsias entre órgãos e entidades da Administração Pública Federal, bem como entre esses e a Administração Pública dos Estados, do Distrito Federal; **4:** correta. Trata-se do disposto no art. 4º, V, da Lei 9.649/1997, que possibilita a aplicação da pena de multa pelo descumprimento dos termos de ajustamento de conduta. **AW**

Gabarito 1E, 2E, 3C, 4C

(Procurador do Estado – PGE/MT – FCC – 2016) A Lei Estadual nº 7.692, de 1º de julho de 2002, ao tratar da competência e delegação, dispõe:

I. Competência é a fração do poder político autônomo do Estado, conferida pela Constituição ou pela lei como própria e irrenunciável dos órgãos administrativos, salvo os casos de delegação e avocação legalmente admitidos.

II. Um órgão administrativo colegiado poderá, se não houver impedimento legal, delegar suas funções, quando for conveniente, em razão de circunstâncias de índole técnica social, econômica, jurídica ou territorial.

III. A decisão de recursos administrativos não pode ser objeto de delegação.

IV. Após trinta dias de sua publicação o ato de delegação torna-se irrevogável.

Está correto o que se afirma APENAS em

(A) I, II e IV.

(B) II e III.

(C) I, III e IV.

(D) II e IV.

(E) I e III.

I: Correta, conforme disposto no art. 10, da Lei 7.692/2002; **II:** incorreta O art. 11, do referido diploma legal dispõe, que "Um órgão administrativo, através de seu titular poderá, e não houver impedimento legal, delegar parte da sua competência a outros órgãos, quando for conveniente, em razão de circunstâncias de índole técnica social, econômica, jurídica ou territorial. Parágrafo único. O órgão colegiado não pode delegar suas funções, mas apenas a execução material de suas deliberações."; **III:** correta. As decisões de recursos não podem ser delegáveis (art. 12, VI, da Lei 7.692/2002); **IV:** incorreta. O art. 13, da Lei 7692/02 dispõe que:

2. DIREITO ADMINISTRATIVO

" O ato de delegação e sua revogação deverão ser publicados no Diário Oficial do Estado de Mato Grosso. § 1° O ato de delegação especificará as matérias e poderes transferidos, os limites da atuação do delegado, a duração e os objetivos da delegação, podendo conter ressalva de exercício de atribuição delegada. § 2° O ato de delegação é revogável a qualquer tempo pela autoridade delegante.". AW

Gabarito "E".

(Procurador do Estado – PGE/RN – FCC – 2014) Determinada autarquia estadual ofereceu em garantia bens de sua titularidade, para obtenção de financiamento em projeto de desenvolvimento regional com a participação de outras entidades da Administração pública. Referido ato, praticado por dirigente da entidade,

(A) não pode ser revisto pela autoridade prolatora, em face da preclusão, cabendo, contudo, a anulação pela autoridade superior, mediante análise de conveniência e oportunidade.

(B) pode ser impugnado por meio de recurso dirigido ao Chefe do Executivo, independentemente de previsão legal, com base no princípio da hierarquia.

(C) pode ser revisto, de ofício, pela Secretaria de Estado à qual se encontra vinculada a entidade autárquica, em decorrência do princípio da supervisão.

(D) comporta revisão, com base no princípio da tutela, se verificado desvio da finalidade institucional da entidade, nos limites definidos em lei.

(E) comporta controle administrativo apenas em relação ao seu mérito, sendo passível de impugnação pela via judicial para controle das condições de legalidade.

A: incorreta. O erro está no fato de que sempre existe a possibilidade de revisão do ato (arts. 56 e seguintes da Lei 8.987/1995), além de que a anulação é feita em razão de ilegalidade, e não por inconveniência e inoportunidade do ato; **B:** incorreta. O recurso seria dirigido ao superior hierárquico, conforme previsão legal, tendo em vista que vigora o princípio da estrita legalidade, só podendo o administrador atuar conforme e se determinado em lei; **C:** incorreta. Sabendo-se que as autarquias são pessoas jurídicas de direito público e que se submetem ao controle de legalidade ou "tutela" às pessoas jurídicas da Administração Direta representadas pelos Ministérios ou Secretarias, a depender da esfera de suas atuações, a Secretaria será responsável pela análise ou revisão desse ato, controlando sua legalidade, se essa estiver presente; **D:** correta. Como explicado acima, incide o princípio da tutela ou supervisão ministerial, sendo que, comprovada a ilegalidade, a secretaria poderá rever esse ato; **E:** incorreta. O controle é de legalidade, sempre, nunca do mérito do ato, que fica reservado à discrição do administrador. AW

Gabarito "D".

(Procurador do Estado – PGE/RN – FCC – 2014) Sabe-se que a Administração tem o poder de rever seus próprios atos, observadas algumas condições e requisitos. Esse poder guarda fundamento nos princípios e poderes que informam a Administração pública, destacando-se, quanto à consequência de revisão dos atos,

(A) o poder de tutela, que incide sobre os atos da Administração pública em sentido amplo, permitindo a retirada, em algumas situações, de atos praticados inclusive por entes que integram a Administração indireta.

(B) o princípio ou poder de autotutela, que incide sobre os atos da Administração, como expressão de controle interno de seus atos.

(C) os princípios da legalidade e da moralidade, inclusive porque estes podem servir de fundamento exclusivo para o ajuizamento de ação popular.

(D) o princípio da eficiência, pois não se pode admitir que um ato eivado de vícios produza efeitos.

(E) o poder de polícia, em sua faceta normativa, que admite o poder de revisão dos atos da Administração pública quando eivados de vícios ou inadequações.

A: incorreta. A tutela ou supervisão ministerial é um controle de legalidade ao qual se submetem as pessoas jurídicas integrantes da Administração Indireta, não sendo "geral", portanto, como afirma a assertiva; **B:** correta. O poder de tutela ou supervisão ministerial, como afirmado acima incide sobre os atos da Administração Indireta, sendo uma espécie de controle interno (que ocorre dentro do âmbito da Administração Pública, por meio dos Ministérios ou Secretarias que integram a Administração Direta); **C:** incorreta. Esses princípios não se relacionam com o que pede o enunciado, ou seja, com o controle dos atos administrativos; **D:** incorreta. O princípio é o da legalidade e por isso enseja correção por meio de supervisão ou tutela; **E:** incorreto. Não há que se falar em poder de polícia, e, sim, de supervisão dos atos administrativos internamente, pelo própria Administração Direta. AW

Gabarito "B".

(Procurador do Estado/AC – FMP – 2012) Analisando a Administração Pública, é INCORRETO afirmar que:

(A) a constituição de uma autarquia é exemplo de desconcentração administrativa.

(B) na descentralização é viável a desconcentração administrativa.

(C) uma empresa pública é hipótese de descentralização administrativa.

(D) a desconcentração pode ser geográfica ou territorial.

A: assertiva incorreta, devendo ser assinalada, pois a constituição de uma autarquia é exemplo de *descentralização* (e não de *desconcentração*), pois se trata da distribuição de competência de uma pessoa jurídica para outra pessoa jurídica, ao passo que a desconcentração é a distribuição de competência de um órgão para outro órgão; **B:** assertiva correta, pois dentro de uma pessoa jurídica criada por uma outra (descentralização) é possível que haja a distribuição interna de competências (desconcentração); **C:** assertiva correta, pois uma empresa pública é uma pessoa jurídica e a criação de uma pessoa jurídica implica na descentralização; **D:** assertiva correta, servindo de exemplo a criação de nova unidade da Receita Federal em município que ainda não a tenha; nesse caso, um órgão regional da Receita Federal está repartindo sua competência com outro órgão que está sendo criado.

Gabarito "A".

(Procurador do Estado/RO – 2011 – FCC) É um traço comum de todas as entidades da Administração Indireta:

(A) serem processadas em juízo privativo do ente político ao qual estão vinculadas.

(B) a proibição de acumulação remunerada de cargos, empregos e funções, ressalvadas as hipóteses constitucionalmente admitidas.

(C) serem criadas diretamente por lei específica, editada pelo ente criador.

(D) a sujeição de seus servidores ao teto constitucional estabelecido no art. 37, XI, da Constituição Federal.

(E) a impenhorabilidade de seus bens.

A: incorreta, pois uma sociedade de economia mista, por exemplo, se for estadual, não é julgada pela Vara da Fazenda Pública, mas pela Vara Cível, e, se for federal, não é julgada pela Justiça Federal, mas

pela Justiça Estadual, no caso, numa Vara Cível; **B:** correta, pois tal proibição se estende a toda a Administração Direta e Indireta (art. 37, XVII, da CF); **C:** incorreta, pois as entidades autárquicas são criadas diretamente por lei específica, mas as demais entidades são criadas por outros atos constitutivos, após autorização de lei específica (art. 37, XIX, da CF); **D:** incorreta, pois as empresas estatais não dependem dos entes políticos para pagamento de pessoal ou para o custeio em geral (art. 37, § 9º, da CF); **E:** incorreta, pois as pessoas jurídicas de direito público da Administração Indireta têm bens impenhoráveis, ao passo que as pessoas jurídicas de direito privado da Administração Indireta têm bens penhoráveis, salvos as que prestem serviço público em regime de monopólio, como é o caso dos Correios.
Gabarito "B".

(ADVOGADO – CEF – 2012 – CESGRANRIO) A técnica de organização e distribuição interna de competências entre vários órgãos despersonalizados dentro de uma mesma pessoa jurídica e que tem por base a hierarquia denomina-se

(A) descentralização

(B) desconcentração

(C) outorga

(D) delegação

(E) coordenação

A distribuição interna de competência, ou seja, a distribuição de competência de um órgão para um órgão é denominada desconcentração.
Gabarito "B".

(ADVOGADO – CORREIOS – 2011 – CESPE) A respeito da estrutura e organização da administração pública brasileira, julgue os itens abaixo.

(1) Toda função é atribuída e delimitada por norma legal, que configura a competência do órgão, do cargo e do agente, isto é, estrutura a natureza da função e o limite de poder para o desempenho dessa função.

(2) A descentralização é uma forma de transferir a execução de um serviço público para terceiros, que se encontrem dentro ou fora da administração. A desconcentração é uma forma de se transferir a execução de um serviço público de um órgão para outro dentro da administração direta. Nesse sentido, a diferença entre descentralização e desconcentração está na amplitude da transferência.

(3) As empresas públicas possuem personalidade jurídica de direito privado e patrimônio próprio e são criadas por lei específica.

(4) As autarquias são dotadas de personalidade jurídica de direito privado; as fundações públicas são dotadas de personalidade jurídica de direito público. Tanto estas quanto aquelas integram a administração indireta.

(5) As entidades paraestatais não integram a administração direta nem a administração indireta, mas colaboram com o Estado no desempenho de atividades de interesse público, como são os casos do SENAC e do SENAI.

1: correta, sendo certo que a competência e as respectivas funções de órgãos, cargos e agentes só podem ser criada por lei; **2:** correta; são exemplos de descentralização dentro da Administração, a distribuição de competência de um ente político (Administração Direta) para uma autarquia (Administração Indireta) e fora da Administração, a distribuição de atribuições de um ente político (Administração Direta) para uma empresa concessionária de serviço público (pessoa jurídica não integrante da Administração); é exemplo de desconcentração a

distribuição de competência da Presidência da República (órgão) para um Ministério (órgão); **3:** incorreta, pois as empresas públicas não são criadas por lei específica, mas tem a sua criação *autorizada* por lei específica, fazendo-se necessário, após a autorização, a inscrição de seus atos constitutivos no registro público competente; **4:** incorreta, pois as autarquias são pessoas jurídicas de direito público; **5:** correta, valendo salientar que tais entidades também são chamadas de entes de cooperação e não possuem fins lucrativos.
Gabarito 1C, 2C, 3E, 4E, 5C

4.2. Autarquias

(Procurador do Município - S.J. Rio Preto/SP - 2019 - VUNESP) Dentre as definições a seguir, assinale aquela que melhor conceitua a autarquia.

(A) É entidade integrante da Administração Pública, criada ou não por lei, com personalidade jurídica de Direito Público ou Privado, patrimônio e receitas próprios, para executar atividades típicas da Administração Pública, podendo ou não ser dotada de gestão administrativa e financeira descentralizada.

(B) É entidade integrante da Administração Pública direta, criada por lei, com personalidade jurídica de Direito Público, sem patrimônio próprio, para executar atividades típicas da Administração Pública, que requeira, para seu melhor funcionamento, gestão administrativa descentralizada.

(C) É entidade integrante da Administração Pública indireta, com personalidade jurídica de Direito Privado, patrimônio e receitas próprios, para executar, descentralizadamente, atividades estabelecidas por lei.

(D) É entidade integrante da Administração Pública indireta, criada por lei, com personalidade jurídica de Direito Público, patrimônio e receitas próprios, para executar atividades típicas da Administração Pública, que requeira, para seu melhor funcionamento, gestão administrativa e financeira descentralizada.

(E) É entidade integrante da Administração Pública indireta, criada por lei, com personalidade jurídica de Direito Público, patrimônio e receitas próprios, para executar atividades típicas da Administração Pública, caracterizada pela ausência de controle, de tutela ou de subordinação hierárquica e pela autonomia funcional, decisória, administrativa e financeira.

Autarquia representa entidade integrante da Administração Pública indireta descentralizada (alternativas A e B incorretas). Além disso, são criadas por lei, cf. art. 37, XIX, CF (alternativa A incorreta). Assumem personalidade jurídica de direito público, cf. art. 41, IV, Código Civil (alternativa C incorreta). Ademais, são dotadas de autonomia (funcional, decisória, administrativa e financeira), com patrimônio e receitas próprias. Relevante considerar que as autarquias submetem a um controle de tutela (baseado na vinculação), restando afastada a possibilidade de subordinação hierárquica (alternativa E incorreta). Diante de todas essas características, conclui-se que a alternativa D está correta. RB
Gabarito "D".

(Procurador do Estado – PGE/BA – CESPE – 2014) Considerando a necessidade de melhorar a organização da administração pública estadual, o governador da Bahia resolveu criar autarquia para atuar no serviço público de educação e empresa pública para explorar atividade econômica.

Com base nessa situação hipotética, julgue os itens que se seguem.

2. DIREITO ADMINISTRATIVO

(1) Observados os princípios da administração pública, a empresa pública pode ter regime específico de contratos e licitações, sujeitando-se os atos abusivos praticados no âmbito de tais procedimentos licitatórios ao controle por meio de mandado de segurança.

(2) De acordo com o que dispõe a Lei Complementar nº 34/2009 do estado da Bahia, as atividades do serviço técnico-jurídico de autarquias estaduais devem ser acompanhadas pela Procuradoria Geral do Estado (PGE), com vistas à preservação da uniformidade de orientação, no âmbito da administração pública.

(3) Desde que presentes a relevância e urgência da matéria, a criação da autarquia pode ser autorizada por medida provisória, devendo, nesse caso, ser providenciado o registro do ato constitutivo na junta comercial competente.

1: correta. Tanto é verdade que hoje temos a Lei 13.306/2016, que estabelece um novo regime para essas empresas estatais, específico, a fim de conformá-las com suas atividades específicas de exploração econômica; **2:** correta. Trata-se do disposto no art. 23, III, da Lei Complementar 34/2009; **3:** incorreta. Somente por lei específica pode ser criada uma autarquia, conforme disposto no art. 37, XIX, CF. **AW**

Gabarito 1C, 2C, 3E

(Procurador Federal – 2013 – CESPE) Julgue o seguinte item.

(1) As fundações públicas podem exercer atividades típicas da administração, inclusive aquelas relacionadas ao exercício do poder de polícia.

1: correta, desde que se trate de uma fundação pública de direito público, que tem regime autárquico e, assim, pode exercer atividades típicas da administração.

Gabarito 1C

(Procurador Federal – 2013 – CESPE) Julgue o seguinte item.

(1) As autarquias, que adquirem personalidade jurídica com a publicação da lei que as institui, são dispensadas do registro de seus atos constitutivos em cartório e possuem as prerrogativas especiais da fazenda pública, como os prazos em dobro para recorrer e a desnecessidade de anexar, nas ações judiciais, procuração do seu representante legal.

1: correta; as autarquias são criadas por lei específica (art. 37, XIX, da CF/1988), não sendo necessário que outros atos constitutivos sejam arquivados em registro público, pois a própria lei que a cria já dá essa publicidade e constituição; no mais, é sempre bom lembrar que as autarquias são pessoas jurídicas de Direito Público e, assim, podem exercer função típica de estado (por exemplo, o IBAMA é uma autarquia e pode exercer o poder de polícia, que é uma função típica de estado), circunstância que faz com que o seu regime jurídico seja de Direito Público, o que inclui a existência de prerrogativas processuais, como a desnecessidade de juntar procuração de seu representante legal nas ações judiciais.

Gabarito 1C

4.3. Agências reguladoras

(Procurador do Estado/SE – 2017 – CESPE) Acerca do poder regulamentar e do regime jurídico das agências reguladoras e executivas, assinale a opção correta.

(A) O STJ entende que a aplicação de multas previstas em resoluções editadas por agência reguladora do setor de aviação civil ofende o princípio da legalidade.

(B) A autonomia de gestão das agências executivas torna dispensável a celebração de contrato de gestão com o ministério supervisor para o seu funcionamento.

(C) O período de quarentena, que é condição legal para ex-dirigentes iniciarem o exercício de atividade na iniciativa privada, tem como objetivo evitar transtornos e prejuízos à fiscalização das agências reguladoras.

(D) Observada a especificidade de sua atuação, as agências reguladoras têm competência para instituir modalidades próprias para a licitação e contratação de obras e serviços.

(E) A existência de subordinação hierárquica das agências reguladoras ao governo é exemplificada pela possibilidade de o interessado interpor recurso na pasta ministerial competente.

A: incorreta – Segundo o STJ, havendo previsão na legislação ordinária delegando à agência reguladora competência para a edição de normas e regulamentos no seu âmbito de atuação, não há que se falar em ofensa ao princípio da legalidade. Vejamos julgado a respeito do tema: Processual civil. Administrativo. Multa administrativa aplicada pela Anac. Princípio da legalidade. Legitimidade passiva do Estado de Santa Catarina. Convênio administrativo entre município de Chapecó e aeródromo.1. A análise que enseja a responsabilidade do Estado de Santa Catarina sobre a administração do aeródromo localizado em Chapecó/SC enseja observância das cláusulas contratuais, algo que ultrapassa a competência desta Corte Superior, conforme enunciado da Súmula 5/STJ. 2. *Não há violação do princípio da legalidade na aplicação de multa previstas em resoluções criadas por agências reguladoras, haja vista que elas foram criadas no intuito de regular, em sentido amplo, os serviços públicos, havendo previsão na legislação ordinária delegando à agência reguladora competência para a edição de normas e regulamentos no seu âmbito de atuação*. Precedentes. 3. O pleito de se ter a redução do valor da multa aplicada ao recorrente, por afronta à Resolução da ANAC e à garantia constitucional do art. 5º, XL, da CF/88 e arts. 4º. e 6º da LICC, bem como art. 106, III, alínea "c", c/c art. 112 do CTN, não merece trânsito, haja vista que a respectiva matéria não foi devidamente prequestionada no acórdão em debate. Agravo regimental improvido. (AgRg no AREsp 825.776/SC, Rel. Ministro Humberto Martins, Segunda Turma, julgado em 05.04.2016, DJe 13.04.2016); **B:** incorreta – Art. 37, § 8º, CF/1988; **C:** correta – "O ex-dirigente fica impedido para o exercício de atividades ou de prestar qualquer serviço no setor regulado pela respectiva agência, por um período de quatro meses, contados da exoneração ou do término do seu mandato. [...]" – Art. 8º da Lei 9.986/2000; **D:** incorreta – é certo que no que tange ao procedimento licitatório algumas leis criadoras das agências regulatórias tentaram esquivá-las da obediência às normas licitatórias na Lei 8.666/1993. A Lei 9.472/1997, denominada Lei Geral das Telecomunicações e que criou a Anatel, chegou até mesmo a estabelecer que tal agência não se submetia à Lei 8.666/1993 e que poderia inclusive adotar modalidades específicas como o pregão e a consulta. Todavia, essa disposição foi objeto da ADI 1.668, que em medida cautelar determinou a suspensão do artigo 119, proibindo a definição de procedimento administrativo pela própria Anatel tendo em vista a violação ao Art. 22, inc. XXVII, da CF/1988. No que tange ao pregão e à consulta, previstos no Art. 54 da Lei 9.472/2000, não houve a suspensão cautelar desses dispositivos e, atualmente, temos que o pregão encontra-se hoje regulado pela Lei 10.520/2002 e, no tocante à consulta, ela tem sido utilizada, embora na verdade dependesse da edição de uma lei que a instituísse de fato como modalidade licitatória; **E:** incorreta – as agências reguladoras possuem natureza jurídica de autarquias especiais, ou seja, são entes que compõem a chamada Administração Indireta. Não existe subordinação hierárquica entre o ente da Administração Pública Direta que enseja à criação da agência reguladora e essa. Há somente um poder de tutela, a chamada supervisão ministerial. **FB**

Gabarito "C"

(Procurador do Estado – PGE/MT – FCC – 2016) O Estado X pretende criar estrutura administrativa destinada a zelar pelo patrimônio ambiental estadual e atuar no exercício de fiscalização de atividades potencialmente causadoras de dano ao meio ambiente. Sabe-se que tal estrutura terá personalidade jurídica própria e será dirigida por um colegiado, com mandato fixo, sendo que suas decisões de caráter técnico não estarão sujeitas à revisão de mérito pelas autoridades da Administração Direta. Sabe-se também que os bens a ela pertencentes serão considerados bens públicos. Considerando-se as características acima mencionadas, pretende-se criar uma:

(A) agência reguladora, pessoa de direito público, cuja criação se dará diretamente por lei.

(B) agência executiva, órgão diretamente vinculado ao Poder Executivo, cuja criação se dará diretamente por lei.

(C) associação pública, pessoa de direito privado, cuja criação será autorizada por lei e se efetivará com a inscrição de seus atos constitutivos no registro competente.

(D) agência executiva, entidade autárquica de regime especial, estabelecido mediante assinatura de contrato de gestão.

(E) fundação pública, pessoa de direito privado, cuja criação será autorizada por lei e se efetivará com a inscrição de seus atos constitutivos no registro competente.

A: correta. Temos a caracterização de uma autarquia, com patrimônio próprio, integrante da Administração Indireta (com independência administrativa e técnica), com mandato fixo de seus dirigentes (essa já é uma característica que diferencia a Agencia Reguladora das demais pessoas jurídicas); **B:** incorreta. Não temos Agencia Executiva, porque essa é preexistente e o enunciado diz que será "criada" uma pessoa jurídica"; **C:** incorreta. Temos informação de que a pessoa jurídica será criada, e não "autorizada por lei", por isso está incorreta essa assertiva; **D:** incorreta. Como afirmado na alternativa B, as Agências Executivas são autarquias e fundações públicas pré-existentes, alem do mais, não se sujeitam ao regime especial, exclusividade das Agências Reguladoras; **E:** incorreta. Há criação da pessoa jurídica, conforme enunciado, sendo pessoa jurídica de direito público, portanto. AW
Gabarito "A".

(Procurador do Município – Prefeitura Fortaleza/CE – CESPE – 2017) Em cada um do item a seguir é apresentada uma situação hipotética seguida de uma assertiva a ser julgada, a respeito da organização administrativa e dos atos administrativos.

(1) Ao instituir programa para a reforma de presídios federais, o governo federal determinou que fosse criada uma entidade para fiscalizar e controlar a prestação dos serviços de reforma. Nessa situação, tal entidade, devido à sua finalidade e desde que criada mediante lei específica, constituirá uma agência executiva.

1: incorreta. Teríamos a criação de uma Agência Reguladora, que é uma autarquia, criada por lei, para a fiscalização e regulamentação dos serviços públicos. As Agências Executivas são autarquias ou fundações preexistentes, mas que se encontram desatualizadas e recebem essa qualificação para o desenvolvimento de um plano estratégico constante de um contrato de gestão. AW
Gabarito 1E

(Procurador do Estado – PGE/RS – Fundatec – 2015) Analise as seguintes assertivas acerca da Agência Estadual de Regulação dos Serviços Públicos Delegados do Rio Grande do Sul:

I. A nomeação dos seus dirigentes tem como etapas prévias a indicação do Governador do Estado e a aprovação pela Assembleia Legislativa.

II. Embora nomeados para o cumprimento de um mandato previsto em lei, tal circunstância, segundo o STF, não impede a livre exoneração dos dirigentes da Agência antes do termo final, por decisão da Assembleia Legislativa.

III. Segundo o STF, a exonerabilidade *ad nutum* dos dirigentes da Agência pelo Governador é incompatível com a sua nomeação a termo.

Quais estão corretas?

(A) Apenas I.

(B) Apenas I e II.

(C) Apenas I e III.

(D) Apenas II e III.

(E) I, II e III.

I: correta. Trata-se do disposto no art. 5º, da Lei 9.986/2000 (Lei Geral das Agências Reguladoras); **II:** incorreta. O mandato é fixo e não pode ser interrompido antes por livre exoneração; **III:** correta. Há uma "estabilidade" dos dirigentes durante o período do mandato. AW
Gabarito "C".

(Procurador/DF – 2013 – CESPE) Julgue o seguinte item.

(1) As agências reguladoras consistem em mecanismos que ajustam o funcionamento da atividade econômica do país como um todo. Foram criadas, assim, com a finalidade de ajustar, disciplinar e promover o funcionamento dos serviços públicos, objeto de concessão, permissão e autorização, assegurando o funcionamento em condições de excelência tanto para o fornecedor/produtor como principalmente para o consumidor/usuário.

1: certa, pois traz um exato panorama sobre os objetivos das agências reguladoras, conforme posicionamento adotado pelo STJ (REsp 757.971/RS, DJ 19/12/2008).
Gabarito 1C

(Procurador Federal – 2013 – CESPE) Julgue o seguinte item.

(1) Para a qualificação de uma autarquia como agência reguladora é essencial a presença do nome "agência" em sua denominação, a exemplo da Agência Brasileira de Inteligência e da Agência Brasileira de Desenvolvimento Industrial.

1: incorreta; o que caracteriza uma agência reguladora não é o termo "agência", mas sim o fato de se tratar de uma autarquia (pessoa jurídica), com regime especial, em que há muito mais autonomia do que uma autarquia em geral, seja pelo mandato fixo de seus agentes, seja pelo poder de regulamentar (respeitada a lei) com bastante vigor e autonomia a área para a qual foi criada; assim, se uma autarquia for criada com esses tipos de diferenciais, mesmo que não leve o nome de "agência", será mais uma delas; por outro lado, se for criada uma pessoa jurídica ou órgão com o nome de "agência", mas que não tenham os diferenciais desta, não se estará diante de uma agência reguladora, como é o caso da Agência Brasileira de Inteligência (Lei 9.883/1999) e da Agência Brasileira de Desenvolvimento Industrial (Lei 11.080/2004) já que a primeira é um mero órgão da União, com subordinação à Presidência da República, e a segunda é um mero serviço social autônomo,

2. DIREITO ADMINISTRATIVO

pessoa jurídica de direito privado sem fins lucrativos, de interesse coletivo e de utilidade pública.

Gabarito 1E

(Advogado da União/AGU – CESPE – 2012) Julgue o item seguinte.

(1) A qualificação de agência executiva federal é conferida, mediante ato discricionário do presidente da República, a autarquia ou fundação que apresente plano estratégico de reestruturação e de desenvolvimento institucional em andamento e celebre contrato de gestão com o ministério supervisor respectivo.

Correta, nos termos dos arts. 51 e 52 da Lei 9.649/1998.

Gabarito 1C

4.4. Consórcios públicos

(Procurador do Estado/SP - 2018 - VUNESP) Consórcio público, formado por alguns dos Municípios integrantes de Região Metropolitana e por outros Municípios limítrofes, elaborou plano de outorga onerosa do serviço público de transporte coletivo de passageiros sobre pneus, abrangendo o território do Consórcio. Pretende, agora, abrir licitação para conceder o serviço. Essa pretensão é juridicamente

(A) questionável, porque, de acordo com a jurisprudência do Supremo Tribunal Federal, o planejamento, a gestão e a execução das funções de interesse comum em Regiões Metropolitanas são de competência do Estado e dos Municípios que a integram, conjuntamente.

(B) questionável, porque o consórcio descrito sequer poderia ter sido constituído sem a participação do Estado em cujo território se encontram os Municípios agrupados.

(C) viável, vez que consórcios públicos podem outorgar concessão, permissão ou autorização de serviços públicos, ainda que a delegação desse serviço específico não esteja expressamente prevista no contrato de consórcio público.

(D) viável, porque o consórcio regularmente constituído possui personalidade jurídica própria e é titular, com exclusividade, dos serviços públicos que abrangem a área territorial comum.

(E) viável, porque o desenvolvimento urbano integrado constitui instrumento de governança interfederativa e determina que o planejamento, a gestão e a execução das funções públicas de interesse comum sejam conjuntos.

Quando se trata de Região Metropolitana tem-se uma conurbação, o que torna os interesses interpenetrados, em que não se percebe mais onde termina um Município e começa outra, de modo que o chamado interesse predominantemente local perde espaço para o interesse regional. Segundo o STF na ADI 1.842, faz-se necessário ter uma integração entre os Municípios, Município-Polo e Estado-membro, com o fim de viabilizar a organização, execução e planejamento das funções públicas de interesse comum. O STF esclareceu que deve ser criado um órgão colegiado em cada região metropolitana, de acordo com as peculiaridades de cada regionalidade, com a participação dos interessados (Estado e Municípios), sendo que não pode haver concentração de poder decisório nas mãos de apenas um (poder de homologação), vedado o predomínio absoluto de um ente sobre os demais. Restou clara, portanto, a posição do STF para que não ocorra o prevalecimento ou sobreposição do interesse de um determinado ente federativo sobre a decisão ou interesse dos demais entes da Federação.

Ora, não é, portanto, o caso de constituição de um consórcio do qual nem ao menos fazem parte todos os integrantes da região metropolitana, pois nesse caso o interesse de alguns entes estaria se sobrepondo ao de outros. FMB

Gabarito "A"

(Procurador do Estado – PGE/RN – FCC – 2014) Considere as afirmações abaixo acerca da disciplina legal dos consórcios públicos, na forma prevista na Lei Federal no 11.107/2005.

I. Os consórcios públicos podem ser constituídos como associação pública, integrando a Administração indireta dos entes da federação consorciados, ou como pessoa jurídica de direito privado.

II. O contrato de consórcio público somente pode ser celebrado com a ratificação, mediante lei, do protocolo de intenções anteriormente firmado pelos entes consorciados.

III. Os contratos de rateio firmados no âmbito de consórcios públicos devem, necessariamente, contar com a anuência da União, quando envolverem atuação em regiões metropolitanas.

Está correto o que se afirma APENAS em

(A) III.

(B) I.

(C) I e II.

(D) II.

(E) II e III.

I: correta. Trata-se do disposto no art. 1º, § 1º, da Lei 11.107/2005; II: correta. Trata-se do art. 5º, da Lei 11.107/2005; III: incorreta. Não há disciplina a respeito da obrigatoriedade da União em figurar no contrato de rateio em casos de regiões metropolitanas. AW

Gabarito "C".

(Procurador Federal – 2013 – CESPE) Com relação a convênios e consórcios administrativos, julgue os itens subsecutivos.

(1) No convênio celebrado entre o poder público e entidade particular, o valor repassado pelo poder público não passa a integrar o patrimônio da entidade, mas mantém a natureza de dinheiro público, vinculado aos fins previstos no convênio, obrigando a entidade a prestar contas de sua utilização, para o ente repassador e para o tribunal de contas.

(2) Embora o consórcio público possa adquirir personalidade jurídica de direito público ou de direito privado, em ambas as hipóteses a contratação de pessoal deverá ser regida pela Consolidação das Leis do Trabalho, pois a legislação veda a admissão de pessoal pelo regime estatutário.

1: correta; num convênio, diferentemente de um contrato, não há obrigações recíprocas, nem relação de crédito e débito; há deveres comuns e alocação de dinheiro público; assim, enquanto num contrato administrativo uma empresa fornecedora da Administração recebe seu crédito e se apropria desse dinheiro, no convênio uma entidade conveniada recebe dinheiro da Administração e não fica com ele para si, ficando com o dever de aloca-lo na atividade de interesse público, objetivo do convênio, não perdendo o dinheiro a natureza pública, enquanto não entregue a um terceiro contratado pela entidade conveniada; assim, caso a entidade conveniada aplique ilegalmente o dinheiro em questão, estará ferindo leis de Direito Público com toda a proteção decorrente; outra consequência é que a entidade deverá prestar contas dos gastos feitos (tanto para quem tiver repassado o dinheiro, como para o Tribunal de Contas), já que se trata de dinheiro público o valor em questão; **2:** incorreta; os consórcios públicos de Direito Privado devem contratar pessoal pela Consolidação das Leis do Trabalho (art. 6º, § 2º, da Lei 11.107/2005), ao passo que os consórcios públicos de Direito Público (associações públicas), por serem pessoas de Direito Público (art. 6º, I, da Lei 11.107/2005), devem obediência ao regime de Direito Público, de modo que devem contratar seus servidores pelo regime estatutário. Gabarito 1C, 2E

(Procurador do Estado/MT – FCC – 2011) De acordo com a Lei n. 11.107/2005, o consórcio público

(A) é constituído por contrato de programa, que deverá ser precedido da subscrição de contrato de rateio.

(B) depende, para sua eficácia, de ratificação pela União, quando envolver entes de outras unidades federativas.

(C) envolve sempre entes de mais de uma esfera da Federação, para a gestão associada de serviços públicos de competência da União.

(D) poderá aplicar os recursos provenientes do contrato de rateio nas atividades de gestão associada a ele cometidos, inclusive transferências e operações de crédito.

(E) constituirá associação pública, integrando a Administração indireta dos entes da federação consorciados, ou pessoa jurídica de direito privado.

A: incorreta, pois o consórcio público é constituído por contrato (contrato de *consórcio público*), cuja celebração dependerá de prévia subscrição de *protocolo de intenções* (art. 3º da Lei 11.107/2005); o contrato de programa nem sempre será celebrado pelo consórcio público e está regulamentado no art. 13 da Lei 11.107/2005; e o contrato de rateio diz respeito aos recursos que os entes consorciados entregarão ao consórcio público, sendo formalizado em cada exercício financeiro (art. 8º, *caput* e § 1º, da Lei 11.107/2005); **B:** incorreta, pois a ratificação do protocolo de intenções para a criação de um consórcio público depende de lei apenas dos entes consorciados (art. 5º da Lei 11.107/2005); **C:** incorreta, pois se os serviços públicos são de competência da União, esta é quem deve fazer a gestão do respectivo serviço; **D:** incorreta, pois é vedada a aplicação dos recursos entregues por meio de contrato de rateio para o atendimento de despesas genéricas, *inclusive transferências ou operações de crédito* (art. 8º, § 2º, da Lei 11.107/2005); **E:** correta (arts. 1º, § 1º, e 6º, § 1º, da Lei 11.107/2005). Gabarito "E".

(Procurador do Estado/PA – 2011) Dentro do contexto de gestão compartilhada dos serviços públicos e com base na Lei n. 11.107/2005, analise as seguintes proposições e assinale a alternativa CORRETA:

I. Os consórcios públicos revestidos de personalidade de direito privado não se submetem às normas de licitação e contratos, e guardam nesse aspecto a principal distinção em face dos consórcios públicos de direito público. Porém, são obrigados a prestar contas aos Tribunais de Contas da destinação dos bens e da aplicação das verbas públicas que lhes foram repassadas pelos Entes consorciados, por meio de contrato de rateio, decorrendo tal obrigação do dever de prestar contas contido no art. 70, parágrafo único, da Constituição da República Federativa do Brasil.

II. O contrato de consórcio público, que depende de lei, é obrigatória e necessariamente firmado por todos os Entes Federados subscritores do protocolo de intenções, sob pena de nulidade. Tal previsão visa obrigar o compromisso dos Entes inicialmente contratantes,

com vistas ao atendimento das finalidades colimadas por todos.

III. Tanto o consórcio público como o convênio tradicional primam pela satisfação de interesses convergentes. O que os distingue é, principalmente, o fato de o primeiro constituir pessoa jurídica, ao passo que o segundo – convênio – não gera uma entidade autônoma. Outro ponto de divergência entre ambos é que o consórcio, uma vez constituído em pessoa jurídica de direito público, integra a Administração Indireta de todos os Entes da Federação consorciados, enquanto o convênio tão somente corporifica os deveres de cooperação recíproca entre os convenentes.

IV. A União não pode somente firmar convênio com um consórcio público. Caso pretenda se beneficiar da cooperação, impõe-se o seu ingresso no consórcio, o que é possível à vista de expressa permissão constante do protocolo de intenções.

V. A grande inovação da Lei n. 11.107/2005 é o fato de o consórcio público, quer detenha personalidade jurídica de direito público ou privado, porém sempre investido das competências ínsitas aos Entes Federados, poder arrecadar tarifas ou preços públicos decorrentes de suas atividades e até mesmo desapropriar, no interesse da consecução de suas finalidades.

(A) Apenas as proposições III e IV estão corretas.

(B) Apenas a proposição I é incorreta.

(C) Todas as proposições estão corretas.

(D) Todas as proposições estão incorretas.

(E) Apenas a proposição III é correta.

I: incorreta, pois as pessoas jurídicas estatais devem, necessariamente, realizar licitações para as suas contratações, ressalvados os casos em que a lei admite a contratação direta; **II:** incorreta, pois é possível que o consórcio venha a existir mesmo que nem todos os assinantes do protocolo de intenções ratifiquem-no; nesse sentido é o disposto no art. 5º, § 1º, da Lei 11.107/2005: "o contrato de consórcio público, caso assim preveja cláusula, pode ser celebrado por apenas 1 (uma) parcela dos entes da Federação que subscreveram o protocolo de intenções"; **III:** correta; de fato, consórcio público é pessoa jurídica (vide arts. 1º, § 1º, e 6º da Lei 11.107/2005) e convênio é mero acordo de vontades para estabelecer obrigações comuns entre os partícipes (art. 116 da Lei 8.666/1993); **IV:** incorreta, pois nada impede que a União firme um convênio com um consórcio público, já que este está, inclusive, autorizado pela lei a celebrar convênios com outras entidades governamentais (art. 2º, § 1º, I, da Lei 11.107/2005); **V:** incorreta, pois um consórcio de direito público até pode ter algumas competências típicas dos entes federativos, mas um consórcio de direito privado não tem essa aptidão. Gabarito "E".

(Advogado da União/AGU – CESPE – 2012) Julgue o item seguinte.

(1) O consórcio público com personalidade jurídica de direito público integra a administração indireta dos entes da Federação consorciados.

1: correta, pois de acordo com o disposto no art. 6º, § 1º, da Lei 11.107/2005. Gabarito 1C

4.5. Empresas estatais

(Procurador do Município - S.J. Rio Preto/SP - 2019 - VUNESP) Considere um diretor de uma sociedade prestadora de serviço público, contratado há quatro anos para tal função, sendo correto afirmar:

2. DIREITO ADMINISTRATIVO   123

(A) em se tratando de empresa pública ou sociedade de economia mista, tal diretor poderá ser tanto um servidor público, sujeito ao regime estatutário do respectivo ente federativo, como um agente público titular de vínculo preponderantemente trabalhista.

(B) todos os seus atos poderão ser objeto de mandado de segurança para proteção de direito líquido e certo, desde que demonstrada ilegalidade ou abuso de poder.

(C) caso a sociedade prestadora seja empresa pública, os assessores subordinados a tal diretor deverão ser, como regra, contratados por concurso público e terão estabilidade no emprego em conformidade com o regime do servidor público estatutário.

(D) caso a sociedade prestadora seja uma sociedade privada (não estatal), nenhum dos atos do seu diretor poderá ser objeto de mandado de segurança, haja vista tratar-se de remédio reservado a autoridades públicas.

(E) sendo a sociedade integrante da Administração Pública indireta, o diretor poderá ser nomeado por concurso público ou em regime de comissão, mas terá seu vínculo profissional regido preponderantemente pelo direito trabalhista e/ou societário.

Comentário: alternativas A e C incorretas (empresas públicas e sociedades de economia mista submetem-se ao regime próprio das empresas privadas, cf. art. 173, §1º, II, CF, motivo pelo qual o diretor, ou seus assessores, não estão sujeitos ao regime estatutário, e sim ao trabalhista). Alternativa B incorreta (não cabe mandado de segurança contra os atos de gestão comercial praticados pelos administradores de empresas públicas, de sociedade de economia mista e de concessionárias de serviço público, cf. art. 1º, §2º, da Lei 12.016/2009). Alternativa D incorreta (o mandado de segurança não representa remédio reservado exclusivamente a autoridades públicas, podendo ser impetrado contra ato oriundo de ente privado relacionado, por exemplo, à prestação de serviço público). Alternativa E correta (a nomeação de diretor para empresa estatal obedece aos requisitos do art. 17 da Lei 13.303/2016, o qual faz referência a concurso público em seu §5º, I, de modo que o diretor não tem necessidade de demonstrar experiência profissional caso tenha ingressado mediante concurso). **RB**
Gabarito "E".

(Procurador do Estado/TO - 2018 - FCC) O Governo do Estado pretende instituir uma entidade dedicada a prestar serviços relacionados ao turismo no Estado e encaminha à Assembleia Legislativa o respectivo projeto de lei autorizativa. Sabe-se que tal entidade terá capital social dividido em quotas. O Governo estadual criará uma

(A) sociedade de economia mista.

(B) autarquia.

(C) fundação de direito privado.

(D) associação pública.

(E) empresa pública.

O Governo do Estado pretende instituir uma entidade, o que permite inferir que se trata de um ente que integra a Administração indireta (autarquia, associação pública, fundação, empresa pública ou sociedade de economia mista). Considerando que o projeto de lei encaminhado à Assembleia Legislativa prevê a autorização para a instituição, estão excluídas as autarquias e as associações públicas, cujas leis as criam (art. 37, XIX, CF). Além disso, trata-se de uma entidade que detém capital social, o que permite afirmar que se trata de uma empresa estatal (empresa pública ou sociedade de economia mista). Como a questão faz referência ao capital constituído por quotas (e não por ações), pode-se

concluir que se trata de uma empresa pública (que pode assumir qualquer modalidade societária) e não uma sociedade de economia mista (que somente pode assumir a condição de sociedade anônima, cujo capital social é formado por ações). Assim, correta a alternativa E. **RB**
Gabarito "E".

(Procurador Distrital – 2014 – CESPE) Julgue o seguinte item.

(1) As sociedades de economia mista e as empresas públicas exploradoras de atividade econômica não se sujeitam à falência nem são imunes aos impostos sobre o patrimônio, a renda e os serviços vinculados às suas finalidades essenciais ou delas decorrentes.

1: correta; por terem regime de direito privado, tais empresas não têm imunidade de impostos, porém, por estarem sujeitas a certas imposições de interesse público (já que são entidades criadas pelo Estado), a lei determina que não estão sujeitas à falência (art. 2º, I, da Lei 11.101/2005).
Gabarito 1C

(Procurador Federal – 2013 – CESPE) Julgue o seguinte item.

(1) Caso um particular ajuíze ação sob o rito ordinário perante a justiça estadual contra o Banco do Brasil S.A., na qual, embora ausente interesse da União, seja arguida a incompetência do juízo para processar e julgar a demanda, por se tratar de sociedade de economia mista federal, a alegação de incompetência deverá ser rejeitada, mantendo-se a competência da justiça estadual.

1: correta, pois somente causas de interesse da União e de suas autarquias e *empresas públicas* são de competência da Justiça Federal (art. 109, I, da CF/1988); no caso, não se tem uma *empresa pública*, mas uma *sociedade de economia mista*, de modo que a competência é da Justiça Estadual.
Gabarito 1C

(Procurador do Estado/BA – 2014 – CESPE) Considerando a necessidade de melhorar a organização da administração pública estadual, o governador da Bahia resolveu criar autarquia para atuar no serviço público de educação e empresa pública para explorar atividade econômica.

Com base nessa situação hipotética, julgue os itens que se seguem.

(1) Observados os princípios da administração pública, a empresa pública pode ter regime específico de contratos e licitações, sujeitando-se os atos abusivos praticados no âmbito,de tais procedimentos licitatórios ao controle por meio de mandado de segurança.

1: correta; a Constituição Federal, em seu art. 173, § 1º, III, admitiu que pudesse haver uma lei paralela tratando da licitação e contratação por parte de empresas estatais; essa lei veio ao mundo jurídico em 2016 (Lei 13.303/06).
Gabarito 1C

(Procurador do Estado/MT – FCC – 2011) O regime jurídico aplicável às entidades integrantes da Administração indireta

(A) sujeita todas as entidades, independentemente da natureza pública ou privada, aos princípios aplicáveis à Administração Pública.

(B) é integralmente público, para autarquias, fundações e empresas públicas, e privado para sociedades de economia mista.

(C) é sempre público, independentemente da natureza da entidade.

(D) é sempre privado, independentemente da natureza da entidade.

(E) é o mesmo das empresas privadas, para as empresas públicas e sociedades de economia mista, exceto em relação à legislação trabalhista.

A: correta, nos termos do art. 37, *caput*, da CF; **B:** incorreta, pois as empresas públicas também têm um regime de direito privado; **C:** incorreta, pois as empresas estatais (empresas públicas e sociedades de economia mista), as fundações de direito privado estatais e os consórcios públicos de direito privado têm regime jurídico de direito público; **D:** incorreta, pois as pessoas jurídicas de direito público (autarquias, fundações públicas de direito público, agências reguladoras e consórcios públicos de direito público) têm regime jurídico de direito público; **E:** incorreta, pois as empresas estatais também seguem o regime das empresas privadas em relação à legislação trabalhista.
Gabarito "A".

(Procurador do Município/Sorocaba-SP – 2012 – VUNESP) No que diz respeito às empresas públicas, aponte a alternativa correta.

(A) Devem licitar apenas na modalidade pregão.

(B) Por serem regidas pelo direito privado, não estão obrigadas a licitar.

(C) Não estão sujeitas à observação dos princípios da Administração Pública.

(D) Devem observar os princípios da licitação e da Administração Pública.

(E) Obrigam-se a licitar se estiverem sob o regime do direito público.

A: incorreta, pois o dever de licitar é geral (art. 28 da Lei 13.303/16), não guardando relação com modalidade licitatória; **B:** incorreta, pois o dever de licitar está, como se viu, previsto na Lei 13.303/16; **C:** incorreta, pois o art. 37, *caput*, da CF, que traz os princípios da Administração, dispõe que os entes da Administração Indireta estão sujeitos aos princípios administrativos, sem fazer distinção entre os de direito privado e os de direito público; **D:** correta, nos termos dos dispositivos citados nos comentários às alternativas "a" e "b"; **E:** incorreta, pois o dever de licitar se impõe tanto às empresas públicas como às sociedades de economia mista.
Gabarito "D".

(Advogado da União/AGU – CESPE – 2012) Julgue o item seguinte.

(1) As empresas públicas e as sociedades de economia mista não se sujeitam à falência e, ao contrário destas, aquelas podem obter do Estado imunidade tributária e de impostos sobre patrimônio, renda e serviços vinculados às suas finalidades essenciais ou delas decorrentes.

1: incorreta, pois tanto as empresas públicas, como as sociedades de economia mista não gozam da imunidade tributária recíproca, sujeitando-se às regras tributárias próprias das empresas privadas (art. 173, § 1º, I, e § 2º, da CF).
Gabarito 1E.

(ADVOGADO – CORREIOS – 2011 – CESPE) Com referência ao estatuto da Empresa Brasileira de Correios e Telégrafos (ECT), julgue os seguintes itens.

(1) A ECT tem por finalidade manter o serviço postal, executando-o e controlando-o, em regime de monopólio, em todo o território nacional, podendo celebrar

contratos e convênios que objetivem assegurar a prestação de serviços.

1:correta, pois está de acordo com os arts. 2º, I, e 18, do Dec.-lei 509/1969).
Gabarito 1C.

4.6. Entes de cooperação . Terceiro Setor

(Procurador do Município - Valinhos/SP - 2019 - VUNESP) Nos termos da Lei Federal 9.790/1999, é correto afirmar que

(A) as sociedades comerciais são passíveis de qualificação como Organizações da Sociedade Civil de Interesse Público, desde que se dediquem de qualquer forma à promoção da assistência social.

(B) o Termo de Parceria firmado de comum acordo entre o Poder Público e as Organizações da Sociedade Civil de Interesse Público discriminará direitos, responsabilidades e obrigações das partes signatárias.

(C) as entidades qualificadas como Organizações da Sociedade Civil de Interesse Público poderão participar em campanhas de interesse político-partidário ou eleitorais.

(D) as instituições religiosas são passíveis de qualificação como Organizações da Sociedade Civil de Interesse Público, desde que se dediquem de qualquer forma à promoção da assistência social.

(E) a qualificação de Organização da Sociedade Civil de Interesse Público, somente será perdida, mediante decisão proferida em processo judicial, de iniciativa popular, no qual serão assegurados, ampla defesa e o devido contraditório.

A Lei 9.790/99 disciplina uma das figuras que integram o Terceiro Setor: as Organizações da Sociedade Civil de Interesse Público (sigla: OSCIP). As alternativas A e D estão incorretas (as sociedades comerciais e as instituições religiosas não podem ser qualificadas como OSCIP's, cf. art. 2º, I e III). Correta a alternativa B (art. 10). A alternativa C está incorreta (é vedada às OSCIP's a participação em campanhas de interesse político-partidário ou eleitorais, sob quaisquer meios ou formas, cf. art. 16). Incorreta a alternativa E (cf. art. 7º, há outra forma de perda da qualificação, como a decisão proferida em processo administrativo). RB
Gabarito "B".

(Procurador do Estado/TO - 2018 - FCC) Após promover a construção de linha de Veículo Leve sobre Trilhos –VLT para integração da malha metropolitana de transporte, o Governo do Estado pretende que a operação da linha seja gerida de forma descentralizada. Considerando-se a natureza do serviço e o fato de que haverá cobrança de tarifa dos usuários, NÃO é solução adequada a

(A) outorga do serviço a entidade especializada da Administração Indireta.

(B) celebração de contrato de gestão com organização social.

(C) constituição de parceria público-privada.

(D) outorga do serviço a consórcio público, constituído para esse fim específico.

(E) delegação mediante concessão de serviço público.

Os serviços públicos podem ser prestados de modo centralizado pela própria Administração. No entanto, o ordenamento admite a descentralização, que representa a sua transferência para terceiro. Ela pode se dar para entidades especializadas da Administração Indireta (o que

2. DIREITO ADMINISTRATIVO

inclui a figura dos consórcios públicos) ou para terceiros privados, mediante concessão de serviço público (o que inclui parceria público-privada). Nesse sentido, todas essas figuras podem ser utilizadas para a descentralização do serviço de operação da linha de Veículo Leve sobre Trilhos –VLT. A única que não admite a descentralização é a organização social, que representa entidade paraestatal integrante do Terceiro Setor, condição que lhe impede de prestar serviço público e de cobrar as respectivas tarifas de usuários. Assim, a celebração de contrato de gestão com organização social não é solução adequada (alternativa B correta). RB

Gabarito "B".

(Procurador do Estado/AC - 2017 - FMP) O contrato de gestão é o instrumento firmado entre o poder público e a entidade qualificada como organização social para fins de formação de parceria entre as partes com o ânimo de fomento e de execução de atividades relativas a determinadas áreas previstas em lei, dentre as quais NÃO se inclui

(A) o ensino e a pesquisa científica.

(B) a cultura.

(C) a saúde.

(D) o desenvolvimento tecnológico.

(E) nenhuma das alternativas anteriores responde ao comando da questão.

A figura da organização social, entidade integrante do Terceiro Setor, está disciplinada na Lei 9.637/98. Nos termos de seu art. 1º, o Poder Executivo poderá qualificar como organizações sociais pessoas jurídicas de direito privado, sem fins lucrativos, cujas atividades sejam dirigidas ao ensino, à pesquisa científica (alternativa A), ao desenvolvimento tecnológico (alternativa D), à proteção e preservação do meio ambiente, à cultura (alternativa B) e à saúde (alternativa C). Nesse sentido, correta a alternativa E. RB

Gabarito "E".

(Procurador do Estado/SP - 2018 - VUNESP) Ajuste a ser celebrado entre o Poder Público e associação privada sem fins lucrativos, com sede no exterior e escritório de representação em Brasília, tendo por objeto a conjugação de esforços entre os partícipes com vistas à realização de encontro para, por meio de palestras e workshops, difundir conhecimento e promover a troca de experiências em políticas públicas voltadas às áreas sociais, sem previsão de transferência de recursos públicos, porém com previsão de cessão de espaço em imóvel público para realização do evento denomina-se

(A) termo de parceria, submetido ao regime jurídico previsto na Lei Federal no 9.790/99 e Lei Estadual no 11.598/2003 (Lei das Organizações da Sociedade Civil de Interesse Público – OSCIPs), desde que o escritório no Brasil da entidade seja qualificada como Organização da Sociedade Civil de Interesse Público.

(B) acordo de cooperação, submetido ao regime jurídico previsto na Lei Federal no 13.019/2014 (Lei das Parcerias Voluntárias com Organizações da Sociedade Civil – OSCs).

(C) convênio, submetido ao regime jurídico previsto na Lei Federal no 8.666/93 (Lei de Licitações e Contratos).

(D) contrato, submetido ao regime jurídico previsto na Lei Federal no 8.666/93 (Lei de Licitações e Contratos).

(E) termo de fomento, submetido ao regime jurídico previsto na Lei Federal no 13.019/2014 (Lei das Parcerias Voluntárias com Organizações da Sociedade Civil – OSCs).

A Lei 13.019, de 31 de julho de 2014, estabelece o regime jurídico das parcerias entre a Administração Pública e as organizações da sociedade civil, em regime de mútua cooperação, para a consecução de finalidades de interesse público e recíproco, mediante a execução de atividades ou de projetos previamente estabelecidos em planos de trabalho inseridos em termos de colaboração, em termos de fomento ou em **acordos de cooperação.** Segundo o art. 2º, VIII-A da Lei 13.019/2014, acordo de cooperação é instrumento por meio do qual são formalizadas as parcerias estabelecidas pela Administração Pública com organizações da sociedade civil para a consecução de finalidades de interesse público e recíproco que não envolvam a transferência de recursos financeiros. FMB

Gabarito "B".

(Advogado União – AGU – CESPE – 2015)

(1) No caso de parceria a ser firmada entre a administração pública e organização da sociedade civil, se não houver transferências voluntárias de recursos, deverá ser utilizado o instrumento jurídico estabelecido em lei denominado acordo de cooperação.

1: correta. O art. 2º, VIII-A, da Lei 13.204/2015, dispõe que: "acordo de cooperação: instrumento por meio do qual são formalizadas as parcerias estabelecidas pela administração pública com organizações da sociedade civil para a consecução de finalidades de interesse público e recíproco que não envolvam a transferência de recursos financeiros." AW

Gabarito 1C

(Procurador do Estado – PGE/RN – FCC – 2014) Determinada empresa pública pleiteou à Administração pública a qualificação de organização social para, mediante contrato de gestão, prestar serviços na área da saúde. O pedido:

(A) pode ser indeferido se a empresa tiver fins lucrativos, passível de deferimento no caso de ser filantrópica e a atividade pretendida constar expressamente do objeto social.

(B) deve ser indeferido, tendo em vista que essa qualificação somente se mostra possível para empresas públicas que tenham sido criadas especificamente para esse fim.

(C) pode ser deferido, desde que não haja repasse de verbas públicas para essa pessoa jurídica, em razão de sua natureza jurídica ser de direito privado.

(D) deve ser indeferido, tendo em vista que a qualificação pleiteada somente poderia ser deferida à pessoas jurídicas de direito privado, sem fins lucrativos, que desenvolvessem atividades no setor de saúde.

(E) pode ser deferido se a empresa pública tiver sido constituída sob a forma de sociedade anônima e desde que não seja de capital aberto.

A: incorreta. As Organizações Sociais só podem ser pessoas jurídicas de direito privado ,"de fora" da estrutura administrativa, e sem fins lucrativos, não podendo uma empresa pública, que é integrante da Administração Indireta, sujeitar-se a esse rótulo, portanto; **B:** incorreta. Não podem as empresas públicas sujeitarem-se a essa qualificação, diante da explicação dada acima; **C:** incorreta. Não pode uma pessoa jurídica da Administração Indireta ser uma Organização Social; **D:** correta. Perfeita a assertiva. Somente pessoas jurídicas de direito privado, sem fins lucrativos, que desenvolvam atividades nos setores da saúde, educação, proteção do meio- ambiente e pesquisa tecnológica podem se sujeitar à obtenção desse qualificativo de OS; **E:** incorreta. Nunca pode ser deferido a empresas públicas. AW

Gabarito "D".

(Procurador do Estado/PE – FCC) As organizações sociais, disciplinadas pela Lei n. 9.637/1998 na esfera federal são aquelas assim declaradas como pessoas jurídicas de direito

(A) público ou privado, prestadoras de serviço público, que se submetem integralmente ao regime de direito público.

(B) privado, com fins lucrativos, que desempenham serviços públicos não exclusivos do Estado e submetem-se a regime jurídico de direito privado.

(C) privado, com ou sem fins lucrativos, que recebem incentivos materiais e financeiros do Poder Público para desenvolvimento de atividade social e que, portanto, submetem-se integralmente à obrigação legal de licitar no decorrer de suas atividades.

(D) privado, sem fins lucrativos, que celebram contrato de gestão com o Poder Público para obtenção de recursos orçamentários e desenvolvem serviços sociais não exclusivos do Estado, podendo estar dispensadas de licitar no decorrer do exercício de suas atividades.

(E) público ou privado, destinatárias de fomento do Poder Público para desenvolvimento de serviços públicos ou atividades sociais, que se submetem a regime jurídico de direito público ou privado, conforme, respectivamente, devam ou não licitar.

Art. 1º da Lei 9.637/1998.
Gabarito "D".

(Procurador do Estado/RO – 2011 – FCC) Organizações Sociais, Organizações da Sociedade Civil de Interesse Público e Serviços Sociais Autônomos são espécies do gênero denominado *entidades de colaboração com a Administração Pública*. É característica comum dessas três espécies, conforme legislação federal,

(A) estarem sujeitas ao controle dos Tribunais de Contas, embora tenham personalidade jurídica de direito privado.

(B) serem beneficiárias de prerrogativas processuais semelhantes às das entidades de direito público, quando houver questionamento dos atos praticados no exercício de atividades consideradas de interesse público.

(C) contarem obrigatoriamente com a participação de representantes do Poder Público em seus órgãos internos de deliberação superior.

(D) serem beneficiárias de contribuições parafiscais, estabelecidas para custeio de suas atividades de interesse público.

(E) celebrarem obrigatoriamente contrato de gestão, com a Administração Pública, para desempenho de suas atividades.

A: correta, pois, de acordo com o art. 70, parágrafo único, da Constituição, todas as pessoas que utilizam dinheiro, bens ou valores públicos devem prestar contas; **B:** incorreta, pois tais entidades NÃO fazem parte da Administração Pública; ademais, mesmo entre os entes da Administração Pública, apenas as pessoas jurídicas de direito público têm tais prerrogativas processuais; **C:** incorreta, pois essa obrigação não existe em relação a todas essas entidades; a Lei 9.790/1999 (Lei da OSCIP) não traz essa obrigação; já a Lei 9.637/1998 (Lei das Organizações Sociais), estabelece essa obrigatoriedade (art. 2º, I, "d"); **D:** incorreta, pois somente os serviços sociais autônomos gozam dessa

prerrogativa; **E:** incorreta, pois esse contrato (*contrato de gestão*) é assinado pelas Organizações Sociais; quando se tratar de uma OSCIP, assina-se o chamado *termo de parceria*.
Gabarito "A".

(Procurador do Município/São José dos Campos-SP – 2012 – VUNESP) Nos termos da Lei Federal n. 9.637, de 15.05.1998, o Contrato de Gestão é o instrumento firmado entre o Poder Público e a entidade qualificada como organização social, com vistas à formação de parceria para fomento e execução de atividades relativas às seguintes áreas:

(A) ensino, pesquisa científica, desenvolvimento tecnológico, proteção e preservação do meio ambiente, cultura e saúde.

(B) ensino, pesquisa técnica, habitação, proteção e preservação do meio ambiente, cultura e saúde.

(C) ensino, desenvolvimento científico, proteção e preservação do meio ambiente, transporte, cultura e saúde.

(D) ensino, proteção e preservação do meio ambiente, habitação, cultura e saúde.

(E) ensino, segurança, proteção e preservação do meio ambiente, cultura e saúde.

Segundo o art. 1º da Lei 9.637/1998, "o Poder Executivo poderá qualificar como organizações sociais pessoas jurídicas de direito privado, sem fins lucrativos, cujas atividades sejam dirigidas ao *ensino, à pesquisa científica, ao desenvolvimento tecnológico, à proteção e preservação do meio ambiente, à cultura e à saúde*, atendidos aos requisitos previstos nesta Lei". Assim, apenas a alternativa "a" está correta.
Gabarito "A".

(Procurador do Município/São José dos Campos-SP – 2012 – VUNESP) Com relação ao Termo de Parceria a que alude a Lei Federal n. 9.790, de 23.03.1999, assinale a alternativa que contempla cláusula essencial para esse tipo de ajuste.

(A) Regime de execução.

(B) Reconhecimento dos direitos da Administração, em casos de rescisão administrativa.

(C) Condições de pagamento, data-base, periodicidade de reajustamento e critério de atualização monetária.

(D) Crédito pelo qual correrá a despesa.

(E) Estipulação das metas e dos resultados a serem atingidos e os respectivos prazos de execução ou cronograma.

As cláusulas essenciais do Termo de Parceria estão previstas nos incisos do § 2º do art. 10 da Lei 9.790/1999. A "estipulação das metas e dos resultados a serem atingidos e os respectivos prazos de execução ou cronograma" (alternativa "e") estão previstos no inciso II do parágrafo mencionado, ao passo que as cláusulas mencionadas nas demais alternativas das questões não estão previstas no dispositivo mencionado.
Gabarito "E".

(Advogado da União/AGU – CESPE – 2012) Julgue o item seguinte.

(1) Para que sociedades comerciais e cooperativas obtenham a qualificação de organizações da sociedade civil de interesse público, é preciso que elas não possuam fins lucrativos e que tenham em seus objetivos sociais a finalidade de promoção da assistência social.

Incorreta, pois sociedades comerciais e cooperativas não podem se qualificar como sociedade civil de interesse público (art. 2º, I e X, da Lei 9.790/1999).
Gabarito 1E

2. DIREITO ADMINISTRATIVO — 127

4.7. Temas combinados

(Procurador do Estado/TO - 2018 - FCC) A Lei Orgânica da Procuradoria Geral do Estado do Tocantins – Lei Complementar 20/1999 – dispõe sobre as competências do Conselho dos Procuradores. Considerando o rol ali estabelecido, NÃO é competência legal do Conselho dos Procuradores

(A) manifestar-se, em caráter preliminar, sobre a confirmação dos Procuradores do Estado em estágio probatório.

(B) aferir, por avaliação e para efeito de promoção, o desempenho dos Procuradores, fixando critérios objetivos para este fim.

(C) apreciar e julgar, em grau de recurso, pedidos de reconsideração em face de decisões tomadas pelo Procurador-Geral, pertinentes a direitos, vantagens e prerrogativas da carreira de Procurador do Estado.

(D) opinar, se solicitado pelo Presidente, sobre alterações na estrutura da Procuradoria-Geral e respectivas competências.

(E) opinar sobre a criação, a transformação, a ampliação, a fusão e a extinção de unidades administrativas.

Comentário: O art. 3º da Lei Orgânica da Procuradoria Geral do Estado do Tocantins (Lei Complementar 20/1999) dispõe sobre a competência do Conselho dos Procuradores. A única atribuição que não consta na lei é aquela contemplada na alternativa A. As demais alternativas (B, C, D e E) estão contempladas na lei (incisos II, V, III e IV, respectivamente). **RB**
Gabarito "A".

(Procurador do Estado – PGE/PR – PUC – 2015) A propósito dos órgãos e entidades da Administração Pública brasileira, assinale a alternativa **CORRETA**.

(A) As agências reguladoras são as autarquias federais autorizadas por lei e instituídas pelo Poder Executivo, com o escopo de disciplinar setores estratégicos da economia nacional que detêm independência administrativa e patrimônio próprio.

(B) As agências executivas são autarquias ou fundações assim qualificadas por ato do Presidente da República, desde que possuam um plano estratégico de reestruturação e desenvolvimento institucional em desenvolvimento e tenham celebrado contrato de gestão com o respectivo Ministério supervisor.

(C) As fundações públicas são entidades dotadas de personalidade jurídica de direito privado, criadas por lei e instituídas pelo Poder Executivo, que manejam prerrogativas de direito público com independência administrativa e patrimônio próprio.

(D) Os consórcios públicos são pessoas jurídicas de direito privado, autorizadas por lei federal e instituídas pelo Poder Executivo, formadas a partir da conjugação de duas ou mais pessoas políticas para a gestão associada de atividades estatais.

(E) As agências reguladoras podem figurar como Poder Concedente em contratos de concessão de serviço público e de parceria público-privada, nos termos do respectivo plano estratégico e contrato de gestão firmado com o Ministério supervisor.

A: incorreta. As Agências Reguladoras atuam em todos os setores em que exista a prestação de serviços públicos, e não somente nos "estratégicos", como consta do enunciado; **B: correta**. Perfeita a definição de

agências executivas, sendo autarquias e fundações públicas pré-existentes, que celebram um contrato de gestão para o desenvolvimento, dentre outras atividades (art. 37, § 8º, CF), de um plano estratégico; **C**: incorreta. As fundações públicas podem ter personalidade jurídica de direito público ou de direito privado, sendo que, no caso de serem de direito privado, são apenas autorizadas por lei; **D**: incorreta. Os consórcios públicos podem adotar personalidade jurídica de direito público ou de direito privado (art. 1º, § 1º, da Lei 11.107/2005), sendo constituídos por contrato (art. 3º, da Lei 11.107/2005); **E**: incorreta. As Agências Reguladoras são autarquias de regime especial e, como tais, não podem firmar contratos com Ministérios, eis que esses são entes despersonalizados. **AW**
Gabarito "B".

(Procurador – PGFN – ESAF – 2015) O instrumento adotado pela administração pública em caso de transferências voluntárias de recursos para consecução de planos de trabalho propostos pela administração pública, em regime de mútua cooperação com organizações da sociedade civil, selecionadas por meio de chamamento público, é denominado:

(A) termo de fomento.

(B) contrato de gestão.

(C) concessão patrocinada.

(D) convênio administrativo.

(E) termo de colaboração.

Trata-se do Termo de Colaboração previsto na Lei 13.019/2014, em que a Administração Pública institui uma parceria com as OSCIPs, em para o desenvolvimento de políticas públicas já implementadas pelo governo. **AW**
Gabarito "E".

(Procurador do Estado – PGE/MT – FCC – 2016) A estrutura organizacional básica dos órgãos e entidades da Administração Pública Direta e Indireta disposta na Lei Complementar estadual nº 566 de 20 de maio de 2015 é constituída, dentre outros, pelo nível de:

(A) direção superior composto pelo(a) Governador(a), vice-Governador(a) e os titulares das Secretarias de Gestão e de Fazenda.

(B) decisão colegiada que é representado pelos Conselhos Superiores dos órgãos e entidades ou assemelhados e suas unidades de apoio, necessárias ao cumprimento de suas competências legais e funções regimentais.

(C) administração sistêmica que é representado pelas unidades responsáveis por competências de apoio técnico e especializado aos titulares em assuntos de interesse geral do órgão e entidade subordinados ao Núcleo Estratégico estadual.

(D) administração desconcentrada compreendendo as entidades autárquicas, fundacionais, sociedades de economia mista e empresas públicas, com organização fixada em lei e regulamentos próprios, vinculadas aos órgãos centrais.

(E) administração descentralizada que é representado por órgãos e unidades responsáveis pela execução de atividades-fim cujas características exijam organização e funcionamento peculiares, dotadas de relativa autonomia administrativa e financeira, com adequada flexibilidade de ação gerencial.

A: incorreta. O art. 2º, da LC estadual 566/2015 dispõe que o Poder Executivo é exercido pelo Governador e seus Secretários; **B: correta**. O

Art. 5º, LC estadual 566/2015 assim dispõe: "A estrutura organizacional básica dos órgãos e entidades da Administração Pública Direta e Indireta é constituída dos seguintes níveis: I - Nível de Decisão Colegiada - representado pelos Conselhos Superiores dos órgãos e entidades ou assemelhados e suas unidades de apoio, necessárias ao cumprimento de suas competências legais e funções regimentais"; **C:** incorreta. O art. 5º, V, da LC estadual 566/3015 dispõe que: V - Nível de Administração Sistêmica - compreendendo os órgãos e unidades setoriais prestadores de serviços nas áreas de planejamento, administração e finanças, coordenados, respectivamente, pelas Secretarias de Estado de Planejamento, de Gestão e de Fazenda"; **D:** incorreta. A Administração desconcentrada é a dividida em órgãos, e não em pessoas jurídicas da Administração Indireta, sendo essa a descentralização; **E:** incorreta. A descentralização é a criação de novas pessoas jurídicas para a prestação de serviços públicos, por isso não se tratam de órgãos, e, sim, de pessoas jurídicas da Administração Indireta. AW

Gabarito "B".

5. SERVIDORES PÚBLICOS

5.1. Conceito e classificação

(Procurador Municipal – Sertãozinho/SP – VUNESP – 2016) Assinale a alternativa que corretamente discorre sobre tema previsto na Lei Complementar Municipal 050/1996, que dispõe sobre o regime jurídico dos servidores públicos civis do Município de Sertãozinho.

(A) Os períodos de licença-prêmio já adquiridos e não gozados pelo servidor efetivo ou comissionado que se aposentar, exonerar-se do cargo, a pedido ou de ofício, não serão convertidos em pecúnia; todavia, se o servidor vier a falecer, serão convertidos em pecúnia, em favor dos beneficiários da pensão.

(B) O servidor poderá participar de congressos, simpósios ou promoções similares, somente no Estado de São Paulo, desde que versem sobre temas ou assuntos referentes aos interesses de sua atuação profissional.

(C) Investido no mandato de Prefeito, o servidor efetivo será afastado do cargo, emprego ou função, sendo-lhe facultado optar pela sua remuneração, não sendo, todavia, o tempo de exercício computado para efeito de benefício previdenciário.

(D) Readaptação é o retorno à atividade de servidor aposentado por invalidez, quando, por junta médica oficial, forem declarados insubsistentes os motivos da aposentadoria.

(E) O concurso público terá validade de até 2 (dois) anos, podendo ser prorrogada uma única vez, por igual período, não sendo aberto novo concurso enquanto houver candidato aprovado em concurso anterior com prazo de validade não expirado.

A: Incorreta. Trata-se de uma questão bem específica, relativa a uma lei municipal que o candidato deverá estudar somente para esse concurso. Porém, como sabemos que a Lei 8.112/1990 é considerada a Lei Geral da Previdência Social, logicamente deve ser seguida em âmbito municipal, por isso é que uma dica para esse tipo de prova é não escolher nenhuma alternativa que pareça estranha ao que determina a lei geral (essa deve ser conhecida por todos). O art. 142, da Lei Complementar 50/2006 determina que a licença prêmio poderá ser convertida em dinheiro, não estando a aposentadoria, nem o falecimento previstos como causa de exclusão dessa conversão, como afirmado na assertiva. **B:** Incorreta. Essa Lei não dispõe a respeito da permissão de participação em Congressos ou Simpósios, havendo apenas referência a esses nos casos de acidente de trabalho, que se configurarão durante a presença

do servidor nesses eventos (art. 134, § 2º, III, LC 50/2006). **C:** Incorreta. Essa hipótese consta do art. 38, II e IV, CF, sendo expresso no inciso IV, art. 38, CF a previsão de contagem de prazo de tempo de serviço para todos os fins, exceto para a promoção por merecimento. **D:** Incorreta. Esse é o conceito de reintegração. A readaptação determina: "Art. 24. Readaptação é a investidura do servidor em cargo de atribuições e responsabilidades compatíveis com a limitação que tenha sofrido em sua capacidade física ou mental verificada em inspeção médica; **E:** Correta. Mesmo sem saber nada sobre a referida Lei Complementar Municipal seria possível responder à questão conhecendo o art. 37, III e IV, CF, sendo repetido de forma simétrica (princípio da simetria) nos arts. 25, e seguintes, da LC 50/2006. AW

Gabarito "E".

5.2. Vínculos (cargo, emprego e função)

(Procurador do Município - Valinhos/SP - 2019 - VUNESP) Com relação à função pública e aos cargos públicos, assinale a alternativa correta.

(A) A função pública tem cargos específicos, remunerados ou não, fixados em lei ou diploma a ela equivalente, entretanto, nem toda função pressupõe a existência do cargo.

(B) O cargo público é a atividade em si mesma, ou seja, cargo é sinônimo de atribuição e corresponde às inúmeras tarefas que constituem o objeto dos serviços prestados pela Administração, ocupado por servidor público, tendo funções específicas e remuneradas fixadas em lei ou diploma a ela equivalente.

(C) A função pública é a atividade em si mesma, entretanto, função não é sinônimo de atribuição e corresponde a tarefas certas e determinadas, que não constituem o objeto dos serviços prestados pelos servidores públicos.

(D) Toda função tem um cargo, porque não se pode admitir um lugar na Administração que não tenha a predeterminação das tarefas do servidor, ressaltando--se que a função poderá ser ocupada por servidor público, com funções específicas, remuneradas ou não, fixadas em lei ou diploma a ela equivalente.

(E) Cargo público é o lugar dentro da organização funcional da Administração Direta e de suas autarquias e fundações públicas que, ocupado por servidor público, tem funções específicas e remuneradas fixadas em lei ou diploma a ela equivalente.

A questão explora os conceitos de "função pública" e "cargos públicos". De acordo com José dos Santos Carvalho Filho (Manual de direito administrativo, 31.ed., p. 652), função pública "é a atividade em si mesma, ou seja, função é sinônimo de atribuição e corresponde às inúmeras tarefas que constituem o objeto dos serviços prestados pelos servidores públicos" (portanto, incorretas as alternativas A, C e D). Já cargo público corresponde ao "lugar dentro da organização funcional da Administração Direta e de sus autarquias e fundações que, ocupado por servidor público, tem funções específicas e remuneradas fixadas em lei ou diploma a ela equivalente." (logo, incorreta a alternativa B e correta a alternativa E). RB

Gabarito "E".

(Procurador Municipal – Sertãozinho/SP – VUNESP – 2016) Nos termos da Lei Municipal 3.460/2000, organizar e definir a estrutura administrativa, financeira e técnica do Fundo de Previdência dos Servidores Públicos Estatutários do Município de Sertãozinho – SERTPREV é atribuição do

(A) gestor do SERTPREV, designado pelo Prefeito Municipal.

(B) Conselho Municipal de Previdência.

(C) Prefeito Municipal.

(D) Colegiado dos Servidores Públicos Estatutários Municipais, composto por dois representantes dos servidores ativos e um representante dos inativos e pensionistas.

(E) Secretário Municipal de Administração.

A: Incorreta. Nessa questão temos apenas o uso da "lei seca", devendo o candidato ter memorizado as competências relacionadas na Lei 3.460/2000, do Município de Sertãozinho, que assim dispõe: "Art. 20 Compete ao Conselho Municipal de Previdência: III – organizar e definir a estrutura administrativa, financeira e técnica do SERTPREV. **B:** Correta, conforme disposto no art. 20, da Lei 3.460/2000. **C:** Incorreta. Os motivos são os mesmos constantes das duas primeiras explicações. **D:** Incorreta. Não consta dessa norma a nenhuma previsão de Colégio de Servidores Públicos. **E:** Incorreta. Também não há previsão específica de competência para as Secretarias, que devem gerir a administração em geral do Município, mas a ela não cabe nenhum poder de administração dos Fundos de Previdência. AW
Gabarito "B".

(Procurador do Município/Sorocaba-SP – 2012 –VUNESP) Os servidores públicos temporários

(A) exercem cargo público, sem estarem vinculados à Administração.

(B) exercem função pública, sem estarem vinculados a cargo público.

(C) são contratados por tempo determinado, em regime estatutário.

(D) são contratados por tempo indeterminado, sob regime trabalhista.

(E) são eleitos para exercer mandato público por tempo determinado.

A: incorreta, pois não são titulares de cargo, mas de função pública; **B:** correta, pois exercem mera função pública; **C:** incorreta, pois não seguem o regime estatutário geral dos demais servidores públicos; na verdade, há uma espécie de "miniestatuto" regulamentando esse tipo de contratação em cada ente político, mas não se trata do regime estatutário próprio dos servidores detentores de cargos públicos; **D:** incorreta, pois a contratação é por prazo determinado; **E:** incorreta, pois essas pessoas não são eleitas para mandato, mas sim contratadas para função pública temporária.
Gabarito "B".

(ADVOGADO – CEF – 2012 – CESGRANRIO) A súmula vinculante n. 13, ao reconhecer que a prática do nepotismo viola a Constituição da República, impede a contratação de parentes de autoridades e de funcionários para cargos de confiança e de comissão

(A) somente no âmbito do Poder Executivo

(B) somente no âmbito do Poder Judiciário

(C) somente no âmbito dos Poderes Executivo e Judiciário

(D) somente no âmbito dos Poderes Executivo e Legislativo

(E) no âmbito dos Poderes Executivo, Legislativo e Judiciário

A súmula é clara ao dispor que se aplica à Administração Direta e Indireta de "qualquer dos Poderes da União, dos Estados, do Distrito Federal e dos Municípios".
Gabarito "E".

(ADVOGADO – CORREIOS – 2011 – CESPE) Julgue o item abaixo, acerca da relação jurídica dos servidores e dos empregados públicos.

(1) Os ocupantes de cargo público ou de emprego público têm vínculo estatutário e institucional regido por estatuto funcional próprio, que, no caso da União, é a Lei n. 8.112/1990.

1: incorreta, pois o estatuto funcional próprio só se aplica aos ocupantes de cargos públicos (art. 1º c/c art. 2º, ambos da Lei 8.112/1990), sendo que, quanto aos ocupantes de emprego público, aplica-se a CLT.
Gabarito 1E

5.3. Provimento

(Procurador do Município - Valinhos/SP - 2019 - VUNESP) É correto afirmar que provimento é o

(A) ato administrativo que materializa a nomeação originária.

(B) fato administrativo pelo qual se efetua o preenchimento de uma função pública.

(C) fato administrativo pelo qual o servidor se vincula à função pública.

(D) fato administrativo que traduz o preenchimento de um cargo público.

(E) ato administrativo que materializa a nomeação derivada.

Provimento é definido como o "fato administrativo que traduz o preenchimento de um cargo público" (José dos Santos Carvalho Filho, "Manual de direito administrativo", 31.ed., p. 659). Assim, correta a alternativa D. RB
Gabarito "D".

(Procurador do Estado/TO - 2018 - FCC) Considere que Casimiro Rubião, atualmente com 70 anos, era servidor público estável, titular de cargo efetivo do Quadro da Secretaria de Educação do Estado do Tocantins, tendo se aposentado por invalidez em 1º de fevereiro de 2012. Em 30 de abril de 2017, a Corregedoria Geral do Estado – CGE recebeu informações de que a aposentadoria teria sido concedida de forma fraudulenta, em episódio envolvendo Casimiro e o perito que atestou sua falsa invalidez. Na apuração promovida pela CGE, a Junta Médica Oficial constatou que Casimiro goza atualmente de plena capacidade física e mental para o exercício das funções que desempenhava até sua aposentação. Sabendo-se que lei posterior veio a extinguir o cargo ocupado por Casimiro, é correto afirmar que

(A) não cabe reversão da aposentadoria, pois a aposentadoria por invalidez é ato irreversível.

(B) não cabe reversão da aposentadoria, haja vista que já ultrapassada a idade da aposentadoria compulsória.

(C) não cabe reversão da aposentadoria, visto que já decorridos 5 anos da data em que ocorreu a aposentação.

(D) deve haver reversão em cargo de atribuições afins, respeitada a habilitação exigida, nível de escolaridade e equivalência de vencimentos.

(E) deve haver reversão no mesmo cargo que ocupava, visto que a extinção será considerada sem efeito.

A situação apresentada envolve a concessão ilegal de aposentadoria por invalidez, porquanto concedida de modo fraudulento. Nesse sentido, a sua invalidação gera como consequência o retorno do servidor para a Administração. Trata-se da figura da reversão. Observe-se que a reversão é possível pois o servidor envolvido conta atualmente com 70 anos de idade, motivo pelo qual inaplicável a aposentadoria compulsória (idade de 75 anos). Além disso, o fato de já ter decorrido o prazo de 5 anos da data da aposentação não impede a anulação, porquanto houve má-fé no contexto do ato viciado. Por fim, considerando que o cargo anteriormente ocupado por Casimiro foi extinto, a reversão deve ocorrer em cargo de atribuições afins, respeitada a habilitação exigida, nível de escolaridade e equivalência de vencimentos. Diante disso, correta a alternativa D. **RB**

Gabarito "D".

(Procurador do Estado/TO - 2018 - FCC) Estevão Artacho, candidato em concurso público para a carreira policial, foi considerado inapto por exame médico oficial, realizado em 24 de março de 2017, pela constatação de que sofria de sopro no coração, isto é, uma alteração nas válvulas coronárias. Por essa razão, não pôde tomar posse na data marcada para a investidura dos candidatos, 11 de abril de 2017. Inconformado, Estevão ajuizou ação ordinária, questionando o ato administrativo que o considerou inapto e pleiteou, a título de indenização, o valor correspondente aos vencimentos do cargo, computados desde a data fixada para a posse. Citada a Fazenda Estadual e contestada a pretensão, determinou-se realização de prova pericial, que constatou, por meio de exames mais detalhados, que se tratava de variedade benigna da anomalia, não impeditiva do exercício da função pública. O juiz prolatou sentença de procedência, no tocante ao pedido de empossamento no cargo público. No tocante à pretensão relativa à indenização, a sentença seguiu a jurisprudência dominante do STF, que dispõe que

(A) não é devida indenização, salvo em situação de flagrante arbitrariedade do ato que impediu a posse.

(B) a indenização é devida, computada desde a data em que deveria ter ocorrido a posse.

(C) tal pretensão deve ser deduzida em ação própria.

(D) a indenização é devida, computada desde a data do ajuizamento da ação.

(E) a indenização é devida, computada desde a data da citação da Fazenda Pública.

A questão explora conhecimento da jurisprudência do STF, que fixou a seguinte tese em sede de repercussão geral (tese 671): "na hipótese de posse em cargo público determinada por decisão judicial, o servidor não faz jus a indenização, sob fundamento de que deveria ter sido investido em momento anterior, salvo situação de arbitrariedade flagrante." (RE 724.347/DF, Pleno, Rel. Min. Roberto Barroso, – Repercussão Geral, DJe 13/05/15). Nesse sentido, correta a alternativa A. **RB**

Gabarito "A".

(Procurador do Estado/AC - 2017 - FMP) De acordo com o atual panorama interpretativo verificado na jurisprudência dos Tribunais Superiores, pode-se afirmar sobre o direito subjetivo à nomeação do candidato aprovado em concurso público fora do número de vagas disciplinado pelo certame de que participou:

(A) O cadastro reserva revela-se por si como medida inidônea para o aproveitamento dos candidatos aprovados durante a validade do concurso.

(B) Os aprovados dentro do cadastro reserva não têm expectativa de direito à nomeação, muito menos direito subjetivo a serem chamados para o preenchimento da vaga.

(C) Incumbe à Administração, no âmbito de seu espaço de discricionariedade exercido de forma livre, avaliar a

conveniência e a oportunidade de novas convocações durante a validade do certame.

(D) O direito subjetivo à nomeação do candidato surge, dentre outras hipóteses, quando, ao surgirem novas vagas ou ao ser aberto novo concurso durante a validade do certame anterior, ocorre a preterição de candidatos de forma justificada e motivada por parte da Administração.

(E) Demonstrada a existência de vagas e a necessidade de serviço, não pode a Administração deixar transcorrer o prazo de validade a seu bel prazer para nomear outras pessoas que não aquelas já aprovadas em concurso válido.

De acordo com a jurisprudência do STF (RE 837.311, rel. Min. Luiz Fux, DJe 18/04/16, Tema 784), a discricionariedade da Administração quanto à convocação de aprovados em concurso público fica reduzida ao patamar zero, fazendo exsurgir o direito subjetivo à nomeação nas seguintes hipóteses: i) Quando a aprovação ocorrer dentro do número de vagas dentro do edital (RE 598.099); ii) Quando houver preterição na nomeação por não observância da ordem de classificação (Súmula 15 do STF); iii) Quando surgirem novas vagas, ou for aberto novo concurso durante a validade do certame anterior, e ocorrer a preterição de candidatos aprovados fora das vagas de forma arbitrária e imotivada por parte da administração nos termos acima. Verifica-se que a terceira hipótese diz respeito ao candidato aprovado fora do número de vagas. Dessa forma, correta a alternativa E. **RB**

Gabarito "E".

(Procurador do Estado – PGE/PA – UEPA – 2015) Quanto às formas de provimento dos cargos públicos, afirma-se que:

I. A nomeação é considerada forma originária de provimento.

II. A reintegração é a reinvestidura do servidor estável ou não no cargo anteriormente ocupado, ou no cargo resultante de sua transformação, quando invalidada a demissão por decisão judicial.

III. Se o cargo para o qual o servidor venha a ser reintegrado encontre-se provido, o seu eventual ocupante será reconduzido ao cargo de origem, sem direito à indenização ou aproveitado em outro cargo, ou, ainda, posto em disponibilidade.

IV. A reversão se constitui hipótese de retorno à atividade de servidor que se encontrava em disponibilidade.

A alternativa que contém todas as afirmativas corretas é:

(A) I.

(B) I e III.

(C) III.

(D) I e IV.

(E) II e III.

I: correta. A nomeação é forma originária de provimento porque independe de outros cargos anteriormente ocupados pelo servidor, ou seja, pode ser a primeira forma de ocupação de um cargo pelo servidor; II: incorreta. Só é possível a reintegração do servidor estável (art. 28, da Lei 8.112/1990); III: correta. É o que dispõe o art. 28, § 2º, da Lei 8.112/1990; IV: incorreta. A reversão é o retorno do servidor aposentado (por invalidez ou em decorrência do interesse público), conforme disposto no art. 25, da Lei 8.112/1990. **AW**

Gabarito "B".

(Procurador – PGFN – ESAF – 2015) Analise as seguintes situações:

I. Aurélio, servidor público aposentado por invalidez, retornou à ativa após perícia médica constatar a insubsistência dos motivos que levaram à sua aposentação.

2. DIREITO ADMINISTRATIVO

II. Dionísio, servidor estável, retornou ao serviço público após a Administração ter constatado a ilegalidade do ato que o demitiu.

III. Clélia, servidora estável, reingressou no serviço público após ter sido colocada em disponibilidade em virtude da extinção do cargo que ocupava.

IV. Porfírio, reprovado no estágio probatório do cargo para o qual foi nomeado, voltou a ocupar cargo que antes titularizava.

Essas hipóteses de provimento derivado são, respectivamente:

(A) (I) aproveitamento; (II) reintegração; (III) reversão; (IV) recondução.

(B) (I) reversão; (II) reintegração; (III) aproveitamento; (IV) recondução.

(C) (I) readmissão; (II) reversão; (III) transposição; (IV) aproveitamento.

(D) (I) reversão; (II) aproveitamento; (III) recondução; (IV) transposição.

(E) (I) readmissão; (II) transposição; (III) reintegração; (IV) aproveitamento.

I: Reversão, conforme disposto no art. 25, da Lei 8.112/1990, sendo o retorno do servidor aposentado por invalidez; **II:** Reintegração (art. 28, da Lei 8.112/1990), sendo o retorno do servidor estável ao cargo anteriormente ocupado em razão da declaração de nulidade da sua demissão; **III:** Aproveitamento. Retorno do servidor que se encontrava em disponibilidade (art. 30, da Lei 8.112/1990); **IV:** Recondução. Conforme disposto no art. 29, da Lei 8.112/1990, sendo o retorno do servidor ao cargo anteriormente ocupado. 〔AW〕

Gabarito "B".

(Procurador/DF – 2013 – CESPE) Acerca do direito administrativo, julgue os itens a seguir.

(1) A promoção constitui investidura derivada, enquanto a nomeação traduz investidura originária do servidor público.

1: certa, pois a promoção de um servidor só pode ocorrer quando este já tenha tido uma designação anterior para algum cargo, ou seja, a promoção nunca é o primeiro provimento (o provimento originário), mas sim um provimento derivado; já a nomeação é o primeiro provimento, ou seja, o provimento originário.

Gabarito 1C

(ADVOGADO – CEF – 2012 – CESGRANRIO) Qual a forma de provimento de cargo público federal em que o servidor estável retorna ao cargo anteriormente ocupado em decorrência de reintegração do anterior ocupante?

(A) Readaptação

(B) Ascensão

(C) Recondução

(D) Reversão

(E) Aproveitamento

Trata-se da recondução, nos termos do art. 29, II, da Lei 8.112/1990.

Gabarito "C".

5.4. Vacância

5.5. Efetividade, estabilidade e vitaliciedade

(Procurador Municipal – Prefeitura/BH – CESPE – 2017) No que tange aos servidores públicos do Quadro Geral de Pessoal do Município de Belo Horizonte vinculados à administração direta, assinale a opção correta.

(A) Servidor habilitado em concurso público municipal e empossado em cargo de provimento efetivo adquirirá estabilidade no serviço público ao completar dois anos de efetivo exercício.

(B) Sem qualquer prejuízo, poderá o servidor ausentar-se do serviço por oito dias consecutivos em razão do falecimento de irmão.

(C) Posse é a aceitação formal, pelo servidor, dos deveres, das responsabilidades e dos direitos inerentes ao cargo público ou função pública, concretizada com a assinatura do respectivo termo pela autoridade competente e pelo empossado e ocorre no prazo de vinte dias contados do ato de nomeação, prorrogável por igual período, motivadamente e a critério da autoridade competente.

(D) Exercício é o efetivo desempenho, pelo servidor, das atribuições do cargo ou de função pública, sendo de quinze dias o prazo para o servidor empossado em cargo público no município de Belo Horizonte entrar em exercício, contados do ato da posse.

A: Incorreta. O prazo para se adquirir a estabilidade é de 3 anos, conforme disposto no art. 41, CF. Lei Municipal não pode contrariar o disposto em norma constitucional. Somente os titulares de cargos vitalícios é que podem adquirir esse direito em 2 anos (art. 95, CF); **B:** correta. É o que dispõe o art. 97, III, *b*, da Lei 8.112/1990: o prazo da licença "nojo" por falecimento de irmão é de 8 dias, sendo o mesmo nos demais estatutos funcionais de todas as esferas da federação, eis que a Lei 8.112/1990 é uma lei geral e se aplica a todos os demais Entes Políticos; **C:** correta. Trata-se do disposto nos arts. 19 e 20, da Lei 7.169/1996; **D:** incorreta. O prazo é de 10 dias, conforme disposto no art. 24, § 1º, da Lei 7169/96. 〔AW〕

Gabarito B e C estão corretas.

(Procurador do Município/Sorocaba-SP – 2012 – VUNESP) Decorrem da estabilidade em cargo público os direitos a

(A) cargo, emprego e função.

(B) subsídios, estágio probatório e aproveitamento.

(C) gozo de férias, aposentadoria e disponibilidade.

(D) reintegração, disponibilidade e aproveitamento.

(E) aposentadoria, subsídios e gozo de férias.

A única alternativa que traz institutos que reclamam a existência de estabilidade do servidor é a alternativa "d", conforme se depreende do artigo 28 da Lei 8.112/1990 e do art. 41, § 2º, da CF (reintegração) e do art. 41, § 3º, da CF (disponibilidade e aproveitamento).

Gabarito "D".

5.6. Acumulação remunerada e afastamento

(Procurador do Estado/AC - 2017 - FMP) Assinale a alternativa CORRETA no que se refere à acumulação de cargos públicos.

(A) O teto remuneratório é aplicável ao conjunto das remunerações ou ao somatório dos ganhos percebidos de forma cumulativa.

(B) A proibição constitucional de acumular estende-se apenas a empregos e abrange autarquias, empresas públicas, sociedades de economia mista e fundações mantidas pelo poder público.

WANDER GARCIA, RODRIGO BORDALO, HENRIQUE SUBI, FLÁVIA MORAES BARROS E ARIANE WADY

(C) Há vedação legal no ordenamento jurídico vigente quanto à acumulação de cargos públicos em entidades ou órgãos situados em unidades distintas da Federação.

(D) A existência de norma jurídica que estipula limitação de jornada semanal dos cargos a serem acumulados constitui óbice ao reconhecimento do direito à acumulação prevista na Constituição.

(E) Nos casos de acumulação autorizados pelo texto constitucional, deve-se levar em conta, para a aplicação do teto remuneratório, separadamente cada um dos vínculos formalizados.

Alternativa A incorreta e alternativa E correta (cf. já decidiu o STF no âmbito dos RE 612.975 e RE 602.043, Pleno, Rel. Min. Marco Aurélio, DJe 08/09/2017, "nas situações jurídicas em que a CF autoriza a acumulação de cargos, o teto remuneratório é considerado em relação à remuneração de cada um deles, e não ao somatório do que recebido."). Alternativa B incorreta (a proibição constitucional de acumular aplica-se a cargos, empregos e funções, estendendo-se às autarquias, fundações, empresas públicas, sociedades de economia mista, suas subsidiárias, e sociedades controladas, direta ou indiretamente, pelo poder público, cf. art. 37, XVI e XVII, CF). Alternativa C incorreta (inexiste vedação legal quanto à acumulação de cargos público em unidades distintas da Federação, a exemplo da possibilidade de acúmulo de um cargo de professor estadual e outro de professor municipal). Alternativa D incorreta (cf. entendimento do STF no RE 1.176.440 AgR, Re. Min. Alexandre de Moraes, DJe 13/05/19, havendo compatibilidade de horários, verificada no caso concreto, a existência de norma infraconstitucional limitadora de jornada semanal de trabalho não constitui óbice ao reconhecimento da cumulação de cargos).

Gabarito "E."

(Procurador do Estado – PGE/MT – FCC – 2016) Godofredo, Alfredo e Manfredo são servidores públicos do Estado do Mato Grosso. Godofredo foi cedido para ter exercício em órgão da Administração Pública municipal. Alfredo está afastado para estudo no Exterior e Manfredo foi eleito para exercício de mandato eletivo. Considerando o que estabelece a Lei Complementar estadual nº 04, de 15 de outubro de 1990,

(A) Godofredo, se estiver em exercício de cargo em comissão de confiança o ônus da remuneração será do órgão cessionário.

(B) Manfredo, se for prefeito ou vereador, ainda que haja compatibilidade de horários, deverá ser afastado do cargo.

(C) Alfredo, neste caso, poderá ficar ausente pelo período máximo de três anos.

(D) Manfredo, se for deputado estadual, e houver compatibilidade de horários, poderá acumular o cargo.

(E) Godofredo, se for servidor do Poder Executivo poderá ter exercício em outro órgão da Administração Pública Estadual por prazo indeterminado.

A: correta, tendo em vista o art. 119, da Lei Complementar 04/1990; B: incorreta. O art. 120, LC 04/1990 determina a possibilidade de afastamento do cargo e opção pela melhor remuneração; C: incorreta. A ausência poderá ser de, no máximo, 4 anos (art. 121, § 4º, da LC 04/1990); D: incorreta. Deverá se afastar do cargo, mesmo havendo compatibilidade de horários no caso de mandato federal, estadual ou distrital (art. 120, LC 04/1990); E: incorreta. O exercício em outro órgão depende do tipo de cargo a ser exercido, sendo que para cada caso há uma regra, conforme constam das assertivas "A" e "B". AW

Gabarito "A"

5.7. Remuneração e subsídio

(Procurador do Estado/SE – 2017 – CESPE) À luz do entendimento dos tribunais superiores, assinale a opção correta no que tange à disciplina normativa sobre os direitos e deveres dos servidores e empregados públicos, inclusive quanto ao regime previdenciário.

(A) A contratação temporária de pessoal por tempo determinado é possível, desde que sejam demonstrados o interesse público profissional e a imprescindibilidade da contratação, ainda que a excepcionalidade dos casos não esteja prevista em lei.

(B) Norma estadual que preveja a redução de vencimentos de servidores públicos afastados de suas funções enquanto estes responderem a processo criminal não violará a cláusula constitucional de irredutibilidade de vencimentos.

(C) Ocorre, em cinco anos, a prescrição do fundo do direito quanto à pretensão do servidor público de pleitear a cobrança de remuneração não paga pelo poder público.

(D) O candidato aprovado em concurso público cuja classificação entre as vagas oferecidas no edital se der em razão da desistência de candidatos mais bem classificados no certame não terá direito subjetivo à nomeação.

(E) A percepção do adicional de periculosidade por servidor público não constitui elemento suficiente para o reconhecimento do direito a aposentadoria especial.

A: correta – Em diversos julgados, o Supremo Tribunal Federal, estabeleceu os seguintes requisitos para a regularidade da contratação temporária pela Administração pública em todos os níveis da Federação: *1. Previsão legal da hipótese de contratação temporária, 2. Prazo predeterminado da contratação, 3. A necessidade deve ser temporária, 4. O interesse público deve ser excepcional.* Nesse sentido, o seguinte acórdão: Constitucional. Servidor público: contratação temporária. C.F., art. 37, IX. Lei 4.957, de 1994, art. 4º, do Estado do Espírito Santo. Resolução 1.652, de 1993, arts. 2º e 3º, do Estado do Espírito Santo. Servidor Público: Vencimentos: Fixação. Resolução 8/95 do Tribunal de Justiça do Estado do Espírito Santo. I. – A regra é a admissão de servidor público mediante concurso público. C.F., art. 37, II. As duas exceções à regra são para os cargos em comissão referidos no inc. II do art. 37, e a contratação de pessoal por tempo determinado para atender a necessidade temporária de excepcional interesse público. C.F., art. 37, IX. Nesta hipótese, **deverão** *ser atendidas as seguintes condições: a) previsão em lei dos casos; b) tempo determinado; c) necessidade temporária de interesse público; d) interesse público excepcional.* II. – Lei 4.957, de 1994, art. 4º, do Estado do Espírito Santo e arts. 2º e 3º da Resolução 1.652, de 1993, da Assembleia Legislativa do mesmo Estado: inconstitucionalidade. III. – Os vencimentos dos servidores públicos devem ser fixados mediante lei. C.F., art. 37, X. Vencimentos dos servidores dos Tribunais: iniciativa reservada aos Tribunais: CF, art. 96, II, *b.* IV. – Ação direta de inconstitucionalidade não conhecida relativamente ao artigo 1º da Resolução 1.652/1993 da Assembleia Legislativa e julgada procedente, em parte.(STF – ADI: 1500 ES , Relator: Carlos Velloso, Data de Julgamento: 19/06/2002, Tribunal Pleno, Data de Publicação: DJ 16.08.2002); **B:** incorreta – o STF entende que a redução de vencimentos de servidores públicos processados criminalmente viola os princípios da presunção de inocência e da irredutibilidade de vencimentos. Vejamos julgado a respeito do tema: "Ementa: Art. 2º da Lei Estadual 2.364/61 do Estado de Minas Gerais, que deu nova redação à lei estadual 869/52, autorizando a redução de vencimentos de servidores públicos processados criminalmente. dispositivo não recepcionado pela

2. DIREITO ADMINISTRATIVO

constituição de 1988. afronta aos princípios da presunção de inocência e da irredutibilidade de vencimentos. recurso improvido. I – *A redução de vencimentos de servidores públicos processados criminalmente colide com o disposto nos arts. 5°, LVII, e 37, XV, da Constituição, que abrigam, respectivamente, os princípios da presunção de inocência e da irredutibilidade de vencimentos.* II – Norma estadual não recepcionada pela atual Carta Magna, sendo irrelevante a previsão que nela se contém de devolução dos valores descontados em caso de absolvição. III – Impossibilidade de pronunciamento desta Corte sobre a retenção da Gratificação de Estímulo à Produção Individual – GEPI, cuja natureza não foi discutida pelo tribunal *a quo*, visto implicar vedado exame de normas infraconstitucionais em sede de RE.IV – Recurso extraordinário conhecido em parte e, na parte conhecida, improvido".(RE 482006/MG, Rel. Min. Ricardo Lewandowski, j. 07.11.2007); **C**: incorreta – o que prescreve não é o direito material em si, mas o direito de ação do servidor em face da Fazenda Pública – Art. 1° do Decreto 20.910/1932; **D**: incorreta – O Superior Tribunal de Justiça tem entendimento consagrado no sentido de que, em concurso público, a desistência de candidatos nomeados para a vaga existente gera ao candidato em classificação posterior o direito à nomeação, ainda que classificado fora do número de vagas. Segue ementa a respeito do tema: Administrativo. Agravo regimental no recurso especial. Mandado de segurança. Concurso público. Desistência de candidato convocado para preenchimento de vaga prevista no edital. Direito subjetivo do candidato classificado imediatamente após. Existência. Demonstração da necessidade e do interesse da administração. 1. A desistência de candidatos aprovados dentro do número de vagas previsto no edital do certame resulta em direito do próximo classificado à convocação para a posse ou para a próxima fase do concurso, conforme o caso. 2. É que a necessidade e o interesse da administração no preenchimento dos cargos ofertados está estabelecida no edital de abertura do concurso e a convocação do candidato que, logo após desiste, comprova a necessidade de convocação do próximo candidato na ordem de classificação. A respeito: RE 643674 AgR, Relator Min. Ricardo Lewandowski, Segunda Turma, DJe-168; ARE 675202 AgR, Relator Min. Ricardo Lewandowski, Segunda Turma, DJe-164. 3. Agravo regimental não provido. (STJ, AgRg no RMS 48.266/TO, Rel. Ministro Benedito Gonçalves, Primeira Turma, julgado em 18/08/2015); **E**: incorreta, aplicam-se ao servidor público, no que couber, as regras do regime geral da previdência social sobre aposentadoria especial de que trata o artigo 40, § 4°, inciso III, da Constituição Federal, até a edição de lei complementar específica – Súmula Vinculante 33 do STF. **FB**

Gabarito "A".

(Procurador do Município – Prefeitura Fortaleza/CE – CESPE – 2017) Em cada um dos itens a seguir é apresentada uma situação hipotética seguida de uma assertiva a ser julgada, a respeito da organização administrativa e dos atos administrativos.

(1) Em razão de incorporações legais, determinado empregado público recebe uma remuneração que se aproxima do teto salarial constitucional. Nessa situação, conforme o entendimento do STF, a remuneração do servidor poderá ser superior ao teto constitucional se ele receber uma gratificação por cargo de chefia.

1: incorreta. A remuneração do servidor abrange o salário e as vantagens, sendo que as gratificações, no caso, são as vantagens. Por isso, sabendo-se que o art. 37, XI, CF dispõe que a remuneração, incluindo as vantagens dos servidores, não podem exceder ao teto geral, a assertiva se apresenta como incorreta. **AW**

Gabarito 1E.

(Procurador do Estado/RO – 2011 – FCC) O teto remuneratório constitucionalmente previsto para o Procurador do Estado corresponde

(A) aos subsídios dos Deputados Estaduais e Distritais.

(B) ao subsídio do Governador.

(C) a 90,25% do subsídio mensal, em espécie, do Chefe do Poder Executivo Estadual.

(D) a 90,25% do subsídio mensal, em espécie, dos Ministros do STF.

(E) a 90,25% do subsídio mensal, em espécie, dos Deputados Estaduais e Distritais.

De fato, o art. 37, XI, da CF estabelece como teto do Procurador do Estado o valor de 90,25% do subsídio mensal, em espécie, dos Ministros do STF.

Gabarito "D".

5.8. Previdência do servidor: aposentadoria, pensão e outros benefícios

(Procurador Federal – 2013 – CESPE) Acerca das regras sobre aposentadoria aplicáveis aos servidores públicos e dos princípios constitucionais da administração pública, julgue o item abaixo.

(1) Aos servidores detentores de emprego público, aos temporários e aos que ocupem exclusivamente cargo em comissão aplica-se o regime geral de previdência social, e não, o chamado regime previdenciário especial.

1: correta (art. 40, § 13, da CF/1988).

Gabarito 1C

5.9. Licenças

(Procurador do Estado – PGE/MT – FCC – 2016) Considere as seguintes licenças previstas na Lei Complementar estadual n° 555, de 29 de dezembro de 2014:

I. A licença para desempenho de cargo em entidade associativa, representativa de categoria profissional dos militares estaduais, será concedida com ônus para o Estado pelo período do mandato da entidade, mediante solicitação, desde que não ultrapasse o limite de três militares por entidade.

II. Será concedida licença para desempenho de função em fundação, cuja finalidade seja de interesse das Instituições Militares, conforme deliberação do órgão de decisão colegiada da instituição militar estadual.

III. A licença para qualificação consiste no afastamento do militar estadual, com prejuízo de seu subsídio e assegurada a sua efetividade para todos os efeitos da carreira, para frequência em cursos, no país ou exterior, não disponibilizado pela instituição, desde que haja interesse da Administração pública.

IV. Será concedida licença remunerada de cento e oitenta dias para a militar estadual que adotar criança de até doze anos.

Está correto o que se afirma APENAS em:

(A) I e II.

(B) I, II e III.

(C) III e IV.

(D) II e IV.

(E) I, III e IV.

I: correta. Trata-se do disposto no art. 106, da LC estadual 555/2014; **II:** correta. Trata-se do disposto no art. 95, IX, da LC estadual 555/2014;

III: incorreta. Essa licença para qualificação ocorre sem prejuízo de seu subsídio (art. 108, do referido diploma legal estadual); **IV:** incorreta. O art. 105, LC 555/2014 diferencia as idades do adotando para a concessão da licença em caso de adoção. Será de 180 dias, em casos de bebês de até um ano. AW

Gabarito "A".

(Procurador do Estado – PGE/BA – CESPE – 2014) No que concerne às regras aplicáveis aos servidores públicos estaduais da Bahia, estabelecidas na Lei n.º 6.677/1994, julgue o item abaixo.

(1) Para obter licença para tratamento de saúde, o servidor deve submeter-se a inspeção médica, que poderá ser feita por médico do Sistema Único de Saúde (SUS) ou do setor de assistência médica estadual, caso o prazo da licença seja inferior a quinze dias.

1: incorreta. O art. 125, da Lei 6.677/1994 dispõe que é preciso de um Laudo Médico de Medicina Especializada ratificado pela Junta Médica Oficial do Estado. AW

Gabarito 1E

5.10. Responsabilidade civil do servidor público

(Procurador Distrital – 2014 – CESPE) Julgue o seguinte item.

(1) Aplica-se a prescrição quinquenal no caso de ação regressiva ajuizada por autarquia estadual contra servidor público cuja conduta comissiva tenha resultado no dever do Estado de indenizar as perdas e danos materiais e morais sofridos por terceiro.

1: incorreta, pois a prescrição de pretensões contra a Fazenda Pública se dá em 5 anos (Decreto 20.910/1932), mas a prescrição de pretensões da Fazenda Pública contra particulares se dá em 3 anos (art. 206, § 3º, V, do CC/2002).

Gabarito 1E

5.11. Direitos, deveres e proibições do servidor público

(Procurador Federal – 2013 – CESPE) Julgue o seguinte item.

(1) Se o servidor, em razão do cargo que ocupe, suspeitar que a autoridade que lhe é hierarquicamente superior esteja envolvida em ato irregular, será seu dever levar ao conhecimento de outra autoridade competente, para apuração, a irregularidade.

1: correta (art. 116, VI, da Lei 8.112/1990).

Gabarito 1C

(ADVOGADO – CORREIOS – 2011 – CESPE) A respeito do conceito e dos direitos e deveres dos agentes administrativos, julgue os itens seguintes.

(1) Os direitos e deveres do servidor público são consagrados na Constituição Federal e na legislação federal, vedada a instituição de outros direitos e deveres no âmbito das leis ordinárias dos estados e dos municípios.

(2) Em sentido subjetivo, a administração pública compreende o conjunto de órgãos e de pessoas jurídicas ao qual a lei confere o exercício da função administrativa do Estado.

1: incorreta, pois a Constituição traz um rol mínimo de direitos, nada impedindo que as leis locais estabeleçam novos direitos, proibido,

naturalmente, a criação de direitos que desrespeitem regras proibitivas estabelecidas na Constituição, como a regra que trata do teto remuneratório; **2:** correta, pois traz a adequada definição de administração em sentido subjetivo; já em sentido objetivo, é conjunto de funções necessárias aos serviços públicos em geral.

Gabarito 1E, 2C

5.12. Infrações e processos disciplinares. Comunicabilidade de instâncias

(Procurador do Município - Boa Vista/RR - 2019 - CESPE/CEBRASPE) A respeito das garantias constitucionais relativas a processo administrativo disciplinar, julgue os itens a seguir.

(1) Conforme jurisprudência do STJ, a instauração de processo administrativo disciplinar com base unicamente em denúncia anônima é viável, desde que tenha sido realizado previamente procedimento investigatório.

(2) De acordo com o entendimento do STF, a falta de nomeação de advogado pelo acusado no âmbito de processo administrativo disciplinar não viola o devido processo legal.

1: certo (conforme a Súmula 611 do STJ: "Desde que devidamente motivada e com amparo em investigação ou sindicância, é permitida a instauração de processo administrativo disciplinar com base em denúncia anônima, em face do poder-dever de autotutela imposto à Administração."). **2:** certo (conforme a Súmula Vinculante 5 do STF: "A falta de defesa técnica por advogado no processo administrativo disciplinar não ofende a Constituição.") RB

Gabarito 1C, 2C

(Procurador Municipal/SP – VUNESP – 2016) O servidor público se sujeita à responsabilidade civil, penal e administrativa decorrente do exercício do cargo, emprego ou função. A respeito da responsabilidade do servidor público, é correto afirmar que

(A) não há, com relação ao ilícito administrativo, a mesma tipicidade que caracteriza o ilícito penal, sendo que a maior parte das infrações não é definida com precisão, limitando-se a lei, em regra, a usar termos mais amplos, como falta de cumprimento dos deveres ou procedimento irregular.

(B) quando o servidor causa dano à terceiro, o Estado responde subjetivamente perante o terceiro, ou seja, é necessária a comprovação de dolo ou culpa, podendo, posteriormente, a Administração, em direito de regresso, efetuar descontos nos vencimentos do servidor.

(C) mesmo que o servidor seja condenado na esfera criminal, o juízo cível e a autoridade administrativa podem decidir de forma contrária, não obstante a sentença absolutória no juízo criminal tenha categoricamente reconhecido a inexistência material do fato.

(D) o servidor público civil demitido por ato administrativo, se absolvido pela Justiça em ação penal, por falta de provas, em relação ao ato que deu causa à demissão, será reintegrado ao serviço público, com todos os direitos adquiridos.

(E) em caso de crime de que resulte prejuízo para a Fazenda Pública ou enriquecimento ilícito do servidor, ele ficará sujeito a sequestro e perdimento de bens, sem necessidade de intervenção do Poder Judiciário, na forma da Lei Federal 8.429/2012.

2. DIREITO ADMINISTRATIVO

A: Correta. A responsabilidade administrativa dos servidores públicos se encontra disposto nos arts. 127, e seguintes, da Lei 8.112/1990, havendo apenas previsão de condutas punidas com demissão (art. 132, da Lei 8.112/1990) e, mesmo assim, de forma genérica, bem diferente do que ocorre no Código Penal em relação aos crimes. **B:** Incorreta.O Estado responde objetivamente por danos que o Estado, por meio de seus agentes, causar a terceiros (art. 37, § 6º, CF). **C:** Incorreta. Se houver condenação na esfera penal, que é mais ampla de todas, vincula-se às demais esferas, de forma que a absolvição penal só exclui a punição administrativa se for fundamentada na ausência dos fatos e sua autoria (art. 127, da Lei 8.112/1990). **D:** Incorreta. A absolvição penal por ausência de provas não isenta o servidor de pena administrativa (art. 127, da Lei 8.112/1990). **E:** Incorreta. A ação de improbidade é ação civil, judicial, sendo esse o erro da alternativa. **AW**

Gabarito "A".

(Procurador do Estado – PGE/RS – Fundatec – 2015) Assinale a alternativa INCORRETA.

(A) A absolvição do servidor público na esfera penal, por falta de provas, não impede a sua punição, em sede administrativa, pelos mesmos fatos.

(B) A condenação do servidor público na esfera penal vincula a Administração Pública, quanto à autoria e à materialidade dos fatos, para fins de aplicação da sanção administrativa.

(C) A absolvição do servidor público, por atipicidade do fato, não impede a sua punição, em sede administrativa, pelo mesmo fato.

(D) A absolvição do servidor público, por estar provado que o réu não concorreu para a infração penal, não impede a sua punição, em sede administrativa, pelo mesmo fato.

(E) Pela falta residual, não compreendida na sentença absolutória criminal, é admissível a punição administrativa do servidor público.

A: correta. A absolvição por falta de provas em processo penal não comunica ao processo administrativo (não faz coisa julgada no processo administrativo), conforme disposto no art. 126, da Lei 8.112/1990; **B:** correta. Há vinculação no caso de absolvição por inexistência do fato e autoria (art. 126, da Lei 8.112/1990); **C:** correta. Somente a inexistência do fato é que exclui a responsabilidade administrativa; **D:** incorreta. No caso de prova de ausência de autoria no processo penal, há comunicabilidade das instâncias; **E:** correta. A ausência de provas no processo penal realmente comunica ao processo administrativo. **AW**

Gabarito "D".

(Procurador do Estado – PGE/PA – UEPA – 2015) Quanto ao regime disciplinar do servidor público e processo administrativo, afirma-se que:

I. É punido com demissão a ofensa física praticada em serviço por servidor a outro servidor ou a particular, ainda que em legítima defesa.

II. As penalidades de advertência e de suspensão terão seus registros cancelados após o decurso de 5 anos de efetivo exercício.

III. O cancelamento da penalidade aplicada não surtirá efeitos retroativos.

IV. A revelação de segredo por servidor do qual se apropriou em razão do cargo é falta punida por demissão.

A alternativa que contém todas as afirmativas corretas é:

(A) I e IV.

(B) II e III.

(C) III e IV.

(D) II e IV.

(E) I, II, III e IV.

I: incorreta. O art. 132, VII, da Lei 8.112/1990 é expresso quanto à aplicação da penalidade de demissão em caso de prática de ofensa física pelo servidor, salvo em caso de legítima defesa; **II:** incorreta. O art. 131, da Lei 8.112/1990 prescreve que as penalidades de suspensão e advertência terão seus registros cancelados em 3 ou 5 anos de efetivo exercício; **III:** correta. Trata-se do disposto no art. 132. IX, da Lei 8.112/1990. **IV:** correta, art. 132, IX, da Lei 8.112/1990. **AW**

Gabarito "C".

(Procurador do Estado – PGE/PA – UEPA – 2015) Quanto ao Processo Administrativo Disciplinar, é correto afirmar que:

(A) a autoridade que tiver ciência de irregularidade no serviço público é obrigada a promover a sua apuração imediata, mediante sindicância ou processo administrativo disciplinar, assegurada ao acusado ampla defesa.

(B) as denúncias anônimas sobre irregularidades no serviço público serão objeto de apuração por processo administrativo disciplinar para fins de se resguardar o Poder Público de qualquer dano.

(C) da sindicância poderá resultar aplicação de penalidade de advertência ou suspensão de até 60 (sessenta) dias.

(D) o processo disciplinar poderá ser conduzido por comissão composta de três servidores estáveis ou não, sendo que neste último caso apenas quando não houver outro servidor estável no órgão, ocupante de cargo efetivo superior ou do mesmo nível que o acusado.

(E) o depoimento prestado pelas testemunhas no Processo Administrativo Disciplinar será feito oralmente ou poderá ser trazido em termo a ser anexado aos autos.

A: correta. Temos o conceito de poder disciplinar, em que há um aspecto vinculado, que determina à autoridade ciente da infração funcional, o dever de dar andamento à sua apuração; **B:** incorreta. Não se admite denúncia anônima (art. 144, da Lei 8.112/1990); **C:** incorreta. Da sindicância somente poderá resultar a aplicação das penalidades de advertência e suspensão de até 30 dias (art. 145, da Lei 8.112/1990); **D:** incorreta. Somente servidores estáveis podem ocupar essa comissão processante (art. 133, da Lei 812/90); **E:** incorreta. Não é lícito ao depoente realizar o depoimento por escrito (art. 158, da Lei 8.112/1990). **AW**

Gabarito "A".

(Procurador do Estado – PGE/MT – FCC – 2016) A Lei Complementar nº 04/90 (Estatuto dos Servidores Públicos do Estado do Mato Grosso) dispõe, acerca da responsabilidade dos servidores e do processo disciplinar, que:

(A) é falta disciplinar criticar atos do Poder Público, ainda que a crítica seja formulada em trabalho doutrinário assinado pelo servidor.

(B) não é aplicável a pena de destituição a servidor titular de cargo efetivo que ocupa transitoriamente cargo comissionado.

(C) viola os deveres funcionais ser sócio ou acionista de empresa privada, atividade que é considerada incompatível com o exercício funcional.

(D) o servidor que se recusar a ser submetido à inspeção médica determinada pela autoridade competente não pode ser punido pela recusa, mas terá os seus vencimentos retidos até cumprir a determinação.

136 WANDER GARCIA, RODRIGO BORDALO, HENRIQUE SUBI, FLÁVIA MORAES BARROS E ARIANE WADY

(E) para defender o indiciado revel, a autoridade instauradora do processo disciplinar designará como defensor-dativo um servidor portador de diploma de nível superior.

A: incorreta. O art. 144, V, da LC 04/1990 dispõe que "é proibido ao servidor referir-se de modo depreciativo ou desrespeitoso, às autoridades públicas ou aos atos do Poder Público, mediante manifestação escrita ou oral."; **B:** correta. Não temos essa penalidade prevista na LC 04/1990, por isso ela não pode ser aplicada; **C:** incorreta O art. 144, X, da LC 04/1990 admite ao servidor ser sócio ou acionista; **D:** incorreta. O servidor pode ser punido com suspensão de até 15 dias (art. 157, § 1º, da LC 04/1990); **E:** incorreta. Para defender o indiciado revel, a autoridade instauradora do processo disciplinar designará um defensor-dativo um servidor público de cargo de nível igual ou superior ao do indiciado, conforme disposto no art. 191, §2º, da LC 04/1990. **AW** Gabarito "B".

(Advogado da União/AGU – CESPE – 2012) Com base na jurisprudência dos tribunais superiores e na legislação de regência, julgue os próximos itens, relativos a agentes públicos.

(1) Conforme o disposto na Lei nº 8.112/1990, a instauração de PAD interrompe a prescrição até a decisão final, a ser proferida pela autoridade competente; conforme entendimento do STF, não sendo o PAD concluído em cento e quarenta dias, o prazo prescricional volta a ser contado em sua integralidade.

(2) Qualquer pessoa pode representar ao corregedor-geral da AGU contra abuso, erro grosseiro, omissão ou qualquer outra irregularidade funcional dos membros da AGU.

1: correta, nos termos do art. 142, § 3º, da Lei 8.112/1990 (interrupção da prescrição); já quanto ao entendimento do STF, de fato foi consagrado, conforme se verifica no MS 23.299; **2:** correta (art. 34 da Lei Complementar 73/1993). Gabarito 1C, 2C

(ADVOGADO – PETROBRÁS – 2012 – CESGRANRIO) A Lei n. 8.112, de 11.12.1990, dedica um capítulo ao regime de responsabilidade dos servidores públicos federais sujeitos à sua disciplina e estabelece, dentre outras penalidades disciplinares, a suspensão, que não poderá exceder

(A) 20 dias
(B) 45 dias
(C) 60 dias
(D) 90 dias
(E) 120 dias

Conforme o art. 130 da Lei 8.112/1990, a suspensão não poderá exceder 90 dias. Gabarito "D".

5.13. Temas combinados de servidor público

(Procurador do Estado – PGE/PR – PUC – 2015) No que diz respeito ao regime brasileiro de servidores públicos, assinale a alternativa **CORRETA**.

(A) O Processo Administrativo Disciplinar – PAD tem o prazo de 140 dias para conclusão e julgamento, que pode ser prorrogado e suspender o prazo prescricional para a aplicação da respectiva sanção administrativa.

(B) O *caput* do art. 39 da Constituição Federal, com a redação da EC 19/98 (contratação de servidores por

regime diverso do estatutário), teve sua aplicabilidade suspensa pelo STF, ressalvando-se a validade dos atos e contratações anteriormente realizados.

(C) A eventual investidura de servidor público sem prévio concurso pode ser convalidada pelo prazo decadencial do art. 54 da Lei 9.784/1999, desde que comprovada a boa-fé do servidor.

(D) Desde que previsto em lei, o salário-mínimo deve ser usado como indexador de base de cálculo das vantagens de servidor público ou de empregado público.

(E) A fixação de vencimentos dos servidores públicos pode ser objeto de convenção coletiva.

A: incorreta. O art. 152, da Lei 8.112/1990 dispõe que o prazo para a conclusão do PAD não excederá 60 dias, admitida a sua prorrogação por igual prazo; **B:** correta. A redação original era a seguinte: "Art. 39. A União, os Estados, o Distrito Federal e os Municípios instituirão, no âmbito de sua competência, regime jurídico único e planos de carreira para os servidores da administração pública direta, das autarquias e das fundações públicas." Com o advento da EC 19/1998, o artigo teve sua redação reformulada: "Art. 39. A União, os Estados, o Distrito Federal e os Municípios instituirão conselho de política de administração e remuneração de pessoal, integrado por servidores designados pelos respectivos Poderes." A EC 19 excluiu a exigência do regime jurídico único e dos planos de carreira para os servidores da Administração Pública, das autarquias e fundações públicas. A decisão do STF teve efeito *ex nunc* (vale a partir da data da decisão), então a legislação editada enquanto o artigo 39 com a redação da EC 19/98 estava em vigor, continua válida, havendo resguardo das situações consolidadas até o julgamento do mérito; **C:** incorreta. O prazo disposto no art. 54, da Lei 9.784/1999 é de 5 anos, sendo prescricional, e vale para anular os atos administrativos, não se aplicando à convalidação, que pode ser feita "a qualquer tempo"; **D:** incorreta. **Súmula Vinculante 4.** Salvo nos casos previstos na Constituição, o salário mínimo não pode ser usado como indexador de base de cálculo de vantagem de servidor público ou de empregado, nem ser substituído por decisão judicial; **E:** incorreta. O art. 37, X, CF somente admite lei específica para a fixação de vencimentos dos servidores públicos em geral. **AW** Gabarito "B".

(Procurador Federal – 2010 – CESPE) Em cada um dos próximos itens, é apresentada uma situação hipotética a respeito do regime jurídico dos servidores públicos e da responsabilidade dos servidores na emissão de pareceres, seguida de uma assertiva a ser julgada.

(1) Um procurador federal emitiu parecer em consulta formulada por servidor público para subsidiar a decisão da autoridade competente. Nessa situação, se a decisão da autoridade, que seguiu as diretrizes apontadas pelo parecer, não for considerada como a correta pelo TCU e, em consequência disso houver dano ao patrimônio público, então haverá responsabilidade civil pessoal do parecerista.

(2) Carlos, servidor público federal desde abril de 2000, jamais gozou o benefício da licença para capacitação. Nessa situação, considerando-se que ele faz jus ao gozo desse benefício por três meses, a cada quinquênio, Carlos poderá gozar dois períodos dessa licença a partir de abril de 2010.

1: incorreta, pois o caso não narra hipótese de parecer vinculante, em que a responsabilidade do parecerista existiria (ex.: art. 38 da Lei 8.666/1993); no caso em tela, o parecerista só responderia em caso de fraude ou erro grosseiro; **2:** incorreta, pois os períodos de licença

2. DIREITO ADMINISTRATIVO

para a capacitação não são acumuláveis (art. 87, parágrafo único, da Lei 8.112/1990).

Gabarito 1E, 2E

(Procurador do Estado/AC - 2017 - FMP) Acerca da advocacia pública, tendo em vista a respectiva conformação constitucional e ordinária a partir das normas vigentes, assinale a alternativa INCORRETA.

(A) A advocacia pública, tanto quanto a advocacia privada, espelham o atributo de serem consideradas um serviço público, indispensável à administração da justiça, levando-se cm consideração a sua missão primária de postularem pretensões, fundamentadas juridicamente, perante o juízo.

(B) A advocacia pública se vincula a duplo regime estatutário com caráter institucional: a Ordem dos Advogados do Brasil e a instituição a que pertence o advogado público.

(C) O advogado público, ao defender o interesse público que ao Estado cabe proteger, vincula-se à tutela em juízo coincidente com o interesse da autoridade pública por ele representado.

(D) Ao advogado público, no exercício de suas atribuições delineadas pela Constituição, compete defender o Estado, titular do interesse público primário.

(E) Afigura-se explícito, do ponto de vista constitucional, o papel suplementar de controle interno da Administração Pública desempenhado pela advocacia pública.

A advocacia pública está prevista na CF, nos arts. 131 e 132, integrando o capítulo referente às funções essenciais da Justiça. Considerando que a advocacia privada igualmente está inserida em tal capítulo (art. 133), conclui-se que ambas são consideradas um serviço público (alternativa A veicula afirmação correta). A função da advocacia pública envolve a representação judicial e a consultoria jurídica (dentro da qual se insere a prerrogativa de controle interno) da correspondente unidade federativa (alternativa E veicula afirmação correta). Importante destacar que a advocacia pública tutela o interesse púbico primário, que corresponde ao interesse da sociedade, e não o interesse da autoridade pública por ele representado (alternativa C veicula afirmação incorreta; já a alternativa D, correta). Por fim, o advogado público submete-se a um duplo regime estatutário: o da Ordem dos Advogados do Brasil e o da entidade federativa em que está inserido (alternativa B veicula afirmação correta). Considerando que a questão solicita a indicação da alternativa que veicula afirmação incorreta, deve ser assinalada a alternativa C. **RB**

Gabarito "C".

(Procurador do Estado/TO - 2018 - FCC) O Estatuto dos Servidores Públicos Civis do Estado do Tocantins – Lei 1.818/2007 – estabelece o procedimento de ajustamento de conduta dos servidores, em matéria disciplinar. Acerca de tal procedimento, é correto afirmar:

(A) Ao firmar o compromisso de ajustamento de conduta, o servidor deve estar acompanhado por advogado ou defensor ad hoc.

(B) É possível firmar compromisso de ajustamento em condutas dolosas, desde que não tenha havido prejuízo ao erário e o comportamento não constitua infração grave.

(C) Em caso de absolvição criminal pela conduta investigada em âmbito administrativo, considera-se automaticamente rescindido o compromisso de ajustamento firmado pelo servidor.

(D) O ajustamento de conduta somente pode ser formalizado antes da abertura do processo disciplinar, por ocasião da sindicância ou averiguação preliminar.

(E) O compromisso de ajuste de conduta deve ser objeto de publicação, contendo a identificação do servidor compromissário, de maneira a possibilitar a fiscalização do cumprimento do ajuste pelos usuários do serviço público por ele prestado.

O procedimento de ajustamento de conduta em matéria disciplinar está previsto no Estatuto dos Servidores Públicos Civis do Estado do Tocantins (Lei 1.818/2007), em seus arts. 147 a 151. Alternativa A correta (cf. art. 150). Alternativa B incorreta (um dos requisitos para a elaboração do ajustamento de conduta é a inexistência de dolo ou má-fé na conduta do servidor, cf. art. 147, parágrafo único, I). Alternativa C incorreta (a absolvição criminal somente afasta a responsabilidade administrativa se negar a existência do fato ou afastar do acusado a respectiva autoria, cf. art. 146). Alternativa D incorreta (a ajustamento de conduta pode ser formalizado antes ou durante o procedimento disciplinar, cf. art. 149). Alternativa E incorreta (ao ser publicado, o termo de compromisso de ajuste de conduta preserva a identidade do compromissário e deve ser arquivado no dossiê do servidor sem qualquer averbação que configure penalidade disciplinar, cf. art. 151). **RB**

Gabarito "A".

6. IMPROBIDADE ADMINISTRATIVA

6.1. Conceito, modalidades, tipificação e sujeitos ativo e passivo

(Procurador do Município/Manaus – 2018 – CESPE) Considerando o entendimento do STJ acerca da improbidade administrativa, julgue os itens subsequentes.

(1) O ato de improbidade administrativa violador do princípio da moralidade não requer a demonstração específica de dano ao erário ou de enriquecimento ilícito, exigindo-se apenas a demonstração do dolo genérico.

(2) Não é permitida a utilização de prova emprestada do processo penal nas ações de improbidade administrativa.

1: correta – trata-se de ato de improbidade do tipo que atenta contra os princípios da Administração Pública, a qual é admissível apenas na modalidade dolosa – Precedentes: AgRg nos EDcl no AREsp 33898/RS, Rel. Ministro Benedito Gonçalves, Primeira Turma, julgado em 02.05.2013, DJe 09.05.2013; REsp 1275469/SP, Rel. Ministro Napoleão Nunes Maia Filho, Rel. p/ Acórdão Ministro Sérgio Kukina, Primeira Turma, julgado em 12.02.2015, DJe 09.03.2015; AgRg no AREsp 562250/GO, Rel. Ministro Humberto Martins, Segunda Turma, julgado em 19.05.2015, DJe 05.08.2015; AgRg no AREsp 560613/ES, Rel. Ministro Og Fernandes, Segunda Turma, julgado em 20.11.2014, DJe 09.12.2014; AgRg no REsp 1500812/SE, Rel. Ministro Mauro Campbell Marques, Segunda Turma, julgado em 21.05.2015, DJe 28.05.2015; AgRg no REsp 1337757/DF, Rel. Ministra Marga Tessler (Juíza Federal Convocada do TRF 4ª Região), Primeira Turma, julgado em 05.05.2015, DJe 13.05.2015; MS 12660/DF, Rel. Ministra Marilza Maynard (Desembargadora Convocada do TJ/SE), Terceira Seção, julgado em 13/08/2014, DJe 22.08.2014.; **2:** incorreta – Nas ações de improbidade administrativa é admissível a utilização da prova emprestada, colhida na persecução penal, desde que assegurado o contraditório e a ampla defesa. **FB**

Gabarito 1C, 2E

(Procurador – IPSMI/SP – VUNESP – 2016) Com base na Lei 8.429/1992, assinale a alternativa correta.

(A) O sucessor daquele que causar lesão ao patrimônio público ou se enriquecer ilicitamente está sujeito às cominações da lei de improbidade administrativa até o limite do valor da herança.

(B) Qualquer eleitor poderá representar à autoridade administrativa competente para que seja instaurada investigação destinada a apurar a prática de ato de improbidade.

(C) A legitimidade ativa para ajuizamento de ação de improbidade administrativa é exclusiva do Ministério Público.

(D) Constitui ato de improbidade administrativa que causa lesão ao erário frustrar a licitude de concurso público.

(E) Será punido com a pena de suspensão, sem prejuízo de outras sanções cabíveis, o agente público que se recusar a prestar declaração dos bens, dentro do prazo determinado, ou que a prestar falsa.

A: Correta. O sucessor responde até o limite da herança pelos danos que o ato ímprobo causar ao Estado, conforme disposto no art. 8º, da Lei 8.429/1992. B: Incorreta. Qualquer pessoa poderá representar à autoridade administrativa competente contra ato de improbidade (art. 14, da Lei de Improbidade Administrativa). C: Incorreta. Tanto o Ministério Público quanto a pessoa jurídica interessada podem propor Ação de Improbidade Administrativa (art. 17, da Lei 8.429/1992). D: Incorreta. Trata-se de ato de improbidade que viola os princípios administrativos (art. 11, V, da Lei 8.429/1992). E: Incorreta. Não há especificação de que se refere essa "suspensão", eis que a Lei de Improbidade prevê a suspensão dos direitos políticos (art. 12 da Lei 8.429/1992). **AW**
Gabarito "A".

(Procurador Municipal/SP – VUNESP – 2016) Assinale a alternativa que corretamente discorre sobre previsões relativas à improbidade administrativa, previstas na Lei Federal 8.429/1992.

(A) Revelar fato ou circunstância de que tem ciência em razão das atribuições e que deva permanecer em segredo constitui ato de improbidade que importa enriquecimento ilícito ou causa dano ao erário.

(B) Não estão sujeitos às penalidades da Lei Federal 8.429/1992, os atos de improbidade praticados contra o patrimônio de entidade que receba subvenção, benefício ou incentivo, fiscal ou creditício, de órgão público.

(C) As disposições da Lei Federal 8.429/1992 são aplicáveis, no que couber, àquele que, mesmo não sendo agente público, induza ou concorra para a prática do ato de improbidade ou dele se beneficie sob qualquer forma direta ou indireta.

(D) Exercer atividade de consultoria ou assessoramento para pessoa jurídica que tenha interesse suscetível de ser atingido ou amparado por ação ou omissão decorrente das atribuições do agente público, durante a atividade, é ato de improbidade administrativa que causa dano ao erário.

(E) Independentemente das sanções penais, civis e administrativas previstas na legislação específica, o responsável pelo ato de improbidade fica sujeito às cominações da Lei Federal 8.429/1992, que deverão ser aplicadas sempre de forma cumulativa, mas graduadas de acordo com a gravidade do fato.

A: Incorreta. Trata-se de ato de improbidade contrário aos princípios administrativos (art. 11, VII, da Lei 8.429/1992), sendo outro tipo de improbidade. B: Incorreta. As entidades que recebem subvenção, benefício ou incentivo fiscal ou creditício de órgão público são sujeitos passivos de ato de improbidade, conforme dispõe o artigo 1º, parágrafo único, da Lei 8.429/1992. C: Correta. Perfeita alternativa. Trata-se do disposto no art. 3º, da Lei de Improbidade Administrativa, que pune o "coautor" do ato ímprobo, mesmo que não seja um servidor público. D: Incorreta. Essa conduta não encontra um tipo de improbidade específico, mas como viola o princípio da impessoalidade, poderia ser enquadrada no art. 11, da Lei 8.429/1992, eis que o rol nele constante não é taxativo, e sim, exaustivo (admite a inclusão de outras condutas. E: Incorreta. O art. 12, "caput", da Lei 8.429/1992 é expresso quanto à possibilidade de as penalidades serem impostas isolada ou cumulativamente. **AW**
Gabarito "C".

(Procurador – SP – VUNESP – 2015) Duas vezes por semana, o Procurador-Geral da Câmara Municipal de Caieiras realiza curso de pós-graduação em direito, que ocorre em instituição de ensino superior localizada no Município de São Paulo. Para seu deslocamento, que atinge mais de 500 quilômetros por mês, utiliza-se de motorista que é servidor efetivo da Câmara Municipal, bem como de veículo pertencente ao Legislativo Municipal, devidamente abastecido com recursos públicos. A conduta do Procurador-Geral é

(A) ilícita, pois é ato de improbidade perceber vantagem econômica direta ou indireta em decorrência do regular exercício de suas atribuições, pelo uso do veículo somente, pois o Procurador-Geral pode exigir do motorista a prestação de serviço.

(B) lícita, pois somente são atos de improbidade as condutas que causem prejuízo ao erário e, no caso em tela, independentemente do uso pelo Procurador-Geral, o veículo já é bem público e o servidor integrante dos quadros da Câmara Municipal.

(C) ilícita, já que a conduta do Procurador-Geral reúne os três requisitos cumulativos para a caracterização do ato de improbidade: enriquecimento ilícito, dano ao erário e violação de princípios da Administração Pública.

(D) lícita, pois os atos de improbidade administrativa não alcançam o benefício indireto decorrente de utilização de bens e/ou do trabalho de servidores públicos, não havendo, nesse caso, enriquecimento ilícito.

(E) ilícita, pois é ato de improbidade administrativa usar, em proveito próprio, bens, rendas, verbas ou valores integrantes do acervo patrimonial do Município, bem como utilizar, em serviço particular, o trabalho de servidor público.

A: Incorreta. O ato é ilícito, mas não o de receber vantagem econômica, e sim, de uso de veículo, sendo ato de improbidade que causa enriquecimento ilícito previsto no art. 9º, IV, da Lei 8.429/1992. B: Incorreta. O ato é ilícito. Não há nada no enunciado que comprove que o servidor obteve esse benefício regularmente, além de não haver interesse público para utilização de um carro oficial (há, pelo contrário, interesse próprio). C: Incorreta. O ato de improbidade pode ser um dos previstos no art. 9º, 10, 10-A e 11, da Lei 8.429/1992. No caso, temos ato de improbidade que importa em enriquecimento ilícito. D: Incorreta. Como dito acima, o ato é ilícito. Há interesse particular sendo patrocinado por bem público. E: Correta. Há ato de improbidade previsto no art. 9º, IV, da Lei 8.429/1992. **AW**
Gabarito "E".

2. DIREITO ADMINISTRATIVO

(Procurador – IPSMI/SP – VUNESP – 2016) Com base na Lei 8.429/1992, assinale a alternativa correta.

(A) O sucessor daquele que causar lesão ao patrimônio público ou se enriquecer ilicitamente está sujeito às cominações da lei de improbidade administrativa até o limite do valor da herança.

(B) Qualquer eleitor poderá representar à autoridade administrativa competente para que seja instaurada investigação destinada a apurar a prática de ato de improbidade.

(C) A legitimidade ativa para ajuizamento de ação de improbidade administrativa é exclusiva do Ministério Público.

(D) Constitui ato de improbidade administrativa que causa lesão ao erário frustrar a licitude de concurso público.

(E) Será punido com a pena de suspensão, sem prejuízo de outras sanções cabíveis, o agente público que se recusar a prestar declaração dos bens, dentro do prazo determinado, ou que a prestar falsa.

A: Correta. O sucessor responde até o limite da herança pelos danos que o ato ímprobo causar ao Estado, conforme disposto no art. 8º, da Lei 8.429/1992. **B:** Incorreta. Qualquer pessoa poderá representar à autoridade administrativa competente contra ato de improbidade (art. 14, da Lei de Improbidade Administrativa). **C:** Incorreta. Tanto o Ministério Público quanto a pessoa jurídica interessada podem propor Ação de Improbidade Administrativa (art. 17, da Lei 8.429/1992). **D:** Incorreta. Trata-se de ato de improbidade que viola os princípios administrativos (art. 11, V, da Lei 8.429/1992). **E:** Incorreta. Não há especificação de que se refere essa "suspensão", eis que a Lei de Improbidade prevê a suspensão dos direitos políticos (art. 12 da Lei 8.429/1992). AW

Gabarito "A"

(Procurador do Estado – PGE/RS – Fundatec – 2015) A condenação por ato de improbidade administrativa:

(A) Importará na suspensão dos direitos políticos, na perda da função pública, na indisponibilidade dos bens e no ressarcimento ao erário, na forma e gradação previstas em lei, sem prejuízo da ação penal cabível, inexistindo foro privilegiado.

(B) Dependerá de sentença criminal transitada em julgado, com observância ao foro privilegiado de autoridades e ex-autoridades públicas.

(C) Importará na suspensão dos direitos políticos, na perda da função pública, na indisponibilidade dos bens e no ressarcimento ao erário, na forma e gradação previstas em lei, com prejuízo da ação penal cabível, inexistindo foro privilegiado.

(D) Dependerá de sentença criminal transitada em julgado, com observância ao foro privilegiado de autoridades públicas em efetivo exercício do cargo.

(E) Importará na suspensão dos direitos políticos, na perda da função pública, na indisponibilidade dos bens e no ressarcimento ao erário, na forma e gradação previstas em lei, com prejuízo da ação penal cabível, observando-se o foro privilegiado de autoridades públicas em efetivo exercício do cargo.

A: correta. Trata-se do disposto no art.12, da Lei de Improbidade Administrativa e do entendimento jurisprudencial de que as Ações de Improbidade correm em primeira instância (Recl.6254, STF); **B:** incorreta. A Lei de Improbidade é lei que condena atos por ilícitos civis, por isso admite outras condenações advindas de outras instancias (art. 12, "caput", da Lei 8.429/1992); **C:** incorreta. Não há prejuízo da ação penal

cabível, conforme disposto no art. 12, "caput", da Lei 8.429/1992; **D:** incorreta. Não há foro privilegiado em Ação de Improbidade Administrativa (STF, Recl. 6254); **E:** incorreta. Não há prejuízo da ação penal cabível (art. 12, "caput", da Lei 8.429/1992). AW

Gabarito "A"

(Procurador do Estado – PGE/PR – PUC – 2015) Em vista da Lei de Improbidade Administrativa (Lei 8.429/1992), é **CORRETO** afirmar que:

(A) A improbidade exige a prova da efetiva lesão ao erário.

(B) Os tipos previstos nos artigos 9º e 11 da Lei de Improbidade (enriquecimento ilícito e atos que atentem contra os princípios da Administração Pública) exigem a prova da culpa do agente.

(C) Os tipos previstos no art. 10 da Lei de Improbidade (prejuízo ao erário) exigem a prova do dolo na conduta do agente.

(D) O acordo de leniência previsto na Lei de Improbidade pode ser feito com todos os que manifestem o seu interesse em cooperar na apuração do ato ilícito.

(E) A improbidade é ilegalidade qualificada pelo elemento subjetivo da conduta do agente (dolo ou culpa).

A: incorreta. Dependendo do tipo de ilícito de improbidade, como o violador de princípios (art. 9º ou 11), não é necessária a prova de lesão ao erário público; **B:** incorreta. O dolo é exigido para os tipos previstos nos arts. 9º e 11, da Lei de Improbidade Administrativa; **C:** incorreta. O art. 10, da Lei de Improbidade possibilita a prova do dolo ou da culpa, conforme nele expressamente previsto; **D:** incorreta. Não há previsão de acordo de leniência na Lei de Improbidade Administrativa; **E:** correta. Na verdade, a improbidade é a imoralidade qualificada, mas não deixa de ser uma ilegalidade, logicamente, eis que o ato ímprobo afronta a lei. AW

Gabarito "E"

(Procurador do Estado – PGE/PA – UEPA – 2015) A respeito do dever de probidade na atuação dos agentes públicos e a ação de improbidade, afirma-se que:

I. Os agentes públicos devem atuar nos processos administrativos segundo padrões éticos de probidade, decoro e boa- fé.

II. Os atos de improbidade administrativa importarão a suspensão dos direitos de cidadão, a perda da função pública, a indisponibilidade dos bens e o ressarcimento ao erário, na forma e gradação previstas em lei, sem prejuízo da ação penal cabível.

III. Por meio do dever de probidade, impõe-se aos agentes públicos a necessidade de que suas atuações se conformem não apenas com a legalidade, mas que: 1. Não importem em enriquecimento sem causa do agente público; 2. Não causem prejuízo ao Erário e 3. Não violem quaisquer dos princípios da Administração Pública.

IV. A ação de improbidade tem natureza criminal.

A alternativa que contém todas as afirmativas corretas é:

(A) I, II, III e IV.

(B) I e IV.

(C) I e III.

(D) II e III.

(E) II e IV.

I: correta. Esse é o preceito que decorre do princípio da moralidade (art. 37, "caput", CF); **II:** incorreta. Temos a suspensão dos direitos políticos dos agentes públicos, e não do cidadão (art. 37, § 4º, CF);

III: correta. Essas são as modalidades previstas nos arts. 9º, 10 e 11, da Lei 8.429/1992; **IV:** incorreta. A Ação de Improbidade tem natureza jurídica cível. AW

Gabarito "C".

(Procurador Federal – 2013 – CESPE) Julgue o seguinte item.

(1) Se um agente público conceder benefício administrativo ou fiscal sem a observância das formalidades legais ou regulamentares aplicáveis à espécie, ficará caracterizado ato de improbidade administrativa, mesmo que o agente não tenha atuado de forma dolosa, ou seja, sem a intenção deliberada de praticar ato lesivo à administração pública.

1: correta (art. 10, VII, da Lei 8.429/1992).

Gabarito 1C

(Procurador Distrital – 2014 – CESPE) Julgue o item seguinte.

(1) Presidente de autarquia estadual que deixar de prestar as contas anuais devidas responderá, desde que comprovada a sua má-fé e a existência de dano ao erário, pelo cometimento de ato de improbidade atentatório aos princípios da administração pública.

1: incorreta, pois a modalidade de improbidade concernente à violação de princípios requer dolo, mas não requer dano ao erário para se configurar, conforme se verifica no art. 11, *caput*, da Lei 8.429/1992; no caso, configurou-se ato de improbidade nos termos do art. 11, VI, da mencionada lei.

Gabarito 1E

(Procurador do Estado/MT – FCC – 2011) A Lei n. 8.429/1992, que dispõe sobre improbidade administrativa,

(A) sujeita aqueles que praticarem de improbidade a sanções civis, administrativas e penais, inclusive com penas restritivas de liberdade, conforme a extensão do dano causado e o proveito patrimonial obtido pelo agente.

(B) aplica-se aos atos de improbidade praticados por agente público, assim considerados apenas aqueles com vínculo permanente, mandato, cargo, emprego ou função nas entidades integrantes da Administração direta ou indireta de todos os Poderes.

(C) aplica-se apenas aos atos dolosos que ensejem lesão ao patrimônio público ou violação aos princípios aplicáveis à Administração Pública, praticados por agentes públicos ou por particulares com vínculo com a Administração.

(D) alcança também os atos de improbidade praticados contra o patrimônio de entidade para cuja criação ou custeio o erário haja concorrido ou concorra com menos de cinquenta por cento do patrimônio ou da receita anual.

(E) sujeita aqueles que praticarem atos de improbidade apenas a sanções administrativas, como perda do cargo, função pública, inelegibilidade e proibição de contratar com a Administração.

A: incorreta, pois essa lei regula a repressão não penal à prática de atos administrativos, sendo que as sanções previstas no art. 12 da Lei 8.429/1992 são demonstração disso; **B:** incorreta, pois o conceito de agente público previsto no art. 2º da Lei 8.429/1992 é muito mais amplo, abrangendo, também, agentes temporários e agentes que laboram em entidades que não fazem parte da Administração direta ou indireta, como entidades que recebam subvenção estatal (art. 1º, parágrafo único, da Lei 8.429/1992); **C:** incorreta, pois também se aplica em relação a atos dolosos que importem em enriquecimento ilícito do agente (art. 9º da Lei 8.429/192), bem como em relação a meros atos culposos quando se trata de prejuízo ao erário (art. 10 da Lei 8.429/1992); **D:** correta (art. 1º, parágrafo único, da Lei 8.429/1992); **E:** incorreta, pois há também sanções de natureza civil (multa civil) e eleitoral (suspensão dos direitos políticos), nos termos do art. 12, I a III, da Lei 8.429/1992.

Gabarito "D".

(Procurador do Município/Cubatão-SP – 2012 – VUNESP) Rolando da Silva, funcionário público, e Tibério Vacâncio, motorista de taxi, foram flagrados praticando conduta em conluio, com o objetivo de perceber vantagem econômica para intermediar a liberação de verba pública da Prefeitura do Município onde Rolando exerce suas funções. Considerando que restaram devidamente comprovadas a participação e a culpa de ambos na referida prática delituosa, pode-se afirmar, com base na Lei n. 8.429/1992, que

(A) Rolando, por ser funcionário público, é o único que ficará sujeito às penalidades da Lei de Improbidade Administrativa.

(B) Tibério, por não exercer função no serviço público, ficará sujeito às penas da Lei n. 8.429/1992 somente se ele causou prejuízo ao erário.

(C) Rolando e Tibério ficarão sujeitos às penas da Lei de Improbidade administrativa, enquanto que o primeiro, por ser funcionário público, deve ainda sofrer sanções penais, civis e administrativas previstas na legislação específica, e o segundo, por ser particular, não ficará sujeito a essas penas.

(D) em razão da conduta praticada, ambos ficarão sujeitos, entre outras penas, à perda dos bens ou valores acrescidos ilicitamente ao patrimônio e à suspensão dos direitos políticos de oito a dez anos.

(E) nenhum dos dois estará sujeito às sanções da Lei n. 8.429/1992, já que a conduta praticada por eles não está prevista como ato de Improbidade Administrativa, ficando sujeito, porém, às sanções penais, civis e administrativas previstas na legislação específica.

A: incorreta, pois a Lei de Improbidade Administrativa também se aplica a quem, mesmo não sendo agente público, seja beneficiário do ato ou induza ou concorra para a prática do ato de improbidade (art. 3º da Lei 8.429/1992); **B:** incorreta, pois a aplicação da Lei 8.429/1992 independe da efetiva ocorrência de dano ao erário (art. 21, I); **C:** incorreta, pois o fato de Tibério ser particular não o livra de responsabilização nas esferas penal e civil; **D:** correta, pois, em se tratando da prática de ato de improbidade na modalidade enriquecimento ilícito, aplica-se as sanções previstas no art. 12, I, da Lei 8.429/1992, que, de fato, sujeita os responsáveis às sanções mencionadas na alternativa, sem prejuízo de outras; **E:** incorreta, pois a conduta praticada configura ato de improbidade na modalidade enriquecimento ilícito do agente, tipificando mais precisamente a situação descrita no inciso IX do art. 9º da Lei 8.429/1992.

Gabarito "D".

(Procurador do Município/Sorocaba-SP – 2012 – VUNESP) Quanto ao sujeito ativo que pode vir a ser responsabilizado por improbidade administrativa, indique a alternativa correta.

(A) Responde o terceiro que, mesmo não sendo agente público, induza ou concorra para a prática do ato, ou dele se beneficie de forma direta ou indireta.

(B) A lei de improbidade administrativa considera como sujeito ativo apenas o agente público, mesmo que não tenha se beneficiado diretamente.

(C) Não se enquadra como responsável o agente público que presta serviços à Administração sem vínculo empregatício.

(D) Os membros da Magistratura e do Ministério Público não se enquadram como sujeitos ativos, por fazerem parte de órgãos com independência funcional.

(E) Os juízes não se sujeitam à aplicação da Lei de Improbidade Administrativa por possuírem cargo de vitaliciedade.

A: correta (art. 3º da Lei 8.429/1992); **B:** incorreta, pois o terceiro, mesmo não sendo agente público, que induz ou concorra para a prática do ato, ou dele se beneficie, também pode ser sujeito ativo do ato de improbidade administrativa (art. 3º da Lei 8.429/1992); **C:** incorreta, pois se reputa agente público, para os efeitos da Lei de Improbidade, todo aquele que exerce, ainda que transitoriamente ou sem remuneração, por eleição, nomeação, designação, contratação ou *qualquer outra forma de* investidura ou *vínculo*, mandato, cargo, emprego ou função nas entidades mencionadas no art. 1º da Lei; assim, mesmo que o vínculo não seja empregatício, quem exerce função em qualquer das entidades mencionadas no art. 1º da Lei 8.429/1992 é considerado agente público para fins de aplicação da Lei de Improbidade; D e E: incorretas, pois não há essa discriminação no art. 2º da Lei 8.429/1992; todavia, é bom lembrar que agentes políticos que respondam por crimes de responsabilidade não estão sujeitos à Lei de Improbidade, para que não haja um *bis in idem*, salvo o Prefeito, que, segundo o STF, continua respondendo junto à Lei 8.429/1992.
Gabarito "A".

(Advogado da União/AGU – CESPE – 2012) Julgue o seguinte item.

(1) É necessária a comprovação de enriquecimento ilícito ou da efetiva ocorrência de dano ao patrimônio público para a tipificação de ato de improbidade administrativa que atente contra os princípios da administração pública.

1: incorreta, pois a modalidade mencionada, prevista no art. 11 da Lei 8.429/1992, é absolutamente independente das modalidades relacionadas ao enriquecimento ilícito (art. 9º) e ao dano ao erário (art. 10).
Gabarito 1E

6.2. Sanções e providências cautelares

(Procurador do Município - S.J. Rio Preto/SP - 2019 - VUNESP) Sobre as sanções previstas na Lei 8.429/92 para os atos de improbidade administrativa, é correto afirmar:

(A) aplicam-se tão somente aos agentes públicos no exercício de mandato ou servidores públicos e ocupantes de emprego público na Administração Pública.

(B) aplicam-se aos agentes públicos no exercício de mandato ou servidores públicos e ocupantes de emprego público na Administração Pública, bem como, no tocante ao setor privado, exclusivamente aos agentes que pratiquem atos de improbidade contra o patrimônio de entidade para cuja criação ou custeio o erário haja concorrido ou concorra com mais de cinquenta por cento do patrimônio ou da receita anual.

(C) aplicam-se aos agentes públicos no exercício de mandato ou servidores públicos e ocupantes de emprego público na Administração Pública, bem como, no tocante ao setor privado, aos agentes que pratiquem atos de improbidade contra o patrimônio de entidade que receba subvenção, benefício ou incentivo, fiscal ou creditício, de órgão público bem como de entidade para cuja criação ou custeio o erário haja concorrido ou concorra com parcela do patrimônio ou da receita anual.

(D) aplicam-se exclusivamente em face de atos dolosos cometidos pelos agentes alcançados pela lei.

(E) podem ser objeto de medida judicial cuja proposição é de competência e iniciativa exclusiva do Ministério Público.

Alternativa A incorreta (a improbidade aplica-se a todas as categorias de agentes públicos, bem como a terceiros que tenham induzido, concorrido ou se beneficiado com o ato ímprobo, cf. arts. 2º e 3º da Lei 8.429/92). Alternativa B incorreta (incompatível com o art. 1º, parágrafo único, da Lei 8.429/92). Alternativa C correta (cf. art. 1º, parágrafo único, da Lei 8.429/92). Alternativa D incorreta (há modalidade de improbidade culposa, na hipótese de dano ao erário, cf. art. 10, "caput", da Lei 8.429/92). Alternativa E incorreta (a competência para a respectiva medida judicial pertence ao Ministério Público e à pessoa jurídica interessada, cf. art. 17, "caput", da Lei 8.429/92). RB
Gabarito "C".

(Procurador do Município – Prefeitura Fortaleza/CE – CESPE – 2017) A respeito de bens públicos e responsabilidade civil do Estado, julgue o próximo item.

(1) Se, após um inquérito civil público, o MP ajuizar ação de improbidade contra agente público por ofensa ao princípio constitucional da publicidade, o agente público responderá objetivamente pelos atos praticados, conforme o entendimento do STJ.

1: incorreta. Os agentes públicos só respondem pelos atos de improbidade que violarem os princípios administrativos (art. 11 da Lei 8.429/1992), de forma subjetiva, ou seja, se provado o dolo do agente (REsp 1654542 SE 2017/0033113-6). AW
Gabarito 1E

(Advogado da União/AGU – CESPE – 2012) Julgue o seguinte item.

(1) Autorizada a cumulação do pedido condenatório e do de ressarcimento em ação por improbidade administrativa, a rejeição do pedido condenatório por prescrição não obsta o prosseguimento da demanda relativa ao pedido de ressarcimento, que é imprescritível.

1: correta, pois, de fato, o STF, ao interpretar o art. 37, § 5º, da CF, consagrou a seguinte tese: são imprescritíveis as ações de ressarcimento ao erário fundada na prática de ato doloso tipificado na Lei de Improbidade Administrativa (RE, 852475/SP, 08.08.2018). Repare que a imprescritibilidade tem os seguintes requisitos: a) é só em relação ao ressarcimento ao erário (não atingindo a aplicação das demais sanções da Lei de Improbidade, que têm o prazo prescricional mantido, nos termos das regras do parágrafo abaixo); b) depende do reconhecimento de que o ato praticado foi doloso; c) depende do reconhecimento de que o ato praticado é qualificado pela lei como ato de improbidade administrativa.
Gabarito 1C

6.3. Temas combinados e outras questões de improbidade administrativa

Em janeiro de 2018, o Ministério Público de um estado da União começou a apurar possíveis irregularidades referentes a contratos com empresas de transporte urbano no âmbito de determinada prefeitura municipal daquele estado. Para realizar as diligências, o órgão ministerial requisitou informações à referida prefeitura, por meio de ofícios, que foram encaminhados ao então secretário municipal de urbanismo, sr. José Silva. Ao todo, foram expedidos pelo parquet, no período de dez meses, entre janeiro de 2018 e outubro de 2018, oito ofícios, que não obtiveram resposta do mencionado secretário. Posteriormente, o sr. José Silva fez consultas à Procuradoria-Geral do município citado acerca dos possíveis desdobramentos da sua omissão à luz dos dispositivos da Lei 8.429/1992.

(Procurador do Município - Boa Vista/RR - 2019 - CESPE/CEBRASPE) Considerando essa situação hipotética e os aspectos legais a ela relacionados, julgue os próximos itens.

(1) Para que a conduta do sr. José Silva seja caracterizada como ato de improbidade administrativa que atenta contra os princípios da administração pública, é indispensável que seja demonstrado o dano ao erário ou o enriquecimento ilícito desse agente público.

(2) Em regra, de acordo com a Lei 8.429/1992, qualquer pessoa poderá representar à autoridade administrativa competente sobre a instauração de investigação destinada a apurar a prática de ato de improbidade imputada ao sr. José Silva.

(3) A conduta omissiva do sr. José Silva poderá caracterizar ato de improbidade administrativa que atenta contra os princípios da administração pública mesmo que não seja comprovado o elemento subjetivo do dolo para violar tais princípios.

(4) Eventual ação de improbidade administrativa para apurar as supostas irregularidades praticadas pelo sr. José Silva concernentes a contratos com empresas de transporte urbano poderá ser proposta tanto pelo Ministério Público do estado envolvido quanto pela pessoa jurídica interessada.

(5) De acordo com o entendimento do STJ, para que seja determinado o possível processamento da ação civil pública por ato de improbidade administrativa supostamente praticado pelo sr. José Silva, em observância ao princípio do in dubio pro societate, é suficiente, na defesa do interesse público, a demonstração de indícios razoáveis da prática de atos de improbidade e da autoria.

1: errado (a caracterização da improbidade administrativa que atente contra os princípios da administração pública é categoria autônoma, de modo que independe da verificação de dano ao erário ou de enriquecimento ilícito). 2: certo (cf. art. 14 da Lei 8.429/92). 3: errado (a improbidade administrativa que atente contra os princípios da administração pública somente pode ser configurada mediante comprovação do elemento doloso, cf. jurisprudência do STJ). 4: certo (cf. art. 17, "caput", da Lei 8.429/92). 5: certo (cf. jurisprudência firmada no STJ, a presença de indícios de cometimento de atos ímprobos autoriza o recebimento fundamentado da petição inicial nos termos do art. 17, §§ 7º, 8º e 9º, da Lei 8.429/92, devendo prevalecer, no juízo preliminar, o princípio do in dubio pro societate). **RB**
Gabarito 1E, 2C, 3E, 4C, 5C

(Procurador do Estado/TO - 2018 - FCC) Sobre a responsabilidade do agente público e de particulares a ele associados por atos de improbidade, é correto afirmar, à luz da legislação pertinente e da jurisprudência dominante dos Tribunais:

(A) Em vista do silêncio da Lei Federal 8.429/1992, considera-se imprescritível a pretensão de impor sanções aos particulares que atuarem em conluio com os agentes públicos em atos de improbidade.

(B) É cabível o trancamento de ação de improbidade por meio de habeas corpus.

(C) Por força de norma vigente do Código de Processo Penal, aplicam-se à ação de improbidade as regras relativas à prerrogativa de foro em razão do exercício de função pública.

(D) É nula a abertura de inquérito civil para apuração de ato de improbidade, em razão de indícios obtidos a partir de denúncia anônima.

(E) A decretação da indisponibilidade de bens do demandado, quando presentes fortes indícios de responsabilidade pela prática de ato ímprobo, independe de comprovação do periculum in mora.

A questão explora a jurisprudência dos Tribunais Superiores sobre improbidade administrativa. Alternativa A incorreta (a prescrição em improbidade administrativa em relação a particulares é idêntica ao do agente público envolvido). Alternativa B incorreta (considerando que a improbidade não representa uma responsabilização penal, incabível o manuseio de habeas corpus). Alternativa C incorreta (inaplicável a prerrogativa de foro nas ações de improbidade). Alternativa D incorreta (denúncia anônima não elide a abertura de inquérito civil para apuração de ato de improbidade administrativa). Alternativa E correta (a decretação da indisponibilidade de bens depende apenas do requisito do "fumus boni iuris", consistente na presença fortes indícios de responsabilidade pela prática de ato ímprobo). **RB**
Gabarito "E".

(Procurador do Município - Boa Vista/RR - 2019 - CESPE/CEBRASPE) A respeito de improbidade administrativa, processo administrativo e organização administrativa, julgue os itens seguintes.

(1) Para a caracterização de ato de improbidade que cause dano ao erário, basta, com relação ao elemento subjetivo, que seja constatada a culpa do agente com dever legal de evitar tal prejuízo.

(2) Caso o administrado não atenda a intimação em processo administrativo, incidirá o ônus de reconhecimento da verdade dos fatos alegados.

(3) A criação de empresa pública é um exemplo de descentralização de poder realizado por meio de atos de direito privado, ainda que a instituição da empresa pública dependa de autorização legislativa.

1: certo (a improbidade consistente em dano ao erário admite a modalidade culposa, cf. art. 10, "caput", da Lei 8.429/92). 2: errado (o desatendimento da intimação pelo administrado não importa o reconhecimento da verdade dos fatos, cf. art. 27 da Lei 9.784/99). 3: certo (a instituição de uma empresa pública está condicionada à lei autorizativa, embora dependa de atos privados para a sua efetivação). **RB**
Gabarito 1C, 2E, 3C

(Procurador Municipal – Prefeitura/BH – CESPE – 2017) De acordo com o disposto na Lei de Improbidade Administrativa — Lei nº 8.429/1992 —, assinale a opção correta.

(A) A efetivação da perda da função pública, penalidade prevista na lei em apreço, independe do trânsito em julgado da sentença condenatória.

(B) A configuração dos atos de improbidade administrativa que importem em enriquecimento ilícito, causem prejuízo ao erário ou atentem contra os princípios da administração pública depende da existência do dolo do agente.

2. DIREITO ADMINISTRATIVO

(C) O sucessor do agente que causou lesão ao patrimônio público ou que enriqueceu ilicitamente responderá às cominações da lei em questão até o limite do valor da sua herança.

(D) O responsável por ato de improbidade está sujeito, na hipótese de cometimento de ato que implique enriquecimento ilícito, à perda dos bens ou dos valores acrescidos ilicitamente ao seu patrimônio, ao ressarcimento integral do dano e à perda dos direitos políticos.

A: incorreta. A perda da função pública e suspensão dos direitos políticos dependem do trânsito em julgado da sentença condenatória, conforme disposto no art. 20, da Lei 8.429/1992; **B:** incorreta. O dolo só é necessário no ato de improbidade que cause prejuízo ao erário (art. 10, da Lei 8.429/1992; **C:** correta. Trata-se do disposto no art. 8º, da Lei 8.429/1992; **D:** incorreta. Conforme disposto no art. 12, I, da Lei 8.429/1992, o ressarcimento integral do dano só incidira (a pena), quando houver esse dano comprovado. ▧

Gabarito "C".

(Procurador do Estado – PGE/MT – FCC – 2016) Descobriu-se, por meio de denúncia de um ex-funcionário, acompanhada de farta documentação (recibos, transferências bancárias, anotações manuscritas etc.) que a empresa X participou de esquema para fraudar licitações no âmbito da Administração Estadual. A referida empresa se propôs a celebrar acordo de leniência e colaborar nas investigações, permitindo a identificação de outras empresas envolvidas e fornecendo provas capazes de acelerar a apuração do ilícito. Diante da situação mencionada, conclui-se:

(A) Ao celebrar o acordo de leniência, a Administração Pública poderá isentar a empresa das penalidades previstas na Lei de Licitações e Contratos (Lei nº 8.666/93).

(B) A empresa, por tais atividades, pode ser responsabilizada concomitantemente no âmbito civil, administrativo e penal, em vista da independência de tais esferas.

(C) Se a referida empresa cumprir os termos do acordo de leniência e se dispuser a reparar o dano e pagar a multa correspondente, não sofrerá as penas da Lei de Improbidade (Lei Federal nº 8.429/92).

(D) Outras empresas do mesmo grupo econômico não se beneficiam do acordo, que tem caráter *intuitu personae*.

(E) A celebração e o cumprimento do acordo de leniência pela pessoa jurídica afastam a responsabilidade pessoal dos seus dirigentes e administradores no âmbito civil e administrativo.

A: correta. Trata-se do disposto no art. 17, da Lei 12.846/2013, que possibilita à Administração Pública celebrar acordo de leniência com a pessoa jurídica responsável pela prática de ilícitos previstos na Lei 8.666/1993; **B:** incorreta. O art. 30, da Lei 12.846/2013 dispõe que as sanções previstas na lei não afetam os processos de responsabilização decorrentes do ato de improbidade administrativa; **C:** incorreta. Como consta da assertiva acima, as penas são independentes, ou seja, o fato de não haver responsabilidade pela Lei de combate à Corrupção não impede que a Lei de Improbidade incida; **D:** incorreta. Todas as empresas que integram o mesmo grupo econômico se beneficiam do acordo de leniência (art. 16, § 5º, da Lei 12.846/2013); **E:** incorreta. O art. 3º, da Lei 12.846/2013 dispõe que: "A responsabilização da pessoa jurídica não exclui a responsabilidade individual de seus dirigentes ou

administradores ou de qualquer pessoa natural, autora, coautora ou partícipe do ato ilícito". ▧

Gabarito "A".

(Procurador Municipal – Sertãozinho/SP – VUNESP – 2016) Dentre os crimes de responsabilidade dos Prefeitos Municipais previstos no Decreto-lei 201/1967, sujeitos ao julgamento do Poder Judiciário, independentemente do pronunciamento da Câmara dos Vereadores, está prevista a conduta de

(A) impedir o exame de livros, folhas de pagamento e demais documentos que devam constar dos arquivos da Prefeitura, bem como a verificação de obras e serviços municipais.

(B) desatender, sem motivo justo, as convocações ou os pedidos de informações da Câmara, quando feitos a tempo e em forma regular.

(C) descumprir o orçamento aprovado para o exercício financeiro, praticando, contra expressa disposição de lei, ato de sua competência ou omitindo-se na sua prática.

(D) negar execução a lei federal, estadual ou municipal, ou deixar de cumprir ordem judicial, sem dar o motivo da recusa ou da impossibilidade, por escrito, à autoridade competente.

(E) retardar a publicação ou deixar de publicar as leis e atos sujeitos a essa formalidade, deixando de apresentar à Câmara, no devido tempo, e em forma regular, a proposta orçamentária.

A: Incorreta. Trata-se de uma infração político-administrativa prevista no art. 4º, II, do Decreto-lei 201/1967, sendo de competência da Câmara dos Vereadores o seu julgamento. **B:** Incorreta. Também temos hipótese de infração político-administrativa de competência da Câmara dos Vereadores (art. 4º, III, do Decreto-lei 201/1967). **C:** Incorreta. O mesmo se diz dessa assertiva, que consta do art. 4º, VI, do Decreto-lei 201/1967. **D:** Correta. Nesse caso, temos expressa a competência do Poder Judiciário, que assim dispõe: "Art. 1º São crimes de responsabilidade dos Prefeitos Municipal, sujeitos ao julgamento do Poder Judiciário, independentemente do pronunciamento da Câmara dos Vereadores: XIV – Negar execução a lei federal, estadual ou municipal, ou deixar de cumprir ordem judicial, sem dar o motivo da recusa ou da impossibilidade, por escrito, à autoridade competente; **E:** Incorreta. Trata-se de infração administrativa de competência do Poder Judiciário (art. 4º, IV, do Decreto-lei 201/1967. ▧

Gabarito "D".

(Procurador do Estado – PGE/RS – Fundatec – 2015) De acordo com a Lei nº 12.846/13, que dispõe sobre a responsabilização administrativa e civil de pessoas jurídicas pela prática de atos contra a administração pública, é correto afirmar que:

(A) A responsabilidade administrativa e civil das pessoas jurídicas por atos lesivos à Administração Pública é sempre subjetiva.

(B) Os dirigentes ou administradores só serão responsabilizados na medida da sua culpabilidade.

(C) A existência de mecanismos e procedimentos internos de integridade, auditoria e incentivo à denúncia de irregularidades, e a aplicação efetiva de códigos de ética e de conduta no âmbito da pessoa jurídica, excluem a sua responsabilidade nos âmbitos civil e administrativo.

(D) Dentre as sanções aplicáveis pela Administração Pública às pessoas jurídicas estão a suspensão ou interdição parcial de suas atividades, e a sua dissolução compulsória.

(E) As infrações nela previstas são imprescritíveis.

A: incorreta. O art. 1º, da Lei 12.846/2013 dispõe sobre a responsabilidade objetiva das empresas em caso de corrupção; **B:** correta. Trata-se do art. 3º, § 2º, da Lei 12.846/2013; **C:** incorreta. O art. 7º, VIII, da Lei 12.846/2013 dispõe que serão levados em consideração esses mecanismos, o que não significa que será excluída a responsabilidade; **D:** incorreta. O Poder Judiciário é que aplica as sanções previstas nessa Lei, e não a Administração Pública (art. 19, da Lei 12.846/2013); **E:** incorreta. O art. 25, da Lei 12.846/2013 determina o prazo prescricional de 5 anos para a punição das infrações previstas nessa lei. **AW**

Gabarito "B".

(Procurador do Estado – PGE/MT – FCC – 2016) No tocante às regras para aplicação das penalidades previstas na Lei Complementar estadual nº 207, de 29 de dezembro de 2004, considere:

I. O comportamento e os antecedentes funcionais do servidor devem ser considerados para a dosagem da sanção administrativa.

II. Haver o transgressor confessado espontaneamente a falta perante a autoridade sindicante ou processante, de modo a facilitar a apuração daquela é circunstância que atenua a pena.

III. Haver o transgressor procurado diminuir as consequências da falta, ou haver reparado o dano, ainda que após a aplicação da pena, são circunstâncias que atenuam a pena.

IV. A relevância dos serviços prestados e a reincidência são circunstâncias que agravam a pena.

Está correto o que consta APENAS em:

(A) I e II.

(B) II e III.

(C) III e IV.

(D) II e IV.

(E) I e III.

I: correta. Trata-se do disposto no art. 10, da LC 207/2004; **II:** correta. A confissão espontânea é atenuante para fins de aplicação da pena ao servidor (art. 11, II, LC 207/2011); **III:** incorreta. A reparação do dano tem que ser antes da aplicação da pena para esta ser atenuada (art. 11, I, da LC 207/2011); **IV:** incorreta. O art. 11, IV, da LC 207/2011 admite como atenuante serviços prestados pelo infrator. **AW**

Gabarito "A".

(Procurador/DF – 2013 – CESPE) Julgue os próximos itens, referentes à improbidade administrativa.

(1) O prazo para a proposição da ação de improbidade administrativa visando o ressarcimento dos danos causados pelo agente público é de cinco anos, a contar do término do exercício de mandato, de cargo em concurso ou de função de confiança por esse agente.

(2) O ato de improbidade, que, em si, não constitui crime, caracteriza-se como um ilícito de natureza civil e política.

1: errada, pois o STF, ao interpretar o art. 37, § 5º, da CF, consagrou a seguinte tese: são imprescritíveis as ações de ressarcimento ao erário fundada na prática de ato doloso tipificado na Lei de Improbidade Administrativa (RE, 852475/SP, 08.08.2018). Repare que a imprescritibilidade tem os seguintes requisitos: a) é só em relação ao ressarcimento ao erário (não atingindo a aplicação das demais sanções da Lei de Improbidade, que têm o prazo prescricional mantido, nos termos

das regras do parágrafo abaixo); b) depende do reconhecimento de que o ato praticado foi doloso; c) depende do reconhecimento de que o ato praticado é qualificado pela lei como ato de improbidade administrativa.; **2:** certa; de fato, o ato de improbidade que não constituir crime é considerado um ilícito de natureza civil (no sentido de não penal, já que há sanções civis em sentido estrito, como ressarcimento ao erário e multa civil, e administrativas, como proibição de contratar com o Poder Público e a perda do cargo) e política (suspensão dos direitos políticos).

Gabarito 1E, 2C

(Procurador do Município/Boa Vista-RR – 2010 – CESPE) Considerando a Lei de Improbidade – Lei n. 8.429/1992 – e os procedimentos administrativos, julgue os itens seguintes.

(1) O procedimento administrativo cabe à administração pública, mas a Lei de Improbidade permite ao Ministério Público designar um representante do órgão para acompanhar esse procedimento.

(2) As disposições da Lei n. 8.429/1992 não são aplicáveis àqueles que, não sendo agentes públicos, se beneficiarem, de forma direta ou indireta, com o ato de improbidade cometido por prefeito municipal.

1: correta (art. 15, parágrafo único, da Lei 8.429/1992); **2:** incorreto (art. 3º da Lei 8.429/1992).

Gabarito 1C, 2E

(Procurador do Município/Boa Vista-RR – 2010 – CESPE) Julgue os itens subsequentes.

(1) A Lei n. 8.429/1992 traz expressa disposição no sentido de admitir o afastamento do cargo do agente público, quando a medida se mostrar necessária à instrução do processo.

(2) A prolação da sentença em que sejam aplicadas as sanções de suspensão dos direitos políticos e perda da função pública por ato de improbidade administrativa deve surtir efeito imediatamente.

(3) A representação por ato de improbidade contra agente público ou terceiro beneficiário, quando o autor da denúncia o sabe inocente, constitui crime expressamente previsto na Lei n. 8.429/1992.

(4) As ações destinadas a levar a efeito as sanções previstas na Lei n. 8.429/1992 prescrevem dez anos após a ocorrência dos atos tidos como lesivos ao erário.

1: correta (art. 20, parágrafo único, da Lei 8.429/1992); **2:** incorreta. pois a sentença só surtirá efeitos, quanto a essas duas sanções, após seu trânsito em julgado (art. 20, *caput*, da Lei 8.429/1992); **3:** correta (art. 19 da Lei 8.429/1992); **4:** incorreta (art. 23 da Lei 8.429/1992).

Gabarito 1C, 2E, 3C, 4E

(Procurador do Município/São José dos Campos-SP – 2012 – VUNESP) Recebida pela Procuradoria do Município a representação da Comissão Processante dando conhecimento da existência de procedimento administrativo em que há fundados indícios de responsabilidade de agente público por ato de improbidade, o Procurador

(A) representará ao órgão do Ministério Público, que é o legitimado ativo, para ingressar com a ação cautelar de arresto ou de sequestro, segundo o caso concreto, de bens do agente ou de terceiro que tenha enriquecido ilicitamente ou causado dano ao patrimônio público.

(B) ingressará com ação cautelar de sequestro de bens do agente ou de terceiro que tenha enriquecido ilicitamente ou causado dano ao patrimônio público.

2. DIREITO ADMINISTRATIVO

(C) ingressará com a ação de improbidade administrativa no prazo de trinta dias, pleiteando a designação de audiência para tentativa de transação, acordo ou conciliação, visando a diminuir a litigiosidade e a solucionar com rapidez a questão.

(D) dará conhecimento à autoridade competente, visando a afastar o agente do exercício do cargo, emprego ou função, com prejuízo de sua remuneração, quando a medida se fizer necessária à instrução processual.

(E) ajuizará, em litisconsórcio ativo necessário, com o órgão do Ministério Público, ação de improbidade, que tramitará pelo rito especial.

Segundo o art. 16 da Lei 8.429/1992, a Comissão, nesse caso, representará ao Ministério ou à Procuradoria do órgão "para que requeira em juízo competente a decretação do sequestro dos bens do agente ou terceiro que tenha enriquecido ilicitamente ou causado dano ao patrimônio público". Dessa forma, a alternativa correta é a "b".

Gabarito "B".

(Procurador do Município/Teresina-PI – 2010 – FCC) Lei n. 8.429/1992 (Lei de Improbidade Administrativa).

I. Celebrar contrato ou outro instrumento que tenha por objeto a prestação de serviços públicos por meio da gestão associada sem observar as formalidades previstas na lei é classificado como ato de improbidade que importa enriquecimento ilícito.

II. Diante da prática de ato de improbidade administrativa que atente contra os princípios da Administração Pública, estará o responsável sujeito, dentre outras possíveis sanções, à suspensão dos direitos políticos de três a cinco anos.

III. Proposta ação civil por improbidade administrativa, o requerido será notificado para apresentar manifestação por escrito no prazo de quinze dias e, posteriormente, recebida a petição inicial, será citado para apresentar contestação, podendo interpor agravo de instrumento contra a decisão que recebeu a petição inicial.

IV. Independentemente das sanções penais, civis e administrativas previstas na legislação específica, as cominações impostas ao responsável pelo ato de improbidade serão sempre aplicadas cumulativamente.

SOMENTE estão corretas as assertivas

(A) II e IV.

(B) I e II.

(C) I e III.

(D) I e IV.

(E) II e III.

I: incorreta, pois o caso é de improbidade na modalidade prejuízo ao erário (art. 10, XIV, da Lei 8.429/1992); II: correta (art. 12, III, da Lei 8.429/1992); III: correta (art. 17, §§ 7º, 9º e 10, da Lei 8.429/1992); IV: incorreta, pois poderão ser aplicadas isolada ou cumulativamente (art. 12, *caput*, da Lei 8.429/1992).

Gabarito "E".

(ADVOGADO - CEF - 2010 - CESPE) Em relação à Lei n. 8.429/1992, que dispõe sobre improbidade administrativa, assinale a opção correta.

(A) A perda ou extinção do mandato eletivo implica cessação automática da existência de foro especial

por prerrogativa de função, ainda que o fato que deu causa à demanda haja ocorrido durante o exercício daquele, exceto na hipótese de improbidade administrativa, conforme jurisprudência do STF.

(B) Os juízos de primeira instância são incompetentes para processar e julgar ação civil de improbidade administrativa ajuizada por crime de responsabilidade contra agente político que possui prerrogativa de foro perante o STF.

(C) Tratando-se da prática de atos de improbidade administrativa que importem enriquecimento ilícito, a proibição de o infrator contratar com o poder público ou receber benefícios ou incentivos fiscais ou creditícios, direta ou indiretamente, ainda que por intermédio de pessoa jurídica da qual seja sócio majoritário, limita-se ao prazo de cinco anos.

(D) Nas sanções aplicáveis aos agentes públicos nos casos de enriquecimento ilícito no exercício de mandato, cargo, emprego ou função na administração pública direta, indireta ou fundacional, é vedado ao juiz nomear depositário dos bens eventualmente sequestrados do infrator, que devem ficar recolhidos em depósito judicial.

(E) A aplicação das sanções previstas na lei em questão independe da efetiva ocorrência de dano ao patrimônio público, inclusive quanto à pena de ressarcimento, e da aprovação ou rejeição das contas pelo órgão de controle interno ou pelo tribunal ou conselho de contas.

A: incorreta, pois não há foro por prerrogativa de função nas ações por improbidade administrativa já que o STF declarou inconstitucional a alteração feita no art. 84, § 2º, do Código de Processo Penal, que estendia o foro privilegiado da esfera penal às ações de improbidade, que são consideradas ações cíveis (ADI 2.797, DJ 19.12.2006); assim, as ações de improbidade movidas contra os Prefeitos devem ser promovidas em primeira instância; **B:** correta, pois o STF assentou o entendimento de que, ressalvado o Prefeito, aquele que responde por crime de responsabilidade não ficará sujeito à ação de improbidade de que trata a Lei 8.429/1992; **C:** incorreta, pois o prazo limite, nesse caso, são 10 anos (art. 12, I, da Lei 8.429/1992); **D:** incorreta, pois o pedido de sequestro, no caso, é regulado pelos 822 e 825 do CPC (art. 16, § 1º, da Lei 8.429/1992), não havendo, em tais dispositivos, regra nesse sentido; **E:** incorreta, pois no que tange à pena de ressarcimento, por óbvio, há necessidade de ter havido dano ao patrimônio público (art. 21, I, da Lei 8.429/1992).

Gabarito "B".

7. BENS PÚBLICOS

7.1. Conceito e classificação

(Procurador do Estado/TO - 2018 - FCC) Uma gleba de terras devolutas estaduais foi arrecadada por ação discriminatória e o Governo do Estado, por meio de lei, declarou-a como indispensável à proteção de um relevante ecossistema local, incluindo-a na área de parque estadual já constituído para esse fim. Tal gleba deve ser considerada bem

(A) privado sob domínio estatal.

(B) público dominical.

(C) público de uso comum do povo.

(D) público de uso especial.

(E) privado sob regime especial de proteção.

Os bens públicos são classificados em três categorias: bem de uso comum do povo, bem de uso especial e bem dominical (art. 99 do Código Civil). As terras devolutas são consideradas bens públicos dominicais, porquanto desprovidas de finalidade pública. No entanto, com a sua arrecadação pelo Estado, que lhe conferiu uma destinação pública específica (proteção de um relevante ecossistema local), o bem foi objeto de afetação, motivo pelo qual é considerado um bem público de uso especial. Correta a alternativa D. **RB**

Gabarito "D".

(Procurador Municipal – Prefeitura/BH – CESPE – 2017) Com relação aos bens públicos, assinale a opção correta.

(A) Bens dominicais são os de domínio privado do Estado, não afetados a finalidade pública e passíveis de alienação ou de conversão em bens de uso comum ou especial, mediante observância de procedimento previsto em lei.

(B) Consideram-se bens de domínio público os bens localizados no município de Belo Horizonte afetados para destinação específica precedida de concessão mediante contrato de direito público, remunerada ou gratuita, ou a título e direito resolúvel.

(C) O uso especial de bem público, por se tratar de ato precário, unilateral e discricionário, será remunerado e dependerá sempre de licitação, qualquer que seja sua finalidade econômica.

(D) As áreas indígenas são bens pertencentes à comunidade indígena, à qual cabem o uso, o gozo e a fruição das terras que tradicionalmente ocupa para manter e preservar suas tradições, tornando-se insubsistentes pretensões possessórias ou dominiais de particulares relacionados à sua ocupação.

A: incorreta. O erro dessa assertiva está no fato de que os bens dominiais constituem patrimônio disponível do Poder Público, por isso, para que sejam alienados, não precisam ser convertidos em outras categorias de bens; B: incorreta. O domínio público é expressão própria para designar todos os bens públicos, sejam os bens integrantes do patrimônio próprio do Estado (domínio patrimonial), sejam os integrantes do patrimônio de interesse público, coletivo (domínio eminente), por isso está errado delimitar esses bens como sendo somente os localizados em um Município e afetados; C: incorreta. A autorização de uso é ato discricionário, unilateral e precário, sem licitação, sendo ato informal, portanto; D: correta. Trata-se do teor do art. 231, § 1º, CF, sendo reprodução deste dispositivo. **AW**

Gabarito "D".

(Procurador – IPSMI/SP – VUNESP – 2016) A respeito dos bens públicos, assinale a alternativa correta.

(A) Os bens dominicais, por não estarem afetados a finalidade pública, estão sujeitos à prescrição aquisitiva.

(B) Os bens públicos podem ser onerados com garantia real, eis que tais garantias possuem o condão de reduzir os riscos das relações travadas entre Administração e agentes privados.

(C) Os bens de todas as empresas estatais são considerados bens públicos, uma vez que tais pessoas jurídicas compõem a Administração indireta.

(D) O domínio eminente é a prerrogativa decorrente da soberania que autoriza o Estado a intervir em todos os bens localizados em seu território.

(E) A alienação de bens públicos imóveis pressupõe a sua desafetação, existência de justificada motivação,

autorização legislativa, avaliação prévia e realização de licitação na modalidade tomada de preços.

A: Incorreta. Nenhum bem público está sujeito à prescrição aquisitiva ou à aquisição por meio de usucapião, conforme disposto no art. 183, § 3º, CF. B: Incorreta. Como os bens públicos sofrem restrições quanto à alienabilidade, não podem ser onerados, assim como a execução contra a Fazenda Pública é feita por meio de um procedimento próprio, específico (art. 100, CF), por meio de precatórios, por isso a impossibilidade de oneração desses bens. C: Incorreta. Somente os bens públicos das pessoas jurídicas de direito público e as de direito privado que tenham uma destinação pública é que são considerados públicos. D: Correta. Esse é o conceito de domínio eminente, ou seja, o domínio que o Estado possui sobre os bens que estão sobre o seu território, cujas destinações também são de sua competência. E: Incorreta. O erro está na modalidade licitatória, que sempre é a concorrência (art. 17, I, da Lei 8.666/1993). **AW**

Gabarito "D".

(Procurador Municipal – Sertãozinho/SP – VUNESP – 2016) Em relação às classificações existentes dos bens públicos, cemitérios públicos, aeroportos e mercados podem ser classificados como

(A) bens de domínio público de uso comum.

(B) bens de domínio público de uso especial.

(C) bens de domínio privado do Estado.

(D) bens dominicais da Administração.

(E) bens de uso comum do povo e de uso especial.

A: Incorreta. Todos esses bens possuem destinação específica, não sendo de "uso comum do povo", como são as praças, ruas, por exemplo. B: Correta. Temos bens com destinações específicas, de uso especial, portanto. C: Incorreta. No caso, todos são bens públicos e o domínio é público também, ou seja, a propriedade. D: Incorreta. Os bens dominais são os que não possuem destinação específica, por isso são alienáveis. No caso, temos bens de uso especial do povo, com finalidades específicas, por isso excluída essa alternativa. E: Incorreta. Como afirmado acima, temos apenas bens de uso especial. **AW**

Gabarito "B".

(Procurador do Município/Sorocaba-SP – 2012 – VUNESP) Quanto aos bens públicos, aponte a alternativa correta.

(A) Para serem alienados, os bens de uso comum e de uso especial por meio de institutos de direito privado têm de ser previamente desafetados.

(B) A inalienabilidade dos bens públicos é absoluta, não estando sujeitos ao comércio de direito privado e de direito público.

(C) Os bens de uso comum e de uso especial são aqueles que constituem o patrimônio da União, dos Estados ou dos Municípios.

(D) Os bens dominicais são os edifícios ou terrenos destinados a serviço ou estabelecimento da Administração Pública.

(E) Para o caso de alienação de bens imóveis públicos, a modalidade de licitação adotada é a tomada de preços.

A: correta; de fato, os bens citados são inalienáveis enquanto não forem desafetados (art. 100 do CC); uma vez desafetados, poderão ser alienados por instrumentos de direito público (no caso, licitação) ou até por instrumentos de direito privado (por exemplo, por permuta), nas hipóteses expressamente previstas em lei; B: incorreta, pois a inalienabilidade dos bens públicos, no caso, dos bens de uso comum do povo e de uso especial, existe apenas enquanto estes conservarem

2. DIREITO ADMINISTRATIVO

essa qualificação (art. 100 do CC), sendo certo que, uma vez havendo a sua desafetação, tais bens passam a ser do tipo dominicais, os quais, segundo o art. 101 do CC, são alienáveis, observadas as exigências da lei; **C:** incorreta, pois bens que constituem apenas patrimônio público são qualificados como bens dominicais (art. 99, III, do CC); **D:** incorreta, pois tais bens são de uso especial (art. 99, II, do CC); **E:** incorreta, pois, como regra, a modalidade de licitação para a alienação de bens imóveis públicos é a concorrência (art. 17, I, da Lei 8.666/1993), ressalvadas as exceções em que se admite também a utilização da modalidade leilão (art. 19, III, da Lei 8.666/1993); tais exceções são para os casos em que a aquisição do bem tenha se dado por procedimento judicial ou dação em pagamento.
Gabarito "A".

7.2. Regime jurídico (características)

(Procurador do Município – Prefeitura Fortaleza/CE – CESPE – 2017) A respeito de bens públicos e responsabilidade civil do Estado, julgue o próximo item.

(1) Situação hipotética: Determinado município brasileiro construiu um hospital público em parte de um terreno onde se localiza um condomínio particular. Assertiva: Nessa situação, segundo a doutrina dominante, obedecidos os requisitos legais, o município poderá adquirir o bem por usucapião.

1: correta. O Poder Público poderá usucapir como o particular, só não podendo os imóveis públicos serem adquiridos por usucapião (art. 183, § 3º, CF).
Gabarito 1C

(Procurador do Município – Prefeitura Fortaleza/CE – CESPE – 2017) A respeito de bens públicos e responsabilidade civil do Estado, julgue o próximo item.

(1) Situação hipotética: A associação de moradores de determinado bairro de uma capital brasileira decidiu realizar os bailes de carnaval em uma praça pública da cidade. Assertiva: Nessa situação, a referida associação poderá fazer uso da praça pública, independentemente de autorização, mediante prévio aviso à autoridade competente.

1: incorreta. O uso de bens públicos depende de prévia autorização do Poder Público. A autorização é ato discricionário, unilateral e precário, por isso, o particular deverá solicitá-la à Prefeitura, que poderá ou não autorizá-la, conforme sua discrição (sua decisão "interna" enquanto pessoa jurídica administradora desses bens públicos).
Gabarito 1E

(Procurador do Estado – PGE/MT – FCC – 2016) Acerca do regime jurídico dos bens públicos, é correto afirmar:

(A) Os bens de uso especial, dada a sua condição de inalienabilidade, não podem ser objeto de concessão de uso.

(B) Chama-se desafetação o processo pelo qual um bem de uso comum do povo é convertido em bem de uso especial.

(C) A investidura é hipótese legal de alienação de bens imóveis em que é dispensada a realização do procedimento licitatório.

(D) Os bens pertencentes ao Fundo Garantidor de Parcerias Público-Privadas (Lei Federal nº 11.079/2004), embora possam ser oferecidos em garantia dos crédi-

tos do parceiro privado, mantém a qualidade de bens públicos.

(E) Os bens pertencentes às empresas pública são públicos, diferentemente dos bens pertencentes às sociedades de economia mista.

A: incorreta. Os bens de uso especial, desde que desafetados, podem ser vendidos e podem ser objeto de concessão de uso; **B:** incorreta. A desafetação ocorre quando um bem de uso comum do povo ou de uso especial é transformado em bem dominial. No caso da assertiva, temos afetação; **C:** correta, conforme disposto no art. 17, § 3º, da Lei 8.666/1993; **D:** incorreta. O FGP (Fundo Garantidor das Parcerias) é formado por dinheiro ou valores advindos do Poder Público e do privado; **E:** incorreta. Os bens pertencentes às sociedades de economia mista são 50% públicos.
Gabarito "C".

(Advogado União – AGU – CESPE – 2015) Acerca dos serviços públicos e dos bens públicos, julgue os itens a seguir.

(1) De acordo com a doutrina dominante, caso uma universidade tenha sido construída sobre parte de uma propriedade particular, a União, assim como ocorre com os particulares, poderá adquirir o referido bem imóvel por meio da usucapião, desde que sejam obedecidos os requisitos legais.

(2) Se o Ministério da Saúde adquirir um grande lote de medicamentos para combater uma epidemia de dengue, essa aquisição, no que se refere ao critério, será classificada como serviço coletivo devido ao fato de esses medicamentos se destinarem a um número indeterminado de pessoas.

(3) Situação hipotética: Durante a realização de obras resultantes de uma PPP firmada entre a União e determinada construtora, para a duplicação de uma rodovia federal, parte do asfalto foi destruída por uma forte tempestade. Assertiva: Nessa situação, independentemente de o referido problema ter decorrido de fato imprevisível, o Estado deverá solidarizar-se com os prejuízos sofridos pela empresa responsável pela obra.

(4) Situação hipotética: A União decidiu construir um novo prédio para a Procuradoria-Regional da União da 2ª Região para receber os novos advogados da União. No entanto, foi constatado que a única área disponível, no centro do Rio de Janeiro, para a realização da referida obra estava ocupada por uma praça pública. Assertiva: Nessa situação, não há possibilidade de desafetação da área disponível por se tratar de um bem de uso comum do povo, razão por que a administração deverá procurar por um bem dominical.

1: correta. Todos os entes políticos podem usucapir, sendo vedado aos bens públicos, somente, serem usucapidos, conforme disposto no art. 183, §3º, CF; **2:** incorreta. Não temos esse critério de "serviço coletivo" elencado na Lei 8.666/1993, sendo apenas os critérios de julgamento ou tipos os de melhor preço, melhor lance ou oferta, melhor técnica e técnica e preço (art. 45, § 1º); **3:** correta. Nas Parcerias Público-Privadas há repartição de riscos e prejuízos, conforme disposto no art. 4º, VI, da Lei 11.079/2005; **4:** incorreta. As praças são bens de uso comum do povo, mas podem ser desafetadas para tornarem-se bens de uso especial e, aí sim, serem destinadas a uma finalidade específica como a construção da Procuradoria.
Gabarito 1C, 2E, 3C, 4E

(Procurador Distrital – 2014 – CESPE) Relativamente aos bens públicos, julgue o item abaixo.

(1) É impossível a prescrição aquisitiva de bens públicos dominicais, inclusive nos casos de imóvel rural e de usucapião constitucional *pro labore*.

1: correta, pois não cabe usucapião em qualquer tipo de bem público (arts. 182, § 3º, e 191, parágrafo único, ambos da CF/1988).
Gabarito 1C

(Procurador do Estado/MT – FCC – 2011) Os bens imóveis pertencentes à Administração Pública

(A) são inalienáveis, quando de uso comum do povo e de uso especial, enquanto mantida a afetação ao serviço público.

(B) podem ser alienados mediante autorização legal prévia, exceto os bens dominicais.

(C) são impenhoráveis, exceto os de titularidade de autarquias e fundações.

(D) não podem ser objeto de subsequente afetação a serviço público, quando anteriormente de uso privativo da Administração.

(E) podem ser objeto de utilização por particular, total ou parcial, desde que em caráter precário e a título oneroso.

A: correta (art. 100 do CC); B: incorreta, pois a regra é a inalienabilidade e a alienabilidade a exceção (art. 100 do CC) e, quanto aos bens dominicais, esses sim são alienáveis, mas segundo as exigências previstas em lei (art. 101 do CC); C: incorreta, pois todos os bens públicos, inclusive os pertencentes às autarquias e fundações públicas de direito público, são impenhoráveis; D: incorreta, pois os bens públicos podem ser afetados, desafetados ou afetados em novo objetivo de interesse público; E: incorreta, pois tais bens poderão ser objetos de utilização pelo particular em caráter contratual também (não precário), como é o caso da concessão de uso de bem público; ademais, há hipóteses de outorga de uso para o particular a título gratuito (ex: autorização de uso de bem público, que permite o fechamento de uma rua por um dia, para a realização de uma festa de São João).
Gabarito "A".

(Procurador do Estado/RO – 2011 – FCC) Um sitiante instalou-se com sua família em uma área rural que considerava abandonada e ali residiu durante 10 (dez) anos, cultivando a referida terra. Decidiu entrar com ação de usucapião e, durante o processo, foi constatado que se tratava de terras indígenas. Diante disso, é correto afirmar que

(A) as terras indígenas são de propriedade privada dos índios, e portanto o sitiante fará jus ao reconhecimento da usucapião.

(B) as terras indígenas são bens públicos da União, e portanto, não podem ser usucapidas e, por força de mandamento da Constituição, são inalienáveis e indisponíveis.

(C) as terras indígenas são bens públicos dominicais, podendo ser alienadas; logo, estão sujeitas também a usucapião.

(D) as terras indígenas são consideradas *res nullius*, portanto, qualquer um pode delas se apossar, sem necessidade de promover ação de usucapião.

(E) embora sejam bens públicos, e portanto não sujeitos a usucapião, as referidas terras podem ser objeto de concessão de uso especial para fins de moradia, nos termos da Medida Provisória n. 2.220/2001.

A: incorreta, pois as terras indígenas pertencem á União (art. 20, XI, da CF), sendo que os índios têm apenas a posse permanente dessas terras, cabendo-lhes o usufruto exclusivo das riquezas do solo, dos rios e dos lagos nelas existentes (art. 231, § 2º, da CF); B: correta, conforme mencionado na alternativa anterior e conforme o § 4º do art. 231 da CF, que assevera que tais terras são inalienáveis e indisponíveis, e os direitos sobre elas, imprescritíveis; C: incorreta, pois o art. 231, § 4º, da CF dispõe que essas terras são inalienáveis e imprescritíveis; D: incorreta, pois tais terras sujeitam-se à posse permanente dos índios, não cabendo usucapião sobre elas; E: incorreta, pois tais terras se destinam à posse permanente dos índios (art. 231, § 2º, da CF), o que faz com que o instituto da concessão de uso especial para fins de moradia seja incompatível com a natureza das terras indígenas.
Gabarito "B".

7.3. Alienação dos bens públicos

(ADVOGADO – PETROBRÁS – 2012 – CESGRANRIO) A alienação de bens imóveis pertencentes a empresas públicas e sociedades de economia mista federais depende da observância dos seguintes requisitos, EXCETO

(A) avaliação prévia

(B) existência de interesse público devidamente justificado

(C) autorização legislativa

(D) licitação na modalidade concorrência, ressalvadas as hipóteses de licitação dispensada

(E) habilitação mediante a comprovação do recolhimento da quantia correspondente a 5% da avaliação

Os bens das empresas estatais não são bens públicos. Assim, são alienáveis, não sendo necessária a autorização legislativa. Porém, essas entidades estão sujeitas à Lei 8.666/1993, de modo que os demais requisitos devem ser cumpridos (existência de justificativa, avaliação prévia, licitação na modalidade concorrência e garantia), nos termos do arts. 17, *caput* e I, e 18, ambos da Lei 8.666/1993.
Gabarito "C".

7.4. Uso dos bens públicos

(Procurador do Município - S.J. Rio Preto/SP - 2019 - VUNESP) Assinale a alternativa correta a respeito da concessão de direito real de uso sobre imóvel.

(A) Não se tratando de alienação, não depende de autorização legislativa, independentemente do ente público que a outorgue, exigindo tão somente licitação, ressalvadas as hipóteses de dispensa previstas em lei.

(B) É espécie de contrato administrativo que confere direito real resolúvel ao concessionário, passível de registro no registro público competente e de instituição de hipoteca, desde que não vedada pelo respectivo contrato, e a ser utilizada em conformidade com a destinação específica prevista no seu instrumento contratual ou ato que o tenha aprovado.

(C) Pode ser outorgada com prazo certo ou indeterminado, dependendo sempre de autorização legislativa e procedimento licitatório, na modalidade concorrência, ressalvadas as hipóteses de dispensa previstas em lei.

(D) É também apta à delegação de serviços públicos e obras públicas, nos termos da Lei no 8.987/1995, desde que a sua prestação esteja ligada à exploração do imóvel concedido, em conformidade com a destinação específica prevista no seu instrumento contratual.

2. DIREITO ADMINISTRATIVO

(E) É espécie de contrato administrativo que confere direito real resolúvel ao concessionário; atendida em qualquer hipótese a sua destinação específica, pode ser transferida por sucessão, mas a sua transferência por ato inter vivos pressupõe novo procedimento licitatório.

A concessão de direito real de uso representa categoria de direito real prevista no art. 1.225, XII, do Código Civil. A doutrina define-a como o "contrato administrativo pelo qual o Poder Público confere ao particular o direito real resolúvel de uso de terreno público ou sobre o espaço aéreo que o recobre, para os fins que, prévia e determinadamente, o justificaram." (José dos Santos Carvalho Filho, Manual de direito administrativo, p. 1257). Observe-se que o Código Civil admite a incidência de hipoteca sobre o direito decorrente da concessão de direito real de uso (art. 1.473, IX). Além disso, é transmissível por ato inter vivos ou causa mortis, embora a finalidade da concessão merece ser preservada. "O instrumento de formalização pode ser escritura pública ou termo administrativo, devendo o direito real ser inscrito no competente Registro de Imóveis. Para a celebração desse ajuste, são necessárias lei autorizativa e licitação prévia, salvo se a hipótese estiver dentro das de dispensa de licitação" (José dos Santos Carvalho Filho, Manual de direito administrativo, p. 1259). Nesse sentido, correta a alternativa B. RB
Gabarito "B".

(Procurador do Estado/TO - 2018 - FCC) O Governo do Estado pretende que a iniciativa privada administre, mediante contrato, os terminais de ônibus intermunicipais existentes no Estado, sendo que, em contrapartida dos gastos de manutenção, os empresários possam explorar, por prazo determinado, a área dos terminais com a construção de lojas, escritórios, hotéis etc. Pelas características anunciadas, o negócio deve ser enquadrado como

(A) autorização de uso de bem público.

(B) concessão de uso de bem público.

(C) permissão de uso de bem público.

(D) direito de superfície.

(E) outorga onerosa de potencial construtivo.

Deve ser considerado que os terminais de ônibus representam bens públicos e que o Governo do Estado pretende que a iniciativa privada os administre, mediante contrato. As figuras da autorização e da permissão de uso de bem público não podem ser utilizadas nesse negócio, pois assumem a natureza de ato administrativo. Já a outorga onerosa de potencial construtivo constitui instrumento urbanístico previsto no Estatuto da Cidade relacionado ao direito de construir. O direito de superfície, por sua vez, também está previsto no Estatuto da Cidade, e no próprio Código Civil, representando o direito real de construção ou plantação em solo alheio. Assim, o negócio pretendido deve ser enquadrado como concessão de uso de bem público, que detém natureza contratual, destinada ao uso privativo de bem público por particular, a quem caberá explorá-lo. RB
Gabarito "B".

(Procurador Federal - 2013 - CESPE) Julgue o seguinte item.

(1) Permissão de uso de bem público é o contrato administrativo pelo qual o poder público confere a pessoa determinada o uso privativo do bem, de forma remunerada ou a título gratuito.

1: incorreta, pois a permissão não tem natureza contratual, tratando-se de um ato unilateral e precário expedido pelo Poder Público.
Gabarito 1E

(Procurador Federal - 2013 - CESPE) Acerca do novo regime para a exploração de portos e instalações portuárias previsto na Lei nº 12.815/2013, julgue o item abaixo.

(1) A exploração indireta de porto organizado e das instalações portuárias nele localizadas ocorrerá mediante concessão e arrendamento de bem público, mas a exploração indireta das instalações portuárias localizadas fora da área do porto organizado ocorrerá mediante autorização, nos termos dispostos na lei.

1: correta, nos termos dos §§ 1º e 2º do art. 1º da Lei 12.815/2013.
Gabarito 1C

(Procurador do Estado/AC - FMP - 2012) Conhecido empresário do ramo imobiliário, ao estabelecer um grande empreendimento imobiliário ao lado do Parque Ambiental Chico Mendes, invadiu área de 5 hectares do referido parque. Sob a perspectiva dos bens públicos e do Direito Administrativo, sem excluir outras consequências jurídicas, é **CORRETO** afirmar que:

(A) a construção é inferior à vigésima parte do Parque Ambiental Chico Mendes e estando o empresário de boa-fé, este adquire a posse e a propriedade do bem mediante indenização a ser fixada pelo Judiciário, independente de autorização legislativa.

(B) o direito à moradia e a função social da propriedade pública autorizam medida voltada à alienação da área ao construtor, mediante prévia autorização legislativa e indenização equivalente ao valor da área.

(C) embora não seja possível a alienação de uma área pública, após o esbulho, mediante prévia autorização legislativa, somente é admissível a instituição de uma parceria público-privada entre a construtora e o Poder Público.

(D) os bens afetados ao domínio público são inalienáveis e não estão sujeitos a usucapião, de tal sorte, sequer está configurado um bem passível de posse, verificando-se esbulho e impondo-se a adoção das medidas cabíveis para a reintegração e reconstituição da parcela invadida do Parque Ambiental Chico Mendes.

A: incorreta, pois não é possível usucapião em bem público (art. 102 do CC); **B:** incorreta, pois tal medida implicaria em violação ao princípio do interesse público e também ao princípio do dever de licitar; **C:** incorreta, pois, como princípio, áreas públicas podem ser alienadas após desafetadas; ademais, no caso em tela, não há que se falar em instituição de PPP, sob pena de violação aos princípios mencionados na alternativa anterior; **D:** correta, pois, enquanto afetadas ao domínio, os bens públicos, de fato, são inalienáveis (art. 100 do CC); no mais também está correta a informação no sentido de que não cabe usucapião em relação a bens públicos (art. 102 do CC); em sendo assim, ocorre esbulho e a Administração deverá tomar medidas para a reintegração da coisa.
Gabarito "D".

(Procurador do Município/Boa Vista-RR – 2010 – CESPE) Com relação aos bens municipais, julgue os itens seguintes.

(1) A autorização de uso é ato unilateral, discricionário e precário, pelo qual o município consente a prática de determinada atividade individual incidente sobre bem público. Não há forma nem requisitos especiais para sua efetivação, pois ela visa apenas atividades transitórias e irrelevantes para o poder público, bastando que se consubstancie em ato escrito, revogável sumariamente a qualquer tempo e sem ônus à administração.

1: Correta, pois traz exatamente o conceito e as características da autorização de uso de público, que, diferentemente da permissão e da concessão, não reclama licitação, nem forma determinada.
Gabarito 1C

(Procurador do Município/Teresina-PI – 2010 – FCC) O ato administrativo unilateral, discricionário e precário pelo qual a Administração consente que o particular utilize bem público de modo privativo, atendendo exclusiva ou primordialmente o interesse do particular, denomina-se

(A) cessão de uso.

(B) permissão de uso.

(C) autorização de uso.

(D) concessão de uso.

(E) concessão especial de uso.

Trata-se de autorização de uso de bem público. O instituto que mais se aproxima do conceito é a permissão de uso de bem público, que não é o caso, pois esta não é feita para atender exclusiva ou primordialmente interesse do particular. Ademais, a permissão requer licitação, ao passo que a autorização, não.
Gabarito "C".

7.5. Bens públicos em espécie

(Procurador Federal – 2013 – CESPE) Acerca dos terrenos de marinha e das águas públicas, julgue os itens que se seguem.

(1) À União pertence o domínio das águas públicas e das ilhas fluviais, lacustres e oceânicas.

(2) Os terrenos de marinha, assim como os seus terrenos acrescidos, pertencem à União por expressa disposição constitucional.

1: incorreta; nem todas as águas públicas são da União; as águas de um rio municipal são do respectivo Município, por exemplo; já os potenciais para geração de energia hidráulica, não tratados na questão, esses sim são bens da União (art. 20, VIII, da CF/1988); ademais, nem todas as ilhas fluviais e lacustres são da União, mas somente as que estiverem nas zonas limítrofes com outros países (art. 20, IV, da CF/1988), sendo que as demais pertencem aos Estados (art. 26, III, da CF/1988); quanto às ilhas oceânicas, de fato são da União, mas há ressalva, que são as ilhas que contenham a sede de um Município ou que estiverem no domínio de Estados (arts. 20, IV, e 26, II, da CF/1988); **2:** correta (art. 20, VII, da CF/1988).
Gabarito 1E, 2C

(Procurador do Município/Florianópolis-SC – 2010 – FEPESE) Assinale a alternativa **correta**, em relação aos bens públicos.

(A) A terra devoluta pertence à categoria de bens públicos de uso especial.

(B) O bem público poderá ser onerado pelos direitos reais de garantia.

(C) As terras devolutas não compreendidas entre as da União pertencem ao Município.

(D) A administração pública não é livre para adquirir ou alienar bens imóveis, necessitando, pois, de autorização legislativa para tal fim.

(E) Pertencem aos Estados as terras devolutas indispensáveis à defesa das fronteiras, das fortificações e construções militares, das vias federais de comunicação e à preservação ambiental, definidas em lei.

A: incorreta, pois tais terras são da categoria dos *bens dominicais*; **B:** incorreta, pois os bens públicos, por serem inalienáveis, também não são passíveis de oneração; **C:** incorreta, pois são dos Estados as terras devolutas não compreendidas entre as da União (art. 26, IV, da CF); **D:** correta, em termos, pois, para a alienação de bens imóveis, é necessário autorização legislativa (art. 17, I, da Lei 8.666/1993); porém, para a aquisição, a necessidade de autorização legislativa depende de previsão na legislação local; **E:** incorreta, pois tais terras pertencem à União (art. 20, II, da CF).
Gabarito "D".

8. INTERVENÇÃO DO ESTADO NA PROPRIEDADE

8.1. Desapropriação

(Procurador do Município - Valinhos/SP - 2019 - VUNESP) Com relação à desapropriação, assinale a alternativa que contenha corretamente uma Súmula do Supremo Tribunal Federal.

(A) A declaração de utilidade pública para desapropriação do imóvel impede o licenciamento da obra e o valor desta será incluído na indenização.

(B) No processo de desapropriação, são devidos juros compensatórios desde a antecipada imissão de posse, ordenada pelo juiz, por motivo de urgência.

(C) Pela demora no pagamento do preço da desapropriação caberá indenização complementar além dos juros.

(D) Na indenização por desapropriação não se incluem honorários do advogado do expropriado.

(E) Não será necessária a prévia autorização do Presidente da República para desapropriação, pelos Estados, de empresa de energia elétrica.

Existem diversas súmulas do STF sobre o tema da desapropriação. Nos termos da Súmula 23: "Verificados os pressupostos legais para o licenciamento da obra, não o impede a declaração de utilidade pública para desapropriação do imóvel, mas o valor da obra não se incluirá na indenização, quando a desapropriação for efetivada." (alternativa A incorreta). A Súmula 164 detém o seguinte conteúdo: "No processo de desapropriação, são devidos juros compensatórios desde a antecipada imissão de posse, ordenada pelo juiz, por motivo de urgência." (alternativa B correta). Já a Súmula 416 dispõe: "Pela demora no pagamento do preço da desapropriação não cabe indenização complementar além dos juros." (alternativa C incorreta). O teor da Súmula 378 é a seguinte: "Na indenização por desapropriação incluem-se honorários do advogado do expropriado." (alternativa D incorreta). Por fim, a Súmula 157: "É necessária prévia autorização do Presidente da República para desapropriação, pelos Estados, de empresa de energia elétrica." (alternativa E incorreta). RB
Gabarito "B".

(Procurador do Município - S.J. Rio Preto/SP - 2019 - VUNESP) A respeito da desapropriação, assinale a alternativa correta.

(A) A declaração de utilidade pública ou de interesse social para fins de desapropriação caduca em cinco anos, caso não efetivada a desapropriação nesse período.

(B) A desapropriação é procedimento de competência privativa do Poder Público e, como tal, não comporta a delegação de qualquer de seus atos a agentes privados.

(C) É facultado ao Poder Público municipal exigir do proprietário do solo urbano não edificado ou subutilizado que promova seu adequado aproveitamento, sob pena

2. DIREITO ADMINISTRATIVO   151

de desapropriação com pagamento mediante títulos da dívida pública, com prazo de resgate de até dez anos.

(D) É facultado ao Poder Público municipal desapropriar por interesse social, para fins de reforma agrária, o imóvel rural que não esteja cumprindo sua função social, mediante prévia e justa indenização em títulos da dívida agrária.

(E) A desapropriação por necessidade ou utilidade pública, ou por interesse social, exige justa e prévia indenização em dinheiro, sem exceções.

Alternativa A incorreta (a declaração de interesse social para fins de desapropriação caduca em dois anos, cf. art. 3º da Lei 4.132/62, norma que disciplina a desapropriação por interesse social). Alternativa B incorreta (cabível, no âmbito da desapropriação, a delegação a agentes privados de seus atos executórios, cf. art. 3º do Decreto-lei 3.365/41). Alternativa C correta (cf. 182, §4º, III, CF c/c art. 8º da Lei 10.257/01-Estatuto da Cidade). Alternativa D incorreta (a competência envolvendo a desapropriação para fins de reforma agrária é da União, cf. art. 184 da CF). Alternativa E incorreta (há hipóteses excepcionais em que a desapropriação não segue a regra da indenização prévia, justa e em dinheiro). **RB**
Gabarito "C".

(Procurador do Estado/TO - 2018 - FCC) O Governo do Estado decidiu construir um conjunto habitacional popular em área urbana, situada na região metropolitana de Palmas. Para tanto, verificou-se a existência de um terreno de dimensão adequada, situado em área incluída no plano diretor e declarada passível de edificação compulsória por lei municipal. Embora notificado há dez anos para promover a edificação no terreno, o proprietário quedou-se inerte, sendo que há mais de cinco anos vem sendo aplicado o IPTU progressivo no tempo.

Nesse caso, o Governo do Estado

(A) deve encaminhar pedido de autorização à Assembleia Legislativa para a desapropriação do terreno, visto que se trata de bem sob domínio municipal.

(B) poderá promover desapropriação por interesse social do imóvel, todavia mediante justa e prévia indenização, em dinheiro.

(C) está impedido de promover a desapropriação do terreno, em vista da exclusiva competência municipal para promover a desapropriação de áreas urbanas destinadas à habitação popular.

(D) poderá promover a desapropriação-sanção do terreno, com o pagamento de indenização em títulos da dívida pública de emissão previamente aprovada pelo Senado Federal, com prazo de resgate de até dez anos, em parcelas anuais, iguais e sucessivas, assegurados o valor real da indenização e os juros legais, por se tratar de terreno situado em região metropolitana.

(E) poderá editar decreto de desapropriação por interesse social, em benefício do município em que está situado o imóvel, que ficará responsável pelo pagamento da indenização em títulos da dívida pública de emissão previamente aprovada pelo Senado Federal, com prazo de resgate de até 10 anos, em parcelas anuais, iguais e sucessivas, assegurados o valor real da indenização e os juros legais.

A desapropriação-sanção pelo descumprimento da função social da propriedade urbana representa um instrumento urbanístico previsto na CF (art. 182, § 4º, I), com disciplina no Estatuto da Cidade (Lei 10.257/01). Trata-se de expropriação que envolve competência exclusiva do Município. Desta forma, não cabe ao Estado promovê-la. Caso decida fazê-lo, o Estado somente poderá desapropriar o terreno com base no regime geral, declarando o interesse social, mediante o pagamento de justa e prévia indenização em dinheiro (art. 5º, XXIV, CF). Correta a alternativa B. **RB**
Gabarito "B".

(Procurador do Estado/AC - 2017 - FMP) Sobre o instituto constitucional da expropriação e suas implicações, mostra-se adequado concluir, considerando as suas atuais repercussões normativas e jurisprudenciais:

(A) A única hipótese fática prevista na Constituição para a implementação de tal instituto recai sobre as propriedades de qualquer região do País onde forem localizadas culturas ilegais de plantas psicotrópicas, as quais serão imediatamente expropriadas.

(B) A expropriação pode ser afastada desde que o proprietário do imóvel comprove que não incorreu em culpa, ainda que in vigilando ou in elegendo.

(C) Em caso de existência de condomínio no imóvel onde se evidencia o plantio de drogas, é necessária a demonstração de responsabilidade de todos os proprietários para autorizar a expropriação da totalidade do bem.

(D) A função social da propriedade aponta para um dever do proprietário de zelar pelo uso lícito do imóvel, salvo quando este não esteja em sua posse direta, encargo que competirá exclusivamente ao respectivo possuidor ou quem lhe faça as vezes.

(E) A expropriação estatal deverá se cingir à área do imóvel efetivamente comprometida com a prática das ilegalidades combatidas pelo ordenamento jurídico nacional.

O enunciado da questão parecer fazer referência à desapropriação-sanção prevista no art. 243 da CF, decorrente do cultivo ilegal de planta psicotrópica. Alternativa A incorreta (a Constituição Federal possui diversos dispositivos sobre o instituto da desapropriação, como as desapropriações motivadas pelo descumprimento da função social das propriedades urbana e rural, cf. arts. 182, § 1º§ 4º, III e 184, bem como a desapropriação-sanção decorrente do cultivo ilegal de planta psicotrópica e exploração de trabalho escravo, cf. art. 243). Alternativa B correta (de acordo com a jurisprudência do STF, a expropriação prevista no art. 243 da Constituição Federal pode ser afastada, desde que o proprietário comprove que não incorreu em culpa, ainda que in vigilando ou in elegendo, cf. RE 635.336/PE, Pleno, Rel. Min. Gilmar Mendes, DJe 14/09/2017 - repercussão geral – tema 399). Alternativa C incorreta (cf. a mesma decisão do STF, "a responsabilidade de apenas um dos condôminos é suficiente para autorizar a desapropriação de todo o imóvel"). Alternativa D incorreta (o dever de cumprir a função social da propriedade incide na esfera jurídica do proprietário, mesmo que este não exerça a posse direta sobre o bem, cf. RE 635.336/PE). Alternativa E incorreta (cf. RE 543.974/MG, Pleno, Rel. Min. Eros Grau, DJe 29/05/09, o STF decidiu que o art. 243 não se refere apenas às áreas em que sejam cultivadas plantas psicotrópicas, mas às glebas, em seu todo). **RB**
Gabarito "B".

(Procurador do Estado/SE - 2017 – CESPE) À luz da doutrina e da jurisprudência sobre a intervenção do Estado na propriedade, assinale a opção correta.

(A) Situação hipotética: Determinada propriedade rural é produtiva e cumpre sua função social em metade de sua extensão, ao passo que, na outra metade, são cultivadas plantas psicotrópicas ilegais. Assertiva: Nessa situação, eventual desapropriação recairá somente sobre a metade que se destina ao cultivo de plantas psicotrópicas ilegais.

(B) Situação hipotética: Um estado emitiu decreto expropriatório para a construção de um hospital. Após a execução do ato expropriatório, a região foi acometida por fortes chuvas, que destruíram um grande número de escolas. Assertiva: Nessa situação, se determinar a alteração da destinação do bem para a construção de escolas, o estado não terá obrigação de garantir ao ex-proprietário o direito de retrocessão.

(C) Situação hipotética: Maria adquiriu um apartamento na cobertura de um edifício. Após a aquisição do imóvel, com a averbação do registro, Maria pleiteou indenização contra o estado, considerando a prévia existência de linha de transmissão em sua propriedade. Assertiva: Nessa situação, Maria terá direito a indenização, desde que o prejuízo alegado não recaia também sobre as demais unidades do edifício.

(D) Situação hipotética: Um imóvel com área efetivamente registrada equivalente a 90% da sua área real, de propriedade de Pedro, foi objeto de desapropriação direta. Assertiva: Nessa situação, o pagamento de indenização a Pedro deverá recair sobre a totalidade da área real do referido imóvel.

(E) Um imóvel rural produtivo, mas que não cumpre a sua função social, poderá ser desapropriado para fins de reforma agrária, segundo a CF.

A: incorreta – a parte do terreno destinada ao cultivo de plantas psicotrópicas ilegais não será objeto de desapropriação, mas de confisco, sem ensejar qualquer direito à indenização – Art. 243 CF/1988; **B:** correta – a retrocessão *importa no direito do ex-proprietário de reaver o bem expropriado que não foi utilizado em finalidade pública*. Mas isso depende de a tredestinação ser lícita ou ilícita. O requisito aqui é o desvio de finalidade, a chamada tredestinação, que nada mais é que a destinação em desconformidade com o inicialmente previsto, e que pode ser ilícita (quando então, dentre outras ações cabíveis, será possível ao ex-proprietário a retrocessão) ou lícita (quando, ainda que diverso, persiste o interesse público sobre o bem desapropriado, ou seja, quando a nova finalidade for também de interesse público); **C:** incorreta – caberá indenização apenas se a limitação administrativa tiver o condão de afetar o conteúdo econômico do bem, o que deve ser aferido caso a caso; **D:** incorreta – O valor da indenização de um imóvel, em caso de desapropriação, deve ser estipulado levando-se em consideração a área registrada em cartório, ainda que a extensão real do terreno seja diferente do registro. Este é entendimento do Superior Tribunal de Justiça (STJ) sobre a matéria. Para a Corte, a indenização do imóvel deve limitar-se à área do decreto expropriatório constante do registro imobiliário. Se houver maior porção do terreno não inclusa no registro, porém ocupada pelo expropriante, o valor da indenização referente à porção deverá ser mantido em depósito até solução sobre a propriedade do terreno. Segue ementa sobre o tema: Processual civil e administrativo. Desapropriação para fins de reforma agrária. Divergência entre a área registrada e a planimetrada do imóvel. Justa indenização. Ofensa ao art. 535 do CPC não configurada. 1. Cuida-se de Ação de Desapropriação para fins de Reforma Agrária proposta pelo Incra contra Geraldo Xavier Grunwald e sua esposa, visando a desapropriar propriedade rural denominada "Fazenda Barreirão", com área registrada de 5.823,1246 hectares, localizada no Município de Nortelândia, Estado do Mato Grosso. 2. A solução integral da controvérsia,

com fundamento suficiente, não caracteriza ofensa ao art. 535 do CPC. 3. Atende ao postulado da justa indenização o acórdão adequadamente fundamentado que fixa seu montante em conformidade com os critérios legais (art. 12 da Lei 8.629/1993). 4. Havendo divergência entre a área registrada e a medida, o expropriado somente poderá levantar o valor da indenização correspondente à registrada. O depósito indenizatório relativo ao espaço remanescente ficará retido em juízo até que o expropriado promova a retificação do registro ou seja decidida, em ação própria, a titularidade do domínio (art. 34 do DL 3.365/1941). 5. Recurso Especial parcialmente provido. (REsp 1286886/MT, Rel. Ministro Herman Benjamin, Segunda Turma, julgado em 06/05/2014, DJe 22.05.2014); **E:** incorreta – a propriedade produtiva é insuscetível de desapropriação para fins de reforma agrária – Art. 185, II, CF/1988.

Gabarito "B".

(Procurador Municipal – Prefeitura/BH – CESPE – 2017) Com relação à intervenção do Estado na propriedade, assinale a opção correta.

(A) Compete à União, aos estados e ao DF legislar, de forma concorrente, sobre desapropriação, estando a competência da União limitada ao estabelecimento de normas gerais.

(B) Expropriação ou confisco consiste na supressão punitiva de propriedade privada pelo Estado, a qual dispensa pagamento de indenização e incide sobre propriedade urbana ou rural onde haja cultura ilegal de psicotrópico ou ocorra exploração de trabalho escravo.

(C) Servidão administrativa é a modalidade de intervenção que impõe obrigações de caráter geral a proprietários indeterminados, em benefício do interesse geral abstratamente considerado, e afeta o caráter absoluto do direito de propriedade.

(D) Requisição é a modalidade de intervenção do Estado supressiva de domínio, incidente sobre bens móveis e imóveis, públicos ou privados, e, em regra, sem posterior indenização.

A: incorreta. Conforme dispõe o art. 22, III, CF, trata-se de competência privativa da União legislar sobre desapropriação, e não concorrente; **B:** correta. Trata-se da desapropriação – pena prevista no art. 243, CF; **C:** incorreta. Na servidão não há imposição de uma obrigação geral, e sim, de uma submissão de um imóvel dominante a outro serviente, ou, no caso da servidão administrativa, de um serviço ou obra em relação a um bem público; **D:** incorreta. A requisição administrativa determina indenização ulterior, se houver dano, conforme disposto no art. 5º, XXV, CF.

Gabarito "B".

(Advogado União – AGU – CESPE – 2015)

(1) Segundo o entendimento do STJ, ao contrário do que ocorre em desapropriação para fins de reforma agrária, é irregular, nos casos de desapropriação por utilidade pública, a imissão provisória na posse pelo poder público.

1: incorreta . O STJ, súmula 652, entende que é constitucional a imissão provisória da posse na desapropriação para fins de reforma agrária, sendo o que determina o art. 15, § 1º, do Decreto-Lei 3.365/1941.

Gabarito 1E

(Procurador – IPSMI/SP – VUNESP – 2016) Sobre o instituto da desapropriação, assinale a alternativa correta.

(A) O direito de extensão é o direito de o expropriado exigir a devolução do bem desapropriado que não foi utilizado pelo Poder Público para atender o interesse público.

2. DIREITO ADMINISTRATIVO

(B) A desapropriação por zona abrange a área contígua necessária ao desenvolvimento de obras públicas e as zonas que valorizarem extraordinariamente em decorrência da realização do serviço.

(C) Pode o expropriado discutir em sua defesa apresentada em sede de ação de desapropriação qualquer matéria, em respeito ao princípio do devido processo legal.

(D) A indenização em todas as modalidades de desapropriação deve sempre ser prévia, justa e em dinheiro.

(E) Os bens expropriados, uma vez incorporados à Fazenda Pública, podem ser objeto de reivindicação quando comprovada a nulidade do processo de desapropriação.

A: Incorreta. O direito de extensão é o direito que o expropriado tem de exigir que seja expropriado uma parte do bem que, caso não o seja, não mais terá utilidade econômica para ele, sendo previsto no art. 12, do revogado Decreto 4.956/2003. **B:** Correta. Perfeita a definição, sendo o previsto no art. 4º, do Decreto-lei 3.365/1941, que assim dispõe: "Art. 4º A desapropriação poderá abranger a área contígua necessária ao desenvolvimento da obra a que se destina, e as zonas que se valorizarem extraordinariamente, em consequência da realização do serviço. Em qualquer caso, a declaração de utilidade pública deverá compreendê-las, mencionando-se quais as indispensáveis à continuação da obra e as que se destinam à revenda". **C:** Incorreta. No processo de desapropriação somente é possível a discussão do preço e de requisitos formais do processo, sendo defesa qualquer outra matéria (art. 20, do Decreto-lei 3.365/1941) **D:** Incorreta. Há casos, como na desapropriação por interesse social para fins de reforma agrária em que o pagamento se dá em títulos da dívida pública ou da dívida agrária (art. 182 e 184, CF). **E:** Incorreta. Uma vez incorporados ao patrimônio público, os bens expropriados não podem mais ser reivindicados, devendo o expropriado ingressar com ação de retrocessão, que é indenizatória. Gabarito "B".

(Procurador Municipal – Sertãozinho/SP – VUNESP – 2016) Assinale a alternativa que corretamente discorre sobre o instituto da desapropriação.

(A) O procedimento da desapropriação compreende duas fases: a declaratória e a executória, abrangendo, esta última, uma fase administrativa e uma judicial.

(B) Na fase executória da desapropriação, o poder público declara a utilidade pública ou o interesse social do bem para fins de desapropriação.

(C) A declaração expropriatória pode ser feita pelo Poder Executivo, por meio de decreto, não podendo fazê-lo, todavia, o Legislativo, por meio de lei.

(D) A declaração de utilidade pública ou interesse social é suficiente para transferir o bem para o patrimônio público, incidindo compulsoriamente sobre o proprietário.

(E) A desapropriação deverá efetivar-se mediante acordo ou intentar-se judicialmente dentro de dez anos, findos os quais esta caducará.

A: Correta. Essa assertiva nada mais é do que a explicação de como acontece a desapropriação. Inicia-se com o decreto expropriatório, que a declara, para depois de emitida a sentença, ser executada. No caso de acordo, ela poderá ser resolvida apenas administrativamente, por isso a fase executorial pode ser administrativa ou judicial. **B:** Incorreta. Na fase executória o Poder Público executa o que foi declarado no decreto expropriatório (primeiro vem a declaração e depois a execução). **C:** Incorreta. A desapropriação pode se dar por decreto ou por lei (arts. 1º e 8º, do Decreto-Lei 3.365/1941). **D:** Incorreta. O bem só será transmitido ao Poder Público após a sentença ou acordo extrajudicial (art. 10, do

Decreto-Lei 3365/1941). **E:** Incorreta. O prazo para a efetivação da desapropriação é de 5 anos a partir da expedição do Decreto, conforme disposto no art. 10, do Decreto-Lei 3.365/1941. Gabarito "A".

(Procurador do Estado – PGE/PA – UEPA – 2015) Sobre Desapropriação, julgue as afirmativas abaixo.

I. Não obstante a declaração de utilidade pública ou de interesse social seja atividade administrativa afeta ao Poder Executivo, o art. 8 do Decreto-lei n. 3.365/41 autoriza o Poder Legislativo a tomar a iniciativa da desapropriação cumprindo, neste caso, ao Executivo, praticar os atos necessários à sua efetivação.

II. É lícito ao proprietário construir no bem declarado de utilidade pública ou de interesse social. Portanto o valor das eventuais construções que venham a ser realizadas será incluído no valor da indenização quando a desapropriação for efetivada.

III. Somente é lícito discutir no âmbito da ação de desapropriação o valor a ser pago a título de indenização e eventuais incidentes da própria ação de desapropriação. Outros aspectos relativos à desapropriação que podem resultar na anulação do processo, como o desvio de finalidade, devem ser levados à apreciação judicial por meio de ação rescisória, consoante previsto no Decreto-lei n. 3. 365/41.

IV. É legítimo ao poder público expropriante solicitar, em casos de urgência, a imissão provisória na posse do bem, o que poderá ser feita após despacho nesse sentido pelo juízo do feito, independentemente da citação do réu, mediante o depósito da quantia arbitrada de conformidade legal.

A alternativa que contém todas as afirmativas corretas é:

(A) I e II.

(B) I e III.

(C) I, II e IV.

(D) I e IV.

(E) II e III.

I: correta. Trata-se do disposto no art. 8º, do Decreto-Lei 33.65/1941, que legitima o Poder Legislativo a expropriar; **II:** incorreta. Não são todos os tipos de benfeitorias que são indenizáveis, mas somente as necessárias e, quanto às úteis, quando autorizadas pelo expropriante; **III:** incorreta. Somente se admite a discussão do valor e de vícios formais do processo na ação de desapropriação, conforme disposto no art. 20, do Decreto-lei 33.65/1941; **IV:** correta. Trata-se do disposto no art. 15, do Decreto-lei 33.65/1941. Gabarito "D".

(Advogado União – AGU – CESPE – 2015) Julgue os próximos itens, referentes à utilização dos bens públicos e à desapropriação.

(1) De acordo com o STJ, ao contrário do que ocorre nos casos de desapropriação para fins de reforma agrária, é vedada a imissão provisória na posse de terreno pelo poder público em casos de desapropriação para utilidade pública.

(2) Se os membros de uma comunidade desejarem fechar uma rua para realizar uma festa comemorativa do aniversário de seu bairro, será necessário obter da administração pública uma permissão de uso.

1: O art. 15, § 1º, do Decreto-Lei 3.365/1941 dispõe que é possível a imissão provisória nos casos de desapropriação para utilidade pública;

2: incorreta. Para realizar uma "festa", os membros dessa comunidade devem obter uma autorização de uso de bem público, que é ato unilateral, discricionário e precário, pelo qual o Poder Público concede o uso do bem no interesse do particular; **AW**

Gabarito 1E, 2E

(Procurador do Estado – PGE/BA – CESPE – 2014) No que se refere aos atos administrativos, julgue os itens subsequentes.

(1) Caso um governador resolva desapropriar determinado imóvel particular com o objetivo de construir uma creche para a educação infantil e, posteriormente, com fundamento no interesse público e em situação de urgência, mude a destinação do imóvel para a construção de um hospital público, o ato deve ser anulado, por configurar tredestinação ilícita.

(2) Os atos enunciativos, como as certidões, por adquirirem os seus efeitos por lei, e não pela atuação administrativa, não são passíveis de revogação, ainda que por razões de conveniência e oportunidade.

(3) Incorre em vício de forma a edição, pelo chefe do Executivo, de portaria por meio da qual se declare de utilidade pública um imóvel, para fins de desapropriação, quando a lei exigir decreto.

(4) O ato de exoneração do ocupante de cargo em comissão deve ser fundamentado, sob pena de invalidade por violação do elemento obrigatório a todo ato administrativo: o motivo.

1: incorreta. Nesse caso, não temos mudança de finalidade pública, por isso o ato é ilícito, sendo realmente hipótese de tredestinação lícita; **2:** correta. As certidões são atos vinculados, porque apenas certificam o que já consta de uma lei, por isso não admitem revogação.; **3:** correta, tendo em vista que viola a forma do ato o fato de ele ser um tipo diferente do que exige a lei; **4:** incorreta. O ato de exoneração de servidor comissionado é livre, não necessitando de motivação. Pode ser motivado, mas a lei não exige esse requisito para a validade do ato. **AW**

Gabarito 1E, 2C, 3C, 4E

(Procurador do Estado/BA – 2014 – CESPE) Julgue o item subsequente.

(1) Caso um governador resolva desapropriar determinado imóvel particular com o objetivo de construir uma creche para a educação infantil e, posteriormente, com fundamento no interesse público e em situação de urgência, mude a destinação do imóvel para a construção de um hospital público, o ato deve ser anulado, por configurar tredestinação ilícita.

1: incorreta, pois essa nova destinação dada ao bem (tredestinação) é de interesse público também, de modo que se tem uma tredestinação *lícita*, que não autoriza que o antigo proprietário do imóvel busque a anulação do ato e o seu bem de volta.

Gabarito 1E

(Procurador Federal – 2013 – CESPE) Julgue o seguinte item.

(1) Caracteriza desapropriação por utilidade pública, entre outras, aquela que o Estado promove para a preservação e conservação dos monumentos históricos e artísticos, assim como para a criação de estádios, aeródromos ou campos de pouso para aeronaves.

1: correta (art. 5º, "k" e "n", do Decreto-lei 3.365/1941).

Gabarito 1C

(Procurador do Estado/AC – FMP – 2012) Na construção de uma rodovia, o Departamento de Estradas de Rodagem, Infraestrutura Hidroviária e Aeroportuária do Acre – (DERACRE), bem como o próprio Estado, deixaram de efetuar o devido procedimento desapropriatório, dando continuidade à estrada sem o devido decreto e indenização prévias. Em tal hipótese, qual é a solução **CORRETA** na atuação do(a) Procurador(a) do Estado perante uma ação de reintegração de posse?

(A) Reconhecer o pedido de reintegração, na medida em que a independência funcional e o caráter de ministério público da função impõem que seja privilegiada a verdade real.

(B) Reconhecendo eventual irregularidade procedimental, ou desapropriação indireta, alegar que, uma vez afetado ao domínio público, a ação perde o caráter possessório e/ou petitório, restando apenas a questão indenizatória.

(C) Alegar a *compensatio lucrum cum damnum*, defendendo a atuação do DERACRE por valorizar sobremaneira a propriedade do particular, podendo inclusive alegar em contestação o direito à indenização, uma vez que as ações possessórias têm caráter dúplice.

(D) Levar a matéria ao conhecimento do(a) Procurador(a)--Geral do Estado, para apurar responsabilidades, pedindo dispensa de contestação e determinando a abertura do devido processo administrativo.

Quando a Administração ingressa em área privada sem cumprir as formalidades legais, mas acaba utilizando essa área em atividade pública, ocorre a chamada desapropriação indireta, que faz com que o bem passe a ser público, de maneira que não há que se reconhecer o pedido de reintegração, mas sim alegar ter havido a desapropriação indireta, impondo-se a extinção da ação de reintegração.

Gabarito "B".

(Procurador do Estado/MT – FCC – 2011) A Administração desapropriou um terreno particular para construção de uma escola, porém, por insuficiência de recursos orçamentários, desistiu da construção. Nessa situação, poderá

(A) dar ao terreno destinação diversa daquela que originou a desapropriação, mediante o instituto da retrocessão.

(B) alienar o terreno a outro particular, independentemente de oferecimento prévio ao expropriado, desde que já tenha pago a integralidade da indenização.

(C) exigir do expropriado a restituição do valor da indenização, mediante a devolução a este do terreno desapropriado, expurgando-se os juros compensatórios.

(D) alienar o terreno por meio de procedimento licitatório, oferecendo-o, previamente, ao expropriado, sob pena de caracterizar tredestinação.

(E) alienar o terreno, exclusivamente ao expropriado, por valor estabelecido em avaliação atualizada.

A: incorreta, pois dar ao terreno destinação diversa configura o instituto da tredestinação e não da retrocessão; a retrocessão é o efeito (a consequência) de se fazer uma tredestinação do tipo ilícita, ou seja, de dar uma destinação ao bem que *não* seja de interesse público; **B:** incorreta, pois o particular tem direito de preferência na aquisição da coisa (art. 519 do CC); **C:** incorreta, pois o Poder Público só pode impor sua vontade de desistir da desapropriação, com a consequente devolução do valor pago, pelo expropriado, enquanto o valor total da

2. DIREITO ADMINISTRATIVO 155

desapropriação não tiver sido pago; **D:** correta, pois o direito de preferência deve ser concedido ao particular (art. 519 do CC); caso este não tenha interesse na coisa, a Administração poderá alienar o bem a terceiros, mas mediante processo de licitação; não se deve confundir a situação narrada na questão (bem desapropriado que não vem a ser utilizado), com a situação em que ocorre a tredestinação ilícita (a Administração resolve usar o bem expropriado, mas finalidade nova não é de interesse público), em que o particular tem o direito de reaver a coisa expropriada; trata-se do instituto da retrocessão, que, segundo os tribunais superiores, confere direito real ao expropriado; **E:** incorreta, pois caso o expropriado não tenha interesse, um terceiro poderá ser o adquirente da coisa, no caso, o vencedor do processo licitatório.
Gabarito "D".

(Procurador do Estado/RO – 2011 – FCC) Considera-se *apossamento administrativo*

(A) o ato administrativo pelo qual se dá posse a um servidor público, em decorrência de um provimento de caráter originário.

(B) o provimento jurisdicional pelo qual o juiz, no processo de desapropriação, concede à Administração a posse do bem expropriado.

(C) o fato da administração, consistente na irregular apropriação de um bem de terceiro pelo Poder Público.

(D) a medida de polícia, consistente na intervenção em obra cuja utilização está comprometendo a segurança ou a saúde da coletividade.

(E) o ato administrativo unilateral pelo qual a Administração regulariza a posse de uma terra devoluta ocupada de forma tradicional e pacífica por um particular, que a explora de forma produtiva e consentânea à sua função social.

A: incorreta, pois temos no caso a posse, que, concluída, faz nascer o fenômeno da investidura; **B:** incorreta, pois esse instituto tem o nome de imissão provisória na posse; **C:** correta, tratando-se da chamada desapropriação indireta; **D:** incorreta, pois esse instituto é a interdição administrativa; **E:** incorreta, pois esse instituto é a legitimação de posse.
Gabarito "C".

(PROCURADOR DO ESTADO/RS – FUNDATEC – 2010) Quanto à desapropriação, é válido dizer que:

(A) A desapropriação por interesse social é de competência privativa da União e pode ter como objeto propriedade imóvel média que não esteja cumprindo sua função social, mediante prévia e justa indenização em títulos da dívida agrária, com cláusula de preservação do valor real, resgatáveis em parcelas anuais e sucessivas.

(B) O fundamento político da desapropriação é a supremacia do interesse coletivo sobre o individual, quando incompatíveis.

(C) O prazo de caducidade da declaração para a desapropriação realizada com fundamento em utilidade pública é de dois anos.

(D) As concessionárias de serviço público não podem promover a desapropriação, mesmo quando autorizadas por contrato.

(E) As benfeitorias úteis realizadas após a declaração de utilidade pública de um bem serão indenizadas ainda quando não autorizadas pelo expropriante.

A: incorreta, pois a questão dá a entender que a União é o único ente federativo que pode desapropriar por interesse social; todavia, os demais entes políticos também podem fazer esse tipo de desapropriação; no caso de descumprimento da função social da propriedade em área rural a União tem competência privativa; no caso do descumprimento da função social em área urbana, o Município é o competente; e nos demais casos de desapropriação por interesse social todos os entes políticos podem desapropriar; **B:** correta, pois, caso o particular não aceite alienar a coisa ao Poder Público, este imporá a desapropriação, valendo-se da supremacia do interesse público sobre o interesse particular; **C:** incorreta, pois o prazo em questão é de 5 anos (art. 10 do Dec.-lei 3.365/1941); **D:** incorreta, pois podem promover a fase executória da desapropriação, quando autorizadas por contrato ou pela lei (art. 3º do Dec.-lei 3.365/1941); **E:** incorreta, pois as benfeitorias realizadas após a declaração de utilidade pública (diferentemente das benfeitorias necessárias) só serão indenizadas se autorizadas pelo expropriante (art. 26, § 1º, do Dec.-lei 3.365/1941).
Gabarito "B".

(Procurador do Estado/SC – 2010 – FEPESE) Sobre a intervenção do Estado na propriedade privada:

(1) Declarada a utilidade pública, ficam as autoridades administrativas autorizadas a penetrar nos prédios compreendidos na declaração, podendo recorrer, em caso de oposição, ao auxílio de força policial.

(2) São isentas de impostos federais, estaduais e municipais as operações de transferência de imóveis desapropriados para fins de reforma agrária.

(3) O espaço aéreo e o subsolo podem ser objeto de desapropriação.

(4) A desapropriação poderá abranger a área contígua necessária ao desenvolvimento da obra a que se destina, e as zonas que se valorizarem extraordinariamente, em consequência da realização do serviço.

Assinale a alternativa que indica todas as afirmativas **corretas**.

(A) É correta apenas a afirmativa 2.

(B) São corretas apenas as afirmativas 1 e 3.

(C) São corretas apenas as afirmativas 2 e 4.

(D) São corretas apenas as afirmativas 1, 2 e 4.

(E) São corretas as afirmativas 1, 2, 3 e 4.

1: correta (art. 7º do Dec.-lei 3.365/1941); **2:** correta (art. 26 da Lei 8.629/1993); **3:** correta (art. 2º, § 1º, do Dec.-lei 3.365/1941); 4: correta (art. 4º do Dec.-lei 3.365/1941).
Gabarito "E".

(Procurador do Município/Boa Vista-RR – 2010 – CESPE) Julgue o item seguinte, que trata de desapropriação.

(1) Cabe a retrocessão quando o expropriante dá ao imóvel uma destinação pública diferente daquela mencionada no ato expropriatório.

1: Incorreta, pois, se a destinação dada ao bem é pública, não há que se falar em direito de retrocessão, pois tem-se, no caso, tredestinação lícita.
Gabarito 1E

(Procurador do Município/Cubatão-SP – 2012 – VUNESP) Conforme as normas jurídicas aplicáveis ao instituto da desapropriação, a "obrigação que se impõe ao expropriante de oferecer o bem ao expropriado, mediante a devolução do valor da indenização, quando não lhe der o destino declarado no ato expropriatório" denomina-se

(A) encampação.

(B) retrocessão.

(C) devolução.

(D) caducidade.

(E) rescisão.

De fato, a retrocessão importa no direito do antigo proprietário de reaver o bem expropriado que não foi utilizado em finalidade pública. O requisito aqui é o desvio de finalidade, a chamada tredestinação, utilizando-se o bem expropriado em finalidade não pública. Não configura o instituto a utilização do bem em finalidade distinta da prevista no decreto expropriatório, quando a nova finalidade for de interesse público.
Gabarito "B".

(Procurador do Município/Florianópolis-SC – 2010 – FEPESE) Assinale a alternativa **incorreta**, em relação ao procedimento de desapropriação.

(A) A desapropriação é forma originária de aquisição da propriedade privada.

(B) O bem público não poderá ser objeto de desapropriação.

(C) Ocorre desvio de finalidade genérico, que enseja a retrocessão, quando se verifica a mudança da finalidade pública para o fim particular do bem expropriado.

(D) É permitida a ocupação temporária, que será indenizada, afinal, por ação própria, de terrenos não edificados, vizinhos às obras e necessários à sua realização.

(E) Os concessionários de serviços públicos e os estabelecimentos de caráter público ou que exerçam funções delegadas de poder público poderão promover desapropriações mediante autorização expressa, constante de lei ou contrato.

A: correta, como decorrência do art. 35 do Dec.-lei 3.365/1941; **B:** incorreta, pois, salvo os bens da União, os demais bens públicos podem ser objeto de desapropriação (art. 2º, § 2º, do Dec.-lei 3.365/1941); **C:** correta, pois, nesse caso, temos a chamada tredestinação ilícita, que enseja o direito de retrocessão em favor do antigo proprietário da coisa; **D:** correta (art. 36 do Dec.-lei 3.365/1941); **E:** correta (art. 3º do Dec.-lei 3.365/1941).
Gabarito "B".

(Procurador do Município/São José dos Campos-SP – 2012 – VUNESP) Assinale a alternativa correta.

(A) A desapropriação por utilidade pública ocorre quando as circunstâncias impõem distribuição ou condicionamento da propriedade para o seu melhor aproveitamento, utilização ou produtividade em benefício da coletividade ou de categorias sociais merecedoras de amparo específico do Poder Público.

(B) Os bens das autarquias, das fundações públicas e das empresas estatais não são passíveis de desapropriação.

(C) A desapropriação independe de declaração expropriatória regular.

(D) A desapropriação por necessidade pública surge quando a Administração defronta situações de emergência, que, para serem resolvidas satisfatoriamente, exigem a transferência urgente de bens de terceiros para o seu domínio público.

(E) A expropriação, seja por utilidade ou necessidade pública ou, ainda, por interesse social, opera-se mediante prévia e justa indenização em dinheiro, não comportando exceções.

A: incorreta, pois a desapropriação descrita na alternativa é da modalidade *interesse social* e não *utilidade pública*; em geral, quando um

---

bem é desapropriado para entregar a terceiros tem-se desapropriação por interesse social; **B:** incorreta, pois não há essa limitação no art. 2º, § 2º, do Dec.-lei 3.365/1941; **C:** incorreta, pois a primeira fase da desapropriação (a fase declaratória) impõe justamente a declaração expropriatória, que se dá, em regra, por decreto expropriatório expedido pelo Chefe do Executivo (art. 6º do Dec.-lei 3.365/1941); **D:** correta, pois, segundo a doutrina, a diferença entre utilidade pública e necessidade pública é justamente o fato de que a segunda se dá nas mesmas hipóteses da primeira (art. 5º do Dec.-lei 3.365/1941), mas em situações em que se tenha urgência; **E:** incorreta, pois a desapropriação por interesse social pelo não cumprimento da função social da propriedade em área rural ou urbana é paga mediante títulos (arts. 182, § 4º, III, 184, § 4º, ambos da CF)
Gabarito "D".

(Advogado da União/AGU – CESPE – 2012) Julgue os itens seguintes, que versam sobre desapropriação.

(1) Sujeitam-se à desapropriação o espaço aéreo, o subsolo, a posse, bem como direitos e ações, entre outros bens, desde que sejam privados e se tornem objeto de declaração de utilidade pública ou de interesse social.

(2) Tratando-se de desapropriação por zona, o domínio do expropriante sobre as áreas que sofrem valorização extraordinária é provisório, ficando, por isso, os novos adquirentes sujeitos ao pagamento da contribuição de melhoria, conforme dispõe a CF.

(3) O ato de a União desapropriar, mediante prévia e justa indenização, para fins de reforma agrária, imóvel rural que não esteja cumprindo a sua função social configura desapropriação por utilidade pública.

1: incorreta, pois bens públicos dos municípios e dos estados também pode ser desapropriados (art. 2º, § 2º, do Dec.-lei 3.365/1941); **2:** incorreta, pois, na desapropriação por zona, o ente expropriante passa a ser proprietário da coisa, não sendo devido valor algum pelos antigos proprietários, que, afinal de contas, já perderam o bem expropriado e nada ganharão com a eventual valorização extraordinária deste; **3:** incorreta, pois se trata de desapropriação-sanção por interesse social (art. 184, *caput*, da CF).
Gabarito 1E, 2E, 3E

(Procurador Federal – 2010 – CESPE) Julgue o seguinte item.

(1) A União desapropriou um imóvel para fins de reforma agrária, mas, depois da desapropriação, resolveu utilizar esse imóvel para instalar uma universidade pública rural. Nessa situação, houve tredestinação lícita, de forma que o antigo proprietário não poderá pedir a devolução do imóvel.

1: Correta, valendo salientar que a tredestinação lícita é admitida pela jurisprudência do STJ como conduta que não gera direito à retrocessão em favor do anterior proprietário da cosia.
Gabarito 1C

(Procurador Federal – 2010 – CESPE) Com base no tratamento conferido ao instituto da desapropriação pela CF, pela legislação vigente e pelos tribunais superiores, julgue os itens a seguir.

(1) O procedimento de desapropriação por utilidade pública de imóvel residencial urbano não admite a figura da imissão provisória na posse.

(2) Segundo entendimento do STF, é inconstitucional a previsão legal que limita a quantia a ser arbitrada a título de honorários advocatícios na ação de desapropriação a um valor entre 0,5% e 5% da diferença entre o preço oferecido e a indenização obtida.

2. DIREITO ADMINISTRATIVO 157

1: incorreta, pois a imissão provisória na posse existe e é regulamentada em lei própria (Lei 1.075/1970); **2:** incorreta, pois tal previsão legal (art. 27, § 1º, do Dec.-lei 3.365/1941) foi mantida pelo STF, ficando excluída, pela ADIN 2.332-2, apenas a limitação dos honorários advocatícios em até R$ 151 mil.
Gabarito: 1E, 2E

(ADVOGADO – CEF – 2012 – CESGRANRIO) O prazo de caducidade do decreto expropriatório nas desapropriações por utilidade pública, contado da data de sua expedição, é de

(A) 120 dias

(B) 180 dias

(C) 2 anos

(D) 5 anos

(E) 10 anos

O prazo de caducidade ou decadência no caso é de 5 anos (art. 10 do Dec.-lei 3.365/1941).
Gabarito "D".

(ADVOGADO – CORREIOS – 2011 – CESPE) A respeito das hipóteses de intervenção do Estado na propriedade e do controle administrativo, julgue os itens subsequentes.

(1) Os recursos administrativos, meios colocados à disposição do administrado para o reexame do ato pela administração pública, só serão dotados de efeito suspensivo quando a lei expressamente o estabelecer.

(2) Ao contrário da desapropriação, a servidão administrativa decorrente de lei, de acordo ou de decisão judicial não gera, para a administração pública, o dever de indenizar o proprietário.

1: incorreta, pois terão efeito suspensivo quando a lei expressamente estabelecer ou nos casos em que a Administração, fundada na situação de perigo, atribuir efeito suspensivo ao recurso (art. 61, parágrafo único, da Lei 9.784/1999); **2:** incorreta, pois a Administração deve indenizar sim, seja em acordo extrajudicial, seja por meio de ação de desapropriação para instituir servidão (art. 40 do Dec.-lei 3.365/1941).
Gabarito: 1E, 2E

(ADVOGADO – PETROBRÁS DISTRIB. – 2010 – CESGRANRIO) O Governador de determinado Estado-membro da Federação brasileira declarou de utilidade pública, para fins de desapropriação, imóvel pertencente a município situado em seu território. Analisando a juridicidade do decreto expropriatório em tela, conclui-se que a desapropriação pretendida pelo Governador

(A) é juridicamente impossível, pois os bens públicos são imprescritíveis.

(B) é juridicamente possível, desde que tenha sido precedida de autorização legislativa.

(C) é juridicamente possível, desde que tenha sido precedida de autorização por decreto da Chefia do Poder Executivo Federal.

(D) não tem base legal, pois a desapropriação é forma derivada de aquisição da propriedade.

(E) não tem base legal, pois os bens públicos não são expropriáveis.

A União pode desapropriar bens dos Estados e estes podem desapropriar bens dos municípios, mas isso só pode acontecer se houver prévia autorização legal feita pelo Legislativo do ente que tem a intenção de desapropriar (art. 2º, § 2º, do), de maneira que a alternativa "b" é a correta.
Gabarito "B".

8.2. Requisição de bens e serviços

(Procurador do Estado/AC – FMP – 2012) Sobre as restrições ao direito de propriedade, no plano do direito administrativo, assinale a alternativa CORRETA.

(A) Nas hipóteses de tombamento, em razão do interesse público na preservação dos bens de interesse histórico, artístico, cultural, antropológico e arquitetônico, dentre outros, será sempre efetivada a prévia indenização pela restrição da propriedade.

(B) Em razão da situação de perigo iminente, como casos de enchentes, a Administração pode efetivar, permanentemente, a requisição de bens móveis, imóveis e até de serviços particulares.

(C) A servidão administrativa constitui um ônus real imposto ao particular para assegurar a realização de obras e serviços públicos, sendo devida a indenização pelos prejuízos efetivamente suportados pelo proprietário do bem.

(D) No caso da requisição, não há uma imposição de indenização, pois visa ao afastamento de perigo iminente, somente sendo possível a aferição de responsabilidade por ato lícito, caso danos sejam verificados após a requisição.

A: incorreta, pois só haverá direito de indenização em favor do proprietário do bem tombado caso haja dano especial ao particular, que lhe diminua o valor de sua propriedade; **B:** incorreta, pois a requisição é provisória, durando apenas enquanto persistir a situação de perigo; **C:** correta, valendo salientar que a servidão se constitui por acordo extrajudicial quanto ao preço ou por meio de ingresso com ação de desapropriação (art. 40 do Dec.-lei 3.365/1941); **D:** incorreta, pois caberá indenização ulterior (posterior), se houver dano (art. 5º, XXV, da CF).
Gabarito "C".

(Procurador do Estado/SC – 2010 – FEPESE) No caso de iminente perigo público, a autoridade competente poderá usar de propriedade particular, assegurada ao proprietário indenização ulterior, se houver dano. Qual a denominação desse instituto?

(A) tombamento

(B) ocupação temporária

(C) servidão administrativa

(D) requisição administrativa

(E) desapropriação por interesse público

Trata-se da *requisição administrativa de bens*, prevista no art. 5º, XXV, da CF.
Gabarito "D".

8.3. Servidão administrativa

(Procurador do Município – Prefeitura Fortaleza/CE – CESPE – 2017) Acerca do direito administrativo, julgue o item que se segue.

(1) A possibilidade de realização de obras para a passagem de cabos de energia elétrica sobre uma propriedade privada, a fim de beneficiar determinado bairro, expressa a concepção do regime jurídico-administrativo, o qual dá prerrogativas à administração para agir em prol da coletividade, ainda que contra os direitos individuais.

1: correta. Temos hipótese de servidão administrativa, conceituada como o "direito real de gozo, de natureza pública, instituído sobre imóvel de propriedade alheia, com base em lei, por entidade ou por seus delegados, em face de um serviço público ou de um bem afetado a fim de utilidade pública. **AW**

Gabarito 1C

(Procurador do Município/Teresina-PI – 2010 – FCC) As modalidades de intervenção do Estado sobre a propriedade privada consistentes na instalação de rede elétrica pelo Poder Público em propriedade particular e na proibição de construir além de determinado número de pavimentos, são, respectivamente,

(A) requisição e tombamento.

(B) servidão administrativa e limitação administrativa.

(C) limitação administrativa e ocupação temporária.

(D) servidão administrativa e requisição.

(E) requisição e ocupação temporária.

De fato, temos servidão administrativa no primeiro caso (ônus real instituído em favor do interesse público) e limitação administrativa no segundo (imposição geral e gratuita, que delimita o direito dos particulares).

Gabarito "B".

8.4. Tombamento

(Procurador do Estado/SP - 2018 - VUNESP) Município expediu notificação ao Estado a fim de comunicar a inscrição, pelo Prefeito, no livro do tombo próprio, de bem imóvel de valor histórico, de propriedade estadual e situado no território municipal. O ato municipal de tombamento, de acordo com a jurisprudência do Supremo Tribunal Federal, é

(A) ilegal, porque o ato de tombamento é de competência do Chefe do Poder Executivo de cada ente da Federação, após aprovação do ato por meio de lei específica.

(B) lícito e produz efeitos a partir do recebimento da notificação pelo Estado proprietário do bem.

(C) lícito, porém provisório, condicionada a produção de efeitos à autorização do Poder Legislativo por lei específica de efeitos concretos.

(D) ilegal, porque o tombamento de bem público é de competência exclusiva do Serviço do Patrimônio Histórico e Artístico Nacional.

(E) ilegal, nos termos do artigo 2o, § 2o, do Decreto-Lei no 3.365/41 (Desapropriação), aplicável ao caso descrito por analogia, que dispõe que bens de domínio dos Estados poderão ser desapropriados apenas pela União.

Como o tombamento não retira a propriedade, na verdade é irrelevante se proprietário do bem é o poder público ou não, mas o Decreto-Lei 25/1937 estabelece que o tombamento de bens de entes federativos se faz de ofício e mediante notificação do ente público envolvido. O tombamento pode ser realizado por quaisquer dos entes e não existe a hierarquia verticalizada prevista para as desapropriações. Deveras, no Agravo Regimental na Ação Civil Originária 1.208 MS, de relatoria do Ministro Gilmar Mendes, restou claro o entendimento da Corte no sentido de que o princípio da hierarquia verticalizada prevista no Decreto-Lei 3.365/1941 não se aplica ao tombamento, tanto porque não existe qualquer previsão expressa estabelecendo a hierarquização do tombamento, como pelo fato de que o tombamento não implica

em transferência da propriedade, de modo que inexistente a limitação constante no art. 1º, § 2º do DL 3.365/1941. **FMB**

Gabarito "B".

(Procurador do Estado/SE – 2017 – CESPE) Com referência às formas de limitação da propriedade, à proteção do patrimônio histórico, artístico e cultural e à desapropriação, assinale a opção correta.

(A) Após o prazo fixado na lei que define a área sujeita ao direito de preempção, não viola o direito de preferência a venda de imóvel a particular mediante proposta diferente da apresentada ao poder público, ainda que sem previamente consultá-lo.

(B) Em virtude da aplicação do princípio da isonomia, incide o prazo prescricional de três anos à pretensão do proprietário para a reparação de prejuízos decorrentes da requisição.

(C) Enquanto a requisição administrativa pode ser gratuita ou remunerada, a ocupação temporária, devido ao seu caráter precário, será sempre gratuita.

(D) Admite-se a instituição de servidão administrativa de bem da União por município, desde que declarada a utilidade pública e observado o procedimento da desapropriação.

(E) Segundo o STJ, não incide o princípio da hierarquia federativa no exercício da competência concorrente para o tombamento de bens públicos, o que autoriza um município a tombar bens do respectivo estado.

A: incorreta – "Transcorrido o prazo mencionado no *caput* sem manifestação, fica o proprietário autorizado a realizar a alienação para terceiros, nas condições da proposta apresentada" – Art. 27, § 3º, da Lei 10.257/2001; **B:** incorreta – por aplicação analógica, tendo em vista que não se trata de um direito real mas pessoal, é possível a indenização por prejuízos decorrentes de limitações administrativas, tombamentos, requisições administrativas e etc. no prazo de 5 anos, conforme o Decreto 20.910/1932; **C:** incorreta – quanto às diferenças entre a ocupação e a requisição, a primeira incide sobre bens, enquanto a segunda sobre *bens* e *serviços*; a requisição é típica de situações de urgência, enquanto a ocupação não tem essa característica necessariamente; o exemplo de ocupação mais comum prevê que ela só se dá sobre terrenos não edificados e mediante caução (se instituída), enquanto a requisição incide sobre qualquer bem e sem caução. Por fim, a requisição gera ao proprietário direito a indenização se houver dano, ao passo que a ocupação temporária é sempre indenizada; **D:** incorreta – Tal como na desapropriação, embora de constitucionalidade questionável, entende-se que a União pode instituir servidão administrativa de bens dos Estados, Distrito Federal e Municípios, que os Estados podem instituir esse ônus real em relação aos municípios insertos em seu território, mas os municípios não poderão instituir servidão sobre imóveis federais, quer de imóveis estaduais. Assim, temos que a servidão administrativa é ônus real de uso imposto pela Administração a um bem alheio, particular ou público, nesse último caso desde que obedecida a mesma hierarquia aplicável às desapropriações, com objetivo de assegurar a realização de obras e serviços públicos, assegurada indenização ao particular, salvo se não houver prejuízo; **E:** correta – restou pacificado o entendimento no STF de que não incide para o tombamento o princípio da hierarquia federativa. **FB**

Gabarito "E".

(Procurador do Estado – PGE/MT – FCC – 2016) O tombamento, regido no âmbito federal pelo Decreto-lei nº 25/37, é uma das formas admitidas pelo direito brasileiro de intervenção na propriedade. A propósito de tal instituto,

2. DIREITO ADMINISTRATIVO

(A) não é aplicável aos bens públicos, pois incide somente sobre propriedades de particulares.

(B) toda e qualquer obra de origem estrangeira está imune ao tombamento, por não pertencer ao patrimônio histórico e artístico nacional.

(C) não mais subsiste no direito vigente o direito de preferência, previsto no texto original do Decreto-lei nº 25/37 e estatuído em favor da União, dos Estados e Municípios.

(D) uma vez efetuado o tombamento definitivo, ele é de caráter perpétuo, somente podendo ser cancelado em caso de perecimento do bem protegido.

(E) a alienação do bem imóvel tombado depende de prévia anuência do órgão protetivo que procedeu à inscrição do bem no respectivo livro de tombo.

A: incorreta. O tombamento ocorre tanto sobre bens público quanto sobre bens particulares (art. 5º, do Decreto-lei 25/1937); **B:** incorreta. O art. 3º, do Decreto-lei 25/1937 não exclui todas as obras estrangeiras, havendo restrições, somente; **C:** correta. O direito de preferência foi revogado pela Lei 13.015/2015; **D:** incorreta. O art. 19, § 2º, do Decreto-lei 25/1937 dispõe que o tombamento pode ser cancelado, por isso ele não é perpétuo; **E:** incorreta. O art. 13, § 1º, do Decreto-lei 25/1937 dispõe que: "No caso de transferência de propriedade dos bens de que trata êste artigo, deverá o adquirente, dentro do prazo de trinta dias, sob pena de multa de dez por cento sôbre o respectivo valor, fazê-la constar do registro, ainda que se trate de transmissão judicial ou causa mortis." Portanto, não é necessária autorização de "órgão protetivo". **AW**

Gabarito "C".

8.5. Limitação administrativa

(Procurador do Estado – PGE/RS – Fundatec – 2015) Assinale a alternativa correta.

(A) As limitações administrativas são restrições à propriedade de caráter geral que, como regra, geram o dever de indenizar o proprietário.

(B) As servidões administrativas são restrições à propriedade de caráter concreto, podendo gerar o dever de indenizar o proprietário em caso de dano comprovado.

(C) Nos tombamentos que resultam em esvaziamento do conteúdo econômico do direito de propriedade, a jurisprudência não reconhece o dever de indenizar o proprietário, pois não há transferência do bem ao Estado.

(D) As requisições de bens fungíveis se equiparam às desapropriações no que se refere ao requisito da prévia e justa indenização em dinheiro.

(E) Os imóveis expropriados já definitivamente incorporados ao domínio público, ainda quando afetados a um serviço público, podem ser objeto de reivindicação.

A: incorreta. As limitações administrativas não geram dever de indenizar; **B:** correta. Perfeita a definição, sendo as servidões administrativas sujeições materiais do Poder Público em relação aos particulares, que só geram o dever de indenizar se houver dano; **C:** incorreta. Os Tribunal de Justiça tem reconhecido o direito à indenização (Resp 220983), em caso de esvaziamento do conteúdo econômico decorrente do tombamento, ou seja, quando o imóvel perde o valor que teria antes do tombamento; **D:** incorreta. As requisições só geram direito à indenização se houver dano (art. 5º, XXV, CF); **E:** incorreta. Se incorporados ao patrimônio público, ainda mais afetados à prestação de um serviço público, não

podem mais sair desse domínio, gerando apenas o direito à indenização ao expropriado lesado. **AW**

Gabarito "B".

Determinado município deferiu a um empreendedor alvará para a construção de um hotel de vinte andares. Entretanto, antes do início da obra, sobrevieram normas de caráter geral, limitando a apenas quinze andares as construções no local. Foi solicitado, então, parecer jurídico sobre a legalidade de se revogar o primeiro alvará, para o devido cumprimento das novas regras urbanísticas.

(Advogado da União/AGU – CESPE – 2012) Com base nessa situação hipotética e na jurisprudência do STF acerca do tema, julgue os itens que se seguem.

(1) A norma que limitou a quinze o número de andares dos prédios a serem construídos na localidade constitui limitação administrativa que, dotada de caráter geral, se distingue das demais formas de intervenção estatal na propriedade, não caracterizando, via de regra, situação passível de indenização.

(2) As normas de ordem pública que impõem altura máxima aos prédios podem gerar obrigações e direitos subjetivos entre os vizinhos, interessados na sua fiel observância por parte de todos os proprietários sujeitos às suas exigências.

(3) O parecer deve orientar o governo municipal a não revogar o alvará concedido ao empreendedor, visto que o seu deferimento gerou direito adquirido ao particular.

1: correta, pois limitação administrativa é a imposição geral e gratuita, que delimita o direito de grupos indeterminados de pessoas, ajustando-os ao interesse público; no caso, trata-se de uma imposição geral, pois afeta pessoas indeterminadas, não cabendo indenização, por se tratar de intervenção gratuita na propriedade, conforme se viu no conceito; **2:** correta, o que vem sendo reconhecido pela jurisprudência face às normas decorrentes dos direitos de vizinhança, tais como as decorrentes dos artigos 1.277, 1.278, 1.299 e 1.312 do CC; **3:** incorreta, pois o alvará é ato vinculado e esse tipo de ato não pode ser revogado; não bastasse, também não cabe anulação do ato, pois, quando concedido, a lei foi adequadamente cumprida.

Gabarito 1C, 2C, 3E

8.6. Temas combinados de intervenção na propriedade

(Procurador do Município - Boa Vista/RR - 2019 - CESPE/CEBRASPE) Julgue os itens a seguir, acerca das disposições constitucionais a respeito de direito administrativo.

(1) Estados federados podem, sob o fundamento de interesse social, desapropriar imóveis rurais improdutivos para fins de reforma agrária.

(2) Um município poderá ser condenado ao pagamento de indenização por danos causados por conduta de agentes de sua guarda municipal, ainda que tais danos tenham decorrido de conduta amparada por causa excludente de ilicitude penal expressamente reconhecida em sentença transitada em julgado.

(3) A investidura em empregos públicos em sociedades de economia mista depende de prévia aprovação em concurso público, mas não se estende a esse tipo de emprego a proibição constitucional de acumulação remunerada de funções e cargos públicos.

(4) Cabe ao Congresso Nacional o exercício do controle externo dos atos administrativos de concessões e permissões de emissoras de rádio e televisão.

1: errado (a competência para promover a desapropriação para fins de reforma agrária é da União, cf. art. 184 da CF). 2: certo (conforme jurisprudência firmada no STJ, a Administração Pública pode responder civilmente pelos danos causados por seus agentes, ainda que estes estejam amparados por causa excludente de ilicitude penal). 3: errado (a vedação à acumulação remunerada de funções, cargos e empregos públicos aplica-se de maneira ampla, incidindo nas empresas estatais, que compõem a Administração indireta, cf. art. 37, XVII, CF). 4: certo (art. 49, XII, CF). ▣
Gabarito 1E, 2C, 3E, 4C

(Procurador do Município/São José dos Campos-SP – 2012 – VUNESP) A exigência, imposta por lei municipal que determina o recuo de certo número de metros na construção a ser levantada em terreno urbano, constitui

(A) servidão predial.

(B) desapropriação parcial do terreno.

(C) limitação administrativa.

(D) servidão administrativa.

(E) ocupação temporária.

A exigência de recuo é uma imposição geral, que afeta todos que quiserem construir em terreno urbano, de modo que se trata de uma limitação administrativa. Os demais institutos previstos nas outras alternativas são imposições especiais, ou seja, que atingem pessoas determinadas, que não é, como se viu, o caso da imposição prevista em lei que determina o recuo em construções.
Gabarito "C".

9. RESPONSABILIDADE DO ESTADO

9.1. Evolução histórica e teorias

(Procurador do Município – Prefeitura Fortaleza/CE – CESPE – 2017) Acerca do direito administrativo, julgue o item que se segue.

(1) A regulação das relações jurídicas entre agentes públicos, entidades e órgãos estatais cabe ao direito administrativo, ao passo que a regulação das relações entre Estado e sociedade compete aos ramos do direito privado, que regulam, por exemplo, as ações judiciais de responsabilização civil do Estado.

1: incorreta. As relações entre o Estado e a sociedade competem tanto ao direito privado quanto ao direito público. Por exemplo, no caso de responsabilidade civil do Estado, as normas de direito público é que fundamentam (art. 37, §6º, CF), enquanto em casos como um contrato típico de locação, mesmo que celebrado pelo Estado, teríamos normas de direito privado regendo-o. AW
Gabarito 1E

(Procurador do Estado/BA – 2014 – CESPE) Suponha que viatura da polícia civil colida com veículo particular que tenha ultrapassado cruzamento no sinal vermelho e o fato ocasione sérios danos à saúde do condutor do veículo particular. Considerando essa situação hipotética e a responsabilidade civil da administração pública, julgue o seguinte item.

(1) Sendo a culpa exclusiva da vítima, não se configura a responsabilidade civil do Estado, que é objetiva e embasada na teoria do risco administrativo.

1: correta; no Brasil, adota-se a responsabilidade objetiva do Estado com base na Teoria do Risco Administrativo, que admite excludentes de responsabilidade estatal, como a culpa exclusiva da vítima, diferentemente do que ocorreria se fosse adotada a Teoria do Risco Integral, em que não se admite tais excludentes.
Gabarito 1C

9.2. Modalidades de responsabilidade (objetiva e subjetiva). Requisitos da responsabilidade objetiva

(Procurador do Estado/AC - 2017 - FMP) Assinale a alternativa INCORRETA sobre o modelo constitucional de responsabilidade civil do Estado.

(A) A responsabilidade civil estatal subsume-se à teoria do risco administrativo, tanto para as condutas estatais comissivas quanto para as omissivas, uma vez rejeitada a teoria do risco integral.

(B) A omissão estatal exige nexo de causalidade em relação ao dano sofrido pela vítima nos casos em que o poder público ostenta o dever legal e a efetiva possibilidade de agir para impedir o resultado danoso.

(C) A responsabilidade civil do Estado, por ser objetiva, não resulta afastada mesmo nas hipóteses em que o poder público comprova causa impeditiva da sua atuação protetiva de modo a romper com o nexo causal entre sua omissão e o resultado danoso.

(D) A morte de detento gera responsabilidade civil do Estado pela inobservância do seu dever específico de proteção previsto na Constituição, admitindo-se a comprovação pelo poder público de causa excludente do nexo de causalidade entre a sua omissão e o dano sofrido pela vítima.

(E) Nenhuma das alternativas anteriores responde ao comando da questão.

Alternativa A correta (aplicação da teoria do risco administrativo nas condutas estatais comissivas e omissivas, como já decidiu o STF no RE 841.526/RS, Pleno, Min. Luiz Fux, DJe 29/07/2016). Alternativa B correta (na responsabilidade civil do Estado decorrente da omissão estatal, necessária a verificação do nexo de causalidade, que se extrai do dever legal de agir, bem como da efetiva possibilidade de fazê-lo). Alternativa C incorreta (no mesmo RE 841.526/RS, o STF decidiu que, nos casos em que não é possível ao Estado agir para evitar o evento danoso, o qual ocorreria de qualquer modo, rompe-se o nexo de causalidade, afastando-se a responsabilidade do Poder Público). Alternativa D correta (o RE 841.526/RS julgou caso envolvendo a morte de detento, tendo sido configurada a responsabilidade civil objetiva do Estado).
Gabarito "C".

(Procurador do Estado/SP - 2018 - VUNESP) Empresa de ônibus permissionária de serviço público de transporte coletivo intermunicipal de passageiros envolveu-se em acidente de trânsito em rodovia estadual explorada por concessionária, tendo um de seus veículos, durante a prestação do serviço de transporte, colidido com automóvel particular, provocando danos materiais e o falecimento de um dos ocupantes do carro. De acordo com a jurisprudência do Supremo Tribunal Federal,

(A) a concessionária de rodovia estadual será objetivamente responsabilizada pelos danos provocados em razão do acidente, em decorrência da aplicação da teoria da faute du service.

(B) o Estado titular dos serviços públicos de transporte coletivo de passageiros e da rodovia em que ocorrido o acidente será objetivamente responsável pelos danos causados, ainda que se comprove culpa concorrente da vítima que conduzia o automóvel particular.

(C) a permissionária do serviço público de transporte coletivo de passageiros poderá ser responsabilizada pelos danos provocados em razão do acidente, desde que comprovada ocorrência de dolo ou culpa do motorista do veículo coletivo, porque as vítimas não são usuárias do serviço público por ela prestado.

(D) a concessionária de rodovia estadual será objetivamente responsabilizada pelos danos provocados pelo acidente, em decorrência da aplicação da teoria do risco administrativo.

(E) a permissionária do serviço público de transporte coletivo de passageiros poderá ser objetivamente responsabilizada pelos danos provocados em razão do acidente, ainda que as vítimas não sejam usuárias do serviço por ela prestado.

Em repercussão geral foi reconhecida a responsabilidade objetiva das concessionárias pelos danos causados a terceiros não usuários. Eis o julgado que consolidou esse entendimento: EMENTA: CONSTITUCIONAL. RESPONSABILIDADE DO ESTADO. ART. 37, § 6º, DA CONSTITUIÇÃO. PESSOAS JURÍDICAS DE DIREITO PRIVADO PRESTADORAS DE SERVIÇO PÚBLICO. CONCESSIONÁRIO OU PERMISSIONÁRIO DO SERVIÇO DE TRANSPORTE COLETIVO. RESPONSABILIDADE OBJETIVA EM RELAÇÃO A TERCEIROS NÃO-USUÁRIOS DO SERVIÇO. RECURSO DESPROVIDO. I - A responsabilidade civil das pessoas jurídicas de direito privado prestadoras de serviço público é objetiva relativamente a terceiros usuários *e não usuários do serviço*, segundo decorre do art. 37, § 6º, da Constituição Federal. II - A inequívoca presença do nexo de causalidade entre o ato administrativo e o dano causado ao terceiro não-usuário do serviço público, é condição suficiente para estabelecer a responsabilidade objetiva da pessoa jurídica de direito privado. III - Recurso extraordinário desprovido (**RE 591874 / MS, Relator: Min. Ricardo Lewandowski, j. 26-08-2009, Tribunal Pleno).** FMB

Gabarito "E".

(Procurador do Município/Manaus – 2018 – CESPE) A respeito do entendimento do STJ sobre a responsabilidade civil do Estado, julgue o item seguinte.

1. A existência de causa excludente de ilicitude penal não impede a responsabilidade civil do Estado pelos danos causados por seus agentes.

1: correta – A Administração Pública pode responder civilmente pelos danos causados por seus agentes, ainda que estes estejam amparados por causa excludente de ilicitude penal (Acórdãos REsp 1266517/PR, Rel. Ministro Mauro Campbell Marques, Segunda Turma, Julgado em 04.12.2012, DJE 10.12.2012 REsp 884198/RO, Rel. Ministro Humberto Martins, Segunda Turma, Julgado em 10.04.2007, DJ 23.04.2007 REsp 111843/PR, Rel. Ministro José Delgado, Primeira Turma, Julgado em 24.04.1997, DJ 09.06.1997). FB

Gabarito 1C

(Procurador do Município – Prefeitura Fortaleza/CE – CESPE – 2017) A respeito de bens públicos e responsabilidade civil do Estado, julgue o próximo item.

(1) Situação hipotética: Um veículo particular, ao transpassar indevidamente um sinal vermelho, colidiu com veículo oficial da Procuradoria-Geral do Município de Fortaleza, que trafegava na contramão. Assertiva: Nessa situação, não existe a responsabilização integral do Estado, pois a culpa concorrente atenua o quantum indenizatório.

1: correta. Havendo culpa recíproca ou concorrente, essa deve ser utilizada como excludente de responsabilidade civil ou, no mínimo, como atenuante. AW

Gabarito 1C

(Procurador – IPSMI/SP – VUNESP – 2016) A respeito da responsabilidade civil do Estado, é correto afirmar que

(A) a responsabilidade civil das concessionárias por danos causados a terceiros na execução de serviços públicos é subjetiva, ante a inexistência de relação contratual entre as partes.

(B) a prescrição da pretensão de responsabilidade civil por danos extracontratuais em face do Estado prescreve no prazo de 3 (três) anos, conforme entendimento consolidado pelo Superior Tribunal de Justiça.

(C) são pressupostos para a responsabilização extracontratual do Estado a existência de conduta culposa ou dolosa de agente público, dano e nexo causal.

(D) a responsabilidade civil objetiva para o Estado, prevista na Constituição Federal, aplica-se indistintamente às suas relações contratuais e extracontratuais.

(E) são causas excludentes do nexo de causalidade o fato exclusivo da vítima, o fato de terceiro e o caso fortuito e força maior.

A: Incorreta. As concessionárias possuem relação contratual com o Poder Público (contrato de concessão) e a responsabilidade que assume em relação aos serviços que prestam é objetiva (art. 37, § 6º, CF e art. 25, da Lei 8.987/1995). **B:** Incorreta. O prazo de prescrição dessas ações é de 5 anos, conforme Decreto-lei 20.910/1932. **C.** Incorreta. Como a regra é a responsabilidade objetiva do Estado (art. 37, § 6º, CF), os requisitos para a sua incidência são: conduta, resultado e nexo causal, independentemente do elemento subjetivo (dolo ou culpa). **D:** Incorreta. A responsabilidade objetiva só se aplica às relações jurídicas extracontratuais, sendo que há casos em que há responsabilidade subjetiva prevista em contrato. **E:** Correta. Realmente, as causas excludentes de responsabilidade objetiva do Estado são: caso fortuito, força maior, culpa exclusiva da vítima ou de terceiro. AW

Gabarito "E".

(Procurador Municipal – Sertãozinho/SP – VUNESP – 2016) Indivíduo adquire veículo caminhão de particular e efetua normalmente o devido registro junto ao Departamento Estadual de Trânsito de São Paulo – DETRAN-SP. Quinze dias após a aquisição, ao trafegar em rodovia, ao ser parado para fiscalização, verifica-se que o veículo caminhão havia sido furtado um mês antes da aquisição e, por consequência, o bem é apreendido. O indivíduo ajuíza ação de indenização contra o Estado de São Paulo.

Considerando a forma como a responsabilidade civil do Estado é prevista no ordenamento pátrio, é correto afirmar que a ação do indivíduo deve ser julgada

(A) improcedente, pois embora tenha havido falha no registro estatal que não continha a informação sobre o furto, não há nexo de causalidade entre o ato perpetrado pelo órgão estadual e os danos experimentados pelo autor.

(B) procedente, pois a responsabilidade civil do Estado é objetiva, sendo assim, o Estado é civilmente responsável pelos danos que seus agentes, nessa qualidade, venham a causar a terceiros.

(C) parcialmente procedente, pois a culpa é concorrente, do Estado, que não manteve os devidos registros, e do indivíduo que adquiriu o veículo sem tomar as devidas cautelas quanto à verificação da origem do veículo.

(D) improcedente, pois a responsabilidade civil do Estado na Constituição Federal de 1988 é subjetiva, tendo como pressupostos que a conduta praticada seja contrária ao direito e haja inobservância de dever legal.

(E) procedente, pois resta demonstrada a culpa, na modalidade omissiva, do Estado, ao deixar de manter os cadastros devidamente atualizados, com a informação de que o veículo havia sido furtado.

A: Correta. Na verdade, essa questão não contém os dados suficientes para a resposta, porque não se sabe se o comprador do veículo tomou as cautelas necessárias no ato da compra, como a vistoria prévia, verificação de documentos etc., além de não ser possível inferir as condições do veículo. Há jurisprudência do STJ (abaixo relacionada) no sentido de ser improcedente a demanda por ausência de comprovação do nexo causal entre o dano e a ação ou omissão estatal, mas nada impede de ser, ao menos, reconhecida a responsabilidade parcial, como determina a alternativa B. "Administrativo. Recurso especial. Provimento. Vistoria de veículo. Regularidade. Posterior verificação de irregularidade. Responsabilidade objetiva do estado. Ausência de nexo de causalidade. 1. O Estado não pode ser responsabilizado por ato criminoso de terceiros ou pela culpa do adquirente de veículo de procedência duvidosa, se a Administração não concorreu com ação ou omissão para a prática do ato ilícito, não respondendo pelos danos deste decorrentes. 2.A regularidade da situação de veículo, atestada em vistoria do órgão de trânsito, não é suficiente para firmar a responsabilidade objetiva do Estado, quando se tratar de veículo furtado, posteriormente apreendido. É irrelevante se a tradição ocorreu antes ou depois da vistoria. 3. Agravo regimental não provido. AgRg no REsp 1299803 / RS Agravo Regimental no Recurso Especial 2012/0003157-0. Processual civil. Administrativo. Agravo regimental no agravo em recurso especial. Argumentos insuficientes para desconstituir a decisão atacada. Venda de veículo com chassi adulterado. Responsabilidade civil do departamento de trânsito que não verificou a adulteração quando da aprovação do decalque. Acórdão recorrido contrário à jurisprudência firmada nesta corte. Recurso improvido. I – É pacífico o entendimento no Superior Tribunal de Justiça segundo o qual, nos casos em que o Departamento de Trânsito – Detran efetuou o registro do veículo e posteriormente constatou-se a ocorrência de adulteração do chassi, deve-se afastar a responsabilidade civil objetiva decorrente da apreensão e perda do bem, ante a inexistência de nexo de causalidade entre a conduta estatal e o ato ilícito praticado por terceiro. II – No caso, o Tribunal de origem entendeu pela configuração da responsabilidade do Detran. III – O recurso especial merece prosperar quando o acórdão recorrido encontra-se em confronto com a jurisprudência dessa Corte. IV – A Agravante não apresenta, no regimental, argumentos suficientes para desconstituir a decisão agravada. V – Agravo Regimental improvido. AgRg no AREsp 424218 / MS Agravo Regimental No Agravo Em Recurso Especial 2013/0367723-6. **B:** Incorreta. Como explicado acima, há ausência de comprovação de nexo causal entre a Ação eo resultado, por isso estaria incorreta essa questão. Os requisitos para a incidência da responsabilidade objetiva do Estado são: Ação ou omissão estatal, o dano e o nexo causal entre a Ação e o dano. Ausente um desses, a responsabilidade não incide, portanto. **C:** Incorreta. Como o enunciado não oferece elementos para sabermos se houve negligência da vítima, não é possível concluir pela

sua culpa concorrente. **D:** Incorreta. A Constituição Federal, art. 37, § 6º, adotou a teoria da Responsabilidade Objetiva do Estado, e não subjetiva, que é adotada em nosso ordenamento jurídico em leis infraconstitucionais, como o próprio Código Civil (art. 926). **E:** Incorreta. O examinador entendeu que não há elementos suficientes para saber se houve alguma adulteração do veículo que pudesse levar o Estado a conceder o registro, por isso a responsabilidade continua sendo objetiva, sem necessidade de comprovação de culpa do Estado e sem a incidência de excludentes de responsabilidade civil, portanto. **AW**
Gabarito "A".

(Procurador do Estado – PGE/PA – UEPA – 2015) Quanto à responsabilização da Fazenda Pública por danos causados por seus agentes, é correto afirmar que:

I. Nos termos do art. 1-C, da Lei nº. 9494/1997, com a redação dada pela MP nº. 2.180/2001, o prazo prescricional para a propositura das ações de indenizações por danos causados por agentes de pessoas jurídicas de direito público e de pessoas jurídicas de direito privado prestadoras de serviços públicos é de três anos.

II. O termo inicial para a propositura da ação de indenização contra o Estado, conforme dispõe o art. 1 do Decreto n. 20.910/1932, é a data do ato ou fato que deu origem à ação de indenização.

III. O prazo prescricional de todo e qualquer direito ou ação contra a Fazenda Pública federal, estadual ou municipal, seja qual for a sua natureza, prescreve em cinco anos nos termos do Decreto n. 20.910/1932, com exceção das ações indenizatórias que de acordo com o Código Civil prescrevem em 3 (três) anos.

IV. A prescrição em favor da Fazenda Pública recomeça a correr por dois anos e meio, a partir do ato interruptivo, mas não fica reduzida aquém de cinco anos, embora o titular do direito a interrompa durante a primeira metade do prazo.

Após análise das assertivas acima, conclui-se que:

(A) Existe apenas 1 assertiva correta.

(B) Existem apenas 2 assertivas corretas.

(C) Existem apenas 3 assertivas corretas.

(D) Todas estão corretas.

(E) Todas estão incorretas.

I: incorreta. O prazo é de 5 anos, conforme disposto no art. 1º, da Lei 9.494/1997; **II:** correta. Também encontra fundamento no art. 1º, II, da Lei 9.494/1999, que assim dispõe: "O termo inicial para a propositura da ação de indenização contra o Estado, conforme dispõe o art. 1º do Decreto n. 20.910/1932, é a data do ato ou fato que deu origem à ação de indenização"; **III:** incorreta. O prazo prescricional de todo e qualquer direito ou ação contra a Fazenda Pública federal, estadual ou municipal, seja qual for a sua natureza, prescreve em cinco anos nos termos do Decreto 20.910/1932, com exceção das ações indenizatórias que, de acordo com o Código Civil, prescrevem em 3 (três) anos; **IV:** correta. A súmula 383, STF dispõe que: "A prescrição em favor da Fazenda Pública recomeça a correr por dois anos e meio, a partir do ato interruptivo, mas não fica reduzida aquém de cinco anos, embora o titular do direito a interrompa durante a primeira metade do prazo." **AW**
Gabarito "B".

(Advogado União – AGU – CESPE – 2015) Com relação ao controle da administração pública e à responsabilidade patrimonial do Estado, julgue os seguintes itens.

(1) Situação hipotética: Um veículo oficial da AGU, conduzido por servidor desse órgão público, passou

2. DIREITO ADMINISTRATIVO

por um semáforo com sinal vermelho e colidiu com um veículo particular que trafegava pela contramão. Assertiva: Nessa situação, como o Brasil adota a teoria da responsabilidade objetiva, existirá a responsabilização indenizatória integral do Estado, visto que, na esfera administrativa, a culpa concorrente elide apenas parcialmente a responsabilização do servidor.

1: incorreta. No caso, havendo culpa concorrente da vítima, a responsabilidade deverá ser atenuada. AW

Gabarito 1E

(Procurador do Estado – PGE/BA – CESPE – 2014) Suponha que viatura da polícia civil colida com veículo particular que tenha ultrapassado cruzamento no sinal vermelho e o fato ocasione sérios danos à saúde do condutor do veículo particular. Considerando essa situação hipotética e a responsabilidade civil da administração pública, julgue os itens subsequentes.

(1) No caso, a ação de indenização por danos materiais contra o Estado prescreverá em vinte anos.

(2) Sendo a culpa exclusiva da vítima, não se configura a responsabilidade civil do Estado, que é objetiva e embasada na teoria do risco administrativo.

1: incorreta. A ação prescreverá em 5 anos, tendo em vista o art. 1º, do Decreto-Lei 20.910/1932; **2:** correta. A culpa exclusiva da vítima é excludente de responsabilidade civil do Estado, pois rompe com o nexo causal entre a ação e o resultado, excluindo, também, a responsabilização do Estado. AW

Gabarito 1E, 2C

(Procurador do Estado – PGE/RN – FCC – 2014) O Estado foi condenado judicialmente a indenizar cidadã por danos sofridos em razão da omissão de socorro em hospital da rede pública, eis que o hospital negou-se a realizar parto iminente alegando falta de leito disponível. Diante de tal condenação, entende-se que o Estado poderá exercer direito de regresso em face do servidor que negou a internação:

(A) desde que comprove conduta omissiva ou comissiva dolosa, afastada a responsabilidade no caso de culpa decorrente do exercício de sua atividade profissional.

(B) com base na responsabilidade objetiva do mesmo, bastando a comprovação do nexo de causalidade entre a atuação do servidor e o dano.

(C) com base na responsabilidade subjetiva do mesmo, que decorre automaticamente da condenação do Estado, salvo se comprovadas, pelo servidor, causas excludentes de responsabilidade.

(D) independentemente da comprovação de dolo ou culpa, desde que constatado descumprimento de dever funcional.

(E) com base na responsabilidade subjetiva do servidor, condicionada à comprovação de dolo ou culpa.

A: incorreta. Tanto o dolo quanta a culpa ensejam a responsabilidade subjetiva do servidor, possibilitando a ação de regresso do hospital condenado; **B:** incorreta. É preciso a comprovação da culpa ou dolo do agente, eis que se trata de responsabilidade subjetiva por omissão do Estado; **C:** incorreta. A responsabilização só existirá se comprovado o dolo ou culpa na "falta do serviço", sendo hipótese de responsabilidade subjetiva do Estado, portanto; **D:** incorreta. Temos caso de omissão estatal, que enseja a responsabilidade subjetiva do Estado, por isso é

necessária a comprovação de dolo e culpa do servidor que atuou em seu nome; **E:** correta. Perfeita. Trata-se de omissão do serviço, na responsabilidade pela "falta do serviço", que é subjetiva, com necessidade de comprovação de dolo ou culpa. AW

Gabarito "E".

(Procurador Distrital – 2014 – CESPE) Julgue o item seguinte.

(1) No âmbito da responsabilidade civil do Estado, são imprescritíveis as ações indenizatórias por danos morais e materiais decorrentes de atos de tortura ocorridos durante o regime militar de exceção.

1: correta; de fato é imprescritível a pretensão de ressarcimento de danos por perseguição política, prisão e tortura durante a ditadura militar. Quanto a esse último caso, de que trata a questão, vide, por exemplo, o AgRg no Ag 1.428.635/BA, julgado pelo STJ em 02.08.2012, rel. Min. Mauro Campbell Marques, *DJe* 09.08.2012.

Gabarito 1C

(Procurador do Estado/BA – 2014 – CESPE) Suponha que viatura da polícia civil colida com veículo particular que tenha ultrapassado cruzamento no sinal vermelho e o fato ocasione sérios danos à saúde do condutor do veículo particular. Considerando essa situação hipotética e a responsabilidade civil da administração pública, julgue o seguinte item.

(1) No caso, a ação de indenização por danos materiais contra o Estado prescreverá em vinte anos.

1: incorreta, pois a pretensão indenizatória frente ao Estado prescreve em 5 anos, nos termos do Decreto 20.910/1932.

Gabarito 1E

(Procurador do Estado/AC – FMP – 2012) No tocante à responsabilidade do Estado, considere a seguinte situação. Num jogo decisivo do campeonato, digladiaram-se, com grande rivalidade, os times do Rio Branco e do Juventus. Os dirigentes advertiram as autoridades militares de que a Arena da Floresta poderia ser palco de consideráveis tumultos. Na ocasião, com o estádio lotado pelas torcidas estrelada e tetracolor, foi montado um sistema especial de segurança no estádio e arredores. Na Rua Baguary, a um quilômetro da entrada, dois grupos de torcedores que haviam trocado ameaças numa rede social confrontaram-se violentamente. Na ocasião, o PM Y, que não estava em serviço, sacou uma faca e feriu X que julgava ter furtado o seu rádio. Marque alternativa **CORRETA.**

(A) Há curso causal hipotético (nexo causal), pois, mesmo fora do serviço, o policial sempre age em nome do Estado.

(B) Não há curso causal hipotético (nexo causal), pois o policial agia por razões pessoais e não como agente.

(C) Era hipótese de legítima defesa do patrimônio, que exclui a ilicitude, não sendo imputável a responsabilidade nem ao Estado, nem ao PM Y.

(D) Houve omissão e funcionamento anormal do serviço, pois em casos de movimentos multitudinários a responsabilidade é do Estado.

A responsabilidade do Estado é objetiva quando agentes deste, nessa qualidade, causarem danos a terceiros. No caso, o PM Y, por não estar em serviço e por não ter usado arma da corporação, não agiu na qualidade de agente público, de modo que não há responsabilidade do Estado. Assim, a alternativa "b" é a correta.

Gabarito "B".

(PROCURADOR DO ESTADO/MG – FUMARC – 2012) De acordo com a teoria da responsabilidade extracontratual do Estado, assinale a alternativa INCORRETA:

(A) Há precedentes na jurisprudência do STJ entendendo que a partir da vigência da Lei 10.406, de 2002 – Novo Código Civil, o prazo prescricional das ações de reparação de danos contra o Estado é também de 3 (três) anos, restando afastada, neste caso, a prescrição quinquenal prevista no Decreto 20.910, de 1932.

(B) Por força do princípio da hierarquia das normas jurídicas, diante da redação constitucional e do Novo Código Civil pode-se afirmar que o Direito Administrativo Brasileiro adota a teoria da responsabilidade objetiva do Estado, aplicável também às pessoas jurídicas de direito privado prestadoras de serviço público, apesar da omissão do Novo Código Civil quanto a estas.

(C) Em face da redação constitucional sobre a matéria, a responsabilidade civil é tratada de forma dúplice, sendo objetiva quanto à pessoa estatal e subjetiva quanto ao agente causador do dano.

(D) Em razão do princípio da incomunicabilidade de instâncias cabe à autoridade administrativa decidir, de forma fundamentada, sobre o exercício do direito de regresso contra o agente público causador do dano.

A: assertiva correta; de qualquer forma, a maior parte das decisões é no sentido de que o prazo para se ingressar com ação de reparação civil em face do Estado é de 5 anos; a Primeira Turma do STJ é pacífica hoje no sentido de que o prazo continua de 5 anos (AgRg no AgRg no REsp 1233034/PR, *DJ* 31.05.2011). O argumento da primeira turma é no sentido de que o prazo de 5 anos é um prazo histórico, previsto em norma especial e igual a uma série de outros prazos de prescrição previstos para o exercício de pretensão indenizatória de outras naturezas em face do Estado (EResp 1.081.885/RR, rel. Hamilton Carvalhido, *DJ* 01.02.2011); a segunda seção até tem algumas decisões no sentido do entendimento da Primeira Turma (ex.: REsp 1130932/SP, *DJ* 14.04.2011), mas a maior parte das decisões da segunda seção é no sentido contrário, ou seja, de que a prescrição contra a Fazenda Pública se dá apenas no prazo de 3 anos, por conta da regra de exceção prevista no art. 10 do Decreto 20.910/1932 (REsp. 1.217.933/RS, *DJ* 25.04.2011; REsp. 1.137.354, j. 08.09.2009); **B:** assertiva correta (art. 37, § 6º, da CF c/c art. 43 do CC); **C:** assertiva correta (art. 37, § 6º, da CF); **D:** assertiva incorreta, devendo ser assinalada; a Administração, caso verifique que seu agente atuou com culpa ou dolo, tem o dever de exercer o direito de regresso em face do agente público causador do dano;

Gabarito "D".

(Procurador do Estado/SC – 2010 – FEPESE) No que se refere à responsabilidade civil do Estado, assinale a alternativa **incorreta**.

(A) A responsabilidade civil por danos nucleares independe da existência de culpa.

(B) A jurisprudência tem reconhecido que o prazo prescricional de três anos relativo à pretensão de reparação civil disposto no Código Civil prevalece sobre o quinquênio previsto no Decreto n. 20.910, de 1932.

(C) A responsabilidade civil do Estado adotada pela Constituição Federal de 1988 está fundada na teoria do risco administrativo e não na teoria do risco integral. Daí por que sua classificação de objetiva absoluta.

(D) O Supremo Tribunal Federal tem entendido que a configuração do nexo de causalidade entre o ato

administrativo e o dano causado a terceiro não usuário do serviço público é condição suficiente para estabelecer a responsabilidade objetiva da pessoa jurídica de direito privado, nos termos do art. 37, § 6º, da Constituição Federal.

(E) O Supremo Tribunal Federal tem entendido que, tratando-se de ato omissivo do poder público, a responsabilidade civil por tal ato é subjetiva, pelo que exige dolo ou culpa, esta numa de suas três vertentes, a negligência, a imperícia ou a imprudência, não sendo, entretanto, necessário individualizá-la, dado que pode ser atribuída ao serviço público, de forma genérica, a falta do serviço.

A: correta, pois é caso de responsabilidade objetiva; não bastasse, é um caso de responsabilidade objetiva com risco integral, não se admitindo qualquer excludente de responsabilidade; **B:** assertiva correta ao tempo da elaboração da questão; em se tratando de concursos de procuradorias, como a questão ainda não estava pacificada no STJ ao tempo da prova, essa questão era recorrente e a resposta era a da alternativa; hoje não existe mais esse entendimento e a resposta seria incorreta; para se entender o histórico da questão, é bom lembrar que há 10 anos atrás não havia controvérsia alguma sobre qual era o prazo prescricional para o exercício da pretensão indenizatória em face do Estado; doutrina e jurisprudência eram uníssonas no sentido de que esse prazo era de 5 anos, nos termos do art. 1º do Decreto 20.910/1932, que regula a prescrição contra a fazenda pública; porém, com a entrada em vigor do atual Código Civil, que estabelece que o prazo prescricional para ações indenizatórias é de 3 anos (art. 206, § 3º, V), uma corrente passou a considerar que esse prazo também deveria ser aplicado às ações indenizatórias em face da Fazenda Pública. Isso porque o art. 10 do Decreto 20.910/1932 dispõe que o prazo de 5 anos nele previsto "não altera as prescrições de menor prazo, constantes das leis e regulamentos, as quais ficam subordinadas às mesmas regras". Dessa forma, como o prazo previsto no Código Civil é, atualmente, um prazo "menor" do que o de 5 anos previsto no Decreto mencionado, dever-se-ia aplicar o prazo previsto no Código Civil, fazendo com que a prescrição de ações de reparação civil, em geral, tivesse prazo de 3 anos contra a Fazenda Pública; a questão hoje já está pacificada em outro sentido, tendo prevalecido no STJ a tese de que o prazo prescricional no caso é quinquenal, na forma do Decreto 20.910/32, o que se deu em decisão proferida em julgamento submetido ao rito dos recursos repetitivos (REsp 1.251.993), valendo citar ainda as decisões proferidas no AgRg no REsp 1.375.450, *DJ* 12.09.2013, e no AgRg no REsp 1.355.467, *DJ* 28.06.2013; **C:** incorreta, devendo ser assinalada, pois a classificação é de objetiva relativa, justamente porque admite excludentes de responsabilidade; **D:** correta, pois o STF enfim se pacificou no sentido de que tanto o usuário de serviço público, como o não usuário de serviço público se beneficiam da responsabilidade objetiva das concessionárias de serviço público; **E:** correta, pois a responsabilidade do Estado por omissão é subjetiva, verificando-se a culpa anônima do serviço, ou seja, se este funcionou mal, funcionou tarde ou não funcionou; vale ressaltar que o STF tem decisão no sentido de que a responsabilidade estatal por *atos omissivos específicos* é objetiva; um exemplo de caso de omissão específica do Estado é a agressão física a aluno por colega, em escola estadual, hipótese em que a responsabilidade estatal será objetiva, com base na Teoria do Risco Administrativo (STF, ARE 697.326 AgR/RS, DJ 26/04/13); não se pode confundir uma *conduta omissiva genérica* (ex: o Estado não conseguir evitar todos os furtos de carros), com uma *conduta omissiva específica* (ex: o Estado ter o dever de vigilância sobre alguém e não evitar o dano); no primeiro caso, o Estado responde *subjetivamente*, só cabendo indenização se ficar provado que o serviço foi defeituoso (ex: um policial presencia um furto e nada faz); no segundo caso, o Estado responde *objetivamente*, não sendo necessário perquirir sobre se o serviço estatal foi ou não defeituoso

Gabarito "C".

2. DIREITO ADMINISTRATIVO

(Procurador do Município/Florianópolis-SC – 2010 – FEPESE) Assinale a alternativa **incorreta**, em relação à responsabilidade civil do Estado:

(A) A responsabilidade civil do Estado, por atos omissivos ou comissivos, é sempre objetiva.

(B) Pela teoria do risco integral, o Estado é obrigado a indenizar todo e qualquer dano suportado por terceiro.

(C) A culpa exclusiva da vítima é causa de exclusão da responsabilidade civil objetiva do Estado.

(D) As pessoas jurídicas de direito público e as de direito privado prestadoras de serviços públicos responderão pelos danos que seus agentes, nessa qualidade, causarem a terceiros, assegurado o direito de regresso contra o responsável nos casos de dolo ou culpa.

(E) A ação de regresso pode ser ajuizada contra o agente causador do dano, e, na sua falta, contra seus herdeiros ou sucessores, até o limite do valor da herança.

A: incorreta, devendo ser assinalada; isso porque a responsabilidade do Estado por condutas omissivas é subjetiva, e não objetiva; vale ressaltar que o STF tem decisão no sentido de que a responsabilidade estatal por *atos omissivos específicos* é objetiva; um exemplo de caso de omissão específica do Estado é a agressão física a aluno por colega, em escola estadual, hipótese em que a responsabilidade estatal será objetiva, com base na Teoria do Risco Administrativo (STF, ARE 697.326 AgR/RS, DJ 26/04/13); não se pode confundir uma *conduta omissiva genérica* (ex: o Estado não conseguir evitar todos os furtos de carros), com uma *conduta omissiva específica* (ex: o Estado ter o dever de vigilância sobre alguém e não evitar o dano); no primeiro caso, o Estado responde *subjetivamente*, só cabendo indenização se ficar provado que o serviço foi defeituoso (ex: um policial presencia um furto e nada faz); no segundo caso, o Estado responde *objetivamente*, não sendo necessário perquirir sobre se o serviço estatal foi ou não defeituoso; **B:** correta; porém, essa não foi a teoria adotada, já que adotamos a teoria do risco administrativo, que admite excludentes de responsabilidade do Estado; **C:** correta, assim como é causa excludente de responsabilidade do Estado a força maior e a culpa exclusiva de terceiro; **D:** correta (art. 37, § 6º, da CF); **E:** correta, pois os sucessores respondem no limite do valor da herança, sendo necessário, todavia, comprovar que o agente causador do dano agiu com culpa ou dolo (art. 37, § 6º da CF e art. 122, § 3º da Lei 8.112/1990).
Gabarito "A"

(Procurador do Município/São José dos Campos-SP – 2012 – VUNESP) No tocante à Responsabilidade Civil do Estado, é correto afirmar sobre a Ação Regressiva que

(A) pode ser instaurada em face do servidor culpado, mesmo após a cessação do exercício no cargo ou na função.

(B) a responsabilidade do servidor culpado não se transmite aos seus herdeiros e sucessores.

(C) não pode ser ajuizada após a aposentadoria do servidor culpado.

(D) exonerado o servidor culpado, a Administração fica desonerada da propositura da ação civil.

(E) ocorre a extinção do processo sem julgamento de mérito se o servidor culpado for demitido pela Administração.

A: correta, pois o direito de ação regressiva, previsto no art. 37, § 6º, da CF, não está limitado ao momento em que o servidor culpado ainda é agente público; **B:** incorreta, pois a responsabilidade do servidor culpado fica transmitida aos seus herdeiros e sucessores até o limite

do valor da herança recebida (art. 122, § 3º, da Lei 8.112/1990); C a **E:** incorretas, pois o direito de ação regressiva, previsto no art. 37, § 6º, da CF, não está limitado ao momento em que o servidor culpado ainda é agente público.
Gabarito "A"

(Procurador do Município/Sorocaba-SP – 2012 – VUNESP) No que diz respeito à responsabilidade civil do Estado por omissão, pode-se afirmar que

(A) a doutrina é pacífica no sentido de que a responsabilidade, no caso, é subjetiva.

(B) a doutrina é pacífica por entender que a responsabilidade é sempre objetiva.

(C) há correntes da doutrina entendendo que a responsabilidade é subjetiva.

(D) a responsabilidade será objetiva caso o agente público venha a agir com dolo.

(E) a responsabilidade será objetiva se não puder se apurar o nexo de causalidade.

Prevalece o entendimento, tanto na doutrina, como na jurisprudência de que a responsabilidade do Estado por atos comissivos é objetiva, ao passo que a responsabilidade por atos omissivos é subjetiva. Na doutrina há maior dissenso em relação a esse tema. Enquanto Celso Antonio Bandeira de Mello capitaneia a ideia de que a responsabilidade por conduta omissiva é subjetiva, Hely Lopes Meirelles sempre defendeu que a responsabilidade é objetiva no caso. Assim, somente a alternativa "c" está correta, ao passo que as alternativas "a" e "b" estão incorretas. Quanto à alternativa "d", não faz sentido algum, pois, em sendo a responsabilidade objetiva, não se discute a questão do dolo. E quanto à alternativa "e", também está incorreta, pois em caso de omissão não se pode falar em "nexo de causalidade", já que o nada (a omissão) não é capaz de *causar* materialmente coisa alguma. Assim, se levarmos em conta a afirmativa feita, a responsabilidade por atos omissivos seria sempre objetiva, conclusão a que não se pode chegar, conforme entendimentos doutrinários e jurisprudenciais citados. vale ressaltar que o STF tem decisão no sentido de que a responsabilidade estatal por *atos omissivos específicos* é objetiva; um exemplo de caso de omissão específica do Estado é a agressão física a aluno por colega, em escola estadual, hipótese em que a responsabilidade estatal será objetiva, com base na Teoria do Risco Administrativo (STF, ARE 697.326 AgR/RS, DJ 26/04/13); não se pode confundir uma *conduta omissiva genérica* (ex: o Estado não conseguir evitar todos os furtos de carros), com uma *conduta omissiva específica* (ex: o Estado ter o dever de vigilância sobre alguém e não evitar o dano); no primeiro caso, o Estado responde *subjetivamente*, só cabendo indenização se ficar provado que o serviço foi defeituoso (ex: um policial presencia um furto e nada faz); no segundo caso, o Estado responde *objetivamente*, não sendo necessário perquirir sobre se o serviço estatal foi ou não defeituoso
Gabarito "C"

(Procurador Federal – 2010 – CESPE) Julgue o seguinte item.

(1) Pedro foi preso preventivamente, por meio de decisão judicial devidamente fundamentada, mas depois absolvido por se entender que ele não tivera nem poderia ter nenhuma participação no evento. No entanto, por causa da prisão cautelar, Pedro sofreu prejuízo econômico e moral. Nessa situação, conforme entendimento recente do STF, poderão ser indenizáveis os danos moral e material sofridos.

1: Correta, tratando-se da seguinte decisão do STF: " Responsabilidade civil objetiva do estado (CF, art. 37, § 6º) - Configuração - "Bar Bodega" - Decretação de prisão cautelar, que se reconheceu indevida, contra pessoa que foi submetida a investigação penal pelo poder público - Adoção dessa medida de privação da liberdade contra quem não teve qualquer participação ou envolvimento com o fato criminoso - Inadmissibilidade desse comportamento imputável ao aparelho de estado - Perda do emprego como direta consequência da indevida prisão preventiva - Reconhecimento, pelo Tribunal de Justiça local, de que se acham presentes todos os elementos identificadores do dever estatal de reparar o dano - Não comprovação, pelo estado de São Paulo, da alegada inexistência do nexo causal - Caráter soberano da decisão local, que, proferida em sede recursal ordinária, reconheceu, com apoio no exame dos fatos e provas, a inexistência de causa excludente da responsabilidade civil do poder público." (RE 385943 AgR, Relator(a): Min. Celso de Mello, 2.ª Turma, julgado em 15.12.2009, *DJe*-030 DIVULG 18.02.2010, public. 19.02.2010, *RT* v. 99, n. 895, 2010, p. 163-168 *LEXSTF* v. 32, n. 375, 2010, p. 152-161)

Gabarito 1C

(Procurador Federal – 2010 – CESPE) Julgue o item seguinte.

(1) A despesa realizada pela administração sem cobertura contratual não pode ser objeto de reconhecimento da obrigação de indenizar do Estado. O servidor responsável pela não prorrogação tempestiva do contrato ou pela não abertura de procedimento licitatório é quem deve pagar o fornecedor.

1: Incorreta; a despesa é devida pelo Estado, pois este não pode se enriquecer sem causa, além de responder objetivamente pelos prejuízos que causar; o Estado deve, em seguida, ingressar com ação de regresso contra o servidor responsável que tiver agido com culpa ou dolo; de qualquer forma, é bom lembrar que se o contratado estiver de má-fé, nada será devido, nos termos do art. 59 da Lei 8.666/1993.

Gabarito 1E

(ADVOGADO – CEF – 2010 – CESPE) Com relação às teorias acerca da responsabilidade civil do Estado, assinale a opção correta.

(A) No caso de danos causados por rebelião em presídio, que resulte na morte de detento, o STJ possui entendimento pacificado de que a responsabilidade do Estado somente ocorrerá na hipótese de restar demonstrada a culpa (ou dolo) do agente público responsável pela guarda.

(B) A teoria do risco integral somente é prevista pelo ordenamento constitucional brasileiro na hipótese de dano nuclear, caso em que o poder público será obrigado a ressarcir os danos causados, ainda que o culpado seja o próprio particular.

(C) Segundo a jurisprudência atual do STF, o art. 37, § 6.º, da Constituição Federal de 1988 (CF) deve ser interpretado no sentido de definir que a responsabilidade civil das pessoas jurídicas de direito privado prestadoras de serviço público é objetiva somente em relação aos usuários do serviço, não se estendendo tal entendimento para os não usuários.

(D) Segundo a jurisprudência majoritária do STJ, nas ações de indenização fundadas na responsabilidade civil objetiva do Estado, é obrigatória a denunciação à lide do agente supostamente responsável pelo ato lesivo, até mesmo para que o poder público possa exercer o direito de regresso.

(E) Na hipótese de falha do serviço público prestado pelo Estado, é desnecessária a comprovação do nexo de causalidade entre a ação omissiva atribuída ao poder público e o dano causado a terceiro.

A: incorreta, pois a responsabilidade, no caso, é objetiva, já que decorrente da guarda de pessoas perigosas (art. 927, parágrafo único, do CC); **B:** correta, pois a regra é a teoria do risco administrativo, que admite excludente de responsabilidade, mas, em caso de dano nuclear, é adotada a teoria do risco integral, que não admite excludentes de responsabilidade; **C:** incorreta, pois o STF passou a entender que a responsabilidade objetiva pode ser invocada em favor do terceiro não usuário do serviço público (STF, RE 591874); **D:** incorreta, pois o STJ entende que denunciação da lide não é obrigatória, podendo o Estado, depois, ingressar com ação de regresso em face do servidor; **E:** incorreta, pois tem que haver nexo entre a conduta omissiva caracterizadora de serviço defeituoso e o dano causado.

Gabarito "B".

9.3. Responsabilidade do agente público, ação de regresso e denunciação da lide.

(Advogado União – AGU – CESPE – 2015) No que se refere à responsabilidade do parecerista pelas manifestações exaradas, julgue o próximo item.

(1) Situação hipotética: Determinado ministério, com base em parecer opinativo emitido pela sua consultoria jurídica, decidiu adquirir alguns equipamentos de informática. No entanto, durante o processo de compra dos equipamentos, foi constatada, após correição, ilegalidade consistente em superfaturamento dos preços dos referidos equipamentos. Assertiva: Nessa situação, de acordo com o entendimento do STF, ainda que não seja comprovada a má-fé do advogado da União, ele será solidariamente responsável com a autoridade que produziu o ato final.

1: incorreta. Conforme STF (STF, MS 24.631), os pareceres são apenas opinativos e, ainda que seja comprovada a má-fé do parecerista, ele não responde com a autoridade final do ato, sendo essa, integralmente responsável pelo uso do seu conteúdo. **AW**

Gabarito 1E

(Procurador do Estado/MT – FCC – 2011) Determinado cidadão foi atropelado por viatura policial, conduzida por agente público, que se encontrava em atendimento de ocorrência. Nessa situação, poderá responsabilizar

(A) a Administração, desde que comprovado dolo ou culpa grave do agente.

(B) a Administração pelos danos sofridos, podendo esta exercer o direito de regresso em face do agente, caso comprovado dolo ou culpa deste.

(C) a Administração ou diretamente o agente público, bastando a comprovação do nexo de causalidade entre o dano e a conduta do agente.

(D) a Administração, desde que comprovado falha na prestação do serviço, consistente na omissão do dever de zelar pela atuação do agente público.

(E) o agente, caso comprovado dolo ou culpa, podendo este, se condenado, exercer o direito de regresso em face da Administração.

A: incorreta, pois a responsabilidade da Administração é objetiva (art. 37, § 6º, CF); **B:** correta, cabendo ação apenas em face da Administração (conforme posição do STF), que poderá exercer o direito de regresso em face do agente, em caso de culpa ou dolo deste (art. 37, § 6º, da CF); **C:** incorreta, pois o STF entende que não é possível acionar diretamente o agente público (RE 327.904); **D:** incorreta, pois essa comprovação só é necessária quando o dano tem origem em conduta

2. DIREITO ADMINISTRATIVO

omissiva estatal, caso em que a responsabilidade é subjetiva; porém, no caso trazido no enunciado, há conduta comissiva do Estado, de maneira que a responsabilidade é objetiva, não se verificando se há ou não conduta culposa ou dolosa; **E**: incorreta, pois, como se viu, não é possível acionar diretamente o agente público.

Gabarito "B".

9.4. Responsabilidade das concessionárias de serviço público

(Procurador do Município – Prefeitura Fortaleza/CE – CESPE – 2017) A respeito de bens públicos e responsabilidade civil do Estado, julgue os próximos itens.

(1) De acordo com o entendimento do STF, empresa concessionária de serviço público de transporte responde objetivamente pelos danos causados à família de vítima de atropelamento provocado por motorista de ônibus da empresa.

1: correta. Está correta a assertiva, porque as concessionárias estão incluídas no disposto no art. 37, § 6º, CF, além do que determina o art. 25, da Lei 8.987/1995. **AW**

Gabarito 1C

(Procurador do Estado – PGE/RN – FCC – 2014) Uma determinada concessionária de serviços públicos ferroviários experimentou relevantes e significativos prejuízos em razão de grave deslizamento de parte de um morro próximo à malha ferroviária, em razão das fortes chuvas ocorridas na região. Além dos prejuízos pela destruição de bens da concessionária e de particulares, houve interrupção dos serviços por período superior a 30 (trinta) dias. Em razão desse incidente

(A) o poder público será responsabilizado pelos prejuízos experimentados pela concessionária, tendo em vista que em se tratando de força-maior, aplica-se a responsabilidade civil na modalidade objetiva pura.

(B) a concessionária pode demandar o poder público em juízo, para ressarcimento dos prejuízos causados e pelos lucros cessantes, desde que comprove a culpa dos agentes responsáveis pelas obras de contenção de encostas, tendo em vista que em se tratando de hipótese de força-maior, aplica-se a responsabilidade civil na modalidade subjetiva.

(C) o poder público não pode ser responsabilizado, tendo em vista que a ocorrência de força-maior supera eventual ocorrência de negligência nas obras e atividades de prevenção de acidentes.

(D) a concessionária poderá demandar o poder público para fins de responsabilidade civil na modalidade objetiva, em razão da natureza da atividade prestada, relevante e essencial.

(E) o poder público poderá ser responsabilizado a indenizar os bens dos particulares caso se demonstre a ocorrência de culpa do serviço, ou seja, de que o acidente poderia ter sido evitado caso tivessem sido adotadas as prevenções cabíveis.

A: incorreta. A Teoria Objetiva pura é adotada pelo Direito Penal, e não pelo direito administrativo. Também, quem responde pelos danos decorrentes da prestação do serviço público é o concessionário, que assume a prestação do serviço por sua "conta e risco" (art. 25, da Lei 8.987/1995), e não o Poder Público (poder concedente); **B:** incorreta. A concessionária assume o risco e responsabilidade pela prestação do serviço de forma integral (art. 25, da Lei 8.987/1995), por isso não pode

ela se voltar contra o Poder Público para ressarcimento em decorrência dos danos causados em decorrência da prestação do serviço público; **C:** incorreta. A concessionária é que responde pelos danos causados em decorrência da prestação do serviço público, conforme disposto no art. 25, da Lei 8.987/1995; **D:** incorreta. Mais uma vez, a concessionária responde integralmente pelos danos e não tem o direito de regresso em face do Estado. O Estado está representado pela concessionária na prestação do serviço público (art. 37, § 6º, CF), **E:** correta. O Poder Público aqui enunciado é o Estado ou quem lhe faça as vezes, conforme disposto no art. 37, § 6º, CF, respondendo em caso de serviço que não funcionou, funcionou mal ou funcionou tardiamente, ou seja, em caso de culpa pela "falta do serviço". **AW**

Gabarito "E".

(Procurador Distrital – 2014 – CESPE) Julgue o item seguinte.

(1) Segundo a atual posição do STF, é subjetiva a responsabilidade de empresa pública prestadora de serviço público em relação aos danos causados a terceiros não usuários do serviço.

1: incorreta, pois o STF mudou o entendimento já há alguns anos, para dizer que a responsabilidade estatal também é objetiva para beneficiar terceiros não usuários do serviço (STF, RE 591.874-2/MS, Pleno, j. 26.08.2008, rel. Min. Ricardo Lewandowski, *DJe* 18.12.2009).

Gabarito 1E

(Procurador do Estado/PR – UEL-COPS – 2011) Em uma curva próxima ao Km 76 de uma rodovia estadual, o motorista de um ônibus da Viação X, empresa permissionária do serviço de transporte coletivo rodoviário intermunicipal de passageiros, perdeu o controle do veículo, causando um acidente de grandes proporções, que atingiu também dois outros veículos privados que trafegavam na mesma via. Além dos danos materiais nos veículos envolvidos, o motorista e todos os vinte passageiros do ônibus saíram feridos.

Nesse caso:

I. a responsabilidade da Viação X é subjetiva em relação aos danos causados aos passageiros e objetiva em relação danos provocados aos dois outros veículos.

II. não há possibilidade de responsabilização do Estado pelos danos suportados pelos passageiros.

III. a falha na fiscalização do contrato de permissão pelo Estado atenua a responsabilidade da Viação X.

São **falsas**:

(A) somente I e II;

(B) somente I e III;

(C) somente II e III;

(D) todas;

(E) nenhuma.

I: falsa, pois a responsabilidade da concessionária é objetiva em relação aos dois casos; **II:** falsa, pois o Estado poderá responder caso a concessionária não tenha recursos financeiros para fazê-lo, de modo que se tem a chamada responsabilidade subsidiária do Estado; **III:** falsa, pois essa falha não tem repercussão alguma na responsabilidade da Viação X, que continua sendo objetiva e integral.

Gabarito "D".

(Procurador do Estado/RO – 2011 – FCC) Desgovernado, o ônibus de uma concessionária de transporte intermunicipal de passageiros, acabou por atropelar um pedestre, sendo que ambos – ônibus e pedestre – trafegavam por estrada federal. Nessa situação, constata-se a responsabilidade

(A) subjetiva direta da concessionária, sendo que a ação de reparação de danos deve ser proposta no prazo de cinco anos a partir do evento danoso.

(B) objetiva direta do Estado-concedente, sendo que a ação de reparação de danos deve ser proposta no prazo de cinco anos a partir do evento danoso.

(C) objetiva direta da concessionária, sendo que a ação de reparação de danos deve ser proposta no prazo de três anos a partir do evento danoso.

(D) objetiva subsidiária da União, titular da estrada federal em que ocorreu o acidente, sendo que a ação de reparação de danos deve ser proposta no prazo de três anos a partir do evento danoso.

(E) objetiva direta da concessionária, sendo que a ação de reparação de danos deve ser proposta no prazo de cinco anos a partir do evento danoso.

Trata-se de responsabilidade objetiva, pois a empresa de ônibus é uma pessoa jurídica de direito privado prestadora de serviço público (art. 37, § 6º, da CF). A ação deve ser promovida no prazo de 5 anos, por ser a vítima consumidor equiparado (arts. 17 e 27 do CDC). Além disso, há outra lei específica que reafirma esse prazo de cinco anos, que é a Lei 9.494/1997, que estabelece que "Prescreverá em cinco anos o direito de obter indenização dos danos causados por agentes de pessoas jurídicas de direito público e de pessoas jurídicas de direito privado prestadoras de serviços públicos" (art. 1º-C).
Gabarito "E".

Instruções: Para responder às próximas três questões, considere a seguinte situação:

Determinada empresa privada, concessionária de serviço público, por falha técnica em sua prestação. faz faltar o serviço a certos usuários. Estes, considerando-se prejudicados em seu direito de receberem o serviço, procuram partido político, que ajuíza mandado de segurança coletivo, com o objetivo de obter indenização, por parte da empresa concessionária, aos usuários lesados, garantindo-se, por ordem judicial, que não haja futuras interrupções no serviço em questão.

(Procurador Federal – 2010 – CESPE) Julgue os seguintes itens, que versam sobre responsabilidade civil do Estado.

(1) As ações de reparação de dano ajuizadas contra o Estado em decorrência de perseguição, tortura e prisão, por motivos políticos, durante o Regime Militar não se sujeitam a qualquer prazo prescricional.

(2) A responsabilidade civil objetiva da concessionária de serviço público alcança também não usuários do serviço por ela prestado.

1: correta, nos termos da jurisprudência do STJ: "Processual civil – Administrativo – Indenização – Reparação de danos morais – Regime militar – Perseguição e prisão por motivos políticos – Imprescritibilidade – Dignidade da pessoa humana – Inaplicabilidade do art. 1.º do Decreto n. 20.910/1932 – Responsabilidade civil do Estado – Danos morais – Indenização." (REsp 1085358/PR, rel. Min. Luiz Fux, 1.ª Turma, julgado em 23.04.2009, *DJe* 09.10.2009); 2: correta, tendo o STF mudado seu entendimento a respeito do assunto; assim, hoje, o STF entende que são beneficiários da responsabilidade objetiva das concessionárias de serviço público não só os usuários do serviço (ex.: passageiro de um ônibus que se acidenta), como também os não usuários do serviço (ex.: alguém que não é passageiro do ônibus, mas que estava caminhando ou andando de bicicleta quando do acidente no

primeiro, vindo a sofrer danos por conta do evento); vide, a respeito, o RE 591.874/MS, j. 26.08.2009).
Gabarito 1C; 2C.

(ADVOGADO – CEF – 2012 – CESGRANRIO) As empresas públicas prestadoras de serviços públicos e seus agentes respondem, solidária e objetivamente, por danos causados a terceiros.

PORQUE

As empresas públicas prestadoras de serviços públicos são pessoas jurídicas de direito privado submetidas a regime jurídico híbrido, sendo o regime de responsabilidade civil a elas aplicável fundamentado na teoria do risco administrativo.

Analisando-se as afirmações acima, conclui-se que

(A) as duas afirmações são verdadeiras, e a segunda justifica a primeira.

(B) as duas afirmações são verdadeiras, e a segunda não justifica a primeira.

(C) a primeira afirmação é verdadeira, e a segunda é falsa.

(D) a primeira afirmação é falsa, e a segunda é verdadeira.

(E) as duas afirmações são falsas.

Os agentes das concessionárias não respondem diretamente pelos danos (portanto, não se pode falar em responsabilidade solidária). Além disso, a responsabilidade dos agentes depende de demonstração de culpa ou dolo destes (art. 37, § 6º, da CF), de modo que a primeira afirmação é falsa. Quanto à segunda, é verdadeira, pois as empresas públicas são pessoas de direito privado especial, aplicando-se a responsabilidade objetiva com base no risco administrativo a essas empresas, quando prestadoras de serviço público (art. 37, § 6º, da CF).
Gabarito "D".

(ADVOGADO – BNDES – 2010 – CESGRANRIO) Um agente público, pertencente aos quadros de uma empresa pública federal prestadora de serviço público, no exercício de suas atribuições, veio a causar dano a terceiro usuário do serviço em decorrência de conduta culposa comissiva. Nesse caso, responderá(ão) pelo dano causado ao terceiro a

(A) empresa pública federal, sendo a responsabilidade civil de natureza subjetiva por tratar-se de entidade dotada de personalidade jurídica de direito privado.

(B) empresa pública federal, sendo a responsabilidade civil de natureza subjetiva por ter sido o dano causado a terceiro usuário do serviço público.

(C) empresa pública federal, sendo a responsabilidade civil de natureza objetiva por tratar-se de pessoa jurídica de direito privado prestadora de serviço público, assegurado o direito de regresso contra o responsável.

(D) União Federal e a empresa pública federal, solidariamente, sendo a responsabilidade civil de natureza objetiva por ter sido o dano causado a terceiro usuário do serviço público.

(E) União Federal, sendo a responsabilidade civil de natureza objetiva, fundada na teoria do risco administrativo, inexistindo direito de regresso contra o agente público, uma vez que não houve conduta dolosa.

A e **B**: incorretas, pois a responsabilidade da empresa é objetiva, nos termos do art. 37, § 6º, da CF; **C**: correta, nos termos do art. 37, § 6º, da CF; D e **E**: incorretas, pois a empresa é quem responde; a União só responde subsidiariamente, ou seja, caso a concessionária não tenha recursos para responder perante a vítima.
Gabarito "C".

10. LICITAÇÃO

10.1. Conceito, objetivos e princípios

(Procurador – IPSMI/SP – VUNESP – 2016) Sobre as licitações públicas, é correto afirmar que

(A) as compras, sempre que possível, deverão ser subdivididas em tantas parcelas quantas necessárias para aproveitar as peculiaridades do mercado. Dessa forma, a divisibilidade do objeto deverá ser considerada para definir o objeto do futuro contrato, podendo acarretar a dispensa ou inexigibilidade da licitação.

(B) a licitação dispensada possui como características ter as suas hipóteses de realização previstas em rol não exaustivo, em semelhança ao que ocorre com as hipóteses de inexigibilidade de licitação.

(C) podem participar da tomada de preços os interessados devidamente cadastrados ou que atenderem a todas as condições exigidas para o cadastramento até o quinto dia anterior à data do recebimento das propostas, observada a necessária qualificação.

(D) segundo a Lei 8.666/1993, não poderá participar, direta ou indiretamente, da licitação ou da execução de obra ou serviço e do fornecimento de bens a eles necessários o autor do projeto, básico ou executivo, pessoa física ou jurídica.

(E) a legislação contempla a possibilidade de realização de contratação direta no caso de licitação deserta, que se caracteriza quando existem licitantes presentes no certame, mas todos são inabilitados ou desclassificados.

A: Incorreta. O art. 8º, da Lei 8.666/1993 dispõe que: "A execução das obras e dos serviços deve programar-se, sempre, em sua totalidade, previstos seus custos atual e final e considerados os prazos de sua execução". **B:** Incorreta. O rol das hipóteses de licitação dispensada é taxativo, sendo esse o erro da assertiva. **C:** Incorreta. Não podem participar da licitação o autor do projeto básico ou executivo, pessoa física ou jurídica (art. 9º, I, da Lei 8.666/1993); **D:** Correta. Trata-se do oposto da alternativa C, sendo correta, portanto (art. 9º, I, da Lei 8.666/1993). **E:** Incorreta. A licitação deserta é caso de dispensa de licitação disposta no art. 24, V, da Lei 8.666/1993, mas ocorre quando não há interessados e o procedimento não pode ser novamente realizado sem prejuízo do interesse público, não sendo hipótese de inabilitação ou desclassificação dos licitantes, portanto. 🔲

Gabarito "D".

(Advogado União – AGU – CESPE – 2015)

(1) Situação hipotética: A Procuradoria-Geral do Município de Fortaleza decidiu ceder espaço de suas dependências para a instalação de lanchonete que atendesse aos procuradores, aos servidores e ao público em geral. Assertiva: Nessa situação, por se tratar de ato regido pelo direito privado, não será necessária a realização de processo licitatório para a cessão de uso pelo particular a ser contratado.

1: Incorreta. A Procuradoria é um órgão público (art. 131, CF), por isso necessita realizar licitação para as suas contratações, cessões, como essa da lanchonete, conforme disposto no art. 37, XXI, CF, estando incorreta a assertiva, portanto. 🔲

Gabarito 1E

(Procurador do Estado – PGE/RN – FCC – 2014) Uma autarquia estadual que presta serviços no setor de transportes promoveu regular licitação para contratação de obras

de recapeamento de pistas de rolamento das rodovias que explora. Transcorrido o procedimento de licitação nos termos legais, sagrou-se vencedora uma empresa, estando o procedimento em fase de homologação do resultado. Considerando que a Administração pretende concluir a contratação em face de comprovada necessidade do objeto,

(A) a autoridade competente possui discricionariedade em medida suficiente para rediscussão das condições e objeto da licitação antes da fase da homologação, a fim de ajustar a futura contratação às necessidades da Administração, o que também configura expressão do poder exorbitante e do caráter mutável do contrato administrativo.

(B) a autoridade competente possui pouca margem de apreciação quanto à conveniência e oportunidade para homologar o certame, na medida em que lhe resta o exame de compatibilidade do resultado com os preços e demais indicadores objetivos constantes do processo, havendo autores que indicam, inclusive, ser dever da autoridade fazê-lo.

(C) diante de eventual incompatibilidade entre os preços praticados no mercado e o resultado, resta à autoridade competente o cancelamento da licitação, ainda que exista probabilidade de indenização do vencedor.

(D) não se admite controle na esfera do Judiciário antes da conclusão da fase de homologação e adjudicação, tendo em vista que somente após esses atos é que a licitação é considerada concluída e, portanto, hábil a projetar efeitos dos vícios de ilegalidade que a permearam.

(E) somente poderá haver revogação do certame por razões de conveniência e oportunidade após as fases de homologação e adjudicação do objeto se houver indenização para o vencedor.

A: incorreta. A autoridade não tem essa discricionariedade, eis que o procedimento já está quase que encerrado. O que poderia ser feito é anular ou revogar o procedimento ou um ato do procedimento (art. 49, da Lei 8.666/1993), mas não rediscutir condições previamente constantes do edital, o que afrontaria o princípio da igualdade dos licitantes; **B:** correta. Nessa fase de homologação, apenas se verifica a legalidade do procedimento, utilização de critérios discricionários; **C:** incorreta. O preço poderá ser reajustado ou revisado (art. 58 e seguintes, da Lei 8.666/1993), não havendo na Lei de Licitações previsão para o cancelamento do procedimento; **D:** incorreta. O controle judicial é sempre possível, eis que inafastável a jurisdição (art. 5º, XXXV, CF), sendo sempre possível anular ou revogar o procedimento (art. 49, da Lei 8.666/1993); **E:** incorreta. A revogação poderá ocorrer em qualquer fase do procedimento licitatório (art. 49, da Lei 8.666/1993), desde que por motivos supervenientes e comprovado o interesse público. 🔲

Gabarito "B".

(Procurador do Estado/AC – FMP – 2012) Com relação aos princípios básicos da licitação, previstos na Lei n. 8.666, de 21 de junho de 1993, com posteriores alterações, é **INCORRETO** afirmar que a lei contempla o seguinte princípio:

(A) vinculação ao instrumento convocatório.

(B) promoção do desenvolvimento sustentável.

(C) julgamento objetivo.

(D) sigilo da licitação, dos seus atos e decisões.

O art. 3º da Lei 8.666/1993 estabelece os seguintes objetivos e princípios da licitação: a) isonomia; b) seleção da proposta mais vantajosa para

a Administração; c) promoção do desenvolvimento nacional sustentável; d) legalidade; e) impessoalidade; f) moralidade; g) igualdade; h) publicidade; i) probidade administrativa; j) vinculação ao instrumento convocatório; k) julgamento objetivo. Assim, as alternativas "a", "b" e "c" estão corretas, não devendo ser assinaladas. Já a alternativa "d" está incorreta, devendo ser assinalada. Isso porque o princípio previsto na lei é o contrário, ou seja, é o que impõe a publicidade, e não o sigilo da licitação. Este só existe num determinado ponto, que é quanto ao conteúdo das propostas até a abertura dos respectivos envelopes.
Gabarito "D".

(PROCURADOR DO ESTADO/MG – FUMARC – 2012) Acerca do regime jurídico das licitações e contratos administrativos, analise as seguintes afirmativas e assinale a alternativa correta:

I. No Direito Brasileiro são finalidades da licitação a obtenção da proposta mais vantajosa para a administração; a concretização do princípio da isonomia; e a promoção do desenvolvimento nacional sustentável.
II. A ordem jurídica vigente admite que, em igualdade de condições, como critério de desempate, seja assegurada preferência, sucessivamente, aos bens e serviços: produzidos ou prestados por empresas brasileiras de capital nacional; produzidos no País; produzidos ou prestados por empresas que invistam em pesquisa e no desenvolvimento de tecnologia no País.
III. Entre os documentos hoje exigidos dos licitantes, para comprovação de regularidade fiscal e trabalhista, conforme o caso, poderá ser requerida, pela Administração, prova de inexistência de débitos inadimplidos perante a Justiça do Trabalho, mediante certidão negativa emitida na forma da legislação celetista.
IV. Não comparecendo licitantes à licitação anterior regularmente convocada poderá a Administração automaticamente realizar contratação direta, desde que mantidas todas as condições preestabelecidas no instrumento de convocação.

ALTERNATIVAS

(A) Apenas I e II são corretas;
(B) Apenas I e III são corretas;
(C) Apenas II e III são corretas;
(D) Apenas II e IV são corretas;
(E) Apenas III e IV são corretas.

I: correta (art. 3º, *caput*, da Lei 8.666/1993); II: incorreta, pois a nova ordem assegura preferência, sucessivamente, aos bens e serviços produzidos no País, produzidos ou prestados por empresas brasileiras e produzidos ou prestados por empresas que invistam em pesquisa e no desenvolvimento de tecnologia no País (art. 3º, § 2º, da Lei 8.666/1993); III: correta (art. 29, V, da Lei 8.666/1993); IV: incorreta, pois, nesse caso, a Administração deverá verificar se não é possível fazer novo certame licitatório; caso a Administração, justificadamente, não possa repetir o certame sem prejuízo, aí sim é que poderá ser feita a contratação direta (art. 24, V, da Lei 8.666/1993).
Gabarito "B".

10.2. Contratação direta (licitação dispensada, dispensa de licitação e inexigibilidade de licitação)

(Procurador do Município - S.J. Rio Preto/SP - 2019 - VUNESP) Sobre a inexigibilidade ou dispensa de licitação, conforme o caso, é correto afirmar:

(A) é inexigível a licitação quando houver inviabilidade de competição, conforme as hipóteses taxativamente previstas em lei.

(B) a inaplicabilidade (dispensa ou inexigibilidade) de licitação pela Administração Pública não afasta a necessidade de adoção de procedimentos que observem os princípios da Administração Pública inscritos no art. 37 da Constituição, inclusive procedimentos que, conforme permitam as circunstâncias, assegurem algum grau de competitividade.

(C) demonstrada a hipótese de inexigibilidade da licitação, fica a Administração Pública dispensada de justificar o preço ou a escolha do fornecedor ou executante.

(D) é inexigível a licitação, dentre outras hipóteses, para a prestação de serviços ou fornecimento de bens entre entidades integrantes da Administração Pública.

(E) de acordo com a Lei das Estatais (Lei 13.303/2016) é inexigível a licitação, dentre outras hipóteses, para a comercialização, prestação ou execução de serviços ou obras especificamente relacionados às atividades-fim das sociedades estatais contratantes.

Comentário: Alternativa A incorreta (as hipóteses de inexigibilidade são exemplificativas, não taxativas). Alternativa C incorreta (nos termos do art. 26, parágrafo único, II e III, da Lei 8.666/1993, necessária a justificativa do preço e da escolha do fornecedor ou executante. Alternativa D incorreta (a contratação de prestação de serviços ou fornecimento de bens entre entidades integrantes da Administração Pública representa hipótese de dispensa, art. 24, VIII, da Lei 8.666/1993, e não de inexigibilidade). Alternativa E incorreta (trata-se de hipótese de licitação dispensada, cf. art. 28, § 3º, I, da Lei 13.303/2016). A alternativa B é a correta, pois os princípios expressos insculpidos no art. 37, "caput", CF aplicam-se a todas as formas de atuação da Administração, o que abrange as hipóteses de dispensa e inexigibilidade. Além disso, o art. 26 da Lei 8.666/1993 dispõe sobre o processo de justificativa que deve anteceder, como regra, as situações de dispensa e inexigibilidade. Trata-se de mecanismo cujo objetivo é o de implementar os princípios da impessoalidade, moralidade e eficiência. RB
Gabarito "B".

(Procurador Municipal/SP – VUNESP – 2016) A Prefeitura Municipal de Rosana pretende contratar artistas para a realização de um espetáculo no aniversário da cidade. Para realizar tal contratação, os agentes públicos responsáveis pela organização do show

(A) devem realizar a licitação, pelo princípio da obrigatoriedade da licitação, que impõe que todos façam realizar o procedimento antes de contratarem obras e serviços, não estando a contratação de artistas dentre as hipóteses que não se compatibilizam com o rito do processo licitatório.

(B) podem realizar a contratação direta, por caracterizar-se pela circunstância de que, em tese, poderia o procedimento ser realizado, mas que, pela particularidade do caso, decidiu o legislador não torná-lo obrigatório em relação aos artistas.

(C) devem realizar a licitação, pela modalidade de pregão, já que os serviços artísticos são comuns, com exceção daqueles serviços prestados por artistas que possuam notória fama nacional, para os quais a licitação é dispensada.

(D) podem realizar a contratação direta, por dispensa de licitação, por previsão expressa da Lei Federal 8.666/1993, que considera que a arte é personalíssima, não se podendo sujeitar a fatores objetivos de avaliação, requisito dos procedimentos licitatórios.

2. DIREITO ADMINISTRATIVO

(E) podem realizar a contratação direta, por inexigibilidade de licitação, por previsão expressa da Lei Federal 8.666/1993, que impõe apenas como requisito que o artista contratado seja consagrado pela crítica ou pelo público.

A: Incorreta. No caso, temos a incidência do art. 25, III, da Lei 8.666/1993, que é hipótese de licitação inexigível. **B:** Incorreta. Quando há previsão para a inexigibilidade de licitação o administrador não tem a opção em não realizar o certame, como seria no caso de licitação dispensável, em que há essa discricionariedade. Embora as hipóteses de inexigibilidades não sejam taxativas, quando configuradas, devem ser aplicadas. **C:** Incorreta. Trata-se de licitação inexigível. **D:** Incorreta. Não é caso de dispensa, e sim, de inexigibilidade prevista no art. 25, III, da Lei 8.666/1993. **E:** Correta. Temos casos de contratação direta por aplicação do art. 25, III, da Lei 8.666/1993 (inexigibilidade de procedimento licitatório). AW
Gabarito "E".

(Procurador Municipal – Sertãozinho/SP – VUNESP – 2016) Considere a seguinte situação hipotética. A Prefeitura Municipal de Sertãozinho contrata diretamente, mediante dispensa de licitação, o Banco do Brasil para a prestação de serviços bancários, para explorar com exclusividade a folha de pagamento dos servidores públicos municipais. Tal conduta da municipalidade deve ser considerada, à luz dos preceitos do controle externo e interno da Administração,

(A) incorreta, pois o Banco do Brasil é empresa pública controlada pela União, sendo permitido pela Lei Federal 8.666/1993 que a dispensa seja apenas para contratação das pessoas jurídicas de direito privado vinculadas ao ente federativo contratante.

(B) correta, tendo em vista que a contratação de serviços bancários para a Municipalidade envolve alta complexidade tecnológica e dados bancários sigilosos, o que permite a dispensa de licitação.

(C) incorreta, porque a hipótese seria de inexigibilidade de licitação para a contratação de serviços técnicos enumerados na lei, de natureza singular, com profissionais ou empresas de notória especialização.

(D) correta, pois a dispensa da licitação pode ocorrer para a aquisição de serviços prestados por órgão ou entidade que integre a Administração Pública e que tenha sido criado para esse fim específico.

(E) incorreta, pois o objeto é passível de certame licitatório tendo em vista a possibilidade de competição, sendo consequência da contratação direta tirar da Administração a possibilidade da contratação na forma mais vantajosa.

A: Incorreta. Há outras hipóteses de dispensa de licitação, conforme disposto no art. 24, da Lei 8.666/1993, não sendo somente a contratação de pessoas jurídicas de direito privado vinculadas ao ente contratante. **B:** Incorreta. Esse é um serviço licitável, que não se encontra nas hipóteses taxativas dispostas no art. 24, da Lei 8.666/1993, ou seja, não pode ser dispensado. **C:** Incorreta. Também não temos hipótese de inexigibilidade, eis que não se trata de um serviço que exige notória especialização nem que seja fornecido por empresa ou empresário exclusivo. **D:** Incorreta. O Banco do Brasil não é empresa criada para esse fim específico de exploração de folha de pagamento de funcionários, por isso não se enquadra em hipótese de licitação dispensável. **E:** Correta. Não sendo hipótese de dispensa e inexigibilidade de licitação, a licitação é exigível e preserva os princípios da Administração Pública e da Lei 8.666/1993. AW
Gabarito "E".

(Procurador do Estado/BA – 2014 – CESPE) Considerando as regras aplicáveis às licitações e aos contratos administrativos, julgue o item que se segue.

(1) Desde que o preço contratado seja compatível com o praticado no mercado, é possível a dispensa de licitação para a aquisição, por secretaria estadual de planejamento, de bens produzidos por autarquia estadual que tenha sido criada para esse fim específico em data anterior à vigência da Lei nº 8.666/1993.

1: correta (art. 24, VIII, da Lei 8.666/1993).
Gabarito 1C

(Procurador do Estado/MT – FCC – 2011) Determinada sociedade de economia mista pretende contratar serviços técnicos especializados para estruturação de operação de abertura de seu capital social e emissão de debêntures no mercado internacional, para tanto,

(A) está dispensada de prévio procedimento licitatório, por se tratar de operação regulada pela legislação do mercado de capitais, devendo comprovar a compatibilidade do preço com os praticados no mercado.

(B) pode declarar a inexigibilidade de licitação, por ato fundamentado de seus administradores, quando a licitação possa comprometer o sigilo da operação.

(C) deve instaurar prévio procedimento licitatório, sendo este inexigível se comprovada a inviabilidade de competição, em função da singularidade do objeto, bem como a notória especialização do contratado.

(D) pode dispensar a licitação, por ato fundamentado de seus administradores, caso a contratada seja empresa estrangeira, de notória especialização e desde que haja compatibilidade do preço com os praticados no mercado.

(E) pode dispensar a licitação, por ato fundamentado de seus administradores, se a contratada for fundação ou empresa pública especializada e desde que haja compatibilidade do preço com o mercado.

As alternativas "a", "d" e "e" estão descartadas, pois o caso trazido no enunciado não se enquadra em qualquer dos casos de dispensa previstos no art. 24 da Lei 8.666/1993. A alternativa "b" está incorreta, pois a necessidade de sigilo da operação não justifica a contratação direta. A alternativa "c" está correta, pois há de se tentar viabilizar a licitação no caso. Porém, caso se verifique que a competição é inviável em função da singularidade do objeto, incidirá o disposto no art. 25, II, da Lei 8.666/1993, configurando-se caso de inexigibilidade de licitação.
Gabarito "C".

(Procurador do Estado/RO – 2011 – FCC) NÃO é hipótese legal de dispensa de licitação:

(A) A alienação gratuita ou onerosa, aforamento, concessão de direito real de uso, locação ou permissão de uso de bens imóveis residenciais construídos, destinados ou efetivamente utilizados no âmbito de programas habitacionais ou de regularização fundiária de interesse social desenvolvidos por órgãos ou entidades da administração pública.

(B) A contratação de remanescente de obra, serviço ou fornecimento, em consequência de rescisão contratual, desde que atendida a ordem de classificação da licitação anterior e aceitas as mesmas condições oferecidas pelo licitante vencedor, inclusive quanto ao preço, devidamente corrigido.

(C) A contratação da coleta, processamento e comercialização de resíduos sólidos urbanos recicláveis ou reutilizáveis, em áreas com sistema de coleta seletiva de lixo, efetuados por associações ou cooperativas formadas exclusivamente por pessoas físicas de baixa renda reconhecidas pelo poder público como catadores de materiais recicláveis, com o uso de equipamentos compatíveis com as normas técnicas, ambientais e de saúde pública.

(D) A contratação de associação de portadores de deficiência física, sem fins lucrativos e de comprovada idoneidade, por órgãos ou entidades da Administração Pública, para a prestação de serviços ou fornecimento de mão de obra, desde que o preço contratado seja compatível com o praticado no mercado.

(E) O credenciamento de número indeterminado de profissionais de saúde para atendimento de saúde complementar aos servidores públicos, garantindo-se a publicidade do procedimento, a objetividade dos requisitos, a regulamentação da prestação dos serviços e a fixação criteriosa da tabela de remuneração dos serviços prestados.

A: é hipótese de licitação dispensada (art. 17, I, "f", da Lei 8.666/1993); **B:** é hipótese de dispensa (art. 24, XI, da Lei 8.666/1993); **C:** é hipótese de dispensa (art. 24, XXVII, da Lei 8.666/1993); **D:** é hipótese de dispensa (art. 24, XX, da Lei 8.666/1993); **E:** *não* é hipótese, devendo ser assinalada; isso porque não existe essa previsão no rol taxativo da dispensa de licitação.
Gabarito "E".

(PROCURADOR DO ESTADO/RS – FUNDATEC – 2010) Relativamente ao processo licitatório disciplinado pela Lei Federal n. 8.666/1993, é correto afirmar que:

(A) Quando há inviabilidade da competição, a licitação é dispensável e deve sempre ser justificada.

(B) Quando da intervenção da União no domínio econômico para regular preços ou normalizar o abastecimento, a licitação é dispensável.

(C) O leilão é a modalidade licitatória utilizável para a venda de bens móveis e imóveis inservíveis à Administração ou legalmente apreendidos ou adquiridos por força de execução judicial ou de dação em pagamento. Seu vencedor será aquele que oferecer o maior lance, igual ou superior ao valor da avaliação.

(D) Podem participar as empresas nacionais e as empresas estrangeiras em funcionamento no país, desde que devidamente autorizadas por decreto do Governo Federal, dispensada a exigência quando a empresa estrangeira estiver consorciada com empresa brasileira.

(E) Pode ser revogado por razões de interesse público decorrente de fato anterior à abertura, pertinente e suficiente, devidamente comprovado, mediante parecer escrito e fundamentado.

A: incorreta, pois, nesse caso, a licitação é inexigível (art. 25, *caput*, da Lei 8.666/1993), e não dispensável; **B:** correta (art. 24, VI, da Lei 8.666/1993); **C:** incorreta, pois o texto da lei fala em "móveis inservíveis" e não em "móveis ou *imóveis* inservíveis" (art. 22, § 5º, da Lei 8.666/1993); **D:** incorreta, pois não há previsão legal isentando a empresa estrangeira de estar devidamente autorizada por decreto federal quando estiver consorciada com empresa brasileira (art. 28,

V, da Lei 8.666/1993); **E:** incorreta, pois a revogação depende de fato novo, ou seja, de fato superveniente à abertura do certame (art. 49 da Lei 8.666/1993).
Gabarito "B".

(Procurador do Município/Florianópolis-SC – 2010 – FEPESE) Analise as afirmativas abaixo:

É dispensável a licitação para:

1. o fornecimento de bens e serviços, produzidos ou prestados no País, que envolvam, cumulativamente, alta complexidade tecnológica e defesa nacional, mediante parecer de comissão especialmente designada pela autoridade máxima do órgão.

2. a celebração de contratos de prestação de serviços com as organizações sociais, qualificadas no âmbito das respectivas esferas de governo, para atividades contempladas no contrato de gestão.

3. a aquisição ou restauração de obras de arte e objetos históricos, de autenticidade certificada, desde que compatíveis ou inerentes às finalidades do órgão ou entidade.

Assinale a alternativa que indica todas as afirmativas **corretas**.

(A) É correta apenas a afirmativa 2.

(B) É correta apenas a afirmativa 3.

(C) São corretas apenas as afirmativas 1 e 2.

(D) São corretas apenas as afirmativas 2 e 3.

(E) São corretas as afirmativas 1, 2 e 3.

1: correta (art. 24, XXVIII, da Lei 8.666/1993); **2:** correta (art. 24, XXIV, da Lei 8.666/1993); **3:** correta (art. 24, XV, da Lei 8.666/1993).
Gabarito "E".

(Procurador do Município/Sorocaba-SP – 2012 – VUNESP) Indique a alternativa que contém caso de inexigibilidade de licitação.

(A) Em caso de guerra ou de perturbação da ordem, desde que reconhecido pelo Congresso Nacional.

(B) Quando o município tiver que intervir no domínio econômico, com autorização expressa da União.

(C) Na contratação de serviços com organizações sociais, desde que instituídas sem fins lucrativos.

(D) Para o fornecimento de insumos para pesquisa científica, desde que vinculados a universidades públicas.

(E) Para contratação de profissional de qualquer setor artístico, desde que consagrado pela crítica especializada ou pela opinião pública.

A: incorreta, pois esse caso é de dispensa de licitação (art. 24, III da Lei 8.666/1993) e não de inexigibilidade; ademais, o dispositivo mencionado não exige o reconhecimento do Congresso Nacional; **B:** incorreta, pois esse caso é de dispensa de licitação (art. 24, VI da Lei 8.666/1993) e não de inexigibilidade; ademais, o dispositivo mencionado exige que se trate de intervenção no domínio econômico feita pela União e não por Município; **C:** incorreta, pois esse caso é de dispensa de licitação (art. 24, XXIV da Lei 8.666/1993) e não de inexigibilidade; **D:** incorreta, pois esse caso é de dispensa de licitação (art. 24, XXI da Lei 8.666/1993) e não de inexigibilidade; ademais, o dispositivo mencionado não exige que se trate de fornecimento vinculado a universidades públicas; **E:** correta, pois esse é um dos casos expressos de inexigibilidade de licitação (art. 25, III, da Lei 8.666/1993).
Gabarito "E".

2. DIREITO ADMINISTRATIVO

(Procurador Federal – 2010 – CESPE) Julgue o item seguinte.

(1) Considere que o administrador de determinada autarquia tenha promovido a abertura de licitação, na modalidade convite, para a ampliação da sede regional desse ente e que não tenha havido interessados no primeiro certame e, por isso, a licitação tenha sido considerada deserta. Considere, ainda, que o administrador, então, tenha encaminhado o processo administrativo à Procuradoria Federal para análise acerca da possibilidade de se dispensar a licitação para a contratação da empresa de engenharia. Nessa situação, conforme entendimento firmado pela AGU, não pode ser dispensada a licitação.

1: Correta, pois, apesar do disposto no art. 24, V, da Lei 8.666/1993, como a licitação deserta foi um *convite*, em que a publicidade é limitada, deve-se tentar novamente um certame, em modalidade com maior chance de aparecerem interessados.
Gabarito 1C

(ADVOGADO – PETROBRÁS DISTRIB. – 2010 – CESGRANRIO) A respeito das hipóteses de dispensa e inexigibilidade de licitação previstas na Lei Federal n. 8.666/1993, analise as assertivas abaixo.

I. Nos casos de dispensa e de inexigibilidade de licitação, se comprovado superfaturamento, respondem solidariamente pelo dano causado à Fazenda Pública o fornecedor ou o prestador de serviços e o agente público responsável, sem prejuízo de outras sanções legais cabíveis.

II. O procedimento licitatório é dispensável, a critério da autoridade administrativa, para a aquisição de bens e serviços comuns, assim considerados aqueles cujos padrões de desempenho e qualidade possam ser objetivamente definidos pela Administração, por meio de especificações usuais no mercado.

III. As hipóteses de inexigibilidade de licitação encontram-se taxativamente previstas na Lei de Licitações e Contratos Administrativos.

É correto APENAS o que se afirma em

(A) I.

(B) II.

(C) III.

(D) I e II.

(E) I e III.

I: correta (art. 25, § 2º, da Lei 8.666/1993); **II:** incorreta, pois, nesse caso, há de se fazer licitação, sendo cabível a modalidade pregão (art. 1º da Lei 10.520/2002); **III:** incorreta, pois os três casos de inexigibilidade previstos nos incisos I a III do art. 25 da Lei 8.666/1993 são exemplificativos, de maneira que qualquer outra situação que caracterize *inviabilidade de competição* (art. 25, *caput*, da Lei 8.666/1993) também enseja inexigibilidade de licitação.
Gabarito "A".

10.3. Modalidades de licitação e registro de preços

(Procurador do Município - Valinhos/SP - 2019 - VUNESP) Com relação à licitação na modalidade de pregão, prevista na Lei 10.520/2002, assinale a alternativa correta.

(A) A modalidade de pregão deverá obrigatoriamente possuir duas fases, sendo que a fase externa será iniciada obrigatoriamente com a habilitação dos interessados

e observará, entre outras regras, a apresentação de garantia de proposta.

(B) Nas hipóteses de alienações, concessões, permissões e locações da Administração Pública, poderá ser realizado o pregão por meio da utilização de recursos de tecnologia da informação.

(C) Será facultado, nos termos de regulamentos próprios da União, Estados, Distrito Federal e Municípios, a participação de bolsas de mercadorias no apoio técnico e operacional aos órgãos e entidades promotores da modalidade de pregão, utilizando-se de recursos de tecnologia da informação.

(D) Os atos essenciais do pregão, inclusive os decorrentes de meios eletrônicos, não serão documentados no processo respectivo, com vistas a proporcionar maior celeridade na instrução, entretanto a Administração deverá manter registro digital da instrução processual.

(E) Nas hipóteses de alienações e concessões, assim como na aquisição de bens e serviços comuns, é vedada a utilização de recursos de tecnologia da informação, entretanto a Administração deverá manter registro físico e documental da instrução processual.

Alternativa A incorreta (a fase externa será iniciada com a convocação dos interessados, cf. art. 4º, "caput"). Alternativas B e E incorretas (a modalidade licitatória pregão não pode ser utilizada para alienações, concessões, permissões e locações da Administração Pública; o pregão envolve apenas a contratação de bens e serviços comuns). Alternativa C correta (art. 2º, § 2º). Alternativa D incorreta (os atos essenciais do pregão, inclusive os decorrentes de meios eletrônicos, serão documentados no processo respectivo, cf. art. 8º).
Gabarito "C".

(Procurador do Estado/TO - 2018 - FCC) Ao instituir e regulamentar a modalidade licitatória do pregão, a Lei Federal 10.520/2002 dispõe que

(A) somente é possível aos licitantes interpor recurso administrativo após a declaração do vencedor pelo pregoeiro.

(B) serão adotados os tipos de licitação menor preço e técnica e preço, para julgamento das propostas.

(C) o autor da oferta de valor mais baixo e os das ofertas com preços até 20% superiores àquela, no curso da etapa competitiva do pregão presencial, poderão fazer novos lances verbais e sucessivos, até a proclamação do vencedor.

(D) o pregoeiro procederá à abertura do invólucro contendo os documentos de habilitação de todos os licitantes classificados, encerrada a etapa competitiva e ordenadas as ofertas, para verificação do atendimento das condições fixadas no edital.

(E) o edital poderá exigir garantia de proposta, como dado objetivo de comprovação da qualificação econômico-financeira dos licitantes, limitada a 1% do valor estimado do objeto da contratação.

A modalidade licitatória pregão está disciplinada pela Lei 10.520/02. Alternativa A está correta (a fase recursal é única, cf. art. 4º, XVIII). Incorreta a alternativa B (o pregão utiliza somente o tipo menor preço, cf. art. 4º, X). Incorreta a alternativa C (a margem correta é de 10%, e não de 20%, cf. art. 4º, VIII). Incorreta a alternativa D (o pregoeiro procederá à abertura do invólucro contendo os documentos de habilitação do licitante que apresentou a melhor proposta, cf. art. 4º, XII).

Incorreta a alternativa E (é vedada a exigência de garantia de proposta, cf. art. 5°, I). **RB**

Gabarito "A".

(Procurador Municipal/SP – VUNESP – 2016) O Regime Diferenciado de Contratações Públicas (RDC), instituído pela Lei Federal 12.462/2011, poderia ser utilizado pela Prefeitura Municipal de Rosana para licitar

(A) obras e serviços de engenharia necessários à construção de uma Unidade Básica de Saúde e de uma Unidade de Pronto Atendimento, no Município de Rosana e que integrarão o Sistema Único de Saúde – SUS.

(B) obras de infraestrutura e de contratação de serviços para o Aeroporto Usina Porto Primavera, pois o Município de Rosana está localizado a menos de 350 quilômetros da cidade de São Paulo, que será sede de jogos de futebol nas Olimpíadas 2016.

(C) obras de infraestrutura de pavimentação de vias e microdrenagem, de iluminação pública ou de melhoria da mobilidade urbana, integrantes ou não do Programa de Aceleração do Crescimento – PAC.

(D) obras e serviços de engenharia para construção, ampliação e reforma de unidades de atendimento socioeducativo e de unidades de acolhimento institucional de crianças e adolescentes em situação de risco.

(E) aquisição de uniformes e armamentos para a Guarda Municipal de Rosana, como ações de segurança pública, desde que, no entanto, os recursos utilizados sejam federais, repassados pela Secretaria Nacional de Segurança Pública – SENASP.

A: Correta, Trata-se de hipótese expressamente prevista no art. 1°, da Lei 12.462/2011. Vale lembrar, que o RDC só pode ser adotado nas hipóteses previstas em lei. **B:** Incorreta. Os aeroportos devem estar "... das capitais dos Estados da Federação distantes até 350 km (trezentos e cinquenta quilômetros) das cidades sedes dos mundiais...". Não é o caso de Municípios, portanto (art. 1°, III, da Lei 12.462/2011). **C:** Incorreta. A iluminação pública não está prevista de forma específica para a adoção do RDC, exceto se estivesse prevista no Programa de Aceleração do Crescimento –PAC (art. 1°, da Lei 12.462/2011). **D:** Incorreta. Não há menção ao atendimento de crianças em situação de risco (art. 1°, IV, da Lei 12.462/2011). **E.** Incorreta. Importante saber que o RDC só pode ser adotado nas hipóteses legalmente previstas no art. 1°, da Lei 12.462/2011, por isso, nesse caso, não havendo previsão legal, não se pode adotar esse regime de contratação diferenciado. **AW**

Gabarito "A".

(Procurador Municipal/SP – VUNESP – 2016) A fase externa do pregão será iniciada com a convocação dos interessados e observará as regras estabelecidas pela Lei 10.520/2002. Acerca do assunto, é correto afirmar que

(A) o prazo fixado para a apresentação das propostas, contado a partir da publicação do aviso, não será inferior a 5 dias úteis.

(B) no curso da sessão, o autor da oferta de valor mais baixo e os das ofertas com preços até 10% superiores àquela serão imediatamente desclassificados em razão das ofertas serem consideradas inexequíveis.

(C) se a oferta não for aceitável ou se o licitante desatender às exigências habilitatórias, o pregoeiro examinará as ofertas subsequentes e a qualificação dos licitantes, na ordem de classificação, e assim, sucessivamente,

até a apuração de uma que atenda ao edital, sendo o respectivo licitante declarado vencedor, caso em que o pregoeiro poderá negociar diretamente com o proponente para que seja obtido preço melhor.

(D) examinada a proposta classificada em primeiro lugar, quanto ao objeto e valor, caberá ao pregoeiro declará-la como vencedora independentemente de motivação a respeito de sua aceitabilidade, posto que atingida a finalidade do pregão.

(E) declarado o vencedor, qualquer licitante poderá manifestar imediata e motivadamente a intenção de recorrer, quando lhe será concedido o prazo de 8 dias para apresentação das razões do recurso, ficando os demais licitantes intimados para, em igual número de dias, apresentar contrarrazões.

A: Incorreta. O prazo é de 8 dias úteis, conforme disposto no art. 4°, V, da Lei 10.520/2002. **B:** Incorreta. O art. 4°, VIII, da Lei 10.520/2002 dispõe que: "o curso da sessão, o autor da oferta de valor mais baixo e os das ofertas com preços até 10% (dez por cento) superiores àquela poderão fazer novos lances verbais e sucessivos, até a proclamação do vencedor; **C:** Correta. Trata-se do disposto no art. 4°, XVI, da Lei 10.520/2002, que determina que: "se a oferta não for aceitável ou se o licitante desatender às exigências habilitatórias, o pregoeiro examinará as ofertas subsequentes e a qualificação dos licitantes, na ordem de classificação, e assim sucessivamente, até a apuração de uma que atenda ao edital, sendo o respectivo licitante declarado vencedor"; **D:** Incorreta. Após o pregoeiro declarar o vencedor, passará a análise de sua aceitabilidade (art. 4°, XI, da Lei 10.520/2002), ou seja, analisará os requisitos da sua habilitação. **E:** Incorreta. O prazo para recurso é de 3 dias, conforme disposto no art. 4°, XVIII, da Lei 10.520/2002. **AW**

Gabarito "C".

(Procurador do Estado – PGE/MT – FCC – 2016) A Diretoria Regional de Educação pretende realizar licitação para aquisição de uniforme escolar destinado ao uso de dez mil alunos pertencentes à rede local de ensino, sendo que o preço estimado da contratação equivale a quinhentos mil reais. Nessa hipótese, a Diretoria:

(A) não pode adotar o pregão, pois esta modalidade licitatória só pode ser utilizada quando o valor estimado da contratação for igual ou inferior a oitenta mil reais.

(B) deve dividir a compra em quatro ou mais lotes, possibilitando assim o uso de modalidade convite, para propiciar maior celeridade e competitividade na contratação.

(C) pode utilizar o pregão presencial, mas não o pregão eletrônico, modalidade licitatória que somente é empregada pelas entidades e órgãos da Administração Pública Federal.

(D) deverá obrigatoriamente utilizar a concorrência-pregão, compatível com a aquisição de bens considerados comuns, mas cujo valor estimado da contratação exceda o valor da tomada de preços.

(E) pode utilizar a modalidade licitatória tomada de preço ou, se entender mais conveniente, adotar a concorrência.

A: Incorreta. Sendo um bem comum, poderia ser adotado o pregão (art. 1°, da Lei 10.520/2002); **B:** incorreta. O art. 23, § 2°, da Lei 8.666/1993 dispõe que cada etapa ou parcela resultante da divisão deverá adotar um procedimento distinto; **C:** incorreta. Não há vedação para a realização de pregão eletrônico para as hipóteses em que também é Possível o pregão presencial (Lei 10.520/2002); **D:** incorreta. Ou se adota o pregão ou a

2. DIREITO ADMINISTRATIVO

concorrência, inclusive para cada etapa em que houver o parcelamento da obra, da compra (art. 23, §2º, da Lei 8.666/1993); **E:** correta. Trata-se do disposto no art. 23, §§ 2º e 3º, da Lei 8.666/1993. AW
Gabarito "E".

(Advogado União – AGU – CESPE – 2015)

(1) Situação hipotética: Pretendendo contratar determinado serviço por intermédio da modalidade convite, a administração convidou para a disputa cinco empresas, entre as quais apenas uma demonstrou interesse apresentando proposta. Assertiva: Nessa situação, a administração poderá prosseguir com o certame, desde que devidamente justificado.

1: correta, tendo em vista o disposto no art. 22, § 7º, da Lei 8.666/1993, que possibilita o prosseguimento do certame, desde que justificado o ato. AW
Gabarito 1C

(Procurador do Município – Prefeitura Fortaleza/CE – CESPE – 2017)
Acerca da intervenção do Estado na propriedade, das licitações e dos contratos administrativos, julgue os seguintes itens.

(1) Caso, em decorrência de uma operação da Polícia Federal, venha a ser apreendida grande quantidade de equipamentos com entrada ilegal no país, a administração poderá realizar leilão para a venda desses produtos.

1: correta. Trata-se do disposto no art. 22, § 5º, da Lei 8.666/1993, que dispõe sobre ser hipótese de Leilão para "produtos apreendidos legalmente ou penhorados". AW
Gabarito 1C

(Procurador do Estado – PGE/RS – Fundatec – 2015) Sobre o regime jurídico das licitações, assinale a alternativa correta.

(A) A licitação tem por objetivos selecionar a proposta mais vantajosa para a Administração, respeitar o princípio da isonomia e promover o desenvolvimento nacional sustentável.

(B) As modalidades de licitação podem ser combinadas ou fundidas, conforme critérios discricionários da Administração Pública.

(C) O pregão é a modalidade de licitação destinada à contratação de bens e serviços de pequeno valor, nos termos da lei.

(D) O concurso é a modalidade de licitação destinada à seleção de servidores públicos.

(E) O leilão é a modalidade de licitação destinada à venda de ações de empresas estatais em bolsa de valores.

A: correta. Perfeito o conceito, sendo o disposto nos arts. 1º a 3º, da Lei 8.666/1993; **B:** incorreta. As modalidades licitatórias (art. 22, da Lei 8.666/1993) são taxativas e não podem ser mescladas entre si, já que os critérios para suas escolhas são muito específicos; **C:** incorreta. O pregão é modalidade de licitação determinada pelo objeto (bens e serviços comuns), e não em relação ao valor; **D:** incorreta. A modalidade "concurso" prevista na Lei 8.666/1993 visa à contratação de trabalhos técnicos, científicos ou artísticos (art. 22, § 4º, da Lei 8.666/1993), e não se confunde com o concurso público para a contratação de servidores públicos; **E:** incorreta.Incorreta. O Leilão é modalidade de licitação destinada a venda de bens móveis inservíveis para a administração ou de produtos legalmente apreendidos ou penhorados (art. 22, § 5º, da Lei 8.666/1993). AW
Gabarito "A".

(Procurador – PGFN – ESAF – 2015) A empresa pública federal X, necessitando de um grande número de computadores e impressoras para uso cotidiano de seus empregados, resolveu adquiri-los por meio de certame licitatório. O valor de referência estipulado para a aquisição foi de R$ 2.000.000,00 (dois milhões de reais). A modalidade de licitação a ser utilizada é:

(A) obrigatoriamente pregão.

(B) obrigatoriamente concorrência.

(C) concorrência, pregão ou Regime Diferenciado de Contratação, conforme opção discricionária do gestor.

(D) quaisquer das modalidades de licitação existentes, cabendo ao gestor justificar a sua escolha nos autos.

(E) concorrência ou pregão, conforme opção discricionária do gestor.

A: correta. Tratando-se de um bem comum, a resposta correta é a letra A, pois temos o pregão como modalidade licitatória própria para essa situação, independentemente do preço (Lei 10.520/2002); **B:** incorreta. Temos caso específico de pregão, por ser escolha em razão do objeto (bem comum); **C:** incorreta. O Regime Diferenciado de Contratação só pode ser adotado em hipóteses específicas, excluindo-se os bens comum dessas; **D:** incorreta. A escolha da modalidade de licitação é vinculada; **E:** incorreta. Tratando-se de escolha vinculada ao tipo de objeto (bem comum), o administrador não tem qualquer discricionariedade. AW
Gabarito "A".

(Advogado União – AGU – CESPE – 2015) A propósito das licitações, dos contratos, dos convênios e do sistema de registro de preços, julgue os itens a seguir com base nas orientações normativas da AGU.

(1) Na hipótese de nulidade de contrato entre a União e determinada empresa, a despesa sem cobertura contratual deverá ser reconhecida pela União como obrigação de indenizar a contratada pelo que esta houver executado até a data em que a nulidade do contrato for declarada e por outros prejuízos regularmente comprovados, sem prejuízo da apuração da responsabilidade de quem der causa à nulidade.

(2) Se, em procedimento licitatório na modalidade convite deflagrado pela União, não se apresentarem interessados, e se esse procedimento não puder ser repetido sem prejuízo para a administração, ele poderá ser dispensado, mantidas, nesse caso, todas as condições preestabelecidas.

(3) Se a União, por intermédio de determinado órgão federal situado em um estado da Federação, celebrar convênio cuja execução envolva a alocação de créditos de leis orçamentárias subsequentes, a consequente indicação do crédito orçamentário do respectivo empenho para atender aos exercícios posteriores dispensará a elaboração de termo aditivo, bem como a prévia aprovação pela consultoria jurídica da União no mencionado estado.

(4) Na licitação para registro de preços, a indicação da dotação orçamentária é exigível apenas antes da assinatura do contrato, sendo o prazo de validade da ata de registro de preços de, no máximo, um ano, no qual devem ser computadas as eventuais prorrogações, que terão de ser devidamente justificadas e autorizadas pela autoridade superior, devendo a proposta continuar sendo mais vantajosa.

1: correta. Trata-se do disposto no art. 49, § 1º, da Lei 8.666/1993, que assim dispõe: "A anulação do procedimento licitatório por motivo de ilegalidade não gera obrigação de indenizar, ressalvado o disposto no parágrafo único do art. 59 desta Lei."; **2:** incorreta. O procedimento será dispensável (art. 24, V, da Lei 8666/93), e não dispensado; **3:** correta. Trata-se da Orientação Normativa 40/2014, do AGU, que assim dispõe: "nos convênios cuja execução envolva a alocação de créditos de leis orçamentárias subsequentes, a indicação do crédito orçamentário e do respectivo empenho para atender à despesa relativa aos exercícios posteriores poderá ser formalizada, relativamente a cada exercício, por meio e apostila, tal medida dispensa o prévio exame e aprovação pela assessoria jurídica."; **4:** correta. Trata-se do disposto no art. 15, da Lei 8.666/1993, inclusive quanto à validade de 1 ano (art. 15, § 1º).
Gabarito 1C, 2E, 3C, 4C

(Procurador Distrital – 2014 – CESPE) Dada a necessidade de aumento da rede pública de ensino do estado Y, o secretário de educação, com o intuito de construir uma nova escola pública, resolveu consultar a procuradoria do estado para que esta esclarecesse algumas dúvidas relacionadas ao modelo licitatório e às normas contratuais aplicáveis à espécie. Com referência a essa situação hipotética, julgue o seguinte item.

(1) No caso de a obra ser qualificada como de natureza comum, admitir-se-á a utilização do pregão eletrônico com o critério de julgamento do menor preço global.

1: incorreta, pois o pregão só é cabível quando se tratar de bens ou serviços comuns (art. 1º da Lei 10.520/2002), o que não é o caso da construção de uma escola, que não é um tipo de serviço que tenha especificações usuais no mercado, já que se trata de uma obra única (tem tamanho, necessidades e terreno específicos), não havendo um tipo de construção padrão ou uma tipo de escola pré-fabricada que permita que se enquadre como um serviço comum.
Gabarito 1E

(Procurador do Estado/AC – FMP – 2012) Nos termos da Lei n. 10.520, de 17 de julho de 2002, avalie se as assertivas abaixo estão de acordo com o *caput* do art. 4º, com o seguinte teor: "A fase externa do pregão será iniciada com a convocação dos interessados e observará as seguintes regras:"

I. No curso da sessão do pregão, o autor da oferta de valor mais baixo e os das ofertas com preços até cinco por cento superiores àquela poderão fazer novos lances verbais e sucessivos, até a proclamação do vencedor.

II. Para julgamento e classificação das propostas, será adotado o critério de menor preço, observados os prazos máximos para fornecimento, as especificações técnicas e parâmetros mínimos de desempenho e qualidade definidos no edital.

III. Os licitantes poderão deixar de apresentar os documentos de habilitação que já constem do Sistema de Cadastramento Unificado de Fornecedores – Sicaf e sistemas semelhantes mantidos por Estados, Distrito Federal ou Municípios, assegurado aos demais licitantes o direito de acesso aos dados nele constantes.

Assinale a alternativa **CORRETA**.

(A) Apenas I e II são verdadeiras.

(B) Apenas I e III são verdadeiras.

(C) Apenas II e III são verdadeiras.

(D) I, II e III são verdadeiras.

I: incorreta, pois poderão fazer novos lances os autores de oferta até *10% superiores* à do autor da melhor oferta (art. 4º, VIII, da Lei 10.520/2002); **II:** correta (art. 4º, X, da Lei 10.520/2002); **III:** correta (art. 4º, XIV, da Lei 10.520/2002).
Gabarito "C"

(Procurador do Estado/SC – 2010 – FEPESE) Assinale a alternativa que se refere à modalidade de licitação entre interessados devidamente cadastrados ou que atenderem a todas as condições exigidas para cadastramento até o terceiro dia anterior à data do recebimento das propostas.

(A) pregão

(B) tomada de preços

(C) concorrência

(D) consulta

(E) convite

Trata-se da modalidade de licitação tomada de preços (art. 22, § 2º, da Lei 8.666/1993).
Gabarito "B".

(Procurador do Estado/SC – 2010 – FEPESE) Sobre licitações e contratos, assinale a alternativa **incorreta**.

(A) Após a fase de habilitação, não cabe desistência de proposta, salvo por motivo justo decorrente de fato superveniente e aceito pela Comissão.

(B) Para fins de pregão, consideram-se bens e serviços comuns, aqueles cujos padrões de desempenho e qualidade possam ser objetivamente definidos pelo edital, por meio de especificações usuais no mercado.

(C) Os contratos decorrentes de dispensa ou de inexigibilidade de licitação devem atender aos termos do ato que os autorizou e da respectiva proposta.

(D) No pregão, o autor da oferta de valor mais baixo e os das ofertas com preços até 20% (vinte por cento) superiores àquela poderão fazer novos lances verbais e sucessivos, até a proclamação do vencedor.

(E) A declaração de nulidade do contrato administrativo opera retroativamente impedindo os efeitos jurídicos que ele, ordinariamente, deveria produzir, além de desconstituir os já produzidos.

A: correta (art. 43, § 6º, da Lei 8.666/1993); **B:** correta (art. 1º, parágrafo único, da Lei 10.520/2002); **C:** correta (art. 54, § 2º, da Lei 8.666/1993); **D:** incorreta, pois são as ofertas com preços até 10% superiores (art. 4º, VIII, da Lei 10.520/2002); **E:** correta (art. 59 da Lei 8.666/1993).
Gabarito "D".

(Advogado da União/AGU – CESPE – 2012) Julgue o item seguinte.

(1) Se um órgão da administração pública federal, ao divulgar pregão eletrônico para o sistema de registro de preços, no valor total estimado de R$ 50.000,00, publicar aviso de edital no seu próprio sítio na Internet e no Diário Oficial da União, estará caracterizado o uso de todos os meios de divulgação exigidos pela legislação para convocar os eventuais interessados em participar do pregão.

1: incorreta, pois no caso de pregão eletrônico para o sistema de *registro de preços* é necessário também publicação do aviso de edital em jornal de grande circulação regional e nacional (art. 17, § 6º, do Decreto 5.450/2005).
Gabarito 1E

2. DIREITO ADMINISTRATIVO

(ADVOGADO – PETROBRÁS – 2012 – CESGRANRIO) De acordo com a Lei n. 8.666, de 21.06.1993, qual a modalidade licitatória a ser observada nas concessões de direito real de uso?

(A) Concorrência

(B) Tomada de preços

(C) Convite

(D) Leilão

(E) Concurso

Trata-se da concorrência, nos termos do art. 23, § 3º, da Lei 8.666/1993.
Gabarito "A".

(ADVOGADO – PETROBRÁS BIO. – 2010 – CESGRANRIO) A modalidade de licitação prevista na Lei n. 8.666/1993, que se instaura entre quaisquer interessados para escolha de trabalho técnico, científico ou artístico, mediante a instituição de prêmios ou remuneração aos vencedores, conforme critérios constantes de edital publicado na imprensa oficial, com antecedência mínima de 45 (quarenta e cinco) dias, é

(A) convite.

(B) concurso.

(C) leilão.

(D) concorrência.

(E) consulta.

Trata-se do concurso, nos termos do art. 22, § 4º, da Lei 8.666/1993.
Gabarito "B".

10.4. Fases da licitação

(Procurador Municipal – Sertãozinho/SP – VUNESP – 2016) No pregão, encerrada a etapa competitiva e ordenadas as ofertas, o pregoeiro procederá à abertura do invólucro contendo os documentos de habilitação do licitante que apresentou a melhor proposta, para verificação do atendimento das condições fixadas no edital. Considerando-se o procedimento dessa modalidade licitatória, nos termos da Lei 10.520/2002, essa regra é de ser observada na fase

(A) preparatória.

(B) interna.

(C) externa.

(D) conclusiva.

(E) contratual.

A: Incorreta. Trata-se de fase externa, conforme disposto no art. 4º, XII, da Lei 10.520/2002. **B:** Incorreta. Temos a fase externa, e não interna ou preparatória, nesse caso. **C:** Correta. Após a preparação do procedimento, passa-se a chamada dos interessados e julgamento das propostas até a habilitação dos aprovados, sendo essa a fase externa (art. 4º, da Lei 10.520/2002). **D:** Incorreta. Não há que se falar em fase conclusiva no Pregão **E:** Incorreta. Não há fase contratual no pregão, que se limita em fase interna e externa. **AW**
Gabarito "C".

(Procurador do Estado/RO – 2011 – FCC) A Lei de Licitações e Contratos – Lei Federal n. 8.666/1993 – exige que seja feita audiência pública com antecedência mínima de 15 (quinze) dias úteis da data prevista para a publicação do edital quando

(A) se tratar de obra ou prestação de serviço decorrente de contrato de programa celebrado com ente da

Federação ou com entidade de sua administração indireta, para a prestação de serviços públicos de forma associada, em virtude de contrato de consórcio público ou em convênio de cooperação.

(B) o valor estimado para uma licitação ou para um conjunto de licitações simultâneas ou sucessivas for superior a 100 (cem) vezes o valor referente à dispensa de licitação, em contratação de obras ou serviços de engenharia.

(C) a obra ou a prestação de serviços forem realizados no envoltório de 100 (cem) quilômetros do perímetro de unidade de conservação de proteção integral.

(D) o valor estimado para uma licitação ou para um conjunto de licitações simultâneas ou sucessivas for superior a 100 (cem) vezes o valor estipulado como limite para a adoção da modalidade concorrência, em contratação de obras e serviços de engenharia.

(E) se tratar da alienação ou concessão de direito real de uso de terras públicas rurais da União na Amazônia Legal superiores ao limite de 15 (quinze) módulos fiscais ou 1.500 ha (mil e quinhentos hectares).

A alternativa "D" corresponde a exigência descrita na questão, conforme disposto no art. 39 da Lei 8.666/1993.
Gabarito "D".

(Procurador do Município/Cubatão-SP – 2012 – VUNESP) Sobre a licitação no direito brasileiro, é correto afirmar que

(A) é vedado, em qualquer hipótese, no procedimento licitatório, estabelecer tratamento diferenciado entre empresas brasileiras e estrangeiras.

(B) para os fins da Lei n. 8.666/1993, o conjunto dos elementos necessários e suficientes à execução completa da obra, de acordo com as normas pertinentes da Associação Brasileira de Normas Técnicas – ABNT, denomina-se orçamento técnico.

(C) é vedado incluir no objeto da licitação a obtenção de recursos financeiros para sua execução, qualquer que seja a sua origem, exceto nos casos de empreendimentos executados e explorados sob o regime de concessão, nos termos da legislação específica.

(D) poderá ser computado como valor da obra ou serviço, para fins de julgamento das propostas de preços, a atualização monetária das obrigações de pagamento, desde a data final de cada período de aferição até a do respectivo pagamento.

(E) as obras e serviços não poderão ser executados nas formas de execução indireta, sob pena de responsabilidade civil e administrativa do administrador, sem prejuízo de eventual responsabilização penal.

A: incorreta, pois há casos em que empresas brasileiras têm preferência na licitação; por exemplo, em caso de empate na proposta de duas empresas que produzam no País, a empresa brasileira tem preferência em relação à empresa estrangeira (art. 3º, § 2º, III, da Lei 8.666/1993); **B:** incorreta, pois esse documento é o *projeto executivo* e não o *orçamento técnico* (art. 6º, X, da Lei 8.666/1993); **C:** correta (art. 7º, § 3º, da Lei 8.666/1993); **D:** incorreta, pois *não* será computado tal valor (art. 7º, § 7º, da Lei 8.666/1993); **E:** incorreta, pois as obras e serviços poderão ser executados nas formas de execução indireta (art. 10, II, da Lei 8.666/1993).
Gabarito "C".

10.5. Tipos de licitação (menor preço, melhor técnica e técnica/preço e maior lance)

(Procurador do Estado/SC – 2010 – FEPESE) Para contratação de bens e serviços de informática, a Administração Pública adotará, obrigatoriamente, o tipo de licitação:

(A) convite.

(B) pregão.

(C) maior lance.

(D) menor preço.

(E) técnica e preço.

O tipo de licitação para contratação de bens e serviços de informática é a de técnica e preço (art. 45, § 4º, da Lei 8.666/1993).
Gabarito "E."

10.6. Procedimento licitatório simplificado da petrobras

(ADVOGADO – PETROBRÁS – 2012 – CESGRANRIO) Nos termos do Decreto n. 2.745, de 24.08.1998, que aprova o Regulamento do Procedimento Licitatório Simplificado da Petrobras, a contratação integrada é

(A) vedada

(B) admitida para a aquisição de bens e serviços comuns

(C) admitida apenas quando economicamente recomendável

(D) compulsória para os contratos de compras

(E) compulsória para os contratos de obras de engenharia

Segundo o Item 1.9 do Regulamento, a contratação integrada será admitida se economicamente recomendável.
Gabarito "C."

(ADVOGADO – PETROBRÁS – 2012 – CESGRANRIO) O Regulamento do Procedimento Licitatório Simplificado da Petrobras, aprovado pelo Decreto n. 2.745, de 24.08.1998, estabelece, a respeito do julgamento das licitações, que

(A) a desistência de proposta é absolutamente vedada após a fase de habilitação.

(B) o julgamento das propostas será feito em duas etapas, nas licitações do tipo melhor preço e melhor técnica.

(C) as propostas serão classificadas por ordem crescente dos valores ofertados.

(D) as vantagens não previstas no instrumento convocatório e as ofertas de redução sobre a proposta mais barata não serão levadas em conta.

(E) apenas os licitantes inabilitados têm direito à interposição de recurso no procedimento licitatório.

A: incorreta, pois cabe desistência por motivo justo decorrente de fato superveniente e aceito pela Comissão (Item 6.8 do Regulamento); **B:** incorreta, pois o julgamento das propostas será feito em duas etapas nas licitações de *melhor técnica e preço* e de melhor técnica (Item 6.20 do Regulamento); **C:** incorreta, pois serão classificadas por ordem decrescente dos valores ofertados, a partir da mais vantajosa (Item 6.16 do Regulamento); **D:** correta (Item 6.12 do Regulamento); **E:** incorreta, pois qualquer interessado prejudicado por ato de habilitação, classificação ou julgamento pode recorrer (Item 9.1 do Regulamento).
Gabarito "D."

(ADVOGADO – PETROBRÁS – 2012 – CESGRANRIO) A empresa X & YZ participou de procedimento licitatório instaurado pela Petrobras e regido pelo Decreto n. 2.745, de 24.08.1998.

Foi inabilitada em sessão pública ocorrida em 12 de janeiro de 2012 (quinta-feira), oportunidade em que teve ciência da inabilitação.

Qual o termo final do prazo para interposição do Recurso Hierárquico contra a decisão de inabilitação?

(A) 16 de janeiro de 2012

(B) 17 de janeiro de 2012

(C) 18 de janeiro de 2012

(D) 19 de janeiro de 2012

(E) 22 de janeiro de 2012

O prazo para a interposição de recurso hierárquico é de 5 dias corridos da data de comunicação do ato impugnado (Item 9.2), excluindo-se o dia do início e incluindo-se o do vencimento (Item 9.2.4). Assim, o termo final para a interposição do recurso, no caso, é 17 de janeiro de 2012.
Gabarito "B."

10.7. Regime diferenciado de contratações públicas – rdc

(Procurador do Estado – PGE/PR – PUC – 2015) A respeito do Regime Diferenciado de Contratação – RDC (Lei 12.462/2011), é **CORRETO** afirmar que:

(A) A aplicação do RDC é ato de competência vinculada da autoridade competente, uma vez observadas as hipóteses fáticas previstas na lei de regência, e deve constar expressamente do instrumento convocatório.

(B) Como a Lei 12.462/2011 preceitua que o RDC é aplicável às licitações e contratos necessários a obras de determinados eventos esportivos (Copas e Olimpíadas), bem como os respectivos aeroportos das cidades-sede, este regime diferenciado tem prazo certo de validade.

(C) A contratação integrada do RDC proíbe a celebração de termos aditivos contratuais, exceção feita para a recomposição do equilíbrio econômico-financeiro decorrente de caso fortuito ou força maior, por erros ou omissões no projeto básico e por necessidade de adequação do projeto ou de suas especificações.

(D) As licitações do RDC exigem que o orçamento e seus quantitativos sejam mantidos em sigilo até a homologação do resultado da licitação, mas, como exceção, ele deve ser disponibilizado irrestrita e permanentemente ao órgão de controle externo.

(E) Tal como em hipóteses semelhantes da Lei 8.666/1993 e da Lei 10.520/2002, no RDC é válida a instalação de negociação de condições mais vantajosas depois de definido o resultado do julgamento.

A: incorreta. Não se trata de competência vinculada, eis que o Regime de Contratação Diferenciada é uma opção, conforme disposto no art. 1º, § 2º, da Lei 12.462/2011: "A opção pelo RDC deverá constar de forma expressa do instrumento convocatório e resultará no afastamento das normas contidas na Lei no 8.666, de 21 de junho de 1993, exceto nos casos expressamente previstos nesta Lei"; **B:** incorreta. Hoje, a abrangência do RDC não se restringe às licitações e contratos necessários a obras de determinados eventos esportivos, havendo outras opções, como as ações integrantes do Programa do Crescimento, obras e serviços de engenharia, dentre outras dispostas no art. 1º, da Lei 12.462/2011; **C:** incorreta. **Não** é possível a celebração de termos aditivos por "por erros ou omissões no projeto básico", conforme disposto no art. 9º, § 4º, da Lei 12.462/2011; **D:** incorreta. Não deve haver sigilo em relação aos quantitativos necessários para a elaboração das propostas, pois a art. 6º, da Lei 12.462/2011 dispõe que: " Observado o disposto no § 3º, o

2. DIREITO ADMINISTRATIVO — 179

orçamento previamente estimado para a contratação será tornado público apenas e imediatamente após o encerramento da licitação, sem prejuízo da divulgação do detalhamento dos **quantitativos** e das demais informações necessárias para a elaboração das propostas"; **E:** correta. O fundamento é o art. 26, da Lei 12.462/2011: "Definido o resultado do julgamento, a administração pública poderá negociar **condições mais vantajosas** com o primeiro colocado. Parágrafo único. A negociação poderá ser feita com os demais licitantes, segundo a ordem de classificação inicialmente estabelecida, quando o preço do primeiro colocado, mesmo após a negociação, for desclassificado por sua proposta permanecer acima do orçamento estimado". AW

Gabarito "E".

Procurador do Estado – PGE/RN – FCC – 2014) A Administração estadual pretende contratar a construção de uma unidade hospitalar para atendimento da população carente. Em razão da urgência, pretende que o privado contratado, além de se responsabilizar por todas as fases da obra, promova não só a edificação, mas também entregue a obra guarnecida de todos os equipamentos e instalações necessários ao pronto atendimento da população. Considerando que a gestão da unidade hospitalar será entregue a uma organização social com respeitado histórico de boa administração no setor, para a contratação da obra

(A) deverá licitar, com base no regime diferenciado de contratações, uma empreitada integral, que poderá abranger inclusive a elaboração de projetos pelo mesmo contratado.

(B) deverá licitar uma empreitada por preço global, com base na Lei que introduziu o regime diferenciado de contratações, a fim de garantir a celeridade necessária.

(C) deverá licitar uma parceria público-privada, sob a modalidade de concessão administrativa.

(D) poderá licitar uma parceria público-privada, sob a modalidade de concessão administrativa ou concessão patrocinada.

(E) poderá licitar qualquer das modalidades de parceria público-privada, das previstas no regime diferenciado de contratações ou na Lei nº 8.666/93, contanto que demonstre a vantajosidade econômico-financeira da opção feita.

A: correta. O art. 1º, V, da Lei 12.462/2012, dispõe que cabe a adoção do Regime Diferenciado de Contratação para as hipóteses de obras e serviços de engenharia no âmbito do Sistema Único de Saúde. Portanto, seria o caso da assertiva, inclusive com a possibilidade de apresentação do projeto executivo pelo mesmo contratado (art. 36, § 2º, da Lei 12.462/2012); **B:** incorreta. Não há elementos no enunciado para saber se o pagamento será único para a execução da obra e do serviço a um único contratado, caso em que poderia ser adotado o regime de empreitada global; **C:** incorreta. Não temos contratação de um parceiro privado prevista no enunciado, que deixa claro que caberá o Regime Diferenciado de Contratação; **D:** incorreta. O enunciado fala em "regime de urgência", deixando claro que se pretende ser rápido, célere, por isso a adoção do Regime Diferenciado de Contratação; **E:** incorreta. Como há previsão expressa no art. 1º, V, da Lei 12.462/2012 em relação a realização de obras em serviços hospitalares, fica claro que, ainda buscando-se a celeridade do procedimento, o correto seria adotar o Regime Diferenciado de Contratação. AW

Gabarito "A".

(Procurador Distrital – 2014 – CESPE) Dada a necessidade de aumento da rede pública de ensino do estado Y, o secretário de educação, com o intuito de construir uma nova escola pública, resolveu consultar a procuradoria

do estado para que esta esclarecesse algumas dúvidas relacionadas ao modelo licitatório e às normas contratuais aplicáveis à espécie. Com referência a essa situação hipotética, julgue o seguinte item.

(1) Na hipótese descrita, é possível utilizar o regime diferenciado de contratações como modalidade licitatória, sendo aplicável o regime de contratação integrada, desde que técnica e economicamente justificada.

1: correta, pois o art. 1º, § 3º, da Lei 12.462/2011 (Regime Diferenciado de Contratações Públicas – RDC) permite a utilização desse regime às licitações e contratos necessários à realização de obras e serviços de engenharia no âmbito dos sistemas públicos de ensino, sendo possível a utilização do regime de contratação integrada desde que técnica e economicamente justificado e cujo objeto envolva, pelo menos, uma das seguintes condições – i) inovação tecnológica ou técnica; ii) possibilidade de execução com diferentes metodologias; ou iii) possibilidade de execução com tecnologias de domínio restrito no mercado (art. 9º da referida lei).

Gabarito 1C

(Procurador do Estado/BA – 2014 – CESPE) Considerando as regras aplicáveis às licitações e aos contratos administrativos, julgue o item que se segue.

(1) Secretário estadual de saúde pretende construir hospital para atuar no âmbito do SUS. No caso, pode realizar licitação no regime diferenciado de contratação e utilizar a empreitada por preço global.

1: correta (arts. 1º, V, e 8º, II e § 1º, da Lei 12.462/2011).

Gabarito 1C

(Procurador Federal – 2013 – CESPE) No que se refere aos institutos das licitações e dos contratos administrativos, julgue os itens subsecutivos.

(1) Entre as peculiaridades do regime diferenciado de contratações públicas, figuram a possibilidade de a administração pública contratar mais de uma empresa para executar o mesmo serviço (multiadjudicação) e a vedação ao sigilo de orçamentos.

(2) Os contratos administrativos, embora bilaterais, não se caracterizam pela horizontalidade, já que as partes envolvidas não figuram em posição de igualdade.

(3) Após a efetivação do registro de preços, o poder público, caso pretenda contratar o seu objeto, deverá fazê-lo obrigatoriamente com o ofertante registrado.

1: incorreta; de fato, a Lei 12.462/2011 admite que a Administração, mediante justificativa expressa, contrate mais de uma pessoa para executar o mesmo serviço, desde que não haja prejuízo de escala e se atenda a um dos demais requisitos previstos no seu art. 11; porém, a lei admite (ou seja, não traz "vedação") que a Administração mantenha em sigilo até o encerramento da licitação orçamentos previamente estimados que tiver feito para a contratação (art. 6º, *caput*, da Lei 12.464/2011); assim, os licitantes não saberão quanto a Administração estima que gastará, fazendo que aqueles busquem propor a melhor proposta possível; **2:** correta; nos contratos administrativos há uma supremacia da Administração, o que se pode verificar pela existência de cláusulas exorbitantes em seu favor (art. 58 da Lei 8.666/1993); por exemplo, pode a Administração alterar unilateralmente o contrato, desde que tal alteração se atenha aos limites previstos em lei, e o contratado terá de aceitar e cumprir o alterado; **3:** incorreta, pois o Poder Público poderá contratar de outra empresa que tenha ofertado preço menor em outro processo licitatório; o art. 15, § 4º, da Lei 8.666/1993 confere ao beneficiário do registro de preços apenas o direito de preferência em igualdade de condições, preferência que não ocorre se terceiro tiver ganho outro certame no ente, mas com valor menor do que o daquele que tiver ganho o registro de preços.

Gabarito 1E, 2C, 3E

(Procurador do Estado/PR – UEL-COPS – 2011) Quanto ao Regime Diferenciado de Contratações Públicas – RDC, é correto dizer que:

(A) o RDC aplica-se a toda e qualquer contratação pública, desde que abrangida no período de tempo pertinente à Copa das Confederações, Copa do Mundo da FIFA, Jogos Paraolímpicos e Olimpíadas (critério cronológico);

(B) no que respeita ao seu relacionamento com a Lei Geral de Licitações e Contratações Públicas (8.666/1993), o RDC acolhe os tipos e modalidades de licitação segundo o critério de definição conforme o valor da futura contratação;

(C) o procedimento licitatório do RDC define como regra a avaliação dos preços antes da habilitação dos licitantes, sendo o modelo da concorrência (habilitação antes da avaliação dos preços) apenas adotado na condição de inversão de fases, desde que fundamentadamente justificada a exceção;

(D) o RDC envolve a aplicação integrada da Lei 8.666/1993, na condição de norma geral de licitações e contratações públicas, sempre subsidiária a todos os dispositivos do RDC;

(E) todas as alternativas estão incorretas.

A: incorreta, pois o RDC se aplica exclusivamente às licitações e contratos necessários à realização dos eventos mencionados (art. 1º da Lei 12.462/2011), bem como ações do PAC, obras e serviços do SUS e obras e serviços de engenharia no âmbito dos sistemas público de ensino (art. 1º, inciso IV e V, e § 3º, do dispositivo citado, incluídos pela Lei 12.722/2012); as demais contratações que não se refiram a esses eventos devem obedecer à Lei 8.666/1993; **B:** incorreta, pois a Lei 12.462/2011 dispõe que os tipos licitatórios são os previstos na Lei 8.666/1993 (menor preço, melhor técnica e técnica e preço), acrescentando-se os tipos maior desconto, melhor conteúdo artístico e maior retorno econômico (art. 18 da Lei 12.462/2011); **C:** correta, pois o art. 12, *caput* e incisos IV e V, estabelece essa ordem (primeiro julgamento das propostas e depois habilitação), sendo que o parágrafo único do mesmo dispositivo permite a inversão de fases, para o fim de a habilitação acontecer primeiro; **D:** incorreta, pois a opção pelo RCD resultará no afastamento das normas da Lei 8.666/1993 (art. 1º, § 2º, da Lei 12.462/2011), ressalvadas as hipóteses em que a própria Lei 12.462/2011 estabelecer que se aplica a Lei 8.666/1993; **E:** incorreta, pois, como se viu, a alternativa "c" está correta.

Gabarito "C".

10.8. Temas combinados e outros temas

(Procurador do Município - Valinhos/SP - 2019 - VUNESP) É correto afirmar, nos termos

(A) da Lei Federal 12.846/2013, que a responsabilização da pessoa jurídica exclui a responsabilidade individual de seus dirigentes ou administradores ou de qualquer pessoa natural, autora, coautora ou partícipe do ato ilícito.

(B) do Decreto-Lei 201/1967, que a conduta de se utilizar, indevidamente, em proveito próprio ou alheio, de bens, rendas ou serviços públicos é considerada

crime de responsabilidade do Prefeito Municipal, sujeitando-o ao julgamento exclusivo da Câmara dos Vereadores e sancionadas com a cassação do mandato.

(C) da Lei Complementar 101/2000, que na concessão de crédito por ente da Federação a pessoa física, ou jurídica que não esteja sob seu controle direto ou indireto, os encargos financeiros, comissões e despesas congêneres poderão ser inferiores aos definidos em lei ou ao custo de captação.

(D) da Lei Federal 12.527/2011, que o serviço de busca e fornecimento da informação é gratuito, salvo nas hipóteses de reprodução de documentos pelo órgão ou entidade pública consultada, situação em que poderá ser cobrado exclusivamente o valor necessário ao ressarcimento do custo dos serviços e dos materiais utilizados.

(E) da Lei Federal 8.429/1992, que a posse e o exercício de agente público não ficam condicionados à apresentação de declaração dos bens e valores que compõem o seu patrimônio privado.

Alternativa A incorreta (a responsabilização da pessoa jurídica não exclui a responsabilidade individual dos coautores ou partícipes do ato ilícito, cf. art. 3º da Lei 12.846/2013). Alternativa B incorreta (utilizar-se indevidamente, em proveito próprio ou alheio, bens, rendas ou serviços públicos é considerada prática de crime de responsabilidade de Prefeito Municipal e está sujeita ao julgamento do Poder Judiciário, independentemente do pronunciamento da Câmara dos Vereadores, cf. art. 1º, "caput" c/c. inc. II do Decreto-Lei 201/1967). Alternativa C incorreta (na concessão de crédito por ente da Federação a pessoa física, ou jurídica que não esteja sob seu controle direto ou indireto, os encargos financeiros, comissões e despesas congêneres não serão inferiores aos definidos em lei ou ao custo de captação, cf. art. 27 da Lei Complementar 101/2000). Alternativa D correta (cf. art. 12 da Lei 12.527/2011). Alternativa E incorreta (a posse e o exercício de agente público ficam condicionados à apresentação de declaração dos bens e valores que compõem o seu patrimônio privado, cf. art. 13 da Lei 8.429/1992). **RB**

Gabarito "D".

(Procurador do Município - Valinhos/SP - 2019 - VUNESP) Nos termos da Lei 12.232/2010, é correto afirmar:

(A) na contratação dos serviços de publicidade, faculta-se a adjudicação do objeto da licitação a mais de uma agência de propaganda, sem a segregação em itens ou contas publicitárias, mediante justificativa no processo de licitação.

(B) é facultado às agências contratadas manter acervo comprobatório da totalidade dos serviços prestados e das peças publicitárias produzidas.

(C) nas contratações de serviços de publicidade, não poderão ser incluídos como atividades complementares os serviços especializados pertinentes à produção técnica das peças e projetos publicitários criados.

(D) é obrigatória a concessão de planos de incentivo por veículo de divulgação e sua aceitação por agência de propaganda, e os frutos deles resultantes não poderão constituir receita própria da agência.

(E) poderão as agências de propaganda, excepcionalmente e em determinadas hipóteses, sobrepor os planos de incentivo aos interesses dos contratantes, preterindo veículos de divulgação que não os concedam.

2. DIREITO ADMINISTRATIVO

A Lei 12.232/2010 dispõe sobre as normas gerais para licitação e contratação pela administração pública de serviços de publicidade. Correta a alternativa A (art. 2°, § 3°). Alternativa B incorreta (cf. art. 17, as agências contratadas deverão, durante o período de, no mínimo, 5 (cinco) anos após a extinção do contrato, manter acervo comprobatório da totalidade dos serviços prestados e das peças publicitárias produzidas). Alternativa C incorreta (cf. art. 2°, § 1°, nas contratações de serviços de publicidade, poderão ser incluídos como atividades complementares os serviços especializados pertinentes, entre outros, à produção e à execução técnica das peças e projetos publicitários criados). Alternativa D incorreta (cf. art. 18, é facultativa, e não obrigatória). Alternativa E incorreta (cf. art. 18, § 2°, tal sobreposição é absolutamente vedada). RB

Gabarito "A".

(Procurador do Estado/SP - 2018 - VUNESP) Após regular licitação, empresa foi contratada pelo Poder Público para execução de obra de engenharia sob o regime da contratação integrada. Iniciada a execução do ajuste, a empresa apresentou requerimento de aditamento contratual para repactuação dos termos ajustados ao argumento de que teria direito ao reequilíbrio econômico-financeiro e prorrogação do prazo de vigência do contrato em razão da necessidade de modificação do projeto básico para adequação técnica decorrente de fatos preexistentes, porém por ela constatados após a elaboração da proposta apresentada no certame. Nesse caso, o Poder Público deverá

(A) deferir o requerimento, ainda que se verifique que o erro do anteprojeto decorreu de falha da empresa contratada, sob pena de enriquecimento sem causa, firmando-se o termo aditivo.

(B) deferir o requerimento, desde que comprovado, pela área técnica que os fatos são supervenientes e, embora previsíveis, de consequências incalculáveis, firmando-se o termo aditivo.

(C) deferir o requerimento se a área técnica competente do ente contratante atestar que a álea indicada pela contratada é extraordinária e extracontratual, quantificando adequadamente o valor a ser reequilibrado, realizando-se apostilamento.

(D) indeferir o requerimento, eis que não se trata, na hipótese, de caso fortuito ou força maior.

(E) indeferir o requerimento, porque o regime de contratação integrada não admite, em nenhuma hipótese, prorrogação do prazo de vigência do contrato, devendo o pleito resolver-se, se o caso, em procedimento de apuração e reparação de danos, efetuando-se apostilamento.

O chamado regime de contratação integrada nas licitações de obras e serviços de engenharia encontra previsão na Lei 12.462/2011, que disciplina o Regime Diferenciado de Contratações Públicas. A contratação integrada compreende a elaboração e o desenvolvimento dos projetos básico e executivo, a execução de obras e serviços de engenharia, a montagem, a realização de testes, a pré-operação e todas as demais operações necessárias e suficientes para a entrega final do objeto. Justamente pelo fato de que o contrato é responsável também pelo projeto básico, temos no art. 9° § 4° da Lei 12.462/2011 que: § 4° Nas hipóteses em que for adotada a contratação integrada, é vedada a celebração de termos aditivos aos contratos firmados, exceto nos seguintes casos: I - para recomposição do equilíbrio econômico-financeiro decorrente de caso fortuito ou força maior; e II - por necessidade de alteração do projeto ou das especificações para melhor adequação técnica aos objetivos da contratação, a pedido da administração pública, desde que não decorrentes de erros ou omissões por parte do contratado,

observados os limites previstos no § 1° do art. 65 da Lei 8.666, de 21 de junho de 1993. No caso em tela, não se tratando de pedido da Administração Pública, nem de caso fortuito ou força maior, não cabe o termo aditivo. FMB

Gabarito "D".

(Procurador do Estado – PGE/MT – FCC – 2016) Acerca da prestação de garantias para execução contratual, no âmbito das licitações e contratos administrativos, a Lei n° 8.666/93 estabelece:

(A) Nas obras, serviços e fornecimentos de grande vulto envolvendo alta complexidade técnica e riscos financeiros consideráveis, demonstrados por meio de parecer tecnicamente aprovado pela autoridade competente, o limite de garantia poderá ser elevado para até quinze por cento do valor do contrato.

(B) Nos casos de contratos que importem na entrega de bens pela Administração, dos quais o contratado ficará depositário, ao valor da garantia deverá ser acrescido o valor desses bens.

(C) É vedada a exigência de garantia por ocasião da participação na licitação, devendo a comprovação da qualificação econômico-financeira ser limitada a exigência de capital mínimo ou de patrimônio líquido mínimo.

(D) Dentre as modalidades de garantia admitidas na lei, estão o penhor, a hipoteca e a anticrese.

(E) A substituição da garantia é hipótese de alteração unilateral do contrato administrativo.

A: incorreta. Nos casos de contratos de grande vulto, a garantia pode ser aumentada em até 10% do valor do contrato, conforme disposto no art. 56, § 3°, da Lei 8.666/1993; **B:** correta. Trata-se do disposto no art. 56, § 5°, da Lei 8.666/1993; **C:** incorreta. É facultada a exigência de garantia, sendo, geralmente, uma cláusula geral do contrato administrativo (art. 56, da Lei 8.666/1993); D: incorreta. Essas garantias são típicas do direito privado. As garantias exigidas e previstas na Lei de Licitações são: seguro-garantia, fiança bancária e caução (art. 56, § 1°, da Lei 8.666/1993); **E:** incorreta. A substituição de garantia é feita por acordo entre as partes, conforme disposto no art. 65, II, a, da Lei 8.666/1993. AW

Gabarito "B".

(Procurador Municipal/SP – VUNESP – 2016) Em pregão realizado pela Prefeitura Municipal de Rosana, que tem por objeto a contratação de serviços de limpeza do prédio no qual se localizam os órgãos e as unidades municipais, a proposta de menor valor passa a ser examinada em relação a sua aceitabilidade. Nesse momento, verifica o pregoeiro que o valor da melhor proposta ainda é muito superior ao preço estimado pela Administração Pública na elaboração do edital. A despeito das tentativas de negociação direta, efetuadas pelo pregoeiro, a empresa que apresentou a melhor proposta não diminui o valor apresentado. Nessa hipótese, deverá o pregoeiro

(A) revogar a licitação por razões de interesse público decorrente de fato superveniente devidamente comprovado, pertinente e suficiente para justificar tal conduta, consistente na existência de propostas aceitáveis.

(B) examinar as ofertas subsequentes e a qualificação dos licitantes, na ordem de classificação, e assim sucessivamente, até a apuração de uma que atenda ao edital, sendo o respectivo licitante declarado vencedor.

(C) desclassificar todas as propostas, porque superiores ao referencial, e fixar aos licitantes o prazo de dez dias úteis para a apresentação de outras propostas com valores inferiores e que possam passar pelo crivo da aceitabilidade.

(D) declarar todos os licitantes impedidos de licitar e contratar com a União, os Estados, o Distrito Federal ou os Municípios, sem prejuízo das multas previstas em edital, pois todos agiram de má-fé a apresentar propostas 70% superiores ao referencial.

(E) inabilitar o licitante e lhe conceder o prazo de 3 (três) dias para apresentação de razões do recurso, ficando os demais licitantes desde logo intimados para apresentar contrarrazões em igual número de dias.

A: Incorreta. Não há fato superveniente, e sim, preços incompatíveis com o Mercado ou com o interesse público, por isso não se trata de hipótese de revogação da licitação. **B:** Correta. O art. 4°, XVI, da Lei 10.520/2002 dispõe que: "se a oferta não for aceitável ou se o licitante desatender às exigências habilitatórias, o pregoeiro examinará as ofertas subsequentes e a qualificação dos licitantes, na ordem de classificação, e assim sucessivamente, até a apuração de uma que atenda ao edital, sendo o respectivo licitante declarado vencedor;" **C:** Incorreta. Na Lei do Pregão temos a forma de solucionar esse problema, ou seja, apenas há tentativa de negociação ou de escolha entre os demais licitantes para que possa haver uma contratação eficaz e que cumpra o interesse público. **D:** Incorreta. Não existe essa previsão de declaração de impedimento nesse caso de valores altos ou inabilitação, e sim, nos casos de fraude e crimes, que não temos descritos no enunciado. **E:** Incorreta. Como consta da alternativa B, há previsão expressa na Lei do Pregão da forma de solucionar essa situação em que os preços estão altos pela empresa escolhida em primeiro plano. AW

Gabarito "B".

(Procurador Municipal/SP – VUNESP – 2016) Nas contratações de obras, serviços e compras, segundo a disciplina da Lei 8.666/1993, a autoridade competente, em cada caso e desde que previsto no instrumento convocatório, poderá exigir que seja prestada garantia não excedente a 5% do valor do contrato. Contudo, tratando-se de obras, serviços e fornecimentos de grande vulto envolvendo alta complexidade técnica e riscos financeiros consideráveis, demonstrados por meio de parecer tecnicamente aprovado pela referida autoridade, esse limite poderá ser elevado para

(A) 50%.

(B) 30%.

(C) 20%.

(D) 15%.

(E) 10%.

A correta é a alternativa E, com fundamento no art. 56, §§ 2° e 3°, da Lei 8.666/1993, que determina o aumento da garantia para 10% no caso de obras, serviços e fornecimentos de grande vulto. AW

Gabarito "E".

(Procurador do Estado – PGE/PA – UEPA – 2015) A respeito de licitação, é correto afirmar que:

I. Cabe mandado de segurança contra ato praticado em licitação promovida por sociedade de economia mista ou empresa pública.

II. Segundo a Lei n. 8666/93, art. 23, § 1° é regra geral a realização de licitação por lote único na qual a proposta dos licitantes engloba toda a execução do objeto.

III. Na modalidade de licitação por Convite, em não se obtendo o número legal mínimo de três propostas aptas à seleção, impõe-se a repetição do ato, com a convocação de outros possíveis interessados, ressalvados algumas hipóteses como a de limitação do mercado.

IV. A contratação de instituição sem fins lucrativos, com dispensa de licitação, com fulcro no art. 24, inciso XIII, da Lei n° 8.666/93, é admitida mesmo inexistente o nexo efetivo entre o mencionado dispositivo, a natureza da instituição e o objeto contratado.

A alternativa que contém todas as afirmativas corretas é:

(A) I e II.

(B) I e III.

(C) II e IV.

(D) II e III.

(E) I, II, III e IV.

I: correta. O Mandado de Segurança é possível, pois temos caso de ato de autoridade pública praticado com abuso de poder ou ilegalidade (art. 1°, da Lei 12.06/2009); **II:** incorreta. O art. 23, da Lei 8.666/1993 dispõe exatamente ao contrário, ou seja, busca-se a realização do procedimento da forma mais eficiente Possível, podendo ser realizada em "As obras, serviços e compras efetuadas pela Administração serão divididas em tantas parcelas quantas se comprovarem técnica e economicamente viáveis"; **III:** correta. Trata-se do disposto expressamente no art. 22, § 3°, da Lei 8.666/1993. AW

Gabarito "B".

(Procurador – PGFN – ESAF – 2015) A respeito dos contratos administrativos e das penalidades que podem ser aplicadas aos contratados e tendo em mente a jurisprudência do STJ, analise as afirmativas abaixo, classificando-as em verdadeiras (V) ou falsas (F). Ao final, assinale a opção que contenha a sequência correta.

( ) A penalidade de suspensão temporária de participação em licitação e impedimento de contratar, independentemente da modalidade licitatória, só alcança os órgãos e entidades administrativos do próprio ente federado que aplicou a sanção, ao passo que a declaração de inidoneidade para licitar ou contratar abrangeria toda a Administração Pública, em todos os níveis.

( ) As sanções de declaração de inidoneidade para licitar ou contratar e de suspensão do direito de licitar e contratar possuem efeito rescisório automático.

( ) A declaração de inidoneidade para licitar ou contratar com a Administração Pública é sanção de competência exclusiva de ministro de Estado, de secretário estadual ou de secretário municipal, conforme o caso.

( ) A ausência de abertura de prazo para oferecimento de defesa final sobre a possível aplicação da pena de inidoneidade para licitar ou contratar com a Administração Pública acarreta nulidade no processo administrativo a partir desse momento processual.

(A) V, F, F, V.

(B) F, V, V, F.

(C) V, V, F, F.

(D) F, V, F, V.

(E) F, F, V, V.

1: falsa, Essa penalidade se estende a todos os entes, conforme STJ, Resp 174.274; **2:** falsa. O entendimento da jurisprudência dominante é de que essas sanções não possuem efeitos automáticos, ou seja, se

2. DIREITO ADMINISTRATIVO   183

o licitante penalizado estiver prestando algum serviço ou estiver em andamento em algum processo licitatório, poderá continuar, pois a penalidade se aplica a partir dos "demais" ou "próximos" procedimentos. MS 14.002/DF; **3**: verdadeira. Trata-se do disposto no art. 87, § 3º, da Lei 8.666/1993; **4**: verdadeira. Também temos o mesmo fundamento legal da assertiva anterior e o MS 17.431/12. AW

Gabarito "E".

(Procurador do Estado – PGE/BA – CESPE – 2014) Considerando as regras aplicáveis às licitações e aos contratos administrativos, julgue os itens que se seguem.

(1) Desde que o preço contratado seja compatível com o praticado no mercado, é possível a dispensa de licitação para a aquisição, por secretaria estadual de planejamento, de bens produzidos por autarquia estadual que tenha sido criada para esse fim específico em data anterior à vigência da Lei n.º 8.666/1993.\
(2) Secretário estadual de saúde pretende construir hospital para atuar no âmbito do SUS. No caso, pode realizar licitação no regime diferenciado de contratação e utilizar a empreitada por preço global.

1: correta. Trata-se do disposto no art. 23, VIII, da Lei 8.666/1993; **2**: correta. A Lei 12462/12, art. 1º, V, enumera as ações de saúde relativas ao SUS como eletivas ao Regime Diferenciado de Contratação Pública.AW

Gabarito 1C, 2C.

(Procurador do Estado – PGE/RN – FCC – 2014) O Poder Público desapropriou vários imóveis objetivando a construção de um grande complexo hospitalar. Contudo, antes de iniciar a licitação para a contratação das obras, verificou que os recursos orçamentários disponíveis não seriam suficientes para fazer frente ao empreendimento, desistindo, assim, da sua execução. Considerando a disciplina legal aplicável,

(A) somente poderá alienar os imóveis aos expropriados ou seus sucessores, por valor estabelecido em avaliação atualizada, que não poderá superar o montante pago a título de indenização, incluindo os juros moratórios e compensatórios.

(B) não poderá dar aos imóveis desapropriados destinação diversa daquela prevista na declaração de utilidade pública, estando obrigado a aliená-los para recuperar os recursos orçamentários despendidos com o pagamento das indenizações.

(C) poderá alienar os imóveis, mediante procedimento licitatório, independentemente de oferecimento prévio aos expropriados, desde que já tenha pago a integralidade das indenizações devidas.

(D) poderá alienar os imóveis ou exigir dos expropriados a restituição do valor já recebido a título de indenização, com a correspondente devolução do imóvel, expurgando-se os juros compensatórios.

(E) poderá alienar onerosamente os imóveis por meio de procedimento licitatório, na hipótese de não vislumbrar utilidade pública para os mesmos, devendo, obrigatoriamente oferecê-los previamente aos respectivos expropriados para aquisição pelo valor atual dos bens.

A: incorreta. O Poder Público poderá mudar a destinação do imóvel, desde que lícita, ou seja, desde que exista o interesse público. No caso, não há dinheiro para executar a obra, razão pela qual poderá ser

alienado o imóvel, seguindo-se as regras gerais da Lei 8.666/1993; **B**: incorreta. Poderá, sim, dar destinação diversa aos imóveis expropriados, desde que ocorra a mudança da finalidade licitamente, sendo também denominada de "tredestinação licita"; **C**: incorreta. Mesmo não havendo o pagamento da integralidade da indenização, é possível a venda dos imóveis, justificada pelo interesse público; **D**: incorreta. Não se pode exigir o dinheiro de volta dos expropriados, eis que o imóvel já foi incorporado ao patrimônio público, podendo o Poder Público aliená-los, se comprovado o interesse público (art. 35, do Decreto-Lei 3.365/1941); **E**: correta. A jurisprudência entende ser devido o direito de preferência ao expropriado, conforme se verifica abaixo: APELAÇÃO - AÇÃO DE RETROCESSÃO - DESAPROPRIAÇÃO - DESVIO DE FINALIDADE - SENTENÇA MANTIDA. A retrocessão importa em **direito** de **preferência** do **expropriado** em reaver o bem, ao qual não foi dado o destino que motivava a desapropriação. Restando evidenciado que o réu não deu ao imóvel **expropriado** o destino determinado do decreto expropriatório, cabível a retrocessão (TJ-MG - Apelação Cível AC 10024069935948001 MG, publ. **11/06/2014)**. AW

Gabarito "E".

(Procurador do Estado – PGE/RN – FCC – 2014) Em procedimento licitatório instaurado para contratação de fornecimento de trens para a ampliação do serviço de transporte metropolitano de passageiros prestado por entidade integrante da Administração indireta, referida entidade entendeu pertinente admitir a participação dos licitantes em consórcios. De acordo com as disposições da Lei nº 8.666/1993,

(A) a previsão somente é admitida em caráter excepcional, por razões de interesse público devidamente justificadas, vedado o somatório de quantitativos dos consorciados para efeito de qualificação econômico-financeira.

(B) somente existe tal possibilidade se a licitação for instaurada na modalidade concorrência.

(C) essa prática é vedada, pois reduz o caráter competitivo da licitação, somente sendo admissível se a licitação for de âmbito internacional, com a obrigatoriedade de a liderança do consórcio recair sobre empresa brasileira.

(D) essa previsão somente é possível em se tratando de parceria público-privada, devendo o consórcio vencedor constituir sociedade de propósito específico antes da assinatura do contrato.

(E) tal previsão é admissível, importando a responsabilidade solidária dos consorciados pelos atos praticados em consórcio, tanto na fase de licitação quanto de execução do contrato.

A: incorreta. O art. 33, da Lei 8.666/1993 admite a participação de consórcios nos processos licitatórios, sendo casos específicos, realmente, mas admite-se a somatória dos quantitativos dos consorciados para efeito de qualificação econômico-financeira (art. 33, III, da Lei 8.666/1993); **B**: incorreta. Qualquer modalidade licitatória admite a participação de consórcios públicos; **C**: incorreta. O art. 33, da Lei 8.666/1993 admite a participação dos consórcios, assim como regulamenta a forma de suas participações; **D**: incorreta. Não há previsão legal expressa na Lei das PPPs (Lei 11.079/2004) para a participação dos consórcios de empresas; **E**: correta. Trata-se do disposto no art. 33, V, da Lei 8.666/1993. AW

Gabarito "E".

(Procurador do Município/Florianópolis-SC – 2010 – FEPESE) Em relação aos recursos administrativos previsto na Lei n. 8.666/1993, assinale a alternativa **incorreta**.

(A) Os recursos têm efeito devolutivo e suspensivo.

(B) Interposto, o recurso será comunicado aos demais licitantes, que poderão impugná-lo no prazo legal.

(C) Cabe representação, da decisão relacionada com o objeto da licitação ou do contrato, de que não caiba recurso hierárquico.

(D) Nenhum prazo de recurso, representação ou pedido de reconsideração se inicia ou corre sem que os autos do processo estejam com vista franqueada ao interessado.

(E) Em se tratando de licitações efetuadas na modalidade de carta-convite, os prazos recursais são reduzidos para dois dias úteis.

A: incorreta, pois, como regra, os recursos têm efeito apenas devolutivo; terão efeito suspensivo apenas se forem contra decisões relativas à habilitação e ao julgamento das propostas, e também quando a autoridade atribuir esse efeito, motivadamente e presentes razões de interesse público (art. 109, § 2º, da Lei 8.666/1993); **B:** correta (art. 109, § 3º, da Lei 8.666/1993); **C:** correta (art. 109, II, da Lei 8.666/1993); **D:** correta (art. 109, § 5º, da Lei 8.666/1993); **E:** correta (art. 109, § 6º, da Lei 8.666/1993).
Gabarito "A".

(Procurador do Município/Teresina-PI – 2010 – FCC) No que diz respeito às licitações, é correto afirmar:

(A) Nos casos em que couber convite, a Administração poderá utilizar a tomada de preços e, em qualquer caso, a concorrência.

(B) A Lei n. 8.666/1993, que dispõe sobre normas para licitações, admite a possibilidade de criação de outras modalidades de licitação ou a combinação das referidas na mencionada lei.

(C) É inexigível licitação na contratação de instituição brasileira incumbida regimental ou estatutariamente da pesquisa, do ensino ou do desenvolvimento institucional, desde que detenha inquestionável reputação ético-profissional e não tenha fins lucrativos.

(D) Serão efetuadas no local onde for realizada a obra, objeto do certame, salvo motivo de interesse público, devidamente justificado.

(E) O prazo mínimo até o recebimento das propostas ou da realização do evento será 30 dias para concorrência, quando o contrato a ser celebrado contemplar regime de empreitada integral.

A: correta (art. 23, § 4º, da Lei 8.666/1993); **B:** incorreta, pois é justamente o contrário (art. 22, § 8º, da Lei 8.666/1993); **C:** incorreta, pois esse caso não é de inexigibilidade, mas de dispensa de licitação (art. 24, XIII, da Lei 8.666/1993); **D:** incorreta, pois as licitações serão efetuadas no local onde se situar a repartição interessada (art. 20 da Lei 8.666/1993); **E:** incorreta, pois, nesse caso, assim como quando se tenha licitação cujo tipo envolva técnica ou técnica e preço, o prazo é de, no mínimo, 45 dias (art. 21, § 2º, I, "b", da Lei 8.666/1993).
Gabarito "A".

(Procurador do Município/Boa Vista-RR – 2010 – CESPE) Acerca de licitação, julgue o próximo item.

(1) O convite é uma modalidade de licitação em que a convocação se faz por carta-convite. Ele dispensa a publicação em edital, mas a lei exige que a unidade administrativa afixe, em lugar adequado, uma cópia do instrumento convocatório.

1: correta (art. 22, § 3º, da Lei 8.666/1993).
Gabarito 1C

(Advogado da União/AGU – CESPE – 2012) Julgue o item seguinte.

(1) Caso uma empresa participante de concorrência pública apresente recurso em decorrência da publicação de ato que a declare inabilitada para o certame, tal recurso terá, necessariamente, efeito suspensivo.

1: correta (art. 109, § 2º, da Lei 8.666/1993).
Gabarito 1C

(ADVOGADO – CORREIOS – 2011 – CESPE) Relativamente ao instituto da licitação, julgue os itens que se seguem.

(1) A administração pública agirá corretamente se, mesmo após a homologação de certame licitatório e a consequente adjudicação do seu objeto à empresa vencedora, anular o procedimento ante a constatação de vício no edital de abertura da licitação.

(2) É facultada à empresa pública a contratação com suas subsidiárias ou controladas, desde que o preço seja compatível com o praticado no mercado, para aquisição de bens e prestação de serviços, mediante inexigibilidade de licitação.

1: correta, pois a anulação da licitação, diferentemente da revogação, pode ser feita após o término da licitação, já que se trata de medida que tem efeito retroativo; **2:** incorreta, pois esse caso é de dispensa de licitação (art. 24, XXIII, da Lei 8.666/1993) e não de inexigibilidade.
Gabarito 1C, 2E

(ADVOGADO – PETROBRÁS BIO. – 2010 – CESGRANRIO) O Tribunal de Contas da União (TCU) teve ciência da instauração de procedimento licitatório por empresa pública federal e, uma semana antes da data de recebimento das propostas, solicitou à entidade cópia do edital já publicado, motivando a solicitação com base em representação oferecida por cidadão, contendo indícios de violação à competitividade. Nesse caso, a medida adotada pelo TCU

(A) afigura-se inconstitucional, pois as entidades dotadas de personalidade jurídica de direito privado federais não se submetem ao controle externo realizado pelo TCU.

(B) encontra respaldo na Lei n. 8.666/1993, que prevê a possibilidade de o TCU solicitar para exame, até o dia útil imediatamente anterior à data de recebimento das propostas, cópia do edital de licitação já publicado.

(C) é juridicamente correta, desde que se trate de licitação na modalidade concorrência, estando a empresa pública enquadrada entre as estatais dependentes, que recebem recursos da União Federal para as despesas de custeio em geral.

(D) é inconstitucional, pois não lhe é lícito exercer o controle prévio da execução da despesa pública.

(E) é inconstitucional, pois apenas os licitantes detêm legitimidade para oferecer representação ao TCU contra irregularidades verificadas em procedimento licitatório.

Segundo o art. 113, § 2º, da Lei 8.666/1993, "os Tribunais de Contas e os órgãos integrantes do sistema de controle interno poderão solicitar para exame, até o dia útil imediatamente anterior à data de recebimento das propostas, cópia de edital de licitação já publicado, obrigando-se os órgãos ou entidades da Administração interessada à adoção de

2. DIREITO ADMINISTRATIVO

medidas corretivas pertinentes que, em função desse exame, lhes forem determinadas". Vale salientar que as empresas estatais se submetem ao disposto na Lei 8.666/1993 (art. 1º, parágrafo único). Assim, a alternativa "b" está correta.

Gabarito "B".

11. CONTRATOS ADMINISTRATIVOS

11.1. Conceito, características principais, formalização e cláusulas contratuais necessárias

(Procurador do Município - Valinhos/SP - 2019 - VUNESP) Com relação aos contratos administrativos, assinale a alternativa correta.

(A) O instrumento de contrato (lavrado na própria repartição, registrado e arquivado) é obrigatório, entre outros, no caso de tomada de peço.

(B) O contrato administrativo adquire eficácia com a sua assinatura.

(C) O instrumento de contrato (lavrado na própria repartição, registrado e arquivado) é facultativo, entre outros, no caso de concorrência.

(D) O contrato administrativo adquire eficácia com a sua homologação.

(E) O instrumento de contrato, mesmo nas compras de entrega imediata, não poderá ser substituído por qualquer outro.

Os contratos administrativos estão disciplinados, como regra, pela Lei 8.666/93. Alternativa A correta (art. 62). Alternativas B e D incorretas (o contrato administrativo adquire eficácia com a publicação resumida do instrumento contratual na imprensa oficial, cf. art. 61, parágrafo único). Alternativa C incorreta (o instrumento de contrato é obrigatório no caso de concorrência, cf. art. 62). Alternativa E incorreta (é dispensável o instrumento de contrato e facultada a sua substituição nos casos de compra com entrega imediata e integral dos bens adquiridos, cf. art. 62, § 4º).

Gabarito "A".

(Procurador do Estado/TO - 2018 - FCC) Na gestão dos contratos administrativos, repactuação é a

(A) alteração bilateral do contrato, visando a adequação dos preços contratuais aos novos preços de mercado, observados o interregno mínimo de um ano e a demonstração analítica da variação dos componentes dos custos do contrato, devidamente justificada.

(B) alteração bilateral do contrato, formalizada a qualquer tempo, visando promover o reequilíbrio econômico-financeiro, na hipótese de sobrevirem fatos imprevisíveis, ou previsíveis, porém de consequências incalculáveis, retardadores ou impeditivos da execução do ajustado.

(C) alteração unilateral do contrato, determinada a qualquer tempo pela contratante, com vistas a promover modificação do projeto ou das especificações, para melhor adequação técnica aos seus objetivos.

(D) atualização anual da contraprestação monetária, com base em índice previamente estabelecido no contrato, passível de registro por simples apostila, dispensando a celebração de aditamento.

(E) alteração unilateral do contrato, determinada a qualquer tempo pela contratante, quando necessária a modificação do valor contratual em decorrência de acréscimo ou diminuição quantitativa de seu objeto, nos limites permitidos pela lei.

Repactuação é uma espécie do gênero reajustamento. Trata-se de uma recomposição decorrente da "variação de custos de insumos previstos em planilha da qual se originou o preço (ex.: elevação salarial de categoria profissional por convenção coletiva de trabalho)" (cf. José dos Santos Carvalho Filho, Manual de direito administrativo, p. 207). Encontra disciplina no Decreto 9.507/18. De acordo com o art. 12, será admitida a repactuação de preços com vistas à adequação ao preço de mercado, desde que: I – seja observado o interregno mínimo de 1 (um) ano das datas dos orçamentos para os quais a proposta se referir; e II – seja demonstrada de forma analítica a variação dos componentes dos custos do contrato, devidamente justificada. Nesse sentido, correta a alternativa A.

Gabarito "A".

(Procurador Municipal – Sertãozinho/SP – VUNESP – 2016) São exemplos de cláusulas exorbitantes previstas na Lei Federal 8.666/1993, dentre outras previstas explícita ou implicitamente:

(A) possibilidade de aplicação da regra da exceção do contrato não cumprido (*exceptio no adimpleti contractus*).

(B) execução da garantia contratual para ressarcimento das multas e indenizações devidas ao particular contratado.

(C) a aplicação de sanção, pela empresa contratada, ao Poder Público, pelo atraso na realização dos pagamentos.

(D) a alteração ou a rescisão unilateral do contrato pela Administração.

(E) a faculdade de exigir garantia nos contratos de obras, serviços e compras e a escolha, pela Administração, da modalidade a ser aplicada no caso, dentro das hipóteses legais.

A: Incorreta. A cláusula "exceptio no adimpleti contractus" não é uma cláusula exorbitante, estando presente em outros tipos de contratos, mesmo os de direito privado. **B:** Incorreta. O mesmo se diz em relação às garantias contratuais, que podem ser aplicadas a todos os contratos. As cláusulas exorbitantes constam do art. 58, da Lei 8.666/1993. **C:** Incorreta. Quem aplica sanção é o contratante, ou seja, o Poder Público. **D:** Correta. A rescisão unilateral pelo Poder Público consta do art. 58, II, da Lei 8.666/1993. **E:** Incorreta. Primeiramente, a exigência de garantia é obrigatória (art. 55, VI, da Lei 8.666/1993), não sendo uma faculdade como consta da assertiva e, mais ainda, não se trata de cláusula exorbitante.

Gabarito "D".

(Advogado União – AGU – CESPE – 2015)

(1) Conforme a doutrina, a União pode firmar contrato de concessão com empresa privada, com prazo indeterminado, para, por exemplo, a construção e manutenção de rodovia federal com posterior cobrança de pedágio.

1: incorreta. Os contratos administrativos sempre devem ser por prazo determinado (art. 37, § 3º, da Lei 8.666/1993), sendo esse o erro da assertiva.

Gabarito 1E

(Procurador do Estado – PGE/PA – UEPA – 2015) Quanto aos Contratos da Administração Pública, afirma-se que:

I. É cláusula necessária em todo contrato as que estabeleçam a vinculação ao edital de licitação ou ao termo que a dispensou ou a inexigiu, ao convite e à proposta do licitante vendedor.

II. É cláusula necessária dos Contratos celebrados pela Administração Pública com pessoas físicas ou jurídicas aquela que declare competente o foro da sede da Administração para dirimir qualquer questão contratual.

III. É regra geral que a duração dos contratos não fique adstrita à vigência dos respectivos créditos orçamentários.

IV. É vedado contrato com prazo de vigência indeterminado.

A alternativa que contém todas as afirmativas corretas é:

(A) I e II.

(B) I e III.

(C) I e IV.

(D) I, II e IV.

(E) I, II, III e IV.

I: correta. O art. 55, XI, da Lei 8.666/1993 é expresso quanto a essa exigência; II: correta. O art. 55, § 2º, da Lei 8.666/1993 dispõe sobre essa exigência; III: incorreta. Os contratos administrativos sempre devem respeitar a vigência dos respectivos créditos orçamentários (art. 57, "caput", da Lei 8.666/1993); IV: correta. O art. 57, § 3º, da Lei 8.666/1993 dispõe ser vedado contratos com prazo de vigência indeterminado. **AW**
Gabarito "D".

(Procurador – PGFN – ESAF – 2015) A respeito das transferências de recursos da União, mediante convênios e contratos de repasse, analise as afirmativas abaixo, classificando-as em verdadeiras (V) ou falsas (F) para, ao final, assinalar a opção que contenha a sequência correta.

( ) Nos convênios e contratos de repasse firmados com entidade privada sem fins lucrativos, a inadimplência desta em relação aos encargos trabalhistas, fiscais e comerciais transfere à Administração Pública a responsabilidade por seu pagamento.

( ) Para o caso de ressarcimento de despesas entre órgãos ou entidades da Administração Pública federal, poderá ser dispensada a formalização de termo de execução descentralizada.

( ) A omissão no dever de prestar contas por parte de entidades privadas sem fins lucrativos gera impeditivos para a celebração de convênios e contratos de repasse entre a União e a referida entidade omissa.

( ) O Decreto n. 6.170/2007 prevê a realização de licitação obrigatória anteriormente à celebração do convênio ou contrato de repasse com entidades privadas sem fins lucrativos.

(A) F, F, V, V.

(B) F, V, V, V.

(C) V, V, V, V.

(D) F, V, V, F.

(E) V, F, V, F.

1: falsa. Nos contratos administrativos em geral, não temos responsabilidade subsidiária, nem solidária do Poder Público contratante com o contratado (art. 25, da Lei 8.987/1995), sendo de responsabilidade integral do ente contratado ou conveniado pelo encargos trabalhistas, fiscais e comerciais; **2:** verdadeira. Trata-se do disposto no art. 1º, III, da Lei 8.180/2013, que assim dispõe: "termo de execução descentralizada - instrumento por meio do qual é ajustada a descentralização de crédito entre órgãos e/ou entidades integrantes dos Orçamentos Fiscal e da Seguridade Social da União, para execução de ações de interesse da unidade orçamentária descentralizadora e consecução do objeto previsto no programa de trabalho, respeitada fielmente a classificação funcional programática"; **3:** verdadeira. Trata-se do disposto no art. 2º, V, a, do Decreto 6.170/2007; **4:** falsa. Não há essa previsão no referido decreto, sendo dispensável a licitação, portanto. **AW**
Gabarito "D".

(Procurador/DF – 2013 – CESPE) Julgue o seguinte item.

(1) No contrato administrativo, é vedada a existência de cláusula compromissória que institua o juízo arbitral para dirimir conflitos relativos a direitos patrimoniais disponíveis pertencentes a sociedade de economia mista.

1: errada, pois, dado o regime de direito privado dessas entidades, o STJ admite a arbitragem na situação mencionada (MS 11.308/DF, DJ 19/05/2008).
Gabarito 1E

(Procurador do Estado/MT – FCC – 2011) De acordo com a Lei n. 8.666/1993, podem ser exigidas dos licitantes garantias de

(A) proposta, apenas para licitação na modalidade concorrência, limitada a 5% do valor estimado para a contratação e de execução contratual, limitada a 10% do valor do contrato.

(B) proposta, limitada a 1% do valor estimado da contratação, e de execução contratual, limitada a 5% do valor do contrato, podendo esta última alcançar até 10% do valor do contrato para obras, serviços e fornecimentos de grande vulto, alta complexidade e riscos financeiros consideráveis, demonstrados em parecer aprovado pela autoridade competente.

(C) proposta e de execução contratual, esta última apenas para contratos de obras na modalidade empreitada integral, ambas limitadas a 5% do valor do contrato, podendo ser prestadas mediante caução em dinheiro, seguro-garantia ou fiança bancária.

(D) proposta e de execução contratual, ambas apenas para contratos de obras, serviços e fornecimentos de grande vulto e alta complexidade, limitadas a 5% do valor do objeto.

(E) execução contratual, limitada a 5% do objeto, podendo alcançar até 10% do valor do contrato para obras, serviços e fornecimentos de grande vulto e alta complexidade, vedada a garantia de proposta, exceto na licitação para alienação de imóveis.

A garantia da proposta é limitada a 1% do valor estimado da contratação (art. 31, III, da Lei 8.666/1993). A garantia de execução contratual é limitada a 5% do valor do contrato (art. 56, § 2º, da Lei 8.666/1993), podendo alcançar até 10% do valor para obras, serviços e fornecimentos de grade vulto, alta complexidade e riscos financeiros consideráveis, demonstrados em parecer aprovado pela autoridade competente (art. 56, § 3º, da Lei 8.666/1993). Dessa forma, a alternativa "b" é a correta.
Gabarito "B".

2. DIREITO ADMINISTRATIVO

(Procurador do Município/Sorocaba-SP – 2012 – VUNESP) Leia as assertivas a seguir:

I. Os contratos celebrados pela Administração Pública compreendem, quanto ao regime jurídico, duas modalidades: os contratos de direito privado e os contratos de direito administrativo.

II. A finalidade de um contrato administrativo, quando sujeita ao direito privado, não necessita ser pública.

III. Quando se cuida do tema contratual, verifica-se que, no que se refere às sujeições impostas à Administração, não diferem os contratos de direito privado e os administrativos; todos eles obedecem a exigências de forma, de procedimento, de competência, de finalidade.

IV. Quando a Administração celebra contratos administrativos, as cláusulas exorbitantes ou de privilégio devem ser explicitadas, sob pena de não valerem.

Está correto apenas o que se afirma em

(A) I e II.

(B) I e III.

(C) II e IV.

(D) I, II e III.

(E) II, III e IV.

I: correta. Quando a Administração celebra contratos em situação de supremacia com o particular, tem-se contrato administrativo (ex: contratação de uma empreiteira para fazer uma obra pública). Já quando a Administração celebra contratos em situação de pé de igualdade com o particular, tem-se contrato regido pelo Direito Privado (ex: contratos de financiamento, seguro e locação em que o Poder Público seja locatário); **II:** incorreta, pois a Administração deve sempre agir em função do interesse público; **III:** correta. De fato, no que tange às *sujeições* da Administração, não há diferença entre os contratos administrativos e os regidos pelo direito privado. A diferença está no que tange às *prerrogativas* na Administração, já que esta tem posição de supremacia em relação ao particular nos contratos administrativos, mas não está nessa mesma posição nos contratos regidos pelo direito privado; **IV:** incorreta, pois tais cláusulas decorrem da lei (art. 58 da Lei 8.666/1993), de maneira que, mesmo não estando nos contratos, elas poderão ser invocadas pela Administração.
Gabarito "B".

(ADVOGADO – BNDES – 2010 – CESGRANRIO) A assessoria jurídica de uma autarquia federal foi questionada a respeito do regime jurídico aplicável aos contratos administrativos celebrados por aquela entidade. A equipe apontou, como característica de tais contratos, a presença de cláusulas que conferem à Administração Pública a prerrogativa de

(A) celebrá-los com prazo de vigência indeterminado.

(B) rescindi-los unilateralmente nos casos de inexecução total ou parcial do ajuste, independente de garantia de prévia defesa ao contratado.

(C) fiscalizar-lhes a execução e aplicar sanções motivadas pela inexecução total ou parcial do ajuste.

(D) prorrogá-los por iguais e sucessivos períodos, com vistas à obtenção de preços e condições mais vantajosas para a Administração, limitando-se a 36 (trinta e seis) meses.

(E) modificá-los unilateralmente para melhor adequação às finalidades de interesse público, ficando o contratado obrigado a aceitar, nas mesmas condições contratuais, os acréscimos ou supressões a serem feitos nas obras, serviços ou compras, até o limite de 30% (trinta por cento) do valor inicial atualizado do contrato.

A: incorreta, pois a duração dos contratos ficará adstrita à vigência dos respectivos créditos orçamentários (art. 57, *caput*, da Lei 8.666/1993), sendo que, mesmo nas exceções previstas em lei, o maior prazo existente na Lei 8.666/1993 é de 120 meses (art. 57, V, da Lei 8.666/1993); **B:** incorreta, pois os casos de rescisão contratual serão formalmente motivados nos autos do processo, assegurado o contraditório e a ampla defesa (art. 78, parágrafo único, da Lei 8.666/1993); **C:** correta (art. 58, III e IV, da Lei 8.666/1993); **D:** incorreta, pois, nesses casos, a limitação é de 60 meses (art. 57, II, da Lei 8.666/1993) e não de 36 meses; **E:** incorreta, pois o limite em questão é de 25% e não de 30% (art. 65, § 1º, da Lei 8.666/1993).
Gabarito "C".

11.2. Alteração dos contratos

(Procurador do Estado/AC - 2017 - FMP) Considerando a problemática da responsabilidade da Administração Pública por encargos de natureza diversa gerados pelo inadimplemento de empresa terceirizada, tomem-se os seguintes aspectos:

I. É vedada a responsabilização automática da Administração Pública pelos encargos trabalhistas, só cabendo a sua condenação se houver prova inequívoca de sua conduta omissiva ou comissiva na fiscalização dos contratos.

II. A Administração Pública responde solidariamente com o contratado pelos encargos previdenciários resultantes da execução do contrato.

III. O inadimplemento dos encargos trabalhistas dos empregados do contratado não transfere automaticamente ao poder público contratante a responsabilidade pelo seu pagamento, seja em caráter solidário ou subsidiário.

Das assertivas acima, estão corretas

(A) apenas a I e a II.

(B) apenas a III.

(C) apenas a I e a III.

(D) apenas a II e a III.

(E) a I, a II e a III.

O tema referente à responsabilidade da Administração contratante pelos encargos do contratado está disciplinado no art. 71 da Lei 8.666/93, além de contar com importante jurisprudência do STF. A assertiva III está correta, nos termos do RE 760.931/DF (Pleno, Rel. Min. Rosa Weber, DJe 12/09/2017), no qual o STF fixou a seguinte tese: "O inadimplemento dos encargos trabalhistas dos empregados do contratado não transfere automaticamente ao Poder Público contratante a responsabilidade pelo seu pagamento, seja em caráter solidário ou subsidiário, nos termos do art. 71, § 1º, da Lei 8.666/93." Além disso, nesse mesmo julgado, reiterando decisão anterior da mesma corte (ADC 16/DF, Pleno, Min. Cezar Peluso, DJe 09/09/2011), o STF fixou que a Administração Pública somente pode ser condenada se houver prova inequívoca de sua conduta omissiva ou comissiva na fiscalização dos contratos. Nesse sentido, correta a assertiva I. Por fim, nos termos do art. 71, § 2º, da Lei 8.666/93, a Administração Pública responde solidariamente com o contratado pelos encargos previdenciários resultantes da execução do contrato. Assim, correta a assertiva II. Conclui-se, portanto, que todas as três assertivas estão corretas.
Gabarito "E".

(Procurador – IPSMI/SP – VUNESP – 2016) Sobre os contratos administrativos, assinale a alternativa correta.

(A) Em regra, a vigência dos contratos ficará restrita à vigência dos respectivos créditos orçamentários.

(B) Por se tratar de garantia do contratado, a invocação do equilíbrio econômico-financeiro não pode ser realizada pela Administração para revisar o contrato administrativo.

(C) O fato do príncipe é o fato praticado pela Administração que repercute direta e exclusivamente sobre o contrato administrativo.

(D) É permitido a qualquer licitante o conhecimento dos termos do contrato e do respectivo processo licitatório e, a qualquer interessado, a obtenção de cópia autenticada de forma gratuita.

(E) O Supremo Tribunal Federal considerou inconstitucional o dispositivo da Lei 8.666/1993 que veda a responsabilização da Administração em caso de inadimplemento pelo contratado de encargos trabalhistas.

A: Correta. Trata-se do disposto no art. 57, "caput", da Lei 8.666/1993. **B:** Incorreta. O Poder Público sempre poderá rever os preços e alterar os contratos administrativos, inclusive de forma unilateral (art. 57, § 1º e 58, II, da Lei 8.666/1993). **C:** Incorreta. O Fato do Príncipe é uma ação estatal sem relação direta com o contrato que nele repercute, mas de forma indireta, como o clássico exemplo da alíquota de imposto majorada, que altera o equilíbrio econômico financeiro incialmente estabelecido pelos contratantes. **D:** Incorreta. Não existe previsão para obtenção de cópia autenticada gratuita na Lei de Licitações, que é a Lei que regulamenta os contratos administrativos, sendo incorreta a questão. **E:** Incorreta. Na verdade, houve o reconhecimento da constitucionalidade do dispositivo da Lei 8.666/1993, art. 71, § 1º, sobre a vedação da responsabilidade da Administração no caso de inadimplemento do contratado por dívidas trabalhistas, conforme se verifica a seguir: ADC 16/DF (24/11/2010). Ementa: Responsabilidade Contratual. Subsidiária. Contrato com a administração pública. Inadimplência negocial do outro contraente. Transferência consequente e automática dos seus encargos trabalhistas, fiscais e comerciais, resultantes da execução do contrato, à administração. Impossibilidade jurídica. Consequência proibida pelo art., 71, § 1º, da Lei federal 8.666/1993. Constitucionalidade reconhecida dessa norma. Ação direta de constitucionalidade julgada, nesse sentido, procedente. Voto vencido. É constitucional a norma inscrita no art. 71, § 1º, da Lei federal 8.666, de 26 de junho de 1993, com a redação dada pela Lei 9.032, de 1995. **AW**

Gabarito "A".

(Procurador – SP – VUNESP – 2015) Considerando que, no âmbito dos contratos firmados com a Administração, deve prevalecer a supremacia do interesse público, admite(m)-se, como cláusula exorbitante,

(A) a faculdade de exigir garantia nos contratos de obras, serviços e compras, cuja modalidade será escolhida pela Administração Pública contratante, dentre aquelas previstas em lei.

(B) a modificação dos contratos pela Administração Pública, unilateralmente, para melhor adequação às finalidades de interesse público, respeitados os direitos do contratado.

(C) a rescisão unilateral por inadimplemento, por culpa comprovada do contratado ou da Administração Pública, que derem causa ao cumprimento irregular das cláusulas contratuais.

(D) o acompanhamento e a fiscalização por um representante da Administração, servidor público especialmente designado, que não poderá ser terceiro contratado.

(E) a aplicação da exceção de contrato não cumprido, pelo contratado que poderá interromper a execução

dos serviços se a Administração Pública contratante restar inadimplente.

A: Incorreta. Uma cláusula exorbitante é a que " exorbita ao direito privado", ou seja, que estabelece regras alheias aos demais contratos. No caso, temos todas as previstas no art. 58, da Lei 8.666/1993, onde não há nenhuma faculdade, e sim, imposições de rescisões unilaterais, de alterações unilaterais etc. **B:** Correta. Perfeito. Trata-se do disposto no art. 58, I, da Lei 8.666/1993. **C:** Incorreta. A rescisão é unilateral, mas as hipóteses são de descumprimento de cláusulas e condições pelo contratado, e não pelo Poder Público. **D:** Incorreta. Não há especificação de quem acompanhará a fiscalização, podendo ser uma autoridade designada (art. 78, VII, da Lei 8.666/1993). **E:** Incorreta. Sendo uma cláusula exorbitante, não há que se falar em prerrogativas do contratado, e sim, do Poder Público. **AW**

Gabarito "B".

(Procurador do Estado – PGE/PR – PUC – 2015) A respeito do regime brasileiro dos contratos administrativos, é **CORRETO** afirmar que:

(A) O reajuste contratual se identifica com a revisão contratual, pois as expressões são sinônimas e possuem os mesmos pressupostos fáticos e normativos.

(B) A Administração Pública não celebra apenas contratos administrativos, mas também tem legitimidade para pactuar contratos de direito privado.

(C) As "cláusulas exorbitantes" são sintetizadas na prerrogativa da Administração Pública de impor unilateralmente sanções administrativas pecuniárias.

(D) A regra de exceção de contrato não cumprido (*exceptio non adimplet contractus*) é absoluta e inaplicável aos contratos administrativos.

(E) O contrato administrativo exclui a necessidade de existir acordo de vontades entre as partes contratantes, vez que a Administração Pública deve obediência ao interesse público, além de ser detentora do *ius variandi*.

A: incorreta. O reajuste é diferente da revisão. A revisão ocorre para manter o equilíbrio-econômico financeiro em caso de aplicação da Teoria da Imprevisão (art. 65, II, *d*, da Lei 8.666/1993). Já o reajuste contratual pressupõe aumento do valor do contrato para aumentar o lucro, sem fundamentação na equalização dos preços, portanto; **B:** correta. A Administração Pública, seguindo seu interesse público secundário, quando explora atividade econômica, por exemplo, celebra contratos administrativos visando ao lucro, e conforme regras de direito privado (art. 173, CF); **C:** incorreta. As "cláusulas exorbitantes" possibilitam outras condutas por parte do Poder Público contratante, como a rescisão unilateral, a alteração unilateral do contrato, a imposição de multa e possibilidade de fiscalização da execução do contrato; **D:** incorreta. A regra da "exceptio" é relativa quando a Administração é parte, ou seja, nos contratos administrativos, sendo que só vale quando descumprido o contrato por mais de 90 dias (art. 78, XV, da Lei 8.666/1993); **E:** incorreta. O contrato é um "acordo de vontades" e, mesmo sendo regido por normas de direito público, conforme disposto no art. 54, da Lei 8.666/1993. **AW**

Gabarito "B".

(Procurador do Estado – PGE/RN – FCC – 2014) Considere as afirmações abaixo que se prestam a descrever as prerrogativas da Administração pública, quanto atua na condição de contratante para aquisição de bens ou serviços e execução de obras, consubstanciadas nas denominadas cláusulas exorbitantes do contrato administrativo, derrogatórias do regime contratual de direito privado.

2. DIREITO ADMINISTRATIVO — 189

I. Possibilidade de rescisão unilateral, pela Administração, por razões de interesse público, de alta relevância e amplo conhecimento, justificadas e exaradas, no processo correspondente, pela autoridade máxima da esfera administrativa a que se encontra subordinado o contratante.

II. Possibilidade de modificação unilateral pela Administração, para alteração da equação econômico--financeira original.

III. Proibição da suspensão, pelo contratado, do cumprimento de suas obrigações contratuais, mesmo na hipótese de atraso nos pagamentos devidos pela Administração contratante, salvo se o atraso for superior a 90 dias e não seja verificada situação de guerra, grave perturbação da ordem interna ou calamidade pública.

Está correto o que se afirma APENAS em:

(A) II.

(B) I e III.

(C) I.

(D) III.

(E) I e II.

I: correta. Trata-se do disposto no art. 58, II, da Lei 8.666/1993; **II:** incorreta. Temos a aplicação do art. 58, II, da Lei 8.666/1993, que exige o respeito dos direitos dos contratados; **III:** correta. Trata-se da relativização da cláusula da "exceptio non adimpleti contractus" prevista no art. 78, XV, da Lei 8.666/1993. **AW**

Gabarito "B".

(Procurador do Estado – PGE/RN – FCC – 2014) Determinado ente federado celebrou regular contrato de concessão do serviço público de exploração de rodovia precedida de obra pública. O contrato, nos moldes do que prevê a Lei nº 8.987/1997, delegou o serviço público para ser executado pela concessionária por sua conta e risco. Ocorre que durante as obras de implantação da rodovia, a concessionária identificou a existência de contaminação do solo em trecho significativo do perímetro indicado pelo poder concedente. Foi necessário, assim, longo trabalho de identificação do agente contaminante e complexa e vultosa descontaminação. Considerando-se que o perímetro da rodovia foi indicado pelo poder concedente, bem como que a responsabilidade pelo passivo ambiental pela execução da obra foi atribuído para a concessionária,

(A) a responsabilidade pela descontaminação incumbe à concessionária, que pode, no entanto, invocar os atrasos no cronograma e os vultosos prejuízos comprovados para pleitear o reequilíbrio econômico--financeiro do contrato, na hipótese de intercorrência não passível de identificação anterior pelos licitantes.

(B) cabe integral responsabilidade à concessionária, tendo em vista que o regime da chamada concessão comum não admite superveniências que conduzam a lógica do reequilíbrio econômico-financeiro do contrato.

(C) diante da ausência de previsibilidade do evento, impõe-se a repartição dos riscos, em igual proporção, lógica que rege os contratos de concessão comum.

(D) a responsabilidade pela descontaminação incumbe integralmente ao poder concedente, na medida em que foi responsável pela escolha da área e em razão de não haver previsão expressa no contrato, o que desloca o ônus para o ente público contratante.

(E) os custos e prejuízos experimentados devem ser integralmente repassados à tarifa, após o início da operação, como expressão do direito subjetivo da concessionária ao reequilíbrio econômico-financeiro do contrato.

A: Correta. Trata-se de uma "sujeição imprevista" (são problemas de ordem material, que oneram ou dificultam a realização de uma obra contratada, sendo desconhecidas de quando da celebração do contrato) que autoriza a revisão do contrato (art. 65, II, *d*, da Lei 8.666/1993) para o restabelecimento do equilíbrio econômico-financeiro; **B:** incorreta. Como explicado acima, aplica-se ao caso a Teoria da Imprevisão, que garante a manutenção do equilíbrio econômico-financeiro do contrato; **C:** incorreta. Conforme disposto no art. 65, II, *d*, da Lei 8.666/1993, é possível a revisão do contrato para aplicar a Teoria da Imprevisão pela superveniência de causa desconhecida que alterou o equilíbrio econômico-financeiro do contrato; **D:** incorreta. O ônus é do contratado, que poderá pedir a revisão do contrato; **E:** incorreta. Os custos devem ser revisados, podendo ser repassados ao usuário, mas também suportados pelo contratado. **AW**

Gabarito "A".

(Procurador do Estado – PGE/RN – FCC – 2014) Foi instaurada licitação para contratação de obras de construção de uma ponte intermunicipal. Após homologação do certame e adjudicação do objeto ao vencedor, adveio medida econômica que ensejou alta nos juros cobrados pelo mercado para financiamentos de projetos de infraestrutura. Antes da assinatura do contrato, a contratada apresentou proposta de redução da garantia em 2%, a fim de conseguir baixar seus custos de financiamento e preservar a taxa de retorno interno de seus investimentos. A proposta, lembrando que o vencedor tem intenção de assinar o contrato,

(A) não pode ser acatada, a não ser que se comprove que nenhum dos classificados teria condição de manter a proposta originariamente vencedora.

(B) não pode ser acatada pela Administração pública, sob pena de violação ao princípio da vinculação ao instrumento convocatório, tendo em vista que a variação das taxas de juros constitui evento previsível e, portanto, configura álea ordinária.

(C) pode ser acatada pela Administração pública, seguida de aditamento do contrato para introduzir a alteração pretendida por se tratar de álea ordinária.

(D) deve ser acatada pela Administração pública para fins de preservação do equilíbrio econômico-financeiro do contrato, vez que o contratado foi onerado por motivo alheio à sua vontade.

(E) pode ser acatada pela Administração pública caso se comprove que a alteração pretendida pela contratada continuaria a qualificar sua proposta como mais vantajosa.

A: incorreta. Trata-se da aplicação da Teoria da Imprevisão, pois ocorreu um "Fato do Príncipe" ("alea" econômica, que alterou o equilíbrio contratual inicialmente estabelecido), sendo possível a revisão do contrato, conforme disposto no art. 65, II, *d*, da Lei 8.666/1993; **B:** incorreta. A garantia contratual não pode ser superior a 5% do valor do contrato e pode ser exigida, a critério da autoridade competente (art. 56, e § 2º da Lei 8.666/1993), de forma que poderá ser "negociada", ainda mais ocorrendo uma "alea" imprevisível; **C:** incorreta. Trata-se de uma "alea" extraordinária, sendo esse o erro da assertiva; **D:** correta. Como já explicado, temos a ocorrência do "Fato do Príncipe", que alterou o equilíbrio econômico-financeiro estabelecido originariamente entre as partes, por isso pode o Poder Público reduzir o porcentual dado em garantia, seguindo-se o disposto no art. 56 "caput" e § 2º, da Lei 8.666/1993, assim como art. 65, II, *d*, do mesmo diploma legal; **E**: incorreta. A proposta já foi escolhida. O procedimento já concluído, sendo apenas necessária adequação do contrato para que continue havendo o equilíbrio contratual. AW

Gabarito "D".

(Procurador Distrital – 2014 – CESPE) Dada a necessidade de aumento da rede pública de ensino do estado Y, o secretário de educação, com o intuito de construir uma nova escola pública, resolveu consultar a procuradoria do estado para que esta esclarecesse algumas dúvidas relacionadas ao modelo licitatório e às normas contratuais aplicáveis à espécie. Com referência a essa situação hipotética, julgue o seguinte item.

(1) Desde que haja previsão editalícia e contratual, e depois de demonstrada analiticamente a variação dos custos, a eventual contratada no processo licitatório poderá solicitar a repactuação dos preços ajustados.

1: incorreta, pois havendo variação de custos que se encaixe numa das hipóteses previstas na lei (art. 65, II, "d" e § 5º, da Lei 8.666/1993), o particular terá direito ao reequilíbrio econômico-financeiro, independentemente de previsão no edital ou no contrato.

Gabarito 1E

(Procurador do Estado/AC – FMP – 2012) A Lei n. 8.666, de 21 de junho de 1993, contempla o tratamento dos contratos administrativos, examinando a matéria assinale a alternativa **INCORRETA**.

(A) É possível a alteração bilateral para contemplar acréscimos ou supressões que não excedam trinta por cento do valor inicial atualizado do contrato.

(B) A Administração pode modificar, unilateralmente, o contrato para melhor adequação às finalidades de interesse público, respeitados os interesses do contratado.

(C) A Administração pode rescindir unilateralmente o contrato na hipótese de dissolução da sociedade ou falecimento do contratado.

(D) O caso fortuito ou força maior, com a devida comprovação, se impeditivos da execução, podem dar motivo à rescisão contratual.

A: assertiva incorreta, devendo ser assinalada; pois o limite é de 25% e não de 30% (art. 65, § 1º, da Lei 8.666/1993); **B:** assertiva correta (art. 58, I, da Lei 8.666/1993); **C:** assertiva correta (art. 78, X, da Lei 8.666/1993); **D:** assertiva correta (art. 78, XVII, da Lei 8.666/1993).

Gabarito "A".

11.3. Execução do contrato

(Procurador do Estado – PGE/RS – Fundatec – 2015) Nos contratos administrativos, o fato do príncipe:

(A) enseja reequilíbrio econômico-financeiro do contrato somente quando originário do mesmo ente federativo contratante.

(B) enseja indenização ao contratado por meio de providência adotada ao final do contrato.

(C) enseja reequilíbrio econômico-financeiro do contrato por meio de providência concomitante ou adotada logo em seguida a sua ocorrência.

(D) não enseja direito à indenização em virtude da validade jurídica da medida adotada.

(E) não enseja direito à indenização ou reequilíbrio econômico-financeiro do contrato, tendo em vista que não existe direito adquirido oponível a atos futuros do Poder Público.

A: incorreta. O "fato do príncipe" é uma determinação geral estatal que atinge a todos, inclusive os contratantes, por isso não tem restrições quanto ao Ente Federativo do qual se origina; **B:** incorreta. O "fato do príncipe" enseja indenização ao contratado durante a execução do contrato, a fim de que ele retorne ao seu equilíbrio econômico-financeiro; **C:** correta. Trata-se do disposto no art. 65, II, *b*, da Lei 8.666/1993, que dispõe sobre a alteração e ajuste contratual, durante o seu prazo de execução, no caso de incidência de quaisquer fatos decorrentes da "teoria da imprevisão", ou do "fato do príncipe"; **D:** incorreta. Qualquer alteração contratual, sem culpa do contratado, enseja indenização, conforme disposto nos arts. 65 a 79, da Lei 8.666/1993; **E:** incorreta. Há direito à indenização, eis que se trata de uma alteração sem culpa do contratado (art. 65, § 6º, da Lei 8.666/1993). AW

Gabarito "C".

11.4. Extinção do contrato

(Procurador do Estado/AC – FMP – 2012) Conforme a Lei 8.666, de 21 de junho de 1993, no tocante à nulidade do contrato administrativo, assinale a alternativa **CORRETA**.

(A) A declaração de nulidade do contrato administrativo admite indenização por serviços executados e prejuízos não imputáveis ao contratado.

(B) A declaração de nulidade do contrato administrativo opera efeitos *ex nunc*, prevalecendo os atos já praticados.

(C) A declaração de nulidade exonera a Administração de indenizar o contratado, ainda que já tenha executado parcialmente o contrato.

(D) A declaração de nulidade do contrato administrativo opera efeitos *ex tunc*, facultando a responsabilização.

A: correta (art. 59, parágrafo único, da Lei 8.666/1993); **B:** incorreta, pois os efeitos são retroativos (*ex tunc*), nos termos do art. 59, *caput*, da Lei 8.666/1993; **C:** incorreta, pois o dever de indenização existe pelo que o contratado houver executado até a data da anulação e por outros prejuízos comprovados, salvo demonstração de má-fé deste (art. 59, parágrafo único, da Lei 8.666/1993); **D:** incorreta, pois a frase "facultando a responsabilização" é falsa, pois o art. 59, parágrafo único, da Lei 8.666/1993 DETERMINA a promoção da responsabilidade de quem deu causa à nulidade.

Gabarito "A".

11.5. Figuras assemelhadas (contrato de gestão, termo de parceria, convênio, contrato de programa etc.)

(Procurador do Município - S.J. Rio Preto/SP - 2019 - VUNESP) A obra contratada por estatal sob regime de contratação semi-integrada é aquela que:

(A) envolve a elaboração e o desenvolvimento do projeto executivo, a execução de obras e serviços de engenharia, a montagem, a realização de testes, a pré-operação e as demais operações necessárias e suficientes para a entrega final do objeto.

(B) exceto pelos projetos básico ou executivo, compreende todas as etapas das obras, serviços e instalações necessárias, sob inteira responsabilidade da contratada até a sua entrega ao contratante em condições de

2. DIREITO ADMINISTRATIVO · 191

entrada em operação, atendidos os requisitos técnicos e legais para sua utilização em condições de segurança estrutural e operacional e com as características adequadas às finalidades para que foi contratada.

(C) envolve a execução, por equipes integradas por profissionais da contratada atuando em conjunto com profissionais da estatal contratante, de obras e serviços de engenharia, a montagem, a realização de testes, a pré-operação e as demais operações necessárias e suficientes para a entrega final do objeto.

(D) envolve a elaboração e o desenvolvimento dos projetos básico e executivo, a execução de obras e serviços de engenharia, mas não a montagem, a realização de testes e a pré-operação.

(E) envolve a elaboração e o desenvolvimento dos projetos básico e executivo, a execução de obras e serviços de engenharia, a montagem, a realização de testes, a pré-operação e as demais operações necessárias e suficientes para a entrega final do objeto.

O regime das empresas estatais está incorporado na Lei 13.303/16. Nos termos de seu art. 42, V, contratação semi-integrada é aquela que envolve a elaboração e o desenvolvimento do projeto executivo, a execução de obras e serviços de engenharia, a montagem, a realização de testes, a pré-operação e as demais operações necessárias e suficientes para a entrega final do objeto. Já a contratação integrada envolve a elaboração e o desenvolvimento dos projetos básico e executivo, a execução de obras e serviços de engenharia, a montagem, a realização de testes, a pré-operação e as demais operações necessárias e suficientes para a entrega final do objeto (art. 42, VI). A diferença entre tais contratações é que a integrada inclui a fase do projeto básico, ausente na contratação semi-integrada. Assim, correta a alternativa A. **RB**
Gabarito "A".

(Procurador do Estado – PGE/MT – FCC – 2016) A Administração Pública adota várias modalidades de ajustes administrativos para poder executar suas tarefas. Nesse sentido, segundo a legislação vigente,

(A) o contrato de parceria público-privada não é compatível com a cobrança de tarifas dos usuários do serviço público, sendo suportado exclusivamente pela contrapartida do parceiro público.

(B) é denominado contrato de gestão o ajuste celebrado com as organizações da sociedade civil de interesse público, visando à formação de vínculo de cooperação entre as partes, para o fomento e a execução das atividades de interesse público.

(C) o regime de empreitada integral, também denominado de *turn key,* não é admissível, conforme entendimento do Tribunal de Contas da União, por impedir o adequado controle do dispêndio de recursos públicos.

(D) o chamado contrato de programa é o contrato administrativo em que a Administração defere a terceiro a incumbência de orientar e superintender a execução de obra ou serviço, mediante pagamento de importância proporcional ao seu custo total.

(E) é denominado contrato de rateio o ajuste celebrado, em cada exercício financeiro, entre entes participantes de consórcio público, para fins de alocação de recursos necessários ao desempenho das atividades do consórcio.

A: incorreta. O contrato de Parceria Público-Privada pressupõe a cobrança de tarifas dos usuários e uma contraprestação do parceiro

público (art. 2°, da Lei 11.019/2004); **B:** incorreta. Para as OSCIP temos os termos de parceria. Os contratos de gestão são celebrados pelas Agências Executivas (art. 37, § 8°, CF); **C:** incorreta. O art. 10, da Lei 8.666/1993 admite integralmente esse regime; **D:** incorreta. O contrato de programa é realizado pelos entes consorciados (art. 13, § 1°, II, da Lei 11.107/2005), sendo o contrato pelo qual se estabelece "os procedimentos que garantam a transparência da gestão econômica e financeira de cada serviço em relação a cada um de seus titulares"; E: correta. Perfeito. Trata-se do disposto no art. 8°, § 1°, da Lei 11.107/2005). **AW**
Gabarito "E".

(Procurador do Estado/PR – UEL-COPS – 2011) De acordo com a legislação paranaense, o convênio constitui uma forma de ajuste entre o Poder Público e entidades públicas ou privadas, buscando a consecução de objetivos de interesse comum, por colaboração recíproca, distinguindo-se dos contratos pelos seguintes traços característicos, exceto:

(A) desigualdade jurídica dos partícipes;

(B) não persecução da lucratividade;

(C) possibilidade de denúncia unilateral por qualquer dos partícipes, na forma prevista no ajuste;

(D) diversificação da cooperação oferecida por cada partícipe;

(E) responsabilidade dos partícipes limitada, exclusivamente, às obrigações contraídas durante o ajuste.

Não se deve confundir convênio com contrato administrativo. Neste há obrigações recíprocas (um quer uma coisa ou serviço e o outro quer uma remuneração em dinheiro), ao passo que naquele há interesses comuns (os convenentes querem desenvolver um projeto comum, dividindo tarefas), estabelecendo-se uma parceria para unir esforços no cumprimento desse interesse comum. No primeiro, não há fim lucrativo, ao passo que no segundo há. No convênio, como não há reciprocidade de obrigações, cabe denúncia unilateral por qualquer dos partícipes, na forma prevista no ajuste. A única alternativa que está em desacordo com o espírito do convênio é a "a" (desigualdade jurídica dos partícipes), pois, no convênio há interesses comuns de interesse público, não havendo pertinência em se falar em desigualdade entre os partícipes.
Gabarito "A".

12. SERVIÇOS PÚBLICOS

12.1. Conceito, características principais, classificação e princípios

(Procurador do Estado – PGE/RN – FCC – 2014) De acordo com a Constituição Federal, determinada atividade, quando erigida à condição de serviço público,

(A) somente admite a exploração por particular nas hipóteses explicitadas na própria Constituição como serviços públicos não exclusivos.

(B) torna imperativa a sua prestação direta pelo poder público.

(C) afasta a possibilidade de exploração econômica por particulares, salvo em caráter complementar ou subsidiário ao poder público.

(D) constitui obrigação do poder público, que pode prestá-la diretamente ou sob o regime de concessão ou permissão a particulares.

(E) sujeita-se ao regime de direito público, que proíbe a exploração com intuito lucrativo.

A: incorreta. Não há na Constituição Federal a conceituação do que vem a ser serviço público exclusivo (art. 175, CF); **B:** incorreta. O art.

175, CF, admite a prestação de forma direta ou indireta dos serviços públicos; **C:** incorreta. As atividades econômicas só são restringidas ao Poder Público, ou seja, só pode ele as explorar nas hipóteses previstas no art. 173, CF; **D:** correta. Perfeita a assertiva, sendo exatamente o disposto no art. 175, CF; **E:** incorreta. É possível a exploração de atividade econômica pelo Estado, quando imperativo à segurança nacional ou relevante interesse coletivo (art. 173, CF). AW

Gabarito "D".

(Procurador do Município/São José dos Campos-SP – 2012 – VUNESP) Em relação à classificação dos serviços públicos, é correto afirmar que Serviços

(A) de Utilidade Pública são os que a Administração, reconhecendo sua necessidade para os membros da coletividade, presta-os diretamente.

(B) próprios do Estado são aqueles que se relacionam diretamente com as atribuições do Poder Público e, para a execução dos quais, a Administração usa de sua supremacia com os administrados.

(C) industriais são os que produzem renda para quem os presta, porém essa remuneração é denominada contribuição de melhoria.

(D) gerais, como o de iluminação pública, são os que a Administração presta quando tem usuários determinados.

(E) públicos individuais são os que têm usuários determinados, porém uma vez implantados não geram direitos à sua obtenção por todos os administrados.

A: incorreta. Serviços de utilidade pública (ou *serviços impróprios do Estado*) são aqueles que podem ser executados não só diretamente pela Administração, como também por concessionário; **B:** correta, pois os *serviços próprios do Estado* são aqueles que só a Administração pode prestar, exatamente por se relacionarem com as próprias atribuições do Poder Público; naturalmente, em tais serviços a Administração tem o poder de usar a supremacia; **C:** incorreta, pois, apesar de ser correto dizer que tais serviços são os que produzem renda para quem os presta, a remuneração desses serviços não se dá por meio de tributos, mas sim por meio de preço ou tarifa; **D:** incorreta, pois os serviços gerais, por definição, têm usuários gerais ou indeterminados; **E:** incorreta, pois todos os serviços públicos devem respeitar o dever de generalidade, de modo que todos os administrados têm direito à sua obtenção.

Gabarito "B".

12.2. Autorização e Permissão de serviço público

(Procurador Municipal/SP – VUNESP – 2016) O ato administrativo unilateral, discricionário e precário, gratuito ou oneroso, pelo qual a Administração Pública faculta a utilização privativa de bem público, para fins de interesse público, é a definição de

(A) autorização.

(B) concessão.

(C) retrocessão.

(D) permissão.

(E) tredestinação.

A: Incorreta. Na autorização temos um ato administrativo unilateral, discricionário e precário, mas em que o Poder Público faculta o exercício de uma atividade ou do bem ou uso, no interesse do particular, e não no interesse público, como consta do enunciado. **B:** Incorreta. A concessão é um contrato administrativo, e não um ato administrativo, como descrito no enunciado. **C:** Incorreta. A retrocessão é o retorno do bem ao ex-proprietário por motivos de ilegalidade no cumprimento do decreto

expropriatório. **D:** Correta. Na permissão temos exatamente a definição do enunciado: um ato administrativo unilateral, discricionário e precário em que há transferência de serviço ou uso de bem ou realização de obra, no interesse do Poder Público. **E:** Incorreta. A tredestinação é a alteração da finalidade do bem expropriado constante do ato expropriatório, não sendo ato administrativo, e sim, um fato administrativo. AW

Gabarito "D".

(Procurador do Município/Sorocaba-SP – 2012 – VUNESP) Constitui característica da permissão de serviço público, entre outras:

(A) o serviço pode ser cedido pelo permissionário.

(B) independe de licitação, se assim atender o interesse público.

(C) deve ser concedida com fixação de prazo.

(D) tem a titularidade de seu objeto transferida ao particular.

(E) pode ser revogada a qualquer momento, em razão de interesse público.

A: incorreta, pois a permissão se dá *intuitu personae*; **B:** incorreta, pois depende sim de licitação (art. 2º, IV, da Lei 8.987/1995); **C:** incorreta, pois a lei não exige a fixação de prazo, até porque a permissão é precária (art. 2º, IV, da Lei 8.987/1995), ou seja, pode ser revogada a qualquer tempo, sendo desnecessária, assim, a fixação de prazo; **D:** incorreta, pois, seja na permissão, seja na concessão o particular não recebe a titularidade do serviço público, que continua sendo do Poder Público, mas apenas a possibilidade de executar o serviço público; **E:** correta, pois a permissão, como se viu, é precária, ou seja, pode ser revogada a qualquer tempo, de modo a atender ao interesse público (art. 2º, IV, da Lei 8.987/1995).

Gabarito "E".

(ADVOGADO – PETROBRÁS – 2012 – CESGRANRIO) De acordo com a norma do artigo 175 da Constituição da República, incumbe ao poder público, diretamente ou sob regime de concessão ou permissão, sempre através de licitação, a prestação de serviços públicos.

A esse respeito, qual a natureza jurídica da permissão de serviço público?

(A) Contrato de programa

(B) Contrato de adesão

(C) Ato administrativo qualificado

(D) Ato administrativo complexo

(E) Ato administrativo composto

A permissão de serviço público é "a delegação, a título precário, mediante licitação, da prestação de serviços públicos, feita pelo poder concedente à pessoa física ou jurídica que demonstre capacidade para seu desempenho, por sua conta e risco" (art. 2º, IV, da Lei 8.987/1995). Repare que a natureza material é de ato unilateral e precário. Porém, a mesma Lei 8.987/1995 estabelece que a permissão será formalizada por meio de contrato de adesão. Assim, em sentido formal, a permissão tem natureza de contrato de adesão (art. 40 da Lei 8.987/1995).

Gabarito "B".

12.3. Concessão de serviço público

(Procurador do Município - Valinhos/SP - 2019 - VUNESP) Com relação à subconcessão prevista na Lei 8.987/95, é correto afirmar:

(A) é integralmente vedada.

(B) nos termos previstos no contrato de concessão, é admitida apenas na hipótese de o poder concedente ser a União.

(C) é admitida, entretanto o subconcessionário não se sub-rogará nos direitos e obrigações da subconcedente.

(D) é vedada na hipótese de concessão de serviços públicos.

(E) nos termos previstos no contrato de concessão, é admitida desde que expressamente autorizada pelo poder concedente.

Comentário: A Lei 8.987/95 dispõe sobre o regime de concessão comum de serviços públicos. No que se refere à subconcessão, é admitida, nos termos previstos no contrato de concessão, desde que expressamente autorizada pelo poder concedente, cf. art. 26, "caput"; (alternativa E correta; alternativas A, B e D incorretas). Além disso, o subconcessionário se sub-rogará todos os direitos e obrigações da subconcedente dentro dos limites da subconcessão, cf. art. 26, § 2º (alternativa C incorreta). RB

Gabarito "E".

(Procurador do Estado – PGE/MT – FCC – 2016) No tocante aos aspectos econômicos e tarifários das concessões de serviço público, a Lei nº 8.987/95 dispõe:

(A) Na contratação das concessões de serviços públicos, deve haver a repartição objetiva dos riscos entre as partes.

(B) O inadimplemento do usuário não é circunstância justificável para a interrupção na prestação dos serviços públicos.

(C) A cobrança de pedágios em rodovias públicas somente é possível por meio do oferecimento de via alternativa e gratuita para o usuário.

(D) Os contratos poderão prever mecanismos de revisão das tarifas, a fim de manter-se o equilíbrio econômico-financeiro, vedada a revisão em período inferior a um ano.

(E) A alteração das alíquotas do imposto de renda não é causa que justifique pedido de revisão tarifária pela concessionária.

A: incorreta. O contratado assume a prestação de serviços por sua conta e risco, conforme disposto no art. 2º, II, da Lei 8.987/1995; B: incorreta. A inadimplência do usuário pode levar à interrupção do serviço, desde que com prévio aviso do Poder Concedente (art. 6º, § 3º, da Lei 8.987/1995); C: incorreta. A cobrança de pedágio é a tarifa cobrado pelo uso do serviço público, sendo uma alternativa do poder concedente a disponibilização de outras fontes alternativas (art. 11, da Lei 8.987/1995); D: incorreta. Não há prazo mínimo para revisão contratual, sendo essa possível sempre que ocorrerem causas imprevisíveis ou previsíveis, mas que onerem uma das partes e alterem o equilíbrio econômico-financeiro. (art. 58, I, da Lei 8.666/1993); E: correta. Trata-se de "fato do príncipe", que enseja a revisão das cláusulas contratuais para que seja mantido o equilíbrio econômico-financeiro, sendo que esse pode ser mantido de outra forma, sem alteração de tarifas, por exemplo, e sim, com diluição de prazos, com aporte maior pelo Poder Público, dentre outras formas. AW

Gabarito "E".

(Procurador do Estado – PGE/PA – UEPA – 2015) Sobre concessão e permissão da prestação de serviços públicos, considerando-se o disposto pela Lei nº8.987/1995 é INCORRETO afirmar que:

(A) toda concessão ou permissão pressupõe a prestação de serviço adequado ao pleno atendimento dos usuários, conforme estabelecido na Lei n. 8.987/1995, nas normas pertinentes e no respectivo contrato.

(B) dentre os direitos e obrigações dos usuários dos serviços públicos prestados em regime de concessão e permissão está o de o usuário receber do poder concedente e da concessionária informações para a defesa de interesses individuais e coletivos.

(C) a concessão de serviço público não precedida de execução de obra pública não será objeto de prévia licitação.

(D) dentre as cláusulas essenciais do contrato de concessão de serviço público está aquela referente aos direitos e deveres dos usuários para obtenção e utilização do serviço.

(E) extingue-se a concessão por encampação.

A: correta. A Lei 8.987/1995, art. 6º, dispõe exatamente o que consta dessa assertiva quanto ao serviço adequado e pleno atendimento aos usuários; B: correta. Trata-se do disposto no art. 7º, II, da Lei 8.987/1995; C: incorreta. Toda concessão, seja ela precedida ou não da execução de obra, deve ser previamente licitada (art. 2º, II, da Lei 8.987/1995; D: correta. Trata-se do disposto no art. 23, V, da Lei 8.987/1995; E: correta. Sim, realmente, uma das formas de extinção da concessão é a encampação (art. 35, II, da Lei 8.987/1995). AW

Gabarito "C".

(Procurador do Estado – PGE/BA – CESPE – 2014) Em relação aos bens públicos, julgue o item seguinte.

(1) Para a utilização de espaço de prédio de autarquia para o funcionamento de restaurante que atenda aos servidores públicos, é obrigatória a realização de licitação e a autorização de uso de bem público.

1: incorreta. No caso, a autarquia deve realizar licitação para contratação de um prestador desse serviço, sendo um contrato de concessão, e não de autorização de uso de bem público (essa é ato administrativo, que prescinde de licitação, e sempre no interesse do particular). AW

Gabarito 1E

(Procurador do Estado – PGE/RN – FCC – 2014) Um consórcio contratado pela Administração pública com base na Lei nº 8.666/1993, para realização de prestação de serviços de interesse público subcontratou parte do objeto. Considerando que o edital da licitação tenha regulado adequadamente a questão das subcontratações,

(A) a subcontratação não pode envolver parcela do objeto que guarde pertinência direta com habilitação técnica específica, sem a qual não teria o consórcio logrado êxito na contratação.

(B) é necessário que a empresa subcontratada apresente os mesmos requisitos exigidos para a habilitação técnica da empresa vencedora.

(C) a empresa ou as empresas subcontratadas deverão passar a integrar o consórcio vencedor da licitação, a fim de garantir o cumprimento do objeto do certame.

(D) a subcontratação pode envolver parcela fundamental do objeto, sem limite de percentual, caso se trate de empresa que integre o setor principal atendido pelo consórcio e que estivesse em condições de se habilitar tecnicamente.

(E) a subcontratação é faculdade do contratado, que define, justificadamente, o percentual passível de ser executado por terceiros, desde que integrantes do mesmo segmento técnico produtivo.

A: correta. Trata-se do disposto no art. 72, da Lei 8.666/1993, que admite a subcontratação de parcela do contrato, nunca a subcontração integral; **B:** incorreta. Não há exigência das mesmas habilidades técnicas para subconceder o serviço, já que ela corre por conta e risco do sub-concedente (art. 26, da Lei 8.987/1993); **C:** incorreta. Não há contrato entre o poder concedente e o subcontratado, por isso o subcontrato não integra o consórcio originalmente contratado pelo poder concedente; **D:** incorreta. Há limite de "parcela" do contrato, não podendo ser relativo ao objeto principal do contrato, mas, sim, de partes dele (art. 72, da Lei 8.666/1993); **E:** incorreta. Não há uma porcentagem específica, havendo apenas previsão de que seja subcontratado parcela do contrato (art. 72, da Lei 8.666/1993). 𝖠𝖶

Gabarito "A".

(Procurador do Estado/PR – UEL-COPS – 2011) Assinale a alternativa correta:

(A) as concessões de serviço público brasileiras não podem ter caráter de exclusividade;

(B) nas concessões de serviço público brasileiras a única fonte de recursos do concessionário é a receita tarifária, sendo vedada a possibilidade de fontes alternativas de receita;

(C) desde que consignado no contrato de concessão, é válida a previsão de mecanismos privados para a resolução de disputas relacionadas ao contrato, inclusive a arbitragem;

(D) a concessão comum de serviço público tem como modos de extinção: (i) o termo contratual, (ii) a encampação, (iii) a caducidade, (iv) a rescisão por iniciativa do concedente, v) a anulação bilateral e (vi) a falência ou extinção da empresa concessionária e falecimento ou incapacidade do titular, no caso de empresa individual;

(E) todas as alternativas são incorretas.

A: incorreta, pois existe exceção em que há exclusividade, que é o caso em que há inviabilidade técnica ou econômica devidamente justificada (art. 16 da Lei 8.987/1995); **B:** incorreta, pois o art. 11 da Lei 8.987/1995 permite, para o atendimento às peculiaridades de cada serviço público, a previsão em edital de outras fontes provenientes de receitas alternativas, complementares, acessórias ou de projetos associados, com ou sem exclusividade, com vistas a favorecer a modicidade das tarifas; **C:** correta (art. 23-A da Lei 8.987/1995); **D:** incorreta, pois não há que se falar em anulação bilateral, já que esta é ato exclusivo do Poder Concedente; ademais, a hipótese de rescisão mencionada na lei (art. 39 da Lei 8.987/1995) é a cargo da concessionária (e não do Poder Concedente, já que este tem outros fundamentos e meios para a extinção da concessão, conforme demais itens do art. 35 da Lei 8.987/1995), valendo lembrar que a concessionária não tem poder para a promover a rescisão unilateral da concessão, dependendo do ingresso de ação judicial especial para esse fim, sendo que os serviços não poderão ser interrompidos ou paralisados até o trânsito em julgado da decisão; **E:** incorreta, pois a alternativa "c" está correta.

Gabarito "C".

(Advogado da União/AGU – CESPE – 2012) A respeito de concessões e permissões de serviço público, julgue os itens subsequentes.

(1) À concessionária cabe a execução do serviço concedido, incumbindo-lhe a responsabilidade por todos os prejuízos causados ao poder concedente, aos usuários ou a terceiros, não admitindo a lei que a fiscalização exercida pelo órgão competente exclua ou atenue tal responsabilidade.

(2) A contratação de parceria público-privada deve ser precedida de licitação na modalidade convite, estando a abertura do processo licitatório condicionada a autorização, fundamentada em estudo técnico, da autoridade competente.

(3) Reversão consiste na transferência, em virtude de extinção contratual, dos bens do concessionário para o patrimônio do concedente.

1: correta (art. 25, *caput*, da Lei 8.987/1995); **2:** incorreta, pois a licitação é na modalidade concorrência (art. 10, *caput*, da Lei 11.079/2004); **3:** correta (art. 35, § 1º, da Lei 8.987/1995).

Gabarito 1C, 2E, 3C

(ADVOGADO – CEF – 2012 – CESGRANRIO) Com o objetivo de assegurar a adequação na prestação do serviço, bem como o fiel cumprimento das normas contratuais, regulamentares e legais pertinentes, o poder concedente pode intervir na concessão por prazo determinado. Para sua formalização, a intervenção pressupõe

(A) lei autorizativa

(B) lei complementar

(C) autorização judicial

(D) decreto do poder concedente

(E) resolução da agência reguladora competente

O art. 32, parágrafo único, da Lei 8.987/1995 exige decreto do poder concedente para a formalização da intervenção na concessão.

Gabarito "D".

12.4. Parcerias Público-Privadas (PPP)

(Procurador do Estado/AC - 2017 - FMP) As cláusulas dos contratos de parceria público-privada não necessariamente devem prever

(A) a repartição de riscos entre as partes, inclusive os referentes a caso fortuito, força maior, fato do príncipe e álea econômica extraordinária.

(B) os critérios objetivos de avaliação do desempenho do parceiro privado.

(C) as formas de remuneração e de atualização dos valores contratuais, bem como o prazo de vigência do contrato, compatível com a amortização dos investimentos realizados, respeitando-se os marcos temporais mínimo e máximo previstos cm lei.

(D) a possibilidade de eventual prorrogação contratual.

(E) nenhuma das alternativas anteriores responde ao comando da questão.

O regime das parcerias público-privadas está contemplado na Lei 11.079/04. O seu art. 5º elenca as cláusulas que devem integrar os respectivos contratos. Entre eles destacam-se o prazo de vigência do contrato, compatível com a amortização dos investimentos realizados, incluindo eventual prorrogação (inc. I), a repartição de riscos entre as partes (inc. III), as formas de remuneração e de atualização dos valores contratuais (inc. IV) e os critérios objetivos de avaliação do desempenho do parceiro privado (inc. VII). Todas essas hipóteses estão contempladas nas alternativas A, B, C e D. Assim, correta a alternativa E.

Gabarito "E".

(Procurador do Estado – PGE/RS – Fundatec – 2015) Sobre as parcerias público-privadas, assinale a alternativa INCORRETA.

(A) A concessão patrocinada é uma concessão de serviços públicos e/ou obras públicas em que, adicionalmente

2. DIREITO ADMINISTRATIVO   195

à tarifa cobrada dos usuários, há uma contraprestação pecuniária do parceiro público ao parceiro privado.

(B) As concessões administrativas regem-se pela Lei nº 11.079/04, aplicando-se-lhes, adicionalmente, todas as disposições da Lei nº 8.987/95.

(C) Os contratos de parceria público-privada têm como uma de suas características a repartição objetiva dos riscos entre as partes.

(D) Os contratos de parceria público-privada têm prazo de vigência não inferior a 5 (cinco) anos e não superior a 35 (trinta e cinco) anos, incluindo eventual prorrogação.

(E) O Fundo Garantidor das Parcerias Público- Privadas tem natureza privada, sendo penhoráveis os bens de seu patrimônio.

A: incorreta. Trata-se do disposto no art. 2º, § 1º, da Lei 11.079/2004; **B:** incorreta. As concessões administrativas regem-se pelas Lei 11.079/2004, mas a lei geral 8.987/1995 apenas se aplica subsidiariamente; **C:** correta. Trata-se de um dos objetivos das Parcerias Público-Privadas disposto no art. 4º, VI, da Lei 11.079/2004; **D:** correta. Há previsão expressa nesse sentido no art. 5º, I, da Lei 11.079/04. E. Correta, tendo em vista o disposto no art.16, §5º, da Lei 11079/04. AW

Gabarito "B".

(Procurador do Estado – PGE/PR – PUC – 2015) Sobre as parcerias público-privadas (Lei 11.079/2004 – Lei de PPP), é **CORRETO** afirmar que:

(A) São contratos de parcerias público-privadas as concessões patrocinadas, as concessões administrativas e as concessões comuns.

(B) A elaboração do projeto executivo pode ser delegada ao parceiro privado, mas não a do projeto básico, que deve integrar o instrumento convocatório da licitação.

(C) O aporte de recursos do parceiro público para o parceiro privado exige a prévia execução das obras, a respectiva medição e o início da prestação do serviço.

(D) A concessão administrativa é o contrato de concessão de serviços públicos ou de obras públicas quando envolver, adicionalmente à tarifa cobrada dos usuários, a contraprestação pecuniária do parceiro público ao parceiro privado.

(E) A obrigação de constituir sociedade de propósito específico para implantar e gerir o objeto da parceria público-privada tem como fonte a Lei de PPP.

A: incorreta. As concessões comuns não são contratos de parcerias público- privadas; **B:** incorreta. Essa é uma especificidade das Licitações, não constando nada a respeito na Lei das Parcerias; **C:** incorreta. Primeiramente é disponibilizado o serviço, para depois ser devido o aporte de recursos (art. 7º, da Lei 11.079/2004; **D:** i.ncorreta. Na concessão administrativa não há contraprestação do Poder Público; **E:** correta. Trata-se do disposto no art. 9º, da Lei 11.079/2004. AW

Gabarito "E".

(Procurador do Estado – PGE/PA – UEPA – 2015) Acerca da Parceria Público-Privada no âmbito da Administração Pública, é correto afirmar que:

(A) a parceria público-privada é o contrato administrativo de permissão, na modalidade patrocinada ou administrativa.

(B) é vedada a celebração de contrato de parceria público--privada cujo período de prestação de serviço seja superior a 5 (cinco) anos.

(C) não será necessário observar na contratação da parceira público-privada a repartição objetiva de riscos entre as partes contratantes.

(D) a disponibilização do serviço objeto do contrato de Parceria público-privada não será obrigatoriamente precedida da contraprestação da Administração Pública.

(E) as obrigações pecuniárias contraídas pela Administração Pública em contrato de parceria público-privada poderão ser garantidas mediante a contratação de seguro-garantia com as companhias seguradoras que não sejam controladas pelo Poder Público.

A: incorreta. A Parceria Público-Privada é contrato de concessão (art. 2º, da Lei 11.079/2004), podendo ser concessão administrativa ou patrocinada; **B:** incorreta. O que é vedado é o contrato inferior a 5 anos (art. 2º, § 4º, II, da Lei 11.079/2004); **C:** incorreta. A Parceria Público-Privada pressupõe a repartição objetiva de riscos entre as partes (art. 4º, VI, da Lei 11.079/2004); **D:** incorreta. A contraprestação é precedida da disponibilização dos serviços, conforme disposto no art. 7º, da Lei 11.079/2005; **E:** correta. Trata-se do disposto no art. 8º, III, da Lei 11.079/2005. AW

A resposta correta é a letra E, mas a questão foi anulada pela Banca.

Gabarito "ANULADA".

(Procurador – PGFN – ESAF – 2015) Acerca das parcerias público privadas, assinale a opção correta.

(A) A transferência do controle da sociedade de propósito específico independe da autorização da Administração Pública.

(B) A contratação das parcerias público privadas será sempre precedida de licitação na modalidade de concorrência, conforme regulado pela Lei n.11.079/2004.

(C) É obrigatória a existência de cláusula editalícia que contemple a previsão de garantias da contraprestação do parceiro público a serem concedidas ao parceiro privado.

(D) Assim como ocorre para os contratos administrativos em geral, nas parcerias público privadas os autores ou responsáveis economicamente pelos projetos básico ou executivo não podem participar, direta ou indiretamente, da licitação ou da execução de obras ou serviços.

(E) Nas parcerias público privadas firmadas no âmbito da União, é o órgão gestor das parcerias público privadas federais quem realiza as respectivas licitações.

A: incorreta. Depende de autorização da Administração Pública a transferência do controle da Sociedade de Propósito Específico (art. 9º, § 1º, da Lei 11.079/2004; **B:** correta. Trata-se do disposto no art. 1º, da Lei 11.079/2004; **C:** incorreta. Essa cláusula é contratual, sendo própria do conceito das Parcerias essa contraprestação; **D:** incorreta. Não existe essa vedação na Lei das PPPs, que é própria da Lei de Licitações; **E:** incorreta. São os respectivos Ministério e Agências Reguladoras da área da PPP que realizam as licitações (art. 15, da Lei 11079/04). AW

Gabarito "B".

(Procurador do Estado – PGE/RN – FCC – 2014) Determinado Estado da Federação pretende licitar a construção e a gestão de uma unidade prisional feminina, a primeira a ser edificada com essa finalidade específica, o que motivou a preocupação com o atingimento dos padrões internacionais de segurança e ressocialização. Assim, a modelagem idealizada foi uma concessão administrativa, na qual alguns serviços seriam prestados pelo parceiro privado. A propósito desse modelo e dos serviços objeto de delegação:

(A) não é adequado, tendo em vista que somente seria possível lançar mão de uma parceria público-privada na hipótese da totalidade dos serviços abrangidos pela unidade poder ser delegada ao particular, somente sendo possível promover a contratação de obra pública com base na Lei nº 8.666/1993.

(B) é possível contratar a edificação da unidade prisional, mas o modelo de concessão administrativa não é adequado, na medida em que não há serviços públicos a serem delegados.

(C) pode ser adequado o modelo proposto, partindo da premissa de que são delegáveis os ciclos de consentimento e fiscalização do poder de polícia, reservando-se ao poder concedente as atividades pertinentes ao ciclo de imposição de ordem ou normatização e ao ciclo de sancionamento.

(D) é adequado o modelo proposto, considerando que alguns ciclos do poder de polícia são delegáveis, à exceção do ciclo normativo, não se adequando, contudo, o conceito da concessão administrativa, que pressupõe retribuição financeira pelo usuário do serviço, o que inexiste no presente caso.

(E) é adequado o modelo proposto, caso parte dos serviços públicos seja remunerada à proporção do número de detentas usuárias do serviço, bem como se a delegação pretendida se restringir às atividades de sancionamento.

A: incorreta. O modelo de parceria é adequado, sendo o Poder Público o único usuário do serviço, no caso de uma concessão administrativa (art. 2º, § 2º, da Lei 11.079/2004); **B:** incorreta. Há serviço público a ser delegado, qual seja, a construção e gestão da unidade prisional; **C:** correta. O modelo é adequado, sendo apenas indelegáveis os atos de polícia em si, quais sejam, os de aplicação de penas e edição de normas disciplinadoras desse serviço; **D:** incorreta. Trata-se de concessão administrativa (art. 2º, § 2º, da Lei 11.079/2004), eis que o Poder Público é o único usuário do serviço; **E:** incorreta. O sancionamento não pode ser delegado, porque o poder de polícia é indelegável, salvo quanto aos atos executórios, sendo também hipótese de concessão administrativa, conforme explicado na alternativa "A". **AW**
Gabarito "C".

(Procurador do Estado – PGE/RN – FCC – 2014) A União pretende apoiar Estados e Municípios em projetos de mobilidade urbana, em especial expansão e modernização de transportes sobre trilhos. Nesse sentido, como forma de alavancar os investimentos necessários, pretende fomentar a utilização de Parcerias Público-Privadas, eis que:

(A) propiciam a construção da infraestrutura e a prestação de serviços aos usuários, que podem ser contratados em conjunto ou separadamente, no primeiro caso mediante concessão administrativa e no segundo, mediante concessão patrocinada.

(B) as despesas decorrentes dessa modalidade contratual não impactam o limite de endividamento público e permitem o comprometimento anual da receita corrente líquida, observado o limite de 10%.

(C) tais contratos, quando celebrados na modalidade concessão administrativa, permitem a complementação dos pagamentos públicos com a receita tarifária obtida

pelo concessionário mediante a prestação de serviços ao usuário.

(D) a Administração contratante apenas efetua o pagamento da contraprestação pecuniária relativa à parcela fruível dos serviços objeto do contrato, após sua efetiva disponibilização.

(E) viabilizam a utilização da capacidade de financiamento do setor privado para a construção de obras de grande vulto, mediante o oferecimento de garantias de pagamento pelo Poder Público, incidente sobre a arrecadação de impostos.

A: incorreta. Tanto a infraestrutura quanto a prestação dos serviços devem ser contratadas pela mesma modalidade de Parceria Público-Privada, não havendo como adotar uma para cada hipótese do mesmo contrato administrativo; **B:** incorreta. O art. 22, da Lei 11.079/2004 dispõe que o limite para comprometimento anual das despesas correntes líquidas é de 1%, e não de 10%, como consta da alternativa; **C:** incorreta. Não há complementação dos pagamentos públicos no caso de parceria sob modalidade de concessão administrativa, eis que o Poder Público é o único usuário do serviço; **D:** correta. Trata-se do art. 7º, da Lei 11.079/2004; **E:** incorreta. As garantias não incidem sobre a arrecadação de impostos, e, sim, das receitas, conforme disposto no art. 8º, I, da Lei 11.079/2004. **AW**
Gabarito "D".

(Procurador do Estado/AC – FMP – 2012) Nos termos da Lei n. 11.079, de 30 de dezembro de 2004, que institui normas gerais para licitação e contratação de relação à parceria público-privada no âmbito da Administração, marque a alternativa **INCORRETA**.

(A) A parceria público-privada é um contrato administrativo de concessão, podendo assumir as modalidades patrocinada ou administrativa.

(B) Mediante previsão legal, a remuneração da parceria público-privada poderá ser variável vinculada ao seu desempenho, conforme metas e padrões de qualidade e disponibilidade definidos no contrato.

(C) Fica vedada no âmbito da parceria público-privada a instituição de mecanismos privados de resolução de disputas, sendo vedada a cláusula compromissória.

(D) Não poderá ser aberto processo licitatório para contratação de parceria público-privada se o seu objeto não estiver previsto no plano plurianual em vigor no âmbito onde o contrato será celebrado.

A: assertiva correta (art. 2º, *caput*, da 11.079/2004); **B:** assertiva correta (art. 6º, § 1º, da 11.079/2004); **C:** assertiva incorreta, devendo ser assinalada; esses mecanismos são admitidos (art. 11, III, da 11.079/2004); **D:** assertiva correta (art. 10, V, da 11.079/2004).
Gabarito "C".

(PROCURADOR DO ESTADO/MG – FUMARC – 2012) Analise as seguintes afirmativas e assinale a alternativa correta:

I. Ocorre delegação legal sempre que determinado serviço público é descentralizado a pessoas jurídicas distintas do Estado, mas integrantes da própria Administração; e delegação negocial quando a descentralização for para pessoas da iniciativa privada, mediante atos ou contratos administrativos.

II. Em razão do regime jurídico diferenciado dos contratos de parcerias público-privadas, neles poderão ser adotados mecanismos privados de solução de conflitos, entre os quais a arbitragem.

III. Por ficção jurídica, o consórcio público com personalidade jurídica de direito público considera-se integrante da Administração Indireta de todos os entes federativos consorciados.

ALTERNATIVAS

(A) apenas a afirmativa I é correta

(B) as afirmativas II e III são corretas

(C) apenas a afirmativa II é correta

(D) todas as afirmativas são corretas

(E) todas as afirmativas são incorretas

I: correta, valendo salientar que a doutrina também denomina a primeiro caso de desconcentração por outorga e o segundo, de descentralização por colaboração; II: correta (art. 11, III, da 11.079/2004); III: correta (art. 6º, § 1º, da 11.107/2005).

Gabarito "D".

(Procurador do Estado/RO – 2011 – FCC) O Governo do Estado de Rondônia pretende construir um sistema de transmissão de dados por rádio, de maneira a garantir o acesso à *Internet* de todas as escolas públicas estaduais. Para tanto, pretende celebrar contrato com particular, que se disponha a realizar as obras civis necessárias, o fornecimento dos equipamentos e se responsabilize pela manutenção física e lógica da rede, com suporte aos usuários, durante o prazo de dez anos, a partir de seu funcionamento. O investimento inicial deve ser suportado por esse particular, cuja remuneração ocorrerá apenas a partir da disponibilização dos serviços de transmissão de dados. Estima-se que o valor do contrato será de R$ 50 milhões. Diante dessas características, é correto afirmar que o Estado pretende, neste caso, celebrar contrato de

(A) concessão de serviços públicos comum, precedido da execução de obra pública.

(B) parceria público-privada, na modalidade de concessão patrocinada.

(C) parceria público-privada, na modalidade de concessão administrativa.

(D) gestão, com organização social.

(E) fornecimento de equipamentos, com cláusula de assistência técnica estendida.

Considerando o valor envolvido (acima de R$ 10 milhões – vide Lei 13.529/17, que alterou a Lei de PPP), a duração do contrato (superior a 5 anos), o fato de que se trata de um serviço qualificado (prestação de serviço de instalação + serviço de manutenção) e o fato de que o particular fará o investimento inicial, ficando a Administração responsável pelo pagamento apenas pós a disponibilização dos serviços, tem-se caracterizado o instituto da parceria público-privada, na modalidade concessão administrativa. Vide, a respeito, os arts. 2º, §§ 2º e 4º, e 7º, da Lei 11.079/2004.

Gabarito "C".

---

13. CONTROLE DA ADMINISTRAÇÃO PÚBLICA

13.1. Controle interno – processo administrativo

(Procurador do Estado/AC - 2017 - FMP) Sobre o processo administrativo, considere as assertivas a seguir.

I. A falta de defesa técnica por advogado no processo administrativo disciplinar viola a Constituição Federal.

II. Aos litigantes, em processo administrativo, asseguram-se o contraditório e a ampla defesa, com os meios e os recursos a ela inerentes, demandando-se a presença de advogado para a elaboração de defesa técnica.

III. O processo administrativo, inclusive aquele que pode concluir pela pena de aposentadoria compulsória ou pela demissão do servidor público, é passível de revisão judicial.

IV. É assegurado ao servidor o direito de acompanhar o processo pessoalmente, arrolar e reinquirir testemunhas, produzir provas e contraprovas e formular quesitos, quando se tratar de prova pericial.

Estão CORRETAS apenas as assertivas:

(A) I, II, III e IV.

(B) I, II e III.

(C) I, II e IV.

(D) I, III e IV.

(E) III e IV.

Comentários: Assertivas I e II incorretas (a falta de defesa técnica por advogado no processo administrativo disciplinar não viola a Constituição Federal, cf. Súmula Vinculante 5). Assertiva III correta (o controle judicial da Administração Pública abrange toda a conduta que possa ofender a legalidade, o que inclui aquela decorrente de processo administrativo punitivo relacionado à aposentadoria compulsória ou à demissão de servidor público). Assertiva IV correta (art. 209 do Estatuto dos Servidores Públicos Civis do Estado do Acre – Lei Complementar Estadual 39/93). RB

Gabarito "E".

(Procurador do Estado/TO - 2018 - FCC) A Lei de Processo Administrativo – Lei Federal 9.784/1999 – estabelece que, no tocante à comunicação dos atos processuais aos interessados,

(A) o desatendimento da intimação pelo interessado importará em confissão ficta.

(B) somente deve ser objeto de intimação a produção de provas requeridas pelo próprio interessado.

(C) a intimação dos atos processuais é feita por publicação em Diário Oficial, cabendo ao interessado acompanhar os assuntos de seu interesse.

(D) as intimações serão nulas quando feitas sem observância das prescrições legais, mas o comparecimento do administrado supre sua falta ou irregularidade.

(E) a intimação observará a antecedência mínima de 10 dias úteis quanto à data de comparecimento.

Alternativa A incorreta (o desatendimento da intimação pelo interessado não importa o reconhecimento da verdade dos fatos, cf. art. 27). Alternativa B incorreta (também é objeto de intimação a apresentação de provas pelos terceiros, cf. art. 39). Alternativa C incorreta (devem ser objeto de intimação os atos do processo que resultem para o interessado em imposição de deveres, ônus, sanções ou restrição ao exercício de direitos e atividades e os atos de outra natureza, de seu interesse, cf. art. 28). Alternativa D correta (art. 26, § 5º). Alternativa E incorreta (a intimação observará a antecedência mínima de 3 dias úteis quanto à data de comparecimento). RB

Gabarito "D".

(Procurador do Estado/SP - 2018 - VUNESP) Oito anos após a publicação da decisão em processo administrativo de caráter ampliativo de direitos, o Poder Público estadual identificou, de ofício, vício procedimental do qual não decorreu prejuízo às partes envolvidas, nem a terceiros de boa-fé. Deverá a autoridade competente, observadas as disposições da Lei Estadual no 10.177/98 (Lei de Processo Administrativo do Estado de São Paulo),

(A) revogar, motivadamente, o ato viciado, com efeito ex nunc, regulando-se as relações jurídicas produzidas durante a vigência do ato.

(B) ajuizar ação declaratória de nulidade do ato administrativo, eis que ultrapassado o prazo decadencial quinquenal aplicável ao caso para exercício do poder de autotutela.

(C) convalidar, motivadamente, o ato viciado que não causou prejuízo à Administração ou a terceiros, tampouco foi objeto de impugnação.

(D) assegurando ampla defesa e contraditório aos particulares interessados, proceder à anulação do ato viciado, em respeito ao princípio da legalidade, sendo certo que o ato de anulação deverá produzir efeitos ex nunc.

(E) assegurando ampla defesa e contraditório dos particulares interessados, declarar nulo o ato viciado, em respeito aos princípios da juridicidade, impessoalidade e moralidade, sendo certo que o ato declaratório produzirá efeitos ex tunc.

Uma vez que o prazo de oito anos ainda não inviabilizou a convalidação (que deve ocorrer em até 10 anos), estabelece o art. 11 da Lei 10.177/1998 que: "a Administração poderá convalidar seus atos inválidos, quando a invalidade decorrer de vício de competência ou de ordem formal, desde que: I - na hipótese de vício de competência, a convalidação seja feita pela autoridade titulada para a prática do ato, e não se trate de competência indelegável; II - na hipótese de vício formal, este possa ser suprido de modo eficaz. § 1º - Não será admitida a convalidação quando dela resultar prejuízo à Administração ou a terceiros ou quando se tratar de ato impugnado. § .º - A convalidação será sempre formalizada por ato motivado". **FMB**
Gabarito "C".

(Procurador Municipal – Prefeitura/BH – CESPE – 2017) No que concerne aos mecanismos de controle no âmbito da administração pública, assinale a opção correta.

(A) É vedado aos administrados providenciar sanatórias de atos administrativos para sua convalidação, de modo a participar de ações de controle da administração pública, uma vez que as ações de controle são prerrogativa exclusiva dos agentes públicos.

(B) O controle dos atos administrativos tem por objetivo confirmar, rever ou alterar comportamentos administrativos, exigindo-se o esgotamento da via administrativa para se recorrer ao Poder Judiciário.

(C) Em decorrência do poder de autotutela da administração, verificada a prática de ato discricionário por agente incompetente, a autoridade competente estará obrigada a convalidá-lo.

(D) No sistema de administração pública adotado no Brasil, o ato administrativo é revisado por quem o praticou, não havendo proibição quanto à revisão ser realizada por superior hierárquico ou órgão integrante de estrutura hierárquica inerente à organização administrativa.

A: correta. Realmente, quem tem o atributo da autoexecutoriedade dos atos administrativos é o próprio Poder Público. O particular pode provocar o administrador para que ele anule, revogue ou realize o saneamento dos atos administrativos, mas não pode, ele mesmo, realizar

esses atos de controle; **B:** incorreta. Não é necessário o esgotamento da via administrativa para se recorrer ao Poder Judiciário, eis que a jurisdição é Inafastável (art. 5º, XXXV, CF), sendo esse também o entendimento da jurisprudência dominante (TJ-MA- Agravo de Instrumento 26331999, 14/08/2001); **C:** correta. Os vícios de forma e competência são sanáveis (WEIDA ZANCANER, *Da Convalidação e da Invalidação dos Atos Administrativos.* 3ª ed., São Paulo: Malheiros, 2012, p. 85); **D:** incorreta. O art. 56, § 1º, da Lei 9.784/1999 dispõe que o recurso é dirigido à autoridade que proferiu o ato que, se não reconsiderar, encaminhará à autoridade competente. Portanto, o superior hierárquico pode, sim, realizar a revisão do processo. **AW**
Gabarito "A".

(Procurador do Estado – PGE/MT – FCC – 2016) A Lei nº 9.784/99 (Lei Federal de Processos Administrativos) estabelece que:

(A) é admitida a participação de terceiros no processo administrativo.

(B) é faculdade do administrado fazer-se assistir por advogado, exceto nos processos disciplinares em que a defesa técnica é obrigatória.

(C) é expressamente vedada a apresentação de requerimento formulado de maneira oral pelo interessado, em vista do princípio da segurança jurídica.

(D) a condução do processo administrativo é absolutamente indelegável.

(E) é admitida a avocação temporária de competência atribuída a órgão hierarquicamente superior.

A: correta. Trata-se do disposto no art. 31, da Lei 9.784/1999; **B:** incorreta. A súmula vinculante 5, STF assim dispõe: "A falta de defesa técnica por advogado no processo administrativo disciplinar não ofende a Constituição."; **C:** incorreta. O art. 6º, da Lei 9.784/1999 admite requerimento oral da parte interessada; **D:** incorreta. É possível a delegação, conforme disposto nos arts. 12 e seguintes, da Lei 9.784/1999; **E:** incorreta. A avocação é sempre da autoridade inferior para a superior (art. 15, da Lei 9.784/1999). **AW**
Gabarito "A".

(Procurador Municipal – Prefeitura/BH – CESPE – 2017) No que diz respeito ao processo administrativo, a suas características e à disciplina legal prevista na Lei nº 9.784/1999, assinale a opção correta.

(A) A configuração da má-fé do administrado independe de prova no processo administrativo.

(B) Segundo o STF, não haverá nulidade se a apreciação de recurso administrativo for feita pela mesma autoridade que tiver decidido a questão no processo administrativo.

(C) Ainda que a pretensão do administrado seja contrária a posição notoriamente conhecida do órgão administrativo, sem o prévio requerimento administrativo, falta-lhe interesse para postular diretamente no Poder Judiciário.

(D) Não ofende a garantia do devido processo legal decisão da administração que indefere a produção de provas consideradas não pertinentes pelo administrador.

A: incorreta. A má-fé nunca se presume. O que se presume é a legitimidade dos atos administrativos que, inclusive, é relativa. Por isso, a má-fé deve sempre ser comprovada. (art. 54, da Lei 9.784/1999); **B:** incorreta. O art. 18, II, da Lei 9.784/1099 veda a participação de autoridade já atuante no processo em eventual recurso, ou seja, que tenha atuado no processo de alguma forma, sendo também já

2. DIREITO ADMINISTRATIVO

decidido nesse sentido no STF (**RMS 26029/DF, rel. Min. Cármen Lúcia, 11.3.2014. (RMS-26029)); C:** incorreta. Não é necessário o esgotamento da via administrativa para que se ingresse em juízo, havendo muita jurisprudência a respeito, como o RE 631240; **D:** correta. A assertiva está em conformidade com o disposto no art. 38, § 2º, da Lei 9.784/1999, que assim dispõe: "Somente poderão ser recusadas, mediante decisão fundamentada, **as provas propostas pelos interessados quando sejam ilícitas, impertinentes, desnecessárias ou protelatórias."** AW

Gabarito "D".

(Procurador do Município – Prefeitura Fortaleza/CE – CESPE – 2017) Com relação a processo administrativo, poderes da administração e serviços públicos, julgue o item subsecutivo.

(1) Nos termos da jurisprudência do STF, caso um particular interponha recurso administrativo contra uma multa de trânsito, por se tratar do exercício do poder de polícia pela administração, a admissibilidade do recurso administrativo dependerá de depósito prévio a ser efetuado pelo administrado.

1: incorreta. A Súmula Vinculante 21, STF dispõe sobre a desnecessidade de depósito prévio para recorrer administrativamente. AW

Gabarito 1E

Procurador do Município – Prefeitura Fortaleza/CE – CESPE – 2017) Com relação a processo administrativo, poderes da administração e serviços públicos, julgue os itens subsecutivos.

(1) No processo administrativo, vige o princípio do formalismo moderado, rechaçando-se o excessivo rigor na tramitação dos procedimentos, para que se evite que a forma seja tomada como um fim em si mesma, ou seja, desligada da verdadeira finalidade do processo.

1: correta. O princípio do formalismo moderado é também chamado de informalismo, ou seja, trata-se de princípio que busca as formas simples, no máximo, moderadas, a fim de que o conteúdo prevaleça sobre o aspecto formal dos atos e procedimentos administrativos. AW

Gabarito 1C

(Procurador Municipal – Sertãozinho/SP – VUNESP – 2016) Julgar as contas dos administradores e demais responsáveis por dinheiros, bens e valores públicos da Administração direta e indireta, incluídas as fundações e sociedades instituídas e mantidas pelo Poder Público, e as contas daqueles que derem causa a perda, extravio ou outra irregularidade de que resulte prejuízo ao erário público é competência constitucionalmente atribuída ao

(A) Poder Judiciário de âmbito Estadual, aos juízes vinculados ao Tribunal de Justiça do respectivo Estado.

(B) Poder Judiciário de âmbito Federal, aos juízes vinculados ao Tribunal Regional Federal daquela Região.

(C) Tribunal de Contas que atue no âmbito daquele ente federativo.

(D) sistema de controle interno de cada Poder.

(E) controle externo a cargo do Poder Legislativo, que será exercido com o auxílio do Ministério Público.

A: Incorreta. O julgamento de contas do Poder Público cabe ao Tribunal de Contas, sendo essa competência expressa no art. 71, II, CF, e que é repetido por simetria nas Constituições Estaduais e Leis Orgânicas Municipais, em relação aos Tribunais e Conselhos de Contas Municipais. Trata-se, portanto, de competência dos Tribunais de Contas e não do Poder Judiciário. **B:** Incorreta. Vale aqui o mesmo argumento da alternativa A. **C:** Correta, conforme disposto no art. 71,

II, CF, aplicado de forma simétrica aos Municípios. **D:** Incorreta. Nesse caso, temos um controle externo, feito pelo Congresso e auxiliado pelos Tribunais de Contas (art. 71, CF). **E:** Incorreta. O sistema é de controle externo e com auxílio dos Tribunais de Contas (art. 71, "caput", CF). AW

Gabarito "C".

(Procurador – SP – VUNESP – 2015) Unidade da Prefeitura Municipal de Caieiras realiza licitação e contrata empresa privada para a prestação de determinado serviço. Auditoria do Tribunal de Contas do Estado de São Paulo verifica que o pagamento realizado à empresa contratada foi 40% (quarenta por cento) maior do que o devido, considerando a despesa ilegal. Como consequência de tal constatação em controle externo, poderá o Tribunal de Contas

(A) determinar ao Prefeito Municipal que afaste, de imediato, os responsáveis de suas funções, enquanto o Tribunal de Contas realiza o processo disciplinar.

(B) aplicar aos responsáveis as sanções previstas em lei, que estabelecerá, entre outras cominações, multa proporcional ao dano causado ao erário.

(C) informar a Câmara Municipal, para que delibere a respeito, juntamente com as informações anuais prestadas sobre a fiscalização orçamentária, contábil e financeira.

(D) encaminhar as informações, em forma de denúncia, para que a Câmara Municipal apure a responsabilidade dos servidores municipais que deram causa à irregularidade.

(E) rejeitar as contas do Prefeito Municipal, encaminhando as informações ao Ministério Público Estadual, para propositura de ação de improbidade contra o Prefeito Municipal.

A: Incorreta. O Tribunal de contas não é competente para instauração de processo disciplinar. Ele é Tribunal administrativo, que julga contas do Poder Público (arts. 71, e seguintes, CF). **B:** Correta. Haverá aplicação de sanção administrativa (art. 71, VIII, CF), sem que isso seja um processo disciplinar, que é de competência do órgão ou pessoa jurídica a qual pertence o servidor. **C:** Incorreta. O Tribunal de Contas pode representar ao Poder competente sobre irregularidades ou abusos apurados, conforme disposto no art. 71, XI, CF, sendo a representação à Prefeitura de Caieiras, portanto. **D:** Incorreta. Como explicado acima, o art. 71, XI, CF dispõe sobre a representação ao Poder competente, no caso, à Prefeitura Municipal de Caieiras. **E:** Incorreta. Não há dados na questão sobre quem realizou o ato, por isso não há como responsabilizar o Prefeito. AW

Gabarito "B".

(Procurador do Estado – PGE/RS – Fundatec – 2015) De acordo com a Lei do Processo Administrativo Federal, é correto afirmar que:

(A) A *reformatio in pejus* é vedada nos processos administrativos em geral.

(B) A *reformatio in pejus* é permitida nas revisões de processos administrativos sancionadores.

(C) A *reformatio in pejus* é permitida desde que respeitado o contraditório, não sendo admitida nas revisões de processos administrativos sancionadores.

(D) A *reformatio in pejus* é admitida em razão do princípio da supremacia do interesse público.

(E) A *reformatio in pejus* é admitida em razão do princípio da autotutela administrativa, independentemente da matéria envolvida.

A: incorreta. A "reformatio in pejus" é possível em caso de recurso, conforme disposto no art. 64, parágrafo único, da Lei 8.666/1993; **B:** incorreta. No caso de revisão do processo (art. 65, parágrafo único, da Lei 8.666/1993), não se admite a "reformatio in pejus"; **C:** correta. O art. 64, parágrafo único, da Lei 8.666/1993 determina que é possível a "reformatio in pejus", desde que respeitado o contraditório à parte sobre a qual recair a decisão mais gravosa; **D:** incorreta. Como "a reformatio in pejus" se aplica tanto ao Poder Público quanto ao contratado, não há que se falar em aplicação do princípio da supremacia, já que ambos estão sujeitos a ela; **E:** incorreta. Não há autotutela, porque estamos falando em recurso, ou seja, em atuação voluntária de cada parte. 🆆
_Gabarito "C".

(Procurador do Estado – PGE/PR – PUC – 2015) Em vista da Lei 9.784/1999 (Lei Federal de Processo Administrativo), é **CORRETO** afirmar que:

(A) A Lei 9.784/1999 abriga não só temas de Direito Administrativo processual, mas também trata de assuntos relativos ao Direito Administrativo material.

(B) Nos termos da Lei 9.784/1999, a atividade probatória depende da iniciativa do particular interessado.

(C) Nos termos da Lei 9.784/1999, as defesas diretas e indiretas devem ser apreciadas simultaneamente, quando do julgamento final do processo.

(D) A Lei 9.784/1999 instalou o princípio da concentração dos recursos, que deverão ser julgados simultaneamente, mas em momento anterior à decisão final.

(E) Os legitimados a instalar e/ou participar do processo administrativo da Lei 9.784/1999 são apenas aqueles que vierem a ser diretamente afetados pela decisão a ser proferida.

A: correta, sendo que essa Lei trata de decadência, por exemplo, que é assunto de direito material; **B:** incorreta. O art. 29, da Lei 9.784/1999 determina que os atos probatórios se realizam de ofício ou por iniciativa do particular interessado; **C:** incorreta. As defesas "indiretas", devem ser apresentadas em forma de "consultas públicas" (art. 31, e seguintes, da Lei 9.784/1999); **D:** incorreta. Os recursos devem ser interpostos apos decisão final, como acontece no sistema do Código de Processo Civil (arts. 56, e seguintes da Lei 9.784/1999); **E:** incorreta. Terceiros, assim como associações e organizações representativas (art. 9º, da Lei 9.784/1999), também são legitimados para propositura dos processos administrativos. 🆆
_Gabarito "A".

(Procurador do Estado – PGE/MT – FCC – 2016) João Pedro pretende arrolar testemunhas em processo administrativo disciplinar regulado pela Lei Complementar estadual nº 207, de 29 de dezembro de 2004. Em consulta ao seu advogado, é informado de que:

I. poderá arrolar até dez testemunhas.

II. a testemunha arrolada não poderá eximir-se de depor, salvo se for ascendente, descendente, cônjuge, ainda que separado legalmente, irmão, sogro, cunhado, pai, mãe ou filho adotivo do acusado, exceto quando não for possível, de outro modo, obter-se informações dos fatos e suas circunstâncias, considerando-o como informante.

III. residindo a testemunha em município diverso da sede da Comissão Processante, sua inquirição poderá ser deprecada às unidades mais próximas do local de sua residência, sendo vedado à Comissão Processante ouvir o denunciante ou as testemunhas no respectivo município de residência.

IV. são proibidas de depor as pessoas que, em razão de função, ministério, ofício ou profissão, devam guardar segredo, a menos que, desobrigadas pela parte interessada, queiram dar seu testemunho.

Está correto o que se afirma APENAS em:

(A) I e II.

(B) I, II e III.

(C) III e IV.

(D) II e IV.

(E) I, III e IV.

I: incorreta. Podem ser arroladas até 5 testemunhas (art. 51, V, da LC 207/2004); **II:** correta. Trata-se do disposto no art. 86, da LC 207/2004; **III:** incorreta. O art. 87, da LC 207/2004 assim dispõe: "Residindo a testemunha em município diverso da sede da Comissão Processante, sua inquirição poderá ser deprecada às unidades mais próximas do local de sua residência, devendo constar na precatória os quesitos a serem respondidos pela testemunha"; **IV:** correta. Temos o disposto no art. 85, § 5º, da LC 207/2004: "5º São proibidas de depor as pessoas que, em razão de função, ministério, ofício ou profissão, devam guardar segredo, a menos que, desobrigadas pela parte interessada, queiram dar seu testemunho." 🆆
_Gabarito "D".

(Procurador Federal – 2013 – CESPE) Julgue o item a seguir, acerca do recurso hierárquico impróprio.

(1) O recurso hierárquico impróprio, na medida em que é dirigido à autoridade de órgão não integrado na mesma hierarquia daquela que proferiu o ato, independe de previsão legal.

1: incorreta, pois não é possível que uma autoridade externa ao órgão daquela que toma uma decisão conheça de recurso contra esta decisão sem que haja previsão legal expressa nesse sentido, sob pena de violação ao princípio da legalidade.
_Gabarito 1E

(Procurador do Estado/PA – 2011) Diante do que dispõe a Lei Federal n. 9.784/1999, que regula o processo administrativo no âmbito da Administração Federal, analise as seguintes proposições e assinale a alternativa CORRET**A:**

I. O processo administrativo é regido, dentre outros, pelo princípio do formalismo moderado, que nega a formalidade como um fim em si mesma, reservando-lhe o papel de instrumento para o alcance da verdade e para a conformação da atividade administrativa à legalidade.

II. A competência administrativa, atribuída pelo ordenamento jurídico às autoridades e agentes públicos para a consecução de finalidade e utilidade igualmente públicas, é passível de renúncia pelo titular, mediante ato formal motivado, desde que objetive resguardar o interesse público.

III. A Administração dispõe do prazo prescricional de cinco anos para anular os próprios atos, desde que deles não decorram efeitos favoráveis para os destinatários. Do contrário, deverá comprovar a má-fé do beneficiário e submeter-se aos prazos da lei civil.

2. DIREITO ADMINISTRATIVO

IV. O desatendimento da intimação pelo processado implica o reconhecimento dos fatos alegados pela Administração, carreando ao processo administrativo os mesmos efeitos da revelia no processo civil.

V. É dever da Administração motivar os seus atos, especialmente quando interfiram negativa ou restritivamente nos direitos dos particulares, imponham ou agravem deveres, encargos ou sanções.

(A) Apenas as proposições II e III estão incorretas.

(B) apenas as proposições I e V estão corretas.

(C) Apenas as proposições I e IV estão corretas.

(D) Apenas as proposições I, II e V estão corretas.

(E) Apenas a proposição IV está incorreta.

I: correta (art. 2º, parágrafo único, VIII e IX, da Lei 9.784/1999); **II:** incorreta, pois a competência é irrenunciável (art. 11 da Lei 9.784/1999); **III:** incorreta, pois o prazo de 5 anos é justamente para os casos em que há efeitos favoráveis aos destinatários (art. 54 da Lei 9.784/1999); quando não há efeitos favoráveis aos destinatários (ou seja, não prejudica terceiros), não há prazo para anular, assim como não há prazo para anular quando se comprovar que o destinatário está de má-fé; **IV:** incorreta, pois não há esse efeito (art. 27 da Lei 9.784/1999); **V:** correta (art. 50, I e II, da Lei 9.784/1999).

Gabarito "B".

(Procurador do Estado/PR – UEL-COPS – 2011) De acordo com a Lei federal de Processo Administrativo:

I. o prazo para a anulação ex oficio de um ato ilegal do qual decorram efeitos patrimoniais sucessivos a terceiro de boa fé conta-se da realização do último pagamento.

II. a competência administrativa é prevista em lei, sendo que a avocação definitiva da competência é admitida quando realizada por órgão hierarquicamente superior e por motivos relevantes devidamente justificados.

III. a delegação é revogável a qualquer tempo e o ato administrativo realizado por órgão delegado considera-se realizado pelo delegante, exceto se realizado com excesso de poder.

São verdadeiras:

(A) I e II;

(B) I e III;

(C) II e III;

(D) nenhuma;

(E) todas.

I: incorreta, pois é contado a percepção do primeiro pagamento (art. 54, § 1º, da Lei 9.784/1999); **II:** incorreta, pois a avocação é sempre temporária e não definitiva (art. 15 da Lei 9.784/1999); **III:** incorreta, pois o ato administrativo realizado por delegação considera-se editado pelo delegado e não pelo delegante (art. 13, § 3º, da Lei 9.784/1999).

Gabarito "D".

(Procurador do Município/São José dos Campos-SP – 2012 – VUNESP) O controle administrativo é aquele em que o Executivo e os órgãos de administração dos demais Poderes exercem sobre suas próprias atividades, visando mantê-las dentro da lei, segundo as necessidades do serviço e as exigências técnicas e econômicas de sua realização. Sob esses aspectos, é correto afirmar que

(A) a Administração só deve anular seus próprios atos quando houver provocação de terceiros.

(B) a revogação, quando provocada por ato do Poder Legislativo, gera para o particular direito à indenização.

(C) o controle administrativo pode e deve operar para que a atividade pública em geral se realize com legitimidade e eficiência, atingindo sua finalidade plena, que é a satisfação das necessidades coletivas e atendimento dos direitos individuais dos administrados.

(D) a Administração só anula o ato ilegal e revoga ou altera o ato legal, quando inconveniente ou inoportuno, se houver apreciação judicial e após o trânsito em julgado da sentença.

(E) os meios de controle administrativos, de um modo geral, não se bipartem em fiscalização hierárquica e recursos administrativos.

A: incorreta, pois a Administração pode agir de ofício, diferentemente do Judiciário, que age mediante provocação; **B:** incorreta, pois a revogação por ordem do Poder Legislativo não costuma gerar indenização, tendo em vista que a lei tem justamente o papel de dizer o limite dos direitos das pessoas, limites esses que se modificam de acordo com o interesse público expressado na lei; quando uma lei nova não mais admite uma situação que antes admitia (ex: lei nova que não mais admite permissão de uso de bem público em praças de um Município), essa lei acaba por "revogar" as permissões antes existentes, configurando-se o instituto da *caducidade*; como a lei é genérica e abstrata, não há que se falar em direito de indenização no caso; **C:** correta, pois o controle administrativo verifica a legitimidade (incluindo a legalidade) e a eficiência também, tudo com vistas a satisfazer o interesse público e as demandas legítimas dos administrados; **D:** incorreta, pois a Administração, pelo princípio da autotutela, pode anular e revogar seus atos independentemente de prévia apreciação jurisdicional; **E:** incorreta, pois, internamente, o controle administrativo se dá pela fiscalização hierárquica (que atua de ofício) e pelos recursos administrativos.

Gabarito "C".

13.2. Controle externo

13.2.1.Controle do legislativo e do Tribunal de Contas

(Procurador do Município - S.J. Rio Preto/SP - 2019 - VUNESP) Acerca do controle externo da Administração Pública, é correto afirmar:

(A) dentre outras atribuições, o Tribunal de Contas da União poderá, se verificar ilegalidade, assinar prazo para que o órgão ou entidade fiscalizada adote as providências necessárias ao exato cumprimento da lei; não atendido o referido prazo, poderá desde logo sustar contrato impugnado, comunicando a decisão à Câmara dos Deputados e ao Senado Federal.

(B) dentre outras atribuições, compete ao Tribunal de Contas da União aplicar aos responsáveis, em caso de ilegalidade de despesa ou irregularidade de contas, as sanções previstas em lei, que estabelecerá, entre outras cominações, multa proporcional ao dano causado ao erário, a ser ratificada no Poder Judiciário, após assegurados, às partes assim apenadas, a ampla defesa e o direito ao contraditório.

(C) o controle externo da União e das entidades da Administração direta e indireta, quanto à legalidade, legitimidade, economicidade, aplicação das subvenções e renúncia de receitas, será exercido pelo Tribunal de

Contas da União e supletivamente pelo Congresso Nacional.

(D) dentre outras atribuições, compete ao Tribunal de Contas da União, em auxílio ao controle externo a cargo do Congresso Nacional, apreciar as contas prestadas anualmente pelo Presidente, julgar as contas dos administradores e demais responsáveis por dinheiros, bens e valores públicos da Administração direta e indireta, e realizar inspeções e auditorias de diversas naturezas nas unidades administrativas de quaisquer dos poderes da União.

(E) a organização, composição e fiscalização dos Tribunais de Contas dos Estados e do Distrito Federal serão estabelecidas pelas Constituições estaduais, podendo ou não, conforme opção do constituinte estadual, orientar-se pelas normas aplicáveis ao Tribunal de Contas da União.

A questão ora comentada explora o regime do controle externo da Administração Pública realizado pelo Tribunal de Contas. A sua disciplina constitucional encontra-se nos arts. 70 e 71 da CF. Alternativa A incorreta (em caso de contrato, o Tribunal de Contas não poderá desde logo sustá-lo, pois se trata de competência do Congresso Nacional, cf. art. 71, § 1º). Alternativa B incorreta (a multa aplicada pelo Tribunal de Contas não necessita ser ratificada pelo Poder Judiciário, cf. art. 71, VIII). Alternativa C incorreta (o controle externo dos entes federais será exercido pelo Congresso Nacional, com o auxílio do Tribunal de Contas, cf. o "caput" dos arts. 70 e 71). Alternativa D correta (cf. art. 71, incs. I, II e IV). Alternativa E incorreta (as normas constitucionais que disciplinam o Tribunal de Contas da União aplicam-se, no que couber, à organização, composição e fiscalização dos Tribunais de Contas dos Estados e do Distrito Federal, cf. dispõe o art. 75 da CF). **RB**
Gabarito "D".

(Procurador do Estado – PGE/MT – FCC – 2016) O Tribunal de Contas do Estado exerce relevante atividade visando à observância dos princípios administrativos na condução dos negócios e na gestão do patrimônio público. No exercício de suas funções, o Tribunal de Contas do Estado:

(A) pode determinar o exame e o bloqueio de bens, contas bancárias e aplicações financeiras dos acusados nos processos de tomada de contas.

(B) produz atos administrativos com força de título executivo.

(C) não possui jurisdição sobre os municípios, que estão sob controle externo dos Tribunais de Contas municipais.

(D) julga as contas do Governador do Estado, sendo sua decisão sujeita ao referendo pela Assembleia Legislativa.

(E) tem o poder de sustar imediatamente atos ou contratos considerados ilegais, caso o órgão ou entidade, previamente notificados, não providenciem sua correção.

A: incorreta. Em junho de 2017 o STF decidiu ser constitucional o bloqueio de bens e contas bancárias pelo Tribunal de Contas, com fundamento no art. 70, VIII, CF. No entanto, na época em foi aplicada a prova, o STF proferiu decisão contrária a essa possibilidade dos Tribunais de Contas, no MS34357; **B:** correta. Realmente, conforme disposto no art. 71, §3º, CF, as decisões dos Tribunais de Contas possuem força de título executivo; **C:** incorreta. Os Tribunais de Contas possuem "jurisdição" estadual e federal, se da União, e também municipal, se municipais ou estaduais, onde não houver Tribunal de Contas Municipais; **D:** incorreta. Não está sujeito ao referendo do Poder Legislativo (art.71, II, CF); **E:**

incorreta. O art. 71, X, CF determina a sustação do ato só é feita se não atendido o que for solicitado. **AW**
Gabarito "B".

(Procurador do Estado – PGE/PR – PUC – 2015) A respeito do sistema e órgãos de controle da Administração Pública brasileira, assinale a alternativa **CORRETA**.

(A) Nos processos perante o Tribunal de Contas da União, é dispensável o contraditório e a ampla defesa quando da apreciação da legalidade de ato de ascensão funcional de empregados públicos.

(B) O Tribunal de Contas tem atribuição fiscalizadora de verbas públicas, desde que recebidas e/ou despendidas por pessoas da Administração Pública (direta ou indireta).

(C) Nos processos perante o Tribunal de Contas da União, é dispensável o contraditório e a ampla defesa quando da apreciação da legalidade do ato de concessão inicial de aposentadoria, reforma e pensão.

(D) Os Tribunais de Contas têm competência para fixar o teto remuneratório de servidores públicos por meio de resolução administrativa.

(E) A Constituição Federal dispõe que, nos casos de contratos, licitações, dispensa e inexigibilidade, a competência de julgamento dos Tribunais de Contas fica subordinada ao crivo do Poder Legislativo, pois os atos de sustação devem ser adotados diretamente por ele.

A: incorreta. A súmula vinculante 3, STF determina que: "Nos processos perante o Tribunal de Contas da União asseguram-se o contraditório e a ampla defesa quando da decisão puder resultar anulação ou revogação de ato administrativo que beneficie o interessado, excetuada a apreciação da legalidade do ato de concessão inicial de aposentadoria, reforma e pensão." Portanto, não é dispensável o contraditório nos casos de avaliação de ascensão funcional; **B:** incorreta. O art. 71, II, CF é muito mais amplo quanto à atribuição fiscalizadora dos Tribunais de Contas, conforme assim dispõe: " julgar as contas dos administradores e demais responsáveis por dinheiros, bens e valores públicos **da administração direta e indireta, incluídas as fundações e sociedades instituídas e mantidas pelo Poder Público federal, e as contas daqueles que derem causa** a perda, extravio ou outra irregularidade de que resulte prejuízo ao erário público; **C:** correta. Trata-se do teor da súmula vinculante 3, STF, conforme expressamente disposto na assertiva A; **D:** incorreta. O Teto Geral dos servidores é fixado por lei (art. 37, XI, CF); **E:** incorreta. O julgamento feito pelo Tribunal de Contas não passa pelo "crivo" do Poder Legislativo, sendo um Tribunal independente, de auxílio ao controle, que também é feito pelo Poder Legislativo. **AW**
Gabarito "C".

(Advogado União – AGU – CESPE – 2015)

(1) Em consonância com o entendimento do STF, os serviços sociais autônomos estão sujeitos ao controle finalístico do TCU no que se refere à aplicação de recursos públicos recebidos.

1: correta. Os Serviços Sociais autônomos devem prestar contas aos Tribunais de Contas, conforme entendimento do STF no RE 789874. **AW**
Gabarito 1C

(Procurador do Estado – PGE/BA – CESPE – 2014) Com relação ao processo administrativo, regulamentado na Lei Estadual nº 12.209/2011, julgue os itens que se seguem.

2. DIREITO ADMINISTRATIVO

(1) Não cabe revisão dos processos administrativos sancionatórios, após a decisão da autoridade julgadora, dada a ocorrência de coisa julgada administrativa.

(2) Não são passíveis de questionamento por via recursal os atos administrativos de mero expediente.

1: incorreta. Não temos coisa julgada administrativa. O nosso ordenamento jurídico adotou o sistema de jurisdição una, em que somente o Poder Judiciário pode decidir com força de "coisa julgada"; **2:** correta. Os atos administrativos de mero expediente não possuem cunho decisório algum. Eles somente dão andamento a um procedimento, ao dia a dia administrativo, por isso não há interesse na interposição de recursos contra esses atos. **AW**
Gabarito 1E, 2C

(Procurador Federal – 2013 – CESPE) Com relação ao controle interno da administração pública e ao TCU, julgue os itens consecutivos.

(1) O TCU tem o dever de prestar ao Congresso Nacional, a qualquer de suas Casas ou de suas comissões, informações sobre a fiscalização contábil, financeira, orçamentária, operacional e patrimonial que executar, bem como sobre os resultados das auditorias e inspeções que realizar.

(2) Uma autoridade pública federal responsável pelo sistema de controle interno que, após tomar conhecimento de uma irregularidade ou ilegalidade praticada no âmbito do órgão em que atue, dela não der ciência ao TCU estará sujeita a ser solidariamente responsabilizada pelo ato irregular ou ilegal.

1: correta (art. 38, II, da Lei 8.443/1992); **2:** correta (art. 51, *caput*, da Lei 8.443/1992).
Gabarito 1C, 2C

(Procurador/DF – 2013 – CESPE) Acerca do controle da administração pública, julgue o item a seguir.

(1) Em relação ao controle externo exercido pelo Congresso Nacional, a fiscalização financeira diz respeito ao acompanhamento da execução do orçamento e da verificação dos registros adequados nas rubricas orçamentárias.

1: errada, pois a fiscalização financeira em sentido amplo também se aterá à legalidade, à legitimidade, à economicidade e aos demais elementos mencionados no art. 70, *caput*, da CF.
Gabarito 1E

(Procurador/DF – 2013 – CESPE) Acerca do controle da administração pública, julgue o item a seguir.

(1) O controle administrativo é um controle de legalidade e de mérito, exercido exclusivamente pelo Poder Executivo sobre suas próprias condutas.

1: errada, pois o Judiciário também exerce o controle de legalidade (em sentido amplo) sobre as condutas do Executivo; não bastasse, o Legislativo também fará o controle de condutas do Executivo, inclusive mediante a sustação de atos da Administração (arts. 70 a 72 da CF).
Gabarito 1E

(Procurador/DF – 2013 – CESPE) Acerca do controle da administração pública, julgue o item a seguir.

(1) O STF poderá, apenas após ação judicial, acolher reclamação administrativa, anular o ato administrativo e determinar que outro seja praticado.

1: errada, pois a cognição na reclamação não requer uma ação judicial tradicional, com amplo conhecimento da matéria, sendo necessário apenas que se faça o pedido de reclamação ao Presidente do Tribunal, autuando-se e distribuindo-se ao relator da causa principal, com requisição de informações em 10 dias, vistas ao Ministério Público e decisão (arts. 13 a 17 da Lei 8.038/1990); vale lembrar que, para evitar dano irreparável, cabe também liminar suspendendo o processo ou o ato impugnado (art. 14, II, da Lei 8.038/1990).
Gabarito 1E

(Procurador/DF – 2013 – CESPE) Julgue os itens que se seguem.

(1) O direito da administração de anular os atos administrativos de que decorram efeitos favoráveis para os destinatários decai em cinco anos, contados da data em que foram praticados. Não obstante, segundo orientação jurisprudencial que vem sendo firmada no âmbito do STF, não se opera esse prazo decadencial no período compreendido entre o ato administrativo concessivo de aposentadoria ou pensão e o posterior julgamento de sua legalidade e registro pelo TCU – que consubstancia o exercício da competência constitucional de controle externo.

1: certa; de fato, segundo o STF, a "(...) Suprema Corte possui jurisprudência pacífica no sentido de que o Tribunal de Contas da União, no exercício da competência de controle externo da legalidade do ato de concessão inicial de aposentadorias, reformas e pensões (art. 71, inciso III, CF/88), não se submete ao prazo decadencial da Lei nº 9.784/1999, iniciando-se o prazo quinquenal somente após a publicação do registro na imprensa oficial. 2. Ainda que pudesse subsistir a argumentação da impetrante de que o exame de legalidade realizado pela Corte de Contas recaiu sobre situação consolidada desde 1996, relativa à aposentadoria de seu falecido marido, não foram apresentados fatos e provas concretos de que o cálculo da aposentadoria concedida ao marido da recorrente tivesse sido considerado legal pelo TCU. 3. Submetida que está a administração pública ao princípio da legalidade, havendo previsão normativa, não há óbice a que o Tribunal de Contas da União – na qualidade de órgão auxiliar do controle externo exercido pelo Congresso Nacional e no exercício da competência que lhe foi conferida pelo art. 71, III, da Constituição Federal – aprecie a correspondência do ato de concessão inicial de pensão com o regime legal vigente na data em que veio a óbito o instituidor do benefício." (AgRg em MS 30.830/DF, DJ 13/12/2012).
Gabarito 1C

13.2.2. Controle pelo Judiciário

(Procurador/DF – 2013 – CESPE) Julgue o seguinte item.

(1) Segundo o entendimento firmado no âmbito do STJ, quando se tratar de ato de demissão de servidor público, é permitido questionar o Poder Judiciário acerca da legalidade da pena a ele imposta, até porque, em tais circunstâncias, o controle jurisdicional é amplo, no sentido de verificar se há motivação para o ato de demissão.

1: certa, podendo o Judiciário verificar se o devido processo legal foi respeitado, inclusive quanto ao contraditório e à ampla defesa, bem como se a pena em si está de acordo com a lei, a moralidade e a razoabilidade.
Gabarito 1C

(Procurador/DF – 2013 – CESPE) Com referência ao controle jurisdicional, julgue o item abaixo.

(1) O *habeas corpus* é remédio cabível para o controle jurisdicional de ato da administração; contudo, salvo os pressupostos de legalidade, o referido remédio não será cabível em relação a punições disciplinares militares.

1: certa (art. 142, § 2º, da CF).

Gabarito 1C

14. LEI DE ACESSO À INFORMAÇÃO

(Procurador – SP – VUNESP – 2015) Assinale a alternativa que corretamente discorra sobre aspectos da Lei Federal 12.527/2011 (Lei de Acesso à Informação).

(A) A Câmara Municipal de Caieiras não se submete à Lei de Acesso à Informação, pois a Lei Federal 12.527/2011 somente é aplicável aos órgãos do Poder Executivo de todos os níveis da Federação.

(B) Não são passíveis de classificação as informações cuja divulgação ou acesso irrestrito possam oferecer elevado risco à estabilidade financeira, econômica ou monetária do País.

(C) A Lei de Acesso à Informação tem como diretrizes, entre outras, a observância da publicidade como preceito geral e do sigilo como exceção, bem como a divulgação de informações de interesse público, independentemente de solicitações.

(D) O acesso a informações públicas será assegurado mediante gestão transparente da informação, não sendo, no entanto, necessária a criação de serviço específico de informações ao cidadão.

(E) O órgão ou entidade pública deverá autorizar ou conceder o acesso imediato à informação disponível; não sendo possível conceder o acesso imediato, o órgão ou entidade que receber o pedido deverá atendê-lo no prazo de 30 (trinta) dias.

A: Incorreta. O art. 1º, parágrafo único, I, da Lei 12.527/2011 dispõe que a lei se aplica a órgãos de todos os Poderes, o que inclui a Câmara Municipal, que é órgão do Poder Legislativo. **B:** Incorreta. O art. 23, IV, da Lei 12.527/2011 determina que essa é um tipo de informação a ser classificada. **C:** Correta. Perfeita a assertiva, eis que é "letra da lei",

conforme disposto no art. 3º, da Lei 12.527/2011. **D:** Incorreta. O art. 9º, I, da Lei 12.527/2011 determina a criação de serviço específico ao cidadão. **E:** Incorreta. O prazo é não superior a 20 dias para o órgão agir, caso não seja possível o acesso imediato da informação. **AW**

Gabarito "C".

(Procurador – PGFN – ESAF – 2015) A respeito da Lei n. 12.527/2011, conhecida como Lei de Acesso à Informação, analise as afirmativas abaixo, classificando-as em verdadeiras (V) ou falsas (F). Ao final, assinale a opção que contenha a sequência correta.

( ) Trata-se de uma lei que contém normas gerais e, sob este aspecto, de caráter nacional.

( ) A referida lei consagra o que se convencionou chamar de transparência ativa.

( ) A informação em poder dos órgãos e entidades públicas pode ser classificada como ultrassecreta, secreta ou reservada, quando a restrição temporária ou permanente de acesso ao seu conteúdo for imprescindível à segurança da sociedade ou do Estado.

( ) Externados os motivos e demonstrado o interesse do solicitante, qualquer interessado pode apresentar pedido de acesso a informações aos órgãos e entidades sujeitos à Lei nº 12.527/2011.

(A) V, V, V, F.

(B) V, F, V, F.

(C) F, V, F, V.

(D) V, V, V, V.

(E) V, V, F, F.

1: verdadeira. Trata-se de lei geral, que regulamenta os arts. 5º, XXXIII, art. 37, § 3º, II e art. 216, CF; **2:** verdadeira. O conceito de transparência ativa é o dever que as pessoas jurídicas integrantes da Administração Pública possuem de divulgar, independentemente de requerimento, informações de caráter geral e de interesse público; **3:** falsa. O art. 4º, III, da Lei de Acesso à Informação dispõe que essa restrição é sempre temporária; **4:** falsa. O art. 10, § 3º, do referido diploma legal determina ser vedada exigência quanto ao motivo que ensejou o pedido de informação. **AW**

Gabarito "E".

3. Direito Tributário

Robinson Barreirinhas e Henrique Subi

1. COMPETÊNCIA TRIBUTÁRIA

(Procurador do Estado/AC – 2017 – FMP Em referência à delegação de competência tributária assinale a alternativa CORRETA.

(A) É possível delegar a competência tributária urna vez ao ano, por ocasião da produção da lei orçamentária.

(B) As funções de fiscalização e arrecadação dos tributos podem ser delegadas, e também a produção de normas para definição dos tributos a serem arrecadados.

(C) Somente a função de produção de normas tributárias pode ser delegada de um ente para outro.

(D) Somente a prerrogativa de fiscalizar os tributos pode ser delegada.

(E) Nenhuma das alternativas acima está correta.

A: incorreta, pois a competência tributária, isto é, a competência para legislar sobre tributos, é indelegável – art. 7º do CTN; **B:** incorreta, pois a competência legislativa (de produção de normas legais) é indelegável, conforme comentário anterior; **C:** incorreta, pois a competência tributária, ou seja, a competência legislativa relativa à tributação, é indelegável, conforme comentários anteriores; **D:** incorreta, pois além da atribuição de fiscalizar tributos, é possível a delegação das funções de arrecadar e de executar leis, atos e decisões administrativas, nos termos do art. 7º do CTN; **E:** esta é a correta, por exclusão das demais.
Gabarito "E".

(Procurador do Estado/SP – 2018 –VUNESP) Estado AB cria imposto sobre o valor das operações internas de circulação de mercadorias que ultrapassar o preço nacional médio do mesmo produto, conforme divulgado pela Administração Tributária local. Considerada a situação hipotética apresentada, e com base na Constituição Federal, assinale a alternativa correta.

(A) O imposto é inconstitucional porque o Estado AB não tem competência residual para instituir tributos.

(B) O imposto é constitucional por ser de competência tributária especial dos Estados para criar tributos com a finalidade de corrigir distorções concorrenciais, tendo como fato gerador e base de cálculo o desequilíbrio e o respectivo valor.

(C) O imposto é constitucional, pois decorre da competência tributária residual do Estado para prevenir distorções concorrenciais, tendo por base de cálculo o valor do desequilíbrio concorrencial.

(D) O imposto é inconstitucional porque, embora o Estado AB possa instituir tributo para corrigir distorções concorrenciais, a base de cálculo do novo tributo é própria do ICMS.

(E) O imposto é inconstitucional porque, embora o Estado AB possa instituir tributo para corrigir distorções concorrenciais, está baseado em pauta fiscal, vedada pela Constituição Federal.

A: correta, sendo esta a melhor alternativa, por trazer interpretação razoável da situação e por exclusão das demais. De fato, somente a União pode instituir imposto não previsto expressamente na Constituição Federal, o que se denomina competência residual – art. 154, I, da CF. Entretanto, considerando-se que o tributo é definido por seu fato gerador e por sua base de cálculo (art. 4º do CTN), é razoável também a interpretação no sentido de que a questão descreve simplesmente o ICMS (cujo fato gerador é a circulação de mercadorias – art. 155, II, da CF), ou uma espécie de adicional ao ICMS incidente sobre as operações internas, majorando do valor originariamente cobrado (aparentemente, trata-se de uma alíquota adicional sobre o valor da mercadoria que ultrapassar determinado montante). Considerando que o Estado tem competência para fixar as alíquotas de ICMS, desde que respeite eventual teto fixado pelo Senado (art. 155, § 2º, *b*, da CF), talvez seja defensável a exação discutida, a depender de maiores detalhes não trazidos na questão, muito embora seja discutível a existência de progressividade do ICMS em relação ao valor da mercadoria; **B:** incorreta, pois é reservada à lei complementar federal o estabelecimento de critérios especiais de tributação, com o objetivo de prevenir desequilíbrios da concorrência, sem prejuízo da competência da União, por lei, estabelecer normas de igual objetivo – art. 146-A da CF; **C:** incorreta, pois somente a União detém a chamada competência residual – art. 154, I, da CF; **D e E:** incorretas, conforme comentários anteriores. RB
Gabarito "A".

(Procurador do Município/Manaus – 2018 – CESPE) Julgue o item que se segue à luz do que dispõe o Código Tributário Nacional.

(1) Apenas pessoas jurídicas de direito público podem figurar como sujeitos ativos de obrigações tributárias.

1: correta, conforme a literalidade do art. 119 do CTN: "Sujeito ativo da obrigação é a pessoa jurídica de direito público, titular da competência para exigir o seu cumprimento." Interessante notar que há entendimento no sentido de que pessoas de direito privado (inclusive naturais) podem, excepcionalmente, ser sujeitos ativos, como é o caso dos notários, que cobram emolumentos (= taxas) pela prestação de serviços cartorários. RB
Gabarito "1C".

(Procurador do Estado/SE – 2017 – CESPE) Os tributos cuja instituição compete aos municípios incluem o

(A) ITBI, o IPI e o IPVA.

(B) ITR, o ITCMD e o IPI.

(C) ITBI, o IPVA e o ITCMD.

(D) IPTU, o ITR e o ISSQN.

(E) IPTU, o ITBI e o ISSQN.

Os municípios e o Distrito Federal têm competência em relação a três impostos: IPTU, ITBI e ISS, razão pela qual a alternativa "E" é a correta. RB
Gabarito "E".

(Procurador Municipal – Sertãozinho/SP – VUNESP – 2016) Os municípios podem, exercendo a opção que lhes permite a Constituição Federal, cobrar e fiscalizar um imposto pertencente à competência impositiva de outro ente tributante, caso em que terão direito a totalidade do produto da arrecadação. Trata-se do imposto sobre

(A) a transmissão *inter vivos*, a qualquer título, por ato oneroso, de bens imóveis, por natureza ou acessão física.

(B) transmissão 6 e doação, de quaisquer bens ou direitos.

(C) propriedade territorial rural.

(D) produtos industrializados.

(E) propriedade de veículos automotores.

O único caso de alteração de sujeição passiva de imposto é a do ITR federal, que pode ser fiscalizado e cobrado pelos Municípios que assim optarem, na forma da lei, desde que não implique redução do imposto ou qualquer outra forma de renúncia fiscal – art. 153, § 4º, III, da CF. Todos os outros impostos são fiscalizados e cobrados pelo próprio ente competente, ou seja, pelo ente a quem foi conferida a competência tributária pela Constituição Federal.

Por essa razão, a alternativa "C" é a correta. RB

„Ɔ„ ojμɐqɐⅬ

(Procurador – SP – VUNESP – 2015) É imposto que não incide sobre a transmissão de bens ou direitos incorporados ao patrimônio de pessoa jurídica em realização de capital, nem sobre a transmissão de bens ou direitos decorrente de fusão, incorporação, cisão ou extinção de pessoa jurídica, salvo se, nesses casos, a atividade preponderante do adquirente for a compra e venda desses bens ou direitos, a locação de bens imóveis ou arrendamento mercantil. Trata-se do imposto cuja competência impositiva pertence

(A) à União, exclusivamente.

(B) à União, privativamente.

(C) aos Estados.

(D) aos Municípios.

(E) aos Estados e ao Distrito Federal.

A assertiva descreve as imunidades relativas ao ITBI municipal, nos termos do art. 156, § 2º, I, da CF. Por essa razão, a alternativa "D" é a correta, lembrando que não apenas os Municípios, mas também o Distrito Federal possui competência para instituir e cobrar o ITBI – art. 147, *in fine*, da CF. RB

„Ɑ„ ojμɐqɐⅬ

(Procurador – PGFN – ESAF – 2015) Sobre a competência tributária prevista no CTN, assinale a opção incorreta.

(A) Os tributos cuja receita seja distribuída, no todo ou em parte, a outras pessoas jurídicas de direito público pertencem à competência legislativa daquela a que tenham sido atribuídos.

(B) A competência tributária, salvo exceções, é indelegável, podendo a atribuição das funções de arrecadar ou fiscalizar tributos, ou de executar leis, serviços, atos ou decisões administrativas em matéria tributária, ser conferida de uma pessoa jurídica de direito público a outra.

(C) A atribuição da função de arrecadar ou fiscalizar tributos, conferida por uma pessoa jurídica de direito público a outra, pode ser revogada, a qualquer tempo e unilateralmente, pela pessoa que a tenha conferido.

(D) A atribuição das funções de arrecadar tributos pode ser cometida a pessoas jurídicas de direito privado.

(E) A atribuição das funções de executar leis, serviços, atos ou decisões administrativas em matéria tributária, conferida por uma pessoa jurídica de direito público a outra, também confere as garantias e os privilégios

processuais que competem à pessoa jurídica de direito público que a cometeu.

A: correta, nos termos do art. 6º, parágrafo único, do CTN; **B:** incorreta, pois não há exceção à indelegabilidade da competência tributária, entendida como competência legislativa plena – arts. 6º e 7º do CTN; **C:** correta, conforme art. 7º, § 2º, do CTN; **D:** correta, conforme art. 7º, § 3º, do CTN; **E:** correta – art. 7º, § 1º, do CTN. RB

„Ɓ„ ojμɐqɐⅬ

(Procurador Distrital – 2014 – CESPE) Julgue o seguinte item.

(1) É inconstitucional a isenção de tributo estadual fundada em tratado internacional ratificado pelo presidente da República.

Afastando ou ao menos reduzindo muito o debate doutrinário e jurisprudencial a respeito do assunto, o STF decidiu que "a cláusula de vedação inscrita no art. 151, III, da CF/1988 – que proíbe a concessão de isenções tributárias heterônomas – é inoponível ao Estado Federal brasileiro (vale dizer, à República Federativa do Brasil), incidindo, unicamente, no plano das relações institucionais domésticas que se estabelecem entre as pessoas políticas de direito público interno. (...) Nada impede, portanto, que o Estado Federal brasileiro celebre tratados internacionais que veiculem cláusulas de exoneração tributária em matéria de tributos locais (como o ISS, p. ex.)" (RE 543.943 AgR/PR).

„Ǝ1„ ojμɐqɐⅬ

(Procurador do Município/Cubatão-SP – 2012 – VUNESP) Uma das características da competência tributária é a

(A) indelegabilidade.

(B) prescritibilidade.

(C) delegabilidade.

(D) renunciabilidade.

(E) caducidade.

A competência tributária é privativa, inalterável (art. 110 do CTN), indelegável (art. 7º do CTN), incaducável, irrenunciável e facultativa. Por essa razão, a alternativa A é a única correta.

„∀„ ojμɐqɐⅬ

Veja a seguinte tabela com as competências dos entes políticos em relação aos impostos, para estudo e memorização:

Competência em relação aos impostos		
União	Estados e DF	Municípios e DF
- imposto de importação - imposto de exportação - imposto de renda - IPI - IOF - ITR - Imposto sobre grandes fortunas - Impostos extraordinários - Impostos da competência residual	- ITCMD - ICMS - IPVA	- IPTU - ITBI - ISS

(ADVOGADO – CEF – 2012 – CESGRANRIO) Em relação à competência tributária exercida pelas entidades federativas, sabe-se, com base no atual sistema jurídico tributário, que a(o)

3. DIREITO TRIBUTÁRIO

(A) União pode instituir novos impostos, desde que sejam não cumulativos e não tenham fato gerador ou base de cálculo próprios dos discriminados na CRFB/1988, por lei ordinária ou medida provisória.

(B) União, os Estados, o Distrito Federal e os Municípios detêm competência tributária comum para instituírem contribuições de intervenção no domínio econômico.

(C) União pode, em decorrência da competência tributária comum exercida pelos entes federativos, instituir e cobrar o IPTU.

(D) Distrito Federal pode, por meio de sua competência residual, instituir e cobrar novo imposto cumulativo e com fato gerador ou base de cálculo próprio dos discriminados na CRFB/1988.

(E) Distrito Federal pode instituir e cobrar impostos estaduais e municipais.

A: incorreta. O exercício da competência residual pela União depende da edição de lei complementar (art. 154, I, da CF); **B:** incorreta. A competência para instituição de contribuições de intervenção no domínio econômico é de competência exclusiva da União (art. 149 da CF); **C:** incorreta. A competência tributária comum alcança apenas as taxas e contribuições de melhoria. Excepcionalmente, a União acolhe a competência para instituição de impostos estaduais e municipais nos Territórios Federais (art. 147 da CF); **D:** incorreta. A competência residual é exclusiva da União e o novo imposto criado não pode ser cumulativo nem ter base de cálculo ou fato gerador já previsto para outros impostos (art. 154, I, da CF); **E:** correta, nos termos dos arts. 147 e 155 da CF.
Gabarito "E".

2. PRINCÍPIOS

(Procurador do Município – S.J. Rio Preto/SP – 2019 – VUNESP) Quando o tributo está relacionado com a descentralização da atividade pública, sendo instituído para o fim de dotar de recursos determinadas entidades, encarregadas pelo Estado de atender necessidades sociais específicas, referido tributo terá por característica a

(A) fiscalidade.

(B) extrafiscalidade.

(C) parafiscalidade.

(D) seletividade.

(E) essencialidade.

A: incorreta, pois fiscalicalidade se refere à função arrecadatória, característica da exigência e cobrança dos tributos pelo próprio ente político tributante (União, Estados, DF e Municípios); **B:** incorreta, pois extrafiscalidade se refere à função de intervenção ou interferência no mercado, como para regular o fluxo de mercadorias no comércio exterior por meio dos impostos aduaneiros (II e IE); **C:** correta, pois parafiscalidade se refere à delegação da atribuição de arrecadar tributos por essas entidades (por exemplo os Conselhos Profissionais), que utilizam os recursos para manter suas atividades essenciais; **D:** incorreta, pois seletividade é uma diretriz de determinados tributos (IPI deve ser seletivo; ICMS pode ser seletivo) cujas alíquotas variam conforme a essencialidade do bem ou serviço objeto da tributação; **E:** incorreta, pois essencialidade é um critério de classificação de bens e serviços para fins de tributação, conforme a seletividade, comentada anteriormente.
Gabarito "C".

(Procurador do Estado/AC – 2017 – FMP) Em matéria de direito constitucional tributário é CORRETO afirmar que

(A) a proibição de confisco é adstrita aos tributos em si, conforme a letra da constituição, e não abarca as multas sancionatórias.

(B) o princípio da isonomia tributária não é corolário do princípio da igualdade, sendo aquele, cm razão do caráter tributário, bem mais restrito, exigindo-se duas situações exatamente idênticas para a comparação.

(C) a lei complementar tributária é hierarquicamente superior à lei ordinária tributária.

(D) a lei tributária pode ser editada com o objetivo de prevenir distorções de concorrência mercadológica.

(E) a Constituição Federal define perfeitamente cada tributo, não havendo espaço para o legislador infraconstitucional definir os tributos.

A: incorreta, pois é pacífico o entendimento de que o princípio do não confisco se aplica também às penalidades, muito embora admitam-se sanções em valores substanciais; **B:** incorreta, pois o princípio da isonomia, de tratamento igual para pessoas em situação semelhante (com capacidade contributiva semelhante) não se refere a situações exatamente idênticas; **C:** incorreta, pois não se trata de hierarquia, mas de definição constitucional de matérias que exigem ou não a lei complementar para serem reguladas na esfera tributária – ver art. 146 da CF. Por não haver hierarquia é que uma lei ordinária pode alterar lei complementar, se a matéria tratada não exigir lei complementar (o legislador poderia desde o início ter veiculado a matéria por lei ordinária, mas resolveu aprovar lei complementar: essa lei complementar pode ser alterada por simples lei ordinária); **D:** correta – art. 146-A da CF; **E:** incorreta, pois a CF apenas delimita as competências tributária, cabendo à lei de cada ente político a instituição dos tributos.
Gabarito "D".

(Procurador do Estado/AC – 2017 – FMP) Em relação ao princípio da capacidade contributiva do contribuinte é CORRETA a afirmação:

(A) A Constituição Federal expressamente determina que seja observado o princípio da capacidade contributiva na estruturação de todos os tributos.

(B) Para cumprir os objetivos do princípio da capacidade contributiva, é facultado à administração identificar o patrimônio, os rendimentos e as atividades econômicas do contribuinte.

(C) É obrigatória à administração tributária a observação do princípio da capacidade contributiva, quando se tratam de impostos.

(D) No que tange às contribuições sociais, a Constituição Federal determina que o princípio da capacidade contributiva seja aplicado respeitando as faixas de contribuição à previdência.

(E) O princípio da capacidade contributiva deve ser avaliado também segundo a capacidade econômica futura de cada contribuinte.

A: incorreta, pois o princípio da capacidade contributiva, embora oriente todo o sistema tributário, é especificamente prevista em relação aos impostos – art. 145, § 1º, da CF; **B:** correta, conforme disposição expressa do art. 145, § 1º, da CF; **C:** discutível. Parece-nos que sim, mas o entendimento majoritário é de que ele é mitigado no caso dos impostos reais, por exemplo, sendo essa a interpretação da expressão "sempre que possível" do art. 145, § 1º, da CF. De qualquer forma, a alternativa "B" é indiscutivelmente correta, devendo ser indicada pelo candidato; **D:** discutível, pois, como visto, a CF faz referência expressa à capacidade contributiva em relação aos impostos. Mas é importante destacar que o art. 195, II, da CF se refere a alíquotas progressivas (não como imposição, mas como possibilidade) de acordo com o valor do salário e da contribuição, o que é uma ferramenta de ajuste da tributação conforme a capacidade contributiva; **E:** incorreta, pois a tributação incide sempre sobre a situação atual, jamais futura do contribuinte.
Gabarito "B".

(Procurador do Estado/AC – 2017 – FMP) Sobre o princípio da isonomia é CORRETO afirmar:

(A) A Emenda à Constituição Federal 42/2003 estabeleceu a possibilidade de estabelecerem-se "critérios especiais de tributação" no art. 146-A, flexibilizando o princípio da isonomia.

(B) A "situação equivalente" mencionada no art. 150, II, do CTN é dependente de definição pelo legislador complementar, devido à sua imprecisão.

(C) Devido às disparidades continentais do Brasil, os Estados estão autorizados a conceder benefícios e condições especiais tributárias aos seus administrados, independentemente dos outros Estados.

(D) O princípio da isonomia tributária impacta diretamente os princípios da livre concorrência e da livre-iniciativa, uma vez que o Estado deve garantir as mesmas regras do jogo para todos os contribuintes.

(E) Ao se deparar com uma situação de privilégio e, portanto, anti-isonômica, a solução que a Justiça confere é a de estender o eventual privilégio a quem mais solicitar.

A: incorreta, pois prevenir desequilíbrios da concorrência é garantir a isonomia, o tratamento idêntico a pessoas em situações semelhantes; B: incorreta, pois a situação equivalente se refere a aspectos fáticos a serem apurados no caso concreto, em especial a capacidade contributiva; C: incorreta, especialmente quanto ao ICMS, em relação ao qual os benefícios fiscais dependem de convênio interestadual – art. 155, § 2º, XII, *g*, da CF. Ademais, não é possível estabelecer diferença tributária entre bens e serviços, de qualquer natureza, em razão de sua procedência ou destino – art. 152 da CF; D: correta conforme comentário à primeira alternativa; E: incorreta, pois a Justiça deve garantir o direito conforme a Lei (sem privilégios ou prejuízo) isonomicamente, para todos.
Gabarito "D".

(Procurados do Município – Prefeitura Fortaleza/CE – CESPE – 2017) A respeito das limitações constitucionais ao poder de tributar, julgue os itens que se seguem, de acordo com a interpretação do STF.

(1) O princípio da progressividade exige a graduação positiva do ônus tributário em relação à capacidade contributiva do sujeito passivo, não se aplicando, todavia, aos impostos reais, uma vez que, em se tratando desses tributos, é impossível a aferição dos elementos pessoais do contribuinte.

(2) A alteração de alíquotas do imposto de exportação não se submete à reserva constitucional de lei tributária, tornando-se admissível a atribuição dessa prerrogativa a órgão integrante do Poder Executivo.

(3) O princípio da anterioridade do exercício, cláusula pétrea do sistema constitucional, obsta a eficácia imediata de norma tributária que institua ou majore tributo existente, o que não impede a eficácia, no mesmo exercício, de norma que reduza desconto para pagamento de tributo ou que altere o prazo legal de recolhimento do crédito.

(4) O princípio da isonomia pressupõe a comparação entre sujeitos, o que, em matéria tributária, é efetivado pelo princípio da capacidade contributiva em seu aspecto subjetivo.

1: Incorreta, pois o STF admite a progressividade de alíquotas conforme o valor da base de cálculo para impostos reais (relativos a propriedade

e posse ou sua transmissão), como ITR, IPTU (a partir da EC 29/2000 – Súmula 668/STF) e, mais recentemente, ITMCD (RE 562.045/RS – repercussão geral – Tese 21). **2**: correta, nos termos do art. 153, § 1º, da CF, tendo o STF admitido que a competência para alteração das alíquotas desses impostos por ato infralegal não é privativa do Presidente da República, podendo ser atribuída a órgão do Executivo – ver RE 570.680/RS. **3**: correta, pois o STF entende que redução de desconto ou alteração do prazo para recolhimento não implica majoração do tributo sujeita à anterioridade – ver ADI 4.016MC/PR e Súmula Vinculante 50/STF. **4**: correta, pois a isonomia refere-se à comparação de sujeitos com base em algum critério. Esse critério, na seara tributária, é a capacidade contributiva dos contribuintes – art. 145, § 1º, da CF. RB
Gabarito 1E, 2C, 3C, 4C

(Procurador do Estado – PGE/MT – FCC – 2016) Tendo em vista calamidade pública, regularmente decretada pelo Governador do Estado, e a necessidade de elevação dos níveis de arrecadação de Imposto sobre operações relativas à circulação de mercadorias e prestações de serviços de transporte interestadual e intermunicipal e de comunicação – ICMS, Imposto sobre a propriedade de veículos automotores – IPVA e Imposto sobre transmissão *causa mortis* e doação – ITD, é INCORRETA a adoção da seguinte medida:

(A) aumento do ICMS sobre bens supérfluos, mediante lei estadual, para vigência após decorridos noventa dias da edição da lei correspondente.

(B) revisão, mediante os atos infralegais pertinentes, das margens de valor adicionado utilizadas para o cálculo do ICMS devido no regime de antecipação tributária, para vigência imediata.

(C) aumento, por meio de lei editada no mês de julho do ano corrente, das bases de cálculo do IPVA, para vigência no ano seguinte ao de sua edição.

(D) antecipação dos prazos de recolhimento dos impostos estaduais, para vigência imediata.

(E) elevação, por meio de lei, das alíquotas do ITD aplicáveis a partir dos fatos geradores ocorridos durante o ano-calendário 2017, respeitando-se o prazo mínimo de noventa dias contados da edição da lei.

A: incorreta, pois a majoração do ICMS, embora possa se referir a bens supérfluos (seletividade – art. 155, § 2º, III, da CF), deve sujeitar-se também ao princípio da anterioridade anual, não apenas à anterioridade nonagesimal. A assertiva somente estaria correta se a lei fosse publicada nos últimos 90 dias do ano (porque então a noventena seria mais favorável aos contribuintes); B: correta, pois, embora haja muita discussão, entende-se majoritariamente que os cálculos necessários para fixação do tributo na sistemática da antecipação tributária (que é gênero, do qual a substituição tributária "para frente" é espécie) baseiem-se em critérios definidos por atos infralegais – ver RMS 17.303/SE; C: correta, sendo interessante lembrar que a majoração da base de cálculo do IPVA sujeita-se apenas à anterioridade anual, não à nonagesimal – art. 150, § 1º, da CF; D: correta, pois a antecipação do prazo para recolhimento não implica majoração do tributo sujeita à anterioridade – Súmula Vinculante 50/STF; E: correta, lembrando que a questão foi feita no ano de 2016, ou seja, a cobrança apenas em 2017 respeita a anterioridade anual – art. 150, III, *b*, da CF. RB
Gabarito "A".

(Procurador do Estado – PGE/MT – FCC – 2016) Considere o seguinte princípio constitucional:

"Art. 152 É vedado aos Estados, ao Distrito Federal e aos Municípios estabelecer diferença tributária entre bens e serviços, de qualquer natureza, em razão de sua procedência ou destino."

3. DIREITO TRIBUTÁRIO   209

Os Estados e o Distrito Federal estão impedidos de

(A) cobrar o ICMS sobre a entrada de mercadorias oriundas de determinado país, em operação de importação, mas desonerar por completo esse imposto na saída de mercadorias tendo como destinatário o mesmo país.

(B) exigir o ICMS pelas alíquotas interestaduais variáveis conforme o Estado de destino dos bens ou serviços, diferentemente das alíquotas praticadas às operações internas.

(C) instituir isenções ou alíquotas diferenciadas do ITD tendo como fator de discriminação o domicílio do respectivo donatário dos bens doados.

(D) estabelecer a não incidência do ITD sobre doações de imóveis situados em outras Unidades da Federação.

(E) exigir o ICMS por alíquotas diferenciadas para mercadorias ou serviços diferentes.

A: incorreta, até porque as exportações são mesmo imunes ao ICMS – art. 155, § 2º, X, *a*, da CF, enquanto as importações são tributáveis – art. 155, § 2º, IX, *a*, da CF; **B:** incorreta, pois as alíquotas interestaduais, menores que as internas, previstas no art. 155, § 2º, VII, são fixadas pelo órgão legislativo paritário da República, o Senado Federal (todos os Estados e DF têm a mesma representatividade), sem que isso possa ser considerada distinção vedada pela CF – art. 155, § 2º, IV, da CF; **C:** correta, pois essa distinção feita unilateralmente por determinado Estado ou pelo DF implicaria ofensa ao princípio federativo e violação ao disposto no art. 152 da CF; **D:** incorreta, pois essa norma seria inócua, já que os Estados e o DF somente têm competência para tributar as doações de imóveis localizados em seus respectivos territórios – art. 155, § 1º, I, da CF; **E:** incorreta, pois não há qualquer distinção em relação à origem ou ao destino das mercadorias ou serviços, mas sim quanto às suas próprias características, o que é admitido nos termos do art. 155, § 2º, III, da CF, inclusive. 🔲
Gabarito "C".

(Procurador Municipal – Sertãozinho/SP – VUNESP – 2016) Determina a Constituição Federal a vedação à cobrança de tributos no mesmo exercício financeiro e antes de decorridos noventa dias da data em que haja sido publicada a lei que os instituiu ou aumentou. O prazo de noventa dias, contudo, não se aplica quando se tratar de lei que fixe a base de cálculo do imposto sobre

(A) produtos industrializados.

(B) propriedade predial e territorial urbana.

(C) operações relativas à circulação de mercadorias e prestação de serviços de transporte intermunicipal e interestadual e de comunicação.

(D) transmissão *causa mortis* e doação de quaisquer bens ou direitos.

(E) transmissão *inter vivos*, por ato oneroso, de bens imóveis.

Há exceção ao princípio da anterioridade nonagesimal em relação a (i) empréstimo compulsório para atender a despesas extraordinárias decorrentes de calamidade pública ou de guerra externa ou sua iminência (art. 148, I, *in fine*, da CF), (ii) imposto de importação (art. 150, § 1º, da CF), (iii) imposto de exportação (art. 150, § 1º, da CF), (iv) IR (art. 150, § 1º, da CF), (v) IOF (art. 150, § 1º, da CF), (v) impostos extraordinários na iminência ou no caso de guerra externa (art. 150, § 1º, da CF), (vi) fixação da base de cálculo do IPVA (art. 150, § 1º, da CF) e (vii) fixação da base de cálculo do IPTU (art. 150, § 1º, da CF). Por essa razão, a alternativa "B" é a correta. 🔲
Gabarito "B".

Veja a seguinte tabela, para memorização:

Exceções à anterioridade anual (art. 150, III, b, da CF)	Exceções à anterioridade nonagesimal (art. 150, III, c, da CF)
– empréstimo compulsório para atender a despesas extraordinárias decorrentes de calamidade pública ou de guerra externa ou sua iminência (art. 148, I, in fine, da CF, em sentido contrário); – imposto de importação (art. 150, § 1º, da CF);	– empréstimo compulsório para atender a despesas extraordinárias decorrentes de calamidade pública ou de guerra externa ou sua iminência (art. 148, I, in fine, da CF, em sentido contrário – entendimento doutrinário);
– imposto de exportação (art. 150, § 1º, da CF); – IPI (art. 150, § 1º, da CF); – IOF (art. 150, § 1º, da CF); – impostos extraordinários na iminência ou no caso de guerra externa (art. 150, § 1º, da CF); – restabelecimento das alíquotas do ICMS sobre combustíveis e lubrificantes (art. 155, § 4º, IV, c, da CF); – restabelecimento da alíquota da CIDE sobre combustíveis (art. 177, § 4º, I, b, da CF); – contribuições sociais (art. 195, § 6º, da CF).	– imposto de importação (art. 150, § 1º, da CF); – imposto de exportação (art. 150, § 1º, da CF); – IR (art. 150, § 1º, da CF); – IOF (art. 150, § 1º, da CF); – impostos extraordinários na iminência ou no caso de guerra externa (art. 150, § 1º, da CF); – fixação da base de cálculo do IPVA (art. 150, § 1º, da CF); – fixação da base de cálculo do IPTU (art. 150, § 1º, da CF);

(Procurador do Estado – PGE/RS – Fundatec – 2015) Quanto aos princípios da legalidade e da anterioridade tributária, analise as assertivas abaixo:

I. O princípio da legalidade tributária aplica-se a todos os tributos, mas se admite a alteração da alíquota de certos impostos federais, de caráter extrafiscal, desde que sejam atendidas as condições e os limites estabelecidos em lei.

II. Reserva absoluta de lei tributária designa a exigência de que a Administração Tributária se paute rigorosamente pelos ditames legais, não adotando condutas contrárias à legislação tributária.

III. A anterioridade de exercício e a nonagesimal são aplicáveis a todos os tributos, de forma cumulativa, exceutadas hipóteses previstas taxativamente no texto constitucional.

IV. Majoração de alíquota do ICMS, determinada por lei publicada em 1º de novembro de um ano, pode ser aplicada em 1º de janeiro do ano subsequente.

Após a análise, pode-se dizer que:

(A) Está correta apenas a assertiva I.

(B) Estão corretas apenas as assertivas I e II.

(C) Estão corretas apenas as assertivas I e III.

(D) Estão corretas apenas as assertivas II e III.

(E) Todas as assertivas estão corretas.

I: correta, conforme o art. 153, § 1º, da CF. Interessante lembrar que há também uma contribuição, a CIDE sobre combustíveis, que pode ter suas alíquotas reduzidas e restabelecidas por norma infralegal – art. 177, § 4º, I, *b*, da CF; **II**: discutível. Há referência à reserva absoluta de lei para informar que a incidência e as condutas da administração devem ser previstas em lei (Vittorio Cassone). Entretanto, o mais comum é referir-se à reserva absoluta da lei em sentido formal referindo-se à exigência de lei para veicular determinadas matérias, não se admitindo delegação ao Executivo – ver ADI 3.462MC/PA; **III**: correta, conforme o art. 150, III, *b* e *c*, e § 1°, da CF; **IV**: incorreta, pois a majoração do ICMS sujeita-se cumulativamente à anterioridade anual e à nonagesimal – art. 150, III, *c*, da CF. **RB**

Gabarito "C."

(Advogado União – AGU – CESPE – 2015) Acerca dos princípios constitucionais tributários, julgue os itens subsequentes.

(1) Pela aplicação do princípio da anterioridade tributária, quaisquer modificações na base de cálculo ou na alíquota dos tributos terão sua eficácia suspensa até o primeiro dia do exercício financeiro seguinte à publicação da lei que promoveu a alteração.

(2) O princípio da isonomia tributária impõe que o tributo incida sobre as atividades lícitas e, igualmente, sobre as atividades ilícitas, de modo a se consagrar a regra da interpretação objetiva do fato gerador. Dessa forma, é legítima a cobrança de IPTU sobre imóvel construído irregularmente, em área *non aedificandi*, não significando tal cobrança de tributo concordância do poder público com a ocupação irregular.

(3) Conforme o princípio da irretroatividade da lei tributária, não se admite a cobrança de tributos em relação a fatos geradores ocorridos em período anterior à vigência da lei que os instituiu ou aumentou. Entretanto, o Código Tributário Nacional admite a aplicação retroativa de lei que estabeleça penalidade menos severa que a prevista na norma vigente ao tempo da prática do ato a que se refere, desde que não tenha havido julgamento definitivo.

(4) O princípio da vedação à utilização de tributo com efeito de confisco, previsto expressamente na CF, aplica-se igualmente às multas tributárias, de modo a limitar, conforme jurisprudência pacífica do STF, o poder do Estado na instituição e cobrança de penalidades.

(5) De acordo com o princípio da legalidade, fica vedada a criação ou a majoração de tributos, bem como a cominação de penalidades em caso de violação da legislação tributária, salvo por meio de lei.

1: Incorreta, pois apenas as modificações que importem criação ou majoração do tributo sujeitam-se à anterioridade anual, além da anterioridade nonagesimal – art. 150, III, *b* e *c*, da CF. **2:** Correta, nos termos do art. 118, I, do CTN, referindo-se ao *non olet*. Ocorrendo o fato gerador (ser proprietário de imóvel, no caso) há incidência e cobrança do tributo, não sendo relevante, para a tributação, a regularidade desse imóvel, como ele foi adquirido ou construído etc. **3:** Correta, referindo-se à aplicação retroativa da *lex mitior* – art. 106, I, do CTN. **4:** Correta, sendo essa a interpretação dada pelo STF ao disposto no art. 150, IV, da CF. **5:** Correta, nos termos do art. 97, I, II e V, do CTN. A rigor, qualquer obrigação compulsória exige lei (ninguém é obrigado a fazer ou deixar de fazer algo, senão em virtude de lei). **RB**

Gabarito 1E, 2C, 3C, 4C, 5C.

(Procurador – PGFN – ESAF – 2015) A Lei que diminui o prazo de recolhimento de tributo

(A) submete-se ao princípio da anterioridade nonagesimal.

(B) somente se aplica no exercício financeiro seguinte àquele em que foi publicada.

(C) não se submete ao princípio da anterioridade.

(D) somente se aplica no exercício financeiro seguinte ao da data de sua vigência.

(E) somente gera efeitos normativos 30 (trinta) dias após a data da sua publicação.

A: incorreta, pois a anterioridade refere-se apenas à instituição ou à majoração de tributos, o que não é o caso da redução do prazo de recolhimento, conforme entendimento do STF – Súmula Vinculante 50/STF; **B** e **D**: incorretas, conforme comentário anterior; **C**: correta, conforme comentário à primeira alternativa; **E**: incorreta, até porque não há anterioridade de 30 dias. **RB**

Gabarito "C."

(Procurador do Estado – PGE/RN – FCC – 2014) Em relação ao princípio constitucional da anterioridade, é correto afirmar:

(A) A prorrogação, por meio de lei complementar, do termo inicial para que contribuintes se beneficiem do creditamento amplo de ICMS relativo às aquisições de materiais de uso e consumo deve ser formalizada com o mínimo de 90 dias antes do término do ano-calendário para que possa surtir efeito a partir de 1° de Janeiro do ano-calendário seguinte.

(B) Por sua natureza de remuneração de serviços públicos, a instituição ou majoração das taxas não está sujeita à aplicação do princípio da anterioridade.

(C) A elevação de alíquota de tributo pela própria Constituição Federal ou Emenda à Constituição prescinde da observância do princípio da anterioridade.

(D) A edição de lei que prorroga a aplicação de lei temporária que prevê a aplicação de alíquota majorada de ICMS não está sujeita ao princípio da anterioridade.

(E) A exigência de tributo uma vez revogada uma isenção está sujeita ao princípio da anterioridade.

A: incorreta, pois apenas as modificações que importem criação ou majoração do tributo sujeitam-se à anterioridade anual, além da anterioridade nonagesimal – art. 150, III, *b* e *c*, da CF; **B:** incorreta, pois o princípio da anterioridade aplica-se a todos os tributos, com as exceções taxativamente descritas na CF; **C:** incorreta, pois a anterioridade é considerada cláusula pétrea, devendo ser observada pelo constituinte derivado – ver ADI 939/DF; **D:** correta, pois não se trata de criação ou majoração de tributo – ver RE 584.100/SP; **E:** incorreta, à luz da jurisprudência do STF, que deu origem à Súmula 615, pois a isenção implica afastamento da norma que determinava a exclusão do crédito tributário, o que não se confunde com criação ou majoração de tributo. Pelo texto do CTN, apenas a revogação de isenção dos impostos sobre patrimônio (ITR, IPVA, IPTU) e renda (IR) tem efeitos diferidos para o exercício seguinte ao da publicação da lei – art. 104, III, do CTN. Entretanto, é importante acompanhar a evolução jurisprudencial, pois há precedente do STF afirmando o princípio da anterioridade em caso de majoração indireta do tributo por meio de revogação de benefício fiscal – ver RE 564.225AgR/RS. **RB**

Gabarito "D."

(Procurador do Município/Sorocaba-SP – 2012 – VUNESP) O princípio da anterioridade impõe aos titulares do poder de tributar a vedação da cobrança de tributos no mesmo exercício financeiro em que haja sido publicada a lei que os instituiu ou aumentou. Nesse mesmo sentido, a denominada "noventena" exige que a cobrança dos referidos tributos não possa ser promovida antes de decorridos noventa dias da data em que a referida lei haja sido publicada, observado o princípio da anterioridade. Embora sujeitas ao princípio da anterioridade, as leis que disponham sobre

3. DIREITO TRIBUTÁRIO 211

a exigência de determinados tributos não se submetem à noventena. Dentre elas, podem ser citadas as leis que

(A) instituam contribuições de melhoria.

(B) instituam o imposto sobre serviço de qualquer natureza (ISS).

(C) majorem o imposto sobre renda e proventos de qualquer natureza (IR).

(D) majorem o imposto sobre a transmissão causa mortis ou doação de bens e direitos a eles relativos (ITCMD).

(E) majorem o imposto sobre a transmissão inter vivos de bens imóveis (ITBI).

Consulte e estude a tabela apresentada a seguir, com as exceções aos princípios da anterioridade anual e nonagesimal, conforme o art. 150, § 1º, da CF, pois as bancas examinadoras exigem reiteradamente esse conhecimento. Perceba que, dentre os tributos indicados, somente o IR é exceção à anterioridade nonagesimal.

Exceções à anterioridade anual (art. 150, III, b, da CF)	Exceções à anterioridade nonagesimal (art. 150, III, c, da CF)
- empréstimo compulsório para atender a despesas extraordinárias decorrentes de calamidade pública ou de guerra externa ou sua iminência (art. 148, II, *in fine*, da CF, em sentido contrário); - imposto de importação (art. 150, § 1º, da CF); - imposto de exportação (art. 150, § 1º, da CF); - IPI (art. 150, § 1º, da CF); - IOF (art. 150, § 1º, da CF); - impostos extraordinários na iminência ou no caso de guerra externa (art. 150, § 1º, da CF); - restabelecimento das alíquotas do ICMS sobre combustíveis e lubrificantes (art. 155, § 4º, IV, *c*, da CF); - restabelecimento da alíquota da CIDE sobre combustíveis (art. 177, § 4º, I, *b*, da CF); - contribuições sociais (art. 195, § 6º, da CF).	- empréstimo compulsório para atender a despesas extraordinárias decorrentes de calamidade pública ou de guerra externa ou sua iminência (art. 148, II, *in fine*, da CF, em sentido contrário – entendimento doutrinário); - imposto de importação (art. 150, § 1º, da CF); - imposto de exportação (art. 150, § 1º, da CF); - IR (art. 150, § 1º, da CF); - IOF (art. 150, § 1º, da CF); -impostos extraordinários na iminência ou no caso de guerra externa (art. 150, § 1º, da CF); - fixação da base de cálculo do IPVA (art. 150, § 1º, da CF); -fixação da base de cálculo do IPTU (art. 150, § 1º, da CF).

Gabarito "C".

(Procurador do Município/São José dos Campos-SP – 2012 – VUNESP) Em razão de permissivo constitucional, é facultado ao Poder Executivo, atendidas as condições e os limites estabelecidos em lei, alterar as alíquotas de determinados impostos. Dentre eles, pode ser citado o imposto sobre

(A) a propriedade territorial rural.

(B) operações de crédito, câmbio e seguro, ou relativas a títulos ou valores mobiliários.

(C) renda e proventos de qualquer natureza.

(D) propriedade de veículos automotores.

(E) propriedade predial e territorial urbana.

Os tributos que podem ter suas alíquotas alteradas por norma infralegal são: II, IE, IPI, IOF e da CIDE sobre combustíveis – art. 153, § 1º, e art. 177, § 4º, I, *b*, da CF. Por essa razão, a alternativa "B" é a correta. Gabarito "B".

(Procurador do Estado/AC – FMP – 2012) Assinale a alternativa **incorreta.**

(A) O IPI (Imposto sobre Produtos Industrializados) não está sujeito ao princípio da anterioridade tributária anual, mas se submete ao princípio da anterioridade tributária nonagesimal.

(B) O IOF (Imposto sobre operações de Crédito, Câmbio, Seguro, Títulos e Valores Mobiliários) pode, nos limites da lei, ter suas alíquotas alteradas por ato do Poder Executivo.

(C) O IR (Imposto sobre a Renda e Proventos de qualquer natureza) está sujeito ao princípio da anterioridade tributária anual, mas não se submete ao princípio da anterioridade tributária nonagesimal.

(D) O II (Imposto sobre a Importação) é de competência da União Federal, mas poderá, nas hipóteses previstas na Constituição Federal, ser cobrado e fiscalizado pelos Estados-membros que se situam nas fronteiras do território nacional.

A: assertiva correta, pois o IPI é exceção ao princípio da anterioridade anual, mas se sujeita à nonagesimal – art. 150, § 1º, da CF; **B:** correta, pois o IOF, assim como o IPI, o II e IE, pode ter as alíquotas alteradas por ato normativo do Executivo (decreto do presidente ou mesmo instrumento normativo expedido por Ministro de Estado), atendidas as condições e os limites estabelecidos em lei – art. 153, § 1º, da CF; **C:** correta, nos termos do art. 150, § 1º, da CF; **D:** essa é a assertiva incorreta, pois não há previsão constitucional de delegação da sujeição ativa atinente ao II. Gabarito "D".

(ADVOGADO – PETROBRÁS – 2012 – CESGRANRIO) De acordo com o sistema tributário nacional, a imposição e a cobrança do tributo, ressalvadas as hipóteses previstas no ordenamento jurídico tributário, observam o princípio da anterioridade tributária porque o(a)

(A) STF já decidiu que a redução ou a extinção de um desconto para pagamento de um tributo sob certas condições previstas em lei, com o pagamento antecipado em parcela única, equiparam-se à majoração de tributo.

(B) STF já decidiu pela inaplicabilidade do princípio da anterioridade tributária quanto à norma que se limita a alterar o prazo para pagamento do tributo, mesmo antecipando-o.

(C) impacto causado nos contratos comerciais internacionais com o aumento da alíquota do IOF, mediante decreto pelo Poder Executivo Federal, deverá observar o princípio da anterioridade tributária.

(D) atração por novos polos industriais e comerciais, o aumento e a diminuição da alíquota do ISSQN dispensam a aplicação do princípio da anterioridade tributária.

(E) Medida Provisória que venha a instituir empréstimo compulsório para atender a despesas extraordinárias decorrentes de guerra externa deverá observar o princípio da anterioridade tributária.

A: incorreta. O STF adota posição oposta, consolidada no julgamento da ADI 4016, DJ 01/08/2008; **B:** correta, conforme posição pacificada no STF quando do julgamento do RE 195.218, DJ 28/05/2002; **C:** incorreta. O IOF não se submete ao princípio da anterioridade, nem anual, nem nonagesimal (art. 150, § 1º, da CF); **D:** incorreta. O aumento da alíquota do ISS enquadra-se na regra geral de aplicação do princípio da anterioridade tributária (anual + nonagesimal); **E:** incorreta. É vedada a instituição de empréstimo compulsório por meio de medida provisória, visto que é matéria reservada à lei complementar (art. 62, § 1º, III, da CF).

Gabarito "B".

3. IMUNIDADES

(Procurador do Município/Manaus – 2018 – CESPE) Considerando o que dispõe a CF, julgue o item a seguir, a respeito das limitações do poder de tributar, da competência tributária e das normas constitucionais aplicáveis aos tributos.

(1) É proibida a cobrança de tributo sobre o patrimônio e a renda dos templos de qualquer culto.

1: incorreta, pois a imunidade dos templos restringe-se a impostos, não a qualquer espécie tributária (como taxas e contribuições) – art. 150, VI, *b*, da CF. RB

Gabarito "1E".

(Procurador do Estado/SE – 2017 – CESPE) A principal distinção entre imunidade tributária e isenção tributária é que

(A) as imunidades estão expressamente previstas na CF e nas leis; e as isenções se referem a fatos não abrangidos pela hipótese de incidência.

(B) as imunidades estão previstas na CF; e as isenções, no texto infraconstitucional.

(C) as isenções estão previstas na CF; e as imunidades, no texto infraconstitucional.

(D) as imunidades se referem ao aspecto subjetivo do contribuinte; e as isenções, ao elemento objetivo do fato gerador.

(E) as isenções se referem ao aspecto subjetivo do contribuinte; e as imunidades, ao elemento objetivo do fato gerador.

A: incorreta, pois imunidades são previstas na Constituição Federal, apenas, e afastam a competência tributária dos entes políticos. A isenção pressupõe a existência de competência tributária, sendo que lei do ente compete exclui o crédito (na terminologia do CTN – art. 175, I) ou cria exceção à hipótese legal de incidência (doutrina); **B:** correta, conforme comentário anterior; **C:** incorreta, conforme comentário à primeira alternativa; **D** e **E:** incorretas, pois tanto as imunidades como as isenções podem se referir a aspectos subjetivos (com relação ao sujeito passivo) ou objetivos (relativos ao fato gerador). RB

Gabarito "B".

(Procurador do Estado – PGE/RS – Fundatec – 2015) Quanto às imunidades tributárias, analise as assertivas abaixo:

I. Segundo a doutrina e a jurisprudência majoritárias, quando a Constituição da República diz que certas entidades são "isentas" e determina que tributos "não incidam" sobre certos fatos ou pessoas, o que está a fazer não é consagrar isenções e não incidências, mas verdadeiras imunidades.

II. Os Estados são imunes frente a contribuições previdenciárias, dada a imunidade tributária recíproca.

III. Segundo a jurisprudência do STF, as imunidades não se aplicam às entidades destinatárias quando estas sejam contribuintes de fato, mas não de direito.

IV. A imunidade das entidades beneficentes de assistência social deve, segundo a jurisprudência do STF, ser regulamentada inteiramente por lei complementar, por força do art. 146, inciso II, da Constituição Federal de 1988, visto se tratar de regulamentação de limitação constitucional ao poder de tributar.

Após a análise, pode-se dizer que:

(A) Está correta apenas a assertiva I.

(B) Está correta apenas a assertiva III.

(C) Estão corretas apenas as assertivas I e III.

(D) Estão corretas apenas as assertivas II e III.

(E) Está incorreta apenas a assertiva IV.

I: correta, pois sempre que a Constituição Federal afasta a tributação em relação a determinadas pessoas ou situações há imunidade, independentemente dos termos utilizados; **II:** incorreta, pois a imunidade recíproca refere-se apenas a impostos – art. 150, VI, *a*, da CF; **III:** correta, pois a imunidade não aproveita ao contribuinte de direito, por exemplo, os alienantes de bens (ICMS) ou prestadores de serviços (ISS) ao poder público – ver RE 864.471AgR/BA; **IV:** incorreta, pois admitem-se normas regulamentadoras de aspectos instrumentais da imunidade por outros veículos normativos – ver RMS 275.521AgR/DF, como decretos. RB

Gabarito "C".

(Procurador do Estado – PGE/PR – PUC – 2015) Sobre as imunidades tributárias, à luz da jurisprudência do Supremo Tribunal Federal, assinale a alternativa **CORRETA**.

(A) É vedada a instituição, por meio de Emenda à Constituição, de novas hipóteses de imunidades tributárias.

(B) Não incide Imposto de Importação sobre as operações de importação de bens realizadas por Estado da Federação, salvo nos casos em que restar comprovada violação ao princípio da neutralidade concorrencial do Estado.

(C) A imunidade tributária recíproca exonera o sucessor, desde que Ente Público integrante da Administração Direta, das obrigações tributárias relativas aos fatos jurídicos tributários ocorridos antes da sucessão.

(D) Não incide o ICMS sobre o serviço de transporte de bens e mercadorias realizado pelas franqueadas da Empresa Brasileira de Correios e Telégrafos – ECT.

(E) A Constituição Federal de 1988 contém hipóteses de imunidades de impostos e contribuições, mas não de taxas.

A: incorreta, pois não há cláusula pétrea que impeça novas imunidades em favor dos contribuintes; **B:** correta pois, nesse caso, o ente imune é contribuinte de direito e, portanto, exonerado da tributação; **C:** incorreta, pois a imunidade recíproca não exonera o sucessor das obrigações relativas a fatos anteriores à sucessão – ver RE 599.176/PR; **D:** incorreta, pois a jurisprudência do STF não se refere aos serviços prestados pelas franqueadas ao estender a imunidade recíproca à ECT – RE 627.051/PE-repercussão geral; **E:** incorreta, pois há casos de imunidade em relação a taxas – art. 5º, XXXIV, LXXIV, LXXVI e LXXVII. RB

Gabarito "B".

(Procurador do Estado – PGE/BA – CESPE – 2014) Com relação à imunidade, julgue os itens que se seguem.

(1) A imunidade tributária recíproca não é extensiva às empresas públicas.

(2) As taxas são alcançadas pelas imunidades constitucionais previstas para as entidades de educação.

1: Incorreta, pois o STF reconhece a imunidade em favor dos Correios e da Infraero, por exemplo, em relação a atividades públicas em sentido estrito, executadas sem intuito lucrativo, que não indiquem capacidade contributiva – RE 601.392/PR – ver Tese de Repercussão Geral 402 do STF; **2:** Incorreta, pois a imunidade do art. 150, VI, *c*, da CF refere-se apenas a impostos. RB

Gabarito 1E, 2E

3. DIREITO TRIBUTÁRIO

(Procurador Distrital – 2014 – CESPE) Considerando que uma autarquia federal que não vise à exploração da atividade econômica e não cobre tarifa ou preço por serviços prestados tenha adquirido um prédio para instalação de sua administração no DF, julgue os itens que se seguem, relativos a essa situação hipotética, à competência tributária e às regras de limitação dessa competência.

(1) Caso o prédio em questão seja vendido para uma pessoa física, essa operação ficará sujeita ao pagamento de ITBI, uma vez que a limitação do poder de tributar não mais se aplicará.

(2) O DF pode instituir contribuições parafiscais, inclusive destinadas à intervenção no domínio econômico, desde que o faça por lei complementar.

(3) O DF pode conceder remissão de ICMS a empresários, de forma autônoma e independente de autorização de qualquer órgão federal, dado que a CF lhe garantiu competência plena.

(4) Na hipótese considerada, o DF não poderá cobrar IPTU do prédio da autarquia federal em razão do princípio da uniformidade.

1: correta, pois a imunidade tributária não beneficia o particular adquirente do imóvel, contribuinte do ITBI – art. 150, § 3º, *in fine*, da CF/1988 e Súmula 75 do STF; **2:** incorreta, pois a competência tributária relativa a contribuições é exclusiva da União, com exceção da contribuição devida pelos servidores públicos para suportar o regime previdenciário próprio – art. 149 da CF/1988; **3:** incorreta, pois os benefícios fiscais dependem de deliberação dos Estados e do DF (por meio de convênio do CONFAZ), nos termos do art. 155, § 2º, XII, *g*, da CF/1988; **4:** incorreta, pois, embora não seja possível a cobrança do IPTU, a razão para isso é a imunidade recíproca, não o princípio da uniformidade – art. 150, VI, *a*, e § 2º, da CF/1988.
Gabarito 1C, 2E, 3E, 4E

(Procurador do Estado/BA – 2014 – CESPE) Com relação à imunidade, julgue o seguinte item.

(1) A imunidade tributária recíproca não é extensiva às empresas públicas.

Correta, nos termos do art. 150, § 2º, da CF/1988, sendo a imunidade recíproca aplicável, além de aos entes políticos, somente a autarquias e fundações públicas, em regra. Importante salientar, entretanto, que STF entende que a Empresa de Correios e Telégrafos (ECT) e a Empresa Brasileira de Infraestrutura Aeroportuária (Infraero) são imunes em relação a atividades públicas em sentido estrito, executadas sem intuito lucrativo, que não indiquem capacidade contributiva – RE 601.392/PR – Ver Tese de Repercussão Geral 402
Gabarito "1C"

(Procurador do Estado/BA – 2014 – CESPE) Com relação à imunidade, julgue o seguinte item.

(1) As taxas são alcançadas pelas imunidades constitucionais previstas para as entidades de educação.

Incorreta, pois a imunidade prevista pelo art. 150, VI, *c*, da CF/1988 refere-se exclusivamente a impostos.
Gabarito "1E"

(Procurador do Estado/AC – FMP – 2012) Assinale a alternativa correta.

(A) Não fica imune ao IPTU (Imposto sobre a Propriedade Predial e Territorial Urbana) o imóvel pertencente a partido político alugado a terceiros, mesmo que o valor dos aluguéis seja aplicado nas atividades essenciais da aludida entidade.

(B) O princípio constitucional da legalidade tributária impõe a adoção da espécie legislativa própria e prevista na Constituição Federal para a instituição de tributo, mas não exige que a norma criadora do tributo contenha todos os aspectos fundamentais da hipótese de incidência tributária (aspectos pessoal, material, temporal, espacial e quantitativo).

(C) A imunidade recíproca alcança todas as espécies tributárias.

(D) O princípio constitucional da anterioridade tributária anual, previsto no art. 150, inciso III, alínea "b", da Constituição Federal, é direito fundamental do contribuinte, razão pela qual não pode ser suprimido por Emenda Constitucional.

A: incorreta, pois o STF pacificou o entendimento de que a imunidade persiste se os valores dos aluguéis recebidos forem aplicados nas atividades essenciais da entidade imune – Súmula 724/STF; **B:** incorreta, pois todos os elementos essenciais da hipótese de incidência, descritos na assertiva, devem ser previstos em lei, sob pena de ofensa ao princípio da legalidade; **C:** incorreta, pois as imunidades listadas no art. 150, VI, da CF, por exemplo, restringem-se aos impostos; **D:** essa é a assertiva correta, conforme entendimento do STF – ver ADI 939/DF.
Gabarito "D".

(PROCURADOR DO ESTADO/MG – FUMARC – 2012) Assinale a alternativa correta quanto à Imunidade tributária:

(A) Alcança apenas aos impostos;

(B) Aplica-se ao imposto sobre operações relativas à circulação de mercadorias e sobre prestações de serviços de transporte interestadual e intermunicipal e de comunicação (ICMS) apenas na exportação de mercadorias industrializadas;

(C) Aplica-se se ao imposto sobre operações relativas à circulação de mercadorias e sobre prestações de serviços de transporte interestadual e intermunicipal e de comunicação (ICMS) sobre o ouro apenas se for considerado instrumento cambial;

(D) Aplica-se ao imposto sobre produtos industrializados (IPI) na importação e exportação de produtos industrializados oriundos ou destinados ao exterior;

(E) Aplica-se aos impostos incidentes sobre os templos de qualquer culto; limitada ao patrimônio, renda e os serviços relacionados com suas finalidades essenciais.

A: incorreta, pois, apesar das imunidades indicadas no art. 150, VI, da CF restringirem-se aos impostos, o texto constitucional traz outras relativas às contribuições e às taxas – ver art. 5º, XXXIV, LXXIV, LXXVI e LXXVII, e art. 195, § 7º, da CF; **B:** incorreta, pois, atualmente, a imunidade relativa às exportações é ampla, afastando o ICMS em relação a qualquer espécie de mercadoria (industrializada, semielaborado ou não industrializada) – art. 155, § 2º, X, *a*, da CF; **C:** incorreta, pois há imunidade relativa ao ICMS no caso do ouro instrumento cambial, mas também no caso daquele utilizado como ativo financeiro – art. 155, § 2º, X, *c*, c/c art. 153, § 5º, da CF; **D:** incorreta, pois a imunidade do IPI abrange as exportações, mas não as importações que são normalmente tributadas – art. 153, § 3º, III, da CF; **E:** essa é assertiva correta, nos termos do art. 150, VI, *b*, e § 4º, da CF.
Gabarito "E".

4. DEFINIÇÃO DE TRIBUTO E ESPÉCIES TRIBUTÁRIAS

(Procurador do Estado/AC – 2017 – FMP) A tributação dos atos ilícitos é tema sempre tormentoso. No atual estágio da doutrina e jurisprudência, é CORRETO afirmar que

(A) não se pude tributar atos ilícitos sob pena de conferir uma pretensa legalidade para as operações.

(B) deve-se proceder caso a caso, avaliando os prós e contras da tributação sobre a atividade ilícita, pois o Estado não pode perder de vista que os recursos a ingressar no Tesouro são imprescindíveis.

(C) dependendo de qual for a atividade ilícita, a solução pode ser uma ou outra. Nos casos de mera contravenção penal, é plenamente aceitável a tributação. Já no tráfico de drogas, por exemplo, não é aceita.

(D) se com a atividade ilícita há uma outra, lícita, pode-se proceder a autuação fiscal na parte lícita, como sonegação fiscal.

(E) a atividade ilícita deve ser tributada e assim o permitem a Constituição Federal e o CTN.

A: incorreta, pois o que importa à tributação é a licitude do fato gerador considerado em tese (auferir renda por exemplo, não importa se por meio ilícito) – art. 118, I, do CTN; **B, C** e **D:** incorretas, pois deve-se atentar exclusivamente para a previsão legal e correspondência do evento tributável, sem quaisquer considerações com elementos estranhos à hipótese legal de tributação – art. 118 do CTN; **E:** correta, conforme comentários anteriores.

Gabarito "E".

(Procurados do Município – Prefeitura Fortaleza/CE – CESPE – 2017) No que se refere à teoria do tributo e das espécies tributárias, julgue os itens seguintes.

(1) A identificação do fato gerador é elemento suficiente para a classificação do tributo nas espécies tributárias existentes no ordenamento jurídico: impostos, taxas, contribuições de melhoria, contribuições e empréstimos compulsórios.

(2) O imposto é espécie tributária caracterizada por indicar fato ou situação fática relativa ao próprio contribuinte no aspecto material de sua hipótese de incidência.

(3) O fato gerador da contribuição de iluminação pública é a prestação de serviço público, específico e divisível, colocado à disposição do contribuinte mediante atividade administrativa em efetivo funcionamento.

(4) A relação jurídica tributária, que tem caráter obrigacional, decorre da manifestação volitiva do contribuinte em repartir coletivamente o ônus estatal.

(5) No que concerne à atividade de cobrança de tributo, não se admite avaliação do mérito administrativo pelo agente público, uma vez que o motivo e o objeto da atividade administrativa fiscal são plenamente vinculados.

1: Incorreta, pois, embora o fato gerador seja o elemento essencial para a classificação dos tributos listados no CTN (arts. 4º e 5º), ou seja, impostos, taxas e contribuições de melhoria, as outras duas espécies, previstas na Constituição Federal (contribuições especiais e empréstimos compulsórios) são definidos por sua finalidade – arts. 148, 149 e 149-A da CF. **2:** Correta, já que o fato gerador do imposto é desvinculado de qualquer atividade estatal específica voltada ao contribuinte (art. 16 do CTN), considerando também que deve relacionar-se

com a capacidade contributiva do contribuinte – art. 145, I, da CF. **3:** Incorreta, pois a assertiva descreve taxa, inviável no caso de serviço indivisível, como é o caso da iluminação pública – art. 77 do CTN. A rigor, a CF não descreve o fato gerador dessa contribuição, mas apenas sua finalidade, qual seja custeio desse serviço – art. 149-A da CF. **4:** Incorreta, pois a vontade do contribuinte é irrelevante para o surgimento da obrigação tributária, que é sempre compulsória, decorrente da lei (*ex lege*) – art. 3º do CTN. **5:** Correta, não havendo discricionariedade na cobrança, sendo a atividade fiscal vinculada e obrigatória, sob pena de responsabilidade funcional – arts. 3º e 142, parágrafo único, do CTN. RB

Gabarito 1E, 2C, 3E, 4E, 5C

(Procurador – PGFN – ESAF – 2015) A contribuição para o custeio do serviço de iluminação pública pode ser instituída

(A) por Estados, Municípios e Distrito Federal.

(B) como imposto adicional na fatura de consumo de energia elétrica.

(C) mediante a utilização de elemento próprio da mesma base de cálculo de imposto.

(D) somente por Lei Complementar.

(E) para cobrir despesas de iluminação dos edifícios públicos próprios.

A: incorreta, pois a competência é exclusiva dos municípios e DF – art. 149-A da CF; **B:** incorreta, pois contribuição não se confunde com imposto – art. 16 do CTN; **C:** correta, já que não há vedação à repetição de fato gerador ou base de cálculo, considerando que a CF não descreve o fato gerador da contribuição, mas apenas sua finalidade, qual seja custeio desse serviço – art. 149-A da CF. A rigor, a Constituição indica que a base de cálculo pode ser a mesma do ICMS ao definir que a contribuição pode ser cobrada na fatura de consumo de energia elétrica – ver RE 573.675/SC. RB

Gabarito "C".

(Procurador do Estado – PGE/RN – FCC – 2014) De acordo com a Constituição Federal, é INCORRETO afirmar:

(A) As exigências aplicáveis à instituição de impostos não compreendidos na competência tributária da União também são aplicáveis à instituição de outras contribuições sociais destinadas ao custeio da Seguridade Social além das previstas nos incisos I a IV do art. 195 da Constituição Federal.

(B) É possível a instituição de contribuição de melhoria relativa à valorização imobiliária decorrente de obra pública realizada pela União, Estados, Distrito Federal e Municípios.

(C) A instituição de taxas por parte dos Estados pressupõe o exercício efetivo do poder de polícia ou a utilização, efetiva ou potencial de serviços públicos específicos e divisíveis, prestados ao contribuinte ou postos à sua disposição.

(D) A cobrança de ICMS sobre as importações de bens realizadas por pessoas físicas e por prestadores de serviços não contribuintes habituais do ICMS passou a ser possível em tese com a promulgação da Emenda Constitucional 33/2001, mas o exercício efetivo da respectiva competência permaneceu condicionado à prévia edição de lei complementar e leis estaduais aplicáveis.

(E) Embora seja inconstitucional a cobrança de taxas de iluminação pública, por não se tratar de serviço específico e divisível, a Emenda Constitucional no 39/2002, outorgou à União, Estados e Municípios a competência para a instituição de contribuição destinada ao custeio do serviço de iluminação pública.

3. DIREITO TRIBUTÁRIO

A: correta, conforme art. 195, § 4º, da CF; **B:** correta, pois a competência é comum a todos os entes políticos – art. 145, III, da CF e art. 81 do CTN; **C:** correta, conforme art. 145, II, da CF e art. 77 do CTN; **D:** correta, já que a redação do art. 155, § 2º, IX, *a*, da CF, com a redação dada pela EC 33/2001, não afasta a necessidade de a competência tributária dos Estados e do DF ser exercida por meio de leis próprias, que prevejam a incidência nessas importações; **E:** incorreta – art. 149-A da CF. RB

Gabarito "E".

(Procurador do Estado – PGE/RN – FCC – 2014) Com base no disposto na Constituição Federal considere as afirmações abaixo.

I. Serviços públicos cuja exploração seja concedida a particulares por meio da concessão de serviços públicos prevista na Lei 8.987/1995, ou de parceria público-privada, regida pela Lei 11.079/2005, passam a ser remunerados por tarifas, e não por taxas.

II. O exercício do direito de petição aos Poderes Públicos em defesa de direitos ou contra ilegalidade ou abuso de poder é protegido por meio de imunidade específica que impede a cobrança de taxas.

III. A redução do valor cobrado pelas taxas de serviços públicos poderá ser deferida por meio de decreto regulamentar.

Está correto o que se afirma APENAS em

(A) II e III.

(B) I.

(C) II.

(D) III.

(E) I e II.

I: correta – art. 175, parágrafo único, III, da CF; **II:** correta – art. 5º, XXXIV, *a*, da CF; **III:** incorreta, pois, embora o art. 150, I, da CF refira-se apenas a exigência e majoração de tributos ao tratar do princípio da legalidade, também os benefícios fiscais exigem lei para serem concedidos – art. 150, § 6º, da CF. RB

Gabarito "E".

(Procurador Distrital – 2014 – CESPE) Devido à necessidade de atender às despesas extraordinárias decorrentes de calamidade pública, o DF promulgou lei instituindo empréstimo compulsório incidente sobre a transmissão de bens incorporados ao patrimônio de pessoa jurídica em realização de capital.

Com base nessa situação hipotética, julgue os itens subsequentes.

(1) Os contribuintes atingidos com a exação poderão fazer uso da ação declaratória de inexistência de obrigação tributária para a suspensão do crédito tributário, admitindo-se a possibilidade de antecipação de tutela judicial ou do depósito integral e em dinheiro.

(2) Se, em lugar do empréstimo compulsório, o DF instituísse, em idêntica situação, a incidência de ITBI, tal tributação seria adequada do ponto de vista constitucional.

(3) O MP poderá propor ação civil pública para a defesa de interesses individuais homogêneos dos contribuintes atingidos com a exação, argumentando a inconstitucionalidade *incidenter tantum* do ato normativo.

De início, é bom lembrar que somente a União pode instituir empréstimo compulsório (é competência exclusiva), sendo claramente inconstitucional a exação pelo DF – art. 148 da CF/1988. **1:** correta, sendo viável

essa medida para suspensão da exigibilidade e, ao final, decretação da nulidade; **2:** incorreta, pois há imunidade nessa hipótese de transmissão de bens imóveis para realização de capital, em regra – art. 156, § 2º, I, da CF/1988; **3:** incorreta, sendo vedada a ACP para discutir estritamente tributação – art. 1º, parágrafo único, da Lei 7.347/1985.

Gabarito 1C, 2E, 3E

(Procurador Federal – 2013 – CESPE) À luz das normas constitucionais relativas à matéria tributária, julgue o seguinte item.

(1) Os *royalties* que são pagos pelas concessionárias em razão da exploração de petróleo enquadram-se no âmbito constitucional do Sistema Tributário Nacional.

Incorreta, pois não se trata de tributo (inexiste imposição pecuniária por lei do ente político) – art. 145 da CF/1988 -, mas simples receita decorrente da exploração de petróleo em seu território – art. 20, § 1º, da CF/1988.

Gabarito "1E".

(Procurador Federal – 2013 – CESPE) Relativamente à distinção entre taxa e preço público, julgue o item seguinte.

(1) Enquanto determinado aeroporto for administrado pela INFRAERO, a taxa de embarque que o consumidor pagar classificar-se-á como uma taxa, no sentido de espécie tributária; se for transferida a administração do citado aeroporto para concessionário privado, o referido pagamento passará a ter natureza jurídica de preço público.

Discutível. Em princípio, pelo entendimento clássico, a natureza jurídica da exação não se alteraria, pois continuaria sendo devida compulsoriamente por serviço público prestado – ver Súmula 545 do STF. Entretanto, mais recentemente, o STF e o STJ têm reconhecido que a prestação de serviço público por concessionária privada é remunerada por tarifa (= espécie de preço público, sem natureza tributária) – ver RE-ED 447.536/SC-STF e EREsp 690.609/RS-STJ. Possivelmente a matéria será reapreciada pelo STF (assim como a questão da imunidade da INFRAERO) por conta das concessões relativas à administração de aeroportos.

Gabarito "1E".

(Procurador do Município/Sorocaba-SP – 2012 – VUNESP) De acordo com previsão expressa do Código Tributário Nacional, a especificidade e a divisibilidade são requisitos exigíveis para legitimar a cobrança de

(A) impostos em razão de sua vinculação *uti universi*.

(B) taxas referentes à utilização efetiva ou potencial de serviço público pelo contribuinte.

(C) taxas decorrentes do exercício regular do poder de polícia.

(D) tarifas em razão de sua natureza de receita patrimonial.

(E) tarifas em razão do caráter contraprestacional que possuem.

Nos termos do art. 145, II, da CF e do art. 77 do CTN, as taxas é que têm como fato gerador a prestação de serviço público específico e divisível (= prestado *uti singuli*), além do exercício do poder de polícia. Por essa razão, a alternativa "B" é a única correta.

Gabarito "B".

(Procurador do Município/Cubatão-SP – 2012 – VUNESP) Existindo simultaneamente débitos vencidos, todos relativos ao mesmo exercício, por obrigação própria do mesmo sujeito passivo para com a mesma pessoa jurídica de direito público, referentes a imposto predial e territorial urbano (IPTU), contribuição de melhoria, em razão de pavimentação asfáltica, e taxas de manutenção de vias e logradouros e de limpeza pública, a autoridade administrativa competente para receber o pagamento determinará a respectiva imputação, pela ordem estabelecida em lei, caso em que deverá ser pago primeiramente

(A) o IPTU.

(B) a contribuição de melhoria.

(C) as taxas.

(D) a taxa de manutenção de vias e logradouros.

(E) a taxa de limpeza pública.

O art. 163 do CTN determina que, existindo simultaneamente dois ou mais débitos vencidos do mesmo sujeito passivo para com a mesma pessoa jurídica de direito público, relativos ao mesmo ou a diferentes tributos ou provenientes de penalidade pecuniária ou juros de mora, a autoridade administrativa competente para receber o pagamento determinará a respectiva imputação, obedecidas as seguintes regras, na ordem em que enumeradas: (i) em primeiro lugar, aos débitos por obrigação própria, e em segundo lugar aos decorrentes de responsabilidade tributária; (ii) primeiramente, às contribuições de melhoria, depois às taxas e por fim aos impostos; (iii) na ordem crescente dos prazos de prescrição; e (iv) na ordem decrescente dos montantes. Por essa razão, dentre os tributos listados, o primeiro a ser pago será a contribuição de melhoria (cuja quitação prefere à das taxas e dos impostos, nessa ordem). Assim, a alternativa "B" é a correta.

Gabarito "B".

(Procurador do Estado/AC – FMP – 2012) Dadas as assertivas abaixo, assinale a alternativa **correta**.

I. A destinação da receita do tributo não é relevante para caracterizar qualquer espécie tributária prevista no Sistema Tributário Nacional.

II. A taxa e o preço público podem ser instituídos, fiscalizados e cobrados por empresas privadas que tenham recebido concessão de serviço público.

III. Segundo o entendimento do Supremo Tribunal Federal existem três espécies tributárias em nosso Sistema Tributário Nacional: impostos, taxas e contribuição de melhoria.

IV. É vedada ao Distrito Federal a instituição do Imposto sobre a Propriedade Predial e Territorial Urbana.

(A) Estão corretas apenas as assertivas I e II.

(B) Estão corretas apenas as assertivas II e III.

(C) Estão corretas apenas as assertivas III e IV.

(D) Todas as assertivas estão incorretas.

I: incorreta, pois, apesar da literalidade do art. 4º, II, do CTN, o empréstimo compulsório, por exemplo, tem a receita vinculada constitucionalmente à hipótese que deu ensejo à sua instituição, nos termos do art. 148, parágrafo único, da CF. Ademais, as chamadas contribuições especiais têm, para muitos autores, sua natureza definida pela finalidade do tributo, o que se relaciona com a destinação a ser dada ao produto da arrecadação – por exemplo, as contribuições sociais têm por finalidade custear a seguridade social; **II:** incorreta, pois a taxa é espécie de tributo e, como tal, somente pode ser instituída por lei. Lembre-se que empresas privadas não produzem leis, de modo que não possuem competência tributária, que é exatamente a competência para legislar acerca dos tributos. Apenas os entes políticos (União, Estados, Distrito Federal e Municípios) podem instituir taxas, já que somente eles podem produzir leis tributárias (= somente eles detêm competência tributária); **III:** incorreta, pois é pacífico o entendimento do STF no sentido de que empréstimos compulsórios e as chamadas contribuições especiais

(contribuições sociais, intervenção no domínio econômico, interesse de categorias, custeio de iluminação pública) também têm natureza tributária. É importante salientar, entretanto, que a teoria tripartida (apenas três espécies de tributos: impostos, taxas e contribuições de melhoria) orientou o constituinte e o legislador ao redigirem o art. 145 da CF e o art. 5º do CTN; **IV:** incorreta, pois o DF cumula as competências tributárias estaduais e municipais, de modo que pode instituir o IPTU.

Gabarito "D".

(Procurador do Estado/AC – FMP – 2012) Assinale a alternativa **correta**.

(A) É vedado aos Municípios instituírem contribuição previdenciária a ser cobrada de seus servidores efetivos para custeio de regime próprio de previdência.

(B) No Estado do Acre, de acordo com a Lei Complementar Estadual nº 154/2005, que institui o regime próprio de previdência dos servidores públicos estaduais, a alíquota da contribuição previdenciária para os segurados ativos é de onze por cento.

(C) Às contribuições previdenciárias instituídas pelos Estados-membros não se aplicam os princípios constitucionais tributários.

(D) De acordo com a Constituição Federal, a alíquota da contribuição previdenciária estabelecida nos regimes próprios de previdência deverá ser inferior à alíquota da contribuição previdenciária dos servidores titulares de cargos efetivos da União.

A: incorreta, pois os Municípios não só podem como devem instituir essa contribuição, nos termos do art. 149, § 1º, da CF; **B:** essa é a correta. Cada Estado e Município fixa a alíquota de sua contribuição para custeio do regime próprio dos servidores, mas é importante salientar que deve ser de pelo menos 11% atualmente, que é o percentual cobrado em relação aos servidores públicos federais efetivos, conforme piso fixado pelo art. 149, § 1º, in fine, da CF; **C:** incorreta, pois essas contribuições têm natureza tributária; **D:** incorreta, pois o piso é a alíquota aplicada aos servidores federais efetivos – art. 149, § 1º, in fine, da CF.

Gabarito "B".

5. LEGISLAÇÃO TRIBUTÁRIA – FONTES

(Procurador do Estado/AC – 2017 – FMP) No que tange ao direito tributário, é CORRETO dizer que cabe à lei complementar

(A) resolver eventuais conflitos de competência que possam surgir entre a União, os Estados, o Distrito Federal e os Municípios.

(B) estabelecer as limitações ao poder de tributar votadas pelo Congresso Nacional, além daquelas já previstas na Constituição Federal.

(C) explicitar a definição dos tributos e suas espécies, tão somente.

(D) estabelecer o teto máximo das multas tributárias.

(E) determinar o percentual de partição das receitas tributárias entre os entes da federação.

A: correta – art. 146, I, da CF; **B:** incorreta, pois a lei complementar é veículo para regular as limitações constitucionais ao poder de tributar (caso das imunidades) – art. 146, II, da CF; **C:** incorreta, pois há outras matérias a serem veiculadas por lei complementar – art. 146, III, da CF; **D:** incorreta, pois não há essa previsão constitucional de veiculação da matéria por lei complementar; **E:** incorreta, pois os percentuais são fixados pela própria CF (arts. 157 a 162), embora haja matérias a serem reguladas por lei complementar (ver art. 161 da CF) e cálculos pelos Tribunais de Contas (ver art. 161, parágrafo único, da CF).

Gabarito "A".

3. DIREITO TRIBUTÁRIO

(Procurador – SP – VUNESP – 2015) Tratando-se de legislação tributária, é correto afirmar que os atos normativos expedidos pelas autoridades administrativas

(A) são normas complementares.

(B) são fontes principais do Direito Tributário.

(C) têm força de lei.

(D) equiparam-se às leis para fins de instituição de tributos.

(E) podem estabelecer hipóteses de dispensa ou redução de penalidades.

A: correta, conforme o art. 100, I, do CTN; **B:** incorreta, pois as normas complementares, como diz o nome, complementam as leis, os tratados, as convenções internacionais e os decretos – art. 100, *caput*, do CTN; **C:** incorreta, conforme comentários anteriores; **D:** incorreta, pois as normas complementares não substituem a lei como veículo apto a veicular normas instituidoras de tributo – art. 97, I, do CTN; **E:** incorreta, pois essas são matérias reservadas à lei, que não pode ser substituída por norma complementar – art. 97, VI, do CTN. **RB**
Gabarito "A".

(Procurador do Município/Sorocaba-SP – 2012 – VUNESP) O estabelecimento de critérios especiais de tributação, com o objetivo de prevenir desequilíbrios da concorrência, sem prejuízo da competência da União de estabelecer, por lei, normas de igual objetivo, é matéria a ser regulada por

(A) lei complementar.

(B) lei ordinária.

(C) resolução do Senado Federal.

(D) norma complementar.

(E) convênio.

A questão descreve o art. 146-A da CF, referindo-se à lei complementar federal. Por essa razão, a alternativa "A" é a correta.
Gabarito "A".

6. VIGÊNCIA, APLICAÇÃO, INTERPRETAÇÃO E INTEGRAÇÃO

(Procurador do Município – Valinhos/SP – 2019 – VUNESP) Acerca da interpretação e integração da legislação tributária, conforme disciplinadas no Código Tributário Nacional, é correto afirmar que

(A) na ausência de disposição expressa, a autoridade competente para aplicar a legislação tributária utilizará, sucessivamente, na ordem indicada, a analogia, os princípios gerais de direito público, os princípios gerais de direito tributário e a equidade.

(B) os princípios gerais de direito privado utilizam-se para pesquisa da definição, do conteúdo e do alcance de seus institutos, conceitos e formas, e para definição dos respectivos efeitos tributários.

(C) a lei tributária que define infrações, ou lhe comina penalidades, interpreta-se sempre da maneira mais favorável ao acusado.

(D) do emprego da analogia não poderá resultar exigência de tributo não previsto em lei, mas do emprego da equidade poderá resultar dispensa do pagamento de tributo devido.

(E) interpreta-se literalmente a legislação tributária que disponha sobre suspensão ou exclusão do crédito tributário, outorga de isenção ou dispensa do cumprimento de obrigações tributárias acessórias.

A: incorreta, pois a ordem prevista no art. 108 do CTN é (1) analogia, (2) princípios gerais de direito tributário, (3) princípios gerais de direito público e (4) equidade; **B:** incorreta, pois não são utilizados para a definição dos efeitos tributários – art. 109, *in fine*, do CTN; **C:** incorreta, pois essa interpretação mais favorável aplica-se apenas em caso de dúvida em relação aos aspectos listados no art. 112 do CTN. No mais, a interpretação deve ser estrita, nos termos da lei; **D:** incorreta, pois o emprego da equidade tampouco pode resultar na dispensa de pagamento de tributo devido – art. 108, § 2º, do CTN; **E:** correta, nos termos do art. 111 do CTN.
Gabarito "E".

(Procurador do Estado/AC – 2017 – FMP) Observe os enunciados abaixo e marque a alternativa CORRETA.

(A) Em razão de sua especificidade, o direito tributário deve utilizar os conceitos de direito privado da forma que mais traga efetividade à tributação, desde que não fira direitos individuais.

(B) A Constituição Estadual é soberana para estabelecer normas sobre obrigação tributária, base de cálculo e fato gerador dos tributos estaduais.

(C) A Constituição Estadual pode isentar determinadas operações dos tributos de competência estadual, devido à sua hierarquia perante a lei instituidora do tributo.

(D) A Constituição Federal prevê, em situações excepcionais, que sejam estabelecidas condições de enquadramento em regime especial tributário diferenciadas por Estado.

(E) Tanto a União quanto os Estados podem instituir contribuições de interesse de categorias econômicas.

A: incorreta, pois os conceitos de direito privado devem ser interpretados à luz dos princípios gerais de direito privado, conforme o art. 109 do CTN; **B:** incorreta, pois a normas gerais são veiculadas por lei complementar federal, especialmente quanto a fato gerador, base de cálculo e contribuinte dos impostos – art. 146, III, da CF; **C:** incorreta, pois benefícios fiscais relativos ao ICMS dependem de acordo entre Estados e Distrito Federal – art. 155, § 2º, XII, *g*, da CF; **D:** correta – art. 146, parágrafo único, II, da CF; **E:** incorreta, pois essa competência é exclusiva da União – art. 149 da CF.
Gabarito "D".

(Procurador do Estado/SP – 2018 – VUNESP) Após a ocorrência do fato gerador, inovação legislativa amplia os poderes de investigação da Administração Tributária. Nessa circunstância, de acordo com o Código Tributário Nacional, é correto afirmar:

(A) a autoridade poderá aplicar amplamente a lei nova, inclusive para alterar o lançamento, até a extinção do crédito tributário.

(B) a autoridade poderá aplicar os novos critérios de apuração exclusivamente em casos de lançamento por homologação.

(C) a lei nova apenas poderá ser aplicada pela autoridade se, e somente se, seus critérios resultarem em benefício para o contribuinte.

(D) a autoridade competente não poderá aplicar a lei nova ao fato gerador pretérito, ocorrido anteriormente à sua vigência.

(E) a lei nova será aplicada pela autoridade competente na apuração do crédito tributário respectivo até a finalização do lançamento.

A: incorreta, pois, embora a norma posterior que amplie os poderes de investigação aplique-se a fatos geradores pretéritos para fins de lançamento, não se admite a alteração do lançamento já efetuado – art. 144, § 1º, e 145 do CTN; **B:** incorreta, pois não há restrição em relação à modalidade de lançamento – art. 144, § 1º, do CTN; **C:** incorreta, pois não há essa limitação – art. 144, § 1º, do CTN; **D:** incorreta, conforme comentários anteriores; **E:** correta, conforme o art. 144, § 1º, do CTN. **RB**

Gabarito "E".

(Procurados do Município – Prefeitura Fortaleza/CE – CESPE – 2017) Considerando as disposições do CTN a respeito de legislação tributária, vigência, aplicação, interpretação e integração, julgue os itens subsequentes.

(1) A interpretação da legislação tributária a partir dos princípios gerais de direito privado é realizada para identificar o conceito, o conteúdo e o alcance dos institutos de direito privado, determinando, assim, a definição dos respectivos efeitos tributários.

(2) As práticas reiteradamente observadas pelas autoridades administrativas são normas complementares consuetudinárias de direito tributário. Assim, na hipótese de a norma ser considerada ilegal, não é possível caracterizar como infracional a conduta do contribuinte que observa tal norma, em razão do princípio da proteção da confiança e da boa-fé objetiva.

(3) Admite-se a aplicação retroativa de norma tributária interpretativa e de norma tributária mais benéfica sobre penalidades tributárias, mesmo diante de ato amparado pela imutabilidade da coisa julgada.

(4) É vedada a adoção de métodos de interpretação ou qualquer princípio de hermenêutica que amplie o alcance da norma tributária que outorga isenção.

1: Incorreta, pois os princípios gerais de direito privado não são utilizados para definição dos efeitos tributários dos institutos, conceitos e formas analisados – art. 109 do CTN. **2:** Correta, conforme o art. 100, III, e parágrafo único, do CTN. **3:** Incorreta, pois a retroatividade dessas normas não modifica a coisa julgada, protegida por disposição constitucional e legal – art. 5º, XXXVI, da CF e art. 106, II, do CTN. **4:** Incorreta, pois a norma isentiva é sempre interpretada de modo estrito ou, na terminologia do CTN, literalmente – art. 111, II, do CTN. **RB**

Gabarito 1E, 2C, 3E, 4E

(Procurador – PGFN – ESAF – 2015) Assinale a opção correta sobre Interpretação e Integração da Legislação Tributária.

(A) Os princípios gerais de direito privado não podem ser utilizados para pesquisa da definição, do conteúdo e do alcance de seus institutos, conceitos e formas utilizados pela legislação tributária.

(B) A lei tributária pode alterar a definição, o conteúdo e o alcance de institutos, conceitos e formas de direito privado.

(C) Interpreta-se da maneira mais favorável ao acusado a legislação tributária que define infrações ou comine penalidades.

(D) Somente a Constituição Federal, as Constituições dos Estados, ou as Leis Orgânicas do Distrito Federal ou dos Municípios podem alterar a definição, o conteúdo e o alcance de institutos, conceitos e formas de direito privado.

(E) Salvo disposição expressa, interpreta-se literalmente a legislação tributária que disponha sobre parcelamento, ainda quando prevista em contrato, é sempre decorrente de lei e não extingue o crédito tributário.

A: incorreta, pois podem e devem ser utilizados, vedada apenas a utilização desses princípios do direito privado para definição dos efeitos tributários dos institutos, conceitos e formas analisados – art. 109 do CTN; **B:** correta, sendo possível a modificação, exceto em relação aos institutos, conceitos e formas de direito privado utilizados, expressa ou implicitamente, pela Constituição para definir ou limitar competências tributárias – art. 110 do CTN; **C:** incorreta, pois essa interpretação mais favorável é excepcional, apenas em caso de dúvida quanto (i) à capitulação legal do fato, (ii) à natureza ou às circunstâncias materiais do fato, ou à natureza ou extensão dos seus efeitos, (iii) à autoria, imputabilidade, ou punibilidade ou (iv) à natureza da penalidade aplicável, ou à sua graduação – art. 112 do CTN; **D:** incorreta, sendo viável a modificação pela lei tributária (inclusive por lei ordinária dos entes tributantes) da definição, do conteúdo e do alcance dos institutos, conceitos e formas, exceto quando esses institutos, conceitos e formas forem utilizados, expressa ou implicitamente, pela Constituição para definir ou limitar competências tributárias – art. 110 do CTN; **E:** incorreta, pois há inclusive erro gramatical na assertiva, pois a oração iniciada por "ainda quando prevista (...)" não se refere claramente ao restante do parágrafo. Se a referência for ao parcelamento, como modalidade de suspensão do crédito tributário deve estar regulada por lei, não por contrato. **RB**

Gabarito "B".

(Procurador – PGFN – ESAF – 2015) Os convênios sobre matéria tributária

(A) entram em vigor na data neles prevista.

(B) entram em vigor no primeiro dia do exercício seguinte ao da sua publicação.

(C) entram em vigor na data da sua publicação.

(D) entram em vigor 30 (trinta) dias após a data da sua publicação.

(E) entram em vigor após homologados pelo Congresso Nacional.

Nos termos do art. 103, III, do CTN, os convênios entram em vigor na data neles previstas, de modo que a alternativa "A" é a correta. Ou seja, não há, a rigor, norma subsidiária no CTN. **RB**

Gabarito "A".

(Procurador do Município/Cubatão-SP – 2012 – VUNESP) Assinale a alternativa correta, acerca da interpretação e integração da legislação tributária.

(A) A lei tributária que define infrações, ou lhe comina penalidades, interpreta-se, em qualquer caso, de maneira mais favorável ao acusado.

(B) Na ausência de disposição expressa, a autoridade competente para aplicar a legislação tributária utilizará, sucessivamente, a analogia; os princípios gerais de direito público; os princípios gerais de direito tributário; a equidade.

(C) Interpreta-se extensivamente a legislação tributária que disponha sobre dispensa do cumprimento das obrigações acessórias.

(D) Os princípios gerais de direito privado utilizam-se para pesquisa da definição, do conteúdo e do alcance de seus institutos, conceitos e formas, mas não para definição dos respectivos efeitos tributários.

(E) A lei tributária pode alterar o alcance de institutos de direito privado quando utilizados de modo implícito pela Constituição Federal.

A: incorreta, pois a interpretação mais benéfica ao acusado, em relação às sanções tributárias, não ocorre em qualquer caso, mas apenas nas

3. DIREITO TRIBUTÁRIO 219

hipóteses de dúvida quanto aos temas elencados no art. 112 do CTN; **B:** incorreta, pois os princípios gerais de direto tributário devem ser aplicados antes dos princípios gerais de direito público – art. 108 do CTN (atenção, pois as bancas exigem reiteradamente esse conhecimento); **C:** incorreta, pois a interpretação deve ser literal (ou estrita) nesse caso – art. 111, III, do CTN; **D:** correta, pois reflete exatamente o disposto no art. 109 do CTN; **E:** incorreta, pois se esses institutos foram utilizado pela Constituição para fixação da competência tributária, não podem ser modificados pela legislação tributária – art. 110 do CTN.

Veja a seguinte tabela, com as ferramentas de integração, na ordem em que devem ser aplicadas, para estudo e memorização:

Ferramentas de integração – casos de ausência de disposição expressa
1º – analogia (não pode implicar exigência de tributo ao arrepio da lei)
2º – princípios gerais de direito tributário
3º – princípios gerais de direito público
4º – equidade (não pode implicar dispensa de pagamento do tributo devido)

Gabarito "D".

7. FATO GERADOR E OBRIGAÇÃO TRIBUTÁRIA

(Procurados do Município – Prefeitura Fortaleza/CE – CESPE – 2017) Julgue o seguinte item, a respeito de obrigação tributária e crédito tributário.

(1) O CTN qualifica como obrigação tributária principal aquela que tem por objeto uma prestação pecuniária, distinguindo-a da obrigação tributária acessória, cujo objeto abrange as condutas positivas e negativas exigidas do sujeito passivo em prol dos interesses da administração tributária e as penalidades decorrentes do descumprimento desses deveres instrumentais.

1: Incorreta, pois as penalidades pecuniárias (= mùltas) aplicadas pelo descumprimento dos deveres instrumentais são objeto da obrigação principal. Toda prestação tributária pecuniária (= em dinheiro), seja tributo ou penalidade, é objeto da obrigação principal – art. 113, § 1º, do CTN. RB
Gabarito "1E".

(Procurador do Estado – PGE/MT – FCC – 2016) A obrigação tributária acessória, relativamente a um determinado evento que constitua, em tese, fato gerador de um imposto,

(A) não poderá ser instituída, em relação a um mesmo fato jurídico, por mais de uma pessoa política distinta.

(B) não pode ser exigida de quem é imune ao pagamento do imposto.

(C) pode ser exigida de quem é isento do imposto.

(D) poderá ser exigida de quaisquer pessoas designadas pela lei tributária que disponham de informação sobre os bens, serviços, rendas ou patrimônio de terceiros, independentemente de cargo, ofício, função, ministério, atividade ou profissão por aqueles exercidas.

(E) não é exigível no caso de não incidência tributária, pois inexiste interesse da arrecadação ou fiscalização tributárias a justificar a imposição acessória.

A: incorreta, pois não há bitributação em relação a obrigações acessórias. Assim, o fisco municipal e o fisco federal podem, concomitantemente, exigir dados relativos a determinado imóvel para determinar se

o tributo devido é o IPTU ou o ITR, por exemplo; **B:** incorreta, pois a imunidade e os benefícios fiscais em geral não afastam necessariamente as obrigações acessórias. Uma entidade imune deve fornecer dados de sua atividade financeira ao fisco federal, por exemplo, para que este possa verificar se preenche mesmo os requisitos para a imunidade em relação ao imposto de renda – art. 194, parágrafo único, do CTN; **C:** correta, conforme comentário anterior – art. 194, parágrafo único, do CTN; **D:** incorreta, pois o dever de prestar informações ao fisco não se aplica a fatos sobre os quais o informante esteja legalmente obrigado a observar segredo em razão de cargo, ofício, função, ministério, atividade ou profissão – art. 197, parágrafo único, do CTN. RB
Gabarito "C".

(Procurador – PGFN – ESAF – 2015) Assinale a opção correta acerca da obrigação tributária.

(A) A autoridade fiscal pode exigir, por instrução normativa específica, a regularidade fiscal do sócio para efeito de inscrição de sociedade comercial no cadastro fiscal.

(B) As obrigações acessórias dependem da obrigação principal.

(C) Pessoa jurídica em pleno gozo de benefício fiscal não pode ser obrigada, por simples portaria, a consolidar e apresentar resultados mensais como condição para continuidade da fruição do benefício.

(D) O descumprimento de obrigação acessória pode gerar penalidade pecuniária que não se confunde com a obrigação principal, razão pela qual nesta não se converte.

(E) A imunidade das pessoas físicas ou jurídicas não abrange as obrigações tributárias acessórias.

A: incorreta, pois a pessoa do sócio não se confunde com a da sociedade. A rigor, em princípio, nem mesmo a regularidade fiscal da contribuinte é pressuposto para sua inscrição fiscal, sob pena de ofensa aos princípios que garantem a livre atividade empresarial – ver Súmulas 70, 323 e 547 do STF; **B:** incorreta, pois no âmbito tributário as obrigações acessórias subsistem inclusive quando não há obrigação principal – ver art. 194, parágrafo único, do CTN, entre outros; **C:** incorreta, pois a imunidade e os benefícios fiscais em geral não afastam necessariamente as obrigações acessórias – art. 194, parágrafo único, do CTN; **D:** incorreta, pois toda prestação tributária pecuniária (= em dinheiro), seja tributo ou penalidade, é objeto da obrigação principal – art. 113, § 1º, do CTN. **E:** correta, até porque o cumprimento das obrigações acessórias (escrituração contábil, fornecimento de informações etc.) permite aferir se determinadas entidades realmente preenchem os requisitos para a imunidade – art. 14, III, do CTN. RB
Gabarito "E".

(Procurador do Estado – PGE/BA – CESPE – 2014) De acordo com determinada norma tributária, a venda de mercadoria gera a necessidade de registro contábil e do pagamento do tributo devido. A respeito desse tema, julgue os itens seguintes.

(1) O tributo não pago converte-se imediatamente em obrigação principal.

(2) O registro da referida venda é uma obrigação tributária, mas não o fato gerador do tributo.

(3) O pagamento do tributo extingue toda obrigação tributária existente, incluindo-se a necessidade de registro contábil.

(4) Suponha que aquele que esteja diretamente vinculado ao fato gerador não realize o registro, mas pague o tributo. Nessa situação, caso seja aplicada pena pecu-

niária pelo descumprimento da obrigação referente ao registro contábil, por meio de lançamento tributário definitivo, fica constituído o crédito tributário.

(5) O sujeito passivo diretamente ligado com o fato gerador é denominado responsável tributário.

1: Incorreta, pois o tributo não pago já é objeto da obrigação principal – art. 113, § 1º, do CTN. O descumprimento de qualquer obrigação tributária, seja principal (= pecuniária) ou acessória (= não pecuniária) pode, se houver previsão legal, fazer surgir uma nova obrigação principal, cujo objeto é a multa por esse descumprimento – art. 113, § 3º, do CTN. **2:** Correta. O dever de registrar a venda não é pecuniário, ou seja, não implica dever de recolher dinheiro ao fisco, de modo que é objeto de obrigação tributária acessória. O fato gerador do tributo é a situação prevista em lei que faz surgir o dever de recolhimento do valor correspondente ao fisco que, no caso, é a circulação de mercadoria decorrente da venda realizada. **3:** Incorreta, pois a obrigação acessória subsiste independentemente da obrigação principal. Os registros contábeis e as documentações fiscais devem ser emitidos e mantidos pelos contribuintes para que o fisco possa, durante o prazo decadencial e prescricional, verificar a regularidade da constituição do crédito e de seu recolhimento – art. 195, parágrafo único, do CTN. **4:** O gabarito oficial entendeu como correta, mas é discutível. A rigor, em se tratando de ICMS sobre vendas de mercadorias, há declarações dos contribuintes que constituem o crédito tributário e são pressupostos para emissão da guia e recolhimento do valor correspondente – Súmula 436/STJ. Caso o contribuinte simplesmente recolha determinado valor aos cofres do fisco, sem referência a nenhuma declaração de crédito tributário, parece necessário efetivo lançamento por parte do fisco, que não se confunde com a simples aplicação de multa pela falta de registro contábil. É preciso que a autoridade fiscal efetivamente identifique o fato gerador, o contribuinte, quantifique o valor do tributo e notifique para que realize o pagamento – art. 142 do CTN. Dito de outra forma, a constituição do crédito relativo à multa pelo descumprimento da obrigação acessória não se confunde com a constituição do crédito relativo ao tributo devido, muito embora, na prática, seja esperado que o fiscal realize ambos os lançamentos no momento da autuação. **5:** Incorreta, pois essa é a definição do contribuinte, que tem relação pessoal e direta com o fato gerador – art. 121, parágrafo único, I, do CTN. **RB**

Gabarito 1E, 2C, 3E, 4C, 5E

(Procurador do Estado/BA – 2014 – CESPE) De acordo com determinada norma tributária, a venda de mercadoria gera a necessidade de registro contábil e do pagamento do tributo devido. A respeito desse tema, julgue os itens seguintes.

(1) O tributo não pago converte-se imediatamente em obrigação principal.

(2) O registro da referida venda é uma obrigação tributária, mas não o fato gerador do tributo.

(3) O pagamento do tributo extingue toda obrigação tributária existente, incluindo-se a necessidade de registro contábil.

(4) Suponha que aquele que esteja diretamente vinculado ao fato gerador não realize o registro, mas pague o tributo. Nessa situação, caso seja aplicada pena pecuniária pelo descumprimento da obrigação referente ao registro contábil, por meio de lançamento tributário definitivo, fica constituído o crédito tributário.

(5) O sujeito passivo diretamente ligado com o fato gerador é denominado responsável tributário.

1: incorreta, pois o tributo já é objeto de obrigação principal – art. 113, § 1º, do CTN. O não pagamento gera penalidade pecuniária, que também é objeto de obrigação principal; **2:** correta, pois o registro da venda é uma

obrigação acessória, não sendo, evidentemente, fato gerador de tributo (não é a ocorrência do registro da venda que faz surgir a obrigação de recolher tributo); **3:** incorreta, pois a extinção da obrigação principal (pagar o tributo) não prejudica a obrigação acessória, que subsiste (continua existindo a obrigação de escriturar a venda); **4:** correta, pois o descumprimento da obrigação acessória (falta do registro) faz surgir uma penalidade pecuniária (multa), que é objeto de obrigação principal com o respectivo crédito tributário (embora seja comum utilizar, na prática, o termo autuação, nesse caso, em vez de lançamento); **5:** incorreta, pois o sujeito passivo diretamente ligado ao fato gerador é o contribuinte – art. 121, parágrafo único, I, do CTN.

Gabarito 1E, 2C, 3E, 4C, 5E

(Procurador do Estado/AC – FMP – 2012) Dadas as assertivas abaixo, assinale a alternativa **correta,** de acordo com o Código Tributário Nacional:

I. A obrigação tributária principal surge com a ocorrência do fato gerador, tendo por objeto prestações positivas ou negativas no interesse da fiscalização dos tributos.

II. A definição legal do fato gerador deve ser interpretada considerando-se a validade jurídica dos atos praticados pelos contribuintes.

III. Fato gerador da obrigação principal é a situação definida em lei como necessária e suficiente a sua ocorrência.

IV. A autoridade administrativa poderá desconsiderar negócios jurídicos praticados com a finalidade de dissimular a ocorrência do fato gerador, observados os procedimentos a serem definidos em lei ordinária.

(A) Estão corretas apenas as assertivas I e II.

(B) Estão corretas apenas as assertivas I e III.

(C) Estão corretas apenas as assertivas III e IV.

(D) Estão corretas apenas as assertivas II e IV.

I: incorreta, pois a assertiva descreve a obrigação acessória, conforme o art. 113, § 2º, do CTN; **II:** incorreta, pois a validade jurídica dos atos praticados é irrelevante – art. 118, I, do CTN; **III:** correta, pois essa é a definição do fato gerador, conforme o art. 114 do CTN; **IV:** assertiva correta, pois a chamada norma antielisiva é prevista, nesses termos, pelo art. 116, parágrafo único, do CTN.

Gabarito "C".

(Procurador do Estado/PR – UEL-COPS – 2011) Dentre as alternativas abaixo, aponte aquela que estiver correta:

(A) a obrigação tributária é principal ou acessória, em ambos os casos surgindo com a ocorrência do fato gerador e tendo por objeto o pagamento de tributo ou penalidade pecuniária, extinguindo-se juntamente com o crédito dela decorrente;

(B) a obrigação tributária acessória, pelo simples fato de sua inobservância, converte-se em obrigação principal relativamente à penalidade pecuniária;

(C) além do contribuinte, o responsável também é qualificado como sujeito passivo tributário, eis que tem relação pessoal e direta com a situação que de regra constitui o respectivo fato gerador;

(D) na relação jurídica tributária, o sujeito ativo é titular do dever de recolher o tributo, ao passo que, o sujeito passivo corresponde ao titular do direito de receber o montante devido;

(E) n. d. a.

A: incorreta, pois a obrigação acessória não tem por objeto o pagamento de tributo ou penalidade, mas sim prestações não pecuniárias descritas

3. DIREITO TRIBUTÁRIO

no art. 113, § 2º, do CTN; **B:** essa é a alternativa correta, pois reflete exatamente o disposto no art. 113, § 3º, do CTN; **C:** incorreta, pois quem tem relação pessoal e direta com o fato gerador é qualificado como contribuinte, não como responsável tributário – art. 121, parágrafo único, I, do CTN; **D:** incorreta, pois é o oposto. Sujeito ativo é quem tem o direito de exigir o tributo, enquanto sujeito passivo é o devedor da relação obrigacional.

Gabarito "B".

8. LANÇAMENTO E CRÉDITO TRIBUTÁRIO

(Procurador do Estado/TO – 2018 – FCC) O Código Tributário Nacional, em seu art. 145, estabelece, de modo indireto, a definitividade do lançamento regularmente notificado ao sujeito passivo. O referido dispositivo estabelece, expressamente, que o lançamento regularmente notificado ao sujeito passivo só pode ser alterado em virtude de: I – impugnação do sujeito passivo; II – recurso de ofício; III – iniciativa de ofício da autoridade administrativa, nos casos previstos no artigo 149.

De acordo com o artigo 149 do CTN, a revisão do lançamento só pode ser iniciada

(A) quando o processo administrativo tributário tiver corrido à revelia das autoridades fazendárias.

(B) enquanto não transcorrido o prazo decadencial.

(C) enquanto não transcorrido o prazo prescricional.

(D) quando se comprove que a autoridade fiscal, ou terceiro em benefício daquela, agiu com dolo, fraude ou simulação.

(E) quando se comprove omissão ou inexatidão, por parte da pessoa legalmente obrigada, no exercício da atividade de autoaplicação de penalidade pecuniária – lançamento de penalidade por homologação.

A: incorreto, até porque não há como o processo tributário correr à revelia das autoridades fazendárias, pois é perante elas que o processo tramita; **B:** correta, pois, findo o prazo prescricional, não há como lançar ou revisar lançamento – art. 149, parágrafo único, do CTN; **C:** incorreta, pois o prazo prescricional se refere ao direito de cobrança, não de lançamento – art. 174 do CTN; **D** e **E:** incorretas, pois essas são apenas duas das hipóteses que permitem a revisão do lançamento – art. 149 do CTN.

Gabarito "B".

(Procurador do Município/Manaus – 2018 – CESPE) Julgue o item que se segue à luz do que dispõe o Código Tributário Nacional.

(1) O lançamento regularmente notificado ao sujeito passivo pode ser modificado em razão do provimento de recurso de ofício.

1: correta – art. 145, II, do CTN. RB

Gabarito "1C".

(Procurador do Município/Manaus – 2018 – CESPE) Julgue o item que se segue à luz do que dispõe o Código Tributário Nacional.

(1) O inventariante não pode ser solidariamente responsabilizado pelos tributos devidos pelo *de cujus*, referentes a fatos geradores anteriores à data da abertura da sucessão.

1: incorreta, pois pode haver essa responsabilidade, nos termos dos arts. 134, IV e 135, I, do CTN. RB

Gabarito "1E".

(Procurador do Estado – PGE/MT – FCC – 2016) Considere:

I. A modalidade de lançamento a ser aplicada pelo fisco por ocasião da constituição do crédito tributário é a que impõe o menor ônus ao contribuinte, inclusive quanto às opções fiscais relativas a regimes de apuração, créditos presumidos ou outorgados e demais benefícios fiscais que o contribuinte porventura não tenha aproveitado.

II. A modalidade de lançamento por declaração é aquela na qual o contribuinte, tendo efetivado o cálculo e recolhimento do tributo devido com base na legislação, apresenta à autoridade fazendária a declaração dos valores correspondentes à base de cálculo, alíquota, tributo devido e recolhimento efetuado.

III. O pagamento antecipado efetivado pelo contribuinte poderá ser efetuado mediante guia de recolhimentos, compensação ou depósito judicial.

IV. O lançamento de ofício é o formalizado quando a autoridade fazendária identifica diferenças no crédito tributário constituído espontaneamente pelo contribuinte.

Está correto o que se afirma APENAS em

(A) IV.

(B) II e III.

(C) III e IV.

(D) I.

(E) I e II.

I: incorreta, pois a modalidade de lançamento (ofício, homologação ou declaração) é determinada pela legislação tributária, inexistindo discricionariedade – art. 142 do CTN; **II:** incorreta, pois no lançamento por declaração o fisco recebe as informações do contribuinte, calcula o tributo devido e notifica-o a recolher – art. 147 do CTN; **III:** incorreta, pois a compensação depende de lei autorizativa específica para servir como modalidade de extinção de crédito (art. 170 do CTN) e o depósito judicial apenas suspende sua exigibilidade (não corresponde a pagamento – art. 151, II, do CTN); **IV:** correta, sendo essa uma hipótese que dá ensejo ao lançamento de ofício – art. 149, V, do CTN. RB

Gabarito "A".

(Procurador – SP – VUNESP – 2015) Nos termos do Código Tributário Nacional, o lançamento por homologação, que ocorre quanto aos tributos cuja legislação atribua ao sujeito passivo o dever de antecipar o pagamento sem prévio exame da autoridade administrativa, opera-se pelo ato em que a referida autoridade, tomando conhecimento da atividade assim exercida pelo obrigado, expressamente a homologa. Se a lei não fixar prazo à homologação, será ele de cinco anos. Expirado esse prazo sem que a Fazenda Pública se tenha pronunciado, considera-se homologado o lançamento e definitivamente extinto o crédito, salvo se comprovada a ocorrência de dolo, fraude ou simulação. Referido prazo conta-se

(A) da constituição do crédito tributário.

(B) do primeiro dia do exercício seguinte àquele em que o lançamento poderia ter sido efetivado.

(C) da ocorrência do fato gerador.

(D) da notificação para pagamento.

(E) do mesmo dia do ano seguinte àquele em que o lançamento poderia ter sido efetivado.

Nos termos do art. 150, § 4º, do CTN, o prazo quinquenal em que se dá a homologação tácita é contado da ocorrência do fato gerador, de modo que a alternativa "C" é a correta. RB

Gabarito "C".

(Procurador do Município/São José dos Campos-SP – 2012 – VUNESP) No lançamento por homologação, a lei fixa o prazo de 5 anos para que a Fazenda Pública se pronuncie acerca da atividade exercida pelo obrigado no sentido de antecipar o pagamento do tributo sem prévio exame da autoridade administrativa. Expirado tal prazo sem que a Fazenda Pública se tenha pronunciado, considera-se homologado o lançamento e definitivamente extinto o crédito, observadas as ressalvas legais. O termo inicial para contagem do prazo em questão é o da ocorrência do(a)

(A) pagamento.

(B) constituição do crédito.

(C) fato gerador.

(D) publicação da lei que estabelecer a hipótese de incidência.

(E) primeiro dia do exercício seguinte ao que ocorrer o pagamento.

O termo inicial para contagem do prazo quinquenal da homologação tácita é a data do fato gerador, nos termos do art. 150, § 4º, do CTN, razão pela qual a alternativa "C" é a correta.

„Gabarito "C"

(Procurador do Município/Sorocaba-SP – 2012 – VUNESP) Assinale a assertiva correta no que respeita ao lançamento tributário.

(A) No lançamento por declaração, a retificação da declaração, por iniciativa do próprio declarante, quando vise a reduzir ou excluir tributo, só é admissível mediante comprovação do erro em que se funde, e após a revisão daquela.

(B) O lançamento regularmente notificado ao sujeito passivo só pode ser alterado em virtude de impugnação do sujeito passivo; de recurso de ofício ou de iniciativa de ofício da autoridade administrativa, nos casos previstos em lei.

(C) O lançamento reporta-se à data do fato gerador da obrigação e rege-se pela lei então vigente, mesmo que posteriormente modificada ou revogada, regra que se aplica também aos impostos lançados por períodos certos de tempo, ainda que a respectiva lei fixe expressamente a data em que o fato gerador se considera ocorrido.

(D) O lançamento por homologação é efetuado com base na declaração do sujeito passivo ou de terceiro, quando um ou outro, na forma da legislação tributária, presta à autoridade administrativa informações sobre a matéria de fato, indispensáveis à sua efetivação.

(E) O lançamento por homologação não admite homologação tácita por decurso de prazo.

A: incorreta, pois o art. 147, § 1º, do CTN refere-se à retificação da declaração antes de notificado o lançamento, sem referência à necessidade de ser posterior à "revisão daquela"; **B:** assertiva correta, pois reflete o disposto no art. 145 do CTN; **C:** incorreta, pois o art. 144, § 2º, do CTN prevê expressamente que não se aplica aos impostos lançados por períodos certos de tempo, desde que a respectiva lei fixe expressamente a data em que o fato gerador se considera ocorrido; incorreta, pois a assertiva descreve o lançamento por declaração – art. 147 do CTN; **E:** incorreta, pois há previsão expressa de homologação tácita pelo decurso de 5 anos contados do fato gerador, na forma do art. 150, § 4º, do CTN.

„Gabarito "B"

(PROCURADOR DO ESTADO/MG – FUMARC – 2012) Assinale a alternativa que, nos termos do Código Tributário Nacional (Lei Federal nº 5.172/1966), NÃO corresponde à matéria reservada ao lançamento tributário:

(A) Identificar o sujeito passivo do crédito tributário;

(B) Estabelecer os critérios para a revisão de ofício pela autoridade administrativa do crédito tributário decorrente;

(C) Calcular o montante do tributo devido;

(D) Verificar a ocorrência do fato gerador da obrigação tributária correspondente;

(E) Aplicar, se for o caso, a penalidade cabível.

Nos termos do art. 142 do CTN, o lançamento é o procedimento administrativo tendente a verificar a ocorrência do fato gerador da obrigação correspondente, determinar a matéria tributável, calcular o montante do tributo devido, identificar o sujeito passivo e, sendo caso, propor a aplicação da penalidade cabível [atualmente, a penalidade é imediatamente aplicada, e não simplesmente proposta pela autoridade fiscal para seu superior]. Por essa razão, a alternativa "B" deve ser indicada, pois não há essa previsão no dispositivo legal.

„Gabarito "B"

(ADVOGADO – PETROBRÁS – 2012 – CESGRANRIO) Na hipótese de lançamento tributário, quando se opera pelo ato em que a autoridade administrativa fiscal competente, tomando conhecimento da atividade assim exercida pelo obrigado, expressa ou tacitamente homologa o recolhimento de tributos, cuja legislação atribua ao sujeito passivo o dever de antecipar o pagamento, não há necessidade de prévia anuência do Fisco. Nesse caso, a modalidade de lançamento tributário configura- se como

(A) direto

(B) por declaração

(C) por arbitramento

(D) por homologação

(E) por autolançamento

Trata-se do conceito de lançamento por homologação, previsto no art. 150 do CTN. A questão merece críticas ao incluir como alternativa o termo "autolançamento", porque, apesar de não concordarmos com seu uso (e, portanto, considerar correta realmente a alternativa "D"), ele é utilizado como sinônimo de lançamento por homologação por boa parte da doutrina.

„Gabarito "D"

9. SUJEIÇÃO PASSIVA, CAPACIDADE E DOMICÍLIO

(Procurador do Estado/AC – 2017 – FMP) Segundo o CTN, no que tange à responsabilidade tributária, é CORRETO afirmar que

(A) o adquirente, em leilão judicial, de estabelecimento comercial ou fundo de comércio em processo de falência, é pessoalmente responsável por tributos devidos até a data da aquisição.

(B) o cônjuge e o sucessor a qualquer título ficam responsáveis pelos tributos devidos pelo *de cujus* até a data da partilha ou adjudicação, limitada a responsabilidade ao montante da herança.

(C) o alienante de bem imóvel é responsável pelo IPTU, no caso de ter assumido em escritura pública a obrigação por tributo relativo a fato gerador acontecido antes da transmissão, quando não houver prova de quitação de tributos.

(D) o arrematante de bem imóvel, no caso de arrematação em hasta pública, é responsável pelos tributos devidos por fatos geradores anteriores à arrematação.

(E) Nenhuma das alternativas acima está correta.

A: incorreta, pois a responsabilidade é em regra afastada nesse caso – art. 133, § 1º, I, do CTN (exceções no § 2º); **B:** correta – art. 131, II, do CTN; **C:** incorreta, pois a responsabilidade tributária é do adquirente, nos termos do art. 130 do CTN. O alienante é contribuinte (não responsável) em relação às obrigações anteriores à alienação; **D:** incorreta, pois no acaso de arrematação, o arrematante não é responsável (aquisição originária) – art. 130, parágrafo único, do CTN; **E:** incorreta, pois a alternativa "B" está certa.
Gabarito "B".

(Procurador do Estado/AC – 2017 – FMP) Se uma determinada Sociedade Limitada retira-se de seu domicílio fiscal sem comunicar ao Fisco, e sendo caso de cobrança de débitos fiscais, é correto afirmar:

(A) O fato é considerado dissolução irregular da empresa, expondo todos os bens de todos os sócios à eventual execução fiscal.

(B) Como entende o STJ, o mero fato de se ausentar do domicílio fiscal não é suficiente para caracterizar dissolução irregular e a execução fiscal fica restrita à pessoa jurídica.

(C) Considera-se dissolução irregular, mas somente os bens dos sócios-gerentes estarão expostos a eventual execução fiscal.

(D) Se o não pagamento se deu por interpretação da lei tributária, considera-se sonegação e todos os sócios responderão.

(E) Só o fato do não pagamento, aliado à retirada da empresa de seu domicílio fiscal implica sonegação, expondo todos os bens de todos os sócios à execução fiscal.

A: incorreta, pois não ser localizada no endereço implica presunção de dissolução irregular. É a dissolução irregular que implica responsabilidade do sócio-gerente. Assim, a empresa pode comprovar que continua funcionando, apresentando-se ao fisco, por exemplo, o que afasta a presunção e a responsabilidade; **B:** incorreta, pois essa ausência é suficiente para a presunção de dissolução irregular – Súmula 435/ STJ; **C:** correta, mas cuidado, pois a afirmativa é dúbia. Dentre os sócios, somente os sócios-gerentes, ou seja, os que participam da administração da empresa, têm os bens expostos à execução. Os sócios que não atuam na gestão não têm os bens afetados. Mas a afirmação é dúbia, pois, a responsabilidade desses sócios-gerentes é solidária em relação à sociedade (não respondem sozinhos), já que os bens da sociedade continuam respondendo pelo débito; **D:** incorreta, pois a simples inadimplência não implica responsabilidade dos sócios-gerentes – Súmula 430/STJ; **E:** incorreta, pois não se trata de sonegação, apenas responsabilidade tributária do sócio-gerente (não é qualquer sócio, precisa ser administrador) em caso de dissolução irregular – Súmula 435/STJ.
Gabarito "C".

(Procurador do Estado/AC – 2017 – FMP) O art. 134, VII, do CTN menciona que são solidariamente responsáveis com o contribuinte em caso de impossibilidade de exigência os sócios, no caso de liquidação de sociedades de pessoas. Sobre isso, assinale a alternativa CORRETA.

(A) As sociedades limitadas são sociedades de pessoas e, portanto, os sócios deste tipo societário são solidariamente responsáveis em caso de liquidação.

(B) Os sócios serão responsáveis apenas em caso de falência e, mesmo assim, apenas os sócios gerentes.

(C) Esta responsabilidade de todos os sócios somente ocorre em caso de falência fraudulenta e de forma automática.

(D) O CTN está a referir apenas os sócios de sociedades de pessoas cujo tipo societário não seja o de responsabilidade limitada.

(E) A responsabilidade limitada é instituto de direito comercial que não se aplica ao Fisco.

A: incorreta, pois a definição da sociedade limitada é exatamente a limitação da responsabilidade dos sócios ao valor de suas quotas – art. 1.052 do CC. No âmbito tributário, tampouco há essa confusão entre patrimônio da sociedade limitada e dos sócios, podendo haver excepcionalmente responsabilidade, nos casos do art. 135 do CTN; **B:** incorreta, pois a falência em si não implica responsabilidade tributária dos sócios, que exige excesso de poderes, violação da lei ou dos estatutos para ocorrer – art. 135 do CTN; **C:** incorreta, pois somente os sócios-gerentes, que participem da administração da sociedade, podem vir a ser responsabilizados, caso tenham violado a lei ou os estatutos sociais ou com excesso de poderes – art. 135 do CTN; **E:** incorreta, pois os conceitos e institutos do direito privado são acolhidos na interpretação do direito tributário – art. 109 do CTN.
Gabarito "D".

(Procurador do Estado/SP – 2018 – VUNESP) Assinale a alternativa correta sobre a sucessão tributária, conforme o Código Tributário Nacional.

(A) É excluída em casos de impostos que tenham por fato gerador a propriedade.

(B) É tipo de sanção por ato ilícito do sucessor.

(C) Não se aplica à pessoa jurídica resultante de fusão, pois esta é nova em relação às sociedades fundidas.

(D) É reponsabilidade que se aplica a fatos geradores ocorridos até a data do ato ou fato de que decorre a sucessão.

(E) É responsabilidade que se aplica exclusivamente aos créditos tributários definitivamente constituídos à data do ato ou fato de que decorre a sucessão.

A: incorreta, pois não há essa limitação. Pelo contrário, há norma específica para sucessão em relação a tributos imobiliários – art. 130 do CTN; **B:** incorreta, pois a responsabilidade é modalidade de sujeição passiva, não espécie de sanção. Embora em alguns casos (nem sempre) a responsabilidade surja por conta de descumprimento da lei pelo responsável (v.g. art. 135 do CTN), isso não é característica da responsabilidade por sucessão; **C:** incorreta, pois a empresa resultante da fusão é responsável por sucessão, em relação aos tributos das sociedades originais – art. 132 do CTN; **D:** correta – art. 129 do CTN; **E:** incorreta, pois a responsabilidade por sucessão se refere aos fato geradores anteriores à sucessão – art. 129 do CTN. **RB**
Gabarito "D".

(Procurador do Município – Prefeitura Fortaleza/CE – CESPE – 2017) Considerando os dispositivos do CTN e a jurisprudência do STJ em relação ao ato administrativo do lançamento e à atividade desenvolvida para a constituição do crédito tributário, julgue o próximo item.

(1) Admite-se a concessão do benefício da denúncia espontânea na hipótese de o contribuinte, depois de apresentar declaração parcial do crédito tributário e realizar o respectivo pagamento, retificar a própria declaração e efetuar o pagamento complementar, antes de qualquer iniciativa da administração tributária.

1: Correta, pois há denúncia espontânea desde que o valor recolhido não tenha sido declarado ao fisco anteriormente – ver Súmula 360/STJ. **RB**

Gabarito "1C".

(Procurador do Município – Prefeitura Fortaleza/CE – CESPE – 2017) Julgue os seguintes itens, a respeito de obrigação tributária e crédito tributário.

(1) O sujeito passivo da obrigação principal denomina-se contribuinte quando, dada sua vinculação ao fato gerador, sua sujeição decorre expressamente de determinação legal, ainda que não tenha relação pessoal e direta com a ocorrência de tal fato.

(2) Quanto aos seus efeitos, a responsabilidade tributária pode ser solidária, subsidiária ou pessoal. Sendo pessoal, inexistem coobrigados, mas terceira pessoa que detém a condição de único sujeito passivo responsável pelo cumprimento da obrigação tributária.

(3) A substituição tributária progressiva, modalidade de responsabilidade tributária por transferência, ocorre quando a obrigação de pagar é adiada para momento posterior ao fato jurídico tributário.

1: Incorreta, pois o contribuinte é definido como sujeito passivo que tem relação pessoal e direta com a situação que corresponda ao fato gerador do tributo – art. 121, parágrafo único, I, do CTN. **2:** Correta, sendo definição adequada dessas espécies de responsabilidade – art. 128 do CTN. **3:** Incorreta, pois a substituição tributária "para frente", como o nome diz, é espécie de responsabilidade por substituição (a obrigação já surge como responsável no polo passivo), não por transferência (a obrigação surge com o contribuinte no polo passivo e, posteriormente, o responsável passa a ocupar esse polo). Ademais, na substituição "para frente" ou progressiva o recolhimento do tributo é antecipado em relação à ocorrência do fato gerador, não adiado – art. 150, § 7º, da CF. **RB**

Gabarito 1E, 2C, 3E

(Procurador do Estado – PGE/MT – FCC – 2016) A pessoa jurídica DAMALINDA, dedicada ao varejo de vestuários, é composta por dois sócios, um dos quais assumiu a administração da empresa conforme previsto em seus atos constitutivos. Em razão de dificuldades financeiras, essa empresa passou a interromper os recolhimentos do ICMS, visando a obter recursos para o pagamento de seus empregados e fornecedores. Não obstante a inadimplência, a empresa continuou a declarar o valor mensalmente devido. Após certo período de tempo, a atividade se revelou efetivamente inviável, e o administrador optou por encerrar suas atividades e fechou todas as lojas, leiloando em um *site* de internet todo o saldo de estoques. A decisão deste administrador

I. foi acertada, pois se a empresa estava em dificuldades não haveria motivo para continuar com as atividades e incrementar ainda mais seu passivo tributário.

II. foi incorreta, pois ao simplesmente fechar as portas das lojas ficou caracterizada a dissolução irregular, o que poderá justificar o futuro redirecionamento de execuções fiscais à pessoa física dos sócios.

III. foi incorreta, pois o administrador poderia ter recorrido a remédios legais para a proteção de empresas

em dificuldade, tais como a recuperação de empresas e a falência, ao invés de simplesmente encerrar suas atividades sem a comunicação aos órgãos administrativos competentes.

IV. não alterou a situação legal do outro sócio no tocante à respectiva responsabilidade pelo crédito tributário, uma vez que todos os sócios respondem pelos débitos fiscais da sociedade.

Está correto o que se afirma APENAS em

(A) I e IV.

(B) II e III

(C) II.

(D) III.

(E) IV.

I: incorreta pelo aspecto jurídico-tributário, já que o fechamento das portas sem baixa nos registros empresariais e fiscais implica dissolução irregular e responsabilidade do sócio administrador pelos tributos inadimplidos – art. 135, III, do CTN e Súmula 435/STJ; **II:** correta, lembrando que somente o sócio administrador pode ser responsabilizado, conforme comentário anterior; **III:** correta, sendo em tese viável a recuperação ou pedido de falência – Lei 11.101/2005; **IV:** incorreta, pois somente o sócio administrador pode ser responsabilizado, por ter atuado na gestão da empresa – art. 135, III, do CTN. **RB**

Gabarito "B".

(Procurador – IPSMI/SP – VUNESP – 2016) Segundo o Código Tributário Nacional (CTN), a pessoa natural ou jurídica de direito privado que adquirir de outra, por qualquer título, fundo de comércio ou estabelecimento empresarial, e continuar a respectiva exploração, sob a mesma ou outra razão social ou sob firma ou nome individual, responde pelos tributos relativos ao fundo ou estabelecimento adquirido, devidos até à data do ato:

(A) integralmente, se o alienante cessar a exploração do comércio, indústria ou atividade.

(B) solidariamente com o alienante, se este prosseguir na exploração ou iniciar dentro de seis meses a contar da data da alienação, nova atividade no mesmo ou em outro ramo de comércio, indústria ou profissão.

(C) integralmente, se o alienante prosseguir na exploração ou iniciar dentro de seis meses a contar da data da alienação, nova atividade no mesmo ou em outro ramo de comércio, indústria ou profissão.

(D) subsidiariamente com o alienante, se este prosseguir na exploração ou iniciar dentro de três meses a contar da data da alienação, nova atividade no mesmo ou em outro ramo de comércio, indústria ou profissão.

(E) solidariamente, se o alienante cessar a exploração do comércio, indústria ou atividade, mesmo na hipótese de alienação judicial em processo de falência.

A: correta, nos termos do art. 133, I, do CTN; **B:** incorreta, pois o adquirente responderá apenas subsidiariamente, nesse caso – art. 133, II, do CTN; **C:** incorreta, conforme comentário à alternativa anterior; **D:** incorreta, pois o prazo é de seis meses para o alienante iniciar nova atividade – art. 133, II, do CTN; **E:** incorreta, pois o adquirente responde integralmente, conforme a terminologia do art. 133, I, do CTN e, mais importante, não há essa responsabilidade em caso de alienação em processo de falência, conforme o § 1º desse artigo, com a exceção do § 2º. **RB**

Gabarito "A".

3. DIREITO TRIBUTÁRIO

(Procurador do Estado – PGE/RS – Fundatec – 2015) Quanto à responsabilidade tributária, analise as assertivas abaixo:

I. A infração ao dever legal de recolher tempestivamente os tributos enseja a responsabilização pessoal dos sócios-gerentes.

II. A dissolução irregular da empresa enseja a responsabilização pessoal daqueles que, no momento da dissolução, atuavam efetivamente na condição de sócios-gerentes.

III. Em alienação de estabelecimento comercial ocorrida em processo de falência, o adquirente responde pelos tributos, relativos ao estabelecimento adquirido, devidos até a data do ato, de forma integral ou subsidiária, se for parente em linha reta do devedor falido.

IV. O adquirente é pessoalmente responsável pelos tributos relativos aos bens adquiridos.

Após a análise, pode-se dizer que:

(A) Estão corretas apenas as assertivas I e II.

(B) Estão corretas apenas as assertivas II e III.

(C) Estão corretas apenas as assertivas III e IV.

(D) Estão corretas apenas as assertivas II, III e IV.

(E) Todas as assertivas estão corretas.

I: incorreta, sendo pacífico que o simples inadimplemento não implica responsabilidade dos gestores das empresas – art. 135 do CTN e Súmula 430/STJ; II: correta – art. 135, III, do CTN e Súmula 435/STJ; III: correta, pois o parentesco implica afastamento do disposto no art. 133, § 1º, I, do CTN, de acordo com seu § 2º, II; IV: correta – art. 131, I, do CTN. Gabarito "D".

(Advogado União – AGU – CESPE – 2015) Por dispositivo legal expresso, a obrigação de recolhimento de determinado imposto foi atribuída a pessoa diversa da do contribuinte, devendo esse pagamento ser feito antecipadamente, em momento prévio à ocorrência do fato gerador, previsto para ocorrer no futuro.

Com relação a essa situação, julgue os itens seguintes.

(1) Não ocorrendo o fato gerador, o contribuinte substituído terá direito à restituição do valor do imposto pago. Porém, ocorrendo o fato gerador com base de cálculo inferior à prevista, não será obrigatória a restituição da diferença paga a maior, conforme jurisprudência do STF.

(2) Na situação considerada, trata-se do instituto denominado substituição tributária progressiva, que tem previsão expressa relativa ao ICMS.

1: Atenção, essa assertiva era correta conforme a jurisprudência do STF à época desse concurso. Entretanto, em 2016 houve alteração da jurisprudência da Suprema Corte, determinando a devolução de tributo recolhido também em caso de operação realizada em valor menor do que o estimado – RE 593.849/MG-repercussão geral. 2: Correta, art. 150, § 7º, da CF. Gabarito 1C, 2C.

(Procurador – PGFN – ESAF – 2015) Não tem capacidade ou sujeição tributária passiva

(A) o menor impúbere.

(B) o louco de todo gênero.

(C) o interdito.

(D) o ente despersonalizado.

(E) a pessoa alheia ao fato gerador, mas obrigada pela Administração Tributária ao pagamento de tributo ou penalidade pecuniária.

A, B, C e D: incorretas, pois a capacidade tributária independe da capacidade civil – art. 126 do CTN; E: correta, pois somente a lei pode fixar a sujeição passiva. Ademais, o sujeito passivo deve ter alguma relação com o fato gerador, seja direta (contribuinte) ou indireta (responsável). Gabarito "E".

(Procurador do Estado – PGE/BA – CESPE – 2014) Suponha que determinado empresário tenha adquirido o imóvel de um estabelecimento comercial completamente vazio e tenha dado continuidade à exploração, sob outra razão social, do mesmo ramo do comércio, e que os alienantes tenham prosseguido na exploração da atividade a partir do quinto mês após a alienação. Considerando essa situação hipotética e aspectos gerais da sucessão empresarial, julgue os itens que se seguem.

(1) Os créditos ainda não constituídos até a data do ato da sucessão empresarial, ainda que se refiram a obrigações tributárias surgidas até aquela data, não podem ser imputados aos adquirentes.

(2) O alienante deixa de ser responsável pelos tributos devidos até a data do ato de sucessão empresarial, passando a responsabilidade a ser integral do adquirente.

(3) O adquirente responde solidariamente pelos tributos devidos até a data do ato de sucessão empresarial.

(4) O alienante continua responsável pelos tributos devidos até a data do ato de sucessão empresarial, podendo a dívida integral ser cobrada do adquirente, observando-se o benefício de ordem.

(5) A sucessão empresarial é uma forma de responsabilidade tributária por transferência, haja vista que a obrigação tributária nasce com o contribuinte, mas é transferida ao responsável.

(6) No caso do tributo de ICMS, a substituição tributária para trás corresponde a uma espécie de responsabilidade de terceiros por transferência.

1: Incorreta, pois o adquirente responde pelos tributos devidos pelo alienante até a aquisição do imóvel componente do estabelecimento comercial, ainda que o crédito correspondente seja constituído posteriormente – art. 133 do CTN. 2: Incorreta, pois, como o alienante prosseguiu na atividade empresarial no prazo de 6 meses após a alienação, a responsabilidade do adquirente é apenas subsidiária – art. 133, II, do CTN. 3: Discutível, mas é incorreta pela literalidade do art. 133 do CTN, que se refere à responsabilidade integral do adquirente. A rigor, não nos parece que o art. 133, I, do CTN afaste a obrigação em relação ao contribuinte do tributo (alienante do bem componente do estabelecimento empresarial), apenas impede que o adquirente oponha-se à cobrança pelo argumento da subsidiariedade de sua responsabilidade. 4: Correta, conforme o art. 133, II, do CTN. 5: Correta, sendo adequada definição da responsabilidade por transferência. 6: Incorreta, pois a substituição tributária, como indica o nome, é espécie de responsabilidade por substituição (a obrigação surge com o responsável já no polo passivo), não por transferência (a obrigação surge com o contribuinte no polo passivo e, posteriormente, o responsável passa a ocupar esse polo). Gabarito 1E, 2E, 3E, 4C, 5C, 6E

(Procurador do Estado – PGE/RN – FCC – 2014) A antecipação dos efeitos do fato gerador

(A) tem cabimento nas hipóteses de fato gerador pretérito.

(B) está expressamente autorizada na Constituição Federal.

(C) trata-se de substituição tributária para trás.

(D) acontece nos tributos sujeitos a lançamento por homologação, quando ocorre o pagamento antecipado.

(E) não é reconhecida pelo direito pátrio, pois só existirá crédito tributário a partir do momento em que ocorrer o fato gerador.

A: incorreta, pois se o fato gerador é pretérito (passado), é porque já aconteceu, evidentemente, não sendo lógico falar em antecipação de seus efeitos; **B:** correta, é a substituição tributária "para frente" – art. 150, § 7º, da CF; **C:** incorreta, pois a antecipação refere-se à substituição tributária "para frente" ou progressiva; **D:** incorreta, pois a simples antecipação de pagamento não é, necessariamente, substituição tributária, que pressupõe responsabilidade de terceiro distinto do contribuinte; **E:** incorreta, conforme comentários anteriores. RB

Gabarito "B".

(Procurador do Estado – PGE/RN – FCC – 2014) Segundo o Código Tributário Nacional, a denúncia espontânea

(A) impede a constituição do crédito tributário relativamente aos juros de mora e à multa moratória.

(B) é causa de extinção do crédito tributário.

(C) tem lugar antes de qualquer procedimento administrativo ou medida de fiscalização relacionados com a infração.

(D) alcança a obrigação principal e a obrigação acessória, acarretando a exclusão do crédito tributário.

(E) só pode ser realizada nos tributos sujeitos a lançamento por homologação, desde que não tenha havido apresentação de declaração, quando exigida.

A: incorreta, pois a denúncia espontânea pressupõe o pagamento integral do tributo, acrescido de juros, afastando apenas as multas – art. 138 do CTN; **B:** incorreta, pois a extinção se dá pelo pagamento do tributo, não especificamente pela denúncia espontânea, que é característica e efeito do pagamento feito nas condições do art. 138 do CTN; **C:** correta – art. 138 do CTN; **D:** incorreta, pois a denúncia espontânea refere-se a pagamento de tributo, não a obrigações acessórias – art. 138 do CTN; **E:** incorreta, pois não há limitação em relação à modalidade de lançamento. É possível, em tese, denúncia espontânea em relação a tributo lançado de ofício a menor, por falta de informações do contribuinte, por exemplo. No caso dos tributos lançados por homologação, é interessante lembrar que, de fato, se houver declaração prévia do débito, inexiste denúncia espontânea, conforme a Súmula 360/STJ. RB

Gabarito "C".

(Procurador Distrital – 2014 – CESPE) Paulo e Jorge, residentes em Goiânia – GO e sem endereço fixo no DF, iniciaram um negócio de vendas de veículos em uma sala no DF para moradores tanto do DF quanto de outros estados, sendo as operações comerciais todas feitas a pedido de clientes que deixavam seus veículos para venda. Após denúncia, o fisco do DF constatou que as operações de venda dos veículos estavam sendo feitas sem o pagamento do respectivo tributo e que não havia inscrição no cadastro fiscal de qualquer sociedade empresária para a realização de tais operações.

Considerando a situação hipotética acima apresentada, julgue os seguintes itens.

(1) O domicílio tributário de Paulo e Jorge será em Goiânia – GO, uma vez que eles não possuem residência no DF.

(2) A espécie de tributo gerado em função da operação, inclusive da venda de veículos para pessoas de fora do DF, é o ICMS, dada a existência efetiva de circulação de mercadorias.

(3) Entre Paulo e Jorge haverá solidariedade que não comporta o benefício de ordem, podendo qualquer deles ser cobrado pelo valor integral do tributo, em função de se tratar de interesse comum na situação que constitua o fato gerador.

(4) Paulo e Jorge são responsáveis tributários em razão da infração, visto que eles não podem ser considerados contribuintes ou sujeitos passivos diretos.

1: incorreta, pois, nesse caso, considera-se domicílio o lugar da situação dos bens ou da ocorrência dos atos ou fatos que deram origem à obrigação, ou seja, no DF – art. 127, § 1º, do CTN; **2:** correta – art. 155, II, da CF/1988. Há também incidência de tributos decorrentes da renda auferida, do faturamento e do lucro (IR, CSLL, COFINS); **3:** correta (art. 124, I, e parágrafo único do CTN); **4:** incorreta, pois ambos têm relação pessoal e direta com o fato gerador (venda dos veículos), de modo que são contribuintes – art. 121, parágrafo único, I, do CTN.

Gabarito 1E, 2C, 3C, 4E

(Procurador do Estado/BA – 2014 – CESPE) Suponha que determinado empresário tenha adquirido o imóvel de um estabelecimento comercial completamente vazio e tenha dado continuidade à exploração, sob outra razão social, do mesmo ramo do comércio, e que os alienantes tenham prosseguido na exploração da atividade a partir do quinto mês após a alienação. Considerando essa situação hipotética e aspectos gerais da sucessão empresarial, julgue os itens que se seguem.

(1) Os créditos ainda não constituídos até a data do ato da sucessão empresarial, ainda que se refiram a obrigações tributárias surgidas até aquela data, não podem ser imputados aos adquirentes.

(2) O alienante deixa de ser responsável pelos tributos devidos até a data do ato de sucessão empresarial, passando a responsabilidade a ser integral do adquirente.

(3) O adquirente responde solidariamente pelos tributos devidos até a data do ato de sucessão empresarial.

(4) O alienante continua responsável pelos tributos devidos até a data do ato de sucessão empresarial, podendo a dívida integral ser cobrada do adquirente, observando-se o benefício de ordem.

(5) A sucessão empresarial é uma forma de responsabilidade tributária por transferência, haja vista que a obrigação tributária nasce com o contribuinte, mas é transferida ao responsável.

(6) No caso do tributo de ICMS, a substituição tributária para trás corresponde a uma espécie de responsabilidade de terceiros por transferência.

Ao continuar a exploração da mesma atividade, o adquirente do estabelecimento torna-se responsável pelos tributos deixados pelo antigo contribuinte (quem explorava o estabelecimento antes). A responsabilidade do adquirente, no caso, é subsidiária, pois o alienante prosseguiu na exploração no período de 6 meses contados da alienação – art. 133, caput e II, do CTN. **1:** incorreta, conforme comentário inicial; **2:** incorreta, conforme comentário inicial; **3:** incorreta, pois a responsabilidade é subsidiária, conforme comentário inicial; **4:** correta, pois a responsabilidade do adquirente é subsidiária, ou seja, há benefício de ordem, devendo ser cobrado primeiro o alienante; **5:** correta. Há essa distinção entre responsabilidade por substituição e responsabilidade por transferência. Na responsabilidade por substituição, a obrigação já surge em relação ao responsável, pois a lei exclui a figura do contribuinte (caso da substituição "para frente", da substituição "para trás" e da retenção

3. DIREITO TRIBUTÁRIO — 227

na fonte). Na responsabilidade por transferência, a obrigação tributária surge em relação ao contribuinte, mas, por conta de evento posterior ao fato gerador, outra pessoa passa a ocupar o polo passivo (basicamente, os casos previstos no CTN são de transferência); 6: incorreta, pois, como o nome diz, trata-se de responsabilidade por substituição. **Gabarito** 1E, 2E, 3E, 4C, 5C, 6E

(Procurador Federal – 2013 – CESPE) Julgue o seguinte item.

(1) Caso uma criança com seis anos de idade receba por doação de seu avô a propriedade de um imóvel, a responsabilidade do pai ao omitir-se de pagar o IPTU referente a esse imóvel será solidária com a criança.

Incorreta, pois a responsabilidade do pai por simples omissão é subsidiária. Embora o termo utilizado pelo art. 134 do CTN seja "solidariamente", o pai responde apenas "nos casos de impossibilidade de exigência do cumprimento da obrigação principal pelo contribuinte" (= subsidiariamente). **Gabarito** 1C

(Procurador Federal – 2013 – CESPE) Julgue o seguinte item.

(1) O fato de determinado diretor de uma empresa, mediante infração ao respectivo contrato social, praticar atos que configurem fato gerador de certo imposto torna esse diretor devedor solidário relativamente ao tributo originalmente imputado à empresa.

Incorreta, pois no caso desse ilícito (infração do contrato social) a responsabilidade do diretor é pessoal, nos termos do art. 135, III, do CTN. **Gabarito** 1E

(Procurador Federal – 2013 – CESPE) Julgue o seguinte item.

(1) Considere a seguinte situação hipotética. A empresa QT entrou em processo de falência e, por determinação judicial, uma de suas lojas foi vendida. Entretanto, a empresa QT mantinha débito com o fisco estadual relativamente a fatos ocorridos na loja vendida. Nessa situação, a responsabilidade tributária do comprador da loja será subsidiária à da massa falida.

Incorreta, pois a alienação judicial em processo de falência não implica, em regra, responsabilidade tributária do adquirente – art. 133, § 1º, do CTN. **Gabarito** 1E

(Procurador Federal – 2013 – CESPE) Julgue o seguinte item.

(1) Se a indústria hipotética SL tiver quatro unidades produtivas localizadas em quatro diferentes unidades da Federação e sua sede localizar-se no DF, será considerada como seu domicílio tributário, pelos fatos geradores de impostos que nela ocorram, cada uma das referidas unidades fabris, a não ser que a empresa SL tenha eleito como tal o DF.

Correta (art. 127 do CTN). É preciso lembrar que os entes tributantes poderão recusar a eleição do domicílio no DF, caso entendam que impossibilite ou dificulte a arrecadação ou a fiscalização dos respectivos tributos, o que é provável em relação aos Estados e Município em que estão localizadas unidades produtivas (fora do DF, local da sede e do domicílio eleito) – art. 127, § 2º, do CTN. **Gabarito** 1C

(Advogado da União/AGU – CESPE – 2012) Em relação à responsabilidade tributária, julgue os itens de 1 a 5.

(1) A responsabilidade tributária de terceiros é solidária.

(2) O Senado Federal pode fixar a alíquota máxima do ICMS.

(3) As taxas de prestação de serviços, tais como as cobradas em razão do poder de polícia, devidas pelo alienante até a data da aquisição do imóvel, são de responsabilidade do adquirente do imóvel.

(4) O sócio de sociedade comercial de responsabilidade limitada, ainda que passados mais de três anos de sua liquidação, responderá, na proporção da sua participação no capital social, pelas obrigações tributárias não honradas pela sociedade.

(5) O adquirente de um fundo de comércio é subsidiariamente responsável, juntamente com o alienante que continue a exercer a atividade comercial em outro estado, pelos tributos devidos até a data da venda desse fundo.

1: incorreta. No caso do art. 134 do CTN a responsabilidade é subsidiária, pois existe apenas no caso de impossibilidade de exigência do pagamento do tributo pelo contribuinte. Já no caso do art. 135 do CTN há algum debate sobre a característica da responsabilidade. O dispositivo afirma serem "pessoalmente responsáveis" e a Súmula 430/STF refere-se à "responsabilidade solidária do sócio-gerente" – por outro lado, no julgamento do REsp 1.101.728/SP (repetitivo), o STJ referiu-se à "responsabilidade subsidiária do sócio, prevista no art. 135 do CTN"; 2: assertiva correta, pois o Senado pode fixar as alíquotas internas máximas do ICMS para resolver conflito específico que envolva interesse de Estados, mediante resolução de iniciativa da maioria absoluta e aprovada por dois terços de seus membros – art. 155, § 2º, V, *b*, da CF; 3: incorreta, pois taxa em razão do exercício do poder de polícia não se confunde com taxa pela prestação de serviço público – art. 145, II, da CF e art. 77 do CTN. Ademais, o art. 130 do CTN refere-se apenas às taxas pela prestação de serviços referentes aos imóveis, ao tratar da responsabilidade do adquirente; 4: imprecisa. Em princípio, o sócio de sociedade limitada não responde pelos débitos da sociedade liquidada, exceto se incorrer em uma das hipóteses de responsabilidade previstas na legislação, em especial os arts. 132, parágrafo único, 134, VII, e 135 do CTN. Encerrada a liquidação, o credor não satisfeito só terá direito a exigir dos sócios, individualmente, o pagamento do seu crédito, até o limite da soma por eles recebida em partilha, e a propor contra o liquidante ação de perdas e danos – art. 1.110 do Código Civil; 5: assertiva correta, conforme o art. 133, II, do CTN. **Gabarito** 1E, 2C, 3E, 4C, 5C

(Procurador do Estado/AC – FMP – 2012) Assinale a alternativa **incorreta,** de acordo com o Código Tributário Nacional.

(A) A responsabilidade por infrações da legislação tributária, salvo disposição de lei em contrário, independe da intenção do agente ou do responsável.

(B) O benefício da denúncia espontânea não se aplica aos tributos sujeitos a lançamento por homologação, regularmente declarados, mas pagos a destempo.

(C) O prazo decadencial para lavratura do auto de lançamento sempre terá início no primeiro dia do exercício seguinte àquele em que o lançamento poderia ter sido efetuado.

(D) O sujeito passivo da obrigação principal diz-se contribuinte quando tenha relação pessoal e direta com a situação que constitua o respectivo fato gerador.

A: correta, nos exatos termos do art. 136 do CTN; **B:** correta, conforme a jurisprudência consolidada na Súmula 360/STJ; **C:** essa é a incorreta, pois o art. 173 do CTN traz outras hipóteses de termo inicial para contagem do prazo decadencial; **D:** correta, pois essa é a definição de contribuinte, conforme o art. 121, parágrafo único, I, do CTN. **Gabarito** C

(PROCURADOR DO ESTADO/MG – FUMARC – 2012) Quanto à responsabilidade tributária no Código Tributário Nacional (Lei Federal nº 5.172/1966) assinale a resposta correta:

(A) Respondem solidariamente o adquirente ou remitente pelos tributos relativos aos bens adquiridos ou remidos

(B) Nos casos de impossibilidade de exigência do cumprimento da obrigação acessória pelos tutelados e curatelados respondem os tutores e curadores, solidariamente, com estes, nos atos em que intervirem ou pelas omissões de que forem responsáveis;

(C) A responsabilidade é excluída pela denúncia espontânea da infração, sempre acompanhada do pagamento do tributo devido e dos juros de mora, ou do depósito da importância arbitrada pela autoridade administrativa, quando o montante do tributo dependa de apuração;

(D) A lei poder atribuir de modo expresso a responsabilidade pelo crédito tributário a terceira pessoa, vinculada ou não ao fato gerador da respectiva obrigação, excluindo a responsabilidade do contribuinte ou atribuindo-a a este em caráter supletivo do cumprimento total ou parcial da referida obrigação;

(E) Salvo disposição de lei em contrário, a responsabilidade por infrações da legislação tributária independe da intenção do agente ou do responsável e da efetividade, natureza e extensão dos efeitos do ato.

A: imprecisa, pois o art. 131 do CTN não se refere expressamente à solidariedade – art. 131, II, do CTN; **B**: incorreta, pois o art. 134 do CTN refere-se à obrigação principal, não à solidária; **C**: incorreta, pois a denúncia deve ser acompanhada do pagamento ou do depósito, *se for o caso*, conforme a dicção do art. 138 do CTN; **D**: incorreta, pois o responsável deve ter algum vínculo com o fato gerador, ainda que indireto – art. 128 do CTN; **E**: essa é a assertiva correta, nos termos do art. 136 do CTN.
Gabarito "E".

10. SUSPENSÃO, EXTINÇÃO E EXCLUSÃO DO CRÉDITO

10.1. Suspensão

(Procurador do Município – Valinhos/SP – 2019 – VUNESP) O Código Tributário Nacional elenca as causas que suspendem a exigibilidade do crédito tributário, dentre as quais a

(A) prescrição.

(B) moratória.

(C) remissão.

(D) anistia.

(E) transação.

Questão clássica de concursos, que exige apenas decorar as modalidades de suspensão, extinção e exclusão do crédito tributário, listadas respectivamente nos arts. 151, 156 e 175 do CTN. No caso, apenas a moratória é modalidade de suspensão do crédito, de modo que a alternativa "B" é a correta.
Gabarito "B".

Determinado contribuinte solicitou parcelamento de dívida logo após a lavratura do auto de infração pelo Fisco contra ele, no qual lhe fora imputada fraude em razão de práticas fiscais que acarretaram a supressão de tributos.

(Procurador do Estado – PGE/BA – CESPE – 2014) Com base nessa situação hipotética, julgue os itens subsequentes.

(1) O pedido de parcelamento gera o benefício da espontaneidade para o contribuinte, que se verá livre das multas aplicadas pelo descumprimento das normas tributárias, especialmente aquela correspondente à fraude praticada.

(2) Na situação apresentada, o parcelamento gera a suspensão da obrigação tributária.

(3) Nesse caso, o parcelamento tem o mesmo efeito sobre o crédito tributário que o pedido de compensação.

(4) O parcelamento requerido pelo contribuinte deve ser negado, uma vez que a prática de fraude na relação com o Fisco impede a concessão de parcelamento, de acordo com o Código Tributário Nacional.

1: Incorreta, pois somente o pagamento integral implica denúncia espontânea, nos termos do art. 138 do CTN. **2:** Incorreta, à luz do disposto no art. 154, parágrafo único, c/c art. 155-A, § 2º, do CTN, que afasta a possibilidade de parcelamento e moratória em caso de dolo, fraude ou simulação. **3:** Incorreta, pois o parcelamento é modalidade de suspensão do crédito, enquanto a compensação é modalidade de extinção – arts. 151 e 156 do CTN. **4:** Correta, à luz do disposto no art. 154, parágrafo único, c/c art. 155-A, § 2º, do CTN, que afasta a possibilidade de parcelamento e moratória em caso de dolo, fraude ou simulação. 🅁🅱
Gabarito 1E, 2E, 3E, 4C

(Procurador do Estado – PGE/RN – FCC – 2014) Das modalidades de suspensão da exigibilidade do crédito tributário, é correto afirmar:

(A) a decisão judicial transitada em julgado é causa de suspensão da exigência do crédito tributário.

(B) o oferecimento de fiança bancária para garantia de débitos objeto de ação de execução fiscal assegura a emissão da Certidão Positiva de Débitos com Efeitos de Negativa.

(C) a lei que concede a moratória pode ser determinada em relação a determinada região do território da pessoa jurídica de direito público, ou a determinada classe ou categoria de sujeitos passivos.

(D) a Consignação em Pagamento tem o efeito de depósito judicial para o fim de suspender a exigibilidade do crédito tributário.

(E) em virtude da compensação devidamente autorizada por lei, o Fisco não poderá exigir a cobrança do crédito tributário objeto da compensação até a ulterior homologação da compensação.

A: incorreta, pois é extinção; **B**: incorreta, pois não se trata de suspensão, apenas, como diz o texto, garantia do débito que garante a emissão da certidão com efeito de negativa por força do art. 206 do CTN; **C**: correta, conforme o art. 152, parágrafo único, do CTN; **D**: incorreta, pois a consignação refere-se ao valor que o consignante se propõe a pagar (que pode ser inferior ao exigido pelo fisco) e pode implicar depósito em ação com mais de um ente político no polo passivo, não se confundindo com o depósito judicial em favor do fisco, nem, portanto, implicando suspensão da exigibilidade do crédito – art. 164, § 1º, do CTN; **E**: incorreta, pois enquanto houver extinção do crédito por compensação validamente realizada ele continua exigível e deve ser cobrado. 🅁🅱
Gabarito "C".

(Procurador do Estado/BA – 2014 – CESPE)

Determinado contribuinte solicitou parcelamento de dívida logo após a lavratura do auto de infração pelo Fisco contra ele, no qual lhe fora imputada fraude em razão de práticas fiscais que acarretaram a supressão de tributos.

3. DIREITO TRIBUTÁRIO

Com base nessa situação hipotética, julgue os itens subsequentes.

(1) O pedido de parcelamento gera o benefício da espontaneidade para o contribuinte, que se verá livre das multas aplicadas pelo descumprimento das normas tributárias, especialmente aquela correspondente à fraude praticada.

(2) Na situação apresentada, o parcelamento gera a suspensão da obrigação tributária.

(3) Nesse caso, o parcelamento tem o mesmo efeito sobre o crédito tributário que o pedido de compensação.

(4) O parcelamento requerido pelo contribuinte deve ser negado, uma vez que a prática de fraude na relação com o Fisco impede a concessão de parcelamento, de acordo com o Código Tributário Nacional.

1: incorreta, pois não há espontaneidade após autuação fiscal – art. 138, parágrafo único, do CTN; **2:** incorreta, pois a simples solicitação de parcelamento não implica suspensão (é preciso que seja deferido o parcelamento). Ademais, a fraude afasta, em princípio, a possibilidade de moratória (parcelamento é espécie de moratória) – art. 154, parágrafo único e art. 155-A, § 2º, do CTN; **3:** incorreta, pois compensação é modalidade de extinção do crédito, enquanto o parcelamento apenas suspende sua exigibilidade; **4:** adequada, pois é isso que dispõe o art. 154, parágrafo único c/c o art. 155-A, § 2º, do CTN. Na prática, porém, é comum que as leis de parcelamento não excluam a possibilidade de adesão por quem tenha cometido fraude.
Gabarito 1E, 2E, 3E, 4C

(Procurador Federal – 2013 – CESPE) Julgue o seguinte item.

(1) Um município, ao estabelecer, por lei, um parcelamento tributário, poderá, facultativamente, excluir a incidência de juros e de multa no cálculo do débito do contribuinte.

Correta, pois o legislador local tem competência não apenas para permitir o parcelamento, como também para remitir parcialmente o crédito (= remissão, perdão de parcela do crédito) – art. 155-A, § 1º, do CTN.
Gabarito 1C

(Procurador do Estado/MT – FCC – 2011) São causas de extinção do crédito tributário que dependem de lei específica do ente político competente para serem aplicadas:

(A) moratória e parcelamento.

(B) transação e compensação.

(C) isenção e remissão.

(D) conversão do depósito em renda e decadência.

(E) dação em pagamento de bem móvel e prescrição.

Veja a tabela a seguir apresentada, com as modalidades de suspensão, extinção e exclusão do crédito tributário. Note que a alternativa "B" é a única que apresenta apenas modalidades de extinção do crédito.

Suspensão	Extinção	Exclusão
– a moratória	– pagamento	– a isenção
– o depósito do seu montante integral	– a compensação	– a anistia
– as reclamações e os recursos, nos termos das leis reguladoras do processo tributário administrativo	– a transação	
– a concessão de medida liminar em mandado de segurança	– remissão	

Suspensão	Extinção	Exclusão
– a concessão de medida liminar ou de tutela antecipada, em outras espécies de ação judicial	– a prescrição e a decadência	
– o parcelamento	– a conversão de depósito em renda	
	– o pagamento antecipado e a homologação do lançamento nos termos do disposto no artigo 150 e seus §§ 1º e 4º	
	– a consignação em pagamento, nos termos do disposto no § 2º do artigo 164	
	– a decisão administrativa irreformável, assim entendida a definitiva na órbita administrativa, que não mais possa ser objeto de ação anulatória	
	– a decisão judicial passada em julgado	
	– a dação em pagamento em bens imóveis, na forma e condições estabelecidas em lei	

Gabarito "B".

(ADVOGADO – CEF – 2012 – CESGRANRIO) É hipótese de suspensão do crédito tributário a(o)

(A) remissão

(B) transação

(C) compensação

(D) pagamento

(E) parcelamento

Dentre as listadas, a única hipótese de suspensão do crédito tributário é o parcelamento. Para recordação, leia o quadro abaixo:

SUSPENSÃO DO CRÉDITO TRIBUTÁRIO	EXTINÇÃO DO CRÉDITO TRIBUTÁRIO	EXCLUSÃO DO CRÉDITO TRIBUTÁRIO
Moratória Depósito do montante integral Concessão de liminares em ações judiciais Parcelamento	Pagamento Compensação Transação Remissão Prescrição Decadência Conversão do depósito em renda Homologação do pagamento antecipado Consignação em pagamento Decisão administrativa irreformável Decisão judicial transitada em julgado Dação em pagamento	Isenção Anistia

Gabarito "E".

10.2. Extinção

(Procurador do Estado/SE – 2017 – CESPE) Uma lei estadual indicou autoridade competente para estabelecer condições que possibilitassem ao contribuinte e à fazenda pública estadual negociar o encerramento de litígios judiciais e administrativos acerca de determinada questão tributária. A referida norma estabeleceu que as partes deveriam fazer determinadas concessões mútuas com o objetivo de alcançar a extinção do crédito tributário.

A negociação objeto da situação hipotética apresentada é um exemplo de

(A) compensação.

(B) anistia.

(C) moratória.

(D) remissão.

(E) transação.

A questão descreve a transação, modalidade de extinção do crédito, nos termos do art. 171 do CTN, de modo que a alternativa "E" é a correta. **RB**
Gabarito "E".

(Procurador Municipal/SP – VUNESP – 2016) Assinale a alternativa correta acerca do pagamento como modalidade de extinção do crédito tributário.

(A) Quando parcial, importa em presunção de pagamento das prestações em que se decomponha.

(B) Quando a legislação tributária não dispuser a respeito, deve ser efetuado na repartição competente do domicílio do sujeito ativo.

(C) Se existirem, simultaneamente, dois ou mais débitos vencidos do mesmo sujeito passivo para com a mesma pessoa jurídica de direito público, relativos ao mesmo ou a diferentes tributos ou provenientes de penalidade pecuniária ou juros de mora, a autoridade administrativa competente para receber o pagamento determinará a respectiva imputação, em primeiro lugar, aos débitos decorrentes de responsabilidade tributária e, em segundo lugar, por obrigação própria.

(D) Se o pagamento for efetuado em estampilha, nos casos previstos em lei, a perda ou destruição da estampilha, ou o erro no pagamento por esta modalidade, não dão direito a restituição, salvo nos casos expressamente previstos na legislação tributária, ou naquelas em que o erro seja imputável à autoridade administrativa.

(E) A importância do crédito tributário pode ser consignada judicialmente pelo sujeito passivo, em caso de exigência, por mais de uma pessoa jurídica por tributo idêntico sobre o mesmo fato gerador, caso em que poderá versar, inclusive, sobre a anulação do lançamento do crédito exigido.

A: incorreta, pois não há essa presunção – art. 158, I, do CTN; **B:** incorreta, pois o pagamento é efetuado, em regra, na repartição competente do domicílio do sujeito passivo – art. 159 do CTN; **C:** incorreta, pois a ordem de imputação é dos débitos por obrigação própria em primeiro lugar, nos termos do art. 163, I, do CTN; **D:** correta, conforme dispõe o art. 162, § 4º, do CTN; **E:** incorreta, pois a discussão na ação consignatória não se refere à anulação do lançamento (objeto de ação anulatória), podendo versar apenas sobre o crédito que o consignante se propõe a pagar – art. 164, III, do CTN e art. 547 do CPC. **RB**
Gabarito "D".

(Procurador – SP – VUNESP – 2015) É causa que suspende a exigibilidade do crédito tributário a

(A) concessão de liminar em mandado de segurança.

(B) conversão do depósito em renda.

(C) consignação em pagamento.

(D) decisão administrativa irreformável.

(E) decisão judicial passada em julgado.

A: correta – art. 151, IV, do CTN; **B, C, D** e **E:** incorretas, pois são modalidades de extinção do crédito tributário, nos termos do art. 156 do CTN. **RB**
Gabarito "A".

(Procurador – SP – VUNESP – 2015) O instituto de Direito Tributário que abrange exclusivamente as infrações cometidas anteriormente à vigência da lei que o concede denomina-se

(A) Remissão e extingue o crédito correspondente.

(B) Remissão e suspende o crédito correspondente.

(C) Remissão e exclui o crédito correspondente.

(D) Anistia e exclui o crédito correspondente.

(E) Anistia e suspende o crédito correspondente.

A: incorreta, pois remissão refere-se a todo o crédito tributário (tributo e ou penalidade pecuniária) – art. 172 do CTN; **B:** incorreta, conforme o comentário anterior, lembrando que remissão é modalidade de extinção do crédito, não de suspensão; **C:** incorreta, conforme comentários anteriores; **D:** correta, pois a anistia refere-se apenas a infrações e é modalidade de exclusão do crédito tributário – art. 180 do CTN; **E:** incorreta, pois anistia é modalidade de exclusão do crédito, não de suspensão – art. 180 do CTN. **RB**
Gabarito "D".

(Procurador do Estado – PGE/RS – Fundatec – 2015) Quanto à decadência e à prescrição tributárias, analise as assertivas abaixo:

I. O direito de pleitear a restituição do indébito extingue-se com o decurso do prazo de 5 (cinco) anos, contados da data do pagamento, ressalvada a hipótese de reforma, anulação, revogação ou rescisão de decisão condenatória.

II. O parcelamento do débito tributário implica a interrupção da prescrição da pretensão fazendária à sua cobrança.

III. A ação anulatória da decisão administrativa que denegar a restituição prescreve em 5 (cinco) anos.

IV. O direito de a Fazenda Pública constituir o crédito tributário extingue-se após 5 (cinco) anos, contados da data em que se tornar definitiva a decisão que houver anulado, por vício material, o lançamento anteriormente efetuado.

Após a análise, pode-se dizer que:

(A) Estão corretas apenas as assertivas I e II.

(B) Estão corretas apenas as assertivas I, II e III.

(C) Estão corretas apenas as assertivas I, II e IV.

(D) Estão corretas apenas as assertivas II, III e IV.

(E) Todas as assertivas estão corretas.

I: correta – art. 168 do CTN; **II:** correta, pois toda suspensão da exigibilidade do crédito tributário implica também suspensão do prazo prescricional para cobrança, por conta da *actio nata* (prazo prescricional para cobrança não corre enquanto o credor não pode exigir o pagamento); **III:** incorreta, pois há suspensão, não interrupção; **IV:** incorreta, pois essa contagem excepcionalíssima do prazo decadencial (único caso em que há interrupção) pressupõe vício formal, não material – art. 173, II, do CTN.

A propósito, veja a Súmula 625/STJ (O pedido administrativo de compensação ou de restituição não interrompe o prazo prescricional para a ação de repetição de indébito tributário de que trata o art. 168 do CTN nem o da execução de título judicial contra a Fazenda Pública) e Súmula 622/STJ (A notificação do auto de infração faz cessar a contagem da decadência para a constituição do crédito tributário; exaurida a instância administrativa com o decurso do prazo para a impugnação ou com a notificação de seu julgamento definitivo e esgotado o prazo concedido pela Administração para o pagamento voluntário, inicia-se o prazo prescricional para a cobrança judicial). RB

Gabarito "A".

(Procurador do Estado – PGE/PR – PUC – 2015) Sobre a prescrição e a decadência em matéria tributária, assinale a alternativa **CORRETA**.

(A) A suspensão da exigibilidade do crédito tributário na via judicial não impossibilita a Fazenda Pública de proceder à regular constituição do crédito tributário com vistas a prevenir a decadência do direito de lançar.

(B) Declarado e não pago o tributo sujeito a lançamento por homologação, tem-se como início do prazo decadencial de 05 (cinco) anos o dia do vencimento da obrigação.

(C) O protesto de certidão de dívida ativa é causa interruptiva da prescrição tributária.

(D) O termo inicial da prescrição tributária é a data da constituição definitiva do crédito, que se dá, nos casos de lançamento de ofício, no primeiro dia do exercício financeiro seguinte ao do lançamento.

(E) O direito de a Fazenda Pública constituir o crédito tributário extingue-se após 05 (cinco) anos, contados da data em que se tornar definitiva a decisão que houver anulado, por vício material, o lançamento anteriormente efetuado.

A: correta, sendo essa a interpretação consolidada pelo Judiciário – ver REsp 1.129.450/SP; **B:** incorreta, pois, nesse caso, a declaração corresponde ao lançamento, iniciando-se o prazo prescricional a partir do vencimento (se posterior à declaração), pelo princípio da *actio nata* – Súmula 436/STJ; **C:** incorreta, não sendo caso previsto de interrupção da prescrição – art. 174, parágrafo único, do CTN; **D:** incorreta, pois o termo inicial é, segundo a literalidade do CTN, a constituição definitiva do crédito, que para alguns é a notificação e para outros se dá apenas após o final de eventual processo administrativo impugnativo do lançamento. O Judiciário tende a reconhecer como termo inicial o momento em que o fisco passa a ter a prerrogativa de cobrar o crédito (*actio nata*), basicamente após o vencimento do tributo – AgRg nos EDcl no REsp 1.225.654/RJ. **E:** incorreta, pois essa contagem excepcionalíssima do prazo decadencial (único caso em que há interrupção) pressupõe vício formal, não material – art. 173, II, do CTN. RB

Gabarito "A".

(Advogado União – AGU – CESPE – 2015) Carlos ajuizou, em 2006, ação contra Paulo, na qual pleiteou indenização por danos materiais e morais. Após sentença transitada em julgado, ele obteve julgamento de procedência total dos pedidos formulados, razão pela qual recebeu, a título de indenização por danos morais, o valor de R$ 50.000, sendo R$ 20.000 a título de danos morais próprios e R$ 30.000 a título de danos estéticos. Pelos danos materiais, Carlos recebeu R$ 30.000, dos quais R$ 10.000 correspondem a danos emergentes e R$ 20.000

a lucros cessantes. No tempo devido, ele declarou os valores recebidos e efetuou o recolhimento do imposto de renda correspondente.

Com referência a essa situação hipotética, julgue os itens a seguir.

(1) Por ser tributo sujeito ao autolançamento, não será admitida a repetição de indébito, podendo o valor pago a maior ser utilizado pelo contribuinte em futura compensação com outros créditos tributários.

(2) A extinção do crédito tributário ocorrerá cinco anos após o pagamento realizado por Carlos, quando ocorre a homologação tácita da declaração e do pagamento realizado, visto que o imposto de renda é espécie tributária sujeita a lançamento por homologação.

(3) O prazo para a propositura de ação de repetição de indébito será de cinco anos a partir do primeiro dia do exercício seguinte à extinção do crédito tributário.

1: Incorreta, pois o tributo indevidamente recolhido pode sempre ser repetido, independentemente de prévio protesto, desde que dentro do prazo prescricional – art. 165 do CTN. **2:** Incorreta, pois a extinção se dá com o pagamento do tributo – art. 156, VII, do CTN e art. 3º da LC 118/2005. **3:** Incorreta, pois o início do prazo prescricional é a data do pagamento indevido – art. 168, I, do CTN e art. 3º da LC 118/2005. Atenção para a Súmula 498/STJ: "Não incide imposto de renda sobre a indenização por danos morais." RB

Gabarito 1E, 2E, 3E.

(Procurador do Estado – PGE/RN – FCC – 2014) Uma lei estadual que autorize o Procurador do Estado a não ingressar com Execução Fiscal para cobrança de créditos tributários inferiores a um determinado valor, renunciando portanto a esta receita, está prevendo hipótese de

(A) extinção do crédito tributário, na modalidade transação.

(B) suspensão da exigibilidade do crédito tributário, na modalidade moratória específica.

(C) exclusão do crédito tributário, na modalidade isenção em caráter específico.

(D) extinção do crédito tributário, na modalidade remissão.

(E) suspensão da exigibilidade do crédito tributário, na modalidade anistia.

É importante destacar que o não ingresso com execução fiscal não implica necessariamente renúncia, já que há meios alternativos de cobrança (administrativa, protesto, transação etc.). Caso efetivamente essa lei tenha determinado renúncia ao valor, trata-se de perdão do crédito e, portanto, remissão, que é modalidade de extinção do crédito, de modo que a alternativa "D" é a correta. RB

Gabarito "D".

(Procurador Distrital – 2014 – CESPE) Determinado contribuinte praticou fraude nas suas declarações feitas ao fisco e, com isso, conseguiu suprimir tributo de ICMS do erário público no mês de novembro de 2008. O fisco conseguiu constatar tal supressão apenas em dezembro de 2013, tendo lavrado o respectivo auto de infração.

Com relação a essa situação hipotética, julgue os itens seguintes, que tratam de lançamento, decadência e prescrição.

(1) No caso descrito, houve decadência no direito do fisco de lançar o tributo, pois a verificação ocorreu após cinco anos da data do fato gerador.

(2) A prescrição ocorreu em virtude de o contribuinte já ter realizado o lançamento e o Estado não ter efetivado sua cobrança judicial.

1: incorreta, pois, no caso de fraude, não há homologação tácita do lançamento após 5 anos contados do fato gerador – art. 150, § 4º, *in fine*, do CTN (é preciso lembrar que o ICMS é lançado por homologação, em regra). No caso de fraude, aplica-se a contagem do art. 173, I, do CTN, para o lançamento de ofício pelo fisco, ou seja, a decadência ocorre apenas 5 anos contados do primeiro dia do exercício seguinte àquele em que o lançamento poderia ter sido realizado (o prazo terminou apenas em 01.01.2014, no caso); **2:** incorreta, pois a prescrição refere-se ao direito de cobrar o tributo após o lançamento, e não de constituir o crédito pelo lançamento. Assim, a prescrição quinquenal iniciou-se em dezembro de 2013 (ou na data do vencimento, após o lançamento e notificação) e termina apenas em dezembro de 2018 (ou cinco anos após o vencimento, pressupondo o prévio lançamento e notificação) – ver AgRg no REsp 1.398.316/PE em relação à contagem do prazo prescricional, considerando a *actio nata* (o prazo somente se inicia a partir do momento em que o Fisco poderia cobrar, mas omitiu-se, ou seja, somente após o vencimento, em regra). Gabarito 1E, 2E.

(Procurador do Município/São José dos Campos-SP – 2012 – VUNESP) Assinale a alternativa em que estão presentes apenas causas de extinção do crédito tributário.

(A) Prescrição, remissão e compensação.

(B) Transação, moratória e concessão de liminar em mandado de segurança.

(C) Decisão judicial passada em julgado, decisão administrativa irreformável e moratória.

(D) Isenção, imunidade e dação em pagamento em bens imóveis, na forma e condições estabelecidas em lei.

(E) Transação, decadência e anistia.

Veja a tabela que apresentamos anteriormente, com as modalidades de suspensão, extinção e exclusão do crédito tributário (respectivamente arts. 151, 156 e 175 do CTN). A alternativa correta é a "A". Gabarito "A".

(Procurador do Município/Sorocaba-SP – 2012 – VUNESP) Acerca do pagamento como causa extintiva do crédito tributário, assinale a alternativa correta.

(A) A imposição de penalidade ilide o pagamento integral do crédito tributário.

(B) O pagamento de um crédito importa em presunção de pagamento, quando parcial, das prestações em que se decomponha.

(C) Quando a legislação tributária não fixar o prazo do pagamento, o vencimento do crédito ocorre 30 dias depois da data em que se considera o sujeito passivo notificado do lançamento.

(D) A restituição total ou parcial de tributo pago indevidamente vence juros capitalizáveis a partir do trânsito em julgado da decisão definitiva que a determinar.

(E) O direito de pleitear a restituição do tributo pago indevidamente extingue-se com o decurso do prazo de 2 anos contados do pagamento indevido.

A: incorreta, pois a imposição de penalidade não afasta o dever de pagar integralmente o crédito – art. 157 do CTN; **B:** incorreta, pois não há essa presunção – art. 158 do CTN; **C:** assertiva correta, nos termos do art. 160 do CTN; **D:** incorreta, pois os juros não são capitalizáveis na restituição de indébito tributário – art. 167, parágrafo único, do CTN; **E:** incorreta, pois o prazo para repetir o indébito é, em regra, de cinco

anos, nos termos do art. 168 do CTN, reduzido para dois anos apenas na hipótese de prévio pedido administrativo indeferido, conforme o art. 169 do CTN. Gabarito "C".

10.3. Exclusão

(Procurador do Estado/SP – 2018 – VUNESP) No que diz respeito à isenção, conforme o Código Tributário Nacional, é correto afirmar:

(A) é causa excludente do crédito tributário, mas não dispensa o cumprimento das obrigações acessórias dependentes da obrigação principal cujo crédito tenha sido excluído.

(B) é causa extintiva do crédito tributário, sendo extensiva às taxas e contribuições que tenham por fato gerador o mesmo fato jurídico relevante do crédito tributário extinto.

(C) é causa excludente do crédito tributário e pode ser livremente suprimida, mesmo quando concedida sob condição onerosa.

(D) é causa extintiva do crédito tributário e depende, em qualquer hipótese, de despacho, genérico ou particular, de autoridade administrativa competente para a verificação.

(E) é causa excludente do crédito tributário e só pode ser concedida em caráter geral, nos termos da lei, pela isonomia tributária, mas deve sofrer, em qualquer caso, restrições temporais por meio de regulamento.

A: correta – art. 175, I e parágrafo único, do CTN; **B** e **D:** incorretas, pois a isenção é modalidade de exclusão do crédito tributário, não de extinção – art. 175, I, do CTN; **C:** incorreta, pois a isenção concedida por prazo certo e em função de determinadas condições não pode ser suprimida em prejuízo do contribuinte que preencheu os requisitos para sua fruição – art. 178 do CTN; **E:** incorreta, pois a isenção pode ser concedida em caráter específico – art. 179 do CTN. **RB** Gabarito "A".

(Procurador do Estado/SP – 2018 – VUNESP) Lei estadual confere benefício fiscal previamente aprovados pelos Estados e pelo Distrito Federal, nos termos do art. 155, parágrafo 2º, XII, letra g, da Constituição Federal. O benefício é de redução de base de cálculo do ICMS para operações internas com produtos de limpeza, de forma que a carga final do imposto fica reduzida a 50% da incidência normal. A empresa Delta usufrui do benefício em todas as suas operações internas, pois comercializa exclusivamente produtos de limpeza. Não há, na legislação tributária, qualquer outra previsão de benefício que Delta possa usufruir. Todas as operações interestaduais de Delta sofrem tributação normal do imposto. Todos os seus fornecedores estão estabelecidos na mesma unidade da federação que Delta e nenhum deles goza de benefício fiscal.

Considerada essa situação hipotética, a empresa Delta

(A) não deve anular os créditos do imposto, relativamente às aquisições de produtos objeto de posteriores operações internas e interestaduais, pois goza de benefício fiscal.

(B) deve anular integralmente o crédito do imposto pago na aquisição de produtos destinados a operações internas, desde que, no mesmo período de apuração, tenha operações interestaduais, pois estas são integralmente tributadas.

3. DIREITO TRIBUTÁRIO

(C) deve anular parcialmente os créditos do imposto incidente em todas as aquisições de produtos, desconsiderando a incidência de benefícios nas operações posteriores, por força do regime periódico de apuração a que se sujeita o ICMS.

(D) deve anular integralmente os créditos do imposto incidente em todas as aquisições de bens revendidos, independentemente de redução de base de cálculo, com fundamento na não cumulatividade do imposto.

(E) deve anular parcialmente o crédito do imposto, relativamente aos bens adquiridos para posteriores operações beneficiadas, na mesma proporção da redução da base de cálculo, pois tal benefício corresponde à isenção parcial.

Nos termos do tema 299 de repercussão geral do STF, a redução da base de cálculo de ICMS equivale à isenção parcial, o que acarreta a anulação proporcional de crédito relativo às operações anteriores, salvo disposição em lei estadual em sentido contrário. Por essa razão, a alternativa "E" é a correta. 🔲
Gabarito "E".

(Procurador do Estado – PGE/MT – FCC – 2016) O perdão parcial de multa pecuniária regularmente constituída mediante o lançamento de ofício do qual o contribuinte tenha sido devidamente notificado, em decorrência da adesão voluntária, por parte do contribuinte, a um "programa de regularização fiscal" criado por lei, consiste em:

(A) suspensão da exigibilidade do crédito tributário, na modalidade parcelamento com desconto.

(B) exclusão do crédito tributário, na modalidade remissão de débitos.

(C) exclusão do crédito tributário, na modalidade parcelamento de débitos.

(D) exclusão do crédito tributário, na modalidade anistia.

(E) extinção do crédito mediante desconto condicional.

O perdão de penalidade pecuniária, exclusivamente, é modalidade de exclusão do crédito tributário, especificamente a anistia (art. 180 do CTN), de modo que a alternativa "D" é a correta. O perdão de todo o crédito, incluindo o próprio tributo, é modalidade de extinção, especificamente a remissão. 🔲
Gabarito "D".

(Procurador – PGFN – ESAF – 2015) Assinale a opção correta.

(A) A anistia não abrange, exclusivamente, as infrações cometidas anteriormente à vigência da lei que a concede.

(B) A isenção somente se aplica aos tributos instituídos posteriormente à sua concessão.

(C) A anistia pode ser concedida por ato discricionário da autoridade tributária.

(D) A transação na esfera tributária pode ter como finalidade prevenir litígio.

(E) A isenção, ainda quando prevista em contrato, é sempre decorrente de lei e não extingue o crédito tributário.

A: incorreta, pois a anistia abrange apenas as infrações anteriores à vigência da lei – art. 180 do CTN; B: incorreta, pois a isenção refere-se a fatos posteriores à lei que a instituir, não aos tributos instituídos (= criados) posteriormente – art. 176 do CTN; C: incorreta, até porque não há discricionariedade na atividade fiscal – art. 142 do CTN; D: incorreta,

pois a transação é sempre terminativa de litígio na seara tributária, não preventiva – art. 171 do CTN; E: correta, tratando-se de modalidade de exclusão do crédito – art. 176 do CTN. 🔲
Gabarito "E".

(Procurador do Estado – PGE/MT – FCC – 2016) Constituem modalidades de suspensão da exigibilidade, exclusão e de extinção do crédito tributário, respectivamente,

(A) a moratória, a isenção condicional e o parcelamento.

(B) a remissão, a anistia e o pagamento.

(C) o depósito do montante integral, a liminar em mandado de segurança e a novação.

(D) a isenção condicional, o fato gerador enquanto pendente condição suspensiva e o parcelamento.

(E) a impugnação administrativa, a isenção condicional e a conversão de depósito em renda.

Esse tipo de questão exige decorar as modalidades de suspensão, extinção e exclusão do crédito tributário e é muito comum em concursos públicos.
A: incorreta, pois parcelamento é modalidade de suspensão do crédito; B: incorreta, pois remissão é extinção; C: incorreta, pois liminar é suspensão e novação não é modalidade de extinção, exclusão ou suspensão; D: incorreta, pois isenção é exclusão, fato gerador não é modalidade alguma e parcelamento é suspensão; E: correta – arts. 151, 156 e 175 do CTN. 🔲
Gabarito "E".

(Procurador do Município/Sorocaba-SP – 2012 – VUNESP) Assinale a alternativa correta no que respeita ao instituto da isenção.

(A) Juridicamente, corresponde ao conceito de imunidade.

(B) Salvo disposição de lei em contrário, é extensiva aos tributos instituídos posteriormente à sua concessão.

(C) Sua concessão não é admitida em caráter pessoal.

(D) Constitui-se em uma das causas de exclusão do crédito tributário.

(E) Uma vez concedida, dispensa o cumprimento das obrigações acessórias, dependentes da obrigação principal cujo crédito seja dela consequente.

A: imunidade é norma constitucional que limita a competência tributária (delimita-a negativamente), não se confundindo com a isenção, que é norma legal, produzida pelo ente político competente (pressupõe a competência tributária); B: incorreta, pois é o oposto. Salvo disposição legal em contrário, a isenção não é extensiva aos tributos instituídos posteriormente à sua concessão – art. 177, II, do CTN; C: incorreta, pois a isenção pode ser concedida em caráter geral ou efetivada caso a caso por autoridade administrativa – art. 179 do CTN; D: correta, pois a isenção e a anistia são as duas modalidades de exclusão do crédito tributário previstas no CTN, em seu art. 175; E: incorreta, pois a exclusão do crédito tributário não dispensa o cumprimento das obrigações acessórias dependentes da obrigação principal cujo crédito seja excluído, ou dela consequente.
Gabarito "D".

11. IMPOSTOS E CONTRIBUIÇÕES EM ESPÉCIE

11.1. IPI

(Procurador – PGFN – ESAF – 2015) Não é fato gerador do Imposto sobre Produtos Industrializados – IPI:

(A) o conserto, a restauração e o recondicionamento de produtos usados para comércio.

(B) a confecção de vestuário, por encomenda direta do consumidor ou usuário, em oficina do confeccionador.

(C) a operação efetuada fora do estabelecimento industrial.

(D) o reparo de produtos com defeito de fabricação, mediante substituição de partes e peças, mesmo quando a operação for remunerada.

(E) o preparo de produto, por encomenda direta do consumidor ou usuário, desde que na residência do preparador.

A: incorreta, pois incide IPI nesse caso – art. 43, VII, *a*, do Regulamento do IPI – Decreto 7.212/2010; **B:** correta, pois não se considera industrialização, conforme o art. 5º, IV, do RIPI; **C:** incorreta, pois somente quando resultar em edificações, instalações e complexos industriais listados no art. 5º, VIII, do RIPI é que as operações efetuadas fora do estabelecimento industrial não se sujeitam ao IPI; **D:** incorreta, pois somente se o reparo for realizado gratuitamente, em virtude de garantia dada pelo fabricante, é que não incide o IPI – art. 5º, XII, do RIPI; **E:** incorreta, pois não incide IPI apenas se o trabalho profissional for preponderante nesse caso – art. 5º, V, do RIPI. **RB**

Gabarito "B".

11.2. IR

(Procurador – PGFN – ESAF – 2015) Estão obrigadas à apuração do lucro real as pessoas jurídicas, exceto aquelas:

(A) cuja receita total no ano-calendário anterior seja superior ao limite de R$ 78.000.000,00 (setenta e oito milhões de reais) ou proporcional ao número de meses do período, quando inferior a 12 (doze) meses.

(B) cujas atividades sejam de empresas de seguros privados.

(C) que, autorizadas pela legislação tributária, usufruam de benefícios fiscais relativos à isenção ou redução do imposto.

(D) que tiverem lucros, rendimentos ou ganhos de capital oriundos do exterior.

(E) que, no decorrer do ano-calendário, não tenham efetuado pagamento mensal pelo regime de estimativa.

A: incorreta, pois as pessoas jurídicas com receita total superior a R$ 78 milhões são obrigadas a apurar o lucro real, conforme art. 14, I, da Lei 9.718/1998, com a redação dada pela Lei 12.814/2013. Importante que o estudante acompanhe a evolução legislativa, pois são comuns atualizações desses valores ao longo do tempo, como se percebe pela leitura do art. 246, I, do Regulamento do Imposto de Renda – RIR – Decreto 3.000/1999; **B:** incorreta, pois empresas de seguro privado devem apurar o lucro real – art. 246, II, do RIR; **C:** incorreta, pois essas pessoas jurídicas devem apurar o lucro real – art. 246, IV, do RIR; **D:** incorreta, pois devem também apurar o lucro real – art. 246, III, do RIR; **E:** correta, pois somente no caso de recolhimento pelo regime de estimativa é que se impõe a apuração do lucro real – art. 246, V, do RIR. **RB**

Gabarito "E".

(Procurador – PGFN – ESAF – 2015) São isentos ou não se sujeitam ao imposto sobre a renda os seguintes rendimentos originários do trabalho e assemelhados, exceto:

(A) até 50% (cinquenta por cento) dos rendimentos de transporte de passageiros.

(B) 75% (setenta e cinco por cento) dos rendimentos do trabalho assalariado recebidos, em moeda estrangeira, por servidores de autarquias ou repartições do Governo brasileiro no exterior.

(C) até 90% (noventa por cento) dos rendimentos de transporte de carga e serviços com trator, máquina de terraplenagem, colheitadeira e assemelhados.

(D) salário-família.

(E) rendimentos pagos a pessoa física não residente no Brasil, por autarquias ou repartições do Governo brasileiro situadas fora do território nacional e que correspondam a serviços prestados a esses órgãos.

A: incorreta, pois são tributáveis até 60% do rendimento total decorrente de transporte de passageiros – art. 47, II, do RIR; **B:** correta – art. 44 do RIR; **C:** correta, conforme o art. 9º, parágrafo único, da Lei 7.713/1988 com a alteração pela Lei 12.794/2013 – o estudante deve atentar para as modificações legais, nem sempre refletidas no RIR (que é decreto consolidador das leis relativas ao IR); **D:** correta – art. 39, XLI, do RIR; **E:** correta – art. 687 do RIR. **RB**

Gabarito "A".

(Procurador – PGFN – ESAF – 2015) Sobre o Imposto sobre a Renda das Pessoas Jurídicas – IRPJ, assinale a opção correta.

(A) Considera-se lucro real a soma do lucro operacional e das participações.

(B) Considera-se lucro real a soma dos resultados não operacionais e das participações.

(C) Considera-se lucro real o lucro líquido apurado num exercício financeiro.

(D) O lucro real não pode ser obtido por arbitramento.

(E) O lucro arbitrado é uma forma de tributação simplificada para determinação da base de cálculo do imposto de renda das pessoas jurídicas que não estiverem obrigadas, no ano – calendário, à apuração do lucro real.

A: incorreta, pois lucro real é o lucro líquido do período de apuração ajustado pelas adições, exclusões ou compensações prescritas ou autorizadas – art. 247 do RIR. A soma do lucro operacional e das participações, e também dos resultados não operacionais, compõe o cômputo do lucro líquido – art. 248 do RIR; **B:** incorreta, conforme comentário anterior; **C:** incorreta, conforme comentário à primeira alternativa; **D:** correta, pois arbitramento é outra forma de apuração do lucro para fins de tributação – art. 530 do RIR; **E:** incorreta, pois o lucro arbitrado é aplicável quando houver omissões ou erros listados no art. 530 do RIR, que impossibilitem a apuração do lucro real. **RB**

Gabarito "D".

11.3. ITR

(Procurador Municipal – Prefeitura/BH – CESPE – 2017) Em determinado município, uma associação de produtores rurais solicitou que o prefeito editasse lei afastando a incidência do ITR para os munícipes que tivessem idade igual ou superior a sessenta e cinco anos e fossem proprietários de pequenas glebas rurais, assim entendidas as propriedades de dimensão inferior a trezentos hectares. O prefeito, favorável ao pedido, decidiu consultar a procuradoria municipal acerca da viabilidade jurídica dessa norma.

Com relação a essa situação hipotética, assinale a opção correta de acordo com as normas constitucionais e a legislação tributária vigente.

(A) O ITR é um imposto da União e, por conseguinte, é vedado atribuir aos municípios, que não detêm competência para legislar sobre essa matéria, a responsabilidade por sua fiscalização.

3. DIREITO TRIBUTÁRIO

(B) Cabe ao município a competência legislativa sobre o ITR, podendo ele instituir hipóteses de isenção e de não incidência.

(C) O ITR é um imposto de competência da União, não podendo o município reduzi-lo ou adotar qualquer renúncia fiscal.

(D) A CF prevê a imunidade fiscal para os proprietários de pequenas glebas rurais que tenham idade igual ou superior a sessenta e cinco anos.

A: incorreta, pois o ITR, apesar de ser tributo federal, admite peculiarmente a fiscalização e cobrança pelos municípios, nos termos do art. 153, § 4º, III, da CF; **B:** incorreta, pois a competência tributária, entendida como competência para legislar sobre o tributo, é indelegável e, no caso do ITR, de titularidade exclusiva da União – art. 153, VI, da CF; **C:** correta – art. 153, § 4º, III, *in fine*, da CF; **D:** incorreta, pois não há imunidade em relação à idade dos proprietários – art. 153, § 4º, II, da CF. RB
Gabarito "C".

(Procurador Municipal/SP – VUNESP – 2016) Caso determinado município opte, na forma da lei, por fiscalizar e cobrar o Imposto Territorial Rural, desde que não implique redução do imposto ou qualquer outra forma de renúncia fiscal, é correto afirmar que

(A) não poderá fazê-lo, por invadir competência federal constitucionalmente prevista.

(B) poderá fazê-lo, somente se a União delegar sua competência legislativa a fim de que o município publique lei instituindo o imposto em seu âmbito territorial.

(C) não poderá fazê-lo, salvo se a União renunciar expressamente à competência que possui.

(D) poderá fazê-lo, se a União autorizar, e desde que o município lhe repasse 50% da receita que arrecadar.

(E) poderá fazê-lo, caso em que terá direito à totalidade dos valores que a título do imposto arrecadar.

A: incorreta, pois o ITR federal pode ser fiscalizado e cobrado pelos Municípios que assim optarem, na forma da lei, desde que não implique redução do imposto ou qualquer outra forma de renúncia fiscal – art. 153, § 4º, III, da CF; **B:** incorreta, pois a previsão do art. 153, § 4º, III, da CF não implica transmissão da competência para legislar sobre o ITR, lembrando que toda competência tributária é indelegável; **C:** incorreta, conforme comentários anteriores; **D:** incorreta, pois, nessa hipótese do art. 153, § 4º, III, da CF, o Município ficará com 100% do valor arrecadado – art. 158, II, *in fine*, da CF; **E:** correta, nos termos dos arts. 153, § 4º, III, e 158, II, *in fine*, da CF, citados nos comentários anteriores. RB
Gabarito "E".

11.4. IOF

(Procurador – PGFN – ESAF – 2015) São contribuintes do Imposto sobre Operações de Crédito, Câmbio e Seguro, ou relativas a Títulos e Valores Mobiliários (IOF):

(A) o mutuante, nas operações de crédito.

(B) os alienantes de títulos e valores mobiliários.

(C) os titulares dos contratos, nas operações relativas a contratos derivativos.

(D) os titulares de conta-corrente, nas hipóteses de lançamento e transmissão de valores.

(E) as instituições financeiras e demais instituições autorizadas a funcionar pelo Banco Central do Brasil, nas operações relativas a aquisição, resgate, cessão ou repactuação de títulos e valores mobiliários em que

o valor do pagamento para a liquidação seja superior a 95% (noventa e cinco por cento) do valor inicial da operação.

A: incorreta, pois na operação de crédito os contribuintes são as pessoas físicas ou jurídicas tomadoras de crédito – art. 4º do Regulamento do IOF – RIOF – Decreto 6.306/2007; **B:** incorreta, pois na alienação de títulos e valores, contribuintes são os adquirentes ou as instituições financeiras – art. 26 do RIOF; **C:** correta – art. 32-C, § 6º, do RIOF; **D:** incorreta, pois os titulares de contas-correntes não são contribuintes em relação a essas atividades – art. 2º, do RIOF; **E:** incorreta, pois o limite é inferior (não superior) a 95% do valor inicial da operação – arts. 26, II e 28, I e IV, do RIOF. RB
Gabarito "C".

11.5. ICMS

(Procurador do Estado/TO – 2018 – FCC) Uma distribuidora de combustíveis da Bahia vende gasolina para um posto de gasolina de Tocantinópolis/TO, que vai comercializar o produto, e para uma empresa prestadora de serviços de transporte intramunicipal de Porto Nacional/TO, que vai utilizá-lo nas suas prestações de serviço de transporte intramunicipais. De acordo com a Lei Complementar 87/1996, nas remessas que a distribuidora baiana fizer para essas duas empresas, a remetente

(A) não se debitará nem recolherá o ICMS para o Estado da Bahia, nem os adquirentes tocantinenses deverão debitar ou recolher o imposto aos cofres de Tocantins, pela entrada da gasolina neste Estado, relativamente às aquisições feitas em operações interestaduais.

(B) deverá se debitar e recolher o ICMS para o Estado da Bahia, mas somente o posto de gasolina poderá se creditar do imposto anteriormente cobrado.

(C) não se debitará nem recolherá o ICMS para o Estado da Bahia, mas, na qualidade de contribuinte, deverá debitar e recolher o imposto a favor dos cofres de Tocantins, pela entrada do combustível neste Estado, relativamente às aquisições feitas pelas duas empresas.

(D) deverá, de um lado, se debitar e recolher o ICMS para o Estado da Bahia, e, de outro lado, deverá, na qualidade de contribuinte, debitar e recolher o imposto a favor dos cofres de Tocantins, pela entrada do combustível neste Estado, relativamente às aquisições feitas pelo posto de gasolina.

(E) não se debitará nem recolherá o ICMS para o Estado da Bahia, mas o prestador de serviços de transporte intramunicipal, na qualidade de contribuinte, deverá pagar o imposto ao Estado de Tocantins, pela entrada do combustível neste Estado, relativamente às aquisições efetuadas por ele.

Não há incidência de ICMS na operação interestadual de combustível derivado de petróleo, nos termos do art. 155, § 2º, X, *b*, da CF (embora o inciso XII, *h*, desse dispositivo permita que a lei complementar institua incidência monofásica nesse caso). Assim, o imposto é devido somente no Estado de destino (TO, no caso). Nas operações em que o combustível não é destinado a comercialização ou industrialização (caso da aquisição pela prestadora de serviço de transporte), o ICMS deve incidir na entrada da mercadoria no território do TO, conforme art. 2º, § 1º, III, da LC 87/1996. No outro caso (posto de combustível), o ICMS incide no momento da revenda para o consumidor final (como não houve pagamento anterior, não haverá crédito e todo o imposto irá para os cofres do TO). Por essas razões, a alternativa "E" é a correta. Gabarito "E".

(Procurador do Estado/TO – 2018 – FCC) O ICMS é um imposto não cumulativo, por expressa determinação constitucional. A Lei complementar 87/1996 estabelece, no *caput* de seu art. 23, que o direito de crédito, para efeito de compensação com débito do imposto, reconhecido ao estabelecimento que tenha recebido as mercadorias ou para o qual tenham sido prestados os serviços, está condicionado à idoneidade da documentação e, se for o caso, à escrituração nos prazos e condições estabelecidos na legislação.

De acordo com o parágrafo único do artigo adrede mencionado, o direito de utilizar o crédito do ICMS extingue-se depois de decorridos

(A) cinco anos, contados do primeiro dia do exercício seguinte àquele em que a mercadoria ou o serviço foram recebidos.

(B) três anos, contados da data da entrada da mercadoria no estabelecimento ou do recebimento do serviço.

(C) cinco anos, contados da data de emissão do documento.

(D) três anos, contados da data em que saiu do estabelecimento a mercadoria que deu suporte ao crédito.

(E) três anos, contados da data da ocorrência do fato gerador.

O parágrafo único do art. 23 da LC 87/1996 dispõe que o direito de utilizar o crédito extingue-se depois de decorridos cinco anos contados da data de emissão do documento. Assim, a alternativa "C" é a correta.
Gabarito "C"

(Procurador do Estado/AC – 2017 – FMP) Em relação ao ICMS e sua base constitucional, assinale a alternativa CORRETA.

(A) Quando a Constituição Federal alude à mercadoria, faz isso *lato sensu*, ou seja, refere-se a qualquer produto vendido por um contribuinte do ICMS a outra pessoa, seja ela física ou jurídica.

(B) A acepção "mercadoria", por não ser unívoca, é conceito a ser esclarecido em lei complementar, por não ser suficiente o conteúdo que se possa extrair do texto constitucional.

(C) Em razão de advir da mercancia, cabe unicamente à lei comercial definir o que seja mercadoria, não podendo a lei tributária definir por si só o conceito.

(D) Um bem do ativo imobilizado de uma determinada empresa é sempre considerado mercadoria, ainda mais se for, por exemplo, um automóvel, bem inequivocamente presente no comércio.

(E) As leis complementares estaduais podem estabelecer sobre quais bens deverá incidir o ICMS e quais não.

A: incorreta, pois a CF se refere ao conceito da legislação civil e empresarial, não sendo possível a legislação tributária alterar esse conceito de modo a ampliar a competência tributária – arts. 109 e 110 do CTN; B: incorreta, conforme comentário anterior; C: correta, nos termos dos arts. 109 e 110 do CTN; D: incorreta, pois mercadoria é bem móvel colocada no comércio, jamais ativo imobilizado; E: incorreta, conforme comentário à alternativa "A".
Gabarito "C"

(Procurador do Estado/AC – 2017 – FMP) No que se refere ao Imposto sobre Transmissão "causa mortis" e doação, de competência do Estado, assinale a alternativa CORRETA.

(A) Incide sobre a transmissão de direitos reais ou do domínio útil de bens imóveis a título oneroso.

(B) Incide sobre a cessão de direitos relativos às transmissões da propriedade, seja onerosa ou não.

(C) Incide sobre a transmissão de direitos reais de garantia, onerosa ou não.

(D) Incide sobre a cessão de direitos relativos às transmissões de direitos reais sobre bens móveis tanto a título gratuito quanto oneroso.

(E) Nenhuma das alternativas acima está CORRETA.

A: incorreta, pois essa incidência se refere ao ITBI municipal – art. 156, II, da CF; B, C e D: incorretas, pois o ITCMD não incide sobre transmissões onerosas – art. 155, I, da CF; E: correta, por eliminação das demais.
Gabarito "E"

(Procurador do Estado/TO – 2018 – FCC) A figura do "estabelecimento" é elemento essencial na legislação do ICMS. De acordo com o Código Tributário do Estado do Tocantins, o

(A) veículo será considerado estabelecimento interestadual de depósito fechado, quando prestar serviço de transporte interestadual de gado bovino ou suíno, confinado em jornadas de longa duração, nos termos fixados em decreto.

(B) local em que tenha sido efetuada a operação de circulação de mercadorias pode ser considerado estabelecimento, desde que este local não seja público, mas seja edificado.

(C) local poderá ser considerado estabelecimento, desde que nele não se exerçam atividades em caráter apenas temporário.

(D) veículo será considerado estabelecimento, quando utilizado na captura de pescado, ainda que em vias fluviais.

(E) local não será considerado estabelecimento, se for público e não edificado.

A: incorreta, pois não há essa equiparação de veículo como estabelecimento – art. 19 do Código Tributário do Estado do Tocantins – Lei 1.287/2001; B: incorreta, pois é irrelevante o local ser público ou privado, edificado ou não – art. 19, *caput*, do Código Tributário do Estado do Tocantins; C: incorreta, pois é irrelevante o ser temporária ou permanente para a caracterização do estabelecimento – art. 19, *caput*, do Código Tributário do Estado do Tocantins; D: correta – art. 19, III, do Código Tributário do Estado do Tocantins; E: incorreta, conforme comentário à alternativa "B".
Gabarito "D"

(Procurador do Município – Prefeitura Fortaleza/CE – CESPE – 2017) Julgue os itens a seguir, em relação aos impostos discriminados na CF.

(1) O sujeito passivo do ICMS não pode, ainda que de boa-fé, aproveitar os créditos decorrentes de nota fiscal posteriormente declarada inidônea e emitida em virtude de efetiva concretização do negócio jurídico de compra e venda.

(2) O aspecto material da hipótese de incidência do imposto sobre serviços de qualquer natureza consiste na obrigação de fazer em prol de terceiro, mediante remuneração, quando essa obrigação é objeto de relação jurídica de direito privado. A prestação por delegatário e remunerada pelo usuário de serviços públicos não se submete à incidência dessa espécie tributária devido a interesse público subjacente.

(3) O princípio da seletividade aplica-se impositivamente ao IPI e facultativamente ao ICMS em função da essencialidade dos produtos, das mercadorias e dos

3. DIREITO TRIBUTÁRIO   237

serviços, de modo a assegurar a concretização da isonomia no âmbito da tributação do consumo.

1: Incorreta, pois o aproveitamento do crédito somente é vedado se a declaração de inidoneidade for anterior à operação, ou se não for demonstrada a veracidade da compra e venda – Súmula 509/STJ. **2:** Incorreta, pois a cobrança de tarifa pelo delegatário de serviço público não implica imunidade, nem, portanto, afasta a incidência do ISS – art. 150, § 3º, da CF. **3:** Correta – arts. 153, § 3º, I, e 155, § 2º, III, da CF. RB
Gabarito 1E, 2E, 3C

(Procurador Municipal – Prefeitura/BH – CESPE – 2017) Depois de ter sido regularmente contratada pelo município de Belo Horizonte – MG para o fornecimento de equipamentos médicos de fabricação estrangeira a hospitais municipais, a empresa Alfa, importadora de bens e mercadorias, tornou-se, nos termos do contrato administrativo celebrado com o município, a responsável pela importação e pelo pagamento de todos os tributos exigíveis por ocasião do desembaraço aduaneiro. Tendo os equipamentos ficado retidos na aduana em razão do não recolhimento do ICMS incidente sobre as mercadorias, a Alfa alegou que o imposto deveria ser recolhido pelo município de Belo Horizonte, destinatário final dos produtos. Entendeu a empresa que o ICMS não faz parte do desembaraço aduaneiro, visto que o fato gerador ainda não teria ocorrido e não decorreria do ato de importação, ou seja, o referido imposto somente seria devido no momento da entrada dos bens no estabelecimento do destinatário final.

Considerando as regras de direito tributário, assinale a opção correta, a respeito dessa situação hipotética.

(A) É devida a retenção aduaneira, pois o ICMS não poderia ser cobrado de quem não é contribuinte habitual do imposto.

(B) Na entrada de mercadoria importada do exterior, é legítima a cobrança do ICMS por ocasião do desembaraço aduaneiro.

(C) Como os bens não serão comercializados, o ICMS não é devido, pois inexiste o fato gerador do tributo.

(D) O ICMS não é devido, dada a imunidade tributária. Nesse caso, somente pode ser exigido o imposto sobre a importação, sendo vedada a bitributação.

A: incorreta, pois a incidência e cobrança do ICMS na importação independe de habitualidade – art. 155, § 2º, IX, *a*, da CF; **B:** correta – art. 155, § 2º, IX, *a*, da CF e art. 12, IX, da LC 87/1996; **C:** incorreta, pois a importação é fato gerador do ICMS – art. 155, § 2º, IX, *a*, da CF; **D:** incorreta, pois contribuinte de direito é a empresa Alfa, que promove a importação e não é imune. RB
Gabarito "B".

(Procurador do Estado – PGE/MT – FCC – 2016) O princípio da não cumulatividade é

(A) um atributo exclusivo do ICMS e do IPI.

(B) princípio de tributação por meio do qual se pretende evitar a assim chamada "tributação em cascata" que onera as sucessivas operações e prestações com bens e serviços sujeitos a determinado tributo.

(C) técnica de tributação aplicável também aos impostos reais, tais como o ITR e o IPTU.

(D) suscetível apenas de interpretação restritiva e literal, à medida que institui um benefício fiscal ao contribuinte.

(E) um instrumento de transferência de riqueza indireta entre as Unidades da Federação inserido no pacto

federativo, à medida que o crédito de ICMS a ser suportado pela Unidade da Federação de destino dos bens e serviços está limitado ao valor do imposto efetivamente recolhido em favor do Estado de origem.

A: incorreta, pois a legislação atinente a outros tributos também prevê a não cumulatividade, caso da Cofins e da contribuição para o PIS/Pasep; **B:** correta, caracterizando adequadamente a não cumulatividade; **C:** incorreta, pois é possível a não cumulatividade, em princípio, no caso de tributos que incidem sobre cadeias de produção, comercialização e consumo de bens e serviços; **D:** incorreta, pois não se trata de benefício fiscal (art. 111 do CTN), mas sistemática de tributação; **E:** incorreta, pois não há transferência de riqueza entre os entes federados, embora haja de fato muita discussão por conta da distribuição das receitas incidentes sobre operações interestaduais – art. 155, § 2º, IV e VII, da CF, este último inciso com a redação dada pela EC 87/2015. RB
Gabarito "B".

(Procurador do Estado – PGE/MT – FCC – 2016) No que concerne ao Imposto sobre operações relativas à circulação de mercadorias e prestações de serviços de transporte interestadual e intermunicipal e de comunicação – ICMS, considere:

I. O ICMS incide sobre operações relativas à circulação de mercadorias, inclusive sobre operações de transferência de propriedade de estabelecimento contribuinte.

II. Armazém-geral, embora prestador de serviços sujeito ao Imposto Municipal sobre Serviços de Qualquer Natureza, é insuscetível de ser colocado na condição de sujeito passivo do ICMS.

III. Convênio que autorize a isenção do ICMS sobre o fornecimento de bens e mercadorias destinados à operação de serviços de transporte metroferroviário de passageiros, inclusive por meio de Veículo Leve sobre Trilhos, dá amparo legal à concessão de isenção do ICMS sobre a energia elétrica destinada à alimentação dos trens do VLT.

IV. A base de cálculo, para fins de substituição tributária, em relação às operações ou prestações subsequentes, será obtida pelo somatório das parcelas seguintes: (i) valor da operação ou prestação própria realizada pelo substituto tributário ou pelo substituto intermediário; (ii) montante dos valores de seguro, de frete e de outros encargos cobrados ou transferíveis aos adquirentes ou tomadores de serviço, (iii) margem de valor agregado, inclusive lucro, relativa às operações ou prestações subsequentes.

Está correto o que se afirma APENAS em

(A) I e II.

(B) II e III.

(C) I.

(D) III e IV.

(E) IV.

I: incorreta, pois não há circulação de mercadoria nessa hipótese – art. 3º, VI, da LC 87/1996; **II:** incorreta, pois o armazém-geral será contribuinte do ICMS caso promova circulação de mercadoria – art. 4º da LC 87/1996; **III:** correta, pois incide ICMS sobre o fornecimento de energia elétrica, que é insumo para a atividade de transporte metroferroviário de passageiros; **IV:** correta – art. 8º, II, da LC 87/1996. RB
Gabarito "D".

(Procurador do Estado – PGE/RS – Fundatec – 2015) Quanto à regulamentação constitucional do ICMS, analise as assertivas abaixo:

I. As alíquotas das operações interestaduais são fixadas pelo Senado Federal, por resolução.

II. Salvo determinação em contrário da legislação, a isenção, na operação de venda, acarretará a anulação do crédito relativo às operações anteriores.

III. Consoante a dicção constitucional, o ICMS terá de ser seletivo, em função da essencialidade das mercadorias e dos serviços.

IV. As exportações são imunes e acarretam a anulação do crédito relativo às operações anteriores, salvo determinação em contrário da legislação.

Após a análise, pode-se dizer que:

(A) Está correta apenas a assertiva I.

(B) Está correta apenas a assertiva II.

(C) Estão corretas apenas as assertivas I e II.

(D) Estão corretas apenas as assertivas I, II e III.

(E) Todas as assertivas estão corretas.

I: correta, art. 155, § 2º, IV, da CF; II: correta. art. 155, § 2º, II, *b*, da CF; III: incorreta, pois o ICMS poderá (é possibilidade, não imposição) ser seletivo – art. 155, § 2º, III, da CF. Diferente do IPI, que deve ser seletivo, por imposição constitucional – art. 153, § 3º, I, da CF; IV: incorreta, pois a Constituição prevê expressamente a manutenção e o aproveitamento do crédito relativo às operações anteriores – art. 155, § 2º, X, *a*, da CF. **RB**
Gabarito "C".

(Procurador do Estado – PGE/PR – PUC – 2015) O Imposto sobre operações relativas à circulação de mercadorias e sobre prestações de serviços de transporte interestadual e intermunicipal e de comunicação – ICMS é o tributo com o maior número de dispositivos positivados no texto da Constituição. Trata-se, ademais disso, da maior fonte de recursos para os diversos Estados da Federação.

Em âmbito nacional, o ICMS é regido pela Lei Complementar 87, de 13/09/96.

No Estado do Paraná, é a Lei Estadual 11.580, de 14/11/96, que dispõe sobre o tributo. Sobre o assunto, assinale a alternativa **CORRETA.**

(A) Para fins tributários, a jurisprudência tem equiparado os serviços de telecomunicação à indústria, admitindo o creditamento de ICMS decorrente da entrada de energia elétrica consumida pela empresa, vez que essencial ao desempenho de suas atividades.

(B) O legislador complementar adotou o regime de crédito financeiro, segundo o qual admite-se o creditamento incondicionado do ICMS decorrente da entrada de mercadorias destinadas ao ativo permanente da empresa.

(C) A inclusão do montante do imposto na sua própria base de cálculo (ICMS por dentro) viola a Constituição Federal de 1988.

(D) Por força de imunidade tributária específica, não incide ICMS sobre a operação de compra e venda de álcool combustível celebrada entre uma distribuidora sediada no Estado do Paraná e um posto de combustível situado no Estado de Santa Catarina.

(E) Nas operações de arrendamento mercantil financeiro internacional, incide o ICMS a partir da entrada da mercadoria no território nacional, independentemente do exercício efetivo da opção de compra.

A: correta, sendo essa a jurisprudência do STJ – ver REsp 1.201.635/MG; B: incorreta, pois a apropriação do crédito de ICMS relativo a

mercadorias destinadas ao ativo permanente deve observar a gradação prevista no art. 20, § 5º, da LC 87/1996; **C:** incorreta, pois o chamado cálculo por dentro do ICMS é previsto pelo art. 155, § 2º, XII, *i*, da CF; **D:** incorreta, pois nas operações interestaduais com combustíveis não derivados do petróleo destinados a contribuintes, o ICMS é devido e sua receita repartida entre os Estados de origem e destino na forma do art. 155, § 4º, II, da CF; **E:** incorreta, pois o STF pacificou o entendimento no sentido de que não há circulação de mercadoria, nem, portanto, incidência do ICMS, caso não seja exercida a opção de compra no *leasing* internacional – ver RE 226.899/SP. **RB**
Gabarito "A".

(Procurador do Estado – PGE/BA – CESPE – 2014) A respeito da concessão, pelos entes da Federação, de benefício fiscal em relação ao ICMS, julgue os itens subsecutivos.

(1) Não há obrigatoriedade de a concessão de benefícios fiscais ser feita por lei complementar estadual.

(2) Consideram-se benefícios fiscais as imunidades previstas na CF.

(3) De acordo com a CF, cabe a lei complementar regular a forma como, mediante deliberação dos estados e do DF, isenções, incentivos e benefícios fiscais serão concedidos e revogados.

(4) Sendo o ICMS um tributo estadual, a concessão de benefícios fiscais a ele relacionada deve ser feita por meio de atos administrativos normativos, como decretos.

(5) Por ser um tributo de importância nacional, o ICMS só pode ser concedido pelos entes da Federação mediante autorização do Senado Federal, ao qual cabe, inclusive, prescrever suas alíquotas em determinados casos.

1: Correta, bastando lei ordinária, que é a regra para todos os tributos, lembrando que, no caso do ICMS, é necessária autorização por convênio interestadual – art. 155, § 2º, XII, *g*, da CF e LC 24/1975. 2: Incorreta, embora seja uma questão semântica e de costume na terminologia adotada. Imunidades são normas constitucionais que afastam a competência tributária. Benefício fiscal é expressão normalmente utilizada para isenções, redução de tributos, perdões etc. concedidos pela lei de cada ente – art. 150, § 6º, da CF. 3: Correta – art. 155, § 2º, XII, *g*, da CF e LC 24/1975. 4: Incorreta, pois a CF exige regulação nacional da matéria, para evitar a chamada guerra fiscal, de modo que a concessão de benefícios fiscais relativos ao ICMS é regulada por lei complementar federal (LC 24/1975) e depende de convênios interestaduais. 5: Incorreta, pois a instituição do ICMS é feita por lei ordinária de cada Estado e do DF, cabendo ao Senado fixar determinadas alíquotas e limites, conforme art. 155, § 2º, IV e V, da CF. **RB**
Gabarito 1C, 2E, 3C, 4E, 5E

(Procurador do Estado – PGE/RN – FCC – 2014) O regime de substituição tributária com antecipação dos efeitos do fato gerador do ICMS

(A) poderá ser aplicado nas operações com consumidor final e nas operações com insumos destinados à industrialização por parte do respectivo adquirente.

(B) nas operações internas, depende de lei especificando as mercadorias ou serviços sujeitos ao regime, e disciplinando a respectiva base de cálculo.

(C) nas operações interestaduais, depende de Protocolo entre os Estados envolvidos, e de previsão em lei do Estado de Origem.

(D) é inconstitucional, pois representa a cobrança sobre fato gerador futuro e incerto.

(E) não é aplicável às operações realizadas com consumidor final.

A: discutível. Em regra, não há substituição tributária em operações com consumidor final, pois não há fato gerador futuro, cujos efeitos possam ser antecipados (o consumidor final não realizará operação posterior). É possível, entretanto, haver substituição tributária em relação às operações interestaduais, em que há obrigação do adquirente contribuinte, mesmo que seja consumidor final, recolher o diferencial de alíquota, conforme o art. 155, § 2º, VIII, *a*, da CF. Nesse caso, é possível falar em substituição se a lei imputar ao contribuinte na origem o dever de antecipar o recolhimento do diferencial que seria devido pelo adquirente em outro Estado ou DF. De qualquer forma, mesmo nesse caso não há fato gerador futuro, sendo inviável falar na substituição com antecipação dos efeitos do fato gerador, prevista no art. 150, § 7º, da CF; **B:** correta, observando o disposto no art. 8º da LC 87/1996; **C:** incorreta, pois depende de acordo específico entre os Estados interessados – art. 9º da LC 87/1996; **D:** incorreta, até porque é prevista expressamente pelo art. 150, § 7º, da CF; **E:** discutível, conforme comentário à primeira alternativa. RB

Gabarito "B".

(Procurador do Estado – PGE/RN – FCC – 2014) Tendo sido reconhecida a inconstitucionalidade da cobrança do ICMS sobre os serviços de transporte aéreo de passageiros, as empresas do setor passaram a pleitear o reconhecimento do indébito tributário. A restituição do ICMS deverá ser deferida:

I. Caso as empresas continuem em operação normal, vedada a restituição àquelas empresas que interromperam suas operações por qualquer razão.

II. Apenas se a companhia aérea ajuizou ação judicial individual pleiteando o reconhecimento da inexigibilidade do ICMS sobre a prestação de serviços de transporte aéreo de passageiros.

III. Caso as empresas aéreas apresentem comprovação de que não transferiram aos passageiros os encargos relativos ao ICMS.

Está correto o que se afirma APENAS em

(A) II e III.

(B) I.

(C) II.

(D) III.

(E) I e II.

I: incorreta, já que não há esse pressuposto para repetição de indébito tributário – art. 165 do CTN; **II:** incorreta, pois é possível o pedido administrativo de restituição – art. 169 do CTN; **III:** correta, devendo a peticionária demonstrar que assumiu o ônus econômico do indébito – art. 166 do CTN. RB

Gabarito "D".

(Procurador Distrital – 2014 – CESPE) Julgue o seguinte item.

(1) Conforme jurisprudência do STJ, admite-se, no processo administrativo, a fixação da base de cálculo do ICMS no valor da mercadoria submetido ao regime de pauta fiscal.

Incorreta, conforme a Súmula 431 do STJ.

Gabarito "1E".

(Procurador do Estado/BA – 2014 – CESPE) A respeito da concessão, pelos entes da Federação, de benefício fiscal em relação ao ICMS, julgue os itens subsecutivos.

(1) Não há obrigatoriedade de a concessão de benefícios fiscais ser feita por lei complementar estadual.

(2) Consideram-se benefícios fiscais as imunidades previstas na CF.

(3) De acordo com a CF, cabe a lei complementar regular a forma como, mediante deliberação dos estados e do DF, isenções, incentivos e benefícios fiscais serão concedidos e revogados.

(4) Sendo o ICMS um tributo estadual, a concessão de benefícios fiscais a ele relacionada deve ser feita por meio de atos administrativos normativos, como decretos.

(5) Por ser um tributo de importância nacional, o ICMS só pode ser concedido pelos entes da Federação mediante autorização do Senado Federal, ao qual cabe, inclusive, prescrever suas alíquotas em determinados casos.

1: correta, pois a concessão de benefícios fiscais se dá, em regra, por lei ordinária do ente tributante. No caso do ICMS, é importante lembrar que os benefícios fiscais dependem de deliberação dos Estados e do DF (Confaz) – art. 155, § 2º, XII, *g*, da CF/1988; **2:** incorreta, pois imunidade é regra constitucional que afasta a competência tributária, enquanto benefícios fiscais são concedidos pelo ente tributante competente (pressupõem, portanto, a existência de competência tributária); **3:** correta (art. 155, § 2º, XII, *g*, da CF/1988); **4:** incorreta, conforme comentário à primeira assertiva; **5:** incorreta, pois depende da deliberação do Confaz – art. 155, § 2º, XII, *g*, da CF/1988, não do Senado.

Gabarito 1C, 2E, 3C, 4E, 5E

(Procurador do Estado/AC – FMP – 2012) Dadas as assertivas abaixo, assinale a alternativa **correta**.

I. De acordo com a jurisprudência do Superior Tribunal de Justiça, incide o Imposto sobre operações relativas à Circulação de Mercadorias e sobre prestações de Serviços de transporte interestadual e intermunicipal e de comunicação (ICMS) na transferência de mercadorias entre estabelecimentos do mesmo titular.

II. A adoção do regime de substituição tributária em operações interestaduais submetidas ao ICMS depende apenas de previsão em lei estadual.

III. É admitida a transferência de saldo credor do ICMS por estabelecimentos que destinarem mercadorias ao exterior, na proporção que essas saídas representem do total das saídas realizadas pelo estabelecimento.

IV. O ICMS não incide sobre operações de arrendamento mercantil, não compreendida a venda do bem ao arrendatário.

(A) Estão corretas apenas as assertivas I e II.

(B) Estão corretas apenas as assertivas III e IV.

(C) Todas as assertivas estão corretas.

(D) Todas as assertivas estão incorretas.

I: incorreta, pois não há circulação econômica efetiva nesse caso, de modo que, apesar da literalidade do art. 11, § 3º, II, da LC 87/1996, o STJ entende pela inexistência de fato gerador – Súmula 166/STJ: "Não constitui fato gerador do ICMS o simples deslocamento de mercadoria de um para outro estabelecimento do mesmo contribuinte"; **II:** incorreta, pois a instituição de substituição tributária nas operações interestaduais depende de acordo específico celebrado pelos Estados interessados – art. 9º da LC 87/1996, conforme o art. 155, § 2º, XII, *b*, da CF; **III:** assertiva correta, conforme o art. 25, § 1º, da LC 87/1996, à luz do art. 155, § 2º, X, *in fine*, da CF; **IV:** assertiva correta, conforme o art. 3°, VIII, da LC 87/1996. A incidência sobre importação de bens por contrato de arrendamento mercantil vem sendo discutida no STF.

Gabarito "B".

(Procurador do Estado/AC – FMP – 2012) A empresa MRLC Ltda. atua no ramo de venda de material de escritório (papéis, canetas, lápis, etc.). Suas vendas ocorrem exclusivamente no balcão da loja, sendo submetidas à tributação pelo ICMS. A fim de reduzir a carga tributária mensal, a empresa, a partir de maio de 2010, passou a lançar na conta corrente fiscal créditos do ICMS pela entrada de serviços de comunicação e de energia elétrica. Considerando a Lei Complementar 87/96, assinale a alternativa **correta**.

(A) É ilícita a apropriação de créditos.

(B) É lícita apenas a apropriação dos créditos pela entrada de energia elétrica.

(C) É lícita apenas a apropriação dos créditos pela entrada dos serviços de comunicação.

(D) É lícita a apropriação de ambos os créditos.

A possibilidade de creditamento do ICMS relativo a material de consumo, comunicação e energia elétrica vem sendo adiada sucessivamente pelo legislador nacional – veja o art. 33, I, II, *d*, e IV, *c*, da LC 87/1996. Atualmente, somente se admite o creditamento relativo à energia elétrica e comunicação nos casos específicos indicados no art. 33, II, *a* a *c*, e IV, *a* e *b*, da LC 87/1996. Ou seja, a empresa que atual no ramo de material de escritório não pode se creditar do ICMS nesses casos, de modo que a alternativa "A" é a correta.

Gabarito "A".

(Procurador do Estado/AC – FMP – 2012) Dada a situação hipotética abaixo descrita, assinale a alternativa **correta,** de acordo com o Código Tributário Nacional.

A Secretaria da Fazenda de um dos Estados da Federação editou instrução normativa orientando a todos os contribuintes do ICMS a recolherem referido imposto pela alíquota de doze por cento nas saídas internas de produtos alimentícios industrializados. Passados oito meses, o mesmo órgão público constatou equívoco na orientação exarada por meio da referida instrução, visto que a lei estadual previa para tais operações a alíquota de treze por cento. Houve, assim, a revogação da instrução normativa. Nessas circunstâncias, os contribuintes que observaram a instrução normativa revogada

(A) deverão recolher a diferença do ICMS, acrescida de juros de mora, mas sem atualização monetária.

(B) deverão recolher a diferença do ICMS, acrescida de juros de mora e das penalidades cabíveis pelo atraso.

(C) deverão recolher a diferença do ICMS, sem a imposição de penalidades, sem a cobrança de juros de mora e sem qualquer atualização do valor monetário da base de cálculo do tributo.

(D) deverão recolher a diferença do ICMS, acrescida das penalidades cabíveis pelo atraso, mas sem juros de mora.

A instrução normativa (norma infralegal) não pode alterar a tributação, por conta do princípio da legalidade. Nesse caso, vale a regra prevista em lei, de modo que os contribuintes devem recolher a diferença. Entretanto, até em atenção ao princípio da boa-fé, o recolhimento das diferenças será feito sem imposição de penalidades, de juros de mora ou de atualização da base de cálculo do tributo, conforme o art. 100, parágrafo único, do CTN. Por essa razão, a alternativa "C" é a correta.

Gabarito "C".

(PROCURADOR DO ESTADO/MG – FUMARC – 2012) Assinale a alternativa correta. Segundo a Lei Complementar Federal nº 87 de 1996, poderá ser contribuinte do imposto sobre operações relativas à circulação de mercadorias e sobre prestações de serviços de transporte interestadual e inter-municipal e de comunicação (ICMS) a pessoa física ou jurídica que, mesmo sem habitualidade ou intuito comercial:

(A) Seja destinatária de serviço prestado integralmente no exterior;

(B) Adquira lubrificantes e combustíveis líquidos e gasosos derivados de petróleo e energia elétrica oriundos de outro Estado, quando não destinados à comercialização ou industrialização;

(C) Adquira, com ou sem licitação mercadorias ou bens apreendidos ou abandonados;

(D) Importe ou exporte mercadorias ou bens do exterior, qualquer que seja sua finalidade;

(E) Importe mercadorias ou bens do exterior necessariamente voltados à futura comercialização.

A: imprecisa. Em princípio, o ICMS incide apenas no caso de serviço prestado no Brasil ou apenas iniciado no exterior, daí porque o gabarito oficial determinou que a alternativa não é correta – art. 155, II, *in fine*, da CF e art. 1°, *in fine*, da LC 87/1996. Entretanto, se o serviço é prestado no exterior, ainda que integralmente, para destinatário no Brasil incide também o ICMS – art. 155, § 2°, IX, *a*, da CF e art. 2°, § 1°, II, da LC 87/1996. Por outro lado, se o serviço é prestado integralmente no exterior para destinatário no exterior, não incide o imposto estadual – art. 155, § 2°, X, *a*, da CF; **B:** correta, pois a imunidade refere-se apenas ao ICMS interestadual, inaplicável ao caso de consumidor final. Dito de outra forma, a imunidade prevista no art. 155, § 2°, X, *b*, da CF refere-se apenas à circulação interestadual de petróleo e derivados e de energia elétrica quando destinados à industrialização ou ao comércio, conforme os arts. 2°, § 1°, III, e 3°, III, da LC 87/1996; **C:** incorreta, pois a incidência expressamente prevista na LC 87/1996 refere-se apenas à aquisição em licitação pública (hasta pública) desses bens ou mercadorias importados do exterior e apreendidos ou abandonados – art. 12, XI, da LC 87/1996; **D:** incorreta, pois a exportação é imune em relação ao ICMS – art. 155, § 2°, X, *a*, da CF; **E:** incorreta, pois o importador de bem ou mercadoria é contribuinte do ICMS, qualquer que seja a destinação a ser dada a eles – art. 155, § 2°, IX, *a*, da CF.

Gabarito "B".

(PROCURADOR DO ESTADO/MG – FUMARC – 2012) Assinale a opção correta:

(A) O poder executivo do Estado Membro poderá, por decreto, aumentar, reduzir e restabelecer as alíquotas do imposto sobre circulação de mercadorias e prestação de serviço de comunicação e transportes intermunicipal e interestadual, incidentes sobre a circulação de combustíveis e lubrificantes, não se lhes aplicando o disposto no art. 150, III, "B", do texto constitucional federal;

(B) Somente por lei poderá o Estado Membro aumentar, reduzir e restabelecer as alíquotas do imposto sobre circulação de mercadorias e prestação de serviço de comunicação e transportes, incidentes sobre a circulação de combustíveis e lubrificantes, não se lhes aplicando o disposto no artigo 150, III, "B e "C", do texto constitucional federal;

(C) O Poder Executivo do Estado Membro poderá, por decreto, aumentar, reduzir e restabelecer as alíquotas do imposto sobre circulação de mercadorias e prestação de serviço de comunicação e transportes, incidentes sobre a circulação de combustíveis e lubri-

3. DIREITO TRIBUTÁRIO 241

ficantes, não se lhes aplicando o disposto no art. 150, III, "B" e "C", do texto constitucional federal;

(D) Somente por lei poderá o Estado Membro reduzir e restabelecer as alíquotas do imposto sobre circulação de mercadorias e prestação de serviço de comunicação e transportes interestadual e intermunicipal, incidentes sobre a circulação de combustíveis e lubrificantes, não se lhes aplicando o disposto no art. 150, III, "B", do texto constitucional federal;

(E) Somente por lei poderá o Estado Membro aumentar, reduzir e restabelecer as alíquotas do imposto sobre circulação de mercadorias e prestação de serviço de comunicação e transportes, incidentes sobre a circulação de combustíveis e lubrificantes, não se lhes aplicando o disposto no art. 150, III, "B", do texto constitucional federal.

A e C: incorretas, pois as alíquotas do ICMS devem ser fixadas sempre por lei, observados os limites determinados pelo Senado e sujeitando-se, no caso dos benefícios fiscais, a prévio convênio interestadual – art. 155, § 2º, V, e XII, *g*, da CF; **B:** incorreta, pois o ICMS sujeita-se ao princípio da anterioridade anual e nonagesimal. A única exceção refere-se apenas à anterioridade anual (art. 150, III, *b*, da CF): o restabelecimento de alíquotas do ICMS definidas por deliberação dos Estados e do Distrito Federal, relativas a combustíveis e lubrificantes indicados pela lei complementar, nos termos do art. 155, § 4º, IV, *c*, da CF; **D:** essa é a melhor alternativa. A rigor, essas alíquotas, relativas a combustíveis e lubrificantes definidos pela lei complementar (não é qualquer combustível ou lubrificante – art. 150, § 2º, XII, *h*, da CF) serão definidas por deliberação dos Estados e do DF (não diretamente pela lei estadual), segundo o art. 150, § 4º, IV, da CF e, nesse caso, poderão ser reduzidas e restabelecidas sem aplicação da anterioridade anual; **E:** incorreta, pois a exceção do art. 150, § 4º, IV, da CF, atinente à anterioridade anual, refere-se apenas à redução e restabelecimento da alíquota, não à majoração além do que fora fixado inicialmente.

Gabarito "D".

(PROCURADOR DO ESTADO/MG – FUMARC – 2012) Quanto ao princípio da não cumulatividade, assinale a alternativa INCORRETA:

(A) Tem previsão expressa na Constituição Federal para o imposto sobre operações relativas à circulação de mercadorias e sobre prestações de serviços de transporte interestadual e intermunicipal e de comunicação (ICMS) e o imposto sobre produtos industrializados (IPI);

(B) A tributação não cumulativa reduz a carga tributária final incidente sobre bens de consumo;

(C) O princípio da não cumulatividade, quando implementado pela técnica do crédito físico, gera crédito para todos os custos, em sentido amplo, que vierem onerados por aquele imposto;

(D) A isenção ou não incidência, salvo determinação em contrário da legislação, acarretará a anulação do crédito do imposto sobre operações relativas à circulação de mercadorias e sobre prestações de serviços de transporte interestadual e intermunicipal e de comunicação (ICMS) relativo às operações anteriores;

(E) É vedado o crédito do imposto sobre operações relativas à circulação de mercadorias e sobre prestações de serviços de transporte interestadual e intermunicipal e de comunicação (ICMS) para integração ou consumo em processo de industrialização ou produção rural, quando a saída do produto resultante não for tributada

ou estiver isenta do imposto, exceto se trata-se de saída para o exterior.

A: correta, conforme os art. 153, § 3º, II, e 155, § 2º, I, da CF; **B:** incorreta, pois, a rigor, a não cumulatividade evita a majoração da tributação ao afastar o cálculo "em cascata", mas não reduz, por si, a carga tributária (apenas a distribui ao longo da cadeia de produção e consumo); **C:** incorreta. O crédito físico (não simplesmente escritural) implica creditamento em relação aos bens e serviços adquiridos, específica e individualmente considerados, desde que onerados pelo imposto correspondente. Esse crédito somente será aproveitado pelo adquirente quando esse bem ou serviço, especificamente, sair de seu estabelecimento (ainda que incorporado como insumo ou matéria-prima no produto vendido). Ou seja, não há creditamento em relação a todos os custos, em sentido amplo. Em tempo: os créditos de IPI e o ICMS são escriturais ou contábeis, não se aplicando a sistemática do crédito físico, estritamente; **D:** correta, conforme o art. 155, § 2º, II, *b*, da CF; **E:** correta, conforme o art. 155, § 2º, II, e X, *a*, *in fine*, da CF.

Gabarito "C".

11.6. IPVA

(Procurador do Estado/TO – 2018 – FCC) De acordo com o Código Tributário do Estado do Tocantins, o fato gerador do IPVA ocorre

(A) na data da incorporação do veículo ao ativo permanente do importador.

(B) na data em que o consumidor final adquirir veículo novo ou usado de empresa revendedora de veículos.

(C) na data do desembaraço aduaneiro, em relação a veículo importado do exterior, diretamente por empresa revendedora de veículos, com a finalidade de comercialização.

(D) no primeiro dia útil de janeiro, em relação a veículo adquirido em exercício anterior.

(E) na data em que o veículo tiver sido inscrito no Cadastro de Veículos do Estado do Tocantins, em relação a veículo transferido de outra unidade federada, sendo o imposto devido *pro rata die*.

A: correta, conforme o art. 76, IV, do Código Tributário do Estado do Tocantins; **B:** incorreta, pois a data de aquisição por consumidor final somente é fato gerador do IPVA em caso de veículos novos – art. 76, I, do Código Tributário do Estado do Tocantins; **C:** incorreta, pois, no caso de importação por revendedor, o IPVA incide apenas no momento da incorporação ao ativo permanente (o que não acontece quando é adquirido para revenda) – art. 76, IV, do Código Tributário do Estado do Tocantins; **D:** incorreta, pois a incidência anual ocorre em 1º de janeiro (como é a regra para impostos sobre patrimônio) – art. 76, VI, do Código Tributário do Estado do Tocantins; **E:** incorreta, pois, nesse caso, o IPVA de TO incide apenas em 1º de janeiro do ano subsequente – art. 76, VII, do Código Tributário do Estado do Tocantins.

Gabarito "A".

(Procurador do Estado/TO – 2018 – FCC) Em 16 de novembro de 2016 foi publicada lei estadual, que produziu efeitos a partir da data de sua publicação, e que alterou a lei do IPVA de um determinado Estado brasileiro. As alterações promovidas implicaram a fixação da

I. alíquota das motocicletas em percentual superior ao anteriormente fixado.

II. alíquota dos veículos de carga, tipo caminhão, em percentual inferior ao anteriormente fixado.

III. base de cálculo de veículos de passeio importados do exterior, em valor superior ao anteriormente fixado.

De acordo com a disciplina constitucional, a norma relacionada com a situação mencionada acima, no item

(A) I já pôde ser aplicada desde 16 de novembro de 2016.
(B) I já pôde ser aplicada desde 1º de janeiro de 2017.
(C) II só pôde ser aplicada a partir de 1º de janeiro de 2017.
(D) III só pôde ser aplicada a partir de 1º de janeiro de 2017.
(E) III só pôde ser aplicada a partir de 15 de fevereiro de 2017.

A: incorreta, pois a majoração da alíquota do IPVA deve observar a anterioridade nonagesimal e anual, de modo que terá eficácia somente em fevereiro de 2017 – art. 150, III, *b* e *c*, da CF; **B:** incorreta, conforme comentário anterior; **C:** incorreta, pois a redução de tributo é imediata, não se sujeitando à anterioridade; **D:** correta, pois a majoração da base de cálculo do IPVA sujeita-se apenas à anterioridade anual (não à nonagesimal) – art. 150, § 1º, da CF; **E:** incorreta, conforme comentário anterior.
Gabarito "D".

(Procurador do Estado/SP – 2018 – VUNESP) Consideradas as disposições da Constituição Federal e da Lei Paulista no 13.296, de 2008, sobre o Imposto sobre a Propriedade de Veículos Automotores – IPVA, é correto afirmar:

(A) o adquirente de veículo usado, com IPVA inadimplido, é responsável, exclusivamente, pelo débito relativo ao exercício em que ocorrer a compra e venda.
(B) considera-se ocorrido o fato gerador do IPVA no dia 1o de janeiro de cada ano para veículos usados e na data da primeira aquisição pelo consumidor para veículos novos.
(C) a incorporação de veículo novo ao ativo permanente do fabricante do bem não é fato gerador do IPVA, por não implicar transferência de propriedade.
(D) o recolhimento do IPVA incidente na aquisição de veículo novo fica diferido para o dia 1o de janeiro subsequente à aquisição.
(E) a base de cálculo do IPVA é o valor de mercado do veículo, usado ou novo, conforme fixado por autoridade no lançamento.

A: incorreta, pois o adquirente do veículo é responsável por sucessão em relação aos débitos deixados pelo alienante – art. 131, I, do CTN; **B:** correta. Embora o candidato precise conhecer a lei estadual para ter certeza sobre o momento de incidência do IPVA (já que se trata de tributo com fato gerador continuado, que se renova a cada ano), o usual é a incidência na data da primeira aquisição por consumidor final e em 1º de janeiro dos exercícios subsequentes – art. 3º, I e II, da Lei SP 13.296/2008; **C:** incorreta, até porque a legislação estadual não prevê incidência em desfavor do fabricante antes da aquisição pelo consumidor final. Quando o veículo é incorporado ao ativo permanente do fabricante significa que não será vendido novo para consumidor final, de modo que incide o IPVA, na forma da legislação estadual (é como se o fabricante fosse o consumidor final, na qualidade de usuário do veículo) – art. 3º, IV, da Lei SP 13.296/2008; **D:** incorreta, pois o IPVA incide na data da primeira aquisição do veículo novo por consumidor final – art. 3º, II, da Lei SP 13.296/2008; **E:** incorreta, pois, no caso do veículo novo vendido a consumidor final, por exemplo, a base de cálculo é o valor constante no documento fiscal – art. 7º, II, da Lei SP 13.296/2008. RB
Gabarito "B".

(Procurador do Estado – PGE/PR – PUC – 2015) Nos termos do art. 155, III, da Constituição de 1988, compete aos Estados e ao Distrito Federal instituir o Imposto sobre a Propriedade de Veículos Automotores – IPVA.

No Estado do Paraná, o IPVA é regido pela Lei 14.260, de 23 de dezembro de 2003. Sobre o IPVA, assinale a alternativa **CORRETA**.

(A) O IPVA terá alíquotas mínimas e máximas fixadas pelo Senado Federal.
(B) No Estado do Paraná, o IPVA incide sobre a propriedade de automóveis e lanchas, mas não de aeronaves, ainda que de pequeno porte.
(C) O IPVA poderá ter alíquotas diferenciadas em função da marca e da utilização.
(D) No Estado do Paraná, considera-se ocorrido o fato gerador do IPVA, tratando-se de veículo automotor usado, transferido de outra unidade federada, no primeiro dia do ano subsequente.
(E) No Estado do Paraná, o lançamento do IPVA dar-se-á anualmente por declaração.

A: incorreta, pois apenas as alíquotas mínimas do IPVA podem ser fixadas pelo Senado – art. 155, § 6º, I, da CF; **B:** incorreta, pois o STF fixou entendimento de que o IPVA incide apenas sobre a propriedade de veículos terrestres – ver RE 255.111/SP; **C:** incorreta, admitindo-se diferenciação em função do tipo e utilização – art. 155, § 6º, II, da CF; **D:** correta, nos termos do art. 2º, § 2º, *b*, da Lei Estadual do PR 14.260/2003. Importante lembrar que ainda não há norma nacional do IPVA, conforme art. 146, III, *a*, da CF, de modo que o fato gerador é regulado pela lei de cada Estado e do DF. Em regra, o IPVA incide na primeira aquisição do veículo novo e, posteriormente, em 1º de janeiro de cada exercício, existindo normas específicas para outras situações, como essa da alternativa; **E:** incorreta, pois o lançamento é de ofício ou homologação, como em regra ocorre em todos os Estados e no DF – art. 9º da Lei Estadual do PR 14.260/2003. RB
Gabarito "D".

(Procurador do Estado – PGE/PA – UEPA – 2015) A respeito do Imposto sobre a Propriedade de Veículos Automotores (IPVA) no Estado do Pará, é correto afirmar que:

(A) o imposto sobre a propriedade de veículo terrestre será devido ao Estado do Pará, quando aqui se localizar o domicílio do proprietário.
(B) o imposto incide apenas sobre a propriedade de veículo aéreo e terrestre.
(C) somente no caso de veículos de propriedade das pessoas portadoras de deficiência física haverá isenção do imposto.
(D) ainda que ocorra perda total do veículo por furto, roubo ou sinistro, a Secretaria Executiva da Fazenda não poderá dispensar o pagamento do imposto.
(E) será exigível, nos casos de transferência, novo pagamento do imposto sobre a propriedade do veículo, ainda que já solvido no mesmo exercício, em outra Unidade da Federação.

A: correto, pois a sujeição ativa do IPVA é determinada pelo local de licenciamento do veículo (art. 158, III, da CF), que deve corresponder ao domicílio do proprietário (art. 120 do Código de Trânsito Brasileiro); **B:** incorreta, pois o STF fixou entendimento de que o IPVA incide apenas sobre a propriedade de veículos terrestres – ver RE 255.111/SP; **C:** incorreta, pois há diversas outras isenções na legislação estadual do Pará – art. 3º da Lei Estadual do Pará 6.017/1996; **D:** incorreta, pois será

3. DIREITO TRIBUTÁRIO

dispensado o pagamento do IPVA em caso de perda total do veículo por furto, roubo ou sinistro – art. 6º da Lei Estadual do Pará 6.017/1996; **E:** incorreta, pois a legislação do Pará afasta a cobrança nesse caso – art. 17 da Lei Estadual do Pará 6.017/1996. **RB**
Gabarito „A".

(Procurador do Estado – PGE/RN – FCC – 2014) Analise os itens abaixo.

I. O IPVA é um imposto de competência dos Estados e do Distrito Federal, mas pode ser instituído pelos Municípios na ausência de legislação estadual.
II. As alíquotas mínimas para o IPVA são fixadas por Resolução do Senado Federal.
III. O IPVA pode ter alíquotas diferenciadas em função do tipo e da utilização dos veículos.
IV. O IPVA pode ter alíquotas progressivas em razão do valor venal do veículo, conforme disposição expressa na Constituição Federal.

Está correto o que se afirma APENAS em

(A) II e IV.
(B) I e II.
(C) II e III.
(D) III e IV.
(E) I e III.

I: incorreta, pois a competência, ou seja, a atribuição para legislar sobre determinado tributo, é indelegável – art. 7º do CTN; **II:** correta – art. 155, § 6º, I, da CF; **III:** correta – art. 155, § 6º, II, da CF; **IV:** incorreta, pois a CF não prevê expressamente a progressividade do IPVA – art. 155, § 6º, da CF. **RB**
Gabarito „C".

11.7. ITCMD

(Procurador do Estado/TO – 2018 – FCC) Por meio de uma única escritura pública de doação, lavrada em Tabelião da cidade de Palmas/TO, em dezembro de 2017, João, domiciliado em Araguaína/TO, doou a seu irmão José, domiciliado em Salvador/BA, os seguintes bens: 1 – um terreno, localizado à beira mar, em Pernambuco, cujo valor era de R$ 200.000,00; 2 – uma coleção de livros raros, no valor de R$ 500.000,00; 3 – uma fazenda, localizada no Município de Gurupi/TO, no valor de R$ 350.000,00; e 4 – R$ 1.000.000,00 em dinheiro. De acordo com o Código Tributário do Estado do Tocantins, relativamente ao imposto devido ao Estado de Tocantins, a alíquota aplicável à doação desse conjunto de bens é de

(A) 8%.
(B) 1%.
(C) 2%.
(D) 4%.
(E) 6%.

As alíquotas do ITCMD são previstas no art. 61 do Código Tributário do Estado do Tocantins. No presente caso, o Estado de Tocantins não tem competência para tributar o imóvel localizado em PE – art. 155, § 1º, I, da CF. A base de cálculo, portanto, corresponde à somatória dos valores dos demais bens e dinheiro doados, já que nesses casos (bens móveis, dinheiro, créditos, direitos) o ITCMD é devido no domicílio do doador (TO). Nos termos do art. 61, III, do Código Tributário do Estado do Tocantins, a alíquota de 6% é aplicada nos casos em que a base de cálculo for superior a R$ 500 mil e inferior a R$ 2 milhões. Por essa razão, a alternativa "E" é a correta.
Gabarito „E".

(Procurador do Estado/SP – 2018 – VUNESP) Consideradas as disposições da Constituição Federal e da Lei Paulista no 10.705, de 2000, sobre o Imposto sobre a Transmissão Causa Mortis e Doações – ITCMD – assinale a alternativa correta.

(A) É contribuinte do ITCMD, em caso de doação, o donatário residente no Estado de São Paulo.
(B) Compete ao Estado de domicílio do de cujus o ITCMD incidente na transmissão causa mortis de bens imóveis.
(C) Em caso de imóveis, o ITCMD incide somente por transmissão causa mortis e, em caso de outros bens e direitos, o imposto incide sobre a transmissão a qualquer título.
(D) A instituição do ITCMD pelos Estados depende de lei complementar federal que regule os aspectos específicos da incidência em qualquer hipótese de transmissão ou de qualquer bem, independentemente da situação do contribuinte ou responsável.
(E) A doação com encargos não se sujeita à incidência do ITCMD.

A: correta – art. 155, § 1º, II, da CF e art. 7º, III, da Lei SP 10.705/2000; **B:** incorreta, pois, no caso da incidência *causa mortis*, o ITCMD é devido no local onde se processar o inventário ou o arrolamento, no caso de bens móveis, ou no local do bem imóvel – art. 155, § 1º, I e II, da CF; **C:** incorreta, pois incide o ITCMD também na doação de bens imóveis – art. 155, I, da CF; **D:** incorreta, pois o art. 155, § 1º, III, da CF prevê regulação da competência para instituição apenas nos casos em que (i) o doador tiver domicílio ou residência no exterior e em que (ii) o *de cujus* possuía bens, era residente ou domiciliado ou teve o seu inventário processado no exterior; **E:** incorreta, pois toda doação se sujeita ao ITCMD – art. 155, I, da CF. **RB**
Gabarito „A".

(Procurador do Estado – PGE/MT – FCC – 2016) O imposto de transmissão *causa mortis* e doação de quaisquer bens ou direitos, de competência estadual,

(A) incide sobre a transmissão de bens, realizada entre pessoas jurídicas, em decorrência da transferência da propriedade de bem imóvel em virtude de aumento de capital aprovada pelos órgãos societários das pessoas jurídicas envolvidas.
(B) onera atos jurídicos relativos à constituição de garantias reais sobre imóveis.
(C) será devido em favor do Estado do Mato Grosso, em relação às doações de dinheiro, sempre que o donatário estiver domiciliado nessa Unidade da Federação, ou no Distrito Federal.
(D) não incidirá sobre as transmissões ou doações em que figurarem como herdeiros, legatários ou donatários, os partidos políticos e suas fundações, respeitados os requisitos de lei.
(E) tem lançamento apenas na modalidade "por declaração".

A: incorreta, pois o ITCMD não incide sobre transmissões onerosas, como é o caso da transmissão para aumento de capital – art. 155, I, da CF. Ademais, há imunidade em relação ao ITBI municipal, exceto na hipótese descrita no art. 156, § 2º, I, da CF; **B:** incorreta, pois não há doação ou transmissão *causa mortis*, nessa hipótese; **C:** incorreta, pois o ITCMD incidente sobre doações de bens móveis, títulos e créditos é devido ao ente federado onde domiciliado o doador – art. 155, § 1º, II, da CF; **D:** correta, nos termos do art. 5º, I, c, da Lei Estadual do MT 7.850/2002. Note que não há norma nacional que defina o sujeito passivo do ITCMD, de modo que cabe a cada Estado regular a matéria – art. 146, III, *a*, e art. 24, § 3º, da CF. Assim, não se pode afirmar que há imunidade, nesse caso, pois se a lei de determinado Estado aponta o doador como contribuinte (o que é muito comum), incide o ITCMD nas transmissões em favor de entidades imunes (como partidos políticos), exceto claro se o doador também for imune. No caso do MT, entretanto, a lei estadual afasta expressamente essa incidência nas doações em transmissões para partidos políticos e suas fundações, o que exigiria conhecimento específico do candidato. **RB**

Gabarito "D".

(Procurador do Estado – PGE/RS – Fundatec – 2015) Quanto ao ITCD, analise as assertivas abaixo, considerando o entendimento jurisprudencial:

I. Pode ser progressivo.

II. Sua alíquota máxima, fixada pelo Senado Federal, é de 8%.

III. É cobrado, no Estado do Rio Grande do Sul, com base nas alíquotas de 3% e 4%, aplicáveis, respectivamente, para a sucessão *causa mortis* e para as doações.

IV. Calcula-se sobre o saldo credor da promessa de compra e venda de imóvel, no momento da abertura da sucessão do promitente vendedor.

Após a análise, pode-se dizer que:

(A) Estão corretas apenas as assertivas I e II.

(B) Estão corretas apenas as assertivas I e III.

(C) Estão corretas apenas as assertivas II e III.

(D) Estão corretas apenas as assertivas I, II e IV.

(E) Todas as assertivas estão corretas.

I: correta, conforme a atual jurisprudência do STF – ver RE 562.045/RS – Tese de Repercussão Geral 21; **II:** correta – Resolução do Senado Federal 9/1992; **III:** incorreta, pois, segundo a legislação estadual do RS, as alíquotas do ITCMD variam de 0 a 6% – art. 18 da Lei Estadual do RS 8.821/1989. É importante que o estudante acompanhe a legislação específica de cada Estado exigida nos editais de concurso, inclusive em relação a possíveis alterações. **RB**

Gabarito "D".

(Procurador do Estado – PGE/PR – PUC – 2015) Nos termos da Constituição Federal de 1988, compete aos Estados e ao Distrito Federal instituir impostos sobre transmissão *causa mortis* e doação, de quaisquer bens ou direitos – ITCMD (CF/88, art. 155, I).

No Estado do Paraná, o ITCMD é regido pela Lei 8.927/1988. Sobre o assunto, assinale a alternativa **CORRETA.**

(A) No Estado do Paraná, é dispensado o pagamento do ITCMD incidente sobre o excesso de partilha decorrente de divórcio.

(B) O termo *a quo* do prazo decadencial para lançamento do ITCMD *causa mortis*, tratando-se de processo de inventário, é o primeiro dia do exercício financeiro seguinte ao da homologação judicial do cálculo do referido inventário.

(C) A previsão de alíquotas progressivas do ITCMD afronta a Constituição Federal de 1988.

(D) Nas doações com reserva do usufruto ou na sua instituição gratuita a favor de terceiros realizadas no Estado do Paraná, o valor dos direitos reais do usufruto, uso ou habitação, vitalício e temporário, será igual a um terço do valor do total do bem, correspondendo o valor restante à sua propriedade separada daqueles direitos.

(E) Em se tratando de processo de arrolamento sumário, a discussão relativa à correção de valores recolhidos a título de ITCMD deve se dar no curso da referida ação judicial.

É importante que o estudante acompanhe a legislação específica de cada Estado exigida nos editais de concurso, inclusive em relação a possíveis alterações. A Lei Estadual do PR 8.927/1988 foi revogada pela Lei 18.573/2015. **A:** incorreta, pois incide ITCMD sobre o excesso de meação – art. 13, II, *d*, da Lei Estadual PR 18.573/2015; **B:** correta, art. 173, I, do CTN, ver AgInt no REsp 1.133.030/RS; **C:** incorreta, sendo acolhida a progressividade do ITCMD em relação ao valor da base de cálculo pelo STF – RE 562.045/RS – Tese de Repercussão Geral 21; **D:** incorreta, pois o valor dos direitos corresponderá à metade do valor total do bem – art. 20 da Lei Estadual PR 18.573/2015; **E:** incorreta, pois no arrolamento sumário não cabem discussões quanto ao pagamento do ITCMD – art. 662 do CPC, ver REsp 1.150.356/SP-repetitivo. **RB**

Gabarito "B".

(Procurador do Estado – PGE/PA – UEPA – 2015) A respeito do Imposto Sobre a Transmissão Causa Mortis e Doações (ITCMD) no Estado do Pará, julgue as afirmativas abaixo.

I. O imposto tem como fatos geradores a transmissão de bens ou direitos decorrentes da sucessão hereditária e a transmissão, através de doações, com ou sem encargos, a qualquer título, de bens e direitos.

II. Nas transmissões "Causa Mortis", há apenas um fato gerador, independentemente de quantos sejam os herdeiros ou legatários.

III. O ITCMD incidente sobre bem objeto de transmissão localizado em território paraense será devido ao Estado do Pará, desde que a transmissão não provenha de sucessão aberta no estrangeiro.

IV. Os impostos devidos sobre a transmissão "Causa Mortis" ou doação relativos a bens móveis, títulos e créditos competem ao Estado do Pará, quando nele se processar o inventário ou arrolamento, ou nele estiver domiciliado o *de cujus* ou doador.

A alternativa que contém todas as afirmativas corretas é:

(A) I e II

(B) I e IV

(C) II e IV

(D) II e III

(E) I e III

I: correta – art. 155, I, da CF; **II:** incorreta, pois nas transmissões *causa mortis*, ocorrem tantos fatos geradores distintos quantos sejam os herdeiros ou legatários – art. 35, parágrafo único, do CTN; **III:** incorreta, pois no caso de bens móveis, títulos e créditos, o ITCMD é devido ao Estado ou ao DF onde se processar o inventário ou o arrolamento ou onde tiver domicílio o doador – art. 155, § 1º, II, da CF; **IV:** correta, conforme comentário anterior. **RB**

Gabarito "B".

(Procurador do Estado – PGE/RN – FCC – 2014) Segundo o Código Tributário Nacional, a definição legal do fato gerador é interpretada abstraindo-se da validade jurídica dos atos efetivamente praticados, da natureza do seu objeto e seus efeitos, bem como dos efeitos dos fatos efetivamente ocorridos. Diante disso,

(A) o recolhimento de ITCD incidente sobre doação de bem imóvel em fraude contra credores é válido, mesmo diante de anulação do negócio jurídico por decisão judicial irrecorrível.

3. DIREITO TRIBUTÁRIO

(B) somente os negócios juridicamente válidos podem ser definidos como fato gerador de tributos.

(C) a hipótese de incidência pode ter em seu aspecto material fatos ilícitos, desde que compatíveis com a regra-matriz de incidência prevista na Constituição Federal.

(D) somente os negócios jurídicos com agente capaz, objeto lícito e forma prevista ou não proibida em lei serão fatos geradores de tributos.

(E) a circulação de mercadoria objeto de contrabando não pode ser fato gerador do ICMS, tendo em vista que o objeto do negócio, qual seja, a mercadoria, é ilícita.

A: correta, sendo essa a interpretação dada pelo fisco ao art. 118, I, do CTN; **B:** incorreta, pois a validade jurídica dos negócios não é, em princípio, relevante para aferição da ocorrência do fato gerador – art. 118 do CTN; **C:** incorreta, pois a hipótese de incidência, como previsão legal, geral e abstrata do fato gerador não pode definir situação ilícita como fato gerador do tributo – art. 3º do CTN. O que não impede que uma situação de fato ilícita implique incidência do imposto. Por exemplo, auferir renda é fato lícito, abstratamente considerado, e previsto na hipótese de incidência do imposto de renda. Traficante de drogas realiza atos ilícitos, mas ao auferir renda, deve recolher o imposto correspondente; **D:** incorreta, pois a capacidade civil do agente é irrelevante para a sujeição passiva (art. 126 do CTN), assim como a licitude ou forma dos atos efetivamente praticados (art. 118 do CTN); **E:** incorreta, pois a circulação de mercadoria em si, que é fato gerador do ICMS, é lícita, sendo irrelevante a validade jurídica dos atos efetivamente praticados pelos contribuintes – art. 118 do CTN. **RB**

Gabarito "A".

(Procurador do Estado – PGE/RN – FCC – 2014) Em relação ao Imposto sobre Transmissão *Causa Mortis* e Doação, de quaisquer bens ou direitos:

(A) terá suas alíquotas máximas reguladas por Convênio entre os Estados e o Distrito Federal.

(B) na doação de bens imóveis, compete ao Estado onde tiver domicílio o doador.

(C) terá suas alíquotas mínimas fixadas por Resolução do Congresso Nacional.

(D) na doação de bens móveis, a competência para a sua instituição deverá ser regulada por lei complementar no caso em que o donatário tenha domicílio no exterior.

(E) incidirá sobre doações realizadas por pessoas jurídicas.

A: incorreta, pois as alíquotas máximas do ITCMD devem ser fixadas pelo Senado Federal – art. 155, § 1º, IV, da CF; **B:** incorreta, pois o ITCMD relativo a imóvel é devido ao Estado ou ao DF onde localizado o bem – art. 155, § 1º, II, da CF; **C:** incorreta, pois somente as alíquotas máximas são determinadas, e pelo Senado Federal, conforme comentário à primeira alternativa; **D:** incorreta, pois a lei complementar deverá regular o caso de doador no exterior, não donatário. Caso o doador esteja no Brasil, o ITCMD será devido ao Estado ou DF em que ele estiver domiciliado – art. 155, § 1º, II, da CF; **E:** correta, considerando que a doação feita por qualquer pessoa, natural ou jurídica, sujeita-se ao ITCMD, exceto evidentemente em caso de imunidade ou benefício fiscal que lhe aproveite. **RB**

Gabarito "E".

(Procurador do Estado/RO – 2011 – FCC) Sr. Gabriel Khalil possuía o seguinte patrimônio: um apartamento onde residia em Rondônia (RO); uma aplicação na caderneta de poupança em agência bancária situada na Cidade de São Paulo

(SP); um imóvel comercial no Rio de Janeiro (RJ); e uma fazenda no Mato Grosso (MT). Em viagem de turismo em Minas Gerais (MG) veio a falecer naquele estado. Aberta a sucessão, seu inventário tramita na Justiça de Rondônia, local de seu domicílio. De acordo com as normas da Constituição Federal, será cabível o

(A) ITCMD, devido exclusivamente para o estado no qual o *de cujus* faleceu.

(B) ITBI, devido ao estado em que se processar o inventário.

(C) ITCMD, pertencente ao estado RO sobre o imóvel residencial e aplicação financeira em SP; ao estado do RJ sobre o imóvel comercial; e ao estado do MT em relação à fazenda.

(D) ITCMD, devido aos estados RO, SP, RJ e MT, partilhado *pro rata* conforme o valor total do patrimônio do *de cujus*.

(E) ITBI sobre os bens imóveis, havendo a incidência do ITCMD sobre os valores de aplicações financeiras.

Sobre a transmissão *causa mortis* (heranças e legados) incide apenas o ITCMD estadual. Em relação ao bem imóvel, é devido sempre ao Estado (ou ao Distrito Federal) onde o bem está localizado – art. 155, § 1º, I, da CF. Em relação a todas outras espécies de bens (móveis, títulos e créditos), caso da caderneta de poupança, o ITCMD é devido ao Estado (ou ao Distrito Federal) onde se processar o inventário ou arrolamento – art. 155, § 1º, II, da CF. Por essas razões, a alternativa "C" é a correta. Perceba que o ITBI municipal incide apenas nas transmissões onerosas de bens imóveis *inter vivos* (ou seja, na compra e venda de imóvel, dação em pagamento etc.) – art. 156, II, da CF.

Gabarito "C".

11.8. ISS

(Procurador do Estado/SP – 2018 – VUNESP) Empresa Alfa, com estabelecimento único no Município de Diadema, contrata a empresa Beta, com estabelecimento único no Município de São Bernardo do Campo, para a demolição de edifício localizado no Município de São Caetano do Sul. Consideradas as regras sobre o aspecto espacial do Imposto Sobre Serviços de Qualquer Natureza – ISSQN, conforme a Lei Complementar Federal no 116, de 2003, é correto afirmar que o ISSQN será devido

(A) para o Município de São Caetano do Sul, local da prestação do serviço, se, e somente se, o prestador do serviço lá estiver inscrito.

(B) para o Município de Diadema, local do estabelecimento tomador do serviço, se, e somente se, houver previsão na lei municipal de responsabilização do tomador do serviço.

(C) para o Município de São Caetano do Sul, local da prestação do serviço.

(D) para o Município de Diadema, local do estabelecimento tomador do serviço.

(E) para o Município de São Bernardo do Campo, local do estabelecimento prestador do serviço.

No caso de demolição, o ISS é devido no local onde está a construção a ser demolida (= local da prestação do serviço), ou seja, no Município de São Caetano do Sul – art. 3º, IV, da LC 116/2003. Por essa razão, a alternativa "C" é a correta. **RB**

Gabarito "C".

(Procurador do Município/São José dos Campos-SP – 2012 – VUNESP) De acordo com a lei que disciplina a matéria, a alíquota máxima do Imposto Sobre Serviços de Qualquer Natureza é de

(A) 0,5%.

(B) 1,5%.

(C) 3%.

(D) 5%.

(E) 10%.

Atualmente, a alíquota máxima do ISS é 5%, conforme o art. 8°, II, da LC 116/2003, fixada nos termos do art. 156, § 3°, I, da CF. Como a lei complementar não fixou a alíquota mínima, continua vigendo a de 2%, nos termos e com a exceção da construção civil previstos no art. 88, I, do ADCT. Por essa razão, a alternativa "D" é a correta

Gabarito "D".

11.9. IPTU

(Procurador do Município – Valinhos/SP – 2019 – VUNESP) De acordo com o teor de Súmula do STJ, a incidência do IPTU (Imposto sobre a Propriedade Predial e Territorial Urbana) sobre imóvel situado em área considerada pela lei local como urbanizável ou de expansão urbana

(A) condiciona-se ao requisito mínimo da existência de meio-fio, com canalização de águas pluviais, e abastecimento de água mantido pelo Poder Público.

(B) depende da existência de rede de iluminação pública e sistema de esgotos sanitários construídos e mantidos pelo Poder Público.

(C) não está condicionada à existência dos melhoramentos elencados pelo Código Tributário Nacional para fins do referido imposto.

(D) depende da existência de pelo menos dois melhoramentos construídos e mantidos pelo Poder Público, tais como escola primária ou posto de saúde a uma distância máxima de três quilômetros do imóvel considerado.

(E) condiciona-se à existência mínima de abastecimento de água e de sistema de esgotos sanitários, construídos e mantidos pelo Poder Público.

A Súmula 626/STJ dispõe que "a incidência do IPTU sobre imóvel situado em área considerada pela lei local como urbanizável ou de expansão urbana não está condicionada à existência dos melhoramentos elencados no art. 32, § 1°, do CTN." Por essa razão, a alternativa "C" é a correta.

Gabarito "C".

(Procurador do Município – Prefeitura Fortaleza/CE – CESPE – 2017) Considerando os dispositivos do CTN e a jurisprudência do STJ em relação ao ato administrativo do lançamento e à atividade desenvolvida para a constituição do crédito tributário, julgue os próximos itens.

(1) Considera-se válida e regular a notificação do lançamento de ofício do imposto predial e territorial urbano por meio de envio de carnê ou da publicação de calendário de pagamento juntamente com as instruções para o cumprimento da obrigação tributária.

(2) A declaração prestada pelo contribuinte nos tributos sujeitos a lançamento por homologação não constitui o crédito tributário, pois está sujeita a condição suspensiva de ulterior homologação pela administração tributária.

(3) Não havendo prévia instauração de processo administrativo fiscal, será nulo o lançamento do imposto sobre transmissão de bens imóveis e de direitos a eles relativos no caso de existir divergência entre a base de cálculo declarada pelo contribuinte e o valor arbitrado pela administração tributária.

1: Correta, Súmula 397/STJ. **2:** Incorreta, pois a declaração equivale ao lançamento – Súmula 436/STJ. **3:** Correta, pois o arbitramento previsto pelo art. 148 do CTN, em caso de as declarações prestadas não merecerem fé, exige processo administrativo regular. **RB**

Gabarito 1C, 2E, 3C

(Procurador Distrital – 2014 – CESPE) Decreto distrital X estipulou alíquota de IPTU em 0,3% para imóveis edificados com fins exclusivamente residenciais.

Posteriormente, em razão da valorização do mercado imobiliário, foi editado o decreto distrital Y, que majorou o valor venal dos imóveis e alterou a alíquota de IPTU para 0,5%.

Com base nessa situação hipotética, julgue os itens seguintes.

(1) A hipótese em questão se refere a imposto cobrado com base em aspectos subjetivos do contribuinte, isto é, com base em elementos que dimensionam sua capacidade econômica para contribuir.

(2) Se a alteração da base de cálculo do IPTU em apreço decorresse de simples atualização monetária do valor venal do imóvel, não haveria infringência ao princípio da reserva legal.

1: correta. Discordamos do gabarito oficial. O IPTU, como todo tributo, deve levar em consideração a capacidade econômica do contribuinte – art. 145, § 1°, da CF/1988. Este gabarito da CESPE adota entendimento no sentido de que somente os chamados impostos pessoais (IR, por exemplo) seriam sensíveis à capacidade econômica, ou talvez por entender que a capacidade contributiva depende da análise da totalidade da carga tributária suportada pelo contribuinte (posicionamento do STF em casos específicos – ver ADI 2.010-MC/DF), e isso não seria possível em relação ao IPTU. Ocorre que, recentemente, o STF decidiu que "todos os impostos estão sujeitos ao princípio da capacidade contributiva, mesmo os que não tenham caráter pessoal" (voto do Min. Eros Grau no RE 562.045/RS – repercussão geral, em que o STF ratificou a progressividade do ITCMD); **2:** correta, pois a alteração da base de cálculo acima da inflação (= aumento real) ou a modificação da alíquota somente podem ser realizadas por lei, jamais por decreto – ver Súmula 160 do STJ.

Gabarito 1E, 2C

11.10. ITBI

(Procurador Municipal/SP – VUNESP – 2016) José, sócio da Sociedade Alvorada Editora Ltda., para fins de integralização do capital social referente às suas cotas, transferiu para a sociedade um imóvel no valor de R$ 200.000,00. No que respeita à referida transmissão, é correto afirmar que

(A) incidirá o imposto sobre a transmissão de bens e direitos a eles relativos, cuja competência é estadual.

(B) incidirá o imposto sobre a transmissão de bens imóveis, em razão da onerosidade da operação, cuja competência é municipal.

3. DIREITO TRIBUTÁRIO

(C) não incidirá o imposto sobre a transmissão de bens imóveis, de competência municipal, caso haja lei isentante específica que assim autorize.

(D) não incidirá o imposto sobre transmissão de bens imóveis, de competência municipal, pois a atividade da sociedade não se enquadra nas exceções constitucionais para as quais a exação é permitida.

(E) incidirá o imposto sobre a transmissão do bem imóvel, de competência municipal, a ser calculado sobre o valor venal do bem, e o imposto sobre a transmissão de bens, de competência estadual, cuja base de cálculo será o valor dos direitos que decorram do bem.

A: incorreta, pois, em princípio, essa transmissão é objeto de imunidade – art. 156, § 2º, I, da CF; **B:** incorreta, conforme comentário anterior; **C:** incorreta, pois há imunidade, em regra, sendo incabível lei isentiva nesse caso (somente pode isentar quem tem competência para tributar, o que não ocorre em caso de imunidade); **D:** correta, lembrando que há exceções a essa imunidade, previstas no próprio art. 156, § 2º, I, da CF; **E:** incorreta, salientando que não existe, no direito brasileiro, bitributação, com incidência de impostos estaduais e municipais em relação a um mesmo fato gerador. **RB**
Gabarito "D".

11.11. Temas combinados de impostos e contribuições

(Procurador do Município – Valinhos/SP – 2019 – VUNESP) Assinale a assertiva que se encontra em consonância com Súmula Vinculante do Supremo Tribunal Federal em matéria tributária.

(A) É inconstitucional a adoção, no cálculo do valor de taxa, de um ou mais elementos da base de cálculo própria de determinado imposto, ainda que não haja integral identidade entre uma base e outra.

(B) É constitucional a incidência do Imposto sobre Serviços de Qualquer Natureza – ISS sobre operações de locação de bens móveis.

(C) O ICMS incide sobre alienação de salvados de sinistro pelas seguradoras.

(D) O serviço de iluminação pública pode ser remunerado mediante taxa.

(E) Norma legal que altera o prazo de recolhimento de obrigação tributária não se sujeita ao princípio da anterioridade.

A: incorreta, pois o STF admite a adoção, no cálculo do valor de taxa, de um ou mais elementos da base de cálculo própria de determinado imposto, desde que não haja integral identidade entre uma base e outra – Súmula Vinculante 29/STF; **B:** incorreta, pois o STF entende inconstitucional essa incidência – Súmula Vinculante 31/STF; **C:** incorreta, pois não há essa incidência – Súmula Vinculante 32/STF; **D:** incorreta, conforme a Súmula Vinculante 41/STF; **E:** correta, correspondendo à Súmula Vinculante 50/STF.
Gabarito "E".

(Procurador do Município – Valinhos/SP – 2019 – VUNESP) O imposto de competência da União que, nas condições previstas constitucionalmente, os Municípios podem optar por fiscalizar e cobrar é o que incide sobre

(A) operações de crédito, câmbio e seguro, ou relativas a títulos ou valores mobiliários.

(B) renda e proventos de qualquer natureza.

(C) produtos industrializados.

(D) propriedade territorial rural.

(E) grandes fortunas.

O único tributo federal que pode ser fiscalizado e cobrado pelos Municípios por disposição constitucional é o ITR, na forma e nas condições do art. 153, § 4º, III, da CF, de modo que a alternativa "D" é a correta.
Gabarito "D".

(Procurador do Município/Manaus – 2018 – CESPE) Considerando o que dispõe a CF, julgue os itens a seguir, a respeito das limitações do poder de tributar, da competência tributária e das normas constitucionais aplicáveis aos tributos.

(1) Cabe à lei complementar dispor sobre substituição tributária relativa ao ICMS.

(2) O IPTU pode ter alíquotas superiores para os imóveis de maior valor.

(3) Compete aos municípios instituir o ITCMD.

1: correta – art. 155, XII, b, da CF; **2:** correta, pois a progressividade em relação à base de cálculo do IPTU é prevista no art. 156, § 1º, I, da CF; **3:** incorreta, pois o ITCMD é imposto da competência dos Estados e do Distrito Federal – art. 155, I, da CF. **RB**
Gabarito 1C, 2C, 3E.

(Procurador do Município/Manaus – 2018 – CESPE) Tendo por base o que dispõem as Leis Complementares n. 116/2003 e n. 123/2006 e a Lei municipal n. 1.628/2011, do município de Manaus, julgue os seguintes itens.

(1) Para efeito de cobrança de IPTU, o bem imóvel no qual exista obra paralisada pela fiscalização municipal será considerado como bem edificado.

(2) O ISSQN não incide sobre as exportações de serviços de engenharia.

1: incorreta, pois considera-se imóvel não edificado, nesse caso, conforme o art. 6º, § 2º, IV, da Lei Municipal 1.628/2011; **2:** correta, pois o ISS não incide sobre exportação de serviços – art. 2º, I, da LC 116/2003. **RB**
Gabarito 1E, 2C

(Procurador do Estado/SE – 2017 – CESPE) Considerando-se as limitações ao poder de tributar previstas no texto constitucional, é juridicamente admissível que um ente público estadual institua a cobrança de

(A) ICMS incidente sobre comercialização de jornais impressos.

(B) ICMS com alíquotas diferenciadas em razão da ocupação profissional do contribuinte.

(C) taxa referente a um serviço prestado à União.

(D) taxa a ser cobrada no mesmo exercício financeiro em que for publicada a lei que a instituir.

(E) IPVA incidente sobre veículos terrestres pertencentes ao poder público municipal e utilizados para transportar autoridades.

A: incorreta, pois há imunidade de impostos, nos termos do art. 150, VI, d, da CF; **B:** incorreta, pois é vedada a diferenciação conforme ocupação do contribuinte – art. 150, II, da CF; **C:** correta, pois a imunidade recíproca é restrita aos impostos, não afastando a possibilidade de cobrança de taxas – art. 150, VI, a, da CF; **D:** incorreta, pois todos os tributos, inclusive as taxas, sujeitam-se, em regra, ao princípio da anterioridade anual – art. 150, III, b, da CF; **E:** incorreta, pois o IPVA é tributo estadual, sendo que há repartição de 50% da receita para o município onde o veículo está registrado – arts. 155, III, e 158, III, da CF. **RB**
Gabarito "C".

(Procurador Municipal – Prefeitura/BH – CESPE – 2017) No que se refere às normas constitucionais aplicáveis aos tributos de competência municipal, assinale a opção correta.

(A) É possível a instituição de ISSQN sobre a prestação de serviços de transporte intermunicipal, desde que observada a alíquota máxima relativa a operações intermunicipais prevista em lei complementar.

(B) No caso de subutilização do solo urbano, poderá o poder público municipal, mediante lei específica para a área incluída no plano diretor, exigir a incidência de IPTU progressivo no tempo.

(C) Lei editada após a Emenda Constitucional 29/2000 deverá ser declarada inconstitucional caso institua cobrança de IPTU com alíquotas diferentes em razão da localização do imóvel.

(D) A cobrança do imposto municipal devido por transmissão de bens imóveis por ato *inter vivos*, a título oneroso, compete ao município do domicílio tributário do alienante.

A: incorreta, pois a tributação do transporte intermunicipal é da competência exclusiva dos Estados e DF – art. 155, II, da CF; **B:** correta – art. 182, § 4º, da CF; **C:** incorreta, pois a partir da EC 29/2000 a Constituição passou a prever expressamente a progressividade do IPTU em relação ao valor do bem, passando a ser acolhida pelo STF – art. 156, § 1º, I, da CF e Súmula 668/STF; **D:** incorreta, pois o ITBI é devido ao município ou DF onde localizado o imóvel – art. 156, § 2º, II, da CF. [RB]

Gabarito "B".

(Procurador Municipal – Sertãozinho/SP – VUNESP – 2016) No que respeita aos impostos de competência municipal, é correto afirmar que

(A) o imposto sobre a propriedade predial e territorial urbana poderá ser progressivo em razão do valor do imóvel.

(B) o imposto sobre a propriedade predial e territorial urbana não poderá ter alíquotas diferentes de acordo com o uso do imóvel.

(C) caberá ao Poder Legislativo Municipal, por meio de decreto legislativo, fixar as alíquotas máximas e mínimas do imposto sobre serviços de qualquer natureza, não compreendidos na competência impositiva dos Estados.

(D) se tratando de transmissão de bens ou direitos quando incorporados ao patrimônio de pessoa jurídica em realização de capital, incidirá, em qualquer caso, o imposto sobre a transmissão *inter vivos*.

(E) a forma e as condições como isenções, incentivos e benefícios fiscais, relativas ao imposto sobre serviços de qualquer natureza, será regulada por Resolução do Senado Federal.

A: correta, conforme o art. 156, § 1º, I, da CF (a Súmula 668/STF refere-se ao período anterior à EC 29/2000); **B:** incorreta, pois é possível essa diferenciação – art. 156, § 1º, II, da CF; **C:** incorreta, pois somente lei complementar federal pode fixar as alíquota mínima e máxima do ISS – art. 156, § 3º, I, da CF, lembrando que havia regra transitória no art. 88, I, do ADCT, hoje substituída pelo art. 8º-A da LC 116/2003; **D:** incorreta, pois há imunidade, nos termos do art. 156, § 2º, I, da CF; **E:** incorreta, pois a matéria é veiculada por lei complementar federal – art. 156, § 3º, III, da CF. [RB]

Gabarito "A".

(PROCURADOR DO ESTADO/MG – FUMARC – 2012) Assinale a alternativa em que a progressividade tributária, retratada na Constituição Federal, se revela corretamente:

(A) O imposto predial e territorial urbano (IPTU) poderá, se progressivo, ter caráter fiscal ou extra fiscal;

(B) A progressividade do imposto territorial rural (ITR) tem caráter fiscal;

(C) O Senado Federal poderá fixar alíquotas progressivas para o imposto de veículos automotores (IPVA);

(D) Há previsão expressa para progressividade do imposto *causa mortis* e doação, de quaisquer bens ou direitos (ITCD);

(E) A progressividade do imposto de renda (IR) tem caráter extrafiscal.

A: correta, pois além da progressividade em razão da base de cálculo (natureza eminentemente fiscal, ou seja, arrecadatória), prevista no art. 156, § 1º, I, da CF, o IPTU pode ser progressivo no tempo, com finalidade extrafiscal de orientação da ocupação do solo urbano – art. 182, § 4º, II, da CF; **B:** incorreta, pois a função é eminentemente extrafiscal (não arrecadatória), para desestimular a propriedade improdutiva – art. 153, § 4º, I, da CF; **C:** incorreta, pois não há previsão de progressividade em relação ao IPVA. A rigor, o judiciário não admite progressividade de alíquotas segundo a base de cálculo no caso dos tributos incidentes sobre a propriedade (domínio ou transmissão), exceto em relação ao ITR e ao IPTU, que contam como previsão constitucional expressa; **D:** incorreta, pois não há previsão expressa de progressividade para o ITCMD. Entretanto, é importante lembrar que o STF reviu a questão, reconhecendo que o imposto pode ser progressivo, atendendo assim o princípio da capacidade contributiva (Tese de Repercussão Geral 21). Esse entendimento pode ser posteriormente aplicado ao ITBI municipal, de modo que o estudante deve atentar para a evolução jurisprudencial.; **E:** imprecisa, pois a progressividade do IR tem natureza eminentemente fiscal, ou seja, arrecadatória, não extrafiscal (de intervenção no mercado ou na sociedade).

Gabarito "A".

12. GARANTIAS E PRIVILÉGIOS DO CRÉDITO

(Procurador do Município – S.J. Rio Preto/SP – 2019 – VUNESP) De acordo com as disposições do Código Tributário Nacional, no que se refere às preferências do crédito tributário na falência, assinale a alternativa correta.

(A) O crédito tributário prefere aos créditos com garantia real, no limite do bem gravado.

(B) O crédito tributário prefere aos créditos extraconcursais.

(C) A multa tributária prefere apenas aos créditos subordinados.

(D) São concursais os créditos tributários decorrentes de fatos geradores ocorridos durante o processo de falência.

(E) O crédito tributário e a multa tributária são extraconcursais.

A: incorreta, pois o crédito com garantia real tem preferência, até o valor do bem gravado – art. 186, parágrafo único, I, do CTN; **B:** incorreta, pois os créditos extraconcursais, como diz o nome, não entram no concurso de credores, preferindo aos tributários anteriores à quebra – art. 186, parágrafo único, I, do CTN; **C:** correta, conforme o art. 186, parágrafo único, III, do CTN; **D:** incorreta, pois os créditos relativos ao período no curso do processo falimentar são extraconcursais – art. 188 do CTN; **E:** incorreta, em relação ao crédito tributário anterior à quebra.

Gabarito "C".

3. DIREITO TRIBUTÁRIO

(Procurador do Município/Manaus – 2018 – CESPE) Julgue o item que se segue à luz do que dispõe o Código Tributário Nacional.

(1) As informações relativas às representações fiscais para fim penal são sigilosas, sendo vedada a sua divulgação ou publicização.

1: incorreta, pois não há sigilo, nesse caso – art. 198, § 3º, I, do CTN. RB
Gabarito "1E".

(Procurador – IPSMI/SP – VUNESP – 2016) De acordo com o Código Tributário Nacional (CTN), presume-se fraudulenta a alienação ou oneração de bens ou rendas, ou seu começo, por sujeito passivo em débito para com a Fazenda Pública, por crédito tributário

(A) regularmente inscrito como dívida ativa.

(B) devidamente constituído, mesmo que não inscrito na dívida ativa.

(C) em fase de constituição, mesmo que não inscrito na dívida ativa.

(D) regularmente inscrito como dívida ativa em fase de execução.

(E) não pago na data do seu vencimento.

Nos termos do art. 185 do CTN, presume-se fraudulenta a alienação ou oneração de bens ou rendas, ou seu começo, por sujeito passivo em débito para com a Fazenda Pública, por crédito tributário regularmente inscrito como dívida ativa. Por essa razão, a alternativa "A" é a correta. RB
Gabarito "A".

(Procurador do Estado – PGE/RS – Fundatec – 2015) Quanto às garantias e privilégios do crédito tributário, analise as assertivas abaixo:

I. A totalidade dos bens e das rendas do sujeito passivo responde pelo pagamento do crédito tributário, inclusive os bens gravados por ônus real e declarados, pela lei civil, relativa e absolutamente impenhoráveis.

II. Presume-se fraudulenta a alienação ou oneração de bens por sujeito passivo em débito para com a Fazenda Pública, desde o momento em que o contribuinte é notificado do lançamento de ofício.

III. O crédito tributário prefere a qualquer outro, ressalvados apenas os decorrentes da legislação do trabalho ou do acidente do trabalho.

IV. Na falência, o crédito tributário não prefere aos créditos hipotecários, se não for ultrapassado o valor do bem gravado.

Após a análise, pode-se dizer que:

(A) Está correta apenas a assertiva I.

(B) Está correta apenas a assertiva II.

(C) Estão corretas apenas as assertivas II e III.

(D) Estão corretas apenas as assertivas III e IV.

(E) Todas as assertivas estão corretas.

I: incorreta, pois os bens e rendas que a lei declare absolutamente impenhoráveis não respondem pelo pagamento do crédito tributário; II: incorreta, pois a presunção de fraude se inicia com a inscrição do crédito em dívida ativa – art. 185 do CTN; III: correta – art. 186 do CTN; IV: correta – art. 186, parágrafo único, I, do CTN. RB
Gabarito "D".

(Procurador do Estado – PGE/PR – PUC – 2015) Sobre as garantias e os privilégios do crédito tributário, assinale a alternativa **CORRETA**.

(A) O reconhecimento da fraude à execução fiscal de dívida tributária depende do registro da penhora do bem alienado ou da prova de má-fé do terceiro adquirente.

(B) A indisponibilidade de bens e direitos do devedor depende do preenchimento dos seguintes requisitos: (i) citação do devedor, (ii) inexistência de pagamento ou apresentação de bens à penhora no prazo legal e (iii) não localização de bens penhoráveis após o esgotamento das diligências realizadas pela Fazenda Pública, ficando referido esgotamento caracterizado quando houver nos autos pedido de acionamento de Bacen Jud e consequente determinação pelo magistrado e expedição de ofício aos registros públicos do executado.

(C) O Estado do Paraná pode instituir, por meio de lei, novas hipóteses de garantias do crédito tributário, diversas daquelas previstas no Código Tributário Nacional.

(D) O crédito tributário prefere a qualquer outro, seja qual for sua natureza ou o tempo de sua constituição, ressalvados os créditos decorrentes da legislação do trabalho ou do acidente de trabalho e os créditos garantidos com garantia real até o limite do valor do bem gravado.

(E) A natureza das garantias atribuídas ao crédito tributário altera a natureza deste, mas não a da obrigação tributária a que corresponda.

A: incorreta, pois a partir da inscrição em dívida ativa surge a presunção de fraude na alienação ou oneração de bens e rendas – art. 185 do CTN; **B:** incorreta. O STJ, ao fixar a matéria no julgamento do REsp 1.375.507/SP na sistemática dos repetitivos, acrescentou ainda a expedição de ofícios ao Departamento Nacional ou Estadual de Trânsito, para caracterizar o esgotamento de diligências – art. 185-A; **C:** controverso, pois, embora o art. 183 do CTN admita que leis podem criar outras garantias para o crédito tributário, é discutível se o art. 146, III, *b*, da CF imponha lei complementar federal para essa matéria. O que o STF já decidiu é que leis ordinárias dos entes políticos não podem criar novos casos de responsabilidade tributária afastando-se das regras matrizes de responsabilidade fixadas no CTN – ver RE 562.276/PR, lembrando que responsabilidade tributária pode ser instrumento de garantia do crédito (ver art. 144, § 1º, *in fine*, do CTN); **D:** incorreta, pois, salvo em caso de falência, os créditos com garantia real não preferem aos tributários – art. 186 do CTN; **E:** incorreta, pois as garantias atribuídas ao crédito tributário não alteram sua natureza – art. 183, parágrafo único, do CTN. RB
Gabarito "Anulada".

(Procurador do Estado – PGE/PR – PUC – 2015) Sobre a atuação da Fazenda Pública nos processos de falência e recuperação judicial, bem como nas execuções fiscais de empresas falidas, assinale a alternativa **CORRETA**.

(A) As execuções fiscais são suspensas pelo deferimento da recuperação judicial, independentemente da concessão de parcelamento.

(B) De acordo com a jurisprudência do Superior Tribunal de Justiça, a prova de quitação de todos os tributos é requisito obrigatório para a concessão da recuperação judicial, ainda que o Ente Federativo credor não disponha de regime especial de parcelamento para empresas em recuperação judicial.

(C) Na falência, o crédito tributário não prefere aos créditos extraconcursais, aos créditos derivados da legislação do trabalho, limitados a 150 (cento e cinquenta) salários-mínimos por credor, e aos créditos com privilégio especial.

(D) De acordo com a jurisprudência do Superior Tribunal de Justiça, em se tratando de empresa falida, a Fazenda Pública pode optar entre exigir a dívida ativa por meio do processo executivo fiscal ou da habilitação do crédito no corpo do processo falimentar.

(E) Na falência, as multas tributárias preferem aos créditos quirografários.

A: incorreta, pois as execuções fiscais não são suspensas pelo deferimento da recuperação judicial, ressalvada a concessão de parcelamento nos termos do CTN e da legislação ordinária específica – art. 6º, § 7º, da Lei de Falências e Recuperação – LF (Lei 11.101/2005); **B:** incorreta, pois o STJ admite a recuperação judicial sem comprovação de regularidade fiscal, apesar do disposto no art. 57 da LF e do art. 191-A do CTN, enquanto não há lei prevendo o parcelamento tributário em recuperação judicial – REsp 1.187.404/MT julgado pelo Órgão Especial do STJ; **C:** incorreta, pois os créditos com privilégio especial não preferem aos tributários (exceto as multas) – art.83, IV, da LF e art. 186, parágrafo único, do CTN; **D:** correta – REsp 1.103.405/MG; **E:** incorreta, pois as multas tributárias ficam abaixo dos créditos quirografários na ordem de preferências – art. 83, VII, da LF. RB

Gabarito "D".

(Procurador Distrital – 2014 – CESPE) A falência da empresa Brinquedos Feliz Ltda. (BFL) foi decretada em julho de 2013. Antes disso, já havia duas execuções fiscais propostas pelo DF contra ela, cobrando, além do principal, juros e multa em decorrência do inadimplemento em suas obrigações tributárias. A primeira delas, com bens penhorados antes da falência. A outra, não. O juiz autorizou o prosseguimento das atividades da BFL, levando em conta estar se aproximando a época do Natal e o fato de a empresa ter ainda grande estoque de brinquedos, grande quantidade, já paga, que fora objeto de importação. Para guardar os brinquedos importados, o administrador, em razão de incêndio em depósito próprio da BFL, teve de alugar, com autorização judicial, um galpão, por R$ 1.000,00 mensais de aluguel. A venda dos brinquedos gerou novos créditos tributários.

Considerando essa situação hipotética, julgue os seguintes itens.

(1) O valor das multas moratórias decorrentes do não pagamento dos créditos tributários anteriores à falência não poderá ser incluído no quadro geral de credores.

(2) A execução fiscal com bens penhorados deve prosseguir, com a alienação dos bens penhorados e a posterior entrega à massa falida do respectivo produto, para rateio entre os credores.

(3) Com relação à execução como não conta com bens penhorados, o DF deve proceder à penhora no rosto dos autos da falência.

(4) Os créditos tributários originados do prosseguimento da atividade da BFL terão preferência em relação aos créditos decorrentes do aluguel do galpão utilizado para o depósito de brinquedos.

1: incorreta, pois as multas são exigíveis na falência, embora prefiram apenas aos créditos subordinados – art. 186, parágrafo único, III, do CTN e art. 83, VII, *in fine*, da Lei de Recuperações e Falências – LF (Lei 11.101/2005); **2:** correta, pois a execução fiscal não é prejudicada pela ação de falência, embora os valores arrecadados devam ser levados ao concurso de credores da massa – art. 187, do CTN e art. 83 da LF; **3:** correta, pois o Fisco concorre eventualmente com outros credores da massa – art. 186, parágrafo único, III, do CTN e art. 83 da LF; **4:** incorreta. Embora ambos sejam extraconcursais, os créditos relativos à administração do ativo (caso do aluguel do galpão para guardar os brinquedos) preferem aos dos tributos relativos a fatos geradores posteriores à quebra – art. 84, V, da LF.

Gabarito 1E, 2C, 3C, 4E

(Procurador do Município/Sorocaba-SP – 2012 – VUNESP) Assinale a alternativa que está de acordo com as disposições do Código Tributário Nacional no que se refere às preferências do crédito tributário.

(A) Os créditos tributários decorrentes de fatos geradores ocorridos no curso do processo de falência são extraconcursais.

(B) Na falência, o crédito tributário prefere aos créditos com garantia real, no limite dos bens gravados.

(C) Na falência, a multa tributária prefere a todos os demais créditos.

(D) A cobrança judicial do crédito tributário é sujeita à habilitação apenas em falência ou recuperação judicial.

(E) O crédito tributário prefere a qualquer outro, seja qual for sua natureza ou tempo de sua constituição, ressalvados, apenas, os créditos decorrentes da legislação do trabalho.

A: correta, conforme o art. 188 do CTN e o art. 84, V, da Lei de Recuperações e Falências – LF (Lei 11.101/2005); **B:** incorreta, pois, na falência, os créditos com garantia real preferem aos tributários, no limite do valor dos bens gravados – art. 186, parágrafo único, I, do CTN; **C:** incorreta, pois, na falência, a multa tributária está bem abaixo na ordem de preferência, após os créditos quirografários – art. 83, VII, da LF; **D:** incorreta, pois a cobrança judicial do crédito tributário não é sujeita a concurso de credores ou habilitação em falência, recuperação judicial, concordata, inventário ou arrolamento – art. 187 do CTN; **E:** incorreta, pois, além dos créditos decorrentes da legislação do trabalho, os créditos decorrentes de acidente de trabalho também preferem aos tributários – art. 186 do CTN.

Gabarito "A".

Veja a seguinte tabela com a ordem de classificação dos créditos na falência (art. 83 da LF):

Ordem de classificação dos créditos na falência (art. 83 da LF)
1º – os créditos derivados da legislação do trabalho, limitados a 150 (cento e cinquenta) salários-mínimos por credor, os decorrentes de acidentes de trabalho. Também os créditos equiparados a trabalhistas, como os relativos ao FGTS (art. 2º, § 3º, da Lei 8.844/1994) e os devidos ao representante comercial (art. 44 da Lei 4.886/1965)
2º – créditos com garantia real até o limite do valor do bem gravado (será considerado como valor do bem objeto de garantia real a importância efetivamente arrecadada com sua venda, ou, no caso de alienação em bloco, o valor de avaliação do bem individualmente considerado)

3. DIREITO TRIBUTÁRIO

Ordem de classificação dos créditos na falência (art. 83 da LF)
3º – créditos tributários, independentemente da sua natureza e tempo de constituição, excetuadas as multas tributárias
4º – com privilégio especial (= os previstos no art. 964 da Lei 10.406/2002; os assim definidos em outras leis civis e comerciais, salvo disposição contrária da LF; e aqueles a cujos titulares a lei confira o direito de retenção sobre a coisa dada em garantia)
5º – créditos com privilégio geral (= os previstos no art. 965 da Lei n 10.406/2002; os previstos no parágrafo único do art. 67 da LF; e os assim definidos em outras leis civis e comerciais, salvo disposição contrária da LF)
6º – créditos quirografários (= aqueles não previstos nos demais incisos do art. 83 da LF; os saldos dos créditos não cobertos pelo produto da alienação dos bens vinculados ao seu pagamento; e os saldos dos créditos derivados da legislação do trabalho que excederem o limite estabelecido no inciso I do caput do art. 83 da LF). Ademais, os créditos trabalhistas cedidos a terceiros serão considerados quirografários
7º – as multas contratuais e as penas pecuniárias por infração das leis penais ou administrativas, inclusive as multas tributárias
8º – créditos subordinados (= os assim previstos em lei ou em contrato; e os créditos dos sócios e dos administradores sem vínculo empregatício)
Lembre-se que os créditos extraconcursais (= basicamente os surgidos no curso do processo falimentar, que não entram no concurso de credores) são pagos com precedência sobre todos esses anteriormente mencionados, na ordem prevista no art. 84 da LF: **(i)** remunerações devidas ao administrador judicial e seus auxiliares, e créditos derivados da legislação do trabalho ou decorrentes de acidentes de trabalho relativos a serviços prestados após a decretação da falência; **(ii)** quantias fornecidas à massa pelos credores; **(iii)** despesas com arrecadação, administração, realização do ativo e distribuição do seu produto, bem como custas do processo de falência; **(iv)** custas judiciais relativas às ações e execuções em que a massa falida tenha sido vencida; e **(v)** obrigações resultantes de atos jurídicos válidos praticados durante a recuperação judicial, nos termos do art. 67 da LF, ou após a decretação da falência, e tributos relativos a fatos geradores ocorridos após a decretação da falência, respeitada a ordem estabelecida no art. 83 da LF.

(Procurador do Município/Cubatão-SP – 2012 – VUNESP) Considerando-se determinado processo de falência no qual existam créditos tributários a serem exigidos, é correto afirmar que

(A) sua cobrança sujeita-se à habilitação no processo.

(B) prefere aos créditos extraconcursais, nos termos da lei falimentar.

(C) prefere às importâncias passíveis de restituição, nos termos da lei falimentar.

(D) considera-se extraconcursal, quando decorrente de fato gerador ocorrido no curso do processo de falência.

(E) não se admite o concurso de preferência caso os créditos pertençam a diferentes pessoas jurídicas de direito público.

A: incorreta, pois a cobrança judicial do crédito tributário não é sujeita a concurso de credores ou habilitação em falência, recuperação judicial, concordata, inventário ou arrolamento – art. 187 do CTN; **B:** incorreta, pois os créditos extraconcursais não entram no concurso de credores, ou seja, preferem aos créditos anteriores à quebra – art. 186, parágrafo único, I, do CTN; **C:** incorreta, pois as importâncias passíveis de restituição não pertencem à massa falida, de modo que sua devolução não entra no concurso de credores – art. 88 da Lei de Recuperações e Falências – LF (Lei 11.101/2005); **D:** assertiva correta, conforme o art. 188 do CTN e o art. 84, V, da LF; **E:** incorreta, pois há concurso de preferência exclusivamente entre pessoas de direito público, nos termos do art. 187, parágrafo único, do CTN.
Gabarito "D".

13. ADMINISTRAÇÃO TRIBUTÁRIA, FISCALIZAÇÃO

(Procurador do Estado/TO – 2018 – FCC) A Lei estadual 1.288/2001, dispõe sobre o contencioso administrativo-tributário estadual e sobre os procedimentos administrativo-tributários. De acordo com o artigo 5º dessa lei, a Representação Fazendária funcionará junto ao Conselho de Contribuintes e Recursos Fiscais – COCRE, especialmente para

(A) fazer-se presente às sessões de julgamento, vedada a apresentação de sustentação oral.

(B) arguir a nulidade de procedimentos fiscais que, notoriamente, atentarem contra normas constitucionais.

(C) manifestar-se nos pedidos de restituição do indébito tributário de competência originária do COCRE.

(D) ter vista dos autos pelo prazo de 60 dias, antes da manifestação das partes a respeito de inconstitucionalidade de dispositivo de lei.

(E) sugerir a realização de nova auditoria quando declarada a nulidade do lançamento por vício formal, bem como suscitar a declaração de ilegalidade de norma regulamentar ou infrarregulamentar.

O art. 5º da Lei 1.288/2001 dispõe que a Representação Fazendária funcionará junto ao COCRE, especialmente para: (i) acompanhar os processos em julgamento; (ii) contra-arrazoar recursos voluntários e impugnações que se opuserem ao COCRE; (iii) manifestar-se pela confirmação ou reforma das decisões recorridas e nos pedidos de restituição do indébito tributário de competência originária do COCRE; (iv) propor diligências ao COCRE em processos administrativo-tributários; (v) produzir sustentação oral das legítimas pretensões fazendárias em sessões de julgamento. Por essa razão, a alternativa "C" é a correta.
Gabarito "C".

(Procurador do Estado/TO – 2018 – FCC) O art. 35, *caput*, inciso I da Lei estadual 1.288/2001, que dispõe sobre o Contencioso Administrativo-Tributário e os Procedimentos Administrativo-Tributários, estabelece que o Auto de Infração formaliza a exigência do crédito tributário. Desse modo, o Auto de Infração é o instrumento legal que materializa o lançamento de ofício do tributo no Estado do Tocantins. Em seu art. 41, a mesma lei estabelece que a fase contenciosa do procedimento de que trata este Capítulo inicia-se com a apresentação de impugnação ao lançamento formalizado por auto de infração. De acordo com o Código Tributário Nacional, essa impugnação, se apresentada tempestivamente pelo sujeito passivo, suspende

(A) o direito de o sujeito passivo extinguir o crédito tributário.

(B) a exigibilidade do crédito tributário.

(C) o direito de a Fazenda Pública realizar procedimentos de fiscalização no sujeito passivo.

(D) a fluência do prazo decadencial, desde que seja efetuado o depósito integral do crédito tributário questionado.

(E) a fluência do prazo decadencial.

Nos termos do art. 151, III, do CTN, o processo administrativo tributário suspende a exigibilidade do crédito em discussão. Por essa razão, a alternativa "B" é a correta.

Gabarito "B".

(Procurador do Estado/AC – 2017 – FMP) Os Estados costumam apreender mercadorias e não permitir a emissão de notas fiscais a quem deve para o Fisco. Examine as assertivas abaixo e assinale a CORRETA.

(A) O procedimento de apreensão é o correto, pois muitas vezes se a fiscalização permitir que a mercadoria passe, mesmo com tributo recolhido a menor, poderá ocorrer de o Estado não mais conseguir cobrar.

(B) Estes procedimentos são ilegais e se denominam sanções políticas, pois muitas vezes são utilizados para perseguição dos inimigos políticos dos governantes.

(C) São inconstitucionais os procedimentos referidos, já assim declarados mais de uma vez pelo STF.

(D) Apreender as mercadorias é correto, mas impedir a empresa de emitir notas fiscais ou vender produtos não.

(E) Nenhuma das alternativas acima é CORRETA.

Nos termos da Súmula 323/STF, é inadmissível a apreensão de mercadorias como meio coercitivo para pagamento de tributos. Por essa razão, a alternativa "C" é a correta.

Gabarito "C".

(Procurador – PGFN – ESAF – 2015) Estão submetidas a sigilo fiscal as informações relativas a:

(A) representações fiscais para fins penais.

(B) inscrições na Dívida Ativa da Fazenda Pública.

(C) parcelamento ou moratória.

(D) bens, negócios ou atividades do contribuinte ou de terceiros.

(E) dados cadastrais do contribuinte.

A, B e C: incorretas, pois não é vedada a divulgação de informações nessa hipótese – art. 198, § 3º, I, II e III, do CTN; **D:** correta, pois é vedada a divulgação de informação obtida em razão do ofício sobre a situação econômica ou financeira do sujeito passivo ou de terceiros e sobre a natureza e o estado de seus negócios ou atividades – art. 198 do CTN; **E:** incorreta, pois não há previsão de sigilo em relação a dados cadastrais que não revelem a situação econômica ou financeira do sujeito passivo ou sobre seus negócios e atividades, conforme comentário anterior. ATENÇÃO PARA A TESE DE REPERCUSSÃO GERAL 225 DO STF: "O art. 6º da Lei Complementar 105/01 não ofende o direito ao sigilo bancário, pois realiza a igualdade em relação aos cidadãos, por meio do princípio da capacidade contributiva, bem como estabelece requisitos objetivos e o translado do dever de sigilo da esfera bancária para a fiscal **RB**

Gabarito "D".

(Procurador do Estado – PGE/PA – UEPA – 2015) A respeito de julgamento sem apreciação de mérito, desistência e recurso de ofício no processo administrativo-tributário no Estado do Pará, julgue as afirmativas abaixo.

I. A impugnação do auto de infração será indeferida, sem apreciação do mérito, quando o pedido questionar a constitucionalidade da legislação tributária.

II. O pagamento não implica desistência da impugnação administrativa.

III. A autoridade julgadora de primeira instância recorrerá de ofício, com efeito suspensivo, ao Tribunal Administrativo de Recursos Fazendários, quando proferir decisão contrária à Fazenda Pública, no todo ou em parte, podendo deixar de fazê-lo quando a decisão se referir exclusivamente a obrigação acessória.

IV. O recurso de ofício devolve, no todo, o conhecimento do feito ao Tribunal Administrativo de Recursos Fazendários.

A alternativa que contém todas as afirmativas corretas é:

(A) I e II

(B) I e IV

(C) II e IV

(D) II e III

(E) I e III

I: correta – art. 26, III, da Lei Estadual do PA 6.182/1998; **II:** incorreta, pois o pagamento implica desistência da impugnação – art. 26, parágrafo único da Lei Estadual do PA 6.182/1998; **III:** correta – art. 30 da Lei Estadual do PA 6.182/1998; **IV:** incorreta, pois o recurso de ofício devolve o conhecimento apenas em relação à parte recorrida – art. 31 da Lei Estadual do PA 6.182/1998. **RB**

Gabarito "E".

(Procurador do Estado – PGE/PA – UEPA – 2015) A respeito da defesa do contribuinte no processo administrativo-tributário no Estado do Pará, é correto afirmar que:

(A) a juntada de documentos após a impugnação será permitida, desde que demonstrada a ocorrência de qualquer das condições legais de afastamento da preclusão.

(B) a impugnação a auto de infração apresentada fora do prazo legal de trinta dias não será encaminhada ao órgão de julgamento administrativo.

(C) considerar-se-á impugnada toda a matéria pertinente ao auto de infração, ainda que não tenha sido expressamente contestada pelo impugnante.

(D) o tributo declarado periodicamente pelo sujeito passivo e seus respectivos acréscimos legais poderão ser objeto de impugnação.

(E) a intervenção do sujeito passivo no processo administrativo tributário se faz unicamente por intermédio de procurador devidamente habilitado.

A: correta – art. 21, § 3º, da Lei Estadual do PA 6.182/1998; **B:** incorreta, pois mesmo quando apresentada fora do prazo, a impugnação é recebida e encaminhada ao órgão de julgamento – art. 19, parágrafo único, da Lei Estadual do PA 6.182/1998; **C:** incorreta, pois a matéria não contestada expressamente não será considerada impugnada – art. 21, § 4º, da Lei Estadual do PA 6.182/1998; **D:** incorreta, pois não se admite impugnação nesse caso – art. 23 da Lei Estadual do PA 6.182/1998; **E:** incorreta, pois admite-se também a intervenção pessoal do sujeito passivo – art. 22 da Lei Estadual do PA 6.182/1998. **RB**

Gabarito "A".

3. DIREITO TRIBUTÁRIO

(Procurador do Estado – PGE/PA – UEPA – 2015) A respeito do processo administrativo-tributário no Estado do Pará, julgue as afirmativas abaixo.

I. O início do procedimento administrativo tendente à imposição tributária exclui, por período indeterminado, a espontaneidade do sujeito passivo em relação às infrações anteriores.

II. Na hipótese de fiscalização em profundidade, o início da ação fiscal dar-se-á após a entrega dos documentos solicitados pela autoridade competente.

III. O Processo Administrativo Tributário disposto na Lei Estadual 6.182/1998 aplica-se, também, em relação aos Tributos e Contribuições do Simples Nacional.

IV. As incorreções ou omissões do auto de infração acarretarão, em qualquer hipótese, a sua nulidade.

A alternativa que contém todas as afirmativas corretas é

(A) I e II

(B) I e IV

(C) II e IV

(D) II e III

(E) I e III

I: incorreta, pois a espontaneidade se restabelecerá pelo prazo de trinta dias, para eliminar irregularidades relativas ao cumprimento de obrigação pertinente ao imposto, caso a fiscalização não se conclua no prazo de cento e oitenta dias, contados da data em que ocorrer o recebimento pela autoridade fiscal de todas as informações e documentos solicitados ao contribuinte – art. 11, § 3º, da Lei Estadual do PA 6.182/1998; **II:** correta – art. 11, § 2º, da Lei Estadual do PA 6.182/1998; **III:** correta – art. 11-A da Lei Estadual do PA 6.182/1998; **IV:** incorreta, pois não haverá nulidade quando o auto de infração contiver elementos suficientes para determinar com segurança a natureza da infração e a pessoa do infrator. RB

Gabarito "D".

(Procurador do Estado – PGE/PA – UEPA – 2015) A respeito do Tribunal Administrativo de Recursos Fazendários do Estado do Pará, é correto afirmar que:

(A) o Tribunal Administrativo de Recursos Fazendários compõe-se de seis Conselheiros Relatores e doze Suplentes, escolhidos entre pessoas graduadas em curso de nível superior, preferencialmente em Ciências Jurídicas e Sociais, de reconhecida experiência em assuntos tributários, sendo que a metade desses Conselheiros serão representantes da Fazenda Estadual e os demais representantes dos contribuintes.

(B) os Conselheiros Titulares e Suplentes terão mandato de dois anos, sendo permitida a recondução.

(C) o Plenário, presidido pelo Secretário de Estado da Fazenda, será composto pelos Conselheiros integrantes das Câmaras Permanentes de Julgamento.

(D) junto a cada Câmara de Julgamento, atuarão dois Procuradores do Estado, com direito a voto.

(E) os Procuradores do Estado serão indicados pelo Secretário de Estado da Fazenda e designados por ato do Chefe do Poder Executivo.

A: incorreta, pois são oito conselheiros relatores e dezesseis suplentes – art. 76 da Lei Estadual do PA 6.182/1998; **B:** correta – art. 76, § 1º da Lei Estadual do PA 6.182/1998; **C:** incorreta, pois o Pleno é dirigido pelo Presidente do Tribunal – art. 77, § 4º, da Lei Estadual do PA 6.182/1998; **D:** incorreta, pois os procuradores não têm direito a voto – art. 86 da Lei Estadual do PA 6.182/1998; **E:** incorreta, pois os

procuradores são indicados pelo Procurador Geral do Estado – art. 86, § 2º, da Lei Estadual do PA 6.182/1998. RB

Gabarito "B".

(Procurador do Estado – PGE/PA – UEPA – 2015) A respeito do Código de Direitos, Garantias e obrigações do Contribuinte do Estado do Pará, julgue as afirmativas abaixo.

I. Para efeito do disposto no Código, contribuinte é a pessoa física ou jurídica que a lei obriga ao cumprimento de obrigação tributária e que, independentemente de estar inscrita como tal, pratique ações que se enquadrem como fato gerador de tributos de competência do Estado.

II. O Código tem entre seus objetivos assegurar a adequada e eficaz prestação de serviços gratuitos de orientação aos contribuintes.

III. A apresentação de ordem de serviço nas ações fiscais é um direito do contribuinte, inclusive nos casos de controle do trânsito de mercadorias, flagrantes e irregularidades constatadas pelo fisco, nas correspondentes ações fiscais continuadas nas empresas.

IV. Na hipótese de recusa da exibição de mercadorias, informações, livros, documentos, impressos, papéis, programas de computador e arquivos magnéticos de documentos fiscais, a fiscalização não poderá lacrar os móveis ou depósitos em que possivelmente eles estejam, devendo solicitar, de imediato, à autoridade administrativa a que estiver subordinada as providências necessárias para que se faça a exibição judicial.

A alternativa que contém todas as afirmativas corretas é:

(A) II e III

(B) I e II

(C) II e IV

(D) I e III

(E) III e IV

I: correta – art. 3º da Lei Complementar Estadual do PA 58/2006; **II:** correta, art. 2º, III, da Lei Complementar Estadual do PA 58/2006; **III:** incorreta, pois a apresentação de ordem de serviço é dispensada nos casos de controle do trânsito de mercadorias, flagrantes e irregularidades constatadas pelo fisco, nas correspondentes ações fiscais continuadas nas empresas, inclusive – art. 4º, VI, da Lei Complementar Estadual do PA 58/2006; **IV:** incorreta, pois a fiscalização pode lacrar os móveis ou depósitos nesses casos – art. 12, § 1º, da Lei Complementar Estadual do PA 58/2006. RB

Gabarito "B".

(Procurador Distrital – 2014 – CESPE) Considerando que o agente da autoridade da administração tributária lavre auto de infração e apreensão, com retenção de bens, contra determinada empresa, julgue os seguintes itens.

(1) Conforme entendimento do STF, na hipótese narrada, a lavratura de auto de infração e apreensão, com retenção de bens, configura meio coercitivo admissível para a cobrança de tributo.

(2) Ainda que a administração tributária não efetive o ato de lançamento da penalidade e cobrança do tributo, a empresa não poderá questionar a legalidade da apreensão de seus bens.

1: incorreta, pois, nos termos da Súmula 323 do STF, é inadmissível a apreensão de mercadorias como meio coercitivo para pagamento de tributos; **2:** incorreta, pois se tratando de ato coator ilegal, pode ele ser impugnado por mandado de segurança, por exemplo.

Gabarito 1E, 2E

14. DÍVIDA ATIVA, INSCRIÇÃO, CERTIDÕES

(Procurador do Município – S.J. Rio Preto/SP – 2019 – VUNESP) Dispõe o Código Tributário Nacional que a lei poderá exigir que a prova da quitação de determinado tributo, quando exigível, seja feita por certidão negativa, expedida à vista de requerimento do interessado, que contenha todas as informações necessárias à identificação de sua pessoa, domicílio fiscal e ramo de negócio ou atividade e indique o período a que se refere o pedido.

Nesse sentido, é correto afirmar que

(A) tem efeito de negativa a certidão de que conste a existência de créditos em curso de cobrança executiva em que tenha sido efetivada a penhora.

(B) a certidão negativa expedida com dolo ou fraude, que contenha erro contra a Fazenda Pública, responsabiliza solidariamente o funcionário que a expedir, pelo crédito tributário e juros de mora acrescidos.

(C) ainda que se trate de prática de ato indispensável para evitar a caducidade de direito não será dispensada a prova de quitação de tributos.

(D) a certidão negativa será expedida a requerimento de qualquer interessado, devendo ser fornecida no prazo máximo de 15 dias úteis.

(E) a certidão de que conste a existência de créditos cuja exigibilidade esteja suspensa, não tem os mesmos efeitos de certidão negativa.

A: correta, conforme o art. 206 do CTN; **B:** imprecisa, pois o art. 208 do CTN se refere a responsabilidade pessoal, não solidária; **C:** incorreta, pois a apresentação da certidão negativa é dispensada quando se trata de prática de ato indispensável para evitar a caducidade de direito – art. 207 do CTN; **D:** incorreta, pois o prazo previsto no CTN é de 10 dias – art. 205, parágrafo único; **E:** incorreta, pois trata-se de certidão positiva com efeito de negativa – art. 206 do CTN.
Gabarito "A".

(Procurador do Município/Manaus – 2018 – CESPE) Julgue o item que se segue à luz do que dispõe o Código Tributário Nacional.

(1) A certidão positiva que indique a existência de um crédito tributário já vencido, mas submetido a parcelamento, tem os mesmos efeitos de uma certidão negativa.

1: correta, pois é caso de certidão positiva com efeito de negativa – art. 206 do CTN.
Gabarito "1C".

(Procurador do Estado/SE – 2017 – CESPE) Uma certidão positiva com efeitos de negativa consiste em

(A) documento administrativo que indica a existência de créditos inexigíveis ou que já estão garantidos, embora não sirva para a comprovação de regularidade do pagamento de tributos.

(B) certidão judicial que indica a existência de créditos exigíveis e não garantidos, apesar de não servir para a comprovação de regularidade do pagamento de determinado tributo.

(C) certidão judicial usada para a comprovação de regularidade do pagamento de determinado tributo, ainda que indique a existência de créditos vencidos e exigíveis.

(D) documento administrativo utilizado para a comprovação de regularidade do pagamento de determinado tributo, ainda que indique a existência de créditos garantidos ou inexigíveis.

(E) certidão administrativa ou judicial que serve para a comprovação de regularidade do pagamento de determinado tributo e que certifica a existência de créditos exigíveis e não adimplidos, mesmo sem garantia.

A: incorreta, pois essa certidão tem o mesmo efeito da certidão negativa comum, ou seja, comprova a regularidade perante o fisco – art. 206 do CTN; **B, C e E:** incorretas, pois as certidões negativas ou positivas (inclusive as positivas com efeitos de negativa) são documentos emitidos pelo fisco ou pela procuradoria, ou seja, são documentos administrativos, não judiciais – arts. 205 e 206 do CTN; **D:** correta – arts. 205 e 206 do CTN.
Gabarito "D".

(Procurador do Município – Prefeitura Fortaleza/CE – CESPE – 2017) Julgue os seguintes itens, a respeito de obrigação tributária e crédito tributário.

(1) Caso o contribuinte tenha créditos inscritos em dívida ativa integralmente garantidos por penhora ou créditos com a exigibilidade suspensa, é admitido que lhe seja expedida certidão de regularidade fiscal.

(2) A inscrição do crédito tributário em dívida ativa é condição para a extração de título executivo extrajudicial que viabilize a propositura da ação de execução fiscal, bem como se revela como marco temporal para a presunção de fraude à execução.

1: Correta – art. 206 do CTN. **2:** Correta – arts. 185 e 201 do CTN.
Gabarito 1C, 2C.

(Procurador – SP – VUNESP – 2015) Assinale a alternativa correta no que respeita à Dívida Ativa Tributária.

(A) Constitui Dívida Ativa tributária a proveniente de crédito público de qualquer natureza, depois de esgotado o prazo fixado por decisão proferida em processo regular.

(B) A fluência de juros de mora, relativamente à Dívida Ativa, exclui a liquidez do crédito.

(C) A omissão de quaisquer dos requisitos exigidos para o termo de inscrição da Dívida Ativa, ou o erro a eles relativo são causas de nulidade da inscrição e do processo dela decorrente, mas a nulidade poderá ser sanada, mediante correção da certidão nula, até decisão de segunda instância.

(D) A dívida regularmente inscrita goza de presunção absoluta de certeza e liquidez e tem o efeito de prova pré-constituída.

(E) A presunção de certeza e liquidez da dívida regularmente inscrita é relativa e pode ser ilidida por prova inequívoca, a cargo do sujeito passivo ou do terceiro a que aproveite.

A: incorreta, pois a dívida ativa tributária, como diz o nome, é constituída por créditos de natureza tributária apenas – art. 201 do CTN; **B:** incorreta, pois é o oposto, sendo que a fluência de juros de mora não exclui, para os efeitos do art. 201 do CTN, a liquidez do crédito (conforme seu parágrafo único); **C:** incorreta, pois a correção pode ser feita apenas até a decisão de primeira instância – art. 203 do CTN; **D:** incorreta, pois a presunção é relativa e pode ser ilidida por prova inequívoca, a cargo do sujeito passivo

3. DIREITO TRIBUTÁRIO

ou do terceiro a que aproveite – art. 204, parágrafo único, do CTN. **E:** correta, conforme comentários à alternativa anterior. **RB**

Gabarito "E".

(Procurador do Estado – PGE/PR – PUC – 2015) Entende-se por sanções políticas tributárias as restrições não razoáveis ou desproporcionais ao exercício de atividade econômica ou profissional lícita, utilizadas como meio de indução ou coação a pagamento de tributos.

Sobre as sanções políticas tributárias, assinale a alternativa **CORRETA**.

(A) O protesto de certidão de dívida ativa, nos termos da jurisprudência mais recente do Superior Tribunal de Justiça, configura sanção política.

(B) A exigência de Certidão Negativa de Débitos Tributários – CND como requisito prévio à participação em licitações é exemplo de sanção política.

(C) De acordo com entendimento pacífico do Superior Tribunal de Justiça, a Fazenda Pública tem legitimidade e interesse para requerer a falência da empresa insolvente devedora de tributos.

(D) A retenção de mercadoria pelo tempo estritamente necessário à lavratura do auto de infração não configura sanção política.

(E) Segundo recente entendimento do Supremo Tribunal Federal, não se admite o cancelamento da inscrição da empresa no cadastro de contribuintes de determinado imposto em razão de dívidas tributárias, ainda que comprovados intuito deliberado de não pagar o imposto e violação à livre concorrência.

A: incorreta, pois o STJ admite o protesto da CDA – ver REsp 1.596.379/PR; **B:** incorreta, sendo exigência prevista expressamente no art. 193 do CTN e art. 27, IV, da Lei 8.666/1993; **C:** incorreta, pois o STJ não admite que a Fazenda Pública requeira a falência de devedores – ver REsp 363.206/MG; **D:** correta, sendo inadmissível apenas quando a retenção for utilizada como meio coercitivo para o pagamento dos tributos – Súmula 323/STF; **E:** incorreta, pois o STF admite o cancelamento do registro nessa hipótese – ver RE 550.769/RJ. **RB**

Gabarito "D".

(Procurador do Estado – PGE/RN – FCC – 2014) Contribuinte faz pagamento de crédito tributário mediante cheque, que não é pago por insuficiência de fundos. Neste caso, o Fisco deverá

(A) propor ação ordinária de cobrança, pois o crédito foi extinto com o pagamento, se o cheque estiver prescrito.

(B) promover a execução do cheque.

(C) protestar o cheque.

(D) inscrever o débito em Dívida Ativa.

(E) realizar o lançamento do crédito tributário e notificar o contribuinte a pagar.

A: incorreta, pois o crédito pago por cheque somente se considera extinto com o resgate pelo sacado (= compensação pelo banco) – art. 162, § 2º, do CTN; **B:** incorreta, pois desnecessário. A inscrição do crédito em dívida ativa constitui o título executivo para a execução fiscal – art. 201 do CTN; **C:** incorreta, pois desnecessário, conforme comentário anterior; **D:** correta, conforme comentários anteriores; **E:** incorreta, pois se o contribuinte se propôs a pagar o débito com o cheque, presume-se que já houve constituição do crédito tributário, ou seja, não há mais falar em lançamento – art. 142 do CTN e Súmula 436/STJ. **RB**

Gabarito "D".

15. REPARTIÇÃO DE RECEITAS

(Procurador do Município – Valinhos/SP – 2019 – VUNESP) Na repartição das receitas tributárias, do produto da arrecadação do imposto do Estado sobre operações relativas à circulação de mercadorias e sobre prestações de serviços de transporte interestadual e intermunicipal e de comunicação, pertencem aos Municípios o percentual de

(A) 27,5%.

(B) 25%.

(C) 22,5%.

(D) 21,5%.

(E) 20%.

Nos termos do art. 158, IV, da CF, 25% do produto da arrecadação do ICMS pertence aos municípios, de modo que a alternativa "B" é a correta.

Gabarito "B".

(Procurador do Município/São José dos Campos-SP – 2012 – VUNESP) Do produto da arrecadação do imposto sobre produtos industrializados, a União entregará dez por cento aos Estados e ao Distrito Federal, proporcionalmente ao valor das respectivas exportações de produtos industrializados. Dos recursos que, nesses termos, receberem, os Estados entregarão aos respectivos Municípios

(A) 21,5%.

(B) 22%.

(C) 23,5%.

(D) 25%.

(E) 50%.

Os Estados entregarão 25% da receita do IPI que receberem da União nos termos do art. 159, II, da CF (distribuição de 10% da receita do IPI, proporcionalmente ao valor das respectivas exportações de produtos industrializados) – art. 159, § 3º, da CF. Por essa razão, a alternativa "D" é a correta. Atenção: a partir da EC 84/2014, o percentual do IPI e do IR a ser repassado pela União na forma do art. 159, I, da CF, foi majorado de 48% para 49%.

Gabarito "D".

(Procurador do Município/Sorocaba-SP – 2012 – VUNESP) Do produto da arrecadação dos impostos sobre renda e proventos de qualquer natureza e sobre produtos industrializados, a União entregará 48% a quem de direito nos percentuais estabelecidos pela Constituição Federal. Na divisão, 1% será entregue ao Fundo de Participação dos Municípios, a cada ano, no primeiro decêndio do mês de

(A) janeiro.

(B) fevereiro.

(C) junho.

(D) julho.

(E) dezembro.

Atenção: a partir da EC 84/2014, o percentual do IPI e do IR a ser repassado pela União na forma do art. 159, I, da CF, foi majorado de 48% para 49%. Segue o comentário à luz da redação vigente à época do exame.

Esse ponto percentual será entregue no primeiro decêndio do mês de dezembro de cada ano ao Fundo de Participação dos Municípios, nos termos do art. 159, I, d, da CF. Por essa razão, a alternativa "E" é a correta.

Gabarito "E".

16. AÇÕES TRIBUTÁRIAS

(Procurador do Município – Valinhos/SP – 2019 – VUNESP) No que respeita às disposições da Lei 12.153/2009, é correto afirmar que

(A) haverá prazo diferenciado para a prática de qualquer ato processual pelas pessoas jurídicas de direito público, inclusive para interposição de recursos, devendo a citação para a audiência de conciliação ser efetuada com antecedência mínima de 30 (trinta) dias.

(B) os Estados, o Distrito Federal e os Municípios podem ser partes no Juizado Especial da Fazenda Pública, na qualidade de autores ou réus.

(C) para efetuar o exame técnico necessário à conciliação ou ao julgamento da causa, o juiz nomeará pessoa habilitada, que apresentará o laudo até 15 dias antes da audiência.

(D) as execuções fiscais não estão incluídas na competência do Juizado Especial da Fazenda Pública.

(E) nas causas sujeitas ao Juizado Especial da Fazenda Pública, nas quais a Fazenda Pública seja parte vencida, haverá reexame necessário.

A: incorreta, pois não há prazo diferenciado nos juizados especiais da fazenda pública – art. 7º da Lei 12.153/2009; **B:** incorreta, pois os entes políticos não podem ser autores, apenas réus, nos juizados especiais da fazenda pública – art. 5º da Lei 12.153/2009; **C:** incorreta, pois o prazo para apresentação do laudo é de 5 dias antes da audiência – art. 10 da Lei 12.153/2009; **D:** correta, art. 2º, § 1º, I, da Lei 12.153/2009; **E:** incorreta, pois não há reexame necessário nos processos no âmbito dos juizados especiais da fazenda pública.
Gabarito "D".

(Procurador do Município – Valinhos/SP – 2019 – VUNESP) Determina a lei que rege a medida cautelar fiscal que o seu procedimento poderá ser instaurado após a constituição do crédito, inclusive no curso da execução judicial da Dívida Ativa dos entes tributantes e respectivas autarquias. Contudo, o requerimento da medida cautelar independe da prévia constituição do crédito tributário quando o devedor

(A) aliena bens ou direitos sem proceder à devida comunicação ao órgão da Fazenda Pública competente, quando exigível em virtude de lei.

(B) possui débitos, inscritos ou não em Dívida Ativa, que somados ultrapassem trinta por cento do seu patrimônio conhecido.

(C) sem domicílio certo, intenta ausentar-se ou alienar bens que possui ou deixa de pagar a obrigação no prazo fixado.

(D) tem sua inscrição no cadastro de contribuintes declarada inapta, pelo órgão fazendário.

(E) tendo domicílio certo, ausenta-se ou tenta se ausentar, visando a elidir o adimplemento da obrigação.

As exceções à exigência de constituição do crédito tributário, para fins de cautelar fiscal, são quando o devedor (i) notificado pela Fazenda Pública para que proceda ao recolhimento do crédito fiscal põe ou tenta por seus bens em nome de terceiros e quando (ii) aliena bens ou direitos sem proceder à devida comunicação ao órgão da Fazenda Pública competente, quando exigível em virtude de lei – art. 1º, pará-

---

grafo único, c/c art. 2º, V, *b* e VII, da Lei 8.397/1992. Por essa razão, a alternativa "A" é a correta.
Gabarito "A".

(Procurador do Município – S.J. Rio Preto/SP – 2019 – VUNESP) Assinale a alternativa correta acerca da ação cautelar fiscal, conforme a disciplina que lhe é dada pela Lei 8.397/92 e suas alterações.

(A) O juiz concederá liminarmente a medida cautelar fiscal, mediante justificação prévia da Fazenda Pública.

(B) O requerido será citado para, no prazo de 5 dias, contestar o pedido, indicando as provas que pretenda produzir.

(C) Não sendo contestado o pedido, presumir-se-ão aceitos pelo requerido, como verdadeiros, os fatos alegados pela Fazenda Pública, caso em que o Juiz decidirá em 10 dias.

(D) Quando a medida cautelar fiscal for concedida em procedimento preparatório, deverá a Fazenda Pública propor a execução judicial da Dívida Ativa no prazo de 30 dias, contados da data em que a exigência se tornar irrecorrível na esfera administrativa.

(E) O indeferimento da medida cautelar fiscal obsta a que a Fazenda Pública intente a execução judicial da Dívida Ativa, ou influi no julgamento desta, salvo se o Juiz, no procedimento cautelar fiscal, acolher alegação de conversão do depósito em renda.

A: incorreta, pois é dispensada a justificação prévia e prestação de caução – art. 7º da Lei 8.397/1992; **B:** incorreta, pois o prazo de contestação é de 15 dias – art. 8º da Lei 8.397/1992; **C:** correta, nos termos do art. 9º da Lei 8.397/1992; **D:** incorreta, pois o prazo para propositura da execução fiscal é de 60 dias – art. 11 da Lei 8.397/1992; **E:** incorreta, pois o indeferimento da cautelar não obsta a execução, nem influi no julgamento desta, salvo se o juiz, no procedimento cautelar fiscal, acolher alegação de pagamento, de compensação, de transação, de remissão, de prescrição ou decadência, de conversão do depósito em renda, ou qualquer outra modalidade de extinção da pretensão deduzida – art. 15 da Lei 8.397/1992.
Gabarito "C".

(Procurador do Município – S.J. Rio Preto/SP – 2019 – VUNESP) Em sede de mandado de segurança, quando, a requerimento de pessoa jurídica de direito público interessada ou do Ministério Público e para evitar grave lesão à ordem, à saúde, à segurança e à economia públicas, o presidente do tribunal ao qual couber o conhecimento do respectivo recurso suspender, em decisão fundamentada, a execução da liminar e da sentença, dessa decisão caberá agravo, sem efeito suspensivo, no prazo de 5 dias, que será levado a julgamento na sessão seguinte à sua interposição.

A esse respeito, é correto afirmar que

(A) indeferido o pedido de suspensão ou provido o agravo, não caberá novo pedido de suspensão ao presidente do tribunal competente para conhecer de eventual recurso especial ou extraordinário.

(B) o presidente do tribunal poderá conferir ao pedido efeito suspensivo liminar se constatar, em juízo prévio, a plausibilidade do direito invocado e a urgência na concessão da medida.

(C) a interposição de agravo de instrumento contra liminar concedida nas ações movidas contra o poder público e seus agentes prejudica o julgamento do pedido de suspensão.

3. DIREITO TRIBUTÁRIO   257

(D) as liminares cujo objeto seja idêntico poderão ser suspensas, mediante decisões distintas, podendo o presidente do tribunal estender os efeitos da suspensão a liminares supervenientes, somente instrumentalizadas por pedidos em separado, não sendo admitido aditamento do pedido original.

(E) não é cabível o pedido de suspensão quando negado provimento a agravo interposto contra a decisão liminar.

A: incorreta, pois cabe novo pedido de suspensão ao presidente do STJ ou do STF – art. 4º, § 4º, da Lei 8.437/1992; **B:** correta, nos termos do art. 4º, § 7º, da Lei 8.437/1992; **C:** incorreta, pois não há essa prejudicialidade – art. 4º, § 6º, da Lei 8.437/1992; **D:** incorreta. Uma única decisão pode suspender diversas liminares (não o contrário) com objeto idêntico – art. 4º, § 8º, da Lei 8.437/1992; **E:** incorreta, pois o indeferimento do agravo contra a liminar não prejudica ou condiciona o pedido de suspensão – art. 4º, § 6º, da Lei 8.437/1992.
Gabarito "B".

(Procurador do Município – S.J. Rio Preto/SP – 2019 – VUNESP) Ao teor do que dispõe o Código Tributário Nacional, caso ocorra a exigência, por mais de uma pessoa jurídica de direito público, de tributo idêntico sobre um mesmo fato gerador, o sujeito passivo poderá

(A) promover ação de repetição de indébito em face de ambas as pessoas jurídicas de direito público.

(B) promover ação declaratória de inexistência de relação jurídico-tributária.

(C) alegar que houve homologação tácita por parte de uma das pessoas jurídicas de direito público.

(D) consignar judicialmente a importância do crédito.

(E) promover ação anulatória de lançamento tributário em face de ambas as pessoas jurídicas de direito público.

A exigência, por mais de uma pessoa jurídica de direito público, de tributo idêntico sobre um mesmo fato gerador dá ensejo à consignação judicial do valor do crédito, nos termos do art. 164, III, do CTN. Assim, a alternativa "D" é a correta.
Gabarito "D".

(Procurador do Município – S.J. Rio Preto/SP – 2019 – VUNESP) No prazo de embargos, segundo a lei que disciplina a execução fiscal, o executado deverá alegar toda matéria útil à defesa, requerer provas e juntar aos autos os documentos e rol de testemunhas, até três, ou, a critério do juiz, até o dobro desse limite.

Acerca do tema, assinale a assertiva correta.

(A) Em sede de embargos é admitida a reconvenção, que será processada em autos apartados e julgada antes dos embargos.

(B) Em sede de embargos é admitida a compensação, que será arguida como matéria preliminar e será processada e julgada com os embargos.

(C) Recebidos os embargos o Juiz mandará intimar a Fazenda, para impugná-los no prazo de 15 dias, designando, em seguida, audiência de instrução e julgamento.

(D) Intimada a Fazenda para impugnar os embargos, não se realizará audiência de instrução e julgamento, se os embargos versarem sobre matéria de direito, ou, sendo de direito e de fato, a prova for exclusivamente documental, caso em que o Juiz proferirá a sentença em 10 dias.

(E) Na execução por carta, os embargos do executado serão oferecidos no Juízo deprecado, que os remeterá ao Juízo deprecante, para instrução e julgamento, contudo, quando os embargos tiverem por objeto vícios ou irregularidades de atos do próprio Juízo deprecado, caber-lhe-á unicamente o julgamento dessa matéria.

A: incorreta, pois não se admite reconvenção nos embargos à execução fiscal – art. 16, § 3º, da Lei 6.830/1980; **B:** incorreta, pois não se admite compensação nos embargos à execução fiscal – art. 16, § 3º, da Lei 6.830/1980; **C:** incorreta, pois o prazo para impugnação dos embargos é de 30 dias – art. 17 da Lei 6.830/1980; **D:** incorreta, pois o prazo para sentença, nesse caso, é de 30 dias – art. 17, parágrafo único, da Lei 6.830/1980; **E:** correta, conforme o art. 20 da Lei 6.830/1980.
Gabarito "E".

(Procurador do Município – Boa Vista/RR – 2019 – CESPE/CEBRASPE) À luz da jurisprudência dos tribunais superiores, julgue os itens subsecutivos, acerca da ação anulatória de débito fiscal.

1. Caso a fazenda pública municipal não conteste a ação no prazo legalmente previsto, deverá ser aplicado o efeito material da revelia.

2. A suspensão da exigibilidade do crédito tributário discutido em ação dessa natureza dispensa o depósito do valor integral do tributo, qualquer que seja o autor da ação.

3. Se for proposta ação anulatória de débito fiscal pela fazenda pública municipal, será cabível a expedição da certidão positiva de débitos com efeitos negativos, independentemente de garantia.

4. A certidão da dívida ativa poderá ser anulada judicialmente caso não seja respeitado o devido processo legal administrativo que a originou.

1: incorreta, pois, por se tratar de direitos indisponíveis, não se aplica o efeito da revelia contra a fazenda pública – ver AgInt no AREsp 1171685/PR; **2:** incorreta, pois o simples ajuizamento de ação ordinária ou impetração de mandado de segurança não implica suspensão do crédito tributário, que depende de depósito integral em dinheiro, tutela de urgência ou liminar – art. 151 do CTN; **3:** correta, vide REsp 1123306/SP, Rel. Ministro LUIZ FUX, PRIMEIRA SEÇÃO, julgado em 09/12/2009, DJe 01/02/2010. **4:** correta, pois se trata de vício procedimental que prejudica o ato administrativo.
Gabarito 1E, 2E, 3C, 4C.

(Procurador do Estado/AC – 2017 – FMP) Sobre eventual mandado de segurança em matéria tributária, é CORRETO afirmar que

(A) só cabe para discutir eventos futuros, pois é proibida sua utilização como substitutivo da ação de repetição de indébito.

(B) é possível utilizar-se para desconstituir auto de infração, mas somente até 120 dias do ato coator, ou seja, da autuação fiscal, mesmo que haja recurso administrativo.

(C) a liminar pode suspender a exigibilidade do tributo, mas desde que se tenham esgotado todas as tentativas de anulação auto de infração administrativamente.

(D) caso o pedido seja de compensação com pagamento indevido usualmente inadmitido pelo Fisco, o *mandamus* é preventivo porque o ato coator, a negativa, ainda está por ocorrer, não se computando o prazo decadencial de 120 dias.

(E) nenhuma das alternativas acima está CORRETA.

A: incorreta, pois cabe mandado de segurança repressivo (não apenas preventivo), para impugnar ato coator já ocorrido – art. 5º, LXIX, da CF; **B:** incorreta, pois o prazo se inicia da notificação da autuação, quando o interessado toma ciência do ato coator – art. 23 da Lei 12.016/2009; **C:** incorreta, pois a liminar concedida judicialmente suspende a exigibilidade do crédito, não estando condicionada a atos no âmbito administrativo – art. 151, V, do CTN; **D:** correta, pois não há prazo extintivo no caso de mandado de segurança preventivo; **E:** incorreta, conforme comentário anterior.
Gabarito "D".

(Procurador do Estado/SP – 2018 – VUNESP) Em execução fiscal, Antônio, sócio-gerente de empresa contribuinte encerrada de forma irregular, é responsabilizado, nos termos do art. 135, III, do Código Tributário Nacional, por crédito tributário, cujo fato gerador ocorrera quatro anos antes da citação pessoal de Antônio. Como defesa, Antônio aduz, em exceção de pré-executividade, que o inadimplemento do crédito tributário exequendo não decorreu de fato que lhe pudesse ser imputado.

Com base na jurisprudência do Superior Tribunal de Justiça, é correto afirmar que a exceção de pré-executividade

(A) é cabível para excluir o sócio, pois a execução fiscal fora ajuizada contra a empresa contribuinte, sendo inviável a responsabilização posterior ao ajuizamento.

(B) não é cabível, pois, em se tratando de matéria de defesa do sócio responsabilizado, pode ser aduzida somente por meio de recurso contra o despacho que o incluiu no polo passivo da execução.

(C) é cabível, pois, em se tratando de responsabilidade do sócio, todos os fundamentos do responsabilizado podem ser apreciados de ofício pelo juiz.

(D) é cabível, desde que o crédito exequendo tenha sido constituído de ofício, circunstância em que a ausência de culpa do responsável pode ser alegada por qualquer meio processual.

(E) não é cabível, pois tem por causa matéria de fato, insuscetível de conhecimento de ofício pelo juiz, demandando prova que não pode ser produzida pelo meio processual utilizado.

A: incorreta, pois a responsabilidade do gestor é possível, no caso de dissolução irregular da sociedade, que implica violação da lei – art. 135, III, do CTN, conforme Súmula 435/STJ; **B:** incorreta, pois é viável a apresentação de embargos à execução pelo sócio executado; **C:** incorreta, pois a exceção de pré-executividade é admissível na execução fiscal somente em relação às matérias conhecíveis de ofício que não demandem dilação probatória – Súmula 393/STJ; **D:** incorreta, conforme comentário anterior; **E:** correta, conforme Súmula 393/STJ.
Gabarito "E".

(Procurador do Estado/SE – 2017 – CESPE) Um devedor tributário, devidamente citado em execução fiscal, não pagou nem apresentou bens à penhora no prazo legal.

Nesse caso, considerando-se as garantias e os privilégios do crédito tributário, a declaração da indisponibilidade dos bens do devedor prevista no CTN dependerá da demonstração do esgotamento das diligências para a localização de bens penhoráveis.

Segundo a jurisprudência do STJ, o esgotamento dessas diligências caracteriza-se pela

(A) comprovação da tentativa ou consumação de alienação ou oneração de bens ou rendas após a inscrição

em dívida ativa, como acontece na medida cautelar fiscal.

(B) diligência da fazenda pública em demonstrar ter realizado buscas razoavelmente exigíveis, já que inexiste na jurisprudência um rol mínimo de diligências a serem realizadas.

(C) existência de pedido e determinação, nos autos, de constrição sobre ativos financeiros via BacenJud, expedição de ofícios aos registros públicos do domicílio do executado e ao Departamento Nacional – ou estadual – de Trânsito.

(D) existência de pedido e determinação, nos autos, de constrição sobre ativos financeiros via BacenJud, expedição de ofícios aos registros de imóveis do local de residência do executado e da sede da comarca e da capital da respectiva unidade da Federação.

(E) simples inexistência de pagamento ou de oferecimento de bens à penhora no prazo legal da contestação, como ocorre na medida cautelar fiscal.

Nos termos da Súmula 560/STJ "A decretação da indisponibilidade de bens e direitos, na forma do art. 185-A do CTN, pressupõe o exaurimento das diligências na busca por bens penhoráveis, o qual fica caracterizado quando infrutíferos o pedido de constrição sobre ativos financeiros e a expedição de ofícios aos registros públicos do domicílio do executado, ao Denatran ou Detran." Por essa razão, a alternativa "C" é a correta. **RB**
Gabarito "C".

(Procurador do Município – Prefeitura Fortaleza/CE – CESPE – 2017) Com base nos institutos e nas normas que regem o processo judicial tributário, bem como na jurisprudência do STJ, julgue os itens subsecutivos.

(1) A garantia integral do crédito tributário é condição específica de procedibilidade para os embargos à execução fiscal, ensejando a extinção liminar da ação quando constatada a insuficiência da constrição judicial.

(2) O efeito da medida cautelar fiscal é a indisponibilidade patrimonial do sujeito passivo em consequência de crédito tributário constituído, ainda que não definitivamente, uma vez que pode ser proposta durante a fase administrativa de impugnação do lançamento.

1: Incorreta, pois o STJ admite embargos em caso de insuficiência da penhora, devendo haver intimação do devedor para que reforce a garantia, admitindo até mesmo o conhecimento dos embargos quando comprovada a insuficiência patrimonial do devedor – REsp 1.127.815/SP-repetitivo. **2:** Correta – art. 1º da Lei 8.397/1992. **RB**
Gabarito 1E, 2C

(Procurador Municipal – Prefeitura/BH – CESPE – 2017) A respeito da execução fiscal e do processo judicial tributário, assinale a opção correta.

(A) No caso de a ação de consignação em pagamento ser julgada procedente, a importância consignada não poderá ser convertida em renda.

(B) Em caso de óbito do devedor, a execução fiscal somente poderá ser promovida contra o cônjuge ou os descendentes em linha reta, não podendo ser proposta contra os demais sucessores.

(C) O executado pode oferecer seguro-garantia como forma de garantia da execução fiscal, devendo o seguro abranger o valor da dívida, multa de mora, juros e encargos indicados na certidão de dívida ativa.

3. DIREITO TRIBUTÁRIO — 259

(D) A propositura, pelo contribuinte, de ação de repetição do indébito não implicará renúncia ao poder de recorrer na esfera administrativa acerca da mesma questão.

A: incorreta, pois o julgamento pela procedência da consignação implica conversão do valor depositado em renda do fisco – art. 164, § 2°, do CTN; **B:** incorreta, pois, como em qualquer execução, poderá ser promovida contra o espólio e sucessores, até o limite dos valores deixados pelo falecido; **C:** correta – art. 9°, II, da Lei 6.830/1980; **D:** incorreta, pois a propositura da ação implica desistência de eventual recurso administrativo – art. 38, parágrafo único, da Lei 6.830/1980. RB

Gabarito "C"

(Procurador Municipal – Sertãozinho/SP – VUNESP – 2016) Assinale a alternativa que estiver em consonância com as disposições da lei que rege o procedimento da execução fiscal.

(A) Em sede de execução fiscal, a penhora deve obedecer estritamente à ordem estabelecida em lei, não podendo recair sobre plantações.

(B) A garantia da execução, por meio de depósito em dinheiro, fiança bancária ou seguro garantia, produz os mesmos efeitos da penhora.

(C) Em garantia da execução não se admite a indicação à penhora de bens oferecidos por terceiros.

(D) O executado ausente do país será citado por Carta Rogatória endereçada ao Juízo do lugar onde se encontre.

(E) Sendo embargada a execução e não sendo rejeitados os embargos, a Fazenda Pública poderá adjudicar os bens penhorados, antes do leilão, pelo preço da avaliação.

A: incorreta, pois é possível que a penhora recaia, excepcionalmente, sobre plantações – art. 11, § 1°, da Lei de Execuções Fiscais – LEF (Lei 6.830/1980); **B:** correta – art. 9° da LEF; **C:** incorreta, pois isso é possível, conforme o art. 9°, IV, da LEF, sendo que essa indicação deve ser aceita pela fazenda pública; **D:** incorreta, pois o ausente do país será citado por edital – art. 8°, § 1°, da LEF; **E:** incorreta, pois somente cabe adjudicação antes do leilão se a execução não for embargada ou se os embargos forem rejeitados – art. 24, I, da LEF. RB

Gabarito "B"

(Procurador Municipal – Sertãozinho/SP – VUNESP – 2016) Acerca da ação cautelar fiscal, é correto afirmar que

(A) para concessão da medida cautelar é dispensável, em qualquer caso, a prova literal da constituição do crédito fiscal, haja vista que a ação pode ser promovida ainda que referido crédito não esteja constituído.

(B) a decretação da medida cautelar produzirá, de imediato, a indisponibilidade dos bens do requerido, caso em que, tratando-se de pessoa jurídica, referida indisponibilidade recairá somente sobre os bens do acionista controlador, não se estendendo aos bens do ativo permanente.

(C) a medida cautelar, em razão da urgência, será requerida a qualquer juízo, inclusive ao da falência, que se tornará competente para processar a execução fiscal.

(D) estando a execução judicial da Dívida Ativa da Fazenda Pública em tribunal, a medida cautelar será requerida ao relator do recurso.

(E) da decisão que concede liminarmente a medida cautelar cabe apelação no prazo de 15 dias, contados da intimação do requerido.

A: incorreta, pois, em regra, exige-se prova literal da constituição do crédito – art. 3° da Lei 8.397/1992 (os casos excepcionais de cautelar antes do lançamento são os previstos no art. 1°, parágrafo único, da

mesma lei); **B:** incorreta, pois é o oposto. Na hipótese de pessoa jurídica, a indisponibilidade recairá, em regra, somente sobre os bens do ativo permanente, com as exceções do art. 4°, §§ 1° e 2°, da Lei 8.397/1992; **C:** incorreta, pois a competência jurisdicional para a cautelar fiscal é a mesma da execução fiscal – art. 5° da Lei 8.397/1992; **D:** correta, conforme o art. 5°, parágrafo único, da Lei 8.397/1992; **E:** incorreta, pois da decisão que concede liminarmente a cautelar cabe agravo de instrumento – art. 7°, parágrafo único, da Lei 8.397/1992. RB

Gabarito "D"

(Procurador Municipal/SP – VUNESP – 2016) O requerimento da medida cautelar fiscal independe da prévia constituição do crédito tributário quando o devedor

(A) sem domicílio certo, intenta ausentar-se ou alienar bens que possui ou deixa de pagar a obrigação no prazo fixado.

(B) tendo domicílio certo, ausenta-se ou tenta se ausentar, visando elidir o adimplemento da obrigação.

(C) notificado pela Fazenda Pública para que proceda ao recolhimento do crédito fiscal põe ou tenta por seus bens em nome de terceiros.

(D) caindo em insolvência, aliena ou tenta alienar bens.

(E) contrai ou tenta contrair dívidas que comprometam a liquidez do seu patrimônio.

Os casos excepcionais de cabimento de cautelar fiscal antes da constituição do crédito tributário são quando o devedor, (i) notificado pela Fazenda Pública para que proceda ao recolhimento do crédito fiscal põe ou tenta por seus bens em nome de terceiros e (ii) aliena bens ou direitos sem proceder à devida comunicação ao órgão da Fazenda Pública competente, quando exigível em virtude de lei – art. 2°, V, *b*, e VII, c/c art. 1°, parágrafo único, da Lei 8.397/1992. Por essa razão, a alternativa "C" é a correta. RB

Gabarito "C"

(Procurador – IPSMI/SP – VUNESP – 2016) Acerca da Ação Cautelar Fiscal, assinale a alternativa correta.

(A) Para a concessão da medida cautelar fiscal não é essencial a prova literal da constituição do crédito tributário.

(B) A decretação da medida cautelar fiscal não produzirá, de imediato, a indisponibilidade dos bens do requerido, até o limite da satisfação da obrigação.

(C) O juiz concederá liminarmente a medida cautelar fiscal, desde que a Fazenda Pública apresente justificação prévia ou preste caução.

(D) O requerido será citado para, no prazo de cinco dias, contestar o pedido, indicando as provas que pretenda produzir.

(E) A medida cautelar fiscal conserva a sua eficácia no prazo de sessenta dias, contados da data em que a exigência se tornar irrecorrível na esfera administrativa e na pendência do processo de execução judicial da Dívida Ativa, mas pode, a qualquer tempo, ser revogada ou modificada.

A: incorreta, pois, em regra, exige-se prova literal da constituição do crédito – art. 3° da Lei 8.397/1992 (os casos excepcionais de cautelar antes do lançamento são os previstos no art. 1°, parágrafo único, da mesma lei); **B:** incorreta, pois é exatamente o oposto, sendo esse o principal efeito da cautelar concedida – art. 4° da Lei 8.397/1992; **C:** incorreta, pois é o oposto. O Juiz concederá liminarmente a medida cautelar fiscal, dispensada a Fazenda Pública de justificação prévia e de prestação de caução – art. 7° da Lei 8.397/1992; **D:** incorreta, pois o prazo para contestação é de 15 dias – art. 8º da Lei 8.397/1992; **E:** correta, conforme os arts. 11 e 12 da Lei 8.397/1992. [RB]

Gabarito "E".

(Procurador – IPSMI/SP – VUNESP – 2016) No processo de execução fiscal,

(A) será admitida a reconvenção, a compensação e as exceções, inclusive as de suspeição, incompetência e impedimentos, que serão arguidas como matéria preliminar e serão processadas e julgadas com os embargos.

(B) recebidos os embargos, o Juiz mandará intimar a Fazenda para impugná-los no prazo de 60 (sessenta) dias, designando, em seguida, audiência de instrução e julgamento.

(C) não sendo embargada ou sendo rejeitados os embargos, no caso de garantia prestada por terceiro, será este intimado, sob pena de contra ele prosseguir a execução nos próprios autos, para, no prazo de 15 (quinze) dias, remir o bem, se a garantia for real.

(D) a Fazenda Pública não poderá adjudicar os bens penhorados antes do leilão, pelo preço da avaliação, se a execução não for embargada ou se rejeitados os embargos.

(E) se da decisão que ordenar o arquivamento tiver decorrido o prazo prescricional, o juiz, independentemente da manifestação da Fazenda Pública, deverá, de ofício, reconhecer a prescrição intercorrente e decretá-la de imediato.

A: incorreta, pois não será admitida reconvenção, nem compensação, e as exceções, salvo as de suspeição, incompetência e impedimentos, serão arguidas como matéria preliminar e serão processadas e julgadas com os embargos – art. 16, § 3º, da LEF; **B:** incorreta, pois o prazo para impugnação dos embargos é de 30 dias – art. 17 da LEF; **C:** correta, conforme o art. 19, I, da LEF; **D:** incorreta, pois é o oposto, cabendo adjudicação antes do leilão se a execução não for embargada ou se os embargos forem rejeitados – art. 24, I, da LEF; **E:** incorreta, pois o juiz deverá ouvir a Fazenda Pública antes de reconhecer de ofício a prescrição, exceto no caso de cobranças judiciais cujo valor seja inferior ao mínimo fixado por ato do Ministro de Estado da Fazenda – art. 40, §§ 4º e 5º, da LEF. [RB]

Gabarito "C".

(Procurador do Estado – PGE/MT – FCC – 2016) Sobre o processo civil tributário, considere:

I. O Estado é parte legítima para figurar no polo passivo das ações propostas por servidores públicos estaduais que visam ao reconhecimento do direito à isenção ou à repetição do indébito relativo ao imposto de renda retido na fonte.

II. O contribuinte pode optar por receber, por meio de precatório ou por compensação, o indébito tributário certificado por sentença declaratória transitada em julgado.

III. O consumidor tem legitimidade para propor ação declaratória cumulada com repetição de indébito que busca afastar, no tocante ao fornecimento de energia elétrica, a incidência do ICMS sobre a demanda contratada e não utilizada.

IV. O depósito prévio previsto no art. 38, da LEF – Lei de Execução Fiscal, constitui condição de procedibilidade da ação anulatória de débito fiscal.

Está correto o que se afirma APENAS em

(A) I, II e IV.

(B) III e IV.

(C) I e IV.

(D) II e III.

(E) I, II e III.

I: correta – REsp 989.419/RS-repetitivo; **II:** correta – REsp 1.114.404/MG-repetitivo; **III:** correta – REsp 1.299.303/SC-repetitivo; **IV:** incorreta, pois a jurisprudência afastou o depósito prévio como pressuposto para a ação anulatória – Súmula Vinculante 28/STF. [RB]

Gabarito "E".

(Procurador do Estado – PGE/MT – FCC – 2016) Segundo a jurisprudência dominante no Superior Tribunal de Justiça a respeito das execuções fiscais,

(A) o fluxo do prazo prescricional em ação de execução fiscal somente se interrompe pela citação pessoal válida.

(B) deve ser reconhecida a prescrição intercorrente caso o processo fique paralisado por mais de cinco anos após a decisão que determinou o arquivamento da execução fiscal em razão do pequeno valor do débito executado, sem baixa na distribuição, uma vez que não há suspensão do prazo prescricional.

(C) deve ser reconhecida a prescrição intercorrente caso o processo de execução fiscal fique paralisado por cinco anos sem a localização de bens penhoráveis.

(D) é cabível a citação por edital quando, na execução fiscal, não se obteve êxito na citação postal, independentemente de diligências ou certidões levadas a efeito pelo oficial de justiça.

(E) a interrupção do prazo prescricional, para fins de execução fiscal, se dá pelo despacho do juiz que ordena a citação, de modo que este será o termo *a quo*.

A: incorreta, pois a citação retroage à data da propositura da ação para efeitos de interrupção da prescrição, na forma do art. 802, parágrafo único, do CPC, quando a demora na citação é imputada exclusivamente ao Poder Judiciário, nos termos da Súmula 106/STJ – REsp 1.120.295/SP-repetitivo; **B:** correta – REsp 1.102.554/MG-repetitivo; **C:** incorreta, pois é necessário suspender-se o processo por um ano antes de se iniciar a contagem do prazo de prescrição intercorrente – Súmula 314/STJ; **D:** incorreta, pois a citação por edital se dá apenas após esgotadas as tentativas de citação pelas modalidades previstas no art. 8º da Lei 6.830/1980, quais sejam pelo correio e por oficial de justiça – Súmula 414/STJ; **E:** incorreta, conforme comentário à primeira alternativa. Note que, apesar de o art. 174, parágrafo único, I, do CTN se referir ao despacho do juiz que ordena a citação como causa interruptiva da prescrição, a jurisprudência reconhece que, ajuizada a ação no prazo quinquenal, a demora da citação por culpa do Judiciário não prejudica o credor. [RB]

Gabarito "B".

(Procurador do Estado – PGE/RS – Fundatec – 2015) Quanto ao entendimento jurisprudencial em matéria tributária, assinale a alternativa correta.

(A) Proposta ação anulatória pela Fazenda Estadual, esta fará jus à expedição da certidão positiva com efeitos de negativa apenas naquelas hipóteses em que a expedição seria cabível se a ação fosse ajuizada pelo contribuinte.

(B) Declarado e não pago o tributo, é legítima a recusa de expedição da certidão negativa de débito, independentemente de lançamento de ofício ou de inscrição em dívida ativa.

3. DIREITO TRIBUTÁRIO

(C) A fiança bancária é equiparável ao depósito integral do débito exequendo para fins de suspensão da exigibilidade do crédito tributário, nos termos do art. 151, do CTN.

(D) A sentença declaratória que reconhece o direito do contribuinte à compensação tributária não constitui título executivo para a repetição do indébito.

(E) É cabível a cobrança de crédito tributário constituído por documento de confissão de dívida tributária, mesmo que o documento tenha sido assinado após a ocorrência da decadência.

A: incorreta, pois o simples ajuizamento da anulatória ou de embargos à execução pela fazenda pública, quando devedora, suspende a exigibilidade do crédito, permitindo a extração da certidão positiva com efeito de negativa, considerando a impenhorabilidade de seu patrimônio – ver REsp 1.180.697/MG; **B:** correta, pois a declaração do débito pelo contribuinte constitui o crédito, sendo desnecessário lançamento pelo fisco, permitindo a imediata inscrição em dívida ativa em caso de inadimplemento – Súmula 436/STJ; **C:** incorreta, pois a fiança bancária não suspende a exigibilidade do crédito, conforme o art. 151 do CTN, embora permita a emissão de certidão positiva com efeito de negativa ao garantir o crédito em execução fiscal – art. 206 do CTN; **D:** incorreta, pois o STJ admite a execução a partir da sentença declaratória, como opção à compensação – REsp 1.114.404/MG-repetitivo; **E:** incorreta, pois a decadência extingue o crédito tributário, não subsistindo qualquer débito a ser confessado (não há obrigação natural relativa ao tributo extinto) – art. 156, V, do CTN. [RB]

Gabarito "B".

(Procurador do Estado – PGE/PR – PUC – 2015) Em execução fiscal de dívida ativa superior a R$ 100.000,00 (cem mil reais), a Procuradoria Geral do Estado do Paraná conseguiu ver penhorados, via BacenJud, apenas R$ 85.000,00 (oitenta e cinco mil reais), constantes das contas bancárias do executado.

Sobre a situação hipotética discriminada acima, bem como sobre os processos de execução fiscal e embargos à execução fiscal, assinale a alternativa **CORRETA**.

(A) Nos processos de execução fiscal, opostos embargos pelo devedor, os atos que importem levantamento de depósito pela Fazenda Pública só poderão ser realizados após o trânsito em julgado da decisão a ela favorável.

(B) A penhora, em execução fiscal, deve se limitar ao montante que o executado entende como devido.

(C) Conforme entendimento mais recente do Superior Tribunal de Justiça, são admissíveis os embargos antes de garantida a execução nos casos em que o embargante for beneficiário da assistência judiciária gratuita.

(D) A insuficiência da penhora impede a admissão dos embargos à execução fiscal.

(E) Não é admissível a utilização de embargos à execução fiscal com o objetivo de ver declarada extinta a execução fiscal em razão de compensação já deferida e homologada definitivamente na via administrativa.

A: correta – art. 32, § 2°, da Lei 6.830/1980, ver AgInt nos EDcl no AREsp 809.894/RS; **B:** incorreta, pois a penhora deve garantir o valor em execução, composto pelo valor da dívida original acrescida de juros, multas e encargos indicados na certidão de dívida ativa – art. 9° da Lei 6.830/1980; **C:** incorreta, sendo exigida a garantia do juízo como pressuposto para os embargos, mesmo no caso de beneficiário

de justiça gratuita – ver REsp 1.437.078/RS; **D:** incorreta, pois o STJ admite embargos em caso de insuficiência da penhora, devendo haver intimação do devedor para que reforce a garantia, admitindo até mesmo o conhecimento dos embargos quando comprovada a insuficiência patrimonial do devedor – REsp 1.127.815/SP-repetitivo; **E:** incorreta, sendo possível alegar, em embargos à execução, a extinção do crédito por compensação, desde que ela tenha ocorrido antes do ajuizamento da execução – ver REsp 1.008.343/SP-repetitivo. A vedação à compensação prevista no art. 16, § 3°, do CTN não se refere a essa situação, de compensação pretérita, anterior ao início da execução. [RB]

Gabarito "A".

(Procurador – PGFN – ESAF – 2015) (Procurador – PGFN – ESAF – 2015) De acordo com a Lei de Execução Fiscal:

(A) o prazo para substituição da certidão de dívida ativa caduca na data de citação do executado.

(B) a dívida ativa executada, exclusivamente tributária, abrange atualização monetária, juros e multa; a dívida não tributária não se sujeita ao rito especial da Lei 6.830/80.

(C) os embargos na execução fiscal independem de garantia da execução e, em regra, não têm efeito suspensivo, salvo comprovação, pelo executado, de risco de dano irreparável ou de difícil reparação, por aplicação subsidiária do CPC.

(D) a citação deve ser feita obrigatoriamente por oficial de justiça.

(E) a intimação da penhora é feita por publicação na imprensa oficial do ato de juntada do termo ou auto de penhora, sendo também admitida a intimação pessoal ou por via postal.

A: incorreta, pois é possível a substituição da CDA até a decisão de primeira instância – art. 2°, § 8°, da Lei 6.830/1980; **B:** incorreta, pois a execução fiscal cabe para dívidas tributárias e não tributárias, desde que inscritas em dívida ativa – art. 2°, § 2°, da Lei 6.830/1980; **C:** incorreta, pois é indispensável a garantia do juízo como pressuposto para os embargos – art. 16, § 1°, da Lei 6.830/1980; **D:** incorreta, pois a citação pode ser feita pelos modos previstos no art. 8° da Lei 6.830/1980, em regra por via postal; **E:** correta – art. 12 da Lei 6.830/1980. [RB]

Gabarito "E".

(Procurador – PGFN – ESAF – 2015) Sobre a Execução Fiscal, é correto afirmar:

(A) a substituição da penhora pelo executado, por bens de valor equivalente ao constrito, não depende de anuência da Fazenda Pública.

(B) efetuado o pagamento integral da dívida executada, a penhora não poderá ser liberada se houver outra execução pendente.

(C) a execução fiscal é meio idôneo para a cobrança judicial de dívida que teve origem em fraude relacionada com a concessão de benefício previdenciário.

(D) a pendência de recurso administrativo não inviabiliza o ajuizamento da execução fiscal.

(E) o despacho do juiz que ordena a citação interrompe a prescrição, gerando efeitos a partir da sua prolação.

A: incorreta, pois, sem anuência da fazenda o juiz deferirá ao executado apenas a substituição da penhora por depósito em dinheiro, fiança bancária ou seguro garantia – art. 15, I, da Lei 6.830/1980; **B:** correta – art. 53, § 2°, da Lei 8.212/1991, ver REsp 1.319.171/SC; **C:** incorreta, sendo adequada ação de cobrança por enriquecimento ilícito para apuração da responsabilidade civil – REsp 1.350.804/PR-repetitivo;

D: incorreta, pois a pendência de recurso administrativo em que se questiona o crédito tributário suspende sua exigibilidade, o que inviabiliza o ajuizamento da execução fiscal – art. 151 do CTN; **E:** incorreta, pois a citação retroage à data da propositura da ação para efeitos de interrupção da prescrição, na forma do art. 219, § 1°, do CPC, quando a demora na citação é imputada exclusivamente ao Poder Judiciário, nos termos da Súmula 106/STJ – REsp 1.120.295/SP-repetitivo. Note que, apesar de o art. 174, parágrafo único, I, do CTN se referir ao despacho do juiz que ordena a citação como causa interruptiva ad prescrição, a jurisprudência reconhece que, ajuizada a ação no prazo quinquenal, a demora da citação por culpa do Judiciário não prejudica o credor. **RB** Gabarito "B".

(Procurador – PGFN – ESAF – 2015) Sobre a medida cautelar fiscal, assinale a opção incorreta.

(A) Independe da prévia constituição do crédito tributário quando o devedor, caindo em insolvência, aliena ou tenta alienar bens.

(B) Produz, de imediato, a indisponibilidade dos bens do requerido, até o limite da satisfação da obrigação.

(C) O prazo de contestação é de 15 (quinze) dias.

(D) A sentença proferida na medida cautelar fiscal não faz coisa julgada, relativamente à execução judicial da Dívida Ativa da Fazenda Pública, salvo se acolhida a alegação de qualquer modalidade de extinção da pretensão deduzida.

(E) Pode ser requerida contra o sujeito passivo de crédito tributário ou não tributário.

A: incorreta, sendo possível cautelar fiscal, nesse caso, apenas após o lançamento – art. 2°, III, da Lei 8.397/1992. Os casos excepcionais, em que é possível cautelar fiscal antes do lançamento são apenas os indicados no art. 2°, V, *b*, e VII, da Lei 8.397/1992, conforme seu art. 1°, parágrafo único; **B:** correta, conforme art. 4° da Lei 8.397/1992; **C:** correta – art. 8° da Lei 8.397/1992; **D:** correta, nos termos do art. 16 da Lei 8.397/1992; **E:** correta – art. 2° da Lei 8.397/1992. **RB** Gabarito "A".

(Procurador do Estado – PGE/RN – FCC – 2014) A medida cautelar fiscal

(A) é ação de iniciativa do contribuinte visando a suspensão da exigibilidade do crédito tributário a partir da concessão da liminar.

(B) somente pode ser preparatória da execução fiscal.

(C) é ação voltada para o arrolamento de bens de devedor tributário ou não tributário, desde que o débito ultrapasse o limite de seu patrimônio conhecido.

(D) tem lugar apenas quando o devedor pratica atos que caracterizam fraude à execução, como forma de suspender os efeitos das alienações levadas a efeito.

(E) decretada produz, de imediato, a indisponibilidade dos bens do requerido, até o limite da satisfação da obrigação.

A: incorreta, pois é ação de iniciativa do fisco para garantia do recebimento do crédito tributário – art. 2° da Lei 8.397/1992; **B:** incorreta, pois pode também ser proposta após o início da execução fiscal – art. 1° da Lei 8.397/1992; **C:** incorreta, pois a hipótese de débito superior a 30% do patrimônio conhecido do devedor é apenas uma das que dão ensejo à cautelar fiscal – art. 2° da Lei 8.397/1992; **D:** incorreta, pois há diversas outras hipóteses que permitem o ajuizamento da cautelar fiscal – art. 2° da Lei 8.397/1992; **E:** correta – art. 4° da Lei 8.397/1992. **RB** Gabarito "E".

(Procurador do Estado – PGE/RN – FCC – 2014) Julgada procedente e transitada em julgada a sentença declaratória em ação para repetição do indébito, o contribuinte

(A) terá que fazer obrigatoriamente a compensação com débitos devidos ao mesmo ente.

(B) recebe imediatamente os valores pagos indevidamente, com juros e correção monetária.

(C) terá que fazer execução contra a Fazenda Pública para receber por meio de precatório, obrigatoriamente.

(D) terá o prazo de dois anos, a contar da decisão, para cobrar o valor pago indevidamente.

(E) poderá optar entre fazer compensação ou receber por meio de precatório.

A: incorreta, pois o STJ admite que é opção do contribuinte credor executar seu crédito, mesmo em se tratando de sentença declaratória, para recebê-lo por precatório ou requisição de pequeno valor, ou então realizar a compensação – REsp 1.114.404/MG-repetitivo; **B:** incorreta, pois no caso de execução, o credor se sujeita ao regime dos precatórios ou das requisições de pequeno valor; **C:** incorreta, conforme comentários anteriores; **D:** incorreta, pois, em princípio, o prazo para cobrança de créditos contra a fazenda pública é de cinco anos – Decreto 20.910/1932; **E:** correta, conforme comentário à primeira alternativa. **RB** Gabarito "E".

(Procurador do Estado – PGE/RN – FCC – 2014) Sujeito passivo em débito com a Fazenda Pública Estadual deixou de realizar o pagamento de um determinado tributo por entender que o mesmo é inconstitucional. Considerando que o prazo para impugnação administrativa do lançamento já transcorreu, para evitar ter o crédito cobrado judicialmente por meio de execução fiscal deverá

(A) obter uma liminar em sede de mandado de segurança repressivo, desde que tenha sido o mesmo impetrado no prazo legal, como forma de suspender a exigibilidade do crédito.

(B) declarar a moratória, através de procedimento administrativo próprio, que é causa de suspensão da exigibilidade do crédito tributário.

(C) fazer o depósito do montante integral do crédito e formular consulta administrativa.

(D) propor ação declaratória de inexistência de obrigação tributária, pois a partir da citação válida da Fazenda Pública o crédito tem sua exigibilidade suspensa.

(E) fazer a consignação judicial em pagamento do crédito tributário, pois a partir do depósito o crédito tem sua exigibilidade suspensa.

A: correta, sendo possível o MS repressivo, em que se pede que o fisco se abstenha de exigir o tributo inconstitucional – art. 151, IV, do CTN; **B:** incorreta, pois a moratória é benefício fiscal que pressupõe lei concessiva – art. 151, I, do CTN; **C:** incorreta, pois a consulta, com efeito do art. 161 § 2°, do CTN, deve ser realizada antes do vencimento; **D:** incorreta, pois a suspensão da exigibilidade não se dá com o simples ajuizamento da ação ordinária, sendo necessária antecipação de tutela ou depósito integral em dinheiro – art. 151, II e V, do CTN; **E:** incorreta, pois somente o depósito integral do valor cobrado suspende a exigibilidade, enquanto a consignatória restringe-se ao montante que o contribuinte alega ser devido – art. 164, § 1°, do CTN. **RB** Gabarito "A".

3. DIREITO TRIBUTÁRIO 263

(Procurador Distrital – 2014 – CESPE)

O DF propôs ação de execução, fundada em crédito fiscal, contra a empresa Pedro e Paulo Artigos Esportivos Ltda. (PPAE). Pedro detinha 80% das quotas sociais e Paulo, sócio-gerente, 20%. Não encontrados bens suficientes da sociedade para a garantia do débito, o DF pediu a penhora de bens de Paulo, fundado no fato de que, na qualidade de sócio-gerente, ele não recolhera o valor do tributo que estava sendo cobrado da PPAE. Deferida a penhora, não foram encontrados bens de Paulo, sendo, então, pedida a penhora de bens de Pedro, com fundamento no fato de ele ser o sócio majoritário. O DF pediu, ainda, a penhora de lucros apurados e que seriam cabíveis à PPAE em razão de ela ser sócia da PPM Material Elétrico Ltda. Contra tal pedido, a PPAE apresentou impugnação, sustentando que, embora tivesse sido apurado lucro no balanço anual, a sociedade, antes mesmo de citada na execução, decidira reinvestir os lucros na própria atividade, razão pela qual não seria cabível a penhora requerida. Este último fato foi devidamente provado.

Com base na situação hipotética acima descrita, julgue os itens subsecutivos.

(1) O juiz deve rejeitar o fundamento exposto pelo DF em sua argumentação e, em consequência, indeferir a penhora dos bens de Pedro.

(2) O juiz deve indeferir, com base no argumento exposto pela PPAE, a penhora dos lucros que lhe seriam cabíveis em razão de ela ser sócia da PPM Material Elétrico Ltda.

(3) A decisão do juiz de deferir, com fundamento no argumento exposto, a penhora dos bens de Paulo foi correta, configurando a desconsideração da personalidade jurídica da sociedade.

1: correta, pois o fato de ser sócio majoritário não implica responsabilidade tributária; 2: discutível. De fato, não há mais lucro a ser distribuído que poderia, em tese, ser penhorado, mas sim patrimônio ou mesmo capital social majorado da PPM Material Elétrico Ltda. É possível discutir, entretanto, a presunção de fraude contra a fazenda, se considerarmos que houve oneração ou alienação do bem penhorável (reinvestimento do lucro na própria atividade) após a inscrição em dívida ativa, o que seria inoponível contra o fisco (poderia haver a penhora) – art. 185 do CTN; 3: incorreta, pois o simples inadimplemento da obrigação tributária pela sociedade não implica responsabilidade do sócio-gerente – Súmula 430 do STJ.
Gabarito 1C, 2C, 3E

(Procurador Federal – 2013 – CESPE) Julgue o seguinte item.

(1) Há hipóteses em que é permitido à administração tributária ajuizar medida cautelar fiscal sem a prévia constituição de crédito tributário.

Correta, nos termos do art. 1º, parágrafo único, da Lei 8.397/1992, cabendo a cautelar fiscal antes da constituição do crédito excepcionalmente nas hipóteses em que o devedor (i) notificado pela Fazenda Pública para que proceda ao recolhimento do crédito fiscal põe ou tenta por seus bens em nome de terceiros ou (ii) aliena bens ou direitos sem proceder à devida comunicação ao órgão da Fazenda Pública competente, quando exigível em virtude de lei.
Gabarito 1C

(Procurador do Município/Cubatão-SP – 2012 – VUNESP) Dentre outras situações, a execução fiscal poderá ser promovida contra o responsável, nos termos da lei, por dívidas, tributárias

ou não, de pessoas físicas ou jurídicas de direito privado. Conforme determina a lei que rege o processo executivo fiscal, à Dívida Ativa da Fazenda Pública, de qualquer natureza, aplicam-se as normas relativas à responsabilidade prevista na legislação tributária, civil e

(A) comercial.

(B) penal.

(C) financeira.

(D) orçamentária.

(E) administrativa.

Nos termos do art. 4º, § 2º, da LEF, à dívida ativa de qualquer natureza aplicam-se as normas relativas à responsabilidade prevista na legislação tributária, civil e comercial. Por essa razão, a alternativa "A" é a correta.
Gabarito "A"

(Procurador do Município/Cubatão-SP – 2012 – VUNESP) Em sede de medida cautelar fiscal, o requerido será citado para contestar o pedido, indicando as provas que pretenda produzir, no prazo de

(A) 5 dias.

(B) 10 dias.

(C) 15 dias.

(D) 30 dias.

(E) 60 dias.

O prazo para contestação é de 15 dias, nos termos do art. 8º da Lei 8.397/1992. Por essa razão, a alternativa "C" é a correta.
Gabarito "C"

(Procurador do Estado/AC – FMP – 2012) Considerando a situação hipotética que segue, assinale a alternativa **correta**.

Empresa atacadista do ramo de cosméticos costuma conceder a seus clientes descontos incondicionais nas vendas que realiza a clientes varejistas. Em tais operações mercantis, sempre inclui base de cálculo do ICMS o valor dos aludidos descontos. Segundo o advogado da empresa, tais descontos incondicionais não integram a base de cálculo do ICMS. Diante disso, a empresa pretende propor ação judicial que lhe assegure para o futuro a não inclusão na base de cálculo do ICMS do valor dos descontos incondicionais. Nessa situação, assinale a assertiva **correta**.

(A) É cabível ação declaratória, visto que, segundo o entendimento do STJ, os descontos incondicionais nas operações mercantis não se incluem na base de cálculo do ICMS.

(B) É cabível ação anulatória de débito fiscal, visto que, segundo o entendimento do STJ, os descontos incondicionais nas operações mercantis não se incluem na base de cálculo do ICMS.

(C) É cabível ação de consignação em pagamento, visto que, segundo o entendimento do STJ, os descontos incondicionais nas operações mercantis não se incluem na base de cálculo do ICMS.

(D) Descabe qualquer ação judicial, visto que, segundo o STJ, é legítima a inclusão dos descontos incondicionais nas operações mercantis na base de cálculo do ICMS.

Antes do lançamento tributário, cabem ação declaratória de inexistência de obrigação tributária e mandado de segurança preventivo. No mérito, o valor dos descontos incondicionais não é incluído na base de cálculo do ICMS, nos termos do art. 13, § 1º, II, *a*, da LC 87/1996 (somente os descontos concedidos sob condição compõem a base de cálculo) e da jurisprudência pacífica – Súmula 457/STJ. Por essas razões, a alternativa "A" é a correta.

Gabarito "A".

(Procurador do Estado/AC – FMP – 2012) Dadas as assertivas abaixo, assinale a alternativa **correta**.

I. De acordo com o entendimento do STJ, o contribuinte pode optar por receber, por meio de precatório ou por compensação, o indébito tributário certificado por sentença declaratória transitada em julgado.

II. Conforme entendimento do STJ é incabível o mandado de segurança para convalidar a compensação tributária realizada pelo contribuinte.

III. O ajuizamento da ação anulatória de auto de lançamento não prescinde do depósito prévio do montante integral do crédito tributário.

IV. O mandado de segurança constitui ação adequada para a declaração do direito à compensação tributária.

(A) Estão corretas apenas as assertivas I e II.

(B) Estão corretas apenas as assertivas II e III.

(C) Estão corretas apenas as assertivas II, III e IV.

(D) Estão corretas apenas as assertivas I, II e IV.

I: correta, conforme dispõe a Súmula 461/STJ; II: correta, nos termos da Súmula 460/STJ; III: incorreta, pois, apesar do disposto no art. 38 da Lei 6.830/1980, nos termos da Súmula Vinculante 28/STF "É inconstitucional a exigência de depósito prévio como requisito de admissibilidade de ação judicial na qual se pretenda discutir a exigibilidade de crédito tributário"; IV: correta, nos termos da Súmula 213/STJ.

Gabarito "D".

(Procurador do Estado/AC – FMP – 2012) Dada a situação hipotética a seguir, considerando o Código Tributário Nacional, assinale a alternativa **correta**. A empresa GLOF Indústria de Cabos Elétricos Ltda., em agosto de 2005, foi notificada de auto de lançamento contra si lavrado em virtude de sonegação fiscal do ICMS que perpetrou em novembro de 2000. Em julho de 2008, ajuizou ação anulatória de auto de lançamento, mas não obteve tutela antecipada para suspender a exigibilidade do crédito tributário. Em novembro de 2009, aproveitando-se de lei estadual que autorizava parcelamento, firmou pedido de parcelamento do crédito tributário. No mesmo pedido, havia cláusula pela qual a empresa se confessava devedora do mencionado crédito tributário, reconhecendo sua liquidez e certeza. Entretanto pagou apenas a primeira parcela, em novembro de 2009, deixando sem pagamento as demais. Diante disso, em agosto de 2011, a Fazenda Pública ajuizou ação de execução fiscal para a cobrança do crédito tributário. Diante dessa situação hipotética, assinale a afirmativa **correta**.

(A) A ação de execução fiscal não poderia ter sido ajuizada, uma vez que ocorrida a decadência do direito de constituir o crédito tributário.

(B) A ação de execução fiscal foi legitimamente ajuizada, uma vez que não decorrido o prazo de prescrição.

(C) A ação de execução fiscal não poderia ter sido ajuizada, uma vez que consumada a prescrição da ação.

(D) A ação de execução não poderia ter sido ajuizada em virtude do ajuizamento de ação anulatória do lançamento.

O fato gerador do tributo ocorreu em novembro de 2000, de modo que, em princípio, o lançamento pelo fisco, em face da inadimplência,

poderia ter ocorrido já naquele ano. Assim, nos termos do art. 173, I, do CTN, o prazo decadencial para a constituição do crédito iniciou-se em 01.01.2001 e terminaria apenas em 01.01.2006. Não houve decadência, portanto, já que o lançamento foi realizado antes, em agosto de 2005. A partir da constituição definitiva do crédito, iniciou-se a contagem do prazo prescricional quinquenal, nos termos do art. 174 do CTN, que terminaria apenas em agosto de 2010, exceto se houvesse interrupção ou suspensão. A ação anulatória é irrelevante para a contagem, pois, inexistindo antecipação de tutela, depósito integral ou outra modalidade de suspensão da exigibilidade, não se suspendeu, tampouco, o prazo prescricional. A confissão da dívida feita em novembro de 2009 interrompeu o prazo prescricional, nos termos do art. 174, IV, do CTN, ou seja, ele se reinicia. Entretanto, durante o parcelamento a exigibilidade do crédito fica suspensa (no caso, por aproximadamente um mês, até ser excluída do parcelamento, nos termos da legislação estadual). Por essas razões, é certo que a contagem do prazo prescricional reiniciou-se a partir da exclusão da contribuinte do programa de parcelamento, ocorrida após novembro de 2009 (a data exata da exclusão do parcelamento não é informada, mas isso é desnecessário para a solução do problema). Por tudo isso, não há dúvida que em agosto de 2011 não havia prescrição, sedo perfeitamente válida a execução fiscal, de modo que a alternativa "B" é a correta.

Gabarito "B".

(PROCURADOR DO ESTADO/MG – FUMARC – 2012) Assinale a alternativa correta relativa à previsão da Lei Federal nº 6.830/80:

(A) A competência para processar e julgar a execução da Dívida Ativa da Fazenda Pública exclui apenas o juízo da falência, da concordata, da liquidação e da insolvência;

(B) Quanto ao responsável, a execução fiscal só poderá ser promovida, nos termos da lei, por dívidas tributárias, de pessoas físicas ou pessoas jurídicas;

(C) Nos processos de falência, concordata, liquidação, inventário, arrolamento ou concurso de credores, nenhuma alienação será judicialmente autorizada sem a prova de quitação da Dívida Ativa ou a concordância da Fazenda Pública;

(D) A Dívida Ativa da Fazenda Pública, compreendendo a tributária e não tributária, abrange, exclusivamente, atualização monetária, juros e multa de mora;

(E) A discussão judicial da Dívida Ativa da Fazenda Pública só é admissível em execução, na forma da lei 6.830/80, salvo apenas as hipóteses de mandado de segurança e ação repetitória.

A: incorreta, pois a competência para processar e julgar a execução da Dívida Ativa da Fazenda Pública exclui a de qualquer outro juízo, inclusive (e não apenas) o da falência, da concordata, da liquidação, da insolvência ou do inventário – art. 5º da Lei de Execuções Fiscais – LEF (Lei 6.830/1980); B: incorreta, pois a execução fiscal poderá ser promovida contra o responsável, nos termos da lei, por dívidas, tributárias ou não, de pessoas físicas ou pessoas jurídicas de direito privado – art. 4º, V, da LEF; C: correta, conforme dispõe o art. 31 da LEF. É importante salientar, entretanto, que o crédito tributário não goza de preferência em relação a todas espécies de crédito no processo de falência – ver art. 186, parágrafo único, do CTN; D: incorreta, pois a dívida ativa, compreendendo a tributária e a não tributária, abrange atualização monetária, juros e multa de mora e demais encargos previstos em lei ou contrato – art. 2º, § 2º, da LEF; E: incorreta, pois o art. 38 da LEF refere-se também à ação anulatória.

Gabarito "C".

3. DIREITO TRIBUTÁRIO

(Procurador do Município/Sorocaba-SP – 2012 – VUNESP) Sobre a medida cautelar fiscal, é correto afirmar que

(A) para sua concessão, é dispensável a prova literal da constituição do crédito fiscal.

(B) sua decretação produzirá, de imediato, a indisponibilidade de todos os bens do requerido, independentemente do limite da satisfação da obrigação.

(C) preenchidos os pressupostos e requisitos legais exigíveis, o juiz a concederá liminarmente, dispensada a Fazenda Pública de justificação prévia e prestação de caução.

(D) do despacho que a conceder liminarmente caberá apelação.

(E) da sentença que decretar a medida cautelar fiscal caberá apelação, com efeito suspensivo, salvo se o requerido oferecer garantia na forma estabelecida na lei que rege a matéria.

A: incorreta, pois, em regra, é indispensável a prova literal da constituição do crédito, para concessão da medida cautelar fiscal – art. 3º, I, da Lei 8.397/1992. Note, entretanto, que há duas hipóteses em que se admite a medida, independentemente da prévia constituição do crédito – art. 1º, parágrafo único, da Lei 8.397/1992; **B:** incorreta, pois a indisponibilidade é limitada à satisfação da obrigação – art. 4º da Lei 8.397/1992; **C:** essa é a alternativa correta, conforme o art. 7º da Lei 8.397/1992; **D:** incorreta, pois, contra esse despacho cabe agravo de instrumento – art. 7º, parágrafo único, da Lei 8.397/1992; **E:** incorreta, pois a apelação não terá efeito suspensivo, salvo oferecimento de garantia – art. 17 da Lei 8.397/1992.
Gabarito "C".

(Procurador do Município/São José dos Campos-SP – 2012 – VUNESP) Assinale a alternativa que apresenta afirmação em consonância com a lei que rege a execução fiscal.

(A) A Dívida Ativa da Fazenda, compreendendo apenas a tributária, abrange atualização monetária, juros e multa de mora e demais encargos previstos em lei ou contrato.

(B) A petição inicial indicará apenas o juiz a quem é dirigida; o pedido e o requerimento de citação.

(C) O executado será citado para, no prazo de 15 dias, pagar a dívida com os juros e multa de mora e encargos indicados na Certidão de Dívida Ativa, ou garantir a execução, observadas as normas estabelecidas em lei.

(D) A garantia da execução, independentemente de ser promovida por meio de depósito em dinheiro, produz os mesmos efeitos da penhora e faz cessar a responsabilidade pela atualização monetária.

(E) O juízo, a requerimento da parte, comunicará à repartição competente da Fazenda Pública, para fins de averbação no Registro da Dívida Ativa, a decisão final, transitada em julgado, que der por improcedente a execução, total ou parcialmente.

A: incorreta, pois a dívida ativa abrange não apenas a tributária, mas também a não tributária – art. 2º da LEF; **B:** correta, nos termos do art. 6º da LEF. A rigor, a petição inicial pode corresponder à própria CDA, nos termos do art. 6º, § 2º, da LEF; **C:** incorreta, pois o prazo para pagamento ou garantia do juízo é de apenas 5 dias, nos termos do art. 8º da LEF; **D:** incorreta, pois somente o depósito em dinheiro faz cessar a responsabilidade pela atualização monetária e juros de mora – art. 9º, § 4º, da LEF; **E:** incorreta, pois essa comunicação é feita de ofício, ou seja, independe de requerimento da parte – art. 33 da LEF.
Gabarito "B".

(Procurador do Município/São José dos Campos-SP – 2012 – VUNESP) No que respeita ao mandado de segurança e seu respectivo procedimento, é correto afirmar que:

(A) será concedido quando se tratar de ato do qual caiba recurso administrativo com efeito suspensivo, independentemente de caução.

(B) ao despachar a inicial, o juiz ordenará, dentre outras providências, que se notifique o coator do conteúdo da petição inicial, enviando-lhe a segunda via apresentada com as cópias dos documentos, a fim de que, no prazo de 5 dias, preste as informações.

(C) da decisão do juiz de primeiro grau que conceder ou denegar a liminar, caberá recurso de apelação.

(D) nos casos de competência originária dos tribunais, caberá ao relator a instrução do processo, sendo assegurada a defesa oral na sessão de julgamento.

(E) os processos de mandado de segurança e os respectivos recursos terão prioridade sobre todos os atos judiciais, caso em que o prazo para conclusão dos autos não poderá exceder a 48 horas.

A: incorreta, pois é inviável a concessão de segurança, nesse caso, conforme o art. 5º, I, da Lei do Mandado de Segurança – LMS (Lei 12.016/2009). Importante salientar, entretanto, que o judiciário veda a simultaneidade do mandado de segurança e do processo administrativo, apenas. Se o sujeito passivo desiste do recurso ou deixa de apresentá-lo no prazo legal, há interesse processual para o *writ* – ver REsp 781.914/PA; **B:** incorreta, pois é de 10 dias o prazo para autoridade impetrada prestar as informações – art. 7º, I, da LMS; **C:** incorreta, pois contra essa decisão interlocutória cabe o agravo de instrumento, não a apelação – art. 7º, § 1, da LMS; **D:** correta, conforme o art. 16 da LMS; **E:** incorreta, pois o mandado de segurança não tem prioridade sobre o *habeas corpus*. Ademais, o prazo para conclusão dos autos é de até 5 dias – art. 20, *caput* e § 2º da LMS.
Gabarito "D".

17. MICROEMPRESAS – ME E EMPRESAS DE PEQUENO PORTE – EPP

(Procurador do Município/Manaus – 2018 – CESPE) Tendo por base o que dispõem as Leis Complementares n. 116/2003 e n. 123/2006 e a Lei municipal n. 1.628/2011, do município de Manaus, julgue os seguintes itens.

(1) No regime tributário do SIMPLES Nacional, os valores pagos pela empresa individual de responsabilidade limitada ao seu titular, na qualidade de pro labore, são isentos de imposto de renda.

1: incorreta, pois pró-labore é rendimento do trabalho, que não se confunde com dividendos e não é isento do IR – art. 14 da LC 123/2006. **RB**
Gabarito 1E

(Procurador do Estado/SE – 2017 – CESPE) Considerando as normas do regime tributário do SIMPLES Nacional e o disposto no Estatuto da Microempresa e da Empresa de Pequeno Porte – Lei Complementar 123/2006 –, julgue os itens a seguir.

I. A empresa individual de responsabilidade limitada não pode ser enquadrada como microempresa para efeito de adesão ao SIMPLES Nacional.

II. Para o enquadramento como microempresa ou empresa de pequeno porte, a sociedade empresária deve, em cada ano-calendário, ter receita bruta inferior a determinado montante legal, excluídas as vendas canceladas e os descontos incondicionais eventualmente concedidos.

III. O recolhimento de tributo pelo regime especial unificado de arrecadação do SIMPLES Nacional não exclui a incidência do ICMS devido nas operações sujeitas ao regime de substituição tributária.

Assinale a opção correta.

(A) Apenas o item I está certo.

(B) Estão certos apenas os itens I e II.

(C) Estão certos apenas os itens I e III.

(D) Estão certos apenas os itens II e III.

(E) Todos os itens estão certos.

I: incorreta, pois a EIRELI pode ser enquadrada no simples nacional – arts. 3º e 16 da LC 123/2006; **II:** correta, conforme art. 3º, § 1º, da LC 123/2006; **III:** correta, nos termos do art. 13, XIII, *a*, da LC 123/2006. RB

Gabarito "D".

18. CRIMES TRIBUTÁRIOS

(Procurador do Estado/BA – 2014 – CESPE) Suponha que um contribuinte, de forma consciente e voluntária, tenha deixado de realizar determinada obrigação acessória, o que lhe tenha possibilitado a supressão de tributo sem que o fisco tomasse conhecimento da prática ilícita. Em face dessa situação hipotética, julgue os itens seguintes.

(1) Segundo a Lei 8.137/1990, para que os ilícitos tributários sejam puníveis na esfera penal, exige-se a comprovação de dolo ou culpa do agente.

(2) Por ter praticado elisão fiscal, que constitui ilícito administrativo-tributário, o referido contribuinte só poderá ser punido na esfera administrativa.

(3) O contribuinte praticou ilícito, estando, portanto, sujeito à punição pelos ilícitos administrativo e penal praticados.

1: incorreta, pois não há previsão da modalidade culposa – arts. 1º e 2º da Lei 8.137/1990; **2:** incorreta, pois pode haver o crime tipificado pelo art. 1º, I, ou pelo art. 2º, I, da Lei 8.137/1990; **3:** correta, sujeitando-se tanto à penalidade pecuniária prevista na legislação tributária, como à pena criminal correspondente.

Gabarito 1E, 2E, 3C

19. REGIMES ESPECIAIS

(Procurador – PGFN – ESAF – 2015) Relativamente aos tributos federais incidentes sobre pessoa jurídica que exerça preponderantemente as atividades de desenvolvimento de *software* ou de prestação de serviços de tecnologia da informação e que, por ocasião da sua opção pelo Regime Especial de Tributação aplicável, assuma compromisso de exportação igual ou superior a 50% (cinquenta por cento) de sua receita bruta anual decorrente da venda dos bens e serviços de que trata esta situação, assinale a opção correta.

(A) Há isenção da Contribuição para o PIS/PASEP e da COFINS sobre a receita bruta decorrente da venda de bens novos, quando adquiridos por pessoa jurídica beneficiária do regime para incorporação ao seu ativo imobilizado.

(B) Há isenção da Contribuição para o PIS/PASEP e da COFINS sobre a receita bruta auferida pela prestadora

de serviços, quando tomados por pessoa jurídica beneficiária do regime.

(C) Há isenção da Contribuição para o PIS/PASEP – Importação e da COFINS-Importação incidentes sobre bens novos, quando importados diretamente por pessoa jurídica beneficiária do regime para incorporação ao seu ativo imobilizado.

(D) Há suspensão da exigência da Contribuição para o PIS/PASEP e da COFINS e do PIS/PASEP-Importação e da COFINS-Importação, quando for o caso, nas hipóteses de venda de bens novos adquiridos por pessoa jurídica beneficiária do regime para incorporação ao seu ativo imobilizado, de prestadora de serviços quando tomados por pessoa jurídica beneficiária do regime e bens novos importados diretamente por pessoa jurídica beneficiária do regime para incorporação ao seu ativo imobilizado, convertendo-se em alíquota zero atendidas as condições legais.

(E) Há suspensão da exigência da Contribuição para o PIS/PASEP e da COFINS nas hipóteses de venda de bens novos adquiridos por pessoa jurídica beneficiária do regime para incorporação ao seu ativo imobilizado, de prestadora de serviços quando tomados por pessoa jurídica beneficiária do regime e bens novos importados diretamente por pessoa jurídica beneficiária do regime para incorporação ao seu ativo imobilizado, convertendo-se em isenção atendidas as condições legais.

O Regime Especial de Tributação para Plataforma de Exportação de Serviços de Tecnologia da Informação – REPES, instituído pela Lei 11.196/2005, prevê suspensão da exigência da contribuição para o PIS/Pasep e da Cofins, nos termos dos seus arts. 5º e 6º, convertendo-se em alíquota zero após cumpridas as condições do art. 2º. Por essa razão, a alternativa "D" é a correta. Note que a última alternativa refere-se à conversão em isenção, não em alíquota zero. RB

Gabarito "D".

20. TEMAS COMBINADOS E OUTRAS MATÉRIAS

(Procurador do Município – Boa Vista/RR – 2019 – CESPE/CEBRASPE) De acordo com o Código Tributário do Município de Boa Vista, julgue os itens a seguir.

1. O referido código impõe interpretação literal das disposições legais relativas a outorga de isenção.

2. A aquisição de unidade produtiva isolada em processo de recuperação judicial implicará responsabilidade do sucessor adquirente.

3. Em processo de falência, o valor da venda de filial poderá ser utilizado para o pagamento de créditos quirografários.

4. Ainda que revogada, lei que regia lançamento deverá ser a ele aplicada caso o fato gerador do lançamento tenha ocorrido quando da vigência dessa lei.

A matéria tratada nessas assertivas é regulada pelo Código Tributário Nacional, sendo inviável alteração por lei municipal (são normas gerais). Assim, é possível resolver sem mesmo conhecer a norma local. **1:** correta – art. 111, II, do CTN; **2:** incorreta, pois não há responsabilidade, em regra, nesse caso – art. 133, § 1º, II, do CTN (exceções no § 2º); **3:** incorreta, pois, nos termos do art. 133, § 3º, do CTN, o produto da alienação judicial de empresa, filial ou unidade produtiva isolada permanecerá em conta de depósito à disposição do juízo de falência pelo prazo de 1 ano, contado da data de alienação, somente podendo ser

3. DIREITO TRIBUTÁRIO
267

utilizado para o pagamento de créditos extraconcursais ou de créditos que preferem ao tributário; **4:** correta, pois sempre se aplica a lei vigente à época do fato gerador – art. 144 do CTN.
Gabarito 1C, 2E, 3E, 4C

(Procurador do Estado/TO – 2018 – FCC) A Lei federal 11.101/2005, em seus últimos artigos, tipifica alguns crimes relacionados com fraudes a credores. O art. 168 da referida Lei tipifica o seguinte crime:

Art. 168. Praticar, antes ou depois da sentença que decretar a falência, conceder a recuperação judicial ou homologar a recuperação extrajudicial, ato fraudulento de que resulte ou possa resultar prejuízo aos credores, com o fim de obter ou assegurar vantagem indevida para si ou para outrem.

A pena para esse crime é de três a seis anos e multa.

De acordo com a mesma lei, essa pena será

(A) reduzida de 1/6 até metade, a critério do juiz, tratando-se de falência de microempresa ou de empresa de pequeno porte, e não se constatando prática habitual de condutas fraudulentas por parte do falido.

(B) reduzida de 1/6 a 1/3, se o agente omite, culposamente, na escrituração contábil ou no balanço, lançamento que deles deveria constar, ou altera escrituração ou balanço verdadeiros.

(C) aumentada de 1/4 até metade, se o agente destrói, apaga ou corrompe dados contábeis ou negociais armazenados em computador ou sistema informatizado.

(D) aumentada de 1/3 até metade, se o devedor manteve ou movimentou recursos ou valores paralelamente à contabilidade exigida pela legislação.

(E) reduzida de 1/3 até metade, se o agente destrói, oculta ou inutiliza, total ou parcialmente, por erro ou ignorância escusáveis, os documentos de escrituração contábil obrigatórios, cujos dados podem ser recuperados por outros meios.

O art. 168, § 2º, da Lei 11.101/2005, dispõe que a pena é aumentada de 1/3 (um terço) até metade se o devedor manteve ou movimentou recursos ou valores paralelamente à contabilidade exigida pela legislação. O art. 168, § 4º, da Lei 11.101/2005, dispõe que, tratando-se de falência de microempresa ou de empresa de pequeno porte, e não se constatando prática habitual de condutas fraudulentas por parte do falido, poderá o juiz reduzir a pena de reclusão de 1/3 (um terço) a 2/3 (dois terços) ou substituí-la pelas penas restritivas de direitos, pelas de perda de bens e valores ou pelas de prestação de serviços à comunidade ou a entidades públicas.
Por essas razões, a alternativa "D" é a correta.
Gabarito "D".

(Procurador do Estado/AC – 2017 – FMP) Analise as assertivas abaixo, regras para instituição de impostos, e marque a CORRETA.

(A) O fato gerador da obrigação deve configurar uma situação que independa de uma atividade estatal específica relativa ao contribuinte.

(B) O imposto deve estar previsto na Constituição Federal ou ser instituído com base na competência residual da União, dentro das limitações constitucionais impostas, podendo ser, em razão disso, instituído por lei ordinária.

(C) O imposto instituído com base na competência residual da União pode inclusive ter o mesmo fato gerador dos demais discriminados na Constituição, se a destinação for outra.

(D) Quando a base de cálculo de dois impostos se sobrepõe, a solução jurídica é a aplicação da maior alíquota, dividida entre os dois tributos.

(E) Todas as alternativas acima estão CORRETAS.

A: correta, nos termos do art. 16 do CTN; **B:** incorreta, pois o exercício da competência residual pela União se dá exclusivamente por lei complementar federal – art. 154, I, da CF; **C:** incorreta, pois o imposto da competência residual não pode ter fato gerador ou base de cálculo próprios dos discriminados na CF; **D:** incorreta, pois isso pode representar bitributação, inviabilizando a cobrança de um deles (uma das incidências pode ser considerada inconstitucional). Por outro lado, há hipóteses em que a própria Constituição admite essa situação, com tributos de espécies distintas (caso do imposto de renda e da contribuição sobre o lucro líquido), sendo que haverá a cobrança integral de ambos; **E:** incorreta, conforme comentários anteriores.
Gabarito "A".

(Procurador do Estado/SE – 2017 – CESPE) Pedro, contribuinte do ICMS, omitiu a venda de certas mercadorias na declaração prestada ao fisco, referente ao lançamento desse tributo. Dessa forma, deixou de recolher o ICMS devido no prazo legal.

Efetuado o lançamento definitivo do tributo, permanecendo Pedro inadimplente, o auditor responsável elaborou uma representação fiscal para fins penais, enquadrando a conduta de Pedro como crime contra a ordem tributária, previsto na legislação pertinente (Lei 8.137/1990).

Em sua defesa, Pedro alegou a inconstitucionalidade da referida normativa, sustentando que a CF veda a prisão por dívida, com a única exceção do devedor de alimentos.

Nessa situação hipotética, conforme a jurisprudência do STF, o argumento de defesa apresentado por Pedro é

(A) apropriado, já que a CF se opõe à criminalização do contribuinte pela simples omissão de rendimentos.

(B) adequado, pois a CF proíbe a aplicação de pena de prisão a mero inadimplemento cível, a ser cobrado mediante execução fiscal.

(C) inconsistente, em razão da constitucionalidade da Lei 8.137/1990, que prevê a prisão apenas por crimes materiais.

(D) inconsistente, em razão da constitucionalidade da Lei 8.137/1990, que autoriza a prisão pela natureza penal dos crimes contra a ordem tributária, não sendo esse fato hipótese de prisão civil por dívida.

(E) adequado, uma vez que a CF veda a prisão criminal por dívida, mesmo que esta seja oriunda de não pagamento de tributo.

Pedro está enganado, pois trata-se de crime contra a ordem tributária, tipificado pelo art. 1º, I e II, da Lei 8.137/1990. Ademais, a lei prevê os chamados crimes materiais (art. 1º), mas também os formais (art. 2º). Por essas razões, a alternativa "D" é correta. **RB**
Gabarito "D".

(Procurador Municipal – Prefeitura/BH – CESPE – 2017) Com base nas disposições do CTN, assinale a opção correta.

(A) A autoridade administrativa não poderá alterar de ofício o lançamento já notificado ao sujeito passivo, mesmo em caso de comprovada falsidade de elemento de declaração obrigatória.

(B) Uma taxa pode ser calculada em função do capital social da empresa contribuinte.

(C) Em caso de inobservância, pelo responsável, da legislação tributária, a obrigação principal será convertida em obrigação acessória.

(D) Interpreta-se a definição legal de fato gerador abstraindo-se da validade jurídica dos atos efetivamente praticados pelos contribuintes, pois para a incidência do tributo, não é relevante a regularidade jurídica dos atos.

A: incorreta, pois é possível a alteração de ofício nessa hipótese – arts. 145, III, e 149, IV, do CTN; **B:** incorreta, pois isso é vedado expressamente pelo art. 77, parágrafo único, do CTN; **C:** incorreta, pois a inobservância de qualquer obrigação tributária (principal ou acessória) pode implicar aplicação de penalidade pecuniária (= multa), desde que prevista em lei, que é objeto de uma nova obrigação tributária principal – art. 113, § 3º, do CTN; **D:** correta – art. 118, I, do CTN. RB
„Gabarito "D".

(Procurador Municipal – Prefeitura/BH – CESPE – 2017) Considerando as limitações constitucionais ao poder de tributar, assinale a opção correta.

(A) Não poderá ser cobrado ICMS, por um estado ou pelo DF, sobre operações que destinem petróleo a outros entes federados, ressalvada a cobrança sobre lubrificantes e combustíveis líquidos e gasosos derivados daquele produto.

(B) Medida provisória que instituir ou majorar taxas só produzirá efeitos no exercício financeiro seguinte ao da sua edição.

(C) A União pode instituir empréstimos compulsórios para atender a despesas extraordinárias decorrentes de calamidade pública, desde que o faça mediante lei complementar.

(D) Os entes federativos não podem cobrar taxas e impostos que incidam sobre a venda ou sobre o patrimônio dos demais entes da Federação.

A: incorreta, pois a CF afasta a incidência do ICMS não apenas nas operações interestaduais de petróleo, mas também de lubrificantes e combustíveis líquidos e gasosos dele derivados – art. 155, § 2º, X, *b*, da CF. É importante lembrar que há a ressalva do art. 155, § 2º, XII, *h*, da CF, prevendo incidência monofásica, hipótese em que não se aplica a imunidade do inciso X, *b*, desse dispositivo; **B:** discutível. O gabarito oficial indicou a alternativa como incorreta porque o art. 62, § 2º, da CF refere-se apenas a impostos ao dispor que a MP que implique instituição ou majoração do tributo só produzirá efeitos no exercício financeiro seguinte se houver sido convertida em lei até o último dia daquele em que foi editada. Mas isso significa que, no caso de impostos, é preciso converter a MP em lei até o final do exercício, e não que eventual taxa criada ou majorada por MP não tenha que observar o princípio da anterioridade anual – art. 150, III, *b*, da CF. No caso de taxa criada ou majorada por MP, essa instituição ou majoração valerá no início do exercício seguinte (observada também a noventena – art. 150, III, *c*, da CF), mesmo que não seja convertida em lei até o final do exercício; **C:** correta – art. 148, I, da CF; **D:** incorreta, pois é possível, em tese, cobrança de imposto sobre venda, se houver exploração de atividade econômica, conforme jurisprudência e art. 150, § 3º, da CF. Talvez o gabarito oficial tenha indicado como incorreta por conta da referência a taxas, já que o art. 150, VI, *a*, se refere expressamente apenas a impostos, mas não existem taxas sobre vendas ou patrimônio,

de modo que os entes federados não poderiam mesmo cobrá-las de quem quer que seja. RB
„Gabarito "C".

(Procurador Municipal – Prefeitura/BH – CESPE – 2017) Tendo por base os conceitos presentes na legislação tributária, assinale a opção correta.

(A) Presume-se fraudulenta a alienação de bens por sujeito passivo em débito com a fazenda pública, ainda que ele tenha reservado bens ou rendas que sejam suficientes para o pagamento total da dívida inscrita.

(B) Contribuinte é o sujeito passivo da obrigação principal, ao passo que responsável é o sujeito passivo apenas da obrigação acessória.

(C) Decadência é uma modalidade de extinção do crédito tributário; prescrição, uma modalidade de suspensão desse crédito.

(D) A isenção exclui o crédito tributário, mas não dispensa o cumprimento das obrigações acessórias dependentes da obrigação principal cujo crédito tenha sido excluído.

A: incorreta, pois se houve reserva de bens ou rendas suficientes, não há fraude – art. 185, parágrafo único, do CTN; **B:** incorreta. Contribuinte é o sujeito passivo que tem relação pessoal e direta com o fato gerador, enquanto o responsável tem apenas relação indireta com o fato gerador – art. 121, parágrafo único, do CTN; **C:** incorreta, pois tanto decadência como prescrição são modalidades de extinção do crédito tributário – art. 156, V, do CTN; **D:** correta – art. 175, parágrafo único, do CTN. RB
„Gabarito "D".

(Procurador Municipal – Prefeitura/BH – CESPE – 2017) No que concerne aos ilícitos tributários e aos crimes contra a ordem tributária, assinale a opção correta.

(A) No caso de crime contra a ordem tributária, o coautor que, por confissão espontânea, revelar a trama delituosa à autoridade judicial terá direito à extinção da punibilidade, condicionada ao pagamento do tributo.

(B) Em caso de dúvida quanto às circunstâncias materiais do fato, a lei tributária que trata de infrações e penalidades será interpretada da maneira mais favorável ao fisco.

(C) Havendo omissão na apresentação de declaração exigida em lei, o inventariante responderá solidariamente pelas infrações tributárias imputáveis ao espólio, excluídas as penalidades de caráter moratório.

(D) A denúncia espontânea exclui a responsabilidade do agente que comete infração tributária, desde que esse ato seja anterior ao início de qualquer procedimento administrativo ou medida de fiscalização relacionada com a infração.

A: incorreta, pois o benefício ao coautor que confessa crime contra a ordem tributária é de redução da pena de um a dois terços – art. 16, parágrafo único, da Lei 8.137/1990; **B:** incorreta, pois adota-se a interpretação mais favorável ao acusado, nesse caso – art. 112, II, do CTN; **C:** incorreta, pois a responsabilidade do inventariante, no caso do art. 134, IV, do CTN é subsidiária (apesar de o dispositivo se referir a solidariedade) e se restringe, em relação à penalidades, às de caráter moratório – parágrafo único desse dispositivo; **D:** correta – art. 138 do CTN. RB
„Gabarito "D".

3. DIREITO TRIBUTÁRIO

(Procurador do Estado – PGE/RS – Fundatec – 2015) Quanto ao entendimento jurisprudencial em matéria tributária, assinale a alternativa INCORRETA.

(A) Nota fiscal declarada inidônea não autoriza o aproveitamento dos créditos de ICMS, mesmo que o comerciante esteja de boa-fé e demonstre a veracidade da compra e venda.

(B) A reunião de execuções fiscais contra o mesmo devedor constitui faculdade do Juiz.

(C) Os descontos incondicionais nas operações mercantis não se incluem na base de cálculo do ICMS.

(D) O ICMS incide sobre o valor da venda a prazo constante da nota fiscal.

(E) Em execução fiscal, a prescrição ocorrida antes da propositura da ação pode ser decretada de ofício.

A: incorreta, pois é lícito ao comerciante de boa-fé aproveitar os créditos de ICMS decorrentes de nota fiscal posteriormente declarada inidônea, quando demonstrada a veracidade da compra e venda – Súmula 509/STJ; **B:** correta – Súmula 515/STJ; **C:** correta – art. 13, § 1º, II, *a*, da LC 87/1996; **D:** correta – art. 13, I, da LC 87/1996, Súmula 395/STJ; **E:** correta – Súmula 409/STJ. RB

Gabarito "A".

(Procurador do Estado – PGE/PA – UEPA – 2015) A respeito do Sistema Constitucional Tributário, é correto afirmar que:

(A) a Constituição Federal remete à lei complementar a definição de tratamento diferenciado e favorecido para as microempresas e para as empresas de pequeno porte, inclusive regimes especiais ou simplificados no caso do ICMS.

(B) a lei que definir tratamento diferenciado e favorecido para as microempresas e para as empresas de pequeno porte poderá, também, instituir um regime único de arrecadação de impostos e contribuições da União, dos Estados, do Distrito Federal e dos Municípios, o qual será obrigatório para o contribuinte.

(C) a União, os Estados, o Distrito Federal e os Municípios poderão instituir contribuições sociais, de intervenção no domínio econômico e de interesse das categorias profissionais ou econômicas, como instrumento de suas atuações nas respectivas áreas.

(D) as contribuições sociais e de intervenção no domínio econômico não incidirão sobre as receitas decorrentes de exportação e sobre a importação de produtos estrangeiros e serviços.

(E) os Municípios e o Distrito Federal poderão instituir contribuição, na forma das respectivas leis, para o custeio de iluminação e limpeza pública.

A: correta – art. 146, III, *d*, da CF; **B:** incorreta, pois o regime único de arrecadação é opcional para o contribuinte – art. 146, parágrafo único, I, da CF; **C:** incorreta, pois essas contribuições são da competência exclusiva da União – art. 149 da CF; **D:** incorreta, pois essas contribuições incidirão sobre a importação de produtos e serviços – art. 149, § 2º, II, da CF; **E:** incorreta, pois a contribuição de competência dos municípios e DF refere-se apenas ao custeio da iluminação pública – art. 149-A da CF. RB

Gabarito "A".

(Procurador do Estado – PGE/BA – CESPE – 2014) Suponha que um contribuinte, de forma consciente e voluntária, tenha deixado de realizar determinada obrigação acessória, o que lhe tenha possibilitado a supressão de tributo sem que o fisco tomasse conhecimento da prática ilícita. Em face dessa situação hipotética, julgue os itens seguintes.

(1) Segundo a Lei 8.137/1990, para que os ilícitos tributários sejam puníveis na esfera penal, exige-se a comprovação de dolo ou culpa do agente.

(2) Por ter praticado elisão fiscal, que constitui ilícito administrativo-tributário, o referido contribuinte só poderá ser punido na esfera administrativa.

(3) O contribuinte praticou ilícito, estando, portanto, sujeito à punição pelos ilícitos administrativo e penal praticados.

1: Incorreta, pois não há previsão de modalidade culposa para os ilícitos tributários dessa lei – art. 18, parágrafo único, do CP. **2:** Incorreta, pois há tipificação penal na lei dos crimes contra a ordem tributária – art. 1º, I da Lei 8.137/1990. **3:** Correta, conforme comentários anteriores. RB

Gabarito 1E, 2E, 3C

4. DIREITO PROCESSUAL CIVIL

Luiz Dellore

I – PARTE GERAL

1. PRINCÍPIOS DO PROCESSO CIVIL

(Procurador do Município – S.J. Rio Preto/SP – 2019 – VUNESP) Assinale a alternativa que apresenta o princípio e sua respectiva característica.

(A) Princípio do livre convencimento motivado: o poder do juiz de decidir, fundamentadamente, de acordo com sua convicção jurídica, observando os fatos e as provas existentes no processo.

(B) Princípio da instrumentalidade: determina que todos os atos processuais devem ser informados aos envolvidos e aos seus respectivos procuradores.

(C) Princípio da disponibilidade: o direito de ação não pode ser negado àqueles que se sentirem lesados em seus direitos.

(D) Princípio do juiz natural: cabe ao juiz dar continuidade ao procedimento, em cada uma de suas etapas, até a conclusão.

(E) Princípio do direito de ação: possibilidade que os cidadãos têm de exercer, ou não, os seus direitos, perante à Administração Pública e ao Poder Judiciário.

A: correta – sendo que a palavra "livre" não consta do atual Código (CPC, art. 371), mas constava do anterior; parte da doutrina afirma que o convencimento não é mais "livre", então deve-se tomar cuidado com a pergunta, pois eventualmente pode ser errada (se houver alguma "mais correta" que essa); **B:** incorreta, porque a alternativa traz a definição do princípio do contraditório, relacionada ao direito das partes de receberem as informações tempestivas sobre todos os atos processuais praticados (CPC, arts. 9° e 10); **C:** incorreta, pois a alternativa trata do princípio da inafastabilidade da jurisdição (CF, art. 5°, XXXV e CPC, art. 3°); **D:** incorreta, já que essa definição diz respeito ao princípio do impulso oficial (CPC, art. 2°); **E:** incorreta, tendo em vista que a alternativa define o princípio dispositivo, da disponibilidade ou da inércia (CPC, art. 2°).
Gabarito "A".

(Procurador Municipal/SP – VUNESP – 2016) Compreende-se pelo princípio da *perpetuatio iurisdictionis*:

(A) o mandamento constitucional que veda a instituição de tribunais para julgamento de fatos e condutas específicas.

(B) a regra geral que veda a modificação da competência, que é fixada no momento da propositura da ação.

(C) a extraordinária possibilidade de estabilização da competência em juízo absolutamente incompetente.

(D) a vedação à extinção de órgão judiciário em que ainda haja processos em trâmite.

(E) a vinculação do processo à pessoa física do magistrado, fixada no momento da distribuição da ação.

A: Incorreta. Isso está inserido no princípio do juiz natural (CF, art. 5°, XXXVII). **B:** Correta, sendo esse o comando decorrente da *perpetuatio*

jurisdictionis (CPC, art. 43). **C:** Incorreta. O juiz incompetente passar a ser o juiz competente é a prorrogação da competência (CPC, art. 64, §1°). **D:** Incorreta. Haverá neste caso a redistribuição do processo, tratando-se de uma exceção à *perpetuatio* (CPC, art. 43, parte final). **E:** Incorreta. A vinculação do juiz ao processo decorre da identidade física do juiz – que, inclusive, não foi reproduzida no CPC atual.
Gabarito "B".

(Procurador do Estado/AM – 2016 – CESPE) A respeito das normas processuais civis pertinentes a jurisdição e ação, julgue os itens seguintes.

(1) O novo CPC reconhece a competência concorrente da jurisdição internacional para processar ação de inventário de bens situados no Brasil, desde que a decisão seja submetida à homologação do STJ.

(2) Segundo as regras contidas no novo CPC, a legitimidade de parte deixou de ser uma condição da ação e passou a ser analisada como questão prejudicial. Sendo assim, tal legitimidade provoca decisão de mérito.

(3) O novo CPC aplica-se aos processos que se encontravam em curso na data de início de sua vigência, assim como aos processos iniciados após sua vigência que se referem a fatos pretéritos.

1: incorreta, porquanto se trata de competência exclusiva da autoridade brasileira (art. 23, II, CPC); **2:** incorreta, pois a condição da ação que deixou de existir foi a possibilidade jurídica do pedido (art. 337, VI); **3:** correta. Os arts. 14 e 1.046 do CPC impõe a aplicabilidade imediata da norma processual aos processos em curso, sem se olvidar da aplicabilidade da teoria do isolamento dos atos processuais.
Gabarito 1E, 2E, 3C

(Procurador do Município/Teresina-PI – 2010 – FCC) O princípio da congruência significa que:

(A) os atos processuais que não tragam prejuízo devem ser aproveitados pelo juiz.

(B) o juiz deve julgar livremente, mas oferecendo as razões de seu convencimento.

(C) o juiz deve ser congruente, ou seja, coerente na apreciação das provas.

(D) toda matéria de fato ou de direito deve ser arguida por ocasião da contestação.

(E) o juiz deve julgar adstrito ao que foi pedido pelo autor em sua inicial.

A única alternativa que corresponde ao princípio em questão é a "E".
A: incorreta. Essa é a regra *pas de nullité sans grief* (não há nulidade sem prejuízo –CPC, art. 282, § 1°); **B:** incorreta. Trata-se do princípio do livre convencimento motivado (CPC, art. 371); **C:** incorreta. Não se trata de princípio; **D:** incorreta. Esse é o princípio da eventualidade (CPC, art. 336); **E:** correta. CPC, arts. 336 e 492.
Gabarito "E".

2. JURISDIÇÃO E COMPETÊNCIA

(Procurador do Município – S.J. Rio Preto/SP – 2019 – VUNESP) Jurisdição é o poder que o Estado tem de resolver os conflitos, substituindo a vontade das partes e impondo essa decisão coercitivamente. Assinale a alternativa que estabelece, de acordo com a teoria clássica, majoritária no Brasil, a característica da jurisdição voluntária.

(A) Tem caráter administrativo.

(B) Ocorre em um procedimento em que há interessados e coisa julgada.

(C) A jurisdição atua a partir de uma lide, na qual há conflitos de interesse.

(D) Tem por finalidade a atuação do direito e a pacificação social.

(E) Um exemplo de jurisdição voluntária é a ação de restauração de autos.

A: correta, considerando que a doutrina majoritária entende que a jurisdição voluntária tem natureza administrativa e não jurisdicional, tratando-se de *"administração pública de interesses privados"*; **B:** incorreta para a banca, que partiu da premissa do CPC/1973, em que não havia coisa julgada na jurisdição voluntária; no CPC/2015, não há esse artigo, então há coisa julgada. À luz da atual legislação, a alternativa é correta (há interessados e não partes; há coisa julgada) e deveria ter sido anulada; **C:** incorreta, porque, na realidade, é o contrário: não há lide ou conflito de interesses nos procedimentos de jurisdição voluntária; **D:** incorreta, já que o objetivo nesse tipo de procedimento não é a pacificação social, tem em conta não haver conflito de interesses; **E:** incorreta, uma vez que a ação de restauração de autos é um procedimento de jurisdição contenciosa (CPC, art. 712 e ss.).

Gabarito "A".

(Procurador do Município – S.J. Rio Preto/SP – 2019 – VUNESP) No que diz respeito ao conflito de competência, incompetência e modificação de competência, assinale a alternativa correta.

(A) A competência absoluta poderá se modificar pela conexão ou pela continência.

(B) A competência determinada em razão da matéria, da pessoa ou da função é inderrogável por convenção das partes.

(C) A incompetência relativa será alegada como questão preliminar de contestação; a absoluta somente pode ser declarada de ofício.

(D) Não há conflito de competência, quando entre 2 (dois) ou mais juízes surge controvérsia acerca da separação de processos.

(E) Serão reunidos para julgamento conjunto os processos que possam gerar risco de prolação de decisões conflitantes caso decididos separadamente, desde que tenha conexão entre eles.

A: incorreta, pois apenas a competência relativa poderá ser modificada por conexão ou continência (CPC, art. 54); **B:** correta, conforme expressa previsão legal – sendo esses espécies do tipo competência absoluta (CPC, art. 62); **C:** incorreta, porque tanto a incompetência absoluta quanto a relativa devem ser alegadas em preliminar de contestação (CPC, arts. 64 e 337, II); **D:** incorreta, já que o CPC prevê justamente essa situação como uma das hipóteses de conflito de competência (CPC, art. 66, III); **E:** incorreta, porque nesse caso é possível a reunião dos processos, ainda que não haja conexão entre eles (CPC, art. 55, § 3º).

Gabarito "B".

(Procurador do Município – S.J. Rio Preto/SP – 2019 – VUNESP) *Amicus Curiae* pode ser definido como uma ajuda técnica proveniente de pessoa natural ou jurídica, órgão ou entidade especializada em processos judiciais cujas decisões afetarão a sociedade. O *Amicus Curiae*

(A) tem autonomia própria e possui interesse jurídico e institucional na demanda.

(B) se submete às regras de impedimento e suspeição.

(C) ingressa no processo apenas por provocação do estado-juiz.

(D) pode recorrer da decisão que julgar o incidente de resolução de demandas repetitivas.

(E) tem seus poderes definidos pelas partes na primeira manifestação que fizerem nos autos após a intervenção.

A: incorreta, tendo em vista que o *amicus curiae* não possui interesse jurídico na demanda, apenas interesse institucional (CPC. art. 138); **B:** incorreta, porque, pela própria natureza desse tipo de intervenção, o *amicus curiae* ingressa na demanda para defender um interesse institucional, portanto não se exige imparcialidade (CPC, art. 138); **C:** incorreta, pois o *amicus curiae* pode ingressar espontaneamente, por decisão do juiz, de ofício, ou a requerimento das partes (CPC, art. 138); **D:** correta, conforme expressa previsão legal (CPC, art. 138, § 3º); **E:** incorreta, uma vez que os poderes do *amicus curiae* são definidos pelo juiz ou relator, na decisão que solicita ou admite a intervenção (CPC, art. 138, § 2º).

Gabarito "D".

(Procurador do Estado/AC – 2017 – FMP) Considere as seguintes afirmativas sobre o tema da cooperação internacional no âmbito do Código de Processo Civil.

I. Na cooperação jurídica internacional não será admitida a prática de atos que contrariem ou que produzam resultados incompatíveis com as normas fundamentais que regem o Estado brasileiro.

II. Cabe auxílio direto quando a medida não decorrer diretamente de decisão de autoridade jurisdicional estrangeira a ser submetida a juízo de delibação no Brasil.

III. Compete exclusivamente ao juízo federal do Distrito Federal apreciar pedido de auxílio direto passivo que demande prestação de atividade jurisdicional.

IV. Somente nas hipóteses previstas no Código de Processo Civil será possível a revisão do mérito do pronunciamento judicial estrangeiro pela autoridade judiciária brasileira.

Estão CORRETAS apenas as alternativas:

(A) I e II.

(B) II e III.

(C) II e IV.

(D) I, III e IV.

(E) II, III e IV.

I: correta, conforme expressa previsão legal (CPC, art. 26, § 3º); **II:** correta, conforme expressa previsão legal (CPC, art. 28); **III:** incorreta, porque a competência para apreciar o pedido será do juízo federal do local em que deva ser executada a medida (CPC, art. 34); **IV:** incorreta, considerando que, em qualquer hipótese, é vedada a revisão do mérito do pronunciamento judicial estrangeiro – devendo a discussão se limitar ao atendimento de requisitos formais para que a decisão tenha eficácia no Brasil (CPC, art. 36, § 2º).

Gabarito "A".

4. DIREITO PROCESSUAL CIVIL

(Procurador do Estado/AC – 2017 – FMP) Considere as seguintes afirmativas sobre o tema da competência no âmbito do Código de Processo Civil. Assinale a alternativa CORRETA.

(A) Determina-se a competência no momento do registro ou da distribuição da petição inicial, sendo irrelevantes as modificações do estado de fato ou de direito ocorridas posteriormente, mesmo quando suprimirem órgão judiciário ou alterarem a competência absoluta.

(B) A ação fundada em direito pessoal ou em direito real sobre bens móveis será proposta, em regra, no foro de domicílio do autor.

(C) A execução fiscal será proposta no foro de domicílio do réu, no de sua residência ou no do lugar onde for encontrado.

(D) A ação possessória imobiliária será proposta no foro de situação da coisa, cujo juízo tem competência relativa.

(E) A competência determinada em razão da matéria, da pessoa ou da função é modificável por convenção das partes.

A: incorreta, em razão da última parte da alternativa, já que, em regra, não há modificação da competência, *salvo* quando for suprimido órgão judiciário ou alterada a competência absoluta (CPC, art. 43); **B:** incorreta, porque nesse caso a ação deve ser proposta, em regra, no foro de domicílio do *réu* (CPC, art. 46); **C:** correta, conforme expressa previsão legal (CPC, art. 46, § 5º); **D:** incorreta, pois a competência, nesse caso, é absoluta (CPC, art. 47, § 2º); **E:** incorreta, uma vez que essas são hipóteses de competência absoluta, portanto, não modificáveis por convenção das partes (CPC, art. 62).
,,Gabarito "C."

(Procurador do Estado/SP – 2018 – VUNESP) Em relação aos diversos meios de solução de conflitos com a Administração Pública, é correto afirmar que

(A) é facultado aos Estados, ao Distrito Federal e aos Municípios suas autarquias e fundações públicas, bem como às empresas públicas e sociedade de economia mista federais, submeter seus litígios com órgãos ou entidades da Administração Pública federal à Advocacia-Geral da União, para fins de composição extrajudicial do conflito.

(B) mesmo as controvérsias que somente possam ser resolvidas por atos ou concessão de direitos sujeitos a autorização do Poder Legislativo estão incluídas na competência das câmaras de prevenção e resolução administrativa de conflitos.

(C) os conflitos que envolvem equilíbrio econômico--financeiro de contratos celebrados pela Administração Pública com particulares não podem ser submetidos às câmaras de prevenção e resolução administrativa de litígios, exceto quando versarem sobre valores inferiores a quinhentos salários-mínimos.

(D) a instauração de procedimento administrativo para resolução consensual de conflito no âmbito da Administração Pública interrompe a prescrição, exceto se se tratar de matéria tributária.

(E) o procedimento de mediação coletiva, para solução negociada de conflitos, no âmbito da Administração Pública estadual, não pode versar sobre conflitos que envolvem prestação de serviços públicos, salvo se esses serviços públicos forem relacionados a transporte urbano.

A: Correta (Lei 13.140/2015, art. 37); **B:** Incorreta, porque a Lei de Mediação dispõe expressamente o contrário (Lei 13.140/15, art. 32, § 4º); **C:** Incorreta, considerando que conflitos dessa natureza poderão ser submetidos às câmaras de prevenção, não havendo restrição quanto ao valor inicial envolvido (Lei 13.140/15, art. 32, § 5º); **D:** Incorreta, porque a instauração do procedimento administrativo tem o condão de suspender a prescrição (ou seja, de cessar a fluência do prazo prescricional) e não de interrompê-la (Lei 13.140/16, art. 34); **E:** Incorreta, porque a Lei de Mediação possibilita que os procedimentos de mediação coletiva envolvam conflitos relacionados à prestação de serviços públicos em geral, inclusive para a Administração Pública Estadual (Lei 13.140/15, art. 33, parágrafo único).
,,A" oʇıɹɐqɐפ

(Procurador do Estado/SE – 2017 – CESPE) Duas sociedades empresárias firmaram contrato que contém cláusula compromissária de convenção de arbitragem com a previsão de que eventual litígio de natureza patrimonial, referente ao contrato, deveria ser submetido a tribunal arbitral.

Nessa situação hipotética, caso seja instaurado procedimento arbitral,

(A) o magistrado poderá, de ofício, reconhecer a existência de convenção de arbitragem e extinguir o processo sem resolução do mérito, se o litígio referente ao contrato também for levado ao Poder Judiciário.

(B) em eventual execução judicial de sentença arbitral, será vedado ao réu arguir nulidade da decisão arbitral por meio de impugnação ao cumprimento de sentença, devendo o interessado utilizar ação própria para esse fim.

(C) as partes não estarão obrigadas a se submeter a esse procedimento, uma vez que a convenção de arbitragem é nula, por excluir da apreciação jurisdicional ameaça ou lesão a direito.

(D) a opção feita pelas partes pela arbitragem deverá ser considerada legítima, e a sentença do árbitro, título executivo extrajudicial, conforme o CPC.

(E) eventual cumprimento de carta arbitral no Poder Judiciário, referente ao caso, deverá tramitar em segredo de justiça, se houver comprovação de confidencialidade da arbitragem.

A: Errada. A existência de convenção de arbitragem não é matéria que possa ser conhecida de ofício pelo magistrado (CPC, art. 337, § 5º). **B:** Errada. A nulidade da sentença arbitral pode ser arguida em sede de impugnação ao cumprimento de sentença (Lei 9.307/1996, art. 33, § 3º). **C:** Errada. A convenção de arbitragem está em consonância com o princípio da inafastabilidade da jurisdição, conforme já decidido pelo STF e reafirmado no CPC (art. 3º, § 1º). **D:** Errada. A sentença arbitral constitui título executivo judicial (CPC, art. 515, VII). **E:** Correta (CPC, art. 189, IV).
,,E" oʇıɹɐqɐפ

(Procurador do Estado – PGE/MT – FCC – 2016) A respeito de competência absoluta e relativa, segundo legislação vigente,

(A) a incompetência relativa não pode ser conhecida de ofício pelo Magistrado, pois deve ser alegada pelo réu em exceção de incompetência, em peça apartada, no mesmo prazo da contestação.

(B) a competência prevista em lei para a execução fiscal, é de natureza funcional e, assim, absoluta, de modo que pode ser declinada de ofício pelo Magistrado.

(C) a incompetência, seja absoluta ou relativa, deve ser alegada pelo réu em preliminar de contestação;

todavia, caso não o faça no prazo legal, somente esta última se prorroga.

(D) o Código prevê que é possível a reunião de duas ações conexas no juízo prevento, ainda que se trate de competência em razão da matéria, desde que haja interesse público que justifique a união das demandas para único julgamento.

(E) a incompetência territorial é relativa e, por isso, não pode ser conhecida de ofício pelo Magistrado, razão pela qual se prorroga, caso não seja alegada no momento oportuno.

A: Incorreta. De fato, a incompetência relativa não pode ser conhecida de ofício, porém, deve ser alegada em preliminar de contestação (CPC, art. 64); **B:** Incorreta, não existindo previsão legal nesse sentido; **C:** Correta, sendo essas as previsões legais (CPC, arts. 64 e 65); **D:** Incorreta, pois a conexão se aplica a causas com mesma competência relativa, não absoluta (CPC, art. 54); **E:** Incorreta para a banca. A alternativa é correta, trazendo respostas clássicas a respeito da competência – o único ponto que poderia ser apontado como errado é que, excepcionalmente, a incompetência relativa pode ser reconhecida de ofício pelo juiz (CPC, art. 63, § 3º). Questão deveria ter sido anulada, mas não foi.
Gabarito "C".

(Procurador do Estado/AC – 2014 – FMP) Considerando as assertivas I, II e III, assinale a alternativa CORRETA.

I. O foro da situação da coisa (*forum rei sitae*) é absolutamente competente para ações fundadas em direito real sobre imóveis e, nesses casos, a competência é, sempre, definida pelo critério funcional, não podendo, o autor, por isso, optar pelo foro de seu domicílio.

II. Sendo o direito de personalidade um direito classificado como absoluto, a competência para ações dessa natureza é absoluta.

III. A conexão é critério de prorrogação de competência, podendo ser própria ou imprópria, ambas podendo dar lugar à reunião de processos e à prorrogação da competência do juiz, desde que nenhum dos processos tenha sido julgado.

(A) Todas as assertivas são falsas.

(B) Todas as assertivas são verdadeiras.

(C) Apenas a assertiva III é verdadeira.

(D) Apenas a assertiva II é verdadeira.

I: incorreta. Na hipótese pode o autor optar pelo foro do domicílio ou de eleição resguardadas as situações previstas em lei (CPC, art. 47, "caput" e § 1º); **II:** incorreta. Não se confunde o direito material debatido (e sua classificação) com a competência. E a competência territorial é relativa (CPC, art. 63); **III:** correta. A conexão pode acarretar a prorrogação de competência (ou seja, um juiz relativamente incompetente passa a ser relativamente competente), quando há a reunião perante o juízo prevento (CPC, arts. 54, 55 e 59). Há quem, na doutrina, diferencie a conexão própria da imprópria (mas isso não existe na legislação). Haveria conexão própria quando houvesse semelhança entre as causas; haveria conexão imprópria, quando houvesse duas causas diferentes, mas que dependeriam, total ou parcialmente, da resolução de questões idênticas (há, no CPC, previsão de algo próximo a isso, no art. 55, § 3º).
Gabarito "C".

(Procurador do Município/Teresina-PI – 2010 – FCC) Quanto à competência:

(A) como regra, quando territorial, pode ser declinada de ofício pelo juiz, sem necessidade de provocação da parte.

(B) de modo geral, são relevantes as modificações do estado de fato ou de direito ocorridas posteriormente à propositura da demanda.

(C) é determinada no momento da propositura da demanda.

(D) a autoridade judiciária brasileira a tem concorrente para conhecer de ações relativas a imóveis situados no país.

(E) em razão do valor e da função, em primeiro grau, é regida pelas normas de organização judiciária.

A: incorreta. A incompetência territorial é relativa e depende de alegação do réu (CPC, art. 64 e Súmula 33/STJ: A incompetência relativa não pode ser declarada de ofício); **B:** incorreta. Em regra, são irrelevantes, por força do princípio da *perpetuatio jurisdictionis* (CPC, art. 43); **C:** correta (CPC, art. 43); **D:** incorreta, pois a hipótese é de competência exclusiva da autoridade judiciária brasileira (CPC, art. 23, I); **E:** incorreta. A competência funcional é regida pela legislação processual e Constituição.
Gabarito "C".

3. PARTES, PROCURADORES, SUCUMBÊNCIA, MINISTÉRIO PÚBLICO E JUIZ

(Procurador do Município – Boa Vista/RR – 2019 – CESPE/CEBRASPE) Acerca de representação processual, prazos processuais e advocacia pública, julgue os itens seguintes.

(1) O representante legal do absolutamente incapaz possui legitimidade ativa para figurar como parte autora em ação judicial que objetive proteger direito do seu representado.

(2) Deverá ser considerado intempestivo o recurso especial interposto antes da publicação do acórdão que tenha negado provimento a determinado recurso de apelação.

(3) Compete à advocacia pública proceder à defesa do chefe do Poder Executivo em ações judiciais nas quais o referido agente público for acusado de desvio de verba pública quando do exercício do mandato.

1: errada, pois, nessa situação, o absolutamente incapaz é que figura como parte, sendo representado judicialmente por seu representante legal (CPC, art. 71); **2:** errada, considerando que o CPC/15 expressamente afastou a chamada "jurisprudência defensiva", que inadmitia os recursos interpostos antes do termo inicial do prazo (Súmula 579/STJ – CPC, art. 218, § 4º); **3:** errada, porque compete à advocacia pública representar as pessoas jurídicas de direito público e não o agente público (CPC, 182) – vale frisar que o Decreto 9.830/19, em seu art. 15, possibilita que a AGU assuma a defesa pessoal do agente público federal, mas apenas nos casos de conduta praticada no exercício *regular* das atribuições institucionais do agente.
Gabarito 1E, 2E, 3E

(Procurador do Estado/TO – 2018 – FCC) Em relação aos poderes, deveres e à responsabilidade do juiz, é correto afirmar:

(A) Quando houver lacuna ou obscuridade no ordenamento jurídico, caberá ao juiz remeter as partes ao juízo arbitral, de ofício ou a requerimento da parte.

(B) Não é possível ao juiz diminuir ou dilatar os prazos processuais, que são peremptórios.

(C) Cabe ao juiz determinar todas as medidas indutivas, coercitivas, mandamentais ou sub-rogatórias necessárias para assegurar o cumprimento de ordem judicial, inclusive nas ações que tenham por objeto prestação pecuniária.

4. DIREITO PROCESSUAL CIVIL 275

(D) O julgamento por equidade, no atual ordenamento processual civil, tornou-se regra geral, em busca da melhor realização da justiça.

(E) Mesmo quando a lei exigir iniciativa das partes, deverá o juiz conhecer de quaisquer questões, ainda que não suscitadas por elas, em razão do princípio publicístico do processo.

A: incorreta, pois o juiz não pode se eximir de decidir sob a alegação de lacuna ou obscuridade, em respeito ao princípio da inafastabilidade da jurisdição (CPC, art. 140); **B:** incorreta, tendo em vista que o juiz pode dilatar prazos processuais e também pode reduzir prazos peremptórios, contanto que tenha anuência das partes (CPC, arts. 139, VI e 222, § 1º); **C:** correta, conforme expressa previsão legal (CPC, art. 139, IV) – sendo esse artigo a base para retirar passaporte/CNH e determinar bloqueio de cartão de crédito de devedores; **D:** incorreta, já que, no ordenamento atual, o juiz decidirá por equidade apenas nos casos previstos em lei (CPC, art. 140, p.u.); **E:** incorreta, porque é vedado ao juiz conhecer de questões não suscitadas pelas partes a respeito das quais a lei exija iniciativa das partes (CPC, art. 141).

Gabarito "C".

(Procurador do Estado/AC – 2017 – FMP) Considere as seguintes afirmativas sobre o tema das partes e dos procuradores no âmbito do Código de Processo Civil. Assinale a alternativa INCORRETA.

(A) Ambos os cônjuges serão necessariamente citados para a ação que verse sobre direito real imobiliário, salvo quando casados sob o regime de separação absoluta de bens.

(B) É vedado às partes, a seus procuradores, aos juízes, aos membros do Ministério Público e da Defensoria Pública e a qualquer pessoa que participe do processo empregar expressões ofensivas nos escritos apresentados.

(C) O gerente de filial ou agência presume-se autorizado pela pessoa jurídica estrangeira a receber citação para qualquer processo.

(D) Verificada a incapacidade processual ou a irregularidade da representação da parte, o juiz suspenderá o processo e designará prazo razoável para que seja sanado o vício.

(E) Nas ações possessórias, a participação do cônjuge do autor ou do réu é sempre indispensável.

A: correta, conforme expressa previsão legal (CPC, art. 73, § 1º, I); **B:** correta, sendo dever de todos observar a urbanidade e o respeito no tratamento (CPC, art. 78); **C:** correta, conforme expressa previsão legal (CPC, art. 75, § 3º); **D:** correta, em respeito ao princípio da primazia do julgamento de mérito (CPC, art. 76); **E:** incorreta, devendo esta ser assinalada, porque a participação do cônjuge será indispensável apenas na hipótese de composse ou de ato por ambos praticados (CPC, art. 73, § 2º).

Gabarito "E".

(Procurador do Estado/AC – 2017 – FMP) Considere as seguintes afirmativas sobre o tema das despesas e dos honorários advocatícios no âmbito do Código de Processo Civil.

I. Salvo as disposições concernentes à gratuidade da justiça, incumbe às partes prover as despesas dos atos que realizarem ou requererem no processo, antecipando-lhes o pagamento, desde o início até a sentença final ou, na execução, até a plena satisfação do direito reconhecido no título.

LI. As despesas abrangem as custas dos atos do processo, a indenização de viagem e a remuneração do assistente técnico, mas não abrangem a diária de testemunha.

III. Os honorários constituem direito do advogado e têm natureza alimentar, com os mesmos privilégios dos créditos oriundos da legislação do trabalho, sendo vedada a compensação em caso de sucumbência parcial.

IV. Nos procedimentos de jurisdição voluntária, as despesas serão adiantadas pelo requerente e rateadas entre os interessados.

Estão CORRETAS apenas as afirmativas

(A) I e II.

(B) II e III.

(C) II e IV.

(D) I. III e IV.

(E) II, III e IV.

I: correta, conforme expressa previsão legal (CPC, art. 82); **II:** incorreta, porque as despesas incluem a diária de testemunha (CPC, art. 84); **III:** correta, conforme expressa previsão legal (CPC, art. 85, § 14) – atenção para a Súmula 306 do STJ (que permite a compensação de honorários) que não foi cancelada, embora o entendimento esteja superado desde a vigência do CPC/15; **IV:** correta, conforme expressa previsão legal (CPC, art. 88).

Gabarito "D".

(Procurador do Município/Manaus – 2018 – CESPE) Considerando as disposições do CPC pertinentes aos sujeitos do processo, julgue os itens a seguir.

(1) Em ação fundada em dívida contraída por um dos cônjuges a bem da família, exige-se a formação de litisconsórcio passivo necessário de ambos os cônjuges.

(2) Ao postular em juízo sem procuração para evitar a prescrição, o advogado se encontrará na situação de incapacidade postulatória, a qual deverá ser sanada pela apresentação do documento de representação no prazo de quinze dias.

(3) O advogado poderá renunciar ao mandato a qualquer tempo, sendo indispensável a comunicação da renúncia ao mandante, ainda que a procuração tenha sido outorgada a vários advogados e a parte continue representada.

(4) O terceiro juridicamente interessado em determinada causa poderá intervir no processo como assistente, devendo, para tanto, requerer a assistência até o fim do prazo para a interposição de recurso contra a sentença.

(5) A falta de citação de litisconsorte necessário simples tornará a sentença de mérito inválida, mesmo para aqueles que participarem do feito, tendo em vista a nulidade do ato judicante.

1: Correta (CPC, art. 73, § 1º, III). **2:** Errada. Na falta de procuração, esse documento deve ser apresentado em 15 dias, prorrogáveis por mais 15 dias (CPC, art. 104, § 1º). **3:** Errada. A comunicação é dispensada quando a procuração for outorgada a vários advogados (CPC, art. 112, § 2º). **4:** Errada. O ingresso do assistente pode ser admitido em todos os graus de jurisdição (CPC, art. 119, parágrafo único). **5:** Correta. Tratando-se de litisconsórcio necessário simples (quando o litisconsórcio precisa existir, mas a decisão não precisa ser a mesma para todos os litisconsortes), a sentença de mérito será considerada *nula* (CPC, art. 115, I).

Gabarito 1C, 2E, 3E, 4E, 5C

(Procurador Municipal – Prefeitura/BH – CESPE – 2017) Em relação aos sujeitos do processo, à capacidade processual e aos deveres das partes e dos procuradores, assinale a opção correta.

(A) Caso, na sentença, não sejam arbitrados os honorários sucumbenciais, o advogado da parte vencedora poderá, após o trânsito em julgado, ajuizar ação autônoma para obter a fixação e a cobrança do valor.

(B) Aquele que, de acordo com a lei civil, é considerado absolutamente incapaz não possui legitimidade para figurar no polo passivo de uma relação processual.

(C) O indivíduo com idade entre dezesseis e dezoito anos, ainda que seja voluntariamente emancipado, dependerá da assistência dos seus pais para ingressar com ação no juízo civil.

(D) Será julgado deserto o recurso da parte que, no ato de sua interposição, deixar de comprovar o pagamento de multa imposta pela prática de ato atentatório à dignidade da justiça.

A: Correta, sendo essa uma das inovações do CPC atual quanto aos honorários, afastando entendimento anterior do STJ em sentido inverso (Art. 85, § 18. Caso a decisão transitada em julgado seja omissa quanto ao direito aos honorários ou ao seu valor, é cabível ação autônoma para sua definição e cobrança); **B:** Incorreta, pois não se deve confundir legitimidade (condição da ação – art. 485, VI) com capacidade processual (pressuposto processual – art. 485, IV); **C:** Incorreta, pois se a parte é emancipada, e, portanto, capaz, detém capacidade processual, não necessitando de assistência (CPC, arts. 70 e 71); **D:** Incorreta. Apesar de existirem algumas multas que são requisitos para o recurso (como a multa por reiteração por embargos de declaração protelatórios – CPC, art. 1.026, § 3º), a multa por ato atentatória não tem essa característica, por falta de previsão legal (a previsão é no sentido de ser inscrita na dívida ativa – CPC, art. 77, § 3º).

Gabarito "A".

(Procurador Municipal – Prefeitura/BH – CESPE – 2017) No que tange aos poderes, aos deveres e às responsabilidades do juiz, do MP, da advocacia pública e da defensoria pública, assinale a opção correta.

(A) No que se refere ao cumprimento dos prazos, o advogado privado que atuar *pro bono* gozará das mesmas garantias conferidas à defensoria pública e aos escritórios de práticas jurídicas dos cursos superiores de direito que prestem assistência jurídica gratuita.

(B) Dado o princípio da inércia da função jurisdicional, é vedado ao juiz condenar a parte sucumbente ao pagamento das custas processuais e dos honorários advocatícios sem que haja provocação da parte vencedora.

(C) O MP possui legitimidade ativa e passiva para as relações jurídicas processuais que envolvam interesses de pessoas incapazes.

(D) Nas relações processuais em que o município for parte, salvo quando houver prazo próprio previsto em lei, as suas procuradorias gozarão de prazo em dobro para todas as manifestações processuais, cuja contagem terá início a partir da intimação pessoal.

A: Incorreta, pois não há previsão nesse sentido (a prerrogativa é somente dos escritórios de prática das faculdades e de entidades conveniadas à Defensoria – CPC, art.186, § 3º); **B:** Incorreta, porque nesse

caso trata-se de pedido implícito, em que a lei determina a condenação mesmo sem pedido da parte (CPC, art. 322, § 1º); **C:** Incorreta, pois no caso de demandas que envolvam incapazes, o MP atuará como fiscal da ordem jurídica (CPC, art. 178, II); **D:** Correta, considerando a existência de previsão legal exatamente nesse sentido (CPC, art. 183, *caput* e § 2º).

Gabarito "D".

(Procurador do Estado/AC – 2014 – FMP) Assinale a alternativa **incorreta.**

(A) A curadoria à lide, nas execuções fiscais promovidas pelos Estados e Municípios é atribuição das Defensorias Públicas dos Estados, desde que a Instituição esteja instalada na comarca, sendo indevida, nestes casos, a nomeação de advogado particular para o exercício do múnus.

(B) A Defensoria Pública, o Ministério Público e a Procuradoria do Estado têm prerrogativa de intimação pessoal relativamente a todos os atos processuais.

(C) A Fazenda Pública e o Ministério Público têm prazos em dobro para recorrer, assim como a Defensoria Pública.

(D) O prazo em quádruplo para contestar, deferido à Fazenda Pública e, também, ao Ministério Público, deve ser compreendido como prazo para responder à demanda, incluindo prazo quadruplicado para responder a exceções, propor ação declaratória incidental e reconvir, dentre outros, mas não se aplica tal prazo diferenciado para que a Fazenda Pública embargue ação de execução contra ela movida.

A: correta, sendo essa uma das atribuições das defensorias (CPC, art. 72, parágrafo único); **B:** correta. A previsão de intimação pessoal é expressa na lei: DP (CPC, art. 186, §1º); MP (CPC, art. 180) e Procuradoria (CPC, art. 183,§1º); **C:** correta (CPC, arts. 180, 183 e 186); **D:** incorreta, devendo esta ser assinalada. O prazo em quádruplo para contestar, previsto no CPC/1973, deixa de existir e a regra passa a ser prazo em dobro para todas as manifestações processuais (CPC, arts. 180 e 183).

Gabarito "D", conforme o CPC 2015

4. PRAZOS PROCESSUAIS E ATOS PROCESSUAIS

(Procurador do Estado/TO – 2018 – FCC) Em relação aos prazos, é correto afirmar:

(A) Será considerado intempestivo o ato praticado antes do termo inicial do prazo.

(B) Tanto os prazos processuais como os de direito material são, no atual ordenamento jurídico, computados em dias úteis.

(C) Quando houver suspensão do prazo processual, este será restituído a partir de seu início.

(D) Inexistindo preceito legal ou prazo determinado pelo juiz, será de cinco dias o prazo para a prática de ato processual a cargo da parte.

(E) Quando a lei for omissa, o juiz determinará os prazos de acordo com a lei processual civil, ou seja, em quinze dias.

A: incorreta, considerando que o CPC/15 expressamente afastou a chamada "jurisprudência defensiva", que inadmitia os recursos interpostos antes do termo inicial do prazo (CPC, art. 218, § 4º e Súmula 579/STJ); **B:** incorreta, pois apenas os prazos processuais são contados em dias úteis (CPC, art. 219); **C:** incorreta, porque quando há suspensão do curso do prazo, o prazo é restituído por tempo igual ao que faltava para

4. DIREITO PROCESSUAL CIVIL

sua complementação – ex.: prazo de 15 dias – suspensão decorridos 5 dias – restituição de 10 dias a partir da retomada (CPC, art. 221); **D:** correta, conforme expressa previsão legal (CPC, art. 218, § 3º); **E:** incorreta, considerando que, quando a lei for omissa, o juiz fixará o prazo de acordo com a complexidade do ato (CPC, art. 218, § 1º).

Gabarito "D".

(Procurador do Estado/TO – 2018 – FCC) Concernente às nulidades processuais, considere:

I. A nulidade dos atos deve ser alegada na primeira oportunidade em que couber à parte falar nos autos, ainda que essa nulidade tenha sido decretada de ofício pelo juiz.

II. Anulado o ato, consideram-se de nenhum efeito todos os subsequentes que dele dependam, todavia, a nulidade de uma parte do ato não prejudicará as outras que dela sejam independentes.

III. Quando a lei prescrever determinada forma sob pena de nulidade, a decretação desta pode ser requerida até mesmo pela parte que lhe deu causa, por se tratar de ato que não se convalida ou ratifica.

IV. O erro de forma do processo acarreta unicamente a anulação dos atos que não possam ser aproveitados, devendo ser praticados os que forem necessários a fim de se observarem as prescrições legais e aproveitando-se os atos praticados, desde que não resulte prejuízo à defesa de qualquer parte.

Está correto o que se afirma APENAS em

(A) I e III.

(B) I, II e III.

(C) II e IV.

(D) II, III e IV.

(E) I, III e IV.

I: incorreta, pois – em regra – as nulidades absolutas não estão sujeitas à preclusão e mesmo as nulidades relativas, se a parte provar justo impedimento para não as terem alegado (CPC, art. 278); II: correta, considerando a aplicação do princípio da causalidade e conservação (CPC, art. 281); III: incorreta, considerando a aplicação do princípio do *venire contra factum proprium*, que proíbe o comportamento contraditório e que a parte se beneficie da própria torpeza (CPC, art. 276); IV: correta, em respeito ao princípio da instrumentalidade das formas e da economia dos atos processuais (CPC, art. 283).

Gabarito "C".

(Procurador do Estado/AC – 2017 – FMP) Considere as seguintes afirmativas sobre o tema dos atos processuais no âmbito do Código de Processo Civil. Assinale a alternativa CORRETA.

(A) O direito de consultar os autos de processo que tramite cm segredo de justiça e de pedir certidões de seus atos é restrito às partes e aos seus procuradores.

(B) O terceiro que demonstrar interesse jurídico pode requerer ao juiz certidão do dispositivo da sentença, exceto dos casos de inventário e de partilha resultantes de divórcio ou separação.

(C) O documento redigido em língua estrangeira poderá ser juntado aos autos ainda que desacompanhado de versão para a língua portuguesa.

(D) É permitido lançar nos autos cotas marginais ou interlineares.

(E) Os atos processuais realizar-se-ão exclusivamente na sede do juízo.

A: correta, sendo exceção à regra da publicidade dos atos processuais (CPC, art. 189, § 1º); **B:** incorreta, pois o terceiro poderá requerer também a certidão do dispositivo da sentença nos casos de inventário e de partilha resultantes de divórcio ou separação (CPC, art. 189, § 2º); **C:** incorreta, porque o documento redigido em língua estrangeira deve ser juntado aos autos acompanhado da respectiva tradução para a língua portuguesa – versão que tramitou pela via diplomática ou traduzida por tradutor juramentado (CPC, art. 192, p.u.); **D:** incorreta, já que essa conduta é vedada pelo diploma processual, sob pena de aplicação de multa correspondente a ½ salário-mínimo (CPC, art. 202); **E:** incorreta, pois, de forma excepcional, é possível que os atos sejam praticados em local diverso da sede do juízo, em razão de deferência, interesse da justiça, natureza do ato ou obstáculo arguido pelo interessado e acolhido pelo juiz (CPC, art. 217).

Gabarito "A".

(Procurador do Estado/AC – 2017 – FMP) Considere as seguintes afirmativas sobre o tema dos prazos no âmbito do Código de Processo Civil. Assinale a alternativa INCORRETA.

(A) Inexistindo preceito legal ou prazo determinado pelo juiz, será de 5 (cinco) dias o prazo para a prática de ato processual a cargo da parte.

(B) Na comarca, seção ou subseção judiciária onde for difícil o transporte, o juiz poderá prorrogar os prazos por até 3 (três) meses.

(C) O prazo para a parte, o procurador, a Advocacia Pública, a Defensoria Pública e o Ministério Público será contado da citação, da intimação ou da notificação.

(D) Em qualquer grau de jurisdição, havendo motivo justificado, pode o juiz exceder, por igual tempo, os prazos a que está submetido.

(E) É lícito a qualquer interessado exigir os autos do advogado que exceder o prazo legal.

A: correta, conforme expressa previsão legal (CPC, art. 218, § 3º); **B:** incorreta, devendo esta ser assinalada, porque os prazos poderão ser prorrogados por até *dois* meses (CPC, art. 222); **C:** correta, conforme expressa previsão legal (CPC, art. 230); **D:** correta, valendo a ressalva de que os prazos previstos para o juiz são impróprios, ou seja, seu descumprimento não leva à perda do direito de praticar o ato (CPC, art. 227); **E:** correta, conforme expressa previsão legal (CPC, art. 234, § 1º).

Gabarito "B".

(Procurador do Município/Manaus – 2018 – CESPE) À luz das disposições do CPC relativas aos atos processuais, julgue os itens subsequentes.

(1) Em regra, os atos processuais são públicos e independem de forma determinada.

(2) Para a concessão da tutela de evidência, o juiz deverá verificar, além da probabilidade de direito, o perigo de dano ou de risco ao resultado útil do processo.

(3) É vedado ao juiz julgar pedido realizado em petição inicial sem antes citar o réu, em atenção aos princípios do contraditório e da ampla defesa.

(4) O réu que não comparecer injustificadamente a audiência de conciliação ou mediação designada pelo juiz será considerado revel.

(5) O princípio da adequação do procedimento admite a cumulação de pedidos iniciais procedimentalmente incompatíveis, desde que seja possível ajustá-los ao procedimento comum.

1: Correta (CPC, arts. 188 e 189). 2: Errada. A concessão da tutela de evidência – diferentemente da tutela de urgência – *independe* da comprovação de perigo de dano ou de risco ao resultado útil do processo (CPC, art. 311). **3:** Errada. A afirmação desconsidera o instituto da "improcedência liminar do pedido", segundo o qual, nas demandas que dispensem a fase instrutória, é possível que o magistrado julgue liminarmente improcedente o pedido, nas hipóteses taxativas, independentemente de citação do réu (CPC, art. 332). **4:** Errada. A consequência pelo não comparecimento injustificado em audiência de conciliação e mediação é a condenação ao pagamento de multa por ato atentatório à dignidade da justiça (CPC, art. 334, § 8º). **5:** Correta (CPC, art. 327). Gabarito 1C, 2E, 3E, 4E, 5C

(Procurador do Estado/SE – 2017 – CESPE) Caso dois particulares litiguem em demanda que tramite pelo procedimento comum, a intimação do advogado do réu pelo advogado do autor, de acordo com as regras previstas no CPC,

(A) embora contenha vício de forma por ausência de previsão legal, poderá ser convalidada, caso ocorra o comparecimento espontâneo e tempestivo do réu nos autos.

(B) deverá ser considerada nula de pleno direito, pois somente o cartório do juízo pode ser responsável por realizar atos de intimação às partes.

(C) será possível, desde que seja realizada pelo correio, devendo o advogado do autor juntar aos autos cópia do ofício de intimação e do aviso de recebimento.

(D) poderá ser feita por meio eletrônico, desde que seja comprovado que o advogado do réu recebeu cópia do pronunciamento que é objeto da intimação.

(E) somente poderá ser feita se houver convenção processual realizada entre as partes que autorize a utilização dessa forma de intimação.

O CPC prevê a possibilidade de que a intimação de uma decisão judicial – para fins de celeridade – seja feita pelo próprio advogado para o advogado da parte contrária. Para isso, prevê o art. 269, § 1º: "É facultado aos advogados promover a intimação do advogado da outra parte por meio do correio, juntando aos autos, a seguir, cópia do ofício de intimação e do aviso de recebimento". Gabarito "C".

(Procurador Municipal – Prefeitura/BH – CESPE – 2017) Acerca de atos processuais e distribuição, assinale a opção correta.

(A) O recurso interposto antes da publicação da sentença ou do acórdão será considerado intempestivo e não produzirá efeito jurídico, salvo se a parte ratificar as razões recursais dentro do prazo para a sua interposição após a publicação do ato.

(B) A citação de município e suas respectivas autarquias pode ser firmada pelo correio, com aviso de recebimento, caso em que a correspondência deverá ser enviada para o órgão da advocacia pública responsável pela representação judicial do referido ente público.

(C) Havendo, na localidade, mais de um juízo competente e estando demonstrada a continência entre uma ação em curso e nova ação a ser proposta, pode o demandante distribuir sua nova ação por dependência ao juízo processante da ação em curso.

(D) A legislação processual vigente não permite que as partes e o juiz estabeleçam calendário para a realização de determinados atos processuais, tais como prazo para manifestações das partes e data de realização de audiências, assim como a dispensa de intimação das partes para a prática de atos processuais estabelecidos.

A: Incorreta, tendo em vista que há previsão no CPC determinando exatamente a tempestividade de recurso interposto antes do prazo (art. 218, § 4º); **B:** Incorreta, pois a citação de ente público não pode ser feita por correio, mas somente por oficial de justiça (CPC, art. 247, III); **C:** Correta (CPC, art. 286, I); **D:** Incorreta, pois o CPC prevê a possibilidade de criação de calendário no processo, entre partes e juiz (calendarização – CPC, art. 191), que vincula as partes e dispensa a intimação. Gabarito "C".

(Procurador Municipal – Prefeitura/BH – CESPE – 2017) Em determinada demanda, não chegou a ser designada a audiência preliminar de conciliação ou mediação. O réu, citado pelo correio e patrocinado pela defensoria pública, apresentou sua defesa em 14/3/2017, no décimo sexto dia a partir da juntada aos autos do aviso de recebimento cumprido. Em sua defesa, ele sustentou prescrição e incompetência relativa do juízo e, ao final, requereu a improcedência do pedido.

Nessa situação hipotética,

(A) o juiz poderia conhecer de ofício tanto a prescrição quanto a incompetência relativa, ainda que não tivessem sido alegadas.

(B) a contestação poderia ter sido protocolada em foro diverso daquele em que foi ajuizada a demanda.

(C) a exceção de incompetência relativa deveria ter sido arguida em petição apartada da contestação.

(D) a contestação foi intempestiva.

A: Incorreta, pois a incompetência relativa não pode ser conhecida de ofício (CPC, art. 65 e 337, § 5º); **B:** Correta, existindo previsão legal nesse sentido (CPC, art. 340. Havendo alegação de incompetência relativa ou absoluta, a contestação poderá ser *protocolada no foro de domicílio do réu* (...); **C:** Incorreta, pois não mais existe exceção de incompetência no atual CPC, sendo a incompetência relativa alegada em preliminar de contestação (CPC, art. 64); **D:** Incorreta, porque há prazo em dobro para a Defensoria Pública (CPC, art. 186). Gabarito "B".

(Procurador do Estado – PGE/MT – FCC – 2016) Em 20/06/2016 (segunda-feira), foi enviada à Procuradoria do Estado do Mato Grosso, por meio de portal próprio, intimação eletrônica de sentença de mérito contrária à Fazenda Pública. Diante desta situação hipotética, considerando o prazo para o recurso cabível e as prerrogativas da Fazenda Pública, o prazo recursal é de

(A) quinze dias úteis e terá início apenas depois de dez dias, contados a partir do envio da intimação ao portal, caso o Procurador não tenha consultado o teor da intimação antes deste prazo.

(B) quinze dias úteis e somente terá início com a intimação pessoal da Fazenda Pública, por meio de oficial de justiça, uma vez que tal prerrogativa é assegurada pela lei.

(C) quinze dias úteis e somente terá início quando o Procurador do Estado consultar o teor da intimação eletrônica, independentemente de qualquer outro prazo.

(D) trinta dias úteis e terá início apenas depois de dez dias, contados a partir do envio da intimação ao portal, caso o Procurador não tenha consultado o teor da intimação antes deste prazo.

(E) trinta dias úteis e somente terá início depois de vinte dias, contados a partir do envio da intimação ao portal, caso o Procurador não tenha consultado o teor da intimação antes deste prazo.

4. DIREITO PROCESSUAL CIVIL — 279

A questão trata das prerrogativas da advocacia pública em juízo. Inicialmente, é de se destacar a existência de prazo em dobro (CPC, art. 183) – e, portanto, o prazo é de 30 dias. Do outro lado, se o procurador não acessar o portal, a intimação fluirá em 5 dias, que serão contados em dobro, conforme previsão da Lei 11.419/2006). Assim, a alternativo correta é a "D".
Gabarito "D".

(Procurador do Estado/MG – FUMARC – 2012) Assinale a alternativa INCORRETA em relação aos efeitos da citação válida:

(A) tornar prevento o juízo

(B) induzir litispendência

(C) fazer litigiosa a coisa

(D) suspender a prescrição

(E) constituir em mora o devedor

A: correta (CPC, art. 240, *caput*); **B:** correta (CPC, art. 240, *caput*); **C:** correta (CPC, art. 240, *caput*); **D:** incorreta, devendo ser assinalada. Pois a citação *interrompe* a prescrição (CPC, art. 240, *caput*); **E:** correta (CPC, art. 240, *caput*).
Gabarito "D".

5. LITISCONSÓRCIO E INTERVENÇÃO DE TERCEIROS

(Procurador do Estado/TO – 2018 – FCC) Sobre o incidente de desconsideração de personalidade jurídica, é coreto afirmar:

(A) Acolhido o pedido de desconsideração, a alienação ou a oneração de bens, havida em fraude contra credores, será nula em relação ao adquirente.

(B) É cabível em todas as fases do processo de conhecimento, inclusive no cumprimento de sentença e na execução fundada em título executivo extrajudicial.

(C) Após a instauração do incidente, o sócio ou a pessoa jurídica serão intimados para manifestar-se e requerer as provas cabíveis no prazo de quinze dias.

(D) Concluída a instrução, se necessária, o incidente será resolvido por sentença.

(E) A instauração do incidente suspenderá o processo ainda que a desconsideração da personalidade jurídica tenha sido requerida na petição inicial.

A: incorreta, porque, acolhido o pedido de desconsideração, a alienação ou oneração de bens, havida em *fraude à execução*, será *ineficaz* (CPC, art. 137); **B:** correta, conforme expressa previsão legal (CPC, art. 134); **C:** incorreta, porque os sócios e a PJ serão *citados* (e não intimados) para apresentar manifestação e especificar provas, no prazo de 15 dias (CPC, art. 135); **D:** incorreta, pois o IDPJ é resolvido por decisão interlocutória (CPC, art. 136); **E:** incorreta, considerando que, se o pedido de desconsideração é feito na própria petição inicial, o processo não será suspenso (CPC, art. 134, §§ 2º e 3º).
Gabarito "B".

(Procurador do Estado/AC – 2017 – FMP) Considere as seguintes afirmativas sobre o tema da intervenção de terceiros no âmbito do Código de Processo Civil. Assinale a alternativa INCORRETA.

(A) Pendendo causa entre 2 (duas) ou mais pessoas, o terceiro juridicamente interessado em que a sentença seja favorável a uma delas poderá intervir no processo para assisti-la.

(B) A assistência simples obsta a que a parte principal reconheça a procedência do pedido, desista da ação, renuncie ao direito sobre o que se funda a ação ou

transija sobre direitos controvertidos, sem a anuência do assistente.

(C) É admissível a denunciação da lide, promovida por qualquer das partes, àquele que estiver obrigado, por lei, ou pelo contrato, a indenizar, cm ação regressiva, o prejuízo de quem for vencido no processo.

(D) O direito regressivo será exercido por ação autônoma quando a denunciação da lide for indeferida, deixar de ser promovida ou não for permitida.

(E) Feita a denunciação pelo autor, o denunciado poderá assumir a posição de litisconsorte do denunciante e acrescentar novos argumentos à petição inicial, procedendo-se em seguida à citação do réu.

A: correta, conforme previsão legal para o instituto da assistência (CPC, art. 119); **B:** incorreta, devendo esta ser assinalada, considerando que a assistência simples *não impede* que a parte principal reconheça a procedência do pedido, desista da ação, renuncie a direito sobre o qual se funda a ação ou transija sobre direitos controvertidos (CPC, art. 122); **C:** correta, sendo uma das hipóteses de cabimento da denunciação da lide (CPC, art. 125, II); **D:** correta, conforme expressa previsão legal (CPC, art. 125, § 1º); **E:** correta, tratando de hipótese, mais rara, de denunciação da lide pelo autor (CPC, art. 127).
Gabarito "B".

(Procurador Municipal – Prefeitura/BH – CESPE – 2017) No que concerne a substituição das partes, litisconsórcio e intervenção de terceiro, assinale a opção correta.

(A) O juiz só pode conhecer e declarar a falta de formação de litisconsórcio passivo necessário a partir de provocação da parte demandada; ou seja, ele não pode fazê-lo de ofício.

(B) No litisconsórcio multitudinário, havendo requerimento de limitação do número de litisconsortes, o prazo para resposta será suspenso e continuará a fluir a partir da decisão que analisar o pedido.

(C) Proposta ação cognitiva contra apenas um dos devedores solidários, este poderá, no prazo da contestação, promover a citação dos demais devedores para compor a relação processual na condição de litisconsortes passivos.

(D) Se, no curso do processo, ocorrer a morte de qualquer uma das partes, independentemente do objeto da lide, haverá a suspensão do processo e a consequente sucessão do falecido por seu espólio ou sucessor.

A: incorreta, pois a falta de litisconsórcio necessário pode ser reconhecida de ofício (cf. CPC, art. 115, parágrafo único, que não faz menção a "provocado pela parte": Nos casos de litisconsórcio passivo necessário, *o juiz determinará* ao autor que requeira a citação de todos que devam ser litisconsortes, dentro do prazo que assinar, sob pena de extinção do processo); **B:** correta, sendo essa a previsão legal acerca do litisconsórcio multitudinário, plúrimo ou múltiplo (CPC, art. 113, § 1º O juiz poderá limitar o litisconsórcio facultativo quanto ao número de litigantes na fase de conhecimento, na liquidação de sentença ou na execução, quando este comprometer a rápida solução do litígio ou dificultar a defesa ou o cumprimento da sentença; § 2º O requerimento de limitação interrompe o prazo para manifestação ou resposta, que recomeçará da intimação da decisão que o solucionar); **C:** incorreta, pois existindo devedores solidários, a forma processual de se buscar o terceiro é o *chamamento* ao processo (CPC, art. 130, III); **D:** incorreta, considerando que a morte pode acarretar duas consequências ao processo: (i) suspensão, para que haja a sucessão processual (CPC, art. 313, I) ou (ii) extinção, quando se tratar de ação intransmissível (CPC, art. 485, IX – como por exemplo no caso de divórcio, em que a morte acarreta a extinção do processo)
Gabarito "B".

(Procurador do Município – Prefeitura Fortaleza/CE – CESPE – 2017) Julgue os próximos itens, a respeito de litisconsórcio, intervenção de terceiros e procedimentos especiais previstos no CPC e na legislação extravagante.

(1) Caso seja convocado de forma superveniente a participar de processo judicial, o litisconsorte unitário ativo poderá optar por manter-se inerte ou por ingressar na relação processual como litisconsorte do autor ou assistente do réu.

(2) A presença de interesse econômico, ainda que indireto ou reflexo, da fazenda pública em determinado processo judicial é suficiente para justificar sua intervenção.

(3) Os embargos de terceiro somente podem ser utilizados no cumprimento de sentença ou no processo de execução. Por esse motivo, no processo de conhecimento, o terceiro deve defender seus interesses por intermédio de assistência ou oposição.

(4) Conforme o STJ, a pessoa jurídica de direito público ré de ação civil pública possui ampla liberdade para mudar de polo processual, ainda que haja pretensão direcionada contra ela.

(5) Situação hipotética: Determinado servidor público impetrou mandado de segurança com a finalidade de majorar seu vencimento. Após o devido trâmite, foi prolatada sentença concedendo a segurança pleiteada. Assertiva: Nesse caso, as parcelas devidas em razão de diferenças salariais entre a data de impetração e a de implementação da concessão da segurança deverão ser pagas por meio de precatórios.

(6) O despejo decorrente de decisão judicial conforme previsto na lei de locações de imóveis urbanos é irreversível, pois, reformada a decisão, o inquilino não terá o direito de recuperar a posse do imóvel, mas apenas de ser indenizado por perdas e danos, com base na caução existente.

(7) Situação hipotética: Em ação indenizatória, o réu denunciou à lide terceiro que estava obrigado, por contrato, a ressarci-lo de forma regressiva. Assertiva: Nessa situação, em caso de procedência das demandas originária e regressiva, o autor da ação originária pode requerer o cumprimento da sentença também contra o denunciado, observadas possíveis limitações da condenação deste último.

1: Correta. A legislação não prevê expressamente a figura do litisconsórcio ativo necessário, o que é admitido pela jurisprudência do STJ, no que é denominado de litisconsórcio *iussu iudicis* (REsp 1222822). Sendo convocado a figurar posteriormente no feito, a hipótese é de litisconsórcio necessário – unitário. E nesse caso, poderá a parte optar em qual polo vai figurar (já que sem essa parte o processo será extinto sem mérito). Dessa forma, a afirmação é correta. **2:** Correta, sendo esse o caso da chamada "intervenção anômala" em que a União pode ingressar como assistente apenas com base em interesse econômico (Lei 9.469/1997, art. 5º), diferentemente da assistência usual, prevista no CPC, em que necessário interesse jurídico (art. 119). **3:** Errada, pois é possível usar embargos de terceiro diante de qualquer constrição judicial, seja proferida em execução ou cumprimento de sentença (como no caso de penhora), seja em processo de conhecimento (uma constrição por força de uma antecipação de tutela). É o que se percebe do art. 674 do CPC. **4:** Errada. Existe essa possibilidade de mudança de polo no processo coletivo, prevista especificamente na ação popular (Lei 4.717/1965, art. 6º, § 3º) e ação civil pública (Lei 7.347/1985, art.

5º, § 2º). Contudo, se houver pedido contra a própria pessoa jurídica, então não é possível essa mudança (STJ, REsp 1581124). **5:** Correta. O MS é ação mandamental, de modo que a princípio não demanda cumprimento de sentença ou execução – mas sim tão somente no cumprimento da ordem. Contudo, o problema deixa claro que isso ocorre em relação ao futuro, ou seja, a partir do momento em que "implementada a concessão da segurança". Sendo assim, quanto ao período anterior, tem-se em verdade um valor devido – que, portanto, deverá seguir a forma usual de execução de quantia contra a Fazenda, portanto, via precatório (CPC, art. 534 e 535, § 3º, I). **6:** Correta, sendo essa a previsão legal (Lei 8.245/1991, art. 64, *caput* e § 2º – sendo que a redação do parágrafo é a seguinte: "Ocorrendo a reforma da sentença ou da decisão que concedeu liminarmente o despejo, o valor da caução reverterá em favor do réu, como indenização mínima das perdas e danos, podendo este reclamar, em ação própria, a diferença pelo que a exceder"). **7:** Correta, existindo expressa previsão legal nesse sentido (CPC, art. 128, parágrafo único. Procedente o pedido da ação principal, pode o autor, se for o caso, requerer o cumprimento da sentença também contra o denunciado, nos limites da condenação deste na ação regressiva).

Gabarito 1C, 2C, 3E, 4E, 5C, 6C, 7C

(Procurador do Estado – PGE/MT – FCC – 2016) Sobre as previsões do novo Código de Processo Civil a respeito da intervenção do *amicus curiae,* considere:

I. A intervenção de *amicus curiae* é admitida expressamente tanto no juízo de piso como perante órgãos colegiados.

II. A intervenção de pessoa natural ou jurídica, órgão ou entidade especializada na condição de *amicus curiae* independe de pedido das partes, pois a lei prevê expressamente a possibilidade de ser determinada de ofício pelo magistrado.

III. A intervenção de pessoa jurídica de direito público na condição de *amicus curiae* pode ensejar a modificação da competência e a remessa dos autos ao juízo competente.

IV. Da decisão que admite a intervenção de *amicus curiae,* cabe recurso pela parte interessada.

Está correto o que se afirma APENAS em

(A) I, II e III.

(B) I e IV.

(C) III e IV.

(D) I, II e IV.

(E) I e II.

I: Correta, considerando a redação do art. 138, *caput*, § 2º, do CPC, que menciona "juiz ou relator"; **II:** Correta, sendo essa a previsão do CPC, art. 138, *caput*: há a intervenção espontânea ou provocada; **III:** Incorreta, existindo previsão expressa em sentido inverso (CPC, art. 138, § 1º); **IV:** Incorreta, pois pelo Código, da decisão que trata do *amicus curiae*, não cabe recurso (art. 138, *caput*).

Gabarito "E."

(Procurador do Estado – PGE/MT – FCC – 2016) Uma empresa recolheu determinado tributo junto ao Município de Sinop – MT. Posteriormente, foi surpreendido com notificação de lançamento tributário pelo Município de Cuiabá – MT, relativamente ao mesmo tributo e mesmo fato gerador do tributo já pago para a outra fazenda municipal. Caso a autora venha a propor ação de anulação do débito fiscal em face do Município de Cuiabá – MT,

(A) poderá formar litisconsórcio passivo eventual com relação ao Município de Sinop, pleiteando a repetição

4. DIREITO PROCESSUAL CIVIL

do indébito no caso de improcedência do seu pedido principal.

(B) precisará aguardar o desfecho desta ação para, caso seja improcedente, pleitear a repetição do indébito perante o Município de Sinop.

(C) poderá formar um litisconsórcio passivo sucessivo com relação ao Município de Sinop, pleiteando a repetição do indébito no caso de improcedência do seu pedido principal.

(D) precisará formar litisconsórcio necessário entre os dois municípios para que a relação processual seja completa.

(E) caberá ao requerido denunciar a lide ao Município de Sinop, a fim de buscar indenização regressiva caso a demanda venha a ser julgada procedente.

A: Correta. Apesar da ausência de previsão legal, parte da doutrina admite o litisconsórcio eventual (aquele em que há pedidos cumulados / superveniente em relação a algum dos réus), trazendo o enunciado uma situação em que se admite esse litisconsórcio; **B:** Incorreta, considerando o exposto em "A"; **C:** Incorreta, considerando o exposto em "A"; **D:** Incorreta, não se tratando de situação de litisconsórcio necessário; **E:** Incorreta, pois a situação não é de questão de direito de regresso entre os Municípios.
Gabarito "A".

(Procurador do Estado/AC – FMP – 2012) Assinale a alternativa correta.

(A) O assistente litisconsorcial pode renunciar ao direito de recorrer.

(B) A denunciação da lide é sempre obrigatória para que seja exercida a pretensão regressiva contra o denunciado, sob pena de perda dessa faculdade.

(C) A contestação apresentada por um dos réus impede a decretação da revelia em relação a todos os demais, ainda que distintos seus interesses.

(D) Havendo litisconsórcio unitário, a confissão de um dos réus somente em relação a ele será eficaz.

A: correta. Como o assistente litisconsorcial é, basicamente, um litisconsorte, ele detém os mesmos direitos. Assim, ele pode abrir mão do seu próprio direito de recorrer (CPC, art. 999); **B:** incorreta, pois a denunciação não é obrigatória –o que fica ainda mais claro pela redação do CPC (art. 125, caput e § 1°). **C:** incorreta. Apesar do que consta do art. 345, I do CPC, a jurisprudência e doutrina afirmam que, se os interesses forem distintos, a revelia é decretada ao réu que não contesta (aplicação analógica do previsto no CPC, art. 1.005); **D:** incorreta (CPC, art. 117).
Gabarito "A".

6. PRESSUPOSTOS PROCESSUAIS, ELEMENTOS DA AÇÃO E CONDIÇÕES DA AÇÃO

(Procurador Municipal – Prefeitura/BH – CESPE – 2017) No que se refere a pressupostos processuais e condições da ação, assinale a opção correta.

(A) Na fase de cumprimento definitivo da sentença, o juiz poderá conhecer de ofício a falta de pressuposto de constituição ocorrido na fase cognitiva e declarar a nulidade da sentença exequenda.

(B) A falta de condição da ação, ainda que não tenha sido alegada em preliminar de contestação, poderá ser suscitada pelo réu nas razões ou em contrarrazões recursais.

(C) Constatada a carência do direito de ação, o juiz deverá determinar que o autor emende ou complemente a petição inicial e indique, com precisão, o objeto da correção ou da complementação.

(D) A inépcia da petição inicial por falta de pedido e a existência de litispendência são exemplos de defeitos processuais insanáveis que provocam o indeferimento *in limine* da petição inicial.

A: correta para a banca, considerando inexistir preclusão quanto aos pressupostos processuais (CPC, art. 485, § 3°. O juiz conhecerá de ofício da matéria constante dos incisos IV, V, VI e IX, em qualquer tempo e grau de jurisdição, enquanto não ocorrer o trânsito em julgado) – o problema é que o enunciado não deixa claro se houve ou não trânsito em julgado, de modo que a alternativa suscita dúvidas; **B:** incorreta para a banca, porém novamente há polêmica. O fato é que as condições da ação podem ser alegadas a qualquer tempo (em linha com o art. 485, § 3° acima reproduzido); porém, não há muita lógica em se alegar isso em contrarrazões (já que nesse caso houve vitória da parte), mas isso não é inviável; **C:** incorreta, pois se o vício não for sanável (como na ausência de condições da ação), cabe a extinção de plano (CPC, art. 330, II e III); **D:** incorreta, pois a litispendência não é um dos casos de indeferimento (não está no art. 330 do CPC). Em meu entender, considerando o exposto nas alternativas A e B, a questão merecia anulação – mas não foi anulada.
Gabarito "A".

7. FORMAÇÃO, SUSPENSÃO E EXTINÇÃO DO PROCESSO. NULIDADES

(Procurador do Estado/AC – 2017 – FMP) Considere as seguintes afirmativas sobre os temas da suspensão e da extinção do processo no âmbito do Código de Processo Civil. Assinale a alternativa INCORRETA.

(A) Suspende-se o processo quando o advogado responsável por ele constituir o único patrono da causa e tornar-se pai.

(B) Se o conhecimento do mérito depender de verificação da existência de fato delituoso, o juiz pode determinar a suspensão do processo até que se pronuncie a justiça criminal.

(C) Durante a suspensão, é vedado praticar qualquer ato processual, podendo o juiz, todavia, determinar a realização de atos urgentes a fim de evitar dano irreparável, inclusive no caso de arguição de impedimento e de suspeição.

(D) A extinção do processo dar-se-á por sentença.

(E) Antes de proferir decisão sem resolução de mérito, o juiz deverá conceder à parte oportunidade para, se possível, corrigir o vício.

A: correta, sendo uma das hipóteses para suspensão do processo (CPC, art. 313, X); **B:** correta, conforme expressa previsão legal (CPC, art. 315); **C:** incorreta, devendo esta ser assinalada, já que serão praticados atos urgentes, *salvo* no caso de arguição de impedimento e suspeição (CPC, art. 314); **D:** correta, conforme expressa previsão legal (CPC, art. 316); **E:** correta, em observância ao princípio da primazia do julgamento de mérito (CPC, art. 317).
Gabarito "C".

(Procurador – IPSMI/SP – VUNESP – 2016) Analise as assertivas a seguir e assinale a correta.

(A) Quando a lei prescrever determinada forma, sob pena de nulidade, a decretação desta pode ser requerida pela parte que lhe deu causa.

(B) Se o processo tiver corrido, sem conhecimento do Ministério Público, quando este tiver obrigatoriedade de intervir, o juiz tornará nulo todo o procedimento.

(C) O erro de forma do processo acarreta sua nulidade total não podendo ser aproveitados quaisquer atos praticados nos autos a fim de se observarem as prescrições legais, mantendo-se intacto o princípio do devido processo legal.

(D) A nulidade dos atos deve ser alegada na primeira oportunidade em que couber à parte falar nos autos, sob pena de preclusão, não se aplicando, porém, às nulidades que o juiz deva decretar de ofício, nem prevalece a preclusão, provando a parte legítimo impedimento.

(E) Mesmo quando puder decidir do mérito a favor da parte a quem aproveite a declaração da nulidade, o juiz deve se pronunciar sobre ela, mandando repetir o ato, ou suprir-lhe a falta, dependendo do caso.

A) incorreta, pois isso seria "alegar a própria torpeza", e é expressamente vedado pela lei (CPC, art. 276); B) incorreta, pois a nulidade vai depender de requerimento do MP e demonstração de prejuízo (CPC, art. 279, § 2º); C) incorreta. Considerando o princípio da instrumentalidade das formas, sendo possível, serão aproveitados atos processuais (CPC, art. 283. O erro de forma do processo acarreta unicamente a anulação dos atos que não possam ser aproveitados, devendo ser praticados os que forem necessários a fim de se observarem as prescrições legais); D) Correta. O enunciado reproduz o caput e parágrafo único do art. 278 do CPC; E) incorreta, pois se o juiz puder decidir o mérito a favor de quem aproveita a nulidade, a nulidade será desconsiderada (CPC, art. 282, § 2º Quando puder decidir o mérito a favor da parte a quem aproveite a decretação da nulidade, o juiz não a pronunciará nem mandará repetir o ato ou suprir-lhe a falta).
Gabarito "D".

(Advogado da União/AGU – CESPE – 2009) Acerca da formação, suspensão e extinção do processo, julgue os itens a seguir.

(1) Considere que, conferido prazo para apresentação de réplica ante a alegação, pelo réu, de fato modificativo do direito apontado na inicial, o autor tenha se quedado inerte e deixado de se manifestar nos autos por mais de 30 dias. Nessa situação hipotética, fica caracterizado caso de contumácia, que autoriza a extinção do processo sem resolução do mérito.

(2) A estabilização da relação processual por meio da citação é essencial à própria existência do processo, considerando-se proposta a ação a partir do momento em que ocorre citação válida, o que também implica a litispendência, torna prevento o juízo e faz litigiosa a coisa.

(3) O CPC permite que as partes, mediante convenção, suspendam o processo por prazo que não exceda seis meses, o que revela a existência de um direito à suspensão do processo, a qual independe da declinação de motivo.

1: errada, pois (i) a réplica não é providência indispensável ao andamento do processo, devendo o juiz, por força do princípio do impulso oficial (CPC, art. 2º), dar andamento ao processo e (ii) somente após a intimação pessoal é possível a extinção por abandono (CPC, art. 485, § 1º); 2: errada. A citação implica litispendência, torna prevento o juízo e faz litigiosa a coisa (CPC, art. 240), mas considera-se proposta a ação no momento da propositura, ou seja, quando do protocolo da inicial (CPC, art. 312); 3: correta (CPC, art. 313, II)
Gabarito 1E, 2E, 3C

(Procurador do Estado/PE – CESPE – 2009) Com relação à suspensão do processo, julgue os itens seguintes.

I. A morte do representante legal da pessoa jurídica não acarreta a suspensão do processo.

II. A morte do único advogado constituído acarreta a suspensão imediata do processo.

III. Falecido o único advogado do réu, a inércia em nomear outro patrono no prazo estabelecido acarreta a extinção do processo.

IV. Por convenção das partes, o processo pode ser suspenso por qualquer prazo, desde que não exceda um ano.

V. A suspensão do processo com base na prejudicialidade ocorre quando se tratar de prejudicial externa.

Estão certos apenas os itens

(A) I, II e V.

(B) I, III e IV.

(C) I, III e V.

(D) II, III e IV.

(E) II, IV e V.

I: correta, por ausência de previsão legal (vide CPC, art. 313)– salvo se isso vier a configurar uma situação de justa causa; II: correta (CPC, art. 313, I); III: Incorreta. A hipótese seria de revelia (CPC, art. 76, § 1º, II); IV: Incorreta. O prazo máximo é de 6 meses (CPC, art. 313, § 4º, parte final); V: correta (CPC, art. 313, V, a).
Gabarito "A".

8. TUTELA PROVISÓRIA

(Procurador do Município – Valinhos/SP – 2019 – VUNESP) A tutela antecipada requerida em caráter antecedente é prevista para os casos em que a urgência é contemporânea ao ajuizamento da demanda. Seus efeitos podem ser estabilizados, novidade disposta no Código de Processo Civil como técnica destinada à rápida produção de resultados.

A respeito do assunto, assinale a alternativa correta.

(A) A tutela torna-se estável se a parte prejudicada não recorrer no prazo de dois anos contados da decisão concessiva.

(B) A ação rescisória é o instrumento correto para reforma, revisão e anulação da tutela estabilizada.

(C) A decisão que concede a tutela antecipada requerida em caráter antecedente, após a estabilização, faz coisa julgada.

(D) Qualquer das partes poderá demandar a outra com o intuito de rever, reformar ou invalidar a tutela antecipada estabilizada.

(E) No caso de estabilização, o processo será suspenso pelo prazo de dois anos e, depois, extinto.

A: incorreta, tendo em vista que a alternativa busca confundir o candidato em relação: (i) à estabilização da tutela, caso não interposto agravo de instrumento pela parte prejudicada; e (ii) à possibilidade de propositura de ação de revisão da tutela estabilizada, que deve ser ajuizada no prazo de 2 anos, contado da decisão que extingue o processo (CPC, art. 304, "caput" e § 5º); B: incorreta, pois não é cabível ação rescisória e, sim, ação de revisão, ajuizada em 1º grau (CPC, art. 304, § 5º); C: incorreta, uma vez que a decisão que concede a tutela provisória e estabiliza, não faz coisa julgada, por expressa negativa do Código (CPC, art. 304, § 6º); D: correta, conforme expressa previsão legal, sendo possível essa ação, a ser ajuizada em 1º grau, no prazo de 2 anos (CPC, art. 304, § 4º; E: incorreta, porque o processo será extinto quando houver a estabilização (CPC, art. 304, § 1º).
Gabarito "D".

4. DIREITO PROCESSUAL CIVIL 283

(Procurador do Estado/TO – 2018 – FCC) A tutela provisória

(A) conserva sua eficácia na pendência do processo, mas pode, a qualquer tempo, ser revogada ou modificada.

(B) na decisão em que concedida, modificada ou revogada, o juiz motivará fundamentadamente seu convencimento; quando negar a tutela, porém, não há necessidade de motivação, pois do ato caberá agravo interno ao colegiado.

(C) somente pode fundamentar-se na urgência da situação fática.

(D) de urgência será concedida apenas em caráter antecedente; somente a tutela cautelar pode ser concedida também em caráter incidental.

(E) dependerá do pagamento de custas, quando concedida em caráter incidental.

A: correta, conforme expressa previsão legal (CPC, art. 296); **B:** incorreta, pois o juiz deve fundamentar a decisão de concessão, denegação, modificação ou revogação da tutela provisória – e, da decisão que negar a tutela, em 1º grau, caberá agravo de instrumento (CPC, arts. 298 e 1.015, I); **C:** incorreta, considerando a previsão da tutela de evidência, que dispensa a demonstração do perigo de dano (CPC, art. 311); **D:** incorreta, pois a tutela de urgência (seja a cautelar ou antecipada), pode ser concedida de forma incidental (no meio do processo) ou antecedente (antes da existência de um processo; na petição inicial – CPC, art. 294, p.u.); **E:** incorreta, pois quando concedida em caráter incidental independerá do pagamento de custas (CPC, art. 295).
Gabarito "A".

(Procurador do Estado/AC – 2017 – FMP) Considere as seguintes afirmativas sobre o tema da tutela provisória no âmbito do Código de Processo Civil. Assinale a alternativa CORRETA.

(A) A tutela provisória de urgência, cautelar ou antecipada, pode ser concedida exclusivamente em caráter antecedente.

(B) Salvo decisão judicial em contrário, a tutela provisória perderá a eficácia durante o período de suspensão do processo.

(C) A tutela provisória requerida em caráter incidental depende do pagamento de custas.

(D) Na decisão que conceder, negar, modificar ou revogar a tutela provisória, o juiz está desobrigado de motivar seu convencimento, diante da urgência da situação.

(E) A tutela provisória será requerida ao juízo da causa e, quando antecedente, ao juízo competente para conhecer do pedido principal.

A: incorreta, pois a tutela de urgência pode ser concedida em caráter antecedente *ou incidental* (CPC, art. 294, p.u.); **B:** incorreta, já que o CPC garante que a tutela provisória concedida mantenha a eficácia durante o período de suspensão do processo, salvo decisão judicial em contrário (CPC, art. 296, p.u.); **C:** incorreta, porque a tutela provisória requerida em caráter incidental não depende do pagamento de custas (CPC, art. 295); **D:** incorreta, tendo em vista que todas as decisões devem ser devidamente fundamentadas, inclusive as decisões referentes à tutela provisória (CPC, arts. 298 e 489, § 1º); **E:** correta, conforme expressa previsão legal (CPC, art. 299).
Gabarito "E".

(Procurador Municipal – Prefeitura/BH – CESPE – 2017) A respeito da tutela provisória, assinale a opção correta.

(A) Em caso de tutela provisória antecipada requerida em caráter antecedente, as despesas processuais de preparo serão comprovadas quando do aditamento do

pedido de tutela definitiva, momento em que a parte deverá indicar o valor atribuído à causa.

(B) Estando o processo no tribunal para julgamento de recurso, a competência para analisar pedido de tutela provisória será do juízo que tiver julgado originariamente a causa.

(C) O juiz poderá exigir, para a concessão de liminar de tutela provisória de urgência, a prestação de caução a ser garantida pelo requerente, salvo no caso de hipossuficiência econômica, situação em que tal garantia poderá ser dispensada.

(D) Concedida a tutela provisória antecipada em caráter antecedente, caso o autor não promova o aditamento da petição inicial com o pedido de confirmação de tutela definitiva dentro do prazo legal, o processo será extinto sem resolução de mérito, e a liminar será revogada.

A: incorreta, pois o valor da causa e custas constarão da petição inicial que trouxer a tutela antecipada antecedente (CPC, art. 303, § 3º); **B:** incorreta, porque em regra, existindo recurso, a tutela de urgência é pleiteada ao órgão que julgará o recurso (CPC, art. 299, parágrafo único); **C:** correta, sendo esse a expressa previsão legal (CPC, art. 300, § 1º Para a concessão da tutela de urgência, o juiz pode, conforme o caso, exigir caução real ou fidejussória idônea para ressarcir os danos que a outra parte possa vir a sofrer, podendo a caução ser dispensada se a parte economicamente hipossuficiente não puder oferecê-la); **D:** incorreta, pois o aditamento não é só para a confirmação da tutela definitiva (CPC, art. 303, § 1º, I – o autor deverá aditar a petição inicial, com a complementação de sua argumentação, a juntada de novos documentos e a confirmação do pedido de tutela final, em 15 (quinze) dias ou em outro prazo maior que o juiz fixar) – porém, a alternativa não está efetivamente incorreta, mas sim incompleta, de modo que poderia se discutir se efetivamente errada.
Gabarito "C".

(Procurador do Estado – PGE/MT – FCC – 2016) Em processo que tramita na Comarca de Sorriso – MT, o autor ajuizou ação postulando o fornecimento de medicamento de alto custo em face do Estado. Requereu, incidentalmente, a tutela antecipada, alegando que o seu direito era evidente, diante do risco de vida que sofria caso não recebesse o medicamento, comprovado por farta documentação acostada à inicial. O magistrado concedeu a liminar, nos termos em que pleiteada e determinou a intimação do requerido para dar cumprimento à medida. Depois da intimação desta decisão, o requerido cumpriu a liminar nos termos em que determinada e não apresentou qualquer recurso contra a decisão. Diante desta situação, tal decisão

(A) é apta a gerar a estabilização dos seus efeitos, diante da ausência de recurso no prazo oportuno, mas poderá ser revista em ação própria, desde que ajuizada no prazo de dois anos.

(B) não é apta a gerar a estabilização dos seus efeitos, ainda que não tenha sido impugnada mediante recurso, uma vez que este fenômeno processual somente foi previsto para a tutela de urgência antecedente, e não para a tutela incidental.

(C) não é apta a gerar a estabilização dos seus efeitos, uma vez que a lei ressalva a inaplicabilidade deste fenômeno processual para a Fazenda Pública.

(D) é apta a gerar a estabilização dos seus efeitos, por ausência de recurso no prazo oportuno e, assim, fará coisa julgada material, que poderá ser desconstituída por meio de ação rescisória, no prazo de dois anos.

(E) é apta a gerar a estabilização dos seus efeitos, desde que não tenha sido impugnada mediante recurso, uma vez que a lei prevê que somente a tutela da evidência tem a aptidão à estabilização dos seus efeitos.

A: Incorreta, pois se trata de tutela antecipada incidental; **B:** Correta, exatamente porque somente há estabilização de tutela antecipada antecedente (CPC, art. 304), sendo que o enunciado trata da tutela de urgência incidental (CPC, art. 294, parágrafo único); **C:** Incorreta, pois não existe previsão legal nesse sentido; **D:** Incorreta, considerando o exposto em "A" e "B" – além disso, a tutela antecipada estabilizada, pela lei, não se configura como coisa julgada (CPC, art. 304, § 6º); **E:** Incorreta, pois a previsão de estabilização é para a tutela antecipada – mas antecedente (CPC, art. 304).
Gabarito "B".

(Procurador – SP – VUNESP – 2015) O juiz poderá, a requerimento da parte, antecipar, total ou parcialmente, os efeitos da tutela pretendida no pedido inicial. Nesse caso, assinale a alternativa correta.

(A) Após concedida, a tutela antecipada não poderá ser revogada ou modificada, exceto se a parte interessada recorrer da decisão.

(B) Ainda que a antecipação de tutela seja deferida na sentença de mérito, a apelação será recebida no efeito devolutivo e suspensivo.

(C) O autor da ação não responde pelos danos sofridos pela parte adversa decorrentes da antecipação de tutela que não for confirmada em sentença.

(D) No caso de ação em face da Fazenda Pública, só haverá antecipação de tutela se ficar caracterizado o abuso de direito de defesa.

(E) É possível a antecipação da tutela em sede de recurso, desde que presentes os requisitos legais.

A: Incorreta, pois a tutela antecipada pode ser revogada ou modificada a qualquer tempo, pelo juiz (CPC, art. 296); **B:** incorreta, pois nesse caso a apelação será recebida apenas no efeito devolutivo (CPC, art. 1.012, § 1º, V); **C:** incorreta, existindo responsabilidade caso a tutela antecipada seja concedida e depois revogada (CPC, art. 302); **D:** incorreta, pois apesar de existir limitação à concessão de tutela antecipada contra a Fazenda (Lei 9.494/1997), não há vedação; **E:** Correta, pois não há limitação, na lei, ao momento de concessão de tutela antecipada (CPC, art. 300) e a jurisprudência se firmou no sentido dessa possibilidade.
Gabarito "E".

(Advogado da União/AGU – CESPE – 2012) Julgue os itens que se seguem, acerca da tutela antecipada.

(1) Ajuizada ação contra a fazenda pública com vistas a forçá-la ao cumprimento de obrigação de fazer consistente no fornecimento de medicamento, há possibilidade de concessão de antecipação dos efeitos da tutela ao autor bem como de imposição de multa diária para o caso de descumprimento da decisão.

(2) Considere que Pedro, após adquirir um imóvel que esteja na posse de André, ajuíze ação de imissão de posse. Nessa situação, não cabe pedido de tutela antecipada, haja vista o procedimento específico da ação.

1: correta: A jurisprudência do STJ admite a aplicação de multa diária contra a Fazenda, para o cumprimento de obrigação de fazer; **2:** errada: A imissão de posse não é um procedimento especial previsto no CPC. Assim, aplica-se o procedimento comum, sendo possível a concessão de tutela antecipada (CPC, art. 300).
Gabarito 1C, 2E

(Procurador do Estado/PE – CESPE – 2009) Quanto ao instituto da tutela antecipada, assinale a opção correta.

(A) O provimento que a concede ou a nega possui feição de sentença, sujeitando-se ao recurso de apelação.

(B) A função precípua do referido instituto é assegurar o resultado prático do processo.

(C) Esse instituto destina-se a assegurar a viabilidade da realização do direito afirmado pelo autor.

(D) Caso o juiz conceda tutela antecipada, seja *initio litis*, seja ao prolatar sentença de mérito, eventual recurso interposto contra sentença definitiva não suspende os seus efeitos em relação à antecipação da tutela.

(E) Esse tipo de tutela pode ser concedido de ofício.

A: incorreta. A TA, em regra, é concedida em momento distinto da sentença e, portanto, é uma decisão interlocutória, razão pela qual cabível agravo de instrumento (CPC, art. 1.015, I); **B:** incorreta. O processo cautelar busca RESGUARDAR o direito (evitar o perecimento enquanto se debate), ao passo que a TA busca SATISFAZER o direito (já a efetivação dos efeitos da futura decisão positiva); **C:** incorreta, conforme exposto acima; **D:** correta (CPC, art. 1.012, § 1º, V); **E:** incorreta, considerando o exposto no art. 294 do CPC, aplicando-se o princípio dispositivo (contudo, vale destacar que, apesar da clareza da lei, parte da jurisprudência admite a concessão de ofício, como por exemplo em questões previdenciárias).
Gabarito "D".

II – PROCESSO DE CONHECIMENTO

9. PETIÇÃO INICIAL

(Procurador do Município – Valinhos/SP – 2019 – VUNESP) O valor da causa constará da petição inicial ou da reconvenção e será,

(A) na ação de cobrança de dívida, a soma monetariamente corrigida do principal, dos juros de mora vencidos e de outras penalidades, se houver, até a data de propositura da ação.

(B) na ação em que há cumulação de pedidos, a quantia correspondente a um dos pedidos.

(C) na ação em que houver pedido subsidiário, a quantia correspondente à soma dos valores de todos eles.

(D) na ação em que os pedidos são alternativos, o valor do pedido principal.

(E) na ação indenizatória, salvo se fundada em dano moral, o valor pretendido.

A: correta, conforme expressa previsão legal (CPC, art. 292, I); **B:** incorreta, pois, no caso de cumulação de pedidos, o valor da causa será a soma dos valores de todos eles (CPC, art. 292, VI); **C:** incorreta, porque, havendo pedido subsidiário, o valor da causa corresponderá ao valor do pedido principal (CPC, art. 292, VIII); **D:** incorreta, tendo em vista que, no caso de pedidos alternativos, o valor da causa corresponderá ao valor do maior (CPC, art. 292, VII); **E:** incorreta, pois nas ações indenizatórias – inclusive a fundada em dano moral – o valor da causa corresponderá ao valor pretendido (CPC, art. 292, V).
Gabarito "A".

(Procurador do Estado/TO – 2018 – FCC) Em relação à petição inicial e ao pedido, está correto afirmar:

(A) O pedido poderá ser alterado pelo autor até a citação, bem como a causa de pedir, desde que haja a anuência do réu.

(B) Se o juiz verificar que a petição inicial não preenche os requisitos legais ou que apresenta defeitos e irregu-

4. DIREITO PROCESSUAL CIVIL   285

laridades capazes de dificultar o julgamento de mérito, determinará que o autor, no prazo de quinze dias, a emende ou a complete, indicando com precisão o que deve ser corrigido ou complementado.

(C) O pedido deve ser certo, mas são compreendidos no principal os juros legais, a multa contratual, a correção monetária e as verbas de sucumbência, inclusive honorários advocatícios.

(D) O pedido deve ser determinado, inexistindo na atual sistemática processual civil a possibilidade de formulação de pedidos genéricos, salvo somente nas ações universais, se o autor não puder individuar os bens demandados.

(E) É lícita a cumulação, em um único processo, de vários pedidos contra o mesmo réu, ainda que entre eles não haja conexão, somente se os pedidos forem compatíveis entre si e se o tipo de procedimento for o mesmo.

A: incorreta, pois – até a citação – o autor não precisa do consentimento do réu para aditar o pedido ou a causa de pedir (CPC, art. 329, I); **B:** correta, conforme expressa previsão legal, em respeito ao princípio da cooperação (CPC, art. 321); **C:** incorreta, porque a multa contratual não é considerada como "pedido implícito" – os demais consectários mencionados na alternativa, sim (CPC, art. 322, § 1º); **D:** incorreta, já que, embora a admissão do pedido genérico seja exceção, ela é possível, além da hipótese mencionada, quando não for possível determinar as consequências do ato/fato ou quando a determinação do objeto ou do valor depender de ato do réu (CPC, art. 324, § 1º); **E:** incorreta, tendo em vista que há ainda outro requisito: que o juízo seja competente para apreciar todos os pedidos (CPC, art. 327, § 1º) – e, se procedimentos distintos, pode-se adotar o comum.
Gabarito "B".

(Procurador do Estado/AC – 2017 – FMP) Considere as seguintes afirmativas sobre o tema da petição inicial no âmbito do Código de Processo Civil. Assinale a alternativa CORRETA.

(A) Compreendem-se no principal os juros legais, a correção monetária e as verbas de sucumbência, inclusive os honorários advocatícios.

(B) É lícita a cumulação, em um único processo, contra o mesmo réu, de vários pedidos, desde que entre eles haja necessária conexão.

(C) Quando, para cada pedido, corresponder tipo diverso de procedimento, será admitida a cumulação se o autor empregar o procedimento comum, sendo absolutamente vedado o emprego das técnicas processuais diferenciadas previstas nos procedimentos especiais a que se sujeitariam um ou mais pedidos cumulados.

(D) Indeferida a petição inicial, o autor poderá apelar, facultado ao juiz, no prazo de 15 (quinze) dias, retratar-se.

(E) Na obrigação indivisível com pluralidade de credores, somente aquele que participou do processo receberá sua parte, deduzidas as despesas na proporção de seu crédito.

A: correta, conforme expressa previsão legal (CPC, art. 322, § 1º); **B:** incorreta, pois é possível a cumulação de pedidos, ainda que entre eles não haja conexão, preenchidos os requisitos (pedidos compatíveis entre si, competência do juízo e adequação do procedimento) (CPC, art. 327); **C:** incorreta, já que é admitido o emprego de técnicas processuais diferenciadas nesse caso (CPC, art. 327, § 2º); **D:** incorreta, porque o

prazo para retratação é de 5 dias (CPC, art. 331); **E:** incorreta, tendo em vista que cada credor receberá sua parte, deduzidas as despesas na proporção de seu respectivo crédito (CPC, art. 328).
Gabarito "A".

(Procurador do Estado/AC – 2017 – FMP) Considere as seguintes afirmativas sobre o tema da audiência de conciliação ou de mediação no âmbito do Código de Processo Civil. Assinale a alternativa INCORRETA.

(A) Se a petição inicial preencher os requisitos essenciais e não for o caso de improcedência liminar do pedido, o juiz designará audiência de conciliação ou de mediação com antecedência mínima de 30 (trinta) dias, devendo ser citado o réu com pelo menos 20 (vinte) dias de antecedência.

(B) A audiência não será realizada quando não se admitir a autocomposição.

(C) A audiência de conciliação ou de mediação deve ser realizada sempre com a presença física dos interessados, vedando-se a sua realização por meio eletrônico.

(D) A pauta das audiências de conciliação ou de mediação será organizada de modo a respeitar o intervalo mínimo de 20 (vinte) minutos entre o início de uma e o início da seguinte.

(E) A parte poderá constituir representante, por meio de procuração específica, com poderes para negociar e transigir.

A: correta, conforme expressa previsão legal (CPC, art. 334); **B:** correta, sendo uma das hipóteses para não realização da audiência – a outra seria quando ambas as partes manifestarem expressamente desinteresse (CPC, art. 334, § 4º, II); **C:** incorreta, devendo esta ser assinalada, pois é possível a realização da audiência de conciliação por meio eletrônico (CPC, art. 334, § 7º); **D:** correta, sendo uma tentativa do CPC de garantir que as partes tenham prazo razoável para as tratativas (CPC, art. 334, § 12); **E:** correta, conforme expressa autorização legal (CPC, art. 334, § 10).
Gabarito "C".

(Procurador Municipal – Prefeitura/BH – CESPE – 2017) Um procurador municipal ajuizou ação regressiva de indenização contra servidor em razão de acidente de trânsito. Na ação, protestou pela juntada posterior da sentença definitiva que condenou o município a indenizar terceiro, com base em responsabilização objetiva do Estado, e que registrou a culpa do servidor. Ao analisar a peça, o juiz percebeu que havia sido utilizado modelo de petição antigo, de 2014, e despachou, *litteris*: "Emende-se a inicial, para adequação ao novo CPC".

Com referência a essa situação hipotética, assinale a opção correta.

(A) Na emenda, o procurador deverá, necessariamente, informar sua opção pela realização ou não de audiência de conciliação ou de mediação.

(B) É admissível a juntada posterior da sentença mencionada, sob pena de cerceamento de defesa, já que não se trata de documento indispensável à propositura da ação.

(C) O despacho do juiz está de acordo com as regras do novo CPC acerca do despacho que determina a emenda à inicial.

(D) Na emenda, deverão ser necessariamente acrescentados o CPF, o endereço eletrônico e o estado civil do réu, sob pena de indeferimento da inicial.

A: Correta, sendo essa uma expressa previsão do CPC (art. 319, VII); **B:** Incorreta, pois a prova documental deve acompanhar a petição inicial (CPC, art. 320); **C:** Incorreta, porque o despacho que determina a emenda da inicial deve indicar, expressamente, qual ponto deve ser corrigido (CPC, art. 321); **D:** Incorreta. Alternativa confusa, que pode induzir o candidato em erro. Esses três pontos são requisitos da qualificação das partes no CPC (art. 319, II) – porém, não é novidade no CPC 2015 a necessidade de indicação de estado civil.
Gabarito "A".

10. CONTESTAÇÃO E REVELIA

(Procurador do Município – Valinhos/SP – 2019 – VUNESP) A respeito da resposta do réu, assinale a alternativa correta.

(A) Quando alegar sua ilegitimidade, incumbe ao réu indicar o sujeito passivo da relação jurídica discutida sempre que tiver conhecimento.

(B) Somente se houver alegação de incompetência absoluta, a contestação poderá ser protocolada no foro de domicílio do réu.

(C) A incompetência relativa deve ser alegada em peça autônoma.

(D) A impugnação ao benefício da gratuidade de justiça será processado em autos apartados.

(E) A reconvenção não pode ser proposta contra o terceiro.

A: correta, conforme expressa previsão legal, sendo essa a hipótese de substituição do polo passivo (CPC, art. 339); **B:** incorreta, já que essa possibilidade existe quando houver alegação de incompetência absoluta ou relativa (CPC, art. 340); **C:** incorreta, pois a alegação de incompetência absoluta ou relativa deve ser apresentada em preliminar da contestação (CPC, arts. 64 e 337, II); **D:** incorreta, porque a impugnação à concessão da gratuidade de justiça será processada nos mesmos autos, sem suspensão do curso do processo (CPC, art. 100); **E:** incorreta, tendo em vista que é possível trazer mais partes na reconvenção – seja do lado ativo ou passivo (CPC, art. 343, §§ 3º e 4º).
Gabarito "A".

(Procurador do Estado/TO – 2018 – FCC) Em contestação, incumbe ao réu,

(A) alegar toda a matéria de defesa, só se permitindo deduzir novas alegações quando competir ao juiz conhecer delas de ofício.

(B) alegar litispendência, que se configura quando se repete ação que já foi definitivamente julgada.

(C) alegar, antes de discutir o mérito, incompetência absoluta e relativa, esta última por meio de exceção, por petição em apartado.

(D) indicar o sujeito passivo da relação jurídica discutida sempre que tiver conhecimento, quando alegar sua ilegitimidade, sob pena de arcar com as despesas processuais e de indenizar o autor pelos prejuízos decorrentes da falta de indicação.

(E) levantar a existência de convenção de arbitragem, que também pode ser conhecida de ofício pelo juiz.

A: incorreta, pois é permitido que o réu deduza novas alegações também quando relativas a direito ou fato superveniente ou, ainda, quando expressamente autorizado por lei (CPC, art. 342); **B:** incorreta, porque a litispendência ocorre quando se repete ação que está em curso (CPC, art. 337, § 3º); **C:** incorreta, tendo em vista que as incompetências absoluta e relativa são alegadas em preliminar de contestação (CPC, art. 64); **D:** correta, conforme expressa previsão legal, sendo a hipótese de substituição do polo passivo (CPC, art. 339); **E:** incorreta, já que a existência da convenção de arbitragem não é matéria que possa ser conhecida de ofício pelo juiz (CPC, art. 337, § 5º).
Gabarito "D".

(Procurador do Estado/TO – 2018 – FCC) Em relação à reconvenção, está correto afirmar:

(A) É lícito ao réu propor reconvenção na contestação ou por petição autônoma, para manifestar pretensão própria, conexa ou não com a ação principal ou com o fundamento da causa.

(B) O réu só pode propor reconvenção de forma condicionada ao oferecimento de contestação ao pedido inicial.

(C) Se o autor for substituto processual, o reconvinte deverá afirmar ser titular de direito em face do substituído, e a reconvenção deverá ser proposta em face do autor, também na qualidade de substituto processual.

(D) A desistência da ação ou a ocorrência de causa extintiva que impeça o exame de seu mérito obsta ao prosseguimento do processo quanto à reconvenção, haja vista seu caráter de subordinação ao pedido principal.

(E) A reconvenção pode ser proposta pelo réu, defeso porém o litisconsórcio com terceiro.

A: incorreta, pois a reconvenção deve ser apresentada na própria contestação e só é cabível se a pretensão for conexa com a ação principal ou com o fundamento da causa (CPC, art. 343); **B:** incorreta, porque o réu pode oferecer reconvenção, independentemente de oferecer ou não contestação (CPC, art. 343, § 6º); **C:** correta, conforme expressa previsão legal (CPC, art. 343, § 5º); **D:** incorreta, tendo em vista que a reconvenção é uma ação autônoma em relação à ação principal, por isso a desistência da ação principal ou a ocorrência de causa extintiva não obsta o prosseguimento do processo quanto à reconvenção (CPC, art. 343, § 2º); **E:** incorreta, já que é possível a propositura de reconvenção pelo réu e não é proibido que haja litisconsórcio com terceiro (CPC, art. 343, § 4º).
Gabarito "C".

(Procurador do Estado/AC – 2017 – FMP) Considere as seguintes afirmativas sobre o tema da contestação no âmbito do Código de Processo Civil. Assinale a alternativa INCORRETA.

(A) Incumbe ao réu alegar, na contestação, toda a matéria de defesa, expondo as razões de fato e de direito com que impugna o pedido do autor e especificando as provas que pretende produzir.

(B) A ausência de alegação da existência de convenção de arbitragem implica aceitação da jurisdição estatal e renúncia ao juízo arbitral.

(C) Alegando o réu, na contestação, ser parte ilegítima ou não ser o responsável pelo prejuízo invocado, o juiz facultará ao autor, em 15 (quinze) dias, a alteração da petição inicial para substituição do réu.

(D) Quando alegar sua ilegitimidade, é vedado ao réu indicar o sujeito passivo da relação jurídica discutida.

(E) Havendo alegação de incompetência relativa ou absoluta, a contestação poderá ser protocolada no foro de domicílio do réu, fato que será imediatamente comunicado ao juiz da causa, preferencialmente por meio eletrônico.

A: correta, conforme expressa previsão legal (CPC, art. 336); **B:** correta, sendo uma das poucas alegações preliminares do réu que o juiz não pode conhecer de ofício (CPC, art. 337, §§ 5º e 6º); **C:** correta, conforme

4. DIREITO PROCESSUAL CIVIL

expressa previsão legal (CPC, art. 338); **D:** incorreta, devendo esta ser assinalada, já que o réu tem o dever de indicar o sujeito passivo sempre que tiver conhecimento (CPC, arts.338 e 339); **E:** correta, conforme autorização legal (CPC, art. 340).

Gabarito "D".

(Procurador do Município/São José dos Campos-SP – VUNESP – 2012) Assinale a alternativa correta sobre a revelia e as ações em que a Fazenda Pública for ré.

(A) Se a Fazenda Pública não contestar a ação, reputar--se-ão verdadeiros os fatos afirmados pelo autor, operando-se a revelia.

(B) Havendo a revelia da Fazenda Pública, o autor poderá alterar o pedido ou a causa de pedir.

(C) Operada a revelia, a Fazenda Pública não poderá mais ser intimada dos atos do processo.

(D) Não se aplicam os efeitos da revelia contra a Fazenda Pública, uma vez que indisponíveis os interesses discutidos em juízo.

(E) Não se aplicam os efeitos da revelia contra a Fazenda Pública, uma vez que a citação é feita em nome do Procurador-Geral.

A: incorreta. Não se aplica o efeito de presunção de veracidade por se tratar de direito indisponível (CPC, art. 345, II); **B:** incorreta. Sendo o réu a Fazenda ou particular, a alteração do pedido ou causa de pedir dependerá da concordância do réu (CPC, art. 329, II); **C:** incorreta: Havendo procurador constituído, deverá haver a intimação (CPC, art. 346); **D:** correta. Vide alternativa "A"; **E:** incorreta. Além do exposto na alternativa anterior, o Município é representado pelo Prefeito ou procurador (CPC, art. 75, III).

Gabarito "D".

(Procurador do Município/São José dos Campos-SP – 2012 – VUNESP) Assinale a alternativa correta sobre a revelia e as ações em que a Fazenda Pública for ré.

(A) Se a Fazenda Pública não contestar a ação, reputar--se-ão verdadeiros os fatos afirmados pelo autor, operando-se a revelia.

(B) Havendo a revelia da Fazenda Pública, o autor poderá alterar o pedido ou a causa de pedir.

(C) Operada a revelia, a Fazenda Pública não poderá mais ser intimada dos atos do processo.

(D) Não se aplicam os efeitos da revelia contra a Fazenda Pública, uma vez que indisponíveis os interesses discutidos em juízo.

(E) Não se aplicam os efeitos da revelia contra a Fazenda Pública, uma vez que a citação é feita em nome do Procurador-Geral.

A: incorreta. Não se aplica o efeito de presunção de veracidade por se tratar de direito indisponível (CPC, art. 345, II); **B:** incorreta. Sendo o réu a Fazenda ou particular, a alteração do pedido ou causa de pedir dependerá da concordância do réu (CPC, art. 329, II); **C:** incorreta: Havendo procurador constituído, deverá haver a intimação (CPC, art. 346); **D:** correta. Vide alternativa "A"; **E:** incorreta. Além do exposto na alternativa anterior, o Município é representado pelo Prefeito ou procurador (CPC, art. 75, III).

Gabarito "D".

(Procurador do Município/Boa Vista-RR – 2010 – CESPE) Na contestação, um instrumento de defesa por meio do qual pode suscitar questões de ordem processual e(ou) de mérito, o réu deve apresentar toda a matéria de defesa, bem

como especificar as provas que pretende produzir, sob pena de preclusão. A respeito desse assunto, julgue os itens a seguir.

(1) Configurada a revelia, o réu poderá intervir no processo em qualquer fase, caso em que o receberá no estado em que se encontre, podendo, inclusive, produzir provas se ingressar no decurso da instrução. Além disso, ainda que o réu se habilite no processo após a publicação da sentença, será admissível a interposição de recurso de apelação, desde que não tenha transcorrido o prazo recursal.

(2) Se o réu deixar de contestar a ação, configurar-se-ão revelia e presunção de veracidade dos fatos articulados pelo autor na petição inicial. Nesse caso, o efeito processual será sempre o julgamento antecipado da lide.

(3) Independentemente da natureza da lide e das partes envolvidas, se o réu deixar de contestar a ação, o juiz deverá julgar a lide antecipadamente, proferindo sentença de total procedência, em decorrência da presunção de veracidade dos fatos constitutivos do direito do autor.

1: correta (CPC, art. 346, parágrafo único); **2:** errada, porque é possível que a revelia (ausência de contestação), não acarrete o efeito da presunção de veracidade, o que pode determinar a produção de provas. Bom exemplo é o de investigação de paternidade, que trata de direitos indisponíveis (CPC, art. 345, II): Nessa hipótese, mesmo diante da revelia, haverá prova pericial (DNA); **3:** errada, nos termos acima expostos.

Gabarito 1C, 2E, 3E

11. PROVAS

(Procurador do Município – Valinhos/SP – 2019 – VUNESP) A prova pericial consiste em exame, vistoria ou avaliação. A respeito do tema, é correto afirmar:

(A) as partes poderão arguir o impedimento ou a suspensão do perito dentro de 10 (dez) dias contados da intimação do despacho de nomeação do perito.

(B) somente o juiz pode escolher o perito, cabendo às partes a indicação de assistentes técnicos.

(C) a perícia pode ser substituída pela inquirição de um especialista, pelo juiz, sobre ponto controvertido da causa, quando este for de menor complexidade.

(D) quando a matéria não estiver suficientemente esclarecida, o juiz determinará a realização de nova perícia, que substituirá integralmente a primeira.

(E) os peritos e assistentes técnicos estão sujeitos a impedimento ou suspeição.

A: incorreta, pois o prazo para arguição de impedimento ou suspeição do perito é de 15 dias (CPC, art. 465, § 1º); **B:** incorreta, já que é possível que a escolha do perito caiba às partes; na perícia consensual as partes, de comum acordo, é que vão escolher o perito, definir prazo e valores (CPC, art. 471); **C:** correta, conforme expressa previsão legal, sendo essa a "prova técnica simplificada" (CPC, art. 464, §§ 2º e 3º); **D:** incorreta, uma vez que a nova perícia não substituirá integralmente a primeira – deve o juiz avaliar as duas, atribuindo a cada uma o valor que entender adequado (CPC, art. 480, § 3º); **E:** incorreta, porque os assistentes técnicos são indicados pelas próprias partes e, portanto, não estão sujeitos a impedimento e suspeição (CPC, art. 466, § 1º).

Gabarito "C".

(Procurador do Estado/TO – 2018 – FCC) No que se refere às regras da confissão previstas no CPC, a confissão

(A) em juízo vale como admissão de fatos relativos a direitos indisponíveis, se feita por agente maior e capaz.

(B) é revogável, como regra, por se tratar de ato jurídico unilateral, podendo ainda ser anulada se decorreu de erro de fato, de dolo ou de coação.

(C) judicial só pode ser espontânea, já que a confissão provocada é exclusiva do procedimento extrajudicial.

(D) judicial faz prova contra o confitente, prejudicando os litisconsortes.

(E) extrajudicial, quando feita oralmente, só terá eficácia nos casos em que a lei não exija prova literal.

A: incorreta, pois é inadmissível a confissão de fatos relativos a direitos indisponíveis (CPC, art. 392); **B:** incorreta, já que em regra é irrevogável, podendo ser anulada se decorreu de erro de fato ou de coação (CPC, art. 393); **C:** incorreta, porque a confissão judicial pode ser espontânea ou provocada (CPC, art. 390); **D:** incorreta, considerando que a confissão não prejudicará os litisconsortes (CPC, art. 391); **E:** correta, conforme expressa previsão legal (CPC, art. 394).

Gabarito "E".

(Procurador do Estado/AC – 2017 – FMP) Considere as seguintes afirmativas sobre o tema da audiência de instrução e julgamento no âmbito do Código de Processo Civil. Assinale a alternativa CORRETA.

(A) Instalada a audiência, o juiz tentará conciliar as partes, desde que não tenham sido antes empregados outros métodos de solução consensual de conflitos, como a mediação e a arbitragem.

(B) A audiência poderá ser adiada por atraso injustificado de seu início em tempo superior a uma hora do horário marcado.

(C) Enquanto depuserem o perito, os assistentes técnicos, as partes e as testemunhas, os advogados e o Ministério Público poderão intervir ou apartear livremente, ainda que sem licença do juiz.

(D) Encerrado o debate ou oferecidas as razões finais, o juiz proferirá sentença em audiência ou no prazo de 60 (sessenta) dias.

(E) Finda a instrução, o juiz dará a palavra ao advogado do autor e do réu, bem como ao membro do Ministério Público, se for o caso de sua intervenção, sucessivamente, pelo prazo de 20 (vinte) minutos para cada um, prorrogável por 10 (dez) minutos, a critério do juiz.

A: incorreta, pois o juiz tentará conciliar as partes, independentemente do emprego anterior de outros meios de solução consensual (CPC, art. 359); **B:** incorreta à luz da lei, porque a audiência poderá ser adiada por atraso injustificado superior a *30 min* do horário marcado (CPC, art. 362, III); **C:** incorreta, já que os advogados e o MP não poderão intervir *sem a licença do juiz* (CPC, art. 361, p.u.); **D:** incorreta, considerando que a sentença deve ser proferida no prazo de 30 dias (CPC, art. 366); **E:** correta, conforme expressa previsão legal (CPC, art. 364).

Gabarito "E".

(Procurador do Estado/AC – 2017 – FMP) Considere as seguintes afirmativas sobre o tema das provas no âmbito do Código de Processo Civil. Assinale a alternativa INCORRETA.

(A) Nos casos previstos em lei ou diante de peculiaridades da causa relacionadas à impossibilidade ou à excessiva dificuldade de cumprir o encargo nos termos do *caput* ou à maior facilidade de obtenção da prova do fato contrário, poderá o juiz atribuir o ônus da prova de modo diverso, desde que o faça por decisão fundamentada, caso em que deverá dar à parte a oportunidade de se desincumbir do ônus que lhe foi atribuído.

(B) A carta precatória e a carta rogatória não devolvidas no prazo, ainda que concedidas sem efeito suspensivo, não poderão ser juntadas aos autos.

(C) O juiz aplicará as regras de experiência comum subministradas pela observação do que ordinariamente acontece e, ainda, as regras de experiência técnica, ressalvado, quanto a estas, o exame pericial.

(D) A parte que alegar direito municipal, estadual, estrangeiro ou consuetudinário provar-lhe-á o teor e a vigência, se assim o juiz determinar.

(E) Ninguém se exime do dever de colaborar com o Poder Judiciário para o descobrimento da verdade.

A: correta, sendo essa a previsão da distribuição dinâmica do ônus da prova (CPC, art. 373, § 1°); **B:** incorreta, devendo esta ser assinalada, pois a carta precatória e a carta rogatória poderão ser juntadas ao processo a qualquer tempo (CPC, art. 377, p.u.); **C:** correta, conforme expressa previsão legal (CPC, art. 375); **D:** correta, conforme expressa previsão legal (CPC, art. 376); **E:** correta, em observância ao princípio da cooperação e da busca da verdade real (CPC, art. 378).

Gabarito "B".

(Procurador do Estado/SP – 2018 – VUNESP) No caso de recusa injustificada de exibição de documento, na fase de conhecimento de um processo, é correto afirmar que o juiz pode impor multa

(A) às partes, de ofício, mas, se o documento ou coisa estiver em poder de terceiros, o juiz poderá, também de ofício ou a requerimento das partes, ordenar a citação deles, com prazo de quinze dias para resposta, para que exibam o documento, sob pena de multa, dentre outras providências.

(B) de até 2% (dois por cento) do valor da causa apenas aos terceiros, quando verificar que eles não estão colaborando com o Poder Judiciário ao deixar de exibir determinado documento.

(C) às partes, aos terceiros e aos advogados privados, inclusive quando se tratar da Fazenda Pública, desde que assegure a todos ampla defesa e contraditório, mediante prévia intimação pessoal de todos, com prazo de cinco dias para resposta.

(D) às partes, aos terceiros e também aos advogados ou procuradores que estiverem atuando no processo, de ofício, salvo se uma das partes for a Fazenda Pública, porque o valor dessas multas processuais é sempre revertido para ela mesma.

(E) somente aos terceiros, de ofício, mediante intimação por mandado, com prazo de dez dias para a resposta, visto que, em relação às partes, o juiz deverá aplicar a "confissão" quanto aos fatos que o documento poderia provar.

A: Correta, pois todas essas condutas estão no Código (CPC, art. 401 e 403, parágrafo único); **B:** Incorreta, pois a multa não é apenas aos terceiros, como visto em "A" (CPC, art. 403, parágrafo único); **C:** Incorreta, considerando que não há previsão de multa ao advogado (CPC,

art. 401); **D:** Incorreta, considerando o exposto em "C"; **E:** Incorreta, pois o CPC prevê expressamente multa às partes (CPC, art. 401), diferentemente do que estava sedimentado na jurisprudência anterior (assim, pelo redação do CPC 2015, está superada a Súmula 372/STJ – que, contudo, ainda não foi formalmente revogada).
Gabarito "A".

(Procurador do Estado – PGE/MT – FCC – 2016) Segundo disposições do novo Código de Processo Civil sobre o direito probatório,

(A) as partes podem, independentemente da natureza do direito em disputa, antes ou durante o processo, convencionar a forma de distribuição do ônus da prova de forma diversa da estabelecida pela lei, desde que sejam capazes para a celebração do negócio jurídico processual.

(B) a nova legislação abandonou completamente o modelo de distribuição estática do ônus da prova, contemplada pela legislação revogada, que atribuía o ônus da prova ao autor em relação aos fatos constitutivos de seu direito, e ao réu com relação à existência de fato impeditivo, modificativo ou extintivo do direito do autor, passando a existir uma distribuição judicial do ônus da prova para cada demanda.

(C) a nova legislação prevê expressamente a possibilidade de produção antecipada da prova ainda que não haja situação de urgência que justifique tal antecipação, desde que a prova seja suscetível de viabilizar a autocomposição ou outro meio adequado de solução do litígio ou o prévio conhecimento dos fatos possa justificar ou evitar o ajuizamento de ação.

(D) a lei não assegura expressamente à parte o direito de não produzir prova contra si própria, mas tal aplicação decorre dos princípios constitucionais da legalidade, da ampla defesa e do devido processo legal.

(E) a ata notarial e as declarações prestadas por meio de escritura pública têm eficácia probatória não somente da declaração, como também do fato declarado, que se presume verdadeiro, salvo se existir prova em sentido contrário.

A: Incorreta. As partes podem negociar a respeito do ônus da prova, mas não no caso de direitos indisponíveis (CPC, art. 373, § 3º, I); **B:** Incorreta, pois a regra ainda é a distribuição estática do ônus da prova, no sentido de "quem alega prova" (CPC, art. 373, I e II); **C:** Correta, sendo essa uma das inovações do Código a respeito da produção antecipada de prova (CPC, art. 381, II); **D:** Incorreta (CPC, art. 379. Preservado o *direito de não produzir prova contra si* própria (...)); **E:** Incorreta, pois não é qualquer fato declarado que se presume verdadeiro, mas aqueles que o tabelião "declarar que ocorreram em sua presença" (CPC, art. 405).
Gabarito "C".

(Procurador do Município – São Paulo/SP – 2014 – VUNESP) Assinale a alternativa correta a respeito da prova documental.

(A) Não fazem a mesma prova que os originais as reproduções digitalizadas de documento público, quando juntadas aos autos por advogados privados.

(B) O documento público faz prova de sua formação, mas não dos fatos que o funcionário declarar que ocorreram em sua presença.

(C) Os livros comerciais provam contra o seu autor mesmo se, como de costume, não estiverem assinados.

(D) Admite-se incidente de falsidade documental para reconhecer falsidade ideológica e, por conseguinte, desconstituir negócio jurídico eivado de vício de consentimento.

(E) Sempre que uma parte requerer a juntada de documento aos autos, o juiz ouvirá a respeito a outra, no prazo de 10 (dez) dias.

A: incorreta (CPC, art. 425, VI); **B:** incorreta (CPC, art. 405); **C:** correta (CPC, arts. 417 e 410, III), com a ressalva de que o atual Código se utiliza da expressão "livros empresariais", mais moderna (diferentemente do CPC/1973, que falava em "livros comerciais"); **D:** incorreta. O entendimento prevalecente a respeito da arguição de falsidade é que ele se refere apenas à falsidade material (CPC, arts. 427 e 428); no caso de falsidade ideológica (ex.: simulação quanto a um contrato celebrado), a hipótese seria uma ação específica para buscar a anulação do negócio celebrado. Com o atual CPC, houve simplificação do procedimento para impugnar um documento, de modo que a figura do "incidente" deixou de existir. Assim, juntado um documento, deve a parte contrária impugná-lo na primeira oportunidade seguinte, nos termos do art. 430 do CPC; **E:** incorreta, pois o prazo para manifestação é de 15 dias (CPC, art. 437, §1º), caso em que a parte contrária poderá adotar alguma das atitudes previstas no art. 436 do CPC.
Gabarito "C".

12. JULGAMENTO CONFORME O ESTADO DO PROCESSO E PROVIDÊNCIAS PRELIMINARES

(Procurador do Município – S.J. Rio Preto/SP – 2019 – VUNESP) No que diz respeito ao julgamento antecipado parcial do mérito, assinale a alternativa correta.

(A) A decisão proferida com base em julgamento antecipado parcial do mérito não é impugnável por agravo de instrumento.

(B) A decisão que julgar parcialmente o mérito não poderá reconhecer a existência de obrigação ilíquida.

(C) A liquidação e o cumprimento da decisão que julgar parcialmente o mérito deverão ser processados nos mesmos autos.

(D) O juiz decidirá parcialmente o mérito quando um ou mais dos pedidos formulados ou parcela deles se mostrar incontroverso e não houver necessidade de produção de outras provas.

(E) A parte poderá liquidar desde logo a obrigação reconhecida na decisão que julgar parcialmente o mérito, desde que prestada caução.

A: incorreta, pois o recurso cabível é o agravo de instrumento (CPC, arts. 356, § 5º e 1.015, II); **B:** incorreta, porque a decisão poderá reconhecer a existência de obrigação líquida ou ilíquida (CPC, art. 356, § 1º); **C:** incorreta, considerando que é possível que a liquidação e o cumprimento da decisão sejam processados em autos suplementares, a requerimento da parte ou a critério do juiz – enquanto os autos principais seguem tramitando quanto aos outros pedidos / recursos (CPC, art. 356, § 4º); **D:** correta, conforme expressa previsão legal (CPC, art. 356, I e II); **E:** incorreta, tendo em vista que a parte poderá liquidar a obrigação, independentemente de caução e mesmo que haja recurso interposto contra a decisão (CPC, art. 356, § 2º).
Gabarito "D".

(Procurador do Estado/SE – 2017 – CESPE) Ao tratar das hipóteses de julgamento conforme o estado do processo, o CPC determina que o julgamento antecipado do mérito

(A) somente deve ser utilizado se o juiz estiver apto a prolatar decisão líquida; caso contrário, este deve prolongar a fase de conhecimento.

(B) pode ser realizado de modo parcial, por meio de decisão interlocutória impugnável por agravo de instrumento.

(C) depende, para que seja legitimamente procedido, da existência de precedente firmado no julgamento de casos repetitivos.

(D) deve ser utilizado sempre que o réu for revel, porque, nesses casos, a instrução probatória é desnecessária.

(E) deve ser feito com a utilização da técnica processual denominada tutela provisória, nas modalidades de urgência ou de evidência.

A: Errada. A decisão pode reconhecer a existência de obrigação líquida *ou* ilíquida (CPC, art. 356, § 1º). **B:** Correta (CPC, art. 356, § 5º). **C:** Errada. Para o julgamento antecipado do mérito basta que (i) não haja necessidade de produção de outras provas ou que (ii) o réu seja revel e não haja requerimento de produção de provas (CPC, art. 355). **D:** Errada. É possível que o réu requeira a produção de prova, ainda que seja revel (CPC, art. 349). **E:** Errada. O julgamento antecipado do mérito (decisão definitiva e proferida sob cognição exauriente) não se confunde com a concessão de tutela provisória (decisão precária e proferida sob cognição sumária – CPC, art. 355 e 356).
Gabarito "B".

(Procurador Municipal – Prefeitura/BH – CESPE – 2017) Acerca do julgamento conforme o estado do processo, assinale a opção correta.

(A) O julgamento parcial de mérito só poderá ocorrer se a obrigação a ser reconhecida for líquida.

(B) O julgamento antecipado do mérito feito após providências preliminares de saneamento baseia-se em cognição sumária.

(C) A decisão parcial de mérito que se torna definitiva produz coisa julgada e pode ser objeto de ação rescisória.

(D) Caberá apelação contra a decisão que julgar antecipadamente parte do mérito.

A: Incorreta, pois a lei permite o julgamento parcial de mérito para obrigações líquidas ou ilíquidas (CPC, art. 356, § 1º); **B:** Incorreta, porque já se trata de decisão em julgamento antecipado de mérito (em relação a um dos pedidos), que é proferida em cognição exauriente – e não sumária; **C:** Correta, pois se há decisão de mérito não recorrida, tem-se coisa julgada – sendo que no CPC qualquer decisão de mérito (e não só sentença) é passível de ser coberta pela coisa julgada (CPC, art. 502) e, portanto, passível de rescisória; **D:** Incorreta, pois o recurso cabível é o agravo de instrumento (CPC, art. 356, § 5º).
Gabarito "C".

13. SENTENÇA, COISA JULGADA E AÇÃO RESCISÓRIA

(Procurador do Município – Valinhos/SP – 2019 – VUNESP) A ação rescisória é uma demanda autônoma que tem por objetivo desconstituir uma decisão judicial e, no comum dos casos, também a realização de um novo julgamento. Com relação ao instituto, é correto afirmar que a decisão de mérito, transitada em julgado, pode ser rescindida quando

(A) for proferida por juiz suspeito ou por juízo absolutamente incompetente.

(B) for fundada em prova cuja falsidade tenha sido apurada em processo criminal ou administrativo.

(C) houver injustiça na decisão proferida.

(D) obtiver o autor, antes ao trânsito em julgado, prova nova cuja existência ignorava, capaz, por si só, de lhe assegurar pronunciamento favorável.

(E) for fundada em erro de fato verificável do exame dos autos.

A: incorreta, pois além de caber AR no caso de juiz absolutamente incompetente, cabe AR no caso de juiz *impedido* e não de juiz suspeito (CPC, art. 966, II); **B:** incorreta, pois a prova falsa pode ser apurada na própria AR ou em processo criminal – mas não processo administrativo (CPC, art. 966, VI); **C:** incorreta, considerando que a mera injustiça da decisão não autoriza a propositura de ação rescisória (não consta essa hipótese do CPC, art. 966); **D:** incorreta, tendo em vista que a prova nova para fins de AR deve ser obtida após o trânsito em julgado (CPC, art. 966, VII); **E:** correta, conforme expressa previsão legal (CPC, art. 966, VIII).
Gabarito "E".

(Procurador do Estado/TO – 2018 – FCC) Em relação à ação rescisória,

(A) o Ministério Público pode ajuizá-la apenas se não foi ouvido no processo em que lhe era obrigatória a intervenção.

(B) seu rol é meramente elucidativo, abrangendo na atual sistemática processual os atos homologatórios praticados no curso da execução.

(C) somente a decisão de mérito é rescindível.

(D) seu objeto deve abranger necessariamente a decisão meritória em sua integralidade.

(E) sua propositura não impede o cumprimento da decisão rescindenda, ressalvada a concessão de tutela provisória.

A: incorreta, pois há outras hipóteses em que o MP terá legitimidade para propor AR, como quando a decisão rescindenda é efeito de simulação ou de colusão das partes ou, ainda, em outros casos em que se imponha sua atuação (CPC, art. 967, III); **B:** incorreta, porque o rol do art. 966 é taxativo e, além disso, os atos homologatórios devem ser impugnados via ação anulatória (CPC, art. 966, § 4º); **C:** incorreta, já que é cabível a propositura de AR para impugnar decisões que não tenham analisado o mérito quando a decisão impeça a propositura de nova ação ou a admissibilidade de recurso (CPC, art. 966, § 2º); **D:** incorreta, tendo em vista que é cabível a propositura de AR para impugnar apenas um capítulo da decisão (CPC, art. 966, § 3º); **E:** correta, conforme expressa previsão legal (CPC, art. 969).
Gabarito "E".

(Procurador do Estado/AC – 2017 – FMP) Considere as seguintes afirmativas sobre o tema da sentença no âmbito do Código de Processo Civil. Assinale a alternativa CORRETA.

(A) O juiz resolverá o mérito quando acolher a alegação de existência de convenção de arbitragem ou quando o juízo arbitral reconhecer sua competência.

(B) O pronunciamento judicial que não resolve o mérito não obsta a que a parte proponha de novo a ação.

(C) A decisão deve ser certa, sendo vedado resolver relação jurídica condicional.

(D) A hipoteca judiciária não assegurará, para o credor hipotecário, qualquer preferência quanto ao pagamento em relação a outros credores.

(E) Publicada a sentença, o juiz só poderá alterá-la por meio de embargos de declaração, sendo vedado qualquer tipo de correção realizada de ofício.

4. DIREITO PROCESSUAL CIVIL   291

A: incorreta, pois nesses casos não haverá resolução do mérito (CPC, art. 485, VII); **B:** correta, conforme expressa previsão legal (CPC, art. 486); **C:** incorreta, porque a decisão deve ser certa, *ainda que* resolva relação jurídica condicional (CPC, art. 492, p.u.); **D:** incorreta, tendo em vista que, uma vez constituída, a hipoteca judiciária assegura ao credor preferência quanto ao pagamento (CPC, art. 495, § 4º); **E:** incorreta, considerando que o juiz pode modificar a sentença, de ofício, para corrigir inexatidão material ou erro de cálculo (CPC, art. 494, I).
Gabarito "B".

(Procurador do Estado/SP – 2018 – VUNESP) A ampliação objetiva dos limites da coisa julgada à questão prejudicial pode ser feita de ofício pelo juiz, desde que

(A) da resolução dessa questão não dependa o julgamento de mérito, e que o contraditório, nesse caso, seja prévio e efetivo e o juiz seja competente em razão da matéria e do lugar, mas essa ampliação não pode ocorrer em processos que possuam limitação da cognição ou restrições probatórias.

(B) exista contraditório prévio e efetivo, mesmo que o juiz não seja competente em razão da pessoa. Se houver limitação da cognição que impeça o aprofundamento da análise dessa questão prejudicial, o juiz deverá adaptar o procedimento para que essa limitação desapareça, mediante prévia consulta às partes.

(C) da resolução dessa questão dependa o julgamento de mérito, mas o contraditório precisa ser prévio e efetivo e o juiz precisa ser competente em razão da matéria e da pessoa, porém, essa ampliação não pode ocorrer se o réu for revel ou em processos que possuam limitações da cognição que impeçam o aprofundamento da análise da questão prejudicial ou restrição probatória.

(D) exista contraditório prévio e efetivo, mesmo que o juiz não seja competente em razão da matéria ou em razão do lugar, no entanto, se houver limitação da cognição que impeça o aprofundamento da análise dessa questão prejudicial, essa ampliação não pode ocorrer.

(E) exista contraditório prévio e efetivo, mesmo que o juiz não seja competente em razão da matéria ou da pessoa, porém, se houver limitação da cognição que impeça o aprofundamento da análise dessa questão prejudicial, essa ampliação não pode ocorrer.

Uma das grandes inovações do CPC 2015 quanto à coisa julgada foi a ampliação de seus limites objetivos, não mais existindo a ação declaratória incidental, que existia no Código anterior. Isso está no art. 503, § 1º, e há uma série de requisitos para que a questão prejudicial seja coberta pela coisa julgada. **A:** Incorreta, pois necessário que "da resolução dessa questão *dependa* o julgamento de mérito" (CPC, art. 503, § 1º, I); **B:** Incorreta, porque é preciso que o juiz "*seja* competente em razão da pessoa" (CPC, art. 503, § 1º, III); **C:** Correta, pois estão presentes todos os requisitos existentes nos incisos do art. 503, § 1º e, também, no § 2º; **D:** Incorreta, considerando que o juiz *precisa* ser competente em razão da matéria (CPC, art. 503, § 1º, III); **E:** Incorreta, pois o juiz precisa ser competente de forma absoluta (matéria e pessoa, como já visto em alternativas anteriores).
Gabarito "C".

(Procurador Municipal – Prefeitura/BH – CESPE – 2017) Considerando que determinado município, capital de estado brasileiro, tenha sido condenado em ação indenizatória ajuizada por sociedade empresária, assinale a opção correta à luz da jurisprudência do STJ e da legislação pertinente.

(A) Somente caberá remessa necessária se a decisão for de mérito.

(B) Não caberá remessa necessária se a condenação for determinada em valor ilíquido.

(C) Caso o valor da condenação seja líquido e certo, caberá remessa necessária se ele for superior a mil salários mínimos.

(D) As regras a respeito da remessa necessária aplicáveis à hipótese em apreço são as mesmas previstas para os casos de ação popular.

A: Correta, considerando que a ideia é confirmar, no Tribunal, a decisão que seja contra a Fazenda; sendo assim, uma decisão terminativa em ação contra a Fazenda Pública não é desfavorável (CPC, art. 496); **B:** Incorreta, sendo decisão ilíquida, sempre haverá remessa necessária (interpretação que decorre do art. 496, § 2º do CPC); **C:** Incorreta, pois há um escalonamento: 100 salários para Municípios, 500 salários para os Estados e 1000 salários para a União (CPC, art. 496, § 3º, incisos); **D:** Incorreta, pois o duplo grau na ação popular ocorre em qualquer improcedência ou extinção, não tendo as restrições de valor existentes para a remessa necessária prevista no CPC (Lei 47.17/1965, art. 19).
Gabarito "A".

(Procurador do Estado/AC – 2014 – FMP) Assinale a alternativa **incorreta.**

(A) A *querela nullitatis insanabilis* é a ação que visa a desconstituir processo por ausência de citação ou por ausência de citação válida de litisconsorte necessário.

(B) É exigida a indicação expressa da hipótese de cabimento da ação rescisória na inicial, mas a simples indicação equivocada da mesma não pode ser considerada fundamento para improcedência do pedido rescisório.

(C) A sentença homologatória (da transação, do reconhecimento da procedência do pedido do autor, ou da renúncia ao direito sobre o qual se funda a ação) está sujeita à ação anulatória fundada nos vícios materiais dos atos jurídicos praticados pelas partes.

(D) A competência para ação rescisória difere da *querela nulitatis* e da ação anulatória, pois, para as duas últimas, a competência é do juízo de primeiro grau.

A: Correta. A ação declaratória de inexistência de coisa julgada se presta a afastar uma decisão judicial não por meio de rescisória. Pode ser utilizada em casos de processos inexistentes (como na ausência de citação), mas não no caso de nulidades (que ensejam a rescisória); **B:** incorreta, devendo esta ser assinalada. A AR deve trazer a indicação de qual é o fundamento jurídico para o pedido rescisório (um dos incisos do art. 966 do CPC), sendo isso parte da causa de pedir (interpretação que decorre do art. 968 do CPC, que atrai a aplicação do art. 319, III), sendo possível a emenda da inicial (CPC, art. 321), sob pena de extinção sem mérito – e não improcedência; **C:** Correta, pois, em se tratando de ato homologatório praticado no curso ação, cabível a anulatória (CPC, art. 966, § 4º). Observe-se que a hipótese do inciso VIII do art. 485 do CPC/1973 (ajuizamento de ação rescisória quando "houver fundamento para invalidar confissão, desistência ou transação", em que se baseou a sentença") foi suprimida no atual CPC, o que corrobora ainda mais para com o entendimento de que a hipótese é de ação anulatória, tal como mencionado na alternativa; **D:** Correta. A *querela* e anulatória são ajuizadas em 1º grau (regra geral), ao passo que a AR é sempre ajuizada no tribunal, intermediário ou superior (CPC, art. 970, menciona relator e não juiz – e a AR está inserida em Título do CPC denominado "do processo nos tribunais").
Gabarito "B".

(Procurador do Município – São Paulo/SP – 2014 – VUNESP) O termo inicial do prazo para propositura de ação rescisória corresponde à data em que

(A) decorrer o prazo para recurso do capítulo da sentença ou do acórdão de mérito que será objeto de impugnação, não importando a existência de recurso parcial referente a outros capítulos.

(B) não for mais cabível recurso do pronunciamento judicial rescindendo, mesmo que se trate de decisão interlocutória.

(C) não for mais cabível recurso do último pronunciamento judicial ocorrido no processo.

(D) ocorrido o último pronunciamento judicial de mérito no processo, desde que não interposto recurso ou que este não tenha sido conhecido.

(E) não for mais cabível, perante as instâncias ordinárias, nenhum recurso do pronunciamento judicial rescindendo.

A: incorreta, pois o prazo para rescisória tem início com o trânsito em julgado da *última decisão proferida no processo* (CPC, art. 975 e súmula 401/STJ); **B:** observe-se que o CPC admite rescisória contra "decisão de mérito" (CPC, art. 966), não havendo mais referência à expressão "sentença" (como havia no CPC/1973). Assim, as decisões interlocutórias que apreciem o mérito da causa, desde que transitadas em julgado, também podem ser objeto de rescisão. Em todo caso, a alternativa mostra-se incorreta, porquanto, como visto, o prazo para rescisória tem início com o trânsito em julgado da *última decisão proferida no processo* (CPC, art. 975); **C:** Correta por expressa previsão legal (CPC, art. 975), o que se coaduna com o entendimento assentado pelo STJ por meio da Súmula 401/STJ: "O prazo decadencial da ação rescisória só se inicia quando não for cabível qualquer recurso do último pronunciamento judicial"; **D** e **E:** incorretas por ausência de previsão legal.
Gabarito "C".

(Procurador Municipal – Sertãozinho/SP – VUNESP – 2016) Assinale a alternativa correta.

(A) Faz coisa julgada a verdade dos fatos, estabelecida como fundamento da sentença.

(B) É possível que a sentença transitada em julgado atinja não só as partes do processo, mas também terceiros.

(C) Condenado o devedor a emitir declaração de vontade, uma vez transitado em julgado, compete ao condenado emitir a declaração de vontade sob pena de pagamento de multa diária.

(D) Publicada a sentença, o juiz só poderá alterá-la por meio de embargos de declaração.

(E) Faz coisa julgada toda apreciação de questão prejudicial, decidida incidentemente no processo.

A: Incorreta, pois a coisa julgada não atinge a verdade (CPC, art. 504, II). **B:** Correta. O art. 506 do CPC estabelece que a coisa julgada não *prejudicará* terceiros, não reproduzindo o comando "não beneficiará" que existia no CPC/1973. Além disso, no processo coletivo uma decisão pode beneficiar terceiros. **C:** Incorreta. Condenado o devedor a emitir a declaração de vontade, caso não emita, a sentença transitada em julgado produzirá todos os efeitos da declaração não emitida. (CPC, art. 501). **D:** Incorreta. O juiz também poderá corrigir a sentença de ofício ou a requerimento da parte, por inexatidões materiais ou erros de cálculo. (CPC, art. 494). **E:** Incorreta. A palavra *toda* torna incorreta a alternativa. O CPC estabelece que a resolução de questão prejudicial, de forma expressa e incidentemente no processo, pode ser coberta pela coisa julgada, desde que observados alguns requisitos previstos em lei (CPC, art. 503, §1º).
Gabarito "B".

(Advogado da União/AGU – CESPE – 2012) O MP foi comunicado do proferimento de sentença em processo no qual as partes estariam em conluio para obter efeito vedado por lei. Após a análise dos autos e estando o MP ciente do trânsito em julgado da decisão, o *parquet* propôs ação rescisória, com o propósito de obter a rescisão da sentença e o novo julgamento da causa. Com base nessa situação hipotética, julgue os próximos itens.

(1) Em razão do vício apontado como fundamento da rescisória, não será possível ao tribunal julgar totalmente procedente o pedido, dada a inviabilidade do juízo rescisório.

(2) Não existe vício atinente à legitimidade do MP para propor a rescisória, até porque se trata de suposta colusão das partes.

1: correta. Não há possibilidade de novo julgamento, mas apenas da exclusão da decisão do mundo jurídico. **2:** correta. CPC, art. 967, III, *b*.
Gabarito 1C, 2C

III – CUMPRIMENTO DE SENTENÇA E EXECUÇÃO

14. CUMPRIMENTO DE SENTENÇA

(Procurador do Estado/TO – 2018 – FCC) Em relação à impugnação ao cumprimento definitivo de sentença que obrigue a pagar quantia certa,

(A) podem ser alegadas qualquer causa modificativa ou extintiva da obrigação, como pagamento, novação, compensação, transação ou prescrição, desde que supervenientes à sentença.

(B) a concessão de efeito suspensivo à impugnação impede a efetivação dos atos de substituição, de reforço ou de redução da penhora e de avaliação dos bens.

(C) desde que garantido o juízo com penhora, caução ou depósito suficiente, a concessão de efeito suspensivo dar-se-á automaticamente, como regra geral.

(D) se atribuído efeito suspensivo à impugnação, a execução do julgado prosseguirá até avaliação dos bens, defesa a prática de atos expropriatórios.

(E) quando o executado alegar que o exequente, em excesso de execução, pleiteia quantia superior à resultante da sentença, caberá ao juiz remeter necessariamente os autos ao contador judicial para verificar se o argumento de excesso procede.

A: correta, conforme expressa previsão legal (CPC, art. 525, § 1º, VII); **B:** incorreta, pois o que ocorre é efetivamente o contrário – a concessão de efeito suspensivo não impede a efetivação dos atos de substituição, de reforço ou de redução da penhora e de avaliação de bens (CPC, art. 525, § 7º); **C:** incorreta, porque a atribuição de efeito suspensivo, além de depender de garantia do juízo (penhora ou caução), precisa também da relevância dos fundamentos e de efetivo perigo de dano (CPC, art. 525, § 6º); **D:** incorreta, já que é possível que o exequente requeira o prosseguimento da execução, ainda que atribuído efeito suspensivo, contanto que seja oferecida caução a ser arbitrada pelo juiz (CPC, art. 525, § 10); **E:** incorreta, uma vez que cabe ao exequente demonstrar, desde logo, o valor que entende correto, por meio de demonstrativo discriminado e atualizado do cálculo (CPC, art. 525, § 4º).
Gabarito "A".

4. DIREITO PROCESSUAL CIVIL

(Procurador do Estado/TO – 2018 – FCC) Em relação ao cumprimento definitivo da sentença que obrigue a pagar quantia certa,

(A) não havendo pagamento voluntário, o executado só poderá impugnar a execução se oferecer bens à penhora ou caução idônea.

(B) o cumprimento do julgado pode ser determinado de ofício pelo juiz.

(C) não efetuado tempestivamente o pagamento voluntário, será expedido, desde logo, mandado de penhora e avaliação, seguindo-se os atos de expropriação.

(D) o executado será intimado a pagar o débito em 72 horas, sob pena de penhora livre e avaliação de bens.

(E) se o pagamento voluntário não ocorrer no prazo legal, o débito será acrescido de multa de 10% e honorários advocatícios de 15% se houver impugnação futura que se julgue improcedente.

A: incorreta, pois o executado poderá apresentar impugnação, independentemente de oferecer bens à penhora ou caução idônea (CPC, art. 525); **B:** incorreta, porque o início do cumprimento de sentença depende de impulso da parte exequente (CPC, art. 523); **C:** correta, conforme expressa previsão legal (CPC, art. 523, § 3º); **D:** incorreta, considerando que o executado será intimado para realizar o pagamento no prazo de 15 dias (CPC, art. 523); **E:** incorreta, uma vez que, não ocorrendo o pagamento voluntário, o débito será acrescido de 10% de multa e 10% de honorários (CPC, art. 523, § 1º).
Gabarito "C".

(Procurador do Estado/AC – 2017 – FMP) Considere as seguintes afirmativas sobre o tema do cumprimento da sentença no âmbito do Código de Processo Civil. Assinale a alternativa INCORRETA.

(A) Todas as questões relativas à validade do procedimento de cumprimento da sentença e dos atos executivos subsequentes somente poderão ser arguidas pelo executado em autos apartados e nestes serão decididas pelo juiz.

(B) A decisão judicial transitada em julgado poderá ser levada a protesto, nos termos da lei, depois de transcorrido o prazo para pagamento voluntário.

(C) No caso de condenação em quantia certa, ou já fixada em liquidação, e no caso de decisão sobre parcela incontroversa, o cumprimento definitivo da sentença far-se-á a requerimento do exequente, sendo o executado intimado para pagar o débito, no prazo de 15 (quinze) dias, acrescido de custas, se houver.

(D) No cumprimento de sentença que reconheça a exigibilidade de obrigação de fazer ou de não fazer, o juiz poderá, de ofício ou a requerimento, para a efetivação da tutela específica ou a obtenção de tutela pelo resultado prático equivalente, determinar as medidas necessárias à satisfação do exequente.

(E) Não cumprida a obrigação de entregar coisa no prazo estabelecido na sentença, será expedido mandado de busca e apreensão ou de imissão na posse em favor do credor, conforme se tratar de coisa móvel ou imóvel.

A: incorreta, devendo esta ser assinalada, porque todas as questões relacionadas à validade do procedimento e dos atos executivos poderão ser arguidas nos próprios autos (CPC, art. 518); **B:** correta, conforme expressa previsão legal (CPC, art. 517); **C:** correta, sendo esse o procedimento do cumprimento definitivo de sentença que reconheça

a obrigação de pagar quantia certa (CPC, art. 523); **D:** correta, a fim de garantir a efetividade da tutela executiva (CPC, art. 536); **E:** correta, conforme expressa previsão legal (CPC, art. 538).
Gabarito "A".

(Procurador do Estado/SP – 2018 – VUNESP) A decisão do Supremo Tribunal Federal que considera inconstitucional lei na qual se baseou, como único fundamento, uma sentença condenatória da Fazenda Pública proferida em outro processo, torna

(A) inexistente o título judicial que se formou, desde que a decisão tenha sido tomada em controle concentrado. Esse argumento pode ser arguido nos embargos da Fazenda, durante a execução civil, se a decisão que se pretende rescindir ainda não transitou em julgado.

(B) inexigível a obrigação contida no título judicial que se formou, desde que a decisão do Supremo tenha sido proferida em sede de controle difuso. Esse argumento pode ser arguido na impugnação da Fazenda, durante o cumprimento de sentença, se a decisão que se pretende rever ainda não transitou em julgado, e em ação anulatória, se já ocorreu o trânsito.

(C) inválido o título judicial que se formou, mesmo que a decisão tenha sido tomada em controle difuso ou concentrado. Esse argumento pode ser arguido na impugnação, durante a fase de cumprimento de sentença ou no processo de execução, mas não em ação rescisória.

(D) inexigível a obrigação contida no título judicial que se formou, desde que a decisão tenha sido tomada em controle concentrado. Esse argumento pode ser utilizado na impugnação da Fazenda, durante a fase de cumprimento de sentença, mas, se a decisão que condenou a Fazenda transitou em julgado, não é cabível ação rescisória com esse fundamento.

(E) inexigível a obrigação contida no título judicial que se formou, mesmo que essa decisão tenha sido tomada em controle concentrado ou difuso de constitucionalidade. Esse argumento pode ser utilizado na impugnação da Fazenda, durante a fase de cumprimento de sentença, se ainda não ocorreu o trânsito em julgado, ou em ação rescisória, se isso já ocorreu.

A: Incorreta, considerando que, no caso, (i) a obrigação reconhecida no título executivo será inexigível, (ii) a decisão do Supremo pode ter sido tomada em controle de constitucionalidade concentrado ou difuso, (iii) esse argumento deve ser levantado na impugnação ao cumprimento de sentença, e (iv) é cabível na via da impugnação apenas se a decisão do Supremo for anterior ao trânsito em julgado da decisão que se pretende rescindir (CPC, art. 525, § 1º, III e §§ 12 e 14); **B:** Incorreta, porque é possível que a decisão do Supremo tenha sido proferida em controle de constitucionalidade concentrado ou difuso (CPC, art. 525, § 1º, III e § 12); **C:** Incorreta, porque (i) a obrigação reconhecida no título executivo será inexigível, e (ii) o argumento pode ser arguido em ação rescisória, caso já tenha ocorrido o trânsito em julgado da decisão exequenda (CPC, art. 525, § 1º, III e § 15); **D:** Incorreta, pois (i) é possível que a decisão do Supremo tenha sido proferida em controle de constitucionalidade concentrado ou difuso, e (ii) o argumento pode ser arguido em ação rescisória, caso já tenha ocorrido o trânsito em julgado da decisão exequenda (CPC, art. 525, § 1º, III e § 15); **E:** Correta, pois essa alternativa traz todos os requisitos previstos na nova legislação processual em relação ao tema (CPC, art. 525, § 1º, III e §§ 12 a 15).
Gabarito "E".

(Procurador do Município – Prefeitura Fortaleza/CE – CESPE – 2017) No que se refere ao cumprimento de sentença e ao processo de execução, julgue os itens subsequentes.

(1) De acordo com o entendimento atual nos tribunais superiores, o MP tem legitimidade extraordinária para promover ação de execução de título formado por decisão do tribunal de contas do estado ou do Tribunal de Contas da União que tenha finalidade de ressarcir o erário.

(2) Situação hipotética: Procurador de determinado município foi intimado em cumprimento de sentença e verificou que, no curso do processo de conhecimento, havia sido pago ao exequente determinado valor que deveria ser compensado. Assertiva: Nessa situação, o procurador deve, nos embargos à execução, alegar o direito à compensação como causa modificativa da obrigação.

(3) De acordo com o STJ, embora seja possível a penhora de precatório judicial, essa forma de pagamento não se iguala ao dinheiro, sendo, portanto, legítima a recusa da fazenda pública à garantia por meio de precatório em execução fiscal se, na nomeação de bens a penhora, o executado tiver preterido a ordem legal.

1: errada, pois essa legitimidade é do próprio ente que sofreu o prejuízo, não do MP (STF, RE 687756). **2:** Errada, pois a matéria é anterior à sentença, de modo que está coberta pela coisa julgada, não podendo ser alegada em sede de defesa na execução. No CPC, há previsão de cumprimento de sentença contra a Fazenda e, também, de *impugnação* (CPC, art. 535: "A Fazenda Pública será intimada na pessoa de seu representante judicial, por carga, remessa ou meio eletrônico, para, querendo, no prazo de 30 (trinta) dias e nos próprios autos, *impugnar* a execução, podendo arguir:", sendo que o inciso VI aponta: "qualquer causa modificativa ou extintiva da obrigação, como pagamento, novação, compensação, transação ou prescrição, desde que supervenientes ao trânsito em julgado da sentença"). **3:** Correta, conforme a jurisprudência (STJ, REsp 1.598.207).
Gabarito 1E, 2E, 3C.

(Procurador do Estado – PGE/MT – FCC – 2016) No processo de execução e cumprimento de sentença,

(A) a exceção de pré-executividade, embora não prevista expressamente no novo Código de Processo Civil, é aceita pela doutrina e pela jurisprudência para que o executado se defenda mediante a alegação de matérias de ordem pública, cognoscíveis de ofício, de modo que é possível que, em uma execução fiscal, o executado alegue prescrição por meio de exceção de pré-executividade.

(B) caso o executado já tenha apresentado embargos ou impugnação à execução, a desistência do exequente de toda a execução ou apenas alguma medida executiva dependerá do consentimento do embargante ou do impugnante.

(C) a sentença que determina a inclusão de vantagem pecuniária em folha de pagamento de servidores públicos admite execução provisória, depois de confirmado em duplo grau necessário.

(D) diante de uma sentença condenatória contra o Estado transitada em julgado e da superveniência de decisão do Supremo Tribunal Federal que julgou inconstitucional a lei que fundamentou a procedência do pedido nessa demanda, durante o cumprimento

desta decisão, cabe ao ente, em sua defesa, ajuizar reclamação constitucional.

(E) o cumprimento de sentença proferida contra a Fazenda Pública Estadual tem como única forma de satisfação a expedição de precatório.

A: Correta. O enunciado expõe o que doutrina e jurisprudência apontam a respeito da chamada exceção de pré-executividade (defesa sem embargos), inclusive se referindo à hipótese em que ela é largamente admitida (prescrição). Porém, é possível encontrar uma base legal para a exceção no art. 803, parágrafo único; **B:** Incorreta, pois a desistência da execução independe da concordância do executado (CPC, art. 775); **C:** Incorreta, porque para a jurisprudência a mudança de pagamento a servidor somente ocorrerá após o transito em julgado da decisão; **D:** Incorreta, pois nesse caso caberá impugnação ao cumprimento de sentença ou, se já houver trânsito em julgado da decisão condenatória, ação rescisória (CPC, art. 525, §§ 12 e 15); **E:** Incorreta, pois há também o pagamento por meio de OPV ou RPV (obrigação ou requisição de pequeno valor – CPC, art. 910, § 1º).
Gabarito "A".

(Procurador Municipal – Sertãozinho/SP – VUNESP – 2016) Quanto à liquidação de sentença, assinale a alternativa correta.

(A) Do requerimento de liquidação de sentença será a parte pessoalmente intimada.

(B) A liquidação somente poderá ser requerida após o trânsito em julgado da sentença exequenda.

(C) Da decisão proferida na liquidação caberá recurso de apelação.

(D) É possível, na liquidação, discutir de novo a lide ou modificar a sentença que a julgou.

(E) Far-se-á a liquidação por artigos quando, para determinar o valor da condenação, houver necessidade de alegar e provar fato novo.

A: Incorreta. A intimação será feita na pessoa de seu advogado (CPC, art. 511). **B:** Incorreta. O Código permite liquidar a decisão ilíquida antes mesmo do trânsito em julgado (CPC, art. 509, § 1º). **C:** Incorreta, pois cabe agravo de instrumento, já que não se trata de decisão final (CPC, art. 1.015, parágrafo único); **D:** Incorreta. Não há possibilidade de se rediscutir a lide ou modificar a sentença em fase de liquidação, sob pena de violação à coisa julgada (CPC, art. 509, § 4º). **E:** Correta. (CPC, art. 509, II)
Gabarito "E".

(Procurador Legislativo – Câmara de Vereadores de São Paulo/SP – 2014 – FCC) Em relação ao cumprimento de sentença, considere as afirmações abaixo.

I. É definitiva a execução da sentença transitada em julgado e provisória quando se tratar de sentença impugnada mediante recurso ao qual não foi atribuído efeito suspensivo.

II. Quando na sentença houver uma parte líquida e outra ilíquida, ao credor é lícito promover simultaneamente a execução daquela e, em autos apartados, a liquidação desta.

III. Caso o devedor, condenado ao pagamento de quantia certa ou já fixada em liquidação, não o efetue no prazo de quinze dias, o montante da condenação será acrescido de multa no percentual de 10% e, a requerimento do credor e observados os requisitos de lei, expedir-se-á mandado de penhora e avaliação.

IV. No cumprimento da sentença, o devedor será citado para oferecer defesa por meio de embargos no prazo

4. DIREITO PROCESSUAL CIVIL — 295

de dez dias, com ou sem garantia de penhora ou caução, a serem recebidos em regra somente no efeito devolutivo e podendo versar sobre qualquer matéria de direito, impeditiva, modificativa ou extintiva da obrigação.

Está correto o que se afirma em

(A) II, III e IV, apenas.

(B) I, II, III e IV.

(C) I, II e IV, apenas.

(D) I, III e IV, apenas.

(E) I, II e III, apenas.

I: correta. Não há, no atual CPC, um artigo que trate desse tema expressamente (havia o art. 475-I, § 1º no CPC/1973). Mas, pela lógica do sistema, a afirmação é correta, considerando os arts. 520 e 523 do CPC; **II:** correta (CPC, art. 509, §1º); **III:** correta (CPC, art. 523, "caput" e §1º); **IV:** incorreta, pois a defesa no cumprimento de sentença é por meio de impugnação, que independe de garantia de juízo (CPC, art. 525).

Gabarito "E".

(Procurador Federal – 2010 – CESPE) Acerca da liquidação da sentença, do cumprimento da sentença e da execução, julgue os itens subsequentes.

(1) Apesar de haver limitação expressa à possibilidade de expedição de precatório antes do trânsito em julgado, pode ser admitida a liquidação imediata da sentença condenatória contra a fazenda pública, apesar de pendente recurso contra essa decisão.

(2) Ao impugnar o valor da execução por excesso, o executado deve indicar o valor que entende devido, o que revela a aplicação do princípio da menor onerosidade da execução, mas não do princípio da cooperação.

1: correta (CPC, art. 512). Não há restrição ao uso desse direito processual contra a Fazenda Pública; **2:** errada. O princípio da menor onerosidade se presta ao auxílio do executado (CPC, art. 805). No caso, a regra em questão (CPC, art. 917, § 3º) é em benefício do exequente e da rápida tramitação do processo. Assim, em homenagem aos princípios da lealdade processual e cooperação.

Gabarito 1C, 2E

(Advogado da União/AGU – CESPE – 2009) Relativamente ao processo de execução, ao cumprimento da sentença e aos embargos de terceiro, julgue os próximos itens.

(1) Após o trânsito em julgado da sentença de procedência proferida em ação de despejo cumulada com cobrança de aluguéis na qual foram parte o locador e o locatário, o fiador do contrato de locação regularmente constituído é parte passiva no procedimento de cumprimento dessa sentença quanto aos valores nela apurados.

(2) Considere que o adquirente de determinado bem, visando à proteção de sua posse, tenha ajuizado embargos de terceiro para afastar ato de constrição judicial decorrente de sentença de procedência proferida em ação reivindicatória. Nessa situação hipotética, o embargado poderá, nos próprios embargos e independentemente do ajuizamento de outra ação, demonstrar que a venda ocorreu enquanto pendente a demanda reivindicatória, fato que importa fraude à execução, sendo ineficaz diante do cumprimento do julgado.

1: Errada, nos termos da Súmula 268/STJ: O fiador que não integrou a relação processual na ação de despejo não responde pela execução do julgado; **2:** Correta, porque a fraude à execução acarreta a ineficácia do negócio, o que pode ser reconhecido de forma incidental, inclusive por meio dos embargos de terceiro (CPC, art. 792).

Gabarito 1E, 2C

(Procurador – Banco Central – 2009 – CESPE) Quanto aos títulos executivos judiciais, assinale a opção correta.

(A) A sentença criminal condenatória será título executivo judicial no cível ainda que sujeita a recurso, desde que este não tenha efeito suspensivo.

(B) Homologada transação entre as partes no curso de um processo, poderá ser discutida durante o cumprimento da sentença a validade do acordo de vontades, se apontada a ocorrência de coação.

(C) Não é possível discutir a validade da citação durante o cumprimento de sentença homologatória de acordo judicial.

(D) No cumprimento de sentença arbitral, não será possível discutir a capacidade da pessoa eleita como árbitro em razão dos limites temáticos impostos à impugnação.

(E) Da mesma forma que ocorre no caso do formal e da certidão de partilha, a escritura pública de partilha lavrada em cartório competente também é título executivo judicial por equiparação.

A: incorreto. É título executivo a sentença penal condenatória *transitada em julgado* (CPC, art. 515, VI); **B:** incorreto. Para tanto, o quem foi objeto de coação deverá se valer da ação anulatória a que alude o art. 966, § 4º, do CPC; **C:** correto. Se o réu, a despeito da invalidade da citação, comparece ao processo e celebra transação com o autor, dá-se por sanado o defeito outrora existente, consoante dispõe o art. 239, § 1º, do CPC; **D:** incorreto. Faculta-se ao executado, por meio de impugnação ao cumprimento de sentença, postular a declaração de nulidade da sentença arbitral quando esta for proferida por quem não podia ser árbitro (arts. 32, II, e 33, § 3º, da Lei 9.307/96); **E:** incorreto, já que a escritura pública é título executivo extrajudicial (art. 784, II, primeira parte, do CPC).

Gabarito "C".

15. PROCESSO DE EXECUÇÃO

(Procurador do Estado/AC – 2017 – FMP) Considere as seguintes afirmativas sobre o tema do processo de execução no âmbito do Código de Processo Civil. Assinale a alternativa INCORRETA.

(A) O exequente tem o direito de desistir de toda a execução, não podendo, porém, desistir de apenas alguma medida executiva.

(B) Pode promover a execução forçada o credor a quem a lei confere título executivo.

(C) O sub-rogado, nos casos de sub-rogação legal ou convencional, pode promover a execução forçada ou nela prosseguir, em sucessão ao exequente originário.

(D) O exequente pode cumular várias execuções, ainda que fundadas em títulos diferentes, quando o executado for o mesmo e desde que para todas elas seja competente o mesmo juízo e idêntico o procedimento.

(E) O exequente ressarcirá ao executado os danos que este sofreu, quando a sentença, transitada em julgado, declarar inexistente, no todo ou em parte, a obrigação que ensejou a execução.

A: incorreta, devendo esta ser assinalada, já que o exequente tem direito de desistir de toda a execução ou de apenas alguma medida executiva – princípio da disponibilidade da execução (CPC, art. 775); **B:** correta, conforme expressa previsão legal (CPC, art. 778); **C:** correta, tratando-se de legitimação derivada (CPC, art. 778, § 1º, IV); **D:** correta, conforme expressa previsão legal (CPC, art. 780 e Súmula 27/STJ); **E:** correta, conforme expressa previsão legal (CPC, art. 776).

Gabarito "A".

(Procurador do Estado/AC – 2017 – FMP) Considere as seguintes afirmativas sobre o tema dos embargos à execução no âmbito do Código de Processo Civil. Assinale a alternativa CORRETA.

(A) O executado poderá se opor à execução por meio de embargos, desde que garantidos por penhora, depósito ou caução.

(B) Os embargos à execução terão efeito suspensivo.

(C) Recebidos os embargos, o exequente será ouvido no prazo de 5 (cinco) dias.

(D) O juiz rejeitará liminarmente os embargos manifestamente protelatórios.

(E) No prazo para embargos, reconhecendo o crédito do exequente e comprovando o depósito de cinquenta por cento do valor em execução, acrescido de custas e de honorários de advogado, o executado poderá requerer que lhe seja permitido pagar o restante em até 3 (três) parcelas mensais, acrescidas de correção monetária e de juros de um por cento ao mês.

A: incorreta, porque a oposição de embargos à execução não depende do oferecimento de caução, depósito ou indicação de bens à penhora (CPC, art. 914) – diferentemente do que acontece na execução fiscal; **B:** incorreta, pois a concessão de efeito suspensivo não é "automática" e dependerá da demonstração dos requisitos da tutela provisória, além do oferecimento de garantia do juízo (CPC, art. 919); **C:** incorreta, já que o exequente será ouvido no prazo de 15 dias (CPC, art. 920, I); **D:** correta (CPC, art. 918, III); **E:** incorreta, tendo em vista que deve ser depósito 30% do valor da execução e o executado poderá requerer que o restante seja pago em até 6 parcelas mensais (CPC, art. 916).

Gabarito "D".

(Procurador do Estado/SP – 2018 – VUNESP) Em relação à fraude de execução, assinale a alternativa correta.

(A) O simples fato de alguém ter alienado seus bens após a citação, no processo de conhecimento, já caracteriza plenamente a fraude de execução, sejam os bens passíveis de registro ou não.

(B) Quanto aos bens imóveis, o ônus de provar sua existência pode ser satisfeito mediante averbação na matrícula do imóvel, prévia à alienação, da existência de uma ação, ainda que de natureza penal, dentre outras, que pode reduzir o devedor à insolvência.

(C) É sempre do exequente o ônus da prova da fraude de execução quando ocorrer a venda de bens não sujeitos a registro após a citação, na execução civil, ou após a intimação, no caso do cumprimento de sentença.

(D) Os atos praticados em fraude de execução são juridicamente inexistentes, independentemente de o executado ter ficado insolvente ou não.

(E) Caracteriza-se exclusivamente quando, após o início do cumprimento de sentença ou da execução civil,

ocorre a alienação de bens por parte do executado, dispensados outros requisitos.

A: Incorreta, porque seria necessário que a ação ajuizada fosse capaz de reduzir o devedor à insolvência (CPC, art. 792, IV). No tocante ao registro, a caracterização da fraude à execução depende, ainda, do registro da penhora do bem alienado ou da prova da má-fé do terceiro adquirente (STJ, Súmula 375); **B:** Correta (CPC, art. 792, I, II e IV); **C:** Incorreta, considerando que, no caso de bens não sujeitos a registro, o ônus caberá ao terceiro adquirente e não ao exequente (CPC, art. 792, § 2º); **D:** Incorreta, porque os atos praticados em fraude à execução são *ineficazes* em relação ao exequente (CPC, art. 792, §1º); **E:** Incorreta, uma vez que a alienação de bem não caracteriza por si só fraude à execução (CPC, art. 792).

Gabarito "B".

(Procurador do Estado/PE – CESPE – 2009) Com relação à execução, assinale a opção correta.

(A) Na execução de título extrajudicial, o prazo para oposição de embargos inicia-se com a juntada aos autos do mandado de citação, de cada um dos executados, incluindo de seus cônjuges.

(B) Constituem títulos executivos extrajudiciais o crédito documentalmente comprovado, decorrente de aluguel de imóvel, bem como de encargos acessórios, tais como taxas e despesas de condomínio, e os créditos decorrentes de foro e laudêmio.

(C) Quando há requerimento de liquidação de sentença, que não pode ser feito na pendência de recurso, a parte deve ser intimada na pessoa de seu advogado.

(D) É penhorável um saldo de R$ 10.000 depositado em caderneta de poupança.

(E) Os títulos executivos extrajudiciais oriundos de país estrangeiro dependem de homologação pelo STJ para serem aqui executados, devendo satisfazer os requisitos de formação pela lei do lugar de sua celebração e indicar o Brasil como lugar de cumprimento da obrigação.

A: incorreta. Quando houver mais de um executado, o prazo para cada um deles embargar conta-se a partir da juntada do respectivo comprovante da citação, salvo no caso de cônjuges ou de companheiros, quando será contado a partir da juntada do último. (art. 915, § 1º, CPC); **B:** correta (CPC, art. 784, incisos); **C:** incorreta, porque a liquidação pode ser iniciada na pendência de recurso (CPC, art. 512); **D:** incorreta, porque é impenhorável o dinheiro depositado em caderneta de poupança até 40 salários mínimos (CPC, art. 833, X); **E:** incorreta. (CPC, art. 784, §§ 2º e 3º).

Gabarito "B".

16. EXECUÇÃO E CUMPRIMENTO DE SENTENÇA CONTRA A FAZENDA PÚBLICA

(Procurador do Município – Valinhos/SP – 2019 – VUNESP) No cumprimento de sentença que reconheça a exigibilidade de obrigação de pagar quantia certa pela Fazenda Pública, é correto afirmar:

(A) não ocorrendo o pagamento voluntário no prazo de 15 (quinze) dias, o débito será acrescido de multa de dez por cento.

(B) havendo pluralidade de exequentes, cada um deverá apresentar o seu próprio demonstrativo discriminado e atualizado do crédito.

(C) o prazo para impugnar a execução é de 15 (quinze) dias contados da intimação de seu representante judicial, por carga, remessa ou meio eletrônico.

(D) na impugnação, poderá ser arguida qualquer causa modificativa ou extintiva da obrigação, desde que anterior ao trânsito em julgado da sentença.

(E) o pagamento de obrigação de pequeno valor será realizado no prazo de 2 (dois) meses, contados do trânsito em julgado da decisão que julgar a impugnação à execução.

A: incorreta, pois não há incidência de multa para débitos devidos pela Fazenda Pública, considerando que os pagamentos são feitos via precatório/RPV (CPC, art. 534, § 2°); **B:** correta, conforme expressa previsão legal (CPC, art. 534, § 1°); **C:** incorreta, porque o prazo para impugnação da Fazenda é de 30 dias (CPC, art. 535); **D:** incorreta, considerando que as causas modificativas ou extintivas da obrigação devem ser *posteriores* ao trânsito em julgado da sentença (CPC, art. 535, VI) – sob pena de, na impugnação, existir violação à coisa julgada; **E:** incorreta, em razão do início da contagem do prazo de 2 meses, que é a partir da data de entrega da requisição (CPC, art. 535, § 3°, II).
Gabarito "B".

(Procurador do Estado/TO – 2018 – FCC) No tocante ao cumprimento de sentença que reconheça a exigibilidade de obrigação de pagar quantia certa pela Fazenda Pública, é correto afirmar:

(A) Se não impugnada a execução, ou rejeitadas as arguições da executada, por ordem do juiz, dirigida à autoridade na pessoa de quem o ente público foi citado para o processo, o pagamento de obrigação de pequeno valor será realizado no prazo de dois meses contado da entrega da requisição, mediante depósito na agência de banco oficial mais próxima da residência do exequente.

(B) O exequente apresentará demonstrativo discriminado e atualizado do crédito; se houver pluralidade de exequentes, cujo número poderá ser limitado em caso de litisconsórcio facultativo, deverá ser oferecido demonstrativo único em nome e benefício de todos eles.

(C) Em sua impugnação, a Fazenda poderá arguir excesso de execução genericamente, sem declarar de imediato o valor que entende correto, por se tratar de ente público, sem que disso decorra o não conhecimento da arguição.

(D) A impugnação fazendária poderá referir-se a qualquer causa modificativa ou extintiva da obrigação, como pagamento, novação, compensação, transação ou prescrição, supervenientes ou anteriores ao trânsito em julgado da sentença.

(E) Tornado líquido e certo o débito, expedir-se-á, por intermédio do juiz da execução, precatório em favor do exequente, observadas as normas constitucionais pertinentes.

A: correta, conforme previsão legal que regula o procedimento de expedição de RPV – forma como a Fazenda Pública realiza o pagamento de suas obrigações de "pequeno valor", valendo a ressalva de que o valor varia conforme o ente público (CPC, art. 535, § 3°, II); **B:** incorreta, porque, em caso de litisconsórcio, cada litisconsorte deverá apresentar seu próprio demonstrativo de cálculo (CPC, art. 534, § 1°); **C:** incorreta, já que a exigência de apresentação de demonstrativo discriminado e atualizado do valor que se entende correto, no excesso de execução,

também se aplica à Fazenda Pública (CPC, art. 535, § 2°); **D:** incorreta, pois a alegação de causas modificativas ou extintivas da obrigação só serão aceitas se supervenientes ao trânsito em julgado da sentença (CPC, art. 535, VI); **E:** incorreta, considerando que a expedição do precatório se dá por intermédio do presidente do respectivo tribunal (CPC, art. 535, § 3°, I).
Gabarito "A".

(Procurador do Estado/PI – 2008 – CESPE) Quanto ao processo de execução, assinale a opção correta.

(A) As execuções contra a fazenda pública, nelas incluídas as execuções contra as empresas públicas, autarquias e empresas de economia mista, processa-se mediante precatório. Nessa ação, a defesa se faz por meio de embargos, que, apesar de constituírem ação incidental desconstitutiva, com motivação restrita, suspende a execução até a solução definitiva da causa.

(B) Nas ações de execução movidas contra a fazenda pública, não são devidos honorários advocatícios, por se tratar de ação necessária, e a executada não pode solver a obrigação de modo espontâneo, exceto em se tratando de obrigação de fazer.

(C) Não tendo o devedor bens no foro da execução, a penhora será feita por carta precatória e os embargos poderão ser oferecidos no juízo deprecado, mas a competência para julgá-los é exclusiva do juízo deprecante.

(D) Nas execuções propostas contra a fazenda pública, o prazo para o oferecimento dos embargos é de vinte dias. Opostos os embargos, suspende-se a execução até a definitiva solução da questão posta em juízo.

(E) Na execução por título extrajudicial, o oferecimento dos embargos à execução não exige a prévia segurança do juízo. Porém, o executado só poderá pleitear a atribuição de efeito suspensivo aos embargos, quando o juízo estiver garantido por penhora, depósito ou caução suficiente.

A: incorreta. As execuções contra a fazenda pública processam-se mediante precatório, porém as empresas não suspendem a execução. Além disso, execuções contra sociedades de economia mista (e de algumas empresas públicas) não tramitam pelo regime do precatório; **B:** incorreta, pois não há exceção de honorários em execuções contra a fazenda pública (tema regulado no art. 85, §§ 3° e seguintes do CPC); **C:** incorreta, considerando o texto legal (CPC, art. 914, § 2°); **D:** incorreta. O prazo é de 30 dias (art. 1°-B da Lei 9.494/1997 e art. 910 do CPC); **E:** correta (CPC, arts. 914 e 919, § 1°).
Gabarito "E".

(Procurador do Estado/ES – 2008 – CESPE) Quanto à execução em face da fazenda pública, julgue os itens a seguir.

(1) Em execuções movidas contra a fazenda pública, ainda que não embargadas, são devidos honorários advocatícios ao exequente, salvo quando se tratar de obrigação de dar coisa certa, por não se submeter ao regime do precatório.

(2) Uma sentença que rejeita embargos à execução, seja ela fundada em título judicial ou extrajudicial oposto pela fazenda pública, não está sujeita ao reexame necessário.

1: errado. Art. 1°-D da Lei 9.494/1997 e art. 85, §§ 1° e 3°, do CPC; **2:** certo. Não há previsão legal de remessa necessária nesse caso, mas sim quando julgar procedente *embargos* à execução fiscal (CPC, art. 496, II).
Gabarito 1E, 2C

(Procurador do Estado/SP – FCC – 2009) Na execução contra a Fazenda Pública Paulista perante a Justiça Estadual de São Paulo, quando expedida requisição para pagamento de obrigação de pequeno valor,

(A) havendo litisconsórcio multitudinário no polo ativo devem ser somados os créditos de todos os exequentes para fins de classificação do requisitório como de pequeno valor.

(B) os honorários advocatícios devem ser incluídos, como parcela integrante do valor devido para fins de classificação do requisitório como de pequeno valor.

(C) no seu descumprimento, eventual decretação de sequestro deve ser realizada pelo juízo *a quo* da execução.

(D) o crédito do exequente devidamente atualizado está sujeito ao limite de 60 (sessenta) salários mínimos.

(E) é possível seu pagamento, quando se tratar de execução provisória, durante a pendência de recurso especial, que discuta a íntegra do mérito da demanda.

A questão trata do Juizado Especial da Fazenda Pública Estadual, pois há menção a obrigação ou requisição de pequeno valor (OPV ou RPV – Lei 12.153/2009).
A: incorreta, porque, nesse caso, os créditos devem ser considerados em separado para fins de classificação de RPV; **B:** correta, pois é levado em conta o valor total a ser pago (principal e acessórios); **C:** incorreta, pois essa é a previsão do JEF (Lei 10.259/2001, art. 17, § 2º); **D:** incorreta, leva-se em conta o valor histórico; **E:** incorreta, pois o pagamento ocorre após o trânsito em julgado, considerando o art. 17 da Lei 10.259/2001, aplicável subsidiariamente ao Juizado Especial da Fazenda Estadual (vide art. 27 da Lei 12.153/2009).
Gabarito "B".

(Procurador do Município/São José dos Campos-SP – 2012 – VUNESP) No período compreendido entre a confecção dos cálculos de liquidação e a expedição do precatório ou do ofício requisitório,

(A) é necessária nova citação da Fazenda Pública para pagamento.

(B) não incidem juros de mora.

(C) é possível a garantia por sequestro de rendas públicas.

(D) descabe a incidência de honorários advocatícios sobre o valor apurado.

(E) não pode haver compensação de crédito.

A: Incorreta, por ausência de previsão legal; **B:** correta. ADCT, art. 78, só prevê correção monetária e não juros.; **C:** incorreta. Pela previsão legal, somente em casos excepcionais (como inobservância da ordem de preferência) é que se admite o sequestro (CF, art. 100, § 6º); **D:** incorreta. Decorre da sucumbência (CPC, art. 85); **E:** incorreta. CF. art. 100, § 9º.
Gabarito "B".

(Advogado da União/AGU – CESPE – 2012) No que se refere à execução contra a fazenda pública, julgue os itens seguintes.

(1) A sentença que julgar improcedentes os embargos à execução opostos pela fazenda pública somente produzirá efeitos após o reexame necessário pelo tribunal competente.

(2) Considere que, em fase de execução de sentença, apresentados os cálculos pelo exequente, a fazenda pública tenha se insurgido por meio de embargos apenas contra parte do valor. Nesse caso, entende o STF que é constitucional a expedição de precatório relativo à parte pela qual houve concordância.

1: errada. A previsão de reexame necessário (remessa necessária, na nomenclatura do atual CPC) é no caso de procedência dos embargos opostos contra débitos da dívida ativa executados pela Fazenda (CPC, art. 496, II); **2:** correta. A jurisprudência admite a expedição de precatório do incontroverso.
Gabarito 1E, 2C

17. EXECUÇÃO FISCAL

(Procurador do Estado/AC – FMP – 2012) Em matéria de execução fiscal, marque a correta, considerando as assertivas abaixo.

I. É obrigatória a intervenção do Ministério Público em execução fiscal.

II. Embargada a execução fiscal, a desistência da execução não exime o exequente do pagamento de honorários de advogado.

III. Não localizados bens penhoráveis, suspender-se-á o processo por um ano, após o qual terá início o prazo prescricional de cinco anos.

(A) Apenas I e II estão corretas.

(B) Apenas a III está correta.

(C) Apenas II e III estão corretas.

(D) Apenas I e III estão corretas.

I: incorreta. (CPC, art. 178 e Súmula 189/STJ: "É desnecessária a intervenção do Ministério Público nas execuções fiscais"). **II:** correta. (Súmula 153/STJ: "A desistência da execução fiscal, após o oferecimento dos embargos, não exime o exequente dos encargos da sucumbência"); **III:** correta (CPC, art. 921, III c/c Lei 6.830/1980, art. 40, §§ 2º e 4º e Súmula 314/STJ: "Em execução fiscal, não localizados bens penhoráveis, suspende-se o processo por um ano, findo o qual se inicia o prazo da prescrição quinquenal intercorrente").
Gabarito "C".

(Procurador do Estado/AC – 2014 – FMP) Assinale a alternativa **incorreta.**

(A) A exceção de pré-executividade é admissível na execução fiscal, desde que se trate de matéria conhecível *ex officio*, mesmo que demande dilação probatória.

(B) A Fazenda Pública pode, na execução fiscal, substituir a Certidão de Dívida Ativa – CDA – para corrigir erros materiais do instrumento até a prolação da sentença de embargos, não podendo fazê-lo para corrigir erros relativos ao próprio lançamento tributário.

(C) Não é possível, à Fazenda Pública, substituir, na execução fiscal, a Certidão de Dívida Ativa (CDA) para modificar o sujeito passivo da execução.

(D) São cabíveis execução por título extrajudicial e ação monitória contra a Fazenda Pública.

A: alternativa incorreta, devendo esta ser assinalada. A exceção de pré-executividade não pode admitir dilação probatória – isso sendo restrito aos embargos. De se observar que o CPC consagra a objeção de pré-executividade, embora sem trazer esse nome (CPC, art. 803, parágrafo único); **B:** correta (Lei 6.830/1980, art. 2º, § 8º, assim interpretado: "A Turma negou provimento ao recurso por entender que a emenda ou substituição da CDA é admitida diante da existência de erro material ou formal, não sendo possível, entretanto, quando os vícios decorrerem do próprio lançamento e/ou da inscrição", informativo 447/STJ); **C:** correta (idem anterior); **D:** correta. O Código atual prevê expressamente a execução contra a Fazenda Pública fundada em título extrajudicial (CPC, art. 910) e a monitória contra a Fazenda Pública (CPC, art. 700, §6º).
Gabarito "A".

4. DIREITO PROCESSUAL CIVIL 299

(Procurador do Estado/PB – 2008 – CESPE) Assinale a opção correta quanto à execução fiscal.

(A) Na execução fiscal, caso os bens oferecidos à penhora pelo executado sejam de difícil alienação, o credor pode recusar a nomeação, com a consequente indicação à penhora de dinheiro existente em conta-corrente do devedor.

(B) A taxa sistema especial de liquidação e custódia (SELIC) pode ser incluída na liquidação de sentença condenatória com trânsito em julgado que tenha fixado correção monetária e juros de mora, pois essa taxa fixa tão somente os índices dos juros convencionais cobrados pelo mercado. Por isso, ela pode ser cumulada com correção monetária e juros de mora.

(C) Na execução fiscal, a intervenção do Ministério Público, na qualidade de fiscal da lei, é obrigatória, em razão do interesse público, no caso, consubstanciado no crédito da Fazenda Pública.

(D) Os embargos do devedor, na execução fiscal, só serão admitidos com a garantia do juízo. Por isso, a insuficiência da penhora para garantir a satisfação integral do credor acarreta a extinção liminar dos embargos do devedor e o prosseguimento da execução.

(E) Na execução fiscal, o despacho que determinar a citação interrompe a prescrição e, caso o executado não seja citado no prazo fixado em lei, e a ação ficar paralisada por mais de cinco anos, o juiz, de ofício, decretará a extinção da execução.

A: correta (Lei 6.830/1980, art. 15, II); **B:** incorreta. A SELIC já embute juros e correção, então não pode ser cumulada com correção, sob pena de *bis in idem*; **C:** incorreta. Art. 178 do CPC e Súmula 189/STJ: É desnecessária a intervenção do Ministério Público nas execuções fiscais; **D:** incorreta. A jurisprudência não exige a garantia total do débito (Lei 6.830/1980, art. 16, § 1º); **E:** incorreta (Lei 6.830/1980, art. 8º, § 2º e art. 40).
Gabarito "A".

(Procurador do Município/Natal-RN – 2008 – CESPE) Instaurado processo executivo fiscal, o executado opôs-lhe embargos, no prazo legal, apontando a existência de vício insanável no título da dívida ativa em que se baseava a execução. Ao avaliar o caso, o procurador municipal reconheceu a existência do vício, sendo cancelada a inscrição da dívida ativa e extinta a execução fiscal. Nessa situação, quanto aos encargos da sucumbência, assinale a opção correta.

(A) O município não deverá arcar com qualquer ônus da sucumbência, pois a Lei de Execução Fiscal determina que o cancelamento da inscrição importa isenção de ônus para as partes.

(B) Após o oferecimento de embargos pelo executado, a desistência da execução fiscal não exime o exequente dos encargos da sucumbência.

(C) O município arcará com os ônus da sucumbência apenas se a tese levantada nos embargos tiver sido o motivo para o cancelamento administrativo da inscrição na dívida ativa.

(D) Por contar com isenção das custas processuais, o município reembolsará apenas as despesas com os honorários advocatícios, mas não as custas adiantadas pelo embargante.

No caso, como os embargos são uma ação autônoma, uma vez apresentados, há sucumbência (CPC, art. 85 e 90). De seu turno, em relação à execução em si, aplica-se a regra do art. 26 da Lei 6.830/1980. Além disso, Súmula 153/STJ: "A desistência da execução fiscal, após o oferecimento dos embargos, não exime o exequente dos encargos da sucumbência";
Gabarito "B".

(Procurador do Município/Sorocaba-SP – 2012 – VUNESP) Após distribuição de Execução Fiscal, e antes de proferida a sentença de 1.º grau, a Procuradoria Fiscal verificou que, por ocasião da inscrição do débito na dívida ativa, não foram abatidos valores pagos pelo contribuinte. Em razão disso, determinou-se, por intermédio de regular processo administrativo, a substituição da certidão de dívida ativa, sendo requerida ao Juízo da execução a sua substituição.

Nesse caso,

(A) o juiz deverá julgar extinta a execução fiscal, uma vez que o crédito executado é diverso da certidão de dívida ativa originária, sendo este o único título que embasa a execução, caracterizando-se assim a ausência de título executivo.

(B) o juiz deverá extinguir a execução fiscal sem resolução do mérito por falta de interesse de agir da Fazenda Pública.

(C) o juiz deverá indeferir o pedido de substituição da dívida ativa, prosseguindo-se a execução em relação ao título originário, que não poderá ser substituído nos mesmos autos.

(D) o juiz deverá acolher o pedido de substituição, prosseguindo-se a execução fiscal nos mesmos autos com a certidão de dívida ativa substituída, sendo, neste caso, concedido novo prazo para que o executado embargue a execução.

(E) a Fazenda Pública não poderá substituir a certidão de dívida ativa, devendo requerer a desistência da Execução Fiscal.

Até à decisão de 1º grau, cabe a substituição da CDA – com possibilidade de nova defesa por parte do executado (Lei 6.830/80, art. 2º, § 8º).
Gabarito "D".

IV – RECURSOS

18. TEORIA GERAL DOS RECURSOS

(Procurador do Estado/AC – 2017 – FMP) Considere as seguintes afirmativas sobre o tema da ordem dos processos no tribunal no âmbito do Código de Processo Civil. Assinale a alternativa INCORRETA.

(A) Far-se-á a distribuição de acordo com o regimento interno do tribunal, observando-se a alternatividade, o sorteio eletrônico e a publicidade.

(B) Entre a data de publicação da pauta e a da sessão de julgamento decorrerá, pelo menos, o prazo de 5 (cinco) dias, incluindo-se em nova pauta os processos que não tenham sido julgados, salvo aqueles cujo julgamento tiver sido expressamente adiado para a primeira sessão seguinte.

(C) Não publicado o acórdão no prazo de 30 (trinta) dias, contado da data da sessão de julgamento, as notas taquigráficas o substituirão, para todos os fins legais, independentemente de revisão.

(D) Quando o resultado da apelação for não unânime, o julgamento terá prosseguimento em sessão a ser designada com a presença de outros julgadores, que serão convocados nos termos previamente definidos no regimento interno, em número suficiente para garantir a possibilidade de inversão do resultado inicial, assegurado às partes e a eventuais terceiros o direito de sustentar oralmente suas razões perante os novos julgadores.

(E) O voto vencido será necessariamente declarado e considerado parte integrante do acórdão para todos os fins legais, exceto para a finalidade de prequestionamento.

A: correta (CPC, art. 930); **B:** correta (CPC, art. 935); **C:** correta, conforme expressa previsão legal (CPC, art. 944); **D:** correta, sendo essa a técnica de julgamento ampliado ou estendido, para quando houver voto vencido (CPC, art. 942); **E:** incorreta, devendo ser assinalada, pois o voto vencido será considerado parte integrante do acórdão, *inclusive* para fins de pré-questionamento (CPC, art. 941, § 3º).

Gabarito "E".

(Procurador do Estado/MT – FCC – 2011) Uma ação ordinária foi julgada improcedente e o autor, inconformado, interpôs recurso de apelação, deixando, porém, de recolher o preparo, tendo o juiz, por esse motivo, julgado deserto o recurso. O autor provou justo impedimento e providenciou o recolhimento, tendo o juiz relevado a pena de deserção. Essa decisão

(A) pode ser impugnada pelo réu através de agravo retido.

(B) pode ser impugnada pelo réu através de agravo de instrumento.

(C) é irrecorrível, cabendo ao tribunal apreciar-lhe a legitimidade quando do julgamento da apelação.

(D) só pode ser impugnada pelo Ministério Público, através de agravo, se estiver atuando no feito como parte.

(E) só pode ser impugnada pelo Ministério Público, através de agravo, se estiver atuando no feito como fiscal da lei.

CPC, art. 1.007, §6º. – hipótese em que o próprio legislador aponta a decisão como *irrecorrível*, pois o tribunal poderá rever a decisão; assim, falta interesse recursal. Atenção: o atual CPC não mais prevê o agravo retido nem o rito ordinário, mas somente o procedimento comum.

Gabarito "C".

(Procurador do Estado/PE – CESPE – 2009) Com relação aos princípios fundamentais dos recursos, assinale a opção correta.

(A) O princípio do duplo grau de jurisdição, por ser de aplicação ilimitada, não sofre exceções.

(B) Em respeito ao princípio da proibição da *reformatio in pejus*, a prescrição do direito do autor, se não manifestada pelo réu em seu recurso, não pode ser conhecida de ofício pelo tribunal julgador.

(C) Se o autor recorrer da sentença de extinção do processo sem resolução do mérito, objetivando sua cassação e, posteriormente, julgamento da lide em seu favor, nada obsta a que o tribunal julgue improcedente o pedido formulado na inicial, sem que isso venha a ferir o princípio da proibição da *reformatio in pejus*.

(D) É possível a interposição dos recursos de agravo e de apelação no caso de a sentença que resolve em uma mesma relação processual conter uma parte agravável –na qual se decidiu questão incidente –e outra apelável –na qual se decidiu a lide.

(E) Pelo princípio da taxatividade, consideram-se recursos aqueles designados por lei federal ou criados pelos tribunais brasileiros.

A: incorreta. O duplo grau de jurisdição, princípio constitucional implícito, sofre uma série de limitações – como nos julgamentos de ADIs, de competência originária do STF; **B:** incorreta. Havendo recurso do réu, é possível a piora da situação do autor – e a prescrição pode ser conhecida de ofício (CPC, art. 332, § 1º); **C:** correta. Tanto porque se aplica o § 3º do art. 1.013 do CPC como porque o pedido do recorrente, ao menos em parte (quanto a se afastar a extinção), foi acolhido; **D:** incorreta. Pelo princípio da unirrecorribilidade. Nesses casos, só cabível a apelação, por se tratar de sentença; **E:** incorreta. Pela taxatividade, só é recurso o que a lei determinar (CPC, art. 994). Além disso, legislação processual é de competência privativa da União (CF, art. 22, I).

Gabarito "C".

(Procurador do Município – Cuiabá/MT – 2014 – FCC) Maria ajuizou ação de cobrança contra Gerson e Renato, devedores solidários, os quais apresentaram defesas distintas mas com fundamentos comuns. O pedido foi julgado procedente mas apenas Renato recorreu. De acordo com o Código de Processo Civil, o recurso

(A) aproveita a Gerson, será recebido nos efeitos devolutivo e suspensivo, deverá ser interposto no prazo de 15 dias e respondido no prazo de 5.

(B) aproveita a Gerson, será recebido apenas no efeito devolutivo e deverá ser interposto e respondido no prazo de 15 dias.

(C) não aproveita a Gerson, será recebido apenas no efeito devolutivo e deverá ser interposto e respondido no prazo de 15 dias.

(D) não aproveita a Gerson, será recebido nos efeitos devolutivo e suspensivo, deverá ser interposto no prazo de 15 dias e respondido no prazo de 5.

(E) aproveita a Gerson, será recebido nos efeitos devolutivo e suspensivo e deverá ser interposto e respondido no prazo de 15 dias.

A situação trata da hipótese de recurso de apenas um dos litisconsortes. O assunto é expressamente regulado pelo CPC (Art. 1005. "O recurso interposto por um dos litisconsortes a todos aproveita, salvo se distintos ou opostos os seus interesses. Parágrafo único. Havendo solidariedade passiva, o recurso interposto por um devedor aproveitará aos outros, quando as defesas opostas ao credor lhes forem comuns"). Assim, esse recurso apenas aproveitará a Gerson, que não recorreu, por força do parágrafo único do art. 1005. No mais, o recurso será recebido no duplo efeito, visto que não se está em nenhuma das exceções dos incisos do §1º do art. 1.012 do CPC, aplicando-se a regra geral. Por fim, o recurso deverá ser interposto e respondido em 15 dias (CPC, art. §5º do art. 1.003). Por todo o exposto, a alternativa correta é a "E".

Gabarito "E".

(Procurador do Município/Florianópolis-SC – 2010 – FEPESE) De acordo com o artigo 519 do Código de Processo Civil (art. 1.007, § 6º do NCPC), provando o apelante justo impedimento, o juiz relevará a pena de deserção, fixando-lhe prazo para efetuar o preparo.

Diante dessa decisão interlocutória, que releva a pena de deserção, é correto afirmar:

(A) A decisão é irrecorrível.

(B) Cabe o recurso de apelação.

(C) Cabe o agravo de instrumento.

(D) É cabível o recurso ordinário.

(E) É cabível o agravo retido.

A: correta. CPC, art. 1.007, §6º. – hipótese em que o próprio legislador aponta a decisão como irrecorrível, pois o tribunal poderá rever a decisão, falta interesse recursal. Atenção: o atual CPC não mais prevê o agravo retido.

Gabarito "A".

19. RECURSOS EM ESPÉCIE E OUTROS MEIOS DE IMPUGNAÇÃO

(Procurador do Estado/SP – 2018 – VUNESP) A respeito do julgamento do mandado de segurança de competência originária de tribunais, assinale a alternativa correta.

(A) Quando a competência originária for do Superior Tribunal de Justiça e a decisão colegiada for denegatória da segurança pretendida, cabe recurso extraordinário para o Supremo Tribunal Federal.

(B) Não compete ao Superior Tribunal de Justiça julgar, em recurso ordinário, os mandados de segurança decididos em única instância pelos tribunais regionais federais e pelos tribunais de justiça estaduais e do Distrito Federal e Territórios, salvo quando concedida a segurança pretendida.

(C) Indeferido, liminarmente, mandado de segurança de competência originária do Tribunal de Justiça de São Paulo, deve o impetrante interpor recurso especial, para o Superior Tribunal de Justiça ou o extraordinário, para o Supremo Tribunal Federal, conforme o caso.

(D) Indeferido, liminarmente, mandado de segurança de competência originária do Tribunal de Justiça de São Paulo, deve o impetrante interpor recurso especial para o Superior Tribunal de Justiça. Se o mandado se segurança for admitido e houver julgamento de mérito por órgão colegiado desse Tribunal de Justiça denegando a segurança pretendida, o recurso cabível também é o especial.

(E) Indeferido, liminarmente, mandado de segurança de competência originária do Tribunal de Justiça de São Paulo, deve o impetrante interpor agravo para órgão competente desse mesmo tribunal. Contudo, se houver julgamento colegiado de mérito, denegando a segurança, o recurso cabível, pelo impetrante, é o ordinário, exclusivamente para o Superior Tribunal de Justiça.

A: Incorreta, pois nesse caso seria cabível recurso ordinário para o STF (CPC, art. 1.027, I); **B:** Incorreta, pois cabe recurso ordinário exatamente quando a decisão for *denegatória* do MS de competência originária de tribunal, e não *concessiva* (CPC, art. 1.027, I e II); **C:** Incorreta, pois de decisão monocrática cabe agravo interno, não especial (CPC, art. 1.021); **D:** Incorreta, considerando o exposto em "C" e tendo em vista que, quanto à 2ª parte da alternativa o recurso cabível seria o ordinário (CPC, art. 1.027, II); **E:** Correta. Sendo ação originária de tribunal, o indeferimento liminar será uma decisão monocrática, a qual será impugnada por meio de agravo interno, a ser julgado pelo órgão fracionário competente para julgar o MS de forma colegiada. Sendo decisão denegatória do MS originário, o recurso cabível será o ordinário. É o que está no CPC (art. 1.021 e art. 1.027, II, "a") e na lei do MS (Lei 12.016/2009, art. 10, § 1º; art. 16, parágrafo único e art. 18). Vale destacar que o cabimento do recurso ordinário é bem restrito e que na 2ª parte da alternativa encontram-se presentes todos esses requisitos.

Gabarito "E".

(Procurador do Estado/SP – 2018 – VUNESP) Em relação ao recurso de embargos de divergência, é correto afirmar:

(A) cabem embargos de divergência quando o acórdão paradigma for da mesma turma que proferiu a decisão embargada, desde que sua composição tenha sofrido alteração em, no mínimo, um terço dos seus membros.

(B) é cabível nos processos de competência originária do Supremo Tribunal Federal.

(C) é embargável o acórdão de órgão fracionário que, em recurso especial ou extraordinário, divergir do julgamento de qualquer outro órgão do mesmo tribunal, sendo um acórdão de mérito e outro que não tenha conhecido do recurso, embora tenha apreciado a controvérsia.

(D) não poderão ser confrontadas teses jurídicas contidas em julgamento de recursos e de ações de competência originária.

(E) se os embargos de divergência forem desprovidos, o recurso extraordinário interposto pela outra parte antes da publicação do julgamento dos embargos de divergência sempre deverá ser ratificado.

A: Incorreta, porque a alteração na composição exigida pelo Código para permitir os embargos de divergência em relação à mesma turma é de mais da metade dos membros do órgão fracionário (CPC, art. 1.043, § 3º); **B:** Incorreta, considerando que o dispositivo que autorizava o cabimento dos embargos de divergência, nos processos de competência originária, foi revogado pela Lei 13.256/16 (CPC, art. 1.043); **C:** Correta, por expressa previsão legal (CPC, art. 1.043, III); **D:** Incorreta (CPC, art. 1.043, § 1º); **E:** Incorreta, porque nesse caso não haverá necessidade de ratificação (CPC, art. 1.044, §2º).

Gabarito "C".

(Procurador do Estado/SP – 2018 – VUNESP) A sentença proferida em sede de ação civil pública, que acolhe integralmente o pedido do autor e autoriza a liberação de remédios de uso proibido por órgãos administrativos fiscalizadores, todos potencialmente lesivos à saúde da população, enseja

(A) apenas pedido de suspensão de segurança que, por evidente prejudicialidade, suspende o prazo do recurso de agravo, mas não o do recurso de apelação.

(B) apelação, cujo efeito suspensivo deve ser pleiteado diretamente no Tribunal, por meio de medida cautelar autônoma e inominada.

(C) apelação, cujo efeito suspensivo é automático e impede a execução definitiva da decisão.

(D) apelação, com pedido de efeito suspensivo. Depois disso, a Fazenda de São Paulo deverá protocolar, no Tribunal de Justiça, um pedido de análise imediata desse efeito suspensivo pleiteado. Ao mesmo tempo, a Fazenda poderá pedir suspensão dos efeitos da sentença ao Presidente do Tribunal competente.

(E) agravo de instrumento contra o capítulo da decisão que concedeu a ordem de liberação imediata das mercadorias, com pedido de efeito ativo, e apelação do capítulo que julgou o mérito.

A: Incorreta, porque, embora seja possível o pedido de suspensão de segurança pela Fazenda Pública, também será possível interpor o recurso cabível no caso – a apelação (Lei 8.437/1992, art. 4º, § 6º); **B:** Incorreta, pois o pedido de concessão de efeito suspensivo será dirigido ao Tribunal mediante simples requerimento/petição (Lei 7.347/1985, art. 19 e CPC, art. 1.012, § 3º), não existindo mais, no âmbito do atual

CPC, a figura de uma cautelar inominada, ,que existia no Código anterior; **C:** Incorreta, porque o recurso de apelação interposto em face de sentença proferida em sede de ação civil pública será recebido, como regra, apenas no efeito devolutivo. Poderá ser concedido, no entanto, o efeito suspensivo ao recurso, a fim de evitar dano irreparável à parte (Lei 7.347/1985, art. 14); **D:** Correta, sendo essa a conduta correta à luz da legislação específica e das previsões do CPC (Lei 7.347, arts. 14 e 19; CPC, art. 1.009; Lei 8.437/1992, art. 4º, § 6º); **E:** Incorreta, tendo em vista que a sentença será impugnada via apelação (Lei 7.347, art. 19 e CPC, art. 1.009), sendo que não cabe agravo e apelação ao mesmo tempo, por força do princípio da unirrecorribilidade.

Gabarito "D".

(Procurador do Estado/SP – 2018 – VUNESP) Da decisão do Tribunal de Justiça de São Paulo, que nega seguimento a recurso especial sob o fundamento de que a decisão recorrida estaria de acordo com o posicionamento adotado pelo Superior Tribunal de Justiça, em julgamento de tema afetado ao sistema de recursos repetitivos, quando, na verdade, esse paradigma trata de assunto diverso daquele discutido no recurso especial mencionado, cabe, segundo a lei processual:

(A) embargos de declaração, com o exclusivo objetivo de prequestionar o tema veiculado no recurso especial.

(B) novo recurso especial, interposto diretamente no Superior Tribunal de Justiça.

(C) agravo interno, perante a Turma que proferiu o acórdão combatido.

(D) ação rescisória, após o trânsito em julgado.

(E) agravo em recurso especial.

A: Incorreta, pois na hipótese não se busca prequestionar, mas sim apontar o erro na decisão recorrida; **B:** Incorreta, considerando ser incabível a interposição de novo Recurso Especial por se tratar de decisão monocrática (CPC, art. 1.029 e seguintes); **C:** Incorreta para a banca. Da decisão monocrática cabe agravo – no caso, seria cabível o agravo interno, tendo em vista se tratar de aplicação de entendimento de repetitivo, sendo então hipótese de cabimento desse recurso, conforme previsto no Código (CPC, art. 1.030, § 1º). Porém, nesse caso, a competência para julgar esse agravo não é da turma, mas do órgão especial – por isso a banca apontou como incorreta a alternativa (detalhe bastante específico que possivelmente induziu muitos candidatos em erro); **D:** Correta, mais por exclusão (já que as demais estão erradas). Vale lembrar que a AR não é recurso, mas ação, a ser ajuizada após o trânsito em julgado (CPC, art. 966, § 5º); **E:** Incorreta, tendo em vista que a situação narrada configura hipótese de interposição de agravo interno e não agravo em recurso especial, como exposto em "C" (CPC, art. 1.030, § 1º).

Gabarito "D".

(Procurador do Município – Prefeitura Fortaleza/CE – CESPE – 2017) No que concerne aos meios de impugnação das decisões judiciais, julgue os itens a seguir, de acordo com o CPC e com a jurisprudência dos tribunais superiores.

(1) Situação hipotética: Ao interpor recurso de agravo contra decisão monocrática no tribunal, o recorrente deixou de impugnar especificamente os fundamentos da decisão recorrida. Assertiva: Nesse caso, em observância ao princípio da primazia do julgamento do mérito, o relator deverá intimar o agravante para complementar seu recurso no prazo de cinco dias.

(2) Ainda que, em exame de embargos declaratórios, seja mantido o resultado do julgamento anterior, o recorrente deverá ratificar recurso especial que tenha sido interposto antes do julgamento dos embargos.

(3) A certidão de concessão de vistas dos autos ao ente público é elemento suficiente para a demonstração

da tempestividade do agravo de instrumento e se equipara à certidão de intimação da decisão agravada para essa finalidade.

(4) Situação hipotética: Em outubro de 2016, determinada pessoa interpôs para o STJ agravo em recurso especial contra decisão que, na origem, inadmitiu recurso especial com base em entendimento firmado em recursos repetitivos. Assertiva: Nessa situação, o STJ entende que deve ser aplicado o princípio da fungibilidade e deve ser determinada a remessa do agravo ao tribunal *a quo*, convertendo-se o recurso de agravo em recurso especial no recurso de agravo interno.

1: Errada, tendo em vista que não existe previsão de emenda para essa situação na qual há violação ao princípio da dialeticidade – ou seja, quando o recurso não impugna a decisão (CPC, art. 932, III). **2:** Errada, porque esse era o entendimento jurisprudencial firmado no CPC/1973. Porém, no atual CPC, isso é expressamente afastado, se mantida a decisão anterior (art. 1.024, § 5º). **3:** Correta, independentemente de ser ente público, pois a certidão de intimação do agravo pode ser substituída por qualquer documento que comprove a data da ciência da decisão – e a vista às partes é uma das hipóteses em que há ciência inequívoca (CPC, art. 1.017, I). **4:** Errada. Da decisão que não admite o recurso especial, em regra, cabe o agravo em recurso especial (AREsp – CPC, art. 1.042). Porém, o próprio art. 1.042 aponta que não cabe o AREsp se a decisão for "fundada na aplicação de entendimento firmado em regime de repercussão geral ou em julgamento de recursos repetitivos". Nesse caso, o recurso cabível é o agravo interno (art. 1.030, § 2º). Não há previsão de fungibilidade para essa situação de interposição do AREsp no lugar de agravo interno, de modo que o recurso não será conhecido, por falta de cabimento.

Gabarito 1E, 2E, 3C, 4E

(Procurador Municipal – Prefeitura/BH – CESPE – 2017) Considerando a atual sistemática processual, assinale a opção correta, em relação a recursos nos processos de conhecimento e de execução.

(A) O recurso interposto sem a comprovação do devido preparo, quando for devido, não será de pronto considerado deserto, mas ensejará o pagamento de multa.

(B) O papel do revisor no julgamento de apelação foi ampliado com o advento do novo CPC.

(C) Tratando-se de processo de execução, o agravo de instrumento só é cabível contra as decisões interlocutórias listadas taxativamente no CPC.

(D) Cabem embargos infringentes contra acórdão não unânime, no prazo de quinze dias, para fazer prevalecer o voto vencido.

A: Correta, sendo isso expressamente previsto no Código: a falta de preparo permite a correção, com o pagamento em dobro (CPC, art. 1.007, § 4º) – porém, vale destacar que a lei não faz menção a "multa", mas pagamento em dobro; **B:** Incorreta, pois no atual sistema não há mais a figura do revisor (além do relator, há o 2º e 3º magistrados, que não estudam o caso previamente); **C:** Incorreta, porque cabe agravo de quaisquer decisões interlocutórias proferidas na execução e cumprimento de sentença (CPC, art. 1.015, parágrafo único); **D:** Incorreta, pois o recurso de embargos infringentes deixou de existir no atual CPC (em seu lugar, há o julgamento estendido previsto no art. 942).

Gabarito "A".

(Procurador Municipal – Prefeitura/BH – CESPE – 2017) Um município brasileiro interpôs apelação contra sentença que havia confirmado tutela provisória que determinava a matrícula de criança em determinada creche. No mesmo processo, estava pendente o julgamento de agravo de instrumento interposto pelo autor, referente à gratuidade de justiça.

4. DIREITO PROCESSUAL CIVIL 303

Nessa situação hipotética,

(A) diante do advento da sentença, o agravo de instrumento será julgado prejudicado.

(B) o juízo de admissibilidade da apelação caberá exclusivamente ao tribunal, e não ao juízo *a quo*.

(C) para que o agravo referente à gratuidade seja processado, o agravante terá de recolher as custas ou pedir dispensa ao relator do agravo de instrumento.

(D) a apelação terá efeito apenas devolutivo e deverá ser interposta no prazo de quinze dias, contados só os dias úteis.

A: Incorreta. De modo geral, a prolação da sentença de fato faz com que o agravo seja considerado prejudicado – mas isso quando a sentença substitui a decisão interlocutória antes proferida. Porém, no caso em que a sentença não tem relação com a decisão interlocutória anterior (como no caso narrado no enunciado), então o agravo deverá ser julgado, para garantir o duplo grau de jurisdição; **B:** Correta (CPC, art. 1.010, § 3°); **C:** Incorreta, pois para impugnar a decisão que indefere a justiça gratuita, não se recolhe custas até decisão do recurso que debata o assunto (CPC, art. 101, § 1°); **D:** Incorreta, pois a regra é a apelação ser recebida no duplo efeito (CPC, art. 1.012).
Gabarito "B".

(Procurador do Estado/SE – 2017 – CESPE) Ao realizar o juízo de admissibilidade de recurso especial, o vice-presidente de um tribunal de justiça, em decisão monocrática, negou seguimento ao recurso por considerar, simultaneamente, que não existiam pressupostos de admissibilidade recursal e que o acórdão impugnado pelo recorrente estava em conformidade com precedente firmado pelo STJ em sede de recurso repetitivo.

Nessa situação hipotética, para impugnar integralmente a decisão que obsta o prosseguimento do recurso aviado, a parte interessada deverá

(A) interpor novo recurso especial.

(B) interpor recurso de agravo em recurso especial.

(C) interpor recurso de agravo interno.

(D) interpor, simultaneamente, recurso de agravo interno e recurso de agravo em recurso especial.

(E) impetrar mandado de segurança, pois não existe recurso previsto em lei para essa situação.

A: Errada. Não cabe recurso especial contra decisão monocrática (CPC, art. 1.029 e ss.). **B:** Errada. Além do agravo em recurso especial, deve ser interposto *agravo interno* para atacar o capítulo da decisão que vislumbrou contrariedade ao precedente firmado em sede de recurso repetitivo (CPC, art. 1.030, § 2°). **C:** Errada. Além do agravo interno, deve ser interposto *agravo em recurso especial* para atacar o capítulo da decisão que não vislumbrou os pressupostos de admissibilidade recursal (CPC, art. 1.030, § 1°). **D:** Correta – pois cabe agravo interno para o capítulo da decisão relativo ao repetitivo e agravo em recurso especial na parte relativa aos requisitos de admissibilidade (CPC, art. 1.030, I, "b" e V, §§ 1° e 2°). Nesse sentido, o enunciado 77 das Jornadas de Direito Processual do CJF (mais informações em http://genjuridico.com.br/2017/11/13/ncpc-inadmissao-resp-dois-agravos/). **E:** Errada. Não cabe MS contra ato judicial passível de recurso (STF, Súmula 267).
Gabarito "D".

(Procurador do Estado – PGE/MT – FCC – 2016) Diante de um Acórdão do Tribunal de Justiça do Mato Grosso que condenou o Estado ao pagamento de gratificação a servidor público, o Procurador do Estado opôs embargos de declaração para o fim de prequestionar dispositivos da lei federal que,

embora tenham sido alegados nas razões de apelação, não foram enfrentados no Acórdão. Entretanto, os embargos foram rejeitados, sob o fundamento de inexistência de omissão a ser sanada. Após ser intimado desta decisão, o Procurador deve

(A) interpor recurso especial alegando que o Tribunal *a quo* negou vigência aos dispositivos apontados nas razões de apelação, pois o requisito do prequestionamento foi atendido, uma vez que é suficiente a menção dos dispositivos nas razões recursais; o primeiro juízo de admissibilidade deste recurso será feito no Tribunal *ad quem*.

(B) opor novos embargos de declaração, pois ainda permanece a omissão quanto aos dispositivos da lei federal, sob pena de não ser conhecido eventual recurso especial.

(C) interpor recurso especial alegando que o Tribunal *a quo* negou vigência aos dispositivos apontados nos embargos declaratórios, pois o requisito do prequestionamento foi atendido, uma vez que a lei admite expressamente o prequestionamento virtual; o primeiro juízo de admissibilidade deste recurso será feito no Tribunal *a quo*.

(D) interpor recurso especial alegando que o Tribunal *a quo* negou vigência aos dispositivos do Código que tratam dos embargos de declaração, pois o Acórdão não enfrentou a aplicação dos dispositivos apontados nos embargos declaratórios; o primeiro juízo de admissibilidade deste recurso será feito no Tribunal *a quo*.

(E) interpor recurso especial alegando que o Tribunal *a quo* negou vigência aos dispositivos apontados nos embargos declaratórios, pois o requisito do prequestionamento foi atendido, uma vez que a lei admite expressamente o prequestionamento virtual; o primeiro juízo de admissibilidade deste recurso será feito pelo relator sorteado no Tribunal *ad quem*.

O enunciado trata de uma situação expressamente prevista no CPC (Art. 1.025. Consideram-se incluídos no acórdão os elementos que o embargante suscitou, para fins de pré-questionamento, ainda que os embargos de declaração sejam inadmitidos ou rejeitados, caso o tribunal superior considere existentes erro, omissão, contradição ou obscuridade). A partir desse artigo, tem-se então o prequestionamento ficto ou virtual, de modo que possível desde logo a interposição do REsp – cuja admissibilidade é bipartida, inicialmente sendo realizada na origem (art. 1.030). Sendo assim, a alternativa correta é a "C".
Gabarito "C".

(Procurador do Estado – PGE/MT – FCC – 2016) De acordo com a atual legislação, a decisão que determinou a exclusão de um litisconsorte

(A) desafia recurso de agravo de instrumento, no prazo de quinze dias, contados a partir da intimação desta decisão.

(B) é irrecorrível, mas pode ser questionada por outros meios de impugnação.

(C) desafia recurso de apelação, no prazo de quinze dias, contados a partir da intimação desta decisão.

(D) não apresenta recorribilidade imediata, e, por isso, não se submete à preclusão temporal antes da prolação da sentença, pois pode ser alegada quando da apelação, no prazo de quinze dias, contados a partir da intimação da sentença.

(E) pode desafiar recurso de agravo de instrumento ou de apelação, conforme o momento do processo em que a decisão for proferida; em ambos os casos, o prazo será de quinze dias, contados a partir intimação da decisão.

A: Correta, pois a decisão que exclui um litisconsorte não acaba com o processo; além disso, há previsão legal expressa do cabimento de agravo (CPC, art. 1.015, VII); **B:** Incorreta, considerando o exposto em "A"; **C:** Incorreta, considerando o exposto em "A"; **D:** Incorreta, considerando o exposto em "A" – essa hipótese seria a correta se não fosse cabível o AI; **E:** Incorreta, considerando o exposto em "A".
Gabarito "A".

(Procurador Municipal/SP – VUNESP – 2016) João e Maria litigam em ação indenizatória movida pelo primeiro em face da segunda. Em sentença proferida em primeiro grau de jurisdição, a ação foi julgada parcialmente procedente, motivando a interposição de recurso de apelação por ambas as partes. O Tribunal de Justiça do Estado de São Paulo (TJ/SP), por meio de acórdão, confirmou a parcial procedência, mas omitiu-se com relação a um dos pedidos do recurso interposto por Maria, consistente na reavaliação e na redistribuição dos ônus da sucumbência. Assim, Maria opôs tempestivos embargos de declaração, na mesma data em que João interpôs recurso especial. Em novo acórdão, o TJ/SP manteve integralmente sua decisão. Nesse cenário, de acordo com o contemporâneo entendimento do Superior Tribunal de Justiça, é correto afirmar que o recurso especial interposto

(A) será normalmente processado, independentemente de qualquer nova providência por João.

(B) deverá ser ratificado por João no prazo de 15 (quinze) dias, a contar da publicação do acórdão que julgou os embargos de declaração.

(C) será considerado como não interposto, devendo ser novamente apresentado por João, no prazo legal, sem alterações em seu teor.

(D) é prematuro e não será admitido seu processamento, ressalvada a possibilidade de João interpor novo recurso especial na forma adesiva.

(E) deverá ser ratificado por João no prazo de 5 (cinco) dias, a contar da publicação do acórdão que julgou os embargos de declaração.

A questão trata da (des)necessidade de se ratificar um recurso para outro grau de jurisdição caso haja embargos de declaração pela parte contrária. A questão está hoje devidamente regulada pelo CPC, no sentido de não ser necessária qualquer retificação do recurso, caso os embargos não sejam providos (art. 1.024, § 5º Se os embargos de declaração forem rejeitados ou não alterarem a conclusão do julgamento anterior, o recurso interposto pela outra parte antes da publicação do julgamento dos embargos de declaração será processado e julgado independentemente de ratificação). Sendo assim, desnecessária qualquer ratificação. Desse modo, a alternativa correta é a "A".
Gabarito "A".

(Procurador – SP – VUNESP – 2015) Publicada a sentença, o juiz poderá alterá-la, provocado por meio de embargos de declaração. Nesse caso, assinale a alternativa correta.

(A) Os embargos de declaração consistentes em mero pedido de reconsideração não interrompem o prazo recursal.

(B) O juiz não pode alterar a sentença a requerimento da parte, se encerrada sua função jurisdicional para correção de inexatidões materiais.

(C) Em qualquer hipótese, os embargos de declaração provocam o contraditório, ouvindo-se a parte adversa.

(D) O terceiro prejudicado não tem legitimidade para opor embargos de declaração, já que este se destina apenas à parte.

(E) Os embargos de declaração não são cabíveis para corrigir decisão interlocutória, que deverá ser atacada por meio de agravo.

A: Correta para a banca. Não há previsão legal a respeito de pedido de reconsideração; sendo assim, caso utilizados, não alteram em nada o prazo recursal. Porém, o enunciado fala em "embargos de declaração", recurso que tem o condão de interromper o prazo dos outros recursos (CPC, art. 1.026). A previsão legal para uso indevido de declaratórios é a multa (CPC, art. 1.026, § 2º), e não seu não conhecimento. Porém, alguns julgados do STJ concluem que se os embargos de declaração tiverem como "única finalidade" a reconsideração, então devem ser recebidos como pedido de reconsideração, sem interromper o prazo. Trata-se de entendimento contra a lei, mas que foi acolhido pela banca, a qual apontou como correta a alternativa; **B:** Incorreta, pois pode o juiz corrigir erros materiais de ofício, após a prolação da sentença (CPC, art. 494, I); **C:** incorreta, porque somente há contraditório nos declaratórios se houver a possibilidade de se atribuir efeitos modificativos aos embargos (CPC, art. 1.024, § 4º Caso o acolhimento dos embargos de declaração implique modificação da decisão embargada, o embargado que já tiver interposto outro recurso contra a decisão originária tem o direito de complementar ou alterar suas razões, nos exatos limites da modificação, no prazo de 15 (quinze) dias, contado da intimação da decisão dos embargos de declaração.); **D:** Incorreta, já que o terceiro prejudicado tem legitimidade recursal (CPC, art. 996); **E:** incorreta, pois todo pronunciamento judicial com carga decisória (excluído, portanto, apenas o despacho) pode ser objeto de embargos de declaração (CPC, art. 1.022, *caput*).
Gabarito "A".

(Procurador do Município – Cuiabá/MT – 2014 – FCC) Márcio ajuizou ação de obrigação de fazer contra Telefonia do Centro Oeste pugnando pela retirada de seu nome dos cadastros de proteção ao crédito. Postulou pela concessão de tutela antecipada, a qual foi deferida de plano, sem oitiva da parte contrária. Ao final, porém, o pedido foi julgado improcedente, com revogação expressa da tutela antecipada. Apelação interposta por Márcio

(A) deverá ser recebida apenas no efeito devolutivo, mas com o restabelecimento dos efeitos da tutela revogada de forma expressa pela sentença, por se estar diante de direito da personalidade.

(B) deverá ser recebida nos efeitos devolutivo e suspensivo, que não restabelecerá os efeitos da tutela revogada de forma expressa pela sentença.

(C) deverá ser recebida apenas no efeito devolutivo, que não restabelecerá os efeitos da tutela revogada de forma expressa pela sentença.

(D) deverá ser recebida nos efeitos devolutivo e suspensivo, que restabelecerá os efeitos da tutela revogada de forma expressa pela sentença.

(E) restabelece os efeitos da tutela revogada de forma expressa pela sentença, independentemente do efeito em que tenha sido recebida.

Inicialmente, de se observar que o atual CPC reuniu o regramento referente à **tutela de urgência** (esta dividida em duas subespécies: *tutela de urgência cautelar* e *tutela de urgência antecipada*) e **tutela de evidência** sob a denominação *tutela provisória*. Na situação narrada, tem-se o deferimento de uma tutela provisória, a qual, na sentença, restou revogada. Assim, eventual efeito suspensivo da sentença (CPC,

4. DIREITO PROCESSUAL CIVIL

art. 1.012, §1°) não terá a possibilidade de reativar a antecipação de tutela deferida (exatamente porque foi revogada). Assim, correta a alternativa "B".

Gabarito "B".

(Procurador Legislativo – Câmara de Vereadores de São Paulo/SP – 2014 – FCC) Após acidente automobilístico sofrido por Jorge Nelson, seu advogado propõe ação indenizatória, material e moral, contra Jeferson José, com pedido de antecipação liminar total da tutela jurisdicional. A tutela é antecipada parcialmente, no tocante ao deferimento desde logo do dano material, indeferindo-se porém o dano moral antecipado.

Nessas condições, os advogados do autor Jorge Nelson, bem como do réu Jeferson José,

(A) tendo em vista que a decisão interlocutória proferida significa gravame somente para o réu Jeferson José, mas não para o autor Jorge Nelson, admitirá o recurso de agravo apenas para o réu, não o admitindo para o autor, já que revogável a antecipação tutelar.

(B) tendo em vista a natureza da decisão judicial proferida, interlocutória, cujo conteúdo representa gravame parcial para ambos, poderão eles interpor agravo em dez dias de tal decisão, Jorge Nelson para obter o deferimento total da antecipação tutelar pretendida, Jeferson José visando ao indeferimento total dessa antecipação jurisdicional.

(C) tendo em vista que a decisão interlocutória proferida significa gravame somente para o autor Jorge Nelson, diante do indeferimento da antecipação tutelar da indenização moral, mas não para Jeferson José, admitirá apenas o recurso de agravo por parte do autor, mas não por parte do réu, mesmo porque se trata de decisão revogável.

(D) por se tratar de decisão liminar antecipatória, é irrecorrível para ambas as partes, que só poderão alterá-la eventualmente requerendo sua reconsideração ao próprio juiz que a proferiu.

(E) tendo em vista que o deferimento da antecipação ao autor equivale à sentença futura, deverá Jeferson José apelar de tal deferimento, devendo Jorge Nelson agravar do indeferimento parcial.

Inicialmente, de se observar que o atual CPC reuniu o regramento referente à **tutela de urgência** (esta dívida em duas subespécies: *tutela de urgência cautelar* e *tutela de urgência antecipada*) e **tutela de evidência** (liminar sem urgência) sob a denominação *tutela provisória*. O enunciado narra uma decisão interlocutória, envolvendo tutela provisória. Como houve concessão parcial, está-se diante de sucumbência recíproca ou parcial (ou seja, há interesse recursal de ambos, de forma autônoma). Logo, ambos podem ingressar com agravo de instrumento, com fundamento no art. 1.015, I do CPC. Portanto, a alternativa correta é a "B".

Gabarito "B".

(Procurador do Município – São Paulo/SP – 2014 – VUNESP) Para impugnar o acórdão não unânime de Tribunal de Justiça, que tenha julgado improcedente ação rescisória, é cabível

(A) recurso ordinário.

(B) recurso de embargos infringentes.

(C) recurso especial e/ou recurso extraordinário.

(D) recurso de apelação.

(E) agravo regimental.

No atual CPC, os embargos infringentes deixaram de ser previstos, existindo um novo julgamento no caso de voto vencido, mas sem manifestação da parte. Assim, trata-se de uma técnica de julgamento, denominada pela doutrina de "julgamento estendido" (CPC, art. 942). Portanto, no caso, o correto é falar em recurso para tribunal superior – especial ou extraordinário (CPC, art. 1.029). Não cabe apelação, pois esse recurso somente cabe de sentença (CPC, art. 1.009); não cabe o agravo regimental (atualmente denominado de agravo interno) pois ele impugna decisão monocrática (CPC, art. 1.021); não cabe o ordinário pois ele é cabível de acórdão de ação constitucional originária de tribunal (CPC, art. 1.027).

Gabarito "C".

(Procurador do Município – São Paulo/SP – 2014 – VUNESP) A decisão liminar de antecipação de tutela, concedida em primeira instância, sem contraditório, no sentido de promover milhares de servidores e determinar o consequente aumento imediato de seus subsídios, considerando inconstitucionais as normas que restringem a concessão de tutela antecipada contra o poder público, pode ser impugnada por meio de

(A) reclamação constitucional ao STF, desde que não seja cabível a interposição de agravo de instrumento.

(B) agravo de instrumento e pedido de suspensão dirigido ao Presidente do respectivo Tribunal, vedada reclamação constitucional para o STF.

(C) agravo de instrumento, ou pedido de suspensão dirigido ao Presidente do respectivo Tribunal, ou reclamação constitucional ao STF, vedada a adoção simultânea dessas medidas.

(D) agravo de instrumento, pedido de suspensão dirigido ao Presidente do respectivo Tribunal e reclamação constitucional ao STF, podendo ser essas medidas adotadas de forma concorrente.

(E) reclamação constitucional ao STF, desde que não tenha havido pedido de suspensão dirigido ao Presidente do respectivo Tribunal, mas sem prejuízo da interposição de agravo de instrumento.

A situação narrada apresenta uma decisão interlocutória que viola o entendimento do STF, proferido em controle concentrado, quanto à vedação de antecipação de tutela contra o Estado, ao envolver pagamento de subsídios. A decisão interlocutória pode ser impugnada por agravo de instrumento (CPC, art. 1.015, I). Além disso, cabe também pedido de suspensão dirigido ao Presidente do respectivo Tribunal, nos termos do art. 4º da Lei nº 8.437/92. Também viável o cabimento de reclamação na hipótese, com fundamento do art. 988, III, CPC. E, como estamos diante de apenas 1 recurso (agravo), não há prejuízo a se utilizar as 3 medidas ao mesmo tempo, não se aplicando o princípio da unirrecorribilidade, que se refere apenas a recursos.

Gabarito "D".

(Procurador do Município/São José dos Campos-SP – 2012 – VUNESP) Réu, ao apresentar sua contestação, alegou matéria preliminar quanto à condição da ação, rejeitada pelo despacho saneador. Deixou de apresentar recurso sobre este fato, contudo, em sede de apelação, novamente arguiu esta matéria preliminar. Diante desse fato, assinale a alternativa correta.

(A) Houve preclusão de seu direito, uma vez que deixou de apresentar recurso de agravo de instrumento ao despacho saneador.

(B) Houve preclusão de seu direito, uma vez que deixou de apresentar agravo retido ao despacho saneador.

(C) Não está precluso seu direito, pois trata-se de matéria de ordem pública, podendo ser suscitada em sede de apelação.

(D) Não está precluso seu direito, por tratar- se de matéria considerada de mérito por equiparação.

(E) Não está precluso seu direito, em razão da aplicação da teoria da asserção para verificar as condições da ação.

Condição da ação é matéria de ordem pública, de modo que não é objeto de preclusão, nos termos do art. 485, § 3º do CPC. Sendo assim, pode ser alegada em apelação. Assim, correta a alternativa "C". De se observar que, nesses casos, o juiz deve oportunizar manifestação às partes, para evitar decisão-surpresa (CPC, art. 10). Vale destacar que não há mais agravo retido no atual CPC.

Gabarito "C".

(Procurador do Estado/SC – 2009) Assinale a alternativa incorreta, a respeito dos embargos de declaração:

(A) Não dependem de preparo.

(B) Excepcionalmente, podem adquirir efeito modificativo.

(C) Sua interposição suspende o prazo para a interposição dos demais recursos.

(D) Podem ser interpostos em face de decisões interlocutórias.

(E) São interpostos em caso de omissão, contradição ou obscuridade da decisão recorrida.

A: correta (CPC, art. 1.023); **B:** correta, pois os efeitos modificativos ou infringentes não são a regra (CPC, art. 1024, § 4º); **C:** incorreta, devendo esta ser assinalada, pois há interrupção e não suspensão do prazo (CPC, art. 1.026); **D:** correta (CPC, art. 1.022, II); **E:** correta (CPC, art. 1.022).

Gabarito "C".

---

20. PROCEDIMENTOS ESPECIAIS PREVISTOS NO CPC

(Procurador do Município – S.J. Rio Preto/SP – 2019 – VUNESP) No que diz respeito à Ação de Consignação em Pagamento, assinale a alternativa correta.

(A) É um procedimento comum previsto no Código de Processo Civil no qual o devedor propõe ação contra o credor quando este se recusa a receber o valor de dívida ou exige valor superior ao entendido.

(B) Não pode ter por objeto bens imóveis ou semoventes, mas apenas bens móveis.

(C) Na petição inicial, o autor deverá requerer o depósito da quantia devida a ser efetivado no prazo de 5 (cinco) dias contados do deferimento, sob pena de extinção do processo sem resolução do mérito.

(D) Deverá ser proposta no domicílio do credor.

(E) Na contestação, o réu poderá alegar que o depósito não é integral, ainda que não indique o montante que entende devido.

A: incorreta, pois se trata de um procedimento especial (CPC, art. 539 e ss.); **B:** incorreta, pois a consignação pode recair sobre bens móveis, imóveis e até sobre semoventes (CPC, art. 539 e ss.); **C:** correta, conforme expressa previsão legal (CPC, art. 542, I); **D:** incorreta, porque a ação deve ser proposta no lugar do pagamento (CPC, art. 540); **E:** incorreta, tem do em vista que a alegação de insuficiência do depósito impõe ao credor o dever de indicar o montante que entende devido (CPC, art. 544, IV e parágrafo único).

Gabarito "C".

(Procurador do Estado/TO – 2018 – FCC) Referente às ações possessórias, considere.

I. É lícito ao réu, na contestação, alegando que foi o ofendido em sua posse, demandar a proteção possessória e a indenização pelos prejuízos resultantes da turbação ou do esbulho cometidos pelo autor.

II. A propositura de uma ação possessória em vez de outra não obstará a que o juiz conheça do pedido e outorgue a proteção legal correspondente àquela cujos pressupostos estejam provados.

III. Na pendência de ação possessória é possível ao réu, como meio de defesa, propor ação de reconhecimento de domínio, sendo defeso porém ao autor o ajuizamento da ação dominial.

IV. Quando a ação for proposta dentro de ano e dia da turbação ou do esbulho, seu procedimento admite liminar; após esse prazo o procedimento será ordinário, perdendo a ação seu caráter possessório.

V. Se o réu provar, em qualquer tempo, que o autor provisoriamente mantido ou reintegrado na posse carece de idoneidade financeira para, no caso de sucumbência, responder por perdas e danos, o juiz designar-lhe-á o prazo de cinco dias para requerer caução, real ou fidejussória, sob pena de ser depositada a coisa litigiosa, ressalvada a impossibilidade da parte economicamente hipossuficiente.

Está correto o que se afirma APENAS em

(A) I, III e IV.

(B) I, II e V.

(C) II, III e IV.

(D) I, II, IV e V.

(E) III, IV e V.

I: correta, considerando a natureza dúplice das ações possessórias (CPC, art. 556); **II:** correta, tendo em vista a aplicação do princípio da fungibilidade às ações possessórias (CPC, art. 554); **III:** incorreta, porque, na pendência de ação possessória, é proibido ao autor e ao réu propor ação de reconhecimento de domínio, salvo se a pretensão for deduzida em face de 3º (CPC, art. 557); **IV:** incorreta, pois, superado o prazo, embora a ação passe a tramitar pelo procedimento comum, não perderá a natureza de ação possessória (CPC, art. 558); **V:** correta, conforme expressa previsão legal (CPC, art. 559).

Gabarito "B".

(Procurador do Estado/SP – 2018 – VUNESP) A Fazenda Pública, citada em sede de ação monitória, deixa, propositadamente, de se manifestar, porque o valor e o tema expostos na inicial encontram pleno amparo em orientação firmada em parecer administrativo vinculante. O valor exigido nessa ação é superior a seiscentos salários-mínimos e a prova documental apresentada pelo autor é constituída por depoimentos testemunhais escritos, colhidos antes do processo, e por simples início de provas documentais que apenas sugerem, indiretamente, a existência da dívida narrada na inicial. Nesse caso, ante a certidão do cartório de que decorreu o prazo para manifestação da Fazenda, o juiz deve

(A) intimar o autor para que este indique as provas que deseja produzir, tendo em vista que os direitos tutelados pela Fazenda não estão sujeitos à revelia.

(B) intimar o autor, para que ele, mediante apresentação de planilha da dívida atualizada, dê início ao cumprimento de sentença.

4. DIREITO PROCESSUAL CIVIL   307

(C) acolher, por sentença, o pedido do autor, ante a revelia da Fazenda.

(D) rejeitar o pedido do autor e intimar as partes dessa decisão, tendo em vista que não se admite, na monitória, prova testemunhal colhida antes do início do processo, mas apenas prova documental.

(E) intimar o autor para que ele tome ciência do início do reexame necessário.

A: Incorreta. De modo geral, a ausência de oposição de embargos monitórios pelo réu (com exceção da Fazenda Pública) acarreta, de plano, a constituição de título executivo judicial. No caso da Fazenda Pública, a ausência de manifestação induz o reexame necessário pelo Tribunal (a não ser que a situação se enquadre em uma das hipóteses de não aplicação do instituto). Em ambas as situações não haverá produção de outras provas (CPC, art. 701, §§ 2º e 4º); **B:** Correta, porque no caso em apreço não haverá reexame necessário, tendo em vista que a causa de pedir da petição inicial encontra amparo em orientação firmada em parecer administrativo vinculante (CPC, art. 496, § 4º, IV); **C:** Incorreta, porque a formação do título executivo judicial ocorre de plano, independentemente de manifestação judicial (CPC, art. 701, § 2º); **D:** Incorreta, uma vez que a produção de prova testemunhal é expressamente permitida pelo diploma processual (CPC, art. 700, § 1º); **E:** Incorreta, porque, no caso analisado, não haverá reexame necessário (CPC, art. 701, § 4º e art. 496, § 4º, IV).

Gabarito "B"

(Procurador do Município/Manaus – 2018 – CESPE) Acerca das disposições do CPC relativas aos procedimentos especiais e ao processo de execução, julgue os itens seguintes.

(1) Na hipótese do ajuizamento de ação de reintegração de posse quando se deveria ajuizar outra ação possessória, o juiz poderá conhecer o pedido e outorgar a proteção legal correspondente, desde que tenham sido comprovados os pressupostos da ação que deveria ter sido ajuizada.

(2) Admite-se o ajuizamento de ação monitória por aquele que afirma, com base em prova escrita, ou oral documentada, ter direito de exigir de devedor capaz a entrega de coisa infungível.

(3) A execução de título executivo judicial se dá em fase processual posterior à sua formação, denominada processo de execução.

1: Correta, sendo essa a fungibilidade das possessórias (CPC, art. 554). **2:** Correta (CPC, art. 700, II). **3:** Errada. Desde 2005 há o chamado "sincretismo processual", em que a execução de título executivo judicial se dá via cumprimento de sentença e não processo de execução autônomo (CPC, art. 513 e ss.).

Gabarito 1C, 2C, 3E

(Procurador do Estado/AC – 2017 – FMP) Considere as seguintes afirmativas sobre o tema das ações possessórias no âmbito do Código de Processo Civil.

I. A propositura de uma ação possessória em vez de outra obstará a que o juiz conheça do pedido.

II. É lícito ao autor cumular ao pedido possessório o de indenização dos frutos.

III. Se o réu provar, em qualquer tempo, que o autor provisoriamente mantido ou reintegrado na posse carece de idoneidade financeira, no caso de sucumbência, responder por perdas e danos, o juiz designar-lhe-á o prazo de 30 (trinta) dias para requerer caução, real ou fidejussória, sob pena de ser deposi-

tada a coisa litigiosa, ressalvada a impossibilidade da parte economicamente hipossuficiente.

IV. Contra as pessoas jurídicas de direito público não será deferida a manutenção ou a reintegração liminar sem prévia audiência dos respectivos representantes judiciais.

Estão CORRETAS apenas as alternativas

(A) I e II.

(B) II e III.

(C) II e IV.

(D) I, III e IV.

(E) II, III e IV.

I: incorreta, tendo em vista a aplicação do princípio da fungibilidade às ações possessórias (CPC, art. 554); **II:** correta, conforme expressa autorização legal (CPC, art. 555, II); **III:** incorreta, pois o prazo para o réu requerer o oferecimento de caução é de 5 dias (e não 30 dias – CPC, art. 559); **IV:** correta, sendo uma das prerrogativas processuais da Fazenda Pública (CPC, art. 562, p.u.).

Gabarito "C"

(Procurador Municipal – Sertãozinho/SP – VUNESP – 2016) Angelo Augusto possui usufruto vitalício de uma casa e no retorno de uma viagem de férias, que durou sete meses, soube por meio de vizinhos que Argos Silva, sobrinho do proprietário, havia informado que passaria a morar na residência, pois assim teria lhe prometido o proprietário do imóvel. Em razão disso, Angelo Augusto propôs ação possessória pertinente. Porém, antes do juiz apreciar a petição, enquanto estava novamente viajando por uma semana a trabalho, Argos Silva entrou na residência, retirou os pertences do morador e nela passou a residir. Diante disso, Angelo Augusto deverá

(A) desistir da ação de interdito proibitório anteriormente proposta, ingressando com ação de manutenção de posse.

(B) propor nova ação, visando ser reintegrado na posse do imóvel, que deve ser distribuído por dependência à ação de manutenção de posse já proposta.

(C) peticionar na ação de manutenção de posse já proposta, informando o esbulho possessório e nos mesmos autos pleitear liminar de manutenção na posse, podendo cumular pedido de condenação de Argos Silva em perdas e danos.

(D) desistir da ação de manutenção de posse anteriormente proposta, ingressando com ação de reintegração de posse.

(E) noticiar os novos fatos ao juiz na ação de interdito proibitório anteriormente proposta e nos mesmos autos formular o pedido de reintegração de posse.

A questão trata da fungibilidade das possessórias. No caso específico das ações possessórias, o sistema que uma ação possa ser convertida em outra, considerando que os fatos relativos à posse são dinâmicos (CPC, art. 554). Sendo assim, inicialmente apenas havia ameaça (daí o uso do interdito proibitório), que se transformou em perda da posse (daí a conversão para reintegração de posse. Nesse contexto, a alternativa correta é a "E".

Gabarito "E"

(Procurador do Estado – PGE/MT – FCC – 2016) A respeito dos procedimentos especiais, em conformidade com as disposições do novo Código de Processo Civil e a jurisprudência dominante dos Tribunais Superiores,

(A) a imissão provisória na posse do imóvel objeto de desapropriação, caracterizada pela urgência, não prescinde de avaliação prévia ou de pagamento integral.

(B) no litígio coletivo pela posse de imóvel, quando o esbulho afirmado na petição inicial tiver ocorrido há mais de ano e dia, o juiz somente poderá apreciar o pedido de liminar depois de designar audiência de mediação.

(C) caso a Fazenda Pública seja ré em ação monitória e não apresente embargos após o mandado monitório, deverá imediatamente seguir o procedimento de execução contra a Fazenda Pública.

(D) em ação de usucapião, o possuidor e os confinantes devem ser citados, pessoalmente ou por edital.

(E) a ação monitória pode ser proposta com base em prova escrita sem eficácia de título executivo, desde que o documento tenha sido emitido pelo devedor ou nele conste sua assinatura.

A: Incorreta, pois necessário que haja o pagamento prévio; **B:** Correta (CPC, art. 565); **C:** Incorreta, pois no caso haverá a aplicação do procedimento do cumprimento de sentença (CPC, art. 701, § 4º); **D:** Incorreta, pois nesse caso a citação deve ser apenas pessoal (CPC, art. 246, § 3º); **E:** Incorreta, a previsão legal é de prova escrita sem força de título, inexistindo menção a assinatura do devedor (CPC, art. 700).

Gabarito "B".

(Procurador – IPSMI/SP – VUNESP – 2016) Minerva está há mais de 30 anos na posse de um terreno que fica na zona sul de Itaquaquecetuba. Decide então, preenchidos os requisitos para usucapir o bem, aforar a demanda competente. Nesse caso, é correto afirmar que

(A) o Ministério Público só deve atuar neste feito caso tenha interesse na área ocupada por Minerva.

(B) a ação deverá ser obrigatoriamente instruída com a certidão atualizada do imóvel a ser usucapido, sendo que quem figurar como proprietário do bem deverá obrigatoriamente ser citado por edital.

(C) a petição inicial da usucapião deverá obrigatoriamente vir instruída com a planta do imóvel e memorial descritivo, a fim de que se individualize o bem.

(D) a sentença que julgar improcedente a ação será transcrita, mediante mandado, no registro de imóveis, independentemente da satisfação das obrigações fiscais por parte de Minerva.

(E) não se faz necessária a citação das Fazendas Publicas Municipal, Estadual e da União quando estas, extrajudicialmente, manifestarem seu desinteresse no imóvel requerido por Minerva.

A: Incorreta, pois o MP deverá atuar nos casos em que a lei prevê sua participação como fiscal da ordem jurídica (CPC, art. 178); **B:** Incorreta, pois a citação por edital é excepcional, mesmo na usucapião (CPC, art. 246, § 3º e 259, I); **C:** Correta. Apesar de não existir mais o procedimento especial da ação de usucapião, essa previsão está presente no pedido extrajudicial de usucapião, de modo que também se aplica ao judicial (CPC, art. 1.071, que inseriu o art. 216-A, § 2º à Lei 6.015/1973); **D:** incorreta, pois se o pedido foi julgado improcedente, nada há a ser levado à matrícula do imóvel; **E:** Incorreta. O art. 216-A, § 3º, da Lei 6.015/1973 prevê expressamente a oitiva da Fazenda no procedimento extrajudicial, de modo que mesmo se aplica ao judicial.

Gabarito "C".

(Procurador – SP – VUNESP – 2015) Os embargos de terceiro devem ser opostos no processo de execução, desde que o embargante tenha conhecimento da ação

(A) a qualquer tempo, enquanto não transitada em julgado a sentença.

(B) até cinco dias depois da arrematação, adjudicação ou remição, mas sempre antes da assinatura da respectiva carta.

(C) até dez dias depois da arrematação, pois este é o ato que implica na perda da posse do bem.

(D) até dez dias da ciência de que o bem foi penhorado na execução.

(E) a qualquer tempo, caso não tenha havido nenhum ato que implique na perda da posse.

A resposta consta expressamente do Código (CPC, Art. 675. Os embargos podem ser opostos a qualquer tempo no processo de conhecimento enquanto não transitada em julgado a sentença e, no cumprimento de sentença ou no processo de execução, até 5 (cinco) dias depois da adjudicação, da alienação por iniciativa particular ou da arrematação, mas sempre antes da assinatura da respectiva carta). Assim, a alternativa correta é a "B".

Gabarito "B".

(Advogado da União/AGU – CESPE – 2012) Julgue os próximos itens, relativos à ação monitória.

(1) De acordo com o STJ, não é causa de indeferimento da inicial o ajuizamento de ação monitória aparelhada em título executivo extrajudicial.

(2) Na inicial da ação monitória, é obrigação do autor demonstrar a causa da emissão do título de crédito que tiver perdido a força executiva.

1: correta. A jurisprudência do STJ admite a monitória para o caso em que, em tese, admissível a execução. Se o exequente tiver dúvida quanto à possibilidade de execução, entende a Corte que cabível o uso da monitória, para evitar o risco da extinção da execução (confirmando esse entendimento, o art. 785 do CPC); **2:** errada, por falta de previsão legal (CPC, art. 700 e ss.).

Gabarito 1C, 2E

(Advogado da União/AGU – CESPE – 2012) Em relação aos embargos de terceiro, julgue o item a seguir.

(1) O fato de determinada pessoa ter participado do processo na condição de assistente simples não implica a sua ilegitimidade para interpor embargos de terceiro se houver constrição do bem disputado.

1: correta. Assistente simples não é considerado parte. Sendo assim, poderá ingressar com embargos de terceiro, se o caso (CPC, art. 674).

Gabarito "1C"

21. PROCEDIMENTOS ESPECIAIS PREVISTOS EM LEGISLAÇÃO EXTRAVAGANTE

(Procurador do Município – Valinhos/SP – 2019 – VUNESP) As causas cíveis de interesse dos Estados, do Distrito Federal, dos Territórios e dos Municípios podem ser conciliadas e julgadas nos Juizados Especiais da Fazenda Pública. A respeito destes órgãos da Justiça comum e do procedimento previsto na Lei Federal 12.153, de 22 de dezembro de 2009, é correto afirmar que

(A) estão incluídos em sua competência as causas que tenham como objeto a impugnação da pena de demissão imposta a servidores públicos civis.

4. DIREITO PROCESSUAL CIVIL

(B) podem ser autores qualquer pessoa física ou jurídica.

(C) no foro onde estiver instalado Juizado Especial da Fazenda Pública, a sua competência é absoluta.

(D) os prazos para a prática de qualquer ato processual pela Fazenda Pública são contados em dobro.

(E) as obrigações definidas como de pequeno valor deverão ser pagas no prazo máximo de 15 dias, contado da entrega da requisição do juiz à autoridade citada para a causa.

A: incorreta, pois essa situação é expressamente excluída da competência dos JEFP (Lei 12.153/09, art. 2º, § 1º, III); B: incorreta, porque o sistema dos Juizados Especiais permite apenas que figurem como autores pessoas físicas e ME/EPP (Lei 12.153/09, art. 5º, I); C: correta, conforme expressa previsão legal (Lei 12.153/09, art. 2º, § 4º); D: incorreta, considerando que, no âmbito dos Juizados da Fazenda Pública, a Fazenda *não* conta com prazos diferenciados para as suas manifestações, inclusive para recorrer (Lei 12.153/09, art. 7º); E: incorreta, uma vez que o prazo máximo para pagamento será de 60 dias (Lei 12.153/09, art. 13, I).
Gabarito "C"

(Procurador do Município – Valinhos/SP – 2019 – VUNESP) Conceder-se-á mandado de segurança para proteger direito líquido e certo, não amparado por *habeas corpus* ou *habeas data*, sempre que, ilegalmente ou com abuso de poder, qualquer pessoa física ou jurídica sofrer violação ou houver justo receio de sofrê-la por parte de autoridade, seja de que categoria for e sejam quais forem as funções que exerça.

Com relação ao procedimento do Mandado de Segurança individual e coletivo, assinale a alternativa correta.

(A) Pedido de reconsideração na via administrativa interrompe o prazo de 120 dias para sua propositura.

(B) É possível contra decisão judicial transitada em julgado.

(C) O ingresso de litisconsorte ativo será admitido até o despacho de saneamento do processo.

(D) O mandado de segurança coletivo induz litispendência para as ações individuais.

(E) Estende-se à autoridade coatora o direito de recorrer.

A: incorreta, já que o STF entende que o pedido de reconsideração não interrompe o prazo decadencial de 120 dias (Súmula 430); B: incorreta, sendo essa uma das hipóteses previstas na lei para não cabimento do MS (Lei 12.016/09, art. 5º, III); C: incorreta, pois a lei determina que o ingresso do litisconsorte ativo deve ocorrer até o despacho da petição inicial (Lei 12.016/09, art. 10, § 2º); D: incorreta, uma vez que o MS coletivo não induz litispendência em relação às ações individuais; no entanto, o demandante individual deve fazer uma opção, desistindo de seu feito individual, no prazo de 30 dias, caso tenha intenção de se beneficiar dos efeitos da coisa julgada do MS coletivo (Lei 12.016/09, art. 22, § 1º); E: correta, conforme expressa previsão legal (Lei 12.016/09, art. 14, § 2º).
Gabarito "E"

(Procurador do Estado/TO – 2018 – FCC) Relativamente ao Mandado de Segurança, considere:

I. Não se concederá mandado de segurança quando se tratar de ato do qual caiba recurso administrativo com efeito suspensivo, independentemente de caução; também não se concederá mandado de segurança de decisão judicial da qual caiba recurso com efeito devolutivo.

II. O titular de direito líquido e certo decorrente de direito, em condições idênticas, de terceiro poderá impetrar mandado de segurança a favor do direito originário, se o seu titular não o fizer, no prazo de trinta dias, quando notificado judicialmente.

III. Não cabe mandado de segurança contra os atos de gestão comercial praticados pelos administradores de empresas públicas, de sociedade de economia mista e de concessionárias de serviço público.

IV. Quando o direito ameaçado ou violado couber a várias pessoas, a impetração do mandado de segurança ficará condicionada à formação de litisconsórcio necessário, podendo porém ser ajuizada ação declaratória autônoma sem o preenchimento desse requisito.

Está correto o que se afirma APENAS em

(A) II, III e IV.

(B) II e III.

(C) I e II.

(D) I e III.

(E) I e IV.

I: incorreta, pois não é cabível MS quando se tratar de decisão judicial da qual caiba recurso com efeito suspensivo (e não apenas devolutivo) e, ainda, de decisão judicial transitada em julgado (Lei 12.016/09, art. 5º); II: correta, conforme expressa previsão legal (Lei 12.016/09, art. 3º); III: correta, conforme vedação legal (Lei 12.016/09, art. 1º, § 2º); IV: incorreta, considerando que, quando o direito couber a várias pessoas, qualquer delas terá legitimidade para impetrar o MS (Lei 12.016/09, art. 1º, § 3º).
Gabarito "B"

(Procurador do Município/Manaus – 2018 – CESPE) Considerando o disposto na Lei dos Juizados Especiais Cíveis e Criminais e na Lei dos Juizados Especiais da Fazenda Pública, julgue os itens que se seguem.

(1) Nas causas cíveis de menor complexidade, os embargos de declaração opostos contra a sentença interrompem o prazo para interposição de recurso.

(2) Nas ações que tramitarem nos juizados especiais cíveis, não poderão ser partes do processo as pessoas jurídicas de direito público, as empresas públicas da União, a massa falida, o insolvente civil, o preso e o incapaz.

(3) As ações populares e as ações de divisão e demarcação de terras não são abarcadas pela competência dos juizados especiais da fazenda pública, ainda que haja o interesse dos estados e que o valor da causa não exceda sessenta salários mínimos.

1: Correta (Lei 9.099/1995, art. 50, com a redação do CPC; e Lei 12.153/2009, art. 27). 2: Correta (Lei 9.099/1995, art. 8º). 3: Correta (Lei 12.153/2009, art. 2º, § 1º, I).
Gabarito 1C, 2C, 3C

(Procurador – IPSMI/SP – VUNESP – 2016) Sobre o procedimento e regras que regulamentam a ação direta de inconstitucionalidade, é correto afirmar que

(A) pode ser proposta por entidade sindical ou órgão de classe no âmbito estadual.

(B) após sua propositura, é possível que o polo ativo requeira desistência, que poderá ou não ser acolhida pelo relator.

(C) não se admitirá, pelo texto normativo, intervenção de terceiros, salvo se houver autorização por decisão irrecorrível do relator para que se manifestem órgãos ou entidades.

(D) as informações, perícias e audiências a serem realizadas eventualmente nos autos da ação em referência, devem ser feitas no prazo máximo de sessenta dias contados da solicitação do relator.

(E) nessas ações, indeferida a petição inicial, é possível o manejo do recurso de apelação.

A: incorreta, deve ser órgão de âmbito nacional (CF, art. 103, IX); **B:** incorreta, descabe a desistência (Lei 9.868/1999, art. 5º); **C:** correta, sendo essa a previsão legal (Lei 9.868/1999, art. 7º) – e fica o debate, então, quanto ao *amicus curiae* no âmbito do controle concentrado ser considerado como modalidade de intervenção de terceiro (já que o CPC assim prevê – art. 138); **D:** incorreta (Lei 9.868/1999, art. 9º, § 3º); **E:** incorreta, pois o recurso cabível de decisão monocrática de indeferimento é o agravo interno (CPC, art. 1.021).
„Gabarito "C".

(Procurador do Município – São Paulo/SP – 2014 – VUNESP) Assinale a alternativa correta acerca do Juizado Especial da Fazenda Pública.

(A) Não podem ser ajuizadas perante o Juizado Especial da Fazenda Pública causas cujo valor supere 40 salários mínimos.

(B) Admite-se a interposição de mandado de segurança perante o Juizado Especial da Fazenda Pública, desde que respeitado o valor limite de sua competência.

(C) Todas as sentenças estão sujeitas a reexame necessário pela Turma Recursal.

(D) No foro onde estiver instalado, sua competência é absoluta.

(E) O prazo para recorrer da sentença será contado em dobro quando o recorrente for pessoa jurídica de direito público.

A: incorreta, pois o teto do JEFP é de 60 salários mínimos (Lei 12.153/2009, art. 2º); **B:** incorreta. A lei expressamente veda o MS (Lei 12.153/2009, art. 2º, § 1º, I); **C:** incorreta, porque não há reexame necessário no JEFP (Lei12.153/2009, art. 11); **D:** correta (Lei 12.153/2009, art. 2º, § 4º); **E:** incorreta, não há prazo diferenciado no JEFP (Lei 12.153/2009, art. 7º).
„Gabarito "D".

(Procurador do Estado/AC – 2014 – FMP) Assinale a alternativa **incorreta.**

(A) A competência para julgamento de mandado de segurança contra ato de juizado especial é da turma recursal.

(B) O mandado de segurança é instrumento cabível para declaração de direito à compensação tributária, mas não para convalidação de compensação da mesma natureza realizada unilateralmente pelo contribuinte.

(C) A existência de recurso administrativo com efeito suspensivo gera a suspensão do prazo para impetração do mandado de segurança.

(D) A concessão de mandado de segurança não produz efeitos patrimoniais em relação a período pretérito.

A: correta (Súmula 376/STJ: "Compete a turma recursal processar e julgar o mandado de segurança contra ato de juizado especial."); **B:** correta (Súmula 213/STJ: "O mandado de segurança constitui ação adequada para a declaração do direito à compensação tributária"; Súmula 460/STJ: "É incabível o mandado de segurança para convalidar

a compensação tributária realizada pelo contribuinte."); **C:** incorreta, devendo esta ser assinalada. Quando há recurso com efeito suspensivo, não cabe mandado de segurança (Lei 12.016/2009, art. 5º, I); sendo assim, nesse momento, ainda não corre o prazo decadencial para impetrar o MS; **D:** correta (Súmula 271/STF: "Concessão de mandado de segurança não produz efeitos patrimoniais, em relação a período pretérito, os quais devem ser reclamados administrativamente ou pela via judicial própria.").
„Gabarito "C".

(Procurador do Estado/AC – FMP – 2012) Em se tratando de mandado de segurança, é INCORRETO afirmar:

(A) Denegada a ordem em mandado de segurança da competência original dos tribunais, caberá recurso ordinário.

(B) É cabível o recurso de embargos infringentes.

(C) É cabível contra decisão impugnada por recurso desprovido de efeito suspensivo.

(D) Em mandado de segurança coletivo, a concessão de liminar contra o poder público está condicionada à audiência de seu representante judicial.

A: correta. O específico cabimento do recurso ordinário é a denegação, por acórdão, de ação constitucional originária de Tribunal (CF, art. 102, II e 105, II e CPC, art. 1.027); **B:** incorreta, devendo esta ser assinalada. Não cabem infringentes de decisão que julga MS por maioria (Súmula 169/STJ: São inadmissíveis embargos infringentes no processo de mandado de segurança e art. 25 da Lei 12.016/2009). Além disso, à luz do atual CPC, não mais existe esse recurso; **C:** correta. Uma das formas de se buscar atribuir efeito suspensivo a recurso que, ordinariamente, não tem tal efeito, é o MS (outra opção, conforme o caso, é o uso de tutela de urgência); **D:** correta. Tratando-se de tutela de urgência contra o Estado, há necessidade de prévia oitiva do ente estatal (Lei 8.437/1992, art. 1º, § 4º).
„Gabarito "B".

(Procurador do Estado/PR – UEL-COPS – 2011) Sobre o mandado de segurança, analise as seguintes assertivas:

I. cabe mandado de segurança contra ato praticado em licitação promovida por sociedade de economia mista ou empresa pública.

II. o pagamento de vencimentos e vantagens pecuniárias a servidores públicos, assegurados em sentença concessiva de mandado de segurança transitada em julgado, será efetuado relativamente às prestações que se vencerem a contar da data de 120 (cento e vinte) dias anteriores ao ajuizamento da inicial.

III. quaisquer atos ou omissões praticados pelos administradores de concessionárias de serviços públicos, desde que qualificados como ilegais ou abusivos, são controláveis judicialmente por via do mandado de segurança.

IV. a sentença concessiva de mandado de segurança, apesar de se submeter ao reexame necessário, pode ser provisoriamente executada, uma vez que a apelação interponível deve ser recebida, como regra, apenas no efeito devolutivo.

Alternativas:

(A) estão corretas apenas as afirmações II e IV;

(B) estão corretas apenas as afirmações I e IV;

(C) está correta apenas a afirmação I;

(D) está correta apenas a afirmação III;

(E) estão corretas todas as afirmações.

4. DIREITO PROCESSUAL CIVIL

I: correta. Considerando que a licitação é ato de autoridade (ainda que se tratando de empresa pública), correta a afirmação (Lei 12.016/2009, art. 1º); II: incorreta. O pagamento será devido a partir do ajuizamento da inicial (Lei 12.016/09, art. 14, § 4º); III: incorreta. Se o ato for de gestão comercial, descabe MS (Lei 12.016/09, art. 1º, § 2º); IV: Correta (Lei 12.016/09, art. 14, § 3º).

Gabarito "B".

(Procurador do Estado/PA – 2011) Assinale a assertiva CORRETA:

I. A Ação Civil Pública será proposta no foro do local onde ocorrer o dano, cujo juízo terá competência funcional para processar e julgar a causa, e poderá ter por objeto apenas a condenação ao cumprimento de obrigação de fazer ou não fazer.

II. A ação cautelar, para os fins da Lei 7.347/85, poderá ser ajuizada para evitar o dano ao meio ambiente, ao consumidor, à ordem urbanística ou aos bens e direitos de valor artístico, estético, histórico, turístico e paisagístico, sendo o Ministério Público legitimado apenas para propor a ação principal.

III. Na Ação de Mandado de Segurança, terminado o prazo para prestação de informações pela autoridade coatora, o representante do Ministério Público, dentro do prazo improrrogável de 10 (dez) dias, opinará, e com ou sem o parecer do Ministério Público, os autos serão conclusos ao Juiz, para decisão.

IV. O Presidente do Tribunal não poderá estender a pedidos supervenientes, os efeitos da suspensão de liminar em uma única decisão em Mandado de Segurança, ainda que tenham objetos idênticos.

V. Quando não publicado, no prazo de 30 (trinta) dias, contado da data do julgamento, o acórdão que julgou o Mandado de Segurança será substituído pelas respectivas notas taquigráficas, independentemente de revisão.

(A) Todas as assertivas estão incorretas.

(B) Apenas as assertivas I, II e III estão incorretas.

(C) Apenas as assertivas I, II e IV estão incorretas.

(D) Apenas as assertivas IV e V estão incorretas.

(E) Apenas as assertivas III e V estão incorretas.

I: Incorreta. A competência é do local do dano, mas absoluta – assim, funcional (Lei 7.347/1985, art. art. 2º). No mais, a ACP pode ser condenatória ou ter qualquer espécie de pedido (Lei 7.347/1985, art. 3º); II: incorreta. O MP tem legitimidade ampla para a ACP (Lei 7.347/1985, art. 5º, I); III: correta (Lei 12.016/2009, art. 12); IV: incorreta (Lei 12.016/2009, art. 15, § 4º, sendo possível que o Presidente do tribunal assim proceda); V: correta. (Lei 12.016/2009, art. 17).

Gabarito "C".

(Procurador do Estado/RO – 2011 – FCC) No procedimento estabelecido para a ação direta de inconstitucionalidade

(A) cabe agravo da decisão que indeferir a petição inicial.

(B) a desistência é admitida, ainda que após a propositura da ação direta.

(C) é admissível a intervenção de terceiros no processo de ação direta de inconstitucionalidade.

(D) decorrido o prazo das informações serão ouvidos, sucessivamente, o Procurador-Geral da República e o Advogado-Geral da União, que deverão manifestar-se, cada qual, no prazo de quinze dias.

(E) a petição inicial, ainda que manifestamente improcedente, não poderá ser liminarmente indeferida pelo relator.

A: correta, por se tratar de decisão monocrática de relator (art. 4º, parágrafo único, da Lei 9.868/1999 e art. 1.021 do CPC); **B:** incorreta (art. 5º da Lei 9.868/1999); **C:** incorreta, pois a lei veda (art. 7º da Lei 9.868/1999). Contudo, é possível *amicus curiae*, que não deixa de ser uma espécie de terceiro, conforme art. 138 do CPC – assim, o candidato deve ficar atento para essa questão, pois há divergência entre a Lei 9.868 e o previsto no atual CPC); **D:** incorreta, porque na alternativa houve inversão da ordem de oitivas (art. 8º da Lei 9.868/1999); **E:** incorreta, pois cabe o indeferimento liminar, inclusive como se vê da alternativa "A" (art. 4º, "*caput*", da Lei 9.868/1999).

Gabarito "A".

(Procurador do Estado/SC – 2010 – FEPESE) De acordo com a Lei 12.016, de 07 de agosto de 2009, que disciplina o mandado de segurança individual e coletivo, assinale a alternativa **correta**:

(A) É cabível mandado de segurança contra os atos de gestão comercial praticados pelos administradores de empresas públicas.

(B) O direito de requerer mandado de segurança extinguir-se-á decorridos 180 (cento e oitenta) dias, contados da ciência, pelo interessado, do ato impugnado.

(C) Os processos de mandado de segurança e os respectivos recursos terão prioridade sobre todos os atos judiciais, salvo *habeas corpus* e *habeas data*.

(D) Não se concederá mandado de segurança quando se tratar de decisão judicial da qual caiba recurso com efeito suspensivo.

(E) Não é permitida a impetração de mandado de segurança por telegrama.

A: incorreta (art. 1º, § 2º, da Lei 12.016/2009); **B:** incorreta, porque o prazo é de 120 dias (art. 23 da Lei 12.016/2009); **C:** incorreta, pois o *habeas data* não se inclui na ressalva legal à prioridade (art. 20 da Lei 12.016/2009); **D:** correta (art. 5º, II, da Lei 12.016/2009); **E:** incorreta (art. 4º da Lei 12.016/2009).

Gabarito "D".

22. PROCESSO COLETIVO

(Procurador do Município – Valinhos/SP – 2019 – VUNESP) O termo de ajustamento de conduta está previsto no § 6º do art. 5º da Lei 7.347/85.

Sobre o tema, é correto afirmar que

(A) os legitimados ativos das ações coletivas necessariamente precisam ter realizado tal compromisso antes de propor a demanda judicial, vez que se trata de condição para o ingresso dessas demandas coletivas.

(B) por ter natureza jurídica de título judicial, para ter eficácia, há que ser homologado pelo juiz competente para análise da ação coletiva.

(C) por ter natureza preventiva, em casos de demandas ambientais, não poderá ser firmado após a ocorrência do dano.

(D) o objeto desses termos de ajustamento de conduta são apenas os interesses difusos, sendo que para os demais direitos de natureza transindividual, por sua indisponibilidade, não podem ser objeto de transação.

(E) tal instrumento poderá ser proposto, em caso de dano ambiental, tanto pelo Ministério Público como por outros órgãos de defesa ao meio ambiente, como o IBAMA e as Secretarias Municipais de Meio Ambiente.

A: incorreta, pois, o TAC não é condição para o ingresso da ação coletiva (Lei 7.347/85, art. 5º, § 6º); **B:** incorreta, porque o TAC, quando celebrado pelos órgãos legitimados, tem natureza de título executivo *extrajudicial* (Lei 7.347/85, art. 5º, § 6º); **C:** incorreta, tendo em vista que o TAC tem natureza preventiva e *reparadora* e é muito utilizado em matéria ambiental (Lei 7.347/85, art. 1º, I); **D:** incorreta, uma vez que podem ser objeto de TAC direitos difusos, coletivos e individuais homogêneos (Lei 7.347, art. 1º, IV); **E:** correta, conforme expressa previsão legal (Lei 7.347/85, art. 5º, III e IV, e § 6º).

Gabarito "E".

(Procurador do Município – S.J. Rio Preto/SP – 2019 – VUNESP) Mara mora em um imóvel há 16 (dezesseis) anos e, preenchidos os requisitos legais, decide propor ação de usucapião para aquisição originária da propriedade. O imóvel em que Mara reside está registrado perante o Cartório de Registro de Imóveis em nome de Samuel. O vizinho da direita se chama Pedro, o da esquerda, Paulo, e o vizinho do fundo, João. Sara alega ser proprietária do mesmo imóvel em razão de um contrato de compra e venda que nunca foi levado a registro.

Diante da situação hipotética apresentada, assinale a alternativa correta.

(A) Mara deve citar a União, o Estado e o Município, sendo dispensada de citar Pedro, Paulo e João, considerando que eles têm conhecimento sobre a disputa do imóvel.

(B) Sara, tendo conhecimento da ação e não tendo sido citada, deverá oferecer oposição, apenas contra Mara.

(C) Por se tratar de um procedimento especial, os prazos previstos para Mara serão reduzidos em relação ao procedimento comum adotado na parte geral do Código de Processo Civil.

(D) Para a propositura da ação, Mara deverá citar por edital Samuel, Pedro, Paulo e João e citar pessoalmente a União, o Estado e o Município.

(E) Sara é considerada eventual interessada e, por isso, pode aproveitar a citação por edital para apresentar contestação.

A: incorreta, considerando que os vizinhos (ou "confinantes") devem ser citados, pessoalmente, para ingressar na demanda, exceto na hipótese de unidade autônoma em condomínio (CPC, art. 246, § 3º); **B:** incorreta, pois, de acordo com entendimento do STJ, não cabe oposição em ação de usucapião (Informativo nº 642/STJ); **C:** incorreta, porque não há previsão no CPC/15 de procedimento especial para a ação de usucapião – devendo o procedimento ser pautado pelas regras do procedimento comum, respeitadas as peculiaridades próprias desse tipo de ação; **D:** incorreta, já que os vizinhos deverão ser citados pessoalmente (CPC, art. 246, § 3º); **E:** correta, tendo em vista que os eventuais interessados são citados por edital para manifestação (CPC, art. 259, I).

Gabarito "E".

(Procurador do Estado/TO – 2018 – FCC) Suponha que representantes do acionista controlador de uma sociedade de economia mista, na qual o Estado do Tocantins detêm a maioria do capital votante tenham tomado conhecimento de que o edifício sede da companhia, tombado como patrimônio histórico, estaria em processo de total degradação por ausência de ações básicas de manutenção, sofrendo, ainda, diversas descaracterizações em função de reparos inadequados e em desacordo com a normas e autorizações do órgão de proteção do patrimônio histórico que instituiu o tombamento. Diante desse cenário, o Estado

(A) somente poderá atuar por intermédio dos órgãos estatutários da companhia – Conselho Fiscal e Conselho de Administração – buscando a apuração de responsabilidades e o subsequente ajuizamento, pela companhia ou pelo Ministério Público, da competente ação civil pública.

(B) possui legitimidade para ingressar com ação civil pública contra os responsáveis pelas ações ou omissões correspondentes, independentemente da natureza privada da entidade e da anuência de outros legitimados.

(C) somente poderá ingressar com ação civil pública se as condutas forem imputáveis a agentes públicos, eis que dirigentes de entidades de natureza privada não podem figurar no polo passivo de demanda dessa natureza.

(D) não possui legitimidade para ingressar com ação civil pública, porém está obrigado a representar ao órgão competente do Ministério Público, para instauração de inquérito civil, sob pena de responsabilização dos agentes públicos que se omitirem.

(E) embora não possua legitimidade para ingressar, como Fazenda Pública, com ação civil pública para reparação de danos causados a pessoa jurídica distinta, poderá ajuizar ação de improbidade contra os responsáveis, desde que constatado prejuízo ao erário.

O Estado tem legitimidade para ajuizar ACP (L. 7.347/1985, art. 5º, III), pois há seu capital na referida sociedade. Vale destacar que a própria sociedade de economia mista teria legitimidade ativa para ajuizar ACP (L. 7.347/1985, art. 5º, IV).

Gabarito "B".

(Procurador do Estado/TO – 2018 – FCC) Suponha que uma associação de defesa e proteção ambiental tenha ajuizado Ação Civil Pública objetivando evitar o início das obras de um empreendimento que, segundo sustentou, causaria danos ao bioma de uma lagoa próxima em face da inadequação do sistema de tratamento de resíduos adotado. A associação pugnou pela realização de prova pericial, recusando-se, contudo, a realizar o depósito dos honorários do perito judicial nomeado. Considerando as disposições da Lei 7.347/1985, a conduta da associação afigura-se

(A) legítima, eis que tais despesas são, obrigatoriamente, suportadas pelos recursos depositados no Fundo Especial de Reparação de Direitos Difusos.

(B) legítima, eis que está dispensada do adiantamento de quaisquer custas e emolumentos, bem como de honorários periciais.

(C) antijurídica, eis que a dispensa de adiantamento aplica-se apenas quando o Ministério Público figure como autor da lide.

(D) antijurídica, eis que a associação, desde que devidamente legitimada, está dispensada apenas do adiantamento de custas processuais.

(E) legítima, podendo ser ou não deferida pelo juiz da lide, conforme as circunstâncias apresentadas, levando em conta o risco de lesão irreparável.

A: incorreta, pois as associações são dispensadas do adiantamento das despesas (Lei 7.347/85, art. 18); **B:** correta, conforme expressa previsão legal (Lei 7.347/85, art. 18) – valendo a ressalva de que a dispensa não

4. DIREITO PROCESSUAL CIVIL

se aplica nos casos de comprovada má-fé da parte autora; **C:** incorreta, tendo em vista que a dispensa aplica-se para todos os legitimados – embora o STJ entenda que, quando o MP for autor e requerer a prova pericial, a Fazenda Pública a qual o MP esteja vinculado deve arcar com o adiantamento dos honorários (vide AgRg no REsp 1.372.697/SE); **D:** incorreta, já que a dispensa inclui o adiantamento de custas, emolumentos, honorários periciais e quaisquer outras despesas (Lei 7.347/85, art. 18); **E:** incorreta, pois o juiz não poderia contrariar o dispositivo da Lei da ACP (Lei 7.347/85, art. 18).
Gabarito "B".

(Procurador do Estado/AM – 2016 – CESPE) Julgue os itens subsequentes, relativos a ação civil pública, mandado de segurança e ação de improbidade administrativa.

(1) Conforme o entendimento do STJ, é cabível mandado de segurança para convalidar a compensação tributária realizada, por conta própria, por um contribuinte.

(2) Caso receba provas contundentes da prática de ato de improbidade por agente público, o MP poderá requerer tutela provisória de natureza cautelar determinando o sequestro dos bens do referido agente.

(3) Situação hipotética: O estado do Amazonas, por intermédio de sua procuradoria, ajuizou ação civil pública na justiça estadual do Amazonas, com o objetivo de prevenir danos ao meio ambiente. Paralelamente, o MPF ingressou com ação idêntica na justiça federal, seção judiciária do Amazonas. Assertiva: Nesse caso, as respectivas ações deverão ser reunidas na justiça federal da seção judiciária do Amazonas.

1: incorreta, pois o expediente é incabível, conforme Súmula 460, STJ: "É incabível o mandado de segurança para convalidar a compensação tributária realizada pelo contribuinte."; **2**: correta, conforme previsão no art. 301 do CPC. Ademais, e medida encontra respaldo no art. 16 da Lei 8.429/1992; **3**: correta (art. 45 do CPC e Súmula 150/STJ: "Compete à Justiça Federal decidir sobre a existência de interesse jurídico que justifique a presença, no processo, da União, suas autarquias ou empresas públicas"). Gabarito 1E, 2C, 3C.

(Procurador do Município/São José dos Campos-SP – 2012 – VUNESP) Cidadão ingressou com ação popular no domicílio em que é residente e eleitor. Ocorre que os fatos a serem apurados na ação aconteceram em outro município. Diante desse fato, assinale a alternativa correta.

(A) O autor não é parte legítima para a causa, uma vez que somente poderia indagar sobre fatos onde possui o domicílio eleitoral.

(B) O autor não é parte legítima para a causa, pois somente poderá contestar os fatos ocorridos no local em que é domiciliado.

(C) O autor não é parte legítima para a causa, porque deveria ser domiciliado e eleitor na municipalidade onde ocorreram os fatos.

(D) O autor é parte legítima para propor a demanda, porque qualquer pessoa tem legitimidade para propor essa ação.

(E) O autor é parte legítima para propor a demanda, porque basta ser eleitor para ter legitimidade para propor essa ação.

A legislação não restringe a legitimidade ao domicílio, por isso não pode o intérprete fazê-lo, nos termos da Lei 4.717/1965, art. 1º. A questão a ser apreciada nos autos será de competência, mas não de *legitimidade*. Gabarito "E".

(Procurador do Estado/MG – FUMARC – 2012) Assinale a alternativa que NÃO completa corretamente a frase:

"Em ação civil pública, o pedido de suspensão de liminar formulado pela pessoa jurídica de direito público diretamente ao presidente do tribunal competente objetiva evitar grave lesão_____."

(A) à ordem pública

(B) à saúde pública

(C) à segurança pública

(D) à economia pública

(E) ao devido processo legal

A a D: Todas estas estão corretas, pois contam do art. 12, § 1º da Lei 7.347/1985, que trata da suspensão de liminar ou suspensão de segurança (medida que tem por objetivo suspender – perante o próprio presidente do Tribunal, seja intermediário ou Superior, medida liminar deferida que cause problemas para entidade pública). **E:** incorreta, devendo esta ser assinalada
Gabarito "E".

(Procurador do Estado/RO – 2011 – FCC) No que se refere à disciplina da Ação Popular é correto afirmar que é considerado nulo o ato lesivo ao patrimônio da União, dos Estados, dos Municípios, e das outras entidades previstas na Lei nº 4.717/65, por motivo de ilegalidade do objeto, quando:

(A) o agente pratica o ato visando a fim diverso daquele previsto, explícita ou implicitamente, na regra de competência.

(B) o ato não se incluir nas atribuições legais do agente que o praticou.

(C) há observância incompleta de formalidades indispensáveis à existência ou seriedade do ato.

(D) o resultado do ato importar em violação de lei, regulamento ou outro ato normativo.

(E) a matéria de fato ou de direito, em que se fundamenta o ato, é materialmente inexistente ou juridicamente inadequada ao resultado obtido.

A questão é expressamente regulada na Lei 4.717/1965, art. 2º, parágrafo único, "c" (Parágrafo único. Para a conceituação dos casos de nulidade observar-se-ão as seguintes normas: (...) c) a ilegalidade do objeto ocorre quando o resultado do ato importa em violação de lei, regulamento ou outro ato normativo).
Gabarito "D".

(Procurador do Estado/SE – 2017 – CESPE) Julgue os itens a seguir, referentes à ação civil pública, ao mandado de segurança, à ação popular e à reclamação.

I. De acordo com o STJ, as empresas públicas e as sociedades de economia mista, prestadoras de serviço público, possuem legitimidade para propositura de pedido de suspensão de segurança, notadamente, quando atuam na defesa do interesse público primário.

II. Segundo a jurisprudência do STJ, a legitimidade para a defensoria pública propor ação civil pública se restringe às hipóteses em que haja proteção de interesse de hipossuficientes econômicos.

III. Conforme entendimento majoritário da doutrina, o cidadão-eleitor de dezesseis anos possui plena capacidade processual para o ajuizamento de ação popular.

IV. O CPC assegura, na sessão de julgamento de reclamação, o direito à sustentação oral das partes e do MP, nos casos de intervenção deste.

LUIZ DELLORE

Estão certos apenas os itens

(A) I e II.

(B) I e III.

(C) II e IV.

(D) I, III e IV.

(E) II, III e IV.

I: Correta, conforme entendimento consolidado pelo STJ (AgInt no AREsp 916084/BA – Jurisprudência em Teses 79). **II:** Errada. A Corte Especial do STJ consolidou a tese de que a DP possui legitimidade para a propositura de ACP não apenas para os hipossuficientes econômicos (EREsp 1192577/RS). **III:** Correta, sendo esse o entendimento doutrinário prevalecente. **IV:** Correta (CPC, art. 937, VI).
Gabarito "D".

23. TEMAS COMBINADOS

(Procurador do Município – Valinhos/SP – 2019 – VUNESP) A representação judicial do Estado goza de prerrogativas processuais que objetivam proteger o patrimônio público. A respeito do tema, é correto afirmar:

(A) a União, os Estados, o Distrito Federal, os Municípios e suas respectivas autarquias, fundações e empresas públicas gozarão de prazo em dobro para todas as suas manifestações processuais.

(B) a intimação pessoal far-se-á por carga, remessa ou publicação no Diário de Justiça eletrônico.

(C) o reexame necessário é condição de eficácia da sentença proferida contra a Fazenda Pública Municipal de Valinhos se a condenação for inferior a 100 (cem) salários-mínimos.

(D) não se aplica o benefício da contagem em dobro quando a lei estabelece, de forma expressa, prazo próprio para o ente público.

(E) a Fazenda Pública goza de prazo em quádruplo para contestar e em dobro para recorrer.

A: incorreta, porque as empresas públicas e as fundações de direito privado não gozam de prazo em dobro para as suas manifestações processuais (CPC, art. 183); **B:** incorreta, na parte final da afirmação, tendo em vista que a intimação pessoal se faz por carga, remessa ou *meio eletrônico* (CPC, art. 183, § 1º); **C:** incorreta, pelo contrário: a remessa necessária é *dispensada* quando a condenação envolvendo Município (que não constitua capital de Estado) for inferior a 100 s-m (CPC, art. 496, § 3º); **D:** correta, conforme expressa previsão legal (CPC, art. 183, § 2º); **E:** incorreta, pois essa previsão, que existia no CPC/73, foi alterada no CPC/15, sendo o prazo em dobro para todas as manifestações (CPC, art. 183).
Gabarito "D".

(Procurador do Município – Boa Vista/RR – 2019 – CESPE/CEBRASPE) A respeito de tutela provisória, resposta do réu e juizado especial de fazenda pública, julgue os itens que se seguem.

(1) O deferimento de tutela provisória em ação de obrigação de não fazer permite que o juiz determine, de ofício, a imposição de multa no caso de descumprimento da ordem judicial, além de remoção e de busca e apreensão de coisas.

(2) Não enseja preclusão temporal o fato de o réu deixar de alegar a litispendência ou a coisa julgada em preliminar de contestação.

1: correta, considerando que o juiz pode determinar todas as medidas que considerar adequadas a efetivação da tutela provisória,

observando as regras para o cumprimento provisório de sentença, no que couber (CPC, arts. 297 e 536, § 1º); **2:** correta, tendo em vista que, essas matérias, por serem de ordem pública, podem ser alegadas a qualquer tempo e grau de jurisdição, e o juiz delas pode conhecer de ofício (CPC, art. 485, V e § 3º
Gabarito 1C, 2C

(Procurador do Município – Boa Vista/RR – 2019 – CESPE/CEBRASPE) Em cada um dos itens a seguir é apresentada uma situação hipotética seguida de uma assertiva a ser julgada a respeito de processo de execução e ação popular.

(1) Após tomar posse, o prefeito nomeou para exercer o cargo de motorista do seu gabinete o seu sobrinho. Nessa situação, para a anulação da referida nomeação, um instrumento processual adequado é a ação popular.

(2) A pedido do exequente, o juízo deferiu a penhora de um imóvel de propriedade do executado. No entanto, o exequente não procedeu a averbação do ato no respectivo cartório de registro de imóveis. Após a penhora, o executado alienou o imóvel penhorado. Nessa situação, o ato de alienação do imóvel caracteriza fraude à execução.

1: correta, pois a ação popular pode ser utilizada para a proteção da moralidade administrativa (CF, art. 5º, LXXIII); **2:** errada, considerando o entendimento sumulado pelo STJ, no sentido de que a caracterização da fraude à execução exige a prévia averbação do ato na matrícula do imóvel, sendo presumida a boa-fé do terceiro adquirente (Súmula 375, STJ e CPC, art. 792).
Gabarito 1C, 2E

(Procurador do Município – S.J. Rio Preto/SP – 2019 – VUNESP) Marta propôs ação de reparação de danos materiais em face de Maria. No curso do processo, as partes decidem firmar um acordo e para tanto celebram uma transação. O juiz homologa a transação realizada entre as partes e extingue o processo com resolução do mérito. Passados 8 (oito) meses, Marta percebe que foi enganada por Maria e deseja desfazer a transação realizada entre as partes. Assinale a alternativa que corresponde ao instrumento jurídico adequado para satisfazer as pretensões de Marta.

(A) Apelação.

(B) Ação anulatória.

(C) Ação rescisória.

(D) Agravo de instrumento.

(E) Pedido de revisão.

A questão envolve a polêmica do cabimento de ação rescisória x ação anulatória para desconstituição de acordo homologado judicialmente. No CPC/1973, havia dúvida nesses casos em que havia acordo e homologação. Agora, no CPC/2015, fica absolutamente claro que NÃO cabe AR caso se esteja impugnando decisão homologatória. Assim, será cabível ação anulatória (CPC, art. 966, § 4º), em 1º grau, apontando vício do ato jurídico realizado entre as partes (erro, dolo, fraude, coação etc.). e, como já houve a extinção e passados oito meses (trânsito em julgado), não cabe qualquer recurso.
Gabarito "B".

(Procurador do Município – Prefeitura Fortaleza/CE – CESPE – 2017) Julgue os itens seguintes, com base no que dispõe o CPC sobre atos processuais, deveres das partes e dos procuradores e tutela provisória.

(1) A sucumbência recursal com majoração dos honorários já fixados na sentença pode ocorrer tanto no

4. DIREITO PROCESSUAL CIVIL

julgamento por decisão monocrática do relator como por decisão colegiada, mas, segundo entendimento do STJ, não é possível majorar os honorários na interposição de recurso no mesmo grau de jurisdição.

(2) Com a consagração do modelo sincrético de processo, as tutelas provisórias de urgência e da evidência somente podem ser requeridas no curso do procedimento em que se pleiteia a providência principal.

(3) Conforme o STJ, em observância ao princípio da boa-fé objetiva, o reconhecimento, pelo juiz, de sua suspeição por motivo superveniente tem efeitos retroativos e acarreta nulidade dos atos processuais praticados em momento anterior ao fato que tiver dado ensejo à suspeição.

(4) De acordo com o STJ, a sentença declaratória que reconheça a exigibilidade de obrigação de pagar quantia, de fazer, de não fazer ou de entregar coisa constitui título executivo judicial.

(5) É dever do magistrado manifestar-se de ofício quanto ao inadimplemento de qualquer negócio jurídico processual válido celebrado pelas partes, já que, conforme expressa determinação legal, as convenções processuais devem ser objeto de controle pelo juiz.

(6) Situação hipotética: Em ação que tramita pelo procedimento comum, determinado município foi intimado de decisão por meio de publicação no diário de justiça eletrônico. Assertiva: Nessa situação, segundo o CPC, a intimação é válida, uma vez que é tida como pessoal por ter sido realizada por meio eletrônico.

1: Correta. O CPC prevê a sucumbência recursal (art. 85, § 11), ou seja, a majoração dos honorários a cada grau de jurisdição. Assim, imaginando uma sentença (em que houve fixação de 10% para o advogado do vencedor), se houver apelação e esse recurso for provido, haverá majoração dos honorários – seja se isso ocorrer no âmbito de decisão monocrática do relator ou por decisão colegiada. Em relação à parte final da afirmação, a questão ainda não está totalmente pacífica na jurisprudência, existindo divergência entre STF e STJ, mas o STJ vem entendendo que não cabe majoração de honorários no mesmo grau de jurisdição – ou seja, não cabe majoração no agravo interno ou nos embargos de declaração (EDcl no REsp 1.573.573). **2:** Errada, pois o sistema prevê a concessão de tutela de urgência tanto de forma incidental (no curso do processo, como consta do enunciado), como também de forma antecedente (CPC, art. 294, parágrafo único). **3:** Errada, pois o entendimento do STJ é exatamente no sentido inverso, ficando mantidos os atos processuais anteriores, por força do princípio da conservação (CPC, art. 281, parte final). **4:** Correta, sendo inclusive a previsão legal (CPC, art. 515, I: "as decisões proferidas no processo civil que reconheçam a exigibilidade de obrigação de pagar quantia, de fazer, de não fazer ou de entregar coisa"). **5:** Errada, pois as convenções processuais (o NJP – negócio jurídico processual) devem ser revistas pelo juiz apenas no caso de nulidade (art. 190, parágrafo único), sendo que o enunciado aponta que o NJP é *válido*. **6:** Errada, pois o procurador do município (que é advogado público) deve ser intimado pessoalmente – ainda que por meio eletrônico, e não é isso que consta da assertiva (CPC, art. 183, *caput* e § 1º).

Gabarito 1C, 2E, 3E, 4C, 5E, 6E

(Procurador Municipal – Prefeitura/BH – CESPE – 2017) Acerca de normas processuais e jurisdição, assinale a opção correta de acordo com as disposições do CPC.

(A) Os processos sujeitos a sentença terminativa sem resolução de mérito ficam excluídos da regra que

determina a ordem cronológica de conclusão para a sentença.

(B) O novo CPC aboliu o processo cautelar como espécie de procedimento autônomo e as ações cognitivas meramente declaratórias.

(C) Sentença estrangeira que verse sobre sucessão hereditária e disposição testamentária de bens situados no Brasil poderá ser executada no Poder Judiciário brasileiro após homologação pelo STJ.

(D) As limitações e restrições aplicadas aos processos caracterizados como de segredo de justiça não se estendem aos feitos cujo curso se processe nos órgãos jurisdicionados superiores.

A: Correta, por expressa previsão legal (CPC, art. 12, § 2º: Estão excluídos da regra do *caput*: (...) IV – as decisões proferidas com base nos arts. 485 e 932 – sendo que o art. 485 trata exatamente das hipóteses de sentença sem resolução de mérito); **B:** Incorreta. O processo cautelar de fato foi extinto como processo autônomo no atual CPC (agora há a tutela provisória – art. 294); porém, a ação declaratória segue existindo (Art. 20. É admissível a ação meramente declaratória, ainda que tenha ocorrido a violação do direito); o que foi extinto foi a ação declaratória incidental (CPC, art. 503, § 1º); **C:** Incorreta, considerando ser essa uma das hipóteses de competência exclusiva, em que somente o juiz brasileiro pode apreciar o assunto (CPC, art. 23. Compete à autoridade judiciária brasileira, com exclusão de qualquer outra: (...) II – em matéria de sucessão hereditária, proceder à confirmação de testamento particular e ao inventário e à partilha de bens situados no Brasil, ainda que o autor da herança seja de nacionalidade estrangeira ou tenha domicílio fora do território nacional); **D:** Incorreta, pois o segredo de justiça se aplica a todos os graus de jurisdição, tendo em vista que o art. 189 do CPC (que prevê o segredo de justiça) não faz qualquer restrição a grau de jurisdição, mas sim ao tema debatido em juízo

Gabarito "A".

(Procurador Municipal – Prefeitura/BH – CESPE – 2017) A respeito de ação e preclusão, assinale a opção correta.

(A) A consequência processual da inobservância dos prazos impróprios aplica-se a todos os atos processuais, incluído o efeito preclusivo.

(B) De acordo com a doutrina, constitui ação cognitiva de natureza constitutiva aquela que, além de apresentar um conteúdo declaratório, também cria, modifica ou extingue um estado ou uma relação jurídica.

(C) Em uma relação processual, a legitimidade ativa e a passiva são, exclusiva e respectivamente, daquele que sofre a ameaça ou lesão a um direito e daquele que ameaça ou pratica o ato ofensivo.

(D) Sempre que a parte deixar de praticar determinado ato processual dentro do prazo estipulado pelas partes, pelo juízo ou por lei, ficará caracterizada a preclusão consumativa.

A: Incorreta, pois a característica de um prazo impróprio (exemplo, os prazos para os juízes) é exatamente não existir preclusão, podendo ser realizado após o prazo; **B:** Correta, sendo o conceito da doutrina a respeito da tutela constitutiva (aquela que cria, modifica ou extingue uma relação jurídica – como no caso do divórcio, ação desconstitutiva negativa que extingue o casamento); **C:** Incorreta, pois a legitimidade leva em consideração aquele que *se afirma* titular do direito (aquele que afirma que sofreu lesão) em face de que se *afirma* ter causado a lesão (legitimidade está presente no art. 485, VI do CPC); **D:** Incorreta, pois essa é a preclusão *temporal*.

Gabarito "B".

(Procurador do Município – Prefeitura Fortaleza/CE – CESPE – 2017)
Julgue os seguintes itens, relativos a ordem dos processos, incidentes e causas de competência originária dos tribunais.

(1) Situação hipotética: Ao ser intimado em cumprimento de sentença, o executado tomou conhecimento de que, após o trânsito em julgado da decisão condenatória executada, o STF considerou inconstitucional lei que amparava a obrigação reconhecida no título executivo judicial. Assertiva: Nesse caso, será cabível a utilização de ação rescisória, cujo prazo será contado do trânsito em julgado da decisão proferida pelo STF.

(2) Situação hipotética: Após distribuição de incidente de resolução de demandas repetitivas, o desembargador relator, por não identificar questão jurídica comum a diversos processos, rejeitou monocraticamente o incidente. Assertiva: Nessa situação, o relator agiu corretamente, pois estava ausente requisito legal para cabimento do incidente.

1: Correta. O CPC prevê um prazo para rescisão que não tem termo inicial delimitado (art. 525, § 15. "Se a decisão referida no § 12 for proferida após o trânsito em julgado da decisão exequenda, caberá ação rescisória, *cujo prazo será contado do trânsito em julgado da decisão proferida pelo Supremo Tribunal Federal*"; sendo que o § 12 tem a seguinte redação: § 12. Para efeito do disposto no inciso III do § 1º deste artigo, considera-se também *inexigível a obrigação reconhecida em título executivo judicial fundado em lei ou ato normativo considerado inconstitucional pelo Supremo Tribunal Federal*, ou fundado em aplicação ou interpretação da lei ou do ato normativo tido pelo Supremo Tribunal Federal como incompatível com a Constituição Federal, em controle de constitucionalidade concentrado ou difuso). Debate-se essa rescisória "sem prazo" seria constitucional. **2:** Errada, pois a admissibilidade do IRDR deve ser feita de forma *colegiada*, não apenas pelo relator (CPC, art. 981. Após a distribuição, o *órgão colegiado* competente para julgar o incidente *procederá ao seu juízo de admissibilidade*, considerando a presença dos pressupostos do art. 976).
Gabarito 1C, 2E

(Procurador do Município – Prefeitura Fortaleza/CE – CESPE – 2017) Julgue os itens que se seguem, referentes ao procedimento comum no processo civil.

(1) Situação hipotética: Ao receber a petição inicial de determinada ação judicial, o magistrado deferiu pedido de tutela provisória e determinou que o município réu fosse comunicado para ciência e apresentação de defesa. Assertiva: Nessa situação, a apresentação de embargos de declaração pelo réu pode interromper o prazo para contestação.

(2) A decisão de saneamento e de organização do processo estabiliza-se caso não seja objeto de impugnação pelas partes no prazo de cinco dias, vinculando a atividade jurisdicional a partir desse momento processual.

(3) No polo ativo ou passivo da reconvenção poderão ser incluídos terceiros legitimados em litisconsórcio ativo ou passivo.

(4) Em julgamento antecipado parcial de mérito, o magistrado pode reconhecer a existência de obrigação líquida ou ilíquida, e, em qualquer dessas hipóteses, a interposição de recurso contra a decisão do juiz não obsta a liquidação ou execução da decisão interlocutória de mérito, independentemente do oferecimento de caução pelo autor.

1: Errada, considerando que os embargos de declaração interrompem o prazo para interposição de outro *recurso*, e não para apresentação de contestação (CPC, art. 1.026). **2:** Correta, sendo essa a expressa previsão constante do CPC (art. 357, § 1º Realizado o saneamento, as partes têm o direito de pedir esclarecimentos ou solicitar ajustes, no prazo comum de 5 (cinco) dias, findo o qual a *decisão se torna estável*). **3:** Correta, sendo essa a expressa previsão constante do CPC (art. 343, § 3º A reconvenção pode ser proposta *contra o autor e terceiro* e § 4º A reconvenção pode ser *proposta pelo réu em litisconsórcio com terceiro*). **4:** Correta, sendo essa a expressa previsão constante do CPC (art. 356, § 1º A decisão que julgar parcialmente o mérito poderá reconhecer a existência de *obrigação líquida ou ilíquida*. § 2º A parte *poderá liquidar ou executar*, desde logo, a obrigação reconhecida na decisão que julgar parcialmente o mérito, *independentemente de caução*, ainda que haja recurso contra essa interposto).
Gabarito 1E, 2C, 3C, 4C

(Procurador do Estado/SE – 2017 – CESPE) Com relação às normas processuais, ao litisconsórcio, à jurisdição e aos deveres das partes, julgue os seguintes itens, de acordo com o CPC.

I. A boa-fé no direito processual civil exige a verificação da intenção do sujeito processual.

II. A limitação do litisconsórcio facultativo multitudinário, quando realizada pelo juiz em razão de número excessivo de litigantes, pode ocorrer na fase de conhecimento, na liquidação de sentença ou na execução.

III. A pendência de causa que tramita na justiça brasileira impede a homologação de sentença judicial estrangeira quando exigida para produzir efeitos no Brasil.

IV. Os emolumentos devidos a notário ou registrador em decorrência da prática de registro de ato notarial necessário à efetivação de decisão judicial são alcançados pelo benefício da gratuidade de justiça que tenha sido concedido.

Estão certos apenas os itens

(A) I e II.

(B) I e III.

(C) II e III.

(D) II e IV.

(E) II, III e IV.

I: Errada. A boa-fé no processo civil é objetiva e deve ser interpretada como uma norma de comportamento, portanto, independe da intenção do sujeito processual (CPC, art. 5º). **II:** Correta, pois cabe a limitação a qualquer momento (CPC, art. 113, § 1º). **III:** Errada. A pendência de demanda perante a justiça brasileira *não impede* a homologação de sentença estrangeira na hipótese descrita (CPC, art. 24, parágrafo único). **IV:** Correta (CPC, art. 98, § 1º, IX)
Gabarito "D".

(Procurador do Município – Prefeitura Fortaleza/CE – CESPE – 2017) No que tange à fazenda pública em juízo, julgue os itens subsecutivos.

(1) Mesmo já tendo havido condenação em honorários na fase de conhecimento, o juiz deve fixar nova verba honorária em cumprimento de sentença que tenha sido objeto de impugnação pela fazenda pública.

(2) Se, antes do trânsito em julgado, ocorrer a estabilização da tutela antecipada requerida contra a fazenda pública, decorrente da não interposição de recurso pelo ente público, será possível a imediata expedição de precatório.

4. DIREITO PROCESSUAL CIVIL · 317

(3) O benefício do prazo em dobro aplica-se à defesa do ente público em sede de ação popular porque as regras referentes à contagem de prazo do CPC se aplicam também aos procedimentos previstos na legislação extravagante.

1: Correta, pois há honorários tanto na fase de conhecimento como no cumprimento de sentença – seja contra particular, seja contra a fazenda (CPC, art. 85, § 1º). **2:** Errada, pois no entender da banca haveria a remessa necessária (CPC, art. 496). Contudo, o enunciado não deixa claro se os requisitos para a remessa, previstos nos §§ do artigo, estão presentes, de modo que a questão induz o candidato a erro, e deveria ter sido anulada. **3:** Errada, pois se a lei prevê prazo específico para o ente público, não se aplica o prazo em dobro (CPC, art. 183, § 2º Não se aplica o benefício da contagem em dobro *quando a lei estabelecer, de forma expressa, prazo próprio para o ente público.*).
Gabarito 1C, 2E, 3E

(Procurador – IPSMI/SP – VUNESP – 2016) João ingressou com ação contra a Fazenda Pública de Itaquaquecetuba, requerendo indenização por danos morais com requerimento de concessão de tutela antecipada. Diante desse quadro, é correto afirmar que

(A) o prazo para a ré contestar deverá ser contado em dobro e caso venha a sucumbir nos autos, terá prazo quadruplicado para recorrer.

(B) o pedido de antecipação de tutela formulado por João é inepto, pois pelo princípio da reserva do possível não se admite concessão de liminares contra a Fazenda Pública.

(C) gozando a Fazenda Pública de gratuidade processual presumida, caso saia vitoriosa na ação movida por João, este não poderá ser condenado ao pagamento de custas e honorários advocatícios.

(D) caso a ação promovida por João seja julgada totalmente procedente, ainda que a Fazenda Pública não recorra, para que a sentença em regra possa produzir efeitos, necessário se fará a confirmação da decisão pelo Tribunal.

(E) a citação da Fazenda Pública no presente caso deverá ser realizada primeiramente pelo correio. Caso se veja frustrada a citação, João poderá requerer que a citação seja feita por Oficial de Justiça.

A: incorreta, pois o prazo para a Fazenda se manifestar é em dobro (CPC, art.183); **B:** incorreta, pois é pacífico que cabem liminares contra a Fazenda Pública, apesar de existirem algumas limitações legais; **C:** incorreta, pois a Fazenda não paga custas, mas paga honorários (CPC, art. 85, § 3º); dessa forma, se pessoa física for vencida, será condenada ao pagamento de custas e honorários; **D:** correta, tratando-se da remessa necessária (CPC, art. 496); **E:** incorreta, pois não há citação pelo correio contra a Fazenda (CPC, art. 247, III)
Gabarito "D".

(Procurador do Estado – PGE/MT – FCC – 2016) De acordo com as regras transitórias de direito intertemporal estabelecidas no novo Código de Processo Civil,

(A) uma ação de nunciação de obra nova que ainda não tenha sido sentenciada pelo juízo de primeiro grau quando do início da vigência do Novo Código de Processo Civil, seguirá em conformidade com as disposições do Código de Processo Civil de 1973.

(B) as ações que foram propostas segundo o rito sumário antes do início da vigência do novo Código de Processo Civil, devem ser adaptadas às exigências da nova lei instrumental, à luz do princípio da imediata aplicação da lei processual nova.

(C) as disposições de direito probatório do novo Código de Processo Civil aplicam-se a todas as provas que forem produzidas a partir da data da vigência do novo diploma processual, independentemente da data em que a prova foi requerida ou determinada a sua produção de ofício.

(D) caso uma ação tenha sido proposta durante a vigência do Código de Processo Civil de 1973 e sentenciada já sob a égide do novo Código de Processo Civil, resolvendo na sentença questão prejudicial cuja resolução dependa o julgamento do mérito expressa e incidentalmente, tal decisão terá força de lei e formará coisa julgada.

(E) o novo Código de Processo Civil autoriza, sem ressalvas, a concessão de tutela provisória contra a Fazenda Pública, derrogando tacitamente as normas que dispõem em sentido contrário.

A: Correta, considerando a teoria do isolamento dos atos processuais e o ato jurídico processual perfeito (CPC, art. 1.046); **B:** Incorreta, pelo motivo exposto em "A" e considerando a previsão legal em sentido inverso (CPC, art. 1.046, § 1º); **C:** Incorreta, considerando previsão legal em sentido inverso (CPC, art. 1.047. As disposições de direito probatório adotadas neste Código aplicam-se apenas às provas requeridas ou determinadas de ofício a partir da data de início de sua vigência); **D:** Incorreta, considerando previsão legal em sentido inverso (CPC, art. 1.054. O disposto no art. 503, § 1º, somente se aplica aos processos iniciados após a vigência deste Código); **E:** Incorreta, pois a lei afirma que se aplica limitações à concessão de tutela provisória contra a Fazenda (CPC, art. 1.059. À tutela provisória requerida contra a Fazenda Pública aplica-se o disposto nos arts. 1º a 4º da Lei 8.437, de 30 de junho de 1992, e no art. 7º, § 2º, da Lei 12.016/2009).
Gabarito "A".

(Procurador do Estado/AM – 2016 – CESPE) Em relação a análise de petição inicial e julgamento antecipado parcial de mérito, julgue os seguintes itens.

(1) Cabe recurso de apelação contra julgamento antecipado parcial de mérito proferido sobre matéria incontroversa.

(2) Se, ao analisar a petição inicial, o juiz constatar que o pedido funda-se em questão exclusivamente de direito e contraria entendimento firmado em incidente de resolução de demandas repetitivas, ele deverá, sem ouvir o réu, julgar liminarmente improcedente o pedido do autor.

1: incorreta, porque o recurso cabível é o agravo de instrumento (CPC, arts. 356, § 5º, e 1.015, II); **2:** correta (CPC, art. 332, III).
Gabarito 1E, 2C

5. DIREITO CIVIL

Ana Paula Garcia, André de Carvalho Barros, Gabriela Rodrigues, Gustavo Nicolau, Vanessa Trigueiros e Wander Garcia

1. LINDB

1.1. Eficácia da lei no tempo

1.1.1. Vacatio legis

(Procurador – SP – VUNESP – 2015) De acordo com o artigo 1º da Lei de Introdução às Normas de Direito Brasileiro (Decreto-lei 4.657 de 1942), "salvo disposição contrária, a lei começa a vigorar em todo o país quarenta e cinco dias depois de oficialmente publicada". Se, antes de entrar a lei em vigor, ocorrer nova publicação de seu texto, destinada à correção, a *vacatio legis* será

(A) igualmente de 45 (quarenta e cinco) dias e começará a correr da publicação do novo texto, qualquer que seja a alteração.

(B) de 90 (noventa) dias, a contar da publicação do texto original, se a alteração for substancial.

(C) igualmente de 45 (quarenta e cinco) dias e começará a correr da publicação do texto original, qualquer que seja a alteração.

(D) de 90 (noventa) dias, a contar da publicação do novo texto, se a alteração for substancial.

(E) de 90 (noventa) dias, a contar da publicação do novo texto, qualquer que seja a alteração.

Quem responde é o § 3º3º do próprio art. 1º da Lei de Introdução. O dispositivo estabelece que "*se, antes de entrar a lei em vigor, ocorrer nova publicação de seu texto, destinada a correção, o prazo deste artigo e dos parágrafos anteriores começará a correr da nova publicação*". Logo, o prazo de quarenta e cinco dias será reiniciado a partir da publicação do novo texto. **GN**
Gabarito "A".

(Procurador do Estado – PGE/MT – FCC – 2016) De acordo com a Lei de Introdução às Normas do Direito Brasileiro, a lei nova possui efeito:

(A) imediato, por isto atingindo os fatos pendentes, mas devendo respeitar a coisa julgada, o ato jurídico perfeito e o direito adquirido, incluindo o negócio jurídico sujeito a termo ou sob condição suspensiva.

(B) retroativo, por isto atingindo os fatos pendentes, mas devendo respeitar a coisa julgada, o ato jurídico perfeito e o direito adquirido, ao qual não se equiparam, para fins de direito intertemporal, o negócio jurídico sujeito a termo ou sob condição suspensiva.

(C) retroativo, por isto atingindo os fatos pendentes, mas devendo respeitar a coisa julgada, o ato jurídico perfeito e o direito adquirido, ao qual se equipara, para fins de direito intertemporal, o negócio jurídico sujeito a termo, porém não o negócio jurídico sob condição suspensiva.

(D) imediato, por isto atingindo os fatos pendentes, ainda que se caracterizem como coisa julgada, ato jurídico perfeito ou direito adquirido.

(E) imediato, por isto atingindo os fatos pendentes, mas devendo respeitar a coisa julgada, o ato jurídico perfeito e o direito adquirido, ao qual se equiparam as faculdades jurídicas e as expectativas de direito.

A regra estabelecida pelo art. 6º da Lei de Introdução é a da vigência imediata e geral, respeitando o ato jurídico perfeito, o direito adquirido e a coisa julgada (Lei de Introdução, art. 6º). O parágrafo segundo do referido art. 6º amplia o conceito de direito adquirido, assim considerando aqueles cujo "começo do exercício tenha termo pré-fixo, ou condição pré-estabelecida inalterável, a arbítrio de outrem". A alternativa A é a única que contempla todas essas hipóteses descritas. **GN**
Gabarito "A".

(Procurador do Estado – PGE/RN – FCC – 2014) O artigo 1.796 do Código Civil estabelece que "*no prazo de trinta dias, a contar da abertura da sucessão, instaurar-se-á inventário do patrimônio hereditário*", mas o artigo 983 do Código de Processo Civil, com a redação dada pela Lei nº 11.441, de 04/01/2007, dispõe que "*o processo de inventário e partilha deve ser aberto dentro de 60 (sessenta) dias a contar da abertura da sucessão*". De acordo com a Lei de Introdução às Normas do Direito Brasileiro, neste caso

(A) prevalece o prazo estabelecido no Código de Processo Civil.

(B) caberá ao juiz decidir qual prazo irá considerar, de acordo com a dificuldade que os herdeiros tiveram para localizar os bens a inventariar.

(C) prevalece o prazo estabelecido no Código Civil.

(D) nenhum dos dois prazos precisa ser obedecido, porque há colidência de leis vigentes.

(E) os herdeiros terão de declarar na petição de abertura de inventário que lei deverá ser observada, a fim de se estabelecer o termo inicial do prazo em que o inventário irá encerrar-se.

Ambas as leis tratam do mesmo assunto e são de igual hierarquia (leis ordinárias). Não há nenhum impedimento nesse caso de a lei posterior revogar a anterior, e foi exatamente isso o que aconteceu. Nesse tipo de situação, aplica-se a lei posterior. Em conclusão, prevalecerá o disposto no Código de Processo Civil. **GN**
Gabarito "A".

1.1.2. Vigência da lei no tempo

(Procurador/DF – 2013 – CESPE) A respeito da eficácia da lei no tempo e no espaço, julgue os itens a seguir.

(1) No curso de uma relação contratual civil, caso surja lei nova que trate da matéria objeto da relação jurídica entabulada, essa nova lei deverá ser aplicada à referida relação se apresentar regra mais favorável ao devedor.

(2) O princípio da irretroatividade da lei nova se aplica às leis de ordem pública.

1: Errada, pois não há regra nesse sentido. A regra geral que deverá ser aplicada é a de que a nova lei respeitará o ato jurídico perfeito (art.

6º, "*caput*" e § 1º, da LINDB); **2:** Certa, pois de pleno acordo com o princípio básico da irretroatividade, previsto no art. 5º, XXXVI, da CF e no art. 6º da LINDB.

Gabarito 1E, 2C

(Procurador do Estado/MT – FCC – 2011) É correto afirmar que,

(A) salvo disposição contrária, a lei começa a vigorar em todo o País, 45 (quarenta e cinco) dias depois de oficialmente promulgada.

(B) nos Estados estrangeiros, a obrigatoriedade da lei brasileira, quando admitida, se inicia 90 (noventa) dias depois de oficialmente promulgada.

(C) se antes de entrar a lei em vigor, ocorrer nova publicação de seu texto, destinada à correção, o prazo de início de sua vigência começará a correr da data da primeira publicação.

(D) não se destinando à vigência temporária, a lei terá vigor até que outra a modifique ou a revogue.

(E) a lei nova, que estabeleça disposições gerais ou especiais a par das já existentes, sempre revoga a anterior.

A: incorreta (art. 1º, *caput*, da LINDB); **B:** incorreta (art.1º, § 1º, da LINDB); **C:** incorreta (art. 1º, § 3º, da LINDB); **D:** correta, de acordo com o princípio da continuidade das leis (art. 2º, *caput*, da LINDB); **E:** incorreta (art. 2º, § 2º, da LINDB).

Gabarito "D".

1.1.3. Repristinação

(Procurador do Município/Teresina-PI – 2010 – FCC) Sobre a repristinação é a regra vigente no direito brasileiro:

(A) Salvo disposição em contrário, a lei revogada não se restaura por ter a lei revogadora perdido a vigência.

(B) A lei nova, que estabeleça disposições gerais ou especiais a par das já existentes, não revoga nem modifica a lei anterior.

(C) Não se destinando à vigência temporária, a lei terá vigor até que outra a modifique ou revogue.

(D) A lei posterior revoga a anterior quando expressamente o declare.

(E) A lei posterior revoga a anterior quando seja com ela incompatível.

A: correta, pois a norma citada, prevista no art. 2º, § 3º, da LINDB, cuida justamente do instituto da repristinação; **B:** incorreta, pois a afirmativa, prevista no art. 2º, § 2º, da LINDB, não diz respeito à repristinação, mas sim à regra de que a lei geral nova não revoga lei especial anterior; **C:** incorreta, pois a afirmativa, prevista no art. 2º, *caput*, da LINDB, não diz respeito à repristinação, mas ao princípio da continuidade das leis; **D:** incorretas, pois as afirmativas, previstas no art. 2º, § 1º, da LINDB, dizem respeito aos institutos da revogação expressa e da revogação tácita.

Gabarito "A".

1.2. Interpretação da lei

(Procurador do Município/Sorocaba-SP – 2012 – VUNESP) Método de interpretação que se baseia na investigação dos antecedentes da norma, do processo legislativo, a fim de descobrir o seu exato significado. É o método que apura a vontade do legislador e os objetivos que visava atingir.

Essa definição refere-se ao método de interpretação

(A) histórico.

(B) sistemático.

(C) teleológico.

(D) gramatical.

(E) sociológico.

A: correta. A hermenêutica é a ciência da interpretação, a qual traz diversas técnicas ou métodos interpretativos. As técnicas ou métodos clássicos são: a) gramatical; b) sistemático; c) histórico; d) teleológico; e) lógico; f) sociológico. A técnica histórica se preocupa em investigar os antecedentes da norma, desde as circunstâncias fáticas e valorativas que a precedem até o processo legislativo, com o escopo de verificar a razão de sua existência (Wander Garcia, SUPER-REVISÃO, editora FOCO); **B:** incorreta, pois a técnica sistemática *consiste em relacionar os vários dispositivos legais que guardam pertinência com o tema no sistema jurídico, de modo a buscar uma resposta única e trabalhada* (Wander Garcia, SUPER-REVISÃO, editora FOCO); **C:** incorreta, pois a técnica teleológica *consiste em averiguar o sentido e o alcance da lei partindo dos fins sociais a que ela se dirige, bem como adaptando-se às exigências do bem comum* (art. 5º, da LINDB) (Wander Garcia, SUPER-REVISÃO, editora FOCO); **D:** incorreta, pois a técnica gramatical ou literal *consiste em verificar o significado das palavras, isolada e sintaticamente, atendendo à pontuação e à colocação dos vocábulos* (Wander Garcia, SUPER-REVISÃO, editora FOCO); **E:** incorreta, pois a técnica sociológica busca alcançar a efetividade da norma jurídica, adaptando-a à realidade social.

Gabarito "A".

1.3. Lacunas e integração da lei

(Procurador Federal – 2013 – CESPE) Julgue o seguinte item.

(1) O fato de um juiz, à míngua de previsão legal, concluir que o companheiro participante de plano de previdência privada faz jus à pensão por morte, ainda que não esteja expressamente inscrito no instrumento de adesão, caracteriza a utilização da integração da norma lacunosa por meio da analogia.

1: Correta, pois a analogia configura a aplicação do mesmo direito a casos semelhantes quando um deles não possui regulamentação legal (art. 4º da LINDB). Assim, considerando que a Lei atribui o direito a pensão por morte ao cônjuge supérstite, igual direito possui o companheiro supérstite.

Gabarito "1C".

(Procurador do Estado/RO – 2011 – FCC) Quando a lei for omissa, o juiz decidirá o caso com o emprego da

(A) analogia, dos costumes e dos princípios gerais do direito.

(B) equidade em quaisquer casos, dos costumes e dos princípios gerais do direito.

(C) analogia, da equidade e dos costumes, apenas.

(D) interpretação, dos costumes, da equidade e dos princípios gerais do direito.

(E) interpretação, da analogia e dos princípios gerais do direito.

Art. 4º da LINDB.

Gabarito "A".

1.4. Antinomias e correção

Para resolver essa questão e outras que tratam das antinomias, segue resumo.

Correção de antinomias.

Muitas vezes o problema não é de ausência de lei ou de normas, mas de existência de mais de uma norma conflitando entre si. Nesse caso tem-se antinomia, a ensejar uma correção, que também só terá efeito para o

5. DIREITO CIVIL

caso concreto em que o Direito será aplicado. Pode-se conceituar o instituto da antinomia como a situação de conflito entre duas ou mais normas jurídicas.

Quanto ao critério de solução do conflito, a antinomia pode ser dividida em duas espécies: a) aparente, quando a própria lei tiver critério para a solução do conflito; b) real, quando não houver na lei critério para a solução do conflito.

A ordem jurídica prevê critérios para a solução de antinomias aparentes. São eles: a) o hierárquico (*lex superior derogat legi inferiori*), pelo qual a lei superior prevalece sobre a de hierarquia inferior, b) o cronológico ou temporal (*lex posterior derogat legi priori*), pelo qual a lei posterior prevalece sobre a anterior; c) e o da especialidade (*lex specialis derogat legi generali*), pela qual a lei especial prevalece sobre a geral.

Caso não seja possível solucionar o conflito pela utilização dos critérios acima, estaremos diante de um conflito de segundo grau, já que o conflito não será entre simples normas, mas entre os critérios (hierárquico, cronológico e de especialidade). Confira-se os metacritérios para a solução de antinomias de segundo grau. Entre o: a) hierárquico e o cronológico, prevalece o hierárquico (norma superior-anterior), pois a competência é mais forte que o tempo; b) da especialidade e o cronológico, prevalece o da especialidade (norma especial-anterior), em face do princípio da igualdade, admitindo-se exceções no caso concreto; c) hierárquico e o da especialidade, não é possível estabelecer um metacritério de antemão, com alguma vantagem para o critério hierárquico, em virtude da competência.

Se mesmo assim não for possível resolver o conflito pelos metacritérios, deve-se recorrer ao critério dos metacritérios, o princípio da justiça: escolhe-se a norma mais justa.

(Procurador do Estado/AC – FMP – 2012) Assinale a alternativa CORRETA.

(A) Antinomia jurídica ocorre quando há lacuna legislativa.

(B) No Direito brasileiro, a equidade possui apenas função interpretativa.

(C) A analogia, assim como o costume e os princípios gerais de direito, tem função integrativa no sistema jurídico brasileiro.

(D) O critério ou princípio hierárquico – *lex superior derogat legi inferiori* – visa a solucionar o problema da necessidade de integração de lacunas axiológicas.

A: incorreta, pois a antinomia se caracteriza pela existência de mais de uma norma conflitando entre si; **B:** incorreta, pois a equidade também pode ter função integrativa, nos casos expressos em lei (art. 127, do CPC); **C:** correta (art. 4°, da LINDB). *"A integração pode ser definida como o processo de preenchimento de lacunas, mediante a aplicação da analogia, dos costumes e dos princípios gerais do direito, nessa ordem, criando-se a norma individual para o caso"* (Wander Garcia, SUPER-REVISÃO, editora FOCO); **D:** incorreta, pois o critério hierárquico visa a solucionar a antinomia jurídica, enquanto que a analogia, o costume e os princípios gerais de direito têm função integrativa no sistema jurídico brasileiro.
Gabarito "C".

1.5 Vigência da lei no espaço

(Procurador do Município – Valinhos/SP – 2019 – VUNESP) José da Silva morreu em Valinhos, mas era domiciliado em Londres, Inglaterra. Deixou 10 imóveis na Inglaterra e uma propriedade rural em Valinhos, assim como dois filhos morando no Brasil e um em Portugal.

É competente para regular a sucessão dos bens que José deixou:

(A) a lei do domicílio de cada herdeiro.

(B) a lei da Inglaterra, qualquer que seja a situação dos bens.

(C) a lei brasileira.

(D) a lei que os herdeiros escolherem.

(E) se houver testamento, a lei do país onde se lavrou.

A: incorreta, pois a lei do domicílio de herdeiro é relevante para determinar a capacidade que cada um tem para suceder (art. 10, § 2° da LINDB), porém não é competente para regular a sucessão dos bens que José deixou; **B:** correta, pois a sucessão por morte obedece à lei do país em que domiciliado o defunto qualquer que seja a natureza e a situação dos bens (art. 10, *caput* da LINDB). Logo, aplica-se a lei da Inglaterra; **C:** incorreta, pois como José morava na Inglaterra e há dispositivo expresso no sentido de que aplica-se a lei do domicílio do defunto e o defunto morava no exterior, logo não se aplica a lei brasileira (art. 10, *caput* da LINDB); **D:** incorreta, pois não há prerrogativa dos herdeiros escolherem a lei aplicável, haja vista haver determinação legal expressa diversa sobre o aplicável assunto (art. 10, *caput* da LINDB); **E:** incorreta, pois neste caso o local onde foi lavrado o testamento não é relevante, pois aplica-se a lei do país em que era domiciliado o defunto (art. 10, *caput* da LINDB). GR
Gabarito "B".

2. GERAL

2.1. Pessoas naturais

(Advogado da União/AGU – CESPE – 2012) De acordo com o disposto no Código Civil brasileiro acerca da pessoa natural, julgue os itens a seguir.

(1) Embora a lei proteja o direito sucessório do nascituro, não é juridicamente possível registrar no seu nome, antes do nascimento com vida, um imóvel que lhe tenha sido doado.

(2) A recente decisão do STF em favor da possibilidade de interrupção da gravidez de fetos anencéfalos não invalida o dispositivo legal segundo o qual o feto nascido com vida adquire personalidade jurídica, razão por que adquirirá e transmitirá direitos, ainda que faleça segundos depois.

1: correta (arts. 2° e 542, do CC); **2:** correta (art. 2°, do CC). De acordo com a teoria natalista adotada por nosso ordenamento jurídico, a personalidade jurídica da pessoa natural é adquirida a partir do nascimento com vida, mas a lei põe a salvo, desde a concepção, os direitos do nascituro (art. 2°, do CC), ainda que não tenha forma humana e viabilidade de vida, bastando que haja respiração e separação do ventre materno. Gabarito 1C, 2C

(Procurador do Estado/PR – UEL-COPS – 2011) Não é hipótese de cessação da incapacidade para os menores:

(A) a concessão dos pais, se o menor tiver pelo menos 14 anos de idade;

(B) o casamento;

(C) o exercício de emprego público efetivo;

(D) a existência de relação de emprego em função da qual o menor, com 16 anos de idade, tenha economia própria;

(E) a colação de grau em curso de ensino superior.

A: correta (art. 5º, parágrafo único, I, do CC); **B:** incorreta (art. 5º, parágrafo único, II, do CC); **C:** incorreta (art. 5º, parágrafo único, III, do CC); **D:** incorreta (art. 5º, parágrafo único, V, do CC); **E:** incorreta (art. 5º, parágrafo único, IV, do CC).

Gabarito "A".

2.2. Pessoas jurídicas.

(Procurador Distrital – 2014 – CESPE) Julgue o seguinte item.

(1) No entendimento do STJ, não é cabível a desconsideração da personalidade jurídica denominada inversa para alcançar bens de sócio que se tenha valido da pessoa jurídica para ocultar ou desviar bens pessoais, com prejuízo a terceiros.

1: Errada, pois o STJ posiciona-se a favor da desconsideração da personalidade jurídica inversa. A desconsideração da personalidade jurídica está prevista no artigo 50 do Código Civil (CC) de 2002 e é aplicada nos casos de abuso de personalidade, em que ocorre desvio de finalidade ou confusão patrimonial. Nessa hipótese, o magistrado pode decidir que os efeitos de determinadas relações de obrigações sejam estendidos aos bens particulares dos administradores ou sócios da pessoa jurídica. A desconsideração inversa, por sua vez, ocorre quando, em vez de responsabilizar o controlador por dívidas da sociedade, o juiz desconsidera a autonomia patrimonial da pessoa jurídica para responsabilizá-la por obrigação do sócio. Neste sentido, segue ementa do referido Tribunal: "DIREITO CIVIL. RECURSO ESPECIAL. AÇÃO DE DISSOLUÇÃO DE UNIÃO ESTÁVEL. POSSIBILIDADE. REEXAME DE FATOS E PROVAS. INADMISSIBILIDADE. LEGITIMIDADE ATIVA. COMPANHEIRO LESADO PELA CONDUTA DO SÓCIO. ARTIGO ANALISADO: 50 DO CC/02. 1. Ação de dissolução de união estável ajuizada em 14.12.2009, da qual foi extraído o presente recurso especial, concluso ao Gabinete em 08.11.2011. 2. Discute-se se a regra contida no art. 50 do CC/02 autoriza a desconsideração inversa da personalidade jurídica e se o sócio da sociedade empresária pode requerer a desconsideração da personalidade jurídica desta. 3. *A desconsideração inversa da personalidade jurídica caracteriza-se pelo afastamento da autonomia patrimonial da sociedade para, contrariamente do que ocorre na desconsideração da personalidade propriamente dita, atingir o ente coletivo e seu patrimônio social, de modo a responsabilizar a pessoa jurídica por obrigações do sócio controlador. 4. É possível a desconsideração inversa da personalidade jurídica sempre que o cônjuge ou companheiro empresário valer-se de pessoa jurídica por ele controlada, ou de interposta pessoa física, a fim de subtrair do outro cônjuge ou companheiro direitos oriundos da sociedade afetiva.* 5. Alterar o decidido no acórdão recorrido, quanto à ocorrência de confusão patrimonial e abuso de direito por parte do sócio majoritário, exige o reexame de fatos e provas, o que é vedado em recurso especial pela Súmula 7/STJ. 6. Se as instâncias ordinárias concluem pela existência de manobras arquitetadas para fraudar a partilha, a legitimidade para requerer a desconsideração só pode ser daquele que foi lesado por essas manobras, ou seja, do outro cônjuge ou companheiro, sendo irrelevante o fato deste ser sócio da empresa. 7. Negado provimento ao recurso especial" (REsp 1236916/RS, Rel. Ministra NANCY ANDRIGHI, TERCEIRA TURMA, julgado em 22/10/2013, DJe 28/10/2013)

Gabarito 1E

(Procurador/DF – 2013 – CESPE) Com relação às pessoas jurídicas, julgue o item que se segue.

(1) Aquele que emprestar dinheiro a uma sociedade limitada com capital integralizado estará garantido

pelo patrimônio da pessoa jurídica e dos sócios, que responderão de forma subsidiária. Como forma de resguardar o direito do emprestador, a lei pertinente prevê que essa garantia não comportará excepcionalidades.

1: Errada: há uma clara distinção entre o patrimônio da pessoa jurídica e o patrimônio dos sócios. Quem responde pelas dívidas e obrigações da pessoa jurídica é o patrimônio da empresa e não o patrimônio dos sócios (art. 47, CC), ressalvada a hipótese da desconsideração da personalidade jurídica, aplicável para casos excepcionais, nos quais ocorre abuso da personalidade jurídica, normalmente caracterizado pelo desvio de finalidade, ou pela confusão patrimonial (art. 50, CC).

Gabarito 1E

(Procurador do Estado/AC – FMP – 2012) Assinale a alternativa CORRETA.

(A) Com a aplicação da teoria da desconsideração da personalidade jurídica, na sistemática do Código Civil em vigor, os atos praticados pela empresa (nos casos de abuso da personalidade jurídica, caracterizada pelo desvio de finalidade ou pela confusão patrimonial) são considerados inválidos.

(B) A teoria da desconsideração da personalidade jurídica não pode, em nenhuma hipótese, ser alegada pela pessoa jurídica em seu favor, contra os atos de seus administradores.

(C) A teoria da desconsideração da personalidade jurídica, prevista no art. 50 do CC, é a chamada teoria menor da *disregard doctrine*, que reclama mera demonstração de insolvência da empresa no cumprimento de suas obrigações.

(D) No campo da *disregard doctrine*, diz-se que a previsão da teoria da desconsideração da personalidade jurídica, prevista no Código Civil, manteve os demais microssistemas relacionados à matéria.

A: incorreta, pois a aplicação da teoria da desconsideração tem por finalidade a declaração de ineficácia da personalidade jurídica, a fim de ser atingido o patrimônio dos sócios (art. 50, do CC); **B:** incorreta, pois a doutrina entende ser possível que a desconsideração seja invocada pela pessoa jurídica em seu favor, e não apenas pelo Ministério Público ou pelo credor da obrigação (Wander Garcia, SUPER-REVISÃO, editora FOCO); **C:** incorreta, pois o Código Civil adotou a teoria maior (necessidade de configurar o abuso de personalidade, pelo desvio de finalidade ou confusão patrimonial) e não a menor (dispensa a demonstração da fraude ou abuso), adotada pelo CDC e pela Lei dos Crimes Ambientais; **D:** correta (art. 50, do CC).

Gabarito "D".

(Procurador do Estado – PGE/RN – FCC – 2014) Examine o seguinte texto de Vicente Ráo: *de há muito vem ocupando a atenção dos juristas a possibilidade da organização e funcionamento de sociedades de um único sócio, pessoa física ou jurídica de direito privado* (Einmanngesellschaften, na Alemanha; *onemancompanies,* na Inglaterra), *para o exercício de atividades econômicas com patrimônio separado e, pois, com responsabilidade igualmente distinta* (**Riv. Dir. Comm.**, 1954, v. LII, 1a parte, p. 95). *Essa forma de separação patrimonial que, quando reveste certas modalidades, é encarada por alguns juristas italianos como negócio indireto de tipo fiduciário* (**Riv. Dir. Comm.**, 1932, 1a parte, p. 799), *ou negócio permitido pelo novo código civil italiano (arts. 2.326, 2.448 e 2.479;* Brunelli. **Il Libro del Lavoro**, n. 421), *não é, ainda, admitida por nosso direito. Em seguida, afirma que a admissibilidade*

5. DIREITO CIVIL   323

de *um patrimônio separado para fins de exploração econômica acabará por prevalecer.* (**O direito e a vida dos direitos**, 2 v., 2a tiragem, Max Limonad, Editor de Livros de Direito, p. 367-368). Waldeme Ferreira, porém, escreveu sobre esse tema: *em matéria de ficção jurídica, chegou-se a ponto verdadeiramente imprevisto e incrível. Não podia, nem devia ela, por isso mesmo, vingar no Brasil.* (**Tratado de Direito Comercial**. 2 v., São Paulo: Saraiva, 1960, p. 262).

À vista da legislação em vigor:

(A) cumpriu-se, em parte, o que previa Vicente Ráo, porque, embora o Código Civil não contemple nenhuma hipótese de separação patrimonial para instituição de pessoa jurídica, o patrimônio de afetação é permitido nas incorporações imobiliárias, em que o terreno e acessões objeto da incorporação manter-se-ão apartados do patrimônio do incorporador.

(B) cumpriu-se o vaticínio de Vicente Ráo, pois o Código Civil contempla, no rol de pessoas jurídicas, hipótese de patrimônio separado de seu instituidor para fins econômicos.

(C) ambos os autores tiveram, em parte, seus pensamentos acolhidos pelo Código Civil, porque ele prevê no rol de pessoas jurídicas somente hipótese de patrimônio separado para fins não econômicos.

(D) prevalece o entendimento de Waldemar Ferreira, porque o Código Civil não admite separação patrimonial, em nenhuma hipótese, tendo cada pessoa apenas um patrimônio.

(E) prevalece o entendimento de Waldemar Ferreira, exceto no tocante ao empresário individual, como tal inscrito no registro púbico de empresas mercantis.

Pela leitura dos trechos dos renomados doutrinadores, resta evidente que as ideias de Vicente Ráo acabaram prevalecendo. Após a edição da Lei 12.441/2011, instituiu-se no Brasil a empresa individual de responsabilidade limitada, *"constituída por uma única pessoa titular da totalidade do capital social, devidamente integralizado"* (CC, art. 980-A) e que passou a integrar o rol de pessoas jurídicas de Direito privado (CC, art. 44, VI). **GN**

Gabarito "B".

(Procurador do Município/Sorocaba-SP – 2012 – VUNESP) São pessoas jurídicas de direito público interno:

(A) os Estados; os partidos políticos.

(B) a União; as organizações religiosas.

(C) as entidades de caráter público, criadas por lei.

(D) a União; os Estados regidos pelo direito internacional público.

(E) os Municípios; as Autarquias, inclusive as associações públicas.

A: incorreta, pois os partidos políticos são pessoas jurídicas de direito privado (art. 44, V, do CC); B: incorreta, já que as organizações religiosas são pessoas jurídicas de direito privado (art. 44, IV, do CC); C: incorreta, pois a expressão "entidades de caráter público" é muito ampla e pode abranger entidades criadas pelo Estado que não realizam atividades típicas de Estado; D: incorreta, pois os Estados estrangeiros e todas as pessoas que forem regidas pelo direito internacional público são pessoas jurídicas de direito público externo (art. 42, do CC); E: correta (art. 41, III e IV, do CC).

Gabarito "E".

(Procurador Municipal – Sertãozinho/SP – VUNESP – 2016) É correto afirmar que

(A) as pessoas jurídicas de direito público interno não respondem objetivamente pelos danos causados por atos de seus agentes, no exercício de suas funções.

(B) a existência legal das pessoas jurídicas inicia-se, em regra, com o início de suas atividades.

(C) o sistema brasileiro admite a constituição de empresa individual de responsabilidade limitada.

(D) para a desconsideração da personalidade jurídica, o Código Civil de 2002 adotou a denominada teoria menor, pela qual haverá desconsideração sempre que a personalidade jurídica representar empecilho para saldar o crédito de terceiros.

(E) as fundações são pessoas jurídicas de direito privado, constituídas pela união de pessoas que se organizem para fins não econômicos.

A: incorreta, pois contrária aos termos do art. 37, § 6°, da Constituição Federal, segundo o qual:*"As pessoas jurídicas de direito público e as de direito privado prestadoras de serviços públicos responderão pelos danos que seus agentes, nessa qualidade, causarem a terceiros, assegurado o direito de regresso contra o responsável nos casos de dolo ou culpa"*; B: incorreta, pois a existência da pessoa jurídica inicia-se, em regra,"com a inscrição do ato constitutivo no respectivo registro" (CC, art. 45); C: correta, pois tal possibilidade surgiu no ano de 2011, com a publicação da Lei 12.441/2011; D: incorreta, pois o art. 50 do CC limitou a desconsideração da personalidade jurídica aos casos de desvio de finalidade ou confusão patrimonial; E: incorreta, pois a fundação é a reunião de bens organizados para uma finalidade. **GN**

Gabarito "C".

(Procurador – PGFN – ESAF – 2015) Considerando o que dispõe o Código Civil acerca das pessoas jurídicas, analise os itens a seguir e assinale a opção correta.

(A) A existência legal das pessoas jurídicas de direito privado começa com a inscrição do ato constitutivo no respectivo registro, sendo exigível, nesse caso, autorização estatal para a sua criação e personificação.

(B) Se a pessoa jurídica tiver administração coletiva, as decisões se tomarão pela maioria de votos dos presentes, salvo se o ato constitutivo dispuser de modo diverso, prescrevendo em cinco anos o direito de anular essas decisões, quando violarem a lei ou o estatuto.

(C) As pessoas jurídicas de direito público interno são civilmente responsáveis pelos atos dos seus agentes que nessa qualidade causem danos a terceiros, ressalvado o direito regressivo contra os causadores do dano se demonstrado que agiram com dolo.

(D) As organizações religiosas e as empresas individuais de responsabilidade limitada compõem, ao lado das associações, fundações, sociedades e partidos políticos, as pessoas jurídicas de direito privado.

(E) Em caso de abuso da personalidade jurídica, caracterizado pelo desvio de finalidade, ou pela confusão patrimonial, pode o juiz decidir, de ofício, que os efeitos de certas e determinadas relações de obrigações sejam estendidos aos bens particulares dos administradores ou sócios da pessoa jurídica.

A: incorreta, pois a autorização estatal para criação e personificação não é a regra, sendo exigida de forma excepcional e "quando necessário"

(CC, art. 45); **B:** incorreta, pois o prazo para pleitear tal anulação é decadencial de três anos (CC, art. 48); **C:** incorreta, pois o direito de regresso também se verifica quando houver culpa do agente; **D:** correta, pois de acordo com o rol estabelecido pelo art. 44 do CC; **E:** incorreta, pois a decisão de desconsiderar a personalidade jurídica deve ser precedida de requerimento da parte ou do Ministério Público (CC, art. 50). GN

Gabarito "D".

(Procurador do Estado/MT – FCC – 2011) O registro da pessoa jurídica no órgão competente tem eficácia

(A) resolutiva.

(B) declaratória.

(C) rescisória.

(D) discriminatória.

(E) constitutiva.

O registro da pessoa jurídica no órgão competente tem eficácia constitutiva, conforme dispõe o art. 45, do CC.

Gabarito "E".

(Procurador do Estado/RO – 2011 – FCC) A eficácia do registro da pessoa jurídica é

(A) declaratória.

(B) constitutiva.

(C) resolutiva.

(D) suspensiva.

(E) devolutiva.

A eficácia do registro da pessoa jurídica, segundo dispõe o art. 45 do CC, é constitutiva. Ou seja, o início da personalidade jurídica da pessoa jurídica de direito privado se dá com o registro.

Gabarito "B".

(Procurador do Município – S.J. Rio Preto/SP – 2019 – VUNESP) Fundações são Pessoas Jurídicas de Direito Privado. Em relação a esse tema, assinale a alternativa correta.

(A) A fundação somente poderá se constituir para fins religiosos, morais, culturais ou de assistência.

(B) As fundações não podem sofrer danos morais.

(C) Faz jus ao benefício da justiça gratuita a fundação que demonstre a impossibilidade de arcar com os encargos processuais.

(D) A criação de fundação se fará por escritura pública ou contrato particular, especificando o fim a que se destina, e declarando, se quiser, a maneira de administrá-la.

(E) Tornando-se inútil a finalidade a que visa a fundação, apenas o interessado poderá promover a sua extinção, incorporando-se o seu patrimônio a outra fundação que se proponha a fim igual ou semelhante.

A: incorreta, pois as fundações podem se constituir ainda para fins de defesa e conservação do patrimônio histórico e artístico (art. 62, parágrafo único, II CC); educação (art. 62, parágrafo único, III CC); saúde (art. 62, parágrafo único, IV CC); segurança alimentar e nutricional (art. 62, parágrafo único, V CC); defesa, preservação e conservação do meio ambiente e promoção do desenvolvimento sustentável (art. 62, parágrafo único, VI CC); pesquisa científica, desenvolvimento de tecnologias alternativas, modernização de sistemas de gestão, produção e divulgação de informações e conhecimentos técnicos e científicos (art. 62, parágrafo único, VII CC) e promoção da ética, da cidadania, da democracia e dos direitos humanos (art. 62, parágrafo único, VIII CC); **B:** incorreta, pois a pessoa jurídica apesar de não possuir honra subjetiva possui honra objetiva, logo, pode sofrer dano moral por

calúnia ou difamação. Prevê a Súmula 227 do STJ que "A pessoa jurídica pode sofrer da moral". Entretanto, é necessário que a fundação comprove efetiva lesão ao seu nome, credibilidade ou imagem a ponto de prejudicar sua atividade; **C:** correta, nos termos da Súmula 481 do STJ "Faz jus ao benefício da justiça gratuita a pessoa jurídica com ou sem fins lucrativos que demonstre sua impossibilidade de arcar com os encargos processuais; **D:** incorreta, pois a criação de fundação se fará por escritura pública ou *testamento*, especificando o fim a que se destina, e declarando, se quiser, a maneira de administrá-la (art. 62, *caput* CC); **E:** incorreta, pois para tal ato possui legitimidade também o Ministério Público ou qualquer interessado (art. 69 CC). GR

Gabarito "C".

(Procurador do Município – S.J. Rio Preto/SP – 2019 – VUNESP) A Medida Provisória 881, de 30 de abril de 2019, institui a Declaração de Direitos de Liberdade Econômica, estabelece garantias de livre mercado, análise de impacto regulatório, e dá outras providências. Dentre as alterações promovidas pela Medida Provisória, houve alteração do art. 50 do Código Civil.

No que diz respeito ao tema, é correto afirmar:

(A) confusão patrimonial é caracterizada, dentre outros fatores, por cumprimento repetitivo pela sociedade de obrigações do sócio ou do administrador ou vice-versa.

(B) na desconsideração da personalidade, os efeitos de determinadas relações obrigacionais podem ser estendidos aos bens particulares de sócios da pessoa jurídica, desde que beneficiados diretamente pelo abuso da personalidade.

(C) o desvio de finalidade é a utilização dolosa ou culposa da pessoa jurídica com o propósito de lesar credores e para a prática de atos ilícitos de qualquer natureza.

(D) a existência de grupo econômico ainda sem a presença dos requisitos de desvio de finalidade e confusão patrimonial autoriza a desconsideração da personalidade da pessoa jurídica.

(E) constitui desvio de finalidade a mera expansão ou a alteração da finalidade original da atividade econômica específica da pessoa jurídica.

A: correta (art. 50, § 2º, I CC); **B:** incorreta, pois a desconsideração da personalidade jurídica pode incidir nos bens particulares dos sócios desde que beneficiados diretamente ou *indiretamente* pelo abuso da personalidade (art. 50, *caput* CC); **C:** incorreta, pois o desvio de finalidade é a utilização da pessoa jurídica com o propósito de lesar credores e para a prática de atos ilícitos de qualquer natureza (art. 50, § 1º CC); **D:** incorreta, pois a mera existência de grupo econômico sem a presença dos requisitos de que trata o *caput* deste artigo *não* autoriza a desconsideração da personalidade da pessoa jurídica (art. 50, § 4º CC); **E:** incorreta, pois *não* constitui desvio de finalidade a mera expansão ou a alteração da finalidade original da atividade econômica específica da pessoa jurídica (art. 50, § 5º CC). GR

Gabarito "A".

2.3. Domicílio

(Procurador Municipal – Sertãozinho/SP – VUNESP – 2016) Sobre as regras de domicílio, é correto afirmar que

(A) se considera como domicílio da União todas as capitais dos Estados da federação.

(B) as sociedades empresárias possuem domicílio no endereço de qualquer de seus sócios.

5. DIREITO CIVIL 325

(C) o marítimo e o militar, em razão de suas atribuições, possuem domicílio itinerante.

(D) o servidor público possui domicílio necessário.

(E) o domicilio do Município é eleito pelo seu prefeito.

A: incorreta, pois o domicílio da União é o Distrito Federal (CC, art. 75, I); **B:** incorreta, pois o domicílio das sociedades empresárias é "o lugar onde funcionarem as respectivas diretorias e administrações, ou onde elegerem domicílio especial no seu estatuto ou atos constitutivos" (CC, art. 75, IV); **C:** incorreta, pois o domicílio do marítimo é o local onde o navio estiver matriculado e o domicílio do militar é o local no qual servir (CC, art. 76, parágrafo único); **D:** correta, pois de acordo com a previsão do CC, art. 76; **E:** incorreta, pois o domicílio do Município é o local onde funciona a administração municipal (CC, art. 75, III). 🅖🅝
Gabarito "D".

(Procurador do Estado – PGE/RS – Fundatec – 2015) Em relação ao domicílio, conforme legislação vigente, analise as seguintes assertivas:

I. Ressalvada hipótese de abandono, o domicílio do chefe de família estende-se ao cônjuge e aos filhos não emancipados.

II. Exercendo profissões em locais diversos, cada um destes pode constituir domicílio para as relações que lhes corresponderem.

III. O servidor público, o militar e o preso têm domicílio necessário, sendo, respectivamente, o lugar onde exercem permanentemente suas funções, onde servem e onde cumprem a sentença.

IV. Muda-se de domicílio pela alteração de localização do lugar, independente da intenção da pessoa.

Quais estão corretas?

(A) Apenas I e III.

(B) Apenas I e IV.

(C) Apenas II e III.

(D) Apenas II e IV.

(E) Apenas I, II e III.

I: correta, pois de acordo com o previsto no art. 70 do CC; **II:** correta, pois de acordo com a previsão do art. 72, parágrafo único do CC; **III:** correta, pois de acordo com o estabelecido pelo art. 76 do CC; **IV:** incorreta, pois para se alterar o domicílio é preciso a transferência da "residência, com a intenção manifesta de mudar o domicílio". 🅖🅝
Gabarito "E".

(Procurador Distrital – 2014 – CESPE) Julgue o seguinte item.

(1) O domicílio do representante comercial que não possua residência fixa e habitual em nenhum local e costume se hospedar em diversos hotéis nas cidades por onde transita será a capital do estado em que ele tiver nascido.

1: Errada, pois é considerado domicílio daquele que não possui residência fixa e habitual o local onde ela pode ser encontrada (art. 73 do CC). E ainda, considerando o domicílio profissional, haja vista que o representante comercial exerce sua atividade em lugares diversos, é possível dizer que cada um deles constituirá domicílio para as relações que lhe corresponderem (art. 72, parágrafo único do CC).
Gabarito 1E

(Procurador do Estado/AC – FMP – 2012) Assinale a alternativa INCORRETA.

(A) O Código Civil em vigor admite a pluralidade de domicílios.

(B) A pessoa jurídica de direito privado tem como domicílio a sua sede indicada no estatuto, ou, na falta de previsão estatutária, o lugar onde funciona sua sede ou administração.

(C) Tendo a pessoa jurídica de direito privado vários estabelecimentos em lugares diferentes, cada um deles será considerado domicílio para os atos nele praticados.

(D) O foro de eleição, previsto em contrato escrito, é válido entre as partes, e pode, conforme o caso, afastar a aplicabilidade de normas de ordem pública.

A: correta (art. 71, do CC); **B:** correta (art. 75, IV, do CC); **C:** correta (art. 75, IV, § 1º, do CC); **D:** incorreta, pois o foro de eleição não pode afastar a aplicabilidade de normas de ordem pública (art. 78, do CC).
Gabarito "D".

2.4. Direitos da personalidade e nome

(Procurador Municipal/SP – VUNESP – 2016) Sobre o direito do autor, assinale a alternativa correta.

(A) Os direitos autorais reputam-se, para os efeitos legais, bens imóveis.

(B) Interpretam-se restritivamente os negócios jurídicos sobre os direitos autorais.

(C) Somente os estrangeiros domiciliados no Brasil gozarão da proteção assegurada nos acordos, convenções e tratados em vigor no Brasil.

(D) Não é titular de direitos de autor quem adapta, traduz, arranja ou orquestra obra caída no domínio público.

(E) Compete ao particular a defesa da integridade e autoria da obra caída em domínio público.

A: incorreta, pois os direitos autorais reputam-se, para os efeitos legais, bens móveis (Lei 9.610/1998, art. 3º); **B:** correta, pois de pleno acordo com o art. 4º da Lei 9.610/1998; **C:** incorreta, pois a lei de direitos autorais também protege "os nacionais ou pessoas domiciliadas em país que assegure aos brasileiros ou pessoas domiciliadas no Brasil a reciprocidade na proteção aos direitos autorais ou equivalentes" (Lei 9.610/1998, art. 2º, parágrafo único); **D:** incorreta, pois contrária aos termos do art. 14 da mencionada lei; **E:** incorreta, pois tal atribuição compete ao Estado (art. 24, § 2º, da Lei 9.610/1998). 🅖🅝
Gabarito "B".

(Procurador Municipal – Sertãozinho/SP – VUNESP – 2016) Em regra, são objeto de proteção como direitos autorais, de acordo com a Lei 9.610/98,

(A) o aproveitamento industrial ou comercial das ideias contidas nas obras.

(B) os projetos concernentes à topografia.

(C) os esquemas, planos ou regras para realizar jogos ou negócios.

(D) os textos de tratados ou convenções, leis, decretos e regulamentos.

(E) os nomes e títulos isolados.

O art. 8º da Lei 9.610/1998 traz um rol de institutos que não estão protegidos como direitos autorais, aí incluindo-se: "o aproveitamento industrial ou comercial das ideias contidas nas obras" (inciso VII); os "esquemas, planos ou regras para realizar atos mentais, jogos ou negócios" (inciso II); os "textos de tratados ou convenções, leis, decretos, regulamentos, decisões judiciais e demais atos oficiais (inciso IV)" e os "nomes e títulos isolados" (inciso VI). Por sua vez, os "projetos

VÁRIOS AUTORES

concernentes à topografia" estão expressamente protegidos como direitos autorais (art. 7º, X). GN

Gabarito "B".

(Procurador do Estado/RO – 2011 – FCC) Os direitos patrimoniais do autor caducam decorridos setenta anos contados de 1º de janeiro do ano

(A) subsequente ao da publicação da obra.

(B) de seu falecimento.

(C) subsequente ao de seu falecimento.

(D) da publicação da obra.

(E) antecedente ao de seu falecimento.

Art. 41, *caput*, da Lei 9.610/98.

Gabarito "C".

(PROCURADOR DO ESTADO/RS – FUNDATEC – 2010) Assinale a alternativa correta:

(A) Em nenhuma hipótese a lei pode determinar o domicílio de uma pessoa física, pois estabelecer domicílio é um ato jurídico *stricto sensu* que depende da vontade.

(B) Constatado o desaparecimento de uma pessoa física de seu domicílio, sem que se tenha notícia do seu paradeiro, o Código Civil determina que seja aberta de imediato a sucessão definitiva dos bens deixados pelo desaparecido.

(C) O direito ao nome, nele compreendidos o prenome e o sobrenome, corresponde, concomitantemente, a um direito da personalidade tutelado pelo Código Civil e a um dever jurídico, fundado no interesse social.

(D) Às pessoas jurídicas não podem ser atribuídos direitos da personalidade, pois estes são exclusivos das pessoas físicas.

(E) Em um negócio jurídico de compra e venda de um bem determinado, as pertenças relativas a esse bem principal obrigatoriamente estarão envolvidas na transação, pois a sua relação com o bem principal é de acessoriedade.

A: incorreta (art. 75 e 76, do CC); B: incorreta (art. 22 e seguintes, do CC); C: correta (art. 16, do CC); D: incorreta (art. 52, do CC e súmula 227, do STJ); E: incorreta (art. 94, do CC).

Gabarito "C".

(Procurador do Município/Cubatão-SP – 2012 –VUNESP) Leia as assertivas a seguir, a respeito dos direitos da personalidade.

I. Com exceção dos casos previstos em lei, os direitos da personalidade são intransmissíveis e irrenunciáveis, não podendo o seu exercício sofrer limitação voluntária.

II. Salvo por exigência médica, é defeso o ato de disposição do próprio corpo, quando importar diminuição permanente da integridade física, ou contrariar os bons costumes.

III. Toda pessoa tem direito ao nome, mas nele não se compreende o pseudônimo, que pode ser utilizado para fins comerciais, ainda que sem autorização de seu titular.

IV. É válida, com objetivo científico, a disposição gratuita do próprio corpo, no todo ou em parte, para depois da morte, não sendo revogável essa autorização se a disposição for onerosa.

Está correto o que se afirma em

(A) I e II.

(B) II e III.

(C) III e IV.

(D) I, II e IV.

(E) I, III e IV.

I: correta (art. 11, do CC); II: correta (art. 13, do CC). Importante ressaltar que *"não contraria os bons costumes a cessão gratuita de direitos de uso de material biológico para fins de pesquisa científica, desde que a manifestação de vontade tenha sido livre e esclarecida e puder ser revogada a qualquer tempo, conforme as normas éticas que regem a pesquisa científica e o respeito aos direitos fundamentais"* (enunciado n. 401, CJF); III: incorreta, pois o pseudônimo adotado para atividades lícitas goza da proteção que se dá ao nome (art. 19, do CC); IV: incorreta, já que o ato de disposição pode ser livremente revogado a qualquer tempo (art. 14, parágrafo único, do CC).

Gabarito "A".

2.5. Ausência

(Procurador do Estado/RO – 2011 – FCC) Pode ser declarada a morte presumida, sem decretação de ausência

(A) quando o ausente deixar mandatário que não queira ou não possa exercer ou continuar o mandato, ou se os seus poderes forem insuficientes.

(B) da pessoa desaparecida há mais de um ano e que não tenha deixado mandatário para representá-la nos atos da vida civil.

(C) se alguém, desaparecido em campanha ou feito prisioneiro, não for encontrado até o término da guerra.

(D) se a pessoa não residir no Brasil e for apresentado atestado de óbito firmado por oficial de nação estrangeira, ainda que não traduzido.

(E) se for extremamente provável a morte de quem estava em perigo de vida.

Art. 7º, I, do CC.

Gabarito "E".

2.6. Bens

(Procurador do Estado/SE – 2017 – CESPE) De acordo com a classificação doutrinária dos bens, o valor pago a título de aluguel ao proprietário de um imóvel é denominado

(A) fruto.

(B) pertença.

(C) benfeitoria.

(D) imóvel por acessão.

(E) produto.

A: **correta, pois frutos** são utilidades renováveis, ou seja, que a coisa principal periodicamente produz, e cuja percepção não diminui a sua substância. **O aluguel configura fruto civil (art. 95 CC)**; B: incorreta, **pois pertenças são** os bens que, não constituindo partes integrantes, se destinam, de modo duradouro, ao uso, ao serviço ou ao aformoseamento de outro (art. 93 CC); C: incorreta, pois as benfeitorias são melhoramentos ou acréscimos sobrevindos ao bem com a intervenção do proprietário, possuidor ou detentor (arts. 96 e 97 CC); D: incorreta, pois os imóveis por acessão estão no art. 1.248 CC (ilhas, aluvião, avulsão, abandono de álveo, plantações e construções); E: incorreta, pois produtos são utilidades não renováveis, cuja percepção diminui a substância da coisa principal (art. 95 CC). GR

Gabarito "A".

5. DIREITO CIVIL

(Procurador Municipal – Sertãozinho/SP – VUNESP – 2016) Sobre os bens dominicais, é correto afirmar que

(A) podem ser adquiridos por particulares, por meio da prescrição aquisitiva extraordinária.

(B) são aqueles destinados a serviço ou estabelecimento da Administração Pública, inclusive autarquias.

(C) não podem ser utilizados por particular, com exclusividade, por meio de institutos típicos de direito privado.

(D) constituem o patrimônio das pessoas jurídicas de direito público e podem ser alienados.

(E) são aqueles pertencentes às pessoas jurídicas de direito privado que prestam serviços de interesse público.

A: incorreta, pois os bens dominicais são públicos e, portanto, não sujeitos a usucapião (CC, art. 102, CF, art. 183, § 3º, art. 191, parágrafo único, CF); **B:** incorreta, pois a definição dada refere-se aos bens de uso especial (CC, art. 99, II); **C:** incorreta, pois os bens públicos dominicais são bens disponíveis, alienáveis, que constituem o patrimônio das pessoas jurídicas de Direito Público e, portanto, são mais flexíveis do que os demais bens públicos; **D:** correta, pois de pleno acordo com a previsão estabelecida pelo CC, art. 99, III; **E:** incorreta, pois traz conceito diverso do estabelecido em lei. GN
Gabarito "D".

(Procurador do Estado – PGE/RS – Fundatec – 2015) Assinale a alternativa correta.

(A) De acordo com o Código Civil, são bens públicos aqueles pertencentes às pessoas jurídicas integrantes da Administração Pública.

(B) Os bens públicos de uso comum, de uso especial e dominicais são insuscetíveis de alienação.

(C) Os bens pertencentes às empresas estatais prestadoras de serviços públicos em regime de exclusividade são impenhoráveis, se a lei assim determinar.

(D) Os bens públicos podem ser adquiridos por usucapião urbano, desde que não estejam afetados a serviço público.

(E) Os bens públicos imóveis podem ser gravados com hipoteca, desde que em garantia de dívidas da Fazenda Pública com credores públicos.

A: incorreta, pois de acordo com o Código Civil, são bens públicos "os bens do domínio nacional pertencentes às pessoas jurídicas de direito público interno" (CC, art. 98); **B:** incorreta, pois os bens dominicais podem ser alienados, respeitadas as regras do Direito Administrativo; **C:** correta, pois de acordo com o entendimento do STJ, especificamente no AgRg no REsp 1308820/DF, Rel. Ministro Mauro Campbell Marques, Segunda Turma, j. 04.06.2013, DJe 10.06.2013; **D:** incorreta, pois "os bens públicos não estão sujeitos a usucapião" (CC, art. 102 e CF, art. 183 § 3º); **E:** incorreta, pois a hipoteca é um início de alienação, a qual é proibida em relação aos bens públicos. GN
Gabarito "C".

(Procurador do Estado – PGE/RS – Fundatec – 2015) Assinale a alternativa INCORRETA.

(A) Trata-se de universalidade de direito o complexo das relações jurídicas dotadas de valor econômico.

(B) Bens naturalmente divisíveis são aqueles passíveis de fracionamento, muito embora possam se tornar indivisíveis por vontade das partes.

(C) Salvo se o contrário resultar da lei, quando relacionados ao bem principal, os negócios jurídicos não abrangem as pertenças.

(D) Readquirem a qualidade de bens móveis os provenientes da demolição de algum prédio.

(E) São pertenças os bens que, constituindo partes integrantes, se destinam ao aformoseamento de outro.

A: correta, pois a assertiva repete o disposto no art. 91 do CC; **B:** correta, pois os bens divisíveis podem se tornar indivisíveis pela lei ou pela vontade das partes (CC, art. 88); **C:** correta, pois a pertença é o único bem acessório que – em regra – não segue a sorte do bem principal (CC, art. 93); **D:** correta, pois de acordo com a previsão do art. 84 do CC; **E:** incorreta, pois a pertença "não constitui parte integrante" do bem principal (CC, art. 93). GN
Gabarito "E".

(PROCURADOR DO ESTADO/MG – FUMARC – 2012) Assinale, dentre as alternativas abaixo, qual se refere a bem imóvel:

(A) os direitos reais sobre objetos móveis e as ações correspondentes

(B) os direitos pessoais de caráter patrimonial e respectivas ações

(C) as energias que tenham valor econômico

(D) o direito à sucessão aberta

(E) os bens suscetíveis de movimento próprio ou de remoção por força alheia, sem alteração da substância ou destinação econômico-social

A: incorreta (art. 83, II, do CC); **B:** incorreta (art. 83, III, do CC); **C:** incorreta (art. 83, I, do CC); **D:** correta (art. 80, II, do CC); **E:** incorreta (art. 82, do CC).
Gabarito "D".

(Procurador do Estado/PA – 2011) Acerca dos bens e seu regramento jurídico, assinale a alternativa INCORRETA:

(A) Os bens de uso comum do povo e os de uso especial podem ser alienados, desde que haja desafetação e exista autorização legislativa para a venda.

(B) A vaga de garagem que possui matrícula própria no registro de imóveis não constitui bem de família para efeito de penhora.

(C) Para a classificação como bem de família, é indispensável que o imóvel pertença à determinada unidade familiar, de maneira que o conceito de impenhorabilidade não abrange imóvel pertencente a pessoas solteiras, separadas e viúvas.

(D) Os materiais provisoriamente separados de um prédio, para nele se reempregarem, não perdem o caráter de imóveis.

(E) Os bens naturalmente divisíveis podem tornar-se indivisíveis por determinação da lei ou por vontade das partes.

A: correta (art. 100, do CC); **B:** correta (súmula 449, do STJ); **C:** incorreta (súmula 364, do STJ); **D:** correta (art. 81, II, do CC); **E:** correta (art. 88, do CC).
Gabarito "C".

(Procurador do Estado/PR – UEL-COPS – 2011) No que se refere aos bens públicos, assinale a alternativa correta:

(A) os bens dominicais constituem o patrimônio das pessoas jurídicas de direito público, constituindo-se objeto de direito real de cada uma delas;

(B) a alienação dos bens públicos somente acontece quando houver interesse social, independentemente de sua condição de uso pela administração;

(C) os bens públicos dominicais não podem ser alienados, tendo em vista que potencialmente úteis à função pública;

(D) se não houver disposição contrária de lei, consideram-se dominicais os bens pertencentes às pessoas jurídicas de direito público a que se tenha dado estrutura de direito privado;

(E) o uso comum dos bens públicos pode ser gratuito ou retribuído, conforme for estabelecido por ato administrativo da entidade a que pertencerem.

A: incorreta (art. 99, III, do CC); **B:** incorreta (artigos 100 e 101, ambos do CC); **C:** incorreta (art. 101, do CC); **D:** correta (art. 99, parágrafo único, do CC); **E:** incorreta (art. 103, do CC).
Gabarito "D".

(Procurador do Estado/RS – FUNDATEC – 2010) Assinale a alternativa correta:

(A) Os bens públicos de uso comum, de uso especial e os dominicais são sempre considerados inalienáveis.

(B) Pela utilização de bens públicos de uso comum, o poder público não pode exigir qualquer espécie de retribuição.

(C) Enquanto não ocorrer a condição resolutiva, o negócio jurídico não terá eficácia e não se terá adquirido o direito a que ele visa.

(D) Um negócio jurídico não pode ser considerado nulo somente porque não cumpriu a forma prescrita ou não defesa em lei.

(E) A *universitas facti* é uma categoria lógica e a universalidade de direito contempla um todo que emerge das unidades que a compõem.

A: incorreta (artigos 100 e 101, ambos do CC); **B:** incorreta (art. 103, do CC); **C:** incorreta (art. 125, do CC); **D:** incorreta (art. 104, III, do CC); **E:** correta (art. 90 e 91, do CC).
Gabarito "E".

(Procurador do Município/Florianópolis-SC – 2010 – FEPESE) Considerando-se a classificação jurídica dos bens, pode-se afirmar que uma garrafa de vinho raro, de cuja safra restam pouquíssimos exemplares, é um bem de natureza:

(A) Fungível, consumível e divisível.

(B) Fungível, consumível e indivisível.

(C) Fungível, inconsumível e divisível.

(D) Infungível, inconsumível e divisível.

(E) Infungível, consumível e indivisível.

O bem será considerado infungível, pois não pode ser substituído por outro da mesma qualidade (pois é uma garrafa de vinho bastante rara), é também consumível, pois o seu uso importa na sua destruição, e é indivisível, pois caso fracionado, sofrerá alteração da substância, diminuição de valor e prejuízo ao uso.
Gabarito "E".

(Procurador do Município/Teresina-PI – 2010 – FCC) Para o Código Civil, os bens públicos

(A) têm a gratuidade como inerente a seu uso comum.

(B) são sempre inalienáveis.

(C) dominicais e os de uso especial podem ser alienados, enquanto conservarem sua qualificação, observadas as exigências legais.

(D) são aqueles do domínio nacional pertencentes às pessoas jurídicas de direito público interno, inclusive suas autarquias.

(E) não são passíveis de usucapião, salvo os bens autárquicos.

Arts. 98 e 41, ambos do CC.
Gabarito "D".

(ADVOGADO – CEF – 2012 – CESGRANRIO) A respeito do princípio da gravitação jurídica, sabe-se que

(A) estabelece que a propriedade dos bens acessórios segue a sorte do bem principal, salvo disposição legal ou contratual em contrário.

(B) permite a aquisição derivada de bens imóveis por usucapião especial.

(C) é norma integrativa que permite ao possuidor do bem a reintegração imediata de sua posse.

(D) é norma geral no ordenamento, podendo ser afastada pela vontade das partes somente em negócios jurídicos gratuitos.

(E) é decorrência dos princípios da função social do contrato e da boa-fé objetiva e determina a necessidade de informar de maneira adequada as partes contratantes.

A: correta (artigos 92 e 94, ambos do CC). *"A doutrina aponta as seguintes relações entre o bem principal e o bem acessório: a) a natureza do acessório tende a ser a mesma do principal, tendo em vista o princípio da gravitação;assim, sendo o solo bem imóvel (por natureza), a árvore também o é (por acessão); b) o acessório acompanha o principal em seu destino, salvo disposição legal ou convencional em contrário; c) o proprietário do principal é proprietário do acessório."* (Wander Garcia, *Super-Revisão*, Ed. Foco); **B, C, D** e **E:** incorretas, pois não refletem o princípio da gravitação.
Gabarito "A".

2.7. Fatos jurídicos

2.7.1. Espécies, formação e disposições gerais

(Procurador – IPSMI/SP – VUNESP – 2016) Nos contratos bilaterais, nenhum dos contratantes, antes de cumprida a sua obrigação, pode exigir o implemento da do outro. Tal disposição trata de

(A) resolução por onerosidade excessiva.

(B) cláusula resolutiva.

(C) extinção do contrato por distrato.

(D) exceção de contrato não cumprido.

(E) princípio que veda o enriquecimento ilícito.

A exceção do contrato não cumprido (CC, art. 476) é uma defesa atribuída a ambos os contratantes que celebram um contrato bilateral. Significa que – na hipótese de uma das partes descumprir suas obrigações contratuais – a outra está liberada de cumprir as suas. Caso a parte culpada acionar judicialmente a parte inocente, esta última terá uma defesa (exceção), cujo argumento central será o descumprimento do contrato pela outra parte. É o típico exemplo de uma defesa indireta, pois o réu não negará o fato alegado pelo autor, mas apenas alegará um fato impeditivo do direito alegado. **GN**
Gabarito "D".

5. DIREITO CIVIL

(Procurador do Estado – PGE/RN – FCC – 2014) *Não basta, porém, ao julgador fixar os elementos materiais externos do negócio jurídico, para a solução do problema hermenêutico. E, por outro lado, não pode entrar no âmago da consciência do agente para buscar a expressão íntima da vontade. Esta, na verdade, se manifesta por um veículo que é a declaração da vontade traduzida na linguagem reveladora.*

(PEREIRA, Caio Mário da Silva. **Instituições de Direito Civil**. v. I, p. 499. 20. ed. – atualizadora Maria Celina Bodin de Moraes, Editora Forense, 2004).

Segundo esse texto,

(A) nas declarações de vontade se atenderá mais ao sentido literal da linguagem do que à intenção nelas consubstanciadas.

(B) nas declarações de vontade se atenderá mais à intenção nelas consubstanciadas do que ao sentido literal da linguagem.

(C) a manifestação de vontade não deve subsistir se o seu autor fizer a reserva mental de não querer o que manifestou.

(D) a boa-fé não é critério de interpretação dos negócios jurídicos, mas apenas uma conduta esperada das partes.

(E) na interpretação dos negócios jurídicos deverão sempre ser perquiridos os motivos determinantes, ainda que não revelados pelo agente.

A: incorreta, pois contrária aos termos do art. 112 do CC; **B:** correta. A assertiva dispõe de forma idêntica ao art. 112 do CC, o qual traz verdadeiro guia interpretativo dos negócios jurídicos, determinando que se valorize mais a intenção do que à literalidade da redação do negócio jurídico; **C:** incorreta, pois "*A manifestação de vontade subsiste ainda que o seu autor haja feito a reserva mental de não querer o que manifestou, salvo se dela o destinatário tinha conhecimento*" (CC, art. 110); **D:** incorreta, pois a boa-fé objetiva pode ser utilizada como critério interpretativo dos negócios jurídicos. Nesse sentido é o Enunciado 26 do CJF, segundo o qual "*A cláusula geral contida no art. 422 do novo Código Civil impõe ao juiz interpretar e, quando necessário, suprir e corrigir o contrato segundo a boa-fé objetiva, entendida como a exigência de comportamento leal dos contratantes*"; **E:** incorreta, pois os motivos determinantes de um negócio jurídico somente são relevantes quando expressamente indicados pelo contratante (CC, art. 140). GN
Gabarito "B".

(Procurador – PGFN – ESAF – 2015) Observadas as proposições abaixo, com relação aos negócios jurídicos, assinale a opção incorreta.

(A) Subordinar a eficácia de um negócio jurídico a uma condição suspensiva significa afirmar que, enquanto esta não se realizar, não se terá adquirido o direito a que visa o negócio.

(B) Se alguém dispuser de uma coisa sob condição suspensiva, e, pendente esta condição, fizer quanto àquela novas disposições, estas não terão valor, realizada a condição, se com ela forem incompatíveis. Todavia, se for resolutiva a condição, enquanto esta não se realizar, vigorará o negócio jurídico, podendo exercer-se desde a conclusão do negócio o direito por ele estabelecido.

(C) As nulidades de um negócio jurídico podem ser arguidas por qualquer interessado, bem como pelo Ministério Público nos casos em que couber intervir,

podendo, ainda, serem decretadas pelo juiz, de ofício, quando conhecer do negócio ou dos seus efeitos e as encontrar provadas, não lhe sendo permitido supri-las, ainda que a requerimento das partes.

(D) A anulabilidade não tem efeito antes de julgada por sentença, nem se pronuncia de ofício; só os interessados a podem alegar, e aproveita exclusivamente aos que a alegarem, salvo o caso de solidariedade ou indivisibilidade.

(E) Se o negócio jurídico nulo contiver os requisitos de outro, não subsistirá mesmo quando o fim a que visavam as partes permitir supor que o teriam querido, se houvessem previsto a nulidade, porquanto o negócio jurídico nulo não é suscetível de confirmação, nem convalesce pelo decurso do tempo.

A: correta, pois de pleno acordo com o que dispõe o art. 125 do Código Civil; **B:** correta, pois ambas as afirmações encontram respaldo nos arts. 126 e 127 do CC; **C:** correta, pois tais regras sobre o negócio nulo encontram pleno respaldo no art. 168 do CC; **D:** correta, pois de acordo com as regras do art. 177 que versam sobre o negócio anulável; **E:** incorreta, pois preenchidos esses requisitos é possível a conversão do negócio jurídico (CC, art. 170). GN
Gabarito "E".

(Procurador do Estado/BA – 2014 – CESPE) Julgue o seguinte item.

(1) A compra e venda de merenda escolar por pessoa absolutamente incapaz constitui o que a doutrina denomina ato-fato jurídico real ou material.

1: Correta, na medida em que ato-fato jurídico é o fato jurídico qualificado por uma ação humana, por uma vontade juridicamente irrelevante. A fim de melhor elucidar a explicação, cita-se trecho de Silvio de Salvo Venosa: "Nesse caso é irrelevante para o direito se a pessoa teve ou não a intenção de praticá-lo. O que se leva em conta é o efeito resultante do ato que pode ter repercussão jurídica, inclusive ocasionando prejuízos a terceiros. Como dissemos, toda a seara da teoria dos atos e negócios jurídicos é doutrinária, com muitas opiniões a respeito. Nesse sentido, costuma-se chamar à exemplificação os atos praticados por uma criança, na compra e venda de pequenos efeitos. Não se nega, porém, que há um sentido de negócio jurídico do infante que compra confeitos em um botequim" (VENOSA, Silvo de Salvo. Direito Civil, Parte geral. 3. ed.São Paulo, Atlas, p. 367).
Gabarito "1C".

(Procurador do Estado/BA – 2014 – CESPE) Julgue o seguinte item.

(1) No negócio jurídico unilateral, está presente apenas uma declaração de vontade, sendo desnecessária a aceitação de outrem para que produza efeitos.

1: Correta, pois o negócio jurídico unilateral é aquele que se aperfeiçoa com uma única declaração de vontade, não necessitando da aceitação da outra parte para a produção de seus efeitos. Ex: testamento. O testador simplesmente declarada sua vontade para depois da morte, sendo que a eficácia desse documento não está sujeita a aceitação dos contemplados.
Gabarito "1C".

(Procurador do Estado/BA – 2014 – CESPE) Julgue o seguinte item.

(1) O silêncio de uma das partes pode, excepcionalmente, representar anuência, se as circunstâncias ou os usos o autorizarem e não for necessária a declaração expressa de vontade.

A assertiva está correta, nos termos do art. 111 do CC.
Gabarito "1C".

(Procurador do Estado/RO – 2011 – FCC) O recente terremoto ocorrido no Japão em 11 de março de 2011, sob o ponto de vista da teoria geral do direito, pode ser classificado como

(A) ato jurídico em sentido estrito.

(B) ato jurídico em sentido amplo.

(C) negócio jurídico.

(D) fato jurídico em sentido estrito.

(E) fato ilícito em sentido estrito.

Fato jurídico em sentido estrito *é o acontecimento natural que produz efeitos jurídicos.* Exs.: nascimento, morte, decurso do tempo, raio, temporal etc. O fato jurídico em sentido estrito pode ser tanto um fato ordinário (como a morte natural e o decurso do tempo) como um fato extraordinário (como um tufão numa dada localidade ou o terremoto descrito na questão). Assim, o terremoto é um fato jurídico em sentido estrito.
Gabarito "D".

(Procurador do Município/Sorocaba-SP – 2012 – VUNESP) Leia as seguintes afirmativas.

I. Os negócios jurídicos onerosos podem ser aleatórios, quando as prestações são equivalentes, certas e determinadas, e comutativos, quando a prestação de uma das partes depende de acontecimentos incertos e inesperados.

II. São negócios jurídicos causais (concretos ou materiais) os que estão vinculados à causa que deve constar do próprio negócio, como é o caso dos contratos, em geral.

III. Atos jurídicos meramente lícitos são os praticados pelo homem sem intenção direta de ocasionar efeitos jurídicos, tais como invenção de um tesouro, plantação em terreno alheio, construção, pintura sobre uma tela.

IV. Os atos ilícitos, que promanam direta ou indiretamente da vontade, são os que ocasionam efeitos jurídicos, mas contrários, *lato sensu*, ao ordenamento. Há ato ilícito civil somente nos casos em que, com intenção, alguém cause dano a outrem.

Estão corretas somente as afirmativas

(A) I e II.

(B) I e IV.

(C) II e III.

(D) II e IV.

(E) III e IV.

I: incorreta. Os negócios jurídicos classificam-se quanto ao sacrifício patrimonial das partes: a) oneroso; b) gratuito. Já quanto aos riscos que envolvem a prestação, os negócios jurídicos podem ser: a) comutativo (*aquele em que as partes já sabem quais são as prestações*); b) aleatório (*a prestação de uma das partes não é conhecida com exatidão no momento da celebração do negócio jurídico pelo fato de depender da sorte, da álea, que é um fator desconhecido*), conforme ensinamento de *Flávio Tartuce* (Manual de Direito Civil); **II:** correta. Os negócios jurídicos podem ser classificados quanto à sua causa determinante: a) causal ou material (quando o motivo está expresso no seu conteúdo, como, por exemplo, em um termo de divórcio); b) abstrato ou formal (quando o motivo não consta no contrato, como, por exemplo, na emissão de um título de crédito); **III:** correta. Fato jurídico em sentido amplo é todo acontecimento natural ou humano que produz um efeito jurídico. Pode ser dividido em: a) fato jurídico em sentido estrito (é o acontecimento natural que produz efeitos jurídicos); b) ato jurídico (é o acontecimento humano que produz efeitos jurídicos), que pode ser subdividido em: b.1) atos ilícitos; b.2) atos lícitos, que são de três espécies: b.2.1) atos jurídicos em sentido estrito (são comportamentos humanos voluntários, cujos efeitos são predeterminados por lei); b.2.2) negócio jurídico (são

declarações de vontade, cujos efeitos são regulados pelos próprios interessados); b.2.3) ato-fato jurídico (são comportamentos humanos sem a intenção de produzir o efeito jurídico previsto em lei). A questão trata, em verdade, do ato-fato jurídico que *são os praticados pelo homem sem intenção direta de ocasionar efeitos jurídicos, tais como invenção de um tesouro, plantação em terreno alheio, construção, pintura sobre uma tela;* **IV:** incorreta. O ato ilícito é a conduta humana que está em desacordo com o ordenamento jurídico, causando danos a alguém (art. 186, do CC). Todavia, com o atual CC, ampliou-se a noção de ato ilícito, a fim de abarcar o exercício irregular de direitos ou abuso de direitos (art. 187), cuja responsabilidade civil independe da análise de culpa (enunciado n. 37, CJF), pois se baseia nos princípios da solidariedade, devido processo legal e proteção da confiança (enunciado n. 414, CJF).
Gabarito "C".

(Advogado da União/AGU – CESPE – 2012) Com relação à validade, existência e interpretação de negócios jurídicos, julgue o próximo item.

(1) O ilícito contratual caracteriza-se apenas pelo descumprimento de regras expressamente convencionadas, devendo o descumprimento de deveres anexos ser discutido na seara da responsabilidade civil.

1: incorreta (art. 422, do CC).
Gabarito 1E

(Procurador do Município – Valinhos/SP – 2019 – VUNESP) O negócio jurídico se dá por meio de forma livre ou especial. A forma especial se subdivide em complexa, escritura pública e instrumento particular. Havendo um negócio jurídico livre, que exige forma solene, este se prova substancialmente por

(A) confissão.

(B) documento.

(C) testemunha.

(D) presunção.

(E) perícia.

O negócio jurídico pode ser formal/especial (solene) ou informal/livre (não solene). O primeiro é aquele que tem forma predeterminada em lei para a sua validade. Se divide em complexa, escritura pública e instrumento particular. Mas veja, é perfeitamente possível que um negócio jurídico informal seja feito de forma especial, em sendo o desejo das partes. Ex: a doação de um óculos. As partes podem fazer oralmente, mas se quiserem podem fazer por escritura pública ou instrumento particular. Isto não o torna um negócio formal, ou solene. Somente seria caso se exija a forma especial, sob pena de <u>invalidade</u> (art. 107 CC). Dependendo do tipo de formalidade exigida, a forma é a própria prova. O meio solene se materializa substancialmente pela prova documental. Exemplo disso é o art. 108 CC que define que a escritura pública é forma obrigatória à validade dos negócios jurídicos que visem à constituição, transferência, modificação ou renúncia de direitos reais sobre imóveis de valor superior a trinta vezes o maior salário mínimo vigente no País. Outro artigo interessante que exalta a prova documental é o art. 226, parágrafo único que prevê que a prova resultante dos livros e fichas não é bastante nos casos em que a lei exige escritura pública, ou escrito particular revestido de requisitos especiais, e pode ser ilidida pela comprovação da falsidade ou inexatidão dos lançamentos. Vê-se, pois, que o negócio sem comprova substancialmente por meio de documento. GR
Gabarito "B".

(Procurador do Estado/AC – 2017 – FMP) Considere as seguintes afirmativas sobre o tema dos negócios jurídicos no âmbito do Código Civil.

I. A incapacidade relativa de uma das partes pode ser invocada pela outra em benefício próprio, aproveitando aos cointeressados capazes, exceto quando,

5. DIREITO CIVIL — 331

neste caso, for indivisível o objeto do direito ou da obrigação comum.

II. Os negócios jurídicos benéficos e a renúncia interpretam-se estritamente.

III. São anuláveis os negócios jurídicos, quando as declarações de vontade emanarem de erro substancial que poderia ser percebido por pessoa de diligência normal, em face das circunstâncias do negócio.

IV. É nulo o negócio jurídico simulado, mas subsistirá o que se dissimulou, se válido for na substância e na forma.

Estão CORRETAS apenas as alternativas

(A) I e II.

(B) II e III.

(C) II e IV.

(D) I, III e IV.

(E) II, III e IV.

I: errada, pois a incapacidade relativa de uma das partes *não* pode ser invocada pela outra em benefício próprio, *nem* aproveita aos cointeressados capazes, salvo se, neste caso, for indivisível o objeto do direito ou da obrigação comum (art. 105 CC); II: certa (art. 114 CC); III: certa (art. 138 CC); IV: certa (art. 167, *caput* CC). GR

Gabarito "E".

2.7.2. Condição, termo e encargo

(Procurador do Estado/SE – 2017 – CESPE) Assinale a opção que apresenta o conceito de condição, no âmbito dos negócios jurídicos.

(A) Cláusula que sujeita o negócio ao emprego das técnicas de domínio do devedor.

(B) Cláusula que submete a eficácia do negócio jurídico a determinado acontecimento.

(C) Acontecimento futuro e certo que suspende a eficácia de um negócio jurídico.

(D) Imposição de obrigação ao beneficiário de determinada liberalidade.

(E) Cláusula que visa eliminar um risco que pesa sobre o credor.

A: incorreta, pois a condição subordina o efeito do negócio jurídico a evento futuro e incerto (art. 121 CC); B: correta, pois a condição subordina os efeitos do negócio jurídico a determindado acontecimento futuro e incerto (art. 121 CC); C: incorreta, pois o evento deve ser futuro e incerto; D: incorreta, pois a condição não pode ser imposta, mas decorre da vontade das partes (art. 121 CC); E: incorreta, pois essa cláusula nada tem a ver com eliminar risco, mas sim impor requisitos para que o negócio jurídico gere efeitos (art. 121 CC). GR

Gabarito "B".

(Procurador – SP – VUNESP – 2015) Assinale a alternativa correta sobre o instituto da condição, considerado como elemento acidental do negócio jurídico.

(A) No negócio jurídico, celebrado com vigência de condição suspensiva, a realização desta implica na ineficácia do negócio.

(B) Aposta condição resolutiva a um negócio jurídico de execução continuada ou periódica, a sua realização, em regra, tem eficácia sobre os atos já praticados.

(C) A incerteza não é elemento essencial da condição, mas o evento deve ser necessariamente futuro.

(D) São ilícitas as condições puramente potestativas, seja a condição de natureza suspensiva ou resolutiva.

(E) A condição incompreensível ou contraditória não implica na invalidade do negócio jurídico.

A: incorreta, pois a ocorrência da condição suspensiva gera a eficácia do negócio jurídico. É o que ocorre, por exemplo, quando o vendedor estabelece que o "negócio só será efetivado caso o comprador manifeste seu agrado em relação ao bem no prazo de 10 dias" (CC, art. 509); B: incorreta, pois o negócio perde seus efeitos a partir da ocorrência do evento futuro e incerto; C: incorreta, pois a incerteza é essencial para configurar a condição; D: correta, pois a condição puramente potestativa é considerada ilícita. Trata-se da condição que se verificará a depender puramente do arbítrio de uma das partes (CC, art. 122); E: incorreta, pois o art. 123 do Código Civil estabelece a invalidade do negócio jurídico quando a condição for incompreensível ou contraditória. GN

Gabarito "D".

(Procurador do Município/Teresina-PI – 2010 – FCC) Em relação à eficácia dos negócios jurídicos, é INCORRETO afirmar:

(A) O termo inicial suspende a aquisição, mas não o exercício do direito.

(B) Se for resolutiva a condição, enquanto esta não se realizar, vigorará o negócio jurídico, desde sua conclusão podendo exercer-se o direito por ele estabelecido.

(C) Têm-se por inexistentes as condições impossíveis, quando resolutivas, e as de não fazer coisa impossível.

(D) Em geral, são lícitas todas as condições não contrárias à lei, à ordem pública ou aos bons costumes.

(E) Nos casos de condição suspensiva ou resolutiva, ao titular do direito eventual é permitido praticar os atos destinados a conservá-lo.

A: incorreta, pois o termo inicial suspende a aquisição e o exercício do direto (efeitos do negócio jurídico – art. 121 do CC); B: correta (art. 127 do CC); C: correta (art. 124 do CC); D: correta (art. 122 do CC); E: correta (art. 130 do CC).

Gabarito "A".

(ADVOGADO – CEF – 2012 – CESGRANRIO) Num contrato de compra e venda de um bem imóvel, a cláusula que sujeita o pagamento integral do preço ao registro da baixa da hipoteca no registro de imóveis constitui

(A) encargo, a ser cumprido pelo comprador.

(B) condição potestativa pura, permitida por lei.

(C) condição suspensiva, subordinando a eficácia do contrato a evento futuro e incerto.

(D) condição suspensiva, determinando a cessação dos efeitos da compra e venda.

(E) condição resolutiva tácita, necessária para a resolução do contrato.

A, B, D e E: incorretas, pois o enunciado trata de condição suspensiva; C: correta (art. 125, do CC).

Gabarito "C".

2.7.3. Defeitos do negócio jurídico

(Procurador do Estado/SP – 2018 – VUNESP) O ato de assumir obrigação excessivamente onerosa, premido pela necessidade de salvar-se ou a pessoa de sua família, de grave dano conhecido pela outra parte, caracteriza:

(A) lesão, sujeita ao prazo prescricional de 4 anos para declaração da sua nulidade, contado da cessação do risco.

(B) lesão, sujeita ao prazo decadencial de 4 anos para sua desconstituição, contado da data da celebração do negócio jurídico.

(C) lesão, que torna o negócio jurídico ineficaz enquanto não promovido o reequilíbrio econômico do contrato em sede judicial.

(D) estado de perigo, sujeito ao prazo decadencial de 4 anos para declaração da sua nulidade, contado da cessação do risco.

(E) estado de perigo, sujeito ao prazo decadencial de 4 anos para sua desconstituição, contado da data da celebração do negócio jurídico.

O enunciado da questão repete o disposto no art. 156 do Código Civil, que prevê o vício do consentimento denominado Estado de Perigo. O vício da lesão, por outro lado, ocorre quando "*uma pessoa, sob premente necessidade, ou por inexperiência, se obriga a prestação manifestamente desproporcional ao valor da prestação oposta*" (CC, art. 157).No que se refere ao prazo, sua natureza é decadencial (para todos os vícios do consentimento). O termo inicial do prazo decadencial para se pleitear a anulação do negócio nos casos de vícios do consentimento é a "*data da celebração do negócio jurídico*" (salvo na coação, quando o prazo só se inicia com a cessação da ameaça). CC, art. 178, I e II. **GN**

Gabarito "E".

(Procurador – SP – VUNESP – 2015) Assinale a alternativa correta sobre os defeitos do negócio jurídico.

(A) Agindo o representante convencional com dolo, responderá o representado, solidariamente, por perdas e danos.

(B) O negócio jurídico celebrado com manifesta desproporção entre o valor da prestação e da contraprestação, por inexperiência de uma das partes, não enseja a possibilidade de anulação do negócio jurídico.

(C) No sistema brasileiro, é ineficaz o negócio jurídico praticado com a finalidade de fraudar credores, dispensando a necessidade de pleitear a anulação do negócio fraudulento.

(D) Nos casos de coação, erro, dolo e estado de perigo, o prazo decadencial para pleitear a anulação inicia-se da data em que foi celebrado o negócio jurídico.

(E) Não se configura a coação quando a ameaça de dano iminente é sobre os bens do coagido, e não sobre sua pessoa ou pessoas de sua família.

A: correta. No que se refere ao dolo praticado pelo representante, o Código Civil ofereceu duas soluções distintas. Se o dolo provier do representante legal, o representado só responde até a importância do proveito que teve. Se, por outro lado, o dolo for do representante convencional, o representado responderá solidariamente com ele por perdas e danos (CC, art. 149); **B:** incorreta, pois essa é justamente a hipótese da lesão, prevista no art. 157 do CC; **C:** incorreta, pois o Código Civil prevê que o negócio fraudulento é anulável (CC, arts. 158 e 171, II); **D:** incorreta, pois no caso de coação o prazo só começa quando cessar a ameaça (CC, art. 178, I); **E:** incorreta, pois o temor de dano pode recair sobre a pessoa da vítima, sua família, ou aos seus bens (CC, art. 151). **GN**

Gabarito "A".

(Procurador Municipal/SP – VUNESP – 2016) Quanto ao defeito dos atos jurídicos, está correta a afirmativa apresentada na alternativa:

(A) Se ambas as partes procederem com dolo, nenhuma pode alegá-lo para anular o negócio, ou reclamar indenização.

(B) Considera-se coação a ameaça do exercício normal de um direito e o temor reverencial.

(C) Ocorre a lesão quando uma pessoa, sob premente necessidade, ou por inexperiência, obriga-se a prestação que não pretendia.

(D) É anulável negócio jurídico quando não revestir a forma prescrita em lei ou o seu objeto for indeterminável.

(E) São os negócios jurídicos considerados nulos por dolo, quando este for a sua causa.

A: correta, pois a assertiva refere-se ao dolo bilateral, que ocorre quando ambas as partes agiram com dolo. Nessa hipótese, o negócio jurídico não poderá ser anulado, visto que ninguém pode alegar, em seu favor, a própria torpeza (CC, art. 150); **B:** incorreta, pois tanto a ameaça de exercício normal de direito quanto o temor reverencial não são considerados coação (CC, art. 153); **C:** incorreta, pois na lesão a pessoa se obriga – por premente necessidade ou inexperiência – a prestação manifestamente desproporcional (CC, art. 157); **D:** incorreta, pois a hipótese é de nulidade absoluta e não de mera anulabilidade (CC, art. 166, IV); **E:** incorreta, pois o dolo gera a anulabilidade do negócio jurídico (CC, art. 171, II). **GN**

Gabarito "A".

(Procurador – PGFN – ESAF – 2015) Analise as proposições abaixo e assinale a opção incorreta.

(A) Os negócios de transmissão gratuita de bens ou remissão de dívida, se os praticar o devedor já insolvente, ou por eles reduzido à insolvência, ainda quando o ignore, poderão ser anulados pelos credores quirografários, como lesivos dos seus direitos.

(B) Os contratos onerosos do devedor insolvente serão anuláveis quando a insolvência for notória ou conhecida do outro contratante.

(C) Os negócios fraudulentos serão nulos em relação aos credores cuja garantia se tornar insuficiente.

(D) Anulados os negócios fraudulentos, a vantagem resultante reverterá em proveito do acervo sobre o qual se tenha de efetuar o concurso de credores.

(E) Se os negócios fraudulentos tinham por único objeto atribuir direitos preferenciais, mediante hipoteca, penhor ou anticrese, sua invalidade importará somente na anulação da preferência ajustada.

A: correta, pois de acordo com a previsão do art. 158 do CC, o qual prevê os atos praticados pelo devedor insolvente que podem ser considerados fraudulentos aos credores. Repare que a lei não exige a má-fé do donatário. A ciência da outra parte (consilium fraudis) só é exigida quando o ato de transmissão praticado pelo devedor insolvente é oneroso (ex: venda do imóvel); **B:** correta. Repare que agora a assertiva trata dos contratos onerosos (uma venda, por exemplo). Nesses casos, é preciso que a insolvência seja notória ou conhecida do outro contratante, ou seja, é preciso que se prove a má-fé do outro adquirente (CC, art. 159); **C:** incorreta, pois a solução legal é a anulabilidade (CC, art. 158, § 1º); **D:** correta, pois de pleno acordo com o disposto no art. 165 do CC; **E:** correta, pois de pleno acordo com o disposto no art. 165, parágrafo único do Código Civil. **GN**

Gabarito "C".

(Procurador do Estado – PGE/PR – PUC – 2015) Levando em conta a temática dos defeitos do negócio jurídico, considere as seguintes asserções:

I. Suponha que Tício beneficia Caio pela doação de bem imóvel e isso acaba por desfalcar seu patrimônio de forma tal que suas dívidas passam a superar os

5. DIREITO CIVIL   333

ativos. Neste caso, os credores quirografários de Tício podem valer-se da ação pauliana visando à anulação da doação. A ação seria dirigida contra Tício e Caio, ainda que este ignorasse o fato de que a liberalidade de Tício havia reduzido-o ao estado de insolvência, porque neste caso não se exige a comprovação da intenção de fraudar para o uso da ação revocatória.

II. Em um negócio jurídico constata-se manifesta desproporção entre prestação e contraprestação decorrente de manifesta inexperiência de uma das partes. Esta não pode invocar a própria inexperiência como causa para anulação do negócio jurídico por lesão, já que isto configuraria *venire contra factum proprium*.

III. Tício aliena um imóvel a Caio para que este o transmita a seu filho Mévio. Constatando-se que a intenção de Tício sempre fora transferir o bem a Mévio, prescindindo da autorização dos demais descendentes, a venda poderá ser invalidada por configurar negócio simulado mediante a interposição de pessoa.

Assinale a alternativa **CORRETA**.

(A) Somente a afirmativa III é verdadeira.

(B) Somente as afirmativas I e III são verdadeiras.

(C) Somente as afirmativas II e III são verdadeiras.

(D) Somente a afirmativa I é verdadeira.

(E) As afirmativas I, II e III são verdadeiras.

I: correta, pois de acordo com a previsão do art. 158 do CC, o qual prevê atos gratuitos praticados pelo devedor insolvente que podem ser considerados fraudulentos aos credores. Repare que a lei não exige a má-fé do donatário. A ciência da outra parte (*consilium fraudis*) só é exigida quando o ato de transmissão praticado pelo devedor insolvente é oneroso (ex: venda do imóvel); II: incorreta, pois na lesão-inexperiência (CC, art. 157) admite-se que a própria vítima possa pleitear a anulação futuramente; III: correta. Na realidade dos fatos, Tício queria mesmo era transferir o bem ao filho Mévio, o que é proibido pela lei (CC, art. 426). Assim, utilizou-se de interposta pessoa para simular uma dupla transmissão, visando a alcançar sua finalidade. Logo, ele simulou um negócio para aparentar "*conferir ou transmitir direitos a pessoas diversas daquelas às quais realmente se conferem, ou transmitem*" (CC, art. 167 §1°, I). GN
Gabarito "B".

(Procurador do Estado – PGE/MT – FCC – 2016) Pedro adquiriu de João veículo que, segundo afirmou o vendedor, a fim de induzir o comprador em erro, seria do tipo "flex", podendo ser abastecido com gasolina ou com álcool. Mas Pedro não fazia questão desta qualidade, e teria realizado o negócio ainda que o veículo não fosse bicombustível. No entanto, em razão do que havia afirmado João, Pedro acabou por abastecer o veículo com combustível inapropriado, o que causou avaria no motor. O negócio jurídico

(A) é anulável e obriga às perdas e danos, em razão do vício denominado dolo, não importando tratar-se de dolo acidental.

(B) é nulo, em razão de vício denominado dolo.

(C) é nulo, em razão de vício denominado lesão.

(D) é anulável, em razão do vício denominado dolo, mas não obriga às perdas e danos, por tratar-se de dolo acidental.

(E) não é passível de anulação, pois o dolo acidental só obriga às perdas e danos.

O Código Civil reúne sete espécies de dolo, sendo que apenas três deles têm o efeito de anular um negócio jurídico. São eles: o dolo substan-

cial (que é o engano induzido que diz respeito a uma característica determinante do negócio jurídico), o dolo de terceiro (quando a parte beneficiada sabia do engano) e o dolo negativo (que é o dolo por omissão). Não anulam o negócio jurídico o dolo bilateral (ambas as partes atuam com dolo), o dolo de terceiro (quando a parte beneficiada não sabia do engano) e o dolo acidental, que é justamente objeto da questão. Trata-se do dolo quanto a um aspecto não determinante, não essencial do negócio jurídico. A vítima foi enganada quanto a uma característica que não era decisiva para a conclusão do negócio jurídico. Em outras palavras, ela teria praticado o negócio jurídico mesmo que soubesse daquele engano. Possivelmente ela pagaria menos pelo objeto, mas não deixaria de realizá-lo (CC, art. 146). Vale ressaltar que – em que pese não ser possível anular o negócio jurídico – a lei permite que a vítima peça indenização por perdas e danos. GN
Gabarito "E".

(Procurador do Estado/BA – 2014 – CESPE) Julgue o seguinte item.

(1) Ocorre a lesão quando uma pessoa, em premente necessidade ou por inexperiência, se obriga a prestação manifestamente desproporcional ao valor da prestação oposta, exigindo-se, para a sua configuração, ainda, o dolo de aproveitamento, conforme a doutrina majoritária.

1: Errada, pois, consoante doutrina majoritária o dolo de aproveitamento não é exigível para a configuração da lesão. Neste espeque cita-se o Enunciado 150 JDC/CJF: "A lesão de que trata o art. 157 do Código Civil não exige dolo de aproveitamento".
Gabarito "1E".

(Procurador do Estado/AC – FMP – 2012) Assinale a alternativa INCORRETA:

(A) A cláusula *rebus sic stantibus* – teoria da imprevisão – está fundada, assim como a lesão, na ocorrência de onerosidade excessiva. Sua ocorrência e aferição, no entanto, são posteriores à formação do vínculo, pois nesse momento o que se dá é a possibilidade de ocorrência e aferição da lesão.

(B) Ambas, teoria da imprevisão e lesão, são causas de anulabilidade do negócio jurídico.

(C) A lesão é causa de anulabilidade do negócio jurídico apenas se a parte favorecida pelo desequilíbrio do contrato não concordar em restabelecer o equilíbrio contratual.

(D) Estado de perigo e lesão são causas de anulabilidade que se diferenciam, dentre outros aspectos, porque a lesão se refere à iminência de dano patrimonial, enquanto o estado de perigo exige a ocorrência de risco pessoal.

A: correta (art. 157, do CC); **B:** incorreta, pois a teoria da imprevisão pode gerar a resolução do contrato (art. 478, do CC); **C:** correta (art. 157, § 2°, do CC); **D:** correta (artigos 156 e 157, ambos do CC).
Gabarito "B".

(Procurador do Estado/GO – 2010) Com relação aos defeitos do negócio jurídico, está INCORRETA a seguinte proposição:

(A) A coação, para viciar a declaração de vontade, há de ser tal que incuta ao paciente fundado temor de dano iminente e considerável à sua pessoa, à sua família, ou aos seus bens, não ocorrendo coação quanto a pessoa não pertencente à família do paciente.

(B) O falso motivo só vicia a declaração de vontade quando expresso como razão determinante.

(C) O dolo acidental só obriga à satisfação das perdas e danos, e é acidental quando, a seu despeito, o negócio seria realizado, embora por outro modo.

(D) O erro é considerado substancial quando concerne à identidade ou à qualidade essencial da pessoa a quem se refira a declaração de vontade, desde que tenha influído nesta de modo relevante.

(E) Ocorre a lesão quando uma pessoa, sob premente necessidade, ou por inexperiência, se obriga a prestação manifestamente desproporcional ao valor da prestação oposta.

A: incorreta (art. 151, parágrafo único, do CC); **B:** correta (art. 140, do CC); **C:** correta (art. 146, do CC); **D:** correta (art. 139, II, do CC); **E:** correta (art. 157, do CC).

Gabarito "A".

(PROCURADOR DO ESTADO/MG – FUMARC – 2012) Assinale a alternativa que NÃO contempla um vício que determina a anulabilidade do negócio jurídico:

(A) erro

(B) dolo

(C) coação

(D) simulação

(E) estado de perigo

A, B, C e E: incorretas, pois são hipóteses que contemplam vícios que determinam a anulabilidade do negócio jurídico (art. 171, II, do CC); **D:** correta (art. 167, do CC).

Gabarito "D".

(Procurador do Estado/SC – 2010 – FEPESE) Quando determinada pessoa, sob premente necessidade ou por inexperiência, se obriga a prestação manifestadamente desproporcional ao valor da prestação oposta, ocorre:

(A) dolo.

(B) lesão.

(C) coação.

(D) estado de necessidade.

(E) fraude contra credores.

Art. 157 do CC.

Gabarito "B".

(Procurador do Município/Florianópolis-SC – 2010 – FEPESE) No tocante aos defeitos dos negócios jurídicos, assinale a alternativa **correta**.

(A) O erro acidental, ao contrário do erro essencial, não é suficiente para anular o negócio jurídico.

(B) Quando há dolo bilateral na realização do negócio jurídico, a lei pune ambas as partes com a anulação do ato.

(C) Considera-se coação passível de nulidade o temor reverencial do militar em relação a seu superior hierárquico.

(D) Lesão e estado de perigo assemelham-se na dicção da lei civil, pois se tratam de hipóteses em que há perigo de vida à vítima ou alguém de sua família.

(E) Para tipificação da fraude contra credores é necessário que a prática fraudulenta seja anterior ao nascimento do direito de crédito.

A: correta, pois, segundo dispõe o art. 138 do CC, são anuláveis os negócios jurídicos, quando as declarações de vontade emanarem de erro

substancial que poderia ser percebido por pessoa de diligência normal, em face das circunstâncias do negócio; **B:** incorreta, pois se ambas as partes procederem com dolo, nenhuma pode alegá-lo para anular o negócio, ou reclamar indenização (art. 150 do CC); **C:** incorreta, pois não se considera coação a ameaça do exercício normal de um direito, nem o simples temor reverencial (art. 153 do CC); **D:** incorreta, pois na lesão não há necessidade de se configurar perigo de vida, mas apenas premente necessidade ou inexperiência (art. 157 do CC); **E:** incorreta, pois a fraude contra credores dá-se com a transmissão ou remissão de dívida feitas pelo devedor já insolvente, ou por elas reduzido à insolvência.

Gabarito "A".

(Procurador Federal – 2010 – CESPE) Com relação aos vícios do negócio jurídico, julgue o item que se segue.

(1) Se cabalmente comprovada a inexperiência do contratante, configura-se a lesão, mesmo que a desproporcionalidade entre as prestações das partes seja superveniente.

1: incorreta, pois o instituto da lesão reclama que as obrigações das partes já nasçam manifestamente desproporcionais (art. 157 do CC).

Gabarito 1E.

(ADVOGADO – PETROBRÁS – 2012 – CESGRANRIO) O justo preço é elemento subjetivo que afasta a incidência da teoria da lesão.

PORQUE

A teoria da lesão visa a proteger a equidade contratual.

Analisando-se as afirmações acima conclui-se que

(A) as duas afirmações são verdadeiras, e a segunda justifica a primeira.

(B) as duas afirmações são verdadeiras, e a segunda não justifica a primeira.

(C) a primeira afirmação é verdadeira, e a segunda é falsa.

(D) a primeira afirmação é falsa e a segunda é verdadeira.

(E) as duas afirmações são falsas.

A alternativa "d" está correta, ficando excluídas as demais. A primeira afirmação é falsa, pois o justo preço é elemento objetivo. Por sua vez, a segunda afirmação é verdadeira, de acordo com o art. 157, do CC.

Gabarito "D".

(ADVOGADO – PETROBRÁS DISTRIB. – 2010 – CESGRANRIO) São requisitos do instituto da lesão, EXCETO

(A) onerosidade excessiva para um dos contratantes.

(B) desproporcionalidade das prestações.

(C) imprevisibilidade do fator de desestabilização do contrato.

(D) inexperiência de um dos contratantes.

(E) imperativo em contratar de uma das partes.

A, B, D e E: corretas. São requisitos do instituto da lesão: a) prestação manifestamente desproporcional (elemento objetivo); b) premente necessidade ou inexperiência (elemento subjetivo); **C:** incorreta, pois a alternativa não traz um dos requisitos do instituto da lesão.

Gabarito "C".

(ADVOGADO – PETROBRÁS DISTRIB. – 2010 – CESGRANRIO) José e Amanda Gonçalves ingressam com ação de rescisão de negócio jurídico em face de Leandro e Maria Vidal, alegando que as partes celebraram uma promessa de compra e venda do apartamento X, da Rua Y, ocasião em que os réus registraram que "declaram os proprietários que nada existe contra seus nomes e o imóvel em tela que possa

5. DIREITO CIVIL 335

impossibilitar a efetivação deste compromisso de compra e venda", sendo certo que o imóvel estava hipotecado. Sabe-se que os autores só retiraram as certidões relacionadas ao apartamento, quando já haviam pago 70% do valor do imóvel. Nesse caso, a venda

(A) é nula porque os autores foram vítimas de erro substancial, que lhes turbou a vontade.

(B) é anulável, ante a presença de erro escusável por parte dos autores.

(C) é válida e não há nenhuma falsidade na afirmativa dos réus, ante a natureza jurídica da hipoteca.

(D) não produz efeitos, visto que a falsa representação da realidade suprime a vontade dos autores.

(E) está sujeita a uma condição suspensiva, qual seja a baixa da hipoteca.

A, B e **D:** incorretas, pois não houve nenhum vício de consentimento na situação narrada no enunciado; **C:** correta, pois a hipoteca não impossibilita a efetivação do compromisso de compra e venda (artigos 303 e 1.475, do CC); **E:** incorreta, já que a promessa de compra e venda de um bem hipotecado não está sujeita a condição suspensiva de baixa da hipoteca.
Gabarito "C".

2.7.4. Invalidade do negócio jurídico

(Procurador do Estado – PGE/PA – UEPA – 2015) Assinale a alternativa correta:

I. O negócio jurídico eivado de vício de coação pode ser confirmado pelas partes, salvo direito de terceiro.

II. É anulável o negócio jurídico em que for preterida solenidade que a lei considere essencial para a sua validade.

III. O negócio jurídico simulado convalesce pelo decurso do tempo.

IV. A anulabilidade só produz seus efeitos depois de julgada por sentença.

A alternativa que contém todas as afirmativas corretas é:

(A) I e II.

(B) I e IV.

(C) II e IV.

(D) I e III.

(E) II e III.

I: correta, pois todo negócio anulável pode ser confirmado pelas partes (CC, art. 172); **II:** incorreta, pois nessa hipótese o negócio é nulo (CC, art. 166, V); **III:** incorreta, pois o negócio simulado é nulo e, como tal, não convalesce pelo decurso do tempo (CC, art. 169); **IV:** correta, pois de acordo com a previsão do art. 177 do Código Civil. GN
Gabarito "B".

(Procurador do Estado/BA – 2014 – CESPE) Julgue o seguinte item.

(1) É anulável o negócio jurídico se a lei proibir a sua prática, sem cominar sanção.

1: Errada, pois trata-se de negócio jurídico nulo (art. 166, VII do CC).
Gabarito "1E."

(Procurador/DF – 2013 – CESPE) A respeito do negócio jurídico, julgue os itens subsecutivos.

(1) A nulidade de negócio jurídico celebrado por absolutamente incapaz ocorrerá *ipso jure* (por força da lei), ou seja, sem que haja necessidade de manifestação do Poder Judiciário.

(2) É possível que seja válido negócio jurídico cujo instrumento de formalização possua vício de forma.

1: Errada; por mais grave que seja a hipótese de negócio jurídico celebrado pelo absolutamente incapaz, a manifestação do Judiciário é indispensável; **2:** Certa; o instituto da conversão do negócio jurídico (art. 170, CC) é concebido de forma bem adequada para esta hipótese. Assim, um negócio jurídico nulo pode ser convertido noutro válido e eficaz, desde que apresente dois requisitos: a) a forma utilizada no negócio nulo seja adequada para a criação do novo negócio, a ser criado pela conversão; b) seja possível concluir que a intenção das partes – ao celebrar o negócio nulo – fosse, na verdade, celebrar o novo negócio, a ser criado pela conversão.
Gabarito 1E, 2C

(Procurador Federal – 2013 – CESPE) Julgue o seguinte item.

(1) A nulidade do negócio jurídico realizado em fraude contra credores é subjetiva, de forma que, para a sua tipificação, deve ser provada a intenção de burlar o mandamento legal.

1: Errada, pois fraude contra credores configura causa de anulabilidade do negócio jurídico, e não de nulidade (art. 158 do CC).
Gabarito "1E."

(Procurador do Estado/AC – FMP – 2012) Assinale a alternativa INCORRETA.

(A) A fraude contra credores exige a existência de um crédito, seja ele com garantia real ou quirografário.

(B) A arguição da nulidade de um negócio jurídico, ao contrário da arguição da anulabilidade, não está sujeita a prazo.

(C) Se a impossibilidade do objeto de um negócio jurídico for inicial, mas relativa, o negócio é válido.

(D) A simulação invalida o negócio aparente. O negócio que se pretendeu esconder, dissimular, no entanto, se for válido, na substância e na forma, subsistirá.

A: incorreta, pois *os negócios de transmissão gratuita de bens ou remissão de dívida, se os praticar o devedor já insolvente, ou por eles reduzido à insolvência, ainda quando o ignore, poderão ser anulados pelos **credores quirografários**, como lesivos dos seus direitos* (art. 158, do CC); **B:** correta. *O negócio jurídico nulo não é suscetível de confirmação, nem convalesce pelo decurso do tempo* (art. 169, do CC); **C:** correta (art. 106, do CC); **D:** correta (art. 167, do CC).
Gabarito "A".

(Procurador do Estado/GO – 2010) Com relação aos fatos jurídicos, está INCORRETA a seguinte proposição:

(A) Os negócios jurídicos benéficos e a renúncia interpretam-se estritamente.

(B) Não dispondo a lei em contrário, a escritura pública é essencial à validade dos negócios jurídicos que visem à constituição, transferência, modificação ou renúncia de direitos reais sobre imóveis de valor superior a 30 vezes o maior salário mínimo vigente no País.

(C) A manifestação de vontade subsiste, ainda que o seu autor haja feito a reserva mental de não querer o que manifestou, salvo se dela o destinatário tinha conhecimento.

(D) A incapacidade absoluta de uma das partes não pode ser invocada pela outra em benefício próprio, nem aproveita aos cointeressados capazes, salvo se, neste caso, for indivisível o objeto do direito ou da obrigação comum.

(E) O encargo não suspende a aquisição nem o exercício do direito, salvo quando expressamente imposto no negócio jurídico, pelo disponente, como condição suspensiva.

A: correta (art. 114, do CC); **B:** correta (art. 108, do CC); **C:** correta (art. 110, do CC); **D:** incorreta, pois a alternativa trata da incapacidade relativa (art. 105, do CC); **E:** correta (art. 136, do CC).

Gabarito "D".

(PROCURADOR DO ESTADO/MG – FUMARC – 2012) Assinale a alternativa que completa corretamente a frase

"É anulável o negócio jurídico quando_____."

(A) o motivo determinante, comum a ambas as partes, for ilícito

(B) não se revestir da forma prescrita em lei

(C) praticado em fraude contra credores

(D) for preterida alguma solenidade que a lei considere essencial para sua validade

(E) tiver por objeto fraudar lei imperativa

A: incorreta (art. 137, do CC); **B:** incorreta (art. 166, IV, do CC); **C:** correta (art. 171, II, do CC); **D:** incorreta (art. 166, V, do CC); **E:** incorreta (art. 166, VI, do CC).

Gabarito "C".

(Procurador do Estado/MT – FCC – 2011) É nulo o negócio jurídico

(A) simulado, mas subsistirá o que se dissimulou, salvo se válido for na substância ou na forma.

(B) celebrado por pessoa relativamente incapaz.

(C) celebrado por vício resultante de erro, dolo, coação, estado de perigo, lesão ou fraude contra credores.

(D) não revestido da forma escrita, ainda que a lei não exija tal formalidade.

(E) celebrado por pessoa que, mesmo por causa transitória, não puder exprimir sua vontade.

A: incorreta (art. 167, *caput*, do CC); **B:** incorreta (art. 171, I, do CC); **C:** incorreta (art. 171, II, do CC); **D:** incorreta (art. 166, IV, do CC); **E:** correta (artigos 3º, III e 166, I, ambos do CC).

Gabarito "E".

(Procurador do Estado/PA – 2011) Assinale a alternativa INCORRETA:

(A) A existência de condição contraditória invalida o negócio jurídico que lhe é subordinado.

(B) A configuração do estado de perigo depende da existência de necessidade da parte salvar-se ou proteger seu familiar, não sendo admitida sua caracterização em face de riscos causados a pessoas não pertencentes à família do declarante.

(C) O encargo não suspende a aquisição nem o exercício do direito, salvo quando expressamente imposto no negócio jurídico, pelo disponente, como condição suspensiva.

(D) São anuláveis os negócios jurídicos, quando as declarações de vontade emanarem de erro substancial que poderia ser percebido por pessoa de diligência normal, em face das circunstâncias do negócio.

(E) Nos negócios jurídicos bilaterais, o silêncio intencional de uma das partes a respeito de fato ou qualidade que a outra parte haja ignorado, constitui omissão

dolosa, provando-se que sem ela o negócio não se teria celebrado.

A: correta (art. 123, III, do CC); **B:** incorreta (art. 156, parágrafo único, do CC); **C:** correta (art. 136, do CC); **D:** correta (art. 138, do CC); **E:** correta (art. 147, do CC).

Gabarito "B".

(Procurador do Estado/PR – UEL-COPS – 2011) Assinale a alternativa incorreta:

(A) os atos jurídicos praticados com dolo puramente acidental não são anuláveis;

(B) a simulação é causa de anulabilidade do negócio jurídico;

(C) dentre outras razões, são anuláveis os atos jurídicos praticados por erro, em estado de perigo e por coação relativa;

(D) o falso motivo somente vicia a declaração de vontade quando for, expressamente, sua razão determinante;

(E) o negócio jurídico anulável pode ser confirmado pelas partes.

A: correta, pois o dolo acidental só obriga à satisfação das perdas e danos, não anulando o negócio jurídico (art. 146, do CC); **B:** incorreta, pois a simulação é causa de nulidade do negócio jurídico (art. 167, do CC); **C:** correta (art. 171, II, do CC); **D:** correta (art. 140, do CC); **E:** correta (art. 172, do CC).

Gabarito "B".

(PROCURADOR DO ESTADO/RS – FUNDATEC – 2010) Assinale a alternativa incorreta:

(A) O modo ou encargo estabelecidos pelo autor de uma liberalidade constituem condições suspensivas para a aquisição ou o exercício do direito pelo recebedor da liberalidade.

(B) A decadência convencional não pode ser conhecida de ofício pelo juiz da causa; cabe à parte interessada alegá-la.

(C) São anuláveis os negócios jurídicos que emanarem de manifestação de vontade baseada em erro substancial que poderia ter sido percebido por pessoa de diligência normal.

(D) Lesão, fraude a credores e estado de perigo são causas de anulabilidade dos negócios jurídicos.

(E) O negócio jurídico simulado é nulo, subsistindo apenas o que se dissimulou, se for válido na substância e na forma.

A: incorreta (art. 136, do CC); **B:** correta (art. 211, do CC); **C:** correta (art. 138, do CC); **D:** correta (art. 171, II, do CC); **E:** correta (art. 167, do CC).

Gabarito "A".

(Procurador do Município/Florianópolis-SC – 2010 – FEPESE) Com fundamento nas disposições legais sobre a invalidade do negócio jurídico, assinale a alternativa **correta**.

(A) É nulo o negócio jurídico quando celebrado por pessoa relativamente incapaz.

(B) É nulo o negócio jurídico por incapacidade relativa do agente.

(C) É de cinco anos o prazo de decadência para pleitear-se a anulação do negócio jurídico.

(D) As nulidades devem ser pronunciadas e supridas pelo juiz, independentemente de requerimento das partes.

5. DIREITO CIVIL · 337

(E) O negócio jurídico nulo não é suscetível de confirmação, nem convalesce pelo decurso do tempo.

A e **B:** incorretas, pois é nulo o negócio jurídico praticado por pessoa absolutamente incapaz (art. 166, I, do CC), e a incapacidade relativa torna o ato anulável, e não nulo (art. 171, I, do CC); **C:** incorreta, pois é de quatro anos o prazo de decadência para pleitear a anulação do negócio jurídico (art. 178 do CC); **D:** incorreta, pois as nulidades devem ser pronunciadas pelo juiz, quando conhecer do negócio jurídico ou dos seus efeitos e as encontrar provadas, não lhe sendo permitido supri-las, ainda que a requerimento das partes (art. 168, par. único, do CC); **E:** correta (art. 169 do CC).
Gabarito "E".

(Procurador do Município/Teresina-PI – 2010 – FCC) O negócio jurídico realizado por pessoa absolutamente incapaz

(A) gera a ineficácia perante terceiros, podendo ser sanado apenas entre seus partícipes.

(B) gera nulidade absoluta, portanto sem possibilidade de convalidação.

(C) gera anulabilidade, ou nulidade relativa, podendo ser convalidado.

(D) implica a inexistência desse ato, que não terá quaisquer consequências jurídicas.

(E) implica mera irregularidade, se posteriormente ratificado por seu representante legal.

Arts. 166, I, e 169, do CC.
Gabarito "B".

2.8. Atos ilícitos

(Procurador do Município/Cubatão-SP – 2012 – VUNESP) A consequência mais comum do exercício abusivo dos direitos é a obrigação de reparar danos. Assinale a alternativa que contém uma caracterização do denominado abuso de direito.

(A) Atos praticados em legítima defesa.

(B) Deterioração ou destruição de coisa alheia, para remover perigo iminente.

(C) Lesão à pessoa a fim de remover perigo iminente.

(D) Ato que exceda manifestamente os limites impostos pela boa-fé.

(E) Atos praticados no exercício regular de um direito reconhecido.

A: incorreta, pois o ato praticado em legítima defesa configura uma causa excludente da ilicitude, não havendo abuso de direito (art. 188, I, do CC); B e **C:** incorretas, pois o ato praticado em estado de necessidade configura uma causa excludente da ilicitude, não havendo abuso de direito (art. 188, II, do CC). Oportuno registrar que *o ato será legítimo somente quando as circunstâncias o tornarem absolutamente necessário, não excedendo os limites do indispensável para a remoção do perigo;* **D:** correta, pois, segundo o art. 187, do CC, *comete ato ilícito o titular de um direito que, ao exercê-lo, excede manifestamente os limites impostos pelo seu fim econômico ou social, pela boa-fé ou pelos bons costumes* (enunciados n. 412, 413 e 414, CJF); **E:** incorreta, pois o ato praticado no exercício regular de um direito configura uma causa excludente da ilicitude, não havendo abuso de direito (art. 188, I, do CC).
Gabarito "D".

(Procurador do Município/Teresina-PI – 2010 – FCC) Para o legislador civil, o abuso do direito é um ato

(A) lícito, embora possa gerar a nulidade de cláusulas contratuais em relações consumeristas.

(B) lícito, embora ilegal na aparência.

(C) ilícito objetivo, caracterizado pelo desvio de sua finalidade social ou econômica ou contrário à boa-fé e aos bons costumes.

(D) ilícito, necessitado da prova de má-fé do agente para sua caracterização.

(E) ilícito abstratamente, mas que não implica dever indenizatório moral.

A e **B:** incorretas, pois o abuso de direito é um ato ilícito (art. 187 do CC); **C:** correta, pois o abuso de direito é um tipo de ato ilícito (art. 187 do CC), que, diferente do ato ilícito tradicional (art. 186 do CC), configura-se independentemente de culpa (Enunciado CJF 37); **D:** incorreta, pois, como se viu, trata-se de um tipo de ato ilícito que não requer culpa ou dolo para se configurar (Enunciado CJF 37); **E:** incorreta, pois tanto os danos materiais, como os danos morais devem ser indenizados.
Gabarito "C".

2.9. Prescrição e decadência

(Procurador do Estado/SE – 2017 – CESPE) Se uma pessoa, no dia 5 de dezembro de 2017, terça-feira, sofrer dano material em decorrência de acidente provocado por motorista que avançou sobre a faixa de pedestre, o prazo prescricional para que ela obtenha a indenização será contado a partir do dia

(A) 5 de dezembro de 2017.

(B) 11 de dezembro de 2017.

(C) 6 de dezembro de 2017.

(D) 8 de dezembro de 2017.

(E) 7 de dezembro de 2017.

Violado o direito, nasce para o titular a pretensão, a qual se extingue, pela prescrição (ART. 189 CC). Logo, o prazo prescricional para ajuizar a ação começou a correr na data em que nasceu a pretensão, isto é, 5 de dezembro de 2017, portanto, a resposta correta seria a letra A. GR
Gabarito "A".

(Procurador – SP – VUNESP – 2015) O envio de notificação extrajudicial do credor ao devedor, com o objetivo de cobrar dívida constante de instrumento particular de confissão de dívida,

(A) é causa de suspensão da prescrição, estendendo-se até que haja resposta por parte do devedor.

(B) não é causa de suspensão ou interrupção da prescrição.

(C) interrompe o prazo prescricional, independentemente da forma de envio.

(D) é causa de suspensão da prescrição, pelo prazo máximo de 30 (trinta) dias.

(E) interrompe o prazo prescricional, desde que a notificação tenha sido enviada por meio de cartório de títulos e documentos.

A: O art. 202 do Código Civil estabelece seis hipóteses nas quais o prazo de prescrição é interrompido, ou seja, retorna ao zero. São cinco condutas do credor que demonstram seu interesse e atenção em relação ao seu crédito (exs: protesto judicial, protesto cambial, ato judicial que constitua em mora o devedor, etc.) e, por isso, a lei considerou adequado premiá-lo com um novo prazo integral de prescrição. Há ainda uma atitude do próprio devedor que é capaz de interromper a prescrição, que é o reconhecimento do direito pelo devedor. O envio de notificação extrajudicial do credor ao devedor não é conduta suficiente para interromper a prescrição. GN
Gabarito "B".

(Procurador Municipal – Sertãozinho/SP – VUNESP – 2016) Sobre os institutos da prescrição e da decadência, assinale a alternativa correta.

(A) Admite-se a renúncia à decadência fixada em lei, desde que expressa, não traga prejuízo a terceiros e realizada após a decadência consumar-se.

(B) Em regra, aplica-se à decadência as normas que impedem, suspendem ou interrompem a prescrição.

(C) Não corre o prazo prescricional contra os absolutamente incapazes, mas contra eles corre normalmente o prazo decadencial.

(D) Quando a lei não fixar prazo menor, a prescrição ocorre em 20 (vinte) anos.

(E) É lícito às partes convencionar a decadência do direito objeto da relação jurídica que celebram.

A: incorreta, pois é nula a renúncia à decadência fixada em lei (CC, art. 209); **B:** incorreta, pois *"salvo disposição legal em contrário, não se aplicam à decadência as normas que impedem, suspendem ou interrompem a prescrição"* (CC, art. 207). Vale mencionar que o art. 208 é uma "disposição legal em contrário";**C:** incorreta, pois não corre decadência contra o absolutamente incapaz (CC, art. 208 combinado com 198, I); **D:** incorreta, pois o prazo geral de prescrição é de dez anos (CC, art. 205); **E:** correta, pois a decadência convencional tem previsão no art. 211 do Código Civil. GN
Gabarito "E".

(Procurador do Estado – PGE/RN – FCC – 2014) No tocante à extinção das pretensões, pela prescrição, contra a Fazenda Pública, considere as afirmações abaixo.

I. Nenhuma disposição do Decreto no 20.910/1932, que a regulava, subsiste depois da entrada em vigor do Código Civil de 2002, porque este disciplinou integralmente a matéria referente à prescrição.

II. Não se admite a distinção entre prescrição parcelar e prescrição de fundo de direito ou nuclear.

III. Não corre prescrição durante a demora que, no estudo, no reconhecimento ou no pagamento da dívida, considerada líquida, tiverem as repartições ou funcionários encarregados de estudar e apurá-la.

IV. A prescrição somente poderá ser interrompida uma vez e recomeçará a correr, pela metade do prazo, da data do ato que a interrompeu ou do último ato ou termo do respectivo processo, mas, se a interrupção ocorrer antes da metade do prazo de cinco (05) anos, o lustro será respeitado a favor do credor.

V. O prazo prescricional sujeita-se à interrupção, mas não se sujeita à suspensão.

Está correto o que se afirma APENAS em

(A) II e IV.

(B) I e II.

(C) III e IV.

(D) IV e V.

(E) I e III.

I: incorreta, pois o Decreto continua válido e eficaz, especialmente no que diz respeito ao prazo quinquenal para ações contra a Fazenda Pública. Nesse sentido, o atual e consolidado entendimento do STJ sobre o tema: *"é no sentido da aplicação do prazo prescricional quinquenal – previsto do Decreto 20.910/32 – nas ações indenizatórias ajuizadas contra a Fazenda Pública, em detrimento do prazo trienal contido no Código Civil de 2002".* (REsp 1251993/PR, Rel. Min. Mauro Campbell Marques, Primeira Seção, j. 12.12.2012, DJe 19.12.2012); **II:** incorreta,

---

pois tal distinção não só é admitida, como necessária. São institutos diferentes. A ideia da prescrição parcelar refere-se a parcelas anteriores aos cinco anos, ao passo que a prescrição de fundo refere-se à pretensão em si, como um todo; **III:** correta, pois de pleno acordo com a regra que suspende a prescrição, prevista no art. 4º do Decreto 20.910/1932, que regula a prescrição de pretensão contra a Fazenda Pública; **IV:** correta, pois de pleno acordo com a regra estabelecida pelo art. 9º do mencionado Decreto; **V:** incorreta, pois não há óbice para que ocorra suspensão da prescrição quinquenal. A depender do momento em que o fato previsto em lei ocorre, ele pode suspender um prazo que estava em andamento. Vale lembrar que os fatos que não permitem fluência do prazo são os mesmos. O que muda é o momento de sua ocorrência. Assim, por exemplo, se o fato ocorre antes do prazo começar, trata-se de impedimento. Se ocorre com o prazo já em andamento, é suspensão. GN
Gabarito "C".

(Procurador – PGFN – ESAF – 2015) Relativamente à prescrição e decadência, assinale a opção correta.

(A) A renúncia da prescrição só valerá quando expressa e feita sem prejuízo de terceiro, antes de ela se consumar.

(B) A interrupção da prescrição por um credor não aproveita aos outros; da mesma forma, quando operada contra o codevedor ou seu herdeiro, não prejudica aos demais coobrigados.

(C) A prescrição pode ser alegada em qualquer grau de jurisdição, por qualquer interessado, e seus prazos podem ser alterados por acordo entre as partes.

(D) A interrupção da prescrição só poderá ocorrer uma vez, por despacho do juiz competente, no prazo e na forma da lei processual. Uma vez interrompida, recomeça a correr da data do ato que suspendeu a interrupção.

(E) Aplicam-se à decadência as mesmas normas que impedem, suspendem ou interrompem a prescrição.

A: incorreta, pois a renúncia à prescrição só é válida se feita após a consumação (CC, art. 191). Caso fosse permitida a renúncia antes da consumação, ela se tornaria uma cláusula padrão nos contratos e toda a segurança jurídica criada pela prescrição se perderia; **B:** correta, pois de pleno acordo com a previsão do art. 204 do CC; **C:** incorreta, pois os prazos de prescrição não podem ser alterados por acordo entre as partes (CC, art. 192); D: incorreta, pois ela recomeça a correr do *"último ato do processo para a interromper"*; **E:** incorreta, pois – como regra – tais normas não se aplicam. Uma rara exceção é a hipótese do art. 208 do CC, que não permite fluência de prazo decadencial contra o absolutamente incapaz. GN
Gabarito "B".

(Procurador do Estado – PGE/PA – UEPA – 2015) Sobre a decadência, é correto afirmar que:

(A) a renúncia da decadência fixada em lei pode ser expressa ou tácita, e só valerá sendo feita sem prejuízo de terceiro.

(B) a decadência não corre contra os absolutamente incapazes.

(C) a decadência é matéria de ordem pública e deve ser conhecida e pronunciada de ofício pelo juiz, seja ela fixada em lei, seja ela resultado de convenção entre as partes.

(D) é de noventa dias o prazo decadencial para o adquirente obter a redibição ou abatimento no preço da coisa adquirida se móvel; e de um ano, se imóvel.

(E) é de quatro anos o prazo de decadência para pleitear-se a anulação do negócio jurídico eivado de coação, contado da data da realização do negócio.

5. DIREITO CIVIL

A: incorreta, pois é nula a renúncia à decadência prevista em lei (CC, art. 209); **B:** correta, pois de acordo com a regra excepcional de impedimento prevista no art. 208 do CC; **C:** incorreta, pois o juiz só deve conhecer de ofício a decadência legal (CC, art. 209); **D:** incorreta, pois o prazo é de trinta dias se a coisa for móvel (CC, art. 445); **E:** incorreta, pois nesse caso o prazo só começa quando cessar a ameaça (CC, art. 178, I). 🅶🅽
Gabarito "B".

(Procurador do Estado – PGE/PR – PUC – 2015) Por exigências de segurança do tráfico jurídico, de certeza nas relações jurídicas e de paz social, a ordem jurídica fixa prazos prescricionais dentro dos quais o titular do direito deve exercê-lo, sob pena de ficar impedido de fazê-lo. Quanto à prescrição, é **CORRETO** afirmar:

(A) As pretensões de reparação civil contra o Estado têm prazo prescricional de três anos, conforme disposto no artigo 206, § 3º, V, do Código Civil Brasileiro.

(B) A prescrição não pode ser decretada de ofício pelo juiz, salvo no caso de interesses de incapazes.

(C) Nas relações de trato sucessivo, como o pagamento de salários ou vencimentos, o prazo prescricional conta--se a partir do ato ou omissão que gerou o pagamento a menor. Quando transcorrido tal prazo, a prescrição atinge, simultaneamente, todas as parcelas vencidas.

(D) A prescrição das dívidas passivas dos Estados só pode ser interrompida uma vez e recomeça a correr pela metade do prazo.

(E) Os prazos prescricionais são fixados por lei e só podem ser reduzidos por disposições contratuais quando versarem sobre direitos disponíveis.

A: incorreta, pois o *"atual e consolidado entendimento deste Tribunal Superior sobre o tema é no sentido da aplicação do prazo prescricional quinquenal previsto do Decreto 20.910/32 – nas ações indenizatórias ajuizadas contra a Fazenda Pública, em detrimento do prazo trienal contido do Código Civil de 2002"* (REsp 1251993/PR, Rel. Min. Mauro Campbell Marques, Primeira Seção, j. 12.12.2012, *DJe* 19.12.2012); **B:** incorreta, pois o CPC autoriza tal decretação de ofício (CPC, art. 332 § 1º); **C:** incorreta, pois nesses casos o prazo prescricional começa a contar a partir do vencimento de cada parcela separadamente; **D:** correta, pois de acordo com o estipulado pelos arts. 8º e 9º do Decreto-Lei 20.910/1932; **E:** incorreta, pois não se admite alteração de prazos prescricionais (CC, art. 192). Caso isso fosse permitido, a redução seria cláusula padrão e toda segurança jurídica planejada pela prescrição se perderia. 🅶🅽
Gabarito "D".

(Procurador do Estado – PGE/MT – FCC – 2016) Francisco tomou R$ 300.000,00 (trezentos mil reais) emprestados de Eduardo e não pagou no prazo avençado. Eduardo, por sua vez, deixou de ajuizar ação no prazo legal, dando azo à prescrição. Não obstante, Francisco pagou Eduardo depois de escoado o prazo prescricional. Depois de realizado o pagamento, Francisco ajuizou ação contra Eduardo para reaver a quantia paga. A alegação:

(A) procede, porque a prescrição atinge o próprio direito de crédito e sua renúncia somente é admitida, se realizada de maneira expressa, depois que se consumar, desde que sem prejuízo de terceiro.

(B) procede, porque, embora a prescrição atinja não o direito, mas a pretensão, sua renúncia somente é admitida quando realizada de maneira expressa, antes de se consumar, desde que feita sem prejuízo de terceiro.

(C) improcede, porque a prescrição atinge não o direito, mas a pretensão, além de admitir renúncia, de maneira expressa ou tácita, depois que se consumar, desde que feita sem prejuízo de terceiro.

(D) improcede, porque, embora apenas a decadência admita renúncia, a prescrição atinge não o direito, mas a pretensão.

(E) procede, porque a prescrição atinge o próprio direito de crédito e não admite renúncia.

A prescrição elimina apenas a pretensão do titular do direito (CC, art. 189). O direito de crédito, em si, continua vivo. Em direito obrigacional, dir-se-ia que o débito (schuld) está vivo, mas a responsabilidade (haftung) pelo inadimplemento, não.
Quando o devedor paga uma dívida que está prescrita, ele está pagando por um débito existente. É por isso que eventual pedido de "repetição de indébito" não irá prosperar. Ademais, um pagamento de dívida prescrita poderia também ser considerado como uma renúncia tácita à prescrição por parte do devedor, que estaria abrindo mão do benefício que obteve com o decurso do tempo (CC, art. 191). 🅶🅽
Gabarito "C".

(Procurador do Estado/AC – FMP – 2012) Assinale a alternativa CORRETA.

(A) A prescrição não ocorre em relação às ações declaratórias ou constitutivas, sejam essas últimas positivas, modificativas ou negativas.

(B) As normas relativas à prescrição são de caráter cogente em relação ao prazo, mas dispositivas em relação ao termo *a quo* e aos termos interruptivos.

(C) É possível a renúncia, tanto do prazo prescricional, quanto do prazo decadencial, a qualquer tempo.

(D) Os prazos decadenciais convencionais deverão, assim como os legais, ser conhecidos de ofício pelo juiz.

A: correta, pois a prescrição diz respeito às ações condenatórias; **B:** incorreta (art. 192, do CC); **C:** incorreta (art. 191, do CC); **D:** incorreta (art. 210 e 211, ambos do CC).
Gabarito "A".

(Procurador do Estado/GO – 2010) Leia as assertivas que se seguem e assinale, abaixo, a alternativa CORRETA:

I. A exceção prescreve no mesmo prazo em que a pretensão.

II. Os prazos prescricionais podem ser alterados por acordo das partes.

III. A interrupção operada contra um dos herdeiros do devedor solidário não prejudica os outros herdeiros ou devedores, senão quando se trate de obrigações e direitos indivisíveis.

IV. Prescreve em quatro anos a pretensão dos profissionais liberais em geral, procuradores judiciais, curadores e professores pelos seus honorários, contado o prazo da conclusão dos serviços, da cessação dos respectivos contratos ou mandato.

(A) Todas as alternativas estão erradas.

(B) Apenas as alternativas I e III estão corretas.

(C) Todas as alternativas estão corretas.

(D) Apenas as alternativas I e IV estão corretas.

(E) Apenas as alternativas III e IV estão corretas.

I: correta (art. 190, do CC); **II:** incorreta, pois os prazos prescricionais não podem ser alterados por acordo das partes (art. 192, do CC); **III:**

correta (art. 204, § 2º, do CC); **IV:** incorreta, pois o prazo prescricional é de cinco anos (art. 206, § 5º, II, do CC).
Gabarito "B".

(Procurador do Estado/MT – FCC – 2011) NÃO corre a prescrição

(A) pendendo condição resolutiva.

(B) pendendo condição suspensiva.

(C) contra os relativamente incapazes.

(D) contra todos os ausentes do País.

(E) enquanto não prolatada a respectiva sentença penal recorrível quando a ação se originar de fato que deva ser apurado no juízo criminal.

A: incorreta, pois a prescrição corre quando pender condição resolutiva (art. 199, I, do CC); **B:** correta (art. 199, I, do CC); **C:** incorreta, pois a prescrição não corre contra os absolutamente incapazes (art. 198, I, do CC); **D:** incorreta, pois a prescrição não corre *contra os ausentes do País em serviço público da União, dos Estados ou dos Municípios* (art. 198, II, do CC); **E:** incorreta (art. 200, do CC).
Gabarito "B".

(Procurador do Estado/PA – 2011) Quanto à prescrição, analise as proposições abaixo e assinale a alternativa CORRETA:

I. Quando a ação se originar de fato que deva ser apurado no juízo criminal, a prescrição não iniciará a correr antes da respectiva sentença definitiva.

II. Versando determinada relação jurídica sobre direitos disponíveis, podem as partes, no exercício de suas liberdades, reduzir os prazos de prescrição legalmente definidos.

III. Sendo a obrigação indivisível, a suspensão da prescrição em favor de um dos credores solidários gera efeito idêntico aos demais beneficiários do crédito.

IV. Prescreve em três anos a pretensão dos profissionais liberais em geral, procuradores judiciais, curadores e professores pelos seus honorários, contado o prazo da conclusão dos serviços, da cessação dos respectivos contratos ou mandato;

V. Para o reconhecimento judicial da prescrição, é indispensável que seja alegada no primeiro grau de jurisdição pela parte a quem aproveita.

(A) Apenas as proposições I e III estão corretas.

(B) Apenas a proposição III está correta.

(C) Apenas as proposições I, III e IV estão corretas.

(D) Todas as proposições estão corretas.

(E) Apenas as proposições I, II e V estão corretas.

I: correta (art. 200, do CC); **II:** incorreta (art. 192, do CC); **III:** correta (art. 204, § 1º, do CC); **IV:** incorreta (art. 206, § 5º, II, do CC); **V:** incorreta (art. 193, do CC).
Gabarito "A".

(Procurador do Estado/RO – 2011 – FCC) A decadência consiste na perda

(A) do direito de regresso em face de outro devedor solidário em razão de seu não exercício após um mês da condenação.

(B) do direito de se cobrar o cumprimento de uma obrigação vincenda em razão do não exercício dessa faculdade em determinado prazo.

(C) do direito de ver o devedor processado judicialmente por uma dívida ainda não vencida em razão do decurso do tempo.

(D) da pretensão de ver a dívida paga em hipóteses expressamente previstas em lei em razão do decurso do tempo, o que autoriza a repetição do indébito caso o pagamento tenha ocorrido após o seu advento.

(E) do direito em razão do decurso do tempo em hipóteses expressamente previstas em lei, o que autoriza a repetição do indébito caso o pagamento tenha ocorrido após o seu advento.

A alternativa "E" traz o conceito correto da decadência, que *é a causa extintiva do direito potestativo pelo seu não exercício no prazo estipulado pela lei.*
Gabarito "E".

(Procurador do Estado/SC – 2010 – FEPESE) Com relação à prescrição e à decadência, assinale a alternativa **incorreta**, de acordo com o Código Civil Brasileiro.

(A) A prescrição iniciada contra uma pessoa continua a correr contra o seu sucessor.

(B) Os prazos de prescrição não podem ser alterados por acordo das partes.

(C) Pendendo ação de evicção, não corre o prazo prescricional.

(D) Se a decadência for convencional, a parte a quem aproveita pode alegá-la em qualquer grau de jurisdição, mas o juiz não pode suprir a alegação.

(E) Quando a lei dispuser que determinado ato é anulável, sem, contudo, estabelecer prazo para pleitear-se a anulação, será este de 4 (quatro) anos, a contar da data da conclusão.

A: correta (art. 196 do CC); **B:** correta (art. 192 do CC); **C:** correta (art. 199, III, do CC); **D:** correta (art. 211 do CC); **E:** incorreta, pois o art. 179 do CC dispõe: "quando a lei dispuser que determinado ato é anulável, sem estabelecer prazo para pleitear-se a anulação, será este de dois anos, a contar da data da conclusão do ato".
Gabarito "E".

(Procurador do Município/Florianópolis-SC – 2010 – FEPESE) A ação de perdas e danos pelo uso de marca comercial prescreve em:

(A) 2 anos.

(B) 3 anos.

(C) 5 anos.

(D) 10 anos.

(E) 20 anos.

Art. 225 da Lei 9.279/1996.
Gabarito "C".

(Procurador do Município/São José dos Campos-SP – 2012 – VUNESP) Assinale a alternativa correta quanto à prescrição de um direito.

(A) As obrigações sujeitas à prescrição presuntiva estão subordinadas, nos termos gerais, às regras da prescrição ordinária.

(B) A presunção de cumprimento pelo decurso do prazo só pode ser ilidida por confissão do devedor originário.

(C) Os prazos de prescrição não podem ser alterados por acordo das partes, podendo ser alegada em qualquer grau de jurisdição, pela parte a quem aproveita.

(D) A prescrição geral ocorre em quinze anos, quando a lei não lhe haja fixado prazo menor ou maior para ocorrer.

5. DIREITO CIVIL 341

(E) Prescreve em dois anos a pretensão dos tabeliães, auxiliares da justiça, serventuários judiciais, árbitros e peritos, pela percepção de seus honorários.

A e B: incorretas, pois a prescrição presuntiva não se sujeita às regras da prescrição ordinária. Conforme consta no acórdão do TJSP, "*o* tempo consolida situações e funciona como gerador de segurança jurídica, sendo que há a prescrição presuntiva, ou seja, aquela em que a inércia do titular em exercer direito confirma o cumprimento pela parte do devedor, como previsto no art. 312, do CC de Portugal e que é explicado pelo Professor PEDRO PAIS DE VASCONCELOS (Teoria geral do direito civil, Almedina, 2007,p. 382): 'A *ratio legis* é clara: passado certo tempo sem o credor exigir o cumprimento, presume-se que o devedor já cumpriu. O credor fica sujeito que lhe seja oposta a prescrição se tolerar a mora durante mais do que aquele tempo e convém-lhe, por isso, não manter a inércia para além desse limite do tempo' " (TJSP, apelação n. 990102996131); **C:** correta (art. 192 e 193, ambos do CC); **D:** incorreta, pois a prescrição ocorre em dez anos, quando a lei não lhe haja fixado prazo menor (art. 205, do CC); **E:** incorreta, pois a pretensão dos tabeliães, auxiliares da justiça, serventuários judiciais, árbitros e peritos, pela percepção de emolumentos, custas e honorários prescreve em um ano (art. 206, § 1º, III, do CC).
Gabarito "C".

(Procurador do Município/São José dos Campos-SP – 2012 – VUNESP) Quanto ao conceito de direito potestativo, assinale a alternativa correta.

(A) É o poder que a ordem jurídica confere a alguém de agir e de exigir de outrem determinado comportamento em nome próprio ou de terceiro interessado.

(B) É a proteção dos direitos subjetivos que se faz pelas vias previstas no direito para esse fim.

(C) É o ônus jurídico correspondente à faculdade de se comportar de determinado modo para a realização de interesse próprio.

(D) É a situação jurídica em que o direito não nascido está pendente de verificação de um requisito essencial a sua existência.

(E) Constitui um poder de agir de que certa pessoa é dotada para influir decisivamente na esfera jurídica de outrem, que deve se sujeitar a tal vontade.

A, B, C e D: incorretas, pois não trazem o conceito de direito potestativo; **E:** correta. Direito potestativo é o poder que o sujeito tem de agir, podendo alterar uma situação jurídica na qual se encontra outro sujeito, como, por exemplo, o direito de anular um negócio jurídico, em razão de um vício de consentimento. Oportuno ressaltar que o direito potestativo é insuscetível de violação, já que a ele não se opõe um dever de quem quer que seja, mas sim uma situação de sujeição. Portanto, não há que se falar em dever, obrigação, ônus ou débito, por se tratar de um estado de sujeição.
Gabarito "E".

(Procurador do Município/Teresina-PI – 2010 – FCC) No que se refere à prescrição:

(A) Os prazos prescricionais da pretensão e da exceção são autônomos.

(B) O início do prazo prescricional ocorre com o surgimento da pretensão, que decorre da exigibilidade do direito subjetivo.

(C) Seus prazos podem ser alterados pela vontade das partes, se maiores e capazes.

(D) Deve ser alegada na primeira oportunidade processual, sob pena de se tratar de matéria preclusa.

(E) Iniciada contra uma pessoa, não corre contra o seu sucessor.

A: incorreta (art. 190 do CC); **B:** correta, pois a alternativa conceitua corretamente o início do prazo da prescrição (art. 189 do CC); **C:** incorreta (art. 192 do CC); **D:** incorreta (art. 193 do CC); **E:** incorreta (art. 196 do CC).
Gabarito "B".

(Advogado da União/AGU – CESPE – 2012) A respeito da prescrição, julgue o seguinte item:

(1) O devedor capaz que pagar dívida prescrita pode reaver o valor pago se alegar, na justiça, a ocorrência de pagamento indevido ao credor, estando o direito de reaver esse valor fundado no argumento de que o credor que receba o que lhe não seja devido enriquece às custas do devedor.

1: incorreta, pois *não se pode repetir o que se pagou para solver dívida prescrita, ou cumprir obrigação judicialmente inexigível* (art. 882, do CC).
Gabarito "1E".

(ADVOGADO – CEF – 2012 – CESGRANRIO) Sobre os institutos da prescrição e da decadência, é um EQUÍVOCO considerar que

(A) a decadência não se interrompe nem se suspende, salvo por previsão expressa em lei.

(B) o prazo prescricional interrompido faz com que a contagem do tempo se inicie novamente.

(C) as causas de suspensão da prescrição são de natureza pessoal.

(D) as ações de reconhecimento de paternidade e referentes ao estado da pessoa humana prescrevem em 2 anos.

(E) os prazos decadenciais podem ser elegidos por contrato, via manifestação expressa de vontade e desde que não restrinjam direito estabelecido em lei.

A: incorreta (art. 207, do CC); **B:** incorreta (art. 202, parágrafo único, do CC); **C:** incorreta (artigos 197 e 198, ambos do CC); **D:** correta, pois as ações referentes ao estado da pessoa humana são imprescritíveis (ex.: art. 1.601, do CC); **E:** incorreta (art. 211, do CC).
Gabarito "D".

(Procurador do Município – Valinhos/SP – 2019 – VUNESP) Quanto ao direito de renunciar à prescrição, indique a alternativa correta.

(A) Qualquer postura do devedor pode levar a ser considerada como uma renúncia tácita.

(B) A postura irrefutável, explícita do credor é passível de ser acatada como renúncia tácita.

(C) Os prazos de prescrição podem ser alterados por acordo das partes, assim como os de renúncia.

(D) Tácita é a renúncia quando se presume de fatos do interessado, incompatíveis com a prescrição.

(E) A renúncia tácita não é reconhecida pelo ordenamento brasileiro, mas apenas para decadência.

A: incorreta, pois nem toda postura do devedor pode levar a ser considerada uma renúncia tácita. Tácita é a renúncia quando se presume de fatos do interessado, incompatíveis com a prescrição (art. 191 CC, parte final); **B:** incorreta, pois nesse caso a renúncia será expressa (art. 191 CC, 1ª parte); **C:** incorreta, pois os prazos de prescrição não podem ser alterados por acordo das parte (art. 192 CC); **D:** correta (art. 191 CC, parte final); **E:** incorreta, pois a renúncia tácita à prescrição é reconhecida pela ordenamento jurídico (art. 191 CC). **GR**

Gabarito "D".

(Procurador do Município – S.J. Rio Preto/SP – 2019 – VUNESP) Fátima e Nanci celebraram um contrato de depósito, no qual Fátima receberia o valor de R$ 5.000,00 (cinco mil reais) para guardar, pelo prazo de 1 (um) ano, os móveis pertencentes ao apartamento de Nanci, que seria locado para fins comerciais. Ao final do prazo, Fátima se recusou a devolver os bens, alegando que os bens não pertenciam a Nanci. Passaram-se 4 (quatro) anos da recusa em devolver os móveis objeto do contrato.

Diante da situação hipotética, considerando a possibilidade de obter a reparação pelo inadimplemento contratual, assinale a alternativa correta.

(A) A ação está prescrita, considerando que o prazo estabelecido pelo Código Civil é de 3 (três) anos.

(B) A ação está prescrita, considerando que o prazo estabelecido pelo Código Civil é de 3 (três) anos, mas Fátima responde caso o prejuízo seja resultante de caso fortuito ou força maior.

(C) A ação não está prescrita, considerando que o prazo estabelecido pelo Código Civil é de 5 (cinco) anos, e respondem pelo inadimplemento todos os bens de Fátima.

(D) A ação não está prescrita, considerando que o prazo estabelecido pelo Código Civil é de 5 (cinco) anos, e Fátima responde pelas perdas e danos, mais juros e atualização monetária.

(E) A ação não está prescrita, considerando que o prazo estabelecido pelo Código Civil é de 10 (dez) anos para os casos de inadimplemento contratual.

A: incorreta, pois trata-se de caso de inadimplemento contratual. Todas as hipóteses que prescrevem em 3 anos estão expressamente previstas no art. 206, § 3º CC e esta hipótese não consta naquele rol; **B:** a primeira parte da alternativa está incorreta, nos termos da alternativa A (art. 206, §3º CC); **C:** incorreta, pois todas as hipóteses que prescrevem em 5 anos estão expressamente previstas no art. 206, §5º CC e esta hipótese não consta naquele rol; **D:** incorreta, pois embora a ação não esteja prescrita, o prazo não é de 5 anos, pois apenas prescreve nesse período a pretensão de cobrança de dívidas líquidas constantes de instrumento público ou particular; a pretensão dos profissionais liberais em geral, procuradores judiciais, curadores e professores pelos seus honorários, contado o prazo da conclusão dos serviços, da cessação dos respectivos contratos ou mandato e a pretensão do vencedor para haver do vencido o que despendeu em juízo; **E:** correta, pois trata-se de caso de inadimplemento contratual e como a lei não define prazo específico, aplica-se a regra geral de 10 anos (art. 205 CC). **GR**

Gabarito "E".

(Procurador do Estado/TO – 2018 – FCC) Em 20/03/2017 a Fazenda Pública do Estado de Tocantins ajuizou ação indenizatória em face do causador de um acidente de trânsito, ocorrido em 20/02/2014, do qual resultou a destruição de uma viatura oficial. Na sentença, de ofício, reconheceu-se que o prazo prescricional para a pretensão de reparação civil era de 3 anos, razão por que se julgou improcedente o pedido. Em recurso de apelação, poderá o Procurador do Estado alegar a não ocorrência de prescrição,

(A) se estiver demonstrado que, desconsiderados os períodos em que houve suspensão dos prazos processuais, o prazo trienal não se consumou.

(B) exclusivamente pela impossibilidade de seu reconhecimento de ofício, por ser a autora a Fazenda Pública.

(C) fundando-se no Decreto 20.910/1932, aplicável por isonomia, o qual estabelece que o prazo prescricional nas ações contra a Fazenda Pública é quinquenal, existindo recentes julgados do Superior Tribunal de Justiça neste sentido.

(D) se estiver demonstrado que, descontado o tempo em que tramitou sindicância interna para apuração de responsabilidade do condutor da viatura oficial, não se completou o triênio prescricional.

(E) se estiver demonstrado que desde a notificação extrajudicial do réu, por meio da qual solicitou o pagamento da indenização, não se completou o triênio prescricional.

A: Incorreta, pois embora o prazo prescricional para reparação de danos seja de três anos de acordo com o art. 206, § 3º, V CC em se tratando de execução contra a Fazenda Pública há decisão recente do STJ consolidada na tese de recursos repetitivos firmada no julgamento do REsp 1.251.993/PR de que aplica-se o prazo de 5 anos; **B:** incorreta, pois o Procurador do Estado poderá alegar a não ocorrência da prescrição por outro argumento, e não exclusivamente pela impossibilidade de seu reconhecimento de ofício, por ser a autora a Fazenda Pública. E o argumento é que o prazo é de 5 anos e não de 3 anos de acordo com recente posicionamento do STJ consolidado na tese de recursos repetitivos firmada no julgamento do REsp 1.251.993/PR. Ademais, não existe proibição de o juiz reconhecer de ofício a prescrição quando a parte for a Fazenda Pública; **C:** correta, nos termos de recente posicionamento do STJ consolidado na tese de recursos repetitivos firmada no julgamento do REsp 1.251.993/PR. Eis a ementa: Administrativo. Recurso especial representativo de controvérsia (artigo 543-C do CPC). Responsabilidade civil do estado. Ação indenizatória. Prescrição. Prazo quinquenal (Art. 1º do Decreto 20.910/32) X Prazo Trienal (art. 206, § 3º, V, do CC). Prevalência da Lei Especial. Orientação pacificada no âmbito do STJ. Recurso Especial não provido; **D e E:** incorretas, pois trata-se de prazo prescricional de cinco anos, como mencionado anteriormente. **GR**

Gabarito "C".

(Procurador do Estado/AC – 2017 – FMP) Considere as seguintes afirmativas sobre os temas da prescrição e da decadência no âmbito do Código Civil. Assinale a alternativa CORRETA.

(A) Os prazos de prescrição podem ser alterados por acordo das partes.

(B) A prescrição iniciada contra uma pessoa continua a correr contra o seu sucessor.

(C) Corre a prescrição, ainda que pendente ação de evicção.

(D) A interrupção da prescrição por um credor aproveita aos outros.

(E) A prescrição ocorre com vinte anos, quando a lei não lhe haja fixado prazo menor.

A: incorreta, pois os prazos de prescrição *não* podem ser alterados por acordo das partes (art. 192 CC); **B:** correta (art. 196 CC); **C:** incorreta, pois não corre a prescrição estando pendente ação de evicção (art. 199, III CC); **D:** incorreta, pois a interrupção da prescrição por um credor *não* aproveita aos outros (art. 204, *caput* 1ª parte CC); **E:** incorreta, pois a prescrição ocorre em *dez* anos, quando a lei não lhe haja fixado prazo menor (art. 205 CC). **GR**

Gabarito "B".

5. DIREITO CIVIL 343

2.10. Prova

(Procurador do Município/Teresina-PI – 2010 – FCC) Para a prova dos negócios jurídicos

(A) a prova testemunhal, subsidiária ou complementar da prova escrita, só é admissível até valor equivalente ao décuplo do maior salário mínimo vigente ao tempo em que celebrado o negócio jurídico.

(B) é preciso, como regra, forma especial.

(C) a escritura pública, lavrada em notas de tabelião, é documento dotado de fé pública e faz prova plena de seu conteúdo.

(D) o instrumento particular, celebrado por parte maior e capaz, prova as obrigações convencionais apenas até valor equivalente a sessenta salários mínimos.

(E) não podem ser admitidos como testemunhas os menores de dezoito anos.

A: incorreta, pois qualquer que seja o valor do negócio jurídico, a prova testemunhal é admissível como subsidiária ou complementar da prova por escrito (art. 227, par. único, do CC); **B:** incorreta, pois, em regra, a prova para o negócio jurídico não necessita de forma especial (art. 212 do CC); **C:** correta (art. 215, *caput*, do CC); **D:** incorreta, pois o instrumento particular, feito e assinado, ou somente assinado por quem esteja na livre disposição e administração de seus bens, prova as obrigações convencionais de qualquer valor; **E:** incorreta, pois não podem ser admitidos como testemunhas os menores de dezesseis anos (art. 228, I, do CC).

Gabarito "C".

3. OBRIGAÇÕES

3.1. Introdução, classificação e modalidades das obrigações

(Procurador do Estado – PGE/RS – Fundatec – 2015) Em relação às modalidades das obrigações, analise as seguintes assertivas:

I. Aquele que se recusar ao cumprimento de uma obrigação de fazer instituída em caráter personalíssimo, incorre na obrigação de indenizar perdas e danos.

II. O credor pode exigir o desfazimento de obrigação realizada por devedor a cuja abstenção se obrigou.

III. Em hipótese de urgência, o credor pode desfazer, independentemente de autorização judicial, a obrigação realizada por devedor a cuja abstenção se obrigou.

IV. Na solidariedade passiva, a proposta de ação pelo credor contra qualquer um dos devedores importa em renúncia da solidariedade.

Quais estão corretas?

(A) Apenas I e III.

(B) Apenas I e IV.

(C) Apenas II e III.

(D) Apenas II e IV.

(E) Apenas I, II e III.

I: correta, pois em perfeita simetria com o disposto no art. 247 do CC; **II:** correta, pois – segundo o art. 251 do Código Civil – *"Praticado pelo devedor o ato, a cuja abstenção se obrigara, o credor pode exigir dele que o desfaça"*; **III:** correta, pois em perfeita consonância com o art. 251, parágrafo único do CC; **IV:** incorreta, pois de acordo com o disposto no art. 275, parágrafo único, segundo o qual: *"Não importará*

renúncia da solidariedade a propositura de ação pelo credor contra um ou alguns dos devedores". **GN**

Gabarito "E".

(Procurador do Estado/GO – 2010) Acerca do direito das obrigações, está INCORRETA a seguinte proposição:

(A) Havendo mais de um devedor ou mais de um credor em obrigação divisível, esta se presume dividida em tantas obrigações, iguais e distintas, quantos os credores ou devedores.

(B) A obrigação é indivisível quando a prestação tem por objeto uma coisa ou um fato não suscetíveis de divisão, por sua natureza, por motivo de ordem econômica, ou dada a razão determinante do negócio jurídico

(C) A solidariedade não se presume; resulta sempre da lei, jamais da vontade das partes.

(D) Se um dos devedores solidários falecer deixando herdeiros, nenhum destes será obrigado a quota que corresponder ao seu quinhão hereditário, salvo se a obrigação for indivisível; mas todos reunidos serão considerados como um devedor solidário em relação aos demais devedores.

(E) Há solidariedade, quando na mesma obrigação concorre mais de um credor, ou mais de um devedor, cada um com direito, ou obrigado, à dívida toda.

A: correta (art. 257, do CC); **B:** correta (art. 258, do CC); **C:** incorreta, pois a solidariedade pode resultar da lei ou da vontade das partes (art. 265, do CC); **D:** correta (art. 276, do CC); **E:** correta (art. 264, do CC).

Gabarito "C".

(Procurador do Estado/GO – 2010) Com relação à obrigação de dar coisa certa, é CORRETO afirmar que

(A) até a tradição, os frutos percebidos são do devedor, cabendo ao credor os pendentes.

(B) se antes da tradição, a coisa se perder por culpa do devedor, responderá este somente pelas perdas e danos.

(C) a obrigação de dar coisa certa não abrange os acessórios dela, salvo se o contrário resultar do título ou das circunstâncias do caso.

(D) deteriorada a coisa, sendo o devedor culpado, poderá o credor resolver a obrigação, ou aceitar a coisa, abatido de seu preço o valor que perdeu.

(E) sendo culpado o devedor, poderá o credor exigir o equivalente, ou aceitar a coisa no estado em que se acha, sendo que apenas nesta última hipótese, com direito a reclamar indenização das perdas e danos.

A: correta (art. 237, *caput* e parágrafo único, do CC); **B:** incorreta (art. 239, do CC); **C:** incorreta (art. 233, do CC); **D:** incorreta (art. 236, do CC); **E:** incorreta (art. 236, do CC).

Gabarito "A".

(PROCURADOR DO ESTADO/MG – FUMARC – 2012) Assinale a alternativa INCORRETA:

(A) nas obrigações alternativas, a escolha cabe ao credor, se outra coisa não se estipulou

(B) se uma de duas obrigações alternativas não puder ser objeto da obrigação ou se tornada inexequível, subsistirá o débito quanto à outra

(C) no silêncio do contrato, a obrigação que A, B e C têm de pagar a D R$ 9.000,00 é considerada divisível

(D) perde a qualidade de indivisível a obrigação que se resolver em perdas e danos

(E) na obrigação indivisível, se a coisa se perder por culpa de um dos devedores, os demais ficarão exonerados das perdas e danos, respondendo por estas só o culpado

A: incorreta, pois a escolha cabe ao devedor (art. 252, *caput*, do CC); **B:** correta (art. 253, do CC); **C:** correta (artigos 258 e 275, do CC); **D:** correta (art. 263, do CC); **E:** correta (art. 263, § 2º, do CC).
Gabarito "A".

(PROCURADOR DO ESTADO/MG – FUMARC – 2012) Assinale a alternativa correta:

(A) na obrigação de dar coisa certa, se esta se perder, sem culpa do devedor, antes da tradição, sofrerá a perda o credor

(B) na obrigação de dar coisa incerta, se esta se perder, sem culpa do devedor, antes da tradição, sofrerá a perda o credor

(C) na obrigação de dar coisa certa, deteriorada a coisa sem culpa do devedor, poderá o credor exigir o equivalente ou aceitar a coisa no estado em que acha, podendo reclamar, em ambos os casos, perdas e danos

(D) na obrigação de dar coisa incerta, resolve-se a obrigação se, antes da escolha, sobrevier perda decorrente de caso fortuito ou força maior

(E) na obrigação de restituir, deteriorada a coisa sem culpa do devedor, o credor é obrigado a recebê-la tal como se encontra, sem direito a indenização

A: incorreta (art. 234, do CC); **B:** incorreta (art. 246, do CC); **C:** incorreta (art. 235, do CC); **D:** incorreta (art. 246, do CC); **E:** correta (art. 238, do CC).
Gabarito "E".

(PROCURADOR DO ESTADO/MG – FUMARC – 2012) Com relação à solidariedade, marque a alternativa correta:

(A) na solidariedade ativa, a remissão integral da dívida pode ser feita por apenas um dos credores solidários

(B) convertendo-se a obrigação em perdas e danos, desaparece, para todos os efeitos, a solidariedade

(C) impossibilitando-se a prestação por culpa de um dos devedores solidários, subsiste para todos o encargo de pagar o equivalente e as perdas e danos

(D) importa renúncia da solidariedade a propositura de ação pelo credor contra um ou alguns dos devedores

(E) sendo A, B e C credores solidários de D da importância de R$30.000,00, falecendo A, seus dois herdeiros poderão cobrar, cada um deles, individualmente, o valor total da obrigação

A: correta (artigos 272 e 388, ambos do CC); **B:** incorreta (art. 271, do CC); **C:** incorreta (art. 279, do CC); **D:** incorreta (art. 275, parágrafo único, do CC); **E:** incorreta (art. 270, do CC).
Gabarito "A".

(Procurador do Município/Cubatão-SP – 2012 – VUNESP) Extingue-se a obrigação de fazer

(A) mesmo com culpa do devedor, se lhe for impossível abster-se do ato, que se obrigou a não praticar.

(B) se a prestação do fato tornar-se impossível de ser praticada sem culpa do devedor.

(C) se o fato puder deixar de ser praticado por terceiro, à custa do devedor, sem prejuízo da indenização cabível.

(D) desde que, sem culpa do devedor, se lhe for impossível abster-se do ato, que se obrigou a praticar.

(E) desde que, mesmo com culpa do devedor, não for possível abster-se de praticar o ato.

A, C, D e E: incorretas, pois tratam de obrigação de não fazer; **B:** correta (art. 248, do CC).
Gabarito "B".

(Procurador do Município/São José dos Campos-SP – 2012 – VUNESP) Leia as assertivas a seguir.

I. Cada um dos credores solidários tem direito a exigir do devedor o cumprimento da prestação por inteiro.

II. Havendo credores solidários, o devedor comum apenas poderá pagar a todos em uma única vez.

III. O pagamento feito a um dos credores solidários extingue a dívida até o montante do que foi pago.

IV. A solidariedade ativa resulta da lei, da vontade das partes ou da presunção.

É correto o que se afirma apenas em

(A) I e II.

(B) I e III.

(C) II e IV.

(D) I, II e IV.

(E) II, III e IV.

I: correta (art. 267, do CC); **II:** incorreta, pois *enquanto alguns dos credores solidários não demandarem o devedor comum, a qualquer daqueles poderá este pagar* (art. 268, do CC); **III:** correta (art. 269, do CC); **IV:** incorreta, pois a solidariedade não se presume, mas resulta da lei ou da vontade das partes (art. 265, do CC).
Gabarito "B".

(Procurador do Estado/AC – 2017 – FMP) Considere as seguintes afirmativas sobre o tema das obrigações no âmbito do Código Civil. Assinale a alternativa INCORRETA.

(A) Se a obrigação for de restituir coisa certa, e esta, sem culpa do devedor, se perder antes da tradição, sofrerá o credor a perda, e a obrigação se resolverá, ressalvados os seus direitos até o dia da perda.

(B) Incorre na obrigação de indenizar perdas e danos o devedor que recusar a prestação a ele só imposta, ou só por ele exequível.

(C) Extingue-se a obrigação de não fazer, desde que sem culpa do devedor, se lhe torne impossível abster-se do ato que se obrigou a não praticar.

(D) Nas obrigações alternativas, a escolha cabe ao credor, se outra coisa não se estipulou.

(E) A obrigação é indivisível quando a prestação tem por objeto uma coisa ou um fato não suscetíveis de divisão, por sua natureza, por motivo de ordem econômica ou pela razão determinante do negócio jurídico.

A: certa (art. 238 CC); **B:** certa (art. 247 CC); **C:** certa (art. 250 CC); **D:** errada, pois nas obrigações alternativas, a escolha cabe ao *devedor*, se outra coisa não se estipulou (art. 252 CC); **E:** certa (art. 258 CC). Logo, a alternativa incorreta é a letra D. GR
Gabarito "D".

3.2. Transmissão, adimplemento e extinção das obrigações

(Procurador Municipal – Sertãozinho/SP – VUNESP – 2016) Assinale a alternativa correta sobre novação, como forma de extinção das obrigações.

(A) Em regra, havendo novação, as garantias da dívida não são conservadas.

(B) A expromissão não representa modalidade de novação.

(C) As obrigações anuláveis não podem ser objeto de novação.

(D) A prorrogação do prazo de vencimento da dívida é hipótese de novação.

(E) Não se admite a novação tácita.

A: correta, pois: "*A novação extingue os acessórios e garantias da dívida, sempre que não houver estipulação em* contrário" (CC, art. 364); **B:** incorreta, pois a novação por expromissão é uma modalidade de novação subjetiva passiva. Ocorre quando o devedor original não participa da extinção da primeira obrigação, nem da criação da segunda (CC, art. 362); **C:** incorreta, pois as obrigações anuláveis podem ser objeto de novação (CC, art. 367); **D:** incorreta, pois a intenção de novar, ainda que tácita, é fundamental para a caracterização da novação (CC, art. 361); **E:** incorreta, pois a lei admite a novação tácita (CC, art. 361). **GN**
Gabarito "A".

(Procurador Municipal – Sertãozinho/SP – VUNESP – 2016) Em 2 de janeiro de 2016, por meio de instrumento particular de confissão de dívida, Robson confessou dever a Rafael cinquenta mil reais, referente a um negócio jurídico celebrado entre eles. Ajustou-se que o pagamento seria realizado em 26 de fevereiro do mesmo ano. Robson, passando por grave dificuldade financeira, não possui patrimônio suficiente para saldar a dívida com Rafael, mas possui um crédito de trezentos mil reais com Júlio, que vencerá em 10 de fevereiro do mesmo ano, circunstância que é de conhecimento de Rafael. Na data do pagamento (10 de fevereiro), Robson combina com Júlio que o pagamento será feito direto para um terceiro (que também é credor de Robson, por dívida já vencida), como de fato ocorre. No entanto, Robson e Júlio assinam um documento que indica que Robson remiu a dívida de Júlio, sem qualquer participação do terceiro que efetivamente recebeu o valor. Em 26 de fevereiro, Rafael procura Robson para receber seu crédito e este informa que não tem condições de pagar. Ao questionar Robson sobre o crédito que este tinha com Júlio, Robson apresenta o documento que dispõe sobre a remissão. Nesse cenário, assinale a alternativa correta.

(A) A remissão é negócio jurídico anulável, em razão da fraude contra credores praticada por Robson.

(B) A remissão representa negócio jurídico nulo, pois houve o pagamento do crédito para um terceiro, indicado por Robson.

(C) O terceiro, que recebeu o crédito que pertencia originalmente a Robson, torna-se civilmente responsável pelo pagamento do crédito de Rafael.

(D) A remissão é negócio jurídico anulável, pois presente o dolo no comportamento de Robson e Júlio, viciando o negócio jurídico.

(E) Não há qualquer nulidade, absoluta ou relativa, na remissão praticada por Robson e no pagamento realizado por Júlio ao terceiro indicado por Robson.

O ato que realmente ocorreu na vida prática foi o pagamento praticado entre Júlio e o terceiro (também credor de Robson). O documento diz que houve um perdão de dívida praticado por Robson. Sempre que houver uma divergência entre o ato realmente praticado e o negócio jurídico apresentado, estaremos diante de uma simulação, o que torna o ato nulo (CC, art. 167). Nessa hipótese, ocorreu uma simulação relativa pois – para esconder o pagamento a terceiro – simulou-se um perdão de dívida. A simulação é absoluta quando ela não esconde um ato verdadeiramente praticado. Ela é puramente a declaração de um ato que simplesmente não ocorreu na prática. Ex: para pagar menos na partilha, marido finge dívida com um amigo. **GN**
Gabarito "B".

(Procurador do Estado – PGE/BA – CESPE – 2014) Com relação ao direito das obrigações, julgue os itens que se seguem.

(1) A teoria do adimplemento substancial impõe limites ao exercício do direito potestativo de resolução de um contrato.

(2) De acordo com o entendimento do STJ, havendo cláusula de arrependimento em compromisso de compra e venda, a devolução do sinal, por quem o deu, ou a sua restituição em dobro, por quem o recebeu, exclui indenização maior a título de perdas e danos, salvo os juros moratórios e os encargos do processo.

(3) Em regra, as obrigações pecuniárias somente podem ser quitadas em moeda nacional e pelo seu valor nominal.

1: correta, pois é exatamente esse o efeito jurídico do adimplemento substancial. Uma das partes descumpre o contrato, após tê-lo cumprido quase inteiro. Isso daria à outra parte o direito de resolver o contrato, o qual fica obstado pelo adimplemento substancial. A fração que não foi cumprida será cobrada pelas vias ordinárias perante o Judiciário; **2:** A afirmação está correta, havendo inclusive Súmula do Supremo Tribunal Federal (412), a qual estabelece que: "*No compromisso de compra e venda com cláusula de arrependimento, a devolução do sinal, por quem o deu, ou a sua restituição em dobro, por quem o recebeu, exclui indenização maior, a título de perdas e danos, salvo os juros moratórios e os encargos do processo*"; **3:** correta, pois de acordo com a limitação constante do art. 315 do CC. Trata-se de um dispositivo que visa a assegurar a uniformidade das relações cambiárias, bem como a segurança jurídica. **GN**
Gabarito "1C, 2C, 3C".

(Procurador – PGFN – ESAF – 2015) Sobre o adimplemento e extinção das obrigações, assinalar a opção incorreta.

(A) O devedor que, notificado, nada opõe à cessão que o credor faz a terceiros dos seus direitos, não pode opor ao cessionário a compensação, que antes da cessão teria podido opor ao cedente. Se, porém, a cessão lhe não tiver sido notificada, poderá opor ao cessionário compensação do crédito que antes tinha contra o cedente.

(B) O vendedor de coisa imóvel pode reservar-se o direito de recobrá-la no prazo prescricional de cinco anos, restituindo o preço recebido e reembolsando as despesas do comprador, inclusive as que, durante o período de resgate, se efetuaram com a sua autorização escrita, ou para a realização de benfeitorias necessárias.

(C) Não se admite a compensação em prejuízo de direito de terceiro. O devedor que se torne credor do seu credor, depois de penhorado o crédito deste, não pode opor ao exequente a compensação, de que contra o próprio credor disporia.

(D) A confusão operada na pessoa do credor ou devedor solidário só extingue a obrigação até a concorrência da respectiva parte no crédito, ou na dívida, subsistindo quanto ao mais a solidariedade.

(E) Se a duas ou mais pessoas couber o direito de retrato sobre o mesmo imóvel, e só uma o exercer, poderá o comprador intimar as outras para nele acordarem, prevalecendo o pacto em favor de quem haja efetuado o depósito, contanto que seja integral.

A: correta. Na hipótese, o devedor poderia opor ao credor original alguma compensação de dívidas. Notificado da cessão e não se opondo, ele não pode mais opor ao cessionário tal compensação; **B:** incorreta, pois o prazo da retrovenda é decadencial e é de cinco anos (CC, art. 505); **C:** correta, pois de acordo com o disposto no art. 380 do CC; **D:** correta, pois a extinção da obrigação quanto a um dos devedores solidários não extingue a solidariedade passiva; **E:** correta, pois de acordo com a previsão do art. 508 do CC, o qual estabelece regra sobre concorrência de pessoas com direito de retrovenda. **GN**

Gabarito "B".

(Procurador do Estado – PGE/RS – Fundatec – 2015) Assinale a alternativa INCORRETA.

(A) O devedor pode opor ao cessionário as exceções que tinha contra o cedente no momento em que conhece da cessão.

(B) Fala-se em ausência de eficácia em relação ao devedor quanto à cessão realizada sem a sua notificação.

(C) Quando estipulado, o cedente pode responder pela solvência do devedor.

(D) Havendo concordância do devedor originário, podem as garantias oferecidas por este ao negócio jurídico permanecerem válidas a partir da assunção da dívida.

(E) Não se interpreta como recusa o silêncio do credor quando assinado prazo para consentir na assunção da dívida.

A: correta, pois de pleno acordo com a regra do art. 294 do CC a respeito das defesas do devedor diante da cessão de crédito; **B:** correta, pois em consonância com a regra do art. 290 do Código, a qual estabelece: *"A cessão do crédito não tem eficácia em relação ao devedor, senão quando a este notificada"*; **C:** correta, pois na cessão civil de crédito, a responsabilidade pela solvência do devedor só existe quando expressamente convencionada entre as partes, criando assim a cessão *pro solvendo*. Vale a menção de que – se houvesse um título de crédito documentando a relação – a regra seria justamente a responsabilidade do credor (endossante); **D:** correta, pois de acordo com o permissivo legal estabelecido no art. 300 do Código Civil; **E:** incorreta, pois tal silêncio é interpretado como recusa (CC, art. 299, parágrafo único). **GN**

Gabarito "E".

(Procurador Municipal – Prefeitura/BH – CESPE – 2017) João celebrou contrato de locação de imóvel residencial com determinada imobiliária, que realizou negócio jurídico de administração do bem com Júlio, proprietário do referido imóvel. Conforme convencionado entre João e a imobiliária, o aluguel deveria ser pago a Carlos, um dos sócios da imobiliária, o qual costumeiramente recebia os aluguéis e dava quitação. Em determinado momento, João foi surpreendido com uma ação de despejo, na qual se argumentava que alguns pagamentos efetuados a Carlos não extinguiram a obrigação locatícia, porquanto ele tinha se retirado da sociedade no curso do contrato e o locatário não havia observado a alteração societária.

De acordo com o Código Civil, nessa situação,

(A) João deverá demonstrar que o pagamento foi revertido em favor da sociedade, para se eximir das cobranças.

(B) os pagamentos efetuados por João são válidos, pois Carlos é considerado credor putativo.

(C) a validade dos pagamentos realizados por João depende de ratificação por Júlio, proprietário do imóvel.

(D) João terá de pagar novamente o valor cobrado.

Aplica-se ao caso a teoria da aparência. O Direito valoriza aquilo que "parece ser verdadeiro". O termo latino "putare" significa "que parece ser". Tal teoria aplica-se ao pagamento válido que é feito de boa-fé pelo devedor à pessoa que parecia ser credora, muito embora juridicamente não o fosse (CC, art. 309). A mesma teoria da aparência aplica-se também ao casamento putativo, o qual "embora anulável ou mesmo nulo" poderá produzir efeitos jurídicos (CC, art. 1.561) ao cônjuge de boa-fé. **GN**

Gabarito "B".

(Procurador Distrital – 2014 – CESPE) Julgue o seguinte item.

(1) Quando as partes fixaram o momento para o cumprimento das obrigações, mas as condutas praticadas por uma delas revelarem que não será adimplente ao tempo convencionado, entender-se-á viável o exercício do direito resolutório de forma antecipada.

1: Correta, nos termos do art. 333 do CC. Neste passo, a Lei traz algumas hipóteses que autorizam o credor a cobrar antecipadamente a dívida, quando verificar indícios de que o devedor provavelmente não irá lhe pagar (vide incisos do art. 333 do CC). Assim, a obrigação restará extinta em decorrência do pagamento, ou ocorrerá o seu inadimplemento, caso em que o contrato ficará resolvido e o devedor poderá ser executado de acordo com o procedimento adequado.

Gabarito "1C".

(Procurador do Estado/BA – 2014 – CESPE) Julgue o seguinte item.

(1) Em regra, as obrigações pecuniárias somente podem ser quitadas em moeda nacional e pelo seu valor nominal.

1: Correta, nos termos do art. 315 do CC.

Gabarito "1C".

(Procurador/DF – 2013 – CESPE) Julgue os itens a seguir, relativos a adimplemento e extinção de obrigações.

(1) O devedor de dois débitos da mesma natureza, líquidos, vencidos e com o mesmo credor, não poderá, caso pague quantia insuficiente para a quitação dos dois, imputar pagamento parcial de um deles.

(2) Se o devedor verificar que o credor é pessoa incapaz de receber, o pagamento deverá ser realizado mediante consignação.

(3) No pagamento de débito alheio em nome próprio pelo terceiro desinteressado não é necessária a notificação do devedor.

1: Errada, pois não tendo como solver ambos os créditos, é direito do devedor indicar (imputar) a qual deles oferece pagamento, se todos forem líquidos e vencidos (art. 352, CC); **2:** Certa, pois a incapacidade do credor de receber é hipótese de consignação de pagamento, conforme dispõe o art. 335, III, do CC; **3:** Certa, pois o art. 305 do CC, que regula a hipótese, não exige a notificação do devedor para que o terceiro não interessado pague a dívida. E, se o fizer em seu próprio nome, terá ainda direito de regresso contra o devedor.

Gabarito 1E, 2C, 3C

5. DIREITO CIVIL

(PROCURADOR DO ESTADO/MG – FUMARC – 2012) Com relação ao adimplemento das obrigações, assinale a alternativa correta:

(A) o pagamento feito de boa-fé a credor putativo é inválido

(B) o pagamento feito cientemente a incapaz é válido se o devedor provar que em benefício dele efetivamente reverteu

(C) o terceiro não interessado, que paga a dívida em seu próprio nome, tem direito de reembolsar-se do que pagar, sub-rogando- se nos direitos do credor.

(D) efetuar-se-á o pagamento no domicílio do credor, salvo se as partes convencionarem diversamente

(E) todas as alternativas acima estão corretas

A: incorreta, pois o pagamento feito de boa-fé a credor putativo é válido (art. 309, do CC); **B:** correta (art. 310, do CC); **C:** incorreta, pois o terceiro não interessado não se sub-roga nos direitos do credor (art. 305, do CC); **D:** incorreta, pois a regra é que o pagamento seja feito no domicílio do devedor (art. 327, do CC); **E:** incorreta, pois somente a alternativa "B" está correta.
Gabarito "B".

(Procurador do Estado/PR – UEL-COPS – 2011) Assinale a alternativa correta:

(A) salvo disposição, legal ou contratual, em contrário, as dívidas são quérables;

(B) cada credor solidário somente pode exigir o pagamento integral da dívida quando seu objeto for indivisível;

(C) no direito brasileiro, não vale o pagamento feito, mesmo que de boa-fé, ao credor putativo;

(D) em nenhuma hipótese é permitida a cobrança de dívida antes de ela estar vencida;

(E) o inadimplemento da obrigação em seu termo induz a mora do devedor, independente de qualquer notificação ou interpelação.

A: correta (art. 327, do CC). *"Lugar do pagamento é aquele onde o devedor deve cumprir a obrigação e o credor exigir seu cumprimento. A regra é o domicílio do devedor (dívida quesível ou quérable). Mas por motivo legal, convencional ou circunstancial é possível que a obrigação tenha de ser cumprida no domicílio do credor (dívida portável ou portable)"* (Wander Garcia, SUPER-REVISÃO, editora FOCO); **B:** incorreta (art. 267, do CC); **C:** incorreta (art. 309, do CC); **D:** incorreta (art. 333, do CC); **E:** incorreta (art. 397, *caput* e parágrafo único, do CC).
Gabarito "A".

(PROCURADOR DO ESTADO/RS – FUNDATEC – 2010) Assinale a alternativa correta:

(A) A distinção entre "dividas quesíveis" e "dívidas portáveis" tem relevância para o regime da mora e dos riscos porque, nas dívidas quesíveis, a *mora debitoris* surge se o devedor, que tinha o interesse em levar a dívida ao domicílio do credor, foi omisso e assim não procedeu.

(B) A expressão "dívida de dinheiro" significa o importe econômico numericamente consignado na moeda, ou a forma material adquirida pela vinculação monetária.

(C) Afirma-se que a relação obrigacional é uma "relação de cooperação" porque a atividade de cooperação é necessária para que se atinja o adimplemento, uma vez que o interesse de um dos contratantes é

perseguido por meio da atividade da outra parte contratante.

(D) No caso de a prestação ter sido cumprida, mas uma das partes do contrato causar à outra dano não ligado diretamente a dever de prestação, teremos simples inadimplemento.

(E) O enriquecimento sem causa é fonte obrigacional caracterizada pela existência de um contrato lesionário para uma das partes.

A: incorreta (art. 327, do CC). *"Lugar do pagamento é aquele onde o devedor deve cumprir a obrigação e o credor exigir seu cumprimento. A regra é o domicílio do devedor (dívida quesível ou quérable). Mas por motivo legal, convencional ou circunstancial é possível que a obrigação tenha de ser cumprida no domicílio do credor (dívida portável ou portable)"* (Wander Garcia, SUPER-REVISÃO, editora FOCO). Portanto, na dívida quesível, a mora surge ao credor e não ao devedor; **B:** incorreta, pois a segunda parte da alternativa faz referência à dívida de valor; **C:** correta, pois, de fato, obrigação é o vínculo jurídico que confere ao credor (sujeito ativo) o direito de exigir do devedor (sujeito passivo) o cumprimento de determinada prestação; **D:** incorreta (art. 927, do CC); **E:** incorreta (art. 884, do CC).
Gabarito "C".

(Procurador do Estado/SC – 2010 – FEPESE) No que concerne à transmissão das obrigações, assinale a alternativa **incorreta**, de acordo com o Código Civil Brasileiro.

(A) Ocorrendo várias cessões do mesmo crédito, prevalece, via de regra, a que se completar por último.

(B) Na assunção de dívida, o novo devedor não pode opor ao credor as exceções pessoais que competiam ao devedor primitivo.

(C) Na cessão de crédito, o devedor pode opor ao cessionário as exceções que lhe competirem, bem como as que, no momento em que veio a ter conhecimento da cessão, tinha contra o cedente.

(D) O cessionário de crédito hipotecário tem o direito de fazer averbar a cessão no registro do imóvel.

(E) Independentemente do conhecimento da cessão pelo devedor, pode o cessionário exercer os atos conservatórios do direito cedido.

A: incorreta, pois prevalecerá a que se completar com a tradição do título do crédito cedido (art. 291 do CC); **B:** correta (art. 302 do CC); **C:** correta (art. 294 do CC); **D:** correta (art. 289 do CC); **E:** correta (art. 293 do CC).
Gabarito "A".

(Procurador do Município/Florianópolis-SC – 2010 – FEPESE) É a forma de se quitar um ou mais débitos, quando existem vários, de um mesmo devedor, em relação ao mesmo credor:

(A) Novação.

(B) Sub-rogação.

(C) Imputação de pagamento.

(D) Consignação.

(E) Remissão.

Art. 352 do CC.
Gabarito "C".

(Procurador do Município/São José dos Campos-SP – 2012 – VUNESP) Assinale a alternativa correta quanto à assunção de dívida comum.

(A) É uma faculdade do devedor, independentemente da vontade do credor.

(B) Ocorre em caso de insolvência do devedor, que se exonera da obrigação.

(C) Pressupõe a conservação das garantias do negócio jurídico originário.

(D) Há alteração no conteúdo da relação obrigacional assumida.

(E) Pode ser assumida por qualquer terceiro, para o fim de sua extinção.

A: incorreta, pois a assunção de dívida exige o consentimento expresso do credor (art. 299, do CC); **B:** incorreta. *É facultado a terceiro assumir a obrigação do devedor, com o consentimento expresso do credor, ficando exonerado o devedor primitivo, salvo se aquele, ao tempo da assunção, era insolvente e o credor o ignorava* (art. 299, do CC); **C:** incorreta, já que, salvo assentimento expresso do devedor primitivo, consideram-se extintas, a partir da assunção da dívida, as garantias especiais por ele originariamente dadas ao credor (art. 300, do CC e enunciado 422, CJF); **D:** incorreta, pois na assunção da dívida ocorre tão somente a substituição no plano passivo, sem alteração no conteúdo da relação obrigacional assumida; **E:** correta (art. 299, do CC).
Gabarito "E".

(Procurador do Município/Sorocaba-SP – 2012 – VUNESP) O ordenamento jurídico pátrio prevê modalidades de extinção da obrigação sem que seja realizado pagamento, direta ou indiretamente. Assinale a alternativa que corretamente indica e define uma dessas modalidades.

(A) *Novação*: extinção das obrigações quando duas pessoas forem, reciprocamente, credora e devedora.

(B) *Compensação*: por força de fato jurídico estranho à relação obrigacional, as figuras do devedor e do credor se reúnem na mesma pessoa.

(C) *Confusão*: é a modalidade que pode ser conceituada como a constituição de uma obrigação nova, em substituição de outra, que fica extinta.

(D) *Remissão*: liberação graciosa do devedor, emanada do credor.

(E) *Transação*: devedor e credor, por meio de concessões mútuas, extinguem litígios e consequentemente a obrigação.

A: incorreta, pois a novação se caracteriza pela constituição de uma obrigação nova, em substituição de outra, que fica extinta (art. 360, do CC); **B:** incorreta, pois a compensação se configura pela *extinção das obrigações entre duas pessoas que são, ao mesmo tempo, credora e devedora uma da outra* (Wander Garcia, SUPER-REVISÃO, editora FOCO); **C:** incorreta, pois a confusão se caracteriza pela extinção das obrigações quando duas pessoas forem, reciprocamente, credora e devedora (art. 381, do CC); **D:** correta (art. 385, do CC); **E:** incorreta, pois a transação não é modalidade de extinção da obrigação sem que seja realizado pagamento, direta ou indiretamente (art. 840, do CC).
Gabarito "D".

3.3. Inadimplemento das obrigações

(Procurador do Estado/SP – 2018 – VUNESP) Quanto à proteção aos direitos do consumidor em contratos bancários, assinale a alternativa correta.

(A) A estipulação de juros remuneratórios superiores a 12% ao ano, por si só, não indica exigência de vantagem econômica excessiva pela instituição financeira.

(B) Os juros moratórios nos contratos bancários não regulados por legislação especial poderão ser pactuados livremente pelas partes, não caracterizando exigência de vantagem econômica excessiva.

(C) Propositura de ação revisional de contrato bancário, a pretexto de conter cláusulas contratuais abusivas, suspende os efeitos da mora do devedor, por revelar exercício regular do direito básico do consumidor à facilitação da defesa dos seus direitos em juízo, inclusive com inversão do ônus da prova.

(D) Pode o magistrado, de ofício, reconhecer a nulidade de cláusulas contratuais abusivas inseridas em contrato de mútuo bancário submetido ao seu exame.

(E) Exigência de pagamento de comissão de permanência, calculada pela taxa média do mercado apurada pelo Banco Central do Brasil, limitada à taxa do contrato, caracteriza exigência de vantagem econômica excessiva.

A: correta, pois de acordo com o entendimento pacífico do Superior Tribunal de Justiça, segundo o qual: "*A estipulação de juros remuneratórios superiores a 12% ao ano por si só, não indica abusividade*" (Súmula 382 do STJ; tese julgada sob o rito do artigo 543-C do CPC — tema 25); **B:** incorreta, pois a Súmula 379 do STJ estabelece um limite para tais juros, ao preceituar que: "*Nos contratos bancários não regidos por legislação específica, os juros moratórios poderão ser convencionados até o limite de 1% ao mês*";**C:** incorreta, pois o STJ entende que: "*Não descaracteriza a mora o ajuizamento isolado de ação revisional, nem mesmo quando o reconhecimento de abusividade incidir sobre os encargos inerentes ao período de inadimplência contratual*" (REsp 1061530 / RS RECURSO ESPECIAL 2008/0119992-4); **D:** incorreta, pois contrária ao enunciado da Súmula 381 do STJ que dispõe: "*Nos contratos bancários, é vedado ao julgador conhecer, de ofício, da abusividade das cláusulas*";**E:** incorreta, pois o STJ entende que: "*É possível a cobrança de comissão de permanência durante o período de inadimplemento contratual, à taxa média dos juros de mercado, limitada ao percentual fixado no contrato (Súmula 294/STJ), desde que não cumulada com a correção monetária (Súmula 30/STJ), com os juros remuneratórios (Súmula 296/STJ) e moratórios e multa contratual*" (REsp n. 1.058.114/RS, recurso representativo de controvérsia, Relator p/ Acórdão Ministro João Otávio de Noronha, Segunda Seção, julgado em 12/8/2009, DJe 16/11/2010).**GN**
Gabarito "A".

(Procurador do Estado – PGE/RS – Fundatec – 2015) Em relação ao pagamento e ao inadimplemento das obrigações, analise as seguintes assertivas:

I. Não havendo pena convencional e sendo provado que os juros de mora não cobrem o prejuízo, descabe a fixação de indenização suplementar.

II. Observado o princípio da boa-fé, o pagamento reiterado feito em outro local permite presumir renúncia do credor em relação ao que tenha sido estabelecido no negócio jurídico.

III. Mesmo em caso de prestação obrigacional divisível, não pode o credor ser obrigado a receber de forma parcelada se assim não restou ajustado entre as partes.

IV. Em caso de inadimplemento de obrigações em contratos benéficos, respondem por simples culpa ambos os contratantes.

Quais estão corretas?

(A) Apenas I e IV.

(B) Apenas II e III.

(C) Apenas I, II e III.

(D) Apenas I, II e IV.

(E) Apenas II, III e IV.

5. DIREITO CIVIL 349

I: incorreta, pois contrária aos termos do art. 404, parágrafo único do CC, segundo o qual: *"Provado que os juros da mora não cobrem o prejuízo, e não havendo pena convencional, pode o juiz conceder ao credor indenização suplementar"*; II: correta, pois de pleno acordo com o disposto no art. 330 do CC; III: correta, pois de acordo com o estabelecido pelo art. 314 do CC; IV: incorreta, pois nos "contratos benéficos, responde por simples culpa o contratante, a quem o contrato aproveite, e por dolo aquele a quem não favoreça. Nos contratos onerosos, responde cada uma das partes por culpa, salvo as exceções previstas em lei" (CC, art. 392). **GN**

Gabarito "B".

(PROCURADOR DO ESTADO/MG – FUMARC – 2012) Assinale a alternativa correta:

(A) a remissão de dívida é forma extintiva da obrigação e não depende de aceitação do devedor

(B) nas obrigações provenientes de ato ilícito, considera-se o devedor em mora desde que o praticou, e não desde a citação inicial

(C) o valor da cláusula penal compensatória pode exceder o da obrigação principal

(D) a presunção de prejuízo que enseja a cobrança da cláusula pena é *juris tantum*

(E) nas arras penitenciais, é possível à parte inocente pedir indenização complementar se houver prova de prejuízo.

A: incorreta, pois a remissão de dívida depende de aceitação do devedor (art. 385, do CC); B: correta (art. 398, do CC); C: incorreta (art. 412, do CC); D: incorreta, pois *incorre de pleno direito o devedor na cláusula penal, desde que, culposamente, deixe de cumprir a obrigação ou se constitua em mora* (art. 408, do CC); E: incorreta (art. 420, do CC).

Gabarito "B".

(PROCURADOR DO ESTADO/RS – FUNDATEC – 2010) Na fixação da indenização, em caso de responsabilidade derivada de fator de imputação pela culpa, o juiz há de ater-se, em princípio,

(A) à integralidade do dano, considerado o limite dado pelo nexo causal e, se for o caso, pela cláusula penal e pela redução por equidade.

(B) à integralidade do dano, com base no princípio da reposição integral.

(C) à gravidade da culpa da vítima.

(D) à verificação da existência, ou não, de deveres de colaboração por parte do credor.

(E) nenhuma das alternativas anteriores está correta.

A alternativa "A" está correta (art. 944, *caput* e parágrafo único, do CC), ficando excluídas as demais.

Gabarito "A".

(Procurador do Estado/SC – 2010 – FEPESE) Sobre o inadimplemento das obrigações, pode-se afirmar que:

(A) Para se exigir o cumprimento da pena convencional, o credor deverá demonstrar o prejuízo sofrido.

(B) No inadimplemento da obrigação, positiva e líquida, no seu termo, a mora se constitui mediante protesto judicial ou extrajudicial.

(C) Os juros moratórios fluem a partir do evento danoso, em caso de responsabilidade extracontratual.

(D) Na sistemática adotada pelo Código Civil, apenas o devedor pode incidir em estado de mora.

(E) A cláusula penal, quando convencionada em separado e por meio de manifestação expressa, pode exceder ao valor da obrigação principal.

A: incorreta, pois a pena convencional se aplica de pleno direito, independentemente de demonstração de prejuízo (art. 408 do CC); B: incorreta, pois o inadimplemento da obrigação, positiva e líquida, no seu termo, constitui de pleno direito em mora o devedor; o protesto judicial ou extrajudicial só é necessário quando não há termo fixado (art. 397 do CC); C: correta (Súmula 54 do STJ); D: incorreta, pois o credor que não quiser receber no tempo, lugar e forma devidos também incide em mora (art. 394 do CC); E: incorreta, pois o valor da cláusula penal não pode exceder o da obrigação principal (art. 412 do CC).

Gabarito "C".

(ADVOGADO – PETROBRÁS BIO. – 2010 – CESGRANRIO) José Firmino celebrou contrato de consórcio para a compra de um carro. Premido por dificuldades, resolveu sair do grupo, e a Carro Fácil Ltda. cobrou-lhe a multa penal rescisória de 15%. José não concordou, pois, no início do contrato, pagara uma taxa de administração no valor de 10%. Nesse caso, quanto à multa,

(A) José tem razão, em função do princípio do enriquecimento sem causa.

(B) José tem razão, por sua pretensão, por ser relação de consumo.

(C) José deve arcar com o ônus de sua inadimplência com o consórcio.

(D) a cláusula penal é válida, pois a saída de José prejudica o grupo.

(E) a cláusula penal deve ser reduzida equitativamente pelo Juiz.

A, B, C e D: incorretas, pois estão em desacordo com o art. 413, do CC; E: correta (art. 413, do CC).

Gabarito "E".

(Procurador do Estado/TO – 2018 – FCC) João contratou Marcenaria da Família para fabricar móveis sob medida e instalá-los em sua casa. Ajustaram os contratantes que o pagamento do preço se daria em duas parcelas: a primeira, correspondente à metade, na data da assinatura do instrumento; e a segunda, referente à outra metade, quando da entrega do serviço, que deveria ocorrer em até seis meses. João efetuou o pagamento da primeira prestação, mas, ao término do prazo de seis meses estipulado, Marcenaria da Família não concluiu o serviço. Neste caso, João

(A) somente poderá pleitear judicialmente a rescisão do contrato, além de perdas e danos.

(B) deverá consignar em pagamento o valor faltante, porque o prazo de pagamento de sua dívida está vencido.

(C) poderá reter o pagamento da importância faltante, até que o serviço seja entregue, e, se cobrado em Juízo, não poderá opor exceções, senão aquelas de natureza processual, porque sua dívida está vencida.

(D) poderá reter o pagamento da importância faltante, até que o serviço seja entregue, e, se cobrado em Juízo, opor exceção substancial prevista em lei.

(E) terá de pagar o valor faltante para exigir judicialmente o cumprimento da obrigação assumida pela contratada, sob cominação de multa diária.

A: incorreta, pois por tratar-se de obrigação positiva e líquida o simples descumprimento em seu termo constitui de pleno direito em mora o

devedor, tendo, portanto, o contrato como rescindido (arts. 397, *caput* e 418 CC). Neste caso, o credor poderá pleitear perdas e danos, mais juros e atualização monetária segundo índices oficiais regularmente estabelecidos, e honorários de advogado (art. 389 CC); **B:** incorreta, pois não há que se falar em obrigação de consignar o pagamento, pois o pagamento em consignação aplica-se nas hipóteses do art. 335 CC e nenhuma delas se enquadra no caso em tela; **C:** incorreta, pois ele poderá opor exceções tanto de natureza processual como substancial (art. 190 CC); **D:** correta, pois o pagamento que falta poderá ser retido, uma vez que houve inadimplemento da outra parte por não entregar os móveis. Neste caso, quem deu as arras pode ter o contrato por desfeito, e exigir sua devolução mais o equivalente, com atualização monetária segundo índices oficiais regularmente estabelecidos, juros e honorários de advogado (art. 418 CC). Ou caso não seja interessante pedir as arras de volta, pode exigir o cumprimento do contrato por terceiro (art. 249, *caput* CC) ou converter a obrigação em perdas e danos (art. 248 CC). Ademais, poderão ser opostas exceções substanciais previstas em lei; **E:** incorreta, pois João não tem que pagar o valor faltante para ajuizar a ação, afinal, pelo princípio do livre acesso à jurisdição e inafastabilidade da jurisdição, ele pode demandar o devedor diretamente (art. 3º CPC). GR
„Gabarito "D".

(Procurador do Município – Valinhos/SP – 2019 – VUNESP) Não terá direito à repetição aquele que deu alguma coisa para obter fim ilícito, imoral, ou proibido por lei. Neste caso, o que se deu

(A) reverterá em favor de estabelecimento local de beneficência, a critério do juiz.
(B) terá que ser restituído com a atualização dos valores monetários a quem for devido.
(C) se a coisa não mais subsistir, se fará pelo valor do bem na época em que foi exigido a quem de direito.
(D) será restituído em dobro, com atualização monetária e juros de mora, se o caso.
(E) não caberá a ninguém a restituição por enriquecimento, se a lei permitir outro meio.

A: correta (art. 883, parágrafo único CC); **B:** incorreta, pois como o fim era ilícito, imoral, ou proibido por lei ele não tem o direito de ser restituído dos valores monetários, uma vez que o a coisa será destinada a local de beneficência (art. 883, parágrafo único CC). A hipótese de restituição com a atualização dos valores monetários a quem for devido aplica-se no caso de enriquecimento sem causa (art. 884, *caput* CC); **C:** incorreta, pois se a coisa não mais subsistir não há que se falar em restituição de nenhuma espécie, afinal, se a coisa existisse iria para associação local de beneficência, a critério do juiz (art. 883, parágrafo único CC). Logo, de qualquer forma, aquele que deu já não receberia nada. Essa hipótese da letra "c" se aplica apenas nos casos de enriquecimento sem causa (art. 884, parágrafo único CC); **D:** incorreta, pois a Lei não prevê restituição em dobro para esse caso. A restituição em dobro com atualização monetária e juros de mora, se aplica, por exemplo, no caso da parte que deu as arras e sofreu inexecução do contrato (art. 418 CC); **E:** incorreta, pois aquele que, sem justa causa, se enriquecer à custa de outrem, será obrigado a restituir o indevidamente auferido à pessoa lesada, feita a atualização dos valores monetários (art. 884, *caput* CC). GR
„Gabarito "A".

4. CONTRATOS

4.1. Conceito, pressupostos, formação e princípios dos contratos

(Procurador Municipal – Sertãozinho/SP – VUNESP – 2016) Assinale a alternativa correta sobre direito contratual, conforme disposições do Código Civil de 2002.

(A) Nos contratos de adesão, são nulas as cláusulas ambíguas ou contraditórias, ainda que possível adotar interpretação mais favorável ao aderente.
(B) É nula a cláusula que dispõe que o evicto não tem direito à indenização dos frutos que tiver sido obrigado a restituir.
(C) Admite-se, nas doações com encargo, a rescisão contratual com fundamento na existência de vício redibitório.
(D) A resolução do contrato por onerosidade excessiva é possível nos contratos de execução imediata ou continuada, retroagindo os efeitos da sentença à data da citação.
(E) A proposta de contrato não obriga o proponente, se o contrário não resultar dos termos dela, da natureza do negócio, ou das circunstâncias do caso.

A: incorreta, pois a ambiguidade ou contradição não são causas de nulidade do contrato (CC, art. 423); **B:** incorreta, pois a lei admite estipulação em contrário no que se refere ao direito de indenização dos frutos (CC, art. 450); **C:** correta, pois as doações com encargo estão protegidas contra os vícios redibitórios (CC, art. 441, parágrafo único); **D:** incorreta, pois não se admite aplicação do instituto nos contratos de execução imediata; **E:** incorreta, pois a proposta de contrato obriga o proponente (CC, art. 427). GN
„Gabarito "C".

(Procurador do Estado – PGE/RS – Fundatec – 2015) Em relação aos contratos, analise as seguintes assertivas:

I. Nos contratos civis, podem as partes, de forma expressa, reforçar, diminuir ou excluir a responsabilidade pela evicção.
II. Em contratos de adesão, são consideradas inválidas as cláusulas que estipulem renúncia antecipada do aderente a direito resultante da própria natureza do negócio jurídico.
III. Descabe, por disposição de última vontade, ao que estipula em favor de terceiro reservar-se o direito de substituição do terceiro designado no contrato.
IV. Exceto quanto à forma, o contrato preliminar deve conter todos os requisitos essenciais ao contrato a ser celebrado.

Quais estão corretas?

(A) Apenas I e II.
(B) Apenas I e IV.
(C) Apenas I, II e III.
(D) Apenas I, II e IV.
(E) Todas as assertivas estão corretas.

I: correta, pois o Código Civil admite que as partes aumentem, diminuam ou até mesmo afastem as garantias legais oferecidas em caso de evicção (CC, art. 448); **II:** correta, pois de pleno acordo com o disposto no art. 424 do CC; **III:** incorreta, pois o direito de substituição é permitido pela lei, por ato entre vivos ou de última vontade (CC, art. 438, parágrafo único); **IV:** correta, pois de pleno acordo com o disposto no art. 462 do CC. GN
„Gabarito "D".

(Procurador Federal – 2013 – CESPE) Julgue o seguinte item.

(1) Os contratos são passíveis de revisão judicial, ainda que tenham sido objeto de novação, quitação ou extinção, haja vista não ser possível a validação de obrigações nulas.

5. DIREITO CIVIL 351

1: Correta, pois as obrigações nulas não convalescem pelo decurso do tempo e não se confirmam pela vontade das partes (art. 169 do CC). Assim, é plenamente possível a revisão judicial do contrato, ainda que tenha havido novação, quitação ou extinção haja vista que, eventual vício não se sanará pela ocorrência de tais fatos.
Gabarito "1C"

(Procurador do Estado/PA – 2011) Acerca da teoria contratual adotada pelo Código Civil, assinale a alternativa INCORRETA:

(A) A concepção de contrato consagrada pelo ordenamento brasileiro, a partir da vigência do Código Civil de 2002, atribuiu de maneira imperativa viés coletivo e social às relações jurídicas, afastando integralmente o princípio da liberdade contratual.

(B) Os contratantes devem obedecer, tanto na conclusão do contrato como em sua execução, os princípios da probidade e boa-fé.

(C) Em sede de contratos bilaterais, nenhum dos contratantes, antes de cumprida a sua obrigação, pode exigir o implemento da do outro.

(D) Havendo o reconhecimento de onerosidade excessiva, poderá ser evitada a resolução contratual mediante a modificação equitativa das condições contratuais.

(E) A parte lesada pelo inadimplemento pode pedir a resolução do contrato, se não preferir exigir-lhe o cumprimento, cabendo, em qualquer dos casos, indenização por perdas em danos.

A: incorreta, pois vigora o princípio da liberdade contratual, porém de forma limitada (art. 421, do CC); **B:** correta (art. 422, do CC); **C:** correta (art. 476, do CC); **D:** correta (art. 479, do CC); **E:** correta (art. 475, do CC).
Gabarito "A"

(PROCURADOR DO ESTADO/RS – FUNDATEC – 2010) Quando da formação do contrato:

I. Deixa de ser obrigatória a proposta se, feita sem prazo à pessoa presente, não foi imediatamente aceita.

II. Os contratos entre ausentes não se perfectibilizam se, antes da aceitação, ou com ela, chegar ao proponente a retratação do aceitante.

III. Os contratos entre ausentes tornam-se perfeitos desde que a aceitação é expedida, mesmo se o proponente não se houver comprometido a esperar a resposta.

IV. A proposta é obrigatória quando, feita com prazo à pessoa ausente, tiver decorrido tempo suficiente para chegar a resposta ao conhecimento do proponente.

Quais estão corretas?

(A) Apenas I e II.

(B) Apenas III e IV.

(C) Apenas I. II e III.

(D) Apenas II e III.

(E) Apenas I e III.

I: correta (art. 428, I, do CC); **II:** correta (art. 428, IV, do CC); **III:** incorreta (art. 434, II, do CC); **IV:** incorreta (art. 428, II, do CC).
Gabarito "A"

(Procurador do Estado/SC – 2010 – FEPESE) Assinale a alternativa **correta**, de acordo com o Código Civil Brasileiro.

(A) Nas coisas vendidas conjuntamente, o defeito oculto de uma autoriza a rejeição de todas.

(B) A proposta de contrato aceita fora do prazo, com adições, restrições, ou modificações, importará nova proposta.

(C) Não é lícito às partes celebrarem contratos atípicos; contudo, em decorrência do princípio da liberdade contratual, elas podem eleger qualquer uma das espécies contratuais reguladas pelo Código Civil e pelas leis especiais.

(D) O vendedor de coisa imóvel pode reservar-se o direito de recobrá-la no prazo máximo de decadência de 5 (cinco) anos.

(E) Não se permite em hipótese alguma a venda de ascendente a descendente.

A: incorreta, pois o defeito oculto de uma coisa vendida em conjunto com outras, não autoriza a rejeição de todas (art. 503 do CC); **B:** correta (art. 431 do CC); **C:** incorreta, pois é lícito às partes estipular contratos atípicos (art. 425 do CC); **D:** incorreta, pois o prazo é de três anos (art. 505 do CC); **E:** incorreta, pois não será anulável se os outros descendentes e o cônjuge do alienante (se não for casado no regime de separação obrigatória de bens) houverem consentido (art. 496 do CC).
Gabarito "B"

(Procurador do Estado/AC – 2017 – FMP) Considere as seguintes afirmativas sobre o tema dos contratos no âmbito do Código Civil.

I. Não pode ser objeto de contrato a herança de pessoa viva.

II. Se o contrato for aleatório, por dizer respeito a coisas ou fatos futuros, cujo risco de não virem a existir um dos contratantes assuma, terá o outro direito de receber integralmente o que lhe foi prometido, mesmo que de sua parte tenha agido com dolo ou culpa, ainda que nada do avençado venha a existir.

III. O contrato preliminar, exceto quanto à forma, deve conter todos os requisitos essenciais ao contrato a ser celebrado.

IV. No momento da conclusão do contrato, pode uma das partes reservar-se a faculdade de indicar a pessoa que deve adquirir os direitos e assumir as obrigações dele decorrentes.

Estão CORRETAS apenas as alternativas \

(A) I e II.

(B) II e III.

(C) II e IV.

(D) I, III e IV.

(E) Ii, III e IV.

I: certa (art. 426 CC); **II:** errada, pois se o contrato for aleatório, por dizer respeito a coisas ou fatos futuros, cujo risco de não virem a existir dos contratantes assuma, terá o outro direito de receber integralmente o que lhe foi prometido, *desde que de sua parte não tenha havido dolo ou culpa*, ainda que nada do avençado venha a existir (art. 458 CC); **III:** certa (art. 462 CC); **IV:** certa (art. 467 CC). Portanto a alternativa correta é a letra D.
Gabarito "D"

(Procurador do Município – Valinhos/SP – 2019 – VUNESP) Sobre as condições gerais dos contratos, indique a alternativa correta.

(A) Nos contratos de adesão, são anuláveis as cláusulas que estipulem a renúncia antecipada do aderente a direito resultante da natureza do negócio.

(B) O estipulante pode reservar-se o direito de substituir o terceiro designado no contrato, independentemente da sua anuência e da do outro contratante.

(C) O contrato preliminar, e também quanto à forma, não necessita conter todos os requisitos essenciais ao contrato a ser celebrado.

(D) As cláusulas resolutivas expressa e tácita operam de pleno direito, independentemente de interpelação judicial.

(E) Pode o adquirente demandar pela evicção, mesmo sabendo que a coisa era alheia ou litigiosa.

A: incorreta, pois nos contratos de adesão, são *nulas* as cláusulas que estipulem a renúncia antecipada do aderente a direito resultante da natureza do negócio (art. 424 CC); **B:** correta (art. 438, *caput* CC); **C:** incorreta, pois o contrato preliminar, *exceto* quanto à forma, deve conter todos os requisitos essenciais ao contrato a ser celebrado (art. 462 CC); **D:** incorreta, pois a cláusula resolutiva expressa opera de pleno direito; a tácita depende de interpelação judicial (art. 474 CC); **E:** incorreta, pois não pode o adquirente demandar pela evicção, se sabia que a coisa era alheia ou litigiosa (art. 457 CC). GR
Gabarito "B".

4.2. Classificação dos contratos

(Procurador do Município/Teresina-PI – 2010 – FCC) É INCORRETO afirmar que

(A) o contrato preliminar, exceto quanto à forma, deve conter todos os requisitos essenciais ao contrato a ser celebrado.

(B) na conclusão do contrato, bem como em sua execução, os contratantes devem guardar os princípios da probidade e da boa-fé.

(C) a oferta ao público equivale a proposta quando encerra os requisitos essenciais ao contrato, a não ser que o contrário resulte das circunstâncias ou dos usos.

(D) o adquirente de coisa viciada pode, em vez de rejeitá--la, redibindo o contrato, reclamar abatimento no preço.

(E) o alienante, nos contratos onerosos, responde pela evicção, salvo se a aquisição se tenha realizado em hasta pública.

A: correta (art. 462 do CC); **B:** correta (art. 422 do CC); **C:** correta (art. 429, *caput*, do CC); **D:** correta (art. 442 do CC); **E:** incorreta, pois subsiste essa garantia ainda que a aquisição se tenha realizado em hasta pública (art. 447 do CC).
Gabarito "E".

(PROCURADOR DO ESTADO/RS – FUNDATEC – 2010) Assinale a alternativa correta:

(A) A revisão por excessiva onerosidade superveniente pode ser postulada em toda relação contratual, desde que tenha sido gerada por fatores imprevisíveis e excepcionais, ensejando ao devedor o direito de requerer a resolução.

(B) O princípio da liberdade de forma em direito dos contratos significa que as partes têm plena liberdade para contratar, isto é, para formar o conteúdo do contrato.

(C) Segundo o princípio da boa-fé objetiva, pode o adquirente demandar pela evicção, ainda que tenha sabido ser a coisa alheia ou litigiosa.

(D) A aleatoriedade é fenômeno respeitante somente às coisas futuras.

(E) O Código Civil contém dispositivos de controle da formação e de controle de conteúdo dos chamados "contratos de adesão".

A: incorreta, pois somente será aplicada nos contratos de execução continuada ou diferida (art. 478, do CC); **B:** incorreta (art. 421, do CC); **C:** incorreta (art. 449, do CC); **D:** incorreta, pois o contrato aleatório pode se referir a coisas existentes, mas expostas a risco (art. 460, do CC); **E:** correta. "*Os contratos por adesão têm o mesmo regime jurídico dos contratos paritários, mas há algumas diferenças. Se o contrato de adesão for regido pelo Direito Civil, há duas regras aplicáveis: a) as cláusulas ambíguas devem ser interpretadas favoravelmente ao aderente (art. 423, do CC); b) a cláusula que estipula a renúncia antecipada do aderente a direito resultante da natureza do contrato é nula (art. 424, do CC)*" (Wander Garcia, SUPER-REVISÃO, editora FOCO).
Gabarito "E".

1. Quanto aos efeitos (ou quanto às obrigações):

1.(1) Contratos unilaterais: *são aqueles em que há obrigações para apenas uma das partes.* São exemplos a doação pura e simples, o mandato, o depósito, o mútuo (empréstimo de bem fungível – dinheiro, p. ex.) e o comodato (empréstimo de bem infungível). Os três últimos são unilaterais, pois somente se formam no instante em que há entrega da coisa (são contratos reais). Entregue o dinheiro, por exemplo, no caso do mútuo, este contrato estará formado e a única parte que terá obrigação será o mutuário, no caso a de devolver a quantia emprestada (e pagar os juros, se for mútuo feneratício).

1.(2) Contratos bilaterais: *são aqueles em que há obrigações para ambos os contratantes.* Também são chamados de sinalagmáticos. A expressão "sinalagma" confere a ideia de reciprocidade às obrigações. São exemplos a prestação de serviços e a compra e venda.

1.(3) Contratos bilaterais imperfeitos: *são aqueles originariamente unilaterais, que se tornam bilaterais por uma circunstância acidental.* São exemplos o mandato e o depósito não remunerados. Assim, num primeiro momento, o mandato não remunerado é unilateral (só há obrigações para o mandatário); mas, caso o mandatário incorra em despesas para exercê-lo, o mandante passará também a ter obrigações, no caso a de ressarcir o mandatário.

1.(4) Contratos bifrontes: *são aqueles que originariamente podem ser unilaterais ou bilaterais.* São exemplos o mandato e o depósito. Se for estipulada remuneração em favor do mandatário ou do depositário, estar-se-á diante de contrato bilateral, pois haverá obrigações para ambas as partes. Do contrário, unilateral, pois haverá obrigações apenas para o mandatário ou para o depositário.

Importância da classificação: a classificação é utilizada, por exemplo, para distinguir contratos em que cabe a exceção de contrato não cumprido. Apenas nos contratos bilaterais é que uma parte pode alegar a exceção, dizendo que só cumpre a sua obrigação após a outra cumprir a sua. Nos contratos unilaterais, como só uma das partes tem obrigações, o instituto não se aplica. Isso vale tanto para a inexecução total (hipótese em que se alega *exceptio non adimplecti contractus*), como para a inexecução parcial (hipótese em que se alega *exceptio non rite adimplecti contractus*). Para aplicação do instituto, é

5. DIREITO CIVIL — 353

importante verificar qual das duas partes tem de cumprir sua obrigação em primeiro lugar.

2. Quanto às vantagens:

2.(1) Contratos gratuitos: *são aqueles em que há vantagens apenas para uma das partes.* Também são chamados de benéficos. São exemplos a doação pura e simples, o depósito não remunerado, o mútuo não remunerado e o comodato.

2.(2) Contratos onerosos: *são aqueles em que há vantagens para ambas as partes.* São exemplos a compra e venda, a prestação de serviços, o mútuo remunerado (feneratício) e a doação com encargo.

Não se deve confundir a presente classificação com a trazida acima, para o fim de achar que todo contrato unilateral é gratuito e que todo contrato bilateral é oneroso. Como exemplo de contrato unilateral e oneroso pode-se trazer o mútuo feneratício.

3. Quanto ao momento de formação:

3.(1) Contrato consensual: *é aquele que se forma no momento do acordo de vontades.* São exemplos a compra e venda e o mandato. Neste tipo de contrato, a entrega da coisa (tradição) é mera execução do contrato.

3.(2) Contrato real: *é aquele que somente se forma com a entrega da coisa.* São exemplos o comodato, o depósito e o mútuo. Neste contrato a entrega da coisa é requisito para a formação, a existência do contrato.

4. Quanto à forma:

4.(1) Contratos não solenes: *são aqueles de forma livre.* São exemplos a compra e venda de bens móveis, a prestação de serviços e a locação. A regra é ter o contrato forma livre (art. 107 do CC), podendo ser verbal, gestual ou escrito, devendo obedecer a uma forma especial apenas quando a lei determinar.

4.(2) Contratos solenes: *são aqueles que devem obedecer a uma forma prescrita em lei.* São exemplos a compra e venda de imóveis (deve ser escrita, e, se de valor superior a 30 salários mínimos, deve ser por escritura pública), o seguro e a fiança.

A forma, quando trazida na lei, costuma ser essencial para a validade do negócio (forma *ad solemnitatem*). Porém, em algumas situações, a forma é mero meio de prova de um dado negócio jurídico (forma *ad probationem tantum*).

5. Quanto à existência de regramento legal:

5.(1) Contratos típicos (ou nominados): *são os que têm regramento legal específico.* O CC traz pelo menos vinte contratos típicos, como a compra e venda, a doação e o mandato. Leis especiais trazem diversos outros contratos dessa natureza, como o de locação de imóveis urbanos (Lei 8.245/91), de incorporação imobiliária (Lei 4.561/64) e de alienação fiduciária (Lei 4.728/65 com alterações da Lei 10.931/2004).

5.(2) Contratos atípicos (ou inominados): *são os que não têm regramento legal específico, nascendo da determinação das partes.* Surgem da vida cotidiana, da necessidade do comércio. São exemplos o contrato de cessão de clientela, de agenciamento matrimonial, de excursão turística e de feiras e exposições. Apesar de não haver regulamentação legal desses contratos, o princípio

da autonomia da vontade possibilita sua celebração, observados alguns limites impostos pela lei.

5.(3) Contratos mistos: são os que resultam da fusão de contratos nominados com elementos particulares, não previstos pelo legislador, criando novos negócios contratuais. Exemplo é o contrato de exploração de lavoura de café, em que se misturam elementos atípicos com contratos típicos, como a locação de serviços, a empreitada, o arrendamento rural e a parceria agrícola.

6. Quanto às condições de formação:

6.(1) Contratos paritários: são aqueles em que as partes estão em situação de igualdade, podendo discutir efetivamente as condições contratuais.

6.(2) Contratos de adesão: são aqueles cujas cláusulas são aprovadas pela autoridade competente ou estabelecidas unilateralmente, sem que o aderente possa modificar ou discutir substancialmente o seu conteúdo. Exemplos: contratos de financiamento bancário, seguro e telefonia. A lei estabelece que a inserção de uma cláusula no formulário não desnatura o contrato, que continua de adesão.

Importância da classificação: os contratos por adesão têm o mesmo regime jurídico dos contratos paritários, mas há algumas diferenças. Se o contrato de adesão for regido pelo Direito Civil, há duas regras aplicáveis: a) as cláusulas ambíguas devem ser interpretadas favoravelmente ao aderente (art. 423, CC); b) a cláusula que estipula a renúncia antecipada do aderente a direito resultante da natureza do contrato é nula (art. 424, CC). Já se o contrato de adesão for regido pelo CDC, há duas regras peculiares a esse contrato (art. 54, CDC): a) os contratos de adesão admitem cláusula resolutória, mas estas são alternativas, cabendo a escolha ao consumidor, ou seja, o consumidor escolhe se deseja purgar a mora e permanecer com o contrato ou se quer a sua resolução; b) as cláusulas limitativas de direito devem ser redigidas com destaque, permitindo sua imediata e fácil identificação, sendo que o desrespeito a essa regra gera a nulidade da cláusula (art. 54, § 4º, c/c o art. 51, XV).

7. Quanto à definitividade:

7.(1) Contratos definitivos: são aqueles que criam obrigações finais aos contratantes. Os contratos são, em sua maioria, definitivos.

7.(2) Contratos preliminares: são aqueles que têm como objeto a realização futura de um contrato definitivo. Um exemplo é o compromisso de compra e venda. Os contratos preliminares devem conter os requisitos essenciais do contrato a ser celebrado, salvo quanto à forma. Assim, enquanto a compra e venda definitiva deve ser por escritura pública, o compromisso de compra e venda pode ser por escritura particular. Além disso, o contrato preliminar deve ser levado a registro para ter eficácia perante terceiros. Assim, um compromisso de compra e venda não precisa ser levado a registro para ser válido, mas aquele que não levá-lo a registro não tem como impedir que um terceiro o faça antes, pois, não registrando, carregará este ônus. De qualquer forma, o compromissário comprador, uma vez pagas todas as parcelas do compromisso, tem direito à adjudicação compulsória, independentemente do registro do compromisso no Registro de Imóveis. O compromissário deve apenas torcer para que alguém não tenha feito isso antes. As regras sobre o contrato preliminar estão nos artigos 462 e 463, CC.

(A) consequência imediata do contrato preliminar: desde que não conste cláusula de arrependimento, qualquer das partes pode exigir a celebração do contrato definitivo, assinalando prazo à outra. É importante ressaltar que, em matéria de imóveis, há diversas leis impedindo a cláusula de arrependimento.

(B) consequência mediata do contrato preliminar: esgotado o prazo acima sem a assinatura do contrato definitivo, a parte prejudicada pode requerer ao Judiciário que supra a vontade do inadimplente, conferindo caráter definitivo ao contrato preliminar, salvo se a isto se opuser a natureza da obrigação.

8. Quanto ao conhecimento prévio das prestações:

8.(1) Contrato comutativo: *é aquele em que as partes, de antemão, conhecem as prestações que deverão cumprir.* Exs.: compra e venda, prestação de serviços, mútuo, locação, empreitada etc. A maior parte dos contratos tem essa natureza.

8.(2) Contrato aleatório: *é aquele em que pelo menos a prestação de uma das partes não é conhecida de antemão.* Ex.: contrato de seguro.

9. Quanto ao momento de execução:

9.(1) Contratos instantâneos: *são aqueles em que a execução se dá no momento da celebração.* Um exemplo é a compra e venda de pronta entrega e pagamento.

9.(2) Contratos de execução diferida: *são aqueles em que a execução se dá em ato único, em momento posterior à celebração.* Constitui exemplo a compra e venda para pagamento em 120 dias.

9.(3) Contratos de trato sucessivo ou de execução continuada: *são aqueles em que a execução é distribuída no tempo em atos reiterados.* São exemplos a compra e venda em prestações, a locação e o financiamento pago em parcelas.

4.3. Onerosidade excessiva

(Procurador Distrital – 2014 – CESPE) Julgue o seguinte item.

(1) É possível a revisão ou a resolução dos contratos aleatórios por sua onerosidade excessiva, desde que o evento gerador da revisão ou resolução, superveniente, extraordinário e imprevisível, não se relacione com a própria álea assumida no contrato.

1: Correta. A assertiva está correta, pois o risco assumido em um contrato aleatório possui limites determinados. Dentro desse âmbito, a parte que assumiu o risco deverá arcar com ele durante a execução do contrato. Por outro lado, poderá alegar onerosidade excessiva quanto àquilo que extrapolar a álea pré-definida, pois neste caso o contexto inicialmente previsto para o cumprimento foi alterado por fatos supervenientes, extraordinários e imprevisíveis, sendo perfeitamente possível a revisão, conforme art. 478 do CC.
Gabarito "1C."

(Procurador do Estado/PR – UEL-COPS – 2011) Relativamente às diferenças entre a onerosidade excessiva e a lesão, considere as afirmativas abaixo:

I. na primeira a prestação de uma das partes se torna excessivamente onerosa, com extrema vantagem para a outra, em virtude de acontecimentos extraordinários e imprevisíveis, o que faz nascer para o devedor o direito de pedir a resolução do contrato; na segunda, uma das partes submete a outra a prestação manifestamente desproporcional em virtude de má-fé prévia ao negócio.

II. na primeira a excessiva onerosidade nasce da má-fé prévia ao negócio, enquanto que na segunda igualmente, mas o elemento que as diferencia é o fato de na lesão fala-se em ato anulável e na onerosidade excessiva falar-se em causa de resolução do contrato.

III. a lesão é vício do negócio jurídico, ao passo que a onerosidade excessiva é fator que gera a resolução ou modificação do contrato.

Alternativas:

(A) as assertivas I e II estão incorretas;

(B) as assertivas I e III estão incorretas;

(C) somente a assertiva II está incorreta;

(D) somente a assertiva III está incorreta;

(E) somente a assertiva I está incorreta.

I e III: corretas (artigos 478 e 157, ambos do CC); **II:** incorreta, pois contraria a alternativa I, que diferencia os institutos.
Gabarito "C."

(Procurador do Município/Cubatão-SP – 2012 – VUNESP) Em relação ao entendimento sobre a resolução por onerosidade excessiva, assinale a alternativa correta.

(A) Somente se aplica aos contratos bilaterais.

(B) Pode ser invocada apenas quando a onerosidade atinja toda a prestação.

(C) Confere à parte prejudicada o direito de descumprir o pactuado.

(D) Aplicam-se aos contratos de execução instantânea.

(E) A onerosidade pode atingir apenas parte da prestação principal.

A, B, C e D: incorretas; **E:** correta. Nos termos do art. 478, do CC, para que haja a resolução do contrato por onerosidade excessiva ou sua revisão (enunciados 176, 367 e 440, CJF), exige-se o preenchimento dos seguintes requisitos: a) contrato de execução continuada ou diferida (e não de execução instantânea); b) a prestação de uma das partes deve se tornar excessivamente onerosa (parcial ou total); c) extrema vantagem para a outra parte; d) acontecimento extraordinário e imprevisível. Oportuno registrar que tanto a doutrina quanto a jurisprudência discutem se a teoria da imprevisão pode ser aplicada em contrato aleatório. Existem duas correntes a respeito: 1ª) não é possível, pois o desequilíbrio econômico é inerente aos contratos aleatórios (REsp n. 783.520/GO, STJ); 2ª) é possível, pois a *falta de equivalência entre as prestações de um contrato não impede a apreciação de um certo equilíbrio contratual* (Gustavo Tepedino e enunciado n. 440, CJF).
Gabarito "E."

4.4. Evicção

(Procurador – SP – VUNESP – 2015) Sobre o instituto da evicção, assinale a alternativa correta.

(A) A evicção parcial não garante ao adquirente direito à indenização ou à rescisão do contrato.

(B) O adquirente perde os direitos decorrentes da evicção, se a aquisição se deu em hasta pública.

(C) Admite-se a estipulação de cláusula contratual excluindo a responsabilidade pela evicção.

5. DIREITO CIVIL 355

(D) Se houver dolo por parte do alienante, deverá restituir em dobro o valor recebido pela alienação.

(E) O adquirente pode demandar pela evicção, ainda que soubesse que a coisa era alheia ou litigiosa.

A: incorreta, pois quando a evicção é parcial, o Código prevê duas soluções. Se a evicção parcial foi considerável, o evicto poderá optar entre a rescisão do contrato e a restituição de parte do preço. Já se foi não considerável, caberá somente direito a indenização (CC, art. 455); **B:** incorreta, pois o art. 447 do Código Civil mantém a garantia contra a evicção, mesmo nas aquisições realizadas em hasta pública; **C:** correta, pois as partes podem, "por cláusula expressa, reforçar, diminuir ou excluir a responsabilidade pela evicção" (CC, art. 448); **D:** incorreta, pois não existe tal previsão legal; **E:** incorreta, pois nesse caso não assiste direito ao evicto de demandar pela evicção (CC, art. 457). **GN**
Gabarito "C".

(Procurador Municipal/SP – VUNESP – 2016) Quanto à evicção, é correto afirmar que

(A) é necessária a comprovação do trânsito em julgado da sentença que reconhece a evicção para que o evicto possa exercer os direitos dela resultantes.

(B) o direito do evicto de recobrar o preço que pagou pela coisa evicta depende do alienante participar na ação em que terceiro reivindique a coisa.

(C) para o exercício do direito de evicção, é suficiente que a parte fique privada do bem em decorrência de ato administrativo.

(D) as restrições decorrentes de tombamento do imóvel alienado ensejam evicção, mesmo que a adquirente tenha conhecimento do ato administrativo.

(E) nos contratos onerosos e gratuitos, o alienante responde pela evicção. Subsiste essa garantia ainda que a aquisição se tenha realizado em hasta pública.

A: A: incorreta. O STJ já pacificou o entendimento de que o evicto não precisa aguardar até o trânsito em julgado da sentença que reconhece a evicção a fim de que possa exercer os direitos daí resultantes (REsp 1332112/GO, Rel. Ministro Luis Felipe Salomão, Quarta Turma, julgado em 21/03/2013, DJe 17/04/2013); **B:** incorreta. Há muito se pacificou o entendimento de que – mesmo sem a denunciação da lide – o evicto mantém o direito de ajuizar ação autônoma contra o alienante do imóvel. Nesse sentido, o STJ decidiu que: "*O exercício do direito oriundo da evicção independe da denunciação da lide ao alienante na ação em que terceiro reivindica a coisa*" (REsp 1332112/GO, Rel. Ministro Luis Felipe Salomão, Quarta Turma, julgado em 21/03/2013, DJe 17/04/2013); **C:** correta, pois a privação administrativa do bem também proporciona ao adquirente uma perda suficiente para lhe conceder os direitos decorrentes da evicção; **D:** incorreta, pois "*Não pode o adquirente demandar pela evicção, se sabia que a coisa era alheia ou litigiosa*" (CC, art. 457); **E:** incorreta, pois as garantias contra a evicção limitam-se aos contratos onerosos. **GN**
Gabarito "C".

4.5. Vícios redibitórios

(Procurador do Estado – PGE/MT – FCC – 2016) Isac vendeu seu veículo a Juliano, por preço bem inferior ao de mercado, fazendo constar, no contrato de compra e venda, que o bem estava mal conservado e poderia apresentar vícios diversos e graves. Passados quarenta dias da realização do negócio, o veículo parou de funcionar. Juliano ajuizou ação redibitória contra Isac, requerendo a restituição do valor pago, mais perdas e danos. A pretensão de Juliano:

(A) improcede, porque, embora a coisa possa ser enjeitada, em razão de vício redibitório, as perdas e danos apenas seriam devidas se Isac houvesse procedido de má-fé.

(B) procede, porque a coisa recebida em virtude de contrato comutativo pode ser enjeitada por vícios ou defeitos ocultos, que a tornem imprópria ao uso a que é destinada, ou lhe diminuam o valor.

(C) improcede, porque firmou contrato comutativo, assumindo o risco de que o bem viesse a apresentar avarias.

(D) improcede, porque não configurados os elementos definidores do vício redibitório e o comprador assumiu o risco de que o bem viesse a apresentar avarias.

(E) procede, porque a coisa recebida em virtude de contrato comutativo pode ser enjeitada por vícios ou defeitos ocultos, que a tornem imprópria ao uso a que é destinada, ou lhe diminuam o valor, mas está prescrita, porque se passaram mais de 30 dias da realização do negócio.

O vício redibitório – para que assim se caracterize – precisa ser relevante (por tornar a coisa imprópria à normal utilização ou por gerar considerável desvalorização) e oculto. No caso apresentado, o adquirente foi informado da real condição do veículo, o que já elimina o segundo requisito. Ademais, o art. 445 do CC estabelece o prazo decadencial de trinta dias a contar da entrega para que o adquirente exerça seus direitos decorrentes do vício redibitório. **GN**
Gabarito "D".

(Procurador do Estado – PGE/MT – FCC – 2016) Donizete adquiriu um veículo zero quilômetro da Concessionária Rode Bem. Ao dirigi-lo pela primeira vez, verificou que o veículo apresentava avarias nos freios, colocando sua segurança em risco. Passados oitenta dias, Donizete formulou reclamação extrajudicial perante o fornecedor, requerendo a reparação do vício, a qual foi respondida, negativamente, vinte dias depois. No dia da resposta negativa, Donizete ajuizou ação judicial. O direito de reclamar pelo vício:

(A) decaiu, porque, embora o consumidor tenha formulado reclamação perante o fornecedor, a decadência não admite interrupção nem suspensão.

(B) prescreveu, porque, da constatação do vício, até o ajuizamento da ação, passaram-se mais de noventa dias.

(C) decaiu, porque, da constatação do vício, até o ajuizamento da ação, passaram-se mais de noventa dias.

(D) não decaiu, porque, até a resposta negativa à reclamação, a fluência do prazo ficou obstada.

(E) não decaiu, porque, de acordo com o Código de Defesa do Consumidor, é de cinco anos o prazo para reclamar pelo vício do produto.

O prazo para reclamar de vícios aparentes ou de fácil constatação em produtos duráveis é de 90 dias (CDC, art. 26, II). Contudo, o mesmo diploma legislativo prevê que tal prazo não fluirá entre a reclamação apresentada e a resposta negativa do fornecedor. Como Donizete formulou a reclamação dentro do prazo e ajuizou a ação no dia da resposta, seu direito está intacto. **GN**
Gabarito "D".

4.6. Extinção dos contratos

Espécies de extinção dos contratos.

(1) Execução. Esta é forma normal de extinção dos contratos. Na compra e venda a execução se dá com a entrega da coisa (pelo vendedor) e com o pagamento do preço (pelo comprador).

(2) Invalidação. O contrato anulável produz seus efeitos enquanto não anulado pelo Poder Judiciário. Uma vez anulado (decisão constitutiva), o contrato fica extinto com efeitos *ex nunc*. Já o contrato nulo recebe do Direito uma sanção muito forte, sanção que o priva da produção de efeitos desde o seu início. A parte interessada ingressa com ação pedindo uma decisão declaratória, decisão que deixa claro que o contrato nunca pode produzir efeitos, daí porque essa decisão tem efeitos *ex tunc*. Se as partes acabaram cumprindo "obrigações", o juiz as retornará ao estado anterior.

(3) Resolução. Há três hipóteses de extinção do contrato pela resolução, a saber:

3.(1) Por inexecução culposa: *é aquela que decorre de culpa do contratante.* Há dois casos a considerar:

(A) se houver cláusula resolutiva expressa (pacto comissório), ou seja, previsão no próprio contrato de que a inexecução deste gerará sua extinção, a resolução opera de pleno direito, ficando o contrato extinto; o credor que ingressar com ação judicial entrará apenas com uma ação declaratória, fazendo com que a sentença tenha efeitos *ex tunc*. A lei protege o devedor em alguns contratos, estabelecendo que, mesmo existindo essa cláusula, ele tem o direito de ser notificado para purgar a mora (fazer o pagamento atrasado) no prazo estabelecido na lei.

(B) se não houver cláusula resolutiva expressa, a lei estabelece a chamada **"cláusula resolutiva tácita"**, disposição que está implícita em todo contrato, e que estabelece que o seu descumprimento permite que a outra parte possa pedir a resolução do contrato. Neste caso a resolução dependerá de interpelação judicial para produzir efeitos, ou seja, ela não ocorre de pleno direito. Repare que não basta mera interpelação extrajudicial. Os efeitos da sentença judicial serão *ex nunc*.

É importante ressaltar que a parte lesada pelo inadimplemento (item *a* ou *b*) tem duas opções (art. 474, CC): a) pedir a resolução do contrato; ou b) exigir o cumprimento do contrato. Em qualquer dos casos, por se tratar de inexecução culposa, caberá pedido de indenização por perdas e danos. Se houver cláusula penal, esta incidirá independentemente de prova de prejuízo (art. 416, CC). Todavia, uma indenização suplementar dependerá de convenção no sentido de que as perdas e os danos não compreendidos na cláusula penal também serão devidos.

3.(2) Por inexecução involuntária: *é aquela que decorre da impossibilidade da prestação.* Pode decorrer de caso fortuito ou força maior, que são aqueles fatos necessários, cujos efeitos não se consegue evitar ou impedir. Esta forma de inexecução exonera o devedor de responsabilidade (art. 393, CC), salvo se este expressamente assumiu o risco (art. 393, CC) ou se estiver em mora (art. 399, CC).

3.(3) Por onerosidade excessiva. Conforme vimos, no caso de onerosidade excessiva causada por fato extraordinário e imprevisível, cabe revisão contratual. Não sendo esta possível, a solução deve ser pela resolução do contrato, sem ônus para as partes. A resolução por onerosidade excessiva está prevista no art. 478 do CC.

4. Resilição.

4.(1) Conceito: *é a extinção dos contratos pela vontade de um ou de ambos contratantes.* A palavra-chave é *vontade*. Enquanto a resolução é a extinção por inexecução contratual ou onerosidade excessiva, a resilição é a extinção pela vontade de uma ou de ambas as partes.

4.(2) Espécies:

(A) bilateral, *que é o acordo de vontades para pôr fim ao contrato* (**distrato**). A forma para o distrato é a mesma que a lei exige para o contrato. Por exemplo, o distrato de uma compra e venda de imóvel deve ser por escritura, pois esta é a forma que a lei exige para o contrato. Já o distrato de um contrato de locação escrito pode ser verbal, pois a lei não exige documento escrito para a celebração de um contrato de locação. É claro que não é recomendável fazer um distrato verbal no caso, mas a lei permite esse procedimento.

(B) unilateral, *que é a extinção pela vontade de uma das partes* (**denúncia**). Essa espécie de resilição só existe por exceção, pois o contrato faz lei entre as partes. Só é possível a denúncia unilateral do contrato quando: i) houver previsão contratual ou ii) a lei expressa ou implicitamente autorizar. Exemplos: em contratos de execução continuada com prazo indeterminado, no mandato, no comodato e no depósito (os três últimos são contratos feitos na base da confiança), no arrependimento de compra feita fora do estabelecimento comercial (art. 49, CDC) e nas denúncias previstas na Lei de Locações (arts. 46 e 47 da Lei 8.245/91). A lei exige uma formalidade ao denunciante. Este deverá notificar a outra parte, o que poderá ser feito extrajudicialmente. O efeito da denúncia é *ex tunc*. Há uma novidade no atual CC, que é o "aviso-prévio legal". Esse instituto incide quando alguém denuncia um contrato prejudicando uma parte que fizera investimentos consideráveis. Neste caso, a lei dispõe que a denúncia unilateral só produzirá efeitos após um prazo compatível com a amortização dos investimentos (art. 473, parágrafo único).

(5) Morte. Nos contratos impessoais, a morte de uma das partes não extingue o contrato. Os herdeiros deverão cumpri-lo segundo as forças da herança. Já num contrato personalíssimo (contratação de um advogado, contratação de um cantor), a morte da pessoa contratada extingue o contrato.

(6) Rescisão. A maior parte da doutrina encara a rescisão como gênero, que tem como espécies a resolução, a resilição, a redibição etc.

(Procurador do Estado/BA – 2014 – CESPE) Julgue o seguinte item.

(1) A teoria do adimplemento substancial impõe limites ao exercício do direito potestativo de resolução de um contrato.

1: Correta. A afirmação está correta, pois a depender da quantidade de parcelas que o devedor tenha pagado, o credor não pode simplesmente resolver o contrato no caso de inadimplemento. A jurisprudência tem se posicionado pela manutenção da avença e cobrança do saldo remanescente. Logo, o direito potestativo do credor sofre restrições quanto

5. DIREITO CIVIL

a resolução. Neste sentido, encarta-se julgado do STJ: "DIREITO CIVIL. CONTRATO DE ARRENDAMENTO MERCANTIL PARA AQUISIÇÃO DE VEÍCULO (*LEASING*). PAGAMENTO DE TRINTA E UMA DAS TRINTA E SEIS PARCELAS DEVIDAS. RESOLUÇÃO DO CONTRATO. AÇÃO DE REINTEGRAÇÃO DE POSSE. DESCABIMENTO. MEDIDAS DESPROPOR-CIONAIS DIANTE DO DÉBITO REMANESCENTE. APLICAÇÃO DA *TEORIA DO ADIMPLEMENTO SUBSTANCIAL*.1. É pela lente das cláusulas gerais previstas no Código Civil de 2002, sobretudo a da boa-fé objetiva e da função social, que deve ser lido o art. 475, segundo o qual "[a] parte lesada pelo inadimplemento pode pedir a resolução do contrato, se não preferir exigir-lhe o cumprimento, cabendo, em qualquer dos casos, indenização por perdas e danos". 2. Nessa linha de entendimento, *a teoria do substancial adimplemento visa a impedir o uso desequilibrado do direito de resolução por parte do credor, preterindo desfazimentos desnecessários em prol da preservação da avença, com vistas à realização dos princípios da boa-fé e da função social do contrato.* 3. No caso em apreço, é de se aplicar a da teoria do adimplemento substancial dos contratos, porquanto o réu pagou: "31 das 36 prestações contratadas, 86% da obrigação total (contraprestação e VRG parcelado) e mais R$ 10.500,44 de valor residual garantido". O mencionado descumprimento contratual é inapto a ensejar a reintegração de posse pretendida e, consequentemente, a resolução do contrato de arrendamento mercantil, medidas desproporcionais diante do substancial adimplemento da avença.4. Não se está a afirmar que a dívida não paga desaparece, o que seria um convite a toda sorte de fraudes. Apenas se afirma que o meio de realização do crédito por que optou a instituição financeira não se mostra consentâneo com a extensão do inadimplemento e, de resto, com os ventos do Código Civil de 2002. Pode, certamente, o credor valer-se de *meios menos gravosos* e proporcionalmente mais adequados à persecução do crédito remanescente, como, por exemplo, a execução do título.5. Recurso especial não conhecido" (REsp 1051270/RS, Rel. Ministro LUIS FELIPE SALOMÃO, QUARTA TURMA, julgado em 04/08/2011, DJe 05/09/2011)

Gabarito "1C".

(Procurador do Município/Florianópolis-SC – 2010 – FEPESE) Sobre as formas de desfazimento da relação contratual, assinale a alternativa **incorreta**.

(A) A resilição é forma de desfazimento voluntário do contrato.

(B) A quitação é um direito de que paga do solvens.

(C) Salvo disposição em contrário, o distrato opera efeitos a partir de sua ultimação.

(D) Os efeitos da sentença que decretar a resolução do contrato correrão a partir de sua publicação.

(E) A exceção de contrato não cumprido implica, nos contratos bilaterais, a impossibilidade de exigir o implemento da obrigação alheia, antes de cumprida a obrigação própria.

A: correta, pois a resilição é a extinção do contrato pela vontade dos contratantes; quando a vontade é de apenas um dos contratantes, tem-se a resilição unilateral (denúncia), ao passo que se a extinção se dá pela vontade de ambos os contraentes, tem-se a resilição bilateral (distrato), estando o instituto da resilição regulamentado nos arts. 472 e 473 do CC; **B:** correta, pois *solvens* é a pessoa que deve pagar, ou seja, o devedor; uma vez que o devedor paga, ele tem direito à quitação (art. 319 do CC); aliás, o devedor que está para pagar pode até reter o pagamento, enquanto não lhe seja dada a quitação regular; **C:** correta, já que é a partir do distrato que o contrato deixa de produzir efeitos (efeito *ex nunc*), podendo, as partes, se quiserem, estabelecer outra data para que o contrato deixe de produzir efeitos; **D:** incorreta, devendo ser assinalada; na verdade, caso haja cláusula resolutiva expressa, os efeitos da resolução se darão a partir da inexecução do contrato, ao passo que, não havendo cláusula resolutiva expressa, os efeitos da

resolução se darão a partir de interpelação judicial (art. 474 do CC); **E:** correta (art. 476 do CC).

Gabarito "D".

(Advogado da União/AGU – CESPE – 2012) Com base nas regras relativas à extinção e à resolução dos contratos, julgue os itens subsequentes.

(1) De acordo com o STJ, contratada a venda de safra para entrega futura com preço certo, a incidência de pragas na lavoura não dará causa à resolução por onerosidade excessiva, ficando o contratante obrigado ao cumprimento da avença.

(2) Se determinado empregado de um condomínio de edifícios causar dano a uma unidade habitacional, será lícito ao condômino proprietário da unidade danificada, conforme entendimento do STJ, deixar de pagar cotas condominiais na hipótese de o condomínio não cumprir a obrigação de reparar os danos, visto que, nesse caso, terá ocorrido exceção de contrato não cumprido.

1: correta, pois está de acordo como entendimento do STJ, a saber: *"ONEROSIDADE EXCESSIVA. CONTRATO DE SAFRA FUTURA DE SOJA. FERRUGEM ASIÁTICA. Reiterando seu entendimento, a Turma decidiu que, nos contratos de compra e venda futura de soja, as variações de preço, por si só, não motivam a resolução contratual com base na teoria da imprevisão. Ocorre que, para a aplicação dessa teoria, é imprescindível que as circunstâncias que envolveram a formação do contrato de execução diferida não sejam as mesmas no momento da execução da obrigação, tornando o contrato extremamente oneroso para uma parte em benefício da outra. E, ainda, que as alterações que ensejaram o referido prejuízo resultem de um fato extraordinário e impossível de ser previsto pelas partes. No caso, o agricultor argumenta ter havido uma exagerada elevação no preço da soja, justificada pela baixa produtividade da safra americana e da brasileira, motivada, entre outros fatores, pela ferrugem asiática e pela alta do dólar. Porém, as oscilações no preço da soja são previsíveis no momento da assinatura do contrato, visto que se trata de produto de produção comercializado na bolsa de valores e sujeito às demandas de compra e venda internacional. A ferrugem asiática também é previsível, pois é uma doença que atinge as lavouras do Brasil desde 2001 e, conforme estudos da Embrapa, não há previsão de sua erradicação, mas é possível seu controle pelo agricultor. Sendo assim, os imprevistos alegados são inerentes ao negócio firmado, bem como o risco assumido pelo agricultor que também é beneficiado nesses contratos, pois fica resguardado da queda de preço e fica garantido um lucro razoável. Precedentes citados: REsp 910.537-GO, DJe 7/6/2010; REsp 977.007-GO, DJe 2/12/2009; REsp 858.785-GO, DJe 3/8/2010; REsp 849.228-GO, DJe 12/8/2010; AgRg no REsp 775.124-GO, DJe 18/6/2010, e AgRg no REsp 884.066-GO, DJ 18/12/2007".* **REsp 945.166-GO, Rel. Min. Luis Felipe Salomão, julgado em 28/2/2012. 4ª Turma; 2:** incorreta, pois de acordo com o entendimento do STJ, não é possível invocar a exceção do contrato não cumprido para se escusar do pagamento das taxas condominiais. "CONDOMÍNIO. DESPESAS CONDOMINIAIS. RECUSA DO CONDÔMINO DE PAGÁ-LAS, SOB A ALEGAÇÃO DE QUE O CONDOMÍNIO NÃO CUMPRIU A OBRIGAÇÃO DE REPARAR OS DANOS HAVIDOS EM SUA UNIDADE HABITACIONAL. *EXCEPTIO NON ADIMPLETI CONTRACTUS.* INADMISSIBILIDADE DA ARGUIÇÃO. ART. 1.092 DO CÓDIGO CIVIL DE 1916. – Não ostentando a Convenção de Condomínio natureza puramente contratual, inadmissível é ao condômino invocar a exceção de contrato não cumprido para escusar-se ao pagamento das cotas condominiais. Recurso especial não conhecido". (REsp 195450/SP, Rel. Min. Barros Monteiro, DJ 04/10/2004*).

Gabarito 1C, 2E

(Procurador do Estado/TO – 2018 – FCC) Discorrendo sobre a inexecução contratual positiva, escreveu Orlando Gomes:

O conceito de inadimplemento ampliou-se com a importante contribuição trazida por Staub em sua famosa obra Die positiv Vertragsverletzungen, publicada em 1904, em que trata dos obstáculos ao cumprimento da obrigação. Aos três modos conhecidos de inadimplemento, acrescentou um, positivo, denominado, estreitamente para Wieacker, inexecução contratual positiva, ou, como prefere Hedemann, violação positiva do crédito. Configura-se o inadimplemento, nessa hipótese, pelo comportamento do devedor, que faz o que não deveria fazer, agindo quando deveria omitir-se. Pratica ele, em suma, uma ação injusta ao criar obstáculo ao cumprimento da obrigação, devendo-se, por conseguinte, interpretar-se tal comportamento como inadimplemento.

(Adaptado de: GOMES, Orlando. *Transformações Gerais do Direito das Obrigações*. Editora Revista dos Tribunais: São Paulo, 1980, p. 157).

A partir desse excerto e das regras legais vigentes, é correto afirmar que há violação positiva do contrato quando

(A) o credor, contra a vontade do devedor, estipula fiança.

(B) o alienante do estabelecimento empresarial, não havendo proibição expressa, faz concorrência ao adquirente nos 5 anos subsequentes à transferência.

(C) terceiro alicia pessoas obrigadas em contrato escrito a prestar serviço a outrem.

(D) o mandatário que, em qualquer circunstância, ciente da morte do mandante concluir negócio já começado.

(E) o segurado, ainda que não intencionalmente, agravar o risco objeto do contrato de seguro.

A: incorreta, pois neste caso não há violação positiva do contrato uma vez que é facultado ao credor estipular a fiança, ainda que sem consentimento do devedor ou contra a sua vontade (art. 820 CC); **B:** correta, pois apenas a possível fazer concorrência ao adquirente nos 5 anos subsequentes à transferência *se houver autorização expressa* (art. 1.147 CC). Como nessa hipótese não houve autorização, ocorreu o inadimplemento; **C:** incorreta, pois quem está turbando o cumprimento do contrato neste caso não é o devedor, mas sim um terceiro, isto é, aquele que alicia (art. 608 CC). Logo, não há que se falar em inadimplemento do devedor; **D:** incorreta, pois o mandatário *pode*, em qualquer circunstância, sabendo da morte do mandante concluir negócio já começado. Veja que neste caso trata-se de uma faculdade. Então se ele resolver fazer não há inadimplemento. Porém, a lei traz hipótese em que ele é *obrigado* a concluir, qual seja, quando houver perigo na demora (art. 674 CC); **E:** incorreta, pois o agravamento não intencional do risco não configura inadimplemento (art. 768 CC). **GR**
Gabarito "B."

4.7. Compra e venda e troca

(Procurador do Estado/SE – 2017 – CESPE) O direito que o vendedor de um imóvel guarda de reavê-lo, no prazo máximo previsto no Código Civil, restituindo ao comprador o valor recebido e reembolsando-lhe as despesas – entre elas, as que se efetuaram mediante autorização escrita do proprietário bem como aquelas destinadas à realização de benfeitorias necessárias –, constitui a

(A) venda a contento.

(B) resolução potestativa.

(C) retrovenda.

(D) preempção.

(E) reserva de domínio.

A letra correta é a C, conforme art. 505 do CC. **GR**
Gabarito "C."

(Procurador – SP – VUNESP – 2015) É correto afirmar que a venda a contento

(A) é realizada sob condição resolutiva, atribuindo-se ao comprador a possibilidade de resolver o contrato, no prazo estabelecido, restituindo-se a coisa ao vendedor.

(B) é nula se o instrumento contratual não apresentar prazo para que o comprador declare sua aceitação.

(C) atribui ao comprador a condição de locatário, enquanto não declarar a aceitação da coisa.

(D) exige que o comprador preste caução idônea ao vendedor, caso haja perecimento da coisa durante o prazo em que é avaliada.

(E) atribui ao comprador a condição de comodatário, enquanto não declarar a aceitação da coisa.

A: incorreta, pois a venda a contento "*entende-se realizada sob condição suspensiva*", ainda que a coisa tenha sido entregue ao comprador (CC, art. 509). A ideia é que o contrato de compra e venda só produzirá seus regulares efeitos quando e se o possível comprador manifestar seu agrado quanto ao bem que lhe foi entregue; **B:** incorreta, pois a falta de prazo não anula o contrato. Ao contrário, o Código estabelece que caso não haja prazo estipulado, o vendedor terá direito de intimar o comprador para que se manifeste (CC, art. 512); **C:** incorreta, pois o Código (art. 511) é expresso ao equiparar o comprador ao comodatário enquanto não manifeste sua aceitação; **D:** incorreta, pois a lei não impõe esta exigência ao comprador; **E:** correta, pois de pleno acordo com o disposto no art. 511 do Código Civil. Vale ressaltar que – por conta dessa equiparação – eventual perda da coisa sem culpa resolve a obrigação, não havendo nenhuma responsabilidade para o comprador (CC, art. 238). **GN**
Gabarito "E."

(Procurador Municipal/SP – VUNESP – 2016) Sobre o contrato de compra e venda, assinale a alternativa correta.

(A) É válido contrato de compra e venda quando se deixa ao arbítrio exclusivo de uma das partes a fixação do preço.

(B) Até o momento da tradição, os riscos da coisa correm por conta do comprador, e os do preço, por conta do vendedor.

(C) A tradição da coisa vendida, na falta de estipulação expressa, dar-se-á no lugar do domicílio do comprador ao tempo da venda.

(D) É considerada inexistente a venda de ascendente a descendente, salvo se os outros descendentes e o cônjuge do alienante expressamente houverem consentido.

(E) Salvo cláusula em contrário, ficarão as despesas de escritura e de registro a cargo do comprador, e, a cargo do vendedor, as da tradição.

A: incorreta, pois a lei considera tal avença como nula de pleno direito (CC, art. 489); **B:** incorreta, pois a assertiva inverte os riscos legalmente estabelecidos (CC, art. 492); **C:** incorreta, pois "*a tradição da coisa vendida, na falta de estipulação expressa, dar-se-á no lugar onde ela se encontrava, ao tempo da venda*" (CC, art. 493); **D:** incorreta, pois tal venda é apenas anulável (CC, art. 496); **E:** correta, pois de pleno acordo com a previsão do art. 490 do Código Civil. **GN**
Gabarito "E."

5. DIREITO CIVIL

(Procurador do Estado/BA – 2014 – CESPE) Julgue o seguinte item.

(1) De acordo com o entendimento do STJ, havendo cláusula de arrependimento em compromisso de compra e venda, a devolução do sinal, por quem o deu, ou a sua restituição em dobro, por quem o recebeu, exclui indenização maior a título de perdas e danos, salvo os juros moratórios e os encargos do processo.

1: Correta, nos termos do julgado exarado pelo STJ: "PROMESSA DE VENDA E ARGUIÇÃO DE COISA JULGADA. INEXISTE COISA JULGADA SE, NA DEMANDA PRECEDENTE, NÃO SE EXAMINOU O "MERITUM CAUSAE", RESTRITA QUE FICOU A DECISÃO ALI PROFERIDA A MATERIA DE NATUREZA PROCESSUAL. *TRATANDO-SE DE ARRAS PENITENCIAIS, A RESTITUIÇÃO EM DOBRO DO SINAL, DEVIDAMENTE CORRIGIDO, PELO PROMITENTE-VENDEDOR, EXCLUI INDENIZAÇÃO MAIOR A TITULO DE PERDAS E DANOS.* SUM. 412-STF E PRECEDENTES DO STJ.RECURSO ESPECIAL NÃO CONHECIDO" (REsp 34.793/SP, Rel. Ministro BARROS MONTEIRO, QUARTA TURMA, julgado em 09/12/1997, DJ 30/03/1998, p. 66). Ademais, referido posicionamento reflete literalmente o teor da súmula 412 do STF, conforme mencionado no acórdão.
Gabarito "1C".

4.8. Compromisso de compra e venda

(ADVOGADO – PETROBRÁS BIO. – 2010 – CESGRANRIO) Analisando-se as duplas de asserções a seguir, com relação à promessa de compra e venda, verifica-se que a segunda decorre da primeira, EXCETO:

(A) A promessa de compra e venda confere ao promitente comprador um direito real. Do direito real extrai-se o de sequela sobre o bem prometido comprar.

(B) A promessa de compra e venda é direito real à aquisição do imóvel. A ação de adjudicação compulsória é, portanto, de natureza real.

(C) O compromisso de compra e venda é direito real limitado. O direito real limitado é exercido sobre coisa que é alheia.

(D) O compromisso de compra e venda irretratável e com quitação de preço gera direito real. Não há natureza preliminar em tal contrato.

(E) A promessa de compra e venda com quitação de preço e irretratável representa obrigação de dar. Esta obrigação se executa pela entrega coativa da coisa.

A: correta (art. 1.225, VII, e 1.228, ambos do CC); **B:** incorreta, pois a ação de adjudicação compulsória não possui natureza real (art. 1.417 e 1.418, do CC); **C:** correta, pelos seus próprios fundamentos; **D:** correta (art. 1.417 do CC do CC); **E:** correta (art. 1.418, do CC).
Gabarito "B".

4.9. Doação

(Procurador – IPSMI/SP – VUNESP – 2016) Sobre a doação, assinale a alternativa correta.

(A) A doação em forma de subvenção periódica ao beneficiado permanece como obrigação dos herdeiros, morrendo o doador.

(B) A doação de um cônjuge a outro importa adiantamento do que lhes cabe por herança.

(C) Não é possível a doação feita a nascituro, ainda que aceita por seu representante legal.

(D) A doação é sempre pura, ou seja, não é possível a estipulação de cláusula que onere o donatário.

(E) A doação far-se-á sempre por escritura pública, por ser uma liberalidade que transfere um patrimônio.

A: incorreta, pois tal doação *"extingue-se morrendo o doador"'* (CC, art. 545); **B:** correta, pois de pleno acordo com a regra estabelecida no art. 544 do Código Civil; **C:** incorreta, pois o Código Civil (art. 542) permite a doação ao nascituro, exigindo apenas a aceitação pelo representante legal; **D:** incorreta, pois é possível estabelecer a doação com encargo (CC, art. 553); **E:** incorreta, pois a lei não exige tal forma especial em todas as doações. GN
Gabarito "B".

4.10. Mútuo, comodato e depósito

(Procurador do Estado/RO – 2011 – FCC) A prisão civil do inadimplente em se tratando de alienação fiduciária em garantia

(A) nunca foi admitida pelo Supremo Tribunal Federal, porquanto sempre se reconheceu a inconstitucionalidade superveniente do Decreto-Lei nº 911/69.

(B) é possível, haja vista que a Constituição Federal de forma expressa equipara o alienante fiduciário à figura do depositário infiel, conforme sedimentado pela Súmula Vinculante no 25.

(C) não é mais admissível em razão de entendimento sumulado de forma vinculante pelo Supremo Tribunal Federal.

(D) é admitida pelo Supremo Tribunal Federal, haja vista que o Decreto-Lei no 911/69 não pode ser oposto ao texto expresso da Constituição Federal que admite a responsabilidade corporal do depositário infiel.

(E) é possível, haja vista a recepção do disposto no Decreto-Lei no 911/69, o qual equipara o devedor à figura do depositário infiel, conforme entendimento sumulado pelo Supremo Tribunal Federal.

A alternativa "c" está correta, pois, em 23 de dezembro de 2009, o Supremo Tribunal Federal editou a Súmula Vinculante **25**: "é ilícita a prisão civil de depositário infiel, qualquer que seja a modalidade do depósito".
Gabarito "C".

(Procurador do Estado/TO – 2018 – FCC) Em razão de fortes chuvas que ocasionaram inundação, os habitantes de certa área ribeirinha tiveram de depositar seus móveis e utensílios nos armazéns e galpões particulares que se situavam em lugares não atingidos pela calamidade. Esse depósito qualifica-se como

(A) contrato inominado, por faltar disposição legal sobre ele, podendo ser gratuito ou oneroso.

(B) voluntário e se presume gratuito, exceto se houver convenção em contrário.

(C) necessário e se presume gratuito.

(D) legal e sujeita o depositário que se recusar a devolver os bens, cessados os efeitos da calamidade, à prisão e ao ressarcimento dos prejuízos.

(E) miserável, mas não se presume gratuito.

A: incorreta, pois se trata se contrato de depósito com disposição legal a partir do art. 627 CC. No caso em tela trata-se de depósito miserável (art. 647, II CC) e não se presume gratuito (art. 651 CC); **B:** incorreta, pois trata-se de depósito necessário, nos termos do art. 647, II e não se presume gratuito (art. 651 CC); **C:** incorreta, pois não se presume gratuito (art. 651 CC); **D:** incorreta, pois não se trata de depósito legal, mas sim miserável, consoante art. 647, II CC; **E:** correta (arts. 647, II CC e 651 CC). GR
Gabarito "E".

4.11. Locação

(Procurador do Estado/SP – 2018 – VUNESP) O Estado de São Paulo celebrou contrato de locação de bem imóvel de propriedade de Marcos, casado sob o regime da comunhão universal de bens com Luiza, pelo prazo de 5 anos e com o escopo de ali instalar uma unidade policial. O contrato contém cláusula de vigência e foi averbado junto à matrícula do imóvel. A minuta do contrato indica como locador apenas Marcos, com menção ao fato de ser casado com Luiza, que não subscreveu o instrumento e vem a falecer doze meses após sua celebração, deixando dois filhos maiores e capazes. Nesse caso,

(A) por serem adquirentes *causa mortis*, os herdeiros de Luiza poderão denunciar o contrato no prazo de 90 dias, contados da abertura da sucessão.

(B) tratando-se de negócio jurídico que recai sobre patrimônio do casal, o prosseguimento válido da locação dependerá da inserção, via aditamento contratual, dos herdeiros de Luiza como locadores.

(C) o contrato deve ser declarado nulo por falta de legitimação originária, pois tratando-se de ato de alienação do uso e gozo de bem de propriedade do casal, imprescindível era a prévia autorização de Luiza.

(D) o contrato é válido, mas dependerá da ratificação expressa dos herdeiros de Luiza para conservar sua eficácia.

(E) é desnecessário, sob o prisma da validade, o aditamento do contrato para inserção dos herdeiros de Luiza como locadores.

A questão envolve dois conceitos do contrato de locação de imóvel urbano. O primeiro refere-se à necessidade de vênia conjugal. O art. 3º da Lei 8.245/1991 estabelece que: "*O contrato de locação pode ser ajustado por qualquer prazo, dependendo de vênia conjugal, se igual ou superior a dez anos*". Ausente a vênia conjugal, "*o cônjuge não estará obrigado a observar o prazo excedente*". Assim, em sua origem, o contrato de locação é válido. Ademais, não há necessidade de aditamento do contrato para inserir os herdeiros de Luiz como locadores. O referido bem será inventariado normalmente e – após a atribuição da meação para cada cônjuge – os direitos hereditários serão transferidos e assegurados. O art. 10 da Lei 8.245/91 ainda salienta que: "*Morrendo o locador, a locação transmite-se aos herdeiros*". GN
Gabarito "E".

(Procurador – IPSMI/SP – VUNESP – 2016) Considerando um contrato de locação urbana, assinale a alternativa correta.

(A) Morrendo o locador, a locação é extinta, estipulando-se prazo de 90 dias para o locatário desocupar o imóvel.

(B) Em caso de dissolução da união estável, a locação residencial prosseguirá automaticamente com o companheiro que permanecer no imóvel.

(C) É livre a convenção do aluguel, podendo ser estipulado em moeda estrangeira quando o locador for pessoa jurídica sediada fora do país.

(D) O locatário poderá exercer o direito de preferência na aquisição do imóvel no caso de venda por decisão judicial.

(E) No contrato de locação, pode o locador exigir do locatário uma ou duas modalidades de garantia.

A: incorreta, pois morrendo o locador, a locação transmite-se aos herdeiros (Lei8.245/1991, art. 10); **B:** correta, pois de pleno acordo com o teor do art. 12 da Lei 8.245/1991; **C:** incorreta, pois o art. 17 da Lei 8.245/1991 proíbe a estipulação em moeda estrangeira; **D:** incorreta, pois "o direito de preferência não alcança os casos de perda da propriedade ou venda por decisão judicial" (Lei 8.245/1991, art. 32); **E:** incorreta, pois "*é vedada, sob pena de nulidade, mais de uma das modalidades de garantia num mesmo contrato de locação*" (Lei 8.24519/91, art. 37, parágrafo único). GN
Gabarito "B".

(Procurador Distrital – 2014 – CESPE) Acerca da locação de imóveis urbanos, julgue os próximos itens.

(1) Nos contratos de locação, não é válida a cláusula de renúncia à indenização das benfeitorias e ao direito de retenção, uma vez que tais garantias são fixadas no Código Civil e na Lei de Locações, respectivamente.

(2) Celebrado contrato de locação de imóvel, violará o princípio da boa-fé objetiva o locatário que, após exercer a posse direta do imóvel, alegar que o locador, por não ser o proprietário do imóvel, não tem legitimidade para o ajuizamento de eventual ação de despejo nas hipóteses em que a lei não exija essa condição do demandante.

(3) Em contrato de locação ajustado por prazo determinado antes da vigência da nova Lei de Locação, o fiador somente responderá pelos débitos locatícios contraídos no período da prorrogação por prazo indeterminado caso tenha previamente anuído no contrato, em fazê-lo.

1: Errada, pois a locação de imóveis urbanos é regida pela Lei 8.245/91, a qual permite a expressamente a renúncia à indenização pelas benfeitorias e ao direito de retenção (art. 35 da Lei 8.245/91); **2:** correta, pois a partir do momento que a boa-fé objetiva traduz o "agir como a sociedade espera", o locatário que, após obter a posse direta faz esse tipo de alegação estaria indo contra a conduta de lealdade e probidade para com o locador. Teria ele agido de modo ardiloso e oportunista, violando frontalmente referido princípio; **3:** correta, pois antes da Lei 12.112/09 era necessária prévia anuência expressa do fiador para que ele se responsabilizasse pela garantia locatícia em caso de prorrogação do contrato por prazo indeterminado. O silêncio representava recusa. Atualmente a regra é outra, nos termos do art. 39, *in verbis*: Salvo *disposição contratual em contrário, qualquer das garantias da locação se estende até a efetiva devolução do imóvel, ainda que prorrogada a locação por prazo indeterminado, por força desta Lei*. Portanto, hoje o silêncio representa aceitação.
Gabarito 1E, 2C, 3C

(Procurador do Estado/BA – 2014 – CESPE) No que se refere à locação de imóveis urbanos, julgue os itens que se seguem.

(1) O termo inicial do prazo de trinta dias para o cumprimento voluntário de sentença que determine a desocupação de imóvel alugado corresponde à data da intimação pessoal do locatário realizado por meio de mandado de despejo.

(2) Os juros de mora decorrentes do inadimplemento em contrato de locação fluem a partir do vencimento de cada parcela em atraso, inclusive para o fiador.

1: correta, nos termos do art. 63 da Lei 8.245/91. Referente a intimação pessoal do locatário para o início da contagem do prazo, segue julgado do STJ: "RECURSO ESPECIAL. AÇÃO RENOVATÓRIA. LOCAÇÃO. DIREITO INTERTEMPORAL.LEI PROCESSUAL POSTERIOR. APLICAÇÃO IMEDIATA. PRAZO PARA DESOCUPAÇÃO DO IMÓVEL. 30

5. DIREITO CIVIL 361

(TRINTA) DIAS CONTADOS DA INTIMAÇÃO PESSOAL DA LOCATÁRIA. (LEI 8.245/91, ART. 74, COM A REDAÇÃO DA LEI 12.112/2009).1.A lei que altera o prazo de desocupação do imóvel, isto é, de cumprimento de sentença de processo judicial não rege relações de direito material entre as partes, mas de direito processual.2. Assim, o prazo nela fixado é processual, para a desocupação, devido a sentença, ato processual, pena de expedição de mandado de despejo, peça processual. Impossível entrever relação de direito material, marcada por atos processuais por todos os lados e neles comprimida – exatamente por se tratar, também, 3. No caso, a nova regência legal processual relativa ao prazo de desocupação fulminou o prazo que constou, sob a lei anterior, da parte final da sentença, isto é, a nova lei substituiu, "ope legis", como é lícito à lei realizar, sem necessidade, mesmo, de que o Juízo o declarasse, o momento do início do prazo (trânsito em julgado) e a quantidade do prazo (seis meses), por novo momento (prolação da sentença) e novo prazo (trinta dias).*4. Necessária a intimação pessoal da locatária, por meio de mandado de despejo, com o prazo de 30 (trinta) dias (Lei 8.245/91, art. 74, com a redação da Lei 12.112/2009) para a desocupação do imóvel na execução provisória.5.* Recurso (REsp 1307530/SP, Rel. Ministro PAULO DE TARSO SANSEVERINO, Rel. p/ Acórdão Ministro SIDNEI BENETI, TERCEIRA TURMA, julgado em 11/12/2012, DJe 11/03/2013); **2:** correta, pois a mora originada de contrato de locação configura-se na modalidade *ex re*, isto é, ela estará constituída desde a data do inadimplemento, independentemente de notificação, consoante art. 397 do CC (*O inadimplemento da obrigação, positiva e líquida, no seu termo, constitui de pleno direito em mora o devedor*). Em se tratando de contrato de locação, os juros serão devidos desde a data do vencimento de cada parcela, tanto para o locatário como para o fiador. Neste espeque é o entendimento do STJ: "FIANÇA. RECURSO ESPECIAL. CONTRATO DE LOCAÇÃO QUE ESPECIFICA O VALOR DO ALUGUEL E A DATA DE VENCIMENTO DAS PRESTAÇÕES. MORA EX RE. *TERMO INICIAL DOS JUROS DE MORA, NO QUE TANGE AO FIADOR. MESMO DO LOCATÁRIO.* OBRIGAÇÃO DO GARANTE DE ARCAR COM O VALOR DA DÍVIDA PRINCIPAL. 1. A mora *ex re* independe de qualquer ato do credor, como interpelação ou citação, porquanto decorre do próprio inadimplemento de obrigação positiva, líquida e com termo implementado, cuja matriz normativa é o art. 960, primeira parte, do Código Civil de 1916, reproduzido no Código Civil atual no caput do art. 397. Dessarte, como consignado no acórdão recorrido, se o contrato de locação especifica o valor do aluguel e a data de pagamento, os juros de mora fluem a partir do vencimento das prestações, a teor do artigo 397 do Código Civil. 2. Nos termos da Súmula 214/STJ, o fiador na locação não responde por obrigações resultantes de aditamento ao qual não anuiu e, por razões de equidade, também não pode responder por despesas judiciais antes de sua citação, visto que não lhe foi concedida possibilidade de satisfazer a obrigação que afiançou. Contudo, *a fiança, por ser tão somente garantia pessoal, pela qual o fiador se obriga a satisfazer ao credor uma obrigação assumida pelo devedor (locatário), não constitui obrigação distinta da contraída pelo afiançado, compreendendo, salvo pactuação em contrário, os acessórios da obrigação principal.* 3. Ademais, o artigo 823 do Código Civil prevê expressamente que a fiança pode ser em valor inferior ao da obrigação principal e contraída em condições menos onerosas, limitando-se, todavia, ao valor da obrigação principal, de modo que, por expressa previsão legal, poderia o fiador ter feito pactuação prevendo a incidência dos juros de mora apenas a partir de sua citação. 4. Recurso especial não provido. (REsp 1264820/RS, Rel. Ministro LUIS FELIPE SALOMÃO, QUARTA TURMA, julgado em 13/11/2012, DJe 30/11/2012)
Gabarito 1C, 2C

(Procurador do Município/Boa Vista-RR – 2010 – CESPE) Com relação ao direito civil, julgue o item seguinte.

(1) Segundo a jurisprudência sumulada do Supremo Tribunal Federal (STF), a empresa locadora de veículo não responde, nem civil nem solidariamente com o locatário, pelos danos por este causados a terceiro, no uso do carro locado.

1: incorreta, pois a empresa locadora de veículos responde, sim, civil e solidariamente, com o locatário, pelos danos por este causados a terceiro, nos uso do carro locado (Súmula 492 do STF).
Gabarito "E".

4.12. Prestação de serviço

(Advogado da União/AGU – CESPE – 2012) No que se refere a contrato de prestação de serviço, julgue o item que se segue.

(1) O objeto do contrato de prestação de serviço pode ser tanto uma atividade material quanto intelectual, sendo necessário, para que o contrato seja válido, o estabelecimento de determinação específica da natureza da atividade.

1: incorreta, pois não é necessário no contrato de prestação de serviço o estabelecimento de determinação específica da natureza da atividade (art. 601, do CC).
Gabarito "1E".

4.13. Mandato

(Procurador – IPSMI/SP – VUNESP – 2016) Antonio outorgou mandato a João para a compra de uma casa. No entanto, Antonio foi interditado depois dessa outorga. Diante desse fato, assinale a alternativa correta.

(A) O mandato permanece válido, por ter sido outorgado quando Antonio era capaz.

(B) O curador de Antonio deverá revogar o mandato por instrumento público.

(C) O juiz da interdição deverá revogar o mandato.

(D) A interdição equivale à renúncia do mandato.

(E) Cessa o mandato com a interdição, como ocorreria com a morte do mandatário.

No que se refere ao contrato de mandato, o Código Civil traz uma regra bastante clara e direta. A morte ou interdição de qualquer uma das partes extingue o contrato automaticamente (CC, art. 682, II), sem necessidade de intervenção judicial ou qualquer comportamento de eventual curador. **GN**
Gabarito "E".

(Procurador do Estado/PR – UEL-COPS – 2011) Assinale a alternativa incorreta:

(A) o chamado "contrato consigo mesmo" é anulável, salvo se ele for permitido pela lei ou pelo representado;

(B) se a procuração for dada por instrumento público, os poderes podem ser substabelecidos por instrumento particular;

(C) a revogação do mandato pode ser desmotivada;

(D) a revogação do mandato "em causa própria" é ineficaz;

(E) o mandatário pode compensar os prejuízos a que deu causa com os proveitos que tenha alcançado para o mandante.

A: correta (art. 117, do CC); **B:** correta (art. 655, do CC); **C:** correta (art. 686, do CC); **D:** correta (art. 685, do CC); **E:** incorreta (art. 669, do CC).
Gabarito "E".

(Advogado da União/AGU – CESPE – 2012) No que se refere a contrato de mandato, julgue o item que se segue.

362 VÁRIOS AUTORES

(1) Conforme o STJ, o dever de prestar contas não se transmite aos herdeiros do mandatário, haja vista o caráter personalíssimo do contrato; no caso de morte do mandante, entretanto, ocorre a transmissão.

1: correta. Segundo o entendimento do STJ, o *"dever de prestar contas no contrato de mandato está previsto no artigo 668 do Código Civil. Porém, o contrato, por ser personalíssimo, extingue-se com a morte de alguma das partes. A Terceira Turma já se posicionou no sentido de que o espólio do mandatário não está obrigado a prestar contas ao mandante (REsp 1.055.819). Naquele caso, ficou estabelecido que é impossível 'obrigar terceiros a prestar contas relativas a atos de gestão dos quais não fizeram parte'. Porém, em situação inversa, afirmou Sanseverino, quando se questiona o direito de os herdeiros exigirem a prestação de contas do mandatário, não há óbice"* (REsp 1122589). Gabarito "1C".

4.14. Seguro

(Procurador do Município/Sorocaba-SP – 2012 – VUNESP) A pretensão do segurado contra o segurador e deste contra aquele, e a pretensão de cobrança de dívidas líquidas constantes de instrumento público ou particular prescrevem, respectivamente, em

(A) 1 (um) ano; 2 (dois) anos.

(B) 1 (um) ano; 5 (cinco) anos.

(C) 2 (dois) anos; 3 (três) anos.

(D) 2 (dois) anos; 5 (cinco) anos.

(E) 3 (três) anos; 2 (dois) anos.

A, C, D e E: incorretas, pois estão em desacordo com o Código Civil; **B:** correta (art. 206, § 1º, II e § 5º, I, do CC). Gabarito "B".

4.15. Fiança

(Procurador/DF – 2013 – CESPE) Mediante a formalização de um contrato escrito, Paulo, que é casado com Lúcia, se obrigou a pagar a Dimas o que este tem a receber de Lauro, caso Lauro não cumpra a obrigação. A propósito dessa situação hipotética, julgue os itens subsequentes.

(1) O fato de Lauro não ter conhecimento do contrato não representa empecilho à formação desse instrumento.

(2) Dada a natureza do contrato entabulado, haverá solidariedade entre Paulo e Lauro.

(3) Caso o contrato seja anulado em razão da ausência de outorga uxória de Lúcia, esposa de Paulo, a consequência será a ineficácia total da garantia dada.

1: Certa, pois a hipótese versa sobre contrato de fiança, que pode ser estipulada, ainda que sem consentimento do devedor ou contra a sua vontade (art. 820, CC); **2:** Errada, pois a fiança – por si só – não enseja solidariedade; **3:** Certa, pois de acordo com o art. 1.649 do CC. Gabarito 1C, 2E, 3C.

(ADVOGADO – PETROBRÁS DISTRIB. – 2010 – CESGRANRIO) Em contrato de fiança bancária, foi estipulada dupla garantia: nota promissória e caução com duplicatas. Esse fato, por si só, representa

(A) condição potestativa pura, sendo nula.

(B) enriquecimento sem causa do credor.

(C) *bis in idem* que o Direito repudia.

(D) a possibilidade de opção do credor por uma delas.

(E) abuso de direito por desequilibrar o contrato.

A alternativa "d" está correta, ficando excluídas as demais. Fiança bancária é o contrato por meio do qual o fiador (banco) garante o cumprimento da obrigação dos afiançados (clientes), por meio de diversas modalidades de operação. Assim, é possível estipular dupla garantia, representando a possibilidade de opção do credor por uma delas. Gabarito "D".

4.16. Outros contratos e temas combinados

(Procurador do Estado – PGE/RN – FCC – 2014) Felipe utiliza o estacionamento X próximo a seu local de trabalho, confiando as chaves de seu veículo a um manobrista logo à entrada e recebendo um comprovante de estadia. Certo dia, ao retirar o veículo, percebeu que apresentava avarias externas decorrentes de colisão. Foi-lhe esclarecido que outro cliente, João, burlando as normas do estacionamento, adentrou na área de manobras, e o veículo de Felipe foi abalroado, porque o manobrista não conseguiu frear a tempo de evitar a colisão com o veículo de João. Nesse caso, entre Felipe e o estacionamento X há:

(A) contrato atípico com elementos dos contratos de depósito e de prestação de serviço e o estacionamento X deverá indenizar Felipe pelos prejuízos que sofreu, tanto em razão do contrato, como em virtude das regras pertinentes à responsabilidade do patrão por atos de seus empregados.

(B) contrato típico e o estacionamento X é obrigado a ressarcir os prejuízos sofridos por Felipe, porque há responsabilidade objetiva do patrão pelos atos de seus empregados.

(C) contrato típico e o estacionamento X deverá indenizar Felipe pelos prejuízos que sofreu, tanto em razão do contrato, como em virtude das regras pertinentes à responsabilidade do patrão por atos de seus empregados.

(D) contrato inominado com elementos dos contratos de depósito e de prestação de serviços, mas o estacionamento X não poderá ser condenado a indenizar Felipe, se provar que escolheu bem o manobrista e o vigiava, sendo o evento considerado caso fortuito.

(E) relação jurídica extracontratual e este é obrigado a ressarcir os prejuízos sofridos por Felipe, uma vez que a culpa do patrão é presumida pelos atos culposos de seus empregados.

O referido contrato apresenta características tanto de contrato remunerado de depósito (CC, art. 627) no que tange à guarda do veículo, como de contrato de serviços (no que se refere ao ato de levar e trazer o veículo). Os danos ao veículo devem ser indenizados em virtude da existência desse contrato. Ademais, a empresa X responde pelos danos causados pelos seus funcionários *"no exercício do trabalho que lhes competir"* (CC, art. 932, III). GN Gabarito "A".

(Advogado União – AGU – CESPE – 2015) A respeito dos contratos, julgue os próximos itens à luz do Código Civil.

(1) No mandato outorgado por mandante capaz, são válidos os atos praticados por mandatário com dezesseis anos de idade, ainda que não emancipado, desde que não sejam excedidos os limites do mandato.

(2) Se vendedor e comprador estipularem o cumprimento das obrigações de forma simultânea em venda à vista, ficará afastada a utilização do direito de retenção por parte do vendedor caso o preço não seja pago.

5. DIREITO CIVIL — 363

1: correta, pois de acordo com o permissivo legal previsto no art. 666 do CC. Trata-se de uma regra específica de capacidade para um ato determinado; **2:** incorreta, pois o contrato de compra e venda é um típico contrato bilateral e – ainda que as obrigações sejam cumpridas simultaneamente – é possível a aplicação do art. 476 do CC, que determina: *"Nos contratos bilaterais, nenhum dos contratantes, antes de cumprida a sua obrigação, pode exigir o implemento da do outro"*. **GN**
Gabarito "1C, 2E."

(Procurador do Estado – PGE/PA – UEPA – 2015) Assinale a alternativa correta:

I. A resolução por onerosidade excessiva só pode ocorrer nos contratos de execução continuada ou diferida.
II. A sentença que decretar a resolução por onerosidade excessiva retroage à data da citação.
III. A responsabilidade pela evicção pode ser excluída pelas partes desde que por cláusula expressa.
IV. O direito de reclamar da coisa por vícios redibitórios se estende às doações onerosas.

A alternativa que contém todas as afirmativas corretas é:

(A) I, II, III e IV.
(B) I e II.
(C) II e III.
(D) III e IV.
(E) II e IV.

I: correta, pois referida onerosidade configura-se no transcorrer das prestações de um contrato, sendo incabível num contrato de prestação imediata (CC, art. 478); **II:** correta, pois os efeitos da sentença que decretar tal resolução *"retroagem à data da citação"*; **III:** correta, pois o Código Civil admite que as partes aumentem, diminuam ou até mesmo afastem as garantias legais oferecidas em caso de evicção (CC, art. 448); **IV:** correta, pois de acordo com o disposto no art. 441, parágrafo único do Código Civil. **GN**
Gabarito "A."

(Procurador do Estado – PGE/MT – FCC – 2016) Acerca do comodato, considere:

I. O comodato é contrato real, perfazendo-se com a tradição do objeto.
II. O comodatário constituído em mora, além de por ela responder, pagará, até restituí-la, o aluguel da coisa que for arbitrado pelo comodante.
III. O comodatário responde pelo dano decorrente de caso fortuito ou força maior se, correndo risco o objeto do comodato, juntamente com os seus, antepuser a salvação destes, abandonando o do comodante.
IV. Se o comodato não tiver prazo convencional, o comodante poderá, a qualquer momento, suspender o uso e gozo da coisa emprestada, independentemente de decisão judicial e da finalidade do negócio.

Está correta o que ser afirma em

(A) I, II e III, apenas.
(B) II e III, apenas.
(C) II e IV, apenas.
(D) I, III e IV, apenas.
(E) I, II, III e IV.

I: correta, pois o comodato é contrato real que só nasce quando o objeto é entregue ao comodatário, ou seja, quando ocorre a tradição do bem. Também são exemplos de contratos reais o mútuo e o depósito; **II:** correta, pois de pleno acordo com o art. 582 do CC. É evidente, todavia, que tal aluguel estará sempre sujeito ao crivo judicial, com

balizas pela boa-fé objetiva e equidade; **III:** correta, pois trata-se de uma rara hipótese na qual uma pessoa responde pela perda decorrente de fortuito ou força maior. É uma hipótese bastante teórica, mas prevista no art. 583 do CC; **IV:** incorreta, pois "se o comodato não tiver prazo convencional, presumir-se-lhe-á o necessário para o uso concedido" (CC, art. 581). **GN**
Gabarito "A."

(Procurador do Município – Valinhos/SP – 2019 – VUNESP) Uma empresa de transporte aéreo teve problemas em uma de suas aeronaves e, por esse motivo, deslocou seus passageiros utilizando-se da locação de um ônibus, com uma alteração substancial e unilateral do contrato de transporte. No trajeto terrestre, os passageiros foram roubados e ameaçados com armas de fogo.

A título de responsabilidade civil, o contrato de transporte previsto no Código Civil e o tipo de transporte escolhido pelos passageiros, é correto dizer que

(A) não há indenização, pela existência de cláusula excludente.
(B) não há indenização, pela excludente de caso fortuito externo.
(C) há responsabilidade apenas da empresa de transporte rodoviário.
(D) há responsabilidade apenas da empresa de transporte aéreo.
(E) há responsabilidade concorrente entre as duas transportadoras.

A: incorreta, pois neste caso é nula qualquer cláusula excludente de responsabilidade (art. 734, *caput* CC); **B:** incorreta, pois o caso fortuito externo não exclui a responsabilidade. Apenas o que exclui a responsabilidade é a força maior (art. 734, *caput* CC); **C:** incorreta, pois não há responsabilidade da empresa de transporte rodoviário, uma vez que não houve contrato fechado entre ela e os passageiros. O contrato foi estabelecido entre as pessoas e a empresa de transporte aéreo, logo, tudo o que se passar durante a viagem é de responsabilidade desta última. É importante ressaltar que neste caso não há contrato cumulativo de transporte (art. 733 CC), por isso a responsabilidade será apenas da empresa aérea (art. 734, *caput* CC); **D:** correta, pois o contrato de transporte foi travado diretamente com ela, logo, ela responde pela boa prestação do serviço e também por todos os percalços que ocorrerem durante a prestação, salvo motivo de força maior (art. 734, *caput* CC); **E:** incorreta, pois não se trata de contrato cumulativo de transporte, logo, apenas a empresa aérea responde (art. 734, *caput* CC). **GR**
Gabarito "D."

(Procurador do Estado/TO – 2018 – FCC) Em transporte gratuito de pessoa, a responsabilidade civil do transportador é regulada pela seguinte regra, extraída da lei e da jurisprudência:

(A) No transporte desinteressado, de simples cortesia, o transportador só será civilmente responsável por danos causados ao transportado quando incorrer em dolo ou culpa grave.
(B) O transportador não responde em nenhuma hipótese pelos danos causados à pessoa transportada, mas responde pelos danos causados à sua bagagem, salvo motivo de força maior ou fortuito interno.
(C) Subordina-se às normas do contrato de transporte aquele realizado gratuitamente por amizade ou cortesia.
(D) Não se considera gratuito o transporte apenas se o transportador receber remuneração em dinheiro,

não desnaturando a gratuidade o recebimento de vantagem indireta, como o pagamento de pedágio e alimentação do transportador.

(E) É vedado o transporte de menores desacompanhados dos pais ou responsáveis, sujeitando essa infração à responsabilidade objetiva do transportador.

A: correta (Súmula 145 STJ); **B:** incorreta, pois o transportador responde se causar dano à pessoa caso tenha incorrido em dolo ou culpa (Súmula 145 STJ). Quanto a bagagem, se fosse um transporte remunerado deveria responder pelo dano, (art. 734, *caput* CC), mas como se trata de transporte de cortesia essa regra não se aplica (art. 736, *caput* CC); **C:** incorreta, pois os transportes feitos por amizade ou cortesia não se subordinam às normas do contrato de transporte (art. 736, *caput* CC); **D:** incorreta, pois não se considera gratuito o transporte quando, embora feito sem remuneração, o transportador auferir vantagens indiretas (art. 736, parágrafo único CC); **E:** incorreta. A regra do Estatuto da Criança e do Adolescente (Lei 8.0069/90) art. 83 prevê que nenhuma criança ou adolescente menor de 16 (dezesseis) anos poderá viajar para fora da comarca onde reside desacompanhado dos pais ou dos responsáveis sem expressa autorização judicial. Logo, não pode viajar sozinha sem autorização judicial. Porém, essa autorização é dispensada quando tratar-se de comarca contígua à da residência da criança ou do adolescente menor de 16 (dezesseis) anos, se na mesma unidade da Federação, ou incluída na mesma região metropolitana (art. 83, § 1º, "a" do ECA). A Resolução 295/2019 do CNJ, art. 2º, III ainda autoriza a criança ou o adolescente menor de 16 anos viajar desacompanhado expressamente autorizado por qualquer de seus genitores ou responsável legal, por meio de escritura pública ou de documento particular com firma reconhecida por semelhança ou autenticidade. Neste caso, portanto é permitido o transporte de menor desacompanhado. A não observância das regras acima poderá ensejar a prática da infração administrativa prevista no art. 251 do ECA. GR

Gabarito "A".

(Procurador do Estado/TO – 2018 – FCC) Nos contratos de empreitada de edifício, o empreiteiro de materiais e execução responderá, durante o prazo

(A) irredutível de 3 anos pela solidez e segurança do trabalho, assim em razão dos materiais, como do solo, mas o dono da obra decairá desse direito que lhe é assegurado, se não propuser a ação contra o empreiteiro, nos 180 dias seguintes ao aparecimento do vício ou do defeito.

(B) irredutível de 5 anos pela solidez e segurança do trabalho, assim em razão dos materiais, como do solo, mas o dono da obra decairá desse direito que lhe é assegurado, se não propuser a ação contra o empreiteiro, nos 180 dias seguintes ao aparecimento do vício ou do defeito.

(C) de 5 anos, prorrogável ou redutível por acordo entre as partes, pela solidez e segurança do trabalho, assim em razão dos materiais, como do solo, mas o dono da obra decairá desse direito que lhe é assegurado, se não propuser a ação contra o empreiteiro, nos 180 dias seguintes ao aparecimento do vício ou do defeito.

(D) prescricional de 10 anos pela solidez e segurança do trabalho, assim em razão dos materiais, como do solo, mas o dono da obra decairá desse direito que lhe é assegurado, se não propuser a ação contra o empreiteiro, nos 180 dias seguintes ao aparecimento do vício ou do defeito.

(E) de garantia de 5 anos, pela solidez e segurança do trabalho, assim em razão dos materiais, como do solo, desde que comprovada sua culpa.

A: incorreta, pois o prazo é de 5 anos e não de 3 anos (art. 618, *caput* CC); **B:** correta (art. 618 CC); **C:** incorreta, pois o prazo de 5 anos é irredutível e improrrogável pela vontade das partes; **D:** incorreta, pois trata-se de prazo de garantia de 5 anos e não prescricional de 10 anos. Isso quer dizer que, recebida a obra, durante cinco anos o construtor responde por vícios de solidez ou segurança. O adquirente não precisa ingressar com a ação em 5 anos. Basta provar que o vício ocorreu dentro do prazo de garantia (5 anos) que poderá ingressar com a ação em face do construtor e demais participantes do empreendimento (art. 618, *caput* CC); **E:** incorreta, pois não é necessário comprovar culpa do empreiteiro, afinal trata-se de prazo de garantia, logo, ele responde independentemente de culpa (art. 618, *caput* CC). GR

Gabarito "B".

4.17. Enriquecimento sem causa

(Procurador do Município/Sorocaba-SP – 2012 – VUNESP) Sobre enriquecimento sem causa, é correto afirmar que o Código Civil de 2.002 prevê, expressamente, que

(A) aquele que, sem justa causa, se enriquecer à custa de outrem, será obrigado a restituir o indevidamente auferido, feita a atualização dos valores monetários e calculados os juros legais.

(B) a restituição é devida só quando não tenha havido causa que justifique o enriquecimento.

(C) não caberá a restituição por enriquecimento, se a lei conferir ao lesado outros meios para se ressarcir do prejuízo sofrido.

(D) se o enriquecimento tiver por objeto coisa determinada, quem a recebeu é obrigado a restituí-la, e, se a coisa não mais subsistir, a restituição se fará pelo valor do bem na época em que foi cedido.

(E) não se pode repetir o que se pagou para solver dívida prescrita, ou cumprir obrigação judicialmente inexigível.

A: incorreta, pois não são calculados os juros legais, sendo o valor atualizado somente com a correção monetária (art. 884, do CC); **B:** incorreta, já que a restituição é devida, não só quando não tenha havido causa que justifique o enriquecimento, mas também se esta deixou de existir (art. 885, do CC); **C:** correta (art. 886, do CC); **D:** incorreta, pois a restituição se fará pelo valor do bem na época em que foi exigido (art. 884, parágrafo único, do CC); **E:** incorreta, pois a alternativa trata do pagamento indevido e não do enriquecimento sem causa (art. 882, do CC).

Gabarito "C".

5. RESPONSABILIDADE CIVIL

5.1. Obrigação de indenizar

(Procurador do Estado/SP – 2018 – VUNESP) Assinale a alternativa correta.

(A) Decisão criminal absolutória por insuficiência de provas impede rediscussão, em âmbito civil, de pretensão de reparação de danos.

(B) O incapaz responderá pelos danos que causar, se as pessoas por ele responsáveis não tiverem a obrigação de fazê-lo ou não dispuserem de meios suficientes.

5. DIREITO CIVIL — 365

(C) O magistrado, em caso de excessiva desproporção entre a gravidade da culpa e o dano, poderá reduzir o valor da indenização em até 2/3 do valor originalmente fixado.

(D) Pai que ressarce o dano causado por filho relativamente capaz pode buscar reembolso no prazo de 3 anos, contados da cessação da menoridade.

(E) Em caso de concurso de agentes causadores de dano, cada qual responde na medida da sua culpabilidade.

A: incorreta, pois a discussão no âmbito civil apenas é obstada quando a decisão criminal versar sobre existência do fato ou autoria (CC, art. 935). Assim, a decisão absolutória por falta de provas não impede a rediscussão no âmbito civil; **B:** correta, pois o enunciado repete a previsão do art. 928 do Código Civil, que estabelece a responsabilidade civil direta do incapaz; **C:** incorreta, pois – apesar de o Código Civil permitir a redução da indenização nesse caso – não existe a limitação de 2/3 na referida diminuição do valor indenizatório; **D:** incorreta, pois – na hipótese de responsabilização dos pais por atos ilícitos praticados pelos filhos incapazes – não haverá direito de regresso (CC, art. 934); **E:** incorreta, pois "*se a ofensa tiver mais de um autor, todos responderão solidariamente pela reparação*" (CC, art. 942).**GN**

Gabarito "B".

(Procurador do Município/Manaus – 2018 – CESPE) Lucas – vítima de importante perda de discernimento em razão de grave doença degenerativa em estágio avançado –, devidamente representado por sua filha e curadora Maria, ajuizou ação indenizatória por danos materiais e morais contra determinada instituição financeira, sustentando que foram realizados saques indevidos em sua conta-corrente com a utilização de um cartão magnético clonado por terceiros. Durante a instrução processual, foi comprovado que os fatos alegados na petição inicial eram verdadeiros.

Nessa situação hipotética, conforme a jurisprudência do STJ,

(1) Lucas não faz jus ao recebimento de indenização por dano moral, tendo em vista não estar conscientemente sujeito a dor ou sofrimento psíquico devido à significativa perda de discernimento.

(2) Como o ilícito foi praticado por terceiro, que clonou o cartão magnético e efetuou os saques, ficou configurado evento que rompeu o nexo causal, afastando a responsabilidade da instituição financeira.

1: Errada, pois o dano moral não se liga a dor ou sofrimento psíquico. Tanto o é que a jurisprudência reconhece o dano *in re ipsa*. A base e fundamento do dano moral está na violação de algum dos caracteres dos direitos da personalidade, o que, apesar da doença, Lucas ainda preserva. O STJ entende que o dano moral se caracteriza pela simples ofensa a determinados direitos ou interesses. O evento danoso não se revela na dor, no padecimento, que são, na verdade, consequências do dano, seu resultado e não a sua causa STJ. 4ª Turma. REsp 1.245.550-MG, Rel. Min. Luis Felipe Salomão, julgado em 17/3/2015 (Informativo 559); **2:** errada, pois a Súmula 479 do STJ aduz que: "As instituições financeiras respondem objetivamente pelos danos gerados por fortuito interno relativo a fraudes e delitos praticados por terceiros no âmbito de operações bancárias". O STJ diz que responsabilidade de instituições financeiras é gerir contas com segurança. Depreende-se, portanto, o dever que os bancos assumem, independentemente de prova da culpa, de repor os danos que consumidores amargam pela insegurança das atividades bancárias. A hipótese de cartão clonado é um caso típico em que o banco deve indenizar os prejuízos sofridos pelo correntista. O cliente não

utilizou o cartão para compras ou pagamentos, tendo sido vítima de um criminoso que, com sua habilidade, fraudou o sistema de segurança bancário e deu golpes. **GR**

Gabarito 1E, 2E

(Procurador do Estado/SE – 2017 – CESPE) Uma construtora realizou parcelamento de solo urbano, mediante loteamento, sem observância das disposições legais. Nesse caso, de acordo com o entendimento do STJ,

(A) o município tem responsabilidade solidária pela regularização do loteamento, devendo pagá-la ainda que o loteador possa fazê-lo.

(B) a responsabilidade do município em regularizar o loteamento, embora discricionária, é de execução imediata.

(C) a regularização do loteamento deverá ser decidida em ação civil pública.

(D) o poder da administração pública de regularizar o loteamento é discricionário.

(E) o município terá o poder-dever para regularizar o loteamento.

Existe posicionamento no STJ que o Município tem o poder-dever para regularizar o loteamento. Ademais, trata-se de atividade vinculada, e não discricionária. Vide notícia do site abaixo:
Municípios são responsáveis pela regularização de lotes em espaços urbanos
Na avaliação dos ministros do Superior Tribunal de Justiça (STJ), os municípios são os legítimos responsáveis pela regularização de loteamentos urbanos irregulares, em virtude de serem os entes encarregados de disciplinar o uso, ocupação e parcelamento do solo. O entendimento está disponível na ferramenta Pesquisa Pronta, que reuniu dezenas de decisões colegiadas sobre o assunto, catalogado como "Responsabilidade do município pela regularização de loteamento urbano irregular". Uma das decisões sintetiza a posição do STJ sobre o assunto: "É pacífico o entendimento desta Corte Superior de que o Município tem o poder-dever de agir para fiscalizar e regularizar loteamento irregular, pois é o responsável pelo parcelamento, uso e ocupação do solo urbano, atividade essa que é vinculada, e não discricionária". Disponível em: [http://www.stj.jus.br/sites/STJ/default/pt_BR/Comunica%C3%A7%C3%A3o/noticias/Not%C3%ADcias/Munic%C3%ADpios-s%C3%A3o-respons%C3%A1veis-pela--regulariza%C3%A7%C3%A3o-de-lotes-em-espa%C3%A7os-urbanos]. Acesso em: 29.01.2019. **GR**

Gabarito "E".

(Procurador – SP – VUNESP – 2015) Suprime-se o seguinte elemento, em casos de responsabilidade civil objetiva:

(A) ação ou omissão voluntária.

(B) nexo de causalidade.

(C) dano.

(D) culpa.

(E) ato ilícito.

A configuração da responsabilidade civil objetiva dispensa o requisito da culpa, que é justamente o elemento subjetivo normalmente exigido. A culpa, vale lembrar, é aqui tratada no sentido amplo, englobando tanto o dolo, quanto a culpa em sentido estrito, verificada por um comportamento negligente ou imprudente. Além dos casos especificados em lei, haverá responsabilidade objetiva quando a atividade normalmente desempenhada pelo autor do dano for de risco (CC, art. 927, parágrafo único). **GN**

Gabarito "D".

(Procurador do Estado – PGE/RN – FCC – 2014) João é vizinho de uma indústria poluente, tendo ajuizado ação de natureza cominatória, para fazer cessar a emissão de gases, julgada improcedente, porque a indústria se localiza em local permitido e não haveria como diminuir os incômodos. A sentença transitou em julgado, mas passados alguns anos, surgiram equipamentos capazes de eliminar drasticamente a poluição. Nesse caso, João:

(A) não poderá exigir a redução das emissões poluentes, mas se alienar seu imóvel, o novo proprietário poderá formular essa pretensão, inclusive judicialmente.

(B) não poderá exigir a redução das emissões poluentes, porque prevalece a coisa julgada a favor da proprietária da indústria.

(C) poderá, inclusive judicialmente, exigir a redução ou eliminação das emissões poluentes.

(D) só poderá exigir a redução das emissões poluentes se ressarcir a proprietária da indústria dos gastos com aquisição dos equipamentos.

(E) poderá exigir a redução das emissões poluentes, mediante representação a autoridades ambientais, mas não poderá exigi-la judicialmente.

A questão parece resolver-se pela técnica do Processo Civil. O surgimento de equipamentos capazes de eliminar a poluição cria um fato novo, o que altera a causa de pedir de João. Isso evita que a indústria possa alegar coisa julgada no futuro, permitindo uma sentença cominatória no sentido de a empresa cessar a emissão de gases. **GN**
Gabarito "C".

(Procurador do Estado – PGE/BA – CESPE – 2014) Acerca da responsabilidade civil, julgue os itens subsequentes, à luz da jurisprudência dominante do STJ.

(1) Na hipótese de indenização por danos morais ou materiais decorrentes do falecimento de ente querido, o termo inicial da contagem do prazo prescricional é a data do óbito, independentemente da data da ação ou da omissão.

(2) O espólio tem legitimidade para postular indenização pelos danos materiais e morais supostamente experimentados pelos herdeiros.

(3) Os juros de mora decorrentes do inadimplemento em contrato de locação fluem a partir do vencimento de cada parcela em atraso, inclusive para o fiador.

1: correta, pois o STJ já se posicionou de forma consolidada no sentido de que na *"hipótese em que se discute dano moral decorrente do falecimento de ente querido, é a data do óbito o prazo inicial da contagem da prescrição"* (REsp 1318825/SE, Rel. Min. Nancy Andrighi, Terceira Turma, j. 13.11.2012, *DJe* 21.11.2012); **2:** incorreta, pois nesse caso os herdeiros são os próprios *"legitimados ativos para promover a ação de indenização"* (REsp 1297611/SP, Rel. Min. Luis Felipe Salomão, Quarta Turma, j. 06.06.2017, *DJe* 01.08.2017); **3:** correta. O STJ já se posicionou no sentido de que *"embora juros contratuais em regra corram a partir da data da citação, no caso, contudo, de obrigação contratada como positiva e líquida, com vencimento certo, os juros moratórios correm a partir da data do vencimento da dívida"* (EREsp 1250382/RS, Rel. Min. Sidnei Beneti, Corte Especial, j. 02.04.2014, *DJe* 08.04.2014). **GN**
Gabarito "1C, 2E, 3C".

(Procurador do Estado – PGE/PA – UEPA – 2015) Sobre a responsabilidade civil, é correto afirmar que:

(A) na responsabilidade civil decorrente do abuso de direito o ofensor não pratica ato ilícito, mas apenas se excede no exercício de um direito respaldado em lei.

(B) de acordo com a jurisprudência predominante do STF, a responsabilidade civil das pessoas jurídicas de direito privado, prestadoras de serviços públicos, é objetiva apenas relativamente a terceiros usuários do serviço; não abrangendo os não-usuários, que devem provar a culpa das concessionárias e/ou permissionárias.

(C) de acordo com a jurisprudência predominante do STF, a indenização acidentária exclui a de direito comum devida pelo causador do dano resultante de acidente do trabalho, de modo a evitar o bis in idem.

(D) de acordo com a jurisprudência predominante do STJ, a anotação irregular em cadastro de proteção ao crédito dá ensejo a indenização por dano moral, mesmo quando preexistente legítima inscrição.

(E) não é possível ao STJ rever o valor da indenização por danos morais pelas instâncias ordinárias, por aplicação da Súmula nº 7 daquele Tribunal Superior, ressalvadas as hipóteses em que esse valor se mostrar ínfimo ou exagerado.

A: incorreta, pois tal excesso no exercício de direito configura um ato ilícito (CC, art. 187); **B:** incorreta, pois contrária aos termos da orientação do Supremo Tribunal Federal (RE 591874 RG, Rel. Min. Ricardo Lewandowski, j. 23.10.2008, *DJe* 20.11.2008, publ. 21.11.2008; **C:** incorreta, pois contrária aos termos da Súmula 229 do STF, segundo a qual: *"a indenização acidentária não exclui a do direito comum, em caso de dolo ou culpa grave do empregador"*; **D:** incorreta, pois contrária aos termos da Súmula 385 do STJ, segundo a qual: *"Da anotação irregular em cadastro de proteção ao crédito, não cabe indenização por dano moral, quando preexistente legítima inscrição, ressalvado o direito ao cancelamento"*; **E:** correta, pois a revisão de valores por danos morais pelo STJ é permitida quando tal fixação "tenha sido irrisória ou exorbitante" (AgRg no AREsp 404874 PR 2013/0334390-3. **GN**
Gabarito "E".

(Procurador do Estado – PGE/RS – Fundatec – 2015) Em relação à obrigação de indenizar, analise as seguintes assertivas:

I. O incapaz pode responder, equitativamente, por prejuízos por ele causados.

II. O pai pode ressarcir-se perante o filho, relativamente incapaz, pela indenização paga a terceiro por ato cometido pelo seu descendente.

III. A obrigação de prestar reparação transmite-se com a herança.

IV. A responsabilidade civil independe da criminal, podendo se questionar quanto à existência do fato mesmo quando esta questão se achar decidida no juízo criminal.

Quais estão corretas?

(A) Apenas I e III.

(B) Apenas II e III.

(C) Apenas I, II e III.

(D) Apenas I, II e IV.

(E) Apenas I, III e IV.

I: correta, pois de pleno acordo com a previsão do art. 928 do Código Civil; **II:** incorreta, pois não há direito de regresso nessa hipótese (CC, art. 934); **III:** correta, pois de acordo com a previsão do art. 943 do CC; **IV:** incorreta, pois não se pode questionar a existência do fato quando tal questão se achar decidida no juízo criminal (CC, art. 935). **GN**
Gabarito "A".

5. DIREITO CIVIL 367

(Procurador Municipal – Prefeitura/BH – CESPE – 2017)À luz da legislação aplicável e do entendimento doutrinário prevalecente a respeito da responsabilidade civil, assinale a opção correta.

(A) O abuso do direito, ato ilícito, exige a comprovação do dolo ou da culpa para fins de responsabilização civil.

(B) No contrato de transporte de pessoas, a obrigação assumida pelo transportador é de resultado, e a responsabilidade é objetiva.

(C) O dever de indenizar pressupõe, necessariamente, a prática de ato ilícito.

(D) No que se refere ao nexo causal, elemento da responsabilidade civil, o Código Civil adota a teoria da equivalência das condições.

A: incorreta, pois já se pacificou o entendimento segundo o qual: "*A responsabilidade civil decorrente do abuso do direito independe de culpa e fundamenta-se somente no critério objetivo-finalístico*" (Enunciado 37 do Conselho da Justiça Federal); **B:** correta, pois o STJ já pacificou o entendimento segundo o qual: "*o contrato de transporte acarreta para o transportador a assunção de obrigação de resultado, impondo ao concessionário ou permissionário do serviço público o ônus de levar o passageiro incólume ao seu destino*" (EREsp 1318095/MG, Rel. Min. Raul Araújo, Segunda Seção, j. 22.02.2017, *DJe* 14.03.2017); **C:** incorreta, pois é possível que o dever de indenizar decorra de atos lícitos, como os previstos no art. 188 combinado com 929 do CC (legítima defesa que causa dano a terceiro e estado de necessidade que causa dano a quem não gerou o risco da situação); **D:** incorreta, pois o Código Civil adotou a teoria da causalidade adequada, considerando como causa apenas fatos relevantes para causar o dano. GN
Gabarito "B".

(Procurador do Estado – PGE/MT – FCC – 2016) Marcelo exerce, com habitualidade, atividade que, por sua natureza, implica risco para os direitos de outrem. Se desta atividade advier dano, Marcelo responderá de maneira:

(A) subjetiva, não sendo necessária a comprovação do elemento culpa, mas se exigindo, em regra, a existência de nexo de causalidade.

(B) subjetiva, a qual exige, em regra, a comprovação de nexo de causalidade e culpa.

(C) objetiva, não sendo necessária, em regra, a comprovação dos elementos culpa ou nexo de causalidade.

(D) objetiva, não sendo necessária a comprovação do elemento culpa, mas se exigindo, em regra, a existência de nexo de causalidade.

(E) objetiva, a qual exige, em regra, a comprovação de nexo de causalidade e culpa.

Além dos casos especificados em lei, a responsabilidade será objetiva quando a atividade normalmente desenvolvida pelo autor do dano "*implicar, por sua natureza, risco para os direitos de outrem*" (CC, art. 927, parágrafo único). Trata-se de hipótese de responsabilidade objetiva em cláusula aberta. Nos casos de responsabilidade objetiva, como é cediço, não é preciso provar a culpa, mas mantém-se a necessidade de provar conduta, nexo causal e dano. GN
Gabarito "D".

(Procurador do Estado – PGE/PR – PUC – 2015) Com relação à responsabilidade civil no direito civil brasileiro contemporâneo, é **CORRETO** afirmar que:

(A) O abuso do direto pressupõe logicamente a existência do direito, embora o titular se exceda no exercício dos poderes que o integram. Assim, quem alega a ausência de direito não pode validamente alegar a existência de abuso de direito. E quem pretende indenização pelos danos decorrentes do exercício abusivo de direito deve comprovar a culpa neste exercício abusivo de um direito existente.

(B) Como a responsabilidade civil da Administração Pública é objetiva, não se lhe aplicam as excludentes de responsabilidade por ausência de nexo de causalidade entre a conduta e o dano ou por inexistência de dano.

(C) Em regra, o fundamento da responsabilidade civil extracontratual no direito brasileiro é uma atuação culposa. Excepcionalmente, poderá haver imputação pelo risco.

(D) Na responsabilidade civil contratual, a violação de deveres laterais impostos pelo princípio da boa-fé, tais como os deveres mútuos de proteção, lealdade, informação e assistência, não gera o dever de indenizar perdas e danos, mas tão somente a anulação do contrato.

(E) Nos casos de deferimento judicial de indenização por danos morais decorrentes de ato ilícito, os juros de mora contam-se a partir da citação.

A: incorreta, pois já se pacificou o entendimento segundo o qual: "*A responsabilidade civil decorrente do abuso do direito independe de culpa e fundamenta-se somente no critério objetivo-finalístico*" (Enunciado do Conselho da Justiça Federal); **B:** incorreta, pois mesmo na responsabilidade objetiva é preciso que se prove a conduta, o nexo de causalidade e o dano. A responsabilidade objetiva afasta apenas a necessidade de se provar a culpa do agente; **C:** correta. A ideia do Código foi manter a responsabilidade subjetiva como regra, deixando a responsabilidade objetiva para casos específicos. Nas palavras do próprio Miguel Reale (no artigo intitulado "Emendas absurdas ao Código Civil"):"*Responsabilidade subjetiva, ou responsabilidade objetiva? indagava eu. Não há que fazer essa alternativa. Na realidade, as duas formas de responsabilidade se conjugam e se dinamizam. Deve ser reconhecida, penso eu, a responsabilidade subjetiva como norma, pois o indivíduo deve ser responsabilizado, em princípio, por sua ação ou omissão, culposa ou dolosa. Mas isto não exclui que, atendendo à estrutura dos negócios, se leve em conta a responsabilidade objetiva*"; **D:** incorreta, pois "*Em virtude do princípio da boa-fé, positivado no art. 422 do novo Código Civil, a violação dos deveres anexos constitui espécie de inadimplemento, independentemente de culpa*" (Enunciado 24 do Conselho da Justiça Federal); **E:** incorreta, pois nesse caso os juros de mora contam-se a partir da prática do ato ilícito. GN
Gabarito "C".

(Procurador/DF – 2013 – CESPE) Julgue os itens seguintes com base nas regras atinentes à responsabilidade civil.

(1) Haverá responsabilização do preponente ainda que a relação com o preposto tenha caráter gratuito.

(2) De acordo com o STJ, caso o incorporador não seja o executor direto da construção do empreendimento imobiliário, contratando construtor para tanto, será subsidiariamente responsável pela solidez e segurança da edificação, que teria como responsável principal o construtor.

1: Certa, pois o Código não exige atividade remunerada do preposto a fim de se permitir a responsabilização do preponente (art. 932, III, do CC); **2:** Errada, pois nesse caso o incorporador responde solidariamente pela reparação civil. Nesse sentido foi a decisão do STJ, no REsp n.º 884.367/DF (Rel. Ministro Raul Araújo, 4ª Turma, julgado em 06/03/2012, *DJe* 15/03/2012): "*Recurso Especial. Incorporação Imobiliária. Construção de edifício. Vícios e defeitos surgidos após a entrega das unidades autônomas aos adquirentes. Responsabilidade solidária do incorporador e do construtor. (...) O incorporador, como impulsionador do empreendimento imobiliário em condomínio, atrai para si a responsabilidade pelos danos que possam resultar da inexecução ou da má execução do contrato de incorporação, incluindo-se aí os danos advindos de construção defeituosa*".

Gabarito 1C, 2E

(Procurador Federal – 2013 – CESPE) Julgue o seguinte item.

(1) De acordo com o STJ, as empresas concessionárias de energia elétrica respondem objetivamente pelos danos causados a terceiros, em suas instalações, em virtude do risco excepcional que envolve o fornecimento de energia elétrica.

1: Correta, pois trata-se de caso de responsabilidade objetiva amparada pelo CDC (art. 22, *caput* c.c art. 14). O STJ reforça esse entendimento: "RECURSO ESPECIAL. RESPONSABILIDADE CIVIL. CONCESSIONÁRIA DE SERVIÇO PÚBLICO. *TRANSMISSÃO DE ENERGIA ELÉTRICA. ATIVIDADE DE ALTA PERICULOSIDADE. TEORIA DO RISCO. RESPONSABILIDADE OBJETIVA.* CONSERVAÇÃO INADEQUADA DA REDE DE TRANSMISSÃO. INVERSÃO DO ÔNUS DA PROVA. CULPA DA EMPRESA RECONHECIDA PELA INSTÂNCIA DE ORIGEM. RECURSO ESPECIAL NÃO CONHECIDO. 1. *A empresa que desempenha atividade de risco e, sobretudo, colhe lucros desta, deve responder pelos danos que eventualmente ocasione a terceiros, independentemente da comprovação de dolo ou culpa em sua conduta.* 2. Os riscos decorrentes da geração e transmissão de energia elétrica, atividades realizadas em proveito da sociedade, devem, igualmente, ser repartidos por todos, ensejando, por conseguinte, a responsabilização da coletividade, na figura do Estado e de suas concessionárias, pelos danos ocasionados. 3. Não obstante amparar-se na Teoria do Risco, invocando a responsabilidade objetiva da concessionária, a instâncias ordinárias também reconheceram existência de culpa em sua conduta: a queda de fios de alta tensão era constante na região, mesmo assim a empresa não empreendeu as necessárias medidas de conservação da rede, expondo a população a risco desnecessário. 4. Não se conhece do recurso no tocante à redução da pensão mensal, porquanto os danos materiais foram fixados na sentença, sem que a parte ora recorrente impugnasse tal ponto em seu recurso de apelação, conformando-se com o *decisum*. 5. O valor fixado nas instâncias locais para a indenização por danos morais não se apresenta exorbitante ou ínfimo, de modo a afrontar os princípios da razoabilidade e da proporcionalidade, incidindo na espécie o enunciado 7 da Súmula do STJ 6. Ressalva do entendimento do e. Ministro Aldir Passarinho Júnior, que não conheceu do recurso especial, adotando exclusivamente o fundamento relativo à culpa da concessionária demonstrada nas instâncias ordinárias, o que enseja sua responsabilidade subjetiva por omissão. 7. Recurso especial não conhecido" (REsp 896.568/CE, Rel. Ministro FERNANDO GONÇALVES, Rel. p/ Acórdão Ministro LUIS FELIPE SALOMÃO, QUARTA TURMA, julgado em 19/05/2009, DJe 30/06/2009)

Gabarito "1C"

(Procurador do Estado/AC – FMP – 2012) Assinale a alternativa INCORRETA.

(A) Há previsão expressa de responsabilidade extracontratual solidária no Código Civil brasileiro.

(B) Na responsabilidade extracontratual, como na contratual, se exige constituição em mora.

(C) A responsabilidade solidária não se presume, resultando da lei ou da vontade das partes.

(D) Haverá responsabilidade civil objetiva, no sistema do Código Civil, quando houver expressa determinação legal ou quando a atividade habitual do agente, por sua natureza, implicar risco para o direito de outrem, o que não exclui outros subsistemas de responsabilidade civil objetiva.

A: correta, pois o Código Civil regulamenta a responsabilidade civil extracontratual ou aquiliana, baseada no ato ilícito (art. 186, do CC) ou no abuso de direito (art. 187, do CC), bem como a responsabilidade solidária (art. 942, do CC); **B:** incorreta, pois na responsabilidade contratual o devedor estará em mora, a partir do momento em que descumprir a obrigação (art. 389, 390 e 391, do CC); **C:** correta (art. 265, do CC); **D:** correta (art. 927, parágrafo único, do CC).

Gabarito "B".

(Procurador do Estado/PA – 2011) Sobre a responsabilidade civil, assinale a alternativa CORRETA:

(A) O Código Civil adotou como regra geral o regime da responsabilidade civil objetiva por dano decorrente de ato ilícito, sendo imposta a reparação correspondente, independentemente de culpa.

(B) O dono, ou detentor, do animal ressarcirá o dano por este causado, ainda que prove a existência de culpa da vítima ou força maior.

(C) Inexistindo prova de prejuízo material, não poderá o juiz fixar indenização decorrente de injúria, calúnia ou difamação.

(D) A existência de culpa concorrente da vítima afasta o dever de indenizar, materializando excludente de responsabilidade.

(E) A culpa de terceiro não constitui excludente de responsabilidade do transportador por acidente com o passageiro, sendo admitido, todavia, o exercício do direito de regresso.

A: incorreta, pois o Código Civil adotou como regra a responsabilidade subjetiva (art. 186, do CC); **B:** incorreta, pois a responsabilidade do dono ou detentor do animal ficará afastada se provar a culpa da vítima ou força maior (art. 936, do CC); **C:** incorreta, pois inexistindo prova do prejuízo material, o juiz fixará, equitativamente, o valor da indenização (art. 953, do CC); **D:** incorreta, pois a culpa concorrente da vítima somente alterará o valor indenizatório (art. 945, do CC); **E:** correta (art. 932, III, 933 e 934, do CC).

Gabarito "E".

(Procurador do Município/Boa Vista-RR – 2010 – CESPE) Com relação ao direito civil, julgue o item seguinte.

(1) A destruição de coisa alheia a fim de remover perigo iminente não constitui ato ilícito civil, sobretudo se as circunstâncias a tornarem absolutamente necessária, e o agente não exceder os limites do indispensável para a remoção do perigo.

1: correta (art. 188, II e parágrafo único, do CC).

Gabarito "1C".

(Procurador do Município/Cubatão-SP – 2012 – VUNESP) É correto afirmar que quando um incapaz provoca um dano, ele

(A) responde pelos prejuízos que causar, se as pessoas por ele responsáveis não tiverem obrigação de fazê-lo ou não dispuserem de meios suficientes.

(B) não responde pelos prejuízos, mas apenas seus responsáveis, desde que se trate de absolutamente incapaz.

(C) responde pelos prejuízos que causar, apenas quando as pessoas por ele responsáveis não tiverem meios econômicos para fazê-lo.

5. DIREITO CIVIL 369

(D) não responde, por não ter meios necessários para fazê-lo.

(E) não responde, por ser considerado incapaz.

A: correta (art. 928, do CC); **B; C; D** e **E:** incorretas, pois estão em desacordo com o art. 928, do CC.
Gabarito "A".

(Procurador do Município/São José dos Campos-SP – 2012 – VUNESP) José, conduzindo sua motocicleta, atropelou Antonio, causando-lhe lesões corporais de natureza grave, tendo sido absolvido no Juízo Criminal por ausência de provas. Diante desse fato, assinale a alternativa correta.

(A) Essa decisão penal absolutória impede a revisão dos fatos no Juízo Cível.

(B) A decisão não impede o prosseguimento da ação de reparação civil.

(C) A não produção de provas vincula a decisão civil, pois são as mesmas.

(D) Nesse caso, não é mais possível discutir a materialidade do fato.

(E) Nem todo ilícito penal é um ilícito civil, assim, impossível a reparação civil.

A, C, D e **E:** incorretas; **B:** correta (art. 935, do CC). *A responsabilidade civil é independente da criminal, não se podendo questionar mais sobre a existência do fato, ou sobre quem seja o seu autor, quando estas questões se acharem decididas no juízo criminal.* Assim, nos casos em que o juiz criminal prolatar sentença absolutória reconhecendo a negativa de autoria ou a inexistência de materialidade, haverá coisa julgada na esfera cível, não cabendo mais discussão (art. 66, do CPP). Também faz coisa julgada no cível a sentença penal que reconhecer ter sido o ato praticado em estado de necessidade, em legítima defesa, em estrito cumprimento do dever legal ou no exercício regular de direito (art. 65, do CPP). Por sua vez, se a absolvição criminal se fundamentar em insuficiência de provas, não haverá óbice ao prosseguimento da ação de reparação civil.
Gabarito "B".

(Procurador do Município/Sorocaba-SP – 2012 – VUNESP) Há várias hipóteses concretas de responsabilidade sem culpa na legislação brasileira. Assinale a alternativa que corretamente identifica uma delas.

(A) Aqueles que gratuitamente houverem participado nos produtos do crime, respondem até a quantia total subtraída.

(B) O dono ou detentor do animal ressarcirá o dano por este causado. Para se furtar à indenização, o dono ou detentor do animal terá que comprovar a culpa da vítima ou motivo de força maior.

(C) O dono do edifício ou construção responde pelos danos que resultarem de sua ruína, se esta provier da falta de reparos, de necessidade manifesta, mesmo que consiga comprovar que o ocorrido deriva de hipótese de caso fortuito ou força maior.

(D) O empregador ou comitente responde por seus empregados, serviçais e prepostos, no exercício do trabalho que lhes competir, ou em razão dele, não cabendo direito em regresso.

(E) Aquele que demandar por dívida já paga, no todo ou em parte, sem ressalvar as quantias recebidas ou pedir mais do que for devido, ficará obrigado a pagar ao devedor, no primeiro caso, o dobro do que houver cobrado e, no segundo, o equivalente do que dele exigir.

A: incorreta, pois aqueles que gratuitamente houverem participado nos produtos do crime, respondem pela quantia da qual tiraram proveito e não até a quantia total subtraída (art. 932, V, do CC); **B:** incorreta, pois se trata de hipótese em que a responsabilidade é presumida e não objetiva, cabendo prova em contrário (art. 936, do CC); **C:** incorreta, pois se trata de hipótese em que a responsabilidade é presumida e não objetiva, cabendo prova em contrário (art. 937, do CC); **D:** incorreta, pois cabível direito de regresso. *Aquele que ressarcir o dano causado por outrem pode reaver o que houver pago daquele por quem pagou, salvo se o causador do dano for descendente seu, absoluta ou relativamente incapaz* (art. 934, do CC e enunciados 44 e 453, CJF). Oportuno registrar que a responsabilidade do patrão é objetiva (art. 932, III e 933, ambos do CC e enunciado 451, CJF). Neste sentido: "*a responsabilidade dos empregadores variou bastante ao longo do tempo. No início de vigência do Código Civil de 1916, exigia-se que a vítima provasse a negligência do empregador. A responsabilidade era subjetiva por culpa 'in eligendo'. Em razão da construção jurisprudencial foi criada uma presunção relativa com fundamento na súmula n. 341, do STF, que adota a teoria da substituição. Porém o Código Civil adotou a teoria do risco-proveito, respondendo este objetivamente segundo o Código Civil*" (Cristiano Vieira Sobral Pinto, DIREITO CIVIL SISTEMATIZADO, editora Forense); **E:** correta (art. 940, do CC).
Gabarito "E".

(Procurador Federal – 2010 – CESPE) A respeito da responsabilidade contratual, julgue os itens a seguir.

(1) Em caso de acidente automotivo, a responsabilidade da transportadora ficará afastada se comprovado que os danos sofridos pelo passageiro decorreram de falha mecânica do veículo.

(2) Se o contrato celebrado for de obrigação de resultado, o inadimplemento se presumirá culposo.

1: incorreta, pois a responsabilidade da transportadora é objetiva; **2:** correta, pois, na obrigação de resultado, a culpa pelo não atingimento deste é presumida.
Gabarito 1E, 2C

(ADVOGADO – PETROBRÁS DISTRIB. – 2010 – CESGRANRIO) A imputação de responsabilidade civil, portanto, supõe a presença de dois elementos de fato, que são a conduta do agente e o resultado danoso; e de um elemento lógico-normativo, o nexo causal.

Considerando o contexto acima, o caráter lógico-normativo do nexo causal se vincula

(A) ao elo referencial que conecta conduta e dano.

(B) aos efeitos indiretos relacionados à conduta danosa.

(C) ao grau de culpa do agente do dano.

(D) à reprovabilidade da conduta danosa.

(E) a qualquer condição com potencial para produzir o dano.

Segundo entendimento doutrinário, "o nexo de causalidade ou nexo causal constitui o elemento imaterial ou virtual da responsabilidade civil, constituindo a relação de causa e efeito entre a conduta culposa ou o risco criado e o dano suportado por alguém" (Flávio Tartuce, Manual de Direito Civil, editora MÉTODO). Assim, alternativa "a" está correta, ficando excluídas as demais alternativas.
Gabarito "A".

(ADVOGADO – PETROBRÁS BIO. – 2010 – CESGRANRIO) A força maior é causa de exclusão da responsabilidade no descumprimento da obrigação. O principal fundamento para essa excludente é que

(A) não há culpa do devedor nesse caso.

(B) o fato ocorrido é alheio à vontade do devedor.

(C) há o rompimento do nexo de causalidade nessa hipótese.

(D) o evento é impeditivo do cumprimento da obrigação.

(E) a circunstância é eficaz para a impossibilidade de obrigação.

Segundo entendimento doutrinário, "o nexo de causalidade ou nexo causal constitui o elemento imaterial ou virtual da responsabilidade civil, constituindo a relação de causa e efeito entre a conduta culposa ou o risco criado e o dano suportado por alguém (...). Portanto, somente devem ser reparados os danos que decorrem como efeitos necessários da conduta do agente" (Flávio Tartuce, Manual de Direito Civil, editora MÉTODO). Caso haja culpa exclusiva da vítima, fato exclusivo de terceiro, caso fortuito ou força maior, haverá a interrupção do nexo causal, afastando a responsabilidade civil. Assim, a alternativa "c" está correta, ficando excluídas as demais.

Gabarito "C".

(ADVOGADO – PETROBRÁS BIO. – 2010 – CESGRANRIO) Mariana Paixão tentou entrar em um ônibus da linha 558, quando o coletivo já dava a partida para sair do ponto, ainda com a porta aberta, mas já em movimento. Ela não conseguiu subir a tempo, escorregou e foi atingida pelo coletivo, sofrendo lesões corporais leves. Nesse caso,

(A) não há responsabilidade da empresa, mas do motorista, uma vez que não houve contrato entre as partes, por não ter ocorrido o pagamento da passagem.

(B) não há responsabilidade da empresa e nem do motorista, mas culpa exclusiva da vítima, que tentou entrar no coletivo em movimento.

(C) não há responsabilidade da empresa, uma vez que sua obrigação de incolumidade só diz respeito a passageiros, sendo certo que Mariana não gozava dessa qualidade.

(D) há responsabilidade pré-contratual da empresa, desde a tentativa de Mariana subir no coletivo, havendo culpa do preposto que trafegava de porta aberta.

(E) há responsabilidade exclusiva do motorista, que trafegava de porta aberta, assumindo o risco de causar danos, o que de fato ocorreu.

A alternativa "d" está correta, pois reflete o disposto no art. 932, III, do CC, ficando excluídas as demais.

Gabarito "D".

(Procurador do Município – Valinhos/SP – 2019 – VUNESP) Ocorrendo manifestações contra o aumento do valor da passagem de ônibus, grupo identificado danifica o prédio da prefeitura, quebrando seus vidros e um portal histórico e tombado por seu valor artístico. Diante desses fatos, é possível dizer que os responsáveis poderão responder por dano

(A) estético e moral.

(B) material e estético.

(C) coletivo e moral.

(D) material e social.

(E) cultural e moral coletivo.

A: incorreta, pois o dano estético é uma alteração corporal morfológica interna ou externa que cause desagrado e repulsa não só para a pessoa ofendida, como também para quem a observa (art. 949 CC). O dano moral é aquele que afeta a personalidade e, de alguma forma, ofende a moral e a dignidade da pessoa (arts. 186 e 927, *caput* CC). No caso em tela temos um prédio danificado e um portal histórico quebrado,

logo, nenhum dos dois se enquadra nessas definições; **B:** incorreta, pois apesar de os vidros quebrados na prefeitura consistirem dano material, o portal histórico danificado não configura dano estético. A título de informação, os danos materiais constituem prejuízos ou perdas que atingem o patrimônio corpóreo de alguém. Nos termos do artigo 402 do Código Civil, os danos materiais podem ser subclassificados em danos emergentes (o que efetivamente se perdeu) ou lucros cessantes (o que razoavelmente se deixou de lucrar); **C:** incorreta, pois o dano coletivo (chamado na verdade de "dano moral coletivo") é a injusta lesão da esfera moral de uma dada comunidade, ou seja, é a violação antijurídica de um determinado círculo de valores coletivos. Já o dano moral é aquele que afeta a personalidade e, de alguma forma, ofende a moral e a dignidade da pessoa (art. 186 e 927 *caput* CC). Nenhuma das duas definições se encaixa na hipótese do enunciado; **D:** correta, pois o apedrejamento ao prédio da prefeitura que causou a quebra dos vidros configura dano material, pois houve um prejuízo ao patrimônio corpóreo (art. 402 CC). De outra parte, temos que dano social são lesões a sociedade, no seu nível de vida, tanto por rebaixamento de seu patrimônio moral – principalmente a respeito da segurança – quanto por diminuição de sua qualidade de vida. Dessa maneira, para que ocorra o dano social, o ato deve ser lesivo não só ao patrimônio material e moral da vítima, mas também à coletividade. Trata-se de uma nova categoria de dano no âmbito da responsabilidade civil do Direto Brasileiro. A danificação do portal histórico configura dano social, uma vez que tratava-se de patrimônio tombado, fruto de grande apreço por aquela comunidade. O dano precisará ser reparado nos termos dos arts. 186 e 927, *caput* CC; **E:** incorreta, pois dano cultural é toda lesão causada por atividade humana positiva ou negativa, culposa ou não, que implique em perda, diminuição ou detrimento significativo, com repercussão negativa aos atributos de bens integrantes do patrimônio cultural brasileiro. A quebra dos vidros da prefeitura não se encaixa nessa categoria. Já o dano moral coletivo é a injusta lesão da esfera moral de uma dada comunidade, ou seja, é a violação antijurídica de um determinado círculo de valores coletivos. A quebra do portal tombado não se enquadra nesta definição. **GR**

Gabarito "D".

5.2. Indenização

(Procurador do Município/Manaus – 2018 – CESPE) De acordo com a jurisprudência do STJ e as disposições do Código Civil, julgue os itens a seguir, acerca da responsabilidade civil.

(1) A sanção civil de pagamento em dobro por cobrança de dívida já adimplida pode ser pleiteada na defesa do réu, independentemente da propositura de ação autônoma ou de reconvenção para tanto.

(2) Uma vez ajuizada ação de cobrança de dívida já paga, o direito do requerido à restituição em dobro prescindirá da demonstração de má-fé do autor da cobrança.

1: certa. O STJ fixou a tese em recurso repetitivo ao julgar recursos especiais de consórcio e consorciados acerca do tema. Destacando a importância de se resguardar a boa-fé nas relações jurídicas, e o fato de que *o Estado utiliza-se de sua força de império para reprimir o litigante que pede coisa já recebida*, concluiu-se que não há necessidade de propositura de ação autônoma ou manejo de reconvenção pelo credor (o consorciado no caso concreto). **Recurso Especial: REsp 1111270 PR 2009/0015798-8; 2:** errada, pois o STJ repetidamente exige a comprovação de má-fé, abuso ou leviandade: "Agravo interno. Agravo em recurso especial. Civil e processual. Repetição de indébito. Devolução em dobro. Má-fé. Comprovação. Necessidade. Reexame de provas. Súmula 7/STJ. Nos termos da jurisprudência da Segunda Seção do Superior Tribunal de Justiça, "[…] para se determinar a repetição do indébito em dobro deve estar comprovada a má-fé, o abuso ou leviandade, como determinam os artigos 940 do Código Civil e 42, parágrafo único, do Código de Defesa do Consumidor, o que não

5. DIREITO CIVIL

ocorreu na espécie, porquanto, segundo o Tribunal *a quo*, o tema da repetição em dobro sequer foi devolvida para apreciação" (AgInt no AgRg no AREsp 730.415/RS, Rel. Ministra Maria Isabel Gallotti, Quarta Turma, julgado em 17.04.2018, DJe 23.04.2018)". GR
Gabarito 1C, 2E

(Procurador Distrital – 2014 – CESPE) Julgue o seguinte item.

(1) Não ensejará reparação por danos morais o uso não autorizado da imagem de atleta em cartaz de propaganda de evento esportivo, sem finalidade lucrativa ou comercial, salvo se houver comprovação, pelo atleta, da ocorrência de prejuízo a ele.

A assertiva está incorreta, pois o direito de imagem é constitucionalmente protegido, garantindo-se o direito a indenização em caso de violação (art. 5°, X da CF). Ainda que não haja finalidade lucrativa, o uso da imagem alheia apenas pode ser feito mediante autorização ou se necessárias à administração da justiça ou à manutenção da ordem pública (art. 20 do CC). Fora dessas hipóteses o prejuízo àquele que foi exposto é presumido, ensejando o direito de exigir reparação por dano moral.
Gabarito 1E."

(Procurador do Estado/BA – 2014 – CESPE) Acerca da responsabilidade civil, julgue os itens subsequentes, à luz da jurisprudência dominante do STJ.

(1) Na hipótese de indenização por danos morais ou materiais do falecimento de ente querido, o termo inicial da contagem do prazo prescricional é a data do óbito, independentemente da data da ação ou da omissão.

(2) O espólio tem legitimidade para postular indenização pelos danos materiais e morais supostamente experimentados pelos herdeiros.

1: Correta, pois o prazo prescricional começa a correr da data da violação do direito, no caso o evento morte. Neste sentido: "DIREITO CIVIL. DANO MORAL. MORTE. PRESCRIÇÃO. CONTAGEM DO PRAZO. DATA DO FALECIMENTO, NÃO DO ACIDENTE QUE O MOTIVOU. 1. Diferentemente do que ocorre em direito penal, que considera o momento do crime a data em que é praticada a ação ou omissão que lhe deu causa, no direito civil *a prescrição é contada da data da "violação do direito"*. 2. Na hipótese em que se discute dano moral decorrente do falecimento de ente querido, *é a data do óbito o prazo inicial da contagem da prescrição*, ainda que o acidente tenha ocorrido dias antes. Não é possível considerar que a pretensão a indenização em decorrência da morte nasça antes do evento que lhe deu causa. 3. Não é possível revisar, em sede de recurso especial, a interpretação dada pelo acórdão recorrida quanto a matéria fática. Enunciado 7 da Súmula/STJ. 4. Recurso especial improvido" (REsp 1318825/SE, Rel. Ministra NANCY ANDRIGHI, TERCEIRA TURMA, julgado em 13/11/2012, DJe 21/11/2012); **2:** Errada, pois a jurisprudência majoritária do STJ é no sentido de não atribuir legitimidade ativa ao espólio para postular indenização por danos materiais e morais supostamente suportados pelos herdeiros. Isso porque a legitimidade *ad causam* exsurge, em regra, da identidade subjetiva entre a relação de direito material e a de direito processual, e, por isso, sua ausência acarreta a extinção do processo sem resolução do mérito, por carência de ação, de sorte que não se trata de formalidade que pode ceder em função dos escopos do processo, em homenagem à instrumentalidade, mas de regra cujo descumprimento fulmina o próprio processo. Neste sentido: "ADMINISTRATIVO E DIREITO CIVIL. RESPONSABILIDADE CIVIL DO ESTADO. BURACOS NA VIA PÚBLICA. FALECIMENTO DE INDENIZAÇÃO POR DANOS MORAIS SOFRIDOS PELOS HERDEIROS. *ILEGITIMIDADE ATIVA DO ESPÓLIO*. PRECEDENTE DA CORTE ESPECIAL. DIVERGÊNCIA NÃO DEMONSTRADA. DECISÃO MANTIDA. 1. *O espólio não tem*

legitimidade ativa ad causam *para pleitear indenização por danos morais sofridos pelos herdeiros em decorrência do óbito de seu genitor.* Precedente: EREsp 1.292.983/AL, Rel. Ministra NANCY ANDRIGHI, CORTE ESPECIAL, julgado em 1°/8/2013, DJe 12/8/2013. 2. É incognoscível o recurso especial pela divergência se o entendimento *a quo* está em conformidade com a orientação desta Corte. Aplicação da Súmula 83/STJ. Agravo regimental improvido" (AgRg no REsp 1396627/ES, Rel. Ministro HUMBERTO MARTINS, SEGUNDA TURMA, julgado em 19/11/2013, DJe 27/11/2013).
Gabarito 1C, 2E

(Procurador Federal – 2013 – CESPE) Julgue o seguinte item.

(1) Embora os direitos da personalidade não possuam prazo para o seu exercício em razão de serem imprescritíveis, a pretensão de reparação por dano moral sofrido sujeita-se a prazo prescricional.

1: Correta, pois os direitos da personalidade não estão sujeitos à prescrição ou decadência em decorrência do seu não exercício. Assim, preserva-se o direito ao exercício do uso do nome, por exemplo, por tempo indefinido. Contudo, a *reparação pela violação* de um direito da personalidade, em regra, possui prazo prescricional de três anos para ser exercida (art. 206, § 3°, V do CC). Ressalta-se o STJ reconhece exceção à prescritibilidade nos casos de violação aos direitos da personalidade ocorrida durante o regime militar. Neste sentido: "PROCESSUAL CIVIL. AGRAVO REGIMENTAL NO RECURSO ESPECIAL. AÇÃO ORDINÁRIA. RESPONSABILIDADE CIVIL. DANOS MORAIS CAUSADOS DURANTE REGIME MILITAR. PERSEGUIÇÃO POLÍTICA. IMPRESCRITIBILIDADE. 1. Na hipótese dos autos, o recorrido propôs ação ordinária visando à condenação da União ao pagamento de indenização dos danos morais que suportou com as diversas sessões de tortura e com seu banimento para o Chile durante o regime da ditadura militar, porém o Tribunal de origem extinguiu com julgamento de mérito ao reconhecer a ocorrência de prescrição. 2. Ocorre que segundo a jurisprudência do STJ, *em face do caráter imprescritível das pretensões indenizatórias dos danos a direitos da personalidade ocorridos durante o regime militar, não há que se falar em aplicação de prazos prescricionais.* Precedentes: AgRg no Ag 1.337.260/PR, 1ª Turma, Rel. Min. Benedito Gonçalves, DJe 13.9.2011; AgRg no Ag 1392493/RJ, 2ª Turma, Rel. Min. Castro Meira, DJe 1.7.2011; AgRg no REsp 893.725/PR, 2ª Turma, Rel. Min. Humberto Martins, DJe 8.5.2009. 3. Logo, com razão a decisão agravada, que afastou a ocorrência da prescrição declarada pela Corte a quo. 4. Agravo regimental não provido" (AgRg no REsp 1280101/RJ, Rel. Ministro MAURO CAMPBELL MARQUES, SEGUNDA TURMA, julgado em 02/08/2012, DJe 09/08/2012)
Gabarito 1C"

(Procurador Federal – 2013 – CESPE) Julgue o seguinte item.

(1) Se o Estado for condenado a indenizar por danos materiais esposa e filhos, com base na remuneração do marido falecido em razão de acidente provocado por servidor público, não se admitirá que seja descontado um terço do montante da indenização sob o fundamento de que a vítima utilizaria tal parcela consigo mesma.

1: Errada, haja vista que o posicionamento majoritário da jurisprudência é no sentido de que deve haver o desconto de 1/3, os quais equivaleriam a gastos que o *de cujus* teria com despesas pessoais. Neste sentido segue julgado do STJ e outros de tribunais locais: "PROCESSO CIVIL. RECURSO ESPECIAL. AÇÃO DE INDENIZAÇÃO. DANOS MORAIS E MATERIAIS. ACIDENTE RODOVIÁRIO. MORTE. INDENIZAÇÃO. ARBITRAMENTO PELO TRIBUNAL *A QUO*. VALOR RAZOÁVEL. JUROS MORATÓRIOS. CORREÇÃO MONETÁRIA. TERMO INICIAL. PENSÃO MENSAL. REDUÇÃO DE 1/3 RELATIVO AOS PRESUMÍVEIS GASTOS PESSOAIS DA VÍTIMA. NECESSIDADE. 1 – Não sendo constatado valor exacerbado na fixação, pelo Tribunal local, do montante indenizatório do dano moral (R$ 130.000,00) em razão da morte da vítima, por acidente rodoviário, inviável sua revisão por esta Corte. 2 – Tratando-se, *in casu*, de responsabilidade contratual, os juros moratórios incidem a partir da citação, conforme precedentes desta Corte. 3. Esta Corte consolidou o entendimento segundo o qual, nas indenizações por dano moral, o termo *a quo* para a incidência da correção monetária é a data em que foi arbitrado o valor.*precedentes 4 – A teor da jurisprudência desta Corte, do cálculo da pensão mensal deve ser deduzida a terça parte, correspondente as presumíveis despesas pessoais da vítima 5 – Recurso conhecido em parte e, nessa parte, provido, para reduzir de um terço o valor da pensão mensal fixada pelo Tribunal local, bem como para determinar a atualização monetária do valor indenizatório dos danos morais, a partir desta data"* (REsp 826.491/CE, Rel. Ministro JORGE SCARTEZZINI, QUARTA TURMA, julgado em 16/05/2006, DJ 05/06/2006, p. 295). "Ação de reparação de danos causados em acidente de trânsito. Atropelamento. Culpa do condutor do veículo comprovada. Ilegitimidade passiva da locadora. Locatária pessoa jurídica. Inaplicabilidade da súmula 492 do STF. Extinção do feito em relação à locadora. Dano material e moral corretamente fixados. Recurso **1:** provido recurso **2:** desprovido. Não responde solidariamente a locadora de veículos por danos morais e materiais causados pelo locatário, quando no uso da coisa, ressalvadas as hipóteses *in eligendo* e *in vigilando*. *Pensão mensal a título de danos materiais em valor compatível com a atividade exercida pela vítima, com o desconto equivalente a 1/3 (um terço), correspondente a presumíveis gastos pessoais.* A fixação do quantum a título de danos morais, considerada a perda sofrida com a morte do marido e pai, sem implicar em enriquecimento ilícito de umas e a ruína de outra, encontra-se em perfeita consonância com esta egrégia Corte" (TJ-PR – Apelação Cível AC 3228980 PR 0322898-0 (TJ-PR) Data de publicação: 17/08/2006). "Responsabilidade civil. Acidente de trânsito. Cruzamento não sinalizado. Transposição. Preferência desrespeitada. Excesso de velocidade do condutor que trafegava na preferencial. Culpa concorrente reconhecida. Participação do motorista que excede a velocidade de menor relevância. Culpa fixada proporcionalmente à influência no resultado lesivo. 70% para o que infringiu a preferência e 30% para o que superou a velocidade devida. Indenização. Pensão mensal. Dedução de 1/3, correspondente às despesas pessoais da vítima. Limite temporal para a viúva: data em que a vítima haveria de completar 69 anos. Condenação nas despesas com conserto do veículo mantida. Único orçamento que, entretanto, não foi infirmado. Dano moral devido e fixado com moderação. Recursos em parte providos" (TJ-MS – Apelação Cível AC 75792 MS 1000.075792-4 (TJ-MS)Data de publicação: 16/09/2003)

Gabarito "1E."

(Procurador do Estado/GO – 2010) Sobre a responsabilidade civil, está INCORRETA a seguinte afirmação:

(A) São cumuláveis as indenizações por dano material e dano moral oriundas do mesmo fato.

(B) Em caso de responsabilidade extracontratual os juros moratórios fluem a partir do evento danoso.

(C) Incide correção monetária sobre a dívida por ato ilícito a partir do trânsito em julgado da sentença condenatória.

(D) Não só a pessoa física, mas a pessoa jurídica também pode sofrer dano moral.

(E) Na ação de indenização por dano moral, a condenação em montante inferior ao postulado na inicial não implica sucumbência recíproca.

A: correta (súmula 37, STJ); **B:** correta (súmula 54, STJ); **C:** incorreta, pois incide correção monetária sobre dívida por ato ilícito a partir da data do efetivo prejuízo (súmula 43, do STJ), bem como incide correção monetária desde a data da fixação da indenização por dano moral; **D:** correta (súmula 227, STJ); **E:** correta (súmula 326, STJ).

Gabarito "C."

(Procurador do Estado/SC – 2010 – FEPESE) No que concerne à responsabilidade civil, dispõe o Código Civil Brasileiro que:

(1) Aquele que gratuitamente houver participado nos produtos do crime é responsável civilmente até a concorrente quantia.

(2) O grau de culpa apurado é a base para a análise da extensão do dano.

(3) Quando a ofensa extinguir ou reduzir a capacidade laboral, o prejudicado, se preferir, poderá exigir que a indenização seja arbitrada e paga de uma só vez.

(4) Aquele que ressarcir o dano causado por outrem pode reaver o que houver pago daquele por quem pagou, salvo se o causador do dano for descendente seu, absoluta ou relativamente incapaz.

Assinale a alternativa que indica todas as afirmativas **corretas**.

(A) São corretas apenas as afirmativas 2 e 3.

(B) São corretas apenas as afirmativas 3 e 4.

(C) São corretas apenas as afirmativas 1, 2 e 4.

(D) São corretas apenas as afirmativas 1, 3 e 4.

(E) São corretas as afirmativas 1, 2, 3 e 4.

1: correta (art. 932, V, do CC); **2:** incorreta, pois a regra é outra; a regra é que a indenização será calculada conforme a extensão do dano; apenas excepcionalmente é que o grau de culpa poderá gerar efeitos sobre o valor da indenização (arts. 944 e 945 do CC); **3:** correta (art. 950, parágrafo único, do CC); **4:** correta (art. 934 do CC).

Gabarito "D."

(Procurador do Município/Cubatão-SP – 2012 – VUNESP) É correto afirmar que os juros de mora em indenização por dano moral, por responsabilidade extracontratual, no entendimento sumular do Superior Tribunal de Justiça,

(A) incidem desde a citação válida.

(B) incidem desde a juntada do mandado de citação nos autos.

(C) incidem desde a data do evento danoso.

(D) incidem desde a data do arbitramento.

(E) não incidem juros de mora.

A, B, D e **E:** incorretas, já que estão em desacordo com o entendimento do STJ; **C:** correta, pois os juros moratórios são devidos desde a data do evento danoso (Súmula n. 54, do STJ). Importante ressaltar que a correção monetária é devida desde a data da fixação da indenização por dano moral.

Gabarito "C."

(Procurador do Município/Teresina-PI – 2010 – FCC) No tocante à responsabilidade civil,

(A) o incapaz responde pelos prejuízos que causar, de modo subsidiário e desde que a indenização não o prive do necessário, ou às pessoas que dele dependam.

(B) a pessoa jurídica pode sofrer dano material, mas não moral.

(C) mediante apuração de culpa, as empresas e empresários individuais respondem pelos danos causados pelos produtos postos em circulação.

(D) a gravidade da culpa do agente é irrelevante na fixação da indenização, importando apenas a extensão do dano.

(E) importa aferir o nexo causal somente na responsabilidade subjetiva, mas não na responsabilidade objetiva,

5. DIREITO CIVIL

para cuja caracterização bastam o ilícito e o dano correspondente.

A: correta (art. 928 do CC); **B:** incorreta, pois a pessoa jurídica pode sofrer dano moral também (Súmula 227 do STJ); **C:** incorreta, pois a responsabilidade, no caso, é objetiva (art. 931 do CC); **D:** incorreta, pois a regra é outra; a regra é que a indenização será calculada conforme a extensão do dano; apenas excepcionalmente é que o grau de culpa poderá gerar efeitos sobre o valor da indenização (arts. 944 e 945 do CC); **E:** incorreta, pois na responsabilidade objetiva é necessário aferir conduta, dano e o nexo de causalidade também; a única diferença em relação à responsabilidade subjetiva, é que não será necessário discutir se a conduta é dolosa ou culposa.

Gabarito "A".

6. COISAS

6.1. Posse

6.1.1. Posse e sua classificação

Tendo em vista a existência de elementos doutrinários no que concerne ao conceito de posse e à sua classificação, seguem algumas definições, que poderão colaborar na resolução de questões:

1. Conceito de posse: é o exercício, pleno ou não, de algum dos poderes inerentes à propriedade (art. 1.196, CC). É a exteriorização da propriedade, ou seja, a visibilidade da propriedade. Os poderes inerentes à propriedade são usar, gozar e dispor da coisa, bem como reavê-la (art. 1.228). Assim, se alguém estiver, por exemplo, usando uma coisa, como o locatário e o comodatário, pode-se dizer que está exercendo posse sobre o bem.

2. Teoria adotada: há duas teorias sobre a posse. A primeira é a **Teoria Objetiva** (de Ihering), para a qual a posse se configura com a mera conduta de dono, pouco importando a apreensão física da coisa e a vontade de ser dono dela. Já a segunda, a **Teoria Subjetiva** (de Savigny), entende que a posse só se configura se houver a apreensão física da coisa (*corpus*), mais a vontade de tê-la como própria (*animus domini*). Nosso CC adotou a Teoria Objetiva de Ihering, pois não trouxe como requisito para a configuração da posse a apreensão física da coisa ou a vontade de ser dono dela. Exige tão somente a conduta de proprietário.

3. Detenção: é aquela situação em que alguém conserva a posse em nome de outro e em cumprimento às suas ordens e instruções. Ex: caseiro, em relação ao imóvel de que cuida, e funcionário público, em relação aos móveis da repartição. A detenção não é posse, portanto não confere ao detentor direitos decorrentes desta.

4. Classificação da posse.

4.1. Posse direta e indireta: quanto ao campo de seu exercício (art. 1.197, CC).

(A) posse indireta: é aquela exercida por quem cedeu, temporariamente, o uso ou o gozo da coisa a outra pessoa. São exemplos: a posse exercida pelo locador, nu-proprietário, comodante e depositante. O possuidor indireto ou mediato pode se valer da proteção possessória.

(B) posse direta: é aquela exercida por quem recebeu o bem, temporariamente, para usá-lo ou gozá-lo, em virtude de direito pessoal ou real.

4.2. Posse individual e composse: quanto à simultaneidade de seu exercício (art. 1.199, CC).

(A) posse individual: é aquela exercida por apenas uma pessoa.

(B) composse: é a posse exercida por duas ou mais pessoas sobre coisa indivisa. Exemplos: a posse dos cônjuges sobre o patrimônio comum e a posse dos herdeiros antes da partilha. Na composse pro diviso há uma divisão de fato da coisa.

4.3. Posse justa e injusta: quanto à existência de vícios objetivos (art. 1.200, CC).

(A) posse justa: é aquela que não obtida de forma violenta, clandestina ou precária. Assim, é justa a posse não adquirida pela força física ou moral (não violenta), não estabelecida às ocultas (não clandestina) e não originada com abuso de confiança por parte de quem recebe a coisa com o dever de restituí-la (não precária). Perceba que os vícios equivalem, no Direito Penal, aos crimes de roubo, furto e apropriação indébita.

(B) posse injusta: é aquela originada do esbulho. Em caso de violência ou clandestinidade, a posse só passa a existir após a cessação da violência ou da clandestinidade (art. 1.208, CC). Já em caso de precariedade (ex.: um comodatário passa a se comportar como dono da coisa), a posse deixa de ser justa e passa a ser injusta diretamente. É importante ressaltar que, cessada a violência ou a clandestinidade, a posse passa a existir, mas o vício que a inquina faz com que o Direito a considere injusta. E, mesmo depois de um ano e dia, a posse continua injusta, só deixando de ter essa característica se houver aquisição da coisa, o que pode acontecer pela usucapião, por exemplo. A qualificação de posse injusta é relativa, valendo apenas em relação ao anterior possuidor da coisa. Em relação a todas as outras pessoas, o possuidor injusto pode defender a sua posse.

4.4. Posse de boa-fé e de má-fé: quanto à existência de vício subjetivo (art. 1.201, CC):

(A) posse de boa-fé: é aquela em que o possuidor ignora o vício ou o obstáculo que impede a aquisição da coisa. É de boa-fé a posse daquele que crê que a adquiriu de quem legitimamente a possuía. Presume-se de boa-fé o possuidor com **justo título**, ou seja, aquele título que seria hábil para transferir o direito à posse, caso proviesse do verdadeiro possuidor ou proprietário da coisa.

(B) posse de má-fé: é aquela em que o possuidor tem ciência do vício ou do obstáculo que impede a aquisição da coisa. A posse de boa-fé pode se transmudar em posse de má-fé em caso de ciência posterior do vício. A citação para a demanda que visa à retomada da coisa tem o condão de alterar o caráter da posse.

Obs.: saber se a posse de alguém é de boa-fé ou de má-fé interfere no direito à indenização pelas benfeitorias feitas, no direito de retenção, no direito aos frutos, no prazo de prescrição aquisitiva (usucapião), na responsabilidade por deterioração da coisa etc.

4.5. Posse natural e jurídica: quanto à origem:

(A) posse natural: é a que decorre do exercício do poder de fato sobre a coisa.

(B) posse civil ou jurídica: é a que decorre de um título, não requerendo atos físicos ou materiais.

(Procurador do Estado – PGE/RS – Fundatec – 2015) Em relação à posse analise as seguintes assertivas:

I. O possuidor de má-fé responde, em qualquer caso, pela deterioração da coisa, salvo se acidental.

II. A posse é transmitida ao legatário do possuidor com as mesmas características da posse originária.

III. É de boa-fé a posse adquirida pelo possuidor que ignora o obstáculo que impede a aquisição da coisa.

IV. A alegação de propriedade não impede a reintegração na posse.

Quais estão corretas?

(A) Apenas I e IV.

(B) Apenas II e III.

(C) Apenas I, II e III.

(D) Apenas I, II e IV.

(E) Apenas II, III e IV.

I: incorreta, pois tal responsabilidade subsiste, ainda que a deterioração seja acidental (CC, art. 1.218); **II**: correta, pois *"A posse transmite-se aos herdeiros ou legatários do possuidor com os mesmos caracteres"* (CC, art. 1.206); **III**: correta, pois "É de boa-fé a posse, se o possuidor ignora o vício, ou o obstáculo que impede a aquisição da coisa" (CC, art. 1.201); **IV**: correta, pois a ação possessória foi criada para ser um instrumento célere, cuja preocupação central do julgador seja apenas e tão somente a posse. A discussão de propriedade é proibida, pois atrapalharia o andamento do processo, tornando a possessória vagarosa. Daí a razão do art. 557, parágrafo único, segundo o qual: *"Não obsta à manutenção ou à reintegração de posse a alegação de propriedade ou de outro direito sobre a coisa"*. **GN**
Gabarito "E".

(Procurador do Município/Teresina-PI – 2010 – FCC) Para o direito pátrio, a posse

(A) confunde-se com a detenção, pois em ambas existe a apreensão física da coisa.

(B) é o exercício, de fato, dos poderes constitutivos da propriedade, de modo pleno ou não.

(C) só poderá gerar usucapião se não for viciada em sua origem.

(D) não se transfere aos herdeiros, pois é direito personalíssimo.

(E) desdobra-se em direta e indireta, somente a primeira dando direito à utilização dos interditos possessórios.

A: incorreta, pois a posse *é o exercício, pleno ou não, de algum dos poderes inerentes à propriedade* (art. 1.196, CC), ao passo que a detenção *é aquela situação em que alguém conserva a posse em nome de outro e em cumprimento às suas ordens e instruções*. É muito importante entender o instituto da detenção, pois ele traz exceções ao conceito de posse. Um exemplo típico é o do caseiro. Quem olhar de longe pode chegar a conclusão de que um caseiro exerce posse sobre um imóvel de que cuida. Em geral, caseiros usam e cuidam da coisa, exteriorizando um dos poderes da propriedade. Todavia, o próprio art. 1.198 do CC exclui do conceito de posse a situação em que se encontra um detentor. Assim, o caseiro, em relação ao imóvel de que cuida, e o funcionário público, em relação aos móveis da repartição, têm mera *detenção* sobre a coisa, não recebendo os direitos típicos daquele que exerce *posse*; **B**: correta (art. 1.196 do CC); **C**: incorreta, pois o tempo sana os vícios da posse; na usucapião extraordinária, pouco importa se a posse é injusta ou de má-fé; cumpridos os requisitos para a usucapião, o possuidor adquirirá a propriedade da coisa (art. 1.238 do CC); **D**: incorreta (art. 1.206 do CC); **E**: incorreta, pois as duas situações são de POSSE, dando ensejo à utilização dos interditos possessórios em relação a terceiros; em relação aos possuidores direito e indireto entre

si, dependendo da ocorrência, também é possível que um use em face do outro um interdito possessório.
Gabarito "B".

(ADVOGADO – PETROBRÁS DISTRIB. – 2010 – CESGRANRIO) As proposições a seguir apresentam uma caracterização de posse seguida de uma explicação que encontra fundamento legal, EXCETO,

(A) até prova em contrário, a posse mantém suas características iniciais / fato este que envolve tanto suas qualidades como sua origem.

(B) a posse existe como um todo unitário e incindível / é a presença ou ausência de certos elementos que vai especificá-la.

(C) a posse justa não tem vícios desde a origem / se os detentores mantêm a coisa em seu poder.

(D) a violência estigmatiza a posse / sendo violenta, a posse não merece a proteção do direito.

(E) a posse precária representa a frustração da confiança / tal precariedade ocorre em momento posterior à apreensão da coisa.

A: correta (art. 1.203, do CC); **B**: correta (art. 1.196 e 1.197, ambos do CC); **C**: incorreta (art. 1.200, do CC); **D**: correta (art. 1.208, do CC); **E**: correta (art. 1.208, do CC).
Gabarito "C".

(Procurador do Estado/AC – 2017 – FMP) Considere as seguintes afirmativas sobre o tema da posse no âmbito do Código Civil. Assinale a alternativa INCORRETA.

(A) A posse direta, de pessoa que tem a coisa em seu poder, temporariamente, em virtude de direito pessoal, ou real, não anula a indireta, de quem aquela foi havida, podendo o possuidor direto defender a sua posse contra o indireto.

(B) O possuidor pode intentar a ação de esbulho, ou a de indenização, contra o terceiro, que recebeu a coisa esbulhada mesmo sem saber que o era.

(C) Ao sucessor universal continua de direito a posse do seu antecessor; e ao sucessor singular é facultado unir sua posse à do antecessor, para os efeitos legais.

(D) Considera-se detentor aquele que, achando-se em relação de dependência para com outro, conserva a posse em nome deste e em cumprimento de ordens ou instruções suas.

(E) Só se considera perdida a posse para quem não presenciou o esbulho, quando, tendo notícia dele, se abstém de retornar a coisa, ou, tentando recuperá-la, é violentamente repelido.

A: certa (art. 1.197 CC); **B**: errada, pois, o possuidor pode intentar a ação de esbulho, ou a de indenização, contra o terceiro, que recebeu a coisa esbulhada *sabendo* que o era (art. 1.212 CC); **C**: certa (art. 1.207 CC); **D**: certa (art. 1.198, caput CC); **E**: certa (art. 1.224 CC). Logo, a alternativa incorreta é a letra B. **GR**
Gabarito "B".

6.1.2. Aquisição e perda da posse

Aquisição e perda da posse.

(1) Aquisição da posse:

1.(1) Conceito: *adquire-se a posse desde o momento em que se torna possível o exercício, em nome próprio,* *de qualquer dos poderes inerentes à propriedade* (art. 1.204, CC).

1.(2) Aquisição originária: *é aquela que não guarda vínculo com a posse anterior.* Ocorre nos casos de: **a) apreensão,** *que consiste na apropriação unilateral da coisa sem dono* (abandonada – *res derelicta*, ou de ninguém – *res nullius*) *ou na retirada da coisa de outrem sem sua permissão* (cessada a violência ou a clandestinidade); **b) exercício do direito,** como no caso da servidão constituída pela passagem de um aqueduto em terreno alheio; **c) disposição,** que consiste em alguém dar uma coisa ou um direito, situação que revela o exercício de um poder de fato (posse) sobre a coisa.

1.(3) Aquisição derivada: *é aquela que guarda vínculo com a posse anterior.* Nesse caso, a posse vem gravada dos eventuais vícios da posse anterior. Essa regra vale para a sucessão a título universal (art. 1.206, CC), mas é abrandada na sucessão a título singular (art. 1.207, CC). Ocorre nos casos de **tradição,** *que consiste na transferência da posse de uma pessoa para outra, pressupondo acordo de vontades.* A tradição pode ser de três tipos:

(A) tradição real: *é aquela em que há a entrega efetiva, material da coisa.* Ex.: entrega de um eletrodoméstico para o comprador. No caso de aquisição de grandes imóveis, não há a necessidade de se colocar fisicamente a mão sobre toda a propriedade, bastando a referência a ela no título. Trata-se da chamada *traditio longa manu*.

(B) tradição simbólica: *é aquela representada por ato que traduz a entrega da coisa.* Exemplo: entrega das chaves de uma casa.

(C) tradição consensual: *é aquela decorrente de contrato, de acordo de vontades.* Aqui temos duas possibilidades. A primeira é a *traditio brevi manu*, que *é aquela situação em que um possuidor, em nome alheio, passa a possuir a coisa em nome próprio.* É o caso do locatário que adquire a coisa. Já a segunda é o **constituto possessório,** *que é aquela situação em que um possuidor em nome próprio passa a possuí-la em nome de outro, adquirindo a posse indireta da coisa.* É o caso do dono que vende a coisa e nela permanece como locatário ou comodatário.

(2) Perda da posse:

2.(1) Conceito: *perde-se a posse quando cessa, embora contra a vontade do possuidor, o poder sobre o bem.* É importante ressaltar, quanto ao ausente (no sentido de não ter presenciado o esbulho), que este só perde a posse quando, tendo notícia desta, abstém-se de retomar a coisa ou, tentando recuperá-la, é violentamente repelido (art. 1.224).

2.(2) Hipóteses de perda de posse: a) abandono: *é a situação em que o possuidor renuncia à posse, manifestando voluntariamente a intenção de largar o que lhe pertence;* ex.: quando alguém atira um objeto na rua; **b) tradição com intenção definitiva:** *é a entrega da coisa com o ânimo de transferi-la definitivamente a outrem;* se a entrega é transitória, não haverá perda total da posse, mas apenas perda temporária da posse direta, remanescendo a posse indireta; **c) destruição da coisa e sua colocação fora do comércio; d) pela posse de outrem:** nesse caso a perda da posse se dá por esbulho, podendo a posse perdida ser retomada.

(Procurador do Estado/AC – FMP – 2012) Assinale a alternativa INCORRETA.

(A) Posse e detenção caracterizam-se, no sistema jurídico brasileiro, como poder de fato, que se exerce sobre a coisa, diferenciando-se, dentre outros fatores, porque a posse recebe proteção interdital e pode conduzir à aquisição da propriedade, enquanto a detenção nem recebe proteção interdital, nem conduz à aquisição da propriedade.

(B) Na *traditio brevi manu* o adquirente da posse do bem já o tem em seu poder; apenas, por convenção, muda-se o título da ocupação.

(C) A posse não se transfere com seus caracteres. Assim, se for violenta, na origem, pode convalar-se em posse legítima, se o sucessor estiver de boa-fé.

(D) A posse se transfere por mera tradição, isto é, porque a pessoa passou a exercer poder fático sobre a coisa.

A: correta, pois são efeitos da posse, dentre outros: a) **usucapião, em razão da** posse prolongada, desde que preenchidos outros requisitos legais, dá ensejo à aquisição originária da coisa; b) **proteção possessória.** A posse também tem o efeito de gerar o direito de o possuidor defendê-la contra a perturbação e a privação de seu exercício, provocadas por terceiro. Existem dois tipos de proteção possessória previstos em lei, a autoproteção e a heteroproteção (Wander Garcia, SUPER-REVISÃO, editora FOCO); **B:** correta. "A **tradição consensual** *é aquela decorrente de contrato, de acordo de vontades. Aqui temos duas possibilidades. A primeira é a **traditio brevi manu**, que é aquela situação em que um possuidor, em nome alheio, passa a possuir a coisa em nome próprio.* É o caso do locatário que adquire a coisa. Já a segunda é o **constituto possessório,** *que é aquela situação em que um possuidor em nome próprio passa a possuí-la em nome de outro, adquirindo a posse indireta da coisa.* É o caso do dono que vende a coisa e nela permanece como locatário ou comodatário" (Wander Garcia, SUPER-REVISÃO, editora FOCO); **C:** incorreta (art. 1.206, do CC); **D:** correta, isto se *adquire a posse desde o momento em que se torna possível o exercício, em nome próprio, de qualquer dos poderes inerentes à propriedade* (art. 1.204, CC).

Gabarito "C".

(Procurador do Estado/PA – 2011) Analise as assertivas abaixo e assinale a alternativa CORRETA:

(A) Nos termos do art. 1.196 do Código Civil, considera-se possuidor todo aquele que tem de fato o exercício, pleno ou não, de algum dos poderes inerentes à propriedade, de maneira que o ocupante de bem público dominical, poderá gozar dos direitos possessórios definidos em lei.

(B) Independentemente da existência de boa-fé, o possuidor tem direito a ser ressarcido acerca das despesas havidas em razão da manutenção da coisa possuída, incluindo as benfeitorias necessárias e úteis.

(C) Não induzem posse os atos de mera permissão ou tolerância assim como não autorizam a sua aquisição os atos violentos, ou clandestinos, senão depois de cessar a violência ou clandestinidade.

(D) Os direitos possessórios não são transmissíveis aos herdeiros ou legatários do possuidor.

(E) O possuidor de boa-fé não responde pela perda ou deterioração da coisa, a que der causa.

A: incorreta (art. 102, do CC); **B:** incorreta (art. 1.219, do CC); **C:** correta (art. 1.208, do CC); **D:** incorreta (art. 1.206, do CC); **E:** incorreta (art. 1.217, do CC).

Gabarito "C".

(Procurador do Estado/PR – UEL-COPS – 2011) Assinale a alternativa incorreta:

(A) quando alguém conserva a posse em nome e em cumprimento de ordens de outrem, de quem está em relação de dependência, ele é considerado simples detentor;

(B) o direito brasileiro admite a bipartição da posse em posse direta e posse indireta;

(C) a propriedade não pode ser discutida nas ações possessórias;

(D) o possuidor de boa-fé tem direito aos frutos percebidos, mas deve restituir os frutos colhidos com antecipação;

(E) a posse somente pode ser adquirida pessoalmente, não se admitindo a aquisição da posse por representante.

A: correta (art. 1.198, do CC); **B:** correta (art. 1.197, do CC); **C:** correta. Com o advento do atual Código Civil, pacificou-se o entendimento de que não existe mais exceção de domínio (possibilidade de o juiz levar ou não em consideração a alegação de propriedade de uma das partes, no curso da ação possessória), o que era admissível no CC/1916. Tal inovação surgiu porque os fundamentos das ações possessória e reivindicatória são distintos, embora ambas visem à retomada do bem. A possessória é julgada com base na posse. A reivindicatória é julgada com base no direito de propriedade, sendo que um direito não se sobrepõe ao outro. Além disso, o art. 923, 1ª parte, do CPC prevê que na pendência de processo possessório é defeso, ao autor e ao réu, intentar ação de reconhecimento de domínio; **D:** correta (art. 1.214, *caput* e parágrafo único, do CC); **E:** incorreta (art. 1.205, I, do CC).

Gabarito "E".

6.1.3. Efeitos da posse

Efeitos da posse.

(1) Percepção dos frutos. Quando o legítimo possuidor retoma a coisa de outro possuidor, há de se resolver a questão dos frutos percebidos ou pendentes ao tempo da retomada. De acordo com o caráter da posse (de boa ou de má-fé), haverá ou não direitos para aquele que teve de entregar a posse da coisa. Antes de verificarmos essas regras, vale trazer algumas definições:

1.1. Conceito de frutos: *são utilidades da coisa que se reproduzem* (frutas, verduras, filhotes de animais, juros etc.). Diferem dos **produtos**, que *são as utilidades da coisa que não se reproduzem* (minerais, por exemplo).

1.2. Espécies de frutos quanto à sua natureza: a) civis (como os alugueres e os juros); **b)** naturais (como as maçãs de um pomar); e **c)** industriais (como as utilidades fabricadas por uma máquina).

1.3. Espécies de frutos quanto ao seu estado: a) pendentes (são os ainda unidos à coisa que os produziu); **b)** percebidos ou colhidos (são os já separados da coisa que os produziu); **c)** percebidos por antecipação (são os separados antes do momento certo); **d)** percepiendos (são os que deveriam ser colhidos e não foram); **e)** estantes (são os já separados e armazenados para venda); **f)** consumidos (são os que não existem mais porque foram utilizados).

1.4. Direitos do possuidor de boa-fé: tem direito aos frutos que tiver percebido enquanto estiver de boa-fé (art. 1.214, CC).

1.5. Inexistência de direitos ao possuidor de boa-fé: não tem direito às seguintes utilidades: **a)** aos frutos pendentes quando cessar a sua boa-fé; **b)** aos frutos percebidos antecipadamente, estando já de má-fé no momento em que deveriam ser colhidos; **c)** aos produtos, pois a lei não lhe confere esse direito, como faz com os frutos. De qualquer forma, é importante ressaltar que nos casos dos itens "a" e "b", apesar de ter de restituir os frutos colhidos ou o seu equivalente em dinheiro, terá direito de deduzir do que deve as despesas com a produção e o custeio.

1.6. Situação do possuidor de má-fé: este responde por todos os frutos colhidos e percebidos, bem como pelos que, por sua culpa, deixou de perceber, desde o momento em que se constituiu de má-fé. Todavia, tem direito às despesas de produção e custeio (art. 1.216, CC), em virtude do princípio do não enriquecimento sem causa.

(2) Responsabilidade por perda ou deterioração da coisa. Quando o legítimo possuidor retoma a coisa de outro possuidor, também há de se resolver a questão referente à eventual perda ou destruição da coisa.

2.1. Responsabilidade do possuidor de boa-fé: não responde pela perda ou deterioração à qual não der causa.

2.2. Responsabilidade do possuidor de má-fé: como regra, responde pela perda ou deterioração da coisa, só se eximindo de tal responsabilidade se provar que de igual modo esse acontecimento se daria, caso a coisa estivesse com o reivindicante dela. Um exemplo de exoneração da responsabilidade é a deterioração da coisa em virtude de um raio que cai sobre a casa.

(3) Indenização por benfeitorias e direito de retenção. Outra questão importante a ser verificada quando da retomada da coisa pelo legítimo possuidor é a atinente a eventual benfeitoria feita pelo possuidor que o antecedeu. De acordo com o caráter da posse (de boa ou de má-fé), haverá ou não direitos para aquele que teve de entregar a posse da coisa. Antes de verificarmos essas regras, é imperativo trazer algumas definições:

3.1. Conceito de benfeitorias: *são os melhoramentos feitos em coisa já existente*. São bens acessórios. Diferem da **acessão**, que *é a criação de coisa nova*. Uma casa construída no solo é acessão, pois é coisa nova; já uma garagem construída numa casa pronta é benfeitoria, pois é um melhoramento em coisa já existente.

3.2. Espécies de benfeitorias: a) benfeitorias necessárias *são as que se destinam à conservação da coisa* (ex.: troca do forro da casa, em virtude do risco de cair); **b)** benfeitorias úteis *são as que aumentam ou facilitam o uso de uma coisa* (ex.: construção de mais um quarto numa casa pronta); **c)** benfeitorias voluptuárias *são as de mero deleite ou recreio* (ex.: construção de uma fonte luminosa na entrada de uma casa).

3.3. Direitos do possuidor de boa-fé: tem direito à **indenização** pelas benfeitorias necessárias e úteis que tiver feito, podendo, ainda, levantar as voluptuárias, desde que não deteriore a coisa. A indenização se dará pelo valor atual da benfeitoria. Outro direito do possuidor de boa-fé é o de retenção da coisa, enquanto não for indenizado. Significa que o possuidor não é obrigado a entregar a coisa enquanto não for ressarcido. O direito deve ser exercido no momento da contestação da ação que visa à retomada da coisa, devendo o juiz se pronunciar sobre a sua existência. Trata-se de um excelente meio de coerção para recebimento da indenização devida. Constitui verdadeiro direito real, pois não se converte em perdas e danos.

3.4. Direitos do possuidor de má-fé: tem direito apenas ao ressarcimento das benfeitorias necessárias que tiver feito, não podendo retirar as voluptuárias. Trata-se de uma punição a ele imposta, que só é ressarcido pelas benfeitorias necessárias, pois são despesas que até o possuidor legítimo teria de fazer. O retomante escolherá se pretende indenizar pelo valor atual ou pelo custo da benfeitoria. O possuidor de má-fé não tem direito de retenção da coisa enquanto não indenizado pelas benfeitorias necessárias que eventualmente tiver realizado.

(4) Usucapião. A posse prolongada, desde que preenchidos outros requisitos legais, dá ensejo a outro efeito da posse, que é a aquisição da coisa pela usucapião.

(5) Proteção possessória. A posse também tem o efeito de gerar o direito de o possuidor defendê-la contra a perturbação e a privação de seu exercício, provocadas por terceiro. Existem dois tipos de proteção possessória previstos em lei, a autoproteção e a heteroproteção.

5.1. Autoproteção da posse. A lei confere ao possuidor o direito de, por si só, proteger a sua posse, daí porque falar-se em autoproteção. Essa proteção não pode ir além do indispensável à restituição (art. 1.210, CC). Há duas situações em que isso ocorre:

(A) legítima defesa da posse: consiste no direito de autoproteção da posse no caso do possuidor, apesar de presente na coisa, estar sendo perturbado. Repare que não chegou a haver perda da coisa.

(B) desforço imediato: consiste no direito de autoproteção da posse no caso de esbulho, de perda da coisa. Repare que a vítima chega a perder a coisa. A lei só permite o desforço imediato se a vítima do esbulho "agir logo", ou seja, agir imediatamente após a agressão ("no calor dos acontecimentos") ou logo que possa agir. Aquele que está ausente (não presenciou o esbulho) só perderá esse direito se não agir logo após tomar conhecimento da agressão à sua posse (art. 1.224, CC).

5.2. Heteroproteção da posse. Trata-se da proteção feita pelo Estado Juiz, provocado por quem sofre a agressão na sua posse. Essa proteção tem o nome de interdito possessório e pode ser de três espécies: interdito proibitório, manutenção de posse e reintegração de posse. Antes de analisarmos cada um deles, é importante verificar suas características comuns.

5.2.1. Características dos interditos possessórios:

(A) fungibilidade: o juiz, ao conhecer de pedido possessório, pode outorgar proteção legal ainda que o pedido originário não corresponda à situação de fato provada em juízo. Assim, caso se ingresse com ação de manutenção de posse e os fatos comprovam que a ação adequada é a de reintegração de posse, o juiz pode determinar a reintegração, conhecendo um pedido pelo outro (art. 920, CPC).

(B) cumulação de pedidos: nas ações de reintegração e de manutenção de posse, a vítima pode reunir, além do pedido de *correção* da agressão (pedido possessório propriamente dito), os pedidos de condenação em *perdas e danos*, de cominação de *pena para o caso de descumprimento* da ordem judicial e de *desfazimento* da construção ou plantação feita na coisa (art. 921, CPC).

(C) caráter dúplice: o réu também pode pedir a proteção possessória desde que, na contestação, alegue que foi ofendido na sua posse (art. 922, CPC).

(D) impossibilidade de discussão do domínio: não se admite discussão de domínio em demanda possessória (arts. 1.210, § 2º, do CC, e 923 do CPC), ou seja, ganha a ação quem provar que detinha previamente posse legítima da coisa.

5.2.2. Interdito proibitório:

(A) conceito: *é a ação de preceito cominatório utilizada para impedir agressões iminentes que ameaçam a posse de alguém* (arts. 932 e 933 do CPC). Trata-se de ação de caráter *preventivo*, manejada quando há justo receio de que a coisa esteja na iminência de ser turbada ou esbulhada, apesar de não ter ocorrido ainda ato material nesses dois sentidos, havendo apenas uma *ameaça* implícita ou expressa.

(B) ordem judicial: acolhendo o pedido, o juiz fixará uma pena pecuniária para incidir caso o réu descumpra a proibição de turbar ou esbulhar a área, daí o nome de interdito "proibitório". Segundo a Súmula 228 do STJ, não é admissível o interdito proibitório para a proteção de direito autoral.

5.2.3. Manutenção de posse:

(A) conceito: *é a ação utilizada para corrigir agressões que turbam a posse*. Trata-se de ação de caráter repressivo, manejada quando ocorre **turbação**, que é todo ato ou conduta que *embaraça* o livre exercício da posse. Vizinho que colhe frutos ou que implementa marcos na área de outro está cometendo turbação. Se a turbação é passada, ou seja, não está mais acontecendo, cabe apenas pedido indenizatório.

(B) ordem judicial: acolhendo pedido, o juiz expedirá mandado de manutenção de posse. As demais condenações (em perdas e danos, em pena para o caso de nova turbação e para desfazimento de construção ou plantação) dependem de pedido específico da parte interessada. A utilização do rito especial, que prevê liminar, depende se se trata de ação de força nova (promovida dentro de ano e dia da turbação).

5.2.4. Reintegração de posse:

(A) conceito: *é a ação utilizada para corrigir agressões que fazem cessar a posse de alguém*. Trata-se de ação de caráter repressivo, manejada quando ocorre **esbulho**, que é a privação de alguém da posse da coisa, contra a sua vontade. A ação também é chamada de *ação de força espoliativa*.

(B) requisitos: o autor deve provar a sua posse, o esbulho praticado pelo réu, a data do esbulho e a perda da posse.

(C) legitimidade ativa: é parte legítima para propor a ação o possuidor esbulhado, seja ele possuidor direto ou indireto. O mero detentor não tem legitimidade. Os sucessores a título universal continuam, de direito, a posse de seu antecessor, podendo ingressar com ação, ainda que o esbulho tenha ocorrido antes do falecimento do *de cujus*. Já ao sucessor singular é facultado unir sua posse à do seu antecessor, para efeitos legais (art. 1.207, CC). Como regra, a lei não exige vênia conjugal para a propositura de demanda possessória (art. 10, § 2º, CPC). Em caso de condomínio de pessoas não casadas, a lei

378 VÁRIOS AUTORES

permite que cada um ingresse com ação isoladamente (art. 1.314, CC).

(D) legitimidade passiva: é parte legítima para sofrer a ação o autor do esbulho. Cabe também reintegração de posse contra terceiro que recebe a coisa sabendo que fora objeto de esbulho. Já contra terceiro que não sabia que a coisa fora objeto de esbulho, a ação adequada é a reivindicatória, em que se discutirá o domínio.

(E) ordem judicial: acolhendo o pedido, o juiz expedirá mandado de reintegração de posse. As demais condenações (em perdas e danos, em pena para o caso de nova turbação e para desfazimento de construção ou plantação) dependem de pedido específico da parte interessada. A utilização do rito especial, que prevê liminar, depende se se trata de ação de força nova (promovida dentro de ano e dia do esbulho). Após ano e dia do esbulho, deve-se promover a ação pelo rito ordinário, no qual poderá ser acolhido pedido de tutela antecipada, preenchidos seus requisitos, conforme entendimento do STJ e Enunciado CJF 238.

(Procurador Municipal – Sertãozinho/SP – VUNESP – 2016) Assinale a alternativa correta sobre o instituto da posse e seus efeitos.

(A) Em regra, o possuidor com justo título tem em seu benefício a presunção *juris tantum* de posse de boa-fé.

(B) A posse é um direito real, considerando-se possuidor todo aquele que tem de fato o exercício de algum dos poderes inerentes à propriedade.

(C) O direito civil brasileiro não admite o desdobramento da posse como forma de atribuir a alguém a posse direta e a outro a posse indireta sobre determinado bem.

(D) Para aquisição de imóvel por meio da usucapião extraordinária é dispensado o exercício da posse *ad usucapionem*.

(E) Ao possuidor de má-fé não serão ressarcidas as benfeitorias por ele realizadas, seja de natureza necessária, útil ou voluptuária.

A: correta. O justo título é o documento que aparenta ter aptidão para transmitir a posse (ou mesmo a propriedade) mas que – por algum vício intrínseco – não carrega tal aptidão. A serventia dele é conceder ao portador uma presunção de boa-fé na posse, o que acarreta variadas consequências jurídicas benéficas, como prazo reduzido de usucapião (CC, art. 1.201, parágrafo único); **B:** incorreta, pois a posse não é direito real; **C:** incorreta, pois o Código Civil (art. 1.197) admite o desdobramento da posse em *direta* e *indireta*. Assim, por exemplo, tem posse direta o locatário, o usufrutuário, o comodatário, enquanto o locador, o nu-proprietário e o comodante mantém apenas a posse indireta; **D:** incorreta, porquanto tal requisito é essencial em qualquer espécie de usucapião; **E:** incorreta, pois o possuidor de má-fé tem direito à indenização pelas benfeitorias necessárias, sem retenção (CC, art. 1.220). **GN**
Gabarito "A".

(Procurador do Município – Prefeitura Fortaleza/CE – CESPE – 2017) Com base na legislação processual e no Código Civil, julgue os seguintes itens, acerca de ações possessórias e servidão urbanística.

(1) No âmbito das ações possessórias, se houver pedido de reintegração de posse e a propriedade do imóvel for controvertida, o juiz deverá, em primeiro lugar, decidir quanto ao domínio do bem e, depois, conceder ou não a ordem de reintegração.

1: incorreta: a ação possessória foi criada para ser um instrumento célere, cuja preocupação central do julgador seja apenas e tão somente a posse, ou seja, o exercício de fato de algum dos poderes inerentes à propriedade (CC, art. 1.196). A discussão de propriedade é proibida, pois atrapalharia o andamento do processo, tornando a possessória vagarosa. Daí a razão do art. 557 parágrafo único, segundo o qual: *"Não obsta à manutenção ou à reintegração de posse a alegação de propriedade ou de outro direito sobre a coisa".* **GN**
Gabarito "1E".

(Procurador do Estado/GO – 2010) Sobre a posse, é CORRETO afirmar que

(A) o possuidor tem direito a ser mantido na posse, em caso de esbulho; restituído, em caso de turbação; e segurado de violência iminente, se tiver justo receio de ser molestado.

(B) as benfeitorias compensam-se com os danos e só obrigam ao ressarcimento se ao tempo da evicção ainda existirem.

(C) o possuidor de má-fé responde pela perda ou deterioração da coisa, desde que não acidentais, salvo se provar que de igual modo se teriam dado, estando ela na posse do reivindicante.

(D) ao possuidor de má-fé serão ressarcidas as benfeitorias necessárias e úteis, não lhe assistindo o direito de levantar as voluptuárias.

(E) obsta à manutenção ou reintegração na posse a alegação de propriedade, ou de outro direito sobre a coisa.

A: incorreta, pois *o possuidor tem direito a ser* mantido *na posse em caso de* turbação, restituído *no de* esbulho, *e segurado de violência iminente, se tiver justo receio de ser molestado* (art. 1.210, *caput*, do CC); **B:** correta (art. 1.221, do CC); **C:** incorreta, pois responde ainda que acidentais (art. 1.218 do CC); **D:** incorreta, pois responde pela perda ou deterioração, ainda que acidentais (art. 1.218, do CC); **E:** incorreta. Com o advento do atual Código Civil, pacificou-se o entendimento de que não existe mais exceção de domínio (possibilidade de o juiz levar ou não em consideração a alegação de propriedade de uma das partes, no curso da ação possessória), o que era admissível no CC/1916. Tal inovação surgiu porque os fundamentos das ações possessória e reivindicatória são distintos, embora ambas visem à retomada do bem. A possessória é julgada com base na posse. A reivindicatória é julgada com base no direito de propriedade, sendo que um direito não se sobrepõe ao outro. Além disso, o art. 923, 1ª parte, do CPC prevê que na pendência de processo possessório é defeso, ao autor e ao réu, intentar ação de reconhecimento de domínio.
Gabarito "B".

(Procurador do Município/Cubatão-SP – 2012 – VUNESP) "Não obsta à manutenção ou reintegração na posse a alegação de propriedade, ou de outro direito sobre a coisa". Sobre essa frase, assinale a alternativa correta.

(A) O direito de propriedade impede a manutenção ou reintegração de posse, uma vez que este se sobrepõe ao direito possessório.

(B) Não é possível a proteção possessória em face do direito de propriedade, uma vez que a posse é exteriorização desse direito.

(C) É possível que o possuidor que prove a sua posse garanta, frente ao proprietário, que deverá pleitear seus direitos perante o juízo petitório.

(D) O proprietário que perde a posse perderá seu domínio sobre a coisa, posto que o direito possessório se sobrepõe ao direito de propriedade.

(E) A posse da coisa faz presumir que o direito de propriedade está garantido de proteção judicial.

A, B, D e E: incorretas; **C:** correta. Os efeitos da posse são: a) percepção dos frutos; b) responsabilidade por perda ou deterioração da coisa; c) indenização por benfeitorias e direito de retenção; d) usucapião; e) proteção possessória. Oportuno registrar que a proteção possessória confere direito ao possuidor de defender a sua posse contra a perturbação provocada por terceiro, inclusive, pelo proprietário. Com o advento do atual Código Civil, pacificou-se o entendimento de que não existe mais exceção de domínio (possibilidade de o juiz levar ou não em consideração a alegação de propriedade de uma das partes, no curso da ação possessória), o que era admissível no CC/1916. Tal inovação surgiu porque os fundamentos das ações possessória e reivindicatória são distintos, embora ambas visem à retomada do bem. A possessória é julgada com base na posse. A reivindicatória é julgada com base no direito de propriedade, sendo que um direito não se sobrepõe ao outro. Além disso, o art. 923, 1ª parte, do CPC prevê que na pendência de processo possessório é defeso, ao autor e ao réu, intentar ação de reconhecimento de domínio. Gabarito "C"

(Procurador do Município/São José dos Campos-SP – 2012 – VUNESP) A municipalidade, ao realizar obras de contenção de um muro, acrescenta tirantes de sustentação, que, por necessidade técnica de construção, adentra no terreno particular de José, a uma profundidade de cinco metros, que se opõe à obra. Diante desse fato, assinale a alternativa correta.

(A) A propriedade do solo abrange o subsolo, razão pela qual houve esbulho possessório, permitindo a José ingressar com ação para retomar sua posse.

(B) A propriedade do solo abrange o subsolo, em profundidade útil a seu exercício, não podendo José opor-se à obra se não tem interesse nessa profundidade.

(C) A propriedade do solo não abrange o subsolo, razão pela qual não houve qualquer esbulho possessório.

(D) José não pode se opor à execução da obra se esta for de interesse público e nos limites da função social da propriedade.

(E) Como a propriedade do solo abrange a do subsolo, a obra somente poderia ter sido executada se houvesse a desapropriação do imóvel.

A: incorreta (art. 1.229, do CC); **B:** correta. *A propriedade do solo abrange a do espaço aéreo e subsolo correspondentes, em altura e profundidade úteis ao seu exercício, não podendo o proprietário opor- -se a atividades que sejam realizadas, por terceiros, a uma altura ou profundidade tais, que não tenha ele interesse legítimo em impedi-las.* Assim, no caso em questão, por haver necessidade técnica da construção em adentrar no terreno particular de José, a uma profundidade de cinco metros, e pelo fato de ele não ter interesse legítimo em impedir tal atividade, não poderá se opor à obra da Municipalidade. Oportuno registrar que *a propriedade do solo não abrange as jazidas, minas e demais recursos minerais, os potenciais de energia hidráulica, os monumentos arqueológicos e outros bens referidos por leis especiais.* Todavia, *o proprietário do solo tem o direito de explorar os recursos minerais de emprego imediato na construção civil, desde que não submetidos a transformação industrial, obedecido o disposto em lei especial* (art. 1.229 e 1.230, ambos do CC); **C:** incorreta, pois a propriedade do solo abrange a do subsolo; **D:** incorreta, pois José poderia se opor à obra, mesmo sendo de interesse público, desde que tivesse legítimo interesse para impedi-la; **E:** incorreta, pois não se exige a desapropriação do imóvel para que sejam realizadas *atividades, por terceiros, a uma altura ou profundidade tais, que não tenha o proprietário interesse legítimo em impedi-las.* Gabarito "B"

6.2. Direitos reais e pessoais.

1. Conceito de Direito Real: *é o poder, direto e imediato, do titular sobre a coisa, com exclusividade e contra todos.* O direito real difere do direito pessoal, pois este gera uma relação entre pessoas determinadas (princípio da relatividade) e, em caso de violação, converte-se em perdas e danos. No direito real, ao contrário, seu titular pode perseguir a coisa sobre a qual tem poder, não tendo que se contentar com a conversão da situação em perdas e danos. O ponto em comum entre os direitos pessoais e os direitos reais é o fato de que integram a categoria dos direitos patrimoniais, diferente dos direitos da personalidade.

2. Princípios do direito real:

2.1. Princípio da aderência: *aquele pelo qual se estabelece um vínculo entre o sujeito e a coisa, independentemente da colaboração do sujeito passivo.*

2.2. Princípio do absolutismo: *aquele pelo qual os direitos reais são exercidos contra todos* (**erga omnes**). Por exemplo: quando alguém é proprietário de um imóvel, todos têm de respeitar esse direito. Daí surge o *direito de sequela* ou o *jus persequendi*, pelo qual, violado o direito real, a vítima pode perseguir a coisa, ao invés de ter de se contentar com uma indenização por perdas e danos.

2.3. Princípio da publicidade (ou visibilidade): *aquele pelo qual os direitos reais só se adquirem depois do registro do título na matrícula (no caso de imóvel) ou da tradição (no caso de móvel).* Por ser o direito real oponível *erga omnes*, é necessária essa publicidade para que sejam constituídos.

2.4. Princípio da taxatividade: *aquele pelo qual o número de direitos reais é limitado pela lei.* Assim, por acordo de vontades não é possível criar uma nova modalidade de direito real, que são *numerus clausus*. Assim, está certa a afirmativa de que só são direitos reais aqueles que a lei, taxativamente, denominar como tal, enquanto que os direitos pessoais podem ser livremente criados pelas partes envolvidas (desde que não seja violada a lei, a moral ou os bons costumes), sendo, portanto, o seu número ilimitado.

2.5. Princípio da tipificação: *aquele pelo qual os direitos reais devem respeitar os tipos existentes em lei.* Assim, o acordo de vontades não tem o condão de modificar o regime jurídico básico dos direitos reais.

2.6. Princípio da perpetuidade: *aquele pelo qual os direitos reais não se perdem pelo decurso do tempo, salvo as exceções legais.* Esse princípio se aplica ao direito de propriedade. Os direitos pessoais, por sua vez, têm a marca da *transitoriedade*.

2.7. Princípio da exclusividade: *aquele pelo qual não pode haver direitos reais, de igual conteúdo, sobre a mesma coisa.* Exemplo: o nu-proprietário e o usufrutuário não têm direitos iguais quanto ao bem objeto do usufruto.

2.8. Princípio do desmembramento: *aquele que permite o desmembramento do direito matriz (propriedade), constituindo-se direitos reais sobre coisas alheias.* Ou seja, pelo princípio é possível desmembrar um direito real (propriedade, por exemplo) em outros direitos reais (uso, por exemplo).

(Procurador Distrital – 2014 – CESPE) Julgue o seguinte item.

(1) Se estiver pendente usufruto sobre bem imóvel, a nua propriedade desse bem poderá ser objeto de penhora e alienação em hasta pública, ficando ressalvado o direito real de usufruto, inclusive após a arrematação ou a adjudicação, até que haja a extinção desse direito.

1: Correta. O usufruto é considerado uma das modalidades de direitos reais sobre coisa alheia. Pendente o usufruto sobre determinado imóvel tem-se o desmembramento dos atributos da propriedade (usar, gozar, dispor e reivindicar). Assim, o proprietário deterá apenas a nua-propriedade, restando-lhe os direitos de dispor e reivindicar, ao passo que ao usufrutuário são transferidos os direitos de usar e gozar do bem. Trata-se, portanto, de direitos autônomos. Prova disso é a possibilidade de cessão do exercício do direito de usufruto (art. 1.393 CC), por exemplo, independentemente da disposição da nua-propriedade. Neste passo, a nua-propriedade também poderá ser objeto de alienação e penhora, independentemente da existência do direito de usufruto de terceiro. Desde que regularmente constituído, isto é, desde que registrado no Cartório de Registro de Imóveis, o direito do usufrutuário permanecerá intocável, até que subsista uma das causas de extinção previstas no art. 1.410 do CC.
Gabarito "1C."

(Procurador Distrital – 2014 – CESPE) Julgue o seguinte item.

(1) A hipoteca judicial que tenha gravado o bem imóvel prevalecerá sobre decisão futura que reconheça a aquisição da propriedade do referido bem por usucapião.

1: Errada, pois a sentença da ação de usucapião tem cunho declaratório, conforme expressamente previsto no art. 1.238 do CC. Isso significa que ela reconhece a existência de uma situação pré-existente, isto é, concede cunho e reconhecimento jurídico a uma situação que já estava consolidada pelo preenchimento dos requisitos legais. Assim, eventual hipoteca judicial, ainda que anterior à sentença de usucapião, não tem o poder de prevalecer, haja vista que o imóvel já pertence à outra pessoa (o usucapiente). A hipoteca judicial apenas prevaleceria, se a sentença de usucapião tivesse natureza constitutiva, o que não é o caso.
Gabarito "1E."

(Procurador Federal – 2013 – CESPE) Julgue o seguinte item.

(1) Intimado o credor hipotecário acerca da realização da praça, a arrematação produzirá o efeito de extinguir a hipoteca.

1: Correta. A arrematação, por si só, configura uma das causas de extinção da hipoteca referente aos credores hipotecários participantes dos autos (art. 1.499, VI do CC). No que tange àqueles que não fazem parte do processo, a arrematação ou adjudicação apenas extinguirão a hipoteca devidamente registrada mediante notificação judicial dos respectivos credores (art. 1.501 do CC).
Gabarito "1C."

(Procurador Federal – 2013 – CESPE) Julgue o seguinte item.

(1) Quando o proprietário de um bem imóvel, efetivando uma relação jurídica negocial com terceiro, transfere-lhe o poder de fato sobre esse bem, ocorre a composse, de forma que qualquer dos dois poderá defender a posse contra terceiros.

1: Errada, pois a composse configura-se como a posse exercida por duas ou mais pessoas sobre coisa indivisa (art. 1.199 do CC). Logo, não há que se falar em desmembramento da posse. O direito de posse permanece íntegro, porém exercido por mais de um possuidor. Situação

diferente é aquela em que há um negócio jurídico, por meio do qual a posse é desmembrada. Atribuir o poder de fato sobre determinado bem a alguém, nada mais significa do que lhe conceder a posse direta, preservando-se a posse indireta para si, sendo que uma não anula a outra (art. 1.197 do CC). Exemplo disso é o contrato de comodato, em que o comodante possui a posse indireta e o comodatário a posse direta do bem.
Gabarito "1E."

(PROCURADOR DO ESTADO/MG – FUMARC – 2012) Assinale a alternativa que completa a frase:

"Segundo o Código Civil Brasileiro, são direitos reais, EXCETO_____."

(A) A anticrese,

(B) O direito do promitente comprador do imóvel.

(C) A posse.

(D) A concessão de direito real de uso.e

(E) A concessão de uso especial para fins de moradia.

A alternativa "c" está correta, pois a posse não se insere nos direitos reais. Importante frisar que a posse, em verdade, insere-se no direito das coisas, a qual estuda a posse distintamente dos direitos reais (direito que recai sobre a coisa, com exclusividade e contra todos).
Gabarito "C."

6.3. Propriedade imóvel

Usucapião.

(1) Conceito: *é a forma de aquisição originária da propriedade pela posse prolongada no tempo e pelo cumprimento de outros requisitos legais.* A usucapião também é chamada de *prescrição aquisitiva.* Essa forma de aquisição da propriedade independe de inscrição no Registro de Imóveis. Ou seja, cumpridos os requisitos legais, o possuidor adquire a propriedade da coisa. Assim, a sentença na ação de usucapião é meramente declaratória da aquisição da propriedade, propiciando a expedição de mandado para registro do imóvel em nome do adquirente, possibilitando a todos o conhecimento da nova situação. A aquisição é originária, ou seja, não está vinculada ao título anterior. Isso faz com que eventuais restrições que existirem na propriedade anterior não persistam em relação ao novo proprietário.

(2) Requisitos. São vários os requisitos para a aquisição da propriedade pela usucapião. Vamos enumerar, neste item, apenas os requisitos que devem ser preenchidos em todas as modalidades de usucapião, deixando os específicos de cada modalidade para estudo nos itens abaixo respectivos. Os requisitos gerais são os seguintes:

(A) posse prolongada no tempo: não basta mera detenção da coisa, é necessária a existência de posse. E mais: de posse que se prolongue no tempo, tempo esse que variará de acordo com o tipo de bem (móvel ou imóvel) e em função de outros elementos, como a existência de boa-fé, a finalidade da coisa etc.;

(B) posse com *animus domini*: não basta a mera posse; deve se tratar de posse com ânimo de dono, com intenção de proprietário; essa circunstância impede que se considere a posse de um locatário do bem como hábil à aquisição da coisa;

(C) posse mansa e pacífica: ou seja, posse sem oposição; assim, se o legítimo possuidor da coisa se opôs à posse, ingressando com ação de reintegração de posse, neste período não se pode considerar a posse como mansa e pacífica, sem oposição.

(D) posse contínua: ou seja, sem interrupção; não é possível computar, por exemplo, dois anos de posse, uma interrupção de um ano, depois mais dois anos e assim por diante; deve-se cumprir o período aquisitivo previsto em lei sem interrupção.

(3) Usucapião extraordinário – requisitos:

(A) tempo: 15 anos; o prazo será reduzido para 10 anos se o possuidor houver estabelecido no imóvel a sua moradia habitual, ou nele realizado obras ou serviços de caráter produtivo (art. 1.238, CC).

(B) requisitos básicos: posse "mansa e pacífica" (sem oposição), "contínua" (sem interrupção) e com "ânimo de dono".

(4) Usucapião ordinário – requisitos:

(A) tempo: 10 anos; o prazo será reduzido para 5 anos se preenchidos dois requisitos: se o imóvel tiver sido adquirido onerosamente com base no registro constante do respectivo cartório; se os possuidores nele tiverem estabelecido a sua moradia ou realizado investimentos de interesse social e econômico (art. 1.242, CC).

(B) requisitos básicos: posse "mansa e pacífica" (sem oposição), "contínua" (sem interrupção) e com "ânimo de dono".

(C) boa-fé e justo título: como o prazo aqui é menor, exige-se do possuidor, no plano subjetivo, a boa-fé, e, no plano objetivo, a titularidade de um título hábil, em tese, para transferir a propriedade.

(5) Usucapião especial urbano – requisitos:

(A) tempo: 5 anos (art. 1.240, CC).

(B) requisitos básicos: posse "mansa e pacífica" (sem oposição), "contínua" (sem interrupção) e com "ânimo de dono".

(C) tipo de imóvel: área urbana; tamanho de até 250 m²;

(D) finalidade do imóvel: deve ser utilizado para a moradia do possuidor ou de sua família;

(E) requisitos negativos: que o possuidor não seja proprietário de outro imóvel urbano ou rural; que o possuidor não tenha sido beneficiado anteriormente pelo direito ao usucapião urbano.

(6) Usucapião especial urbano FAMILIAR – requisitos:

(A) tempo: 2 anos (art. 1.240-A, CC).

(B) requisitos básicos: posse "mansa e pacífica" (sem oposição), "contínua" (sem interrupção) e com "ânimo de dono".

(C) tipo de imóvel: área urbana; tamanho de até 250 m²;

(D) finalidade do imóvel: deve ser utilizado para a moradia do possuidor ou de sua família;

(E) requisito específico: imóvel cuja PROPRIEDADE o possuidor divida com ex-cônjuge ou ex-companheiro que ABANDONOU o lar;

(F) requisitos negativos: que o possuidor não seja proprietário de outro imóvel urbano ou rural; que o possuidor não tenha sido beneficiado anteriormente pelo direito ao usucapião urbano. O possuidor abandonado deve estar na posse direta e exclusiva do imóvel, e, cumpridos os requisitos da usucapião, adquirirá o domínio integral do imóvel.

(7) Usucapião urbano coletivo – requisitos:

(A) tempo: 5 anos (art. 10 da Lei 10.257/01 – Estatuto da Cidade);

(B) requisitos básicos: posse "mansa e pacífica" (sem oposição), "contínua" (sem interrupção) e com "ânimo de dono".

(C) tipo de imóvel: área urbana; tamanho superior a 250 m²;

(D) finalidade do imóvel: utilização para moradia; população de baixa renda;

(E) requisitos negativos: que o possuidor não seja proprietário de outro imóvel urbano ou rural; que seja impossível identificar o terreno ocupado por cada possuidor.

(8) Usucapião especial rural – requisitos:

(A) tempo: 5 anos (art. 1.239, CC);

(B) requisitos básicos: posse "mansa e pacífica" (sem oposição), "contínua" (sem interrupção) e com "ânimo de dono";

(C) tipo de imóvel: área de terra em zona rural; tamanho de até 50 hectares;

(D) finalidade do imóvel: deve ser utilizado para a moradia do possuidor ou de sua família; área produtiva pelo trabalho do possuidor ou de sua família;

(E) requisito negativo: a terra não pode ser pública.

(Procurador do Estado/SP – 2018 – VUNESP) Desde novembro de 2007, Tício exerce posse mansa, pacífica, ininterrupta e com fim de moradia sobre imóvel urbano com área de 260 m², baseado em compromisso de compra e venda quitado, mas não registrado, celebrado com Caio.

Mévio, de boa-fé, adquiriu o mesmo imóvel de Caio em fevereiro de 2018, mediante pagamento à vista, seguido de posterior registro da escritura pública de compra e venda no Cartório de Imóveis.

Em seguida, Mévio move ação de imissão na posse em face de Tício. Nesse caso,

(A) mesmo ausentes os requisitos da usucapião ordinária, Tício poderá alegar a usucapião especial urbana como matéria de defesa, para impedir a procedência do pedido.

(B) se acolhida a usucapião como matéria de defesa, Tício deverá indenizar Mévio, pois este não teria adquirido o imóvel de Caio caso o compromisso de compra e venda tivesse sido levado a prévio registro.

(C) Tício não poderá invocar a usucapião como matéria de defesa, ante a vedação à *exceptio proprietatis* prescrita no art. 1.210, parágrafo 2º do Código Civil e o fato de Mévio ser adquirente de boa-fé.

(D) Tício poderá alegar a usucapião ordinária como matéria de defesa para impedir a procedência do pedido, mediante prova da existência de compromisso de compra e venda quitado, ainda que não registrado, e da posse prolongada exercida com boa-fé.

(E) a alegação de usucapião ordinária formulada por Tício, como matéria de defesa, não impedirá a procedência do pedido, por falta de prévio registro do compromisso de compra e venda, condição indispensável para torná-lo oponível *erga omnes*, em especial a Mévio, adquirente de boa-fé.

A questão trata da usucapião ordinária, prevista no art. 1.242 do Código Civil. Tício exerceu a posse sobre o imóvel de forma contínua, inconteste e de boa-fé. O prazo para a consumação de tal usucapião é de dez anos e o compromisso de compra e venda caracteriza a existência do justo título. O STJ já firmou entendimento segundo o qual: "*reconhece como justo título, hábil a demonstrar a posse, o instrumento particular de compromisso de comprae venda, ainda que desprovidode registro*" (AgInt no AREsp 202871/MS Agravo Interno no Agravo em Recurso Especial 2012/0144045-5). Desta forma, ele tornou-se legítimo proprietário do bem em novembro de 2017, quando o prazo se consumou e tal direito real de propriedade pode ser utilizado em sede de defesa (STF, súmula 237). No que se refere a Mévio, ele poderá se voltar contra Caio, que vendeu coisa que já não era sua. Para tanto, ele utilizará as regras legais da garantia contra a evicção (CC, arts. 447 e seguintes).**GN**
Gabarito "D".

(Procurador do Estado/SE – 2017 – CESPE) Carlos, proprietário de um terreno, concedeu a Pedro, mediante escritura pública registrada, o direito de cultivar esse terreno pelo período de três anos.

Nessa situação hipotética, de acordo com o que dispõe o Código Civil,

(A) em caso de falecimento de Pedro, o direito poderá ser transferido a seus herdeiros ou a terceiros.

(B) Carlos poderá alienar o direito de cultivo durante o prazo estipulado, mas não poderá alienar o imóvel objeto da concessão.

(C) Pedro poderá fazer obra no subsolo para guardar em depósito os insumos destinados à plantação.

(D) caso o imóvel seja desapropriado, Pedro também fará jus à indenização.

(E) Carlos continuará obrigado ao pagamento dos tributos que incidirem sobre o terreno.

A: incorreta, pois o direito de superfície pode ser transferido a terceiros independentemente da morte de Pedro (art. 1.372, "caput", CC); **B:** incorreta, Carlos (proprietário) pode sim alienar o imóvel objeto da concessão, desde que dê preferência ao superficiário, em igualdade de condições (art. 1.373 CC). **C** incorreta, pois o direito de superfície não autoriza obra no subsolo, salvo se for inerente ao objeto da concessão (art. 1.369, parágrafo único, CC); **D:** correta, pois caso o imóvel seja desapropriado, Pedro terá direito a indenização no valor correspondente ao seu direito real (art. 1.376 CC); **E:** incorreta, pois o superficiário responderá pelos encargos e tributos que incidirem sobre o imóvel (art. 1.371 CC). **GR**
Gabarito "D".

(Procurador – SP – VUNESP – 2015) Assinale a alternativa correta sobre a propriedade imóvel, seu uso e transmissão.

(A) O direito à aquisição da propriedade imóvel, pela usucapião extraordinária, não será reconhecido ao mesmo possuidor mais de uma vez.

(B) O proprietário causador de interferências prejudiciais ao sossego da vizinhança, com respaldo no interesse público, fica isento do pagamento de indenização aos vizinhos atingidos.

(C) A propriedade do solo abrange as jazidas, as minas e os demais recursos minerais nele existentes.

(D) De acordo com a sistemática adotada pelo direito brasileiro, em regra, transfere-se a propriedade imóvel

no ato da assinatura da escritura pública de venda e compra.

(E) O abandono é uma das formas de perda da propriedade e, preenchidos os requisitos legais, poderá o imóvel ser arrecadado como bem vago.

A: incorreta, pois o requisito de "*não ser reconhecido ao mesmo possuidor mais de uma vez*" não se aplica à hipótese de usucapião extraordinária (CC, art. 1.238); **B:** incorreta, pois mesmo nesse caso o proprietário deverá pagar "indenização cabal" ao vizinho (CC, art. 1.278); **C:** incorreta, pois a propriedade do solo não abrange as jazidas, as minas e os demais recursos minerais nele existentes (CC, art. 1.230); **D:** incorreta, pois em nosso sistema, o que transfere a propriedade é o registro (bens imóveis) e a tradição (bens móveis) como estabelecido pelos artigos 1.245 e 1.267; **E:** correta, pois de acordo com a previsão do art. 1.276 do Código Civil. **GN**
Gabarito "E".

(Procurador – SP – VUNESP – 2015) Sobre a prescrição aquisitiva de bens públicos, é correto afirmar que

(A) todos os bens públicos estão sujeitos à prescrição aquisitiva.

(B) apenas os bens de uso especial estão sujeitos à prescrição aquisitiva.

(C) nenhum bem público está sujeito à prescrição aquisitiva.

(D) apenas os bens dominicais estão sujeitos à prescrição aquisitiva.

(E) apenas os bens de uso especial e os dominicais estão sujeitos à prescrição aquisitiva.

O Estado não teria condições de proteger e zelar por todos os bens de que é proprietário. Assim, a consumação de usucapião de bens públicos seria algo extremamente comum e prejudicial à sociedade de um modo geral. Por conta disso, a lei não deixou dúvidas e previu duas vezes na Constituição Federal que os bens públicos não estariam sujeitos à usucapião (CF, art. 183, § 3º e art. 191, parágrafo único). Como se ainda precisasse, o Código Civil repetiu a regra no art. 102. Vale, contudo, uma ressalva. O STJ consolidou entendimento no sentido da possibilidade de usucapião extraordinária do domínio útil de imóvel sob o regime da enfiteuse (com prazo de 15 anos). Nesse sentido foi o julgado no AgInt no AREsp 358.081/PE, Rel. Ministro Benedito Gonçalves, Primeira Turma, julgado em 20/09/2016, DJe 05/10/2016). **GN**
Gabarito "C".

(Procurador – IPSMI/SP – VUNESP – 2016) João exerceu posse de uma propriedade imóvel, como se sua fosse, por quinze anos, sem interrupção, nem oposição. Consta no Registro de Imóveis que o imóvel pertence a Antonio e está hipotecado para o Banco X. Diante desse fato, assinale a alternativa correta.

(A) Prevalece a usucapião sobre a hipoteca, como modo de aquisição originária da propriedade.

(B) O Banco X tem o direito de executar a hipoteca, caso não paga, imitindo-se na posse.

(C) O Banco X tem o direito de excutir a propriedade, independentemente de quem seja o titular de sua posse.

(D) A hipoteca está cancelada desde o momento em que João passou a exercer a posse como se a propriedade fosse sua.

(E) Não há causa para a extinção da hipoteca, por falta de disposição legal que abranja a situação fática apresentada.

5. DIREITO CIVIL

A usucapião é forma originária de aquisição de propriedade. Isso significa que eventual direito real de garantia estabelecido anteriormente não prevalece. Esse é o entendimento consolidado pelo STJ. Nesse sentido: "*A usucapião é forma de aquisição originária da propriedade, de modo que não permanecem os ônus que gravavam o imóvel antes da sua declaração*" (AgRg no REsp 647.240/DF, Rel. Ministro Ricardo Villas Bôas Cueva, Terceira Turma, julgado em 07/02/2013, DJe 18/02/2013). **GN**

Gabarito "A".

(Procurador Municipal – Sertãozinho/SP – VUNESP – 2016) Com relação à propriedade imóvel, é correto afirmar que

(A) não se admite a renúncia à propriedade imóvel quando há débitos de natureza *propter rem* perante a municipalidade.

(B) no caso de abandono do imóvel urbano pelo proprietário, havendo sua arrecadação como bem vago, o domínio passará ao Estado ou ao Distrito Federal, se achar-se nas respectivas circunscrições.

(C) a aquisição pelo registro do título somente tem eficácia a partir do efetivo registro pelo oficial do cartório competente, que não poderá ultrapassar o prazo de 30 (trinta) dias.

(D) na aquisição por usucapião, em regra não se admite que o possuidor acrescente à sua posse a dos seus antecessores, com o objetivo de cumprir o requisito temporal.

(E) a prescrição aquisitiva é forma originária de aquisição da propriedade.

A: incorreta, pois a renúncia à propriedade imóvel é válida, ainda que haja débitos de natureza *propter rem* perante a municipalidade, como é o caso típico do IPTU; **B:** incorreta, pois no caso de abandono, o bem poderá ser arrecadado e passará, após três anos, à propriedade do Município ou Distrito Federal onde localizado (CC, art. 1.276); **C:** incorreta, pois "*O registro é eficaz desde o momento em que se apresentar o título ao oficial do registro, e este o prenotar no protocolo*" (CC, art. 1.246); **D:** incorreta, pois o sucessor universal (ex: herdeiro único) continua de direito a posse do seu antecessor. Já o sucessor singular (ex: herdeiro legatário, a quem se deixou um terreno) tem a opção de unir sua posse à do antecessor (CC, art. 1.207); **E:** correta, pois a usucapião é forma originária de aquisição de propriedade. Isso significa que eventual direito real de garantia estabelecido anteriormente não prevalece. Esse é o entendimento consolidado pelo STJ. Nesse sentido: "*A usucapião é forma de aquisição originária da propriedade, de modo que não permanecem os ônus que gravavam o imóvel antes da sua declaração*" (AgRg no REsp 647.240/DF, Rel. Ministro Ricardo Villas Bôas Cueva, Terceira Turma, julgado em 07/02/2013, DJe 18/02/2013). **GN**

Gabarito "E".

(Procurador do Estado – PGE/PA – UEPA – 2015) Assinale a alternativa correta:

I. A alegação de propriedade obsta à manutenção ou a reintegração na posse.

II. Ao possuidor de má-fé não serão ressarcidas nenhuma espécie de benfeitorias.

III. O domínio útil pode ser objeto de hipoteca.

IV. A servidão aparente pode ser usucapida.

A alternativa que contém todas as afirmativas corretas é:

(A) I e IV.

(B) I e II.

(C) II e III.

(D) III e IV.

(E) I e III.

I: incorreta, pois em sede de ação possessória, a discussão de propriedade é proibida (CPC, art. 557 parágrafo único); II: incorreta, pois ele tem direito de ressarcimento às benfeitorias necessárias (CC, art. 1.220); III: correta, pois de acordo com a previsão do 1.473, III do CC; IV: correta, pois a servidão aparente gera posse e um dos efeitos da posse é justamente a usucapião (STF, súmula 415). **GN**

Gabarito "D".

(Procurador do Estado – PGE/RS – Fundatec – 2015) Assinale a alternativa INCORRETA.

(A) A imissão provisória na posse do imóvel sujeito à ação de desapropriação não viola a regra da indenização prévia, justa e em dinheiro.

(B) A desapropriação sem pagamento de indenização se limita às glebas em que localizado o cultivo de plantas psicotrópicas ilegais ou verificada a utilização de trabalho escravo.

(C) Na desapropriação amigável, empreendida em sede administrativa, o pagamento da indenização se dá por meio de precatório.

(D) São insuscetíveis de desapropriação para fins de reforma agrária os imóveis rurais produtivos e aqueles, pequenos e médios, que sejam os únicos imóveis do proprietário.

(E) A limitação da discussão, nas ações de desapropriação, a questões processuais e ao valor da indenização, não impede que outras questões sejam deduzidas em ação própria.

A: correta, pois o STJ entendeu que tal imissão provisória é permitida, desde que depositado o "valor já obtido na perícia judicial provisória" (REsp 1185583/SP, Rel. Min. Benedito Gonçalves, Rel. p/ Acórdão Min. Cesar Asfor Rocha, Primeira Seção, j. 27.06.2012, *DJe* 23.08.2012); **B:** correta, pois de pleno acordo com a regra estabelecida no art. 243 da CF; **C:** incorreta, pois a desapropriação amigável, prevista no art. 10 do Decreto-lei 3.365/1941, não prevê participação do Poder Judiciário (REsp 1595668/PR, Rel. Min. Herman Benjamin, Segunda Turma, j. 25.10.2016, *DJe* 08.11.2016); **D:** correta, pois de acordo com a limitação estabelecida pelo art. 185 da CF; **E:** correta, pois de acordo com a orientação consolidada seguida pelo STJ (AgRg no REsp 1562230/PR, Rel. Min. Herman Benjamin, Segunda Turma, j. 19.04.2016, DJe 27.05.2016). **GN**

Gabarito "C".

(Procurador do Estado – PGE/MT – FCC – 2016) José, embora sem justo título nem boa-fé, exerceu, por dez anos, sem interrupção, nem oposição, a posse de imóvel registrado em nome de Caio, menor impúbere, nele estabelecendo sua moradia habitual. De acordo com o Código Civil,

(A) ocorreu usucapião ordinária, porque o prazo desta, de quinze anos, é reduzido a dez quando o possuidor estabelece no imóvel sua moradia habitual.

(B) ocorreu usucapião extraordinária, porque o prazo desta, de quinze anos, é reduzido a dez quando o possuidor estabelece no imóvel sua moradia habitual.

(C) não ocorreu usucapião, porque esta ocorre somente se o possuidor tiver justo título.

(D) não ocorreu usucapião, porque se aplicam à usucapião as causas que obstam, suspendem ou interrompem a prescrição.

(E) não ocorreu usucapião, porque esta ocorre somente se o possuidor tiver boa-fé.

As hipóteses de suspensão/impedimento da prescrição (CC, arts. 197 a 201), e as hipóteses de interrupção da prescrição (CC, art. 202)

são aplicáveis ao prazo de usucapião (CC, art. 1.244). Assim, por exemplo, não corre prazo de usucapião contra: *"os ausentes do país em serviço público da União"* (CC, art. 198, II). A hipótese mencionada é um exemplo clássico de impedimento de prazo prescricional, pois não corre prazo de prescrição contra o absolutamente incapaz (CC, art. 198, I). Logo, também não corre prazo de usucapião contra o absolutamente incapaz. **GN**

Gabarito "D".

(Procurador do Estado – PGE/RN – FCC – 2014) A alienação fiduciária em garantia de bem imóvel

(A) é negócio jurídico que equivale à cláusula de retrovenda, atribuindo ao adquirente a propriedade plena do bem até a extinção integral da obrigação garantida.

(B) não é negócio privativo de instituições financeiras e atribui ao credor fiduciário a propriedade resolúvel do bem, até a extinção integral da obrigação garantida.

(C) é garantia real divisível que se reduz, à medida que a dívida garantida for amortizada.

(D) é negócio privativo de instituições financeiras e atribui ao credor fiduciário a propriedade resolúvel do bem, até a extinção integral da obrigação garantida.

(E) não é negócio privativo de instituições financeiras e atribui ao credor fiduciário a propriedade plena do bem, até a extinção integral da obrigação garantida, que será devolvida ao fiduciante por retrovenda.

A: incorreta, pois na venda com cláusula de retrovenda (CC, art. 505) ocorre a transmissão da propriedade ao adquirente e – aquele que vendeu – poderá pleitear a recompra do imóvel. Na alienação fiduciária, transfere-se o bem em garantia, sob condição resolutiva. Caso ocorra o pagamento integral da dívida, resolve-se a propriedade em favor do devedor que solveu a dívida. Nesses temos, "*Com o pagamento da dívida e seus encargos, resolve-se, nos termos deste artigo, a propriedade fiduciária do imóvel*" (Lei 9.514/1997, art. 25); **B:** correta, pois de acordo com o permissivo legal estabelecido pelo art. 22 § 1º da Lei de Alienação Fiduciária (Lei 9.514/1997), segundo o qual: "*A alienação fiduciária poderá ser contratada por pessoa física ou jurídica, não sendo privativa das entidades que operam no SFI*"; **C:** incorreta, pois os direitos reais de garantia são indivisíveis. Eventual pagamento parcial não reduz a garantia imobiliária; **D:** incorreta, pois admite-se a utilização do instituto pelas pessoas físicas (Lei 9.514/1997, art. 22 § 1º); **E:** incorreta, pois a propriedade que se transfere é resolúvel e não há elementos de retrovenda na hipótese. **GN**

Gabarito "B".

(Procurador do Estado/GO – 2010) Sobre a usucapião, está COR-RETA a seguinte proposição:

(A) Usucapião é forma derivada de aquisição da propriedade pelo exercício da posse, com *animus domini*, na forma e pelo tempo exigidos pela lei.

(B) Com exceção dos bens dominicais, os demais bens públicos não podem ser adquiridos por usucapião.

(C) Adquire também a propriedade do imóvel aquele que, contínua e incontestadamente, independentemente de justo título e boa-fé, o possuir por dez anos.

(D) Não se aplicam à usucapião as causas que obstam, suspendem ou interrompem a prescrição.

(E) Aquele que possuir, como sua, área urbana de até 250 metros quadrados, por cinco anos ininterruptamente e sem oposição, utilizando-a para sua moradia ou de sua família, adquirir-lhe-á o domínio, desde que não seja proprietário de outro imóvel urbano ou rural.

A: incorreta, pois a usucapião é forma originária de aquisição da propriedade; **B:** incorreta, pois nenhum bem público pode ser adquirido por usucapião (art. 102, do CC); **C:** incorreta, pois o prazo é de quinze anos (art. 1.238, do CC); **D:** incorreta (art. 1.244, do CC); **E:** correta (art. 1.240, do CC).

Gabarito "E".

(PROCURADOR DO ESTADO/MG – FUMARC – 2012) O exercício incontestado de uma servidão aparente com o preenchimento dos demais requisitos legais, autoriza o possuidor sem justo título a adqui-la por usucapião. Assinale a alternativa que contempla o prazo completo para tal mister:

(A) 03 anos

(B) 05 anos

(C) 10 anos

(D) 15 anos

(E) 20 anos

A alternativa "E" está correta, pois reflete o disposto no art. 1.379, parágrafo único, do CC, ficando excluídas as demais.

Gabarito "E".

(Procurador do Estado/PR – UEL-COPS – 2011) No que se refere às descrições do Código Civil acerca da Desapropriação, assinale a alternativa incorreta:

(A) o proprietário pode ser privado da coisa na hipótese de necessidade ou utilidade pública;

(B) o proprietário pode ser privado da coisa em casos de interesse social;

(C) o proprietário pode ser privado da coisa se o imóvel de sua propriedade consistir em extensa área, na posse ininterrupta e de boa-fé, por mais de cinco anos, de considerável número de pessoas, e estas nela houverem realizado obras e serviços considerados pelo juiz de interesse social e econômico relevante;

(D) a sentença é o título para o registro de imóveis, em casos de desapropriação declarada pelo juiz como de interesse coletivo relevante, a partir de obras realizadas por esta mesma coletividade, em imóvel de terceiro;

(E) o proprietário pode ser privado da coisa, nos casos de desapropriação, na hipótese de perigo público iminente.

A e B: corretas (art. 1.228, § 3º, do CC); **C:** correta (art. 1.228, § 4º, do CC); **D:** correta (art. 1.228, § 5º, do CC); **E:** incorreta, pois o proprietário pode ser privado da coisa, nos casos de requisição, em caso de perigo público iminente (art. 1.228, § 3º, do CC).

Gabarito "E".

(PROCURADOR DO ESTADO/RS – FUNDATEC – 2010) Assinale a alternativa incorreta:

(A) O direito de propriedade não é uma soma de faculdades, mas a unidade dos poderes conferidos ao proprietário.

(B) Possuidor ou detentor injusto é o que dispõe do bem sem causa jurídica que respalde a sua atuação.

(C) As universalidades de fato não podem ser objeto de reivindicação, pois esta tem por finalidade a restituição das coisas corpóreas certas que estejam no comércio.

(D) As regras legais submetem o exercício do direito de propriedade às suas finalidades econômicas e sociais, valorando o elemento da utilidade do bem.

5. DIREITO CIVIL 385

(E) Como regra, o amplo direito subjetivo do proprietário sobre a coisa objeto do seu domínio abrange o solo, o subsolo, os frutos e produtos.

A: correta (art. 1.228, do CC); **B:** correta (art. 1.200, do CC); **C:** incorreta (artigos 90 e 1.228, ambos do CC); **D:** correta (art. 5°, XXIII, da CF/88 e art. 1.228, § 1°, do CC); **E:** correta (art. 1.229, do CC).
Gabarito "C".

(Procurador do Município/Sorocaba-SP – 2012 – VUNESP) Assinale a alternativa que descreve corretamente os requisitos para a ocorrência da usucapião extraordinária.

(A) Aquele que exercer, por dois anos ininterruptamente e sem oposição, posse direta, com exclusividade, sobre imóvel urbano de até duzentos e cinquenta metros quadrados, cuja propriedade divida com ex-cônjuge ou ex-companheiro que abandonou o lar, utilizando-o para sua moradia ou de sua família, adquirir-lhe-á o domínio integral, desde que não seja proprietário de outro imóvel urbano ou rural.

(B) Aquele que, não sendo proprietário de imóvel rural ou urbano, possua como sua, por cinco anos ininterruptos, sem oposição, área de terra em zona rural não superior a cinquenta hectares, tornando-a produtiva por seu trabalho ou de sua família, tendo nela sua moradia, adquirir-lhe-á a propriedade.

(C) Aquele que possuir, como sua, área urbana de até duzentos e cinquenta metros quadrados, por cinco anos ininterruptamente e sem oposição, utilizando-a para sua moradia ou de sua família, adquirir-lhe-á o domínio, desde que não seja proprietário de outro imóvel urbano ou rural.

(D) Aquele que, por quinze anos, sem interrupção, nem oposição, possuir como seu um imóvel, adquire-lhe a propriedade, independentemente de título e boa-fé, podendo requerer ao juiz que assim o declare por sentença, a qual servirá de título para o registro no Cartório de Registro de Imóveis.

(E) As áreas urbanas com mais de duzentos e cinquenta metros quadrados, ocupadas por população de baixa renda para sua moradia, por cinco anos, ininterruptamente e sem oposição, onde não for possível identificar os terrenos ocupados por cada possuidor, são susceptíveis de serem usucapidas coletivamente, desde que os possuidores não sejam proprietários de outro imóvel urbano ou rural.

A: incorreta (art. 1.240-A, do CC e enunciados n. 498/502, CJF); **B:** incorreta, pois trata da usucapião especial rural (art. 1.239, do CC); **C:** incorreta, pois trata da usucapião especial urbana (art. 1.240, do CC); **D:** correta (art. 1.238, do CC); **E:** incorreta, pois trata da usucapião urbana coletiva (art. 10, da Lei n. 10.257/01 – Estatuto da Cidade).
Gabarito "D".

6.4. Direitos reais na coisa alheia – fruição

(Procurador do Estado/SP – 2018 –VUNESP) Sobre o direito real de laje, é correto afirmar:

(A) pressupõe a coexistência de unidades imobiliárias, autônomas ou não, de titularidades distintas e situadas na mesma área, de modo a permitir que o proprietário ceda a superfície de sua construção a outrem para que ali construa unidade distinta daquela originalmente construída sobre o solo.

(B) a ruína da construção-base não implica extinção do direito real de laje se houver sua reconstrução no prazo de 10 anos.

(C) as unidades autônomas constituídas em matrícula própria poderão ser alienadas por seu titular sem necessidade de prévia anuência do proprietário da construção-base.

(D) confere ao seu titular o direito de sobrelevações sucessivas, mediante autorização expressa ou tácita do proprietário da construção-base, desde que observadas as posturas edilícias e urbanísticas vigentes.

(e) contempla espaço aéreo e subsolo, tomados em projeção vertical, atribuindo ao seu titular fração ideal de terreno que comporte construção.

A: incorreta, pois a unidade deve ser autônoma (CC, art. 1.510-A, §1°); **B:** incorreta, pois – nesse caso – a ruína da construção base somente não implicará extinção do direito real de laje se houver sua reconstrução no prazo de 5 anos (CC, art. 1.510-E); **C:** correta, pois o Código Civil não exige anuência, mas apenas confere direito de preferênciaao titular da construção base e, na sequência, ao titular de outra laje. A consequência da não concessão de tal preferência é a possibilidade de o preterido depositar o respectivo preço e haver para si a parte alienada, desde que o requeira no prazo decadencial de cento e oitenta dias, contado da data de alienação (CC, art. 1.510-D); **D:** incorreta, pois o Código exige *"autorização expressa dos titulares da construção-base e das demais lajes"* (CC, art. 1.510-A § 6°); **E:** incorreta, pois não se atribui ao titular de direito real de laje fração ideal do terreno (CC, art. 1.510-A, § 4°).GN
Gabarito "C".

(Procurador do Município/São José dos Campos-SP – 2012 – VUNESP) Extinguem-se as servidões pelo(a)

(A) não uso, durante dez anos contínuos.

(B) morte do dono do prédio serviente.

(C) morte do dono do prédio dominante.

(D) hipoteca do prédio dominante.

(E) uso durante quinze anos.

A: correta (art. 1.389, III, do CC). A servidão se extingue: a) pela renúncia; b) pela cessação da utilidade; c) pelo resgate, pelo dono do prédio serviente; d) pela confusão; e) pela usucapião (nas servidões aparentes); f) pelo perecimento da coisa; g) pelo decurso do prazo ou da condição; h) pela desapropriação; B e **C:** incorretas, por falta de amparo legal; **D:** incorreta, pois *se o prédio dominante estiver hipotecado, e a servidão se mencionar no título hipotecário, será também preciso, para cancelar, o consentimento do credor.* Caso contrário, a hipoteca do prédio dominante não extingue a servidão (art. 1.387, parágrafo único, do CC); **E:** incorreta (art. 1389, III, do CC).
Gabarito "A".

(Procurador do Estado/TO – 2018 – FCC) Sobre o reconhecimento extrajudicial da usucapião, considere:

I. O pedido será processado diretamente perante o cartório do registro de imóveis da comarca em que situado o imóvel usucapiendo, a requerimento do interessado, que não precisará estar representado por advogado.

II. O pedido deverá ser instruído com ata notarial lavrada pelo tabelião, atestando o tempo de posse do requerente e seus antecessores, conforme o caso e suas circunstâncias.

III. Se a planta não contiver a assinatura de qualquer um dos titulares de direitos registrados ou averbados na matrícula do imóvel usucapiendo ou na matrícula dos imóveis confinantes, o titular será notificado pelo registrador competente, pessoalmente ou pelo correio com aviso de recebimento, para manifestar consentimento expresso em quinze dias, interpretado o silêncio como concordância.

IV. O oficial de registro de imóveis dará ciência à União, ao Estado, ao Distrito Federal e ao Município, pessoalmente, por intermédio do oficial de registro de títulos e documentos, ou pelo correio com aviso de recebimento, para que se manifestem, em quinze dias, sobre o pedido.

V. Não é lícito ao interessado suscitar o procedimento de dúvida, mas a rejeição do pedido extrajudicial não impede o ajuizamento da ação de usucapião.

Está correto o que se afirma APENAS em

(A) II e IV.

(B) IV e V.

(C) I e III.

(D) I e II.

(E) III e V.

I: errada, pois é necessário a atuação de advogado (art. 216-A, *caput* da Lei 6.015/73); II: certa (art. 216-A, I da Lei 6.015/73); III: Item considerado inicialmente incorreto pela banca, por isso a questão foi anulada. A alternativa III está correta nos termos do art. 216-A, § 2º da LRP (Se a planta não contiver a assinatura de qualquer um dos titulares de direitos registrados ou averbados na matrícula do imóvel usucapiendo ou na matrícula dos imóveis confinantes, o titular será notificado pelo registrador competente, pessoalmente ou pelo correio com aviso de recebimento, para manifestar consentimento expresso em quinze dias, interpretado o silêncio como concordância); IV: certa (art. 216-A, § 3º da Lei 6.015/73); V: errada, pois em qualquer caso, é lícito ao interessado suscitar o procedimento de dúvida, nos termos desta Lei (art. 216-A, § 7º da Lei 6.015/73). GR

Gabarito "Anulada"

6.5. Direitos reais na coisa alheia – garantia

(Procurador Municipal/SP – VUNESP – 2016) Sobre a possibilidade de instituir-se a hipoteca e a usucapião, assinale a alternativa correta.

(A) A decisão que reconhece a aquisição da propriedade de bem imóvel por usucapião prevalece sobre a hipoteca que anteriormente tenha gravado o referido bem.

(B) É plenamente eficaz gravar o bem com hipoteca pelo proprietário que assim consta no registro de domínio, independentemente do tempo da posse *ad usucapionem* de terceiro.

(C) A prescrição aquisitiva – usucapião –, não poderá ser reconhecida se houver gravame hipotecário, ou outro direito real que importe em garantia, sobre o imóvel em que se exerce a posse *ad usucapionem*.

(D) A hipoteca, por dar o bem em garantia, e a usucapião, pela natureza jurídica da posse e de seu titular, não podem recair sobre imóvel considerado como bem de família.

(E) O direito a adquirir a propriedade por meio da prescrição aquisitiva é interrompido pela execução da hipoteca constituída sobre o imóvel em benefício do agente financeiro, por empréstimo contraído pelo promitente vendedor.

A: correta, pois a usucapião é forma originária de aquisição de propriedade. Isso significa que eventual direito real de garantia estabelecido

anteriormente não prevalece. Esse é o entendimento consolidado pelo STJ. Nesse sentido: "*A usucapião é forma de aquisição originária da propriedade, de modo que não permanecem os ônus que gravavam o imóvel antes da sua declaração*" (AgRg no REsp 647.240/DF, Rel. Ministro Ricardo Villas Bôas Cueva, Terceira Turma, julgado em 07/02/2013, DJe 18/02/2013); B: incorreta, pois caso o prazo de usucapião já tenha se consumado, a garantia real será inócua; C: incorreta, pois a usucapião é forma originária de aquisição de propriedade e prevalecerá sobre eventual hipoteca; D: incorreta, pois nada impede hipoteca ou usucapião sobre bem de família; E: incorreta, pois a usucapião prevalece sobre a hipoteca. GN

Gabarito "A".

(Procurador do Estado – PGE/MT – FCC – 2016) Endividado, Ademir contraiu empréstimo de R$ 100.00,00 (cem mil reais) com o Banco Riqueza, oferecendo, como garantia, a hipoteca de um de seus imóveis. Paga parcialmente a dívida, Ademir alienou referido imóvel a Josué. A hipoteca

(A) é extinta tanto pelo pagamento parcial da dívida como pela alienação da coisa.

(B) é extinta pelo pagamento parcial da dívida.

(C) não é extinta pelo pagamento parcial da dívida, mas impede a alienação da coisa.

(D) não é extinta pelo pagamento parcial da dívida, nem impede a alienação da coisa, mas o credor hipotecário não poderá fazer valer o direito real de garantia contra o adquirente do bem.

(E) não é extinta pelo pagamento parcial da dívida nem impede a alienação da coisa, mas o credor hipotecário poderá fazer valer o direito real de garantia contra o adquirente do bem.

A e B: incorretas, pois o pagamento de "*uma ou mais prestações da dívida não importa exoneração correspondente da garantia*" (CC, art. 1.421); C: incorreta, pois "É nula a cláusula que proíbe ao proprietário alienar imóvel hipotecado" (CC, art. 1.475); D: incorreta, pois a característica principal do direito real de garantia é o fato de que – em eventual alienação – o credor pode fazer valer seu crédito contra o adquirente; E: correta, pois o pagamento parcial não importa extinção; a alienação do bem é permitida e o credor hipotecário pode fazer valer seu direito contra o adquirente. GN

Gabarito "E".

(Procurador/DF – 2013 – CESPE) Considerando que determinada pessoa física tenha contraído dívida em dinheiro e garantido o pagamento do débito mediante hipoteca de imóvel seu, julgue os próximos itens.

(1) O devedor somente poderá alienar o imóvel hipotecado se não houver cláusula contratual expressa que vede a alienação.

(2) Em caso de execução, poderão os ascendentes do devedor remir o imóvel hipotecado, desde que paguem a integralidade da dívida.

1: Errada, pois é nula a cláusula que proíbe ao proprietário alienar imóvel hipotecado (art. 1.475, CC); 2: Errada, pois a lei não limita a remição aos ascendentes.

Gabarito 1E, 2E.

(Procurador do Estado/GO – 2010) Assinale a alternativa CORRETA:

(A) Nas dívidas garantidas por penhor, anticrese ou hipoteca, o bem dado em garantia fica sujeito, por vínculo pessoal, ao cumprimento da obrigação.

(B) Mesmo os bens inalienáveis podem ser dados em penhor, anticrese ou hipoteca.

5. DIREITO CIVIL

(C) Não assiste ao credor anticrético o direito de reter em seu poder o bem, enquanto a dívida não for paga.

(D) É legítima a cláusula que proíbe ao proprietário alienar imóvel hipotecado.

(E) É nula a cláusula que autoriza o credor pignoratício, anticrético ou hipotecário a ficar com o objeto da garantia, se a dívida não for paga no vencimento.

A: incorreta (art. 1.419, do CC); **B:** incorreta (art. 1.420, *caput*, do CC); **C:** incorreta (art. 1.423, do CC); **D:** incorreta (art. 1.475, do CC); **E:** correta (art. 1.365, do CC).
Gabarito "E".

(Procurador do Estado/SC – 2010 – FEPESE) Assinale a alternativa **correta**, de acordo com o Código Civil Brasileiro.

(A) A hipoteca impede a livre disposição do bem gravado.

(B) Em caso de mora ou inadimplemento, pode o proprietário fiduciário ficar com a coisa alienada em garantia.

(C) Aquele que, não sendo proprietário de imóvel rural ou urbano, possua como sua, por dez anos ininterruptos, sem oposição, área de terra em zona urbana não superior a cinquenta hectares, tornando-a produtiva por seu trabalho ou de sua família, tendo nela sua moradia, adquirir-lhe-á a propriedade.

(D) Os frutos civis reputam-se colhidos e percebidos, logo que são separados; os naturais e industriais reputam-se percebidos dia por dia.

(E) Não se fará o penhor de veículos sem que estejam previamente segurados contra furto, avaria, perecimento e danos causados a terceiros.

A: incorreta, pois é nula a cláusula que proíbe ao proprietário alienar imóvel hipotecado (art. 1.475 do CC); **B:** incorreta, pois é nula a cláusula que autoriza o proprietário fiduciário a ficar com a coisa alienada em garantia, se a dívida não for paga no vencimento (art. 1.365 do CC); **C:** incorreta, pois aquele que, não sendo proprietário de imóvel rural ou urbano, possua como sua, por cinco anos ininterruptos, sem oposição, área de terra em zona rural não superior a cinquenta hectares, tornando-a produtiva por seu trabalho ou de sua família, tendo nela sua moradia, adquirir-lhe-á a propriedade (art. 1.239 do CC); **D:** incorreta, pois a alternativa trocou os conceitos; os frutos naturais e industriais reputam-se colhidos e percebidos, logo que são separados; os civis reputam-se percebidos dia por dia (art. 1.215 do CC); **E:** correta (art. 1.463 do CC).
Gabarito "E".

(Procurador do Município/São José dos Campos-SP – 2012 – VUNESP) Podem ser objeto de hipoteca os imóveis e seus acessórios. Desse modo,

(A) é nula a cláusula que proíbe ao proprietário alienar imóvel hipotecado.

(B) o dono de imóvel hipotecado não pode constituir outra hipoteca sobre ele.

(C) não subsistem os ônus reais constituídos e registrados anteriormente à hipoteca.

(D) a hipoteca somente poderá ser constituída para dívida certa e atual.

(E) a hipoteca poderá ser prorrogada até perfazer trinta anos da data do contrato.

A: correta (art. 1.475, do CC); **B:** incorreta (art. 1.476, do CC); **C:** incorreta (art. 1.474, do CC); **D:** incorreta (art. 1.487, do CC); **E:** incorreta (art. 1.485, do CC).
Gabarito "A".

(Procurador do Município/Sorocaba-SP – 2012 – VUNESP) Quanto aos efeitos dos direitos reais em garantia, Caio Mário da Silva Pereira afirma que a faculdade de o credor com garantia real executar judicialmente o débito garantido, vendendo judicialmente o bem, quando o débito vencido não for pago, denomina-se

(A) garantia.

(B) excussão.

(C) sequela.

(D) indivisibilidade.

(E) privilégio.

A, C, D e E: incorretas. **B:** correta. Os direitos reais em garantia geram os seguintes efeitos: i) direito de preferência (os credores hipotecários e pignoratícios têm preferência no pagamento de seus créditos, em detrimento de outros credores); ii) direito de sequela (o credor com garantia real pode perseguir e reclamar a coisa contra qualquer pessoa); iii) direito de excussão (após o vencimento da dívida, a coisa dada em garantia pode ser vendida judicialmente pelo credor); iv) indivisibilidade (salvo convenção entre as partes, o pagamento parcial da dívida não exonera a garantia).
Gabarito "B".

(Procurador do Município – Valinhos/SP – 2019 – VUNESP) João da Silva deixou joias em um banco como garantia de contrato de penhor, tendo estas sido roubadas. João não cumpriu com sua obrigação contratual, deixando de pagar o empréstimo. Diante desses fatos, assinale a alternativa correta.

(A) O perecimento por completo da coisa empenhada induz à extinção da obrigação principal.

(B) Nas dívidas garantidas por penhor, o perecimento do bem, desnatura e impossibilita o cumprimento da obrigação.

(C) O contrato de penhor perdeu a eficácia e não há que se falar em substituição da garantia.

(D) O credor deve ser constrangido a devolver a coisa empenhada, ou uma parte dela, antes de ser integralmente pago.

(E) O credor pignoratício deve pagar ao proprietário o valor das joias, descontando-se o valor do contrato de penhor.

A: incorreta, pois o perecimento por completo da coisa empenhada *não* induz à extinção da obrigação principal. O que é extinto na verdade é o penhor em si (art. 1.436, II CC); **B:** incorreta, pois o perecimento do bem não desnatura nem impossibilita o cumprimento da obrigação. Nestes casos, o devedor será intimado a reforçar a garantia ou a substituir. Caso não o faça, a dívida se considerará vencida (art. 1.425, IV CC); **C:** incorreta, pois perecido o bem dado em garantia o contrato não perde a eficácia (quando falamos em eficácia nos referimos a termo, condição e encargo – arts. 121 e seguintes CC. E esses institutos não se aplicam neste caso). O que acontece é que caso o bem não seja substituído haverá o vencimento antecipado da dívida (art. 1.425, IV CC); **D:** incorreta, pois o credor não pode ser constrangido a devolver a coisa empenhada, ou uma parte dela, antes de ser integralmente pago (art. 1.434 CC, 1ª parte); **E:** correta, pois o banco na figura de credor pignoratício era obrigado a custodiar as joias como depositário, e considerando que a coisa se perdeu por sua culpa, será obrigado a ressarcir ao dono, podendo ser compensada na dívida, até a concorrente quantia, a importância da responsabilidade (art. 1.435, I CC). **GR**
Gabarito "E".

(Procurador do Município – Boa Vista/RR – 2019 – CESPE/CEBRASPE) Em cada um dos itens a seguir é apresentada uma situação hipotética seguida de uma assertiva a ser julgada a respeito de direitos reais de garantia e da responsabilidade civil.

(1) João e Marcelo são coproprietários de um apartamento. João pretende obter um empréstimo e, para atender a uma exigência bancária, deseja dar o referido apartamento como garantia da dívida que será contraída. Nessa situação, mesmo sendo o apartamento um bem indivisível, João poderá, sem o consentimento de Marcelo, dar em garantia hipotecária a parte que lhe pertence no referido imóvel.

(2) Atendendo a um pedido de seu amigo Flávio, Gustavo lhe deu carona no percurso compreendido entre o local de trabalho e a faculdade onde ambos estudavam. Em determinado momento do percurso, Gustavo reduziu a velocidade do veículo por ter avistado um transeunte em uma faixa de pedestres, recebendo uma colisão violenta do carro que estava atrás com o seu veículo. Em decorrência desse acidente, Flávio ficou paraplégico. Nessa situação, de acordo com a jurisprudência do STJ, Gustavo poderá ser responsabilizado civilmente pelos danos materiais e morais suportados por Flávio.

1: Certa, pois referente à parte que lhe pertence João pode hipotecá-la sem a anuência de Marcelo. Neste sentido prevê o art. 1.420, § 2° CC que a coisa comum a dois ou mais proprietários não pode ser dada em garantia real, na sua totalidade, sem o consentimento de todos; *mas cada um pode individualmente dar em garantia real a parte que tiver.* **2:** Errada, pois nos termos da Súmula 145 STJ "No transporte desinteressado, de simples cortesia, o transportador só será civilmente responsável por danos causados ao transportado quando incorrer em dolo ou culpa grave." No caso em tela Gustavo não agiu nem com dolo nem com culpa, logo, não poderá ser responsabilizado por danos materiais nem morais. **GR**
Gabarito 1C, 2E

7. FAMÍLIA

7.1. Casamento

(Procurador do Estado – PGE/RN – FCC – 2014) Pedro e Maria são casados sob o regime da comunhão parcial de bens. Durante a sociedade conjugal, Pedro recebeu prêmio de aposta em loteria, no valor de R$ 5.000.000,00 (cinco milhões de reais), resolvendo divorciar-se de Maria. Até então, possuíam os seguintes bens: uma casa doada pelos pais de Maria a ambos os nubentes, por ocasião do casamento; um sítio adquirido a título oneroso por Pedro durante a sociedade conjugal, fruto da economia de seus salários, tendo Maria recebido uma outra casa, por herança de sua mãe, depois do casamento. Na partilha de bens, em razão do divórcio observar-se-á o seguinte:

(A) somente Pedro tem direito ao prêmio que auferiu na aposta e ambos têm iguais direitos sobre os demais bens.

(B) cada um tem direito à metade do prêmio que Pedro auferiu na aposta; ambos têm iguais direitos sobre a casa doada pelos pais de Maria e ao sítio adquirido por Pedro e Maria tem a propriedade exclusiva da casa que recebeu por herança de sua mãe.

(C) somente Pedro tem direito ao prêmio que auferiu na aposta; ambos têm iguais direitos sobre a casa doada

pelos pais de Maria e ao sítio adquirido por Pedro e Maria tem a propriedade exclusiva da casa que recebeu por herança de sua mãe.

(D) cada um tem direito à metade do prêmio que Pedro auferiu na aposta; somente Maria tem direito sobre a casa doada por seus pais e à propriedade exclusiva da casa que recebeu por herança de sua mãe e ambos têm iguais direitos sobre o sítio adquirido por Pedro.

(E) ambos têm iguais direitos sobre todos esses bens.

Apenas a assertiva 'B' soluciona a questão de forma adequada. A questão envolve a comunicação de bens no regime da comunhão parcial. Primeiramente, o prêmio da loteria comunica-se, pois constitui um bem advindo de "fato eventual" (CC, art. 1.660, II). A casa doada pelos pais de Maria *"a ambos os nubentes, por ocasião do casamento"* também se comunica, pois é um bem adquirido por doação "em favor de ambos os cônjuges" (CC, art. 1.660, III). O sítio adquirido a título oneroso por Pedro durante a sociedade conjugal também se comunica, não importando que foi comprado com o salário de Pedro (CC, art. 1.660, I). Por fim, a casa que Maria recebeu de herança não se comunica, mesmo tendo recebido durante o casamento, constituindo um bem particular dela (CC, art. 1.659, I). **GN**
Gabarito "B".

(Procurador do Estado/MT – FCC – 2011) Qualquer que seja o regime de bens, tanto o marido quanto a mulher sempre podem livremente

(A) praticar todos os atos de disposição e de administração necessários ao desempenho de sua profissão.

(B) administrar os bens próprios do outro cônjuge.

(C) desobrigar ou reivindicar os imóveis que tenham sido gravados ou alienados com o seu consentimento.

(D) reivindicar os bens imóveis comuns, doados pelo outro cônjuge ao concubino, desde que provado que os bens não foram adquiridos pelo esforço comum destes, se o casal estiver separado de fato por mais de cinco anos.

(E) demandar a rescisão dos contratos de fiança e doação, ou a invalidação do aval, realizados pelo outro cônjuge, ainda que com o seu consentimento.

A: incorreta (art. 1.642, I, do CC); **B:** incorreta (art. 1.642, II, do CC); **C:** incorreta (art. 1.642, III, do CC); **D:** correta (art. 1.642, V, do CC); **E:** incorreta (art. 1.642, IV, do CC).
Gabarito "D".

7.2. União estável

(Procurador do Estado/RO – 2011 – FCC) Estão impedidos de estabelecer união estável:

(A) o companheiro sobrevivente com o condenado por homicídio culposo contra o seu consorte.

(B) os afins em linha reta.

(C) os colaterais até quarto grau, inclusive.

(D) os viúvos ou viúvas que tiverem filho de cônjuge falecido enquanto não fizer inventário dos bens do casal e der partilha aos herdeiros.

(E) pessoas divorciadas.

A: incorreta, pois não podem estabelecer união estável o cônjuge sobrevivente com o condenado por homicídio ou tentativa de homicídio contra o seu consorte (arts. 1.723, § 1° e 1.521, VII, do CC); **B:** correta (arts. 1.723, § 1° e 1.521, II, do CC); **C:** incorreta, pois não podem estabelecer união estável os colaterais até o terceiro grau inclusive (arts. 1.723, § 1° e 1.521, IV, do CC); **D:** incorreta, pois se trata de causa suspensiva e não de impedimento (art. 1.523, I, do CC); **E:** incorreta, pois as pessoas divorciadas não estão impedidas de estabelecer união estável.

Gabarito "B".

(Procurador do Município/Teresina-PI – 2010 – FCC) Em relação à união estável,

(A) só se configurará entre pessoas solteiras ou de qualquer modo desimpedidas de se casar.

(B) aplica-se às relações patrimoniais, no que couber, o regime da separação legal de bens.

(C) os direitos sucessórios da companheira ou companheiro são iguais aos do cônjuge supérstite.

(D) constitucionalmente, pode caracterizar-se ainda que em relações homoafetivas.

(E) exige-se convivência pública, contínua e duradoura e estabelecida com o objetivo de constituição de família, mesmo que o casal não conviva sob o mesmo teto.

A alternativa "**E**" traz o conceito correto de união estável (art. 1.723, caput, do CC). Além disso, a coabitação não é dever absoluto, não sendo sequer necessária à caracterização da união estável, conforme entendimento do STF (Súmula nº 382).

Gabarito "E".

7.3. Parentesco e filiação

(Procurador do Estado/MT – FCC – 2011) A respeito da paternidade, é correto afirmar que

(A) o adultério da mulher, se confessado, ilide a presunção de paternidade decorrente do casamento.

(B) o reconhecimento dos filhos havidos fora do casamento é irrevogável, exceto se feito em escrito particular.

(C) são consideradas inválidas e, portanto, inexistentes a condição e o termo opostos ao ato de reconhecimento do filho.

(D) a filiação materna ou paterna pode resultar de casamento, exceto se este for declarado nulo em virtude de má-fé de ambos os cônjuges.

(E) a prova da impotência do cônjuge para gerar, à época do nascimento, não ilide a presunção de paternidade.

A: incorreta (art. 1.600, do CC); **B:** incorreta (art. 1.610, do CC); **C:** incorreta, pois a condição e o termo opostos ao ato de reconhecimento do filho são consideradas ineficazes e não inválidas ou inexistentes (art. 1.613, do CC); **D:** incorreta (art. 1.617, do CC); **E:** correta, pois a prova da impotência do cônjuge para gerar ilidirá a presunção de paternidade quando da concepção e não à época do nascimento (art. 1.599, do CC).

Gabarito "E".

(Procurador do Município/Florianópolis-SC – 2010 – FEPESE) Assinale a alternativa **incorreta**.

(A) A maioridade dos filhos não acarreta a exoneração automática da obrigação de prestar alimentos.

(B) Julgada procedente a investigação de paternidade, os alimentos são devidos a partir do ajuizamento da ação.

(C) Em ação investigatória, a recusa do suposto pai a submeter-se ao exame de DNA induz presunção "júris tantum" de paternidade.

(D) O recurso de apelação interposto de sentença que condenar à prestação de alimentos será recebido apenas em seu efeito devolutivo.

(E) O direito à prestação de alimentos é recíproco entre pais e filhos, e extensivo a todos os ascendentes, recaindo a obrigação nos mais próximos em grau, uns em falta de outros.

A: correta, nos termos da Súmula 358 do STJ: "O cancelamento de pensão alimentícia de filho que atingiu a maioridade está sujeito à decisão judicial, mediante contraditório, ainda que nos próprios autos"; **B:** incorreta, pois os alimentos fixados retroagem à data da citação (art. 13, § 2º, da Lei 5.478/68); **C:** correta, nos termos da Súmula 301 do STJ: "**Ação Investigatória – Recusa do Suposto Pai – Exame de DNA – Presunção Juris Tantum de Paternidade.** Em ação investigatória, a recusa do suposto pai a submeter-se ao exame de DNA induz presunção juris tantum de paternidade."; **D:** correta (art. 520, II, do CPC); **E:** correta (art. 1.696 do CC).

Gabarito "B".

7.4. Bem de família

(Procurador Federal – 2013 – CESPE) Julgue o seguinte item.

(1) Se o casal, em vez de utilizar como residência o único imóvel que possua, locá-lo a terceiros, tal fato não afastará de forma automática a sua característica de bem de família, de modo a torná-lo penhorável por dívida dos cônjuges.

1: Correta, nos termos da Súmula 486 do STJ, que prevê: "É impenhorável o único imóvel residencial do devedor que esteja locado a terceiros, desde que a renda obtida com a locação seja revertida para a subsistência ou a moradia da sua família". Note-se que o entendimento traz uma condição, qual seja, a indispensabilidade da renda adquirida com o aluguel ser revertida para a mantença da família.

Gabarito "1C".

(Procurador do Município – S.J. Rio Preto/SP – 2019 – VUNESP) Assinale a alternativa correta no que diz respeito ao entendimento legal e sumulado sobre bem de família.

(A) O conceito de impenhorabilidade de bem de família abrange também o imóvel pertencente a pessoas solteiras, mas não abrange o imóvel pertencente a pessoas separadas e viúvas.

(B) É penhorável o único imóvel residencial do devedor que esteja locado a terceiros, ainda que a renda obtida com a locação seja revertida para a subsistência ou a moradia da sua família.

(C) A vaga de garagem que possui matrícula própria no registro de imóveis não constitui bem de família para efeito de penhora.

(D) Não é válida a penhora de bem de família pertencente a fiador de contrato de locação.

(E) São impenhoráveis os veículos de transporte, as obras de arte e os adornos suntuosos.

A: incorreta, pois a Súmula 364 do STJ prevê que "o conceito de impenhorabilidade de bem de família abrange também o imóvel pertencente a pessoas solteiras, separadas e viúvas"; **B:** incorreta, pois de acordo com a Súmula 486 STJ "é impenhorável o único imóvel residencial do devedor que esteja locado a terceiros, desde que a renda obtida com a locação seja revertida para a subsistência ou a moradia da sua família"; **C:** correta (Súmula 449 STJ); **D:** incorreta, pois é constitucional a penhora de bem de família pertencente a fiador de contrato de locação, em virtude da compatibilidade da exceção prevista no art. 3º, VII, da Lei 8.009/1990 e Súmula 549 do STJ; **E:** incorreta, pois Excluem-se da impenhorabilidade os veículos de transporte, obras de arte e adornos suntuosos (art. 2º, caput da Lei 8.009/1990). GR

Gabarito "C".

7.5. Curatela

(Procurador Federal – 2010 – CESPE) Considerando que Carlos tenha sido declarado interditado por sentença judicial que nomeou Renato como seu curador, julgue os itens seguintes.

(1) A interdição não tem o condão de estender a autoridade de Renato sobre os filhos de Carlos, ainda que absolutamente incapazes.

(2) Essa sentença produz efeitos desde logo, ainda que sujeita a recurso.

1: Errada, pois de acordo com o disposto no art. 1.778 do CC, a autoridade do curador estende-se à pessoa e aos bens dos filhos do curatelado; **2:** Certa, pois a assertiva reflete o disposto no art. 1.773 do CC.
Gabarito 1E, 2C

7.6 Temas combinados de família

(Procurador do Estado – PGE/PR – PUC – 2015) No Direito de Família brasileiro contemporâneo, em que convivem inovação e tradição, pode-se afirmar **CORRETAMENTE** que:

(A) Ante o rechaço da prisão civil do devedor de alimentos em importantes documentos internacionais, como o Pacto de São José da Costa Rica, há uma tendência de amenização desta medida extrema. Isto pode ser constatado pela dilação do prazo de justificativa do devedor de alimentos após sua intimação pessoal para pagamento do débito de 3 (três) para 10 (dez) dias.

(B) A Lei 13.058/2014, que alterou o Código Civil para disciplinar a guarda compartilhada dos filhos menores de casais separados, objetiva que o tempo de convivência com os filhos seja dividido de forma equilibrada entre pai e mãe. Isso se alcança através da convivência e moradia alternadas durante os dias da semana, o que inviabiliza a aplicação da guarda compartilhada quando os pais moram em cidades diferentes.

(C) Em caso de resultado negativo do exame pericial de paternidade, aquele que pagou alimentos gravídicos por força de decisão judicial tem pretensão de ressarcimento contra a autora da ação porque esta responde objetivamente pelos danos causados ao réu.

(D) Um dos genitores, que não possua a guarda do filho menor, pode requerer judicialmente a guarda compartilhada. Se deferida pelo juízo, poderá subsistir o seu dever de pagamento de pensão alimentícia, porque a divisão proporcional dos gastos na criação dos filhos subordina-se à medida das condições financeiras de cada um dos pais.

(E) Se houver a revogação da doação de descendente a ascendente por liberalidade tanto do doador quanto do donatário, mediante acordo mútuo das partes, haverá possibilidade de restituição do ITCMD (Imposto de Transmissão *Causa Mortis* e Doação de quaisquer Bens ou Direitos) recolhido.

A: incorreta, pois o prazo é de três dias (CPC, art. 528); **B:** incorreta, pois a guarda compartilhada não envolve "convivência e moradia alternadas", mas apenas uma "*responsabilização conjunta e o exercício de direitos e deveres do pai e da mãe que não vivam sob o mesmo teto, concernentes ao poder familiar dos filhos comuns*" (CC, art. 1.583 § 1°); **C:** incorreta, pois – como regra – alimentos são irrepetíveis. Há corrente que defende a possibilidade de pleitear indenização, mas apenas em caso de dolo e má-fé daquela que pleiteou; **D:** correta, pois a guarda

não é fator automático de determinação de prestação alimentícia. O que determina o valor dos alimentos é a condição financeira de cada um; **E:** incorreta, pois a doação é um ato jurídico perfeito, fato gerador do referido imposto. Eventual revogação não tem o condão de gerar repetição de indébito. **GN**
Gabarito "D".

(Procurador do Município – S.J. Rio Preto/SP – 2019 – VUNESP) A sociedade conjugal termina

(A) pelo divórcio que só pode ser concedido desde que haja partilha prévia de bens.

(B) pela separação judicial que pode ou não pôr termo aos deveres de coabitação, fidelidade recíproca e ao regime de bens.

(C) pela morte de um dos cônjuges ou tentativa de morte.

(D) pela nulidade ou anulação do casamento.

(E) pelo abandono voluntário do lar conjugal, durante um ano contínuo.

A: incorreta, pois o divórcio pode ser concedido *sem* a prévia partilha prévia de bens (art. 1.581 CC); **B:** incorreta, pois a separação judicial *põe* termo aos deveres de coabitação, fidelidade recíproca e ao regime de bens (art. 1.576, *caput* CC); **C:** incorreta, pois a tentativa de morte não termina a sociedade conjugal, mas apena as morte de um dos cônjuges (art. 1.571, I CC); **D:** correta (art. 1;571, II CC); **E:** incorreta, pois esta causa não está prevista no rol taxativo do art. 1571 CC. **GR**
Gabarito "D".

8. SUCESSÕES

8.1. Sucessão em geral

(Procurador do Estado/SP – 2018 – VUNESP) Em razão de morte de policial militar, o Estado de São Paulo, por força de lei estadual, inicia processo administrativo para pagamento de indenização, no valor de R$ 200.000,00, aos "herdeiros na forma da lei". O extinto, solteiro, foi morto por um de seus dois filhos, a mando do crime organizado. O homicida, que teve sua indignidade declarada por sentença transitada em julgado, tem 1 filho menor. Nesse caso, a indenização é devida

(A) ao filho inocente, na proporção da metade do valor da indenização, podendo a Administração reter a outra metade por ausência de credor legítimo.

(B) ao filho inocente do falecido e ao filho do indigno, que recebe por cabeça.

(C) exclusivamente ao filho inocente do falecido, pois a cota-parte do indigno acresce à do outro herdeiro de mesma classe.

(D) ao filho inocente do falecido e ao filho do indigno, que recebe por estirpe.

(E) aos dois filhos do falecido, depositando-se a cota-parte do indigno em conta judicial, para posterior levantamento por seu filho quando completar a maioridade.

A questão trata exclusivamente do direito de herança e do instituto da indignidade, que afasta da herança o herdeiro que praticar um dos atos previstos no art. 1.814 do Código Civil, dentre eles o homicídio do *de cujus*. Assim, o filho que matou o pai estaria afastado da sucessão. Contudo, o filho do homicida (neto do *de cujus*) tem o direito de representação assegurado pelo art. 1.816 do Código Civil. Logo, a quantia oferecida pelo Estado será dividida em dois. Uma parte ao filho inocente e outra parte ao neto (filho do homicida). Ainda que não mencionado na questão, vale a ressalva de que o homicida não

5. DIREITO CIVIL

tem usufruto sobre os bens do filho menor, nem o direito à sucessão eventual desse valor herdado. Significa, portanto, que se o filho menor falecer antes do pai homicida, o valor não será herdado por este (CC, art. 1.816, parágrafo único).**GN**

~~Gabarito "D".~~

(Procurador do Estado/PR – UEL-COPS – 2011) Analise a afirmação abaixo e, com base no conceito de espólio, assinale a alternativa correta:

Aberta a sucessão a propriedade de cada um dos bens do *de cujus* é imediatamente entregue a cada qual dos herdeiros e legatários, que podem dispor de seus bens móveis ou imóveis específicos, da maneira que entenderem adequado, desde que com prévia comunicação, sem forma especial, no inventário judicial ou extrajudicial.

(A) a afirmação está errada, tendo em vista que não é a propriedade dos bens que se transfere imediatamente para os herdeiros, mas a herança, entendida como massa indivisível (espólio) até o momento da partilha. Equivocada, também, porque a sucessão aberta é bem imóvel e necessita de escritura pública ou termo judicial para cessão de qualquer parte da herança;

(B) a afirmação está errada, porque se os herdeiros quiserem doar os bens será sempre necessário fazer o inventário judicialmente. Falha a assertiva, ainda, porque os bens são transmissíveis somente por termo nos autos;

(C) a afirmação está correta, tendo em vista que os herdeiros, aberta a sucessão, entram na posse e propriedade de cada um dos bens herdados, passando a ter a possibilidade de uso, gozo e disposição;

(D) a afirmação está correta, uma vez que, apesar de não ser a propriedade dos bens que se transfere de pronto, os herdeiros podem alienar os direitos sobre bens móveis, por meio de cessão, mesmo por escritura particular. Ademais, a sucessão aberta apesar de bem imóvel, pode, por exceção, ser transferida por escrito particular;

(E) a afirmação está correta, simplesmente porque a sucessão aberta pode ser objeto de cessão por termo nos autos ou escritura pública, uma vez que os bens já são individualizados no início do inventário.

A alternativa "a" está correta, pois reflete a devolução ou delação sucessória ou o direito de *saisine*, previsto no art. 1.784, do CC. Ainda, a alternativa também está correta, pois o direito à sucessão aberta, bem como o quinhão de que disponha o coerdeiro, pode ser objeto de cessão por escritura pública (artigos 80, II e 1.793, ambos do CC).

~~Gabarito "A".~~

8.2. Sucessão legítima

(Procurador do Estado – PGE/RN – FCC – 2014) Romeu e Joana, casados sob o regime da comunhão universal de bens, faleceram em decorrência de acidente de veículo, ficando provado que Joana morreu primeiro. Romeu não tinha descendentes, nem ascendentes, mas possuía um irmão germano e um consanguíneo, além de dois sobrinhos, filhos de outro irmão germano, pré-morto. Joana não tinha descendentes, mas possuía pai vivo e avós maternos vivos. Nesse caso, a herança de Joana será atribuída a

(A) seu pai, enquanto a herança de Romeu será atribuída a seus irmãos, que herdarão por cabeça, mas o germano receberá metade do que receber o consanguíneo,

bem como a seus sobrinhos que herdarão por estirpe, dividindo igualmente entre si o que receberia o pai deles.

(B) seu pai que herdará por cabeça e a seus avós que herdarão por estirpe, em concurso com Romeu, enquanto a herança de Romeu será atribuída a seus irmãos e a seus sobrinhos, que herdarão por cabeça.

(C) seu pai, em concurso com Romeu, e enquanto a herança de Romeu, incluindo os bens havidos de Joana, será atribuída a seus irmãos em valores iguais, que herdarão por cabeça, e a seus sobrinhos, que herdarão por estirpe, dividindo igualmente entre si o que receberia o pai deles.

(D) seu pai, em concurso com Romeu, enquanto a herança de Romeu, incluindo os bens havidos de Joana, será atribuída a seus irmãos, que herdarão por cabeça, mas o consanguíneo receberá metade do que receber o germano, bem como aos seus sobrinhos, que herdarão por estirpe, dividindo igualmente entre si o que receberia o pai deles.

(E) seu pai e a seus avós que herdarão por cabeça, enquanto a herança de Romeu será atribuída a seus irmãos que herdarão por cabeça em igualdade, e a seus sobrinhos, que herdarão por estirpe, dividindo entre si o que receberia o pai deles.

Para facilitar a compreensão desta questão, é aconselhável dividir a resposta em duas partes. A primeira parte refere-se à herança de Joana, que – no instante de sua morte – deixou marido, pai e avós. Nessa hipótese, não importa o regime de bens, já que seu marido irá dividir a herança com o pai da falecida (CC, art. 1.829, II combinado com art. 1.832).
Romeu, por sua vez, deixou um irmão unilateral vivo, um irmão bilateral vivo e um irmão bilateral pré-morto (o qual, por sua vez, deixou dois filhos). Sabendo que o irmão bilateral herda o dobro do que o irmão unilateral, basta atribuir uma quota dupla para cada irmão bilateral e uma quota simples para cada irmão unilateral (CC, art. 1.841). A parte do irmão pré-morto deve ser dividida em partes iguais entre seus filhos, aplicando assim o direito de representação (CC, art. 1.853). **GN**

~~Gabarito "D".~~

(Procurador do Estado – PGE/MT – FCC – 2016) O cônjuge sobrevivente sucede,

(A) em concorrência com os descendentes, independentemente do regime em que era casado.

(B) ainda que separado de fato do falecido, há mais de dois anos, desde que haja prova de que a convivência se tornou impossível sem culpa do sobrevivente.

(C) por inteiro, na falta de descendentes, ainda que haja ascendentes.

(D) em concorrência com os descendentes, no regime da comunhão parcial, sejam os bens comuns ou particulares.

(E) em concorrência com os ascendentes em primeiro grau, ainda que haja descendentes.

A: incorreta, pois quando a viúva concorre com descendentes, o regime de bens é critério determinante para a concessão de direito sucessório (CC, art. 1.829, I); **B**: correta, pois a hipótese – ainda que teórica – é prevista no art. 1.830 do Código Civil; **C**: incorreta, pois o cônjuge sobrevivente concorrerá com os ascendentes (CC, art. 1.837); **D**: incorreta, pois no regime da comunhão parcial, o cônjuge sobrevivente herdará apenas nos bens particulares (Enunciado 270 do CJF);

E: incorreta, pois havendo descendentes do falecido, os ascendentes do falecido não herdarão. **GN**

Gabarito "B".

(Procurador do Estado/MT – FCC – 2011) Na linha descendente

(A) os filhos sucedem por cabeça, e os outros descendentes, por cabeça ou por estirpe, conforme se achem ou não no mesmo grau.

(B) os ascendentes sucedem por cabeça e os descendentes por estirpe, conforme se achem ou não no mesmo grau.

(C) os ascendentes sucedem por estirpe, e os descendentes por cabeça, conforme se achem ou não no mesmo grau.

(D) os descendentes sempre sucedem por estirpe, ainda que se achem no mesmo grau.

(E) os netos sucedem por estirpe, e os outros descendentes por cabeça, conforme se achem ou não no mesmo grau.

A: correta (art. 1.835, do CC); **B:** incorreta (artigos 1.835 e 1.836, § 1º, ambos do CC); **C:** incorreta (artigos 1.835 e 1.836, § 1º, do CC); **D:** incorreta (art. 1.835, do CC); **E:** incorreta (art. 1.835, do CC).

Gabarito "A".

(Procurador do Estado/TO – 2018 – FCC) Joaquim, casado com Antonia, mantinha relacionamento extraconjugal há mais de dois anos com a viúva Lucrécia. Certo dia, Joaquim, na condução de seu automóvel, levando como passageiros sua esposa Antonia e seu sogro Ricardo, realizou uma imprudente ultrapassagem, em local proibido, e acabou por colidi-lo frontalmente contra o carro guiado por Pedro, que trafegava regularmente em sua mão de direção. Do acidente resultou a destruição de ambos os veículos e as mortes de todos os ocupantes do automóvel de seu causador. Joaquim e Antonia, quando da chegada do resgate, já estavam sem vida, não se tendo conseguido estabelecer o pré-morto. Ricardo ainda foi socorrido, mas faleceu a caminho do hospital, deixando vivo o filho José. Já Antonia e Joaquim não tinham descendentes; Joaquim, não possuía ascendentes nem descendentes, tendo como único parente conhecido Romeu, filho de um primo. Nenhum dos falecidos deixou testamento, mas possuíam bens e Joaquim celebrara contrato de seguro de vida em que indicara Romeu como beneficiário. Neste caso, os bens de

(A) Joaquim serão herdados por Lucrécia e por Romeu, que também receberá a indenização de seguro; Pedro, no entanto, terá direito de pedir o pagamento de sua indenização antes que os bens de Joaquim sejam partilhados entre aqueles herdeiros. Os bens de Antonia serão herdados por Ricardo, que os transmitirá a José.

(B) Joaquim serão herdados por Lucrécia; Pedro, entretanto, terá direito de pedir o pagamento de indenização, que será suportada pela herança de Joaquim. Romeu receberá a indenização do seguro. Os bens de Antonia serão herdados por Ricardo, que os transmitirá a José.

(C) Joaquim serão arrecadados e sua herança será considerada jacente; Pedro, porém, terá direito de pedir o pagamento de indenização, que será suportada pela herança de Joaquim; a final a herança de Joaquim será declarada vacante, mas Romeu receberá a indenização do seguro. Os bens de Antonia serão herdados por Ricardo, que os transmitirá a José.

(D) Antonia serão herdados por José. Os bens de Joaquim serão arrecadados e sua herança será considerada jacente; Pedro, contudo, terá direito de pedir o pagamento de indenização, que será suportada pela herança de Joaquim; a final a herança de Joaquim será declarada vacante, mas Romeu receberá a indenização do seguro.

(E) Joaquim serão arrecadados, sua herança considerada jacente e, a final, declarada vacante. Pedro terá direito de receber sua indenização, retirada do seguro de vida deixado por Joaquim, e Romeu apenas receberá o que sobrar dessa indenização securitária. Os bens de Antonia serão herdados por José.

A: incorreta, pois Lucrécia não será herdeira, pois não se qualifica nem como cônjuge nem como companheira, mas sim como concubina (art. 1.727 CC). Logo, não possui direito a nada. Romeu não será herdeiro, pois na linha colateral a sucessão vai até o quarto grau e ele passa disso (art. 1.839 CC). Pedro terá o direito a indenização, mas apenas após a partilha de bens (art. 1997, *caput* CC); **B:** incorreta, pois Lucrécia não será herdeira, pois não se qualifica nem como cônjuge nem como companheira, mas sim como concubina (art. 1.727 CC). Logo, não possui direito a nada; **C:** correta, pois Joaquim faleceu sem deixar testamento nem herdeiro legítimo notoriamente conhecido. Portanto, sua herança é considerada jacente (art. 1.819 CC). Vale lembrar que Romeu não herda, pois na linha colateral a sucessão vai até o quarto grau e por seu filho do primo ele ultrapassa o quarto grau (art. 1.839 CC). Pedro terá direito de pedir indenização, que será suportada pela herança de Joaquim (art. 1.821 CC). A herança de Joaquim será declarada vacante (art. 1.820 CC). Romeu receberá o valor do seguro como beneficiário (art. 760 CC). Como Joaquim e Antônia morreram na mesma ocasião e não foi possível descobrir quem morreu primeiro, presume-se que morreram ao mesmo tempo (art. 8º CC). Logo, aplica-se a regra geral de sucessão quanto aos bens de Antônia. Como não tinha descendentes e o cônjuge morreu, passamos então para os ascendentes, no caso Ricardo (art. 1.829, II). Com a morte de Ricardo a transmissão segue a regra geral do art. 1.829, I CC e a herança é transmitida ao filho José; **D:** incorreta, pois tecnicamente os bens de Antônia foram herdados por Ricardo, seu pai (art. 1.829, II CC). José é irmão de Antônia, então pela linha sucessória os ascendentes recebem antes dos colaterais, e os primeiros excluem os segundos. José herdará de sucessão de Ricardo, e não de Antônia (art. 1.829, I CC); **E:** incorreta, pois a indenização de Pedro deverá ser suportada pela herança de Joaquim (art. 1.821 CC), pois o contrato de seguro de vida não tem nada a ver com essa relação. Romeu receberá o valor integral do seguro, pois ele foi definido como beneficiário (art. 760 CC). Tecnicamente os bens de Antônia foram herdados por Ricardo, seu pai (art. 1.829, II CC). José é irmão de Antônia, então pela linha sucessória os ascendentes recebem antes dos colaterais e os primeiros excluem os segundos. José herdará de sucessão de Ricardo, e não de Antônia. **GR**

Gabarito "C".

(Procurador do Estado/TO – 2018 – FCC) Josué foi casado sob o regime da comunhão parcial de bens com Roberta e desse consórcio nasceu o filho Gerônimo. Roberta faleceu 5 anos após o casamento, período em que o casal adotou vida sibarítica, nada amealhando nem possuindo bens. Um ano após a morte de Roberta, seu pai – Roberval – faleceu, sem testamento, mas com vultoso patrimônio, no estado civil de viúvo, deixando os netos Gerônimo (filho de Josué e de Roberta), Leopoldo e Alexandra (filhos menores de sua filha Anastácia, que já houvera falecido no estado civil de solteira e cujos filhos eram de pais ignorados). Anastácia, por testamento e dispensando-o de prestação de contas, nomeara Josué tutor de seus filhos, os quais juntamente com Gerônimo herdaram todos os

5. DIREITO CIVIL | 393

bens de Roberval. Sendo ainda menores absolutamente incapazes o filho e os tutelados de Josué, este contraiu segundas núpcias com Antonieta, advindo dessa união os filhos João e Maria. Neste caso, os netos de Roberval herdaram seus bens por

(A) cabeça, e Josué terá a administração e usufruto dos bens pertencentes a Gerônimo, mas não poderá aplicar mais do que 50% de suas rendas na educação de João e Maria, porque os outros 50% terão de ser aplicados exclusivamente no custeio de Gerônimo; mediante prestação de contas, terá a administração, mas não o usufruto, dos bens pertencentes a Leopoldo e Alexandra, e, finda a tutela, a quitação dos menores não produzirá efeito antes de aprovadas as contas pelo juiz, subsistindo, inteira, até então, a responsabilidade do tutor.

(B) cabeça, que serão administrados por Josué, mediante prestação de contas, até que obtenha a quitação dos menores, quando se tornarem capazes; não terá o usufruto dos bens do filho nem dos tutelados, mas poderá usar as rendas também para custeio de João e Maria fundado na solidariedade familiar.

(C) estirpe, os quais serão administrados por Josué, que terá o usufruto dos bens de todos eles, livre de prestação de contas, mas não poderá usar as rendas para o custeio de João e Maria.

(D) cabeça, os quais serão administrados por Josué, que terá o usufruto dos bens de Gerônimo, enquanto este for menor, podendo utilizar as rendas também na educação de João e Maria, independentemente de prestação de contas, mas não terá o usufruto dos bens pertencentes a Leopoldo e Alexandra, ficando, quanto a estes, sujeito a prestação de contas, a despeito da dispensa feita por Anastácia.

(E) estirpe, os quais serão administrados por Josué, que, terá o usufruto dos bens de Gerônimo, enquanto este for menor, podendo utilizar as rendas também na educação de João e Maria, independentemente de prestação de contas, mas não terá o usufruto dos bens pertencentes a Leopoldo e Alexandra, ficando, quanto a estes, sujeito a prestação de contas, a despeito da dispensa feita por Anastácia.

A: incorreta, pois o art. 1.689 CC não exige prestação de contas quando os pais exercem administração dos filhos menores nem fixa porcentagens quando ao uso ou destino. Logo, com relação a Gerônimo, João e Maria ele não está limitado a essas quotas de uso. Poderá usar com João e Maria pelo princípio da solidariedade familiar; **B:** Incorreta, pois quanto a Gerônimo, Josué não detém apenas a administração, mas também o usufruto e não precisa prestar contas (art. 1689, I CC); **C:** incorreta, pois se concorrerem à herança somente filhos de irmãos falecidos, herdarão por cabeça (art. 1.843, § 1º CC). Josué possui usufruto apenas dos bens de Gerônimo (art. 1.689, I CC). Quanto aos bens Leopoldo e Alexandra, ele possui somente administração (art. 1.741 CC) e deverá prestar contas (art. 1.755 CC); **D:** correta, pois se concorrerem à herança somente filhos de irmãos falecidos, herdarão por cabeça (art. 1.843, §1º CC). Roberta e Anastácia eram falecidas e eram irmãs. Logo, aos filhos delas aplica-se exatamente esse artigo. Os bens serão administrados por Josué. Com relação a Gerônimo (que é seu filho fruto da união com Roberta), a administração se dá com fundamento no art. 1.689, II CC e Josué detém o poder de usufruto dos bens do filho (art. 1.689, I CC). A Lei não exige prestação de constas nesse caso, logo, ele é livre para utilizar as rendas também na educação de João e Maria. No que se refere a tutoria exercida sobre Leopoldo e

Alexandra, terá o dever de prestar contas, ainda que Anastácia o tenha dispensado dessa obrigação (art. 1.745, *caput* CC) e todo o valor deve ser empregado em proveito dos tutelados (art. 1.741 CC); **E:** incorreta, pois herdam por cabeça, nos termos do art. 1.843, § 1º CC. **GR**
Gabarito "D".

(Procurador do Município – S.J. Rio Preto/SP – 2019 – VUNESP) Romeu, proprietário de 30 (trinta) imóveis, faleceu aos 78 (setenta e oito) anos sem deixar testamento nem herdeiro legítimo notoriamente conhecido.

Em relação ao fato hipotético, assinale a alternativa correta.

(A) Não se habilitando até a declaração de vacância, os colaterais ficarão excluídos da sucessão.

(B) Os bens da herança, depois de arrecadados, ficarão sob a guarda e administração do Município até a sua entrega ao sucessor devidamente habilitado.

(C) Realizado o inventário, serão expedidos editais na forma da lei processual, e, decorridos dois anos de sua primeira publicação, sem que haja herdeiro habilitado, será a herança declarada vacante.

(D) A declaração de vacância da herança não prejudicará os herdeiros que se habilitarem; mas, decorridos cinco anos da abertura da sucessão, os bens arrecadados passarão ao domínio do Estado.

(E) Quando todos os chamados a suceder renunciarem à herança, será esta desde logo declarada jacente.

A: correta (art. 1.822, parágrafo único CC); **B:** incorreta, pois os bens da herança, depois de arrecadados, ficarão sob a guarda e administração de um *curador*, até a sua entrega ao sucessor devidamente habilitado ou à declaração de sua vacância (art. 1.819 CC); **C:** incorreta, pois o prazo desse edital é de um ano e não dois (art. 1.820 CC); **D:** incorreta, pois neste caso os bens passarão ao domínio do Município ou do Distrito Federal, se localizados nas respectivas circunscrições (art. 1.822, *caput* CC); **E:** incorreta, pois quando todos os chamados a suceder renunciarem à herança, será esta desde logo declarada *vacante* (art. 1.823 CC). **GR**
Gabarito "A".

8.3. Sucessão testamentária

(Procurador – IPSMI/SP – VUNESP – 2016) No que diz respeito ao testamento, é correto afirmar que

(A) podem testar os maiores de dezesseis anos.

(B) a incapacidade superveniente do testador invalida o testamento.

(C) os absolutamente incapazes podem testar com anuência de seu representante legal e mediante instrumento público.

(D) o testamento conjuntivo é válido desde que testado por marido e mulher.

(E) o testamento do incapaz se valida com a superveniência da capacidade.

A: correta, pois a lei prevê capacidade plena para testar a partir dos dezesseis anos (CC, art. 1.860 parágrafo único); **B:** incorreta, pois: "*a incapacidade superveniente do testador não invalida o testamento*" (CC, art. 1.861); **C:** incorreta, pois não há tal permissivo legal; **D:** incorreta, pois o testamento conjuntivo não é permitido pela lei (CC, art. 1.863); **E:** incorreta, pois o testamento do incapaz não se valida com a superveniência da capacidade (CC, art. 1.861). **GN**
Gabarito "A".

9. OUTROS TEMAS E TEMAS COMBINADOS

(Procurador do Município/Manaus – 2018 – CESPE) À luz das disposições do direito civil pertinentes ao processo de integração das leis, aos negócios jurídicos, à prescrição e às obrigações e contratos, julgue os itens a seguir.

(1) O conflito de normas que pode ser resolvido com a simples aplicação do critério hierárquico é classificado como antinomia aparente de primeiro grau.

(2) Será viável a anulação de transmissão gratuita de bens por caracterização de fraude contra credores, ainda que a conduta que se alegue fraudulenta tenha ocorrido anteriormente ao surgimento do direito do credor.

1: certa. Fala-se em antinomia a hipótese em que há choque de interpretação entre duas normas válidas. A fim de resolver a celeuma, três técnicas podem ser usadas: o critério da hierárquico, o da especialidade e o da hierarquia, sendo o primeiro o mais forte e o último o mais fraco. Quando apenas uma das técnicas precisa ser aplicada para resolver a questão, temos a chamada antinomia aparente de primeiro grau. Quando precisamos usar mais de uma técnica temos a antinomia aparente de segundo grau. Logo, quando resolvemos o conflito com a simples aplicação do critério hierárquico, o mesmo é corretamente classificado como antinomia aparente de primeiro grau; **2:** errada, pois o credor somente terá direito a anulação se ele já figurava na posição de credor na data em que ocorreu o ato de transmissão gratuita de bens ou remissão de dívida. Antes disso o seu direito ainda não estará constituído (art. 158, § 2º, CC). **GR**

Gabarito 1C, 2E

(Procurador do Município/Manaus – 2018 – CESPE) A respeito da propriedade, da posse e das preferências e privilégios creditórios, julgue os itens subsequentes.

(1) De acordo com o STJ, a responsabilidade do promitente vendedor por dívidas condominiais relativas a período em que a posse for exercida pelo promissário comprador será afastada se forem demonstradas a ciência inequívoca do condomínio acerca da transação e a efetiva imissão do promissário comprador na posse do imóvel.

(2) O ordenamento jurídico ora vigente admite a possibilidade de conversão da detenção em posse, a depender da modificação nas circunstâncias de fato que vinculem determinada pessoa à coisa.

(3) De acordo com o Código Civil, na hipótese de insolvência de devedor pessoa natural, o crédito referente a custas judiciais gozará de privilégio especial.

1: Certa, pois o Superior Tribunal de Justiça (STJ) estabeleceu que o que define a responsabilidade pelo pagamento das obrigações condominiais não é o registro do compromisso de compra e venda, mas a relação jurídica material com o imóvel, representada pela imissão do promissário comprador na posse e pela ciência inequívoca do condomínio acerca da transação. A tese foi fixada em julgamento de **recurso repetitivo** (tema **886**) e passa a orientar as demais instâncias do Judiciário na solução de casos idênticos. Havendo decisão em consonância com o que foi definido pelo STJ, não será admitido recurso contra ela para a corte superior. No caso de compromisso de compra e venda não levado a registro, dependendo das circunstâncias, a responsabilidade pelas despesas de condomínio pode recair tanto sobre o promitente vendedor quanto sobre o promissário comprador. Entretanto, se ficar comprovado que o promissário comprador se imitiu na posse e que o condomínio teve ciência inequívoca da transação, deve ser afastada a legitimidade passiva do promitente vendedor para responder por despesas condominiais relativas ao período em que a posse foi exercida pelo promissário comprador; **2:** certa, pois o Enunciado 301 CJF prevê que "é possível a conversão da detenção em posse, desde que rompida a subordinação, na hipótese de exercício em nome próprio dos atos possessórios". E justamente a partir dessa transformação é que surgem marcos jurídicos importantes, como, por exemplo, para fins de configuração do esbulho ou para aquisição originária da propriedade pela prescrição aquisitiva, como bem adverte a doutrina: cabe cogitar de usucapião apenas se houver mudança na natureza jurídica da apreensão, tornando-se possuidor o detentor, ao arrepio da vontade proprietário. Nesse caso, doutrina e jurisprudência admitem, a partir do momento em que se torna possuidor, a contagem do prazo para usucapião. (TEPEDINO, Gustavo. Código civil interpretado conforme a constituição da república. vol. III. Rio de Janeiro: Renovar, 2011, p. 449); **3:** errada, pois não é qualquer crédito decorrente de custas judiciais que tem privilégio especial, mas somente créditos de custas e despesas judiciais feitas com a arrecadação e liquidação, quando se tratar de coisa arrecada e liquidada (art. 964, I CC). **GR**

Gabarito 1C, 2C, 3E

(Procurador do Município/Manaus – 2018 – CESPE) Considerando a legislação vigente e a jurisprudência do STJ, julgue os seguintes itens, concernentes a locação de imóveis urbanos, direito do consumidor, direitos autorais e registros públicos.

(1) Na locação residencial de imóvel urbano, não será admitida a denúncia vazia, se o prazo de trinta meses exigido pela Lei 8.245/1991 for atingido após sucessivas prorrogações do contrato de locação.

(2) A reprodução de dados constantes em registro de cartório de protesto, realizada por entidade de proteção ao crédito, ainda que seja feita de forma fiel e objetiva, caracterizará prática abusiva indenizável quando for efetivada sem a ciência prévia do consumidor.

(3) Segundo o STJ, é devida a cobrança de direitos autorais em razão da transmissão de músicas por meio da rede mundial de computadores mediante o emprego da tecnologia *streaming*, nas modalidades *webcasting* e *simulcasting*.

(4) A decisão proferida pelo magistrado no procedimento de dúvida, previsto na Lei de Registros Públicos, possui natureza administrativa e, portanto, não faz coisa julgada material.

1: Certa, pois prevê o art. 46 da Lei 8.245/1991 que: "*Nas locações ajustadas por escrito e por prazo igual ou superior a trinta meses, a resolução do contrato ocorrerá findo o prazo estipulado, independentemente de notificação ou aviso*". A controvérsia é se esses trinta meses devem ser contados em um instrumento contratual, ou se podem ser vários instrumentos com prazos menores que, somados resultam em trinta meses. Tanto a doutrina como o STJ já se posicionaram que deve ser em um instrumento único. Nos RESP 1.364.668 – MG (2013/0019738-2) temos que: "*O art. 46 da Lei 8.245/1991 somente admite a denúncia vazia se um único instrumento escrito de locação estipular o prazo igual ou superior a 30 (trinta) meses, não sendo possível contar as sucessivas prorrogações dos períodos locatícios (*accessio temporis*)*". Já na doutrina "(...) *Não há se falar em soma de prazos contratuais para inserir a locação na hipótese deste artigo. A concessão especial, ao locador, da denúncia aqui prevista, pressupõe estrita observância das condições formal e temporal indicada na lei*". (CARNEIRO, Waldir de Arruda Miranda. Anotações à lei do inquilinato. São Paulo: Revista dos Tribunais, 2008, pág. 306) "(...) *Não se admite a soma de prazos contratuais para os fins deste artigo. A lei é clara quando estabelece, como requisito, contrato escrito por prazo igual ou*

5. DIREITO CIVIL

superior a trinta meses, e seu objetivo é claro: em troca da estabilidade contratual conferida ao locatário, pelo prazo de dois anos e meio, através de um só ajuste, compensa-se o locador com o direito de retomar o prédio ao fim daquele prazo. Assim, não pode aproveitar o locador a soma de mais de um contrato, ainda que não tenha ocorrido hiato temporal entre eles, porque ausente aquela compensação acima referida" (BARROS, Francisco Carlos Rocha de. Comentários à lei do inquilinato. São Paulo: Saraiva, 1997, pág. 232); **2**: errada, pois essa reprodução de dados não caracterizará prática abusiva indenizável ainda que seja feita sem a ciência do consumidor. Consoante Informativo 0554 do STJ publicado em 25.02.2015 **"Diante da presunção legal de veracidade e publicidade inerente aos registros de cartório de protesto, a reprodução objetiva, fiel, atualizada e clara desses dados na base de órgão de proteção ao crédito – ainda que sem a ciência do consumidor – *não tem o condão de ensejar obrigação de reparação de danos*"; 3**: **certa, pois o STJ já decidiu que é possível haver a cobrança, consoante exarado no** REsp 1.559.264/RJ, Rel. Ministro Ricardo Villas Bôas Cueva, Segunda Seção, julgado em 08.02.2017, DJe 15.02.2017, fundamento do Informativo 597 daquela Corte. O texto esclarece: *Streaming* é a tecnologia que permite a transmissão de dados e informações, utilizando a rede de computadores, de modo contínuo. Esse mecanismo é caracterizado pelo envio de dados por meio de pacotes, sem a necessidade de que o usuário realize *download* dos arquivos a serem executados. O *streaming* é gênero que se subdivide em várias espécies, dentre as quais estão o *simulcasting* e o *webcasting*. Enquanto na primeira espécie há transmissão simultânea de determinado conteúdo por meio de canais de comunicação diferentes, na segunda, o conteúdo oferecido pelo provedor é transmitido pela internet, existindo a possibilidade ou não de intervenção do usuário na ordem de execução. À luz do art. 29, incisos VII, VIII, i, IX e X, da Lei 9.610/1998, verifica-se que a tecnologia *streaming* enquadra-se nos requisitos de incidência normativa, configurando-se, portanto, modalidade de exploração econômica das obras musicais a demandar autorização prévia e expressa pelos titulares de direito. De acordo com os arts. 5º, inciso II, e 68, §§ 2º e 3º, da Lei Autoral, é possível afirmar que o *streaming* é uma das modalidades previstas em lei, pela qual as obras musicais e fonogramas são transmitidos e que a internet é local de frequência coletiva, caracterizando-se, desse modo, a execução como pública. Depreende-se da Lei 9.610/1998 que é irrelevante a quantidade de pessoas que se encontram no ambiente de execução musical para a configuração de um local como de frequência coletiva. Relevante, assim, é a colocação das obras ao alcance de uma coletividade frequentadora do ambiente digital, que poderá, a qualquer momento, acessar o acervo ali disponibilizado. Logo, o que caracteriza a execução pública de obra musical pela internet é a sua disponibilização decorrente da transmissão em si considerada, tendo em vista o potencial alcance de número indeterminado de pessoas. O ordenamento jurídico pátrio consagrou o reconhecimento de um amplo direito de comunicação ao público, no qual a simples disponibilização da obra já qualifica o seu uso como uma execução pública, abrangendo, portanto, a transmissão digital interativa (art. 29, VII, da Lei 9.610/1998) ou qualquer outra forma de transmissão imaterial a ensejar a cobrança de direitos autorais pelo ECAD. O critério utilizado pelo legislador para determinar a autorização de uso pelo titular do direito autoral previsto no art. 31 da Lei 9.610/1998 está relacionado à modalidade de utilização e não ao conteúdo em si considerado. Assim, no caso do *simulcasting*, a despeito do conteúdo transmitido ser o mesmo, os canais de transmissão são distintos e, portanto, independentes entre si, tonando exigível novo consentimento para utilização e criando novo fato gerador de cobrança de direitos autorais pelo ECAD. Está no âmbito de atuação do ECAD a fixação de critérios para a cobrança dos direitos autorais, que serão definidos no regulamento de arrecadação elaborado e aprovado em Assembleia Geral, composta pelos representantes das associações que o integram, e que contém uma tabela especificada de preços. Inteligência do art. 98 da Lei 9.610/1998; **4**: certa, nos termos do art. 204 da 6.015/1973 temos que: "A decisão da dúvida tem natureza administrativa e não impede o uso do processo contencioso competente. É possível, inclusive, extrair esse

entendimento de decisão do STJ a respeito na ausência de cabimento de REsp nesses casos: "Recurso especial. Falência da recorrente. Suspensão do julgamento. Indeferimento. Representação processual. Mandado de segurança. Ministério público. Legitimidade. Registro de imóvel. Dúvida. Intervenção de terceiros. *Amicus curiae*. Indeferimento. Matrícula de imóvel. Formal de partilha não registrado. Continuidade registral. Recurso especial improvido. O processo de Dúvida Registral em causa possui natureza administrativa, instrumentalizado por jurisdição voluntária, não sendo, pois, de jurisdição contenciosa, de modo que a decisão, conquanto denominada sentença, não produz coisa julgada, quer material, quer formal, donde não se admitir Recurso Especial contra Acórdão proferido pelo Conselho Superior da Magistratura, que julga Apelação de dúvida levantada pelo Registro de Imóveis (REsp 1418189/RJ, Rel. Ministro Sidnei Beneti, Terceira Turma, julgado em 10.06.2014, DJe 01.07.2014)". **GR**

Gabarito 1C, 2E, 3C, 4C

(Procurador do Estado/SE – 2017 – CESPE) Aquele que receber, de forma indevida, mas de boa-fé, pagamento relativo a um contrato

(A) responderá pela deterioração da coisa.

(B) não terá direito de retenção de valores relativos às benfeitorias necessárias.

(C) estará desobrigado de restituir a coisa caso o indébito tenha natureza objetiva.

(D) fará jus aos frutos decorrentes da coisa recebida.

(E) não terá direito à indenização por benfeitorias úteis.

Dispõe o art. 878 do CC que "Aos frutos, acessões, benfeitorias e deteriorações sobrevindas à coisa dada em pagamento indevido, aplica-se o disposto neste Código sobre o possuidor de boa-fé ou de má-fé, conforme o caso". Com base nessa premissa: **A**: incorreta, pois não responde pela deterioração da coisa, a não ser que ele dê causa (art. 1.217 CC); **B**: incorreta, pois terá direito a indenização das benfeitoras necessárias (art. 1.219 CC); **C**: incorreta, pois art. 876 CC prevê que: "Todo aquele que recebeu o que lhe não era devido fica obrigado a restituir; obrigação que incumbe àquele que recebe dívida condicional antes de cumprida a condição"; **D**: correta, na literalidade do art. 1.214 CC: "O possuidor de boa-fé tem direito, enquanto ela durar, aos frutos percebidos; **E**: incorreta, pois terá direito à indenização pelas benfeitorias úteis (art. 1.219 CC). **GR**
Gabarito "D".

(Procurador do Estado – PGE/PR – PUC – 2015) Observe as assertivas a seguir:

I. Mesmo que se constate a ocorrência de motivos imprevisíveis e supervenientes que alterem o equilíbrio da relação contratual, o juiz só pode alterar o valor das prestações mediante requerimento do interessado.

II. A cessão de crédito opera-se entre credor cedente e terceiro cessionário, produzindo efeitos entre eles assim que concluído o negócio, independentemente do consentimento do devedor. Mas se o devedor pagar ao cedente antes de ter sido notificado da cessão de crédito, ele ficará desobrigado, já que a cessão de crédito não tinha ainda eficácia perante o devedor.

III. As pessoas jurídicas integrantes da Administração Pública tomadoras de serviços de mão de obra terceirizada são solidariamente responsáveis pelos créditos trabalhistas dos empregados das empresas prestadoras de serviços no que se refere ao período em que estes empregados prestaram serviços em suas sedes.

IV. Adimplemento substancial é o adimplemento parcial em nível suficiente a afastar as consequências da mora e liberar o devedor do pagamento das prestações residuais, tendo em vista que a obrigação, apesar de não ter sido cumprida de modo integral, atendeu à sua função social.

Assinale alternativa que apresenta a sequência **CORRETA**, de cima para baixo (considere V para verdadeira, e F para falsa):

(A) V – V – V – F.

(B) F – V – V – F.

(C) V – F – V – V.

(D) F – V – F – F.

(E) V – V – F – F.

I: verdadeira, pois trata-se de interesse privado e que demanda pedido por parte do devedor (CC, art. 478); **II**: verdadeira, pois de pleno acordo com o disposto no art. 292 do Código Civil, segundo o qual: "*Fica desobrigado o devedor que, antes de ter conhecimento da cessão, paga ao credor primitivo, ou que, no caso de mais de uma cessão notificada, paga ao cessionário que lhe apresenta, com o título de cessão, o da obrigação cedida; quando o crédito constar de escritura pública, prevalecerá a prioridade da notificação*"; **III**: falsa, pois a Administração Pública somente será solidariamente responsável pelos encargos previdenciários resultantes da execução do contrato (*Lei 8.666, art. 71*); **IV**: falsa, pois nessa hipótese uma das partes descumpre o contrato, após tê-lo cumprido quase inteiro. Em condições normais, tal descumprimento daria a outra parte o direito de resolver o contrato. Como o adimplemento foi substancial perde-se apenas o direito de resolver o contrato. Contudo, a fração que não foi cumprida será cobrada pelas vias ordinárias perante o Judiciário. GN

Gabarito "E".

(Procurador do Estado – PGE/PR – PUC – 2015) Quanto à aquisição da propriedade, é **CORRETO** afirmar que:

(A) É possível a usucapião familiar de imóvel urbano de até 250m2 cuja propriedade era dividida com ex-cônjuge ou ex-companheiro que se afastou do lar, mas continua cumprindo suas responsabilidades familiar e parental. Para tanto é necessário que o adquirente, sem ser proprietário de outros imóveis, exerça, por dois anos, ininterruptamente e sem oposição, posse direta, com exclusividade e para fins de moradia própria ou da família.

(B) Se o credor fiduciário se tornar proprietário pleno do bem por efeito de realização da garantia, ele só passa a ser responsável pelo pagamento dos tributos sobre a propriedade consolidada a partir da data em que for imitido na posse direta do bem.

(C) A União e os Estados-membros podem desapropriar, por interesse social, para fins de reforma agrária, imóvel rural que não esteja cumprindo sua função social, mediante prévia e justa indenização em títulos da dívida agrária.

(D) O art. 1.784 do Código Civil tem a *saisine* como modo exclusivo de sucessão hereditária. Na falta de herdeiros testamentários, legatários, familiares ou parentes sucessíveis, desde a morte do *de cujus*, os bens passam ao domínio do Estado-membro.

(E) Na ausência de interesse público na aquisição de bens integrantes de herança vacante, a Fazenda Pública pode renunciar à herança total ou parcialmente.

A: incorreta, pois o art. 1.240-A exige que o outro cônjuge tenha "abandonado" o lar, o que é diferente de se afastar do lar cumprindo responsabilidades familiar e parental; **B**: correta, pois de acordo com o termo inicial determinado pelo art. 27 § 8º da Lei 9.514/1997, com a redação dada pela Lei 10.931/2004; **C**: incorreta, pois tal competência é atribuída apenas à União (CF, art. 184); **D**: incorreta, pois diferente do melhor posicionamento jurisprudencial, que adota o entendimento segundo o qual "*o art. 1.572 do Código Civil, que institui o domínio e posse pela 'saisine', não se aplica ao Estado, pela razão muito simples de que, em relação a este, o mesmo Código dispõe expressamente de modo diverso, ao declarar, no art. 1.594, que ao seu domínio passarão os bens arrecadados após declarados **vacantes** e decorridos cinco anos da abertura da sucessão*" AÇÃO RESCISÓRIA Nº 2.990 – SP (2003/0206885-0). Rel. Min. Antonio Carlos Ferreira; **E**: incorreta, pois o art. 1.792 do Código Civil não permite que o herdeiro responda por encargos superiores às forças da herança. Logo, a Fazenda Pública não será a responsável por valores acima da herança, não havendo prejuízo em recebê-la. GN

Gabarito "B".

(Procurador do Município – Prefeitura Fortaleza/CE – CESPE – 2017) A respeito da Lei de Introdução às Normas do Direito Brasileiro, das pessoas naturais e jurídicas e dos bens, julgue os itens a seguir.

(1) Por não se admitir a posse dos bens incorpóreos, tais bens são insuscetíveis de aquisição por usucapião.

(2) Utiliza a analogia o juiz que estende a companheiro(a) a legitimidade para ser curador conferida a cônjuge da pessoa ausente.

(3) Conforme o modo como for feita, a divulgação de fato verdadeiro poderá gerar responsabilidade civil por ofensa à honra da pessoa natural.

(4) O registro do ato constitutivo da sociedade de fato produzirá efeitos *ex tunc* se presentes, desde o início, os requisitos legais para a constituição da pessoa jurídica.

1: correta. A posse recai sobre bens corpóreos, tangíveis e suscetíveis de apropriação. Daí, por exemplo, o entendimento do STJ, segundo o qual o direito autoral não pode ser protegido via ação possessória (Súmula 228). Tendo em vista que a posse é elemento essencial para a usucapião, não haveria como usucapir bens imateriais. Vale a ressalva, contudo, de que é possível usucapião sobre servidão, desde que essa seja aparente e contínua. É o caso, por exemplo de uma pessoa que exerce passagem em terreno vizinho e – pelo decurso do prazo necessário – ganha a titularidade desse direito real; **2**: incorreta, pois o juiz está – nesse caso – interpretando a lei de maneira extensiva. Não é hipótese de lacuna da lei, mas sim de ampliar o alcance de uma lei que já existe; **3**: correta, pois a exceção da verdade não é aplicada de forma irrestrita no Direito Civil. "Verdades" compõem o que há de mais íntimo e pessoal na vida de uma pessoa e sua divulgação – a depender da forma e modo – pode gerar responsabilidade civil. O STJ já se posicionou no sentido de que: "Tratando-se de mera curiosidade, ou de situação em que esse interesse possa ser satisfeito de forma menos prejudicial ao titular, então, não se deve, desnecessariamente, divulgar dados relacionados à intimidade de alguém". (REsp 1380701/PA, Rel. Min. Marco Aurélio Bellizze, Terceira Turma, j. 07.05.2015, *DJe* 14.05.2015); **4**: incorreta, pois a existência legal das pessoas jurídicas de direito privado começa "*com a inscrição do ato constitutivo no respectivo registro*" (CC, art. 45). GN

Gabarito "1C, 2E, 3C, 4E."

(Procurador do Município – Prefeitura Fortaleza/CE – CESPE – 2017) Acerca de ato e negócio jurídicos e de obrigações e contratos, julgue os itens que se seguem.

(1) O ato jurídico em sentido estrito tem consectários previstos em lei e afasta, em regra, a autonomia de vontade.

5. DIREITO CIVIL   397

(2) Em se tratando de obrigações negativas, o devedor estará em mora a partir da data em que realizar a prestação que havia se comprometido a não efetivar.

(3) Tratando-se de contrato de mandato, o casamento do mandante não influenciará nos poderes já conferidos ao mandatário.

(4) Não constitui condição a cláusula que subordina os efeitos de um negócio jurídico à aquisição da maioridade da outra parte.

1: correta, pois no ato jurídico em sentido estrito a pessoa apenas anui com uma disposição genérica da lei que prevê o ato e quase todas as suas consequências jurídicas. Nesse caso resta pouca margem de autonomia para a pessoa. O melhor exemplo é o casamento no qual a lei já estabeleceu dezenas de efeitos jurídicos, dos quais as partes anuentes não podem se afastar, como os deveres conjugais, parentesco por afinidade, direitos sucessórios, etc. Aos nubentes resta apenas escolher o regime e utilização de sobrenome do outro.
Por sua vez, o negócio jurídico (ex.: contrato) permite às partes escolher, estipular e até criar novos efeitos jurídicos os quais nem precisam estar previstos em lei (desde que a lei na proíba, é claro). É por isso que se admite um contrato de compra e venda, com inúmeras cláusulas diferentes, como preferência, retrovenda, pagamento parcelado, financiamento, etc.; **2:** incorreta. A obrigação de não fazer é descumprida com a prática do ato ao qual se comprometeu abster. A mora do devedor (*mora solvendi*), todavia, é um conceito mais elaborado, tendo em vista que ela exige culpa para se configurar. Daí a redação do art. 396 do Código Civil, segundo o qual: "Não havendo fato ou omissão imputável ao devedor, não incorre este em mora". É por isso que nada impede – em tese – uma pessoa descumprir uma obrigação e não estar em mora. Basta, por exemplo, estar atrasada com a prestação, mas devido ao fato de estar internada no hospital com doença grave. Vale a nota de que a mora do credor (*mora accipiendi*) independe de culpa"; **3:** incorreta, pois cessa o mandato pela "*mudança de estado que inabilite o mandante a conferir os poderes, ou o mandatário para os exercer*" (CC, art. 682, III). Assim, por exemplo, se o homem solteiro dá poderes para o mandatário vender a casa, o casamento do mandante (o qual exige vênia conjugal, em todos os regimes, salvo o da separação convencional de bens) extingue o mandato automaticamente; **4:** correta, pois uma característica essencial da condição é a incerteza de sua ocorrência. Daí porque se diz que a condição é o evento futuro e incerto (CC, art. 121). O exemplo dado na questão (maioridade) é um evento futuro e certo e, portanto, é considerado termo (CC, art. 131).☒

Gabarito "1C, 2E, 3E, 4C."

(Procurador do Município – Prefeitura Fortaleza/CE – CESPE – 2017) Acerca de atos unilaterais, responsabilidade civil e preferências e privilégios creditórios, julgue os itens subsequentes.

(1) Na hipótese de enriquecimento sem causa, a restituição do valor incluirá atualização monetária, independentemente do ajuizamento de ação judicial.

(2) No que se refere às famílias de baixa renda, há presunção de dano material e moral em favor dos pais em caso de morte de filho menor de idade, ainda que este não estivesse trabalhando na data do óbito.

(3) Quanto aos títulos legais de preferência, declarada a insolvência de devedor capaz, o privilégio especial compreenderá todos os bens não sujeitos a crédito real.

1: correta, pois em conformidade com o disposto no art. 884 do CC, que estabelece: "*Aquele que, sem justa causa, se enriquecer à custa de outrem, será obrigado a restituir o indevidamente auferido, feita a atualização dos valores monetários*"; **2:** correta, pois o STJ entendeu que é possível presumir que – em famílias de baixa renda – a atividade

laboral de filhos reverterá parcialmente para a manutenção do lar. Aplicou tal entendimento mesmo no caso de filhos portadores de deficiência. (REsp 1069288/PR, Rel. Min. Massami Uyeda, Terceira Turma, j. 14.12.2010, DJe 04.02.2011); **3:** incorreta. A ordem deverá ser obedecida é a seguinte: o crédito real prefere ao pessoal de qualquer espécie; o crédito pessoal privilegiado, ao simples; e o privilégio especial, ao geral (CC, art. 961).☒

Gabarito "1C, 2C, 3E."

(Procurados do Município – Prefeitura Fortaleza/CE – CESPE – 2017) Com relação a direitos reais, parcelamento do solo urbano, locação e registros públicos, julgue os itens seguintes.

(1) Em se tratando de contrato de locação, se o fiador tiver se comprometido até a devolução do imóvel pelo locatário, a prorrogação do prazo contratual sem sua anuência o desobriga de responder por ausência de pagamento.

(2) O registrador não fará o registro de imóvel caso dependa da apresentação de título anterior, ainda que o imóvel já esteja matriculado.

(3) O imóvel objeto de contrato de promessa de compra e venda devidamente registrado pode ser objeto de hipoteca.

(4) Embora o município tenha o dever de fiscalizar para impedir a realização de loteamento irregular, ante a responsabilidade pelo uso e pela ocupação do solo urbano, a regularização está no âmbito da discricionariedade, conforme entendimento pacificado no STJ.

1: incorreta, visto que "*salvo disposição contratual em contrário, qualquer das garantias da locação se estende até a efetiva devolução do imóvel, ainda que prorrogada a locação por prazo indeterminado*" (Lei 8.245/1991, art. 39); **2:** correta, pois de acordo com o disposto no art. 237 da Lei de Registros Públicos (Lei 6.015/1973), que dispõe: "*Ainda que o imóvel esteja matriculado, não se fará registro que dependa da apresentação de título anterior, a fim de que se preserve a continuidade do registro*"; **3:** correta, pois o contrato de promessa de compra e venda devidamente registrado é considerado pela lei como direito real (CC, art. 1.225, VII) e sua hipoteca não geraria prejuízo para terceiros. Nesse sentido, o STJ definiu que: "*O ordenamento jurídico pátrio, há longa data, reconhece como direito real o contrato de **promessa** de **compra** e venda devidamente registrado, de modo que não há óbice para que sobre ele recaia **hipoteca**, a qual, no caso, garante o crédito decorrente da cédula de crédito industrial*". (REsp 1336059/SP, Rel. Min. Ricardo Villas Bôas Cueva, Terceira Turma, j. 18.08.2016, DJe 05.09.2016); **4:** incorreta, pois não se trata de discricionariedade. O STJ já se posicionou diversas vezes no sentido de que "o Município tem o poder-dever de agir para fiscalizar e regularizar loteamento irregular, pois é o responsável pelo parcelamento, uso e ocupação do solo urbano, atividade essa que é vinculada, e não discricionária." (REsp 447.433/SP, Rel. Min. Denise Arruda, Primeira Turma, DJ 22.06.2006, p. 178).☒

Gabarito "1E, 2C, 3C, 4E."

(Procurador do Estado – PGE/PR – PUC – 2015) Assinale a alternativa **CORRETA**.

(A) A emancipação do menor com 16 anos completos, concedida por ambos os pais por escritura pública, depende, para a sua validade, de homologação judicial.

(B) A atuação do mandatário que age extrapolando os limites da procuração que lhe foi outorgada é inválida e não produz quaisquer efeitos jurídicos.

(C) Os efeitos da declaração de nulidade do negócio jurídico retroagem ao momento da sua celebração, sendo que ele nunca convalesce, não pode ser confirmado e nem ratificado. Poderá, todavia, subsistir convertido em outro negócio jurídico cujos requisitos de validade estiverem presentes, se atingir o fim visado pelas partes.

(D) A relativa incapacidade do menor entre 16 e 18 anos autoriza-o a invocar a anulabilidade de negócio jurídico realizado sem assistência, mesmo que tenha se declarado maior no momento de sua celebração.

(E) A fixação de condição resolutiva física ou juridicamente impossível invalida todo o negócio jurídico.

A: incorreta, pois a emancipação voluntária não depende de autorização, nem homologação judicial (CC, art. 5º, parágrafo único, I); **B:** incorreta, pois a solução legal é diversa e vem definida no art. 665 do CC, indicando que "*O mandatário que exceder os poderes do mandato, ou proceder contra eles, será considerado mero gestor de negócios, enquanto o mandante lhe não ratificar os atos*"; **C:** correta, pois de acordo com as regras estabelecidas pelos arts. 169 e 170 do CC; **D:** incorreta, pois nessa hipótese aplica-se o princípio segundo o qual: "*a malícia suplanta a idade*" e o art. 180 do Código Civil determina que: "O menor, entre dezesseis e dezoito anos, não pode, para eximir-se de uma obrigação, invocar a sua idade se dolosamente a ocultou quando inquirido pela outra parte, ou se, no ato de obrigar-se, declarou-se maior"; **E:** incorreta, pois ela apenas invalida a condição, mantendo o negócio jurídico válido (CC, art. 124). **GN**

Gabarito "C".

(Procurador do Estado – PGE/PA – UEPA – 2015) Sobre a regularização fundiária de interesse social em imóveis da União, na forma prevista na Lei 11481/2007, é correto afirmar que:

(A) nas áreas urbanas, em imóveis possuídos por população carente ou de baixa renda para sua moradia, onde for possível individualizar as posses, poderá ser feita a demarcação da área a ser regularizada, cadastrando-se o assentamento, para posterior outorga de título de forma individual ou coletiva.

(B) é permitida a inscrição da ocupação que esteja concorrendo ou tenha concorrido para comprometer a integridade das áreas de uso comum do povo, de preservação ambiental ou necessárias à preservação dos ecossistemas naturais e de implantação de programas ou ações de regularização fundiária de interesse social ou habitacionais das reservas indígenas, das áreas ocupadas por comunidades remanescentes de quilombos, das vias federais de comunicação e das áreas reservadas para construção de hidrelétricas ou congêneres, desde que o ente público se comprometa a realizar a compensação ambiental necessária.

(C) o imóvel doado pela União para sociedades de economia mista voltadas à regularização fundiária de interesse social não poderá ser alienado, exceto para o beneficiário final, em contrato não oneroso.

(D) o imóvel doado pela União para pessoas físicas beneficiárias de programas de regularização fundiária de interesse social desenvolvidos por órgãos ou entidades da administração pública, não poderá ser objeto de cláusula de inalienabilidade, exceto se destinado a pessoa com renda familiar mensal superior a 5 (cinco) salários mínimos.

(E) poderá ser dispensado o procedimento licitatório para a cessão de imóvel da União, sob o regime da concessão de direito real de uso resolúvel, mesmo em terrenos de marinha e acrescidos, para associações e cooperativas em se tratando de interesse social.

A: incorreta, pois esse dispositivo legal permite tal demarcação onde "*não for possível individualizar as posses*" (Lei 9.636/1998, art. 6º § 1º); **B:** incorreta, pois tal inscrição é vedada pelo art. 9º, II da Lei 9.636/1998; **C:** incorreta, pois tal alienação é vedada, "*exceto quando a finalidade for a execução, por parte do donatário, de projeto de assentamento de famílias carentes ou de baixa renda [...] e desde que, no caso de alienação onerosa, o produto da venda seja destinado à instalação de infraestrutura, equipamentos básicos ou de outras melhorias necessárias ao desenvolvimento do projeto*" (Lei 9.636/1998, art. 31 § 3º); **D:** incorreta, pois a cláusula de inalienabilidade por cinco anos é uma exigência legal (Lei 9.636/1998, art. 31, § 4º, I) e o beneficiado não pode ter renda familiar mensal superior a 5 salários mínimos (Lei 9.636/1998, art. 31, § 5º, I); **E:** correta, pois de acordo com o permissivo legal contido no art. 18 § 1º da Lei 9.636/1998. **GN**

Gabarito "E".

(Advogado União – AGU – CESPE – 2015) Julgue os itens seguintes, que dizem respeito à aplicação da lei, às pessoas e aos bens.

(1) Caso a lei a ser aplicada não encontre no mundo fático suporte concreto sobre o qual deva incidir, caberá ao julgador integrar o ordenamento mediante analogia, costumes e princípios gerais do direito.

(2) Entre os direitos ressalvados pela lei ao nascituro estão os direitos da personalidade, os quais estão entre aqueles que têm por objeto os atributos físicos, psíquicos e morais da pessoa.

(3) De acordo com entendimento do STJ, a emancipação, seja ela legal, voluntária ou judicial, não tem o condão de excluir a responsabilidade civil dos pais pelos atos praticados por seus filhos menores.

(4) Situação hipotética: João recebeu de seu avô, por doação pura e simples, com cláusula de impenhorabilidade e incomunicabilidade, o imóvel no qual reside. Anos mais tarde, João faleceu. Assertiva: Nessa situação, a transmissão do referido imóvel aos herdeiros necessários de João se dará com a cláusula restritiva, devendo a sua alienação ocorrer por autorização judicial.

1: correta, pois na lacuna da lei o juiz deve utilizar – nessa ordem – os três sistemas integradores do Direito (Lei de Introdução, art. 4°); **2:** correta, pois de acordo com orientação jurisprudencial (Age n. 1268980/PR, Rel. Ministro Herman Benjamin, *DJ* 02.03.2010), bem como o Enunciado 1 do Conselho da Justiça Federal; **3:** incorreta, pois "*A emancipação voluntária, diversamente da operada por força de lei, não exclui a responsabilidade civil dos pais pelos atos praticados por seus filhos menores*" (AgRg no Ag 1239557/RJ, Rel. Min Maria Isabel Gallotti, Quarta Turma, j. 09.10.2012, *DJe* 17.10.2012); **4:** incorreta, pois tais cláusulas restritivas só tem validade até a morte do donatário. A restrição imposta pela cláusula não se transmite ao novo herdeiro. **GN**

Gabarito "1C, 2C, 3E, 4E".

(Advogado União – AGU – CESPE – 2015) Com relação aos atos, ao negócio jurídico, às obrigações e à prescrição, julgue os itens subsequentes.

(1) Dada a existência de íntima ligação entre o abuso de direito e a boa-fé objetiva, a lei estabelece a decretação da nulidade como sanção ao autor do ato abusivo.

(2) Conforme entendimento consolidado do STJ, o prazo prescricional previsto no Código Civil aplica-se às ações indenizatórias decorrentes de ato ilícito formuladas contra a fazenda pública.

5. DIREITO CIVIL

(3) É absolutamente nulo e sem possibilidade de conversão substancial o compromisso de compra e venda fictício celebrado entre locador de imóvel residencial e terceiro, com o objetivo de reaver imóvel do locatário mediante ação de despejo proposta pelo suposto adquirente do bem.

(4) De acordo com o que dispõe o Código Civil, a compensação legal opera-se de pleno direito quando há liquidez e exigibilidade do débito e fungibilidade das prestações, não havendo impedimento para a compensação devido a prazo de favor concedido por uma das partes.

1: incorreta. De fato, há uma ligação entre o abuso do direito e a boa-fé objetiva. Contudo, a consequência legal da prática do ato ilícito pelo abuso do direito é tão somente o dever de reparar o dano, não se falando em nulidade; **2:** incorreta, pois o entendimento consolidado do STJ "*é no sentido da aplicação do prazo prescricional quinquenal previsto do Decreto 20.910/32 – nas ações indenizatórias ajuizadas contra a Fazenda Pública, em detrimento do prazo trienal contido do Código Civil de 2002*" (REsp 1251993/PR, Rel. Min. Mauro Campbell Marques, Primeira Seção, j. 12.12.2012, *DJe* 19.12.2012); **3:** correta, pois tal negócio jurídico é simulado e, portanto, nulo. Ademais, ele prejudica terceiros (o locatário, no caso), o que impede a aplicação da conversão do negócio jurídico (CC, art. 170); **4:** correta, pois de pleno acordo com as regras da compensação, previstas nos arts 368 a 372 do CC. **GN**
Gabarito "1E, 2E, 3C, 4C."

(Procurador do Estado – PGE/BA – CESPE – 2014) A cerca dos negócios jurídicos, julgue os itens a seguir.

(1) A compra e venda de merenda escolar por pessoa absolutamente incapaz constitui o que a doutrina denomina ato-fato jurídico real ou material.

(4) É anulável o negócio jurídico se a lei proibir a sua prática, sem cominar sanção.

(3) No negócio jurídico unilateral, está presente apenas uma declaração de vontade, sendo desnecessária a aceitação de outrem para que produza efeitos.

(4) Ocorre a lesão quando uma pessoa, em premente necessidade ou por inexperiência, se obriga a prestação manifestamente desproporcional ao valor da prestação oposta, exigindo-se, para a sua configuração, ainda, o dolo de aproveitamento, conforme a doutrina majoritária.

(5) O silêncio de uma das partes pode, excepcionalmente, representar anuência, se as circunstâncias ou os usos o autorizarem e não for necessária a declaração expressa de vontade.

1: correta, pois um dos exemplos de ato-fato jurídico é o ato materialmente ínfimo ou de pouco relevo patrimonial, como é justamente o caso da compra de uma merenda; **2:** incorreta, pois tal hipótese é de nulidade absoluta, conforme o art. 166, VII do CC. O próprio Código Civil proíbe a venda da herança de pessoa viva e não estabelece sanção (CC, art. 426). Ou seja, tal venda é nula de pleno direito; **3:** correta, pois o negócio jurídico unilateral produz efeitos com apenas uma declaração de vontade. É o que ocorre, por exemplo, com o testamento. Repare que a doação não se encaixa aqui, pois depende de aceitação do donatário. A doação é, portanto, um negócio jurídico bilateral. Como a doação só gera obrigações para uma das partes, ela é classificada como "contrato" unilateral; **4:** incorreta, pois a lei não exige o dolo de aproveitamento da outra parte (CC, art. 157), bastando que o negócio seja desproporcional e que a pessoa esteja sob premente necessidade ou inexperiência; **5:** correta, pois tal assertiva encontra respaldo no art. 111 do CC. Repare, contudo, que o próprio Código Civil pode estabelecer

outras consequências para o silêncio, como, por exemplo, o faz no art. 299, parágrafo único. **GN**
Gabarito "1C, 2E, 3C, 4E, 5C."

(Procurador do Estado – PGE/BA – CESPE – 2014) No que se refere ao parcelamento do solo urbano e aos registros públicos, julgue os itens seguintes.

(1) No âmbito dos registros públicos, o procedimento de dúvida é o expediente por meio do qual o apresentante de um título registral, se inconformado com as exigências formuladas pelo registrador ou com a decisão que desde logo negue o registro, pode requerer ao juiz competente que, após proceder à requalificação do documento, determine seu acesso ao fólio real. Nesse contexto, não há possibilidade de interposição de recurso em face de decisão desfavorável do juiz.

(2) Aprovado o projeto de loteamento pelo município, o loteador deverá submetê-lo ao registro imobiliário, acompanhado dos documentos indicados na lei, dentro de cento e oitenta dias, sob pena de caducidade da aprovação.

1: incorreta, pois da sentença proferida no procedimento de dúvida cabe o recurso de apelação "*com os efeitos devolutivo e suspensivo*", a qual poderá ser interposta pelo interessado, Ministério Público e o terceiro prejudicado (Lei 6.015/73, art. 202); **2:** correta, pois tanto as exigências como o prazo estão de pleno acordo com o disposto no art. 18 da Lei 6.766, de 19 de dezembro de 1979. **GN**
Gabarito "1E, 2C."

(Procurador Federal – 2013 – CESPE) Julgue o seguinte item.

(1) O empresário individual é a própria pessoa física ou natural, respondendo os seus bens pelas obrigações que ele assumir, seja civis, seja comerciais.

---

1. Correta, na medida em que o empresário individual possui responsabilidade ilimitada pelas dívidas sociais, isto é, inexiste diferenciação patrimonial entre os bens pertinentes ao exercício da empresa e os bens pessoais da pessoa física. Assim, gera-se a possibilidade dos bens responderem indistintamente e ilimitadamente pelas dívidas contraídas seja pelo exercício da empresa ou pela pessoa física em proveito pessoal. Ressalta-se que em 2011 foi introduzida uma nova figura no ordenamento jurídico brasileiro por meio da Lei 12.441, qual seja, a empresa individual de responsabilidade limitada (art. 980-A do CC). Essa figura, porém, não se confunde com o empresário individual, pois possui regras próprias.
Gabarito "1C"

(Procurador Federal – 2013 – CESPE) Julgue o seguinte item.

(1) O envelhecimento, embora não tenha caráter de direito personalíssimo, é protegido na condição de direito social, garantindo à pessoa idosa a proteção à vida e à saúde, mediante efetivação de políticas sociais públicas que permitam um envelhecimento saudável e em condições de dignidade.

1: Errada, pois o envelhecimento possui caráter personalíssimo, conforme art. 8º da Lei 10.741/03.
Gabarito "1E."

(Procurador Federal – 2013 – CESPE) Julgue o seguinte item.

(1) Ao contrário do que ocorre no registro de imóveis, a publicidade não é uma função específica do registro civil das pessoas naturais, que tem por objetivo a autenticidade, a segurança e a eficácia.

1: Errada, pois tanto o registro de imóveis como o registro civil das pessoas naturais estão igualmente sujeitos ao regime estabelecido na Lei 6.015/73, consoante seu art. 1º. Neste passo, a submissão à publicidade é um dos fatores. Prevê o art. 19, § 1º da Lei 6.015/73 que: "As certidões do Registro Civil das Pessoas Naturais mencionarão, sempre, a data em que foi lavrado o assento e serão manuscritas ou datilografadas e, no caso de adoção de papéis impressos, os claros serão preenchidos também em manuscrito ou datilografados". Já o § 3º traz uma limitação: "Nas certidões de registro civil, não se mencionará a circunstância de ser legítima, ou não, a filiação, salvo a requerimento do próprio interessado, ou em virtude de determinação judicial". O registro civil das pessoas naturais também está sujeito ao princípio da publicidade,

Gabarito "1E".

(Procurador do Estado/MT – FCC – 2011) NÃO será permitido o parcelamento do solo

(A) em terrenos alagadiços e sujeitos a inundações, em qualquer hipótese.

(B) em terrenos que tenham sido aterrados com material nocivo à saúde pública, ainda que sejam previamente saneados.

(C) em áreas de preservação ecológica ou naquelas onde a poluição impeça condições sanitárias suportáveis, até a sua correção.

(D) em terrenos onde as condições geológicas aconselham a edificação.

(E) em terreno com declividade igual ou superior a 20% (vinte por cento).

A: incorreta (art. 3º, parágrafo único, I, da Lei n. 6.766/79); **B:** incorreta (art. 3º, parágrafo único, II, da Lei n. 6.766/79); **C:** correta (art. 3º, parágrafo único, V, da Lei n. 6.766/79); **D:** incorreta (art. 3º, parágrafo único, IV, da Lei n. 6.766/79); **E:** incorreta (art. 3º, parágrafo único, III, da Lei n. 6.766/79).

Gabarito "C".

(PROCURADOR DO ESTADO/RS – FUNDATEC – 2010) Assinale a alternativa correta:

(A) O trabalho humano pode qualificar a posse para o efeito da usucapião.

(B) Nos atos *inter vivos* de transmissão da propriedade imobiliária, é indispensável o registro do titulo que, uma vez procedido, goza de presunção absoluta ("principio da presunção absoluta do registro imobiliário").

(C) A tutela da vizinhança diz respeito aos atos ilegais praticados pelo vizinho, abrangendo a tutela da segurança e da saúde, porém não se estendendo ao sossego, pois esse é protegido pela ação de dano moral.

(D) A outorga de garantia real não se vincula, necessariamente, à capacidade para alienar.

(E) No penhor, o objeto da garantia é coisa móvel; na hipoteca, bem imóvel; na anticrese, qualquer espécie de bem.

A: correta, pois a usucapião especial rural exige que a área tenha se tornado produtiva pelo trabalho do possuidor ou de sua família (art. 1.239, do CC); **B:** incorreta, pois o registro pode ser retificado ou anulado (art. 1.245 a 1.247, ambos do CC); **C:** incorreta (art. 1.277, do CC); **D:** incorreta (art. 1.420, do CC); **E:** incorreta (art. 1.506, do CC).

Gabarito "A".

(Procurador do Município – Boa Vista/RR – 2019 – CESPE/CEBRASPE) Acerca de responsabilidade civil, de negócio jurídico e de transmissão e extinção de obrigações, julgue os itens seguintes.

(1) Tanto pessoas físicas quanto pessoas jurídicas podem sofrer danos morais.

(2) Em contratos de fiança, a declaração de vontade do fiador pode ser expressa ou presumida.

(3) Tanto no caso de assunção de dívida quanto no caso de novação de dívida, enquanto a obrigação original não for totalmente adimplida, o devedor originário manterá sua responsabilidade com o credor e a obrigação permanecerá inalterada.

1: Certa, pois ambas possuem honra objetiva, podendo, portanto, sofrer ofensa à imagem. (Quanto às pessoas jurídicas, os danos morais exigem comprovação fática, ainda que seja possível a utilização de presunções e regras de experiência para configuração do dano (art. 186 CC e Súmula 227 STJ); **2:** Errada, pois a declaração de vontade do fiador só se admite por escrito, logo, não pode ser presumida, mas apenas expressa (art. 819 CC); **3:** Errada, pois no caso da assunção de dívida, quando terceiro assume a dívida com o consentimento do credor, em regra, o devedor primitivo fica exonerado, salvo se o terceiro, ao tempo da assunção, era insolvente e o credor o ignorava (art. 299, *caput* CC). Neste caso, é importante ressaltar que a obrigação se mantém a mesma, só o que altera é a parte devedora. No caso da novação, uma nova dívida surge em substituição à primeira. Quando o novo devedor sucede ao antigo, este fica quite com o credor (art. 360, II CC). Se o novo devedor for insolvente, não tem o credor, que o aceitou, ação regressiva contra o primeiro, salvo se este obteve por má-fé a substituição (art. 363 CC). GR

Gabarito 1C, 2E, 3E

(Procurador do Município – S.J. Rio Preto/SP – 2019 – VUNESP) O *Programa Minha Casa, Minha Vida* – PMCMV tem por finalidade criar mecanismos de incentivo à produção e aquisição de novas unidades habitacionais ou requalificação de imóveis urbanos e produção ou reforma de habitações rurais, para famílias com renda mensal de até R$ 4.650,00 (quatro mil, seiscentos e cinquenta reais).

Em relação à Lei 11.977, de 7 de julho de 2009, assinale a alternativa correta.

(A) O PMCMV compreende os seguintes programas: Programa Nacional de Habitação Urbana (PNHU), Programa Nacional de Habitação Rural (PNHR) e Programa Nacional de Habitação Coletiva (PNHC).

(B) Os contratos e registros efetivados no âmbito do PMCMV serão formalizados, preferencialmente, em nome de ambos os cônjuges.

(C) Nas hipóteses de dissolução de casamento ou união estável, o título de propriedade do imóvel adquirido, no âmbito do PMCMV, será registrado em nome da mulher ou a ela transferido, independentemente do regime de bens aplicável, ainda que envolvam recursos do FGTS.

(D) Os lotes destinados à construção de moradias no âmbito do PMCMV poderão ser objeto de remembramento, devendo tal permissão constar expressamente dos contratos celebrados.

(E) Para a indicação dos beneficiários do PMCMV, deverão, dentre outros requisitos, ser observada prioridade de atendimento às famílias com mulheres responsáveis pela unidade familiar.

5. DIREITO CIVIL

A: incorreta, pois *não* se inclui o Programa Nacional de Habitação Coletiva (PNHC) (art. 1º, I e II da Lei 11.977/2009); **B:** incorreta, pois os contratos e registros efetivados no âmbito do PMCMV serão formalizados, preferencialmente, em nome da *mulher* (art. 35 da Lei 11.977/2009); **C:** incorreta, pois essa hipótese não se aplica se estiver envolvido recurso do FGTS (art. 35-A da Lei 11.977/2009); **D:** incorreta, pois os lotes destinados à construção de moradias no âmbito do PMCMV *não* poderão ser objeto de remembramento, devendo tal *proibição* constar expressamente dos contratos celebrados (art. 36, *caput* CC); **E:** correta (art. 3º, IV da Lei 11.977/2009). GR

Gabarito "E".

(Procurador do Município – S.J. Rio Preto/SP – 2019 – VUNESP) São nulas de pleno direito, entre outras, as cláusulas contratuais relativas ao fornecimento de produtos e serviços que

(A) estabeleçam inversão do ônus da prova sem prejuízo do consumidor.

(B) possibilitem a renúncia do direito de indenização por benfeitorias necessárias.

(C) determinem a utilização facultativa de arbitragem para a solução de litígios.

(D) autorizem o fornecedor a cancelar o contrato unilateralmente, conferindo igual direito ao consumidor.

(E) concedam ao consumidor a opção de reembolso da quantia já paga.

A: incorreta, pois são nulas as cláusulas contratuais relativas ao fornecimento de produtos e serviços que estabeleçam inversão do ônus da prova *em* prejuízo do consumidor (art. 51, VI CDC); **B:** correta (art. 51, XVI CDC); **C:** incorreta, pois são nulas as cláusulas contratuais relativas ao fornecimento de produtos e serviços que determinem a utilização *compulsória* de arbitragem (art. 51, VII CDC); **D:** incorreta, pois são nulas as cláusulas contratuais relativas ao fornecimento de produtos e serviços que autorizem o fornecedor a cancelar o contrato unilateralmente, *sem* que igual direito seja conferido ao consumidor (art. 51, XI CDC) ; **E:** incorreta, pois são nulas as cláusulas contratuais relativas ao fornecimento de produtos e serviços que *subtraiam* ao consumidor a opção de reembolso da quantia já paga (art. 51, II CDC). GR

Gabarito "B".

(Procurador do Estado/TO – 2018 – FCC) Nas relações jurídicas derivadas de contratos regidos pelo Código de Defesa do Consumidor, aplicam-se as seguintes regras legais:

I. Em contrato de adesão, a inserção de cláusula no formulário não desfigura a natureza de adesão do contrato.

II. É anulável a cláusula que estabelecer a inversão do ônus da prova em prejuízo do consumidor.

III. Os órgãos públicos, por si ou suas empresas, concessionárias, permissionárias ou sob qualquer outra forma de empreendimento, são obrigados a fornecer serviços adequados, eficientes, seguros e contínuos, independentemente de serem ou não essenciais.

IV. Pelas obrigações, as sociedades consorciadas são solidariamente responsáveis, as sociedades coligadas só responderão por culpa e as sociedades integrantes dos grupos societários e as sociedades controladas são subsidiariamente responsáveis.

V. Em todos os documentos de cobrança de débitos apresentados ao consumidor, deverão constar o nome, o endereço e o número de inscrição no Cadastro de Pessoas Físicas – CPF ou no Cadastro Nacional de Pessoa Jurídica – CNPJ do fornecedor do produto ou serviço correspondente.

Está correto o que se afirma APENAS em

(A) I, II e V.

(B) I e III.

(C) II e IV.

(D) III, IV e V.

(E) I, IV e V.

I: certa (art. 54, § 1º CDC); **II:** errada, pois esta cláusula é nula (art. 51, VI CDC); **III:** errada, pois os órgãos públicos, por si ou suas empresas, concessionárias, permissionárias ou sob qualquer outra forma de empreendimento, são obrigados a fornecer serviços adequados, eficientes, seguros e, quanto aos *essenciais, contínuos* (art. 22 CDC); **IV:** certa (art. 28, §§ 2º, 3º e 4º CDC); **V:** certa (art. 42-A CDC). Logo, a alternativa correta é a letra E. GR

Gabarito "E".

6. Direito Empresarial

Henrique Subi e Robinson Barreirinhas

1. TEORIA GERAL

1.1. Empresa, empresário, caracterização e capacidade

(Procurador do Estado/SE – 2017 – CESPE) Com relação ao empresário e aos prepostos, assinale a opção correta de acordo com a legislação pertinente.

(A) A inscrição do empresário na junta comercial é requisito para a sua caracterização.

(B) A lei prevê cobrança de multa do incapaz que exercer diretamente atividade própria de empresário.

(C) O gerente de empresa poderá delegar poderes de representação, uma vez que as prerrogativas a ele conferidas, embora pessoais, são transferíveis.

(D) No exercício de suas funções, os prepostos são pessoalmente responsáveis, perante terceiros, pelos atos culposos.

(E) O empresário casado pode alienar os bens imóveis que integram o patrimônio da empresa sem outorga conjugal.

A: incorreta. A inscrição do empresário individual é requisito para sua regularidade. A atividade é empresária se cumprir os requisitos do art. 966 do CC, ainda que exercida de forma irregular; **B:** incorreta. Não há qualquer previsão nesse sentido; **C:** incorreta. Apenas com autorização escrita o preposto pode fazer-se substituir no exercício de suas funções (art. 1.169 do CC); **D:** incorreta. Respondem apenas pelos atos dolosos perante terceiros (art. 1.177 do CC); **E:** correta, nos termos do art. 978 do CC. HS
_Gabarito "E".

(Procurador do Estado – PGE/PR – PUC – 2015) Acerca do conceito de empresário e de sociedade empresária, assinale a alternativa **CORRETA**.

(A) Uma sociedade anônima aberta que alterasse seu objeto social para incluir atividade de natureza literária passaria a ser considerada uma sociedade simples.

(B) A expressão "elemento de empresa" presente no conceito legal de empresário serve de fundamento a que atividades exercidas sem auxiliares sejam consideradas empresárias.

(C) A definição legal de empresário não permite que uma atividade dotada de eventualidade seja caracterizada como empresária.

(D) O praticante de atividade rural tem a opção pelo tratamento legal como empresário a ser exercida através de processo judicial.

(E) A gestão profissional e de acordo com as práticas de governança corporativa em uma sociedade a caracteriza como empresarial.

A: incorreta. A sociedade anônima é sempre empresária, qualquer que seja seu objeto (art. 982, parágrafo único, do CC); **B:** incorreta. Para a caracterização do empresário é sempre necessária a organização de mão de obra. Além disso, a expressão "elemento de empresa" não está no conceito legal de empresário, mas sim enunciada como uma exceção à natureza simples das atividades científicas (art. 966, parágrafo único, do CC). Por fim, para boa compreensão do tema, é importante destacar que existem três correntes sobre o conceito de "elemento de empresa", todas aceitas pela jurisprudência: **(i)** a atividade científica está inserida num contexto mais amplo de uma atividade empresária, como no caso de um veterinário que atende dentro de um *petshop* (STJ, REsp 1.028.086/RO); **(ii)** a transformação da atividade intelectual em um serviço que se desvincula da individualidade do cientista, literato ou artista, como numa clínica médica procurada pelos pacientes em face de sua estrutura física e ampla gama de serviços, independentemente de quem sejam os médicos que lá atendam (STJ, idem); e **(iii)** seria uma livre escolha do prestador do serviço ser tratado como atividade simples ou empresária (Enunciado 54 JDC/CJF); **C:** correta. Ao exigir o **profissionalismo** como requisito da atividade empresária, o art. 966 do CC **implicitamente** exige que a atividade seja prestada de forma **habitual, em nome próprio e com monopólio de informações**; **D:** incorreta. A opção do produtor rural se dá simplesmente com seu requerimento de registro na Junta Comercial (art. 971 do CC); **E:** incorreta. A caracterização empresarial se faz a partir da análise do objeto social e dos demais requisitos do art. 966 do CC. HS
_Gabarito "C".

(Advogado União – AGU – CESPE – 2015) Acerca dos impedimentos, direitos e deveres do empresário, julgue os itens que se seguem de acordo com a legislação vigente.

(1) O incapaz não pode ser autorizado a iniciar o exercício de uma atividade empresarial individual, mas, excepcionalmente, poderá ele ser autorizado a dar continuidade a atividade preexistente.

(2) Os livros mercantis são equiparados a documento público para fins penais, sendo tipificada como crime a falsificação, no todo ou em parte, de escrituração comercial.

(3) Condenados por crime falimentar ou contra a economia popular não podem figurar como sócios em sociedade limitada, ainda que sem função de gerência ou administração.

1: Certa, nos termos do art. 974 do CC. **2:** Certa, nos termos do art. 297, § 2º, do Código Penal. **3:** Errada. A vedação abrange somente a função de administrador, não a presença da pessoa no quadro societário (art. 1.011, § 1º, do CC). HS
_Gabarito 1C, 2C, 3E

(Procurador Distrital – 2014 – CESPE) Julgue o item a seguir, a respeito de fatos históricos relacionados à evolução do direito empresarial.

(1) Os títulos de créditos originaram-se, na Idade Média, em virtude de os comerciantes italianos não desejarem levar grandes quantidades de moeda em suas viagens e ao fato de que cada cidade podia cunhar a sua própria. Esses comerciantes, então, depositavam o valor de que necessitavam em um banco e este emitia documentos que consubstanciavam promessa ou ordem de pagamento e que, apresentados ao seu correspondente, autorizavam o recebimento da quantia neles mencionada, na moeda corrente no lugar da apresentação.

1: correta. Como a alternativa narra, tais títulos foram os embriões das letras de câmbio e representam os primeiros registros de títulos de crédito.
Gabarito 1C

(Procurador Distrital – 2014 – CESPE) Julgue o seguinte item, referente à teoria da empresa.

(1) Para Ronald Coase, jurista norte-americano cujo pensamento doutrinário tem sido bastante estudado pelos juristas brasileiros, a empresa se revelaria, estruturalmente, como um "feixe de contratos" que, oferecendo segurança institucional ao empresário, permite a organização dos fatores de produção e a redução dos custos de transação. Nesse aspecto, a proposta de Coase coincide com o perfil institucional proposto por Asquini.

1: apesar de considerada incorreta pelo gabarito oficial, temos que a afirmação está certa. Alberto Asquini propõe que a empresa deve ser entendida como um "fenômeno econômico poliédrico, o qual tem sob o aspecto jurídico, não um, mas diversos perfis em relação aos diversos elementos que o integram". Para ele, tais perfis seriam: perfil subjetivo (a empresa como a pessoa, física ou jurídica, que exerce a atividade), perfil objetivo (a empresa como patrimônio especial distinto do restante do patrimônio do empresário), perfil funcional (a atividade empresarial propriamente dita) e perfil corporativo ou institucional (a empresa é um núcleo social organizado, em função de um fim econômico comum). Ronald Coase, por sua vez, propõe um conceito econômico de empresa ao inseri-la no contexto da economia de mercado: a firma é um "feixe de contratos" voltados organização dos fatores de produção e redução dos custos de transação. Esse "feixe de contratos" é exatamente o perfil corporativo proposto por Asquini, na medida em que a empresa, já dizia o jurista italiano, não é a mera soma de pessoas físicas buscando cada uma seu interesse. Tais pessoas estão vinculadas por contratos (de trabalho, de colaboração, de fornecimento etc.) em prol de um fim econômico comum, que é a otimização da produção.
Gabarito 1E

(Procurador/DF – 2013 – CESPE) Considerando que o atual Código Civil, instituído em 2002, inaugurou no ordenamento jurídico brasileiro o que a doutrina denomina de unificação do direito privado, passando a disciplinar tanto a matéria civil quanto a comercial, julgue os itens a seguir.

(1) Exatamente porque a atividade rural pode se enquadrar na teoria da empresa, o atual Código Civil facultou àqueles que a exercem a possibilidade de requerimento de sua inscrição no registro público de empresas mercantis, ocasião em que tais atividades adquirem nítidos contornos de atividade empresária.

(2) Com o advento do novo Código Civil (de 2002), houve a substituição da teoria dos atos de comércio pela teoria da empresa, que se define pelo conceito de atividade.

(3) Assumindo o seu perfil subjetivo, a empresa confunde-se com o empresário – assim compreendidos os sócios de uma pessoa jurídica que se reúnem para o exercício da atividade empresarial –, e com o estabelecimento – a universalidade de bens empenhada no desenvolvimento da atividade.

(4) Instituído em 1850, o Regulamento 737 que então definiu os atos de mercancia, embora já tenha sido revogado há muito tempo, ainda é albergado pela doutrina e tem aplicação subsidiária na nova ordem do direito empresarial calcada na teoria da empresa.

1: correta, nos termos do art. 971 do CC/2002; **2:** correta. Perceba que a definição do empresário é dada pela atividade por ele exercida – art. 966 do CC/2002; **3:** incorreta, pois empresa é a atividade do empresário, não se confundindo com ele – art. 966 do CC/2002; **4:** incorreta, pois a legislação atual não mais adota a teoria dos atos de comércio, mas sim a teoria da empresa, conforme a assertiva "2".
Gabarito 1C, 2C, 3E, 4E

(PROCURADOR DO ESTADO/MG – FUMARC – 2012) Assinale a alternativa que completa corretamente afirmação:

"No exercício de suas atividades, o empresário deverá se conduzir do seguinte modo, EXCETO_____."

(A) o empresário casado pode, sem necessidade de outorga conjugal, qualquer que seja o regime de bens, alienar os imóveis que integrem o patrimônio da empresa.

(B) o empresário tem como obrigatória a sua inscrição no Registro Público de Empresas Mercantis da respectiva sede, antes do início de sua atividade.

(C) o empresário rural e o pequeno empresário terão tratamento favorecido e diferenciado, quanto a inscrição e aos efeitos daí decorrentes.

(D) O empresário que instituir filial em lugar sujeito à jurisdição de outro Registro Público de Empresas Mercantis, deverá inscrever o estabelecimento secundário somente no local que está sendo aberta.

(E) O empresário deverá arquivar e averbar no Registro Público de Empresas Mercantis, os seus pactos e declarações antenupciais, o título de doação, herança, ou legado, de bens clausulados de incomunicabilidade ou inalienabilidade.

O candidato deve ter muito cuidado nesse tipo de questão! A presença da palavra "EXCETO" no enunciado pode ser traduzida como: "assinale a alternativa INCORRETA". **A:** correta, nos termos do art. 978 do CC; **B:** correta, nos termos do art. 967 do CC; **C:** correta, nos termos do art. 970 do CC; **D:** incorreta, devendo ser assinalada. A instituição de sucursal ou filial em outro Estado determina a inscrição desta tanto no território onde está sendo aberta quanto no órgão de registro responsável pela sede (art. 969 do CC); **E:** correta, nos termos do art. 979 do CC.
Gabarito "D"

(Procurador do Município/São José dos Campos–SP – 2012 –VUNESP) Assinale a alternativa correta sobre a capacidade de ser empresário e a faculdade dos cônjuges em contratar sociedade.

(A) Somente podem ser sócios entre si cônjuges casados sob o regime de separação de bens.

(B) Têm capacidade para serem sócios entre si os casados no regime de separação obrigatória.

(C) O empresário casado, qualquer que seja o regime de bens, necessita de outorga conjugal para alienar imóveis da empresa.

(D) Faculta-se aos cônjuges contratar sociedade, entre si, desde que não tenham casado no regime da comunhão universal de bens.

(E) Os separados judicialmente não podem contratar sociedade entre si e com terceiros, salvo se já feita a partilha de bens.

6. DIREITO EMPRESARIAL

Pessoas casadas podem ser sócias entre si, com ou sem a participação de terceiros, desde que não sejam casadas pelos regimes da comunhão universal ou da separação obrigatória de bens (art. 977 do CC), ou seja, poderão constituir a sociedade os casados sob a comunhão parcial, a separação consensual e a participação final nos aquestos. Qualquer que seja o regime de bens, o empresário casado não necessita de outorga conjugal para alienar ou gravar de ônus real bens integrantes do patrimônio da empresa (art. 978 do CC). Uma vez separados, não incide mais a proibição dos cônjuges contratarem sociedade entre si.
Gabarito "D".

(Procurador Federal – 2010 – CESPE) A seguir, é apresentada uma situação hipotética, seguida de uma assertiva a ser julgada no que se refere a direito comercial.

(1) Marcos exerce atividade rural como sua principal profissão. Nessa situação, Marcos poderá requerer, observadas as formalidades legais, sua inscrição perante o Registro Público de Empresas Mercantis da respectiva sede, equiparando-se, após a sua inscrição, ao empresário sujeito a registro.

Assertiva correta, pois a inscrição, no caso de atividade rural, é opcional, nos termos do art. 971 do CC.
Gabarito 1C

1.2. Desconsideração da personalidade jurídica

(Procurador do Estado/BA – 2014 – CESPE) Julgue o item a seguir.

(1) A desconsideração inversa da personalidade jurídica implica o afastamento do princípio de autonomia patrimonial da sociedade, o que a torna responsável por dívida do sócio.

1: correta. Chama-se desconsideração inversa da personalidade jurídica a possibilidade de se afastar a autonomia patrimonial da pessoa jurídica para fazer recair sobre seu patrimônio a responsabilidade sobre dívidas pessoais do sócio. Tal modalidade de desconsideração é amplamente reconhecida pelo STJ (veja-se, por exemplo, REsp 1236916/RS, DJ 28/10/2013).
Gabarito 1C

1.3. Nome empresarial

(Procurador do Estado/PI – 2008 – CESPE) Como regulado pelo Código Civil, o nome empresarial

(A) obedece ao princípio da novidade, que determina a impossibilidade legal de coexistirem dois nomes empresariais idênticos no território nacional.

(B) é elemento do estabelecimento comercial, podendo ser alienado com ou sem trespasse.

(C) refere-se à sociedade empresária, devendo o empresário limitar-se a usar o seu nome civil.

(D) será necessariamente firma, tratando-se de sociedade em conta de participação.

(E) formar-se-á necessariamente sob denominação, se o quadro societário da sociedade limitada a ser nomeada envolver apenas pessoas jurídicas.

A: incorreta. O princípio da novidade, previsto no art. 1.163 do CC, impede a adoção de nome já inscrito no mesmo registro (não, necessariamente, em outro ponto do território nacional); B: incorreta. O nome empresarial não pode ser alienado – art. 1.164 do CC; C: incorreta. O empresário individual opera sob firma, que é uma espécie de nome empresarial – art. 1.156 do CC; D: incorreta. Sociedade em conta de participação não pode ter nome empresarial – art. 1.162 do CC; E:

correta. A adoção de firma pela sociedade de responsabilidade limitada depende da existência de sócio pessoa física, cujo nome civil possa compor o nome empresarial – art. 1.158, § 1º, do CC.
Gabarito "E".

1.4. Inscrição, Registros, Escrituração e Livros

(Procurador do Estado – PGE/RN – FCC – 2014) Os livros e fichas dos empresários e sociedades provam

(A) contra ou a favor das pessoas a que pertencem, desde que escriturados sem vícios intrínsecos ou extrínsecos, podendo, entretanto, os interessados impugná-los provando a inexatidão ou falsidade dos lançamentos e, para isso, poderão requerer em juízo a exibição parcial dos livros, competindo somente à Fazenda Pública pleitear a exibição integral para a fiscalização do pagamento de impostos, nos estritos termos das respectivas leis especiais, ou, a qualquer credor, no caso de falência.

(B) a favor das pessoas a que pertencem, quando escriturados sem vício extrínseco ou intrínseco e forem confirmados por outros subsídios, nesse caso suprindo a falta de escritura pública exigida por lei, salvo se provadas a falsidade ou inexatidão dos lançamentos.

(C) somente contra as pessoas a que pertencem e nunca a seu favor, por isso não podendo o Juiz determinar a exibição integral dos livros e papéis de escrituração, porque ninguém tem obrigação de fazer prova contra si próprio.

(D) contra as pessoas a que pertencem, todavia, o Juiz só pode autorizar a exibição integral dos livros e papéis da escrituração nos casos taxativamente previstos em lei, entre os quais, para resolver questões relativas à sucessão, sendo que as restrições legais não se aplicam às autoridades fazendárias, no exercício da fiscalização do pagamento de impostos, nos estritos termos das respectivas leis especiais.

(E) contra ou a favor das pessoas a que pertencem, desde que escriturados sem vício extrínseco ou intrínseco, ressalvada ao interessado a prova da falsidade ou inexatidão dos lançamentos, qualquer interessado podendo requerer ao Juiz a exibição integral, para demonstrar os seus direitos.

Nos termos do art. 226 do CC, a escrituração do empresário faz prova contra as pessoas a que pertencem. Ao mesmo tempo, o art. 1.191 do CC determina que só é autorizado ao juiz determinar a exibição integral dos livros quando necessária para resolver questões relativas a sucessão, comunhão ou sociedade, administração ou gestão à conta de outrem, ou em caso de falência. Obviamente, as restrições de acesso não se aplicam às autoridades fazendárias no exercício de suas funções de fiscalização (art. 1.193 do CC). HS
Gabarito "D".

(Procurador Distrital – 2014 – CESPE) Por dez anos consecutivos a empresa SQCB Ltda. deixou de arquivar qualquer documento no Registro Público de Empresas Mercantis da Junta Comercial do DF (JC/DF), onde estava registrada. A JC/DF, então, cancelou o registro da referida empresa, intimou-a, em seguida, de sua decisão e comunicou o cancelamento às autoridades fiscais.

Com referência a essa situação hipotética, julgue os itens que se seguem.

(1) Será da competência da justiça do Distrito Federal, por meio de uma das varas de fazenda, a competência para apreciar eventual mandado de segurança que a SQCB Ltda. deseje impetrar contra o ato de cancelamento de seu registro, uma vez que o ato foi praticado pela JC/DF.

(2) O procedimento foi correto, uma vez que, no caso de inexistência de arquivamento pelo período de dez anos consecutivos, considera-se a empresa inativa, devendo seu registro ser imediatamente cancelado pela junta comercial, com subsequente intimação da sociedade empresária para que tome conhecimento da decisão.

1: incorreta. O STF, no julgamento do RE 199793/RS, DJ 18/08/2000, consolidou o entendimento de que, por serem as juntas comerciais tecnicamente subordinadas ao Departamento Nacional de Registro do Comércio (DNRC), que por sua vez é vinculado ao Ministério do Desenvolvimento, Indústria e Comércio, a competência para julgamento de mandado de segurança interposto contra ato de seu presidente é da justiça federal; **2:** incorreta. Em caso de inatividade presumida, deve a junta comercial, primeiramente, intimar a sociedade empresária para verificar se realmente deixou de exercer sua atividade (art. 60, § 2º, da Lei 8.934/1994). Gabarito "1E, 2E"

(Procurador do Estado/PR – UEL-COPS – 2011) Sobre o regime jurídico do empresário no Código Civil de 2002, assinale a alternativa correta:

I. considera-se empresário quem exerce profissionalmente atividade econômica organizada para a produção ou a circulação de bens ou de serviços, sendo obrigatória a inscrição no Registro Público de Empresas Mercantis da respectiva sede, antes do início de sua atividade.

II. caso venha a admitir sócios, o empresário individual não poderá solicitar ao Registro Público de Empresas Mercantis a transformação de seu registro de empresário para registro de sociedade empresária, devendo constituir e realizar o registro de nova sociedade.

III. o empresário, cuja atividade rural constitua sua principal profissão, deve requerer obrigatoriamente a inscrição no Registro Público de Empresas Mercantis da respectiva sede.

IV. o Registro Público de Empresas Mercantis deverá registrar contratos ou alterações contratuais de sociedade que envolva sócio absolutamente incapaz, desde que o capital social da sociedade esteja totalmente integralizado e que, o incapaz, devidamente representado, não exerça administração da sociedade.

V. o empresário e a sociedade empresária são obrigados a seguir um sistema de contabilidade, mecanizado ou não, com base na escrituração uniforme de seus livros, em correspondência com a documentação respectiva, e a levantar anualmente o balanço patrimonial e o de resultado econômico.

Alternativas:

(A) somente as alternativas II, III e V estão corretas;

(B) somente as alternativas II, III e IV estão corretas;

(C) somente as alternativas I, II e V estão corretas;

(D) somente as alternativas I, IV e V estão corretas;

(E) todas as alternativas estão corretas.

I: correta, nos termos dos arts. 966 e 967 do CC; **II:** incorreta. É totalmente possível o pedido de transformação (art. 968, § 3º, do CC); **III:** incorreta. A inscrição no Registro Público de Empresas Mercantis daquele que exerce atividade rural é facultativa (art. 971 do CC). Assim,

se a fizer, será considerado empresário; se não a fizer, ficará sujeito ao regime jurídico civil; **IV:** correta, nos termos do art. 974, § 3º, do CC; **V:** correta, nos termos do art. 1.179 do CC. Gabarito "D"

(Procurador Federal – 2010 – CESPE) A seguir, é apresentada uma situação hipotética, seguida de uma assertiva a ser julgada no que se refere a direito comercial.

(1) Os empregados da pessoa jurídica X Ltda., insatisfeitos com os valores que lhes eram pagos a título de participação nos lucros da sociedade, ajuizaram ação cautelar pleiteando a exibição integral dos livros e papéis da escrituração empresarial. Nessa situação, o magistrado que analisar a questão deverá julgar improcedente o pedido, tendo em vista a ausência de respaldo legal para tanto.

Assertiva incorreta, pois o juiz só poderá autorizar a exibição integral dos livros e papéis de escrituração quando necessária para resolver questões relativas a sucessão, comunhão ou sociedade, administração ou gestão à conta de outrem, ou em caso de falência – art. 1.191 do CC. Gabarito "1E"

(ADVOGADO – CEF – 2010 – CESPE) Assinale a opção correta acerca do direito de empresa e seus institutos.

(A) A principal finalidade do nome empresarial é identificar o local no qual é exercida a atividade do empresário e onde tem contato com o público.

(B) É dispensável que constem, no requerimento de inscrição da sociedade empresária, no registro público competente, informações relativas ao capital social e à sede da empresa.

(C) Nas sociedades em comum, a responsabilidade de cada sócio é restrita ao valor de suas quotas, mas todos respondem solidariamente pela integralização do capital social.

(D) A inscrição do contrato social da sociedade em conta de participação na junta comercial respectiva não confere personalidade jurídica à sociedade.

(E) Nas sociedades anônimas, as ações averbadas em conformidade com acordo de acionistas deverão ser negociadas em bolsa de valores ou no mercado de balcão.

A: incorreta. Este é o conceito de título do estabelecimento. Nome empresarial é o designativo que identifica o empresário, a EIRELI ou a sociedade empresária em suas relações de fundo econômico; **B:** incorreta. Tais informações são obrigatórias, nos termos do art. 968 do CC; **C:** incorreta. Na sociedade em comum, a responsabilidade dos sócios é ilimitada, todos respondendo solidariamente entre si pelas dívidas sociais, excluído do benefício de ordem aquele que contratou pela sociedade (art. 990 do CC); **D:** correta, nos termos do art. 993 do CC; **E:** incorreta. Arquivado o acordo de acionistas sobre a compra e venda de ações na sede da companhia, elas não mais poderão ser negociadas em bolsa ou no mercado de balcão (art. 118, § 4º, da LSA). Gabarito "D"

1.5. Estabelecimento

(Procurador do Estado – PGE/PR – PUC – 2015) Acerca da disciplina jurídica do estabelecimento empresarial, assinale a alternativa **CORRETA**.

(A) Uma cláusula contratual que permita o restabelecimento do alienante do estabelecimento empresarial

6. DIREITO EMPRESARIAL

no prazo de três anos é lícita e mais benéfica ao alienante do que a inexistência de cláusula contratual a este respeito.

(B) O estabelecimento empresarial corresponde a uma universalidade de direito.

(C) O registro da operação de trespasse no Registro Público de Empresas Mercantis é essencial para a validade deste negócio jurídico.

(D) É necessário o consentimento expresso dos credores se ao alienante do estabelecimento empresarial não restarem bens suficientes para solver o seu passivo.

(E) O alienante do estabelecimento empresarial fica obrigado solidariamente com o adquirente pelos débitos anteriores à transferência, desde que regularmente contabilizados pelo prazo de dois anos.

A: correta, nos termos do art. 1.147 do CC; B: incorreta. O estabelecimento empresarial é uma universalidade de fato (art. 90 do CC); C: incorreta. O registro não é essencial para a validade do negócio, mas para sua eficácia e oponibilidade a terceiros (art. 1.144 do CC); D: incorreta. O consentimento dos credores pode ser tácito (art. 1.145 do CC); E: incorreta. A responsabilidade do alienante é de um ano sobre os débitos regularmente contabilizados (art. 1.146 do CC). HS
Gabarito "A".

(Procurador – PGFN – ESAF – 2015) Assinale a opção correta.

(A) Por configurar uma universalidade de fato, o estabelecimento empresarial pode ser objeto unitário de direitos e de negócios jurídicos, translativos ou constitutivos, que sejam compatíveis com a sua natureza.

(B) O adquirente do estabelecimento empresarial responde pelo pagamento dos débitos anteriores à transferência, desde que regularmente contabilizados, ficando o devedor primitivo subsidiariamente responsável pelo pagamento das dívidas pelo prazo de 1 (um) ano, contado da data da publicação da alienação, quanto aos créditos vencidos; ou da data do vencimento, quanto aos créditos vincendos.

(C) Com exceção das dívidas de natureza trabalhista e fiscal, a aquisição de estabelecimento empresarial em alienação judicial promovida em processo de falência ou de recuperação judicial exime a responsabilidade do adquirente pelas obrigações anteriores.

(D) A transferência do estabelecimento empresarial importa a sub-rogação do adquirente nos contratos negociados anteriormente pelo alienante, podendo os terceiros rescindir apenas aqueles contratos que têm caráter pessoal.

(E) De acordo com a atual jurisprudência do Superior Tribunal de Justiça (STJ), considerado o princípio da preservação da empresa, não é legítima a penhora da sede do estabelecimento empresarial.

A: correta, nos termos dos arts. 90 e 1.143 do CC; B: incorreta. A responsabilidade do alienante é solidária, não subsidiária (art. 1.146 do CC); C: incorreta. Também as dívidas trabalhistas e fiscais são excluídas da sucessão em caso de alienação em processo de falência ou recuperação judicial, nos termos do art. 141 da Lei 11.101/2005, salvo nos previstos no § 1° do mesmo artigo; D: incorreta. Os contratos de caráter pessoal são automaticamente rescindidos. Os demais também podem ser denunciados pela outra parte, desde que comprovada justa causa (art. 1.148 do CC); E: incorreta. A Súmula 451 do STJ consolidou o entendimento da Corte de que é possível a penhora da sede do estabelecimento empresarial. HS
Gabarito "A".

(Procurador Federal – 2013 – CESPE) CD Comércio de Alimentos Ltda. é composta por dois sócios, Armando Augusto, com 80% das cotas, e Leandra Lopes, sócia-gerente, com 20%. Essa sociedade limitada resolveu adquirir uma padaria de João Paulo, situada em uma pequena cidade no interior do país, estratégica para as operações comerciais da referida sociedade. João Paulo é servidor público municipal e, há cinco anos, herdara a padaria de seu pai, o qual colocara letreiro na entrada principal denominando-a de Padaria Santo Antônio. Essa padaria ocupava por inteiro imóvel de propriedade de João Paulo e, sob o comando deste, produzia e vendia produtos alimentícios ao público em geral, funcionando sete dias por semana, das seis às vinte horas, com oito empregados regularmente contratados e comandados por João Paulo. Apesar de João Paulo não se ter registrado como empresário individual, e de não existir pessoa jurídica vinculada à padaria, a sociedade limitada CD, ainda assim, resolveu adquirir a Padaria Santo Antônio, tendo celebrado contrato de trespasse que englobou todos os elementos componentes daquele estabelecimento.

Com base na situação hipotética acima apresentada e no que dispõe a legislação a ela aplicável, julgue os itens subsequentes.

(1) Se a sociedade limitada CD tornar-se insolvente e, por evidente fraude, não pagar o que for devido a João Paulo, este poderá lançar mão da teoria maior da desconsideração da personalidade e alcançar os bens particulares dos sócios, caso em que a responsabilidade de Leandra Lopes advirá de ser administradora e a de Armando Augusto, de ser sócio majoritário.

(2) Conforme a teoria da empresa, durante o período que comandou a padaria, João Paulo qualificou-se como empresário, a atividade de produção e venda de produtos alimentícios foi a empresa que ele exerceu em nome próprio e por conta própria, e os bens afetados à atividade empresarial compunham o estabelecimento empresarial.

(3) Se, anteriormente ao trespasse, a padaria funcionasse por meio de uma empresa individual de responsabilidade limitada registrada por João Paulo, o responsável pela empresa seria essa pessoa jurídica, cujo patrimônio não se confundiria com o do servidor municipal.

(4) Se for considerado válido, o trespasse compreenderá os elementos patrimoniais que compõem o estabelecimento, inclusive o referido imóvel, não envolvendo, portanto, a transferência do nome empresarial do alienante ao adquirente.

(5) Na hipótese de se aplicar a Lei das Sociedades Anônimas à sociedade limitada CD, Leandra Lopes, por ser a diretora, será qualificada como sócia-controladora da sociedade, uma vez que seja provado que ela utiliza o seu poder de gerência para dirigir as atividades sociais e orientar o funcionamento dos órgãos da sociedade empresária.

1: incorreta. A desconsideração da personalidade jurídica preza-se a possibilitar que o credor atinja o patrimônio particular dos sócios, independentemente de sua condição de administrador ou participação no capital social. Por isso, a responsabilidade de Leandra Lopes decorre da sua condição de sócia, não da de administradora; 2: correta. Todos os conceitos esposados estão de acordo com a teoria da empresa: João Paulo exerceu, em nome próprio, atividade com fim de lucro, tendo

HENRIQUE SUBI E ROBINSON BARREIRINHAS

organizado os quatro fatores de produção (capital, mão de obra, insumos e tecnologia) profissionalmente (com habitualidade, personalidade e com o monopólio das informações), atividade essa consistente na circulação de bens (pães e outros produtos alimentícios), nos termos do art. 966 do Código Civil; **3**: correta. A empresa individual de responsabilidade limitada é uma espécie de pessoa jurídica (art. 44, VI, do CC) e como tal goza de autonomia patrimonial, negocial e processual; **4**: correta, nos termos do art. 1.164 do Código Civil; **5**: incorreta. A aplicação supletiva da Lei das Sociedades Anônimas não permite aplicar suas disposições às questões envolvendo a administração da sociedade limitada, porque esse tema é exaustivamente regulamentado pelo Código Civil. Assim, não há espaço para aplicação supletiva de outra legislação e não se aplica à sociedade limitada às disposições sobre o poder de controle típico das companhias.

Gabarito 1E, 2C, 3C, 4C, 5E

(Procurador do Estado/PA – 2011) Quanto ao estabelecimento empresarial, analise as proposições abaixo e assinale a alternativa CORRETA:

I. O estabelecimento empresarial constitui o complexo de bens organizado para exercício da empresa, sendo composto apenas de elementos corpóreos ou materiais.

II. A validade do arrendamento de estabelecimento empresarial é condicionada a sua formalização mediante instrumento público.

III. Salvo expressa previsão em contrário, o alienante de estabelecimento não pode fazer concorrência ao adquirente, nos cinco anos subsequentes à transferência.

IV. O instrumento que tenha por objeto a alienação do estabelecimento produz efeitos perante terceiros no ato de sua assinatura.

V. A alienação de estabelecimento de propriedade de empresário insolvente será eficaz ainda que não haja o pagamento de todos os credores ou exista consentimento destes de modo expresso ou tácito.

(A) Apenas as proposições I e III estão corretas.

(B) Apenas a proposição III está correta.

(C) Apenas as proposições I, III e IV estão corretas.

(D) Todas as proposições estão corretas.

(E) Apenas as proposições I, II e V estão corretas.

I: incorreto. O estabelecimento abrange todos os bens organizados para o exercício da atividade empresarial, inclusive bens incorpóreos ou imateriais (como a clientela, patentes, marcas registradas etc.); **II**: incorreta. Nenhuma operação relativa ao estabelecimento empresarial demanda instrumento público para sua validade, mas apenas o registro na Junta Comercial e publicação na imprensa oficial para produzir efeitos em face de terceiros (art. 1.144 do CC); **III**: correta. Trata-se da cláusula de não restabelecimento, prevista no art. 1.147 do CC; **IV**: incorreta, conforme disposto no comentário ao item II; **V**: incorreta. O estabelecimento, por ser um complexo de bens, é garantia dos credores. Se sua alienação importar em insolvência do proprietário do estabelecimento, ela só será eficaz perante os credores se houver o pagamento ou o consentimento deles, expresso ou tácito, no prazo de 30 dias (art. 1.145 do CC).

Gabarito "B".

(Procurador Federal – 2010 – CESPE) A seguir, é apresentada uma situação hipotética, seguida de uma assertiva a ser julgada no que se refere a direito comercial.

(1) Após percuciente análise, Beta Ltda. adquiriu, em 10/12/2009, o estabelecimento empresarial de Alfa Ltda., cujo contrato foi averbado à margem da inscri-

ção da sociedade empresária, no Registro Público de Empresas Mercantis, e publicado na imprensa oficial em 15/01/2010. O referido estabelecimento, quando de sua alienação, apresentava inúmeros débitos regularmente contabilizados, todos com vencimento no dia 02/01/2011. Nessa situação, Alfa Ltda. continuará solidariamente obrigada ao pagamento dos aludidos débitos até 02/01/2012.

A assertiva é correta, pois o alienante do estabelecimento (= devedor primitivo) fica solidariamente obrigado pelo prazo de um ano, a partir, quanto aos créditos vencidos, da publicação, e, quanto aos outros, da data do vencimento. No caso, os créditos eram vincendos à época do trespasse (= alienação do estabelecimento), de modo que a responsabilidade do alienante vai até um ano contado do vencimento, ou seja, até 02.01.2012.

Gabarito 1C

2. DIREITO SOCIETÁRIO

2.1. Sociedade simples

(Procurador do Município – S.J. Rio Preto/SP – 2019 – VUNESP) São exemplos de sociedades que podem qualificar-se como sociedades empresárias ou, a depender de seu objeto, não empresárias:

(A) a sociedade anônima e a sociedade limitada.

(B) a sociedade limitada e a sociedade em comandita simples.

(C) a cooperativa e a empresa individual de responsabilidade limitada.

(D) a associação e a sociedade em comandita simples.

(E) a sociedade simples e a sociedade em nome coletivo.

A sociedade anônima é sempre empresária e a sociedade cooperativa é sempre simples (não empresária) por força de lei (art. 982, parágrafo único, do CC). Todos os demais tipos societários podem ser considerados como empresários ou não, nos termos do art. 966 do CC. Logo, a única alternativa correta é a letra "B", que deve ser assinalada.

Gabarito "B".

(PROCURADOR DO ESTADO/MG – FUMARC – 2012) No tocante a administração da sociedade simples, marque a alternativa correta:

(A) A administração da sociedade, nada dispondo o contrato social, compete ao sócio que detiver a maioria das quotas.

(B) Os administradores respondem subsidiariamente perante a sociedade e os terceiros prejudicados, por culpa no desempenho de suas funções.

(C) Ao administrador pode fazer-se substituir no exercício de suas funções, sendo-lhe facultado, nos limites de seus poderes, constituir mandatários da sociedade, especificados no instrumento os atos e operações que poderão praticar.

(D) Os administradores somente são obrigados a prestar aos sócios contas justificadas de sua administração, e apresentar- lhes o inventário quando solicitado judicialmente, momento que apresentará o balanço patrimonial e o de resultado econômico.

(E) O administrador que, sem consentimento escrito dos sócios, aplicar créditos ou bens sociais em proveito

6. DIREITO EMPRESARIAL — 409

próprio ou de terceiros, terá de restituí-los à sociedade, ou pagar o equivalente, com todos os lucros resultantes, e, se houver prejuízo, por ele também responderá.

A: incorreta. No silêncio do contrato, a administração caberá separadamente a cada um dos sócios (art. 1.013 do CC); **B:** incorreta. A responsabilidade dos administradores entre si é solidária (art. 1.016 do CC); **C:** incorreta. A lei admite a constituição de mandatários, mas isso não se confunde com a substituição do administrador no exercício de suas funções (art. 1.018 do CC); **D:** incorreta. As contas devem ser prestadas aos sócios anualmente (art. 1.020 do CC); **E:** correta, nos termos do art. 1.017 do CC.

Gabarito "E".

(PROCURADOR DO ESTADO/MG – FUMARC – 2012) Assinale a alternativa que completa de maneira correta a seguinte frase:

"Pode se afirmar que em relação a terceiros, a sociedade simples, não pode se eximir que _____."

(A) Os bens particulares dos sócios não podem ser executados por dívidas da sociedade, senão depois de executados os bens sociais..

(B) Os herdeiros do cônjuge de sócio não podem exigir desde logo a parte que lhes couber na quota social, mas concorrer à divisão periódica dos lucros, até que se liquide a sociedade.

(C) Se os bens da sociedade não lhe cobrirem as dívidas, respondem os sócios pelo saldo, na proporção em que participem das perdas sociais, salvo cláusula de responsabilidade solidária.

(D) O sócio, admitido em sociedade já constituída, se exime das dívidas sociais anteriores à admissão.

(E) O credor particular de sócio pode, na insuficiência de outros bens do devedor, fazer recair a execução sobre o que a este couber nos lucros da sociedade, ou na parte que lhe tocar em liquidação.

A redação do enunciado está muito distante do que se espera de um concurso público que pretende selecionar candidatos a cargo tão importante. O verbo "eximir" é sinônimo de "esquivar-se", "furtar-se", "isentar"; logo, vê-se facilmente que não foi uma boa escolha utilizá-lo. Mais ainda, "eximir" rege a preposição "de", não o pronome relativo "que" (o correto é "eximir-se *de* algo"). Fora isso tudo, não deveria haver vírgula nem antes nem depois da palavra "simples". Seria tão mais fácil e correto dizer apenas: "Assinale a alternativa INCORRETA". **A:** correta, nos termos do art. 1.024 do CC; **B:** correta, nos termos do art. 1.027 do CC; **C:** correta, nos termos do art. 1.023 do CC; **D:** incorreta, devendo ser assinalada. O sócio ingressante recebe o patrimônio da sociedade no estado em que se encontra, respondendo inclusive pelas dívidas já constituídas (art. 1.025 do CC); **E:** correta, nos termos do art. 1.026 do CC.

Gabarito "D".

(Procurador Federal – 2010 – CESPE) A seguir, é apresentada uma situação hipotética, seguida de uma assertiva a ser julgada no que se refere a direito comercial.

(1) Marcelo e Antônio decidiram constituir sociedade simples adotando a forma de sociedade limitada. Nessa situação, o registro de seus atos deverá ser feito no Registro Público de Empresas Mercantis a cargo das juntas comerciais.

Assertiva incorreta, pois o contrato social da sociedade simples é inscrito no Registro Civil das Pessoas Jurídicas, mesmo quando adotado o tipo societário das limitadas – art. 998, *caput*, do CC.

Gabarito 1E

2.2. Sociedade empresária

(Advogado União – AGU – CESPE – 2015) À luz da legislação e da doutrina pertinentes às sociedades empresárias, julgue os próximos itens.

(1) O sócio que transferir crédito para fins de integralização de quota social responderá pela solvência do devedor e o que transmitir domínio de imóvel responderá pela evicção.

(2) A adoção do regime legal das companhias permite maior liberdade quanto à disciplina das relações sociais, o que constitui uma vantagem desse regime em relação ao das sociedades contratualistas.

(3) Para que se efetive a exclusão do sócio remisso no âmbito das sociedades limitadas, é imprescindível que tal hipótese conste do contrato social.

(4) No regime da sociedade de pessoas, todos os sócios respondem solidariamente pela exata estimação de bens conferidos ao capital social, até o prazo de cinco anos da data do registro da sociedade.

1: Correta, nos termos do art. 1.005 do CC. **2:** Incorreta. A questão é eminentemente doutrinária. "Regime legal das companhias" é o que as caracteriza como sociedades institucionais, ou seja, a Lei 6.404/1976, que afasta a aplicação dos princípios contratuais próprios das sociedades denominadas justamente "sociedades contratuais", como a sociedade limitada. Dentre os princípios em questão, destaca-se a autonomia da vontade, no sentido de que os sócios são livres para dispor o que bem entenderem no contrato social, respeitadas apenas as normas cogentes. Isso não ocorre nas sociedades anônimas, face à extensa regulação da Lei 6.404/1976. Logo, é naquelas, e não nessas, que se encontra maior liberdade na disciplina das relações sociais. **3:** Errada. A exclusão do sócio remisso decorre da aplicação do art. 1.058 do CC, não dependendo de previsão contratual. **4:** Errada. A regra enunciada, que corresponde ao art. 1.055, § 1º, do CC, aplica-se somente às sociedades limitadas, não a todas às "sociedades de pessoas". HS

Gabarito 1C, 2E, 3E, 4E

(Advogado União – AGU – CESPE – 2015) Julgue os itens a seguir, relativos à regularidade, ou não, de sociedades empresárias e às possíveis consequências devidas a situações de irregularidade.

(1) Uma das sanções imponíveis à sociedade empresária que funcione sem registro na junta comercial é a responsabilização ilimitada dos seus sócios pelas obrigações da sociedade.

(2) A sociedade empresária irregular não tem legitimidade ativa para pleitear a falência de outro comerciante, mas pode requerer recuperação judicial, devido ao princípio da preservação da empresa.

(3) Sociedade rural que não seja registrada na junta comercial com jurisdição sobre o território de sua sede é considerada irregular, razão por que não pode contratar com o poder público.

1: Certa, nos termos do art. 990 do CC. **2:** Errada. Um dos requisitos para pleitear a recuperação judicial é justamente a regularidade do empresário, nos termos do art. 48 da Lei 11.101/2005. **3:** Errada. O registro da sociedade que explora atividade rural, e consequentemente sua submissão ao regime jurídico empresarial, é facultativo, nos termos do art. 971 do CC. SH

Gabarito 1C, 2E, 3E

HENRIQUE SUBI E ROBINSON BARREIRINHAS

(Procurador do Estado/AC – FMP – 2012) Assinale a alternativa INCORRETA.

(A) A responsabilidade dos sócios pelas obrigações da sociedade empresária é sempre subsidiária. Quando a lei qualifica de solidária a responsabilidade dos sócios, ela se refere às relações entre eles.

(B) Os sócios respondem, à sociedade, subsidiariamente, mas essa responsabilidade pode ser limitada ou ilimitada.

(C) São, dentre outros, pressupostos de validade de uma sociedade empresária: a *affectio societatis* e a pluralidade de sócios.

(D) A princípio, às sociedades limitadas aplicam-se, supletivamente, as regras que regulamentam as sociedades simples, no que o Código Civil for omisso, mas o contrato social pode optar pela aplicação subsidiária das normas das sociedades anônimas.

A: correta. A personalidade jurídica da sociedade pressupõe a chamada "tríplice autonomia": autonomia patrimonial, autonomia negocial e autonomia processual. Com isso, a responsabilidade pelas obrigações assumidas é, primeiramente, sempre da sociedade, que tem existência distinta dos sócios. Essa disposição, regra-matriz de todo o Direito Societário, aplica-se até mesmo à sociedade em comum (irregular), respondendo conjuntamente com a sociedade somente o sócio que por ela contratou; **B:** correta. Quanto à responsabilidade subsidiária, valem os comentários anteriores. A questão da limitação da responsabilidade é outra espécie de classificação. Chamamos de "sociedades de responsabilidade limitada" aquelas nas quais os sócios podem vir a responder por obrigações sociais, porém respeitado um determinado limite (é o caso da sociedade limitada e da sociedade por ações); "sociedades de responsabilidade ilimitada" são aquelas nas quais os sócios, quando chamados a arcar com dívidas da pessoa jurídica, fazem-no sem qualquer teto, podendo até mesmo ter de pagar toda a obrigação (são exemplos a sociedade em nome coletivo e a sociedade irregular); por fim, há as "sociedades de responsabilidade mista", quando existem sócios de responsabilidade limitada e outros de responsabilidade ilimitada (como nas comanditas simples e comanditas por ações); **C:** incorreta, devendo ser assinalada. *Affectio societatis* e pluralidade de sócios são pressupostos de *existência* de uma sociedade empresária. Os requisitos para sua validade são os gerais (aplicáveis a todos os negócios jurídicos – agente capaz, objeto lícito e forma prescrita ou não defesa em lei) e os específicos de Direito Societário: dever de integralização do capital social e participação nos lucros e nas perdas por todos os sócios; **D:** correta, nos termos do art. 1.053 do CC.
Gabarito "C".

(PROCURADOR DO ESTADO/MG – FUMARC – 2012) Em relação as sociedades empresariais, assinale a alternativa INCORRETA:

(A) celebram contrato de sociedade as pessoas que reciprocamente se obrigam a contribuir, com bens ou serviços, para o exercício de atividade econômica e partilha, entre si, dos resultados.

(B) a sociedade adquire personalidade jurídica com a inscrição, no registro próprio e na forma da lei, dos seus atos constitutivos.

(C) A cooperativa inscreve-se no Registro Público de Empresas Mercantis da sua sede, sendo sempre considerada sociedade empresária.

(D) É nula a estipulação contratual que exclua qualquer sócio de participar dos lucros e das perdas.

(E) Os sócios, nas relações entre si, somente por escrito podem provar a existência da sociedade.

A: correta, nos termos do art. 981 do CC; **B:** correta, conforme art. 985 do CC; **C:** incorreta, devendo ser assinalada. A cooperativa, independentemente de seu objeto, é considerada sociedade simples (art. 982, parágrafo único, do CC), portanto, seus atos constitutivos são registrados no Cartório de Registro Civil de Pessoas Jurídicas da respectiva sede (art. 1.150 do CC); **D:** correta, nos termos do art. 1.008 do CC; **E:** essa alternativa foi considerada correta pelo gabarito oficial, porém merece severas críticas. Notadamente, trata-se de transcrição parcial do art. 987 do CC, que se aplica somente às sociedades em comum! A omissão dessa situação irregular da sociedade na alternativa proposta, a nosso ver, altera o significado da assertiva.
Gabarito "C".

(Procurador do Estado/GO – 2010) Com relação aos tipos de sociedade, está INCORRETA a seguinte proposição:

(A) A sociedade em comandita por ações rege-se pelas normas relativas à sociedade em comandita simples, tendo o capital dividido em ações e operando sob firma ou denominação.

(B) Na sociedade em comandita simples, tomam parte sócios de duas categorias: os comanditados, pessoas físicas, responsáveis solidária e ilimitadamente pelas obrigações sociais, e os comanditários, obrigados somente pelo valor de sua quota.

(C) Na sociedade limitada, a responsabilidade de cada sócio é restrita ao valor de suas quotas, mas todos respondem solidariamente pela integralização do capital social.

(D) Na sociedade anônima ou companhia, o capital divide-se em ações, obrigando-se cada sócio ou acionista somente pelo preço de emissão das ações que subscrever ou adquirir.

(E) Somente pessoas físicas podem tomar parte na sociedade em nome coletivo, respondendo todos os sócios, solidária e ilimitadamente, pelas obrigações sociais.

A: incorreta, devendo ser assinalada. A comandita por ações é regida pelas normas aplicáveis às sociedades anônimas (art. 1.090 do CC); **B:** correta, conforme art. 1.045 do CC; **C:** correta, nos termos do art. 1.052 do CC. Isso significa que, caso um ou mais sócios não integralizem o valor de suas quotas, todos os demais respondem pelas obrigações da sociedade com seu patrimônio particular até o limite do que falta para integralizar todo o capital; **D:** correta, nos termos do art. 1.088 do CC. Essa é a principal diferença quanto à responsabilidade dos sócios na limitada e na companhia: na primeira, há a responsabilidade solidária pela integralização do capital social, enquanto na segunda cada acionista é responsável pelo valor de suas ações e nada mais; **E:** correta, nos termos do art. 1.039 do CC.
Gabarito "A".

(Procurador do Estado/PR – UEL-COPS – 2011) Sobre o regime jurídico das sociedades no Código Civil de 2002, assinale a alternativa correta:

I. no caso de morte de sócio, liquidar-se-á sua quota, salvo se o contrato dispuser diferentemente, se os sócios remanescentes optarem pela dissolução da sociedade ou se, por acordo com os herdeiros, regular-se a substituição do sócio falecido.

II. além dos casos previstos na lei ou no contrato, qualquer sócio pode retirar-se da sociedade; se de prazo indeterminado, mediante notificação aos demais sócios, com antecedência mínima de sessenta dias; se

6. DIREITO EMPRESARIAL   411

de prazo determinado, provando judicialmente justa causa.

III. pode o sócio ser excluído judicialmente, mediante iniciativa da maioria dos demais sócios, por falta grave no cumprimento de suas obrigações, ou, ainda, por incapacidade superveniente.

IV. a retirada, exclusão ou morte do sócio, não o exime, ou a seus herdeiros, da responsabilidade pelas obrigações sociais anteriores, até dois anos após averbada a resolução da sociedade; nem nos dois primeiros casos, pelas posteriores e em igual prazo, enquanto não se requerer a averbação.

V. dissolve-se a sociedade quando ocorrer, dentre outras hipóteses, a falta de pluralidade de sócios, não reconstituída no prazo de cento e oitenta dias, permitindo-se que o sócio remanescente requeira no Registro Público de Empresas Mercantis a transformação do registro da sociedade para empresário individual, observado, no que couber, o regime jurídico de transformação das sociedades estabelecido pelo Código Civil.

Alternativas:

(A) somente as alternativas I, II e III estão corretas;

(B) somente as alternativas II, III e IV estão corretas;

(C) somente as alternativas I, II e V estão corretas;

(D) somente as alternativas II, IV e V estão corretas;

(E) todas as alternativas estão corretas.

I: correta, conforme art. 1.028 do CC; II: correta, nos termos do art. 1.029 do CC; III: correta, conforme art. 1.030 do CC; IV: correta, nos termos do art. 1.032 do CC; V: correta, nos termos do art. 1.033, parágrafo único do CC. Vale lembrar que essa questão foi elaborada antes da entrada em vigor da Lei nº 12.441/2011, que criou a Empresa Individual de Responsabilidade Limitada – EIRELI – no Direito Societário brasileiro. Com isso, alterou-se a redação do mencionado dispositivo para permitir também o pedido de transformação da sociedade unipessoal em EIRELI.

Gabarito "E".

(PROCURADOR DO ESTADO/RS – FUNDATEC – 2010) Assinale a alternativa correta:

(A) Toda sociedade é uma pessoa jurídica.

(B) Toda pessoa jurídica é uma sociedade.

(C) Toda sociedade, constituída na forma da lei, adquire personalidade jurídica.

(D) Nem toda sociedade, constituída na forma da lei, adquire personalidade jurídica.

(E) Nenhuma das alternativas anteriores está correta.

A: incorreta. É preciso ter cuidado com essa generalização, muito comum entre os leigos. Há sociedades não personificadas em nosso ordenamento jurídico (as sociedades em comum e as sociedades em conta de participação) que, não obstante sejam sociedades, não são pessoas jurídicas; **B:** incorreta. Da mesma forma, a relação inversa é falsa. Há, ao lado das sociedades, outras espécies de pessoas jurídicas: associações, fundações, empresas individuais de responsabilidade limitada, organizações religiosas e partidos políticos (art. 44 do CC); **C:** incorreta, porquanto a sociedade em conta de participação, mesmo reunindo todos os seus requisitos legais, não adquire a personalidade jurídica em nenhuma hipótese (art. 993 do CC); **D:** correta, conforme comentários anteriores; **E:** incorreta, porque está certo o que dispõe a letra "D".

Gabarito "D".

2.3. Sociedades em Comum, em Conta de Participação, em Nome Coletivo, em Comandita

(Procurador do Estado/AC – 2017 – FMP) De acordo com a Lei 10.406, de 10 de janeiro de 2002, a respeito da sociedade em comum, é INCORRETO afirmar:

(A) Os sócios, nas relações entre si ou com terceiros, somente por escrito podem provar a existência da sociedade, mas os terceiros podem prová-la de qualquer modo.

(B) Os bens e dívidas sociais constituem patrimônio especial, do qual os sócios são titulares em comum.

(C) Na sociedade em comum, a atividade constitutiva do objeto social é exercida unicamente pelo sócio ostensivo, em seu nome individual e sob sua própria e exclusiva responsabilidade, participando os demais dos resultados correspondentes.

(D) Todos os sócios respondem solidária e ilimitadamente pelas obrigações sociais, excluído do benefício de ordem, previsto no art. 1.024, aquele que contratou pela sociedade.

(E) Os bens sociais respondem pelos atos de gestão praticados por qualquer dos sócios, salvo pacto expresso limitativo de poderes, que somente terá eficácia contra o terceiro que o conheça ou deva conhecer.

A: correta, nos termos do art. 987 do CC; **B:** correta, nos termos do art. 988 do CC; **C:** incorreta, devendo ser assinalada. Esta é a definição da sociedade em conta de participação (art. 991 do CC); **D:** correta, nos termos do art. 990 do CC; **E:** correta, nos termos do art. 989 do CC.

Gabarito "C".

(Procurador do Município/São Paulo-SP – 2008 – FCC) Classificam-se como sociedades não personificadas a sociedade

(A) limitada e a em comandita por ações.

(B) cooperativa e a anônima.

(C) em nome coletivo e a em comandita simples.

(D) em comum e a em conta de participação.

(E) simples e a limitada.

Sociedades não personificadas são aquelas que não adquirem personalidade jurídica. No direito brasileiro, inserem-se nesse grupo as sociedades em comum e as sociedades em conta de participação.

Gabarito "D".

(ADVOGADO – ANP – 2008 – CESGRANRIO) João e José constituíram uma sociedade em conta de participação, na qual o primeiro assumiu a condição de sócio ostensivo. Considerando-se exclusivamente estas informações e este contexto,

(A) José não se obriga perante terceiros.

(B) João pode admitir novo sócio, desde que José não manifeste sua oposição.

(C) a falência de João não acarreta a dissolução da sociedade.

(D) a sociedade deve ser formalmente constituída e só pode ser provada por escrito.

(E) A sociedade adquire personalidade jurídica com a inscrição de seu contrato social.

A: correta. José, como sócio participante, tem responsabilidades apenas com João, nos termos do contrato social (art. 991, parágrafo único, do CC); **B:** incorreta. Como regra, o sócio ostensivo não pode admitir novos sócios sem a concordância expressa dos sócios participantes (art. 995 do CC); **C:** incorreta. A falência do sócio ostensivo acarreta a dissolução da sociedade (art. 994, § 3º, do CC); **D:** incorreta. A constituição da sociedade em conta de participação independe de formalidades e prova-se por qualquer meio (art. 992 do CC); **E:** incorreta. A sociedade em conta de participação não detém personalidade jurídica por expressa determinação legal, de forma que mesmo o registro de seus atos constitutivos não é hábil a gerar esse efeito (art. 993 do CC).

Gabarito "A".

2.4. Dissolução das sociedades em geral

(PROCURADOR DO ESTADO/MG – FUMARC – 2012) Assinale a alternativa que NÃO cita caso de dissolução de sociedade:

(A) o vencimento do prazo de duração, salvo se, vencido este e sem oposição de sócio, não entrar a sociedade em liquidação, caso em que se prorrogará por tempo indeterminado;

(B) o consenso unânime dos sócios;

(C) a deliberação dos sócios, por maioria absoluta, na sociedade de prazo determinado;

(D) a falta de pluralidade de sócios, não reconstituída no prazo de cento e oitenta dias;

(E) a extinção, na forma da lei, de autorização para funcionar.

Todas as alternativas estão listadas no art. 1.033 do CC como hipóteses de dissolução da sociedade contratual, com exceção da letra "C". Com efeito, para dissolver sociedade por prazo determinado antes do escoamento deste é necessária a concordância de todos os sócios.

Gabarito "C".

2.5. Sociedade limitada

(Procurador do Estado/AC – 2017 – FMP) De acordo com a Lei 10.406, de 10 de janeiro de 2002, ressalvado o disposto no art. 1.061 e no §1º do art. 1.063, as deliberações dos sócios na sociedade limitada na omissão do contrato serão tomadas

(A) pelos votos correspondentes, no mínimo, à metade do capital social para a destituição dos administradores.

(B) pelos votos correspondentes, no mínimo, à metade do capital social para a designação dos administradores, quando feita em ato separado.

(C) pelos votos correspondentes, no mínimo, à metade do capital social para estabelecer o modo de sua remuneração, quando não estabelecido no contrato.

(D) pelos votos correspondentes, no mínimo, a três quartos do capital social para a modificação do contrato social.

(E) pelos votos correspondentes, no mínimo, à metade do capital social para a nomeação e destituição dos liquidantes e o julgamento das suas contas.

A, **B**, **C** e **E:** incorretas. O quórum é de mais da metade do capital (art. 1.076, II, do CC), o que não é mesma coisa que "no mínimo metade do capital social" como proposto nas alternativas. Se o capital da empresa é de R$1.000,00, por exemplo, um quórum de "no mínimo metade" aprovaria a deliberação com votos equivalentes a R$500,00, enquanto um quórum de "mais da metade" exige que os votos somem ao menos R$500,01; D: correta, nos termos do art. 1.076, I, do CC.

Gabarito "D".

(Procurador – IPSMI/SP – VUNESP – 2016) Na sociedade limitada, a designação de administradores não sócios dependerá de aprovação da unanimidade dos sócios, enquanto o capital não estiver integralizado, e de

(A) 1/3 (um terço), no mínimo, após a integralização.

(B) 2/3 (dois terços), no mínimo, após a integralização.

(C) 1/4 (um quarto), no mínimo, após a integralização.

(D) 3/4 (três quartos), no mínimo, após a integralização.

(E) 3/5 (três quintos), no mínimo, após a integralização.

O quórum qualificado para nomeação de administrador não sócio com o capital totalmente integralizado é de 2/3 (art. 1.061 do CC). **HS**

Gabarito "B".

(Procurador do Estado – PGE/PR – PUC – 2015) Acerca do direito societário, assinale a alternativa **CORRETA**.

(A) Salvo estipulação que determine época própria, na sociedade simples, o sócio pode, a qualquer tempo, examinar os livros e documentos, e o estado da caixa e da carteira da sociedade.

(B) Salvo disposição contratual diversa, a sociedade limitada rege-se supletivamente pelas normas da sociedade anônima.

(C) A designação de administradores não sócios em sociedade limitada dependerá de aprovação pelo quórum de 2/3 (dois terços) enquanto o capital social não estiver integralizado.

(D) A entrada de terceiro não sócio na sociedade limitada depende da aprovação de um quarto do capital social, salvo cláusula contratual em contrário.

(E) A desconsideração da personalidade jurídica no Código Civil depende da comprovação cumulativa do desvio de finalidade e da confusão patrimonial.

A: correta, nos termos do art. 1.021 do CC; **B:** incorreta. No silêncio do contrato, a sociedade limitada é regida supletivamente pelas normas da sociedade simples (art. 1.053 do CC); **C:** incorreta. Exige-se, nesse caso, unanimidade dos sócios (art. 1.061 do CC); **D:** incorreta. A operação societária depende da aprovação de três quartos do capital, salvo disposição contratual diversa (art. 1.057 do CC); **E:** incorreta. Os requisitos são **alternativos,** não se exigindo que ambos estejam presentes cumulativamente (art. 50 do CC). **HS**

Gabarito "A".

(Procurador do Estado/BA – 2014 – CESPE) Julgue o item a seguir.

(1) Os administradores da sociedade limitada respondem com seu patrimônio por créditos decorrentes de obrigações tributárias, por fatos que praticarem com excesso de poder, infração à lei, contrato ou estatutos.

(2) A administração de sociedade limitada atribuída no contrato a todos os sócios estende-se, de pleno direito, aos que posteriormente adquiram essa qualidade.

1: correta, nos termos do art. 135, III, do Código Tributário Nacional; **2:** incorreta. O art. 1.060, parágrafo único, do CC estatui o inverso: não há extensão automática dos poderes de administração àqueles que posteriormente à assinatura do contrato adquiram o *status* de administradores da sociedade.

Gabarito 1C, 2E

6. DIREITO EMPRESARIAL 413

(PROCURADOR DO ESTADO/MG – FUMARC – 2012) Assinale a alternativa que completa corretamente a afirmação:

"Na deliberação dos sócios na sociedade limitada deverá ser respeitado _____."

(A) os votos correspondentes, no mínimo, a três quartos do capital social, nos caso de incorporação e fusão da sociedade;

(B) os votos correspondentes, no mínimo, a três quartos do capital social para aprovação de contas da administração;

(C) os votos correspondentes, no mínimo, a três quartos do capital social aprovar o pedido de falência da sociedade;

(D) os votos correspondentes a mais de metade do capital social, no caso de cessação do estado de liquidação da sociedade;

(E) os votos correspondentes a mais de metade do capital social, nos casos de dissolução da sociedade.

Em regra, na sociedade limitada as decisões são tomadas pelos votos dos sócios que somem a maioria simples do capital social (ou seja, a maioria do capital presente na reunião ou assembleia). Não obstante, o CC prevê alguns quóruns qualificados para questões mais relevantes no art. 1.076. Dentre as alternativas apresentadas, a única que corresponde ao quórum previsto em lei é a letra "A". Para aprovação das contas, basta a maioria simples; Não faz sentido falar em "aprovação do pedido de falência", porque esta é decretada judicialmente; a cessação do estado de liquidação e a dissolução da sociedade dependem da aprovação de três quartos do capital.

Gabarito "A".

(Procurador Federal – 2010 – CESPE) A seguir, é apresentada uma situação hipotética, seguida de uma assertiva a ser julgada no que se refere a direito comercial.

(1) Sérgio, administrador da pessoa jurídica Gama Ltda., celebrou contrato em nome dessa pessoa jurídica com a pessoa jurídica Delta Ltda. e, no respectivo instrumento, após a firma de Gama, omitindo tanto a palavra limitada como a sua abreviatura. Nessa situação, a omissão deve ser considerada mero erro material e não ensejará nenhuma repercussão jurídica.

(2) A pessoa jurídica W Participações Ltda. possui 40% das quotas sociais da pessoa jurídica Y Ltda. Y, por sua vez, possui 10% das quotas da pessoa jurídica W Participações Ltda., montante este superior, segundo o balanço patrimonial aprovado, ao valor de suas próprias reservas, excluída a reserva legal. Nessa situação, Y não terá direito a voto no montante correspondente às quotas em excesso, devendo aliená--las nos cento e oitenta dias seguinte à aprovação do balanço.

1: Incorreta, pois a omissão da palavra limitada ou sua abreviação implica responsabilidade solidária e ilimitada do administrador signatário – art. 1.158, § 3º, do CC; **2:** A assertiva é correta, pois, nos termos do art. 1.101 do CC, salvo disposição especial de lei, a sociedade não pode participar de outra, que seja sua sócia, por montante superior, segundo o balanço, ao das próprias reservas, excluída a reserva legal. Aprovado o balanço em que se verifique ter sido excedido esse limite, a sociedade não poderá exercer o direito de voto correspondente às ações ou quotas em excesso, as quais devem ser alienadas nos cento e oitenta dias seguintes àquela aprovação.

Gabarito 1E, 2C

(ADVOGADO – PETROBRÁS – 2012 – CESGRANRIO) Com relação às sociedades limitadas, analise as afirmações a seguir.

I. A responsabilidade de cada sócio é restrita ao valor de suas quotas, mas todos respondem solidariamente pela integralização do capital social.

II. A administração da sociedade limitada poderá ser feita por administrador não sócio, desde que haja permissão no contrato social da sociedade.

III. Os sócios, para a constituição da sociedade, devem contribuir para a formação do capital social com dinheiro ou qualquer espécie de bens suscetíveis de avaliação pecuniária.

É correto o que se afirma em

(A) I, apenas.

(B) II, apenas.

(C) I e III, apenas.

(D) II e III, apenas.

(E) I, II e III.

I: correta, nos termos do art. 1.052 do CC; **II:** correta (arts. 1.060 e 1.061 do CC); **III:** correta. É vedada, na sociedade limitada, a contribuição do sócio que consista em prestação de serviços (art. 1.055, § 2º, do CC).

Gabarito "E".

(ADVOGADO – PETROBRÁS BIO. – 2010 – CESGRANRIO) No que diz respeito às sociedades limitadas, tem-se que

(A) a responsabilidade de cada sócio é restrita ao valor de suas quotas, mas todos respondem solidariamente pela integralização do capital social.

(B) a prestação de serviços não é vedada na contribuição do capital social.

(C) o contrato social somente poderá prever a regência supletiva da sociedade limitada pelas normas da sociedade simples.

(D) os sócios não serão obrigados à reposição dos lucros e das quantias retiradas, a qualquer título, ainda que autorizados pelo contrato social, quando tais lucros ou quantia se distribuírem com prejuízo do capital.

(E) todos os sócios respondem solidariamente até o prazo de 3 (três) anos da data de registro da sociedade pela exata estimação de bens conferidos ao capital social.

A: correta, nos termos do art. 1.052 do CC; **B:** incorreta. Nas sociedades limitadas, por conta da natureza da limitação da responsabilidade dos sócios, é necessário que cada um contribua com uma parcela mensurável economicamente, justamente para que se possa calcular o teto de sua responsabilidade. Assim, é vedada a contribuição que consista, total ou parcialmente, em prestação de serviços (art. 1.055, § 2º, do CC); **C:** incorreta. É possível que o contrato social preveja a aplicação supletiva, para as limitadas, das normas relativas às sociedades anônimas (art. 1.053, parágrafo único, do CC); **D:** incorreta. Os sócios são obrigados à reposição dos lucros e quantias retiradas nesse caso (art. 1.059 do CC); **E:** incorreta. A responsabilidade dos sócios pela estimação do valor dos bens entregues a título de integralização do capital social perdura 05 anos contados do registro da sociedade (art. 1.055, § 1º, do CC).

Gabarito "A".

2.6. Sociedade Anônima

2.6.1. Constituição, Capital Social, Ações, Debêntures e Outros Valores Mobiliários. Acionistas, acordos e controle

(Procurador do Estado/BA – 2014 – CESPE) Julgue o item a seguir.

(1) A sociedade por ações é sempre mercantil; por isso, está sujeita a falência, fazendo jus à recuperação judicial, ainda que o seu objeto seja civil.

1: correta, nos termos dos arts. 982, parágrafo único, do CC, e 2º, § 1º, da Lei 6.404/1976.
Gabarito 1C

(PROCURADOR DO ESTADO/MG – FUMARC – 2012) Assinale a alternativa que NÃO diz respeito aos direitos essenciais dos acionistas da Sociedade Anônima:

(A) Participar nos lucros sociais;

(B) participar no acervo da sociedade, em caso de liquidação;

(C) ter direito de voto nas assembleias;

(D) fiscalizar a gestão nos negócios sociais, na forma da lei;

(E) ter a preferência na subscrição de novas ações.

Dentre as alternativas listadas, a única que não traz um direito essencial ao acionista é a letra "C" (art. 109 da Lei nº 6.404/1976 – LSA). Direito essencial é aquele que não pode ser suprimido, garantido a todos os acionistas. O direito de voto, portanto, não é um deles, na medida em que pode não estar presente para os titulares de ações preferenciais que o afastem expressamente (art. 111 da LSA).
Gabarito "C".

(Procurador Federal – 2010 – CESPE) A seguir, é apresentada uma situação hipotética, seguida de uma assertiva a ser julgada no que se refere a direito comercial.

(1) Em assembleia realizada pelo órgão administrativo da pessoa jurídica Zeta S.A., foi deliberado a respeito da alienação de imóvel pertencente à empresa, ficando consignado que o imóvel seria transferido para Epta S.A., outra empresa do grupo a que pertence Zeta. Augusto, administrador participante da assembleia, não consentiu com a referida deliberação e solicitou que fosse oposta na ata a sua divergência. Nessa situação, sabendo-se que, de acordo com o estatuto social, a deliberação que tenha por objeto a alienação de imóvel dependerá da anuência de, pelo menos, 50% dos acionistas, serão pessoalmente responsáveis pelos eventuais prejuízos que advierem dessa deliberação, com exceção de Augusto, todos os administradores partícipes da assembleia.

Assertiva correta, pois a consignação da divergência em ata afasta a responsabilidade pessoal do administrador, conforme o art. 158, §1º, *in fine*, da LSA.
Gabarito 1C

(Procurador do Estado/PR – UEL-COPS – 2011) Sobre o regime jurídico das sociedades anônimas, assinale a alternativa correta:

I. as preferências ou vantagens das ações preferenciais podem consistir em prioridade na distribuição de dividendo, fixo ou mínimo; ou em prioridade no reembolso do capital, com prêmio ou sem ele; ou

ainda, na acumulação de ambas as preferências e vantagens.

II. nas companhias objeto de desestatização poderá ser criada ação preferencial de classe especial, de propriedade exclusiva do ente desestatizante, à qual o estatuto social poderá conferir os poderes que especificar, inclusive o poder de veto às deliberações da assembleia geral nas matérias que especificar.

III. o estatuto pode assegurar a uma ou mais classes de ações preferenciais o direito de eleger, em votação em separado, um ou mais membros dos órgãos de administração, sendo que o estatuto pode subordinar as alterações estatutárias que especificar à aprovação, em assembleia especial, dos titulares de uma ou mais classes de ações preferenciais.

IV. a debênture terá valor nominal expresso em moeda nacional, salvo nos casos de obrigação que, nos termos da legislação em vigor, possa ter o pagamento estipulado em moeda estrangeira.

V. a debênture poderá assegurar ao seu titular juros, fixos ou variáveis, participação no lucro da companhia e prêmio de reembolso.

Alternativas:

(A) somente as alternativas I, II e III estão corretas;

(B) somente as alternativas I, II e IV estão corretas;

(C) somente as alternativas II, III e V estão corretas;

(D) somente as alternativas II, IV e V estão corretas;

(E) todas as alternativas estão corretas.

I: correta, conforme art. 17 da LSA; **II:** correta, nos termos do art. 17, § 7º, da LSA; **III:** correta, nos termos do art. 18 da LSA; **IV:** correta, conforme art. 54 da LSA; **V:** correta, conforme art. 56 da LSA.
Gabarito "E".

(PROCURADOR DO ESTADO/RS – FUNDATEC – 2010) Quanto ao capital social de sociedades limitadas e anônimas, pode-se afirmar o quanto segue:

(A) O capital de qualquer sociedade anônima será sempre maior do que o de uma sociedade limitada, uma vez que a sociedade anônima se constitui em tipo societário destinado a congregar grande quantidade de sócios, mediante a captação de significativa soma de recursos.

(B) O capital de uma sociedade anônima encontra-se dividido em ações, sempre ordinárias e nominativas, ao passo que o de uma sociedade limitada fraciona-se em quotas.

(C) Não há, via de regra, capital social mínimo nem máximo exigido para a constituição de sociedades anônimas ou limitadas.

(D) O capital social de uma sociedade anônima terá de ser subscrito e totalmente integralizado no mesmo ato, assegurando a sua integridade.

(E) O capital social somente poderá ser integralizado mediante a transferência de bens imóveis se os mesmos estiverem livres e desonerados.

A: incorreta. Não há qualquer limitação ou comparação nesse sentido; **B:** incorreta, porque as ações que compõem o capital social de uma sociedade anônima podem ser preferenciais ou de fruição (art. 15 da LSA); **C:** correta. Realmente não há tais limitações; **D:** incorreta. No ato de constituição da sociedade anônima é obrigatória a integralização de apenas 10% do capital social (art. 80, II, da LSA); **E:** incorreta. Não há

6. DIREITO EMPRESARIAL   **415**

qualquer previsão legal que limite desse modo a transferência de bens imóveis para a integralização do capital social. Vale salientar, porém, que o sócio responderá por eventual evicção (art. 10 da LSA).

Gabarito "C".

(ADVOGADO – BNDES – 2010 – CESGRANRIO) Em relação às ações das sociedades por ações, analise as afirmações a seguir.

I. Cabe ao estatuto social determinar a quantidade de ações que serão emitidas para divisão do capital social.

II. É vedada a emissão de ações por preço abaixo do seu valor nominal, sob pena de nulidade.

III. De acordo com a natureza dos direitos de seus titulares, as ações podem ser de 3 (três) espécies: ordinárias, preferenciais ou de fruição.

Está correto o que se afirma em

(A) I, apenas.

(B) II, apenas.

(C) I e II, apenas.

(D) I e III, apenas.

(E) I, II e III.

I: correta, nos termos do art. 11 da LSA; II: correta, nos termos do art. 13 da LSA. O valor nominal da ação é aquele fixado pelo próprio estatuto social; III: correta, nos termos do art. 15 da LSA.

Gabarito "E".

(ADVOGADO – PETROBRÁS – 2012 – CESGRANRIO) À luz da Lei n. 6404/1976 e alterações, o acionista controlador responde pelos danos causados por atos praticados com abuso de poder EXCETO na hipótese de

(A) usar o poder com o fim de fazer a companhia realizar o seu objeto e cumprir sua função social, inclusive para orientar o funcionamento dos órgãos da companhia.

(B) contratar com a companhia, diretamente ou através de outrem, ou com sociedade na qual tenha interesse, em condições de favorecimento ou não equitativas.

(C) aprovar ou fazer aprovar contas irregulares de administradores, por favorecimento pessoal, ou deixar de apurar denúncia que saiba ou devesse saber procedente, ou que justifique fundada suspeita de irregularidade.

(D) induzir, ou tentar induzir, administrador ou fiscal a praticar ato ilegal, ou, descumprindo seus deveres definidos na referida Lei das Sociedades por Ações e no estatuto, promover contra o interesse da companhia, sua ratificação pela assembleia geral.

(E) eleger administrador ou fiscal que sabe inapto moral ou tecnicamente.

Todas as hipóteses estão previstas no art. 117, § 1º, da LSA como situações ensejadoras da responsabilidade pessoal do acionista controlados, com exceção da alternativa "A", a qual reflete, na verdade, o dever de diligência do acionista controlador previsto no art. 116, parágrafo único, da LSA.

Gabarito "A".

2.6.2. Assembleia Geral, Conselho de Administração, Diretoria, Administradores e Conselho Fiscal

(PROCURADOR DO ESTADO/RS – FUNDATEC – 2010) Quanto à responsabilidade pessoal dos administradores, é correto afirmar que

(A) são responsáveis pelas dívidas tributárias e previdenciárias da empresa falida, independentemente de culpa.

(B) os administradores, contanto que desempenhem suas funções dentro dos poderes que lhes foram conferidos pelo Estatuto ou Contrato Social, sem atentar contra disposição de lei, não se obrigam pessoalmente com relação às dívidas da sociedade.

(C) a responsabilidade pessoal dos administradores de sociedades anônimas difere da dos administradores de sociedades limitadas, sendo nesta última mais fácil de ser comprovada, em função de uma maior *affectio societatis*.

(D) não são responsáveis, em hipótese alguma, pois, como doutrina Pontes de Miranda, apenas presentam a sociedade.

(E) respondem solidariamente no caso dos membros do Conselho de Administração, por tratar-se de órgão colegiado.

A: incorreta. A responsabilidade dos administradores pelas dívidas tributárias e previdenciárias depende da comprovação de sua atuação com infração à lei, ao contrato ou ao estatuto social (art. 135 do CTN); **B:** correta. Enquanto agir nos limites de seus poderes, em regra, os administradores não podem ser alcançados por dívidas sociais (art. 158 da LSA); **C:** incorreta. A responsabilidade civil dos administradores das limitadas e das sociedades anônimas é análoga e submete-se aos mesmos requisitos; **D:** incorreta. Os administradores responderão por sua conduta em caso de excesso de poderes (art. 1.015, parágrafo único, do CC) ou culpa no exercício das funções (art. 1.016 do CC). A teoria de presentação de Pontes de Miranda não serve para excluir a responsabilidade dos sócios; **E:** incorreta. Os membros do Conselho de Administração submetem-se às mesmas regras que os demais diretores.

Gabarito "B".

(Advogado da União/AGU – CESPE – 2012) Com relação à responsabilidade dos sócios e administradores, julgue o item seguinte.

(1) O administrador de sociedade empresária não responde pessoalmente pelas obrigações que contrair em nome da sociedade por atos regulares de gestão, estando, contudo, obrigado pessoalmente e solidariamente a reparar o dano, por ato ilícito se, no âmbito de suas atribuições e poderes, agir de forma culposa.

1: correta, nos exatos termos do art. 158, II, da LSA.

Gabarito 1C

(ADVOGADO – PETROBRÁS DISTRIB. – 2010 – CESGRANRIO) Qual é o órgão da sociedade anônima de capital aberto que tem competência para a alienação de bens do Ativo Permanente de uma companhia?

(A) Diretoria.

(B) Assembleia Geral.

(C) Conselho Fiscal.

(D) Conselho de Administração.

(E) Conselho Consultivo.

Tal competência é atribuída ao Conselho de Administração pelo art. 142, VIII, da LSA.

Gabarito "D".

2.6.3. Transformação, Incorporação, Fusão e Cisão

(Procurador do Estado/GO – 2010) Com relação à transformação, incorporação, fusão e cisão das sociedades, analise as assertivas que se seguem e assinale, abaixo, a alternativa **CORRETA:**

I. O ato de transformação importa na dissolução ou liquidação da sociedade transformada.

II. A transformação não modificará nem prejudicará, em qualquer caso, os direitos dos credores.

III. Na fusão, uma ou várias sociedades são absorvidas por outra, que lhes sucede em todos os direitos e obrigações, devendo todas aprová-la, na forma estabelecida para os respectivos tipos.

IV. A incorporação determina a extinção das sociedades que se unem, para formar sociedade nova, que a elas sucederão nos direitos e obrigações.

(A) Todas as alternativas estão erradas.

(B) Apenas a alternativa II está correta.

(C) Todas as alternativas estão corretas.

(D) Apenas as alternativas I e IV estão corretas.

(E) Apenas as alternativas III e IV estão corretas.

I: incorreta, nos termos do art. 1.113 do CC. A transformação é a operação societária mais simples, na qual apenas se altera o tipo societário (de limitada para anônima, de comandita simples para nome coletivo etc.); II: correta, conforme art. 1.115 do CC; III: incorreta. Esse é o conceito de incorporação, previsto no art. 1.116 do CC; IV: incorreta. Este é o conceito de fusão, previsto no art. 1.119 do CC.

Gabarito "B".

2.6.4. Sociedades de economia mista

(Procurador do Estado/PR – UEL-COPS – 2011) Sobre o regime jurídico das sociedades de economia mista, assinale a alternativa correta:

I. as sociedades anônimas de economia mista estão sujeitas a lei das sociedades anônimas, sem prejuízo das disposições especiais de lei federal, sendo que as companhias abertas de economia mista não estão sujeitas às normas expedidas pela Comissão de Valores Mobiliários, subordinando-se, contudo, à regulação do Banco Central.

II. a constituição de companhia de economia mista depende de prévia autorização legislativa e somente poderá explorar os empreendimentos ou exercer as atividades previstas na lei que autorizou a sua constituição.

III. sempre que pessoa jurídica de direito público adquirir, por desapropriação, o controle de companhia em funcionamento, os acionistas terão direito de pedir, dentro de 60 (sessenta) dias da publicação da primeira ata da assembleia geral realizada após a aquisição do controle, o reembolso das suas ações; salvo se a companhia já se achava sob o controle, direto ou indireto, de outra pessoa jurídica de direito público, ou no caso de concessionária de serviço público.

IV. a companhia de economia mista terá um conselho fiscal e o estatuto disporá sobre seu funcionamento, de modo permanente ou nos exercícios sociais em que for instalado a pedido de acionistas.

V. os estatutos das sociedades de economia mista controladas pela União deverão prever a participação nos seus conselhos de administração de representante dos trabalhadores, assegurado o direito da União de eleger a maioria dos seus membros.

Alternativas:

(A) somente as alternativas II, III e V estão corretas;

(B) somente as alternativas I, II e IV estão corretas;

(C) somente as alternativas I, III e V estão corretas;

(D) somente as alternativas II, IV e V estão corretas;

(E) todas as alternativas estão corretas.

I: incorreta. As sociedades de economia mista abertas estão sujeitas aos atos normativos expedidos pela CVM (art. 235, § 1º, da LSA); II: correta, conforme previsto nos arts. 236 e 237 da LSA; III: correta. O art. 236, parágrafo único, da LSA garante esse direito aos acionistas, que em muito se assemelha à operação de *tag along* nas companhias privadas; IV: incorreta. O funcionamento do Conselho Fiscal deve ser permanente (art. 240 da LSA); V: correta, nos termos do art. 2º da Lei 12.353/2010.

Gabarito "A".

(PROCURADOR DO ESTADO/RS – FUNDATEC – 2010) Assinale a alternativa correta:

(A) As sociedades de economia mista não se regem pela Lei de Sociedades por Ações, uma vez que, por serem controladas pelo Estado, submetem-se apenas às normas próprias do direito administrativo.

(B) As sociedades de economia mista podem funcionar sem Conselho de Administração.

(C) A constituição da sociedade de economia mista prescinde de autorização legislativa, sempre que constituída por meio de uma subscrição pública amparada por ampla publicidade, na forma da Lei n. 6.404/1976.

(D) As sociedades de economia mista sujeitam-se ao disposto na Lei de Sociedades por Ações e normativos da Comissão de Valores Mobiliários, sem prejuízo de outras disposições federais especiais aplicáveis.

(E) As sociedades de economia mista escapam da incidência dos normativos da Comissão de Valores Mobiliários, pois não seria lógico que empresas sob controle estatal fossem objeto de fiscalização por outra entidade estatal.

A: incorreta. As sociedades de economia mista submetem-se a regime jurídico híbrido, parcialmente público e parcialmente privado (art. 173, § 1º, da Constituição Federal – CF), e por isso devem obediência ao quanto disposto na Lei 6.404/1976 (art. 235 da LSA); B: incorreta. É obrigatória a constituição do Conselho de Administração (art. 239 da LSA); C: incorreta. É inafastável a necessidade de autorização legislativa para constituição da sociedade de economia mista (art. 37, XIX, da CF e art. 236 da LSA); D: correta, nos termos do art. 235, §1º, da LSA; E: incorreta, por contraria frontalmente a alternativa anterior.

Gabarito "D".

(ADVOGADO – PETROBRÁS BIO. – 2010 – CESGRANRIO) Com relação às sociedades anônimas, considere as afirmativas a seguir.

I. A companhia ou sociedade anônima terá o capital dividido em ações, e a responsabilidade dos sócios ou acionistas será limitada ao preço de emissão das ações subscritas ou adquiridas.

II. As sociedades anônimas de economia mista estão sujeitas à Lei n. 6.404/1976, sem prejuízo das disposições especiais de lei federal.

III. As ações, de acordo com o disposto no estatuto social, podem ou não ter valor nominal, que significa o resultado da divisão do capital social pelo número de ações emitidas.

6. DIREITO EMPRESARIAL 417

IV. O capital social poderá ser formado com contribuições em dinheiro ou em qualquer espécie de bens suscetíveis de avaliação em dinheiro.

V. O funcionamento dos Conselhos de Administração e Fiscal é permanente nas companhias de economia mista.

São corretas as afirmativas

(A) I e II, apenas.

(B) III e V, apenas.

(C) III, IV e V, apenas.

(D) I, II, III e IV, apenas.

(E) I, II, III, IV e V.

I: correta, nos termos do art. 1º da LSA; II: correta, nos termos do art. 235 da LSA; III: correta, nos termos do art. 11 da LSA; IV: correta, nos termos do art. 7º da LSA; V: correta, nos termos dos arts. 239 e 240 da LSA. Vale lembrar que essa é uma diferença entre as sociedades de economia mista e as companhias em geral, as quais podem não ter Conselho de Administração (se sociedades anônimas fechadas) e cujo Conselho Fiscal não será, necessariamente, um órgão permanente.
Gabarito "E."

2.6.5. Ligações Societárias. Controle, Coligação, Grupos, Consórcios, Subsidiárias

(Procurador do Estado – PGE/PR – PUC – 2015) Acerca das Sociedades Anônimas, assinale a alternativa **CORRETA**.

(A) A participação em grupo societário depende de maioria do capital social votante da companhia, ressalvada previsão de quórum inferior no estatuto.

(B) As companhias e demais sociedades podem constituir, mediante contrato, consórcio para executar empreendimento determinado, sendo que, após a constituição, se houver a falência de uma consorciada, ela se estende a todas as demais.

(C) A constituição de subsidiária integral através da incorporação de todas as ações do capital social ao patrimônio de outra companhia brasileira, se devidamente autorizada pelos órgãos societários competentes, exigirá o aumento de capital social da sociedade incorporadora, mas os seus acionistas terão, nesta hipótese, afastado o direito de preferência sobre as ações emitidas.

(D) O direito de preferência dos acionistas de sociedades anônimas abertas com ações divididas em classes e espécies não pode ser exercido sobre classe e espécie diversa das ações detidas.

(E) No caso de cisão de sociedade anônima aberta, a companhia que absorver parcela do patrimônio da companhia cindida não sucede a esta nos direitos e obrigações relacionados no ato da cisão.

A: incorreta. O quórum padrão, se outro não for estabelecido no estatuto, é de metade das ações com direito a voto (art. 136, V, da Lei 6.404/1976); B: incorreta. A falência de uma consorciada não se estende às demais (art. 278, § 2º, da Lei 6.404/1976); C: correta, nos termos do art. 252, *caput* e § 1º, da Lei 6.404/1976; D: incorreta. O direito de preferência existe neste caso, mas deverão ser observados os requisitos do art. 171, § 1º, da Lei 6.404/1976; E: incorreta. A sucessão das obrigações está determinada no art. 229, § 1º, da Lei 6.404/1976. HS
Gabarito "C."

(ADVOGADO – PETROBRÁS BIO. – 2010 – CESGRANRIO) Em relação aos consórcios previstos na Lei n. 6.404/1976, analise as afirmações a seguir.

I. As companhias e quaisquer outras sociedades, sob o mesmo controle ou não, podem constituir consórcio para executar determinado empreendimento.

II. A falência de uma consorciada não se estende às demais, subsistindo o consórcio com as outras contratantes; os créditos que, porventura, tiver a falida serão apurados e pagos na forma prevista no contrato de consórcio.

III. O contrato de consórcio e suas alterações serão arquivados no registro do comércio do lugar da sua sede, devendo a certidão do arquivamento ser publicada.

IV. O consórcio será constituído mediante contrato aprovado pelo órgão da sociedade competente para autorizar a alienação dos bens do ativo não circulante, desde que atendidos os requisitos constantes na Lei das Sociedades por Ações.

V. O consórcio tem personalidade jurídica, e as consorciadas se obrigam, nas condições previstas no respectivo contrato, a responder em conjunto pelas obrigações assumidas, com presunção de solidariedade.

São corretas APENAS as afirmativas

(A) I e II.

(B) III e V.

(C) III, IV e V.

(D) I, II, III e IV.

(E) II, III, IV e V.

I: correta, nos termos do art. 278 da LSA. O consórcio pode ser definido como a atuação conjunta de duas ou mais companhias, sem constituir operação societária, com vistas a determinado empreendimento que cada uma delas, sozinha, não teria condições de explorar; II: correta, nos termos do art. 278, § 2º, da LSA; III: correta, nos termos do art. 279, parágrafo único, da LSA; IV: correta, nos termos do art. 279, *caput*, da LSA; V: incorreta. O consórcio não tem personalidade jurídica e não há presunção de solidariedade entre as consorciadas, ou seja, somente existirá a solidariedade se assim estiver previsto no contrato de consórcio (art. 278, § 1º, da LSA).
Gabarito "D."

2.7. Questões combinadas sobre sociedades e outros temas

(Procurador do Estado – PGE/BA – CESPE – 2014) No que se refere ao direito societário, julgue os itens que se seguem.

(1) Os administradores da sociedade limitada respondem com seu patrimônio por créditos decorrentes de obrigações tributárias, por fatos que praticarem com excesso de poder, infração à lei, contrato ou estatutos.

(2) A desconsideração inversa da personalidade jurídica implica o afastamento do princípio de autonomia patrimonial da sociedade, o que a torna responsável por dívida do sócio.

(3) A sociedade por ações é sempre mercantil; por isso, está sujeita à falência, fazendo jus à recuperação judicial, ainda que o seu objeto seja civil.

(4) A administração de sociedade limitada atribuída no contrato a todos os sócios estende-se, de pleno direito, aos que posteriormente adquiram essa qualidade.

1: Certa, nos termos do art. 135, III, do Código Tributário Nacional. **2:** Certa. A assertiva traz o conceito correto da teoria da desconsideração inversa da personalidade jurídica, a qual é admitida pela jurisprudência (STJ, REsp 948.117/MS). **3:** Certa, nos termos do art. 982, parágrafo único, do CC. Destaque-se apenas que a questão, estranhamente, traz expressões já defasadas (mercantil, objeto civil) misturadas com conceitos contemporâneos (como recuperação judicial), a despeito de ter sido elaborada em 2014. **4:** Errada. Nos termos do art. 1.060, parágrafo único, do CC, os poderes conferidos genericamente a todos os sócios no contrato não se estendem aos que ingressarem posteriormente na sociedade. HS

Gabarito 1C, 2C, 3C, 4E

(Procurador/DF – 2013 – CESPE) Acerca dos diversos tipos societários previstos legalmente, julgue os itens que se seguem.

(1) Se, por hipótese, 15% do capital da empresa B pertencer à empresa A, mas esta última não exercer controle sobre aquela, então a empresa B será coligada ou filiada à empresa A.

(2) O registro da sociedade empresária no órgão de registro competente é meramente declaratório, razão pela qual a pessoa jurídica empresária adquire personalidade com a formalização do seu contrato social, verdadeiro acordo de vontades convergentes com o objeto societário.

(3) É inviável no ordenamento jurídico brasileiro a limitação de responsabilidade na empresa individual, respondendo o empresário de maneira solidária e ilimitada pelas dívidas sociais.

(4) Em uma sociedade em comandita por ações, um indivíduo que dela não seja acionista poderá assumir cargo de administração, desde que ele seja eleito por meio de deliberação de assembleia válida e regularmente convocada.

(5) A sociedade em nome coletivo configura espécie de sociedade personalizada e os seus sócios respondem sempre de maneira ilimitada e solidária pelas obrigações sociais.

1: correta. Conforme o art. 1.099 do CC/2002, sociedade coligada ou filiada é aquela de cujo capital outra sociedade participa com dez por cento ou mais, do capital da outra, sem controlá-la. Nos termos do art. 243, § 1º, da LSA, são coligadas as sociedades nas quais a investidora tenha influência significativa; **2:** incorreta, pois a sociedade adquire personalidade jurídica com a inscrição, no registro próprio e na forma da lei, dos seus atos constitutivos – art. 985 do CC/2002; **3:** incorreta, pois há atualmente a figura da empresa individual de responsabilidade limitada prevista no art. 980-A do CC/2002; **4:** incorreta, pois somente o acionista tem qualidade para administrar a sociedade – art. 1.091 do CC/2002; **5:** correta, conforme o art. 1.039 do CC/2002.

Gabarito 1C, 2E, 3E, 4E, 5C

(Procurador/DF – 2013 – CESPE) A respeito da disciplina jurídica das sociedades por ações, julgue os itens que se seguem.

(1) O estatuto social da companhia não pode excluir ou restringir o direito dos acionistas preferenciais de participar dos aumentos de capital decorrentes da capitalização de reservas ou lucros, salvo no caso de acionistas portadores de ações com dividendo fixo.

(2) O reembolso é a operação pela qual, nos casos previstos em lei, a companhia paga aos acionistas dissidentes de deliberação da assembleia geral o valor de suas ações, ao passo que o resgate consiste no pagamento do valor das ações para retirá-las definitivamente de circulação.

(3) O conselho fiscal é órgão da companhia responsável pela missão precípua de fiscalização, sendo, portanto, órgão de existência facultativa.

(4) As ações preferenciais são reconhecidas como valores mobiliários que outorgam ao seu titular vantagens e outras preferências, tais como a prioridade na distribuição de dividendo fixo ou mínimo, de reembolso de capital e de direito a voto.

1: correta, nos termos do art. 17, § 5º, da LSA; **2:** correta, conforme a definição de reembolso dada pelo art. 45 da LSA; **3:** incorreta, pois o conselho fiscal é obrigatório nas companhias – art. 161 da LSA; **4:** incorreta, pois o direito a voto não é uma das preferências ou vantagens possíveis para as ações preferenciais – art. 17 da LSA.

Gabarito 1C, 2C, 3E, 4E

3. DIREITO CAMBIÁRIO

3.1. Teoria geral

(Procurador do Município – S.J. Rio Preto/SP – 2019 – VUNESP) Sobre o aval e a fiança mercantil, é correto afirmar:

(A) aval e fiança são garantias pessoais equivalentes; tanto em uma como em outra o garantidor assume a obrigação de adimplir a obrigação garantida (avalizada ou afiançada) em caso de inadimplemento do devedor principal.

(B) avalista e fiador fazem jus ao benefício de ordem, embora em ambos os casos tal benefício possa ser renunciado.

(C) a invalidade da obrigação original compromete como regra a validade da fiança, mas não a validade do aval.

(D) tanto os direitos conferidos pelo aval como os direitos conferidos pela fiança podem ser transferidos indistintamente pela cessão do crédito ou pelo seu endosso.

(E) a invalidade da obrigação original compromete como regra a validade do aval, mas não a validade da fiança.

A: incorreta. O aval é classificado como uma garantia cambial e não pessoal, que é o cerne de suas diferenças com a fiança; **B:** incorreta. O avalista não tem benefício de ordem; **C:** correta. Trata-se do princípio da autonomia das relações cambiais, aplicável apenas ao aval; **D:** incorreta. O endosso é instituto exclusivo dos títulos de crédito, portanto aplica-se somente aos direitos garantidos pelo aval; **E:** incorreta, nos termos do comentário à alternativa "C".

Gabarito "C"

(Procurador do Estado – PGE/PA – UEPA – 2015) Acerca dos Títulos de Crédito, assinale a alternativa correta.

(A) para a lavratura do protesto cambial, em razão do princípio da cartularidade, é indispensável a exibição física do título de crédito, sendo ilícito o protesto por indicação de duplicata virtual.

(B) o saque da duplicata mercantil pressupõe a existência de uma relação jurídica subjacente, de modo que a ausência de *causa debendi* representa a irregularidade do título emitido.

(C) ainda que desprovida de aceite, a duplicata constitui título executivo extrajudicial, desde acompanhada do comprovante de entrega das mercadorias, sendo desnecessária a prévia realização de protesto cambial.

6. DIREITO EMPRESARIAL   419

(D) o endossatário que recebe, por endosso translativo, título de crédito contendo vício formal, sendo inexistente a causa para conferir lastro a emissão de duplicata, não responde pelos danos causados diante de protesto indevido, tendo em vista que não participou originariamente da relação jurídica.

(E) o avalista, face à autonomia do dever contraído, responde irrestritamente pela obrigação assumida pelo devedor principal, ainda que prescrita a ação cambiária.

A: incorreta. O protesto por indicação de duplicata virtual é expressamente autorizado pelo art. 8º, parágrafo único, da Lei 9.492/1997; **B:** correta. A duplicata é título de crédito causal, ou seja, só pode ser emitido em negócios jurídicos específicos: a compra e venda mercantil com pagamento a prazo maior que 30 dias ou prestação de serviços (arts. 1º e 20 da Lei 5.474/1968); **C:** incorreta. Mesmo nesse caso o protesto é obrigatório (art. 15, II, "a", da Lei 5.474/1968); **D:** incorreta. A responsabilidade do endossatário nesse caso foi fixada na tese de julgamento sob o rito dos recursos repetitivos pelo STJ no REsp 1.213.256; **E:** incorreta. A autonomia das relações cambiais impede a oposição de exceções pessoais em relação ao avalista. Questões que atinjam a própria obrigação cambiária, como a prescrição, naturalmente são circunstâncias que afastam a responsabilidade do garantidor. HS
Gabarito "B".

(Procurador – PGFN – ESAF – 2015) Assinale a opção correta.

I. Os títulos de crédito são documentos representativos de obrigações pecuniárias – de origem cambial ou extracambial – e, como regra, têm natureza *"pro soluto"*.

II. A "Cédula de Crédito Rural" configura um título de crédito impróprio, destinada ao financiamento do agronegócio, cujo pagamento é garantido por hipoteca ou penhor.

III. De acordo com a atual jurisprudência do Superior Tribunal de Justiça (STJ), é admissível a ação monitória fundada em cheque prescrito, devendo ser ela ajuizada dentro de 5 (cinco) anos, contados a partir do dia seguinte ao vencimento da pretensão executiva.

(A) Somente o item I está correto.

(B) Somente o item II está correto.

(C) Somente o item III está correto.

(D) Somente os itens I e II estão corretos.

(E) Somente os itens I e III estão corretos.

I: incorreta. *Pro soluto* significa que a obrigação considera-se adimplida com a tradição da cártula ao tomador, independentemente de seu pagamento, o que é exceção no Direito Cambiário. Em regra, os títulos têm caráter *pro solvendo*, ou seja, apenas **representam** uma obrigação que será considerada quitada somente com o pagamento da cártula; **II:** correta, nos termos do art. 9º do Decreto-lei 167/1967; **III:** incorreta. A Súmula 299 do STJ reconhece a possibilidade de se ajuizar ação monitória fundada em cheque prescrito, porém o prazo de 5 anos é contado do dia seguinte à data de emissão (REsp 1.101.412, julgado sob o rito dos recursos repetitivos). HS
Gabarito "B".

(Procurador do Estado – PGE/BA – CESPE – 2014) Em relação aos títulos de crédito, julgue os itens subsequentes.

(1) As normas do Código Civil sobre títulos de crédito aplicam-se supletivamente em relação às letras de câmbio, notas promissórias, cheques e duplicatas.

(2) A duplicata é um título causal, emitido exclusivamente com vínculo a um processo de compra e venda mer-

cantil ou a um contrato de prestação de serviços e, por isso, é considerada um título cambiforme, ao qual não se aplica o princípio da abstração.

(3) O endosso posterior ao protesto por falta de pagamento produz apenas os efeitos de cessão ordinária de créditos.

1: Certa. Os títulos de crédito típicos seguem as respectivas regulamentações legais e se valem das normas do CC como legislação supletiva (art. 903 do CC). **2:** Errada. A duplicata é um título de crédito típico (título cambiariforme é aquele tratado como título de crédito, mas sem que estejam presentes todas as características necessárias para ser classificado como tal – são também conhecidos como títulos impróprios). Ainda que causal, é-lhe plenamente aplicável o princípio da abstração. **3:** Certa, nos termos do art. 920 do CC. HS
Gabarito 1C, 2E, 3C

(Procurador do Estado/BA – 2014 – CESPE) Em relação aos títulos de crédito, julgue o seguinte item.

(1) As normas do Código Civil sobre títulos de crédito aplicam-se supletivamente em relação às letras de câmbio, notas promissórias, cheques e duplicatas.

1: incorreta. Trata-se de um exagero do examinador considerar errada essa afirmativa, mas há fundamento. O art. 903 do CC estabelece sua aplicação supletiva em relação aos títulos de crédito que sejam regulados por lei própria. Ocorre que, em se tratando dos títulos típicos mencionados, todos eles são disciplinados exaustivamente pelas respectivas normas (Lei Uniforme de Genebra para Letras de Câmbio e Notas Promissórias, Lei 7.357/1985 – Cheque e Lei 5.474/1968 – Duplicatas), de sorte que não há qualquer espaço para o uso das disposições genéricas do Código Civil.
Gabarito 1E

(Procurador do Estado/BA – 2014 – CESPE) Em relação aos títulos de crédito, julgue o seguinte item.

(1) O endosso posterior ao protesto por falta de pagamento produz apenas os efeitos de cessão ordinária de créditos.

1: correta. Trata-se do endosso póstumo, realizado após o prazo para protesto por falta de pagamento (art. 20 da Lei Uniforme de Genebra).
Gabarito 1C

(Procurador do Estado/PA – 2011) Acerca dos títulos de crédito e respectivos regimes jurídicos, assinale a alternativa CORRETA:

(A) De um modo geral, os títulos de crédito podem ser garantidos mediante aval, outorgado por pessoa física ou jurídica, cuja validade é condicionada a sua formalização exclusivamente no anverso da cártula.

(B) O devedor de obrigação lastreada em título de crédito, ao ser judicialmente acionado pelo portador de boa-fé do título transmitido por endosso, poderá exercer sua defesa mediante exceção fundada em relações pessoais com o emitente ou com os portadores anteriores do título.

(C) A duplicata constitui espécie de título de crédito dotado de autonomia e abstração, de maneira que sua emissão não está adstrita à existência de negócio jurídico subjacente.

(D) A nota promissória consiste em título de crédito dotado de autonomia e abstração, todavia, é a possível a perda dessas características caso sua emissão seja vinculada a determinado negócio jurídico.

(E) A obrigação do sacado em uma letra de cambio é constituída no momento em que o título de crédito é emitido.

A: incorreta. O aval pode ser dado no verso do título, desde que o ato esteja identificado como tal; **B:** incorreta. Vige no Direito Cambiário o princípio da inoponibilidade das exceções pessoais a terceiros de boa-fé, isto é, eventuais causas de nulidade absoluta ou relativa do título que tenham como base uma circunstância pessoal (como a incapacidade civil, por exemplo) não podem ser usadas para tentar evitar o pagamento para outra pessoa que possua o título legitimamente; **C:** incorreta. A duplicata é título de crédito causal, ou seja, somente pode ser emitida nas hipóteses determinadas em lei. No caso, a compra e venda de mercadorias com pagamento a prazo superior a 30 dias (art. 1º da Lei 5.474/1968) ou na prestação de serviços (art. 20 da Lei 5.474/1968); **D:** correta. A nota promissória, em tese, é título de crédito não causal, ou seja, pode ser sacada como promessa de pagamento em qualquer situação. Porém, quando sua existência é vinculada a determinado contrato, funcionando como garantia de pagamento, entende a jurisprudência que perde ela sua natureza cambiária e, portanto, sua autonomia e abstração (STJ, REsp 298.499/SP, DJ 07/08/2001; e STJ, REsp 264.850/SP, DJ 15/12/2000); **E:** incorreta. A obrigação do sacado na letra de câmbio nasce apenas com o seu aceite.
Gabarito "D".

(Advogado da União/AGU – CESPE – 2012) No que se refere aos títulos de crédito, julgue os itens subsequentes.

(1) Considere que Ana emita letra de câmbio cuja ordem seja destinada a Bento e cujo beneficiário seja Caio. Nessa situação hipotética, se Bento aceitar parcialmente a letra de câmbio, ocorrerá o vencimento antecipado do título, sendo admissível, então, a Caio cobrar a totalidade do crédito da sacadora.

(2) O título que for emitido em favor de pessoa cujo nome conste no registro do emitente e que for transferido mediante termo assinado pelo proprietário e pelo adquirente constituirá título à ordem.

1: correta. O aceite parcial da letra opera o mesmo efeito de sua recusa, ou seja, o vencimento antecipado de toda a obrigação nela representada; **2:** incorreta. Este é o conceito de título nominativo. Título à ordem é aquele que identifica o beneficiário e autoriza-o a transmiti-lo por endosso.
Gabarito 1C, 2E

(Procurador Federal – 2010 – CESPE) A seguir, é apresentada uma situação hipotética, seguida de uma assertiva a ser julgada no que se refere a direito comercial.

(1) B emitiu letra de câmbio em benefício de A para ser paga por C, com vencimento para o dia 10 de outubro de 2010. Em 5 de janeiro de 2010, foi decretada a falência de C. Nessa situação, considerando-se que ainda não havia sido dado o aceite do referido título de crédito, essa decretação de falência não alterará a data de vencimento da cártula.

Incorreta, pois a falência do sacado permite a cobrança antecipada da letra de câmbio, mesmo no caso em que ainda não havia aceitado o título – art. 43, § 2º, da Lei Uniforme – LU.
Gabarito 1E

3.2. Títulos em Espécie

(Procurador Municipal – Prefeitura/BH – CESPE – 2017) Paulo emitiu à sociedade empresária CT Ltda. cheque, com cláusula sem protesto, que não foi compensado por insuficiência de fundos disponíveis. A sociedade, então, ingressou com ação cambial contra Paulo e Fernanda, titulares de conta conjunta.

Nessa situação hipotética,

(A) a CT Ltda. deverá expor, na petição inicial, o negócio jurídico que deu origem ao cheque.

(B) a CT Ltda. poderá cobrar, na ação, as despesas efetuadas com o protesto do título.

(C) os juros legais devem incidir desde o dia da apresentação do cheque.

(D) houve solidariedade passiva entre Paulo e Fernanda em razão da inadimplência do título.

A: incorreta. O cheque é título não causal, ou seja, pode ser sacado qualquer que seja o negócio jurídico que lhe deu origem e a ele não se prende, razão pela qual não há obrigação de consignar tal informação na cártula; **B:** incorreta. Como foi aposta no título a cláusula "sem protesto", as custas do ato correm por conta do tomador (art. 50, § 3º, da Lei 7.357/1985); **C:** correta, nos termos do art. 52, II, da Lei 7.357/1985; **D:** incorreta. A cobrança deve ser realizada unicamente em face de Paulo, emitente do cheque (art. 47, I, da Lei 7.357/1985). **HS**
Gabarito "C".

(Procurador/DF – 2013 – CESPE) Cláudio sacou letra de câmbio contra Mauro e em favor de Ruy, com vencimento a certo termo de vista estipulado para cinco dias após o aceite. Ato sequente, Ruy endossou o referido título para Bruno, que o endossou para Sílvia. Com referência a essa situação hipotética, julgue os itens subsequentes.

(1) Se, por hipótese, Sílvia endossar a letra para instituição financeira exclusivamente para fins de cobrança da dívida ali contida, os endossatários, caso sejam instados ao pagamento, poderão invocar exceções pessoais que eventualmente a possuam em face da endossante.

(2) A recusa do aceite pelo sacado determinará o vencimento antecipado do título, ocasião em que o portador, para conservar o seu direito de ação contra os demais coobrigados, deverá, necessariamente, promover o seu protesto.

(3) Caso a letra seja aceita e não paga e Sílvia exija de Ruy, judicialmente, o pagamento integral da dívida inserida nesse título, Ruy não poderá recusá-lo sob o argumento de que a transferência do título para Bruno teria se dado para liquidação de dívida de jogo ilegalmente contraída.

(4) Se a letra for aceita e não paga e Sílvia exigir de Ruy, judicialmente, o pagamento integral da dívida inserida nesse título, este poderá recusá-lo, caso a portadora do título o tenha recebido por meio de endosso lançado após o decurso do prazo para protesto por falta de pagamento, sob o argumento de que a transferência do título para Bruno teria se dado para liquidação de dívida de jogo ilegalmente contraída.

(5) Caso realmente não se verifique o aceite da cártula e o sacador seja obrigado ao seu pagamento após o cumprimento de todas as formalidades legais bem como o ajuizamento de ação própria, Mauro estará obrigado, regressivamente, a repará-lo.

1: correta. A rigor, os endossantes é que podem ser instados ao pagamento (inclusive o Rui, que não é endossatário) – art. 15 da Lei Uniforme – LU (promulgada pelo Decreto 57.663/1966). Nesse caso, os coobrigados (dentre eles os demais endossantes, outros que não

6. DIREITO EMPRESARIAL 421

a própria Sílvia) só podem invocar contra o portador (a instituição financeira, no caso) as exceções que eram oponíveis ao endossante (a Sílvia, nesse caso) – art. 18 da LU; **2:** correta, nos termos dos arts. 43 e 44 da LU; **3:** correta, pois Rui não pode opor contra Sílvia a exceção pessoal que tem contra Bruno (princípio da autonomia, subprincípio da inoponibilidade) – art. 915 do CC/2002 e art. 17 da LU; **4:** correta, pois quando o endosso é tardio, posterior ao vencimento e ao prazo para o correspondente protesto, ele tem efeito de simples cessão ordinária de crédito, ou seja, não se aplica o princípio cambiário da autonomia – art. 20 da LU; **5:** incorreta, pois se Mauro não aceitou o título ele não é parte nas relações cambiárias relacionadas à cártula.

Gabarito "1C, 2C, 3C, 4C, 5E"

(ADVOGADO – CEF – 2012 – CESGRANRIO) Em relação à natureza jurídica da cédula de crédito bancário, o referido título de crédito representa

(A) promessa de pagamento em dinheiro emitida por pessoa física ou jurídica em favor de instituição financeira ou a esta equiparada, decorrente de operação de crédito, de qualquer modalidade.

(B) promessa de pagamento em dinheiro emitida por pessoa física ou jurídica em favor de instituição financeira ou a esta equiparada, decorrente de operação de compra e venda mercantil.

(C) ordem de pagamento em dinheiro emitida por pessoa física ou jurídica em favor de instituição financeira ou a esta equiparada, decorrente de operação de compra e venda mercantil.

(D) ordem de pagamento em dinheiro emitida por pessoa física ou jurídica em favor de instituição financeira ou a esta equiparada, decorrente de prestação de serviços.

(E) ordem de pagamento em dinheiro emitida por pessoa física ou jurídica em favor de instituição financeira ou a esta equiparada, decorrente de operação de crédito, de qualquer modalidade.

Correta a alternativa "A", por ser a única que transcreve corretamente o disposto no art. 26 da Lei 10.931/2004.

Gabarito "A"

(ADVOGADO – CEF – 2012 – CESGRANRIO) Em relação às normas aplicáveis aos títulos de crédito industrial, considere as afirmativas que se seguem.

I. A cédula de crédito industrial representa promessa de pagamento em dinheiro, com garantia real, cedularmente constituída.

II. A nota de crédito industrial representa ordem de pagamento em dinheiro, sem garantia real.

III. A cédula de crédito industrial pode ser garantida por penhor cedular, alienação fiduciária e hipoteca cedular.

IV. A cédula e a nota de crédito industrial são documentos que representam mercadorias ou bens e permitem sua livre disponibilidade, a exemplo do *warrant* e conhecimento de depósito.

Está correto APENAS o que se afirma em

(A) I e III

(B) I e IV

(C) II e III

(D) II e IV

(E) III e IV

I: correta, nos termos do art. 9º do Decreto-lei 413/1969; **II:** incorreta, por contrariar frontalmente o artigo mencionado anteriormente; **III:** correta, nos termos do art. 19 do Decreto-lei 413/1969; **IV:** incorreta. A cédula e a nota de crédito industrial são títulos de crédito representativos de financiamentos concedidos por instituições financeiras para fomento da atividade industrial (art. 1º do Decreto-lei 413/1969).

Gabarito "A"

(ADVOGADO – PETROBRÁS – 2012 – CESGRANRIO) A empresa Y Ltda. é beneficiária e portadora legítima de uma nota promissória emitida no dia 29/01/2012 pela Empresa Z Ltda., com vencimento à vista no valor de R$ 100.000,00, nela constando o aval da Empresa B Ltda. no montante de R$ 50.000,00. À vista disso, a Empresa Y Ltda. pretende endossar o referido título de crédito à Empresa J Ltda. no montante equivalente a R$ 50.000,00. Nesse caso, de acordo com as normas previstas na legislação cambiária em vigor, aplicáveis à nota promissória, o(a)

(A) aval parcial é considerado nulo.

(B) endosso parcial é considerado nulo.

(C) emitente deverá ser notificado na hipótese de endosso do referido título.

(D) vencimento à vista equivale ao vencimento a um certo termo de vista.

(E) ausência de aceite torna nulo o referido título de crédito.

A: incorreta. O aval parcial nas notas promissórias é válido, nos termos dos arts. 30 e 77 da Lei Uniforme de Genebra – LUG; **B:** correta, nos termos dos arts. 12 e 77 da LUG; **C:** incorreta. Não há qualquer obrigação de se notificar o emitente em relação ao endosso; **D:** incorreta. Vencimento à vista é aquele que ocorre no momento da apresentação do título para pagamento ao devedor. Vencimento a certo termo da vista ocorre no prazo estipulado na nota promissória após a apresentação para pagamento; **E:** incorreta. A nota promissória não depende de aceite, por ser estruturada como promessa de pagamento, na qual o emitente do título é o próprio devedor principal.

Gabarito "B"

(ADVOGADO – BNDES – 2010 – CESGRANRIO) A respeito do cheque, é INCORRETO afirmar que

(A) os cheques devem ser emitidos contra bancos ou instituições financeiras equiparadas, caso contrário não terá validade de cheque.

(B) o endosso num cheque passado ao portador torna o endossante responsável, nos termos das disposições que regulam o direito de ação, mas, nem por isso, converte o título num cheque "à ordem".

(C) uma vez emitido, o texto do cheque não pode ser alterado, sob pena de nulidade.

(D) o cheque é pagável à vista, considerando-se não estrita qualquer menção em contrário.

(E) se uma pessoa teve um cheque roubado, o novo portador legitimado está desobrigado a restituí-lo, se não o adquiriu de má-fé.

A: correta, nos termos do art. 3º da Lei 7.357/1985; **B:** correta, nos termos do art. 23 da Lei 7.357/1985; **C:** incorreta, devendo ser assinalada. É possível a alteração do texto do cheque, porém os signatários anteriores continuarão respondendo nos termos do texto original (art. 58 da Lei 7.357/1985); **D:** correta, nos termos do 32 da Lei 7.357/1985; **E:** correta, nos termos do art. 24 da Lei nº 7.357/85.

Gabarito "C"

(ADVOGADO – CEF – 2010 – CESPE) Assinale a opção correta no que se refere a títulos de crédito, títulos de financiamento da atividade econômica e títulos societários.

(A) O ordenamento jurídico pátrio veda o uso comercial da duplicata virtual em substituição à duplicata em papel, mas os cartórios extrajudiciais devem aceitar as indicações contidas no meio magnético a fim de levar a efeito eventual protesto.

(B) Nas hipóteses de cédulas de crédito rural, industrial e comercial, não se admite a incidência de comissão de permanência, após a inadimplência, sendo permitidas, apenas, a elevação dos juros remuneratórios em 1% ao ano, a correção monetária e a multa contratual.

(C) A lei veda que a constituição da garantia, real ou fidejussória, seja feita em documento separado da cédula de crédito bancário.

(D) O conhecimento de depósito e o *warrant* são títulos de crédito representativos de mercadorias custodiadas em armazéns gerais, e a circulação desses títulos, por endosso, deve ocorrer conjuntamente.

(E) Cabe às sociedades anônimas criar, a qualquer tempo, títulos negociáveis, sem valor nominal e estranhos ao capital social, denominados debêntures, os quais garantem aos seus titulares direito de crédito eventual contra a companhia.

A: incorreta. Os títulos de crédito em meio magnético, ou virtuais, são reconhecidos pelo art. 889, § 3º, do CC; **B:** correta. Tal posição é defendida pelo STJ (AgRg no AI 1.118.790, DJ 28/04/2009) em interpretação aos artigos 5º, parágrafo único, e 58 do Decreto-lei 413/1969; **C:** incorreta. Tal possibilidade está prevista no art. 32 da Lei 10.931/2004; **D:** incorreta. É possível a circulação separada do conhecimento de depósito e do *warrant*, sendo considerados títulos de crédito autônomos (art. 18 do Decreto 1.102/1903); **E:** incorreta. A assertiva traz o conceito de partes beneficiárias. Debêntures são títulos representativos de direito de crédito contra a companhia, os quais terão, obrigatoriamente, valor nominal (arts. 52 e 54 da LSA).
Gabarito "B".

(ADVOGADO – PETROBRÁS DISTRIB. – 2010 – CESGRANRIO) Com relação aos títulos de crédito, analise as afirmações a seguir.

I. O título de crédito é o documento necessário para o exercício do direito literal e autônomo nele contido, somente produzindo efeitos quando se coaduna com os requisitos da lei.

II. A letra de câmbio é uma ordem de pagamento à vista ou a prazo.

III. A nota promissória é uma ordem de pagamento a prazo.

IV. A duplicata é uma ordem de pagamento à vista ou a prazo.

V. O cheque é uma ordem de pagamento à vista.

São corretas APENAS as afirmações

(A) I e II.

(B) III e IV.

(C) III, IV e V.

(D) I, II, III e V.

(E) I, II, IV e V.

I: correta, nos termos do art. 887 do CC; **II:** correta. A letra de câmbio pode ser emitida com vencimento à vista, a certo termo da vista, a certo termo da data ou em data certa (art. 33 da LUG); **III:** incorreta. A nota promissória é uma promessa de pagamento, à vista ou a prazo; **IV:** correta, nos termos do art. 2º, §1º, III, da Lei 5.474/1968; **V:** correta, nos termos do art. 32 da Lei 7.357/1985.
Gabarito "E".

3.3. Protesto

(Procurador do Estado/PA – 2011) O protesto cambial constitui o ato formal e solene no qual é demonstrado o descumprimento de obrigação lançada em título de crédito e outros documentos de dívida. Sobre esse instituto jurídico, assinale a alternativa INCORRETA:

(A) Tendo sido formalizado o protesto, seu cancelamento pode ser realizado mediante ordem judicial ou a partir de solicitação ao Tabelião acompanhada do título ou de carta de anuência do credor.

(B) No exercício de sua atividade, o Tabelião não poderá investigar a existência de caducidade ou prescrição dos títulos apresentados a protesto.

(C) O protesto será registrado dentro de três dias úteis contados da protocolização do título ou documento de dívida.

(D) A intimação prévia à lavratura do protesto será feita por edital se a pessoa indicada para aceitar ou pagar for desconhecida, sua localização for incerta ou ignorada, for residente ou domiciliada fora da competência territorial do Tabelionato, ou, ainda, ninguém se dispuser a receber a intimação no endereço fornecido pelo apresentante.

(E) O protesto da duplicata, por ser espécie de título emitida pelo credor, somente poderá ser lavrado caso a cártula detenha o aceite do sacado.

A: correta, conforme previsto no art. 26, §§1º e 3º, da Lei 9.492/1997; **B:** correta, conforme art. 9º da Lei 9.492/1997; **C:** correta, nos termos do art. 12 da Lei 9.492/1997; **D:** correta, conforme art. 15 da Lei 9.492/1997; **E:** incorreta, devendo ser assinalada. A duplicata é um título de aceite obrigatório, somente podendo este ser recusado nos casos previstos no art. 8º da Lei 5.474/1968. Não comprovada qualquer das situações nele elencadas, é possível o protesto por falta de pagamento mesmo sem o aceite expresso do devedor.
Gabarito "E".

4. DIREITO CONCURSAL – FALÊNCIA E RECUPERAÇÃO

4.1. Aspectos Gerais

(Procurador do Município – S.J. Rio Preto/SP – 2019 – VUNESP) Sobre a administração das sociedades em crise, é correto afirmar:

(A) durante o procedimento de recuperação judicial ou após a decretação de falência, os acionistas controladores mantêm-se no controle da sociedade devedora até o cumprimento do plano de recuperação ou até a liquidação dos seus ativos, e como regra, podem manter os administradores nomeados na forma dos seus atos societários, observada a fiscalização do Comitê de Credores, se houver, e do administrador judicial.

(B) o requerimento, pela sociedade devedora, da homologação em juízo de plano de recuperação extrajudicial não exige, por si só, alterações à sua administração, exceto pela nomeação de administrador judicial para fiscalizar o cumprimento do plano homologado.

6. DIREITO EMPRESARIAL 423

(C) a sociedade devedora poderá manter seus próprios administradores na recuperação extrajudicial; no caso de deferimento do processamento de recuperação judicial ou de decretação de falência, os administradores da sociedade devedora deverão ser removidos, passando a sociedade, a partir de então, a ser representada pelo administrador judicial, sob fiscalização do Comitê de Credores e do Juízo, conforme o caso.

(D) ao Comitê de Credores incumbe a aprovação, rejeição ou modificação do plano de recuperação judicial apresentado pelo devedor, ou ainda, no caso de falência, a adoção de outras modalidades de realização do ativo.

(E) os administradores nomeados pela sociedade devedora em recuperação judicial e mantidos na condução da atividade empresarial poderão ser afastados se qualquer deles, dentre outras condutas, houver agido com dolo, simulação ou fraude contra os interesses de seus credores ou negar-se a prestar informações solicitadas pelo administrador judicial ou pelo Comitê de Credores.

A: incorreta. A decretação da falência impõe o afastamento imediato dos administradores, que são substituídos pelo Administrador Judicial para a liquidação do ativo e pagamento dos credores (art. 99, IX, da Lei de Falências); **B:** incorreta. A recuperação extrajudicial não prevê a participação de Administrador Judicial; **C:** incorreta. Na recuperação judicial, o afastamento dos administradores da sociedade será determinado somente se presente qualquer das hipóteses do art. 64 da Lei de Falências; **D:** incorreta. Tais medidas cabem à Assembleia Geral de Credores (art. 35 da Lei de Falências); **E:** correta, nos termos do art. 64, III e V, da Lei de Falências.
Gabarito "E".

(Procurador do Estado/AC – 2017 – FMP) De acordo com a Lei 11.101, de 09 de fevereiro de 2005, que regula a recuperação judicial; a extrajudicial e a falência do empresário e da sociedade empresária, é CORRETO afirmar que são ineficazes em relação à massa falida, tenha ou não o contratante conhecimento do estado de crise econômico-financeira do devedor, seja ou não intenção deste fraudar credores,

(A) o pagamento de dívidas não vencidas realizado pelo credor dentro do termo legal, por qualquer meio extintivo do direito de crédito, ainda que pelo desconto do próprio título.

(B) a prática de atos a título gratuito, desde 3 (três) anos antes da decretação da falência.

(C) a renúncia à herança ou a legado, até 4 (quatro) anos antes da decretação da falência.

(D) o pagamento de dívidas vencidas e exigíveis realizado dentro do termo legal, por qualquer forma que não seja a prevista pelo contrato.

(E) os atos praticados com a intenção de prejudicar devedores, provando-se o conluio fraudulento entre o credor e o terceiro que com ele contratar e o efetivo prejuízo sofrido pela massa falida.

A: incorreta. A alternativa substitui a palavra "devedor" por "credor", alterando a previsão do art. 129, I, da LF; **B:** incorreta. A ineficácia do ato é limitada ao período de 2 anos (art. 129, IV, da LF); **C:** incorreta. A ineficácia do ato é limitada ao período de 2 anos (art. 129, V, da LF); **D:** correta, nos termos do art. 129, II, da LF); **E:** incorreta. Tais atos são revogáveis, ou seja, sujeitos à ação revocatória prevista no art. 130 da

LF, e não meramente ineficazes perante a massa, o que se reconhece por simples petição nos autos.
Gabarito "D".

(Procurador do Estado/BA – 2014 – CESPE) No que se refere ao direito falimentar, julgue os itens a seguir.

(1) O contrato de concessão para a exploração de serviço público não se rescinde pela falência do concessionário, mas pela reversão que a sucede, pois só então se observa o princípio da continuidade do serviço público.

(2) A lei exclui total e absolutamente do direito falimentar as sociedades de economia mista, as empresas públicas e as câmaras de compensação.

(3) As execuções tributárias não são atraídas pelo juízo universal da falência, ao contrário dos créditos não tributários inscritos na dívida ativa.

1: incorreta. O art. 35, VI, da Lei 8.987/1995 determina a extinção da concessão pela falência do concessionário; **2:** correta, nos termos do art. 2º da Lei 11.101/2005. Vale lembrar que a câmara de compensação é equiparada a instituição financeira; **3:** incorreta. A cobrança de créditos não tributários inscritos em dívida ativa também não se sujeita a habilitação em falência (art. 29 da Lei 6.830/1980).
Gabarito 1E, 2C, 3E

(Procurador Federal – 2013 – CESPE) Carnes da Planície S.A. processa e vende carnes congeladas no Brasil, onde detém 60% do mercado relevante de suínos congelados, e também exporta esses produtos para diferentes países. Não obstante ela ser companhia sólida e com ações vendidas em bolsa de valores, Paulino dos Santos e Alice Nova, como seus administradores e acionistas, resolveram duplicar o faturamento da sociedade, negociando a compra e venda de dólares no mercado de câmbio futuro. Apesar de inexistir autorização nos estatutos da sociedade para tal, assim o fizeram sem consultar os demais órgãos da companhia e os agentes reguladores competentes. Ocorre que a cotação do dólar os surpreendeu, levando a que a situação financeira da Carnes da Planície S.A. beirasse a insolvência.

Considere, adicionalmente, que os problemas de solvência de Carnes da Planície S.A. permaneçam, forçando seus administradores a avaliarem as soluções oferecidas pela Lei 11.101/2005 (Lei de Recuperação Judicial e Falência). Em face dessas considerações e com base nas leis aplicáveis, julgue os itens a seguir.

(1) Se for decretada a falência de Carnes da Planície S.A., eventuais adiantamentos dos valores relativos aos contratos de câmbio para exportação não integrarão a massa falida. Desse modo, os respectivos titulares poderão requerer a restituição dessas quantias.

(2) Na hipótese de Carnes da Planície S.A. negociar recuperação extrajudicial, esse procedimento só poderá envolver os credores que aquiescerem com o plano de recuperação apresentado ao juízo competente para homologação.

(3) Caso obtenha recuperação judicial, Carnes da Planície S.A. poderá nela negociar patentes, marcas e segredos empresariais de sua titularidade no respectivo plano a ser apresentado aos credores, desde que tais direitos estejam registrados no Instituto Nacional de Propriedade Industrial.

1: correta, nos termos do art. 86, II, da Lei 11.101/2005; **2:** incorreta. Se a sociedade Carnes da Planície S.A. obtiver a aprovação de metade dos credores sujeitos às disposições do plano de recuperação extrajudicial, poderá pedir em juízo sua homologação, após a qual o documento obrigará todos os credores, independentemente de sua anuência (art. 163 da Lei 11.105/2005); **3:** incorreta. Trata-se de uma "pegadinha" maliciosa do examinador. O plano de recuperação judicial pode abranger negócios jurídicos a serem celebrados com todo o patrimônio da pessoa jurídica em crise, seja ele tangível ou intangível. Além disso, o art. 53, III, da Lei 11.101/2005 elenca como documento obrigatório do pedido de recuperação o laudo de avaliação dos bens e ativos do devedor. Essa avaliação, obviamente, abrangerá não só o ativo tangível como todo o ativo intangível que possa ser objeto de apropriação contábil e alienação, como as patentes, registros de marca etc. O erro da assertiva está no fato de que segredos industriais não são objeto de registro no INPI.

Gabarito 1C, 2E, 3E

(Advogado da União/AGU – CESPE – 2012) Julgue o próximo item, relativo às normas de falência e de recuperação de empresas.

(1) No curso do processo falimentar, é cabível ação revocatória a ser proposta pelo administrador judicial, pelo sócio cotista, por terceiro interessado ou pelo MP, no prazo de cinco anos, contado da decretação da falência, conforme expressa disposição legal.

1: incorreta. Nos termos do art. 132 da LF, o prazo para proposição da ação revocatória é de três anos contados da decretação da falência.

Gabarito 1E

(ADVOGADO – PETROBRÁS – 2012 – CESGRANRIO) A respeito de falência, qual das normas jurídicas abaixo observa a Lei n. 11.101/2005?

(A) A Lei de Falência estabelece lista taxativa dos meios de recuperação da atividade econômica da empresa contendo instrumentos financeiros, administrativos e jurídicos para emprego nas empresas em crise.

(B) A falência, para fins de execução concursal, compreende todos os credores do falido, civis e comerciais, inclusive contemplando credores com crédito por despesas individualmente feitas para ingresso na massa falida.

(C) As empresas públicas e as sociedades de economia mista submetem-se às regras contidas na Lei n. 11.101/2005.

(D) As obrigações a título gratuito são exigíveis do devedor.

(E) Os credores do falido não são tratados igualmente, pois a natureza do crédito importa para a definição de uma ordem de pagamento que deve ser observada na liquidação.

A: incorreta. Os meios de recuperação previstos no art. 50 da LF são meramente exemplificativos; **B:** incorreta. Não são exigíveis do falido as despesas individuais dos credores para tomarem parte no processo concursal (art. 5º, II, da LF); **C:** incorreta, por expressa exclusão determinada pelo art. 2º, I, da LF; **D:** incorreta, por contrariar frontalmente o disposto no art. 5º, I, da LF; **E:** correta. O princípio da igualdade entre os credores (*par conditio creditorum*) vige apenas dentro de cada classe, devendo ser respeitada a ordem preferencial de pagamento estabelecida nos arts. 83 e 84 da LF.

Gabarito "E".

(ADVOGADO – CEF – 2012 – CESGRANRIO) A Lei n. 11.101/2005, Lei de Falências, aplica-se à

(A) sociedade seguradora

(B) entidade de previdência complementar

(C) instituição financeira pública ou privada

(D) sociedade empresária e ao empresário

(E) empresa pública e à sociedade de economia mista

Dentre as listadas, as únicas entidades sujeitas ao regime jurídico falimentar são as sociedades empresárias e os empresários. Todos os demais são excluídos pelo art. 2º da LF.

Gabarito "D".

(ADVOGADO – CEF – 2010 – CESPE) Assinale a opção correta no que concerne à recuperação judicial, extrajudicial e falência do empresário e da sociedade empresária.

(A) No rol das ações excluídas do juízo universal da falência, estão aquelas não reguladas na lei falimentar em que o falido figurar como autor ou litisconsorte ativo.

(B) As ações de execução fiscal serão suspensas em razão do deferimento da recuperação judicial da sociedade empresária devedora.

(C) No processamento da recuperação judicial, os titulares de créditos retardatários derivados da relação de trabalho não têm direito a voto nas deliberações da assembleia geral de credores.

(D) O administrador judicial deve ser, necessariamente, uma pessoa física que atue no ramo do direito, administração de empresas ou economia.

(E) A lei admite que a sociedade empresária devedora requeira sua recuperação judicial desde que, no momento do pedido, exerça regularmente suas atividades há mais de um ano.

A: correta, nos termos do art. 76 da LF; **B:** incorreta. A execução fiscal não se suspende pela decretação da quebra, seguindo seu curso no Juízo da Fazenda Pública (art. 76 da LF); **C:** incorreta. Os titulares de créditos retardatários relacionados a relações de trabalho configuram exceção à regra imposta pelo art. 10, § 1º, da LF, mantendo seu direito a voto; **D:** incorreta. O administrador judicial pode ser pessoa jurídica ou pessoa física, preferencialmente advogado, economista, administrador de empresas ou contador (art. 21 da LF); **E:** incorreta. O tempo mínimo de atividade regular exigido para a concessão de recuperação judicial é de dois anos (art. 48, *caput*, da LF).

Gabarito "A".

(ADVOGADO – PETROBRÁS DISTRIB. – 2010 – CESGRANRIO) Analise as afirmações a seguir, com base na Lei n. 11.101/2005 (que regula a recuperação judicial, a extrajudicial e a falência do empresário e da sociedade empresária).

I. As obrigações a título gratuito não são exigíveis do devedor na recuperação judicial e na falência.

II. A decretação da falência das concessionárias de serviços públicos implica extinção da concessão, na forma da lei.

III. O prazo de contestação na falência é de 15 (quinze) dias.

Está(ão) correta(s) a(s) afirmação(ões)

(A) I, apenas.

(B) I e II, apenas.

(C) I e III, apenas.

(D) II e III, apenas.

(E) I, II e III.

6. DIREITO EMPRESARIAL 425

I: correta, nos termos do art. 5º, I, da LF; II: correta, nos termos do art. 195 da LF; III: incorreta. Nos termos do art. 98 da LF, o prazo de contestação no processo falimentar é de 10 dias.
Gabarito "B".

4.2. Falência

(Procurador do Estado/SE – 2017 – CESPE) No que se refere ao direito falimentar, é correto afirmar que

(A) o juízo competente para julgar o pedido de falência é o do local do domicílio do credor.

(B) a sentença declaratória é pressuposto material objetivo da falência.

(C) cabe ao juiz analisar se o empresário se encontra em estado de insolvência.

(D) as sociedades cooperativas estão sujeitas à falência.

(E) o sujeito ativo da falência deverá ser, necessariamente, empresário.

A: incorreta. O juízo competente é o do principal estabelecimento do devedor (art. 3º da Lei 11.101/2005); **B:** correta. Somente a partir do trânsito em julgado da sentença declaratória de falência é que se pode considerar falido o devedor; **C:** incorreta. A insolvência de que trata a Lei de Falências é presumida, devendo ser decretada se presentes quaisquer dos pressupostos elencados no art. 94 da Lei 11.101/2005; **D:** incorreta. As cooperativas são expressamente excluídas do regime falimentar (art. 2º, II, da Lei 11.101/2005); **E:** incorreta. Qualquer credor pode pedir a falência do devedor empresário (art. 97, IV, da Lei 11.101/2005). HS
Gabarito "B".

(Procurador – PGFN – ESAF – 2015) Sobre a falência, marque a opção incorreta.

(A) Segundo a jurisprudência dominante do Superior Tribunal de Justiça, a Fazenda Pública não pode requerer a falência do devedor.

(B) O proprietário ou possuidor de bem arrecadado na falência poderá ajuizar pedido de restituição.

(C) A ação revocatória deverá ser proposta pelo administrador judicial, por qualquer credor ou pelo Ministério Público.

(D) É ineficaz perante a massa falida a prática de atos a título gratuito, desde 02 (dois) anos antes da decretação da falência.

(E) As contas-correntes com o devedor consideram-se encerradas no momento da decretação da falência, verificando-se o respectivo saldo.

A: correta, conforme entendimento adotado no julgamento do REsp 363.206; **B:** incorreta, devendo ser assinalada. Nos termos do art. 85 da Lei 11.101/2005, apenas o proprietário possui legitimidade ativa para o pedido de restituição; **C:** correta, nos termos do art. 132 da Lei 11.101/2005; **D:** correta, nos termos do art. 129, IV, da Lei 11.101/2005; **E:** correta, nos termos do art. 121 da Lei 11.101/2005. HS
Gabarito "B".

(Procurador do Estado – PGE/BA – CESPE – 2014) No que se refere ao direito falimentar, julgue os itens a seguir.

(1) O contrato de concessão para a exploração de serviço público não se rescinde pela falência do concessionário, mas pela reversão que a sucede, pois só então se observa o princípio da continuidade do serviço público.

(2) A lei exclui total e absolutamente do direito falimentar as sociedades de economia mista, as empresas públicas e as câmaras de compensação.

(3) As execuções tributárias não são atraídas pelo juízo universal da falência, ao contrário dos créditos não tributários inscritos na dívida ativa.

1: Errada. Nos termos do art. 35, VI, da Lei 8.987/1995, a falência do concessionário é causa de extinção da concessão. **2:** Certa, por força do disposto no art. 2º, II, da Lei 11.101/2005 e no art. 7º da Lei 10.214/2001. **3:** Errada. Há consenso na doutrina de que deve ser dada interpretação extensiva à expressão "execução fiscal", para abranger também a dívida ativa não tributária, tendo em vista que a Lei de Falências não diferenciou os institutos. HS
Gabarito 1E, 2C, 3E.

(PROCURADOR DO ESTADO/MG – FUMARC – 2012) Nos casos em que o vendedor tenha realizado negócios com o falido, vendendo e entregando coisa nos 15 dias antecedentes ao requerimento de falência, assinale a alternativa que retrata qual o instrumento hábil para se recuperar o referido bem:

(A) a habilitação de crédito;

(B) a ação de cobrança;

(C) o pedido de restituição;

(D) a reintegração de posse;

(E) ação de busca e apreensão.

A situação proposta enseja o chamado "pedido de restituição", que se processará nos termos dos arts. 85 a 93 da Lei 11.101/2005 – LF.
Gabarito "C".

(PROCURADOR DO ESTADO/RS – FUNDATEC – 2010) Na falência, pode-se afirmar que a *vis attractiva*

(A) é absoluta, atraindo todos os processos para o juízo falimentar.

(B) não é absoluta, mas atrai para o juízo falimentar as ações em que se demanda quantia ilíquida.

(C) é relativa, uma vez que as causas fiscais podem prosseguir no juízo de origem.

(D) é relativa somente em relação às causas fiscais, sendo absoluta em relação a todas as demais.

(E) é relativa, porquanto depende, na sistemática da nova lei (Lei n. 11.101/2005), da opção feita pelo administrador judicial no melhor interesse da massa.

A *vis attractiva* (ou força atrativa) do juízo falimentar, que determina a suspensão de todas as ações que estejam em trâmite em face do devedor falido e sua reunião junto ao juízo que decretou a quebra, é relativa, porque ações de determinadas naturezas a ela não se submetem. É o caso das ações fiscais, trabalhistas e aquelas não reguladas pela Lei 11.101/2005 (art. 76 da LF).
Gabarito "C".

4.3. Recuperação Judicial e Extrajudicial

(Procurador do Estado/AC – 2017 – FMP) De acordo com a Lei 11.101, de 09 de fevereiro de 2005, que regula a recuperação judicial; a extrajudicial e a falência do empresário e da sociedade empresária, é CORRETO afirmar que ao administrador judicial compete na recuperação judicial

(A) relacionar os processos e assumir a representação judicial da massa falida.

(B) receber e abrir a correspondência dirigida ao devedor, entregando a ele o que não for assunto de interesse da massa.

(C) avaliar os bens arrecadados.

(D) praticar os atos necessários à realização do ativo e ao pagamento dos credores.

(E) fiscalizar as atividades do devedor e o cumprimento do plano de recuperação judicial.

A, B, C e D: incorretas. Tais atribuições são específicas da falência (art. 22, III, "c", "d", "g" e "i" da LF); **E:** correta, nos termos do art. 22, II, "a", da LF.

Gabarito "E".

(Procurador do Estado/AC – 2017 – FMP) De acordo com a Lei 11.101, de 09 de fevereiro de 2005, que regula a recuperação judicial, a extrajudicial e a falência do empresário e da sociedade empresária, é CORRETO afirmar que a assembleia geral de credores terá por atribuições deliberar na falência sobre

(A) a constituição do Comitê de Credores, a escolha de seus membros e sua substituição.

(B) o pedido de desistência do devedor, nos termos do § 4º do art. 52 desta Lei.

(C) o nome do gestor judicial, quando do afastamento do devedor.

(D) a aprovação, rejeição ou modificação do plano de recuperação judicial apresentado pelo devedor.

(E) o nome do administrador judicial, quando do afastamento do devedor.

A: correta, nos termos do art. 35, II, "b", da LF; **B, C e D:** incorretas. Tais atribuições são específicas da recuperação judicial (art. 35, I, "d", "e" e "a", respectivamente, da LF); **E:** incorreta. O administrador judicial é nomeado pelo juiz (art. 99, IX, da LF).

Gabarito "A".

(Procurador do Estado – PGE/RS – Fundatec – 2015) Quanto à recuperação de empresas, analise as assertivas a seguir:

I. Tem as mesmas características da concordata.

II. Ao ser concedida, toma-se em consideração o papel desempenhado pela empresa em relação aos seus clientes e trabalhadores.

III. É incompatível com a cláusula constitucional da livre concorrência.

Após a análise, pode-se dizer que:

(A) Está correta apenas a assertiva I.

(B) Está correta apenas a assertiva II.

(C) Estão corretas apenas as assertivas I e II.

(D) Estão corretas apenas as assertivas II e III.

(E) Todas as assertivas estão incorretas.

I: incorreta. A recuperação judicial substituiu a concordata no ordenamento jurídico pátrio, mas é muito mais ampla que sua antecessora. Nela são possíveis quaisquer meios lícitos para a recuperação do empresário (art. 50 da Lei 11.101/2005), enquanto a concordata limitava-se a uma prorrogação nos prazos de pagamento; **II:** correta. A recuperação judicial é exemplo de aplicação prática do princípio da preservação da empresa; **III:** incorreta. Ao contrário, ao evitar que a empresa em crise seja retirada do mercado, busca assegurar a liberdade de iniciativa e de concorrência, mantendo o maior número possível de agentes econômicos no mercado. **HS**

Gabarito "B".

(PROCURADOR DO ESTADO/MG – FUMARC – 2012) Assinale a alternativa INCORRETA a respeito da recuperação judicial:

(A) A recuperação judicial poderá ser requerida pelo devedor, cônjuge sobrevivente, herdeiros do devedor, inventariante ou sócio remanescente.

(B) Estão sujeitos à recuperação judicial todos os créditos existentes na data do pedido, ainda que não vencidos.

(C) Os credores do devedor em recuperação judicial conservam seus direitos e privilégios contra os coobrigados, fiadores e obrigados de regresso.

(D) As obrigações anteriores à recuperação judicial observarão as condições originalmente contratadas ou definidas em lei, inclusive no que diz respeito aos encargos, salvo se de modo diverso ficar estabelecido no plano de recuperação judicial

(E) Tratando-se de crédito garantido por penhor sobre títulos de crédito, direitos creditórios, aplicações financeiras ou valores mobiliários, as dívidas vencerão antecipadamente e não poderão ser substituídas ou renovadas as garantias liquidadas ou vencidas durante a recuperação judicial.

A: correta, nos termos do art. 48, parágrafo único, da LF; **B:** correta, nos termos do art. 49 da LF; **C:** correta, nos termos do 49, § 1º, da LF; **D:** correta, nos termos do art. 49, § 2º, da LF; **E:** incorreta, devendo ser assinalada. É possível a substituição das garantias nesses casos (art. 49, § 5º, da LF).

Gabarito "E".

(Procurador Federal – 2010 – CESPE) A seguir, é apresentada uma situação hipotética, seguida de uma assertiva a ser julgada no que se refere a direito comercial.

(1) A pessoa jurídica Ômega Ltda., durante processo de recuperação judicial, para garantir o cumprimento de dívida contraída anteriormente, conforme previsto no plano de recuperação judicial aprovado pela assembleia geral de credores, reforçou a garantia inicialmente dada, ficando sem bens livres e desembaraçados suficientes para saldar integralmente seu passivo. Nessa situação, a conduta de Ômega Ltda. deve ser considerada legítima, não sendo passível de ser convolada a recuperação judicial em falência, em virtude desse fato.

1: a assertiva é correta, pois o reforço de garantia descrita, quando previsto no plano de recuperação judicial, não leva à decretação de falência – art. 94, III, *e*, da LF.

Gabarito 1C

5. SISTEMA FINANCEIRO NACIONAL

(Procurador do Estado – PGE/RS – Fundatec – 2015) Sobre o regime jurídico brasileiro do dinheiro, é correto afirmar que:

(A) No Brasil vigora o regime do curso forçado, não se admitindo, em princípio, o uso de moeda estrangeira nas contratações.

(B) É possível que a variação do salário mínimo seja considerada para o efeito de atualização de dívidas de qualquer natureza, sejam contratuais ou extracontratuais.

(C) Não cabe falar em correção monetária quando não haja previsão legal expressa autorizando sua utilização.

(D) Os salários são assegurados contra a respectiva perda do poder aquisitivo pela cláusula constitucional referente à irredutibilidade salarial.

(E) Nenhuma das alternativas anteriores está correta.

A: correta, nos termos do art. 1º do Decreto-lei 857/1969; **B:** incorreta. É vedada a vinculação de qualquer grandeza ao salário mínimo, para qualquer fim (art. 7º, IV, da CF); **C:** incorreta. A correção monetária é

6. DIREITO EMPRESARIAL

mera reposição do poder aquisitivo da moeda, sendo consectário natural de qualquer negócio jurídico; **D:** incorreta. A garantia de irredutibilidade salarial prevista no art. 7°, VI, da CF refere-se ao valor nominal do salário. A proteção contra a inflação está disposta no inciso IV como a garantia de reajustamento de seu valor. **HS**

Gabarito "A".

6. CONTRATOS EMPRESARIAIS

6.1. Arrendamento Mercantil / *Leasing*

(Advogado da União/AGU – CESPE – 2009) A respeito dos contratos de empresas, julgue o item seguinte.

(1) Caracteriza-se *leasing* operacional quando uma sociedade empresária aliena um bem de sua propriedade à companhia de *leasing*, que o arrenda à mesma pessoa jurídica que o vendeu.

Assertiva incorreta, pois refere-se ao *lease back*, e não ao *leasing* operacional.

O arrendamento mercantil ou *leasing* é um contrato em que o arrendatário paga prestações pelo uso de um bem por determinado período e, ao final, tem a opção de adquiri-lo, mediante pagamento do valor residual, ou devolvê-lo ao arrendatário.

Leasing operacional ou *leasing renting* ocorre na hipótese de o bem pertencer previamente à arrendadora, que o arrenda ao interessado (ao arrendatário). Nessa modalidade, muitas vezes as despesas de manutenção, assistência técnica e serviços correlatos à operacionalidade do bem ficam a cargo do arrendador – art. 6° da Resolução CMN 2.309/1996.

Leasing financeiro ou *leasing* puro existe nos casos em que o arrendatário indica o bem que a arrendadora adquirirá de terceiro e, em seguida, arrendará ao primeiro (ao arrendatário). Nessa modalidade, as despesas de manutenção, assistência técnica e serviços correlatos à operacionalidade do bem ficam a cargo do arrendatário – art. 5° da Resolução CMN 2.309/1996.

Lease back ou *leasing* de retorno ocorre se o proprietário do bem (arrendatário) vende-o à arrendadora, que, em seguida, arrenda o mesmo bem para o antigo proprietário (ao arrendatário).

Gabarito 1E

6.2. Alienação fiduciária

(ADVOGADO – BNDES – 2010 – CESGRANRIO) José adquire um automóvel por meio de financiamento de um Banco, garantido mediante alienação fiduciária. Após o pagamento de dez prestações, transfere a titularidade do bem para João, que não mais realiza o pagamento das prestações restantes. Após cinco anos de uso, João alega ter adquirido o bem por usucapião, tendo em vista que o Banco não cobrou a dívida remanescente. O Banco aduziu que não houve autorização para a transferência do bem e, por força disso, permanece a alienação fiduciária na sua integralidade. Diante desse fato, conclui-se que

(A) o reconhecimento da usucapião poderia ser requerido somente por José.

(B) os requisitos para a usucapião de bem móvel estão preenchidos.

(C) a alienação fiduciária se extingue pela transmissão do bem não autorizada pelo credor.

(D) a posse do bem é considerada clandestina e desnatura a usucapião.

(E) a autorização de transferência do bem, dado em garantia, não é requisito para a extinção da propriedade resolúvel.

O caso questionado foi objeto de deliberação pelo STJ quando do julgamento do REsp 881.270/RS, em 02/03/2010, tendo o Tribunal de manifestado no sentido de que a transferência da posse direta do bem alienado fiduciariamente é um ato clandestino, que não induz posse (art. 1.208 do CC). Não havendo posse direta, não há que se falar em usucapião.

Gabarito "D".

6.3. Contratos bancários e cartão de crédito

(ADVOGADO – BNDES – 2010 – CESGRANRIO) J. e J. Ltda., Sociedade regularmente constituída, estabelece contrato de financiamento com Superbanco S/A, pactuando o valor da prestação em R$ 10.000,00 (dez mil reais), pelo período de cinco anos, com um ano de carência. O pagamento foi ajustado mediante recebimento de boleta e pagamento no Banco Comercial Mínimo S/A. Quando em curso o contrato, após o pagamento da vigésima prestação, o devedor foi surpreendido com a liquidação, do Banco Mínimo S/A, por iniciativa do Banco Central, tendo comunicado o fato ao credor. Passados dois meses, foi remetida boleta com a cobrança de três prestações, acrescidas de multa, juros moratórios e correção monetária, já fixados pelo credor. Inconformado, apresentou requerimento ao Superbanco S/A, postulando a exclusão dos indevidos acessórios, o que restou indeferido. Ato contínuo, a Empresa J. e J. Ltda. foi incluída nos registros de proteção ao crédito. Diante desse contexto, analise as afirmações a seguir.

I. O contrato, consoante o Código Civil, exige observância da boa-fé objetiva e da funcionalização do contrato.

II. Os atos do credor são admissíveis vez que foi caracterizada a *mora debendi*.

III. A função social do contrato tem por escopo limitar a autonomia da vontade quando esta confronte o interesse social.

IV. O inadimplemento do devedor deve ficar em sigilo uma vez que implicaria o descumprimento de norma avençada contratualmente, sem eiva de vício.

Está correto APENAS o que se afirma em

(A) III.

(B) IV.

(C) I e II.

(D) I e III.

(E) II, III e IV.

I: correta. O princípio da boa-fé objetiva, que, segundo Miguel Reale, é uma "exigência de lealdade, modelo objetivo de conduta, arquétipo social pelo qual impõe o poder-dever que cada pessoa ajuste a própria conduta a esse arquétipo, obrando como obraria uma pessoa honesta, proba e leal", está previsto no art. 422 do CC. A função social do contrato, por sua vez, vem disposta no art. 421 do CC; **II:** incorreta. A conduta do credor ofendeu o princípio da boa-fé objetiva, na medida em que a mora do devedor não ocorreu por culpa deste e sim por força de fato imprevisível (a liquidação da instituição fiinanceira); **III:** correta. A assertiva define bem o princípio da função social do contrato; **IV:** incorreta. A assertiva não faz sentido, porque não há qualquer previsão legal que vincule o sigilo do inadimplemento à sua natureza contratual ou extracontratual.

Gabarito "D".

(ADVOGADO – BNDES – 2010 – CESGRANRIO) A diretoria do Banco Super S/A, com o objetivo de adequar o seu balanço às regras internacionais, resolve ceder diversos créditos de difícil recuperação a empresas especializadas em cobrança. Nessa trilha, cedeu o crédito da Empresa X Ltda. à

Empresa Z Ltda. O devedor não foi comunicado do ato e somente teve ciência da situação quando recebeu, em sua sede, carta de cobrança, indicando a origem da dívida. Nessa perspectiva, à luz da legislação, entende-se que o(a)

(A) crédito pode ser cedido pelo credor, desde que não haja proibição legal ou a convencionada, não importando a natureza da obrigação.

(B) cessionário de boa-fé pode ser obstado por cláusula proibitiva de cessão.

(C) ciência do devedor, quanto à cessão, poderá ocorrer por publicação em meio de comunicação.

(D) cessão do crédito não abrange os acessórios, como regra geral.

(E) cessão de crédito não tem efeito em relação ao devedor caso o mesmo não tenha sido notificado.

A: incorreta. A natureza da obrigação pode ser incompatível com a cessão (art. 286 do CC); **B:** incorreta. A cláusula não pode ser oposta ao terceiro de boa-fé (art. 286, *in fine*, do CC); **C:** incorreta. A notificação ao devedor deve ser feita por escrito público ou particular (art. 290 do CC); **D:** incorreta. Como regra, a cessão do principal abrange os acessórios (art. 287 do CC); **E:** correta, nos termos do art. 290 do CC. Gabarito "E".

6.4. Outros contratos e Questões Combinadas

(Procurador do Estado/SE – 2017 – CESPE) Acerca dos contratos de seguro, é correto afirmar que

(A) a diminuição do risco no curso do contrato de seguro, em regra, acarreta a redução do prêmio estipulado.

(B) o segurador poderá pagar em títulos o prejuízo resultante do risco assumido, hipótese na qual o prêmio será pago em dobro.

(C) a recondução tácita do contrato pelo mesmo prazo, mediante expressa cláusula contratual, só poderá operar uma única vez.

(D) o segurado poderá comunicar à seguradora o sinistro a qualquer tempo.

(E) a mora do segurador no pagamento do sinistro obriga à atualização monetária, mas não aos juros moratórios.

A: incorreta. A redução do prêmio será devida somente em caso de "redução considerável do risco", analisada caso a caso (art. 770 do CC); **B:** incorreta. O segurador é obrigado a pagar o prejuízo em dinheiro ou mediante a reposição da coisa, caso convencionado (art. 776 do CC); **C:** correta, nos termos do art. 774 do CC; **D:** incorreta. O sinistro deve ser informado tão logo dele saiba o segurado (art. 771 do CC); **E:** incorreta. Incidem também juros de mora nesse caso (art. 772 do CC). Gabarito "C".

(Procurador do Estado – PGE/RS – Fundatec – 2015) Sobre os contratos mercantis é correto afirmar que:

(A) No contrato de franquia, o franqueado age como mandatário do franqueador.

(B) Não existem contratos de adesão que se enquadrem no conceito de contratos mercantis.

(C) O *factoring* é uma modalidade especial de cessão de crédito.

(D) O *leasing* se caracteriza como simples locação de bens móveis qualificada pelos fins mercantis.

(E) Nenhuma das alternativas anteriores está correta.

A: incorreta. O vínculo entre franqueado e franqueador é próprio e exclusivo deste tipo de contrato, cuja natureza complexa não permite classifica-lo como nenhum outro. Na franquia, um empresário, detentor de um determinado modelo de negócio, marcas registradas ou patentes de invenções, cede a outro o direito de exploração de sua propriedade intelectual, remunerando-o por isso na forma estabelecida no contrato, correndo os riscos do negócio por conta do franqueado; **B:** incorreta. Qualquer contrato no qual uma das partes imponha à outra as cláusulas contratuais, não abrindo margem para negociação, é um contrato de adesão, seja ele mercantil ou não; **C:** correta. Na faturização (ou *factoring*), um empresário cede a outro seu crédito ainda não vencido, recebendo à vista o valor com deságio, ficando o faturizador com o direito de cobrar a dívida com todos os seus acréscimos no vencimento; **D:** incorreta. O *leasing* também é um contrato complexo, mas é comumente resumido como uma locação de imóveis qualificada pela opção de compra ao final do prazo contratual. Gabarito "C".

(Procurador do Estado/PR – UEL-COPS – 2011) Sobre o regime jurídico dos contratos empresariais, assinale a alternativa correta:

I. a alienação fiduciária em garantia transfere ao credor o domínio resolúvel e a posse indireta da coisa móvel alienada, independentemente da tradição efetiva do bem, tornando-se o alienante ou devedor em possuidor direto e depositário com todas as responsabilidades e encargos que lhe incumbem de acordo com a lei civil e penal.

II. considera-se arrendamento mercantil, o negócio jurídico realizado entre pessoa jurídica, na qualidade de arrendadora, e pessoa física ou jurídica, na qualidade de arrendatária, e que tenha por objeto o arrendamento de bens adquiridos pela arrendadora, segundo especificações da arrendatária e para uso próprio desta, existindo a opção de compra ou renovação de contrato, como faculdade do arrendatário.

III. no contrato de agência, salvo ajuste diverso por escrito, o proponente pode constituir, ao mesmo tempo, mais de um agente, na mesma zona, com idêntica incumbência.

IV. no contrato de agência, salvo estipulação diversa, todas as despesas com a agência ou distribuição correm a cargo do proponente.

V. no contrato de representação, prevendo o contrato a exclusividade de zona ou zonas, ou quando este for omisso, fará jus o representante à comissão pelos negócios aí realizados, ainda que diretamente pelo representado ou por intermédio de terceiros.

Alternativas:

(A) somente as alternativas I, II e III estão corretas;

(B) somente as alternativas II, III e IV estão corretas;

(C) somente as alternativas I, II e V estão corretas;

(D) somente as alternativas II, IV e V estão corretas;

(E) todas as alternativas estão corretas.

I: correta, nos termos do art. 1º do Decreto-lei 911/1969; **II:** correto, conforme arts. 1º, parágrafo único, e 5º, "c", da Lei 6.099/1974; **III:** incorreta. No contrato de agência, a cláusula de exclusividade do agente é implícita, ou seja, o proponente não pode constituir mais de um agente na mesma zona, salvo estipulação expressa em contrário (art. 711 do CC); **IV:** incorreta. Salvo estipulação em contrário, as despesas correm

por conta do agente (art. 713 do CC); **V:** correta, nos termos do art. 31 da Lei 4.886/1965.
Gabarito "C".

(ADVOGADO – PETROBRÁS – 2012 – CESGRANRIO) O contrato pelo qual uma das partes se obriga a obter pedidos de compra e venda de mercadorias fabricadas ou comercializadas por outra parte, sem que haja vínculo empregatício entre as partes envolvidas, denomina-se

(A) seguro

(B) fomento mercantil

(C) arrendamento mercantil

(D) representação comercial

(E) compra e venda mercantil

Trata-se do conceito do contrato de representação comercial (art. 1° da Lei 4.886/1965).
Gabarito "D".

(ADVOGADO – CEF – 2012 – CESGRANRIO) Caso um importador, na qualidade de pessoa jurídica, venha a adquirir produtos do fabricante sediado no exterior, de forma habitual e com intuito de lucro, para fins de revenda a estabelecimentos comerciais atacadistas, tem-se, nesse caso, contrato de

(A) mútuo

(B) franquia

(C) *leasing* financeiro

(D) *leasing* operacional

(E) compra e venda mercantil

O enunciado narra hipótese de contrato de compra e venda mercantil, na qual dois empresários transacionam sobre a quantidade, a qualidade e o preço de produtos destinados à atividade econômica.
Gabarito "E".

(ADVOGADO – PETROBRÁS DISTRIB. – 2010 – CESGRANRIO) Em qual dos contratos mercantis abaixo NÃO se aplicam as regras gerais previstas em lei?

(A) Na compra e venda mercantil, o vendedor, além de transferir o domínio da coisa vendida, também se compromete por vício redibitório e evicção.

(B) Na compra e venda mercantil, no que diz respeito à responsabilidade pelo transporte da mercadoria transacionada, via de regra, cabem ao comprador as despesas com a tradição.

(C) Na representação comercial, inexiste vínculo de emprego entre o representado e o representante comercial autônomo, sendo que a subordinação deste àquele tem caráter empresarial, para fins do exercício da atividade econômica.

(D) Na comissão mercantil, o comissário, em nome próprio, obriga-se a realizar negócios mercantis por conta do comitente, assumindo, portanto, responsabilidade pessoal perante terceiros pelos atos praticados.

(E) No contrato de franquia, o empresário (franqueador) licencia o uso de sua marca a outro (franqueado) e presta-lhe serviços de organização empresarial, com ou sem venda de produtos.

É interessante notar que nessa questão o enunciado não guarda qualquer relação com as alternativas. Seria muito mais honesto e lógico se a pergunta fosse apenas: "assinale a alternativa incorreta".

A: correta. Na compra e venda empresarial (ou mercantil), aplica-se a regra geral de que o vendedor responde pelo vício redibitório e pela evicção, prevista no art. 447 do CC; **B:** incorreta, devendo ser assinalada. Na compra e venda empresarial, cabe às partes determinar a responsabilidade de cada uma delas pelo transporte, por meio dos *incoterms* (sendo os mais usuais o CIF e o FOB). No mais, na ausência de qualquer acordo expresso, as despesas com a tradição correrão por conta do vendedor, nos termos do art. 490 do CC; **C:** correta, nos termos do art. 1° da Lei 4.886/1965; **D:** correta, nos termos dos arts. 693 e 694 do CC. O comissário é parte nos contratos que assina, ou seja, transaciona em nome próprio; **E:** correta, nos termos do art. 2° da Lei 8.955/1994.
Gabarito "B".

7. PROPRIEDADE INDUSTRIAL

(Procurador do Estado/SE – 2017 – CESPE) É atividade que pode ser considerada invenção e, assim, passível de patenteamento

(A) o desenvolvimento de técnicas e métodos operatórios ou cirúrgicos.

(B) a indicação do genoma ou germoplasma dos seres vivos naturais.

(C) a produção de obras literárias, arquitetônicas, artísticas e científicas.

(D) a formulação de regras de jogo.

(E) a produção de fármacos com a anuência prévia da autoridade sanitária.

As obras do intelecto humano proibidas de serem patenteadas estão elencadas no art. 10 da Lei n° 9.279/1996. Dentre as alternativas, a única que não se encontra no rol de exclusões é a letra "E", que deve ser assinalada. **HS**
Gabarito "E".

(ADVOGADO – CEF – 2012 – CESGRANRIO) Considere as afirmativas elencadas abaixo, com base no Código de Propriedade Industrial (Lei n. 9.279/1996).

I. A patente de invenção vigorará pelo prazo de 20 (vinte) anos, e a de modelo de utilidade pelo prazo de 15 (quinze) anos contados da data de depósito.

II. O registro do desenho industrial vigorará pelo prazo de 5 (cinco) anos contados da data do depósito, prorrogável por 3 (três) períodos sucessivos de 5 (cinco) anos cada.

III. São considerados como invenção e modelo de utilidade as obras literárias, arquitetônicas e científicas.

IV. Não se considera desenho industrial qualquer obra de caráter puramente artístico.

Está correto APENAS o que se afirma em

(A) I e II

(B) I e IV

(C) II e III

(D) II e IV

(E) III e IV

I: correta, nos termos do art. 40 da Lei 9.279/1996; **II:** incorreta. O registro do desenho industrial vigora por 10 anos, prorrogável por três períodos de 05 anos cada (art. 108 da Lei 9.279/1996); **III:** incorreta. Tais obras estão expressamente excluídas do conceito de invenção e modelo de utilidade pelo art. 10, IV, da Lei 9.279/1996; **IV:** correta, nos termos do art. 98 da Lei 9.279/1996.
Gabarito "B".

8. INSTITUIÇÕES FINANCEIRAS

(Procurador – PGFN – ESAF – 2015) Assinale a opção incorreta.

(A) De acordo com a Lei n. 6.024/74, as instituições financeiras privadas e as públicas não federais estão sujeitas à intervenção, à liquidação extrajudicial ou à falência.

(B) Desde que autorizado pelo Banco Central do Brasil, as instituições financeiras poderão apresentar pedido de recuperação judicial ou extrajudicial, aplicando--se, subsidiariamente, os dispositivos constantes da Lei n. 11.101/05, enquanto não for aprovada lei específica.

(C) A intervenção de uma instituição financeira tanto poderá ser decretada de ofício, pelo Banco Central do Brasil, como a pedido de seus administradores, não podendo exceder a 6 (seis) meses, prorrogáveis até o máximo de outros 6 (seis) meses.

(D) Decretada a intervenção ou a liquidação extrajudicial de uma instituição financeira, os administradores ficarão com todos os seus bens indisponíveis, não podendo, por qualquer forma, aliená-los ou onerá-los, até apuração e liquidação final de suas responsabilidades.

(E) Os administradores de instituições financeiras respondem solidariamente pelas obrigações por elas assumidas durante a sua gestão, até o montante do prejuízo causado.

A: correta, nos termos do art. 1º da Lei 6.024/1974; **B:** incorreta, devendo ser assinalada. As instituições financeiras estão relativamente excluídas do regime jurídico criado pela Lei 11.101/2005, nos termos do seu art. 2º, II. As únicas hipóteses de aplicação da Lei de Falências são para a quebra em si, não para a recuperação judicial: **(i)** houver fundados indícios de crime falimentar; ou **(ii)** o ativo da entidade não for suficiente para cobrir pelo menos metade dos créditos quirografários (art. 21, "b", da Lei 6.024/1974); **C:** correta, nos termos dos arts. 3º e 4º da Lei 6.024/1974; **D:** correta, nos termos do art. 36 da Lei 6.024/1974; **E:** correta, nos termos do art. 40, parágrafo único, da Lei 6.024/1974. **HS**
Gabarito "B".

(ADVOGADO – CEF – 2012 – CESGRANRIO) Consoante à legislação que cria e organiza a Caixa Econômica Federal, NÃO se inclui dentre uma das finalidades da CEF

(A) receber, em depósito, sob a garantia da União, economias populares, incentivando os hábitos de poupança.

(B) conceder empréstimos e financiamentos de natureza assistencial, cooperando com as entidades de direito público e privado na solução dos problemas sociais e econômicos.

(C) operar, no setor habitacional, como sociedade de crédito imobiliário e principal agente do Banco Nacional de Habitação, com o objetivo de facilitar e promover a aquisição de sua casa própria, especialmente pelas classes de menor renda da população.

(D) explorar, com exclusividade, os serviços da Loteria Estadual e dos Bingos.

(E) exercer o monopólio das operações sobre penhores civis, com caráter permanente e da continuidade.

A, B, C e E: corretas. As finalidades da Caixa Econômica Federal estão dispostas no art. 2º, "a", "b", "c" e "e" (respectivamente) do Decreto-lei 759/1969. **D:** incorreta, devendo ser assinalada. Nos termos do art. 2º,

"d", do Decreto-lei 759/1969, não se inclui dentre as finalidades da CEF a exploração de bingos.
Gabarito "D".

(ADVOGADO – CEF – 2012 – CESGRANRIO) Nos termos da lei complementar que regula o sigilo das informações guardadas pelas instituições financeiras, considera-se quebra de sigilo a(o)

(A) troca de informações entre instituições financeiras, para fins cadastrais, inclusive por intermédio de centrais de risco, observadas as normas baixadas pelo Conselho Monetário Nacional e pelo Banco Central do Brasil.

(B) comunicação, às autoridades competentes, da prática de ilícitos penais ou administrativos, abrangendo o fornecimento de informações sobre operações que envolvam recursos provenientes de qualquer prática criminosa.

(C) revelação de informações sigilosas sem o consentimento expresso dos interessados.

(D) fiscalização pelo Banco Central do Brasil dos atos ilícitos praticados pelos diretores de instituições financeiras.

(E) fornecimento de informações constantes de cadastro de emitentes de cheques sem provisão de fundos e de devedores inadimplentes a entidades de proteção ao crédito, observadas as normas baixadas pelo Conselho Monetário Nacional e pelo Banco Central do Brasil.

Dentre as alternativas listadas, apenas a letra "C" traz hipótese que se qualifica como quebra de sigilo das informações bancárias. Isso porque o art. 1º, § 3º, V, da Lei Complementar 105/2001 permite somente a divulgação de informação sigilosa *com* o consentimento dos interessados.
Gabarito "C".

(ADVOGADO – CEF – 2012 – CESGRANRIO) A empresa M e Y Ltda. é ré em execução fiscal, tendo sido intimada regularmente da penhora realizada. Nesse procedimento especial, o prazo para Embargos à Execução corresponde, em dias, a

(A) dez

(B) quinze

(C) vinte

(D) trinta

(E) sessenta

O prazo para apresentação de embargos do devedor na execução fiscal é de 30 dias (art. 16 da Lei 6.830/1980).
Gabarito "D".

(ADVOGADO – BNDES – 2010 – CESGRANRIO) Tício contrata com determinado Banco um empréstimo no valor de R$ 10.000,00 (dez mil reais), com pagamento em dez prestações. Com o atraso no pagamento da segunda prestação, passaram a incidir juros diários, de natureza moratória. Além disso, o Banco quer cobrar, por incluso no contrato, juros remuneratórios no mesmo percentual dos moratórios. O devedor nega-se a pagar juros cumulativamente. Diante de tais fatos e à luz da legislação civil em vigor, conclui-se que

(A) a pretensão de Tício deve ser acolhida uma vez que há cumulação indevida de juros.

6. DIREITO EMPRESARIAL

(B) a cumulação de cobrança de juros somente é possível quando pactuada.

(C) os contratos bancários somente permitem a cobrança de juros moratórios.

(D) os juros devem incidir segundo a taxa para a mora do pagamento de impostos devidos à Fazenda Nacional.

(E) os juros estão limitados, constitucionalmente, a 12% (doze por cento) ao ano.

A jurisprudência atual sobre o tema está inclinada a reconhecer a possibilidade de acumulação de juros moratórios e remuneratórios em caso de inadimplemento (STJ, REsp 402.483/RS, DJ 26/03/2003), limitados os primeiros, quando não regulados por lei específica, à taxa de 1% ao mês (STJ, Súmula 379).
Gabarito "B".

(ADVOGADO – BNDES – 2010 – CESGRANRIO) Caio e Trício formalizaram contrato de conta-corrente com um Banco, tendo recebido talões de cheque para movimentação da conta. Trício emitiu um cheque no valor de R$ 50.000,00 (cinquenta mil reais) sem a devida provisão de fundos. Aduzindo existir solidariedade passiva entre os correntistas, o Banco comunicou o evento aos órgãos de proteção ao crédito, com inscrição de Caio e Trício como devedores. Inconformado, Caio postulou ao Banco a retirada do seu nome dos citados órgãos de proteção ao crédito, o que foi indeferido administrativamente. Observando o instituto da solidariedade civil, analise as afirmações a seguir.

I. Está caracterizada a solidariedade passiva presumida entre os devedores, pelo fato de figurarem, conjuntamente, no contrato de conta-corrente.

II. Não havendo solidariedade, cada devedor responde por parte da dívida, em proporção.

III. O caso descrito caracteriza solidariedade ativa.

IV. Havendo a remissão da dívida de um devedor, ela se comunica ao outro.

Está correto APENAS o que se afirma em

(A) I.

(B) I e II.

(C) II e III.

(D) II e IV.

(E) I, III e IV.

I: incorreta. A solidariedade não se presume. Resulta da lei ou da vontade das partes (art. 265 do CC); II: correta. Por se tratar de obrigação divisível, não havendo solidariedade nem pacto em sentido diverso, deve a prestação ser dividida proporcionalmente (art. 257 do CC); III: correta. A despeito da redação incompleta e fora de contexto, a assertiva reflete posicionamento do STJ no sentido de que os cotitulares da conta-corrente detêm apenas solidariedade ativa dos créditos depositados junto à instituição financeira (STJ, REsp 708.612/RO, DJ 25/04/2006); IV: incorreta. Nas obrigações divisíveis, a remissão da dívida em relação a um dos devedores não aproveita aos demais (art. 262 do CC).
Gabarito "C".

(ADVOGADO – BNDES – 2010 – CESGRANRIO) São características dos contratos bancários:

I. a previsão de juros, sendo que aqueles que não tiverem tal dispositivo podem ser revistos pela taxa média de mercado;

II. a comutatividade;

III. a possibilidade de terem por objeto tanto operações ativas quanto passivas;

IV. na modalidade de empréstimos se subdividem em contratos de mútuo ou de comodato.

São corretas as características

(A) I e II, apenas.

(B) I e III, apenas.

(C) II e IV, apenas.

(D) I, II e IV, apenas.

(E) I, II, III e IV.

A doutrina e jurisprudência relacionadas aos contratos bancários ensinam que são suas características principais: a comutatividade, porque as partes conhecem, desde logo, as vantagens e riscos do negócio; a possibilidade de apresentarem como objeto as operações ativas (onde o banco é credor), passivas (nas quais a instituição financeira figura como devedora) e acessórias (não há intermediação de crédito pelo banco, somente prestação de serviços); a estipulação dos juros, inerentes ao empréstimo, limitados à taxa média do mercado (STJ, REsp 407.097, DJ 12/03/2003); e o sigilo, nos termos da Lei Complementar 105/2001. Dentre as modalidades de empréstimo, a legislação os subdivide em mútuo (empréstimo de coisa fungível – art. 586 e seguintes do CC) e comodato (empréstimo de coisa infungível – art. 579 e seguintes do CC). Estão corretas, portanto, todas as assertivas.
Gabarito "E".

9. SISTEMA FINANCEIRO DA HABITAÇÃO

(ADVOGADO – CEF – 2012 – CESGRANRIO) Paulo adquire imóvel financiado submetido ao regime de arrendamento residencial, com opção de compra. Em virtude da crise econômica, deixou de pagar as prestações devidas, ficando inadimplente.

Nos termos da legislação especial sobre o Programa de Arrendamento Residencial, a ação cabível a ser proposta pela Instituição Financeira credora será a de

(A) reivindicação

(B) reintegração

(C) consignação

(D) prestação

(E) compensação

Dispõe o art. 9º da Lei 10.188/2001 que o inadimplemento do arrendatário configura esbulho possessório, passível de correção por intermédio da ação de reintegração e posse.
Gabarito "B".

(ADVOGADO – CEF – 2012 – CESGRANRIO) Carla, divorciada, mãe de cinco filhos, pleiteia ingresso no programa habitacional Minha Casa, Minha Vida – PMCMV. Nos termos da legislação específica, nesse programa, preenchido o requisito de renda, devem ter prioridade

(A) idosos com mais de sessenta e cinco anos

(B) mulheres casadas com dois filhos

(C) famílias residentes em área de risco

(D) pessoas domiciliadas em áreas rurais

(E) indivíduos solteiros com dependentes

A Lei 12.424/2011, que alterou o art. 3º da Lei 11.977/2004, instituiu a prioridade ao atendimento do Programa Minha Casa Minha Vida a famílias residentes em áreas de risco ou insalubres ou que tenham sido desabrigadas, famílias com mulheres responsáveis pela unidade familiar e famílias com pessoas portadoras de deficiência.

Gabarito "C".

(ADVOGADO – CEF – 2012 – CESGRANRIO) No complexo sistema de crédito adotado no Brasil, existem vários títulos que podem circular no mercado. Um deles é a Letra de Crédito Imobiliário. Nos termos da legislação especial, NÃO é item obrigatório para constar no referido titulo o(a)

(A) nome da instituição emitente

(B) nome do titular

(C) valor nominal

(D) número de ordem

(E) cláusula não à ordem, se endossável

A, B, C e **D:** corretas. Correspondem aos requisitos expostos no art. 12, § 1º, I, VII, IV e II (respectivamente), da Lei 10.931/2004; **E:** incorreta, devendo ser assinalada. Dispõe o inciso IX do § 1º do art. 12 da Lei 10.931/2004 que da letra deve constar a cláusula "à ordem", se for endossável. É interessante notar que, mesmo que o candidato desconhecesse a legislação sobre o tema, era possível resolver a questão com base nos conhecimentos gerais sobre títulos de crédito. Perceba que não faz sentido a inclusão da cláusula "não à ordem" (que proíbe a transferência do crédito por relações cambiárias) se a letra é endossável.

Gabarito "E".

(ADVOGADO – CEF – 2010 – CESPE) A respeito da Lei n. 9.514/1997, que dispõe sobre o Sistema de Financiamento Imobiliário (SFI) e institui a alienação fiduciária de coisa imóvel, e da Lei n. 8.036/1990, que dispõe sobre o FGTS, assinale a opção correta.

(A) A alienação fiduciária de coisa imóvel poderá ser contratada por pessoa física ou jurídica, não sendo privativa das entidades que operam no SFI, podendo ter como objeto, além da propriedade plena, o direito real de uso, desde que suscetível de alienação.

(B) Ante a falta de amparo legal, o fiduciante, mesmo com anuência expressa do fiduciário, não poderá transmitir os direitos de que seja titular sobre o imóvel objeto da alienação fiduciária em garantia, razão pela qual os contratos firmados com tal fim (contratos de gaveta) são desprovidos de eficácia jurídica.

(C) A conta vinculada do trabalhador no FGTS poderá ser movimentada na hipótese de falecimento do titular, sendo o saldo pago a seus dependentes, para esse fim habilitados perante a previdência social, segundo o critério adotado para a concessão de pensões por morte, e, na falta de dependentes, farão jus ao recebimento do saldo da conta vinculada os seus sucessores previstos na lei civil, após a finalização do procedimento de inventário.

(D) Constitui fato típico penal omissivo, punível com detenção e multa, não depositar mensalmente o percentual referente ao FGTS do trabalhador, nos prazos definidos na Consolidação das Leis do Trabalho.

(E) É competente a justiça do trabalho para julgar os dissídios relativos à contribuição ao FGTS e a obrigação relativa ao seu recolhimento, bem como a relação jurídica existente entre o fundo em questão e o empregador, exceto quando a CAIXA e os Ministérios do Trabalho e Emprego e da Previdência Social figurarem como litisconsortes.

A: correta, nos termos do art. 22, § 1º, III, da Lei 9.514/1997; **B:** incorreta. A transmissão é autorizada pelo art. 29 da Lei 9.514/1997; **C:** incorreta. A movimentação da conta do FGTS pelos sucessores previstos na lei civil independe da conclusão do inventário ou arrolamento (art. 20, IV, da Lei 8.036/1990); **D:** incorreta. A omissão do empregador não constitui crime, somente infração administrativa punível com multa, nos termos no art. 23, § 1º, da Lei 8.036/1990; **E:** incorreta. A competência será da Justiça do Trabalho mesmo com o litisconsórcio envolvendo a Caixa Econômica Federal e o MTE (art. 26 da Lei 8.036/1990).

Gabarito "A".

(ADVOGADO – CEF – 2010 – CESPE) Em relação à Lei n. 10.931/2004, que dispõe sobre o patrimônio de afetação de incorporações imobiliárias, da letra de crédito imobiliário, da cédula de crédito imobiliário e da cédula de crédito bancário, e à Lei n. 10.188/2001, que dispõe sobre o programa de arrendamento residencial, assinale a opção correta.

(A) A letra de crédito imobiliário deve ser emitida sob a forma nominativa, não podendo ser transferível mediante endosso em preto.

(B) A cédula de crédito bancário é título de crédito emitido exclusivamente por pessoa jurídica em favor de instituição financeira, representando promessa de pagamento em dinheiro, decorrente de operação de crédito, de qualquer modalidade prevista em lei.

(C) A cédula de crédito imobiliário será emitida pelo credor do crédito imobiliário e deverá ser integral, vedando-se a emissão na forma fracionária.

(D) Havendo inadimplemento no arrendamento residencial, findo o prazo da notificação ou interpelação, sem pagamento dos encargos em atraso, fica configurado o esbulho possessório que autoriza o arrendador a propor a competente ação de reintegração de posse.

(E) A gestão do programa de arrendamento residencial cabe ao Ministério das Cidades e sua operacionalização, ao Banco do Brasil.

A: incorreta. A letra de crédito imobiliário, em regra, é endossável (art. 12, § 1º, IX, da Lei 10.931/2004); **B:** incorreta. A cédula de crédito bancário pode ser emitida por pessoa física (art. 26 da Lei 10.931/2004); **C:** incorreta. A letra de crédito fracionária, que representa parte do crédito imobiliário, é autorizada pelo art. 18, § 1º, da Lei 10.931/2004; **D:** correta, nos termos do art. 9º da Lei 10.188/2001; **E:** incorreta. A operacionalização do programa de arrendamento residencial cabe à Caixa Econômica Federal (art. 1º, § 1º, da Lei 10.188/2001).

Gabarito "D".

10. QUESTÕES COMBINADAS E OUTROS TEMAS

(Procurador do Estado – PGE/RS – Fundatec – 2015) Analise as assertivas a seguir:

I. A correção monetária não remunera o capital, mas apenas procura manter a substância da dívida.

II. Todos os grupos societários se constituem a partir de convenção específica, devidamente registrada no órgão competente.

III. Cabe a capitalização de juros em contratos de financiamento rural.

6. DIREITO EMPRESARIAL

Após a análise, pode-se dizer que:

(A) Está correta apenas a assertiva I

(B) Estão corretas apenas as assertivas I e III.

(C) Estão corretas apenas as assertivas II e III.

(D) Todas as assertivas estão corretas

(E) Todas as assertivas estão incorretas.

I: correta. A correção monetária consubstancia a manutenção do valor de compra da moeda, ou seja, mantém o valor principal da obrigação no mesmo patamar financeiro, sem acrescer valor; II: incorreta. A sociedade em conta de participação não demanda registro de seu contrato social para se constituir (arts. 992 e 993 do CC); III: correta, nos termos da Súmula 93 do STJ. **HS**

Gabarito "B".

(Procurador do Estado – PGE/RS – Fundatec – 2015) Sobre o regime das empresas na Constituição Federal de 1988, analise as assertivas a seguir:

I. As empresas de mineração têm de ser constituídas de acordo com as leis do País, com sede e administração neste.

II. Não se admite o controle de empresas jornalísticas por estrangeiros, embora possam estes participar do respectivo capital.

III. Não se admite o capital estrangeiro na exploração de hospitais.

Após a análise, pode-se dizer que:

(A) Está correta apenas a assertiva II.

(B) Estão corretas apenas as assertivas I e II.

(C) Estão corretas apenas as assertivas II e III.

(D) Todas as assertivas estão corretas.

(E) Todas as assertivas estão incorretas.

I: correta, nos termos do art. 176, § 1º, da CF; II: correta, nos termos do art. 222, § 1º, da CF; III: correta, nos termos do art. 199, § 3º, da CF. **HS**

Gabarito "D".

(Procurador do Estado – PGE/PR – PUC – 2015) Assinale a alternativa **CORRETA**.

(A) A celebração de condições gerais, restrita às condições de entrega, entre fornecedor de matéria-prima e indústria corresponde a uma compra e venda mercantil perfeita e acabada.

(B) O contador encarregado da escrituração de uma sociedade limitada é pessoalmente responsável perante os preponentes pelos atos dolosos, e perante terceiros, solidariamente com o preponente, pelos atos culposos.

(C) O prazo de vigência do registro de marca no Instituto Nacional da Propriedade Industrial INPI é de 10 (dez) anos, podendo ser prorrogado até 3 (três) vezes pelo mesmo período.

(D) O acordo de acionistas devidamente arquivado na sede da companhia não afasta a responsabilidade do acionista por abusividade de voto, mesmo se proferido nos exatos termos do acordo.

(E) A Marca de Alto Renome é objeto de proteção especial, independentemente de depósito ou registro no Brasil, em função da Convenção da União de Paris para Proteção de Propriedade Industrial.

A: incorreta. A compra e venda somente se considera perfeita e acabada quando as partes estiverem concordes sobre o objeto e o preço (art. 482 do CC); **B:** incorreta. A alternativa está invertida: a responsabilidade do contador é pessoal, perante o empresário, pelos atos culposos e, em solidariedade com este, perante terceiros, para os atos dolosos; **C:** incorreta. O registro da marca pode ser prorrogado sucessivas vezes, sem limitações, sempre pelo prazo de 10 anos (art. 133 da Lei 9.279/1996); **D:** correta. O acordo de acionistas vincula seus signatários entre si, mas não lhes dá qualquer direito de votar contra os interesses da companhia, nos termos do art. 115 da Lei 6.404/1976; **E:** incorreta. A alternativa descreve a marca notoriamente conhecida. A classificação de "marca de alto renome" é dada pelo próprio INPI e garante a proteção estendida a todos os ramos de atividade (arts. 125 e 126 da Lei 9.279/1996). **HS**

Gabarito "D".

(Procurador do Estado – PGE/PR – PUC – 2015) Assinale a alternativa **CORRETA** em relação à temática da pessoa jurídica.

(A) A desconsideração da personalidade jurídica é admitida sempre que a pessoa jurídica seja utilizada para fins fraudulentos ou diversos daqueles para os quais foi constituída e equivale à sua desconstituição para todos os efeitos.

(B) Os bens dominicais integrantes do patrimônio das pessoas jurídicas de direito público não podem ser adquiridos por usucapião nem alienados.

(C) Ao admitir que se aplica às pessoas jurídicas a proteção aos direitos da personalidade, o ordenamento jurídico o faz em total simetria com a proteção da personalidade humana.

(D) A desconsideração inversa da pessoa jurídica dá-se quando se atingem bens da pessoa jurídica para solver dívidas de seus sócios. Esse proceder é expressamente vedado pelo ordenamento jurídico brasileiro porque proporciona prejuízo aos demais participantes da sociedade.

(E) As associações públicas são pessoas jurídicas de direito público formadas por entes da Federação que se consorciam para realização de objetivos que consagrem interesses comuns. Uma vez constituídas, as associações públicas passam a integrar a Administração Pública indireta de todos os entes federativos que participaram de sua formação.

A: incorreta. A desconsideração da personalidade jurídica tem reflexos somente no negócio jurídico em relação ao qual foi decretada. É por isso que o art. 50 do CC afirma que ela se aplica a "certas e determinadas relações"; **B:** incorreta. Os bens dominicais podem ser alienados, nos termos da lei (art. 101 do CC); **C:** incorreta. Não há tal equivalência. O próprio art. 52 do CC determina a aplicação dos direitos de personalidade à pessoa jurídica "no que couber"; **D:** incorreta. A jurisprudência admite a desconsideração inversa da pessoa jurídica. Veja-se, por exemplo, STJ, REsp 948.117/MS; **E:** correta, nos termos do art. 6º, I e § 1º, da Lei 11.107/2005. **HS**

Gabarito "E".

(Procurador do Estado – PGE/PR – PUC – 2015) Acerca das práticas comerciais restritivas à livre concorrência, assinale a alternativa **CORRETA**.

(A) A competência internacional do Conselho Administrativo de Defesa Econômica CADE quanto às condutas restritivas à livre concorrência orienta-se pela teoria dos efeitos.

(B) A configuração da venda casada como conduta restritiva à livre concorrência independe do poder de mercado do produto principal.

(C) Um acordo entre concorrentes sobre áreas de atuação exclusiva e não sobre preço afasta a caracterização de cartel.

(D) A prática de fixação de preços de revenda em contratos de franquia, em regra, é tida como ilícita pelo CADE.

(E) As condutas restritivas à livre concorrência praticadas em setores regulados, como telefonia, energia elétrica e sistema financeiro, são de competência exclusiva das agências reguladoras respectivas.

A: correta, nos termos do art. 2º da Lei 12.529/2011; **B:** incorreta. A venda casada realmente está prevista como infração à ordem econômica no art. 36, § 3º, XVIII, da Lei 12.529/2011. Ocorre que tais condutas somente são consideradas ofensivas à concorrência se presente algum dos efeitos do *caput* do mesmo artigo, o qual presume que haja uma dominação de mercado ou ao menos uma tentativa de que isso ocorra; **C:** incorreta. A conduta configura infração à ordem econômica prevista no art. 36, § 3º, I, "c", da Lei nº 12.529/2011; **D:** incorreta. No processo administrativo 08012.004736/2005-42, rel. Conselheiro Alessandro Octaviani, o CADE sustenta a necessidade de abrandamento da análise dos preços de revenda em contratos de franquia, sob pena de se inviabilizar o instituto (veja-se, especialmente, os parágrafos 104 e 105 do voto condutor); **E:** incorreta. Não há qualquer limitação à atuação do CADE nesse sentido. **HS**
Gabarito "A".

(Advogado União – AGU – CESPE – 2015) Julgue os itens a seguir com base no entendimento atual do STJ acerca de direito empresarial.

(1) O imóvel no qual se localize o estabelecimento da empresa é impenhorável, inclusive por dívidas fiscais.

(2) A novação decorrente da concessão da recuperação judicial após aprovado o plano em assembleia enseja a suspensão das execuções individuais ajuizadas contra a própria devedora.

1: Errada. Segundo definiu o STJ em sede de recurso repetitivo, *a penhora de imóvel no qual se localiza o estabelecimento da empresa é, excepcionalmente, permitida, quando inexistentes outros bens passíveis de penhora e desde que não seja servil à residência da família.* (REsp 1114767/RS, Rel. Ministro Luiz Fux, Corte Especial, julgado em 02/12/2009, DJe 04/02/2010). **2:** Errada. A novação, além de depender também da homologação judicial do plano de recuperação já aprovado em assembleia, gera a extinção, e não a mera suspensão, das execuções individuais (STJ, REsp 1.272.697/DF). **HS**
Gabarito 1E, 2E

(Procurador do Estado/GO – 2010) Com relação ao direito de empresa, está INCORRETA a seguinte afirmação:

(A) Não havendo autorização expressa, o alienante do estabelecimento não pode fazer concorrência ao adquirente, nos cinco anos subsequentes à transferência.

(B) Independentemente de seu objeto, considera-se empresária a sociedade por ações e simples a cooperativa.

(C) A sociedade adquire personalidade jurídica com a inscrição, no registro próprio e na forma da lei, dos seus atos constitutivos.

(D) Cabe ao prejudicado, a qualquer tempo, ação para anular a inscrição do nome empresarial feita com violação da lei ou do contrato.

(E) Considera-se empresário quem exerce profissionalmente atividade econômica organizada para a produção ou a circulação de bens ou de serviços, inclusive quem exerce profissão intelectual ou de natureza científica.

A: correta, conforme art. 1.147 do CC; **B:** correta, conforme art. 982, parágrafo único, do CC; **C:** correta, conforme art. 985 do CC; **D:** correta, conforme art. 1.167 do CC; **E:** incorreta, devendo ser assinalada. Prevê o art. 966, parágrafo único, do CC que a pessoa que exerce atividade intelectual, de natureza científica, literária ou artística, não será considerada empresária, ainda que contemple os requisitos elencados no artigo (e transcritos na alternativa), salvo se constituir elemento de empresa.
Gabarito "E".

(Advogado da União/AGU – CESPE – 2012) Julgue os itens a seguir, relativos ao empresário, ao estabelecimento, ao nome empresarial e ao registro de empresas.

(1) Segundo o ordenamento jurídico brasileiro, é inadmissível o exercício da atividade empresarial sem a devida inscrição da sociedade empresária na junta comercial.

(2) Suponha que a pessoa jurídica Alfa Alimentos Ltda. adquira o estabelecimento empresarial da Beta Indústria Alimentícia Ltda. Nessa situação, a adquirente responderá pelo pagamento de todos os débitos anteriores à transferência, incluindo-se os trabalhistas e tributários, desde que regularmente contabilizados.

1: incorreta. O exercício da atividade empresarial sem a devida inscrição no Registro Público de Empresas Mercantis não é inadmissível, apenas irregular. A falta de inscrição impõe a responsabilidade solidária e ilimitada dos sócios pelas dívidas sociais (sociedade em comum), mas os atos e negócios jurídicos celebrados são plenamente válidos; **2:** incorreta. Os débitos trabalhistas e tributários são de responsabilidade do adquirente ainda que não contabilizados (STJ, AgRg no Ag 1225408/PR, DJ 23/11/2010).
Gabarito 1E, 2E

(Advogado da União/AGU – CESPE – 2012) No que diz respeito aos livros empresariais e aos contratos empresariais, julgue os itens seguintes.

(1) Na modalidade operacional do arrendamento mercantil, as contraprestações e os demais pagamentos previstos no contrato e devidos pela arrendatária são normalmente suficientes para que a arrendadora recupere o custo do bem arrendado durante o prazo contratual da operação e, adicionalmente, obtenha retorno sobre os recursos investidos.

(2) No curso do processo judicial, a eficácia probatória dos livros empresariais contra a sociedade empresária opera-se independentemente de eles estarem corretamente escriturados.

1: incorreta. Esse é o conceito de *leasing* financeiro previsto no art. 5º, I, da Resolução CMN n. 2.309/1996. *Leasing* operacional é aquele no qual "as contraprestações a serem pagas pela arrendatária contemplem o custo de arrendamento do bem e os serviços inerentes a sua colocação à disposição da arrendatária, não podendo o valor presente dos pagamentos ultrapassar 90% (noventa por cento) do

6. DIREITO EMPRESARIAL

custo do bem" (art. 6º, I, da Resolução CMN 2.309/1996, alterada pela Resolução 2.465/1988); **2:** correta. Nos termos dos arts. 378 e 379 do Código de Processo Civil – CPC, os livros empresariais devem estar regularmente contabilizados para fazer prova a favor do empresário que os escriturou, mas sempre farão prova contra ele, independentemente da regularidade da escrituração.

Gabarito 1E, 2C

(Advogado da União/AGU – CESPE – 2012) Acerca das sociedades empresárias, julgue os itens que se seguem.

(1) O número de ações preferenciais sem direito a voto ou sujeitas a restrições no exercício desse direito não pode ultrapassar 50% do total das ações emitidas pela sociedade anônima.

(2) É lícita a aplicação subsidiária da disciplina normativa da sociedade anônima à sociedade em conta de participação, cuja liquidação é regida pelas normas relacionadas à prestação de contas, de acordo com o que dispõe o Código de Processo Civil.

1: correta, nos termos do art. 15, § 2º, da LSA – Lei 6.404/1976; **2:** incorreta. À sociedade em conta de participação aplicam-se subsidiariamente as normas relativas à sociedade simples (art. 996 do CC).

Gabarito 1C, 2E

7. DIREITO DO TRABALHO

Hermes Cramacon

1. INTRODUÇÃO, FONTES E PRINCÍPIOS

(Procurador do Estado/TO – 2018 – FCC) Os princípios exercem um papel constitutivo da ordem jurídica, cuja interpretação leva em consideração os valores que os compõem. Nesse sentido, o entendimento jurisprudencial adotado pelo Tribunal Superior do Trabalho de que o encargo de provar o término do contrato de trabalho, quando negados a prestação de serviço e o despedimento é do empregador está embasado no princípio

(A) protetor.

(B) da primazia da realidade.

(C) da irrenunciabilidade.

(D) da continuidade da relação de emprego.

(E) da boa-fé contratual subjetiva.

O TST faz menção ao princípio em comento na Súmula 212 que ensina: "O ônus de provar o término do contrato de trabalho, quando negados a prestação de serviço e o despedimento, é do empregador, pois o princípio da continuidade da relação de emprego constitui presunção favorável ao empregado."

Gabarito "D".

(Procurador do Estado/SP – 2018 – VUNESP) Em relação aos princípios aplicáveis ao Direito do Trabalho, assinale a alternativa correta.

(A) Havendo a coexistência de dois regulamentos de empresa, a opção do empregado por um deles, com prejuízo às regras do sistema do outro, não afronta o princípio da irrenunciabilidade.

(B) Não fere o princípio da isonomia condicionar o recebimento de participação nos lucros e resultados ao fato de estar o contrato de trabalho em vigor na data prevista para a distribuição dos lucros. Por conseguinte, é lícito negar o pagamento proporcional aos meses trabalhados em caso de rescisão contratual ocorrida durante o período de apuração do benefício.

(C) A contribuição confederativa de que trata o art. 8º, inciso IV, da Constituição da República, é exigível de todos os integrantes da categoria profissional. Por essa razão, seu desconto pode ser feito, independentemente de filiação sindical, não havendo que se falar, nesse caso, em violação ao princípio da intangibilidade salarial.

(D) O princípio da inalterabilidade contratual *in pejus* (art. 468 da Consolidação das Leis do Trabalho) assegura ao empregado ocupante de função de confiança o direito à manutenção da gratificação correspondente após a reversão ao emprego efetivo, independentemente da existência de justo motivo a fundamentar tal reversão.

(E) Por força do princípio da primazia da realidade, a contratação irregular de trabalhador, mediante empresa interposta, gera vínculo de emprego com os órgãos da Administração Pública direta, das autarquias, fundações públicas ou empresas estatais.

A: opção correta, pois nos termos da súmula 51, II, do TST, "havendo a coexistência de dois regulamentos da empresa, a opção do empregado por um deles tem efeito jurídico de renúncia às regras do sistema do outro"; **B:** opção incorreta, pois nos termos da súmula 451 do TST, "fere o princípio da isonomia instituir vantagem mediante acordo coletivo ou norma regulamentar que condiciona a percepção da parcela participação nos lucros e resultados ao fato de estar o contrato de trabalho em vigor na data prevista para a distribuição dos lucros"; **C:** opção incorreta, pois o art. 578 da CLT ensina que "as contribuições devidas aos sindicatos pelos participantes das categorias econômicas ou profissionais ou das profissões liberais representadas pelas referidas entidades serão, sob a denominação de contribuição sindical, pagas, recolhidas e aplicadas na forma estabelecida neste Capítulo, desde que prévia e expressamente autorizadas". Ademais, nos termos da OJ 17 da SDC do TST "as cláusulas coletivas que estabeleçam contribuição em favor de entidade sindical, a qualquer título, obrigando trabalhadores não sindicalizados, são ofensivas ao direito de livre associação e sindicalização, constitucionalmente assegurado, e, portanto, nulas, sendo passíveis de devolução, por via própria, os respectivos valores eventualmente descontados". Veja, também o PN 119 do TST. **D:** opção incorreta, pois nos termos do art. 468, § 2º, da CLT a alteração, com ou sem justo motivo, não assegura ao empregado o direito à manutenção do pagamento da gratificação correspondente, que não será incorporada, independentemente do tempo de exercício da respectiva função. **E:** opção incorreta, pois nos termos da súmula 331, II, do TST, "a contratação irregular de trabalhador, mediante empresa interposta, não gera vínculo de emprego com os órgãos da Administração Pública direta, indireta ou fundacional, em razão da ausência de concurso público. (art. 37, II, da CF/1988)". HC

Gabarito "A".

(Procurador Distrital – 2014 – CESPE) Julgue o item a seguir.

(1) O princípio da norma mais favorável, componente do núcleo basilar de princípios especiais do direito do trabalho, em sua visão mais ampla, opera em tríplice dimensão: informadora, interpretativa/normativa e hierarquizante.

1: Opção correta, pois referido princípio atua no sentido de que havendo diversas normas válidas relativas sobre a mesma relação de emprego, independentemente de sua posição hierárquica, deve prevalecer a mais favorável. HC

Gabarito "1C".

(Procurador do Estado/GO – 2010) Acerca dos princípios peculiares do direito do trabalho, é CORRETO afirmar:

(A) Afronta o princípio da inalterabilidade contratual lesiva à determinação de retomo do trabalhador ao cargo efetivo, deixando, assim, de ocupar função de confiança.

(B) Considerando o princípio da intangibilidade salarial, o desconto por motivo de dano imputado ao empregado só é lícito quando previsto expressamente no contrato de trabalho, inclusive na hipótese de dolo do obreiro.

(C) A transação e a renúncia são institutos absolutamente incompatíveis com o Direito do Trabalho, uma vez que neste vigora o princípio da irrenunciabilidade dos direitos trabalhistas.

(D) O princípio da continuidade da relação de emprego confere suporte teórico ao instituto da sucessão trabalhista (art. 10 e 448 da CLT).

(E) O princípio da irredutibilidade salarial orienta que o salário é irredutível, não podendo este ser minorado nem mesmo por meio de negociação coletiva.

A: opção incorreta, pois nos termos do art. 468, parágrafo único, da CLT não é considerado alteração ilícita; **B:** opção incorreta, pois nos termos do art. 462, § 1º, CLT o desconto no salário do obreiro é permitido em caso de dano culposo, desde que expressamente previsto em contrato ou em caso de dano doloso, hipótese em que não é necessário o consentimento do obreiro; **C:** opção incorreta, pois embora vigore no Direito do Trabalho o princípio da irrenunciabilidade, são permitidas a renúncia e a transação desde que não haja proibição legal; **D:** opção correta, pois o princípio da continuidade da relação de emprego tem como objetivo principal preservar o contrato de trabalho, mesmo havendo mudança na estrutura jurídica ou titularidade da empresa; **E:** opção incorreta, pois, nos termos do art. 7º, VI, CF, o salário poderá ser reduzido por acordo coletivo ou convenção coletiva. **HC**

Gabarito "D".

(Procurador do Estado/RO – 2011 – FCC) Em relação aos princípios do Direito do Trabalho, é INCORRETO afirmar:

(A) O princípio da aplicação da norma mais favorável aplica-se da seguinte forma: havendo normas válidas incidentes sobre a relação de emprego, deve-se aplicar aquela mais benéfica ao trabalhador.

(B) O princípio da continuidade da relação de emprego tem como finalidade a preservação do contrato de trabalho, de modo que haja presunção de que este seja por prazo indeterminado, permitindo-se a contratação por prazo certo apenas como exceção.

(C) O princípio da primazia da realidade indica que os fatos reais devem prevalecer sobre os documentos assinados pelo empregado.

(D) O princípio da irrenunciabilidade significa a não admissão, em tese, que o empregado abra mão de seus direitos trabalhistas, em grande parte imantados de indisponibilidade absoluta.

(E) O princípio protetor é representado pela tríplice vertente: *in dubio pro societate*, a aplicação da norma mais favorável e a condição mais benéfica.

A: opção correta, pois reflete o princípio da norma mais favorável, devendo ser aplicada a norma mais benéfica ao trabalhador, independentemente da sua posição na hierarquia das leis. Nosso ordenamento jurídico se utiliza da teoria do conglobamento mitigado, de acordo com o art. 3º, II, da Lei 7.064/1982; **B:** opção correta, pois trata do princípio da continuidade da relação de emprego. Veja os arts. 10 e 448 da CLT que tratam da sucessão trabalhista; **C:** opção correta, pois por meio desse princípio deve prevalecer a efetiva realidade dos fatos e não eventual forma construída em desacordo com a verdade; **D:** opção correta, pois em algumas situações o empregado poderá renunciar a seus direitos trabalhistas, como, por exemplo, quando pede demissão sendo detentor de garantia de emprego; **E:** opção incorreta, pois embora sejam vertentes do princípio protetor a aplicação da norma mais favorável e a condição mais benéfica, não existe o princípio *in dubio pro societate*, existindo sim o princípio *in dubio pro misero* ou *in dubio pro operario*. **HC**

Gabarito "E".

(Procurador do Estado/SP – FCC – 2009) No que atine às fontes do direito do trabalho,

(A) a sentença normativa é fonte formal autônoma.

(B) a convenção coletiva de trabalho é fonte formal heterônoma.

(C) o acordo coletivo de trabalho é fonte formal autônoma.

(D) o decreto executivo é fonte formal autônoma.

(E) a lei ordinária é fonte material.

A: incorreta, pois a sentença normativa, por estabelecer condições de trabalho a serem aplicadas aos envolvidos no conflito coletivo, é fonte formal, porém é heterônoma, pois é imposta pelo Poder Judiciário; **B:** incorreta, pois a convenção coletiva de trabalho é firmada pelos próprios sindicatos e é considerada, por isso, fonte formal autônoma; **C:** correta, pois o acordo coletivo é um instrumento normativo firmado entre o sindicato dos empregadores com a empresa ou empresas e é, por isso, fonte formal autônoma; **D:** incorreta, pois o decreto executivo é fonte formal heterônoma; **E:** incorreta, pois a lei ordinária é fonte formal heterônoma. **HC**

Gabarito "C".

(Procurador do Estado/SC – 2009) Em relação ao Princípio da Indisponibilidade dos Direitos Trabalhistas, seria equivocado dizer sobre ele que:

(A) Consiste na impossibilidade jurídica de o empregado privar-se voluntariamente das vantagens conferidas pelo Direito do Trabalho.

(B) Constitui uma limitação à autonomia da vontade contratual que previne vícios do consentimento e renúncia de vantagens por pressão do poder econômico do empregador.

(C) Admite poucas formas de transação de direitos, desde que em consonância com preceito constitucional e negociada coletivamente com a participação dos sindicatos.

(D) Admite a possibilidade de transação de direitos, mesmo com prejuízo para o empregado, desde que considere o ajuste como uma cláusula liberatória ampla.

(E) Revela o caráter imperativo das normas trabalhistas, bem como a sua essência social.

Para elucidar a questão o ministro do TST trata com pertinência a matéria: "A indisponibilidade inata aos direitos trabalhistas constitui-se talvez no veículo principal utilizado pelo Direito do Trabalho para tentar igualizar, no plano jurídico, a assincronia clássica existente entre os sujeitos da relação socioeconômica de emprego. O aparente contingenciamento da liberdade obreira que resultaria da observância desse princípio desponta, na verdade, como o instrumento hábil a assegurar efetiva liberdade no contexto da relação empregatícia: é que aquele contingenciamento atenua ao sujeito individual obreiro a inevitável restrição da vontade que naturalmente tem perante o sujeito coletivo empresarial. É comum a doutrina valer-se da expressão *irrenunciabilidade dos direitos trabalhistas* para enunciar o presente princípio. Seu conteúdo é o mesmo já exposto, apenas adotando-se diferente epíteto. Contudo, a expressão irrenunciabilidade não parece adequada a revelar a amplitude do princípio enfocado. Renúncia é ato unilateral, como se sabe. Entretanto, o princípio examinado vai além do simples ato unilateral, interferindo também nos atos *bilaterais* de disposição de direitos (transação, portanto). Para a ordem justrabalhista, não serão válidas quer a renúncia, quer a transação que importe objetivamente em prejuízo ao trabalhador" (Maurício Godinho Delgado, *Curso de Direito do Trabalho*, p. 201-202).

Gabarito "D".

7. DIREITO DO TRABALHO 439

(Procurador do Estado/SC – 2009) Em relação ao Princípio da Primazia da Realidade, seria equivocado dizer sobre ele que:

(A) Deve-se observar a realidade dos fatos em detrimento dos aspectos formais que eventualmente os atestem.

(B) É comum verificar alterações nas condições de trabalho pactuadas verbalmente, alterações essas que não sendo incorporadas formalmente ao contrato de trabalho deixam incertezas no futuro, trazendo ao empregado dificuldade de prová-las.

(C) Em conjunto com este princípio encontra-se outro, que é o "in dubio pro operário" ou "in dubio pro misero", ambos derivados do Princípio de Proteção, que considera o empregado como parte contratual hipossuficiente.

(D) Os contratos de trabalho podem ser escritos ou verbais.

(E) A contratação de trabalhadores por empresa interposta é ilegal e, nesse caso, o vínculo de emprego forma-se diretamente com o tomador dos serviços, então o vínculo trabalhista pode ser declarado com órgãos da Administração Pública Direta e Indireta.

A: correta, pois a alternativa traz o conceito do princípio da primazia da realidade; **B:** correta, pois, de fato, as alterações verbais no curso do contrato de trabalho são de difícil comprovação futura; **C:** correta, pois o princípio da proteção, que visa atenuar no plano jurídico o desequilíbrio existente no plano fático do contrato de trabalho e dele derivam outros, como "in dúbio pro operário" e "in dúbio pro misero"; **D:** correta, pois a assertiva reflete o disposto no art. 443, *caput*, da CLT; **E:** incorreta, pois a alternativa não está de acordo com a Súmula 331, II, do TST: "CONTRATO DE PRESTAÇÃO DE SERVIÇOS. LEGALIDADE (...) II – A contratação irregular de trabalhador, mediante empresa interposta, não gera vínculo de emprego com os órgãos da administração pública direta, indireta ou fundacional (art. 37, II, da CF/1988)". HC
Gabarito "E".

(Procurador do Município/Florianópolis-SC – 2010 – FEPESE) Qual o princípio de Direito do Trabalho que busca proporcionar uma forma de compensar a superioridade econômica do empregador em relação ao empregado, dando a este último uma superioridade jurídica?

(A) Princípio da proteção.

(B) Princípio da isonomia.

(C) Princípio da continuidade.

(D) Princípio da primazia da realidade.

(E) Princípio da irrenunciabilidade de direitos.

O princípio protetor tem por escopo atribuir uma proteção maior ao empregado, parte hipossuficiente da relação jurídica laboral. Em outras palavras, visa atenuar a desigualdade existente entre as partes do contrato de trabalho. Tem como vertentes os seguintes princípios: a) aplicação da norma mais favorável, b) *in dubio pro operario* e c) condição mais benéfica. HC
Gabarito "A".

(Procurador do Município/Teresina-PI – 2010 – FCC) São fontes heterônomas do Direito do Trabalho, dentre outras,

(A) as Convenções Internacionais e as Convenções Coletivas de Trabalho.

(B) o Contrato Coletivo de Trabalho e os Acordos Coletivos.

(C) as Convenções Coletivas de Trabalho e os Acordos Coletivos.

(D) os Tratados, as Convenções Internacionais e a Constituição Federal.

(E) a Constituição Federal e os Usos e Costumes.

As fontes do Direito do Trabalho se dividem em: fontes materiais e fontes formais. As fontes materiais correspondem ao momento pré-jurídico da norma, ou seja, a norma ainda não positivada. Representa a pressão exercida pelos trabalhadores contra o Estado buscando melhores condições de trabalho. Referem-se aos fatores sociais, econômicos, históricos e políticos e, ainda, filosóficos, que originam o direito, influenciando na criação da norma jurídica. Já as fontes formais correspondem à norma jurídica já constituída, já positivada. Em outras palavras, representam a exteriorização dessas normas, ou seja, é a norma materializada e se subdividem em *Fontes formais heterônomas*, que decorrem da atividade normativa do Estado. Caracterizam-se pela participação de um agente externo (Estado) na elaboração da norma jurídica. São exemplos: a Constituição Federal, a CLT, leis, sentença normativa, tratados internacionais ratificados pelo Brasil. As *fontes formais autônomas* se caracterizam por serem formadas com a participação imediata dos próprios destinatários da norma jurídica. Os próprios destinatários da norma participam diretamente no processo de sua elaboração sem a interferência do agente externo (Estado). São exemplos: a convenção coletiva e o acordo coletivo de trabalho. HC
Gabarito "D".

2. CONTRATO INDIVIDUAL DE TRABALHO E ESPÉCIES DE EMPREGADOS E TRABALHADORES

(Procurador do Município – S.J. Rio Preto/SP – 2019 – VUNESP) Com o intuito de contribuir para o aprendizado dos alunos de uma escola da rede pública municipal, Sherazade oferece, gratuitamente, seus serviços como "contadora de histórias para crianças". A Diretora da escola aceita a proposta, especificando os dias da semana em que o trabalho deverá ser desenvolvido, bem como algumas diretrizes a serem observadas pela ofertante. Depois de cinco anos atuando como "contadora de histórias" na escola municipal, Sherazade propõe reclamação trabalhista em face do Município, solicitando o reconhecimento de vínculo empregatício. O Procurador Municipal incumbido de elaborar a respectiva contestação deverá sustentar que a alegada relação de trabalho jamais existiu porque não caracterizados os seguintes elementos indispensáveis à configuração do vínculo empregatício:

(A) pessoalidade e não eventualidade.

(B) subordinação e pessoalidade.

(C) onerosidade e subordinação.

(D) não eventualidade e instrumento contratual.

(E) instrumento contratual e subordinação.

C" é a opção correta. Isso porque, os requisitos da relação de emprego que são: subordinação, onerosidade, pessoa física, pessoalidade e não habitualidade estão dispostos nos arts. 2º e 3º da CLT. No caso em análise estão ausentes os requisitos da onerosidade, tendo em vista que o trabalho era voluntário. O requisito da subordinação também está ausente, pois embora haja uma suposta ideia de subordinação no trabalho voluntariado, no que diz respeito ao que vai ou não ser feito ou dias que será realizado, não é capaz de caracterizar a subordinação prevista para reconhecimento de vínculo de emprego. No trabalho voluntário a subordinação se limita a orientações gerais e diretrizes. Gabarito "C".

(Procurador do Estado/TO – 2018 – FCC) Em relação aos sujeitos do contrato de trabalho, conforme previsão contida na Consolidação das Leis do Trabalho,

(A) para caracterização da figura do empregado levar-se-ão em conta distinções relativas à espécie de emprego e à condição de trabalhador, bem como entre o trabalho intelectual, técnico e manual.

(B) o trabalho realizado no estabelecimento do empregador se distingue daquele executado no domicílio do empregado e do realizado a distância para efeitos da caracterização da relação de emprego, mesmo caracterizados os pressupostos da relação de emprego.

(C) não caracteriza grupo econômico a mera identidade de sócios, sendo necessárias, para a configuração do grupo, a demonstração do interesse integrado, a efetiva comunhão de interesses e a atuação conjunta das empresas dele integrantes.

(D) as instituições de beneficência e as associações recreativas não se equiparam ao empregador, para os efeitos exclusivos da relação de emprego, em razão da ausência de finalidade lucrativa.

(E) a empresa que estiver sob a direção, controle ou administração de outra e integre grupo econômico, será responsável subsidiariamente pelas obrigações decorrentes da relação de emprego da empresa controladora.

A: incorreta, pois nos termos do art. 3º, parágrafo único, da CLT não haverá distinções relativas à espécie de emprego e à condição de trabalhador, nem entre o trabalho intelectual, técnico e manual. **B:** incorreta, pois nos termos do art. 6º da CLT não se distingue entre o trabalho realizado no estabelecimento do empregador, o executado no domicílio do empregado e o realizado a distância, desde que estejam caracterizados os pressupostos da relação de emprego. **C:** correta, pois reflete a disposição do art. 2º, § 3º, da CLT. **D:** incorreta, pois nos termos do art. 2º, § 1º, da CLT equiparam-se ao empregador, para os efeitos exclusivos da relação de emprego, os profissionais liberais, as instituições de beneficência, as associações recreativas ou outras instituições sem fins lucrativos, que admitirem trabalhadores como empregados. **E:** incorreta, pois nos termos do art. 2º, § 2º, da CLT a responsabilidade será solidária.
Gabarito "C".

(Procurador do Estado/TO – 2018 – FCC) Conforme regras previstas na Consolidação das Leis do Trabalho sobre o contrato individual de trabalho,

(A) no tempo de serviço do empregado, quando readmitido, serão computados os períodos, ainda que não contínuos, em que tiver trabalhado anteriormente na empresa, mesmo que houver sido despedido por falta grave ou aposentado espontaneamente.

(B) para fins de contratação, o empregador não exigirá do candidato a emprego comprovação de experiência prévia por tempo superior a 6 meses no mesmo tipo de atividade.

(C) o contrato de trabalho intermitente poderá ser celebrado verbalmente, sem a necessidade de ser registrado na CTPS, quando for previsto em acordo ou convenção coletiva de trabalho.

(D) os contratos por prazo determinado terão prazo mínimo de 30 dias e máximo de um ano, exceto o contrato de trabalho intermitente, cujo prazo máximo será de 3 anos.

(E) o contrato de experiência não poderá exceder de 120 dias, permitidos duas prorrogações durante esse período.

A: incorreta, pois nos termos do art. 453 da CLT no tempo de serviço do empregado, quando readmitido, serão computados os períodos, ainda que não contínuos, em que tiver trabalhado anteriormente na empresa,

salvo se houver sido despedido por falta grave, recebido indenização legal ou se aposentado espontaneamente. **B:** correta, pois reflete a disposição do art. 442-A da CLT. **C:** incorreta, pois nos termos do art. 452-A da CLT deve ser escrito. **D:** incorreta, pois nos termos do art. 445 da CLT o contrato de trabalho por prazo determinado não poderá ser estipulado por mais de 2 (dois) anos. **E:** incorreta, o contrato de experiência não poderá exceder de 90 dias, art. 445, parágrafo único, da CLT.
Gabarito "B".

(Procurador do Estado/SP – 2018 – VUNESP) É correto afirmar o seguinte a respeito do teletrabalho:

(A) o teletrabalhador deverá se informar quanto às precauções a tomar a fim de evitar doenças e acidentes de trabalho, ficando o empregador eximido de prestar instrução a respeito de tais cuidados.

(B) poderá ser realizada a alteração do regime de teletrabalho para o presencial por determinação do empregador, garantido prazo de transição mínimo de quinze dias, com correspondente registro em aditivo contratual.

(C) a responsabilidade pela aquisição, manutenção ou pelo fornecimento dos equipamentos tecnológicos e da infraestrutura necessária e adequada à prestação do trabalho remoto será sempre do empregador, estando vedado o regramento dessa matéria por meio de contrato.

(D) a prestação de serviços na modalidade de teletrabalho poderá decorrer de ajuste tácito ou meramente verbal entre o empregador e o empregado.

(E) considera-se teletrabalho a prestação de serviços exclusivamente fora das dependências do empregador, com a utilização de tecnologias de informação e de comunicação que, por sua natureza, constituam-se como trabalho externo.

A: opção incorreta, pois nos termos do art. 75-E da CLT o empregador deverá instruir os empregados, de maneira expressa e ostensiva, quanto às precauções a tomar a fim de evitar doenças e acidentes de trabalho. **B:** opção correta, pois nos termos do art. 75-C, § 2º, da CLT, poderá ser realizada a alteração do regime de teletrabalho para o presencial por determinação do empregador, garantido prazo de transição mínimo de quinze dias, com correspondente registro em aditivo contratual. **C:** opção incorreta, pois nos termos do art. 75-D da CLT, as disposições relativas à responsabilidade pela aquisição, manutenção ou fornecimento dos equipamentos tecnológicos e da infraestrutura necessária e adequada à prestação do trabalho remoto, bem como ao reembolso de despesas arcadas pelo empregado, serão previstas em contrato escrito. **D:** opção incorreta, pois nos termos do art. 75-C da CLT, a prestação de serviços na modalidade de teletrabalho deverá constar expressamente do contrato individual de trabalho, que especificará as atividades que serão realizadas pelo empregado. **E:** opção incorreta, pois nos termos do art. 75-B da CLT, considera-se teletrabalho a prestação de serviços preponderantemente fora das dependências do empregador, com a utilização de tecnologias de informação e de comunicação que, por sua natureza, não se constituam como trabalho externo. **HC**
Gabarito "B".

(Procurador do Estado/SP – 2018 – VUNESP) Em relação à nova disciplina legal da prestação de serviços a terceiros, é correto afirmar:

(A) considera-se prestação de serviços a terceiros a transferência feita pela contratante da execução de suas atividades a pessoa jurídica de direito privado, prestadora de serviços, que possua capacidade econômica compatível com a sua execução, sendo vedada, contudo, a transferência da execução da atividade principal da empresa contratante.

(B) a Lei n. 6.019, de 3 de janeiro de 1974, é omissa no estabelecimento de período de proibição ("quarentena") aplicável ao empregado demitido pela empresa contratante; por conseguinte, é permitido que esse trabalhador, imediatamente, volte a prestar serviços à mesma empresa, na qualidade de empregado de empresa prestadora de serviços.

(C) a empresa contratante é solidariamente responsável pelas obrigações trabalhistas referentes ao período em que ocorrer a prestação de serviços.

(D) aos empregados da empresa prestadora de serviços, são asseguradas as mesmas condições relativas à alimentação oferecida em refeitórios aos empregados da empresa contratante, quando e enquanto os serviços forem executados nas dependências da tomadora.

(E) a empresa prestadora de serviços contrata e remunera o trabalho realizado por seus trabalhadores; a direção do trabalho de tais empregados, entretanto, é realizada pela empresa contratante dos serviços.

A: opção incorreta, pois nos termos do art. 4º-A da Lei 6.019/1974, "considera-se prestação de serviços a terceiros a transferência feita pela contratante da execução de quaisquer de suas atividades, inclusive sua atividade principal, à pessoa jurídica de direito privado prestadora de serviços que possua capacidade econômica compatível com a sua execução". **B:** opção incorreta, pois nos termos do art. 5º D da Lei 6.019/1974, "o empregado que for demitido não poderá prestar serviços para esta mesma empresa na qualidade de empregado de empresa prestadora de serviços antes do decurso de prazo de dezoito meses, contados a partir da demissão do empregado". **C:** opção incorreta, pois nos termos do art. 5º-A, § 5º, da Lei 6.019/1974, "a empresa contratante é subsidiariamente responsável pelas obrigações trabalhistas referentes ao período em que ocorrer a prestação de serviços". **D:** opção correta, pois reflete a disposição contida no art. 4º-C, I, *a*, da Lei 6.019/1974. **E:** opção incorreta, pois nos termos do art. 4º-A, § 1º, da Lei 6.019/1974, a empresa prestadora de serviços contrata, remunera e dirige o trabalho realizado por seus trabalhadores, ou subcontrata outras empresas para realização desses serviços". HC

Gabarito "D".

(Procurador do Estado – PGE/RS – Fundatec – 2015) Para se distinguir entre as diversas relações de trabalho, a relação de emprego deverá apresentar as seguintes características: pessoalidade, onerosidade, não eventualidade e subordinação. Quanto a essas características, analise as assertivas abaixo:

I. A relação de emprego é sempre *intuitu personae*, tanto em relação ao empregado quanto ao empregador.

II. Como corolário da pessoalidade, é possível afirmar que a relação de emprego encerra obrigação infungível, personalíssima e intransferível quanto ao empregado, não podendo ser efetuada, na mesma relação jurídica, por pessoa diferente daquela que a contraiu.

III. A não eventualidade manifesta-se pela relação do serviço prestado pelo trabalhador e a atividade empreendida pelo tomador dos serviços. Em outras palavras, serviço não eventual é o serviço essencial para o empregador, pois, sem ele, este não conseguiria desenvolver o seu fim empresarial.

Quais estão corretas?

(A) Apenas I.

(B) Apenas III.

(C) Apenas I e II.

(D) Apenas I e III.

(E) Apenas II e III.

I: incorreta, pois a relação de trabalho é *intuito personae* com relação ao empregado, que não pode fazer-se substituir por outro, requisito da pessoalidade; **II:** correta, pois o requisito da pessoalidade ensina que o empregado deve prestar pessoalmente os serviços, não podendo fazer-se substituir por outra pessoa. O trabalho deve ser exercido pelo próprio trabalhador, em razão de suas qualificações profissionais e pessoais, por isso diz-se que o contrato de trabalho é "*intuitu personae*" ou personalíssimo; **III:** correta, pois o empregado presta serviços de maneira contínua, não eventual. O trabalho deve ser contínuo, sem o qual o empregador não consegue desenvolver sua atividade empresarial. HC

Gabarito "E".

(Procurador do Estado – PGE/PR – PUC – 2015) Em relação aos contratos de trabalho celebrados com a Administração Pública sem concurso público após a Constituição Federal de 1988, é **CORRETO** afirmar:

(A) Considerando o princípio da primazia da realidade, o contrato de trabalho, inclusive os celebrados para empregos em comissão, é válido para todos os efeitos jurídicos, independentemente da responsabilidade do administrador público.

(B) O contrato é nulo, sem que se possa reconhecer qualquer direito ao trabalhador.

(C) O contrato é anulável, sendo devidos todos os direitos ao trabalhador até o trânsito em julgado da decisão que reconhecer a irregularidade.

(D) Considerando as Convenções da OIT ratificadas pelo Brasil, o contrato de trabalho é válido e é garantido ao trabalhador o rol de direitos elencados na Constituição Federal.

(E) O contrato de trabalho é nulo, somente conferindo ao trabalhador direito ao pagamento da contraprestação pactuada, em relação ao número de horas trabalhadas, respeitado o valor da hora do salário mínimo, e dos valores referentes aos depósitos do FGTS.

"E" é a opção correta. Isso porque, nos termos da súmula 363 do TST, a contratação de servidor público, após a CF/1988, sem prévia aprovação em concurso público encontra óbice no respectivo art. 37, II e § 2º, somente lhe conferindo direito ao pagamento da contraprestação pactuada, em relação ao número de horas trabalhadas, respeitado o valor da hora do salário mínimo, e dos valores referentes aos depósitos do FGTS. HC

Gabarito "E".

(Procurador Distrital – 2014 – CESPE) Julgue o seguinte item, com base na legislação e no entendimento jurisprudencial dominante do TST.

(1) Conforme a CLT, a mudança na propriedade da empresa não afetará os contratos de trabalho, no entanto, em caso de falência, não se aplicará tal regra, porque a compra de empresa falida não obriga o arrematante nas obrigações do devedor. Assim, se determinada empresa alienar seus ativos em virtude de processo de falência, sendo o arrematante primo do sócio da sociedade falida, não haverá sucessão do arrematante nas obrigações trabalhistas do devedor.

1: Opção incorreta. De fato, a mudança na estrutura jurídica da empresa não afetará os contratos de trabalho, nos termos do art. 448 da CLT. Em regra, nos termos do art. 141 da Lei 11.101/2005 a compra de empresa falida não gera sucessão trabalhista. No entanto, essa regra não se aplica ao parente, em linha reta ou colateral até o 4º grau, consanguíneo ou afim, do falido ou de sócio da sociedade falida. HC

Gabarito "1E".

(Procurador do Estado/AC – FMP – 2012) Em relação aos contratos de trabalho com os entes de Direito Público, pode-se afirmar que:

(A) tem prevalecido o entendimento de que deve haver o reconhecimento do vínculo de emprego, desde que preenchidos os requisitos do artigo 3º da CLT, com direito ao pagamento de todos os direitos decorrentes desta situação, principalmente em face do Princípio da Primazia da Realidade.

(B) haverá o reconhecimento de vínculo de emprego, mas com restrição dos direitos daí decorrentes, porque a contratação de servidor público, após a CF/1988, sem prévia aprovação em concurso público, encontra óbice no respectivo art. 37, II, e § 2º, somente lhe conferindo direito ao pagamento da contraprestação pactuada, em relação ao número de horas trabalhadas, respeitado o valor da hora do salário mínimo, e dos valores referentes aos depósitos do FGTS, estes nos termos do artigo 19-A da Lei 8.036/1990.

(C) não há possibilidade de reconhecimento de vínculo de emprego, por se tratar de contrato nulo e, portanto, sem direito a qualquer parcela decorrente desta situação.

(D) não há possibilidade de reconhecimento do vínculo de emprego com o Ente de Direito Público, na medida em que, desde a Constituição de 1988, deve prevalecer o sistema de Regime Jurídico Único, necessariamente de natureza Estatutária.

A: opção incorreta, pois de acordo com a Súmula 363 do TST são conferidos ao trabalhador o pagamento das contraprestações pactuadas em relação ao número de horas trabalhadas e dos valores referentes ao FGTS; **B:** opção correta, pois reflete o disposto na Súmula 363 do TST; **C:** opção incorreta, pois embora seja considerado contrato nulo, com a consequente punição da autoridade responsável, nos termos do art. 37, § 2º, CF é devido ao trabalhador os pagamentos das contraprestações pactuadas em relação ao número de horas trabalhadas e dos valores referentes ao FGTS, na medida em que entende-se que por ter a administração beneficiada pela prestação de serviços, deve responder pelo referido pagamento; **D:** opção incorreta, pois em 02/08/2007, o STF suspendeu a redação dada ao art. 39, *caput*, CF pela EC 19/1998, voltando a adotar o regime jurídico único. No entanto, o STF atribuiu efeito *ex nunc*, ou seja, a partir de então, entendendo válidos os atos praticados pela administração com base em legislações editadas durante a vigência do art. 39, *caput*, CF com a redação dada pela EC 19/1998. A Lei 9.962/2000 autoriza a Administração Pública Federal a contratar pelo regime da Consolidação das Leis do Trabalho. **HC**

Gabarito "B".

(Procurador do Município/São José dos Campos-SP – 2012 – VUNESP) Tendo em consideração os elementos fático-jurídicos constitutivos da relação de emprego e do contrato de trabalho, bem como as figuras jurídicas que lhes são próximas, assinale a alternativa que traz a afirmação correta.

(A) Trabalho que se realiza por pessoa física mediante pessoalidade, habitualidade, onerosidade e subordinação constitui a relação de emprego que corresponde ao contrato de trabalho, enquanto, numa situação de prestação de serviços, mediante trabalho autônomo tal como definida na lei civil, necessariamente não há pessoalidade na execução dos serviços.

(B) O traço distintivo do contrato de emprego para a empreitada está na transitoriedade desta e na definitividade daquele, já que os demais requisitos de pessoalidade, não eventualidade, onerosidade e

subordinação podem estar presentes em ambas as circunstâncias.

(C) Enquanto o trabalhador subordinado e vinculado ao empregador mediante contrato de trabalho compromete-se a acolher a direção empresarial no tocante ao modo de concretização cotidiana de seus serviços, a autonomia supõe a noção de que o próprio prestador de serviços estabelece e concretiza, cotidianamente, a forma de realização dos serviços que pactuou prestar.

(D) No contrato de empreitada, uma ou mais pessoas se compromete(m) a realizar ou mandar realizar uma obra certa e especificada para outrem, sob a direção do contratante da obra certa, mediante o ajuste de um preço global para a execução da obra, traço econômico que a diferencia da relação de emprego cujo pagamento é ajustado pelo tempo à disposição do tomador de serviços.

(E) Tanto o contrato de trabalho quanto o mandato são espécies do gênero contrato de atividade. Trazem as semelhanças da presença da subordinação do prestador de serviços ao tomador de serviços, a noção de representação e a característica da onerosidade do contrato. Mas as diferenças são claras, pois o mandato admite extinção por termo determinado e o emprego, não.

A: opção incorreta, pois o elemento pessoalidade pode existir como é o caso de contratações em que é contratado um *expert* para o serviço que será realizado. Nesse caso, o elemento "pessoalidade" será de extrema importância, podendo existir cláusula de pessoalidade. O que, de fato, caracteriza o contrato de autônomo é a ausência de subordinação, ver art. 442-B da CLT; **B:** opção incorreta, pois o contrato de empreitada é um contrato de natureza civil, não podendo ser confundido com o contrato de trabalho por ausência do elemento subordinação jurídica; **C:** opção correta, pois a assertiva se refere à subordinação jurídica, elemento disposto no art. 3º da CLT, vinculado ao poder diretivo que o empregador possui, disposto no art. 2º da CLT; **D:** opção incorreta, pois na empreitada não existe o elemento subordinação; **E:** opção incorreta, pois embora ambos sejam do gênero contratos de atividade, o elemento subordinação é inerente do contrato de emprego ao passo que no mandato ele pode não existir, a representação é característica indissociável do mandato ao passo que é elemento circunstancial do contrato de emprego; pode ser oneroso ou não. Por fim, o mandato é sempre revogável, já o contrato de emprego tem como regra o prazo indeterminado, princípio da continuidade da relação de emprego. **HC**

Gabarito "C".

(Procurador do Município/Sorocaba-SP – 2012 – VUNESP) Das definições a seguir, a que se amolda ao conceito de relação de emprego que foi adotado pela legislação brasileira é:

(A) relação jurídica de natureza contratual, tendo como sujeitos o empregado e o empregador e como objeto o trabalho subordinado, continuado e assalariado.

(B) contrato pelo qual há uma relação fática objetiva, com serviços subordinados prestados por empregado a empregador, independentemente da vontade e de remuneração.

(C) contrato segundo o qual uma pessoa física presta serviços de modo impessoal, não eventual, mediante pagamento ou onerosidade e subordinação.

(D) um vínculo que resulta da conversão da escravidão em uma espécie de contrato, mantendo-se a subordinação e a submissão do trabalhador aos desígnios do empregador, mas agora mediante pagamento de salário e de suposta liberdade de ir e vir.

7. DIREITO DO TRABALHO

(E) uma espécie contratual cujas raízes históricas remontam ao Direito Romano (*locatio operarum* e *locatio operis*), com natureza jurídica de locação (o trabalhador aluga a sua força de trabalho ao empregador).

A: opção correta, pois representa o que é relação de emprego, nos termos dos arts. 2º e 3º, da CLT; **B:** opção incorreta, pois trata-se de um negócio jurídico. Ademais, pressupõe manifestação de vontade. É um contrato do tipo oneroso, pois pelos trabalhos prestados o empregado terá como contraprestação sua remuneração; **C:** opção incorreta, pois a relação de emprego pressupõe o trabalho prestado com pessoalidade, ou seja, prestado pelo próprio trabalhador, sem que possa ser substituído; **D:** opção incorreta, pois há vício e vontade no trabalho escravo. Sobre consequências do reconhecimento do trabalho escravo veja Instrução Normativa 91/2011 da Secretaria de Inspeção do Trabalho, em especial seu art. 14 e, ainda, art. 21 da Instrução Normativa 76/2009 do Ministério do Trabalho e Emprego; **E:** opção incorreta, pois para alguns doutrinadores, como por exemplo José Affonso Dallegrave Neto, o contrato de emprego é do tipo adesão. HC

Gabarito "A".

(Advogado da União/AGU – CESPE – 2012) Com base na CLT, julgue os itens seguintes, a respeito da relação de emprego e do contrato individual de trabalho.

(1) As cooperativas de trabalhadores, quando regulares, não estabelecem com os respectivos associados relação de emprego, nem assim entre estes e os tomadores dos serviços contratados da cooperativa.

(2) A lei considera empregado a pessoa física que, em caráter não eventual e mediante relação de subordinação e contraprestação salarial, presta serviços a outrem, denominado empregador.

(3) O contrato individual deve necessariamente ser escrito, não se admitindo forma tácita de contratação.

1: opção correta, pois reflete o disposto no art. 442, parágrafo único, da CLT. Veja, também, o art. 90 da Lei 5.764/1971; **2:** opção correta, pois representa o disposto no art. 3º da CLT; **3:** opção incorreta, pois nos termos do art. 442 da CLT, contrato individual de trabalho é o acordo tácito ou expresso. HC

Gabarito 1C, 2C, 3E

(Procurador do Estado/RO – 2011 – FCC) Nos termos da Constituição Federal, é direito dos trabalhadores urbanos e rurais, além de outros que visem à melhoria de sua condição social,

(A) o décimo terceiro salário com base na remuneração proporcional ou no valor da aposentadoria.

(B) o seguro-desemprego, em caso de pedido de demissão.

(C) o seguro contra acidentes de trabalho, a cargo do empregador, sem excluir a indenização a que este está obrigado, quando incorrer em dolo ou culpa.

(D) a licença à gestante, sem prejuízo do emprego e do salário, com a duração de cento e cinquenta dias.

(E) o adicional de penosidade, se a atividade exercida pelo empregado suscitar esforços físicos acima dos padrões médios tolerados, com adicional de 30% sobre o salário contratual.

A: opção incorreta, pois nos termos do art. 7º, VIII, da CF o 13º salário será calculado com base na remuneração integral e não proporcional como induz a assertiva; **B:** opção incorreta, pois o seguro-desemprego será concedido em caso de desemprego involuntário, nos termos do art. 7º, II, da CF; **C:** opção correta, pois reflete o disposto no art. 7º, XXVIII,

CF; **D:** opção incorreta, a licença gestante prevista no art. 7º, XVIII, da CF prevê a duração de 120 dias; **E:** opção incorreta, pois não há lei regulamentando o adicional de penosidade, previsto no art. 7º, XXIII, da CF. HC

Gabarito "C".

(Procurador do Estado/SC – 2010 – FEPESE) Assinale a alternativa **correta**, de acordo com a consolidação das leis do trabalho.

(A) Considera-se empregado toda pessoa física ou jurídica que prestar serviços de natureza não eventual a empregador, sob a dependência deste e mediante salário.

(B) Não se computará, na contagem de tempo de serviço, para efeito de indenização e estabilidade, os períodos em que o empregado estiver afastado do trabalho prestando serviço militar.

(C) A alteração na estrutura jurídica da empresa afetará diretamente os direitos adquiridos por seus empregados.

(D) Não se distingue entre o trabalho realizado no estabelecimento do empregador e o executado no domicílio do empregado, desde que esteja caracterizada a relação de emprego.

(E) A prestação de trabalho intelectual, técnico e manual enseja distinções relativas à espécie de emprego e à condição de trabalhador.

A: opção incorreta, pois a pessoa jurídica não pode ser considerada empregada, nos termos do art. 3º da CLT; **B:** opção incorreta, pois o período será computado como tempo de serviço, nos termos do art. 4º, parágrafo único, da CLT; **C:** opção incorreta, pois de acordo com os arts. 10 e 448 da CLT que cuidam da sucessão trabalhista, qualquer alteração na estrutura jurídica da empresa não afetará os direitos adquiridos pelos empregados; **D:** opção correta, pois reflete o disposto no art. 6º da CLT; **E:** opção incorreta, pois nos termos do art. 3º, parágrafo único, da CLT não poderá haver distinções entre o trabalho intelectual, técnico e manual. HC

Gabarito "D".

(Procurador do Estado/SC – 2009) Decorrentes do Contrato de Trabalho, sobre os direitos dos empregados, assinale a alternativa correta:

(A) São afetados quando se altera a estrutura jurídica da empresa de sociedade limitada para sociedade anônima.

(B) Não são afetados pela mudança de propriedade da empresa e nem pela alteração da sua estrutura jurídica.

(C) Devem adaptar-se às contingências da mudança de propriedade da empresa, até mesmo com redução salarial, desde que com cláusula de garantia efetiva e expressa de continuidade do emprego.

(D) São afetados quando há mudança de empresa individual para sociedade limitada ou quando se altera o quadro dirigente de uma sociedade anônima.

(E) Não são afetados pela alteração de sua estrutura jurídica, salvo quando se tratar de empresa pública ou órgão da Administração Pública Direta e Indireta. Para eles há permissão de reduzir direitos adquiridos dos empregados.

A: incorreta, pois a alteração da estrutura jurídica da empresa não afeta os direitos dos empregados (art. 10 da CLT); **B:** correta, pois a assertiva está de acordo com o disposto no art. 448 da CLT; **C:** incorreta, pois a mudança de propriedade da empresa não afeta os contratos de trabalho (art. 448 da CLT); **D** e **E:** incorretas, pois a mudança na estrutura da empresa não afeta os contratos de trabalho (art. 10 da CLT). HC

Gabarito "B".

(Procurador do Estado/SC – 2009) Sobre o Contrato de Trabalho, assinale a alternativa incorreta:

(A) Os riscos econômicos do negócio são exclusivamente do empregador.

(B) Quando há participação nos lucros, o empregado assume os riscos da atividade econômica conjuntamente com o empregador.

(C) O trabalho desenvolvido pelo empregado deve ser prestado pessoalmente, ou seja, exclusiva e unicamente pelo contratado, não podendo tal prestação ser delegada ou repassada a terceiros.

(D) É uma das várias espécies de relação de trabalho.

(E) O peculiar da relação de emprego é a subordinação, razão pela qual é também denominada como relação de trabalho subordinado.

A: correta, pois a assertiva está de acordo com o disposto no art. 2º, *caput*, da CLT; **B:** incorreta, pois o empregado nunca assume os riscos da atividade econômica, mesmo quando haja participação nos lucros, eis que o empregador que assume os riscos do negócio (art. 2º, *caput*, da CLT); **C:** correta, pois a pessoalidade do empregado é uma das características da relação de emprego (art. 3º, *caput*, da CLT); **D:** correta, pois conforme Gustavo Filipe Barbosa Garcia, que trata da matéria nos seguintes termos: "é corrente a utilização dos termos *relação de emprego* e *contrato de trabalho* significando o vínculo empregatício existente entre empregado e empregador. Trata-se, assim, do contrato individual de trabalho. Pode-se dizer que a relação de trabalho é um gênero que tem como uma de suas espécies a relação de emprego" (*Curso de Direito do Trabalho*, 4ª edição, p. 139); **E:** correta, pois uma das principais características da relação de emprego é a subordinação do empregado perante o empregador. **HC**
Gabarito "B".

(Procurador do Município/Florianópolis-SC – 2010 – FEPESE) Assinale a alternativa **correta**.

(A) Trabalhador doméstico é o que presta serviços eventuais no âmbito residencial.

(B) Trabalhador avulso é aquele que presta serviços em caráter eventual, a uma ou mais empresas, sem relação de emprego, mediante a intermediação de sindicato ou entidade gestora de mão de obra.

(C) Trabalhador autônomo é aquele que presta serviços de forma não contínua a um mesmo empregador.

(D) Trabalhador rural é a pessoa física ou jurídica, que em propriedade rural presta serviços de natureza eventual a empregador rural.

(E) Trabalhador eventual é aquele que labora por conta própria, em ocasiões eventuais, dirigindo os rumos da própria atividade.

A: opção incorreta, pois nos termos do art. 1º da LC 150/2015 aquele que presta serviços de forma contínua, subordinada, onerosa e pessoal e de finalidade não lucrativa à pessoa ou à família, no âmbito residencial destas, por mais de 2 (dois) dias por semana; **B:** opção correta, pois de acordo com a redação do art. 12, VI, da Lei 8.212/1991 trabalhador avulso é entendido como quem presta, a diversas empresas, sem vínculo empregatício, serviços de natureza urbana ou rural. O trabalho avulso encontra-se disciplinado na Lei 12.815/2013; **C:** opção incorreta, pois conforme dispõe o art. 12, IV, *b*, da Lei 8.212/1991, trabalhador autônomo é a pessoa física que exerce por conta própria atividade econômica de natureza urbana, com fins lucrativos ou não, ver art. 442-B da CLT; **D:** opção incorreta, pois nos temos do art. 2º da Lei 5.889/1973 empregado rural é toda pessoa física que, em propriedade rural ou prédio rústico, presta serviços de natureza não eventual a empregador rural, sob a dependência deste e mediante salário; **E:** opção incorreta, pois eventual é o trabalhador admitido numa empresa para determinado evento. Em outras palavras, é o trabalho realizado de maneira eventual, de curta duração, cujos serviços não coincidentes com os fins normais da empresa. O trabalhador eventual é vulgarmente chamado de "bico" ou "freelancer". **HC**
Gabarito "B".

(Procurador Federal – 2010 – CESPE) No que se refere ao contrato de aprendizagem, julgue os itens que se seguem.

(1) Não são aplicadas ao trabalhador portador de necessidades especiais as restrições típicas do contrato de aprendizagem inerentes à idade máxima de vinte e quatro anos, tampouco a limitação de prazo contratual de dois anos.

(2) Ao menor aprendiz que trabalha em jornada de seis horas é garantido o salário mínimo mensal.

1: Certo, pois o enunciado está de acordo com o disposto no art. 428, § 5º, da CLT; 2: Errado, pois o menor aprendiz tem assegurado o salário mínimo hora (art. 428, § 2º, da CLT). **HC**
Gabarito 1C, 2E.

(ADVOGADO – CEF – 2010 – CESPE) Para ser configurada a relação de emprego, faz-se necessário o preenchimento simultâneo dos requisitos: pessoa física, subordinação, não eventualidade, onerosidade e pessoalidade.

A respeito desse tema, assinale a opção correta.

(A) O trabalhador em domicílio equipara-se ao autônomo, uma vez que deixa de preencher o requisito subordinação, pertencente à configuração do vínculo empregatício.

(B) O autônomo e o eventual não são considerados empregados para o direito do trabalho, uma vez que, apesar de prestarem serviços de natureza contínua, não possuem a pessoalidade como caracterizadora do vínculo de emprego.

(C) O trabalhador avulso, aquele contratado com intervenção obrigatória do sindicato ou do órgão gestor de mão de obra, equipara-se ao trabalhador com vínculo empregatício, configurando exceção, pois possui todos os direitos trabalhistas inerentes à relação de emprego.

(D) O terceirizado é o trabalhador que presta serviço a uma empresa denominada cliente, possuindo subordinação direta na prestação do serviço, estando ausente, no entanto, a pessoalidade.

(E) O trabalhador voluntário presta serviço de natureza contínua, mas deixa de preencher o requisito pessoalidade, pois poderá ser substituído a qualquer momento por outra pessoa, sem rescisão.

A: opção incorreta, pois nos termos do art. 6º da CLT não se distingue entre o trabalho realizado no estabelecimento do empregador, o executado no domicílio do empregado e o realizado a distância, desde que estejam caracterizados os pressupostos da relação de emprego; **B:** opção incorreta, pois o traço marcante para o autônomo é a ausência de subordinação (ver art. 442-B da CLT) e para o eventual é a ausência de habitualidade; **C:** opção correta, pois reflete o disposto no art. 7º, XXXIV, da CF. **D:** opção incorreta, pois o empregado é subordinado à empresa fornecedora de mão de obra. **E:** opção incorreta, pois não preenche o requisito da onerosidade. **HC**
Gabarito "C".

7. DIREITO DO TRABALHO

(ADVOGADO – CORREIOS – 2011 – CESPE) Julgue o item a seguir, referente ao contrato individual de trabalho.

(1) A duração máxima do contrato por prazo determinado, destinado a serviço cuja natureza ou transitoriedade justifique a predeterminação do prazo, é de noventa dias.

Opção incorreta, pois nos termos do art. 445 da CLT o prazo será de, no máximo, 2 anos. **HC**

Gabarito "1E".

(ADVOGADO – PETROBRÁS DISTRIB. – 2010 – CESGRANRIO) Os altos empregados são assim entendidos como aqueles que, dentro do universo interno empresarial de hierarquia e distribuição de poderes, acabam por concentrar prerrogativas de direção e gestão próprias do empregador. Trata-se de ocupantes de cargos de chefia, direção ou demais funções de gestão que se caracterizam pela elevada fidúcia do empregador e recebem tratamento legislativo diferenciado, posto que, não raras vezes, a sua atuação confunde-se com a do próprio titular do empreendimento. São eles:

(A) os empregados ocupantes de cargos ou funções de gestão ou de confiança, regidos pelo artigo 62, inciso II, da CLT, com exceção do setor bancário.

(B) os empregados ocupantes de cargos ou funções de confiança bancários, regidos pelo artigo 222 da CLT.

(C) os acionistas minoritários com o *status* jurídico de empregados subordinados.

(D) os prepostos da pessoa jurídica com o *status* jurídico de empregados subordinados.

(E) a figura do diretor eleito, exclusivamente, que tenha sido empregado da empresa.

A: opção correta, pois o setor bancário possui regra própria esculpida no art. 224, § 2º, da CLT; B: opção incorreta, pois os bancários não são regidos pelo art. 222 da CLT (dispositivo revogado). Os bancários são regidos pelo art. 224 da CLT; C: opção incorreta, pois não são considerados empregados ocupantes de cargo de confiança, art. 62, II, da CLT. E: opção incorreta. Veja comentários anteriores. **HC**

Gabarito "A".

(ADVOGADO – PETROBRÁS DISTRIB. – 2010 – CESGRANRIO) Nos termos dos artigos 2º e 3º da CLT, é pressuposto configurador da relação de emprego a

(A) prestação de serviços por pessoa jurídica a um tomador.

(B) impessoalidade em relação ao empregado.

(C) eventualidade dos serviços prestados.

(D) subordinação jurídica.

(E) não onerosidade.

A: opção incorreta, pois a prestação de serviço deve ser por uma pessoa física, art. 3º da CLT; B: opção incorreta, pois a PESSOALIDADE é um requisito da relação de emprego disposto no art. 2º da CLT (...prestação pessoal de serviço.) e não a impessoalidade como induz a assertiva; C: opção incorreta, pois a NÃO EVENTUALIDADE ou habitualidade é um requisito da relação de emprego e não a eventualidade que descaracterizaria a relação de emprego/ E: opção incorreta, a relação de emprego é onerosa, nos termos do art. 3º da CLT (...mediante salário). **HC**

Gabarito "D".

3. CONTRATO DE TRABALHO COM PRAZO DETERMINADO

(Procurador – IPSMI/SP – VUNESP – 2016) Nos contratos de trabalho por prazo determinado,

(A) aplica-se o aviso-prévio em favor do empregado, na hipótese de despedida antes do termo final, se houver cláusula assecuratória do direito recíproco de rescisão antecipada.

(B) o aviso-prévio não poderá ser aplicado, pois não é compatível com referida modalidade contratual, não se admitindo cláusula em contrário.

(C) não se admite o gozo de férias, as quais serão indenizadas por ocasião do termo final.

(D) o seguro-desemprego será devido ao empregado, desde que o período contratual não seja inferior a seis meses.

(E) a prorrogação pode ocorrer em, no máximo, duas oportunidades, desde que não ultrapasse o período de dois anos.

A: opção correta, pois nos termos do art. 481 da CLT qualquer que seja o tipo de contrato com prazo determinado previsto na CLT havendo a cláusula assecuratório ao direito recíproco de rescisão serão aplicados os princípios que regem a rescisão dos contratos por prazo indeterminado, inclusive com a percepção de aviso-prévio. Veja Súmula 163 do TST. B: opção incorreta. Veja comentário anterior. C: opção incorreta, pois aos empregados submetidos ao contrato com prazo determinado, são assegurados os mesmos direitos que o empregado com contrato por prazo indeterminado. D: opção incorreta, pois não é devido Seguro Desemprego, tendo em vista que as partes já estão cientes da data do término do contrato de trabalho. E: opção incorreta, pois a prorrogação pode ocorrer apenas uma única vez e não poderá exceder 2 anos, sob pena de ser considerado contrato com prazo indeterminado, art. 451 da CLT. **HC**

Gabarito "A".

(Procurador do Estado/SC – 2010 – FEPESE) Assinale a alternativa **correta**, de acordo com a consolidação das leis do trabalho.

(A) O contrato de trabalho por prazo determinado não poderá ser estipulado por mais de 3 (três) anos.

(B) O contrato individual de trabalho somente poderá ser acordado de forma expressa e por escrito.

(C) Para fins de contratação, o empregador não exigirá do candidato a emprego comprovação de experiência prévia por tempo superior a 6 (seis) meses no mesmo tipo de atividade.

(D) O contrato de experiência não poderá ser estipulado por mais de 45 (quarenta e cinco dias) dias, podendo ser prorrogado uma única vez, de forma a não exceder um total de 90 (noventa) dias.

(E) O vínculo empregatício que existe entre a sociedade cooperativa e seus associados, entre estes e os tomadores de serviços daquela, independe do ramo de atividade explorado.

A: opção incorreta, pois o texto consolidado dispõe no art. 445 que o contrato não poderá ser estipulado por mais de 2 (dois) anos; B: opção incorreta, pois nos termos dos arts. 442 e 443 da CLT o contrato de trabalho poderá ser escrito ou verbal; C: opção correta, pois reflete o disposto no art. 442-A CLT; D: opção incorreta, pois nos termos do art. 445, parágrafo único, da CLT não há impedimento para a celebração do contrato de experiência por 45 (quarenta e cinco) dias, desde que respeitado o prazo total de 90 (noventa) dias; **E:** opção incorreta, pois não há vínculo de emprego entre a sociedade cooperativa e seus associados ou entre estes e os tomadores de serviço, desde que não fique caracterizada a falsa cooperativa, ou seja, cooperativas que fazem intermediação de mão de obra, em que o empregado trabalha de forma subordinada, em atividade fim da empresa, sem qualquer traço de cooperativismo. **HC** Gabarito "C".

(Procurador do Município/Florianópolis-SC – 2010 – FEPESE) Analise as afirmativas abaixo sobre o contrato individual do trabalho:

(1) Qualquer que seja o ramo de atividade da sociedade cooperativa, não existe vínculo empregatício entre ela e seus associados, nem entre estes e os tomadores de serviços daquela.

(2) Considera-se por prazo indeterminado todo contrato que suceder, dentro de 6 (seis) meses, a outro contrato por prazo determinado, salvo se a expiração deste dependeu da execução de serviços especializados ou da realização de certos acontecimentos.

(3) Em decorrência do princípio da continuidade da relação de emprego, é vedada a estipulação de contrato de trabalho por prazo determinado.

Assinale a alternativa que indica todas as afirmativas **corretas**.

(A) É correta apenas a afirmativa 3.

(B) São corretas apenas as afirmativas 1 e 2.

(C) São corretas apenas as afirmativas 1 e 3.

(D) São corretas apenas as afirmativas 2 e 3.

(E) São corretas as afirmativas 1, 2 e 3.

1: Opção correta, pois reflete o disposto no art. 90 da Lei 5.674/1971; **2:** Opção correta, pois reflete o disposto no art. 452 da CLT; **3:** Opção incorreta, pois a CLT prevê a possibilidade de contrato com prazo certo no art. 443 da CLT. **HC** Gabarito "B".

4. TRABALHO DA MULHER E DO MENOR

(Procurador do Estado – PGE/RN – FCC – 2014) Iara Delfina, de 16 anos, foi contratada como operadora de bomba de gasolina no Posto Mata Estrela, dirigido por seu pai e que se situa a 50 quilômetros de Natal, cidade onde reside. A empregadora, cuidadosa no pagamento de suas obrigações trabalhistas decorrentes da legislação, remunera Iara corretamente, a qual recebe mensalmente salário, horas extras, adicional de periculosidade, além de conceder-lhe vale-transporte e auxílio-refeição, conforme determina a convenção coletiva da categoria. Considerados os fatos narrados, o trabalho prestado por Iara, à luz da Consolidação das Leis do Trabalho e da Constituição da República, é:

(A) permitido porque o Posto Mata Estrela é dirigido pelo pai de Iara.

(B) permitido porque Iara já atingiu a idade de 16 anos completos.

(C) proibido porque Iara exerce trabalho em condições de periculosidade.

(D) permitido porque a Constituição da República se sobrepõe à CLT e fomenta o dever social à profissionalização.

(E) proibido porque Iara não é aprendiz, hipótese autorizadora do trabalho descrito.

"C" é a opção correta. Isso porque o art. 7º, XXXIII, CF ensina ser proibido o trabalho noturno, perigoso ou insalubre a menores de dezoito e de qualquer trabalho a menores de dezesseis anos, salvo na condição de aprendiz, a partir de quatorze anos. **HC** Gabarito "C".

(Procurador do Estado/BA – 2014 – CESPE) Julgue o seguinte item.

(1) Pode ser exigido da mulher, para a admissão ou para a permanência no emprego, atestado ou exame de qualquer natureza para a comprovação de esterilidade ou de gravidez, dado o direito do empregador de ser informado da situação da mulher para eventual concessão de benefícios relacionados à condição de gravidez.

1: Opção incorreta, pois objetivando corrigir as distorções que afetam o acesso da mulher ao mercado de trabalho e certas especificidades estabelecidas nos acordos trabalhistas, nos termos do art. 373-A, IV, da CLT é vedado ao empregador exigir atestado ou exame, de qualquer natureza, para comprovação de esterilidade ou gravidez, na admissão ou permanência no emprego. **HC** Gabarito "1E".

(Procurador do Estado/RO – 2011 – FCC) Em relação às disposições legais trabalhistas sobre o trabalho da mulher é INCORRETO afirmar:

(A) Para amamentar o próprio filho, até que este complete 6 (seis) meses de idade, a mulher terá direito, durante a jornada de trabalho, a dois descansos especiais, de meia hora cada um.

(B) As empresas com mais de cem empregados, de ambos os sexos, deverão manter programas especiais de incentivos e aperfeiçoamento profissional de mão de obra.

(C) Em caso de aborto não criminoso, comprovado por atestado médico oficial, a mulher terá um repouso remunerado de 2 (duas) semanas, ficando-lhe assegurado o direito de retornar à função que ocupava antes de seu afastamento.

(D) Ao empregador é vedado empregar a mulher em serviço que demande o emprego de força muscular superior a 25 (vinte e cinco) quilos, para o trabalho contínuo, ou 20 (vinte) quilos, para o trabalho ocasional.

(E) A pessoa jurídica poderá associar-se a entidade de formação profissional, sociedades civis, sociedades cooperativas, órgãos e entidades públicas ou entidades sindicais, bem como firmar convênios para o desenvolvimento de ações conjuntas, visando à execução de projetos relativos de incentivo ao trabalho da mulher.

A: opção correta, pois reflete o disposto no art. 396 da CLT; **B:** opção correta, pois reflete o disposto no art. 390-C da CLT; **C:** opção correta, pois reflete o disposto no art. 395 da CLT; **D:** opção incorreta, pois nos termos do art. 390 da CLT para trabalhos contínuos, a força muscular é superior a 20 quilos e 25 quilos, para o trabalho ocasional; **E:** opção correta, pois reflete o disposto no art. 390-E da CLT. **HC** Gabarito "D".

(Procurador do Estado/RO – 2011 – FCC) Em relação ao trabalho do menor é INCORRETO afirmar:

(A) Se a autoridade competente verificar que o trabalho executado pelo menor é prejudicial à sua saúde, ao seu desenvolvimento físico ou à sua moralidade, poderá ela obrigá-lo a abandonar o serviço, devendo a respectiva empresa, quando for o caso, proporcionar ao menor todas as facilidades para mudar de funções.

(B) Ao responsável legal do menor é facultado pleitear a extinção do contrato de trabalho, desde que o serviço possa acarretar para ele prejuízo de ordem física ou moral.

(C) O empregador, cuja empresa ou estabelecimento ocupar menores, será obrigado a conceder-lhes o tempo que for necessário para a frequência às aulas.

(D) Ao menor de 18 anos é vedado o trabalho noturno, considerado, na área urbana ou rural, o que for executado no período compreendido entre as 20 (vinte) e as 5 (cinco) horas.

(E) Os estabelecimentos situados em lugar onde a escola estiver a maior distância que dois quilômetros e que ocuparem, permanentemente, mais de trinta menores analfabetos, serão obrigados a manter local apropriado em que lhes seja ministrada a instrução primária.

A: opção correta, pois reflete o disposto no art. 407 da CLT; **B:** opção correta, pois reflete o disposto no art. 408 da CLT; **C:** opção correta, pois reflete o disposto no art. 427 da CLT; **D:** opção incorreta, pois nos termos do art. 7º da Lei 5.889/1973, considera-se trabalho noturno o executado entre as 21 horas de um dia e as 5 horas do dia seguinte, na lavoura, e entre as 20 horas de um dia e as 4 horas do dia seguinte, na atividade pecuária; **E:** opção correta, pois reflete o disposto no art. 427, parágrafo único, da CLT. HC
„Gabarito "D".

(ADVOGADO – CORREIOS – 2011 – CESPE) Julgue os itens seguintes, acerca do trabalho do menor.

(1) Menor com dezesseis anos de idade que trabalhe, por exemplo, como balconista em uma panificadora pode firmar recibo de pagamento mensal. Entretanto, em caso de extinção de seu contrato, se ele ainda for menor de idade, não poderá dar quitação das verbas rescisórias sem assistência de seu responsável legal.

(2) Atualmente, aquele que contratar menor aprendiz de quinze anos de idade não terá a obrigação de pagar-lhe o salário mínimo mensal.

1: opção correta, pois reflete o disposto no art. 439 da CLT. 2: opção correta, pois será assegurado o salário mínimo hora, nos termos do art. 428, § 2º, da CLT. HC
Gabarito 1C, 2C

5. ALTERAÇÃO, INTERRUPÇÃO E SUSPENSÃO DO CONTRATO DE TRABALHO

(Procurador do Município – S.J. Rio Preto/SP – 2019 – VUNESP) A respeito do denominado *jus variandi*, é correto afirmar que

(A) confere ao empregador o direito de transferir o empregado que exerce função de confiança para localidade diversa da que consta do contrato.

(B) decorre diretamente do princípio *pacta sunt servanda*, que rege os contratos de trabalho.

(C) garante ao empregado o direito de alterar a data fixada para suas férias.

(D) confere ao empregador o direito de alterar a jornada de trabalho dos empregados, desde que respeitado o direito adquirido à percepção de adicional noturno.

(E) não se aplica aos contratos de trabalho firmados pela Administração Pública.

A: correta, pois nos termos do art. 469, § 1º, da CLT a transferência pode ocorrer de forma unilateral pelo empregador, ou seja, sem o consentimento do obreiro, nos casos em que o empregado exerçam cargo de confiança, isto é, aqueles que exerçam amplos poderes de mando, de modo a representarem a empresa nos atos de sua administração. **B:** incorreta, pois o princípio *pacta sunt servanda*, aplicável aos contratos de trabalho de forma atenuada, estabelece que o contrato deve ser executado pelas partes nos termos ajustados, ou seja, os contratos devem ser rigorosamente observados e cumpridos, vez que fazem lei entre as partes. **C:** incorreta, pois de acordo com o art. 136 da CLT a época da concessão das férias será a que melhor consulte os interesses do empregador. **D:** incorreta, pois o adicional noturno (art. 73 CLT) será concedido somente enquanto o obreiro laborar no período noturno. Trata-se de modalidade conhecida de salário condição. Veja súmula 265 TST. **E:** incorreta, pois uma vez celebrado contrato de trabalho (normas celetistas) o *jus variandi* se aplica também à administração Pública. „Gabarito "A".

(Procurador do Estado/AC – 2017 – FMP) Considerando as hipóteses de suspensão e suspensão parcial do contrato individual de trabalho, é CORRETO afirmar que

(A) as férias são consideradas exemplo de suspensão do contrato.

(B) a greve é tida como suspensão do contrato, por expressa previsão legal.

(C) o descanso semanal não é computado no tempo de serviço do empregado.

(D) a suspensão disciplinar é exemplo de interrupção do contrato de trabalho.

(E) os intervalos para descanso e alimentação são computados na jornada de trabalho.

A: incorreta, pois as férias são consideradas interrupção do contrato de trabalho, tendo em vista que o pagamento de salários pela empresa continua a ser efetuado pela empresa. **B:** correta, pois nos termos do art. 7º da Lei 7.783/90 é hipótese de suspensão do contrato de trabalho. **C:** incorreta, pois o Descanso Semanal Remunerado, também considerado hipótese de interrupção do contrato de trabalho (Lei 605/1949) é considerado como tempo de serviço. **D:** incorreta, pois a suspensão disciplinar, art. 474 da CLT é considerada hipótese de suspensão do contrato de trabalho, tendo em vista que nesse período não há o pagamento de salários. **E:** incorreta, pois nos termos do art. 71, § 2º, da CLT os intervalos de descanso não serão computados na duração do trabalho. „Gabarito "B".

(Procurador – IPSMI/SP – VUNESP – 2016) Nos termos da Consolidação das Leis do Trabalho, a mudança na propriedade ou estrutura jurídica da empresa

(A) poderá afetar os direitos adquiridos pelos empregados, se houver previsão em lei municipal.

(B) poderá acarretar a extinção automática dos contratos de trabalho mantidos com o sucedido.

(C) não afetará os contratos de trabalho dos respectivos empregados.

(D) importará a celebração de novos contratos de trabalho com os empregados do sucedido.

(E) assegurará o direito de rescisão indireta dos contratos de trabalho aos empregados do sucedido.

A: opção incorreta, pois nos termos do art. 10 da CLT qualquer alteração na estrutura jurídica da empresa não afetará os direitos adquiridos por seus empregados. **B:** opção incorreta, pois nos termos do art. 448 da CLT a mudança não afetará os contratos de trabalho. **C:** opção correta, pois reflete a disposição do art. 448 da CLT. **D:** opção incorreta, art. 448 CLT. **E:** opção incorreta, Veja comentários anteriores. HC
Gabarito "C".

(Procurador Municipal/SP – VUNESP – 2016) Determinado empregado começa a trabalhar no dia 01.02.2010, com remuneração no valor de R$ 1.000,00 (um mil reais). Em 01.05.2012, é dispensado imotivadamente sem ter gozado nenhum período de férias. Durante o contrato de trabalho, seu salário sofreu os seguintes reajustes: em 01.07.2010, passou para R$ 1.100,00; em 01.02.2011, passou para R$ 1.200,00; em 01.07.2011, passou para R$ 1.500,00 e, em 01.02.2012, passou para R$ 1.700,00. Diante disso, e dos termos da Súmula 7 do TST, é correto afirmar que a indenização do primeiro período de férias vencidas e não gozadas deve ser calculada com base em

(A) R$ 1.000,00.

(B) R$ 1.100,00.

(C) R$ 1.200,00.

(D) R$ 1.500,00.

(E) R$ 1.700,00.

"E" é a opção correta. Isso porque os termos da súmula 7 do TST a indenização pelo não deferimento das férias no tempo oportuno será calculada com base na remuneração devida ao empregado na época da reclamação ou, se for o caso, na da extinção do contrato. HC

Gabarito "E".

(Procurador do Estado – PGE/MT – FCC – 2016) Sócrates é professor de Matemática na Escola Sol Nascente, contratado pelo regime da Consolidação das Leis do Trabalho. Celebrado o contrato de trabalho, foi prevista uma carga horária de 40 horas-aula semanais, com valor R$ 20,00 por hora-aula. Em virtude da diminuição do número de alunos, a direção da escola reduz a carga horária de Sócrates para 20 horas semanais, sem consultar o empregado, mantendo o valor pago por hora-aula. Levando-se em conta a legislação vigente e orientação jurisprudencial da SDI-1 do Tribunal Superior do Trabalho,

(A) é lícita esta alteração contratual com redução de carga horária uma vez que o empregador, mesmo sem o consentimento do empregado, sempre pode alterar as cláusulas do contrato de trabalho, por ser detentor de *jus variandi*.

(B) não se trata na hipótese de alteração contratual, uma vez que a redução de carga horária em decorrência da redução do número de alunos não implica alteração contratual, já que não acarretou redução do valor da hora-aula.

(C) é ilícita esta redução de carga horária, uma vez que o único requisito de toda alteração contratual perpetrada pelo empregador é o mútuo consentimento entre ele e o empregado.

(D) é ilícita esta alteração contratual uma vez que o empregado terá reduzida a sua remuneração mensal, o que só é permitida mediante acordo ou convenção coletiva, conforme previsão na Constituição Federal de 1988.

(E) é ilícita esta redução de carga horária, uma vez que o empregador deve assumir os riscos do negócio, não sendo possível transferir ao empregado o prejuízo causado pela redução do número de alunos, que deve ser suportado por ele.

"B" é a resposta correta. Isso porque, nos termos da OJ 244 da SDI 1 do TST, a redução da carga horária do professor, em virtude da diminuição do número de alunos, não constitui alteração contratual, uma vez que não implica redução do valor da hora-aula. HC

Gabarito "B".

(Procurador do Estado/BA – 2014 – CESPE) Julgue o seguinte item.

(1) O empregado afastado do emprego não tem direito às vantagens concedidas, durante a sua ausência, à categoria que integra na empresa.

1: Opção incorreta, pois ao empregado afastado do emprego, são asseguradas, por ocasião de sua volta, todas as vantagens que, em sua ausência, tenham sido atribuídas à categoria a que pertencia na empresa, nos termos do art. 471 da CLT. HC

Gabarito "1E".

(Procurador do Estado/BA – 2014 – CESPE) Em relação aos direitos dos trabalhadores, julgue o item seguinte.

(1) O salário mínimo deve ser fixado em lei estadual, consideradas as peculiaridades locais, com vistas ao atendimento das necessidades básicas do trabalhador e de sua família com moradia, alimentação, educação, saúde, lazer, vestuário, higiene, transporte e previdência social, com reajustes semestrais que lhe preservem o poder aquisitivo, vedada a vinculação salarial para qualquer fim.

1: Opção incorreta, pois nos termos do art. 7º, IV, da CF o salário mínimo, será fixado em lei, nacionalmente unificado, capaz de atender a suas necessidades vitais básicas e às de sua família com moradia, alimentação, educação, saúde, lazer, vestuário, higiene, transporte e previdência social, com reajustes periódicos que lhe preservem o poder aquisitivo, sendo vedada sua vinculação para qualquer fim. HC

Gabarito "1E".

(Procurador do Estado/BA – 2014 – CESPE) Em relação aos direitos dos trabalhadores, julgue o item seguinte.

(1) A cada doze meses de vigência do contrato individual de trabalho, o empregado adquire o direito a férias, a ser concedido, no período dos doze meses seguintes, com adicional de um terço, por trinta dias, exceto se reduzido o gozo em razão de faltas havidas durante o período aquisitivo.

1: Opção correta, pois nos termos dos arts. 129 e 130 da CLT após 12 meses de prestação de serviços (período aquisitivo) o empregado terá direito às férias nas proporções estabelecidas no art. 130 da CLT. As férias devem ser concedidas nos 12 meses subsequentes, art. 134 da CLT (período concessivo). HC

Gabarito "1C".

(Procurador Distrital – 2014 – CESPE) Julgue o seguinte item, com base na legislação e no entendimento jurisprudencial dominante do TST.

(1) O afastamento da atividade laboral que enseja recebimento de auxílio-doença previdenciário caracteriza hipótese de suspensão do contrato de trabalho. Cessado o prazo de vigência desse benefício e não havendo prorrogação, o empregado deverá se apresentar nas quarenta e oito horas seguintes ao término desse prazo, ou justificar sua impossibilidade de retorno ao empregador, sob pena de se caracterizar justa causa para demissão.

1: Opção incorreta, pois embora com o recebimento do auxílio se considere suspensão do contrato de trabalho, o empregado deverá se apresentar imediatamente ao trabalho. HC

Gabarito "1E".

7. DIREITO DO TRABALHO — 449

(Procurador Federal – 2013 – CESPE) Julgue o item seguinte.

(1) Segundo entendimento consolidado pelo TST, mesmo que concedidas as férias nos doze meses subsequentes à data em que o empregado tiver adquirido o direito, será devido o pagamento em dobro da remuneração de férias, incluído o terço constitucional, quando o empregador não efetuar o pagamento da remuneração das férias até dois dias antes do início do respectivo período de gozo.

1: Opção correta, pois de acordo com a súmula 450 do TST **é** devido o pagamento em dobro da remuneração de férias, incluído o terço constitucional, com base no art. 137 da CLT, quando, ainda que gozadas na época própria, o empregador tenha descumprido o prazo previsto no art. 145 do mesmo diploma legal. **HC**
Gabarito "1C."

(Procurador Federal – 2013 – CESPE) Julgue o item seguinte.

(1) O empregado poderá deixar de comparecer ao serviço sem prejuízo do salário por até dois dias consecutivos para se alistar como eleitor. Nesse caso, como o obreiro permanece recebendo sua remuneração, ocorre a interrupção do contrato de trabalho.

1: Opção correta, pois nos termos do art. 473, V, da CLT o empregado poderá deixar de comparecer ao serviço sem prejuízo do salário, até 2 (dois) dias consecutivos ou não, para o fim de se alistar eleitor. Por ter o referido dispositivo legal determinado o pagamento dos salários desses dias ao obreiro, podemos afirmar que constitui hipótese de interrupção do contrato de trabalho. **HC**
Gabarito "1C."

(Procurador Federal – 2013 – CESPE) Julgue o item seguinte.

(1) Suspenso o contrato de trabalho em virtude de aposentadoria por invalidez, o empregado perde o direito à manutenção de plano de saúde ou de assistência médica a ele oferecido pela empresa.

1: Opção incorreta, pois de acordo com o entendimento contido na Súmula 440 do TST assegura-se o direito à manutenção de plano de saúde ou de assistência médica oferecido pela empresa ao empregado, não obstante suspenso o contrato de trabalho em virtude de auxílio-doença acidentário ou de aposentadoria por invalidez. **HC**
Gabarito "1E."

(Procurador do Município/Manaus-AM – 2006 – FCC) Dentre outras, constitui hipótese de suspensão do contrato de trabalho

(A) a assunção, pelo empregado, de cargo de diretoria para o qual foi eleito, não permanecendo a subordinação jurídica inerente à relação de emprego.

(B) o período de afastamento decorrente de aborto não criminoso, comprovado por atestado médico oficial.

(C) o não comparecimento do empregado ao serviço, até três dias consecutivos, em virtude de casamento.

(D) a ausência do empregado ao serviço em razão de férias ou de repouso semanal remunerado.

(E) a ausência do empregado ao serviço, por um dia em cada doze meses de trabalho, para doação voluntária de sangue devidamente comprovada.

A: opção correta, pois reflete o entendimento disposto na Súmula 269 do TST; **B:** opção incorreta, pois nos termos do art. 395 da CLT constitui modalidade de interrupção do contrato de trabalho, pois não há prestação de serviço, mas permanece o pagamento do salário; **C:** opção incorreta, pois nos termos do art. 473, II, da CLT constitui modalidade

de interrupção do contrato de trabalho, pois não há prestação de serviço, mas permanece o pagamento do salário; **D:** opção incorreta, pois não constituem modalidades de interrupção do contrato de trabalho, pois não há prestação de serviço, mas permanece o pagamento de salários; **E:** opção incorreta, pois nos termos do art. 473, IV, da CLT constitui modalidade de interrupção do contrato de trabalho, pois não há prestação de serviço, mas permanece o pagamento do salário. **HC**
Gabarito "A."

(Procurador do Município/Sorocaba-SP – 2012 – VUNESP) No curso do contrato de trabalho, há períodos de paralisação das atividades e aqueles que são destinados aos repousos e descanso. Quanto a esse tema, assinale a alternativa correta.

(A) Há várias espécies de repouso e descanso, divididos em dois gêneros: suspensão e interrupção do contrato de trabalho. A suspensão dá-se quando devidos os salários e a interrupção, quando não há pagamento.

(B) São exemplos de interrupção do contrato de trabalho: as férias, o repouso semanal remunerado e os primeiros 15 dias de afastamento por doença; e de suspensão do contrato de trabalho, o intervalo intrajornada para refeição e descanso, o intervalo interjornadas e o período de greve.

(C) Durante o período do serviço militar do empregado, apesar de indevidos os salários, porque o empregador é obrigado a pagar o Fundo de Garantia do Tempo de Serviço, está-se diante de hipótese de descanso compulsório.

(D) As faltas podem ser justificadas ou não. No entanto, sempre que houver ausência, o empregador está autorizado a proceder aos descontos dos salários relativos aos dias em que não houve a prestação de serviços.

(E) As férias serão proporcionais ao número de faltas que o empregado teve durante o ano. No entanto, em hipótese nenhuma poderá haver a perda do direito às férias ou a supressão do direito às férias do empregado.

A: opção incorreta, pois as causas de interrupção e suspensão não são espécies de repouso e descanso; **B:** opção correta, pois são hipóteses de interrupção do contrato de trabalho, pois na interrupção ocorre a não produção dos efeitos de forma unilateral, ou seja, o empregado suspende a prestação de serviços, mas continua recebendo a remuneração pelo empregador; **C:** opção incorreta, pois não se trata de uma hipótese de descanso, mas sim uma forma de suspensão do contrato de trabalho; **D:** opção incorreta, pois o art. 473 elenca hipóteses que o empregado se ausenta sem perder o direito ao recebimento do salário relativo aos dias; **E:** opção incorreta, pois o art. 133 da CLT elenca hipóteses em que há a perda do direito às férias. **HC**
Gabarito "B."

(Advogado da União/AGU – CESPE – 2012) No que se refere a alteração, suspensão, interrupção e extinção do contrato de trabalho, julgue os próximos itens.

(1) A jurisprudência do TST tem orientação firme no sentido de que, excetuados os empregados da Empresa Brasileira de Correios e Telégrafos, por ser esta equiparada à fazenda pública, os demais empregados públicos de empresas públicas e de sociedades de economia mista, ainda que concursados, podem ter seus contratos de trabalho rescindidos por demissão sem justa causa, por não haver necessidade de motivação do ato de demissão.

(2) Nos contratos individuais de trabalho, apenas é lícita a alteração empreendida por mútuo consentimento, ainda que possa resultar prejuízo ao trabalhador, considerada a caracterização de renúncia recíproca, em que o prejuízo se compensa com promessa futura de melhoria na condição salarial ou de trabalho.

(3) A suspensão do contrato de trabalho importará na rescisão indireta do contrato de trabalho apenas se for decretada por período superior a sessenta dias.

1: opção correta, pois reflete o entendimento consolidado na OJ 247 da SDI 1 do TST. 2: opção incorreta, pois nos termos do art. 468 da CLT a alteração não poderá ocasionar prejuízos, direitos ou indiretos, para o trabalhador. 3: opção incorreta, pois nos termos do art. 474 da CLT A suspensão do empregado por mais de 30 (trinta) dias consecutivos importa na rescisão indireta do contrato de trabalho. **HC**

Gabarito 1C, 2E, 3E

(Procurador do Estado/SC – 2010 – FEPESE) Sobre os institutos da interrupção e da suspensão do contrato de trabalho

(1) Há pagamento de salários durante a interrupção do contrato de trabalho.

(2) Não há contagem de tempo de serviço durante a interrupção do contrato de trabalho.

(3) Há pagamento de salários durante o período de suspensão do contrato de trabalho.

(4) Não há contagem de tempo de serviço durante a suspensão do contrato de trabalho.

Assinale a alternativa que indica todas as afirmativas **corretas**.

(A) São corretas apenas as afirmativas 1 e 4.

(B) São corretas apenas as afirmativas 2 e 4.

(C) São corretas apenas as afirmativas 3 e 4.

(D) São corretas apenas as afirmativas 1, 2 e 3.

(E) São corretas apenas as afirmativas 2, 3 e 4.

Na interrupção do contrato de trabalho o empregado suspende a prestação de serviços, mas continua recebendo a remuneração pelo empregador. Há uma simples interrupção na prestação de serviços pelo empregado, prevalecendo, para o empregador, a obrigatoriedade de pagar os salários, não todo ou em parte. Assim, embora não trabalhe, ou seja, não preste serviços, o empregado continuará recebendo sua remuneração, contando-se esse período como tempo de serviço. São exemplos: a) acidente de trabalho ou doença até o 15º dia, tendo em vista que o pagamento dos primeiros 15 (quinze) dias de ausência é de responsabilidade do empregador, em conformidade com o art. 60, § 3º, da Lei 8.213/1991; b) licença-maternidade, que se encontra prevista no art. 7º, XVIII, da CF, c/c o art. 71 da Lei 8.213/1991, pelo período de 120 dias.

Já a suspensão é representada por fatos que determinam que, temporariamente, o contrato de trabalho pare de produzir seus efeitos tanto para o empregado como para o empregador. Assim, o empregado não prestará serviços e o empregador não pagará seus salários. São exemplos: a) acidente de trabalho ou doença, a partir do 16º dia, tendo em vista que o trabalhador percebe o benefício do auxílio-doença, que é pago pela Previdência Social, art. 59 da Lei 8.213/1991; c) aposentadoria por invalidez, nos termos do art. 475 da CLT. **HC**

Gabarito "A".

(Procurador Federal – 2010 – CESPE) Julgue os próximos itens, a respeito dos institutos da interrupção e da suspensão do contrato de trabalho.

(1) No caso de recuperação da capacidade de trabalho e cancelamento de aposentadoria de empregado

afastado por invalidez, pode o empregador rescindir o contrato com empregado admitido para substituir o empregado aposentado, sem incorrer em indenização rescisória, se, no momento da celebração do contrato, tiver restado inequívoca a ciência da interinidade.

(2) O empregado afastado em virtude das exigências do serviço militar deve notificar seu empregador acerca do retorno às atividades no prazo máximo de dez dias contados da data em que se verificar a respectiva baixa.

1: Certo, pois o enunciado corresponde ao disposto no art. 475, §§ 1º e 2º, da CLT; **2:** Errado, pois o prazo para o empregado notificar o empregador dando conta de sua intenção de voltar às atividades é de 30 (trinta) dias (art. 472, § 1º, da CLT). **HC**

Gabarito 1C, 2E

(Procurador Federal – 2010 – CESPE) No que concerne à alteração do contrato de trabalho, julgue o item abaixo.

(1) Presume-se abusiva a transferência de empregado que exerça cargo de confiança, sem a devida comprovação da necessidade do serviço.

Certo, pois o enunciado corresponde ao disposto na Súmula 43 do TST: "TRANSFERÊNCIA Presume-se abusiva a transferência de que trata o § 1º do art 469 da CLT, sem comprovação da necessidade do serviço". **HC**

Gabarito "1C".

(Procurador do Município/Florianópolis-SC – 2010 – FEPESE) Com relação à Consolidação das Leis do Trabalho, assinale a alternativa **incorreta**.

(A) A época da concessão das férias será a que melhor consulte os interesses do empregador.

(B) Poderão ser concedidas férias coletivas a todos os empregados de uma empresa ou de determinados estabelecimentos ou setores da empresa.

(C) No caso de férias coletivas, o empregador comunicará ao órgão local do Ministério do Trabalho, com a antecedência mínima de quinze dias, as datas de início e fim das férias, precisando quais os estabelecimentos ou setores abrangidos pela medida.

(D) Ao empregador, é facultado converter um terço do período de férias a que tiver direito o empregado em abono pecuniário, este no valor da remuneração que lhe seria devida nos dias correspondentes.

(E) Não terá direito a férias o empregado que, no curso do período aquisitivo, tiver percebido da Previdência Social prestações de acidente de trabalho ou de auxílio-doença por mais de seis meses, embora descontínuos.

A: opção correta, pois reflete o disposto no art. 136 da CLT; **B:** opção correta, pois reflete o disposto no art. 139 da CLT; **C:** opção correta, pois reflete o disposto no art. 139, § 2º, da CLT; **D:** opção incorreta, pois trata-se de faculdade do empregado e não do empregador, como induz a assertiva; **E:** opção correta, pois reflete o disposto no art. 133, II, da CLT. **HC**

Gabarito "D".

(Procurador do Município/Florianópolis-SC – 2010 – FEPESE) Não é exemplo de interrupção do contrato de trabalho:

(A) férias;

(B) alistamento eleitoral;

(C) aposentadoria por invalidez;

7. DIREITO DO TRABALHO

(D) repouso semanal remunerado;

(E) afastamento por doença, durante os primeiros quinze dias.

Na interrupção do contrato de trabalho o empregado suspende a prestação de serviços, mas continua recebendo a remuneração pelo empregador. Há uma simples interrupção na prestação de serviços pelo empregado, prevalecendo, para o empregador, a obrigatoriedade de pagar os salários, no todo ou em parte. Assim, embora não trabalhe, ou seja, não preste serviços, o empregado continuará recebendo sua remuneração, contando-se esse período como tempo de serviço. São exemplos: a) acidente de trabalho ou doença até o 15º dia, tendo em vista que o pagamento dos primeiros 15 (quinze) dias de ausência é de responsabilidade do empregador, em conformidade com o art. 60, § 3º, da Lei 8.213/1991; b) licença-maternidade, que se encontra prevista no art. 7º, XVIII, da CF, c/c o art. 71 da Lei 8.213/1991, pelo período de 120 dias. Já a suspensão é representada por fatos que determinam que, temporariamente, o contrato de trabalho pare de produzir seus efeitos tanto para o empregado como para o empregador. Assim, o empregado não prestará serviços e o empregador não pagará seus salários. São exemplos: a) acidente de trabalho ou doença, a partir do 16º dia, tendo em vista que o trabalhador percebe o benefício do auxílio-doença, que é pago pela Previdência Social, art. 59 da Lei 8.213/1991; c) aposentadoria por invalidez, nos termos do art. 475 da CLT.

Gabarito "C".

(Procurador do Município/Teresina-PI – 2010 – FCC) Maria, antes de completar o período aquisitivo de doze meses de suas férias, teve seu contrato individual de trabalho rescindido sem justa causa pela empresa empregadora. Neste caso, Maria

(A) terá direito ao pagamento de 2/3 da remuneração das férias proporcionais ao período trabalhado.

(B) terá direito ao pagamento de 1/3 da remuneração das férias proporcionais ao período trabalhado.

(C) não terá direito ao pagamento da remuneração das férias proporcionais.

(D) terá direito ao pagamento de 50% da remuneração das férias proporcionais ao período trabalhado.

(E) terá direito ao pagamento da remuneração das férias proporcionais.

Nos termos do art. 147 da CLT o empregado que for despedido sem justa causa, ou cujo contrato de trabalho se extinguir em prazo predeterminado, antes de completar 12 (doze) meses de serviço, terá direito à remuneração relativa ao período incompleto de férias.

Gabarito "E".

(ADVOGADO – CORREIOS – 2011 – CESPE) Acerca da suspensão e interrupção do contrato de trabalho, julgue o item subsequente.

(1) Considere a seguinte situação hipotética. Márcia concordou formalmente com a suspensão de seu contrato de trabalho, por período de quatro meses, para participar de um curso de qualificação profissional oferecido pelo seu empregador. O instrumento coletivo de trabalho que rege a categoria profissional de Márcia autoriza o afastamento de empregados para tal fim. Nessa situação hipotética, o empregador não terá a obrigação de pagar, durante todo o tempo de duração do curso, os salários de Márcia.

Opção correta, pois está em conformidade com as regras estabelecidas pelo art. 476-A da CLT. **HC**

Gabarito "1C".

(ADVOGADO – PETROBRÁS DISTRIB. – 2010 – CESGRANRIO) Sucessão trabalhista, também conhecida por alteração contratual subjetiva, traduz-se, em síntese, na substituição de empregadores, com imposição de créditos e débitos.

A esse respeito, considere as afirmações a seguir.

I. A caracterização está contida no art. 10 da CLT, ao versar que qualquer alteração na estrutura jurídica da empresa poderá afetar os direitos adquiridos por seus empregados.

II. A caracterização está contida no art. 448 da CLT, ao versar que a mudança na propriedade ou na estrutura jurídica da empresa poderá afetar os contratos de trabalho dos respectivos empregados.

III. A utilização do termo empresa na lei ressalta a despersonalização do empregador, enfatizando a vinculação do contrato de trabalho à própria atividade empresarial, independente de quem venha a ser titular.

IV. A precisão dos preceitos legais relativos à sucessão não permite que a jurisprudência proceda ao processo de adequação do sentido das normas às constantes transformações ocorridas na realidade concreta.

São corretas APENAS as afirmações

(A) I

(B) III

(C) II e IV

(D) I, II e III.

(E) II, III e IV.

I: opção incorreta, pois a regra do art. 10 da CLT ensina que a alteração NÃO poderá afetar os direitos adquiridos dos empregados; II: opção incorreta, pois a regra do art. 448 da CLT ensina que NÃO poderá afetar os contratos de trabalho dos respectivos empregados; III: opção correta, pois o empregador não é a pessoa física, mas sim a empresa, ou seja, a pessoa jurídica como dispõe o art. 2º da CLT; IV: opção incorreta, pois as regras contidas nos arts. 10 e 448 da CLT permitem a perfeita adequação, veja, por exemplo, a publicação da OJ 411 da SDI 1 do TST em outubro de 2010. **HC**

Gabarito "B".

6. REMUNERAÇÃO E SALÁRIO

(Procurador – IPSMI/SP – VUNESP – 2016) Ao empregador é vedado efetuar qualquer desconto nos salários do empregado, ficando excepcionados, entre outros,

(A) os adiantamentos, os descontos legais e os danos culposos, independentemente de previsão contratual.

(B) os danos causados por dolo do empregado, desde que haja previsão contratual.

(C) a mensalidade sindical, os descontos legais e os danos causados pelo empregado, independentemente de qualquer outra condição.

(D) os danos causados por culpa ou dolo do empregado, independentemente de previsão contratual.

(E) os danos causados por dolo do empregado.

A: opção incorreta, pois embora o art. 462 da CLT permita o desconto quando resultar de adiantamentos, de dispositivos de lei ou de contrato coletivo, na ocorrência de dano culposo deve haver a concordância do empregado, art. 462, § 1º, CLT. **B:** opção incorreta, pois na ocorrência de dolo por parte do empregado não é necessária a previsão contratual. **C:** opção incorreta, pois nos termos da OJ 18 da SDC do TST os descontos efetuados com base em cláusula de acordo firmado entre as partes não podem ser superiores a 70% do salário base percebido pelo

452 HERMES CRAMACON

empregado, pois deve-se assegurar um mínimo de salário em espécie ao trabalhador. **D:** opção incorreta, pois nos termos do art. 462, § 1º, CLT em caso de dano culposo causado pelo empregado, o desconto será lícito, desde que esta possibilidade tenha sido acordada. **E:** opção correta, pois nos termos do art. 462, § 1º, CLT em caso de dolo do empregado poderá haver o desconto independentemente de previsão contratual. **HC**

Gabarito "E".

(Procurador do Estado – PGE/RS – Fundatec – 2015) O denominado pela doutrina efeito reflexivo, reflexo ou circundante do salário, traz como consequência o fato do pagamento de parcelas de natureza salarial não se esgotar exclusivamente no seu simples adimplemento, gerando efeito cascata em outras parcelas. Quanto a esse tema, e levando em consideração a jurisprudência sumulada do Tribunal Superior do Trabalho, assinale a alternativa INCORRETA.

(A) O cálculo do valor das horas extras habituais, para efeito de reflexos em verbas trabalhistas, observará o número das horas efetivamente prestadas e sobre ele aplica-se o valor do salário-hora da época do pagamento daquelas verbas.

(B) O valor das horas extras habitualmente prestadas integra o cálculo dos haveres trabalhistas, respeitada a limitação prevista no *caput* do art. 59 da CLT.

(C) O adicional noturno, pago com habitualidade, integra o salário do empregado para todos os efeitos.

(D) O adicional de periculosidade, pago em caráter permanente, integra o cálculo de indenização e de horas extras.

(E) Enquanto percebido, o adicional de insalubridade integra a remuneração para todos os efeitos legais.

A: correta, pois reflete a disposição da súmula 347 do TST; **B:** incorreta, pois, nos termos da súmula 376, II, TST, o valor das horas extras habitualmente prestadas integra o cálculo dos haveres trabalhistas, independentemente da limitação prevista no "caput" do art. 59 da CLT; **C:** correta, pois reflete a disposição da súmula 60, I, TST; **D:** correta, pois reflete a disposição contida na súmula 132, I, TST. **E:** correta, pois reflete a disposição da súmula 139 TST. **HC**

Gabarito "B".

(Procurador do Estado – PGE/MT – FCC – 2016) Arquimedes laborou como vendedor da Metalúrgica Gregos e Troianos Ltda., tendo sido dispensado no dia 10/10/2015. Para o desempenho das suas funções utilizava veículo da empresa. Em seu contrato de trabalho, não havia qualquer previsão a respeito de desconto por eventuais danos que causasse pela utilização do veículo da empresa. Recebia salário fixo e comissões sobre as vendas efetuadas. Dois meses antes de ser dispensado efetuou uma venda em dez parcelas, sendo que recebeu as comissões devidas por cada parcela quitada até a sua rescisão. Ao retornar desta venda, bateu o veículo da empresa, tendo sido constatada a sua culpa no evento. A empresa procedeu ao desconto do valor do conserto no salário de Arquimedes no mês seguinte. No ato da rescisão descontou as comissões pagas pela última venda realizada pelo mesmo, alegando que não teria sido concluída a negociação por conta do parcelamento. Na presente situação, o desconto pelo conserto do veículo é:

(A) correto ainda que não pactuado em contrato de trabalho, pelo fato de ter sido comprovada a culpa do empregado, e lícito o desconto das comissões pagas pela última venda pelo fato de o empregado ter se desligado da empresa antes de a mesma ter sido concluída, perdendo, ainda, o direito às comissões sobre as demais parcelas pagas pós rescisão.

(B) indevido, visto que a única hipótese que possibilitaria referido desconto seria a pactuação no contrato de trabalho, e lícito o desconto das comissões pagas pela última venda uma vez que esta não foi concluída até o momento da rescisão contratual, em virtude de o pagamento ter sido estipulado por parcelas.

(C) ilícito, uma vez que não havia acordo expresso prevendo esta possibilidade, ainda que comprovada a culpa do empregado, e ilícita a dedução das comissões pagas pelas parcelas quitadas da última venda, uma vez que a venda se concluiu, ainda que de forma parcelada, fazendo o empregado jus às comissões inclusive sobre as parcelas pagas após a rescisão contratual.

(D) incorreto, uma vez que não agiu o empregado com dolo no evento, única hipótese que ensejaria a possibilidade de tal desconto, e equivocado o desconto das comissões pelas parcelas pagas referentes à última venda, posto que a venda se aperfeiçoou por inteiro, ainda que o pagamento fosse parcelado, mas não faz jus o empregado às comissões sobre as parcelas pós rescisão.

(E) correto, uma vez que comprovada a culpa do empregado, hipótese que legitima a dedução do salário, e incorreto o desconto das comissões sobre as parcelas pagas da última venda até a rescisão, mas não faz jus o empregado às comissões sobre as parcelas a serem pagas após a rescisão, uma vez que não havia mais vínculo com empresa.

"C" é a resposta correta. Com relação ao desconto por conta dos danos, é ilícito na medida em que o art. 462, § 1º, da CLT determina que em caso de dano causado por culpa do empregado, o desconto será lícito, desde de que esta possibilidade tenha sido acordada. Somente de dano doloso pode ser descontado do salário do obreiro sem o seu consentimento. Com relação às comissões o desconto também é ilícito. Isso porque, nos termos do art. 466, § 2º, da CLT, a cessação das relações de trabalho não prejudica a percepção das comissões e percentagens devidas. **HC**

Gabarito "C".

(Procurador do Estado/BA – 2014 – CESPE) Em relação aos direitos dos trabalhadores, julgue o item seguinte.

(1) O salário do trabalhador pode ser reduzido por convenção ou acordo coletivo de trabalho.

1: Opção correta, pois reflete o disposto no art. 7º, VI, da CF. **HC**

Gabarito "1C".

(Procurador Distrital – 2014 – CESPE) Conforme a jurisprudência dominante do TST, a CF e a legislação pertinente, julgue o seguinte item.

(1) Não há incidência do fundo de garantia do tempo de serviço sobre o valor pago a título de ajuda de custo, participação em lucros ou resultados e férias indenizadas. Por outro lado, há manutenção da incidência dessa contribuição em algumas hipóteses de suspensão do contrato de trabalho, como, por exemplo, em caso de afastamento para a prestação do serviço militar obrigatório.

1: Por não possuírem natureza salarial, sobre a ajuda de custo não incidirá FGTS. Veja art. 13, XIII e XIV da Instrução Normativa 25/2001 do MTE. A participação nos lucros ou resultados, nos termos do art. 3º da Lei 10.101/2000 não constitui base de incidência de qualquer encargo trabalhista, não se lhe aplicando o princípio da habitualidade, veja art. 13, I, da Instrução Normativa 25/2001 do MTE; férias indenizadas, por possuírem natureza indenizatória e não salarial, não incidirá FGTS, nos termos da OJ 195 da SDI 1 do TST. Veja art. 13, V, da Instrução Normativa 25/2001 do MTE. Já no período por afastamento por serviço militar devem ser feitos os depósitos de FGTS. Veja art. 12 da Instrução Normativa 25/2001 do MTE. **HC**

Gabarito "1C".

(Procurador do Estado/GO – 2010) Acerca das parcelas remuneratórias, à luz do que dispõe a legislação trabalhista e a jurisprudência sumulada do Tribunal Superior do Trabalho, está CORRETA a seguinte proposição:

(A) O pagamento do adicional de transferência ao empregado é devido quando este é removido para localidade diversa da contratação, ainda que a título definitivo.

(B) A configuração de abandono de emprego, no curso de aviso-prévio dado pelo empregador, retira do empregado qualquer direito às verbas rescisórias de natureza indenizatória.

(C) Percebido adicional de insalubridade por mais de dez anos consecutivos e ininterruptos, tal parcela incorpora-se à remuneração do obreiro, tendo em vista o princípio da estabilidade financeira.

(D) A conversão do terço de férias em abono prevista no art. 143 da CLT, consubstancia direito potestativo do empregado ao qual o empregador não poderá se opor.

(E) Excetuando a hipótese de dispensa do empregado por justa causa, a extinção do contrato de trabalho sujeita o empregador ao pagamento da remuneração das férias proporcionais, salvo se incompleto o período aquisitivo de 12 meses.

A: opção incorreta, pois nos termos da OJ 113 da SDI 1 do TST o pressuposto legal apto a legitimar a percepção do mencionado adicional é a transferência provisória; **B:** opção incorreta, pois nos termos da Súmula 73 do TST a ocorrência de justa causa afasta qualquer direito às verbas rescisórias de natureza indenizatória, salvo no caso de abandono de emprego; **C:** opção incorreta, pois nos termos do art. 194 da CLT o direito ao adicional cessará com a eliminação do risco à sua saúde. Nesse mesmo sentido veja a Súmula 248 do TST; **D:** opção correta, pois o abono pecuniário é um direito potestativo do empregado, ou seja, não admite resistência por parte do empregador, a quem restará aceitar o pedido, desde que tenha sido feito dentro do prazo estipulado no § 1º do art. 143 da CLT; **E:** opção incorreta, pois a extinção do contrato de trabalho impõe ao empregador o dever de pagar férias proporcionais ainda que incompleto o período aquisitivo, salvo em hipóteses de justa causa, nos termos da Súmula 171 do TST.**HC**

Gabarito "D".

(Procurador do Estado/GO – 2010) À luz do entendimento contido nas súmulas e orientações jurisprudenciais do Tribunal Superior do Trabalho, no que se refere aos empregados públicos, é CORRETO afirmar:

(A) A cessão de empregado público para ente público diverso, realizada com ônus para o cessionário, não exclui a equiparação salarial, se o ente cedente responder pelos salários do empregado-paradigma.

(B) O simples desvio funcional do empregado não gera direito a novo enquadramento, mas apenas às diferenças salariais respectivas, mesmo que o desvio de função haja iniciado antes da vigência da CF/1988.

(C) Entre servidores públicos da administração direta, autárquica e fundacional contratados pela CLT, é permitida a equiparação salarial.

(D) A despedida de empregados de empresa pública e de sociedade de economia mista admitidos por concurso público, em regra, depende de ato motivado para sua validade.

(E) Empregado público eleito para ocupar cargo de diretor em sociedade de economia mista tem o respectivo contrato de trabalho interrompido, não se computando o tempo de serviço para qualquer efeito legal, ainda que presente a subordinação jurídica inerente à relação de emprego.

A: opção incorreta, pois para haver possibilidade de equiparação é necessário que o ente público seja responsável pelos salários do paradigma e reclamante, nos termos da Súmula 6, item V, TST; **B:** opção correta, pois reflete o disposto na OJ 125 da SDI 1 do TST; **C:** opção incorreta, pois nos termos do art. 37, XIII, CF e OJ 297 da SDI 1 do TST é impossível pedido de equiparação salarial entre servidores públicos; **D:** opção incorreta, pois nos termos da OJ 247, item I, da SDI 1 do TST a despedida independe de ato motivado para sua validade; **E:** opção incorreta, pois o empregado eleito diretor de sociedade tem o contrato de trabalho suspenso. Veja a Súmula 269 do TST. **HC**

Gabarito "B".

(PROCURADOR DO ESTADO/MG – FUMARC – 2012) Assinale a alternativa **INCORRETA**.

(A) Salário é a contraprestação em pecúnia ou em utilidades devida e paga diretamente pelo empregador ao empregado em virtude do contrato de trabalho.

(B) Segundo a Consolidação das Leis do Trabalho, na falta de estipulação do salário entre empregado e empregador, ou não havendo prova sobre a importância ajustada, o empregado terá direito a perceber salário igual ao daquele que, na mesma empresa, fizer serviço equivalente ou do que for habitualmente pago para serviço semelhante.

(C) O empregado urbano que recebe mensalmente um salário mínimo, poderá receber de seu empregador até setenta por cento de seu salário em utilidades, devendo os outros trinta por cento restantes serem pagos em dinheiro.

(D) O aviso-prévio, de que trata o Capítulo VI, do Título IV, da Consolidação das Leis do Trabalho, será concedido na proporção de 30 (trinta) dias aos empregados que contem até 1 (um) ano de serviço na mesma empresa, sendo acrescidos 2 (dois) dias por ano de serviço prestado na mesma empresa, até o máximo de 60 (sessenta) dias, perfazendo um total de até 90 (noventa) dias.

(E) No caso de paralisação temporária ou definitiva do trabalho, motivada por ato de autoridade municipal, estadual ou federal, ou pela promulgação de lei ou resolução que impossibilite a continuação da atividade, prevalecerá para o empregado o direito de perceber a indenização devida, cujo pagamento ficará a cargo do governo responsável.

A: opção correta, pois reflete a disposição contidas nos arts. 457 e 458 da CLT; **B:** opção correta, pois reflete o disposto no art. 460 da CLT; **C:** opção correta, pois reflete o disposto no art. 82, parágrafo único, da CLT; **D:** Opção incorreta, pois de acordo com a Lei 12.506/2011 sofrerá um acréscimo de 3(três) dias por ano completo de trabalho.

HERMES CRAMACON

Veja Nota Técnica 184/2012 do Ministério do Trabalho e Emprego; **E:** opção correta, pois trata da hipótese do *factum principis*, disposto no art. 486 da CLT. HC

Gabarito "D".

(Procurador do Estado/MT – FCC – 2011) É INCORRETO afirmar que o empregado poderá deixar de comparecer ao serviço sem prejuízo do salário por

(A) dois dias consecutivos, em caso de falecimento do cônjuge, ascendente, descendente, irmão ou pessoa que, declarada em sua carteira de trabalho e previdência social, viva sob sua dependência econômica.

(B) três dias consecutivos, em virtude de casamento.

(C) três dias, em caso de nascimento de filho no decorrer da primeira semana.

(D) um dia, em cada doze meses de trabalho, em caso de doação voluntária de sangue devidamente comprovada.

(E) pelo tempo que se fizer necessário, quando tiver que comparecer a juízo.

A: opção correta, pois reflete o disposto no art. 473, I, da CLT; **B:** opção correta, pois reflete o disposto no art. 473, II, da CLT; **C:** opção incorreta, pois nos termos do art. 473, III, da CLT poderá se ausentar por 1 (um) dia; **D:** opção correta, pois reflete o disposto no art. 473, IV, da CLT; **E:** opção correta, pois reflete o disposto no art. 473, VIII, da CLT. HC

Gabarito "C".

(Procurador do Município/São José dos Campos-SP – 2012 – VUNESP) Em se tratando de remuneração e salário, é correto afirmar que

(A) os termos são sinônimos e podem ser usados indistintamente, sem nenhuma consequência prática, já que a própria legislação consolidada não os dissocia, tomando-os como palavras de conteúdo jurídico equivalente.

(B) tanto remuneração quanto salário são correspondentes a um conjunto de parcelas contraprestativas pagas apenas pelo empregador em função do contrato de trabalho, mas o salário é de menor abrangência.

(C) várias teorias tratam distintamente da matéria. Há as que identificam os termos, há as que afirmam que remuneração é gênero do qual salário é espécie, e há aquelas que negam qualquer relação entre os termos.

(D) prevaleceu na jurisprudência a distinção entre remuneração, que abrange parcelas contraprestativas do trabalho pagas inclusive por terceiros, como gorjetas, e salário, conjunto de parcelas contraprestativas pagas pelo empregador.

(E) salário é a base da remuneração, título a partir do qual são calculados e pagos os demais títulos que, se tiverem caráter habitual, são considerados integrantes da remuneração para todos os efeitos legais.

A: opção incorreta, pois remuneração e salários são termos diferentes; **B:** opção incorreta, pois as gorjetas também são pagas por terceiros ao empregado, art. 457, § 3º, CLT. **C:** opção incorreta, pois embora remuneração é um gênero de que são espécies salário e gorjeta, não há teorias que neguem a relação entre os termos. **D:** opção correta, pois remuneração abrange prestações pagas por terceiros, nos termos do art. 457 *caput* e § 3º, CLT e o salário contraprestação paga diretamente pelo empregador ao empregado, art. 457, caput, CLT. **E:** opção incorreta, pois remuneração é salário mais as gorjetas, art. 457 da CLT. HC

Gabarito "D".

(Procurador Federal – 2010 – CESPE) Julgue os itens a seguir, que versam sobre gratificação natalina.

(1) Inexiste previsão legal expressa no ordenamento jurídico brasileiro acerca de penalidade administrativa por eventual infração patronal à legislação inerente à gratificação natalina.

(2) As faltas ou ausências decorrentes de acidente do trabalho são consideradas para os efeitos de cálculo da gratificação natalina.

1: Errado, pois há previsão de penalidade administrativa (multa) em caso de desrespeito ao direito à gratificação natalina do empregado, conforme disposto no art. 3º, I, da Lei 7.855/1989; **2:** Errado, pois o enunciado não está de acordo com a Súmula 46 do TST: "ACIDENTE DE TRABALHO. As faltas ou ausências decorrentes de acidente do trabalho não são consideradas para os efeitos de duração de férias e cálculo da gratificação natalina". HC

Gabarito 1E, 2E.

(ADVOGADO – CORREIOS – 2011 – CESPE) A respeito de décimo terceiro salário, julgue os próximos itens.

(1) O empregador que tem vinte empregados deve, segundo a legislação, proceder ao pagamento do adiantamento do décimo terceiro salário de seus empregados sempre ao ensejo de suas férias.

(2) O empregado comissionado puro deve receber o décimo terceiro salário até o dia vinte de dezembro de cada ano, calculado na base de um onze avos da soma das importâncias variáveis devidas nos meses trabalhados até novembro de cada ano. Até o dia dez de janeiro do ano seguinte, o valor do décimo terceiro salário deve ser revisto, de forma a ser computada a parcela do mês de dezembro. No momento da revisão, o cálculo da gratificação deve considerar um doze avos do total devido no ano anterior, processando-se a correção do valor da respectiva gratificação com o pagamento ou compensação das possíveis diferenças.

1: opção incorreta, pois nos termos do art. 4º do Decreto 57.155/1965 o adiantamento será pago ao ensejo das férias do empregado, sempre que este o requerer no mês de janeiro do correspondente ano; **2:** opção correta, pois está em acordo com os arts. 2º e 3º do Decreto 57.155/1965. HC

Gabarito 1E, 2C.

7. JORNADA DE TRABALHO

(Procurador do Estado – PGE/PR – PUC – 2015) Sobre a duração do trabalho e seus desdobramentos jurídicos, é **CORRETO** afirmar:

(A) Poderá ser dispensado o acréscimo de salário se, por força de acordo individual ou convenção coletiva de trabalho, o excesso de horas em um dia for compensado pela correspondente diminuição em outro dia, de maneira que não exceda, no período máximo de um ano, à soma das jornadas semanais de trabalho previstas, nem seja ultrapassado o limite máximo de doze horas diárias.

(B) Os empregados sob o regime de tempo parcial poderão prestar horas extras, limitadas ao número de cinco por semana.

(C) Os empregados em cargos em comissão estão dispensados do controle de jornada de trabalho.

7. DIREITO DO TRABALHO
455

(D) Entre duas jornadas de trabalho haverá um período mínimo de doze horas consecutivas para descanso.

(E) A duração normal do trabalho poderá ser acrescida de horas suplementares, em número não excedente de duas, mediante acordo escrito entre empregador e empregado, ou mediante contrato coletivo de trabalho.

A: incorreta, pois na hipótese tratada não poderá ser ultrapassado o limite máximo 10 horas por dia, conforme art. 59, § 2º, CLT. Ademais, para que o acordo de compensação possa ser pactuado por acordo individual, a compensação deverá ocorrer no período máximo de 6 meses; **B:** incorreta, pois, nos termos do art. 58-A da CLT (redação dada pela Lei 13.467/2017), no trabalho em regime de tempo parcial cuja duração não exceda a trinta horas semanais não há possibilidade de horas suplementares semanais. Já para aquele cuja duração não exceda a vinte e seis horas semanais, há possibilidade de acréscimo de até seis horas suplementares semanais; **C:** incorreta, pois, nos termos do art. 62 da CLT (redação dada pela Lei 13.467/2017), não são abrangidos pelo regime de duração do trabalho: os empregados que exercem atividade externa incompatível com a fixação de horário de trabalho, devendo tal condição ser anotada na Carteira de Trabalho e Previdência Social e no registro de empregados; os gerentes, assim considerados os exercentes de cargos de gestão, aos quais se equiparam, para esse efeito, os diretores e chefes de departamento ou filial e os empregados em regime de teletrabalho; **D:** incorreta, pois, nos termos do art. 66 da CLT, entre 2 (duas) jornadas de trabalho haverá um período mínimo de 11 (onze) horas consecutivas para descanso; **E:** correta, pois, nos termos do art. 59 da CLT (redação dada pela Lei 13.467/2017), a duração diária do trabalho poderá ser acrescida de horas extras, em número não excedente de duas, por acordo individual, convenção coletiva ou acordo coletivo de trabalho. **HC**
Gabarito "E".

(Procurador do Estado/BA – 2014 – CESPE) Julgue o seguinte item.

(1) As horas extraordinárias e as horas noturnas devem ser remuneradas com adicional mínimo de 50% sobre o valor da hora normal de trabalho.

1: Opção incorreta, pois embora as horas extras devam ser remuneradas com adicional mínimo de 50%, nos termos do art. 7º, XVI, da CF, as horas noturnas devem ser remuneradas com adicional mínimo de 20%, nos termos do art. 73 da CLT. **HC**
Gabarito 1E".

(Procurador do Estado/BA – 2014 – CESPE) Em relação aos direitos dos trabalhadores, julgue o item seguinte.

(1) O repouso semanal deve ser remunerado e concedido, preferencialmente, aos domingos.

1: Opção correta, pois reflete o disposto no art. 7º, XV, da CF. **HC**
Gabarito "1C".

(Procurador do Estado/PR – UEL-COPS – 2011) A propósito da jornada de trabalho, é verdadeira a seguinte alternativa:

(A) configurado o turno ininterrupto de revezamento, é nula cláusula convencional afastando o direito ao pagamento da 7ª e 8ª horas como extras, por violação constitucional;

(B) as variações de horário no registro de ponto que excederem cinco minutos, observado o limite diário máximo de dez minutos, serão computadas, pelo excedente, para fins de aferição da jornada de trabalho e de eventuais horas extras;

(C) o turno ininterrupto de revezamento gerador da jornada limitada a 06h00 é incompatível com o intervalo intrajornada;

(D) não se admite, na transferência do empregado do turno noturno para o turno diurno, a supressão do valor pago a título de adicional noturno, por gerar redução salarial;

(E) a concessão do repouso semanal remunerado após o sétimo dia consecutivo de trabalho é ilícita e impõe o seu pagamento em dobro.

A: opção incorreta, pois nos termos da Súmula 423 do TST estabelecida jornada superior a seis horas e limitada a oito horas por meio de regular negociação coletiva, os empregados submetidos a turnos ininterruptos de revezamento não têm direito ao pagamento da 7ª e 8ª horas como extras; **B:** opção incorreta, pois nos termos do art. 58, § 1º, CLT NÃO serão descontadas nem computadas como jornada extraordinária as variações de horário no registro de ponto não excedentes de cinco minutos, observado o limite máximo de dez minutos diários; **C:** opção incorreta, pois nos termos da Súmula 360 do TST interrupção do trabalho destinada a repouso e alimentação, dentro de cada turno, ou o intervalo para repouso semanal, não descaracteriza o turno de revezamento com jornada de 6 (seis) horas previsto no art. 7º, XIV, da CF/1988; **D:** opção incorreta, o recebimento de adicional noturno é uma espécie de salário condição, devido ao trabalhador que prestar no período tido como noturno. Sua transferência para o período diurno de trabalho implica a perda do direito ao adicional noturno, nos termos da Súmula 265 do TST. **E:** opção correta, pois reflete o entendimento sedimentado na OJ 410 da SDI 1 do TST. **HC**
Gabarito "E".

(Procurador do Município/Florianópolis-SC – 2010 – FEPESE) Assinale a alternativa **incorreta**, de acordo com a Consolidação das Leis do Trabalho.

(A) Não excedendo de seis horas o trabalho, será facultado um intervalo de quinze minutos quando a duração ultrapassar quatro horas.

(B) É assegurado a todo empregado um descanso semanal de vinte e quatro horas consecutivas.

(C) Os intervalos de descanso não serão computados na duração do trabalho.

(D) Entre duas jornadas de trabalho haverá um período mínimo de onze horas consecutivas para descanso.

(E) Nos serviços que exijam trabalho aos domingos, com exceção quanto aos elencos teatrais, será estabelecida escala de revezamento, mensalmente organizada e constando de quadro sujeito à fiscalização.

A: opção incorreta, pois será *obrigatório* (e não facultativo) o descanso de 15 minutos caso a jornada não exceda 6 (seis) horas e ultrapasse 4 (quatro) horas, nos termos do art. 71, § 1º, da CLT; **B:** opção correta, pois reflete o disposto no art. 7º, XV, da CF e art. 67 da CLT; **C:** opção correta, pois reflete o disposto no art. 71, § 2º, da CLT; **D:** opção correta, pois trata do intervalo interjornada previsto no art. 66 da CLT; **E:** opção correta, pois reflete o disposto no art. 67 da CLT. Veja, também, a Lei 605/1949. **HC**
Gabarito "A".

8. EXTINÇÃO DO CONTRATO DE TRABALHO

(Procurador do Estado/AC – 2017 – FMP) De acordo com a Lei 12.506/2011, em relação ao direito do empregado ao aviso-prévio proporcional ao tempo de serviço, considerando um contrato de trabalho que perdurou por cinco anos e foi rescindido por despedida imotivada, é CORRETO afirmar que é de

(A) trinta e três dias.

(B) trinta e seis dias.

(C) trinta e nove dias.

(D) quarenta e dois dias.

(E) quarenta e cinco dias.

Nos termos da Lei 12.506/2011 configurada relação de emprego superior a um ano na mesma empresa, sobre os 30 dias mínimos previstos no art. 7º, XXI, da CF, serão acrescidos 3 (três) dias por ano de serviço prestado na mesma empresa, até o máximo de 60 dias, perfazendo um total de até 90 dias. Assim, no caso em análise o empregado que trabalhou por 5 anos na empresa terá direito a 45 dias de aviso-prévio.

Gabarito "E".

(Procurador do Estado/SP – 2018 – VUNESP) Nos termos dos enunciados sumulares do Tribunal Superior do Trabalho, é correto afirmar a respeito do aviso prévio:

(A) o direito ao aviso prévio proporcional ao tempo de serviço somente é assegurado nas rescisões de contrato de trabalho ocorridas a partir da publicação da Lei n. 12.506, em 13 de outubro de 2011.

(B) não cabe aviso prévio nas rescisões antecipadas dos contratos de experiência.

(C) reconhecida a culpa recíproca na rescisão do contrato de trabalho (art. 484 da Consolidação das Leis do Trabalho), o empregado não tem direito a receber valores a título de aviso prévio.

(D) o pagamento relativo ao período de aviso prévio trabalhado não está sujeito à contribuição para o FGTS.

(E) no caso de concessão de auxílio-doença no curso do aviso prévio, concretizam-se os efeitos da dispensa depois de expirado o prazo do aviso prévio, independentemente da vigência do benefício previdenciário.

A: opção correta, pois reflete a disposição contida na súmula 441 do TST. **B:** opção incorreta, pois nos termos da súmula 163 do TST, "cabe aviso prévio nas rescisões antecipadas dos contratos de experiência, na forma do art. 481 da CLT" (cláusula assecuratória do direito recíproco de rescisão). **C:** opção incorreta, pois nos termos da súmula 14 do TST, "reconhecida a culpa recíproca na rescisão do contrato de trabalho (art. 484 da CLT), o empregado tem direito a 50% do valor do aviso prévio, do décimo terceiro salário e das férias proporcionais". **D:** opção incorreta, pois nos termos da súmula 305 do TST, "o pagamento relativo ao período de aviso prévio, trabalhado ou não, está sujeito a contribuição para o FGTS". **E:** opção incorreta, pois nos termos da súmula 371 do TST, "no caso de concessão de auxílio-doença no curso do aviso prévio, todavia, só se concretizam os efeitos da dispensa depois de expirado o benefício previdenciário". HC

Gabarito "A".

(Procurador do Estado/SE – 2017 – CESPE) Com o desmembramento do município X, foi criado o município Y. Nessa situação hipotética, segundo o TST, a responsabilidade trabalhista quanto aos empregados municipais deverá ser suportada

(A) pelo município Y, que deverá suceder os empregados do município X contratados antes da criação do novo município.

(B) pelo estado-membro a que os municípios pertencem.

(C) por cada um dos municípios pelo período em que cada um deles figurar como real empregador.

(D) pelos dois municípios, solidariamente, independentemente do período de vinculação dos empregados.

(E) pelo município X, subsidiariamente, em relação aos empregados contratados pelo município Y.

"C" é a opção correta. Nos termos da OJ 92 da SDI 1 do TST em caso de criação de novo município, por desmembramento, cada uma das novas entidades responsabiliza-se pelos direitos trabalhistas do empregado no período em que figurarem como real empregador. HC

Gabarito "C".

(Procurador do Município/Manaus – 2018 – CESPE) Considerando a jurisprudência do TST a respeito da rescisão do contrato de trabalho, julgue os itens seguintes.

(1) No caso de morte do empregado, a multa por atraso do pagamento das verbas rescisórias será afastada somente se a empresa tiver movido oportunamente ação de consignação de verbas devidas.

(2) Caso uma empregada que trabalhe em uma empresa há oito anos, sem jamais ter infringido nenhuma obrigação contratual ou desviado sua conduta, falsificasse o horário lançado em um atestado médico para justificar sua ausência do trabalho, a empresa empregadora poderia demiti-la por justa causa imediatamente.

(3) Se uma empresa contratar empregado mediante contrato de experiência pelo prazo de quarenta e cinco dias, sem cláusula quanto à possibilidade de prorrogação automática do contrato, e, após dois meses de trabalho, o empregado for demitido, caberá à empresa pagar todas as verbas rescisórias como se o contrato tivesse sido celebrado por tempo indeterminado.

1: opção incorreta, pois o empregador não deu causa. Veja julgamento TST ARR 11253-37.2016.5.03.0059. **2:** opção incorreta, pois deve haver proporcionalidade entre a falta e a punição do empregado. **3:** opção correta, pois sempre que o contrato de experiência não for prorrogado ou ultrapassar 90 dias, será automaticamente convertido em contrato com prazo indeterminado. (art. 451 da CLT) HC

Gabarito 1E, 2E, 3C.

(Procurador – IPSMI/SP – VUNESP – 2016) A despedida por justa causa

(A) pressupõe prática, pelo empregado, de ato faltoso grave que torna inviável a manutenção do vínculo de emprego.

(B) depende da ocorrência de punições anteriores para o mesmo ato faltoso, tais como advertências e suspensões.

(C) depende do ajuizamento de inquérito judicial para apuração de falta grave.

(D) acarreta a perda do direito aos valores do fundo de garantia do tempo de serviço depositados pelo empregador.

(E) não se aplica ao empregado que goza de estabilidade provisória no emprego.

A: opção correta, pois as hipóteses de justa causa do empregado tipificadas no art. 482 da CLT representam hipóteses de faltas consideradas graves, capazes de encerrar o pacto laboral. **B:** opção incorreta, pois não há necessidade de aplicação de outras penalidades mais leves antes de ser aplicada a justa causa. Ocorrendo uma das hipóteses previstas em lei (art. 482 CLT) o empregador poderá demitir imediatamente o empregado que cometê-la. **C:** opção incorreta, pois o inquérito judicial para apuração de falta grave (art. 853 CLT) deve ser instaurado apenas para apurar falta grave cometida por empregado que possua garantia de emprego/ estabilidade provisória, como por exemplo: o dirigente sindical. **D:** opção incorreta, pois o empregado não perderá os valores de FGTS. Esse empregado ficará impossibilitado de movimentar sua conta de FGTS. Veja art. 20 da Lei 8.036/1990 que trata das hipóteses

7. DIREITO DO TRABALHO   457

de movimentação da conta de FGTS. **E**: opção incorreta, pois qualquer empregado que possua garantia de emprego poderá ser demitido se cometer falta grave. Veja art. 543, § 3º, CLT. HC

Gabarito "A".

(Procurador Municipal/SP – VUNESP – 2016) Assinale a alternativa correta.

(A) O aviso-prévio poderá ser trabalhado ou indenizado. O período referente ao aviso-prévio, exceto quando indenizado, integra o tempo de serviço para todos os efeitos legais.

(B) O empregado dispensado, sem justa causa, no período de 30 (trinta) dias que antecede a data de sua correção salarial, terá direito à indenização adicional equivalente a um salário mensal. O tempo do aviso-prévio, mesmo indenizado, conta-se para efeito de tal indenização adicional.

(C) A ocorrência de justa causa, salvo a de abandono de emprego, no decurso do prazo do aviso-prévio dado pelo empregador, não retira do empregado qualquer direito às verbas rescisórias de natureza indenizatória.

(D) Durante o período de aviso-prévio, o empregado que trabalhar 2 horas diárias a menos receberá o valor do salário proporcional ao tempo efetivamente trabalhado, se a rescisão tiver sido promovida pelo empregador.

(E) O pagamento das parcelas constantes do instrumento de rescisão ou recibo de quitação deverá ser efetuado até o quinto dia, contado da data da notificação da demissão, quando da ausência do aviso-prévio, indenização do mesmo ou dispensa de seu cumprimento.

A: Opção incorreta, pois ainda que indenizado, o aviso-prévio integra o tempo de serviço, art. 487, § 1º, CLT. **B**: opção correta, pois reflete o disposto no art. 9º da Lei 6.708/1979. Veja também a Súmula 314 TST. **C**: opção incorreta, pois nos termos da Súmula 73 do TST a ocorrência de justa causa, salvo a de abandono de emprego, no decurso do prazo do aviso-prévio dado pelo empregador, retira do empregado qualquer direito às verbas rescisórias de natureza indenizatória. **D**: opção incorreta, pois nos termos do art. 488 da CLT o pagamento do salário deverá ser integral. **E**: opção incorreta, pois nos termos do art. 477, § 6º, *b*, CLT na ausência de aviso prévio as verbas rescisórias deverão ser pagas até o décimo dia. HC

Gabarito "B".

(Procurador do Estado – PGE/RN – FCC – 2014) Sobre a responsabilidade dos entes integrantes da Administração pública direta, pelos direitos dos empregados da prestadora de serviços por ele contratada na qualidade de tomadores de serviço, ante o inadimplemento das obrigações trabalhistas por parte do empregador, é correto afirmar, segundo entendimento jurisprudencial cristalizado pelo Tribunal Superior do Trabalho, que é:

(A) subsidiária porque decorre do mero inadimplemento das obrigações trabalhistas assumidas pela empresa prestadora de serviços.

(B) solidária porque decorre do mero inadimplemento das obrigações trabalhistas assumidas pela empresa prestadora de serviços.

(C) solidária porque, ao contratar tomadores de serviço, a Administração pública abre mão dos privilégios que teria no exercício de seu *jus imperium*.

(D) subsidiária e, como tal, independe da conduta culposa na Administração pública no cumprimento das obrigações previstas na Lei nº 8.666/1993.

(E) subsidiária e dependente de ser evidenciada a sua conduta culposa no cumprimento das obrigações previstas na Lei nº 8.666/1993.

"E" é a opção correta. Isso porque, nos termos da súmula 331, V, TST, entende-se que os entes integrantes da Administração Pública direta e indireta respondem subsidiariamente, nas mesmas condições do item IV, caso evidenciada a sua conduta culposa no cumprimento das obrigações da Lei 8.666, de 21.06.1993, especialmente na fiscalização do cumprimento das obrigações contratuais e legais da prestadora de serviço como empregadora. A aludida responsabilidade não decorre de mero inadimplemento das obrigações trabalhistas assumidas pela empresa regularmente contratada. HC

Gabarito "E".

(Procurador do Estado – PGE/PR – PUC – 2015) O empregado poderá considerar rescindido o contrato na hipótese de:

(A) Ato de improbidade.

(B) Incontinência de conduta.

(C) Insubordinação.

(D) Perigo manifesto de mal considerável.

(E) Prática de jogos de azar.

As hipóteses de rescisão indireta do contrato de trabalho (justa causa do empregador) estão elencadas no art. 483 da CLT, sendo certo que a alínea "c" do referido dispositivo legal entende que o empregado poderá considerar rescindido o contrato e pleitear a devida indenização quando correr perigo manifesto de mal considerável. As hipóteses tratadas nas demais alternativas representam hipóteses de fata grave do empregado. HC

Gabarito "D".

(Procurador do Estado – PGE/MT – FCC – 2016) O Estado de Goiás contratou a empresa Vênus Limpadora Ltda., após processo de licitação, para prestar serviços de limpeza e portaria no prédio onde funciona a Secretaria Estadual de Educação. O empregado da empresa Vênus, Netuno de Tal, que presta serviços na portaria, ingressa com ação na Justiça do Trabalho, sem se afastar do emprego, pleiteando a rescisão indireta do seu contrato de trabalho, sob fundamento de que a sua empregadora vem descumprindo obrigações contratuais, colocando no polo passivo a empresa Vênus e o Estado de Goiás, requerendo a responsabilidade solidária e, alternativamente, subsidiária deste último. Pleiteia pelo pagamento de todas as verbas rescisórias decorrentes de uma dispensa sem justa causa por iniciativa da empregadora. Considerando a legislação trabalhista vigente e a jurisprudência sumulada do Tribunal Superior do Trabalho, na hipótese de descumprimento por parte do empregador de obrigações contratuais, é correto afirmar:

(A) O pedido de rescisão indireta do contrato de trabalho só pode ser realizado após o empregado se afastar do trabalho e, neste caso, não responde de forma subsidiária o Estado de Goiás pelas verbas rescisórias eventualmente deferidas em Juízo, por ter havido regular procedimento licitatório para a contratação da empresa prestadora de serviços.

(B) É possível o pleito de rescisão indireta do contrato de trabalho nessa hipótese permanecendo o trabalhador no emprego, desde que notifique a empresa Vênus

Limpadora Ltda. por escrito com antecedência mínima de trinta dias, mas a responsabilidade subsidiária do Estado de Goiás não se verifica por ter havido regular procedimento licitatório para a contratação da empresa prestadora de serviços.

(C) Não cabe pedido de rescisão indireta do contrato de trabalho quando a prestação de serviços se der em benefício de ente da Administração pública direta, pelo fato de ela possuir o dever legal de verificar o correto cumprimento por parte da empresa contratada com as obrigações contratuais relativas aos seus empregados.

(D) É faculdade do trabalhador, quando esse for o fundamento do pedido de rescisão indireta do contrato de trabalho, ingressar com a ação pertinente sem se afastar do trabalho e, nesse caso, possível a condenação de forma subsidiária do Estado de Goiás pelas verbas eventualmente deferidas em Juízo, desde que comprovado que deixou de fiscalizar o regular cumprimento pela empresa contratada com as obrigações contratuais e legais em relação aos seus empregados.

(E) É cabível requerer rescisão indireta do contrato de trabalho com tal fundamento, ainda que o faça sem se afastar do emprego e, nessa hipótese, o Estado de Goiás deverá responder de forma solidária com a empresa prestadora de serviços se configurada a ausência de fiscalização por parte do Estado de Goiás do regular cumprimento pela empresa contratada com as obrigações contratuais e legais em relação aos seus empregados.

"D" é a opção correta, pois, nos termos do art. 483, § 3º, CLT, o empregado poderá ajuizar a ação sem se desligar do emprego. Nesse caso, nos termos da súmula 331, V, TST a Administração Pública responde subsidiariamente. **HC**
Gabarito "D".

(Procurador Municipal – Prefeitura/BH – CESPE – 2017) A dispensa do trabalhador por justa causa é direito do empregador, garantido pela legislação brasileira. Entretanto, há empregados e empregadores que ainda não conhecem os possíveis cenários em que que a demissão por justa causa pode acontecer. No art. 482 da CLT, estão previstos diversos motivos de dispensa por justa causa.

Uma hipótese ocorre quando o empregado apresenta habitualmente um comportamento irregular e incompatível com a moral, com demonstrações de desregramento da conduta sexual, libertinagem, pornografia ou assédio sexual.

Nessa hipótese, a espécie de justa causa é caracterizada por:

(A) improbidade.

(B) indisciplina.

(C) incontinência de conduta.

(D) mau procedimento.

A: incorreta, pois a improbidade revela mau caráter, maldade, desonestidade, má-fé, que cause prejuízo ou até risco à integridade do patrimônio do empregador; **B:** incorreta, pois a indisciplina consiste no descumprimento de ordens gerais de serviço; **C:** correta, pois a incontinência de conduta corresponde a um comportamento desregrado ligado à vida sexual do obreiro; **D:** incorreta, pois mau procedimento corresponde a um mau comportamento por parte do empregado. **HC**
Gabarito "C".

(Procurador Municipal – Prefeitura/BH – CESPE – 2017) Com relação ao aviso prévio, assinale a opção correta.

(A) Conforme o TST, a projeção do aviso prévio se computa na duração do contrato de emprego para efeito de contagem do prazo prescricional, estendendo-se aos casos em que o vínculo empregatício ainda não tenha sido espontaneamente reconhecido entre as partes ou judicialmente declarado.

(B) De acordo com o TST, se o empregado tiver cumprido o aviso prévio em casa, o prazo final para o pagamento das verbas rescisórias será o primeiro dia útil imediato ao término do contrato de trabalho.

(C) Ao aviso prévio de trinta dias serão acrescidos três dias por ano de serviço prestado na mesma empresa, até o máximo de noventa dias, perfazendo-se um total de até cento e vinte dias.

(D) O aviso prévio proporcional ao tempo de serviço poderá ser aplicado apenas em favor do empregado, mas não do empregador.

A: correta, pois reflete a disposição contida na OJ 83 da SDI 1 do TST; **B:** incorreta, pois, nos termos da OJ 14 da SDI 1 do TST, em caso de aviso prévio cumprido em casa, o prazo para pagamento das verbas rescisórias é até o décimo dia da notificação de despedida. Ademais, o pagamento dos valores constantes do instrumento de rescisão ou recibo de quitação deverão ser efetuados até dez dias contados a partir do término do contrato, de acordo com o art. 477, § 6º, CLT (Lei 13.467/2017); **C:** incorreta, pois, nos termos do art. 1º, parágrafo único, da Lei 12.506/2011, ao período de 30 dias de aviso prévio previsto no art. 7º XXI, da CF serão acrescidos 3 (três) dias por ano de serviço prestado na mesma empresa, até o máximo de 60 (sessenta) dias, perfazendo um total de até 90 (noventa) dias; **D:** incorreta, pois o aviso-prévio proporcional ao tempo de serviço, estabelecido pela Lei 12.506/2011, se aplica também a favor do empregador. Veja: RR-1964-73.2013.5.09.0009. **HC**
Gabarito "A".

(Procurador Distrital – 2014 – CESPE) Julgue o seguinte item, com base na legislação e no entendimento jurisprudencial dominante do TST.

(1) Caso a Secretaria de Estado da Fazenda do DF tenha sob suas ordens, mediante contrato, empresa de prestação de serviços de vigilância armada em suas agências, para proteção de seu patrimônio, o DF poderá ser subsidiariamente responsável pelo pagamento do adicional de periculosidade aos vigilantes da empresa contratada, se ficar evidenciada a ausência de fiscalização do referido órgão no cumprimento de tal obrigação.

1: Opção correta, pois traduz o entendimento disposto na Súmula 331, item V, do TST que determina: "Os entes integrantes da Administração Pública direta e indireta respondem subsidiariamente, nas mesmas condições do item IV, caso evidenciada a sua conduta culposa no cumprimento das obrigações da Lei n.º 8.666, de 21.06.1993, especialmente na fiscalização do cumprimento das obrigações contratuais e legais da prestadora de serviço como empregadora. A aludida responsabilidade não decorre de mero inadimplemento das obrigações trabalhistas assumidas pela empresa regularmente contratada. **HC**
Gabarito "1C".

(Procurador Federal – 2013 – CESPE) Julgue o item seguinte.

(1) A não utilização injustificada pelo empregado dos equipamentos de proteção individual fornecidos pelo empregador caracteriza situação ensejadora da rescisão ou despedida indireta, que ocorre quando o empregado comete falta grave que justifica a ruptura do liame empregatício.

1: Opção incorreta, pois é um dever do empregado a utilização dos equipamentos de proteção individual, nos termos do art. 158, parágrafo único, *b*, da CLT. A inobservância poderá acarretar justa causa do empregado, com base no art. 482, *h*, da CLT por ato de indisciplina (descumprimento de regras gerais) e não rescisão indireta (justa causa do empregador – art. 483 da CLT) como induz a assertiva. HC

Gabarito "1E".

(Procurador do Estado/AC – FMP – 2012) A responsabilidade do ente de direito público em relação às atividades terceirizadas, em sede trabalhista, se define da seguinte forma:

(A) A responsabilização do Ente de Direito Público é subsidiária, desde que reste evidenciada a sua conduta culposa no cumprimento das obrigações da Lei n. 8.666/1993, especialmente na fiscalização do cumprimento das obrigações contratuais e legais da prestadora de serviço como empregadora.

(B) Não há qualquer responsabilidade do ente de Direito Público, conforme entendimento consolidado no Supremo Tribunal Federal.

(C) A responsabilidade do Ente de Direito Público é solidária e, portanto, total, considerando que, na responsabilização do Estado, deve prevalecer a Teoria da Responsabilidade Objetiva.

(D) Não há responsabilidade do ente de Direito Público, na medida em que não houve qualquer vinculação deste com o trabalhador, devendo o empregador responder de forma exclusiva pelos créditos oriundos do contrato de trabalho.

A: opção correta, pois reflete o entendimento cristalizado na Súmula 331, item V, do TST; **B:** opção incorreta, pois embora o STF no julgamento da Ação Declaratória de Constitucionalidade 16-9/DF tenha declarado a constitucionalidade do art. 71 e § 1º da Lei 8.666/1993, reconhece que poderá haver a responsabilidade da administração pública. Assim, o TST não poderá generalizar os casos, aplicando à administração a responsabilidade subsidiária, pois como aduz o item V da Súmula 331 do TST, a responsabilidade não decorre de mero inadimplemento das obrigações trabalhistas assumidas pela empresa contratada. Deverá ficar demonstrada a sua conduta culposa no cumprimento das obrigações da Lei n.º 8.666/1993, especialmente na fiscalização do cumprimento das obrigações contratuais e legais da prestadora de serviço como empregadora; **C:** opção incorreta, pois a responsabilidade é subsidiária, em conformidade com o item V da Súmula 331 do TST; **D:** opção incorreta, pois desde que comprovada a culpa da administração nos termos da Súmula 331, item V, do TST há responsabilidade subsidiária do ente Público. HC

Gabarito "A".

(Procurador do Estado/GO – 2010) Acerca da responsabilização pelo adimplemento dos créditos trabalhistas, é CORRETO afirmar:

(A) Segundo preceito contido na CLT, verificado o fenômeno da sucessão trabalhista, o sucedido responde solidariamente com o sucessor, se aquele prosseguir na exploração ou iniciar dentro de seis meses, a contar da data da sucessão, nova atividade no mesmo ou em outro ramo de comércio, indústria ou profissão.

(B) O trabalhador temporário não tem direito à remuneração equivalente à percebida pelos empregados da mesma categoria da empresa tomadora de serviços.

(C) Nos contratos de subempreitada, responderá o subempreiteiro pelas obrigações derivadas do contrato de trabalho que celebrar, cabendo, todavia, aos empregados, o direito de reclamação contra o empreiteiro principal pelo inadimplemento daquelas obrigações por parte do primeiro.

(D) No caso de falência da empresa de trabalho temporário, a empresa tomadora ou cliente é subsidiariamente responsável pelo recolhimento das contribuições previdenciárias, no tocante ao tempo em que o trabalhador esteve sob suas ordens.

(E) Na terceirização de serviços, a responsabilidade subsidiária do tomador de serviços, decorrente do inadimplemento das obrigações trabalhistas por parte do empregador, é do tipo objetiva.

A: opção incorreta, pois diferentemente de como ocorre nas hipóteses do art. 133 do Código Tributário Nacional, na seara laboral para caracterização da sucessão trabalhista é necessária a transferência da unidade econômica jurídica, ou seja, parte da empresa ou estabelecimento e, ainda, a continuidade da atividade empresarial. Ocorrendo a sucessão trabalhista, o sucessor responde integralmente por todos os débitos trabalhistas. Caberá a ele o direito de regresso contra o sucedido. Há responsabilidade solidária entre sucessor e sucedido somente em sucessões fraudulentas; **B:** opção incorreta, pois de acordo com o art. 12, alínea *a*, da Lei 6.019/1974 é assegurado ao trabalhador temporário direito a remuneração equivalente à percebida pelos empregados de mesma categoria da empresa tomadora de serviços; **C:** opção correta, pois reflete o disposto no art. 455 da CLT; **D:** opção incorreta, pois nos termos do art. 16 da Lei 6.019/1974 a responsabilidade é solidária e não subsidiária como consta na assertiva; **E:** opção incorreta, pois em nosso ordenamento jurídico a regra é a responsabilidade subjetiva, sendo a responsabilidade objetiva a exceção. Desta forma, para podermos aplicar a responsabilidade objetiva deve haver norma jurídica com tal previsão. HC

Gabarito "C".

(Procurador do Estado/PR – UEL-COPS – 2011) A respeito do aviso-prévio, é verdadeira a seguinte alternativa:

(A) o aviso-prévio de dispensa do empregador ao empregado, concedido no dia 01 de agosto de 2011, uma segunda-feira, encerra-se validamente no dia 30 de agosto de 2011 (uma terça-feira);

(B) ainda que no curso do aviso-prévio, o registro de candidatura de empregado a cargo de dirigente sindical assegura a estabilidade;

(C) a gorjeta espontânea integra a remuneração do empregado, mas não é computada no cálculo do aviso-prévio indenizado;

(D) o aviso-prévio poderá ser concedido no período de fluência da garantia de emprego, desde que o seu termo final recaia em após a vigência dessa garantia;

(E) todas as alternativas anteriores são verdadeiras.

A: opção incorreta, pois o término seria dia 31 de agosto de 2011, na medida em que o marco inicial da contagem do aviso-prévio será o dia subsequente à comunicação por escrito, nesse sentido é Súmula 380 do TST; **B:** opção incorreta, pois nos termos da Súmula 369, item V, do TST o registro da candidatura do empregado a cargo de dirigente sindical durante o período de aviso-prévio, ainda que indenizado, não lhe assegura a estabilidade; **C:** opção correta, pois reflete o disposto no art. 457 da CLT e Súmula 354 do TST/ **D:** opção incorreta, pois por meio da Súmula 348 o TST entende ser inválida a concessão do aviso-prévio na fluência da garantia de emprego, ante a incompatibilidade dos dois institutos; **E:** opção incorreta, pois a apenas a alternativa C está correta. HC

Gabarito "C".

(Procurador do Município/São José dos Campos-SP – 2012 – VUNESP)

Com relação ao aviso-prévio, assinale a alternativa correta.

(A) O aviso-prévio é um direito histórico dos trabalhadores e oriundo dos primórdios do Direito do Trabalho. Cabe apenas na dispensa do trabalhador por iniciativa do empregador e pode ser trabalhado ou indenizado.

(B) O aviso-prévio é direito dos trabalhadores e recentemente foi alterado para ampliar o prazo, que varia de 8 dias, se o pagamento for por semana ou tempo inferior, conforme o contido no artigo 487, I, da CLT, a até um total de 90 dias, como diz a Lei nº 12.506, de 11 de outubro de 2011.

(C) O aviso-prévio é um direito recíproco, tanto dos empregados quanto dos empregadores, e seu período se projeta no tempo do contrato de trabalho para todos os efeitos legais, devendo ser necessariamente indenizado.

(D) Há várias modalidades de aviso-prévio, sempre cindidas em duas: aviso-prévio do empregado e aviso-prévio do empregador; aviso-prévio indenizado e aviso-prévio trabalhado; aviso-prévio mínimo e aviso-prévio proporcional ao tempo de serviço; e aviso-prévio com projeção do tempo no contrato e sem projeção do tempo.

(E) O aviso-prévio dado pelo empregador não extingue o contrato, mas designa um termo para a extinção contratual, termo esse que é variável proporcionalmente ao tempo de serviço do trabalhador naquele contrato e pode ser revertido, se a parte concedente reconsiderar a sua decisão anterior.

A: opção incorreta, pois pode ser dado tanto pelo empregador como pelo empregado, nos termos do art. 487 da CLT; **B:** opção incorreta, pois embora o aviso-prévio proporcional tenha sido disciplinado pela Lei 12.506/2011, podendo chegar ser de até 90 (noventa) dias, nos termos do art. 7º, XXI, da CF o aviso-prévio é de, no mínimo, 30 (trinta) dias; **C:** opção incorreta, pois o aviso-prévio poderá ser trabalhado, quando a parte comunicante informar que haverá prestação de serviços durante o período; **D:** opção incorreta, pois sempre será garantida a integração do período de aviso-prévio no tempo de serviço, art. 487, § 1º, CLT; **E:** opção correta, pois o aviso-prévio não extingue o pacto laboral, na medida em que consiste em uma comunicação que uma parte faz à outra, de que pretende extinguir o pacto laboral. Será proporcional ao tempo de serviço, nos termos do art. 7º, XXI, CF, disciplinado pela Lei 12.506/2011 e poderá ser revertido na hipótese do art. 489 da CLT. **HC**
Gabarito "E".

(Procurador do Município/São José dos Campos-SP – 2012 – VUNESP)

Assinale a alternativa correta quanto à responsabilidade da Fazenda Pública nas reclamações trabalhistas ajuizadas em face de empresas por ela contratadas.

(A) A administração pública não poderá ser responsabilizada, ainda que se considere ilícita a terceirização, porque há obstáculo constitucional (no artigo 37, II, da Constituição Federal) ao reconhecimento de vínculos e direitos trabalhistas em decorrência de trabalhos realizados sem prévia aprovação em concurso público, bem como é impossível considerar a administração pública devedora solidária de inadimplemento de responsabilidade de terceiro.

(B) Depois do julgamento em que o Supremo Tribunal Federal decidiu pela constitucionalidade do artigo 71, § 1.º, da Lei n.º 8.666/1993 (Lei de licitações), o Tribunal Superior do Trabalho alterou a sua Súmula 331 para afirmar que a administração pública responde subsidiariamente pelos créditos trabalhistas dos empregados de seus contratados, desde que haja conduta culposa (omissiva ou comissiva) na fiscalização do cumprimento das obrigações contratuais da prestadora de serviço como empregadora.

(C) A responsabilidade do tomador de serviços é solidária, havendo culpa ou dolo em relação ao inadimplemento dos créditos trabalhistas dos empregados de sua prestadora de serviços; e é subsidiária se inexistentes culpa ou dolo, dada a responsabilidade objetiva do tomador de serviços em relação às obrigações trabalhistas da prestadora de serviços para com seus empregados.

(D) A responsabilidade da Fazenda Pública em relação aos créditos trabalhistas dos empregados de suas prestadoras de serviço não é decorrente do mero inadimplemento das obrigações trabalhistas assumidas pela empresa regularmente contratada, mas supõe modalidade de culpa, participação do ente público no processo de conhecimento, inclusão do ente administrativo no título executivo e limitação das verbas decorrentes da condenação àquelas adquiridas pelo trabalhador apenas ao período em que o contrato entre prestadora de serviços e administração pública esteve vigente.

(E) A responsabilidade da Fazenda Pública nos casos de terceirização, lícita ou ilícita, regular ou irregular, não abrange toda e qualquer verba decorrente da condenação, mas deve ser regularmente aferida, segundo a existência ou não de culpa, pois só responderá por créditos cujo inadimplemento ocorreu com o concurso de culpa da administração pública, assim declarada em sentença, bem como com a limitação de tempo à vigência do contrato realizado entre administração pública e prestador de serviços.

A: opção incorreta, pois nos termos da Súmula 331, item V, do TST poderá haver responsabilidade subsidiária da administração pública; **B:** opção correta, pois reflete o entendimento disposto na Súmula 331, item V, do TST. O STF no julgamento da Ação Declaratória de Constitucionalidade 16-9/DF tenha declarado a constitucionalidade do art. 71 e § 1º da Lei 8.666/1993, reconhece que poderá haver a responsabilidade da administração pública. Assim, o TST não poderá generalizar os casos, aplicando à administração a responsabilidade subsidiária, pois como aduz o item V da Súmula 331 do TST, a responsabilidade não decorre de mero inadimplemento das obrigações trabalhistas assumidas pela empresa contratada. Deverá ficar demonstrada a sua conduta culposa no cumprimento das obrigações da Lei n.º 8.666/1993, especialmente na fiscalização do cumprimento das obrigações contratuais e legais da prestadora de serviço como empregadora; **C:** opção incorreta, pois a administração não responderá de forma solidária; Veja comentários da alternativa B; **D:** opção incorreta, pois não há limitação às verbas; **E:** opção incorreta. Veja comentários das alternativas B e D. **HC**
Gabarito "B".

(Procurador do Município/Sorocaba-SP – 2012 – VUNESP) O contrato de trabalho extingue-se

(A) somente por iniciativa de qualquer uma das partes, que precisa necessariamente preavisar a outra parte com tempo proporcional ao de serviço.

(B) por iniciativa de qualquer das partes e também pelo Estado (*factum principis*), que pode impor o fechamento de alguma atividade econômica.

7. DIREITO DO TRABALHO — 461

(C) por iniciativa do empregado, por iniciativa do empregador ou por iniciativa de ambos, como no caso de culpa recíproca.

(D) por morte do empregado ou empregador, falência da empresa, dispensa do empregado, rescisão direta ou indireta.

(E) por iniciativa do empregado e/ou do empregador, por efeito de ato de terceiro ou fato extintivo da relação de emprego.

A: opção incorreta, pois poderá haver a extinção por ato de terceiro, como ocorre no art. 486 da CLT; **B:** opção incorreta, pois poderá haver a extinção do contrato, também, por fato extintivo da relação de emprego, como é o caso da morte do empregado ou empregador; **C:** opção incorreta. Faltam hipóteses, pois a assertiva traz somente hipóteses de extinção por iniciativa das partes. Veja comentário das demais alternativas; **D:** opção incorreta. Faltam hipóteses. Veja comentários das demais alternativas; **E:** opção correta, pois por iniciativa do empregado, referindo ao pedido de demissão; iniciativa do empregador, referindo à dispensa sem justa causa; por efeito de ato de terceiro, como ocorre no *factum principis*, *art. 486 da CLT* ou fato extintivo da relação de emprego, como ocorre em caso de morte do empregador, art. 485 da CLT. **HC**
Gabarito "E".

(Procurador do Estado/SC – 2010 – FEPESE) Acerca do aviso-prévio, assinale a alternativa **incorreta**, de acordo com a Consolidação das Leis do Trabalho.

(A) A falta do aviso-prévio por parte do empregador dá ao empregado o direito aos salários correspondentes ao prazo do aviso, garantida sempre a integração desse período no seu tempo de serviço.

(B) O horário normal de trabalho do empregado, durante o prazo do aviso, e se a rescisão tiver sido promovida pelo empregador, será reduzido de 2 (duas) horas diárias, sem prejuízo do salário integral.

(C) O empregado que, durante o prazo do aviso-prévio, cometer qualquer das faltas consideradas pela lei como justas para a rescisão, não perde o direito ao restante do respectivo prazo.

(D) Dado o aviso-prévio, a rescisão torna-se efetiva depois de expirado o respectivo prazo, mas, se a parte notificante reconsiderar o ato, antes de seu termo, à outra parte é facultado aceitar ou não a reconsideração.

(E) Caso seja aceita a reconsideração ou continuando a prestação depois de expirado o prazo, o contrato continuará a vigorar, como se o aviso-prévio não tivesse sido dado.

A: opção correta, pois reflete o disposto no art. 487, § 1º, da CLT; **B:** opção correta, pois reflete o disposto no art. 488 da CLT; **C:** opção incorreta, pois de acordo com o art. 491 da CLT o empregado perderá o direito ao restante do prazo do aviso-prévio; **D:** opção correta, pois reflete o disposto no art. 489 da CLT; **E:** opção correta, pois reflete o disposto no art. 489, parágrafo único, da CLT. **HC**
Gabarito "C".

(Procurador do Município/Teresina-PI – 2010 – FCC) Joana estava cumprindo aviso-prévio quando cometeu falta grave passível de acarretar a rescisão do contrato de trabalho por justa causa. Neste caso, considerando que Joana não abandonou o emprego, ela

(A) terá direito a 50% das verbas rescisórias de natureza indenizatória em razão da falta ter ocorrido no período de cumprimento do aviso-prévio.

(B) não terá direito a qualquer verba rescisória de natureza indenizatória.

(C) terá direito normalmente às verbas rescisórias de natureza indenizatória, uma vez que já se encontrava em aviso-prévio.

(D) terá direito a 1/3 das verbas rescisórias de natureza indenizatória em razão da falta ter ocorrido no período de cumprimento do aviso-prévio.

(E) terá direito apenas às multas normativas previstas em Convenção Coletiva de Trabalho.

No curso do aviso pode ocorrer falta grave, seja pelo empregado, seja pelo empregador. Nesse caso, a rescisão passará a ser uma rescisão por justa causa do empregado ou por rescisão indireta, justa causa do empregador. Nessa linha, o TST editou a Súmula 73 entendendo que a ocorrência de justa causa, salvo o de abandono de emprego, no decurso do prazo do aviso-prévio dado pelo empregador, retira do empregado qualquer direito às verbas rescisórias de natureza indenizatória.
Gabarito "B".

9. ESTABILIDADE

(Procurador do Estado/AC – 2017 – FMP) Conforme entendimento sumulado pelo Tribunal Superior do Trabalho, em relação à garantia de permanência no emprego da trabalhadora gestante, é CORRETO afirmar que

(A) o desconhecimento do estado gravídico pelo empregador afasta o direito ao pagamento da respectiva indenização.

(B) a reintegração da trabalhadora é um direito assegurado, a qualquer momento.

(C) a indenização devida restringe-se aos salários do período da estabilidade.

(D) a trabalhadora não terá o direito reconhecido se ajuizar reclamatória trabalhista após o período da estabilidade.

(E) a empregada tem direito à estabilidade provisória, mesmo na hipótese de admissão mediante contrato por tempo determinado.

A: incorreta, pois nos termos da súmula 244, I, do TST I o desconhecimento do estado gravídico pelo empregador não afasta o direito ao pagamento da indenização decorrente da estabilidade. **B:** incorreta, pois nos termos da súmula 244, II, do TST a garantia de emprego à gestante só autoriza a reintegração se esta se der durante o período de estabilidade. **C:** incorreto, pois nos termos da segunda parte do item II da súmula 244 do TST, a garantia restringe-se aos salários e demais direitos correspondentes ao período de estabilidade. **D:** incorreta, pois nos termos da súmula 244 do TST, a ausência de comunicação e/ou desconhecimento do estado gravídico pelo empregador ou pela própria empregada não elidem o direito à indenização correspondente. De acordo com o TST, o entendimento pacificado pela SDI-1 é no sentido de que a reclamação trabalhista após o término do período de estabilidade provisória não elide a indenização correspondente, desde que não extrapolado o prazo prescricional. Veja Processo: 10450-24.2017.5.18.0052. **E:** correta, pois reflete a disposição contida no item III da súmula 244 do TST.
Gabarito "E".

(Procurador do Estado/BA – 2014 – CESPE) Em relação aos direitos dos trabalhadores, julgue o item seguinte.

(1) À empregada gestante é assegurada estabilidade desde a confirmação da gravidez até cento e vinte dias após o parto.

1: Opção incorreta, pois nos termos do art. 10, II, *b*, do ADCT é assegura a garantia de emprego à empregada gestante **desde a confirmação da gravidez até cinco meses após o parto.** HC

Gabarito "1E".

(Procurador Federal – 2013 – CESPE) Julgue o item seguinte, relativo ao direito do trabalho.

(1) Conforme entendimento pacificado pelo TST, o servidor público celetista da administração direta, autárquica ou fundacional é beneficiário do regime de estabilidade previsto na CF aos servidores nomeados para cargo de provimento efetivo.

1: Opção correta, pois nos termos da Súmula 390, I, do TST o servidor público celetista da administração direta, autárquica ou fundacional é beneficiário da estabilidade prevista no art. 41 da CF/1988. No entanto, de acordo com o item II da citada súmula, o empregado de empresa pública ou de sociedade de economia mista, ainda que admitido mediante aprovação em concurso público, não é garantida a estabilidade prevista no art. 41 da CF/1988. HC

Gabarito "1C".

(Procurador do Estado/PR – UEL-COPS – 2011) Assinale a alternativa falsa:

(A) o deferimento de salários do período de estabilidade provisória, quando o pedido formulado tenha sido exclusivamente de reintegração, não implica em nulidade da sentença por julgamento "extra petita";

(B) é necessário o ajuizamento do inquérito judicial para apuração de falta grave, no caso de dispensa motivada de dirigente sindical;

(C) não obstante a redação do art. 7º, inc. I, da CRFB, a estabilidade prevista no art. 118 da Lei 8.213/191, não é inconstitucional;

(D) ainda que no curso do aviso-prévio, o registro de candidatura de empregado a cargo de dirigente sindical assegura a estabilidade;

(E) ajuizamento da ação trabalhista após decorrido o lapso de garantia de emprego da gestante não afasta o direito à indenização correspondente.

A: opção correta, pois reflete o disposto na Súmula 396, item II, do TST; **B:** opção correta, pois reflete o entendimento disposto na Súmula 379 do TST; **C:** Opção correta, pois por meio da Súmula 378, item I o TST entende ser constitucional o art. 118 da Lei 8.213/91 que assegura o direito à estabilidade provisória por período de 12 meses após a cessação do auxílio-doença ao empregado acidentado; **D:** opção incorreta, pois de acordo com a Súmula 369, item V, do TST no curso do aviso-prévio não é assegurado o direito à estabilidade; **E:** opção correta, pois reflete o entendimento disposto na OJ 399 da SDI 1 do TST. HC

Gabarito "D".

(Procurador do Estado/RS – FUNDATEC – 2010) Considere as afirmações a seguir:

I. Segundo orientação jurisprudencial do Tribunal Superior do Trabalho, preenchidos todos os pressupostos para a aquisição de estabilidade decorrente de acidente ou doença profissional, ainda durante a vigência do instrumento normativo, goza o empregado de estabilidade mesmo após o término da vigência deste.

II. Os associados de sindicatos de empregados que se aposentarem, estiverem desempregados ou tiverem sido convocados para prestação de serviço militar não perderão os respectivos direitos sindicais e ficarão

isentos de qualquer contribuição, mas não poderão exercer quaisquer cargos de administração ou representação sindical.

III. As centrais sindicais legalmente reconhecidas têm como prerrogativas: (a) coordenar a representação dos trabalhadores por meio das organizações sindicais a ela filiadas; (b) participar de negociações em fóruns, colegiados de órgãos públicos e demais espaços de diálogo social que possuam composição tripartite, nos quais estejam em discussão assuntos de interesse geral dos trabalhadores, e (c) firmar, mediante negociação estabelecida com as confederações sindicais patronais, os contratos coletivos estipulativos das condições mínimas de trabalho aplicáveis em todo o território nacional.

Quais estão corretas?

(A) Apenas I.

(B) I, II e III.

(C) Apenas II e III.

(D) Apenas I e II.

(E) Apenas III

I: opção correta, pois reflete o entendimento disposto na OJ 41 da SDI 1 do TST; **II:** opção incorreta, pois não poderão exercer cargo de administração sindical ou de representação econômica ou profissional e não *quaisquer* cargos de administração ou representação sindical como na assertiva; **III:** opção incorreta, pois nos termos do art. 1º e seus incisos da Lei 11.648/2008, o item c constante na assertiva não constitui uma atribuição das centrais sindicais. HC

Gabarito "A".

10. SEGURANÇA E MEDICINA DO TRABALHO

(Procurador do Estado/TO – 2018 – FCC) Conforme regras insculpidas no Título referente às normas gerais de tutela do trabalho contidas na Consolidação das Leis do Trabalho sobre segurança e medicina no trabalho,

(A) o adicional de periculosidade será de 10% para atividades que envolvam risco de roubos ou outras espécies de violência física, 20% para atividades com energia elétrica e 40% para serviços com uso de motocicleta, sempre calculados sobre o salário-base do trabalhador.

(B) as atividades insalubres são aquelas que, por sua natureza ou métodos de trabalho, impliquem o contato permanente com inflamáveis ou explosivos em condição de risco acentuado.

(C) o trabalho em condições insalubres, acima dos limites de tolerância estabelecidos por norma, assegura ao empregado o adicional de 30% sobre o salário contratual.

(D) é obrigatória a constituição de CIPA – Comissão Interna de Prevenção de Acidentes, conforme instruções do Ministério do Trabalho nos estabelecimentos nelas especificadas, sendo composta apenas por representantes dos empregados cujo mandato dos membros titulares será de um ano, sem direito a reeleição.

(E) o direito do empregado ao adicional de insalubridade ou de periculosidade cessará com a eliminação do risco à sua saúde ou integridade física, nos termos da CLT e das normas expedidas pelo Ministério do Trabalho.

7. DIREITO DO TRABALHO 463

A: incorreta, pois nos termos do art. 193, § 1º, da CLT, em qualquer das hipóteses indicadas no adicional será de 30% sobre o salário sem os acréscimos resultantes de gratificações, prêmios ou participações nos lucros da empresa. **B:** incorreta, pois nos termos do art. 189 da CLT serão consideradas atividades ou operações insalubres aquelas que, por sua natureza, condições ou métodos de trabalho, exponham os empregados a agentes nocivos à saúde, acima dos limites de tolerância fixados em razão da natureza e da intensidade do agente e do tempo de exposição aos seus efeitos. **C:** incorreta, pois nos termos do art. 192 da CLT o exercício de trabalho em condições insalubres, acima dos limites de tolerância, assegura a percepção de adicional de 40% grau máximo, 20% grau médio e 10% grau mínimo do salário-mínimo. **D:** incorreta, pois nos termos do art. 164 da CLT a CIPA será composta de representantes da empresa e dos empregados. **E:** correta, pois reflete a disposição do art. 194 da CLT.
Gabarito "E".

(Procurador Municipal – Prefeitura/BH – CESPE – 2017) A cumulação dos adicionais de insalubridade e de periculosidade:

(A) é permitida, podendo o juiz concedê-la de ofício por ser matéria de ordem pública de saúde e de segurança do trabalhador.

(B) é vedada, podendo o empregado fazer a opção pelo adicional que lhe for mais benéfico.

(C) é vedada, pois possuem a mesma hipótese de incidência, o que configura *bis in idem*.

(D) é permitida, desde que o empregado a requeira expressamente.

"B" é a opção correta. Isso porque, no julgamento do recurso E-RR-1072-72.2011.5.02.0384 o TST absolveu uma empresa de condenação ao pagamento dos adicionais de periculosidade e insalubridade cumulativamente a um empregado. No julgamento desse recurso, o entendimento majoritário foi o de que o § 2º do art. 193 da CLT veda a acumulação, ainda que os adicionais tenham fatos geradores distintos. HC
Gabarito "B".

(Procurador do Estado – PGE/MT – FCC – 2016) Aristóteles é empregado da empresa Alpha Combustíveis Ltda. que atua no ramo de posto de combustíveis. O referido empregado presta serviços de vigilante no posto, laborando nas dependências do estabelecimento. Realizada perícia no local de trabalho para apuração da existência de periculosidade, o médico do trabalho, designado pelo Juiz do Trabalho da causa, elabora laudo concluindo pela periculosidade no ambiente de trabalho, o qual é acolhido pelo Magistrado. Nesta hipótese,

(A) o empregado faz jus ao adicional de periculosidade, à base de 30% do valor do salário, sem acréscimos de gratificações, prêmios e participação em lucros da empresa.

(B) não é devido adicional de periculosidade uma vez que o empregado é vigilante e, nesta situação, não faz jus ao referido adicional, posto que não atua diretamente em contato com inflamáveis, única hipótese de ter direito ao propalado adicional.

(C) é devido adicional de periculosidade ao empregado e deve a empresa ser condenada ao pagamento de adicional de 30% do salário mínimo nacional vigente à época, sem os acréscimos de gratificações, prêmios e participação em lucros.

(D) é devido adicional de periculosidade ao empregado à base de 30% do valor do salário, acrescidas de gratificações, prêmios e participações em lucros.

(E) o empregado não faz jus ao adicional de periculosidade, uma vez que a perícia é nula pelo fato de ter sido realizada por médico do trabalho, quando o correto seria que a perícia fosse confiada a um engenheiro de segurança do trabalho.

"A" é a opção correta. Isso porque, nos termos da súmula 39 do TST, os empregados que operam em bomba de gasolina têm direito ao adicional de periculosidade (Lei 2.573, de 15.08.1955), que assegura ao empregado um adicional de 30% (trinta por cento) sobre o salário sem os acréscimos resultantes de gratificações, prêmios ou participações nos lucros da empresa, conforme art. 193, § 1º, CLT. HC
Gabarito "A".

(Procurador Federal – 2013 – CESPE) Julgue o item seguinte, relativo ao direito do trabalho.

(1) Na forma da regulamentação aprovada pelo Ministério do Trabalho e Emprego, são consideradas perigosas as atividades ou operações que, por sua natureza ou métodos de trabalho, impliquem risco acentuado em virtude de exposição permanente do trabalhador a roubos ou outras espécies de violência física nas atividades profissionais de segurança pessoal ou patrimonial.

1: Opção correta, pois reflete a disposição contida no art. 193, II, da CLT, de acordo com a redação dada pela Lei 12.740/2012. HC
Gabarito "1C".

(ADVOGADO – CEF – 2012 – CESGRANRIO) Numa determinada empresa, na composição da Comissão Interna de Prevenção de Acidentes (CIPA), destacam-se:

João, presidente; Pedro, vice-presidente; Matheus, representante do empregador; André, representante dos empregados; Lucas, suplente de Matheus; e Eduardo, suplente de André. Considerando-se a composição dessa CIPA, têm garantia provisória de emprego

(A) Pedro e André

(B) Pedro, André e Eduardo

(C) Pedro, Matheus e André

(D) João, Pedro, Matheus e André

(E) João, Pedro, Matheus, André, Lucas e Eduardo

"B" é a opção correta. Isso porque nos termos do art. 10, inciso II, "a", do Ato das Disposições Constitucionais Transitórias é vedada a dispensa arbitrária ou sem justa causa do empregado eleito para cargo de direção das Comissões Internas de Prevenção de Acidentes, desde o registro da sua candidatura até um ano após o final de seu mandato. O TST por meio da Súmula 339, item I, entende que essa estabilidade é estendida ao suplente. Dispõe a Súmula: "O suplente da CIPA goza da garantia de emprego prevista no art. 10, II, "a", do ADCT a partir da promulgação da Constituição Federal de 1988.". Importante lembrar que o Presidente é designado pelos empregadores e por esse motivo não possui a garantia de emprego Já o vice-presidente é eleito pelos próprios empregados, em conformidade dom o art. 164, § 5º, da CLT. HC
Gabarito "B".

(ADVOGADO – CORREIOS – 2011 – CESPE) Julgue os itens seguintes, acerca de segurança e higiene do trabalho.

(1) O presidente da Comissão Interna de Prevenção de Acidentes (CIPA) não é detentor de estabilidade.

(2) Trabalhador de posto de gasolina que mantém contato direto com as bombas de combustíveis tem direito ao adicional de insalubridade.

1: opção correta, pois por ser o Presidente indicado pelo próprio empregador não terá a estabilidade provisória; **2:** opção incorreta, pois o trabalhador em questão faz jus ao adicional de periculosidade e não de insalubridade. Veja Súmula 39 do TST. [HC]

Gabarito 1C. 2E

11. DIREITO COLETIVO DO TRABALHO

11.1. Sindicatos

(Procurador do Município – S.J. Rio Preto/SP – 2019 – VUNESP) De acordo com o artigo 8° da Constituição Federal, é livre a associação sindical, observado o seguinte:

(A) é obrigatória autorização do Estado para a fundação de sindicato, vedadas ao Poder Público a interferência e a intervenção na organização sindical.

(B) a criação de organização sindical, em qualquer grau, representativa de categoria profissional ou econômica se aperfeiçoará com o registro do respectivo ato cons-titutivo no Registro Civil das Pessoas Jurídicas.

(C) é obrigatória a filiação ao sindicato da respectiva categoria.

(D) é facultativa a participação dos sindicatos nas nego-ciações coletivas de trabalho.

(E) ao sindicato cabe a defesa dos direitos e interesses coletivos ou individuais da categoria, inclusive em questões judiciais ou administrativas.

A: incorreta, pois o art. 8°, I, CF ensina que a lei não poderá exigir auto-rização do Estado para a fundação de sindicato, ressalvado o registro no órgão competente, vedadas ao Poder Público a interferência e a inter-venção na organização sindical. **B:** incorreta, pois o sindicato adquire sua personalidade jurídica com o registro no Ministério da Economia, Secretaria do Trabalho (antigo Ministério do Trabalho e Emprego), em conformidade com a Súmula 677 do STF, que assim dispõe: "Até que lei venha a dispor a respeito, incumbe ao Ministério do Trabalho proceder ao registro das entidades sindicais e zelar pela observância do princípio da unicidade". **C:** incorreta, a filiação é facultativa, pois nos termos do art. 8°, V, CF ninguém será obrigado a filiar-se ou a manter-se filiado a sindicato. **D:** incorreta, pois nos termos do art. 8°, VI, CF é obrigatória a participação dos sindicatos nas negociações coletivas de trabalho. **E:** correta, pois reflete a redação do art. 8°, III, CF.

Gabarito "E."

(Procurador do Estado – PGE/MT – FCC – 2016) Nos termos das normas contidas na Consolidação das Leis do Trabalho e na jurisprudência sumulada do Tribunal Superior do Trabalho sobre a Organização Sindical e as negociações coletivas de trabalho,

(A) a solidariedade de interesses econômicos dos que empreendem atividades idênticas, similares ou cone-xas constitui o vínculo social básico que se denomina categoria profissional diferenciada.

(B) empregado integrante de categoria profissional dife-renciada não tem o direito de receber de seu empre-gador vantagens previstas em instrumento coletivo no qual a empresa não foi representada por órgão de classe de sua categoria.

(C) a legitimidade do sindicato para propor ação de cumprimento estende-se à observância de convenção coletiva de trabalho, mas não ao acordo coletivo de trabalho, que impõe ação reclamatória individual para efetivar o cumprimento das normas, em razão das partes que a compõem.

(D) o empregado de categoria diferenciada eleito dirigente sindical goza de estabilidade prevista na lei ainda

que não exerça na empresa atividade pertinente à categoria profissional do sindicato para o qual foi eleito dirigente.

(E) as disposições de contrato individual de trabalho livremente ajustadas entre as partes podem contrariar normas de Convenção ou Acordo Coletivo de Trabalho quando mais favoráveis à manutenção do emprego e à estabilidade econômica empresarial e, nessas situações, as condições estabelecidas em Acordo prevalecerão sobre as estipuladas em Convenção.

A: incorreta, pois categoria profissional diferenciada deve ser entendida como aquela formada pelos empregados que exerçam profissões ou funções diferenciadas por força de estatuto profissional especial ou em consequência de condições de vida singulares; **B:** correta, pois, nos termos da súmula 374 do TST, o empregado integrante de categoria profissional diferenciada não tem o direito de haver de seu empregador vantagens previstas em instrumento coletivo no qual a empresa não foi representada por órgão de classe de sua categoria; **C:** incorreta, pois, nos termos da súmula 286 do TST, a legitimidade do sindicato para propor ação de cumprimento estende-se também à observância de acordo ou de convenção coletivos; **D:** incorreta, pois, nos termos da súmula 369, III, TST, o empregado de categoria diferenciada eleito dirigente sindical só goza de estabilidade se exercer na empresa atividade pertinente à categoria profissional do sindicato para o qual foi eleito dirigente; **E:** incorreta, pois, de acordo com o art. 444 da CLT, as relações contratuais de trabalho podem ser objeto de livre estipulação das partes interessadas em tudo quanto não contravenha às disposições de proteção ao trabalho, aos contratos coletivos que lhes sejam aplicáveis e às decisões das autoridades competentes. Ademais, o art. 619 determina que nenhuma disposição de contrato individual de trabalho que contrarie normas de Convenção ou Acordo Coletivo de Trabalho poderá prevalecer na sua execução, sendo considerada nula de pleno direito. [HC]

Gabarito "B".

(Procurador Distrital – 2014 – CESPE) Conforme a jurisprudência dominante do TST, a CF e a legislação pertinente, julgue o seguinte item.

(1) De acordo com a CF, a associação sindical é livre e a lei não poderá exigir autorização do Estado para a fundação de sindicato, razão por que ocorreu a ratifi-cação da Convenção 87 da Organização Internacional do Trabalho no Brasil, que trata da liberdade sindical e proteção do direito de sindicalização.

1: Opção incorreta, pois embora a associação sindical é livre e a lei não poderá exigir autorização do Estado para a fundação de sindicato, art. 8°, I, da CF, a Convenção Internacional 87 da OIT não foi ratificada pelo Brasil por incompatibilidade com o sistema sindical brasileiro. A Convenção 87 da OIT adota o sistema da pluralidade sindical, ao passo que o sistema brasileiro adota o sistema da unicidade sindical. [HC]

Gabarito "1E."

(Procurador Federal – 2013 – CESPE) Julgue o item seguinte, relativo ao direito do trabalho.

(1) Categoria profissional diferenciada é a que se forma dos empregados que exerçam profissões ou funções diferenciadas em consequência de condições de vida singulares, podendo tais categorias ser reconhecidas mediante lei ou decisão judicial.

1: Opção incorreta, pois nos termos do art. 511, § 3°, da CLT categoria profissional diferenciada é a que se forma dos empregados que exerçam profissões ou funções diferenciadas por força de estatuto profissional especial ou em consequência de condições de vida singulares. Não podem ser reconhecidas por decisão judicial, mas apenas por lei.

7. DIREITO DO TRABALHO   465

Nesse sentido veja a OJ 36 da SDC: "EMPREGADOS DE EMPRESA DE PROCESSAMENTO DE DADOS. RECONHECIMENTO COMO CATEGORIA DIFERENCIADA. IMPOSSIBILIDADE. É por lei e não por decisão judicial, que as categorias diferenciadas são reconhecidas como tais. De outra parte, no que tange aos profissionais da informática, o trabalho que desempenham sofre alterações, de acordo com a atividade econômica exercida pelo empregador. **HC**
Gabarito "1E".

(Procurador do Estado/AC – FMP – 2012) No que se refere ao Direito Coletivo do Trabalho e aos sindicatos, é correto afirmar que:

(A) considerada a natureza jurídica do sindicato, não pode haver qualquer interferência do Estado para sua fundação, prevalecendo os princípios da liberdade sindical e da pluralidade sindical.

(B) as centrais sindicais são consideradas Entidades Sindicais de Grau Superior.

(C) os empregados públicos da Administração Direta e Indireta não podem ser sindicalizados, na medida em que não há possibilidade de estabelecimento de negociação coletiva por meio de acordos ou convenções coletivas.

(D) o dirigente sindical goza de garantia de emprego desde a inscrição de sua candidatura, exceto se esta ocorrer no período do aviso-prévio, até uma ano após o final de seu mandato.

A: opção incorreta, pois em que pese não haver qualquer interferência do Estado, pois vigora o princípio da liberdade sindical, não vigora em nosso sistema o pluralismo sindical, tendo em vista o princípio da unicidade sindical, art. 8º, II, CF; **B:** opção incorreta, pois embora reconhecidas formalmente pela Lei 11.648/2008, as centrais sindicais não integram o sistema sindical confederativo; **C:** opção incorreta, pois nos termos do art. 37, VI, da CF é garantido ao servidor público o direito à livre associação sindical; **D:** opção correta, pois reflete o entendimento disposto no art. 8º, VIII, CF, art. 543, § 3º, CLT e Súmula 369, V, do TST. **HC**
Gabarito "D".

(Advogado da União/AGU – CESPE – 2012) A respeito do direito sindical e do direito coletivo do trabalho, julgue os itens subsequentes.

(1) A participação dos sindicatos é obrigatória na negociação coletiva pertinente à obtenção de convenções coletivas de trabalho, mas facultativa quando envolve acordo coletivo de trabalho, já que, nesse caso, a repercussão é limitada à empresa contratante.

(2) O direito de greve é assegurado aos trabalhadores em geral, exceto àqueles envolvidos com atividade considerada essencial, em que o interesse da sociedade prevalece sobre o interesse dos trabalhadores, sendo a paralisação dos serviços, nesse caso, considerada sempre abusiva.

(3) A criação de entidade sindical incumbe aos integrantes da categoria profissional ou da categoria econômica, vedadas a interferência e a intervenção do Estado na organização sindical, sem prejuízo da exigência do registro perante o órgão competente e a observância à unicidade sindical na mesma base territorial, definida esta, no mínimo, pela correspondência à área de um município.

1: opção incorreta, pois a presença do sindicato é obrigatória tanto na celebração da convenção coletiva de trabalho como no acordo coletivo

de trabalho, art. 611, *caput* e seu § 1º, da CLT. Veja, também, art. 8º, inciso VI, CF. **2:** opção incorreta, pois nos termos do art. 9º da CF a greve é um direito de todos os trabalhadores. Veja a Lei 7.783/1989. **3:** opção correta, pois poderá haver sindicatos profissionais (trabalhadores) e econômicos (empresas), art. 8º CF e 511 da CLT. **HC**
Gabarito 1E, 2E, 3C.

(Procurador do Estado/RO – 2011 – FCC) Sobre as organizações sindicais, é correto afirmar que

(A) a lei poderá exigir autorização do Estado para fundação do sindicato.

(B) para os integrantes da categoria diferenciada, a filiação ao sindicato representativo da categoria é compulsória.

(C) cabe a defesa dos direitos e interesses coletivos ou individuais da categoria, inclusive em questões judiciais ou administrativas.

(D) é garantido ao servidor público civil e militar o direito à livre associação sindical.

(E) é faculdade a participação dos sindicatos nas negociações coletivas de trabalho.

A: opção incorreta, pois, nos termos do art. 8º, I, da CF foi eliminado o controle político-administrativo sobre a estrutura dos sindicatos, seja com relação à sua criação, seja quanto a sua gestão; **B:** opção incorreta, pois, nos termos do art. 8º, V, da CF ninguém será obrigado a filiar-se ou manter-se filiado a sindicato; **C:** opção correta, pois reflete o disposto no art. 8º, III, da CF; **D:** opção incorreta, pois somente ao servidor público civil é garantido o direito à livre associação sindical. Ao militar são proibidas a sindicalização e a greve, nos termos do art. 142, IV, CF; **E:** opção incorreta, pois a participação dos sindicatos é obrigatória, nos termos do art. 8º, VI, da CF. **HC**
Gabarito "C".

(Procurador do Estado/SC – 2010 – FEPESE) Com relação à organização sindical, a Consolidação das Leis Trabalhistas dispõe:

(A) Os sindicatos possuem natureza de pessoa jurídica de direito público.

(B) Os sindicatos, pelas atividades representativas que exercem, são classificados como entidades sindicais de grau superior.

(C) As federações organizar-se-ão com o mínimo de 3 (três) sindicatos e terão sede na Capital da República.

(D) Categoria profissional diferenciada é aquela cujos interesses econômicos dos que empreendem atividades idênticas, similares ou conexas, constituem o vínculo social básico.

(E) É facultado aos sindicatos, quando em número não inferior a 5 (cinco), desde que representem a maioria absoluta de um grupo de atividades ou profissões idênticas, similares ou conexas, organizarem-se em federação.

A: opção incorreta, pois o sindicato é uma pessoa jurídica de direito privado e possui formato de ASSOCIAÇÃO. Nesse sentido, segue o Enunciado 142 da III Jornada de Direito Civil: "Os partidos políticos, os sindicatos e as associações religiosas possuem natureza associativa, aplicando-se lhes o Código Civil.", e ainda o Enunciado 144 da III Jornada de Direito Civil, "A relação das pessoas jurídicas de Direito Privado, constante do art. 44, incisos I a V, do Código Civil, não é exaustiva"; **B:** opção incorreta, pois os sindicatos não são considerados entidades de grau superior. As entidades de grau superior são: federações e confederações; **C:** opção incorreta, pois as federações são formadas por número não inferior a 5 (cinco) sindicatos; **D:** opção incorreta, pois

nos termos do art. 511, § 3º, da CLT categoria profissional diferenciada é aquela formada por empregados que exerçam profissões ou funções diferenciadas por força de estatuto profissional especial ou em consequência de condições de vida singulares; **E:** opção correta, pois reflete o disposto no art. 534 da CLT. **HC**
Gabarito "E".

11.2. Convenção e Acordo Coletivo

(Procurador do Estado/SP – 2018 – VUNESP) Em relação ao Direito Coletivo do Trabalho decorrente da "reforma trabalhista", assinale a alternativa correta.

(A) É permitido estipular duração de convenção coletiva ou acordo coletivo de trabalho superior a dois anos, estando autorizada, também, a ultratividade.

(B) A convenção coletiva e o acordo coletivo de trabalho poderão dispor sobre a redução do valor dos depósitos mensais e da indenização rescisória do Fundo de Garantia do Tempo de Serviço (FGTS).

(C) O hipersuficiente (empregado portador de diploma de nível superior e que perceba salário mensal igual ou superior a duas vezes o limite máximo dos benefícios do Regime Geral de Previdência Social) poderá estipular livremente com o empregador a relação contratual. A estipulação resultante, contudo, não preponderará sobre os instrumentos coletivos.

(D) As condições estabelecidas em acordo coletivo de trabalho sempre prevalecerão sobre as estipuladas em convenção coletiva de trabalho.

(E) Constitui objeto ilícito de convenção coletiva ou de acordo coletivo de trabalho a previsão de regras a respeito do regime de sobreaviso.

A: opção incorreta, pois nos termos do art. 614, § 3º, da CLT, "não será permitido estipular duração de convenção coletiva ou acordo coletivo de trabalho superior a dois anos, sendo vedada a ultratividade". **B:** opção incorreta, pois nos termos do art. 611-B, III, da CLT é vedado. **C:** opção incorreta, pois nos termos do art. 444, parágrafo único, da CLT, a estipulação convencionada entre o empregador e o empregado hipersuficiente irá prevalecer sobre os instrumentos coletivos. **D:** opção correta, pois reflete a disposição do art. 620 da CLT. **E:** opção incorreta, pois nos termos do art. 611-A, VIII, da CLT constitui objeto lícito de acordo ou convenção coletiva. **HC**
Gabarito "D".

(Procurador do Município/Manaus – 2018 – CESPE) Julgue o próximo item, relativo a convenções e acordos coletivos do trabalho.

(1) A convenção coletiva de trabalho não pode estabelecer norma de redução de intervalo interjornada, ou seja, entre o término de uma jornada e o início da outra, uma vez que o prazo desse intervalo é garantido por norma de ordem pública, não sendo passível de negociação.

1: opção correta. O art. 611-A, III, da CLT permite apenas a negociação do intervalo intrajornada, mas não do intervalo interjornada. **HC**
Gabarito "1C".

(Procurador Federal – 2013 – CESPE) Julgue o item seguinte, relativo ao direito do trabalho.

(1) Segundo entendimento recente do TST, os benefícios definidos em convenção coletiva de trabalho podem ser estendidos ao companheiro de empregado com o qual aquele mantenha união homoafetiva.

1: Opção correta, pois o TST entende que os princípios constitucionais da dignidade humana (art. 1º, III) da igualdade (art. 5º, -caput, I) impõem tratamento igualitário a todos, visando a construir uma sociedade livre, justa e solidária (art. 3º, I) e promover bem de todos com a extinção do preconceito de origem, gênero ou quaisquer outras formas de discriminação (art. 3º, IV). Veja: RO – 20424-81.2010.5.04.0000. **HC**
Gabarito "1C".

(Procurador Distrital – 2014 – CESPE) Julgue o item a seguir.

(1) A convenção coletiva de trabalho, acordo de caráter normativo reconhecido de forma expressa pela CLT, é enunciada pela CF como fonte capaz de estabelecer normas e condições de trabalho, mediante a flexibilização de direitos fundamentais dos trabalhadores, como salários e duração do trabalho.

1: Opção correta, pois prevista no art. 611 da CLT como sendo o acordo de caráter normativo, pelo qual dois ou mais Sindicatos representativos de categorias econômicas e profissionais estipulam condições de trabalho aplicáveis, no âmbito das respectivas representações, às relações individuais de trabalho. É considerada fonte formal autônoma do Direito do Trabalho utilizada para flexibilização de direitos trabalhistas, como por exemplo, a redução salarial que é possível somente por acordo ou convenção coletiva, art. 7º, VI, da CF. **HC**
Gabarito "1C".

(Procurador do Município/Florianópolis-SC – 2010 – FEPESE) Em relação à sentença normativa na Justiça do Trabalho, assinale a alternativa **correta**.

(A) O prazo máximo de vigência da sentença normativa é quatro anos.

(B) A sentença normativa sempre entrará em vigor após a sua publicação

(C) Somente caberá revisão da sentença normativa após dois anos de sua vigência.

(D) A sentença normativa somente produz efeitos às partes envolvidas no dissídio coletivo, não podendo ser estendida a outros empregados da respectiva categoria profissional.

(E) Não cabe revisão de sentença normativa, devendo, pois, ser ajuizado um novo dissídio coletivo para se estipular novas condições para determinada categoria profissional.

A: opção correta, pois reflete o disposto no art. 868, parágrafo único, da CLT; **B:** opção incorreta, pois entrará em vigor a partir da data de sua publicação, quando ajuizado o dissídio após o prazo de 60 (sessenta) dias anteriores ao respectivo termo final, ou, quando não existir acordo, convenção ou sentença normativa em vigor, da data do ajuizamento. Todavia, entrará em vigor a partir do dia imediato ao termo final de vigência do acordo, convenção ou sentença normativa, quando ajuizado o dissídio no prazo acima informado; **C:** opção incorreta, pois nos termos do art. 873 da CLT a sentença normativa poderá ser revista após 1 (um) ano; **D:** opção incorreta, pois poderá ser estendida nas hipóteses previstas nos arts. 869, 870 e 871 todos da CLT. **HC**
Gabarito "A".

11.3. Greve

(Advogado União – AGU – CESPE – 2015) Acerca de direito coletivo do trabalho e segurança no trabalho, julgue os próximos itens.

(1) De acordo com a CLT, caso seja demonstrado grave e iminente risco para o trabalhador, o auditor-fiscal do trabalho deverá interditar o estabelecimento ou embargar a obra.

7. DIREITO DO TRABALHO 467

(2) Conforme entendimento do TST, serão nulas, por ofensa ao direito de livre associação e sindicalização, cláusulas de convenção coletiva que estabeleçam quota de solidariedade em favor de entidade sindical a trabalhadores não sindicalizados.

1. incorreta, pois, nos termos do art. 161 da CLT, o Delegado Regional do Trabalho, à vista do laudo técnico do serviço competente que demonstre grave e iminente risco para o trabalhador, poderá interditar estabelecimento, setor de serviço, máquina ou equipamento, ou embargar obra, indicando na decisão, tomada com a brevidade que a ocorrência exigir, as providências que deverão ser adotadas para prevenção de infortúnios de trabalho; **2:** correta. "Quota de solidariedade" nada mais é que a contribuição assistencial, que, nos termos da OJ 17 da SDC do TST, estabelece que as cláusulas coletivas que estabeleçam contribuição em favor de entidade sindical, a qualquer título, obrigando trabalhadores não sindicalizados, são ofensivas ao direito de livre associação e sindicalização, constitucionalmente assegurado, e, portanto, nulas, sendo passíveis de devolução, por via própria, os respectivos valores eventualmente descontados. Veja também súmula vinculante 40 STF: "A contribuição confederativa de que trata o art. 8º, IV, da Constituição Federal, só é exigível dos filiados ao sindicato respectivo." **HC**
Gabarito "1E, 2C".

(Procurador do Estado/BA – 2014 – CESPE) Julgue o seguinte item.

(1) O exercício do direito de greve em serviços essenciais exige da entidade sindical ou dos trabalhadores, conforme o caso, a prévia comunicação da paralisação dos trabalhos ao empregador e, ainda, aos usuários dos serviços, no prazo mínimo de setenta e duas horas, sob pena de o movimento grevista ser considerado abusivo.

1: Opção correta, pois nos termos do art. 13 da Lei 7.783/1989 nas atividades essenciais o movimento grevista deve ser avisado com antecedência mínima de 72 horas. **HC**
Gabarito "1C".

(Procurador Distrital – 2014 – CESPE) Julgue o item a seguir.

(1) Greve é causa de suspensão do contrato de trabalho e somente pode ser utilizada após ser frustrada a negociação ou a arbitragem direta e pacífica, sob pena de ser considerada abusiva. Ademais, a comunicação acerca de sua decisão, no caso de atividade essencial, deve ser previamente feita aos empregadores e usuários do serviço no prazo mínimo de setenta e duas horas.

1. Opção correta, pois de fato a greve é causa de suspensão do contrato de trabalho (art. 2º da Lei 7.783/1989) e pode ser utilizada após frustrada a negociação coletiva ou impossibilidade de recursos via arbitral, art. 3º da Lei 7.783/1989. Nas atividades essenciais deve ser avisada com antecedência mínima de 72 horas, art. 13 da Lei 7.783/1989. **HC**
Gabarito "1C".

(PROCURADOR DO ESTADO/MG – FUMARC – 2012) O artigo 10 da Lei 7.783/1989, que regula o direito de greve, disciplina sobre quais serviços ou atividades são considerados essenciais. Assinale a alternativa que NÃO se alinha aos preceitos da citada norma jurídica:

(A) Serviço funerário.

(B) Serviço de transporte de mercadorias, de transporte em geral e de transporte coletivo.

(C) Serviço de compensação bancária.

(D) Serviço de produção e distribuição de energia elétrica, gás e combustíveis.

(E) Serviço de controle de tráfego aéreo.

A: opção incorreta, pois o serviço funerário é considerado atividade essencial, nos termos do art. 10, IV, da Lei 7.783/1989; **B:** opção correta, pois o serviço não consta no rol do art. 10 da Lei 7.783/1989; **C:** opção incorreta, pois o serviço de compensação bancária é considerado atividade essencial, nos termos do art. 10, XI, da Lei 7.783/1989; **D:** opção incorreta, pois o serviço de produção e distribuição de energia elétrica, gás e combustíveis é considerado atividade essencial, nos termos do art. 10, I, da Lei 7.783/1989; **E:** opção incorreta, pois o serviço de controle de tráfego aéreo é considerado atividade essencial, nos termos do art. 10, X, da Lei 7.783/1989. **HC**
Gabarito "B".

(Procurador do Município/São José dos Campos-SP – 2012 – VUNESP) Considere as seguintes proposições.

I. A greve evoluiu de delito para direito. Corresponde a uma suspensão coletiva, temporária e pacífica, total ou parcial, da prestação pessoal de serviços a empregador, com objetivo de exercer-lhe pressão com vistas à defesa ou à conquista de interesses coletivos ou difusos.

II. A greve pode ser deflagrada por deliberação coletiva dos trabalhadores, segundo seus interesses, inclusive quanto à sua conveniência e oportunidade. Demanda apenas uma formalização de seus requisitos, como a negociação coletiva prévia, a autorização de assembleia de trabalhadores, o aviso prévio à parte adversa e o atendimento às necessidades inadiáveis da comunidade.

III. A Constituição Federal assegurou o direito de associação sindical e de greve aos servidores públicos civis. Enquanto não houver lei específica para a regulamentação desse direito, o Supremo Tribunal Federal tem entendido que as disposições da Lei n.º 7.783/1989 são aplicáveis, no que compatíveis, aos servidores públicos, considerados sempre os serviços públicos como atividades essenciais.

Está correto o que se afirma em

(A) II, apenas.

(B) I e II, apenas.

(C) I e III, apenas.

(D) II e III, apenas.

(E) I, II e III.

I: opção correta, pois reflete o disposto no art. 2º da Lei 7.783/1989, tendo como objetivo, melhores condições de trabalho para a classe; **II:** opção correta, pois reflete o disposto nos arts. 1º, 3º e seu parágrafo único, 4º e 11 da Lei 7.783/1989. **III:** opção correta, pois o STF se pronunciou decidindo que dispositivos da Lei de Greve (Lei 7.783/1989), que rege o exercício de greve dos trabalhadores da iniciativa privada, também valem para as greves do serviço público. Veja Mandados de Injunção 670 e 712 apreciados pelo Supremo Tribunal Federal. **HC**
Gabarito "E".

(ADVOGADO – PETROBRÁS – 2012 – CESGRANRIO) Recentemente, os chamados movimentos paredistas voltaram a chamar atenção nos meios de comunicação nacionais.

Analise as afirmações abaixo, sobre o direito de greve.

I. Durante o período de greve, os contratos de trabalho permanecem suspensos, isto é, seus efeitos ficam paralisados.

II. A Constituição de 1988 não contemplou o direito de greve para os servidores militares, aos quais não estendeu sequer o direito de sindicalização.

III. Os servidores civis foram contemplados pela Carta de 1988 com o direito de greve e o de livre associação sindical.

Está correto o que se afirma em

(A) I, apenas.

(B) II, apenas.

(C) I e II, apenas.

(D) II e III, apenas.

(E) I, II e III.

I: opção correta, pois está em conformidade com o art. 7º da Lei 7.783/1989; II: opção correta, pois reflete o disposto no art. 142, IV, da CF; III: opção correta, pois em conformidade com o art. 37,VI e VII, da CF. Veja Mandados de Injunção (MI 670 e 712). HC

Gabarito "E."

12. TEMAS COMBINADOS E FGTS

(Procurador do Município – Boa Vista/RR – 2019 – CESPE/CEBRASPE) À luz da jurisprudência do Tribunal Superior do Trabalho e do STF, julgue os itens a seguir, a respeito de FGTS e de relação de trabalho e de emprego.

(1) Caso um contrato de trabalho entabulado pela administração pública seja declarado nulo por ausência de prévia aprovação do contratado em concurso público, o trabalhador não terá direito ao depósito do FGTS, ainda que tenha direito ao salário relativo aos serviços prestados.

(2) Na hipótese de contratação irregular de trabalhador mediante empresa interposta, não é gerado vínculo de emprego com a administração pública direta, indireta ou fundacional.

(3) O prazo prescricional aplicável à cobrança de valores não depositados a título de FGTS é quinquenal.

1: incorreta, pois nos termos da súmula 363 do TST a contratação de servidor público, após a CF/1988, sem prévia aprovação em concurso público, encontra óbice no respectivo art. 37, II e § 2º, somente lhe conferindo direito ao pagamento da contraprestação pactuada, em relação ao número de horas trabalhadas, respeitado o valor da hora do salário mínimo, e dos valores referentes aos depósitos do FGTS. 2: Correta, pois reflete a disposição contida na súmula 331, II, TST. 3: correta, pois reflete a disposição da súmula 362 TST.

Gabarito: 1E, 2C, 3C

João, de dezoito anos de idade, foi contratado como frentista em um posto de gasolina localizado em Boa Vista – RR. O contrato de trabalho foi firmado em regime de tempo parcial para uma jornada de vinte e cinco horas semanais.

(Procurador do Município – Boa Vista/RR – 2019 – CESPE/CEBRASPE) Considerando essa situação hipotética, julgue os itens seguintes de acordo com a Constituição Federal de 1988 e a CLT.

(1) Como o contrato de trabalho de João foi firmado em regime de tempo parcial, é viável aumentar sua carga de trabalho em até seis horas suplementares semanais, mas, nessa hipótese, as horas suplementares deverão ser remuneradas com o acréscimo de trinta por cento sobre o salário-hora normal.

(2) É vedado a João converter um terço do período de férias a que tiver direito em abono pecuniário.

(3) A idade de João não constitui óbice ao exercício da atividade de frentista, uma vez que a Constituição Federal de 1988 admite o trabalho em condições de periculosidade aos maiores de dezoito anos de idade.

1: incorreta, pois embora nos termos do art. 58-A, §§ 3º e 4º, da CLT na hipótese de o contrato de trabalho em regime de tempo parcial ser estabelecido em número inferior a 26 horas semanais, as horas suplementares estão limitadas a 6 horas suplementares semanais, as horas suplementares serão pagas com o acréscimo de 50% sobre o salário-hora normal. 2. Incorreto, pois nos termos do art. 58-A, § 6º, CLT é facultado ao empregado contratado sob regime de tempo parcial converter um terço do período de férias a que tiver direito em abono pecuniário. 3. Correta, nos termos do art. 7º, XXXIII, CF.

Gabarito: 1E, 2E, 3C

(Procurador do Estado/AC – 2017 – FMP) De acordo com a Lei 13.429, de 31.03.2017, em relação ao contrato de trabalho temporário firmado com o mesmo empregador, é CORRETO afirmar que

(A) não poderá exceder ao prazo de cento e oitenta dias, podendo ser prorrogado por até noventa dias.

(B) não poderá exceder ao prazo de duzentos e setenta dias, podendo ser prorrogado por até trinta dias.

(C) não poderá exceder ao prazo de cento e oitenta dias, sem possibilidade de prorrogação.

(D) poderá exceder ao prazo de cento e oitenta dias, podendo ser prorrogado por igual prazo.

(E) não poderá exceder ao prazo de cento e oitenta dias, podendo ser prorrogado por igual prazo por ato do Ministério do Trabalho.

Nos termos do art. 10, § 1º, da Lei 6.019/74 com a redação dada pela Lei 13.429/2017 o contrato de trabalho temporário, com relação ao mesmo empregador, não poderá exceder ao prazo de 180, consecutivos ou não. Vale dizer que, além do prazo o contrato poderá ser prorrogado por até 90 dias, consecutivos ou não, quando comprovada a manutenção das condições que o ensejaram.

Gabarito "A."

(Procurador do Estado/AC – 2017 – FMP) De acordo com entendimento sumulado pelo Tribunal Superior do Trabalho, é CORRETO afirmar que a contratação de servidor público, após a Constituição Federal de 1988, sem a prévia aprovação cm concurso público,

(A) somente confere ao trabalhador o direito ao pagamento da contraprestação pactuada, em relação ao número de horas trabalhadas, e dos valores referentes aos depósitos do FGTS.

(B) confere ao trabalhador todos os direitos trabalhistas devidos ao empregado pela aplicação do princípio da primazia da realidade.

(C) diz respeito a um contrato nulo, não capaz de gerar qualquer efeito.

(D) apenas confere ao trabalhador o pagamento do salário pactuado, do FGTS, das férias e do décimo terceiro pactuados.

(E) gera vínculo empregatício, tendo o empregado público direito à anotação da CTPS, além dos direitos trabalhistas previstos na CLT.

Nos termos da súmula 363 do TST a contratação de servidor público, após CF/1988, sem prévia aprovação em concurso público, encontra óbice no respectivo art. 37, II e § 2º, somente lhe conferindo direito

7. DIREITO DO TRABALHO 469

ao pagamento da contraprestação pactuada, em relação ao número de horas trabalhadas, respeitado o valor da hora do salário mínimo, e dos valores referentes aos depósitos do FGTS.
Gabarito "A".

(Procurador do Estado/SE – 2017 – CESPE) Uma lei estadual ampliou para cento e oitenta dias a licença-maternidade para as servidoras gestantes submetidas ao regime estatutário. Com base nisso, uma empregada pública celetista do mesmo estado da Federação requereu para si, em juízo, a extensão do referido benefício.benefício.

Nessa situação hipotética, conforme o entendimento do TST, o requerimento de extensão do benefício

(A) deverá ser atendido, pois não pode haver discriminação entre as mulheres no ambiente laboral.

(B) não poderá ser atendido, visto que a requerente está submetida a regime jurídico diverso daquele do grupo que lhe serviu de paradigma.

(C) não poderá ser atendido, porque a CLT proíbe equiparação de qualquer espécie remuneratória para efeito de remuneração de pessoal do serviço público.

(D) deverá ser atendido, visto que, nesse caso, se deve aplicar o princípio da isonomia.

(E) deverá ser atendido, porque o real beneficiário do direito à licença-maternidade é o nascituro.

"B" é a opção correta. O informativo 156 do TST entendeu: "Licença-maternidade. Prorrogação para 180 dias. Lei estadual. Concessão do benefício somente às servidoras gestantes submetidas ao regime estatutário. Extensão do direito às servidoras celetistas. Impossibilidade." **HC**
Gabarito "B".

(Procurador do Estado/SE – 2017 – CESPE) De acordo com o entendimento do TST, se determinada empresa, que conta com cento e cinquenta empregados, dispensar, sem justa causa, trabalhador com deficiência e não fizer, nos termos da legislação pertinente, a contratação de outro empregado nas mesmas condições, tal dispensa será considerada

(A) legal, porque não há obrigação legal de o empregador contratar trabalhadores com deficiência.

(B) legal, desde que a empresa mantenha o percentual mínimo legal de cargos preenchidos por trabalhadores com deficiência.

(C) ilegal, devido ao fato de não haver justo motivo.

(D) ilegal, porque os trabalhadores com deficiência possuem garantia de emprego por tempo indeterminado.

(E) ilegal, ainda que não interfira no atendimento ao percentual mínimo legal de cargos preenchidos por trabalhadores com deficiência.

"B" é a resposta correta. Isso porque, nos termos do art. 93 da Lei 8.213/1991 a empresa com 100 (cem) ou mais empregados está obrigada a preencher de 2% (dois por cento) a 5% (cinco por cento) dos seus cargos com beneficiários reabilitados ou pessoas portadoras de deficiência, habilitadas, na seguinte proporção:
I – até 200 empregados..2%;
II – de 201 a 500..3%;
III – de 501 a 1.000..4%;
IV – de 1.001 em diante. ....5%.
Já em seu § 1º a dispensa de trabalhador reabilitado ou de deficiente habilitado ao final de contrato por prazo determinado de mais de 90 (noventa) dias, e a imotivada, no contrato por prazo indeterminado, só poderá ocorrer após a contratação de substituto de condição. **HC**
Gabarito "B".

(Procurador do Município/Manaus – 2018 – CESPE) A respeito do direito de greve, da proteção ao trabalho da mulher, da alteração da relação de trabalho, da aplicação de justa causa e da equiparação salarial, julgue os itens que se seguem.

(1) De acordo com o TST, a greve é um exemplo de interrupção do contrato de trabalho, e os dias parados devem ser pagos normalmente, a não ser que o ato seja considerado ilegal pela justiça do trabalho.

(2) Se uma empregada, antes do término do cumprimento de aviso-prévio de desligamento sem justa causa, apresentar ao empregador atestado médico probatório de que, na data da dispensa, ela já estava grávida, tal fato não lhe dará o direito à estabilidade prevista no texto constitucional, pois, quando foi dado o aviso-prévio, o empregador desconhecia o estado gravídico da empregada.

(3) Se, ao longo de procedimento de sindicância para apuração de falta grave de um empregado, este for promovido por merecimento e, em consequência, assumir função de confiança, ficará configurado, por parte do empregador, o perdão tácito à infração disciplinar que eventualmente seja apurada pela comissão sindicante.

1: opção incorreta, pois nos termos do art. 7º, da Lei 7.783/1989 observadas as condições previstas nesta Lei, a participação em greve suspende o contrato de trabalho, devendo as relações obrigacionais, durante o período, ser regidas pelo acordo, convenção, laudo arbitral ou decisão da Justiça do Trabalho. **2:** opção incorreta, pois nos termos da súmula 244, I, TST o desconhecimento do estado gravídico pelo empregador não afasta o direito ao pagamento da indenização decorrente da estabilidade. **3:** opção correta, isso porque que a empresa exerceu ato incompatível com a intenção de punir. Veja RR-20843-08.2014.5.04.0018. **HC**
Gabarito 1E, 2E, 3C.

(Procurador do Estado – PGE/BA – CESPE – 2014) Acerca dos direitos constitucionais dos trabalhadores, do Fundo de Garantia do Tempo de Serviço (FGTS), da prescrição e decadência e de assuntos correlatos, julgue os itens que se seguem.

(1) Pode ser exigido da mulher, para a admissão ou para a permanência no emprego, atestado ou exame de qualquer natureza para a comprovação de esterilidade ou de gravidez, dado o direito do empregador de ser informado da situação da mulher para eventual concessão de benefícios relacionados à condição de gravidez.

(2) O exercício do direito de greve em serviços essenciais exige da entidade sindical ou dos trabalhadores, conforme o caso, a prévia comunicação da paralisação dos trabalhos ao empregador e, ainda, aos usuários dos serviços, no prazo mínimo de setenta e duas horas, sob pena de o movimento grevista ser considerado abusivo.

(3) As horas extraordinárias e as horas noturnas devem ser remuneradas com adicional mínimo de 50% sobre o valor da hora normal de trabalho.

(4) O empregado afastado do emprego não tem direito às vantagens concedidas, durante a sua ausência, à categoria que integra na empresa.

1: incorreta, pois, nos termos do art. 373-A, CLT, é vedado exigir atestado ou exame, de qualquer natureza, para comprovação de esterilidade ou gravidez, na admissão ou permanência no emprego;

2: correta, pois, nos termos do art. 13 da Lei 7.783/1990, na greve, em serviços ou atividades essenciais, ficam as entidades sindicais ou os trabalhadores, conforme o caso, obrigadas a comunicar a decisão aos empregadores e aos usuários com antecedência mínima de 72 (setenta e duas) horas da paralisação; **3:** incorreta, pois embora as horas extraordinárias devam ser remuneradas com adicional mínimo de 50% sobre o valor da hora normal de trabalho, conforme art. 7º, XVI, CF; as horas noturnas serão remuneradas com adicional de 20%, nos termos do art. 73 CLT; **4:** Incorreta, pois, nos termos do art. 471 da CLT, ao empregado afastado do emprego, são asseguradas, por ocasião de sua volta, todas as vantagens que, em sua ausência, tenham sido atribuídas à categoria a que pertencia na empresa. **HC**

Gabarito "1E, 2C, 3E, 4E."

(Procurador do Estado – PGE/BA – CESPE – 2014) Em relação aos direitos dos trabalhadores, julgue os itens seguintes, com base no disposto na CF, na Consolidação das Leis do Trabalho (CLT) e na jurisprudência sumulada do Tribunal Superior do Trabalho (TST).

(1) O repouso semanal deve ser remunerado e concedido, preferencialmente, aos domingos.

(2) À empregada gestante é assegurada estabilidade desde a confirmação da gravidez até cento e vinte dias após o parto.

(3) O salário mínimo deve ser fixado em lei estadual, consideradas as peculiaridades locais, com vistas ao atendimento das necessidades básicas do trabalhador e de sua família com moradia, alimentação, educação, saúde, lazer, vestuário, higiene, transporte e previdência social, com reajustes semestrais que lhe preservem o poder aquisitivo, vedada a vinculação salarial para qualquer fim.

(4) O salário do trabalhador pode ser reduzido por convenção ou acordo coletivo de trabalho.

1: correta, pois reflete o disposto no art. 7º, XV, CF. Veja também Lei 605/1949; **2:** Incorreta, pois, nos termos do art. 10, II, *b*, ADCT, é assegurada a estabilidade da empregada gestante, desde a confirmação da gravidez até cinco meses após o parto; **3:** incorreta, pois, nos termos do art. 7º, IV, CF, o salário mínimo deve ser fixado em lei, nacionalmente unificado, capaz de atender a suas necessidades vitais básicas e às de sua família com moradia, alimentação, educação, saúde, lazer, vestuário, higiene, transporte e previdência social, com reajustes periódicos que lhe preservem o poder aquisitivo, sendo vedada sua vinculação para qualquer fim; 4: correta, pois o art. 7º, VI, CF prevê a irredutibilidade do salário, salvo o disposto em convenção ou acordo coletivo. **HC**

Gabarito "1C, 2E, 3E, 4C."

(Advogado União – AGU – CESPE – 2015) Julgue os itens que se seguem, concernentes a duração do trabalho, remuneração, FGTS e contratos especiais de trabalho.

(1) Segundo decisão recente do STF, o prazo prescricional relativo aos valores não depositados no FGTS é quinquenal, haja vista esse fundo ser crédito de natureza trabalhista; entretanto, caso o prazo prescricional já esteja em curso, deverá ser aplicado o que ocorrer primeiro: trinta anos, contados do termo inicial, ou cinco anos, a partir do referido julgado.

(2) A aprendizagem é um contrato de trabalho especial que não gera vínculo empregatício entre as partes que o celebram, uma vez que o seu intento não é o exercício profissional em si, mas a formação educativa do menor.

(3) Embora a CF preveja a jornada de seis horas no trabalho realizado em turnos ininterruptos de revezamento,

havendo permissão de trabalho de até oito horas por meio de negociação coletiva, o TST entende que os empregados abrangidos pela referida negociação não terão direito ao pagamento da sétima e da oitava hora como extras.

1: correta, pois reflete o disposto na súmula 362 do TST; **2:** incorreta. Isso porque, o aprendiz é um empregado, pois possui vínculo de emprego com a empresa contratante. No entanto, é importante ressaltar que a contratação efetivada por meio de entidades sem fins lucrativos que objetivam a assistência ao adolescente e à educação profissional não gera vínculo de emprego entre o aprendiz e a empresa tomadora dos serviços. Veja art. 431 da CLT de acordo com a redação dada pela Lei 13.420/2017; **3:** correta, pois, nos termos da súmula 423 do TST, estabelecida jornada superior a seis horas e limitada a oito horas por meio de regular negociação coletiva, os empregados submetidos a turnos ininterruptos de revezamento não têm direito ao pagamento da 7ª e 8ª horas como extras. **HC**

Gabarito "1C, 2E, 3C."

(Procurador do Município – Prefeitura Fortaleza/CE – CESPE – 2017) Julgue os itens seguintes, relativos à suspensão e à rescisão do contrato de trabalho e ao direito coletivo do trabalho.

(1) Segundo o STF, nos planos de dispensa incentivada ou voluntária, não é válida cláusula que dê quitação ampla e irrestrita a todas as parcelas decorrentes do contrato de emprego, mesmo que tal item conste de acordo coletivo de trabalho e dos demais instrumentos assinados pelo empregado, porquanto os direitos trabalhistas são indisponíveis e irrenunciáveis.

(2) Conforme o entendimento do TST, a suspensão do contrato de trabalho em virtude de gozo de auxílio--doença não impede a dispensa por justa causa, ainda que a prática do ato faltoso imputado ao trabalhador tenha sido anterior ao afastamento.

1: incorreta, pois o Plenário do Supremo Tribunal Federal (STF) no julgamento do Recurso Extraordinário (RE) 590415, que teve repercussão geral reconhecida, decidiu que, nos casos de Planos de Dispensa Incentivados (PDIs), é válida a cláusula que dá quitação ampla e irrestrita de todas as parcelas decorrentes do contrato de emprego, desde que este item conste de Acordo Coletivo de Trabalho e dos demais instrumentos assinados pelo empregado; **2:** correta, pois o empregado que comete justa causa (falta grave) não possui direito à estabilidade prevista no art. 118 da Lei 8.213/1991. Veja: TST-E-ED--RR-20300-40.2008.5.01.0263. **HC**

Gabarito "1E, 2C."

(Advogado União – AGU – CESPE – 2015) Julgue os itens a seguir, relativos a alteração contratual, comissão de conciliação prévia, férias e aviso prévio no direito do trabalho.

(1) Caso um empregado decida converter um terço do período de férias a que tiver direito em abono pecuniário, sobre essa verba incidirão o FGTS e a contribuição previdenciária.

(2) Conforme entendimento consolidado pelo TST, o contrato de trabalho celebrado sem concurso público por empresa pública que venha a ser privatizada será considerado válido e seus efeitos, convalidados.

(3) A comissão de conciliação prévia é órgão extrajudicial cuja atribuição legal é conciliar os conflitos individuais de trabalho, não podendo ela exercer a função de órgão de assistência e homologação de rescisão de contrato de trabalho.

7. DIREITO DO TRABALHO

(4) O aviso prévio é um instituto aplicado a contratos de emprego por prazo indeterminado, não incidindo em contratos a termo, visto que, nesse tipo de pacto, as partes ajustam, desde o início, o termo final.

1: incorreta, pois o abono pecuniário não integrará a remuneração do empregado para os efeitos da legislação do trabalho, art. 144 CLT. Veja súmula 386 STJ e OJ 195 SDI 1 TST; **2:** correta, pois, nos termos da súmula 430 TST, convalidam-se os efeitos do contrato de trabalho que, considerado nulo por ausência de concurso público, quando celebrado originariamente com ente da Administração Pública Indireta, continua a existir após a sua privatização; **3:** correta, pois, nos termos do art. 625-A CLT, as CCPs – Comissões de Conciliação Prévia – têm como atribuição tentar conciliar os conflitos individuais do trabalho. A CCP não poderá exercer a função de assistência e homologação de rescisão do contrato de trabalho; **4:** incorreta, pois ao contrato com prazo determinado que contiver a cláusula assecuratória do direito recíproco de rescisão, art. 481 da CLT, aplicam-se os princípios que regem a rescisão dos contratos por prazo indeterminado. Ademais, a súmula 163 do TST ensina que cabe aviso prévio nas rescisões antecipadas dos contratos de experiência, na forma do art. 481 da CLT. **HC**

Gabarito "1E, 2C, 3C, 4E".

(Procurador do Município – Prefeitura Fortaleza/CE – CESPE – 2017) Em relação aos direitos constitucionais dos trabalhadores, à insalubridade, à remuneração, ao FGTS, ao aviso prévio, às férias e à jornada de trabalho, julgue os itens a seguir.

(1) Embora se trate de direito potestativo do empregado, a regra do abono de férias se aplica aos trabalhadores que gozam de férias coletivas apenas se a conversão for objeto de cláusula da convenção coletiva de trabalho.

(2) Conforme o entendimento do TST, como o empregador não está obrigado por lei a remunerar o trabalho extraordinário prestado por seus gerentes que exerçam cargos de gestão, o empregado não tem direito ao repouso semanal remunerado.

(3) Segundo o STF, o exercício do direito constitucional dos trabalhadores urbanos e rurais que trata da remuneração por serviço extraordinário com acréscimo de, no mínimo, 50% depende de regulamentação específica.

(4) De acordo com o TST, é indevido o pagamento do adicional de insalubridade caso a prova pericial evidencie ter havido neutralização do agente ruído por meio do regular fornecimento e utilização de equipamento de proteção individual.

(5) Situação hipotética: Uma estatal possui, em seu quadro de funcionários, eletricistas contratados mediante concurso público e eletricistas de empresas terceirizadas, todos trabalhando como eletricistas e prestando serviços ligados à atividade fim da estatal e em seu benefício. Entretanto, os empregados da tomadora realizam tarefas mais especializadas que os empregados da prestadora de serviço. Assertiva: Nessa situação, segundo o entendimento do TST, é devido o direito à isonomia salarial, porquanto o que se exige é a identidade de funções, e não de tarefas.

(6) Para que município obtenha concessão de empréstimos ou financiamentos junto a quaisquer entidades financeiras oficiais, é obrigatória a apresentação do Certificado de Regularidade do FGTS, fornecido pela Caixa Econômica Federal.

(7) Considera-se indenizado o aviso prévio quando o empregador desliga o empregado e efetua o paga-

mento da parcela relativa ao respectivo período. Pode o empregador exigir que o empregado trabalhe parte desse período de aviso prévio.

1: incorreta, pois nos termos do art. 143, § 2°, CLT tratando-se de férias coletivas, o abono pecuniário deverá ser objeto de acordo coletivo entre o empregador e o sindicato representativo da respectiva categoria profissional, independendo de requerimento individual a concessão do abono; **2:** incorreta, pois embora os gerentes que exerçam cargos de gestão estejam excluídos do capítulo de duração do trabalho, nos termos do art. 62, II, CLT, possuem direito ao descanso semanal remunerado. Nos termos do art. 7°, XV, CF e art. 1° da Lei 605/1949 todo empregado tem direito ao repouso semanal remunerado de vinte e quatro horas consecutivas, preferencialmente aos domingos; **3:** incorreta, pois, nos termos do art. 7°, XVI, CF, trata-se de um direito assegurado a todo trabalhador, independentemente de regulamentação específica; **4:** correta, pois, nos termos do art. 191, II, CLT e súmula 289 do TST, havendo a neutralização da insalubridade o adicional será indevido; **5:** correta, pois, nos termos do art. 12, a, da Lei 6.019/1974, é assegurado ao trabalhador temporário remuneração equivalente à percebida pelos empregados da mesma categoria da empresa tomadora ou cliente. Veja também OJ 383 da SDI 1 TST; **6:** correta, pois reflete a disposição do art. 27, b, da Lei 8036/1990; **7:** incorreta, pois, embora a primeira parte da assertiva esteja correta, sempre que o empregador dispensar o empregado do cumprimento do aviso prévio, será considerado indenizado. Porém, caso o empregador exija a prestação de serviços nesse período, fala-se em aviso prévio trabalhado. Optando o empregador por dispensar o empregado do cumprimento do aviso prévio, não poderá exigir o trabalho do empregado. **HC**

Gabarito "1E, 2E, 3E, 4C, 5C, 6C, 7E"

(Procurador do Estado/MT – FCC – 2011) Assinale a alternativa INCORRETA.

(A) O trabalho prestado em domingos e feriados, não compensado, deve ser pago em dobro, sem prejuízo da remuneração relativa ao repouso semanal.

(B) Enquanto perdurar a substituição que não tenha caráter meramente eventual, inclusive nas férias, o empregado substituto fará jus ao salário contratual do substituído.

(C) Cancelada a aposentadoria por invalidez, mesmo após cinco anos, o trabalhador terá direito de retornar ao emprego, facultado, porém, ao empregador, indenizá-lo na forma da lei.

(D) Considera-se noturno, para os efeitos da legislação do trabalho, o trabalho executado pelo trabalhador urbano e rural realizado entre as 22 horas de um dia e as 5 horas do dia seguinte.

(E) Não serão descontadas nem computadas como jornada extraordinária as variações de horário no registro de ponto não excedentes de cinco minutos, observado o limite máximo de dez minutos diários.

A: opção correta, pois reflete o entendimento disposto na Súmula 146 do TST; **B:** opção correta, pois reflete o entendimento disposto na Súmula 159, item I, do TST; **C:** opção correta, pois reflete o entendimento disposto na Súmula 160 do TST; **D:** opção incorreta, pois embora no âmbito urbano o trabalho noturno seja aquele prestado entre as 22h de um dia até as 5h do dia seguinte, nos moldes do art. 73, § 2°, da CLT, no âmbito rural é considerado noturno o trabalho executado na pecuária das 20h de um dia até as 4h do dia seguinte e na lavoura aquele exercido entre as 21h de um dia e 5h do dia seguinte, nos termos do art. 7° da Lei 5.889/1973; **E:** opção correta, pois reflete o disposto no art. 58, § 1°, da CLT. **HC**

Gabarito "D".

(Procurador do Estado/PA – 2011) A jurisprudência do Tribunal Superior do Trabalho trata dos efeitos jurídicos da contratação pela Administração Pública, após a Constituição Federal de 1988, de servidor público sem a prévia realização de concurso público. Sobre essa jurisprudência assinale a alternativa CORRETA:

(A) Sendo por direito nula a contratação, não cabe ao servidor irregularmente contratado o recebimento do fundo de garantia por tempo de serviço.

(B) Sendo por direito nula a contratação, ainda assim cabe ao servidor irregularmente contratado o direito do recebimento ao salário pactuado mesmo que abaixo do salário mínimo.

(C) Mesmo nula a contratação, cabe ao servidor contratado irregularmente o direito ao recebimento da contraprestação pactuada, em relação ao número de horas trabalhadas.

(D) Sendo por direito nula a contratação, cabe ao servidor contratado irregularmente o recebimento do abono de natal proporcionalmente ao tempo de serviço.

(E) Mesmo nula a contratação, cabe ao servidor contratado irregularmente o direito ao recebimento das férias proporcionais ao tempo de serviço.

A: opção incorreta, pois nos termos da Súmula 363 do TST ao obreiro é conferido o direito ao pagamento da contraprestação pactuada, em relação ao número de horas trabalhadas, respeitado o valor da hora do salário mínimo, e dos valores referentes aos depósitos do FGTS; **B:** opção incorreta, pois de acordo com a primeira parte Súmula 363 do TST ao obreiro é assegurado o direito ao pagamento da contraprestação pactuada, em relação ao número de horas trabalhadas, respeitado o valor da hora do salário mínimo; **C:** opção correta, pois reflete o entendimento disposto na Súmula 363 do TST; **D:** opção incorreta, pois por ser um contrato nulo é devido pagamento nos termos da Súmula 363 do TST. Veja comentário da alternativa A; **E:** opção incorreta. Veja comentários das alternativas anteriores. **HC**
Gabarito "C".

(Procurador do Município/Cubatão-SP – 2012 – VUNESP) A fiscalização do Ministério do Trabalho e Emprego deverá observar o critério de dupla visita no seguinte caso:

(A) quando se tratar de sociedade de economia mista ou empresa pública.

(B) quando ocorrer promulgação ou expedição de novas leis, regulamentos ou instruções ministeriais.

(C) nas três primeiras inspeções dos estabelecimentos ou dos locais de trabalho, recentemente inaugurados ou empreendidos.

(D) para microempresas.

(E) para empregadores rurais.

B: opção correta, pois reflete a disposição contida no art. 627, *a*, da CLT. **HC**
Gabarito "B".

(Procurador do Município/Sorocaba-SP – 2012 – VUNESP) Considere as três proposições apresentadas e assinale a alternativa correta em relação a elas.

(1) Muito embora vigore o princípio da inalterabilidade das condições do trabalho, existe o *jus variandi* do empregador, que pode ser enunciado como o direito de impor unilateralmente certas condições de trabalho ao empregado, cujo exercício não causa prejuízo direto ou indireto ao trabalhador.

(2) O contrato de trabalho admite alterações subjetivas e alterações objetivas. As alterações subjetivas ocorrem nas alterações entre os sujeitos da relação, notadamente nas hipóteses de sucessão de empresas e mudança na estrutura jurídica do empregador. As objetivas aludem às condições de trabalho e se dão pelo poder de comando patronal, nas transferências dos empregados e na suspensão do contrato de trabalho e seus efeitos, bem como quando resultam de negociação coletiva válida e expressa em acordo ou convenção coletivos de trabalho.

(3) As regras de transferência de empregados para outra localidade são protecionistas e destinam-se a evitar o ato patronal obstativo do prosseguimento da relação de emprego. O princípio geral é proibitivo, vedada a transferência para localidade diversa da de prestação de serviços.

(A) Estão corretas as proposições (1) e (2), mas incorreta a proposição (3).

(B) Estão corretas as proposições (1) e (3), mas incorreta a proposição (2).

(C) Estão corretas as proposições (2) e (3), mas incorreta a proposição (1).

(D) Estão corretas as três proposições.

(E) Está correta apenas a afirmação (2).

1: opção correta, pois o *jus variandi* do empregador consiste no direito do empregador de variar a prestação de serviços, ou seja, o poder de realizar modificações no contrato de trabalho. Esse poder encontra limite na própria lei, ou seja, poderá ser feito desde que não haja proibição legal. Veja art. 468 da CLT; 2: opção correta, pois as mudanças subjetivas dizem repeito as alterações dos sujeitos da relação, sucessão de empregadores, arts. 10 e 448 da CLT. As modificações objetivas do contrato de trabalho referem-se às condições de trabalho. Três situações podem provocar alteração objetiva no contrato de trabalho: *o jus variandi*, a transferência e a interrupção ou suspensão; 3;) opção correta, pois está de acordo com a regra esculpida no art. 469 da CLT. **HC**
Gabarito "D".

(ADVOGADO – CEF – 2012 – CESGRANRIO) Considerando-se as hipóteses abaixo, qual delas NÃO dá ensejo à movimentação da conta vinculada do FGTS, nos termos da Lei nº 8.036/1990?

(A) Concessão de auxílio-doença pela Previdência Social.

(B) Concessão de aposentadoria pela Previdência Social.

(C) Extinção normal do contrato a termo, inclusive o dos trabalhadores temporários regidos pela Lei nº 6.019/1974.

(D) Quando o trabalhador tiver idade igual ou superior a setenta anos.

(E) Quando o trabalhador permanecer três anos ininterruptos, a partir de 1º de junho de 1990, fora do regime do FGTS.

A: opção correta, pois a concessão de auxílio-doença não dá ensejo à movimentação do FGTS. As hipóteses de movimentações do FGTS estão elencadas no art. 20 da Lei 8.036/1990; **B:** opção incorreta, pois nos termos do art. 20, III, da Lei 8.036/1990 a conta poderá ser movimentada; **C:** opção incorreta, pois nos termos do art. 20, IX, da Lei 8.036/1990 a conta poderá ser movimentada; **D:** opção incorreta, pois nos termos do art. 20, XV, da Lei 8.036/1990 a conta poderá ser movimentada; **E:** opção incorreta, pois nos termos do art. 20, VIII, da Lei 8.036/1990 a conta poderá ser movimentada. **HC**
Gabarito "A".

8. Direito Processual do Trabalho

Hermes Cramacon

1. PRINCÍPIOS, ORGANIZAÇÃO DA JUSTIÇA DO TRABALHO, COMPETÊNCIA E NULIDADES PROCESSUAIS

(Procurador do Município – Boa Vista/RR – 2019 – CESPE/CEBRASPE) Considerando a reforma trabalhista e as súmulas do Tribunal Superior do Trabalho, julgue os itens a seguir, a respeito do princípio constitucional da indispensabilidade do advogado.

(1) Após a reforma trabalhista, o *jus postulandi* foi mitigado, limitando-se à primeira instância.

(2) O *jus postulandi* é aplicável a todos os recursos da seara trabalhista.

(3) O *jus postulandi* não é aplicável aos processos de jurisdição voluntária para homologação de acordo extrajudicial.

---

1. incorreto, pois nos termos da súmula 425 TST o *jus postulandi* limitasse às Varas do Trabalho e aos Tribunais Regionais do Trabalho.
2. Incorreto, pois nos termos da súmula 425 TST o *jus postulandi* não alcança os recursos de competência do Tribunal Superior do Trabalho.
3: Correto, pois nos termos do art. 855-B da CLT o processo de homologação de acordo extrajudicial terá início por petição conjunta, sendo obrigatória a representação das partes por advogado.
Gabarito: 1E, 2E, 3C

(Procurador do Estado/TO – 2018 – FCC) O princípio da oralidade é próprio do Direito Processual Civil, embora no Processo do Trabalho ele tenha maior destaque. A doutrina NÃO considera subprincípio derivado da oralidade o princípio da

(A) identidade física do juiz.

(B) concentração dos atos processuais em audiência.

(C) *perpetuatio jurisdictionis*.

(D) imediatidade do juiz na colheita da prova.

(E) irrecorribilidade das decisões interlocutórias.

A: incorreta. O princípio da oralidade diz respeito à realização dos atos processuais pelas partes e pelo juiz na audiência, de forma verbal. Assim, o princípio da identidade física do juiz leciona que o juiz que colhe a prova é o juiz que deverá proferir a sentença. Se relaciona com a oralidade, pois há provas realizadas oralmente, como exemplo: testemunhas. **B:** incorreta, pois o princípio da concentração dos atos processuais em audiência traz a ideia que esses atos são praticados de forma oral. **C:** correta, pois não há relação de tal princípio com a oralidade do processo do trabalho. O princípio da *perpetuatio jurisdictionis* ou da perpetuação da competência, objetiva preservar a ação onde inicialmente foi distribuída impedindo o deslocamento de competência de um juízo para outro. **D:** incorreta, pois o princípio da imediatidade ou imediação, ensina que o Juízo de primeiro grau tem contato direto com a colheita e produção das provas por isso, encontra-se apto a valorar o conjunto probatório. **E:** incorreta, pois este princípio ensina que, em regra, as decisões interlocutórias não ensejam de imediato, a interposição de qualquer recurso, permitindo a apreciação do seu merecimento em recurso de decisão definitiva, nos termos do art. 893, §

1º, da CLT, desde que em razão da nulidade do ato haja a manifestação da parte, por meio do protesto antipreclusivo, art. 795 da CLT, que pode ser feito oralmente.
Gabarito "C".

(Procurador do Estado/TO – 2018 – FCC) Em relação à organização e competência da Justiça do Trabalho no Brasil, com fulcro na legislação pertinente,

(A) é competência das Varas do Trabalho processar e julgar os dissídios resultantes de contratos de empreitadas em que o empreiteiro seja operário ou artífice.

(B) compete ao Supremo Tribunal Federal processar e julgar originariamente a reclamação para preservação da competência do Tribunal Superior do Trabalho e garantia da autoridade das decisões desta corte.

(C) compete à Justiça do Trabalho processar e julgar as ações oriundas da relação de trabalho, exceto quando se trata de entes de direito público externo.

(D) as ações relativas às penalidades administrativas impostas aos empregadores pelos órgãos de fiscalização das relações de trabalho não são da competência da Justiça do Trabalho, mas sim da Justiça Federal, por se tratar de modalidade tributária.

(E) sendo o empregado viajante é competente a Vara do Trabalho da localidade onde houve a contratação, salvo se ele estiver imediatamente subordinado à uma filial, caso em que será competente a Vara em cuja jurisdição estiver situada a mesma filial ou o foro do domicílio do empregado.

A: correta, pois reflete a disposição do art. 652, III, CLT. **B:** incorreta, pois ao STF cabe processar e julgar a reclamação para a preservação de sua competência e garantia da autoridade de suas decisões, art. 102, I, alínea l, CF. **C:** incorreta, pois nos termos do art. 114, I, CF abrangerá os entes de Direito Público Externo. **D:** incorreta, pois compete a Justiça do Trabalho, art. 114, VII, CF. **E:** incorreta, pois nos termos do art. 651, § 1º, da CLT quando for parte de dissídio agente ou viajante comercial, a competência será da Junta da localidade em que a empresa tenha agência ou filial e a esta o empregado esteja subordinado e, na falta, será competente a Junta da localização em que o empregado tenha domicílio ou a localidade mais próxima.
Gabarito "A".

(Procurador do Estado/AC – 2017 – FMP) Considerando a competência em razão da matéria da Justiça do Trabalho para processar e julgar, NÃO É CORRETO afirmar que estão abrangidas as ações

(A) que envolvam o exercício do direito de greve.

(B) de mandados de segurança, *habeas corpus* e *habeas data*, quando o ato questionado envolver matéria sujeita à sua jurisdição.

(C) envolvendo crimes contra a organização do trabalho.

(D) relativas às penalidades administrativas impostas aos empregadores pelos órgãos de fiscalização das relações de trabalho.

(E) sobre representação sindical.

A: correto, art. 114, II, CF. **B:** correto, art. 114, IV, CF. **C:** incorreto, a justiça do trabalho não tem competência criminal. Veja ADI 3684. **D:** correto, art. 114, VII, CF. **E:** correto, art. 114, III, CF.
Gabarito "C".

(Procurador do Estado – PGE/MT – FCC – 2016) No estudo da Teoria Geral do Direito Processual do Trabalho com enfoque nos princípios, fontes, hermenêutica e nos métodos de solução dos conflitos trabalhistas,

(A) a autocomposição é uma técnica de solução dos conflitos que consiste na solução direta entre os litigantes diante da imposição de interesses de um sobre o outro, sendo exemplos desta modalidade permitida pela legislação que regula a ordem trabalhista a greve, o locaute, o poder disciplinar do empregador e a autotutela sindical.

(B) por força do princípio da subsidiariedade previsto expressamente no texto consolidado, o direito processual comum será aplicado na Justiça do Trabalho exclusivamente pelo critério da omissão da lei processual trabalhista.

(C) os dissídios individuais ou coletivos submetidos à apreciação da Justiça do Trabalho serão sempre sujeitos à conciliação e, não havendo acordo, o juízo conciliatório converter-se-á, obrigatoriamente, em arbitral; sendo lícito às partes celebrar acordo que ponha termo ao processo, mesmo depois de encerrado o juízo conciliatório.

(D) os costumes, a jurisprudência, a analogia e a autonomia privada coletiva são considerados fontes materiais do direito processual do trabalho, conforme previsão expressa contida na Consolidação das Leis do Trabalho.

(E) os princípios da irrecorribilidade das decisões interlocutórias e da execução *ex officio* das sentenças se restringem aos processos que tramitam pelo rito sumaríssimo na Justiça do Trabalho.

A: incorreta. O *lockout* é proibido no Brasil, nos termos do art. 17 da Lei 7.783/1989, que dispõe que: "Fica vedada a paralisação das atividades, por iniciativa do empregador, com o objetivo de frustrar negociação ou dificultar o atendimento de reivindicações dos respectivos empregados"; **B:** incorreta, pois, nos termos do art. 769 da CLT, nos casos omissos, o direito processual comum será fonte subsidiária do direito processual do trabalho, exceto naquilo em que for incompatível com suas normas e princípios; **C:** correta, pois, nos termos do art. 764 da CLT, os dissídios individuais ou coletivos submetidos à apreciação da Justiça do Trabalho serão sempre sujeitos à conciliação. O § 2º do mesmo art. 764 da CLT estabelece que, não havendo acordo, o juízo conciliatório converter-se-á obrigatoriamente em arbitral, proferindo decisão. Por fim, o § 3º do citado dispositivo legal determina que é lícito às partes celebrar acordo que ponha termo ao processo, ainda mesmo depois de encerrado o juízo conciliatório; **D:** incorreta, pois os costumes, a jurisprudência, a analogia e a autonomia privada coletiva, são considerados fontes supletivas do Direito do Trabalho, conforme art. 8º, CLT; **E:** incorreta, pois ambos os princípios são aplicados na Justiça do Trabalho, em ambos os procedimentos. **HC**
Gabarito "C".

(Procurador do Estado – PGE/MT – FCC – 2016) Na reclamação trabalhista ajuizada por Diana em face da sua empregadora AMAS – Autarquia Municipal de Assistência Social do Município de Campo Grande, foram analisados dois pedidos. A sentença deferiu a pretensão de maior valor e rejeitou a de menor expressão econômica. Na presente situação, de acordo com as regras da Consolidação das Leis do Trabalho, a responsabilidade pelas custas processuais será:

(A) do réu, que deverá arcar com metade do valor, uma vez que sucumbente apenas em um dos dois pedidos, à base de 1% sobre o valor atribuído à causa.

(B) do réu, que deverá arcar com o pagamento integral à base de 2% sobre o valor da causa, sem isenção, porque tal benefício atinge apenas os órgãos da Administração direta, não abrangendo entes da Administração indireta como as Autarquias.

(C) de ambas as partes, em rateio de 50%, visto que houve sucumbência parcial, ou seja, foram formulados dois pedidos, um foi acolhido e o outro rejeitado; à base de 2% sobre o valor de cada pedido.

(D) do réu, que arcará com o pagamento integral, visto que foi vencido, ainda que em um pedido, à base de 2% sobre o valor da condenação, ficando a Autarquia Municipal, todavia, isenta na forma da lei.

(E) de cada uma das partes, na proporção exata de cada pedido, visto que houve sucumbência recíproca, à base de 1% sobre o valor de cada pedido.

"D" é a opção correta. Isso porque, nos termos do art. 789, § 1º, CLT, as custas serão pagas pelo vencido após o trânsito em julgado da decisão. No caso de recurso, serão pagas e comprovado o recolhimento dentro do prazo recursal, em conformidade com a súmula 245 do TST. Assim, ainda que a ação tenha sido julgada parcialmente procedente, as custas serão de responsabilidade da reclamada. Serão calculadas na base de 2% sobre o valor da condenação, com base no art. 789, I, CLT. Contudo, nos termos do art. 790-A, I, CLT, a Administração direta está isenta do recolhimento. **HC**
Gabarito "D".

(Procurador do Estado – PGE/PR – PUC – 2015) Nos termos da CLT, sobre a nulidade dos atos processuais, é **CORRETO** afirmar:

(A) A nulidade do ato processual poderá ser alegada a qualquer tempo.

(B) A nulidade do ato processual poderá ser aduzida em instância recursal, desde que haja manifesto prejuízo às partes litigantes.

(C) A nulidade do ato processual poderá ser conhecida *ex officio*.

(D) Quando envolver matéria de ordem pública, a nulidade do ato processual poderá ser conhecida ex *officio*.

(E) Tem-se a nulidade do ato processual quando resultar dos atos inquinados manifesto prejuízo às partes litigantes e for arguida à primeira vez em que se manifestar em audiência ou nos autos.

A: incorreta, pois, nos termos do art. 795 da CLT, as nulidades deverão ser arguidas à primeira vez em que tiverem de falar em audiência ou nos autos. Veja art. 278, CPC/2015; **B:** incorreta, pois deverá ser arguida à primeira vez que tiverem de falar em audiência ou nos autos, sob pena de preclusão (veja julgado TRT/SP 02970173659 – Ac. 6ª Turma – n. 02980301498 – rel. Gézio Duarte Medrado – DOE 19.6.98); **C:** incorreta, pois, nos termos do art. 795 da CLT, as nulidades não serão declaradas senão mediante provocação das partes as quais deverão argui-las à primeira vez em que tiverem de falar em audiência ou nos autos.. Vale dizer que somente a nulidade absoluta (incompetência

8. DIREITO PROCESSUAL DO TRABALHO   475

absoluta – material) poderá ser declarada *ex officio* pelo magistrado, de acordo com o art. 795, § 1º, CLT; **D:** incorreta, pois o magistrado tem o dever de conhecer a nulidade em matéria de ordem pública; **E:** correta, pois, nos termos do art. 794 da CLT, só haverá nulidade quando resultar dos atos inquinados manifesto prejuízo às partes litigantes. E, ainda, as nulidades não serão declaradas senão mediante provocação das partes, as quais deverão argui-las à primeira vez em que tiverem de falar em audiência ou nos autos, conforme art. 795 da CLT. **HC**
Gabarito "E".

(Procurador do Estado – PGE/PR – PUC – 2015) O Constituinte prevê a possibilidade de contratação de servidores por tempo determinado para atender à necessidade temporária de excepcional interesse público, observando os parâmetros da lei (art. 37, IX, CF). Em vários casos concretos, o Administrador Público Estadual tem optado em fazer essa contratação pelo regime previsto na Consolidação das Leis do Trabalho (CLT). Caso o sindicato dos servidores públicos promova uma ação judicial questionando a violação de direitos trabalhistas dos servidores temporários (regidos pela CLT), na visão do Supremo Tribunal Federal, a competência para essa ação será da:

(A) Justiça Federal.

(B) Justiça Estadual.

(C) Justiça do Trabalho.

(D) Justiça do Trabalho e da Justiça Federal, simultaneamente.

(E) Justiça Estadual e da Justiça do Trabalho, concorrentemente.

"B" é a resposta correta. Isso porque a contratação em análise é regulada por uma lei especial (art. 37, IX, CF) que, por sua vez, submete a contratação aos termos do Estatuto dos Funcionários Públicos. Assim, verifica-se relação de caráter jurídico-administrativo que, em conformidade com a decisão proferida na ADI 3395/DF, atribui a competência à Justiça Comum. **HC**
Gabarito "B".

(Procurador do Estado – PGE/BA – CESPE – 2014) Em relação ao direito processual do trabalho, julgue os itens a seguir.

(1) No processo trabalhista, a contradita consiste na denúncia, pela parte interessada, dos motivos que impedem ou tornam suspeito o depoimento da testemunha, e o momento processual oportuno de a parte oferecer a contradita da testemunha ocorre logo após a qualificação desta, antes de o depoente ser compromissado.

(2) Dada a celeridade, que fundamenta o procedimento sumaríssimo, a CLT não admite o deferimento e a realização de prova técnica pericial.

(3) No processo do trabalho, o reclamante que der causa a dois arquivamentos seguidos de reclamação trabalhista em face de seu não comparecimento à audiência fica definitivamente impossibilitado de exercer novamente o direito de reclamar perante a justiça do trabalho, se a nova ação envolver o mesmo reclamante, reclamado e objeto.

(4) Segundo entendimento do TST, o marco inicial da contagem do prazo prescricional para o ajuizamento de ação condenatória, quando advém a dispensa do empregado no curso de ação declaratória com a mesma causa de pedir remota, é a data da extinção do contrato de trabalho.

(5) Consoante entendimento do TST, é válido o substabelecimento de advogado investido de mandato tácito, que se configura com o comparecimento do advogado e da parte em audiência.

1: correta. A contradita deve ser arguida após a qualificação da testemunha e antes dela prestar o compromisso, sob pena de preclusão. Veja art. 457 do CPC/2015; **2:** incorreta, pois a prova técnica/pericial é admitida no procedimento sumaríssimo, nos termos do art. 852-H, § 4º, CLT; **3:** incorreta, pois, nos termos do art. 732 da CLT, o reclamante perderá o direito de propor nova reclamação pelo prazo de 6 meses. É o que se denomina "perempção provisória."; **4:** incorreta, pois, nos termos da OJ 401 SDI 1 do TST, o marco inicial da contagem do prazo prescricional para o ajuizamento de ação condenatória, quando advém a dispensa do empregado no curso de ação declaratória que possua a mesma causa de pedir remota, é o trânsito em julgado da decisão proferida na ação declaratória e não a data da extinção do contrato de trabalho; **5:** incorreta, pois, nos termos da OJ 200 da SDI 1 do TST, é inválido o substabelecimento de advogado investido de mandato tácito. **HC**
Gabarito "1C, 2E, 3E, 4E, 5E".

(Procurador do Estado/BA – 2014 – CESPE) Em relação ao direito processual do trabalho, julgue o seguinte item.

(1) No processo trabalhista, a contradita consiste na denúncia, pela parte interessada, dos motivos que impedem ou tornam suspeito o depoimento da testemunha, e o momento processual oportuno de a parte oferecer a contradita da testemunha ocorre logo após a qualificação desta, antes de o depoente ser compromissado.

1. Opção correta, pois a contradita deve ser levantada após a qualificação da testemunha, podendo ser arguida até o momento imediatamente anterior ao início do depoimento. Iniciado este, estará preclusa a faculdade de contraditar a testemunha. **HC**
Gabarito "1C".

(Procurador Federal – 2013 – CESPE) Em relação ao direito processual do trabalho, julgue o seguinte item.

(1) Perante o TST cabe recurso sob a forma de embargos de nulidade, por violação de lei federal ou da CF.

1. Opção incorreta, pois com a edição da Lei 11.496/2007 que modificou a redação do art. 894 da CLT deixou de existir os embargos de nulidade, por violação de lei federal ou da Constituição Federal. **HC**
Gabarito "1E".

(Procurador Federal – 2013 – CESPE) Julgue o seguinte item.

(1) Compete à justiça comum, e não à justiça do trabalho, a execução da contribuição referente ao seguro de acidente de trabalho, pois este não tem natureza de contribuição para a seguridade social.

1. Opção incorreta, pois nos termos do art. 114, VIII, da CF é competência material da Justiça do Trabalho a execução, de ofício, das contribuições sociais previstas no art. 195, I, *a*, e II, e seus acréscimos legais, decorrentes das sentenças que proferir. **HC**
Gabarito "1E".

(Procurador Federal – 2013 – CESPE) Julgue o seguinte item.

(1) Segundo entendimento do TST, a justiça do trabalho não pode executar, de ofício, contribuições previdenciárias fixadas na comissão de conciliação prévia, já que o termo lavrado na conciliação é título executivo extrajudicial.

1: Opção incorreta, pois nos termos do art. 114, VIII e IX, da CF e art. 876 da CLT está inserida na competência material da Justiça do Trabalho a execução do termo lavrado na comissão de conciliação prévia. Veja no TST decisão no processo RR-40600-80.2009.5.09.0096. **HC**

Gabarito "1E".

(Procurador do Estado/AC – FMP – 2012) A Emenda Constitucional 45 de 2004 ampliou a competência da Justiça do Trabalho, dando nova redação ao artigo 114 da Constituição Federal. Com isso, e também com base na CLT, pode-se afirmar que:

(A) a Justiça do Trabalho tem competência para julgar ações que envolvem as relações de emprego e também as relações de trabalho, inclusive quando este trabalho (prestação de serviço) é prestado por uma pessoa jurídica.

(B) a Justiça do Trabalho tem competência para julgar ações que envolvem acidente do trabalho, até mesmo quando se trata de ação acidentária, ou seja, para obtenção de auxílio-doença acidentário, quando este eventualmente for negado pelo INSS.

(C) a Justiça do Trabalho é competente para executar, inclusive de ofício, as contribuições sociais previstas no artigo 195, I, *a*, e II, da Constituição Federal, além de seus acréscimos legais, decorrentes das sentenças que proferir.

(D) a Justiça do Trabalho não tem competência para julgar ações que envolvem o trabalhador avulso.

A: opção incorreta, pois as relações de prestação de serviços são amparadas pelo Direito Civil e, portanto, não são de competência da Justiça do Trabalho. Tratando-se de relação em que o contratado é prestador de serviços ao público em geral, isto é, o tomador do serviço um número indeterminado de pessoas – mercado de consumo, tal relação não é de trabalho, mas sim relação de consumo, cuja competência é da Justiça comum; **B:** opção incorreta, pois as ações acidentárias são de competência da Justiça comum estadual, nos termos do art. 109, I, da CF; **C:** opção correta, pois reflete o disposto no art. 114, VIII, da CF; **D:** opção incorreta, pois de acordo com o inciso I do art. 114 da CF, de acordo com a redação dada pela EC 45/2004 a justiça do trabalho é competente para julgar todas as ações decorrentes da relação de trabalho. **HC**

Gabarito "C".

(PROCURADOR DO ESTADO/MG – FUMARC – 2012) Assinale a alternativa **INCORRETA:**

(A) Segundo entendimento do Supremo Tribunal Federal compete à Justiça do Trabalho processar e julgar as demandas que tenham por objeto dissídio envolvendo servidor público contratado, pela Administração Pública direta, por tempo determinado para atender a necessidade temporária de excepcional interesse público.

(B) Compete à Justiça do Trabalho processar e julgar as ações relativas às penalidades administrativas impostas aos empregadores pelos órgãos de fiscalização das relações de trabalho.

(C) Compete à Justiça do Trabalho processar e julgar as ações sobre representação sindical, entre sindicatos, entre sindicatos e trabalhadores, e entre sindicatos e empregadores.

(D) A Justiça do Trabalho é competente para processar e julgar ação possessória ajuizada em decorrência do exercício do direito de greve pelos trabalhadores da iniciativa privada.

(E) A Justiça do trabalho é competente para processar e julgar as ações de indenização por danos morais e patrimoniais decorrentes de acidente do trabalho propostas por empregado contra empregador, inclusive aquelas que ainda não possuíam sentença de mérito em primeiro grau quando da promulgação da Emenda Constitucional número 45/2004.

A: opção incorreta, pois com o julgamento da ADI 3395-6 o STF firmou entendimento suspendendo qualquer interpretação ao art. 114 da CF/1988 que incluísse na competência da Justiça do Trabalho a apreciação de causas instauradas entre o Poder Público e seus servidores, tendo por base o vínculo de ordem estatutária ou jurídico-administrativo. A competência é, portanto, da justiça comum; **B:** opção correta, pois reflete o disposto no art. 114, VII, da CF; **C:** opção correta, pois reflete o disposto no art. 114, III, da CF; **D:** opção correta, pois reflete o disposto na Súmula Vinculante 23 do STF; **E:** opção correta, pois reflete o disposto na Súmula Vinculante 22 do STF. **HC**

Gabarito "A".

(Procurador do Estado/MT – FCC – 2011) É INCORRETO afirmar que

(A) os atos processuais serão públicos, salvo quando o contrário determinar o interesse social, e realizar-se-ão nos dias úteis das 6 às 20 horas.

(B) as nulidades não serão declaradas senão mediante provocação das partes, as quais deverão ser arguidas somente em razões recursais.

(C) nos processos sujeitos à apreciação da Justiça do Trabalho só haverá nulidade quando resultar dos atos inquinados manifesto prejuízo às partes litigantes.

(D) a reclamação trabalhista do menor de 18 anos será feita por seus representantes legais e, na falta destes, pela Procuradoria da Justiça do Trabalho, pelo sindicato, pelo Ministério Público estadual ou curador nomeado em juízo.

(E) na Justiça do Trabalho, o não comparecimento do reclamante à audiência inicial importa o arquivamento da reclamação, e o não comparecimento do reclamado importa em revelia, além de confissão, quanto à matéria de fato.

A: opção correta, pois reflete o disposto no art. 770 da CLT; **B:** opção incorreta, pois nos termos do art. 795 da CLT as partes deverão arguir as nulidades à primeira vez em que tiverem de falar em audiência ou nos autos; **C:** opção correta, pois reflete o disposto no art. 794 da CLT; **D:** opção correta, pois reflete o disposto no art. 793 da CLT; **E:** opção correta, pois reflete o disposto no art. 844 da CLT. Sobre o tema veja o art. 844, § 5°, da CLT. **HC**

Gabarito "B".

(Procurador do Estado/MT – FCC – 2011) Em relação à competência territorial da Justiça do Trabalho, é correto afirmar:

(A) A competência é determinada pela localidade onde o empregado prestar serviços ou pela cláusula do foro de eleição.

(B) Quando for parte de dissídio agente ou viajante comercial, a competência será da Vara do Trabalho da localidade em que a empresa tenha sede.

(C) Quando for parte de dissídio trabalhador avulso, a competência será da Vara do Trabalho da localidade em que a empresa tenha agência ou filial e a esta o empregado esteja subordinado e, na falta, será competente a Junta da localização em que o empregado tenha domicílio ou a localidade mais próxima.

8. DIREITO PROCESSUAL DO TRABALHO   477

(D) A competência das Varas do Trabalho estende-se aos dissídios ocorridos em agência ou filial no estrangeiro, desde que o empregado seja brasileiro e não haja convenção internacional dispondo em contrário.

(E) Em se tratando de empregador que promova realização de atividades fora do lugar do contrato de trabalho, é assegurado ao empregado apresentar reclamação no foro da extinção do contrato de trabalho.

A: opção incorreta, pois o art. 651 da CLT traz a regra de competência da Justiça do Trabalho, atribuindo como competente o local da última prestação de serviços pelo obreiro. A regra de foro de eleição disposta no arts. 62 e 63 do CPC/2015 não é aplicável ao processo do trabalho, dada a incompatibilidade do instituto; **B:** opção incorreta, pois nos termos do art. 651, § 1º, da CLT a competência será da localidade em que a empresa tenha agência ou filial e a esta o empregado esteja subordinado e, na falta, será competente a localidade em que o empregado tenha domicílio ou a localidade mais próxima; **C:** opção incorreta, pois deverá seguir a regra do art. 651 da CLT; **D:** opção correta, pois reflete o disposto no art. 651, § 2º, da CLT; **E:** opção incorreta, pois nesse caso é assegurado ao empregado apresentar reclamação no foro da celebração do contrato ou no da prestação dos respectivos serviços, nos termos do art. 651, § 3º, da CLT. **HC**
Gabarito "D".

(Procurador do Estado/MT – FCC – 2011) Sobre a atuação da Fazenda Pública na Justiça do Trabalho, é correto afirmar:

(A) Em dissídio individual, está sujeita ao duplo grau de jurisdição, mesmo na vigência da CF/1988, decisão contrária e favorável à Fazenda Pública, salvo: quando a decisão estiver em consonância com decisão plenária do Supremo Tribunal Federal ou com súmula ou orientação jurisprudencial do Tribunal Superior do Trabalho.

(B) Quando envolver ato do Prefeito ou Governador de Estado relacionado à extinção do contrato de trabalho, a ação trabalhista é de competência originária do TRT.

(C) Os Estados, o Distrito Federal e os Municípios pagarão custas processuais ao final da execução.

(D) Os Estados e os Municípios têm legitimidade para recorrer em nome das autarquias ainda que detentoras de personalidade jurídica própria.

(E) A União, Estados, Municípios e Distrito Federal, suas autarquias e fundações públicas, quando representados em juízo, ativa e passivamente, por seus procuradores, estão dispensadas da juntada de instrumento de mandato.

A: opção incorreta, pois somente as decisões contrárias à Fazenda Pública. Veja Súmula 303 do TST. **B:** opção incorreta, pois a reclamação trabalhista baseada no art. 486 da CLT – *factum principis* – será processada na vara do Trabalho; **C:** opção incorreta, pois nos termos do art. 790-A, I, da CLT são isentas do pagamento; **D:** opção incorreta, pois não possuem legitimidade para recorrer, nos termos da OJ 318, I, da SDI 1 do TST. E: opção correta, pois nos termos da súmula 436, I, do TST a União, Estados, Municípios e Distrito Federal, suas autarquias e fundações públicas, quando representados em juízo, ativa e passivamente, por seus procuradores, estão dispensadas da juntada de instrumento de mandato e de comprovação do ato de nomeação. **HC**
Gabarito "E".

(Procurador do Estado/PA – 2011) Quanto aos verbetes de súmula vinculante da jurisprudência do Supremo Tribunal Federal, aplicável à matéria processual e substancial do trabalho voltado à Administração Pública direta e/ou indireta, analise as proposições abaixo e assinale a alternativa CORRETA:

I. Salvo nos casos previstos na constituição, o salário mínimo não pode ser usado como indexador de base de cálculo de vantagem de servidor público ou de empregado, nem ser substituído por decisão judicial.

II. Viola a cláusula constitucional de reserva de plenário a decisão de órgão fracionário de tribunal que, embora não declare expressamente a inconstitucionalidade de lei ou ato normativo do poder público, afasta sua incidência, no todo ou em parte.

III. Nomeação de cônjuge, companheiro ou parente em linha reta, colateral ou por afinidade, até o terceiro grau, inclusive, da autoridade nomeante ou de servidor da mesma pessoa jurídica investido em cargo de direção, chefia ou assessoramento, para o exercício de cargo em comissão ou de confiança ou, ainda, de função gratificada na administração pública direta e indireta em qualquer dos poderes da União, dos Estados, do Distrito Federal e dos Municípios, compreendido o ajuste mediante designações recíprocas, viola a Constituição Federal.

IV. A Justiça do Trabalho é competente para processar e julgar as ações de indenização por danos morais e patrimoniais decorrentes de acidente de trabalho propostas por empregado contra empregador, inclusive aquelas que ainda não possuíam sentença de mérito em primeiro grau quando da promulgação da Emenda Constitucional nº 45/2004.

V. A Justiça do Trabalho é competente para processar e julgar ação possessória ajuizada em decorrência do exercício do direito de greve pelos trabalhadores da iniciativa privada.

(A) Apenas as proposições I e III estão corretas.

(B) Apenas a proposição III está correta.

(C) Apenas as proposições I, III e IV estão corretas.

(D) Todas as proposições estão corretas.

(E) Apenas as proposições I, II e V estão corretas.

I: opção correta, pois reflete a disposição da Súmula Vinculante 4 do STF; **II:** opção correta, pois reflete a disposição da Súmula Vinculante 10 do STF; **III:** opção correta, pois reflete a disposição da Súmula Vinculante 13 do STF; **IV:** opção correta, pois reflete a disposição da Súmula Vinculante 22 do STF. **V:** opção correta, pois reflete a disposição da Súmula Vinculante 23 do STF. **HC**
Gabarito "D".

(Advogado da União/AGU – CESPE – 2012) Julgue os itens que se seguem, relativos à organização e competência da justiça do trabalho e ao processo do trabalho.

(1) Compete aos tribunais do trabalho processar e julgar os dissídios coletivos de greve, com exceção dos que envolvam servidores públicos estatutários; para processar e julgar esses dissídios, a competência será, conforme o caso, do STJ, de tribunal regional federal ou de tribunal de justiça.

(2) Compete ao TRT processar e julgar a ação rescisória de decisão proferida pelo próprio TRT, devendo-se seguir o rito procedimental previsto no processo civil, exceto quanto ao depósito prévio, que, no processo do trabalho, é de 15% sobre o valor dado à causa.

(3) As execuções fiscais decorrentes de multas aplicadas pela fiscalização do trabalho devem ser propostas pela União (fazenda nacional) perante vara do trabalho, sendo interponível contra as decisões proferidas pelo juiz do trabalho o recurso ordinário, por equiparável às apelações previstas na Lei de Execução Fiscal (Lei nº 6.830/1980).

(4) São órgãos da justiça do trabalho: o TST, os tribunais regionais do trabalho, os juízes do trabalho e os juizados especiais trabalhistas.

1: opção correta, pois nos termos do art. 114, II, CF e julgamento da ADI 3395-6 a competência da Justiça do Trabalho para julgar dissídios de greve está restrita aos trabalhadores celetistas. Os dissídios de greve dos servidores estatutários serão apreciados pela Justiça Comum. 2: opção incorreta, pois no processo do trabalho, nos termos do art. 836 da CLT o depósito prévio é de 20% do valor da causa; 3: opção incorreta, pois o recurso cabível é o agravo de petição, nos termos do art. 897, *a*, da CLT; 4: opção incorreta, pois de acordo com o art. 111 da CF são órgãos da Justiça do Trabalho: o Tribunal Superior do Trabalho, os Tribunais Regionais do Trabalho, os Juízes do Trabalho. **HC**

Gabarito 1C, 2E, 3E, 4E

(Procurador do Estado/RO – 2011 – FCC) Compete à Justiça do Trabalho processar e julgar, EXCETO:

(A) as ações possessórias que decorram do exercício do direito de greve.

(B) as ações indenizatórias decorrentes de acidente do trabalho que decorram da relação de trabalho contra o empregador e/ou Instituto Nacional do Seguro Social (INSS).

(C) os dissídios resultantes de contratos de empreitadas em que o empreiteiro seja operário ou artífice.

(D) as ações sobre representação sindical, entre sindicatos, entre sindicatos e trabalhadores, e entre sindicatos e empregadores.

(E) as ações relativas às penalidades administrativas impostas aos empregadores pelos órgãos de fiscalização das relações de trabalho.

A: opção correta, pois nos termos do art. 114, II, da CF, compete à Justiça do Trabalho julgar as ações que envolvam o exercício do direito de greve; **B:** opção incorreta, pois embora as ações contra o empregador sejam de competência da Justiça do Trabalho, art. 114, VI, CF, as ações do empregado contra o INSS serão processadas e julgadas pela justiça federal, nos termos do art. 109, I, da CF ou na justiça estadual se na comarca não existir vara federal (art. 109, § 3º; da CF); **C:** Opção correta, pois reflete o disposto no art. 652, III, CLT. Esta empreitada deve ser entendida como uma obra de pequeno vulto econômico, não podendo ser confundida com a empreitada disposta nos arts. 610 a 626 do CC, cuja competência seria da justiça comum; **D:** Opção correta, pois reflete o disposto no art. 114, III, da CF; **E:** Opção correta, pois reflete o disposto no art. 114, VII, da CF. **HC**

Gabarito "B".

(Procurador do Estado/SC – 2009) No Processo do Trabalho, é incorreto afirmar que:

(A) Denomina-se reclamação trabalhista plúrima a situação verificada quando mais de um reclamante postula contra a mesma reclamada direitos individuais decorrentes do contrato de trabalho com a característica de ter a causa de pedir e pedidos semelhantes, sendo facultado ao juiz aceitar ou não este litisconsórcio ativo.

(B) O Tribunal Regional do Trabalho (TRT) da 12ª Região tem jurisdição sobre todo território do Estado de Santa Catarina, enquanto que em São Paulo existem dois TRTs para dividirem sobre seu território as suas respectivas jurisdições.

(C) A conciliação é um objetivo a ser perseguido por todo o Poder Judiciário brasileiro e, na Justiça do Trabalho, é cabível a qualquer momento.

(D) O Ministério Público do Trabalho, em caso de greve em atividade essencial e com possibilidade de lesão do interesse público, é competente para propor o dissídio coletivo perante a Justiça do Trabalho.

(E) O juiz do trabalho não é obrigado a aceitar acordo de conciliação, tampouco é uma obrigação dele fundamentar por que o acordo não foi homologado.

A: correta, pois a alternativa traz o conceito correto de reclamação trabalhista plúrima (como a CLT não trata expressamente sobre o litisconsórcio – art. 842 da CLT, aplica-se o art. 113, §1º, do CPC/2015); **B:** correta (art. 670 da CLT, art. 1º da Lei 6.928/1981, que criou a 12ª Região da Justiça do Trabalho, art. 1º da Lei 7.520/1986, que criou a 15ª Região da Justiça do Trabalho, com sede em Campinas, no Estado de São Paulo); **C:** correta, pois a conciliação é cabível a qualquer momento, art. 764 da CLT. Ademais, o juiz deverá propô-la na abertura da audiência e após as razões finais (arts. 846 e 850 da CLT); **D:** correta, a afirmativa está de acordo o art. 114, § 3º, da CF; **E:** incorreta, embora ns termos da súmula 418 do TST o juiz possa, de fato, deixar de homologar acordo caso verifique que as bases acordadas são prejudiciais ao obreiro sendo, na verdade, renúncia aos seus direitos, em respeito ao princípio da motivação das decisões (art. 93, IX, da CF), o juiz deverá sempre motivar suas decisões, sob pena de nulidade. **HC**

Gabarito "E".

(Procurador Federal – 2010 – CESPE) No que se refere à organização e competência da justiça do trabalho, julgue os itens que se seguem.

(1) A sentença normativa poderá ser objeto de ação de cumprimento a partir do oitavo dia subsequente ao do julgamento, fundada no acórdão ou na certidão de julgamento, salvo se concedido efeito suspensivo pelo presidente do Tribunal Superior do Trabalho.

(2) A seção especializada em dissídios coletivos tem competência para julgar as ações rescisórias propostas contra suas sentenças normativas.

1: Errada, pois conforme dispõe o art. 872, parágrafo único, da CLT, não há necessidade do trânsito em julgado da decisão normativa para propositura da ação de cumprimento. Basta que o recurso não tenha sido recebido com efeito suspensivo. Segundo Amauri Mascaro Nascimento "Quando não é dado efeito suspensivo ao recurso ordinário da decisão regional, a ação de cumprimento pode desde logo ser ajuizada" (*Curso de Direito Processual do Trabalho*, Saraiva, p. 948); 2: Certa, pois a afirmativa está de acordo com o art. 2º, I, *c*, da Lei 7.701/1988. **HC**

Gabarito 1E, 2C

(ADVOGADO – PETROBRÁS – 2012 – CESGRANRIO) Um trabalhador, residente do município X, foi admitido por um supermercado no município Y, para trabalhar como caixa, na filial localizada no município Z. Dois anos depois, foi dispensado sem justa causa, contudo, não recebeu a multa de 40% sobre os depósitos do FGTS e, por essa razão, pretende ajuizar uma Reclamação Trabalhista. Considerando que todos os municípios mencionados têm as suas respectivas Varas do Trabalho e que estão dentro da região de um mesmo TRT, a ação deverá ser ajuizada no

(A) município X, já que é o local de residência do trabalhador.

(B) município Y, pois foi o local da contratação do trabalhador.

8. DIREITO PROCESSUAL DO TRABALHO 479

(C) município Z, porque este foi o local onde o trabalhador prestou serviços.

(D) município Y ou Z, de acordo com o que for conveniente para o autor.

(E) TRT da região dos municípios X, Y e Z.

"C" é a alternativa correta. Isso porque nos termos do art. 651 da CLT a reclamação trabalhista deverá ser ajuizada no local da prestação de serviços. HC
Gabarito "C".

(ADVOGADO – PETROBRÁS DISTRIB. – 2010 – CESGRANRIO) Nos termos da dicção do art. 496 da CLT, quando a reintegração do empregado estável for desaconselhável, dado o grau de incompatibilidade resultante do dissídio, o tribunal do trabalho poderá converter aquela obrigação em indenização.

Tal faculdade, dada ao tribunal, encontra-se lastreada, como uma exceção, ao princípio processual trabalhista da(o)

(A) fungibilidade.

(B) celeridade.

(C) duplo grau.

(D) dispositivo.

(E) contraditório.

A: opção incorreta, pois a fungibilidade é uma característica recursal, por meio da qual em um caso concreto deveria ser interposto um determinado recurso, mas se interpôs outro, esse último pode ser aceito, desde que haja dúvida, na doutrina ou na jurisprudência, quanto a qual o tipo correto do recurso a ser utilizado no caso; **B:** opção incorreta, pois o princípio da celeridade prima pelo andamento célere do processo trabalhista; **C:** opção incorreta, pois o duplo grau implica na possibilidade do reexame de uma demanda pela instância superior; **D:** opção correta, pois pelo princípio do dispositivo entende-se que o juiz prestará a tutela jurisdicional somente por provocação da parte; **E:** opção incorreta, pois o contraditório assegurado no art. 5°, LV, da CF ensina que o juiz deverá conduzir o processo assegurando a igualdade de tratamento. Assim, um documento juntado por uma das partes, deverá o juiz conceder prazo razoável para a ciência e manifestação da parte contrária. HC
Gabarito "D".

(ADVOGADO – CASA DA MOEDA – 2009 – CESGRANRIO) Ao Tribunal Regional do Trabalho compete processar e julgar originariamente

(A) a extensão das decisões proferidas em dissídios normativos e coletivos.

(B) as revisões de sentenças em dissídios comunitários.

(C) as ações monitórias.

(D) as ações diretas de inconstitucionalidade.

(E) os mandados de segurança.

A: opção incorreta, pois nos termos do art. 678, I, *b*, 2 é de competência do TRT a extensão das decisões proferidas em dissídios coletivos e não de dissídios normativos; **B:** opção incorreta, pois nos termos do art. 678, I, *b*, 1 é de competência do TRT as revisões de sentenças normativas que são as decisões proferidas em dissídios coletivos; **C:** opção incorreta, pois a ação monitória deverá ser proposta na vara do Trabalho, seguindo as regras do art. 651 da CLT; **D:** opção incorreta, pois as ADIs serão de competência do Supremo Tribunal Federal, art. 102, I, *a*, da CF. **E:** opção correta, pois, de fato, mandados de segurança contra atos judiciais são processados e julgados pelo TRT. HC
Gabarito "E".

(ADVOGADO – CASA DA MOEDA – 2009 – CESGRANRIO) No âmbito da Justiça do Trabalho, analise as competências a seguir.

I. Competência material – *ex ratione materiae* – fixada em razão da natureza jurídico-material controvertida e está prevista no artigo 114 da CRFB-88.

II. Competência territorial – *ex ratione loci* – fixada em razão do local onde o Juiz exerce suas funções e também chamada competência de foro. Prevista no artigo 651 da CLT, em relação às Varas do Trabalho.

III. Competência em razão da pessoa – *ex ratione personae* – fixada em razão da qualidade da parte que está demandando e depende de quem ou em face de quem se está demandando.

IV. Competência funcional – originária (para conhecer da causa em 1° grau, sempre na Vara do Trabalho) ou derivada (para conhecer dos recursos interpostos por decisão proferida por outro Juízo).

Estão corretas as competências

(A) I e II, apenas.

(B) III e IV, apenas.

(C) I, II e III, apenas.

(D) I, II e IV, apenas.

(E) I, II, III e IV.

I: opção correta, pois representa competência material que está disciplinada no art. 114 da CF e diz respeito às matérias que serão apreciadas pela Justiça do Trabalho; II: opção correta, pois a reclamação deve ser proposta no juízo da última localidade de prestação de serviços pelo empregado, nos termos do art. 651 da CLT; III: opção correta, pois representa a competência em razão da pessoa, regra de competência que considera a pessoa envolvida na demanda para fixação de competência; IV: opção incorreta, pois a competência funcional/originária pode ser da Vara do Trabalho, do Tribunal Regional do Trabalho ou do Tribunal Superior do Trabalho. HC
Gabarito "C".

(PROCURADOR – BANCO CENTRAL – 2009 – CESPE) O sindicato representante de uma categoria funcional realizou processo eleitoral para a escolha de nova diretoria. Duas chapas inscreveram-se para concorrer ao pleito. Após a eleição, a chapa vencida constatou diversas irregularidades, e a comissão eleitoral, ignorando esses fatos, proclamou o resultado das eleições: declarou a outra chapa vencedora. Nessa situação hipotética, caso a chapa derrotada, ou algum candidato, tenha interesse em mover ação judicial para questionar a validade dessa eleição, deve mover a competente ação na justiça

(A) federal.

(B) comum estadual.

(C) eleitoral.

(D) do trabalho.

(E) militar.

"D" é a opção correta, pois nos termos do art. 114, III, da CF as ações sobre representação sindical, entre sindicatos, entre sindicatos e trabalhadores, e entre sindicatos e empregadores, são de competência da Justiça do Trabalho. HC
Gabarito "D".

2. PRESCRIÇÃO

(Procurador do Estado/TO – 2018 – FCC) Hermes pretende propor reclamação trabalhista em face de sua empregadora Empresa Alpha para postular indenização por danos morais em razão de humilhação sofrida por xingamentos proferidos por seu superior, além do pagamento de horas extraordinárias. Neste caso, o prazo prescricional será de

(A) dois anos contados da data em que ocorreu o fato que gerou o dano moral e cinco anos para as horas extras contados do encerramento do contrato.

(B) dois anos na vigência do contrato, até o limite de cinco anos após a extinção para ambos os pedidos.

(C) cinco anos na vigência do contrato, até o limite de dois anos após a extinção do contrato de trabalho para ambos os pedidos.

(D) dois anos para o dano moral e cinco anos para as horas extras, sempre contados da extinção do contrato de trabalho.

(E) cinco anos para o dano moral e dois anos para as horas extras, sempre contados após a extinção do contrato de trabalho.

A prescrição trabalhista vem disposta no art. 7º, XXIX, da CF e art. 11 da CLT. O TST se manifestou sobre a prescrição em sua súmula 308. No âmbito trabalhista, duas regras de prescrição devem ser observadas. A prescrição bienal refere-se ao direito de o trabalhador postular seus direitos após a extinção do contrato de trabalho. O reclamante deverá obedecer à prescrição bienal, ou seja, deverá ingressar com reclamação trabalhista no prazo de 2 (dois) anos contados do término do contrato de trabalho. Já a prescrição quinquenal se refere às lesões a direitos ocorridas durante a vigência do contrato. Nessa linha, uma vez extinto o contrato de trabalho, o obreiro terá prazo de 2 (dois) anos para pleitear seus direitos na Justiça do Trabalho. Todavia, poderá reclamar os 5 (cinco) anos que antecedem à propositura da reclamação trabalhista.
Gabarito "C".

(Procurador do Estado/AC – 2017 – FMP) De acordo com o entendimento sumulado pelo Tribunal Superior do Trabalho, quanto ao instituto da prescrição, é CORRETO afirmar que

(A) pode ser pronunciado de oficio pelo órgão julgador.

(B) não se conhece, uma vez não arguido na instância ordinária.

(C) pode ser arguido em sede de recurso de revista.

(D) é matéria exclusiva da defesa trabalhista.

(E) é próprio de vir a ser arguido em preliminar na contestação.

A: incorreta, pois a CLT, ao tratar da prescrição em seu artigo 11, não prevê a possibilidade de o juiz a decretar de ofício. Ademais, a regra civilista entra em choque com vários princípios constitucionais, como o da valorização do trabalho e do emprego, o da norma mais favorável e o da submissão da propriedade à sua função socioambiental, além do próprio princípio da proteção. **B:** correto, pois reflete a disposição da súmula 153 do TST. **C:** incorreto, pois nos termos da súmula 153 do TST deve ser arguida na instância ordinária. **D:** incorreta, pois nos termos da súmula 153 do TST deve ser arguida na instância ordinária, não apenas em sede (contestação) **E:** incorreta, pois as matérias preliminares de contestação estão dispostas no art. 337 do CPC. A prescrição deve ser alegada como prejudicial de mérito.
Gabarito "B".

(Procurador Distrital – 2014 – CESPE) Julgue o item abaixo, referente à prescrição e à decadência no processo do trabalho.

(1) A prescrição não arguida na instância ordinária não poderá constituir fundamento de recurso para a instância superior.

1: Opção correta, pois reflete o entendimento consubstanciado na Súmula 153 do TST. **HC**
Gabarito "1C".

(Procurador do Estado/BA – 2014 – CESPE) Em relação ao direito processual do trabalho, julgue o seguinte item.

(1) Segundo entendimento do TST, o marco inicial da contagem do prazo prescricional para o ajuizamento de ação condenatória, quando advém a dispensa do empregado no curso de ação declaratória com a mesma causa de pedir remota, é a data da extinção do contrato de trabalho.

1: Opção incorreta, pois em conformidade com o entendimento consubstanciado na OJ 401 da SDI 1 do TST o marco inicial da contagem do prazo prescricional é o trânsito em julgado da ação declaratória e não a data de extinção do contrato de trabalho. **HC**
Gabarito "1E".

(Procurador do Município/Florianópolis-SC – 2010 – FEPESE) Assinale a alternativa **correta**.

(A) São imprescritíveis as verbas de caráter salarial.

(B) O prazo decadencial para ajuizamento de ação rescisória é de um ano.

(C) A ação para cobrança das contribuições para o Fundo de Garantia por Tempo de Serviço – FGTS – prescreve em vinte anos.

(D) O prazo prescricional para ingressar com ação trabalhista é de cinco anos, contado do término do aviso-prévio.

(E) O trabalhador tem direito à ação, quanto aos créditos resultantes das relações de trabalho, com prazo prescricional de cinco anos para os trabalhadores urbanos e rurais, até o limite de dois anos após a extinção do contrato de trabalho.

A: opção incorreta, pois prescrevem de acordo com o prazo estabelecido no art. 7º, XXIX, da CF e art. 11 da CLT; **B:** opção incorreta, pois o prazo decadencial é de 2 (dois) anos, nos moldes do art. 975 do CPC/2015. Veja, também, o art. 836 da CLT; **C:** opção incorreta, pois nos moldes da Súmula 362, I, do TST, para os casos em que a ciência da lesão ocorreu a partir de 13.11.2014, é quinquenal a prescrição do direito de reclamar contra o não-recolhimento de contribuição para o FGTS, observado o prazo de dois anos após o término do contrato. No entanto, nos termos do item II da mesma súmula 362, pra os casos em que o prazo prescricional já estava em curso em 13.11.2014, aplica-se o prazo prescricional que se consumar primeiro: trinta anos, contados do termo inicial, ou cinco anos, a partir de 13.11.2014; **D:** opção incorreta, pois o prazo é de 2 (dois) anos, nos termos do art. 7º, XXIX, da CF e art. 11 da CLT; **E:** opção correta, pois reflete o disposto no art. 7º, XXIX, da CF e art. 11 da CLT. **HC**
Gabarito "E".

3. RESPOSTAS E INSTRUÇÃO PROCESSUAL

(Procurador do Estado/TO – 2018 – FCC) O Processo Judiciário do Trabalho estipula alguns ritos ou procedimentos próprios com regras diferenciadas para a sua condução. Conforme previsões contidas na Consolidação das Leis do Trabalho, o limite legal do número de testemunhas para cada parte para os dissídios individuais que tramitam pelo rito sumaríssimo, rito ordinário e inquérito para apuração de falta grave, é respectivamente,

(A) duas, três e cinco.

(B) duas, três e seis.

8. DIREITO PROCESSUAL DO TRABALHO 481

(C) duas, cinco e seis.

(D) três, cinco e cinco.

(E) três, seis e duas.

Nos termos do art. 821 da CLT cada uma das partes não poderá indicar mais de 3 (três) testemunhas, salvo quando se tratar de inquérito, caso em que esse número poderá ser elevado a 6 (seis). Já no procedimento sumaríssimo o limite é de 2 testemunhas por parte, art. 852-H, § 2º, da CLT.

Gabarito "B".

(Procurador do Estado – PGE/PR – PUC – 2015) Em se tratando de ação trabalhista contra a Administração Pública Municipal, o empregador público se fará representar em audiência una:

(A) Pelo procurador municipal.

(B) Por qualquer munícipe, considerando os interesses envolvidos.

(C) Por seu preposto, o qual deve ser empregado.

(D) Por seu preposto, não sendo exigido que seja empregado ou funcionário público.

(E) Pelo procurador municipal ou advogado particular regularmente habilitado.

"C" é a resposta correta. Isso porque ao utilizar a expressão "empregador público" a banca examinadora considerada como sendo uma contratação de empregado público (sociedade de economia mista ou empresa pública) que, nos termos do art. 173, § 1º, II, CLT, sujeita-se ao regime próprio das empresas privadas e por isso devem ser representadas por preposto, nos termos do art. 843, § 1º, CLT. Importante destacar que nos termos do § 3º do art. 843 da CLT, de acordo com a Lei 13.467/2017, o preposto a que se refere o § 1º não precisa ser empregado da parte reclamada. HC

Gabarito "C".

(Procurador do Estado – PGE/PA – UEPA – 2015) Quanto às normas processuais que regem os dissídios individuais submetidos à Justiça do Trabalho, é correto afirmar que:

(A) a compensação é uma forma de extinção das obrigações que só poderá ser arguida como matéria de defesa e, na Justiça do Trabalho, está restrita a dívidas de natureza trabalhista.

(B) não é admissível reconvenção em ação declaratória.

(C) os créditos trabalhistas são executados no próprio processo trabalhista e não no juízo falimentar.

(D) as prerrogativas processuais da Fazenda Pública são limitadas na Justiça do Trabalho em razão da natureza do crédito trabalhista e do princípio da celeridade, a exemplo da dispensa da expedição de precatório para pagamento dos débitos judiciais pelo Ente Público.

(E) não são devidos honorários advocatícios no processo do trabalho quando o sindicato figure como substituto processual do reclamante.

A: correta, pois, nos termos do art. 767 da CLT, a compensação só poderá ser arguida como matéria de defesa. Ademais, nos termos da súmula 18 do TST, a compensação, na Justiça do Trabalho, está restrita a dívidas de natureza trabalhista; B: incorreta, pois, nos termos da súmula 258 do STF, é admissível reconvenção em ação declaratória; C: incorreta, pois serão executadas no juízo falimentar. Veja art. 768 da CLT e art. 6º, § 2º, da Lei 11.101/2005. Veja, também, STF – RE 583.955/RJ. Repercussão geral, Relator Ministro Ricardo Lewandowski, DJE 28.8.2009; D: opção incorreta, pois, embora as prerrogativas processuais da Fazenda Pública na Justiça do Trabalho sejam limitadas em virtude da natureza do crédito

---

trabalhista (alimentar) e do princípio da celeridade, nem todos os débitos da Fazenda Pública estão sujeitos à dispensa de expedição de precatório. Veja súmula 303 do TST; E: incorreta, pois, nos termos do art. 791-A e § 1º da CLT, de acordo com a redação dada pela Lei 13.467/2017, ao advogado, ainda que atue em causa própria, serão devidos honorários de sucumbência, fixados entre o mínimo de 5% (cinco por cento) e o máximo de 15% (quinze por cento) sobre o valor que resultar da liquidação da sentença, do proveito econômico obtido ou, não sendo possível mensurá-lo, sobre o valor atualizado da causa HC

Gabarito "A".

(Procurador do Estado – PGE/RN – FCC – 2014) Em uma Reclamação Trabalhista na qual o Estado do Rio Grande do Norte fez-se representar por sua procuradora Janaína Areias, declarou o juiz de primeira instância a irregularidade dessa representação, eis que não foram carreados aos autos o ato de nomeação da procuradora, nem qualquer instrumento de mandato, embora as peças tenham sido assinadas pela procuradora com a declaração de seu cargo e indicação do seu número de inscrição na Ordem dos Advogados do Brasil.

Nessas condições, ante o entendimento sumulado pelo Tribunal Superior do Trabalho, o juiz agiu:

(A) equivocadamente, porque, em razão da fé pública, presume-se regular a representação do Estado.

(B) equivocadamente, porque embora não tenha sido juntado qualquer documento, a procuradora prestou declaração de exercício do seu cargo.

(C) acertadamente, porque a juntada do instrumento de mandato era indispensável.

(D) acertadamente, porque a comprovação do ato de nomeação era indispensável.

(E) acertadamente, porque tanto a juntada do instrumento de mandato como a comprovação do ato de nomeação eram indispensáveis.

"B" é a opção correta. Isso porque, nos termos da súmula 436 do TST, a União, Estados, Municípios e Distrito Federal, suas autarquias e fundações públicas, quando representadas em juízo, ativa e passivamente, por seus procuradores, estão dispensadas da juntada de instrumento de mandato e de comprovação do ato de nomeação. Ademais, é essencial que o signatário ao menos declare-se exercente do cargo de procurador, não bastando a indicação do número de inscrição na Ordem dos Advogados do Brasil. HC

Gabarito "B".

(Procurador do Estado/BA – 2014 – CESPE) Em relação ao direito processual do trabalho, julgue o seguinte item.

(1) Dada a celeridade, que fundamenta o procedimento sumaríssimo, a CLT não admite o deferimento e a realização de prova técnica pericial.

1: Opção errada, pois no procedimento sumaríssimo admite-se a realização de prova técnica pericial, nos termos do art. 852-H, § 4º, da CLT. HC

Gabarito "1E".

(Procurador do Estado/BA – 2014 – CESPE) Em relação ao direito processual do trabalho, julgue o seguinte item.

(1) No processo do trabalho, o reclamante que der causa a dois arquivamentos seguidos de reclamação trabalhista em face de seu não comparecimento à audiência fica definitivamente impossibilitado de exercer novamente o direito de reclamar a justiça do trabalho, se a nova ação envolver o mesmo reclamante, reclamado e objeto.

1: Opção incorreta, pois nos termos dos arts. 731 e 732 da CLT a perda do direito de propor nova reclamação trabalhista se dá por 6 meses, que chamamos de perempção provisória. **HC**

Gabarito "1E".

(Procurador Federal – 2013 – CESPE) Julgue o seguinte item.

(1) Segundo entendimento pacificado do TST, é devida a contribuição previdenciária sobre o valor do acordo celebrado e homologado após o trânsito em julgado de decisão judicial, respeitada a proporcionalidade de valores entre as parcelas de natureza salarial e indenizatória deferidas na decisão condenatória e as parcelas objeto do acordo.

1: Opção correta, pois reflete o entendimento disposto na OJ 376 da SDI 1 do TST. **HC**

Gabarito "1C".

(Procurador do Estado/GO – 2010) Considerando as disposições contidas na Consolidação das Leis do Trabalho e no Código de Processo Civil, bem como o entendimento jurisprudencial sumulado, está CORRETA a seguinte proposição:

(A) De acordo com a CLT, o juiz é obrigado a dar-se por suspeito, em relação à pessoa dos litigantes, nos casos de inimizade pessoal, amizade íntima, parentesco por consanguinidade ou afinidade até terceiro grau civil e interesse particular na causa.

(B) Caso o réu não alegue a compensação na defesa, poderá fazê-lo em grau de recurso ordinário, ou seja, não estará preclusa porque pode ser alegada ainda na instância ordinária.

(C) A apresentação de razões finais é ônus da parte, razão pela qual a sua ausência invalida o processo.

(D) A ação trabalhista, ainda que arquivada, interrompe a prescrição, mesmo que os pedidos não sejam idênticos.

(E) De acordo com a CLT, apresentada a exceção de incompetência, abrir-se-á vista dos autos ao excepto por 10 dias, devendo a decisão ser proferida apenas na audiência de julgamento.

A: opção correta, pois reflete o disposto no art. 801 da CLT. Ver arts. 144 e 145 do CPC/2015; **B:** opção incorreta, pois nos termos do art. 767 da CLT e Súmula 48 do TST a compensação somente pode ser alegada em contestação. Após esse momento processual não mais será possível sua alegação por já ter sido estabelecida a *litiscontestatio*. Está, portanto, sujeita à preclusão; **C:** opção incorreta, pois nos termos do art. 850 da CLT o termo "poderá" indica ser faculdade da parte a apresentação de razões finais; **D:** opção incorreta, pois nos termos da Súmula 268 do TST a ação trabalhista, ainda que arquivada, interrompe a prescrição somente em relação aos pedidos idênticos; **E:** opção incorreta, pois nos termos do art. 800 da CLT apresentada exceção de incompetência territorial no prazo de cinco dias a contar da notificação, antes da audiência e em peça que sinalize a existência desta exceção. Assim, nos termos do § 2º do mesmo dispositivo legal os autos serão imediatamente conclusos ao juiz, que intimará o reclamante e, se existentes, os litisconsortes, para manifestação no prazo comum de cinco dias. **HC**

Gabarito "A".

(Procurador do Estado/RO – 2011 – FCC) Sobre as provas no processo do trabalho, como regra, é correto afirmar:

(A) O documento em cópia oferecido para prova poderá ser declarado autêntico pelo próprio advogado, sob sua responsabilidade.

(B) No procedimento sumaríssimo trabalhista, as testemunhas são arroladas na peça inicial e na contestação, sob pena de preclusão.

(C) A prova documental poderá ser ofertada juntamente com as alegações finais do processo.

(D) O ônus de provar o término do contrato de trabalho, quando negados a prestação de serviço e o despedimento, é do empregado.

(E) A não apresentação injustificada dos controles de frequência pelo empregador gera presunção relativa de veracidade da jornada de trabalho, a qual não pode ser elidida por prova em contrário.

A: opção correta, pois reflete o entendimento disposto no art. 425, IV, do CPC/2015; **B:** opção incorreta, pois nos termos do art. 852-H, § 2º, da CLT as testemunhas até o máximo de 2 para cada parte, comparecerão à audiência independente de intimação; **C:** opção incorreta, pois nos termos do art. 850 da CLT as alegações finais poderão ser ofertadas somente após encerrada a instrução. Veja, também, o art. 434 do CPC/2015; **D:** opção incorreta, pois nos termos da Súmula 212 do TST o ônus de provar o término do contrato de trabalho, quando negados a prestação de serviço e o despedimento, é do *empregador*, pois o princípio da continuidade da relação de emprego constitui presunção favorável ao empregado; **E:** opção incorreta, pois de acordo com a Súmula 338, item I, do TST embora a não apresentação injustificada dos controles de frequência gere presunção relativa de veracidade da jornada de trabalho, poderá ser elidida por prova em contrário. **HC**

Gabarito "A".

(Procurador do Estado/SC – 2009) Sobre o Processo do Trabalho, assinale a alternativa correta:

(A) A confissão pode ser real ou ficta.

(B) A confissão sempre implica revelia.

(C) A confissão no processo do trabalho é a situação daquele que não oferece resistência, ou seja, ausência de defesa.

(D) A confissão revela-se como uma pena pela ausência de depoimento de testemunhas que estavam obrigadas a depor.

(E) A revelia é uma pena que não impede a posterior produção de provas pela reclamada.

Segundo ensina Sergio Pinto Martins, abrangendo os temas da questão: "Distingue-se a confissão da revelia. Revelia é a ausência de defesa do réu, que foi regularmente citado para se defender. Confissão é um dos efeitos da revelia. Havendo revelia, há presunção de serem considerados verdadeiros os fatos alegados na inicial (art. 341 do CPC/2015). Em relação à possibilidade de produção de prova em contrário, a confissão pode ser real ou ficta. Confissão real é aquela realizada expressamente pela parte. A confissão ficta é apenas uma presunção relativa (*iuris tantum*) de que os fatos alegados pela parte contrária são verdadeiros, podendo ser elidida por outras provas existentes nos autos" (*Direito Processual do Trabalho*, 18ª edição, Atlas, p. 298). Importante também lembrar que a confissão não se aplica às testemunhas e que a revelia impede a produção de provas pela reclamada, acarretando a pena de confissão.

Gabarito "A".

(Procurador do Estado/SP – FCC – 2009) No que atine ao valor da causa,

(A) quando impugnado tempestivamente e se mantido o valor incompatível pelo juízo da causa, poderá ser interposto recurso de pedido de revisão à Corregedoria Regional, facultando-se a retratação.

8. DIREITO PROCESSUAL DO TRABALHO   483

(B) se indeterminado na inicial, há dispositivo legal que permite que seja fixado pelo juiz.

(C) se atribuído na inicial valor incompatível com o objeto da demanda, a parte não poderá impugná-lo.

(D) se atribuído na inicial valor incompatível com o objeto da demanda, a parte poderá impugná-lo somente em razões finais.

(E) quando impugnado tempestivamente e se mantido o valor incompatível pelo juízo da causa, poderá ser interposto recurso de pedido de revisão à Presidência do Tribunal Regional, não se facultando a retratação.

A: incorreta, pois o pedido de revisão deve ser interposto diretamente no Tribunal Regional do Trabalho respectivo, no prazo de 48 horas, encaminhado ao Presidente do mesmo Tribunal (art. 2º da Lei 5.584/1970); **B:** correta, eis que segundo dispõe o art. 2º, *caput*, da Lei 5.584/1970, o juiz, antes da instrução, fixará o valor da causa; C e **D:** incorretas, pois a parte poderá impugnar o valor da causa assim que fixado pelo juiz e, caso o juiz mantenha o valor, caberá pedido de revisão (art. 2º, § 1º, da Lei 5.584/1970); **E:** incorreta, pois há possibilidade de retratação no prazo de 48 horas (art. 2º, § 1º, da Lei 5.584/1970).**HC**
Gabarito "B".

(Procurador do Município/Teresina-PI – 2010 – FCC) Em uma reclamação trabalhista a autarquia municipal X pretende arguir compensação de valores. Neste caso, a compensação

(A) deverá ser arguida na execução através de embargos à execução.

(B) só poderá ser arguida em contestação.

(C) poderá ser arguida em qualquer momento processual desde que antes do trânsito em julgado.

(D) poderá ser arguida em qualquer momento processual, inclusive através de ação rescisória.

(E) só poderá ser arguida na liquidação de sentença através de manifestação expressa.

A: opção incorreta, pois as matérias que podem ser alegadas nos embargos à execução são aquelas elencadas nos arts. 884, § 1º, da CLT e arts. 525, § 1º e 917 do CPC/2015; **B:** opção correta, pois reflete o disposto no art. 767 da CLT. Veja, também, as Súmulas 18 e 48 do TST; **C:** opção incorreta, pois a compensação é matéria exclusiva e deve ser alegada na contestação, art. 767 da CLT e Súmula 48 do TST; **D:** opção incorreta, vide comentários anteriores; **E:** opção incorreta, vide comentários anteriores. **HC**
Gabarito "B".

(ADVOGADO – CORREIOS – 2011 – CESPE) Julgue o item subsecutivo, referente a dissídios individuais.

(1) Nos dissídios individuais, o juiz deve provocar a apresentação da primeira proposta conciliatória logo após a entrega da defesa escrita ou a apresentação de defesa oral.

1: opção incorreta, pois a primeira proposta de conciliação deverá ser feita na audiência inaugural, antes da apresentação da defesa, nos termos do art. 846 da CLT. **HC**
Gabarito "1E".

4. PROCEDIMENTOS E SENTENÇA

(Procurador do Estado/AC – 2017 – FMP) Considerando o regramento previsto na Consolidação das Leis do Trabalho a respeito do procedimento sumaríssimo, é CORRETO afirmar que

(A) as exceções de incompetência serão decididas em quarenta e oito horas pelo Juízo da Vara do Trabalho.

(B) as testemunhas, até o máximo de três para cada parte, comparecerão à audiência de instrução e julgamento independentemente de intimação.

(C) a apreciação da reclamação deverá ocorrer no prazo máximo de trinta dias do seu ajuizamento.

(D) a sentença mencionará os elementos de convicção do Juízo, observados o relatório, a fundamentação e o dispositivo.

(E) estão excluídas do procedimento as demandas em que é parte a Administração Pública direta, autárquica e fundacional.

A: incorreta, pois nos termos do art. 852- G da CLT serão decididos, de plano, todos os incidentes e exceções que possam interferir no prosseguimento da audiência e do processo. As demais questões serão decididas na sentença. **B:** incorreta, pois nos termos do art. 852- H, § 2º, da CLT o limite é de duas testemunhas. **C:** incorreta, pois nos termos do art. 852-B, III, da CLT a apreciação da reclamação deverá ocorrer no prazo máximo de 15 dias do seu ajuizamento, podendo constar de pauta especial, se necessário, de acordo com o movimento judiciário. **D:** incorreta, pois nos termos do art. 852-I da CLT sentença mencionará os elementos de convicção do juízo, com resumo dos fatos relevantes ocorridos em audiência, dispensado o relatório. **E:** correta, pois reflete a disposição do art. 852-A, parágrafo único, CLT.
Gabarito "E".

(Procurador do Estado/SE – 2017 – CESPE) Foi ajuizada uma reclamatória trabalhista pleiteando-se, além das verbas rescisórias, o pagamento de adicional de insalubridade em virtude das condições de trabalho do estabelecimento empregador. Assim, foi determinada pelo juízo a realização de perícia técnica, sendo facultado o acompanhamento da diligência por assistente técnico. No início do trabalho, o perito observou que o local onde eram prestados os serviços pelo reclamante estava desativado, o que tornou inviável a realização da perícia determinada.

Nessa situação hipotética, de acordo com o entendimento do TST,

(A) a perícia para avaliar a caracterização e a classificação da insalubridade deverá ser efetuada por qualquer médico ou engenheiro.

(B) embora a perícia seja obrigatória para a verificação da insalubridade, no caso de impossibilidade de sua realização por fechamento do local de trabalho, o magistrado poderá utilizar outros meios de prova.

(C) apesar de a perícia ser prova facultativa, a demanda prosseguirá com relação aos demais pedidos, e o pleito de adicional de insalubridade será julgado improcedente por falta de condições de sua comprovação.

(D) os honorários do assistente técnico deverão ser arcados pela parte sucumbente na perícia.

(E) o comparecimento do perito ao local da diligência gerará honorários periciais, os quais deverão ser suportados, na hipótese de o reclamante ser beneficiário da justiça gratuita, pelo estado no qual está sendo processada a reclamatória.

"B" é a opção correta. Isso porque, nos termos da OJ 278 da SDI 1 do TST, A realização de perícia é obrigatória para a verificação de insalubridade. Quando não for possível sua realização, como em caso de fechamento da empresa, poderá o julgador utilizar-se de outros meios de prova. **HC**
Gabarito "B".

(Procurador do Estado/SE – 2017 – CESPE) Na audiência de instrução e julgamento de uma reclamação trabalhista, após a qualificação da única testemunha arrolada pelo reclamante, a qual havia trabalhado com ele na empresa demandada, esta apresentou contradita sob a alegação de que a testemunha também havia ajuizado contra ela reclamatória trabalhista, fato que, segundo a companhia, geraria sua suspeição.

Nessa situação hipotética, a contradita apresentada deverá ser

(A) deferida, sob o argumento de que trabalhar na mesma empresa pressupõe amizade íntima, também levando à suspeição.

(B) indeferida, pois o fato de a testemunha ter ajuizado a reclamação trabalhista constitui causa de impedimento, e não de suspeição.

(C) indeferida, por se tratar da única testemunha do reclamante, de modo que acatar a suspeição consistiria em ofensa ao contraditório e à ampla defesa.

(D) deferida, pois o fato de a testemunha ter ajuizado reclamação trabalhista contra a reclamada torna questionável, como meio de prova, o depoimento dela.

(E) indeferida, haja vista que o simples fato de litigar contra a mesma reclamada não é razão suficiente para gerar suspeição.

"E" é a opção correta. Isso porque, nos termos da súmula 357 do TST não torna suspeita a testemunha o simples fato de estar litigando ou de ter litigado contra o mesmo empregador. **HC**
Gabarito "E".

(Procurador do Estado/SE – 2017 – CESPE) Com relação às audiências no processo do trabalho, assinale a opção correta.

(A) A contestação deverá ser apresentada no prazo de quinze dias a contar da data da audiência de conciliação.

(B) As partes formularão perguntas diretamente às testemunhas, em atenção ao disposto no CPC vigente.

(C) Após o interrogatório pessoal dos litigantes, a instrução processual poderá prosseguir sem as partes, permanecendo os seus representantes.

(D) O termo de conciliação em audiência vale como decisão irrecorrível e oponível *erga omnes*.

(E) As partes, ao comparecerem em audiência, devem estar acompanhadas de seu procurador ou defensor público.

A: opção incorreta, pois nos termos do art. 847 da CLT não havendo acordo, o reclamado terá vinte minutos para aduzir sua defesa, após a leitura da reclamação, quando esta não for dispensada por ambas as partes. **B:** opção incorreta, pois nos termos do art. 820 da CLT As partes e testemunhas serão inquiridas pelo juiz ou presidente, podendo ser reinquiridas, por seu intermédio, a requerimento dos vogais, das partes, seus representantes ou advogados. Não se aplica ao Processo do Trabalho a norma do art. 459 do CPC/2015 no que permite a inquirição direta das testemunhas pela parte, pois a CLT possui regramento específico em seu art. 820, nos termos do art. 11 da IN 39 do TST. **C:** opção correta, pois nos termos do art. 848, § 1º, da CLT findo o interrogatório, poderá qualquer dos litigantes retirar-se, prosseguindo a instrução com o seu representante. **D:** opção incorreta, pois nos termos do art. 831, parágrafo único, da CLT, "No caso de conciliação, o termo que for lavrado valerá como decisão irrecorrível, salvo para a Previdência Social quanto às contribuições que lhe forem devidas".

E: opção incorreta, pois nos termos do art. 843 da CLT, na audiência de julgamento deverão estar presentes o reclamante e o reclamado, independentemente do comparecimento de seus representantes salvo, nos casos de Reclamatórias Plúrimas ou Ações de Cumprimento, quando os empregados poderão fazer-se representar pelo Sindicato de sua categoria. **HC**
Gabarito "C".

(Procurador do Estado/SE – 2017 – CESPE) Empregado de empresa de serviços gerais e conservação que prestava serviços para uma autarquia ajuizou reclamação trabalhista em desfavor desta e de sua empregadora, pleiteando o pagamento de horas extras e dando à causa o valor equivalente a trinta e oito salários mínimos.

Considerando-se a legislação pertinente e o rito processual trabalhista, é correto afirmar que, nessa situação hipotética,

(A) a demanda deverá, necessariamente, atender ao procedimento ordinário.

(B) cada uma das partes poderá requerer a oitiva de até seis testemunhas.

(C) em razão da obrigatoriedade de recurso no caso de a autarquia ser vencida na demanda, o magistrado não poderá tentar a conciliação.

(D) a demanda deverá, necessariamente, atender ao procedimento sumaríssimo.

(E) caso a petição inicial não apresente os pedidos liquidados, o processo será arquivado, com condenação ao pagamento de custas.

"A" é a opção correta. Nos termos do art. 852-A da CLT os dissídios individuais cujo valor não exceda a quarenta vezes o salário mínimo vigente na data do ajuizamento da reclamação ficam submetidos ao procedimento sumaríssimo. No entanto, o parágrafo único do mesmo dispositivo legal ensina que estão excluídas do procedimento sumaríssimo as demandas em que é parte a Administração Pública direta, autárquica e fundacional. Por essa razão a ação deverá tramitar pelo procedimento ordinário em que cada parte poderá indicar até três testemunhas, art. 821 da CLT. **HC**
Gabarito "A".

(Procurador do Estado/BA – 2014 – CESPE) Acerca de recursos, execução trabalhista e dissídio coletivo, julgue o item seguinte.

(1) Segundo entendimento do TST, a fazenda pública, quando condenada subsidiariamente pelas obrigações trabalhistas devidas pela empregadora principal, não se beneficia da limitação dos juros, prevista no art. 1.º-F da Lei nº 9.494/1997.

1: Opção correta, pois reflete o entendimento disposto na OJ 382 da SDI 1 do TST. **HC**
Gabarito "1C".

(Procurador do Estado/MT – FCC – 2011) Sobre o procedimento sumaríssimo, é correto afirmar:

(A) Estão excluídas as demandas em que é parte a Administração Pública direta e indireta.

(B) A sentença mencionará os elementos de convicção do juízo, com resumo dos fatos relevantes ocorridos em audiência, dispensado o relatório e a fundamentação

(C) Os dissídios individuais cujo valor não exceda a sessenta vezes o salário mínimo vigente na data do

8. DIREITO PROCESSUAL DO TRABALHO   485

ajuizamento da reclamação ficam submetidos ao procedimento sumaríssimo.

(D) As testemunhas, até o máximo de três para cada parte, comparecerão à audiência de instrução e julgamento independentemente de intimação.

(E) No julgamento do recurso ordinário, se a sentença for confirmada pelos próprios fundamentos, a certidão de julgamento, registrando tal circunstância, servirá de acórdão.

A: opção incorreta, pois nos termos do art. 852-A, parágrafo único, da CLT as demandas em que for parte a administração pública indireta não estão excluídas do procedimento sumaríssimo; **B:** opção incorreta, pois não há dispensa de fundamentação, somente o relatório é dispensado, conforme art. 852-I da CLT; **C:** opção incorreta, pois nos termos do art. 852-A as ações cujo valor não exceda a 40 vezes o salário mínimo, serão submetidas ao procedimento sumaríssimo; **D:** opção incorreta, pois nos termos do art. 852-H, § 2º, da CLT cada parte poderá levar no máximo 2 (duas) testemunhas; **E:** opção correta, pois reflete o disposto no art. 895, § 1º, IV, parte final, da CLT. **HC**
Gabarito "E."

(Procurador do Estado/SC – 2010 – FEPESE) Em relação ao procedimento sumaríssimo na Justiça do Trabalho, assinale a alternativa **correta**.

(A) A citação por edital deve ser realizada no prazo máximo de 30 (trinta) dias.

(B) As testemunhas, até o máximo de duas para cada parte, comparecerão à audiência de instrução e julgamento independentemente de intimação.

(C) A Administração Pública direta, autárquica e fundacional são partes legítimas para figurarem como rés, opoentes, intervenientes e litisconsortes.

(D) Todas as provas deverão ser requeridas na petição inicial e na contestação, sob pena de preclusão.

(E) Os incidentes e as exceções que possam interferir no prosseguimento da audiência e do processo serão decididos em 48 (quarenta e oito) horas.

A: opção incorreta, pois no procedimento sumaríssimo não é possível a citação por edital, nos termos do art. 852-B, II, da CLT; **B:** opção correta, pois reflete o disposto no art. 852-H, § 2º, da CLT; **C:** opção incorreta, pois a Administração Pública direta, autárquica e fundacional, nos termos do art. 852-A, parágrafo único, da CLT estão excluídas deste procedimento, não podendo figurar como parte; **D:** opção incorreta, pois nos termos do art. 852-H, *caput*, da CLT todas as provas, ainda que não requeridas previamente, serão produzidas na audiência de instrução e julgamento; **E:** opção incorreta, pois nos termos do art. 852-G, da CLT, devem ser resolvidos de plano. **HC**
Gabarito "B."

(Procurador do Estado/PE – CESPE – 2009) Com referência ao inquérito para apuração de falta grave, assinale a opção correta.

(A) Para efeito de impetração de mandado de segurança, constitui direito líquido e certo do empregador a suspensão do empregado, ainda que detentor de estabilidade sindical, até a decisão final do inquérito em que se apure a falta grave a ele imputada.

(B) Cada uma das partes não pode indicar mais de três testemunhas.

(C) Mesmo se tiver havido prévio reconhecimento da estabilidade do empregado, o julgamento do inquérito pelo juízo prejudica a execução para pagamento dos

salários devidos ao empregado, até a data da instauração do inquérito.

(D) Qualquer representante sindical somente pode ser dispensado por falta grave mediante a apuração em inquérito judicial.

(E) O prazo de decadência do direito do empregador de ajuizar inquérito em face do empregado que incorre em abandono de emprego é contado a partir do momento em que o empregado se afastou de suas atividades.

A: correta, pois a assertiva está de acordo com a Orientação Jurisprudencial 137 da SDI-II do TST: "MANDADO DE SEGURANÇA. DIRIGENTE SINDICAL. ART. 494 DA CLT. APLICÁVEL. Constitui direito líquido e certo do empregador a suspensão do empregado, ainda que detentor de estabilidade sindical, até a decisão final do inquérito em que se apure a falta grave a ele imputada, na forma do art. 494, "caput" e parágrafo único, da CLT"; **B:** incorreta, pois no caso de inquérito para apuração de falta grave cada parte pode indicar até 6 testemunhas (art. 821 da CLT); **C:** incorreta (art. 855 da CLT); **D:** incorreta, pois a estabilidade dos dirigentes sindicais encontra algumas limitações, conforme Súmula 369 do TST: "DIRIGENTE SINDICAL. ESTABILIDADE PROVISÓRIA. I – É assegurada a estabilidade provisória ao empregado dirigente sindical, ainda que a comunicação do registro da candidatura ou da eleição e da posse seja realizada fora do prazo previsto no art. 543, § 5º, da CLT, desde que a ciência ao empregador, por qualquer meio, ocorra na vigência do contrato de trabalho I II – O art. 522 da CLT, que limita a sete o número de dirigentes sindicais, foi recepcionado pela Constituição Federal de 1988. III – O empregado de categoria diferenciada eleito dirigente sindical só goza de estabilidade se exercer na empresa atividade pertinente à categoria profissional do sindicato para a qual foi eleito dirigente. IV – Havendo extinção da atividade empresarial no âmbito da base territorial do sindicato, não há razão para subsistir a estabilidade. V – O registro da candidatura do empregado a cargo de dirigente sindical durante o período de aviso-prévio, ainda que indenizado, não lhe assegura a estabilidade, visto que inaplicável a regra do § 3º do art. 543 da Consolidação das Leis do Trabalho"; **E:** incorreta, pois o prazo para ajuizar inquérito é contado a partir do momento em que o empregado pretendeu seu retorno ao serviço (Súmula 62 do TST: "ABANDONO DE EMPREGO. O prazo de decadência do direito do empregador de ajuizar inquérito em face do empregado que incorre em abandono de emprego é contado a partir do momento em que o empregado pretendeu seu retorno ao serviço"). **HC**
Gabarito "A."

5. RECURSOS

(Procurador do Estado/TO – 2018 – FCC) Quanto aos recursos no Processo Judiciário do Trabalho, conforme normas previstas na Consolidação das Leis do Trabalho:

(A) O agravo de instrumento interposto contra o despacho que não receber agravo de petição suspende a execução da sentença até o seu julgamento.

(B) A interposição de recurso para o Supremo Tribunal Federal prejudicará a execução do julgado trabalhista.

(C) No Tribunal Superior do Trabalho cabem embargos, no prazo de cinco dias, das decisões das Turmas que divergirem entre si.

(D) O agravo de petição só será recebido quando o agravante delimitar, justificadamente, as matérias e os valores impugnados, permitida a execução imediata da parte remanescente até o final, nos próprios autos ou por carta de sentença.

(E) Das decisões proferidas pelos Tribunais Regionais do Trabalho em execução de sentença, inclusive em processo incidente de embargos de terceiro, não caberá Recurso de Revista, mesmo na hipótese de ofensa direta e literal de norma da Constituição Federal.

A: incorreto, pois nos termos do art. 897, § 2º, da CLT o agravo de instrumento interposto contra o despacho que não receber agravo de petição não suspende a execução da sentença. **B:** incorreto, pois nos termos do art. 893, § 2º, da CLT a interposição de recurso para o Supremo Tribunal Federal não prejudicará a execução do julgado. **C:** incorreta, pois o prazo é de 8 dias, art. 894 da CLT. **D:** correta, pois reflete a disposição do art. 897, § 1º, da CLT. **E:** incorreta, pois nos termos do art. 896, § 2º, da CLT das decisões proferidas pelos Tribunais Regionais do Trabalho ou por suas Turmas, em execução de sentença, inclusive em processo incidente de embargos de terceiro, não caberá Recurso de Revista, salvo na hipótese de ofensa direta e literal de norma da Constituição Federal.

Gabarito "D".

(Procurador do Estado/AC – 2017 – FMP) Em uma reclamatória trabalhista, concedida a antecipação dos efeitos da tutela antes da sentença, de acordo com entendimento sumulado pelo Tribunal Superior do Trabalho, e CORRETO afirmar que

(A) cabe a impetração de mandado de segurança, em face da inexistência de recurso próprio.

(B) é própria a interposição de agravo retido, por se tratar de decisão interlocutória.

(C) é oportuna a apresentação de protesto antipreclusivo, considerando a inexistência de recurso próprio.

(D) é cabível a interposição de recurso ordinário, considerando que a decisão recorrida é terminativa do feito.

(E) é incabível a manifestação de inconformidade por qualquer medida processual, já que as decisões interlocutórias são irrecorríveis no processo do trabalho.

Nos termos da súmula 414, I, do TST I a tutela provisória concedida na sentença não comporta impugnação pela via do mandado de segurança, por ser impugnável mediante recurso ordinário. É admissível a obtenção de efeito suspensivo ao recurso ordinário mediante requerimento dirigido ao tribunal, ao relator ou ao presidente ou ao vice-presidente do tribunal recorrido, por aplicação subsidiária ao processo do trabalho do artigo 1.029, § 5º, do CPC de 2015. Já no caso de a tutela provisória haver sido concedida ou indeferida antes da sentença, cabe mandado de segurança, em face da inexistência de recurso próprio, é o que ensina o item II da citada súmula.

Gabarito "A".

(Procurador do Estado/SP – 2018 – VUNESP) É correto afirmar a respeito do recurso de revista:

(A) nas execuções fiscais, não cabe recurso de revista por violação a lei federal.

(B) de acordo com a jurisprudência do Tribunal Superior do Trabalho, é cabível recurso de revista de ente público que não interpôs recurso ordinário voluntário da decisão de primeira instância, independentemente do agravamento, na segunda instância, da condenação imposta.

(C) é cabível recurso de revista interposto de acórdão regional prolatado em agravo de instrumento.

(D) o juízo de admissibilidade do recurso de revista exercido pela Presidência dos Tribunais Regionais do Trabalho abrange a análise do critério da transcendência das questões nele veiculadas.

(E) a admissibilidade do recurso de revista interposto de acórdão proferido em agravo de petição, na liquidação de sentença ou em processo incidente na execução, inclusive os embargos de terceiro, depende de demonstração inequívoca de violência direta à Constituição Federal.

A: opção incorreta, pois nos termos do art. 896, § 10, da CLT admite-se a interposição de recurso. **B:** opção incorreta, pois nos termos da OJ 334 da SDI 1 do TST, é "incabível recurso de revista de ente público que não interpôs recurso ordinário voluntário da decisão de primeira instância, ressalvada a hipótese de ter sido agravada, na segunda instância, a condenação imposta". **C:** opção incorreta, pois nos termos da súmula 218 do TST, "é incabível recurso de revista interposto de acórdão regional prolatado em agravo de instrumento". **D:** opção incorreta, pois nos termos do art. 896-A, § 6º, da CLT, "o juízo de admissibilidade do recurso de revista exercido pela Presidência dos Tribunais Regionais do Trabalho limita-se à análise dos pressupostos intrínsecos e extrínsecos do apelo, não abrangendo o critério da transcendência das questões nele veiculadas". **E:** opção correta, pois nos termos da súmula 266 do TST, a "admissibilidade do recurso de revista interposto de acórdão proferido em agravo de petição, na liquidação de sentença ou em processo incidente na execução, inclusive os embargos de terceiro, depende de demonstração inequívoca de violência direta à Constituição Federal". **HC**

Gabarito "E".

(Procurador do Estado/SE – 2017 – CESPE) Um empregado eleito membro da CIPA foi demitido durante a vigência de seu mandato, razão pela qual, ainda no período de estabilidade legal, ajuizou reclamação trabalhista na qual requereu, em sede liminar, a reintegração ao emprego. O pedido de tutela provisória de reintegração foi deferido pelo juízo em sentença.

Nessa situação hipotética, o meio adequado para a impugnação da tutela provisória concedida é o(a)

(A) ação anulatória.

(B) ação cautelar.

(C) mandado de segurança.

(D) recurso ordinário.

(E) ação rescisória.

"D" é a opção correta. Isso porque, nos termos da súmula 414, I, do TST, A tutela provisória concedida na sentença não comporta impugnação pela via do mandado de segurança, por ser impugnável mediante recurso ordinário. É admissível a obtenção de efeito suspensivo ao recurso ordinário mediante requerimento dirigido ao tribunal, ao relator ou ao presidente ou ao vice-presidente do tribunal recorrido, por aplicação subsidiária ao processo do trabalho do artigo 1.029, § 5º, do CPC de 2015. **HC**

Gabarito "D".

(Procurador do Estado/SE – 2017 – CESPE) Com relação aos recursos no processo do trabalho, julgue os itens a seguir.

I. É cabível recurso ordinário de decisões definitivas das varas ou tribunais, porém não cabe de decisões terminativas ou monocráticas.

II. A CLT determina ser cabível, em dissídios individuais e coletivos, recurso de revista para as turmas do TST.

III. Não caberá agravo de instrumento contra decisões que indefiram a produção de provas.

IV. Na hipótese de decisão proferida em dissídio coletivo que afete empresa de serviço público, têm legitimidade para interpor recurso, além dos interessados, o presidente do tribunal e a Procuradoria da Justiça do Trabalho.

8. DIREITO PROCESSUAL DO TRABALHO 487

Estão certos apenas os itens

(A) I e II.

(B) I e III.

(C) II e III.

(D) III e IV.

(E) I, II e IV.

I: opção incorreta, pois nos termos do art. 895, I e II, da CLT, cabe recurso ordinário para a instância superior das decisões definitivas ou terminativas das Varas e Juízos e dos Tribunais Regionais, em processos de sua competência originária, no prazo de 8 (oito) dias, quer nos dissídios individuais, quer nos dissídios coletivos. As decisões monocráticas, em regra, são recorríveis via agravo regimental. II: opção incorreta, pois nos termos do art. 896 da CLT cabe Recurso de Revista para Turma do Tribunal Superior do Trabalho das decisões proferidas em grau de recurso ordinário, em dissídio individual, pelos Tribunais Regionais do Trabalho. III: opção correta, pois por ser considerada interlocutória, a decisão que indefere a produção de provas é irrecorrível de imediato, art. 893, § 1º, da CLT. IV: opção correta, pois nos termos do art. 898 da CLT, das decisões proferidas em dissídio coletivo que afete empresa de serviço público, ou, em qualquer caso, das proferidas em revisão, poderão recorrer, além dos interessados, o Presidente do Tribunal e a Procuradoria da Justiça do Trabalho. HC Gabarito "D".

(Procurador do Estado – PGE/PA – UEPA – 2015) Quanto às disposições legais acerca de recurso na Justiça do Trabalho, analise as afirmativas abaixo.

I. Não cabe mandado de segurança contra o ato judicial passível de recurso ou correição.

II. As decisões interlocutórias na Justiça do Trabalho são irrecorríveis mesmo quando terminativas do feito.

III. Salvo quando contrariarem a Constituição, não cabe recurso para o Supremo Tribunal Federal de quaisquer decisões da Justiça do Trabalho, inclusive dos presidentes dos seus Tribunais.

IV. A juntada de documentos na fase recursal só se justifica quando provado o justo impedimento para sua oportuna apresentação e se referir a fato anterior à sentença.

A alternativa que contém todas as afirmativas corretas é:

(A) II e III.

(B) I e III.

(C) II e IV.

(D) I e IV.

(E) III e IV.

I: correta, pois, nos termos da súmula 267 do STF, não cabe mandado de segurança contra ato judicial passível de recurso ou correição; II: incorreta, pois a decisão interlocutória terminativa de feito pode ser objeto de recurso imediato, na hipótese trazida no art. 799, § 2º, CLT. Veja, ainda, a súmula 214 do TST; III: correta, pois, nos termos da súmula 505 do STF, salvo quando contrariarem a Constituição, não cabe recurso para o Supremo Tribunal Federal, de quaisquer decisões da Justiça do Trabalho, inclusive dos presidentes de seus Tribunais; IV: incorreta, pois, nos termos da súmula 8 do TST, a juntada de documentos na fase recursal só se justifica quando provado o justo impedimento para sua oportuna apresentação ou se referir a fato POSTERIOR à sentença. HC Gabarito "B".

(Advogado União – AGU – CESPE – 2015) Com relação aos atos e procedimentos do processo do trabalho e a recursos trabalhistas, julgue os itens subsecutivos.

(1) Das decisões das turmas do TST que divergirem entre si ou das decisões proferidas por seção de dissídios individuais cabem embargos de divergência no prazo de oito dias, os quais serão julgados pelo Pleno do TST.

Incorreta, pois, nos termos do art. 3º, III, b, da Lei 7.701/1988, o recurso será apreciado pela Seção de Dissídios Individuais do TST. HC Gabarito 1E

(2) Em audiências de reclamações trabalhistas em que a União seja parte, será obrigatório o comparecimento de preposto que tenha conhecimento do fato objeto da reclamação. Na ausência do representante judicial da União, poderá o preposto assinar e entregar a contestação.

Incorreta, pois, nos termos do art. 5º da Lei 9.028/1995, nas audiências de reclamações trabalhistas em que a União seja parte, será obrigatório o comparecimento de preposto que tenha completo conhecimento do fato objeto da reclamação, o qual, na ausência do representante judicial da União, entregará a contestação subscrita pelo mesmo. HC Gabarito 2E

(Procurador – PGFN – ESAF – 2015) A respeito do agravo de petição e da sistemática recursal no processo do trabalho, é correto afirmar:

(A) cabe agravo de petição em face da decisão que resolve o incidente processual de liquidação da sentença exequenda.

(B) o agravo de petição não possui efeito translativo.

(C) não é exigível do executado pagamento das custas, como pressuposto recursal objetivo, para a interposição do agravo de petição, tendo em vista que no processo de execução as custas são pagas ao final.

(D) considerando que no agravo de petição é desnecessária a delimitação da matéria e dos valores objeto impugnados, fere direito líquido e certo o prosseguimento da execução quanto aos tópicos e valores não especificados no agravo.

(E) por ser irrecorrível o despacho que não recebe o agravo de petição interposto, o instrumento hábil para impugná-lo é o mandado de segurança.

A: incorreta, pois a decisão sobre o incidente de liquidação de sentença é irrecorrível, nos termos do art. 893, § 1º, CLT, na medida em que é considerada decisão interlocutória. Nesse sentido, ensina o art. 884, § 3º, CLT que somente nos embargos à penhora poderá o executado impugnar a sentença de liquidação, cabendo ao exequente igual direito e no mesmo prazo; B: incorreta, pois embora o recorrente necessite delimitar as matérias e valores impugnados, o agravo de petição possui o efeito translativo, que consiste na capacidade que o Tribunal possui de avaliar matérias que não tenham sido objeto do recurso, por se tratar de matéria de ordem pública; C: correta, pois, nos termos do art. 789-A da CLT, no processo de execução são devidas custas, sempre de responsabilidade do executado e pagas ao final; D: incorreta, pois, nos termos da súmula 416 do TST, no agravo de petição o recorrente deve delimitar justificadamente a matéria e os valores objeto de discordância. Assim, não fere direito líquido e certo o prosseguimento da execução quanto aos tópicos e valores não especificados no agravo; E: incorreta, pois o despacho que não conhece o agravo de petição pode ser recorrível via agravo de instrumento, conforme art. 897, b, CLT. HC Gabarito "C".

(Procurador do Estado/AC – FMP – 2012) Quanto aos Recursos, no Processo do Trabalho, assinale a assertiva **incorreta**.

(A) O Recurso de Revista tem igual cabimento, tanto no procedimento ordinário, quanto no procedimento sumaríssimo.

(B) O Recurso Ordinário tem cabimento contra decisões definitivas ou terminativas das Varas e Juízos e também das decisões definitivas ou terminativas dos Tribunais Regionais, em processos de sua competência originária, quer em dissídios individuais ou coletivos, no prazo de oito dias.

(C) O Agravo de Instrumento, no Processo do Trabalho, também demanda preparo, em especial a realização de depósito recursal.

(D) O Agravo de Petição tem cabimento em face de decisões proferidas na execução.

A: opção incorreta, pois o recurso de revista é cabível no procedimento ordinário, nas hipóteses do art. 896 e alíneas da CLT, já no procedimento sumaríssimo nas hipóteses tratadas no § 9º do art. 896 da CLT; **B:** opção correta, pois reflete o disposto nos incisos I e II do art. 895 da CLT; **C:** opção correta, pois reflete o disposto no art. 899, § 7º, da CLT;. **D:** opção correta, pois reflete o disposto no art. 897, *a*, da CLT. **HC**
Gabarito "A".

(PROCURADOR DO ESTADO/MG – FUMARC – 2012 – adaptada) Sobre os recursos no processo do trabalho, assinale a alternativa **INCORRETA:**

(A) Não serão prejudicados os recursos interpostos com apoio em dispositivos processuais trabalhistas alterados ou cujo prazo para interposição em curso seja modificado por lei processual nova.

(B) No Tribunal Superior do Trabalho, no prazo de 8 (oito) dias, cabem embargos das decisões das Turmas que divergirem entre si, ou das decisões proferidas pela Seção de Dissídios Individuais, salvo se a decisão recorrida estiver em consonância com súmula ou orientação jurisprudencial do Tribunal Superior do Trabalho ou do Supremo Tribunal Federal.

(C) Nos dissídios individuais trabalhistas o recurso ordinário, que terá efeito meramente devolutivo, poderá ser interposto por simples petição, não se exigindo da parte recorrente o dever de fundamentá-lo.

(D) Segundo a jurisprudência assentada pelo TST, é admissível, em instância recursal, o oferecimento tardio de procuração, nos termos do artigo 104 do Código de Processo Civil, mediante protesto por posterior juntada, já que a interposição de recurso pode ser reputada ato urgente.

(E) É incabível recurso de revista contra sentença normativa proferida por Tribunal Regional do Trabalho em dissídio coletivo.

A: opção correta, pois reflete o disposto no art. 915 da CLT; **B:** opção correta, pois trata do recurso de embargos de divergência, disposto no art. 894, II, da CLT; **C:** opção correta, pois embora o tema seja controvertido na doutrina, a banca do concurso considerou a tese defendida por Manoel Antonio Teixeira Filho e Wagner Giglio, na qual nos termos do art. 899 da CLT o recurso poderá ser interposto por simples petição não necessitando da fundamentação, em razão dos princípios da simplicidade e *jus postulandi* da Justiça do Trabalho. Em sentido contrário Carlos Henrique Bezerra Leite sustenta ser imprescindível a fundamentação; **D:** opção incorreta, pois nos termos da Súmula 383, item I, do TST é inadmissível recurso firmado por advogado sem procuração juntada aos autos até o momento da sua interposição, salvo mandato tácito. Em caráter excepcional (art. 104 do CPC de 2015), admite-se que o advogado, independentemente de intimação, exiba a procuração no prazo de 5 (cinco) dias após a interposição do recurso, prorrogável por igual período mediante despacho do juiz. Caso

não a exiba, considera-se ineficaz o ato praticado e não se conhece do recurso; **E:** opção correta, pois nos termos do art. 895, II, da CLT o recurso ordinário é o recurso adequado. **HC**
Gabarito "D".

(Procurador do Estado/PA – 2011) Suponha que Estado Federado foi condenado por Juízo da Vara do Trabalho e, em grau de recurso ordinário, foi mantida a condenação por Turma do Tribunal Regional do Trabalho, ao pagamento de verbas rescisórias pleiteadas por ex-servidor contratado em regime jurídico-administrativo temporário de trabalho. Levando em consideração a legislação trabalhista e a jurisprudência do Tribunal Superior do Trabalho sobre o assunto, é CORRETO afirmar que:

(A) Tal condenação deverá ser mantida perante o Tribunal Superior do Trabalho, mesmo que interposto e devidamente julgado o recurso de revista da decisão do Tribunal Regional do Trabalho, porque são devidas, perante a própria Justiça do Trabalho, verbas de natureza trabalhista a ex-servidores contratados pelo regime de contrato temporário.

(B) Tal condenação não deverá ser reformada pelo Tribunal Superior do Trabalho, sobretudo se o Estado sucumbente eleger o recurso de revista como processualmente adequado e cabível para impugnar a decisão do Tribunal Regional do Trabalho.

(C) Tal condenação deverá ser mantida pelo Tribunal Superior do Trabalho, mesmo que interposto e devidamente julgado o recurso de revista do Estado sucumbente, pois ali já se firmou jurisprudência no sentido de que é dever da Justiça do Trabalho, em casos tais, conhecer e julgar tais demandas.

(D) Tal condenação deverá ser reformada perante o Supremo Tribunal Federal, uma vez interposto e julgado diretamente recurso extraordinário da decisão do Tribunal Regional do Trabalho.

(E) Tal condenação deverá ser anulada perante o Tribunal Superior do Trabalho, uma vez interposto e devidamente julgado o recurso de revista do Estado sucumbente, quanto à decisão do Tribunal Regional do Trabalho, uma vez constatada a incompetência material da Justiça do Trabalho para conhecer e julgar tais demandas.

E: opção correta, pois O Estado deverá interpor recurso de revista, com fulcro no art. 896, c, da CLT visando a anulação da reforma em razão da incompetência material da Justiça do Trabalho, esculpida no art. 114 da CF, tendo em vista que o servidor público foi contratado em regime jurídico-administrativo. Importante destacar que com o julgamento da ADI 3395-6 o STF firmou entendimento suspendendo qualquer interpretação ao art. 114 da CF/1988 que incluísse na competência da Justiça do Trabalho a apreciação de causas instauradas entre o Poder Público e seus servidores, tendo por base o vínculo de ordem estatutária ou jurídico-administrativo. **HC**
Gabarito "E".

(PROCURADOR DO ESTADO/RS – FUNDATEC – 2010) Quanto ao depósito recursal em ações trabalhistas, de acordo com entendimento sumulado do Tribunal Superior do Trabalho, é incorreto afirmar que

(A) deve ser realizado por empresas públicas e sociedades de economia mista quando estas forem condenadas em obrigações de fazer que não contenham condenação pecuniária.

8. DIREITO PROCESSUAL DO TRABALHO

(B) não ocorre deserção de recurso da massa falida por falta de pagamento do depósito do valor da condenação; esse privilégio, todavia, não se aplica à empresa em liquidação extrajudicial.

(C) é ônus da parte recorrente efetuar o depósito legal, integralmente, em relação a cada novo recurso interposto, sob pena de deserção; atingido o valor da condenação, nenhum depósito mais é exigido para qualquer recurso.

(D) havendo condenação solidária de duas ou mais empresas, o depósito recursal efetuado por uma delas aproveita as demais, quando a empresa que efetuou o depósito não pleiteia sua exclusão da lide.

(E) o depósito recursal deve ser feito e comprovado no prazo alusivo ao recurso; a interposição antecipada deste não prejudica a dilação legal.

A: opção incorreta, pois se não há condenação a pagamento em pecúnia, não há necessidade de depósito recursal. Veja Súmula 161 do TST; **B:** opção correta, pois reflete o disposto na Súmula 86 do TST; **C:** opção correta, pois reflete o entendimento disposto na Súmula 128, item I, do TST; **D:** opção correta, pois reflete o entendimento disposto na Súmula 128, item III, do TST; **E:** opção correta, pois reflete o entendimento disposto na Súmula 245 do TST. **HC**

Gabarito "A".

(PROCURADOR DO ESTADO/RS – FUNDATEC – 2010) De acordo com entendimento sumulado do Tribunal Superior do Trabalho, na Justiça do Trabalho, as decisões interlocutórias não ensejam recurso imediato, salvo nas hipóteses de decisão

I. de Tribunal Regional do Trabalho contrária à súmula ou orientação jurisprudencial do Tribunal Superior do Trabalho.

II. suscetível de impugnação mediante recurso para o mesmo Tribunal.

III. que acolhe exceção de incompetência territorial, com a remessa dos autos para Tribunal Regional distinto daquele a que se vincula o juízo excepcionado.

Quais estão corretas?

(A) Nenhuma.

(B) I, II e III.

(C) Apenas I.

(D) Apenas I e II.

(E) Apenas II.

I: opção correta, pois reflete o entendimento consubstanciado na Súmula 214, *a*, do TST; **II:** opção correta, pois reflete o entendimento consubstanciado na Súmula 214, *b*, do TST; **III:** opção correta, pois reflete o entendimento consubstanciado na Súmula 214, *c*, do TST. **HC**

Gabarito "B".

(Procurador do Estado/RO – 2011 – FCC) Sobre os embargos de declaração no processo do trabalho, é INCORRETO afirmar:

(A) São cabíveis nos casos de omissão e contradição no julgado e manifesto equívoco no exame dos pressupostos extrínsecos do recurso.

(B) É passível de nulidade decisão que acolhe embargos de declaração com efeito modificativo sem que seja concedida oportunidade de manifestação prévia à parte contrária.

(C) Quando os litisconsortes estiverem com procuradores diferentes, ser-lhes-ão contados em dobro o prazo dos embargos de declaração.

(D) Incumbe à parte interessada, desde que a matéria haja sido invocada no recurso principal, opor embargos declaratórios objetivando o pronunciamento sobre o tema, sob pena de preclusão.

(E) Considera-se pré-questionada a questão jurídica invocada no recurso principal sobre a qual se omite o Tribunal de pronunciar tese, não obstante opostos embargos de declaração.

A: opção correta, pois reflete o disposto no art. 897-A da CLT; **B:** opção correta, pois reflete o entendimento cristalizado pelo TST disposto na orientação jurisprudencial 142, da SDI 1 do TST. Veja também o art. 897-A, § 2º, da CLT; **C:** opção incorreta, pois de acordo com o entendimento consubstanciado na orientação jurisprudencial 310 da SDI 1 do TST Inaplicável ao processo do trabalho a norma contida no art. 229, caput e §§ 1º e 2º, do CPC de 2015 (art. 191 do CPC de 1973), em razão de incompatibilidade com a celeridade que lhe é inerente; **D:** opção correta, pois reflete o entendimento disposto na Súmula 297, II, do TST; **E:** opção correta, pois reflete o entendimento disposto na Súmula 297, III, do TST. **HC**

Gabarito "C".

(Procurador do Estado/SC – 2010 – FEPESE) Na Justiça do Trabalho, da decisão que denegar a interposição de recurso caberá:

(A) agravo de instrumento.

(B) agravo de petição.

(C) recurso de revista.

(D) recurso inominado.

(E) mandado de segurança.

A: opção correta, pois em conformidade com o art. 897, *b*, da CLT; **B:** opção incorreta, pois o agravo de petição será cabível das decisões proferidas na execução, nos termos do art. 897, *a*, da CLT; **C:** opção incorreta, pois o recurso de revista será interposto contra acórdãos proferidos pelos TRTs em recurso ordinário, nos termos do art. 896 da CLT; **D:** opção incorreta, pois o recurso inominado previsto nos arts. 41 e 42 da Lei 9.099/1995 não é cabível na Justiça do Trabalho; **E:** opção incorreta, pois o Mandado de Segurança será cabível contra atos taxados de abusivos ou ilegais que violarem direito líquido e certo, art. 5º, LXIX e LXX da CF e Lei 12.016/2009. **HC**

Gabarito "A".

(Procurador do Município/Teresina-PI – 2010 – FCC) Das decisões que negarem seguimento a recurso de embargos no Tribunal Superior do Trabalho caberá

(A) recurso de revista.

(B) novo embargo no prazo de 8 dias.

(C) agravo de instrumento.

(D) agravo de petição.

(E) agravo regimental.

A: opção incorreta, pois o recurso de revista é cabível das decisões proferidas pelos TRTs em sede de recurso ordinário; **B:** opção incorreta, pois nos termos do art. 894, II, CLT os embargos de divergência são cabíveis das decisões das Turmas que divergirem entre si, ou das decisões proferidas pela Seção de Dissídios Individuais (veja a Súmula 353 do TST); **C:** opção incorreta, pois o agravo de instrumento será interposto das decisões de Juízes da Vara ou dos TRTs que denegarem seguimentos a recursos; **D:** opção incorreta, pois o agravo de petição é o recurso cabível contra as decisões na execução; **E:** opção correta, pois se por intermédio de decisão monocrática for negado seguimento ao recurso, o recurso cabível será o agravo regimental, nos termos do art. 235, VII, do Regimento interno do TST. **HC**

Gabarito "E".

(Procurador do Município/Teresina-PI – 2010 – FCC) As empresas públicas A e B estão no polo passivo da reclamação trabalhista ajuizada por Soraya. Ambas pretendem a exclusão da lide. A reclamação foi julgada totalmente procedente e as empresas condenadas solidariamente. Considerando que tanto a empresa A como a empresa B interpuseram Recurso Ordinário, mas apenas a empresa A efetuou o depósito recursal, este depósito

(A) deverá ser efetuado na proporção da condenação de cada empresa, respeitado o limite mínimo pré--estipulado.

(B) será aproveitado pela empresa B em razão do da reclamação trabalhista ter sido julgada totalmente procedente.

(C) será aproveitado pela empresa B em razão da solidariedade da condenação.

(D) não será aproveitado pela empresa B.

(E) é desnecessário, tendo em vista que as empresas públicas estão isentas de efetuá-lo.

A: opção incorreta, pois nos termos da Súmula 128, item I, do TST é ônus da parte recorrente efetuar o depósito legal, integralmente, em relação a cada novo recurso interposto, sob pena de deserção; **B:** opção incorreta, pois, como a empresa pretende a exclusão da lide, o depósito não aproveitará a outra; **C:** opção incorreta, pois o depósito não será aproveitado em razão do pedido de exclusão da lide; **D:** opção correta, pois, como a empresa B pediu a exclusão da lide, o depósito deverá ser feito por ambas as empresas, veja a Súmula 128 do TST; **E:** opção incorreta, pois não há previsão de isenção para o depósito recursal. **HC**
Gabarito "D".

(Advogado da União/AGU – CESPE – 2009) Julgue os itens subsequentes, relativos aos recursos trabalhistas.

(1) O recurso de revista é o remédio cabível para se discutirem julgados proferidos em dissídio coletivo pelos tribunais regionais do trabalho bem como os julgados em dissídio individual pelas turmas desses tribunais.

(2) No processo do trabalho, não cabem embargos infringentes, por total omissão da CLT e incompatibilidade com o processo civil.

1: Errada, pois o recurso de revista só é cabível em *dissídio individual* (art. 896 da CLT); **2:** Errada, eis que no processo do trabalho é cabível embargos infringentes e há previsão expressa no art. 894 da CLT. **HC**
Gabarito 1E, 2E.

(ADVOGADO – CEF – 2010 – CESPE) Com relação aos recursos trabalhistas, julgue os itens a seguir.

I. O relator do segundo juízo de admissibilidade poderá negar seguimento a recurso manifestamente inadmissível, improcedente, prejudicado ou em confronto com súmula ou com jurisprudência dominante do respectivo tribunal regional do trabalho, do STF ou do Tribunal Superior do Trabalho.

II. As decisões proferidas nos dissídios de alçada não comportam qualquer recurso, salvo se versarem sobre matéria constitucional.

III. A interposição de embargos de declaração suspende o prazo para interposição de outros recursos.

IV. O agravo de instrumento seria o recurso adequado para impugnar os despachos que deneguem seguimento a recurso, além de ser o meio para impugnar decisões interlocutórias.

V. O agravo regimental deverá ser utilizado para o reexame pelo tribunal das decisões monocráticas proferidas pelos seus próprios juízes e deverá ser interposto no prazo de oito dias.

Estão certos apenas os itens

(A) I e II.

(B) I e III.

(C) II e V.

(D) III e IV.

(E) IV e V.

I: opção correta, pois reflete o disposto no art. 932, III e IV, a, do CPC/2015 aplicado ao processo do trabalho por força do art. 769 da CLT; **II:** opção correta, pois reflete o disposto no art. 2º, § 4º, da Lei 5.584/1970; **III:** opção incorreta, pois nos termos do art. 1026 do CPC/2015 a oposição dos embargos de declaração interrompe o prazo para interposição de outros recursos; **IV:** opção incorreta, pois as decisões interlocutórias, em regra, são irrecorríveis de imediato, art. 893, § 1º, da CLT; **V:** opção incorreta, pois o prazo do agravo regimental pode variar a depender do Tribunal Regional. **HC**
Gabarito "A".

(ADVOGADO – PETROBRÁS DISTRIB. – 2010 – CESGRANRIO) É cabível Recurso de Revista fundado em contrariedade à Orientação Jurisprudencial, em Procedimento Sumaríssimo?

(A) Sim, pois o TST também está afeito a esse rito.

(B) Sim, pois as orientações jurisprudenciais nada diferem dos enunciados de súmulas trabalhistas.

(C) Sim, por expressa autorização legal prevista na CLT.

(D) Não, pois a previsão legal não está contida na CLT, mas sim na exposição de motivos do CPC.

(E) Não, por ausência de previsão legal na CLT.

"E" é a alternativa correta. Nas causas sujeitas ao procedimento sumaríssimo, somente será admitido recurso de revista por contrariedade a súmula de jurisprudência uniforme do Tribunal Superior do Trabalho ou a súmula vinculante do Supremo Tribunal Federal e por violação direta da Constituição Federal.. Ademais, em conformidade com a Súmula 442 do TST nas causas sujeitas ao procedimento sumaríssimo, a admissibilidade de recurso de revista está limitada à demonstração de violação direta a dispositivo da Constituição Federal ou contrariedade a Súmula do Tribunal Superior do Trabalho, não se admitindo o recurso por contrariedade a Orientação Jurisprudencial deste Tribunal (Livro II, Título II, Capítulo III, do RITST), ante a ausência de previsão legal. **HC**
Gabarito "E".

6. EXECUÇÃO TRABALHISTA

(Procurador do Estado/SP – 2018 – VUNESP) Assinale a alternativa correta a respeito da execução perante a Justiça do Trabalho.

(A) A inscrição do nome do executado no Banco Nacional de Devedores Trabalhistas (BNDT) poderá ocorrer imediatamente após o trânsito em julgado da decisão condenatória de pagamento de quantia certa.

(B) A execução será promovida pelas partes, permitida a execução de ofício pelo juiz ou pelo Presidente do Tribunal apenas nos casos em que as partes não estiverem representadas por advogado.

(C) De acordo com a Consolidação das Leis do Trabalho, cabe recurso ordinário da decisão proferida em embargos à execução.

8. DIREITO PROCESSUAL DO TRABALHO   491

(D) Compete à Justiça Federal executar, de ofício, as contribuições sociais previstas na alínea "a" do inciso I e no inciso II do *caput* do art. 195 da Constituição da República, e seus acréscimos legais, relativas ao objeto da condenação constante das sentenças proferidas pela Justiça do Trabalho e dos acordos por esta homologados.

(E) O Tribunal Superior do Trabalho entende que constitui indevido fracionamento do valor da execução (art. 100, § 8º, da Constituição da República) o pagamento individualizado do crédito devido pela Fazenda Pública, no caso de ação coletiva em que sindicato atua como substituto processual na defesa de direitos individuais homogêneos dos trabalhadores substituídos.

A: opção incorreta, pois nos termos do art. 883-A da CLT somente depois de transcorrido o prazo de 45 dias a contar da citação do executado, se não houver garantia do juízo, poderá haver a inscrição do nome do executado no Banco Nacional de Devedores Trabalhistas. **B:** opção correta, pois reflete a disposição contida no art. 878 da CLT. **C:** opção incorreta, pois nos termos do art. 897, *a*, da CLT, o recurso cabível na fase de execução é o agravo de petição. **D:** opção incorreta, pois a competência é da Justiça do Trabalho, art. 114, VIII, da CF. **E:** opção incorreta, pois o TST entende que, para se determinar a execução por precatório ou requisição de pequeno valor, deve-se aferir o crédito de cada reclamante, nos casos de reclamação plúrima. E, por isso, propôs que o mesmo entendimento deveria ser aplicado para o caso de substituição processual. Veja decisão: PROCESSO TST-E-ED-ED--RR-9091200-66.1991.5.04.0016. HC
Gabarito "B".

(Procurador Municipal – Prefeitura/BH – CESPE – 2017) Assinale a opção correta, a respeito da execução trabalhista, conforme o entendimento do TST.

(A) Os erros de cálculo que existirem na sentença não poderão ser corrigidos na liquidação de sentença, já que a fase de liquidação é igual à de execução.

(B) Na execução por carta precatória, salvo se o juízo deprecante indicar o bem constrito ou se a carta já tiver sido devolvida, os embargos de terceiro serão oferecidos no juízo deprecado.

(C) Superado o prazo de cento e oitenta dias do deferimento do processamento da recuperação judicial, a continuidade das execuções individuais trabalhistas retorna automaticamente.

(D) Depósito realizado em caderneta de poupança até o limite de quarenta salários mínimos é impenhorável, mesmo que essa conta esteja sendo utilizada como conta-corrente, sem o cunho de economia futura e segurança pessoal.

A: Incorreta, pois, nos termos do art. 494, I, CPC/2015, aplicado por força do art. 769 da CLT e art. 15 do CPC/2015, erros de cálculo poderão ser corrigidos; **B:** correta, pois, nos termos da súmula 419 do TST, na execução por carta precatória, os embargos de terceiro serão oferecidos no juízo deprecado, salvo se indicado pelo juízo deprecante o bem constrito ou se já devolvida a carta (art. 676, parágrafo único, do CPC de 2015); **C:** incorreta, pois no julgamento do recurso ordinário 80169.95.2016.5.07.0000 o TST entendeu que deferido o processamento ou aprovado o plano de recuperação judicial, não cabe o prosseguimento automático das execuções individuais, mesmo após decorrido o prazo de 180 dias previsto no art. 6º, § 4º, da Lei 11.101/2005, de modo que, ao juízo trabalhista, fica vedada a alienação ou disponibilização de ativos da empresa executada; **D:** incorreta, pois

se a conta poupança estiver sendo utilizada como conta-corrente, os valores nela depositados não são impenhoráveis. Veja Informativo TST Execução 22. HC
Gabarito "B".

(Procurador do Estado – PGE/MT – FCC – 2016) Em execução trabalhista foi penhorado um bem imóvel de propriedade da empresa executada Delta & Gama Produções S/A para garantia do juízo. Houve a interposição de embargos à execução, que foram rejeitados pelo Juiz da execução. Nessa situação, caberá à executada interpor:

(A) agravo de instrumento no prazo de 15 dias.

(B) recurso de revista no prazo de 8 dias.

(C) recurso ordinário no prazo de 8 dias.

(D) embargos no prazo de 15 dias.

(E) agravo de petição no prazo de 8 dias.

"E" é a opção correta. O agravo de petição está previsto no art. 897, *a*, da CLT, como sendo o recurso cabível, no prazo de 8 (oito) dias, em face das decisões do Juiz do Trabalho proferidas na fase de execução de sentença. HC
Gabarito "E".

(Procurador – IPSMI/SP –VUNESP – 2016) Tratando-se de execução em reclamações plúrimas, em face da Fazenda Pública,

(A) não é possível a dispensa de formação do precatório.

(B) para efeito de dispensa de formação do precatório e aplicação da requisição de pequeno valor (art.100, § 3º, CF) deve ser considerado o valor total da execução.

(C) para efeito de dispensa de formação do precatório e aplicação da requisição de pequeno valor (art.100, § 3º, CF) deve ser considerado o valor do crédito de cada reclamante.

(D) caberá ao magistrado decidir se expede o precatório, de acordo com sua livre convicção.

(E) caberá aos reclamantes o fornecimento das peças para formação do precatório, independentemente do valor do crédito exequendo.

"C" é a resposta correta. Isso porque a OJ 9 do Tribunal Pleno/Órgão Especial do TST entende que tratando-se de reclamações trabalhistas plúrimas, a aferição do que vem a ser obrigação de pequeno valor, para efeito de dispensa de formação de precatório e aplicação do disposto no § 3º do art. 100 da CF/88, deve ser realizada considerando-se os créditos de cada reclamante. HC
Gabarito "C".

(Procurador do Estado – PGE/RN – FCC – 2014) Decisão proferida pela 1a Vara do Trabalho de Natal julgou e manteve subsistente a penhora de bens de pessoa jurídica sucedida pelo Estado do Rio Grande do Norte, ao considerar que o acordo realizado entre o reclamante exequente e a sucedida foi efetuado quando esta ainda se submetia ao regime de direito privado. De acordo com a orientação jurisprudencial do Tribunal Superior do Trabalho quanto ao tema, a penhora:

(A) não é válida porque, independentemente do momento de formalização do ato, a sucessão pelo Estado impõe a execução mediante precatório.

(B) não é válida porque realizada anteriormente à sucessão pelo Estado, razão pela qual a execução deve reorientar-se mediante precatório.

(C) é válida, se realizada anteriormente à sucessão pelo Estado, não podendo a execução prosseguir mediante precatório.

(D) não é válida porque a decisão que a mantém viola o artigo 100 da Constituição da República.

(E) é válida, independentemente do momento de formalização do ato, mas é necessário que o pagamento observe a ordem cronológica de apresentação do precatório.

"C" é a opção correta. Isso porque, nos termos da OJ 343 da SDI 1 do TST, é válida a penhora em bens de pessoa jurídica de direito privado, realizada anteriormente à sucessão pela União ou por Estado-membro, não podendo a execução prosseguir mediante precatório. A decisão que a mantém não viola o art. 100 da CF/1988. **HC**

Gabarito "C".

(Procurador Federal – 2013 – CESPE) Em relação ao direito processual do trabalho, julgue o seguinte item.

(1) Tendo em vista a natureza alimentar do crédito trabalhista, o TST tem entendimento firmado no sentido de que a execução contra autarquia não se sujeita ao regime de precatório.

1: Opção incorreta, pois a execução contra autarquia se sujeita ao regime de precatório, nos termos do art. 100 da CF. Veja decisão do processo: TST- RR-406.882/97.2. **HC**

Gabarito "1E".

(Procurador do Estado/AC – FMP – 2012) Em relação à execução em face dos Entes de Direito Público, em sede trabalhista, não tem prevalecido o seguinte entendimento:

(A) Há dispensa da expedição de precatório, na forma do art. 100, § 3º, da CF/1988, quando a execução contra a Fazenda Pública não exceder os valores definidos, provisoriamente, pela Emenda Constitucional nº 37/2002, como obrigações de pequeno valor, inexistindo ilegalidade, por esse prisma, na determinação de sequestro da quantia devida pelo ente público.

(B) O sequestro de verbas públicas para satisfação de precatórios trabalhistas só é admitido na hipótese de preterição do direito de precedência do credor, a ela não se equiparando as situações de não inclusão da despesa no orçamento ou de não pagamento do precatório até o final do exercício, quando incluído no orçamento.

(C) Os juros de mora em relação à Fazenda Pública devem observar os seguintes critérios: I – Nas condenações impostas à Fazenda Pública, incidem juros de mora segundo os seguintes critérios: a) 1% (um por cento) ao mês, até agosto de 2001, nos termos do § 1º do art. 39 da Lei n.º 8.177, de 1/03/1991. b) 0,5% (meio por cento) ao mês, de setembro de 2001 a junho de 2009, conforme determina o art. 1º-F da Lei nº 9.494, de 10/09/1997, introduzido pela Medida Provisória nº 2.180-35, de 24/08/2001. II – A partir de 30 de junho de 2009, atualizam-se os débitos trabalhistas da Fazenda Pública, mediante a incidência dos índices oficiais de remuneração básica e juros aplicados à caderneta de poupança, por força do art. 5º da Lei n.º 11.960, de 29/06/2009. III – A adequação do montante da condenação deve observar essa limitação legal, ainda que em sede de precatório.

(D) Tratando-se de reclamações trabalhistas plúrimas, a aferição do que vem a ser obrigação de pequeno valor, para efeito de dispensa de formação de precatório e aplicação do disposto no § 3º do art. 100 da CF/1988, deve ser realizada considerando-se o valor total da ação.

A: opção correta, pois reflete o entendimento consubstanciado na OJ 1 do Tribunal Pleno do TST; **B:** opção correta, pois reflete o entendimento consubstanciado na OJ 3 do Tribunal Pleno do TST. Nesse sentido, entende o STF que apenas há preterição quando a ordem de precedência não é observada – ADI 1.662/SP; **C:** opção correta, pois reflete o entendimento consubstanciado na OJ 7 do Tribunal Pleno do TST; **D:** opção incorreta, pois de acordo com a OJ 9 do Tribunal Pleno do TST deverá ser levado em consideração o valor dos créditos de cada reclamante. **HC**

Gabarito "D".

(PROCURADOR DO ESTADO/MG – FUMARC – 2012) A execução trabalhista das sentenças judiciais condenatórias em obrigação de pagar transitadas em julgado em face da Fazenda Pública perante a Justiça do Trabalho segue a regra de seu pagamento mediante precatório. Sobre a execução trabalhista contra a Fazenda Pública mediante precatório judicial assinale a alternativa correta:

(A) A Jurisprudência assentada pelo Supremo Tribunal Federal e pelo Tribunal Superior do Trabalho indica que é judiciária a natureza jurídica dos atos praticados pelo Presidente do Tribunal do Trabalho após a requisição do pagamento do débito estatal, pois há uma continuidade dos atos de execução iniciada pelo juízo prolator da sentença exequenda.

(B) No regime especial de pagamento de precatórios instituído pelo artigo 97, do Ato das Disposições Constitucionais Transitórias, da Constituição da República de 1988, não se podendo definir a precedência cronológica entre dois precatórios, será pago primeiramente o precatório de maior valor.

(C) A preferência no pagamento dos créditos de precatório prevista no § 2º, do artigo 100, da Constituição da República de 1988 e estabelecida em favor dos credores idosos e portadores de doenças graves se aplica ao credor originário e ao credor cessionário do crédito de precatório.

(D) Segundo a jurisprudência assentada pelo Tribunal Superior do Trabalho, o pedido de revisão dos cálculos, em fase de precatório, junto à Presidência do Tribunal Regional do Trabalho, apenas poderá ser acolhido se o requerente apontar e especificar claramente quais são as incorreções existentes nos cálculos, discriminando o montante que seria correto. Da mesma forma, o defeito nos cálculos deve estar ligado à incorreção material ou à utilização de critério em descompasso com a lei ou com o título executivo judicial, não tendo sido, ainda, o critério legal aplicável ao débito objeto de debate na fase de conhecimento ou na fase de execução.

(E) É obrigatória a inclusão, no orçamento das entidades de direito público, de verba necessária ao pagamento de seus débitos, oriundos de sentenças transitadas em julgado, constantes de precatórios judiciários apresentados até 30 de junho, fazendo-se o pagamento até o final do exercício seguinte, quando terão seus

8. DIREITO PROCESSUAL DO TRABALHO 493

valores atualizados monetariamente e acrescido de juros moratórios.

A: opção incorreta, pois a decisão é administrativa. Veja OJ 8 do Tribunal Pleno do TST; **B:** opção incorreta, pois nos termos do art. 97, § 7°, do ADCT será pago o crédito de menor valor;**C:** opção incorreta, pois nos termos do art. 100, § 13, da CF a preferência no pagamento não se aplica ao cessionário; **D:** opção correta, pois reflete o disposto na OJ 2 do Tribunal Pleno do TST; **E:** opção incorreta, pois nos termos do § 5° do art. 100 da CF os precatórios devem ser apresentados até o dia 1° de julho. HC

Gabarito "D".

(Procurador do Estado/PA – 2011) Os débitos trabalhistas da Fazenda Pública Estadual serão satisfeitos pela via de precatório requisitório, a cujo regime jurídico é INCORRETO afirmar que:

(A) O regime geral de precatórios previsto no *caput* do artigo 100, da Constituição Federal, também se aplica aos pagamentos de obrigações definidas em leis como de pequeno valor.

(B) É facultada ao credor, conforme estabelecido em lei da entidade federativa devedora, a entrega de créditos em precatórios para compra de imóveis públicos do respectivo ente federado.

(C) Lei complementar a Constituição Federal poderá estabelecer regime especial para pagamento de crédito de precatórios de Estados, Distrito Federal e Municípios, dispondo sobre vinculações à receita corrente líquida e forma e prazo de liquidação.

(D) Os débitos de natureza alimentícia cujos titulares tenham 60 (sessenta) anos de idade ou mais na data de expedição do precatório, ou sejam portadores de doença grave, definidos na forma da lei, serão pagos com preferência sobre todos os demais débitos, até o equivalente ao triplo fixado em lei como sendo de pequeno valor.

(E) É obrigatória a inclusão, no orçamento das entidades de direito público, de verba necessária ao pagamento de seus débitos, oriundos de sentenças transitadas em julgado, constantes de precatórios judiciários apresentados até 1° de julho, fazendo-se o pagamento até o final do exercício seguinte, quando terão seus valores atualizados monetariamente.

A: opção incorreta, pois nos termos do § 3° do art. 100 da CF o regime geral de precatórios não se aplica aos débitos de pequeno valor; **B:** opção correta, pois reflete o disposto no art. 100, § 11, da CF; **C:** opção correta, pois reflete o disposto no art. 100, § 15, da CF; **D:** opção correta, pois reflete o disposto no art. 100, § 2°, da CF; **E:** opção correta, pois reflete o disposto no art. 100, § 5°, da CF. HC

Gabarito "A".

(Procurador do Estado/SP – FCC – 2009) No processo de execução trabalhista, é correto afirmar que:

(A) o agravo de petição só será recebido quando o agravante delimitar, justificadamente, as matérias e os valores refutados.

(B) não caberá recurso de revista, salvo nas hipóteses de ofensa à dispositivo da legislação infraconstitucional ou constitucional.

(C) na fase de liquidação o cálculo não abrangerá as contribuições previdenciárias incidentes.

(D) a partir de setembro de 2000 é de 0,5% a taxa de juros a ser observada nas execuções de sentenças proferidas contra a Fazenda do Estado de São Paulo.

(E) a Fazenda do Estado de São Paulo deverá garantir previamente o Juízo para opor embargos à execução.

A: correta (art. 897, § 1°, da CLT); **B:** incorreta (art. 896, § 2°, da CLT); **C:** incorreta (art. 879, § 1°-A, da CLT); **D:** incorreta, pois a afirmativa está em desacordo com a Orientação Jurisprudencial 7 do Tribunal Pleno: "PRECATÓRIO. JUROS DE MORA. CONDENAÇÃO DA FAZENDA PÚBLICA. LEI N° 9.494, DE 10.09.1997, ART. 1°-F. São aplicáveis, nas condenações impostas à Fazenda Pública, os juros de mora de 0,5% (meio por cento) ao mês, a partir de setembro de 2001, conforme determina o art. 1°-F da Lei n° 9.494, de 10.09.1997, introduzido pela Medida Provisória n° 2.180-35, de 24.08.2001, procedendo-se a adequação do montante da condenação a essa limitação legal, ainda que em sede de precatório"; **E:** incorreta, pois conforme explica Mauro Schiavi: "Fixado o valor devido, a Fazenda Pública será citada para, em querendo opor embargos à execução, *sem garantia do juízo* (...) (art. 910 do CPC/2015)" (g.n.) (*Execução no Processo do Trabalho*, 2ª ed., LTR, p. 376). HC

Gabarito "A".

(Procurador do Município/Florianópolis-SC – 2010 – FEPESE) No que se refere à execução trabalhista, assinale a alternativa **correta**, de acordo com a Consolidação das Leis do Trabalho.

(A) O executado poderá arguir como matéria de defesa todos os fatos supervenientes à sentença.

(B) A sentença de liquidação poderá ser impugnada via agravo de petição no prazo de oito dias após a sua publicação.

(C) Garantida a execução ou penhorados os bens, terá o executado 5 (cinco) dias para apresentar embargos, cabendo igual prazo ao exequente para impugnação.

(D) Haverá liquidação por arbitramento quando houver a necessidade de provar fatos novos que devam servir de base para fixar o *quantum* da condenação.

(E) Não é cabível exceção de pré-executividade em matéria trabalhista.

A: opção incorreta, pois, nos termos do art. 525, § 1°, do CPC/2015, aplicado por força do art. 769 da CLT, fato superveniente à sentença somente poderá alegar qualquer causa impeditiva, modificativa ou extintiva da obrigação, como pagamento, novação, compensação, transação ou prescrição; **B:** opção incorreta, pois, por ser a sentença de liquidação uma decisão interlocutória, não poderá ser recorrida de imediato; **C:** opção correta, pois reflete o disposto no art. 884 da CLT; **D:** opção incorreta, pois, quando houver necessidade de se provar fatos novos, a liquidação será feita por artigos, nos termos do art. 509 do CPC/2015; **E:** opção incorreta, pois a doutrina e a jurisprudência vêm admitindo a exceção de pré-executividade. O TST inclusive admite a exceção de pré-executividade na Súmula 397. HC

Gabarito "C".

(PROCURADOR – BANCO CENTRAL – 2009 – CESPE) Quanto à execução no processo do trabalho, assinale a opção correta.

(A) Os termos de conciliação firmados perante as comissões de conciliação prévia são títulos passíveis de execução.

(B) Não é cabível a execução provisória na justiça do trabalho, sendo necessária a confirmação do trânsito em julgado do processo antes de iniciar-se a execução.

(C) A citação do devedor pode ser feita por meio de carta registrada.

(D) A liquidação por arbitramento ocorre quando há necessidade de provar fato novo que influencie na fixação do valor da causa, mediante provas e alegações.

(E) O executado poderá oferecer embargos à penhora, em oito dias, para discutir a possibilidade de anulação da penhora.

A: opção correta, pois reflete o disposto no art. 625-E, parágrafo único, da CLT e art. 876 da CLT; **B:** opção incorreta, pois o art. 899 da CLT prevê a possibilidade de execução provisória; **C:** opção incorreta, pois nos termos do art. 880 da CLT deve ser feita citação pessoal; **D:** opção incorreta, pois a liquidação será feita por arbitramento se determinado pela sentença, se convencionado pelas partes ou caso a natureza do objeto exigir, nos termos do art. 509, I, do CPC/2015; **E:** opção incorreta, pois o prazo para os embargos à execução é de 5 dias, art. 884 da CLT. HC

Gabarito "A".

7. AÇÕES ESPECIAIS

(Procurador do Estado – PGE/MT – FCC – 2016) Conforme normas celetistas e entendimento sumulado do Tribunal Superior do Trabalho, no Inquérito para Apuração de Falta Grave,

(A) se tiver havido prévio reconhecimento da estabilidade do empregado, o julgamento do inquérito pela Vara do Trabalho não prejudicará a execução para pagamento dos salários devidos ao empregado, até a data da instauração do referido inquérito.

(B) na fase de instrução processual, cada uma das partes poderá indicar no máximo cinco testemunhas, sendo admissível a realização de prova pericial.

(C) reconhecida a inexistência de falta grave praticada pelo empregado, fica o empregador obrigado a readmiti-lo no serviço e com pagamento dos salários em dobro a que teria direito no período da suspensão.

(D) o dirigente sindical titular somente poderá ser dispensado por falta grave mediante a apuração em inquérito judicial, o que não ocorre com o suplente.

(E) para a instauração do inquérito para apuração de falta grave contra empregado estável, o empregador apresentará reclamação por escrito à Vara do Trabalho, dentro de noventa dias, contados da data da suspensão do empregado.

"A" é a opção correta. Isso porque, nos termos do art. 855 da CLT, se tiver havido prévio reconhecimento da estabilidade do empregado, o julgamento do inquérito não prejudicará a execução para pagamento dos salários devidos ao empregado, até a data da instauração do mesmo inquérito. HC

Gabarito "A".

(Procurador Distrital – 2014 – CESPE) No que diz respeito ao mandado de segurança no processo do trabalho, julgue os próximos itens.

(1) Se, após pactuarem acordo em processo trabalhista, as partes requererem, em conjunto, homologação judicial do acordo, e isso não for feito pelo juiz, caberá a impetração de mandado de segurança, já que, em tal situação, não há previsão de cabimento de recurso específico.

(2) Se o juiz do trabalho antecipar a tutela antes de proferir a sentença, será possível a impetração de mandado de segurança.

1: Opção incorreta, pois nos termos da Súmula 418 do TST a homologação de acordo é faculdade do juiz; **2:** Opção correta, pois reflete o entendimento disposto na Súmula 414, II, do TST. HC

Gabarito 1E, 2C

(Procurador Federal – 2013 – CESPE) Em relação ao direito processual do trabalho, julgue o seguinte item.

(1) Segundo a jurisprudência do TST, ação rescisória é ação que tem por objeto desconstituir decisão judicial de mérito transitada em julgado, podendo ser ajuizada no prazo de dois anos, contado do dia seguinte ao trânsito em julgado da última decisão proferida na causa, seja de mérito ou não.

1: Opção correta, pois de acordo com a Súmula 100, item I, do TST o prazo de decadência, na ação rescisória, conta-se do dia imediatamente subsequente ao trânsito em julgado da última decisão proferida na causa, seja de mérito ou não. HC

Gabarito "1C".

(Procurador do Estado/SC – 2010 – FEPESE) Sobre a ação rescisória na Justiça do Trabalho, assinale a alternativa **correta**.

(A) Não cabe ação rescisória na Justiça do Trabalho.

(B) Em se tratando de rescisória, o vício apontado deve nascer na decisão rescindenda, não se admitindo a rediscussão do acerto do julgamento da rescisória anterior.

(C) O Sindicato, substituto processual e autor da reclamação trabalhista, em cujos autos fora proferida a decisão rescindenda, não possui legitimidade para figurar como réu na ação rescisória, sendo exigida a citação de todos os empregados substituídos, porquanto caracterizado o litisconsórcio passivo necessário.

(D) Na ação rescisória calcada unicamente em violação de lei, é admitido o reexame de fatos e provas do processo que originou a decisão rescindenda.

(E) Não se admite ação rescisória para se questionar questão processual, mesmo que a matéria consista em pressuposto de validade de uma sentença de mérito.

A: opção incorreta, pois o art. 836 da CLT traz a previsão legal da ação rescisória na Justiça do Trabalho; **B:** opção correta, pois reflete o entendimento solidificado disposto na Súmula 400 do TST; **C:** opção incorreta, pois em conformidade com a Súmula 406, II, do TST há legitimidade do sindicato para configurar como réu na ação; **D:** opção incorreta, pois nos termos da Súmula 410 do TST não haverá possibilidade de reexame de fatos e provas; **E:** opção incorreta, pois desde que consista em pressuposto de validade de uma sentença de mérito, uma questão processual poderá ser matéria de ação rescisória. HC

Gabarito "B".

(Procurador do Estado/SP – FCC – 2009) Da decisão definitiva do Tribunal Regional do Trabalho, em mandado de segurança julgado pelo mérito e originariamente impetrado perante esse órgão colegiado, caberá

(A) agravo regimental.

(B) reclamação correicional.

(C) recurso ordinário.

(D) recurso de revista.

(E) agravo de instrumento.

Segundo a Súmula 201 do TST caberá recurso ordinário: "RECURSO ORDINÁRIO EM MANDADO DE SEGURANÇA. Da decisão de Tribunal Regional do Trabalho em mandado de segurança cabe recurso ordi-

8. DIREITO PROCESSUAL DO TRABALHO

nário, no prazo de 8 (oito) dias, para o Tribunal Superior do Trabalho, e igual dilação para o recorrido e interessados apresentarem razões de contrariedade".

Gabarito "C".

(Procurador do Estado/ES – 2008 – CESPE) Em relação à tutela dos interesses metaindividuais na justiça do trabalho e levando em conta a jurisprudência do STF a respeito do assunto, julgue os itens subsequentes.

(1) A substituição processual pelo sindicato é ampla, não se restringindo às hipóteses expressamente previstas na legislação, podendo ocorrer até mesmo na fase de execução de sentença.

1: correto, pois o STF entendeu que o art. 8º, III, da CF estabelece a legitimidade extraordinária dos sindicatos, sendo esta ampla, abrangendo a liquidação e a execução dos créditos reconhecidos aos trabalhadores integrantes da categoria que representam (STF – RE/193503). HC

Gabarito "1C".

(Advogado da União/AGU – CESPE – 2009) No que concerne à ação rescisória no processo do trabalho, julgue os seguintes itens.

(1) Prorroga-se, até o primeiro dia útil imediatamente subsequente, o prazo decadencial para ajuizamento de ação rescisória quando expira em férias forenses, feriados, finais de semana ou em dia em que não haja expediente forense.

(2) Compete originariamente à Seção Especializada em Dissídios Coletivos do TST julgar as ações rescisórias propostas contra as sentenças normativas desse tribunal.

1: Certo, pois o enunciado está de acordo com a Súmula 100, IV, do TST: "Prorroga-se até o primeiro dia útil, imediatamente subsequente, o prazo decadencial para ajuizamento de ação rescisória quando expira em férias forenses, feriados, finais de semana ou em dia em que não houver expediente forense. Aplicação do art. 775 da CLT"; 2: Certo, pois o enunciado está de acordo com o art. 2º, I, *c*, da Lei 7.701/1988. HC

Gabarito 1C, 2C

8. TEMAS COMBINADOS

Pedro ajuizou uma reclamação trabalhista em desfavor da empresa Alfa Ltda. Citada, a empresa reclamada fez-se representar por um ex-empregado que tinha conhecimento do fato, devidamente acompanhado por um advogado, que apresentou defesa e documentos; no entanto, por entender que a empresa reclamada não poderia ser representada por um ex-empregado, o juízo declarou a sua revelia e, assim, não recebeu a contestação e os documentos, tendo havido o registro de protesto pela reclamada. Sobreveio aos autos sentença que julgou procedentes os pedidos iniciais e, irresignada, a empresa reclamada interpôs recurso ordinário quinze dias úteis após a publicação da referida decisão.

(Procurador do Município – Boa Vista/RR – 2019 – CESPE/CEBRASPE) Considerando essa situação hipotética, julgue os itens que se seguem à luz da legislação aplicável.

(1) O juízo agiu corretamente ao decretar a revelia da parte reclamada, uma vez que o preposto deveria ser um empregado atual da empresa.

(2) Independentemente da revelia, a decisão do juízo de não receber a defesa e os documentos foi ilegal.

(3) O recurso ordinário interposto não deverá ser conhecido por ser inaplicável à espécie, visto que, em desfavor de decisões definitivas prolatadas pela primeira instância, deve ser interposto recurso de revista.

(4) A empresa reclamada observou o prazo legal para a interposição do recurso ordinário, razão pela qual o ato processual deverá ser considerado tempestivo.

1: Incorreto, pois nos termos do art. 843, § 3º, da CLT o preposto não precisa ser empregado da reclamada, basta ter conhecimento dos fatos, art. 843, § 1º, da CLT. 2: Correto, pois nos termos do § 5º do art. 844 da CLT ainda que ausente o reclamado, presente o advogado na audiência, serão aceitos a contestação e os documentos eventualmente apresentados. 3: Incorreto, pois nos termos do art. 896 da CLT cabe Recurso de Revista para Turma do Tribunal Superior do Trabalho das decisões proferidas em grau de recurso ordinário, em dissídio individual, pelos Tribunais Regionais do Trabalho. Embora o recurso ordinário seja o adequado para impugnar a decisão de 1º grau, art. 895, I, da CLT no caso em análise ele não será conhecido. 4: Incorreto, pois o prazo para interpor recurso ordinário é de 8 dias, art. 895, I, da CLT.

Gabarito: 1E, 2C, 3E, 4E

(Procurador do Estado/AC – 2017 – FMP) No caso de conciliação em uma audiência trabalhista, em relação ao termo que for lavrado e homologado é CORRETO afirmar que

(A) valerá como decisão irrecorrível a todos os interessados.

(B) será considerado exemplo de decisão terminativa do feito.

(C) extinguirá o processo com resolução do mérito, valendo como decisão recorrível, de mediato, às partes.

(D) valerá como decisão irrecorrível, salvo para a Previdência Social quanto às contribuições que lhe forem devidas.

(E) extinguirá o processo sem resolução do mérito, salvo para a Previdência Social quanto às contribuições que lhe forem devidas.

Nos termos do art. 831, parágrafo único, da CLT no caso de conciliação, o termo que for lavrado valerá como decisão irrecorrível, salvo para a Previdência Social quanto às contribuições que lhe forem devidas. Em havendo acordo no processo será extinto com resolução de mérito, art. 487, III, *b*, CPC.

Gabarito "D".

(Procurador do Estado/SP – 2018 – VUNESP) A respeito do pagamento de despesas processuais e de honorários, no processo judicial trabalhista, é correto afirmar:

(A) não existe previsão legal para o pagamento de honorários ao advogado que atuar em causa própria.

(B) é vedado ao juiz deferir o parcelamento de honorários periciais.

(C) a responsabilidade pelo pagamento dos honorários periciais será sempre do empregador, independentemente de sucumbência na pretensão objeto da perícia.

(D) na hipótese de procedência parcial, o juízo arbitrará honorários de sucumbência recíproca, vedada a compensação entre os honorários.

(E) o benefício da justiça gratuita não pode ser concedido de ofício pela autoridade judicial.

A: opção incorreta, pois há previsão para pagamento de honorários advocatícios no art. 791-A da CLT. **B:** opção incorreta, pois nos termos do art. 790-B, § 2º, da CLT, o juízo poderá deferir parcelamento dos honorários periciais. **C:** opção incorreta, pois nos termos do art. 790-B da CLT, a responsabilidade pelo pagamento dos honorários periciais é da parte sucumbente na pretensão objeto da perícia. **D:** opção correta, pois reflete a disposição do art. 791-A, § 3º, da CLT. **E:** opção incorreta, pois nos termos do art. 790, § 3º, da CLT é facultado aos juízes, órgãos julgadores e presidentes dos tribunais do trabalho de qualquer instância conceder, a requerimento ou de ofício, o benefício da justiça gratuita, inclusive quanto a traslados e instrumentos, àqueles que perceberem salário igual ou inferior a 40% (quarenta por cento) do limite máximo dos benefícios do Regime Geral de Previdência Social. 🄷🄲

Gabarito "D".

(Procurador do Município/Manaus – 2018 – CESPE) Em relação ao dissídio coletivo, à ação rescisória e ao mandado de segurança na justiça do trabalho, julgue os itens a seguir.

(1) O dissídio coletivo de greve é de natureza econômica, uma vez que constitui novas relações coletivas de trabalho e cria novas condições de trabalho.

(2) A competência originária para julgar ação rescisória acerca de decisão proferida por juiz de vara do trabalho ou de acórdão proferido por tribunal que tenha apreciado o mérito da causa é do próprio e respectivo TRT.

1: opção incorreta, pois nas lições de Carlos Henrique Bezerra Leite (Curso de Direito Processual do Trabalho, 16ª ed., 2018, p. 1618, Saraiva): "o dissídio coletivo de greve pode ter natureza meramente declaratória, se seu objeto residir apenas na declaração de abusividade ou não do movimento paredista. Se, todavia, o Tribunal apreciar e julgar os pedidos versados nas cláusulas constantes da pauta de reivindicações, o dissídio coletivo de greve terá natureza mista, pois a um só tempo, a sentença normativa correspondente declarará a abusividade (ou não) do movimento paredista e constituirá (ou não) novas relações coletivas de trabalho." **2:** Opção correta, art. 678, I, c, 2, da CLT. 🄷🄲

Gabarito 1E, 2C.

(Procurador do Município/Manaus – 2018 – CESPE) Julgue os próximos itens à luz da jurisprudência do TST acerca dos recursos na justiça do trabalho, da liquidação e da execução no processo do trabalho.

(1) A parte que interpuser recurso não precisará provar a existência de feriado local que autorize a prorrogação do prazo recursal, por ser este um fato notório.

(2) A decisão judicial proferida em dissídio individual que condenar o poder público com base em entendimento coincidente com orientação firmada no âmbito administrativo e emitida pelo próprio ente público por meio de parecer vinculante não se sujeitará ao duplo grau de jurisdição.

(3) Nos casos de decisões desfavoráveis aos entes públicos proferidas em precatório não caberá remessa necessária.

(4) Caso a reclamação trabalhista não requeira a incidência de correção monetária e juros de mora em eventual condenação trabalhista, essas rubricas não poderão ser incluídas na liquidação da respectiva sentença.

(5) Na execução trabalhista, é impenhorável o faturamento de empresa porque isso comprometeria o desenvolvimento regular de suas atividades, bem como o próprio emprego de seus trabalhadores.

1: opção incorreta, pois nos termos da súmula 385, I, do TST incumbe à parte o ônus de provar, quando da interposição do recurso, a exis-

---

tência de feriado local que autorize a prorrogação do prazo recursal (art. 1.003, § 6º, do CPC de 2015). **2:** Opção correta, pois nos termos da súmula 303, II, d, do TST não se sujeita ao duplo grau de jurisdição a decisão fundada em entendimento coincidente com orientação vinculante firmada no âmbito administrativo do próprio ente público, consolidada em manifestação, parecer ou súmula administrativa. **3:** Opção correta, pois nos termos da OJ 8 do Tribunal Pleno do TST em sede de precatório, por se tratar de decisão de natureza administrativa, não se aplica o disposto no art. 1º, V, do Decreto-Lei 779, de 21.08.1969, em que se determina a remessa necessária em caso de decisão judicial desfavorável a ente público. **4:** Opção incorreta, pois são pedidos implícitos. Determina a súmula 211 do TST que os juros de mora e a correção monetária incluem-se na liquidação, ainda que omisso o pedido inicial ou a condenação. **5:** Opção incorreta, pois o faturamento da empresa pode ser penhorado. Nos termos do art. 866 do CPC/2015 se o executado não tiver outros bens penhoráveis ou se, tendo-os, esses forem de difícil alienação ou insuficientes para saldar o crédito executado, o juiz poderá ordenar a penhora de percentual de faturamento de empresa. Ademais, a OJ 93 da SDI 2 do TST dispõe: "Nos termos do art. 866 do CPC de 2015, é admissível a penhora sobre a renda mensal ou faturamento de empresa, limitada a percentual, que não comprometa o desenvolvimento regular de suas atividades, desde que não haja outros bens penhoráveis ou, havendo outros bens, eles sejam de difícil alienação ou insuficientes para satisfazer o crédito executado." Veja também o art. 835 do CPC/2015. 🄷🄲

Gabarito 1E, 2C, 3C, 4E, 5E.

(Procurador do Município/Manaus – 2018 – CESPE) Em relação à competência da justiça do trabalho, à revelia e às provas no processo do trabalho, julgue os itens que se seguem.

(1) A ação de indenização por dano moral decorrente da relação de trabalho proposta por sucessores de trabalhador falecido é de competência da justiça do trabalho.

(2) Situação hipotética: Um trabalhador requereu, por meio de reclamação trabalhista, adicional de insalubridade, mas o reclamado não contestou esse pedido, o que importou sua revelia. Assertiva: Nessa situação, o juiz poderá julgar procedente o pedido, independentemente de realização de prova pericial para verificar a alegada insalubridade.

(3) Em razão da indisponibilidade do interesse público, as pessoas jurídicas de direito público não se sujeitam à revelia no âmbito trabalhista.

(4) Caso servidor público civil tenha de depor como testemunha em hora de serviço, o juiz deverá oficiar ao chefe da repartição, requisitando o servidor para comparecer à audiência designada.

1: opção correta, pois de acordo com a redação da súmula 392 do TST nos termos do art. 114, inc. VI, da Constituição da República, a Justiça do Trabalho é competente para processar e julgar ações de indenização por dano moral e material, decorrentes da relação de trabalho, inclusive as oriundas de acidente de trabalho e doenças a ele equiparadas, ainda que propostas pelos dependentes ou sucessores do trabalhador falecido. **2:** Opção incorreta, pois nos termos do art. 195 da CLT a realização de perícia é obrigatória. **3:** Opção incorreta, pois nos termos da OJ 152 da SDI 1 do TST a pessoa jurídica de direito público sujeita-se à revelia prevista no artigo 844 da CLT. **4:** Opção correta, pois nos termos do art. 823 da CLT se a testemunha for funcionário civil ou militar, e tiver de depor em hora de serviço, será requisitada ao chefe da repartição para comparecer a audiência marcada. 🄷🄲

Gabarito 1C, 2E, 3E, 4C.

(Procurador do Município – Prefeitura Fortaleza/CE – CESPE – 2017) Acerca dos procedimentos nos dissídios individuais na justiça do trabalho, da reclamação, do *jus postulandi*, das

8. DIREITO PROCESSUAL DO TRABALHO

partes e procuradores, julgue os itens a seguir, de acordo com o entendimento do TST.

(1) No processo do trabalho, a regra é a exigência da exibição dos estatutos da empresa em juízo como condição de validade do instrumento de mandato outorgado ao seu procurador.

(2) Não se aplica ao processo do trabalho a regra processual segundo a qual os litisconsortes que tiverem diferentes procuradores de escritórios de advocacia distintos terão prazos contados em dobro para todas as suas manifestações.

(3) Situação hipotética: Um cidadão postulou ação cautelar em causa própria em tema que envolve matéria sindical, mas não comprovou sua condição de advogado regularmente inscrito nos quadros da OAB. Assertiva: Nessa situação, aplicado o *jus postulandi*, será conhecida e processada regularmente a ação.

1: incorreta, pois a OJ 255 SDI 1 do TST entende que o art. 75, inciso VIII, do CPC de 2015 (art. 12, VI, do CPC de 1973) não determina a exibição dos estatutos da empresa em juízo como condição de validade do instrumento de mandato outorgado ao seu procurador, salvo se houver impugnação da parte contrária; **2:** correta, pois, nos termos da OJ 310 da SDI 1 do TST, é inaplicável ao processo do trabalho a norma contida no art. 229, "caput" e §§ 1º e 2º, do CPC de 2015 (art. 191 do CPC de 1973), em razão de incompatibilidade com a celeridade que lhe é inerente; **3:** incorreta, pois, nos termos da súmula 425 do TST, o *jus postulandi* da parte não poderá ser utilizado para apresentação de medida cautelar. [HC] *Gabarito "1E, 2C, 3E".*

(Procurador do Município – Prefeitura Fortaleza/CE – CESPE – 2017) A respeito da competência, das provas e do procedimento sumaríssimo na justiça do trabalho, julgue os itens que se seguem.

(1) Quando estiver representando o município em juízo, o procurador estará dispensado da juntada de procuração e de comprovação do ato de nomeação durante todo o processamento da demanda, especialmente no caso de reclamação trabalhista de rito sumaríssimo.

(2) Em lides que possuem objetos e procuradores distintos, torna-se suspeita a testemunha que estiver litigando ou que tenha litigado contra esse mesmo empregador.

1: incorreta, pois, nos termos do art. 852-A, parágrafo único, CLT, estão excluídas do procedimento sumaríssimo as demandas em que é parte a Administração Pública direta, autárquica e fundacional; **2:** incorreta, pois, nos termos da súmula 357, TST, não torna suspeita a testemunha o simples fato de estar litigando ou de ter litigado contra o mesmo empregador. [HC] *Gabarito "1E, 2E".*

(Procurador do Município – Prefeitura Fortaleza/CE – CESPE – 2017) Julgue os itens subsequentes, a respeito de recursos, execução, mandado de segurança e ação rescisória em processo do trabalho.

(1) No caso de ação coletiva em que sindicato atue como substituto processual na defesa de direitos individuais homogêneos, o entendimento do TST é de que o pagamento individualizado do crédito devido pela fazenda pública aos substituídos não afronta a proibição de fracionamento do valor da execução para fins de enquadramento em pagamentos da obrigação como requisição de pequeno valor.

(2) Segundo o TST, na hipótese de dúvida sobre o cabimento de agravo de petição, cabe mandado de segurança contra decisão que indefira a desconstituição de penhora de numerário nos autos da reclamação trabalhista.

(3) Salvo prova de miserabilidade jurídica do autor, a ação rescisória se sujeita ao depósito prévio de 20% do valor da causa. Conforme o TST, o reconhecimento da decadência no caso de ação rescisória implica a reversão ao réu do valor do depósito prévio.

(4) Segundo o TST, não é cabível a interposição de recurso de embargos contra decisão judicial monocrática.

1: correta. Isso porque a OJ 9 do Tribunal Pleno do TST entende em se tratando de reclamações trabalhistas plúrimas, a aferição do que vem a ser obrigação de pequeno valor, para efeito de dispensa de formação de precatório e aplicação do disposto no § 3º do art. 100 da CF/88, deve ser realizada considerando-se os créditos de cada reclamante. Veja também Informativo TST Execução 28; **2:** correta. De acordo com o Informativo TST Execução 28, é cabível mandado de segurança contra decisão que indefere a desconstituição de penhora de numerário nos autos de reclamação trabalhista na hipótese de dúvida sobre o cabimento de agravo de petição. Veja decisão Processo: RO – 21245-75.2016.5.04.0000; **3:** correta, pois, nos termos do art. 836 da CLT, a ação rescisória se sujeita ao depósito prévio de 20% do valor da causa, salvo prova de miserabilidade jurídica do autor. Ademais, nos termos do art. 974, parágrafo único, CPC/2015, aplicado ao processo do trabalho por força do art. 769 da CLT e art. 15 do CPC/2015, considerando, por unanimidade, inadmissível ou improcedente o pedido, o tribunal determinará a reversão, em favor do réu, da importância do depósito. Veja também informativo 144 TST; **4:** correta, pois, nos termos da OJ 378 SDI 1 do TST, não encontra amparo no art. 894 da CLT, quer na redação anterior quer na redação posterior à Lei 11.496, de 22.06.2007, recurso de embargos interposto à decisão monocrática exarada nos moldes do art. 932 do CPC de 2015 (art. 557 do CPC de 1973) e 896, § 5º, da CLT, pois o comando legal restringe seu cabimento à pretensão de reforma de decisão colegiada proferida por Turma do Tribunal Superior do Trabalho. [HC] *Gabarito "1C, 2C, 3C, 4C".*

(Procurador do Estado – PGE/RS – Fundatec – 2015) No que se refere à Justiça do Trabalho, quando o Estado está presente na relação processual, certas peculiaridades são aplicáveis. Quanto a esse tema, analise as assertivas abaixo:

I. O rito sumaríssimo é aplicável a causas que envolvem pessoas jurídicas de direito público.

II. A União, os Estados, o Distrito Federal, os Municípios, suas autarquias e fundações públicas, quando representados em juízo, ativa e passivamente, por seus procuradores, estão dispensados da juntada de instrumento de mandato e de comprovação do ato de nomeação. Todavia, é essencial que o signatário ao menos se declare exercente do cargo de procurador, não bastando a indicação do número de inscrição na Ordem dos Advogados do Brasil.

III. A União, os Estados, o Distrito Federal, os Municípios e respectivas autarquias e fundações públicas federais, estaduais ou municipais que não explorem atividade econômica são isentas do pagamento de custas.

Quais estão corretas?

(A) Apenas I.

(B) Apenas III.

(C) Apenas I e II.

(D) Apenas I e III.

498 HERMES CRAMACON

(E) Apenas II e III.

I: incorreta, pois, nos termos do art. 852-A, parágrafo único, CLT, estão excluídas do procedimento sumaríssimo as demandas em que é parte a Administração Pública direta, autárquica e fundacional; **II:** correta, pois reflete a disposição contida na súmula 436 do TST; **III:** correta, pois, nos termos do art. 790-A, I, CLT, a União, os Estados, o Distrito Federal, os Municípios e respectivas autarquias e fundações públicas federais, estaduais ou municipais que não explorem atividade econômica estão isentas do pagamento de custas. **HC**

Gabarito "E".

(Advogado União – AGU – CESPE – 2015) No que diz respeito à competência da justiça do trabalho, a liquidação de sentença trabalhista e a ação rescisória, julgue os itens a seguir.

(1) Conforme entendimento consolidado pelo TST, a apresentação de procuração por meio da qual se outorguem poderes específicos para ajuizar reclamação trabalhista não supre a ausência de nova procuração específica para a propositura de ação rescisória.

(2) De acordo com recente entendimento do STF, a justiça do trabalho não detém competência para processar e julgar de ofício a execução das contribuições previdenciárias relativas ao objeto dos acordos por ela homologados.

(3) Elaborados os cálculos de liquidação de sentença, a abertura de prazo pelo juiz do trabalho para impugnação será facultativa em relação às partes e obrigatória para a União.

1: correta, pois a OJ 151 da SDI 2 do TST entende que a procuração outorgada com poderes específicos para ajuizamento de reclamação trabalhista não autoriza a propositura de ação rescisória e mandado de segurança. Constatado, todavia, o defeito de representação processual na fase recursal, cumpre ao relator ou ao tribunal conceder prazo de 5 (cinco) dias para a regularização, nos termos da Súmula 383, item II, do TST; **2:** incorreta, pois, nos termos da súmula vinculante 53 do STF, a competência da Justiça do Trabalho prevista no art. 114, VIII, da Constituição Federal alcança a execução de ofício das contribuições previdenciárias relativas ao objeto da condenação constante das sentenças que proferir e acordos por ela homologados; **3:** incorreta, pois, nos termos do art. 879, § 2º, CLT, de acordo com a redação dada pela Lei 13.467/2017, elaborada a conta e tornada líquida, o juízo DEVERÁ abrir às partes prazo comum de 8 (oito) dias para impugnação fundamentada com a indicação dos itens e valores objeto da discordância, sob pena de preclusão. Ademais, nos termos do § 3º do mesmo dispositivo, a intimação do INSS também é obrigatória, tendo em vista que o citado dispositivo ensina que o Juiz procederá a intimação da União. **HC**

Gabarito "1C, 2E, 3E".

(Procurador do Estado – PGE/BA – CESPE – 2014) Acerca de recursos, execução trabalhista e dissídio coletivo, julgue os itens seguintes.

(1) Realizada a hasta pública na execução, o bem deverá ser vendido ao interessado que ofertar o maior lance, e o arrematante deverá garantir o lance com sinal correspondente a 10% do valor inicialmente orçado.

(2) A sentença normativa proferida posteriormente à sentença rescindenda é considerada documento novo para fins de rescisão de sentença de mérito transitada em julgado.

(3) Segundo entendimento consolidado do TST, recurso sem assinatura deve ser considerado inexistente. Será considerado válido o apelo se assinado, ao menos, na petição de apresentação ou nas razões recursais.

(4) É cabível recurso ordinário caso o juiz declare a incompetência absoluta em razão da matéria da justiça do trabalho e determine a remessa dos autos à justiça comum.

(5) Segundo entendimento do TST, a fazenda pública, quando condenada subsidiariamente pelas obrigações trabalhistas devidas pela empregadora principal, não se beneficia da limitação dos juros, prevista no art. 1º-F da Lei nº 9.494/1997.

1: incorreta, pois, nos termos do art. 888, § 2º, CLT, o arrematante deverá garantir o lance com o sinal correspondente a 20% (vinte por cento) do seu valor; **2:** incorreta, pois, nos termos da súmula 402, II, *a*, TST, não é prova nova apta a viabilizar a desconstituição de julgado a sentença normativa proferida ou transitada em julgado posteriormente à sentença rescindenda; **3:** correta, pois, nos termos da OJ 120, II, da SDI 1 do TST, é válido o recurso assinado, ao menos, na petição de apresentação ou nas razões recursais; **4:** correta, pois a decisão que declara a incompetência absoluta em razão da matéria da Justiça do Trabalho e determina a remessa dos autos à justiça comum é considerada decisão interlocutória terminativa de feito admitindo a interposição de recurso ordinário, em conformidade com o art. 799, § 2º, da CLT; **5:** correta, pois, nos termos da OJ 382 SDI 1 do TST, a Fazenda Pública, quando condenada subsidiariamente pelas obrigações trabalhistas devidas pela empregadora principal, não se beneficia da limitação dos juros, prevista no art. 1º-F da Lei 9.494, de 10.09.1997. **HC**

Gabarito "1E, 2E, 3C, 4C, 5C".

(Procurador do Município/Florianópolis-SC – 2010 – FEPESE) No que se refere às comissões de conciliação prévia, assinale a alternativa **incorreta**, de acordo com a Consolidação das Leis do Trabalho.

(A) As empresas e os sindicatos podem instituir Comissões de Conciliação Prévia, de composição paritária, com representante dos empregados e dos empregadores, com a atribuição de tentar conciliar os conflitos individuais do trabalho.

(B) Qualquer demanda de natureza trabalhista será submetida à Comissão de Conciliação Prévia se, na localidade da prestação de serviços, houver sido instituída a Comissão no âmbito da empresa ou do sindicato da categoria.

(C) Não prosperando a conciliação, será fornecida ao empregado e ao empregador declaração da tentativa conciliatória frustrada com a descrição de seu objeto, firmada pelos membros da Comissão, que deverá ser juntada à eventual reclamação trabalhista.

(D) As Comissões de Conciliação Prévia têm prazo de dez dias para a realização da sessão de tentativa de conciliação a partir da provocação do interessado, não se suspendendo durante esse período o prazo prescricional para o ajuizamento da ação trabalhista.

(E) Caso exista, na mesma localidade e para a mesma categoria, Comissão de empresa e Comissão sindical, o interessado optará por uma delas para submeter a sua demanda, sendo competente aquela que primeiro conhecer do pedido.

A: opção correta, pois reflete o disposto no art. 625-A da CLT; **B:** opção correta, pois reflete o disposto no art. 625-D da CLT. É importante frisar que referido dispositivo é objeto das ADIs 2139 e 2160 onde foi deferida parcialmente a cautelar para dar interpretação conforme a Constituição

8. DIREITO PROCESSUAL DO TRABALHO — 499

Federal; **C:** opção correta, pois reflete o disposto no art. 625-D, § 2º, da CLT; **D:** opção incorreta, pois, embora exista o prazo de 10 (dez) dias para a realização da sessão de tentativa de conciliação, art. 625-F da CLT, determina o art. 625-G da CLT que o prazo será suspenso a partir da provocação da Comissão de Conciliação Prévia; **E:** opção correta, pois reflete o disposto no art. 625-D, § 4º, da CLT. **HC**

Gabarito "D".

(ADVOGADO – CEF – 2010 – CESPE) Em relação aos dissídios individuais trabalhistas, assinale a opção correta.

(A) Entende-se por perempção provisória a impossibilidade de o reclamante propor nova reclamação trabalhista quando este tiver dado causa a dois arquivamentos seguidos, ainda que as ações versem sobre objetos diversos.

(B) No rito sumaríssimo, em que o valor da causa não ultrapassa 40 salários mínimos, o reclamante deverá formular pedidos líquidos e certos, sob pena de o juiz extinguir o processo sem resolução de mérito, com a consequente condenação do autor ao pagamento das custas processuais atinentes.

(C) A vara do trabalho, após recebimento e protocolização da reclamação, notificará o reclamado, por via postal e no prazo de 48 horas, da data da audiência, que poderá ser realizada dentro de cinco dias após o recebimento da notificação pelo reclamado.

(D) Pelo princípio da impugnação especificada, o reclamado deverá esclarecer, em sua defesa e de forma geral, se todas as alegações do autor são inverídicas ou se a pretensão deste é improcedente, requerendo a improcedência dos pedidos contidos na peça vestibular.

(E) Quanto aos créditos resultantes das relações de trabalho, a prescrição não poderá ser interrompida caso a ação seja arquivada, haja vista os princípios da celeridade e da economia processual.

A: opção incorreta, pois para que seja considerada perempta os objetos das ações devem ser iguais. Veja art. 732 da CLT; **B:** opção correta, pois reflete o entendimento disposto nos arts. 852-A, 852-B, I e seu § 1º, da CLT; **C:** opção incorreta, pois nos termos do art. 841 da CLT a audiência deverá ocorrer, no mínimo, 5 dias após o recebimento da notificação; **D:** opção incorreta, pois não é permitida a contestação por negativa geral; **E:** opção incorreta, pois nos termos do entendimento solidificado na Súmula 268 do TST a ação trabalhista, ainda que arquivada, interrompe a prescrição somente em relação aos pedidos idênticos. **HC**

Gabarito "B".

(ADVOGADO – PETROBRÁS BIO. – 2010 – CESGRANRIO) Duas Ações Diretas de Inconstitucionalidade (Adin. 2.139 e 2.160) foram ajuizadas por quatro partidos políticos (PC do B, PSB, PT e PDT) e pela Confederação Nacional dos Trabalhadores do Comércio (CNTC) onde, resumidamente, argumentava-se que a regra contida no art. 625-D da CLT (Comissões de Conciliação Prévia) representava um limite à liberdade de escolha da via mais conveniente para serem submetidas eventuais demandas trabalhistas. A esse respeito, está em consonância com a decisão liminar proferida pelo Supremo Tribunal Federal, em 13.05.2009, que

(A) as Comissões de Conciliação Prévia devem ser formadas no âmbito do sindicato, onde serão dirimidos os eventuais conflitos, sempre com composição paritária, com sua constituição e normas de funcionamento, definidas em Regimento Interno das empresas.

(B) somente não prosperando a conciliação, perante a Comissão como instância obrigatória, será fornecida declaração da tentativa conciliatória frustrada, que deverá ser juntada em eventual reclamação trabalhista.

(C) o art. 625-A estabelece que as empresas e os sindicatos devem instituir Comissões de Conciliação Prévia, o que foi confirmado pelo STF.

(D) as demandas trabalhistas podem ser submetidas ao Poder Judiciário antes que tenham sido analisadas por uma Comissão de Conciliação Prévia.

(E) as Comissões de Conciliação Prévia, necessariamente, devem ser formadas nas empresas, mediante composição negociada em Convenção Coletiva.

"D" é a alternativa correta. Nas referidas ADIs a Suprema Corte decidiu por maioria de votos que as ações trabalhistas podem ser submetidas ao judiciário trabalhista mesmo antes de se submeter a questão à Comissão de Conciliação Prévia – CCP. Para os ministros da Suprema Corte, a decisão preserva o direito universal dos cidadãos de acesso à Justiça. Desta forma, de acordo com a interpretação conferida ao dispositivo em questão pela Suprema Corte, a submissão de conflitos à Comissão de Conciliação Prévia não constitui condição da ação para o ajuizamento da reclamação trabalhista, não sendo possível a extinção do processo sem resolução do mérito em caso de ausência de tentativa de conciliação perante a CCP. (Comissão de Conciliação Prévia). **HC**

Gabarito "D".

9. DIREITO FINANCEIRO

Henrique Subi e Robinson Barreirinhas

1. PRINCÍPIOS E NORMAS GERAIS

(Procurador do Município – Valinhos/SP – 2019 – VUNESP) A Lei 4.320/64 determina que a lei do orçamento não poderá consignar dotações globais para atender despesas genéricas, devendo discriminar a despesa, no mínimo, por elementos. Referida determinação tem por fundamento o princípio orçamentário da

(A) uniformidade.

(B) universalidade.

(C) não afetação.

(D) exclusividade.

(E) especialização.

A: incorreta, pois o princípio da uniformidade refere-se à padronização dos orçamentos, que permite análise comparativa em períodos diversos; **B:** incorreta, pois universalidade refere-se à determinação de que a LOA inclua todas as despesas e receitas do exercício – arts. 3º e 4º da Lei 4.320/1964; **C:** incorreta, pois não afetação refere-se à vedação de vinculação de receita de impostos a órgão, fundo ou despesa, com as exceções previstas no art. 167, IV, da CF; **D:** incorreta, pois exclusividade se refere à proibição de que a LOA contenha dispositivo estranho à previsão da receita e à fixação da despesa, admitindo-se a autorização para abertura de créditos suplementares e para contratação de operações de crédito – art. 165, § 8º, da CF; **E:** correta – art. 167, VII, da CF e art. 5º da Lei 4.320/1964.
Gabarito "E".

(Procurador do Município – Boa Vista/RR – 2019 – CESPE/CEBRASPE) De acordo com a Constituição Federal de 1988, julgue o seguinte item, acerca de direito financeiro e princípios orçamentários.

(1) É viável incluir na lei orçamentária municipal autorização para a contratação, pelo município, de operação de crédito por antecipação de receita.

1: correta, pois se trata de exceção ao princípio da exclusividade – art. 165, § 8º, da CF.
Gabarito "1C".

(Procurador do Estado/SP – 2018 – VUNESP) Entre os princípios que informam o orçamento público, insere-se o da discriminação ou especificação que, em essência, veda a fixação de dotações genéricas ou inespecíficas, o que não impede, contudo, que a Lei Orçamentária anual contenha

(A) dotações destinadas a despesas de pessoal e custeio em geral, fixadas de forma global para órgãos ou entidades, passíveis de aditamento nos limites estabelecidos no decreto de execução orçamentária editado pelo Chefe do Executivo.

(B) dotações de caráter meramente indicativo, dependendo, para sua quantificação, do atingimento dos percentuais de arrecadação estabelecidos no anexo de metas fiscais que integra a Lei de Diretrizes Orçamentárias.

(C) reserva de contingência para fazer frente a passivos contingentes e outros riscos fiscais imprevistos, em montante fixado pela Lei de Diretrizes Orçamentárias, estabelecido em percentual da receita corrente líquida.

(D) dotações atreladas a programas ou ações previstos no Plano Plurianual passíveis de remanejamento, no âmbito do mesmo programa, para outras despesas de capital ou custeio, mediante ato do Chefe do Executivo.

(E) dotações sem valor nominal, quando suportadas por receita de operações de crédito, contraídas junto a instituição financeira internacional ou organismo multilateral, referenciadas à cotação de moeda estrangeira.

A: incorreta, pois, nos termos do art. 5º da Lei 4.320/1964, a LOA não consignará dotações globais destinadas a atender indiferentemente a despesas de pessoal, material, serviços de terceiros, transferências ou quaisquer outras; **B, D** e **E:** incorretas, pois, conforme o princípio da especificação, especialização ou discriminação, deve haver previsão pormenorizada de receitas e despesas, não cabendo dotações globais ou ilimitadas – art. 167, VII, da CF e art. 5º da Lei 4.320/1964; **C:** correta, pois a reserva de contingência não implica dotação genérica ou inespecífica, sendo regulamentada pelo art. 5º, III, da LRF. **RB**
Gabarito "C".

(Procurador do Município – Prefeitura Fortaleza/CE – CESPE – 2017) Com fundamento na disciplina que regula o direito financeiro e nas normas sobre orçamento constantes na CF, julgue os itens a seguir.

(1) A adoção do federalismo cooperativo equilibrado pela CF visa à redução das desigualdades regionais.

(2) Na LDO será estabelecida a política de aplicação a ser executada pelas agências oficiais de fomento.

(3) Constitui ofensa à competência reservada ao chefe do Poder Executivo a iniciativa parlamentar que prevê, na LDO, a inclusão de desconto no imposto sobre a propriedade de veículos automotores, em caso de pagamento antecipado.

(4) No que diz respeito ao direito financeiro, a CF pode ser classificada como semirrígida, uma vez que restringe a regulação de certos temas de finanças públicas a lei complementar e deixa outros à disciplina de lei ordinária.

1: correta. Sobre o tema, veja-se a lição de Heleno Taveira Torres (*in* **Constituição financeira e o federalismo financeiro cooperativo equilibrado brasileiro.** Revista Fórum de Direito Financeiro e Econômico – RFDFE I Belo Horizonte, ano 3, n. 5, p. 25-54, mar./ago. 2014): "De fato, uma das grandes contribuições da Constituição de 1988 foi efetivamente esta: implantar um federalismo de equilíbrio, na correlação entre fortalecimento da União para planejamento e ordenação das políticas públicas e aprimoramento das competências das unidades periféricas, para criar um sistema que não prioriza extremos, mas que alcança no equilíbrio suas melhores virtudes a serem concretizadas.

Na atualidade, pelo grau de complexidade que as demandas coletivas encarregam aos Estados nacionais, a tendência é a ampliação da cooperação entre as unidades federadas e a entidade central, sob a égide do princípio da solidariedade que acompanha os laços federativos. No Brasil, ao tempo que a própria superestrutura constitucional vê-se definida para cumprir esse desiderato de cooperação permanente, equilibra-se desde a Constituição, como bem o diz Gilberto Bercovici, 'a descentralização federal com os imperativos da integração econômica nacional'"; **2:** Correta, nos termos do art. 165, §2º, parte final, da CF; **3:** incorreta. A posição do STF esposada na medida cautelar da ADI 2392 é que não há reserva de iniciativa do chefe do Poder Executivo nesse caso (Informativo 222 do STF); **4:** incorreta. Constituição semirrígida é aquela na qual uma parte deve ser alterada por processo legislativo mais longo e com quórum qualificado, enquanto outras partes podem ser alteradas por leis ordinárias. A CF de 1988 é rígida, tanto na parte política quanto na parte financeira. **HS**

Gabarito "1C, 2C, 3E, 4E."

(Procurador do Município – Prefeitura Fortaleza/CE – CESPE – 2017) Dado o princípio da universalidade, o orçamento deve conter todas as receitas e despesas da União, de qualquer natureza, procedência ou destino, incluída a dos fundos dos empréstimos e dos subsídios. Tal princípio é de grande importância para o direito financeiro e se concretiza na norma do art. 165, § 5º, da CF e em diversas constituições modernas.

A respeito do orçamento público na CF e dos princípios orçamentários vigentes no ordenamento jurídico brasileiro, julgue os itens que se seguem.

(1) Embora o princípio da responsabilidade fiscal tenha adquirido grande relevância no ordenamento jurídico brasileiro, seu descumprimento não gera responsabilidade penal.

(2) Em consonância com a ideia de orçamento-programa, a diretriz de controle incluída na Lei n.º 4.320/1964 abrange a eficiência, a eficácia e a efetividade das ações governamentais.

(3) De acordo com o entendimento do STF, a destinação de determinado percentual da receita de ICMS ao financiamento de programa habitacional ofende a vedação constitucional de vincular receita de impostos a órgão, fundo ou despesa.

(4) Decorre do princípio da unidade do orçamento a vedação à inclusão, no orçamento, de qualquer dispositivo de lei material que não verse sobre previsão de receita ou autorização de despesa.

1: incorreta. O capítulo IV do Código Penal – Dos Crimes Contra as Finanças Públicas (art. 359-A e seguintes) – é todo destinado à criminalização de condutas ofensivas aos preceitos da Lei de Responsabilidade Fiscal; **2:** correta. Enquanto no orçamento tradicional (ou clássico) o controle é voltado à honestidade dos agentes públicos e a legalidade estrita no cumprimento do orçamento, no orçamento-programa os órgãos de controle devem atentar mais para os resultados obtidos pela gestão pública; **3:** correta, nos termos do julgado no RE 183.906/SP.; **4:** incorreta. A assertiva traduz o princípio da exclusividade. Pelo princípio da unidade orçamentária, ainda que veiculado por três diplomas normativos (PPA, LDO e LOA), o orçamento é considerado único para um dado exercício financeiro e deve ser assim analisado. **HS**

Gabarito "1E, 2C, 3C, 4E."

(Procurador Municipal – Prefeitura/BH – CESPE – 2017) Assinale a opção correta de acordo com as normas de direito financeiro constantes na CF.

(A) O descumprimento do limite de despesas com pessoal impõe como medida derradeira a demissão de servidores estáveis, com a consequente extinção dos seus respectivos cargos públicos, cuja recriação poderá ocorrer imediatamente após a recondução da despesa ao limite.

(B) A LDO estabelecerá, de forma regionalizada, as diretrizes, os objetivos e as metas da administração pública federal para as despesas de capital e de outras delas decorrentes e para as relativas aos programas de duração continuada.

(C) O controle externo é atividade precípua do tribunal de contas, não lhe incumbindo, todavia, as atividades de controle interno, que são exclusivos dos Poderes Executivo, Legislativo e Judiciário.

(D) A abertura de crédito extraordinário somente será admitida para atender a despesas imprevisíveis e urgentes.

A: incorreta. É vedada a criação de cargo, emprego ou função com as mesmas ou assemelhadas atribuições pelo prazo de quatro anos (art. 169, § 6º, da CF); **B:** incorreta. Tal conteúdo pertine ao plano plurianual. A LDO compreende as metas e prioridades da Administração Pública federal, incluindo as despesas de capital para o exercício financeiro subsequente, orienta a elaboração da LOA, dispõe sobre alterações na legislação tributária e estabelece a política de aplicação das agências financeiras oficiais de fomento (art. 165, §§ 1º e 2º, da CF); **C:** incorreta. O controle externo compete ao Poder Legislativo, que o executará com o auxílio do Tribunal de Contas (art. 71 da CF); **D:** correta, nos termos do art. 167, § 3º, da CF. **HS**

Gabarito "D."

(Procurador do Estado – PGE/RS – Fundatec – 2015) Quanto à regulação constitucional das finanças públicas, analise as assertivas abaixo:

I. As disponibilidades de caixa dos Estados e das empresas por eles controladas serão depositadas em instituições financeiras oficiais, ressalvados os casos previstos em lei.

II. É permitida a vinculação de receitas do ICMS para a prestação de garantia ou contragarantia à União e para pagamento de débitos para com esta.

III. É vedada a realização de operações de créditos que excedam o montante das despesas de capital, ressalvadas as autorizadas mediante créditos suplementares ou especiais com finalidade precisa, aprovados pelo Poder Legislativo por maioria absoluta.

IV. Não se admite a transferência de recursos de uma categoria de programação para outra ou de um órgão para outro, sem prévia autorização legislativa.

Após a análise, pode-se dizer que:

(A) Estão corretas apenas as assertivas I e II.

(B) Estão corretas apenas as assertivas I e III.

(C) Estão corretas apenas as assertivas II e III.

(D) Estão corretas apenas as assertivas I, II e IV.

(E) Todas as assertivas estão corretas.

I: correta, nos termos do art. 164, § 3º, da CF; **II:** correta, nos termos do art. 167, § 4º, da CF; **III:** correta, nos termos do art. 167, III, da CF; **IV:** correta, nos termos do art. 167, VI, da CF. **HS**

Gabarito "E."

9. DIREITO FINANCEIRO

(Procurador Distrital – 2014 – CESPE) A respeito das normas que regem o direito financeiro e orçamentário, julgue o seguinte item.

(1) O DF tem competência exclusiva para dispor sobre normas gerais de direito financeiro apenas por lei complementar distrital.

1: Incorreta, pois a competência para dispor sobre direito financeiro é concorrente da União, Estados e DF – art. 24, I, da CF/1988. Ademais, as normas gerais devem ser veiculadas pela União (art. 24, § 1º, da CF/1988), embora o DF possa suplementá-las, ou mesmo suprir eventual omissão, nos termos do art. 24, §§ 2º a 4º, da CF/1988.
Gabarito "1E".

(Procurador Distrital – 2014 – CESPE) A respeito das normas que regem o direito financeiro e orçamentário, julgue o seguinte item.

(1) Diferentemente da Lei 4.320/1964, que tem hoje status de lei complementar, a LRF procura estabelecer normas gerais sobre orçamento e balanços.

1: Incorreta, pois a Lei 4.320/1964 também estabelece normas gerais sobre orçamento e balanços da União, dos Estados, dos Municípios e do Distrito Federal.
Gabarito "1E".

(Procurador do Estado/BA – 2014 – CESPE) Julgue o item a seguir.

(1) O instrumento legislativo exigido pela CF, na esfera federal, para dispor sobre normas de finanças públicas é sempre a lei complementar.

1: Correta, pois a Constituição Federal, em seu art. 163, estabelece que lei complementar disciplinará as seguintes matérias: (i) finanças públicas; (ii) dívida pública externa e interna (incluída a das autarquias, fundações e demais entidades controladas pelo Poder Público); (iii) concessão de garantias pelas entidades públicas; (iv) emissão e resgate de títulos da dívida pública; (v) fiscalização financeira da administração pública direta e indireta; e (vi) operações de câmbio da União, dos Estados, do DF e dos Municípios; (vii) compatibilização das funções das instituições oficiais de crédito da União.
Gabarito "1C".

(Procurador do Estado/BA – 2014 – CESPE) Julgue o item a seguir.

(1) Suponha que o estado X tenha editado norma ordinária acerca de matéria de direito financeiro, e que, logo após, tenha sido editada lei complementar federal contrária ao disposto na lei estadual. Nessa situação, a eficácia da lei estadual será suspensa no momento em que passar a viger a norma federal.

1: Correta, considerando que a lei complementar federal tenha veiculado norma geral de direito financeiro, ela se sobrepõe à estadual, suspendendo a eficácia desta última – art. 24, § 4º, da CF/1988.
Gabarito "1C".

(Procurador do Estado/BA – 2014 – CESPE) Julgue o item a seguir.

(1) De acordo com a CF, os municípios podem legislar sobre direito financeiro, de forma concorrente com os demais entes da Federação.

1: Assertiva discutível. O art. 24 da CF/1988 não prevê os Municípios como titulares da competência concorrente para legislar sobre direito financeiro, o que poderia sugerir ser errada a assertiva. Entretanto, não há dúvida que os entes locais exercem essa competência, legislando sobre interesse local em matéria de direito financeiro, nos termos do art. 30, I e II, da CF/1988.
Gabarito "1C".

(Procurador do Estado/BA – 2014 – CESPE) Julgue o item a seguir.

(1) Os estados podem legislar sobre direito financeiro e, sempre que o fizerem, estarão revogando qualquer norma preexistente, ainda que editada pela União.

1: Incorreta, pois a lei federal que veicula norma geral se sobrepõe à estadual, nos termos do art. 24, § 4º, da CF/1988.
Gabarito "1E".

(Procurador Federal – 2013 – CESPE) A respeito de finanças públicas na CF, julgue os próximos itens.

(1) A lei orçamentária anual deve contemplar apenas dispositivos relacionados à previsão da receita e à fixação da despesa, ressalvada, nos termos da lei, a autorização para a abertura de créditos suplementares e a contratação de operações de crédito, ainda que por antecipação de receita.

(2) A competência da União para dispor sobre limites à emissão de moeda é exercida exclusivamente pelo Banco Central do Brasil.

(3) De acordo com o princípio orçamentário da universalidade, o orçamento deve conter a totalidade das receitas e das despesas estatais. Decorre desse princípio o dispositivo constitucional que determina que a lei orçamentária anual compreenderá o orçamento de investimentos das empresas em que a União detenha qualquer participação no capital social.

1: correta, referindo-se ao princípio da exclusividade – art. 165, § 8º, da CF/1988; **2** incorreta, pois a competência exclusiva do Banco Central é para emitir moeda, não para dispor sobre os limites a essa emissão – art. 164, *caput*, da CF/1988; **3:** incorreta. Embora a afirmação inicial sobre o princípio da universalidade seja válida, a lei orçamentária anual da União compreenderá o orçamento de investimento apenas das empresas da qual ela detenha, direta ou indiretamente, maioria do capital com direito a voto – art. 165, § 5º, II, da CF/1988.
Gabarito 1C, 2E, 3E

(Procurador Federal – 2013 – CESPE) No que tange a normas gerais de direito financeiro, julgue o seguinte item.

(1) O STF não admite ação direta de inconstitucionalidade que tenha por objeto lei orçamentária, ainda que fique comprovado que a lei questionada possua certo grau de abstração e generalidade.

1: Incorreta, pois havendo abstração e generalidade, o STF admite ADIn em relação a dispositivo da lei orçamentária – ver ADI 2.925/DF.
Gabarito "1E".

(Procurador Federal – 2013 – CESPE) À luz das normas constitucionais relativas a matéria tributária, julgue o seguinte item.

(1) Se um município criar um programa de apoio à inclusão e promoção social, poderá financiá-lo com os recursos ordinários do orçamento, sendo vedada a vinculação da receita tributária para tanto, consoante o princípio da não vinculação.

1: Assertiva imprecisa. A rigor, embora o princípio da não vinculação indique exatamente isso, há vedação expressa apenas em relação à receita de impostos, nos termos do art. 167, IV, da CF/1988, não de outras espécies tributárias (taxas, por exemplo). Ademais, é interessante notar que o art. 82, § 2º, do ADCT prevê a possibilidade excepcional de vinculação de parcela da receita do ISS para Fundo Municipal de Combate à Pobreza.
Gabarito "1C".

(Procurador do Estado/PA – 2011) Na Constituição de 1988, há uma clara definição sobre o (s) nível (eis) de competência (s) em matéria de direito financeiro, o que está igualmente bem assentado na jurisprudência do Supremo Tribunal Federal, de modo que é CORRETO afirmar que:

(A) Compete à União, aos Estados e ao Distrito Federal legislar concorrentemente sobre direito financeiro, sendo certo que na inexistência de lei federal sobre normas gerais, os Estados exercerão a competência legislativa plena para atender a suas peculiaridades.

(B) A competência para legislar sobre direito financeiro está entre aquelas privativas dos Estados, que podem delegar aos Municípios legislar sobre questões específicas de interesse regional.

(C) Compete em comum à União, aos Estados e ao Distrito Federal legislar sobre direito financeiro, de modo que leis complementares fixarão critérios de cooperação visando ao desenvolvimento e ao bem-estar em âmbito nacional.

(D) Compete exclusivamente à União legislar sobre direito financeiro, criando as normas gerais de caráter nacional.

(E) Compete à União, aos Estados, ao Distrito Federal e aos Municípios legislar em comum sobre direito financeiro, de maneira que leis complementares fixarão critérios de cooperação visando ao desenvolvimento e ao bem-estar em âmbito nacional.

A: correta, pois a competência concorrente da União, dos Estados e do Distrito Federal relativa ao direito financeiro e o exercício da competência legislativa plena em caso de omissão da União são previstos no art. 24, I, e § 2º, da CF; **B**, **C**, **D** e **E**: incorretas, pois a competência é concorrente, conforme comentário à alternativa anterior.
Gabarito "A".

(Procurador do Estado/PA – 2011) Um dos principais princípios orçamentários é o da não vinculação ou da não afetação, que tem por definição constitucional a vedação de vinculação de receita de impostos a órgão, fundo ou despesa. A própria Constituição Federal, contudo, ressalva situações que permitem tal atrelamento de receitas com certos tipos de despesas. Assim, é INCORRETO afirmar que comporta exceção ao princípio da não vinculação:

(A) A destinação aos Estados da totalidade do produto da arrecadação do imposto sobre veículos automotores.

(B) A destinação de recursos para ações e serviços públicos de saúde.

(C) A destinação de recursos para manutenção do ensino.

(D) A destinação aos Municípios do produto da arrecadação do imposto da União sobre renda e proventos de qualquer natureza, incidente sobre a fonte, sobre rendimentos pagos, a qualquer título, por eles, suas autarquias e pelas fundações que instituírem ou mantiverem.

(E) A destinação aos Estados e ao Distrito Federal do produto da arrecadação do imposto da União sobre renda e proventos de qualquer natureza, incidente sobre a fonte, sobre rendimentos pagos, a qualquer título, por eles, suas autarquias e pelas fundações que instituírem ou mantiverem.

A: essa é a incorreta, pois os Estados não ficam com a totalidade dos recursos relativos ao IPVA, já que 50% pertencem aos Municípios em

cujo território os veículos são licenciados – art. 158, III, da CF; **B**, **C**, **D** e **E**: assertivas corretas, pois se referem à repartição das receitas de impostos determinada pela Constituição Federal (arts. 158 e 159), sendo inaplicável, nesses casos, a vedação à vinculação prevista no art. 167, IV, da CF.
Gabarito "A".

Veja a seguinte tabela com os mais importantes princípios orçamentários, para estudo e memorização:

Princípios orçamentários	
Anualidade	A lei orçamentária é anual (LOA), de modo que suas dotações orçamentárias referem-se a um único exercício financeiro – art. 165, § 5º, da CF
Universalidade	A LOA inclui todas as despesas e receitas do exercício – arts. 3º e 4º da Lei 4.320/1964
Unidade	A LOA refere-se a um único ato normativo, compreendendo os orçamentos fiscal, de investimento e da seguridade social – art. 165, § 5º, da CF e art. 1º da Lei 4.320/1964. Ademais, cada esfera de governo (União, Estados, DF e Municípios) terá uma única LOA para cada exercício, o que também é indicado como princípio da unidade
Exclusividade	A LOA não conterá dispositivo estranho à previsão da receita e à fixação da despesa, admitindo-se a autorização para abertura de créditos suplementares e para contratação de operações de crédito – art. 165, § 8º, da CF
Equilíbrio	Deve haver equilíbrio entre a previsão de receitas e a autorização de despesas, o que deve também ser observado na execução orçamentária. Isso não impede a realização de superávits – ver art. 48, b, da Lei 4.320/1964 e art. 31, § 1º, II, da LRF (LC 101/2000)
Especificação, especialização ou discriminação	Deve haver previsão pormenorizada de receitas e despesas, não cabendo dotações globais ou ilimitadas – art. 167, VII, da CF e art. 5º da Lei 4.320/1964
Unidade de tesouraria	As receitas devem ser recolhidas em caixa único, sendo vedada qualquer fragmentação para criação de caixas especiais – art. 56 da Lei 4.320/1964
Não afetação ou não vinculação da receita dos impostos	É vedada a vinculação de receita de impostos a órgão, fundo ou despesa, com as exceções previstas no art. 167, IV, da CF

(Procurador Federal – 2010 – CESPE) A respeito de finanças públicas e orçamento, de acordo com a CF, julgue os itens seguintes.

(1) Estado da Federação tem competência privativa e plena para dispor sobre normas gerais de direito financeiro.

(2) Os municípios não podem legislar sobre normas de direito financeiro concorrentemente com a União.

9. DIREITO FINANCEIRO

1: assertiva incorreta, pois a competência para legislar sobre normas gerais de direito financeiro é da União, ressalvada a competência suplementar dos Estados e do Distrito Federal – art. 24, I, §§ 1º e 2º, da CF; **2** incorreta. Embora o art. 24 da CF refira-se apenas à União e aos Estados, ao tratar da competência concorrente, os Municípios podem suplementar a legislação federal e estadual, considerando o interesse local, inclusive em matéria de direito financeiro – art. 30, I e II, da CF. Embora haja debate doutrinário, é interessante registrar o entendimento adotado pela CESPE, de que se trata de competência *concorrente* dos Municípios.
Gabarito 1E, 2E

2. LEI DE DIRETRIZES ORÇAMENTÁRIAS – LDO E PLANO PLURIANUAL – PPA

(Procurador do Município – S.J. Rio Preto/SP – 2019 – VUNESP) Compreende as metas e prioridades da Administração Pública federal, incluindo as despesas de capital para o exercício financeiro subsequente, orienta a elaboração da lei orçamentária anual, dispõe sobre as alterações na legislação tributária e estabelece a política de aplicação das agências financeiras oficiais de fomento, a lei

(A) do plano plurianual.
(B) geral do orçamento.
(C) de diretrizes orçamentárias.
(D) de responsabilidade fiscal.
(E) de política orçamentária nacional.

Essa é a definição da Lei de Diretrizes Orçamentárias – LDO, nos termos do art. 165, § 2º, da CF. Por essa razão, a alternativa "C" é a correta.
Gabarito "C".

(Procurador do Município/Manaus – 2018 – CESPE) Considerando o disposto na CF acerca do direito financeiro, julgue os itens que se seguem.

(1) Na elaboração de seus orçamentos anuais, o município deve observar o disposto na lei de diretrizes orçamentárias do respectivo estado-membro, sob pena de ruptura com o princípio da unidade orçamentária.

(2) É vedado autorizar a abertura de créditos suplementares no texto da lei orçamentária anual municipal.

1: incorreta, pois o Município deve observar sua própria LDO para elaboração da LOA, não a do Estado – art. 165, § 2º, da CF; **2:** incorreta, pois isso é expressamente admitido pelo art. 165, § 8º, da CF. RB
Gabarito 1E, 2E

Houve um grande alvoroço quando os parlamentares da Comissão Mista de Orçamento do Congresso Nacional elevaram a previsão de receita da União para 2011 em R$ 22,8 bilhões. Muitos consideraram a estimativa irrealista e destinada unicamente a acomodar o aumento de gastos que deputados e senadores fizeram no orçamento. Esse "exagero" na reestimativa da receita foi um dos argumentos utilizados pelo governo para "contingenciar" R$ 50,1 bilhões nas despesas orçamentárias e, dessa forma, garantir a obtenção da meta de superávit primário deste ano.

Valor Econômico, 22.09.2011 (com adaptações).

(Procurador/DF – 2013 – CESPE) A respeito dos temas abordados na matéria jornalística acima, julgue o item a seguir.

(1) A meta de superávit, mencionada no texto, deve constar da LDO, conforme determinação explícita da Lei de Responsabilidade Fiscal.

1: correta, pois o Anexo de Metas Fiscais da LDO deve apresentar aquelas relativas aos resultados nominal e primário – art. 4º, § 1º, da LRF.
Gabarito "1C"

(Procurador/DF – 2013 – CESPE) A respeito dos temas abordados na matéria jornalística acima, julgue os itens a seguir.

(1) Em face do caráter autorizativo da LOA, não há obrigatoriedade de recomposição das despesas contingenciadas, na hipótese de restabelecimento da receita prevista no orçamento.

(2) O contingenciamento a que se refere o texto não pode atingir despesas que estejam ressalvadas pela LOA, a exemplo das transferências constitucionais e das despesas destinadas ao pagamento do serviço da dívida.

1: incorreta, pois, em princípio, se houver restabelecimento da receita prevista, ainda que parcial, a recomposição das dotações cujos empenhos foram limitados dar-se-á de forma proporcional às reduções efetivadas – art. 9º, § 1º, da LRF. É importante destacar que a EC 86/2015 tornou o orçamento impositivo em relação às emendas individuais ao projeto de lei orçamentária, até o limite de 1,2% da receita corrente líquida realizada no exercício anterior, nos termos do art. 166, §§ 9º a 11 da CF. Posteriormente, a EC 100/2019 previu também a impositividade para as programações incluídas por todas as emendas de iniciativa de bancada de parlamentares de Estado ou do Distrito Federal, no montante de até 1% da receita corrente líquida realizada no exercício anterior (nova redação para o § 12). Há longa regra de transição: em 2020 o percentual é de 0,8% e nos seguintes, até 2036, será o valor do exercício anterior corrigido na forma estabelecida pelo inciso II do § 1º do art. 107 do ADCT [IPCA] – arts. 2º e 3º da EC 100/2019; **2** incorreta, pois a intangibilidade do contingenciamento não se refere à despesas ressalvadas pela LOA, mas sim pela LDO, além das despesas que constituam obrigações constitucionais e legais do ente, inclusive aquelas destinadas ao pagamento do serviço da dívida – art. 9º, § 2º, da LRF.
Gabarito 1E, 2E

(Advogado da União/AGU – CESPE – 2012) No que se refere aos orçamentos e ao controle de sua execução, julgue os itens seguintes.

(1) O PPA, que define o planejamento das atividades governamentais e estabelece as diretrizes e as metas públicas, abrange as despesas de capital e as delas decorrentes, bem como as relativas aos programas de duração continuada.

(2) A lei de diretrizes orçamentárias destina-se, entre outros objetivos, a orientar a elaboração da lei orçamentária anual, nada dispondo, todavia, a respeito do equilíbrio entre receitas e despesas.

(3) Após o envio dos projetos de lei relativos ao PPA, às diretrizes orçamentárias e ao orçamento anual ao Congresso Nacional, o presidente da República não poderá apresentar proposta de modificação desses projetos.

1: correta, conforme o art. 165, § 1º, da CF; **2** incorreta, pois a LDO disporá também sobre o equilíbrio entre receitas e despesas, nos termos do art. 4º, I, a, da LRF; **3:** incorreta, pois o Presidente poderá enviar mensagem ao Congresso Nacional para propor modificação nos projetos enquanto não iniciada a votação, na Comissão mista, da parte cuja alteração é proposta – art. 166, § 5º, da CF.
Gabarito 1C, 2E, 3E

HENRIQUE SUBI E ROBINSON BARREIRINHAS

(ADVOGADO – PETROBRÁS – 2012 – CESGRANRIO) O orçamento da União é aprovado por

(A) lei aprovada pelo Congresso Nacional com sanção do Presidente da República

(B) lei complementar aprovada pelo Congresso Nacional com sanção do Presidente da República

(C) decreto editado pelo Presidente da República

(D) decreto legislativo editado pelo Presidente da República

(E) decreto legislativo aprovado pelo Congresso Nacional

As leis orçamentárias (plano plurianual, lei de diretrizes orçamentárias e lei orçamentária anual) são leis em sentido formal, ou seja, são aprovadas pelo Poder Legislativo (Congresso Nacional) e passam pela sanção do Chefe do Poder Executivo (Presidente da República). A única questão relevante que a diferencia das demais é a iniciativa privativa do Presidente da República (art. 165 da CF).
Gabarito "A".

3. LEI ORÇAMENTÁRIA ANUAL – LOA

(Procurador do Município – Valinhos/SP – 2019 – VUNESP) Determina a Constituição Federal que os projetos de lei relativos ao plano plurianual, às diretrizes orçamentárias, ao orçamento anual e aos créditos adicionais serão apreciados pelas duas Casas do Congresso Nacional, na forma do regimento comum. Acerca do tema, é correto afirmar:

(A) os recursos que, em decorrência de veto, emenda ou rejeição do projeto de lei orçamentária anual, ficarem sem despesas correspondentes poderão ser utilizados, conforme o caso, mediante créditos especiais ou suplementares, com prévia e específica autorização legislativa.

(B) caberá ao Tribunal de Contas examinar e emitir parecer sobre referidos projetos e sobre as contas apresentadas anualmente pelo Presidente da República.

(C) as emendas individuais ao projeto de lei orçamentária serão aprovadas no limite de 1,5% (um inteiro e cinco décimos por cento) da receita corrente líquida prevista no projeto encaminhado pelo Poder Executivo, sendo que 1/3 (um terço) desse percentual será destinado a ações e serviços públicos de saúde.

(D) as emendas individuais ao projeto de lei orçamentária serão aprovadas no limite de 1,5% (um inteiro e cinco décimos por cento) da receita corrente líquida prevista no projeto encaminhado pelo Poder Executivo, sendo que a metade deste percentual será destinada a ações e serviços públicos educacionais.

(E) os restos a pagar poderão ser considerados para fins de cumprimento da execução financeira prevista, conforme a disposição constitucional, até o limite de 60% (sessenta por cento) da receita corrente líquida realizada no exercício anterior.

A: correta, conforme o art. 166, § 8º, da CF; B: incorreta, pois essa atribuição é da comissão mista permanente de senadores e deputados – art. 166, § 1º, I, da CF; C: incorreta, pois o limite para emendas individuais é de 1,2% da receita corrente líquida prevista, sendo que metade será destinada a ações e serviços públicos de saúde – art. 166, § 9º, da CF; D: incorreta, conforme comentário anterior; E: incorreta, pois o limite nesse caso é de apenas 0,6% da receita corrente líquida do exercício anterior – art. 166, § 17, da CF.
Gabarito "A".

(Procurador do Município – Valinhos/SP – 2019 – VUNESP) Nos termos do que dispõe a Constituição Federal acerca dos orçamentos, poderá ser admitida a

(A) realização de operações de créditos que excedam o montante das despesas de capital, ressalvadas as autorizadas mediante créditos suplementares ou especiais com finalidade precisa, aprovados pelo Poder Legislativo por maioria absoluta.

(B) transposição, o remanejamento ou a transferência de recursos de uma categoria de programação para outra, no âmbito das atividades de ciência, tecnologia e inovação, com o objetivo de viabilizar os resultados de projetos restritos a essas funções, mediante ato do Poder Executivo, sem necessidade da prévia autorização legislativa.

(C) utilização dos recursos provenientes das contribuições sociais dos empregadores sobre a folha de salários e dos trabalhadores e demais segurados, para a realização de despesas distintas do pagamento de benefícios do regime geral de previdência social.

(D) utilização, sem autorização legislativa específica, de recursos dos orçamentos fiscal e da seguridade social para suprir necessidade ou cobrir déficit de empresas, fundações e fundos.

(E) transferência voluntária de recursos e a concessão de empréstimos, inclusive por antecipação de receita, pelos Governos Federal e Estaduais e suas instituições financeiras, para pagamento de despesas com pessoal ativo, inativo e pensionista, dos Estados, do Distrito Federal e dos Municípios.

A: incorreta, pois a "regra de ouro" do art. 167, III, da CF veda operações de crédito em valor excedente ao montante das despesas de capital, com a exceção lá indicada; B: correta, pois essa é exceção à vedação do art. 167, III, da CF, conforme seu § 5º; C: incorreta, pois isso é vedado – art. 167, XI, da CF; D: incorreta, pois isso é vedado – art. 167, VIII, da CF; E: incorreta, pois isso é vedado – art. 167, X, da CF.
Gabarito "B".

(Procurador do Município – Valinhos/SP – 2019 – VUNESP) O período em que se desenvolvem as atividades relacionadas ao orçamento é comumente conhecido como ciclo orçamentário e se compõe, sequencialmente, das seguintes fases: elaboração,

(A) apreciação legislativa, execução, avaliação e controle.

(B) votação e aprovação, execução, controle e avaliação.

(C) execução, apreciação legislativa, avaliação e controle.

(D) apreciação legislativa, avaliação, controle e execução.

(E) votação e aprovação, controle, execução e avaliação.

A doutrina costuma afirmar que o ciclo orçamentário apresenta quatro fases: **(A)** elaboração e apresentação da proposta orçamentária; **(B)** discussão e aprovação da LOA, autorização legislativa; **(C)** programação e execução orçamentária; e **(D)** avaliação e controle. Por essa razão, a alternativa "B" é a correta.
Gabarito "B".

(Procurador do Município – Boa Vista/RR – 2019 – CESPE/CEBRASPE) De acordo com a jurisprudência do STF, julgue o seguinte item, a respeito de leis orçamentárias e sua tramitação legislativa.

(1) É inconstitucional dispositivo de lei orçamentária municipal que resulte da aprovação de proposta de

9. DIREITO FINANCEIRO 507

emenda parlamentar que, mesmo sem aumentar a despesa prevista no projeto de lei encaminhado pelo prefeito, não guarde afinidade lógica com a proposição original.

1: correta, conforme a jurisprudência do STF – ver ADI 1050 MC. *Gabarito "1C."*

(Procurador Municipal – Sertãozinho/SP – VUNESP – 2016) Assinale a assertiva correta no que se refere à gestão patrimonial, segundo a regência da Lei de Responsabilidade Fiscal.

(A) As disponibilidades de caixa dos regimes de previdência social, geral e próprio dos servidores públicos, ainda que vinculados a fundos específicos a que se refere a Constituição Federal, ficarão depositadas em conta conjunta das demais disponibilidades e aplicadas nas condições de mercado, com observância dos limites e condições de proteção e prudência financeira.

(B) As disponibilidades de caixa dos regimes de previdência social, geral e próprio dos servidores públicos, ainda que vinculados a fundos específicos a que se refere a Constituição Federal, poderão ser aplicadas em títulos da dívida pública estadual e municipal, bem como em ações e outros papéis relativos às empresas controladas pelo respectivo ente da Federação.

(C) É permitida a aplicação da receita de capital derivada da alienação de bens e direitos que integram o patrimônio público para o financiamento de despesa corrente, salvo se destinada por lei aos regimes de previdência social, geral e próprio dos servidores públicos.

(D) É anulável o ato de desapropriação de imóvel urbano expedido sem o atendimento do que dispõe a respeito a Constituição Federal, ou prévio depósito judicial do valor da indenização.

(E) A empresa controlada que firmar contrato de gestão em que se estabeleçam objetivos e metas de desempenho, na forma da lei, disporá de autonomia gerencial, orçamentária e financeira, sem prejuízo do disposto na Constituição Federal no que respeita ao orçamento de investimento compreendido na lei orçamentária anual.

A: incorreta, pois as disponibilidades de caixa dos regimes de previdência social, geral e próprio dos servidores públicos, ainda que vinculadas a fundos específicos, ficarão depositadas em conta separada das demais disponibilidades de cada ente e aplicadas nas condições de mercado, com observância dos limites e condições de proteção e prudência financeira – art. 43, § 1º, da LRF; **B: incorreta**, pois é vedada a aplicação dessas disponibilidades em títulos da dívida pública estadual e municipal, bem como em ações e outros papéis relativos às empresas controladas pelo respectivo ente da Federação – art. 43, § 2º, I, da LRF; **C: incorreta**, pois é o oposto. É vedada a aplicação da receita de capital derivada da alienação de bens e direitos que integram o patrimônio público para o financiamento de despesa corrente, salvo se destinada por lei aos regimes de previdência social, geral e próprio dos servidores públicos – art. 44 da LRF; **D: incorreta**, pois o ato de desapropriação é, nesse caso, nulo de pleno direito, não simplesmente anulável – art. 46 da LRF; **E: correta**, conforme o art. 47 da LRF. *Gabarito "E."*

(Procurador – SP – VUNESP – 2015) A entrega de recursos correntes ou de capital a outro ente da federação, a título de cooperação, auxílio ou assistência financeira, que não

decorra de determinação constitucional, legal ou os destinados ao Sistema Único de Saúde, entende-se, de acordo com a Lei Complementar101/2000, por transferência

(A) onerosa.

(B) graciosa.

(C) voluntária.

(D) liberatória.

(E) subsidiária.

A assertiva reflete exatamente o disposto no art. 25 da LRF, que define transferências voluntárias, de modo que a alternativa "C" é a correta. *Gabarito "C."*

(Procurador – SP – VUNESP – 2015) Determina a Lei Complementar 101/2000 que o Poder Executivo da União promoverá, até o dia trinta de junho, a consolidação, nacional e por esfera de governo, das contas dos entes da Federação relativas ao exercício anterior, e a sua divulgação, inclusive por meio eletrônico de acesso ao público. Nesse sentido, é correto afirmar que os municípios encaminharão suas contas ao Poder Executivo da União até trinta de

(A) dezembro.

(B) janeiro.

(C) março.

(D) abril.

(E) maio.

Os prazos fixados pelo art. 51, § 1º, da LRF para encaminhamento das contas pelos Estados e Municípios ao Executivo Federal, para consolidação nacional das contas, é até 31 de maio (para Estados) e 30 de abril (para Municípios, com cópia para o Executivo do respectivo Estado). Por essa razão, a alternativa "D" é a correta. *Gabarito "D."*

(Procurador do Estado/BA – 2014 – CESPE) Suponha que, em decorrência da apresentação de emendas ao projeto de lei orçamentária anual, alguns recursos tenham ficado sem as respectivas despesas. Em face dessa situação hipotética, julgue os itens subsequentes.

(1) Os recursos sem despesas correspondentes podem ser utilizados desde que haja prévia e específica autorização legislativa.

(2) Admite-se a aprovação de emendas ao projeto de lei orçamentária anual relacionadas à correção desse erro.

(3) Os recursos sem as correspondentes despesas podem ser utilizados mediante créditos extraordinários.

1: correta, pois, nos termos do art. 166, § 8º, da CF/1988, os recursos que, em decorrência de veto, emenda ou rejeição do projeto de lei orçamentária anual, ficarem sem despesas correspondentes poderão ser utilizados, conforme o caso, mediante créditos especiais ou suplementares, com prévia e específica autorização legislativa; **2 correta**, nos termos do art. 166, § 3º, III, *a*, da CF/1988; **3: imprecisa**. De fato, essa possibilidade não é expressamente prevista no art. 166, § 8º, da CF/1988, razão pela qual o gabarito oficial indica a assertiva como incorreta. Entretanto, considerando que o crédito extraordinário não depende de demonstração da existência de recursos disponíveis (art. 167, § 3º, da CF/1988 e arts. 43 e 44 da Lei 4.320/1964), na prática nada impede que se utilizem esses recursos sem correspondentes despesas para sua abertura (dos créditos extraordinários). *Gabarito 1C, 2C, 3E*

(Procurador do Estado/BA – 2014 – CESPE) No que concerne ao projeto de lei orçamentária anual, julgue os próximos itens.

(1) Para ser aprovada, a emenda ao projeto de lei orçamentária anual deve ser também compatível com o plano plurianual.

(2) Somente é possível a apresentação de emendas sobre projetos que nunca tenham tramitado pelo parlamento.

(3) Admite-se a apresentação de emenda ao projeto de lei orçamentária anual, com a indicação de recursos necessários, mediante a anulação de despesa referente a dotações para pessoal e seus encargos.

1: correta, nos termos do art. 166, § 3º, I, e § 4º da CF/1988; 2 incorreta, pois não há essa restrição; 3: incorreta, pois determinadas despesas, caso daquelas com pessoal e respectivos encargos, não podem ter recursos anulados para suprir emenda ao projeto de lei orçamentária – art. 166, § 3º, II, da CF/1988.
Gabarito 1C, 2E, 3E

(Procurador do Estado/MG – FUMARC – 2012) Considerando a Lei Complementar Federal nº 101/2000 (responsabilidade fiscal), assinale a alternativa INCORRETA em relação ao projeto de lei orçamentária anual:

(A) Conterá reserva de contingência, cuja forma de utilização e montante, definido com base na receita corrente líquida, serão estabelecidos na lei de diretrizes orçamentárias, destinada ao atendimento de passivos contingente e outros riscos fiscais imprevistos;

(B) Será compatível com o plano plurianual, com a lei de diretrizes orçamentárias e com as normas da lei complementar 101/2000;

(C) Será acompanhado do documento que se refere o § 6º do art. 165 da Constituição, bem como das medidas de compensação a renúncias de receita e ao aumento de despesas obrigatórias de caráter continuado;

(D) Conterá, em anexo, demonstrativo da compatibilidade da programação dos orçamentos com os objetivos e metas constantes do documento de que trata o §1º do artigo 4º da Lei Complementar nº 101/2000;

(E) O refinanciamento da dívida pública constará em conjunto na lei orçamentária e nas de crédito adicional.

A: correta, conforme o art. 5º, III, da Lei de Responsabilidade Fiscal – LRF (LC 101/2000); B: correta, nos termos do art. 5º, *caput*, da LRF e do art. 165, § 7º, da CF; C: correta, pois descreve exatamente o disposto no art. 5º, II, da LRF, sendo que o projeto de LOA deverá ser acompanhado de demonstrativo regionalizado do efeito sobre as receitas e despesas decorrente de isenções, anistias, remissões, subsídios e benefícios de natureza financeira, tributária e creditícia; D: correta, nos exatos termos do art. 5º, I, da LRF; E: incorreta, pois o refinanciamento da dívida pública constará separadamente (não conjuntamente) na lei orçamentária e nas de crédito adicional – art. 5º, § 2º, da LRF.
Gabarito "E".

(Procurador Federal – 2010 – CESPE) A respeito de finanças públicas e orçamento, de acordo com a CF, julgue o item seguinte.

(1) Tratando-se de orçamento participativo, a iniciativa de apresentação do projeto de lei orçamentária cabe a parcela da sociedade, a qual o encaminha para o Poder Legislativo.

1: incorreta, pois os projetos de LOA, LDO e PPA são sempre encaminhados pelo chefe do Poder Executivo (Presidente, Governadores e Prefeitos) para a apreciação do Legislativo – art. 166, § 6º, da CF, aplicável também a Estados, Distrito Federal e Municípios pelo princípio da simetria.
Gabarito "1E".

(Procurador do Município/Boa Vista-RR – 2010 – CESPE) Com relação ao direito financeiro e econômico pátrio, julgue o item seguinte.

(1) A lei orçamentária anual pode conter, além da fixação da despesa, a previsão de receita e alteração da legislação tributária e a autorização para contratação de operações de crédito ou abertura de créditos suplementares.

1: incorreta, pois as únicas exceções ao princípio da exclusividade são a autorização para abertura de créditos suplementares e a contratação de operações de crédito – art. 165, § 8º, da CF.
Gabarito "1E".

4. LEI DE RESPONSABILIDADE FISCAL – LRF

(Procurador do Estado/TO – 2018 – FCC) A Lei de Responsabilidade Fiscal introduziu importantes mecanismos para a manutenção do equilíbrio entre receitas e despesas, não apenas no momento da correspondente previsão e fixação próprias do processo de elaboração e aprovação do orçamento anual, mas também relativos ao acompanhamento da execução orçamentária. Constitui exemplo de tais mecanismos,

(A) suspensão de pagamento de precatórios e de obrigações de pequeno valor, quando verificado risco de descontinuidade do regular pagamento das despesas de pessoal, limitada a suspensão ao exercício em curso.

(B) obrigatoriedade de limitação de empenho segundo critérios fixados na Lei de Diretrizes Orçamentárias, quando se verificar o não cumprimento das metas de resultado primário ou nominal estabelecidas no Anexo de Metas Fiscais.

(C) redução do limite máximo estabelecido para o percentual de comprometimento da receita corrente líquida com despesas de pessoal e custeio em situações de constrição econômico-financeira.

(D) obrigatoriedade de realização de operações de crédito, na forma de antecipação de receita orçamentária, quando verificado descumprimento, pelos entes subnacionais, do cumprimento de obrigações correntes.

(E) obrigatoriedade de alienação de ativos pelos Estados e Municípios quando verificada frustração da receita estimada com a arrecadação de impostos, em montante superior ao previsto no Anexo de Riscos Ficais.

A: incorreta, pois não há essa disposição na LRF; B: correta, conforme art. 9º da LRF; C: incorreta, pois não há essa previsão de redução do teto de gasto com pessoal; D: incorreta, pois não há obrigatoriedade de realização de operação de crédito em qualquer hipótese; E: incorreta, existindo apenas a limitação de empenho e movimentação financeira prevista no art. 9º da LRF.
Gabarito "B".

9. DIREITO FINANCEIRO

(Procurador do Estado/AC – 2017 – FMP) Assinale a alternativa CORRETA.

(A) A Lei de Responsabilidade Fiscal (LC 101/2000) aplica-se somente à União, mas permite que os Estados e Municípios a adotem, desde que autorizados pelas respectivas casas legislativas.

(B) O projeto de lei orçamentária anual, uma vez aprovado pela Assembleia Legislativa, é soberano perante qualquer outro diploma que trate do orçamento.

(C) No dizer da LC 101/2000, entende-se por empresa controlada aquela que mantém sob estrito controle de responsabilidade fiscal as suas despesas.

(D) A LC 101/2000 admite a substituição de servidores e empregados públicos por contratos de terceirização de mão de obra, desde que considerados estes na despesa total com pessoal.

(E) A imunidade é uma das formas de renúncia fiscal, ao lado da isenção e da anistia.

A: incorreta, pois a LRF aplica-se à União, aos Estados, ao Distrito Federal e aos Municípios – art. 1°, § 2°, da LRF; **B:** confuso, não sendo comum falar em soberania da LOA. De fato, a LOA deve incluir todas as despesas e receitas do exercício – arts. 3° e 4° da Lei 4.320/1964 (princípio da universalidade); **C:** incorreta, pois empresa controlada é a sociedade cuja maioria do capital social com direito a voto pertença, direta ou indiretamente, a ente da federação – art. 2°, II, da LRF; **D:** discutível. A rigor, a LRF não condiciona autoriza ou condiciona ("desde que") a substituição de servidores, apenas determina que, caso isso ocorra, os valores devem ser contabilizados como "outras despesas de pessoal" – art. 18, § 1°, da LRF; **E:** incorreta, pois a imunidade é norma constitucional que afasta a competência tributária, não se confundido com renúncia fiscal, que pressupõe essa competência.
Gabarito "Anulada"

(Procurador do Município/Manaus – 2018 – CESPE) Considerando o disposto na LRF, julgue os itens a seguir.

(1) Se o município pretender celebrar operação de crédito externo com garantia da União, esta poderá exigir como contragarantia a receita de ISSQN.

(2) A transparência na gestão fiscal do município é assegurada, entre outras medidas, pela implantação de sistema integrado de administração financeira e de controle pautado em padrão mínimo de qualidade estabelecido pelo Poder Executivo estadual.

(3) Uma das principais contribuições da LRF para o equilíbrio orçamentário dos municípios foi acabar com a possibilidade de uso de recursos públicos municipais para socorrer financeiramente pessoas jurídicas deficitárias.

(4) O pagamento de servidores inativos e pensionistas do município jamais poderá se realizar com recursos oriundos da venda de ações do capital social de sociedade de economia mista municipal.

1: correta, pois é exceção ao princípio da não afetação – art. 167, IV, da CF; **2:** incorreta, pois o padrão mínimo é estabelecido pelo Executivo da União – art. 48, § 1°, III, da LRF; **3:** incorreta, pois isso é admitido, desde que mediante autorização por lei específica, nos termos do art. 26 da LRF; **4:** incorreta, pois essa é exceção à vedação de utilização de receitas de capital para suportar despesas correntes, desde que mediante autorização legal (a lei pode destinar recursos para os regimes previdenciários próprios dos servidores) – art. 44 da LRF. RB
Gabarito 1C, 2E, 3E, 4E

(Procurador do Estado – PGE/RS – Fundatec – 2015) Quanto à receita pública, analise as assertivas abaixo:

I. É vedada a vinculação de receita de impostos e taxas a órgão, fundo ou despesa.

II. Receita pública derivada é aquela advinda da gestão patrimonial do Poder Público e da prestação de serviços públicos.

III. À luz da definição legal, os recursos angariados com operações de crédito não constituem receita, por terem correspondência no passivo.

IV. A definição de renúncia de receita trazida pela Lei de Responsabilidade Fiscal compreende as isenções em caráter geral e específico.

Após a análise, pode-se dizer que:

(A) Está correta apenas a assertiva I.

(B) Está correta apenas a assertiva II.

(C) Estão corretas apenas as assertivas II e III.

(D) Todas as assertivas estão corretas.

(E) Todas as assertivas estão incorretas.

I: incorreta, pois não há vedação à vinculação das receitas de taxas, apenas de impostos – art. 167, IV, da CF; **II:** incorreta, pois a assertiva descreve as receitas originárias. As receitas derivadas são aquelas decorrentes do poder estatal, exigidas compulsoriamente dos cidadãos por força de lei (tributos, penalidades pecuniárias); **III:** incorreta, pois são receitas de capital – art. 11, § 4°, da Lei 4.320/1964; **IV:** incorreta, pois as isenções de caráter geral não são consideradas renúncia de receita, nos termos do art. 14, § 1°, da LRF. RB
Gabarito "E".

(Procurador do Estado/BA – 2014 – CESPE) Com base no disposto na Lei de Responsabilidade Fiscal, julgue o seguinte item.

(1) Suponha que determinado ente da Federação aja com negligência no dever de arrecadar os impostos de sua competência devidamente instituídos e previstos. Nesse caso, fica vedada a realização de transferências voluntárias ao referido ente, no que se refere aos referidos impostos.

Correta, nos termos do art. 11, parágrafo único, da LRF. Interessante notar que essa sanção não afasta as transferências relativas à educação, saúde e assistência social – art. 25, § 3°, da LRF.
Gabarito "1C."

(Procurador do Estado/BA – 2014 – CESPE) Com base no disposto na Lei de Responsabilidade Fiscal, julgue o seguinte item.

(1) Os requisitos essenciais da responsabilidade na gestão fiscal incluem a instituição, a previsão e a efetiva arrecadação de todos os tributos da competência constitucional do ente da Federação.

Correta. A assertiva está em consonância com o preceituado no art. 11 da LRF. É bom ressaltar que, embora não haja menção expressa do STF, alguns doutrinadores entendem ser inconstitucional o disposto no dispositivo mencionado, uma vez que o mesmo violaria o princípio da federação, mais precisamente a autonomia dos entes federativos no que concerne ao exercício da competência tributária atribuída pela Constituição Federal para cada qual. Essa vertente doutrinária entende que o exercício de tal competência legislativa pelos entes federativos é facultativo, o que não encontra consonância com a imposição ao seu exercício pelo art. 11 da LRF, cuja violação acarreta a sanção prevista em seu parágrafo único.
Gabarito "1C".

(Procurador do Estado/BA – 2014 – CESPE) Com base no disposto na Lei de Responsabilidade Fiscal, julgue o seguinte item.

(1) Admite-se a reestimativa da previsão da receita pública, desde que promovida pelo Poder Legislativo, mediante aprovação de lei ordinária, por quaisquer motivos.

1: Incorreta, pois a reestimativa de receita por parte do Poder Legislativo só será admitida se comprovado erro ou omissão de ordem técnica ou legal – art. 12, § 1º, da LRF.

Gabarito "1E".

(Procurador do Estado/AC – FMP – 2012) Com base na Lei de Responsabilidade Fiscal, Lei Complementar 101, de 04 de maio de 2000, assinale a alternativa **INCORRETA**.

(A) A Administração sujeita-se à transparência da gestão fiscal, dando ampla divulgação, inclusive em meios eletrônicos de acesso público: os planos, os orçamentos e as leis de diretrizes orçamentárias; as prestações de contas e o respectivo parecer prévio, o Relatório Resumido da Execução Orçamentária e o Relatório de Gestão Fiscal; e as versões simplificadas desses documentos.

(B) É vedada a aplicação de receita de capital derivada da alienação de bens e direitos que integram o patrimônio público para o financiamento de despesa corrente, salvo se destinada por lei aos regimes de previdência social, geral ou aos servidores públicos para fins de reajuste determinado por lei de iniciativa legislativa.

(C) O incentivo à participação popular e à realização de audiências públicas, durante os processos de elaboração e discussão dos planos, da lei de diretrizes orçamentárias e dos orçamentos, é um mecanismo destinado à efetivação da transparência da gestão fiscal.

(D) É nulo de pleno direito ato de desapropriação de imóvel sem prévia e justa indenização em dinheiro ou prévio depósito judicial do valor da indenização, como mecanismo de preservação do patrimônio público.

A: correta, conforme o art. 48 da Lei de Responsabilidade Fiscal – LRF (LC 101/2000); **B:** essa é a incorreta, pois a exceção, ou seja, o caso de despesa corrente que pode ser suprida com a receita de capital derivada da alienação de bens e direitos que integram o patrimônio publico, é apenas aquele relativo aos regimes de previdência social, geral e próprio dos servidores públicos – art. 44 da LRF. Não é o caso do reajuste determinado por lei de iniciativa legislativa; **C:** correta, nos termos do art. 48, parágrafo único, I, da LRF; **D:** correta, nos termos do art. 46 da LRF e do art. 182, § 3º, da CF.

Gabarito "B".

(Procurador do Estado/PA – 2011) A Lei de Responsabilidade Fiscal (Lei Complementar nº 101/2000) determina que constitui requisito essencial da responsabilidade na gestão fiscal a instituição, a previsão e a efetiva arrecadação de todos os tributos de competência constitucional dos entes da Federação. No caso dos Estados Federados, é CORRETO afirmar que caso assim não ajam e:

(A) Deixem de instituir, prever e efetivamente arrecadar as taxas, lhes será vedado o recebimento de verbas de convênios com a União.

(B) Deixem de instituir, prever e efetivamente arrecadar contribuições de melhoria, lhes será vedado o recebimento de verbas de contrato de repasse com a União.

(C) Deixem de instituir, prever e efetivamente arrecadar o imposto sobre a propriedade de veículos automotores, lhes será vedado o recebimento de transferências voluntárias da União.

(D) Deixem de instituir, prever e efetivamente arrecadar o imposto sobre circulação de mercadoria e sobre a prestação de serviços de transporte interestadual e de comunicação, lhes será vedado o recebimento do fundo de participação dos Estados.

(E) Deixem de instituir, prever e efetivamente arrecadar o imposto sobre a transmissão *inter vivos*, lhes será vedado o recebimento de recursos correntes decorrentes de ajuste com a União.

A sanção existe apenas para o descumprimento da regra em relação aos impostos, sendo que, no caso de não ser instituído, previsto e efetivamente cobrado, será vedada a realização de transferências voluntárias para o ente político omisso – art. 11, parágrafo único, da LRF. Por essa razão, a alternativa correta é a "C".

Gabarito "C".

(Procurador do Estado/PA – 2011) O modelo de federalismo para o qual caminha a Federação Brasileira revela um forte processo de centralização, assim concentrando nas mãos da União crescente fatia do produto da arrecadação tributária. Disso decorre a permanente necessidade dos Estados Federados firmarem com o ente central convênios, acordos, ajustes ou outros instrumentos similares cuja finalidade é a realização de obras e/ou serviços de interesse comum. Para serem firmadas tais transferências voluntárias de recursos da União aos Estados Federados, é INCORRETO afirmar que, além das exigências contidas na Lei de Diretrizes Orçamentárias:

(A) Devem os beneficiários comprovar a previsão orçamentária de contrapartida.

(B) Devem os beneficiários comprovar o cumprimento dos limites constitucionais relativos à educação e à saúde.

(C) Devem os beneficiários comprovar a observância de que os valores recebidos não se destinarão ao pagamento de despesa de pessoal ativo.

(D) Devem os beneficiários comprovar que se acham em dia quanto ao pagamento de tributos, empréstimos e financiamentos devidos ao ente transferidor, bem como quanto à prestação de contas de recursos anteriormente recebidos.

(E) Devem os beneficiários comprovar o cumprimento da etapa de autorização junto ao Senado Federal para assinatura do contrato de contragarantia.

Nos termos do art. 25, § 1º, da LRF, são exigências para a realização de transferência voluntária, além das estabelecidas na lei de diretrizes orçamentárias: (i) existência de dotação específica, (ii) observância do disposto no inciso X do art. 167 da Constituição, (iii) comprovação, por parte do beneficiário, de (a) que se acha em dia quanto ao pagamento de tributos, empréstimos e financiamentos devidos ao ente transferidor, bem como quanto à prestação de contas de recursos anteriormente dele recebidos, (b) cumprimento dos limites constitucionais relativos à educação e à saúde, (c) observância dos limites das dívidas consolidada e mobiliária, de operações de crédito, inclusive por antecipação de receita, de inscrição em restos a pagar e de despesa total com

9. DIREITO FINANCEIRO   511

pessoal e (d) previsão orçamentária de contrapartida. Por essa razão, a alternativa "E" é a correta.

Gabarito "E".

(Procurador do Estado/RO – 2011 – FCC) O artigo 42 da Lei Complementar nº 101/2000 (Lei de Responsabilidade Fiscal) veda a assunção de obrigação de despesa nos dois quadrimestres anteriores ao término do mandato eletivo, que não possa ser cumprida integralmente dentro dele, sem que haja disponibilidade financeira para esse efeito. Isso significa que

(A) as obras em andamento devem ser paralisadas.

(B) fica vedada a contração de quaisquer empréstimos.

(C) não se admite a inscrição de restos a pagar das despesas processadas e liquidadas.

(D) somente podem ser contratados serviços de natureza essencial.

(E) são permitidas contratações quando o saldo de caixa projetado para o final do exercício for suficiente para cobrir as parcelas empenhadas.

A: incorreta, pois o art. 42 da Lei de Responsabilidade Fiscal – LRF (LC 101/2000) veda a assunção de obrigação, não, necessariamente, o andamento de obras; **B:** incorreta, pois o dispositivo não se refere especificamente a empréstimos, até porque, nesse caso (de empréstimo) há aumento da disponibilidade de caixa; **C:** incorreta, pois o art. 42 da LRF não impede a inscrição de débitos em restos a pagar. Na verdade, sua observância tende a impedir os restos a pagar sem correspondente disponibilidade de caixa; **D:** incorreta, pois o art. 42 da LRF permite as contratações, inclusive não essenciais, desde que haja disponibilidade de caixa suficiente para pagamento das parcelas devidas no exercício seguinte; **E:** essa é a melhor opção, por exclusão das demais. Embora a matéria não seja pacífica, entende-se que, para contratação nos dois últimos quadrimestres do mandato, é preciso que haja disponibilidade de caixa não apenas para as parcelas empenhadas nesse ano (último do mandato), mas para todas as parcelas a serem pagas no exercício seguinte (mesmo aquelas a serem empenhadas após o fim do último ano do mandato).

Gabarito "E".

(Procurador Federal – 2010 – CESPE) Com relação a despesas e receitas públicas, julgue o item seguinte.

(1) De acordo com a LRF, a contratação de serviços, por meio de licitação, que acarrete aumento de despesa deve vir precedida de demonstrativo da estimativa do impacto orçamentário-financeiro apenas do exercício em que deva entrar em vigor a referida despesa, bem como da declaração de responsabilidade do ordenador de despesa.

1: assertiva incorreta, pois a estimativa do impacto orçamentário-financeiro não se restringe ao exercício em que deva entrar em vigor o aumento de despesa, devendo abranger também os dois subsequentes – art. 16, I, da LRF.

Gabarito "1E".

(ADVOGADO – BNDES – 2010 – CESGRANRIO) À luz das normas contidas na Lei de Responsabilidade Fiscal, afirma-se que

(A) a empresa pública e a sociedade de economia mista que não se configurem como empresas estatais dependentes devem obediência à Lei de Responsabilidade Fiscal.

(B) a operação de antecipação de receita orçamentária destina-se a atender à insuficiência de caixa durante o exercício financeiro e poderá ser realizada no último

ano de mandato do Presidente, do Governador ou do Prefeito.

(C) a dívida pública fundada alcança o montante total, apurado, sem duplicidade, das obrigações financeiras do ente da federação, assumidas em virtude de leis, contratos, convênios ou tratados, para amortização em prazo superior a 12 (doze) meses.

(D) as despesas autorizadas em Lei e contraídas antes dos dois quadrimestres do término do mandato do titular do poder ou órgão a que se refere à Lei de Responsabilidade Fiscal não podem ser inscritas em restos a pagar, ainda que haja disponibilidade de caixa suficiente para cobri-la.

(E) os repasses de recursos do Poder Executivo Estadual para os Poderes Legislativo Estadual e Judiciário são considerados como transferências voluntárias.

A: incorreta. Apenas as empresas estatais dependentes, assim entendidas aquelas controladas que recebam do ente controlador recursos financeiros para pagamento de despesas com pessoal ou de custeio em geral ou de capital, excluídos, no último caso, aqueles provenientes de aumento de participação acionária, sujeitam-se à LRF (arts. 1º, § 3º, "b", e 2º, III, da LRF); **B:** incorreta. A operação de antecipação de receita orçamentária não pode ser realizada no último ano do mandato do Chefe do Poder Executivo (art. 38, IV, "b", da LRF); **C:** correta, nos termos do art. 29, I, da LRF; **D:** incorreta. A inscrição em restos a pagar é permitida se houver disponibilidade de caixa (art. 42 da LRF); **E:** incorreta. São transferências voluntárias as entregas de recursos correntes ou de capital a outro ente da Federação, a título de cooperação, auxílio ou assistência financeira, que não decorra de determinação legal ou constitucional (art. 25 da LRF).

Gabarito "C".

(ADVOGADO – CEF – 2010 – CESPE) Acerca das Leis Complementares n.ºs 101/2000 e 105/2001, que tratam, respectivamente, das normas de finanças públicas voltadas para a responsabilidade na gestão fiscal e do sigilo das operações de instituições financeiras, assinale a opção correta.

(A) Ao final de um bimestre, se verificado que a realização da receita poderá não comportar o cumprimento das metas de resultado primário, todos os poderes e o Ministério Público promoverão, nos montantes necessários, nos trinta dias subsequentes, limitação de empenho e movimentação financeira, segundo os critérios fixados pela lei de diretrizes orçamentárias (LDO), sendo certo, na hipótese de descumprimento de tal prazo por parte dos demais poderes, que o Poder Executivo fica autorizado a limitar os valores financeiros segundo os critérios fixados pela LDO.

(B) Só se considera obrigatória de caráter continuado a despesa corrente derivada exclusivamente de lei que fixe para o ente a obrigação legal de sua execução por um período superior a um exercício.

(C) O servidor público que utilizar ou viabilizar a utilização de qualquer informação obtida em decorrência da quebra de sigilo fiscal responde pessoal e diretamente pelos danos decorrentes, sem prejuízo da responsabilidade objetiva da entidade pública, que resta caracterizada independentemente de o servidor ter agido de acordo com orientação oficial.

(D) Independem de prévia autorização do Poder Judiciário a prestação de informações e o fornecimento de documentos sigilosos solicitados por comissão de inquérito administrativo destinada a apurar responsabilidade de servidor público por infração praticada no exercício de suas atribuições.

(E) Os membros do Ministério Público, no uso de suas prerrogativas institucionais, não estão autorizados a requisitar documentos fiscais e bancários sigilosos diretamente ao fisco e às instituições financeiras, sob pena de violação aos direitos e garantias constitucionais da intimidade da vida privada dos cidadãos.

A: incorreta. A assertiva reflete exatamente o disposto no art. 9º, § 3º, da Lei Complementar nº 101/2000 (Lei de Responsabilidade Fiscal – LRF). Todavia, no julgamento da medida cautelar da ADI 2238, em 09/08/2007, o STF suspendeu a eficácia do mencionado artigo diante da aparente interferência indevida do Poder Executivo sobre os demais; **B:** incorreta. A despesa obrigatória de caráter continuado é aquela que decorre de lei, medida provisória ou ato administrativo que crie obrigação cuja execução ultrapassará dois exercícios (art. 17 da LRF); **C:** incorreta. A responsabilidade objetiva da entidade pública depende da prova do servidor ter agido conforme determinação oficial (art. 11 da Lei Complementar nº 105/2001); **D:** incorreta. A diligência demanda a autorização judicial, nos termos do art. 3º, § 1º, da Lei Complementar nº 105/2001; **E:** correta. A assertiva consagra posição pacífica do STJ (HC 160.646, *DJ* 19/09/2011).
Gabarito "E".

5. RECEITAS

(Procurador do Município – S.J. Rio Preto/SP – 2019 – VUNESP) Nos termos do que dispõe a Lei 4.320/64, os recursos recebidos de outras pessoas de direito público ou privado, destinados a atender o *superavit* do Orçamento Corrente, são

(A) receitas de capital.

(B) receitas correntes.

(C) investimentos.

(D) inversões financeiras.

(E) despesas correntes.

A rigor, há um erro na questão. Ela reproduz de maneira incorreta o disposto no art. 11, § 2º, da Lei 4.320/1964, que dispõe serem receitas de capital as provenientes da realização de recursos financeiros oriundos de constituição de dívidas; da conversão, em espécie, de bens e direitos; os recursos recebidos de outras pessoas de direito público ou privado, destinados a atender despesas classificáveis em despesas de capital e, ainda, o superávit do orçamento corrente. O superávit do orçamento corrente não tem relação com recursos recebidos de terceiros. Não há como receber recursos para atender o superávit, que é o resultado positivo entre ativo e passivo financeiro. De qualquer forma, a alternativa "A" é a melhor, já que o superávit é mesmo receita de capital.
Gabarito "A".

(Procurador do Estado/AC – 2017 – FMP) A partir dos enunciados abaixo escolha a alternativa CORRETA.

I. Constitui fundo especial o produto de receitas especificadas que, por lei, se vinculam à realização de determinados objetivos ou serviços.

II. As receitas tributárias transferidas pelos Estados aos Municípios, por ordem constitucional, não entram no cômputo da Receita Corrente Líquida do Estado.

III. O espaço temporal dentro do qual o orçamento é executado chama-se exercício orçamentário.

IV. Os estágios da Receita são o lançamento, a arrecadação e o recolhimento e a eventual devolução do que o contribuinte demonstrar que pagou a maior.

Está(ão) CORRETA(S) apenas a(s) assertiva(s)

(A) I e II.

(B) II em e IV.

(C) II

(D) I, II e III.

(E) I.

I: correta – art. 71 da Lei 4.320/1964; II: incorreta, pois a LRF determina a exclusão dessas transferências do cômputo da RCL do Estado – art. 2º, IV, *b*, dessa Lei; III: imprecisa, pois o nome exato é exercício financeiro – art. 34 da Lei 4.320/1964; IV: incorreta, sendo comum referir-se a três estágios da receita (previsão, lançamento e arrecadação ou recolhimento). Eventual devolução do que foi pago a maior é despesa pública, não receita. Entendemos que a melhor alternativa seria a "E", por essas razões, ainda que a questão tenha sido anulada.
Gabarito "Anulada".

(Procurador do Estado/SP – 2018 – VUNESP) Considere que o Estado necessite auferir receitas extraordinárias a fim de compensar a frustração da receita orçamentária estimada com a arrecadação de impostos. Nesse sentido, adotou, como alternativa, a alienação de imóveis e de ações representativas do controle acionário detido em sociedade de economia mista.

De acordo com as disposições constitucionais e legais aplicáveis,

(A) o produto de tais alienações é de livre destinação orçamentária, porém constitui receita equiparável àquela obtida com operação de crédito, sendo tal produto considerado no cômputo do limite de endividamento do Estado.

(B) a receita obtida com a alienação das ações, considerada proveniente de ativos mobiliários, configura excesso de arrecadação e pode ser destinada à abertura de créditos adicionais, especiais ou suplementares, para suportar despesas de capital ou custeio em geral.

(C) o produto obtido com tais alienações somente poderá ser aplicado em despesas de capital, admitindo-se a aplicação em despesas correntes apenas se houver destinação por lei aos regimes de previdência social, geral ou próprio, dos servidores públicos.

(D) o Estado deverá aplicar a receita obtida com tais alienações no custeio de pessoal, incluindo inativos, despesas estas que, pelo seu caráter alimentar, possuem precedência em relação às despesas de capital.

(E) apenas a receita obtida com a alienação de imóveis sujeita-se à denominada "regra de ouro", que determina sua aplicação exclusivamente em despesas de capital, sendo as demais, inclusive as decorrentes de operações de crédito, de livre destinação orçamentária.

A: incorreta, sendo inviável, em princípio, alienar patrimônio público para suprir deficiência de receitas correntes. Isso porque há regra de preservação de patrimônio que veda a aplicação da receita de capital derivada da alienação de bens e direitos que integram o patrimônio público para o financiamento de despesa corrente, salvo se destinada por lei aos regimes de previdência social, geral e próprio dos servidores públicos – art. 44 da LRF; **B:** incorreta, pois se trata de receita de capital, decorrente de alienação de patrimônio (conversão em espécie de bens e direitos), o que limita a destinação de seus recursos a despesas de capital, conforme o art. 44 da LRF; **C:** correta, conforme o art. 44 da LRF; **D:** incorreta, pois é inviável despender tais recursos com despesas correntes, exceto no caso previsto no art. 44 da LRF (exceto se desti-

9. DIREITO FINANCEIRO — 513

nados por lei aos regimes próprios de previdência dos servidores); **E:** incorreta, pois essa "regra de ouro" refere-se a toda receita de capital derivada de alienação de bens e direitos que integram o patrimônio público, não apenas imóveis – art. 44 da LRF. Interessante notar que a expressão "regra de ouro" é muito utilizada em sentido distinto, em relação à limitação do art. 167, III, da CF (vedação de operações de crédito em montante que exceda as despesas de capital). RB

Gabarito "C".

(Procurador – SP – VUNESP – 2015) Nos termos da Lei Geral do Orçamento, a amortização de empréstimos concedidos encontra-se esquematizada como receita

(A) de capital.

(B) derivada.

(C) patrimonial.

(D) empresarial.

(E) diversa.

A amortização de empréstimos concedidos é receita de capital, nos termos do art. 11, § 4º, da Lei 4.320/1964, de modo que a alternativa "A" é a correta. RB

Gabarito "A".

(Procurador – SP – VUNESP – 2015) O produto de receitas especificadas que, por lei, vinculam-se à realização de determinados objetivos ou serviços, facultada a adoção de normas peculiares de aplicação, constitui, segundo a Lei 4.320/1964,

(A) reserva especial.

(B) reserva extraordinária.

(C) reserva adicional.

(D) fundo especial.

(E) fundo de reserva.

A assertiva reflete exatamente o disposto no art. 71 da Lei 4.320/1964, que define o fundo especial, de modo que a alternativa "D" é a correta. RB

Gabarito "D".

(Procurador do Estado – PGE/PR – PUC – 2015) Com relação às receitas públicas, assinale a alternativa **CORRETA.**

(A) O federalismo brasileiro contempla as denominadas receitas transferidas, que correspondem àquelas arrecadadas por determinado ente da Federação, pela competência que lhe é atribuída, e compartilhadas com os demais.

(B) Em sentido amplo, as receitas públicas consistem em recursos financeiros obtidos pelo Estado em caráter transitório e que representem um aumento de seu patrimônio.

(C) Quanto à sua periodicidade, as receitas públicas classificam-se como extraordinárias, quando integram o fluxo de previsão normal, e ordinárias, quando eventuais, não tendo previsibilidade com prazo ou período que se repete.

(D) Os tributos são receitas originárias, pois têm origem no patrimônio alheio, numa relação de imposição entre Estado e particulares; as receitas derivadas são aquelas obtidas a partir da exploração dos bens ou recursos do próprio Estado, qualificando uma relação de coordenação entre particulares e a Administração Pública.

(E) A exemplo dos depósitos, cauções, fianças, indenizações, empréstimos e empréstimo compulsório, as entradas provisórias são receitas públicas correntes.

A: correta. São receitas transferidas aquelas previstas nos arts. 157 e 158 da CF; **B:** incorreta. Receitas públicas são recursos financeiros de caráter **definitivo**, por isso que representam aumento do patrimônio estatal; **C:** incorreta. Os conceitos estão invertidos; **D:** incorreta. Tributos são receitas **derivadas**. Os conceitos aqui também estão invertidos; **E:** incorreta. Tais entradas são contabilizadas como receitas de capital. HS

Gabarito "A".

(Procurador do Estado/BA – 2014 – CESPE) Com base no disposto na Lei de Responsabilidade Fiscal, julgue o seguinte item.

(1) A previsão da receita pública deve ser acompanhada de demonstrativo de sua evolução nos últimos três anos e de projeção para os dois seguintes àquele a que se refira.

Correta. Previsto no art. 12 da LRF, o demonstrativo de evolução de receitas nos últimos três anos e de projeção para os dois anos seguintes a que se referem deve levar em consideração, por exemplo, alterações na legislação, variação de índices de preços, crescimento econômico, e outros fatores relevantes, de modo a evitar que as despesas sejam superestimadas.

Gabarito "1C".

(Procurador Federal – 2013 – CESPE) No que tange a normas gerais de direito financeiro, julgue o seguinte item.

(1) De acordo com a Lei 4.320/1964, classificam-se como transferências correntes as dotações para despesas às quais corresponda contraprestação direta em bens e serviços, inclusive para atender à manifestação de outras entidades de direito público ou privado, o que inclui as despesas com pessoal civil.

Incorreta, pois transferências correntes são as dotações para despesas Às quais não corresponda contraprestação direta em bens ou serviços – art. 12, § 2º, da Lei 4.320/1964.

Gabarito "1E".

HENRIQUE SUBI E ROBINSON BARREIRINHAS

Veja a seguinte tabela, com a classificação das receitas por diversos critérios:

Classificações da Receita Pública			
Critério	Espécies	Definição	Exemplos
Previsão orçamentária	Orçamen-tária	Prevista (ou deveria) no orçamento	Tributos, transferências
	Extraorça-mentária	À margem do orçamento	Depósitos, cauções, consignações, fianças, superávit, restos a pagar, operações de ARO
Regularidade	Originária	Decorre da exploração do patrimônio estatal e da prestação de serviço em regime privado	Recebimento de aluguel, preço pela venda de imóvel ou veículo da administração, juros em aplicações financeiras
	Derivada	Decorre da imposição legal	Tributos, multas
	Transferida	Auferida por outra entidade política e transferida para quem vai utilizá-la	Advinda dos Fundos de Participação dos Estados e dos Municípios
	Ordinária	Usual, comum	Tributos
	Extraordi-nária	Esporádica, eventual	Doações, preço pela venda de bem, imposto extraordinário
	Corrente	Listagem no art. 11, § 1º, da Lei 4.320/1964 – muito próximo das receitas ordinárias	Tributos, transferências correntes
	De Capital	Listagem no art. 11, § 2º, da Lei 4.320/1964 – muito próximo das receitas extraordinárias	Decorrente de operação de crédito (empréstimo), preço pela alienação de bens, transferências de capital

Veja a seguinte tabela, para estudo e memorização da classificação das receitas por categorias econômicas – art. 11, § 4º, da Lei 4.320/1964:

RECEITAS	Correntes	Receita tributária (Impostos, Taxas, Contribuições de melhoria) Receita de contribuições Receita patrimonial Receita agropecuária Receita industrial Receita de serviços Transferências correntes Outras receitas correntes
	de Capital	Operações de crédito Alienação de bens Amortização de empréstimos Transferências de capital Outras receitas de capital

6. RENÚNCIA DE RECEITA

(Procurador do Estado – PGE/PA – UEPA – 2015) À luz da Lei de Responsabilidade Fiscal, não é hipótese de renúncia de receita:

I. o diferimento de obrigação tributária
II. a concessão de crédito presumido
III. a modificação da base de cálculo
IV. a concessão de Regime Especial de Tributação
A alternativa que contém todas afirmativas corretas é:

(A) I.

(B) II e III.

(C) III e IV.

(D) IV.

(E) I e IV.

O art. 14, § 1º, da LRF considera renúncia de receita: anistia, remissão, subsídio, **crédito presumido**, concessão de isenção em caráter não geral, alteração de alíquota ou **modificação de base de cálculo** que implique redução discriminada de tributos e contribuições. **HS**

Gabarito "E".

(Procurador Distrital – 2014 – CESPE) A respeito das normas que regem o direito financeiro e orçamentário, julgue o seguinte item.

(1) O cumprimento de condições e limites para a concessão de renúncia de receita é um postulado da LRF inserido no conceito de gestão fiscal responsável.

Correta. O art. 1º, § 1º, da LRF delineia as característica de uma gestão fiscal responsável e destaca, como uma de suas notas, a "obediência a limites e condições no que tange a renúncia de receitas". Nessa temática, o art. 14 da LRF estabelece os requisitos a serem observados no caso de renúncia de receitas.

Gabarito "1C".

(Procurador Distrital – 2014 – CESPE) Considerando que lei editada no DF tenha concedido crédito presumido para os contribuintes do ICMS, de acordo com convênio aprovado no âmbito do Conselho Nacional de Política Fazendária, julgue os próximos itens.

(1) A necessidade de adequação orçamentária com a LDO e a LOA, ou, se isso não ocorrer, a adoção de medidas de compensação com aumento de tributos, por exemplo, somente se aplica para renúncias de receita referentes ao tributo de ICMS.

(2) O benefício concedido por lei entrará em vigor na data de sua publicação, em caso de alteração de alíquota do ICMS, mesmo que não esteja previsto na LOA e não promova a compensação.

9. DIREITO FINANCEIRO

515

(3) Aos cancelamentos de débitos cujo montante seja inferior ao dos respectivos custos de cobrança não se aplicam as regras exigidas para a renúncia de receita prevista na LRF.

(4) A concessão desse crédito presumido é uma das modalidades de renúncia de receita.

(5) Caso sejam necessárias medidas de compensação para a validade da renúncia de receita, o benefício somente entrará em vigor após a efetiva implementação dessas medidas.

1: incorreta, pois as normas que regulam a renúncia de receita se aplicam a todas as espécies de receitas, não apenas àquela referente a determinado imposto – art. 14 da LRF; **2** incorreta, pois, caso não esteja previsto na LOA, o benefício depende de medida de compensação (art. 14, II, da LRF) e somente entrará em vigor quando implementada tal medida – art. 14, § 2º, da LRF; **3:** correta, por se tratar de cobrança antieconômica – art. 14, § 3º, II, da LRF; **4:** correta, nos termos do art. 14, § 1º, da LRF; **5:** correta, nos termos do art. 14, § 2º, da LRF.

Gabarito 1E, 2E, 3C, 4C, 5C

(Procurador do Estado/BA – 2014 – CESPE) Com base no disposto na Lei de Responsabilidade Fiscal, julgue o seguinte item.

(1) Para a renúncia de receitas concedidas na modalidade de anistia a contribuintes que tenham suprimido tributo até o valor de R$ 10.000,00, não se exige que o valor esteja compatível com a lei de diretrizes orçamentárias ou que a renúncia de receitas seja objeto de compensação.

Incorreta, pois a anistia tributária é renúncia de receita que se sujeita às normas do art. 14 da LRF, conforme o § 1º do dispositivo.

Gabarito 1E

7. DESPESAS

(Procurador do Município – Valinhos/SP – 2019 – VUNESP) Segundo as disposições da Lei Complementar nº 101/00, a entrega de recursos correntes ou de capital a outro ente da Federação, a título de cooperação, auxílio ou assistência financeira, que não decorra de determinação constitucional, legal ou os destinados ao Sistema Único de Saúde, entende-se por

(A) fundo assistencial.

(B) fundo especial para a saúde.

(C) transferência voluntária.

(D) subvenção econômica.

(E) auxílio institucional.

A assertiva descreve a transferência voluntária – art. 25 da LRF. Por essa razão, a alternativa "C" é a correta.

Gabarito "C"

(Procurador do Município – Valinhos/SP – 2019 – VUNESP) De acordo com o disposto na Lei 4.320/64, as dotações para despesas às quais não corresponda contraprestação direta em bens ou serviços, inclusive para contribuições e subvenções destinadas a atender à manutenção de outras entidades de direito público ou privado, classificam-se como

(A) inversões financeiras.

(B) investimentos.

(C) despesas de custeio.

(D) transferências correntes.

(E) subsídio.

A assertiva descreve as transferências correntes, conforme o art. 12, § 2º, da Lei 4.320/1964.

Gabarito "D".

(Procurador do Estado/AC – 2017 – FMP) Tendo por base a Lei de Orçamento (Lei 4.320/1964) e suas modificações, avalie as assertivas abaixo e assinale a alternativa CORRETA.

I. É lícito ao Poder Público, para atender aos serviços de assistência social, médica e educacional, oferecer subvenções sociais de suplementação a recursos de origem privada, cm vez de aplicar diretamente os recursos nesses serviços, se assim se revelar mais econômico.

II. É ilegal o orçamento adotar subvenções econômicas, na forma de bonificações, a produtores de determinados gêneros e materiais, mesmo relevantes.

III. A Lei de Orçamento denomina Restos a Pagar as despesas postergadas para o governo seguinte.

IV. Segundo a Lei de Orçamento, Dívida Ativa Tributária é aquela referente aos débitos ativos do Poder Público.

Está(ào) CORRETA(S) apenas a(s) assertiva(s)

(A) I.

(B) II e III.

(C) II e IV.

(D) II, III e IV.

(E) I, Ii e III.

I: correta, conforme o art. 16 da Lei 4.320/1964; **II:** incorreta, pois isso é previsto expressamente no art. 18, parágrafo único, *b*, da Lei 4.320/1964; **III:** incorreta, pois não é qualquer despesa postergada que pode ser classificada como restos a pagar, mas apenas aquelas em relação à quais houve adequado empenho até o final do exercício – art. 36 da Lei 4.320/1964; **IV:** incorreta, pois dívida ativa é crédito do poder público, não débito – art. 39, § 2º, da Lei 4.320/1964.

Gabarito "A".

(Procurador do Estado/SP – 2018 – VUNESP) Considere que tenha sido instituído, por lei específica, um fundo especial de despesa com a finalidade de dar suporte ao exercício do poder de polícia a cargo de determinado órgão público, vinculando ao referido fundo a receita proveniente da cobrança de taxas pela fiscalização e licenciamento das atividades correspondentes. Ao final do exercício, verificou-se que a receita vinculada efetivamente arrecadada superou as despesas incorridas pelo fundo para a consecução das suas finalidades no mesmo período.

Considerando a legislação de regência, notadamente as disposições da Lei Federal no 4.320/64,

(A) as receitas que sobejarem às despesas incorridas pelo fundo no curso do exercício orçamentário poderão ser destinadas a outros fundos de despesa ou investimento, mediante decreto do Chefe do Executivo.

(B) o saldo positivo do fundo, apurado em balanço, será transferido para o exercício seguinte, a crédito do mesmo fundo, salvo se a lei que o instituiu contiver disposição em contrário.

(C) as receitas que não tenham sido utilizadas em empenhos de despesas do fundo pertencem ao Tesouro por força do princípio da não afetação, que veda a vinculação de impostos e taxas a despesas específicas.

(D) é vedada a transferência de saldo financeiro do fundo para o exercício subsequente àquele em que as receitas correspondentes tenham sido arrecadadas por força do princípio da anualidade.

(E) o saldo financeiro verificado ao final do exercício poderá ser utilizado, pelo próprio fundo ou pelo Tesouro, como fonte para abertura de créditos adicionais especiais, independentemente de autorização legislativa.

A: incorreta, pois o fundo implica vinculação de determinadas receitas a determinadas despesas, nos termos da lei que o institui, ainda que em exercícios distintos, de modo que o saldo positivo apurado em um balanço será, salvo disposição legal em contrário, transferido ao exercício seguinte, a crédito do mesmo fundo, nos termos do art. 73 da Lei 4.320/1964; **B:** correta, correspondendo ao disposto no art. 73 da Lei 4.320/1964; **C e D:** incorretas, conforme comentários anteriores; **E:** incorreta, pois, salvo disposição de lei em contrário, o saldo positivo em um exercício é levado a crédito do mesmo fundo no exercício seguinte, mantida assim a destinação definida pela lei desse fundo – art. 73 da Lei 4.320/1964. `RB`

Gabarito "B".

(Procurador do Estado/SP – 2018 – VUNESP) A Lei de Responsabilidade Fiscal (Lei Complementar no 101, de 2000) detalha os requisitos e as condições para geração de despesa pública, introduzindo tratamento específico para as denominadas "despesas obrigatórias de caráter continuado",

(A) que ensejam a obrigação legal de execução para o ente por um período superior a dois exercícios e cujos atos de criação condicionam-se à comprovação de não comprometimento das metas de resultados fiscais, salvo para aquelas destinadas ao serviço da dívida ou revisão geral anual dos servidores.

(B) classificadas como necessariamente despesas de capital, ainda que destinadas ao custeio dos serviços decorrentes da infraestrutura a que estejam atreladas, devendo ser suportadas com aumento permanente de receitas ou redução de despesas em montante correspondente.

(C) consistentes na somatória das despesas com a folha de pagamentos do pessoal ativo e inativo do ente federado, incluindo as empresas dependentes, sujeitando-se à observância de limites máximos de comprometimento em relação à receita corrente líquida.

(D) que decorrem de vinculações constitucionais, sendo, pelo seu caráter não discricionário, excluídas do cômputo de superávit ou déficit orçamentário dos exercícios correspondentes.

(E) assim entendidas apenas as decorrentes de programas ou ações inseridas no Plano Plurianual e que se projetam por mais de 5 (cinco) anos, dispensando previsão específica na Lei Orçamentária Anual.

A: correta, conforme a definição do art. 17, *caput*, da LRF, e regras dos seus §§ 2º e 6º; **B:** incorreta, até porque as despesas obrigatórias de caráter continuado são, em princípio, despesas correntes (como salários e benefícios, por exemplo) – art. 17, *caput*, da LRF; **C:** incorreta, pois as despesas obrigatórias de caráter continuado são todas aquelas despesas correntes derivadas de lei, medida provisória ou ato administrativo normativo que fixem para o ente a obrigação legal de sua execução por um período superior a dois exercícios, não se limitando a despesas com pessoal – art. 17 da LRF; **D:** incorreta, pois são também aquelas derivadas de lei, medida provisória ou ato administrativo normativo – art. 17 da LRF; **E:** incorreta, conforme comentários anteriores. `RB`

Gabarito "A".

(Procurador do Município/Manaus – 2018 – CESPE) Acerca da Lei 4.320/1964 e das receitas e despesas públicas, julgue os próximos itens.

(1) Obedecendo, sempre que possível, a ordem cronológica, o município poderá realizar despesa para pagar compromissos reconhecidos após o encerramento do exercício correspondente, desde que o faça à conta de dotação específica consignada no orçamento discriminada por elementos.

(2) A dotação orçamentária inserida no orçamento do município que se destine à constituição de instituição bancária é classificada como investimento.

(3) O suprimento de fundos, também conhecido como regime de adiantamento, não pode ser autorizado para servidor público em alcance, ou seja, aquele que ainda não obteve aprovação no estágio probatório.

1: correta, correspondendo às despesas de exercícios anteriores – DEA, prevista no art. 37 da Lei 4.320/1964; **2:** incorreta, pois é classificada como inversão financeira, nos termos do art. 12, § 5º, III, da Lei 4.320/1964; **3:** incorreta, pois servidor em alcance, previsto no art. 69 como aquele que não pode ser responsável por adiantamento, é aquele que não prestou contas no prazo estabelecido, ou que não teve prestação de contas de adiantamento anterior aprovada ou que responde a inquérito administrativo, a depender da legislação de cada ente. `RB`

Gabarito 1C, 2E, 3E.

(Procurador Municipal – Prefeitura/BH – CESPE – 2017) A respeito do regime normativo das despesas constante na CF e na legislação complementar em matéria financeira, assinale a opção correta.

(A) A subvenção econômica em empresa pública pode ser realizada para o aumento de seu capital social, devendo estar contemplada em lei específica, com expressa inclusão da despesa no orçamento fiscal.

(B) A expansão quantitativa do atendimento e dos serviços de saúde e assistência social prestados pelo município deve ser compensada pelo aumento permanente de receita ou pela redução de outra despesa de custeio.

(C) As subvenções sociais e econômicas são transferências realizadas a pessoas jurídicas públicas ou privadas para cobrir despesas de custeio.

(D) Qualificada como despesa de capital obrigatória, a despesa de pessoal é dotada de caráter continuado.

A: incorreta. A subvenção econômica se limita a cobrir déficits de manutenção (art. 18 da Lei 4.320/1964); **B:** incorreta. O art. 17, § 2º, da LRF não limita a redução de despesas àquelas classificadas como "de custeio", podendo ser de qualquer natureza; **C:** correta, nos termos do art. 12, §§ 2º e 3º, da Lei 4.320/1964; **D:** incorreta. A despesa de pessoal é classificada como despesa corrente, especificamente uma despesa de custeio. `HS`

Gabarito "C".

(Procurador do Estado – PGE/PA – UEPA – 2015) A respeito da classificação das Despesas Públicas, julgue as afirmativas abaixo.

I. A Lei Complementar nº 101/2000 ("Lei de Responsabilidade Fiscal") classifica as despesas em correntes e de capital.

II. As despesas correntes abrangem as de custeio, transferências e inversões financeiras.

III. Dentre as despesas de capital, incluem-se os investimentos.

9. DIREITO FINANCEIRO

IV. As despesas de custeio incluem as dotações destinadas a atender a obras de conservação de bens imóveis.

A alternativa que contém todas afirmativas corretas é:

(A) I e IV.

(B) II e III.

(C) III e IV.

(D) II e IV.

(E) I e II.

I: incorreta. Não é a LRF, mas sim a Lei 4.320/1964 que faz essa classificação; **II:** incorreta. Inversões financeiras são despesas de capital (art. 12 da Lei 4.320/1964); **III:** correta, nos termos do art. 12 da Lei 4.320/1964; **IV:** correta, nos termos do art. 12, § 1º, da Lei 4.320/1964. HS

Gabarito "C".

(Procurador Municipal – Sertãozinho/SP – VUNESP – 2016) São despesas correntes, segundo a Lei Geral do Orçamento,

(A) as de custeio.

(B) os investimentos.

(C) as inversões financeiras.

(D) as transferências de capital.

(E) as operações de crédito.

A: correta – art. 12, § 1º, da Lei 4.320/1964; **B, C, D e E:** incorretas, pois são despesas de capital, nos termos do art. 12, §§ 4º, 5º e 6º, da Lei 4.320/1964. RB

Gabarito "A".

(Procurador Municipal – Sertãozinho/SP – VUNESP – 2016) Segundo determinação da Lei 4.320/1964, é aplicável aos casos de despesas expressamente definidos em lei e consiste na entrega de numerário a servidor, sempre precedida de empenho na dotação própria para o fim de realizar despesas, que não possam subordinar-se ao processo normal de aplicação, o regime de

(A) dispêndio de numerário.

(B) vinculação de numerário.

(C) adiantamento.

(D) credenciamento.

(E) inclusão.

A assertiva reflete exatamente o disposto no art. 68 da Lei 4.320/1964, que descreve o regime de adiantamento, de modo que a alternativa "C" é a correta. RB

Gabarito "C".

(Procurador Municipal – Sertãozinho/SP – VUNESP – 2016) A Lei 9.394/1996 institui as Diretrizes e Bases da Educação Nacional. Sobre a distribuição dos recursos financeiros para manutenção da educação nacional, dentro do disposto nessa legislação, é correto afirmar que

(A) a União aplicará, anualmente, nunca menos de dezoito, e os Estados, o Distrito Federal e os Municípios, vinte e cinco por cento, ou o que consta nas respectivas Constituições ou Leis Orgânicas, da receita resultante de impostos, compreendidas as transferências constitucionais, na manutenção e desenvolvimento do ensino público.

(B) considerar-se-ão como de manutenção e desenvolvimento do ensino as despesas realizadas com vistas à consecução dos objetivos básicos das instituições educacionais de todos os níveis, compreendendo,

dentre outras, as que se destinam à subvenção a instituições públicas ou privadas de caráter assistencial, desportivo ou cultural.

(C) cabe exclusivamente à União estabelecer padrão mínimo de oportunidades educacionais para o ensino fundamental, baseado no cálculo do custo mínimo por aluno, capaz de assegurar ensino de qualidade.

(D) os recursos públicos serão destinados às escolas públicas, não podendo ser dirigidos a escolas comunitárias, confessionais ou filantrópicas, independentemente de sua finalidade.

(E) concessão de bolsas de estudo a alunos de escolas públicas e privadas não se constitui como despesa de manutenção e desenvolvimento do ensino.

A: correta, nos termos do art. 69 da Lei 9.394/1996. É importantíssimo lembrar que a EC 95/2016 (decorrente da "PEC do Teto dos gastos públicos") instituiu o Novo Regime Fiscal no âmbito dos Orçamentos Fiscal e da Seguridade Social da União, que vigorará por 20 anos. Em relação às ações e serviços públicos de saúde e desenvolvimento do ensino, haverá fixação de patamares mínimos de despesa a partir de 2018 correspondentes aos valores calculados para as aplicações mínimas do exercício imediatamente anterior, corrigidos na forma estabelecida pelo inciso II do § 1º do art. 107 do ADCT [IPCA]; **B:** incorreta, pois o art. 71, II, da Lei 9.394/1996 exclui expressamente da contabilização como despesas de manutenção e desenvolvimento do ensino as realizadas com subvenção a instituições públicas ou privadas de caráter assistencial, desportivo ou cultural; **C:** incorreta, pois compete à União em colaboração com Estados, DF e Municípios, nos termos do art. 74 da Lei 9.394/1996; **D:** incorreta, pois é possível a destinação de recursos públicos a escolas comunitárias, confessionais ou filantrópicas, desde que atendidos os requisitos do art. 77 da Lei 9.394/1996; **E:** incorreta, nos termos do art. 70, VI, da Lei 9.394/1996. ATENÇÃO: A EC 95/2016 (decorrente da "PEC do Teto dos gastos públicos") instituiu o Novo Regime Fiscal no âmbito dos Orçamentos Fiscal e da Seguridade Social da União, que vigorará por 20 anos, basicamente limitando a despesa de cada ano ao limite do exercício anterior, corrigido pelo IPCA (há regra específica para o exercício de 2017) – art. 107, § 1º, II, do ADCT.

Em relação às ações e serviços públicos de saúde e desenvolvimento do ensino, foram fixados patamares mínimos de despesa a partir de 2018 correspondentes aos valores calculados para as aplicações mínimas do exercício imediatamente anterior, corrigidos na forma estabelecida pelo inciso II do § 1º do art. 107 do ADCT [IPCA] RB

Gabarito "A".

(Procurador Municipal/SP – VUNESP – 2016) De acordo com a Lei Complementar 101/2000, considera- -se obrigatória de caráter continuado a despesa corrente derivada de lei, medida provisória ou ato administrativo normativo que fixem para o ente a obrigação legal de sua execução por um período superior a dois exercícios. Para fins da referida lei, a prorrogação de despesa criada por prazo determinado considera-se

(A) não autorizada.

(B) aumento de despesa.

(C) prorrogação atípica.

(D) prorrogação sistêmica.

(E) investimento.

Nos termos do art. 17, § 7º, da LRF, a prorrogação da despesa criada por prazo determinado é considerada aumento de despesa, de modo que a alternativa "B" é a correta. RB

Gabarito "B".

(Procurador Municipal/SP – VUNESP – 2016) Os restos a pagar, excluídos os serviços da dívida; os serviços das dívidas a pagar; os depósitos e os débitos da tesouraria, de acordo com a Lei Geral do Orçamento, estão compreendidos

(A) no refinanciamento da dívida.

(B) na dívida flutuante.

(C) nos investimentos.

(D) na contraprestação de garantia.

(E) no risco futuro.

Nos termos do art. 92, I, da Lei 4.320/1964, a dívida flutuante compreende (i) os restos a pagar, excluídos os serviços da dívida, (ii) os serviços da dívida a pagar, (iii) os depósitos e (iv) os débitos de tesouraria, de modo que a alternativa "B" é a correta. **RB**

Gabarito "B".

(Procurador do Município/São José dos Campos-SP – 2012 – VUNESP) Acerca dos investimentos, determina a Lei Geral do Orçamento que os programas especiais de trabalho que, por sua natureza, não possam cumprir-se subordinadamente às normas gerais de execução da despesa poderão ser custeados por dotações globais, classificadas entre as

(A) despesas de custeio.

(B) transferências correntes.

(C) despesas de capital.

(D) subvenções sociais.

(E) subvenções econômicas.

Nos termos do art. 20, parágrafo único, da Lei 4.320/1964, os programas especiais de trabalho que, por sua natureza, não possam cumprir-se subordinadamente às normas gerais de execução da despesa poderão ser custeadas por dotações globais, classificadas entre as despesas de capital. Por essa razão, a alternativa "C" é a correta.

Gabarito "C".

(PROCURADOR DO ESTADO/RS – FUNDATEC – 2010) Assinale a alternativa correta:

(A) Empenho é o ato administrativo emanado da autoridade administrativa competente que efetiva a entrega de valores monetários ao credor do Estado.

(B) A liquidação da despesa pública é o ato administrativo emanado de autoridade administrativa competente que verifica o direito adquirido pelo credor para receber valores devidos, tendo por base os títulos e documentos comprobatórios do respectivo crédito.

(C) O empenho de uma despesa pública é o ato final de um processo administrativo, antecedido dos atos de liquidação e de pagamento, no qual o Estado julgará a legalidade do crédito.

(D) Não impede o pagamento da despesa pública a ocorrência de nulidade nas fases antecedentes do respectivo procedimento administrativo.

(E) As fases da despesa pública competem somente ao Poder Executivo, porque são atos administrativos.

A: incorreta, pois a assertiva descreve o pagamento – art. 64 da Lei 4.320/1964. Empenho, segundo o art. 58 da Lei 4.320/1964, é o ato emanado de autoridade competente que cria para o Estado a obrigação de pagamento pendente ou não de implemento de condição; **B:** correta, pois essa é a definição de liquidação dada pelo art. 63 da Lei 4.320/1964; **C:** incorreta, conforme a definição de empenho fixada pelo art. 58 da Lei 4.320/1964, indicada no comentário à alternativa "A"; **D:** incorreta, pois se houver nulidade do empenho ou da liquidação, o pagamento fica

prejudicado; **E:** incorreta, pois todos os poderes, inclusive o Legislativo e o Judiciário, realizam despesas públicas e, nessa atividade, devem observar as normas financeiras aplicáveis.

Gabarito "B".

(Procurador do Estado/GO – 2010) Sobre a realização das despesas, é CORRETO afirmar:

(A) As despesas com pessoal, de caráter permanente, não dependem de autorização legislativa anual, porque já são previstas quando da criação dos respectivos cargos.

(B) O empenho consiste no instrumento pelo qual se faz a reserva de recursos orçamentários para a satisfação da obrigação.

(C) São fases da realização das despesas a lei orçamentária, o empenho, a liquidação e o pagamento.

(D) No último ano do mandato do chefe do Poder Executivo, é possível realizar operação de crédito por antecipação de receita orçamentária, desde que sua liquidação não ultrapasse o respectivo exercício financeiro.

(E) Pela liquidação, o administrador público verifica se o valor da nota de empenho é igual ao valor do contrato administrativo de que decorreu a obrigação.

A: incorreta. Toda despesa depende de previsão no orçamento anual, mesmo aquelas continuadas – art. 167, II, da CF e art. 60 da Lei 4.320/1964; **B:** assertiva correta, pois, tecnicamente, essa é a função do empenho, pelo qual se destaca parcela da disponibilidade orçamentária para satisfação da obrigação – ver, entretanto, a definição legal dada pelo art. 58 da Lei 4.320/1964; **C:** incorreta, pois a lei orçamentária não é, em si, uma fase da realização da despesa – ver arts. 58 a 65 da Lei 4.320/1964; **D:** incorreta, pois as operações de crédito por antecipação de receita orçamentária (ARO) são proibidas no último ano de mandato do chefe do Executivo – art. 38, IV, *b*, da LRF; **E:** incorreta, pois a liquidação da despesa consiste na verificação do direito adquirido pelo credor tendo por base os títulos e documentos comprobatórios do respectivo crédito – art. 63 da Lei 4.320/1964.

Gabarito "B".

Veja a seguinte tabela com as fases da realização da despesa

Fases da realização das despesas
1° – Empenho: art. 60 da Lei 4.320/1964
2° – Contratação na forma da Lei 8.666/1993
3° – O serviço é realizado ou o bem é entregue
4° – Liquidação da despesa: art. 63 da Lei 4.320/1964
5° – Ordem de pagamento: art. 64 da Lei 4.320/1964
6° – Entrega do dinheiro ao contratado: art. 65 da lei 4.320/1964

(Procurador Federal – 2010 – CESPE) Com relação a despesas e receitas públicas, julgue os itens seguintes.

(1) O princípio da legalidade em matéria de despesa pública significa que se exige a inclusão da despesa em lei orçamentária para que ela possa ser realizada, com exceção dos casos de restituição de valores ou pagamento de importância recebida a título de caução, depósitos, fiança, consignações, ou seja, advindos de receitas extraorçamentárias que, apesar de não estarem fixados na lei orçamentária, sejam objeto de cumprimento de outras normas jurídicas.

(2) Considera-se obrigatória de caráter continuado a despesa corrente derivada de lei, de medida provisória ou de ato administrativo normativo que fixe para o ente a obrigação legal de sua execução por um período superior a dois exercícios.

1: assertiva correta, considerando que esses simples ingressos são classificados contabilmente como receitas extraorçamentárias (apesar de, a rigor, não serem receita pública); **2** assertiva correta, pois corresponde à definição de despesa continuada, nos termos do art. 17 da LRF. Gabarito "1C, 2C"

8. DESPESAS COM PESSOAL

(Procurador do Município – Boa Vista/RR – 2019 – CESPE/CEBRASPE) De acordo com a Constituição Federal de 1988, julgue o seguinte item, acerca de direito financeiro e princípios orçamentários.

(1) A admissão de pessoal por empresa pública municipal dispensa autorização específica na lei de diretrizes orçamentárias.

1: correta, pois há ressalva para empresas públicas e sociedades de economia mista no art. 169, § 1º, II, da CF. Gabarito "1C."

(Procurador do Estado/SE – 2017 – CESPE) Considerando as previsões constitucionais e legais relativas a despesas de pessoal, assinale a opção correta.

(A) Para a concessão de aumento na remuneração aos servidores públicos, é suficiente previsão na lei orçamentária anual.

(B) O percentual que limita as despesas de pessoal ativo somente poderá ser alterado por emenda constitucional.

(C) A exoneração de servidores públicos estáveis poderá ser executada apenas após a exoneração de todos os cargos em comissão e funções de confiança.

(D) O pagamento dos proventos de aposentados é classificado como despesas correntes de custeio.

(E) De acordo com a LRF, há diferença classificatória e de planejamento entre mão de obra terceirizada que substitua servidores e mão de obra da área-meio.

A: incorreta, pois é necessária também autorização específica na LDO, nos termos do art. 169, § 1º, II, da CF; **B:** incorreta, pois os limites são estabelecidos em lei complementar federal, conforme o art. 169, *caput*, da CF; **C:** incorreta, pois, além das demissões por descumprimento da legislação estatutária, é possível a demissão de servidores para recondução das despesas com pessoal aos limites legais, caso as medidas de redução em pelo menos 20% das despesas com cargos e comissão e funções de confiança e de exoneração dos servidores não estáveis não tenham sido suficientes – art. 169, § 4º, da CF; **D:** incorreta, pois não é considerada despesa de custeio – art. 12, § 1º, da Lei 4.320/1964 ; **E:** correta, pois os valores de contratos de terceirização de mão de obra que se referem à substituição de servidores e empregados públicos são contabilizados como "outras despesas de pessoal" – art. 18, § 1º, da LRF. **RB** Gabarito "E."

(Procurador do Estado/SE – 2017 – CESPE) Acerca dos limites da despesa total de gastos com pessoal, assinale a opção correta.

(A) Os percentuais desses limites previstos na legislação incidem sobre a receita corrente nominal.

(B) Os percentuais de gastos para o MPU e o Poder Judiciário são equivalentes.

(C) Estão previstos na CF os percentuais referentes a esses limites.

(D) Os percentuais previstos para esses limites são os mesmos para cada ente federativo.

(E) São excluídas desses limites as despesas com indenização por demissão de servidores.

A: incorreta, pois os limites se referem a percentuais calculados sobre a receita corrente líquida – art. 19 da LRF; **B:** incorreta, pois o percentual para o Judiciário é muito superior ao do MPU – art. 20, I, *b* e *d*, da LRF; **C:** incorreta, pois os percentuais são fixados por lei complementar federal (art. 19 da LRF), nos termos do art. 169, *caput*, da CF; **D:** incorreta, pois são limites distintos para a União, em relação a Estados e Municípios – art. 19 da LRF; **E:** correta – art. 19, § 1º, I, da LRF. **RB** Gabarito "E."

(Procurador Municipal – Prefeitura/BH – CESPE – 2017) Se determinado ente federativo ultrapassar o limite prudencial de despesa com pessoal, ser-lhe-á:

(A) vedada a contratação de pessoal para a reposição de servidores aposentados da área de segurança.

(B) vedada a contratação de hora extra, ainda que decorrente de situações necessárias ao atendimento do princípio da continuidade do serviço público.

(C) permitida a adequação da despesa total com pessoal mediante a redução dos vencimentos pagos aos ocupantes de cargos e funções.

(D) permitida a contratação de operações de crédito para a redução das despesas com pessoal.

A: incorreta. Reposição de servidores das áreas de educação, saúde e segurança permanecem autorizadas (art. 22, parágrafo único, IV, da Lei de Responsabilidade Fiscal); **B:** incorreta. O cumprimento de tais princípios constitui exceção à proibição de pagamento de horas extras (art. 22, parágrafo único, V, da Lei de Responsabilidade Fiscal); **C:** incorreta. É inconstitucional a redução nominal dos vencimentos; **D:** correta. O limite prudencial não obsta a realização de operações de crédito. **HS** Gabarito "D."

(Procurador do Município/São José dos Campos-SP – 2012 – VUNESP) Para os fins de atender às determinações da Constituição Federal, a despesa total com pessoal, em cada período de apuração e em cada ente da Federação, não poderá exceder aos percentuais estabelecidos pela lei que disciplina a responsabilidade na gestão fiscal. No que respeita aos Municípios, o referido percentual máximo é de

(A) 30%.

(B) 40%.

(C) 50%.

(D) 60%.

(E) 70%.

O limite aplicável aos Municípios é de 60% da receita corrente líquida – art. 19, III, da LRF. Por essa razão, a alternativa "D" é a correta. Gabarito "D."

Para estudo e memorização, veja a seguinte tabela com os limites para despesas com pessoal em relação à receita corrente líquida de cada ente político, com a repartição entre Executivo, Legislativo e Judiciário (arts. 19 e 20 da LRF):

HENRIQUE SUBI E ROBINSON BARREIRINHAS

Limites para despesas com pessoal % sobre a receita corrente líquida		
União	50%	2,5% para o Legislativo, incluindo o Tribunal de Contas da União
		6% para o Judiciário
		40,9% para o Executivo
		0,6% para o Ministério Público da União
Estados e Distrito Federal	60%	3% para o Legislativo, incluindo o Tribunal de Contas Estadual
		6% para o Judiciário
		49% para o Executivo
		2% para o Ministério Público Estadual
Municípios	60%	6% para o Legislativo, incluindo o Tribunal de Contas Municipal, quando houver
		54% para o Executivo.

(Procurador do Estado/PA – 2011) No que se refere ao tema dos limites fiscais para despesa de pessoal, preocupação tanto do legislador constitucional quanto do legislador complementar, é CORRETO afirmar que:

(A) As medidas constitucionalmente previstas para sua redução, uma vez extrapolados, são sucessivamente a exoneração dos servidores não estáveis e a redução em pelo menos 20% (vinte por cento) das despesas com cargos em comissão e funções de confiança.

(B) Quanto à repartição dos limites globais de gastos, na esfera estadual a soma de todos os percentuais do Poder Legislativo, incluindo o Tribunal de Contas, do Poder Judiciário e do Ministério Público, não ultrapassa o percentual do Poder Executivo.

(C) Para efeito de se aferir o excesso ou não quanto aos limites de gastos com pessoal, será levada em consideração a receita corrente total no caso da União.

(D) A despesa total com pessoal, em cada período de apuração, no caso dos Estados, não poderá exceder o percentual de cinquenta por cento sobre a receita corrente líquida.

(E) Na verificação dos limites de despesas com pessoal serão computadas também despesas de indenização na via administrativa por demissão de servidores ou empregados.

A: incorreta, pois a primeira providência é a redução das despesas com cargos em comissão e funções de confiança em pelo menos 20%. Somente depois parte-se para a demissão de servidores não estáveis – art. 169, § 3º, da CF; **B:** correta, pois a divisão é de 49% para o Executivo estadual e, respectivamente, 3%, 6% e 2% para o Legislativo, Judiciário e Ministério Público, o que soma 11% – art. 20, II, da LRF; **C:** incorreta, pois, no caso da União, são deduzidos os valores transferidos aos Estados e Municípios por determinação constitucional ou legal, e as contribuições mencionadas na alínea a do inciso I e no inciso II do art. 195, e no art. 239 da CF – art. 2º, IV, da LRF; **D:** incorreta, pois o percentual aplicável aos Estados, ao Distrito Federal e aos Municípios é de 60% da receita corrente líquida – art. 19, II e III, da LRF; **E:** incorreta,

pois essas despesas não serão computadas para fins de aferição dos limites para gastos com pessoal – art. 19, § 1º, I, da LRF.

Gabarito "B".

(Procurador do Estado/GO – 2010) Sobre as despesas com pessoal. é CORRETO afirmar:

(A) A revisão geral anual, prevista no art. 37, X, da Constituição Federal, não fica prejudicada pela não observância do limite de gastos com pessoal, previsto na Lei de Responsabilidade Fiscal.

(B) Os Municípios goianos, em virtude da existência do Tribunal de Contas dos Municípios, somente poderão realizar gastos com pessoal na proporção de 53,6% com o Poder Executivo e 6,6% com o Poder Legislativo.

(C) O Estado que ultrapassar o limite de 60% da receita líquida em gastos com pessoal fica impedido de receber transferências voluntárias.

(D) O limite de gasto com pessoal da União, dos Estados e dos Municípios é de 60% da receita líquida.

(E) É proibida a realização de despesas com pessoal com recursos decorrentes de antecipação de receita orçamentária (ARO), mas permitida com os recursos oriundos de transferências voluntárias.

A: correta, conforme o art. 22, parágrafo único, I, da LRF; **B:** incorreta, pois a despesa com pessoal do legislativo municipal, incluindo o Tribunal de Contas, não pode ultrapassar 6% da receita corrente líquida. O gasto com pessoal do executivo municipal é limitado a 54% – art. 20, III, da LRF; **C:** imprecisa, pois essa sanção somente é aplicada se o Estado não alcançar a redução da despesa no prazo estabelecido, nos termos do art. 23, § 3º, da LRF; **D:** incorreta, pois o limite no âmbito federal é de 50% da receita corrente líquida – art. 19, I, da LRF; **E:** incorreta, pois a Constituição veda expressamente a transferência voluntária de recursos e a concessão de empréstimos, inclusive por antecipação de receita, pelos governos federal e estaduais e suas instituições financeiras, para pagamento de despesas com pessoal ativo, inativo e pensionista, dos Estados, do Distrito Federal e dos Municípios – art. 167, X, da CF. Despesas obrigatórias de caráter continuado devem, em regra, ser suportadas por receitas correntes, que serão realizadas ao longo dos exercícios futuros.

Gabarito "A".

(Procurador Federal – 2010 – CESPE) Com relação a despesas e receitas públicas, julgue o item seguinte.

(1) Caso a despesa total com pessoal exceda a 95% do limite imposto na LRF, é vedado ao poder público o provimento de cargo público, com exceção da reposição decorrente de aposentadoria ou falecimento de servidor público.

1: incorreta, pois a exceção refere-se apenas à reposição de servidores das áreas de educação, saúde e segurança, decorrente de aposentadoria ou falecimento – art. 22, parágrafo único, IV, da LRF.

Gabarito "1E".

(Procurador do Município/Boa Vista-RR – 2010 – CESPE) Com relação ao direito financeiro e econômico pátrio, julgue o item seguinte.

(1) Projeto de lei de iniciativa do Poder Executivo municipal que proponha reajustamento dos benefícios previdenciários de seus servidores, com o fim de preservar o valor real das transferências, não estará sujeito às exigências da Lei de Responsabilidade Fiscal relativas à compensação fixada em seu art. 17, ainda que aumente despesas obrigatórias de caráter continuado.

1: assertiva correta, pois essa dispensa em relação às exigência do art. 17 da LRF é prevista no art. 24, § 1º, III, da mesma Lei.

Gabarito "1C".

9. EXECUÇÃO ORÇAMENTÁRIA, CRÉDITOS ADICIONAIS

(Procurador do Município – S.J. Rio Preto/SP – 2019 – VUNESP) Conforme definido na Lei nº 4.320/64, consiste na entrega de numerário ao servidor, sempre precedida de empenho na dotação própria para o fim de realizar despesas, que não possam subordinar-se ao processo normal de aplicação, sendo aplicável aos casos de despesas expressamente definidos em lei. Trata-se do regime de

(A) afetação.

(B) disponibilidade.

(C) especialidade.

(D) excepcionalidade.

(E) adiantamento.

A assertiva define o adiantamento – art. 68 da Lei 4.320/1964.

Gabarito "E".

(Procurador do Município – Boa Vista/RR – 2019 – CESPE/CEBRASPE) Considerando as disposições da Lei de Responsabilidade Fiscal, julgue o item a seguir, relativo à destinação de recursos públicos para o setor privado.

(1) Não é viável autorizar a abertura de crédito adicional para permitir a destinação de recursos de fundação pública municipal para a cobertura de necessidades de cidadãos, pois esse tipo de despesa somente pode ser realizado com base em dotações originariamente estabelecidas na lei orçamentária.

1: incorreta, pois não há limitação em relação ao tipo de despesa para fins de abertura de crédito adicional – art. 40 da Lei 4.320/1964.

Gabarito "1E".

(Procurador do Estado/SP – 2018 – VUNESP) A Emenda Constitucional nº 86, de 2015, introduziu o conceito de execução equitativa das emendas individuais ao projeto de Lei Orçamentária Anual. Para tanto, estabeleceu o limite percentual de 1,2% da receita corrente líquida,

(A) no qual se inserem também as programações oriundas de despesas discricionárias incluídas pelo Chefe do Poder Executivo, igualmente não afetadas por contingenciamento na hipótese do não atingimento da meta de resultado fiscal prevista na Lei de Diretrizes Orçamentárias.

(B) cuja liberação financeira não pode ser obstada pelo Poder Executivo, salvo quando a execução da programação orçamentária correspondente for destinada a outros entes federados que estejam inadimplentes, ainda que temporariamente.

(C) destinado integralmente a ações e serviços públicos de saúde, vedada a aplicação em despesas de pessoal ou encargos sociais, admitindo-se o cômputo das programações correspondentes no cálculo do percentual mínimo de aplicação em saúde fixado na Constituição Federal.

(D) havendo precedência da liberação financeira para as programações decorrentes das emendas inseridas em tal limite em relação àquelas destinadas a despesas

discricionárias, sendo apenas estas últimas atingidas por limitações de empenho decorrentes de frustração da previsão de receita de impostos.

(E) com obrigatoriedade da execução orçamentária e financeira das programações decorrentes, salvo impedimentos de ordem técnica, comportando redução, até a mesma proporção incidente sobre o conjunto das despesas discricionárias, na hipótese de não cumprimento da meta de resultado fiscal estabelecida na Lei de Diretrizes Orçamentárias.

A: incorreta, pois as despesas discricionárias incluídas na LOA por iniciativa do Executivo não se confundem com emendas individuais reguladas pelo art. 166, § 9º, da CF, e estão sujeitas ao contingenciamento previsto no art. 9º da LRF. Importante lembrar que mesmo as emendas do art. 166, § 9º, da CF sujeitam-se a contingenciamento parcial e proporcional, nos termos do § 17 desse mesmo artigo; **B:** incorreta, pois quando a transferência obrigatória da União para execução das emendas individuais (até o limite de 1,2% da RCL do exercício anterior) for destinada a outros entes federados, essa transferência não estará condicionada à adimplência desse ente beneficiado – art. 166, § 13º, da CF; **C:** incorreta, pois as emendas individuais reguladas pelo art. 166, § 9º, da CF não se restringem a ações e serviços públicos de saúde, necessariamente; **D:** incorreta, pois mesmo as emendas do art. 166, § 9º, da CF sujeitam-se a contingenciamento parcial e proporcional, nos termos do § 17 desse mesmo artigo; **E:** correta, conforme o art. 166, §§ 9º, 11 e 17 da CF. [RB]

Gabarito "E".

(Procurador Municipal – Prefeitura/BH – CESPE – 2017) No que tange à execução orçamentária, assinale a opção correta.

(A) É vedada a realização de despesa sem prévio empenho, admitindo-se, todavia, a sua realização por estimativa de despesas submetidas a parcelamento.

(B) Para a manutenção do equilíbrio entre a receita arrecadada e a despesa realizada, o Poder Executivo aprovará durante o exercício um quadro de cotas trimestrais da despesa que cada unidade orçamentária fica autorizada a utilizar.

(C) O saldo positivo do fundo especial apurado em balanço será transferido para o exercício seguinte, sem vinculação prévia a nenhuma despesa ou categoria de programação.

(D) Com fundamento na lei orçamentária, o Poder Executivo fixará cotas trimestrais de despesa para assegurar o equilíbrio da execução orçamentária, desconsiderando-se, para essa finalidade, os créditos adicionais aprovados pelo Poder Legislativo.

A: incorreta. O art. 60 da Lei 4.320/1964 admite apenas exceções previstas em lei específica; **B:** correta, nos termos do art. 47 da Lei 4.320/1964; **C:** incorreta. A transferência será feita a crédito do mesmo fundo, ou seja, deve ser a ele vinculada (art. 73 da Lei 4.320/1964); **D:** incorreta. O art. 49 da Lei 4.320/1964 determina que os créditos adicionais e operações extraorçamentárias sejam computados nas cotas trimestrais. [HS]

Gabarito "B".

(Procurador Federal – 2013 – CESPE) No que tange a normas gerais de direito financeiro, julgue o seguinte item.

(1) De acordo com entendimento do STF, é inadmissível a edição de medida provisória pelo Poder Executivo federal que determine a abertura de crédito extraordinário em favor de órgãos componentes desse poder,

caso não estejam configuradas situações de guerra, comoção interna ou calamidade pública.

Correta – ver ADI 4.048 MC/DF. O Supremo Tribunal Federal entendeu que a hipótese de despesa imprevisível e urgente deve ser analisada a partir das expressões "guerra", "comoção interna" e "calamidade pública" utilizadas na Constituição. O STF afastou, nesse caso, a possibilidade de abertura de crédito extraordinário por medida provisória para "prover despesas correntes, que não estão qualificadas pela imprevisibilidade ou pela urgência".
Gabarito "1C".

(Procurador Federal – 2013 – CESPE) No que tange a normas gerais de direito financeiro, julgue o seguinte item.

(1) De acordo com dispositivo constante da Lei 4.320/1964, os créditos adicionais são autorizações de despesas não computadas ou insuficientemente dotadas na lei orçamentária, classificando-se em suplementares os direcionados a reforço orçamentário; em especiais, os destinados a despesas para as quais não haja dotação orçamentária específica; e em extraordinários, os que se destinem a despesas urgentes e imprevistas, em casos de guerra, comoção intestina ou calamidade pública.

Correta, descrevendo adequadamente as três espécies de créditos adicionais, segundo os arts. 40 a 46 da Lei 4.320/1964. Os créditos adicionais, em regra, são autorizações de despesas não computadas ou não suficientemente dotadas na Lei Orçamentária. Apenas após a vigência de um exercício orçamentário é que tais despesas são autorizadas. No entanto, é importante frisar que os créditos adicionais suplementares incorporam o orçamento vigente, o que pode não ocorrer com os créditos especiais e extraordinários, conforme art. 167, § 2º, da CF/1988. No âmbito federal, a LOA de 2015 (a exemplo de anos anteriores) previu outro requisito para a abertura do crédito adicional suplementar pelo Executivo (além do previsto no art. 43 da Lei 4.320/1964), qual seja o cumprimento da meta de superávit primário. O Senado Federal entendeu que a ex-Presidente Dilma Rousseff não observou tal requisito, sendo esse um dos fundamentos para seu afastamento.
Gabarito "1C".

(Procurador do Estado/PA – 2011) A utilização de medida provisória em matéria orçamentária encontra espaço restrito [na] Constituição de 1988, o que acabou por se refletir na jurisprudência do Supremo Tribunal Federal. Nesse estrito campo de disciplina de direito financeiro, é INCORRETO afirmar que:

(A) Não pode ser utilizada medida provisória sobre matéria relativa a créditos suplementares.

(B) Pode ser utilizada medida provisória para abertura de crédito extraordinário para atender despesas imprevisíveis e urgentes decorrentes de guerra.

(C) Não pode ser utilizada medida provisória para matéria relativa a créditos adicionais.

(D) Pode ser utilizada medida provisória para abertura de crédito extraordinário para atender despesas previsíveis, mas decorrentes de calamidade pública.

(E) Pode ser utilizada medida provisória para abertura de crédito extraordinário para atender despesas urgentes e imprevisíveis decorrentes de comoção interna.

A: correta, pois o STF reconheceu a possibilidade de medida provisória para créditos adicionais extraordinários, não para suplementares especificamente – ver ADIn 4.048 MC/DF; **B:** correta, nos termos do art. 167,

§ 3º, c/c art. 62 da CF – ver ADIn 4.048 MC/DF; **C:** em termos. De fato, o STF reconheceu a possibilidade de medida provisória em relação aos créditos extraordinários, conforme comentários anteriores. Entretanto, embora o art. 167, § 3º, da CF utilize essa expressão (crédito extraordinário), é interessante notar que o art. 41, III, da Lei 4.320/1964 indica que o crédito extraordinário é uma espécie de crédito adicional (ao lado do especial e do suplementar), o que leva à conclusão de que algum crédito adicional pode ser aberto diretamente por medida provisória; **D:** essa é a incorreta, pois o crédito extraordinário somente será admitido para atender a despesas imprevisíveis e urgentes – art. 167, § 3º, da CF; **E:** correta, conforme o art. 167, § 3º, da CF.
Gabarito "D".

Veja a seguinte tabela, para estudo e memorização dos créditos adicionais – art. 41 da Lei 4.320/1964 e art. 167, § 3º, da CF:

Créditos Adicionais		
Suplementares	Destinados a reforço de dotação orçamentária já existente	- autorizados por lei e abertos por decreto executivo
Especiais	Destinados a despesas para as quais não haja dotação orçamentária específica	- dependem da existência de recursos disponíveis para ocorrer a despesa
Extraordinários	Para atender a despesas imprevisíveis e urgentes, como as decorrentes de guerra, comoção interna ou calamidade pública	- abertos por decreto do Executivo, que deles dará imediato conhecimento ao Legislativo (o art. 167, § 3º, da CF faz referência à medida provisória – art. 62 da CF)

(Procurador do Estado/PA – 2011) Encontram destaque no direito financeiro as rigorosas fases pelas quais passa a execução da despesa pública orçamentária, que vai desde sua própria previsão orçamentária por via de lei, perpassando pelo empenho, liquidação e indo até a sua finalização com o efetivo pagamento. Nesse quadro, é INCORRETO afirmar que:

(A) É vedada a realização de despesa sem prévio empenho, mas em casos especiais previstos em legislação específica será dispensada a emissão de nota de empenho.

(B) O procedimento relativo ao pagamento de despesas correntes, como aluguel, geralmente dispensa a emissão de nota de empenho.

(C) Liquidação é fase através da qual se verifica o direito adquirido pelo credor tendo por base os títulos e documentos comprobatórios do respectivo crédito, bem como se apura a origem e o objeto do que se deve pagar, a importância exata a pagar e a quem se deve pagar para extinguir a obrigação.

(D) A nota de empenho está sujeita à anulação total, por exemplo, se o material adquirido não for entregue conforme ajustado.

(E) O pagamento de despesa de custeio, como a aquisição de material de consumo, via de regra, não prescinde da emissão de nota de empenho.

9. DIREITO FINANCEIRO

A: correta, conforme o art. 167, II, da CF e o art. 60, *caput* e § 1º, da Lei 4.320/1964; **B:** incorreta, pois somente em casos especiais (não nos comuns, de despesas correntes) é que poderá ser dispensada a emissão de nota de empenho, desde que previstos na legislação específica – art. 60, § 1º, da Lei 4.320/1964; **C:** correta, nos termos do art. 63 da Lei 4.320/1964; **D:** correta, pois, se a despesa não é realizada, o empenho pode ser cancelado; **E:** correta, conforme comentário à alternativa "B".
Gabarito "B".

10. OPERAÇÕES DE CRÉDITO, DÍVIDA PÚBLICA

(Procurador do Município – S.J. Rio Preto/SP – 2019 – VUNESP) Acerca da recondução da dívida aos limites, estabelece a Lei Complementar nº 101/00 que, se a dívida consolidada de um ente da Federação ultrapassar o respectivo limite ao final de um quadrimestre, deverá ser a ele reconduzida até o término dos três subsequentes, reduzindo o excedente, no primeiro, em pelo menos

(A) 50%
(B) 40%
(C) 30%
(D) 25%
(E) 20%

A redução mínima no primeiro quadrimestre será de pelo menos 25%, nos termos do art. 31 da LRF. Por essa razão, a alternativa "D" é a correta.
Gabarito "D".

(Procurador do Município – Boa Vista/RR – 2019 – CESPE/CEBRASPE) De acordo com a Lei n.º 4.320/1964, que apresenta normas gerais de direito financeiro, julgue o próximo item.

(1) Caso o balanço de fundo especial integrante do orçamento municipal aponte saldo positivo, este será transferido para o exercício seguinte, a crédito do mesmo fundo, salvo previsão diversa na lei orgânica do município.

1: discutível. De fato, o art. 73 da Lei 4.320/1964 determina que a lei que instituiu o fundo é que pode afastar essa obrigação de destinar o saldo positivo de um balanço a crédito do mesmo fundo no exercício seguinte, daí porque o gabarito indica a assertiva como incorreta. Entretanto, parece-nos que se for incluída na lei orgânica norma específica para o fundo em questão, ela é válida.
Gabarito "1E".

(Procurador do Município – Boa Vista/RR – 2019 – CESPE/CEBRASPE) A respeito de crédito público, julgue o item subsequente.

(1) Para que empresa pública municipal possa realizar operação de crédito interno com a União, o Senado Federal deverá verificar se o empréstimo pretendido observa os limites e as condições fixadas em âmbito nacional por essa casa legislativa para tal espécie de negócio jurídico.

1: incorreta, pois essa competência do Senado não abrange empresas públicas municipais – art. 52, VII, da CF.
Gabarito "1E".

(Procurador do Município/Manaus – 2018 – CESPE) Acerca de crédito público, julgue o seguinte item.

(1) Nem todo empréstimo público tomado pelo município precisa, para sua realização, de autorização específica do Senado Federal.

1: incorreta, pois exige-se autorização específica do Senado apenas para operação de crédito externa – art. 52, V, da CF. **RB**
Gabarito "1E".

(Procurador do Estado/SE – 2017 – CESPE) Quando decorrentes de operações de antecipação de receita orçamentária, as entradas de valores que integram o orçamento público

(A) são lançamentos dos juros que o Estado aufere como credor de empréstimos a terceiros.
(B) geram, em contrapartida, lançamento no passivo.
(C) são classificadas como receitas tributárias.
(D) podem ser consideradas receita, mas não ingresso.
(E) são classificadas como receita em sentido estrito.

As entradas decorrentes de operações de Antecipação de Receitas Orçamentárias – ARO são classificadas como receitas extraorçamentárias, ou seja, não são previstas na LOA (a receita orçamentária corresponde apenas à entrada efetiva do tributo, antecipada pela operação de ARO) – art. 3º, parágrafo único, da Lei 4.320/1964. **A:** incorreta, pois não se refere a juros, mas a antecipação da receita orçamentária do exercício, com diz o nome – art. 38 da LRF; **B:** correta, pois compõe o passivo circulante, até ser resgatado (o prazo para resgate é até 10 de dezembro de cada ano) – art. 38, II, da LRF; **C:** incorreta, pois a receita (ingresso) de ARO não é receita orçamentária, muito menos tributária; **D:** incorreta, pois, nessa classificação clássica, trata-se de simples ingresso, não receita pública; **E:** incorreta, pois, para a doutrina clássica, é simples ingresso, não receita pública. Importante lembrar que a legislação financeira não adota essa classificação (todo ingresso nos cofres públicos é receita, podendo ser orçamentária ou extraorçamentária). **RB**
Gabarito "B".

(Procurador Municipal – Sertãozinho/SP – VUNESP – 2016) Acerca da contratação das operações de crédito, conforme disciplina a Lei Complementar 101/2000, o ente da Federação interessado, deverá formalizar seu pleito fundamentando-o em parecer de seus órgãos técnicos e jurídicos, demonstrando a relação custo-benefício, o interesse econômico e social da operação e o atendimento das condições previstas na Lei de Responsabilidade Fiscal, dentre as quais, quando se tratar de operação de crédito externo, autorização específica do

(A) Presidente da República.
(B) Ministro da Fazenda.
(C) Senado Federal.
(D) Ministério das Relações Exteriores.
(E) Banco Central do Brasil.

Nos termos do art. 52, V, da CF, compete privativamente ao Senado Federal autorizar operações externas de natureza financeira, de interesse da União, dos Estados, do Distrito Federal, dos Territórios e dos Municípios. Nesse sentido, dispõe o art. 32, § 1º, IV, da LRF. Por essas razões, a alternativa "C" é a correta.
É importante destacar as vedações de operações de crédito entre entes da Federação, além das operações entre instituição financeira estatal em favor do ente que a controle, previstas nos arts. 35 e 36 da LRF. O Senado Federal, ao julgar o impedimento da ex-Presidente Dilma Rousseff, entendeu que ela violou essa última vedação (art. 36) ao atrasar repasses para o Banco do Brasil. Como a instituição financeira antecipou recursos para particulares, isso foi equiparado a operação de crédito em favor da União, controladora do banco, as chamadas pedaladas fiscais. **RB**
Gabarito "C".

(Procurador do Estado – PGE/RS – Fundatec – 2015) Quanto à dívida pública e às operações de crédito, analise as assertivas abaixo:

I. Os precatórios judiciais não pagos durante a execução do orçamento em que houverem sido incluídos integram a dívida consolidada, para fins de aplicação dos limites estabelecidos na Lei de Responsabilidade Fiscal.

II. A dívida pública consolidada ou fundada abrange as obrigações financeiras para amortização em prazo superior a 12 (doze) meses.

III. Instituição financeira controlada pelo Estado não pode conceder-lhe empréstimo e adquirir, no mercado, títulos da dívida pública para atender investimento de seus clientes.

IV. A instituição financeira que contratar operações de crédito com Estado da Federação deverá exigir comprovação de que a operação atende às condições e aos limites estabelecidos na Lei de Responsabilidade Fiscal, exceto quando relativa à dívida mobiliária ou à externa.

Após a análise, pode-se dizer que:

(A) Estão corretas apenas as assertivas I e II.

(B) Estão corretas apenas as assertivas II e III.

(C) Estão corretas apenas as assertivas I, II e IV.

(D) Todas as assertivas estão corretas.

(E) Todas as assertivas estão incorretas.

I: correta, nos termos do art. 30, § 7º, da LRF; **II:** correta, nos termos do art. 29, I, da LRF; **III:** incorreta. A proibição de conceder empréstimos não abrange a aquisição de títulos da dívida pública para atender a investimentos de clientes (art. 36, parágrafo único, da LRF); **IV:** correta, nos termos do art. 33 da LRF. HS

Gabarito "C".

(Procurador Distrital – 2014 – CESPE) Tendo em vista que as operações de crédito que excedam o montante das despesas de capital poderão ser autorizadas, desde que tenham finalidade precisa e sejam autorizadas por lei, julgue os itens que se seguem, relativos a crédito orçamentário e operações de crédito.

(1) As operações de crédito não podem ser confundidas com a abertura de créditos adicionais nem com operação de crédito por antecipação de receita, uma vez que esta tem a finalidade de cobrir déficit orçamentário.

(2) Segundo a Lei 4.320/1964, não há necessidade da indicação de recursos quando os créditos adicionais servirem para adicionar valor à dotação anterior.

(3) Os créditos extraordinários são espécie de créditos especiais e, por isso, sua criação independe de autorização legal.

(4) Os créditos suplementares são os destinados a reforçar dotações orçamentárias e que constam da LOA.

1: incorreta, pois as operações de crédito por antecipação de receita são, como diz o nome, espécie de operação de crédito – art. 38 da LRF; **2** incorreta, pois a abertura de crédito adicional suplementar depende da indicação de recursos, nos termos do art. 43 da Lei 4.320/1964; **3:** incorreta, pois créditos especiais, suplementares e extraordinários não se confundem, sendo espécies distintas de crédito adicional (este é o gênero) – art. 41 da Lei 4.320/1964; **4:** correta, conforme art. 41, I, da Lei 4.320/1964.

Gabarito 1E, 2E, 3E, 4C.

(Procurador Distrital – 2014 – CESPE) Julgue o item a seguir.

(1) Um conceito fundamental no que se refere a endividamento é o de dívida consolidada líquida, que é o montante total das obrigações financeiras do estado deduzidas as disponibilidades de caixa, as aplicações financeiras e os demais haveres financeiros.

Correta, conforme art. 1º, § 1º, V, da Resolução do Senado Federal 40/2001.

Gabarito "1C".

(Procurador Distrital – 2014 – CESPE) Julgue o item a seguir.

(1) É vedada a captação de recursos a título de antecipação de receita de contribuição cujo fato gerador ainda não tenha ocorrido.

1: Correta. A LRF equipara à operação de crédito e veda a captação de recursos a título de antecipação de receita de tributo ou de contribuição cujo fato gerador não tenha ocorrido, não impedindo, por outro lado, a aplicação pelo ente federativo da técnica da substituição "para frente", conforme previsto no § 7º do art. 150 da CF/1988.

Gabarito "1C".

(Procurador Distrital – 2014 – CESPE) Julgue o item a seguir.

(1) É considerado operação de crédito o recebimento antecipado de lucros e dividendos de empresa cujo capital social com direito a voto esteja, direta ou indiretamente, sob o domínio do poder público.

Incorreta, pois o recebimento antecipado de lucros e dividendos não é equiparado à operação de crédito para fins da vedação do art. 37, II, da LRF.

Gabarito "1E".

(Procurador Distrital – 2014 – CESPE) Julgue o item a seguir.

(1) O Senado Federal estabeleceu o limite global de endividamento para os estados, o DF e os municípios.

Correta. O Senado Federal, no exercício da atribuição do concedida pelo art. 52, VI, da CF/1988, fixou os limites globais para o montante da dívida pública consolidada e da dívida pública mobiliária dos Estados, o Distrito Federal e os Municípios (Resolução 40/2001), além de cuidar das operações de créditos efetuadas por tais entidades, seus limites e condições de autorização (Resolução 43/2001).
Note que a EC 94/2016 criou hipóteses de operação de crédito para pagamento de precatórios excetuados dos limites de endividamento (art. 100, § 19, da CF e art. 101, § 2º, III, do ADCT)

Gabarito "1C".

(Procurador Distrital – 2014 – CESPE) Julgue o item a seguir.

(1) É vedada operação de crédito entre entes da Federação, bem como em relação a quaisquer instituições a eles vinculadas.

Incorreta, pois excetuam-se dessa vedação as operações de crédito entre instituição financeira estatal e outro ente da Federação, inclusive suas entidades da administração indireta, que não se destinem a (i) financiar, direta ou indiretamente, despesas correntes e (ii) refinanciar dívidas não contraídas junto à própria instituição concedente.

Gabarito "1E".

(Procurador/DF – 2013 – CESPE) Acerca das normas jurídicas que regem a atividade financeira estatal, o próximo item apresenta uma situação hipotética, seguida de uma assertiva a ser julgada.

(1) As despesas de capital de um estado brasileiro somam R$ 2,5 bilhões. Nessa situação, conforme a CF, existe possibilidade jurídica de o referido ente federado contrair empréstimo de R$ 3 bilhões, ao longo daquele exercício financeiro.

pela qual já podemos excluir, de plano, as alternativas "A" e "E". O licenciamento ambiental será realizado pela União se presente uma das hipóteses do art. 7º, XIV, da LC 140/11. Também podemos excluir a alternativa "D", visto que, à luz da LC 140/11, o licenciamento ambiental será realizado por um único ente federativo (art. 13), a fim de evitar sobreposição de atuações dos entes federativos. Porém, os demais entes federativos interessados podem manifestar-se ao órgão ambiental licenciador, de forma não vinculante, conforme dispõe o art. 13, §1º, da aludida lei complementar. Portanto, correta a alternativa "C", que respeita a nova sistemática do licenciamento (realização por um único ente federativo, cabendo, porém, a oitiva dos demais entes interessados).

Gabarito "C."

(Procurador do Estado/PA – 2011) Assinale a alternativa COR-RETA:

(A) Mesmo na instalação de obra ou atividade potencialmente causadora de significativa degradação do meio ambiente, o licenciador poderá não exigir estudo prévio de impacto ambiental, desde que adote medidas administrativas para acompanhar o empreendimento.

(B) Não se pode considerar como obra ou atividade potencialmente causadora de significativa degradação do meio ambiente o mero uso de sementes, mesmo que organicamente modificadas, já que o plantio de uma espécie vegetal não impacta o meio ambiente.

(C) O licenciamento ambiental de obra ou atividade potencialmente causadora de significativa degradação será feito pelo órgão ambiental estadual onde tiver sede o empreendimento, mesmo se o dano ambiental tiver dimensão regional, assim entendido aquele que atingir dois ou mais estados-membros, ouvidos os órgãos ambientais dos demais entes federativos.

(D) O licenciamento ambiental de obra ou atividade potencialmente causadora de significativa degradação será feito pelo órgão ambiental estadual se o dano direto (potencial ou efetivo) ultrapassar os limites do município em que sediado o empreendimento, atingindo município vizinho, ambos situados na mesma unidade federativa.

(E) Se o impacto do empreendimento estiver limitado a um único município, mesmo atingindo diretamente área indígena, o licenciamento será feito pelo órgão ambiental municipal.

A: incorreta, pois para a instalação de obra ou atividade potencialmente causadora de significativa degradação do meio ambiente serão exigidos licenciamento ambiental (art. 10, Lei 6.938/81) e EIA (art. 225, §1º, IV, CF e art. 3º, Resolução CONAMA 237/97); **B:** incorreta, pois é proibida a liberação, no meio ambiente, de organismos geneticamente modificados (OGM) sem decisão favorável do CTNBio (Comissão Técnica Nacional de Biossegurança) ou sem o licenciamento do órgão ambiental competente quando a CTNBio considerar a atividade como potencialmente causadora de degradação ambiental (Lei 11.105/05); **C:** incorreta, pois, no caso, a competência será da União (art. 7º, XIV, e, da LC 140/11); **D:** correta (art. 8º, XIV, LC 140/11), visto que o impacto da obra ou atividade ficaria circunscrito a municípios do mesmo Estado; **E:** incorreta, pois se a obra ou atividade potencialmente degradadora do meio ambiente puder envolver terras indígenas, a competência será da União (art. 7º, XIV, c, da LC 140/11).

Gabarito "D."

(Procurador Federal – 2010 – CESPE) A respeito dos estudos de impacto ambiental, julgue os itens que se seguem.

(1) Os estudos de impacto ambiental são exigidos, na forma da lei, nos casos de significativa degradação ambiental.

1: Art. 225, § 1º, IV, da CF.

Gabarito "1C."

(Advogado da União/AGU – CESPE – 2012) A respeito do EIA, importante instrumento da Política Nacional do Meio Ambiente, julgue os próximos itens.

(1) A concessão de licenciamento para desenvolvimento de atividade potencialmente danosa ao meio ambiente constitui ato do poder de polícia, sendo a análise dos EIAs atividade própria do Poder Executivo.

(2) Lei estadual pode dispensar a realização de EIA se restar comprovado, por perícia, que determinada obra não apresenta potencial poluidor.

(3) Não poderá ser deferida licença ambiental se o EIA e seu respectivo relatório — EIA/RIMA — revelarem possibilidade de danos graves ao meio ambiente.

1: correta, pois, de fato, o licenciamento ambiental constitui, sem dúvida, instrumento que materializa o poder de polícia ambiental do Estado (lato sensu), a quem caberá analisar, se o caso, o Estudo de Impacto Ambiental (EIA) no caso de atividades ou empreendimentos com potencialidade de causar significativa degradação ambiental, podendo concluir, inclusive, pela inviabilidade da obra/empreendimento; **2:** incorreta, pois a exigência de EIA decorre de regra constitucional (art. 225, §1º, IV, CF), não cabendo, casuisticamente aos Estados, dispensá-lo. Outrossim, é da essência do EIA preceder à concessão da licença prévia, sendo, portanto, incompatível que uma perícia, certamente posterior ao início das obras ou atividades potencialmente causadoras de significativa degradação ambiental (AC 2000390200001410, DJ 18.10.2007 – TRF 1ª Região); **3:** incorreta, pois, mesmo diante de possibilidade de danos ambientais revelada pelo EIA/RIMA, cujas conclusões, frise-se, não vinculam o órgão ambiental licenciador, poderão ser apresentadas medidas mitigadoras ou mesmo alternativas aos impactos ambientais (art. 6º, Resolução CONAMA 01/86).

Gabarito 1C, 2E, 3E

(ADVOGADO – PETROBRÁS – 2012 – CESGRANRIO) Sobre licenciamento e avaliação de impactos ambientais, considere as afirmativas abaixo.

I. A apresentação, no licenciamento ambiental, de laudo parcialmente falso, inclusive por omissão, é tipificada como crime pela Lei Federal nº 9.605/1998.

II. A competência para o licenciamento ambiental pode ser da União, do Estado ou do Município.

III. O Estudo Prévio de Impacto Ambiental concretiza o princípio da precaução, embora não tenha previsão na Constituição Federal de 1988.

Está correto o que se afirma em

(A) I, apenas.

(B) III, apenas.

(C) I e II, apenas.

(D) II e III, apenas.

(E) I, II e III.

I: correta (art. 69-A, Lei 9.605/98); **II:** correta (arts. 7º, XIV, 8º, XIV e 9º, XIV, LC 140/11); **III:** incorreta, pois o EIA ou EPIA (Estudo Prévio de Impacto Ambiental) vem expressamente previsto no art. 225, §1º, IV, CF.

Gabarito "C."

11. DIREITO AMBIENTAL 555

(C) localizados ou desenvolvidos em 2 (dois) ou mais Estados, desde que haja concordância desses.

(D) de caráter militar, excetuando-se do licenciamento ambiental, nos termos de ato do Poder Executivo, aqueles previstos no preparo e emprego das Forças Armadas, conforme disposto em ato normativo específico.

(E) que atendam tipologia estabelecida por ato do Conselho Nacional do Meio Ambiente (Conama), e considerados os critérios de porte, potencial poluidor e natureza da atividade ou empreendimento.

A: incorreta, pois é competência da União promover o licenciamento de atividades e empreendimentos localizados ou desenvolvidos em terras indígenas (art. 7º, XIV, "c", da Lei Complementar 140/2011), não existindo qualquer disposição no sentido de estender esta competência para o licenciamento de atividades ou empreendimentos a serem desenvolvidos no entorno em um raio de 20 Km das terras indígenas, portanto, por esse motivo a assertiva encontra-se incorreta; **B:** incorreta, pois o licenciamento de atividades e empreendimentos localizados em Áreas de Proteção Ambiental (APAs), ainda que instituídas pela União, tem regramento próprio (art. 12, da Lei Complementar 140/2011), e, portanto, não segue o critério da criação para a definição da competência; **C:** incorreta, não se exige a concordância entre os Estados, pois será a União competente para promover o licenciamento ambiental de atividades e empreendimentos localizados ou desenvolvidos em 2 (dois) ou mais Estados (art. 7º, XIV, "e", da Lei Complementar 140/2011); **D:** correta (art. 7º, XIV, "f", da Lei Complementar 140/2011); **E:** incorreta, a União é competente para promover o licenciamento de atividades e empreendimentos que atendam tipologia estabelecida por ato do Poder Executivo a partir de proposição da Comissão Tripartite Nacional, assegurada a participação de um membro do Conselho Nacional do Meio Ambiente (Conama), e considerados os critérios de porte, potencial poluidor e natureza da atividade ou empreendimento (art. 7º, XIV, "h", da Lei Complementar 140/2011). **FM/FCP**
Gabarito "D".

(Advogado União – AGU – CESPE – 2015) De acordo com o Código Florestal, julgue os próximos itens, referentes à proteção de florestas e às competências em matéria ambiental, previstas na Lei Complementar 140/2011.

(1) A regularidade da reserva legal envolve a conservação de sua vegetação nativa, de modo que a exploração econômica dessa área deve ser feita mediante plano de manejo sustentável previamente aprovado pelo órgão ambiental competente do SISNAMA, sem prejuízo da observância das demais normas ambientais pertinentes.

(2) A reserva legal de propriedade ou posse rural define-se como área protegida com a principal função ambiental de preservar os recursos hídricos, a paisagem e a estabilidade geológica no imóvel.

1: Correta. A assertiva encontra-se em consonância com o art. 17, § 1º, da Lei 12.651/2012: "Art. 17. A Reserva Legal deve ser conservada com cobertura vegetal nativa pelo proprietário do imóvel rural, possuidor ou ocupante a qualquer título, pessoa física ou jurídica, de direito público ou privado. § 1º. Admite-se a exploração econômica da Reserva Legal mediante manejo sustentável, previamente aprovado pelo órgão competente do Sisnama, de acordo com as modalidades previstas no art. 20". **2:** Errada. O enunciado fala em Reserva Legal, mas indica a função ambiental da Área de Preservação Permanente (art. 3º, II, da Lei 12.651/2012). A definição legal de reserva legal encontra-se inserida no art. 3º, III, da Lei 12.651/2012: "III – Reserva Legal: área localizada no interior de uma propriedade ou posse rural, delimitada nos termos

do art. 12, com a função de assegurar o uso econômico de modo sustentável dos recursos naturais do imóvel rural, auxiliar a conservação e reabilitação dos processos ecológicos e promover a conservação da biodiversidade, bem como o abrigo e a proteção da fauna silvestre e da flora nativa". **FM/FCP**
Gabarito 1C, 2E

(PROCURADOR DO ESTADO/MG – FUMARC – 2012) Acerca do Licenciamento Ambiental, assinale a alternativa correta:

(A) A Licença de Operação autoriza a instalação do empreendimento ou atividade de acordo com as especificações constantes dos planos, programas e projetos aprovados, incluindo as medidas de controle ambiental e demais condicionantes, da qual constituem motivo determinante.

(B) A Licença de Instalação aprova a localização e concepção do empreendimento, atestando a viabilidade ambiental e estabelecendo os requisitos básicos e condicionantes a serem atendidos nas próximas fases de sua implementação.

(C) A construção, instalação, ampliação e funcionamento de estabelecimentos e atividades utilizadores de recursos ambientais, efetiva ou potencialmente poluidores ou capazes, sob qualquer forma, de causar degradação ambiental dependerão de prévio licenciamento ambiental.

(D) O Estudo de Impacto Ambiental será realizado por equipe multidisciplinar dos órgãos ambientais responsáveis pelo licenciamento.

(E) A Licença Prévia autoriza a operação do empreendimento ou atividade.

A: incorreta, pois, por óbvio, a licença que autoriza a instalação do empreendimento é a Licença de Instalação (LI), conforme art. 8º, II, Resolução CONAMA 237/97; **B:** incorreta, pois a licença que aprova a localização e concepção do empreendimento, atestando sua viabilidade ambiental, é a Licença Prévia (LP), conforme art. 8º, I, da Resolução CONAMA 237/97; **C:** correta (art. 2º, Resolução CONAMA 237/97); **D:** incorreta, pois o estudo de impacto ambiental (EIA), conforme dispõe o art. 17, §2º, do Decreto 99.274/90, bem como art. 11, da Resolução CONAMA 239/97, será realizado por técnicos contratados pelo empreendedor, não cabendo, pois, aos órgãos ambientais realizá-lo; **E:** incorreta, pois, obviamente, a Licença Prévia (LP) não autoriza a operação do empreendimento ou atividade, que dependerá de Licença de Operação (LO), conforme art. 8º, III, Resolução CONAMA 237/97.
Gabarito "C".

(Procurador do Estado/MT – FCC – 2011) Uma rodovia que passe pelo território de quatro municípios no Estado de Mato Grosso deve ter seu licenciamento ambiental realizado

(A) exclusivamente pela União.

(B) exclusivamente pelo Estado de Mato Grosso.

(C) exclusivamente pelo Estado de Mato Grosso, ouvidos os Municípios diretamente afetados, que se manifestarão em relação às questões inseridas na competência municipal.

(D) em concorrência entre o Estado de Mato Grosso e os Municípios diretamente afetados.

(E) em concorrência entre União, Estado de Mato Grosso e Municípios diretamente afetados.

De fato, o licenciamento ambiental de uma obra (rodovia, no caso) que passe por quatro municípios, por evidente, não seria realizado exclusivamente pela União, ou concorrentemente com ela, razão

uma AIA mais rigorosa e detalhada, denominada Estudo de Impacto Ambiental (EIA), que será consubstanciado no Relatório de Impacto Ambiental (RIMA).

O **EIA** pode ser **conceituado** como *o estudo prévio das prováveis consequências ambientais de obra ou atividade, que deve ser exigido pelo Poder Público, quando estas forem potencialmente causadoras de significativa degradação do meio ambiente* (art. 225, § 1º, IV, CF).

Destina-se a averiguar as alterações nas propriedades do local e de que forma tais alterações podem afetar as pessoas e o meio ambiente, o que permitirá ter uma ideia acerca da viabilidade da obra ou atividade que se deseja realizar.

O Decreto 99.274/90 conferiu ao CONAMA atribuição para traçar as regras de tal estudo. A Resolução 1/86, desse órgão, traça tais diretrizes, estabelecendo, por exemplo, um rol exemplificativo de atividades que devem passar por um EIA, apontando-se, dentre outras, a implantação de estradas com duas ou mais faixas de rolamento, de ferrovias, de portos, de aterros sanitários, de usina de geração de eletricidade, de distritos industriais etc.

O EIA trará conclusões quanto à fauna, à flora, às comunidades locais, dentre outros aspectos, devendo ser realizado por equipe multidisciplinar, que, ao final, deverá redigir um relatório de impacto ambiental (RIMA), o qual trará os levantamentos e conclusões feitos, devendo o órgão público licenciador receber o relatório para análise das condições do empreendimento.

O empreendedor é quem **escolhe** os componentes da equipe e é quem **arca** com os custos respectivos. Os profissionais que farão o trabalho terão todo interesse em agir com correção, pois fazem seus relatórios sob as penas da lei. Como regra, o estudo de impacto ambiental e seu relatório são **públicos**, podendo o interessado solicitar sigilo industrial, fundamentando o pedido.

O EIA normalmente é exigido **antes** da licença prévia, mas é cabível sua exigência mesmo para empreendimentos já licenciados.

(Procurador Municipal – Prefeitura/BH – CESPE – 2017) Um empreendedor pretende desenvolver atividade que utiliza recursos ambientais e é potencialmente poluidora. Nesse caso, o órgão de meio ambiente municipal detém a competência para o controle ambiental.

Nessa situação,

(A) cabem ao órgão ambiental municipal os estudos ambientais prévios necessários para a emissão de licença ambiental.

(B) poderá dispensar-se o procedimento de licenciamento ambiental se o responsável pelo empreendimento assinar termo comprometendo-se a atender a legislação ambiental, em especial as normas de qualidade ambiental.

(C) além da licença ambiental, exige-se que o empreendimento tenha registro no cadastro técnico federal de atividades potencialmente poluidoras ou utilizadoras de recursos ambientais.

(D) se a atividade for exercida em desacordo com a licença ambiental emitida, será necessária, para a aplicação de multa, a comprovação de que foram causados danos ambientais significativos.

A: incorreta, posto que os estudos ambientais prévios correm as expensas do empreendedor e não do órgão ambiental (art.11, da Resolução Conama 237/1997); **B:** incorreta, nos termos do art. 10, da Lei 6.938/1981: "Art. 10. A construção, instalação, ampliação e funcionamento de estabelecimentos e atividades utilizadores de recursos ambientais, efetiva ou potencialmente poluidores ou capazes, sob qualquer forma, de causar degradação ambiental dependerão de prévio licenciamento ambiental", portanto, se a atividade ou o empreendimento tiver potencial para causar degradação ambiental, deverá ser submetido ao licenciamento ambiental; **C:** correta (art. 10 e art. 17, II, da Lei 6.938/1981); **D:** incorreta, pois para a aplicação de multa, basta o não cumprimento das medidas necessárias a prevenção de danos previstas na licença ambiental, ou seja, basta que a atividade seja exercida em desacordo com a licença emitida (art.14, *caput*, da Lei 6.938/1981). **FM/FCP**
„Ɔ„ oʇᴉɹɐqɐ⅁

(Procurador do Estado – PGE/PA – UEPA – 2015) A respeito de licenciamento ambiental, na forma da Lei Complementar 140, julgue as afirmativas abaixo.

I. Os empreendimentos e atividades são licenciados ou autorizados, ambientalmente, por um único ente federativo, em conformidade com as atribuições estabelecidas na Lei Complementar 140.

II. Os demais entes federativos interessados podem manifestar-se ao órgão responsável pela licença ou autorização, de maneira vinculante, desde que respeitados os prazos e procedimentos do licenciamento ambiental e com argumentação técnica suficiente.

III. A supressão de vegetação decorrente de licenciamentos ambientais é autorizada pelo ente federativo licenciador.

IV. Os valores alusivos às taxas de licenciamento ambiental e outros serviços afins devem guardar relação de proporcionalidade com o custo e a complexidade do empreendimento objeto do licenciamento.

A alternativa que contém todas as afirmativas corretas é:

(A) III e IV

(B) II e III

(C) II e IV

(D) I e III

(E) I e II

I: correta (art. 13, da Lei Complementar 140/2011); II: incorreta, pois "os demais entes federativos interessados podem manifestar-se ao órgão responsável pela licença ou autorização, de maneira não vinculante, respeitados os prazos e procedimentos do licenciamento ambiental" (art. 13, § 1º, da Lei Complementar 140/2011); III: correta (art. 13, § 2º, da Lei Complementar 140/2011); IV: incorreta, pois os valores alusivos às taxas de licenciamento ambiental e outros serviços afins devem guardar relação de proporcionalidade com o custo e a complexidade do *serviço prestado pelo ente federativo* e não a complexidade do empreendimento, conforme disposto na assertiva (art. 13, § 3º, da Lei Complementar 140/2011). **FM/FCP**
„ᗡ„ oʇᴉɹɐqɐ⅁

(Procurador do Estado – PGE/PA – UEPA – 2015) Sobre competência para licenciamento ambiental, é correto afirmar que compete à União promover o licenciamento de empreendimentos e atividades:

(A) localizados ou desenvolvidos em terras indígenas e no seu entorno em um raio de 20 km.

(B) localizados ou desenvolvidos em qualquer dos tipos de unidades de conservação instituídas pela União.

11. DIREITO AMBIENTAL   **553**

o bem-estar da população; criem condições adversas às atividades sociais e econômicas; afetem desfavoravelmente a biota; afetem as condições estéticas ou sanitárias do meio ambiente; lancem matérias ou energia em desacordo com os padrões ambientais estabelecidos.

(E) adota instrumentos de comando e controle como, por exemplo, a avaliação de impacto ambiental, o zoneamento e o licenciamento.

A: adota (art. 9º, XIII, da Lei 6.938/81); **B:** tem (art. 2º, *caput*, da Lei 6.938/81); **C:** não define, devendo ser assinalada; também é poluição a atividade que, INDIRETAMENTE, causa degradação ambiental (art. 3º, III, da Lei 6.938/81) **D:** define (art. 3º, III, da Lei 6.938/81); **E:** adota (art. 9º, II, III e IV, da Lei 6.938/81).

Gabarito "C".

7. INSTRUMENTOS DA POLÍTICA NACIONAL DO MEIO AMBIENTE

7.1. Licenciamento ambiental e EIA/RIMA

Para resolver as questões sobre Licenciamento Ambiental e EIA/RIMA, segue um resumo da matéria:

O **licenciamento ambiental** pode ser **conceituado** como *o procedimento administrativo destinado a licenciar atividades ou empreendimentos utilizadores de recursos ambientais, efetiva ou potencialmente poluidores ou capazes, sob qualquer forma, de causar degradação ambiental* (art. 2º, I, da Lei Complementar 140/11). Assim, toda vez que uma determinada atividade puder causar degradação ambiental, além das licenças administrativas pertinentes, o responsável pela atividade deve buscar a necessária licença ambiental também.

A **regulamentação** do licenciamento ambiental compete ao CONAMA, que expede normas e critérios para o licenciamento. A Resolução nº 237 do órgão traz as normas gerais de licenciamento ambiental. Há também sobre o tema o Decreto 99.274/90. Há, também, agora, a Lei Complementar 140/11, que trata da cooperação dos entes políticos para o exercício da competência comum em matéria ambiental, e consagrou a maior parte das disposições da Resolução CONAMA 237, colocando pá de cal sobre qualquer dúvida que existisse sobre a competência do Município para o exercício do licenciamento ambiental em casos de impacto ambiental local.

Já a **competência** para executar o licenciamento ambiental é assim dividida:

a)   impacto nacional e regional: é do IBAMA, com a colaboração de Estados e Municípios. O IBAMA poderá delegar sua competência aos Estados, se o dano for regional, por convênio ou lei. Assim, a competência para o licenciamento ambiental de uma obra do porte da transposição do Rio São Francisco é do IBAMA.

b)   impacto em dois ou mais municípios (impacto microrregional): é dos estados-membros. Por exemplo, uma estrada que liga 6 municípios de um mesmo estado-membro.

c)   impacto local: é do Município. Por exemplo, o licenciamento para a construção de um prédio de apartamentos. A Lei Complementar 140/11, em seu art. 9º, XIV, estabelece que o Município promoverá o licencia-

mento ambiental das atividades ou empreendimentos localizados em suas unidades de conservação e também das demais atividades e empreendimentos que causem ou possam causar impacto ambiental local, conforme tipologia definida pelos respectivos Conselhos Estaduais do Meio Ambiente, considerados os critérios de porte, potencial poluidor e natureza da atividade. A Resolução n. 237 permite que, por convênio ou lei, os Municípios recebam delegação dos estados para determinados licenciamentos, desde que tenha estrutura para tanto.

Há três **espécies** de licenciamento ambiental (art. 19, Decreto 99.274/90):

a)   Licença Prévia (LP): *é o ato que aprova a localização, a concepção do empreendimento e estabelece os requisitos básicos a serem atendidos nas próximas fases;* trata-se de licença ligada à fase preliminar de planejamento da atividade, já que traça diretrizes relacionadas à localização e instalação do empreendimento. Por exemplo, em se tratando do projeto de construir um empreendimento imobiliário na beira de uma praia, esta licença disporá se é possível o empreendimento no local e, em sendo, quais os limites e quais as medidas que deverão ser tomadas, como construção de estradas, instalação de tratamento de esgoto próprio etc. Essa licença tem validade de até 5 anos.

b)   Licença de Instalação (LI): é o *ato que autoriza a implantação do empreendimento, de acordo com o projeto executivo aprovado.* Depende da demonstração de possibilidade de efetivação do empreendimento, analisando o projeto executivo e eventual estudo de impacto ambiental. Essa licença autoriza as intervenções no local. Permite que as obras se desenvolvam. Sua validade é de até 6 anos.

c)   Licença de Operação (LO): é o *ato que autoriza o início da atividade e o funcionamento de seus equipamentos de controle de poluição, nos termos das licenças anteriores.* Aqui, o empreendimento já está pronto e pode funcionar. A licença de operação só é concedida se for constado o respeito às licenças anteriores, bem como se não houver perigo de dano ambiental, independentemente das licenças anteriores. Sua validade é de 4 a 10 anos.

É importante ressaltar que a **licença ambiental**, diferentemente da licença administrativa (por ex., licença para construir uma casa), apesar de normalmente envolver competência vinculada, tem prazo de validade definida e não gera direito adquirido para seu beneficiário. Assim, de tempos em tempos, a licença ambiental deve ser renovada. Além disso, mesmo que o empreendedor tenha cumprido os requisitos da licença, caso, ainda assim, tenha sido causado dano ao meio ambiente, a existência de licença em seu favor não o exime de reparar o dano e de tomar as medidas adequadas à recuperação do meio ambiente.

O **licenciamento ambiental**, como se viu, é obrigatório para todas as atividades que utilizam recursos ambientais, em que há possibilidade de se causar dano ao meio ambiente. Em processos de licenciamento ambiental é comum se proceder a Avaliações de Impacto Ambiental (AIA). Há, contudo, atividades que, potencialmente, podem causar danos *significativos* ao meio ambiente, ocasião em que, além do licenciamento, deve-se proceder a

(C) É competência concorrente da União, dos Estados, do Distrito Federal e dos Municípios proteger o meio ambiente e combater a poluição em qualquer de suas formas.

(D) Poluidor é a pessoa física ou jurídica, de direito público ou privado, responsável, direta ou indiretamente, por atividade causadora de degradação ambiental.

(E) A Política Nacional do Meio Ambiente visará à compatibilização do desenvolvimento econômico-social com a preservação da qualidade do meio ambiente e do equilíbrio ecológico.

A: correta (art. 2º, *caput*, Lei 6.938/81); B: correta (art. 3º, I, Lei 6.938/81); C: incorreta (art. 23, VI, CF), pois competência comum dos entes federados a proteção do meio ambiente. Outrossim, tal tema não vem tratado na PNMA, mas, sim, na CF; D: correta (art. 3º, IV, Lei 6.938/81); E: correta (art. 4º, I, Lei 6.938/81).
„Gabarito "C".

(Procurador do Estado/PA – 2011) Considerando a competência do CONAMA, analise as proposições abaixo e assinale a alternativa CORRETA:

I. Estabelecer, mediante proposta do IBAMA, normas e critérios para o licenciamento de atividades efetiva ou potencialmente poluidoras, a ser concedido pelos Estados e supervisionado pelo IBAMA.

II. Determinar, quando julgar necessário, a realização de estudos das alternativas e das possíveis consequências ambientais de projetos públicos ou privados, requisitando aos órgãos federais, estaduais e municipais, bem assim a entidades privadas, as informações indispensáveis para apreciação dos estudos de impacto ambiental, e respectivos relatórios, no caso de obras ou atividades de significativa degradação ambiental, especialmente nas áreas consideradas patrimônio nacional.

III. Homologar acordos visando à transformação de penalidades pecuniárias na obrigação de executar medidas de interesse para a proteção ambiental.

IV. Determinar, mediante representação do IBAMA, a perda ou restrição de benefícios fiscais concedidos pelo Poder Público, em caráter geral ou condicional, e a perda ou suspensão de participação em linhas de financiamento em estabelecimentos oficiais de crédito.

V. Estabelecer, privativamente, normas e padrões nacionais de controle da poluição por veículos automotores, aeronaves e embarcações, mediante audiência dos Ministérios competentes.

(A) Apenas as proposições I e III estão corretas.
(B) Apenas a proposição IV está correta.
(C) Apenas as proposições I, II e V estão corretas.
(D) Todas as proposições estão corretas.
(E) Apenas as proposições I, II e III estão corretas.

I: correta (art. 8º, I, Lei 6.938/81); II: correta (art. 8º, II, Lei 6.938/81); III: correta (art. 8º, IV, Lei 6.938/81); IV: correta (art. 8º, V, Lei 6.938/81); V: correta (art. 8º, VI, Lei 6.938/81).
„Gabarito "D".

(Procurador do Estado/PR – UEL-COPS – 2011) Não podem ser considerados instrumentos da Política Nacional do Meio Ambiente, instituída pela Lei nº 6.938, de 1981:

(A) o zoneamento ecológico-econômico e o sistema nacional de informações sobre o meio ambiente;
(B) a avaliação de impactos ambientais e o licenciamento ambiental;
(C) a instituição do Relatório de Qualidade do Meio Ambiente e a criação de espaços territoriais especialmente protegidos;
(D) a concessão florestal e a servidão ambiental;
(E) o zoneamento agroecológico da cana-de-açúcar e o relatório de impacto ambiental.

A: correta (art. 9º, II, Lei 6.938/81); B: correta (art. 9º, III e IV, Lei 6.938/81); C: correta (art. 9º, X e VI, Lei 6.938/81); D: correta (art. 9º, XIII, Lei 6.938/81); E: incorreta, pois não consta na Lei da PNMA o zoneamento agroecológico da cana-de-açúcar como um de seus instrumentos.
„Gabarito "E".

(Procurador do Município/São José dos Campos-SP – 2012 – VUNESP) É(são) instrumento(s) da Política Nacional do Meio Ambiente, dentre outros:

(A) a garantia da prestação de informações relativas ao Meio Ambiente, facultando-se ao Poder Judiciário produzi-las, quando inexistentes.
(B) o Cadastro Técnico Municipal de atividades potencialmente poluidoras e/ou utilizadoras dos recursos ambientais.
(C) instrumentos econômicos, como concessão florestal e servidão ambiental.
(D) o Cadastro Técnico Estadual de Atividades e informações sobre a biota exótica.
(E) os instrumentos necessários ao fomento da ciência, voltados para a pessoa humana e a biota.

A: incorreta (art. 9º, XI, Lei 6.938/81), pois é instrumento da PNMA a garantia de prestação de informações relativas ao meio ambiente, que, quando inexistentes, caberão ao Poder Público (e não ao Poder Judiciário!); B: incorreta (art. 9º, XII, Lei 6.938/81), pois é instrumento da PNMA o Cadastro Técnico Federal (e não Municipal!) de atividades potencialmente poluidoras; C: correta (art. 9º, XIII, Lei 6.938/81); D: incorreta, pois o Cadastro Técnico será federal (art. 9º, VIII, Lei 6.938/81); E: incorreta, por falta de previsão no rol do art. 9º da Lei 6.938/81.
„Gabarito "C".

(Procurador do Município/Teresina-PI – 2010 – FCC) A Política Nacional do Meio Ambiente (PNMA), estabelecida pela Lei Federal nº 6.938/81, NÃO

(A) adota instrumentos econômicos, como a concessão florestal, a servidão ambiental, o seguro ambiental, entre outros.
(B) tem por objetivo geral a preservação, melhoria e recuperação da qualidade ambiental propícia à vida, visando assegurar, no País, condições ao desenvolvimento socioeconômico, aos interesses da segurança nacional e à proteção da dignidade da vida humana.
(C) define que poluidor é a pessoa física ou jurídica, de direito público ou privado, apenas diretamente responsável por atividade causadora de degradação ambiental.
(D) define poluição como a degradação da qualidade ambiental resultante de atividades que, direta ou indiretamente, prejudiquem a saúde, a segurança e

conceitos das licenças se encontram na Resolução CONAMA 237, art. 8º, I. **3:** Correto, pois a Resolução CONAMA 378, art. 1º, diz que compete ao IBAMA a aprovação respectiva. **FM/LF**

Gabarito 1E, 2E, 3C

(Procurador Municipal – Sertãozinho/SP – VUNESP – 2016) Sobre os instrumentos da Política Nacional do Meio Ambiente, é correto afirmar que

(A) a servidão ambiental se aplica também às Áreas de Preservação Permanente e à Reserva Legal mínima exigida.

(B) durante o prazo de vigência da servidão ambiental é permitido que se faça a alteração da destinação da área, nos casos de transmissão do imóvel a qualquer título, de desmembramento ou de retificação dos limites do imóvel.

(C) o prazo mínimo da servidão ambiental temporária é de 10 (dez) anos.

(D) o detentor da servidão ambiental poderá aliená-la, cedê-la ou transferi-la, total ou parcialmente, por prazo determinado ou em caráter definitivo, em favor de outro proprietário ou de entidade pública ou privada que tenha a conservação ambiental como fim social.

(E) a construção, instalação, ampliação e funcionamento de estabelecimentos e atividades utilizadores de recursos ambientais, efetiva ou potencialmente poluidores ou capazes, sob qualquer forma, de causar degradação ambiental não dependerão de prévio licenciamento ambiental.

A: Incorreta. Nos termos do art. 9º-A, § 2º, da Lei 6.938/1981: "A servidão ambiental não se aplica às Áreas de Preservação Permanente e à Reserva Legal mínima exigida"; **B:** Incorreta. "É vedada, durante o prazo de vigência da servidão ambiental, a alteração da destinação da área, nos casos de transmissão do imóvel a qualquer título, de desmembramento ou de retificação dos limites do imóvel" (art. 9º-A, § 6º, da Lei 6.938/1981); **C:** Incorreta. O prazo mínimo de servidão temporária será de 15 (quinze) anos e não 10 (dez) conforme previsto na alternativa (art. 9º-B, § 1º, da Lei 6.938/1981); **D:** Correta. Vide art. 9º-B, § 3º, da Lei 6.938/1981; **E:** Incorreta. "A construção, instalação, ampliação e funcionamento de estabelecimento e atividades utilizadores de recursos ambientais, efetiva ou potencialmente poluidores ou capazes, sob qualquer forma, de causar degradação ambiental dependerão de prévio licenciamento ambiental" (art. 10, da Lei 6.938/1981). **FM-FCP**

Gabarito "D".

(Procurador do Estado/AC – FMP – 2012) Nos termos da Lei Federal n.º 6.938/81, **NÃO** constitui instrumento da Política Nacional do Meio Ambiente:

(A) o zoneamento ambiental.

(B) o estudo de impacto de vizinhança.

(C) o sistema nacional de informações sobre o meio ambiente.

(D) o Cadastro Técnico Federal de Atividades e Instrumentos de Defesa Ambiental.

A: incorreta, pois o zoneamento ambiental é, sim, instrumento da PNMA (art. 9º, II, Lei 6.938/81); **B:** correta, pois o estudo de impacto de vizinhança (EIV) vem previsto no Estatuto da Cidade (Lei 10.257/01, art. 4º, VI), não tendo sido inserido como um instrumento específico da PNMA, que prevê, no entanto, a avaliação de impactos ambientais (art. 9º, III, Lei 6.938/81); **C:** incorreta, pois, de fato, o sistema nacional de informações sobre o meio ambiente é instrumento da PNMA (art. 9º,

VII, Lei 6.938/81); **D:** incorreta, pois, realmente, o Cadastro Técnico Federal de Atividades e Instrumentos de Defesa Ambiental vem previsto no art. 9º, VIII, da Lei 6.938/81.

Gabarito "B".

(PROCURADOR DO ESTADO/MG – FUMARC – 2012) Acerca do SISNAMA – Sistema Nacional de Meio Ambiente, assinale a alternativa INCORRET**A:**

(A) Compete ao CONAMA – Conselho Nacional do Meio Ambiente estabelecer normas e critérios para o licenciamento de atividades efetiva ou potencialmente poluidoras.

(B) Os órgãos e entidades da União, dos Estados, do Distrito Federal, dos Territórios e dos Municípios, bem como as fundações instituídas pelo Poder Público, responsáveis pela proteção e melhoria da qualidade ambiental, constituirão o Sistema Nacional do Meio Ambiente – SISNAMA

(C) O Instituto Chico Mendes de Conservação da Biodiversidade tem a finalidade de executar ações da política nacional de unidades de conservação da natureza, referentes às atribuições federais relativas à proposição, implantação, gestão, proteção, fiscalização e monitoramento das unidades de conservação instituídas pela União.

(D) O Instituto Brasileiro do Meio Ambiente e dos Recursos Naturais Renováveis – IBAMA tem a finalidade de executar ações das políticas nacionais de meio ambiente, referentes às atribuições federais, relativas ao licenciamento ambiental, ao controle da qualidade ambiental, à autorização de uso dos recursos naturais e à fiscalização, monitoramento e controle ambiental, observadas as diretrizes emanadas do Ministério do Meio Ambiente.

(E) O Sistema Nacional do Meio Ambiente – SISNAMA, com personalidade jurídica de direito público interno, tem o Conselho Nacional de Meio Ambiente (CONAMA) como órgão superior.

A: correta (art. 8º, I, Lei 6.938/81); **B:** correta (art. 6º, *caput*, Lei 6.938/81); **C:** correta (art. 1º, I, Lei 11.516/2007), tratando-se de autarquia federal vinculada ao Ministério do Meio Ambiente; **D:** correta (art. 6º, IV, Lei 6.938/81); **E:** incorreta, pois o SISNAMA não tem personalidade jurídica, correspondendo aos órgãos e entidades da União, dos Estados, do Distrito Federal, dos Territórios e dos Municípios, bem como as fundações instituídas pelo Poder Público, responsáveis pela proteção e melhoria da qualidade ambiental (art. 6º, *caput*, Lei 6.938/81). Outrossim, o CONAMA não é órgão superior do SISNAMA, mas, sim, órgão consultivo e deliberativo (art. 6º, II, Lei 6.938/81).

Gabarito "E".

(PROCURADOR DO ESTADO/MG – FUMARC – 2012) Acerca da Política Nacional do Meio Ambiente, assinale a alternativa INCORRET**A:**

(A) A Política Nacional do Meio Ambiente tem por objetivo a preservação, melhoria e recuperação da qualidade ambiental propícia à vida, visando assegurar, no País, condições ao desenvolvimento socioeconômico, aos interesses da segurança nacional e à proteção da dignidade da vida humana.

(B) Meio ambiente é o conjunto de condições, leis, influências e interações de ordem física, química e biológica, que permite, abriga e rege a vida em todas as suas formas.

estaduais ou unidades de conservação do próprio Estado, exceto em Áreas de Proteção Ambiental (APAs), em imóveis rurais, observadas as atribuições da União, e nas atividades ou empreendimentos licenciados ou autorizados, ambientalmente, pelo citado ente federativo, nesse sentido, dispõe o (art. 8º, XVI, da Lei Complementar 140/2011). No que diz respeito a competência do Estado para aprovar o manejo e a supressão de vegetação, de florestas e formações sucessoras localizadas em unidades de conservação, o critério que definirá a competência é o da criação do espaço especialmente protegido, e não da sua localização conforme disposto no enunciado. Outrossim, em se tratando de Áreas de Proteção Ambiental (APA's), para fins de autorização de supressão e manejo de vegetação, o critério do ente federativo instituidor da unidade de conservação não será aplicado, mas seguirá os critérios previstos nas alíneas "a", "b", "e", "f" e "h" do inciso XIV do art. 7º, no inciso XIV do art. 8º e na alínea "a" do inciso XIV do art. 9º, da Lei Complementar 140/2011 (art. 12, parágrafo único, Lei Complementar 140/2011). **FM/FCP**.

Gabarito "A".

(PROCURADOR DO ESTADO/MG – FUMARC – 2012) Acerca das ações administrativas relativas à proteção do meio ambiente, assinale a alternativa correta:

(A) Compete ao órgão responsável pelo licenciamento ou autorização, conforme o caso, de um empreendimento ou atividade, lavrar auto de infração ambiental e instaurar processo administrativo para a apuração de infrações à legislação ambiental cometidas pelo empreendimento ou atividade licenciada ou autorizada.

(B) O ente federativo poderá delegar, mediante convênio, a execução de ações administrativas relativas à proteção do meio ambiente, sendo dispensável que o ente destinatário da delegação disponha de órgão ambiental capacitado a executar as ações administrativas a serem delegadas e de conselho de meio ambiente.

(C) São ações administrativas dos Estados elaborar o Plano Diretor, observando os zoneamentos ambientais e promover o licenciamento ambiental das atividades ou empreendimentos que causem ou possam causar impacto ambiental de âmbito local, conforme tipologia definida pelos respectivos Conselhos Estaduais de Meio Ambiente, considerados os critérios de porte, potencial poluidor e natureza da atividade.

(D) São ações administrativas da União aprovar o funcionamento de criadouros da fauna silvestre e promover o licenciamento ambiental de atividades ou empreendimentos localizados ou desenvolvidos em unidades de conservação instituídas pelos Estados, exceto em Áreas de Proteção Ambiental (APAs).

(E) São ações administrativas dos Municípios controlar a introdução no País de espécies exóticas potencialmente invasoras que possam ameaçar os ecossistemas, habitats e espécies nativas e controlar a apanha de espécimes da fauna silvestre, ovos e larvas destinadas à implantação de criadouros e à pesquisa científica.

A: correta (art. 17, LC 140/11). De fato, a regra é que ao órgão competente para o licenciamento, caberá, também, a competência fiscalizatória, sem que isso retire dos demais entes o poder de polícia ambiental (art. 17, §3º, LC 140/11); **B:** incorreta (art. 5º, LC 140/11), pois a delegação da execução de ações administrativas por um ente federativo a outro, desde que este disponha de órgão ambiental capacitado e conselho de meio ambiente; **C:** incorreta, pois a elaboração de Plano Diretor e a promoção de licenciamento ambiental de empreendimentos que possam causar impacto local são competências administrativas dos

Municípios (art. 9º, IX e XIV, a, LC 140/11); **D:** incorreta, pois são ações administrativas dos Estados (e não da União!) aprovar o funcionamento de criadouros de fauna silvestre (art. 8º, XIX, LC 140/11), bem como promover o licenciamento ambiental de atividades ou empreendimentos localizados ou desenvolvidos em unidades de conservação estadual, exceto em APAs (art. 8º, XV, LC 140/11); **E:** incorreta, pois são ações administrativas da União (e não dos Municípios!), entre outras, controlar a introdução no país de espécies exóticas potencialmente invasoras (art. 7º, XVII, LC 140/11), bem como controlar a apanha de espécimes da fauna silvestre, ovos e larvas destinadas à implantação de criadouros e à pesquisa científica (art. 7º, XX, LC 140/11).

Gabarito "A".

(Procurador do Município/São José dos Campos-SP – 2012 – VUNESP) Quanto à competência legislativa concorrente, analise as assertivas a seguir.

I. A competência da União para legislar sobre normas gerais não exclui a competência suplementar dos Estados.

II. Não havendo norma geral sobre determinada matéria, cabe aos Estados exercer a competência legislativa plena, para atender as suas peculiaridades.

III. Sobrevindo lei federal sobre normas gerais, fica revogada a lei estadual e derrogada no seu aspecto contraditório.

IV. A Constituição Federal de 1988 não situou os Municípios na área de competência concorrente (artigo 24), mas a eles outorgou competência para suplementar a legislação federal e a estadual no que couber.

Está correto apenas o que se afirma em

(A) I e II.

(B) II e IV.

(C) III e IV.

(D) I, II e III.

(E) I, II e IV.

I: correta (art. 24, §2º, CF); **II:** correta (art. 24, §3º, CF); **III:** incorreta, pois a superveniência de lei federal dispondo sobre normas gerais, no âmbito da competência legiferante concorrente, simplesmente suspenderá a eficácia da lei estadual, naquilo que lhe for contrário (art. 24, §4º, CF); **IV:** correta (art. 30, II, CF).

Gabarito "E".

6. LEI DE POLÍTICA NACIONAL DO MEIO AMBIENTE

(Procurador do Município/Manaus – 2018 – CESPE) Considerando as normas aplicáveis ao SISNAMA e as Resoluções CONAMA 237/1997 e 378/2006, julgue os itens seguintes.

(1) O IBAMA e o ICMBio são considerados órgãos superiores do SISNAMA.

(2) Concedida na fase preliminar do planejamento do empreendimento, a licença de instalação atesta a viabilidade ambiental e estabelece os requisitos básicos e condicionantes a serem atendidos nas próximas fases de implementação do projeto.

(3) Empreendimentos que envolvam o manejo florestal em área superior à definida como limite pelo CONAMA devem ser aprovados pelo IBAMA, mesmo que o empreendimento esteja situado em um único estado.

1: Errado, pois o IBAMA e o ICMBio são órgãos executores do SISNAMA. **2:** Errado, pois o conceito aqui exposto se refere à licença prévia. Os

Brasileiro do Meio Ambiente e dos Recursos Naturais Renováveis – IBAMA lavraram auto de infração em razão dos mesmos fatos. A sanção cominada, por ambos os entes, foi exclusivamente a de multa. Diante dessa situação, assinale a alternativa correta.

(A) Os dois autos de infração ambiental são inválidos, pois a competência para lavratura é municipal, tratando-se de vício sanável.

(B) Deve prevalecer o auto de infração ambiental lavrado pelo Estado.

(C) Os dois autos de infração devem ser mantidos, inclusive com as sanções daí decorrentes, que serão concorrentes e admitirão a futura cobrança das multas respectivas.

(D) Deve prevalecer o auto de infração ambiental lavrado pelo IBAMA.

(E) Os dois autos de infração ambiental são inválidos, pois a competência para lavratura é municipal, tratando-se de vício insanável.

A: incorreta, nos termos do art. 17, *caput* e § 3°, da Lei Complementar 140/2011, compete ao órgão responsável pelo licenciamento ou autorização, de um empreendimento ou atividade, lavrar auto de infração ambiental e instaurar processo administrativo para a apuração de infrações à legislação ambiental cometidas pelo empreendimento ou atividade licenciada ou autorizada, contudo, isso não impede o exercício pelos entes federativos da atribuição comum de fiscalização, prevalecendo o auto de infração ambiental lavrado por órgão que detenha a competência para a análise do licenciamento ou autorização; **B:** correta. Vide art. 17, § 3° cumulado com o art. 8°, XIV, ambos da Lei Complementar 140/2011; **C:** incorreta. A teor do art. 17, § 3° da Lei Complementar 140/2011, o auto de infração lavrado pelo IBAMA deverá ser arquivado, prevalecendo o autuado pela Polícia Militar do Estado de São Paulo; **D:** incorreta. Deverá prevalecer o auto de infração lavrado pela Polícia Militar do Estado de São Paulo (art. 17, §3°, da Lei Complementar 140/2011); **E:** incorreta, nos termos do art. 17, § 3° cumulado com art. 8°, XIV, ambos da Lei Complementar 140/2011. **FM/FC**

Gabarito "B".

(Procurador do Estado/SP – 2018 – VUNESP) A respeito das competências para autorização de supressão e manejo de vegetação, assinale a alternativa correta.

(A) Compete aos Municípios, dentre outras atribuições, aprovar a supressão e o manejo de vegetação, de florestas e formações sucessoras em florestas públicas municipais e unidades de conservação instituídas pelo Município, exceto em Áreas de Proteção Ambiental.

(B) A aprovação da supressão de vegetação em unidade de conservação será sempre do ente instituidor da unidade, exceto para Áreas de Proteção Ambiental, Reservas Particulares do Patrimônio Natural e Reserva de Desenvolvimento Sustentável, cuja competência será da União.

(C) A Lei Complementar no 140/2011, buscando solucionar conflitos de competência, previu que as autorizações para supressão de vegetação serão sempre concedidas pelo ente federativo licenciador, vedando, em qualquer hipótese, o estabelecimento de regras próprias e diferenciadas para atribuições relativas à autorização de manejo e supressão de vegetação.

(D) A Lei nº 11.428/2006, que dispõe sobre a utilização e proteção da vegetação nativa do bioma mata atlântica, confere competência para concessão de autorização

para supressão de vegetação no bioma mata atlântica indistintamente aos Estados, cabendo oitiva prévia do órgão municipal quando a vegetação estiver localizada em área urbana.

(E) A Lei Complementar no 140/2011, buscando solucionar conflitos de competência, previu que as autorizações para supressão de vegetação serão sempre concedidas pelo ente federativo licenciador, entretanto, previu exceção para supressão de vegetação em situações específicas, conforme ato do Conselho Nacional do Meio Ambiente, após oitiva da Comissão Tripartite Nacional.

A: correta, consoante o art. 9°, XV, "a", da Lei Complementar 140/2011; **B:** incorreta. Para fins de licenciamento ambiental de atividades ou empreendimentos utilizadores de recursos ambientais, efetiva ou potencialmente poluidores ou capazes, sob qualquer forma, de causar degradação ambiental, e para autorização de supressão e manejo de vegetação, o critério do ente federativo instituidor da unidade de conservação não será aplicado somente às Áreas de Proteção Ambiental (art. 12, da Lei Complementar 140/2011); **C:** incorreta, segundo o que dispõe o art. 11, da Lei Complementar 140/2011: "A lei poderá estabelecer regras próprias para atribuições relativas à autorização de manejo e supressão de vegetação [...]"; **D:** incorreta. A definição da competência para a supressão de vegetação no Bioma Mata Atlântica deve observar as prescrições do art. 14 da Lei do Bioma Mata Atlântica, com definições que incluem os órgãos estaduais e, quando o caso, em área urbana, para supressão de vegetação no estágio médio de regeneração, a autorização do órgão ambiental municipal competente, desde que o município possua conselho de meio ambiente, com caráter deliberativo e plano diretor, mediante anuência prévia do órgão ambiental estadual competente fundamentada em parecer técnico; **E:** incorreta, a teor do art. 13, § 2°, da Lei Complementar 140/2011. **FM/FC**

Gabarito "A".

(Procurador do Estado – PGE/MT – FCC – 2016) O Estado tem atribuição para aprovar o manejo e a supressão de vegetação, de florestas e formações sucessoras em

(A) florestas públicas estaduais ou unidades de conservação do próprio Estado, exceto em Áreas de Proteção Ambiental (APAs), em imóveis rurais, observadas as atribuições da União, e nas atividades ou empreendimentos licenciados ou autorizados, ambientalmente, pelo citado ente federativo.

(B) florestas públicas estaduais ou unidades de conservação localizadas em seu território, exceto em Áreas de Proteção Ambiental (APAs), em imóveis rurais, observadas as atribuições da União, e nas atividades ou empreendimentos licenciados ou autorizados, ambientalmente, pelo citado ente federativo.

(C) florestas públicas estaduais ou unidades de conservação localizadas em seu território, em imóveis rurais, observadas as atribuições da União, e nas atividades ou empreendimentos licenciados ou autorizados, ambientalmente, pelo citado ente federativo.

(D) florestas públicas estaduais ou unidades de conservação localizadas em seu território e nas atividades ou empreendimentos licenciados ou autorizados, ambientalmente, pelo citado ente federativo.

(E) todos os imóveis rurais e nas atividades ou empreendimentos licenciados ou autorizados, ambientalmente, pelo citado ente federativo.

De fato, o Estado tem atribuição para aprovar o manejo e a supressão de vegetação, de florestas e formações sucessoras em florestas públicas

melhor proteção das questões ambientais, constitui o Princípio 10 da Declaração do Rio (ECO 92), consagrando o princípio da participação comunitária (ou princípio democrático); **D:** correta, pois o acesso equitativo aos recursos naturais, mediante a racionalização da exploração do meio ambiente, está relacionado, segundo cremos, ao princípio do desenvolvimento sustentável; **E:** incorreta, pois o acesso da população às informações relativas às atividades administrativas no tocante às questões ambientais diz respeito ao princípio da informação.

Gabarito "D".

(Procurador do Município/Teresina-PI – 2010 – FCC) *O desmatamento indiscriminado do cerrado piauiense sob o argumento de que as empresas criam empregos não é aceitável, pois pode haver atividade economicamente sustentável desde que as empresas estejam dispostas a diminuírem seus lucros, utilizando-se de matrizes energéticas que não signifiquem a política de terra arrasada.* (AG 2007.01.00.059260-7/PI) Ao analisar os princípios do direito e, em particular do direito ambiental, é INCORRETO afirmar que

(A) o princípio do desenvolvimento sustentável é fundado em três pilares: econômico, ambiental e social.

(B) os Estados têm a responsabilidade de assegurar que atividades sob sua jurisdição ou seu controle não causem danos ao meio ambiente de outros Estados ou de áreas além dos limites da jurisdição nacional.

(C) de acordo com o princípio da precaução quando houver ameaça de danos sérios ou irreversíveis, a ausência de absoluta certeza científica não deve ser utilizada como razão para postergar medidas eficazes e economicamente viáveis para prevenir a degradação ambiental.

(D) a noção de gestão sustentável dos recursos naturais no espaço e no tempo impõe um duplo imperativo ético de solidariedade – equidade intrageracional e intergeracional.

(E) de acordo com o princípio poluidor-pagador o poluidor deve pagar pela poluição causada que acarrete danos à saúde humana e os demais custos ambientais da produção devem ser arcados por toda a sociedade para a própria existência das atividades econômicas.

A: correta, pois deve haver uma compatibilidade do desenvolvimento econômico e social, de um lado, com a proteção do meio ambiente, de outro lado; **B:** correta, tendo em vista a responsabilidade constitucional de cada Estado (art. 23, VI e VII, da CF); **C:** correta, em virtude da aplicação do princípio da precaução; **D:** correta, até porque, de nada adianta querer garantir a solidariedade entre gerações (intergeracional), se não se conseguir garantir a solidariedade em relação à gestão sustentável dos recursos naturais na nossa própria geração; **E:** incorreta, devendo ser assinalada; isso porque os demais custos ambientais deverão ser internalizados pelo empreendedor, que deve levá-los em conta na elaboração dos custos de produção e, consequentemente, ele próprio deve assumi-los.

Gabarito "E".

(Procurador Federal – 2010 – CESPE) Acerca dos princípios e da proteção constitucional que se aplicam ao direito ambiental, julgue os itens subsequentes.

(1) Por meio da ação civil pública pode-se buscar tanto a cessação do ato lesivo ao meio ambiente, a reparação do que for possível e, até mesmo, a indenização por danos irreparáveis caso tenham ocorrido.

(2) A proteção ao meio ambiente é um princípio da ordem econômica, o que limita as atividades da iniciativa privada.

(3) O princípio da precaução refere-se à ação preventiva e deve embasar medidas judiciais e administrativas tendentes a evitar o surgimento de atos atentatórios ao meio ambiente.

(4) O meio ambiente é um direito difuso, direito humano fundamental de terceira geração, mas não é classificado como patrimônio público.

1: correta, pois a ação civil pública pode veicular todas as pretensões acima mencionadas, segundo a doutrina e a jurisprudência; **2:** correta (art. 170, VI, da CF); **3:** correta, pois esse princípio, assim como o princípio da prevenção, atuam de modo preventivo, para evitar danos ao meio ambiente; **4:** incorreta, pois, apesar de o meio ambiente ser direito difuso e fundamental de terceira geração, ele é classificado como bem de "uso comum do povo" (art. 225, *caput*, da CF); na verdade, o *meio ambiente ecologicamente equilibrado* é que é bem de uso comum do povo, bem de natureza pública, o não significa que cada bem ambiental, isoladamente considerado (ex: o jardim de uma casa) seja do Poder Público.

Gabarito 1C, 2C, 3C, 4E

5. COMPETÊNCIA EM MATÉRIA AMBIENTAL

(Procurador do Estado/TO – 2018 – FCC) De acordo com o disposto na Lei Complementar 140/2011, a atividade de licenciamento é realizada pelos entes federados

(A) observando-se a competência primária dos Municípios, pelo critério do interesse local, delegando-se aos Estados as atividades que aqueles entes não consideram de sua competência e, em caráter excepcional, à União somente os casos em que o empreendimento exceder o território nacional.

(B) de forma concorrente, fixando-se a competência de acordo com o requerimento formulado pelo empreendedor, independentemente da natureza ou finalidade de seu projeto.

(C) observada a hierarquia entre os entes federados, de modo que o Município é competente para licenciar as atividades que a União e Estados, nessa ordem, permitirem.

(D) com base na definição das atividades expressamente atribuídas a cada ente federado em decreto federal.

(E) considerando-se, entre outros aspectos, a inserção em unidades de conservação instituídas por União, Estados e Municípios e a natureza da atividade, conforme definição dos Conselhos Estaduais de Meio Ambiente.

A competência material referente ao licenciamento ambiental está disciplinada na Lei Complementar 140/2011. Existem diversos critérios para o exercício de tal atribuição. Uma delas é a inserção do empreendimento em unidade de conservação instituída por determinado ente federativo, a quem compete, como regra, o respectivo licenciamento (cf. art. 7º, XIV, "d"). Outro critério é a natureza da atividade, de acordo com a definição estabelecida pelos Conselhos Estaduais de Meio Ambiente (cf. art. 9º, XIV, "a"). Assim, correta a alternativa E. RB

Gabarito "E".

(Procurador do Estado/SP – 2018 – VUNESP) A Polícia Militar Ambiental do Estado de São Paulo lavrou auto de infração ambiental em face de infrator, por suprimir vegetação sem autorização do órgão competente, em um imóvel rural particular não inserido em área qualificada como Unidade de Conservação. Ato contínuo, enquanto o infrator se preparava para sair do local, fiscais do Instituto

11. DIREITO AMBIENTAL

de meio ambiente encontra-se inserido no art. 3º, I, da Lei 6.938/1981, e engloba o conjunto de leis que rege a vida em todas as suas formas, confira-se: "Meio ambiente, o conjunto de condições, leis, influências e interações de ordem física, química e biológica, que permite, abriga e rege a vida em todas as suas formas". **FM/FCP**

Gabarito: 1E, 2E, 3C, 4E

(Procurador do Estado – PGE/BA – CESPE – 2014) No que se refere ao princípio do usuário-pagador no âmbito do direito ambiental, entre outras normas ambientais, julgue os itens que se seguem.

(1) Não é permitida a gestão das florestas públicas por meio de concessão florestal a pessoas que não se enquadrem no conceito de populações tradicionais.

(2) Todas as unidades de conservação devem dispor de plano de manejo que preveja as modalidades de utilização em conformidade com os seus objetivos.

(3) De acordo com o referido princípio, deve-se proceder à quantificação econômica dos recursos ambientais, de modo a garantir reparação por todo o dano ambiental causado.

1: Errada. Considera-se concessão florestal: "delegação onerosa, feita pelo poder concedente, do direito de praticar manejo florestal sustentável para exploração de produtos e serviços numa unidade de manejo, mediante licitação, à pessoa jurídica, em consórcio ou não, que atenda às exigências do respectivo edital de licitação e demonstre capacidade para seu desempenho, por sua conta e risco e por prazo determinado" (art. 3º, VII, da Lei 11.284/2006). Pelo conceito legal de concessão florestal, verifica-se que esta poderá ser feita à pessoa jurídica, em consórcio ou não, e não a populações tradicionais, conforme previsão da assertiva. **2:** Correta. Assertiva em consonância com o art. 2º, XVII e o art. 27 da Lei 9.985/2000. **3:** Errada. A assertiva trata da previsão do princípio do poluidor pagador – e não do usuário pagador –, que dispõe sobre contribuição pela utilização de recursos ambientais com fins econômicos (art. 4º, VII, da Lei 6.938/1981). **FM/FCP**

Gabarito: 1E, 2C, 3E

(Procurador do Estado/BA – 2014 – CESPE) No que se refere ao direito ambiental, julgue os itens a seguir.

(1) O acesso à informação ambiental é um princípio de direito ambiental previsto tanto na CF quanto em normas infraconstitucionais.

(2) A participação da sociedade é garantida durante os processos de decisão política dos órgãos ambientais, federais, estaduais e municipais, em norma infraconstitucional que determina a forma e o momento de participação dos cidadãos.

(3) A realização de audiência pública durante o procedimento de licenciamento ambiental é obrigatória caso haja solicitação de cinquenta ou mais cidadãos.

1: correta; o princípio da informação e da transparência das informações e atos é aquele pelo qual as pessoas têm direito de receber todas as informações relativas à proteção, preventiva e repressiva, do meio ambiente. Assim, pelo princípio, as pessoas têm direito de consultar os documentos de um licenciamento ambiental, bem como têm o direito de participar de consultas e de audiências públicas em matéria de meio ambiente. Esse princípio decorre do art. 225, § 1º, IV ("publicidade"), VI ("educação ambiental" e "conscientização pública"), da CF/1988, e está expresso no art. 6º da Lei 11.428/2006 (Lei de Proteção da Mata Atlântica); **2:** incorreta, pois o princípio da participação coletiva ou da cooperação de todos, que é aquele que impõe à coletividade (além do Estado) o dever de garantir o meio ambiente ecologicamente equilibrado para as presentes e futuras

gerações, decorre do art. 225, *caput*, da CF/1988; **3:** correta (art. 2º, *caput*, da Resolução CONAMA 09/1987).

Gabarito: 1C, 2E, 3C

(Procurador do Estado/AC – FMP – 2012) Qual das alternativas abaixo contém princípio(s) não expressamente previsto(s) na Lei Federal n.º 12.305/2010 como norteador(es) da Política Nacional de Resíduos Sólidos?

(A) Prevenção e precaução.

(B) Desenvolvimento sustentável.

(C) Inversão do ônus da prova.

(D) Razoabilidade e proporcionalidade.

À exceção da alternativa "C" (princípio da inversão do ônus da prova), os demais princípios, previstos nas alternativas restantes, estão expressamente elencados no art. 6º da Lei 12.305/2010 (Lei da Política Nacional dos Resíduos Sólidos), com destaque para a prevenção e precaução (inc. I), desenvolvimento sustentável (inc. IV) e razoabilidade e proporcionalidade (inc. XI).

Gabarito "C".

(Procurador do Estado/MT – FCC – 2011) São princípios do Direito Ambiental:

(A) poluidor pagador, usuário pagador e autonomia da vontade.

(B) prevenção, taxatividade e poluidor pagador.

(C) função socioambiental da propriedade, usuário pagador e precaução.

(D) vedação de retrocesso, prevenção e insignificância.

(E) capacidade contributiva, função socioambiental da propriedade e desenvolvimento sustentável.

De fato, são princípios do Direito Ambiental, entre outros, o do poluidor-pagador, usuário-pagador, prevenção, função socioambiental da propriedade, precaução, vedação de retrocesso (muito discutido com a entrada em vigor do "Novo Código Florestal") e desenvolvimento sustentável. Não são considerados princípios ambientais o da autonomia da vontade, taxatividade, insignificância e capacidade contributiva.

Gabarito "C".

(Procurador do Município/São José dos Campos-SP – 2012 – VUNESP) Quanto aos princípios ambientais informadores do direito ambiental, o relacionado ao acesso equitativo aos recursos naturais refere-se

(A) ao uso autorizado de um recurso ambiental, observadas as normas vigentes e padrões legalmente fixados.

(B) aos custos sociais externos que acompanham a atividade econômica que devem ser internalizados.

(C) à adoção de medidas, pelo Poder Público, por meio da sociedade civil organizada, tendentes a solucionar as questões relativas ao meio ambiente.

(D) à racionalidade da exploração e à eficiência ecológica.

(E) ao acesso da população às informações relativas às atividades administrativas.

A: incorreta, pois o estabelecimento de padrões máximos de poluição por normas editadas pelo Poder Público, a fim de ser mantido o equilíbrio ambiental diante do uso de recursos naturais, diz respeito ao princípio do controle ou limite; **B:** incorreta, pois a internalização das externalidades negativas, vale dizer, a inserção dos custos sociais da degradação da qualidade ambiental nos custos dos processos produtivos, diz respeito ao princípio do poluidor-pagador; **C:** incorreta, a atuação conjunta do Poder Público e da sociedade, com vistas à

Assim, aquele que polui (conduta ilícita), deve reparar o dano, pelo princípio do poluidor-pagador. Já aquele que usa água (conduta lícita) deve pagar pelo seu uso, pelo princípio do usuário-pagador. A ideia é que o usuário pague com o objetivo de incentivar o uso racional dos recursos naturais, além de fazer justiça, pois há pessoas que usam mais e pessoas que usam menos dados recursos naturais.

11. Princípio da informação e da transparência das informações e atos: *impõe que as pessoas têm direito de receber todas as informações relativas à proteção, preventiva e repressiva, do meio ambiente.* Assim, pelo princípio, as pessoas têm direito de consultar os documentos de um licenciamento ambiental, assim como têm direito de participar de consultas e de audiências públicas em matéria de meio ambiente.

12. Princípio da função socioambiental da propriedade: *a propriedade deve ser utilizada de modo sustentável, com vistas não só ao bem-estar do proprietário, mas também da coletividade como um todo.*

13. Princípio da equidade geracional: *é as presentes e futuras gerações têm os mesmos direitos quanto ao meio ambiente ecologicamente equilibrado.* Assim, a utilização de recursos naturais para a satisfação das necessidades atuais não deverá comprometer a possibilidade das gerações futuras satisfazerem suas necessidades. O princípio impõe, também, equidade na distribuição de benefícios e custos entre gerações, quanto à preservação ambiental.

(Procurador do Estado/AC – 2017 – FMP) Considerando os trechos a seguir reproduzidos, identifique o princípio de direito ambiental a que cada um deles se refere.

I. "Sempre que houver perigo da ocorrência de um dano grave ou irreversível, a ausência de certeza científica absoluta não deverá ser utilizada como razão para se adiar a adoção de medidas eficazes a fim de impedir a degradação ambiental" (LEITE & AYALA).

II. "Objetiva internalizar nas práticas produtivas (em última instância, no preço dos produtos e serviços) os custos ecológicos, evitando-se que os mesmos sejam suportados de modo indiscriminado (e portanto injusto) por toda a sociedade" (SARLET & FENSTERSEIFER).

III. "Incentiva economicamente quem protege uma área, deixando de utilizar seus recursos, estimulando assim a preservação" (RIBEIRO).

IV. "...apesar de não se encontrar, com nome e sobrenome, consagrado na nossa Constituição, nem em normas infraconstitucionais, e não obstante sua relativa imprecisão – compreensível em institutos de formulação recente e ainda em pleno processo de consolidação –, transformou-se em princípio geral de Direito Ambiental, a ser invocado na avaliação da legitimidade de iniciativas legislativas destinadas a reduzir o patamar de tutela legal do meio ambiente" (BENJAMIN).

V. "visa proteger a quantidade dos bens ambientais, estabelecendo uma consciência ambiental de uso racional dos mesmos, permitindo uma socialização justa e igualitária de seu uso" (RODRIGUES).

Na sequência, faça a devida identificação do princípio explícitado em cada doutrina.

(A) Prevenção, usuário-pagador, subsidiariedade, equidade intergeracional e poluidor-pagador.

(B) Usuário-pagador, protetor-recebedor, cooperação, vedação de retrocesso ambiental e sustentabilidade.

(C) Precaução, usuário-pagador, protetor-recebedor, desenvolvimento sustentável e equidade intergeracional.

(D) Precaução, poluidor-pagador, protetor-recebedor, vedação de retrocesso ambiental e usuário pagador.

(E) Precaução, poluidor-pagador, intervenção estatal obrigatória, vedação de retrocesso ambiental.

O trecho **I** refere-se ao princípio da precaução, já que está associado à ausência de certeza científica, que não pode impedir a adoção de medidas para impedir eventual dano ambiental. O trecho **II** equivale ao princípio do poluidor-pagador, associado à internalização das externalidades ambientais negativas. O trecho **III** corresponde ao princípio protetor-recebedor, consistente na concessão de benefícios a quem protege o meio ambiente. O trecho **IV** refere-se ao princípio da vedação do retrocesso ambiental, o qual interdita a redução do patamar da tutela ambiental. Por fim, o trecho **V** equivale ao princípio do usuário-pagador, que impõe a contraprestação pelo uso de determinados bens ambientais, de modo a favorecer o seu uso racional. **RB** Gabarito "D".

(Procurador do Município – Prefeitura Fortaleza/CE – CESPE – 2017) De acordo com os princípios do direito ambiental, julgue os itens que se seguem.

(1) Por disciplinar situações que podem ocorrer antes do dano, o princípio da prevenção não inclui a restauração de recursos ambientais.

(2) De acordo com o entendimento do STJ, não se considera o novo proprietário de área degradada parte legítima para responder ação por dano ambiental, independentemente da existência ou não de culpa.

(3) Ao usuário será imposta contribuição pelos custos advindos da utilização de recursos ambientais com fins econômicos.

(4) O conceito de meio ambiente que vem embutido na norma jurídica não abrange o conjunto de leis que rege a vida em todas as suas formas.

1: Errada. O princípio da prevenção é estruturante do Direito Ambiental. Com efeito, conforme Fabiano Melo (São Paulo: Método, 2017, p. 108) "Não é possível conceber o direito ambiental sob uma ótica meramente reparadora, pois esta o tornaria inócuo, já que os danos ambientais, em regra, são praticamente irreversíveis, como se vê no desmatamento de uma floresta centenária ou na extinção de uma espécie da fauna ou da flora. Sem uma atuação antecipatória não há como evitar a ocorrência de danos ambientais. Por essa razão o direito ambiental é eminentemente preventivo". Este princípio encontra-se previsto no artigo 225, *caput*, da Constituição Federal de 1988, quando assevera que incumbe ao Poder Público e à coletividade o dever de proteger e preservar o meio ambiente às presentes e futuras gerações. Não obstante de índole preventiva, é necessário pontuar que a ideia de proteção engloba tanto as medidas de prevenção quanto de reparação e restauração dos recursos naturais. **2: Errada.** A obrigação de reparação pelos danos ambientais é objetiva (art. 14, §1º, da Lei 6.938/1981) e *propter rem*, ou seja, segue a coisa, independentemente do atual titular do domínio/posse. Nesse sentido, dispõe o art. 2º, § 2º, da Lei 12.651/2012: "As obrigações previstas nesta Lei têm natureza real e são transmitidas ao sucessor, de qualquer natureza, no caso de transferência de domínio ou posse do imóvel rural". **3: Correta.** O enunciado materializa o princípio do usuário-pagador, previsto no **art. 4º, VII, 2ª parte da Lei 6.938/1981: "VII – à imposição, ao poluidor e ao predador, da obrigação de recuperar e/ou indenizar os danos causados e, ao usuário, da contribuição pela utilização de recursos ambientais com fins econômicos". 4: Errada.** O conceito legal

(C) ausência de certeza científica absoluta não será utilizada como razão para o adiamento de medidas economicamente viáveis para prevenir a degradação ambiental, quando houver ameaça de danos graves ou irreversíveis, considerando-se o princípio da prevenção.

(D) efetividade do direito ao meio ambiente ecologicamente equilibrado é assegurada pelo Poder Público, ao exigir licenciamento ambiental e estudo prévio de impacto ambiental para instalação de todas as obras ou atividades potencialmente causadoras de degradação do meio ambiente.

(E) cumprimento da função social da propriedade rural depende, dentre outros requisitos, da utilização adequada dos recursos naturais disponíveis e da preservação do meio ambiente.

A: incorreta (art. 170, VI, CF); **B:** incorreta, pois o art. 24, §1º, CF, estabelece que havendo competência legislativa concorrente de todos os entes federados, caberá à União editar normas gerais, cabendo aos Estados a competência suplementar (art. 24, §2º, CF), salvo se inexistir lei federal sobre normas gerais, quando, então, os Estados terão competência legislativa plena para atendimento de suas peculiaridades (art. 24, §3º, CF); **C:** incorreta, pois a definição contida na alternativa diz respeito ao princípio da precaução (e não da prevenção), previsto como o 15º princípio da ECO 92; **D:** incorreta, pois embora o licenciamento ambiental seja exigido para as obras ou atividades potencialmente causadoras de degradação ambiental, o estudo prévio de impacto ambiental – EPIA ou EIA – somente será exigido quando houver ameaça de significativa degradação do meio ambiente (art. 225, §1º, IV, CF); **E:** correta (art. 186, II, CF).

Gabarito "E".

4. PRINCÍPIOS DO DIREITO AMBIENTAL

Segue um resumo sobre Princípios do Direito Ambiental:

1. Princípio do desenvolvimento sustentado: *determina a harmonização entre o desenvolvimento econômico e social e a garantia da perenidade dos recursos ambientais.* Tem raízes na Carta de Estocolmo (1972) e foi consagrado na ECO-92.

2. Princípio do poluidor-pagador: *impõe ao poluidor tanto o dever de prevenir a ocorrência de danos ambientais, como o de reparar integralmente eventuais danos que causar com sua conduta.* O princípio não permite a poluição, conduta absolutamente vedada e passível de diversas e severas sanções. Ele apenas reafirma o dever de prevenção e de reparação integral por parte de quem pratica atividade que possa poluir. Esse princípio **também** impõe ao empreendedor a internalização das externalidades ambientais negativas das atividades potencialmente poluidoras, buscando evitar a socialização dos ônus (ou seja, que a sociedade pague pelos danos causados pelo empreendedor) e a privatização dos bônus (ou seja, que somente o empreendedor ganhe os bônus de gastar o meio ambiente).

3. Princípio da obrigatoriedade da intervenção estatal: *impõe ao Estado o dever de garantir o meio ambiente ecologicamente equilibrado.* O princípio impõe ao poder público a utilização de diversos instrumentos para proteger o meio ambiente, que serão vistos em capítulo próprio.

4. Princípio da participação coletiva ou da cooperação de todos: *impõe à coletividade (além do Estado) o dever de garantir e participar da proteção do meio ambiente.* O princípio cria deveres (preservar o meio ambiente) e direitos (participar de órgãos colegiados e audiências públicas, p. ex.) às pessoas em geral.

5. Princípio da responsabilidade objetiva e da reparação integral: *impõe o dever de qualquer pessoa responder integralmente pelos danos que causar ao meio ambiente, independentemente de prova de culpa ou dolo.* Perceba que a proteção é dupla. Em primeiro lugar, fixa-se que a responsabilidade é objetiva, o que impede que o causador do dano deixe de ter a obrigação de repará-lo sob o argumento de que não agiu com culpa ou dolo. Em segundo lugar, a obrigação de reparar o dano não se limita a pagar uma indenização, mas impõe que a reparação seja específica, isto é, deve-se buscar a restauração ou recuperação do bem ambiental lesado, procurando, assim, retornar à situação anterior.

6. Princípio da prevenção: *impõe à coletividade e ao poder público a tomada de medidas prévias para garantir o meio ambiente ecologicamente equilibrado para as presentes e futuras gerações.* A doutrina faz uma distinção entre este princípio e o **princípio da precaução**. **O princípio da prevenção** incide naquelas hipóteses em que se tem **certeza** de que dada conduta causará um dano ambiental. O princípio da prevenção atuará de forma a evitar que o dano seja causado, impondo licenciamentos, estudos de impacto ambiental, reformulações de projeto, sanções administrativas etc. A ideia aqui é eliminar os perigos já comprovados. Já o **princípio da precaução** incide naquelas hipóteses de **incerteza científica** sobre se dada conduta pode ou não causar um dano ao meio ambiente. O princípio da precaução atuará no sentido de que, na dúvida, deve-se ficar com o meio ambiente, tomando as medidas adequadas para que o suposto dano de fato não ocorra. A ideia aqui é eliminar que o próprio perigo possa se concretizar.

7. Princípio da educação ambiental: *impõe ao poder público o dever de promover a educação ambiental em todos os níveis de ensino e a conscientização pública para a preservação do meio ambiente.* Perceba que a educação ambiental deve estar presente em todos os níveis de ensino e, que, além do ensino, a educação ambiental deve acontecer em programas de conscientização pública.

8. Princípio do direito humano fundamental: *garante que os seres humanos têm direito a uma vida saudável e produtiva, em harmonia com o meio ambiente.* De acordo com o princípio, as pessoas têm direito ao meio ambiente ecologicamente equilibrado.

9. Princípio da ubiquidade: *impõe que as questões ambientais devem ser consideradas em todas as atividades humanas.* Ubiquidade quer dizer existência concomitantemente em todos os lugares. De fato, o meio ambiente está em todos os lugares, de modo que qualquer atividade deve ser feita com respeito à sua proteção e promoção.

10. Princípio do usuário-pagador: *as pessoas que usam recursos naturais devem pagar por tal utilização.* Esse princípio difere do princípio do poluidor-pagador, pois o segundo diz respeito a condutas ilícitas ambientalmente, ao passo que o primeiro a condutas lícitas ambientalmente.

(C) São corretas apenas as afirmativas 1, 3 e 5.

(D) São corretas apenas as afirmativas 2, 4 e 5.

(E) São corretas apenas as afirmativas 2, 3, 4 e 5.

1: correta (art. 225, § 2º, da CF); **2:** incorreta, pois a Constituição não traz essa limitação (art. 225, § 3º, da CF); **3:** correta (art. 225, § 4º, da CF); **4:** incorreta, pois essa localização deve ser em lei ordinária federal (art. 225, § 6º,CF); **5:** correta (art. 225, § 5º, CF).
„Gabarito "C".

(Advogado da União/AGU – CESPE – 2012) Com relação ao meio ambiente e aos interesses difusos e coletivos, julgue o item abaixo.

(1) Apesar de a floresta amazônica, a mata atlântica, a serra do Mar, o pantanal mato-grossense e a zona costeira serem, conforme dispõe a CF, patrimônio nacional, não há determinação constitucional que converta em bens públicos os imóveis particulares situados nessas áreas.

1: correta, pois, de fato, o art. 225, §4º, CF, não prescreve, em momento algum, que referidos biomas imporão aos proprietários de imóveis particulares neles situados a sua expropriação, convertendo-os em bens públicos.
„Gabarito 1C

(ADVOGADO – PETROBRÁS – 2012 – CESGRANRIO) Sobre as normas de proteção ao meio ambiente em vigor, considere as afirmativas abaixo.

I. A desapropriação de imóvel rural que não esteja utilizando adequadamente os recursos naturais disponíveis deverá ser feita mediante prévia e justa indenização em dinheiro.

II. Os princípios da precaução e da prevenção objetivam evitar a ocorrência ou ameaça de danos ao meio ambiente.

III. O direito ao meio ambiente ecologicamente equilibrado é considerado como um direito fundamental de terceira geração.

É correto o que se afirma em

(A) I, apenas.

(B) III, apenas.

(C) I e II, apenas.

(D) II e III, apenas.

(E) I, II e III.

I: incorreta (art. 184, *caput*, CF), visto que a indenização será feita mediante títulos da dívida agrária; **II:** correta, pois, de fato, os princípios da prevenção e precaução constituem mecanismos de proteção da qualidade ambiental, impondo à coletividade e ao poder público a tomada de providências tendentes a evitar a causação de danos, quando estes forem de ocorrência certa (prevenção) ou nos casos em que determinadas atividades ou empreendimentos revelarem uma incerteza científica sobre a geração de danos ambientais (precaução); **III:** correta, pois o meio ambiente, considerado um bem difuso, insere-se na tradicional classificação dos direitos fundamentais em gerações (*in casu*, um direito de terceira geração, que trata, exatamente, dos direitos difusos e coletivos).
„Gabarito"D".

(ADVOGADO – PETROBRÁS – DISTRIB. – 2010 – CESGRANRIO) Considere as afirmações a seguir acerca das normas ambientais brasileiras.

I. As pessoas jurídicas podem ser responsabilizadas administrativa, civil e penalmente por danos ambien-

tais, sendo que, para a reparação destes, prescinde-se da existência de culpa.

II. O meio ambiente é um bem de uso comum do povo, que deve ser preservado para as presentes e futuras gerações, e o Ministério Público tem legitimidade para ajuizar Ação Civil Pública para apurar responsabilidade civil por danos causados ao meio ambiente.

III. A União, os estados e os municípios possuem competência comum para proteger o meio ambiente e combater a poluição em qualquer de suas formas, devendo ser editada lei complementar que estabeleça normas para cooperação entre os entes federativos.

IV. Em que pese destacar sua importância para a sadia qualidade de vida da coletividade, o Supremo Tribunal Federal (STF) entendeu que o direito ao meio ambiente ecologicamente equilibrado não é um direito de terceira geração.

V. A inversão do ônus da prova em ação civil pública de responsabilidade por danos causados ao meio ambiente foi refutada recentemente pelo STJ.

São corretas APENAS as afirmativas

(A) I e IV.

(B) II e III.

(C) III e IV.

(D) I, II e III.

(E) I, II e V.

I: correta, pois, de fato, os causadores de danos ambientais, sejam pessoas físicas ou jurídicas, estarão sujeitos a uma tríplice responsabilidade (penal, civil e administrativa), conforme dispõe o art. 225, §3º, CF, sendo certo que a responsabilidade civil por danos ambientais dispensa a demonstração ou existência de culpa (responsabilidade civil objetiva – art. 14, §1º, Lei 6.938/81 e art. 3º, Lei 9.605/98); **II:** correta, pois é verdade que o meio ambiente é bem de uso comum do povo, devendo ser preservado para as presentes e futuras gerações (direito intergeracional), conforme preconiza o art. 225, *caput*, CF, sendo que um dos instrumentos processuais para sua proteção é a ação civil pública, que tem como um de seus colegitimados o Ministério Público (art. 5º, I, Lei 7.347/85); **III:** correta (art. 23, parágrafo único, CF; LC 140/11); **IV:** incorreta, visto que já faz muito tempo que o STF considera o direito ao meio ambiente ecologicamente equilibrado como um direito de terceira geração (por todos, confira-se: MS 22.164, Rel. Min. Celso de Mello, julgamento em 30-10-1995, Plenário, DJ de17-11-1995); **V:** incorreta, pois o STJ, ao contrário, tem posição firme no sentido de que é admissível a inversão do ônus da prova em ação civil pública ambiental (videSúmula 618 do STJ).
„Gabarito "D".

(ADVOGADO – BNDES – 2010 – CESGRANRIO) No que se refere à tutela constitucional do meio ambiente e aos princípios orientadores do Direito Ambiental, sabe-se que a(o)

(A) ordem econômica brasileira deve observar o princípio da defesa do meio ambiente, embora não se admita tratamento diferenciado quanto ao impacto ambiental dos produtos e serviços e de seus processos de elaboração e prestação.

(B) competência legislativa em matéria ambiental é concorrente entre União, Estados e Distrito Federal, cabendo aos Estados editar normas gerais sobre florestas, caça, pesca, fauna, conservação da natureza, defesa do solo e dos recursos naturais, proteção do meio ambiente, controle da poluição e responsabilidade por dano ao meio ambiente.

11. DIREITO AMBIENTAL

(arts. 182 e 183, CF); **E**: incorreta, pois a função socioambiental da propriedade deve estar presente nos imóveis rurais e urbanos (arts. 182, §2º e 184, *caput*, CF).

Gabarito "A".

(Procurador do Estado/PR – UEL-COPS – 2011) A Constituição Federal de 1988, em seu artigo 231, reconhece aos índios sua organização social, costumes, línguas, crenças e tradições, e os direitos originários sobre as terras que tradicionalmente ocupam, competindo à União demarcá-las, proteger e fazer respeitar todos os seus bens. Nesse contexto, pode-se afirmar:

(A) as terras tradicionalmente ocupadas pelos índios destinam-se a sua propriedade permanente, cabendo-lhes o usufruto exclusivo das riquezas do solo, dos rios e dos lagos nelas existentes;

(B) as florestas que integram o patrimônio indígena estão sujeitas ao regime de preservação permanente, razão pela qual não se admite a exploração dos seus recursos florestais, ainda que visando à subsistência de suas próprias comunidades;

(C) na relação jurídica que identifica o regime constitucional das terras indígenas, os povos são apenas depositários de bens que se transferem entre distintas gerações, sendo a posse indígena, portanto, uma relação intertemporal;

(D) as terras tradicionalmente ocupadas pelos índios são inalienáveis e indisponíveis, mas os direitos sobre elas são prescritíveis;

(E) o Refúgio da Vida Silvestre, por ser uma unidade de proteção integral, poderá sobrepor-se às terras tradicionalmente ocupadas pelos índios, restringindo, mas não impedindo, o usufruto das riquezas do solo, dos rios e dos lagos nelas existentes.

A: incorreta, pois o art. 231, § 2º, CF, prescreve que as terras tradicionalmente ocupadas pelos índios destinam-se a sua *posse* permanente, e não propriedade; **B**: incorreta, pois, por evidente, ainda que recebam proteção ambiental, as florestas que integram o patrimônio indígena poderão ser por eles exploradas, desde que de forma sustentável, sem natureza predatória. Tal era previsto no antigo Código Florestal (art. 3º-A, inserido na MP 2.166-67/2001), dispositivo que não foi reproduzido na Lei 12.651/2012 ("Novo Código Florestal"). Contudo, permanece a mesma *ratio* da antiga legislação, qual seja, a de que será admitida a exploração de recursos naturais pelos indígenas nas florestas de suas terras, desde que, repita-se, de forma sustentável, não predatória; **C**: correta, pois, de fato, os arts. 231 e 232 da CF reconhecem o direito às comunidades indígenas à posse permanente sobre as terras tradicionalmente por eles ocupadas; **D**: incorreta (art. 231, §4º, CF); **E**: incorreta, pois o art. 231, §2º, CF, prevê o usufruto exclusivo das riquezas das terras ocupadas tradicionalmente pelos índios, não podendo haver qualquer restrição em virtude da criação de uma Unidade de Conservação, ainda que de proteção integral.

Gabarito "C".

(Procurador do Estado/PR – UEL-COPS – 2011) Sobre o direito fundamental ao meio ambiente ecologicamente equilibrado, estabelecido no *caput* do artigo 225 da Constituição Federal de 1988, é correto afirmar:

(A) trata-se de um direito de natureza difusa que se consolida a partir da soma de direitos individuais;

(B) trata-se de um direito difuso, sendo este compreendido como transindividual, de natureza indivisível, de que

sejam titulares pessoas indeterminadas ligadas entre si por uma relação jurídica de base;

(C) trata-se de um direito difuso, sendo este compreendido como transindividual, de natureza indivisível, de que sejam titulares pessoas indeterminadas e ligadas por circunstâncias de fato;

(D) trata-se de um direito de natureza coletiva que se consolida a partir da soma de direitos individuais;

(E) trata-se de um direito coletivo, sendo este compreendido como transindividual, de natureza indivisível, de que seja titular um grupo, categoria ou classe de pessoas ligadas entre si por circunstâncias de fato.

A assinalação da alternativa correta exige do candidato o conhecimento da definição legal de bens ou direitos difusos, coletivos e individuais homogêneos, previstos, respectivamente, nos incisos I, II e III, parágrafo único, do art. 81 do Código de Defesa do Consumidor (CDC): I – interesses ou direitos difusos, assim entendidos, para efeitos deste código, os transindividuais, de natureza indivisível, de que sejam titulares pessoas indeterminadas e ligadas por circunstâncias de fato; II – interesses ou direitos coletivos, assim entendidos, para efeitos deste código, os transindividuais, de natureza indivisível de que seja titular grupo, categoria ou classe de pessoas ligadas entre si ou com a parte contrária por uma relação jurídica base; III – interesses ou direitos individuais homogêneos, assim entendidos os decorrentes de origem comum. Não há dúvidas de que o meio ambiente é um direito de natureza difusa, razão pela qual já podemos excluir, de plano, as alternativas **D** e **E**. Logo, ficamos entre as alternativas **A**, **B** e **C**. A alternativa **A** pode ser, também, até por bom senso, excluída, visto que a natureza difusa de um direito não tem como origem a soma de direitos individuais (explicação esdrúxula!). Correta, pois, a alternativa **C**, visto que um direito será considerado difuso quando sua natureza for indivisível e a titularidade for de pessoas indeterminadas e ligadas por uma mesma situação fática. A alternativa **B** diz respeito ao conceito de direitos coletivos.

Gabarito "C".

(Procurador do Estado/SC – 2010 – FEPESE) A proteção ao meio ambiente está assim definida na Constituição Federal.

(1) Aquele que explorar recursos minerais fica obrigado a recuperar o meio ambiente degradado, de acordo com solução técnica exigida pelo órgão público competente, na forma da lei.

(2) As condutas e atividades consideradas lesivas ao meio ambiente sujeitarão apenas as pessoas físicas a sanções penais e administrativas, independentemente da obrigação de reparar os danos causados.

(3) A Floresta Amazônica brasileira, a Mata Atlântica, a Serra do Mar, o Pantanal Mato-Grossense e a Zona Costeira são patrimônio nacional, e sua utilização far-se-á, na forma da lei, dentro de condições que assegurem a preservação do meio ambiente, inclusive quanto ao uso dos recursos naturais.

(4) As usinas que operem com reator nuclear deverão ter sua localização definida em lei complementar municipal, sem o que não poderão ser instaladas.

(5) São indisponíveis as terras devolutas ou arrecadadas pelos Estados, por ações discriminatórias, necessárias à proteção dos ecossistemas naturais.

Assinale a alternativa que indica todas as afirmativas **corretas**.

(A) São corretas apenas as afirmativas 1 e 3.

(B) São corretas apenas as afirmativas 1 e 4.

A: incorreta, pois a alteração e a supressão de espaços territoriais especialmente protegidos somente são permitidas por meio de lei (art. 225, §1º, III, CF); **B:** correta (art. 225, *caput*, CF); **C:** correta, visto que, de fato, a Floresta Amazônica, a Mata Atlântica, a Serra do Mar, o Pantanal Mato-Grossense e a Zona Costeira são considerados patrimônio nacional especialmente protegidos (art. 225, §4º, CF), não tendo havido, em nível constitucional, a inserção do Cerrado e da Caatinga; **D:** correta (art. 225, §5º, CF); **E:** correta (art. 225, § 6º, CF).
Gabarito "A".

(Procurador do Estado/MT – FCC – 2011) Considere os seguintes requisitos:

I. Aproveitamento racional e adequado.
II. Utilização adequada dos recursos naturais disponíveis.
III. Preservação do meio ambiente.
IV. Observância da legislação trabalhista.
V. Exploração que favoreça o bem-estar dos proprietários e dos trabalhadores.

Cumpre a função social a propriedade rural que atende simultaneamente aos requisitos

(A) I, II, III, IV e V.
(B) I, II, III e IV, apenas.
(C) I, II, III e V, apenas.
(D) I, II, IV e V, apenas.
(E) I, III, IV e V, apenas.

De acordo com o art. 186, CF, a função social é cumprida quando a propriedade rural atende, simultaneamente, segundo critérios e graus de exigência estabelecidos em lei, aos seguintes requisitos: I – aproveitamento racional e adequado; II – utilização adequada dos recursos naturais disponíveis e preservação do meio ambiente; III – observância das disposições que regulam as relações de trabalho; IV – exploração que favoreça o bem-estar dos proprietários e dos trabalhadores. Corretas, portanto, as assertivas I, II, III, IV e V.
Gabarito "A".

(Procurador do Estado/PA – 2011) Analise as proposições abaixo e assinale a alternativa CORRETA:

I. A Floresta Amazônica brasileira, a Mata Atlântica, a Serra do Mar, o Pantanal Mato-Grossense, o Cerrado e a Zona Costeira são patrimônio nacional, e sua utilização far-se-á, na forma da lei, dentro de condições que assegurem a preservação do meio ambiente, inclusive quanto ao uso dos recursos naturais

II. As condutas e atividades consideradas lesivas ao meio ambiente sujeitarão os infratores, pessoas físicas ou jurídicas, a sanções penais e administrativas, independentemente da obrigação de reparar os danos causados.

III. Aquele que explorar recursos minerais fica obrigado a recuperar o meio ambiente degradado, de acordo com solução técnica exigida pelo órgão público competente, na forma da lei.

IV. Cabe à União definir, em todas as unidades da Federação, espaços territoriais e seus componentes a serem especialmente protegidos, sendo a alteração e a supressão permitidas somente através de lei, vedada qualquer utilização que comprometa a integridade dos atributos que justifiquem sua proteção.

V. Compete ao Poder Público controlar a produção, a comercialização e o emprego de técnicas, métodos e substâncias que comportem risco para a vida, a qualidade de vida e o meio ambiente.

(A) Apenas as proposições I e III estão corretas.

(B) Apenas a proposição IV está correta.
(C) Apenas as proposições I, IV e V estão corretas.
(D) Todas as proposições estão corretas.
(E) Apenas as proposições II, III e V estão corretas.

I: incorreta, pois o art. 225, §4º, CF, não incluiu entre os patrimônios nacionais o Cerrado (bem como, oportuno registrar, a Caatinga); **II:** correta, pois o art. 225, §3º, CF, prevê que as condutas lesivas ao meio ambiente sujeitarão os infratores, pessoas físicas ou jurídicas, a uma tríplice dimensão sancionatória (penal, civil e administrativa); **III:** correta (art. 225, § 2º, CF); **IV:** incorreta, pois, de acordo com o art. 225, §1º, III, CF, compete ao Poder Público (e não somente à União), definir, em todas as unidades federativas, espaços territoriais especialmente protegidos; **V:** correta (art. 225, § 1º, V, CF).
Gabarito "E".

(Procurador do Estado/PR – UEL-COPS – 2011) A função social da propriedade contém alguns requisitos, dentre os quais o requisito ambiental, chamado por alguns autores de função socioambiental da propriedade. Sobre a matéria, pode-se afirmar:

(A) a propriedade que descumpre sua função socioambiental está sujeita a sanções, inclusive, dependendo do bem, à chamada desapropriação-sanção, que é a desapropriação com pagamento da indenização em títulos;

(B) a desapropriação sanção por descumprimento da função social da propriedade somente pode ser aplicada por desatenção ao seu elemento econômico, consubstanciado na produtividade do bem, o que exclui o desatendimento à função socioambiental;

(C) a função social da propriedade corresponde à obrigação genérica de proteger e preservar o meio ambiente, inscrita no *caput* do art. 225 da Constituição Federal de 1988;

(D) os requisitos previstos no art. 186 da Constituição Federal de 1988, referentes aos imóveis rurais, que incluem a função socioambiental da propriedade, aplicam-se a todos os demais bens, que deverão observá-los, simultaneamente e segundo critérios e graus de exigência estabelecidos em lei;

(E) a função socioambiental da propriedade somente deve ser observada pelos imóveis rurais, não se aplicando a nenhuma outra espécie de bem.

A: correta, pois, de fato, a propriedade que descumpre sua função socioambiental estará sujeita, dentre outras, à denominada desapropriação-sanção, que se verifica possível, por exemplo, nos termos do art. 182, §4º, III, CF, quando o Poder público municipal constatar que um imóvel urbano não foi edificado, ou está subutilizado ou não utilizado, hipótese em que será admitida a desapropriação com pagamento mediante títulos da dívida pública, com prazo de resgate de até dez anos (vide, também, art. 8º do Estatuto da Cidade – Lei 10.257/01); **B:** incorreta, pois, como visto na alternativa anterior, a desapropriação-sanção de imóveis urbanos é possível por sua não utilização ou subutilização, não guardando relação com a improdutividade, que poderia ser visualizada no caso das propriedades rurais, também passíveis de desapropriação-sanção por desatendimento de sua função socioambiental (art. 184, CF); **C:** incorreta, visto que a função socioambiental da propriedade não diz respeito, simplesmente, ao dever do Estado (*lato sensu*) e de toda população na preservação do meio ambiente, mas, sim, de dar um uso/destinação sustentável à propriedade privada, visando não apenas ao bem-estar do proprietário, mas, também, de toda a coletividade; **D:** incorreta, pois o art. 186, CF, diz respeito aos imóveis rurais, não abarcando, por evidente, os urbanos, tratados em capítulo próprio

a equidade intergeracional, para salvaguarda das futuras gerações"; **B**: correta, pois a assertiva encontra-se de acordo com o que dispõe o art. 225, *caput*, da CF/1988: "Art. 225. Todos tem direito ao meio ambiente ecologicamente equilibrado, bem de uso comum do povo e essencial a sadia qualidade de vida, impondo-se ao Poder Público e a coletividade o dever de preservá-lo e defendê-lo para as presentes e futuras gerações"; **C**: incorreta, pois é perfeitamente possível a criação de espaços territoriais ambientalmente protegidos através de decreto do Poder Executivo, contudo a alteração e a supressão, somente serão possíveis mediante lei em sentido estrito (art. 225, § 1º, III, da CF/1988); **D**: incorreta, não existe direito fundamental absoluto, a título de exemplo o direito fundamental a vida pode ser mitigado em caso de guerra formalmente declarada, em que a pena de morte será admitida (art. 5º, XLVII, "a", da CF/1988). FM/FCP

Gabarito "B".

(Procurador Municipal – Prefeitura/BH – CESPE – 2017) Acerca do conteúdo e da aplicação dos princípios do direito ambiental, assinale a opção correta.

(A) A participação ambiental da sociedade não substitui a atuação administrativa do poder público, mas deve ser considerada quando da tomada de decisões pelos agentes públicos.

(B) A legislação ambiental não promove exigência relacionada à aplicação do princípio do usuário-pagador, que impõe o pagamento pelo uso do recurso ambiental.

(C) Conforme a doutrina majoritária, os princípios da prevenção e da precaução são sinônimos, já que ambos visam inibir riscos de danos ao meio ambiente.

(D) A essência do princípio do poluidor-pagador está relacionada à compensação dos danos causados ao meio ambiente: no sentido de "poluiu pagou".

A: correta, posto que é dever do Poder Público em colaboração com a sociedade preservar e defender o meio ambiente (art. 225, caput, da CF/1988), assim, a participação ambiental da sociedade não substitui a atuação administrativa do poder público. Outrossim, a participação ambiental da sociedade deverá ser levada em conta quando da tomada de decisões pelos agentes públicos, neste sentido, destaca-se as audiências públicas exigidas ao Estudo Prévio de Impacto Ambiental e seu respectivo relatório (Resolução CONAMA 09/1987, disciplina a forma e o momento de participação dos cidadãos através de audiências públicas no processo de licenciamento ambiental) e a criação de Unidades de Conservação (art. 22, § 2º, da Lei 9.985/2000); **B**: incorreta, pois a legislação ambiental, mais especificamente o art. 4º, VII, da Lei 6.938/1981, promove exigência relacionado à aplicação do princípio do usuário-pagador, que impõe o pagamento pelo uso do recurso ambiental, com fins econômicos; **C**: incorreta, pois o entendimento majoritário é o de que os princípios da prevenção e da precaução não sinônimos, não obstante, ambos visam inibir riscos de danos ao meio ambiente. O princípio da prevenção refere-se a dever que o Poder Público tem em colaboração com a sociedade de preservar o meio ambiente para que não ocorra um evento danoso e, sucessivamente, sua difícil recuperação. Em contrapartida o princípio da precaução remete a ausência de informações ou pesquisas científicas conclusivas sobre a potencialidade e os efeitos de uma intervenção no meio ambiente. Tem-se aqui a incerteza científica a respeito dos efeitos do dano potencial, que não podem ser utilizados de forma a autorizar determinadas intervenções no meio ambiente, assim, na dúvida decide-se em favor do meio ambiente; **D**: incorreta, pois a essência do princípio do poluidor pagador está em impor ao poluidor a obrigação de recuperar e/ou indenizar os dados causados ao meio ambiente, e não no sentido de poluiu pagou, conforme disposto na assertiva. FM/FCP

Gabarito "A".

(Procurador do Estado – PGE/RN – FCC – 2014) Segundo a Constituição Federal,

(A) todos têm direito ao meio ambiente ecologicamente equilibrado, bem de uso comum do povo e essencial à sadia qualidade de vida, facultando-se ao Poder Público defendê-lo e preservá-lo para as presentes e futuras gerações.

(B) todos têm direito ao meio ambiente ecologicamente equilibrado, bem de uso comum do povo e essencial à sadia qualidade de vida, impondo-se ao Poder Público e à coletividade o dever de defendê-lo e preservá-lo para as presentes e futuras gerações.

(C) todos têm direito ao meio ambiente ecologicamente equilibrado, bem de uso especial do povo e essencial à sadia qualidade de vida, impondo-se ao Poder Público e à coletividade o dever de defendê-lo e preservá-lo para as presentes e futuras gerações.

(D) todos têm direito ao meio ambiente ecologicamente equilibrado, bem de uso especial do povo e essencial à sadia qualidade de vida, impondo-se apenas à coletividade o dever de defendê-lo e preservá-lo para as presentes e futuras gerações.

(E) todos têm direito ao meio ambiente ecologicamente equilibrado, bem de uso especial do povo e essencial à sadia qualidade de vida, impondo-se apenas ao Poder Público o dever de defendê-lo e preservá-lo para as presentes e futuras gerações.

Dispõe o art. 225, *caput*, da CF/1988: "Todos têm direito ao meio ambiente ecologicamente equilibrado, bem de uso comum do povo e essencial à sadia qualidade de vida, impondo-se ao Poder Público e à coletividade o dever de defendê-lo e preservá-lo para as presentes e futuras gerações". FM/FCP

Gabarito "B".

(PROCURADOR DO ESTADO/MG – FUMARC – 2012) A respeito do Direito Ambiental Brasileiro, assinale a alternativa **INCORRETA:**

(A) Para assegurar a efetividade do direito ao meio ambiente, incumbe ao Poder Público definir, em todas as unidades da Federação, espaços territoriais e seus componentes a serem especialmente protegidos, sendo a alteração e a supressão permitidas através de ato do Poder Público, vedada qualquer utilização que comprometa a integridade dos atributos que justifiquem sua proteção.

(B) Todos têm direito ao meio ambiente ecologicamente equilibrado, bem de uso comum do povo e essencial à sadia qualidade de vida, impondo-se ao Poder Público e à coletividade o dever de defendê-lo e preservá- lo para as presentes e futuras gerações.

(C) A Floresta Amazônica brasileira, a Mata Atlântica, a Serra do Mar, o Pantanal Mato-Grossense e a Zona Costeira são patrimônio nacional, e sua utilização far-se-á, na forma da lei, dentro de condições que assegurem a preservação do meio ambiente, inclusive quanto ao uso dos recursos naturais.

(D) São indisponíveis as terras devolutas ou arrecadadas pelos Estados, por ações discriminatórias, necessárias à proteção dos ecossistemas naturais.

(E) As usinas que operem com reator nuclear deverão ter sua localização definida em lei federal, sem o que não poderão ser instaladas.

II. A União Federal, através do IPHAN, não pode tombar bem de propriedade de um estadomembro.

III. Bens naturais, para cuja criação não houve qualquer interferência humana, não podem ser considerados patrimônio cultural.

IV. O tombamento é o único instrumento da competência do estado-membro para proteção do patrimônio cultural material.

V. O inventário é instrumento passível de ser utilizado somente para proteção dos bens culturais de natureza imaterial.

Assinale a alternativa correta.

(A) Todas as assertivas estão incorretas.

(B) Estão corretas apenas as assertivas I, IV e V.

(C) Está correta apenas a assertiva V.

(D) Estão corretas apenas as assertivas IV e V.

(E) Está correta apenas a assertiva I.

Enunciado **I** correta: considerando que o tombamento envolve uma competência comum das entidades federativas, um mesmo bem imóvel de propriedade privada pode ser tombado em âmbito federal e estadual. Enunciado **II** incorreto: bens públicos podem ser objeto de tombamento. Enunciado **III** incorreto: cf. art. 216, V, da CF, constitui patrimônio cultural, entre outros, os sítios de valor ecológico. Enunciado **IV** incorreto: o Estado detém diversos instrumentos para a proteção do patrimônio cultural, a exemplo do tombamento e da desapropriação. Enunciado **V** incorreto: o inventário incide sobre os bens culturais de natureza material. **RB**

Gabarito "E".

(Procurador Distrital – 2014 – CESPE) Acerca do patrimônio cultural e da proteção ambiental das terras indígenas, julgue os itens que seguem.

(1) Em rol taxativo, a CF elenca os bens que constituem o patrimônio cultural brasileiro, como os conjuntos urbanos e sítios de valor histórico, paisagístico, artístico, arqueológico, paleontológico, ecológico e científico.

(2) A promoção e proteção do patrimônio cultural brasileiro é responsabilidade do poder público, com a colaboração da comunidade, por meio de inventários, registros, vigilância, tombamento e desapropriação, e de outras formas de acautelamento e preservação.

1: incorreta, pois o rol previsto no art. 216, *caput*, da CF/1988, não é taxativo (veja no *caput* a expressão "nos quais se incluem", que revela um rol exemplificativo); ademais também é patrimônio cultural brasileiro "natureza material e imaterial, tomados individualmente ou em conjunto, portadores de referência à identidade, à ação, à memória dos diferentes grupos formadores da sociedade brasileira", como outros citados nos incisos do art. 216 e que atendam ao *caput* do art. 216, tais como 'as formas de expressão', 'os modos de criar, fazer e viver' e outros; **2:** correta (art. 216, § 1º, da CF/1988).

Gabarito 1E, 2C

(Procurador do Município/Cubatão-SP – 2012 – VUNESP) O Poder Público, com a colaboração da comunidade, promoverá e protegerá o patrimônio cultural brasileiro, entre outras formas, por meio de

(A) expropriação.

(B) vinculação.

(C) tombamento.

(D) embargo.

(E) notificação.

De fato, conforme dispõe o art. 216, §1º, CF, são instrumentos para a proteção do patrimônio cultural brasileiro: i) inventários; ii) registros; iii) vigilância; iv) tombamento (daí a alternativa **C** estar correta); v) desapropriação (daí a alternativa A estar incorreta). As demais alternativas (**B, D** e **E**) não constituem instrumentos constitucionalmente previstos para a tutela do meio ambiente cultural.

Gabarito "C".

3. DIREITO AMBIENTAL CONSTITUCIONAL

(Procurador do Município/Manaus – 2018 – CESPE) Considerando o que dispõe a CF a respeito da proteção ao meio ambiente, julgue os itens subsequentes.

(1) Compete ao poder público definir espaços territoriais ambientalmente protegidos, sendo a sua supressão permitida somente através de lei.

(2) Qualquer pessoa é parte legítima para propor ação popular para anular ato lesivo ao meio ambiente.

1: Correta, com base no disposto no art. 225, § 1º, III, da CF/1988. **2:** Errada, qualquer pessoa que preencha os requisitos da Ação Popular, por exemplo, ser cidadão (Lei 4.717/1965). **FM/LF**

Gabarito 1C, 2E

(Procurador Municipal – Prefeitura/BH – CESPE – 2017) A respeito do direito ambiental, assinale a opção correta de acordo com o disposto na CF.

(A) A proteção jurídica fundamental do meio ambiente ecologicamente equilibrado é estritamente antropocêntrica, uma vez que se considera o bem ambiental um bem de uso comum do povo.

(B) Além de princípios e direitos, a CF prevê ao poder público e à coletividade deveres relacionados à preservação do meio ambiente.

(C) Será inválida a criação de espaços territoriais ambientalmente protegidos por ato diverso da lei em sentido estrito.

(D) O direito ao meio ambiente ecologicamente equilibrado consta expressamente na CF como direito fundamental, o que o caracteriza como direito absoluto.

A: incorreta. Conforme Fabiano Melo (Direito Ambiental. São Paulo: Método, 2017, p. 10): "Das concepções éticas das relações do homem com o meio ambiente duas merecem destaque: o antropocentrismo e o biocentrismo. O antropocentrismo concebe o homem em uma verdadeira relação de superioridade com os demais seres. O que importa é o bem-estar dos seres humanos e, para tanto, o homem se apropria dos bens ambientais para o seu interesse exclusivo, sem preocupação com os demais seres vivos, que são instrumentais. A "ética antropocêntrica" não reconhece valor intrínseco aos outros seres vivos ou à natureza. No biocentrismo, por outro lado, o homem não é superior aos outros seres vivos; mantém com eles uma relação de interdependência e simbiose. Todos os seres vivos são igualmente importantes. O centro das relações não é, como no antropocentrismo, a humanidade, mas os seres vivos, humanos e não humanos. Conforme os documentos internacionais e a Constituição Federal, a proteção é de natureza antropocêntrica. Todavia, não se trata da concepção clássica de antropocentrismo, mas o que a doutrina denomina "antropocentrismo alargado", que conjuga a interação da espécie humana com os demais seres vivos como garantia de sobrevivência e dignidade do próprio ser humano, assim como o reconhecimento que a proteção da fauna e da flora é indeclinável para

11. DIREITO AMBIENTAL

Fabiano Melo, Fernanda Camargo Penteado, Luiz Felipe Nobre Braga, Rodrigo Bordalo, Wander Garcia, Arthur Trigueiros e Eduardo Dompieri

1. CONCEITOS BÁSICOS

(Procurador do Estado/SP – 2018 – VUNESP) Sobre a evolução da legislação ambiental no Brasil e os seus marcos históricos, assinale a alternativa correta.

(A) A Constituição Federal de 1988 consolidou a proteção ao meio ambiente, porém o regime jurídico de proteção ambiental foi primeiramente abordado e disciplinado de forma sistemática na Constituição de 1967, mantido pela Emenda Constitucional no 1/1969, o que deu espaço para edição da Lei nº 6.938/1981.

(B) Embora a Lei nº 7.347/1985 (Lei da Ação Civil Pública) seja um importante instrumento na proteção de direitos difusos e coletivos, não foi originalmente editada para tutelar o meio ambiente, tendo sido alterada somente na década de 1990 para passar a prever, em diversas disposições, a responsabilização por danos causados ao meio ambiente.

(C) Embora a Lei nº 6.938/1981, que instituiu a Política Nacional do Meio Ambiente, tenha inaugurado a proteção ambiental de forma sistemática e organizada no Brasil, somente com a Constituição Federal de 1988 os Estados e Municípios foram inseridos no sistema de proteção ambiental.

(D) Dois marcos da Lei nº 6.938/1981, que instituiu a Política Nacional do Meio Ambiente, são a descentralização administrativa, a partir da noção de um sistema de proteção ambiental, e a mudança no paradigma de proteção ambiental no Brasil.

(E) Até a edição da Constituição Federal de 1988 as normas de proteção ao meio ambiente eram fragmentadas e esparsas, sendo preocupação central a proteção de recursos naturais sob o viés econômico.

A: incorreta. a Constituição Federal de 1988 foi a primeira a tratar de forma sistematizada a respeito da proteção ao meio ambiente, trazendo um capítulo específico destinado a tal fim; anteriormente o tema era tratado de forma indireta pelas constituições brasileiras; B: incorreta. O texto original da Lei 7.347/1985 já tutelava o meio ambiente; C: incorreta. Conforme se observa da estrutura do SISNAMA definida pela Lei 6.938/1981, art. 6º, V e VI, os órgãos seccionais e os órgãos locais, são compostos respectivamente por órgãos ou entidades estaduais e órgãos ou entidades municipais. Desta forma, antes da vigência da CF/88, a Lei 6.938/1981 já havia inserido os Estados e Municípios no sistema de proteção ambiental; D: correta. Vide art. 6º, da Lei 6.938/1981; E: incorreta. Antes da vigência da CF/88, as Leis 6.938/1981, 7.347/1985 e até mesmo o revogado Código Florestal (Lei 4.771/1965) já traziam normas de proteção ambiental específicas. FM/FC

Gabarito "D".

(Procurador do Estado/PA – 2011) Assinale a alternativa CORRETA:

(A) Podem os estados-membros, por meio de lei, autorizar a prática ou atividade esportiva com aves de raça, ainda que envolvam confronto físico entre os animais, desde que assegurada a proibição de apostas em dinheiro.

(B) A proteção constitucional ao patrimônio histórico, às manifestações culturais e ao livre exercício da liberdade de expressão, situada no mesmo nível normativo que a regra de proteção ambiental, garante a prática de atividades com mais de 100 anos de tradição, comprovadas com estudos antropológicos, ainda que possam resultar em submissão de animais a tratamentos cruéis.

(C) Os sítios arqueológicos, por constituírem patrimônio da União, não podem ser alvo de fiscalização ambiental por municípios e estados-membros.

(D) O conceito normativo de meio ambiente abrange o conjunto de condições, leis, influências e interações de ordem física, química e biológica, que permite, abriga e rege a vida em todas suas formas, não incluindo o patrimônio edificado.

(E) O meio ambiente pode ser classificado em natural, artificial, cultural, do trabalho e o patrimônio genético.

A: incorreta, pois, muito embora seja competência concorrente da União, Estados, DF e Municípios legislar sobre florestas, caça, pesca, fauna, conservação da natureza, proteção do meio ambiente (art. 24, VI, CF), bem como responsabilidade por danos ao meio ambiente (art. 24, VIII, CF), é certo que a Lei dos Crimes Ambientais (Lei 9.605/98), em seu art. 32, tipifica a conduta de maus-tratos contra os animais, motivo pelo qual os estados-membros não poderiam autorizar a prática ou atividade esportiva com aves raras, envolvendo confronto físico entre elas, o que, como dito, caracteriza crime ambiental. Ademais, a lei estadual que permitisse confronto físico entre animais seria materialmente inconstitucional, por afrontar o art. 225, §1º, VII, CF (crueldade contra os animais); B: incorreta, pois a defesa do meio ambiente constitui direito humano fundamental, além do que, de acordo com o art. 225, §1º, VII, da CF, é dever do Poder Público proteger a fauna e a flora, vedadas as práticas que submetam os animais à crueldade; C: incorreta, pois a fiscalização ambiental constitui materialização do poder de polícia ambiental, que, como sabido, é de competência comum de todos os entes federativos (art. 23, III, IV, VI e VII, CF); D: incorreta, pois o conceito normativo de meio ambiente, previsto no art. 3º, I da Lei 6.938/81 (PNMA), a despeito de não tratar especificamente do patrimônio edificado, não o exclui. Ressalte-se ser clássica a classificação do meio ambiente em *natural* (ou físico), *artificial* e *cultural*. Quanto ao meio ambiente artificial, temos que se trata daquele construído pelo homem, recebendo, inclusive, tutela constitucional (art. 182, CF – política de desenvolvimento urbano); E: correta, visto que, de fato, a doutrina classifica o meio ambiente em natural (ou físico), artificial, cultural e do trabalho, sendo que, mais recentemente, vem-se inserindo na classificação o patrimônio genético, que, para alguns, integra o meio ambiente natural.

Gabarito "E".

2. PATRIMÔNIO CULTURAL BRASILEIRO

(Procurador do Estado/AC – 2017 – FMP) Em relação à tutela do patrimônio cultural, analise as assertivas abaixo.

I. Um mesmo bem imóvel de propriedade privada pode ser tombado em âmbito federal e estadual.

1: correta. Organizações supranacionais são aquelas nas quais os países membros abrem mão de parcela de sua soberania e entregam-na a órgãos criados e administrados em conjunto, garantindo soluções comuns às questões econômicas e judiciais de interesse do bloco. Não é o caso do MERCOSUL, porque ele ainda se encontra no âmbito das decisões intergovernamentais, ou seja, das reuniões dos membros do bloco econômico exsurgem apenas novos tratados internacionais que, dada sua natureza, dependem de incorporação ao ordenamento jurídico interno de cada país para terem eficácia; **2: incorreta.** O Tribunal Arbitral Ad Hoc e o Tribunal Permanente de Revisão são acessíveis somente aos Estados-partes (arts. 9°, 17 e 23 do Protocolo de Olivos). Os particulares devem formalizar suas reclamações ante a Seção Nacional do Grupo Mercado Comum de seu país (art. 40 do Protocolo de Olivos); **3: correta,** nos termos dos arts. 3° e 4° do Protocolo Adicional ao Tratado de Assunção.

Gabarito 1C, 2E, 3C

4. QUESTÕES COMBINADAS E OUTROS TEMAS

(Procurador Federal – 2013 – CESPE) Acerca da intervenção do estado no domínio econômico e às parcerias público-privadas, julgue os seguintes itens.

(1) Antes da celebração de contrato de parceria público-privada, deve ser constituída sociedade de propósito específico para implantar e gerir o objeto da parceria.

(2) De acordo com dispositivo constitucional, pode o ente municipal, mediante lei específica para área incluída no plano diretor, passar a exigir, dos proprietários de solo não edificado, edificações ou parcelamentos compulsórios ou, sucessivamente, impor imposto sobre a propriedade predial e territorial urbana progressivo no tempo.

1: correta, nos termos do art. 9° da Lei n° 11.079/2004; **2: correta,** nos termos do art. 182, § 4°, da Constituição Federal.

Gabarito 1C, 2C

(Procurador Federal – 2013 – CESPE) Carnes da Planície S.A. processa e vende carnes congeladas no Brasil, onde detém 60% do mercado relevante de suínos congelados, e também exporta esses produtos para diferentes países. Não obstante ela ser companhia sólida e com ações vendidas em bolsa de valores, Paulino dos Santos e Alice Nova, como seus administradores e acionistas, resolveram duplicar o faturamento da sociedade, negociando a compra e venda de dólares no mercado de câmbio futuro. Apesar de inexistir autorização nos estatutos da sociedade para tal, assim o fizeram sem consultar os demais órgãos da companhia e os agentes reguladores competentes. Ocorre que a cotação do dólar os surpreendeu, levando a que a situação financeira da Carnes da Planície S.A. beirasse a insolvência.

A respeito da situação hipotética descrita no texto e de aspectos a ela correlacionados, julgue os itens que se seguem à luz das leis a eles aplicáveis.

(1) Cabe ao Conselho Monetário Nacional fixar as diretrizes e normas da política cambial, inclusive quanto a operações em moeda estrangeira, embora ele possa conceder ao Banco Central do Brasil o monopólio das operações de câmbio.

(2) Se estiverem presentes indícios de infração da ordem econômica por parte de Carnes da Planície S.A., caberá à Secretaria de Acompanhamento Econômico, órgão do CADE, investigar os fatos e, se for o caso, representar ao tribunal daquela autarquia para que esta aplique as sanções cabíveis.

(3) A Companhia de Valores Mobiliários tem a atribuição de fiscalizar condutas empresariais de companhias abertas que atuem de modo semelhante ao praticado por Carnes da Planície S.A., caso em que deverá prevalecer a proteção ao público investidor e ao mercado de trocas econômicas.

(4) Na hipótese de a sociedade empresária ter entregado notas promissórias em garantia aos contratos de câmbio, elas permanecerão como títulos acessórios vinculados a esses contratos. Entretanto, a autonomia dessas notas será reconstituída se elas forem endossadas a terceiros de boa-fé.

1: correta, nos termos do art. 4°, V e XVIII, da Lei n° 4.595/1964; **2: incorreta.** A investigação de eventual infração à ordem econômica compete à Superintendência-Geral do CADE (art. 66 da Lei n° 12.529/2011); **3: incorreta.** A atuação dos administradores que extravase os poderes a eles conferidos pelo estatuto social acarreta a responsabilidade civil desses em relação aos acionistas, porém, não está sujeita à fiscalização da CVM; **4: incorreta.** Segundo iterativa jurisprudência do STJ, a nota promissória vinculada a contrato como garantia perde sua natureza cambial, não mais podendo circular por endosso.

Gabarito 1C, 2E, 3E, 4E

10. DIREITO ECONÔMICO   537

2: incorreta, pois compete ao próprio Tribunal Administrativo de Defesa Econômica do CADE aplicar as penalidades atinentes às infrações à ordem econômica – art. 9º, II, da LAT; **3:** correta, pois se trata de ato que constitui infração da ordem econômica, independentemente de culpa, ainda que os efeitos não sejam alcançados – art. 36, III, da LAT.
Gabarito 1C, 2E, 3C

(Procurador Federal – 2010 – CESPE) A respeito do direito econômico, julgue os itens que se seguem.

(1) O CADE pode autorizar atos que, sob qualquer forma manifestados, possam limitar ou de qualquer forma prejudicar a livre concorrência, ou, ainda, resultar na dominação de mercados relevantes de bens ou serviços.

(2) A posição dominante no mercado é presumida pela Lei Antitruste quando a empresa ou grupo de empresas controla 20% de mercado relevante, podendo esse percentual ser alterado pelo CADE para setores específicos da economia.

(3) A livre concorrência, princípio geral da atividade econômica, defende que o próprio mercado deve estabelecer quais são os agentes aptos a se perpetuarem, deixando aos agentes econômicos o estabelecimento das regras de competição.

(4) O aumento dos lucros e o poder econômico, por si sós, são manifestações da dilapidação da livre concorrência.

1: a assertiva é correta, pois o CADE pode autorizar tais atos, desde que atendam às condições previstas no art. 88, § 5º, da Lei Antitruste – LAT (Lei 12.529/2011); **2:** correta, pois reflete o disposto no art. 36, § 2º, da LAT; **3:** incorreta, pois o Estado normatiza e fiscaliza o mercado de modo a reprimir a concorrência desleal, a dominação do mercado e o abuso de posição dominante – arts. 20 e 21 da LAT; **4:** incorreta, pois as infrações à ordem econômica pressupõem atos ou condutas que, de algum modo, possam levar à concorrência desleal, à dominação do mercado ou ao abuso de posição dominante, ainda que esses efeitos não sejam alcançados – art. 36 da LAT.
Gabarito 1C, 2C, 3E, 4E

(Procurador do Estado/SP – FCC – 2009) A legislação antitruste brasileira

(A) pune atos de concorrência desleal que causem desvio de clientela em prejuízo do consumidor.

(B) não se aplica aos titulares de patentes, que ficam sujeitos apenas ao licenciamento compulsório.

(C) favorece a concentração empresarial para propiciar economias de escala e escopo em prol da melhoria da eficiência produtiva.

(D) utiliza o tabelamento de preços como instrumento para evitar o aumento arbitrário de lucros.

(E) admite o controle preventivo para afastar o risco de dominação dos mercados que possa levar ao abuso do poder econômico.

A: incorreta, pois o desvio de clientela não é indicado como efeito caracterizador de ato de concorrência desleal – art. 36 da LAT; **B:** incorreta, pois todas as pessoas sujeitam-se à legislação antitruste, sem prejuízo de que seja concedida licença compulsória de patente de titularidade do infrator – art. 38, IV, *a*, da LAT; **C:** incorreta, muito embora o CADE possa autorizar atos de concentração que tenham por objetivo aumentar a produtividade e a eficiência econômica – art. 88, § 6º, I, *a* e *c*, da LAT; **D:** incorreta, pois a legislação não adota esse instrumento. Pelo contrário, eventual acordo entre concorrentes nesse

sentido pode caracterizar infração à ordem econômica – art. 36, § 3º, I, a, da LAT; **E:** essa é a assertiva correta, pois a legislação antitruste dispõe sobre a **prevenção** e a repressão às infrações contra a ordem econômica – art. 1º da LAT.
Gabarito "E".

---

3. DIREITO ECONÔMICO INTERNACIONAL

(Procurador – PGFN – ESAF – 2015) Sobre a Ordem Econômica Internacional e Regional, assinale a opção correta.

(A) A Organização Mundial de Comércio foi constituída na Conferência de Bretton Woods, em 1994, após negociações formuladas na denominada "Rodada Uruguai".

(B) O MERCOSUL não possui personalidade jurídica de direito internacional e, por essa razão, suas decisões necessitam do consenso de todos os países membros.

(C) O Protocolo de Brasília é o que atualmente regula a solução de conflitos dentro do MERCOSUL.

(D) A República Federativa do Brasil subscreveu o acordo de compras governamentais (GPA) proposto pela OMC, o que estabelece que, na contratação pública de bens e serviços feita por um país signatário, os oriundos dos demais estados celebrantes não receberão tratamento menos favorável do que os nacionais.

(E) Considera-se prática de *dumping* a introdução de um produto no mercado doméstico brasileiro, inclusive sob as modalidades de *drawback*, a um preço de exportação inferior ao seu valor normal, considerando-se como valor normal o preço do produto similar, em operações comerciais normais, destinado ao consumo no mercado interno do país exportador.

A: incorreta, pois a OMC surgiu com o Acordo de Marraquexe, em 1994; **B:** incorreta, pois o Mercosul possui personalidade jurídica de direito internacional, conforme o art. 8º, III, do Protocolo de Ouro Preto, promulgado pelo Decreto 1.901/1996; **C:** incorreta, pois aplica-se o Protocolo de Olivos, promulgado pelo Decreto 4.982/2004; **D:** incorreta, pois o Brasil, como a maior parte dos países em desenvolvimento, não é signatário do GPA; **E:** correta, pois há *dumping* quando determinado produto é exportado por preço inferior ao que é normalmente praticado no mercado doméstico (pode, ou não, decorrer de subsídio concedido pelo país exportador) – art. 2º, 1, do Acordo *Antidumping*, promulgado pelo Decreto 93.941/1987. RB
Gabarito "E".

(Advogado da União/AGU – CESPE – 2012) Julgue os itens a seguir, relativos ao MERCOSUL.

(1) O MERCOSUL não é uma organização supranacional, razão pela qual as normas emanadas dos seus órgãos não têm caráter obrigatório nem aplicação direta; para ter eficácia, elas devem ser incorporadas formalmente no ordenamento jurídico dos Estados-membros.

(2) Visando à solução de controvérsias no âmbito do MERCOSUL, os particulares podem peticionar diretamente ao Tribunal Arbitral *Ad Hoc* e ao Tribunal Permanente de Revisão.

(3) Cabe ao Conselho do MERCOSUL, órgão superior composto pelos ministros das Relações Exteriores e os da Economia dos Estados-partes, conduzir a política do processo de integração e tomar decisões destinadas a assegurar o cumprimento dos objetivos e prazos estabelecidos para a constituição definitiva do MERCOSUL.

entendimento do STJ pela invalidade dessa cláusula de exclusividade – ver EREsp 191.080/SP; **C:** incorreta, pois o STF pacificou o entendimento quanto à competência do município para fixar o horário de funcionamento de estabelecimento comercial – Súmula Vinculante 38/STF; **D:** correta, conforme entendimento do STF – ver ADI 2.649/DF; **E:** incorreta, pois o STF entende inconstitucional a exigência de fiança para expedição de notas fiscais, por se tratar de indevida sanção política – ver RE 565.048/RS. **RB**

Gabarito "D".

(Procurador – PGFN – ESAF – 2015) A respeito do Sistema Brasileiro de Defesa da Concorrência, assinale a opção incorreta.

(A) O Conselho Administrativo de Defesa Econômica é constituído pelos seguintes órgãos: Tribunal Administrativo de Defesa Econômica, Superintendência-Geral e Departamento de Estudos Econômicos.

(B) Funcionará junto ao Conselho Administrativo de Defesa Econômica, Procuradoria Federal Especializada, competindo-lhe promover a execução judicial de suas decisões e julgados.

(C) Compete à Secretaria de Acompanhamento Econômico propor a revisão de leis, que afetem ou possam afetar a concorrência nos diversos setores econômicos do País.

(D) Constituem infração da ordem econômica, independentemente de culpa: dominar mercado relevante de bens ou serviços, assim como exercer posição dominante.

(E) O Conselho Administrativo de Defesa Econômica poderá celebrar acordo de leniência, com a extinção da ação punitiva da administração pública ou a redução de 1 (um) a 2/3 (dois terços) da penalidade aplicável.

A: correta, conforme art. 5º da LAT; **B:** correta – art. 15, III, da LAT; **C:** correta, nos termos do art. 19, VI, da LAT; **D:** incorreta, pois o exercício de posição dominante somente é infração da ordem econômica se ocorre de forma abusiva – art. 36, IV, da LAT; **E:** correta, conforme art. 86 da LAT. **RB**

Gabarito "D".

(Procurador Distrital – 2014 – CESPE) Julgue os itens que se seguem, relativos aos critérios para a submissão ao CADE dos atos de concentração empresarial.

(1) Não é considerada ato de concentração, para efeito de submissão ao CADE, a celebração de *joint venture* entre duas sociedades para a participação em licitação pública.

(2) A lei antitruste brasileira em vigor suprimiu o critério da participação em mercado relevante como requisito para submissão ao CADE dos atos de concentração empresarial, atendendo, assim, às recomendações feitas por estudos da Organização para a Cooperação e Desenvolvimento Econômico que concluíram que tais critérios envolviam elementos subjetivos relacionados à definição do mercado relevante e geravam insegurança jurídica ao sistema concorrencial.

(3) A soma dos faturamentos anuais dos grupos que busquem unir-se deve, para a submissão ao CADE do ato de concentração empresarial, atingir determinado valor, previsto expressamente na lei, independentemente de um dos grupos ter tido pequeno faturamento no período.

1: correta, nos termos do art. 90, parágrafo único, da Lei n. 12.529/2011; **2:** correta. A nova Lei Antitruste (Lei n. 12.529/2011) manteve como critério apenas o faturamento bruto dos envolvidos (art. 88); **3:** incorreta. Dois critérios de faturamento bruto devem coexistir para a submissão do ato de concentração ao CADE: o faturamento bruto anual de um dos participantes ter sido igual ou superior a R$ 400.000.000,00 e o faturamento bruto anual de pelo menos um outro participante ter sido igual ou superior a R$ 30.000.000,00 (art. 88, I e II, da Lei Antitruste). Como se vê, não se utiliza como critério a soma dos faturamentos brutos anuais.

Gabarito 1C, 2C, 3E

(Procurador Federal – 2013 – CESPE) Com relação à Lei de Defesa da Concorrência — Lei n. 12.529/2011 —, julgue os itens a seguir.

(1) As funções do CADE de consultoria, assessoramento jurídico e promoção da execução judicial das decisões e julgados são efetuadas pelo representante do Ministério Público Federal junto a esse conselho.

(2) A presunção de posição dominante é elemento bastante para a caracterização de infração à ordem econômica.

(3) As fusões e aquisições, nominadas na lei em apreço como atos de concentração, não podem ser consumadas antes de apreciadas pelo CADE, sob pena de nulidade, de imposição de multa pecuniária e de abertura de processo administrativo para a imposição de sanções administrativas por infração à ordem econômica.

(4) A lei em questão excepciona de seu alcance atividades exercidas sob o regime de monopólio legal, ainda que estas sejam exercidas por empresas privadas.

1: incorreta. Tais atribuições são da Procuradoria Federal especializada (art. 15 da Lei n. 12.529/2011); **2:** incorreta. A infração à ordem econômica se caracteriza pelo exercício abusivo de posição dominante (art. 36, IV, da Lei n. 12.529/2011). Ainda que se configure independentemente de culpa, a mera presunção não é suficiente para a tipificação da conduta; **3:** correta, nos termos do art. 88, § 3º, da Lei Antitruste. Faltou dizer, apenas, que não são todos os atos de concentração que dependem de prévia aprovação do CADE, somente aqueles nos quais um participante apresentar faturamento bruto anual igual ou superior a R$ 400.000.000,00 e o faturamento bruto anual de pelo menos um outro participante ter sido igual ou superior a R$ 30.000.000,00; **4:** incorreta. A lei alcança também as atividades exercidas em regime de monopólio legal (art. 31 da Lei n. 12.529/2011).

Gabarito 1E, 2E, 3C, 4E

(Procurador/DF - 2013 - CESPE) Relativamente à defesa da concorrência no ordenamento jurídico brasileiro, julgue os itens que se seguem.

(1) Praticará infração da ordem econômica a empresa de serviços de comunicação por televisão que exigir do promotor de determinado evento a exclusividade para a divulgação de publicidade desse evento.

(2) Se determinada empresa infringir a ordem econômica, caberá ao Conselho Administrativo de Defesa Econômica (CADE) decidir pela existência ou não da infração, cabendo ao Poder Judiciário a aplicação das penalidades previstas em lei.

(3) A empresa que, mesmo sem culpa, praticar ato que tenha por objetivo produzir aumento arbitrário de seus lucros cometerá uma infração da ordem econômica.

1: correta, pois se trata de conduta que caracteriza infração da ordem econômica – art. 36, § 3º, VI, da Lei Antitruste – LAT (Lei 12.529/2011);

de gás natural e de outros hidrocarbonetos fluídos possa ser atribuída a terceiros pela União, sem qualquer ofensa à reserva de monopólio. Embora o art. 20, IX, da CF estabeleça que os recursos minerais, inclusive os do subsolo, são bens da União, o art. 176 garante ao concessionário da lavra a propriedade do produto de sua exploração – ADI 3.273/DF.
Gabarito 1C

(Procurador Federal – 2010 – CESPE) A respeito do direito econômico, julgue o item que se segue.

(1) É legal a contratação pela União de empresa estatal ou privada para realizar atividades de pesquisa e lavra das jazidas de petróleo e gás natural em território nacional.

1: assertiva correta, pois isso é permitido expressamente pelo art. 177, § 1º, da CF.
Gabarito 1C

(Procurador do Município/Boa Vista-RR – 2010 – CESPE) Com relação ao direito financeiro e econômico pátrio, julgue os itens seguintes.

(1) O exame da ordem econômica e financeira instituída pela CF permite afirmar que a exploração direta da atividade econômica pelo Estado, além dos casos constitucionalmente expressos, tais como a prestação de serviços públicos e a exploração de jazidas minerais ou de potenciais de energia hidráulica, constitui exceção justificada somente por imperativos de segurança nacional e relevante interesse coletivo, na forma da lei.

1: assertiva correta, pois reflete o disposto no art. 173 da CF.
Gabarito 1C

(Advogado da União/AGU – CESPE – 2012) Com base na ordem constitucional econômica, julgue os itens subsequentes.

(1) As empresas públicas e as sociedades de economia mista, dadas as suas especificidades, beneficiam-se de determinados privilégios fiscais não atribuídos às empresas privadas.

(2) Com exceção dos casos especificados em lei, toda pessoa dispõe de liberdade para exercer qualquer atividade econômica, independentemente de autorização concedida por órgãos públicos.

(3) Como forma de estímulo à atração de investimentos de capital estrangeiro, a CF veda a regulação da remessa de lucros.

1: incorreta. É expressamente vedada a concessão de privilégios fiscais às empresas públicas e sociedades de economia mista não extensíveis ao setor privado (art. 173, § 2º, da CF); 2: correta, nos termos do art. 170, parágrafo único, da CF; 3: incorreta. O estímulo aos investimentos estrangeiros depende diretamente da regulação da remessa de lucros ao exterior, cuja elaboração é autorizada pelo art. 172 da CF.
Gabarito 1E, 2C, 3E

(Advogado da União/AGU – CESPE – 2012) Com relação à intervenção do Estado no domínio econômico, julgue os próximos itens.

(1) A CF prevê áreas em que a exploração direta de atividade econômica pela União é feita por meio de monopólio.

(2) A atuação do Estado como agente normativo e regulador da atividade econômica compreende, entre outras funções, a de planejamento, que é determinante tanto para o setor público quanto para o setor privado.

1: correta. Estas atividades estão previstas no art. 177 da CF; 2: incorreta. O planejamento é determinante apenas para o setor público, sendo indicativo para o setor privado (art. 174 da CF).
Gabarito 1C, 2E

2. DIREITO CONCORRENCIAL, LEI ANTITRUSTE

(Advogado União – AGU – CESPE – 2015) Em relação à Lei Antitruste e às infrações contra a ordem econômica nela previstas, julgue os itens subsequentes.

(1) Dominar mercado relevante, para efeito de infração prevista na lei em questão, corresponde ao fato de um agente econômico conquistar o mercado mediante processo natural, fundado na maior eficiência em relação a seus competidores.

(2) Para que se configure a infração de exercer de forma abusiva posição dominante, há que se provar o dolo na prática da conduta.

(3) O fato de empresas coligadas do mesmo grupo econômico acordarem ou combinarem os preços dos seus produtos caracteriza a prática de infração contra a ordem econômica.

(4) Empresa que arbitrariamente aumentar seus lucros, mesmo que não tenha concorrente no mercado, praticará infração contra a ordem econômica.

1: Incorreta, pois a conquista de mercado resultante de processo natural fundado na maior eficiência de agente econômico em relação a seus competidores não caracteriza o ilícito de dominação de mercado relevante, por expressa determinação legal – art. 36, § 1º, da Lei Antitruste – LAT (Lei 12.529/2011). 2: Incorreta, pois os atos que configuram infração à ordem econômica independem de culpa – art. 36, *caput*, da LAT. 3: Incorreta, pois o ilícito se refere a combinar preços *com concorrente* – art. 36, § 3º, I, da LAT. 4: Correta, conforme art. 36, III, da LAT. RB
Gabarito 1E, 2E, 3E, 4C

(Procurador – PGFN – ESAF – 2015) Sobre as disposições normativas pertinentes à livre-iniciativa e à livre concorrência, assinale a opção que retrata a jurisprudência corrente sobre a matéria.

(A) Não ofende o princípio da livre concorrência lei municipal que impede a instalação de estabelecimentos comerciais do mesmo ramo em determinada área.

(B) É válida cláusula inserida em estatuto de cooperativa de trabalho que impõe exclusividade aos médicos cooperados, de modo que não possam atender por nenhum outro plano de saúde.

(C) Lei municipal não pode fixar horário de funcionamento para o comércio.

(D) Não há inconstitucionalidade em norma legal federal que conceda passe livre às pessoas portadoras de deficiência no sistema de transporte coletivo interestadual.

(E) A exigência, pela Fazenda Pública, de prestação de fiança para a impressão de notas fiscais de contribuintes em débito com o Fisco não ofende o primado da livre atividade econômica.

A: incorreta, pois a jurisprudência sumulada pelo STF reconhece ser inconstitucional essa proibição por ofensa ao princípio da livre concorrência – Súmula Vinculante 49/STF. **B:** incorreta, sendo pacífico o

meio da LOA, recursos para a construção de determinada obra, tal intervenção assume, em conformidade com a ordem constitucional, caráter determinante.

1: incorreta, pois essa é hipótese que permite excepcionalmente a exploração direta de atividade econômica pelo Estado (quando necessária aos imperativos da segurança nacional ou a relevante interesse coletivo, conforme definidos em lei) – art. 173 da CF/1988; **2:** incorreta, pois, embora a competência tributária para instituição da CIDE seja realmente da União, ela não pode incidir sobre receitas de exportação, conforme o art. 149, § 2º, I, da CF/1988; **3:** correta, conforme o art. 173 da CF/1988, entre outros; **4:** incorreta, pois, embora a propriedade da jazida seja da União, o concessionário tem garantida a propriedade do produto da lavra – art. 176 da CF/1988; **5:** incorreta, pois essa possibilidade de proteção e benefícios especiais, originariamente prevista pelo art. 171, § 1º, I, da CF/1988, foi revogada pela EC 6/1995; **6:** correta, pois, nos termos do art. 174 da CF, o exercício das funções de fiscalização, incentivo e planejamento do Estado, como agente normativo e regulador da atividade econômica, é **determinante** para o setor público (e apenas indicativo para o setor privado). Interessante notar, pelo aspecto estritamente financeiro e orçamentário, que a previsão dos recursos na LOA para a realização da obra é apenas autorizativa, não impositiva para o Estado, ou seja, ele pode deixar de realizá-la, desde que fundamentadamente.

Gabarito 1E, 2E, 3C, 4E, 5E, 6C

(Procurador do Estado/RO – 2011 – FCC) Que setor de atividade gera mais externalidades positivas?

(A) Extração de petróleo em águas profundas.

(B) Saneamento básico.

(C) Mineração.

(D) Indústria automobilística.

(E) Mercado financeiro.

Externalidades são "os custos ou benefícios que as atividades de algum agente impõem a terceiros que não por via do sistema de preços" (Vasco Rodrigues). O saneamento básico ("B") é exemplo de atividade que, além de gerar o benefício direto aos usuários do serviço (que contam com água tratada e esgoto etc.), gera também externalidades positivas (benefícios indiretos), pois diminui as doenças causadas por poluição de rios, pela proliferação de pragas, melhora a qualidade de vida dos moradores da região etc. A extração de petróleo em águas profundas (A) pode gerar externalidades negativas (custos indiretos a terceiros), como prejuízos aos pescadores da região, por conta da poluição causada por navios e equipamentos. Embora todas as atividades indicadas possam gerar externalidades positivas (benefícios indiretos a terceiros, como aumento dos empregos indiretos, investimentos na região etc.), sem dúvida o saneamento básico (que gera grandes benefícios indiretos relacionados à saúde pública e ao bem-estar da população) é o que se destaca nesse sentido, razão pela qual a alternativa "B" é a correta.

Gabarito "B"

(Procurador do Estado/RO – 2011 – FCC) São considerados instrumentos de política industrial para fomentar o setor produtivo

(A) o aumento da concorrência de mercado pelo combate a cartéis e o tabelamento de juros.

(B) a redução geral da carga tributária e a liberalização do comércio internacional.

(C) os incentivos à inovação tecnológica e a oferta de financiamento de longo prazo por bancos oficiais.

(D) a quebra de patentes farmacêuticas para viabilizar a universalização dos serviços públicos de saúde.

(E) o controle dos gastos públicos e a facilitação da importação de bens de consumo.

A: incorreta, pois o aumento da concorrência de mercado e o tabelamento de juros não se referem, estritamente, à política industrial; **B:** discutível, pois a liberalização do comércio internacional, especificamente no caso de facilitação de importação de bens de consumo industrializados, pode prejudicar a indústria nacional. Entretanto, a liberação do comércio internacional em relação às exportações em geral e às importações de bens de capital (máquinas, equipamentos) pode ser considerada instrumento de fomento do setor produtivo, assim como a redução da carga tributária; **C:** essa é a melhor alternativa, pois o setor produtivo demanda financiamentos de longo prazo a juros favoráveis (oferecidos por bancos oficiais de fomento) e é largamente beneficiado pela inovação tecnológica; **D:** incorreta, pois a quebra de patentes de medicamentos, apesar dos inegáveis benefícios em determinadas circunstâncias, pode prejudicar a indústria, desincentivando a pesquisa e o desenvolvimento de novos produtos; **E:** incorreta, pois a facilitação da importação de bens de consumo industrializados tende a prejudicar a indústria nacional, que sofrerá a concorrência do similar importado.

Gabarito "C"

(Procurador do Estado/RO – 2011 – FCC) O Governo do Estado é controlador de uma sociedade de economia mista com ações negociadas em bolsa de valores, que atua no setor de distribuição de energia elétrica. Na assembleia geral de acionistas, o Governo do Estado deliberou a cobrança de tarifas inferiores às autorizadas pela ANEEL (Agência Nacional de Energia Elétrica). Em que circunstâncias essa decisão pode ser considerada legítima?

(A) Em nenhuma, pois isso caracteriza abuso de poder de controle do Estado em prejuízo dos acionistas privados.

(B) Somente se houver manifestação favorável do conselho de administração e o Estado compensar financeiramente a companhia controlada pela frustração das receitas.

(C) Na medida em que a companhia continue apurando lucro contábil, consiga pagar suas dívidas e a cotação de suas ações na bolsa de valores não sofra desvalorização superior a 10% (dez por cento).

(D) Desde que a contenção tarifária tenha por objetivo implementar políticas públicas compreendidas no objeto social e seja preservada a sustentabilidade financeira da companhia no longo prazo.

(E) Se contar com a aprovação da maioria absoluta dos acionistas minoritários reunidos em assembleia especial e beneficiar indistintamente consumidores industriais e residenciais.

A: incorreta, pois a atuação do Estado na economia não se subordina aos interesses privados, mas sim ao interesse coletivo, nos termos e limites do art. 173 da CF; **B e E:** incorretas, pois não há essas exigências na lei; **C:** incorreta, pois não há previsão legal relativa a limite mínimo de desvalorização das ações; **D:** essa é a assertiva correta, observando-se a lei, nos termos do art. 173, § 1º, da CF.

Gabarito "D"

(Procurador Federal – 2010 – CESPE) Julgue o item seguinte, relativo à ordem econômica.

(1) Segundo entendimento do STF, a distinção entre atividade e propriedade permite que o domínio do resultado da lavra das jazidas de petróleo, de gás natural e de outros hidrocarbonetos fluidos seja atribuído a terceiro pela União, sem que tal conduta configure afronta à reserva de monopólio.

1: assertiva correta. Segundo o STF, a distinção entre atividade e propriedade permite que o domínio do resultado da lavra das jazidas de petróleo,

10. DIREITO ECONÔMICO

Robinson Barreirinhas e Henrique Subi*

1. PRINCÍPIOS GERAIS DA ATIVIDADE ECONÔMICA

(Procurador – PGFN – ESAF – 2015) No concernente à intervenção do Estado no domínio econômico, indique a opção incorreta.

(A) Segundo entendimento do Supremo Tribunal Federal, o serviço postal não consubstancia atividade econômica em sentido estrito, porquanto se trata de exclusividade na prestação de serviços, denotando, assim, situação de privilégio.

(B) Na intervenção por absorção ou participação o Estado atua como agente econômico.

(C) O Estado, por meio da intervenção por direção, utiliza-se de comandos imperativos que, se forem descumpridos, sujeitam o infrator a sanções negativas.

(D) A exploração de atividade econômica pelas empresas públicas e sociedades de economia mista constitui intervenção estatal indireta no domínio econômico.

(E) A atividade econômica em sentido amplo é gênero que compreende duas espécies, o serviço público e a atividade econômica em sentido estrito.

A: correta. O STF reconheceu que a atividade econômica em sentido amplo é gênero que compreende duas espécies: a atividade econômica em sentido estrito e o serviço público, este último sendo o caso do serviço postal. Ademais, monopólio refere-se à atividade econômica em sentido estrito. No caso do serviço postal (que é serviço público, não atividade econômica em sentido estrito), a exclusividade na prestação é situação de privilégio, que não se confunde com o monopólio – ADPF 46/DF, relatada pelo Ministro Eros Grau; **B:** correta. José Afonso da Silva classifica a intervenção estatal no domínio econômico em (i) *participação*, pela exploração direta da atividade econômica, como agente econômico e (ii) *intervenção* em sentido estrito, como agente normativo e regulador da atividade econômica. A intervenção em sentido estrito (agente normativo e regulador) compreende as funções de *fiscalização, incentivo* e *planejamento*. Eros Grau se refere a três espécies de intervenção: (i) direta por absorção ou participação, atuando em determinado setor da atividade econômica, em regime de monopólio (absorção) ou não (participação), (ii) indireta por direção, quando atua na economia por meio de instrumentos normativos de pressão e (iii) indireta por indução, que se refere à normatização e à regulação, com estímulos e desestímulos a determinadas condutas, conforme as leis que regem os mercados; **C:** correta, sendo a intervenção por direção aquela que se dá por normas de observância compulsória; **D:** incorreta, pois se trata de intervenção direta por participação (quando o Estado atua paralelamente aos particulares, empreendendo atividades econômicas) ou por absorção (por meio de empresa pública ou sociedade de economia mista, como agente econômico monopolista) – arts. 173 e 176 da CF; **E:** correta, conforme a jurisprudência do STF citada anteriormente. **RB**

Gabarito "D".

(Procurador Federal – 2013 – CESPE) À luz da CF, julgue o próximo item, referente à ordem econômica.

(1) A CF, como Constituição diretiva, anuncia programas e fins a serem concretizados pelo Estado e pela sociedade, o que legitima a intervenção estatal por direção, estando tal característica evidenciada na determinação de que a ordem econômica tem como fundamento a valorização do trabalho humano e a livre-iniciativa e objetiva assegurar a todos existência digna, conforme os ditames da justiça social.

1: correta. Considera-se intervenção por direção a atuação estatal, centralizada ou descentralizada, consistente na edição de normas de observância obrigatória por parte dos agentes econômicos privados. Pela excepcionalidade dessa conduta no regime da livre-iniciativa, ela somente se justifica na persecução dos fundamentos e objetivos da ordem econômica previstos no art. 170 da Constituição Federal.

Gabarito 1C

(Procurador/DF - 2013 - CESPE) Julgue os itens que se seguem, em consonância com as normas constitucionais sobre direito econômico.

(1) Se decidir criar uma indústria bélica que, conforme definido em lei, se enquadre como necessária à segurança nacional, mas que não se caracterize como de relevante interesse coletivo, o Estado não encontrará permissão constitucional para tanto.

(2) Compete exclusivamente à União instituir contribuições de intervenção no domínio econômico, as quais podem incidir, por exemplo, sobre as receitas decorrentes da exportação ou sobre os valores pagos nas importações.

(3) Sob o aspecto doutrinário, o Estado pode ser considerado um dos sujeitos econômicos, pois também desenvolve atividade econômica.

(4) O proprietário de determinado terreno em cujo subsolo haja uma jazida de manganês que esteja sendo legalmente explorada por um terceiro, concessionário, não deterá a propriedade da jazida nem do produto da lavra, que pertencerão, ambos, à União.

(5) Uma lei que conceda proteção especial temporária para que uma empresa brasileira desenvolva atividades consideradas estratégicas para a defesa nacional somente estará de acordo com as atuais regras constitucionais caso essa empresa seja classificada como de capital nacional.

(6) Quando, por meio de instrumentos de planejamento público, a União, no exercício de sua função reguladora da atividade econômica, planeja e destina, por

---

* O autor Henrique Subi comentou as questões referentes à advocacia das empresas estatais, autarquias e agências reguladoras, bem como as questões da Procuradoria da Fazenda Nacional, referente aos exames de 2003, 2004 e 2006. As demais questões foram comentadas pela autor Robinson Barreirinhas.

RB questões comentadas por: **Robinson Barreirinhas**

HS questões comentadas por: **Henrique Subi**

(PROCURADOR DO ESTADO/RS – FUNDATEC – 2010) Determina a Constituição do Estado do Rio Grande do Sul:

(A) Quando o Município deixar de pagar, sem motivo de força maior, por dois anos consecutivos, a dívida fundada, compete ao Tribunal de Contas do Estado, por se tratar de matéria financeira submetida à sua fiscalização, indicar e nomear interventor, na amplitude, prazo e condições de execução da medida interventória.

(B) Compete à Câmara Municipal, exclusivamente, e por deliberação da sua maioria simples, representar, para fins de intervenção do Estado no Município, quando descumpridas as normas relativas à probidade administrativa.

(C) Quando não prestadas contas na forma da lei, a intervenção do Estado no Município dar-se-á por decreto do Governador, de ofício ou mediante representação de dois terços da Câmara Municipal, ou do Tribunal de Contas do Estado.

(D) A competência do Tribunal de Contas do Estado, em casos de intervenção do Estado no Município, está limitada à verificação do cumprimento das normas de administração financeira.

(E) Em casos de improbidade administrativa, o Tribunal de Contas do Estado poderá requerer, diretamente, ao Poder Executivo, ou na sua negativa, ao Tribunal de Justiça do Estado, a nomeação de interventor no Município.

Embora a intervenção dos Estados nos Municípios seja indicada nos arts. 35 e 36 da CF, é preciso consultar a Constituição Estadual para verificar os detalhes procedimentais. Nos termo do art. 82, VIII, da Constituição do Estado do Rio Grande do Sul, compete privativamente ao Governador decretar e executar intervenção em Município (o que deverá ser submetido à Assembleia Estadual no prazo de 24h – art. 36, § 1º, da CF e art. 15, § 2º, da Constituição do RS). A intervenção dar-se-á por decreto do Governador (i) de ofício, ou mediante representação de dois terços da Câmara Municipal, ou do Tribunal de Contas do Estado ou (ii) mediante requisição do Tribunal de Justiça – art. 15, § 1º, da Constituição do RS. Por essas razões, a alternativa "C" é a correta.

Gabarito "C".

9. DIREITO FINANCEIRO | **531**

(A) Sumário geral da receita por fontes e da despesa por funções do Governo;

(B) Quadro demonstrativo da receita e despesa segundo as categorias econômicas, na forma do anexo I;

(C) Quadro discriminativo da receita por fontes e respectiva legislação;

(D) Quadro demonstrativo do programa anual de trabalho do Governo, em termos de realização de obras e de prestação de serviços;

(E) Quadro das dotações por órgãos do Governo e da Administração.

Nos termos do art. 2º, § 1º, da Lei 4.320/1964, integrarão a LOA: (i) sumário geral da receita por fontes e da despesa por funções do governo, (ii) quadro demonstrativo da receita e despesa segundo as categorias econômicas, na forma do Anexo nº 1 dessa Lei, (iii) quadro discriminativo da receita por fontes e respectiva legislação e (iv) quadro das dotações por órgãos do governo e da administração. Por essa razão, a alternativa "D" é a única que indica elemento que não integra a lei orçamentária, muito embora a acompanhe, nos termos do art. 2º, § 2º, III, da Lei 4.320/1964.

Gabarito "D".

(PROCURADOR DO ESTADO/MG – FUMARC – 2012) Assinale a alternativa que completa a frase de maneira INCORRETA.

"Não se admitirão emendas ao projeto de lei de Orçamento que visem a_____, nos termos da Lei Federal nº 4320/64".

(A) Alterar a dotação solicitada para despesa de custeio, quando provada, nesse ponto a inexatidão da proposta;

(B) Conceder dotação para o início de obra cujo projeto esteja aprovado pelos órgãos competentes;

(C) Conceder dotação para instalação ou funcionamento de serviço que esteja anteriormente criado;

(D) Conceder dotação superior aos quantitativos previamente fixados em resolução do Poder Legislativo para concessão de auxílios e subvenções;

(E) Conceder dotação inferior aos quantitativos previamente fixados em resolução do Poder Legislativo para concessão de auxílios e subvenções.

Nos termos do art. 33 da Lei 4.320/1964, não se admitirão emendas ao projeto de LOA que visem a (i) alterar a dotação solicitada para despesa de custeio, salvo quando provada, nesse ponto a inexatidão da proposta, (ii) conceder dotação para o início de obra cujo projeto não esteja aprovado pelos órgãos competentes, (iii) conceder dotação para instalação ou funcionamento de serviço que não esteja anteriormente criado ou (iv) conceder dotação superior aos quantitativos previamente fixados em resolução do Poder Legislativo para concessão de auxílios e subvenções. Por essa razão, a alternativa "D" é a única que completa corretamente a frase inicial e, portanto, destoa das demais. Obs.: parece-nos que a formulação da questão está equivocada, pois somente uma alternativa completa corretamente a frase inicial.

Gabarito "D".

(Procurador do Estado/RO – 2011 – FCC) O Plano Plurianual tem por objetivo

(A) definir projetos de investimento e ações governamentais de duração continuada.

(B) antecipar alterações na legislação tributária para aumento de receitas.

(C) identificar passivos contingentes que possam afetar o equilíbrio das contas públicas.

(D) estimar a receita e fixar a despesa para o período de quatro anos.

(E) planejar as políticas fiscal e monetária, incluindo a fixação de metas de inflação e *superávit* primário.

A lei que instituir o plano plurianual estabelecerá, de forma regionalizada, diretrizes, objetivos e metas da administração pública federal para as despesas de capital e outras delas decorrentes e para as relativas aos programas de duração continuada – art. 165, § 1º, da CF. Nenhum investimento cuja execução ultrapasse um exercício financeiro poderá ser iniciado sem prévia inclusão no plano plurianual, ou sem lei que autorize a inclusão, sob pena de crime de responsabilidade – art. 167, § 1º, da CF. **A:** assertiva correta, conforme comentário inicial; **B:** incorreta, pois cabe à lei de diretrizes orçamentárias – LDO – dispor sobre as alterações na legislação tributária – art. 165, § 2º, da CF; **C:** incorreta, pois a avaliação dos passivos contingentes e outros riscos capazes de afetar as contas públicas é feita na LDO, em seu Anexo de Riscos Fiscais – art. 4º, § 3º, da LRF; **D:** incorreta, pois o plano anual não tem a finalidade de estimar receitas e despesas, mas sim as diretrizes, objetivos e metas relativas a despesas de capital e outras delas decorrentes e para as relativas aos programas de duração continuada, conforme comentário inicial; **E:** incorreta, pois o planejamento da política monetária (moeda, juros, inflação) não é objeto essencial da legislação orçamentária (PPA, LDO e LOA). O planejamento fiscal (receitas e despesas) é relacionado à LDO e à LOA e, em certa medida, ao PPA, que trata de investimentos (entre outras despesas de capital) e programas de duração continuada.

Gabarito "A".

(PROCURADOR DO ESTADO/RS – FUNDATEC – 2010) Assinale a alternativa correta:

(A) Compete ao Tribunal de Contas, no exercício de sua competência fiscalizatória da gestão fiscal, verificar os cálculos dos limites da despesa total com pessoal de cada Poder e órgão referidos no artigo 20 da Lei Complementar n° 101/2000.

(B) A fiscalização do cumprimento das normas relativas à gestão fiscal incumbe, exclusivamente, ao Tribunal de Contas, por ser a instituição de Estado fiscalizadora da atividade financeira, conforme determinação constitucional.

(C) É de responsabilidade do Poder ou órgão o pagamento da multa fixada pelo Poder Legislativo por infração administrativa contra as leis de finanças públicas, conforme determina a Lei n° 10.028/2000.

(D) Compete ao Ministério Público junto ao Tribunal de Contas a titularidade da cobrança judicial das multas impostas pelo Tribunal de Contas em decorrência de infração administrativa às leis de finanças públicas.

(E) A fiscalização da gestão fiscal compete exclusivamente ao Poder Legislativo, como Poder ao qual está atribuído constitucionalmente o controle externo da administração pública.

A: assertiva correta, conforme o art. 71, IV, da CF; **B:** incorreta, pois, além do controle externo, realizado pelo Legislativo com o auxílio do Tribunal de Contas, há também o controle interno de cada Poder – art. 70 da CF; **C:** incorreta, pois a multa por infração administrativa contra as leis de finanças públicas é de responsabilidade pessoal do agente infrator – art. 5º, § 1º, da Lei 10.028/2000; **D:** incorreta, pois o entendimento dominante é de que a legitimação ativa para a cobrança das multas é do ente político que mantém o Tribunal de Contas que aplicou a sanção (União, Estados, Distrito Federal ou Município respectivo) – ver REsp 1.267.881/RS-STJ; **E:** incorreta, conforme comentário à alternativa "A".

Gabarito "A".

nação dependa de autorização legislativa, de modo que a alternativa "B" é a correta. **RB**

Gabarito "B".

(Procurador Distrital – 2014 – CESPE) Com relação aos indicadores da saúde financeira dos entes públicos para a gestão financeira equilibrada, julgue os itens seguintes.

(1) O resultado primário é item que deve constar obrigatoriamente da LOA, conforme prevê a LRF.

(2) O anexo de metas fiscais que integra a LDO deve estabelecer metas anuais para o exercício a que se referirem e para os dois seguintes.

(3) O resultado primário é um bom indicador da solvência do setor público, pois indica a necessidade, ou não, de utilização de recursos de terceiros para a cobertura das suas despesas.

(4) O resultado nominal, que também é um bom indicador da saúde financeira do estado, refere-se ao valor da receita bruta diminuído dos juros líquidos.

1: incorreta, pois as metas de resultados nominal e primário devem constar do Anexo de Metas Fiscais da LDO – art. 4º, § 1º, da LRF, não da LOA; **2** correta, nos termos do art. 4º, § 1º, da LRF; **3:** correta, pois o resultado primário trata apena das receitas e despesas primárias, não considerando aquelas relativas a juros. Havendo superávit primário, demonstra-se, em princípio, que o poder público não precisa de novos empréstimos (recursos de terceiros) para cobrir as despesas normais do governo (excluídas, repetimos, as despesas com juros das operações de crédito anteriores); **4:** incorreta, pois o resultado nominal refere-se à diferença entre todas as receitas arrecadadas e todas as despesas empenhadas no exercício, incluindo aquelas relativas aos juros das operações de crédito.

Gabarito 1E, 2C, 3C, 4E

(Procurador Federal – 2013 – CESPE) A respeito do não pagamento de dívida para com o governo referente a aluguel, julgue os itens a seguir.

(1) No processo judicial para recebimento de aluguéis, antes de o juiz proferir a sentença, poderá a administração pública alterar a certidão de dívida ativa que tiver ensejado a ação.

(2) À ação para recebimento de dívida referente a contrato de locação de imóvel de propriedade da administração pública não se aplicam as normas que, em geral, regem a execução fiscal.

1: correta, referindo-se à possibilidade de emenda da CDA relativa à dívida não tributária antes da decisão de primeira instância – art. 2º, § 8º, da Lei 6.830/1980; **2** incorreta, pois é possível a inscrição como dívida ativa não tributária e subsequente execução fiscal – art. 2º da Lei 6.830/1980.

Gabarito 1C, 2E

Houve um grande alvoroço quando os parlamentares da Comissão Mista de Orçamento do Congresso Nacional elevaram a previsão de receita da União para 2011 em R$ 22,8 bilhões. Muitos consideraram a estimativa irrealista e destinada unicamente a acomodar o aumento de gastos que deputados e senadores fizeram no orçamento. Esse "exagero" na reestimativa da receita foi um dos argumentos utilizados pelo governo para "contingenciar" R$ 50,1 bilhões nas despesas orçamentárias e, dessa forma, garantir a obtenção da meta de superávit primário deste ano.

Valor Econômico, 22.09.2011 (com adaptações).

(Procurador/DF – 2013 – CESPE) A respeito dos temas abordados na matéria jornalística acima, julgue o item a seguir.

(1) Além de emitir parecer sobre planos setoriais previstos na CF, cabe à comissão mista de que trata o texto examinar as contas apresentadas anualmente pelo Presidente da República.

1: assertiva correta, pois a Comissão mista permanente de Senadores e Deputados prevista no art. 166, § 1º, da CF/1988 possui essa competência específica (inc. I).

Gabarito "1C".

(Procurador/DF – 2013 – CESPE) Acerca das normas jurídicas que regem a atividade financeira estatal, o próximo item apresenta uma situação hipotética, seguida de uma assertiva a ser julgada.

(1) O Fundo de Combate à Pobreza, legalmente instituído por determinado estado brasileiro, apresenta déficit de R$ 150 milhões. Nessa situação, admite-se que o governo estadual utilize recursos do orçamento fiscal, com vistas à cobertura do referido déficit, bastando, para isso, que haja específica autorização legislativa.

1: correta, pois o remanejamento é possível, mediante lei autorizativa – art. 167, VI, da CF e art. 82 do ADCT.

Gabarito "1C".

(Procurador/DF – 2013 – CESPE) Acerca das normas jurídicas que regem a atividade financeira estatal, o próximo item apresenta uma situação hipotética, seguida de uma assertiva a ser julgada.

(1) Um estado brasileiro pretende reorganizar seu sistema de finanças públicas, para melhorar a eficiência do planejamento e do gasto público; para isso, deverá, entre outras ações, modificar o aparato jurídico que ordena a matéria. Entretanto, o referido estado não poderá editar norma geral dispondo sobre orçamentos, diretrizes orçamentárias e plano plurianual.

1: correta, pois a competência para editar normas gerais relativas a esses temas é da União – arts. 24, I, e 163, I, da CF/1988. Seria possível, em tese, o exercício dessa competência legislativa pelo Estado apenas supletivamente, em caso de omissão da União – art. 24, § 3º, da CF/1988.

Gabarito "1C".

(Advogado da União/AGU – CESPE – 2012) No que se refere aos orçamentos e ao controle de sua execução, julgue os itens seguintes.

(1) O controle interno da execução orçamentária é exercido pelos Poderes Legislativo, Executivo e Judiciário, com o auxílio do tribunal de contas.

(2) Os cidadãos são partes legítimas para denunciar irregularidades ou ilegalidades perante o Tribunal de Contas da União.

1: incorreta, pois o Tribunal de Contas auxilia o Legislativo no controle externo – art. 71 da CF; **2** correta, nos termos do art. 5º, XXXIV, *a*, da CF, lembrando que o Tribunal de Contas pode realizar inspeções e auditorias inclusive por iniciativa própria – art. 71, IV, da CF.

Gabarito 1E, 2C

(PROCURADOR DO ESTADO/MG – FUMARC – 2012) Dentre as alternativas abaixo, assinale a que NÃO se configura em hipótese de integração de lei de orçamento:

9. DIREITO FINANCEIRO | **529**

antitruste quando atue em regime de monopólio legal ou natural.

(D) não autoriza a atuação em regime de competição concorrencial com agentes privados, mas apenas em caráter subsidiário, quando verificadas falhas de mercado, de molde a corrigi-las ou mitigá-las.

(E) não se submete ao controle instituído pela legislação antitruste, eis que tal controle é voltado exclusivamente a agentes privados que explorem atividade econômica sujeita à livre iniciativa.

A: correta, nos termos do art. 173, § 1º, II, da CF; **B:** incorreta, pois a exploração direta de atividade econômica pelo Estado, por meio de empresas públicas, sociedades de economia mista e suas subsidiárias, sujeita-se ao regime jurídico próprio das empresas privadas, inclusive quanto aos direitos e obrigações civis, comerciais, trabalhistas e tributários, sendo que não poderão gozar de privilégios fiscais não extensivos às do setor privado – art. 173, § 1º, II, e § 2º, da CF; **C:** incorreta, conforme comentários anteriores; **D:** incorreta, pois, em regra, a atuação direta do Estado se dará em igualdade de condições com os concorrentes privados – art. 173 da CF; **E:** incorreta, conforme comentários anteriores. **RB**
Gabarito "A".

(Procurador do Estado/SE – 2017 – CESPE) Com relação às transferências voluntárias, assinale a opção correta.

(A) As exigências estabelecidas na lei de diretrizes orçamentárias são suficientes para a realização de tais transferências.

(B) Essas transferências podem destinar-se ao pagamento de pessoal inativo do beneficiário.

(C) Um cadastro nacional possibilita a consulta de dados sobre restrições relativas aos beneficiários dessas transferências.

(D) As referidas transferências podem ser utilizadas para finalidade diversa da pactuada, caso haja fundado interesse público.

(E) Trata-se de repasses impositivos por força de dispositivo constitucional.

A: incorreta, pois o art. 25, § 1º, da LRF traz diversas outras exigências, além das estabelecidas na LDO; **B:** incorreta, pois isso é vedado pelo art. 167, X, da CF; **C:** correta, referindo-se ao CAUC – Sistema Auxiliar de Informações para Transferências Voluntárias; **D:** incorreta, pois isso é vedado pelo art. 25, § 2º, da LRF; **E:** incorreta, pois transferências voluntárias, como diz o nome, não são impostas pela Constituição ou por lei – art. 25, *caput*, da LRF. **RB**
Gabarito "C".

(Procurador do Município – Prefeitura Fortaleza/CE – CESPE – 2017) A respeito de endividamento e de receita e despesa públicas, julgue os itens seguintes.

(1) De acordo com a LRF, é vedada a realização de transferência voluntária ao ente federativo que exceder o limite da despesa total com pessoal no primeiro quadrimestre do último ano do mandato do titular do Poder Executivo, mas não é vedada a contratação de operação de crédito.

(2) O ingresso de recursos derivados de empréstimos não se inclui na contabilidade da receita pública, embora seja incluído no orçamento anual.

(3) Os gastos com contratos de terceirização de mão de obra incluem-se no cálculo do limite de despesas com

pessoal e são contabilizados como pagamentos aos ocupantes de cargos, funções ou empregos públicos.

(4) Não é exigível prévia dotação orçamentária para a concessão de vantagem ou aumento de remuneração em recomposição salarial orientada pela reposição do poder aquisitivo em virtude da inflação.

1: incorreta. É vedada a contratação de crédito neste caso (art. 23, §§ 3º e 4º, da LRF); **2:** correta. Trata-se de meros ingressos, visto que tais verbas não se incorporam ao patrimônio do ente público, porém devem integrar o orçamento anual, por força do princípio da universalidade orçamentária; **3:** incorreta. São contabilizados como "Outras Despesas de Pessoal" (art. 18, § 1º, da LRF); **4:** correta, conforme decidido pelo STF no ARE 644.940 AgR. **HS**
Gabarito: 1E, 2C, 3E, 4C.

(Procurador Municipal – Prefeitura/BH – CESPE – 2017) A respeito das condutas do chefe do Poder Executivo no último ano de mandato, assinale a opção correta à luz do disposto na legislação pertinente.

(A) No último mês do mandato, ao prefeito municipal é vedada a realização de empenho em valor superior ao duodécimo da despesa consignada na LOA, mesmo na hipótese de despesas extraordinárias decorrentes de calamidade pública.

(B) É proibida a assunção pelo chefe do Poder Executivo, nos últimos oito meses do mandato, de obrigação de despesa cuja execução orçamentária não possa ser cumprida integralmente nesse período, ainda que assegurada disponibilidade de caixa para o pagamento em parcelas com vencimento no exercício seguinte.

(C) É nulo de pleno direito o ato do qual resulte aumento de despesa com pessoal expedido nos cento e oitenta dias anteriores ao final do mandato eletivo.

(D) Ultrapassado o limite da dívida consolidada do ente federativo ao final do primeiro quadrimestre do último ano de seu mandato, o chefe do Poder Executivo deverá reduzir em um quarto o excedente no quadrimestre subsequente, podendo, para tanto, realizar operação de crédito por antecipação de receita.

A: incorreta. A calamidade pública excepciona a proibição de empenhos superiores a 1/12 do orçamento no último mês do mandato (art. 59, §§ 1º e 3º, da Lei 4.320/1964); **B:** incorreta. Assegurada a disponibilidade de caixa, é possível a assunção de despesas para cumprimento no exercício seguinte (art. 42 da LRF); **C:** correta, nos termos do art. 21, parágrafo único, da LRF; **D:** incorreta. É vedada a realização de operação de crédito por antecipação de receita neste cenário (art. 31, §§ 1º e 3º, da LRF). **HS**
Gabarito "C".

(Procurador – SP – VUNESP – 2015) Nas demonstrações do Balanço Patrimonial, segundo as determinações da Lei Geral do Orçamento, os bens, créditos e valores, cuja mobilização ou alienação dependa de autorização legislativa, estão compreendidos no

(A) Ativo Financeiro.

(B) Ativo Permanente.

(C) Saldo Patrimonial.

(D) Saldo de Compensação.

(E) Passivo Permanente.

Nos termos do art. 105, § 2º, da Lei 4.320/1964, o ativo permanente compreenderá os bens, créditos e valores, cuja mobilização ou aliede Contas próprio), elas serão julgadas pelo Legislativo do respectivo Município – art. 31, § 2º, da CF; **D:** incorreta, pois o parecer prévio, emitido pelo órgão competente sobre as contas que o Prefeito deve anualmente prestar, só deixará de prevalecer por decisão de dois terços dos membros da Câmara Municipal – art. 31, § 2º, da CF; **E:** incorreta, pois não há hierarquia ou duplo grau entre os Tribunais de Contas da União, dos Estados e dos Municípios.

Gabarito "B".

(Procurador do Município/Boa Vista-RR – 2010 – CESPE) Com relação ao direito financeiro e econômico pátrio, julgue o item seguinte.

(1) O controle externo da administração pública é atribuição constitucional do Poder Legislativo, que o exercerá diretamente ou com o auxílio dos tribunais de contas municipais, estaduais e da União, podendo sustar a despesa irregular que possa causar dano irreparável ou grave lesão à economia pública.

1: assertiva correta, conforme o art. 71, *caput* e X, da CF, aplicável a Estados, ao DF e a Municípios pelo princípio da simetria.

Gabarito "1C".

(Procurador do Estado/AC – 2017 – FMP) Considere as assertivas abaixo e assinale a alternativa CORRETA.

I. Os valores obtidos pelo Estado a título de mútuo ingressam no caixa do tesouro, mas não são considerados receita para fins orçamentários.

II. A isenção tributária não configura renúncia fiscal, quando inexistente, anteriormente à sua instituição, a atividade ou unidade produtiva favorecida, pois não se renuncia ao que não existe.

III. A fim de evitar favorecimentos, o débito do contribuinte não pode ser cancelado em hipótese alguma, ainda que seu montante seja inferior aos custos de cobrança.

IV. Dívida pública fundada é todo débito orçamentário para o qual haja lastro documental.

Estão CORRETAS apenas as assertivas

(A) I.

(B) II e III.

(C) II e V.

(D) I e IV.

(E) IV.

I: incorreta. A doutrina clássica classificava esses valores decorrentes de empréstimos como simples entradas ou ingressos (por não serem definitivas), não como receita pública. Entretanto, a legislação brasileira não faz essa distinção, considerando todas as entradas como receita pública (orçamentária ou extraorçamentária). No caso das receitas oriundas de mútuo, trata-se de receita de capital – art. 11, § 2º, da Lei 4.320/1964; **II:** incorreta, pois a isenção pode ter sido concedida exatamente para atrair essa atividade ao território do ente tributante. Na prática, não haverá problema para cumprimento da LRF, pois será fácil demonstrar que essa renúncia não tem impacto negativo nas contas públicas, nos termos do art. 14 da LRF; **III:** incorreta, pois é possível o cancelamento de créditos cuja cobrança seja antieconômica – art. 14, § 3º, II, da LRF; **IV:** incorreta. Dívida fundada compreende os compromissos de exigibilidade superior a doze meses, contraídos para atender a desequilíbrio orçamentário ou a financeiro de obras e serviços públicos – art. 98 da Lei 4.320/1964.

Gabarito "Anulada".

13. OUTROS TEMAS E COMBINADOS

(Procurador do Estado/SP – 2018 – VUNESP) A disciplina legal relativa às instituições que integram o Sistema Financeiro Nacional contempla vedação à realização de operações de crédito por instituições financeiras com a parte relacionada,

(A) aplicável apenas quando a contraparte também seja caracterizada como instituição financeira, pública ou privada, incluindo agências de fomento, cooperativas de crédito e bancos de desenvolvimento, salvo para prestação de garantia, na modalidade aval ou fiança.

(B) incidente apenas quando a instituição esteja submetida à intervenção do Banco Central ou sob Regime de Administração Especial Temporária – RAET, podendo ser excepcionada se comprovado o seu caráter equitativo e a efetiva necessidade para o cumprimento das obrigações perante credores.

(C) admitindo exceção apenas para instituições financeiras públicas e desde que adotados critérios específicos para classificação de riscos para fins de constituição de provisão para perdas prováveis e baixa como prejuízo, observadas as normas de contabilidade pública.

(D) abrangendo, inclusive, pessoas jurídicas nas quais a instituição exerça controle operacional efetivo, independentemente de participação societária, bem como as que possuírem diretor ou membro de conselho de administração em comum.

(E) exceto se celebradas com observância de condições compatíveis com as de mercado, ainda que com benefícios adicionais ou diferenciados comparativamente às operações deferidas aos demais clientes de mesmo perfil das respectivas instituições.

A: incorreta, pois o conceito de parte relacionada à instituição financeira, para fins de vedação de operações de crédito, é bastante amplo, abrangendo controladores pessoas físicas ou jurídicas, diretores, membros de órgãos estatutários, pessoas físicas com participação societária qualificada etc. – art. 34, § 3º, da Lei 4.595/1964; **B:** incorreta, pois não há essa limitação – art. 34 da Lei 4.595/1964; **C:** incorreta, pois há diversas exceções, listadas no § 4º do art. 34 da Lei 4.595/1964; **D:** correta – art. 34, § 3º, V, *c*, e *d*, da Lei 4.595/1964; **E:** incorreta, pois, se houver benefícios adicionais ou diferenciados comparativamente às operações deferidas aos demais clientes de mesmo perfil das respectivas instituições, a operação com parte relacionada é vedada – art. 34, § 4º, I, *in fine*, da Lei 4.595/1964. RB

Gabarito "D".

(Procurador do Estado/SP – 2018 – VUNESP) A exploração direta de atividade econômica pelo Estado, nos limites delineados pela Constituição da República,

(A) sujeita-se às disposições da legislação antitruste relativas à prevenção e à repressão às infrações contra a ordem econômica, mesmo quando exercida em regime de monopólio legal.

(B) atende a imperativos da segurança nacional ou relevante interesse público, ensejando, assim, regime tributário essencialmente diverso do que se aplica aos agentes privados que atuem no mesmo mercado competitivo.

(C) sujeita-se apenas ao controle setorial, próprio das agências reguladoras, de forma simétrica ao aplicável aos agentes privados, somente incidindo a legislação

precatórios poderá requerer ao presidente do tribunal de origem da decisão exequenda a determinação do sequestro da quantia necessária à satisfação do seu crédito.

(2) Incorrerá em crime de responsabilidade e responderá perante o Conselho Nacional de Justiça o presidente do tribunal competente que retardar ou tentar frustrar a liquidação regular de precatórios.

(3) Créditos em precatórios não poderão ser cedidos, ainda que parcialmente, a terceiros.

(4) Para efeito dos pagamentos devidos por pessoas políticas em virtude de sentença judicial, a ordem cronológica de apresentação dos precatórios deve ser rigorosamente respeitada, independentemente da natureza dos débitos.

1: correta, conforme o art. 100, § 6º, da CF; 2 correta, nos termos do art. 100, § 7º, da CF; 3: incorreta, pois o credor poderá ceder, total ou parcialmente, seus créditos em precatórios a terceiros, independentemente da concordância do devedor – art. 100, § 13, da CF; 4: incorreta, pois os débitos de natureza alimentícia, definidos no art. 100, § 1º, da CF, serão pagos com preferência sobre os demais débitos, com a exceção prevista no § 2 º desse mesmo dispositivo constitucional.
Gabarito 1C, 2C, 3E, 4E

12. CONTROLE, FISCALIZAÇÃO, TRIBUNAIS DE CONTAS

(Procurador do Estado – PGE/PR – PUC – 2015) Em se tratando de controle da atividade financeira do Estado, assinale a alternativa **CORRETA**.

(A) O controle interno é sempre subsequente em relação à legalidade dos atos praticados, permitindo-se saber exatamente a que se destinou a despesa pública e seu fundamento legal.

(B) Em se tratando de controle externo, o Tribunal de Contas é órgão auxiliar dos três poderes, mas embutido no Poder Executivo, não podendo a matéria por ele julgada ser revista perante o Poder Judiciário, sob pena de ofensa à coisa julgada.

(C) Apesar de não ter previsão constitucional, o controle externo consiste no sistema integrado de fiscalização dos Três Poderes, na missão de autotutela da legalidade e da eficácia da gestão financeira.

(D) No que diz respeito ao controle exercido sobre as contas, o Tribunal de Contas tem a incumbência de julgar as contas dos administradores e demais responsáveis por dinheiros, bens e valores públicos da administração direta e indireta, mas não as contas daqueles que derem causa a perda, extravio ou outra irregularidade de que resulte prejuízo ao Erário Público.

(E) O conteúdo dos controles sobre despesas públicas concentra-se em torno dos princípios da legalidade, da legitimidade e da economicidade, inclusive quanto à aplicação das subvenções e renúncia de receitas

A: incorreta. O controle interno pode ser exercido, e é recomendável que o seja, preventiva e concomitantemente à ordenação da despesa pública; B: incorreta. Reina certa controvérsia sobre a localização institucional dos Tribunais de Contas: para parte da doutrina, é órgão autônomo, dada sua importância constitucional; para outra parte, é órgão do Poder Legislativo. Importa que não há qualquer possibilidade de ser tratado como órgão do Executivo e suas decisões podem ser controladas pelo

Poder Judiciário, face ao princípio da inafastabilidade da jurisdição; C: incorreta. O controle externo tem previsão constitucional (art. 71 da CF); D: incorreta. Também as contas daqueles que derem causa a perdas, extravios ou outras irregularidades são julgadas pelos Tribunais de Contas (art. 71, II, da CF); E: correta, nos termos do art. 70 da CF.
Gabarito "E"

(PROCURADOR DO ESTADO/MG – FUMARC – 2012) Quanto aos Tribunais de Contas, assinale a alternativa INCORRETA:

(A) São órgãos autônomos, de estatura constitucional e com funções próprias;

(B) Os contratos celebrados por empresas públicas ou sociedades de economia mista estão fora do controle por parte dos Tribunais de Contas;

(C) É obrigatória a existência de auditores em todos os Tribunais de Contas, inclusive os dos Estados e Municípios;

(D) Podem representar às autoridades fixando prazos para corrigir irregularidades;

(E) Cabe aos Tribunais de Contas apreciarem a legalidade de todos os atos que concedam aposentadorias de servidores públicos civis, reforma de servidores militares ou pensões aos seus dependentes.

A: correta, pois, embora os Tribunais de Contas sejam vinculados ao Legislativo, possuem autonomia, em determinados aspectos, e funções expressamente definidas no art. 71 da CF; B: incorreta, pois compete ao Tribunal de Contas julgar as contas dos administradores e demais responsáveis por dinheiros, bens e valores públicos da administração direta e indireta – art. 71, II, da CF; C: correta, nos termos do art. 73, § 2º, I, c/c o art. 75 da CF; D: correta, nos termos do art. 71, IX e XI, da CF; E: correta, nos termos do art. 71, III, da CF.
Gabarito "B"

(PROCURADOR DO ESTADO/RS – FUNDATEC – 2010) Assinale a alternativa correta:

(A) O parecer prévio emitido pelo Tribunal de Contas do Estado sobre as contas anuais prestadas pelo Governador do Estado tem caráter terminativo.

(B) Compete ao Poder Legislativo Estadual julgar anualmente as contas prestadas pelo Governador do Estado e sobre as quais foi emitido parecer prévio pelo Tribunal de Contas do Estado.

(C) O parecer prévio sobre as contas do Governador e dos Prefeitos Municipais, emitido pelo Tribunal de Contas do Estado, é apreciado e julgado pela Assembleia Legislativa, considerando-se que o Tribunal de Contas do Estado é instituição estadual e auxiliar da Assembleia Legislativa.

(D) As Câmaras de Vereadores, ao apreciarem e julgarem as contas anuais dos respectivos Prefeitos, manterão ou rejeitarão o parecer prévio do Tribunal de Contas do Estado mediante deliberação por maioria simples.

(E) Do parecer prévio emitido pelo Tribunal de Contas do Estado sobre as contas prestadas pelo Governador do Estado cabe recurso ao Tribunal de Contas da União, em respeito ao princípio do duplo grau de jurisdição.

A: incorreta, pois o parecer do Tribunal de Contas é prévio, sendo que o julgamento será realizado pelo Legislativo – art. 71, I, c/c art. 75 da CF; B: correta, nos termos dos arts. 49, IX, e 71, I, da CF, aplicados aos Estados por simetria; C: incorreta, pois, embora o parecer prévio relativo às contas municipais seja feito pelo Tribunal de Contas Estadual (nos casos dos Municípios que não possuem Tribunal ou Conselho

(Procurador do Município/Manaus – 2018 – CESPE) Conforme a disciplina constitucional dos precatórios e a jurisprudência dos tribunais superiores, julgue os itens subsequentes.

(1) Será inconstitucional lei municipal que fixar o valor máximo das suas obrigações de pequeno valor em patamar superior ao valor máximo definido em lei do respectivo estado-membro para essa mesma classe de obrigações decorrentes de condenação judicial.

(2) Não incidem juros de mora no período compreendido entre a data da realização dos cálculos de liquidação e a da expedição do precatório.

1: incorreta, pois não há subordinação do valor das requisições de pequeno valor – RPV aos limites dos Estados – art. 100, §§ 3º e 4º da CF; **2:** incorreta. Não incide juros de mora no período entre a apresentação do precatório e o final do exercício em que ele deve ser pago – art. 100, § 5º, da CF e Súmula Vinculante 17/STF. RB
Gabarito 1E, 2E

(Procurador do Estado/SE – 2017 – CESPE) Afonso, que tem débito com a fazenda pública de seu estado e possui precatório a receber de empresa pública desse estado, a qual presta atividades típicas de Estado, terá cinquenta e cinco anos de idade no momento da execução do referido débito.

Nessa situação hipotética,

(A) o abatimento do débito de Afonso do valor do precatório poderá ser promovido pela fazenda pública estadual independentemente de lei específica sobre o ato.

(B) Afonso não poderá ter preferência na ordem de pagamento do precatório em razão de sua idade quando da expedição do precatório.

(C) será possível o fracionamento de precatório, caso Afonso venha a cumprir o requisito etário previsto na CF.

(D) caso seja feita a cessão de crédito do precatório, o cessionário poderá gozar da preferência etária eventualmente concedida a Afonso.

(E) o retardamento em determinar a inclusão do precatório no orçamento ensejará recurso à corte especial do tribunal, tendo em vista se tratar de ato judicial do presidente do órgão.

A: incorreta, pois o STF entendeu inconstitucional a compensação automática por vontade do poder público – art. 100, § 9º, da CF e ADI 4425; **B:** incorreta, pois a idade mínima para a preferência é de 60 anos, não necessariamente no momento da emissão do precatório – art. 100, § 2º, da CF; **C:** correta, pois é admitido o fracionamento para a preferência etária – art. 100, § 2º, da CF; **D:** incorreta, pois a preferência etária aproveita apenas aos titulares originários ou por sucessão hereditária – art. 100, § 2º, da CF; **E:** incorreta, pois não se trata de ato judicial, mas sim administrativo do presidente do Tribunal – art. 100, § 7º, da CF. RB
Gabarito "C".

(Procurador do Município – Prefeitura Fortaleza/CE – CESPE – 2017) Julgue os itens subsequentes, a respeito de regime constitucional dos precatórios, crédito público e dívida ativa.

(1) De acordo com o entendimento dos tribunais superiores, o valor de benefício previdenciário concedido mediante fraude inclui-se na categoria de dívida ativa não tributária.

(2) De acordo com o STF, não configura violação ao princípio da isonomia a incidência, sobre os precatórios, de juros moratórios corrigidos pelo índice de remuneração da caderneta de poupança.

(3) Integram a dívida pública consolidada as operações de crédito de prazo inferior a doze meses e cujas receitas tenham sido contabilizadas no orçamento.

1: incorreta. A jurisprudência do STJ exclui o pagamento de benefício mediante fraude do conceito de dívida ativa, determinando a prévia propositura de ação de conhecimento para a obtenção de um título executivo (AgRg no AREsp 225.034); **2:** incorreta. O STF vê ofensa ao princípio da isonomia nessa hipótese: "A quantificação dos juros moratórios relativos a débitos fazendários inscritos em precatórios segundo o índice de remuneração da caderneta de poupança vulnera o princípio constitucional da isonomia (CF, art. 5º, "caput") ao incidir sobre débitos estatais de natureza tributária, pela discriminação em detrimento da parte processual privada que, salvo expressa determinação em contrário, responde pelos juros da mora tributária à taxa de 1% ao mês em favor do Estado (ex vi do art. 161, § 1º, CTN)" (ADI 4425); **3:** correta, nos termos do art. 29, § 3º, da Lei de Responsabilidade Fiscal. HS
Gabarito "1E, 2E, 3C".

(Procurador do Estado – PGE/PR – PUC – 2015) Quanto ao regime jurídico de pagamento dos débitos das Fazendas Públicas por meio dos precatórios, assinale a alternativa **CORRETA**.

(A) Diante de uma sentença judicial transitada em julgado, o juiz da execução requisita ao Poder Executivo a inclusão, no orçamento público, de verba necessária ao pagamento do débito.

(B) As solicitações dos juízes de Primeiro Grau recebidas no Tribunal até 30 de junho deverão ser incluídas no orçamento público do exercício corrente, devendo o depósito judicial das quantias ser efetuado até o final desse ano.

(C) Após a liberação das verbas, o chefe do Poder Executivo determinará o pagamento dos precatórios, observadas as preferências constitucionais independentemente da ordem cronológica de recebimento das solicitações, aplicando-se esse regime também aos créditos de pequeno valor.

(D) A compensação de ofício entre precatórios e débitos tributários do credor é inconstitucional porque, além de conceder benefícios processuais à Fazenda Pública, desrespeita a coisa julgada e o princípio da separação dos poderes, pois o Estado possui outros meios eficazes para a cobrança de seus créditos.

(E) Não ofende o princípio da isonomia a regra instituída pela Emenda Constitucional 62/2009, que instituiu a preferência de pagamento de precatórios alimentares para titulares com 60 anos ou mais na data da respectiva expedição.

A: incorreta, pois o ofício requisitório é enviado pelo Presidente do Tribunal correspondente – art. 100, § 6º, da CF; **B:** incorreta, pois o ente devedor deverá incluir no orçamento do exercício seguinte os precatórios apresentados até 1º de julho – art. 100, § 5º, da CF; **C:** incorreta, pois quem determina o pagamento é o Presidente do Tribunal – art. 100, § 6º, da CF; **D:** correta, tendo sido esse o entendimento do STF ao afastar o disposto no art. 100, § 9º, da CF; **E:** incorreta, pois o STF entendeu que a expressão "na data de expedição do precatório", constante do art. 100, § 2º, da CF antes da modificação feita pela EC 94/2016, ofendia o princípio da isonomia. RB
Gabarito "D".

(Advogado da União/AGU – CESPE – 2012) Julgue os próximos itens, relativos aos precatórios.

(1) O credor preterido do seu direito de precedência referente à ordem cronológica de apresentação dos ofícios

9. DIREITO FINANCEIRO | **525**

1: correta, pois, embora em regra as operações de crédito não possam ser superiores às despesas de capital, o art. 167, III, da CF/1988 prevê exceções (operações autorizadas mediante créditos suplementares ou especiais com finalidade precisa, aprovados pelo Poder Legislativo por maioria absoluta).
Gabarito "1C".

(Procurador/DF – 2013 – CESPE) Acerca das normas jurídicas que regem a atividade financeira estatal, o próximo item apresenta uma situação hipotética, seguida de uma assertiva a ser julgada.

(1) Um estado da federação incluiu no seu orçamento de 2011 precatórios judiciais de R$ 10 milhões, dos quais 25% foram pagos naquele exercício financeiro. Nessa situação, a parcela não paga integra a chamada dívida flutuante, para fins de aferição dos limites de endividamento.

1: incorreta, pois os valores de precatórios não pagos no período correto integram a dívida consolidada para fins de aplicação dos limites – art. 30, § 7º, da LRF.
Gabarito "1E".

(Procurador/DF – 2013 – CESPE) Acerca das normas jurídicas que regem a atividade financeira estatal, o próximo item apresenta uma situação hipotética, seguida de uma assertiva a ser julgada.

(1) Um município empenhou e liquidou R$ 2,5 milhões, referentes à aquisição de vacinas e medicamentos, mas não efetuou o respectivo pagamento no exercício financeiro. Isso pode contribuir para aumentar a dívida flutuante do município.

1: correta, pois os restos a pagar (despesas empenhadas em um exercício, mas cujo pagamento ficou para outro) compõem a dívida flutuante – arts. 36 e 92, I, da Lei 4.320/1964.
Gabarito "1C".

(Advogado da União/AGU – CESPE – 2012) Com relação a empréstimos públicos, julgue os itens seguintes.

(1) Tratando-se de empréstimo a Estado ou Município, a União poderá conceder garantia, mediante o oferecimento de contragarantia consistente na vinculação de receitas tributárias diretamente arrecadadas e provenientes de transferências constitucionais.

(2) Compete à União estabelecer a política a respeito dos empréstimos públicos e fiscalizar as operações de crédito realizadas.

(3) Em determinadas situações previstas em lei, o governo federal poderá conceder empréstimos para pagamento de despesas com pessoal dos Estados, do DF e dos municípios.

1: correta, conforme art. 40, § 1º, II, da LRF; **2** correta, conforme os arts. 22, VII, 48, II, e 52, V a IX, da CF; **3:** incorreta, pois é vedada expressamente a transferência voluntária de recursos e a concessão de empréstimos, inclusive por antecipação de receita, pelos Governos Federal e Estaduais e suas instituições financeiras, para pagamento de despesas com pessoal ativo, inativo e pensionista, dos Estados, do Distrito Federal e dos Municípios – art. 167, X, da CF.
Gabarito "1C, 2C, 3E".

(Procurador do Município/São José dos Campos-SP – 2012 – VUNESP) A dívida fundada compreende compromissos, contraídos para atender a desequilíbrio orçamentário ou financeiro de obras ou serviços públicos, de exigibilidade

(A) inferior a 3 meses.
(B) inferior a 6 meses.
(C) inferior a 12 meses.
(D) superior a 12 meses.
(E) superior a 24 meses.

A dívida consolidada ou fundada corresponde ao montante total, apurado sem duplicidade, das obrigações financeiras do ente da Federação, assumidas em virtude de leis, contratos, convênios ou tratados e da realização de operações de crédito, para amortização em prazo superior a doze meses – art. 29, I, da LRF. Por essa razão, a alternativa "D" é a correta.
Gabarito "D".

(Procurador do Município/São José dos Campos-SP – 2012 – VUNESP) A "Emissão de títulos para pagamento do principal acrescido da atualização monetária" corresponde, nos termos da Lei Complementar 101/00, à definição de

(A) dívida pública fundada.
(B) dívida pública consolidada.
(C) refinanciamento da dívida mobiliária.
(D) operação de crédito.
(E) concessão de garantia.

Trata-se de refinanciamento da dívida mobiliária, conforme descrito no art. 29, V, da LRF. Por essa razão, a alternativa "C" é a correta.
Gabarito "C".

11. PRECATÓRIOS

(Procurador do Estado/AC – 2017 – FMP) Em relação aos precatórios, avalie as assertivas abaixo e assinale a alternativa CORRETA.

I. A Constituição Federal prevê que os pagamentos do poder público, oriundos de ação judicial, sejam feitos através dos precatórios, e que estes sigam rígida ordem cronológica de apresentação, não admitindo qualquer exceção ou mesmo classificação.

II. Além dos precatórios, existem outros meios não usuais de pagamento dos débitos do poder público oriundos de ação judicial, como é o caso do empenho.

III. Os precatórios devem ser apresentados até 1º de julho de cada ano, para pagamento até o final do exercício.

IV. Caso o precatório não seja quitado até o final do prazo legal, por razões de força maior, outro deve obrigatoriamente ser extraído para substituí-lo, por razões de organização orçamentária.

Está(ão) CORRETA(S) apenas a(s) assertiva(s)

(A) I e II.
(B) II e III.
(C) II e IV.
(D) I e III.
(E) Nenhuma das assertivas está correta.

I: incorreta, pois há exceções e classificações, como os débitos de natureza alimentar, pequeno valor, créditos alimentares de idosos, pessoas com deficiência etc. – art. 100 da CF; **II:** incorreta, pois o empenho não é forma de pagamento de dívida judicial, mas sim pressuposto para execução de qualquer despesa pública. Nos termos da CF, os pagamentos decorrentes de condenação judicial devem ser feitos por precatórios ou por requisição de pequeno valor; **III:** incorreta, pois os precatórios apresentados até 1º de julho deverão ser pagos até final do exercício seguinte – art. 100, § 5º, da CF; **IV:** incorreta, pois não há substituição de precatórios por descumprimento do prazo de pagamento.
Gabarito "E".

11. DIREITO AMBIENTAL   557

(ADVOGADO – PETROBRÁS DISTRIB. – 2010 – CESGRANRIO) Em projeto de construção de um gasoduto no território nacional deve-se considerar, entre outros quesitos, que

(A) a necessidade de submissão da atividade ao prévio procedimento de licenciamento ambiental dependerá da análise das características e peculiaridades do projeto pelo órgão ambiental competente, tais como extensão e localização do gasoduto.

(B) no curso do licenciamento ambiental deverá ser elaborado Estudo Prévio de Impacto Ambiental, com seu respectivo Relatório de Impacto Ambiental, tendo em vista ser a atividade potencialmente causadora de significativo impacto ambiental.

(C) como se trata de atividade que deve se submeter ao prévio licenciamento ambiental, deverão ser realizadas audiências públicas, que têm como finalidade expor aos interessados o projeto que se pretende construir.

(D) caso o projeto do gasoduto contenha previsão de se desenvolver em terras indígenas, o órgão ambiental estadual, competente para análise do pedido de licença ambiental, deverá considerar o exame técnico procedido pela FUNAI.

(E) a obtenção da Licença Prévia (LP), expedida pelo órgão ambiental competente, autoriza a instalação do gasoduto, de acordo com as especificações dos planos, programas e projetos aprovados, incluindo as medidas de controle ambiental e demais condicionantes.

A: incorreta, pois haverá necessidade de licenciamento ambiental de toda e qualquer atividade ou empreendimento capaz de causar degradação ambiental (art. 10, Lei 6.938/81; art. 2º, Resolução CONAMA 237/97), não cabendo ao órgão ambiental dispensá-lo discricionariamente, ainda mais diante da instalação de um gasoduto, que, inclusive, depende de EIA-RIMA (art. 2º, V, Resolução CONAMA 01/86); **B:** correta (art. 225, §1º, IV, CF; art. 3º, Resolução CONAMA 237/97, art. 2º, V, Resolução CONAMA 01/86); **C:** incorreta, pois nem toda atividade que exija licenciamento ambiental dependerá da realização de audiência pública, que se verificará quando houver necessidade de EIA-RIMA (art. 2º, Resolução CONAMA 09/87; art. 11, §2º, Resolução CONAMA 01/86); **D:** incorreta, pois se o projeto de gasoduto afetar terras indígenas, a competência para o licenciamento será da União (art. 7º, XIV, c, LC 140/11); **E:** incorreta, pois, à evidência, a Licença Prévia (LP) não autoriza a instalação do empreendimento/obra/atividade, mas, sim, aprova a sua concepção e localização, atestando sua viabilidade ambiental (art. 8º, I, Resolução CONAMA 237/97).
Gabarito "B".

7.2. Unidades de Conservação

(Procurador do Estado/TO – 2018 – FCC) Dentro do sistema de proteção e preservação do meio ambiente, na forma prevista na Constituição Federal, emerge o instituto dos espaços territoriais especialmente protegidos, cuja instituição

(A) não se sujeita à reserva de lei, porém, uma vez criados, ainda que por decreto, a proteção ambiental assim instituída somente pode ser suprimida por lei em sentido formal.

(B) importa sempre em vedação à utilização da área correspondente para qualquer atividade privada, bem como a realização de intervenções ou obras, sendo erigida à categoria de parque nacional.

(C) deve estar adstrita às normas editadas pela União sobre unidades de conservação, vez que todas terão *status* de federais, observados os requisitos correspondentes a cada categoria.

(D) se dá, obrigatoriamente, por lei de âmbito estadual, no exercício da competência concorrente para dispor sobre normas gerais em matéria ambiental.

(E) somente pode se dar mediante lei da União, no uso da competência privativa para legislar sobre direito civil, dado que o instituto não corresponde a restrição ambiental *stricto sensu*, mas sim a restrição à propriedade.

O regime dos espaços territoriais especialmente protegidos, representados principalmente pelas unidades de conservação (UC), está regrado pela Lei 9.985/2000. O diploma admite UC de âmbito federal, estadual ou municipal. A criação de uma UC é feita por ato do Poder Público (lei ou decreto), de modo a inexistir reserva de lei para tanto. Contudo, a supressão desse espaço ambiental somente pode ser implementada por lei formal (cf. art. 22, §7º). Ademais, para determinadas categorias de UC (como, por exemplo, as Áreas de Proteção Ambiental), possível a utilização da área para determinadas atividades privadas. Nesse sentido, correta a alternativa A. RB
Gabarito "A".

(Procurador do Estado/TO – 2018 – FCC) Uma empresa privada que atua no setor imobiliário adquiriu uma gleba de terras em região que seus estudos apontavam como promissora para expansão de empreendimentos habitacionais. Quando da submissão do projeto do empreendimento às aprovações e licenciamentos cabíveis, a empresa foi surpreendida com o indeferimento, fundamentado no fato da área objeto do mesmo ser uma unidade de conservação de proteção integral. No presente caso,

(A) será necessário identificar no plano de manejo da unidade de conservação as diretrizes e especificações para aproveitamento da área para fins de parcelamento do solo.

(B) o indeferimento não tem fundamento jurídico, tendo em vista que o novo proprietário tem direito a utilização do imóvel para os fins pretendidos, diante do desconhecimento prévio do fato da área estar inserida em unidade de conservação.

(C) o indeferimento do projeto está fundado no poder de polícia da municipalidade, de cunho discricionário, o que obsta qualquer questionamento por parte do proprietário.

(D) assiste direito ao proprietário de ver implementado seu projeto habitacional caso ainda não tenha sido editado plano de manejo para a unidade de conservação em questão.

(E) o proprietário não poderá ver implementado seu projeto habitacional, não havendo fundamento para deduzir qualquer prejuízo do ente público que criou a unidade de conservação em razão do desconhecimento do fato, porque este é anterior e público.

A instituição de uma unidade de conservação (UC) decorre de ato do Poder Público (lei ou decreto, geralmente), o que evidencia o caráter público que a cerca. Nesse sentido, a empresa não pode alegar o desconhecimento da existência de uma UC sobre área que adquiriu. Além disso, como se trata de uma UC de proteção integral, cujo grau de tutela ambiental impede uma ocupação humana permanente, o proprietário não poderá implementar seu projeto habitacional. Alternativa E correta. **RB**

Gabarito "E".

(Procurador do Estado/AC – 2017 – FMP) Tendo em vista as normas que regem o Sistema Nacional de Unidades de Conservação, considere as seguintes assertivas:

I. A Reserva Extrativista é uma área utilizada por populações extrativistas tradicionais, cuja subsistência baseia-se no extrativismo e, complementarmente, na extração de minerais.

II. A Reserva Extrativista convive com a propriedade privada, dispensando qualquer desapropriação.

III. Na Reserva Extrativista, é admissível a visitação pública, desde que compatível com os interesses locais e de acordo com o disposto no Plano de Manejo da área.

IV. A pesquisa científica é livre e independente de qualquer aprovação do órgão administrador da Reserva Extrativista.

V. A redução dos limites de uma Reserva Extrativista pode ser feita por qualquer ato normativo oriundo do mesmo ente político que a criou.

Das assertivas acima, estão corretas apenas

(A) a IV.

(B) a I e a II.

(C) a I e a III.

(D) a III.

(E) a IV e a V.

O regime das unidades de conservação (UC) está previsto na Lei 9.985/2000, que prevê uma de suas categorias, a Reserva Extrativista (art. 18). Assertiva **I** errada (a Reserva Extrativista é uma área utilizada por populações extrativistas tradicionais, cuja subsistência baseia-se no extrativismo e, complementarmente, na agricultura de subsistência e na criação de animais de pequeno porte). Assertiva **II** errada (a Reserva Extrativista é de domínio público, sendo que as áreas particulares incluídas em seus limites devem ser desapropriadas). Assertiva **III** correta (art. 18, §3º). Assertiva **IV** errada (a pesquisa científica é permitida e incentivada, sujeitando-se à prévia autorização do órgão responsável pela administração da unidade). Assertiva **V** errada (a redução dos limites de uma Reserva Extrativista, como a de qualquer unidade de conservação, somente pode ser feita por lei específica, cf. art. 22, §7º). **RB**

Gabarito "D".

(Procurador do Município/Manaus – 2018 – CESPE) Com base na legislação aplicável ao SNUC e aos espaços territoriais especialmente protegidos, julgue os seguintes itens.

(1) A reserva de desenvolvimento sustentável é um exemplo de unidade de conservação de proteção integral.

(2) A inclusão de uma APP no cômputo da área de reserva legal de um imóvel rural não altera o regime de proteção dessa APP.

1: Errado, pois de acordo com a Lei 9.985/2000, art. 14, VI, a reserva de desenvolvimento sustentável constitui o Grupo das Unidades de Uso Sustentável. **2.** Correto, pois de acordo com o art. 15 da Lei 12.651/2012, será admitido o cômputo das Áreas de Preservação Permanente no cálculo do percentual da Reserva Legal do imóvel, desde que: [...] § 1º O regime de proteção da Área de Preservação Permanente não se altera na hipótese prevista neste artigo. **FM/LF**

Gabarito 1E, 2C

(Procurador do Estado – PGE/MT – FCC – 2016) A Floresta Estadual

(A) não é uma unidade de conservação pertencente ao Sistema Nacional de Unidades de Conservação da Natureza (SNUC).

(B) é uma unidade de conservação do grupo das Unidades de Proteção Integral.

(C) é uma unidade de conservação do grupo das Unidades de Uso Sustentável.

(D) é um imóvel rural de propriedade do Estado sem qualquer relação com a defesa do meio ambiente.

(E) pode ser constituída por propriedades privadas, que terão sua função social adequada aos objetivos do território especialmente protegido.

A: incorreta, nos termos do art. 3º, da Lei 9.985/2000: "Art. 3º O Sistema Nacional de Unidades de Conservação da Natureza – SNUC é constituído pelo conjunto das unidades de conservação federais, estaduais e municipais [...]"; **B:** incorreta, as Florestas são unidades de conservação do grupo Uso Sustentável (art. 14, III c/c art. 17, § 6º, ambos da Lei 9.985/2000); **C:** correta (art. 14, III c/c art. 17, § 6º, ambos da Lei 9.985/2000); **D:** incorreta, as florestas são de posse e domínio públicos, sendo que as áreas particulares incluídas em seus limites devem ser desapropriadas de acordo com o que dispõe a lei (art. 17, §§ 1º e 6º, da Lei 9.985/2000). **FM/FCP**

Gabarito "C".

(Procurador do Estado – PGE/RN – FCC – 2014) A posse e o uso das áreas ocupadas pelas populações tradicionais nas Reservas Extrativistas e Reservas de Desenvolvimento Sustentável serão regulados por contrato, sendo que o uso dos recursos naturais por tais populações obedecerá às seguintes normas:

(A) proibição de colheita de sementes de vegetação exótica.

(B) autorização para o uso de espécies localmente ameaçadas de extinção para manter rituais religiosos.

(C) autorização de práticas que danifiquem o *habitat* da flora local ameaçada de extinção para manutenção da tradicionalidade.

(D) autorização de práticas que danifiquem os *habitats* da fauna local ameaçada de extinção para manutenção da tradicionalidade.

(E) proibição de práticas ou atividades que impeçam a regeneração natural dos ecossistemas.

De fato, a posse e o uso das áreas ocupadas pelas populações tradicionais nas Reservas Extrativistas e Reservas de Desenvolvimento Sustentável serão regulados por contrato, sendo que o uso dos recursos naturais por tais populações obedecerá às seguintes normas: proibição de práticas ou atividades que impeçam a regeneração natural dos ecossistemas. Nos termos do art. 23, § 2º, da Lei 9.985/2000: O uso dos recursos naturais pelas populações tradicionais obedecerá às seguintes normas: proibição do uso de espécies localmente ameaçadas de extinção ou de práticas que danifiquem os seus habitats; proibição de práticas ou atividades que impeçam a regeneração natural dos ecossistemas; e, demais normas estabelecidas na legislação, no Plano de Manejo da unidade de conservação e no contrato de concessão de direito real de uso. **FM/FCP**

Gabarito "E".

(Procurador Distrital – 2014 – CESPE) Tendo em vista as categorias de unidades de conservação que compõem o Sistema Nacional de Unidades de Conservação da Natureza, julgue os itens a seguir.

11. DIREITO AMBIENTAL   559

(1) Nas unidades de proteção integral, não se admite o uso direto ou indireto dos recursos naturais, mas apenas a exploração capaz de garantir a perenidade dos processos ecológicos, mantendo-se a biodiversidade e os demais atributos ecológicos, de forma socialmente justa e economicamente viável.

(2) As unidades de conservação somente podem ser criadas por lei, que deverá definir seu regime especial de administração e as garantias adequadas de proteção.

1: incorreta, pois, nas unidades de proteção integral, o uso *direto* de fato é proibido, mas o uso *indireto*, não (art. 7º, § 1º, da Lei 9.985/2000); vale também ressaltar que a segunda parte da afirmativa contradiz-se totalmente com a primeira ao admitir o próprio uso direto dessas áreas, trazendo definição de "uso sustentável" (art. 2º, XI, da Lei 9.985/2000) e não de "proteção integral"; 2: incorreta, pois as unidades de conservação podem ser criadas "por ato do Poder Público" (art. 22, *caput*, da Lei 9.985/2000), ou seja, não é necessário lei, podendo uma unidade ser criada por Decreto, por exemplo.
Gabarito 1E, 2E.

(**Procurador do Estado/AC – FMP – 2012**) Com base no disposto na Lei n.º 9.985/2000, que institui o Sistema Nacional de Unidades de Conservação, assinale a alternativa **correta**.

(A) Unidade de conservação é o espaço territorial, aéreo ou marítimo e seus recursos ambientais, incluindo as águas jurisdicionais, o subsolo e a atmosfera, com características naturais relevantes, instituído judicialmente ou por ato do Poder Público, com objetivos de conservação e limites definidos, sob regime especial de administração, ao qual se aplicam garantias adequadas de proteção.

(B) Recurso ambiental compreende a atmosfera, as águas interiores, superficiais e subterrâneas, os estuários, o mar territorial, o alto mar, a plataforma continental, o solo, o subsolo, os elementos da biosfera, a fauna, a flora e os elementos integrantes do meio ambiente artificial, incluindo o patrimônio histórico.

(C) Zoneamento é a definição de setores ou zonas em uma unidade de conservação com objetivos de manejo, exploração e extrativismo específicos, com o propósito de proporcionar os meios e as condições para que todos os objetivos da unidade possam ser alcançados de forma harmônica e eficaz, sem prejuízo da possibilidade de regulamentação por ato normativo do Poder Público federal, estadual ou municipal em sentido diverso.

(D) Corredores ecológicos são porções de ecossistemas naturais ou seminaturais, ligando unidades de conservação, que possibilitam entre elas o fluxo de genes e o movimento da biota, facilitando a dispersão de espécies e a recolonização de áreas degradadas, bem como a manutenção de populações que demandam para sua sobrevivência áreas com extensão maior do que aquela das unidades individuais.

A: incorreta (art. 2º, I, Lei 9.985/00), pois unidade de conservação não abrange espaço aéreo ou marítimo, mas, apenas, o territorial; B: incorreta, pois o art. 2º, IV, da Lei 9.985/00 considera recurso ambiental a atmosfera, as águas interiores, superficiais e subterrâneas, os estuários, o mar territorial, o solo, o subsolo, os elementos da biosfera, a fauna e a flora, não se incluindo o alto mar, a plataforma continental e os elementos integrantes do meio ambiente artificial; C: incorreta, pois se considera zoneamento, nos termos do art. 2º, XVI,

da Lei 9.985/00, a definição de setores ou zonas em uma unidade de conservação com objetivos de manejo e normas específicos, com o propósito de proporcionar os meios e as condições para que todos os objetivos da unidade possam ser alcançados de forma harmônica e eficaz, nada dispondo referido diploma legal sobre a possibilidade de regulamentação de zoneamento por ato normativo do Poder Público federal, estadual ou municipal em sentido diverso; D: correta, visto que de acordo com o que dispõe o art. 2º, XIX, da Lei 9.985/00.
Gabarito "D".

(**PROCURADOR DO ESTADO/MG – FUMARC – 2012**) Sobre o Sistema Nacional de Unidades de Conservação, assinale a alternativa **INCORRETA:**

(A) A Estação Ecológica tem como objetivo a preservação da natureza e a realização de pesquisas científicas.

(B) O Monumento Natural tem como objetivo básico preservar sítios naturais raros, singulares ou de grande beleza cênica.

(C) A Reserva Extrativista é uma área utilizada por populações extrativistas tradicionais, cuja subsistência baseia-se no extrativismo e, complementarmente, na agricultura de subsistência e na criação de animais de pequeno porte, e tem como objetivos básicos proteger os meios de vida e a cultura dessas populações, e assegurar o uso sustentável dos recursos naturais da unidade.

(D) A Área de Relevante Interesse Ecológico é uma área em geral extensa, com um certo grau de ocupação humana, dotada de atributos abióticos, bióticos, estéticos ou culturais especialmente importantes para a qualidade de vida e o bem-estar das populações humanas, e tem como objetivos básicos proteger a diversidade biológica, disciplinar o processo de ocupação e assegurar a sustentabilidade do uso dos recursos naturais.

(E) O Refúgio de Vida Silvestre tem como objetivo proteger ambientes naturais onde se asseguram condições para a existência ou reprodução de espécies ou comunidades da flora local e da fauna residente ou migratória.

A: correta (art. 9º, *caput*, Lei 9.985/00); B: correta (art. 12, *caput*, Lei 9.985/00); C: correta (art. 18, *caput*, Lei 9.985/00); D: incorreta, visto que, nos termos do art. 16, *caput*, da Lei 9.985/00, a Área de Relevante Interesse Ecológico (ARIE) é uma área em geral de pequena extensão, com pouca ou nenhuma ocupação humana, com características naturais extraordinárias ou que abriga exemplares raros da biota regional, e tem como objetivo manter os ecossistemas naturais de importância regional ou local e regular o uso admissível dessas áreas, de modo a compatibilizá-lo com os objetivos de conservação da natureza. A ARIE não se confunde com a Área de Proteção Ambiental (APA), esta sim considerada uma área em geral extensa, com um certo grau de ocupação humana, dotada de atributos abióticos, bióticos, estéticos ou culturais especialmente importantes para a qualidade de vida e o bem-estar das populações humanas, e tem como objetivos básicos proteger a diversidade biológica, disciplinar o processo de ocupação e assegurar a sustentabilidade do uso dos recursos naturais (art. 15, *caput*, Lei 9.985/00); E: correta (art. 13, *caput*, Lei 9.985/00).
Gabarito "D".

(**PROCURADOR DO ESTADO/MG – FUMARC – 2012**) Sobre o Sistema Nacional de Unidades de Conservação, assinale a alternativa correta.

(A) As unidades de conservação são necessariamente criadas por lei.

(B) As unidades de conservação do grupo de Uso Sustentável podem ser transformadas total ou parcialmente em unidades do grupo de Proteção Integral, por instrumento normativo do mesmo nível hierárquico do que criou a unidade, desde que obedecidos os procedimentos de consulta estabelecidos em lei.

(C) O objetivo básico das Unidades de Uso Sustentável é preservar a natureza, sendo admitido apenas o uso indireto dos seus recursos naturais.

(D) A área de uma unidade de conservação do Grupo de Proteção Integral é considerada zona urbana, para os efeitos legais.

(E) Zona de amortecimento é a área interna de uma unidade de conservação, onde as atividades humanas estão sujeitas a normas e restrições específicas, com o propósito de minimizar os impactos negativos sobre a unidade.

A: incorreta, pois as unidades de conservação poderão ser criadas não apenas por lei, mas, também, por ato normativo diverso (ex.: decreto), mas é bom frisar que sua extinção ou redução dependerá, sempre, de lei, nos termos do art. 225, §1º, III, CF; **B:** correta, pois, de fato, admite-se que Unidades de Conservação de Uso Sustentável (art. 14, Lei 9.985/00) sejam transformadas em Unidades de Conservação de Proteção Integral (art. 8º, Lei 9.985/00), com maiores restrições ambientais, pelo mesmo instrumento normativo que as tenha criado, conforme preconiza o art. 22, §5º, da Lei 9.985/00, mas a recíproca não será verdadeira. Ou seja, a transformação de Unidades de Conservação de Proteção Integral em de Uso Sustentável, em virtude de haver uma "redução" da proteção ambiental, dependerão de lei específica; **C:** incorreta, pois se admite o uso direto dos recursos naturais nas Unidades de Conservação de Uso Sustentável (art. 7º, §2º, Lei 9.985/00), diversamente do que ocorre nas Unidades de Proteção Integral, nas quais se admite apenas o uso indireto (art. 7º, §1º, Lei 9.985/00); **D:** incorreta, sendo considerada zona rural (art. 49, Lei 9.985/00); **E:** incorreta (art. 2º, XVIII, Lei 9.985/00).
Gabarito "B".

(Procurador do Estado/MT – FCC – 2011) Em relação ao Sistema Nacional de Unidades de Conservação, é correto afirmar que

(A) as Unidades de Conservação somente podem ser criadas por Lei.

(B) as Unidades de Conservação subdividem-se em três grupos: proteção integral, uso sustentável e proteção sustentável.

(C) as propriedades do entorno da Unidade de Conservação não sofrem, em regra, qualquer influência deste espaço territorialmente protegido.

(D) a desafetação ou redução dos limites de uma Unidade de Conservação só pode ser feita mediante lei específica.

(E) o subsolo e o espaço aéreo não integram os limites de uma Unidade de Conservação.

A: incorreta, pois as Unidades de Conservação podem ser criadas por lei ou ato normativo diverso do Poder Executivo (geralmente, decretos), conforme dispõe o art. 22, Lei 9.985/00. Lembre-se, porém, que sua extinção ou redução dependerá de lei (art. 225, §1º, III, CF); **B:** incorreta, pois as Unidades de Conservação são divdas em dois grupos, quais sejam, as de Proteção Integral (arts. 7º, I e 8º, Lei 9.985/00) e as de Uso Sustentável (art. 7º, II e 14, Lei 9.985/00); **C:** incorreta, pois a área no entorno das Unidades de Conservação é denominada de zona de amortecimento, e, conforme art. 2º, XVIII, da Lei 9.985/00, as atividades humanas em referida área comporta observância de normas e restri-

ções, de molde a minimizar os impactos negativos sobre a unidade; **D:** correta (art. 22, §7º, Lei 9.985/00; art. 225, §1º, III, CF); **E:** incorreta (art. 24, Lei 9.985/00).
Gabarito "D".

(Procurador do Estado/PA – 2011) Assinale a alternativa INCORRETA:

(A) A criação de unidades de conservação faz-se mediante ato administrativo, surgindo a lei como exigência formal para a alteração ou a supressão.

(B) A consulta pública, não obstante se constitua em instrumento essencialmente democrático, que retira o povo da plateia e o coloca no palco dos assuntos públicos, não tem a natureza de um plebiscito.

(C) A administração pública, cumpridas as exigências legais, pode autorizar, licenciar ou permitir obras e/ou atividades nos espaços territoriais protegidos, desde que respeitada, quanto a estes, a integridade dos atributos justificadores do regime de proteção especial.

(D) Não há ilegalidade na criação de mais de um tipo de unidade de conservação da natureza a partir de um único procedimento administrativo, desde que adotados os estudos e consultas respectivos.

(E) Apenas a União pode criar unidades de conservação de proteção integral, cabendo aos demais entes federativos criar unidades de conservação de uso sustentado.

A: correta, pois, de fato, a criação de uma unidade de conservação pode ser feita mediante ato administrativo (ex.: decreto), mas sua alteração ou redução/supressão dependerão de lei (art. 225, §1º, III, CF; art. 22, §7º, Lei 9.985/00); **B:** correta, pois a consulta pública de que trata o art. 22, §2º, da Lei 9.985/00, dispensada para a criação de Estações Ecológicas ou Reservas Biológicas (art. 22, §4º, Lei 9.985/00), segundo o STF, "... *não tem natureza de plebiscito, mas visa subsidiar a definição da localização, da dimensão e dos limites mais adequados*" (MS 25.347 – 17.02.2010), não tendo força vinculante; **C:** correta, pois é admitida a realização de atividades/empreendimentos/obras, ainda que afetem unidades de conservação, desde que respeitado o disposto no art. 36, §3º, da Lei 9.985/00; **D:** correta, pois não há vedação legal; **E:** incorreta, pois as Unidades de Conservação, qualquer que seja a espécie (proteção integral ou uso sustentável), poderão ser criadas por qualquer dos entes federativos (União, Estados, DF e Municípios), inexistindo limitação legal sob tal aspecto.
Gabarito "E".

(Procurador do Estado/PA – 2011) Assinale a alternativa INCORRETA:

(A) É constitucional o dispositivo legal que obriga o empreendedor a apoiar a implantação e manutenção de unidade de conservação de proteção integral, pois este densifica o princípio usuário-pagador, configurando um mecanismo de assunção partilhada da responsabilidade social pelos custos ambientais derivados da atividade econômica.

(B) A compensação ambiental a ser exigida do empreendedor deverá ser fixada com fundamento no estudo de impacto ambiental, não podendo ser inferior a meio por cento dos custos totais previstos para a implantação do empreendimento.

(C) O montante da compensação deve ater-se àqueles danos inevitáveis e imprescindíveis ao empreendimento previsto no EIA/RIMA, não se incluindo aqueles

11. DIREITO AMBIENTAL   561

que possam ser objeto de medidas mitigadoras ou preventivas.

(D) A compensação ambiental e a indenização pelo dano ambiental têm natureza distinta, não havendo *bis in idem* na cobrança de indenização, desde que nela não se inclua a compensação anteriormente realizada ainda na fase de implantação do projeto.

(E) Identificadas, em estudo de impacto ambiental, medidas suficientes para evitar a ocorrência do dano, não pode o licenciador desprezar tais medidas, substituindo-as por medida compensatória.

A: correta (art. 36, Lei 9.985/00, cuja validade acerca do cabimento de compensação por significativo impacto ambiental foi declarada pelo STF no julgamento da ADI 3.378-6, de 20/06/2008, tendo havido, porém, reconhecimento de inconstitucionalidade, com redução de texto, da expressão "não pode ser inferior a meio por cento dos custos totais para a implantação do empreendimento", constante no §1°, do precitado dispositivo legal); **B:** incorreta, pois, como informado no comentário à alternativa anterior, o STF, no julgamento da ADI 3.378-6, apesar de reconhecer a constitucionalidade da compensação por significativo impacto ambiental prevista no art. 36, *caput*, da Lei do SNUC, declarou inconstitucional o percentual mínimo dos custos totais para a implantação do empreendimento como "piso" para referida compensação, afirmando que o valor da compensação deverá ser fixado proporcionalmente ao impacto ambiental, após estudo em que se assegurem contraditório e ampla defesa; **C:** correta. De acordo com o STJ (REsp 896.863, de 19.05.2011), o montante da compensação deve ater-se àqueles danos inevitáveis e imprescindíveis ao empreendimento previsto no EIA/RIMA, não se incluindo aqueles que possam ser objeto de medidas mitigadoras ou preventivas (item 4, da ementa do precitado Recurso Especial); **D:** correta (o texto da alternativa corresponde ao item 6 da ementa do REsp 896.863 – STJ); **E:** correta, pois as medidas preventivas identificadas no estudo de impacto ambiental não poderão, evidentemente, ser desprezadas e substituídas pelo órgão licenciador, ao seu bel prazer.

Gabarito "B".

(Procurador do Estado/PA – 2011) Considerando as categorias integrantes das unidades de conservação do grupo de proteção integral, assinale a alternativa INCORRETA:

(A) Estação ecológica.

(B) Reserva Biológica.

(C) Floresta Nacional.

(D) Parque Nacional.

(E) Refúgio de vida silvestre.

À exceção da alternativa C, que incluiu uma Unidade de Uso Sustentável, as demais alternativas indicam Unidades de Conservação de Proteção Integral. Apenas para melhor sistematização, são Unidades de Proteção Integral (art. 8°, Lei 9.985/00): i) Estação Ecológica; ii) Reserva biológica; iii) Parque Nacional; iv) Monumento Natural; v) Refúgio da Vida Silvestre. Já as Unidades de Uso Sustentável são as seguintes (art. 14, Lei 9.985/00): i) Área de proteção ambiental; ii) Área de relevante interesse ecológico; iii) Floresta nacional; iv) Reserva extrativista; v) Reserva da fauna; vi) Reserva de desenvolvimento sustentável; vii) Reserva particular do patrimônio natural.

Gabarito "C".

(Procurador do Estado/RO – 2011 – FCC) Considere as assertivas abaixo.

I. As Unidades de Conservação integrantes do Sistema Nacional de Unidades de Conservação dividem-se em três grupos: Unidades de Proteção Integral, Uni-

dades de Uso Sustentável e Unidades de Preservação Permanente.

II. As áreas de reserva legal são consideradas áreas públicas para fins turísticos.

III. As Unidades de Conservação podem ser criadas por ato do Poder Executivo ou do Poder Legislativo.

IV. Novas categorias de Unidade de Conservação Estaduais não previstas na Lei Federal n° 9.985/00, que instituiu o Sistema Nacional de Unidades de Conservação, poderão passar a fazer parte deste sistema, desde que tal seja autorizado pelo CONAMA – Conselho Nacional de Meio Ambiente.

V. Todas as Unidades de Conservação, sem exceções, devem dispor de um plano de manejo.

Com base na legislação ambiental está correto SOMENTE o que se afirma em

(A) III e V.

(B) III.

(C) III, IV e V.

(D) I, IV e V.

(E) III e IV.

I: incorreta, pois são dois grupos (unidades de proteção integral e unidades de uso sustentável), nos termos do art. 7° da Lei 9.985/00; **II:** incorreta, pois as áreas de reserva legal são aquelas localizadas no interior de uma propriedade ou posse rural, delimitada nos termos do lei, com a função de assegurar o uso econômico de modo sustentável dos recursos naturais do imóvel rural, auxiliar a conservação e a reabilitação dos processos ecológicos e promover a conservação da biodiversidade, bem como o abrigo e a proteção de fauna silvestre e da flora nativa; tais áreas permanecem privadas, com a diferença que devem obedecer às restrições legais (art. 3°, III, da Lei 12.651/12); **III:** correta, pois são criadas por *ato do Poder Público*, podendo ser do Executivo ou do Legislativo (art. 22 da Lei 9.985/00); **IV:** correta (art. 6°, parágrafo único, da Lei 9.985/00); **V:** correta (art. 27, *caput*, da Lei 9.985/00).

Gabarito "C".

(Procurador do Município/Teresina-PI – 2010 – FCC) A Assembleia Geral da Organização das Nações Unidas (ONU) declarou que 2010 é o ano da biodiversidade. O Brasil, como um dos países megabiodiversos, já possui instrumentos para a preservação e conservação, que consideram ainda sua sociodiversidade. Diante da legislação constitucional e infraconstitucional pertinente, é correto afirmar:

(A) Nas unidades da Federação, incumbe ao poder público a definição de espaços territoriais e seus componentes a serem especialmente protegidos, sendo a sua alteração e supressão permitidas através de lei ou de decreto, observando-se o paralelismo de forma em relação ao ato de sua criação, alteração e supressão.

(B) Com exceção da estação ecológica ou reserva biológica, para cuja criação não é obrigatória consulta pública, a criação de uma unidade de conservação deve ser precedida de estudos técnicos e de consulta pública que permitam identificar a localização, a dimensão e os limites mais adequados para cada unidade de conservação.

(C) As populações tradicionais são aquelas que vivem em estreita relação com o ambiente natural, dependendo de seus recursos naturais para a sua reprodução sociocultural, por meio de atividades de médio impacto ambiental.

(D) Nas unidades de conservação, de proteção integral e de uso sustentável, há a possibilidade de uso direto dos recursos naturais, ou seja, coleta e uso dos recursos naturais.

(E) A Constituição Federal de 1988 consagrou os seguintes biomas como patrimônio nacional: Floresta Amazônica, Serra do Mar, Mata Atlântica, Pantanal Matogrossense, Cerrado e Zona Costeira.

A: incorreta, pois o paralelismo das formas nem sempre é necessário; por exemplo, uma unidade de conservação criada por decreto, para ser extinta ou reduzida, depende de lei específica (art. 22, § 7º, da Lei 9.985/00); **B:** correta (art. 22, §§ 2º e 4º, da Lei 9.985/00); **C:** incorreta, pois tais populações dependem dessas áreas também para a sua subsistência (art. 4º, XIII, da Lei 9.985/00); **D:** incorreta, pois somente nas unidades de uso sustentável cabe o uso direto dos recursos naturais; nas unidades de proteção integral só cabe o uso indireto (art. 7º, §§ 1º e 2º, da Lei 9.985/00); **E:** incorreta, pois o Cerrado não se encontra erigido como patrimônio nacional pelo texto constitucional (art. 225, § 4º, da CF).
Gabarito "B".

(Procurador Federal – 2010 – CESPE) Julgue os itens a seguir, no que se refere ao meio ambiente.

(1) A pesquisa científica a ser desenvolvida nas reservas biológicas não depende de autorização administrativa do órgão responsável pela unidade, mas apenas da observância das condições estabelecidas em regulamento.

(2) As áreas de relevante interesse ecológico podem ser constituídas por terras públicas e particulares, em uma área em geral de pequena extensão, com pouca ou nenhuma ocupação humana, com características naturais extraordinárias ou que abrigue exemplares raros da biota regional, e têm como objetivo manter os ecossistemas naturais de importância regional ou local, regulando o uso admissível dessas áreas, de modo a compatibilizá-lo com os objetivos de conservação da natureza.

1: incorreta (art. 10, § 3º, da Lei 9.985/00); **2:** correta (art. 16 da Lei 9.985/00).
Gabarito 1E, 2C

(Advogado da União/AGU – CESPE – 2012) Julgue os itens que se seguem.

(1) Unidade de conservação corresponde a um espaço territorial protegido — coberto ou não por vegetação nativa — cuja função é permitir a preservação dos recursos hídricos, da paisagem, da estabilidade geológica e da biodiversidade; facilitar o fluxo gênico de fauna e flora; garantir a proteção do solo; e assegurar o bem-estar das populações humanas.

(2) São matérias sujeitas ao princípio da reserva legal a alteração e a supressão do regime jurídico pertinente aos espaços territoriais especialmente protegidos, ainda que sua delimitação tenha sido determinada por decreto.

1: incorreta, pois considera-se unidade de conservação o espaço territorial e seus recursos ambientais, incluindo as águas jurisdicionais, com características naturais relevantes, legalmente instituído pelo Poder Público, com objetivos de conservação e limites definidos, sob regime especial de administração, ao qual se aplicam garantias adequadas de proteção (art. 2º, I, Lei 9.985/00). O conceito de uni-dade de conservação não se confunde com o de área de preservação permanente, definida no art. 3º, II, da Lei 12.651/12 (Código Florestal) como a área protegida, coberta ou não por vegetação nativa, com a função ambiental de preservar os recursos hídricos, a paisagem, a estabilidade geológica e a biodiversidade, facilitar o fluxo gênico de fauna e flora, proteger o solo e assegurar o bem-estar das populações humanas; **2:** incorreta, pois a alteração, por exemplo, de uma unidade de conservação, de molde a ampliá-la, não exigirá, necessariamente, lei, mas, sim, instrumento normativo do mesmo nível hierárquico que a criou (art. 22, §6º, Lei 9.985/00).
Gabarito 1E, 2E

(ADVOGADO – PETROBRÁS – 2012 – CESGRANRIO) A Constituição Federal determina, como um dos deveres do Poder Público, a definição de espaços territoriais e dos seus componentes a serem especialmente protegidos. A esse respeito, analise as afirmações abaixo.

I. O parecer emitido pelo Conselho Consultivo de um parque, nacional, estadual ou municipal, não pode substituir a consulta pública exigida na lei.

II. As florestas consideradas de preservação permanente podem ser suprimidas nos excepcionais casos previstos na legislação.

III. A desafetação ou redução dos limites de uma reserva ecológica somente pode ser feita mediante lei específica.

É correto o que se afirma em

(A) I, apenas.

(B) II, apenas.

(C) I e III, apenas.

(D) II e III, apenas.

(E) I, II e III.

I: correto, pois, de fato, a consulta pública, ainda que não tenha caráter vinculante para a instituição de uma unidade de conservação, é requisito de validade para tanto (art. 22, §2º, Lei 9.985/00); **II:** correta (art. 225, §1º, III, CF); **III:** correta (art. 22, §7º, Lei 9.985/00).
Gabarito "E".

(ADVOGADO – PETROBRÁS DISTRIB. – 2010 – CESGRANRIO) Sobre a criação de uma Estação Ecológica, analise as assertivas abaixo.

I. O proprietário de terreno incluído dentro dos limites da Estação Ecológica pode impetrar mandado de segurança contra o ato de criação da Unidade de Conservação, com fundamento em seu direito líquido e certo a participar de consulta pública não realizada antes da criação desta unidade de conservação.

II. A Estação Ecológica é uma das categorias de unidade de conservação da natureza de proteção integral e as áreas particulares incluídas em seus limites devem ser desapropriadas.

III. Incluído dentro dos limites da Estação Ecológica pode ajuizar ação de indenização em face do Estado, tendo em vista que esta Unidade de Conservação tem como objetivo a preservação do meio ambiente e a realização de pesquisas científicas, configurando-se o esvaziamento de seu direito de propriedade.

IV. A Estação Ecológica é uma das categorias de unidade de conservação da natureza dentre as quais se incluem as áreas de preservação permanente.

É(São) correta(s) APENAS a(s) assertiva(s)

(A) I e II.

(B) II e III.

(C) III e IV.

(D) I, II e IV.

(E) I, III e IV.

I: incorreta, pois a criação de uma Estação Ecológica não exige prévia consulta pública (art. 22, §4º, Lei 9.985/00); II: correta (art. 9º, §1º, Lei 9.985/00); III: correta, pois a Estação Ecológica, considerada de domínio e posse públicos, exigirá, para sua criação, a desapropriação dos imóveis nela existentes, visto que, em virtude das restrições impostas à alteração dos ecossistemas pelo art. 9º, §4º, da Lei 9.985/00, a instituição da unidade de conservação em comento esvaziará o direito de propriedade do então proprietário; IV: incorreta, pois as áreas de preservação permanente, a despeito de serem espaços territoriais ambientalmente protegidos, não se confundem (e não são!) espécie de unidades de conservação.
Gabarito "B".

8. PROTEÇÃO DA FAUNA E FLORA. CÓDIGO FLORESTAL

(Procurador do Município – Valinhos/SP – 2019 – VUNESP) A respeito da previsão legal dada pela Lei 12.651/12, sobre a Delimitação da Área de Reserva Legal, é certo afirmar que

(A) os empreendimentos de abastecimento público de água e tratamento de esgoto não estão sujeitos à constituição de Reserva Legal.

(B) será exigido Reserva Legal relativa às áreas adquiridas ou desapropriadas por detentor de concessão, permissão ou autorização para exploração de potencial de energia hidráulica, nas quais funcionem empreendimentos de geração de energia elétrica, subestações ou sejam instaladas linhas de transmissão e de distribuição de energia elétrica.

(C) será exigido Reserva Legal relativa às áreas adquiridas ou desapropriadas com o objetivo de implantação e ampliação de capacidade de rodovias e ferrovias.

(D) no parcelamento de imóveis rurais, a área de Reserva Legal não poderá ser agrupada em regime de condomínio entre os adquirentes.

(E) quando indicado pelo Zoneamento Ecológico-Econômico – ZEE estadual, realizado segundo metodologia unificada, o poder público federal poderá reduzir, exclusivamente para fins de regularização, mediante recomposição, regeneração ou compensação da Reserva Legal de imóveis com área rural consolidada, situados em área de floresta localizada na Amazônia Legal, para até 40% (quarenta por cento) da propriedade.

A questão explora o regime das Reservas Legais, nos termos da Lei 12.651/12 (Código Florestal). Alternativa **A** correta (art. 12, § 6º). Alternativa **B** incorreta (não será exigida Reserva Legal em tais situações, cf. art. 12, §7º). Alternativa **C** incorreta (não será exigida Reserva Legal em tais situações, cf. art. 12, §8º). Alternativa **D** incorreta (no parcelamento de imóveis rurais, a área de Reserva Legal poderá ser agrupada em regime de condomínio entre os adquirentes, cf. art. 16, parágrafo único). Alternativa E incorreta (a percentagem de redução é de até 50%, e não 40%, cf. art. 13, I). **RB**
Gabarito "A".

(Procurador do Estado/TO – 2018 – FCC) Considere que determinada Municipalidade precise desapropriar um terreno para instalação de um equipamento público. Durante a avaliação pericial da área para identificação do valor do imóvel foi apurado que o terreno apresentava contaminação do solo, decorrente da destinação pelo proprietário para atividades não autorizadas. O ente público expropriante

(A) poderá pleitear a dedução do custo de descontaminação do valor da indenização, já que havia responsabilidade do dono do terreno pela observância da legislação ambiental vigente.

(B) poderá desistir da desapropriação, diante do vício de legalidade, cabendo, contudo, indenização em favor do proprietário do terreno, por não ter dado causa à desistência da área, esta que constituiu decisão discricionária do ente.

(C) deverá necessariamente arcar com os custos de descontaminação, que não podem ser imputados no valor da avaliação, sendo inerentes ao risco da aquisição.

(D) pode pleitear que a indenização devida ao proprietário da área seja posterior à desapropriação, e não prévia, como usual, em razão da necessidade de ser incluído o custo de descontaminação da área.

(E) deve desistir da desapropriação, já que o valor estimado da indenização será necessariamente superado em razão do custo de indenização.

A questão aborda a relação entre a desapropriação promovida sobre determinada área e o passivo ambiental verificado sobre ela. De acordo com o entendimento do STJ, "o valor relativo ao passivo ambiental da propriedade deve ser excluído da indenização, eis que a recuperação da Área de Preservação Permanente e da Reserva Legal, assim como outras incumbências incidentes sobre o imóvel e decorrentes da função ecológica da propriedade, constitui obrigação *propter rem*; logo, parte inseparável do título imobiliário, inexistindo, no ordenamento jurídico brasileiro, direito adquirido a degradar ou poluir, ou a desmatamento realizado." (REsp 1.755.077/PA, 2ª Turma, Rel. Min. Herman Benjamin, DJe 04/02/2019). Assim, correta a alternativa A. **RB**
Gabarito "A".

(Procurador do Estado/SP – 2018 – VUNESP) Espécies exóticas, entendidas como aquelas não originárias de uma determinada área geográfica, podem muitas vezes proliferar sem controle, provocando danos ambientais e econômicos, além de ameaçarem a diversidade biológica. O Estado de São Paulo sofre problemas sensíveis nessa seara, por exemplo, por conta da presença do javali (Sus scrofa), cuja abundância já é identificada e com impactos ambientais e socioeconômicos bem descritos pela literatura.

Tendo em vista essas premissas, sobre espécies exóticas, é correto afirmar:

(A) a Lei nº 5.197/1967 (lei que dispõe sobre a proteção à fauna) admite a inserção de espécies exóticas em território nacional com parecer técnico oficial favorável e licença expedida na forma da lei, salvo para espécies ambientais relevantes, inseridas em cadastro do Ministério do Meio Ambiente, cuja inserção imporá apenas a comunicação posterior aos órgãos de controle.

(B) é proibida a introdução nas unidades de conservação de espécies não autóctones, exceto no tocante às Áreas de Proteção Ambiental, Florestas Nacionais, Reservas Extrativistas e Reservas de Desenvolvimento Sustentável, sendo admitidos, ainda, a inserção de

564 VÁRIOS AUTORES

animais e plantas necessários à administração e às atividades das demais categorias de unidades de conservação, de acordo com o que se dispuser em regulamento e no Plano de Manejo da unidade.

(C) no Estado de São Paulo, embora se permita e estimule o controle populacional de espécies exóticas invasoras, o abate e o manejo dos animais assim qualificados é vedado, por força de disposição expressa na Constituição Estadual.

(D) atividades de manejo de fauna exótica ou que envolvam introdução de espécies exóticas estão dispensadas do licenciamento ambiental, salvo se flagrante o risco de degradação ambiental.

(E) a introdução de espécime animal exótica no Brasil, sem parecer técnico oficial favorável e licença expedida por autoridade competente pode configurar infração administrativa ambiental, entretanto não se amolda aos tipos penais previstos na Lei no 9.605/1998 (Lei de Crimes Ambientais).

A: incorreta, a teor do art. 4º, da Lei 5.197/2067: "Nenhuma espécie poderá ser introduzida no País, sem parecer técnico oficial favorável e licença expedida na forma da Lei"; **B:** correta. Vide art. 31, § 1º, da Lei 9.985/2000; **C:** incorreta (art. 193, X, Constituição Estadual); **D:** incorreta, nos termos do Anexo I, da Resolução Conama 237/1997, além do controle da União nos termos do art. 7º, XVII, da LC 140/2011; **E:** incorreta. A teor do art. 31, da Lei 9.605/1998, considera-se crime introduzir espécime animal no País, sem parecer técnico oficial favorável e licença expedida por autoridade competente. **FM/FC**

Gabarito "B".

(Procurador do Estado/SP – 2018 – VUNESP) Sobre a recomposição nas Áreas de Preservação Permanente (APPs), é correto afirmar:

(A) para os imóveis rurais com área de até 4 (quatro) módulos fiscais que possuam áreas consolidadas em Áreas de Preservação Permanente ao longo de cursos d'água naturais, é facultada a manutenção das atividades, independentemente de qualquer recomposição, desde que o proprietário invista na recuperação de outras áreas de relevante interesse ambiental, observados critérios e valores fixados pelo órgão ambiental competente, após o registro no Cadastro Ambiental Rural (CAR).

(B) o proprietário de áreas rurais consolidadas até 22 de julho de 2008, cuja área da propriedade seja inferior a 1 (um) módulo fiscal, foi anistiado pela Lei nº 12.651/2012 (Código Florestal), não sendo necessária a recomposição em nenhuma hipótese.

(C) no caso de pequena propriedade ou posse rural familiar, poderá ser realizado o plantio intercalado de espécies exóticas com nativas, em até um terço da área total a ser recomposta, admitida a utilização de árvores frutíferas, vedado o plantio de espécies lenhosas.

(D) para os imóveis rurais com área de até 1 (um) módulo fiscal que possuam áreas consolidadas em Áreas de Preservação Permanente ao longo de cursos d'água naturais, será obrigatória a recomposição das respectivas faixas marginais em 5 (cinco) metros, contados da borda da calha do leito regular, independentemente da largura do curso d'água.

(E) como método de recomposição é vedada a realização de plantio intercalado de espécies exóticas com nativas, devendo ser executado o plantio exclusivo de espécies nativas ou condução de regeneração natural de espécies nativas, independentemente do tamanho ou qualificação do imóvel rural.

A: incorreta, nos termos do art. 61-A, §3º, da Lei 12.651/2012: "Para os imóveis rurais com área superior a 2 (dois) módulos fiscais e de até 4 (quatro) módulos fiscais que possuam áreas consolidadas em Áreas de Preservação Permanente ao longo de cursos d'água naturais, será obrigatória a recomposição das respectivas faixas marginais em 15 (quinze) metros, contados da borda da calha do leito regular, independentemente da largura do curso d'água"; **B:** incorreta, a saber: "Para os imóveis rurais com área de até 1 (um) módulo fiscal que possuam áreas consolidadas em Áreas de Preservação Permanente ao longo de cursos d'água naturais, será obrigatória a recomposição das respectivas faixas marginais em 5 (cinco) metros, contados da borda da calha do leito regular, independentemente da largura do curso d´água" (art. 61-A, §1º, da Lei 12.651/2012); **C:** incorreta, a teor do art. 4º, § 5º, da Lei 12.651/2012: "é admitido, para a pequena propriedade ou posse rural familiar, o plantio de culturas temporárias e sazonais de vazante de ciclo curto na faixa de terra que fica exposta no período de vazante dos rios ou lagos, desde que não implique supressão de novas áreas de vegetação nativa, seja conservada a qualidade da água e do solo e seja protegida a fauna silvestre"; **D:** correta. Vide art. 61, §1º, da Lei 12.651/2012; **E:** incorreta, conforme o art. 66, § 3º, da Lei 12.651/2012. **FM/FC**

Gabarito "D".

(Procurador Municipal – Prefeitura/BH – CESPE – 2017) Em determinado município, há resíduos de construção civil e ocupações nas faixas marginais situadas a menos de trinta metros das bordas das calhas dos leitos de estreitos cursos d'água, perenes e intermitentes, que, em conjunto, abastecem a Lagoa da Prata. Tais resíduos estão provocando, nas últimas décadas, o assoreamento das margens e, por consequência, severos danos ambientais à bacia hidrográfica.

Considerando essa situação hipotética, assinale a opção correta.

(A) Será admitida a ocupação das referidas faixas marginais para a realização urgente de atividades de segurança nacional e obras de interesse da defesa civil que visem prevenir acidentes, desde que devidamente autorizadas pelo órgão ambiental competente.

(B) Mesmo que intervenção irregular em uma das citadas faixas marginais tenha sido realizada por ação de proprietário anterior de determinado imóvel, será admitida a responsabilização civil de seu atual proprietário, que será responsável pela recomposição ambiental.

(C) Para a preservação das citadas faixas marginais, é necessária a edição de lei municipal que as declare áreas de proteção ambiental e que proíba ocupações e depósitos de resíduos na largura de trinta metros.

(D) Por força de mandamento constitucional, para a preservação das faixas marginais de recursos hídricos, não se admite intervenção nem ocupação por particulares, nem mesmo em caráter excepcional.

A: incorreta, pois nos termos do art. 8º, § 3º, da Lei 12.651/2012: "É dispensada a autorização do órgão ambiental competente para a execução, em caráter de urgência, de atividades de segurança nacional e obras de interesse da defesa civil destinadas à prevenção e mitigação

11. DIREITO AMBIENTAL 565

de acidentes em áreas urbanas"; **B:** correta, pois a obrigação de promover a recomposição da vegetação situada em Área de Preservação Permanente tem natureza *propter rem*, sendo transmitida ao sucessor em caso de transferência de domínio ou posse (art. 7º, §§ 1º e 2º, da Lei 12.651/2012); **C:** incorreto, pois não é necessária a criação de Lei Municipal, vez que a Lei 12.651/2012, em seu art. 4º, I, dispõe sobre a preservação das faixas marginais; **D:** incorreta, pois não há mandamento constitucional neste sentido, aliás, o art. 9º, da Lei 12.651/2012, assevera ser permitido o acesso de pessoas e animais às Áreas de Preservação Permanente para obtenção de água e para realização de atividades de baixo impacto ambiental. FM/FCP

Gabarito "B".

(**Procurador – IPSMI/SP – VUNESP – 2016**) Assinale o conceito correto utilizado pela Lei Federal 12.651/2012:

(A) pousio: prática de interrupção temporária de atividades ou usos agrícolas, pecuários ou silviculturais, por no máximo 6 (seis) anos, para possibilitar a recuperação da capacidade de uso ou da estrutura física do solo.

(B) áreas úmidas: pantanais e superfícies terrestres cobertas de forma permanente por águas, cobertas originalmente por florestas ou outras formas de vegetação adaptadas à inundação.

(C) crédito de carbono: título de direito sobre bem intangível e incorpóreo transacionável.

(D) faixa de passagem de inundação: área de várzea ou planície de inundação adjacente a cursos d'água que permite o escoamento artificial.

(E) relevo ondulado: expressão geomorfológica usada para designar área caracterizada por movimentações de águas que geram depressões.

A: Incorreta. Nos termos do art. 3º, XXIV, da Lei 12.651/2012: "pousio: prática de interrupção temporária de atividades ou usos agrícolas, pecuários ou silviculturais, por no máximo 5 (cinco) anos, para possibilitar a recuperação da capacidade de uso ou da estrutura física do solo"; e não 6 (seis) anos, conforme disposto na alternativa. **B:** Incorreta. "Áreas úmidas: pantanais e superfícies terrestres cobertas de forma periódica por águas, cobertas originalmente por florestas ou outras formas de vegetação adaptada à inundação" (art. 3º, XXV, da Lei 12.651/2012). **C:** Correta. Vide art. 3º, XXVII, da Lei 12.651/2012. **D:** Incorreta. A faixa de passagem de inundação: área de várzea ou planície de inundação adjacente a cursos d'água que permite o escoamento da enchente e não artificial (art. 3º, XXII, da Lei 12.651/2012). **E:** Incorreta. O relevo ondulado, segundo o art. 3º, XXIII, da Lei 12.651/2012, trata-se de "expressão geomorfológica usada para designar área caracterizada por movimentações do terreno que geram depressões, cuja intensidade permite sua classificação como relevo suave ondulado, ondulado, fortemente ondulado e montanhoso". FM/FCP

Gabarito "C".

(**Procurador – SP – VUNESP – 2015**) De acordo com as disposições existentes no Código Florestal, no que se refere ao Regime de Proteção das Áreas de Preservação Permanente, assinale a alternativa correta.

(A) A vegetação situada em Área de Preservação Permanente não tem a obrigatoriedade de ser mantida se o proprietário, possuidor ou ocupante for pessoa jurídica de direito público.

(B) A supressão de vegetação nativa protetora de nascentes, dunas e restingas não pode ser autorizada em nenhuma hipótese.

(C) É necessária a autorização do órgão ambiental, ainda que se trate de execução, em caráter de urgência, de

atividades de segurança nacional e obras de interesse da defesa civil destinadas à prevenção e mitigação de acidentes em áreas urbanas.

(D) É permitido o acesso de pessoas e animais às Áreas de Preservação Permanente para obtenção de água e para realização de atividades de baixo impacto ambiental.

(E) Tendo ocorrido a supressão de vegetação situada em Área de Preservação Permanente, o proprietário da área, possuidor ou ocupante é obrigado a promover a recomposição da vegetação, ainda que a supressão tenha sido autorizada pela lei.

A: Incorreta. A vegetação situada em Área de Preservação Permanente tem a obrigatoriedade de ser mantida pelo proprietário, possuidor ou ocupante, pessoa física ou jurídica, de direito público ou privado (art. 7º, da Lei 12.651/2012). **B:** Incorreta. "A supressão de vegetação nativa protetora de nascentes, dunas e restingas somente poderá ser autorizada em caso de utilidade pública" (art. 8º, § 1º, da Lei 12.651/2012). **C:** Incorreta. Nos termos do art. 8º, § 3º, da Lei 12.651/2012: "É dispensada a autorização do órgão ambiental competente para a execução, em caráter de urgência, de atividades de segurança nacional e obras de interesse da defesa civil destinadas à prevenção e mitigação de acidentes em áreas urbanas". **D:** Correta. Vide art. 9º, da Lei 12.651/2012. **E:** Incorreta. Segundo disposição do art. 7º, § 1º, da Lei 12.651/2012: "Tendo ocorrido supressão de vegetação situada em Área de Preservação Permanente, o proprietário da área, possuidor ou ocupante a qualquer título é obrigado a promover a recomposição da vegetação, ressalvados os usos autorizados previstos nesta Lei". FM-FCP

Gabarito "D".

(**Procurador Distrital – 2014 – CESPE**) Acerca dos princípios constantes do Código Florestal e da área de reserva legal, julgue o item abaixo.

(1) Como regra, em todo imóvel rural deve ser mantida área com cobertura de vegetação nativa, cujas funções são assegurar o uso econômico de modo sustentável dos recursos naturais do imóvel, auxiliar a conservação e a reabilitação dos processos ecológicos e promover a conservação da biodiversidade, bem como o abrigo e a proteção de fauna silvestre e da flora nativa.

1: correta (art. 12, *caput*, c/c art. 3º, III, da Lei 12.651/2012).

Gabarito "1C".

(**Procurador Federal – 2013 – CESPE**) Considerando as legislações que disciplinam a proteção florestal e as unidades de conservação no Brasil, julgue os itens a seguir.

(1) Sob o regime jurídico aplicável ao bioma mata atlântica, fica dispensada de autorização pelos órgãos ambientais a hipótese de exploração eventual e sem fins comerciais de espécies florestais nativas para consumo em propriedades ou posses das populações tradicionais ou dos pequenos produtores rurais, sem prejuízo do apoio governamental no sentido de orientar o manejo e a exploração sustentáveis dessas espécies.

(2) As florestas nacional, estadual e municipal são consideradas unidades de conservação da natureza de posse e domínio públicos, em que se admite a permanência de populações tradicionais que nelas habitem, desde que obedecidas normas regulamentares e o respectivo plano de manejo.

(3) Na hipótese de supressão de vegetação nativa para uso alternativo do solo, em áreas públicas ou privadas, fica dispensada a autorização do órgão ambiental competente, desde que o imóvel esteja registrado no Cadastro Ambiental Rural.

1: correta (art. 9º da Lei 11.428/2006); **2:** correta (art. 17, *caput*, §§ 1º e 6º, da Lei 9.985/2000); **3:** incorreta, pois ainda assim é necessária a autorização do órgão estadual componente do Sisnama (art. 26 da Lei 12.651/2012).

Gabarito 1C, 2C, 3E

(Procurador do Estado/AC – FMP – 2012) Com base nas disposições contidas no vigente Código Florestal (Lei n.º 4.771/65), assinale a alternativa correta.

(A) Para os efeitos do Código Florestal, reserva legal é a área localizada no interior de uma propriedade ou posse rural, incluída a de preservação permanente, necessária ao uso sustentável dos recursos naturais, à conservação e reabilitação dos processos ecológicos, à conservação da biodiversidade e ao abrigo e proteção de fauna e flora nativas.

(B) Entende-se por Amazônia Legal os Estados do Acre, Pará, Amazonas, Roraima, Rondônia, Amapá e Maranhão e as regiões situadas ao norte do paralelo 13º S, dos Estados de Tocantins, Goiás e Mato Grosso, e ao oeste do meridiano de 44º W, do Estado do Piauí.

(C) Dentre as atividades consideradas de interesse social para os fins do Código Florestal podem-se citar aquelas imprescindíveis à proteção da integridade da vegetação nativa, tais como a prevenção,o combate e o controle do fogo, o controle da erosão, a erradicação de invasoras e a proteção de plantios com espécies nativas, conforme resolução do CONAMA.

(D) A exploração dos recursos florestais em terras indígenas é vedada, mesmo quando realizada pelas próprias comunidades indígenas em regime de manejo florestal sustentável para atender a sua subsistência.

A: incorreta (art. 3º, III, Lei 12.651/12); **B:** incorreta (art. 3º, I, Lei 12.651/12); **C:** correta (art. 3º, IX, a, Lei 12.651/12); **D:** incorreta (art. 3º-A, Lei 4.771/65 – antigo Código Florestal, sem correspondente no "Novo Código Florestal" – Lei 12.651/12).

Gabarito "C".

(Procurador do Estado/AC – FMP – 2012) Qual das alternativas abaixo contém hipótese não prevista no Código Florestal (Lei n.º 4.771/65) como área de preservação permanente?

(A) Aquelas situadas em altitude superior a mil metros, qualquer que seja a vegetação.

(B) Aquelas situadas ao redor das lagoas, lagos ou reservatórios d'água artificiais.

(C) Aquelas situadas num raio mínimo de cinquenta metros de largura das nascentes intermitentes.

(D) Aquelas situadas nas restingas, como fixadoras de dunas ou estabilizadoras de mangues.

A: hipótese não prevista (art. 4º, X, Lei 12.651/12), visto que são consideradas áreas de preservação permanente apenas aquelas situadas em altitude superior a 1800 (mil e oitocentos) metros, qualquer que seja a vegetação; **B:** hipótese prevista (art. 4º, II e III, Lei 12.651/12); **C:** hipótese prevista (art. 4º, IV, Lei 12.651/12); **D:** hipótese prevista (art. 4º, VI, Lei 12.651/12).

Gabarito "A".

(Procurador do Estado/AC – FMP – 2012) Tendo em vista os princípios instituídos pela Lei Federal n.º 11.284/2006, assinale a alternativa **correta** no que diz respeito aos objetivos a serem alcançados com a gestão de florestas públicas.

(A) Promoção do processamento local e o incentivo ao incremento da agregação de valor aos produtos e serviços da floresta, bem como à diversificação industrial, ao desenvolvimento tecnológico, à utilização e à capacitação de empreendedores locais e da mão de obra regional.

(B) Restrição ao acesso às informações referentes à gestão de florestas públicas, nos termos da Lei n.º 10.650/2003, em nome da segurança nacional.

(C) Promoção e difusão da pesquisa florestal, faunística e edáfica, relacionada à conservação, à recuperação e ao uso sustentável das florestas, com restrição intransponível de tais atividades quando operadas por organismos de origem religiosa ou estrangeira.

(D) Fomento ao conhecimento e a promoção da conscientização da população em geral sobre a importância da conservação dos recursos florestais, ressalvados os usos e costumes tradicionais das populações indígenas no que diz respeito ao seu modo de exploração da flora e da fauna.

A: correta (art. 2º, IV, Lei 11.284/06); **B:** incorreta (art. 2º, V, Lei 11.284/06); **C:** incorreta (art. 2º, VI, Lei 11.284/06); **D:** incorreta (art. 2º, VII, Lei 11.284/06).

Gabarito "A".

(PROCURADOR DO ESTADO/MG – FUMARC – 2012) Acerca da lei que dispõe sobre a utilização e proteção da vegetação nativa do Bioma Mata Atlântica, assinale a alternativa INCORRETA:

(A) O corte, a supressão e a exploração da vegetação do Bioma Mata Atlântica far-se-ão de maneira diferenciada, conforme se trate de vegetação primária ou secundária, nesta última levando-se em conta o estágio de regeneração.

(B) No Bioma Mata Atlântica, é proibida a coleta de subprodutos florestais tais como frutos, folhas ou sementes, bem como as atividades de uso indireto, ainda que não coloquem em risco as espécies da fauna e flora.

(C) Os novos empreendimentos que impliquem o corte ou a supressão de vegetação do Bioma Mata Atlântica deverão ser implantados preferencialmente em áreas já substancialmente alteradas ou degradadas.

(D) A proteção e a utilização do Bioma Mata Atlântica têm por objetivo geral o desenvolvimento sustentável e, por objetivos específicos, a salvaguarda da biodiversidade, da saúde humana, dos valores paisagísticos, estéticos e turísticos, do regime hídrico e da estabilidade social.

(E) A vegetação primária ou a vegetação secundária em qualquer estágio de regeneração do Bioma Mata Atlântica não perderão esta classificação nos casos de incêndio, desmatamento ou qualquer outro tipo de intervenção não autorizada ou não licenciada.

A: correta (art. 8º, Lei 11.428/06); **B:** incorreta (art. 18, Lei 11.428/06), sendo livre a coleta de subprodutos florestais, desde que não coloquem em risco as espécies da fauna e flora; **C:** correta (art. 12, Lei

11.428/06); **D:** correta (art. 6º, *caput*, Lei 11.428/06); **E:** correta (art. 5º, Lei 11.428/06).

Gabarito "B".

(Advogado da União/AGU – CESPE – 2012) Julgue o item seguinte.

(1) Compete privativamente à União legislar sobre florestas, conservação da natureza, defesa do solo e dos recursos naturais.

1: incorreta, pois se trata de competência concorrente da União, Estados e DF legislar sobre florestas, caça, pesca, fauna, conservação da natureza, defesa do solo e dos recursos naturais, proteção do meio ambiente e controle da poluição (art. 24, VI, CF).

Gabarito "1E".

9. RESPONSABILIDADE CIVIL AMBIENTAL

Segue um resumo sobre a **Responsabilidade Civil Ambiental**:

1. Responsabilidade objetiva.

*A responsabilidade objetiva pode ser **conceituada** como o dever de responder por danos ocasionados ao meio ambiente, independentemente de culpa ou dolo do agente responsável pelo evento danoso. Essa responsabilidade está prevista no § 3º do art. 225 da CF, bem como no § 1º do art. 14 da Lei 6.938/81 e ainda no art. 3º da Lei 9.605/98.*

*Quanto a seus **requisitos,** diferentemente do que ocorre com a responsabilidade objetiva no Direito Civil, onde são apontados três elementos para a configuração da responsabilidade (conduta, dano e nexo de causalidade), no Direito Ambiental são necessários apenas dois.*

*A doutrina aponta a necessidade de existir um **dano** (evento danoso), mais o **nexo de causalidade, que o liga ao poluidor**.*

Aqui não se destaca muito a conduta como requisito para a responsabilidade ambiental, apesar de diversos autores entenderem haver três requisitos para sua configuração (conduta, dano e nexo de causalidade). Isso porque é comum o dano ambiental ocorrer sem que se consiga identificar uma conduta específica e determinada causadora do evento.

Quanto ao **sujeito responsável pela reparação do dano**, é o poluidor, que pode ser tanto pessoa física como jurídica, pública ou privada.

Quando o Poder Público não é o responsável pelo empreendimento, ou seja, não é o poluidor, sua responsabilidade é **subjetiva**, ou seja, depende de comprovação de culpa ou dolo do serviço de fiscalização, para se configurar. Assim, o Poder Público pode responder pelo dano ambiental por omissão no dever de fiscalizar. Nesse caso, haverá responsabilidade solidária do poluidor e do Poder Público. Mas lembre-se: se o Poder Público é quem promove o empreendimento, sua responsabilidade é **objetiva**.

Em se tratando de pessoa jurídica, a Lei 9.605/98 estabelece que esta será responsável *nos casos em que a infração for cometida por decisão de seu representante legal ou contratual, ou de seu órgão colegiado, no interesse ou benefício da sua entidade.* Essa responsabilidade da pessoa jurídica não exclui a *das pessoas físicas, autoras, coautoras ou partícipes do mesmo fato.*

A Lei 9.605/98 também estabelece uma cláusula geral que permite a **desconsideração da personalidade jurídica** da pessoa jurídica, em qualquer caso, desde que destinada ao ressarcimento dos prejuízos causados à qualidade do meio ambiente. Segundo o seu art. 4º, *poderá ser desconsiderada a pessoa jurídica sempre que sua personalidade for obstáculo ao ressarcimento dos prejuízos causados à qualidade do meio ambiente.* Adotou-se, como isso, a chamada **teoria menor da desconsideração**, para a qual basta a insolvência da pessoa jurídica, para que se possa atingir o patrimônio de seus membros. No direito civil, ao contrário, adotou-se a teoria maior da desconsideração, teoria que exige maiores requisitos, no caso, a existência de um desvio de finalidade ou de uma confusão patrimonial para que haja desconsideração.

2. Reparação integral dos danos.

A obrigação de reparar o dano não se limita a pagar uma indenização; ela vai além: a reparação deve ser específica, isto é, ela deve buscar a restauração ou recuperação do bem ambiental lesado, ou seja, o seu retorno à situação anterior. Assim, a responsabilidade pode envolver as seguintes obrigações:

a) *de reparação natural ou in specie:* é a reconstituição ou recuperação do meio ambiente agredido, cessando a atividade lesiva e revertendo-se a degradação ambiental. É a primeira providência que deve ser tentada, ainda que mais onerosa que outras formas de reparação;

b) *de indenização em dinheiro:* consiste no ressarcimento pelos danos causados e não passíveis de retorno à situação anterior. Essa solução só será adotada quando não for viável fática ou tecnicamente a reconstituição. Trata-se de forma indireta de sanar a lesão.

c) *compensação ambiental:* consiste em forma alternativa à reparação específica do dano ambiental, e importa na adoção de uma medida de equivalente importância ecológica, mediante a observância de critérios técnicos especificados por órgãos públicos e aprovação prévia do órgão ambiental competente, admissível desde que seja impossível a reparação específica. Por exemplo, caso alguém tenha derrubado uma árvore, pode-se determinar que essa pessoa, como forma de compensação ambiental, replante duas árvores da mesma espécie.

3. Dano ambiental.

Não é qualquer alteração adversa no meio ambiente causada pelo homem que pode ser considerada dano ambiental. Por exemplo, o simples fato de alguém inspirar oxigênio e expirar gás carbônico não é dano ambiental. O art. 3º, III, da Lei 6.938/81 nos ajuda a desvendar quando se tem dano ambiental, ao dispor que a poluição é a degradação ambiental resultante de atividades que direta ou indiretamente:

a) prejudiquem a saúde, a segurança e o bem-estar da população; b) criem condições adversas às atividades sociais e econômicas; c) afetem desfavoravelmente a biota; d) afetem as condições estéticas ou sanitárias do meio ambiente; e) lancem matérias ou energia em desacordo com os padrões ambientais estabelecidos.

Quanto aos lesados pelo dano ambiental, este pode atingir pessoas indetermináveis e ligadas por circunstâncias de fato (ocasião em que será difuso), grupos de pessoas ligadas por relação jurídica base (ocasião em que será coletivo), vítimas de dano oriundo de conduta comum (ocasião em que será individual homogêneo) e vítima do dano (ocasião em que será individual puro).

De acordo com o pedido formulado na ação reparatória é que se saberá que tipo de interesse (difuso, coletivo, individual homogêneo ou individual) está sendo protegido naquela demanda.

Quanto à extensão do dano ambiental, a doutrina reconhece que este pode ser material (patrimonial) ou moral (extrapatrimonial). Será da segunda ordem quando afetar o bem-estar de pessoas, causando sofrimento e dor. Há de se considerar que existe decisão do STJ no sentido que não se pode falar em dano moral difuso, já que o dano deve estar relacionado a pessoas vítimas de sofrimento, e não a uma coletividade de pessoas. De acordo com essa decisão, pode haver dano moral ambiental a pessoa determinada, mas não pode haver dano moral ambiental a pessoas indetermináveis.

4. A proteção do meio ambiente em juízo.

A reparação do dano ambiental pode ser buscada extrajudicialmente, quando, por exemplo, é celebrado termo de **compromisso de ajustamento de conduta** com o Ministério Público, ou judicialmente, pela propositura da ação competente.

Há duas ações vocacionadas à defesa do meio ambiente. São elas: a **ação civil pública** (art. 129, III, da CF e Lei 7.347/85) e a **ação popular** (art. 5º, LXXIII, CF e Lei 4.717/65). A primeira pode ser promovida pelo Ministério Público, pela Defensoria Pública, por entes da Administração Pública ou por associações constituídas há pelo menos um ano, que tenham por objetivo a defesa do meio ambiente. Já a segunda é promovida pelo cidadão.

Também são cabíveis em matéria ambiental o **mandado de segurança** (art. 5º, LXIX e LXX, da CF e Lei 12.016/09), individual ou coletivo, preenchidos os requisitos para tanto, tais como prova pré-constituída, e ato de autoridade ou de agente delegado de serviço público; o **mandado de injunção** (art. 5º, LXXI, da CF), quando a falta de norma regulamentadora torne inviável o exercício dos direitos e liberdades constitucionais e das prerrogativas inerentes à nacionalidade, à soberania e à cidadania; as **ações de inconstitucionalidade** (arts. 102 e 103 da CF e Leis 9.868/99 e 9.882/99); e a **ação civil de responsabilidade por ato de improbidade administrativa** em matéria ambiental (art. 37, § 4º, da CF, Lei 8.429/92 e art. 52 da Lei 10.257/01).

(Procurador do Estado/TO – 2018 – FCC) Firmado um Termo de Ajustamento de Conduta – TAC – entre os proprietários de áreas rurais de uma determinada região e o Ministério Público, aqueles deram início ao cumprimento das obrigações assumidas, tais como a recomposição de determinado percentual de mata nativa em suas áreas. Alterada a legislação disciplinadora da compensação ambiental, passou-se a admitir que em lugar da recomposição da mata nativa o proprietário pudesse adquirir áreas para regularização de unidades de conservação. Diante desse fato,

(A) o proprietário que pretender aplicar a nova legislação ao seu acordo poderá providenciar a aquisição das áreas inseridas nos perímetros de unidades de conservação e requerer a desoneração de suas obrigações constantes do TAC.

(B) o TAC remanesce válido e exigível, não havendo alteração em seus termos, salvo por deliberação consensual das partes, nos termos da legislação vigente.

(C) a alteração legislativa impacta no TAC firmado, sendo necessária a ratificação do instrumento para que as obrigações assumidas continuem imperiosas e exigíveis.

(D) os proprietários que firmaram o TAC ficam desobrigados do seu atendimento, sendo necessária a realização de outro ajuste, aderente à nova legislação.

(E) o TAC assinado fica anulado, sendo necessária a celebração de novo acordo, partindo das premissas legais instituídas.

A questão explora o tema da subsistência de Termo de Ajustamento de Conduta (TAC) em razão de alteração legislativa superveniente. Nesse sentido, consolidou-se no âmbito do STJ o entendimento de que, "uma vez celebrado, e cumpridas as formalidades legais, o Termo de Ajustamento de Conduta – TAC constitui ato jurídico perfeito, imunizado contra alterações legislativas posteriores que enfraqueçam as obrigações ambientais nele estabelecidas. Deve, assim, ser cabal e fielmente implementado, vedado ao juiz recusar sua execução, pois do contrário desrespeitaria a garantia da irretroatividade da lei nova, prevista no art. 6º da Lei de Introdução às Normas do Direito Brasileiro (Decreto--Lei 4.657/1942)" (REsp 1.802.754/SP, 2ª Turma, Rel. Min. Herman Benjamin, DJe 11/09/2020). Nesse sentido, correta a alternativa B. **RB**

Gabarito "B".

(Procurador do Estado/AC – 2017 – FMP) Analise as assertivas abaixo envolvendo a tutela do meio ambiente no Direito Brasileiro.

I. Um dos fundamentos constitucionais da tutela ambiental inibitória consiste no chamado princípio da inafastabilidade do controle jurisdicional ou princípio do direito da ação, pois através dela é possível evitar danos ambientais muitas vezes irreversíveis.

LI. A inversão do ônus da prova nas ações civis públicas ambientais é um dos corolários do princípio da precaução, o qual incide somente na lesividade ambiental derivada do uso e manipulação de produtos químicos.

III. Segundo remansosa jurisprudência do Superior Tribunal de Justiça, as ações civis públicas para reparação dos danos ao meio ambiente são imprescritíveis.

IV. Não há direito adquirido para o empreendedor dar continuidade ao seu projeto envolvendo práticas vedadas pelo legislador e que causem danos ao meio ambiente, ainda que fundado em ato autorizatório emitido pelo órgão ambiental competente.

Quais estão corretas?

(A) Apenas a I, a II e a III.

(B) Apenas a I.

(C) Nenhuma está correta.

(D) Apenas a I, a III e a IV.

(E) Apenas a I, a II e a IV.

11. DIREITO AMBIENTAL — 569

Enunciado **I** certo: aplicam-se às ações ambientais a garantia prevista no art. 5º, XXXV, pelo qual a lei não excluirá da apreciação do Poder Judiciário lesão ou ameaça a direito. Trata-se do princípio da inafastabilidade do controle jurisdicional ou princípio do direito da ação. Enunciado **II** incorreto: de fato, a inversão do ônus da prova nas ações ambientais é um dos corolários do princípio da precaução. No entanto, esse efeito não se aplica apenas na lesividade ambiental derivada do uso e manipulação de produtos químico, mas a todas as formas de lesão. Enunciado **III** certo: as ações ambientais são imprescritíveis, cf. jurisprudência do STJ. Enunciado **IV** certo: inexiste direito adquirido à manutenção de situação que gere prejuízo ao meio ambiente, ainda que o empreendimento esteja fundado em ato autorizativo ambiental, cf. jurisprudência do STJ. **RB**
Gabarito "D".

(Procurador do Estado – PGE/PR – PUC – 2015) Considerando a jurisprudência do Supremo Tribunal Federal e do Superior Tribunal de Justiça, assinale a afirmativa **CORRETA** sobre o regime jurídico dos danos ao patrimônio ambiental e sua responsabilização.

(A) Embora no âmbito da responsabilidade administrativa seja dispensável a apuração da culpa na infração ambiental, à responsabilidade civil decorrente de danos ambientais aplica-se, como regra, a denominada teoria subjetivista.

(B) O princípio da precaução não foi acolhido pela Constituição vigente, ainda que se constitua como uma importante norma para evitar a ocorrência de danos ambientais graves e irreversíveis.

(C) Em ação civil pública, a necessidade de reparação integral da lesão causada ao meio ambiente permite a cumulação de obrigações de fazer, de não fazer e de indenizar.

(D) Em conformidade ao princípio da precaução, para que sejam adotadas medidas precaucionais, a falta de certeza científica absoluta exige a demonstração do risco atual e iminente de danos que podem sobrevir pelo desempenho de determinada atividade econômica.

(E) No que toca à pessoa jurídica, o direito positivo brasileiro não acolhe a denominada tríplice responsabilidade por ação ou omissão lesiva ao meio ambiente, restringindo-a ao campo da responsabilidade civil e administrativa.

A: incorreta, a responsabilidade administrativa por danos ambientais é subjetiva (o STJ possui jurisprudência no sentido de que, "tratando-se de responsabilidade administrativa ambiental, o terceiro, proprietário da carga, por não ser o efetivo causador do dano ambiental, responde subjetivamente pela degradação ambiental causada pelo transportador" (AgRg no AREsp 62.584/RJ, Rel. Ministro Sérgio Kukina, Rel. p/ acórdão Ministra Regina Helena Costa, Primeira Turma, DJe 7.10.2015), já a responsabilização civil é objetiva e fundamentada na teoria do risco integral (art. 14, § 1º, da Lei 6.938/1981); **B:** errado, o princípio da precaução encontra-se acolhido implicitamente pelo art. 225, *caput*, da CF/1988; **C:** correta, pois a jurisprudência do STJ está firmada no sentido da viabilidade, no âmbito da Lei 7.347/1985 e da Lei 6.938/1981, de cumulação de obrigações de fazer, de não fazer e de indenizar (Súmula 629 do STJ); **D:** incorreta, pois para o princípio da precaução ser aplicado, basta a falta de certeza científica a respeito dos riscos que a atividade ou o empreendimento possa causar ao meio ambiente, devendo-se decidir em favor do meio ambiente; **E:** incorreta, pois a própria Constituição Federal, em seu art. 225, § 3º, dispõe expressamente: "As condutas e atividades consideradas lesivas ao meio ambiente sujeitarão os infratores, pessoas físicas ou jurídicas, a sanções penais e administrativas, independentemente da obrigação de reparar os danos causados". **FM/FCP**
Gabarito "C".

(Procurador Municipal/SP – VUNESP – 2016) Determinada pessoa, em conduta não dolosa, ingressa em terreno e sofre graves queimaduras por contato com resíduos tóxicos que se encontram em terreno de particular que os expõe a céu aberto, em local onde, apesar da existência de cerca e de placas de sinalização informando a presença de material orgânico e poluente, permite o acesso de outros particulares por ser fácil, consentido e costumeiro. Quanto à responsabilidade do proprietário do imóvel, é correto afirmar que

(A) a responsabilidade é objetiva, podendo ser invocada excludente de força maior ou caso fortuito.

(B) considerando a natureza jurídica do infortúnio ambiental, caracteriza-se um dano material, mas não dano moral.

(C) a responsabilidade se restringe a eventual lesão ao meio ambiente propriamente dito.

(D) calcada na teoria do risco, responde pela ofensa individual, sendo irrelevante a culpa exclusiva ou concorrente da vítima.

(E) a colocação de placas no local, indicando a presença de material tóxico, é suficiente para excluir a responsabilidade civil, subjetiva no caso.

A: Incorreta. A responsabilidade por danos ambientais é objetiva e baseada na teoria do risco integral. Desta forma, o proprietário do terreno responderá objetivamente pelos danos ocasionados a pessoa indicada no enunciado da questão, não podendo invocar em seu favor as excludentes de responsabilidade (art. 14, § 1º, da Lei 6.938/1981). **B:** Incorreta. O dano moral trata-se da violação aos direitos da personalidade, e no caso da questão em comento, é evidente que a pessoa ao sofrer lesões graves em seu corpo, provocadas por queimaduras, teve o direito a integridade física violado, fazendo, portanto, jus a indenização por danos morais. **C:** Incorreta. O direito ao meio ambiente ecologicamente equilibrado, por ser tratar de direito difuso, e, portanto, transindividual, quando violado pode gerar danos difusos, coletivos e individuais homogêneos, possibilitando inclusive a tutela coletiva ou individual destes direitos. **D:** Correta. A responsabilidade por danos ambientais é objetiva e fundamentada na teoria do risco integral, de forma a não admitir qualquer excludente de responsabilidade. **E:** Incorreta. Primeiramente por ser a responsabilidade do agente causador de danos ambientais objetiva, e não subjetiva, conforme disposto na alternativa. Outrossim, a colocação de placas no local, não exime o agente de sua responsabilidade, por não se discutir culpa, em sede de responsabilidade por danos ambientais (art. 14, § 1º, da Lei 6.938/1981). **FM-FCP**
Gabarito "D".

(Procurador – SP – VUNESP – 2015) Se uma empresa que possua licenciamento ambiental, no exercício de sua atividade, vier a causar danos ambientais, pode-se afirmar que

(A) a existência de licenciamento ambiental a exime do dever de reparar os danos causados na esfera civil.

(B) a indenização civil e o dever de reparar o dano somente existem se houver dolo do empreendedor.

(C) a existência de licença ambiental retira o caráter de ilicitude administrativa do ato.

(D) independentemente da existência de licenciamento ambiental, se causar dano ambiental, existe responsabilidade civil, administrativa e penal da empresa.

(E) a empresa somente não responderá na esfera penal porque, por tratar-se de pessoa jurídica, não pode figurar no polo passivo de ação penal, ainda que cause danos ambientais.

Essa questão possui uma formulação sensível, que demanda questionamentos. Não concordamos com o gabarito.

A: Incorreta. A responsabilidade civil por danos ambientais é objetiva e fundamentada na teoria do risco integral. Desta forma, ainda que a atividade causadora do dano esteja licenciada, não eximirá o poluidor das peias da responsabilidade. Registre-se que a responsabilidade civil ambiental pode ser fruto de atividade lícita ou ilícita. **B:** Incorreta. A responsabilidade civil ambiental é objetiva, portanto, não se apura a culpabilidade do poluidor (art. 14, § 1º, da Lei 6.938/1981). **C:** Segundo o gabarito, essa é a assertiva correta. Segundo a lógica aplicada, a licença, se integralmente regular, retira o caráter de ilicitude administrativa do ato, impedindo a Administração Pública de sancionar nessa seara. **D:** Segundo o gabarito, incorreta. Essa assertiva impõe questionamento, uma vez que, mesmo com o licenciamento ambiental, se houver danos ao meio ambiente, haverá sim – ao contrário da assertiva – a responsabilidade civil, administrativa e penal da empresa. **E:** Incorreta. Nos termos do art. 3º, da Lei 9.605/1998: "As pessoas jurídicas serão responsabilizadas administrativa, civil e penalmente conforme o disposto nesta Lei, nos casos em que a infração seja cometida por decisão de seu representante legal ou contratual, ou de seu órgão colegiado, no interesse ou benefício da sua entidade". **FM/FCP**

Gabarito "C".

(PROCURADOR DO ESTADO/MG – FUMARC – 2012) Acerca da responsabilidade ambiental, assinale a alternativa correta:

(A) Adota-se, no Brasil, em matéria ambiental, a responsabilidade civil subjetiva.

(B) A responsabilização do causador do dano ambiental, no Brasil, prescinde da demonstração do nexo de causalidade.

(C) O poluidor é obrigado a indenizar ou reparar os danos causados ao meio ambiente e a terceiros, afetados por sua atividade, desde que demonstrada a existência de culpa.

(D) Poderá ser desconsiderada a pessoa jurídica sempre que sua personalidade for obstáculo ao ressarcimento de prejuízos causados à qualidade do meio ambiente.

(E) As condutas e atividades consideradas lesivas ao meio ambiente sujeitarão os infratores, pessoas físicas ou jurídicas, a sanções penais e administrativas, independentemente do nexo de causalidade.

A: incorreta, pois como é sabido, a responsabilidade civil em matéria ambiental é objetiva, vale dizer, independente da comprovação de dolo ou culpa (art. 14, §1º, Lei 6.938/81); **B:** incorreta, pois a despeito de a responsabilidade civil ambiental ser objetiva, será imprescindível a demonstração do nexo de causalidade entre a ação ou omissão perpetrada pelo agente causador do dano e a configuração deste; **C:** incorreta, pois, como já mencionado no comentário à alternativa "B", prescinde-se da demonstração de culpa a responsabilização civil por danos ambientais causador pelo poluidor/degradador; **D:** correta (art. 4º, Lei 9.605/98); **E:** incorreta, pois, como visto anteriormente, o nexo de causalidade é requisito para o reconhecimento da responsabilidade civil, mesmo que objetiva.

Gabarito "D".

(Procurador do Estado/PR – UEL-COPS – 2011) A ação civil pública por danos causados ao meio ambiente é disciplinada pela Lei nº 7.347, de 1985, e suas posteriores alterações.

Em relação à matéria, é incorreto afirmar:

(A) a ação civil pública poderá ter por objeto a condenação em dinheiro ou o cumprimento de obrigação de fazer ou não fazer;

(B) em caso de desistência infundada ou abandono por associação legitimada, o Ministério Público assumirá obrigatoriamente a titularidade ativa da ação;

(C) nas ações civis públicas com fundamento em interesses difusos, a sentença faz coisa julgada;

(D) as autarquias, empresas públicas, fundações e sociedades de economia mista possuem legitimidade ativa para o ajuizamento de ação civil pública;

(E) os órgãos públicos legitimados poderão tomar dos interessados compromisso de ajustamento de sua conduta às exigências legais, mediante cominações, que terá eficácia de título executivo extrajudicial.

A: correto (art. 3º, Lei 7.347/85); **B:** incorreta (art. 5º, §3º, Lei 7.347/85), visto que em caso de desistência infundada ou abandono por associação legitimada, o Ministério Público *ou outro legitimado* assumirá a titularidade ativa da ação; **C:** correta, pois, por evidente, a sentença proferida em ação civil pública manejada para a tutela de interesses difusos faz coisa julgada (art. 103, Lei 8.078/90 – CDC); **D:** correta (art. 5º, IV, Lei 7.347/85); **E:** correta (art. 5º, §6º, Lei 7.347/85).

Gabarito "B".

(Procurador do Estado/RO – 2011 – FCC) A respeito da responsabilidade por danos ambientais materiais, é correto afirmar que

(A) a responsabilidade civil não será elidida com a reparação do dano ambiental.

(B) a responsabilidade penal, civil e administrativa decorre de culpa.

(C) mesmo após o pagamento de multa imposta pela administração pública resta o dever do infrator de reparar o dano.

(D) o administrador de uma pessoa jurídica nunca responde penalmente pelos danos causados pela empresa.

(E) o autor de um crime contra a administração ambiental só pode ser funcionário público.

A: incorreta, pois, havendo reparação ambiental, não há mais o que se responsabilizar na esfera civil; **B:** incorreta, pois a responsabilidade CIVIL é objetiva; **C:** correta, pois a instância civil é independente da instância administrativa (art. 225, § 3º, da CF); **D:** incorreta (art. 2º da Lei 9.605/98); **E:** incorreta, pois há crimes previstos a esse título que não requerem que o autor seja funcionário público, como o crime de "Obstar ou dificultar a ação fiscalizadora do Poder Público no trato de questões ambientais" (art. 69 da Lei 9.605/98).

Gabarito "C".

(Procurador do Estado/RO – 2011 – FCC) Partindo das definições de "compensação ambiental" e "mitigação ambiental" e da legislação que as regulamentam, é correto afirmar que

(A) os recursos obtidos com a compensação ambiental devem ser utilizados para recompor os bens ambientais lesados pela obra licenciada.

(B) o valor devido a título de compensação nunca será inferior a 0,5% dos custos totais da implantação do empreendimento.

(C) o valor devido a título de mitigação ambiental nunca será superior a 0,5% dos custos totais da implantação do empreendimento.

11. DIREITO AMBIENTAL   571

(D) cabe ao órgão ambiental definir as Unidades de Conservação que serão beneficiadas com recursos da compensação ambiental.

(E) quando se tratar de empreendimento com significativo impacto ambiental, a compensação poderá ser dispensada pelo órgão licenciador se o empreendedor tomou todas as medidas mitigadoras cabíveis.

A: incorreta, pois tais recursos serão destinados ao seguinte: i) regularização fundiária e demarcação das terras; ii) elaboração, revisão ou implantação de plano de manejo; iii) aquisição de bens e serviços necessários à implantação, gestão, monitoramento e proteção da unidade, compreendendo sua área de amortecimento; iv) desenvolvimento de estudos necessários à criação de nova unidade de conservação; v) desenvolvimento de pesquisas necessárias para o manejo da unidade de conservação e área de amortecimento (art. 33 do Decreto 4.340/02); B e **C:** incorretas, pois a previsão de percentual, prevista no art. 36, § 1º, da Lei 9.885/00, foi declarada inconstitucional pelo STF, que determinou que "o valor da compensação-compartilhamento é de ser fixado proporcionalmente ao impacto ambiental, após estudo em que se assegurem o contraditório e ampla defesa", dada a "prescindibilidade da fixação de percentual sobre os custos do empreendimento" (ADI 3.378-6, DJ 20/06/08); no mais o STF entendeu constitucional a compensação devida pela implantação de empreendimentos de significativo impacto ambiental, em decisão, na ADI mencionada, com a seguinte ementa: "AÇÃO DIRETA DE INCONSTITUCIONALIDADE. ART. 36 E SEUS §§ 1º, 2º E 3º DA LEI Nº 9.985, DE 18 DE JULHO DE 2000. CONSTITUCIONALIDADE DA COMPENSAÇÃO DEVIDA PELA IMPLANTAÇÃO DE EMPREENDIMENTOS DE SIGNIFICATIVO IMPACTO AMBIENTAL. INCONSTITUCIONALIDADE PARCIAL DO § 1º DO ART. 36. 1. O compartilhamento-compensação ambiental de que trata o art. 36 da Lei nº 9.985/2000 não ofende o princípio da legalidade, dado haver sido a própria lei que previu o modo de financiamento dos gastos com as unidades de conservação da natureza. De igual forma, não há violação ao princípio da separação dos Poderes, por não se tratar de delegação do Poder Legislativo para o Executivo impor deveres aos administrados. 2. Compete ao órgão licenciador fixar o quantum da compensação, de acordo com a compostura do impacto ambiental a ser dimensionado no relatório – EIA/RIMA. 3. O art. 36 da Lei nº 9.985/2000 densifica o princípio usuário-pagador, este a significar um mecanismo de assunção partilhada da responsabilidade social pelos custos ambientais derivados da atividade econômica. 4. Inexistente desrespeito ao postulado da razoabilidade. Compensação ambiental que se revela como instrumento adequado à defesa e preservação do meio ambiente para as presentes e futuras gerações, não havendo outro meio eficaz para atingir essa finalidade constitucional. Medida amplamente compensada pelos benefícios que sempre resultam de um meio ambiente ecologicamente garantido em sua higidez. 5. Inconstitucionalidade da expressão "não pode ser inferior a meio por cento dos custos totais previstos para a implantação do empreendimento", no § 1º do art. 36 da Lei nº 9.985/2000. O valor da compensação-compartilhamento é de ser fixado proporcionalmente ao impacto ambiental, após estudo em que se assegurem o contraditório e a ampla defesa. Prescindibilidade da fixação de percentual sobre os custos do empreendimento. 6. Ação parcialmente procedente".; **D:** correta (art. 36, § 2º, da Lei 9.985/00); **E:** incorreta, pois a compensação no caso é obrigação prevista em lei, que não abre essa exceção (art. 36, *caput*, da Lei 9.985/00).
Gabarito "D".

(Procurador do Município/Cubatão-SP – 2012 – VUNESP) Havendo a poluição de um rio, que acarrete prejuízo aos pescadores, pode-se, concomitantemente, lesar o meio ambiente, os pescadores e a cooperativa dos pescadores. Assinale a alternativa que apresenta, correta e respectivamente, esses interesses.

(A) Coletivo, individual homogêneo, difuso.

(B) Difuso, coletivo, individual simples.

(C) Difuso, individual homogêneo, coletivo.

(D) Coletivo, difuso, individual homogêneo.

(E) Individual homogêneo, coletivo, difuso.

A lesão ao meio ambiente, nitidamente, constitui a violação a um direito difuso, visto que tem natureza indivisível e é titularizado por pessoas indeterminadas ligadas por uma mesma circunstância fática (art. 81, parágrafo único, I, Lei 8.078/90 – CDC). Já a lesão aos pescadores, decorrente da poluição de um rio, constitui violação a um direito individual homogêneo, visto que decorrente de uma origem comum (art. 81, III, Lei 8.078/90 – CDC). Por fim, a poluição de um rio que acarrete prejuízos à cooperativa de pescadores constitui violação a um direito coletivo, de titularidade de um grupo cujos integrantes são ligados por uma relação jurídica base (art. 81, II, Lei 8.078/90 – CDC).
Gabarito "C".

(Procurador do Município/Cubatão-SP – 2012 – VUNESP) Na reparação do dano ao meio ambiente, teremos a defesa de interesses difusos ou coletivos e o valor da indenização será destinado para

(A) o particular lesado, a ser apurado caso a caso.

(B) o Fundo para Reconstituição dos Bens Lesados.

(C) o Ministério Público Estadual ou Federal, se for o caso.

(D) a União.

(E) o ente federativo onde se situa o local lesado.

De fato, o valor da indenização decorrente de condenação por dano ambiental reverterá a um fundo gerido por um Conselho Federal ou por Conselhos Estaduais de que participarão necessariamente o Ministério Público e representantes da comunidade, sendo seus recursos destinados à reconstituição dos bens lesados (art. 13, *caput*, Lei 7.347/85).
Gabarito "B".

(Procurador Federal – 2010 – CESPE) Acerca das regras afetas à responsabilidade civil por danos causados ao meio ambiente, julgue os próximos itens.

(1) De acordo com entendimento do STJ, a responsabilidade por danos ambientais é subsidiária entre o poluidor direto e o indireto.

(2) Em se tratando de reserva florestal, com limitação imposta por lei, quem adquire a área assume o ônus de manter a sua preservação, tornando-se responsável pela reposição dessa área, mesmo se não tiver contribuído para devastá-la.

1: incorreta, pois a responsabilidade, no caso, é solidária (REsp 604725, DJ 22/08/2005); um exemplo é o caso em que uma indústria causa danos ao meio ambiente (poluidor direto) e o Poder Público, ciente, nada faz para impedir (poluidor indireto); **2:** correta, pois, segundo o STJ, a obrigação, no caso, é *propter rem*.
Gabarito 1E, 2C

(Advogado da União/AGU – CESPE – 2012) Com base nos termos da legislação que trata da responsabilização por danos ambientais, julgue os itens seguintes.

(1) Tratando-se de matéria ambiental, admite-se a desconsideração da pessoa jurídica sempre que sua personalidade seja obstáculo ao ressarcimento de prejuízos causados à qualidade do meio ambiente.

(2) Se tiver ocorrido, antes da transferência de prioridade de imóvel rural, supressão parcial da vegetação situada em área de preservação permanente, o adquirente desse imóvel, comprovada sua boa-fé, não será parte

572 VÁRIOS AUTORES

legítima para responder a ação cível com pedido de restauração da área deteriorada.

1: correta (art. 4º, Lei 9.605/98); **2:** incorreta, pois é remansosa a jurisprudência dos tribunais judiciários, inclusive dos superiores, no sentido de que a obrigação de reparar o dano ambiental é *propter rem*, cabendo ao adquirente de um imóvel que já apresente degradação ambiental repará-lo, ainda que não o tenha causado (REsp 120684/SP, Rel. Min. Humberto Martins, 2ª Turma, j. 17.03.2011, DJE 29.03.2011). Saliente-se que, nesse caso, sequer será exigida a prova do nexo de causalidade, visto que, como dito, a responsabilidade do adquirente é *propter rem*.

Gabarito 1C, 2E

(ADVOGADO – PETROBRÁS – 2012 – CESGRANRIO) Sobre responsabilidade por danos ambientais e meios judiciais de proteção ambiental, sabe-se que a

(A) Administração Pública não pode ser considerada responsável por danos ambientais que decorram da omissão de seu dever de fiscalizar, ainda que contribua diretamente para a degradação ambiental.

(B) comprovação dos danos causados ao meio ambiente não é exigida, no caso de ação civil pública de responsabilidade pelo derramamento de óleo em águas marítimas.

(C) execução judicial de termo de ajustamento de conduta depende de laudo comprobatório dos danos ambientais causados que tenham dado origem àquele.

(D) pessoa física ou jurídica que contribua indiretamente para a ocorrência de um dano ambiental pode ser considerada poluidora.

(E) formação do litisconsórcio passivo é obrigatória nas ações judiciais que tenham como objetivo a reparação de danos ambientais.

A: incorreta, pois a responsabilidade civil da Administração decorrerá de conduta comissiva (ação) ou omissiva (omissão). Neste último caso, há entendimento jurisprudencial, ainda que não pacificado, no sentido de que se trata de responsabilidade subjetiva, seguindo a doutrina administrativista (por todos, Celso Antonio Bandeira de Mello), exigindo-se a demonstração de dolo ou culpa no comportamento omissivo do Estado (*lato sensu*). Tal foi o deslinde no REsp 647.493, de 22/05/2007; **B:** incorreta, pois a responsabilidade civil ambiental, ainda que objetiva, exige a demonstração dos danos causados pela conduta do poluidor/degradador; **C:** incorreta, pois sendo o termo de ajustamento de conduta um título executivo extrajudicial (art. 5º, §6º, Lei 7.347/85), será, em caso de descumprimento, passível de execução judicial, bastando a demonstração do inadimplemento da obrigação nele contida; **D:** correta, pois o art. 3º, IV, da Lei 6.938/81, considera poluidor a pessoa física ou jurídica, de direito público ou privado, responsável, direta ou indiretamente, por atividade causadora de degradação ambiental. Tal conceito dá azo à classificação do poluidor em *direto* ou *indireto*; **E:** incorreta, pois sendo remansoso o entendimento (doutrinário e jurisprudencial) de que a responsabilidade por danos ambientais é solidária, a formação do polo passivo poderá compreender todos ou alguns dos poluidores. Frise-se, por oportuno, que há forte entendimento de que é vedada a intervenção de terceiros provocada por um ou mais réus de ação civil pública ambiental, cabendo a discussão de direito de regresso (em razão da natureza solidária da obrigação à reparação dos danos ambientais) em ação própria (REsp 232.187, de 23.03.00; AgRg no Ag 1.213.458, j. 24.08.2010; REsp 880.160, de 04.05.2010).

Gabarito "D".

(ADVOGADO – BNDES – 2010 – CESGRANRIO) Sobre a Política Nacional do Meio Ambiente e a responsabilidade civil ambiental, analise as afirmações a seguir.

I. Até a promulgação da Constituição da República Federativa do Brasil de 1988, a responsabilidade civil ambiental era subjetiva, ou seja, dependia da existência de culpa para que houvesse a obrigação de reparação dos danos causados ao meio ambiente.

II. A responsabilidade civil por danos ambientais no Brasil é objetiva, sendo considerados poluidores somente as pessoas físicas ou jurídicas, de direito público ou privado, diretamente responsáveis por atividade causadora de degradação ambiental.

III. A aprovação de projetos habilitados a benefícios concedidos por entidades e órgãos de financiamento e incentivos governamentais deve ser condicionada ao licenciamento ambiental e ao cumprimento das normas, dos critérios e dos padrões expedidos pelo Conselho Nacional do Meio Ambiente.

IV. O Sistema Nacional do Meio Ambiente é composto por órgãos e entidades da União, dos Estados, do Distrito Federal e dos Municípios, dentre os quais se encontra o Conselho Nacional do Meio Ambiente, órgão consultivo e deliberativo a quem compete estabelecer normas, critérios e padrões relativos ao controle e à manutenção da qualidade do meio ambiente, com vistas ao uso racional dos recursos ambientais.

Está correto APENAS o que se afirma em

(A) II.

(B) I e III.

(C) II e IV.

(D) III e IV.

(E) I, II e IV.

I: incorreta, pois antes mesmo da promulgação da CF/88, a Lei 6.938/81, instituidora da Política Nacional do Meio Ambiente, já previa em seu art. 14, §1º, a responsabilidade civil objetiva, obrigando o poluidor a reparar o dano causado à qualidade ambiental independentemente da comprovação de culpa; **II:** incorreta, pois a Lei 6.938/81, em seu art. 3º, IV, considera poluidor a pessoa física ou jurídica, de direito público ou privado, que tenha contribuído *direta* ou *indiretamente* para o dano ambiental; **III:** correta (art. 12, *caput*, Lei 6.938/81); **IV:** correta (arts. 6º, II, e 8º, VII, Lei 6.938/81).

Gabarito "D".

10. RESPONSABILIDADE ADMINISTRATIVA AMBIENTAL

(Procurador do Município/Manaus – 2018 – CESPE) Com base na jurisprudência dos tribunais superiores, julgue os itens a seguir, acerca da responsabilidade por dano ambiental e dos crimes ambientais.

(1) De acordo com o STJ, a responsabilidade por dano ambiental é objetiva e regida pela teoria do risco integral.

(2) Para o STF, o envio clandestino de animais silvestres ao exterior tem natureza de delito transnacional, razão por que seu processamento compete à justiça federal.

1: Correto, pois é firme a jurisprudência do STJ no sentido de que, nos danos ambientais, incide a teoria do risco integral, advindo daí o caráter objetivo da responsabilidade, com expressa previsão constitucional (art. 225, § 3º, da CF) e legal (art. 14, § 1º, da Lei 6.938/1981). **2:** Correto, pois O STF decidiu que compete à Justiça Federal processar e julgar o crime ambiental de caráter transnacional que envolva animais silvestres, ameaçados de extinção e espécimes exóticas ou protegidas por compro-

11. DIREITO AMBIENTAL   573

missos internacionais assumidos pelo Brasil (STF. Plenário. RE 835558-SP, Rel. Min. Luiz Fux, julgado em 09.02.2017 [repercussão geral]). Gabarito 1C, 2C

(Procurador – SP – VUNESP – 2015) No tocante às infrações administrativas ambientais, nos termos da Lei 9.605/1998, assinale a assertiva correta.

(A) A autoridade ambiental que tiver conhecimento de infração ambiental é obrigada a promover a sua apuração imediata, mediante processo administrativo próprio, sob pena de corresponsabilidade.

(B) O processo administrativo para apuração de infração ambiental deve observar o prazo máximo de trinta dias para o infrator oferecer defesa ou impugnação contra o auto de infração, contados da data da ciência da autuação.

(C) O processo administrativo para apuração de infração ambiental deve observar o prazo máximo de vinte dias para a autoridade competente julgar o auto de infração, contados da data da sua lavratura, apresentada ou não a defesa ou impugnação.

(D) No processo administrativo para apuração de infração ambiental, o infrator tem o prazo máximo de quinze dias para recorrer da decisão condenatória à instância superior do Sistema Nacional do Meio ambiente – Sisnama, ou à Diretoria de Portos e Costas, do Ministério da Marinha, de acordo com o tipo de autuação.

(E) Qualquer pessoa, constatando infração ambiental, poderá dirigir representação junto ao Ministério Público do Meio ambiente, que é a autoridade competente para lavrar auto de infração ambiental no exercício de seu poder de polícia.

A: Correta. Vide art. 70, § 3°, da Lei 9.605/1998. **B:** Incorreta. O prazo para o infrator oferecer defesa ou impugnação ao auto de infração é de 20 (vinte) dias, e não de 30 (trinta) dias, conforme previsto na alternativa. O prazo será contado da ciência da autuação (art. 71, I, da Lei 9.605/1998.). **C:** Incorreta. Nos termos do art. 71, II, da Lei 9.605/1998., o prazo para a autoridade competente julgar o auto de infração, contados da data da sua lavratura, apresentada ou não a defesa ou impugnação, é de 30 (trinta) dias, e não de 20 (vinte) dias. **D:** Incorreta, o prazo máximo para I infrator recorrer da decisão condenatória é de 20 (vinte) dias (art. 71, III, da Lei 9.605/1998); **E:** Incorreta. "São autoridades competentes para lavrar auto de infração ambiental e instaurar processo administrativo os funcionários de órgãos ambientais integrantes do Sistema Nacional de Meio Ambiente – SISNAMA, designados para as atividades de fiscalização, bem como os agentes das Capitanias dos Portos, do Ministério da Marinha" (art. 70, § 1°, da Lei 9.605/1998.). FM/FCP
Gabarito "A".

(Procurador do Estado – PGE/RN – FCC – 2014) O agente autuante, ao lavrar o auto de infração ambiental, indicará as sanções estabelecidas pelo Decreto Federal 6.514/2008, observando

(A) a situação econômica do infrator.

(B) a gravidade dos fatos, tendo em vista os motivos da infração e suas consequências para o desenvolvimento econômico.

(C) o grau de instrução ou escolaridade do agente.

(D) a curva de crescimento da flora ou fauna atingida.

(E) o arrependimento do infrator.

De fato, o agente autuante ao lavrar o auto de infração ambiental deverá observar a situação econômica do infrator. Nesse sentido, dispõe o art.

4°, do Decreto 6.514/2008: "Art. 4° O agente autuante, ao lavrar o auto de infração, indicará as sanções estabelecidas neste Decreto, observando: I – gravidade dos fatos, tendo em vista os motivos da infração e suas consequências para a saúde pública e para o meio ambiente; II – antecedentes do infrator, quanto ao cumprimento da legislação de interesse ambiental; e III – situação econômica do infrator. FM/FCP
Gabarito "A".

(Procurador Federal – 2013 – CESPE) Acerca do exercício, pela administração pública, do poder de polícia em matéria ambiental, julgue os itens seguintes.

(1) O Cadastro Técnico Federal de Atividades Potencialmente Poluidoras ou Utilizadoras de Recursos Ambientais, instrumento da Política Nacional do Meio Ambiente, destina-se ao registro obrigatório de pessoas físicas ou jurídicas que se dediquem a atividades potencialmente poluidoras, e(ou) à extração, à produção, ao transporte e à comercialização de produtos potencialmente perigosos ao meio ambiente, assim como de produtos e subprodutos da fauna e flora, de modo que o descumprimento dessa obrigação enseja a aplicação de multa administrativa.

(2) A concessão de licenciamento ambiental pelo órgão ambiental competente ficará condicionada à aprovação do estudo de impacto ambiental pelo Conselho Nacional do Meio Ambiente, quando se tratar de empreendimento causador de significativo impacto ambiental localizado em área considerada patrimônio nacional.

(3) Em razão de a autoridade administrativa ser obrigada a observar a gravidade dos fatos relacionados ao cometimento de infrações administrativas ambientais, é vedada a aplicação da penalidade de multa na hipótese de funcionamento de estabelecimento em desacordo com a licença ambiental, mas que não tenha provocado danos significativos.

1: correta (art. 17, II, da Lei 6.938/1981); **2:** incorreta, pois quem aprova tais estudos é o órgão executivo correspondente, no caso o IBAMA (e não o CONOMA); **3:** incorreta, pois cabe sim aplicação de multa no caso, nos termos do art. 66, *caput*, do Decreto 6.514/2008. Gabarito 1C, 2E, 3E

(Advogado da União/AGU – CESPE – 2012) Com base nos termos da legislação que trata da responsabilização por danos ambientais, julgue o item seguinte.

(1) Será responsabilizado administrativamente aquele que utilizar em pesquisas científicas células-tronco embrionárias obtidas a partir de embriões humanos viáveis produzidos por fertilização *in vitro*.

1: correta (art. 5°, I, c.c. art. 21, ambos da Lei 11.105/2005). Gabarito "1C".

11. RESPONSABILIDADE PENAL AMBIENTAL

(Procurador do Estado/SP – 2018 – VUNESP) A Constituição Federal de 1988, ao incorporar a questão ambiental de forma ampla e expressa, trouxe para o seio do Supremo Tribunal Federal uma "pauta verde". Assim, o destino de grandes temas ambientais também teve de ser enfrentado na Corte, como decorrência lógica da necessidade de concretização de seus comandos.
Nesse contexto, sobre a jurisprudência do Supremo Tribunal Federal em matéria ambiental, assinale a alternativa correta.

(A) O Supremo Tribunal Federal julgou procedente ação direta de inconstitucionalidade ajuizada contra a Lei Estadual no 12.684/2007 (Lei que proíbe o uso de produtos que contenham amianto), declarando inconstitucional dispositivo que proíbe o uso no Estado de São Paulo de produtos, materiais ou artefatos que contenham quaisquer tipos de amianto ou asbesto ou outros minerais que, acidentalmente, tenham fibras de amianto na sua composição.

(B) Segundo o Supremo Tribunal Federal, o artigo 225, § 3º, da Constituição Federal, não condiciona a responsabilização penal da pessoa jurídica por crimes ambientais à simultânea persecução penal da pessoa física em tese responsável no âmbito da empresa.

(C) A vedação da queima da palha da cana-de-açúcar por lei municipal, em Municípios paulistas, tem sido considerada constitucional, afastando-se a incidência da legislação estadual que prevê a eliminação progressiva da palha.

(D) O Supremo Tribunal Federal considerou constitucional a prefixação de um piso para a compensação ambiental devida pela implantação de empreendimento de significativo impacto ambiental, devendo os valores serem fixados proporcionalmente ao impacto ambiental, a partir do mínimo previsto na Lei nº 9.985/2000 (Lei do Sistema Nacional de Unidades de Conservação).

(E) Tendo em vista a natureza dos crimes ambientais e mesmo não sendo a proteção do meio ambiente um direito fundamental, o princípio da insignificância é inaplicável aos crimes previstos na Lei nº 9.605/1998 (Lei de Crimes Ambientais).

A: incorreta. Em verdade, o Plenário do Supremo Tribunal Federal julgou improcedente a Ação Direta de Inconstitucionalidade 3937, ajuizada pela Confederação Nacional dos Trabalhadores na Indústria (CNTI) contra a Lei 12.687/2007, do Estado de São Paulo, que proíbe o uso de produtos, materiais ou artefatos que contenham quaisquer tipos de amianto no território estadual; **B:** correta. A teoria da dupla imputação encontra-se superada, vigorando atualmente o entendimento de que o art. 225, § 3º, da Constituição Federal não condiciona a responsabilização penal da pessoa jurídica por crimes ambientais à simultânea persecução penal da pessoa física em tese responsável no âmbito da empresa (STF. RE 548181, Rel. Min. Rosa Weber, 1ª T, julgado em 06-08-2013. Publicado em: 30-10-2014); **C:** incorreta. Em pesquisa obtida junto ao Tribunal de Justiça do Estado de São Paulo, os resultados demonstraram que o posicionamento que tem se firmado é no sentido da impossibilidade de proibição da queimada da palha da cana de açúcar por lei municipal, por considerar que o município não possui competência para proibir aquilo que o Estado-membro permite; **D:** incorreta. Foi declarada a inconstitucionalidade da expressão "não pode ser inferior a meio por cento dos custos totais previstos para a implantação do empreendimento", prevista no § 1º do art. 36 da Lei 9.985/2000 (vide ADIN 33786, de 2008); **E:** incorreta. A proteção ao meio ambiente é um direito fundamental de 3ª dimensão/geração, e em decorrência do meio ambiente se tratar de um bem altamente significativo para a humanidade, não se aplica o princípio da insignificância aos crimes ambientais. **FM/FC**
Gabarito "B".

(Procurador Municipal – Prefeitura/BH – CESPE – 2017) Com relação às responsabilidades ambientais e à atuação administrativa do órgão ambiental, assinale a opção correta.

(A) Independentemente de designação prévia para a atividade de fiscalização, servidor do órgão ambiental que constatar infração administrativa ambiental é competente para, no exercício do poder de polícia, lavrar o respectivo auto de infração.

(B) É vedada a apreensão, pelo órgão ambiental, de veículo utilizado na prática de infração ambiental, sanção que só é aplicada no âmbito penal e por determinação judicial.

(C) Membro de conselho ou auditor pode ser responsabilizado pela prática de crime ambiental no caso de, tendo tomado conhecimento de conduta criminosa de outrem, não a ter impedido, embora pudesse agir para evitá-la.

(D) Sendo a conduta definida como infração administrativa ambiental e também como crime, o pagamento da multa ao órgão ambiental substitui a multa determinada judicialmente em ação penal ambiental.

A: incorreta, pois compete ao órgão responsável pelo licenciamento ou autorização, lavrar auto de infração ambiental e instaurar processo administrativo para a apuração de infrações à legislação ambiental cometidas pelo empreendimento ou atividade licenciada. O que não impede o exercício pelos entes federativos da atribuição comum de fiscalização, prevalecendo o auto de infração ambiental lavrado por órgão que detenha a atribuição de licenciamento (art. 17, *caput* e § 3º, da Lei 12.651/2012); **B:** incorreta (art. 3º, IV, do Decreto 6.514/2008 e art. 72, IV, da Lei 9.605/1998); **C:** correta (art. 2º, da Lei 9.605/1998); **D:** incorreta, "O pagamento de multa imposta pelos Estados, Municípios, Distrito Federal ou Territórios substitui a multa federal na mesma hipótese de incidência" (art. 76, da Lei 9.605/1998 e art. 12, do Decreto 6.514/2008), e não a multa determinada judicialmente em ação penal conforme disposto na assertiva. **FM/FCP**.
Gabarito "C".

(Procurador Municipal/SP – VUNESP – 2016) A Lei 9.605/98 dispõe sobre as sanções penais e administrativas derivadas de condutas e atividades lesivas ao meio ambiente. Assinale a alternativa que traz uma atenuante à aplicação das penas de crimes ambientais descritos nessa lei.

(A) A comunicação prévia pelo agente do perigo iminente de degradação ambiental.

(B) Ser o agente reincidente nos crimes de natureza ambiental.

(C) Cometer a infração concorrendo para danos na propriedade alheia.

(D) Cometer a ação sem a participação de agentes ambientais.

(E) O alto grau de escolaridade do agente.

A: Correta. Nos termos do art. 14, III, da Lei 9.605/1998). **B:** Incorreta. Ser reincidente nos crimes de natureza ambiental é circunstância que agrava a pena, quando não constitui ou qualifica o crime (art. 15, I, da Lei 9.605/1998). **C:** Incorreta. Cometer a infração concorrendo para danos na propriedade alheia, trata-se de circunstância que agrava a pena, quando não constitui ou qualifica o crime (art. 15, II, "d", da Lei 9.605/1998). **D:** Incorreta. Cometer a ação sem a participação de agentes ambientais, não é conduta que atenua a pena. **E:** Incorreta. O baixo grau de escolaridade que é circunstância que atenua a pena (art. 14, I, da Lei 9.605/1998). **FM/FCP**
Gabarito "A".

(Procurador – IPSMI/SP – VUNESP – 2016) Sobre as sanções derivadas de condutas e atividades lesivas ao meio ambiente, nos termos da Lei Federal 9.605/98, é correto afirmar que

(A) o diretor de pessoa jurídica que, sabendo da conduta criminosa de outrem, deixar de impedir a sua prática,

11. DIREITO AMBIENTAL   575

quando podia agir para evitá-la, responderá civil, mas não criminalmente.

(B) as pessoas jurídicas serão responsabilizadas administrativa, civil e penalmente, nos casos em que a infração seja cometida por decisão de seu representante legal, no interesse ou benefício de terceiro.

(C) a responsabilidade das pessoas jurídicas exclui a das pessoas físicas, autoras, coautoras ou partícipes do mesmo fato.

(D) poderá ser desconsiderada a pessoa jurídica, sempre que sua personalidade for obstáculo ao ressarcimento de prejuízos causados à qualidade do meio ambiente.

(E) a perícia de constatação do dano ambiental, sempre que possível, fixará o montante do prejuízo causado para efeitos de prestação de fiança, mas não se presta para fixação do cálculo de multa.

A: Incorreta. O diretor de pessoa jurídica que, sabendo da conduta criminosa de outrem, deixar de impedir a sua prática, quando podia agir para evitá-la, responderá civil, criminal e administrativamente, nos termos do art. 225, § 3°, da Constituição Federal. **B:** Incorreta. As pessoas jurídicas serão responsabilizadas penalmente, nos casos em que a infração seja cometida por decisão de seu representante legal, no interesse ou benefício de terceiro (art. 3°, da Lei 9.605/1998). Para que haja a responsabilidade civil há a necessidade da existência de danos ambientais (patrimoniais ou extrapatrimoniais). Já para que exista a responsabilidade administrativa, haverá a necessidade de que a conduta seja tipificada como infração administrativa ambiental. **C:** Incorreta. "A responsabilidade das pessoas jurídicas não exclui a das pessoas físicas, autoras, coautoras ou partícipes do mesmo fato" (art. 3°, parágrafo único, da Lei 9.605/1998). **D:** Correta. Trata-se de transcrição do art. 4°, da Lei 9.605/1998. **E:** incorreta. Nos termos do art. 19, da Lei 9.605/1998: "A perícia de constatação do dano ambiental, sempre que possível, fixará o montante do prejuízo causado para efeitos de prestação de fiança e cálculo de multa". **FM/FCP**
Gabarito "D".

(Procurador Distrital – 2014 – CESPE) Com referência à responsabilidade penal por infrações ambientais, ao mandado de segurança em matéria ambiental e à função social da propriedade, julgue os itens subsequentes.

(1) Considera-se que a propriedade urbana cumpre plenamente sua função social quando atende às exigências fundamentais de ordenação do espaço territorial previstas no plano diretor da cidade; no que tange à propriedade rural, isso ocorre quando ela é regularmente registrada na Divisão de Cadastro Rural do INCRA e no IBAMA.

(2) A responsabilização das pessoas jurídicas por crimes ambientais, nos casos em que a infração seja cometida por decisão de seu representante legal ou contratual, ou de seu órgão colegiado, no interesse ou benefício da sua entidade, exclui a responsabilidade das pessoas físicas partícipes do mesmo fato.

(3) Na medida em que o conceito de poluidor, em matéria ambiental, abrange toda pessoa responsável por atividade causadora de degradação ambiental, o mandado de segurança na tutela do meio ambiente pode ser impetrado não apenas contra autoridade pública ou agente de pessoa jurídica no exercício de atribuições do poder público, mas também contra qualquer pessoa, física ou jurídica, de direito público ou privado, que cause dano ambiental.

1: incorreta, pois a segunda parte da afirmativa é falsa, já que o cumprimento da função social da propriedade rural se dá não por uma questão formal como a mencionada (registro no INCRA e no IBAMA), mas quando se atende simultaneamente aos requisitos previstos no art. 186 da CF/1988 ("aproveitamento racional e adequado", "utilização adequada dos recursos naturais disponíveis e preservação do meio ambiente", "observância das disposições que regulam as relações de trabalho" e "exploração que favoreça o bem-estar dos proprietários e dos trabalhadores; **2:** incorreta, pois a responsabilização penal da pessoa jurídica em matéria ambiental não exclui a responsabilidade das pessoas físicas partícipes do mesmo ato (art. 3°, parágrafo único, da Lei 9.605/1998); **3:** incorreta, pois a legitimação passiva para o mandado de segurança está prevista na Constituição Federal, que dispõe que a ação só pode atacar ato de "autoridade pública" ou "pessoa jurídica no exercício de atribuições do Poder Público" (art. 5°, LXIX), o que não inclui pessoas privadas que poluem o meio ambiente, pois o só fato de poluir o meio ambiente não torna essa pessoa, por óbvio, nem autoridade pública, nem agente de pessoa jurídica no exercício de atribuições do Poder Público.
Gabarito 1E, 2E, 3E

(Procurador do Município/São José dos Campos-SP – 2012 – VUNESP) Entre as penas restritivas de direitos da pessoa jurídica está(ão), dentre outras:

(A) execução de obras de recuperação de áreas degradadas.

(B) contribuições a entidades ambientais ou culturais públicas.

(C) recolhimento domiciliar.

(D) interdição temporária de estabelecimento, obra ou atividade.

(E) prestação de serviços à comunidade.

Primeiramente, de acordo com o art. 21 da Lei 9.605/98 (Lei dos Crimes Ambientais), as penas aplicáveis às pessoas jurídicas são: I – multa; II – *restritivas de direitos*; e III – *prestação de serviços à comunidade*. Por sua vez, o art. 22, do mesmo diploma legal, informa que são *penas restritivas de direitos* da pessoa jurídica: I – suspensão parcial ou total de atividades; II – interdição temporária de estabelecimento, obra ou atividade; e III – proibição de contratar com o Poder Público, bem como dele obter subsídios, subvenções ou doações. Por fim, o art. 23, também do mesmo diploma normativo, prescreve que a *prestação de serviços à comunidade* pela pessoa jurídica consistirá em: I – custeio de programas e de projetos ambientais; II – execução de obras de recuperação de áreas degradadas; III – manutenção de espaços públicos; e IV – contribuições a entidades ambientais ou culturais públicas. Perceba o candidato que a questão quer a indicação de uma das penas restritivas de direitos, vale dizer, aquelas previstas no rol do precitado art. 22, estando, pois, correta, a alternativa "D". As alternativas "A" e "B" são subespécies de prestação de serviços à comunidade. A alternativa "C", por óbvio, jamais poderia ser imposta a uma pessoa jurídica, tratando-se o recolhimento domiciliar de modalidade de pena restritiva de direitos aplicável, evidentemente, a infratores pessoas físicas (art. 13, Lei 9.605/98). A alternativa "E" (prestação de serviços à comunidade), como visto no art. 21, III, da Lei dos Crimes Ambientais, não se confunde com as penas restritivas de direitos (art. 21, II).
Gabarito "D".

(Procurador do Município/Teresina-PI – 2010 – FCC) Indústria lança resíduos de tinta de lavagem de jeans diretamente em curso d'água no Município de Teresina e provoca dano ambiental, constando-se mortandade de animais e a destruição significativa da flora. Nesse caso,

(A) na hipótese de o lançamento de resíduos de tinta ter ocorrido em razão de um acidente, configura-se

VÁRIOS AUTORES

uma excludente em matéria de responsabilidade civil ambiental, já que a empresa não deve assumir todos os riscos da atividade.

(B) a responsabilidade civil dessa indústria, pessoa jurídica, é subjetiva e depende da constatação de negligência, imprudência ou imperícia.

(C) a responsabilidade penal da indústria será apurada observando-se se a conduta foi realizada por decisão de seu representante legal ou contratual, ou de seu órgão colegiado, no interesse ou benefício da empresa.

(D) na hipótese de a indústria realizar o lançamento de resíduos de tinta de lavagem de jeans em curso d'água respeitando os parâmetros estabelecidos na licença ambiental, constata-se a responsabilidade administrativa da empresa.

(E) a responsabilidade penal da indústria, pessoa jurídica, exclui a responsabilidade penal das pessoas físicas, autoras, coautoras ou partícipes do mesmo fato e é objetiva no caso em tela, já que o bem ambiental e, notadamente, as águas, merecem uma proteção especial.

A: incorreta, neste caso, estará configurada a modalidade culposa do crime, prevista no art. 54, § 1º, da Lei de Crimes Ambientais; **B:** incorreta, pois a responsabilidade civil ambiental é objetiva; **C:** correta (art. 3º da Lei de Crimes Ambientais); **D:** incorreta, pois a licença ambiental não estabelece parâmetros de tolerância a serem observados; **E:** incorreta, nos termos do art. 3º, parágrafo único, da Lei 9.605/98.
Gabarito "C."

(Procurador Federal – 2010 – CESPE) Em relação a crimes ambientais, julgue o item subsequente.

(1) A configuração do fato típico consistente em introduzir espécime animal no país, sem parecer técnico oficial favorável e licença expedida por autoridade competente, deve ser apurada e julgada pela justiça comum estadual, já que não há ofensa de bem, serviço ou interesse da União, de suas entidades autárquicas ou empresas públicas.

1: correta, pois somente quando há interesse direto da União, de suas entidades autárquicas ou de suas empresas públicas a competência é da Justiça Federal (art. 109, I, da CF).
Gabarito "1C."

(Advogado da União/AGU – CESPE – 2012) Julgue o item seguinte.

(1) É circunstância agravante da pena o fato de o agente ter cometido crime ambiental no interior de espaço territorial especialmente protegido, salvo quando a referida localização constituir ou qualificar o crime.

1: correta (art. 15, II, I, Lei 9.605/98). Ressalte-se que a agravante em tela somente incidirá se o crime não envolver, diretamente, um espaço territorial especialmente protegido, sob pena de caracterizar *bis in idem*.
Gabarito "1C."

12. TEMAS COMBINADOS E OUTROS TEMAS

Rafaela capturou, para sua criação doméstica de pássaros, duas jandaias amarelas, espécie que consta na lista federal de fauna ameaçada de extinção. João, fiscal do órgão ambiental competente, assistiu à captura dos animais, mas, por amizade a Rafaela, omitiu-se. Tempo depois, Rafaela, residente em Boa Vista – RR, decidiu pedir autorização para a guarda dos pássaros à Secretaria de Serviços Públicos e Meio Ambiente do Município de Boa Vista. No momento da solicitação, ela relatou ter tido a permissão de João para levar para casa as duas aves.

(Procurador do Município – Boa Vista/RR – 2019 – CESPE/CEBRASPE) Acerca dessa situação hipotética, julgue os itens a seguir à luz da lei que regulamenta crimes ambientais, do Decreto 6.514/2008 e do entendimento dos tribunais superiores.

(1) Em razão da captura das duas jandaias amarelas, Rafaela responderá por crime contra a fauna e poderá cumprir pena de detenção.

(2) Por se tratar de hipótese de guarda doméstica de espécie silvestre, o juiz poderá, considerando as circunstâncias, deixar de aplicar a pena em desfavor de Rafaela.

(3) De acordo com o referido decreto, Rafaela responderá por infração administrativa contra a fauna e deverá ser condenada ao pagamento de multa com valor a ser fixado em dobro por ter capturado duas jandaias amarelas.

(4) O Ministério Público poderá propor ação civil pública em desfavor de Rafaela e do município de Boa Vista, ante a omissão da Secretaria de Serviços Públicos e Meio Ambiente, que não atuou para evitar o dano, apesar da ciência da conduta de Rafaela.

(5) João, o fiscal que teve conhecimento da captura irregular dos pássaros, mas não impediu a conduta, responderá solidariamente com Rafaela.

(6) O município de Boa Vista não tem competência para fiscalizar a captura das duas jandaias amarelas, pois as espécies constam na lista federal de fauna ameaçada de extinção, devendo, então, ser protegidas pelo IBAMA, que poderia oferecer a denúncia criminal em desfavor de Rafaela.

O enunciado **1** está certo, pois constitui crime apanhar espécies da fauna silvestre, sem a devida permissão, licença ou autorização do Poder Público (art. 29 da Lei 9.605/98, que constitui a lei dos crimes ambientais). A pena é de detenção, de seis meses a um ano, além de multa. O enunciado **2** está errado, pois se trata de espécie ameaçada de extinção. E, conforme o art. 29, § 2º, da Lei 9.605/98, no caso de guarda doméstica de espécie silvestre não considerada ameaçada de extinção, pode o juiz, considerando as circunstâncias, deixar de aplicar a pena. O enunciado **3** está errado. Apanhar espécies da fauna silvestre constitui infração administrativa passível de multa, por indivíduo de espécie envolvida (art. 24 do Decreto 6.514/98). Observe-se que o art. 24, § 1º, preconiza que as multas serão aplicadas em dobro se a infração for praticada com finalidade de obter vantagem pecuniária. O enunciado **4** está certo, pois o Ministério Público pode ajuizar ação civil pública em face dos responsáveis. Considerando que João, fiscal da Secretaria de Serviços Públicos e Meio Ambiente do Município de Boa Vista, omitiu-se em seu dever de atuar, o Município de Boa Vista pode ser inserido no polo passivo. Enunciado **5** certo. De fato, a autoridade ambiental que tiver conhecimento de infração ambiental é obrigada a promover a sua apuração imediata, sob pena de corresponsabilidade (art. 70, § 3º, Lei 9.605/98). Enunciado **6** errado. Em primeiro lugar, o Município de Boa Vista tem competência para fiscalizar a situação descrita, pois o exercício do poder de polícia repressivo na área ambiental é atribuição comum das entidades federativas. Em segundo lugar, o IBAMA não pode oferecer denúncia criminal em desfavor de Rafaela, pois nas infrações penais ambientais a ação penal é pública incondicionada (art. 26 da Lei 9.605/98). RB
Gabarito 1C, 2E, 3E, 4C, 5C, 6E

11. DIREITO AMBIENTAL

(Procurador do Município – Valinhos/SP – 2019 – VUNESP) Assinale a alternativa que traz o conteúdo correto de uma das Súmulas do STJ que tratam sobre Direitos Metaindividuais.

(A) É admitida a aplicação da teoria do fato consumado em tema de Direito Ambiental.

(B) A inversão do ônus da prova não se aplica às ações de degradação ambiental.

(C) As obrigações ambientais possuem natureza *propter rem*, sendo admissível cobrá-las do proprietário ou possuidor atual e/ou dos anteriores, à escolha do credor.

(D) Quanto ao dano ambiental, não é admitida a condenação do réu à obrigação de fazer ou à de não fazer cumulada com a de indenizar, devendo ser requerida em ações separadas.

(E) O Ministério Público tem legitimidade ativa para atuar na defesa de direitos difusos e coletivos, exceto aos individuais homogêneos dos consumidores, ainda que decorrentes da prestação de serviço público.

Alternativa **A** incorreta (Súmula 613 do STJ: "Não se admite a aplicação da teoria do fato consumado em tema de Direito Ambiental"). Alternativa **B** incorreta (Súmula 618 do STJ: "A inversão do ônus da prova aplica-se às ações de degradação ambiental"). Alternativa **C** correta (Súmula 623 do STJ). Alternativa **D** incorreta (Súmula 629 do STJ: "Quanto ao dano ambiental, é admitida a condenação do réu à obrigação de fazer ou à de não fazer cumulada com a de indenizar."). Alternativa **E** incorreta (Súmula 601 do STJ: "O Ministério Público tem legitimidade ativa para atuar na defesa de direitos difusos, coletivos e individuais homogêneos dos consumidores, ainda que decorrentes da prestação de serviço público"). **RB**
Gabarito "C".

(Procurador do Estado/TO – 2018 – FCC) O proprietário de um imóvel onde foi edificado um galpão comercial de grandes dimensões precisa otimizar as receitas decorrentes da exploração desse bem. Uma das alternativas que lhe foram apresentadas foi a construção de um espaço para a realização de feiras e eventos, atraindo, assim, mais interessados em utilizar também o galpão comercial. Considerando que não há área livre de terreno suficiente para a edificação do espaço pretendido, o proprietário

(A) poderá transferir o direito de construir de seu terreno para que o adquirente o exerça em outro imóvel, considerando a impossibilidade de aproveitamento do imóvel para a finalidade pretendida.

(B) poderá edificar a construção no espaço aéreo do galpão comercial, desde que tecnicamente possível e que seja o responsável direto pela exploração, vedada a cessão a terceiros.

(C) poderá conceder onerosamente o direito de superfície de seu imóvel, sendo permitido ao superficiário construir e explorar o espaço de eventos no espaço aéreo do galpão, revertendo ao dono do terreno as acessões e benfeitorias ao fim do contrato.

(D) deverá providenciar projeto de reforma do galpão comercial, para fins de ampliar a dimensão de área construída e então viabilizar a destinação das acessões para o segmento de feiras e eventos.

(E) deverá outorgar a terceiros o direito de construir em seu terreno, de forma que não seja responsável pelos investimentos necessários para implantação do projeto, remanescendo com o direito de retomar o domínio pleno do imóvel quando da extinção do contrato.

A fim de auferir mais renda, o proprietário de um imóvel sobre o qual foi edificado um galpão, pretende construir um espaço para a realização de feiras e eventos. Além disso, não há área livre de terreno suficiente para a edificação do espaço pretendido. Diante disso, poderá o interessado valer-se do direito de superfície, que representa o direito real que envolve a construção em solo alheio. Trata-se de instrumento previsto no Estatuto da Cidade (art. 21) e no Código Civil (art. 1.369). Convém observar que a alternativa D está incorreta, já que a hipótese descrita representa uma faculdade, e não uma obrigação (como sugere o verbo "deverá"). **RB**
Gabarito "C".

(Procurador do Estado/TO – 2018 – FCC) No bojo de um projeto de loteamento, o Município entendeu por adequada a criação de uma unidade de conservação sobre o perímetro destinado a área verde. Para tanto, a Municipalidade

(A) precisa adquirir o domínio da área mediante desapropriação ou recebimento de doação, sendo prescindível observar o procedimento para instituir uma unidade de conservação, considerando que inexiste risco de imposição de indenização.

(B) depende da doação dos lotes destinados a áreas verdes no projeto de loteamento para após providenciar a edição do decreto de criação da unidade de conservação.

(C) pode editar o decreto de criação da unidade de conservação antes do registro do loteamento às margens da matrícula, tendo em vista que o projeto não poderá ser alterado após a aprovação da Municipalidade.

(D) deverá observar o procedimento legal para criação de unidades de conservação após o recebimento do domínio da área, este que dispensa ato ou negócio jurídico de transferência, decorrendo diretamente da lei.

(E) pode optar por instituir a unidade de conservação no perímetro coincidente com a área verde assim destinada quando do registro do loteamento, prescindindo de estudos técnicos e consulta pública por se tratar de área pública.

O REGIME DAS UNIDADES DE CONSERVAÇÃO (UC) está previsto na Lei 9.985/2000, que disciplina, entre outros aspectos, o procedimento legal para a sua criação. Nesse sentido, a instituição de uma UC é realizada por ato do Poder Público, antecedida, como regra, a estudos técnicos e consulta pública (alternativa E errada). Como se trata de uma UC integrante de área verde de loteamento, necessário o conhecimento da Lei 6.766/79 (Lei do Parcelamento do Solo Urbano). De acordo com esse diploma, os espaços públicos (no âmbito dos quais se incluem as áreas verdes) são automaticamente transferidos ao Poder Público municipal com o registro do loteamento, independentemente de ato ou negócio jurídico, tampouco de desapropriação (por conta disto é que as alternativas A, B e C estão erradas). Dessa forma, correta a alternativa D. **RB**
Gabarito "D".

(Procurador do Estado/AC – 2017 – FMP) A respeito da tríplice responsabilização do poluidor, considere as assertivas abaixo.

I. O órgão ambiental estadual pode impor sanção administrativa com base no tipo penal previsto na Lei 9.605/98.

II. Tanto para imputação penal quanto para imposição da sanção decorrente de infração administrativa é imprescindível a prova do dolo do poluidor.

III. A pessoa jurídica de direito público não pode ser alvo de aplicação de sanção administrativa derivada da prática de infração ambiental.

IV. A persecução penal ambiental depende do prévio exaurimento do procedimento administrativo sancionador com origem na mesma conduta lesiva ao meio ambiente.

V. No caso de apreensão de animais objeto de crime ou infração administrativa ambiental, serão eles imediatamente libertados em seu habitat.

Das assertivas acima,

(A) todas estão corretas.

(B) nenhuma está correta.

(C) apenas a III está correta.

(D) apenas a V está correta.

(E) apenas a IV e a V estão corretas.

Assertiva I errada (cf. jurisprudência do STJ, é defeso ao órgão ambiental impor penalidade administrativa decorrente de ato tipificado como crime ou contravenção). Assertiva II errada (é possível a caracterização de infrações penais e administrativas na modalidade culposa, motivo pelo qual não é imprescindível a prova do dolo do poluidor). Assertiva III errada (considera-se poluidor, para fins de responsabilização, a pessoa física ou jurídica, de direito público ou privado, responsável, direta ou indiretamente, por atividade causadora de degradação ambiental, cf. art. 3º, IV, da Lei 6.938/81). Assertiva IV errada (as instâncias de responsabilidade ambiental são autônomas e independentes, razão pela qual a persecução penal independe do prévio exaurimento do procedimento administrativo sancionador). Assertiva V errada (os animais serão prioritariamente libertados em seu habitat ou, sendo tal medida inviável ou não recomendável por questões sanitárias, entregues a jardins zoológicos, fundações ou entidades assemelhadas, cf. art. 25, §1º, da Lei 9.605/98). RB
Gabarito "B".

(Procurador do Estado/AC – 2017 – FMP) Avalie as afirmações abaixo.

I. O ente público que efetuou o tombamento com base no Decreto-lei 25/37 tem preferência na aquisição do imóvel tombado em igualdade de condições.

II. As reservas extrativistas, embora não sejam consideradas unidades de conservação, são espécies do gênero espaços territoriais protegidos.

III. Na Convenção da ONU sobre mudanças climáticas, o princípio das responsabilidades comuns, porém diferenciadas, afirma que as Partes devem proteger o sistema climático em benefício das gerações presentes e futuras com base na equidade e em conformidade com suas respectivas capacidades.

IV. Proteger o meio ambiente e combater a poluição em qualquer de suas formas é competência comum da União, dos estados, e do Distrito Federal, cabendo ao município o exercício do poder de polícia restrito às atividades de impacto local.

V. Denomina-se de supletiva, a ação do ente da Federação que visa a auxiliar no desempenho das atribuições decorrentes das competências comuns, quando solicitado pelo ente federativo originariamente detentor das atribuições definidas na Lei Complementar 140/11.

Das afirmações acima, é correto dizer que

(A) todas estão incorretas.

(B) estão incorretas somente as afirmações IV e V.

(C) todas estão corretas.

(D) estão corretas as afirmações I e III.

(E) estão incorretas as afirmações I, II, IV e V.

Enunciado I incorreto: não mais incide sobre bem objeto de tombamento o direito de preferência em favor do Poder Público. O dispositivo previa esse direito (art. 22 do Decreto-lei 25/37) foi revogado pelo Código de Processo Civil de 2015. Enunciado II incorreto: as reservas extrativistas são uma categoria de unidades de conservação, disciplinadas no art. 18 da Lei 9.985/00). Enunciado III correto: o princípio das responsabilidades comuns, porém diferenciadas, incide no âmbito do direito internacional. Enunciado IV incorreto: a competência para a tutela ambiental é, de fato, comum das entidades federativas. No entanto, a atuação do Município, no exercício material dessa proteção, não se restringe às atividades de impacto local, porquanto pode fiscalizar e sancionar qualquer atividade que implique poluição. Enunciado V incorreto: atuação supletiva representa aquela que se substitui ao ente federativo originariamente detentor das atribuições. É a atuação subsidiária que visa a auxiliar no desempenho das atribuições decorrentes das competências comuns, quando solicitado pelo ente federativo originariamente detentor das respectivas atribuições. RB
Gabarito "E".

(Procurador do Estado/AC – 2017 – FMP) A respeito da tutela dos recursos hídricos, analise as afirmações abaixo.

I. Nas ações de desapropriação, segundo posição majoritária no Superior Tribunal de Justiça, não há direito à indenização da área de margem de rio considerada terreno reservado.

II. Conquanto as águas subterrâneas sejam consideradas bens da União, os Municípios detêm competência para fiscalizar e coibir abertura de poços artesianos e para gestão de recursos hídricos.

III. De acordo com a Política Nacional de Recursos Hídricos, a bacia hidrográfica é a unidade de planejamento de gestão.

IV. O seguro ambiental e a cobrança pelo uso da água são instrumentos econômicos integrantes da Política Nacional de Recursos Hídricos.

V. Independe de outorga, de acordo com o regulamento, o uso de recursos hídricos para a satisfação das necessidades de pequenos núcleos habitacionais assentados no meio rural.

Das afirmações acima é correto dizer que

(A) todas estão corretas.

(B) somente as assertivas II e III estão corretas.

(C) estão corretas as assertivas IV e V.

(D) estão corretas as assertivas I, III e V.

(E) estão corretas as assertivas III e IV.

Enunciado I correto: as margens dos rios navegáveis (terrenos reservados) são de domínio público, insuscetíveis de expropriação e, por isso mesmo, excluídas da indenização, cf. jurisprudência do STJ. Enunciado II incorreto: as águas subterrâneas são consideradas bens dos Estados (cf. art. 26, I, CF). Observe-se que os Municípios detêm competência para fiscalizar e coibir abertura de poços artesianos e para gestão de recursos hídricos. Enunciado III correto (art. 1º, V, da Lei 9.433/97). Enunciado IV incorreto (inexiste previsão na Lei 9.433/97 de que o seguro ambiental e a cobrança pelo uso da água são instrumentos econômicos da PNRH). Enunciado V correto (cf. art. 12, §1º, I, da Lei 9.433/97). RB
Gabarito "D".

11. DIREITO AMBIENTAL — 579

(Procurador do Estado/AC – 2017 – FMP) Em relação à tutela do meio ambiente, avalie as seguintes assertivas.

I. A possibilidade da desconsideração da pessoa jurídica que comete crime ambiental para o fim de executar a pena de multa excepciona o princípio da autonomia patrimonial.

II. Compete ao órgão ambiental federal expedir licença de operação para exploração sob o regime de manejo florestal sustentável comarca situada no raio de 10Km no entorno de área indígena.

III. A liberdade para o exercício de qualquer atividade econômica lícita, assegurada no art. 170, *caput*, da Carta Magna, encontra limites na defesa do meio ambiente, devendo o Estado, como agente normativo e regulador, exercer, na forma da lei, a sua função fiscalizadora, para assegurar, para as presentes e futuras gerações, o direito ao meio ambiente sadio e ecologicamente equilibrado.

IV. Aquele que explorar recursos minerais fica obrigado a recuperar o meio ambiente degradado, de acordo com solução técnica exigida pelo órgão público competente, na forma da lei, e desde que sua ação seja penalmente tipificada como crime ambiental.

V. No Estado do Acre, são indisponíveis as terras devolutas ou arrecadadas pelo Estado por ações discriminatórias necessárias à proteção dos ecossistemas naturais.

Quais estão corretas?

(A) Nenhuma está correta.

(B) Apenas a III e a V.

(C) Apenas a II, a III e a IV.

(D) apenas a I e a V.

(E) Todas estão corretas.

Enunciado I incorreto: cf. art. 4º da Lei 9.605/98, poderá ser desconsiderada a pessoa jurídica sempre que sua personalidade for obstáculo ao ressarcimento de prejuízos ambientais causados. Assim, referida desconsideração não assume relação com a execução da pena de multa, mas com o ressarcimento. Enunciado II incorreto: cf. LC 140/2011, a União detém competência para licenciar empreendimento ou atividades localizados ou desenvolvidos em terras indígenas (art. 7º, XIV, "c"). Enunciado III correto (art. 170, VI c/c. art. 225, "caput", da CF). Enunciado IV incorreto: cf. art. 225, §2º, da CF, aquele que explorar recursos minerais fica obrigado a recuperar o meio ambiente degradado, de acordo com solução técnica exigida pelo órgão público competente, na forma da lei. Inexiste a condição de que a ação seja penalmente tipificada como crime ambiental. Enunciado V correto: cf. art. 225, §5º, são indisponíveis as terras devolutas ou arrecadadas pelos Estados, por ações discriminatórias, necessárias à proteção dos ecossistemas naturais. `RB`
Gabarito "B".

(Procurador do Estado/AC – 2017 – FMP) Assinale a alternativa INCORRETA.

(A) São princípios atinentes à política florestal do Estado do Acre a proteção ao patrimônio natural e à biodiversidade, observada a participação do IBAMA e do Instituto Chico Mendes cm todas as decisões.

(B) O mecanismo legal através do qual uma determinada área de floresta é destinada pelo Governo do Estado do Acre a ser explorada pela iniciativa privada denomina--se concessão florestal.

(C) São atribuições do Conselho Florestal Estadual do Estado do Acre, dentre outras, aprovar e revisar periodicamente a Política Florestal e Extrativista Estadual e aprovar a criação de novas unidades de conservação.

(D) De acordo com a política nacional da biodiversidade, a natureza é provida de valor intrínseco, merecendo valoração econômica não somente em decorrência de sua utilidade econômica.

(E) Um dos motivos do período de defeso, de acordo com a Lei Federal que dispõe sobre a Política Nacional de Desenvolvimento Sustentável da Aquicultura e da Pesca, é a ocorrência de graves acidentes ambientais.

A Lei estadual 1.426/01 dispõe sobre a preservação e conservação das florestas do Estado do Acre. Entre os seus princípios encontra-se a proteção ao patrimônio natural do Estado e da biodiversidade (art. 3º, I). Não existe a obrigação de participação do IBAMA e do Instituto Chico Mendes em todas as decisões, mesmo porque se tratam de entes públicos federais e não estaduais. Nesse sentido, a alternativa A contém afirmação incorreta. As demais alternativas veiculam informações corretas. `RB`
Gabarito "A".

(Procurador do Município/Manaus – 2018 – CESPE) Julgue os próximos itens, relativos a recursos hídricos e florestais.

(1) Valores arrecadados com a cobrança pelo uso de recursos hídricos podem ser aplicados em bacia hidrográfica distinta daquela em que forem gerados tais valores.

(2) É vedado qualquer tipo de queima de vegetação no interior de unidades de conservação.

(3) Os serviços florestais são considerados como um tipo de produto florestal.

1: Correto, pois de acordo com a Lei 9.433/1997, art. 22, os valores arrecadados com a cobrança pelo uso de recursos hídricos serão aplicados prioritariamente (e não exclusivamente) na bacia hidrográfica em que foram gerados. 2: Errado, pois de acordo com a Lei 12.651/2012, art. 38, II, é proibido o uso de fogo na vegetação, exceto, dentre outras, na situação de emprego da queima controlada em Unidades de Conservação, em conformidade com o respectivo plano de manejo e mediante prévia aprovação do órgão gestor da Unidade de Conservação, visando ao manejo conservacionista da vegetação nativa, cujas características ecológicas estejam associadas evolutivamente à ocorrência do fogo. 3: Errado, pois de acordo com a Lei 11.284/2006, art. 3º, IV, consideram-se serviços florestais: turismo e outras ações ou benefícios decorrentes do manejo e conservação da floresta, não caracterizados como produtos florestais. `FM/LF`
Gabarito 1C, 2E, 3E

(Procurador do Estado/SP – 2018 – VUNESP) O Estado de São Paulo criou um Parque Estadual por meio de um Decreto--lei, antes da promulgação da Constituição Federal de 1988. Referido Parque possuía todos os atributos desta categoria de Unidade de Conservação previstos na Lei nº 9.985/2000 (lei que instituiu o Sistema Nacional de Unidades de Conservação). O Decreto-lei veio a ser revogado por lei estadual, em 2006, que se limitava a revogar diversos e antigos Decretos-leis paulistas, sendo que tal medida não constou do Plano de Manejo do Parque, não houve consulta pública e tampouco oitiva do Conselho do Parque e do Conselho Estadual do Meio Ambiente (CONSEMA). Diante disso, é correto afirmar que o Parque Estadual

(A) não pode ser considerado desafetado, pois a lei revogadora não é específica, além de não ter tal medida constado do Plano de Manejo, não ter havido consulta pública e tampouco oitiva do Conselho do Parque e do Conselho Estadual do Meio Ambiente (CONSEMA).

(B) não pode ser considerado desafetado, apenas porque a lei revogadora não é específica e porque inexistiu manifestação prévia do CONSEMA, independentemente do cumprimento de outros requisitos.

(C) não pode ser considerado desafetado, apenas porque a lei revogadora não é específica, independentemente do cumprimento de outros requisitos.

(D) pode ser considerado desafetado, pois criado antes da Lei nº 9.985/2000, não incidindo o respectivo regime jurídico protetivo.

(E) pode ser considerado desafetado, pois o ato foi concretizado por lei, independentemente do cumprimento de outros requisitos.

Nos termos do Decreto-lei 60.302/2014, do Estado de São Paulo, art. 13, I e II, "A desafetação de unidade de conservação somente poderá ser feita mediante lei específica, observado, ainda, que: I – a respectiva unidade tenha Plano de Manejo aprovado que recomende tal medida; e, II – haja consulta pública e oitiva do respectivo conselho e do CONSEMA. Desta forma, o parque não pode ser considerado desafetado, pois a lei revogadora não é específica, além de não ter tal medida constado do Plano de Manejo, não ter havido consulta pública e tampouco oitiva do Conselho do Parque e do Conselho Estadual do Meio Ambiente (CONSEMA)". **FM/FC**
Gabarito "A".

(Procurador do Estado/SP – 2018 – VUNESP) A Constituição estadual previu, de forma expressa, a criação por lei de um sistema de administração da qualidade ambiental, o que foi atendido pela Lei Estadual nº 9.509/1997. Sobre os órgãos e entidades integrantes do Sistema Estadual de Administração da Qualidade Ambiental, Proteção, Controle e Desenvolvimento do Meio Ambiente e Uso Adequado dos Recursos Naturais – SEAQUA, é possível afirmar corretamente:

(A) a Fundação para a Conservação e a Produção Florestal do Estado de São Paulo (Fundação Florestal) não é órgão integrante do SEAQUA, sendo apenas órgão central do Sistema Estadual de Florestas – SIEFLOR.

(B) o Conselho Estadual do Meio Ambiente – CONSEMA, criado contemporaneamente ao SEAQUA, é órgão consultivo, normativo e recursal do sistema ambiental paulista, tendo composição paritária entre órgãos e entidades governamentais e não governamentais do Estado, sendo seu presidente indicado pelo Governador dentre os representantes das entidades governamentais.

(C) a CETESB – Companhia Ambiental do Estado de São Paulo, sociedade por ações, tem como atribuição proceder ao licenciamento ambiental, sendo qualificada como órgão executor do SEAQUA.

(D) embora a Polícia Militar, mediante suas unidades especializadas, esteja incumbida da prevenção e repressão das infrações contra o meio ambiente, não integra o sistema de proteção e desenvolvimento do meio ambiente, vinculando-se apenas à estrutura da segurança pública.

(E) o Conselho Estadual do Meio Ambiente – CONSEMA é órgão colegiado, consultivo e central do SEAQUA, não possuindo atribuições normativas, enquanto a Secretaria de Estado do Meio Ambiente é órgão superior e normativo do mesmo sistema.

A: incorreta, nos termos do art. 3º, § 1º, item 1, "a", do Decreto do Estado de São Paulo 57.933/2012; **B:** incorreta, nos termos do art. 4º, *caput*, da Lei do Estado de São Paulo n. 13.507/09: "O CONSEMA será presidido pelo Secretário do Meio Ambiente ou por seu substituto legal"; **C:** correta, nos termos do art. 129, II, do Decreto do Estado de São Paulo 57.933/2012; **D:** incorreta, já que a Polícia Militar de São Paulo é órgão executor do SEAQUA (art. 2º, "c", Decreto 57.933/2012); **E:** incorreta, conforme preceitua o art. 106, do Decreto do Estado de São Paulo 57.933/2012. **FM/FC**
Gabarito "C".

(Procurador do Estado/SP – 2018 – VUNESP) Uma empresa privada, localizada no Estado de São Paulo, contratou outra empresa privada especializada para o transporte e a destinação adequada de resíduos sólidos tóxicos, decorrentes de processos produtivos da atividade industrial da primeira, que apresentavam significativo risco ao meio ambiente e assim foram qualificados em norma técnica. O transporte ocorreria dentro do Estado de São Paulo.

Tendo em vista essa situação, considere as seguintes afirmações, assinalando a correta.

(A) Em eventual acidente que acarrete dano ao meio ambiente, ocorrido durante o transporte, cuja culpa seja do transportador, estando ele regular perante os órgãos ambientais, o gerador sempre será isento de responsabilidade.

(B) Compete ao Município de origem da carga exercer o controle ambiental do transporte deste material, estando dispensada tal atividade de licenciamento ambiental.

(C) Mesmo não integrando diretamente a relação, em caso de dano, cabe ao Poder Público atuar para minimizá-lo ou cessá-lo, solidariamente aos causadores, logo que tome conhecimento do evento.

(D) A inscrição do transportador do resíduo no Cadastro Nacional de Operadores de Resíduos Perigosos é obrigatória, dispensada a inscrição do gerador.

(E) Considerando a natureza do resíduo sólido, o órgão licenciador pode exigir a contratação de seguro de responsabilidade civil por danos causados ao meio ambiente ou à saúde pública para as empresas que operem com estes resíduos, observadas as regras sobre cobertura e os limites máximos de contratação fixados em regulamento.

A: incorreta. A responsabilidade civil por danos ambientais é objetiva e fundamentada na teoria do risco integral (art. 14, § 1º, da Lei 6.938/1981), desta forma prescinde do elemento culpa para restar caracterizada, bastando que a conduta (lícita ou ilícita) do agente cause danos à vítima; **B:** incorreta, nos termos do art. 8º, XXI, da Lei Complementar 140/2011: "São ações administrativas dos Estados: XXI – exercer o controle ambiental do transporte fluvial e terrestre de produtos perigosos [...]"; **C:** incorreta, a teor do art. 29, da Lei 12.305/2010: "Cabe ao poder público atuar, subsidiariamente, com vistas a minimizar ou cessar o dano, logo que tome conhecimento de evento lesivo ao meio ambiente ou à saúde pública relacionado ao gerenciamento de resíduos sólidos"; **D:** incorreta. A inscrição no Cadastro Nacional de Operadores de Resíduos Perigosos é obrigatória, para qualquer pessoa jurídica que opere com resíduos perigosos, em qualquer fase do seu gerenciamento (art. 38, da Lei 12.305/2010); **E:** correta. Nesse sentido dispõe o art. 40, da Lei 12.305/2010: "No licenciamento ambiental de

11. DIREITO AMBIENTAL

empreendimentos ou atividades que operem com resíduos perigosos, o órgão licenciador do Sisnama pode exigir a contratação de seguro de responsabilidade civil por danos causados ao meio ambiente ou à saúde pública, observadas as regras sobre cobertura e os limites máximos de contratação fixados em regulamento". FM/FC

Gabarito "E".

(Procurador do Município – Prefeitura Fortaleza/CE – CESPE – 2017) A respeito da Política Nacional de Meio Ambiente, dos recursos hídricos e florestais e dos espaços territoriais especialmente protegidos, julgue os itens a seguir.

(1) Conforme o Código Florestal, todo proprietário de imóvel rural deve, a título de reserva legal, manter área com cobertura de vegetação nativa, a qual só poderá ser explorada economicamente em caso de manejo sustentável.

(2) Nos parques nacionais, que são unidades de proteção integral, é permitida a realização de atividades educacionais e de recreação bem como o turismo ecológico.

(3) Conforme o disposto na Política Nacional do Meio Ambiente, poluição consiste na degradação da qualidade ambiental resultante de atividade que crie, ainda que indiretamente, condição desfavorável ao desenvolvimento de atividades econômicas.

(4) Compete privativamente ao Conselho Nacional do Meio Ambiente estabelecer normas e padrões nacionais de controle da poluição ocasionada por veículos automotores.

(5) De acordo com a Lei 9.433/1997, a unidade territorial para a implementação da Política Nacional de Recursos Hídricos é a bacia hidrográfica, cuja gestão é centralizada e de responsabilidade dos entes da Federação por ela abrangidos.

1: Correta. Nos termos do art. 17, § 1º, da Lei 12.651/2012: "Art. 17. A Reserva Legal deve ser conservada com cobertura vegetal nativa pelo proprietário do imóvel rural, possuidor ou ocupante a qualquer título, pessoa física ou jurídica, de direito público ou privado. § 1º. Admite-se a exploração econômica da Reserva Legal mediante manejo sustentável, previamente aprovado pelo órgão competente do Sisnama, de acordo com as modalidades previstas no art. 20". **2:** Correta. Nesse sentido, dispõe o art. 11, da Lei 9.985/2000: "O Parque Nacional tem como objetivo básico a preservação de ecossistemas naturais de grande relevância ecológica e beleza cênica, possibilitando a realização de pesquisas científicas e o desenvolvimento de atividades de educação e interpretação ambiental, de recreação em contato com a natureza e de turismo ecológico". **3:** Correta. A teor do art. 3º, III, "b", da Lei 6.938/1981: "Art. 3º Para fins previstos nesta Lei, entende-se por: [...] II – poluição, a degradação da qualidade ambiental resultante de atividades que direta ou indiretamente: [...] b) criem condições adversas as atividades sociais e econômicas". **4:** Correta. Neste contexto é a norma do art. 8º, VI, da Lei 6.938/1981: "Art. 8º Compete ao Conama: [...] VI – estabelecer, privativamente, normas e padrões nacionais de controle da poluição por veículos automotores, aeronaves e embarcações, mediante audiência dos Ministérios competentes". **5:** Errada. Nos termos do art. 1º, V, da Lei 9.433/1997: "V – a bacia hidrográfica é a unidade territorial para implementação da Política Nacional de Recursos Hídricos e atuação do Sistema Nacional de Gerenciamento de Recursos Hídricos". Contudo, "a gestão dos recursos hídricos deve ser descentralizada e contar com a participação do Poder Público, dos usuários e das comunidades" (art. 1º, VI, da Lei 9.433/1997). FM/FCP

Gabarito 1C, 2C, 3C, 4C, 5E

(Procurador do Município – Prefeitura Fortaleza/CE – CESPE – 2017) A respeito de política urbana, responsabilidade e licenciamento ambiental, julgue os itens subsecutivos.

(1) Situação hipotética: Rafael resolveu entregar, espontaneamente, ao órgão ambiental competente uma ave migratória nativa da floresta amazônica que possuía em casa sem a devida anuência da autoridade competente. Assertiva: Nessa situação, Rafael está sujeito ao pagamento de multa, e seu ato será considerado atenuante na aplicação da penalidade.

(2) Cortar madeira de lei para transformá-la em carvão constitui crime tipificado na legislação brasileira; caso o referido crime seja praticado com o objetivo de exploração econômica, a pena será agravada.

(3) No município de Fortaleza, de acordo com a legislação vigente, um projeto para a passagem de determinado equipamento que tenha como finalidade a prestação de serviços para a transmissão de dados por cabo deve ser licenciado por autodeclaração.

(4) Caso tenha interesse em criar centro de saúde em imóvel urbano objeto de venda a título oneroso entre particulares, o município poderá exercer o direito de preempção.

1: Errada. Rafael não está sujeito ao pagamento de multa, posto que nos termos do art. 24, § 5º, do Decreto 6.514/2008: "§ 5º No caso de guarda de espécime silvestre, deve a autoridade competente deixar de aplicar as sanções previstas neste Decreto, quando o agente espontaneamente entregar os animais ao órgão ambiental competente". **2:** Errada. Cortar madeira de lei para transformá-la em carvão constitui crime tipificado no art. 45, da Lei 9.605/1998, contudo a pena aplicada ao referido crime é a mesma independente do fim comercial ou não, motivo pelo qual a questão encontra-se errada. **3:** Correta. O enunciado está de acordo com o art. 10, da Lei Complementar do município de Fortaleza 208/2015. **4:** Correta. Nos termos do art. 26, V, da Lei 10.257/2001: "Art. 26. O direito de preempção será exercido sempre que o Poder Público necessitar de áreas para: [...]V – implantação de equipamentos urbanos e comunitários". Registre-se de que centros de saúde são classificados como equipamentos comunitários, conforme dispõe o art. 4º, § 2º, da Lei 6.766/1979. FM/FCP

Gabarito 1E, 2E, 3C, 4C

(Procurador – IPSMI/SP – VUNESP – 2016) O plano municipal de gestão integrada de resíduos sólidos deve conter como conteúdo mínimo:

(A) diagnóstico da situação dos resíduos sólidos gerados no respectivo território, contendo a origem, o volume, a caracterização dos resíduos e as formas de destinação e disposição transitórias e finais adotadas.

(B) identificação de áreas favoráveis e desfavoráveis para disposição final ambientalmente adequada de rejeitos.

(C) procedimentos operacionais e especificações mínimas e máximas, a serem adotados nos serviços públicos de limpeza urbana e de manejo de resíduos sólidos.

(D) identificação das possibilidades de implantação de soluções consorciadas ou compartilhadas com outros Municípios e Estados, considerando, nos critérios de economia de escala, a proximidade dos locais estabelecidos e as formas de prevenção dos riscos ambientais.

(E) programas e ações para a participação dos grupos interessados, em especial das cooperativas ou outras formas de associação de catadores de materiais reutilizáveis e recicláveis formadas por pessoas físicas de baixa renda, se houver.

A: Incorreta. O plano municipal de gestão de resíduos sólidos deverá ter como conteúdo mínimo, nos termos do art. 19, I, da Lei 12.305/2010:

"diagnóstico da situação dos resíduos sólidos gerados no respectivo território, contendo a origem, o volume, a caracterização dos resíduos e as formas de destinação e disposição final adotadas" e não transitória, conforme disposto na alternativa. **B:** Incorreta. É conteúdo mínimo do plano municipal de gestão de resíduos sólidos, a identificação de áreas favoráveis para disposição final ambientalmente adequada de rejeitos, e não a identificação de áreas favoráveis e desfavoráveis (art. 19, II, da Lei 12.305/2010). **C:** Incorreta. As especificações máximas a serem adotadas nos serviços públicos de limpeza urbana e de manejo de resíduos sólidos, não se trata de conteúdo mínimo do plano municipal de gestão de resíduos sólidos, a teor do art. art. 19, V, da Lei 12.305/2010. **D:** Incorreta. Os Estados não fazem parte da possibilidade de implantação de soluções consorciadas ou compartilhadas. Confira o que dispõe o art. 19, III, da Lei 12.305/2010: "identificação das possibilidades de implantação de soluções consorciadas ou compartilhadas com outros Municípios, considerando, nos critérios de economia de escala, a proximidade dos locais estabelecidos e as formas de prevenção dos riscos ambientais". **E:** Correta. Trata-se de transcrição do art. 19, XI, da Lei 12.305/2010. **FM/FCP**

Gabarito "E".

(Procurador – SP – VUNESP – 2015) Nos termos da Lei 12.305/2010, que institui a Política Nacional de Resíduos Sólidos, entende-se por

(A) área órfã contaminada: local onde há contaminação causada pela disposição, regular ou irregular, de quaisquer substâncias ou resíduos.

(B) destinação final ambientalmente adequada: distribuição ordenada de rejeitos em aterros, observando normas operacionais específicas de modo a evitar danos ou riscos à saúde pública e à segurança e a minimizar os impactos ambientais diversos.

(C) gerenciamento de resíduos sólidos: pessoas físicas ou jurídicas, de direito público ou privado, que geram resíduos sólidos por meio de suas atividades, nelas incluído o consumo.

(D) logística reversa: instrumento de desenvolvimento econômico e social, caracterizado por um conjunto de ações, procedimentos e meios destinados a viabilizar a coleta e a restituição dos resíduos sólidos ao setor empresarial para reaproveitamento, em seu ciclo ou em outros ciclos produtivos, ou outra destinação final ambientalmente adequada.

(E) rejeitos: processo de transformação dos resíduos sólidos que envolve a alteração de suas propriedades físicas, físico-químicas ou biológicas, com vistas à transformação em insumos ou novos produtos, observadas as condições e os padrões estabelecidos pelos órgãos competentes do Sisnama, Do SNVS e do Suasa.

A: Incorreta. Nos termos do art. 3º, III, da Lei 12.305/2010: "área órfã contaminada: área contaminada cujos responsáveis pela disposição não sejam identificáveis ou individualizáveis". A definição trazida na assertiva é a de "área contaminada" (art. 3º, II, da Lei 12.305/2010). **B:** Incorreta. "Destinação final ambientalmente adequada: destinação de resíduos que inclui a reutilização, a reciclagem, a compostagem, a recuperação e o aproveitamento energético ou outras destinações admitidas pelos órgãos competentes do Sisnama, do SNVS e do Suasa, entre elas a disposição final, observando normas operacionais específicas de modo a evitar danos ou riscos à saúde pública e à segurança e a minimizar os impactos ambientais adversos" (art. 3º, VII, da Lei 12.305/2010). O conceito da alternativa é de "disposição final ambientalmente adequada" (art. 3º, VIII, da Lei 12.305/2010). **C:** Incorreta. A definição da alternativa é de "geradores de resíduos sólidos", conforme previsão do art. 3º, IX, da Lei 12.305/2010. Segundo disposição do art. 3º, X, da Lei 12.305/2010: "gerenciamento de resíduos sólidos: conjunto de ações exercidas, direta ou indiretamente, nas etapas de coleta, transporte, transbordo, tratamento e destinação final ambientalmente adequada dos resíduos sólidos e disposição final ambientalmente adequada de rejeitos, de acordo com plano municipal de gestão integrada de resíduos sólidos ou com plano de gerenciamento de resíduos sólidos, exigidos na forma desta lei". **D:** Correta. Vide art. 3º, XII, da Lei 12.305/2010. **E:** Incorreta. Esta é a definição de reciclagem (art. 3º, XIV, da Lei 12.305/2010). A teor do art. 3º, XV, da Lei 12.305/2010: "rejeitos: resíduos sólidos que, depois de esgotadas todas as possibilidades de tratamento e recuperação por processos tecnológicos disponíveis e economicamente viáveis, não apresentem outra possibilidade que não a disposição final ambientalmente adequada". **FM-FCP**

Gabarito "D".

(Procurador do Estado – PGE/PA – UEPA – 2015) À populações indígenas, às comunidades tradicionais e aos agricultores tradicionais que criam, desenvolvem, detêm ou conservam conhecimento tradicional associado são garantidos os direitos de:

(A) ter indicada a origem do acesso ao conhecimento tradicional associado em todas as publicações, desde que de cunho técnico-científico, utilizações, explorações e divulgações.

(B) perceber benefícios pela exploração econômica por terceiros, direta ou indiretamente, de conhecimento tradicional associado, nos termos da legislação específica, não inferior a 5% do faturamento obtido pelos fabricantes de produtos intermediários e desenvolvedores de processos oriundos do acesso ao conhecimento tradicional.

(C) participar do processo de tomada de decisão sobre assuntos relacionados ao acesso a conhecimento tradicional associado e à repartição de benefícios decorrente desse acesso, em manifestação de caráter vinculante.

(D) usar ou vender, desde que adotadas as medidas de controle, produtos que contenham patrimônio genético ou conhecimento tradicional associado, observados os dispositivos da legislação específica.

(E) conservar, manejar, guardar, produzir, trocar, desenvolver, melhorar material reprodutivo que contenha patrimônio genético ou conhecimento tradicional associado.

A: incorreta (art. 10, II, da Lei 13.123/2015); **B:** incorreta (art. 10, III, da Lei 13.123/2015); **C:** incorreta (art. 10, IV, da Lei 13.123/2015); **D:** incorreta (art. 10, V, da Lei 13.123/2015); **E:** correta (art. 10, VI, da Lei 13.123/2015). **FM/FCP**

Gabarito "E".

(Advogado União – AGU – CESPE – 2015) A respeito do meio ambiente e dos direitos e interesses das populações indígenas, julgue os itens seguintes.

(1) Dada a competência privativa da União para exercer controle e fiscalização ambiental, é exclusiva da União a competência para instituir taxa de fiscalização e controle do meio ambiente cujo fundamento seja o exercício regular do poder de polícia.

(2) Os índios, suas comunidades e organizações são partes legítimas para ingresso em juízo em defesa de seus direitos e interesses, competindo à justiça federal processar e julgar os crimes relacionados aos direitos dos índios.

11. DIREITO AMBIENTAL — 583

1: Errada. A competência para exercer o controle e a fiscalização ambiental é comum entre a União, dos Estados, do Distrito Federal e dos Municípios (art. 23, *caput* e VI, da CF/1988). Não obstante, o art. 17-B, da Lei 6.938/1981 dispõe sobre a Taxa de Controle e Fiscalização Ambiental – TCFA, cujo fato gerador é o exercício regular do poder de polícia conferido ao Instituto Brasileiro do Meio Ambiente e dos Recursos Naturais Renováveis (Ibama) para controle e fiscalização das atividades potencialmente poluidoras e utilizadoras de recursos naturais. **2:** Correta. Nos termos do art. 232, da CF/1988: "Os índios, suas comunidades e organizações são partes legítimas para ingressar em juízo em defesa de seus direitos e interesses, intervindo o Ministério Público em todos os atos do processo". Compete aos juízes federais processar e julgar a disputa sobre direitos indígenas (art. 109, XI, da CF/1988). FM/FCP

Gabarito 1E, 2C

(Procurador do Estado – PGE/PR – PUC – 2015) Nos termos da Lei de Portos (Lei 12.815/2013), é **CORRETO** afirmar que:

(A) A autorização portuária pode se destinar à exploração de instalações tanto dentro quanto fora da área do porto organizado, a depender do plano de gestão aprovado pela Secretaria Especial de Portos da Presidência da República.

(B) A autorização portuária vincula-se a terminais de uso privado que digam respeito a instalações destinadas a carga própria (aquela pertencente ao autorizado).

(C) A exploração indireta do porto organizado pode-se dar mediante autorização, permissão, concessão e arrendamento.

(D) A autorização portuária deve ser precedida de licitação pública, na modalidade da concorrência, podendo ser admitida a inversão de fases.

(E) A competência para definir a área dos portos organizados é privativa do Presidente da República, a partir de proposta da Secretaria Especial de Portos da Presidência da República.

A: incorreta (art. 8º, da Lei 12.815/2013); **B:** incorreta (art. 2º, IV, da Lei 12.815/2013); **C:** incorreta (art. 1º, § 1º, da Lei 12.815/2013); **D:** incorreta (art. art. 8º, da Lei 12.815/2013); **E:** correta (art. 15, da Lei 12.815/2013). FM/FCP

Gabarito "E".

(Procurador do Estado – PGE/PA – UEPA – 2015) A respeito do acesso ao patrimônio genético, proteção e o acesso ao conhecimento tradicional associado e a repartição de benefícios para conservação e uso sustentável da biodiversidade, com base na Lei 13.123/2015, julgue as afirmativas abaixo.

I. O Estado brasileiro reconhece o direito de populações indígenas, de comunidades tradicionais e de agricultores tradicionais de participar da tomada de decisões, no âmbito nacional, sobre assuntos relacionados à conservação e ao uso sustentável de seus conhecimentos tradicionais associados ao patrimônio genético do País.

II. O intercâmbio e a difusão de patrimônio genético e de conhecimento tradicional associado praticados entre si por populações indígenas, comunidade tradicional ou agricultor tradicional para seu próprio benefício e baseados em seus usos, costumes e tradições devem ser comunicados, para registro, ao CGEn.

III. O acesso ao conhecimento tradicional associado de origem identificável está condicionado à obtenção do

consentimento prévio informado, cuja comprovação poderá ocorrer, a critério do CGEn, por meio de assinatura de termo de consentimento prévio, registro audiovisual do consentimento, parecer do órgão oficial competente ou adesão na forma prevista em protocolo comunitário.

IV. Qualquer conhecimento tradicional associado ao patrimônio genético será considerado de natureza coletiva, ainda que apenas um indivíduo de população indígena ou de comunidade tradicional o detenha.

A alternativa que contém todas as afirmativas corretas é:

(A) II e IV

(B) I e IV

(C) II e III

(D) III e IV

(E) I e II

I: correta (art. 8º, § 1º, da Lei 13.123/2015); **II:** incorreta (art. 8º, § 2º, da Lei 13.123/2015); **III:** incorreta (art. 9º, § 1º, da Lei 13.123/2015); **IV:** correta (art. 10, § 1º, da Lei 13.123/2015). FM/FCP

Gabarito "B".

(Advogado União – AGU – CESPE – 2015) Na zona costeira nordestina, uma empresa estrangeira construiu um empreendimento turístico hoteleiro de grande porte próximo ao mar, sem o licenciamento ambiental prévio exigido por lei, ocupando ilegalmente área de preservação permanente na margem de um rio e afetando diretamente uma comunidade lindeira composta em sua maioria por pescadores. Seis meses após a inauguração do empreendimento, o empresário estrangeiro vendeu o negócio a uma empresa brasileira, que vem operando o hotel há cerca de um ano, sem, contudo, ter efetuado ainda a regularização do licenciamento ambiental. Além disso, após reclamações provenientes da comunidade afetada, foram constatados os seguintes problemas: ausência de recolhimento e de disposição adequados dos resíduos líquidos e sólidos, com prejuízos ao bem-estar da referida comunidade; e impedimento de livre acesso à praia, o que prejudicou as atividades econômicas dos pescadores da comunidade.

Com referência a essa situação hipotética, julgue os itens a seguir em consonância com as normas ambientais e a jurisprudência pertinente.

(1) A legislação veda a aplicação de multa no caso de responsabilização administrativa do empreendimento por não elaborar o prévio licenciamento ambiental, devendo ser aplicada advertência com a indicação de prazo para a regularização do licenciamento junto ao órgão competente.

(2) Uma vez que o empreendimento irregular está localizado na zona costeira, patrimônio ambiental nacional e bem da União, a fiscalização e a aplicação de penalidade administrativa ambiental ao empreendimento compete exclusivamente ao órgão ambiental federal.

(3) Conforme jurisprudência do STJ, ao contrário da responsabilidade administrativa ambiental, em que se exige pessoalidade da conduta, a responsabilidade civil ambiental pode ser exigida do novo proprietário do empreendimento, que deverá promover a recomposição da área de preservação permanente ilegalmente ocupada.

(4) Os efeitos do empreendimento irregular que prejudicam o bem-estar da comunidades sua atividade econômica de pesca enquadram-se na definição de degradação ambiental, de modo a ensejar a responsabilização civil ambiental.

(5) A emissão de licença de operação para o funcionamento do empreendimento construído irregularmente e que se encontra consolidado será inexigível caso a reparação civil dos danos ambientais causados seja cumprida integralmente.

1: Errada. Nos termos do art. 66, I, do Decreto 6.514/2008, está sujeito a pena de multa de R$ 500,00 (quinhentos reais) a R$ 10.000.000,00 (dez milhões de reais), quem constrói, reforma, amplia, instala ou faz funcionar estabelecimento, obra ou serviço sujeito a licenciamento ambiental localizado em unidade de conservação ou em sua zona de amortecimento, ou em áreas de proteção de mananciais legalmente estabelecidas, sem anuência do respectivo órgão gestor. Outrossim, "configurada infração ambiental grave, é possível a aplicação da pena de multa sem a necessidade de prévia imposição da pena de advertência (art. 72 da Lei 9.605/1998)" (STJ. 1ª Turma. REsp 1.318.051-RJ, Relator Ministro Benedito Gonçalves, julgado em 17/3/2015 – Informativo n. 561/STJ). **2:** Errada. Dispõe o art. 23, VI, da CF de 1988: "Art. 23: É competência comum da União, Estados, Distrito Federal e Municípios: [...] VI – proteger o meio ambiente e combater a poluição em qualquer de suas formas". Outrossim, dispõe o art. 17, § 3º, da Lei Complementar 140/2011: "§ 3º O disposto no *caput* deste artigo não impede o exercício pelos entes federativos da atribuição comum de fiscalização da conformidade de empreendimentos e atividades efetiva ou potencialmente poluidores ou utilizadores de recursos naturais com a legislação ambiental em vigor, prevalecendo o auto de infração ambiental lavrado por órgão que detenha a atribuição de licenciamento ou autorização a que se refere o *caput*". **3:** Correta. A responsabilidade civil ambiental de promoção da recomposição da área de preservação permanente ilegalmente ocupada é objetiva e *propter rem*, nos termos do art. 7º, §§ 1º e 2º, da Lei 12.651/2012: "§1º. Tendo ocorrido a supressão de vegetação situada em Área de Preservação Permanente, o proprietário da área, possuidor ou ocupante a qualquer título é obrigado a promover a recomposição da vegetação, ressalvados os usos autorizados previstos nesta Lei. § 2º. A obrigação prevista no § 1º tem natureza real e é transmitida ao sucessor no caso de transferência de domínio ou posse do imóvel rural". **4:** Correta. A assertiva está em consonância com o conceito de poluição conferido pela Lei 6.938/1981, art. 3º, III, "a" e "b". **5:** Errada. Não há qualquer relação entre a reparação do dano e a dispensa de licença de operação. Segundo o art. 8º, III, da Resolução Conama 237/1997, a Licença de Operação "autoriza a operação da atividade ou empreendimento, após a verificação do efetivo cumprimento do que consta das licenças anteriores, com as medidas de controle ambiental e condicionantes determinados para a operação". Assim, caso o empreendedor deseje continuar operando, após a reparação civil dos danos ambientas causados pelo seu empreendimento, deverá buscar regularizar sua atividade, através da obtenção de licença de operação. FM/FCP

Gabarito 1E, 2E, 3C, 4C, 5E

(Advogado União – AGU – CESPE – 2015) Acerca da criação e da gestão de florestas públicas nacionais, julgue os itens subsequentes.

(1) As três modalidades de gestão de florestas públicas nacionais para produção sustentável são a concessão florestal ao setor privado, a destinação de florestas públicas às comunidades locais, além da gestão direta governamental pelo órgão competente integrante do Sistema Nacional de Unidades de Conservação.

(2) O Serviço Florestal Brasileiro, órgão gestor da concessão de florestas públicas nacionais, vinculado ao Ministério do Meio Ambiente, deve emitir a licença ambiental prévia antes da publicação de edital de licitação para a concessão florestal.

(3) A floresta nacional é unidade de conservação de uso sustentável, de posse e de domínio públicos, cuja criação deve ser precedida de estudos técnicos e de consulta pública que permitam identificar a localização, a dimensão e os limites mais adequados para a unidade, com vistas ao seu objetivo básico de uso múltiplo sustentável dos recursos florestais e pesquisa científica.

1: Correta. A assertiva encontra-se de acordo com o art. 4º, da Lei 11.284/2006, que prevê as três modalidades de gestão de florestas públicas nacionais para produção sustentável: I) a criação de florestas nacionais, estaduais e municipais, nos termos do art. 17 da Lei 9.985/2000, e sua gestão direta; II) a destinação de florestas públicas às comunidades locais; e III) a concessão florestal. **2:** Errada. O Serviço Florestal Brasileiro (SFB) é órgão gestor das florestas públicas no âmbito federal, criado na estrutura básica do Ministério do Meio Ambiente (art. 54 e 55, I, da Lei 11.284/2006), e que dentre as competências elencadas no art. 53, da Lei 11.281/2006, o inciso III prevê de "solicitar ao órgão ambiental competente a licença prévia" para uso sustentável da unidade de manejo. No mesmo sentido, é o art. 18, *caput*, da Lei 11.281/2006, que atribui ao órgão gestor à competência de requerer a licença prévia: "Art. 18. A licença prévia para uso sustentável da unidade de manejo será requerida pelo órgão gestor, mediante a apresentação de relatório ambiental preliminar ao órgão ambiental competente integrante do Sistema Nacional do Meio Ambiente – Sisnama". Assim, O SFB **não tem competência para emitir a licença prévia, mas apenas de solicitar ao órgão ambiental competente a sua emissão.** **3:** Correta. A floresta nacional é uma categoria do grupo das Unidades de Conservação de uso sustentável, de posse e domínios públicos, que tem como objetivo básico o uso múltiplo sustentável dos recursos florestais e pesquisas científicas (art. 17, § 1º, da Lei 9.985/2000). Nos termos do art. 22, § 2º, da Lei 9.985/2000: "§ 2º. A criação de uma unidade de conservação deve ser precedida de estudos técnicos e de consulta pública que permitam identificar a localização, a dimensão e os limites mais adequados para a unidade, conforme se dispuser em regulamento". FM/FCP

Gabarito 1C, 2E, 3C

(Procurador do Estado – PGE/BA – CESPE – 2014) No que se refere ao direito ambiental, julgue os itens a seguir.

(1) Os comitês de bacia hidrográfica são constituídos por usuários das águas e por entidades civis de recursos hídricos com atuação comprovada na bacia, entre outros membros, conforme dispõe a Lei 9.433/1997.

(2) O acesso à informação ambiental é um princípio de direito ambiental previsto tanto na CF quanto em normas infraconstitucionais.

(3) A realização de audiência pública durante o procedimento de licenciamento ambiental é obrigatória caso haja solicitação de cinquenta ou mais cidadãos.

1: Correta. A assertiva encontra-se em consonância com o que dispõe o art. 39, da Lei 9.433/1997. **2:** Correta. Na Constituição Federal de 1988, tal princípio encontra-se inserido no art. 225, § 1º, IV e VI e art. 5º, XXXIII, dentre outros. Quanto à previsão do princípio do acesso à informação ambiental em normas infraconstitucionais, importante destacar que a Lei 10.650/2003, que dispõe a respeito do acesso público aos dados e informações existentes nos órgãos e entidades integrantes do Sisnama. **3:** Correta. A teor do art. 2º, *caput*, da Resolução Conama 09/1987: "Sempre que julgar necessário, ou quando for solicitado por entidade civil, pelo Ministério Público, ou por 50 (cinquenta) ou mais cidadãos, o Órgão de Meio Ambiente promoverá a realização de audiência pública". FM/FCP

Gabarito 1C, 2C, 3C

11. DIREITO AMBIENTAL 585

(Procurador do Estado – PGE/RN – FCC – 2014) São objetivos da Política Nacional sobre Mudança do Clima – PNMC:

(A) a interação do mercado de carbono com o mercado de compensação de áreas de preservação permanente.

(B) a redução das emissões de gases expelidos naturalmente em relação às suas diferentes fontes.

(C) o estímulo ao mercado de compensação de reserva legal e ao mercado de compensação de áreas de preservação permanente.

(D) a preservação, a conservação e a recuperação dos recursos ambientais, com particular atenção aos grandes biomas naturais tidos como Patrimônio Nacional.

(E) a união do mercado de carbono com o mercado de compensação de reserva legal.

De fato, a preservação, a conservação e a recuperação dos recursos ambientais, com particular atenção aos grandes biomas naturais tidos como Patrimônio Nacional, são objetivos da Política Nacional sobre Mudança do Clima (PNMC). Aliás, o art. 4º, da Lei 12.187/2009, estabelece como objetivos da Política Nacional sobre Mudança do Clima – PNMC: à compatibilização do desenvolvimento econômico-social com a proteção do sistema climático; à redução das emissões antrópicas de gases de efeito estufa em relação às suas diferentes fontes; ao fortalecimento das remoções antrópicas por sumidouros de gases de efeito estufa no território nacional; à implementação de medidas para promover a adaptação à mudança do clima pelas 3 (três) esferas da Federação, com a participação e a colaboração dos agentes econômicos e sociais interessados ou beneficiários, em particular aqueles especialmente vulneráveis aos seus efeitos adversos; à preservação, à conservação e à recuperação dos recursos ambientais, com particular atenção aos grandes biomas naturais tidos como Patrimônio Nacional; à consolidação e à expansão das áreas legalmente protegidas e ao incentivo aos reflorestamentos e à recomposição da cobertura vegetal em áreas degradadas; e, o estímulo ao desenvolvimento do Mercado Brasileiro de Redução de Emissões – MBRE. **FM/FCP**
Gabarito "D".

(Procurador do Estado – PGE/BA – CESPE – 2014) Uma empresa brasileira de exploração de gás e petróleo, pretendendo investir na exploração de gás de xisto, obteve autorização de pesquisa do órgão competente e identificou, no início das primeiras pesquisas exploratórias, um potencial razoável para a exploração do gás em determinada área federal. Apesar de ainda não dispor de tecnologia que garantisse totalmente a proteção ambiental da área de exploração, principalmente, no que tange à água subterrânea, a empresa obteve a licença prévia para proceder à exploração de gás de xisto.

Com base nessa situação hipotética, nas normas de proteção ao meio ambiente e na jurisprudência, julgue os itens seguintes.

(1) A empresa poderá ser responsabilizada penalmente caso pratique ato ilícito, podendo ser desconsiderada a pessoa jurídica se a personalidade for obstáculo ao ressarcimento de prejuízos causados ao meio ambiente.

(2) O município é impedido de fiscalizar as atividades da empresa, dada a competência federal para o licenciamento ambiental da área.

(3) O princípio da precaução poderá ser aplicado como um dos argumentos para a suspensão, pelo o órgão competente, da licença prévia da empresa, caso se identifique risco de dano ambiental.

(4) A responsabilização civil da empresa poderá ser objeto de ação civil pública ajuizada pelo MP caso ocorra dano superveniente da exploração do gás de xisto, a despeito da licença obtida pela empresa para operar.

1: Correta. Em matéria ambiental, a desconsideração da personalidade jurídica encontra previsão no art. 4º, da Lei 9.605/1998: "**Art. 4º** Poderá ser desconsiderada a pessoa jurídica sempre que sua personalidade for obstáculo ao ressarcimento de prejuízos causados à qualidade do meio ambiente". **2:** Errada. Dispõe o art. 17, § 3º, da Lei Complementar 140/2011: "§ 3º O disposto no *caput* deste artigo não impede o exercício pelos entes federativos da atribuição comum de fiscalização da conformidade de empreendimentos e atividades efetiva ou potencialmente poluidores ou utilizadores de recursos naturais com a legislação ambiental em vigor, prevalecendo o auto de infração ambiental lavrado por órgão que detenha a atribuição de licenciamento ou autorização a que se refere o *caput*". **3:** Correta. O princípio da precaução poderá ser utilizado para obstar a ocorrência de danos ao meio ambiente; assim, na identificação de riscos, nos termos do conteúdo do princípio em questão, o órgão competente deverá decidir em favor do meio ambiente e, como tal, suspender a licença prévia da empresa. **4:** Correta. Nos termos do art. 5º, I, da Lei 7.347/1985, o Ministério Público tem competência para a propositura da ação civil pública de responsabilidade por danos causados ao meio ambiente. A responsabilidade civil por danos ambientais é objetiva, fundamentada na teoria do risco integral, de forma que não se verifica a culpa do agente e sequer a ilicitude de sua conduta, bastando que a ocorrência do dano esteja ligada à sua conduta. Assim, ainda que a empresa funcione respeitando as condicionantes da licença de operação, mas cause danos ambientais, poderá ser responsabilizada civilmente. **FM/FCP**
Gabarito 1C, 2E, 3C, 4C

(Procurador do Estado – PGE/PA – UEPA – 2015) A respeito da Política Nacional de Resíduos Sólidos, julgue as afirmativas abaixo.

I. Os estabelecimentos comerciais e de prestação de serviço que gerem resíduos que, mesmo caracterizados como não perigosos, por sua natureza, composição ou volume, não sejam equiparados aos resíduos domiciliares pelo poder público municipal são responsáveis pela implementação e operacionalização integral de plano de gerenciamento de resíduos sólidos, que deverá ser aprovado pelo órgão competente.

II. A contratação de serviços de coleta, armazenamento, transporte, transbordo, tratamento ou destinação final de resíduos sólidos, ou de disposição final de rejeitos, isenta as empresas de construção civil da responsabilidade por danos que vierem a ser provocados pelo gerenciamento inadequado dos respectivos resíduos ou rejeitos.

III. No caso de resíduos de serviços de transportes originários de portos e aeroportos, as etapas sob responsabilidade do gerador que forem realizadas pelo poder público serão devidamente remuneradas pelos usuários finais dos terminais, por meio de taxa específica de limpeza pública.

IV. O gerador de resíduos sólidos domiciliares tem cessada sua responsabilidade pelos resíduos com a disponibilização adequada para a coleta ou, em se tratando de pilhas e baterias, com a devolução aos respectivos fabricantes ou comerciantes.

A alternativa que contém todas as afirmativas corretas é:

(A) I e II

(B) II e III

(C) II e IV

(D) I e III

(E) I e IV

I: correta (art. 20, II, "b", da Lei 12.305/10); **II:** incorreta, pois nos termos do art. 27, § 1º, da Lei 12.305/2010: "A contratação de serviços de coleta, armazenamento, transporte, transbordo, tratamento ou destinação final de resíduos sólidos, ou de disposição final de rejeitos, não isenta as pessoas físicas ou jurídicas referidas no art. 20 da responsabilidade por danos que vierem a ser provocados pelo gerenciamento inadequado dos respectivos resíduos ou rejeitos"; **III:** incorreta, pois nos termos do art. 27, § 2º, da Lei 12.305/2010, quem deve remunerar são as pessoas físicas ou jurídicas responsáveis pelos serviços de transportes originários de portos e aeroportos, e não os usuários finais; **IV:** correta (art. 28, da Lei 12.305/2010). **FM/FCP**

Gabarito "E".

(ADVOGADO – PETROBRÁS BIO. – 2010 – CESGRANRIO) Considerando o que dispõe a legislação ambiental brasileira, analise as afirmações a seguir.

I. São instrumentos da Política Nacional do Meio Ambiente o licenciamento e a revisão de atividades efetiva ou potencialmente poluidoras, de competência de órgão estadual integrante do Sistema Nacional do Meio Ambiente e do Instituto Brasileiro do Meio Ambiente e dos Recursos Naturais renováveis, este em caráter supletivo e nos casos de atividades com significativo impacto ambiental de âmbito nacional ou regional.

II. Todos têm direito ao meio ambiente ecologicamente equilibrado, bem de uso comum do povo e essencial à sadia qualidade de vida, impondo-se ao poder público e à coletividade o dever de defendê-lo e preservá-lo para as presentes e futuras gerações.

III. As condutas e atividades consideradas lesivas ao meio ambiente sujeitarão os infratores, se pessoas físicas, a sanções penais e administrativas, independentemente da obrigação de reparar os danos causados.

IV. A competência executiva em matéria ambiental é concorrente entre União Federal, Estados e Distrito Federal, nos termos do artigo 24 da Constituição da República.

V. Com fundamento na atribuição do Poder Público de realizar zoneamentos agroecológicos que permitam estabelecer critérios para o disciplinamento e o ordenamento da ocupação espacial pelas diversas atividades produtivas, o zoneamento agroecológico da cana-de-açúcar, para a produção de etanol e açúcar, foi aprovado por Decreto Federal e tem como objetivo o fornecimento de subsídios técnicos para formulação de políticas públicas visando à expansão e produção sustentável de cana-de-açúcar no território brasileiro.

São corretas APENAS as afirmativas

(A) I e V.

(B) III e IV.

(C) I, II e V.

(D) II, III e IV.

(E) III, IV e V.

I: correta (art. 9º, IV, Lei 6.938/81). Acerca das competências para o licenciamento ambiental, remetemos o leitor aos arts. 7º, XIV, 8º, XIV e 9º, XIV, todos da LC 140/11; **II:** correta (art. 225, *caput*, CF); **III:** incorreta, pois, como é sabido, as condutas lesivas ao meio ambiente sujeitarão os infratores, pessoas físicas ou jurídicas, a sanções penais, civis e administrativas (art. 225, §3º, CF); **IV:** incorreta, pois o art. 24 da

CF trata da competência legislativa concorrente da União, Estados e DF, sendo certo que as competências materiais (ou executivas, ou administrativas) de referidos entes, bem como dos Municípios, encontram-se no art. 23 da CF; **V:** correta (vide Anexo do Decreto federal 6.961, de 17 de setembro de 2009).

Gabarito "C".

(ADVOGADO – PETROBRÁS BIO. – 2010 – CESGRANRIO) Considerando o que dispõe o Código Florestal e o Sistema Nacional de Unidades de Conservação da Natureza, analise as afirmações a seguir.

I. As florestas existentes no território nacional e as demais formas de vegetação, reconhecidas de utilidade às terras que revestem, são bens de interesse comum a todos os habitantes do País, exercendo-se os direitos de propriedade com as limitações que a legislação em geral e especialmente o Código Florestal estabelecem.

II. A supressão de vegetação em área de preservação permanente somente poderá ser autorizada em caso de utilidade pública, devidamente caracterizado e motivado em procedimento administrativo próprio, quando inexistir alternativa técnica e locacional ao empreendimento proposto.

III. No grupo de Unidades de Conservação de Proteção Integral, cujo objetivo básico é preservar a natureza, encontram-se inseridas, entre outras, a Reserva Biológica, a Estação Ecológica e a Floresta Nacional.

IV. É requisito indispensável para a criação de qualquer unidade de conservação a elaboração de estudos técnicos e de consulta pública que permitam identificar a localização, a dimensão e os limites mais adequados para a unidade.

V. As empresas industriais que, por sua natureza, consumirem grandes quantidades de matéria-prima florestal serão obrigadas a manter, dentro de um raio em que a exploração e o transporte sejam julgados econômicos, um serviço organizado que assegure o plantio de novas áreas, em terras próprias ou pertencentes a terceiros, cuja produção, sob exploração racional, seja equivalente ao consumido para o seu abastecimento.

São corretas APENAS as afirmações

(A) I e V.

(B) III e IV.

(C) I, II e V.

(D) II, III e IV.

(E) II, IV e V.

I: correta. De fato, as florestas são objeto de preservação pela legislação ambiental brasileira, com destaque para a Lei do SNUC (Lei 9.985/00) e Código Florestal (Lei 12.651/12), sendo certo que, por se tratarem de bens ambientais, de titularidade difusa, sujeitarão os particulares, proprietários de áreas cobertas por elas, a eventuais limitações de uso/disposição; **II:** incorreta, pois a supressão de vegetação em área de preservação permanente é admitida em casos de utilidade pública, interesse social ou baixo impacto (art. 8º, Lei 12.651/12 – Novo Código Florestal); **III:** incorreta, pois não se insere no rol das unidades de conservação de proteção integral (vide art. 8º, Lei 9.985/00) a Floresta Nacional, integrante do grupo das unidades de conservação de uso sustentável (art. 14, III, Lei 9.985/00); **IV:** incorreta, pois a consulta pública não será obrigatória para a criação de Estações Ecológicas ou Reservas Biológicas (art. 22, §4º, Lei 9.985/00); **V:** correta (antigo art. 20 da Lei 4.771/65, substituído pelo Novo Código Florestal – Lei 12.651/12, art. 34).

Gabarito "A".

12. DIREITO URBANÍSTICO

Wander Garcia, Ana Paula Garcia, Henrique Subi e José Antonio Apparecido Junior

1. ESTATUTO DA CIDADE

(Procurador do Município – Prefeitura Fortaleza/CE – CESPE – 2017) Tendo como referência as normas do direito urbanístico, com destaque para as aplicáveis ao plano diretor, julgue os itens que se seguem.

(1) Apenas lei em sentido estrito pode limitar o direito de construir.

(2) O cumprimento da função social de propriedade urbana é verificado pelo atendimento às exigências fundamentais de ordenação da cidade, as quais são expressas no plano diretor, quando existir.

1: Errada. Nada obsta que a regulamentação do direito de construir seja feita por normas infralegais, prática bastante comum nos Municípios. 2: Certa, nos termos do art. 182, § 2º, da CF. **HS**
Gabarito 1E, 2C

(Procurador Municipal – Prefeitura/BH – CESPE – 2017) Determinado município, para executar seu planejamento urbanístico, com a valorização de espaços históricos e a otimização de meios de transporte coletivo, desapropriou imóveis que vinham sendo usados de forma incompatível com a previsão do plano diretor.

Nessa situação,

(A) os cálculos dos valores das indenizações pelas desapropriações devem ser regulamentados pelo Estatuto da Cidade.

(B) promovida a readequação do uso, não poderá haver alienação dos bens desapropriados a outros particulares.

(C) o município utilizou um instituto jurídico de política urbana, com repercussão sobre o caráter perpétuo do direito de propriedade.

(D) as desapropriações fundamentaram-se exclusivamente no requisito do interesse social.

A: incorreta. A indenização nesse caso será paga em títulos da dívida pública, por força do art. 182, § 4º, III, da CF; B: incorreta. O art. 8º, § 5º, do Estatuto da Cidade autoriza a alienação a terceiros para o adequado aproveitamento do imóvel; C: correta, nos termos do art. 4º, V, do Estatuto da Cidade; D: incorreta. A desapropriação por descumprimento das diretrizes traçadas no Plano Diretor tem natureza de sanção administrativa. **HS**
Gabarito "C".

(Procurador Municipal – Prefeitura/BH – CESPE – 2017) O Estatuto da Cidade

(A) tipifica novas condutas que poderão caracterizar improbidade administrativa na execução da política urbana.

(B) não dispõe sobre plano diretor, o qual é lei reservada à competência municipal.

(C) regulamenta a forma de realização de consultas públicas como instrumento de gestão democrática das cidades.

(D) inclui, de forma taxativa, a lista dos instrumentos para a execução da política urbana.

A: correta, nos termos do art. 52 do Estatuto da Cidade; B: incorreta. O capítulo III do Estatuto da Cidade (arts. 39 e seguintes) é totalmente dedicado a regras gerais para elaboração do plano diretor; C: incorreta. O art. 44 do Estatuto da Cidade entrega tal competência à legislação local; D: incorreta. O *caput* do art. 4º do Estatuto da Cidade deixa claro que seu rol é exemplificativo, ao dizer que serão utilizados, "dentre outros instrumentos", aqueles que prevê. **HS**
Gabarito "A".

(Procurador Municipal – Prefeitura/BH – CESPE – 2017) Tendo como referência as disposições constitucionais relativas ao direito urbanístico, assinale a opção correta.

(A) A usucapião pró-moradia não será reconhecida ao mesmo possuidor mais de uma vez nem é admissível em relação a imóvel público.

(B) O plano diretor é obrigatório para todas as cidades brasileiras, uma vez que a propriedade urbana cumpre sua função social somente quando atende às regras nele estabelecidas.

(C) Compete concorrentemente ao município, ao estado e à União a promoção do adequado ordenamento territorial.

(D) Proprietário de solo urbano que, descumprindo o planejamento urbanístico, não promover seu adequado aproveitamento, poderá ser penalizado, sucessivamente, com: IPTU progressivo, parcelamento ou edificação em caráter compulsório e desapropriação-sanção.

A: correta, nos termos do art. 183, §§2º e 3º, da CF; B: incorreta. O plano diretor é obrigatório somente para os Municípios com mais de 20.000 habitantes (art. 182, §1º, da CF); C: incorreta. A competência é exclusiva

---

WG questões comentadas por: **Wander Garcia**
AG questões comentadas por: **Ana Paula Garcia**
HS questões comentadas por: **Henrique Subi**
JA questões comentadas por: **José Antonio Apparecido Junior**

do Município (art. 30, VIII, da CF); **D:** incorreta. O parcelamento ou edificação compulsórios serão aplicados antes do IPTU progressivo (art. 182, §4°, da CF). **HS**

Gabarito "A".

Pedro é proprietário de um imóvel situado em município com mais de cinquenta mil habitantes. Sua propriedade é próxima da zona costeira, o que o obriga a cumprir algumas limitações administrativas municipais impostas pelo município no que tange à proteção ambiental da zona costeira.

(Procurador – SP – VUNESP – 2015) O Estatuto da Cidade traz alguns instrumentos da política urbana, dentre eles o planejamento municipal, no qual se inclui, em especial:

(A) Plano de desenvolvimento econômico e assistencial.

(B) Limitação sócio-administrativa.

(C) Tombamento de móveis ou de mobiliário urbano.

(D) Instituição de zonas especiais de unidades de conservação.

(E) Gestão orçamentária participativa.

Nos termos do art. 4°, III da Lei 10.257/2001, o planejamento municipal é instrumento de política urbana, e, em especial, além da gestão orçamentária e participativa (alínea "f" do apontado inciso III), são seus instrumentos específicos o plano diretor; a disciplina do parcelamento, do uso e da ocupação do solo; o zoneamento ambiental; o plano plurianual; as diretrizes orçamentárias e orçamento anual; os planos, programas e projetos setoriais; e os planos de desenvolvimento econômico e social. **JA**

Gabarito "E".

(Procurador do Estado – PGE/BA – CESPE – 2014) Considerando essa situação hipotética, as normas aplicáveis e a jurisprudência, julgue os itens a seguir em relação à política urbana.

(1) Apesar de o plano diretor não ser obrigatório ao município, este deve mapear as áreas suscetíveis à ocorrência de deslizamentos de grande impacto e de inundações bruscas.

(2) A limitação administrativa imposta pelo município para a proteção ambiental da zona costeira gera direito de indenização a Pedro em face de eventual limitação do seu direito de explorar economicamente sua propriedade.

(3) Caso Pedro obtenha autorização administrativa para explorar um *camping* em sua propriedade, não cabe o encerramento da atividade comercial em face de dano ambiental decorrente da disposição de resíduos na zona costeira.

(4) Exemplifica a aplicação do princípio do desenvolvimento sustentável a garantia a que Pedro possa construir um hotel na zona costeira para fomentar a economia da região e promover empregos, relativizando-se as limitações administrativas ambientais.

1: Errada. O Plano Diretor é obrigatório para Municípios com mais de 20.000 habitantes (art. 182, § 1°, da CF). **2:** Errada. O cumprimento de limitações administrativas ao direito de propriedade não gera dever de indenizar por parte do Poder Público, diante da função social propriedade expressa no art. 5°, XXIII, da CF. **3:** Errada. A autorização administrativa não elide os deveres e responsabilidade sobre o meio ambiente, sendo plenamente aplicáveis as sanções previstas em lei, inclusive a cassação da licença. **4:** Errada. O princípio do desenvolvimento sustentável determina que: "*O desenvolvimento que procura satisfazer as necessidades da geração atual, sem comprometer a*

capacidade das gerações futuras de satisfazerem as suas próprias necessidades, significa possibilitar que as pessoas, agora e no futuro, atinjam um nível satisfatório de desenvolvimento social e econômico e de realização humana e cultural, fazendo, ao mesmo tempo, um uso razoável dos recursos da terra e preservando as espécies e os habitats naturais." (Relatório Brundtland). Ou seja, ele é voltado para a manutenção dos recursos naturais, não para o fomento da economia. **HS**

Gabarito 1E, 2E, 3E, 4E

(Procurador Municipal/SP – VUNESP – 2016) O direito de preempção confere ao Poder Público Municipal preferência para aquisição de imóvel urbano objeto de alienação onerosa entre particulares, de acordo com a Lei 10.257/2001, que regulamenta os arts. 182 e 183 da CF/1988, traçando as diretrizes da Política Urbana Nacional. Assim, é correto afirmar que

(A) tal direito será exercido pelo Poder Público para fins de constituição de reserva de capital.

(B) a lei estadual, baseada no plano diretor de cada município, delimitará as áreas em que incidirá o direito de preempção e fixará prazo de vigência, não superior a cinco anos, renovável a partir de um ano após o decurso do prazo inicial de vigência.

(C) o direito de preempção fica assegurado durante o prazo de vigência fixado em legislação municipal, independentemente do número de alienações referentes ao mesmo imóvel.

(D) a alienação processada em condições diversas da proposta apresentada será considerada anulável.

(E) o proprietário deverá notificar ao Município sua intenção de alienar o imóvel, para que qualquer ente público, no prazo máximo de trinta dias, manifeste por escrito seu interesse em comprá-lo.

A: incorreta. O art. 26 da Lei 10.257/2001 estabelece que o direito de preempção será utilizado nas hipóteses em que o Poder Público necessitar de áreas para regularização fundiária, execução de programas e projetos habitacionais de interesse social, constituição de reserva fundiária, ordenamento e direcionamento da expansão urbana, implantação de equipamentos urbanos e comunitários, criação de espaços públicos de lazer e áreas verdes, criação de unidades de conservação ou proteção de outras áreas de interesse ambiental e proteção de áreas de interesse histórico, cultural ou paisagístico; **B.** incorreta. A competência para a edição de tal lei é municipal, nos termos expressos do art. 25, § 1°, da Lei 10.257/2001; **C.** correta, conforme previsão expressa do § 2° do art. 25 da Lei 10.257/2001; **D.** incorreta. De acordo com o art. 27, § 5° da Lei 10.257/2001, a alienação processada em condições diversas da proposta apresentada é nula de pleno direito; **E.** incorreta. Nos termos do "caput" do art. 27 da Lei 10.257/2001, quem tem a prerrogativa de manifestar-se no prazo assinalado é o Município. **JA**

Gabarito "C".

(Procurador Distrital – 2014 – CESPE) Julgue os itens subsequentes, acerca da Região Integrada de Desenvolvimento do DF e Entorno, do Estatuto da Cidade e da disciplina constitucional do direito urbanístico.

(1) O Estatuto da Cidade reitera a exigência constitucional de elaboração e aprovação de plano diretor para municípios acima de vinte mil habitantes, devendo esse instrumento ser revisto, obrigatoriamente, a cada cinco anos.

(2) São instrumentos do Estatuto da Cidade para a realização da política urbana, entre outros: o zoneamento ambiental, a contribuição de melhoria, a desapropriação, a servidão administrativa, o direito de preempção e a usucapião especial de imóvel urbano.

12. DIREITO URBANÍSTICO   589

(3) Cabe à União instituir diretrizes para o desenvolvimento urbano, inclusive habitação, e aos estados instituir, mediante lei complementar, regiões metropolitanas, devendo o DF elaborar PDOT dispondo acerca das políticas de ordenamento territorial.

1: incorreta. Deve o plano diretor ser revisto a cada 10 anos (art. 40, § 3º, da Lei nº 10.257/2001 – Estatuto da Cidade); **2:** correta, nos termos do art. 4º, III, "a", IV, "b", V, "a", "b", "m" e "j", do Estatuto da Cidade; **3:** correta, nos termos dos arts. 21, XX, 25, § 3º, e 32, § 1º, c.c. art. 30, VIII, todos da Constituição Federal.
Gabarito 1E, 2C, 3C

(Procurador do Município/Teresina-PI – 2010 – FCC) O direito de preempção, nos termos do Estatuto da Cidade (Lei nº 10.257, de 10 de julho de 2001),

(A) assegura ao Município, na condição de locatário, a preferência na aquisição do imóvel alugado, autorizando-lhe, caso tenha sido preterido, a tomar o bem para si mediante o depósito, no prazo legal, do preço e das demais despesas decorrentes da transferência.

(B) garante ao particular expropriado a preferência na aquisição de bem imóvel desapropriado pelo Município por interesse social ou para fins de necessidade ou utilidade pública, desde que não lhe tenha sido conferida a destinação que fundamentou a desapropriação e não seja utilizado em obras ou serviços públicos municipais.

(C) aplica-se apenas às áreas delimitadas em decreto do Poder Executivo municipal, cabendo ser exercido sempre que o Município necessitar de áreas para, entre outros propósitos, executar programas e projetos habitacionais de interesse social, implantar equipamentos urbanos e comunitários, criar unidades de conservação e dar cumprimento às demais diretrizes e finalidades de interesse social ou de utilidade pública definidas no plano diretor.

(D) determina a nulidade de pleno direito de alienação, celebrada em condições diversas da proposta formalmente apresentada ao Município, mas não autoriza ao Município impor multa de 20% sobre o valor do imóvel ao transmitente e ao adquirente em regime de solidariedade.

(E) determina a nulidade de pleno direito de alienação, celebrada em condições diversas da proposta formalmente apresentada ao Município, mas não autoriza a aquisição pelo Município do imóvel pelo valor da base de cálculo do IPTU.

A: incorreta, pois o Município tem o direito de preferência independentemente de ser locatário da coisa (art. 25 da Lei 10.257/01); **B:** incorreta, pois o direito descrito na afirmativa tem o nome de retrocessão, e não de preempção; **C:** incorreta, pois se aplica apenas às áreas delimitadas em LEI MUNICIPAL, e não em decreto municipal (art. 25, § 1º, da Lei 10.257/01); **D:** correta (art. 27, § 5º, da Lei 10.257/01); **E:** incorreta, pois a alienação do imóvel, processada em condições diversas da proposta apresentada, autoriza a aquisição pelo Município do imóvel pelo valor base de cálculo do IPTU (art. 27, § 6º, da Lei 10.257/01).
Gabarito "D"

(Procurador do Município/Teresina-PI – 2010 – FCC) Em face do disposto no Estatuto da Cidade (Lei nº 10.257, de 10 de julho de 2001), considere as assertivas abaixo:

I. Além das cidades com mais de 20 mil habitantes, o plano diretor também é obrigatório no caso de Municípios que integrem áreas de especial interesse turístico.

II. Incorre em improbidade administrativa o Prefeito que aplicar os recursos obtidos mediante outorga onerosa do direito de construir na criação em programas de regularização fundiária.

III. Na ação judicial de usucapião especial de imóvel urbano, a intervenção do Ministério Público é obrigatória apenas quando envolver direitos de incapazes e o procedimento a ser observado é o rito ordinário do Código de Processo Civil.

Está correto o que se afirma em

(A) I, II e III.

(B) I, apenas.

(C) II, apenas.

(D) III, apenas.

(E) I e II, apenas.

I: correta (art. 41, I e IV, da Lei 10.257/01); **II:** incorreta, pois, segundo o 52, IV, da Lei 10.257/01, só há improbidade no caso se o Prefeito aplicar os recursos da outorga onerosa em finalidade distinta das determinadas nos arts. 31 e 26 da Lei 10.257/01, sendo que o art. 26, I, determina que o Poder Público atuará no sentido da regularização fundiária; **III:** incorreta, pois o Ministério Público sempre atuará nesse tipo de ação de usucapião (art. 12, § 1º, da Lei 10.257/01); ademais, o rito dessa ação judicial é o sumário (art. 14 da Lei 10.257/01).
Gabarito "B"

(Procurador do Município/Teresina-PI – 2010 – FCC) Para a instalação de *shopping center* no Município de Teresina, deve ser realizado estudo prévio de impacto de vizinhança (EIV). Assinale a alternativa INCORRETA, de acordo com o Estatuto da Cidade.

(A) O plano diretor deve conter no mínimo dispositivo sobre as operações urbanas consorciadas, que por sua vez devem conter entre seus elementos dispositivos sobre o EIV.

(B) A apresentação por parte do empreendedor do EIV à administração pública municipal é um pré-requisito para obtenção das licenças ou autorizações de construção, ampliação ou funcionamento de empreendimentos ou atividades econômicas geradoras de impacto em área urbana do Município.

(C) O EIV deverá contemplar tantos os efeitos positivos quanto os efeitos negativos do empreendimento ou atividade em relação à qualidade de vida da população residente na área e suas proximidades.

(D) Dentre as questões a serem analisadas estão o adensamento populacional; equipamentos urbanos e comunitários; uso e ocupação do solo; valorização imobiliária; geração de tráfego e demanda por transporte público; ventilação e iluminação; paisagem urbana e patrimônio natural e cultural.

(E) A elaboração do EIV e sua aprovação substituem a realização e aprovação do estudo prévio de impacto ambiental.

A: assertiva correta, pois o plano diretor deve conter no mínimo dispositivo sobre as operações consorciadas (art. 42, II, c/c art. 32, ambos da Lei 10.257/01) e essas operações devem conter entre seus elementos dispositivos sobre o Estudo de Impacto de Vizinhança – EIV (art. 33,

V, da Lei 10.257/01); **B:** assertiva correta (art. 36 da Lei 10.257/01); **C:** assertiva correta (art. 37, caput, da Lei 10.257/01); **D:** assertiva correta (art. 37, I a VII, da Lei 10.257/01); **E:** assertiva incorreta, devendo ser assinalada; a elaboração do EIV não substitui a elaboração e a aprovação do EIA (art. 38 da Lei 10.257/01).
Gabarito "E".

(Procurador do Município/Teresina-PI – 2010 – FCC) As diretrizes de política urbana, cujo objetivo é ordenar o pleno desenvolvimento das funções sociais da cidade e da propriedade urbana, estabelecidas pelo Estatuto da Cidade, determinam a

(A) adoção de privilégios para os agentes privados na promoção de empreendimentos e atividades relativos ao processo de urbanização, atendido o interesse social.

(B) complexificação da legislação de parcelamento, uso e ocupação do solo e das normas edilícias, com vistas a permitir a observância da situação socioeconômica da população e a legislação ambiental.

(C) garantia do direito a cidades sustentáveis, limitando-se, portanto, o crescimento das médias e pequenas cidades, para garantir às gerações futuras cidades sustentáveis.

(D) realização da gestão democrática por meio da participação da população e de associações representativas dos vários segmentos da comunidade na formulação, execução e acompanhamento de planos, programas e projetos de desenvolvimento urbano.

(E) realização da regularização fundiária e urbanização de áreas ocupadas por população de baixa renda, independentemente de serem áreas de riscos.

A: incorreta, pois o Estatuto da cidade determina "a isonomia de condições para os agentes públicos e privados na promoção de empreendimentos e atividades relativos ao processo de urbanização, atendido o interesse social (art. 2º, XVI, da Lei 10.257/01); **B:** incorreta, pois a diretriz é de simplificação dessa legislação (art. 2º, XIV, da Lei 10.257/01); **C:** incorreta, pois o direito a cidades sustentáveis tem em mira o direito à terra urbana, à moradia, ao saneamento ambiental, à infraestrutura urbana, ao transporte, aos serviços públicos, ao trabalho e ao lazer (art. 2º, I, da Lei 10.257/01), e não à limitação do crescimento das médias e pequenas cidades; **D:** correta (art.. 2º, II, da Lei 10.257/01); **E:** incorreta, pois essa diretriz (art. 2º, XIV, da Lei 10.257/01) determina que se observe as normas ambientais, e, em áreas de risco, seja para preservar a vida, seja para preservar o meio ambiente, não cabe regularização fundiária.
Gabarito "D".

(Procurador do Município/Natal-RN – 2008 – CESPE) No que concerne ao Estatuto da Cidade, assinale a opção correta.

(A) O Estatuto da Cidade é uma lei nacional de desenvolvimento urbano, exigida internacionalmente, e que regulamenta os instrumentos de política urbana que devem ser aplicados pelos municípios exclusivamente.

(B) Segundo o texto constitucional, o plano diretor é o instrumento básico, de âmbito regional, referente ao desenvolvimento e à expansão das cidades, e sua elaboração é atribuição dos estados.

(C) O plano diretor deve estabelecer diretrizes referentes a circulação, habitação, patrimônio histórico e genético e meio ambiente, bem como a outros aspectos relacionados com o desenvolvimento das cidades, como política educacional, taxa de mortalidade infantil e controle da natalidade.

(D) O Estatuto da Cidade é uma lei federal exigida constitucionalmente que regulamenta os instrumentos de política urbana que devem ser aplicados pela União, pelos estados e, especialmente, pelos municípios.

A: incorreta. O Estatuto da Cidade não estabelece obrigações apenas aos Municípios. Um exemplo disso são as obrigações trazidas à União, no bojo do art. 3º da lei; **B:** incorreta, pois a sua elaboração é competência do Município (art. 182, § 1º, da CF); **C:** incorreta, pois não é foco do Plano Diretor tratar do patrimônio genético, nem de políticas educacional e de saúde pública (art. 42 da Lei 10.257/01); **D:** correta (art. 182, § 1º, da CF e disposições da Lei 10.257/01).
Gabarito "D".

(Procurador do Município/Natal-RN – 2008 – CESPE) O plano diretor deve definir os critérios para a utilização dos instrumentos estabelecidos no Estatuto da Cidade. Esses critérios incluem os relativos a

(A) processo administrativo, parcerias público-privadas, concessão de licenças ambientais e alteração dos padrões de qualidade ambiental.

(B) outorga onerosa do direito de construir, operações urbanas consorciadas, transferência do direito de construir e zonas especiais de interesse social.

(C) outorga do direito de ocupação, licenciamento para a exploração dos recursos minerais, consórcios interestaduais, transferência de titulação do direito de propriedade rural e concessão de benefícios fiscais a associações de moradores.

(D) parcelamento do espaço aéreo, classificação das águas, localização dos sítios Ramsar e separação, coleta e processamento de material reciclável.

Art. 4º, V, *n, p, o* e *f*, do Estatuto da Cidade.
Gabarito "B".

(Procurador do Município/Natal-RN – 2008 – CESPE) De acordo com as diretrizes expressas no Estatuto da Cidade, no que se refere ao plano diretor, é essencial

(A) a participação da população e de associações representativas dos vários segmentos econômicos e sociais, não apenas durante o processo de elaboração e votação, mas, sobretudo, na implementação e gestão das decisões.

(B) a participação das organizações não governamentais internacionais que atuam na defesa do meio ambiente no diagnóstico dos problemas socioambientais, no plano de manejo sustentável da reserva da biosfera, na criação das estações ecológicas, nos programas de reversão do superaquecimento global e na gestão das bacias hidrográficas.

(C) o engajamento da sociedade civil organizada e do movimento sindical na determinação da localização das zonas especiais de interesse social e na organização do acesso aos equipamentos públicos, bem como na escolha dos veículos utilizados no transporte dos portadores de necessidades especiais.

(D) o apoio dos partidos políticos, das agências de fomento, dos organismos internacionais e dos órgãos de segurança pública.

A: correta (arts. 40, § 4º, I, e 45, ambos do Estatuto da Cidade); B a **D:** incorretas, pois não estão contempladas na Lei 10.257/01).
Gabarito "A".

12. DIREITO URBANÍSTICO

(Procurador do Município/Recife-PE – 2008 – FCC) De acordo com o Estatuto da Cidade (Lei nº 10.257/01), o Imposto sobre a Propriedade Predial e Territorial Urbana (IPTU) poderá ser progressivo no tempo pelo prazo de

(A) 10 (dez) anos, durante o qual suas alíquotas poderão subir até o máximo de 15% (quinze por cento), sem exceder o dobro da alíquota do ano anterior.

(B) 10 (dez) anos, durante o qual suas alíquotas poderão subir até o máximo de 10% (dez por cento), sem exceder o dobro da alíquota do ano anterior.

(C) 5 (cinco) anos, durante o qual suas alíquotas poderão subir até o máximo de 15% (quinze por cento), sem exceder o dobro da alíquota do ano anterior.

(D) 5 (cinco) anos, durante o qual suas alíquotas poderão subir indefinidamente, sem exceder o dobro da alíquota do ano anterior.

(E) 5 (cinco) anos, durante o qual suas alíquotas poderão subir até o máximo de 10% (dez por cento), sem que haja restrição quanto ao aumento da alíquota de um ano para outro.

Art. 7º, § 1º, do Estatuto da Cidade.
Gabarito "C".

(Procurador do Município/Recife-PE – 2008 – FCC)

I. A divisão da cidade em zonas de usos diferenciados tem por fundamento a destinação de áreas a suas vocações específicas, com base na função social da propriedade urbana.

II. O conteúdo da função social da propriedade urbana é constitucionalmente definido, cabendo ao Plano Diretor especificar em que graus e condições os requisitos constitucionais serão atendidos.

III. De acordo com o Estatuto da Cidade, é lícito ao Poder Público Municipal autorizar a alteração do uso do solo em áreas específicas, mediante contrapartida a ser prestada pelo proprietário.

(A) Somente a afirmativa I está correta.

(B) Somente a afirmativa II está correta.

(C) Somente as afirmativas I e II estão corretas.

(D) Somente as afirmativas I e III estão corretas.

(E) Somente as afirmativas II e III estão corretas.

I: correta (art. 4º, V, *f*, do Estatuto da Cidade); II: incorreta, pois a função social da propriedade não tem seu conteúdo definido pela Constituição (art. 182, § 2º, da CF e art. 39 do Estatuto da Cidade); III: correta (art. 29 do Estatuto da Cidade).
Gabarito "D".

(Procurador do Município/São José dos Campos-SP – 2012 – VUNESP) Com base nos instrumentos de política urbana, assinale a alternativa correta.

(A) A Política de Desenvolvimento Urbano é executada pelo Poder Público Municipal, conforme diretrizes fixadas em lei, e tem por objetivo ordenar o pleno desenvolvimento das funções sociais da cidade e garantir o bem-estar de seus habitantes.

(B) O Plano Diretor, aprovado pela Câmara Municipal, para as cidades com mais de quinze mil habitantes, é instrumento básico da política de desenvolvimento e de expansão urbana.

(C) A propriedade urbana cumpre sua função social quando atende às exigências fundamentais de orde-

nação da cidade estabelecida na Lei de Diretrizes e Bases.

(D) Os imóveis públicos são passíveis de usucapião.

(E) A desapropriação de imóveis urbanos é feita com indenização em título da dívida pública.

A: correta (art. 182, *caput*, da CF); **B:** incorreta, pois o plano diretor, aprovado pela Câmara Municipal, obrigatório para cidades com mais de vinte mil habitantes, é o instrumento básico da política de desenvolvimento e de expansão urbana (art. 182, § 1º, da CF); **C:** incorreta, pois a propriedade urbana cumpre sua função social quando atende às exigências fundamentais de ordenação da cidade expressas no plano diretor (art. 182, § 2º, da CF); **D:** incorreta, pois os imóveis públicos não serão adquiridos por usucapião (art. 183, § 3º, da CF); **E:** incorreta, pois as desapropriações de imóveis urbanos serão feitas com prévia e justa indenização em dinheiro (art. 182, § 3º, da CF).
Gabarito "A".

(Procurador do Município/São José dos Campos-SP – 2012 – VUNESP) Nos termos do Estatuto da Cidade, adquirirá o domínio da propriedade, por meio da usucapião especial urbana, aquele que não seja proprietário de outro imóvel e que utilizar, para sua moradia ou de sua família, área ou edificação de até

(A) 200 m², por cinco anos, ininterruptamente e sem oposição.

(B) 250 m², por cinco anos, ininterruptamente e sem oposição.

(C) 250 m², por dez anos, ininterruptamente e sem oposição.

(D) 350 m², por cinco anos, ininterruptamente e sem oposição.

(E) 350 m², por dez anos, ininterruptamente e sem oposição.

Art. 9º do Estatuto da Cidade (Lei 10.257/01).
Gabarito "B".

(Procurador do Município/São José dos Campos-SP – 2012 – VUNESP) A propriedade urbana cumpre sua função social quando atende às exigências fundamentais de ordenação da cidade expressas no Plano Diretor, assegurando o atendimento das necessidades dos cidadãos quanto à qualidade de vida, à justiça social e ao desenvolvimento das atividades econômicas, respeitadas as diretrizes previstas na Lei Federal n.º 10.257, de 10.07.2001. Nesse contexto, é correto afirmar que

(A) o Plano Diretor, aprovado por lei municipal, é o instrumento básico da política de desenvolvimento e expansão urbana.

(B) o Plano Diretor é desagregado do processo de planejamento municipal, devendo, entretanto, o plano plurianual, as diretrizes orçamentárias e o orçamento anual incorporar as diretrizes e as prioridades nele contidas.

(C) o Plano Diretor poderá englobar o território do Município como um todo.

(D) a lei que instituir o Plano Diretor deverá ser revista, pelo menos, a cada quinze anos.

(E) no processo de elaboração do Plano Diretor e na fiscalização de sua implementação, os Poderes Legislativo e Executivo municipais facultarão a promoção de audiências públicas, porém, se realizadas, serão garantidos a publicidade e o acesso de qualquer interessado aos documentos e informações produzidos.

A: correta (art. 40, *caput*, do Estatuto da Cidade – Lei 10.257/01); **B:** incorreta, pois o plano diretor é parte integrante do processo de planejamento municipal, devendo o plano plurianual, as diretrizes orçamentárias e o orçamento anual incorporar as diretrizes e as prioridades nele contidas (art. 40, § 1º, do Estatuto da Cidade); **C:** incorreta, pois o plano diretor deverá englobar o território do Município como um todo (art. 40, § 2º, do Estatuto da Cidade); **D:** incorreta, pois a lei que instituir o plano diretor deverá ser revista, pelo menos, a cada dez anos (art. 40, § 3º, do Estatuto da Cidade); **E:** incorreta, pois no processo de elaboração do plano diretor e na fiscalização de sua implementação, os Poderes Legislativo e Executivo municipais garantirão a promoção de audiências públicas e debates com a participação da população e de associações representativas dos vários segmentos da comunidade (art. 40, § 4º, I, do Estatuto da Cidade).
Gabarito "A".

(Procurador do Município/Sorocaba-SP – 2012 – VUNESP) O plano diretor, aprovado pela Câmara Municipal, é o instrumento básico da política de desenvolvimento e de expansão urbana, sendo obrigatório para cidades com mais de

(A) dez mil habitantes.

(B) vinte mil habitantes.

(C) vinte mil eleitores.

(D) trinta mil habitantes.

(E) trinta mil eleitores.

Art. 41, I, do Estatuto da Cidade (Lei 10.257/01).
Gabarito "B".

(Procurador do Município/Sorocaba-SP – 2012 – VUNESP) É possível a indenização da desapropriação por títulos da dívida pública

(A) pelo Município, de bens urbanos inadequadamente utilizados.

(B) pelo Município, de bens rurais, para fins de reforma agrária.

(C) pelo Estado, no caso de declaração de necessidade pública.

(D) pela União, quando houver interesse social.

(E) pela União, de bens dominicais.

Art. 182, § 4º, III, da CF e art. 8º do Estatuto da Cidade (Lei 10.257/01).
Gabarito "A".

> **DICA:** Caro leitor, atenção para o novo inciso inserido pela Lei 13.699/2018 inserindo mais uma diretriz: XIX – garantia de condições condignas de acessibilidade, utilização e conforto nas dependências internas das edificações urbanas, inclusive nas destinadas à moradia e ao serviço dos trabalhadores domésticos, observados requisitos mínimos de dimensionamento, ventilação, iluminação, ergonomia, privacidade e qualidade dos materiais empregados.

2. QUESTÕES COMBINADAS

(Procurador do Município – Prefeitura Fortaleza/CE – CESPE – 2017) A respeito de parcelamento do solo, impacto de vizinhança, regularização fundiária de interesse social, desapropriação e tombamento, julgue os itens a seguir com base na legislação urbanística.

(1) De acordo com o Estatuto da Cidade, o estudo prévio do impacto ambiental é peça obrigatória do estudo de impacto de vizinhança e as análises de uso e ocupação do solo e de adensamento populacional somente são obrigatórias para imóveis com área superior a um hectare.

(2) Conforme a medida provisória que dispõe sobre a concessão de uso especial, o direito de concessão de uso especial para fins de moradia pode ser transferido para terceiros.

(3) Em se tratando de desapropriação por utilidade pública em que a imissão prévia na posse tenha se dado por ordem judicial e o ente expropriante tenha depositado em juízo o preço ofertado, é incabível o pagamento de juros compensatórios.

(4) Se imóvel integrante do patrimônio cultural for objeto de tombamento compulsório, poderá o proprietário requerer o cancelamento do tombamento se, após notificar o Instituto do Patrimônio Histórico e Artístico Nacional da impossibilidade financeira de proceder às obras de conservação e reparação necessárias, o poder público não adotar nenhuma providência dentro do prazo de seis meses.

(5) No âmbito do parcelamento do solo urbano, desmembramento corresponde à subdivisão de gleba em lotes destinados à edificação, com abertura de novas vias de circulação e criação de logradouros públicos.

1: Errada. O EIA e o EIV são documentos autônomos (art. 38 do Estatuto da Cidade – Lei 10.257/2001), sendo a análise do adensamento populacional e de uso e ocupação do solo dois de seus requisitos mínimos (art. 37, I e III, do Estatuto da Cidade). **2:** Certa, nos termos do art. 7º da Medida Provisória 2.220/2001. **3:** Errada. O art. 15-A do Decreto-lei 3.365/1941 determina a incidência de juros moratórios de 6% ao ano sobre a diferença apurada, contados da imissão na posse, vedada a aplicação de juros compostos. **4:** Certa, nos termos do art. 19, §§ 1º e 2º, do Decreto-lei 25/1937. **5:** Errada, A assertiva traz o conceito de loteamento. No desmembramento há aproveitamento do sistema viário existente (art. 2º, §§ 1º e 2º, da Lei 6.766/1979). **HS**
Gabarito 1E, 2C, 3E, 4C, 5E

(Procurador do Município – Prefeitura Fortaleza/CE – CESPE – 2017) Considerando a jurisprudência majoritária e atual dos tribunais superiores, julgue os itens subsequentes.

(1) Para o STJ, se parte de um imóvel urbano for declarada pelo poder público área de preservação permanente, ficará afastada a titularidade do proprietário em relação a essa porção do imóvel. Uma vez transformada em área de preservação permanente, a porção é retirada do domínio privado e passa a ser considerada bem público para todos os efeitos, incluindo-se os tributários.

(2) Segundo o STF, a competência normativa municipal para a ocupação de espaços urbanos é mais ampla que o conteúdo aprovado no seu plano diretor. Assim, municípios com mais de vinte mil habitantes podem legislar sobre ordenamento urbano em outras leis, desde que compatíveis com diretrizes estabelecidas no plano diretor.

1: Errada. A área de preservação permanente não implica perda do domínio do imóvel – ao contrário, é "pressuposto interno do direito de propriedade" a fundamentar a "função ecológica do imóvel" (STJ, REsp 1.240.122). **2:** Certa, nos termos da tese fixada em repercussão geral no RE 607.940. **HS**
Gabarito 1E, 2C

12. DIREITO URBANÍSTICO

(Procurador Municipal – Prefeitura/BH – CESPE – 2017) Acerca de instrumentos de tutela de bens culturais materiais e das competências para a proteção do patrimônio cultural, assinale a opção correta.

(A) O rito de tombamento de ofício inicia-se com manifestação do IPHAN, órgão vinculado ao Ministério da Cultura.

(B) A ação popular não se presta a anular ato lesivo ao patrimônio histórico e cultural.

(C) Todos os entes federativos possuem competência para legislar sobre tombamento e competência material para realizá-lo.

(D) O ato de tombamento é discricionário, de modo que eventual controle pelo Poder Judiciário não se estende a sua motivação.

A: incorreta. O IPHAN é autarquia, não órgão, federal, vinculada ao Ministério da Cultura; **B:** incorreta. A ação popular pode ter por objeto a anulação de ato lesivo ao patrimônio histórico e cultural (art. 1º, § 1º, da Lei 4.717/1965); **C:** correta, nos termos do art. 30, VII, art. 30, IX, e 23, III, todos da CF; **D:** incorreta, porém deve ser feita a ressalva da divisão da doutrina sobre o tema. A doutrina clássica, amparada em Hely Lopes Meirelles, defende a natureza vinculada do tombamento. Há, não obstante, crescente movimento pelo reconhecimento de sua discricionariedade, principalmente defendido pelas Procuradorias Estaduais e Municipais. **HS** Gabarito "C".

(Procurador Municipal – Prefeitura/BH – CESPE – 2017) Chamado para analisar projetos de parcelamento de solo urbano em áreas impróprias, determinado procurador municipal verificou hipótese de proibição absoluta.

Com base nas disposições da Lei 6.766/1979, é correto afirmar tratar-se, na situação, de parcelamento do solo em terrenos

(A) onde as condições geológicas não aconselham a edificação.

(B) alagadiços e sujeitos a inundações.

(C) aterrados com material nocivo à saúde pública.

(D) com declividade igual ou superior a 30%.

As hipóteses de proibição absoluta encontram-se no art. 3º, parágrafo único, da Lei 6.766/1979. Dentre as alternativas, a única que se encontra no rol é a proibição de edificação nos locais onde as condições geológicas não o aconselham (inciso IV). Vale ressaltar que a edificação em área aterrada com material nocivo à saúde pública é permitida se houver saneamento prévio (inciso II) e nos terrenos com declividade superior a 30% será permitida sob certas condições das autoridades competentes (inciso III). **HS** Gabarito "A".

(Procurador Municipal – Sertãozinho/SP – VUNESP – 2016) A Lei 6.766/1979 trata sobre o Parcelamento do Solo. Destina um dos seus capítulos a tutelar os contratos que tenham por objeto a venda de bens imóveis. Sob esse aspecto, é correto afirmar que

(A) aquele que adquirir a propriedade loteada mediante ato *inter vivos*, ou por sucessão *causa mortis*, sucederá o transmitente em todos os seus direitos e obrigações, ficando obrigado a respeitar os compromissos de compra e venda ou as promessas de cessão, em todas as suas cláusulas, sendo anulável qualquer disposição em contrário, ressalvado o direito do herdeiro ou legatário de renunciar à herança ou ao legado.

(B) o contrato particular pode ser transferido por simples trespasse, lançado no verso das vias em poder das partes, ou por instrumento em separado, declarando-se o número do registro do loteamento, o valor da cessão e a qualificação do cessionário para o devido registro.

(C) em qualquer caso de rescisão por inadimplemento do adquirente, as benfeitorias necessárias ou úteis por ele levadas a efeito no imóvel não deverão ser indenizadas, sendo de nenhum efeito qualquer disposição contratual em contrário.

(D) qualquer alteração ou cancelamento parcial do loteamento registrado dependerá de acordo entre o loteador e os adquirentes de lotes atingidos pela alteração, independentemente da aprovação pela Prefeitura Municipal, ou do Distrito Federal quando for o caso, devendo ser depositada no Registro de Imóveis.

(E) são retratáveis os compromissos de compra e venda, cessões e promessas de cessão, os que atribuam direito à adjudicação compulsória e, estando registrados, confiram direito real oponível a terceiros.

A. incorreta. O art. 29 da Lei 6.766/1979 considera nulas as disposições em contrário, e não meramente anuláveis, ressalvado o direito do herdeiro ou legatário de renunciar à herança ou ao legado; **B.** correta, nos termos do art. 31, "caput", da Lei 6.766/1979; **C.** incorreta. Nos termos do art. 34 da Lei 6.766/1979, em qualquer caso de rescisão por inadimplemento do adquirente, as benfeitorias necessárias ou úteis por ele levadas a efeito no imóvel deverão ser indenizadas, sendo de nenhum efeito qualquer disposição contratual em contrário. Como exceção, não serão indenizáveis as benfeitorias feitas em desconformidade com o contrato ou com a lei; **D.** incorreta. Nos termos do art. 28 da Lei 6.766/1979, deve haver aprovação pela Prefeitura Municipal, ou do Distrito Federal quando for o caso, devendo ser depositada no Registro de Imóveis, em complemento ao projeto original com a devida averbação; **E.** incorreta. Nos termos do art. 25 da lei 6.766/1979, tais avenças são irretratáveis. **JA** Gabarito "B".

(Procurador Municipal/SP – VUNESP – 2016) Os lotes urbanos, para fins de loteamento e parcelamento do solo, conforme estabelecido na Lei 6.766/1979, quando o loteamento se destinar a edificação de conjuntos habitacionais de interesse social, previamente aprovados pelos órgãos públicos competentes, poderão ter área mínima

(A) de 150 m².

(B) menor que 125 m².

(C) entre 130 e 150 m².

(D) entre 150 e 250 m².

(E) de 250 m².

O art. 4º da Lei n. 6.766/1979 trata dos requisitos urbanísticos para os loteamentos, e, em seu inc. II, determina que "os lotes terão área mínima de 125M² (cento e vinte e cinco metros quadrados) e frente mínima de 5 (cinco) metros, salvo quando o loteamento se destinar a urbanização específica ou edificação de conjuntos habitacionais de interesse social, previamente aprovados pelos órgãos públicos competentes. **JA** Gabarito "B".

(Procurador – SP – VUNESP – 2015) Quanto ao parcelamento do Solo Urbano, é correta a seguinte afirmação:

(A) Considera-se desmembramento a subdivisão de gleba em lotes destinados à edificação, com abertura de novas vias de circulação, de logradouros públicos ou prolongamento, modificação ou ampliação das vias existentes.

(B) Considera-se loteamento a subdivisão de gleba em lotes destinados à edificação, com aproveitamento do sistema viário existente, desde que não implique na abertura de novas vias, logradouros públicos, nem no prolongamento, modificação ou ampliação dos já existentes.

(C) Não será permitido o parcelamento do solo para fins urbanos em terrenos alagadiços e sujeitos a inundações, ainda que tomadas as providências para assegurar o escoamento das águas.

(D) Não será permitido o parcelamento de solo para fins urbanos em terrenos que tenham sido aterrados com material nocivo à saúde pública, ainda que previamente saneados.

(E) Somente será admitido o parcelamento do solo para fins urbanos em zonas urbanas, de expansão urbana ou de urbanização específica, assim definidas pelo plano diretor ou aprovadas por lei municipal.

A. incorreta. Considera-se loteamento a subdivisão de gleba em lotes destinados a edificação, com abertura de novas vias de circulação, de logradouros públicos ou prolongamento, modificação ou ampliação das vias existentes, e considera-se desmembramento a subdivisão de gleba em lotes destinados a edificação, com aproveitamento do sistema viário existente, desde que não implique na abertura de novas vias e logradouros públicos, nem no prolongamento, modificação ou ampliação dos já existentes (art. 2º, §§ 1º e 2º da Lei 6.766/1979); **B.** incorreta. Considera-se loteamento a subdivisão de gleba em lotes destinados a edificação, com abertura de novas vias de circulação, de logradouros públicos ou prolongamento, modificação ou ampliação das vias existentes, e considera-se desmembramento a subdivisão de gleba em lotes destinados a edificação, com aproveitamento do sistema viário existente, desde que não implique na abertura de novas vias e logradouros públicos, nem no prolongamento, modificação ou ampliação dos já existentes (art. 2º, §§ 1º e 2º da Lei 6.766/1979); **C.** incorreta. De acordo com o art. 3º, parágrafo único, I, da Lei 6.766/1979, não será permitido o parcelamento do solo em terrenos alagadiços e sujeitos a inundações, antes de tomadas as providências para assegurar o escoamento das águas; **D.** incorreta. De acordo com o art. 3º, parágrafo único, II, da Lei 6.766/1979, não será permitido o parcelamento do solo em terrenos que tenham sido aterrados com material nocivo à saúde pública, sem que sejam previamente saneados; **E.** correta, nos termos do art. 3º, "caput", da Lei 6.766/1979. [JA]

Gabarito "E".

(Procurador Distrital – 2014 – CESPE) A respeito do Estatuto da Cidade, da desapropriação e das regras de uso do solo urbano no DF, julgue os itens que se seguem.

(1) Só será beneficiado pelo programa governamental Minha Casa Minha Vida aquele que comprovadamente integre família com renda mensal de até R$ 4.650,00.

(2) É obrigatório, para a construção de edificações de uso público no Distrito Federal, que pelo menos um dos elevadores, ou um por prumada, seja construído com cabine suficientemente ampla para permitir movimentação cômoda de cadeirante e o giro de cadeira de rodas.

(3) Diferentemente do EIA, o estudo de impacto de vizinhança não é um documento público, devendo o cidadão interessado em obter acesso ao seu conteúdo

formular requerimento fundamentado ao órgão competente do poder público municipal, que analisará a procedência do pedido.

(4) Caso o imóvel urbano seja considerado subutilizado, o proprietário deverá ser notificado pelo Poder Executivo municipal, averbando-se a notificação no cartório de títulos e documentos.

(5) Por ser a desapropriação-sanção uma penalidade decorrente do descumprimento de obrigação ou ônus urbanístico, o proprietário que sofrer esse tipo de desapropriação não terá direito a indenização.

(6) Considera-se loteamento a subdivisão de gleba em lotes destinados a edificação, com aproveitamento do sistema viário existente, desde que essa subdivisão não implique abertura de novas vias e logradouros públicos, nem o prolongamento, modificação ou ampliação dos já existentes.

1: correta, nos termos do art. 3º, I, da Lei nº 11.977/2009; **2:** correta, nos termos do art. 123-B, § 1º, da Lei Distrital nº 2.105/1998 – Código de Edificações do Distrito Federal; **3:** incorreta. Nos termos do art. 37, parágrafo único, do Estatuto da Cidade, será dada publicidade ao Estudo de Impacto de Vizinhança e os documentos que o integram ficarão disponíveis para consulta por qualquer interessado; **4:** incorreta. A notificação será averbada no Cartório de Registro de Imóveis (art. 5º, § 2º, do Estatuto da Cidade); **5:** incorreta. A natureza sancionatória da desapropriação não afasta o direito à indenização do proprietário. Ocorre que essa se dará em títulos da dívida pública resgatáveis no prazo de 10 anos e não em dinheiro (art. 182, § 4º, III, da Constituição Federal); 6: incorreta. O conceito de loteamento pressupõe a abertura de novas vias e logradouros públicos ou o prolongamento, modificação ou ampliação dos já existentes (art. 2º, § 1º, da Lei nº 6.766/1979).

Gabarito 1C, 2C, 3E, 4E, 5E, 6E

(Procurador do Estado/BA – 2014 – CESPE) No que se refere ao parcelamento do solo urbano e aos registros públicos, julgue os itens seguintes.

(1) No âmbito dos registros públicos, o procedimento de dúvida é o expediente por meio do qual o apresentante de um título registral, se inconformado com as exigências formuladas pelo registrador ou com a decisão que desde logo negue o registro, pode requerer ao juiz competente que, após proceder à requalificação do documento, determine seu acesso ao fólio real. Nesse contexto, não há possibilidade de interposição de recurso em face de decisão desfavorável do juiz.

(2) Aprovado o projeto de loteamento pelo município, o loteador deverá submetê-lo ao registro imobiliário, acompanhado dos documentos indicados na lei, dentro de cento e oitenta dias, sob pena de caducidade da aprovação.

1: incorreta. Da sentença sobre o procedimento de dúvida cabe apelação recebida no duplo efeito (art. 202 da Lei nº 6.015/1973); **2:** correta, nos termos do art. 18 da Lei nº 6.766/1979.

Gabarito 1E, 2C

(Procurador do Município/São José dos Campos-SP – 2012 – VUNESP) De acordo com termos da Lei Federal nº 6.766, de 19.12.1979, é correto afirmar que

(A) lote é o terreno desprovido de infraestrutura básica cujas dimensões atendem, no mínimo, os índices

12. DIREITO URBANÍSTICO 595

urbanísticos definidos pelo Plano Diretor ou lei municipal para a zona em que se situe.

(B) desmembramento é a subdivisão de gleba em lotes destinados a edificação, com aproveitamento do sistema viário existente que implique na abertura de novas vias e logradouros públicos e prolongamento, modificação ou ampliação dos já existentes.

(C) loteamento é a subdivisão de gleba em lotes destinados à edificação, com abertura de novas vias de circulação, de logradouros públicos ou prolongamento, modificação ou ampliação das vias existentes.

(D) é requisito urbanístico para o loteamento que os lotes tenham área mínima de 105 m² (cento e cinco metros quadrados) e frente mínima de 5 (cinco) metros, salvo quando o loteamento se destinar a urbanização específica ou edificação de conjuntos habitacionais de interesse social, previamente aprovados pelos órgãos públicos competentes.

(E) não se permite o parcelamento do solo em terreno com declividade igual ou superior a 20% (vinte por cento), salvo se atendidas exigências específicas das autoridades competentes.

A: incorreta, pois considera-se lote o terreno servido de infraestrutura básica cujas dimensões atendam aos índices urbanísticos definidos pelo plano diretor ou lei municipal para a zona em que se situe (art. 2º, § 4º, da Lei 6.766/79); **B:** incorreta, pois considera-se desmembramento a subdivisão de gleba em lotes destinados a edificação, com aproveitamento do sistema viário existente, desde que não implique na abertura de novas vias e logradouros públicos, nem no prolongamento, modificação ou ampliação dos já existentes (art. 2º, § 2º, da Lei 6.766/79); **C:** correta, pois a afirmativa reflete o disposto no art. 2º, § 1º, da Lei 6.766/79; **D:** incorreta, pois a área mínima para o loteamento é de 125m² (art. 4º, II, da Lei 6.766/79); **E:** incorreta, pois não se permite o parcelamento do solo em terreno com declividade igual ou superior a 30% (art. 3º, par. único, III, da Lei 6.766/79).

Gabarito "C".

(Procurador do Município/São Paulo-SP – 2008 – FCC) Um empreendedor submeteu à aprovação de determinado Município projeto de loteamento, destinando ao empreendimento 25% de áreas públicas, sendo 10% para área verde, 10% para área institucional e 5% para o sistema viário. Foi determinada, pelas autoridades municipais competentes, a alteração do projeto para que passasse a contemplar 10% de sistema viário. Partindo-se do pressuposto que esta manifestação foi regular, pode-se afirmar ter sido

(A) fundada em competência legalmente atribuída ao Município para estabelecer, em lei de zoneamento ou plano diretor, o percentual de áreas públicas proporcionalmente à densidade de ocupação.

(B) baseada em percentual de áreas públicas expressamente constante da Lei Federal no 6.766/79 (Lei de Parcelamento do Solo).

(C) baseada em legislação estadual regulamentadora da Constituição Estadual, que estabelece a necessidade de destinar 35% da gleba loteanda para áreas públicas.

(D) abrangida por competência discricionária da Municipalidade, que pode admitir compensação do percentual não destinado ao sistema viário independentemente do percentual estabelecido na lei de zoneamento ou no plano diretor.

(E) consubstanciada em excesso de poder, tendo em vista que cabe à municipalidade disciplinar o sistema viário existente, sendo que as áreas particulares projetadas como vias lhe serão doadas somente quando do registro do empreendimento junto ao Registro de Imóveis.

Art. 4º, IV, § 1º, da Lei 6.766/79.

Gabarito "A".

> **DICA:** Caro leitor, verificar as alterações introduzidas pela Lei 13.786/2018 na Lei 6.766,1979, que trata do Parcelamento do Solo Urbano. Alterações importantes e que merecem uma atenção especial a sua leitura atenta!

13. DIREITO DO CONSUMIDOR

Wander Garcia e Roberta Densa

1. CONCEITO DE CONSUMIDOR E RELAÇÃO DE CONSUMO

(Procurador do Município - Boa Vista/RR - 2019 - CESPE/CEBRASPE) A respeito de relações de consumo, de contrato de locação e de registro de imóveis, julgue os itens que se seguem.

(1) De acordo com o STJ, as instituições bancárias se submetem às regras e aos princípios que regulam as relações consumeristas.

(2) Os contratos de locação em que o poder público é o locatário são regidos exclusivamente por normas de direito privado.

(3) Os municípios têm legitimidade para solicitar ao cartório de registro de imóveis competente a abertura de matrícula de imóveis públicos não inscritos e localizados em seu território que tenham sido objeto de parcelamento de solo urbano e para solicitar o respectivo registro dos imóveis decorrentes desse parcelamento.

1: Correta. De acordo com a Súmula 297 do STJ, "o Código de Defesa do Consumidor é aplicável às instituições financeiras". **2:** Errada. A Lei 8.666/93, em seu art. 24, enumera os casos taxativos de dispensa de licitação, inserindo, nela, a compra ou locação de imóveis. No entanto, o art. 62 da mesma lei que que "aos contratos de seguro, de financiamento, de locação em que o Poder Público seja locatário, e aos demais cujo conteúdo seja regido, **predominantemente**, por norma de direito privado". Sendo assim, não são aplicáveis exclusivamente as normas de Direito Privado. Vale notar também que, nas hipóteses em que o imóvel for do poder público, a lei aplicável à locação é o Código Civil, mas não com exclusividade. **3:** Correta. De acordo com o art. 195-A da Lei 6.015/1973, "O Município poderá solicitar ao cartório de registro de imóveis competente a **abertura de matrícula** de parte ou da totalidade de imóveis públicos oriundos de parcelamento do solo urbano implantado, ainda que não inscrito ou registrado (...) § 1º Apresentados pelo Município os documentos relacionados no *caput*, o registro de imóveis **deverá proceder ao registro** dos imóveis públicos decorrentes do parcelamento do solo urbano na matrícula ou transcrição da gleba objeto de parcelamento". **RD**

Gabarito: 1C, 2E, 3C

(Procurador Legislativo – Câmara Municipal de São Paulo – 2014 – FCC) No que se refere à disciplina jurídica das relações de consumo, é **correto** afirmar:

(A) Nas relações de consumo, a responsabilidade dos profissionais liberais é apurada sempre pela responsabilidade objetiva, na modalidade do risco atividade, excluindo-se a nos casos de culpa de terceiro, caso fortuito ou força maior e culpa exclusiva da vítima.

(B) Os direitos previstos no Código de Defesa do Consumidor não excluem outros decorrentes de tratados ou convenções internacionais de que o Brasil seja signatário, da legislação interna ordinária, de regulamentos expedidos pelas autoridades administrativas competentes, bem como dos que derivem dos princípios gerais do direito, analogia, costumes e equidade.

(C) O comerciante é responsável, nas relações de consumo, nas mesmas situações em que se responsabiliza o fabricante do produto por ele comercializado.

(D) Os produtos e serviços colocados no mercado de consumo não acarretarão em nenhuma situação riscos à saúde ou segurança dos consumidores.

(E) O fornecedor de serviços responde, desde que se comprove sua culpa, pela reparação dos danos causados aos consumidores por defeitos relativos à prestação dos serviços, bem como por informações insuficientes ou inadequadas sobre sua fruição e riscos.

A: Incorreta. O fornecedor de serviços responde, independentemente de culpa, pela reparação por defeitos à prestação de serviços, bem como por informações insuficientes ou inadequadas sobre sua fruição e riscos (responsabilidade objetiva – art. 14, *caput*, do CDC). Entretanto, a responsabilidade *pessoal* dos profissionais liberais será apenas mediante a verificação da culpa, ou seja, a responsabilidade civil dos profissionais liberais subjetiva (art. 14, § 4º, do CDC). **B:** Correta, conforme dispõe o art. 7º do CDC: "Os direitos previstos neste código não excluem outros decorrentes de tratados ou convenções internacionais de que o Brasil seja signatário, da legislação interna ordinária, de regulamentos expedidos pelas autoridades administrativas competentes, bem como dos que derivem dos princípios gerais do direito, analogia, costumes e equidade". **C:** Incorreta. O comerciante será responsabilizado apenas se o fabricante do produto não puder ser identificado (art. 13, I, do CDC). **D:** Incorreta. Os produtos e serviços colocados no mercado de consumo não acarretarão riscos à saúde ou segurança dos consumidores, exceto os considerados normais e previsíveis em decorrência de sua natureza e fruição, obrigando-se os fornecedores, em qualquer hipótese, a dar as informações necessárias e adequadas a seu respeito (art. 8º, *caput*, do CDC, g.n.). **E:** Incorreta. Conforme comentários à alternativa "A", o fornecedor de serviços possui responsabilidade objetiva pela reparação dos danos causados aos consumidores por defeitos relativos à prestação dos serviços, bem como por informações insuficientes ou inadequadas sobre sua fruição e riscos, ressalvadas hipóteses de responsabilidade pessoal dos profissionais liberais (art. 14 do CDC).

Gabarito: "B".

(Procurador Distrital – 2014 – CESPE) Julgue o seguinte item.

(1) O fornecedor que oferecer abatimento no preço do produto e reduzir o volume da mercadoria para quantidade diversa da que habitualmente fornecia no mercado não responderá por vício de quantidade, ainda que não informe na embalagem, de forma clara, precisa e ostensiva, a diminuição do conteúdo, dada a redução do preço do produto.

1: Errada, pois constitui direito básico do consumidor obter informação adequada e clara sobre os produtos e serviços, com especificação correta da quantidade, características, composição, qualidade, tributos incidentes e preço, bem como sobre os riscos que apresentem (art. 6º, III, CDC). Ainda que haja abatimento no preço, a informação ostensiva sobre a diminuição da quantidade é indispensável, pois nem sempre o consumidor se atentará a isso, podendo ser induzido a erro. Neste passo, é possível que o consumidor opte por não mais adquirir aquele produto, devido à diminuição da quantidade que poderá não mais satisfazer às suas necessidades, ainda que o preço seja menor. Destarte, ele possui o direito à informação, sob pena até de configuração de má-fé por parte do fornecedor.

Gabarito 1E

(Procurador Distrital – 2014 – CESPE) Julgue o seguinte item.

(1) Os moradores de casas atingidas pela queda de aeronave pertencente a pessoa jurídica nacional de direito privado prestadora de serviço de transporte aéreo devem lastrear seus pedidos de ressarcimento de danos sofridos somente nos dispositivos do Código Civil, e não no Código de Defesa do Consumidor.

1: Errada, pois o Código de Defesa do Consumidor também poderá ser invocado. Os moradores das casas serão considerados consumidores por equiparação, nos termos do art. 17 do CDC, que assim prevê: "equiparam-se aos consumidores todas as vítimas do evento". Ainda que não tenham sido consumidores diretos dos serviços da companhia aérea, sofreram os prejuízos da prestação defeituosa do serviço. Logo, por questão de isonomia, ambos deverão ser ressarcidos com base na mesma legislação.

Gabarito 1E

(ADVOGADO – ANCINE – 2005 – CESPE) A respeito das disposições do Código de Defesa do Consumidor, julgue o seguinte item.

(1) Considere que, no curso de determinada locação predial urbana, as prestações tenham se tornado excessivamente onerosas para o locatário. Nessa situação, este poderá requerer judicialmente a revisão das cláusulas contratuais, com fulcro nas disposições insertas no código de defesa do consumidor.

1: incorreta, a relação entre concessionária de serviço público e o usuário final para o fornecimento de serviços públicos essenciais é consumerista, sendo cabível a aplicação do Código de Defesa do Consumidor - CDC. (Veja: REsp 1595018/RJ, DJE 29/08/2016; AgRg no REsp 1421766/RS, DJE 04/02/2016; REsp 1396925/MG, DJE 26/02/2015).

Gabarito 1E

2. PRINCÍPIOS E DIREITOS BÁSICOS

(Procurador do Estado/TO - 2018 - FCC) Determinados contratos de prestação de serviços que trazem subjacente uma relação de consumo protegida pelo Código de Defesa do Consumidor são apontados pela doutrina como de natureza relacional, na medida em que traduzem um vínculo continuado, que se protrai no tempo, com potenciais mudanças do cenário econômico e mercadológico original. Uma importante inovação trazida pelo Código de Defesa do Consumidor, especialmente vocacionada para aplicação em contratos dessa natureza, consiste na

(A) modificação das cláusulas contratuais que estabeleçam prestações desproporcionais, sendo assim presumidas aquelas que estabelecem reajustes automáticos por índices inflacionários.

(B) obrigatoriedade de apropriação, de forma automática no preço contratado, de ganhos de produtividade e de inovação tecnológica.

(C) previsão de manutenção do equilíbrio econômico--financeiro do contrato, assim caracterizado pela taxa de retorno incialmente avençada.

(D) aplicação automática da redução constante de preços em função da presunção de economias de escala.

(E) revisão de cláusulas contratuais em razão de fatos supervenientes que as tornem excessivamente onerosas.

A: incorreta. Conforme o art. 6º, V, é direito básico do consumidor a modificação das cláusulas que estabeleçam prestações desproporcionais, não havendo qualquer presunção fixada em lei. **B**: incorreta. Ao contrário, a inovação tecnológica, as marcas e patentes e criações são devidamente protegidas pelo Código de Defesa do Consumidor, sendo certo que o art. 4º, ao tratar das políticas públicas de proteção e defesa do consumidor, insere, em seu inciso VI, a "coibição e repressão eficientes de todos os abusos praticados no mercado de consumo, inclusive a concorrência desleal e utilização indevida de inventos e criações industriais das marcas e nomes comerciais e signos distintivos, que possam causar prejuízos aos consumidores". **C**: incorreta. A previsão de manutenção do equilíbrio econômico do contrato está prevista no art. 6º, inciso V, mas não há previsão de retorno de taxa inicialmente avençada. Tal situação somente poderia ser analisada conforme o caso concreto e, eventualmente, a cláusula ser considerada abusiva nos termos no art. 51 do CDC. **D**: incorreta. A fixação dos preços pelos fornecedores é livre, devendo ser observado eventual controle ou tabelamento de preço, nos termos do art. 41: "No caso de fornecimento de produtos ou de serviços sujeitos ao regime de controle ou de tabelamento de preços, os fornecedores deverão respeitar os limites oficiais sob pena de não o fazendo, responderem pela restituição da quantia recebida em excesso, monetariamente atualizada, podendo o consumidor exigir à sua escolha, o desfazimento do negócio, sem prejuízo de outras sanções cabíveis". **E**: correta. Trata-se de direito básico do consumidor, nos termos do art. 6º, inciso V, do CDC: "a modificação das cláusulas contratuais que estabeleçam prestações desproporcionais ou sua revisão em razão de fatos supervenientes que as tornem excessivamente onerosas". RD

Gabarito "E".

(Procurador – SP – VUNESP – 2015) Assinale a alternativa correta sobre os princípios fundamentais, consagrados no âmbito do microssistema do direito do consumidor.

(A) De acordo com a Política Nacional das Relações de Consumo, deve-se garantir a independência do mercado de consumo, evitando-se a presença do Estado.

(B) As associações de defesa do consumidor fazem parte da Política Nacional de Relações de Consumo.

(C) A melhoria dos serviços públicos não integra a Política Nacional de Relações de Consumo.

(D) O desenvolvimento econômico e tecnológico deve ser obstado sempre que representar alguma forma de prejuízo aos consumidores, difusamente considerados.

(E) Os conceitos de vulnerabilidade e hipossuficiência se confundem, constituindo um só princípio norteador.

A: incorreta. A presença do Estado no mercado de consumo está expressamente prevista no art. 170 da Constituição Federal e no art. 4º, II, "c", do Código de Defesa do Consumidor. **B**: correta. Conforme art. 4º, II, *c*, do Código de Defesa do Consumidor. Além disso, nos termos do art. 5º, V, do CDC, a criação das associações de Defesa do Consumidor deve ser estimulada, de forma a participar da execução da Política Nacional das Relações de Consumo. **C**: incorreta. A racionalização e melhoria dos serviços públicos está prevista no art. 4º, VII, do CDC. **D**: incorreta. A Política Nacional das Relações de Consumo tem como norte a harmonização das relações de consumo: "harmonização dos interesses dos participantes das relações de consumo e compatibilização da proteção do consumidor com a necessidade de desenvolvimento econômico e tecnológico, de modo a viabilizar os princípios nos quais se funda a ordem econômica (art. 170, da Constituição Federal), sempre com base na boa-fé e equilíbrio nas relações entre consumidores e fornecedores." (art. 4º, III, do CDC). **E**: incorreta. Vulnerabilidade e hipossuficiência são dois conceitos distintos. A vulnerabilidade é a qualidade de todo consumidor, reconhecida pelo art. 4º, I, do CDC. Ser vulnerável é ser a

13. DIREITO DO CONSUMIDOR

599

parte mais frágil da relação. A hipossuficiência é a dificuldade de fazer a prova em juízo, o que pode gerar a inversão do ônus da prova. **RD**
Gabarito "B".

(Procurador Municipal – Sertãozinho/SP – VUNESP – 2016) Em relação à proteção à saúde e segurança do consumidor, é correto afirmar que

(A) os serviços colocados no mercado de consumo não acarretarão riscos à saúde ou segurança dos consumidores, ainda que considerados previsíveis em decorrência de sua natureza e fruição.

(B) o fornecedor poderá colocar no mercado de consumo produto de alto grau de nocividade ou periculosidade, desde que insira aviso de alerta, nesse sentido, na embalagem.

(C) o fornecedor de produtos que, posteriormente à sua introdução no mercado de consumo, tiver conhecimento da periculosidade que apresentem, deverá retirá-los do mercado, comunicando os consumidores, ficando assim dispensado de notificar as autoridades competentes.

(D) em se tratando de venda de produto *in natura* de alto grau de nocividade, cabe ao comerciante prestar as informações alertando o consumidor da natureza do produto em questão.

(E) sempre que os entes políticos tiverem conhecimento de prestação de serviços de alto grau de periculosidade à saúde ou segurança dos consumidores deverão informá-los a respeito.

A: incorreta. O CDC, em seu artigo 8º, admite que sejam inseridos no mercado de consumo produtos que contenham periculosidade latente ou inerente, desde que o consumidor seja devidamente alertado quanto ao uso e riscos: "os produtos e serviços colocados no mercado de consumo não acarretarão riscos à saúde ou segurança dos consumidores, exceto os considerados normais e previsíveis em decorrência de sua natureza e fruição, obrigando-se os fornecedores, em qualquer hipótese, a dar as informações necessárias e adequadas a seu respeito". **B:** incorreta. Os produtos ou serviços com periculosidade exagerada não podem ser inseridos no mercado de consumo: "O fornecedor não poderá colocar no mercado de consumo produto ou serviço que sabe ou deveria saber apresentar alto grau de nocividade ou periculosidade à saúde ou segurança". (art. 10 do CDC). **C:** incorreta. Nos termos do § 1º do art. 10, o "fornecedor de produtos e serviços que, posteriormente à sua introdução no mercado de consumo, tiver conhecimento da periculosidade que apresentem, deverá comunicar o fato imediatamente às autoridades competentes e aos consumidores, mediante anúncios publicitários". **D:** incorreta. O art. 10 do CDC refere-se ao fornecedor, de modo que a responsabilidade pelo aviso aos consumidores é de todos os fornecedores inseridos na cadeia produtiva, não só do comerciante. **E:** correta. O art. 10, § 3º, do CDC, obriga os entes federativos a prestar informações aos consumidores sobre a periculosidade de produtos e serviços: "Sempre que tiverem conhecimento de periculosidade de produtos ou serviços à saúde ou segurança dos consumidores, a União, os Estados, o Distrito Federal e os Municípios deverão informá-los a respeito". **RD**
Gabarito "E".

(Procurador Municipal – Sertãozinho/SP – VUNESP – 2016) São direitos básicos do consumidor:

(A) a educação e divulgação sobre o consumo adequado dos produtos e serviços, asseguradas a liberdade de escolha e a distinção nas contratações.

(B) facilitação da defesa dos direitos dos consumidores, inclusive com a inversão do ônus da prova a seu favor, no processo civil, quando, a critério do juiz, for verossímil a alegação e for ele hipossuficiente, segundo as regras ordinárias de experiências.

(C) informação adequada e clara sobre os diferentes produtos e serviços, com especificação correta de quantidade, características, composição, qualidade, tributos incidentes e preço, bem como sobre os riscos que apresentem.

(D) a modificação das cláusulas contratuais que estabeleçam prestações desproporcionais ou sua revisão em razão de fatos presentes ou pretéritos que as tornem excessivamente onerosas.

(E) a proteção do consumidor contra métodos comerciais coercitivos ou desleais, contrapropaganda, bem como contra práticas e cláusulas abusivas ou impostas no fornecimento de produtos e serviços.

A: incorreta. É assegurada a liberdade de escola e a igualdade nas contratações (art. 6º, II). **B:** incorreta. Para inversão do ônus da prova o juiz deve analisar a verossimilhança das alegações OU a hipossuficiência do consumidor (art. 6º, VIII). **C:** correta. Conforme art. 6º, III, do CDC. **D:** incorreta, os fatos devem ser *supervenientes* (art. 6º, V, do CDC). **E:** incorreta. O art. 6º, inciso IV, refere-se à proteção contra a publicidade enganosa e abusiva, não à contrapropaganda. **RD**
Gabarito "C".

(Procurador Municipal/SP – VUNESP – 2016) Antônio possui um caminhão ano 1950 e, precisando capitalizar-se, coloca à venda o bem. José, interessado na compra, leva um mecânico para avaliar o veículo e, depois de um parecer favorável do técnico, a venda é realizada. Após 60 dias de uso, o caminhão tem um problema no eixo dianteiro e precisa ficar parado por 30 dias, causando um enorme prejuízo para José, que já possuía fretes contratados. Diante dessa situação hipotética, é correto afirmar que, a esse caso, se aplicam as regras do direito

(A) do consumidor, sendo certo que, por se tratar de bem durável e diante do claro vício oculto, José terá 90 dias para reclamar a partir do conhecimento do vício.

(B) civil, por não se tratar de relação jurídica de consumo, tendo José 90 dias para exigir a reparação de seus prejuízos.

(C) do consumidor, sendo certo que, por se tratar de bem durável e diante do claro vício oculto, José terá 30 dias para reclamar a partir do conhecimento do vício.

(D) do consumidor, sendo certo que, por se tratar de bem durável e diante do claro vício oculto, José terá 05 anos para reclamar a partir do conhecimento do vício.

(E) civil, pois a relação jurídica travada entre as partes não contempla as figuras do consumidor e do fornecedor.

A: incorreta. Não se trata de relação jurídica de consumo, incidindo apenas o Código Civil no caso trazido pelo enunciado. Para que haja relação jurídica de consumo se faz necessária a presença dos sujeitos da relação (consumidor e fornecedor). Antônio não pode ser considerado um fornecedor porque não coloca produto ou serviço no mercado de consumo de forma onerosa e habitual. **B:** incorreta. O prazo prescricional do art. 206, § 3º, V, previsto no Código Civil para a reparação civil é de 3 anos. **C:** incorreta. Vide comentário da alternativa "A". **D:** incorreta. Vide comentário da alternativa "A". **E:** correta. Vide comentário da alternativa "A". **RD**
Gabarito "E".

(**ADVOGADO – PETROBRÁS – 2012 – CESGRANRIO**) O dever de informação, na fase pré-contratual da venda de um produto, EXCLUI o dever de

(A) advertir sobre os riscos do uso inadequado do produto.

(B) precisar o preço da mercadoria.

(C) registrar a origem do produto.

(D) especificar os tributos incidentes sobre a venda.

(E) consignar o prazo de validade do produto.

A: incorreta, pois há de se fazer essa advertência (arts. 6º, III, 8º, parágrafo único, 9º e 31, todos do CDC); **B:** incorreta, pois há de se precisar o preço da mercadoria (arts. 6º, III, e 31, caput, ambos do CDC); **C:** incorreta, pois a origem do produto deve ser informada (art. 31, *caput*, do CDC); **D:** opção considerada correta, pois à época da questão, ainda não tinha entrado em vigor a Lei 12.741, de 08 de dezembro de 2012; de acordo com essa lei "emitidos por ocasião da venda ao consumidor de mercadorias e serviços, em todo território nacional, deverá constar, dos documentos fiscais ou equivalentes, a informação do valor aproximado correspondente à totalidade dos tributos federais, estaduais e municipais, cuja incidência influi na formação dos respectivos preços de venda" (art. 1º); caso a questão fosse feita após a entrada em vigor dessa lei, a questão não teria resposta correta; **E:** incorreta, pois há de se informar sobre o prazo de validade do produto (art. 31, *caput*, do CDC). Gabarito "D".

(**ADVOGADO – ELETROBRÁS – 2006 – NCE/UFRJ**) Nos contratos celebrados entre empresas fornecedoras de energia elétrica e moradores de uma determinada cidade:

(A) não poderá haver responsabilização da fornecedora por danos causados em razão de corte do fornecimento de energia efetivado por equívoco de seu preposto;

(B) não se aplica o Código de Proteção e Defesa do Consumidor (Lei nº 8.078/1990);

(C) o inadimplemento de quaisquer das partes somente pode ser levado ao Judiciário depois de esgotados os recursos administrativos;

(D) nunca poderá haver corte do fornecimento de energia;

(E) o inadimplemento do consumidor pode ensejar a interrupção do fornecimento de energia, desde que haja comunicação prévia, por força do princípio da igualdade das partes.

A: incorreta, pois o fornecedor é solidariamente responsável pelos atos de seus prepostos (art. 34 do CDC); **B:** incorreta, pois, em sendo os moradores destinatários finais de serviço público, aplica-se o CDC (art. 22, parágrafo único, do CDC); **C:** incorreta, pois não existe essa limitação de acesso ao Judiciário; aliás o princípio da inafastabilidade da apreciação jurisdicional impede esse tipo de condicionamento (art. 5º, XXXV, da CF); **D:** incorreta, pois o STJ admite a interrupção do fornecimento pelo não pagamento de débitos recentes, desde que haja aviso prévio ao consumidor; **E:** correta, nos termos do comentário dado à alternativa anterior; vale lembrar que o dever de comunicação prévia está previsto no art. 6º, § 3º, da Lei 8.987/95. Gabarito "E".

(**ADVOGADO – ANP – 2008 – CESGRANRIO**) **NÃO** corresponde a um instrumento com que conta o poder público para a execução da Política Nacional das Relações de Consumo:

(A) manutenção de assistência jurídica, integral e gratuita para o consumidor carente.

(B) manutenção obrigatória pelos Estados, Distrito Federal e Municípios de órgãos de atendimento gratuito para orientação dos consumidores.

(C) instituição de Promotorias de Justiça de Defesa do Consumidor, no âmbito do Ministério Público.

(D) criação de delegacias de polícia especializadas no atendimento de consumidores vítimas de infrações penais de consumo.

(E) criação de Juizados Especiais de Pequenas Causas e Varas Especializadas para a solução de litígios de consumo.

A: incorreta, pois corresponde a um instrumento da PNRL (art. 5º, I, do CDC); **B:** correta, pois, de fato, NÃO corresponde a um instrumento da PNRL, já que tal previsão, que estava no que era o § 1º do art. 5º, do CDC, foi vetada pela Presidência da República; **C:** incorreta, pois corresponde a um instrumento da PNRL (art. 5º, II, do CDC); **D:** incorreta, pois corresponde a um instrumento da PNRL (art. 5º, III, do CDC); **E:** incorreta, pois corresponde a um instrumento da PNRL (art. 5º, IV, do CDC); Gabarito "B".

(**ADVOGADO – ANP – 2008 – CESGRANRIO**) Para que haja a inversão do ônus da prova, a favor do consumidor, no processo civil, é preciso que seja

(A) ele considerado hipossuficiente, por ganhar menos de 10 salários mínimos.

(B) ele considerado hipossuficiente, por estar desempregado e sem receber seguro desemprego.

(C) o capital social da empresa-ré superior a 40 salários mínimos.

(D) o capital social da empresa-ré fechado à participação do capital estrangeiro.

(E) verossímil a sua alegação, a critério do juiz.

O art. 6º, VIII, do CDC dispõe que o juiz poderá inverter o ônus da prova quando for *verossímil a alegação* OU quando o consumidor for *hipossuficiente*. O conceito de hipossuficiência tem natureza processual e diz respeito à dificuldade na produção de prova. Assim, ficam afastadas as alternativas "a" a "d" que tentam atrelar a hipossuficiência a critérios de ordem econômica. Por outro lado, a alternativa "e" está correta, pois a verossimilhança da alegação é requisito suficiente para o juiz determinar a inversão do ônus da prova. Gabarito "E".

(**ADVOGADO – ANS – 2005 – CESPE**) Em relação ao Código de Defesa do Consumidor (CDC) – Lei nº 8.078/1990 –, julgue os próximos itens.

(1) Com o propósito da execução da Política Nacional de Relações de Consumo, o poder público deve contar com vários instrumentos, tais como juizados especiais de pequenas causas, delegacias de polícia especializadas, assistência jurídica gratuita para consumidores carentes e promotorias de justiça no âmbito do Ministério Público.

(2) O CDC não cuida das relações de consumo das empresas estatais e públicas. Essa regulamentação, apesar de similar, está contida no Código de Ética do Servidor Público, também de 1990.

1: correta (art. 5º, IV, III, I e II, respectivamente, do CDC); **2:** incorreta, pois o CDC se aplica aos fornecedores em geral, inclusive as pessoas jurídicas estatais, sejam elas públicas ou privadas (art. 3º do CDC). Vale salientar que as empresas estatais citadas, são, inclusive, pessoas jurídicas de direito privado. Gabarito 1C, 2E

13. DIREITO DO CONSUMIDOR

3. RESPONSABILIDADE PELO FATO DO PRODUTO OU DO SERVIÇO E PRESCRIÇÃO

(ADVOGADO – ANP – 2008 – CESGRANRIO) Quanto à responsabilidade pelo fato do produto e do serviço, considere as afirmações a seguir.

I. O produto é considerado defeituoso pelo fato de outro de melhor qualidade ter sido colocado no mercado.

II. O comerciante é igualmente responsável pelo produto defeituoso, independentemente da identificação do fabricante.

III. O comerciante é igualmente responsável pelo produto defeituoso, quando não conservar adequadamente os produtos perecíveis.

IV. O serviço não é considerado defeituoso em virtude da adoção de novas técnicas.

V. A responsabilidade pessoal dos profissionais liberais independe da existência de culpa.

Estão corretas **APENAS** as afirmações

(A) I e II

(B) I e V

(C) III e IV

(D) I, II, III e IV

(E) II, III, IV e V

I: incorreta, pois, nesse caso, o produto não é considerado defeituoso (art. 12, § 2º, do CDC); II: incorreta, pois o comerciante é responsável solidário em caso de *vício* do produto (art. 18 do CDC), e não em caso de *defeito* do produto (art. 12 do CDC), sendo que, neste caso, o comerciante só responde quando o fabricante não puder ser identificado ou quando não conservar adequadamente o produto (art. 13 do CDC); III: correta (art. 13, III, do CDC); IV: correta (art. 14, § 2º, do CDC); V: correta (art. 14, § 4º, do CDC). Gabarito "C."

4. RESPONSABILIDADE POR VÍCIO DO PRODUTO OU DO SERVIÇO E DECADÊNCIA

(Procurador Municipal/SP – VUNESP – 2016) Um consumidor adquiriu um pacote de macarrão da marca "Adriana", no supermercado "Rumba". Quando chegou em casa, abriu o pacote do alimento e percebeu que estava repleto de carunchos, sendo impossível consumir tal produto. Diante dessa situação hipotética, é correto afirmar que o caso revela um

(A) defeito no produto, pelo qual o consumidor terá prazo de cinco anos para reclamar perante o supermercado e o fabricante do produto, respondendo o supermercado subsidiariamente pelos fatos.

(B) vício de qualidade e, portanto, o consumidor poderá reclamar em até 90 dias apenas contra o fabricante do produto.

(C) vício de quantidade e, assim, o consumidor poderá reclamar tanto para o supermercado como para o fabricante num prazo de 30 dias, tendo ambos responsabilidade solidária.

(D) defeito no produto, a respeito do qual o consumidor terá prazo de 30 dias para reclamar perante o super-

mercado e o fabricante, que responderão solidariamente pelos fatos.

(E) vício de qualidade, sobre o qual o supermercado e o fabricante respondem solidariamente, tendo o consumidor até 30 dias para fazer a reclamação.

A: incorreta. Trata-se de um vício de produto, na forma do art. 18, § 6º, II, do CDC, *in verbis*, "São impróprios ao uso e consumo: II – os produtos deteriorados, alterados, adulterados, avariados, falsificados, corrompidos, fraudados, nocivos à vida ou à saúde, perigosos ou, ainda, aqueles em desacordo com as normas regulamentares de fabricação, distribuição ou apresentação." Sendo um produto não durável e vício aparente ou de fácil constatação, o prazo para reclamar é de 30 dias, contados a partir da entrega efetiva do produto (art. 26 do CDC). **B:** incorreta. Trata-se de vício de qualidade, mas o prazo para reclamar é de 30 (trinta) dias. **C:** incorreta. O vício é de qualidade. **D:** incorreta. O caso narrado não afetou a segurança do consumidor, logo, não pode ser considerado um defeito de produto. **E:** correta. O vício de produto ou serviço traz responsabilidade solidária entre o fabricante e o comerciante. Trata-se de um vício de produto e o prazo para reclamar é de 30 dias (vide justificativa da alternativa "A"). RD Gabarito "E".

(Procurador Municipal/SP – VUNESP – 2016) O fornecedor não poderá colocar no mercado de consumo produto ou serviço que sabe ou deveria saber apresentar alto grau de nocividade ou periculosidade à saúde ou à segurança. Se eventualmente o fornecedor colocar no mercado um lote de produtos com vícios capazes de causar risco aos consumidores, ele deverá

(A) comunicar o fato imediatamente às autoridades competentes e aos consumidores, mediante anúncios publicitários.

(B) reparar eventuais prejuízos causados para os consumidores que reclamarem dos vícios, não sendo necessário que se faça qualquer comunicação ao público consumidor.

(C) noticiar o fato pessoalmente a cada um dos consumidores que adquiriram tal produto, sendo dispensável anúncios publicitários em veículos de comunicação para alertar o público.

(D) aguardar que algum consumidor realmente tenha prejuízos para, somente após tal fato, analisar a periculosidade e a segurança de seu produto ou serviço.

(E) manter-se inerte, tendo em vista que responde apenas subjetivamente pelos produtos e serviços que introduz no mercado e, com isso, é o consumidor que deve fazer prova da culpa do fornecedor em eventual evento lesivo.

A: correta. É obrigação do fornecedor fazer o *recall* de produtos e serviços que, posteriormente à sua introdução no mercado de consumo, tiver conhecimento da periculosidade que apresentem, deverá comunicar o fato imediatamente às autoridades competentes e aos consumidores, mediante anúncios publicitários (art. 10, § 1º, do CDC). **B:** incorreta. O aviso às autoridades competentes e aos consumidores é obrigatório, além da reparação dos danos causados aos consumidores. **C:** incorreta. O aviso deve ser feito mediante aviso publicitário, que deverão ser veiculados na imprensa, rádio e televisão, às expensas do fornecedor do produto ou serviço (art. 10, § 2º). **D:** incorreta. A prevenção de danos é direito básico do consumidor (art. 6º, VI, do CDC), razão pela qual o fornecedor deve informar sobre eventual periculosidade adquirida tão logo tenha conhecimento (art. 10 do CDC). **E:** incorreta. O *recall* é obrigatório (art. 10) e a responsabilidade civil do fornecedor é objetiva (art. 12 a 14 do CDC). RD Gabarito "A".

Advogado da União/AGU – CESPE – 2012) Julgue os itens a seguir, acerca da responsabilidade civil.

(1) A configuração do vício do produto independe de sua gravidade ou do momento de sua ocorrência — se antes, durante, ou depois da entrega do bem ao consumidor lesado –, ou ainda de o vício ter ocorrido em razão de contrato, respondendo pelo dano todos os fornecedores, solidariamente, e o comerciante, de forma subsidiária.

(2) O banco que terceirizar a entrega de talonário de cheque aos correntistas será responsável por eventual defeito na prestação do serviço, visto que se configura, nesse caso, a culpa *in re ipsa*, pressuposto da responsabilidade civil do banco pela reparação do dano.

1: incorreta, pois o comerciante é responsável solidário em caso de vício (art. 18 do CDC); 2: correta, pois o serviço em questão é de responsabilidade do banco, que responde objetivamente tanto por vícios, como por defeitos na prestação de seu serviço (arts. 14, *caput*, e 20, *caput*, do CDC), pouco importando se houve ou não terceirização na entrega de talonário.
Gabarito 1E, 2C

(ADVOGADO – ANP – 2008 – CESGRANRIO) Os fornecedores respondem solidariamente pelos vícios de quantidade do produto sempre que, respeitadas as variações decorrentes de sua natureza, seu conteúdo líquido for inferior às indicações constantes do recipiente, da embalagem, rotulagem ou de mensagem publicitária, podendo o consumidor exigir, alternativamente e à sua escolha:

I. o abatimento proporcional do preço;
II. o abatimento proporcional do preço, com acréscimo de cláusula penal de 10% (dez por cento) de seu valor;
III. a restituição imediata da quantia paga, em seu valor histórico;
IV. a complementação do peso ou medida;
V. a complementação, em dobro, do peso ou medida.
Estão corretas **APENAS** as exigências

(A) I e IV
(B) I e V
(C) II e IV
(D) II e V
(E) II, III e V

I: correta (art. 19, I, do CDC); II: incorreta, pois não há previsão de acréscimo de multa no caso (art. 19, I, do CDC); III: incorreta, pois, em escolhendo essa providência, o consumidor tem direito a atualização monetária e a indenização por eventuais perdas e danos, não havendo que se falar em receber de volta apenas o valor histórico do produto, ou seja, o valor que foi pago (art. 19, IV, do CDC); IV: correta (art. 19, II, do CDC); V: incorreta, pois não há previsão da complementação em dobro (art. 19, II, do CDC).
Gabarito "A".

5. DESCONSIDERAÇÃO DA PERSONALIDADE JURÍDICA. RESPONSABILIDADE EM CASO DE GRUPO DE EMPRESAS

(Procurador Municipal/SP – VUNESP – 2016) Sobre a desconsideração da personalidade jurídica prevista no Código de Defesa do Consumidor, é correto afirmar que

(A) as sociedades integrantes dos grupos societários são subsidiariamente responsáveis, enquanto as sociedades controladas são solidariamente responsáveis pelas obrigações decorrentes do Código de Defesa do Consumidor.

(B) o juiz deverá desconsiderar a personalidade jurídica somente quando houver má administração e falência do fornecedor.

(C) as empresas coligadas respondem solidária e objetivamente pelos prejuízos causados aos consumidores.

(D) as sociedades consorciadas são solidariamente responsáveis pelas obrigações decorrentes do Código de Defesa do Consumidor.

(E) as sociedades integrantes dos grupos societários e as sociedades controladas são ambas solidariamente responsáveis pelas obrigações decorrentes do Código de Defesa do Consumidor.

A: incorreta. As sociedades integrantes dos grupos societários e as sociedades controladas, são subsidiariamente responsáveis pelas obrigações decorrentes deste Código (art. 28, § 2º, do CDC). **B:** incorreta. Na forma do art. 28, *caput*, do CDC o "juiz poderá desconsiderar a personalidade jurídica da sociedade quando, em detrimento do consumidor, houver abuso de direito, excesso de poder, infração da lei, fato ou ato ilícito ou violação dos estatutos ou contrato social. A desconsideração também será efetivada quando houver falência, estado de insolvência, encerramento ou inatividade da pessoa jurídica provocados por má administração". **C:** incorreta. As sociedades coligadas só responderão por culpa (art. 28, § 4º). **D:** correta. Nos exatos termos do art. 28, § 3º, do CDC. **E:** incorreta. A responsabilidade é subsidiária (vide alternativa "A"). 🆁🅳
Gabarito "D".

(ADVOGADO – ANP – 2008 – CESGRANRIO) No âmbito das obrigações decorrentes do Código de Defesa do Consumidor, quanto à desconsideração da personalidade jurídica, as sociedades

(A) coligadas responderão independentemente de culpa.

(B) coligadas não podem ser responsabilizadas.

(C) consorciadas são subsidiariamente responsáveis.

(D) integrantes dos grupos societários são subsidiariamente responsáveis.

(E) controladas são solidariamente responsáveis.

A: incorreta, pois é justamente o contrário, ou seja, as sociedades coligadas só respondem por culpa (art. 28, § 4º, do CDC); **B:** incorreta, pois, como se viu, as sociedades coligadas poderão ser responsabilizadas (art. 28, § 4º, do CDC); **C:** incorreta, pois as sociedades consorciadas respondem solidariamente, e não subsidiariamente (art. 28, § 3º, do CDC); **D:** correta (art. 28, § 2º, do CDC); **E:** incorreta, pois as sociedades controladas respondem subsidiariamente (art. 28, § 2º, do CDC).
Gabarito "D".

6. PRÁTICAS COMERCIAIS

(Procurador Municipal – Sertãozinho/SP – VUNESP – 2016) Acerca da cobrança de dívidas do consumidor e cadastros no mercado de consumo, é correto afirmar que

(A) o consumidor inadimplente poderá ser submetido a constrangimento, desde que o fornecedor o faça de forma moderada.

(B) o consumidor cobrado em quantia indevida tem direito à repetição do indébito, por valor igual ao que

13. DIREITO DO CONSUMIDOR   603

pagou em excesso, acrescido de correção monetária e juros legais, salvo hipótese de engano justificável.

(C) nos documentos de cobrança de débitos apresentados ao consumidor, quando por ele solicitados, deverão constar o nome, o endereço e o número de inscrição no Cadastro de Pessoas Físicas – CPF ou no Cadastro Nacional de Pessoa Jurídica – CNPJ do fornecedor do produto ou serviço correspondente.

(D) consumada a prescrição relativa à cobrança de débitos do consumidor, não serão fornecidas, pelos respectivos Sistemas de Proteção ao Crédito, quaisquer informações que possam impedir ou dificultar novo acesso ao crédito junto aos fornecedores, desde que o débito não exceda 60 (sessenta) salários-mínimos.

(E) os órgãos públicos de defesa do consumidor manterão cadastros atualizados de reclamações fundamentadas contra fornecedores de produtos e serviços, devendo divulgá-los pública e anualmente, indicando se a reclamação foi atendida ou não pelo fornecedor.

A: incorreta. O art. 42 do CDC veda qualquer tipo de cobrança vexatória. Sendo assim, o consumidor não pode ser exposto ao ridículo, nem submetido a qualquer tipo de constrangimento ou ameaça. **B:** incorreta. O consumidor tem direito à devolução por valor igual ao dobro do que pagou em excesso, acrescido de correção monetária e juros legais, salvo hipótese de engano justificável (art. 42, parágrafo único, do CDC). **C:** incorreta. As informações ao nome, o endereço e o número de inscrição no Cadastro de Pessoas Físicas – CPF ou no Cadastro Nacional de Pessoa Jurídica – CNPJ do fornecedor do produto ou serviço correspondente, devem constar de todos os documentos, independentemente do pedido do autor (Art. 42-A do CDC). **D:** incorreta. O art. 43, § 5º, do CDC, prevê a obrigatoriedade da retirada do nome do consumidor da lista dos maus pagadores caso a dívida esteja prescrita, independentemente do valor da inscrição. **E:** correta. O cadastro dos fornecedores está previsto no art. 44 do CDC, sendo direito do consumidor o acesso a lista dos fornecedores para orientação e consulta. RD
Gabarito "E."

(Procurador do Estado – PGE/PA – UEPA – 2015) Sobre os Cadastros de Crédito de Consumidores, analise as afirmativas abaixo e assinale a alternativa correta.

I. A reprodução objetiva fiel, atualizada e clara de informações constantes dos registros de cartório de distribuição judicial, face à presunção legal de veracidade dos mesmos, não tem o condão de ensejar obrigação de reparar danos, ainda que promovida sem a ciência do consumidor.

II. De acordo com as regras previstas no Código de Defesa do Consumidor, sendo regular a inscrição em cadastro de proteção ao crédito, caberá ao devedor praticar os atos necessários à baixa do registro desabonador, após o pagamento do débito.

III. A ausência de prévia comunicação ao consumidor da inscrição do seu nome em cadastros de proteção ao crédito, prevista no art. 43, § 2º do CDC, enseja o direito à compensação por danos morais, mesmo que preexista inscrição desabonadora regularmente realizada.

IV. De acordo com o Superior Tribunal de Justiça, o sistema *credit scoring* é permitido no ordenamento jurídico brasileiro, desde que respeitados os limites estabelecidos pelo sistema de proteção do consumidor no sentido da

tutela da privacidade e da máxima transparência nas relações negociais, na forma do CDC.

A alternativa que contém todas as afirmativas corretas é

(A) I e II

(B) II e IV

(C) II e III

(D) I e III

(E) I e IV

I: correta. O entendimento do STJ segue no sentido de que os dados sobre processos existentes nos cartórios distribuidores dos fóruns são informações públicas (salvo aquelas protegidas por sigilo judicial) e de acesso livre a qualquer interessado (Rel. Min. Nancy Andrighi, REsp 866.198). **II:** incorreta. "Incumbe ao credor a exclusão do registro da dívida em nome do devedor no cadastro de inadimplentes no prazo de cinco dias úteis, a partir do integral e efetivo pagamento do débito" (Súmula 548 do STJ). **III:** incorreto. "Da anotação irregular em cadastro de proteção ao crédito, não cabe indenização por dano moral, quando preexistente legítima inscrição, ressalvado o direito ao cancelamento" (Súmula 385 do STJ). **IV:** correto – "A utilização de escore de crédito, método estatístico de avaliação de risco que não constitui banco de dados, dispensa o consentimento do consumidor, que terá o direito de solicitar esclarecimentos sobre as informações pessoais valoradas e as fontes dos dados considerados no respectivo cálculo" (Súmula 550 do STJ). RD
Gabarito "E."

(Procurador do Estado/PB – 2008 – CESPE) Acerca do direito do consumidor, assinale a opção correta.

(A) A oferta ou a veiculação de mensagem publicitária que ressalte as qualidades ou características de determinado produto ou serviço e defina condições e preços para a sua aquisição tem força vinculante em relação ao fornecedor que a promove ou dela se utiliza.

(B) Para caracterização da publicidade enganosa, exige-se que o anunciante tenha conhecimento de que as informações publicitárias são falsas, que são capazes de induzir ao erro e que provocam prejuízo ao consumidor.

(C) Quando forem fornecidos produtos potencialmente perigosos ao consumo, ainda que não tenha havido dano, incide cumulativamente a responsabilidade pelo fato do produto e pelo vício ou impropriedade do produto, também por perdas e danos, além das sanções administrativas e penais.

(D) Na contratação para fornecimento de produto ocorrida fora do estabelecimento empresarial, o consumidor pode desistir da avença no prazo de sete dias a contar do recebimento do produto. Nessa hipótese, os valores eventualmente pagos devem ser restituídos, deduzindo-se, apenas, o valor gasto com o transporte da mercadoria.

(E) O profissional liberal fornecedor de serviços será pessoalmente responsável pela reparação dos danos causados aos consumidores, por defeitos relativos à prestação de seus serviços, independentemente de apuração da culpa.

A: art. 30 do CDC; **B:** não há essa exigência na lei (art. 37, § 1º, do CDC); **C:** não tendo havido dano, não se configura o defeito do produto (art. 12 do CDC), podendo, no máximo, configurar-se o vício do produto (art. 18 do CDC); ademais, é bom lembrar que é possível a comercialização de produtos perigosos para a saúde, observado o art. 9º do CDC; não

WANDER GARCIA E ROBERTA DENSA

se pode, todavia, fornecer produtos com alto grau de perigo (art. 10 do CDC); **D:** art. 49 do CDC; **E:** art. 14, § 4º, do CDC.
Gabarito "A".

7. PROTEÇÃO CONTRATUAL

(Procurador Municipal – Sertãozinho/SP – VUNESP – 2016) No que concerne aos contratos de consumo, é correto afirmar que

(A) firmados entre fornecedor e consumidor pessoa jurídica, é válida a cláusula contratual que estabelece que a indenização poderá ser limitada, em situações justificáveis.

(B) será reputado de adesão aquele cujas cláusulas tenham sido estabelecidas unilateralmente pelo fornecedor de serviços, sendo que a inserção de cláusula no formulário pelo consumidor o desfigura como tal.

(C) as multas de mora decorrentes do inadimplemento de obrigações no seu termo não poderão ser superiores a 10 (dez) por cento do valor da prestação.

(D) quando de adesão, suas cláusulas deverão ser redigidas em termos claros e com caracteres ostensivos e legíveis, cujo tamanho da fonte não será inferior ao corpo onze, de modo a facilitar sua compreensão pelo consumidor.

(E) as cláusulas contratuais serão interpretadas de maneira mais favorável ao consumidor, desde que caracterizada a má-fé do fornecedor.

A: correta. A limitação de indenização pode estar prevista em contrato nas hipóteses em que haja um consumidor pessoa jurídica e que a limitação seja justificável (art. 51, I, do CDC). **B:** incorreta. O contrato de adesão é aquele cujas cláusulas tenham sido aprovadas pela autoridade competente ou estabelecidas unilateralmente pelo fornecedor de produtos ou serviços, sem que o consumidor possa discutir ou modificar substancialmente seu conteúdo (art. 54 do CDC). Prevê ainda o art. 54, § 1º, que a inserção de cláusula no formulado não desfigura a natureza de adesão do contrato. **C:** incorreta. A multa demora não pode ser superior a 2% do valor da prestação (art. 52, § 1º, do CDC) **D:** incorreta. Os contratos de adesão escritos serão redigidos em termos claros e com caracteres ostensivos e legíveis, cujo tamanho da fonte não será inferior ao corpo doze, de modo a facilitar sua compreensão pelo consumidor (art. 54, § 3º, do CDC). **E:** incorreta. As cláusulas contratuais serão interpretadas de maneira mais favorável ao consumidor (art. 47 do CDC), independentemente da análise da boa-fé do fornecedor. RD
Gabarito "A".

(Procurador – IPSMI/SP – VUNESP – 2016) Nos contratos de consumo, as cláusulas abusivas

(A) transferem responsabilidade a terceiros.

(B) impõem a conclusão do negócio.

(C) são nulas de pleno direito.

(D) invalidam o contrato por inteiro.

(E) estabelecem a inversão do ônus da prova.

A: incorreta. Transferir a responsabilidade a terceiros é um exemplo de cláusula contratual abusiva (art. 51, III, do CDC). **B:** incorreta. É cláusula contratual abusiva a cláusula que imponha representante para concluir ou realizar outro negócio jurídico pelo consumidor (art. 51, VIII, do CDC). **C:** correta. As cláusulas contratuais abusivas são nulas de pleno direito (art. 51, *caput*, do CDC). **D:** incorreta. A nulidade de uma cláusula contratual abusiva não invalida o contrato, exceto quando de sua ausência, apesar dos esforços de integração, decorrer ônus excessivo a qualquer das partes (art. 51, § 2º, do CDC). **E:** incorreta. Cláusula de

estabeleça a inversão do ônus da prova em prejuízo do consumidor é exemplo de cláusula contratual abusiva (art. 51, VI, do CDC). RD
Gabarito "C".

(Procurador do Estado – PGE/PA – UEPA – 2015) Acerca dos Contratos de Consumo e a Jurisprudência dos Tribunais Superiores, é correto afirmar que:

(A) de acordo com o entendimento do Superior Tribunal de Justiça, nos contratos firmados na vigência da Lei 10.931/2004, compete ao devedor, no prazo de 5 (cinco) dias após a execução da liminar de busca e apreensão, pagar a integralidade da dívida, sob pena de consolidação da propriedade do bem móvel objeto de alienação fiduciária.

(B) na hipótese de rescisão de contratos de promessa de compra e venda de imóveis à prestação, independentemente da respectiva motivação, admite-se a plena validade de cláusula contratual que estipula a devolução parcial dos valores pagos no mesmo número de parcelas adimplidas pelo consumidor.

(C) nos contratos de crédito rural, é abusiva a pactuação de cláusula que preveja a capitalização mensal de juros.

(D) é devida a restituição de valores vertidos por consorciado desistente ao grupo de consórcio, no prazo máximo de trinta dias a contar da manifestação do pedido de desistência.

(E) o ajuizamento de ação de prestação de contas por correntista com escopo de obter esclarecimento acerca de cobrança de encargos bancários está submetida ao prazo decadencial previsto pelo artigo 26 do Código de Defesa do Consumidor.

A: correta. Nos contratos firmados na vigência da Lei 10.931/2004, compete ao devedor, no prazo de 5 (cinco) dias após a execução da liminar na ação de busca e apreensão, pagar a integralidade da dívida – entendida esta como os valores apresentados e comprovados pelo credor na inicial –, sob pena de consolidação da propriedade do bem móvel objeto de alienação fiduciária. (REsp 1418593/MS, DJ 14/05/2014). Recurso repetitivo, tese 722. **B:** incorreta. "Na hipótese de resolução de contrato de promessa de compra e venda de imóvel submetido ao Código de Defesa do Consumidor, deve ocorrer a imediata restituição das parcelas pagas pelo promitente comprador – integralmente, em caso de culpa exclusiva do promitente vendedor/construtor, ou parcialmente, caso tenha sido o comprador quem deu causa ao desfazimento" (Súmula 543 do STJ). **C:** incorreta. A legislação sobre cédulas de crédito rural admite o pacto de capitalização de juros em periodicidade inferior à semestral. (REsp 1333977/MT, DJ 26/02/2014). Recurso repetitivo, tese 654. **D:** incorreta. "É devida a restituição de valores vertidos por consorciado desistente ao grupo de consórcio, mas não de imediato, e sim em até trinta dias a contar do prazo previsto contratualmente para o encerramento do plano (REsp 1119300/RS, DJ 14/04/2010). Recurso repetitivo, tese 312. **E:** incorreta. A decadência do art. 26 do CDC não é aplicável à prestação de contas para obter esclarecimentos sobre cobrança de taxas, tarifas e encargos bancários (Súmula 477 do STJ). RD
Gabarito "A".

(Procurador Distrital – 2014 – CESPE) Julgue o item abaixo, relativo ao direito das obrigações.

(1) Ainda que prevista no Código Civil, é abusiva cláusula contratual que atribua exclusivamente ao consumidor em mora a obrigação de arcar com os honorários advocatícios referentes à cobrança extrajudicial da dívida, sem exigir do fornecedor a demonstração de

13. DIREITO DO CONSUMIDOR

que a contratação de advogado seja efetivamente necessária e de que os serviços prestados pelo profissional contratado sejam privativos da advocacia.

1: Correta. O Código de Defesa do Consumidor considera abusiva a cláusula que obrigue o consumidor a ressarcir os custos de cobrança de sua obrigação sem que igual direito lhe seja conferido contra o fornecedor (art. 51, XII, do CDC). Logo, a assertiva está correta, pois prevê que *é abusiva* a cláusula contratual que atribua *exclusivamente* ao consumidor em mora a obrigação de arcar com os honorários advocatícios. Neste passo, a cláusula apenas seria válida se tal direito fosse atribuído igualmente a ambas as partes.
Gabarito 1C

(ADVOGADO – ANP – 2008 – CESGRANRIO) Após adquirir um produto pelo serviço de televendas de uma empresa, João resolveu desistir da compra. Qual é o seu prazo, em dias, para manifestar a desistência do contrato?

(A) 30, a partir da contratação.

(B) 30, a partir do recebimento do produto.

(C) 14, a partir da contratação.

(D) 7, a partir do recebimento do produto.

(E) 7, a partir da contratação.

O prazo de desistência é de 7 dias corridos, contados da assinatura do contrato OU do ato do recebimento do produto ou serviço (art. 49 do CDC). No caso em tela, como o produto foi enviado para a casa de João, já que a aquisição foi feita pelo serviço de televendas, deve-se contar o prazo a partir do recebimento do produto.
Gabarito "D".

(CERT. JUR. – BANCO DO BRASIL – 2009 – CESPE) Acerca das normas relativas a proteção contratual dos consumidores previstas no CDC e da sua aplicação no âmbito das relações e das práticas bancárias, assinale a opção correta.

(A) É considerada prática válida e prudencial a exigência pelo banco de mandato para a assunção, em nome do cliente, de obrigação cambial constante de título de crédito vinculado a contrato de abertura de crédito (cheque especial) para posterior execução.

(B) De acordo com o princípio do *pacta sunt servanda*, é proibido ao consumidor, liquidar antecipadamente operação de financiamento para aquisição de produtos.

(C) Como espécie de garantia para a concessão de empréstimos aos seus clientes, as instituições financeiras podem exigir a entrega de procuração para emissão de títulos de crédito em nome do devedor.

(D) O CDC não estabelece limite para a pactuação de multa em razão de inadimplemento de contrato de financiamento para a aquisição de bens ou serviços nos contratos praticados pelas instituições bancárias.

(E) De acordo com a atual jurisprudência do STJ, considera-se válida cláusula contratual que expressamente preveja, em operações bancárias de abertura de crédito a serem realizadas por instituições bancárias com seus clientes, a capitalização de juros em periodicidade mensal.

A e **C:** incorretas, pois são nulas de pleno direito as cláusulas que imponham representante para realizar outro negócio pelo consumidor (art. 51, VIII, do CDC); **B:** incorreta, pois o consumidor não só tem esse direito, como também terá os juros e demais acréscimos abatidos proporcionalmente (art. 52, § 2º, do CDC); **D:** incorreta, pois, nesse caso, a multa tem limite de 2% (art. 52, § 1º, do CDC); **E:** correta, pois

tal medida é admitida em favor das instituições financeiras, nos termos da Medida Provisória 2.170; de qualquer maneira, é bom lembrar que, não se tratando de contrato bancário, a capitalização de juros só é permitida anualmente (art. 591 do CC).
Gabarito "E".

(PROCURADOR – BANCO CENTRAL – 2009 – CESPE) Com base nas regras atinentes à proteção contratual do consumidor, assinale a opção correta.

(A) Em contratos de consumo, a revisão da cláusula-preço poderá ocorrer tanto em contrato de execução imediata quanto no de execução continuada.

(B) Embora não se exija fato superveniente imprevisível para a revisão do contrato, tal fato haverá de ser extraordinário.

(C) Em termos de nulidade, o CDC utilizou o sistema fechado das cláusulas abusivas.

(D) Mesmo que o consumidor seja pessoa jurídica, não poderá ser considerada válida cláusula que estabeleça limitação da indenização.

(E) Quando o fornecedor for instituição financeira, ao contrato não serão aplicadas as regras do CDC.

A: correta, pois, diferentemente do Código Civil, que exige, para aplicação da regra da onerosidade excessiva, contrato de execução continuada ou diferida (art. 478 do CC), o CDC não traz a mesma exigência (art. 6º, V, do CDC); **B:** incorreta, pois não há exigência de fato extraordinário, bastando que se trate de um fato novo (art. 6º, V, do CDC); **C:** incorreta, pois o art. 51 do CDC traz uma série de situações casuísticas (próprias de sistema fechado), mas, nos incisos IV e XV traz situações bem abertas, de modo que acaba utilizando o sistema aberto de cláusulas abusivas; **D:** incorreta, pois, em sendo o consumidor pessoa jurídica, o art. 51, I, do CDC admite que a indenização em favor do consumidor seja limitada, desde que em situações justificáveis; **D:** incorreta, pois, segundo a Súmula STJ n. 297, "O Código de Defesa do Consumidor é aplicável às instituições financeiras".
Gabarito "A".

(ADVOGADO – ANP – 2008 – CESGRANRIO) Quanto às cláusulas relativas ao fornecimento de produtos e serviços, **NÃO** é nula de pleno direito aquela que

(A) transfira responsabilidades a terceiros.

(B) determine a utilização compulsória de arbitragem.

(C) autorize o consumidor a cancelar o contrato unilateralmente.

(D) possibilite a violação de normas ambientais.

(E) possibilite a renúncia do direito de indenização por benfeitorias necessárias.

A: incorreta, pois é cláusula nula de pleno direito (art. 51, III, do CDC); **B:** incorreta, pois é cláusula nula de pleno direito (art. 51, VII, do CDC); **C:** correta, pois é cláusula nula de pleno direito a que autoriza o FORNECEDOR (e não o consumidor) a cancelar unilateralmente o contrato, sem que igual direito seja dado ao consumidor (art. 51, XI, do CDC); **D:** incorreta, pois é cláusula nula de pleno direito (art. 51, XIV, do CDC); **E:** incorreta, pois é cláusula nula de pleno direito (art. 51, XVI, do CDC).
Gabarito "C".

8. RESPONSABILIDADE ADMINISTRATIVA

(Procurador Municipal – Sertãozinho/SP – VUNESP – 2016) Sobre as sanções administrativas no âmbito das relações de consumo, assinale a assertiva correta.

(A) A competência para baixar normas relativas à produção, industrialização, distribuição e consumo de produtos e serviços é exclusiva da União.

(B) Os órgãos oficiais com atribuições para fiscalizar e controlar o mercado de consumo manterão comissões permanentes para elaboração, revisão e atualização das normas respectivas, sendo facultativa a participação dos consumidores e fornecedores.

(C) Os órgãos oficiais poderão expedir notificações aos fornecedores para que, sob pena de desobediência, prestem informações sobre questões de interesse do consumidor, mesmo se tratando de segredo industrial.

(D) As sanções administrativas estabelecidas no sistema consumerista podem ser aplicadas cumulativamente, inclusive por medida cautelar, antecedente ou incidente de procedimento administrativo.

(E) A devolução das quantias pagas pelo consumidor, multa e imposição de contrapropaganda são espécies de sanções administrativas que podem ser aplicadas contra as infrações das normas de defesa do consumidor praticadas por fornecedores.

A: incorreta. A competência é concorrente, cabendo a União e aos Estados (e Distrito Federal) para baixar normas relativas à produção, industrialização, distribuição e consumo de produtos e serviços (art. 55 do CDC e art. 24, V e VIII, da CF). **B**: incorreta. É obrigatória a participação dos consumidores e fornecedores nas comissões permanentes (art. 55, § 3°) **C**: incorreta. Os órgãos oficiais poderão expedir notificações aos fornecedores para que, sob pena de desobediência, prestem informações sobre questões de interesse do consumidor, resguardado o segredo industrial (art. 55, § 4°). **D**: correta. Nos exatos termos do parágrafo único do art. 56 do CDC: "as sanções previstas neste artigo serão aplicadas pela autoridade administrativa, no âmbito de sua atribuição, podendo ser aplicadas cumulativamente, inclusive por medida cautelar, antecedente ou incidente de procedimento administrativo". **E**: incorreta. A devolução das quantias pagas pelo consumidor não é sanção administrativa prevista no art. 56 do CDC. **RD**

Gabarito "D".

9. SNDC

(Procurador do Estado – PGE/PR – PUC – 2015) Com o objetivo de implementar um programa de fiscalização dos direitos do consumidor, o diretor do órgão de proteção e defesa do consumidor (PROCON) de certo Estado quer saber como enquadrar algumas relações econômicas dentro do regime jurídico consumerista instituído pela Lei federal 8.078/90. Considerando a legislação consumerista vigente e a jurisprudência atual do Superior Tribunal de Justiça (STJ), assinale a afirmativa **CORRETA** a respeito das relações de consumo.

(A) A jurisprudência do STJ tem mitigado a teoria finalista para autorizar a incidência do Código de Defesa do Consumidor nas hipóteses em que a parte (pessoa física ou jurídica), embora não seja tecnicamente a destinatária final do produto ou serviço, se apresenta em situação de vulnerabilidade ou hipossuficiência.

(B) A relação entre paciente e hospital público, financiado por receitas tributárias e sem remuneração direta do serviço de saúde prestado pelo hospital, é considerada relação de consumo.

(C) A relação jurídica entre a entidade de previdência privada e seus participantes não é considerada relação

de consumo, pois a ela se aplica marco normativo específico sobre seguridade social.

(D) Basta que instituição financeira figure em um dos polos da relação jurídica como fornecedora de empréstimos financeiros para que essa relação seja caracterizada como relação de consumo.

(E) A relação entre concessionária de serviço público e usuário final, para o fornecimento de serviços públicos essenciais, tais como energia elétrica, água e esgoto, não pode ser considerada relação de consumo, pois se trata de uma concessão de serviço público, regida por normas específicas de direito administrativo.

A: correta. A teoria finalista mitigada é a adotada pelo STJ atualmente, sendo considerado consumidor toda pessoa física ou jurídica que adquire ou utiliza produto ou serviço como destinatário final, para uso próprio ou fins profissionais, desde que apresente vulnerabilidade. No entanto, deve ser ressaltado que vulnerabilidade e hipossuficiência não tem o mesmo significado, mas a jurisprudência do STJ, ao tratar da teoria finalista utiliza as expressões como sinônimas. "A jurisprudência desta Corte é no sentido de que o Código de Defesa do Consumidor não se aplica no caso em que o produto ou serviço é contratado para implementação de atividade econômica, já que não estaria configurado o destinatário final da relação de consumo, podendo, no entanto, ser mitigada a aplicação da teoria finalista quando ficar comprovada a condição de hipossuficiência técnica, jurídica ou econômica da pessoa jurídica. O Tribunal de origem asseverou não ser a insurgente destinatária final do serviço, tampouco hipossuficiente. Inviabilidade de reenfrentamento do acervo fático-probatório para concluir em sentido diverso, aplicando-se o óbice da súmula 7/STJ." (EDcl no AREsp 265.845/SP, Rel. Min. Marco Buzzi, DJe de 1º/8/2013). **B**: incorreta. O Poder Público somente pode ser considerado fornecedor quando coloca produto ou serviço no mercado de consumo através de tarifa ou preço público. **C**: incorreta. "O Código de Defesa do Consumidor é aplicável às entidades abertas de previdência complementar, não incidindo nos contratos previdenciários celebrados com entidades fechadas" (Súmula 563 do STJ). **D**: incorreta. Para a configuração da relação jurídica de consumo é imprescindível a existência dos sujeitos da relação: o consumidor e o fornecedor. Nesse sentido, já entendeu o STJ: "Tratando-se de financiamento obtido por empresário, destinado precipuamente a incrementar a sua atividade negocial, não se podendo qualificá-lo, portanto, como destinatário final, inexistente é a pretendida relação de consumo." (REsp 218.505/MG, Relator o Min. Barros Monteiro, DJ de 14/2/2000). **E**: incorreta. "A relação entre concessionária de serviço público e o usuário final para o fornecimento de serviços públicos essenciais é consumerista, sendo cabível a aplicação do Código de Defesa do Consumidor" (Jurisprudência em teses 74 – STJ). **RD**

Gabarito "A".

(ADVOGADO – ANP – 2008 – CESGRANRIO) O Departamento Nacional de Defesa do Consumidor, da Secretaria Nacional de Direito Econômico (MJ), ou órgão federal que venha substituí-lo, é organismo de coordenação da política do Sistema Nacional de Defesa do Consumidor, cabendo-lhe:

I. celebrar convênios com entidades nacionais e internacionais;

II. solicitar à polícia judiciária a instauração de inquérito policial para a apreciação de delito contra os consumidores, nos termos da legislação vigente;

III. requisitar bens em quantidade suficiente para fins de estudos e pesquisas, com posterior comprovação e divulgação de seus resultados;

IV. levar ao conhecimento dos órgãos competentes as infrações de ordem administrativa que violarem os

13. DIREITO DO CONSUMIDOR

interesses difusos, coletivos, ou individuais dos consumidores;

V. encaminhar anteprojetos de lei, por intermédio do Ministério da Justiça, ao Congresso Nacional, bem como ser ouvido com relação a projetos de lei que versem sobre preços, qualidade, quantidade e segurança de bens e serviços.

Estão corretas **APENAS** as atividades

(A) I e III

(B) II e IV

(C) I, II e IV

(D) I, III e IV

(E) II, III e V

I: incorreta, pois tal disposição não se encontra no art. 106 do CDC; II: correta (art. 106, V, do CDC); III: incorreta, pois tal disposição não se encontra no art. 106 do CDC; **IV**: correta (art. 106, VII, do CDC); V: incorreta, pois tal disposição não se encontra no art. 106 do CDC. Gabarito "B".

10. DEFESA DO CONSUMIDOR EM JUÍZO

(Procurador do Município - Valinhos/SP - 2019 - VUNESP) Foram apresentadas três situações ao procurador do município: (i) a construção de uma empresa de rejeitos de minério de ferro ao lado de um rio que tem nascente no Município, em área considerada de proteção ambiental; (ii) a contaminação com o vírus da AIDS de vários pacientes do hospital municipal da cidade que receberam transfusão de sangue; (iii) o aumento de determinado tributo municipal em que se questiona o suposto confisco.

Diante dessas situações hipotéticas, dentro da classificação dos direitos transindividuais, o procurador conclui que

(A) todos os casos são classificados como direitos difusos.

(B) a hipótese (i) se refere a direito difuso e os itens (ii) e (iii) referem-se a direitos individuais homogêneos.

(C) o item (i) é classificado como direito coletivo em sentido estrito, o item (ii) como individual homogêneo e o (iii) difuso.

(D) o item (i) é classificado como difuso, o item (ii) como individual homogêneo e o (iii) direito coletivo em sentido estrito.

(E) todos os casos são classificados como individuais homogêneos.

O direito ou interesse **difuso**, pode ser definido como sendo o direito transindividual, em que não é possível identificar o sujeito de direitos sendo a titularidade do direito do próprio grupo, é essencialmente coletivo e indivisível, posto que, caso o juiz considere que uma pessoa do grupo tem direito, todas as pessoas do grupo têm o mesmo direito. A origem, por sua vez, é uma circunstância de fato. O direito ou interesse **coletivo** pode ser definido como sendo o direito transindividual, em que é possível identificar o sujeito de direitos sendo a titularidade do direito do próprio grupo, é essencialmente coletivo e indivisível, posto que, caso o juiz considere que uma pessoa do grupo tem direito, todas as pessoas do grupo têm o mesmo direito. A origem, por sua vez, é uma relação jurídica base. O direito **individual homogêneo** pode ser como sendo o direito transindividual, em que é possível identificar o sujeito de direitos, é acidentalmente coletivo e indivisível, posto que o juiz pode diferenciar os direitos conforme a prova a ser apresentada pelo titular do direito. A origem, por sua vez, é uma circunstância comum. RD Gabarito "D".

Procurador Municipal – Sertãozinho/SP – VUNESP – 2016) No que concerne à defesa metaindividual do consumidor em juízo, assinale a alternativa correta.

(A) Interesses ou direitos difusos são os transindividuais, de natureza divisível, de que sejam titulares pessoas indeterminadas e ligadas por circunstâncias de fato.

(B) São legitimados concorrentemente para a sua tutela, as entidades e órgãos da Administração Pública, direta ou indireta, ainda que sem personalidade jurídica, especificamente destinados à defesa dos interesses e direitos do consumidor.

(C) Na ação que tenha por objeto o cumprimento da obrigação de fazer ou não fazer, o juiz poderá impor multa diária ao réu, desde que haja pedido do autor, se for suficiente ou compatível com a obrigação, fixando prazo razoável para o cumprimento do preceito.

(D) Em caso de litigância de má-fé, a associação autora e os diretores responsáveis pela proposição da ação serão subsidiariamente condenados em honorários advocatícios e ao décuplo das custas, sem prejuízo da responsabilidade por perdas e danos.

(E) Aplicam-se às ações para a sua tutela, além do Código de Defesa do Consumidor, as normas do Código de Processo Civil e da Lei da ação popular, naquilo que não contrariar as disposições do diploma consumerista.

A: incorreta. Os interesses difusos têm natureza indivisível (art. 81, parágrafo único, I, do CDC). **B:** correta. Nos exatos termos do art. 82, III, do CDC. **C:** incorreta. A multa pode ser imposta independentemente do pedido do autor: "O juiz poderá, na hipótese do § 3º ou na sentença, impor multa diária ao réu, independentemente de pedido do autor, se for suficiente ou compatível com a obrigação, fixando prazo razoável para o cumprimento do preceito" (art. 84, § 4º, do CDC). **D:** incorreta. Nos termos do art. 87, parágrafo único, a responsabilidade é solidária entre a associação autora e os diretores responsáveis pela proposição da ação. **E:** incorreta. Aplicam-se às ações para a tutela do consumidor as normas do Código de Processo Civil e da Lei 7.347/1985, inclusive no que respeita ao inquérito civil, naquilo que não contrariar suas disposições (art. 90 do CDC). RD Gabarito "B".

(Procurador Municipal – Sertãozinho/SP – VUNESP – 2016) Relativamente às ações coletivas para a defesa de interesses individuais homogêneos tratados pelo Código de Defesa do Consumidor, é possível asseverar que

(A) são considerados interesses ou direitos individuais homogêneos aqueles transindividuais de natureza divisível ou não, decorrentes de origem comum.

(B) o Município poderá propor, em nome próprio e no interesse das vítimas ou seus sucessores, ação civil coletiva de responsabilidade pelos danos individualmente sofridos.

(C) o Ministério Público, se não ajuizar a ação, atuará como fiscal da lei quando o Juiz da causa entender pertinente.

(D) em caso de procedência do pedido, a condenação deve ser certa e determinada, fixando-se a responsabilidade do réu pelos danos causados.

(E) na hipótese de decorrido o prazo de 06 (seis) meses sem habilitação de interessados em número compatível com a gravidade do dano para execução da coisa julgada coletiva, poderá o autor da ação, promover a liquidação e execução da indenização devida.

A; incorreta. Os Direitos Individuais Homogêneos têm natureza divisível e são decorrentes de origem comum (art. 81, parágrafo único, III, do CDC). **B: correta.** A legitimidade do Município decorre do art. 82 do CDC e do art. 5º da LACP (ver também art. 91 e 92 do CDC). **C:** incorreta. O Ministério Público sempre atuará como fiscal da lei (art. 5º, § 1º, da LACP e art. 92 do CDC). **D:** incorreta. Para as ações coletivas que envolvem Direitos Individuais Homogêneos, em caso de procedência do pedido, a condenação será genérica, fixando a responsabilidade do réu pelos danos causados (art. 95 do CDC). **E:** incorreta. Nos termos do art. 100 do CDC, decorrido o prazo de um ano sem habilitação de interessados em número compatível com a gravidade do dano, poderão os legitimados promover a liquidação da sentença (*fluid recovery*). **RD**

Gabarito "B".

11. OUTROS TEMAS

(Procurador Municipal/SP – VUNESP – 2016) Há previsão expressa no Código de Defesa do Consumidor acerca da Convenção Coletiva de Consumo. Sobre esse tema, é correto afirmar que

(A) são legitimados para regular em convenção escrita relativa à preço, à quantidade e à garantia, entre outros, os Municípios e os sindicatos da categoria econômica envolvida, dada a competência concorrente de todos os entes da federação em legislar acerca dos direitos do consumidor.

(B) feita a convenção, ela se tornará obrigatória apenas a partir do momento em que for registrada no cartório de títulos e documentos.

(C) uma vez registrada, a convenção terá efeito *erga omnes*, valendo para todos os fornecedores e consumidores daquele nicho de produtos ou serviços.

(D) se exime de cumprir a convenção o fornecedor que se desligar da entidade em data posterior ao registro do instrumento.

(E) são legitimados para regular em convenção escrita relativa à preço, à quantidade e à garantia entre outros, os Procons Estaduais e os sindicatos da categoria econômica envolvida, dada a competência concorrente de todos os entes da federação em legislar acerca dos direitos do consumidor.

A: incorreta. A legitimidade para a convenção coletiva é das entidades civis de consumidores e associações de fornecedores ou sindicatos de categoria econômica. Por outro lado, a convenção coletiva de consumo pode ter por objeto estabelecer condições relativas ao preço, à qualidade, à quantidade, à garantia e características de produtos e serviços, bem como à reclamação e composição do conflito de consumo (art. 107, *caput*, do CDC). A competência para legislar em Direito do Consumidor é concorrente entre a União e os Estados (e DF), art. 24, V e VIII, da Constituição Federal, podendo o município legislar se houver interesse local (art. 30 da CF). **B: correta.** A convenção tornar-se-á obrigatória a partir do registro do instrumento no cartório de títulos e documentos (art. 107, § 1º, do CDC). **C:** incorreta. A convenção somente obrigará os filiados às entidades signatárias (art. 107, § 2º, do CDC). **D:** incorreta. Não se exime de cumprir a convenção o fornecedor que se desligar da entidade em data posterior ao registro do instrumento (art. 107, § 3º, do CDC). **E:** incorreta. Os PROCONS não têm legitimidade para firmar convenção coletiva de consumo (vide justificativa da alternativa "A"). **RD**

Gabarito "B".

14. Direito Previdenciário

Henrique Subi, Hermes Arrais Alencar e Robinson Barreirinhas

1. PRINCÍPIOS E NORMAS GERAIS

(Procurador do Município - Boa Vista/RR - 2019 - CESPE/CEBRASPE) A respeito de princípios constitucionais relativos à seguridade social, julgue o item a seguir.

(1) O princípio da diversidade da base de financiamento é imprescindível para a manutenção da saúde financeira e atuarial do sistema de seguridade social, uma vez que reduz o risco de desequilíbrio do orçamento direto e indireto desse sistema.

1: correta. O princípio constitucional da diversidade da base de financiamento garante que a Seguridade Social terá o maior número possível de fontes de receita, com vistas a evitar, dentro do possível, que crises que atinjam uma ou outra base não impliquem perdas insuperáveis para os respectivos fundos.
Gabarito 1C

(Procurador do Município/Manaus – 2018 – CESPE) Julgue os próximos itens, relativos à organização, aos princípios e ao custeio da seguridade social.

(1) Constitui objetivo da seguridade social manter o caráter democrático e descentralizado da administração, mediante gestão tripartite, com participação dos trabalhadores e empregadores e do Estado.

(2) Por força da regra da contrapartida, os benefícios e serviços da seguridade social somente poderão ser criados, majorados ou estendidos se existente a correspondente fonte de custeio total.

(3) Constitui fonte de financiamento da seguridade social a arrecadação de contribuições sociais do importador de bens ou serviços do exterior.

1: incorreta. A gestão será quadripartite, incluindo um representante dos aposentados (art. 194, parágrafo único, VII, da CF); **2: correta,** nos termos do art. 195, § 5º, da CF; **3: correta,** nos termos do art. 195, IV, da CF.
Gabarito 1E, 2C, 3C

(Procurador do Estado/SE – 2017 – CESPE) O princípio que, norteando a CF quanto à seguridade social, tem extrema relevância para o cumprimento dos objetivos constitucionais de bem-estar e justiça social, por eleger as contingências sociais a serem acobertadas e os requisitos para a garantia da distribuição de renda, é o princípio da

(A) diversidade da base de financiamento.
(B) universalidade da cobertura e do atendimento.
(C) uniformidade e equivalência dos benefícios e serviços prestados às populações urbanas e rurais.
(D) seletividade e distributividade na prestação dos benefícios e serviços.
(E) equidade na forma de participação no custeio.

A questão é passível de críticas. A nosso ver, tanto a diversidade da base de financiamento quanto a equidade na forma de participação e custeio são formas de consagração das metas de justiça social e distribuição de renda. HS
Gabarito "A".

(Procurador do Estado – PGE/MT – FCC – 2016) A Constituição Federal do Brasil e a legislação infraconstitucional que dispõe sobre planos de benefícios e custeio da previdência social preveem, como princípio básico da seguridade social,

(A) uniformidade e equivalência dos benefícios entre as populações urbanas e rurais, podendo haver diferenciação entre os serviços dessas populações criada por meio de lei complementar com objetivo de adequar os serviços às características regionais de cada atividade.
(B) universalidade na prestação dos benefícios e serviços, considerado o caráter seletivo e distributivo na cobertura e no atendimento.
(C) preexistência do custeio em relação ao benefício ou serviço para que haja previsão anterior da fonte de recursos que financiará a criação ou ampliação de qualquer benefício ou serviço da previdência pública.
(D) caráter democrático e descentralizado da administração, mediante gestão conjunta tripartite da comunidade, composta de representantes do governo, dos trabalhadores e dos empresários nos órgãos colegiados.
(E) solidariedade, também denominado universalidade de cobertura, que prevê não haver um único tipo de benefício ou serviço, mas diversos, que são concedidos e mantidos de forma seletiva observando a necessidade de cada contribuinte.

A: incorreta. O art. 194, parágrafo único, II, da CF não prevê qualquer exceção ao princípio; **B: incorreta.** Os objetos estão invertidos: universalidade de cobertura e atendimento e seletividade e distributividade na prestação dos benefícios e serviços (art. 194, parágrafo único, I e III, da CF); **C: correta,** nos termos do art. 195, § 5º, da CF; **D: incorreta.** A gestão da seguridade social é quadripartite, pois conta também com a participação dos aposentados (art. 194, parágrafo único, VII, da CF); **E: incorreta.** O princípio da solidariedade impõe que todos aqueles que exerçam atividade remunerada contribuam para a seguridade social não só para a fruição de seus próprios benefícios, mas também porque ela mantém serviços públicos essenciais à dignidade humana (saúde e assistência social, por exemplo). HS
Gabarito "C".

(Procurador do Estado – PGE/RN – FCC – 2014) Considere as afirmativas abaixo sobre o sistema de seguridade social previsto na Constituição Federal de 1988.

I. Seguridade social compreende um conjunto integrado de ações de iniciativa do poder público e da sociedade, destinado a garantir um elenco essencial de direitos sociais, que compreende as áreas da saúde, assistência social, previdência social e educação básica.

II. Tendo em vista o objetivo da universalidade da cobertura e do atendimento, princípio vetor do sistema de seguridade social brasileiro, contexto no qual está inserida a previdência social, todo aquele que seja alcançada por um risco social terá direito a benefícios previdenciários, levando-se em conta apenas a efetiva existência de necessidade social.

III. Seguridade social se compõe das áreas de saúde, assistência social e previdência social. A saúde e a assistência se direcionam ao cidadão hipossuficiente, enquanto que a previdência apenas a trabalhadores que contribuem para o sistema previdenciário.

IV. O princípio da uniformidade e equivalência entre as prestações devidas às populações urbana e rural decorre do princípio da isonomia e, por isso mesmo, não impede a existência de regras diferenciadas de acesso a benefícios previdenciários pela população rural.

Está correto o que se afirma APENAS em:

(A) IV.

(B) I e III.

(C) I.

(D) III.

(E) II e III.

I: incorreta. A seguridade social não compreende a educação básica em seu bojo (art. 194 da CF); II: incorreta. A previdência social é de caráter contributivo, ou seja, somente tem acesso aos benefícios previdenciários quem pagar o tributo conhecido como contribuição previdenciária (art. 201 da CF); III: incorreta. A saúde é direito de todos, não só dos hipossuficientes (art. 196 da CF); IV: correta. Vale frisar apenas que a diferenciação deve ser feita pela própria Constituição, como o faz para a aposentadoria por idade (art. 201, § 7º, II, da CF). HS

Gabarito "A".

(Procurador Federal – 2013 – CESPE) Julgue os seguintes itens.

(1) A seguridade social compreende um conjunto integrado de ações de iniciativa dos poderes públicos e da sociedade, destinadas a assegurar os direitos relativos à saúde, à previdência e à assistência social, sendo que a universalidade da cobertura e do atendimento, bem como a uniformidade e equivalência dos benefícios e serviços às populações urbanas e rurais estão entre os objetivos em que se baseia a organização da seguridade social no Brasil.

1: correta, nos termos do art. 194, *caput* e parágrafo único, I e II, da CF. Outros objetivos constitucionais da seguridade social são seletividade e distributividade na prestação dos benefícios e serviços; irredutibilidade do valor dos benefícios; equidade na forma de participação no custeio; diversidade da base de financiamento; caráter democrático e descentralizado da administração, mediante gestão quadripartite, com participação dos trabalhadores, dos empregadores, dos aposentados e do Governo nos órgãos colegiados.

Gabarito 1C

(Procurador/DF – 2013 – CESPE) Acerca da seguridade social, julgue os itens a seguir.

(1) Caso a declaração de inconstitucionalidade de textos normativos que estabelecessem distinção entre as alíquotas recolhidas, a título de contribuição social, das instituições financeiras e aquelas oriundas das empresas jurídicas em geral tivesse como consequ-

ência normativa a equiparação dos percentuais ou a sua supressão, tal pretensão não poderia ser acolhida em juízo, por impossibilidade jurídica do pedido, uma vez que o Poder Judiciário não pode atuar como legislador positivo nem conceder isenções tributárias.

(2) Uma norma legal que apenas altere o prazo de recolhimento das contribuições sociais destinadas à previdência social não se sujeitará ao princípio da anterioridade.

(3) Conforme jurisprudência do STF fundamentada no princípio da seletividade, operações e bens relacionados à saúde são imunes à tributação.

1: correta, pois essa é a jurisprudência dominante – ver RE 631.641 AgR/RS do STF; 2: correta, pois é pacífico o entendimento no sentido de que a simples alteração do prazo de recolhimento dos tributos não implica majoração, nem, portanto, sujeita-se ao princípio da anterioridade – Súmula 669 do STF; 3: incorreta, pois o STF afastou essa tese – ver RE 429.306/PR.

Gabarito 1C, 2C, 3E

(Procurador do Estado/MT – FCC – 2011) A Seguridade Social compreende um conjunto integrado de ações de iniciativa dos poderes públicos e da sociedade, destinado a assegurar o direito relativo à saúde, à previdência e à assistência social.

Considere os itens abaixo relacionados:

I. universalidade da cobertura e do atendimento;

II. uniformidade e equivalência dos benefícios e serviços às populações urbanas e rurais;

III. seletividade e distributividade na prestação dos benefícios e serviços;

IV. irredutibilidade do valor dos benefícios;

V. caráter democrático e centralizado da gestão administrativa, com a participação da comunidade, em especial de trabalhadores, empresários e aposentados.

Quanto aos princípios e diretrizes da Seguridade Social, estão corretos os itens

(A) I, II, III e IV, apenas.

(B) I, III, IV e V, apenas.

(C) I, II, IV e V, apenas.

(D) II, III, IV e V, apenas.

(E) I, II, III, IV e V.

I: correta (art. 194, parágrafo único, I, da CF); II: correta (art. 194, parágrafo único, II, da CF); III: correta (art. 194, parágrafo único, III, da CF); IV: correta (art. 194, parágrafo único, IV, da CF); V: incorreta. A gestão administrativa da seguridade social terá caráter democrático e descentralizado, mediante administração quadripartite – Governo, aposentados, trabalhadores e empregadores (art. 194, parágrafo único, VII, da CF).

Gabarito "A".

(PROCURADOR DO ESTADO/RS – FUNDATEC – 2010) Face aos dispositivos constitucionais que informam a Seguridade Social, é incorreto afirmar que:

(A) A irredutibilidade do valor dos benefícios veda a redução do valor nominal da prestação previdenciária.

(B) O princípio da universalidade visa ao atendimento do maior número possível de pessoas, cobrindo o maior número possível de contingências.

(C) A Saúde e a Assistência Social têm o dever de prestar atendimento à generalidade das pessoas, enquanto na

14. DIREITO PREVIDENCIÁRIO   611

Previdência Social nem todas as pessoas são beneficiárias.

(D) O caráter democrático e descentralizado da administração se faz mediante gestão quadripartite, com participação dos servidores públicos, dos empregadores, dos aposentados e do Governo nos órgãos colegiados.

(E) A Seguridade Social deve ser organizada com fundamento na diversidade da base de financiamento.

A: correta. Além desse aspecto, o princípio da irredutibilidade do valor dos benefícios também garante a irredutibilidade real, que se consubstancia no direito ao reajuste anual do valor de modo a preservar-lhe o poder aquisitivo; **B:** correta. Está perfeito o conceito do princípio da universalidade da cobertura e do atendimento; **C:** correta. Dentre as três esferas que compõem a Seguridade Social (Saúde, Previdência Social e Assistência Social), apenas a Previdência tem caráter contributivo, ou seja, é acessível somente àqueles que pagam os tributos denominados "contribuições sociais"; **D:** incorreta, devendo ser assinalada. A gestão quadripartite da Seguridade Social é composta por representantes do Governo, dos trabalhadores da iniciativa privada (não dos servidores públicos), dos empregadores e dos aposentados; **E:** correta, nos termos do art. 194, parágrafo único, VI, da CF.
Gabarito "D".

(Procurador do Município/Boa Vista-RR – 2010 – CESPE) Julgue o item a seguir, relativo às legislações previdenciária e da seguridade social.

(1) A equidade na forma de participação no custeio é princípio constitucional atinente à seguridade social, no entanto, as entidades beneficentes de assistência social que atenderem às exigências estabelecidas em lei serão isentas de contribuição para a seguridade social.

1: assertiva correta, pois a isenção em favor das entidades beneficentes de assistência social (a rigor, imunidade) é prevista expressamente pelo art. 195, § 7º, da CF.
Gabarito 1C

(Advogado da União/AGU – CESPE – 2012) Com base na jurisprudência do STF, julgue os itens a seguir, acerca da seguridade social.

(1) Apesar de a Emenda Constitucional n.º 20/1998 ter estabelecido um limite máximo para o valor dos benefícios do RGPS, esse teto não se aplica ao salário-maternidade da segurada empregada, devendo o valor do benefício, nesse caso, corresponder à integralidade da remuneração da empregada, e cabendo à previdência social o seu pagamento, salvo no tocante à prorrogação por sessenta dias da licença-maternidade, cujo pagamento ficará a cargo do empregador.

(2) Em face do princípio constitucional da irredutibilidade do valor dos benefícios previdenciários, a aplicação de novos critérios de cálculo mais benéficos estabelecidos em lei deve ser automaticamente estendida a todos os benefícios cuja concessão tenha corrido sob regime legal anterior.

(3) Como o direito à proteção da seguridade social, no Brasil, é garantido apenas aos segurados de um dos regimes previdenciários previstos em lei, o indivíduo que não contribui para nenhum desses regimes não faz jus à referida proteção.

1: incorreta. O salário-maternidade não se submete ao teto dos demais benefícios do RGPS, porém encontra também um limite máximo previsto no art. 248 da CF, segundo o qual nenhum benefício pago à conta do Tesouro Nacional será maior que o valor do subsídio dos Ministros do Supremo Tribunal Federal; **2:** incorreta. A situação narrada não se relaciona com o princípio da irredutibilidade dos benefícios. Segundo esse preceptivo, os benefícios não podem ter seus valores reduzidos (irredutibilidade nominal) e devem ser reajustados anualmente de forma a preservar-lhes o poder aquisitivo (irredutibilidade real). Além disso, não há a aludida extensão automática dos benefícios, porque nenhum deles poderá ser criado, majorado ou estendido sem a previsão da respectiva fonte de custeio total (art. 195, § 5º, da CF); **3:** incorreta. A seguridade social é o gênero que reúne três espécies de serviço público: saúde, previdência social e assistência social. Dentre eles, apenas a previdência social tem caráter contributivo, de forma que as outras duas esferas da seguridade (saúde e assistência social) serão prestadas independentemente de pagamento de contribuições.
Gabarito 1E, 2E, 3E

(ADVOGADO – CEF – 2012 – CESGRANRIO) O princípio da solidariedade é um princípio securitário de suma importância, pois

(A) permite que qualquer pessoa possa participar da proteção social patrocinada pelo Estado.

(B) permite a participação da sociedade na organização e no gerenciamento da seguridade social, mediante gestão quadripartite, com a participação de trabalhadores, empregadores, aposentados e governo.

(C) permite a proteção coletiva, na qual as pequenas contribuições individuais geram recursos suficientes para a criação de um manto protetor sobre todos, viabilizando a concessão de prestações previdenciárias em decorrência de eventos preestabelecidos.

(D) impede a insegurança do sistema previdenciário, pois a sua base de financiamento deve ser a mais variada possível, de modo que as oscilações setoriais não venham a comprometer a arrecadação de contribuições.

(E) impede a redução do valor do benefício pago, a fim de evitar o prejuízo aos beneficiários da Previdência Social.

A: incorreta, pois a assertiva refere-se ao princípio da universalidade de atendimento; **B:** incorreta, pois a assertiva refere-se ao caráter democrático da gestão da seguridade social; **C:** correta. Com efeito, o princípio da solidariedade baseia-se no fato daqueles que detêm maior capacidade econômica contribuírem para o custeio da seguridade social, que buscará auxiliar aqueles que, por razões permanentes ou transitórias, não puderem suprir a própria sobrevivência; **D:** incorreta. A assertiva está relacionada com o princípio da diversidade da base de financiamento; **E:** incorreta, pois refere-se ao princípio da irredutibilidade dos benefícios.
Gabarito "C".

2. CUSTEIO E CONTRIBUIÇÕES SOCIAIS

(Procurador do Estado/SE – 2017 – CESPE) O sistema de custeio da seguridade social é

(A) composto pela contribuição sobre a receita de concursos de prognósticos, mas não pela remuneração recebida por serviços de arrecadação prestados a terceiros.

(B) composto, no âmbito da União, por recursos adicionais do orçamento fiscal fixados obrigatoriamente na lei orçamentária anual.

(C) assegurado pela contribuição empresária, que é calculada, entre outras, sobre as remunerações pagas aos trabalhadores avulsos prestadores de serviços, deles excluídos os segurados contribuintes individuais.

(D) composto, na esfera federal, somente por receitas da União e das contribuições sociais.

(E) assegurado também pela participação do empregado, cujo salário de contribuição é reajustado anualmente pelos mesmos índices do salário mínimo vigente no país.

A: correta. Realmente estão previstas contribuições sobre concursos de prognósticos (art. 195, III, da CF), mas não sobre serviços de arrecadação prestados a terceiros; **B:** incorreta. Não são recursos adicionais. O orçamento da seguridade social integra o orçamento da União, Estados, DF e Municípios (art. 195, *caput*, da CF); **C:** incorreta. Também os segurados contribuintes individuais que prestem serviços a empresas são incluídos na contribuição sobre a folha de pagamento (art. 195, I, "a", da CF e art. 22, I e III, do PCSS); **D:** incorreta. Há também as receitas previstas no art. 195 da CF; **E:** incorreta. Não há previsão de reajuste anual do salário de contribuição, mas sim do valor dos benefícios (art. 201, § 4º, da CF). **HS**
Gabarito "A".

(Procurador/DF – 2013 – CESPE) Acerca da seguridade social, julgue os itens a seguir.

(1) A inclusão do cônjuge, pelo servidor público, como seu dependente para fins previdenciários independe da indicação de fonte de custeio.

(2) O legislador comum, fora das hipóteses expressamente indicadas na CF, pode valer-se da progressividade na definição das alíquotas pertinentes à contribuição de seguridade social devida por servidores públicos em atividade, uma vez que a previsão constitucional das referidas hipóteses não é taxativa.

1: correta, pois esse é direito legalmente garantido. O que exige indicação prévia da fonte de custeio total é a criação de um novo benefício – art. 195, § 5º, da CF; **2:** incorreta, pois o STF tem interpretação restritiva do disposto no art. 145, § 1º, da CF, restringindo a progressividade aos impostos de caráter pessoal e às hipóteses expressas no texto constitucional – ver Súmula 668/STF.
Gabarito 1C, 2E

(Procurador/DF – 2013 – CESPE) Acerca de institutos diversos de direito previdenciário, julgue o item subsequente.

(1) Lei ordinária poderá determinar que sócios das empresas por cotas de responsabilidade limitada respondam, solidariamente, com seus bens pessoais, pelos débitos junto à seguridade social, uma vez que não se trata de matéria reservada a lei complementar.

1: incorreta, pois o STF fixou entendimento de que não é possível lei ordinária criar essa responsabilidade solidária, fora dos parâmetros fixados pela lei complementar (art. 135, III, do CTN, especificamente), julgando inconstitucional o disposto no art. 13 da Lei 8.620/1993 – ver RE 562.276/PR.
Gabarito 1E

(Procurador do Estado/MT – FCC – 2011) Em relação ao financiamento da Seguridade Social, é correto afirmar:

(A) A Seguridade Social será financiada por toda a sociedade, de forma direta e indireta, mediante recursos provenientes apenas da União e dos Estados e, em certos casos, também de contribuições sociais.

(B) No âmbito federal, o orçamento da Seguridade Social é composto de receitas, provenientes da União, dos Estados, das contribuições sociais e de receitas de outras fontes.

(C) Constituem contribuições sociais, as das empresas, incidentes sobre a remuneração paga ou creditada aos segurados a seu serviço, com exceção das microempresas.

(D) Entre as contribuições sociais encontramos as dos empregadores domésticos.

(E) Figuram também entre as contribuições sociais as incidentes sobre a receita de concursos de prognósticos e do imposto de importação.

A: incorreta. A seguridade social será financiada, de forma indireta, com recursos da União, dos Estados, do Distrito Federal e dos Municípios e, de forma direta, pela receita das contribuições sociais (art. 195 da CF); **B:** incorreta. As receitas provenientes dos Municípios também integram o orçamento da seguridade social (art. 195, § 1º, da CF); **C:** incorreta. As microempresas também são contribuintes da seguridade social. A única diferença reside que, naquelas optantes do SIMPLES, o recolhimento de sua contribuição está inserido na alíquota única que caracteriza esse sistema de arrecadação; **D:** correta, conforme previsto no art. 24 do PCSS; **E:** incorreta. O imposto de importação não é receita da seguridade social. O art. 195, IV, da CF prevê como fonte de custeio a contribuição do importador, mas essa se dá mediante o pagamento das contribuições sociais do PIS e da COFINS incidentes sobre a operação de importação.
Gabarito "D".

(PROCURADOR DO ESTADO/RS – FUNDATEC – 2010) Assinale a alternativa incorreta:

(A) Compete exclusivamente à União instituir contribuição social para o custeio do Regime Geral de Previdência Social.

(B) Os Estados, o Distrito Federal e os Municípios podem instituir contribuição a ser cobrada de seus servidores, para o custeio, em benefício destes, de regime próprio de previdência.

(C) A contribuição social de Seguridade Social só pode ser exigida 90 (noventa) dias após a data da publicação da lei que a instituiu ou modificou.

(D) É vedada à União, aos Estados, ao Distrito Federal e aos Municípios a cobrança de contribuição social de Seguridade Social no mesmo exercício financeiro em que haja sido publicada a lei que a instituiu ou aumentou.

(E) As entidades beneficentes de assistência social, desde que atendidas as exigências estabelecidas em lei, são isentas de contribuição para a Seguridade Social.

A: correta, nos termos do art. 149 da CF; **B:** correta, nos termos do art. 149, § 1º, da CF; **C:** correta, nos termos do art. 195, § 6º, da CF; **D:** incorreta, devendo ser assinalada. Nos termos do art. 195, § 6º, da CF, não se aplica às contribuições sociais a anterioridade de exercício prevista no art. 150, III, "b", da Carta Magna; **E:** correta, conforme previsto no art. 195, § 7º, da CF. Não custa ressaltar que o preceptivo constitucional apresenta um deslize técnico, pois não se trata de isenção, mas sim de imunidade.
Gabarito "D".

(Procurador Federal – 2010 – CESPE) Em relação ao custeio da seguridade social, julgue os itens a seguir.

(1) Se, no exame da escrituração contábil e de qualquer outro documento da empresa, a fiscalização cons-

14. DIREITO PREVIDENCIÁRIO

tatar que a contabilidade não registra o movimento real de remuneração dos segurados a seu serviço, do faturamento e do lucro, serão apuradas, por aferição indireta, as contribuições efetivamente devidas, cabendo, no entanto, ao Instituto Nacional do Seguro Social a prova da irregularidade, sob pena de violação do postulado do devido processo legal.

(2) O STF decidiu que a cobrança da contribuição ao Seguro Acidente de Trabalho (SAT) incidente sobre o total das remunerações pagas tanto aos empregados quanto aos trabalhadores avulsos é ilegítima.

(3) É desnecessária a edição de lei complementar para a majoração de alíquota da contribuição para o financiamento da seguridade social. O conceito de receita bruta sujeita à incidência dessa contribuição envolve não só aquela decorrente da venda de mercadorias e da prestação de serviços, como também a soma das receitas oriundas do exercício de outras atividades empresariais.

1: incorreta, pois, no caso, cabe à empresa o ônus da prova em contrário – art. 33, § 6º, do Plano de Custeio da Seguridade Social – PCSS (Lei 8.212/1991); **2:** assertiva incorreta, pois o STF entendeu que essa cobrança é **legítima** – ver RE 450.061 AgR/MG; **3:** assertiva correta, pois reflete o entendimento do STF – ver RE 487.475 AgR/RJ e RE 371.258 AgR/SP.
Gabarito 1E, 2E, 3C

(Procurador Federal – 2010 – CESPE) No que concerne à legislação acidentária, ao benefício de prestação continuada previsto na Lei de Organização da Assistência Social e jurisprudência dos tribunais superiores, julgue o item seguinte.

(1) A alíquota da contribuição para o SAT deve corresponder ao grau de risco da atividade desenvolvida em cada estabelecimento da empresa, individualizado por seu CNPJ. Possuindo esta um único CNPJ, a alíquota da referida exação deve corresponder à atividade preponderante por ela desempenhada.

1: assertiva correta, pois reflete exatamente o entendimento jurisprudencial consolidado pela Súmula 351/STJ.
Gabarito 1C

(PROCURADOR DO ESTADO/RS – FUNDATEC – 2010) Considere as seguintes afirmações, segundo o que dispõe a Constituição Federal com relação ao financiamento da Seguridade Social, apontando aquela que está incorreta:

(A) Os recursos provenientes dos orçamentos da União, dos Estados, do Distrito Federal, dos Municípios e as contribuições sociais específicas financiam a Seguridade Social.

(B) Incide contribuição social sobre a receita de concursos de prognósticos.

(C) A pessoa jurídica em débito com o sistema de seguridade social não poderá contratar com o Poder Público, mas dele poderá receber incentivo fiscal.

(D) Não incide contribuição sobre os proventos de aposentadoria pagos pelo Regime Geral de Previdência Social.

(E) Incide contribuição social sobre a receita ou o faturamento e sobre o lucro das empresas.

A: correta, nos termos do art. 195 da CF; **B:** correta, nos termos do art. 195, III, da CF; **C:** incorreta, devendo ser assinalada. A pessoa jurídica

em débito com a Seguridade Social não poderá contratar com o poder público nem receber incentivos fiscais ou creditícios (art. 195, § 3º, da CF); **D:** correta, nos termos do art. 195, II, in fine, da CF; **E:** correta, nos termos do art. 195, I, "b" e "c", da CF.
Gabarito "C"

3. SEGURADOS E DEPENDENTES

(Procurador do Estado – PGE/RN – FCC – 2014) Quanto aos beneficiários do Regime Geral de Previdência Social – RGPS, considere:

I. Os dependentes preferenciais são aqueles que se encontram na primeira classe de dependentes, que prefere a todas as outras e compreende as figuras do cônjuge, companheiro(a) e filho(a) menor de 18 anos, não emancipado(a) ou inválido(a).

II. Os segurados obrigatórios são aqueles beneficiários que exercem algum tipo de atividade profissional remunerada, ou seja, os diversos tipos de trabalhadores, inclusive servidores públicos que não participem de regime próprio de previdência social.

III. Os dependentes do RGPS são aqueles beneficiários que se vinculam à Previdência por manterem com o segurado laços de família e dependência econômica, conforme prescrito em lei, o que caracteriza seu vínculo como acessório, pois exerce direitos em nome do segurado.

IV. Cônjuge separado judicialmente ou divorciado, com direito a alimentos, preserva a condição de dependente do segurado do RGPS, e eventualmente concorre, em condições de igualdade, com companheira do segurado.

Está correto o que se afirma em:

(A) II e IV, apenas.

(B) I e III, apenas.

(C) III e IV, apenas.

(D) I, II, III e IV.

(E) II e III, apenas.

I: incorreta. O filho é dependente de 1ª classe até os 21 anos de idade, ou inválido, ou que tenha deficiência intelectual ou mental, ou deficiência grave (art. 16, I, da PBPS); **II:** correta, nos termos do art. 11, I, *g*, da PBPS; **III:** incorreta. Os direitos do dependente são autônomos, podendo ser exercidos independentemente de qualquer ação do segurado (veja-se, por exemplo, a pensão por morte, na qual o segurado, inclusive, já faleceu e é o dependente que requer o benefício); **IV:** correta, nos termos do art. 16, § 1º, e 17. I, do Decreto 3.048/1999. HS
Gabarito "A"

(Procurador Federal – 2013 – CESPE) Julgue os seguintes itens.

(1) O servidor público federal ocupante de cargo em comissão, sem vínculo efetivo com a União, autarquias ou fundações públicas federais, é segurado obrigatório do RGPS na condição de empregado.

1: correta, nos termos do art. 12, I "g", da PCSS.
Gabarito 1C

(Procurador do Município/Boa Vista-RR – 2010 – CESPE) Julgue o item a seguir, relativo às legislações previdenciária e da seguridade social.

(1) O exercente de mandato eletivo federal, estadual ou municipal é segurado obrigatório da previdência

social como empregado, ainda que seja vinculado a regime próprio de previdência social.

1: assertiva incorreta, pois a vinculação a regime próprio de previdência afasta a qualidade de segurado obrigatório do RGPS – art. 12, I, *j*, *in fine*, do PCSS.

Gabarito 1E

4. BENEFÍCIOS

(Procurador do Município/Manaus – 2018 – CESPE) Considerando a legislação aplicável e a jurisprudência dos tribunais superiores acerca do RGPS, julgue os itens que se seguem.

(1) Os benefícios de aposentadoria por invalidez e auxílio-doença independem de carência quando originários de causa acidentária de qualquer natureza.

(2) Para efeito da concessão de benefício previdenciário ao trabalhador rural, é suficiente a prova exclusivamente testemunhal.

1: correta, nos termos do art. 26, II, do PBPS; **2:** incorreta. Será sempre necessário ao menos um início de prova documental, sendo vedada a comprovação exclusivamente por testemunhas (art. 55, § 3º, do PBPS). Deve o candidato atentar, porém, que no momento do fechamento desta edição, está em vigor a Medida Provisória 871/2019, que autoriza a prova exclusivamente testemunhal em situações de força maior ou caso fortuito. **HS**

Gabarito 1C, 2E

(Procurador do Município/Manaus – 2018 – CESPE) Márcio, com cinquenta e cinco anos de idade e trinta e cinco anos de contribuição como empresário, compareceu a uma agência da previdência social para requerer sua aposentadoria. Após análise, o INSS indeferiu a concessão do benefício sob os fundamentos de que ele já era beneficiário de pensão por morte e que não tinha atingido a idade mínima para a aposentadoria por tempo de contribuição.

A respeito da situação hipotética apresentada e de aspectos legais a ela relacionados, julgue os itens subsequentes.

(1) A decisão da autarquia previdenciária está parcialmente correta porque, embora Márcio tenha atendido aos requisitos concessórios do benefício, ele não pode acumular a aposentadoria por tempo de contribuição com a pensão por morte.

(2) O direito de Márcio não está sujeito ao prazo decadencial decenal, pois este é aplicável somente nas hipóteses de pedido revisional de benefício previamente concedido.

(3) Caso, posteriormente, o INSS conceda o benefício, judicial ou administrativamente, no cálculo da renda mensal inicial devida a Márcio deverá ser desprezada a incidência do fator previdenciário.

1: incorreta. Nada obsta a cumulação de aposentadoria e pensão por morte (art. 124 do PBPS); **2:** correta, nos termos do art. 103 do PBPS; **3:** incorreta. O fator previdenciário incide obrigatoriamente no cálculo da pensão por morte (art. 29, I, do PBPS). **HS**

Gabarito 1E, 2C, 3E

(Procurador do Estado/SE – 2017 – CESPE) Se um empregado de determinada empresa, filiado ao RGPS há dois anos, sofrer acidente de trânsito que o incapacite temporariamente para o exercício de atividade laboral, a ele será assegurado o direito

(A) a aposentadoria por invalidez, que, por sua natureza, independerá de carência, e cujo valor será acrescido de 50% no caso de necessidade de assistência permanente.

(B) ao auxílio-doença, que consiste em uma renda mensal correspondente a 91% do salário de benefício.

(C) ao recebimento de auxílio-doença, desde o primeiro dia de afastamento da atividade e pelo período que durar a sua incapacidade.

(D) ao benefício do auxílio-acidente, de caráter vitalício, caso o acidente tenha ocorrido em horário de trabalho.

(E) a receber benefício durante a licença pela incapacidade temporária, sendo esse período descontado do tempo de contribuição.

A: incorreta. A aposentadoria por invalidez é destinada a casos de incapacidade total e permanente para o exercício de qualquer atividade laborativa (art. 42 do PBPS); **B:** considerada correta pelo gabarito oficial, porém passível de severas críticas. O auxílio-doença, que realmente tem como renda mensal inicial o equivalente a 91% do salário de benefício (art. 61 do PBPS), somente é devido ao segurado empregado se o afastamento for superior a 15 dias (art. 59 do PBPS), informação que não consta do enunciado; **C:** incorreta, conforme comentário à alternativa anterior; **D:** incorreta. Apesar de ter sofrido um acidente, trata-se de auxílio-doença. O auxílio-acidente é pago em caso de consolidação de lesões que reduzam permanentemente a capacidade laborativa do segurado, sem incapacitá-lo (art. 86 do PBPS); **E:** incorreta. O período em que o segurado está em gozo de benefício é considerado como tempo de contribuição (art. 55, II, do PBPS). **HS**

Gabarito "B"

(Procurador do Estado – PGE/MT – FCC – 2016) Quanto ao benefício de aposentadoria, dentre as normas reguladoras previdenciárias, consta que:

(A) a concessão da aposentadora por invalidez em caso de doença profissional ou do trabalho no Regime Geral da Previdência Social depende de carência de doze contribuições mensais.

(B) o valor da aposentadoria por invalidez no Regime Geral da Previdência Social do segurado que necessitar da assistência permanente de outra pessoa será acrescido de 30% até que o valor da aposentadoria atinja o limite máximo legal.

(C) a aposentadoria por idade no Regime Próprio da Previdência Social será devida ao segurado que, cumprida a carência de 180 contribuições mensais, completar 65 anos de idade, se homem, e 60 se mulher, reduzidos em cinco anos para os que exerçam atividades rurais, exceto os empresários e os professores de qualquer nível ou natureza.

(D) a aposentadoria especial no Regime Geral de Previdência Social será devida, uma vez cumprida a carência exigida nesta Lei, ao segurado que tiver trabalhado sujeito a condições especiais que prejudiquem a saúde ou a integridade física, durante 15, 20 ou 25 anos, conforme dispuser a lei.

(E) os servidores abrangidos pelo regime de previdência própria previsto na Constituição Federal serão aposentados por invalidez permanente, sendo os proventos proporcionais ao tempo de contribuição, ainda que decorrente de acidente em serviço, moléstia profissional ou doença grave, contagiosa ou incurável.

A: incorreta. No caso de doença profissional ou do trabalho, fica afastada a exigência de carência na aposentadoria por invalidez (art. 26, II, da Lei 8.213/1991); **B:** incorreta. O acréscimo será de 25% e não fica sujeito ao teto dos benefícios do RGPS (art. 45 da Lei 8.213/1991); **C:** incorreta. A redução é benefício previsto para a aposentadoria por idade concedida para o Regime Geral, não sendo aplicável aos regimes próprios (art. 40, § 1º, III, da CF); **D:** correta, nos termos do art. 57 da Lei 8.213/1991; **E:** incorreta. Nos casos mencionados, o valor da aposentadoria será integral (art. 40, § 1º, I, parte final, da CF). HS

Gabarito "D".

(Procurador do Estado – PGE/MT – FCC – 2016) A Lei nº 8.213/91 que regulamenta as prestações e os benefícios da Previdência Social estabelece que

(A) a aposentadoria por tempo de serviço, o abono de permanência em serviço, os pecúlios e a reabilitação profissional são benefícios exclusivos do segurado e não se estendem aos seus dependentes.

(B) somente poderão se beneficiar do auxílio-acidente os segurados na qualidade de empregado, incluindo o doméstico, trabalhador avulso e segurado especial.

(C) o auxílio-doença será devido a todos os segurados a contar do 16º dia do afastamento da atividade, independentemente de carência e consistirá numa renda mensal correspondente a 80% do salário-de--benefício.

(D) a pensão por morte será devida ao conjunto dos dependentes do segurado que falecer, aposentado ou não, a contar da data do óbito ou da decisão judicial, no caso de morte presumida e o valor mensal será de 91 % do valor da aposentadoria que o segurado recebia ou daquela a que teria direito se estivesse aposentado por invalidez.

(E) é vedado o recebimento conjunto do seguro-desemprego com pensão por morte e auxílio-acidente, assim como não é permitido o recebimento conjunto de salário maternidade e pensão por morte.

A: incorreta. O abono de permanência em serviço e os pecúlios não mais subsistem no RGPS, além de a reabilitação profissional ser serviço colocado à disposição também dos dependentes (art. 18 da PBPS); **B:** correta, nos termos do art. 18, § 1º, da PBPS; **C:** incorreta. O início do benefício no 16º dia de afastamento aplica-se somente ao empregado – quanto aos demais, é devido desde o início da incapacidade laborativa (art. 60 da PBPS). Além disso, sua renda mensal inicial equivale a 91% do salário de contribuição (art. 61 da PBPS); **D:** incorreta. O valor mensal da pensão equivale a 100% do valor da aposentadoria que o segurado recebia ou ao valor da aposentadoria por invalidez que teria direito, se estivesse na atividade (art. 75 da PBPS); **E:** incorreta. Tais benefícios são plenamente cumuláveis (art. 124, "caput" e parágrafo único, da PBPS). HS

Gabarito "B".

(Procurador do Estado – PGE/RS – Fundatec – 2015) À luz da Constituição da República Federativa do Brasil, assinale a alternativa INCORRETA.

(A) Incide contribuição, com percentual igual ao estabelecido para os servidores titulares de cargos efetivos, sobre os proventos de aposentadorias e pensões concedidas pelos regimes próprios de previdência dos servidores públicos que superem o limite máximo estabelecido para os benefícios do regime geral de previdência social.

(B) É vedada a filiação ao regime geral de previdência social, na qualidade de segurado facultativo, de pessoa participante de regime próprio de previdência.

(C) Os requisitos de idade e de tempo de contribuição para obtenção de aposentadoria voluntária pelas regras permanentes (artigo 40, § 1º, inciso III, alínea *a*, da Constituição da República Federativa do Brasil) serão reduzidos em 5 (cinco) anos para o professor que comprove tempo de efetivo exercício das funções de magistério na educação infantil e no ensino fundamental, médio e superior.

(D) É assegurada, para efeito de aposentadoria, a contagem recíproca do tempo de contribuição na administração pública e na atividade privada, rural e urbana, mediante compensação financeira entre os diversos regimes de previdência social, segundo critérios fixados em lei.

(E) É vedada a adoção de requisitos e critérios diferenciados para a concessão de aposentadoria aos abrangidos pelos regimes próprios de previdência dos servidores públicos, ressalvados, nos termos definidos em leis complementares, os casos de servidores portadores de deficiência, ou que exerçam atividades de risco ou cujas atividades sejam exercidas sob condições especiais que prejudiquem a saúde ou a integridade física.

A: correta, nos termos do art. 40, § 18, da CF; **B:** correta, nos termos do art. 201, § 5º, da CF; **C:** incorreta, devendo ser assinalada. Apenas o requisito de tempo de contribuição é reduzido para os professores (art. 201, § 8º, da CF); **D:** correta, nos termos do art. 201, § 9º, da CF; **E:** correta, nos termos do art. 201, § 1º, da CF. HS

Gabarito "C".

(Procurador do Estado – PGE/MT – FCC – 2016) Em relação ao tempo de contribuição, considere:

I. O tempo de contribuição já considerado para concessão de qualquer aposentadoria prevista no Regulamento da Previdência Social ou por outro regime de previdência social.

II. O período de contribuição efetuada por segurado depois de ter deixado de exercer atividade remunerada que o enquadrava como segurado obrigatório da previdência social.

III. O tempo de exercício de mandato eletivo federal, estadual, distrital ou municipal, desde que tenha havido contribuição em época própria e não tenha sido contado para efeito de aposentadoria por outro regime de previdência social.

IV. O período em que o segurado esteve recebendo auxílio-doença ou aposentadoria por invalidez, entre períodos de atividade.

Segundo as normas previdenciárias, será considerado como tempo de contribuição o que consta APENAS em:

(A) I e II.

(B) I e IV.

(C) II e III.

(D) III e IV.

(E) II, III e IV.

Apenas a assertiva I está incorreta, porque não se encontra no rol do art. 55 da PBPS junto com as demais (incisos V, IV e II, respectivamente). HS

Gabarito "E".

(Procurador/DF – 2013 – CESPE) Julgue os itens seguintes, que versam sobre a previdência social.

(1) A renúncia à aposentadoria pelo RGPS, para fins de aproveitamento do tempo de contribuição e concessão de novo benefício, seja no mesmo regime, seja em regime diverso, não importa em devolução dos valores percebidos, pois, enquanto perdurar a aposentadoria pelo RGPS, os pagamentos de natureza alimentar serão indiscutivelmente devidos.

(2) Conforme a jurisprudência do STJ, no âmbito do RGPS, o termo inicial do auxílio-acidente será o dia seguinte ao da cessação do auxílio-doença.

(3) Ressalvada a revisão prevista em lei, os proventos da inatividade regulam-se pela lei vigente ao tempo em que o militar, ou o servidor civil, tiver reunido os requisitos necessários, inclusive a apresentação do requerimento, quando a inatividade for voluntária.

(4) O tratamento dado pelo STF à adesão do interessado a plano de previdência privada não se limita à liberdade de associação, pois, em razão do equilíbrio financeiro-atuarial do sistema, não é permitida a desfiliação mediante a simples vontade unilateral do interessado.

1: correta, pois essa é a jurisprudência fixada pelo STJ para a hipótese de "desaposentação" – REsp 1.334.488/SC (repetitivo); **2:** correta, conforme entendimento pacífico do STJ – ver AgRg REsp 1.336.437/SP; **3:** incorreta, pois a apresentação do requerimento, para a hipótese em que a inatividade for voluntária, não é relevante para a definição da lei aplicável, conforme alteração da Súmula 359 do STF; **4:** incorreta, pois, em razão da liberdade de associação, garante-se o direito de desfiliação, conforme jurisprudência do STF – ver RE 482.207 AgR/PR. Gabarito 1C, 2C, 3E, 4E

(Procurador/DF – 2013 – CESPE) A respeito do regime próprio de previdência dos servidores públicos, julgue os itens que se seguem.

(1) Ocorre a prescrição do próprio fundo de direito se o servidor público deixa transcorrer mais de cinco anos entre a data da aposentadoria e o pedido de sua complementação.

(2) É vedado o recebimento cumulado de dois benefícios de pensão por morte, mesmo no caso de benefícios por regimes de previdência distintos, devendo o beneficiário optar por um deles.

1: incorreta (discordamos do gabarito oficial original, posteriormente anulado). A jurisprudência do STJ é pacífica em relação à matéria tratada na Súmula 427 daquela Corte, entendendo que "em se tratando de relação de trato sucessivo, a prescrição somente atinge as parcelas não pagas antes dos cinco anos imediatamente anteriores ao ajuizamento da ação, não alcançando assim o chamado fundo de direito" – EDcl AREsp 87.197/RS; **2:** incorreta, pois o que é vedado é a cumulação de duas pensões pelo viúvo ou viúva deixadas por dois cônjuges ou companheiros distintos no RGPS, hipótese em que poderá optar pela mais vantajosa – art. 124, VI, do Plano de Benefícios da Previdência Social – PBPS (Lei 8.213/1991). Nada impede que o filho órfão cumule duas pensões do RGPS, deixadas pelo pai e pela mãe, por exemplo, ou de regimes previdenciários distintos. Gabarito 1E, 2E

(Procurador/DF – 2013 – CESPE) Acerca de institutos diversos de direito previdenciário, julgue os itens subsequentes.

(1) Caso um professor uruguaio que desempenhe regularmente a função de professor de universidade privada em Brasília – DF queira aposentar-se por tempo de contribuição pelo RGPS, havendo acordo bilateral de previdência social com o Brasil, a responsabilidade financeira pelas contribuições previdenciárias referentes ao tempo de serviço prestado no Uruguai deverá ser suportada por aquele país, mediante compensação financeira, e, uma vez preenchidos os requisitos segundo a legislação brasileira, o benefício deverá ser concedido, ainda que não haja na legislação uruguaia benefício previdenciário dessa natureza, podendo haver a contagem recíproca do tempo de contribuição no estrangeiro.

(2) É devida a conversão em pecúnia da licença-prêmio não gozada e não contada em dobro, quando da aposentadoria do servidor, sob pena de indevido locupletamento por parte da administração pública.

1: incorreta, pois, nos casos da Argentina e Uruguai, considerando que no Acordo Multilateral de Seguridade Social do MERCOSUL não há previsão expressa desse tipo de benefício, somente serão reconhecidos, por força do direito adquirido, aqueles que comprovarem a implementação dos requisitos necessários no período em que estiveram em vigência os acordos bilaterais dos dois países – art. 477 da IN 45/2010 do INSS; **2:** correta, conforme a jurisprudência pacífica – ver AgRg REsp 1.360.642/RS-STJ. Gabarito 1E, 2C

(Procurador Federal – 2013 – CESPE) Acerca do RGPS, julgue os itens a seguir.

(1) A aposentadoria especial será devida apenas ao segurado que tiver trabalhado por, pelo menos, vinte e cinco anos sujeito a condições especiais que lhe prejudiquem a saúde ou a integridade física.

(2) A concessão do benefício de auxílio-doença, em regra, exige período de carência de doze contribuições mensais. Todavia, a lei prevê casos em que a concessão do referido benefício independe de carência, entre os quais se inclui a situação na qual o segurado venha a ser vítima de moléstia profissional ou do trabalho.

(3) Segundo a atual jurisprudência do STF e STJ, a concessão do benefício previdenciário de pensão por morte aos dependentes do segurado deve ser disciplinada pela legislação em vigor ao tempo do fato gerador do benefício em questão, qual seja, a morte do segurado, por força da aplicação do princípio *lex tempus regit actum*.

(4) Se um segurado da previdência social falecer e deixar como dependentes seus pais e sua companheira, o benefício de pensão por sua morte deverá ser partilhado entre esses três dependentes, na proporção de um terço para cada um.

(5) Para fazer jus à aposentadoria por idade prevista no RGPS, como trabalhador urbano, deve o requerente comprovar, além da carência exigida em lei, ter completado sessenta e cinco anos de idade, se homem, e sessenta anos, se mulher.

1: incorreta. Dependendo do grau de exposição ao risco, a aposentadoria especial será paga após 15, 20 ou 25 anos de contribuição (art. 57 do PBPS); **2:** correta. Os períodos de carência estão previstos no art. 25 do PBPS, cujo inciso I estabelece o prazo de 12 contribuições mensais para o auxílio-doença. Há, porém, exceções previstas no art. 26 da mesma lei: caso a moléstia decorra de acidente de qualquer natureza, doença profissional ou do trabalho ou tratar-se de doença grave prevista em

14. DIREITO PREVIDENCIÁRIO

portaria conjunta do Ministério da Saúde e do Ministério do Trabalho e Emprego (art. 26, II, do PBPS); **3:** correta. A jurisprudência dos Tribunais Superiores está assentada nesse sentido. Veja-se, por exemplo, no STJ, AR 3816/MG, DJ 26/09/2013; **4:incorreta.** A companheira é dependente de primeira classe, portanto sua presença exclui o direito ao benefício dos dependentes de segunda classe (pais). Assim, apenas ela terá direito á pensão por morte (art. 16, § 1º, do PBPS); **5:correta.** A aposentadoria por idade será concedida ao trabalhador que contar sessenta e cinco anos de idade, se homem, ou sessenta anos, se mulher (art. 48 do PBPS), cumprida a carência de 180 contribuições mensais (art. 25, II, do PBPS).

Gabarito 1E, 2C, 3C, 4E, 5C

(PROCURADOR DO ESTADO/MG – FUMARC – 2012) Com relação ao regime geral de previdência social assinale a proposição **INCORRETA:**

(A) Período de carência é o número mínimo de contribuições mensais indispensáveis para que o beneficiário faça jus ao benefício, consideradas a partir do transcurso do primeiro dia dos meses de suas competências;

(B) o salário de benefício para a aposentadoria por idade e para a aposentadoria por tempo de contribuição consiste na média aritmética simples dos maiores salários de contribuição correspondentes a oitenta por cento de todo o período contributivo, multiplicada pelo fator previdenciário;

(C) a concessão da aposentadoria por invalidez decorrente de acidente de qualquer natureza, inclusive de acidente do trabalho, depende do período de carência de 12 (doze) contribuições mensais;

(D) o salário de benefício para a aposentadoria por invalidez consiste na média aritmética simples dos maiores salários de contribuição correspondentes a oitenta por cento de todo o período contributivo, sem a incidência do fator previdenciário;

(E) independe de carência a concessão da pensão por morte, do auxílio-reclusão, do salário-família, do auxílio-acidente e do salário maternidade para as seguradas empregadas, trabalhadora avulsa e empregada doméstica.

A: correta, nos termos do art. 24 do PBPS; **B:** correta, nos termos do art. 29, I, do PBPS; **C:** incorreta, devendo ser assinalada. A invalidez decorrente de acidentes de qualquer natureza, inclusive acidentes de trabalho, é exceção à necessidade de comprovação de carência para a concessão da aposentadoria por invalidez (art. 26, II, do PBPS); **D:** correta, conforme art. 29, II, do PBPS; **E:** correta, nos termos do art. 26, I e VI, do PBPS.

Gabarito "C".

(Procurador do Estado/MT – FCC – 2011) Em relação ao auxílio-acidente, é correto afirmar:

(A) O auxílio-acidente será devido a partir do dia seguinte ao da cessação do auxílio-doença, independentemente de qualquer remuneração ou rendimento auferido pelo acidentado, permitida sua acumulação com qualquer aposentadoria.

(B) O auxílio-acidente mensal corresponderá a cinquenta por cento do salário de contribuição e será devido até a véspera do início de qualquer aposentadoria ou até a data do óbito do segurado.

(C) O auxílio-acidente será concedido, como indenização, ao segurado quando, após a consolidação das

lesões decorrentes de acidente de qualquer natureza, resultarem sequelas que impliquem redução da capacidade para o trabalho que habitualmente exerça.

(D) O recebimento de salário ou concessão de qualquer outro benefício, não prejudicará a continuidade do recebimento do auxílio-acidente.

(E) A perda da audição somente proporcionará a concessão do auxílio-acidente, quando, além do reconhecimento de causalidade entre o trabalho e a doença, resultar, comprovadamente, na perda da capacidade para o trabalho que habitualmente exerça.

A: incorreta. O auxílio-acidente não se acumula com aposentadoria (art. 86, § 2º, do PBPS); **B:** incorreta. O auxílio-acidente, como qualquer outro benefício previdenciário, é calculado com base no salário de benefício, não no salário de contribuição (art. 86, § 1º, do PBPS); **C:** correta, nos termos do art. 86, caput, do PBPS; **D:** incorreta. Como já dissemos, o auxílio-acidente não se cumula com aposentadoria. Logo, a concessão desse benefício prejudica o recebimento daquela (art. 86, § 3º, do PBPS); **E:** incorreta. Além da perda da capacidade para o trabalho, sua redução em razão da perda da audição em qualquer grau também enseja o pagamento de auxílio-acidente (art. 86, § 4º, do PBPS).

Gabarito "C".

(Procurador do Estado/MT – FCC – 2011) Considerando a contagem recíproca de tempo de serviço, é correto afirmar:

(A) O tempo de contribuição ou de serviço será contado de acordo com a legislação pertinente, considerando entre outras normas, a admissão da contagem em dobro, em situações especiais.

(B) A aposentadoria por tempo de serviço, com contagem de tempo, será concedida ao segurado do sexo feminino a partir de 30 (trinta) anos completos de serviço, e, ao segurado do sexo masculino, a partir de 25 (vinte e cinco) anos completos de serviço, ressalvadas as hipóteses de redução previstas em lei.

(C) Quando a soma dos tempos de serviço ultrapassar 25 (vinte e cinco) anos, se do sexo feminino, e 30 (trinta) anos, se do sexo masculino, o excesso não será considerado para qualquer efeito.

(D) O benefício resultante de contagem de tempo de serviço será concedido e pago pelo sistema a que o interessado estiver vinculado ao requerê-lo, e calculado na forma da legislação anterior, considerando o direito adquirido do beneficiário.

(E) Para efeito dos benefícios previstos no Regime Geral de Previdência Social ou no serviço público é assegurada a contagem recíproca do tempo de contribuição na atividade privada, rural e urbana, e do tempo de contribuição ou de serviço na administração pública, hipótese em que os diferentes sistemas de previdência social se compensarão financeiramente.

A: incorreta. É vedada a contagem de tempo de serviço em dobro (art. 96, I, do PBPS); **B:** incorreta. O lapso temporal necessário para a concessão do benefício está invertido: são 30 anos para os homens e 25 para as mulheres (art. 97 do PBPS); **C:** incorreta. As margens para que o excesso de tempo de serviço sejam desconsideradas são de 35 anos para os homens e 30 para as mulheres (art. 98 do PBPS); **D:** incorreta. O benefício será calculado na forma da legislação relativa ao sistema ao qual o segurado se vincula (art. 99 do PBPS); **E:** correta, nos termos do art. 94 do PBPS e art. 201, § 9º, da CF.

Gabarito "E".

(Procurador do Município/Boa Vista-RR – 2010 – CESPE) Julgue o item a seguir, relativo às legislações previdenciária e da seguridade social.

(1) É vedado o recebimento conjunto do seguro-desemprego com qualquer benefício de prestação continuada da previdência social, exceto pensão por morte ou auxílio-acidente.

1: assertiva correta, pois reflete o disposto no art. 124, parágrafo único, do PBPS.
Gabarito 1C

(Procurador Federal – 2010 – CESPE) A respeito dos benefícios previdenciários, julgue os itens seguintes.

(1) Por apresentarem pressupostos fáticos e fatos geradores distintos, não há vedação legal à cumulação da pensão por morte de trabalhador rural com o benefício da aposentadoria por invalidez.

(2) De acordo com entendimento da Turma Nacional de Uniformização da Jurisprudência dos Juizados Especiais Federais, para fins de aposentadoria especial, o uso de equipamento de proteção individual, no caso de exposição a ruído, apenas descaracterizará o tempo de serviço especial prestado se houver a eliminação da insalubridade.

(3) Somente poderão beneficiar-se do auxílio-acidente os seguintes segurados: o empregado, o trabalhador avulso e o especial.

(4) Independe de carência a concessão de pensão por morte, auxílio-reclusão, salário-família, auxílio-acidente, serviço social, reabilitação profissional e salário-maternidade para as seguradas empregada, trabalhadora avulsa e contribuinte individual.

1: assertiva correta, pois não é vedado o recebimento conjunto de aposentadoria e pensão por morte – art. 124 do PBPS; **2:** incorreta, pois, nos termos da Súmula 9 da TNU, o uso de Equipamento de Proteção Individual (EPI), ainda que elimine a insalubridade, no caso de exposição a ruído, **não descaracteriza** o tempo de serviço especial prestado; **3:** assertiva correta, conforme o art. 18, § 1º, c/c art. 11, I, VI e VII, do PBPS; **4:** incorreta, no que se refere ao salário-maternidade, pois inexiste carência apenas em relação às seguradas empregada, trabalhadora avulsa e empregada doméstica (não às contribuintes individuais) – art. 26, I, IV, V e VI, do PBPS.
Gabarito 1C, 2E, 3C, 4E

(ADVOGADO – CEF – 2012 – CESGRANRIO) Eduardo foi admitido por uma empresa como estoquista, em 18/09/2007. Suas atividades eram: controlar a recepção dos materiais, confrontando tipo e quantidades com os dados contidos nas requisições, certificar a correspondência entre o material recebido e o solicitado e dispor os materiais relacionados nos pedidos, separando-os de acordo com as especificações e quantidades. Após anos de trabalho, Eduardo passou a sentir fortes dores na coluna e, em pouco tempo, não conseguia mais fazer movimentos de flexão e extensão da coluna. Após a realização de exame médico pericial, constatou-se que o empregado estava inapto para o trabalho e impossibilitado de reabilitação. Considerando-se os fatos apresentados acima, qual dos benefícios previdenciários será concedido a Eduardo?

(A) Aposentadoria especial

(B) Aposentadoria por invalidez

(C) Auxílio-doença

(D) Auxílio-acidente

(E) Salário-família

A: incorreta. A aposentadoria especial é destinada àqueles que se dedicaram a trabalho perigoso ou insalubre, de forma não ocasional nem intermitente, durante o tempo fixado em lei; **B:** correta. A aposentadoria por invalidez é o benefício previdenciário destinado aos segurados acometidos de incapacidade total e permanente para qualquer trabalho ou função, sem expectativa de reabilitação segundo os peritos oficiais. Vale lembrar que, mesmo nesse quadro, o beneficiário deve submeter-se a novas perícias a cada dois anos para atestar a permanência da incapacidade; **C:** incorreta. O auxílio-doença é pago em caso de incapacidade total e temporária para o exercício das atividades habitualmente exercidas pelo segurado a partir do 16º dia de afastamento; **D:** incorreta. Auxílio-acidente é o benefício previdenciário pago em caso de consolidação de lesões que diminuam a capacidade laborativa do segurado; **E:** incorreta. O salário-família é garantido ao segurado de baixa renda que possua filhos menores de 14 anos ou inválidos de qualquer idade.
Gabarito "B".

(ADVOGADO – CEF – 2010 – CESPE) Em cada uma das opções abaixo, é apresentada uma situação hipotética, seguida de uma assertiva a ser julgada com base na disciplina relativa a prescrição e decadência na legislação previdenciária. Assinale a opção que apresenta a assertiva correta.

(A) Em decorrência de acidente de trabalho, Sérgio ficou permanentemente incapacitado para o trabalho. Nessa situação, Sérgio poderá mover ação referente às prestações do benefício previdenciário de aposentadoria por invalidez em até cinco anos, contados a partir da data da ocorrência do sinistro; após esse período, seu direito à ação estará prescrito.

(B) Após analisar procedimento administrativo apresentado por Maria, na condição de representante de Humberto, menor impúbere, a autoridade competente da previdência social deferiu o pedido de pagamento, em benefício de Humberto, de pensão por morte do seu genitor. Nessa situação, o prazo decadencial para a previdência social anular o referido ato administrativo será de cinco anos, a contar da data de sua publicação.

(C) A seguridade social, em procedimento administrativo específico, apurou a existência de créditos em desfavor de Beta Ltda. relativos aos exercícios de 2000, 2001 e 2002, mas que foram constituídos em 2003. Nessa situação, a seguridade social podia cobrar os aludidos créditos tributários, pois o prazo prescricional ainda não havia transcorrido.

(D) Em 10/4/2004, o requerimento administrativo apresentado por Marcos, no qual pleiteava a revisão do ato de concessão do benefício previdenciário de aposentadoria por invalidez, foi indeferido, em decisão definitiva. Nessa situação, o direito de ação de Marcos para pleitear a referida revisão decaiu em 10/4/2009.

(E) Túlio, menor impúbere com 15 anos de idade, foi reconhecido judicialmente como filho e único herdeiro de Adalberto, que havia falecido quando Túlio tinha três anos de idade. Nessa situação, uma vez reconhecida a paternidade, se Adalberto for segurado obrigatório da previdência social, Túlio terá direito à percepção do benefício previdenciário denominado pensão por morte, podendo pleitear as prestações vencidas devidas pela previdência social desde a data do falecimento de seu genitor.

A: incorreta. O termo inicial da prescrição, em caso de acidente de trabalho, é contado da data do acidente apenas se dele resultar morte ou incapacidade temporária. Em caso de invalidez, o lapso temporal é contado a partir da data do reconhecimento da incapacidade laborativa pela Previdência Social (art. 104. II, do PBPS); **B:** incorreta. O direito de a Previdência Social anular atos administrativos dos quais decorram efeitos favoráveis para o beneficiário decai em 10 anos, contados da data do ato (art. 103-A do PBPS); **C:** incorreta. A assertiva não deixa claro, mas podemos deduzir que a pergunta considera a data da realização do concurso (2010) para o cálculo da prescrição. Nesse caso, a pretensão da Previdência já estaria extinta pela prescrição, porque desde a Súmula Vinculante nº 08 do STF, que culminou com a revogação dos arts. 45 e 46 do PCSS, pacificou-se o entendimento de que a prescrição das contribuições sociais opera-se no prazo de 05 anos, contados da constituição definitiva do crédito tributário; **D:** incorreta. Nesse caso, o prazo decadencial é de 10 anos, nos termos do art. 103 do PBPS; **E:** correta. A despeito do largo lapso temporal transcorrido (12 anos), é certo que contra os absolutamente incapazes não corre a prescrição, de forma que ainda está íntegra a pretensão de Túlio (art. 103, parágrafo único, do PBPS).
Gabarito "E".

(ADVOGADO – CEF – 2010 – CESPE) Em cada uma das opções subsequentes, é apresentada uma situação hipotética, seguida de uma assertiva a se julgada, acerca dos planos de benefícios da previdência social. Assinale a opção correspondente à assertiva correta.

(A) André, segurado da previdência social na condição de trabalhador avulso portuário, sofreu acidente de trabalho do qual resultou lesão em sua coluna vertebral. A ocorrência desse sinistro foi comunicada no primeiro dia útil seguinte ao fato. A perícia médica inicial concluiu pela existência de incapacidade total e definitiva para o trabalho. Nessa situação, a aposentadoria por invalidez será devida a partir da data em que ocorreu o acidente.

(B) Marcone pagou 180 contribuições mensais, sendo 140 delas na condição de trabalhador rural e as demais na condição de trabalhador avulso. Nessa situação, Marcone poderá requerer sua aposentadoria por idade quando completar 60 anos de idade.

(C) A pessoa jurídica Epta Ltda., em virtude de convenção coletiva de trabalho, paga aos seus empregados licença remunerada, pelo prazo de três meses, para tratamento de saúde do empregado, em casos de comprovada necessidade e quando autorizada pela empresa. Nessa situação, se algum empregado de Epta sofrer acidente de trabalho e passar a perceber auxílio-doença, a Epta deverá arcar com a diferença entre o valor do benefício e o salário efetivo do empregado, como se esse empregado estivesse licenciado.

(D) Antônia obteve guarda judicial para fins de adoção de Ana, menor impúbere de dois anos de idade. Nessa situação, Antônia fará jus ao benefício previdenciário denominado licença-maternidade por um período de trinta dias.

(E) Renato desapareceu após sofrer trágico acidente automobilístico e, em virtude desse fato, seus dependentes requereram, observados os preceitos legais pertinentes, pensão provisória por morte presumida. Após dois anos, Renato reapareceu, depois de ter-se recuperado de perda de memória decorrente do referido acidente. Nessa situação, verificado o reaparecimento do segurado, o pagamento da pensão cessará imediatamente,

sendo obrigados os dependentes a repor os valores recebidos a título provisório.

A: incorreta. Nos termos do art. 43, §1º, "b", do PBPS, a aposentadoria por invalidez será devida a partir da data do início da incapacidade; **B:** incorreta. A aposentadoria por idade pode ser pleiteada pelo homem quando este completar 65 anos de idade (art. 48 do PBPS); **C:** correta, nos termos do art. 80 do RPS; **D:** incorreta. Em caso de adoção, o período do salário-maternidade obedece à seguinte tabela: adoção de crianças de até 01 ano de idade, o benefício será de 120 dias; adoção de crianças de até 04 anos de idade, o benefício será de 60 dias; adoção de crianças de até 08 anos de idade, o benefício será de 30 dias (art. 71-A do PBPS); **E:** incorreta. Os dependentes não são obrigados a devolver os valores recebidos, salvo comprovada má-fé (art. 78, § 2º, do PBPS).
Gabarito "C".

5. SERVIDORES PÚBLICOS

(Procurador do Estado/SP - 2018 - VUNESP) Ao longo da vida, Maria Tereza teve alguns vínculos funcionais com o Estado de São Paulo. Agora, pretendendo obter aposentadoria no âmbito do Regime Geral de Previdência Social – RGPS, a ex-servidora solicitou ao Regime Próprio de Previdência Social (RPPS) paulista **a emissão de Certidão de Tempo de Contribuição (CTC)** para fins de averbação no Instituto Nacional do Seguro Social – INSS. A CTC a ser homologada pela SPPREV deverá contemplar o período

(A) de 01.01.2010 a 31.12.2010, em que Maria Tereza exerceu atividade docente na rede de ensino público estadual, em virtude de contratação por tempo determinado realizada com fundamento na Lei Complementar Estadual no 1.093/2009.

(B) de 01.01.1994 a 31.12.1996, em que Maria Tereza exerceu função-atividade em virtude de contratação para execução de determinada obra, nos termos do art. 1o, III, da Lei Estadual no 500/1974.

(C) de 01.01.1999 a 31.12.2002, em que Maria Tereza exerceu a função de escrevente de cartório extrajudicial, inclusive o interstício em que esteve afastada de suas atividades para promover campanha eleitoral.

(D) de 01.01.1980 a 31.12.1987, em que Maria Tereza exerceu cargo efetivo, inclusive o interstício de licença para tratar de interesses particulares, no qual recolheu as contribuições previdenciárias devidas ao Instituto de Previdência do Estado de São Paulo – IPESP.

(E) de 01.01.2011 a 31.12.2017, em que Maria Tereza **exerceu cargo efetivo**, inclusive o interstício de licença para tratar de interesses particulares, **no qual recolheu contribuições previdenciárias para a São Paulo Previdência** – SPPREV.

Trata-se de questão que envolve o direito constitucional previsto no art. 201, § 9º, que assim preceitua: "Para efeito de aposentadoria, é assegurada a contagem recíproca do tempo de contribuição na administração pública e na atividade privada, rural e urbana, hipótese em que os diversos regimes de previdência social se compensarão financeiramente, segundo critérios estabelecidos em lei."
A: incorreta. Do art. 20 da Lei Complementar Estadual 1.093/2009 consta: "O contratado na forma do disposto nesta lei complementar ficará vinculado ao Regime Geral de Previdência Social, nos termos da legislação federal". Desta feita, o tempo contributivo já integra o Regime Geral; **B:** incorreta. Do art. 1º, inciso III, da Lei 500, de 1974, consta: "III - para a execução de determinada obra, serviços de campo ou trabalhos rurais, todos de natureza transitória, ou ainda, a critério da

Administração, para execução de serviços decorrentes de convênios." Do art. 3º observa-se que "Os servidores de que tratam os incisos I e II do artigo 1º reger-se-ão pelas normas desta lei, aplicando -se aos de que trata o inciso III as normas da legislação trabalhista." Assim, com relação ao inciso III o labor já se encontra inserido no âmbito do Regime Geral. Nesse exato diapasão preconiza a Lei Complementar Estadual 1.010/2007, que no art. 2º assevera: "São segurados do RPPS e do RPPM do Estado de São Paulo, administrados pela SPPREV: (...) "§ 2º - Por terem sido admitidos para o exercício de função permanente, inclusive de natureza técnica, e nos termos do disposto no inciso I deste artigo, são titulares de cargos efetivos os servidores ativos e inativos que, até a data da publicação desta lei, tenham sido admitidos com fundamento nos incisos I e II do artigo 1º da Lei nº 500, de 13 de novembro de 1974.". Excluídos, mais uma vez os contratados na forma do inciso III do art. 1º da Lei 500, de 1974. Desta feita, o tempo contributivo já integra o Regime Geral; **C:** incorreta. Em conformidade com o art. 40 da Lei 8.935, de 1994, (CAPÍTULO IX, Da Seguridade Social) "os notários, oficiais de registro, escreventes e auxiliares são vinculados à previdência social, de âmbito federal, e têm assegurada a contagem recíproca de tempo de serviço em sistemas diversos." São integrantes do Regime Geral de Previdência Social. Desta feita, o tempo contributivo já integra o RGPS; **D:** incorreta. Trata-se de período anterior à CF/88, época na qual parte dos servidores públicos integrava o regime de previdência geral. A alternativa não traz maiores especificações e no cotejo entre as alternativas observa-se que o item "E" está absolutamente correto; **E:** correta. A Lei 10.261/1968 (Estatuto dos Servidores de SP) determina, em seu art. 202: "Depois de 5 (cinco) anos de exercício, o funcionário poderá obter licença, sem vencimento ou remuneração, para tratar de interesses particulares, pelo prazo máximo de 2 (dois) anos." Já a Lei Complementar Estadual 1.012/2007 determina, em seu art. 12, § 1º: "Será assegurada ao servidor licenciado ou afastado sem remuneração a manutenção da vinculação ao regime próprio de previdência social do Estado, mediante o recolhimento mensal da respectiva contribuição, assim como da contribuição patronal prevista na legislação aplicável, observando-se os mesmos percentuais e incidente sobre a remuneração total do cargo a que faz jus no exercício de suas atribuições, computando-se, para esse efeito, inclusive, as vantagens pessoais." Desse modo, ainda que afastada, Maria, ao contribuir para o RPPS, direcionando as contribuições à SPPREV (órgão gestor único do regime próprio de previdência em SP), manteve o vínculo com o Regime Próprio. Ademais, exerceu cargo efetivo, contribuindo para o Regime Próprio de Previdência (art. 2º da Lei 1.010/2007). Portanto, de 01.01.2011 a 31.12.2017, somente contribuiu para o RPPS, podendo requerer a emissão da Certidão de Tempo de Contribuição (CTC) para fins de averbação no Instituto Nacional do Seguro Social – INSS, ou seja, averbar o tempo de contribuição do Regime Próprio no RGPS. **HA**

Gabarito "E".

(Procurador do Estado/SP - 2018 - VUNESP) De acordo com o ordenamento jurídico em vigor, em especial a legislação paulista, o servidor público

(A) ocupante de cargo efetivo não fica jungido a quaisquer deveres previstos no Estatuto dos Funcionários Públicos quando não estiver no exercício de suas funções.

(B) ocupante de cargo em comissão legará pensão por morte calculada nos termos do artigo 40 da Constituição Federal, desde que vinculado ao Regime Próprio de Previdência Social.

(C) ocupante de cargo efetivo poderá obter licença por motivo de doença do cônjuge e de parentes de até segundo grau, sem remuneração e limitada ao prazo máximo de seis meses.

(D) estável faz jus a adicional por tempo de serviço após cada período de cinco anos de exercício, desde que ininterrupto.

(E) ocupante de cargo efetivo, após noventa dias decorridos da apresentação do pedido de aposentadoria voluntária, poderá cessar o exercício da função pública se obtiver autorização fundamentada de sua chefia.

A: incorreta. A Lei 10.261, de 28 de outubro de 1968, dispõe sobre o Estatuto dos Funcionários Públicos Civis do Estado, e traz, no art. 241, a seguinte regra: "São deveres do funcionário: Art. XIV - proceder na vida pública e privada na forma que dignifique a função pública)"; **B:** correta. Observe-se que é excluído do Regime Próprio de Previdência Social o servidor ocupante "exclusivamente" de cargo em comissão (CF, art. 40, § 13). Tratando-se de servidor público titular de cargo efetivo, ainda que ocupe cargo em comissão (direção, chefia e assessoramento), aplica-se o regramento previsto no art. 40 da CF; **C:** incorreta. A Lei 10.261, de 28 de outubro de 1968, dispõe sobre o Estatuto dos Funcionários Públicos Civis do Estado, e no art. 199 prevê: "A licença de que trata este artigo será concedida com vencimento ou remuneração até 1 (um) mês e com os seguintes descontos: I - de 1/3 (um terço), quando exceder a 1 (um) mês até 3 (três); II - de 2/3 (dois terços), quando exceder a 3 (três) até 6 (seis); III - sem vencimento ou remuneração do sétimo ao vigésimo mês.); **D:** incorreta. A Lei 10.261, de 28 de outubro de 1968, dispõe sobre o Estatuto dos Funcionários Públicos Civis do Estado, e prevê, no art. 127: "O funcionário terá direito, após cada período de 5 (cinco) anos, contínuos, ou não, à percepção de adicional por tempo de serviço, calculado à razão de 5% (cinco por cento) sobre o vencimento ou remuneração, a que se incorpora para todos os efeitos.)"; **E:** incorreta. A Lei 10.261, de 28 de outubro de 1968, dispõe sobre o Estatuto dos Funcionários Públicos Civis do Estado, **e no art. 228 prevê que a a**posentadoria voluntária somente produzirá efeito a partir da publicação do ato no Diário Oficial. **HA**

Gabarito "B".

(Procurador do Estado/SP - 2018 - VUNESP) Ana Maria, titular de cargo efetivo, foi eleita vereadora do Município de São José do Rio Preto. Assim que soube do fato, o órgão de recursos humanos a que se vincula solicitou à Consultoria Jurídica orientações sobre a situação funcional da servidora caso viesse a assumir o mandato eletivo. O Procurador do Estado instado a responder à consulta poderá apresentar, sem risco de incorrer em equívoco, os seguintes esclarecimentos acerca da situação:

(A) caso haja compatibilidade de horários, a servidora fará jus à percepção das vantagens do seu cargo, sem prejuízo da remuneração do mandato eletivo e, caso não haja compatibilidade de horários, fará jus ao afastamento do cargo efetivo, com a faculdade de optar pela melhor remuneração. O tempo de afastamento do cargo efetivo para exercício de mandato eletivo será computado para todos os efeitos legais, exceto para promoção por merecimento.

(B) a servidora deverá afastar-se do cargo efetivo para exercer o mandato eletivo, com a faculdade de optar pela melhor remuneração. O tempo de afastamento do cargo efetivo para exercício de mandato eletivo será computado para todos os efeitos legais, exceto para adicionais temporais e promoção por merecimento.

(C) a servidora deverá afastar-se do cargo efetivo para exercer o mandato eletivo, fazendo jus apenas à remuneração deste. O tempo de afastamento do cargo efetivo para exercício de mandato eletivo será computado para todos os efeitos legais, exceto para promoção por merecimento.

(D) caso haja compatibilidade de horários, a servidora fará jus à percepção das vantagens do seu cargo, sem

14. DIREITO PREVIDENCIÁRIO 621

prejuízo da remuneração do mandato eletivo e, caso não haja compatibilidade de horários, fará jus ao afastamento do cargo efetivo, com a faculdade de optar pela melhor remuneração. O tempo de afastamento do cargo efetivo para exercício de mandato eletivo será computado para todos os efeitos legais, exceto para adicionais temporais e promoção por merecimento.

(E) a servidora deverá afastar-se do cargo efetivo para exercer o mandato eletivo, com a faculdade de optar pela melhor remuneração. O tempo de afastamento do cargo efetivo para exercício de mandato eletivo não será computado para fins de obtenção de quaisquer vantagens funcionais.

Art. 38 da CF/88: Ao servidor público da administração direta, autárquica e fundacional, no exercício de mandato eletivo, aplicam-se as seguintes disposições: I - tratando-se de mandato eletivo federal, estadual ou distrital, ficará afastado de seu cargo, emprego ou função; II - investido no mandato de Prefeito, será afastado do cargo, emprego ou função, sendo-lhe facultado optar pela sua remuneração; III - investido no mandato de Vereador, havendo compatibilidade de horários, perceberá as vantagens de seu cargo, emprego ou função, sem prejuízo da remuneração do cargo eletivo, e, não havendo compatibilidade, será aplicada a norma do inciso anterior; IV - em qualquer caso que exija o afastamento para o exercício de mandato eletivo, seu tempo de serviço será contado para todos os efeitos legais, exceto para promoção por merecimento; V - para efeito de benefício previdenciário, no caso de afastamento, os valores serão determinados como se no exercício estivesse. **HA**

Gabarito "A".

(Procurador do Estado/SP - 2018 - VUNESP) Assinale a alternativa correta.

(A) Os servidores ocupantes de cargos em comissão são regidos pela Consolidação das Leis do Trabalho (CLT) e vinculados ao Regime Geral de Previdência Social.

(B) A instituição de regime jurídico único implica a existência de ente gestor único do Regime Próprio de Previdência Social.

(C) Embora o Estado de São Paulo tenha instituído regime jurídico único, seus servidores podem estar vinculados ao Regime Próprio de Previdência Social ou ao Regime Geral de Previdência Social.

(D) Os servidores ocupantes exclusivamente de cargo em comissão mantêm vínculo com o Regime Geral de Previdência Social.

(E) A instituição de regime jurídico único implica a existência de regime previdenciário único.

A: incorreta. Os servidores ocupantes de cargos em comissão e titulares de cargo efetivo são integrantes de Regime Próprio de Previdência Social, ao passo que os servidores ocupantes exclusivamente de cargo em comissão são filiados obrigatoriamente ao RGPS; **B:** incorreta. "Gestor" único. A CF, art. 40, § 20, estabelece que fica vedada a existência de mais de um regime próprio de previdência social para os servidores titulares de cargos efetivos, e de mais de uma "unidade gestora" do respectivo regime em cada ente estatal, "ressalvado" o disposto no art. 142, § 3º, X (Forças Armadas); **C:** Incorreta. Há no Estado de São Paulo Regime Próprio de Previdência Social, de tal sorte que os servidores públicos titulares de cargos efetivos ficam necessariamente vinculados ao RPPS, conforme determina o art. 40 da CF; **D:** Correta. CF, art. 40, § 13: "Ao servidor ocupante, exclusivamente, de cargo em comissão declarado em lei de livre nomeação e exoneração bem como de outro cargo temporário ou de emprego público, aplica-se o regime geral de previdência social."; **E:** Incorreta. Do art. 40, § 13, da

CF, observa-se que no ente público estadual há prestadores de serviços filiados ao RGPS. **HA**

Gabarito "D".

(Procurador do Estado/SP - 2018 - VUNESP) Maria de Oliveira efetuou inscrição definitiva na Ordem dos Advogados do Brasil logo após sua colação de grau, no início de 1987. Vocacionada ao exercício da advocacia pública, optou por dedicar-se exclusivamente aos estudos para o concurso da Procuradoria Geral do Estado de São Paulo, tendo sido aprovada no concurso de 1993, ano em que tomou posse e iniciou o exercício do cargo. Ultrapassados 25 anos de efetivo exercício do cargo de Procuradora do Estado de São Paulo, Maria de Oliveira, que hoje conta 56 anos, solicitou aposentadoria com lastro no artigo 3º da Emenda Constitucional no 47/2005. No mesmo instante, ciente de que lei estadual vigente quando de sua posse assegurava aos Procuradores do Estado o cômputo do tempo de inscrição na OAB como tempo de serviço público para todos os efeitos, apresentou certidão emitida por tal entidade ao setor de recursos humanos, requerendo a contagem do período como tempo de contribuição. Examinando o pleito, é possível concluir que a Procuradora do Estado de São Paulo

(A) não faz jus à aposentadoria requerida, pois apenas solicitou averbação do tempo de inscrição na Ordem dos Advogados do Brasil em seus assentamentos funcionais após a vigência da Emenda Constitucional no 20/1998, que veda a contagem de tempo de contribuição ficto.

(B) não faz jus à aposentadoria requerida, pois a EC no 20/1998, ao eleger o sistema de capitalização para financiamento do Regime Próprio de Previdência Social, vedou a contagem de tempo ficto.

(C) não faz jus à aposentadoria requerida, pois apenas passou a recolher contribuições previdenciárias para fins de aposentadoria quando de sua posse.

(D) faz jus à aposentadoria requerida, pois o cômputo do período de inscrição na Ordem dos Advogados do Brasil como tempo de contribuição não caracteriza contagem de tempo ficto.

(E) faz jus à aposentadoria requerida, pois o artigo 4o da Emenda Constitucional no 20/1998 consagrou o direito adquirido à qualificação jurídica do tempo.

O servidor público da União, dos Estados, do Distrito Federal e dos Municípios, incluídas suas autarquias e fundações, que tenha ingressado no serviço público até a data da publicação da EC 20, em 16 de dezembro de 1998, poderá aposentar-se com proventos integrais (totalidade da remuneração que aufere), e com direito à paridade dos proventos com a remuneração dos servidores da ativa, desde que preencha, cumulativamente, as seguintes condições:
"I) trinta e cinco (35) anos de tempo de contribuição, se homem, e trinta (30) anos de tempo de contribuição, se mulher;
II) vinte e cinco (25) anos de efetivo exercício no serviço público, quinze (15) anos de carreira e cinco (5) anos no cargo em que se der a aposentadoria;
III) idade mínima resultante da redução, relativamente aos limites do art. 40, § 1º, inciso III, alínea 'a', da Constituição Federal, de um ano de idade para cada ano de contribuição que exceder a condição prevista no inciso I acima referido."
Por essa regra de transição, **alcançável apenas pelos servidores públicos que ingressaram no funcionalismo até 16 de dezembro de**

1998 (data da publicação da EC 20), é franqueada a aposentação com **idade inferior à prevista no corpo permanente** da CF (art. 40, § 1º, III). O art. 40, § 1º, III, da CF, após a EC 20/1998, passou a exigir a idade mínima de 60 anos de idade para os homens e 55 anos de idade para as mulheres, e tempo de contribuição de 35 anos, se homem, e 30 anos, se mulher. Para cada ano trabalhado além dos 35 anos exigíveis, se homem, ou dos 30 anos, se mulher, a regra da EC 47 autoriza a redução, em igual número de anos, da idade.

Assim, considerado o período de 1987 a 1993, que, nos termos da lei estadual vigente quando de sua posse, assegurava aos Procuradores do Estado o cômputo do tempo de inscrição na OAB como tempo de serviço público para todos os efeitos, combinado com art. 4º da EC 20/98 (observado o disposto no art. 40, § 10, da Constituição Federal, o tempo de serviço considerado pela legislação vigente para efeito de aposentadoria, cumprido até que a lei discipline a matéria, será contado como tempo de contribuição), tem-se o total de 31 anos até 2018, nestes inclusos 25 anos de efetivo exercício no serviço público. De observar que com relação ao requisito etário, já possui 56 anos de idade. Assim, satisfeitos os requisitos para aposentadoria. Diante desse contexto, a única alternativa a ser assinalada é a letra "E". **HA**

Gabarito "E".

(Procurador do Estado/SP - 2018 - VUNESP) Patrícia Medeiros, titular de cargo efetivo, ciente de que determinada gratificação não integrará, em sua totalidade, a base de cálculo dos proventos de aposentadoria a que fará jus com fundamento no artigo 60 da EC nº41/2003, apresenta requerimento à Administração solicitando que referida vantagem deixe de compor a base de cálculo da contribuição previdenciária. Instada a examinar o pleito, a Procuradoria Geral do Estado corretamente apresentará parecer jurídico recomendando

(A) o indeferimento do pedido, eis que, conforme jurisprudência do Supremo Tribunal Federal, não se exige correlação perfeita entre base de contribuição e benefício previdenciário.

(B) a inadmissibilidade do pedido, por falta de interesse de agir, pois na aposentadoria com lastro no artigo 60 da EC no 41/2003 o valor dos proventos espelha exatamente a última folha de pagamento do servidor no cargo efetivo, de maneira que todas as vantagens por ele percebidas no momento da aposentação serão integralmente carreadas à inatividade.

(C) o indeferimento do pedido, pois desde o advento da Lei Federal no 10.887/2004 o cálculo das aposentadorias é realizado considerando-se a média aritmética simples das maiores remunerações.

(D) o deferimento do pedido com fundamento no princípio contributivo, que segundo tese de repercussão geral fixada pelo Supremo Tribunal Federal obsta a incidência de contribuições sobre valores que não serão considerados no cálculo dos proventos.

(E) o deferimento do pedido, pois a incidência de contribuição previdenciária sobre parcela que não integrará a base de cálculo dos proventos, segundo tese de repercussão geral fixada pelo Supremo Tribunal Federal, gera enriquecimento sem causa do Estado.

A: Correta. A jurisprudência do STF é pela necessidade de correlação entre base de contribuição e benefício previdenciário, de modo a não permitir a incidência de contribuição sobre o adicional de férias (RE-AgR 545317/DF – DISTRITO FEDERAL. AG. REG. NO RECURSO EXTRAORDINÁRIO. Relator(a): Min. GILMAR MENDES. Julgamento: 19-2-2008. Entendimento da TNU mantido por acórdão da 1ª Seção do STJ na PET n. 7.522/SE, Rel. Min. Hamilton Carvalhido, DJ 18-5-2010)

por se tratar de verba de natureza indenizatória que não integra o cálculo dos proventos de aposentadoria. Entretanto, não exige o STF a "perfeita" correlação, de modo que sobre o décimo terceiro salário do servidor público há incidência de contribuição previdenciária (Súmula 688 STF: É legítima a incidência da contribuição previdenciária sobre o 13º salário), mas não integra o cálculo dos proventos de aposentadoria, pois do contrário seria *bis in idem*, haja vista que após aposentado o servidor público perceberá 13 parcelas durante o ano a título de proventos; **B:** Incorreta, uma vez que, como esclarecido na alternativa "A", sobre o décimo terceiro salário há incidência de contribuição previdenciária, mas este não é considerado no cálculo de apuração dos proventos de aposentadoria (art. 40, § 12, CF/88 e Lei 8.212/ 1991, art. 28, § 7º: "O décimo-terceiro salário (gratificação natalina) integra o salário-de--contribuição, exceto para o cálculo de benefício, na forma estabelecida em regulamento)."; **C:** incorreta. A aposentadoria com fundamento no art. 6º da EC 41/2003 assegura proventos integrais que corresponderão à totalidade da remuneração do servidor público no cargo efetivo em que se der a aposentadoria; **D:** incorreta. Como esclarecido na alternativa "A", sobre o décimo terceiro salário há incidência de contribuição previdenciária, mas este não é considerado no cálculo de apuração dos proventos de aposentadoria (art. 40, §12, CF/88 e Lei 8.212/1991, art. 28, § 7º: "O décimo-terceiro salário (gratificação natalina) integra o salário-de-contribuição, exceto para o cálculo de benefício, na forma estabelecida em regulamento)."; **E:** Incorreta. Sobre o décimo terceiro salário há incidência de contribuição previdenciária, mas este não é considerado no cálculo de apuração dos proventos de aposentadoria (art. 40, §12, CF/88 e Lei 8.212/1991, art. 28, § 7º: "O décimo-terceiro salário (gratificação natalina) integra o salário-de-contribuição, exceto para o cálculo de benefício, na forma estabelecida em regulamento)". **HA**

Gabarito "A".

(Procurador do Estado/SP - 2018 - VUNESP) Policial Militar do Estado de São Paulo que completou 24 (vinte e quatro) meses de agregação por invalidez foi reformado. Nessas circunstâncias, é correta a seguinte afirmação:

(A) caso constatado que o militar inativo passou a exercer atividade privada, na condição de empregado, a SPPREV deverá, imediatamente, cassar o ato de reforma e determinar sua reversão para o serviço ativo.

(B) nesse caso, o militar foi reformado ex officio, mas a reforma também pode ser processada a pedido.

(C) o ato de transferência do militar para a inatividade é de competência do Comandante Geral da Polícia Militar do Estado de São Paulo.

(D) nesse caso, a reforma será aperfeiçoada com vencimentos e vantagens integrais aos do posto ou graduação.

(E) com a reforma, extinguiu-se o vínculo entre a Polícia Militar e o inativo, que a partir de então passou a estar vinculado somente à São Paulo Previdência.

A Lei complementar estadual.305/2017, que alterou o Decreto-lei 260/1970 de SP, estabelece que: Art. 2º - Ficam acrescentados ao Decreto-lei nº 260, de 29 de maio de 1970, os seguintes dispositivos: III - artigo 26-A: "Artigo 26-A - O militar transferido para a reserva a pedido poderá ser designado para exercer funções administrativas, técnicas ou especializadas, enquanto não atingir a idade-limite de permanência na reserva. § 1º - É vedada a designação de que trata este artigo, de militar promovido ao posto superior quando de sua passagem para a reserva se não houver, em seu Quadro de origem, respectivo posto. § 2º - O militar da reserva designado terá as mesmas prerrogativas e deveres do militar do serviço ativo em igual situação hierárquica, fazendo jus, enquanto perdurar sua designação, a: a. 1. férias; e 2. abono, equivalente ao valor da sua contribuição previdenciária e do padrão do respectivo posto ou graduação. § 3º - Além da avaliação

14. DIREITO PREVIDENCIÁRIO   623

médica e de aptidão física prevista no § 2º do artigo 26, o Comandante Geral definirá critérios disciplinares e técnicos para a designação de militar da reserva nos termos deste artigo."
Diante da normatização legal, a alternativa "C" é a correta: o ato de transferência do militar para a inatividade é de competência do Comandante Geral da Polícia Militar do Estado de São Paulo. HA
Gabarito "C".

(Procurador do Estado – PGE/RS – Fundatec – 2015) João Paulo ingressou no serviço público em 16 de dezembro de 2009, provido no cargo efetivo de Procurador do Estado do Rio Grande do Sul. Considerando as atuais regras de aposentadoria da Constituição da República Federativa do Brasil, ele poderá requerer aposentadoria voluntária com proventos proporcionais ao tempo de contribuição quando preencher cumulativamente as seguintes condições:

(A) 60 (sessenta) anos de idade, 10 (dez) anos de efetivo exercício no serviço público e 5 (cinco) anos no cargo efetivo em que se dará a aposentadoria.

(B) 65 (sessenta e cinco) anos de idade, 10 (dez) anos de efetivo exercício no serviço público e 5 (cinco) anos no cargo efetivo em que se dará a aposentadoria.

(C) 60 (sessenta) anos de idade, 15 (quinze) anos de efetivo exercício no serviço público e 5 (cinco) anos no cargo efetivo em que se dará a aposentadoria.

(D) 65 (sessenta e cinco) anos de idade, 15 (quinze) anos de efetivo exercício no serviço público e 10 (dez) anos no cargo efetivo em que se dará a aposentadoria.

(E) 60 (sessenta) anos de idade, 15 (quinze) anos de efetivo exercício no serviço público e 10 (dez) anos no cargo efetivo em que se dará a aposentadoria.

Note que o enunciado questiona sobre o direito de João Paulo de se aposentar com proventos **proporcionais** ao tempo de contribuição. Nesse caso, basta que ele cumpra os requisitos gerais de qualquer aposentadoria em regime próprio de previdência – 10 anos de serviço público, dos quais 5 anos no cargo em que se dará a aposentadoria (art. 40, III, da CF), além do requisito da idade mínima de 65 anos (porque homem) previsto no art. 40, III, *b*, da CF. HS
Gabarito "B".

(Procurador do Estado – PGE/RS – Fundatec – 2015) Analise, à luz do ordenamento constitucional brasileiro, as seguintes assertivas:

I. O servidor da União, dos Estados, do Distrito Federal e dos Municípios, incluídas suas autarquias e fundações, que tenha ingressado no serviço público até a data de publicação da Emenda Constitucional nº 70/12 e que tenha se aposentado ou venha a se aposentar por invalidez permanente, com fundamento no inciso I do § 1º do art. 40 da Constituição Federal de 1988, tem direito a proventos de aposentadoria calculados com base na remuneração do cargo efetivo em que se der a aposentadoria, na forma da lei, mas não faz jus à paridade de seu benefício com a remuneração dos servidores em atividade.

II. A integralidade, garantia constitucional que assegura ao servidor inativo a revisão de seus proventos na mesma data e na mesma proporção em que houver modificação da remuneração dos servidores em atividade e também a extensão de quaisquer benefícios ou vantagens posteriormente concedidos aos servidores

em atividade, beneficia todos os servidores inativados após a vigência da Emenda Constitucional nº 41/03.

III. Lei disporá sobre a concessão do benefício de pensão por morte, no âmbito dos regimes próprios de previdência, que será igual ao valor da totalidade dos proventos do servidor falecido, até o limite máximo estabelecido para os benefícios do regime geral de previdência social, acrescentado de setenta por cento da parcela excedente a este limite, caso aposentado o servidor na data do óbito.

Quais estão corretas?

(A) Apenas I.

(B) Apenas II.

(C) Apenas III.

(D) Apenas I e II.

(E) Apenas I e III.

I: incorreta. A Emenda Constitucional 70/2012 criou o benefício da paridade para os aposentador por invalidez (art. 1º da mencionada Emenda); II: incorreta. O art. 7º da Emenda Constitucional 41/2003 estabelece o benefício da paridade para os benefícios de prestação continuada em vigor na data de publicação da emenda; III: correta, nos termos do art. 201, § 7º, I, da CF. HS
Gabarito "C".

(Procurador do Estado – PGE/PR – PUC – 2015) Sobre a alíquota de contribuição previdenciária descontada da remuneração do servidor público titular de cargo efetivo, é **CORRETO** afirmar que:

(A) O servidor público não pode sofrer qualquer desconto em sua remuneração, a título de contribuição previdenciária.

(B) Não há limite mínimo para o desconto.

(C) Não pode ser inferior a 8,8% (oito e oito décimos por cento).

(D) Não pode ser inferior a 11% (onze por cento).

(E) Admite-se a progressividade da alíquota de acordo com o valor da remuneração do servidor.

O servidor público exerce atividade remunerada e, como tal, é segurado obrigatório da previdência. A única diferença é que, tendo sido criado em sua esfera de governo um regime próprio de previdência social, é para este que contribuirá e não para o RGPS. Com o intuito de evitar tratamentos desiguais a trabalhadores em situação equivalente, o art. 149, § 1º, da CF determina que a alíquota cobrada nos regimes próprios de Estados e Municípios não poderá ser menor do que aquela cobrada pela União de seus servidores, atualmente 11%. HS
Gabarito "D".

(Procurador do Estado – PGE/PR – PUC – 2015) Com relação ao regime próprio de previdência social dos titulares de cargos efetivos, é **CORRETO** afirmar:

(A) Os servidores ocupantes exclusivamente de cargo em comissão declarado em lei de livre nomeação e exoneração se vinculam obrigatoriamente ao regime próprio de previdência social.

(B) Os estados, municípios, Distrito Federal e União não podem ter mais de uma unidade gestora do regime.

(C) Todos os regimes próprios de previdência social são administrados pelo Governo Federal e não se admite a instituição de previdência complementar.

(D) A unidade gestora do regime pode aplicar os recursos previdenciários em títulos públicos estaduais.

(E) A União, os estados e os municípios são obrigados a instituir regime próprio de previdência social para seus servidores.

A: incorreta. O regime próprio de previdência é acessível somente aos servidores ocupantes de cargo efetivo (art. 40 da CF). Aqueles que ocupam exclusivamente cargo em comissão são segurados obrigatórios do RGPS na qualidade de empregados (art. 11, I, *g*, da PBPS); **B**: correta, nos termos do art. 40, § 20, da CF; **C**: incorreta. Cada unidade federada deverá organizar e manter seu regime próprio (art. 40, "caput", da CF) e fica facultada a criação de fundo complementar de previdência (art. 40, § 14, da CF); **D**: incorreta. O art. 6°, VI, da Lei 9.717/1998 veda tal prática, autorizando excepcionalmente a aplicação de recursos em títulos públicos federais; **E**: incorreta. Não se trata de uma obrigação, mas de uma recomendação constitucional. Não sendo criado o regime, os servidores ocupantes de cargo efetivo serão filiados ao RGPS. **HS**

Gabarito "B".

(Procurador do Estado – PGE/PR – PUC – 2015) Assinale a alternativa **CORRETA**.

(A) As contribuições previdenciárias e os recursos vinculados ao Fundo Previdenciário da União, dos estados, do Distrito Federal e dos municípios e as contribuições do pessoal ativo, inativo e pensionistas poderão ser destinadas ao pagamento de benefícios previdenciários dos respectivos regimes e benefícios de assistência à saúde.

(B) Aos servidores públicos titulares de cargo efetivo é assegurado regime de previdência de caráter contributivo e solidário, mediante contribuição do respectivo ente público, dos servidores ativos, inativos e pensionistas, observados critérios que preservem o equilíbrio financeiro e atuarial.

(C) O regime de previdência complementar será instituído por lei de iniciativa do Presidente da Assembleia Legislativa do Estado do Paraná.

(D) O Regime Próprio de Previdência Social do Estado do Paraná será financiado com a contribuição previdenciária dos servidores públicos titulares de cargo efetivo na alíquota de 8,8% (oito e oito décimos por cento).

(E) Não incide contribuição previdenciária sobre a gratificação natalina dos servidores públicos titulares de cargo efetivo do Estado do Paraná.

A: incorreta. As contribuições previdenciárias e os recursos vinculados podem ser usados somente para o pagamento de benefícios previdenciários (art. 1°, III, da Lei 9.717/1998); **B**: correta, nos termos do art. 40 da CF; **C**: incorreta. A iniciativa da lei é do Poder Executivo (art. 40, § 15, da CF); **D**: incorreta. O art. 149, § 1°, da CF determina que a alíquota cobrada nos regimes próprios de Estados e Municípios não poderá ser menor do que aquela cobrada pela União de seus servidores, atualmente 11%; **E**: incorreta. A gratificação natalina é base de cálculo da contribuição previdenciária, não se computando, contudo, para a apuração do valor dos benefícios. **HS**

Gabarito "B".

(Procurador do Estado – PGE/PR – PUC – 2015) Assinale a alternativa **CORRETA**.

(A) O servidor público não pode fazer a contagem recíproca do tempo de contribuição na administração pública e na atividade privada, rural e urbana para efeito de aposentadoria.

(B) O servidor público titular de cargo efetivo cujo ente empregador tenha instituído regime próprio de previdência social pode se filiar ao Regime Geral de Previdência Social e não ao seu Regime Próprio de Previdência Social.

(C) Os requisitos de idade e tempo de contribuição serão reduzidos em cinco anos para o professor universitário que comprovar exclusivamente tempo de efetivo exercício de magistério.

(D) Cargos públicos acumuláveis na atividade não podem ensejar a cumulação de proventos à custa do mesmo regime de previdência.

(E) Nenhum provento de aposentadoria terá valor mensal inferior ao salário-mínimo.

A: incorreta. O direito à contagem recíproca do tempo de contribuição está assegurado no art. 94 da PBPS; **B**: incorreta. Não se trata de opção do servidor: tendo sido criado o regime próprio, a ele estará vinculado; **C**: incorreta. A redução de tempo de contribuição não se aplica ao professor universitário, somente àquele integralmente dedicado ao magistério infantil, fundamental e médio (art. 40, § 5°, da CF); **D**: incorreta. Se os cargos públicos são acumuláveis, os respectivos proventos de aposentadoria também o são (art. 40, § 6°, da CF); **E**: correta, nos termos do art. 201, § 2°, da CF, aplicável aos servidores inativos por analogia. **HS**

Gabarito "E".

(Procurador do Estado – PGE/PR – PUC – 2015) Caio é servidor público titular de cargo efetivo do Estado do Paraná nomeado por concurso público em 30.04.1999, mesma data em que iniciou o exercício do cargo. Nunca trabalhou antes desta data. Em 10.05.2013 se invalidou e foi aposentado por invalidez permanente, com fundamento no inciso I do § 1° do art. 40 da Constituição Federal. Considerando o enunciado, é **CORRETO** afirmar que:

(A) Seu provento de aposentadoria somente será reajustado para preservar seu valor real, não podendo ser revisto na mesma proporção e na mesma data sempre que se modificar a remuneração dos servidores em atividade da carreira a que pertence.

(B) Seu provento de aposentadoria será calculado considerando as remunerações utilizadas como base para as contribuições aos regimes de previdência desde 30.04.1999, inclusive sua última remuneração recebida em atividade.

(C) Seu provento de aposentadoria será revisto na mesma proporção e na mesma data sempre que se modificar a remuneração dos servidores em atividade da carreira a que pertence.

(D) Seu provento de aposentadoria será calculado com base na remuneração do seu cargo, até o limite máximo estabelecido para os benefícios do regime geral de previdência social, acrescido de 70% (setenta por cento) da parcela excedente a este limite.

(E) A aposentadoria por invalidez permanente não pode ser-lhe concedida, porque não é modalidade de benefício previdenciário prevista para os servidores públicos titulares de cargo efetivo.

A e **C**: incorreta e correta, respectivamente. Para os servidores em exercício antes da entrada em vigor da Emenda Constitucional 41/2003, é assegurado o direito à paridade (arts. 6°-A e 7° da Emenda Constitucional 41/2003); **B** e **D**: incorretas. A base de cálculo será a remuneração do cargo efetivo que ocupava no momento da aposentadoria (art. 6°-A da

Emenda Constitucional 41/2003); **E:** incorreta. O direito à aposentadoria por invalidez consta do art. 40, § 1º, I, da CF. **HS**

Gabarito "C".

(Procurador do Estado – PGE/RN – FCC – 2014) Sobre o regime de previdência social dos servidores públicos, é correto afirmar:

(A) Servidor público ocupante de cargo efetivo que ingressar no serviço público, após a introdução de previdência complementar de servidores públicos, continuará pertencendo a regime próprio de previdência social, mas com possibilidade de limitação de seus proventos de aposentadoria ao limite teto do Regime Geral de Previdência Social.

(B) Servidor público ocupante de cargo efetivo que ingressar no serviço público, após a introdução de previdência complementar de servidores públicos, continuará pertencendo a regime próprio de previdência social, mas poderá também optar por contribuir para aquele fundo complementar ou para o Regime Geral de Previdência Social, na condição de segurado facultativo.

(C) Servidor público ocupante de cargo efetivo que ingressar no serviço público, após a introdução de previdência complementar de servidores públicos, não mais continuará pertencendo a regime próprio de previdência social, pois estará compulsoriamente vinculado a esse novo modelo de previdência privada.

(D) Servidor público ocupante de cargo efetivo que ingressar no serviço público, após a introdução de previdência complementar de servidores públicos, terá a faculdade de escolher entre continuar pertencendo a regime próprio de previdência social ou aderir ao novo fundo previdenciário, que poderá pagar prestações superiores ao limite teto do Regime Geral de Previdência Social.

(E) Servidor público ocupante de cargo efetivo que ingressar no serviço público, após a introdução de previdência complementar de servidores públicos, continuará pertencendo a regime próprio de previdência social, com limitação de seus proventos de aposentadoria ao limite teto do Regime Geral de Previdência Social, podendo complementar sua aposentadoria, com garantia de proventos iguais ao do cargo em que se aposentar, caso faça a adesão, mediante contrato, ao respectivo fundo previdenciário.

Nos termos do art. 40, §§ 14 e 16, da CF, as pessoas que ingressarem no serviço público após a criação do fundo de previdência complementar não terão opção e deverão ser submetidas às eventuais regras de limitação do valor dos benefícios ao teto do RGPS criadas no respectivo ente público. Vale frisar que o fundo de previdência complementar não desnatura a relação do servidor com seu regime próprio de previdência. **HS**

Gabarito "A".

(Procurador Federal – 2013 – CESPE) Julgue o seguinte item.

(1) Para fins de concessão dos benefícios previstos no RGPS ou no serviço público é assegurada a contagem recíproca do tempo de contribuição na atividade privada e do tempo de serviço na administração pública, hipótese em que os diferentes sistemas de previdência social se compensarão financeiramente.

1: correta, nos termos do art. 94 do PBPS.

Gabarito 1C

(PROCURADOR DO ESTADO/MG – FUMARC – 2012) Sobre o custeio do regime próprio de previdência social dos servidores públicos, assinale a alternativa correta:

(A) considerando que o § 12, do art. 40, da Constituição da República Federativa do Brasil dispõe que o regime de previdência dos servidores públicos titulares de cargo efetivo observará, no que couber, os requisitos e critérios fixados para o regime geral de previdência social e nesse é assegurado ao aposentado imunidade tributária, conforme art. 195, II, da Constituição da República Federativa do Brasil de 1988, conclui-se que os servidores públicos aposentados têm direito adquirido aos proventos e, portanto, a contribuição previdenciária não incide sobre os mesmos, segundo entendimento do Supremo Tribunal Federal;

(B) os Estados instituirão contribuição cobrada de seus servidores, para o custeio, em benefício destes, do regime previdenciário de que trata o art. 40, da Constituição da República Federativa do Brasil de 1988 cuja alíquota será no máximo 11% sobre a remuneração do servidor no cargo efetivo;

(C) as contribuições previdenciárias dos Estados somente poderão ser utilizadas para pagamento de benefícios previdenciários dos respectivos regimes, sem ressalvas;

(D) a contribuição da União, dos Estados, do Distrito Federal e dos Municípios, incluídas suas autarquias e fundações, aos regimes próprios de previdência social a que estejam vinculados seus servidores não poderá ser inferior ao valor da contribuição do servidor ativo, nem superior ao dobro desta contribuição;

(E) a base de cálculo da contribuição dos servidores públicos titulares de cargos efetivos pertencentes ao regime próprio de previdência social, da União, Estados, Municípios e Distrito Federal é definida pela Lei nº 10.887/2004, em seu art. 4º, § 1º.

A: incorreta. Desde a Emenda Constitucional nº 41/03 incide contribuição previdenciária sobre o valor de aposentadorias e pensões concedidas pelos regimes próprios de previdência social que ultrapassar o teto do RGPS (art. 40, § 18, da CF). A constitucionalidade da Emenda foi questionada no STF, que, no julgamento da ADI nº 3128, referendou a possibilidade de exação tributária sobre os proventos de aposentadorias e pensões dos servidores públicos; **B:** incorreta. A CF não estabelece patamar máximo para a alíquota da contribuição previdenciária dos Estados, DF e Municípios, apenas proíbe que ela seja menor do que aquela cobrada pela União (art. 149, § 1º, da CF); **C:** incorreta. É possível a utilização dos recursos para fazer frente a despesas administrativas dos fundos de previdência (art. 1º, III, da Lei nº 9.717/98); **D:** correta, nos termos do art. 2º da Lei nº 9.717/98; **E:** incorreta. O mencionado preceptivo legal define apenas a base de cálculo da contribuição dos servidores federais.

Gabarito "D".

(Procurador do Estado/GO – 2010) À luz do regramento constitucional e infraconstitucional referente ao regime próprio de previdência dos servidores públicos, é CORRETO afirmar que

(A) é possível a concessão de aposentadoria por tempo de serviço, desde que cumprido tempo mínimo de dez anos de efetivo exercício no serviço público e cinco anos no cargo efetivo em que se der a aposentadoria.

(B) os Estados, o Distrito Federal e os Municípios deverão observar, para fins de alíquota de contribuição ao regime próprio de previdência de seus servidores, os valores adotados pela União.

(C) ao servidor que tenha ingressado no serviço público até a data de publicação da EC 41/03, resta assegurado, pelas regras de transição, o direito ao regime da paridade dos proventos, desde que preenchidos os requisitos que lhe assegurem a vantagem.

(D) é possível a adoção, por meio de lei complementar, de critérios e requisitos diferenciados para a concessão de aposentadoria aos servidores cujas atividades sejam exercidas exclusivamente sob condições especiais, que prejudiquem a saúde ou integridade física.

(E) as pensões decorrentes de aposentadorias concedidas com o atributo da paridade, manterão a mesma forma de reajuste.

A: incorreta. Não basta o efetivo exercício de serviço público por 10 anos, sendo 05 no cargo onde se pretende a aposentadoria. É necessário, ainda, que o servidor conte com 35 anos de contribuição e 60 anos de idade, se homem, ou 30 anos de contribuição e 55 anos de idade, se mulher (art. 40, § 1º, III, da CF); **B:** incorreta. O art. 149, § 1º, da CF proíbe somente que as alíquotas estaduais, distritais ou municipais sejam menores que aquelas operadas pela União. Não há determinação de equiparação das alíquotas, sendo forçoso concluir que, teoricamente, as alíquotas dos outros entes federativos podem ser maiores que as da União; **C:** correta, nos termos do art. 6º da Emenda Constitucional nº 41/03; **D:** a despeito de o gabarito não respaldar essa alternativa, é fato que ela também está correta. Desde a Emenda Constitucional nº 47/05, leis complementares podem estabelecer critérios diferenciados para a concessão de aposentadoria para servidores públicos que sejam portadores de deficiência, que trabalhem em situação de risco ou sob condições especiais que prejudiquem a saúde ou a integridade física (art. 40, § 5º, da CF). Poderá alguém alegar que o erro da alternativa está na inserção da palavra "exclusivamente", que não consta do Texto Constitucional. Ora, se isso for verdade, nossas críticas devem ser ainda mais severas, porque é lógico que se é possível a aposentadoria com condições especiais para o servidor que trabalha, dentre outras, em situação prejudicial à saúde, com muito mais razão deverá ter acesso ao mesmo direito o servidor que labora exclusivamente nessas condições; **E:** incorreta. "Atributo da paridade" é a extensão aos inativos e pensionistas dos aumentos e reajustes concedidos aos servidores ativos. Não há em nosso ordenamento qualquer vinculação no sentido exposto na alternativa.
Gabarito "C".

(Procurador do Estado/GO – 2010) Nos termos do regramento referente aos regimes próprios previdenciários, é COR-RETO afirmar:

(A) O regime próprio é obrigatoriamente aplicável aos servidores públicos regidos por vinculo estatutário.

(B) É possível que os militares estaduais tenham regime previdenciário próprio, distinto dos servidores civis, aplicando-lhes regras especiais, trazidas por legislação específica, desde que preservado o equilíbrio financeiro e atuarial do sistema.

(C) Para o cálculo dos proventos de aposentadorias também será considerada a expectativa de vida do participante.

(D) Ficam excluídos de alguns dos benefícios previdenciários os servidores titulares de cargo efetivo em estágio probatório, por não gozarem ainda de estabilidade.

(E) O regramento do regime próprio não alcança os membros da Magistratura e do Ministério Público

Estadual, uma vez que são titulares de cargos públicos vitalícios.

A: incorreta. Essa é uma confusão comum: vínculo estatutário significa que o regime jurídico ao qual se submete o servidor é o Estatuto dos Servidores Públicos respectivo, não a CLT. Sendo assim, não podemos esquecer que os ocupantes de cargo em comissão também têm vínculo estatutário, mas não são acolhidos pelos regimes próprios de previdência, exclusivos os servidores de cargo efetivo; **B:** correta, nos termos do art. 1º da Lei nº 9.717/98; **C:** incorreta. Nos regimes próprios de previdência, a expectativa de sobrevida do segurado (variável que integra o fator previdenciário do RGPS) não interfere no cálculo do valor do benefício; **D:** incorreta. Não há qualquer distinção na seara previdenciária entre servidores estáveis ou em estágio probatório; **E:** incorreta. Os ocupantes de cargos vitalícios estão inseridos no mesmo regime próprio de previdência dos servidores de cargo efetivo (arts. 93, VI, e 129, § 4º, da CF).
Gabarito "B".

(Procurador do Estado/GO – 2010) A respeito do regime próprio de previdência social dos servidores públicos da União, dos Estados e Municípios, é CORRETO afirmar que

(A) os proventos de aposentadoria e pensões poderão ser limitados ao teto estabelecido para o regime geral de previdência social, desde que os entes federados instituam regime de previdência complementar, com plano de benefício na modalidade de contribuição definida.

(B) é um sistema aberto, contributivo e complementar ao regime geral de previdência social.

(C) pode ter mais de uma unidade gestora, conforme opção legislativa do ente federado.

(D) os entes federados poderão fixar critérios próprios para criação e concessão de benefícios.

(E) tem seu custeio suportado por contribuições do ente federativo, de servidores ativos, dos inativos e pensionistas, observando-se quanto aos dois últimos, uma faixa de não incidência tributária relativa a duas vezes o limite máximo estabelecido para os benefícios do regime geral de previdência social.

A: correta, nos termos do art. 40, §§ 14 e 15, da CF. Nos termos do art. 3º da Resolução CGPC nº 16/2005, considera-se plano de contribuição definida "aquele cujos benefícios programados têm seu valor permanentemente ajustado ao saldo da conta mantido em favor do participante, inclusive na fase de percepção de benefícios, considerando o resultado líquido de sua aplicação, os valores aportados e os benefícios pagos"; **B:** incorreta. O regime próprio dos servidores públicos é um regime fechado (acessível apenas a certa categoria de pessoas – os servidores ocupantes de cargo efetivo), contributivo (somente têm direito aos benefícios os servidores que efetivamente contribuírem para o sistema) e totalmente independente do RGPS, não se confundindo com as entidades de previdência complementar; **D:** incorreta. Os benefícios pagos devem ser os mesmos do RGPS (art. 40, § 12, da CF); **E:** incorreta. A faixa de não incidência é igual ao teto do RGPS como regra. Ela é ampliada para o dobro apenas para inativos ou pensionistas forem portadores de doenças incapacitantes (art. 40, § 21, da CF).
Gabarito "A".

(Procurador do Estado/PR – UEL-COPS – 2011) Servidor público estadual, aposentado em cargo de provimento efetivo, no mês de julho de 1999, vem sofrendo descontos de contribuições previdenciárias sobre seus proventos, sob a alíquota de 14%, mesma alíquota aplicada aos servidores ativos, desde a data de sua aposentadoria, até o presente,

14. DIREITO PREVIDENCIÁRIO 627

com respaldo em Lei Estadual publicada no mês janeiro de 1999. Sobre a situação descrita, é correto afirmar:

(A) o desconto da contribuição previdenciária durante todo o período narrado, desde a aposentadoria do servidor, é ilegítimo apenas naquilo em que excedeu a alíquota de 11%, por ser esta, por determinação da legislação federal, a alíquota máxima para as contribuições previdenciárias impostas pelos Estados aos seus servidores;

(B) no caso, houve inconstitucionalidade da citada Lei Estadual que previu os descontos da contribuição previdenciária sobre os proventos de aposentadoria dos servidores; vício este, porém, que perdurou apenas até a publicação da Emenda Constitucional nº 41/2003, vez que esta Emenda autorizou a cobrança de contribuição previdenciária de inativos. Por este motivo, os descontos efetuados sobre os proventos do servidor, com base na Lei Estadual publicada no ano de 1999, não padeceram de qualquer irregularidade posteriormente à edição da Emenda Constitucional nº 41/2003;

(C) no caso, os descontos realizados sobre os proventos do servidor são ilegítimos mesmo após a edição da Emenda Constitucional nº 41/2003, vez que, por ter reunido os requisitos para aposentadoria antes da edição da mencionada emenda constitucional, o servidor tem direito adquirido a não incidência da contribuição previdenciária sobre seus proventos;

(D) no caso, todos os descontos de contribuições previdenciárias efetuados foram indevidos, porquanto a legitimidade da incidência da contribuição previdenciária sobre proventos de inativos depende de que tal contribuição seja instituída por lei editada após a vigência da Emenda Constitucional nº 41/2003;

(E) no caso, os descontos efetuados desde a aposentadoria do servidor estão em conformidade com a Constituição Federal, pois somente os servidores aposentados antes da edição da Emenda Constitucional nº 20/98 têm direito adquirido a não incidência da contribuição previdenciária.

A contribuição previdenciária incidente sobre os proventos de aposentadoria dos servidores públicos inativos foi autorizada somente com a edição da Emenda Constitucional nº 41/03, que incluiu o § 18 no art. 40 da CF. Ocorre que o STF já decidiu que não existe no ordenamento brasileiro a "constitucionalidade superveniente", de forma que uma lei editada sem respaldo constitucional não se convalida pela alteração posterior da Lei Maior. Com isso, é indevida a cobrança de todas as contribuições no caso em exame, devendo ser devolvidos os valores ao segurado (ADI 2158/PR, DJ 15/09/2010).
Gabarito "D".

(Procurador do Estado/PR – UEL-COPS – 2011) Sobre os regimes de previdência social aplicáveis aos diversos agentes públicos, é correto afirmar:

(A) notários e registradores, por exercerem função pública delegada, devem estar vinculados ao regime próprio de previdência dos servidores públicos;

(B) o servidor público, titular de cargo efetivo, que venha a ocupar, transitoriamente, cargo em comissão na Administração Pública, deverá vincular-se ao regime geral de previdência social;

(C) aos servidores contratados por prazo determinado, para atender necessidade temporária de excepcional interesse público, aplica-se o regime geral de previdência social;

(D) é vedado aos servidores públicos aderir a regime de previdência complementar;

(E) os militares dos Estados submetem-se ao mesmo regime jurídico previdenciário aplicável aos servidores públicos civis, sem qualquer distinção.

A: incorreta. Nos termos do art. 40 da Lei nº 8.935/94, os titulares dos cartórios extrajudiciais (notários e registradores) são vinculados ao RGPS; **B:** incorreta. Ainda que venha a ocupar, temporariamente, cargo em comissão, o titular de cargo efetivo mantém-se vinculado ao seu regime próprio de previdência (art. 12, I, "g", do PCSS); **C:** correta, nos termos do art. 8º da Lei nº 8.745/93 e art. 1º da Lei nº 8.647/93; **D:** incorreta. Nada obsta que servidores públicos contratem planos de previdência complementar com fundos de previdência ou instituições financeiras. O que lhes é proibido é inscrever-se como segurado facultativo no RGPS (art. 201, § 5º, da CF); **E:** incorreta. Os militares dos Estados possuem regime próprio de previdência, previsto genericamente no art. 1º da Lei nº 9.717/98.
Gabarito "C".

(Procurador do Estado/PR – UEL-COPS – 2011) Companheira de ex-servidor público estadual, falecido em setembro de 2004, após ter sido negado, em janeiro de 2005, prévio requerimento administrativo voltado à concessão da pensão decorrente do óbito do servidor, propôs, em junho de 2011, ação judicial destinada a obter o estabelecimento da pensão por morte. Com base nos fatos acima descritos, assinale a alternativa correta:

(A) a prescrição, no caso, atinge apenas as parcelas anteriores a cinco anos contados da data do ajuizamento da ação, por se tratar de relação jurídica de trato sucessivo;

(B) não há que se falar em prescrição no caso, haja vista que decorreram menos de cinco anos entre a data do óbito e a data do requerimento administrativo de concessão do benefício;

(C) não há que se falar em prescrição no caso, vez que os direitos de natureza previdenciária e seus efeitos patrimoniais são imprescritíveis;

(D) não há que se falar em prescrição no caso, porquanto não decorrido o prazo prescricional entre a data do fato gerador do benefício previdenciário pleiteado e a data do ajuizamento da ação;

(E) a prescrição, no caso, atingiu o fundo de direito reclamado, de modo que se encontra fulminada tanto a pretensão à concessão do benefício quanto qualquer efeito patrimonial dele decorrente.

Dispõe o Decreto nº 20.910/32, em seu art. 1º, que as ações contra a Fazenda Pública prescrevem em cinco anos contados da data do ato ou fato do qual se originaram. Completa o art. 2º do Decreto-lei nº 4.597/42 que a expressão "Fazenda Pública" abrange autarquias e outros órgãos paraestatais. No caso em exame, a pretensão da companheira do servidor falecido surgiu com a negativa do pagamento na esfera administrativa em janeiro de 2005. Portanto, em janeiro de 2010 operou-se a prescrição da ação, nada mais lhe sendo devido a título de pensão por morte.
Gabarito "E".

(**Procurador do Município/Sorocaba-SP – 2012 – VUNESP**) Conforme estabelece a Constituição da República sobre os servidores públicos civis, a lei disporá sobre a concessão do benefício de pensão por morte, que será igual ao valor da totalidade

(**A**) dos proventos do servidor falecido, até o limite máximo estabelecido para os benefícios do regime geral de previdência social, acrescido de setenta por cento da parcela excedente a este limite, caso aposentado à data do óbito.

(**B**) dos proventos do servidor falecido, até o limite máximo estabelecido para os benefícios do regime geral de previdência social, acrescido de sessenta por cento da parcela excedente a este limite, caso aposentado à data do óbito.

(**C**) da remuneração do servidor no cargo efetivo em que se deu o falecimento, até o limite máximo estabelecido para os benefícios do regime geral de previdência social, acrescido de trinta por cento da parcela excedente a este limite, caso em atividade na data do óbito.

(**D**) da remuneração do servidor no cargo efetivo em que se deu o falecimento, até o limite máximo estabelecido para os benefícios do regime geral de previdência social, acrescido de cinquenta por cento da parcela excedente a este limite, caso em atividade na data do óbito.

(**E**) da remuneração do servidor no cargo efetivo em que se deu o falecimento, até o limite máximo estabelecido para os benefícios do regime geral de previdência social, acrescido de sessenta por cento da parcela excedente a este limite, caso em atividade na data do óbito.

O art. 40, § 7º, da CF fixa o valor da pensão por morte nos regimes próprios de previdência de acordo com a situação do servidor na data do óbito. Em resumo, a renda mensal será igual àquilo que o servidor recebia (seja em atividade ou aposentado) se não ultrapassar o teto do RGPS. Se ultrapassar, limita-se o valor ao teto do RGPS e acrescenta-se 70% do que exceder esse limite.

Gabarito "A".

(**Advogado da União/AGU – CESPE – 2012**) Com base na lei que instituiu o regime de previdência complementar para os servidores públicos federais, julgue os itens subsequentes.

(**1**) O limite máximo estabelecido para os benefícios do RGPS deve ser aplicado às aposentadorias e pensões de todos os servidores públicos federais que ingressem no serviço público a partir do início da vigência do regime de previdência complementar, inclusos os detentores de cargo comissionado.

(**2**) Os servidores públicos aposentados devem ser automaticamente inseridos no novo regime de previdência complementar.

1: incorreta. Os servidores ocupantes de cargo em comissão não se sujeitam ao regime de previdência complementar criado pela Lei nº 12.618/12, porque não são admitidos no regime próprio de previdência dos servidores públicos. Os ocupantes de cargos comissionados são vinculados ao RGPS na qualidade de empregados (art. 12, I, "g", da Lei nº 8.212/91); **2**: incorreta. O regime de previdência complementar é aplicado obrigatoriamente apenas àqueles que ingressarem em cargo público efetivo após a vigência da Lei nº 12.618/12. Para quem já é aposentado, o novo sistema é opcional (art. 1º, parágrafo único, da Lei nº 12.618/12).

Gabarito 1E, 2E

6. PREVIDÊNCIA PRIVADA COMPLEMENTAR

(**Procurador do Município/Manaus – 2018 – CESPE**) Lúcia, servidora da PGM/Manaus desde 1.º/1/1998, requereu a averbação dos períodos em que trabalhou em um escritório de advocacia – de 1.º/1/1992 a 31/12/1996 – e que exerceu a docência em rede de ensino privada — de 1.º/1/2002 a 31/12/2005 –, a fim de aumentar seu tempo de contribuição.

Considerando essa situação hipotética, julgue o item a seguir, relativo à contagem recíproca do tempo de contribuição.

(**1**) É possível que o requerimento de Lúcia seja indeferido por completo sob o fundamento de inadmissibilidade, nas condições narradas, de contagem recíproca.

1: incorreta. Será indeferida a averbação apenas do período entre 2002 e 2005, diante da vedação de contagem de períodos de trabalho concomitantes (art. 96, II, do PBPS). O período anterior, de 1992 a 1996, deve ser deferido, nos termos do art. 96, *caput*, do PBPS. [HS]

Gabarito 1E

(**Procurador do Município/Manaus – 2018 – CESPE**) Em relação aos regimes próprios de previdência dos servidores públicos e à previdência complementar, julgue os itens seguintes.

(**1**) Para a aposentadoria voluntária por idade de servidor, são exigidos idade mínima e tempo mínimo de efetivo exercício no serviço público e no cargo efetivo em que se dará a aposentadoria, hipótese em que os proventos serão proporcionais ao tempo de contribuição.

(**2**) Os entes federados possuem autorização constitucional para instituir regime de previdência complementar para seus respectivos servidores efetivos, por intermédio de entidades fechadas, de natureza pública, e mediante adesão facultativa.

1: correta, nos termos do art. 40, § 1º, III, "b", da CF); **2**: correta, nos termos do art. 40, §§ 14 e 16, da CF). [HS]

Gabarito 1C, 2C

(**Procurador do Município/Manaus – 2018 – CESPE**) Em relação aos regimes próprios de previdência dos servidores públicos e à previdência complementar, julgue os itens seguintes.

(**1**) Para a aposentadoria voluntária por idade de servidor, são exigidos idade mínima e tempo mínimo de efetivo exercício no serviço público e no cargo efetivo em que se dará a aposentadoria, hipótese em que os proventos serão proporcionais ao tempo de contribuição.

(**2**) Os entes federados possuem autorização constitucional para instituir regime de previdência complementar para seus respectivos servidores efetivos, por intermédio de entidades fechadas, de natureza pública, e mediante adesão facultativa.

1: correta, nos termos do art. 40, § 1º, III, "b", da CF); **2**: correta, nos termos do art. 40, §§ 14 e 16, da CF). [HS]

Gabarito 1C, 2C

(**Advogado União – AGU – CESPE – 2015**) Julgue os itens a seguir, relativos à previdência privada e às EFPCs.

(**1**) Situação hipotética: A Fundação Previx, caracterizada como EFPC, é patrocinada por empresa pública. O patrimônio dessa fundação é segregado do patrimônio da referida empresa pública, de modo que o custeio

14. DIREITO PREVIDENCIÁRIO   629

dos planos de benefícios ofertados pela fundação constitui responsabilidade da patrocinadora e dos participantes, incluindo os assistidos. Assertiva: Nessa situação, os resultados deficitários deverão ser equacionados por participantes e assistidos, porque se veda à patrocinadora pública qualquer contribuição para o custeio distinta da contribuição ordinária.

(2) Na relação de previdência complementar administrada por uma EFPC, incide o princípio da paridade contributiva. Nesse sentido, a contribuição de empresa patrocinadora deve ser idêntica à contribuição dos participantes — regra do meio-a-meio.

(3) Situação hipotética: Determinado empregado aderiu ao plano de benefícios de previdência privada ofertado pela empresa pública Alfa e administrado pela entidade fechada Previbeta. Após dez anos de contribuições, esse empregado resolveu deixar de contribuir para a previdência privada. Assertiva: Nessa situação, conforme entendimento do STF, embora seja constitucionalmente garantido o direito de esse empregado optar por aderir a plano de previdência privada, após o ingresso nesse sistema, não há possibilidade de ele se desvincular sem o consentimento das demais partes envolvidas — participantes e patrocinadores —, estando, ainda, a retirada de patrocínio condicionada a autorização do órgão fiscalizador.

(4) Cabe ao Conselho Nacional de Previdência Complementar regular o regime de previdência complementar operado pelas entidades fechadas de previdência complementar, ao passo que compete à Superintendência Nacional de Previdência Complementar fiscalizar e supervisionar as atividades desenvolvidas por essas mesmas entidades.

(5) As normas para concessão de benefícios pelo regime de previdência privada, independentemente de a gestão do plano de benefícios ser realizada por entidade fechada ou aberta, impõem a necessidade de vinculação ao RGPS.

1: incorreta. O art. 21 da Lei Complementar 109/2001 determina que o resultado deficitário seja equacionado por patrocinadores, participantes e assistidos; 2: incorreta. Não há obrigação de que a contribuição do patrocinador seja idêntica à do participante. O que o art. 6º da Lei Complementar 108/2001 determina é que ela nunca será maior – ou seja, é um limite máximo, não uma obrigação; 3: incorreta. O STF tem entendimento consolidado no sentido de que é garantido ao segurado o direito de desvinculação do regime de previdência privada (RE 482.207 AgR); 4: correta, nos termos dos arts. 1º e 13 da Lei 12.154/2009; 5: incorreta. O regime de previdência privada é autônomo (art. 202 da CF), de forma que os benefícios por ele criados e pagos não se vinculam ao RGPS. HS
Gabarito "1E, 2E, 3E, 4C, 5E."

(Advogado da União/AGU – CESPE – 2012) Considerando a jurisprudência do STF e do STJ, julgue os próximos itens, referentes à previdência privada.

(1) A CF prevê, como garantia do equilíbrio atuarial e financeiro, a possibilidade de, em caso de insuficiência financeira, a administração pública aportar recursos a entidades de previdência privada.

(2) Não poderá recair penhora sobre o saldo de depósito em fundo de previdência privada em nome de diretor de empresa falida suspeito de gestão fraudulenta, dado o nítido caráter alimentar de tal verba, advinda

da remuneração mensal do diretor, especialmente se os referidos valores tiverem sido depositados antes de seu ingresso na diretoria da empresa.

1: incorreta. O aporte de recursos públicos para as entidades de previdência privada é proibido pelo art. 202, § 3º, da CF, salvo na qualidade de patrocinador; 2: incorreta. A questão foi analisada no bojo do REsp nº 1.121.719 pelo STJ, que entendeu que o depósito em fundo de previdência privada não tem caráter alimentar, porque se assemelha a uma poupança, isto é, são valores que ficam depositados por longo prazo apenas para utilização futura pelo beneficiário.
Gabarito 1E, 2E

7. ACIDENTES, DOENÇAS DO TRABALHO

(Procurador do Município/Boa Vista-RR – 2010 – CESPE) Julgue o item a seguir, relativo às legislações previdenciária e da seguridade social.

(1) Se, durante seu intervalo para refeição, um empregado lesionar um dos seus joelhos enquanto joga futebol nas dependências da empresa, ficando impossibilitado de andar, tal evento, nos termos da legislação previdenciária, não poderá ser considerado como acidente de trabalho.

1: incorreta, pois o empregado é considerado no exercício do trabalho nos períodos destinados a refeição ou descanso, ou por ocasião da satisfação de outras necessidades fisiológicas, no local do trabalho ou durante este – art. 21, § 1º, do PBPS.
Gabarito 1E

(ADVOGADO – CEF – 2010 – CESPE) No que se refere a acidente de trabalho, assinale a opção correta.

(A) Se um engenheiro designado por pessoa jurídica que o emprega para trabalhar na construção de usina hidrelétrica na região amazônica for contaminado por malária enquanto acompanha e supervisiona a realização das obras da usina, exposto ao Sol e a insetos, não haverá que se falar, nesse caso, em moléstia profissional, já que a malária é considerada doença endêmica.

(B) No caso de um empregado, em virtude de seu ambiente de trabalho estressante, adquirir doença degenerativa, configura-se doença laboral, haja vista a enfermidade ter sido desencadeada pelo exercício do trabalho.

(C) Considere que César, em virtude de fortes dores no corpo, não tenha comparecido ao trabalho em 15/1/2010, e que, no dia 18/1/2010, por continuar sentindo dor, tenha procurado um médico que diagnosticou enfermidade decorrente de intoxicação pelo uso de determinados produtos químicos, manipulados em seu ambiente de trabalho. Nessa situação hipotética, considera-se como dia do acidente o dia 18/1/2010, data em que foi realizado o diagnóstico.

(D) Se trabalhador que exerce suas funções em laboratório de análises clínicas, em virtude de acidente ocorrido durante a manipulação de alguns produtos químicos, for acometido por urticária moderada, mas não for impedido de continuar suas atividades, inexistirá, nesse caso, doença laboral, na forma da legislação pertinente.

(E) Considere que Marta, com 59 anos de idade, tenha sido acometida, recentemente, por osteoporose e que as atividades por ela desempenhadas, em seu ambiente de trabalho, envolvam procedimentos de arquivo, o que torna necessário que Marta eleve enormes caixas, com documentos e processos, para guardá-las nas inúmeras estantes existentes em seu departamento, fato que aumenta consideravelmente as suas dores. Nessa situação hipotética, considerando-se o agravamento da doença adquirida por Marta, a osteoporose é considerada doença profissional.

A: incorreta. Como a aquisição da moléstia foi resultante da exposição aos insetos que a transmitem determinada pela natureza do trabalho, excepcionalmente a doença endêmica será considerada doença profissional, conforme dispõe o art. 20, §1º, "d", do PBPS; **B:** incorreta. A doença degenerativa não é considerada como moléstia profissional em nenhuma hipótese (art. 20, §1º, "a", do PBPS); **C:** incorreta. Nos termos do art. 23 do PBPS, considera-se como dia do acidente o início da incapacidade laborativa ou o dia do diagnóstico, o que ocorrer primeiro. Portanto, no caso em exame, temos como dia do acidente o dia 15/01/2010, quando César deixou de reunir condições para trabalhar, já que esta ocorreu antes do diagnóstico médico; **D:** correta, nos termos do art. 19 do PBPS, que qualifica como acidente de trabalho o sinistro que resulte em morte ou perda ou redução, permanente ou temporária, da capacidade para o trabalho; **E:** incorreta. A osteoporose é uma doença degenerativa e inerente a grupo etário, de forma que é excluída da classificação como doença profissional (art. 20, §1º, "a" e "b", do PBPS).

Gabarito "D".

8. AÇÕES PREVIDENCIÁRIAS

Maria solicitou à previdência social auxílio-acidente, não decorrente de acidente de trabalho, mas seu pedido foi indeferido sob o fundamento de que ela não teria cumprido o tempo de carência legalmente estabelecido. Seis anos depois do pedido, ela ingressou com uma ação previdenciária para o recebimento do referido benefício.

(Procurador do Município - Boa Vista/RR - 2019 - CESPE/CEBRASPE) Considerando essa situação hipotética, à luz das normas vigentes acerca de direito previdenciário, julgue os próximos itens.

(1) Como a concessão de auxílio-acidente independe de tempo de carência, a decisão administrativa de indeferimento foi incorreta.

(2) O direito de ação perseguido por Maria ao ajuizar a ação previdenciária está prescrito, visto que se passaram mais de cinco anos desde a negativa administrativa do pedido de concessão do benefício.

1: correta, nos termos do art. 26, I, da Lei 8.213/1991; **2:** incorreta. O prazo decadencial para propositura da ação que vise a discutir o indeferimento de pedido de benefício é de 10 anos (art. 103 da Lei 8.213/1991).

Gabarito 1C, 2E

(Procurador Federal – 2013 – CESPE) Julgue os seguintes itens.

(1) O termo inicial para a contagem do prazo decadencial para a previdência social anular o ato administrativo do qual decorram efeitos favoráveis para o beneficiário é de dez anos a partir da data em que for praticado o ato, ainda que se comprove má-fé do beneficiário.

1: incorreta. Caso seja comprovada má-fé do beneficiário, considera-se que o prazo decadencial ficou suspenso até o momento da descoberta de sua conduta dolosa (art. 103-A, *in fine*, do PBPS).

Gabarito 1E

(Procurador Federal – 2010 – CESPE) No que concerne à legislação acidentária, ao benefício de prestação continuada previsto na Lei de Organização da Assistência Social e jurisprudência dos tribunais superiores, julgue o item seguinte.

(1) A competência para julgar ações de indenização por danos morais e materiais decorrentes de acidente de trabalho propostas pelo trabalhador, após a edição da Emenda Constitucional n.º 45/2004, é da justiça comum estadual.

1: incorreta, pois, nos termos da Súmula Vinculante 22/STF, a Justiça do Trabalho é competente para processar e julgar as ações de indenização por danos morais e patrimoniais decorrentes de acidente de trabalho propostas por empregado contra empregador, inclusive aquelas que ainda não possuíam sentença de mérito em primeiro grau quando da promulgação da Emenda Constitucional 45/2004.

Gabarito 1E

9. ASSISTÊNCIA SOCIAL E SAÚDE

(Procurador do Estado – PGE/RS – Fundatec – 2015) Analise as seguintes assertivas sobre a seguridade social, em face da Constituição da República Federativa do Brasil:

I. A assistência social deve ser prestada a quem dela necessite, independentemente de contribuição, e tem como um de seus objetivos a promoção da integração ao mercado do trabalho.

II. O sistema especial de inclusão previdenciária para os trabalhadores de baixa renda ou sem renda própria que se dediquem exclusivamente ao trabalho doméstico no âmbito de sua residência, desde que pertencentes a famílias de baixa renda, terá alíquotas e carências inferiores às vigentes para os demais segurados do regime geral de previdência social.

III. É livre a participação direta ou indireta de empresas ou capitais estrangeiros na assistência à saúde no país.

Quais estão corretas?

(A) Apenas I.

(B) Apenas II.

(C) Apenas III.

(D) Apenas I e II.

(E) Apenas I e III.

I: correta, nos termos do art. 203, III, da CF; **II:** correta, nos termos do art. 201, § 13, da CF; **III:** incorreta. É vedada a participação de estrangeiros na assistência à saúde, salvo nos casos previstos em lei (art. 199, § 3º, da CF).

Gabarito "D".

(PROCURADOR DO ESTADO/RS – FUNDATEC – 2010) De acordo com o regramento constitucional acerca da Seguridade Social, no que pertine à Saúde, é incorreto afirmar que:

(A) Dentre as atribuições do Sistema Único de Saúde (SUS), estão a fiscalização e a inspeção de alimentos, bem como de bebidas e de águas para consumo humano.

(B) Os recursos mínimos a serem aplicados pelos diferentes entes da federação, anualmente, em ações e

14. DIREITO PREVIDENCIÁRIO   631

serviços públicos de saúde, terão seus percentuais estabelecidos por lei ordinária.

(C) A descentralização é uma diretriz aplicável às ações e serviços públicos de saúde.

(D) As instituições de saúde privadas podem participar do SUS, de forma complementar.

(E) Existe vinculação constitucional de recursos da União, dos Estados, do Distrito Federal e dos Municípios para o atendimento na área da saúde.

A: correta, nos termos do art. 200, VI, da CF; B: incorreta, devendo ser assinalada. Os percentuais devem ser previstos em lei complementar (art. 198, §§2º e 3º, da CF); C: correta, conforme previsto no art. 198, I, da CF; D: correta, nos termos do art. 199, §1º, da CF; E: correta, nos termos do art. 198, §2º, da CF.
Gabarito "B".

(Procurador Federal – 2010 – CESPE) No que concerne à legislação acidentária, ao benefício de prestação continuada previsto na Lei de Organização da Assistência Social e jurisprudência dos tribunais superiores, julgue o item seguinte.

(1) Para fins de concessão do benefício de prestação continuada, considera-se incapaz de prover a manutenção da pessoa portadora de deficiência ou idosa a família cuja renda mensal per capita seja inferior a um quarto do salário-mínimo. Esse critério, de acordo com entendimento do STF, apesar de ser constitucional, pode ser conjugado com outros fatores indicativos do estado de miserabilidade do indivíduo e de sua família.

Assertiva correta, pois reflete o disposto no art. 20, § 3º, da Lei Orgânica da Assistência Social – LOAS (Lei 8.742/1993), à luz do art. 203, V, da CF – ver ADI 1.232/DF.
Gabarito 1C

(Procurador do Município/Boa Vista-RR – 2010 – CESPE) Julgue o item a seguir, relativos às legislações previdenciária e da seguridade social.

(1) No que tange à organização da assistência social, compete aos municípios atender às ações assistenciais de caráter emergencial e efetuar o pagamento do auxílio-natalidade e do auxílio-funeral.

1: assertiva correta, pois essas competências municipais são previstas no art. 15, II e IV, da LOAS.
Gabarito 1C

10. OUTROS TEMAS E MATÉRIAS COMBINADAS

(Procurador do Estado – PGE/MT – FCC – 2016) Quanto aos regimes de previdência social previstos na Constituição Federal do Brasil, é correto afirmar:

(A) No Regime Próprio da Previdência Social é vedada a adoção de requisitos e critérios diferenciados para a concessão de aposentadoria, ressalvados exclusivamente os casos de atividades exercidas sob condições especiais que prejudiquem a saúde ou a integridade física, definidos em lei complementar.

(B) Os beneficiários do Regime Geral da Previdência Social serão aposentados compulsoriamente, aos setenta e cinco anos de idade, com proventos proporcionais ao tempo de contribuição.

(C) É permitido o aporte de recursos a entidade de previdência privada pela União, Estados, Distrito Federal e Municípios na qualidade de patrocinador, situação na qual a sua contribuição normal poderá exceder em até 50% a do segurado.

(D) O Regime de Previdência Privada terá caráter complementar e será organizado de forma vinculada ao Regime Geral de Previdência Social, observando o aspecto contributivo, a filiação obrigatória, e a preservação do equilíbrio financeiro e atuarial.

(E) A compensação financeira entre os regimes recompõe o equilíbrio atuarial dos regimes de previdência, havendo permissivo constitucional para que, em caso de aposentadoria, seja assegurada a contagem recíproca do tempo de contribuição na Administração pública e na atividade privada, rural e urbana.

A: incorreta. A única ressalva para a concessão de aposentadoria com requisitos diferenciados é para os portadores de deficiência e aqueles que laborem em condições insalubres ou perigosas (art. 40, § 4º, da CF); B: incorreta. Tal previsão é aplicável somente aos Regimes Próprios de Previdência (art. 40, § 1º, II, da CF); C: incorreta. A contribuição das pessoas jurídicas de direito público como patrocinadoras da entidade de previdência complementar nunca poderá superar a do segurado (art. 202, §3º, da CF); D: incorreta. O sistema de previdência complementar é facultativo e baseado na constituição de reservas que garantam o benefício contratado (art. 202, "caput", da CF); E: correta, nos termos do art. 201, § 9º, da CF. HS
Gabarito "E".

(Advogado União – AGU – CESPE – 2015) No que diz respeito à seguridade social, julgue os itens a seguir.

(1) As diretrizes que fundamentam a organização da assistência social são a descentralização político-administrativa para os estados, o Distrito Federal e os municípios, e comando único em cada esfera de governo; a participação da população, mediante organizações representativas, na formulação das políticas e no controle das ações; e a prevalência da responsabilidade do Estado na condução da política de assistência social.

(2) De acordo com a CF, a gestão administrativa da seguridade social deve ser tripartite, ou seja, formada por trabalhadores, empregadores e governo.

(3) Conforme a jurisprudência do STF, a irredutibilidade do valor dos benefícios é garantida constitucionalmente, seja para assegurar o valor nominal, seja para assegurar o valor real dos benefícios, independentemente dos critérios de reajuste fixados pelo legislador ordinário.

(4) De acordo com entendimento do STF, o princípio da preexistência do custeio em relação ao benefício ou serviço aplica-se à seguridade social financiada por toda sociedade, estendendo-se às entidades de previdência privada.

1: correta, nos termos do art. 5º da Lei 8.742/1993; 2: incorreta. A gestão da seguridade social será quadripartite, garantida também a participação dos aposentados (art. 194, parágrafo único, VII, da CF); 3: incorreta. Segundo o STF, a irredutibilidade do valor dos benefícios aplica-se unicamente ao seu valor nominal. O que assegura a preservação do valor real é o princípio insculpido no art. 201, § 4º, da CF, que tem natureza distinta. Além disso, o reajuste seguirá critérios definidos em lei ordinária (STF, RE 263.252/PR); 4: incorreta. O STF tem jurisprudência consolidada no sentido de que o princípio da previsão do custeio dos benefícios e serviços da seguridade social não se aplica à previdência privada (RE 583.687 AgR). **HS**

Gabarito: 1C, 2E, 3E, 4E.

(Advogado União – AGU – CESPE – 2015) Acerca do RGPS, julgue os itens subsequentes.

(1) Conforme entendimento do STJ, síndico de condomínio que receber remuneração pelo exercício dessa atividade será enquadrado como contribuinte individual do RGPS, ao passo que o síndico isento da taxa condominial, por não ser remunerado diretamente, não será considerado contribuinte do RGPS.

(2) De acordo com jurisprudência do STF, devido ao fato de os serviços de registros públicos, cartorários ou notariais serem exercidos em caráter privado, os oficiais de registro de imóveis, para os fins do RGPS, devem ser classificados na categoria de contribuinte individual.

(3) Desde que tenha sido intercalado com o exercício de atividade laborativa, o período em que o segurado se beneficiar de auxílio-doença deverá ser considerado para fins de cômputo de carência e para o cálculo do tempo de contribuição na concessão de aposentadoria por invalidez, conforme entendimento do STF.

(4) Situação hipotética: Ricardo, segurado facultativo do RGPS, havia recolhido dez contribuições mensais quando, devido a problemas financeiros, teve de deixar de recolher novas contribuições durante nove meses. Após se restabelecer financeiramente, Ricardo voltou a contribuir, mas, após quatro meses de contribuição, ele foi acometido por uma doença que o incapacitou para o trabalho durante vinte dias. Assertiva: Nessa situação, embora a doença de Ricardo exija carência para o gozo do benefício de auxílio-doença, este perceberá o referido auxílio devido ao fato de ter readquirido a qualidade de segurado a partir do recolhimento de um terço do número de contribuições exigidas para o gozo do auxílio-doença.

(5) Conforme entendimento do STF, não há incidência de contribuição previdenciária nos benefícios do RGPS, incluído o salário-maternidade.

(6) Situação hipotética: Howard, cidadão norte-americano, domiciliado no Brasil, foi aqui contratado pela empresa brasileira X, para trabalhar, por tempo indeterminado, em sua filial situada no Canadá. A maior parte do capital votante dessa filial canadense é da empresa X, constituída sob as leis brasileiras e com sede e administração no Brasil. Assertiva: Nessa situação, Howard deverá estar, necessariamente, vinculado ao RGPS como segurado empregado.

1: incorreta. O STJ firmou entendimento de que a remuneração indireta do síndico, mediante a isenção da taxa condominial, coloca-o como segurado obrigatório da previdência social (REsp 411.832/RS); **2:** correta, conforme julgado pelo STF no AI 667.424 ED; **3:** correta, conforme julgado pelo STF no RE 583.834; **4:** incorreta. Trata-se de questão de extrema "decoreba" e feita para incidir o candidato a erro, espécie que desejamos seja abolida dos concursos públicos o quanto antes. Realmente, ao contribuir por mais 4 meses depois de perder a qualidade de segurado, período que equivale a um terço dos 12 meses exigidos como carência do auxílio-doença, Ricardo teria direito ao benefício. Contudo, o benefício é devido ao segurado que ficar incapacitado para seu trabalho habitual por mais 15 dias **consecutivos**. A

ausência deste adjetivo torna errada a assertiva, porque ela diz apenas "vinte dias", não especificando se foram consecutivos; **5:** incorreta. O salário-maternidade é exceção à regra segundo a qual não incide contribuição sobre benefício previdenciário (STF, RE 621.476 ED); **6:** Correta, nos termos do art. 11, I, *c*, da PBPS. **HS**

Gabarito: 1E, 2C, 3C, 4E, 5E, 6C.

(Procurador – PGFN – ESAF – 2015) Assinale a opção correta.

(A) A condição de segurado especial não subsiste se o trabalhador que exerce atividade rural em regime de economia familiar é beneficiário de programa assistencial oficial do governo.

(B) A jurisprudência do Superior Tribunal de Justiça considera que é ilegal a retenção de 11% sobre os valores brutos das faturas dos contratos de prestação de serviço pelas empresas tomadoras, uma vez que a Lei n. 9.711/98 acabou criando novo tributo sem atender aos ditames legais e constitucionais.

(C) Integra o valor do salário-de-contribuição a quantia paga pela pessoa jurídica a programa de previdência complementar fechado, disponível apenas aos seus gerentes e diretores.

(D) O prazo prescricional para cobrança de contribuições previdenciárias após a edição da Emenda Constitucional n. 08/77 passou a ser de vinte anos, o que perdurou até o início da vigência da Lei n. 8.212/91, que o alterou para dez anos.

(E) Como não pode exercer atividade de comércio, o segurado especial da Previdência Social não é obrigado a recolher nenhuma contribuição sobre a receita da venda de artigos de artesanato elaborados com matéria-prima produzida pelo respectivo grupo familiar.

A: incorreta. Mesmo nessa situação, subsistirá a condição de segurado especial (art. 11, § 8º, IV, da PBPS); **B:** incorreta. O STJ reputou que não houve criação de novo tributo, mas sim nova sistemática de arrecadação, sendo, por isso, legítima a retenção (REsp 892.301/SP); **C:** correta, nos termos do art. 28, § 9º, *p*, da Lei 8.212/1991; **D:** incorreta. O STF reconheceu a inconstitucionalidade do prazo prescricional estabelecido pela Lei 8.212/1991, por ser o tema afeto a Lei Complementar (Súmula Vinculante 8); **E:** incorreta. A venda de artigos de artesanato não desnatura o segurado especial, sendo a receita desta comercialização justamente a base de cálculo de sua contribuição (art. 30, XII, *a*, da Lei 8.212/1991). **HS**

Gabarito: "C".

(Procurador – PGFN – ESAF – 2015) Assinale a opção correta.

(A) Segundo a Constituição Federal, a pessoa jurídica em débito com o sistema da seguridade social poderá, excepcionalmente e nos termos da lei, contratar com o poder público, desde que confesse o débito e firme termo de compromisso de não reiterar a prática da conduta.

(B) Em recente julgamento, o Supremo Tribunal Federal concluiu que, até a edição de lei complementar que garanta o necessário tratamento diferenciado às cooperativas, para que não prospere estado de inconstitucionalidade por omissão, a elas deve ser estendido o regime de isenção previsto para entidades beneficentes de assistência social, garantindo-se assim a continuidade dos seus relevantes serviços.

(C) A Constituição Federal de 1988 veda a incidência de contribuição previdenciária sobre o rendimento

14. DIREITO PREVIDENCIÁRIO

derivado de participação nos lucros da empresa, como forma de estimular a construção de uma sociedade justa e solidária.

(D) Os regimes próprios de previdência social dos servidores públicos da União, dos Estados, do Distrito Federal e dos Municípios, dos militares dos Estados e do Distrito Federal não poderão conceder benefícios distintos dos previstos no Regime Geral de Previdência Social, salvo disposição em contrário da Constituição Federal.

(E) É objetivo constitucional da seguridade social a unicidade da base de financiamento.

A: incorreta. Não há qualquer exceção à proibição em comento (art. 195, § 3º, da CF); **B:** incorreta. O STF afirma que o tratamento tributário diferenciado ao ato cooperativo não se confunde com os tributos dos quais as cooperativas possam ser contribuintes e, por isso, não há falar em imunidade ou não incidência (RE 599.362); **C:** incorreta. Não há tal vedação constitucional. É o art. 28, § 9º, *j*, da Lei 8.212/1991 que afasta a incidência da contribuição, mas desde que a PLR seja paga nos termos da lei; **D:** correta, nos termos do art. 5º da Lei 9.717/1998; **E:** incorreta. O art. 194, parágrafo único, VI, da CF traça como objetivo da seguridade social a diversidade da base de financiamento. **HS**

Gabarito "D".

(Procurador – PGFN – ESAF – 2015) Assinale a opção incorreta.

(A) Nos contratos de cessão de mão de obra, a responsabilidade do tomador do serviço pelas contribuições previdenciárias é solidária, não comportando benefício de ordem.

(B) Os recursos do FPE e do FPM poderão ser utilizados para quitação, total ou parcial, de débitos relativos às contribuições previdenciárias.

(C) A declaração de débito apresentada pelo devedor (GFIP) dispensa a formalização de procedimento administrativo pelo Fisco, com vista a constituir definitivamente o crédito tributário de contribuições previdenciárias.

(D) O não cumprimento da obrigação acessória de entregar a guia de recolhimento do FGTS e de informações à Previdência Social (GFIP), por si só, já impede a expedição de certidão negativa de débitos em favor do contribuinte.

(E) É possível a emissão de certidão negativa de débito em favor do Município, na hipótese em que existente dívida previdenciária sob a responsabilidade da respectiva Câmara Municipal, pois esta última constitui órgão autônomo em relação ao Município.

A: correta, nos termos do julgado pelo STJ no AgRg no REsp 1.213.709/SC; **B:** correta, nos termos do art. 1º da Lei 12.810/2013; **C:** correta, nos termos do julgado pelo STJ no AgRg no AREsp 313.928/RN; **D:** dada como correta pelo gabarito oficial, com o que discordamos. O entendimento do STJ é no sentido contrário, ou seja, de que a ausência de entrega da GFIP, por si só, não obsta a emissão de CND, competindo ao Fisco promover, antes, o lançamento de ofício da multa (STJ, REsp 1.183.944 e 1.074.307). Logo, a assertiva é incorreta e a questão deveria ter sido anulada; **E:** incorreta, devendo ser assinalada segundo o gabarito oficial. O STJ tem entendimento consolidado no sentido de que a Câmara Municipal é órgão integrante do Município, de sorte que não se lhe assegura a emissão da certidão de regularidade previdenciária nessa hipótese (REsp 1.408.562/SE). **HS**

Gabarito "E".

(Procurador Federal – 2013 – CESPE) Considerando os termos das Leis nº 8.212/1991 e nº 8.213/1991, bem como o que dispõem a LOAS e o Estatuto do Idoso, julgue os próximos itens.

(1) Ao idoso que tenha, no mínimo, sessenta e cinco anos de idade e que não possua meios de prover sua subsistência ou de a ter provida por sua família, será assegurado o benefício de prestação continuada previsto na LOAS, no valor de um salário mínimo.

(2) Para fins de concessão do benefício de prestação continuada previsto na LOAS, a família é composta pelo requerente, o cônjuge ou companheiro, os pais, os irmãos solteiros e os filhos, ainda que eles não vivam sob o mesmo teto.

(3) Objetivando-se uma maior inclusão previdenciária, foi instituída a possibilidade de redução da alíquota de contribuição do segurado microempreendedor individual e do segurado facultativo sem renda própria que se dedique exclusivamente ao trabalho doméstico, restando claro do texto legal que tal redução é aplicável mesmo que este último não pertença a família de baixa renda.

(4) Caso um segurado do RGPS, no local e no horário do trabalho, seja vítima de acidente em consequência de ato de terrorismo praticado por terceiro, tal fato não se equiparará a acidente do trabalho.

(5) Sobrevindo acidente do trabalho, nos casos em que seja identificada negligência quanto às normas padrão de segurança e higiene do trabalho relacionadas à proteção individual e coletiva, a previdência social proporá ação regressiva contra os responsáveis.

1: correta, nos termos do art. 20 da Lei 8.742/1993 (Lei Orgânica da Assistência Social – LOAS); **2:** incorreta. Para que sejam considerados membros da família para fins de apuração do direito ao benefício de prestação continuada da LOAS, é essencial que tais pessoas vivam sob o mesmo teto (art. 20, § 1º, *in fine*, da LOAS); **3:** incorreta. A redução no valor da contribuição ao segurado facultativo sem renda própria é assegurada somente às pessoas de baixa renda (art. 21, § 2º, II, "b", do PCSS); **4:**incorreta. Equipara-se a acidente de trabalho o ato de agressão, sabotagem ou terrorismo praticado por terceiro ou companheiro de trabalho, desde que ocorrido no local e no horário de trabalho (art. 21, II, "a", do PBPS); **5:**correta, nos termos do art. 120 do PBPS.

Gabarito 1C, 2E, 3E, 4E, 5C

(Procurador/DF – 2013 – CESPE) Acerca de institutos diversos de direito previdenciário, julgue o item subsequente.

(1) Nas hipóteses em que o ilícito administrativo praticado por servidor, nessa condição, dê ensejo à cassação de aposentadoria e também seja capitulado como crime, a prescrição da pretensão punitiva da administração terá como baliza temporal a pena em concreto, aplicada no âmbito criminal, devendo ser observados os prazos prescricionais do CP.

1: correta, nos termos do art. 142, § 2º, da Lei 8.112/1990– ver também RMS 32.285/RS do STJ.

Gabarito 1C

(Procurador do Estado/GO – 2010) De acordo com a legislação que dispõe sobre o Regime Geral de Previdência Social, é CORRETO afirmar:

(A) São segurados obrigatórios os titulares de mandato eletivo, desde que não filiados a regime de previdência complementar.

(B) A morte do último pensionista preferencial não traz direito à concessão de pensão aos dependentes excluídos na data do óbito.

(C) A previdência social será prestada a quem dela necessitar, independentemente de contribuições, em razão do princípio da universalidade de participação nos planos previdenciários.

(D) Os pais, desde que maiores de 65 anos e quando designados, terão direito à pensão por óbito do segurado, devendo o benefício ser rateado entre todos os beneficiários em partes iguais.

(E) O servidor civil, vinculado a Regime Próprio de Previdência Social, que venha a exercer, concomitantemente, atividade abrangida pelo Regime Geral de Previdência Social, é segurado facultativo deste último, em razão da complementaridade dos regimes citados.

A: incorreta. Os ocupantes de mandato eletivo são segurados obrigatórios na qualidade de empregados, desde que não sejam filiados a regime próprio de previdência, ou seja, não sejam servidores públicos efetivos (art. 12, I, "j", da Lei nº 8.212/91 – PCSS); **B:** correta, nos termos dos arts. 16, § 1º, e 77, § 3º, da Lei nº 8.213/91 – PBPS; **C:** incorreta. A previdência social é essencialmente contributiva, sendo acessível somente àqueles que para ela contribuírem (art. 201 da CF); **D:** incorreta. Os pais são dependentes de 2ª classe do segurado independentemente de sua idade, desde que comprovem a dependência econômica, e somente terão direito aos benefícios na ausência de dependentes preferenciais; **E:** incorreta. Quem exerce atividade remunerada abrangida pelo RGPS é segurado obrigatório deste último. No caso citado, o contribuinte será enquadrado como contribuinte individual. Além disso, é expressamente vedada a inscrição como segurado facultativo de pessoa participante de regime próprio de previdência (art. 201, § 5º, da CF).

Gabarito "B".

15. DIREITO PENAL

Eduardo Dompieri e Arthur Trigueiros

1. PRINCÍPIOS

(Procurador do Estado/PE – CESPE – 2009) A respeito dos princípios constitucionais penais, assinale a opção correta.

(A) Fere o princípio da legalidade, também conhecido por princípio da reserva legal, a criação de crimes e penas por meio de medida provisória.

(B) A lei penal mais favorável ao réu tem efeito extra-ativo relativo, pois, apesar de ser aplicada a crimes ocorridos antes de sua vigência, não se aplica a crimes ocorridos durante a sua vigência caso seja posteriormente revogada.

(C) A responsabilidade pela indenização do prejuízo que foi causado pelo condenado ao cometer o crime não pode ser estendida aos seus herdeiros, sem que, com isso, seja violado o princípio da personalidade da pena.

(D) Em razão do princípio da presunção de inocência, não é possível haver prisão antes da sentença condenatória transitada em julgado.

(E) No Brasil vige, de forma absoluta, o princípio da vedação à pena de morte, inexistindo exceções.

A: correta. O *princípio da legalidade, estrita legalidade* ou *reserva legal* (arts. 1º do CP e 5º, XXXIX, da CF) estabelece que os tipos penais incriminadores só podem ser concebidos por lei em sentido estrito, ficando afastada, assim, a possibilidade de a lei penal ser criada por outras formas legislativas que não a lei em sentido formal, como, por exemplo, a *medida provisória* (art. 62, § 1º, I, *b*, da CF); **B:** incorreta. A lei penal mais benéfica ao réu (*lex mitior*) tem incidência retroativa e ultrativa; não há que se falar, portanto, em extratividade relativa; **C:** incorreta. Vige, no Direito Penal, o *princípio da pessoalidade* ou *personalidade* ou *da responsabilidade pessoal*, que prescreve que a pena não pode passar da pessoa do delinquente, podendo, entretanto, a obrigação de reparar o dano e a decretação de perdimento de bens ser, nos termos da lei, estendidas aos sucessores e contra eles executadas até o limite do valor do patrimônio transferido (art. 5º, XLV, CF); **D:** incorreta. A Súmula nº 9 do STJ estabelece que a prisão provisória não ofende o princípio constitucional da presunção de inocência, consagrado no art. 5º, LVII, da CF. O que não cabe, e aqui entramos em tema polêmico e que gerou, portanto, já gerou (e gera) acalorados debates na doutrina e jurisprudência, é a prisão-pena (cumprimento de pena) antes do trânsito em julgado da sentença condenatória. Quanto a isso, valem alguns esclarecimentos. Hodiernamente, a decretação ou manutenção da prisão cautelar (provisória ou processual), assim entendida aquela que antecede a condenação definitiva, deve sempre estar condicionada à demonstração de sua imperiosa necessidade. Bem por isso, deve o magistrado, e somente ele (jurisdicionalidade das cautelares), apontar as razões, no seu entender, que a tornam indispensável (art. 312 do CPP). Colocado de outra forma, a prisão provisória ou cautelar somente se justifica dentro do ordenamento jurídico quando necessária ao processo. Deve ser vista, portanto, como um instrumento do processo a ser utilizado em situações excepcionais. É por essa razão que a prisão decorrente de sentença penal condenatória recorrível deixou de constituir modalidade de prisão cautelar. Era uma prisão automática, já que, com a prolação da sentença condenatória, o réu era recolhido ao cárcere (independente de a prisão ser necessária). Nesse contexto, o acusado era considerado presumidamente culpado. Com as modificações introduzidas pela Lei 11.719/2008 e também em razão da atuação dos tribunais, esta modalidade de prisão cautelar deixou de existir, consagrando, assim, o postulado da presunção de inocência. Em vista dessa nova realidade, se o acusado permanecer preso durante toda a instrução, a manutenção dessa prisão somente terá lugar se indispensável for ao processo, pouco importando se, uma vez condenado em definitivo, permanecerá ou não preso. A prisão desnecessária decretada ou mantida antes de a sentença passar em julgado constitui antecipação da pena que porventura seria aplicada em caso de condenação, o que representa patente violação ao princípio da presunção de inocência, postulado esse de índole constitucional – art. 5º, LVII. De se ver ainda que, tendo em conta as mudanças implementadas pela Lei 12.403/2011, que instituiu as medidas cautelares alternativas à prisão provisória, esta somente terá lugar diante da impossibilidade de se recorrer às medidas cautelares. Dessa forma, a prisão, como medida excepcional que é, deve também ser vista como instrumento subsidiário, supletivo. Pois bem. Essa tônica (de somente dar-se início ao cumprimento da pena depois do trânsito em julgado da sentença penal condenatória) sofreu um revés. Explico. O STF, em julgamento histórico realizado em 17 de fevereiro de 2016, mudou, à revelia de grande parte da comunidade jurídica, seu entendimento acerca da possibilidade de prisão antes do trânsito em julgado da sentença penal condenatória. A Corte, ao julgar o HC n. 126.292, passou a admitir a execução da pena após decisão condenatória proferida em segunda instância. Com isso, passou a ser desnecessário, para dar início ao cumprimento da pena, aguardar o trânsito em julgado da decisão condenatória. Flexibilizou-se, pois, o postulado da presunção de inocência. Naquela ocasião, votaram pela mudança de paradigma sete ministros, enquanto quatro mantiveram o entendimento até então prevalente. Cuidava-se, é bem verdade, de uma decisão tomada em processo subjetivo, sem eficácia vinculante, portanto. Tal decisão, conquanto tomada em processo subjetivo, passou a ser vista como uma mudança de entendimento acerca de tema que há vários anos havia se sedimentado. Mais recentemente, nossa Suprema Corte foi chamada a se manifestar, em ações declaratórias de constitucionalidade impetradas pelo Conselho Federal da OAB e pelo Partido Ecológico Nacional, sobre a constitucionalidade do art. 283 do CPP. Existia a expectativa de que algum ou alguns dos ministros mudassem o posicionamento adotado no julgamento realizado em fevereiro de 2016. Afinal, a decisão, agora, teria uma repercussão muito maior, na medida em que tomada em ADC. Pois bem. Depois de muita especulação e grande expectativa, o STF, em julgamento realizado em 5 de outubro do mesmo ano, desta vez por maioria mais apertada (6 a 5), já que houve mudança de posicionamento do ministro Dias Toffoli, indeferiu as medidas cautelares pleiteadas nessas ADCs (43 e 44), mantendo, assim, o posicionamento que autoriza a prisão depois de decisão condenatória confirmada em segunda instância. O julgamento do mérito dessas ações permaneceu pendente até 7 de novembro de 2019, quando, finalmente, depois de muita expectativa, o STF, em novo julgamento histórico, referente às ADCs 43,44 e 54, mudou o entendimento adotado em 2016, até então em vigor, que permitia a execução (provisória) da pena de prisão após condenação em segunda instância. Reconheceu-se a constitucionalidade do art. 283 do CPP, com a redação que lhe foi dada pela Lei 12.403/2011. Por 6 x 5, ficou decidido que é vedada a execução provisória da pena. Cumprimento de pena, a partir de agora, portanto, somente quando esgotados todos os recursos. Atualmente, essa discussão acerca da possibilidade de prisão em segunda instância, que suscitou debates tão acalorados, chegando, inclusive, a ganhar as ruas, saiu do STF, onde até então se encontrava, e passou para o Parlamento. Hoje se discute qual o melhor caminho para inserir, no nosso ordenamento jurídico, a prisão após condenação em segunda instância. Aguardemos; **E**: incorreta. O Código Penal Militar (Decreto-Lei 1.001/69), em seus arts. 55 a 57, faz alusão à pena de morte, representando, portanto, exceção à regra contida no art. 5º, XLVII, *a*, da CF. 🔲

Gabarito "A".

2. APLICAÇÃO DA LEI PENAL

(Procurador – SP – VUNESP – 2015) De acordo com a teoria da aplicação da lei penal, pode-se afirmar:

(A) A lei penal, em razão das suas consequências, não retroage.

(B) A analogia, uma das fontes do direito, é vetada, no direito penal, em razão do princípio da legalidade.

(C) Considera-se o crime praticado no momento do resultado, e não da ação ou omissão (artigo 4º, CP).

(D) Considera-se o crime praticado no lugar em que ocorreu a ação ou omissão, bem como onde se produziu ou deveria produzir-se o resultado.

(E) No Brasil, os efeitos da lei penal não podem ultrapassar seus limites territoriais para regular fatos ocorridos além da sua soberania.

A: incorreta. A lei penal, é verdade, não retroage. Isso porque os fatos ocorridos sob a égide de determinada lei devem por ela ser regidos. Sucede que essa regra comporta exceção. Refiro-me à hipótese em que a lei nova é mais favorável ao agente do que aquela em vigor ao tempo em que a conduta foi praticada, seja porque deixou de considerar determinada conduta como infração penal (*abolitio criminis*), seja porque, de qualquer outra forma, revelou-se mais benéfica do que a lei anterior. Neste caso, embora o fato tenha se dado sob o império de determinada lei, certo é que o advento de lei nova mais favorável fará com que esta retroaja e atinja fatos ocorridos antes de ela (lei nova mais benéfica) entrar em vigor. Tal fenômeno, que constitui garantia de índole constitucional, se denomina retroatividade da lei penal mais benéfica e está contido no art. 2º, *caput* e parágrafo único, do CP e art. 5º, XL, da CF; **B**: incorreta. A analogia não é vedada de forma absoluta em matéria penal. Isso porque ela terá lugar se benéfica for ao réu. É a chamada analogia *in bonam partem*; **C**: incorreta, já que, no que se refere ao *tempo do crime*, o Código Penal, em seu art. 4º, adotou a *teoria da ação* ou *da atividade*, segundo a qual se reputa praticado o crime no momento da ação ou omissão, ainda que outro seja o momento do resultado; **D**: correta, dado que, quanto ao *lugar do crime*, o Código Penal, em seu art. 6º, acolheu, de fato, a teoria mista ou da ubiquidade, pois é considerado lugar do crime tanto o local em que foi praticada a conduta quanto aquele no qual o resultado foi ou deveria ser produzido; **E**: incorreta. Como bem sabemos, a lei penal brasileira será aplicada aos fatos praticados em território nacional (art. 5º, CP). Destarte, o Brasil adotou, como regra, o princípio da territorialidade, que, no entanto, comporta exceções, essas elencadas no art. 7º do CP, que estabelecem situações em que a lei brasileira é aplicada a crimes ocorridos no estrangeiro. 🔲

Gabarito "D".

(Procurador Municipal – Sertãozinho/SP – VUNESP – 2016) Rosa Margarida, apaixonada por Carlos Flores, imaginando que se os dois convivessem por alguns dias, ele poderia se apaixonar, resolveu sequestrá-lo. Sendo assim, o privou da sua liberdade e o levou para sua casa. Enquanto Carlos era mantido em cativeiro por Rosa, nova lei entrou em

vigor, agravando a pena do crime de sequestro. Sobre a possibilidade de aplicação da nova lei, mais severa, ao caso exposto, assinale a alternativa correta.

(A) Não se aplica, tendo em vista a irretroatividade da lei penal mais severa.

(B) É aplicável, pois entrou em vigor antes de cessar a permanência.

(C) Não se aplica, tendo em vista o princípio da prevalência do interesse do réu.

(D) É aplicável, pois se trata de crime material e nesses casos deve ser aplicada a teoria da ubiquidade.

(E) Não se aplica, pois de acordo com a teoria da atividade, a lei a ser aplicada deve ser aquela em vigor no momento do crime.

Sendo o *sequestro e cárcere privado* – art. 148, CP crime permanente, em que a consumação se prolonga no tempo por vontade do agente, a sucessão de leis penais no tempo enseja a aplicação da lei vigente enquanto não cessado o comportamento ilícito, ainda que se trate de lei mais gravosa. É esse o entendimento firmado na Súmula 711 do STF: "A lei penal mais grave aplica-se ao crime continuado ou ao crime permanente, se a sua vigência é anterior à cessação da continuidade ou permanência". 🔲

Gabarito "B".

(Procurador do Estado – PGE/BA – CESPE – 2014) No que diz respeito aos diversos institutos previstos na parte geral do Código Penal, julgue o item seguinte (adaptada).

Em se tratando de *abolitio criminis*, serão atingidas pela lei penal as ações típicas anteriores à sua vigência, mas não os efeitos civis decorrentes dessas ações.

Ocorre a *abolitio criminis* (art. 2º, "*caput*", do CP) sempre que uma lei nova deixa de considerar crime determinado fato até então criminoso. É, por força do que dispõe o art. 107, III, do CP, causa de extinção da punibilidade, que pode ser arguida e reconhecida a qualquer tempo, mesmo no curso da execução da pena. Além disso, tem o condão de fazer cessar a execução e os efeitos penais da sentença condenatória. Os efeitos extrapenais, no entanto, subsistem (art. 2º, "*caput*", do CP). 🔲

Gabarito "C".

(Procurador do Município/Sorocaba-SP – 2012 – VUNESP) As regras gerais do Código Penal, de acordo com seu art. 12, aplicam-se aos fatos incriminados por lei especial?

(A) Não, há expressa vedação legal nesse sentido.

(B) Sim, sem qualquer exceção.

(C) Sim, se a lei especial não dispuser de modo diverso.

(D) Sim, desde que a lei especial preveja a aplicação supletiva do CP.

(E) Sim, mas apenas para as leis especiais publicadas até a data em que a Parte Geral do CP entrou em vigor.

O art. 12 do Código Penal, que manda aplicar a sua Parte Geral a toda legislação penal especial, desde que esta não disponha de forma contrária, enuncia o *princípio da especialidade*.

Gabarito "C".

(Procurador do Estado/PR – UEL-COPS – 2011) Considere as seguintes afirmações:

I. a vigência de medida provisória que define tipo penal é inconstitucional.

II. o princípio da tipicidade garante a proibição da analogia *in malam partem* no direito penal.

15. DIREITO PENAL   637

III. o latrocínio ocorrido em 1989 não é punível com fundamento na Lei n. 8.072/90 em razão do princípio da ultratividade da lei mais benéfica.

IV. em caso de *abolitio criminis* o sujeito condenado a pena privativa de liberdade deve ser prontamente libertado pelo juiz, volta à condição de primário e pode exigir da Administração Pública indenização pelo tempo em que permaneceu preso.

V. a revogação formal da lei o *princípio da legalidade, estrita legalidade* ou *reserva legal* (arts. 1º do CP e 5º, XXXIX, da CF) estabelece que os tipos penais incriminadores só podem ser concebidos por lei em sentido estrito, ficando afastada, assim, a possibilidade de a lei penal ser criada por outras formas legislativas que não a lei em sentido formal, como, por exemplo, a *medida provisória* (art. 62, § 1º, I, *b*, da CF) penal não é suficiente para a *abolitio criminis* quando, embora revogada a lei, houve a continuidade da hipótese normativo-típica.

Alternativas:

(A) são corretas as afirmativas I, III e IV;

(B) são corretas as afirmativas II, III, IV e V;

(C) somente a afirmativa IV é incorreta;

(D) somente as afirmativas II e V são incorretas;

(E) todas as afirmativas são corretas.

I: o *princípio da legalidade, estrita legalidade* ou *reserva legal* (arts. 1º do CP e 5º, XXXIX, da CF) estabelece que os tipos penais incriminadores só podem ser concebidos por lei em sentido estrito, ficando afastada, assim, a possibilidade de a lei penal ser criada por outras formas legislativas que não a lei em sentido formal, como, por exemplo, a *medida provisória* (art. 62, § 1º, I, *b*, da CF). Assertiva, portanto, correta; **II:** está correta a proposição, já que, em matéria penal, somente é permitido o emprego de analogia *in bonam partem* (em favor do réu), sendo vedada, pois, a sua aplicação em prejuízo do agente, em obediência ao princípio da legalidade ou tipicidade; **III:** assertiva correta. A lei penal mais severa (*novatio legis in pejus*), que é aquela que de alguma forma prejudica a situação do réu, é irretroativa – art. 5º, XL, da CF. É dizer, não pode ser aplicada a fato ocorrido anteriormente à sua vigência. A solução, neste caso, é projetar os efeitos da lei revogada (mais benéfica) para o futuro e aplicá-la aos fatos (ultratividade da lei penal mais benéfica); **IV:** é verdadeira a afirmação de que a *abolitio criminis* faz cessar a execução e os efeitos penais da sentença condenatória (os efeitos extrapenais subsistem - art. 2º, *caput*, do CP). No entanto, é incorreta a assertiva de que o agente, em relação ao qual se verificou a *abolitio criminis*, pode exigir da Administração Pública indenização pelo tempo em que permaneceu preso; **V:** assertiva correta. Típico exemplo disso é o que se deu com a conduta descrita no art. 214 do CP (atentado violento ao pudor) com o advento da Lei 12.015/09. A despeito de o dispositivo referido ter sido revogado, a conduta até então nele descrita foi incorporada ao art. 213 do CP (estupro).
Gabarito "C".

(PROCURADOR DO ESTADO/RS – FUNDATEC – 2010) Assinale a alternativa correta:

(A) Em razão do princípio da atividade, a lei excepcional ou temporária, embora decorrido o período de sua duração ou cessadas as circunstâncias que a determinaram, aplica-se ao fato praticado durante sua vigência.

(B) A lei "A" foi revogada pela lei "B", que por sua vez foi revogada pela lei "C"; diante da imposição de que uma lei só pode ser revogada por outra, o sistema

jurídico brasileiro admite a repristinação automática de lei revogada.

(C) O momento e o lugar do crime são regulados pela teoria da atividade, importando o momento da ação ou omissão do agente, ainda que outros sejam o momento e o lugar do resultado.

(D) Para os efeitos penais, consideram-se como extensão do território nacional as embarcações e aeronaves brasileiras, de natureza pública ou privada, onde quer que se encontrem, bem como as aeronaves e as embarcações brasileiras, mercantes ou de propriedade privada, que se achem, respectivamente, no espaço aéreo correspondente ou em alto-mar.

(E) No crime permanente, a conduta se protrai no tempo em razão da própria vontade do agente e o tempo do crime é o de sua duração; enquanto que, no crime continuado, o tempo do crime é o da prática de cada conduta perpetrada.

A: incorreta. As *leis excepcionais* e *temporárias* (art. 3º, CP) são dotadas de *ultratividade*, ou seja, devem incidir sobre o fato praticado sob o seu império, mesmo depois de revogadas pelo decurso do tempo ou cessação do estado emergencial. Essas leis, como se pode notar, não obedecem ao princípio da retroatividade benéfica; **B:** incorreta (art. 2º, § 3º, da Lei de Introdução às normas do Direito Brasileiro); **C:** incorreta. No que toca ao *lugar do crime*, o Código Penal acolheu, em seu art. 6º, a *teoria mista ou da ubiquidade*, pela qual deve ser considerado lugar do crime tanto aquele em que foi, no todo ou em parte, praticada a conduta, quanto aquele em que o resultado se produziu ou deveria produzir-se. Com relação a esse tema, é importante que se diga que o *lugar do crime*, estabelecido no CP, somente tem aplicação no chamado *crime a distância* ou *de espaço máximo*, que é aquele em que a execução tem início em um país e o resultado é produzido em outro. Esse dispositivo, portanto, não estabelece o foro competente, fixado nos moldes dos arts. 69 e seguintes do CPP. Já no que se refere ao *tempo do crime*, o Código Penal, em seu art. 4º, adotou a *teoria da ação* ou *da atividade*, segundo a qual reputa-se praticado o crime no momento da ação ou omissão, ainda que outro seja o momento do resultado; **D:** incorreta (art. 5º, § 1º, do CP); **E:** correta. Súmula nº 711, STF: "A lei penal mais grave aplica-se ao crime continuado ou ao crime permanente, se a sua vigência é anterior à cessação da continuidade ou da permanência".
Gabarito "E".

(Advogado da União/AGU – CESPE – 2009) A respeito da aplicação da lei penal, dos princípios da legalidade e da anterioridade e acerca da lei penal no tempo e no espaço, julgue os seguintes itens.

(1) Ocorrendo a hipótese de *novatio legis in mellius* em relação a determinado crime praticado por uma pessoa definitivamente condenada pelo fato, caberá ao juízo da execução, e não ao juízo da condenação, a aplicação da lei mais benigna.

(2) O princípio da legalidade, que é desdobrado nos princípios da reserva legal e da anterioridade, não se aplica às medidas de segurança, que não possuem natureza de pena, pois a parte geral do Código Penal apenas se refere aos crimes e contravenções penais.

(3) A lei processual penal não se submete ao princípio da *retroatividade in mellius*, devendo ter incidência imediata sobre todos os processos em andamento, independentemente de o crime haver sido cometido antes ou depois de sua vigência ou de a inovação ser mais benéfica ou prejudicial.

1: correta: Súmula 611 do STF e art. 66, I, da LEP; **2:** errada. As medidas de segurança - *internação* e *tratamento ambulatorial* -, previstas no art. 96, I e II, do CP, devem, sim, obediência ao *princípio da legalidade*. A esse respeito, vide: STF, 1ª T., HC 84.219/SP, Rel. Min. Marco Aurélio, j. 16.8.2005; **3:** correta. O art. 2º do CPP estabelece que a lei processual penal terá aplicação imediata, sem prejuízo da validade dos atos realizados sob a égide da lei anterior. Não tem, pois, efeito retroativo. Vale, entretanto, fazer uma ressalva. Quando se tratar de uma norma processual dotada de caráter material, há quem entenda que a sua eficácia no tempo deverá seguir o regramento do art. 2º, parágrafo único, do CP.
Gabarito 1C, 2E, 3C

3. CONCEITO E CLASSIFICAÇÃO DOS CRIMES

(PROCURADOR DO ESTADO/MG – FUMARC – 2012) Sobre o crime omissivo impróprio, assinale a alternativa incorreta:

(A) Trata-se de crime próprio, uma vez que o sujeito ativo da conduta deverá possuir qualidade especial.

(B) Admite tanto a forma dolosa, quanto a culposa, cabendo ao intérprete proceder a pesquisa do elemento subjetivo presente na conduta.

(C) Trata-se de crime de mera atividade, uma vez que sua consumação não requer resultado naturalístico.

(D) Admite tentativa, neste aspecto se diferenciando dos crimes de omissão própria.

(E) O objeto material da conduta variará de acordo com o tipo penal praticado.

A: correta. Diz-se que o *crime comissivo por omissão* (omissivo impróprio ou impuro) é próprio ou especial porque somente pode ser praticado por quem tem o dever jurídico de evitar o resultado (art. 13, § 2º, do CP); **B:** correta. De fato, o deixar de atuar, imposto por lei no crime omissivo impróprio, pode se dar a título de dolo ou culpa, conforme o caso; **C:** assertiva incorreta, devendo ser assinalada. O crime comissivo por omissão pressupõe a produção de um resultado naturalístico. O agente, nesta modalidade de crime omissivo, deixa de agir quando deveria e, em razão disso, é produzido um resultado naturalístico, imprescindível à consumação do delito; **D:** correta. Por se tratar de crime material, em que é exigido resultado naturalístico à sua consumação, a tentativa é perfeitamente possível. Não admite a tentativa o *crime omissivo próprio*, já que a consumação, neste caso, se dá com a mera abstenção do agente; **E:** correta. Por se tratar de crime cuja conduta não se encontra tipificada em nenhum tipo penal específico, a pessoa ou coisa sobre a qual recai a conduta criminosa (objeto material) variará conforme o crime praticado. No furto, o *bem subtraído* da vítima; no homicídio, o *ser humano*.
Gabarito "C".

(Procurador do Município/Recife-PE – 2008 – FCC) Entre crime e contravenção, a distinção

(A) se faz pela ausência de dano na contravenção, elemento presente no crime, mesmo que potencial.

(B) se faz pela presença ou não da culpa *lato sensu*.

(C) se dá porque na contravenção penal, em regra, não basta a voluntariedade.

(D) se faz pela intensidade do dolo ou culpa, que é maior no crime.

(E) baseia-se na natureza da sanção aplicável, não existe diferença ontológica.

A distinção entre as duas espécies de infração penal, que não reside no aspecto ontológico, está contida no art. 1º da Lei de Introdução ao Código Penal (Decreto-Lei 3.914/41). *Crime* é a infração penal que comporta as penas privativas de liberdade de reclusão ou de detenção, isoladamente, alternativamente ou cumulativamente com a pena de multa; *contravenção*, a infração que admite as penas de prisão simples ou multa, ou ambas, alternativa ou cumulativamente.
Gabarito "E".

4. FATO TÍPICO E TIPO PENAL

(Advogado União – AGU – CESPE – 2015) Acerca da aplicação da imputabilidade penal, julgue o item que se segue (adaptada).

(1) Como a relação de causalidade constitui elemento do tipo penal no direito brasileiro, foi adotada como regra, no CP, a teoria da causalidade adequada, também conhecida como teoria da equivalência dos antecedentes causais.

1: incorreta. Adotamos, como regra, no que toca à relação de causalidade, a teoria da *equivalência dos antecedentes*, também chamada de *conditio sine qua non*, tal como estabelece o art. 13, "caput", do CP, segundo a qual causa é toda ação ou omissão sem a qual o resultado não teria sido produzido. De se ver que, no que concerne às causas supervenientes relativamente independentes que, por si sós, produzem o resultado, a teoria adotada foi a da *causalidade adequada* (art. 13, § 1º, do CP), que, como se vê, constitui exceção. Disso se infere que é incorreto afirmar-se que as duas teorias acima referem-se ao mesmo instituto. **ED**
Gabarito 1E

(Procurador do Estado/PR – UEL-COPS – 2011) Sobre a teoria da imputação objetiva em Direito Penal, é correto afirmar:

(A) diz respeito ao conceito de inimputabilidade penal. Segundo a teoria, acolhida no Código Penal, aos inimputáveis pode ser aplicada a medida de segurança de internação;

(B) segundo esta teoria, somente os imputáveis podem ser considerados sujeito ativo de tipo penal;

(C) a teoria da imputação objetiva foi acolhida no Código Penal para a disciplina do tempo do crime, ou seja, considera-se praticado o crime no momento da ação ou omissão, ainda que outro tenha sido o resultado;

(D) a teoria da imputação objetiva informa o conceito material ou normativo de tipicidade penal;

Para a teoria da *imputação objetiva*, não basta a *tipicidade formal*, que corresponde à perfeita adequação do fato concreto à descrição típica contida na norma. É imprescindível ainda a chamada *tipicidade material*. É dizer, a responsabilização do agente não pode condicionar-se tão somente à causalidade natural. O crime, portanto, não pode ser analisado apenas do ponto de vista da causalidade material; é também necessário que a causalidade seja analisada sob o aspecto normativo. Assim, presente a tipicidade formal, só há que se falar em responsabilização quando a conduta criar, para o bem protegido, uma situação de perigo juridicamente proibida.
Gabarito "D".

5. CRIMES DOLOSOS, CULPOSOS E PRETERDOLOSOS

(PROCURADOR DO ESTADO/RS – FUNDATEC – 2010) Assinale a alternativa correta:

(A) A teoria finalista da ação adota o dolo como um dolo normativo, que é a vontade consciente de praticar

15. DIREITO PENAL

a conduta típica, acompanhada da consciência de praticar um ato ilícito.

(B) No dolo eventual e na culpa consciente existe a assunção do risco de realização do resultado típico, não havendo diferença conceitual, apenas distinção na sanção penal em razão do juízo de censura.

(C) A culpa imprópria é a culpa com previsão, e se configura quando o agente deseja atingir determinado resultado, embora atue porque está envolvido pela hipótese de erro inescusável.

(D) Na culpa consciente há uma previsão positiva, pois a culpa representa um agir arriscado, onde o agente não quer diretamente a realização do tipo objetivo, mas aceita como provável, assumindo o risco da produção do resultado.

(E) Na desistência voluntária e no arrependimento eficaz não existe abandono do dolo, pois os elementos intelectual e volitivo surgem no início do *iter criminis*.

A: afirmativa incorreta. *Normativo* é o dolo da superada *doutrina clássica*, que contém a *consciência da ilicitude* (visão causalista). Para a *teoria finalista*, que sucedeu à *causalista* (clássica), a consciência da ilicitude deixa de integrar o dolo, que passa a ser *natural:* vontade livre e consciente dirigida à prática da conduta típica. Assim, a exteriorização da vontade, neste caso, independe, à caracterização do dolo, da *consciência da antijuridicidade*; **B:** embora a diferença entre o *dolo eventual* e a *culpa consciente* seja tênue, eles não devem ser confundidos. No *dolo eventual*, a vontade do agente não está dirigida à obtenção do resultado lesivo. Ele, em verdade, deseja outra coisa, mas, prevendo a possibilidade de o resultado ocorrer, revela-se indiferente e dá sequência à sua empreitada, assumindo o risco de causá-lo. Ele não o deseja, mas se acontecer, aconteceu. Na *culpa consciente* a situação é diferente. Aqui, embora o agente tenha a previsão do resultado ofensivo, espera sinceramente que ele não ocorra. Ele não o deseja (dolo direto) tampouco assume o risco de produzi-lo (dolo eventual). Assertiva, portanto, incorreta; **C:** proposição correta. Na denominada *culpa imprópria* (por equiparação ou assimilação, ou com previsão), o agente persegue determinado resultado (atua com dolo), mas atua em razão de erro vencível (culpa); **D:** na *culpa consciente*, o agente não aceita como provável o resultado nem assume o risco de produzi-lo, pois confia na sua destreza, acredita sinceramente que terá habilidade para evitar o resultado antevisto; **E:** na *desistência voluntária*, o agente, podendo chegar até a consumação do crime, acha por bem *interromper* sua execução, isto é, o sujeito ativo muda de ideia e desiste de consumar o delito. Há, pois, abandono do dolo. Responde, neste caso, pelos atos até então praticados, *ex vi* do art. 15, parte final, do CP. O mesmo se dá com o *arrependimento eficaz*, em que o agente, depois de já ter realizado tudo que julgava necessário para atingir a consumação do crime, arrepende-se (abandona o dolo) e passa a *agir* para evitar a produção do resultado. Se obtiver sucesso, responde somente pelos atos praticados.
Gabarito "C"

(Procurador de Contas TCE/ES – CESPE – 2009) Com relação aos crimes culposos, assinale a opção correta.

(A) A culpa consciente ocorre quando o agente assume ou aceita o risco de produzir o resultado. Nesse caso, o agente não quer o resultado, caso contrário, ter-se-ia um crime doloso.

(B) A culpa imprópria ou culpa por extensão é aquela em que a vontade do sujeito dirige-se a um ou outro resultado, indiferentemente dos danos que cause à vítima.

(C) A compensação de culpas no direito penal, aceita pela doutrina penal contemporânea e acolhida pela

jurisprudência pátria, diz respeito à possibilidade de compensar a culpa da vítima com a culpa do agente da conduta delituosa, de modo a assegurar equilíbrio na relação penal estabelecida.

(D) São elementos do fato típico culposo: conduta humana voluntária (ação/omissão), inobservância do cuidado objetivo (imprudência/negligência/imperícia), previsibilidade objetiva, ausência de previsão, resultado involuntário, nexo de causalidade e tipicidade.

(E) A autoria dos crimes culposos é basicamente atribuída àquele que causou o resultado. Com isso admite-se a participação culposa em delito doloso, participação dolosa em crime culposo e participação culposa em fato típico culposo.

A: incorreta. Na *culpa consciente*, embora o agente tenha a previsão do resultado ofensivo, espera sinceramente que ele não ocorra. Ele avalia a situação e conclui que a sua habilidade impedirá que o resultado antevisto seja produzido. Se, no entanto, o agente, com a sua conduta, assume o risco de produzir determinado resultado, ainda que a sua vontade não seja a ele dirigida, está-se então diante do chamado *dolo eventual*; **B:** incorreta. Na *culpa imprópria* (por equiparação ou assimilação), o agente, porque avaliou mal a situação, acredita que age acobertado por uma causa de exclusão de ilicitude. Ele, aqui, busca por um resultado determinado, certo. Se a conduta do agente é dirigida a um ou outro resultado, configurado estará o chamado dolo alternativo; **C:** incorreta. A *compensação de culpas* não foi acolhida pela doutrina penal, tampouco pela jurisprudência; **D:** correta. Para que se possa falar em crime culposo, devem, portanto, estar presentes os requisitos (elementos) acima; à falta de um deles, o fato será atípico; **E:** incorreta. Inexiste participação culposa em delito doloso, bem assim participação dolosa em crime culposo. Da mesma forma, não há que se falar em participação culposa em fato típico culposo. O que pode haver é *coautoria* em delito culposo.
Gabarito "D"

6. TENTATIVA, CONSUMAÇÃO, DESISTÊNCIA, ARREPENDIMENTO E CRIME IMPOSSÍVEL

(Advogado União – AGU – CESPE – 2015) Acerca da aplicação da lei penal, julgue o item que se segue (adaptada).

(1) O direito penal brasileiro não admite a punição de atos meramente preparatórios anteriores à fase executória de um crime, uma vez que a criminalização de atos anteriores à execução de delito é uma violação ao princípio da lesividade.

1: incorreta. É fato que os chamados atos preparatórios, que são aqueles que antecedem a execução do crime, são, em regra, impuníveis; há, entretanto, casos excepcionais em que o ato meramente preparatório por si só já constitui infração penal, como no caso do crime de associação criminosa (art. 288, CP). O erro da assertiva está em afirmar, assim, que o Direito Penal não admite a punição de atos preparatórios; admite, sim, em caráter, como já dito, excepcional. **ED**
Gabarito 1E

(Advogado União – AGU – CESPE – 2015) João, empregado de uma empresa terceirizada que presta serviço de vigilância a órgão da administração pública direta, subtraiu aparelho celular de propriedade de José, servidor público que trabalha nesse órgão.

A respeito dessa situação hipotética, julgue o item que se segue (adaptada).

(1) Se devolver voluntariamente o celular antes do recebimento de eventual denúncia pelo crime, João poderá ser beneficiado com redução de pena justificada por arrependimento posterior.

1: correta. De fato, terá lugar o arrependimento posterior (causa de diminuição de pena prevista no art. 16 do CP) desde que a reparação integral do dano ou a restituição da coisa, por ato voluntário do agente, apenas para os crimes cometidos sem violência ou grave ameaça à pessoa, ocorra até o recebimento da denúncia ou queixa. **ED**
Gabarito 1C

(Procurador Federal – 2013 – CESPE) Acerca de aspectos diversos do direito penal, entre eles a desistência voluntária, o arrependimento e a coação física ou moral, julgue os itens a seguir.

(1) O CP permite a aplicação de causa de diminuição de pena quando o arrependimento posterior for voluntário, não exigindo que haja espontaneidade no arrependimento.

(2) Para ser aceita como excludente de culpabilidade, a coação física ou moral tem de ser irresistível, inevitável e insuperável.

(3) Entende-se que o arrependimento eficaz se configura quando o agente, no curso do *iter criminis*, podendo continuar com os atos de execução, deixa de fazê-lo por desistir de praticar o crime.

1: correta. De fato, para o reconhecimento do arrependimento posterior, que é causa genérica de diminuição de pena (art. 16 do CP), bastará a voluntariedade do agente, sendo dispensável a espontaneidade. Assim, por exemplo, se "A", após furtar objeto de "B", houver restituído íntegra a coisa no dia seguinte, em razão dos apelos de sua mãe, mulher religiosa e pregadora de boas condutas, irá beneficiar-se do arrependimento posterior. Este, a despeito de ter sido voluntário (ninguém obrigou "A" a restituir a *res furtiva*), não foi espontâneo, visto que a devolução do bem somente ocorreu por influência direta de sua genitora; **2:** errada. A coação física não é causa excludente da culpabilidade, mas, sim, do fato típico. Afinal, o primeiro elemento deste é a conduta, que somente será penalmente relevante se for consciente e voluntária. A coação física irresistível (*vis absoluta*) retira a voluntariedade da conduta, razão pela qual sequer fato típico existirá. Já a coação moral (*vis compulsiva*), quando irresistível, afastará a exigibilidade de conduta diversa, que é elemento da culpabilidade, que restará afastada, gerando, pois, a isenção de pena do agente (art. 22, *caput*, do CP); **3:** errada. O arrependimento eficaz pressupõe que o agente, após realizar todos os atos de execução no curso do *iter criminis*, arrepende-se e, voluntariamente, pratica conduta impeditiva da consumação. Não se confunde com a desistência voluntária, na qual o agente, podendo prosseguir na execução do crime, desiste de seu intento criminoso (quando, ainda, restavam atos executórios a serem praticados), inocorrendo a consumação. Ambos os institutos (desistência voluntária e arrependimento eficaz) estão previstos no art. 15 do CP, sendo doutrinariamente conhecidos como espécies de tentativa abandonada ou qualificada.
Gabarito 1C, 2E, 3E

(Procurador do Município/Sorocaba-SP – 2012 – VUNESP) Conceito legal (CP, art. 14, I) de crime consumado: quando

(A) deixa vestígios.

(B) o agente atinge sua vontade.

(C) causa dano ou perigo de dano.

(D) altera a situação naturalística de repouso.

(E) nele se reúnem todos os elementos de sua definição legal.

O *crime consumado* está condicionado à realização de todos os elementos que compõem o tipo penal. Já o *crime tentado*, nos termos do art. 14, II, do CP, pressupõe, além de início de execução, ausência de consumação por circunstâncias alheias à vontade do agente.
Gabarito "E".

(Procurador do Estado/SC – 2010 – FEPESE) Considere a seguinte conduta e indique que instituto que ela corresponde no Direito Penal.

O agente que, voluntariamente, impede que o resultado do crime se produza pratica...

(A) crime falho

(B) crime impossível

(C) desistência voluntária

(D) arrependimento eficaz

(E) arrependimento posterior

A conduta contida no enunciado corresponde ao instituto previsto no art. 15, segunda parte, do CP - arrependimento eficaz, em que o agente, depois de realizar todos os atos de execução para chegar à consumação do crime, arrependido, pratica a conduta positiva necessária para evitar a produção do resultado. Se obtiver sucesso na sua empreitada, responderá somente pelos atos praticados.
Gabarito "D".

7. ANTIJURIDICIDADE E CAUSAS EXCLUDENTES

(Advogado União – AGU – CESPE – 2015) Acerca da exclusão de ilicitude, julgue o item que se segue (adaptada).

(1) A legítima defesa é causa de exclusão da ilicitude da conduta, mas não é aplicável caso o agente tenha tido a possibilidade de fugir da agressão injusta e tenha optado livremente pelo seu enfrentamento.

1: incorreta. Diferentemente do que se dá com o estado de necessidade, também causa de exclusão da ilicitude, não se impõe, na legítima defesa, o chamado *commodus dicessus*, é dizer, o agredido, ainda que possa, não é obrigado a fugir do agressor e, com isso, evitar o conflito. **ED**
Gabarito 1E

(PROCURADOR DO ESTADO/MG – FUMARC – 2012) Sobre as causas de exclusão da ilicitude e da culpabilidade, assinale a alternativa incorreta :

(A) O estado de necessidade exige a configuração de perigo atual ou iminente e impõe a ponderação de bens jurídicos.

(B) O estado de necessidade pode ser excludente de ilicitude ou excludente de culpabilidade, neste último caso recebendo o nome de estado de necessidade exculpante, excluindo a exigibilidade de conduta conforme o Direito.

(C) O policial que atira em um bandido na estrita observância das regras de exercício profissional atua em estrito cumprimento do dever legal.

(D) A legítima defesa putativa pode isentar o agente de pena, se é erro escusável.

(E) O excesso na legítima defesa pode ser punido a título de dolo ou de culpa, impondo-se a análise do caso concreto.

A: assertiva, a nosso ver, incorreta. Isso porque o art. 24, *caput*, do CP não contemplou o *perigo iminente*. É dizer: não faz jus ao reconhecimento desta excludente (estado de necessidade) o agente que pratica o fato para salvar direito próprio ou alheio de *perigo iminente*.

15. DIREITO PENAL 641

É necessário, portanto, que o perigo, neste caso, seja *atual, presente*. Note que na legítima defesa, diferentemente, a agressão injusta pode ser *atual* ou *iminente*, em conformidade com o que dispõe o art. 25 do CP. De todo modo, há quem sustente que o *risco iminente* também pode justificar o estado de necessidade. Está correta a proposição na parte em que afirma que o reconhecimento do estado de necessidade pressupõe a ponderação de bens jurídicos. O Código Penal acolheu, em oposição à *teoria diferenciadora*, a *teoria unitária*, segundo a qual esta excludente de ilicitude estará caracterizada na hipótese de o bem sacrificado ser de valor igual ou inferior ao do bem preservado. Se o bem sacrificado for de valor superior ao do bem preservado, aplica-se a diminuição do art. 24, § 2º, do CP. Para a teoria diferenciadora, o estado de necessidade pode ser *justificante* (o bem sacrificado é de valor inferior ou equivalente ao do bem preservado) ou *exculpante* (o bem sacrificado é de valor superior ao do bem preservado). Neste último caso, o estado de necessidade constitui uma causa supralegal de exclusão da culpabilidade, pela inexigibilidade de conduta diversa; **B**: para a *teoria diferenciadora*, o estado de necessidade de fato pode ser excludente de ilicitude ou excludente de culpabilidade; **C**: incorreta, devendo ser assinalada. Não há que se falar, neste caso, de estrito cumprimento do dever legal, pois a lei não impõe ao policial o dever de atirar contra o bandido. O policial que assim agir estará amparado pela legítima defesa, desde que preenchidos os requisitos do art. 25 do CP. A propósito da legítima defesa, importante o registro de que a Lei 13.964/2019 (Pacote Anticrime), dentre outras diversas modificações implementadas no campo penal e processual penal, promoveu a inclusão do parágrafo único no art. 25 do CP. Como bem sabemos, este dispositivo contém os requisitos da legítima defesa, causa de exclusão da ilicitude. Este novo dispositivo (parágrafo único) estabelece que também se considera em legítima defesa o agente de segurança pública que rechaça agressão ou risco de agressão a vítima mantida refém durante a prática de crimes. Em verdade, ao inserir este dispositivo no art. 25 do CP, nada mais fez o legislador do que explicitar e reforçar hipótese configuradora de legítima defesa já consolidada há muito em sede de jurisprudência. Tem efeito, portanto, a nosso ver, mais simbólico do que prático. Em outras palavras, o parágrafo único do art. 25 do CP, incluído pela Lei 13.964/2019, descreve situação que já era, de forma pacífica, considerada típica de legítima defesa. Afinal, como já dito acima, o policial que repele injusta agressão à vida de terceiro atua em legítima defesa. Exemplo típico é o do atirador de elite, que acaba por abater o sequestrador que ameaçava tirar a vida da vítima; **D**: assertiva correta, nos termos do art. 20, § 1º, do CP. Se se tratar, no entanto, de erro inescusável, o agente responderá por crime culposo, se previsto em lei; **E**: proposição correta, pois em conformidade com o que estabelece o art. 23, parágrafo único, do CP. 🗲
Gabarito "C".

(Procurador do Município/Cubatão-SP – 2012 – VUNESP) Não há crime quando o agente pratica o fato em exercício regular de direito, pois de acordo com a teoria do delito adotada pelo Código Penal essa é uma causa de

(A) isenção de pena.

(B) não punibilidade.

(C) exclusão de tipicidade.

(D) exclusão da ilicitude.

(E) exclusão de culpabilidade.

O exercício regular de direito, nos termos do disposto no art. 23, III, 2ª parte, CP, constitui de fato causa de exclusão da ilicitude (não há crime).
Gabarito "D".

(Procurador do Estado/SC – 2010 – FEPESE) **Não** há crime quando o agente pratica o fato:

(A) em estado de necessidade; em legítima defesa; e sob o domínio de emoção ou paixão.

(B) em estado de embriaguez; em estado de necessidade; em legítima defesa; e sob coação.

(C) em estado de necessidade; em legítima defesa; e em estrito cumprimento de dever legal ou no exercício regular de direito.

(D) em legítima defesa; em estrito cumprimento de dever legal; em estado de necessidade; e sob coação moral.

(E) sob o domínio de emoção ou paixão; em legítima defesa; e em estado de embriaguez ou no exercício regular de direito.

A: incorreta. Dizemos que não comete crime o agente que atua sob o manto do *estado de necessidade* ou da *legítima defesa* porque a infração penal pressupõe o cometimento de um fato ilícito (contrário ao direito). Aquele que atua em legítima defesa o faz porque a lei assim autoriza. Condutas desse tipo não podem ser consideras criminosas. Até aqui a assertiva está correta. Incorreta está quando afirma que não há crime quando o agente pratica o fato sob o domínio de emoção ou paixão. É que esses estados psíquicos não têm o condão de afastar a imputabilidade penal, notadamente a ocorrência do crime – art. 28, I, do CP; **B:** incorreta. Somente a embriaguez nas condições estabelecidas no art. 28, § 1º, do CP exclui a imputabilidade do agente, que constitui um dos elementos da culpabilidade. De qualquer forma, se considerarmos o crime como um fato típico e antijurídico, excluída a imputabilidade pela embriaguez, a estrutura do crime permanece íntegra (fato típico e antijurídico). Agora, se o agente praticar o fato típico sob o pálio do estado de necessidade ou da legítima defesa, podemos afirmar que, neste caso, não há crime, pois este pressupõe a prática de um fato ilícito (antijurídico). A coação moral irresistível, prevista no art. 22, primeira parte, do CP, gera a exclusão da culpabilidade. Há crime porquanto o fato é típico e antijurídico (concepção bipartida); **C:** correta. A proposição contempla as excludentes de ilicitude previstas na Parte Geral do CP (art. 23). Assertiva correta. Diz-se que não há crime porque, quando o sujeito atua sob o pálio de qualquer das excludentes de ilicitude, embora sua conduta seja típica, não há contrariedade entre ela – conduta – e o direito, já que o fato está acobertado por uma excludente de antijuridicidade. Se o fato é típico, mas não é antijurídico, não há que se falar em crime; **D:** incorreta. A coação moral irresistível, prevista no art. 22, primeira parte, do CP, gera a exclusão da culpabilidade; **E:** incorreta (art. 28, I, do CP).
Gabarito "C".

(Procurador do Município/Florianópolis-SC – 2010 – FEPESE) Quem pratica o fato para salvar de perigo atual, que não provocou por sua vontade, nem podia de outro modo evitar, direito próprio ou alheio, cujo sacrifício, nas circunstâncias, não era razoável exigir-se, incide na prática de:

(A) Legítima defesa.

(B) Estado de necessidade.

(C) Exercício regular do direito.

(D) Obediência hierárquica.

(E) Erro de tipo.

O enunciado da assertiva corresponde ao *caput* do art. 24 do CP, que disciplina o *estado de necessidade*.
Gabarito "B".

8. CONCURSO DE PESSOAS

(Procurador Municipal/SP – VUNESP – 2016) Assinale a alternativa correta sobre o concurso de pessoas.

(A) Admite-se a participação por omissão em crime comissivo, quando o omitente devia e podia agir para evitar o resultado, mas não se admite em crimes omissivos, por induzimento ou instigação.

(B) Para que se admita a concorrência de culpas no crime culposo, é necessário que cada agente atue com consciência de que está colaborando com a conduta culposa de outrem.

(C) A pena será agravada em relação ao agente que instiga ou determina a cometer o crime alguém sujeito à sua autoridade ou não punível em virtude de condição ou qualidade pessoal.

(D) Se a participação for de menor importância, a pena pode ser diminuída de um sexto a dois terços.

(E) As condições e circunstâncias pessoais do agente não se comunicam ao coautor ou partícipe ainda que circunstâncias elementares ao crime.

A: incorreta. É admissível a participação por omissão em crimes comissivos, na hipótese de a omissão ser imprópria (crime comissivo por omissão), e também em crimes omissivos; **B:** incorreta. Pelo contrário. A *concorrência de culpas*, que não constitui hipótese de concurso de pessoas, pressupõe a inexistência do chamado *liame subjetivo*, que nada mais é do que o conhecimento que cada agente tem da conduta do outro, necessário à existência do concurso de pessoas. É exemplo de concorrência de culpas aquele em que dois motoristas, cada qual dirigindo seu veículo de forma imprudente, provocam colisão, daí resultando a morte de terceiro. Não há, aqui, concurso entre eles, já que um desconhece a conduta do outro; há, sim, concorrência de culpas, como já dito; **C:** correta, pois em consonância com o disposto no art. 62, III, do CP; **D:** incorreta. Na hipótese de a participação ser de menor importância, a diminuição de pena a incidir, segundo estabelece o art. 29, § 1º, do CP, é da ordem de um sexto a *um* terço (e não *dois* terços); **E:** incorreta. As condições e circunstâncias pessoais do agente de fato não se comunicam, salvo quando elementares do crime. A doutrina quase sempre se vale do exemplo do particular que comete crime contra a Administração Pública em coautoria ou participação com o funcionário público. Uma vez que a condição de ser funcionário público é elementar do crime, por exemplo, de peculato (art. 312, CP), tal circunstância se comunica ao particular, que responderá pelo crime funcional juntamente com o *intraneus*. **ED**

Gabarito "C".

(PROCURADOR DO ESTADO/MG – FUMARC – 2012) João e José, cada um por si e sem unidade de desígnios, decidem desferir tiros contra Mário, José com dolo de lesar a integridade física de Mário e João com dolo de matar Mário. Cada qual se posiciona em lados opostos do caminho, um sem saber do outro, e quando a vítima se aproxima efetuam concomitantemente os disparos de arma de fogo, sendo que apenas um disparo acerta a vítima, que vem a morrer. A perícia não identificou a arma da qual partiu o projétil que acertou a vítima. Assinale a alternativa correta.

(A) ambos os agentes devem responder por homicídio consumado.

(B) ambos os agentes devem responder por lesão corporal seguida de morte.

(C) João responde por homicídio doloso consumado e José por lesão corporal dolosa consumada.

(D) João responde por tentativa de homicídio e José por tentativa de lesão corporal seguida de morte.

(E) João responde por tentativa de homicídio e José por tentativa de lesão corporal.

Na *autoria colateral*, os agentes, sem que um conheça a intenção do outro, dirigem sua conduta, de forma simultânea, para a prática do mesmo crime. Por inexistir liame subjetivo entre eles, não há que se

falar em *coautoria* ou *participação*. Apurando-se qual dos agentes deu causa ao resultado, este será responsabilizado pelo crime consumado; o outro, pelo crime na forma tentada. Não sendo possível, na autoria colateral, identificar qual dos agentes deu causa ao resultado, estaremos diante, então, da chamada *autoria incerta* (hipótese do enunciado). Neste caso, a melhor solução recomenda que ambos respondam pelo crime na forma tentada, já que não foi possível apurar-se quem foi o responsável pelo resultado. Pode, portanto, haver autoria colateral sem que haja autoria incerta.

Gabarito "E".

(Procurador do Município/Cubatão-SP – 2012 – VUNESP) Quem, de qualquer modo, concorre para o crime incide nas penas a este cominadas, na medida de. Se a participação for de menor importância, a pena pode ser diminuída de. Se algum dos concorrentes quis participar de crime menos grave, ser-lhe-á aplicada a pena; essa pena será aumentada até metade, na hipótese.

Completam, correta e respectivamente, as lacunas do texto as expressões contidas em

(A) seu dolo... metade... pela metade... de reincidência

(B) sua culpa ou dolo... metade... equivalente... de ser o agente reincidente

(C) sua culpa... um sexto a dois terços... diminuída de um sexto... de dolo

(D) sua culpabilidade... um sexto a dois sextos... diminuída de um terço... de concurso de agentes

(E) sua culpabilidade... um sexto a um terço... deste... de ter sido previsível o resultado mais grave

---

O primeiro trecho do enunciado corresponde ao que preceitua o art. 29, *caput*, do CP. O segundo, ao contido no art. 29, § 1º, do CP. É a chamada *participação de menor importância*, que constitui causa obrigatória de diminuição de pena. O terceiro trecho corresponde ao que prescreve o art. 29, § 2º, do CP: se algum dos concorrentes quis participar de crime menos grave, a ele será aplicada a pena correspondente (cooperação dolosamente distinta - 1ª parte do dispositivo); a 2ª parte determina que essa pena será aumentada até a metade na hipótese de ter sido previsível o resultado mais grave

Gabarito "E".

(PROCURADOR DO ESTADO/RS – FUNDATEC – 2010) Sobre as teorias que tratam do concurso de agentes, indique aquela adotada como regra pelo Código Penal:

(A) Teoria unitária ou monista.

(B) Teoria pluralista.

(C) Teoria dualista.

(D) Teoria objetivo-formal.

(E) Teoria subjetiva.

Para a *teoria monista* (unitária ou monística), acolhida, como regra, pelo Código Penal, há, no concurso de pessoas, um só crime. Assim, todos os agentes por ele responderão na medida de sua culpabilidade (art. 29, CP). A *teoria dualista*, por sua vez, sustenta haver um crime em relação aos autores e outro em relação aos partícipes. Há também a *teoria pluralista*, adotada pelo Código Penal como exceção, para a qual, na hipótese de haver vários agentes envolvidos, cada um responde por um delito. Exemplo: a gestante que permite em si mesma a prática de aborto responde nos moldes do art. 124 do CP, ao passo que o agente que nela promover a interrupção da gravidez será responsabilizado pelo crime do art. 126 do CP, e não como coautor do crime capitulado no art. 124, CP.

Gabarito "A".

15. DIREITO PENAL   643

9. CULPABILIDADE E CAUSAS EXCLUDENTES

(Procurador – IPSMI/SP – VUNESP – 2016) Tício, maior de 18 anos, é portador de doença mental, necessitando de medicação diária. A doença, por si só, não prejudica a capacidade de compreensão. Todavia, a medicação, ingerida em conjunto com bebida alcoólica em quantidade, provoca surtos psicóticos, com exclusão da capacidade de entendimento. Tício sabe dos efeitos do álcool, em excesso, em seu organismo, mas costuma beber, moderadamente, justamente para desfrutar dos efeitos que, segundo ele, "dá barato". Em uma festa, Tício, sem saber que se tratava de uma garrafa de absinto (bebida de alto teor alcoólico), pensando ser gim, preparou um coquetel de frutas e ingeriu. Ao recobrar a consciência, soube que esfaqueou dois de seus melhores amigos, causando a morte de um e lesão de natureza grave em outro. A respeito da situação, é correto afirmar que

(A) Tício, devido à doença mental, é inimputável, sendo isento de pena.

(B) Tício é inimputável, sendo isento de pena, pois praticou o crime em estado de completa embriaguez, decorrente de caso fortuito.

(C) Tício é imputável, pois a embriaguez completa decorreu de culpa. Entretanto, faz jus à redução da pena.

(D) Tício é imputável, sendo punido de forma agravada, em vista da embriaguez pré-ordenada.

(E) Tício, por ser maior de 18 anos, é imputável, sendo irrelevante a circunstância de ter praticado o crime em estado de completa embriaguez.

Se se considerar que a embriaguez, que levou Tício ao estado de total incapacidade de entender o caráter ilícito do fato ou de determinar-se em conformidade com tal entendimento, decorreu de caso fortuito, ele estará, nos termos do que dispõe o art. 28, § 1º, do CP, isento de pena (há exclusão de sua imputabilidade). Agora, se a ingestão do absinto, que tem, como é de todos sabido, teor alcoólico elevadíssimo, se deu por falta de cautela de Tício, que não se certificou do conteúdo que havia na garrafa, aí estamos a falar de embriaguez culposa (e não acidental), que não tem o condão de excluir a sua imputabilidade. Perceba que o enunciado não deixa isso claro, ou seja, não é possível saber, com exatidão, se a ingestão do absinto se deu de forma acidental (caso fortuito) ou culposa. ED
Gabarito "B".

(Advogado União – AGU – CESPE – 2015) Acerca da imputabilidade penal, julgue o item que se segue (adaptada).

(1) O CP adota o sistema vicariante, que impede a aplicação cumulada de pena e medida de segurança a agente semi-imputável e exige do juiz a decisão, no momento de prolatar sua sentença, entre a aplicação de uma pena com redução de um a dois terços ou a aplicação de medida de segurança, de acordo com o que for mais adequado ao caso concreto.

1: de fato, prevalece entre nós o *sistema vicariante*, que aboliu a possibilidade de o condenado ser submetido a pena e a medida de segurança ao mesmo tempo (*sistema do duplo binário*). Dessa forma, se o réu é considerado imputável à época dos fatos, a ele será aplicada tão somente *pena*; se inimputável, receberá *medida de segurança*; se, por fim, tratar-se de réu semi-imputável, será submetido a uma ou outra. ED
Gabarito 1C

(PROCURADOR DO ESTADO/MG – FUMARC – 2012) Assinale a alternativa incorreta:

(A) O portador de doença mental que gera inimputabilidade age com dolo, embora sua conduta não desafie o juízo de reprovação social que conforma a culpabilidade.

(B) A não exclusão da responsabilidade criminal em alguns estados de embriaguez decorre da adoção da teoria da *actio libera in causa*.

(C) São hipóteses de ausência de conduta o ato reflexo e os estados de hipnose e sonambulismo.

(D) É possível punir o crime doloso com a pena do crime culposo quando o agente incorre em erro de tipo inescusável.

(E) O menor de 18 anos não age com dolo.

A: correta. Com o finalismo, a *consciência da ilicitude* deixou de integrar o dolo, que passou a ser chamado, a partir de então, de *natural*. Antes disso, era *normativo* (abrangia a *consciência da ilicitude*). Atualmente, portanto, atua com dolo (vontade de praticar o fato descrito na norma) o inimputável que comete crime (atua sem a consciência da ilicitude); a despeito disso, a pena não poderá ser-lhe imposta, visto que a inimputabilidade constitui causa de exclusão da culpabilidade (juízo de reprovação da conduta), pressuposto de aplicação da pena; **B:** correta. Segundo a teoria da *actio libera in causa* (ação livre na causa), a imputabilidade do agente deve ser analisada no momento em que este, antes da prática da infração penal, faz uso de álcool ou de substância de efeitos análogos. A teoria da *actio libera in causa* não se aplica às hipóteses de embriaguez acidental (art. 28, § 1º, do CP); **C:** correta. Em tais hipóteses, inexiste conduta porque o ato que deu causa ao resultado não foi voluntário, isto é, o sujeito não exteriorizou a sua vontade. Se não há conduta, também não há crime, já que aquela constitui um dos elementos deste; **D:** correta. O erro de tipo escusável exclui o dolo e a culpa; se se tratar, no entanto, de erro inescusável, o agente será responsabilizado por crime culposo, desde que previsto em lei – art. 20, *caput*, do CP; **E:** incorreta, devendo ser assinalada, pois o menor de dezoito anos, ao cometer um fato descrito como crime ou contravenção penal (ato infracional), age, sim, com dolo (vontade de praticar o fato contido na norma). No entanto, ainda que pratique um fato típico e antijurídico, por se inimputável, não estará sujeito à responsabilidade penal (pena e medida de segurança). Será submetido, se adolescente, a medidas socioeducativas (ECA).
Gabarito "E".

(PROCURADOR DO ESTADO/RS – FUNDATEC – 2010) A culpabilidade é um juízo de reprovação social que incide sobre o fato e seu autor, sendo causas de sua exclusão

(A) a menoridade penal, a coação moral resistível e a embriaguez completa decorrente de caso fortuito ou força maior.

(B) a inexigibilidade de conduta diversa, o estado de necessidade exculpante e a estrita obediência a ordem, não manifestamente ilegal, de superior hierárquico.

(C) a emoção ou a paixão, a embriaguez voluntária ou culposa, pelo álcool ou substância de efeitos análogos e a inexigibilidade de conduta diversa.

(D) a perturbação de saúde mental, a inexigibilidade de conduta diversa e a embriaguez completa decorrente de caso fortuito ou força maior.

(E) a doença mental, o desenvolvimento mental incompleto ou retardado e o consentimento do ofendido.

A: incorreta. A *inimputabilidade por menoridade* é uma das causas de exclusão da culpabilidade (art. 27 do CP). Da mesma forma, a *embriaguez completa* do art. 28, § 1º, do CP. A coação moral *resistível*, no entanto, não pode ser considerada como causa de exclusão da culpabilidade, mas somente a *atenuante genérica* prevista no art. 65, III, *c*, do CP. Neste caso, somente estará excluída a culpabilidade se a coação moral for *irresistível* (art. 22, 1ª parte, do CP); **B:** correta. A *inexigibilidade de conduta diversa*, cujas hipóteses estão contempladas no art. 22 do CP – coação moral irresistível e estrita obediência a ordem, não manifestamente ilegal, de superior hierárquico, exclui a culpabilidade. De igual modo, o *estado de necessidade exculpante* (teoria diferenciadora). Esta, portanto, a assertiva correta; **C:** incorreta. Não excluem a culpabilidade a emoção e a paixão (art. 28, I, do CP) e a *embriaguez voluntária ou culposa* (art. 28, II, CP). Somente é apta a excluir a culpabilidade, nos termos do que dispõe o art. 28, II, § 1º, do CP, a *embriaguez acidental* (não voluntária nem culposa) e *completa* decorrente de caso fortuito ou força maior; **D:** Incorreta. A perturbação da saúde mental não é causa de exclusão da culpabilidade. É, isto sim, causa de diminuição de pena, pois, neste caso, a capacidade de entendimento está apenas reduzida (art. 26, parágrafo único, do CP). Tanto a inexigibilidade de conduta diversa quanto a embriaguez completa do art. 28, II, § 1º, do CP constituem causa de exclusão da culpabilidade; **E:** Incorreta. O *consentimento do ofendido* exclui, conforme o caso, a tipicidade do fato ou a antijuridicidade.

Gabarito "B".

10. PENAS E SEUS EFEITOS

(Procurador Distrital – 2014 – CESPE) Julgue o item subsequente, relativo a crime e medidas de segurança.

(1) Predomina no STF e no STJ o entendimento de que a duração máxima da medida de segurança, internação ou tratamento ambulatorial é limitada pelo tempo máximo da pena abstratamente cominada ao delito, não podendo jamais exceder a trinta anos, já que o ordenamento jurídico não prevê a existência de penas perpétuas.

1: correta. De fato, o STF tem entendimento no sentido de que o tempo de cumprimento da medida de segurança não poderá ultrapassar o limite de 30 (trinta) anos, que é o limite temporal máximo das penas privativas de liberdade (art. 75 do CP). Assim decidiu a 1ª Turma daquela Corte, no julgamento do HC 107432 (1ª Turma, j. 24.05.2011, rel. Min. Ricardo Lewandowski, *DJe* 09.06.2011), em respeito à garantia constitucional abolidora das prisões perpétuas. Já o STJ tem entendido que o prazo máximo de duração da medida de segurança não poderá ser superior àquele da pena abstratamente cominada ao delito, em respeito aos princípios da isonomia e proporcionalidade (HC 125.342/RS, 6ª Turma, j. 19.11.2009, rel. Min. Maria Thereza de Assis Moura, *DJe* 14.12.2009). Consolidado tal entendimento, o STJ editou a Súmula 527, segundo a qual "o tempo de duração da medida de segurança não deve ultrapassar o limite máximo da pena abstratamente cominada ao delito praticado". Cuidado: em 24 de dezembro de 2019, foi publicada a Lei 13.964/2019, por muitos conhecida como Pacote Anticrime, que, dentre outras inúmeras alterações promovidas na legislação penal e, em especial, na processual penal, alterou a redação do art. 75 do CP, para o fim de elevar o tempo máximo de cumprimento da pena privativa de liberdade de 30 para 40 anos. Dessa forma, a partir da entrada em vigor do Pacote Anticrime (23 de janeiro de 2020), o tempo de cumprimento das penas privativas de liberdade não poderá ser superior a 40 anos, e não mais a 30 anos, como constava da redação anterior do dispositivo. Com isso, cremos que este prazo máximo de cumprimento da medida de segurança passe para 40 anos (se mantido o atual entendimento do STF). ED

Gabarito 1C

(Procurador Distrital – 2014 – CESPE) Com referência às penas e à sua aplicação, julgue os seguintes itens.

(1) Se um integrante de corporação policial militar for processado penalmente pela prática de tortura ao submeter agente preso por sua guarnição a sofrimento físico intenso com a intenção de obrigá-lo a delatar os comparsas, o julgamento do processo deverá ocorrer na justiça comum, e a eventual condenação implicará, automaticamente, a perda do cargo, função ou emprego público e a interdição para seu exercício pelo dobro do prazo da pena aplicada, como efeito automático da condenação, dispensando-se motivação circunstanciada.

(2) Desde que o STF declarou incidentalmente a inconstitucionalidade do artigo 2º, § 1º, da Lei nº 8.072/1990 ("A pena por crime previsto neste artigo [crime hediondo] será cumprida inicialmente em regime fechado"), não é mais obrigatória a fixação do regime inicial fechado para o condenado pelo crime de tráfico de entorpecentes, podendo a pena privativa de liberdade ser substituída por restritivas de direitos quando o réu for primário e sem antecedentes e não ficar provado que ele se dedique ao crime ou esteja envolvido com organização criminosa.

1: correta. De fato, o crime de tortura, ainda que perpetrado por integrante da polícia militar, será julgado pela justiça comum. Ainda, será efeito da condenação, nos termos do art. 1º, § 5º, da Lei de Tortura (Lei 9.455/1997), a perda do cargo e a interdição para seu exercício pelo dobro do prazo da pena aplicada. Confira-se ementa de julgado do STF (EDcl nos EDcl no AgRg no AI 769.637/MG, 2ª Turma, j. 25.06.2013, rel. Min. Celso de Mello): "CRIME DE TORTURA – CONDENAÇÃO PENAL IMPOSTA A OFICIAL DA POLÍCIA MILITAR – PERDA DO POSTO E DA PATENTE COMO CONSEQUÊNCIA NATURAL DESSA CONDENAÇÃO (LEI Nº 9.455/1997, ART. 1º, § 5º) – INAPLICABILIDADE DA REGRA INSCRITA NO ART. 125, § 4º, DA CONSTITUIÇÃO, PELO FATO DE O CRIME DE TORTURA NÃO SE QUALIFICAR COMO DELITO MILITAR – PRECEDENTES – SEGUNDOS EMBARGOS DE DECLARAÇÃO – INOCORRÊNCIA DE CONTRADIÇÃO, OBSCURIDADE OU OMISSÃO – PRETENSÃO RECURSAL QUE VISA, NA REALIDADE, A UM NOVO JULGAMENTO DA CAUSA – CARÁTER INFRINGENTE – INADMISSIBILIDADE – PRONTO CUMPRIMENTO DO JULGADO DESTA SUPREMA CORTE, INDEPENDENTEMENTE DA PUBLICAÇÃO DO RESPECTIVO ACÓRDÃO, PARA EFEITO DE IMEDIATA EXECUÇÃO DAS DECISÕES EMANADAS DO TRIBUNAL LOCAL – POSSIBILIDADE – EMBARGOS DE DECLARAÇÃO NÃO CONHECIDOS. TORTURA – COMPETÊNCIA DA JUSTIÇA COMUM – PERDA DO CARGO COMO EFEITO AUTOMÁTICO E NECESSÁRIO DA CONDENAÇÃO PENAL. O crime de tortura, tipificado na Lei nº 9.455/1997, não se qualifica como delito de natureza castrense, achando-se incluído, por isso mesmo, na esfera de competência penal da Justiça comum (federal ou local, conforme o caso), ainda que praticado por membro das Forças Armadas ou por integrante da Polícia Militar. Doutrina. Precedentes. A perda do cargo, função ou emprego público que configura efeito extrapenal secundário constitui consequência necessária que resulta, automaticamente, de pleno direito, da condenação penal imposta ao agente público pela prática do crime de tortura, ainda que se cuide de integrante da Polícia Militar, não se lhe aplicando, a despeito de tratar-se de Oficial da Corporação, a cláusula inscrita no art. 125, § 4º, da Constituição da República. Doutrina. Precedentes. EMBARGOS DE DECLARAÇÃO – UTILIZAÇÃO PROCRASTINATÓRIA – EXECUÇÃO IMEDIATA – POSSIBILIDADE."; **2:** correta. De fato, o STF, no julgamento do HC 97.256 (Plenário, j. 01.09.2010, rel. Min. Ayres Brito, *DJe* 16.12.2010), assentou o entendimento de que, em razão da declaração incidental de inconstitucionalidade do regime integralmente fechado previsto na Lei dos Crimes Hediondos (Lei 8.072/1990), não mais se poderia objetar a substituição da pena privativa de liberdade

15. DIREITO PENAL

por restritiva de direitos para o condenado por tráfico de drogas, especialmente quando incidente a circunstância minorante prevista no art. 33, § 4º, da Lei 11.343/2006. Referido dispositivo, embora prevendo a redução da pena do agente de um sexto a dois terços caso não fosse primário, de bons antecedentes, não se dedicasse a atividades criminosas e nem integrasse organizações criminosas, vedava a conversão da pena privativa de liberdade em restritiva de direitos. Ocorre que o STF, no julgamento do precitado HC 97.256/RS, declarou, incidentalmente, a inconstitucionalidade da referida vedação legal, o que ensejou, inclusive, a edição da Resolução nº 05/2012 do Senado Federal, que suspendeu a execução da expressão legal "vedada a conversão em pena restritiva de direitos". Em evolução desse julgamento, a mesma Corte, ao analisar o HC 111.840/ES (Plenário, j. 27.06.2012, rel. Min. Dias Toffoli), reconheceu a inconstitucionalidade incidental da obrigatoriedade do regime inicialmente fechado previsto na Lei dos Crimes Hediondos (art. 2º, § 1º, da Lei 8.072/1990), admitido a fixação de regime mais brando aos condenados por crimes hediondos ou equiparados. Confira a ementa: "*Habeas corpus*. Penal. Tráfico de entorpecentes. Crime praticado durante a vigência da Lei nº 11.464/2007. Pena inferior a 8 anos de reclusão. Obrigatoriedade de imposição do regime inicial fechado. Declaração incidental de inconstitucionalidade do § 1º do art. 2º da Lei nº 8.072/1990. Ofensa à garantia constitucional da individualização da pena (inciso XLVI do art. 5º da CF/1988). Fundamentação necessária (CP, art. 33, § 3º, c/c o art. 59). Possibilidade de fixação, no caso em exame, do regime semiaberto para o início de cumprimento da pena privativa de liberdade. Ordem concedida."

Gabarito 1C, 2C

(**Procurador do Município/Florianópolis-SC – 2010 – FEPESE**) Em relação aos regimes de cumprimento da pena privativa de liberdade:

(1) No regime fechado, o condenado fica sujeito a trabalho no período diurno e a isolamento durante o repouso noturno.

(2) O trabalho externo é admissível, no regime fechado, em serviços ou obras públicas.

(3) No regime aberto, o condenado fica sujeito a trabalho em comum durante o período diurno, em colônia agrícola, industrial ou estabelecimento similar.

Assinale a alternativa que indica todas as afirmativas **corretas**.

(A) É correta apenas a afirmativa 1.
(B) É correta apenas a afirmativa 2.
(C) É correta apenas a afirmativa 3.
(D) São corretas apenas as afirmativas 1 e 2.
(E) São corretas as afirmativas 1, 2 e 3.

1: assertiva correta, visto que em consonância com o disposto no art. 34, § 1º, do CP; **2:** proposição correta, pois em consonância com o que dispõe o art. 34, § 3º, do CP; **3:** assertiva incorreta, visto que se refere a regra do regime semiaberto (art. 35, § 1º).

Gabarito "D".

11. APLICAÇÃO DA PENA

(**Procurador do Município - S.J. Rio Preto/SP - 2019 - VUNESP**) Assinale a hipótese que, nos termos do art. 92 do CP e respeitada a regra de motivação de seu parágrafo único, acarreta a perda de cargo, função pública ou mandato eletivo: condenação criminal à pena de

(A) 6 meses, em crime praticado com violação de dever para com a Administração Pública.

(B) 1 ano, em crime praticado com abuso de poder.

(C) 2 anos, em qualquer crime contra o patrimônio.
(D) 3 anos, em qualquer crime infamante.
(E) 4 anos, em qualquer crime contra a fé pública.

No que toca à perda do cargo, função pública ou mandato eletivo como efeito secundário de natureza extrapenal da condenação, há duas situações a considerar: se a pena privativa de liberdade aplicada for superior a quatro anos, é de rigor a perda do cargo, função ou mandato eletivo, pouco importando, neste caso, se a conduta do funcionário foi praticada com abuso de poder ou com violação de dever inerente à função pública (art. 92, I, "b", do CP). Sendo assim, estão incorretas as assertivas "C", "D" e "E", já que a pena, nas três alternativas, não é superior a 4 anos. De outro lado, sendo a pena privativa de liberdade aplicada igual ou inferior a quatro anos, a perda do cargo, função pública ou mandato eletivo do agente somente se dará se este houver agido, na prática criminosa, com abuso de poder ou violação de deveres para com a Administração Pública (art. 92, I, "a", do CP). Neste último caso, a pena deve ser igual ou superior a um ano. Dessa forma, a alternativa a ser assinalada como correta é a "B", em que o agente foi condenado pela prática de crime com abuso de poder à pena privativa de liberdade de 1 ano. A alternativa "A" está incorreta porque a pena privativa de liberdade aplicada ao agente pela prática de crime com violação de dever para com a Administração Pública, para que haja a perda do cargo, função pública ou mandato eletivo, deve ser igual ou superior a 1 ano. Importante que se diga que, nas duas hipóteses (art. 92, I, *a* e *b*), cuida-se de efeito não automático da condenação, exigindo, portanto, declaração motivada na sentença (art. 92, parágrafo único, do CP). ED

Gabarito "B".

(**Procurador Municipal – Prefeitura/BH – CESPE - 2017**) Acerca da aplicação e da execução da pena, assinale a opção correta, conforme o entendimento do STJ.

(A) De acordo com o entendimento jurisprudencial, o tempo da internação para o cumprimento de medida de segurança é indeterminado, perdurando enquanto não for averiguada a cessação da periculosidade.

(B) No momento da aplicação da pena, o juiz pode compensar a atenuante da confissão espontânea com a agravante da promessa de recompensa.

(C) É vedada a concessão de trabalho externo a apenado em empresa familiar em que um dos sócios seja seu irmão.

(D) Confissão ocorrida na delegacia de polícia e não confirmada em juízo não pode ser utilizada como atenuante, mesmo que o juiz a utilize para fundamentar o seu convencimento.

A: incorreta, já que, segundo jurisprudência consolidada do STJ, a medida de segurança tem prazo determinado. Se levássemos em conta tão somente a redação do art. 97, § 1º, do CP, chegaríamos à conclusão de que a medida de segurança poderia ser eterna. Em vista da regra que veda as penas de caráter perpétuo, esta não é a melhor interpretação do dispositivo. Tanto que o STF firmou posicionamento no sentido de que o prazo máximo de duração da medida de segurança não pode ser superior a 30 anos (analogia ao art. 75 do CP). O STJ entende que a medida de segurança deve ter por limite o máximo da pena em abstrato cominada para o crime (STJ, HC 125.342-RS, 6ª T., Rel. Min. Maria Thereza de Assis Moura, j. 19.11.09). Consolidando tal entendimento, o STJ editou a Súmula 527, segundo a qual "o tempo de duração da medida de segurança não deve ultrapassar o limite máximo da pena abstratamente cominada ao delito praticado". Vale lembrar que, com a alteração promovida pela Lei 13.964/2019 na redação do art. 75 do CP (caput e § 1º), o tempo máximo de cumprimento da pena privativa de liberdade, que era de 30 anos, passou a ser de 40 anos; **B:** correta. Tal como ocorre com a reincidência e a confissão espontânea, em relação às quais pode haver, segundo o STJ, compensação, é perfeitamente

646 EDUARDO DOMPIERI E ARTHUR TRIGUEIROS

possível que isso também ocorra em relação à confissão espontânea e à agravante da promessa de recompensa ou mesmo a paga, uma vez que se trata de circunstâncias igualmente preponderantes. Na jurisprudência do STJ: "(...) III - A col. Terceira Seção deste eg. Superior Tribunal de Justiça, por ocasião do julgamento do Recurso Especial Repetitivo nº 1.341.370/MT (Rel. Min. Sebastião Reis Júnior, DJe de 17/4/2013), firmou entendimento segundo o qual 'é possível, na segunda fase da dosimetria da pena, a compensação da atenuante da confissão espontânea com a agravante da reincidência', entendimento este que deve ser estendido à presente hipótese, pois cuida-se de compensação entre circunstâncias igualmente preponderantes, nos termos do art. 67, do Código Penal, quais sejam, motivos determinantes do crime (mediante paga) e personalidade do agente (confissão espontânea)" (HC 318.594/SP, 5ª T., Rel. Min. Felix Fischer, j. 16.02.2016, *DJe* 24.02.2016); **C:** incorreta. Isso porque o STJ admite, sim, que o apenado seja, na execução do trabalho externo, empregado em empresa da qual seu irmão seja um dos sócios. Nesse sentido, conferir: "(...) *In casu*, o fato do irmão do apenado ser um dos sócios da empresa empregadora não constitui óbice à concessão do trabalho externo, sob o argumento de fragilidade na fiscalização, até porque inexiste vedação na Lei de Execução Penal (Precedente do STF)." (HC 310.515/RS, 5ª T., Rel. Min. Felix Fischer, j. 17.09.2015, *DJe* 25.09.2015); **D:** incorreta. Conferir: "O Superior Tribunal de Justiça tem entendimento de que a confissão é causa de atenuação da pena, ainda que tomada na fase inquisitorial, sendo irrelevante a sua retratação em juízo" (HC 144.165/SP, 5ª T., Rel. Min. Arnaldo Esteves Lima, j. 29.10.2009, *DJe* 30.11.2009). [ED]
Gabarito "B".

(Advogado União – AGU – CESPE – 2015) Um servidor público, concursado e estável, praticou crime de corrupção passiva e foi condenado definitivamente ao cumprimento de pena privativa de liberdade de seis anos de reclusão, em regime semiaberto, bem como ao pagamento de multa.

A respeito dessa situação hipotética, julgue o item seguinte (adaptada).

(1) O servidor deve perder, automaticamente, o cargo público que ocupa, mas poderá reingressar no serviço público após o cumprimento da pena e a reabilitação penal.

1: incorreta. No que toca à perda do cargo, função pública ou mandato eletivo como efeito secundário de natureza extrapenal da condenação, há duas situações a considerar: se a pena privativa de liberdade aplicada for superior a quatro anos, é de rigor a perda do cargo, função ou mandato eletivo, pouco importando, neste caso, se a conduta do funcionário foi praticada com abuso de poder ou com violação de dever inerente à função pública (art. 92, I, *b*, do CP). É o caso desta assertiva; agora, se a pena privativa de liberdade aplicada for inferior a quatro, a perda do cargo, função pública ou mandato eletivo do agente somente se dará se este houver agido, na prática criminosa, com abuso de poder ou violação de deveres para com a Administração Pública (art. 92, I, *a*, do CP). Nas duas hipóteses, cuida-se de efeito não automático da condenação, exigindo, portanto, declaração motivada na sentença (art. 92, parágrafo único, do CP). Ademais, a reabilitação não alcança os efeitos da condenação previstos no art. 92, I e II, do CP, entre as quais está a perda de cargo público (art. 93, parágrafo único, do CP). [ED]
Gabarito 1E

(Procurador do Estado/SC – 2010 – FEPESE) Com relação ao concurso de crimes, assinale a alternativa **correta**.

(A) No crime continuado simples, aplicar-se-á a pena de um só dos crimes, se idênticas, ou a mais grave, se diversas, aumentada, em qualquer caso, de um sexto a dois terços.

(B) O agente que, mediante mais de uma ação ou omissão, pratica dois ou mais crimes da mesma espécie,

sem violência ou grave ameaça à pessoa, pratica crime continuado qualificado.

(C) O concurso material, que pode ser homogêneo ou heterogêneo, ocorre quando o agente, mediante uma só ação ou omissão, pratica dois ou mais crimes, idênticos ou não. Nesse caso, as penas correspondentes aos crimes devem ser somadas.

(D) Verifica-se o fenômeno do concurso material quando o agente, mediante mais de uma ação ou omissão, pratica dois ou mais crimes da mesma espécie e, pelas condições de tempo, lugar, maneira de execução e outras semelhantes, devem os subsequentes ser havidos como continuação do primeiro.

(E) No concurso formal imperfeito aplicar-se-á a mais grave das penas cabíveis ou, se iguais, somente uma delas, mas aumentada, em qualquer caso, de um sexto até metade.

A: assertiva correta. O *caput* do art. 71 do CP contempla a figura do *crime continuado simples*, em que é aplicada a pena do crime mais grave exasperada em 1/6 a 2/3; o parágrafo único do dispositivo, por sua vez, prevê a figura do *crime continuado qualificado*. Neste caso, o juiz poderá aumentar a pena de um só dos crimes, se idênticas, ou a mais grave, se diversas, até o triplo, observadas as especificidades do caso concreto; **B:** incorreta, nos termos do art. 71, parágrafo único, do CP; **C:** o concurso material, previsto no art. 69 do CP, pressupõe a prática, por parte do agente, de mais de uma ação ou omissão; **D:** a assertiva se refere ao crime continuado – art. 71 do CP; **E:** no *concurso formal impróprio* ou *imperfeito* (segunda parte do *caput* do art. 70 do CP), em que a conduta única decorre de desígnios autônomos, as penas são somadas, aplicando-se o critério ou sistema do *cúmulo material*. [AT]
Gabarito "A".

12. *SURSIS* E EFEITOS DA CONDENAÇÃO

(Advogado da União/AGU – CESPE – 2012) Julgue os itens subsecutivos, a respeito dos efeitos da condenação criminal e de crimes contra a administração pública.

(1) Em regra, não se concede o direito de recorrer em liberdade ao réu que tiver permanecido preso durante toda a instrução do processo, pois a manutenção do réu na prisão constitui um dos efeitos da respectiva condenação.

(2) O tipo penal denominado peculato desvio constitui delito plurissubsistente, podendo a conduta a ele associada ser fracionada em vários atos, coincidindo o momento consumativo desse delito com a efetiva destinação diversa do dinheiro ou valor sob a posse do agente, desde que haja obtenção material do proveito próprio ou alheio.

(3) Considera-se efeito genérico e automático da condenação a restrição ao exercício de cargo público.

1: incorreta a assertiva. Hodiernamente, a decretação ou manutenção da prisão cautelar (provisória ou processual), assim entendida aquela que antecede a condenação definitiva, deve sempre estar condicionada à demonstração de sua imperiosa necessidade. Bem por isso, deve o magistrado, e somente ele (jurisdicionalidade das cautelares), apontar as razões, no seu entender, que a tornam indispensável (art. 312 do CPP). Colocado de outra forma, a prisão provisória ou cautelar somente se justifica dentro do ordenamento jurídico quando necessária ao processo. Deve ser vista, portanto, como um instrumento do processo a ser utilizado em situações excepcionais. É por essa razão que a prisão decorrente de sentença penal condenatória recorrível deixou de

15. DIREITO PENAL   647

constituir modalidade de prisão cautelar. Era uma prisão automática, já que, com a prolação da sentença condenatória, o réu era recolhido ao cárcere (independente de a prisão ser necessária). Nesse contexto, o acusado era considerado presumidamente culpado. Com as modificações introduzidas pela Lei 11.719/2008 e também em razão da atuação dos tribunais, esta modalidade de prisão cautelar deixou de existir, consagrando, assim, o postulado da presunção de inocência. Em vista dessa nova realidade, se o acusado permanecer preso durante toda a instrução, a manutenção dessa prisão somente terá lugar se indispensável for ao processo, pouco importando se, uma vez condenado em definitivo, permanecerá ou não preso. A prisão desnecessária decretada ou mantida antes da sentença passar em julgado constitui antecipação da pena que porventura seria aplicada em caso de condenação, o que representa patente violação ao princípio da presunção de inocência, postulado esse de índole constitucional – art. 5º, LVII. De se ver ainda que, tendo em conta as mudanças implementadas pela Lei 12.403/2011, que instituiu as medidas cautelares alternativas à prisão provisória, esta somente terá lugar diante da impossibilidade de se recorrer às medidas cautelares. Dessa forma, a prisão, como medida excepcional que é, deve também ser vista como instrumento subsidiário, supletivo. Pois bem. Essa tônica (de somente dar-se início ao cumprimento da pena depois do trânsito em julgado da sentença penal condenatória) sofreu um revés. Explico. O STF, em julgamento histórico realizado em 17 de fevereiro de 2016, mudou, à revelia de grande parte da comunidade jurídica, seu entendimento acerca da possibilidade de prisão antes do trânsito em julgado da sentença penal condenatória. A Corte, ao julgar o HC n. 126.292, passou a admitir a execução da pena após decisão condenatória proferida em segunda instância. Com isso, passou a ser desnecessário, para dar início ao cumprimento da pena, aguardar o trânsito em julgado da decisão condenatória. Flexibilizou-se, pois, o postulado da presunção de inocência. Naquela ocasião, votaram pela mudança de paradigma sete ministros, enquanto quatro mantiveram o entendimento até então prevalente. Cuidava-se, é bem verdade, de uma decisão tomada em processo subjetivo, sem eficácia vinculante, portanto. Tal decisão, conquanto tomada em processo subjetivo, passou a ser vista como uma mudança de entendimento acerca de tema que há vários anos havia se sedimentado. Mais recentemente, nossa Suprema Corte foi chamada a se manifestar, em ações declaratórias de constitucionalidade impetradas pelo Conselho Federal da OAB e pelo Partido Ecológico Nacional, sobre a constitucionalidade do art. 283 do CPP. Existia a expectativa de que algum ou alguns dos ministros mudassem o posicionamento adotado no julgamento realizado em fevereiro de 2016. Afinal, a decisão, agora, teria uma repercussão muito maior, na medida em que tomada em ADC. Pois bem. Depois de muita especulação e grande expectativa, o STF, em julgamento realizado em 5 de outubro do mesmo ano, desta vez por maioria mais apertada (6 a 5), já que houve mudança de posicionamento do ministro Dias Toffoli, indeferiu as medidas cautelares pleiteadas nessas ADCs (43 e 44), mantendo, assim, o posicionamento que autoriza a prisão depois de decisão condenatória confirmada em segunda instância. O julgamento do mérito dessas ações permaneceu pendente até 7 de novembro de 2019, quando, finalmente, depois de muita expectativa, o STF, em novo julgamento histórico, referente às ADCs 43,44 e 54, mudou o entendimento adotado em 2016, até então em vigor, que permitia a execução (provisória) da pena de prisão após condenação em segunda instância. Reconheceu-se a constitucionalidade do art. 283 do CPP, com a redação que lhe foi dada pela Lei 12.403/2011. Por 6 x 5, ficou decidido que é vedada a execução provisória da pena. Cumprimento de pena, a partir de agora, portanto, somente quando esgotados todos os recursos. Atualmente, essa discussão acerca da possibilidade de prisão em segunda instância, que suscitou debates tão acalorados, chegando, inclusive, a ganhar as ruas, saiu do STF, onde até então se encontrava, e passou para o Parlamento. Hoje se discute qual o melhor caminho para inserir, no nosso ordenamento jurídico, a prisão após condenação em segunda instância. Aguardemos; **2:** é verdadeira a afirmação segundo a qual o *peculato-desvio* (art. 312, "caput", segunda parte, do CP) constitui crime *plurissubsistente*, já que a conduta prevista no tipo penal

comporta fracionamento. De outro lado, pode-se dizer que a assertiva é incorreta na medida em que este crime atinge a consumação com o efetivo desvio, independe de o agente alcançar o fim perseguido; **3:** a teor do art. 92, I, do CP, a perda de cargo, função pública ou mandato eletivo constitui *efeito específico e não automático* (é necessário que o juiz quanto a isso se manifeste). Assertiva, portanto, incorreta. 🔲
Gabarito 1E, 2E, 3E

(Advogado da União/AGU – CESPE – 2009) No que se refere a efeitos da condenação e reabilitação, julgue os itens subsequentes.

(1) Nos termos do Código Penal, a perda de cargo, função pública ou mandato eletivo ocorrerá quando, nos crimes praticados com abuso de poder ou violação de dever para com a administração pública, for aplicada pena privativa de liberdade por tempo igual ou superior a um ano.

(2) A reabilitação atinge a pena principal aplicada ao condenado, não alcançando os efeitos da condenação.

1: correta, pois reflete o que estabelece o art. 92, I, *a*, do CP. Quanto ao tema "efeitos da condenação", importante tecer algumas considerações a respeito de recente modificação legislativa. Vejamos. A Lei 13.964/2019, mais conhecida como Pacote Anticrime, inseriu o art. 91-A no Código Penal. Como bem sabemos, os arts. 91 e 92 do CP tratam dos efeitos extrapenais da condenação, com a diferença de que o art. 91 contém os chamados efeitos *genéricos*, que, sendo automáticos, prescindem de declaração do juiz na sentença, enquanto o art. 92 trata dos efeitos *específicos*, assim considerados os que devem ser expressamente declarados em sentença, já que somente são aplicados em determinadas situações. *Grosso modo*, o art. 91-A, recém-introduzido pela Lei 13.964/2019, cria novas modalidades de efeitos da condenação, especialmente voltadas à perda do patrimônio não vinculado, de forma direta, ao crime imputado ao agente. Explico. O art. 91, II, *b*, do CP, por exemplo, reza que será perdido o bem que constitua proveito auferido pelo agente com a prática do fato criminoso. Perceba que este proveito auferido foi incorporado ao "patrimônio" do agente em razão do cometimento do crime pelo qual ele foi processado. Ou seja, há vinculação direta do bem perdido com o crime pelo qual o agente foi condenado. Já os efeitos da condenação introduzidos por meio do art. 91-A alcançam o patrimônio auferido pelo agente que se revele incompatível com os seus ganhos (há perda deste patrimônio como produto ou proveito do crime). Não há, neste caso, como se pode ver, vinculação direta entre o bem perdido e o crime praticado. Para tanto, deverá ser apurada a diferença entre o valor do patrimônio do condenado e aquele que seja compatível com o seu rendimento lícito. O *caput* do art. 91-A estabelece que tais efeitos somente alcançarão condenações às quais a lei comine pena máxima superior a seis anos de reclusão. Ou seja, nestes casos recairá sobre o patrimônio do condenado verdadeira "prestação de contas". O § 1º do dispositivo aponta o que se deve entender por "patrimônio do condenado". Já o § 2º assegura a este o direito de demonstrar a inexistência de incompatibilidade ou a procedência lícita de seu patrimônio. Em outras palavras, cabe a ele, condenado, fazer prova da licitude de seu patrimônio. Imaginemos que um funcionário público amealhe, no período de 10 anos de serviço, um patrimônio correspondente a 30 milhões de reais, sendo que sua renda anual é de 150 mil reais. Evidente que há patente incompatibilidade entre o patrimônio e os ganhos lícitos do *intraneus*. Deverá ele fazer prova de que o patrimônio que, em princípio, seria incompatível com a sua renda foi construído, por exemplo, com o recebimento de uma herança, ou ainda por meio do exercício de atividade na iniciativa privada. À acusação caberá tão somente demonstrar a incompatibilidade. A perda do patrimônio ilicitamente auferido deverá ser requerida pelo MP quando do oferecimento da denúncia, com a indicação da diferença apurada. É o que estabelece o art. 91-A, § 3º, do CP. Pois somente assim a defesa terá condições de exercer o contraditório em sua plenitude, de forma a rechaçar, no curso do processo, o pleito ministerial de perda do patrimônio. Caberá ao juiz, ao termo da instrução, declarar, na sentença condenatória, o valor da diferença apurada e especificar os bens cuja perda foi decretada (art. 91-A, § 4º); **2**: errada, pois em desconformidade com o art. 93, parágrafo único, do CP.

Gabarito "1C, 2E".

13. AÇÃO PENAL

(PROCURADOR DO ESTADO/RS – FUNDATEC – 2010) Assinale a alternativa correta:

(A) No conceito clássico, a ação penal é uma relação de direito público que impõe sequência de atos, cada um dos quais é ligado aos anteriores e aos subsequentes, como elos de uma corrente, em determinada ordem e para alcançar um fim também determinado.

(B) Será admitida ação penal privada nos crimes de ação penal pública, se esta não for intentada no prazo legal, não cabendo ao Ministério Público aditar a queixa, apenas repudiá-la e oferecer denúncia substitutiva, intervir em todos os termos do processo, fornecer elementos de prova e, a todo tempo, no caso de negligência do querelante, retomar a ação como parte principal.

(C) O direito de representação poderá ser exercido, pessoalmente ou por procurador com poderes especiais, mediante declaração escrita, não sendo admitida a forma oral, feita ao juiz, ao órgão do Ministério Público ou à autoridade policial.

(D) O Ministério Público, ao oferecer a denúncia, poderá propor a suspensão condicional do processo nos crimes de ação penal pública incondicionada ou condicionada em que a pena mínima não é superior a 2 (dois) anos, cumulada ou não com multa, por um período de dois a quatro anos.

(E) Havendo representação ou tratando-se de crime de ação penal pública incondicionada, não sendo caso de arquivamento, o Ministério Público poderá propor a aplicação imediata de pena restritiva de direitos ou multas, a ser especificada na proposta de transação penal, sendo que, nas hipóteses de ser a pena de multa a única aplicável, o Juiz poderá reduzi-la até a metade.

A: a assertiva – incorreta – contempla o conceito de *processo*, que é o *instrumento* de que se vale o Poder Judiciário para aplicar a lei penal ao caso submetido à sua apreciação. Contém o *procedimento*, que é a forma como serão encadeados os atos que buscam determinado fim (sentença), e a *relação jurídica* estabelecida entre autor e réu. *Ação penal*, por seu turno, consiste no *direito público subjetivo* de pedir ao Estado-juiz a aplicação do direito material ao caso concreto, o que será viabilizado por intermédio do *processo*; **B**: a chamada *ação penal privada subsidiária da pública*, que encontra previsão nos arts. 5º, LIX, da CF, 100, § 3º, do CP e 29 do CPP, somente terá lugar na hipótese de o Ministério Público deixar de oferecer a denúncia no prazo estabelecido em lei (art. 46 do CPP). Está o membro do "parquet", neste caso, credenciado a "aditar a queixa, repudiá-la e oferecer denúncia substitutiva, intervir em todos os termos do processo, fornecer elementos de prova, interpor recurso e, a todo tempo, no caso de negligência do querelante, retomar a ação penal como parte principal" (art. 29, CPP). Mas cuidado: o ofendido somente poderá lançar mão da *ação subsidiária da pública* se ficar constatada a inércia (desídia, omissão) do membro do Ministério Público. Assim, pedido de arquivamento de inquérito policial ou mesmo de peças de informação não corresponde a inércia, pois o MP, aqui, não deixou de atuar; **C**: incorreta, na medida em que a representação admite, sim, a forma oral, tal como preconiza o art. 39, *caput*, do CPP; **D**:

preleciona o art. 89, *caput*, da Lei 9.099/95 que a *suspensão condicional do processo* terá cabimento nos crimes cuja pena *mínima* cominada for igual ou inferior a um ano. Como se vê, o âmbito de incidência do *sursis* processual é mais amplo do que a competência do JECRIM (art. 61 da Lei 9.099/95). Assertiva, portanto, incorreta; **E**: correta, nos termos do art. 76, "caput" e § 1º, da Lei 9.099/95.

Gabarito "E".

14. EXTINÇÃO DA PUNIBILIDADE EM GERAL

(Procurador do Estado/TO - 2018 - FCC) A extinção da punibilidade pode ser compreendida como sendo a perda do direito do Estado de impor sanção penal ao autor de fato típico e ilícito. É possível, assim, encontrar hipóteses de extinção da punibilidade no Código Penal, bem como nas legislações extravagantes. Acerca do tema, é correto afirmar:

(A) Na hipótese de *abolitio criminis* (abolição do crime) permanece a reincidência como efeito secundário da infração penal.

(B) As causas de extinção de punibilidade sempre se comunicam aos coautores e partícipes, em razão de se tratar de matéria de ordem pública.

(C) A sentença que conceder perdão judicial não será considerada para efeitos de reincidência.

(D) A anistia, graça ou indulto não são hipóteses de extinção da punibilidade, por serem atos concedidos pelo chefe do Poder Executivo, e não pelo Judiciário.

(E) Nos crimes conexos, a extinção da punibilidade de um deles impede, quanto aos outros, a agravação da pena resultante da conexão.

A: incorreta. A *abolitio criminis* é causa extintiva da punibilidade (art. 107, III, do CP) que se caracteriza pela superveniência de lei que deixa de considerar o fato como criminoso. Em outras palavras, haverá a supressão da figura criminosa, que depende de uma dupla revogação (formal – do tipo penal; material – do comportamento criminoso). Uma vez operada a *abolitio criminis*, todos os efeitos penais da condenação desaparecerão (tanto o principal – aplicação da sanção penal, quanto os secundários, tais como a reincidência), remanescendo apenas os de natureza extrapenal (ex.: obrigação de reparação do dano); **B**: incorreta. Há causas de extinção da punibilidade que se comunicam aos autores e partícipes, como o perdão para quem o aceitar e a *abolitio criminis*, e há causas de extinção que não se comunicam aos autores e partícipes, como a morte de um dos coautores e a prescrição (um dos agentes é menor de 21 anos e o outro não); **C**: correta, uma vez que corresponde à redação do art. 120 do CP; **D**: incorreta. A anistia, graça e indulto são, sim, hipóteses de extinção da punibilidade, já que integram o rol do art. 107 do CP (inciso II); **E**: incorreta, na medida em que contraria o disposto no art. 108, parte final, do CP.

Gabarito "C".

(Procurador Municipal/SP – VUNESP – 2016) Sobre as causas extintivas de punibilidade, é correto afirmar que a

(A) lei posterior que deixa de considerar como infração um fato que era anteriormente punido (*abolitio criminis*) exclui os efeitos jurídicos penais e civis decorrentes da aplicação da lei anterior.

(B) prescrição, antes de transitar em julgado a sentença final, começa a correr, no caso de tentativa, do dia em que cessou a atividade criminosa e nos casos dos crimes permanentes, do dia em que cessou a permanência.

(C) perempção pode ser reconhecida na ação privada exclusiva e na ação privada subsidiária da pública

15. DIREITO PENAL

e havendo dois ou mais querelantes, sua ocorrência alcança somente aquele que lhe deu causa, prosseguindo quanto aos demais.

(D) decadência, perda do direito de ação ou de representação do ofendido em face do decurso de tempo, tem prazo sujeito a interrupção ou a suspensão.

A: incorreta. A ocorrência da *abolitio criminis* faz desaparecer todos os efeitos penais, principais e secundários; subsistem, no entanto, os civis (extrapenais), por força do que dispõe o art. 2º, *caput*, parte final, do CP; **B:** correta, pois reflete o que estabelece o art. 111, II e III, do CP; **C:** incorreta, pois não há se falar em perempção na ação penal privada subsidiária da pública. Isso porque, nos termos do art. 29 do CPP, se o querelante revelar-se desidioso, pode o Ministério Público retomar a titularidade da ação. Somente terá lugar a perempção na ação penal privada exclusiva e também na personalíssima. Ademais, é correto afirmar que a perempção só se dá em relação ao querelante desidioso, não atingindo, pois, aquele que não lhe deu causa; **D:** incorreta. O prazo decadencial, cuja contagem se dá nos moldes do art. 10 do CP (prazo penal), já que leva à extinção da punibilidade, não se interrompe tampouco se suspende. **ED**

Gabarito "B".

(Procurador do Estado – PGE/BA – CESPE – 2014) No que diz respeito aos diversos institutos previstos na parte geral do Código Penal, julgue o item seguinte (adaptada).

(1) Considere que determinado indivíduo condenado definitivamente pela prática de determinado delito tenha obtido a extinção da punibilidade por meio de anistia e que, um ano depois do trânsito em julgado da sentença condenatória, tenha cometido novo delito. Nessa situação, esse indivíduo é considerado reincidente, estando, pois, sujeito aos efeitos da reincidência.

1: incorreta. A anistia, causa extintiva da punibilidade, tem o condão de apagar todos os efeitos penais. Isto é, a condenação é rescindida, razão pela qual, se praticar, no futuro, novo crime, não poderá o anistiado ser considerado reincidente. Cuidado: a despeito disso, os efeitos civis da sentença condenatória permanecem íntegros. **ED**

Gabarito 1E

(Procurador do Município/Cubatão-SP – 2012 – VUNESP) O reconhecimento da decadência, nos termos do art. 107 do CP,

(A) extingue a punibilidade.

(B) leva à absolvição do acusado.

(C) é causa de absolvição sumária.

(D) é causa de rejeição da denúncia.

(E) determina o arquivamento da ação penal.

A decadência gera a extinção da punibilidade – art. 38 do CPP e arts. 103 e 107, IV, do CP. Atente para o fato de que, neste caso, o marco inicial para a contagem do prazo de seis meses é representado pelo dia em que a vítima vem a saber quem é o autor do crime. Outra coisa: os prazos prescricionais e decadenciais são de natureza penal; devem, portanto, ser contados nos moldes do que estabelece o art. 10 do CP.

Gabarito "A".

15. PRESCRIÇÃO

(PROCURADOR DO ESTADO/RS – FUNDATEC – 2010) Assinale a alternativa incorreta:

(A) Extingue-se a punibilidade pela morte do agente, pela anistia, graça ou indulto, pela retroatividade de lei que não mais considera o fato como criminoso, pela

prescrição, decadência ou perempção, pela renúncia do direito de queixa ou pelo perdão, aceito ou não, nos crimes de ação privada, pela retratação do agente, nos casos em que a lei a admite e pelo perdão judicial, nos casos previstos em lei.

(B) A prescrição, antes de transitar em julgado a sentença final, começa a correr, no caso de tentativa, do dia em que cessou a atividade criminosa.

(C) A prescrição da pena de multa ocorrerá em 2 (dois) anos, quando a multa for a única cominada ou aplicada e no mesmo prazo estabelecido para prescrição da pena privativa de liberdade, quando a multa for alternativa ou cumulativamente cominada ou cumulativamente aplicada.

(D) O curso da prescrição interrompe-se pelo recebimento da denúncia ou da queixa; pela pronúncia; pela decisão confirmatória da pronúncia; pela publicação da sentença ou acórdão condenatórios recorríveis; pelo início ou continuação do cumprimento da pena e pela reincidência.

(E) Antes de passar em julgado a sentença final, a prescrição não corre enquanto não resolvida, em outro processo, questão de que dependa o reconhecimento da existência do crime e enquanto o agente cumpre pena no estrangeiro.

A: a assertiva está incorreta, devendo ser assinalada, porque o *perdão* somente levará à extinção da punibilidade se aceito for pelo querelado (art. 51 do CPP). Tanto é assim que o art. 107, V, do CP somente faz referência ao *perdão aceito*; **B:** a proposição – correta – corresponde à redação do art. 111, II, do CP; **C:** correta, pois reflete o disposto no art. 114 do CP; **D:** proposição correta, pois corresponde ao que estabelece o art. 117 do CP; **E:** correta, já que corresponde à redação do art. 116, I e II, do CP. Atenção: a Lei 13.964/2019, posterior à elaboração desta questão, alterou diversos dispositivos do Código Penal, entre os quais o art. 116, ao qual foram introduzidas duas novas causas impeditivas da prescrição. Até o advento do Pacote Anticrime, o art. 116 do CP contava com dois incisos, que continham causas impeditivas ou suspensivas da prescrição da pretensão punitiva. O inciso III, acrescido pela Lei Anticrime, estabelece que a prescrição não corre *na pendência de embargos de declaração ou de recursos aos Tribunais Superiores, quando inadmissíveis*. Dessa forma, se os recursos especial, ao STJ, e extraordinário, ao STF, forem considerados inadmissíveis, o recorrente não será beneficiado por eventual prescrição que venha a ocorrer neste período. Este dispositivo, como se pode ver, presta-se a evitar que manobras procrastinatórias levem o processo à prescrição. O inciso IV, por seu turno, também inserido por meio da Lei 13.964/2019, prevê que a prescrição também não correrá *enquanto não cumprido ou não rescindido o acordo de não persecução penal*, introduzido no art. 28-A do CPP pelo Pacote Anticrime. Outra mudança operada pela Lei 13.964/2019 neste artigo foi a troca do termo *estrangeiro*, presente no inciso II, por *exterior*.

Gabarito "A".

16. CRIMES CONTRA A PESSOA

(Procurador do Município/Cubatão-SP – 2012 – VUNESP) O crime de violação de domicílio do art. 150 do CP

(A) admite modalidade dolosa ou culposa.

(B) é punido com pena de reclusão ou multa.

(C) pode ser cometido por ação ou por omissão.

(D) é qualificado por intuito de lucro ou por ter sido praticado por funcionário público.

(E) tem pena aumentada se produz prejuízo à vítima ou é praticado mediante rompimento de obstáculo.

A: incorreta, uma vez que não há, para este crime, previsão de modalidade culposa; **B:** incorreta, visto que, para a forma simples, a pena cominada é de *detenção*, de um a três meses, ou *multa*; também para a figura qualificada (art. 150, § 1º, do CP) deverá ser aplicada pena de detenção, entre seis meses e dois anos, sem prejuízo da pena correspondente à violência. Não há, como se pode ver, previsão de pena de *reclusão* para o crime do art. 150 do CP; a pena de multa poderá ser aplicada, alternativamente à de prisão, na figura simples; **C:** correta. Conforme o caso, a conduta pode exteriorizar-se por ação ou por omissão; **D:** incorreta. Não qualifica este crime o fato de o agente atuar com o propósito de lucro. De outro lado, sendo o crime cometido por funcionário público, fora dos casos legais, sem observar as formalidades impostas por lei ou ainda com abuso de poder, deverá incidir a causa de aumento prevista no art. 150, § 2º, do CP. Atenção: a Lei 13.869/2019 (nova Lei de Abuso de Autoridade), posterior à elaboração desta questão, revogou o art. 150, § 2º, do CP; **E:** incorreta, pois não há essa previsão legal. **ED**

Gabarito "C".

17. CRIMES CONTRA O PATRIMÔNIO

(Procurador – IPSMI/SP – VUNESP – 2016) Mévio, endividado, sequestra o próprio pai, senhor de 70 anos, objetivando obter como resgate, de seus irmãos, a quantia de R$ 100.000,00 (cem mil reais). Para tanto, conta com a ajuda de Caio. Passadas 13 horas do sequestro, Caio se arrepende e decide comunicar o crime à Polícia que, pouco depois, invade o local do sequestro, libertando a vítima. A respeito da situação retratada, é correto afirmar que

(A) Mévio e Caio praticaram extorsão mediante sequestro, na forma qualificada, haja vista que o crime perdurou por período superior a 12 horas.

(B) por se tratar de crime contra o patrimônio, Mévio é isento de pena, pois cometeu o crime em prejuízo de ascendente.

(C) por se tratar de crime contra o patrimônio, relativamente a Mévio, que praticou o crime em prejuízo de ascendente, a ação penal é pública condicionada à representação.

(D) Caio, mesmo tendo denunciado o crime à autoridade policial, não faz jus à redução da pena, por se tratar de crime na forma qualificada.

(E) Mévio e Caio praticaram extorsão mediante sequestro, na forma qualificada, por se tratar de vítima idosa.

Mévio e Caio devem ser responsabilizados pelo crime de extorsão mediante sequestro na sua modalidade qualificada, já que, com o propósito de obter valor de resgate, sequestraram pessoa com 70 anos de idade, conduta essa prevista no art. 159, § 1º, do CP. O fato de a vítima ter sua liberdade restringida por tempo superior a 12 horas não configura a qualificadora do art. 159, § 1º, do CP, que estabelece que a privação de liberdade, para que incida a qualificadora, deve se dar por período superior a 24 horas. Exclui-se, portanto, a primeira proposição. Da mesma forma, está incorreto o que se afirma na alternativa "B" (e também na "C"). Isso porque a imunidade referida no art. 181, II, do CP não alcança os crimes de roubo e extorsão, na forma estatuída no art. 183, I, do CP. A causa de redução de pena contida no art. 159, § 4º, CP (delação premiada), a que faz jus Caio pelo fato de ter denunciado o crime à autoridade policial, tem aplicação, sim, na forma qualificada do crime de crime de extorsão mediante sequestro. Incorreta, portanto, a assertiva "D". **ED**

Gabarito "E".

(PROCURADOR – BANCO CENTRAL – 2009 – CESPE) Roberto, com 23 anos de idade, subtraiu para si um aparelho celular avaliado economicamente em R$ 900,00, pertencente ao seu pai, Alberto, de 63 anos de idade, e em seguida, vendeu-o por R$ 200,00 para Felipe, o qual sabia que o aparelho não custava tão barato. Considerando a situação hipotética acima descrita, assinale a opção correta no referente aos crimes contra o patrimônio.

(A) Roberto é isento de pena, por ter praticado o crime contra ascendente, ocorrendo, assim, uma escusa absolutória legalmente prevista.

(B) Felipe praticou crime de receptação culposa, mas será isento de pena em face da extensão da escusa absolutória aplicável a Roberto.

(C) Roberto praticou, em tese, crime de furto, e Felipe, receptação culposa, porque, pela desproporção entre o valor e o preço do aparelho celular, deveria presumir ter sido obtido por meio criminoso.

(D) Se Felipe revender o aparelho celular para Frederico, este não responderá por crime algum, pois não se pune a receptação de coisa já receptada.

(E) Roberto não responderá por crime algum, em face da aplicação do princípio da insignificância, já consolidado na jurisprudência dos tribunais superiores como aplicável aos bens avaliados em até R$ 1.000,00.

A despeito de o crime contra o patrimônio ter sido praticado contra ascendente e não ter sido empregada, no seu cometimento, violência ou grave ameaça à pessoa, não é o caso de incidir a imunidade a que alude o art. 181, II, do CP, pois o ofendido conta com mais de 60 anos de idade - nos termos do art. 183, III, do CP. Felipe, por sua vez, deverá ser responsabilizado pelo crime de *receptação culposa* – art. 180, § 3º, do CP. Isso porque, dada a inegável desproporção entre o valor e o preço que pagou pelo bem, deveria presumir que foi obtido por meio criminoso. **ED**

Gabarito "C".

18. CRIMES CONTRA A FÉ PÚBLICA

Juan González, estrangeiro, enfermeiro, residente havia dois anos em Boa Vista – RR, apresentava-se como médico no Brasil e atendia pacientes gratuitamente em um posto de saúde da rede pública municipal, embora não fosse funcionário público. Seu verdadeiro objetivo com essa prática era retirar medicamentos do local e revendê-los para obter lucro.

Em razão de denúncia anônima a respeito do desvio de medicamentos, Juan, portando caixas de remédios retiradas do local, foi abordado em seu automóvel por policiais logo após ter saído do posto e foi, então, conduzido à delegacia. Para que seu verdadeiro nome não fosse descoberto, Juan identificou-se à autoridade policial como Pedro Rodríguez, buscando, assim, evitar o cumprimento de mandado de prisão expedido por ter sido condenado pelo crime de moeda falsa no Brasil.

Questionado sobre a propriedade do veículo no qual se encontrava no momento da abordagem, Juan informou tê-lo comprado de uma pessoa desconhecida, em Boa Vista. Durante a investigação policial, verificou-se que o veículo havia sido furtado por outra pessoa no Brasil e que a placa estava adulterada. Verificou-se, ainda, que a placa identificava um veículo registrado no país de origem de Juan e em seu nome, embora Juan tivesse alegado ter adquirido o veículo já com a referida placa.

15. DIREITO PENAL

(Procurador do Município - Boa Vista/RR - 2019 - CESPE/CEBRASPE) Considerando essa situação hipotética, julgue os itens que se seguem.

(1) Juan deverá responder pelo crime de falsa identidade por ter se apresentado enganosamente como médico, delito que se consumou no instante em que ele obteve a vantagem indevida com a posse de medicamentos ao sair do posto de saúde.

(2) Por ter declarado chamar-se Pedro Rodríguez, Juan deverá responder pelo crime de uso de documento falso, cuja tipificação objetiva a tutela da fé pública.

(3) Juan deverá responder por participação no crime de furto do veículo que adquiriu, apesar de o autor do crime ter sido outra pessoa.

(4) Juan não deverá responder pelo crime de peculato, apesar de ter se apropriado de medicamentos da rede pública de saúde.

(5) Juan deverá responder pelo crime de falsa identidade por ter se apresentado como Pedro Rodríguez perante autoridade policial, uma vez que a tentativa de evitar a prisão em razão do mandado expedido não é considerada exercício de autodefesa que exclua o referido crime.

1: errado. Por *identidade* devemos entender o conjunto de caracteres peculiares de uma pessoa, que se prestam a individualizá-la. Aqui estão incluídos o nome, a idade, o estado civil, a filiação e, entre outros, a *profissão*. Aquele que atribui a si (ou mesmo a terceiro) elemento de sua identidade que não corresponde à realidade incorrerá, em princípio, no crime definido no art. 307 do CP (falsa identidade), desde que, como o próprio tipo penal exige, o agente aja imbuído do propósito de obter vantagem ou mesmo causar dano a terceiro. Pois bem. Disso se infere que Juan, por ter se apresentado enganosamente como médico (mentiu quanto ao elemento *profissão*, que, como já dissemos, compõe a identidade do indivíduo) com o propósito de obter vantagem deverá ser responsabilizado, em princípio, pelo crime de falsa identidade. Registre-se que existe divergência em sede doutrinária quanto à natureza da vantagem perseguida pelo agente: se de natureza patrimonial, o crime será de estelionato; se de natureza não patrimonial, será de falsa identidade. Seja como for, o fato é que o delito do art. 307 do CP, diferentemente do que se afirma na proposição, alcança a sua consumação com a mera atribuição da falsa identidade com vistas a obter vantagem indevida. Em outras palavras, é prescindível, para que este crime atinja a sua consumação, que o agente obtenha a vantagem perseguida. É aqui que está o erro da assertiva; **2:** errada. Segundo consta do enunciado, Juan, em razão de denúncia anônima a respeito do desvio de medicamentos que vinha praticando, foi abordado por policiais, que encontraram em seu poder caixas de remédios retiradas do seu local de trabalho. Já na delegacia, com vistas a esconder sua verdadeira identidade (já que temia ser preso em razão de condenação ocorrida em outro processo), Juan identificou-se à autoridade policial como Pedro Rodríguez. Por essa conduta, Juan não poderá ser responsabilizado pelo crime de uso de documento falso. Isso porque o crime do art. 304 do CP pressupõe que o agente faça uso (empregue) de documento falso. Não foi isso o que ocorreu, na medida em que Juan se limitou a declarar nome diverso do seu. Ou seja, sem apresentar qualquer documento, ele mentiu quanto à sua identidade. Neste caso, Juan deverá ser responsabilizado pelo crime de falsa identidade, cujas características já mencionamos acima. Quanto à configuração deste delito no caso narrado na assertiva, é importante que façamos algumas ponderações. Parte da doutrina sustenta que não comete o crime do art. 307 do CP o agente que atribui a si falsa identidade com o propósito de escapar de ação policial e, dessa forma, evitar sua prisão. O indivíduo estaria, segundo essa corrente, procurando preservar sua liberdade. Sucede que, atualmente, este posicionamento não mais prevalece.

Segundo STF e STJ, aquele que atribui a si identidade falsa com o escopo de furtar-se à responsabilidade criminal deve, sim, responder pelo crime de falsa identidade (art. 307, CP). A propósito, o STJ, consolidando tal entendimento, editou a Súmula 522: "A conduta de atribuir-se falsa identidade perante autoridade policial é típica, ainda que em situação de alegada autodefesa". Também nesse sentido, o STF: "Direito penal. Agravo regimental em recurso extraordinário com agravo. Crime de falsa identidade. Art. 307 do Código Penal. Alegação de autodefesa. Impossibilidade. Tipicidade configurada. 1. O Plenário Virtual do Supremo Tribunal Federal, no julgamento do RE 640.139, Rel. Min. Dias Toffoli, decidiu que o princípio constitucional da autodefesa não alcança aquele que atribui falsa identidade perante autoridade policial com o intuito de ocultar maus antecedentes. Na ocasião, reconheceu-se a existência de repercussão geral da questão constitucional suscitada e, no mérito, reafirmou a jurisprudência dominante sobre a matéria. 2. Agravo regimental a que se nega provimento." (ARE 870572 AgR, 1ª T., Rel. Min. Roberto Barroso, j. 23.06.2015, *DJe* 05.08.2015, publ. 06.08.2015); **3:** errada. Se Juan não teve qualquer participação no cometimento do crime de furto do veículo que dirigia, não poderá por ele ser responsabilizado. Ao que parece, Juan adquiriu o bem da pessoa que realizou a subtração. Nesse caso, Juan deverá responder, em princípio, pelo crime de receptação (art. 180, CP); **4:** certa. O crime de peculato, definido no art. 312 do CP, é considerado próprio, ou seja, somente por ele poderá ser responsabilizado o funcionário público (ou ao menos o particular que com ele contribua). Não é o caso de Juan, que não estava investido em cargo, emprego ou função pública; **5:** certa. Vide comentário à assertiva 2. **ED**

Gabarito: 1E, 2E, 3E, 4C, 5C

(Procurador – SP – VUNESP – 2015) João, responsável pela emissão de certidões em determinada repartição pública, a fim de ajudar seu amigo José, que concorre a um cargo público, emite certidão falsa, atestando que ele desenvolveu determinados projetos profissionais para a Administração Pública. Sobre a conduta de João, pode-se afirmar que cometeu o crime de

(A) falsidade ideológica, previsto no artigo 299 do Código Penal, ao inserir declaração falsa em documento público.

(B) falsificação de documento particular, previsto no artigo 298 do Código Penal, pois o documento se destinava para uso particular e para fins particulares.

(C) certidão materialmente falsa, previsto no parágrafo 1º, do artigo 301 do Código Penal.

(D) falsificação de documento público, previsto no artigo 297 do Código Penal: "falsificar, no todo ou em parte, documento público, ou alterar documento público verdadeiro".

(E) certidão ideologicamente falsa, previsto no artigo 301 do Código Penal.

O fato narrado no enunciado corresponde à descrição típica do art. 301 do CP (certidão ou atestado ideologicamente falso). É crime próprio, tendo em conta que somente poderá ser praticado pelo funcionário público com atribuição para a expedição de certidão, o que está bem claro no enunciado (*responsável pela emissão de…*). Perceba que o falso, neste crime, tal como se dá no delito do art. 299 do CP (falsidade ideológica), incide sobre o conteúdo, a ideia presente no documento, que, formalmente, é perfeito. **ED**

Gabarito "E".

(Procurador Municipal – Sertãozinho/SP – VUNESP – 2016) Acerca dos crimes contra a fé pública, assinale a alternativa correta.

(A) Aquele que falsifica, fabricando ou alterando, selo destinado a controle tributário responde pelo crime de falsificação de selo ou sinal público, previsto no art. 296 do Código Penal.

(B) A falsificação, no todo ou em parte, de atestado, para prova de fato ou circunstância que habilite alguém a obter cargo público configura o crime de falsificação de documento público, previsto no art. 297 do Código Penal.

(C) O princípio da insignificância, causa supralegal de exclusão da tipicidade, não se aplica ao crime de moeda falsa.

(D) O crime de uso de documento falso é material, ou seja, para a consumação exige-se a obtenção de proveito.

(E) O crime de falsidade de atestado médico envolve também como conduta típica a opinião emitida pelo profissional, ainda que equivocada.

A: incorreta, já que a conduta corresponde ao crime do art. 293, I, do CP, e não ao do art. 296 do CP; **B:** incorreta. Trata-se do crime definido no art. 301, § 1°, do CP (falsidade material de atestado ou certidão); **C:** correta. É tranquilo o entendimento, tanto no STF quanto no STJ, no sentido de que é inaplicável o princípio da insignificância aos crimes de moeda falsa, cujo objeto de tutela da norma é tanto a fé pública quanto a credibilidade do sistema financeiro, não sendo determinante para a tipicidade o valor posto em circulação. Nesse sentido, conferir: *O delito de moeda falsa não se compatibiliza com a aplicação do princípio da insignificância, segundo iterativa jurisprudência desta Corte, uma vez que o bem jurídico tutelado pelo artigo 289 do Código Penal é a fé pública, insuscetível de ser mensurada pelo valor e pela quantidade de cédulas falsas apreendidas* (AgRg no REsp 1227113/MG, Rel. Ministro Og Fernandes, Sexta Turma, julgado em 11.06.2013, *DJe* 21.06.2013). No STF: "Moeda Falsa – Insignificância – Afastamento. Descabe cogitar da insignificância do ato praticado uma vez imputado o crime de circulação de moeda falsa" (STF, HC 126285, relator Min. Marco Aurélio, Primeira Turma, julgado em 13/09/2016, processo eletrônico Dje-206 divulg 26-09-2016 public 27-09-2016); **D:** incorreta. Ao contrário do que se afirma, o crime de uso de documento falso, capitulado no art. 304 do CP, é *formal* (e não *material*), já que a sua consumação se dá independentemente da produção de resultado naturalístico consistente na obtenção de proveito pelo agente; **E:** incorreta, na medida em que a conduta deve recair sobre *fato*, e não sobre *opinião* (juízo de convicção), ainda que equivocada, exteriorizada pelo médico. **ED**

Gabarito "C".

(Procurador Municipal – Sertãozinho/SP – VUNESP – 2016) Sobre os crimes contra a fé pública, assinale a alternativa correta.

(A) Aquele que falsifica documento público e em seguida o utiliza responde pela falsificação e pelo uso, em concurso material.

(B) Considere que o agente, consultando os autos do processo-crime no qual figura como réu, ao se deparar com provas inequívocas de materialidade e autoria, as retire do processo e destrua. Responderá pelo crime de supressão de documento.

(C) Aquele que adultera sinal identificador de veículo automotor responde por crime previsto no art. 311 do Código Penal. O mesmo artigo determina que se o agente cometer o crime no exercício da função pública, a pena será aumentada de metade.

(D) Aquele que figura como "testa de ferro", permitindo o uso de seu nome como possuidor de ação, título ou valor pertencentes a estrangeiro, em relação a quem a posse é proibida por lei, pratica crime punido com reclusão e multa.

(E) Se o crime de falsidade de atestado médico for praticado com o fim de lucro, a pena será aumentada de 1/3.

A: incorreta. Embora não haja consenso na doutrina e na jurisprudência, prevalece hoje o entendimento no sentido de que o agente que falsifica documento e, ato contínuo, dele faz uso somente responde pelo crime de *falsificação*, sendo o seu *uso* reputado *post factum* não punível. Conferir: *A teor da jurisprudência desta Corte, o uso de documento falsificado (CP, art. 304) deve ser absorvido pela falsificação do documento público ou privado (CP, arts. 297 e 298), quando praticado pelo mesmo agente, caracterizando o delito de uso post factum não punível, ou seja, mero exaurimento do crime de falso, não respondendo o falsário pelos dois crimes, em concurso material* (STJ, AgRg no RHC 112.730/SP, Rel. Ministro RIBEIRO DANTAS, QUINTA TURMA, julgado em 03/03/2020, DJe 10/03/2020). Nessa mesma ótica: *(...) De acordo com a jurisprudência do Supremo Tribunal Federal e do Superior Tribunal de Justiça, o crime de uso, quando cometido pelo próprio agente que falsificou o documento, configura "post factum" não punível, vale dizer, é mero exaurimento do crime de falso. Impossibilidade de condenação pelo crime previsto no art. 304 do Código Penal (AP 530, Relator(a): Min. Rosa Weber, Relator(a) p/ Acórdão: Min. Roberto Barroso, Primeira Turma, julgado em 09.09.2014, Acórdão Eletrônico DJe-225 divulg 14.11.2014 public 17.11.2014 republicação: DJe-250 divulg 18.12.2014 public 19.12.2014).* É importante que se diga que parte da doutrina e também da jurisprudência entendem que o agente que usa o documento por ele falsificado deve responder pelo crime do art. 304 do CP (uso), ficando a falsificação por este absorvida. É o que sustenta Guilherme de Souza Nucci, para quem "a prática dos dois delitos pelo mesmo agente implica no reconhecimento de um autêntico *crime progressivo*, ou seja, falsifica-se algo para depois usar (crime-meio e crime-fim). Deve o sujeito responder somente pelo uso de documento falso" (*Código Penal Comentado*, 18ª ed., p. 1400) Há, ainda, uma corrente minoritária que sustenta que é caso de concurso de crimes; **B:** correta, já que a conduta se amolda, de fato, ao tipo penal do art. 305 do CP (supressão de documento); **C:** incorreta. A pena, na hipótese do agente cometer o crime no exercício da função pública, será aumentada de um terço, e não de metade, tal como constou da assertiva. É o que estabelece o art. 311, § 1°, do CP; **D:** incorreta. A conduta descrita na assertiva corresponde ao crime do art. 310 do CP, cuja pena cominada é de detenção (e não reclusão!) de seis meses a três anos e multa; **E:** incorreta. Na hipótese de o crime do art. 302 do CP (falsidade de atestado médico) ser praticado com o fim de lucro, será aplicada a pena de multa, sem prejuízo da de prisão. **ED**

Gabarito "B".

(Procurador Municipal – Prefeitura/BH – CESPE – 2017) Com relação aos crimes em espécie previstos no CP, assinale a opção correta, considerando o entendimento jurisprudencial do STJ.

(A) O indivíduo que, ao ser preso em flagrante, informa nome falso com o objetivo de esconder seus maus antecedentes pratica o crime de falsa identidade, não sendo cabível a alegação do direito à autodefesa e à não autoincriminação.

(B) Para a configuração do crime de descaminho, é necessária a constituição definitiva do crédito tributário por processo administrativo-fiscal.

(C) Em se tratando de crime de concussão, a situação de flagrante se configura com a entrega da vantagem indevida.

(D) O crime de sonegação fiscal não absorve o crime de falsidade ideológica, mesmo que seja praticado unicamente para assegurar a evasão fiscal.

A: correta. Parte da doutrina sustenta que não comete o crime do art. 307 do CP o agente que atribui a si falsa identidade com o propósito de escapar de ação policial e, dessa forma, evitar sua prisão. O indivíduo

15. DIREITO PENAL — 653

estaria, segundo essa corrente, procurando preservar sua liberdade. Sucede que, atualmente, este posicionamento não mais prevalece. Segundo STF e STJ, aquele que atribui a si identidade falsa com o escopo de furtar-se à responsabilidade criminal deve, sim, responder pelo crime de falsa identidade (art. 307, CP). A propósito, o STJ, consolidando tal entendimento, editou a Súmula 522: "A conduta de atribuir-se falsa identidade perante autoridade policial é típica, ainda que em situação de alegada autodefesa". Também nesse sentido, o STF: "Direito penal. Agravo regimental em recurso extraordinário com agravo. Crime de falsa identidade. Art. 307 do Código Penal. Alegação de autodefesa. Impossibilidade. Tipicidade configurada. 1. O Plenário Virtual do Supremo Tribunal Federal, no julgamento do RE 640.139, Rel. Min. Dias Toffoli, decidiu que o princípio constitucional da autodefesa não alcança aquele que atribui falsa identidade perante autoridade policial com o intuito de ocultar maus antecedentes. Na ocasião, reconheceu-se a existência de repercussão geral da questão constitucional suscitada e, no mérito, reafirmou a jurisprudência dominante sobre a matéria. 2. Agravo regimental a que se nega provimento." (ARE 870572 AgR, 1ª T., Rel. Min. Roberto Barroso, j. 23.06.2015, *DJe* 05.08.2015, publ. 06.08.2015); **B:** incorreta, uma vez que não se aplica, no contexto do crime de descaminho, o entendimento firmado na Súmula Vinculante 24: "Não se tipifica crime material contra a ordem tributária, previsto no art. 1º, incisos I a IV, da Lei 8.137/1990, antes do lançamento definitivo do tributo". Nesse sentido, conferir: "A Quinta Turma deste Superior Tribunal de Justiça firmou entendimento no sentido de que o delito previsto no art. 334 do Código Penal se configura no ato da importação irregular de mercadorias, sendo desnecessário, portanto, o exaurimento das vias administrativas e constituição definitiva do crédito tributário para a sua apuração criminal" (AgRg no AREsp 1034891/ SP, 5ª T., Rel. Min. Jorge Mussi, j. 13.06.2017, *DJe* 23.06.2017); **C:** incorreta. A entrega da vantagem indevida, na concussão (art. 316, "caput", CP), corresponde ao que a doutrina convencionou chamar de *exaurimento*, que nada mais é do que o desdobramento típico ocorrido em momento posterior à consumação. Neste crime, classificado pela doutrina como *formal* (ou de consumação antecipada ou resultado cortado), a consumação se dá com a imposição, pelo funcionário público, da vantagem indevida, pouco importando se o particular, sentindo-se acuado, faz-lhe a entrega ou não. A prisão em flagrante, bem por isso, somente é possível no momento em que o funcionário exige a vantagem; a entrega desta, pelo particular, constitui, como já dito, exaurimento do crime, não cabendo, portanto, a prisão em flagrante do *intraneus*, desde que, é claro, isso se dê em outro contexto. Para que não reste nenhuma dúvida: se a entrega da vantagem se der vários dias depois da exigência desta, não caberá mais a prisão em flagrante, uma vez que a consumação ocorreu lá atrás (com a imposição do pagamento indevido). Embora isto em nada repercuta na resolução desta questão, é importante que se diga que a Lei 13.964/2019 alterou a pena máxima cominada ao crime de concussão. Com isso, a pena para este delito, que era de 2 a 8 anos de reclusão, e multa, passa para 2 a 12 anos de reclusão, e multa. Corrige-se, dessa forma, a distorção que até então havia entre a pena máxima cominada ao crime de concussão e aquelas previstas para os delitos de corrupção passiva (317, CP) e corrupção ativa (art. 333, CP). Doravante, a pena, para estes três crimes, vai de 2 a 12 anos de reclusão, sem prejuízo da multa. Mesmo porque a pena de concussão denota, no seu cometimento, maior gravidade do que o delito de corrupção passiva. No primeiro caso, o agente exige, que tem o sentido de impor, obrigar, sempre se valendo do cargo que ocupa para intimidar a vítima e, dessa forma, alcançar a colimada vantagem indevida; no caso da corrupção passiva, o *intraneus*, no lugar de exigir, solicita, recebe ou aceita promessa de receber tal vantagem; **D:** incorreta. Para o STJ, é caso de aplicação do princípio da consunção. Conferir: "A jurisprudência desta Corte Superior é firme no sentido de aplicação do princípio da consunção quando o delito de falso é praticado exclusivamente para êxito do crime de sonegação, motivo pelo qual é aplicada a súmula 83/STJ" (AgRg nos EAREsp 386.863/MG, 3ª Seção, Rel. Min. Felix Fischer, j. 22.03.2017, *DJe* 29.03.2017). ED

Gabarito "A".

(Procurador do Estado – PGE/BA – CESPE – 2014) Julgue o item que se segue (adaptada)

(1) Aquele que utilizar laudo médico falso para, sob a alegação de possuir doença de natureza grave, furtar--se ao pagamento de tributo, deverá ser condenado apenas pela prática do delito de sonegação fiscal se a falsidade ideológica for cometida com o exclusivo objetivo de fraudar o fisco, em virtude da aplicação do princípio da subsidiariedade.

1: incorreta. Tal como se afirma, o crime de falso, já que serviu de meio para o cometimento do crime de sonegação fiscal (crime fim), deve por este ser absorvido, em virtude, e aqui está o erro da assertiva, do princípio da consunção, e não da subsidiariedade. ED

Gabarito 1E

(Procurador do Município/Sorocaba-SP – 2012 – VUNESP) As condutas criminosas conhecidas como *fraudes em certames de interesse público*, recentemente incluídas no CP, integram o rol dos crimes

(A) contra a fé pública.

(B) contra a incolumidade pública.

(C) contra a administração da justiça.

(D) praticados por particular contra a Administração.

(E) praticados por funcionário público contra a Administração.

O art. 311-A, que define o crime de *fraudes em certames de interesse público*, foi inserido, por meio da Lei 12.550/11, no Código Penal no Título X – Crimes contra a Fé Pública.

Gabarito "A".

(Procurador do Município/São José dos Campos-SP – 2012 – VUNESP) Avalie as seguintes assertivas a respeito dos crimes contra a fé pública.

I. Aquele que dolosamente introduz na circulação, sabendo ser falsa, moeda de curso legal no país, incorrerá na mesma pena daquele que a falsificou, independentemente de tê-la recebido de boa-fé, como verdadeira.

II. Para fins do crime de falsificação, o cheque nem sempre será considerado documento particular.

III. O crime de supressão de documento estabelece a pena de reclusão, de dois a seis anos, e multa, para o agente que destruir, suprimir ou ocultar, em benefício próprio ou de outrem, ou em prejuízo alheio, documento público ou particular verdadeiro, de que não podia dispor.

Está correto o que se afirma em

(A) I, apenas.

(B) II, apenas.

(C) III, apenas.

(D) II e III, apenas.

(E) I, II e III.

I: aquele que recebe, de boa-fé, moeda falsa de curso legal no país e, após, ciente da falsidade, a restitui à circulação incorre no crime previsto no art. 289, § 2º, do CP, cuja pena cominada é bem inferior à do *caput*, que corresponde à conduta do agente que falsifica a moeda; **II:** assertiva correta, visto que o cheque, para fins penais, somente será considerado documento público (por equiparação) se puder ser transferido por endosso (art. 297, § 2º, do CP); **III:** assertiva incorreta, pois o art. 305 do CP (supressão de documento) estabelece a pena de reclusão de dois a seis anos e multa somente na hipótese de o

documento ser público; se particular, a pena cominada será de um a cinco anos, sem prejuízo da multa.
Gabarito "B".

(PROCURADOR DO ESTADO/RS – FUNDATEC – 2010) Assinale a alternativa incorreta:

(A) No crime de falsificação de moeda, a ação penal é pública incondicionada e o agente que falsificar, fabricar ou alterar, moeda metálica ou papel-moeda de curso legal no país ou no estrangeiro, mesmo que preenchidos os requisitos subjetivos, não terá direito ao instituto da suspensão condicional do processo.

(B) No crime de falsidade ideológica, se o agente é funcionário público e comete o crime prevalecendo-se do cargo, ou se a falsificação ou alteração é de assentamento de registro civil, aumenta-se a pena de sexta parte.

(C) No crime de uso de documento falso, o agente que fizer uso de qualquer dos papéis falsificados ou alterados, pratica um crime instantâneo de efeitos permanentes, comissivo e que não admite, em regra, a hipótese de tentativa.

(D) No crime de peculato, se o funcionário público que dolosamente se apropriar de dinheiro, valor ou qualquer outro bem móvel, público ou particular, de que tem a posse em razão do cargo, ou desviá-lo, em proveito próprio ou alheio, voluntariamente reparar o dano antes da sentença irrecorrível, terá a extinção da punibilidade; se a reparação é posterior, terá reduzida de metade a pena imposta.

(E) No crime de advocacia administrativa, o agente que patrocinar, direta ou indiretamente, interesse privado, legítimo ou ilegítimo, perante a administração pública, valendo-se da qualidade de funcionário, pratica uma infração de menor potencial ofensivo e uma vez preenchidos os requisitos subjetivos pelo agente, terá direito ao instituto da transação penal.

A: correta, pois, como afirmado na assertiva, a ação penal, no crime de *moeda falsa*, previsto no art. 289 do CP, é *pública incondicionada*. Em razão de a pena mínima cominada ao crime do art. 289, *caput*, do CP (referida na proposição) ser superior a um ano, requisito imposto pelo art. 89, *caput*, da Lei 9.099/95, não tem lugar a *suspensão condicional do processo*, ainda que favoráveis os requisitos de ordem subjetiva. De se ver, contudo, que o autor do crime previsto no art. 289, § 2º, do CP poderá ser agraciado, em princípio, com os benefícios do *sursis* processual e da transação penal, visto que a pena a este crime cominada é de seis meses a dois anos (infração penal de menor potencial ofensivo – art. 61, Lei 9.099/95). Assertiva, portanto, correta; **B:** correta, pois é causa de aumento de pena prevista no art. 299, parágrafo único, do CP; **C:** correta, pois há autores que consideram este crime simplesmente *instantâneo*. Sendo este delito *unissubsistente* (conduta constituída por ato único), não há que se falar em tentativa. Por fim, cuida-se de delito comissivo, na medida em que o verbo nuclear do tipo penal pressupõe uma ação, um fazer; **D:** incorreta, devendo ser assinalada, pois a extinção da punibilidade e a causa de redução de pena contidas no art. 312, § 3º, do CP só têm incidência no *peculato culposo*, previsto no § 2º do mesmo art. 312; **E:** correta, pois a *transação penal* tem cabimento tanto na conduta descrita no *caput* quanto na prevista no parágrafo único do art. 321 do CP (advocacia administrativa).
Gabarito "D".

(ADVOGADO – PETROBRÁS BIO. – 2010 – CESGRANRIO) Tucídides, brasileiro, comerciário, é preso, em flagrante delito, portando a quantia de R$ 15.000,00, em notas de R$ 100,00, R$ 50,00 e R$ 10,00, consideradas falsas pelos agentes policiais. Após a devida instrução criminal, houve a constatação de que a falsificação restou grosseira, fato, inclusive, que levou à denúncia por parte de comerciantes que receberam algumas notas para pagamento de mercadorias. Analisando o caso, conclui-se que o crime

(A) não existe, por ausência de elemento essencial.

(B) é de moeda falsa.

(C) é assimilado ao de moeda falsa.

(D) se caracteriza pela circulação da moeda.

(E) se caracteriza como estelionato.

A falsificação grosseira, incapaz, por isso, de enganar o homem médio constitui fato atípico. Sendo grosseira a falsificação, se o agente, ainda assim, conseguir enganar a vítima, o crime praticado será o do art. 171 do CP. É o teor da Súmula nº 73 do STJ.
Gabarito "A".

19. CRIMES CONTRA A ADMINISTRAÇÃO PÚBLICA

(Procurador do Município - S.J. Rio Preto/SP - 2019 - VUNESP) A conduta do funcionário público que, por indulgência, deixa de responsabilizar subordinado que cometeu infração no exercício do cargo

(A) configura crime de concussão.

(B) configura crime de prevaricação.

(C) configura crime de usurpação de função pública.

(D) configura crime de condescendência criminosa.

(E) não configura crime, mas mera infração funcional.

A: incorreta. No crime de concussão, temos que o funcionário público, valendo-se do cargo que ocupa, *exige* a obtenção de vantagem indevida (art. 316, *caput*, do CP). A conduta típica, na concussão, é representada, como dito, pelo verbo *exigir*, que tem o sentido de *demandar, ordenar*. Essa exigência traz ínsita uma ameaça à vítima, que, sentindo-se intimidada, acuada, acaba por ceder, entregando ao agente a vantagem indevida por ele perseguida. No que concerne a este delito, importante o registro de que a Lei 13.964/2019 promoveu a alteração da pena máxima a ele cominada. Com isso, a pena para este delito, que era de 2 a 8 anos de reclusão, e multa, passa para 2 a 12 anos de reclusão, e multa. Corrige-se, dessa forma, a distorção que até então havia entre a pena máxima cominada ao crime de concussão e aquelas previstas para os delitos de corrupção passiva (317, CP) e corrupção ativa (art. 333, CP). Doravante, a pena, para estes três crimes, vai de 2 a 12 anos de reclusão, sem prejuízo da multa. Mesmo porque o crime de concussão denota, no seu cometimento, maior gravidade do que o delito de corrupção passiva. Seja como for, fica claro que a conduta descrita no enunciado não corresponde ao tipo penal do crime de concussão; **B:** incorreta. Cometerá crime de prevaricação o funcionário público que retardar, deixar de praticar, ou praticar ato de ofício, com infração a dever funcional, para satisfazer interesse ou sentimento pessoal (art. 319, CP). Como se pode ver, não é este o caso da descrição típica contida no enunciado; **C:** incorreta. O delito de usurpação de função pública, definido no art. 328 do CP, consiste na conduta do agente que exerce indevidamente uma atividade pública. Em outras palavras, o sujeito ativo, sem que tenha sido aprovado em concurso público, executa atos inerentes a uma função pública; **D:** correta. O funcionário público que, por indulgência (clemência, tolerância), deixar de promover a responsabilização de funcionário subordinado que tenha praticado infração no exercício do cargo, ou, caso incompetente, deixar de levar o fato ao conhecimento da autoridade com competência punitiva, responderá pelo crime de condescendência criminosa (art. 320 do CP). Perceba que, para a configuração deste crime, é de rigor, conforme consta de sua descrição típica, que a infração não apurada seja cometida *no exercício do cargo*. Cuida-se de crime próprio, na medida em que somente pode

15. DIREITO PENAL   655

figurar como sujeito ativo o funcionário público, em especial o superior hierárquico. É crime omissivo próprio, cuja consumação é alcançada no instante da omissão, consistente em deixar de responsabilizar ou de levar o fato ao conhecimento da autoridade que detenha atribuição para proceder à apuração; **E**: incorreta, visto que, conforme já ponderado, a conduta descrita no enunciado configura o crime do art. 320 do CP. **ED** *Gabarito "D".*

(Procurador do Estado/SE – 2017 – CESPE) Francisco foi acusado de prevaricação por ter deixado de praticar ato legal com a finalidade de satisfazer interesse pessoal. Em sentença, o juiz absolveu Francisco, sob o fundamento de que não ficou demonstrado o interesse pessoal perseguido, e julgou atípica a conduta do funcionário público.

Nessa situação hipotética,

(A) o crime do qual Francisco fora acusado é punível na modalidade culposa.

(B) a absolvição penal impede a propositura de ação cível de reparação de danos promovida pelo ente público contra Francisco.

(C) seria cabível a prisão temporária de Francisco, dado o crime pelo qual ele fora acusado.

(D) a sentença foi acertada porque o crime exige, para sua configuração, dolo específico consubstanciado na satisfação do interesse ou sentimento pessoal.

(E) a sentença pode ser questionada por meio de recurso em sentido estrito, a ser aviado pelo MP.

A: incorreta, visto que o crime de prevaricação (art. 319, CP), pelo qual foi acusado e, após, absolvido Francisco, somente comporta a modalidade dolosa. A propósito, no universo dos crimes contra a Administração Pública, há somente um que admite a modalidade culposa, que é o peculato (art. 312, § 2º, CP); **B**: incorreta, pois contraria o disposto no art. 67, III, do CPP; **C**: incorreta, dado que o crime pelo qual foi acusado Francisco não integra o rol do art. 1º da Lei 7.960/1989 (Prisão Temporária). Não devemos nos esquecer de que a prisão temporária, por ser uma modalidade de custódia cautelar destinada a viabilizar a investigação, somente terá lugar no curso do inquérito policial, não havendo que se falar em decretação da prisão temporária no decorrer da ação penal; **D**: correta. No crime de prevaricação, como é possível inferir da leitura do tipo penal, não basta que o agente deixe de cumprir obrigações inerentes ao dever de ofício, ou, ainda, que execute o ato a que está obrigado contra disposição expressa de lei. É imprescindível que aja, para que fique caracterizado o crime, com o intuito de satisfazer *interesse* ou *sentimento pessoal* (elemento subjetivo especial do tipo). Dessa forma, se tal circunstância não restar comprovada ao cabo da instrução, a absolvição é de rigor; **E**: incorreta. A sentença somente pode ser combatida por meio de recurso de apelação (art. 593, I, do CPP). **ED** *Gabarito "D".*

(Procurador Municipal/SP – VUNESP – 2016) Assinale a alternativa correta sobre o crime de peculato, tipificado no artigo 312 e parágrafos do Código Penal.

(A) É crime próprio e não admite o concurso de pessoas.

(B) No peculato culposo a reparação do dano, se precede à sentença irrecorrível, reduz de metade a pena imposta.

(C) Admite o concurso de pessoas desde que a qualidade de funcionário público, elementar do tipo, seja de conhecimento do particular coautor ou partícipe.

(D) Para a caracterização do peculato-furto, afigura-se necessário que o funcionário público tenha a posse do dinheiro, valor ou bem que subtrai ou que concorre para que seja subtraído, em proveito próprio ou alheio.

(E) No peculato doloso a reparação do dano, se precede à sentença irrecorrível, extingue a punibilidade.

A: incorreta. Embora seja correto afirmar-se que o peculato é delito *próprio*, já que impõe ao sujeito ativo uma qualidade especial, neste caso a de ser funcionário público, é equivocado dizer-se que não é admitido, neste crime, o concurso de pessoas. Com efeito, é perfeitamente possível, no delito aqui tratado – e também nos crimes funcionais em geral –, que o particular, seja na condição de coautor, seja na de partícipe, tome parte na empreitada criminosa, respondendo pelo delito funcional em concurso de pessoas com o *intraneus*. Isso porque a condição de funcionário público, por ser elementar do crime de peculato, se comunica aos demais agentes que hajam concorrido com o funcionário para o cometimento do delito, à luz do que dispõe o art. 30 do CP. No mais, vale dizer que a responsabilização pela prática do delito funcional somente recairá sobre o particular se este tiver conhecimento de tal circunstância; **B**: incorreta. Se a reparação do dano, no peculato culposo (não se aplica ao doloso!), for anterior ao trânsito em julgado da sentença penal condenatória, o agente fará jus à extinção da punibilidade (não é hipótese de redução de pena), na forma estatuída no art. 312, § 3º, primeira parte, do CP; agora, se o funcionário promover a reparação do dano em momento posterior ao trânsito em julgado da sentença, será ele agraciado com a redução de metade da pena que lhe foi imposta, tal como estabelece o art. 312, § 3º, segunda parte, do CP; **C**: correta. Reporto-me ao comentário à alternativa "A"; **D**: incorreta. Ao contrário do que se afirma, para a configuração do chamado peculato-furto, modalidade prevista no art. 312, § 1º, do CP, é necessário que o funcionário não tenha a posse do objeto material do crime, mas, sim, se valha da sua condição de *intraneus* para realizar a subtração do dinheiro, valor ou bem, ou ainda concorra para que seja subtraído por terceiro; **E**: incorreta. Os benefícios da extinção da punibilidade, na hipótese de a reparação ocorrer antes da sentença irrecorrível, e diminuição de metade da pena imposta, quando a reparação é posterior ao trânsito em julgado, somente têm lugar no peculato *culposo* (art. 312, § 3º, do CP). Se doloso for o peculato, quando muito poderá o agente beneficiar-se do *arrependimento posterior*, desde que, nos termos do art. 16 do CP, a reparação do dano ou a restituição da coisa se dê até o recebimento da denúncia. É hipótese de causa de redução de pena. **ED** *Gabarito "C".*

(Procurador – SP – VUNESP – 2015) Antônio foi abordado por Policiais Militares na via pública e, quando informado que seria conduzido para a Delegacia de Polícia, pois era "procurado" pela Justiça, passou a desferir socos e pontapés contra um dos policiais. Sobre a conduta de Antônio, pode-se afirmar que

(A) praticou o crime de desacato, previsto no artigo 331 do Código Penal.

(B) praticou o crime de resistência, previsto no artigo 329 do Código Penal.

(C) praticou o crime de desobediência, previsto no artigo 330 do Código Penal.

(D) não praticou nenhum crime, pois todo cidadão tem direito à sua autodefesa.

(E) praticou o crime de corrupção ativa, previsto no artigo 333 do Código Penal, pois pretendeu, com sua reação, corromper o funcionário público a não cumprir ato de ofício.

Ao investir, com emprego de violência, contra os policiais militares que fariam a sua prisão (ato, em princípio, legal), Antônio cometeu o crime de resistência, capitulado no art. 329 do CP. Perceba que a oposição feita por Antônio à execução do ato consistente na sua prisão se fez por meio de violência, o que constitui, ao lado da ameaça, pressuposto ao reconhecimento deste crime. Além disso, o ato (neste caso a prisão) contra o qual o agente se insurge deve ser legal e realizado por funcionário público (neste caso policiais militares) com atribuição para tanto. Se o ato for ilegal, não há crime. De igual modo, se faltar atribuição ao agente para a execução do ato, também não há delito. Outra coisa importante: este crime restará configurado ainda que a violência ou ameaça seja empregada não contra o funcionário público, mas contra o particular que lhe esteja prestando auxílio na execução do ato. Se o ato, em razão da resistência oposta, não se executa, o agente incorrerá na forma qualificada deste crime (art. 329, § 1º, do CP). Por fim, por expressa disposição do § 2º deste mesmo artigo, a pena correspondente à violência (lesão corporal, por exemplo) será aplicada em concurso material com a da resistência. **ED**

Gabarito "B".

(Procurador – SP – VUNESP – 2015) Sobre o delito de corrupção ativa, pode-se afirmar que

(A) é crime próprio.

(B) tem como objeto jurídico a honestidade do funcionário público.

(C) é crime formal.

(D) é crime de concurso necessário.

(E) admite forma culposa.

A: incorreta. A corrupção *ativa* (art. 333, CP), porque pode ser praticada por qualquer pessoa, é crime *comum*, que não deve ser confundida com a corrupção *passiva* (art. 317, CP), esta sim delito *próprio*, uma vez que o tipo penal exige que seja praticado por funcionário público (qualidade especial do sujeito ativo); **B:** incorreta. A corrupção ativa tem como bem jurídico a ser tutelado a moralidade da Administração Pública; **C:** correta. É, de fato, crime *formal*, na medida em que a sua consumação não está condicionada à aceitação da oferta ou da promessa de oferta ao funcionário. Na verdade, o delito se perfaz em momento anterior: com a mera oferta ou promessa de oferta formulada pelo particular ao funcionário público; **D:** incorreta. Não se trata de crime de concurso necessário (ou plurissubjetivo), já que pode ser praticado por uma só pessoa. É, portanto, crime de concurso eventual (ou monossubjetivo). Os crimes de concurso necessário só podem ser praticados por um número mínimo de agentes. É o caso da associação criminosa (art. 288, CP), cujo tipo penal estabelece o número mínimo de três pessoas. Se houver duas, o fato é atípico; **E:** incorreta. Não há modalidade culposa do crime de corrupção ativa. **ED**

Gabarito "C".

(Procurador – SP – VUNESP – 2015) José solicita e recebe dinheiro de um empresário que participará de uma licitação pública a pretexto de ajudá-lo a vencer o certame, sob o argumento de que tem muitos amigos no comando da Administração Pública. Sobre a conduta de José, está correto afirmar que

(A) praticou o crime de usurpação da função pública (art. 328, Código Penal).

(B) praticou o crime de corrupção ativa (art. 333, Código Penal).

(C) praticou o crime de impedimento, perturbação ou fraude concorrência (art. 335, Código Penal).

(D) praticou o crime de tráfico de influência (art. 332, Código Penal).

(E) não praticou nenhum crime (fato atípico), pois quem decide o resultado de licitação é o agente público e não o particular.

O agente que solicita vantagem a alguém, alegando gozar de prestígio junto à Administração para influir no comportamento de servidor público, comete o crime de tráfico de influência (art. 332 do CP). Este crime muito se assemelha ao estelionato, ou melhor, constitui uma modalidade específica de estelionato, em que o sujeito ativo vende a falsa ideia de

que fará uso de sua influência para obter, em favor da vítima, benefício junto à Administração. Levada a engano pelo ardil aplicado pelo sujeito, o ofendido, ludibriado, entrega-lhe a vantagem perseguida. É crime de ação múltipla ou de conteúdo variado, uma vez que o tipo penal contempla, além do verbo *solicitar* (usado no enunciado), várias outras condutas (exigir, cobrar e obter). Este crime não deve ser confundido com o delito do art. 357 do CP (exploração de prestígio). Neste, as pessoas em relação às quais o agente alega gozar de prestígio estão especificadas no tipo penal: juiz, jurado, órgão do MP, funcionário de justiça etc. É crime contra a administração da Justiça, ao passo que o tráfico de influência é delito contra a administração pública em geral. **ED**

Gabarito "D".

(Procurador – IPSMI/SP – VUNESP – 2016) A respeito dos crimes contra a Administração Pública, é correto afirmar que

(A) o crime de sonegação de contribuição previdenciária é de competência da Justiça Estadual.

(B) importar mercadoria, sem o pagamento do imposto devido pela entrada, caracteriza o crime de contrabando, de competência da Justiça Federal.

(C) o tipo penal de abandono da função pública (artigo 323 do Código Penal) é norma penal em branco e prescinde de resultado.

(D) o crime de desobediência (artigo 330 do Código Penal) somente se caracteriza se do não atendimento à ordem resultar prejuízo à Administração Pública.

(E) a subtração de valor, bem ou dinheiro, por funcionário público, valendo-se da facilidade que a qualidade de funcionário lhe proporciona, caracteriza o crime de furto qualificado.

A: incorreta. O crime de *sonegação de contribuição previdenciária*, que vem definido no art. 337-A do CP, é de competência da Justiça Federal; **B:** incorreta. A conduta se amolda à descrição típica do crime de *descaminho* (e não de *contrabando*), previsto no art. 334, *caput*, do CP; **C:** correta. É norma penal em branco porque o abandono deve se dar *fora dos casos permitidos em lei*. Diz-se, no mais, que o crime do art. 323 do CP é formal porquanto prescinde de resultado naturalístico consistente no prejuízo efetivo à Administração; **D:** incorreta. É crime formal, razão pela qual não se exige, para a sua consumação, a produção de resultado naturalístico consistente no prejuízo à Administração como decorrência do não atendimento à ordem legal; **E:** incorreta, uma vez que a conduta corresponde à descrição típica do crime de *peculato-furto* (art. 312, § 1º, 1ª parte, do CP). **ED**

Gabarito "C".

(Procurador – IPSMI/SP – VUNESP – 2016) A respeito do crime previsto no artigo 359-C (assunção de obrigação no último ano do mandato ou legislatura), é correto afirmar que

(A) a condenação definitiva leva à perda do cargo, função pública ou mandato, tratando-se de efeito imediato da condenação.

(B) pode ser praticado por qualquer funcionário público.

(C) prevê a modalidade culposa.

(D) há previsão de elemento de tipo temporal, perfazendo-se a figura penal apenas se a conduta incriminada realizar-se nos dois últimos quadrimestres do mandato ou legislatura.

(E) tem por bem jurídico assegurar a veracidade nos pleitos dos poderes executivo, legislativo e judiciário.

A: incorreta. A perda de cargo, função pública ou mandato eletivo constitui efeito *específico* da condenação. Isso quer dizer que esta consequência da condenação, não sendo automática (imediata), deve ser declarada na

15. DIREITO PENAL   657

sentença, a teor do que dispõe o art. 92, parágrafo único, do CP. Para facilitar a compreensão deste tema, cabe um esclarecimento. Os efeitos da condenação contemplados no art. 91 do CP são *automáticos* (genéricos). Significa isso que é desnecessário o pronunciamento do juiz, a esse respeito, na sentença. Já o art. 92 do CP, como já dissemos, trata dos efeitos da condenação *não automáticos* (específicos), que, por essa razão, somente podem incidir se o juiz, na sentença condenatória, declará-los de forma motivada; **B:** incorreta. Somente pode figurar como sujeito ativo deste crime o funcionário público que detém atribuição para ordenar ou autorizar a assunção de obrigação; não basta, pois, que seja funcionário público; **C:** incorreta. Não há a previsão de modalidade culposa deste delito; **D:** correta. De fato, o legislador introduziu um elemento temporal no tipo penal do art. 359-C do CP, segundo o qual a conduta ali descrita deve ser realizada a partir de 1º de maio do último ano do mandato ou da legislatura; **E:** incorreta. O bem jurídico aqui tutelado é a proteção à regularidade das finanças públicas. **ED**
Gabarito "D".

(Procurador do Estado – PGE/RS – Fundatec – 2015) Analise as seguintes assertivas:

I. À luz do Código Penal, não se revela possível a condenação de particular pelo delito de peculato (art. 312, CP).

II. Diversamente da corrupção passiva, o delito de concussão não se tipifica quando o agente público exigir, para outrem, direta ou indiretamente, ainda que fora da função ou antes de assumi-la, mas em razão dela, vantagem indevida.

III. A indicação do ato de ofício não integra o tipo legal da corrupção passiva, bastando que o agente público que recebe a vantagem indevida tenha o poder de praticar atos de ofício para que se possa consumar o delito previsto no art. 317, CP. Mas, se restar provada a prática do ato de ofício em consequência da vantagem ou da promessa, a pena será aumentada de um terço.

IV. Aplicam-se as penas do delito de peculato se o funcionário público, embora não tendo a posse do dinheiro, valor ou bem, o subtrai, concorre para que seja subtraído, ou comete uma fraude para tanto, em proveito próprio ou alheio, valendo-se de facilidade que lhe proporciona a qualidade de funcionário.

Após a análise, pode-se dizer que:

(A) Está correta apenas a assertiva III.

(B) Está correta apenas a assertiva IV.

(C) Estão corretas apenas as assertivas II e III.

(D) Estão incorretas apenas as assertivas II e IV.

(E) Nenhuma das respostas anteriores.

I: incorreta. Ao contrário do afirmado, é perfeitamente possível, à luz do que estabelece o art. 30 do CP, que o peculato seja praticado em concurso formado pelo funcionário e por terceiro que não integre os quadros da Administração, visto que a condição de funcionário, por ser elementar do tipo (art. 312, CP), comunica-se aos coautores ou partícipes, desde que, é claro, a qualidade de funcionário público seja de conhecimento do terceiro, que poderá, sim, ser condenado pelo cometimento do crime de peculato; **II:** incorreta. A conduta descrita na assertiva corresponde ao crime de concussão (art. 316, "caput", do CP), em que o funcionário público, no exercício da função ou em razão dela, exige (ordena, impõe) do particular a obtenção de vantagem que não lhe é devida. Na corrupção passiva (art. 317, CP), diferentemente, o funcionário público, no lugar de exigir, solicita, recebe ou aceita promessa de vantagem indevida; **III:** correta (art. 317, § 1º, CP); **IV:** incorreta. O erro da assertiva está na palavra *fraude*; se esta for extraída, a conduta ali prevista corresponde ao crime do art. 312, § 1º, do CP (peculato-furto), em que o sujeito, embora não tenha a posse do objeto

material, valendo-se de facilidade que seu cargo lhe proporciona, o subtrai ou colabora para que seja subtraído. **ED**
Gabarito "A".

(Procurador do Estado – PGE/RS – Fundatec – 2015) Assinale a alternativa INCORRETA.

(A) Segundo previsão legal e a jurisprudência do Supremo Tribunal Federal, a realização de propaganda de natureza eleitoral, exaltando a gestão de prefeito municipal candidato à reeleição e depreciando administrações anteriores em período próximo ao pleito, com custeio de despesas pelo município, configura o delito previsto no art. 1º, inciso II, do Decreto-Lei nº 201/67.

(B) É entendimento do Supremo Tribunal Federal que, quando cometer delito de peculato, governador de estado não pode incidir na causa de aumento de pena prevista no art. 327, § 2º, do Código Penal, dada a natureza de seu cargo, pois a situação caracterizaria *bis in idem*.

(C) A legislação penal vigente pune diversamente a conduta de prefeito que se apropriar de bens ou rendas públicas daquela que, dolosamente, desviar ou aplicar indevidamente rendas ou verbas públicas.

(D) É pacificado na jurisprudência do Superior Tribunal de Justiça que o bem jurídico protegido pelo Direito Penal nos crimes previstos no Decreto-Lei nº 201/67 não é só o patrimônio público, mas também a probidade administrativa, razão pela qual não se pode invocar o Princípio da Insignificância no caso de desvio de bens públicos em proveito próprio ou alheio, levado a cabo pelo próprio Prefeito Municipal, que, no exercício de suas atividades funcionais, deve obediência aos mandamentos legais, inclusive ao princípio da moralidade pública, essencial à legitimidade de seus atos.

A: correta. Conferir o seguinte julgado do STF: "1. O art. 1º, II, do Decreto-Lei nº 201/67 tipifica como crime próprio dos Prefeitos Municipais a conduta de 'utilizar-se, indevidamente, em proveito próprio ou alheio, de bens, rendas ou serviços públicos', cominando a pena de reclusão, de dois a doze anos. 2. A realização de propaganda de cariz eleitoral, exaltando a gestão do prefeito municipal e depreciando as administrações anteriores em época próxima ao pleito, custeada pelo Erário do Município, configura o delito previsto no art. 1º, II, do Decreto-Lei nº 201/67" (AP 432, Tribunal Pleno, Rel. Min. Luiz Fux, j. 10.10.2013); **B:** incorreta. Conferir: "O Governador do Estado, nas hipóteses em que comete o delito de peculato, incide na causa de aumento de pena prevista no art. 327, § 2º, do Código Penal, porquanto o Chefe do Poder Executivo, consoante a Constituição Federal, exerce o cargo de direção da Administração Pública, exegese que não configura analogia *in malam partem*, tampouco interpretação extensiva da norma penal, mas, antes, compreensão do texto" (Inq 2606, Tribunal Pleno, Rel. Min. Luiz Fux, j. 04.09.2014); **C:** correta. Condutas previstas em dispositivos legais distintos, a saber, respectivamente: art. 1º, I, do Decreto-Lei 201/1967, e art. 1º, III, do Decreto-Lei 201/1967; **D:** correta. Conferir o seguinte julgado do STF, que traduz posicionamento compartilhado pelo STJ: " O Decreto-Lei nº 201/67 está voltado não apenas à proteção do patrimônio público como também à moral administrativa, pelo que não há como agasalhar a óptica do crime de bagatela" (HC 85184, 1ª T., Rel Min. Marco Aurélio, *DJ* 08.04.2005). **ED**
Gabarito "B".

(Advogado União – AGU – CESPE – 2015) Um servidor público, concursado e estável, praticou crime de corrupção passiva e foi condenado definitivamente ao cumprimento de pena privativa de liberdade de seis anos de reclusão, em regime semiaberto, bem como ao pagamento de multa.

A respeito dessa situação hipotética, julgue o item seguinte (adaptada).

(1) Na hipótese em apreço, a competência seria da justiça federal, caso o servidor público fosse integrante da administração pública federal e o crime cometido tivesse nexo funcional com o cargo ocupado.

1: correta. De fato, compete à Justiça Federal o julgamento de crime cometido por funcionário público federal, desde que no exercício de suas funções. ED

Gabarito 1C

(Advogado União – AGU – CESPE – 2015) João, empregado de uma empresa terceirizada que presta serviço de vigilância a órgão da administração pública direta, subtraiu aparelho celular de propriedade de José, servidor público que trabalha nesse órgão.

A respeito dessa situação hipotética, julgue os itens que se seguem.

(1) O ato praticado por João configura crime de peculato--furto, em que o sujeito passivo imediato é José e o sujeito passivo mediato é a administração pública.

(2) João é funcionário público por equiparação, devendo ser a ele aplicado o procedimento especial previsto no CP, o que possibilita a apresentação de defesa preliminar antes do recebimento da denúncia.

1: incorreto, uma vez que João não pode ser considerado funcionário público, neste caso por equiparação (art. 327, § 1º, CP), na medida em que a empresa terceirizada para a qual trabalha não executa atividade típica da Administração Pública, razão pela qual ele não poderá responder pelo crime de peculato-furto, delito próprio do funcionário público; **2: incorreto.** Vide comentário anterior. ED

Gabarito 1E, 2E.

(Procurador do Estado – PGE/BA – CESPE – 2014) Julgue o item que se segue (adaptada).

(1) Considere que Paulo, servidor público lotado no INSS, tenha inserido nos bancos de dados dessa autarquia informações falsas a respeito de Carlos, o que possibilitou a este receber quantia indevida a título de aposentadoria. Nessa situação hipotética, Paulo cometeu o crime de falsidade ideológica.

(2) Caso o denunciado por peculato culposo opte, antes do pronunciamento da sentença, por reparar o dano a que deu causa, sua punibilidade será extinta.

1: incorreta, na medida em que Paulo cometeu o crime capitulado no art. 313-A do CP (inserção de dados falsos em sistema de informações); **2: correta.** De fato, no contexto do peculato culposo, se o agente, antes da sentença irrecorrível, promover a reparação do dano ao qual ele deu causa, será extinta a sua punibilidade, na forma estatuída no art. 312, § 3º, do CP. Segundo esse mesmo dispositivo, se a reparação se der depois de a sentença passar em julgado, a reparação do dano terá o condão de reduzir de metade a pena imposta. ED

Gabarito 1E, 2C.

(Procurador/DF – 2013 – CESPE) Ângelo, funcionário público exercente do cargo de fiscal da Agência de Fiscalização do DF (AGEFIS), no exercício de suas funções, exigiu vantagem indevida do comerciante Elias, de R$ 2.000,00 para que o estabelecimento não fosse autuado em razão de irregularidades constatadas. Para a prática do delito, Ângelo foi auxiliado por seu primo, Rubens, taxista, que o conduziu em seu veículo até o local da fiscalização, pre-

viamente acordado e consciente tanto da ação delituosa que seria empreendida quanto do fato de que Ângelo era funcionário público. Antes que os valores fossem entregues, o comerciante, atemorizado, conseguiu informar policiais militares acerca dos fatos, tendo sido realizada a prisão em flagrante de Ângelo.

Com referência a essa situação hipotética, julgue os itens a seguir.

(1) Se Ângelo for condenado pela prática do delito praticado contra a Administração Pública, não caberá a seguinte agravante, prevista em artigo do CP: Ter o agente cometido o crime com abuso de poder ou violação de dever inerente a cargo, ofício, ministério ou profissão.

(2) Ângelo responderá pelo delito de corrupção passiva, previsto em artigo do CP.

(3) Tendo em vista que Elias não efetivou a entrega dos valores exigidos por Ângelo, o crime não se consumou.

(4) A condição de funcionário público comunica-se ao partícipe Rubens, que tinha prévia ciência do cargo ocupado por seu primo e acordou sua vontade com a dele para auxiliá-lo na prática do delito, de forma que os dois deverão estar incursos no mesmo tipo penal.

1: correta. A conduta praticada por Ângelo constitui o crime de concussão (art. 316 do CP), que, por se tratar de delito funcional, exige a condição de funcionário público, tendo ínsita, portanto, a violação de dever inerente ao cargo. Logo, inaplicável a circunstância agravante prevista no art. 61, II, "g", do CP; **2: incorreta.** Como visto no item anterior, a conduta perpetrada por Ângelo subsume-se àquela descrita no art. 316, *caput*, do CP (concussão). Na corrupção passiva (art. 317 do CP), o agente não *exige* a vantagem indevida, tal qual ocorre na concussão, mas, sim, a solicita, a recebe, ou, então, aceita a promessa de sua futura entrega; **3: incorreta.** O crime de concussão (art. 316 do CP), por ser formal, consuma-se com a mera exigência da vantagem indevida, ainda que essa não seja entregue ao agente delitivo; **4: correta.** De fato, ainda que Rubens não seja funcionário público, tal condição pessoal irá a ele comunicar-se, nos termos do art. 30 do CP. Perceba que o enunciado deixou claro que o primo de Ângelo tinha ciência de toda a ação delituosa que seria empreendida no local da fiscalização. Logo, Rubens foi partícipe da conduta praticada pelo funcionário público.

Gabarito 1C, 2E, 3E, 4C

(PROCURADOR DO ESTADO/MG – FUMARC – 2012) Considere as seguintes assertivas:

I. O crime de concussão, por exigir resultado material, é compatível com a forma tentada, consumando-se com a percepção da vantagem exigida.

II. O empregado celetista de organização não governamental conveniada com o Estado de Minas Gerais para execução de atividade típica da administração pública pode ser considerado funcionário público para efeitos penais.

III. o delito de prevaricação é um crime omissivo próprio.

IV. o delito de emprego irregular de verbas públicas é uma norma penal em branco.

Assinale a alternativa correta:

(A) Todas estão corretas.

(B) Somente I e IV estão corretas.

(C) Somente I, II e IV estão corretas.

(D) Somente II e IV estão corretas.

(E) Somente I, II e III estão corretas.

15. DIREITO PENAL · 659

I: é fato que o crime de concussão (art. 316, *caput*, do CP), a depender do caso concreto, comporta o *conatus*. No entanto, por não exigir, à sua consumação, resultado naturalístico consistente na percepção de vantagem indevida, é classificado como crime *formal*, também chamado pela doutrina de delito de *resultado cortado* ou de *consumação antecipada*, assim entendido aquele em que, embora o resultado esteja previsto no tipo, desnecessária a sua ocorrência para a configuração da infração penal. A obtenção da vantagem perseguida pelo agente constitui mero exaurimento (desdobramento típico); **II:** assertiva correta, pois em consonância com o que dispõe o art. 327, § 1º, do CP. Cuidado: só há que se falar em equiparação, neste caso, se a prestação de serviço contratada ou conveniada destinar-se à execução de atividade *típica* da Administração Pública; **III:** o tipo penal, na prevaricação, contempla três condutas puníveis, a saber: *retardar*, que tem o sentido de atrasar, protelar a execução do ato, em desacordo com o prazo fixado; *deixar de praticar*, que consiste na total omissão do funcionário; e *praticar o ato contra disposição expressa lei*: o ato é praticado, mas em desconformidade com o que prescreve a lei. Temos, portanto, que, nesta última modalidade, a conduta é *comissiva*, pois pressupõe uma *ação, um fazer*, nas demais, é *omissiva* (crime omissivo próprio). Importante registrar que, neste crime, não basta que o agente deixe de cumprir obrigações inerentes ao dever de ofício, ou, ainda, que execute o ato a que está obrigado contra disposição expressa de lei. É imprescindível que aja, para que fique caracterizado o crime, com o intuito de satisfazer *interesse* ou *sentimento pessoal* (elemento subjetivo especial do tipo). Caso contrário, sua conduta pode configurar, quando muito, uma infração na esfera administrativa; **IV:** de fato, conforme afirmado na assertiva, o crime do art. 315 do CP constitui *norma penal em branco*, pois sua aplicação está condicionada à existência de uma lei que regulamente o emprego da verba ou renda pública.
Gabarito "D".

(Procurador do Município/Sorocaba-SP – 2012 – VUNESP) O crime de *usurpação de função pública* (CP, art. 328) será qualificado por expressa previsão legal se

(A) cometido mediante violência.

(B) o fato causa prejuízo a particular.

(C) praticado por funcionário público.

(D) do fato o agente aufere vantagem.

(E) o fato causa prejuízo à Administração.

Incorrerá na forma qualificada (art. 328, parágrafo único, do CP) o agente que, usurpando a função pública, aufere alguma vantagem (material ou moral).
Gabarito "D".

(Procurador do Município/São José dos Campos-SP – 2012 – VUNESP) Avalie as seguintes assertivas a respeito do funcionário público no Direito Penal.

I. Considera-se funcionário público, para os efeitos penais, quem, embora transitoriamente, mas necessariamente com remuneração, exerce cargo, emprego ou função pública.

II. O crime praticado por funcionário público contra a administração em geral será considerado qualificado quando seus autores forem ocupantes de cargos em comissão ou de função de direção ou assessoramento de órgão da administração direta, sociedade de economia mista, empresa pública ou fundação instituída pelo Poder Público.

III. Funcionário público condenado à pena privativa de liberdade igual ou superior a um ano, por crime praticado com violação de dever para com a administração pública, somente poderá perder seu cargo

se essa decisão constar motivadamente declarada na sentença.
Está correto apenas o que se afirma em

(A) I.

(B) II.

(C) III.

(D) I e III.

(E) II e III.

I: para os efeitos penais, ainda que não perceba remuneração, o agente, ainda assim, será considerado funcionário público - art. 327, "caput", do CP; **II:** não se trata de qualificadora, pois o art. 327, § 2º, do CP não estabelece novos patamares para a pena cominada. Nas hipóteses ali previstas, a pena deverá ser elevada em um terço (causa de aumento de pena); **III:** assertiva correta. A perda de cargo, função pública ou mandato eletivo constitui efeito *específico* da condenação. Isso quer dizer que este efeito da condenação, não sendo automático, deve ser declarado na sentença, a teor que dispõe o art. 92, parágrafo único, do CP. Para facilitar a compreensão deste tema, cabe um esclarecimento. Os efeitos da condenação contemplados no art. 91 do CP são *automáticos* (genéricos). Significa isso que é desnecessário o pronunciamento do juiz, a esse respeito, na sentença. Já o art. 92 do CP, como já dissemos, trata dos efeitos da condenação *não automáticos* (específicos), que, por essa razão, somente podem incidir se o juiz, na sentença condenatória, declará-los de forma motivada.
Gabarito "C".

(PROCURADOR – BANCO CENTRAL – 2009 – CESPE) Quanto aos crimes contra a fé pública e contra a administração pública, assinale a opção correta.

(A) No crime de falsificação de documento público, o fato de ser o agente funcionário público é um indiferente penal, ainda que esse agente cometa o crime prevalecendo-se do cargo, tendo em vista que tal delito é contra a fé e não contra a administração pública.

(B) No crime de falsidade ideológica, o documento é materialmente verdadeiro, mas seu conteúdo não reflete a realidade, seja porque o agente omitiu declaração que dele deveria constar, seja porque nele inseriu ou fez inserir declaração falsa ou diversa da que devia ser escrita.

(C) No crime de prevaricação, a satisfação de interesse ou sentimento pessoal é mero exaurimento do crime, não sendo obrigatória a sua presença para a configuração do delito.

(D) Não haverá o crime de condescendência criminosa quando faltar ao funcionário público competência para responsabilizar o subordinado que cometeu a infração no exercício do cargo.

(E) A ocorrência de prejuízo público como resultado do fato não influencia a pena do crime de abandono de função.

A: incorreta, pois não reflete o disposto no art. 297, § 1º, do CP; **B:** correta. O crime do art. 299 do CP (falsidade ideológica) não deve ser confundido com aqueles previstos nos arts. 297 e 298 do CP, respectivamente *falsificação de documento público* e *falsificação de documento particular*, em que a falsidade é *material*, já que o vício incide sobre o aspecto físico do documento, a sua *forma*. Já a *falsidade ideológica*, diferentemente, incide sobre o *conteúdo* do documento, a ideia nele contida, que é perfeito do ponto de vista *material*. Assertiva, portanto, correta; **C:** incorreta. A configuração do crime de *prevaricação* (art. 319, CP) está condicionada à presença do chamado *elemento subjetivo*

especial do tipo, consistente no propósito de satisfazer *interesse* ou *sentimento pessoal*; não basta, pois, que o agente realize as condutas contidas no tipo penal; **D**: incorreta. Se o funcionário não dispuser de competência para responsabilizar subordinado que cometeu infração no exercício do cargo, deverá levar o fato ao conhecimento da autoridade que detenha tal atribuição. Se não o fizer, será responsabilizado pelo crime de *condescendência criminosa* – art. 320, CP; **E**: incorreta, uma vez que não é necessária, à consumação deste crime do art. 323 do CP, a produção de resultado naturalístico consistente no prejuízo para a Administração (crime formal).
Gabarito "B".

(ADVOGADO – CEF – 2012 – CESGRANRIO) Jonas é funcionário público estatutário exercendo a função comissionada de Chefe da Seção de Documentação do órgão Y, vinculado ao estado W. Ciente do cometimento de ilícito por parte do seu subordinado Cícero, por indulgência, não o responsabiliza. Nesse caso, ocorreu o crime de

(A) peculato

(B) corrupção passiva

(C) condescendência criminosa

(D) advocacia administrativa

(E) excesso de exação

A conduta descrita no enunciado se amolda ao tipo penal do art. 320 do CP – condescendência criminosa.
Gabarito "C".

(ADVOGADO – CEF – 2010 – CESPE) Um oficial de justiça executava mandado judicial expedido em ação possessória ajuizada por um banco, com a finalidade de desocupar imóvel residencial e proceder à imissão da posse do mesmo, com a subsequente entrega ao representante do banco que acompanhava a diligência. Chegando ao local indicado na ordem judicial, foram recebidos pelo morador, que, ao tomar ciência do que se tratava, negou-se a abrir o portão de acesso ao imóvel, soltou dois bravos cães de guarda, praticou gestos obscenos e, em altos brados e de forma escandalosa, proferiu palavras de baixo calão contra o oficial e o representante do banco, com desígnio autônomo de denegrir, ofender e afrontar a dignidade do funcionário público em razão da função que este desempenhava. Além disso, exibiu uma arma da janela da casa, dizendo que, caso fosse executada a ordem de arrombamento, iria resistir. Diante da gravidade da situação vivenciada, o oficial de justiça deixou de cumprir o mandado, certificou todo o ocorrido, comunicando ao juízo as razões do não cumprimento da ordem judicial, e solicitou auxílio de força policial para ulterior diligência. Com base na situação hipotética apresentada acima e nos mandamentos do direito penal, assinale a opção correta.

(A) A caracterização do crime de resistência depende de a oposição apresentada pelo agente ser consubstanciada em atos de violência contra os executores do ato legal e de a ordem judicial não ser efetivamente cumprida.

(B) A responsabilização penal do agente agressor somente se efetivará mediante ação penal privada, com o oferecimento da competente queixa-crime.

(C) Não haverá crime de resistência se a oposição for praticada em face de particular que preste auxílio ao servidor público no cumprimento da ordem judicial,

a exemplo de chaveiro convocado para abertura de portas e cadeados.

(D) Nos termos da situação apresentada, a conduta de desobedecer à ordem legal de desocupação e acesso ao imóvel, emanada de servidor público, no estrito cumprimento de dever legal, restou abrangida pelo crime de resistência.

A: incorreta, pois a configuração do crime de *resistência* (art. 329, CP) prescinde da produção de resultado naturalístico consubstanciado no não cumprimento do ato legal (crime formal), que constitui mero exaurimento deste crime; **B**: incorreta, pois a ação penal, no crime de resistência, é *pública incondicionada*; **C**: incorreta, pois o crime de resistência também se configura na hipótese de o agente se insurgir, mediante violência ou grave ameaça, contra o particular que presta auxílio ao funcionário; **D**: correta, já que, se verificadas no mesmo contexto fático, a resistência absorve a desobediência. Há posicionamento divergente na jurisprudência.
Gabarito "D".

20. CRIMES CONTRA O MEIO AMBIENTE

(Procurador do Município/Cubatão-SP – 2012 – VUNESP) Nos crimes dolosos de poluição, previstos na seção III do capítulo V da Lei n.º 9.605/98 (crimes contra o meio ambiente), a pena é aumentada por expressa disposição do art. 58 se

I. praticados com intuito de lucro;

II. resultarem em lesão corporal de natureza grave em outrem;

III. resultarem em dano irreversível à flora ou ao meio ambiente em geral.

É correto o que se afirma em

(A) I, apenas.

(B) II, apenas.

(C) I e II, apenas.

(D) II e III, apenas.

(E) I, II e III.

I: hipótese não contemplada no art. 58 da Lei 9.605/98; **II**: causa de aumento prevista no art. 58, II, da Lei 9.605/98; **III**: causa de aumento prevista no art. 58, I, da Lei 9.605/98.
Gabarito "D".

(Procurador do Estado/PR – UEL-COPS – 2011) Sobre os crimes contra o meio ambiente é incorreto afirmar:

(A) a lei n. 9.605/98 contém tipos penais em branco de complementação heteróloga;

(B) a responsabilidade penal da pessoa jurídica, embora constitucionalmente e legalmente prevista, merece objeções como, por exemplo, o fato de a pessoa jurídica não poder expressar culpabilidade e esta constituir aspecto fundamental para a aplicação da sanção criminal no Direito Penal moderno;

(C) segundo a Lei, às pessoas jurídicas somente são aplicáveis sanções de natureza administrativa, como a multa;

(D) a reincidência, em relação aos crimes contra o meio ambiente, é específica;

A: correta. Para possibilitar a aplicação de diversos dispositivos contidos na Lei de Crimes Ambientais, é necessário recorrer à legislação extrapenal. Exemplo: para que se possa estabelecer o alcance da norma prevista no art. 34 da Lei 9.605/98, deve-se lançar mão da Lei 11.959/09, que, entre outras coisas, regula a atividade pesqueira; **B**: correta. Embora

15. DIREITO PENAL — 661

ainda haja alguma divergência na doutrina e na jurisprudência, o fato é que o texto constitucional (art. 225, § 3º, da CF) e a legislação ordinária (art. 3º da Lei 9.605/98) que disciplina a matéria atribuíram à pessoa jurídica a capacidade para ser sujeito ativo de crime ambiental; **C:** incorreta, devendo ser assinalada, visto que às pessoas jurídicas será atribuída, além das responsabilidades administrativa e civil, também a penal, conforme o disposto no art. 3º da Lei 9.605/98; **D:** correta, nos termos do art. 15, I, da Lei 9.605/98 (circunstâncias agravantes). Gabarito "C".

(ADVOGADO – BNDES – 2010 – CESGRANRIO) Um Banco recebe pedido de financiamento da Empresa Mascas e Mascotes Ltda., representada por seu sócio-gerente, o Sr. Empédocles. Realizando diligências quanto à regularidade cadastral do proponente, o Banco verifica a existência de processos criminais por infração a normas penais que tratam da proteção ao meio ambiente. As anotações indicam a persecução penal à pessoa jurídica, bem como ao sócio-gerente. Indagado sobre as anotações, o Sr. Empédocles informa que, segundo seu advogado, a pessoa jurídica está infensa da responsabilidade penal e, quanto à pessoa física, ainda não existe condenação, estando os fatos em fase de apuração judicial. Alega que ingressou na empresa em data posterior aos fatos narrados como ilícitos. A partir do caso exposto, conclui-se que

(A) no sistema pátrio não há responsabilização criminal de pessoa jurídica.

(B) nos crimes ambientais sempre haverá concurso de agentes, incluindo pessoa física sócia e pessoa jurídica.

(C) os crimes ambientais permitem a responsabilidade criminal da pessoa jurídica.

(D) a responsabilidade da pessoa física por crimes ambientais é objetiva.

(E) a pessoa física é a quem cabe somente responder pelos crimes ambientais praticados.

Art. 225, § 3º, da CF; art. 3º da Lei 9.605/98 (define sanções penais e administrativas derivadas de condutas e atividades lesivas ao meio ambiente). Gabarito "C".

21. CRIMES CONTRA A ORDEM TRIBUTÁRIA, ECONÔMICA E CONTRA AS RELAÇÕES DE CONSUMO

(Procurador do Estado – PGE/BA – CESPE – 2014) Julgue o item que se segue (adaptada).

(1) Suponha que, antes do término do correspondente processo administrativo de lançamento tributário, o MP tenha oferecido denúncia contra Maurício, por ter ele deixado de fornecer, em algumas situações, notas fiscais relativas a mercadorias efetivamente vendidas em seu estabelecimento comercial. Nesse caso, de acordo com a jurisprudência pacífica do STF, a inicial acusatória não deve ser recebida pelo magistrado, dada a ausência de configuração de crime material.

1: incorreto, pois o inciso V do art. 1º da Lei 8.137/1990, delito em que incorreu Maurício, não foi contemplado na Súmula Vinculante 24, que somente fez referência aos delitos capitulados nos incisos I a IV do art. 1º. ED Gabarito 1E

(ADVOGADO – CEF – 2012 – CESGRANRIO) Um comerciante, com exploração de mercearia no município Y, é surpreendido pela fiscalização dos órgãos de proteção ao consumidor, que lograram autuá-lo pela exposição de mercadorias com prazo de validade vencido. Consoante à normativa aplicável ao caso trata-se de tipo vinculado a crime

(A) próprio

(B) material

(C) omissivo

(D) de dano

(E) de perigo

Conduta prevista no art. 7º, IX, da Lei 8.137/90. É de perigo abstrato, já que a probabilidade de dano é presumida pelo tipo penal. Gabarito "E".

(ADVOGADO – CEF – 2012 – CESGRANRIO) O diretor da instituição financeira Y colocou em circulação, sem autorização escrita da sociedade emissora, documento representativo de valor mobiliário. Tal ato é tipificado como crime contra a(o)

(A) licitação

(B) administração pública

(C) ordem econômica

(D) livre circulação de ideias

(E) sistema financeiro nacional

Art. 2º, *caput*, da Lei 7.492/86 (Crimes contra o Sistema Financeiro). Gabarito "E".

22. CRIMES DE TRÂNSITO

(Procurador do Município/Cubatão-SP – 2012 – VUNESP) Com relação ao crime do art. 302 da Lei n.º 9.503/97 (homicídio culposo de trânsito), há expressa previsão de aumento de pena se o agente

I. não possuir Permissão para Dirigir ou Carteira de Habilitação;

II. deixar de prestar socorro, quando possível fazê-lo sem risco pessoal, à vítima do acidente;

III. estiver sob a influência de álcool ou substância tóxica ou entorpecente de efeitos análogos.

É correto o que se afirma em

(A) I, apenas.

(B) II, apenas.

(C) I e II, apenas.

(D) II e III, apenas.

(E) I, II e III.

I: causa de aumento prevista no art. 302, § 1º, I, do CTB; II: causa de aumento prevista no art. 302, § 1º, III, do CTB; III: o dispositivo que contemplava esta causa de aumento de pena foi revogado pela Lei 11.705/08. Quis o legislador, com isso, que o agente respondesse, em concurso formal, pelos crimes de homicídio culposo de trânsito e embriaguez ao volante (art. 306, CTB). Atualmente, o agente que, no homicídio culposo cometido na direção de veículo automotor, estiver sob a influência de álcool ou de qualquer outra substância psicoativa que determine dependência, incorrerá na forma qualificada prevista no art. 302, § 3º, do CTB (dispositivo incluído pela Lei 13.546/2017), sujeitando-se à pena de reclusão de 5 a 8 anos, sem prejuízo da suspensão ou proibição do direito de se obter permissão ou habilitação para conduzir veículo automotor. Gabarito "C".

23. ESTATUTO DO DESARMAMENTO

(Procurador do Município/Cubatão-SP – 2012 – VUNESP) Tendo por critério a quantidade de pena privativa de liberdade abstratamente cominada e considerando as figuras simples, assinale a alternativa que apresenta o crime menos grave.

(A) Suprimir ou alterar marca, numeração ou qualquer sinal de identificação de arma de fogo ou artefato.

(B) Deixar de observar as cautelas necessárias para impedir que menor de 18 (dezoito) anos ou pessoa portadora de deficiência mental se apodere de arma de fogo que esteja sob sua posse ou que seja de sua propriedade.

(C) Portar, deter, adquirir, fornecer, receber, ter em depósito, transportar, ceder, ainda que gratuitamente, emprestar, remeter, empregar, manter sob guarda ou ocultar arma de fogo, acessório ou munição, de uso permitido, sem autorização e em desacordo com determinação legal ou regulamentar.

(D) Possuir, deter, portar, adquirir, fornecer, receber, ter em depósito, transportar, ceder, ainda que gratuitamente, emprestar, remeter, empregar, manter sob sua guarda ou ocultar arma de fogo, acessório ou munição de uso proibido ou restrito, sem autorização e em desacordo com determinação legal ou regulamentar.

(E) Possuir ou manter sob sua guarda arma de fogo, acessório ou munição, de uso permitido, em desacordo com determinação legal ou regulamentar, no interior de sua residência ou dependência desta, ou, ainda, no seu local de trabalho, desde que seja o titular ou o responsável legal do estabelecimento ou empresa.

A: crime previsto no art. 16, § 1º, I, da Lei 10.826/03. Pena cominada: reclusão, de 3 a 6 anos, e multa; **B:** crime previsto no art. 13, "caput", da Lei 10.826/03. Pena cominada: detenção, de 1 a 2 anos, e multa (alternativa correta); **C:** crime previsto no art. 14, "caput", da Lei 10.826/03. Pena cominada: reclusão, de 2 a 4 anos, e multa; **D:** crime previsto no art. 16, "caput", da Lei 10.826/03. Pena cominada: reclusão, de 3 a 6 anos, e multa. Este comentário é anterior à edição da Lei 13.964/2019, que alterou a redação do art. 16 do Estatuto do Desarmamento, cujo *caput* agora somente contempla, como objeto material deste crime, arma de fogo, acessório ou munição de uso *restrito* (pena de reclusão de 3 a 6 anos e multa). Se as condutas descritas no *caput* e no § 1º recaírem, a partir de agora, sobre arma de fogo de uso *proibido* (art. 16, § 2º, da Lei 10.826/2003), a pena será de reclusão de 4 a 12 anos, bem mais severa, portanto, que a do *caput*.; **E:** crime previsto no art. 12 da Lei 10.826/03. Pena cominada: detenção, de 1 a 3 anos, e multa; Gabarito "B".

24. CRIMES RELATIVOS À LICITAÇÃO

(Procurador do Estado/TO - 2018 - FCC) Na hipótese de um servidor público patrocinar, direta ou indiretamente, interesse privado perante a Administração, dando causa à instauração de licitação ou à celebração de contrato, cuja invalidação vier a ser decretada pelo Poder Judiciário,

(A) o agente terá praticado crime de advocacia administrativa, previsto no art. 321, do Código Penal.

(B) em razão do crime ser de menor potencial ofensivo, são cabíveis a transação penal e a suspensão condicional do processo.

(C) o delito praticado é punível tanto na modalidade dolosa como na culposa.

(D) a instauração de licitação é mero exaurimento do crime, não sendo obrigatória a sua ocorrência para a consumação do crime.

(E) o delito praticado é punível com reclusão.

A: incorreta. O agente que assim agir responderá pelo crime definido no art. 91 da Lei 8.666/1993; **B:** correta. Tendo em conta que a pena cominada é de detenção de seis meses a dois anos, terão lugar tanto a transação penal (art. 76, Lei 9.099/1995) quanto a suspensão condicional do processo (art. 89, Lei 9.099/1995); **C:** incorreta, já que o crime em que incorreu o agente somente comporta a modalidade dolosa (não há previsão de modalidade culposa); **D:** incorreta, já que o crime, por ser material, somente se consuma com a invalidação da licitação ou do contrato pelo Judiciário; **E:** incorreta, na medida em que a pena cominada é de *detenção* de seis meses a dois anos e multa. ED Gabarito "B".

(Procurador do Município/Boa Vista-RR – 2010 – CESPE) Julgue os itens subsequentes.

(1) Nos casos de sentença condenatória por prática de algum dos crimes previstos na Lei nº 8.666/1993, a pena de multa deverá ser fixada em percentual, cuja base deverá corresponder ao valor da vantagem obtida ou potencialmente auferível pelo agente.

(2) A autoridade competente que, fora das hipóteses previstas em lei, determinar dispensa ou inexigibilidade de licitação incorrerá em crime previsto na Lei nº 8.666/1993.

1: art. 99 da Lei 8.666/93; **2:** art. 89, *caput*, da Lei 8.666/93. Gabarito 1C, 2C

(Advogado da União/AGU – CESPE – 2009) Acerca dos crimes relativos à licitação, julgue os itens que se seguem.

(1) Os crimes definidos na lei de licitações sujeitam os seus autores, quando servidores públicos, à perda de cargo, emprego, função ou mandato eletivo, ainda que o crime não tenha sido consumado.

(2) Não interfere na pena aplicada ao agente o fato de ser ele ocupante de cargo em comissão ou de função de confiança em órgão da administração direta, autarquia, empresa pública, sociedade de economia mista, fundação pública ou em outra entidade controlada direta ou indiretamente pelo poder público.

1: art. 83 da Lei 8.666/93; **2:** art. 84, § 2º, da Lei 8.666/93. Gabarito 1C, 2E

25. CRIME DE TORTURA

Procurador do Estado/SE – 2017 – CESPE) No que concerne ao crime de tortura, assinale a opção correta.

(A) O indivíduo que se omite ante a prática de tortura quando deveria evitá-la responde igualmente pela conduta realizada.

(B) A legislação especial brasileira concernente à tortura aplica-se somente aos crimes ocorridos em território nacional.

(C) No crime de tortura, a prática contra adolescente é causa de aumento de pena de um sexto até um terço.

(D) A condenação de funcionário público por esse crime gera a perda do cargo, desde que a sentença assim determine e que a pena aplicada seja superior a quatro anos.

15. DIREITO PENAL · 663

(E) A submissão de pessoa presa a sofrimento físico ou mental por funcionário público que pratique atos não previstos em lei exige o dolo específico.

A: incorreta. Aquele que, embora não tomando parte na prática da tortura, deixa de agir quando deveria, para o fim de evitar o crime, será responsabilizado pelo delito de tortura do art. 1º, § 2º, da Lei 9.455/1997, cuja pena é de detenção de 1 a 4 anos, bem inferior à pena a que estará sujeito o agente que praticar, de forma ativa, a conduta prevista no art. 1º, II (reclusão de 2 a 8 anos); **B:** incorreta, por contrariar frontalmente o disposto no art. 2º da Lei 9.455/1997; **C:** correta (art. 1º, § 4º, II, da Lei 9.455/1997); **D:** incorreta. À luz do que estabelece o art. 1º, § 5º, da Lei 9.455/1997 (Lei da Tortura), além de acarretar a perda do cargo, função ou emprego público, a condenação implicará ainda a interdição para seu exercício pelo dobro do prazo da pena aplicada. Outrossim, a perda, dado que fundada diretamente em lei, é *automática*, sendo desnecessário, pois, que o juiz expressamente a ela faça menção na sentença condenatória. Assim, uma vez operado o trânsito em julgado da decisão, deverá a Administração promover a exclusão do servidor condenado; **E:** incorreta, já que o elemento subjetivo do crime definido no art. 1º, § 1º, da Lei 9.455/1997 é representado pelo dolo, sendo desnecessário elemento específico. **ED**
Gabarito "C."

(Procurador do Município/Cubatão-SP – 2012 – VUNESP) No que concerne ao crime de tortura (Lei nº 9.455/97),

(A) a condenação acarretará a perda do cargo, função ou emprego público e a interdição para seu exercício pelo dobro do prazo da pena aplicada.

(B) a pena é dobrada se cometido por agente público no exercício da função.

(C) a pena é dobrada se cometido mediante sequestro.

(D) aquele que se omite em face do crime em questão, quando tinha o dever de evitá-lo ou apurá-lo, incorre na exata e mesma pena do que ativamente pratica a infração.

(E) se da tortura resulta óbito da vítima, o agente será punido por homicídio, já que o referido crime não prevê figura qualificada na ocorrência de morte.

A: assertiva correta - art. 1º, § 5º, da Lei 9.455/97; **B** e **C:** a pena será aumentada de um sexto a um terço – art. 1º, § 4º, I e III, da Lei 9.455/97; **D:** incorreta, pois não reflete o disposto no art. 1º, § 2º, da Lei 9.455/97; **E:** art. 1º, § 3º, da Lei 9.455/97.
Gabarito "A."

(Procurador do Estado/SC – 2010 – FEPESE) Sobre a Lei de Tortura, assinale a alternativa **incorreta**.

(A) O crime de tortura é inafiançável e insuscetível de graça ou anistia.

(B) O regime inicial de cumprimento da pena pela prática de crime previsto na Lei de Tortura será, obrigatoria-mente, o regime fechado.

(C) A condenação acarretará a perda do cargo, função ou emprego público e a interdição para seu exercício pelo dobro do prazo da pena aplicada.

(D) Constitui crime de tortura submeter alguém, sob sua guarda, poder ou autoridade, com emprego de vio-lência ou grave ameaça, a intenso sofrimento físico ou mental, como forma de aplicar castigo pessoal ou medida de caráter preventivo.

(E) A Lei de Tortura aplica-se ainda quando o crime não tenha sido cometido em território nacional, sendo a

vítima brasileira ou encontrando-se o agente em local sob jurisdição brasileira.

A: assertiva correta, visto que reflete o que se afirma no art. 1º, § 6º, da Lei 9.455/97; **B:** assertiva incorreta, devendo ser assinalada, pois não corresponde ao que estabelece o art. 1º, § 7º, da Lei 9.455/97; **C:** assertiva correta, visto que corresponde ao que prescreve o art. 1º, § 5º, da Lei 9.455/97; **D:** assertiva correta, pois corresponde ao que prescreve o art. 1º, II, da Lei 9.455/97; **E:** é o teor do art. 2º da Lei 9.455/97 (extraterritorialidade incondicionada).
Gabarito "B."

26. CRIMES DE ABUSO DE AUTORIDADE

(Advogado União – AGU – CESPE – 2015) No que se refere a crime de abuso de autoridade e ao seu processamento, julgue os próximos itens.

(1) Constitui abuso de autoridade impedir que o advogado tenha acesso a processo administrativo ao qual a lei garanta publicidade.

(2) De acordo com a legislação pertinente, a ação penal por crime de abuso de autoridade é pública incon-dicionada, devendo o MP apresentar a denúncia no prazo de quarenta e oito horas.

1: correta (art. 3º, *j*, da Lei 4.898/1965 e art. 7º, XV, da Lei 8.906/1994). Esta questão e o respectivo comentário são anteriores à Lei 13.869/2019, que revogou, na íntegra, a Lei 4.898/1965. Com isso, os crimes de abuso de autoridade, atualmente, estão previstos na Lei 13.869/2019, que, em seu art. 32, prevê a conduta do agente que *negar ao interessado, seu defensor ou advogado acesso aos autos de investigação preliminar, ao termo circunstanciado, ao inquérito ou a qualquer outro procedimento investigatório de infração penal, civil ou administrativa, assim como impedir a obtenção de cópias, ressalvado o acesso a peças relativas a diligências em curso, ou que indiquem a realização de diligências futuras, cujo sigilo seja imprescindível;* **2:** correta. A ação penal, no contexto da Lei de Abuso de Autoridade, é pública incondicionada, cabendo ao MP, segundo estabelece o art. 13 da Lei 4.898/1965, oferecer denúncia no prazo de 48 (quarenta e oito) horas. A ação penal, no contexto da nova Lei de Abuso de Autoridade, permanece pública incondicionada (art. 3º, *caput*, da Lei 13.869/2019). **ED**
Gabarito "1C, 2C."

27. CONTRAVENÇÕES PENAIS

(Procurador do Município/Cubatão-SP – 2012 – VUNESP) É contraven-ção penal, prevista no DL nº 3.688/41,

(A) anunciar processo, substância ou objeto destinado a evitar a gravidez (art. 20).

(B) explorar a credulidade pública mediante sortilégios, predição do futuro, explicação de sonho, ou práticas congêneres (art. 27).

(C) usar, ainda que em ambiente privado, de uniforme, ou distintivo de função pública que não exerce (art. 46).

(D) mendigar, por ociosidade ou cupidez (art. 60).

(E) apresentar-se publicamente em estado de embriaguez, de modo que cause escândalo ou ponha em perigo a segurança própria ou alheia (art. 62).

A: a conduta prevista no art. 20 da LCP não contempla o anúncio de mecanismo destinado a evitar a gravidez (o tipo penal refere-se a *aborto*); **B:** dispositivo revogado pela Lei 9.521/97; **C:** é necessário, à configuração desta infração penal, que o uso ocorra *em público*; **D:** o art. 60 da Lei das Contravenções Penais (Decreto-Lei 3.688/41), que definia a contravenção de *mendicância*, foi revogado pela Lei 11.983/09; **E:** contravenção prevista no art. 62 da LCP.

Gabarito "E".

28. OUTROS CRIMES DO CÓDIGO PENAL E DA LEGISLAÇÃO EXTRAVAGANTE

(Procurador do Estado/TO - 2018 - FCC) O crime de estupro de vulnerável, tipificado no art. 217-A, do Código Penal, prevê a pena em abstrato de oito a quinze anos de reclusão para aquele que tiver conjunção carnal ou praticar outro ato libidinoso com menor de catorze anos. De acordo com o entendimento sumulado pelo Superior Tribunal de Justiça, bem como pelo que estabelece a legislação,

(A) a existência de relacionamento amoroso da vítima com o agente é hipótese de excludente de antijuridicidade do crime em questão.

(B) o consentimento da vítima para a prática do ato afasta o caráter delitivo do crime, constituindo causa de excludente de ilicitude.

(C) a experiência sexual anterior da vítima é relevante para a tipificação do delito.

(D) incorre na mesma pena quem pratica as ações descritas no *caput* do art. 217-A com alguém que, por enfermidade, não tem o necessário discernimento para a prática do ato.

(E) o referido crime não está elencado na Lei 8.072/1990 como hediondo.

A: incorreta. No que concerne ao estupro de vulnerável, previsto no art. 217-A do CP, a Lei 13.718/2018, ao inserir o § 5º nesse dispositivo legal, consagrou o entendimento adotado pela Súmula 593, do STJ, no sentido de que a existência de relacionamento amoroso da vítima com o agente, o seu consentimento e a sua experiência sexual anterior são irrelevantes à configuração desse crime. Conferir: *o crime de estupro de vulnerável configura com a conjunção carnal ou prática de ato libidinoso com menor de 14 anos, sendo irrelevante o eventual consentimento da vítima para a prática do ato, experiência sexual anterior ou existência de relacionamento amoroso com o agente;* **B:** *incorreta. Como já dito acima, o consentimento da vítima é irrelevante à configuração do crime de estupro de vulnerável (Súmula 593, do STJ, e art. 217-A, § 5º, do CP);* **C:** *incorreta. A exemplo da existência de relacionamento amoroso da vítima com o agente e do seu consentimento, a experiência sexual anterior da vítima menor de 14 anos é irrelevante à configuração do delito de estupro de vulnerável;* **D:** *correta.* Isso porque a vulnerabilidade, para o fim de configurar o crime do art. 217-A do CP, pode decorrer tanto da idade da vítima (pessoa menor de 14 anos) quanto de situação de enfermidade ou deficiência mental, quando não dispuserem do necessário discernimento para a prática do ato sexual, e também quando, por qualquer causa, não puderem oferecer resistência ao cometimento do ato sexual; **E:** incorreta (art. 1º, VI, da Lei 8.072/1990). ED

Gabarito "D".

(Procurador do Estado/TO - 2018 - FCC) A Lei 11.340/2006 (Lei Maria da Penha) criou mecanismos para coibir a violência doméstica e familiar contra a mulher e, ainda, alterou o Código de Processo Penal, o Código Penal e a Lei de Execução Penal, transformando-se em um dos principais instrumentos legais de proteção à mulher no Brasil. Considerando a legislação, bem como o entendimento sumulado pelo Superior Tribunal de Justiça,

(A) configura violência doméstica e familiar contra a mulher qualquer ação ou omissão baseada no gênero que lhe cause morte, lesão, sofrimento físico, sexual

ou psicológico e dano moral ou patrimonial, independente de sua orientação sexual.

(B) a prática de crime ou contravenção penal contra a mulher com violência ou grave ameaça no ambiente doméstico possibilita a substituição da pena privativa de liberdade por restritiva de direitos.

(C) é aplicável o princípio da insignificância nos crimes ou contravenções penais praticados contra a mulher no âmbito das relações domésticas.

(D) para a configuração da violência doméstica e familiar prevista no artigo 5º da Lei Maria da Penha se exige a coabitação entre autor e vítima.

(E) constatada a prática de violência doméstica e familiar contra a mulher, nos termos da referida lei, a autoridade policial poderá aplicar, de imediato, ao agressor a medida protetiva de afastamento do lar, domicílio ou local de convivência com a ofendida.

A: correta, pois reflete o disposto no art. 5º, *caput* e parágrafo único, da Lei 11.340/2006; **B:** incorreta. A Lei Maria da Penha (Lei 11.340/2006), em seu art. 17, veda a substituição de pena privativa de liberdade por sanções de índole eminentemente pecuniária. Nesse sentido é a Súmula 588 do STJ: "A prática de crime ou contravenção penal contra a mulher com violência ou grave ameaça no ambiente doméstico impossibilita a substituição da pena privativa de liberdade por restritiva de direitos"; **C:** incorreta, na medida em que contraria o entendimento consolidado na Súmula 589, do STJ: *É inaplicável o princípio da insignificância nos crimes ou contravenções penais praticados contra a mulher no âmbito das relações domésticas;* **D:** incorreta, uma vez que a configuração da violência doméstica e familiar contra a mulher *independe* da demonstração de coabitação da ofendida e do agressor, conforme estabelece o art. 5º, III, da Lei 11.340/2006 (Maria da Penha). Consagrando tal entendimento, o STJ editou a Súmula 600; **E:** incorreta ao tempo em que elaborada esta questão, pois somente ao juiz era dado aplicar as medidas protetivas de urgência, nos termos do art. 22, *caput*, da Lei 11.340/2006 (Maria da Penha). Tal realidade mudou com o advento da Lei 13.827/2019, que inseriu na Lei 11.340/2006 (Maria da Penha) o art. 12-C, que estabelece que, constatada situação de risco à vida ou à integridade física da mulher, no contexto de violência doméstica e familiar, a autoridade policial promoverá o imediato afastamento do ofensor do lar ou do local em que convive com a ofendida, desde que o município não seja sede de comarca; à falta da autoridade policial, o afastamento poderá ser realizado pelo policial de plantão. ED

Gabarito "A".

(Procurador do Estado/TO - 2018 - FCC) Está em conformidade com a Lei 11.343/2006, que instituiu o Sistema Nacional de Políticas Públicas sobre Drogas – SISNAD, e com o entendimento do Superior Tribunal de Justiça acerca do assunto:

(A) Compete ao juiz estadual do local da apreensão da droga remetida do exterior pela via postal processar e julgar o crime de tráfico internacional.

(B) É incabível a aplicação retroativa da Lei 11.343/2006, ainda que o resultado da incidência das suas disposições seja mais favorável ao réu do que o advindo da aplicação da Lei 6.368/1976, sendo possível, também, a combinação das referidas leis.

(C) Para a incidência da majorante prevista no art. 40, V, da Lei 11.343/2006, é desnecessária a efetiva transposição de fronteiras entre Estados da Federação, sendo suficiente a demonstração inequívoca da intenção de realizar o tráfico interestadual.

(D) Em razão de alteração legislativa recente, quem adquirir, guardar, tiver em depósito, transportar ou trouxer consigo, para consumo pessoal, drogas sem autorização ou em desacordo com determinação legal ou regulamentar não terá praticado qualquer delito.

(E) É dispensável a licença prévia da autoridade competente para produzir, extrair, fabricar, transformar, preparar, possuir, manter em depósito, importar, exportar, reexportar, remeter, transportar, expor, oferecer, vender, comprar, trocar, ceder ou adquirir, para fins medicinais, drogas ou matéria-prima destinada à sua preparação, observadas as demais exigências legais.

A: incorreta, já que, neste caso, a competência é do juízo federal (Súmula 528, STJ); **B:** incorreta, pois contraria o entendimento sufragado na Súmula 501, do STJ: "É cabível a aplicação retroativa da Lei 11.343/2006, desde que o resultado da incidência das suas disposições, na íntegra, seja mais favorável ao réu do que o advindo da aplicação da Lei 6.368/1976, sendo vedada a combinação de leis"; **C:** correta. Segundo entendimento consolidado nos tribunais superiores, é prescindível, para a incidência desta causa de aumento, a transposição das divisas dos Estados, sendo suficiente que fique demonstrado que a droga se destinava a outro Estado da Federação. Nesse sentido, conferir: "(...) Esta Corte possui entendimento jurisprudencial, no sentido de que a incidência da causa de aumento, conforme prevista no art. 40, V, da Lei 11.343/2006, não exige a efetiva transposição da divisa interestadual, sendo suficientes as evidências de que a substância entorpecente tem como destino qualquer ponto além das linhas da respectiva Unidade da Federação (...)" (AGRESP 201103088503, Campos Marques (Desembargador convocado do TJ/PR), STJ, Quinta Turma, *DJe* 01.07.2013). Consolidando tal entendimento, o STJ editou a Súmula 587: "Para a incidência da majorante prevista no art. 40, V, da Lei 11.343/2006, é desnecessária a efetiva transposição de fronteiras entre estados da Federação, sendo suficiente a demonstração inequívoca da intenção de realizar o tráfico interestadual"; **D:** incorreta. Não houve alteração legislativa nesse sentido; **E:** incorreta, uma vez que não reflete o disposto no art. 31 da Lei 11.343/2006. **ED**

Gabarito "C".

(Procurador – SP – VUNESP – 2015) Quanto aos crimes contra a Incolumidade Pública (Título VIII, CP), pode-se afirmar que

(A) são crimes comuns quanto aos sujeitos ativo e passivo.

(B) o crime de incêndio somente admite a forma dolosa e a preterdolosa.

(C) o crime de desabamento previsto no artigo 256, CP, consuma-se com a produção do resultado (morte ou lesão corporal a um número indeterminado de pessoas).

(D) o crime de explosão, pela sua natureza e formas de execução, não admite forma culposa.

(E) o crime de desabamento ou desmoronamento somente admite a forma culposa.

A: correta. De fato, os crimes que compõem o Título VIII do CP são comuns quanto aos sujeito ativo e passivo; **B:** incorreta. O crime de incêndio admite as formas dolosa (art. 250, *caput*, do CP) e culposa (art. 250, § 2º, do CP); **C:** incorreta, na medida em que o crime de desabamento ou desmoronamento, previsto no art. 256 do CP, alcança a consumação no momento em que a vida, a integridade física ou o patrimônio de terceiro é exposto a situação de perigo concreto; **D:** incorreta, já que o delito de explosão (art. 251, CP) admite, sim, a modalidade culposa (§ 3º); **E:** incorreta. Admite tanto a forma dolosa quanto a culposa (art. 256, CP). **ED**

Gabarito "A".

(Procurador Municipal – Sertãozinho/SP – VUNESP – 2016) Acerca dos crimes contra a incolumidade pública, assinale a alternativa correta.

(A) A ação conhecida como "surf ferroviário", segundo a jurisprudência, configura o crime de perigo de desastre ferroviário.

(B) O crime de incêndio é de perigo concreto. Da conduta deve resultar a efetiva exposição da coletividade a uma concreta situação de perigo.

(C) Para a configuração do crime de explosão, é indispensável que o artefato exploda, causando a situação de perigo à incolumidade pública.

(D) O crime de desabamento ou desmoronamento não possui previsão da modalidade culposa.

(E) O crime de omissão de notificação de doença é material, ou seja, se consuma com o risco causado para a incolumidade pública em razão da omissão do médico.

A: incorreta, já que, conforme vem entendendo a jurisprudência, falta, ao chamado *surfista ferroviário*, que é aquele que se equilibra sobre a composição do trem em andamento, a intenção de gerar situação concreta de perigo de desastre ferroviário, elemento subjetivo do crime definido no art. 260 do CP; **B:** correta. De fato, tal como afirmado, o crime de incêndio, previsto no art. 250 do CP, por ser de perigo concreto, somente atinge a consumação com a efetiva exposição a perigo de vida, da integridade física ou do patrimônio de um número indeterminado de pessoas; **C:** incorreta. A explosão não é indispensável à consumação do crime do art. 251 do CP. A consumação se opera no exato instante em que se verifica uma situação de perigo, seja por meio de uma explosão, seja pelo arremesso de um artefato, seja por meio da colocação deste (armar o explosivo em determinado local); **D:** incorreta, já que o crime a que se refere a alternativa comporta, sim, a modalidade culposa, prevista, de forma expressa, no art. 256, parágrafo único, do CP; **E:** incorreta. A consumação do crime de omissão de notificação de doença (art. 269, CP) ocorre no momento em que o médico deixa de observar o prazo estabelecido em lei, decreto ou regulamento para a comunicação de doença cuja notificação é obrigatória, não sendo necessário demonstrar que a omissão gerou risco à incolumidade pública. Trata-se de crime de mera conduta. **ED**

Gabarito "B".

(Procurador – IPSMI/SP – VUNESP – 2016) A respeito da Lei 12.850/2013 (Lei de Organização Criminosa), assinale a alternativa correta.

(A) Quem impede ou embaraça a investigação de infração que envolve organização criminosa está sujeito a punição idêntica à de quem integra organização criminosa.

(B) Havendo indício de que o funcionário público integra organização criminosa, o Juiz poderá determinar o afastamento cautelar do cargo, com suspensão da remuneração.

(C) Quem exerce o comando da organização criminosa, ainda que não pratique pessoalmente nenhum ato de execução, está sujeito a punição idêntica à de quem apenas integra organização criminosa.

(D) A infiltração policial, a ação controlada e a captação ambiental são meios de prova permitidos apenas na fase investigativa.

(E) A colaboração premiada é admitida apenas até a sentença.

A: correta (art. 2º, § 1º, da Lei 12.850/2013); **B:** incorreta, pois, embora seja lícito o afastamento cautelar do funcionário, não é dado ao magistrado determinar a suspensão da remuneração do servidor sobre o qual recaem indícios de envolvimento em organização criminosa (art. 2º, § 5º, da Lei 12.850/2013); **C:** incorreta, uma vez que o art. 2º, § 3º, da Lei 12.850/2013 estabelece que a pena daquele que exerce o comando da organização criminosa deve ser agravada; **D:** incorreta. Tais meios de prova podem ser utilizados tanto na fase investigativa quanto no curso da ação penal (qualquer fase da persecução penal), a teor do que dispõe o art. 3º, *caput*, da Lei 12.850/2013; **E:** incorreta. O acordo de colaboração premiada pode ser firmado após a sentença. É o que estabelece o art. 4º, § 5º, da Lei 12.850/2013. ED

Gabarito "A".

(Procurador – IPSMI/SP – VUNESP – 2016) A Lei 12.846/2013, também conhecida por Lei Anticorrupção,

(A) aplica-se tanto a pessoas físicas quanto pessoas jurídicas, por atos lesivos à Administração Pública, nacional ou estrangeira.

(B) prevê responsabilização administrativa, civil e penal, por atos lesivos à Administração Pública, nacional ou estrangeira.

(C) prevê que a responsabilização da pessoa jurídica exclui a responsabilidade individual de seus dirigentes ou administradores, por atos lesivos à Administração Pública, nacional ou estrangeira.

(D) prevê a possibilidade de celebração de acordo de leniência que, uma vez integralmente cumprido, exime da obrigação de reparar o dano causado.

(E) equipara organização pública internacional à administração pública estrangeira.

A: incorreta, já que o campo de incidência da Lei Anticorrupção é restrito às pessoas jurídicas (art. 1º da Lei 12.846/2013); **B:** incorreta. A responsabilização contemplada nesta lei é restrita aos âmbitos *administrativo* e *civil* (art. 2º da Lei 12.846/2013); **C:** incorreta. Bem ao contrário, a Lei Anticorrupção prevê, em seu art. 3º, *caput*, que a responsabilização da pessoa jurídica *não* exclui a responsabilidade individual de seus dirigentes ou administradores; **D:** incorreta. O cumprimento integral do acordo de leniência não exime a pessoa jurídica da obrigação de reparar integralmente o dano causado (art. 16, § 3º, da Lei 12.846/2013); **E:** correta (art. 5º, § 2º, da Lei 12.846/2013). ED

Gabarito "E".

(Procurador Municipal – Prefeitura/BH – CESPE – 2017) À luz do CP e da legislação penal extravagante, assinale a opção correta.

(A) É crime impossível o peculato praticado por servidor público que subtrai bens da administração pública municipal aos quais tenha acesso em razão do cargo, quando há sistema de vigilância por monitoramento eletrônico.

(B) Poderá ser reduzida até a metade a pena de membro de organização criminosa que realizar colaboração premiada após a prolação da sentença.

(C) É atípica a conduta de fotografar criança em poses sensuais, com enfoque em seus órgãos genitais, quando estiverem cobertos por peças de roupas.

(D) O crime de racismo restringe-se aos atos discriminatórios em função de cor da pele — fator biológico —, em razão do princípio da necessidade da lei estrita do direito penal.

A: incorreta, pois não retrata o entendimento firmado na Súmula 567, do STJ, que, embora faça menção ao crime de furto, também pode ser aplicada ao delito de peculato: "Sistema de vigilância realizado por

monitoramento eletrônico ou por existência de segurança no interior de estabelecimento comercial, por si só, não torna impossível a configuração do crime de furto". O fato é que o chamado *furto sob vigilância (neste caso, o peculato)* pode, em determinadas situações, a depender do caso concreto, caracterizar *crime impossível* pela *ineficácia absoluta do meio* (art. 17 do CP). É o caso, por exemplo, do agente que, desde o momento em que ingressa no supermercado, passa a ser permanentemente vigiado por sistema de câmeras e também por seguranças, que ficam o tempo todo no seu encalço. Não há, neste caso, a menor possibilidade de o crime consumar-se. Isso não quer dizer que a existência, por si só, de sistema de segurança por câmeras elimine a possibilidade de o crime chegar à sua consumação. É perfeitamente plausível que o agente se aproveite de determinado ângulo de monitoramento em que a subtração não é visualizada pelo sistema de câmeras. Dessa forma, a ineficácia do meio deve ser avaliada caso a caso; **B:** correta, pois retrata o disposto no art. 4º, § 5º, da Lei 12.850/2013, segundo o qual, uma vez prolatada a sentença, o colaborador poderá fazer jus à redução de sua pena até a metade ou ainda poderá ser beneficiado com a progressão de regime prisional, mesmo que ausentes os requisitos objetivos; **C:** incorreta. Trata-se do crime capitulado no art. 240, "caput", do ECA. Na jurisprudência do STJ: "É típica a conduta de fotografar cena pornográfica (art. 241-B do ECA) e de armazenar fotografias de conteúdo pornográfico envolvendo criança ou adolescente (art. 240 do ECA) na hipótese em que restar incontroversa a finalidade sexual e libidinosa das fotografias, com enfoque nos órgãos genitais das vítimas – ainda que cobertos por peças de roupas –, e de poses nitidamente sensuais, em que explorada sua sexualidade com conotação obscena e pornográfica" (REsp 1543267/SC, 6ª T., Rel. Min. Maria Thereza de Assis Moura, j. 03.12.2015, *DJe* 16.02.2016); **D:** incorreta, uma vez que os crimes definidos na Lei 7.716/1989 (Lei de Racismo) envolvem atos de discriminação que levam em conta não somente a cor da pele, mas também raça, etnia, religião e procedência nacional. Ademais, é importante que se diga que o STF, reconhecendo a mora do Congresso Nacional, enquadrou a homofobia e a transfobia como crimes de racismo. O colegiado, por maioria, fixou a seguinte tese: "Até que sobrevenha lei emanada do Congresso Nacional destinada a implementar os mandados de criminalização definidos nos incisos XLI e XLII do art. 5º da Constituição da República, as condutas homofóbicas e transfóbicas, reais ou supostas, que envolvem aversão odiosa à orientação sexual ou à identidade de gênero de alguém, por traduzirem expressões de racismo, compreendido este em sua dimensão social, ajustam-se, por identidade de razão e mediante adequação típica, aos preceitos primários de incriminação definidos na Lei nº 7.716, de 08.01.1989, constituindo, também, na hipótese de homicídio doloso, circunstância que o qualifica, por configurar motivo torpe (Código Penal, art. 121, § 2º, I, "in fine")." (ADO 26/DF, rel. Min. Celso de Mello, julgamento em 13.6.2019). ED

Gabarito "B".

(Advogado União – AGU – CESPE – 2015) Um servidor público, concursado e estável, praticou crime de corrupção passiva e foi condenado definitivamente ao cumprimento de pena privativa de liberdade de seis anos de reclusão, em regime semiaberto, bem como ao pagamento de multa.

A respeito dessa situação hipotética, julgue os itens seguintes.

(1) As penas aplicadas não impedem nova condenação pelo mesmo fato em ação de improbidade administrativa, podendo o agente público ser novamente punido com a pena de perda da função pública e multa, entre outras previstas na lei específica.

(2) Na situação considerada, se houvesse suspeita de participação do agente em organização criminosa, o juiz poderia determinar seu afastamento cautelar das funções, sem prejuízo da remuneração; e se houvesse posterior condenação pelo crime de organização cri-

15. DIREITO PENAL 667

minosa, haveria concurso material entre esse crime e o crime de corrupção passiva.

1: correta (art. 37, § 4º, da CF e art. 12, "caput", da Lei 8.429/1992); **2:** correta, pois reflete o que estabelece o art. 2º, "caput" e § 5º, da Lei 12.850/2013. ED

Gabarito "1C, 2C."

(Procurador – PGFN – ESAF – 2015) A extinção do rol de crimes antecedentes da Lei de Lavagem de Dinheiro (Lei n. 9.613/98), promovida pela Lei n. 12.683/12, teve como consequência:

(A) a extinção da punibilidade de todas as condutas praticadas antes da vigência da Lei n. 12.683/12.

(B) o alargamento das hipóteses de ocorrência da figura típica da lavagem de dinheiro, possibilitando que qualquer delito previsto no ordenamento brasileiro seja o crime antecedente necessário à sua configuração.

(C) a alteração da natureza do crime de lavagem de dinheiro, que deixou de exigir a ocorrência de um crime antecedente para sua consumação.

(D) a exclusão da possibilidade dos crimes de tráfico ilícito de entorpecentes e extorsão mediante sequestro serem antecedentes à conduta de lavagem de dinheiro.

(E) a *abolitio criminis* da lavagem de dinheiro a partir da vigência da Lei n.12.683/12.

A: incorreta. A Lei 12.683/2012 não promoveu a extinção da punibilidade das condutas a ela anteriores; **B:** correta. Com o advento da Lei 12.683/2012, que alterou diversos dispositivos da Lei 9.613/1998, a conduta antecedente, que antes deveria estar contemplada no rol do art. 1º, agora pode ser representada por qualquer infração penal (crime e contravenção). Houve, bem por isso, uma ampliação (alargamento) do campo de incidência do crime de lavagem de dinheiro; **C:** incorreta. Permanece a exigência da ocorrência de infração penal anterior para a configuração da lavagem de dinheiro; **D:** incorreta. Inexiste tal previsão; **E:** incorreta. Pelo contrário, a Lei 12.683/2012, tal como afirmado na alternativa "B", fez ampliar as hipóteses de ocorrência do delito de lavagem de dinheiro. ED

Gabarito "B".

(Procurador do Estado – PGE/BA – CESPE – 2014) Julgue o item que se segue (adaptada).

(1) A associação, de três ou mais pessoas, para o fim específico de cometer crimes, configura quadrilha ou bando, devendo a pena imposta ao condenado com base nesse tipo penal ser aumentada até a metade quando tomarem parte da associação criança, adolescente, idoso ou pessoas com deficiência.

1: incorreta. A assertiva contém dois erros. Em primeiro lugar, o delito de quadrilha ou bando, com o advento da Lei 12.850/2013, ganhou nova denominação, a saber: associação criminosa (art. 288, CP). Além dessa mudança, o número mínimo de agentes, que antes era de quatro, passou a ser de três. Em segundo lugar, a causa de aumento de pena, prevista no parágrafo único desse dispositivo, somente tem incidência quando se tratar de associação armada ou quando houver a participação de criança ou adolescente. ED

Gabarito "1E."

(ADVOGADO – CEF – 2012 – CESGRANRIO) Em determinado processo judicial criminal, há, em decorrência de requerimento do Ministério Público, autorização para interceptação telefônica com o fito de angariar provas contra

acusados de delitos considerados graves. Nos termos da legislação pertinente, o prazo para a interceptação deve, regra geral, corresponder a, no máximo,

(A) sessenta dias, com renovação

(B) trinta dias, com renovação

(C) vinte dias, com renovação

(D) quinze dias, com renovação

(E) dez dias, com renovação

Art. 5º da Lei 9.296/96. Cuidado: é pacífico na jurisprudência o entendimento segundo o qual a intercepção deve perdurar pelo interregno necessário à elucidação do crime sob investigação; comporta, por isso, sucessivos pedidos de renovação. Nesse sentido, conferir: "É da jurisprudência desta Corte o entendimento de ser possível a prorrogação do prazo de autorização para a interceptação telefônica, mesmo que sucessiva, especialmente quando o fato é complexo, a exigir investigação diferenciada e contínua (HC 83.515/RS, Tribunal Pleno, Relator o Ministro Nelson Jobim, *DJ* 04.03.2005). 4. Nesse contexto, considerando o entendimento jurisprudencial e doutrinário acerca da possibilidade de se prorrogar o prazo de autorização para a interceptação telefônica por períodos sucessivos quando a intensidade e a complexidade das condutas delitivas investigadas assim o demandarem, não há que se falar, na espécie, em nulidade da referida escuta e de suas prorrogações, uma vez que autorizada pelo Juízo de piso com a observância das exigências previstas na lei de regência (Lei 9.296/1996, art. 5º). 5. Recurso ordinário a que se nega provimento" (STF, 1ª T., RHC 120.111, rel. Min. Dias Toffoli, j. 11.03.2014).

Gabarito "D".

29. TEMAS COMBINADOS DE DIREITO PENAL

(Procurador do Estado – PGE/RS – Fundatec – 2015) Analise as assertivas abaixo:

I. Considera-se praticado o crime no lugar em que ocorreu a ação ou omissão, no todo ou em parte, sendo irrelevante para esse fim onde se produziu ou deveria ser produzido o resultado.

II. A superveniência de causa relativamente independente exclui a imputação quando, por si só, produziu o resultado; os fatos anteriores, entretanto, imputam-se a quem os praticou.

III. Nos crimes previstos no Código Penal que tenham sido cometidos sem violência ou grave ameaça à pessoa, reparado o dano ou restituída a coisa, até o oferecimento da denúncia ou da queixa, por ato voluntário do agente, a pena poderá ser reduzida de um a dois terços, presente a hipótese do arrependimento posterior.

IV. O erro sobre o elemento constitutivo do tipo legal de crime exclui o dolo e também não permite a punição por crime culposo, mesmo que previsto em lei.

Após a análise, pode-se dizer que:

(A) Está correta apenas a assertiva II.

(B) Estão corretas apenas as assertivas I e II.

(C) Está incorreta apenas a assertiva IV.

(D) Estão incorretas apenas as assertivas I e III.

(E) Todas as assertivas estão incorretas.

I: incorreta, pois, em matéria de lugar do crime, o legislador adotou, no CP, a teoria mista ou da ubiquidade, segundo a qual se considera praticado o crime no lugar onde ocorreu a ação ou omissão, no todo ou em parte, bem como onde se produziu ou deveria produzir-se o resultado (art. 6º do CP); **II:** correta. De fato, as causas supervenientes relativamente independentes excluem a imputação, desde que sejam aptas, por si sós, a produzir o resultado; os fatos anteriores, no entanto, serão imputados a quem os praticou (art. 13, § 1º, do CP). Exemplo clássico e sempre lembrado pela doutrina é aquele em que a vítima de tentativa de homicídio é socorrida e levada ao hospital e, ali estando, vem a falecer, não em razão dos ferimentos que experimentou, mas por conta de incêndio ocorrido na enfermaria do hospital. Este evento (incêndio) do qual decorreu a morte da vítima constitui causa superveniente relativamente independente que, por si só, gerou o resultado. O nexo causal, nos termos do art. 13, § 1º, do CP, é interrompido (há imprevisibilidade). O agente, por isso, responderá por homicídio na forma tentada (e não na modalidade consumada). Perceba que, neste caso, estamos a falar de causa *relativamente* independente porque, não fosse a tentativa de homicídio, o ofendido não seria, por óbvio, hospitalizado e não seria, por consequência, vítima do incêndio que produziu, de fato, a sua morte; **III:** incorreta. Primeiro porque o campo de incidência do arrependimento posterior não é restrito aos crimes definidos no Código Penal; ademais, a reparação do dano ou restituição da coisa deverá ocorrer até o *recebimento* da denúncia ou queixa, e não até o seu *oferecimento*, tal como consta da assertiva (art. 16, CP); **IV:** incorreta. Trata-se do erro de tipo essencial (art. 20, *"caput"*, do CP), que, escusável ou inescusável, sempre afastará o dolo. Porém, sendo o erro inescusável (vencível ou evitável), o agente responderá por culpa, desde que tal forma esteja expressa em lei. 🔳

Gabarito "A".

(Procurador do Estado – PGE/RS – Fundatec – 2015) Analise as seguintes assertivas:

I. É entendimento consubstanciado na Súmula Vinculante nº 24 que não se tipifica o delito tributário previsto no art. 1º, incisos I a IV, da Lei nº 8.137/90, enquanto não exaurida a esfera administrativa, sendo que a prescrição da pretensão punitiva é contada da ação ou da omissão de supressão ou redução dos tributos, nos exatos termos do que previsto no art. 4º, CP (Teoria da Atividade).

II. A homologação da transação penal prevista no artigo 76 da Lei nº 9.099/95 faz coisa julgada material e, descumpridas suas cláusulas, não pode ser retomada a situação anterior, inviabilizando-se a continuidade da persecução penal mediante oferecimento de denúncia ou requisição de inquérito policial.

III. Ordenar ou autorizar a inscrição em restos a pagar de despesa que não tenha sido previamente empenhada ou que exceda limite estabelecido em lei é crime contra as finanças públicas.

IV. Falsificar, mediante fabrico ou alteração, selo destinado a controle tributário é crime de falsificação de papel público (art. 293, CP), e não falsificação de documento público (art. 297, CP).

Após a análise, pode-se dizer que:

(A) Está correta apenas a assertiva III.
(B) Está incorreta apenas a assertiva I.
(C) Estão incorretas apenas as assertivas I e II.
(D) Estão incorretas apenas as assertivas I, II e III.
(E) Todas as assertivas estão incorretas.

I: incorreta. Segundo posicionamento consolidado tanto no STF quanto no STJ, o termo inicial do prazo prescricional nos crimes materiais contra a ordem tributária (art. 1º da Lei 8.137/1990) corresponde ao momento em que se deu a constituição definitiva do crédito tributário, e não da ação ou omissão que caracteriza a supressão ou redução do tributo. Conferir: "É condição objetiva de punibilidade dos crimes definidos no artigo 1º da Lei 8.137/1990 o lançamento definitivo do crédito

tributário, não podendo, antes disso, ter início a persecução penal – por manifesta ausência de justa causa. 2. Enquanto o tributo não se torna exigível também não terá curso a prescrição" (STJ, HC 49524/RJ, 6ª T., Rel. Min. Paulo Medina, *DJ* 09.10.2006); **II:** incorreta, pois contraria o entendimento firmado na Súmula Vinculante 35: "A homologação da transação penal prevista no artigo 76 da Lei n.º 9.099/1995 não faz coisa julgada material e, descumpridas suas cláusulas, retoma-se a situação anterior, possibilitando-se ao Ministério Público a continuidade da persecução penal mediante oferecimento de denúncia ou requisição de inquérito policial"; **III:** correta (art. 359-B do CP); **IV:** correta (art. 293, I, do CP). 🔳

Gabarito "C".

(Procurador/DF – 2013 – CESPE) Em 15 de janeiro de 2012, Fábio, com vinte anos de idade, sócio da empresa Diversões Ltda., pretendendo sagrar-se vencedor em licitação aberta para contratar a execução de show comemorativo do aniversário da cidade de Brasília, coagiu moralmente o funcionário público Mateus, ameaçando ofender a integridade física de seus filhos menores, se ele não introduzisse no edital licitatório cláusula que direcionasse o certame para favorecer sua empresa. Temeroso de que as ameaças se concretizassem, Mateus elaborou o edital e dele fez constar cláusulas destinadas a assegurar a vitória da empresa de Fábio, frustrando, dessa forma, o caráter competitivo da licitação.

Acerca dessa situação hipotética, julgue os itens que se seguem.

(1) O sujeito ativo do crime de frustrar ou fraudar o caráter competitivo do procedimento licitatório, previsto em artigo da Lei de Licitações e Contratos, poderá ser tanto o particular que concorre na licitação quanto o servidor público com atuação no procedimento licitatório, razão por que, na hipótese em questão, Fábio e Mateus poderiam figurar no polo passivo de ação penal pertinente.

(2) A coação moral irresistível é uma hipótese de autoria mediata, em que o autor da coação detém o domínio do fato e comete o fato punível por meio de outra pessoa.

(3) Para a consumação do delito de frustrar ou fraudar o caráter competitivo do procedimento licitatório, previsto em artigo da Lei de Licitações e Contratos, seria necessário que Mateus tivesse auferido vantagem decorrente da adjudicação do objeto da licitação.

1: correta. De acordo com o art. 90 da Lei 8.666/1993, pratica crime aquele que *frustrar* ou *fraudar*, mediante ajuste, combinação ou qualquer outro expediente, o caráter competitivo do procedimento licitatório, com o intuito de obter, para si ou para outrem, vantagem decorrente da adjudicação do objeto da licitação. Trata-se de crime comum, podendo ser praticado por qualquer pessoa (inclusive por funcionários públicos). No enunciado da questão, a despeito de Mateus ter sido coagido por Fábio a inserir cláusulas no certame licitatório capazes de favorecer sua empresa, ao que tudo indica, a coação moral seria resistível (e não irresistível, caso em que haveria a exclusão da culpabilidade, nos termos do art. 22 do CP). Afinal, a ameaça de ofensa à integridade física dos filhos menores de Mateus, ainda que injusta e grave, não era atual, ou seja, não havia efetivo risco de que, naquele exato momento, o prenúncio se efetivasse. Daí a coação moral ser resistível; **2:** correta. De fato, na coação moral irresistível, o coator se vale do coato (ou coagido) para a prática de determinada infração penal, mediante a prática de violência moral (grave ameaça). Nesse caso, o Código Penal exclui a culpabilidade da vítima (coato), punindo-se o coator. Trata-se de típica hipótese de autoria mediata ou indireta; **3:** incorreta. O crime do art. 90 da Lei 8.666/1993 é considerado formal, consumando-se

15. DIREITO PENAL 669

com a prática de condutas destinadas a fraudar ou frustrar o caráter competitivo da licitação, bastando que o agente tenha o "intuito de obter, para si ou para outrem, vantagem decorrente da adjudicação do objeto da licitação". Esse é o especial fim de agir do agente, expressamente previsto no tipo penal.

Gabarito 1C, 2C, 3E

(Procurador/DF – 2013 – CESPE) Julgue os itens seguintes, relativos a aspectos diversos do direito penal.

(1) No sistema penal brasileiro, há causas pessoais que excluem e extinguem totalmente a punibilidade e, igualmente, causas pessoais de exclusão e extinção parcial da punibilidade.

(2) Nos termos do CP, a caracterização de uma conduta dolosa prescinde da consciência ou do conhecimento da antijuridicidade dessa conduta e requer apenas a presença dos elementos que compõem o tipo objetivo.

(3) Há reincidência quando o agente comete novo crime, depois de transitar em julgado a sentença que o tenha condenado por crime anterior, não se considerando como tal condenações por crimes militares próprios ou por crimes políticos e sentenças oriundas de país estrangeiro.

(4) De acordo com o CP, com relação à sucessão das leis penais no tempo, não se aplicam as regras gerais da irretroatividade da lei mais severa, tampouco a retroatividade da norma mais benigna, bem como não se aplica o preceito da ultra-atividade à situação caracterizada pela chamada lei penal em branco.

1: correta. Por exemplo, a morte do agente (art. 107, I, do CP) é causa pessoal – e total – extintiva da punibilidade. Já o indulto, previsto no art. 107, II, do CP, é causa pessoal que pode extinguir totalmente a punibilidade (indulto total), ou apenas parcialmente (indulto parcial), como no caso de mera diminuição ou comutação da pena; 2: correta. De fato, o dolo não exige a potencial consciência da ilicitude do fato praticado pelo agente, bastando que o agente atue voltado à concretização dos elementos objetivos do tipo penal. O conhecimento potencial da antijuridicidade da conduta ficou reservado à culpabilidade. Prova disso é que sua falta, nos termos do art. 21 do CP (erro de proibição), poderá acarretar, quanto o erro for invencível (ou inevitável, ou escusável), a isenção de pena; 3: incorreta. Haverá reincidência quando o agente comete novo crime, depois de transitar em julgado a sentença que, no país ou no *estrangeiro*, o tenha condenado por crime anterior (art. 63 do CP). Frise-se que a sentença estrangeira induz, sim, a reincidência, não sendo necessária, sequer, sua homologação pelo STJ, conforme se extrai do art. 9º do CP. Para fins de caracterização da reincidência, de fato, não se consideram os crimes militares próprios e os crimes políticos (art. 64, II, do CP); 4: incorreta. Não há no Código Penal hipótese que não permita a retroatividade ou a irretroatividade em matéria de lei penal em branco. Como regra, a norma complementar da lei penal em branco será irretroativa. Todavia, a depender da natureza de referida norma complementar (se dotada de estabilidade ou de transitoriedade), sua alteração (sucessão no tempo) poderá, sim, retroagir, tal como no caso de supressão, de ato normativo da ANVISA, de substância considerada entorpecente (para fins de caracterização de crimes da Lei de Drogas – Lei 11.343/2006). Dado o caráter de estabilidade da norma, a supressão de determinada substância poderá configurar *abolitio criminis*, retroagindo para beneficiar o réu. Já se o conteúdo da norma complementar tiver o caráter da transitoriedade ou excepcionalidade (tal como ocorria com os crimes contra a economia popular – tabelamento de preços), sua alteração posterior, ainda que benéfica ao réu, não irá retroagir, incidindo a ultra-atividade de que trata o art. 3º do CP.

Gabarito 1C, 2C, 3E, 4E

(Procurador/DF – 2013 – CESPE) No que se refere aos crimes contra a fé pública e contra a administração pública, aos delitos previstos na Lei de Licitações e à aplicação de pena, julgue os itens consecutivos.

(1) O disciplinamento previsto no CP acerca da conduta de suprimir ou reduzir contribuição social previdenciária e qualquer acessório, mediante omissão total ou parcial de receitas ou lucros auferidos, remunerações pagas ou creditadas e demais fatos geradores de contribuições sociais previdenciárias, prevê a extinção da punibilidade do agente, mesmo sem o pagamento do tributo devido, desde que esse agente faça, espontaneamente, declaração acompanhada de confissão das contribuições, importâncias ou valores devidos, e que ele preste, ainda, todas as informações devidas à previdência social, na forma definida em lei ou regulamento, antes do início da ação fiscal.

(2) Para a caracterização do delito de dispensar ou inexigir licitação fora das hipóteses previstas em lei, ou de deixar de observar as formalidades pertinentes a estas, é indispensável a presença de dolo, não se admitindo culpa.

(3) Nos crimes contra a administração pública, caso o servidor seja condenado a pena superior a um ano de prisão, por delito praticado com abuso de poder ou violação do dever para com a administração pública, poderá ser suspenso o efeito extrapenal específico da perda de cargo, função pública ou mandato eletivo, disposto no CP, nos caso em que tenha havido substituição da pena privativa de liberdade por pena restritiva de direito.

(4) O crime de uso de documento falso é formal, consumando-se com a simples utilização do documento reputado falso, não se exigindo a comprovação de efetiva lesão à fé pública, o que afasta a possibilidade de aplicação do princípio da insignificância, em razão do bem jurídico tutelado.

(5) No crime funcional contra a ordem tributária consistente em exigir, solicitar ou receber, para si ou para outrem, direta ou indiretamente, ainda que fora da função ou mesmo antes de iniciar seu exercício, mas em razão dela, vantagem indevida; ou aceitar promessa de tal vantagem, para deixar de lançar ou cobrar tributo ou contribuição social, ou cobrá-los parcialmente, extingue-se a punibilidade do agente, desde que haja pagamento integral do tributo antes da persecução penal em juízo, nos termos da lei regente dos crimes contra a ordem tributária.

1: correta, nos exatos termos do art. 168-A, § 2º, do CP; 2: correta. De fato, o crime do art. 89 da Lei 8.666/1993 é doloso, não se admitindo a modalidade culposa. Nesse sentido, Guilherme Nucci (**Leis penais e processuais penais comentadas**. 4. ed. São Paulo: RT, 2009. p. 852); 3: incorreta, de acordo com a banca examinadora. Nos termos do art. 92, I, "a", do CP, aplicada pena privativa de liberdade *igual ou superior* a um ano (e não apenas superior, como refere o item!), por delito praticado com abuso de poder ou violação do dever para com a Administração, haverá a perda de cargo, função pública ou mandato eletivo. Perceba que o dispositivo legal, em momento algum, faz distinção em caso de substituição da pena privativa de liberdade por restritiva de direitos. Contudo, há entendimento doutrinário em sentido contrário. Confira-se, por exemplo, a docência de Rogério Greco: "A lei penal fala em pena privativa de liberdade, razão pela qual quando o agente for condenado à pena de multa, *ou mesmo tiver a sua pena privativa de liberdade subs-*

tituída pela pena restritiva de direitos, já não será possível a imposição do mencionado efeito da condenação" (**Curso de Direito Penal**. Parte Especial. 6. ed. Niterói: Editora Impetus, 2009. v. III. p. 714). No entanto, cremos que o posicionamento da banca examinadora veio estribado em precedentes do STJ, tal como o que ora segue, extraído da ementa do julgamento do AgRg no Ag em REsp 46266 (2011/0201442-7), 5ª Turma, j. 26.06.2012, rel. Min. Laurita Vaz, *DJe* 01.08.2012: "(...) 6. Tal consequência ocorre sempre que configurada a hipótese prevista no art. 92, inciso I, alínea *a*, do Código Penal, não fazendo a lei qualquer ressalva no sentido de que, se a pena privativa de liberdade for substituída por reprimendas restritivas de direito, não haverá a perda do cargo."; **4:** correta. De fato, o crime de uso de documento falso (art. 304 do CP) é considerado formal ou de consumação antecipada, contentando-se com a efetiva utilização do documento falsificado ou adulterado, independentemente da obtenção, pelo agente, de qualquer vantagem, ou causação de prejuízo a outrem. Dada a objetividade jurídica do crime (fé pública), inadmissível a aplicação do princípio da insignificância. Nesse sentido: "(...) A jurisprudência deste Superior Tribunal de Justiça e do Supremo Tribunal Federal firmou-se no sentido da inaplicabilidade do princípio da insignificância, haja vista que o bem jurídico tutelado é a fé pública, a credibilidade da moeda e a segurança de sua circulação, independentemente da quantidade e do valor das cédulas falsificadas. Precedentes" (STJ, AgRg no Ag em REsp 82637 (2011/0261633-2), 5ª Turma, j. 09.04.2013, rel. Min. Marilza Maynard, convocada do TJ/SE, *DJe* 12.04.2013); **5:** incorreta. O crime descrito no art. 3º, II, da Lei 8.137/1990 (espécie de concussão e corrupção passiva praticada por agente ligado ao Fisco) é crime funcional contra a ordem tributária, inexistindo, nesse caso, extinção da punibilidade pelo pagamento integral do tributo. A lei, nesse sentido, é silente, inexistindo, pois, permissivo para a conclusão exarada no item em análise.

Gabarito 1C, 2C, 3E, 4C, 5E

(**Procurador Federal – 2013 – CESPE**) Julgue os itens seguintes, acerca da prescrição, da reabilitação e da imputabilidade.

(1) Não se admite a prescrição da pretensão executória antes do trânsito em julgado da sentença para ambas as partes.

(2) Considere a seguinte situação hipotética. João cumpriu pena pela prática de roubo e, decorridos dois anos do dia em que foi extinta a pena, ele pleiteou, por meio de seu advogado, sua reabilitação. Nessa situação, para ter seu pedido deferido, João deverá, necessariamente, ressarcir o dano causado pelo crime, demonstrar a absoluta impossibilidade de fazê-lo ou exibir documento que comprove a renúncia da vítima ou a novação da dívida.

(3) O CP prevê uma redução de pena para aquele que, em virtude de perturbação de saúde mental ou por desenvolvimento mental incompleto ou retardado, não seja inteiramente capaz de entender o caráter ilícito do fato ou de determinar-se de acordo com esse entendimento, circunstância que enseja uma menor reprovabilidade da conduta do agente comprovadamente naquelas condições. Tem-se, nesse caso, a denominada semi-imputabilidade, também nominada pelos doutrinadores como responsabilidade penal diminuída.

(4) Mesmo que ocorra a prescrição da pretensão executória, a sentença condenatória poderá ser executada no juízo cível para efeito de reparação do dano.

1: incorreta. Muito embora a prescrição da pretensão executória tenha por pressuposto o trânsito em julgado para ambas as partes (acusação e defesa), começará a fluir a partir do trânsito em julgado para a acusação, nos termos do art. 112, I, do CP. Nada obstante, o STJ, no julgamento do HC 137924/SP (5ª Turma, j. 25.05.2010, rel. Min. Jorge Scartezzini, *DJe*

02.08.2010), entendeu que o termo *a quo* para a contagem do prazo da prescrição executória é o trânsito em julgado para ambas as partes, visto que somente neste momento é que o título condenatório seria passível de execução. Embora a decisão em comento seja coerente, o fato é que o Código Penal assim não prevê! Logo, incorreta a assertiva; **2:** correta. Nos termos do art. 94, III, do CP, é condição para o requerimento de reabilitação ter o condenado ressarcido o dano causado pelo crime ou demonstrado a absoluta impossibilidade de o fazer, até o dia do pedido, ou exibir documento que comprove a renúncia da vítima ou novação da dívida; **3:** correta. De fato, nos termos do art. 26, parágrafo único, do CP, se o agente, em virtude de perturbação de saúde mental ou por desenvolvimento mental incompleto ou retardado não era inteiramente capaz de entender o caráter ilícito do fato ou de determinar-se de acordo com esse entendimento, será considerado semi-imputável, motivo pelo qual terá sua pena reduzida de um a dois terços. Embora não haja exclusão da culpabilidade pela inimputabilidade penal (art. 26, *caput*, do CP), a responsabilidade diminuída do agente induz a minoração da reprimenda penal; **4:** correta. A prescrição da pretensão executória não tem o condão de rescindir a condenação, mas, apenas, de apagar o efeito penal principal (a própria pena), remanescendo, porém, os efeitos secundários de natureza penal (ex.: a reincidência) e extrapenal (ex.: a obrigação da reparação do dano). Logo, mesmo prescrita a pretensão executória estatal, a sentença penal condenatória poderá servir de arrimo a processo de execução civil.

Gabarito 1E, 2C, 3C, 4C

(**Procurador do Estado/BA – 2014 – CESPE**) Julgue os itens que se seguem, referentes aos diversos tipos penais.

(1) Considere a seguinte situação hipotética. Joaquim foi denunciado pela prática do crime de falsidade ideológica previsto no Código Penal. A inicial acusatória foi recebida em 03.10.2007. O juiz da causa, por meio de sentença publicada em 19.07.2012, condenou o réu à pena de um ano, dez meses e vinte dias de reclusão, em regime semiaberto, mais pagamento de quinze dias-multa. Não houve recurso do MP e a defesa interpôs apelação, alegando a prescrição da pretensão punitiva do Estado. Nessa situação, deverá o tribunal negar provimento ao apelo.

(2) A associação, de três ou mais pessoas, para o fim específico de cometer crimes, configura quadrilha ou bando, devendo a pena imposta ao condenado com base nesse tipo penal ser aumentada até a metade quando tomarem parte da associação criança, adolescente, idoso ou pessoas com deficiência.

(3) Aquele que utilizar laudo médico falso para, sob a alegação de possuir doença de natureza grave, furtar-se ao pagamento de tributo, deverá ser condenado apenas pela prática do delito de sonegação fiscal se a falsidade ideológica for cometida com o exclusivo objetivo de fraudar o fisco, em virtude da aplicação do princípio da subsidiariedade.

(4) Considere que Paulo, servidor público lotado no INSS, tenha inserido nos bancos de dados dessa autarquia informações falsas a respeito de Carlos, o que possibilitou a este receber quantia indevida a título de aposentadoria. Nessa situação hipotética, Paulo cometeu o crime de falsidade ideológica.

(5) Caso o denunciado por peculato culposo opte, antes do pronunciamento da sentença, por reparar o dano a que deu causa, sua punibilidade será extinta.

(6) Suponha que, antes do término do correspondente processo administrativo de lançamento tributário, o MP tenha oferecido denúncia contra Maurício, por ter ele deixado de fornecer, em algumas situações, notas

15. DIREITO PENAL

fiscais relativas a mercadorias efetivamente vendidas em seu estabelecimento comercial. Nesse caso, de acordo com a jurisprudência pacífica do STF, a inicial acusatória não deve ser recebida pelo magistrado, dada a ausência de configuração de crime material.

1: incorreta. Nos termos do art. 109, V, do CP, prescreve em quatro anos a pretensão punitiva ou executória quando a pena é igual a um ano, ou, sendo superior, não excede a dois. Dado que Joaquim foi condenado à pena de um ano, dez meses e vinte dias de reclusão (portanto, inferior a dois anos) e que entre o recebimento da denúncia (03.10.2007) e a publicação da sentença condenatória (19.07.2012) transcorreu prazo superior a quatro anos, deverá ser reconhecida a prescrição da pretensão punitiva em sua forma retroativa (art. 110, § 1º, do CP); **2:** incorreta. A associação de três ou mais pessoas, para o tim específico de cometer crimes, configura, desde o advento da Lei 12.850/2013, conhecida como a "Nova Lei do Crime Organizado", o delito de associação criminosa (e não mais quadrilha ou bando). Demais disso, a pena será majorada até a metade se a associação é armada ou se houver a participação de criança ou adolescente (art. 288, parágrafo único, do CP), não havendo menção a idosos ou portadores de deficiência; **3:** incorreta. A situação relatada na assertiva, muito embora esteja inicialmente correta (uso de documento falso para fraudar o Fisco é absorvido pela sonegação fiscal), alude ao princípio da subsidiariedade, quando, em verdade, cabível a aplicação da consunção. Assim, é sabido e ressabido que o crime-meio (no caso, a inserção, em laudo médico, de doença grave, a fim de sonegar tributo) será absorvido pelo crime-fim (sonegação fiscal) quando for meio necessário ou normal fase de execução deste último. Nesse sentido, confira-se a seguinte ementa: "AGRAVO REGIMENTAL NO RECURSO ESPECIAL. PENAL. SONEGAÇÃO FISCAL. ABSORÇÃO DOS DELITOS DE ESTELIONATO, FALSIDADE IDEOLÓGICA E USO DE DOCUMENTO FALSO. PRINCÍPIO DA CONSUNÇÃO. POSSIBILIDADE. FALSIDADE PRATICADA COM FIM EXCLUSIVO DE LESAR O FISCO, VIABILIZANDO A SONEGAÇÃO DO TRIBUTO. FALSO EXAURIDO NA SONEGAÇÃO. PRECEDENTES. AGRAVO REGIMENTAL DESPROVIDO. 1. É aplicável o princípio da consunção quando os crimes de estelionato, uso de documento falso e falsidade ideológica – crimes meio – são praticados para facilitar ou encobrir a falsa declaração, com vistas à efetivação do pretendido crime de sonegação fiscal – crime fim –, localizando-se na mesma linha de desdobramento causal de lesão ao bem jurídico, integrando, assim, o *iter criminis* do delito-fim (...)" (STJ, AgRg no REsp nº 1366714/MG, 5ª Turma, j. 22.10.2013, rel. Min. Laurita Vaz, *DJe* 05.11.2013); **4:** incorreta. Se o servidor do INSS for autorizado a operar os sistemas de informações da autarquia (dado não constante no enunciado), terá cometido o crime de peculato eletrônico, definido no art. 313-A do CP (crime contra a Administração Pública), e não a falsidade ideológica do art. 299 do CP (crime contra a fé pública); **5:** correta. De fato, no peculato culposo, se o agente reparar antes da sentença irrecorrível, terá sua punibilidade extinta, nos moldes preconizados pelo art. 312, § 3º, do CP. Frise-se que a reparação do dano somente extingue a punibilidade no peculato culposo (art. 312, § 2º, do CP). Já se se tratar de peculato doloso (art. 312, *caput*, e § 1º, do CP), incidirá apenas o art. 16 do CP (arrependimento posterior), que é causa de diminuição de pena; **6:** incorreta. O término do processo administrativo fiscal é condição objetiva de punibilidade apenas dos crimes materiais contra a ordem tributária, definidos no art. 1º da Lei 8.137/1990, conforme enuncia, inclusive, a Súmula Vinculante nº 24. Já os crimes formais previstos no art. 2º de referida lei não exigem o exaurimento da esfera administrativa, motivo pelo qual, no caso relatado na assertiva, o Ministério Público não precisaria aguardar o término do processo administrativo fiscal para ofertar denúncia.
Gabarito 1E, 2E, 3E, 4E, 5C, 6E

(Procurador Distrital – 2014 – CESPE) Marcos, imbuído de *animus necandi*, disparou tiros de revólver em Ricardo por não ter recebido deste pagamento referente a fornecimento de maconha. Apesar de ferido gravemente, Ricardo sobreviveu. Marcos, para chegar ao local onde Ricardo

se encontrava, foi conduzido em motocicleta por Rômulo, que sabia da intenção homicida do amigo, embora desconhecesse o motivo, e concordava em ajudá-lo. Ricardo foi atingido pelas costas enquanto caminhava em via pública, e Marcos e Rômulo, ao verem a vítima tombar, fugiram, supondo tê-la matado.

Com base nessa situação hipotética, julgue os próximos itens.

(1) Houve desistência voluntária, pois os agentes fugiram do local ao perceberem a vítima tombar no chão, sem disparar o tiro de misericórdia.

(2) Rômulo agiu em coautoria e deve responder pelo mesmo crime cometido por Marcos, não se aplicando a ele, entretanto, a qualificadora baseada no motivo do crime (torpeza), já que ignorava o motivo por que o seu comparsa queria a morte de Ricardo.

1: incorreta. A desistência voluntária, espécie do gênero *tentativa abandonada* ou *qualificada*, pressupõe que o agente, após iniciar a execução do crime, desista, *sponte propria*, de prosseguir em seu intento criminoso. Aqui, voluntariamente, o agente abandona a execução da empreitada criminosa, muito embora pudesse prosseguir. No caso relatado na assertiva, fica claro que Marcos e Rômulo, previamente ajustados e agindo com o mesmo desígnio delituoso, somente fugiram do local após Ricardo ter tombado com os tiros desferidos pelo primeiro. Fica caracterizada, claramente, a tentativa de homicídio, visto que o resultado morte somente não se produziu por circunstâncias alheias às vontades dos agentes (art. 14, II, do CP); **2:** correta. Muito embora Rômulo tenha concorrido para a tentativa de homicídio de Ricardo, visto ter aderido à vontade de Marcos e tê-lo conduzido de moto até o encontro com a vítima, é certo que o motivo do delito ("acerto de contas" pelo não pagamento de drogas pelo ofendido a Marcos), por ser circunstância de caráter pessoal, de cunho subjetivo, portanto, é incomunicável a terceiros, nos termos do art. 30 do CP. Assim, Rômulo responderá, em nosso entendimento, por tentativa de homicídio qualificado pela surpresa (art. 121, § 2º, IV, do CP), visto que a vítima foi alvejada pelas costas, ao passo que Marcos deverá responder por tentativa de homicídio qualificado pela surpresa e por motivo torpe (art. 121, § 2º, IV e I, do CP).
Gabarito 1E, 2C

(Procurador do Estado/SC – 2009) Assinale a alternativa correta:

(A) O arrependimento eficaz nos crimes cometidos sem violência ou grave ameaça à pessoa, reparado o dano ou restituída a coisa por ato voluntário do agente, até o oferecimento de denúncia, determina a redução da pena aplicável de um a dois terços.

(B) O erro sobre a ilicitude do fato, se inevitável, exclui o dolo; se evitável, poderá determinar a diminuição da pena de um sexto a um terço.

(C) A teoria da ubiquidade significa que se considera lugar do crime tanto o lugar do comportamento como o do resultado.

(D) A pena restritiva de direito de limitação de fim de semana consiste na permanência por período integral, aos sábados e domingos, em casa de albergado ou outro estabelecimento adequado.

(E) O ajuste, a determinação ou instigação e o auxílio não são puníveis se o crime não chega a ser tentado.

A: incorreta, uma vez que o arrependimento eficaz, que só tem lugar antes de o crime se consumar, tem seus requisitos traçados no art. 15, 2ª parte, do CP; **B:** incorreta: art. 21 do CP; **C:** correta. A teoria da ubiquidade está consagrada no art. 6º do Código Penal; **D:** incorreta (art. 48 do CP); **E:** incorreta (art. 31 do CP).
Gabarito "C"

(PROCURADOR – BANCO CENTRAL – 2009 – CESPE) A respeito de crimes culposo e impossível, da obediência hierárquica, do erro de proibição e do arrependimento posterior, assinale a opção correta.

(A) Caso um renomado e habilidoso médico, especializado em cirurgias abdominais, ao realizar uma intervenção, esqueça uma pinça no abdome do paciente, nesse caso, tal conduta representará culpa por imperícia, pois é relativa ao exercício da profissão.

(B) Se, em um supermercado dotado de sistema eletrônico de vigilância, um cliente colocar diversos objetos do estabelecimento dentro de sua bolsa, com intenção de subtraí-los para si, a simples presença do sistema eletrônico de vigilância no supermercado tornará o crime impossível.

(C) Caso o fato seja cometido em estrita obediência a ordem, não manifestamente ilegal, de superior hierárquico, não serão puníveis o agente que obedeceu nem o autor da coação ou da ordem.

(D) O desconhecimento da lei é inescusável. Desse modo, o erro sobre a ilicitude do fato, evitável ou inevitável, não elidirá a pena, podendo apenas atenuá-la.

(E) Em crimes cometidos sem violência ou grave ameaça a pessoa, a pena será reduzida de um a dois terços se, por ato voluntário do agente, for reparado o dano ou restituída a coisa até o recebimento da denúncia ou da queixa.

A: incorreta, pois a *imperícia* pressupõe falta de aptidão para o exercício de arte, ofício ou profissão. O agente imperito não tem pleno domínio da técnica necessária para a prática de certa atividade. Evidente não ser este o caso do médico que dispõe de conhecimento adequado ao exercício de sua profissão. Dessa forma, o profissional que já fez diversas cirurgias e, por isso, tem pleno domínio da técnica a ser empregada no seu mister não pode ser considerado *imperito*, na hipótese de esquecer uma pinça no abdome do paciente; sua conduta deve, isto sim, ser considerada negligente, pois agiu com descuido; **B:** incorreta, pois o *furto sob vigilância* pode, em determinadas situações, a depender do caso concreto, caracterizar *crime impossível* pela *ineficácia absoluta do meio* (art. 17 do CP). É o caso, por exemplo, do agente que, desde o momento em que ingressa no supermercado, passa a ser permanentemente vigiado por sistema de câmeras e também por seguranças, que ficam o tempo todo no seu encalço. Não há, neste caso, a menor possibilidade de o crime consumar-se. Isso não quer dizer que a existência, por si só, de sistema de segurança por câmeras elimine a possibilidade de o crime chegar à sua consumação. É perfeitamente plausível que o agente se aproveite de determinado ângulo de monitoramento em que a subtração não é visualizada pelo sistema de câmeras. Dessa forma, a ineficácia do meio deve ser avaliada caso a caso. A assertiva está incorreta porque afirma que "a simples presença do sistema eletrônico de vigilância no supermercado tornará o crime impossível". Nesse sentido: STF, HC 110.975-RS, 1ª T., rel. Min. Carmen Lúcia, 22.05.2012 e Súmula 567, do STJ; **C:** incorreta, pois, se se tratar de ordem *não* manifestamente ilegal, o *superior hierárquico* somente responderá pelo resultado, nos moldes do art. 22 do CP; o *subordinado*, neste caso, ficará isento de pena (sua culpabilidade ficará excluída). Agora, se a ordem for *manifestamente ilegal*, a responsabilidade recairá sobre ambos, superior hierárquico e subordinado; **D:** é correta a assertiva segundo a qual o desconhecimento da lei é inescusável. É o que estabelece o art. 21, *caput*, do CP. Todavia, o erro sobre a ilicitude do fato (erro de proibição), se inevitável (escusável), gera a exclusão da culpabilidade; se inescusável (evitável), constitui causa de redução de pena (art. 21, *caput*, segunda parte, do CP); **E:** correta, pois contempla os requisitos do *arrependimento posterior*, que constitui causa pessoal de diminuição de pena – art. 16 do CP.

Gabarito "E".

(PROCURADOR – BANCO CENTRAL – 2009 – CESPE) Com relação a concurso de crimes, efeitos da condenação e a extinção da punibilidade, assinale a opção correta.

(A) No concurso formal imperfeito, as penas aplicam-se cumulativamente por resultarem os crimes de desígnios autônomos. Nesse caso, não poderá a pena exceder a que seria cabível pela regra do concurso material.

(B) Em todas as modalidades de concurso de crimes, a aplicação da pena de multa segue a regra da aplicação da pena privativa de liberdade.

(C) A perda de cargo, como efeito da condenação, ocorrerá apenas quando for aplicada pena privativa de liberdade por tempo superior a quatro anos, ainda que se trate de crimes praticados com abuso de poder ou violação de dever para com a administração pública.

(D) As penas restritivas de direito prescrevem em dois anos, independentemente do prazo previsto para a respectiva pena privativa de liberdade.

(E) Interrompe-se o curso da prescrição com o oferecimento da denúncia.

A: assertiva correta. No chamado *concurso formal impróprio* ou *imperfeito* (segunda parte do *caput* do art. 70 do CP), em que a conduta única decorre de desígnios autônomos, as penas são somadas, aplicando-se o critério ou *sistema* do *cúmulo material*. Se a pena resultante do *concurso material* mostrar-se mais vantajosa ao agente do que a do *concurso formal*, aplica-se aquela. É o *concurso material benéfico* - art. 70, parágrafo único, do CP; **B:** incorreta, pois, a teor do que estabelece o art. 72 do CP, a pena de multa será aplicada *distinta* e *integralmente*; **C:** incorreta, pois, no caso de crimes praticados com abuso de poder ou violação de dever para com a Administração Pública, impõe-se, como efeito da condenação, a perda de cargo, se aplicada pena privativa de liberdade igual ou superior a *um* ano – art. 92, I, *a*, do CP; **D:** proposição incorreta, visto que, à luz do que prescreve o art. 109, parágrafo único, do CP, aplicam-se às penas restritivas de direito os mesmos prazos estabelecidos para as privativas de liberdade; **E:** proposição incorreta, pois não corresponde ao que estabelece o art. 117, I, do CP.

Gabarito "A".

(ADVOGADO – CEF – 2010 – CESPE) Com relação ao direito penal, em cada uma das opções abaixo é apresentada uma situação hipotética, seguida de uma assertiva a ser julgada. Assinale a opção que apresenta a assertiva correta.

(A) Um empregado de um banco recusou-se a atender um cliente, alegando motivos de ordem religiosa; a religião praticada pelo cliente afrontava os preceitos morais e filosóficos do empregado. Nessa situação, a rejeição de atendimento pelo empregado tem fundamento na liberdade religiosa e de crença, assegurada na CF.

(B) Um sentenciado cumpriu integralmente a pena privativa de liberdade e não pagou a pena de multa fixada na sentença de cem dias-multa, com valor do dia-multa fixado pelo juiz em um trigésimo do maior salário mínimo mensal vigente ao tempo do fato. Nessa situação, em face da inadimplência, ficará o processo de execução penal suspenso até o efetivo pagamento e, caso seja constatado que o executado é solvente e voluntariamente deixou de pagar a pena de multa ou por qualquer outro meio frustra a execução desta, poderá ser convertidos os dias-multa em detenção simples.

(C) Juvenal, brasileiro, maior, casado, sócio-gerente da Mercearia Vende Tudo, primário, sem antecedentes, de bom comportamento social, foi denunciado pelo Ministério Público pela prática da conduta de expor à venda mercadorias em condições impróprias ao consumo, cujo tipo penal vem prescrito na lei dos crimes contra a relação de consumo, cuja pena é de detenção de dois a cinco anos ou multa. Nessa situação, se preencher todos os requisitos para a suspensão condicional do processo, aceitar a proposta juntamente com o defensor e se submeter às condições estabelecidas pelo juízo, na forma da lei de regência, Juvenal poderá gozar do benefício da suspensão condicional do processo.

(D) Um cliente de determinado banco falsificou documentos pessoais de terceiro, comprovante de residência, entre outros documentos, com a finalidade de abertura de conta corrente em estabelecimento bancário. Após a abertura da conta, recebeu cartões de crédito e débito e, decorridas algumas semanas, solicitou e conseguiu empréstimos bancários. Entretanto, antes de levantar os valores disponibilizados na conta corrente, o agente arrependeu-se das condutas delituosas praticadas e confessou todo o ocorrido ao gerente do banco que imediatamente fez o bloqueio da conta. Nessa situação, está presente a figura da desistência voluntária prevista no CP, o que enseja a exclusão de ilicitude do fato.

(E) Uma cliente de determinado banco, enquanto aguardava atendimento pessoal pelo gerente, sorrateiramente subtraiu duas pequenas peças de decoração da agência, consistentes em duas estatuetas banhadas a ouro, por relevante prêmio comercial, avaliadas em R$ 5.000,00. Em face do ostensivo aparato de segurança da agência, monitoramento eletrônico e câmeras de vigilância, entre outros, descobriu-se, de pronto, a infração penal e, antes da saída da cliente da agência, ela foi abordada por agentes de segurança e, em seguida, presa em flagrante. Nessa situação, configurou-se a hipótese do crime impossível previsto no CP pela absoluta impropriedade do meio utilizado pela agente.

A: a liberdade religiosa, assegurada no texto constitucional, não autoriza ninguém a praticar ato discriminatório; o funcionário que recusar atendimento ao argumento de que a religião professada pelo cliente é incompatível com a sua incorrerá nas penas do art. 5º da Lei 7.716/89 (Discriminação Racial); **B**: a pena de multa, que pode ser aplicada juntamente com a pena privativa de liberdade ou em substituição a ela, deve ser paga dentro de dez dias a contar do trânsito em julgado da sentença condenatória (art. 50, *caput*, do CP); depois de passada em julgado a sentença, a multa será considerada dívida de valor, aplicando-se-lhe as normas da legislação relativa à dívida ativa da Fazenda Pública. No que concerne à pena de multa, ante recente alteração legislativa, valem alguns esclarecimentos, em especial no que concerne à legitimidade para promover a cobrança da pena de multa, tema, até então, objeto de divergência na doutrina e jurisprudência. Até o advento da Lei 9.268/1996, era possível a conversão da pena de multa não adimplida em pena privativa de liberdade. Ou seja, o não pagamento da pena de multa imposta ao condenado poderia ensejar a sua prisão. Com a entrada em vigor desta Lei, modificou-se o procedimento de cobrança da pena de multa, que passou a ser considerada dívida de valor, com incidência das normas relativas à dívida da Fazenda Pública. Com isso, deixou de ser possível - e esse era o objetivo a ser alcançado – a conversão da pena de multa em prisão. A partir de então, surgiu a

discussão acerca da atribuição para cobrança da pena de multa: deveria ela se dar na Vara da Fazenda Pública ou na Vara de Execução Penal? A jurisprudência, durante muito tempo, consagrou o entendimento no sentido de que a pena pecuniária, sendo dívida de valor, possui caráter extrapenal e, portanto, a sua execução deve se dar pela Procuradoria da Fazenda Pública. Tal entendimento, até então pacífico, sofreu um revés em 2018, quando o STF, ao julgar a ADI 3150, conferiu nova interpretação ao art. 51 do CP e passou a considerar que a cobrança da multa, que constitui, é importante que se diga, espécie de sanção penal, cabe ao Ministério Público, que o fará perante o juízo da execução penal. Ficou ainda decidido que, caso o MP não promova a cobrança dentro do prazo de noventa dias, aí sim poderá a Procuradoria da Fazenda Pública fazê-lo. A atuação da Fazenda Pública passou a ser, portanto, subsidiária em relação ao MP. Pois bem. A Lei 13.964/2019, ao conferir nova redação ao art. 51 do CP, consolidou o entendimento adotado pelo STF, no sentido de que a execução da pena de multa ocorrerá perante o juiz da execução penal. A cobrança, portanto, cabe ao MP. De se ver que a atribuição subsidiária conferida à Fazenda Pública (pelo STF) não constou da nova redação do art. 51 do CP; **C**: se o preceito secundário da norma contemplar pena alternativa de multa, terá lugar a *suspensão condicional do processo*, benefício previsto no art. 89 da Lei 9.099/95, ainda que a pena privativa de liberdade mínima seja superior a um ano, como é o caso narrado no enunciado (art. 7º, IX, da Lei 8.137/90). Nesse sentido, *Informativo* nº 478, STF; **D**: a desistência voluntária e o arrependimento eficaz, presentes no art. 15, do CP, tem natureza de excludente de *tipicidade*; **E**: fala-se em crime impossível se a coisa que o agente pretendia furtar estava protegida por sistema de alarme que tornava absolutamente ineficaz o meio utilizado pelo agente. Note que, neste caso, a impossibilidade de consumar-se o crime dá-se em razão da *ineficácia* do meio empregado, não em função de sua *impropriedade*. O meio não é impróprio, mas, sim, ineficaz.◼ᴱᴰ

Gabarito "C".

(ADVOGADO – CEF – 2010 – CESPE) Com base nos preceitos do direito penal, assinale a opção correta.

(A) No que diz respeito à lei penal no tempo e no espaço, é correto afirmar que a vigência de norma penal posterior atenderá ao princípio da imediatidade, não incidindo, em nenhum caso, sobre fatos praticados na forma da lei penal anterior. No tocante à lei penal no espaço, o Código Penal (CP) adota o princípio da territorialidade como regra geral.

(B) Se um servidor público tiver sido condenado a cinco anos de reclusão por apropriar-se de dinheiro e outros bens móveis de que tinha posse em razão do cargo, e a sentença penal condenatória tiver transitado em julgado, então, se for julgado procedente pedido de reabilitação e o condenado vier a ressarcir integralmente o dano causado pelo crime, o servidor poderá retornar ao exercício do cargo público que havia perdido em razão da sentença condenatória.

(C) Não constitui crime a ocupação de estabelecimento bancário, em momento de greve, com a finalidade de impedir o desenvolvimento normal da atividade bancária, ainda que da ocupação haja danificação do patrimônio com o escopo de embaraçar a execução dos trabalhos e impedir o labor dos empregados que não aderiram à greve. Somente haverá crime caso haja lesões, físicas e(ou) morais, aos trabalhadores que permaneceram em atividade, e o crime terá como sujeito ativo apenas os empregados da empresa onde ocorreram os fatos.

(D) Considere a seguinte situação hipotética. Uma empresa de crédito, por intermédio de seus sócios, tendo obtido empréstimos consignados mediante fraude, utilizando-se de dados de terceiros obtidos de forma fraudulenta, levou e manteve em erro instituição financeira oficial. Nessa situação hipotética, o procedimento descrito configura operação financeira e subsume-se à figura típica descrita na lei dos crimes contra o sistema financeiro nacional.

(E) Em relação ao crime de lavagem de dinheiro, o entendimento doutrinário e jurisprudencial firmado é que o mero proveito econômico do produto do crime antecedente não configuraria lavagem de dinheiro, exigindo-se a prática de condutas de ocultar ou dissimular, entre outras, como práticas autônomas, de modo a caracterizar a infração penal em tela. Sem essas, ocorrerá um simples pós-fato impunível. Não se subordina persecução penal em juízo ao encerramento do processo administrativo fiscal.

A: o art. 5º, XL, da CF estabelece uma exceção à irretroatividade da lei penal, ao autorizar que esta projete seus efeitos para o passado para beneficiar o réu. No que concerne à lei penal no espaço, o CP adotou, em seu art. 5º, a *territorialidade temperada*. Isso significa que, aos crimes perpetrados em território brasileiro, será aplicada a lei local, ressalvadas as convenções, tratados e regras de direito internacional; **B:** a assertiva não reflete o disposto no art. 93, parágrafo único, do CP; **C:** conduta tipificada no art. 202 do CP; **D:** a conduta se amolda ao tipo penal do art. 171 do CP. Nesse sentido: STJ, 3ª S., CC 93.596-RJ, rel. Min. Og Fernandes, 25.03.2009; **E:** nesse sentido, vide: STJ, Ap. 458-SP, C.E., rel. Min. Fernando Gonçalves, 16.09.2009.

Gabarito "E".

16. DIREITO PROCESSUAL PENAL

Eduardo Dompieri

1. FONTES, PRINCÍPIOS GERAIS, EFICÁCIA DA LEI PROCESSUAL NO TEMPO E NO ESPAÇO

(Procurador Distrital – 2014 – CESPE) No que se refere à lei processual penal no espaço e no tempo, julgue os itens que se seguem.

(1) A aplicação do princípio da territorialidade, previsto na lei processual penal brasileira, poderá ser afastada se, mediante tratado internacional celebrado pelo Brasil e referendado internamente por decreto, houver disposição que determine, nos casos que ele indicar, a aplicação de norma diversa.

(2) A lei processual penal será aplicada desde logo, sem prejuízo da validade dos atos instrutórios realizados sob a vigência de lei processual anterior, salvo se esta for, de alguma maneira, mais benéfica ao réu que aquela.

1: correta. No que toca à lei processual penal no espaço, adotamos o *princípio da territorialidade*, já que a sua incidência se dá, em regra, no âmbito do território nacional; as exceções ficam por conta das *convenções*, *tratados* e *regras de direito internacional* (art. 1º do CPP); 2: incorreta. A questão não é tão simples. É fato que a lei processual penal, ante o que estabelece o art. 2º do CPP, produzirá efeitos desde logo, preservando-se os atos (instrutórios ou não) realizados sob a égide da lei anterior. Aqui, pouco importa se a lei nova é mais prejudicial ao réu do que a lei anterior. O problema surge quando a lei processual penal tiver carga de direito material. Neste caso, deverá prevalecer, em detrimento do regramento estabelecido no art. 2º do CPP, as normas contidas no art. 5º, XL, da CF/1988 e art. 2º, parágrafo único, do CP. Ou seja, em se tratando de norma mais favorável ao réu, deverá retroagir em seu benefício; se prejudicial a lei nova, aplica-se a lei já revogada. **ED**

Gabarito 1C, 2E

2. INQUÉRITO POLICIAL E OUTRAS FORMAS DE INVESTIGAÇÃO CRIMINAL

(Procurador do Estado/SE – 2017 – CESPE) A respeito de inquérito policial, assinale a opção correta.

(A) O arquivamento desse tipo de investigação criminal nunca faz coisa julgada material, podendo a investigação ser desarquivada a qualquer tempo, se surgirem novas provas.

(B) A prorrogação de prazo em inquéritos policiais para ulteriores diligências é possível quando o fato for de difícil elucidação, ainda que o indiciado esteja preso.

(C) O arquivamento desse conjunto de atos e diligências pode ser determinado, de ofício, pelo magistrado.

(D) O inquérito policial, por ser uma peça investigatória obrigatória, não pode ser dispensado quando da propositura da ação penal.

(E) O inquérito policial pode ser instaurado com base em denúncia anônima, desde que comprovada por elementos informativos prévios que denotem a verossimilhança da comunicação.

A: incorreta. É verdade que a decisão que manda arquivar autos de inquérito policial faz, em regra, coisa julgada formal. Em outras palavras, diante do surgimento de provas novas, as investigações podem ser reiniciadas, com posterior oferecimento de denúncia. Entretanto, se o arquivamento do IP se der por atipicidade da conduta imputada ao investigado, neste caso, em especial, produz-se coisa julgada material, de sorte que é inviável, aqui, a reabertura das investigações; **B:** incorreta. A regra presente no art. 10, § 3º, do CPP, que permite a prorrogação do prazo para conclusão do IP na hipótese de ser o fato sob investigação de difícil elucidação, não se estende ao IP em que o investigado se encontre preso. Neste caso, transcorridos os 10 dias para conclusão das investigações, o IP deve ser enviado ao Poder Judiciário, sob pena de se configurar constrangimento ilegal, sanável por *habeas corpus*. Cuidado: há leis especiais que preveem a possibilidade de dilação do prazo do IP mesmo o investigado estando preso. É o caso da apuração que tenha por objeto crime de competência da Justiça Federal, em que o prazo para conclusão do inquérito, estando o investigado preso, é de quinze dias, podendo haver uma prorrogação por igual período, conforme dispõe o art. 66 da Lei 5.010/1966. Atenção: o art. 3º-B, VIII, do CPP, introduzido pela Lei 13.964/2019, estabelece ser uma das atribuições do juiz das garantias a prorrogação do prazo do inquérito policial, estando o investigado preso, desde que em face de representação formulada pela autoridade policial. O art. 3º-B, § 2º, do CPP, por sua vez, reza que tal prorrogação do prazo do IP, em que o investigado esteja preso, pode se dar por até 15 dias, uma única vez. Vale lembrar que esses dois dispositivos, porque fazem parte do regramento do juiz das garantias, estão com a sua eficácia suspensa por decisão cautelar do STF. A matéria deve ser apreciada pelo Plenário do Tribunal; **C:** incorreta, uma vez que ao magistrado não é dado mandar arquivar IP sem a provocação do MP. Cuidado: com o advento da Lei 13.964/2019, que alterou o art. 28, *caput*, do CPP, cuja eficácia está suspensa por decisão cautelar do STF, o juiz deixa de atuar no procedimento de arquivamento do IP. Agora, a decisão é do Ministério Público, que, depois de analisar o inquérito e concluir pela inexistência de elementos mínimos a sustentar a acusação, determinará seu arquivamento, submetendo tal decisão à instância superior dentro do próprio MP; **D:** incorreta, na medida em que o IP é dispensável ao exercício da ação penal; quer-se com isso dizer que, se o titular da ação penal dispuser de elementos suficientes à sua propositura, nada impede que o faça sem recorrer ao inquérito policial. A propósito, a *dispensabilidade* é uma das características do IP (art. 12 do CPP); **E:** correta. A denúncia anônima (também chamada de *apócrifa* ou *inqualificada*), segundo tem entendido a jurisprudência, não é apta, por si só, a autorizar a instauração de inquérito policial, dando início à persecução jurisprudência penal. Antes disso, a autoridade policial deverá fazer uma averiguação prévia a fim de verificar a procedência da denúncia apócrifa, para, depois disso, determinar, se for o caso, a instauração de inquérito. Nesse sentido: "(...) *a autoridade policial, ao receber uma denúncia anônima, deve antes realizar diligências preliminares para averiguar se os fatos narrados nessa 'denúncia' são materialmente verdadeiros, para, só então, iniciar as investigações*" (STF, HC 95.244, 1ª T., rel. Min. Dias Toffoli, *DJE* de 29.04.2010). **ED**

Gabarito "E"

(Procurador do Estado/SE – 2017 – CESPE) Ainda com relação ao inquérito policial, assinale a opção correta.

(A) Poderá ser decretada pelo magistrado a prisão preventiva fundamentada exclusivamente no clamor social provocado pelo indiciado.

(B) É vedado à autoridade policial o prosseguimento das investigações após o início do processo criminal.

(C) A vítima, em decorrência do seu direito líquido e certo, pode, na ação penal pública, impetrar mandado de segurança contra o arquivamento do inquérito.

(D) O indiciamento pode ser determinado pelo membro do MP quando a autoridade policial se recusar a fazê-lo.

(E) É cabível o trancamento de inquérito policial quando sua duração for desarrazoadamente excessiva, o que permite a reabertura, caso surjam novas provas.

A: incorreta. Isso porque o *clamor social* não é apto, por si só, a servir de fundamento para a decretação da prisão preventiva (art. 312, CPP); **B:** incorreta, uma vez que nada obsta que o delegado de polícia dê continuidade às investigações depois de instaurada a ação penal. Tal se dá, por exemplo, quando, no concurso de pessoas, o MP tenha denunciado algum dos autores enquanto a autoridade policial investiga a participação de outros; **C:** incorreta. Conferir: "A vítima de crime de ação penal pública incondicionada não tem direito líquido e certo de impedir o arquivamento do inquérito ou peças de informação. Em regra, não há ilegalidade, teratologia ou abuso de poder, passível de correção via mandado de segurança, na decisão judicial que, acolhendo promoção do Ministério Público, determina o arquivamento de inquérito policial. A norma inserta no art. 28 do Código de Processo Penal concede ao Juiz a prerrogativa de, considerando os elementos trazidos nos autos de inquérito ou nas peças de informações, anuir ou discordar do pedido de arquivamento formulado pelo órgão ministerial, não sendo cabível, em caso de concordância, a prévia submissão do pedido ao Procurador-Geral" (STJ, MS 21.081/DF, Rel. Ministro Raul Araújo, Corte Especial, julgado em 17.06.2015, DJe 04.08.2015). Pela nova sistemática adotada pelo art. 28, § 1º, do CPP, inserido pela Lei 13.964/2019, poderá a vítima recorrer do arquivamento do IP; **D:** incorreta. O indiciamento constitui providência privativa da autoridade policial. É o que estabelece o art. 2º, § 6º, da Lei 12.830/2013, que contempla regras sobre a investigação criminal conduzida pelo delegado de polícia. Quanto a isso, conferir o magistério de Guilherme de Souza Nucci: "Requisição de indiciamento: cuida-se de procedimento equivocado, pois indiciamento é ato exclusivo da autoridade policial, que forma o seu convencimento sobre a autoria do crime, elegendo, formalmente, o suspeito de sua prática. Assim, não cabe ao promotor ou ao juiz exigir, através de requisição, que alguém seja indiciado pela autoridade policial, porque seria o mesmo que demandar à força que o presidente do inquérito conclua ser aquele o autor do delito (...)" (*Código de Processo Penal Comentado*, 12ªed., p. 101); **E:** correta. Conferir: "1. As leis processuais não estipulam prazo para a conclusão do inquérito policial, contudo, em observância ao princípio da razoabilidade, deve ser célere o andamento de procedimentos administrativos e judiciais. 2. Não se admite que alguém seja objeto de investigação eterna, notadamente, porque essa é uma situação que conduz a um evidente constrangimento, seja ele moral, ou, até mesmo financeiro e econômico. 3. Transcorridos mais de 6 anos do início da investigação sem que tenha sido oferecida denúncia ou obtidos elementos concretos que permitam o indiciamento do paciente, configura-se constrangimento ilegal por excesso de prazo, a ensejar, por consequência, o trancamento do procedimento de investigação, sem prejuízo da abertura de outra investigação, caso surjam novas provas. 4. Recurso em *habeas corpus* provido" (STJ, RHC 82.559/RJ, Rel. Ministro Nefi Cordeiro, Sexta Turma, julgado em 05.12.2017, DJe 08.03.2018). ED

Gabarito "E".

(Procurador – IPSMI/SP – VUNESP – 2016) Uma vez relatado o inquérito policial,

(A) o delegado pode determinar o arquivamento dos autos.

(B) o Promotor de Justiça pode denunciar ou arquivar o feito.

(C) o Promotor de Justiça pode denunciar, requerer o arquivamento ou requisitar novas diligências.

(D) o Juiz pode, diante do pedido de arquivamento, indicar outro promotor para oferecer denúncia.

A: incorreta, uma vez que tal iniciativa (promoção de arquivamento de IP) incumbe com exclusividade ao representante do MP, titular que é da ação penal pública. Assim, é vedado ao delegado de polícia, ao concluir as investigações do inquérito policial, promover o seu arquivamento (art. 17, CPP); deverá, isto sim, fazê-lo chegar ao MP, a quem incumbirá, se o caso, promover o arquivamento do feito (art. 28, CPP); **B:** incorreta. O promotor de Justiça, embora possa (leia-se: deva) denunciar quando presentes indícios de autoria e prova da existência do crime, é-lhe vedado, pelas razões acima expostas, proceder ao arquivamento dos autos de inquérito policial; deverá, se assim entender, formular requerimento nesse sentido ao juiz de direito, que, se o caso, determinará o arquivamento dos autos de inquérito. Perceba que este comentário é anterior à Lei 13.964/2019, que conferiu nova redação ao art. 28 do CPP e, com isso, afastou o magistrado do procedimento de arquivamento de IP, de tal sorte que, atualmente, tal iniciativa cabe ao MP, que procederá, sem a necessidade de homologação do Poder Judiciário, ao arquivamento do feito; **C:** correta. Ao receber os autos de inquérito concluídos, ao MP é dado trilhar três caminhos: se houver justa causa, denunciar; se entender que há diligências, não realizadas pela autoridade policial, indispensáveis ao oferecimento da denúncia, requisitará tal providência ao delegado de polícia, com a devolução dos autos à unidade de Polícia Judiciária; se, por fim, entender que não há elementos suficientes ao ajuizamento da ação penal, promoverá o arquivamento dos autos de inquérito; **D:** incorreta. Se o juiz discordar do pedido de arquivamento de inquérito policial formulado pelo promotor, deverá, ante o que estabelece o art. 28 do CPP, fazer a remessa dos autos ao procurador-geral, que é quem tem atribuição para proceder a nova análise do pedido de arquivamento feito pelo membro do *parquet*. A partir daí, pode o procurador-geral, ante a provocação do magistrado, *insistir no pedido de arquivamento do inquérito*, ratificando posicionamento firmado pelo promotor, caso em que o juiz ficará obrigado, por imposição do art. 28 do CPP, a determiná-lo. Se, de outro lado, o procurador-geral entender que é o caso de *oferecimento de denúncia*, poderá ele mesmo fazê-lo ou designar outro promotor para que o faça. Tal incumbência, frise-se, não poderá recair sobre o mesmo promotor, o que implicaria violação à sua livre convicção. Como se pode ver, não é dado do juiz, ao discordar do pleito de arquivamento requerido pelo MP, encaminhar os autos a outro promotor para que promova a ação penal. Tal avaliação ficará a cargo do procurador-geral. Com o advento do Pacote Anticrime, o magistrado não tem mais poder de ingerência no arquivamento do IP; se entender que é caso de arquivamento, o membro do MP assim procederá, submetendo sua decisão ao órgão de controle revisional dentro do próprio Ministério Público, ao qual caberá homologar, se o caso, a determinação do promotor. ED

Gabarito "C".

(Procurador do Estado – PGE/BA – CESPE – 2014) Acerca do direito processual penal, julgue o item a seguir (adaptada)

(1) Em razão do princípio constitucional da presunção de inocência, é vedado à autoridade policial mencionar anotações referentes à instauração de inquérito nos atestados de antecedentes que lhe forem solicitados.

1: correta, pois reflete a regra presente no art. 20, parágrafo único, do CPP, que assim dispõe: *Nos atestados de antecedentes que lhe forem solicitados, a autoridade policial não poderá mencionar quaisquer anotações referentes a instauração de inquérito contra os requerentes.* ED

Gabarito 1C

16. DIREITO PROCESSUAL PENAL | 677

(Advogado União – AGU – CESPE – 2015) Ao receber uma denúncia anônima por telefone, a autoridade policial realizou diligências investigatórias prévias à instauração do inquérito policial com a finalidade de obter elementos que confirmassem a veracidade da informação. Confirmados os indícios da ocorrência de crime de extorsão, o inquérito foi instaurado, tendo o delegado requerido à companhia telefônica o envio de lista com o registro de ligações telefônicas efetuadas pelo suspeito para a vítima. Prosseguindo na investigação, o delegado, sem autorização judicial, determinou a instalação de grampo telefônico no telefone do suspeito, o que revelou, sem nenhuma dúvida, a materialidade e a autoria delitivas. O inquérito foi relatado, com o indiciamento do suspeito, e enviado ao MP.

Nessa situação hipotética, considerando as normas relativas à investigação criminal,

(1) são nulos os atos de investigação realizados antes da instauração do inquérito policial, pois violam o princípio da publicidade do procedimento investigatório, bem como a obrigação de documentação dos atos policiais.

1: incorreta, uma vez que a publicidade imanente ao processo penal não se aplica ao inquérito policial, que é sigiloso, conforme estabelece o art. 20, "caput", do CPP. Além disso, a denúncia anônima (também chamada de *apócrifa* ou *inqualificada*), segundo tem entendido a jurisprudência, não é apta, por si só, a autorizar a instauração de inquérito policial, dando início à persecução penal. Antes disso, a autoridade policial deverá fazer uma averiguação prévia a fim de verificar a procedência da denúncia apócrifa, para, depois disso, determinar, se for o caso, a instauração de inquérito. Nesse sentido: "(...) *a autoridade policial, ao receber uma denúncia anônima, deve antes realizar diligências preliminares para averiguar se os fatos narrados nessa 'denúncia' são materialmente verdadeiros, para, só então, iniciar as investigações"* (STF, HC 95.244, 1ª T., Rel. Min. Dias Toffoli, *DJE* 29.04.2010). Não há que se falar em ilegalidade, portanto, na conduta da autoridade policial que, em face de denúncia anônima, realizar diligências prévias à instauração de inquérito a fim de apurar a veracidade dos fatos que chegaram ao seu conhecimento. Pelo contrário, conforme já salientamos acima, a jurisprudência entende que a realização dessas diligências preliminares é de rigor. **ED**
Gabarito 1E

(Procurador Distrital – 2014 – CESPE) Considerando as normas referentes ao inquérito policial, julgue os itens a seguir.

(1) Segundo as normas processuais penais vigentes, a autoridade policial não pode determinar o arquivamento do inquérito, salvo se o MP, previamente consultado, concordar com tal determinação.

(2) De acordo com o CPP, qualquer pessoa do povo, ao tomar conhecimento da prática de atos delituosos, deverá comunicá-los à autoridade policial, seja verbalmente, seja por via formal.

1: incorreta, pois a regra segundo a qual é vedado à autoridade policial promover o arquivamento dos autos de inquérito policial não comporta exceção, é dizer, mesmo diante da concordância do Ministério Público, ainda assim o delegado está impedido de determinar o arquivamento do inquérito policial. Tal procedimento somente poderá ser feito pelo Ministério Público, segundo estabelece a nova redação conferida ao art. 28 do CPP pela Lei 13.964/2019; **2:** incorreta, visto que o art. 5º, § 3º, do CPP confere a *prerrogativa* (não a *obrigação*) a qualquer pessoa do povo de comunicar à autoridade notícia de crime de que teve conhecimento. É a chamada *delatio criminis*. **ED**
Gabarito 1E, 2E

(Procurador do Município/Cubatão-SP – 2012 – VUNESP) Nos termos do quanto determina o art. 10 do CPP, o inquérito policial deve ser finalizado no prazo de 30 dias, se o indiciado estiver solto e, em 10 dias, quando houver indiciado preso. Indaga-se: a autoridade policial, findos tais prazos, pode requerer ao juiz a devolução dos autos para ulteriores diligências?

Assinale a alternativa que responde corretamente à indagação.

(A) Não, pois não há expressa previsão legal nesse sentido.

(B) Não, já que não é necessária tal autorização, pois é a autoridade policial que preside o inquérito e, portanto, basta que o juiz seja comunicado da extensão do prazo.

(C) Sim, mas apenas quando se apuram crimes hediondos.

(D) Sim, quando o fato for de difícil elucidação e o indiciado estiver solto.

(E) Sim, mas o juiz apenas deferirá tal pedido mediante expressa concordância do promotor de justiça.

Estando solto o indiciado, o art. 10, *caput*, do CPP estabelece o prazo *geral* de 30 dias para que as investigações, no inquérito, sejam concluídas; se preso estiver o investigado, o inquérito deve terminar em dez dias. Também é verdade que o prazo de trinta dias, a teor do art. 10, § 3º, do CPP, admite prorrogação, desde que o fato seja de difícil elucidação. De se ver, entretanto, que o prazo de dez dias fixado para a hipótese de o indiciado encontrar-se preso não comporta dilação. Bem por isso, se o inquérito não for concluído e remetido à Justiça nesse interregno, é cabível a impetração de "habeas corpus". Cuidado: estamos a falar do prazo geral, previsto no CPP. Há prazos diferenciados contemplados em legislação especial. Na Justiça Federal, por exemplo, se o indiciado estiver preso, o prazo para conclusão do inquérito é de quinze dias, podendo haver uma prorrogação por igual período, conforme dispõe o art. 66 da Lei 5.010/66; se solto, o inquérito deve ser concluído em 30 dias, em consonância com o disposto no art. 10, *caput*, do CPP (aplicação supletiva do prazo geral previsto no CPP). A Lei de Drogas, por sua vez, estabelece, em seu art. 51, o prazo de trinta dias para a hipótese de o investigado encontrar-se preso e noventa se estiver solto. Esses dois prazos comportam dilação (duplicação), nos moldes do que prevê o art. 51, parágrafo único, da Lei 11.343/06. Atenção: o art. 3º-B, VIII, do CPP, introduzido pela Lei 13.964/2019, estabelece ser uma das atribuições do juiz das garantias a prorrogação do prazo do inquérito policial, estando o investigado preso, desde que em face de representação formulada pela autoridade policial. O art. 3º-B, § 2º, do CPP, por sua vez, reza que tal prorrogação do prazo do IP, em que o investigado esteja preso, pode se dar por até 15 dias, uma única vez. Vale lembrar que esses dois dispositivos, porque fazem parte do regramento do juiz das garantias, estão com a sua eficácia suspensa por decisão cautelar do STF. A matéria deve ser apreciada pelo Plenário do Tribunal. **ED**
Gabarito "D"

(PROCURADOR – BANCO CENTRAL – 2009 – CESPE) Com relação ao inquérito policial, julgue os itens a seguir.

I. É uma peça escrita, preparatória da ação penal, de natureza inquisitiva.

II. É presidido pela autoridade policial, da chamada polícia judiciária, pois atua em face do fato criminoso já ocorrido.

III. Sua finalidade investigatória objetiva dar elementos para a "opinio delicti" do órgão acusador de que há prova suficiente do crime e da autoria, para que a ação penal tenha justa causa. Para a ação penal, justa causa é o conjunto de elementos probatórios razoáveis sobre a existência do crime e da autoria.

IV. Embora não se apliquem à atividade nele desenvolvida os princípios da atividade jurisdicional, o inquérito encerra um juízo de formação de culpa que se conclui com um veredicto de possibilidade ou não da ação penal.

V. É regido pelo princípio da não exclusividade, ou seja, no sistema brasileiro, admite-se que mais de um órgão o presida, em função do princípio da primazia do interesse público.

Estão certos apenas os itens

(A) I, II e III.

(B) I, III e IV.

(C) I, IV e V.

(D) II, III e V.

(E) II, IV e V.

I: diz-se *preparatório* porquanto prepara a ação penal, à qual servirá de sustentáculo, alicerce. Diz-se *escrito* porque todas as suas peças devem ser reduzidas a escrito – art. 9º do CPP. Além disso, é *inquisitivo*, pois não incidem, no inquérito, *contraditório* e *ampla defesa*; **II**: art. 4º do CPP; **III**: o inquérito policial se presta a reunir elementos de autoria e materialidade acerca de uma infração penal, sem o que a ação penal não poderá ser proposta. Cuidado: isso não quer dizer que o inquérito é indispensável, desde que o seu titular disponha de elementos suficientes ao exercício da ação penal; **IV**: diversos postulados que têm aplicação na atividade jurisdicional são também aplicáveis no inquérito; **V**: embora a atividade investigativa não constitua atribuição exclusiva da Polícia Judiciária - art. 4º, parágrafo único, do CPP, somente a esta cabe a confecção do inquérito policial. ED
Gabarito "A"

3. AÇÃO PENAL

(Procurador do Município - S.J. Rio Preto/SP - 2019 - VUNESP) No que concerne à retratação nos crimes contra a honra, tema tratado no art. 143 do CP, assinale a alternativa correta.

(A) Apenas a injúria admite-a.

(B) Apenas a calúnia e a injúria admitem-na.

(C) Apenas a calúnia e a difamação admitem-na.

(D) Todos os crimes contra a honra admitem-na, mas apenas até o oferecimento da denúncia.

(E) Nenhum dos crimes contra a honra admitem-na.

A *retratação*, no contexto dos crimes contra a honra, somente alcança, por força do art. 143, *caput*, do CP, os delitos de *calúnia* e *difamação*. E de outra forma não poderia ser. Como bem sabemos, tanto a calúnia quanto a difamação atingem a chamada honra *objetiva*, que nada mais é do que o conceito de que goza o indivíduo no meio social em que está inserido. É possível, portanto, que o querelado volte atrás na ofensa proferida, desmentindo o que dissera: no caso da calúnia, a falsa imputação de fato que constitui crime; no da difamação, a atribuição de conduta indecorosa por parte do ofendido. Agora, considerando que a injúria, que atinge a honra *subjetiva*, que é o conceito que fazemos de nós mesmos, consiste na atribuição de qualidade negativa (ofensa, xingamento), inviável que o ofensor volte atrás, desmentindo o xingamento que proferira. Chamo a atenção para a inserção do parágrafo único neste dispositivo (art. 143, CP), o que se fez por meio da Lei 13.188/2015, que diz respeito à hipótese em que o querelado, nos crimes de calúnia e difamação, se utiliza dos meios de comunicação. Neste caso, a retratação dar-se-á, se essa for a vontade do ofendido, pelos mesmos meios em que se praticou a ofensa. ED
Gabarito "C"

(Procurador – PGFN – ESAF – 2015) Um empresário foi denunciado em 2008 como incurso no crime do art. 2º, inciso I, da Lei n. 8.137/1990 (Lei dos Crimes contra a Ordem Tributária) por declaração falsa feita à Receita Federal em 1999. A pena máxima cominada em abstrato para este crime é de 2 (dois) anos. O juiz de primeiro grau recebeu a denúncia. Todavia, enquadrou os fatos narrados no tipo do art. 1º, inciso I, do mesmo diploma legal, cuja pena máxima é de 5 (cinco) anos e que trata da efetiva omissão de tributos. Sobre a conduta do juiz, pode-se afirmar que foi:

(A) equivocada, pois deveria ter declarado extinta a punibilidade em virtude da ocorrência de prescrição ao invés de receber a denúncia.

(B) correta em virtude do princípio *iura novit curia*.

(C) equivocada, pois deveria ter alterado a capitulação jurídica apenas no momento da prolação da sentença.

(D) correta, pois os crimes do artigo 2º são absorvidos pelos crimes do artigo 1º da Lei n. 8.137/1990.

(E) equivocada, pois contrária ao enunciado da Súmula Vinculante n. 24 do STF, segundo a qual o recebimento da denúncia depende do lançamento definitivo do tributo.

Considerando que o delito em que incorreu o empresário é o do art. 2º, I, da Lei 8.137/1990, tal como consta do enunciado, para o qual a pena máxima cominada é de 2 anos, o prazo prescricional, conforme estabelece o art. 109, V, do CP, é de 4 anos. Em assim sendo, tendo em conta que o delito a ele imputado ocorreu em 1999, forçoso concluir que ocorreu a prescrição da pretensão punitiva, já que a denúncia somente foi oferecida (e, ao que tudo indica, recebida) em 2008, interregno, portanto, superior a 4 anos. De rigor, assim, a rejeição da peça acusatória em razão da prescrição, que leva à extinção da punibilidade (art. 107, IV, do CP). ED
Gabarito "A"

(Procurador do Estado – PGE/BA – CESPE – 2014) Julgue o item subsequente, no que se refere à ação penal no processo penal brasileiro (adaptada)

(1) Em ação penal privada que envolva vários agentes do ato delituoso, é permitido ao querelante, em razão do princípio da disponibilidade, escolher contra quem proporá a queixa-crime, sem que esse fato acarrete a extinção da punibilidade dos demais agentes conhecidos e nela não incluídos.

1: incorreta. Por força do princípio da indivisibilidade, positivado no art. 48 do CPP, a queixa contra qualquer dos autores obrigará o processo de todos. Se é verdade que, na ação penal privada, é dado ao ofendido escolher se ajuíza a ação penal ou não (princípio da oportunidade), é-lhe vedado, de outro lado, escolher contra quem a ação será promovida, devendo processar todos os autores do crime que hajam sido identificados. A exclusão deliberada pelo ofendido de algum ou alguns ofensores levará à renúncia contra todos (art. 49, CPP). ED
Gabarito 1E

(Procurador do Município/Sorocaba-SP – 2012 – VUNESP) A representação, nas ações penais que dela dependem, de acordo com o art. 25 do CPP,

(A) não admite retratação.

(B) será retratável, até o trânsito em julgado.

(C) será irretratável, depois de oferecida a denúncia.

(D) será irretratável, após o término do inquérito policial.

(E) será retratável apenas até a sentença de primeiro grau.

16. DIREITO PROCESSUAL PENAL

A representação é retratável até o oferecimento da denúncia; depois disso, ela se torna irretratável. É o teor dos arts. 25 do CPP e 102 do CP. ED
Gabarito "C".

(Procurador do Município/Cubatão-SP – 2012 – VUNESP) No que concerne à representação, ato imprescindível para que seja intentada a ação pública a ela condicionada, determina o art. 39 do CPP que

(A) poderá ser exercida pessoalmente ou por procurador com poderes especiais, mediante declaração, escrita ou oral, feita ao juiz, ao órgão do Ministério Público, ou à autoridade policial.

(B) poderá ser exercida pessoalmente ou por procurador com poderes especiais, apenas mediante declaração escrita feita ao juiz, ao órgão do Ministério Público, ou à autoridade policial.

(C) poderá ser exercida pessoalmente ou por procurador com poderes especiais, mediante declaração, escrita ou oral, feita apenas ao juiz ou ao órgão do Ministério Público.

(D) apenas poderá ser exercida pessoalmente, mediante declaração, escrita ou oral, feita ao juiz, ao órgão do Ministério Público, ou à autoridade policial.

(E) apenas poderá ser exercida pessoalmente, unicamente mediante declaração escrita, feita somente ao juiz ou ao órgão do Ministério Público.

Art. 39, *caput*, do CPP: "O direito de representação poderá ser exercido, pessoalmente ou por procurador com poderes especiais, mediante declaração, escrita ou oral, feita ao juiz, ao órgão do Ministério Público, ou à autoridade policial". A *representação* não exige qualquer rigor formal, sendo somente necessário que o ofendido manifeste de forma inequívoca sua vontade em ver processado seu ofensor. ED
Gabarito "A".

(Procurador do Município/Florianópolis-SC – 2010 – FEPESE) Assinale a alternativa **correta**, de acordo com o Código de Processo Penal.

(A) A qualquer momento pode a vítima exercer o juízo de retração e desistir da representação oferecida.

(B) O Ministério Público, na ação penal pública condicionada, poderá, após ouvida a vítima, desistir da ação penal.

(C) No caso de morte do ofendido ou quando declarado ausente por decisão judicial, decai o direito de oferecer representação ou queixa.

(D) O direito de representação poderá ser exercido, pessoalmente ou por procurador com poderes especiais, mediante declaração, escrita ou oral, feita ao juiz, ao órgão do Ministério Público, ou à autoridade policial.

(E) Após apresentada a representação pelo ofendido para a deflagração de ação penal pública condicionada, deverá o Ministério Público, antes de oferecer a denúncia, mandar instaurar inquérito policial.

A: incorreta, pois o ofendido está credenciado a exercer tal direito somente até o oferecimento da denúncia; depois disso, a representação se torna irretratável – arts. 25 do CPP e 102 do CP; **B:** é vedado ao Ministério Público, em vista do que preconiza o postulado da indisponibilidade, desistir da ação penal que haja proposto (art. 42 do CPP), seja esta pública incondicionada ou condicionada à representação do ofendido; **C:** nos crimes de ação penal privada, o art. 31 do CPP estabelece uma ordem que deve ser seguida na hipótese de o ofendido morrer

ou mesmo ser considerado ausente por força de decisão judicial. Em primeiro lugar, o cônjuge; depois, o ascendente, descendente e irmão. Se houver discordância, deve prevalecer a vontade daquele que deseja ajuizar a ação; **D:** correta, nos termos do art. 39, *caput*, do CPP; **E:** incorreta, pois contraria o teor do art. 39, § 5º, do CPP. ED
Gabarito "D".

(PROCURADOR – BANCO CENTRAL – 2009 – CESPE) No que concerne à denúncia, assinale a opção correta.

(A) A denúncia deve conter a identificação e qualificação do denunciado, de maneira que não haja dúvida sobre a autoria, e a descrição pericial do fato criminoso em todas as circunstâncias agravantes e atenuantes contidas no tipo.

(B) A denúncia deve conter o histórico da vida pregressa do denunciado, descrevendo todos os dados fáticos necessários à determinação da infração penal, a *opinio doctorum* sobre o delito, tipificando o delinquente e a vítima e estabelecendo as medidas de controle social cabíveis.

(C) Na denúncia, os dados fáticos que correspondem aos elementos do tipo penal são considerados circunstâncias identificadoras de tipo, enquanto os elementos que correspondem à identificação do denunciado são chamados de circunstâncias identificadoras do agente.

(D) A falta de descrição de uma elementar na denúncia provoca sua inépcia.

(E) Quando inepta, a denúncia não pode ser rejeitada, mas é possível trancar a ação penal por meio de *habeas corpus*.

A denúncia, a teor do art. 41 do CPP, assim como a queixa, deve contemplar a descrição minuciosa do fato criminoso com todas as suas circunstâncias, a qualificação do acusado ou, ao menos, a indicação de elementos que possam levar à sua identificação, a classificação jurídica do crime imputado ao denunciado e, sempre que necessário, o rol de testemunhas. Se inepta a denúncia, o juiz deve rejeitá-la de plano – art. 395, I, do CPP. Se, ainda assim, for recebida, é possível impetrar-se *habeas corpus* com vistas ao trancamento da ação penal. ED
Gabarito "D".

(PROCURADOR – BANCO CENTRAL – 2009 – CESPE) Acerca da ação penal, julgue os itens seguintes.

I. Somente lei expressa pode estabelecer a legitimação extraordinária do ofendido ou de terceiro, que, dessa forma, titularizam *o ius puniendi* em nome do Estado.

II. O vício de legitimidade leva à carência da ação e, no processo penal, é causa de nulidade absoluta.

III. Uma vez instaurado, o habeas corpus pode trancar ação penal cujo pedido seja juridicamente impossível.

IV. Na ação pública condicionada, a representação do ofendido poderá ser apresentada até ocorrer a decadência que extinguiria a punibilidade, desde que tal medida seja requisitada pelo ministro da Justiça.

V. A ação pública de ofício só pode ser iniciada por flagrante ou por portaria da autoridade policial ou judicial.

Estão certos apenas os itens

(A) I e III.

(B) I e IV.

(C) II e III.

(D) II e V.

(E) IV e V.

EDUARDO DOMPIERI

I: o Estado nunca deixa de ser o titular exclusivo do direito de punir. Na ação penal privada, somente é delegada ao ofendido a legitimidade para deflagrar o processo. Em momento algum o Estado abre mão do seu *jus puniendi*; **II:** arts. 395, II, e 564, III, do CPP; **III:** se o pedido formulado pelo titular da ação, na inicial, não encontrar ressonância no direito material, é de rigor, por ausência de uma das condições da ação, a rejeição da exordial; se, ainda assim, a denúncia ou a queixa for recebida, poderá ser impetrado *habeas corpus* com o propósito de determinar o trancamento da ação penal em curso; **IV:** a *representação* do ofendido, na ação penal pública condicionada, independe de *requisição* do ministro da Justiça, o que somente será exigido se se tratar de ação penal pública a esta condicionada; **V:** a instauração da ação penal pública depende da provocação de seu titular, o Ministério Público. ED

Gabarito "C".

4. JURISDIÇÃO E COMPETÊNCIA. CONEXÃO E CONTINÊNCIA

(Procurador do Estado/TO - 2018 - FCC) A Constituição Federal estabelece, em seu art. 5º, inciso XXXV, que a lei não excluirá da apreciação do Poder Judiciário lesão ou ameaça a direito. No Direito Processual Penal, o dispositivo constitucional refere-se ao princípio da

(A) indeclinabilidade.

(B) investidura.

(C) indelegabilidade.

(D) improrrogabilidade.

(E) inevitabilidade.

As assertivas contêm os chamados princípios informadores da jurisdição. Pelo *princípio da indeclinabilidade* (definido no enunciado), ao juiz não é dado negar a prestação jurisdicional, tampouco uma lei pode ser concebida para o fim de excluir da apreciação do Poder Judiciário lesão ou ameaça a direito de alguém (art. 5º, XXXV, da CF); o *princípio da investidura* enuncia que a jurisdição somente poderá ser exercida por quem foi regularmente investido no cargo e no exercício de suas funções; pelo *princípio da indelegabilidade*, que decorre do juiz natural, o magistrado não pode delegar a jurisdição a outro órgão; o *princípio da improrrogabilidade* estabelece que ao juiz não é dado invadir a área de atuação de outro; por fim, a *inevitabilidade* (irrecusabilidade) significa que as partes não podem recusar o juiz, ressalvadas as hipóteses de suspeição, impedimento ou incompetência. (ED)

Gabarito "A".

(Procurador do Estado – PGE/BA – CESPE – 2014) Julgue o item subsequente, no que se refere à competência no processo penal brasileiro (adaptada)

(1) Considere que Cássio, jogador de futebol residente na cidade de Montes Claros-MG, tenha declarado, em entrevista a jornais de circulação local no município de Governador Valadares-MG, que Emílio, árbitro de futebol, recebia dinheiro de agremiações para influenciar os resultados das partidas que arbitrava. Nessa situação hipotética, caso Emílio se considere caluniado e decida defender seus direitos na esfera criminal, ele poderá optar por propor a queixa-crime no foro de Montes Claros-MG.

1: correta. Estabelece o art. 73 do CPP que, ainda que conhecido o lugar da infração, que, neste caso, é o município de Governador Valadares-MG, o querelante, na ação penal privada exclusiva, poderá preferir o foro de domicílio ou da residência do réu, que corresponde à cidade de Montes Claros-MG. ED

Gabarito 1C

(Procurador do Município/Sorocaba-SP – 2012 – VUNESP) De acordo unicamente com as regras de competência pelo lugar da infração, figure a hipótese de que a execução de determinado crime iniciou-se na cidade de Campinas, SP; o último ato de execução foi praticado na cidade de Sorocaba, SP, vindo a consumação, entretanto, a ocorrer em Buenos Aires, Argentina. Tratando-se de caso em que se aplica a lei brasileira, é competente para processo e julgamento o juízo

(A) de Brasília, DF.

(B) de Sorocaba, SP.

(C) de Campinas, SP.

(D) de São Paulo, capital.

(E) nacional mais próximo de Buenos Aires, Argentina.

Cuidado: não estamos aqui a falar de crime tentado, e sim de delito cuja execução iniciou-se no Brasil e a consumação se verificou em outro país. Neste caso, a teor do que estabelece o art. 70, § 1º, do CPP, o foro competente deve ser fixado em razão do lugar em que foi praticado o último ato de execução, ou seja, Sorocaba/SP. ED

Gabarito "B".

(PROCURADOR DO ESTADO/MG – FUMARC – 2012) Considere as seguintes assertivas acerca da competência em matéria processual penal:

I. Compete à Justiça Federal processar e julgar contravenções penais praticadas em detrimento de bens da União.

II. A competência do Tribunal do Júri pode ser corretamente ampliada por lei posterior, desde que mantida a competência mínima para julgamento dos crimes dolosos contra a vida, tentados ou consumados.

III. No caso de conexão entre infrações de competência da Justiça Eleitoral e do Tribunal do Júri, impõe-se a competência do Tribunal do Júri.

IV. Compete extraordinariamente à Justiça do Trabalho processar e julgar os crimes contra a organização do trabalho.

Assinale a alternativa correta:

(A) Todas as assertivas estão corretas.

(B) Somente as assertivas I e III estão corretas.

(C) Somente a assertiva IV é incorreta.

(D) Somente a assertiva II é correta.

(E) As assertivas I, II III e IV estão incorretas.

I: o art. 109, IV, primeira parte, da CF afasta a competência da Justiça Federal para o processamento e julgamento das contravenções penais, mesmo as praticadas em detrimento de bens, serviços ou interesse da União ou de suas entidades autárquicas ou empresas públicas. Súmula nº 38, STJ: "Compete à Justiça Estadual Comum, na vigência da Constituição de 1988, o processo por contravenção penal, ainda que praticada em detrimento de bens, serviços ou interesse da União ou de suas entidades". Assertiva, portanto, incorreta; **II:** diz-se que a competência traçada no art. 5º, XXXVIII, da CF é *mínima* porquanto pode, por meio de lei ordinária, ser ampliada. Cuidado: por se tratar de garantia fundamental, não pode ser afastada a competência do Tribunal Popular para o julgamento dos crimes contemplados no dispositivo constitucional. Nem por emenda à Constituição, pois se trata de cláusula pétrea. Assertiva correta; **III:** a jurisprudência majoritária entende que os feitos devem ser separados; **IV:** a Justiça do Trabalho, ainda que extraordinariamente, não detém competência para o processamento e julgamento de ações penais. ED

Gabarito "D".

16. DIREITO PROCESSUAL PENAL | 681

(Procurador do Estado/SC – 2010 – FEPESE) Em se tratando de competência jurisdicional em matéria processual penal:

(A) A ação de improbidade deve ser processada e julgada de acordo com a prerrogativa de foro em razão do exercício da função pública.

(B) No crime a distância, quando o último ato de execução for praticado fora do território nacional, a competência firmar-se-á pela prevenção.

(C) É concorrente a legitimidade do ofendido, mediante queixa, e do Ministério Público, condicionada à representação do ofendido, para a ação penal por crime contra a honra de servidor público em razão do exercício de suas funções.

(D) Tratando-se de infração continuada ou permanente, praticada em território de duas ou mais jurisdições, a competência será fixada pelo domicílio ou residência do réu.

(E) No caso de ação privada exclusiva, de regra, a competência será determinada pela residência do réu.

A: incorreta, pois o foro por prerrogativa de função não é extensível às ações de natureza cível; **B:** assertiva incorreta, nos termos do art. 70, § 2º, do CPP; **C:** assertiva correta, pois corresponde ao teor da Súmula 714 do STF; **D:** em vista do que dispõe o art. 71 do CPP, tratando-se de *crime continuado ou permanente*, em que a ação tenha se desenvolvido em diversos locais, com repercussão no âmbito de competência de vários juízes, a competência para o processamento e julgamento firmar-se-á pela *prevenção*, já que, em princípio, todos são competentes; **E:** incorreta, nos termos do art. 73 do CPP. ED
Gabarito "C".

(Procurador do Município/Florianópolis-SC – 2010 – FEPESE) Assinale a alternativa **correta**, de acordo com o Código de Processo Penal.

(A) Não sendo conhecido o local da infração, a competência será fixada pela prevenção.

(B) Nos casos de ação privada exclusiva, a competência regular-se-á pela residência do réu.

(C) A competência será, de regra, determinada pelo lugar em que se consumar a infração, ou, no caso de tentativa, pelo lugar em que for praticado o último ato de execução.

(D) Tratando-se de infração continuada ou permanente, praticada em território de duas ou mais jurisdições, a competência firmar-se-á pelo lugar em que se consumar a infração,

A: neste caso, a competência será regulada pelo domicílio ou residência do réu, na forma estatuída no art. 72, *caput*, do CPP; **B:** ainda que conhecido o lugar da infração, o querelante, na ação penal privada exclusiva, poderá preferir o foro de domicílio ou da residência do réu – art. 73 do CPP; **C:** assertiva correta, visto que em conformidade com a regra contida no art. 70, "caput", do CPP; **D:** incorreta, pois, neste caso, a competência será determinada em razão da prevenção, de acordo com a regra presente no art. 71 do CPP. ED
Gabarito "C".

(Procurador do Município/Florianópolis-SC – 2010 – FEPESE) Analise as afirmativas abaixo, de acordo com o Código de Processo Penal:

A fixação da competência pela conexão ocorre quando:

(1) a prova de uma infração ou de qualquer de suas circunstâncias elementares influir na prova de outra infração.

(2) duas ou mais pessoas forem acusadas pela mesma infração.

(3) a ação for privada.

Assinale a alternativa que indica todas as afirmativas **corretas**.

(A) É correta apenas a afirmativa 1.

(B) É correta apenas a afirmativa 2.

(C) São corretas apenas as afirmativas 1 e 2.

(D) São corretas apenas as afirmativas 1 e 3.

(E) São corretas as afirmativas 1, 2 e 3.

1: assertiva correta, pois se trata da hipótese contemplada no art. 76, III, do CPP; **2:** incorreta, pois a assertiva trata de hipótese de continência – art. 77, I, do CPP; **3:** incorreta, pois não se trata de critério a ser adotado para estabelecer a competência em razão da conexão. ED
Gabarito "A".

5. QUESTÕES E PROCESSOS INCIDENTES

(Procurador do Estado/SE – 2017 – CESPE) A propositura de ação na esfera cível ou administrativa é impedida por

(A) sentença que entenda atípica a conduta praticada pelo réu.

(B) sentença que verifique a inexistência material do fato.

(C) sentença que absolva o acusado por não haver provas da sua coparticipação na infração penal.

(D) despacho que determine o arquivamento do inquérito policial.

(E) sentença que absolva o réu por ausência de provas.

A: incorreta, uma vez que contraria a regra presente no art. 67, III, do CPP; **B:** correta (art. 66, CPP); **C:** incorreta, uma vez que a absolvição por ausência de prova suficiente de ter o réu concorrido para a infração penal (art. 386, V, do CPP) não produz coisa julgada no cível, possibilitando o ajuizamento da ação de conhecimento com vistas à apuração de culpa; **D:** incorreta. O despacho que determina o arquivamento do inquérito policial não elide a possibilidade de propositura da ação civil (art. 67, I, CPP); **E:** incorreta. A sentença que absolva o réu por insuficiência de provas (art. 386, VII, do CPP) não tem o condão de impedir o ajuizamento da ação civil. ED
Gabarito "B".

(Procurador do Município/Sorocaba-SP – 2012 – VUNESP) Considere as seguintes afirmações no que concerne ao incidente de falsidade, procedimento tratado pelo CPP nos arts. 145 a 148.

I. A arguição de falsidade pode ser feita pelo advogado que atua na defesa do réu, não havendo necessidade de poderes especiais para tanto.

II. Se reconhecida a falsidade por decisão irrecorrível, o juiz mandará desentranhar o documento e remetê-lo-á, com os autos do processo incidente, ao Ministério Público.

III. O juiz não poderá, de ofício, proceder à verificação da falsidade, devendo haver provocação escrita de alguma das partes.

É correto somente o que se afirma em

(A) I.

(B) II.

(C) III.

(D) I e II.

(E) II e III.

I: na dicção do art. 146 do CPP, a arguição de falsidade, feita por procurador, exige que sejam a este conferidos poderes especiais; **II:** correta, nos termos do art. 145, IV, do CPP; **III:** incorreta, pois o juiz pode, mesmo de ofício, determinar seja apurada a falsidade documental – art. 147 do CPP. **ED**

Gabarito "B".

(Procuradoria Federal – 2007 – CESPE) Julgue o item seguinte.

(1) Considere a seguinte situação hipotética. Rubens foi denunciado pelo Ministério Público por ter praticado crime de tentativa de homicídio simples contra seu pai. Nessa situação, existindo ação civil negatória de paternidade em curso, trata-se de questão prejudicial obrigatória, devendo o juiz suspender o feito até a sentença cível definitiva, tendo em vista que a confirmação da paternidade é circunstância agravante.

A agravante genérica presente no art. 61, II, *e*, do CP não constitui prejudicial obrigatória, já que a solução a ela relativa não repercutirá na tipicidade ou atipicidade do fato criminoso. O magistrado, segundo seu prudente critério, poderá ou não suspender o feito (art. 93 do CPP). **ED**

Gabarito 1E.

6. PRERROGATIVAS DO ACUSADO

(PROCURADOR DO ESTADO/MG – FUMARC – 2012) Assinale a alternativa correta:

(A) A falta de interrogatório constitui nulidade relativa, sendo necessário para decretá-la o reconhecimento de prejuízo para o acusado.

(B) A falta de interrogatório constitui nulidade relativa porque pode ser suprida pela apresentação da defesa técnica.

(C) Embora meramente anulável o feito por falta de interrogatório, a nulidade deverá forçosamente ser reconhecida quando a sentença for de natureza condenatória.

(D) Para preservar o princípio constitucional da ampla defesa há de se dar ensejo à autodefesa do acusado no interrogatório, cuja inocorrência pode ser suprida com sua realização a qualquer tempo, sem que seja necessária a repetição de outros atos processuais.

(E) Pode o acusado silenciar-se durante o interrogatório, podendo inclusive mentir e se for o caso fazer a leitura de declarações que houver redigido antes do ato processual.

A falta de interrogatório do réu presente constitui nulidade absoluta – art. 564, III, *e*, do CPP. A teor do art. 186, *caput*, do CPP, deve o juiz, antes de dar início ao interrogatório e depois de proceder à qualificação do acusado e inteirá-lo da acusação que contra ele pesa, informá-lo do direito que tem de permanecer calado e de não responder às perguntas que lhe forem formuladas. É do parágrafo único deste dispositivo que o silêncio do réu não poderá redundar em prejuízo à sua defesa. **ED**

Gabarito "E".

7. PROVAS

(Procurador do Estado/TO - 2018 - FCC) Não é incomum se confundir o conceito de "corpo de delito" com o de "exame de corpo de delito". O primeiro diz respeito ao conjunto de elementos sensíveis deixados pelo crime. Já o segundo, refere-se a uma das espécies de perícia, mais especificamente, aquela realizada no corpo de delito. Diante das considerações acima,

(A) no exame por precatória, a nomeação dos peritos far-se-á no juízo deprecante. Havendo, porém, no caso de ação privada, acordo das partes, essa nomeação poderá ser feita pelo juiz deprecado.

(B) quando a infração deixar vestígios, será indispensável o exame de corpo de delito, direto ou indireto, podendo, contudo, ser suprido, pela confissão do acusado.

(C) o juiz ou a autoridade policial negará o exame de corpo de delito requerido pelas partes quando não for necessário ao esclarecimento da verdade, ainda que se trate de delitos que deixem vestígios.

(D) não sendo possível o exame de corpo de delito, por haverem desaparecido os vestígios, a prova testemunhal poderá suprir-lhe a falta.

(E) o exame de corpo de delito somente poderá ser realizado em dias úteis, das seis às vinte horas.

Antes de analisar cada assertiva em separado, importante, desde já, tecer alguns comentários acerca da chamada "cadeia de custódia", inovação introduzida no CPP (arts. 158-A a 158-F) pela Lei 13.964/2019 (Pacote Anticrime), que consiste na sistematização de todos os procedimentos que se prestam a preservar a autenticidade da prova coletada em locais ou em vítimas de crimes. *Grosso modo*, estabelece regras que devem ser seguidas no manejo das provas, desde o primeiro momento desta cadeia, que se dá com o procedimento de preservação do local de crime ou a verificação da existência de vestígio, até o seu descarte. Também são estabelecidas normas concernentes ao armazenamento de vestígios e a sua preservação. Tal regramento se justifica na medida em que a prova pericial, ao contrário da grande maioria das provas, não é passível de ser reproduzida em juízo sob o crivo do contraditório, de sorte que a sua produção, em regra, ainda na fase investigativa, tem caráter definitivo, embora possa, em juízo, ser contrariada (contraditório diferido). Dito isso, passemos à análise das alternativas. **A:** incorreta. *De acordo com o que estabelece o art. 177 do CPP, na hipótese de o exame ser realizado por precatória, a nomeação dos peritos dar-se-á pelo juízo deprecado (e não pelo deprecante); sendo a ação privada e havendo acordo entre as partes, a nomeação poderá ser feita pelo juiz deprecante;* **B:** incorreta. É certo que o exame de corpo de delito, nas infrações que deixam vestígios, é indispensável – art. 158 do CPP. Agora, se estes vestígios, por qualquer razão, se perderem, nosso ordenamento jurídico admite que a prova testemunhal supra essa ausência – art. 167 do CPP. A confissão, no entanto, por expressa disposição do art. 158 do CPP, não poderá ser utilizada para esse fim. Quanto ao exame de corpo de delito, é importante que se diga que a Lei 13.721/2018 inseriu no art. 158 do CPP um parágrafo único, segundo o qual *dar-se-á prioridade à realização do exame de corpo de delito quando se tratar de crime que envolva: I – violência doméstica e familiar contra mulher; II – violência contra criança, adolescente, idoso ou pessoa com deficiência;* **C:** incorreta. Isso porque, embora seja lícito à autoridade policial ou ao juiz negar a perícia requerida pelas partes quando não for necessária ao esclarecimento da verdade, tal não poderá ocorrer quando se tratar de exame de corpo de delito (art. 184, CPP); **D:** correta. De fato, sempre que a infração deixar vestígios, é indispensável o exame de corpo de delito (exame de verificação da existência do crime); não sendo possível essa verificação, a *prova testemunhal* poderá suprir tal falta; a *confissão*, em hipótese alguma (arts. 158 e 167, CPP); **E:** incorreta, na medida em que, por expressa previsão contida no art. 161 do CPP, o exame de corpo de delito poderá ser realizado em qualquer dia e a qualquer hora. **ED**

Gabarito "D".

(Procurador do Estado – PGE/BA – CESPE – 2014) Acerca das provas, julgue o item a seguir (adaptada)

(1) No processo penal, o momento adequado para a especificação de provas pelo réu é a apresentação da resposta à acusação. Entretanto, isso não impede

16. DIREITO PROCESSUAL PENAL   683

que, por ocasião de seu interrogatório, o réu indique outros meios de prova que deseje produzir.

1: correta, pois reflete o que estabelecem os arts. 189 e 396-A, ambos do CPP, que se referem, respectivamente, à possibilidade de o réu, por ocasião de seu interrogatório, indicar ao magistrado as provas que pretende produzir e ao conteúdo da resposta à acusação. **ED**
Gabarito 1C

(Procurador Federal – 2013 – CESPE) Segundo o entendimento dos tribunais superiores, julgue os próximos itens, a respeito da prisão e das provas no processo penal.

(1) A existência de prova concludente da autoria delitiva constitui requisito indispensável para a decretação da prisão preventiva.

(2) Alegações genéricas de nulidade processual, desprovidas de demonstração da existência de concreto prejuízo para a parte, não podem dar ensejo à invalidação da ação penal. Trata-se, no caso, do princípio *pas de nullité sans grief*.

(3) Se, durante a vigência de suspensão condicional de processo instaurado devido a denúncia da prática do crime de receptação, o denunciado for processado por outro crime ou furtar-se à reparação do dano, sem justificativa, a suspensão condicional do processo deverá ser revogada.

(4) Quando a demora na produção das provas puder prejudicar a busca pela verdade real, notadamente em razão da grande probabilidade de as testemunhas não se lembrarem precisamente dos fatos presenciados, será cabível a produção antecipada de provas. Deve o juiz, para tanto, observar a necessidade, a adequação e a proporcionalidade da medida.

1: incorreta, dado que, para a decretação da custódia preventiva, é suficiente a existência de indícios que apontem o indiciado/acusado como autor da infração penal. A prova plena somente será exigida na fase de sentença; **2:** correta. Em se tratando de *nulidade relativa*, em que o prejuízo não é presumido, é necessário, para se decretar a nulidade do ato, verificar se o mesmo gerou efeitos prejudiciais. É o *princípio do prejuízo*, consagrado no art. 563 do CPP; **3:** correta, pois em conformidade com o que estabelece o art. 89, § 3º, da Lei 9.099/1995; **4:** correta, pois reflete o disposto no art. 156, I, do CPP. **ED**
Gabarito 1E, 2C, 3C, 4C

(PROCURADOR DO ESTADO/MG – FUMARC – 2012) Assinale a alternativa incorreta :

(A) São proibidas de depor as pessoas que em razão de função, ministério, ofício ou profissão, devam guardar segredo, salvo se, desobrigadas pela parte interessada, quiserem dar seu testemunho.

(B) O Juiz não ficará adstrito ao laudo pericial que lhe for apresentado, podendo aceitá-lo ou rejeitá-lo, no todo ou em parte, já que no sistema brasileiro vigora o sistema da livre convicção para apreciação das provas.

(C) O princípio da identidade física do juiz é adotado no processo penal brasileiro.

(D) A confissão do acusado é divisível e retratável, sem prejuízo do livre convencimento do juiz, fundado no exame das provas colhidas.

(E) As cartas não poderão ser exibidas em juízo pelo respectivo destinatário, para defesa de seu direito, quando não haja concordância do signatário.

A: correta, pois reflete o que estabelece o art. 207 do CPP; **B:** o juiz, fazendo uso da prerrogativa que lhe confere o art. 182 do CPP, poderá aceitar ou rejeitar o laudo, no todo ou em parte. É dizer, o magistrado não ficará vinculado ao laudo. Assertiva correta, portanto; **C:** assertiva correta. A Lei 11.719/08 introduziu no art. 399 do CPP o § 2º, conferindo-lhe a seguinte redação: "O juiz que presidiu a instrução deverá proferir a sentença". O *princípio da identidade física do juiz*, antes exclusivo do processo civil, agora será também aplicável ao processo penal; **D:** proposição correta, pois em consonância com o que reza o art. 200 do CPP; **E:** incorreta, pois não corresponde à redação do art. 233, parágrafo único, do CPP. **ED**
Gabarito "E".

(Procurador do Município/Sorocaba-SP – 2012 – VUNESP) É muito comum que o juiz, em obras cinematográficas, exija que a testemunha, antes de depor, "jure dizer a verdade", sendo que em alguns casos tal ato é instrumentalizado pela colocação da mão da testemunha sobre a Bíblia. Em nosso sistema processual penal, a testemunha faz um mero compromisso de dizer a verdade. Tal compromisso, a rigor do art. 208 do CPP, não é tomado, entre outras pessoas, dos

I. doentes e deficientes mentais;

II. menores de 14 (quatorze) anos;

III. que em razão do ministério, ofício ou profissão devam guardar segredo.

É correto o que se afirma em

(A) I, apenas.

(B) II, apenas.

(C) I e II, apenas.

(D) I e III, apenas.

(E) I, II e III.

I e II: estabelece o art. 208 do CPP que os doentes e deficientes mentais e também os menores de 14 anos não se submetem ao dever de prestar compromisso; **III:** estão proibidas de depor as pessoas que devam guardar segredo em razão de função, ministério, ofício ou profissão, salvo se desobrigadas pelo interessado, hipótese em que deverão prestar compromisso. É o que estabelece o art. 207 do CPP. **ED**
Gabarito "C".

(Procurador do Estado/SC – 2010 – FEPESE) Com relação à produção probatória em matéria processual penal, assinale a alternativa **incorreta**.

(A) Na falta de perito oficial, o exame será realizado por 2 (duas) pessoas idôneas, portadoras de diploma de curso superior preferencialmente na área específica, dentre as que tiverem habilitação técnica relacionada com a natureza do exame.

(B) Na audiência de instrução, as perguntas serão formuladas pelo Juiz diretamente à testemunha, podendo as partes intervir, unicamente, naquelas que puderem induzir a resposta, não tiverem relação com a causa ou importarem na repetição de outra já respondida.

(C) São inadmissíveis as provas derivadas das ilícitas, salvo quando não evidenciado o nexo de causalidade entre umas e outras, ou quando as derivadas puderem ser obtidas por uma fonte independente das primeiras.

(D) Se várias pessoas forem chamadas a efetuar o reconhecimento de pessoa ou de objeto, cada uma fará a prova em separado, evitando-se qualquer comunicação entre elas.

684 EDUARDO DOMPIERI

(E) A confissão será divisível e retratável, sem prejuízo do livre convencimento do juiz, fundado no exame das provas em conjunto.

A: assertiva correta. A redação anterior do art. 159 do CPP estabelecia que a perícia fosse realizada por *dois* profissionais. Atualmente, com a modificação a que foi submetido esse dispositivo (pela Lei 11.690/08), a perícia será levada a efeito por *um* perito oficial portador de diploma de curso superior. À falta deste, determina o § 1º do art. 159 que o exame seja feito por duas pessoas idôneas, detentoras de diploma de curso superior preferencialmente na área específica, dentre aquelas que tiverem habilitação técnica relacionada com a natureza do exame; **B:** assertiva incorreta, pois em desconformidade com o que estabelece o art. 212 do CPP; **C:** correta, pois de acordo com o teor do art. 157, § 1º, do CPP; **D:** assertiva correta, nos moldes do art. 228 do CPP; **E:** correta (art. 200, CPP). **ED**
Gabarito "B".

(PROCURADOR – BANCO CENTRAL – 2009 – CESPE) Com relação à prova, assinale a opção correta.

(A) O direito processual regula os meios de prova, que são os instrumentos que trazem os elementos de convicção aos autos. A finalidade da prova é o convencimento do juiz, que é seu destinatário.

(B) A materialidade da prova pode ser direta ou indireta, sendo a primeira colhida na flagrância da conduta delituosa, enquanto a última deriva do testemunho e da perícia.

(C) Na instrução processual, todos os fatos relevantes devem ser submetidos à atividade probatória.

(D) O direito também é objeto de prova, pois os juízes estaduais não são obrigados a conhecer o direito federal em caráter absoluto.

(E) A prova do direito estrangeiro só pode ser aceita quando submetida à apreciação do Tribunal Penal Internacional.

A: correta, pois todo instrumento que se presta a alcançar a verdade no processo constitui *meio* de prova. O Código de Processo Penal tratou de enumerar e disciplinar alguns desses meios. São exemplos a prova *testemunhal* e a *pericial*. Cumpre consignar que o rol contemplado no CPP não é taxativo. A finalidade da prova é fornecer ao magistrado subsídios para que possa, depois de formado seu convencimento, aplicar a lei ao caso concreto; **B:** incorreta, pois *direta* é a prova que, por si só, demonstra o fato; *indireta*, aquela em que o fato que se pretende provar é deduzido de outra prova, o que se faz por meio de um raciocínio lógico; **C:** há fatos que prescindem de prova. É o caso dos fatos *axiomáticos* ou *intuitivos*, que, por serem evidentes, não precisam ser provados; não constituem, por essa razão, objeto de prova, que diz respeito a tudo aquilo que deve ser provado; **D:** incorreta, pois o direito, salvo algumas exceções (legislação estrangeira e municipal, por exemplo), não precisa ser provado, pois o juiz é obrigado a conhecê-lo (*iure novit curia*); **E:** incorreta, pois não há essa previsão. **ED**
Gabarito "A".

---

8. PRISÃO, MEDIDAS CAUTELARES E LIBERDADE PROVISÓRIA

(Procurador Municipal/SP – VUNESP – 2016) Sobre a prisão, assinale a alternativa correta.

(A) Qualquer agente policial poderá efetuar a prisão determinada no mandado de prisão registrado no Conselho Nacional de Justiça, desde que observada a competência territorial do juiz que a expediu.

(B) Mesmo quando as autoridades locais tenham fundadas razões para duvidar da legitimidade da pessoa do executor, da legalidade do mandado que apresentar, ou sobre a identidade do preso poderão colocá-lo em custódia, até que fique esclarecida a dúvida.

(C) Se o executor do mandado verificar, com segurança, que o réu entrou ou se encontra em alguma casa, o morador será intimado a entregá-lo, à vista da ordem de prisão e acaso não seja obedecido imediatamente, convocará duas testemunhas e, sendo dia ou noite, entrará à força na casa, arrombando as portas, se preciso.

(D) O juiz competente providenciará, no prazo de três dias, o registro do mandado de prisão em banco de dados mantido pelo Conselho Nacional de Justiça para essa finalidade.

(E) Quando o acusado estiver no território nacional, fora da jurisdição do juiz processante, será deprecada a sua prisão e o juiz processante deverá providenciar a remoção do preso no prazo máximo de 60 (sessenta) dias, contados da efetivação da medida.

A: incorreta, uma vez que não reflete o disposto no art. 289-A, § 1º, do CPP: a prisão poderá efetuar-se ainda que fora do território sujeito à jurisdição do juiz que expediu a respectiva ordem; **B:** correta, pois em conformidade com o que dispõe o art. 289-A, § 5º, do CPP, que remete ao art. 290, § 2º, do CPP; **C:** incorreta, já que o ingresso à força, na hipótese de recalcitrância do morador, somente se efetivará durante o dia; se à noite, diante da recusa do ocupante, o executor da ordem de prisão fará guardar todas as saídas do imóvel até o amanhecer, quando então poderá ingressar no imóvel onde se encontra a pessoa a ser presa, independente da anuência do morador. É o que estabelece o art. 293 do CPP; **D:** incorreta, já que tal providência será adotada pelo juiz *de imediato*, tal como impõe o art. 289-A, *caput*, do CPP; **E:** incorreta. A remoção do preso, a cargo do juiz processante, deverá realizar-se no prazo de 30 dias (e não de 60), a contar da efetivação da prisão (art. 289, § 3º, do CPP). **ED**
Gabarito "B".

(Advogado União – AGU – CESPE – 2015) Com referência a prisão, julgue os itens subsequentes.

(1) A prisão temporária somente poderá ser decretada em situações excepcionais, quando for imprescindível para a realização de diligências investigatórias ou para a obtenção de provas durante o processo judicial.

(2) O juiz poderá substituir a prisão preventiva pela prisão domiciliar, caso o réu tenha mais de oitenta anos ou prove ser portador de doença grave que cause extrema debilidade.

(2) A conversão da prisão em flagrante em prisão preventiva ocorrerá automaticamente mediante despacho do juiz, ao qual deverá ser apresentado o auto de prisão em flagrante no prazo de vinte e quatro horas.

1: incorreta. É correto afirmar que a prisão temporária, modalidade de prisão processual, somente terá lugar em situações excepcionais, prestando-se a viabilizar as investigações do inquérito policial. Agora, não procede a afirmação de que tal modalidade de custódia cautelar poderá ser utilizada para a obtenção de provas no curso do processo judicial. É que a prisão temporária somente pode ser utilizada no curso das investigações; durante o processo judicial somente terá lugar a prisão preventiva, desde que presentes os requisitos contidos no art. 312 do CPP. **2:** correta, já que contempla uma das hipóteses legais em que pode o juiz proceder à substituição da prisão preventiva pela domiciliar (art. 318, I, CPP). Além dessa, há outras situações em que é possível a substituição, a saber: agente extremamente debilitado por

16. DIREITO PROCESSUAL PENAL 685

motivo de doença grave (inciso II); quando o agente for imprescindível aos cuidados de pessoa com menos de 6 (seis) anos ou com deficiência (inciso III); quando se tratar de gestante (inciso IV – cuja redação foi alterada pela Lei 13.257/2016); quando se tratar de mulher com filho de até 12 anos de idade incompletos (inciso V – cuja redação foi determinada pela Lei 13.257/2016); homem, caso seja o único responsável pelos cuidados do filho de até 12 anos de idade incompletos (inciso VI – cuja redação foi determinada pela Lei 13.257/2016). São várias as situações, portanto, em que a substituição poderá ser autorizada. **3**: incorreta. Pela nova sistemática introduzida pela Lei 13.964/2019, que entrou em vigor em 23 de janeiro de 2020 (posterior, portanto, à elaboração desta questão), impõe-se ao magistrado, quando da realização da audiência de custódia, manifestar-se *fundamentadamente*, adotando uma das seguintes opções: se se tratar de prisão ilegal, deverá relaxá-la e determinar a soltura imediata do preso; se a prisão estiver em ordem, deverá o juiz, desde que entenda necessário ao processo, converter a prisão em flagrante em preventiva, sempre levando-se em conta os requisitos do art. 312 do CPP, sendo vedado, portanto, que tal conversão se dê de forma automática. Ressalte-se que, tendo em vista o *postulado da proporcionalidade*, a custódia preventiva somente terá lugar se as medidas cautelares diversas da prisão revelarem-se inadequadas; poderá, por fim, o juiz conceder a liberdade provisória, com ou sem fiança, substituindo, assim, a prisão em flagrante. Os incisos I, II e III do art. 310 não foram alterados. **ED**

Gabarito "1E, 2C, 3E".

(Procurador do Estado/SC – 2010 – FEPESE) Analise as afirmativas abaixo em matéria Processual Penal:

(1) Se a infração for inafiançável, a falta de exibição do mandado não obstará à prisão, e o preso, em tal caso, será imediatamente apresentado ao juiz que tiver expedido o mandado.

(2) Ocorre quase flagrante quando o agente é encontrado, logo depois, com instrumentos, armas, objetos ou papéis que façam presumir ser ele autor da infração.

(3) Não há crime, quando a preparação do flagrante pela polícia torna impossível a sua consumação.

(4) A prisão preventiva somente pode ser decretada no curso do inquérito policial, sendo em regra, pelo prazo de 5 (cinco) dias, prorrogáveis, uma única vez, pelo mesmo período.

Assinale a alternativa que indica todas as afirmativas **corretas**.

(A) São corretas apenas as afirmativas 1 e 3.

(B) São corretas apenas as afirmativas 2 e 3.

(C) São corretas apenas as afirmativas 2 e 4.

(D) São corretas apenas as afirmativas 1, 2 e 3.

(E) São corretas apenas as afirmativas 1, 3 e 4.

1: assertiva correta, pois corresponde ao que estabelece o art. 287 do CPP, cuja redação foi modificada por força da Lei 13.964/2019, que ali incluiu a audiência de custódia; **2**: o *quase flagrante* corresponde ao *flagrante impróprio* ou *imperfeito* (art. 302, III). A modalidade de flagrante retratada na assertiva é o chamado *presumido* ou *ficto* (art. 302, IV). Neste, não existe perseguição. O sujeito é encontrado, logo depois da infração, com instrumentos, armas etc.; naquele, o agente, logo após a prática do crime, é perseguido em situação que faça presumir ser ele o autor da infração; **3**: assertiva correta. Corresponde à Súmula nº 145 do STF; **4**: a proposição estaria correta se se referisse à prisão temporária, que só pode ser decretada no curso do inquérito policial e tem como prazo de duração, não se tratando de crime hediondo ou assemelhado, cinco dias, prorrogáveis, uma vez, por igual período, nos termos do art. 2º, *caput*, da Lei 7.960/89. **ED**

Gabarito "A".

(PROCURADOR – BANCO CENTRAL – 2009 – CESPE) Acerca da prisão preventiva, assinale a opção correta.

(A) É decretada para garantir a ordem pública, a ordem econômica, por necessidade da instrução criminal e para a segurança da aplicação da pena.

(B) Para que seja decretada, é necessário que haja indícios do fato e suspeita fundada acerca da autoria.

(C) Para o juiz fundamentar sua decisão, basta a remissão genérica às hipóteses legais.

(D) A falta de fundamentação da decisão que a decreta poderá ser suprida sem representação da autoridade ou requerimento do MP.

(E) É decretada imediatamente, sempre que for possível a condução coercitiva do acusado para submeter-se ao reconhecimento das vítimas e testemunhas.

A: a prisão preventiva será decretada, tanto no curso das investigações quando no da instrução processual, *como garantia da ordem pública, da ordem econômica, por conveniência da instrução criminal ou para assegurar a aplicação da lei penal, quando houver prova da existência do crime e indício suficiente de autoria e de perigo gerado pelo estado de liberdade do imputado* (art. 312, *caput*, do CPP, cuja redação foi alterada pela Lei 13.964/2019); **B:** não bastam *indícios*; é necessária a prova da *existência do fato*, o que corresponde à *materialidade*. Quanto à autoria, bastam *indícios*. A certeza de autoria somente se impõe na sentença; **C:** a decisão que decreta a prisão preventiva deve basear-se em dados concretos acerca do fato, sendo, portanto, insuficiente a mera remissão às hipóteses legais – art. 315, CPP. Em consonância com o entendimento consagrado na jurisprudência, a Lei 13.964/2019 inseriu o § 2º ao art. 312 do CPP, que assim dispõe: *a decisão que decretar a prisão preventiva deve ser motivada e fundamentada em receio de perigo e existência concreta de fatos novos ou contemporâneos que justifiquem a aplicação da medida adotada.* Dentro desse mesmo espírito, esta mesma Lei incluiu o § 1º ao art. 315 do CPP, com a seguinte redação: *na motivação da decretação da prisão preventiva ou de qualquer outra cautelar, o juiz deverá indicar concretamente a existência de fatos novos ou contemporâneos que justifiquem a aplicação da medida adotada.* O § 2º deste dispositivo elenca as situações em que se deve considerar a decisão como não fundamentada, entre os quais está o inciso I, que assim dispõe: *limitar-se à indicação, à reprodução ou à paráfrase de ato normativo, sem explicar sua relação com a causa ou a questão decidida*; **D:** incorreta, uma vez que a fundamentação é indispensável; **E:** não constitui hipótese de decretação da custódia preventiva. **ED**

Gabarito "A".

9. PROCESSO E PROCEDIMENTOS

(Procurador do Estado/TO - 2018 - FCC) Crimes funcionais são aqueles previstos nos artigos 312 a 326 do Código Penal, ou seja, são os crimes praticados por funcionário público contra a Administração em Geral. Considerando a legislação e o entendimento sumulado pelos tribunais superiores,

(A) é aplicável o procedimento especial previsto no Título II, Capítulo II, do Código de Processo Penal, ainda que o delito tenha sido praticado por Governador de Estado.

(B) nos crimes afiançáveis, estando a denúncia ou queixa em devida forma, o juiz mandará autuá-la e ordenará a notificação do acusado, para responder por escrito, dentro do prazo de dez dias.

(C) nos crimes de responsabilidade dos funcionários públicos, cujo processo e julgamento competirão aos juízes de direito, a queixa ou a denúncia será instruída com documentos ou justificação que façam presumir a existência do delito ou com declaração fundamentada da impossibilidade de apresentação de qualquer dessas provas.

(D) o juiz, ainda que convencido pela resposta do acusado ou do seu defensor, da inexistência do crime ou da improcedência da ação, não poderá rejeitar a queixa ou denúncia, nessa fase preliminar, por vigorar o princípio do *in dubio pro societate*.

(E) ainda que o funcionário público venha a ser denunciado por outros crimes que não aqueles definidos como funcionais, deverá ser observado o procedimento especial previsto no Título II, Capítulo II, do Código de Processo Penal.

A: incorreta. O procedimento especial previsto no Título II, Capítulo II, do Código de Processo Penal não se aplica aos funcionários públicos que gozam de foro especial, aqui incluído o governador de estado, que será processado no STJ de acordo com as regras do rito estabelecido na Lei 8.038/1990; **B:** incorreta, na medida em que, segundo estabelece o art. 514 do CPP, o prazo para o acusado oferecer a defesa preliminar é de 15 dias (e não 10); **C:** correta, uma vez que corresponde à redação do art. 513 do CPP; **D:** incorreta. Convencido pela resposta do acusado ou do seu defensor da inexistência do crime ou da improcedência da ação, caberá ao juiz rejeitar a queixa ou denúncia (art. 516, CPP); **E:** incorreta, pois somente são objeto do procedimento especial previsto no Capítulo II do Título II do CPP os crimes funcionais afiançáveis. **ED**

Gabarito "C".

(Procurador do Estado – PGE/BA – CESPE – 2014) Acerca das sentenças, julgue o item a seguir (adaptada)

(1) Considere que Marina tenha sido processada por crime de furto supostamente cometido contra seu primo André e que, após a fase de produção de provas, o MP, convencido de sua inocência, tenha opinado por sua absolvição. Nessa situação hipotética, segundo o Código de Processo Penal, o juiz não poderá proferir sentença condenatória contra Marina.

1: incorreta, na medida em que é dado a juiz, ao contrário do que se afirma, condenar o réu, ainda que o MP tenha opinado pela sua absolvição (art. 385, CPP). De igual forma, também pode o juiz reconhecer agravantes não invocadas pela acusação. **ED**

Gabarito 1E.

(Procurador Distrital – 2014 – CESPE) À luz da legislação pertinente e da jurisprudência consolidada nos tribunais superiores, julgue os próximos itens, relacionados a normas procedimentais no âmbito penal.

(1) Segundo entendimento consagrado no STF, no processo penal, contam-se os prazos da data da intimação, e não da juntada aos autos da carta precatória.

(2) De acordo com a jurisprudência do STF, é absoluta a nulidade que decorre da não observância da competência penal por prevenção, sendo esta passível de arguição em qualquer grau de jurisdição.

(3) Conforme o CPP, a publicação da sentença se dará, à semelhança do que ocorre no processo cível, no Diário de Justiça, embora o prazo para eventual recurso se inicie a partir da intimação pessoal das partes.

(4) A jurisprudência sumulada do STF veda de modo irrestrito que o assistente do MP maneje recurso

extraordinário contra decisão concessiva de *habeas corpus*.

(5) Em se tratando de ação penal originária, oferecida a denúncia ao tribunal, determinar-se-á a notificação do acusado para que, no prazo de quinze dias, apresente a sua resposta, independentemente de ser ele funcionário público ou não, ou, ainda, de ter ele praticado crime contra a administração pública.

1: correta, pois em consonância com o entendimento sufragado na Súmula nº 710 do STF, que estabelece que, no processo penal, os prazos serão contados da data em que ocorreu a intimação, e não do dia em que se deu a juntada do mandado ou da carta precatória aos autos; **2:** incorreta, pois não corresponde ao entendimento firmado na Súmula nº 706 do STF: "É relativa a nulidade decorrente da inobservância da competência penal por prevenção"; **3:** incorreta, pois não reflete o disposto no art. 389 do CPP; **4:** correta, nos termos da Súmula nº 208 do STF: "O assistente do Ministério Público não pode recorrer, extraordinariamente, de decisão concessiva de *habeas corpus*"; **5:** correta, pois em conformidade com a regra contemplada no art. 4º, *caput*, da Lei 8.038/1990. **ED**

Gabarito 1C, 2E, 3E, 4C, 5C

(PROCURADOR DO ESTADO/MG – FUMARC – 2012) O acusado José é pessoalmente citado em ação penal pública incondicionada, que obedecerá ao procedimento ordinário. Assinale a alternativa incorreta :

(A) A acusação contida na denúncia é de crime cuja pena privativa de liberdade máxima cominada é superior a 4 anos.

(B) Caso não constitua defensor, o processo deverá correr à revelia do acusado José, a quem será dado defensor dativo para elaboração da defesa preliminar.

(C) No procedimento ordinário, antes de ordenar a citação, o juiz deve receber a denúncia, ocasião em que verifica a presença das condições da ação e dos pressupostos processuais.

(D) Se fosse o caso de rejeição da denúncia, conforme entendimento jurisprudencial, antes de ser citado deveria José ser intimado para oferecer contrarrazões ao recurso da acusação interposto da decisão de rejeição da denúncia.

(E) Se citado por hora certa, e não constituindo defensor, o juiz deverá dar a José defensor dativo e, elaborada a defesa preliminar, o processo ficará suspenso, já que a citação por hora certa é uma modalidade de citação ficta.

A: assertiva correta. Nos termos do disposto no art. 394, § 1º, I, do CPP, os crimes cuja pena privativa de liberdade seja igual ou superior a quatro anos submetem-se ao *procedimento comum ordinário*; **B:** caso o réu, citado pessoalmente, não ofereça sua defesa escrita, deverá o juiz dar-lhe defensor para que o faça, concedendo-lhe vista dos autos pelo interregno de 10 dias – art. 396-A, § 2º, do CPP; **C:** diante da ausência de alguma das condições da ação ou mesmo dos pressupostos processuais, oferecida a denúncia ou queixa, deverá o juiz rejeitá-la (art. 395 do CPP); **D:** Súmula nº 707, STF: "Constitui nulidade a falta de intimação do denunciado para oferecer contrarrazões ao recurso interposto da rejeição da denúncia, não a suprindo a nomeação de defensor dativo"; **E:** concluída a citação por hora certa, se o acusado não comparecer, ser-lhe-á nomeado defensor dativo – art. 362, parágrafo único, CPP. A suspensão do processo e do prazo prescricional do art. 366 do CPP somente terá lugar na hipótese de o acusado, citado por edital, não comparecer tampouco constituir defensor. **ED**

Gabarito "E".

16. DIREITO PROCESSUAL PENAL   687

10. JUIZADOS ESPECIAIS

(Procurador do Estado/TO - 2018 - FCC) À luz do que dispõe a legislação acerca da suspensão condicional do processo, conhecida também como *sursis* processual, é correto afirmar:

(A) O instituto da suspensão condicional do processo é cabível tão somente aos delitos de menor potencial ofensivo.

(B) A suspensão poderá ser revogada se o acusado vier a ser processado, no curso do prazo, por contravenção, ou descumprir qualquer outra condição imposta.

(C) Não é possível a utilização da suspensão condicional do processo para as contravenções, haja vista que o art. 89 da Lei 9.099/1995 faz menção unicamente a crime.

(D) O Juiz não poderá especificar outras condições a que fica subordinada a suspensão, além daquelas obrigatoriamente previstas na Lei 9.099/1995.

(E) É hipótese de revogação facultativa do benefício o fato de o réu ser, posteriormente, processado por outro crime.

A: incorreta, pois em desconformidade com o disposto no art. 89, *caput*, da Lei 9.099/1995, que estabelece que a aplicação da suspensão condicional do processo (*sursis* processual) não se restringe às infrações penais de menor potencial ofensivo, abrangendo todas as infrações para as quais a pena mínima cominada seja igual ou inferior a um ano; **B:** correta, pois reflete o disposto no art. 89, § 4º, da Lei 9.099/1995; **C:** incorreta. A despeito de o art. 89, *caput*, da Lei 9.099/1995 somente fazer referência a *crime*, certo é que a aplicação do *sursis* processual também poderá se dar nas contravenções penais; **D:** incorreta. Nada obsta que o magistrado estabeleça outras condições, além daquelas previstas em lei, a que fica subordinada a concessão do *sursis* processual (art. 89, § 2º, da Lei 9.099/1995); **E:** incorreta, uma vez que se trata de revogação *obrigatória*, nos termos do art. 89, § 3º, da Lei 9.099/1995. ⬛
Gabarito "B".

(Procurador do Município/Cubatão-SP – 2012 – VUNESP) O procedimento sumaríssimo, previsto na Lei nº 9.099/95, prevê

I. que o juiz, na sentença, dispense o relatório (art. 81, §3.º);

II. a possibilidade de a denúncia ser oralmente oferecida (art. 77);

III. a possibilidade de o recurso de apelação ser oralmente interposto (art. 82, §1.º).

É correto o que se afirma em

(A) I, apenas.

(B) III, apenas.

(C) I e II, apenas.

(D) II e III, apenas.

(E) I, II e III.

I: de fato, a teor do art. 81, § 3º, da Lei 9.099/95, o relatório não é requisito da sentença e pode ser dispensado pelo juiz; **II:** correta, nos termos do disposto no art. 77, *caput*, da Lei 9.099/95; **III:** o art. 82, § 1º, da Lei 9.099/95 estabelece que a apelação será interposta por petição escrita, da qual deverão constar as razões e o pedido. ⬛
Gabarito "C".

(Procurador do Estado/SC – 2010 – FEPESE) Acerca dos Juizados Especiais Criminais, assinale a alternativa **incorreta**.

(A) Os embargos de declaração suspendem o prazo recursal.

(B) Consideram-se infrações penais de menor potencial ofensivo as contravenções penais e os crimes a que a

lei comine pena máxima não superior a 2 (dois) anos, cumulada ou não com multa.

(C) Tratando-se de ação penal de iniciativa privada ou de ação penal pública condicionada à representação, o acordo homologado não implica, todavia, a renúncia ao direito de queixa ou representação.

(D) Preenchidos os requisitos legais, poderá ser proposta a suspensão do processo, por dois a quatro anos, nos crimes em que a pena mínima cominada for igual ou inferior a um ano.

(E) Havendo representação ou tratando-se de crime de ação penal pública incondicionada, não sendo caso de arquivamento, o Ministério Público poderá propor a aplicação imediata de pena restritiva de direitos ou multas, a ser especificada na proposta.

A: assertiva correta ao tempo em que foi formulada esta questão, pois de acordo com o que estabelecia o art. 83, § 2º, da Lei 9.099/95. Tal dispositivo, que foi modificado por meio da Lei 13.105/2015, estabelece que os embargos de declaração *interrompem* (e não mais *suspendem*) o prazo para interposição de recurso; **B:** correta, visto que em consonância com o disposto no art. 61 da Lei 9.099/95; **C:** incorreta, pois contraria o disposto no art. 74, parágrafo único, da Lei 9.099/95; **D:** correta, nos termos do art. 89, *caput*, da Lei 9.099/95; **E:** correta, visto que corresponde à redação do art. 76, *caput*, da Lei 9.099/95 (transação penal). ⬛
Gabarito "C".

11. NULIDADES

(Procurador Municipal/SP – VUNESP – 2016) É correto afirmar que

(A) a nulidade ocorrerá por incompetência, suspeição, impedimento ou suborno do juiz.

(B) caberá apelação da decisão que anula o processo da instrução criminal, no todo ou em parte.

(C) a nulidade do julgamento em plenário, em audiência ou em sessão do tribunal, poderá ser arguida logo depois que ocorrer ou por ocasião da interposição do recurso.

(D) a incompetência do juízo anula os atos ordinatórios e decisórios, devendo o processo, quando for declarada a nulidade, ser remetido ao juiz competente.

(E) a nulidade por ilegitimidade do representante da parte poderá ser a todo tempo sanada, mediante ratificação dos atos processuais.

A: incorreta, dado que o ato praticado por juiz impedido é considerado *inexistente*, e não *nulo*; já a incompetência, a suspeição e o suborno levam à nulidade do ato praticado (art. 564, I, CPP); **B:** incorreta. Isso porque tal decisão desafia recurso em sentido estrito, tal como estabelece o art. 581, XIII, do CPP; **C:** incorreta, pois contraria o disposto no art. 571, VIII, do CPP; **D:** incorreta. A incompetência do juízo somente tem o condão de anular os atos *decisórios*; os *ordinatórios* serão mantidos. É o que estabelece o art. 567 do CPP; **E:** correta, pois corresponde ao que estabelece o art. 568 do CPP. ⬛
Gabarito "E".

(Procurador Federal – 2010 – CESPE) Com base no CPP, julgue os itens a seguir, acerca das nulidades.

(1) A incompetência do juízo anula somente os atos decisórios, devendo o processo, quando for declarada a nulidade, ser remetido ao juiz competente.

(2) Nenhum ato deve ser declarado nulo se, da nulidade, não resultar prejuízo para a acusação ou a defesa.

(3) A nulidade por ilegitimidade do representante da parte não pode ser sanada mediante ratificação dos atos processuais, sendo necessária a renovação dos atos processuais realizados pelo representante ilegítimo.

1: art. 567 do CPP; **2:** art. 563 do CPP; **3:** art. 568 do CPP. [ED]
Gabarito 1C, 2C, 3E

12. RECURSOS

(Procurador do Estado – PGE/BA – CESPE – 2014) Julgue o item subsequente, no que se refere aos recursos no processo penal brasileiro.

(1) Contra a decisão que recebe a denúncia cabe recurso em sentido estrito.

1: incorreta. É que da decisão que recebe a denúncia ou queixa não cabe qualquer recurso. Cabe, isto sim, da decisão que a rejeita (não recebe), na forma do art. 581, I, CPP. Registre-se que, no caso de recebimento da inicial, é possível, no entanto, a impetração de *habeas corpus*. [ED]
Gabarito 1E

(Procurador do Município/Cubatão-SP – 2012 – VUNESP) No que concerne às decisões de pronúncia, de impronúncia e de absolvição sumária, proferidas pelo Tribunal do Júri, contra

(A) as três cabe apelação.

(B) as três cabe recurso em sentido estrito.

(C) as duas primeiras cabe recurso em sentido estrito; contra a última cabe apelação.

(D) a primeira cabe recurso em sentido estrito; contra as demais cabe apelação.

(E) as duas primeiras cabe apelação; contra a última cabe recurso em sentido estrito.

Com a Lei de Reforma nº 11.689/08, a sentença de impronúncia e a sentença de absolvição sumária passaram a ser combatidas por meio de apelação – art. 416, CPP. A pronúncia, por sua vez, deve ser impugnada por meio de recurso em sentido estrito, nos termos do art. 581, IV, do CPP. [ED]
Gabarito "D".

(Procurador do Município/Florianópolis-SC – 2010 – FEPESE) Contra a decisão, despacho ou sentença, que não receber a denúncia ou a queixa, cabe:

(A) Apelação.

(B) Agravo de instrumento.

(C) Recurso em sentido estrito.

(D) Recurso inominado.

(E) Revisão.

Art. 581, I, do CPP. [ED]
Gabarito "C".

13. HABEAS CORPUS, MANDADO DE SEGURANÇA E REVISÃO CRIMINAL

(Procurador do Município/Florianópolis-SC – 2010 – FEPESE) Assinale a alternativa **correta**.

(A) A ação de "habeas corpus" está contemplada e regulamentada apenas na Constituição Federal.

(B) A qualquer momento poderá o interessado impetrar "habeas corpus", inclusive quando já extinta a pena privativa de liberdade.

(C) Não cabe "habeas corpus" contra decisão condenatória a pena de multa, ou relativo a processo em curso por infração penal a que a pena pecuniária seja a única cominada.

(D) Caberá "habeas corpus" sempre que alguém sofrer ou se achar na iminência de sofrer violência, coação ilegal na sua liberdade de ir e vir ou nos casos de punição disciplinar.

(E) O prazo para impetração do "habeas corpus" é de quinze dias após o ato violador da liberdade de ir e vir.

A: é verdade que a ação de *habeas corpus* está contemplada na CF/88 – art. 5º, LXVIII, mas a sua disciplina está prevista no CPP, nos arts. 647 e seguintes; **B:** em vista do que dispõe a Súmula nº 695 do STF, não cabe, neste caso, ação de *habeas corpus*; **C:** assertiva correta, visto que, neste caso, não cabe ação de *habeas corpus*, em vista do que estabelece a Súmula nº 693 do STF; **D:** o art. 647 do CPP excepciona a hipótese de punição disciplinar; **E:** inexiste prazo para a impetração de *habeas corpus*. [ED]
Gabarito "C".

14. EXECUÇÃO PENAL

(Procuradoria Federal – 2007 – CESPE) Julgue o item seguinte.

(1) Ainda que a sentença condenatória tenha transitado em julgado, cabe ao juízo criminal prolator da sentença a aplicação de lei mais benigna posteriormente editada.

Art. 66, I, da LEP e Súmula 611 do STF. [ED]
Gabarito 1E

15. LEGISLAÇÃO EXTRAVAGANTE

(Advogado União – AGU – CESPE – 2015) Ao receber uma denúncia anônima por telefone, a autoridade policial realizou diligências investigatórias prévias à instauração do inquérito policial com a finalidade de obter elementos que confirmassem a veracidade da informação. Confirmados os indícios da ocorrência de crime de extorsão, o inquérito foi instaurado, tendo o delegado requerido à companhia telefônica o envio de lista com o registro de ligações telefônicas efetuadas pelo suspeito para a vítima. Prosseguindo na investigação, o delegado, sem autorização judicial, determinou a instalação de grampo telefônico no telefone do suspeito, o que revelou, sem nenhuma dúvida, a materialidade e a autoria delitivas. O inquérito foi relatado, com o indiciamento do suspeito, e enviado ao MP.

Nessa situação hipotética, considerando as normas relativas à investigação criminal,

(1) a interceptação telefônica efetuada poderá ser convalidada se o suspeito, posteriormente, confessar espontaneamente o crime cometido e não impugnar a prova.

1: incorreta. A interceptação telefônica, porque realizada em desconformidade com os ditames estabelecidos pela CF (art. 5º, XII) e também pela Lei 9.296/1996 (art. 1º, "caput"), que impõem seja realizada por meio de ordem judicial, padece de ilicitude insanável, devendo ser desconsiderada para o fim de formar o conjunto probatório. Não cabe,

16. DIREITO PROCESSUAL PENAL

por isso, a sua convalidação posterior pela confissão espontânea do suspeito. Nessa esteira: "A ausência de autorização judicial para excepcionar o sigilo das comunicações macula indelevelmente a diligência policial das interceptações em causa, ao ponto de não se dever – por causa dessa mácula – sequer lhes analisar os conteúdos, pois obtidos de forma claramente ilícita (STJ, EDcl no HC 130429-CE, 5ª T., Rel. Min. Napoleão Nunes Maia Filho, j. 27.04.2010). ⬛
Gabarito 1E

(Procurador do Município/Cubatão-SP – 2012 – VUNESP) Nos termos do quanto prescreve o art. 2º da Lei nº 9.296/96, não será admitida a interceptação de comunicações telefônicas quando

I. não houver indícios razoáveis da autoria ou participação em infração penal;

II. a prova puder ser feita por outros meios disponíveis;

III. o fato investigado constituir infração penal punida, no máximo, com pena de detenção.

É correto o que se afirma em

(A) I, apenas.

(B) II, apenas.

(C) I e II, apenas.

(D) II e III, apenas.

(E) I, II e III.

I: correta, pois reflete o disposto no art. 2º, I, da Lei 9.296/96; **II**: correta, pois reflete o disposto no art. 2º, II, da Lei 9.296/96; **III**: correta, pois reflete o disposto no art. 2º, III, da Lei 9.296/96. ⬛
Gabarito "E".

16. TEMAS COMBINADOS E OUTROS TEMAS

José, de sessenta e nove anos de idade, fiscal de vigilância sanitária municipal, viúvo e único responsável pelos cuidados de seu filho, de onze anos de idade, foi denunciado à polícia por comerciantes que alegavam que o referido fiscal lhes solicitava dinheiro para que não fossem por ele autuados por infração à legislação sanitária. Durante investigação conduzida por autoridade policial em razão dessa denúncia, foi deferida judicialmente interceptação da comunicação telefônica de José.

Nesse ato, evidenciou-se, em uma degravação, que José havia solicitado certa quantia em dinheiro a um comerciante, Pedro, para não interditar seu estabelecimento comercial, e que José havia combinado encontrar-se com Pedro para realizarem essa transação financeira. Na interceptação, foram captadas, ainda, conversas em que José e outros quatro fiscais não identificados discutiam a forma de solicitar dinheiro a comerciantes, em troca de não autuá-los, e a repartição do dinheiro que seria obtido com isso.

No dia combinado, Pedro encontrou-se com José, e, pouco antes de entregar-lhe o dinheiro que carregava consigo, policiais que haviam instalado escuta ambiental na sala do fiscal mediante autorização judicial prévia deram voz de prisão em flagrante a José, conduzindo-o, em seguida, à presença da autoridade policial.

Em revista pessoal, foi constatado que José portava três cigarros de maconha. Questionado, o fiscal afirmou ter comprado os cigarros de um estrangeiro que trazia os entorpecentes de seu país para o Brasil e os revendia perto da residência de José. A autoridade policial deu andamento aos procedimentos, redigiu o relatório final do inquérito policial e o encaminhou à autoridade competente.

(Procurador do Município - Boa Vista/RR - 2019 - CESPE/CEBRASPE) Considerando essa situação hipotética, julgue os itens subsequentes.

(1) A autoridade policial não poderá arbitrar fiança para a soltura de José, pois o crime de corrupção passiva é equiparado a crime hediondo.

(2) No curso da ação penal, caso seja decretada prisão preventiva, o juiz poderá, a requerimento da defesa de José, substituí-la por prisão domiciliar.

(3) A justiça federal tem competência para processar e julgar José pelo crime de tráfico ilícito de drogas, razão pela qual devem ser remetidas ao juízo competente as peças relacionadas a esse delito.

(4) O Ministério Público tem legitimidade ativa para, uma vez transitada em julgado eventual condenação criminal de José, executar possível pena de multa no juízo da execução, mesmo que essa pena seja considerada dívida de valor convertida em renda em favor da fazenda pública.

(5) O juiz poderá receber denúncia oferecida pelo Ministério Público e dispensar a notificação prévia de José para que este apresente resposta preliminar, embora ele seja servidor público, sem que esse ato configure nulidade absoluta.

(6) Caso José seja denunciado pelo crime de associação criminosa, ele poderá valer-se, antes ou após a prolação da sentença, da colaboração premiada para identificar os demais fiscais que participaram do delito. Se a colaboração for posterior à sentença, será admitida a progressão de regime prisional ao colaborador, ainda que ausentes os requisitos objetivos para a sua concessão.

1: errada. De fato, a autoridade policial não poderá arbitrar fiança na hipótese narrada no enunciado. Isso porque, por força do disposto no art. 322 do CPP, somente é dado ao delegado estabelecer fiança nos casos de infração cuja pena privativa de liberdade máxima não seja superior a quatro anos. No caso da corrupção passiva, delito previsto no art. 317 do CP, a pena máxima cominada corresponde a 12 anos (2 a 12 anos), o que impede, portanto, a autoridade policial de conceder fiança. Até aqui a assertiva está correta. Cuidado: ao contrário do que se afirma na proposição, a corrupção passiva, a despeito de o delegado não poder arbitrar fiança, não é crime hediondo, porquanto não faz parte do rol do art. 1º da Lei 8.072/1990 (aqui está o erro da assertiva). Cuida-se, portanto, de delito afiançável, cabendo ao juiz, se o caso, arbitrar e conceder fiança; **2**: certa. Considerando que José é o único responsável pelos cuidados de seu filho, de onze anos de idade, poderá o juiz, tendo em conta o que dispõe o art. 318, VI, do CPP, conceder-lhe prisão domiciliar. Além dessa hipótese, o magistrado poderá substituir a prisão preventiva pela domiciliar nos seguintes casos, todos elencados no art. 318 do CPP: agente que contar com mais de 80 (oitenta) anos (inciso I); agente extremamente debilitado por motivo de doença grave (inciso II); quando o agente for imprescindível aos cuidados de pessoa com menos de 6 (seis) anos ou com deficiência (inciso III); quando se tratar de gestante (inciso IV – cuja redação foi alterada pela Lei 13.257/2016); quando se tratar de mulher com filho de até 12 anos de idade incompletos (inciso V – cuja redação foi determinada pela Lei 13.257/2016). São várias as situações, portanto, em que a substituição será autorizada; **3**: errada. Pelo que consta do enunciado, é possível inferir que os cigarros de maconha portados por José destinavam-se

EDUARDO DOMPIERI

ao seu consumo pessoal, razão por que deverá ser responsabilizado pelo crime do art. 28 da Lei 11.343/2006. Seu julgamento caberá ao Juizado Especial Criminal Estadual, já que se trata de infração de menor potencial ofensivo, pouco importando o fato de a droga, que foi adquirida no Brasil, ter sido produzida e trazida do estrangeiro. Evidente que o traficante estrangeiro que trazia os entorpecentes de seu país para o Brasil deve responder por tráfico internacional, o que determina a competência da Justiça Federal para o julgamento. Vide Súmula 522, do STF: *salvo ocorrência de tráfico para o exterior, quando, então, a competência será da Justiça Federal, compete à Justiça dos estados o processo e julgamento dos crimes relativos a entorpecentes*; **4:** certa. A Lei 13.964/2019 alterou a redação do art. 51 do CP e consolidou o entendimento de que a execução da pena de multa cabe ao MP, que o fará perante o juízo da execução penal. Quanto a isso, valem alguns esclarecimentos, em especial no que concerne à legitimidade para promover a cobrança da pena de multa, tema, até então, objeto de divergência na doutrina e jurisprudência. Até o advento da Lei 9.268/1996, era possível a conversão da pena de multa não adimplida em pena privativa de liberdade. Ou seja, o não pagamento da pena de multa imposta ao condenado poderia ensejar a sua prisão. Com a entrada em vigor desta Lei, modificou-se o procedimento de cobrança da pena de multa, que passou a ser considerada dívida de valor, com incidência das normas relativas à dívida da Fazenda Pública. Com isso, deixou de ser possível – e esse era o objetivo a ser alcançado – a conversão da pena de multa em prisão. A partir de então, surgiu a discussão acerca da atribuição para cobrança da pena de multa: deveria ela se dar na Vara da Fazenda Pública ou na Vara de Execução Penal? A jurisprudência, durante muito tempo, consagrou o entendimento no sentido de que a pena pecuniária, sendo dívida de valor, possui caráter extrapenal e, portanto, a sua execução deve se dar pela Procuradoria da Fazenda Pública. Tal entendimento, até então pacífico, sofreu um revés em 2018, quando o STF, ao julgar a ADI 3150, conferiu nova interpretação ao art. 51 do CP e passou a considerar que a cobrança da multa, que constitui, é importante que se diga, espécie de sanção penal, cabe ao Ministério Público, que o fará perante o juízo da execução penal. Ficou ainda decidido que, caso o MP não promova a cobrança dentro do prazo de noventa dias, aí sim poderá a Procuradoria da Fazenda Pública fazê-lo. A atuação da Fazenda Pública passou a ser, portanto, subsidiária em relação ao MP. Pois bem. A Lei 13.964/2019, ao conferir nova redação ao art. 51 do CP, consolidou o entendimento adotado pelo STF, no sentido de que a execução da pena de multa ocorrerá perante o juiz da execução penal. A cobrança, portanto, cabe ao MP. De se ver que a atribuição subsidiária conferida à Fazenda Pública (pelo STF) não constou da nova redação do art. 51 do CP; **5:** certa. Cuida-se do contraditório instaurado por meio da impugnação ofertada pelo funcionário antes do recebimento da denúncia. É a chamada *defesa preliminar*, prevista no art. 514 do CPP, que somente terá incidência nos crimes funcionais afiançáveis (não se estende ao particular que, na qualidade de coautor ou partícipe, toma parte no crime). Importante que se diga que, com a edição da Súmula 330 do STJ, esta defesa que antecede o recebimento da denúncia deixou de ser necessária na ação penal alicerçada em inquérito policial (como é o caso da hipótese narrada no enunciado). Dessa forma, a formalidade imposta pelo art. 514 do CPP somente se fará necessária, segundo o STJ, quando a denúncia se basear em outras peças de informação que não o inquérito policial. De se notar, todavia, que o STF, de forma diversa, proferiu vários julgados no sentido de que a defesa preliminar, ainda que a ação penal seja calcada em inquérito policial, se faz necessária; **6:** certa, pois reflete o que estabelece o art. 4º, § 5º, da Lei 12.850/2013. ED

Gabarito: 1E, 2C, 3E, 4C, 5C, 6C

(Procurador do Estado/TO - 2018 - FCC) A doutrina conceitua defensor como o sujeito processual com qualificação técnico-jurídica que exerce a defesa do acusado. Considere as proposições seguintes:

I. Defensor constituído é o advogado escolhido pelo acusado para patrocinar a sua defesa.

II. Defensor dativo é aquele nomeado pelo juiz para atos processuais determinados.

III. Defensor *ad hoc* é a denominação empregada para designar o advogado nomeado pelo juiz para representar o acusado que foi omisso na constituição de seu procurador.

IV. Defensor Público é o integrante de instituição estatal encarregado de prestar assistência jurídica integral e gratuita aos que comprovarem insuficiência de recursos.

Está correto o que se afirma APENAS em

(A) I e IV.

(B) I e II.

(C) I e III.

(D) II e IV.

(E) III e IV.

I: correta. Diz-se *constituído* do defensor escolhido pelo acusado para o fim de patrocinar a sua defesa. Sua atuação constitui a regra no processo penal, na medida em que uma das facetas da ampla defesa reside na faculdade que deve ser ofertada ao acusado de escolher profissional de sua confiança. Poderá fazê-lo a qualquer momento, inclusive na fase de inquérito, quando ainda é somente investigado; **II:** incorreta. Na hipótese de o acusado não constituir defensor, ser-lhe-á nomeado pelo juiz um defensor *dativo*, ao qual caberá patrocinar a sua defesa (art. 263, *caput*, do CPP). Perceba que a tônica, no processo penal, é que a defesa técnica, por tutelar o inalienável direito à liberdade, é imprescindível (art. 261, *caput*, do CPP). Já a defesa exercida pelo próprio acusado (autodefesa) é facultativa. A assertiva está incorreta na medida em que contém a definição de defensor *ad hoc*; **III:** incorreta. *Ad hoc* é o defensor nomeado pelo juiz para atos processuais determinados. A assertiva contém o conceito de defensor dativo; **IV:** correta. Cabe ao defensor público prestar assistência jurídica integral e gratuita aos que comprovarem insuficiência de recursos (art. 5º, LXXIV, da CF). ED

Gabarito "A".

(Procurador Municipal – Prefeitura/BH – CESPE - 2017) Com base no entendimento do STJ, assinale a opção correta.

(A) Somente se houver prévia autorização judicial, serão considerados prova lícita os dados e as conversas registrados no aplicativo WhatsApp colhidos de aparelho celular apreendido quando da prisão em flagrante.

(B) O MP estadual não tem legitimidade para atuar diretamente como parte em recurso submetido a julgamento no STJ.

(C) Tratando-se de demandas que sigam o rito dos processos de competência originária dos tribunais superiores, considera-se intempestiva a apresentação de exceção da verdade no prazo da defesa prévia, se, tendo havido defesa preliminar, o acusado não tiver nesse momento se manifestado a esse respeito.

(D) É ilegal portaria que, editada por juiz federal, estabelece a tramitação direta de inquérito policial entre a Polícia Federal e o MPF.

A: correta. Segundo têm entendido os Tribunais, somente são considerados como prova lícita os dados e as conversas registrados por meio de mensagem de texto obtidos de aparelho celular apreendido no ato da prisão em flagrante se houver prévia autorização judicial. Nesse sentido: "I – A jurisprudência deste Tribunal Superior firmou-se no sentido de ser ilícita a prova oriunda do acesso aos dados armazenados no aparelho celular, relativos a mensagens de texto, SMS, conversas por meio de aplicativos (WhatsApp), obtidos diretamente pela polícia

16. DIREITO PROCESSUAL PENAL   691

no momento da prisão em flagrante, sem prévia autorização judicial. II – *In casu*, os policiais civis obtiveram acesso aos dados (mensagens do aplicativo WhatsApp) armazenados no aparelho celular do corréu, no momento da prisão em flagrante, sem autorização judicial, o que torna a prova obtida ilícita, e impõe o seu desentranhamento dos autos, bem como dos demais elementos probatórios dela diretamente derivados (...) Recurso ordinário provido para determinar o desentranhamento dos autos das provas obtidas por meio de acesso indevido aos dados armazenados no aparelho celular, sem autorização judicial, bem como as delas diretamente derivadas, e para conceder a liberdade provisória ao recorrente, salvo se por outro motivo estiver preso, e sem prejuízo da decretação de nova prisão preventiva, desde que fundamentada em indícios de autoria válidos" (STJ, RHC 92.009/RS, Rel. Ministro Felix Fischer, Quinta Turma, julgado em 10.04.2018, DJe 16.04.2018). No mesmo sentido: "Ilícita é a devassa de dados, bem como das conversas de whatsapp, obtidas diretamente pela polícia em celular apreendido no flagrante, sem prévia autorização judicial" (STJ, RHC 76.510/RR, 6ª T., Rel. Min. Nefi Cordeiro, j. 04.04.2017, *DJe* 17.04.2017); **B**: incorreta. A conferir: "A Corte Especial do Superior Tribunal de Justiça, no julgamento do EREsp 1.327.573/RJ, pacificou o entendimento no sentido de que os Ministérios Públicos Estaduais e do Distrito Federal possuem legitimidade para atuar no Superior Tribunal de Justiça" (STJ, EDcl no AgRg nos EDcl no REsp 1152715/RS, 6ª T., Rel. Min. Nefi Cordeiro, j. 19.11.2015, *DJe* 03.12.2015); **C**: incorreta. "A exceção da verdade é meio processual de defesa, é instituto de defesa indireta do réu, podendo ser apresentada nos processos em que se apuram crimes de calúnia e de difamação, quando praticado em detrimento de funcionário público no exercício de suas funções. Tem-se entendido que referido instituto defensivo deve ser apresentado na primeira oportunidade em que a defesa se manifestar nos autos. No entanto, o rito dos processos que tramitam em tribunais superiores prevê a apresentação de defesa preliminar antes mesmo do recebimento da denúncia, no prazo de 15 (quinze) dias, conforme dispõe o art. 4º da Lei n. 8.038/1990. Prevê, ademais, após o recebimento da denúncia, o prazo de 5 (cinco) dias para a defesa prévia, contado do interrogatório ou da intimação do defensor dativo, nos termos do art. 8º da referida Lei. 3. Um exame superficial poderia levar a crer que a primeira oportunidade para a defesa se manifestar nos autos, de fato, é no prazo de 15 (quinze) dias, antes mesmo do recebimento da denúncia. Contudo, sem o recebimento da inicial acusatória, nem ao menos é possível processar a exceção da verdade, que tramita simultaneamente com a ação penal, devendo ser resolvida antes da sentença de mérito. Outrossim, diante da natureza jurídica do instituto, que é verdadeira ação declaratória incidental, tem-se como pressuposto lógico a prévia instauração da ação penal. Assim, conclui-se que o prazo para apresentação da exceção da verdade, independentemente do rito procedimental adotado, deve ser o primeiro momento para a defesa se manifestar nos autos, após o efetivo início da ação penal, o que de fato ocorreu no presente caso. 4. O ordenamento jurídico não dispõe sobre a possibilidade de sustentação oral em exceção da verdade, não havendo previsão nesse sentido no Regimento Interno do TJMG no STF, que pode ser aplicado subsidiariamente. Ademais, a própria Lei n. 8.038/1990, cujo rito está sendo observado no caso dos autos, faculta a sustentação oral apenas na deliberação acerca do recebimento da denúncia (art. 6º, § 1º, da Lei n. 8.038/1990) e no julgamento do mérito da ação (art. 12 da Lei n. 8.038/1990). Dessarte, tem-se que não é franqueada a utilização da sustentação oral para questão processual incidental" (STJ, HC 202.548/MG, 5ª T., Rel. Min. Reynaldo Soares da Fonseca, j. 24.11.2015, *DJe* 01.12.2015); **D**: incorreta. Nesse sentido: "3. A tramitação direta de inquéritos entre a polícia judiciária e o órgão de persecução criminal traduz expediente que, longe de violar preceitos constitucionais, atende à garantia da duração razoável do processo, assegurando célere tramitação, bem como aos postulados da economia processual e da eficiência. Essa constatação não afasta a necessidade de observância, no bojo de feitos investigativos, da chamada cláusula de reserva de jurisdição. 4. Não se mostra ilegal a portaria que determina o trâmite do inquérito policial diretamente entre polícia e órgão da acusação, encontrando

o ato indicado como coator fundamento na Resolução n. 63/2009 do Conselho da Justiça Federal" (RMS 46.165/SP, 5ª T., Rel. Min. Gurgel de Faria, j. 19.11.2015, *DJe* 04.12.2015). ED
Gabarito "A".

(Procurador Municipal – Prefeitura/BH – CESPE – 2017) Considerando a legislação processual penal e o entendimento jurisprudencial pátrio, assinale a opção correta.

(A) Em matéria penal, o MP não goza da prerrogativa da contagem dos prazos recursais em dobro.

(B) Interrompe-se a prescrição ainda que a denúncia seja recebida por juiz absolutamente incompetente.

(C) Havendo mais de um autor, ocorrerá renúncia tácita com relação àqueles cujos nomes tenham sido omitidos da queixa-crime, ainda que de forma não intencional.

(D) A CF prevê expressamente a retroatividade da lei processual penal quando esta for mais benéfica ao acusado.

A: correta. O art. 180, "caput", do NCPC, que concede o prazo em dobro para o MP manifestar-se nos autos, não tem aplicação no âmbito do processo penal. Na jurisprudência do STJ: "Em matéria penal, o Ministério Público não goza da prerrogativa de contagem do prazo recursal em dobro" (EDcl no AgRg na MC 23.498/RS, 6ª T., Rel. Min. Nefi Cordeiro, j. 24.02.2015, *DJe* 04.03.2015); **B**: incorreta. Conferir: "Conforme precedentes deste Tribunal Superior, o recebimento da queixa-crime por juízo incompetente é considerado nulo, não se constituindo em marco interruptivo do prazo prescricional" (HC 88.210/RO, 5ª T., Rel. Min. Napoleão Nunes Maia Filho, j. 25.09.2008, *DJe* 28.10.2008); **C**: incorreta. Nesse sentido: "O reconhecimento da renúncia tácita ao direito de queixa exige a demonstração de que a não inclusão de determinados autores ou partícipes na queixa-crime se deu de forma deliberada pelo querelante" (v.g.: HC 186.405/RJ, 5ª T.,, Rel. Min. Jorge Mussi, *DJe* 11.12.2014); **D**: incorreta, na medida em que o art. 5º, XL, da CF, que enuncia o postulado da irretroatividade, somente faz referência à lei penal, e não à processual penal, em relação à qual se aplica o princípio da *aplicação imediata* ou *da imediatidade*, segundo o qual a lei processual penal aplicar-se-á desde logo, sem prejuízo dos atos realizados sob o império da lei anterior. É o que estabelece o art. 2º do CPP. A exceção a essa regra, é importante que se diga, fica por conta da lei processual penal dotada de carga material (também chamada de norma mista ou híbrida), em que deve ser aplicado o que estabelece o art. 2º, parágrafo único, do CP. Nesse caso, a exemplo do que se dá com as leis penais, a norma processual nova, se favorável ao réu, deverá retroagir; se prejudicial, aplica-se a lei já revogada (*lex mitior*). ED
Gabarito "A".

(Procurador do Estado – PGE/BA – CESPE – 2014) Em relação à assistência no processo penal, julgue os itens subsecutivos.

(1) O assistente de acusação, de acordo com a jurisprudência do STJ, não tem direito a manejar recurso de apelação que objetive o aumento da pena do sentenciado.

(2) Segundo a jurisprudência do STJ, o assistente de acusação não detém legitimidade para recorrer de decisão judicial que conceda a suspensão condicional do processo.

(3) A interveniência do assistente de acusação não é permitida no curso do inquérito policial ou da execução penal.

1: incorreta. Prevalece o entendimento segundo o qual é lícito ao assistente de acusação interpor recurso de apelação cujo único propósito é o aumento da pena fixada na sentença de primeiro grau. Conferir:

"Preenchido o requisito do art. 598 do Código de Processo Penal, pode o assistente de acusação interpor recurso de apelação para o fim de aumentar a pena" (STJ, 6ª T., HC 169.557/RJ, Rel. Min. Maria Thereza de Assis Moura, j. 29.08.2013, *DJe* 12.09.2013); **2**: correta. Nesse sentido: "Furto de energia (caso). Suspensão condicional do processo (homologação). Assistente de acusação (recurso). Reparação do dano (pretensão). Legitimidade (ausência). 1. O assistente da acusação não tem legitimidade para recorrer em nome próprio, exceto nas hipóteses do rol taxativo do art. 271 do Cód. de Pr. Penal. 2. Agravo regimental improvido. (AgRg no Ag 880.214/RJ, 6ª T., Rel. Min. Nilson Naves, j. 01.07.2008, *DJe* 06.10.2008); **3**: correta. Isso porque o ingresso do assistente, que receberá a causa no estado em que se achar, somente será admitido a partir do recebimento da denúncia e até o trânsito em julgado da decisão (art. 269, CPP). Não tem lugar, portanto, no curso das investigações do inquérito policial tampouco na fase de execução da pena. **ED**

Gabarito "1E, 2C, 3C".

(Procurador Distrital – 2014 – CESPE) Julgue os itens subsequentes, a respeito da participação do MP no curso das investigações criminais, na instrução processual e na fase recursal.

(1) Em conformidade com o que estabelece o CPP, do despacho que admitir ou não o assistente do MP jamais caberá recurso.

(2) Nos termos da legislação processual vigente, o MP não está limitado à prévia instauração de inquéritos policiais para promover ações penais públicas, ainda que a apuração dos crimes seja complexa.

(3) Conforme jurisprudência pacificada no STJ, a participação de membro do MP na fase investigatória criminal acarreta, por esse fato, a sua suspeição para o oferecimento da respectiva denúncia.

(4) De acordo com a Lei nº 9.296/1996, a intercepção das comunicações telefônicas poderá ser determinada a requerimento da autoridade policial, na fase de investigação criminal, ou a requerimento do MP, somente na fase de instrução criminal.

1: correta, pois em conformidade com o que estabelece o art. 273 do CPP; **2**: correta, na medida em que o inquérito policial não é *imprescindível, indispensável* ao oferecimento da queixa ou denúncia (art. 12 do CPP), podendo o titular da ação penal dele abrir mão, desde que disponha de elementos suficientes para o seu ajuizamento. Se não dispuser, deverão ser reunidos por meio de inquérito policial; **3**: incorreta, pois em desconformidade com o entendimento firmado na Súmula nº 234 do STJ: "A participação de membro do Ministério Público na fase investigatória criminal não acarreta seu impedimento ou suspeição para o oferecimento da denúncia"; **4**: incorreta, pois o Ministério Público está credenciado a requerer a interceptação das comunicações telefônicas tanto na fase investigativa quanto no curso da ação penal, conforme regra contemplada no art. 3º, II, da Lei 9.296/1996. **ED**

Gabarito 1C, 2C, 3E, 4E

(Procurador do Estado/BA – 2014 – CESPE) Julgue os itens subsequentes, no que se refere aos recursos, à ação penal e à competência no processo penal brasileiro.

(1) Em ação penal privada que envolva vários agentes do ato delituoso, é permitido ao querelante, em razão do princípio da disponibilidade, escolher contra quem proporá a queixa-crime, sem que esse fato acarrete a extinção da punibilidade dos demais agentes conhecidos e nela não incluídos.

(2) Considere que Cássio, jogador de futebol residente na cidade de Montes Claros – MG, tenha declarado, em entrevista a jornais de circulação local no município

de Governador Valadares - MG, que Emílio, árbitro de futebol, recebia dinheiro de agremiações para influenciar os resultados das partidas que arbitrava. Nessa situação hipotética, caso Emílio se considere caluniado e decida defender seus direitos na esfera criminal, ele poderá optar por propor a queixa-crime no foro de Montes Claros - MG.

(3) Contra a decisão que recebe a denúncia cabe recurso em sentido estrito.

1: incorreta. Estabelece o art. 48 do CPP que "a queixa contra qualquer dos autores do crime obrigará ao processo de todos (...)". Está-se, aqui, diante do princípio da indivisibilidade da ação penal privada, que impõe ao seu titular o dever de ajuizá-la contra todos os agressores, sendo-lhe vedado, por isso, escolher contra quem a demanda será promovida. O princípio da disponibilidade, informador da ação penal de iniciativa privada, confere ao querelante a prerrogativa de desistir de prosseguir na ação já instaurada; **2**: correta, na medida em que, no âmbito das ações penais exclusivamente privadas, como é o caso do crime de calúnia (art. 138 do CP), é assegurada ao ofendido a prerrogativa de ajuizar a ação no foro do local em que se deram os fatos (Governador Valadares-MG) ou no do local de residência ou domicílio do ofensor (Montes Claros-MG). É o que estabelece o art. 73 do CPP; **3**: incorreta. A decisão que recebe a denúncia não comporta qualquer tipo de recurso. É possível, neste caso, ao menos em tese, a impetração de *habeas corpus*. Cuidado: caberá recurso em sentido estrito, a teor do art. 581, I, do CPP, da decisão que rejeitar (não receber) a denúncia/queixa. **ED**

Gabarito 1E, 2C, 3E

(Procurador do Município/Florianópolis-SC – 2010 – FEPESE) Assinale a alternativa **incorreta** em matéria processual penal.

(A) Ao Ministério Público cabe promover, privativamente, a ação penal pública.

(B) O perito será indicado pela parte que protestar pela produção da prova pericial.

(C) O corréu no mesmo processo não poderá intervir como assistente do Ministério Público.

(D) A constituição de defensor independerá de instrumento de mandato, se o acusado o indicar por ocasião do interrogatório.

(E) No processo penal, a falta da defesa constitui nulidade absoluta, mas a sua deficiência só o anulará se houver prova de prejuízo para o réu.

A: assertiva correta, nos termos do art. 129, I, da CF; **B**: assertiva incorreta, nos termos do art. 159 do CPP; **C**: assertiva correta, nos termos do art. 270 do CPP; **D**: assertiva correta, nos termos do art. 266 do CPP; **E**: assertiva correta, visto que em consonância com o teor da Súmula nº 523 do STF. **ED**

Gabarito "B".

(Procurador do Município/Florianópolis-SC – 2010 – FEPESE) Assinale a alternativa **correta**, em matéria processual penal.

(A) Não cabe citação com hora certa no processo penal.

(B) A prisão é ato privativo da autoridade policial e de seus agentes.

(C) Na valoração da prova, o juízo criminal adota o princípio da prova legal.

(D) O prazo para interposição de embargos declaratórios no rito ordinário é de cinco dias após a publicação da decisão.

16. DIREITO PROCESSUAL PENAL 693

(E) No processo penal, contam-se os prazos da data da intimação, e não da juntada aos autos do mandado ou da carta precatória ou de ordem.

A: assertiva incorreta, já que a *citação com hora certa* tem, sim, cabimento no âmbito do processo penal – art. 362 do CPP. Essa possibilidade foi introduzida no CPP pela Lei 11.719/08; **B:** a autoridade policial e seus agentes, a teor do que dispõe o art. 301 do CPP, *devem* prender quem quer que se encontre em situação de flagrante. Este é o chamado *flagrante obrigatório*. Agora, qualquer pessoa do povo *poderá* fazer o mesmo, isto é, proceder à prisão em flagrante daquele que se encontre nessa situação. Este é o chamado *flagrante facultativo*. Assim, a prisão (em flagrante) não constitui ato privativo da autoridade policial e de seus agentes; **C:** incorreta, visto que adotamos, como regra, o *sistema da persuasão racional* ou *livre convencimento motivado*, em que o magistrado decidirá com base no seu livre convencimento. Deverá, todavia, fundamentar sua decisão (art. 93, IX, da CF). No *sistema da prova legal*, o juiz fica adstrito ao valor atribuído à prova pelo legislador (constitui exceção); **D:** proposição incorreta, visto que o prazo para oposição de embargos de declaração é de *dois* dias, e não de *cinco*, conforme estabelece o art. 382 do CPP; **E:** assertiva correta, eis que, de acordo com entendimento firmado na Súmula nº 710 do STF, os prazos, no processo penal, de fato contam-se da data da intimação, e não da juntada aos autos do mandado ou da carta precatória ou de ordem. **ED**

Gabarito "E".

(Procurador do Estado/SC – 2009) Assinale a alternativa correta.

(A) O juiz presidente pode representar o desaforamento do julgamento pelo Tribunal do Júri.

(B) A representação do ofendido ou seu representante legal nos crimes de ação penal pública condicionada será retratável até o recebimento da denúncia.

(C) Na hipótese de corréus, o perdão concedido a um dos querelados aproveitará a todos automaticamente.

(D) Compete ao Supremo Tribunal Federal a concessão de *exequatur* às cartas rogatórias, bem como a homologação de sentença estrangeira.

(E) O impedimento ou suspeição decorrente de parentesco por afinidade não cessa pela dissolução do casamento que lhe tiver dado causa, ainda que não tenham sobrevindo descendentes, não podendo funcionar como juiz o sogro, o padrasto, o cunhado, o genro ou enteado de quem for parte no processo.

A: o juiz presidente pode, de fato, representar pelo desaforamento, nos termos do que estabelece o art. 427, *caput*, do CPP; **B:** art. 25 do CPP; **C:** art. 51 do CPP; **D:** é de competência do Superior Tribunal de Justiça, nos termos do art. 105, I, *i*, da CF; **E:** art. 255 do CPP. **ED**

Gabarito "A".

(Advogado da União/AGU – CESPE – 2012) Julgue os itens subsequentes, a respeito da *notitia criminis* e dos procedimentos relativos aos crimes de lavagem de dinheiro.

(1) Se o acusado pelo delito de lavagem de dinheiro for citado por edital e não comparecer à audiência nem constituir advogado, ficarão suspensos o processo e o curso do prazo prescricional, podendo o juiz determinar a produção antecipada das provas consideradas urgentes e, se for o caso, decretar a prisão preventiva do réu.

(2) A jurisprudência do STJ admite a possibilidade de instauração de procedimento investigativo com base em denúncia anônima, desde que acompanhada de outros elementos.

(3) A apuração do crime de lavagem de dinheiro é autônoma e independe do processamento da ação penal e da condenação em crime antecedente.

1: o art. 366 do CPP não tem aplicação no âmbito da lavagem de capitais, a teor do que dispõe o art. 2º, § 2º, da Lei 9.613/98, cuja redação foi alterada por força da Lei 12.683/12; **2:** "*a autoridade policial, ao receber uma denúncia anônima, deve antes realizar diligências preliminares para averiguar se os fatos narrados nessa 'denúncia' são materialmente verdadeiros, para, só então, iniciar as investigações*" (HC 95.244, 1ª T., rel. Min. Dias Toffoli, *DJ* 29.04.2010); **3:** correta, nos termos do art. 2º, II, da Lei 9.613/98. O art. 1º, § 2º, I, da Lei 9.613/98 teve sua redação alterada por força da Lei 12.683/12. Agora, não mais se exige, à configuração do crime de lavagem de dinheiro, que a operação financeira esteja vinculada a determinados crimes, listados em rol taxativo. **ED**

Gabarito 1E, 2C, 3C.

(Procurador Federal – 2010 – CESPE) No que concerne à citação, sentença e aplicação provisória de interdições de direitos e medidas de segurança, julgue os seguintes itens.

(1) O juiz não pode aplicar, ainda que provisoriamente, medida de segurança no curso do inquérito policial.

(2) É cabível a citação por hora certa no processo penal, desde que o oficial de justiça verifique e certifique que o réu se oculta para não ser citado. Nessa situação, para que se complete a citação com hora certa, o escrivão deve enviar ao réu carta, telegrama ou radiograma, dando-lhe ciência de tudo.

(3) O juiz não pode, caso o réu tenha respondido ao processo solto, impor prisão preventiva quando da prolação da sentença penal condenatória.

1: a aplicação de medida de segurança pressupõe o devido processo legal; **2:** art. 362 do CPP; **3:** art. 387, § 1º, do CPP. **ED**

Gabarito 1C, 2C, 3E.

17. Direito Internacional Público e Privado

Renan Flumian

1. DIREITO INTERNACIONAL PÚBLICO

1.1. Teoria geral – Fontes

(Procurador Federal – 2010 – CESPE) No que concerne às fontes de direito internacional, julgue os itens seguintes.

(1) Em 2008, a Comissão de Direito Internacional da ONU finalizou seu projeto de artigos sobre reservas a tratados.

(2) O princípio do objetor persistente refere-se à não vinculação de um Estado para com determinado costume internacional.

(3) Costumes podem revogar tratados e tratados podem revogar costumes.

1: incorreta, pois embora a Comissão tenha apresentado diversos relatórios acerca do "direito e prática sobre reservas a tratados" ou, simplesmente, "reservas a tratados", não há, ainda, projeto final; **2:** certa. Para ser considerado costume internacional é necessário que a prática seja geral e reiterada (elemento objetivo ou material) e aceita como o direito (elemento subjetivo ou psicológico). A Corte Internacional de Justiça definiu o que é o costume no conhecido julgamento do caso da Plataforma Continental do Mar do Norte, em 1969, descrevendo o conceito como "a prática reiterada, acompanhada da convicção quanto a ser obrigatória essa prática, por tratar-se de norma jurídica". Trata-se do costume qualificado pela *opinio juris*. O costume no âmbito internacional adquire grande destaque porque, diferentemente dos Estados, em que há mecanismos altamente centralizados e compulsórios de criação e de aplicação de normas, a sociedade internacional não comporta mecanismo parecido, o que a torna uma *sociedade consuetudinária* por excelência. Ademais, o costume[1] assume importante papel na evolução do Direito Internacional por possibilitar a produção de novas normas, tendo em vista a demora do processo de obtenção de consenso entre os Estados para a produção normativa. Tal papel é ainda mais relevante na atualidade, uma época marcada pelo constante progresso da ciência e da tecnologia, o que ocasiona mudanças rápidas e, por conseguinte, a ininterrupta necessidade de novas regras. É imperioso noticiar o atual desprestígio da teoria do *objetor persistente*. Essa teoria predica que *um Estado pode se livrar da incidência da regra costumeira desde que tenha abertamente a contrariado desde os primórdios de sua formação*. Percebe-se o caráter voluntarista de tal teoria, motivo que denuncia o seu atual demérito em função das bases sobre as quais o costume é hodiernamente formado;[2] **3:** certa, pois não há hierarquia entre tratados

---

RF questões comentadas por: **Renan Flumian**.

1. O costume está experimentando um processo de codificação de suas regras pela adoção expressa em tratados, sendo a Convenção de Viena sobre Relações Diplomáticas lógicoum grande exemplo desse processo.

2. "... Como se vê, essa doutrina, de cunho voluntarista, pretende fundamentar-se no princípio de que o Direito Internacional depende essencialmente do consenso dos Estados. Atualmente, é evidentemente que tal doutrina – que se baseia numa ideia equivocada e já superada sobre a formação do costume – não tem mais qualquer razão de ser, uma vez que o entendimento atual é no sentido de não necessitar o costume,

---

e costumes internacionais, como fontes de direito internacional. O tratado pode derrogar o costume, entre as partes celebrantes, assim como o costume pode derrogar normas de tratado, inclusive por desuso.
Gabarito 1E, 2C, 3C

(Advogado da União/AGU – CESPE – 2009) Ao longo da história, empregaram-se diversas denominações para designar o Direito Internacional. Os romanos utilizavam a expressão *ius gentium* (direito das gentes ou direito dos povos). Entretanto, pode-se afirmar que foi na Europa Ocidental do século XVI que o Direito Internacional surgiu nas suas bases modernas. A Paz de Vestfália (1648) é considerada o marco do início do Direito Internacional, ao viabilizar a independência de diversos estados europeus. O Direito Internacional Público surgiu com o Estado Moderno. Quando da formação da Corte Internacional de Justiça, após a II Guerra Mundial, indagou-se quais seriam as normas que poderiam instrumentalizar o exercício da jurisdição internacional (fontes do Direito Internacional Público). Assim, o Estatuto da Corte Internacional de Haia, no art. 38, arrolou as fontes das normas internacionais. Com relação ao Direito Internacional, julgue os itens a seguir.

(1) Os tratados internacionais constituem importante fonte escrita do Direito Internacional, a qual vale para toda a comunidade internacional, tenha havido ou não a participação de todos os países nesses tratados.

(2) O elemento objetivo que caracteriza o costume internacional é a prática reiterada, não havendo necessidade de que o respeito a ela seja uma prática necessária (*opinio juris necessitatis*).

1: errada. Um tratado só obriga as partes pactuantes (art. 35 da Convenção de Viena sobre Tratados). Tal princípio decorre da soberania dos estados e da autonomia da vontade. Aplica-se igualmente às organizações internacionais. E no caso de criação de direitos em favor de terceiros, é imperioso o respectivo consentimento, embora, nesse caso, possa ser tácito (art. 36 da Convenção de Viena sobre Tratados). Este princípio pode ser excepcionado, pois o artigo 38 da Convenção de Viena sobre Direito dos Tratados defende que regras de um tratado podem tornar-se obrigatórias para terceiros estados quando se transformarem em costume internacional; **2:** errada. O costume internacional tem um elemento material ou objetivo, que é a prática reiterada em face de determinada situação. Mas isso não é suficiente para configurar o costume como fonte do direito internacional, pois há também o elemento subjetivo ou psicológico, que é a convicção de que essa prática é necessária, justa e correta (*opinio juris*).
Gabarito 1E, 2E

---

para a sua formação, do consentimento *unânime* dos Estados--membros da sociedade internacional. O que se requer – como explica Cassese – é que um certo comportamento esteja difuso dentre a maioria dos sujeitos internacionais, entendendo estes últimos que tal comportamento os obriga juridicamente" (Mazzuoli, Valerio de Oliveira. *Curso de Direito Internacional Público*, 6ª edição, Ed. RT, 2012. p. 130/131).

RENAN FLUMIAN

(PROCURADOR – BANCO CENTRAL – 2009 – CESPE) Em relação a atos unilaterais, assinale a opção correta.

(A) São aplicados pela Corte Internacional de Justiça como fontes do direito internacional, conforme disposto em seu estatuto.

(B) Criam apenas obrigações morais para os Estados.

(C) Esses atos são conhecidos também como *estoppel*.

(D) Comissão de Direito Internacional da ONU se dedicou a estudar tais atos.

(E) O Estado brasileiro mantém-se em oposição persistente ao costume que prescreve a existência desses atos.

Os atos unilaterais dos Estados não têm por base tratado ou costume prévios, mas sim a vontade estatal discricionária. Ao longo da história, tal expediente serviu de mecanismo para a criação de normas internacionais, ou seja, a criação de direitos e deveres desse Estado perante a sociedade internacional. Exemplo disso é a declaração, em 1945, do presidente dos Estados Unidos, Harry Truman, que indicava a jurisdição de seu país sobre a Plataforma Continental, o que logo após converteu-se em prática generalizada e deu origem a uma nova regra na seara do direito do mar. Outro exemplo é a abertura do rio Amazonas à navegação em 1866. Existem duas condições para que o ato unilateral de um Estado possa gerar direitos e obrigações na comunidade internacional, são elas: o ato unilateral deve ser público e o Estado deve ter a intenção de se obrigar pelo ato unilateral produzido (princípio de *estoppel*). Por fim, deve-se afirmar que a Comissão de Direito Internacional da ONU empreendeu inúmeros estudos sobre os atos unilaterais.
Gabarito "D".

1.2. TRATADO

(Advogado União – AGU – CESPE – 2015) Julgue os itens a seguir, relativos às fontes do direito internacional.

(1) Os tratados incorporados ao sistema jurídico brasileiro, dependendo da matéria a que se refiram e do rito observado no Congresso Nacional para a sua aprovação, podem ocupar três diferentes níveis hierárquicos: hierarquia equivalente à das leis ordinárias federais; hierarquia supralegal; ou hierarquia equivalente à das emendas constitucionais.

(2) Diferentemente dos tratados, os costumes internacionais reconhecidos pelo Estado brasileiro dispensam, para serem aplicados no país, qualquer mecanismo ou rito de internalização ao sistema jurídico pátrio.

1: correta. Como regra geral, o tratado internacional, depois de internalizado, é equiparado hierarquicamente à norma infraconstitucional, isto é, possui hierarquia equivalente à das leis ordinárias federais. Ao passo que os tratados de direitos humanos que forem aprovados por quórum qualificado, ou seja, em cada Casa do Congresso Nacional, em dois turnos, por três quintos dos votos dos respectivos membros, serão equivalentes às emendas constitucionais – consoante o que determina o art. 5º, § 3º, da CF/1988. Assim, tais tratados terão hierarquia constitucional. Por fim, muito se discutiu em relação à hierarquia dos tratados de direitos humanos que foram internalizados anteriormente à edição da EC 45/2004, que criou o quórum qualificado. Mas, em 03.12.2008, o Ministro Gilmar Mendes, no RE 466.343-SP, defendeu a tese da supralegalidade de tais tratados, ou seja, sua superioridade em relação às normas infraconstitucionais e sua inferioridade em relação às normas constitucionais. O voto do Ministro Gilmar Mendes foi acompanhado pela maioria. Assim, quando o tratado de direitos humanos não passar pelo quórum qualificado, ele terá hierarquia supralegal; **2:** correta. Para ser considerado costume internacional, é necessário que a prática seja geral e reiterada (elemento objetivo ou material), e aceita como o

Direito (elemento subjetivo ou psicológico). A Corte Internacional de Justiça definiu o que é o costume no conhecido julgamento do caso da Plataforma Continental do Mar do Norte, em 1969, descrevendo o conceito como "(...) a prática reiterada, acompanhada da convicção quanto a ser obrigatória essa prática, por tratar-se de norma jurídica". Em razão dessas características, o costume dispensa qualquer forma de reconhecimento formal para poder ser utilizado. **RF**
Gabarito "1C, 2C".

(Procurador Distrital – 2014 – CESPE) Com relação ao estatuto jurídico dos tratados internacionais no direito brasileiro, julgue os próximos itens.

(1) Ao Congresso Nacional é vedado rejeitar tratado internacional que, firmado pelo presidente da República, verse sobre direitos humanos.

(2) Os tratados internacionais se incorporam ao ordenamento jurídico brasileiro com o status de emenda constitucional.

(3) Os tratados sobre direitos humanos incorporados ao direito pátrio e em conformidade com a CF revogam as leis ordinárias conflitantes.

1: errado (art. 49, I, da CF/1988); **2:** errado. Depois de internalizado, o tratado é equiparado hierarquicamente à norma infraconstitucional. Com a edição da Emenda Constitucional nº 45, os tratados de direitos humanos (apenas) que forem aprovados por quórum qualificado, ou seja, em cada Casa do Congresso Nacional, em dois turnos, por três quintos dos votos dos respectivos membros, serão equivalentes às emendas constitucionais – consoante o que determina o art. 5º, § 3º, da CF/1988; **3:** certo, pois possuem um *status* hierárquico superior.
Gabarito "1E, 2E, 3C".

(ADVOGADO – CEF – 2010 – CESPE) Com relação aos tratados internacionais, assinale a opção correta.

(A) Para que tenham validade no âmbito do direito internacional, os tratados internacionais devem ser sempre aprovados pela Organização das Nações Unidas (ONU).

(B) No direito internacional público, a coação de um Estado pela ameaça ou emprego da força pode dar causa à nulidade absoluta de um tratado internacional.

(C) A entrada em vigor de um tratado internacional com mais de duas partes apenas se dá a partir do momento em que todas as partes tenham concluído o processo de ratificação, não surtindo efeito para nenhuma delas antes que todas tenham concluído esse processo.

(D) Apesar de não ter ratificado a Convenção de Viena sobre Direito dos Tratados de 1969, o Brasil observa seu conteúdo como costume internacional e, portanto, como fonte de direito internacional público.

(E) Quando assinado pelo presidente da República, o tratado internacional cria obrigações jurídicas para o Brasil a partir do momento da assinatura, sendo dispensada, apenas neste caso, a ratificação.

A: incorreta, pois não é necessária a aprovação da ONU. Os tratados têm por base o voluntarismo dos Estados; **B:** correta. O art. 52 da Convenção de Viena sobre Direito dos Tratados assim dispõe: "É nulo um tratado cuja conclusão foi obtida pela ameaça ou o emprego da força em violação dos princípios de Direito Internacional incorporados na Carta das Nações Unidas"; **C:** incorreta, pois em regra o tratado entra em vigor na forma e na data previstas no tratado ou acordadas pelos Estados negociadores (art. 24, ponto 1, da Convenção de Viena sobre Direito dos Tratados). E apenas na ausência de tal disposição ou acordo, um tratado entra em vigor tão logo o consentimento em obrigar-se pelo tratado seja manifestado por todos os Estados

negociadores (art. 24, ponto 2, da Convenção de Viena sobre Direito dos Tratados); **D**: incorreta. A Convenção de Viena sobre Direito dos Tratados entrou em vigor internacional em 27 de janeiro de 1980 e só foi promulgada no Brasil pelo Decreto n. 7.030 de 14 de dezembro de 2009. A ratificação não só demorou, mas veio com reserva aos arts. 25 e 66. O art. 25 cuida da aplicação provisória de um tratado e determina que, se for assim disposto ou acordado pelas partes, o tratado pode obter uma vigência provisória mesmo sem ter sido objeto de ratificação – o Brasil não aceita esta prática, já que, em regra, a ratificação dos tratados depende de um procedimento complexo, no qual o Congresso Nacional tem que aprovar o texto do tratado, e o fará por meio de um decreto legislativo promulgado pelo Presidente do Senado e publicado no Diário Oficial da União. Assim, a regra é que os tratados celebrados pelo Presidente da República sejam apreciados pelo Congresso Nacional (art. 84, VIII, da CF). Já o art. 66 discorre sobre o processo de solução judicial, de arbitragem e de conciliação e determina a competência obrigatória da Corte Internacional de Justiça quando houver conflito ou superveniência de norma imperativa de direito internacional (jus cogens) – este artigo não foi aceito pelo Brasil, lembrando que o país não está vinculado ao art. 36 do Estatuto da Corte Internacional de Justiça que disciplina a "cláusula facultativa de jurisdição obrigatória"; **E**: incorreta. O tratado só passará a ter validade interna após ter sido aprovado pelo Congresso Nacional[3] e ratificado e promulgado pelo Presidente da República. Lembremos ainda que a promulgação é efetuada mediante decreto presidencial.
Gabarito "B".

(PROCURADOR – BANCO CENTRAL – 2009 – CESPE) O chefe de missão diplomática do país A no país B, por cerca de dois anos, negociou um tratado bilateral entre os dois Estados. Pouco antes de um novo governo assumir o poder no país B, o texto desse tratado foi adotado. Agora, o país B alega que o chefe da missão diplomática de A não possuía competência para tal ato. Com relação a essa situação hipotética, assinale a opção correta.

(A) O argumento de B é correto, pois o chefe da missão diplomática de A necessitava de plenos poderes.

(B) O argumento de B é correto, pois a Convenção de Viena sobre Direito dos Tratados prescreve que qualquer novo governo pode contestar a competência para concluir tratados.

(C) O argumento de B é incorreto, pois a competência para concluir tratados somente pode ser contestada em tratados multilaterais.

(D) O argumento de B é incorreto, pois chefes de missões diplomáticas podem adotar textos, assinar e ratificar quaisquer tratados entre o Estado acreditante e o Estado acreditado sem a necessidade de apresentação de plenos poderes.

(E) O argumento de B é incorreto, pois chefes de missões diplomáticas podem adotar o texto de um tratado entre o Estado acreditante e o Estado acreditado sem a necessidade de apresentação de plenos poderes.

Os representantes dos estados estarão aptos para proceder à assinatura de tratados desde que apresentem *plenos poderes* para tanto. A carta de plenos poderes é firmada pelo chefe de estado ou pelo ministro das relações exteriores. Cabe lembrar que a apresentação de plenos poderes é dispensada quando tratar-se de chefes de estado ou de governo, ministros das relações exteriores e chefes de missão diplomática.
Gabarito "E".

---

3. O art. 84, VIII, da CF assim dispõe: "celebrar tratados, convenções e atos internacionais, sujeitos a referendo do Congresso Nacional".

1.3. ESTADO, SOBERANIA E TERRITÓRIO

(Advogado da União/AGU – CESPE – 2009) No Brasil, a exploração de petróleo na chamada camada pré-sal vincula-se a importantes noções do direito do mar. O domínio marítimo de um país abrange as águas internas, o mar territorial, a zona contígua entre o mar territorial e o alto-mar, a zona econômica exclusiva, entre outros. A respeito do direito do mar, do direito internacional da navegação marítima e do direito internacional ambiental, julgue os próximos itens.

(1) Na zona econômica exclusiva (ZEE), os Estados estrangeiros não podem usufruir da liberdade de navegação nem nela instalar cabos e oleodutos submarinos.

(2) Segundo a Convenção de Montego Bay, Estados sem litoral podem usufruir do direito de acesso ao mar pelo território dos Estados vizinhos que tenham litoral.

1: errada, pois todos os outros Estados gozam, na zona econômica exclusiva, das liberdades de navegação e sobrevoo e de colocação de cabos e dutos submarinos, bem como de outros usos do mar internacionalmente lícitos, relacionados com as referidas liberdades, tais como os ligados à operação de navios, aeronaves, cabos e dutos submarinos e compatíveis com as demais disposições da Convenção das Nações Unidas sobre o Direito do Mar de 1982 (art. 58, § 1°); **2**: certa, pois em consonância com o texto do art. 125 da Convenção das Nações Unidas sobre o Direito do Mar, concluída em Montego Bay, Jamaica, em 10 de dezembro de 1982.
Gabarito 1E, 2C

(ADVOGADO – PETROBRÁS – 2012 – CESGRANRIO) A jurisdição brasileira sobre águas se estende às águas interiores e marítimas. Foi detectado um lançamento de óleo a mais de duzentas milhas da costa brasileira, numa área do sudeste do Brasil, onde a plataforma continental se prolonga. O Brasil tem jurisdição para impor sanções aos responsáveis por esse incidente?

(A) Não, porque o incidente ocorreu fora dos limites da Zona Econômica Exclusiva (ZEE).

(B) Não, porque o incidente ocorreu fora dos limites do mar territorial.

(C) Sim, se os responsáveis forem pessoas físicas ou jurídicas brasileiras.

(D) Sim, desde que o incidente tenha ocorrido nas águas sobrejacentes à plataforma continental.

(E) Sim, se a poluição vier a atingir a costa brasileira.

O domínio marítimo de um estado compreende as águas interiores, o mar territorial, a zona contígua, a zona econômica exclusiva e a plataforma continental. As águas interiores abrangem toda quantidade de água que se encontra na parte anterior da linha de base. Já o mar territorial é parte do mar compreendida entre a linha de base e o limite de 12 milhas marítimas na direção do mar-aberto. E a zona contígua trata-se de uma segunda faixa, a qual é adjacente ao mar territorial, e, em princípio, também de 12 milhas de largura. Por sua vez, a zona econômica exclusiva é uma zona situada além do mar territorial e a este adjacente – logo, se sobrepõe à zona contígua – e possui largura de duzentas milhas marítimas contadas da linha de base. Por fim, a plataforma continental é aquela parte do mar adjacente à costa, cuja profundidade normalmente atinge duzentos metros, e que, distante do litoral, cede lugar às inclinações abruptas que conduzem aos fundos marinhos. O estado costeiro tem o direito exclusivo de explorar os recursos naturais encontrados sobre a plataforma e seu subsolo (princípio da contiguidade) e qualquer dano sofrido possibilita o estado costeiro a exercer jurisdição e punir os responsáveis pelo dano.
Gabarito "D".

(PROCURADOR – BANCO CENTRAL – 2009 – CESPE) A respeito do princípio do *uti possidetis* é correto afirmar que

(A) foi aplicado apenas no processo de descolonização da Ásia.

(B) não impede que se regulamentem fronteiras por meio de tratado.

(C) está presente em tratados internacionais, mas a Corte Internacional de Justiça nunca se referiu a ele.

(D) não se aplica a casos de disputas de fronteiras quando estas forem definidas por rios.

(E) é típica norma *jus cogens*.

Em poucas palavras, o princípio *uti possidetis* significa a posse real e efetiva sobre determinada área, o que autoriza sua junção ao domínio terrestre controlado pela soberania do estado. Já o *uti possidetis juris* prescinde de ocupação efetiva, ficando a análise somente nos aspectos jurídicos. O princípio *uti possidetis* foi muito utilizado para a determinação dos limites territoriais do Brasil,[4] em contrapartida ao clamor dos governos hispano-americanos que utilizavam o princípio *uti possidetis juris* para resolver suas contendas demarcatórias. E é lógico que o princípio *uti possidetis* não impossibilita a regulamentação das fronteiras por tratado, até porque trata-se de um critério para determinação das fronteiras (como o é o *uti possidetis juris*) e uma vez regulamentada as fronteiras passa-se a etapa de formalização do acordado via tratado. Portanto, o tratado é apenas uma autenticação da regra escolhida (tanto o *uti possidetis* como o *uti possidetis juris*) para determinação das fronteiras.

Gabarito "B".

1.4. ORGANIZAÇÕES INTERNACIONAIS

(Advogado União – AGU – CESPE – 2015) No que se refere aos sujeitos do direito internacional e às suas imunidades, julgue os itens subsequentes.

(1) Embora não tenham o atributo de soberania, as organizações internacionais possuem imunidades de jurisdição equivalentes às dos Estados.

(2) Ainda que o objeto de ação ajuizada no Brasil contra Estado estrangeiro seja relativo a condutas caracterizadas como atos de império, o juiz da causa não pode, em observância à imunidade de jurisdição da soberania alienígena, deixar de ordenar a citação e extinguir o processo de plano, sem resolução de mérito.

(3) Todos os Estados-membros de uma organização internacional, cuja instituição dá-se sempre por meio de tratado, têm direito a voz e voto na assembleia geral da organização.

1: incorreta. As OIs também gozam de privilégios e imunidades, tal como os Estados. Todavia, enquanto os Estados (e seus agentes diplomáticos e consulares) possuem tais privilégios com fundamento no princípio da reciprocidade, as OIs e seus funcionários os têm como condição para o desempenho, com plena liberdade, das funções determinadas no seu estatuto. Geralmente, os privilégios e as imunidades são disciplinados no denominado *acordo de sede*, concluído com o Estado ou Estados-hospedeiros. Neste(s) Estado(s) funcionará a sede da OI e seus centros de atividade. Um acordo de sede conhecido foi o firmado entre

---

4. Desde o início do séc. XVIII, a extensão geográfica da Colônia nada mais tinha a ver com a incerta linha de Tordesilhas. Restava fazer conhecer de direito as novas fronteiras, uma questão a ser definida com a Espanha. Isso ocorreu através do Tratado de Madrid, entre as coroas portuguesas e espanhola, onde se reconheceu o princípio do uti possidetis, beneficiando os portugueses (FAUSTO, Boris. **História Concisa do Brasil**, Ed. USP, p. 74/75).

---

os EUA e a ONU em 1947. Sobre a matéria, é importante apontar que os privilégios e as imunidades das OIs e dos seus agentes somente são válidas nos Estados-Membros. Todavia, os privilégios e as imunidades da ONU são válidas perante qualquer país, mesmo os não membros; **2:** correta. No Brasil, por exemplo, o STF decidiu, no julgamento da ACI 9.696 em 1989, que Estado estrangeiro não tem imunidade em causa de natureza trabalhista, entendida como ato de gestão. Ou seja, todo ato de gestão que envolva relação civil, comercial ou trabalhista não se encontra abrangido pela imunidade de jurisdição estatal.[5] Assim, a imunidade recai apenas sobre os atos de império, mas pode ser afastada mediante concordância do Estado por ela beneficiado. Desta forma, o juiz deve citar o Estado estrangeiro em primeiro lugar e se o direito à imunidade for exercido por esse Estado, aí sim deverá extinguir o processo. Ou seja, o gabarito consta como correta, porém, percebe-se que a assertiva não está com total precisão ao mencionar a extinção do processo de plano, isso porque, como vimos, o Estado beneficiado pode abrir mão de sua imunidade; **3:** incorreta. Como as OIs são constituídas pela vontade coletiva dos Estados ou por outras organizações internacionais, entre elas ou com Estados, pode-se afirmar que a criação das OIs **dá-se normalmente** por tratado internacional. Assim ocorreu com a dita primeira organização internacional: a Comissão Central do Reno. Esta Comissão foi instituída pela Ata Final do Congresso de Viena de 1815. Foi dito "normalmente" porque existem exemplos de criação de OI por deliberação tomada no seio de uma OI. Nesta toada, a Resolução 2029 (XX) criou o Programa das Nações Unidas para o Desenvolvimento (PNUD) e a Resolução 1995 (XIX) criou a Comissão das Nações Unidas para o Comércio e o Desenvolvimento (CNUCED). Percebe-se que estas duas OIs foram criadas para cumprir objetivos específicos que estão entre as finalidades das NU. Assim, pode-se vislumbrar a vontade dos Estados por trás das resoluções constitutivas dessas OIs, pois os Estados criaram a ONU e concordaram em se empenhar com a persecução dos seus objetivos. Isto é, tal criação já estaria aceita pelos Estados quando, primeiro, criaram a ONU. RF

Gabarito "1E, 2C, 3E".

1.5. NACIONALIDADE, VISTO E EXCLUSÃO DO ESTRANGEIRO

(Advogado União – AGU – CESPE – 2015) Julgue os itens seguintes, acerca da condição jurídica do estrangeiro.

(1) A progressão para o regime semiaberto é vedada ao extraditando que esteja aguardando o término do cumprimento da pena no Brasil.

(2) O titular de visto diplomático cujo prazo previsto de estada no Brasil seja superior a noventa dias deverá providenciar seu registro no Ministério das Relações Exteriores.

(3) Pessoa estrangeira casada há mais de cinco anos com diplomata do Brasil poderá ser naturalizada se contar com, no mínimo, cinco anos de residência contínua em território nacional.

(4) O Estatuto do Tribunal Penal Internacional considera o termo entrega como sinônimo de extradição quando ela se refere a diplomata, chefe de Estado, chefe de governo ou ministro das relações exteriores no exercício da função.

1: incorreta (art. 30,§ 2°, da Lei de Migração); **2:** correta (art. 7°, § 1°, do Decreto 9.199/17, que regulamenta a Lei de Migração); **3:** incorreta, pois o art. 68, I, da Lei de Migração dispensa o requisito da residência;

---

5. RO 00010567520145020041, TRT-2° Região, SP. Ementa: Direito Internacional do Trabalho. Consulado e Embaixada do Reino da Espanha no Brasil. Contrato de trabalho que pactua a aplicação da lei brasileira. Serviços meramente administrativos. Atos de gestão. Matéria de ordem privada. Relativização da imunidade de jurisdição. (04/09/2015).

17. DIREITO INTERNACIONAL PÚBLICO E PRIVADO

4: incorreta. A grande inovação do Estatuto foi a criação do instituto da entrega ou *surrender*, ou seja, a entrega de um Estado para o TPI (plano vertical), a pedido deste, de indivíduo que deva cumprir pena por prática de algum dos crimes tipificados no art. 5º do Estatuto de Roma. A *título comparativo*, a extradição é a entrega de um Estado para outro Estado (plano horizontal), a pedido deste, de indivíduo que em seu território deva responder a processo penal ou cumprir pena por prática de crime de certa gravidade. Portanto, a definição do instituto não provém do cargo exercido pela pessoa objeto do pedido, mas sim sobre a identidade do requerente. E a grande finalidade do instituto da *entrega* é driblar o princípio da não extradição de nacionais e, logicamente, garantir o julgamento do acusado, pois o TPI não julga indivíduos à revelia. Assim, criou-se tal figura para permitir que o Estado entregue indivíduo que seja nacional seu ao TPI. **RF**

Gabarito "1E, 2C, 3E, 4E"

(Advogado da União/AGU – CESPE – 2012) Em relação à condição jurídica do estrangeiro e aos direitos de nacionalidade, julgue os itens que se seguem.

(1) É privativo de brasileiro nato o cargo de governador de estado.

(2) A reciprocidade é pré-condição para que aos portugueses com residência permanente no país sejam atribuídos direitos inerentes ao brasileiro.

(3) O visto consular, concedido a autoridades consulares a serviço de Estado estrangeiro no Brasil e a seus familiares, é expressamente previsto no Estatuto do Estrangeiro.

(4) O direito brasileiro veda a deportação de estrangeiro acusado da prática de crime político.

(5) É expressamente proibida pela CF a extradição ou entrega de brasileiro nato a autoridades estrangeiras.

1: errada. O art. 12, § 3º, da CF lista os cargos que só podem ser ocupados por brasileiros natos: Presidente e Vice-Presidente da República; Presidente da Câmara dos Deputados; Presidente do Senado Federal; Ministro do Supremo Tribunal Federal; carreira diplomática; oficial das Forças Armadas; e Ministro de Estado da Defesa; **2:** certa. O § 1º do art. 12 da CF traz regra que permite conceder aos portugueses com residência permanente no Brasil, *desde que haja reciprocidade em favor de brasileiros*, os direitos e garantias fundamentais inerentes ao brasileiro naturalizado; **3:** errada, o Estatuto do Estrangeiro foi substituído pela Lei de Migração (Lei 13345/17). O visto diplomático (VIDIP) será concedido a autoridades e funcionários estrangeiros e de organismos internacionais que tenham *status* diplomático e viajem ao Brasil em caráter transitório ou permanente; **4:** certa. A deportação é medida decorrente de procedimento administrativo que consiste na retirada compulsória de pessoa que se encontre em situação migratória irregular em território nacional – quase sempre por expiração do prazo de permanência ou por exercício de atividade não permitida, como trabalho remunerado no caso do turista (nova redação dada pelo art. 50 da Lei de Migração – 13.445/2017). De suma importância sobre o instituto é a impossibilidade de proceder à deportação se isso implicar extradição inadmitida pela lei brasileira (art. 53 da Lei de Migração). Portanto, a deportação não é permitida quando relacionada à prática de crimes políticos, de imprensa, religiosos e militares.; **5:** errada, pois apenas a extradição de brasileiro nato é expressamente proibido pela CF (art. 5º, LI, determina: "nenhum brasileiro será extraditado, salvo o naturalizado, em caso de crime comum, praticado antes da naturalização, ou de comprovado envolvimento em tráfico ilícito de entorpecentes e drogas afins, na forma da lei"). A grande inovação do Estatuto de Roma foi a criação do instituto da *entrega* ou *surrender*. A entrega é a entrega de um estado para o TPI, a pedido deste, de indivíduo que deva cumprir pena por prática de algum dos crimes tipificados no artigo 5º do Estatuto de Roma. A título comparativo, a extradição é a entrega de um estado para outro estado, a pedido deste, de indivíduo que em seu território deva responder a processo penal ou cumprir pena por prática de crime de certa gravidade. A grande finalidade do instituto da *entrega* é driblar o princípio da não extradição de nacionais e, logicamente, garantir o julgamento do acusado, pois o TPI não julga indivíduos à revelia. Ou seja, criou-se tal figura para permitir que o estado entregue indivíduo que seja nacional seu ao TPI. Em outras palavras, a *entrega* nada mais é do que o cumprimento de ordem emanada do Tribunal Penal Internacional. A legitimidade de tal autoridade reside no fato de o tribunal realizar os anseios de justiça de toda a comunidade internacional julgando e condenando autores de crimes tão nefastos para a humanidade. Assim, o estado, como signatário do Estatuto de Roma, deve cooperar e entregar seu nacional para ser julgado pelo TPI. A título comparativo, a *entrega* é de interesse de toda a comunidade internacional, ao passo que a extradição é de interesse do país requerente. Porquanto, o Brasil, com fundamento no artigo 5º, LI e § 4º, da CF, permite a entrega de nacional seu ao TPI, mas proíbe a extradição de nacional seu ao estado requerente.

Gabarito 1E, 2C, 3E, 4C, 5E

(Procurador do Estado/MT – FCC – 2011) O filho de mãe brasileira naturalizada e pai estrangeiro, nascido no país de origem do pai por ocasião de viagem de turismo de seus genitores, será considerado, nos termos da Constituição da República,

(A) estrangeiro.

(B) brasileiro naturalizado, após residir na República Federativa do Brasil por mais de quinze anos ininterruptos e sem condenação penal, desde que requeira a nacionalidade brasileira.

(C) brasileiro naturalizado, desde que resida por um ano ininterrupto no Brasil e possua idoneidade moral.

(D) brasileiro nato, desde que seja registrado em repartição brasileira competente ou venha a residir na República Federativa do Brasil e opte, em qualquer tempo, depois de atingida a maioridade, pela nacionalidade brasileira.

(E) brasileiro nato, independentemente do preenchimento de qualquer condição.

A nacionalidade é o vínculo político existente entre o estado soberano e o indivíduo. O artigo 15 da Declaração Universal dos Direitos Humanos determina que nenhum estado pode arbitrariamente retirar do indivíduo sua nacionalidade ou seu direito de mudar de nacionalidade. E o artigo 20 da Convenção Americana sobre Direitos Humanos, celebrada em São José da Costa Rica, dispõe que toda pessoa tem direito à nacionalidade do estado em cujo território houver nascido, se não tiver direito a outra. Pela redação destes dois diplomas fica claro que o ordenamento internacional combate a apatridia. Lembrando que apátrida é a condição de indivíduo que não possui qualquer nacionalidade. Por outro lado, o polípátrida é o indivíduo que possui mais de uma nacionalidade. A nacionalidade será originária ou primária se provier do nascimento – logo, involuntária –, e adquirida ou secundária se resultar de alteração de nacionalidade por meio da naturalização – logo, voluntária. E a nacionalidade originária poderá ser a do estado de nascimento (*jus soli*) ou a de seus pais (*jus sanguinis*). No Brasil, o critério adotado para determinar quem é brasileiro nato é o *jus soli*, todavia existem exceções que utilizam o critério *jus sanguinis* (art. 12, I, *b* e *c*, da CF). Outro direito do indivíduo, que é consequência da condição de nacional, é a proibição do banimento. Assim, nenhum estado pode expulsar nacional seu, com destino a território estrangeiro ou a espaço de uso comum. O artigo 12 da CF regula a condição de brasileiro nato e naturalizado, como também as situações de perda da nacionalidade brasileira. Segundo o inciso I do artigo 12, serão brasileiros natos: a) os nascidos em território brasileiro, embora de pais estrangeiros, desde que estes não estejam a serviço de seu país; b) os nascidos no estrangeiro, de pai ou mãe brasileira, desde que qualquer deles esteja a serviço do Brasil; e c) *os nascidos no estrangeiro, de pai ou mãe brasileira, desvinculados do serviço público, desde que sejam registrados em repartição brasileira competente ou venham a residir no território nacional e optem, a qualquer tempo, depois de atingida a maioridade, pela nacionalidade brasileira*. Deve-se comentar que a terceira hipótese exposta acima foi disciplinada pela EC n. 54/2007, que ainda criou o art. 95 do ADCT: "Os nascidos no estrangeiro entre 7 de junho de 1994 e a data da promulgação desta Emenda Constitucional, filhos de pai brasileiro ou mãe brasileira, poderão ser registrados em repartição diplomática ou consular brasileira competente ou em ofício de registro, se vierem a residir na República Federativa do Brasil". E consoante ao inciso II do artigo 12, serão brasileiros naturalizados: a) os que, na forma da lei, adquiram a nacionalidade brasileira, exigidas aos originários de países de língua portuguesa apenas residência por um ano ininterrupto e idoneidade moral; e b) os estrangeiros de qualquer nacionalidade, residentes no Brasil há mais de quinze anos ininterruptos e sem condenação penal, desde que requeiram a nacionalidade brasileira – conhecida como naturalização extraordinária. Por sua vez, o § 4º do artigo 12 traz duas situações em que o brasileiro perderá sua nacionalidade. Em uma delas (inciso II), a extinção do vínculo patrial pode atingir tanto o brasileiro nato quanto o naturalizado, bastando para isso que adquira outra nacionalidade, por naturalização voluntária. Tal possibilidade admite duas exceções: uma é no caso de a lei estrangeira reconhecer a nacionalidade originária, e a outra é quando a lei estrangeira impõe a naturalização ao brasileiro residente em país estrangeiro como condição para a permanência em seu território ou para o exercício de direitos civis. Na outra situação (inciso I), apenas o brasileiro naturalizado poderá perder sua nacionalidade, o que ocorrerá se a naturalização for cancelada, por sentença judicial, pelo exercício de atividade contrária ao interesse nacional. Nesse último caso, só é possível readquirir a nacionalidade brasileira por meio de ação rescisória, que é cabível somente na hipótese de a sentença judicial já estiver transitada em julgado.

Gabarito "D"

(PROCURADOR DO ESTADO/RS – FUNDATEC – 2010) Considere as seguintes afirmações sobre nacionais e estrangeiros, à luz da Constituição da República e da jurisprudência do Supremo Tribunal Federal:

I. Portugueses com residência permanente no Brasil, havendo reciprocidade em favor de brasileiros, são titulares dos direitos e garantias fundamentais inerentes ao brasileiro naturalizado.

II. Estrangeiros originários de países de língua portuguesa que residam no Brasil por um ano ininterrupto e tenham idoneidade moral têm direito a se naturalizarem brasileiros.

III. Estrangeiros não residentes no Brasil não são titulares de direitos e garantias fundamentais arrolados na Constituição da República.

Quais estão corretas?

(A) Apenas I.

(B) Apenas II.

(C) Apenas III.

(D) Apenas I e II.

(E) Apenas I e III.

I: correta, pois em consonância com o comando do § 1º do art. 12 da CF: "Aos portugueses com residência permanente no País, se houver reciprocidade em favor de brasileiros, serão atribuídos os direitos inerentes ao brasileiro, salvo os casos previstos nesta Constituição"; II: correta. Consoante ao inciso II do artigo 12 da CF, serão brasileiros naturalizados: *a)* os que, na forma da lei, adquiram a nacionalidade brasileira, *exigidas aos originários de países de língua portuguesa*

apenas residência por um ano ininterrupto e idoneidade moral; e *b)* os estrangeiros de qualquer nacionalidade, residentes no Brasil há mais de quinze anos ininterruptos e sem condenação penal, desde que requeiram a nacionalidade brasileira – conhecida como naturalização extraordinária; **III:** incorreta. Em que pese o art. 5º, *caput*, da CF fazer menção somente aos estrangeiros residentes no país, é pacífico o entendimento que todos os estrangeiros, residentes ou não no Brasil, são titulares dos direitos fundamentais. A justificativa dessa leitura é o princípio da dignidade da pessoa humana, que é o fundamento de existência da república brasileira, além de ser vetor para o estabelecimento da política nacional e da externa. Nesse sentido: "Há direitos que se asseguram a todos, independentemente da nacionalidade do indivíduo, porquanto são considerados emanações necessárias do princípio da dignidade da pessoa humana. Alguns direitos, porém, são dirigidos ao indivíduo enquanto cidadão, tendo em conta a situação peculiar que o liga ao País. Assim, os direitos políticos pressupõem exatamente a nacionalidade brasileira. Direitos sociais, como o direito ao trabalho, tendem a ser também compreendidos como não inclusivos dos estrangeiros sem residência no País" (Branco, Paulo Gustavo Gonet. *Curso de Direito Constitucional*, 6ª edição, Editora Saraiva, 2011, pág. 197).

Gabarito "D"

1.6. IMUNIDADES – DIPLOMÁTICAS, CONSULARES, DE JURISDIÇÃO E DE EXECUÇÃO. PROTEÇÃO DIPLOMÁTICA

(Procurador – PGFN – ESAF – 2015) No que tange à jurisdição internacional do Estado, assinale a opção incorreta.

(A) A jurisdição do Estado é limitada pelos princípios da territorialidade da jurisdição e da imunidade de jurisdição.

(B) O princípio da territorialidade de jurisdição constitui a regra, sendo a extraterritorialidade da jurisdição uma exceção a este princípio.

(C) O princípio da personalidade passiva, que informa competência extraterritorial, atribui ao Estado competência para regular atos praticados por seus nacionais mesmo fora de seu território.

(D) A imunidade de jurisdição representa uma exceção ao princípio de sujeição à jurisdição territorial.

(E) A renúncia à imunidade de jurisdição no tocante às ações cíveis implica renúncia tácita à imunidade quanto às medidas de execução da sentença.

Todas as assertivas estão corretas, com exceção da assertiva "E". Isso porque a renúncia à imunidade de jurisdição no tocante às ações cíveis ou administrativas não implica renúncia à imunidade quanto às medidas de execução de sentença, para a consecução das quais nova renúncia é necessária (art. 32, ponto 4, da Convenção de Viena sobre Relações Diplomáticas). **RF**

Gabarito "E"

(Procurador Federal – 2013 – CESPE) X ingressou com ação judicial contra Y. O juiz julgou totalmente procedentes os pedidos. Instado a pagar, Y invocou a sua imunidade de jurisdição. Com base nessa situação hipotética, julgue os itens a seguir.

(1) Se X for uma autarquia federal e se a demanda judicial for uma execução fiscal em que Y seja um Estado estrangeiro, não haverá imunidade de jurisdição.

(2) De acordo com entendimento do STF, se Y for a Organização das Nações Unidas, não haverá imunidade de jurisdição.

17. DIREITO INTERNACIONAL PÚBLICO E PRIVADO   701

1: errado, pois o Estado estrangeiro possui imunidade tributária; **2:** errado. Ao contrário, em sendo a ONU, terá sim imunidade de jurisdição. Gabarito 1E, 2E

(Procurador Federal – 2010 – CESPE) Um diplomata brasileiro, servindo em um Estado estrangeiro, contraiu empréstimo em um banco oficial desse Estado, a fim de quitar dívidas escolares de seu filho, que com ele reside e dele depende financeiramente, mas não pagou a dívida. A partir dessa situação hipotética, julgue os itens seguintes.

(1) Em virtude do não pagamento da dívida, o diplomata brasileiro pode ser declarado *persona non grata* pelo Estado estrangeiro, desde que seja previamente submetido ao devido processo legal.

(2) O Estado brasileiro pode ser responsabilizado internacionalmente, em tribunal internacional, em virtude do não pagamento da dívida pelo diplomata.

(3) Se o filho em questão tiver nascido no referido Estado estrangeiro, ele será brasileiro nato, desde que venha a residir na República Federativa do Brasil e opte, em qualquer tempo, pela nacionalidade brasileira.

1: errada, pois o Estado acreditado (é o que recebe o agente diplomático ou consular) pode declarar que o agente diplomático é *persona non grata* a qualquer momento, sem justificar a decisão, nem, muito menos, observar o devido processo legal – art. 9°, ponto 1, da Convenção de Viena sobre Relações Diplomáticas de 1961; **2:** certa, pois, apesar da imunidade do agente diplomático em relação à jurisdição do Estado acreditado, isso não impede que o Estado acreditante seja responsabilizado internacionalmente; **3:** errada, pois o nascido no exterior, filho de brasileiro que esteja a serviço do Brasil, é brasileiro nato, independentemente de residência em nosso país ou de opção pela nacionalidade – art. 12, I, *b*, da CF. Gabarito 1E, 2C, 3E

(ADVOGADO – CEF – 2012 – CESGRANRIO) O Brasil acaba de firmar relações diplomáticas com um país que comprou uma casa no Lago Sul, em Brasília, para servir de residência oficial para seu Embaixador. A casa estava precisando de reparos. Como as obras eram urgentes, o embaixador tomou R$ 10 mil emprestados em um Banco comercial de Brasília para fazer face às despesas iniciais da obra. O empréstimo não é pago, e o Banco pretende cobrar judicialmente a dívida. Nesse caso, o Banco

(A) não poderá executar o contrato, porque o país estrangeiro goza de imunidade de jurisdição e de execução.

(B) não poderá cobrar a dívida, por falta de competência da justiça brasileira quando o réu é pessoa jurídica de direito público externo ou seu representante oficial.

(C) poderá cobrar em juízo a dívida, porque não há imunidade de jurisdição para atos *ius gestionis*.

(D) poderá penhorar a casa, porque não há imunidade de jurisdição para atos *ius gestionis*.

(E) precisará cobrar diretamente do Embaixador, porque os bens da Embaixada são invioláveis e impenhoráveis.

A regra de imunidade jurisdicional do estado, enquanto pessoa jurídica de direito externo, existe há muito tempo no plano internacional e se consubstancia na não possibilidade do estado figurar como parte perante tribunal estrangeiro contra sua vontade (*par in parem non habet judicium*). Mais tarde, tal regra foi corroborada pelo princípio da igualdade soberana dos Estados. No entanto, essa outrora absoluta imunidade vem sendo reconfigurada. A título de exemplo, aponta-se a Convenção Europeia sobre a Imunidade dos Estados, concluída em Basileia e em vigor desde 1976, que exclui do âmbito da imunidade do estado as ações decorrentes de contratos celebrados e exequendos *in loco*. Dispositivo semelhante aparece no *State Immunity Act*, que se editou na Grã-Bretanha em 1978. Também pode-se apontar a Convenção sobre as Imunidades dos Estados e seus Bens, adotada pela ONU, que tem por linha base a exclusão do âmbito de imunidade estatal as atividades de notável caráter econômico. No Brasil, por exemplo, o STF decidiu no julgamento da ACI 9.696 em 1989 que Estado estrangeiro não tem imunidade em causa de natureza trabalhista, entendida como ato de gestão. *Ou seja, todo ato de gestão, que envolva relação civil, comercial ou trabalhista, não se encontra abrangido pela imunidade de jurisdição estatal. Assim, a imunidade recai apenas sobre os atos de império, mas poderá ser afastada mediante concordância do Estado por ela beneficiado.* Percebe-se que a imunidade jurisdicional do estado estrangeiro passou de um costume internacional absoluto à matéria a ser regulada internamente por cada estado. Como panorama geral, pode-se dizer que a imunidade jurisdicional estatal não mais incidirá nos processos provenientes de relação jurídica entre o estado estrangeiro e o meio local – mais exatamente os particulares locais (atos de gestão ou ius gestionis). Gabarito "C"

(PROCURADOR – BANCO CENTRAL – 2009 – CESPE) O aforismo *par in parem non habet judicium* dá fundamento à norma de direito internacional que dispõe acerca de

(A) imunidade de jurisdição estatal.

(B) desenvolvimento sustentável.

(C) liberdade dos mares.

(D) efetividade.

(E) cláusula da nação mais favorecida.

A regra de imunidade jurisdicional do estado, enquanto pessoa jurídica de direito externo, existe há muito tempo no plano internacional e se consubstancia na não possibilidade de o estado figurar como parte perante tribunal estrangeiro contra sua vontade (*par in parem non habet judicium*). Mais tarde, tal regra foi corroborada pelo princípio da igualdade soberana dos estados. No entanto, essa outrora absoluta imunidade vem sendo reconfigurada. A título de exemplo, aponta-se a Convenção Europeia sobre a Imunidade dos Estados, concluída em Basileia e em vigor desde 1976, que exclui do âmbito da imunidade do estado as ações decorrentes de contratos celebrados e exequendos *in loco*. Dispositivo semelhante aparece no *State Immunity Act*, que se editou na Grã-Bretanha em 1978. Também pode-se apontar a Convenção sobre as Imunidades dos Estados e seus Bens, adotada pela ONU, que tem por linha base a exclusão do âmbito de imunidade estatal as atividades de notável caráter econômico. No Brasil, por exemplo, o STF decidiu no julgamento da ACI 9.696 em 1989 que Estado estrangeiro não tem imunidade em causa de natureza trabalhista, entendida como ato de gestão. Ou seja, todo ato de gestão, que envolva relação civil, comercial ou trabalhista, não se encontra abrangido pela imunidade de jurisdição estatal. Assim, a imunidade recai apenas sobre os atos de império, mas poderá ser afastada mediante concordância do Estado por ela beneficiado. Percebe-se que a imunidade jurisdicional do estado estrangeiro passou de um costume internacional absoluto à matéria a ser regulada internamente por cada estado. Como panorama geral, pode-se dizer que a imunidade jurisdicional estatal não mais incidirá nos processos provenientes de relação jurídica entre o estado estrangeiro e o meio local – mais exatamente os particulares locais (atos de gestão). Gabarito "A"

1.7. MERCOSUL

(ADVOGADO – CEF – 2010 – CESPE) O Brasil, parte do Tratado de Assunção (1991), é membro do Mercado Comum do Sul (MERCOSUL). A respeito desse bloco regional, assinale a opção correta.

(A) Tal qual a União Europeia, o MERCOSUL conta com um parlamento capaz de adotar normas com eficácia direta e imediata sobre seus Estados-membros.

(B) Por fazer parte do MERCOSUL, o Brasil não pode instaurar um contencioso comercial contra outro parceiro do bloco na Organização Mundial do Comércio (OMC).

(C) Todas as decisões do Conselho do Mercado Comum, órgão decisório máximo do MERCOSUL, podem ser tomadas por maioria, e ainda assim vinculam todos os Estados-membros.

(D) As decisões do Conselho do Mercado Comum vinculam imediatamente todos os membros, sem que, para isso, precisem ser introduzidas nos ordenamentos jurídicos internos.

(E) O Protocolo de Olivos instituiu o duplo grau de jurisdição para solução de controvérsias no MERCOSUL, ao prever o direito de recurso a um tribunal permanente de revisão para os contenciosos do bloco.

A: incorreta. As normas confeccionadas pelas instituições da União Europeia têm aplicação imediata e direta, além de ter prevalência sobre o direito nacional dos estados-membros e pode ser aplicada pelos juízes nacionais ordinários. Já as normas confeccionadas pelas instituições do Mercosul não têm aplicação imediata e direta, além de não terem prevalência sobre o direito nacional dos estados-membros e não poderem ser aplicadas pelos juízes ordinários nacionais. Ou seja, as normas confeccionadas no seio do Mercosul só obrigam os estados-membros e dependem de incorporação para ter vigência na ordem jurídica interna dos estados-membros, ademais de só serem aplicadas pelos tribunais arbitrais *ad hoc* previstos no sistema do Mercosul. Portanto, na UE tem-se autonomia legal, já no Mercosul não se tem tal autonomia; **B:** incorreta, pois existe tal possibilidade. Nesse sentido dispõe o art. 1º, ponto 2, do Protocolo de Olivos: "As controvérsias compreendidas no âmbito de aplicação do presente Protocolo que possam também ser submetidas ao sistema de solução de controvérsias da Organização Mundial do Comércio ou de outros esquemas preferenciais de comércio de que sejam parte individualmente os Estados-partes do MERCOSUL poderão submeter-se a um ou outro foro, à escolha da parte demandante. Sem prejuízo disso, as partes na controvérsia poderão, de comum acordo, definir o foro. Uma vez iniciado um procedimento de solução de controvérsias de acordo com o parágrafo anterior, nenhuma das partes poderá recorrer a mecanismos de solução de controvérsias estabelecidos nos outros foros com relação a um mesmo objeto, definido nos termos do artigo 14 deste Protocolo"; **C:** incorreta. Segundo o art. 3º do Protocolo de Ouro Preto, o Conselho do Mercado Comum (CMC) é o órgão superior do Mercosul e tem por finalidade a condução política do processo de integração e a tomada de decisões para assegurar o cumprimento dos objetivos estabelecidos pelo Tratado de Assunção e para lograr a constituição final do mercado comum. O conselho funciona como uma conferência ministerial, mantendo o caráter intergovernamental das instituições do Mercosul, e exerce a titularidade da personalidade jurídica do Mercosul. Ademais, deverá reunir-se toda vez que reputar-se oportuno, e ao menos uma vez por semestre com a participação dos presidentes dos estados-membros. Cabe apontar algumas funções do Conselho do Mercado Comum: a) designar o diretor da Secretaria Administrativa do Mercosul; b) criar, modificar ou extinguir órgãos quando estimar necessário; c) negociar e firmar acordos em nome do Mercosul com terceiros países, grupos de países e organizações internacionais – podendo ainda delegar tais funções para o Grupo Mercado Comum; d) adotar decisões em matéria financeira e orçamentária. O CMC manifestar-se-á mediante Decisões, as quais serão obrigatórias para os Estados-partes. E sua composição reúne os ministros das relações exteriores e da economia dos países membros. E a presidência será exercida por rotação dos estados-partes, em ordem alfabética, pelo período de seis meses. Por fim, o art. 37 do Protocolo de Ouro Preto, que cuida do sistema de tomada de decisões, determina que as decisões dos órgãos do Mercosul serão tomadas por

consenso e com a presença de todos os Estados-partes. E o art. 2º do Protocolo de Ouro Preto enumera os órgãos com capacidade decisória dentro do organograma do Mercosul: o Conselho do Mercado Comum, o Grupo Mercado Comum e a Comissão de Comércio do Mercosul; **D:** incorreta. Reler o comentário sobre a assertiva "A"; **E:** correta. O Protocolo de Olivos reorganizou o sistema de solução de controvérsias do Mercosul. Sua maior inovação foi a criação de um Tribunal Permanente de Revisão, o qual ficará encarregado de julgar, em grau de recurso, as decisões proferidas pelos tribunais arbitrais *ad hoc*, isto é, foi instituído o duplo grau de jurisdição para solução de controvérsias no Mercosul. Lembrando que o recurso estará limitado a questões de direito tratadas na controvérsia e às interpretações jurídicas desenvolvidas no laudo do Tribunal Arbitral *Ad Hoc* (art. 17, ponto 2, do Protocolo de Olivos).

Gabarito "E"

(PROCURADOR – BANCO CENTRAL – 2009 – CESPE) No protocolo constitutivo do parlamento do MERCOSUL, está expressamente estabelecido o princípio de

(A) promoção do acesso a medicamentos.

(B) trato especial e diferenciado a países de economias menores.

(C) promoção da diversidade linguística.

(D) repúdio ao terrorismo.

(E) cooperação dos povos para o progresso da humanidade.

Um dos princípios do Parlamento do Mercosul é "A promoção do desenvolvimento sustentável no MERCOSUL e o trato especial e diferenciado para os países de economias menores e para as regiões com menor grau de desenvolvimento" (art. 3º, ponto 7, do Protocolo Constitutivo do Parlamento do Mercosul).

Gabarito "B"

1.8. SISTEMA DE SOLUÇÃO DE CONTROVÉRSIAS

(Advogado União – AGU – CESPE – 2015) Com referência aos mecanismos para a solução de controvérsias internacionais, julgue os itens que se seguem.

(1) Como é vedado o uso da força nas relações internacionais, os Estados não podem executar atos beligerantes com o aval do direito internacional, ressalvada a hipótese de legítima defesa em caso de agressão externa.

(2) Compete ao Tribunal Permanente de Revisão do MERCOSUL, instituído por meio do Protocolo de Olivos, julgar, em última instância, os recursos interpostos contra decisões de tribunais *ad hoc* prolatadas em procedimentos de arbitragem instaurados para a solução de controvérsias entre os Estados-partes do MERCOSUL relativas à interpretação, à aplicação ou ao não cumprimento das normas desse bloco econômico.

1: incorreta. Tanto a Assembleia Geral quanto o Conselho de Segurança das Nações Unidas funcionam como instâncias políticas de solução de disputas internacionais. Todavia, este meio só será utilizado diante de conflitos considerados graves, como, por exemplo, ameaça à paz. Depois que estes dois órgãos procederem à investigação da controvérsia, eles poderão emitir recomendações para os conflitantes (art. 39 da Carta das Nações Unidas). Além disso, apenas o Conselho de Segurança tem competência para agir preventiva ou corretivamente, utilizando-se até mesmo de força militar – mantida à sua disposição por membros das Nações Unidas – contra Estado ou movimento armado no interior de algum país (arts. 42 a 47 da Carta das Nações Unidas). O emprego de força militar suscita considerações a respeito da sua legitimidade,[6] entretanto, o art. 24, ponto 1, da Carta das Nações Unidas

---

6. Pois o grande objetivo da ONU é a manutenção da paz e

17. DIREITO INTERNACIONAL PÚBLICO E PRIVADO   703

parece resolver essa questão: "A fim de assegurar uma ação pronta e eficaz por parte das Nações Unidas, os seus membros conferem ao Conselho de Segurança a principal responsabilidade na manutenção da paz e da segurança internacionais e concordam em que, no cumprimento dos deveres impostos por essa responsabilidade, o Conselho de Segurança aja em nome deles". Ou seja, todos os Estados-Membros da ONU transferiram ao Conselho de Segurança a responsabilidade no que tange à manutenção da paz e da segurança internacionais. E também as decisões de uso de força militar tomadas nos últimos anos, com grande acolhida da maioria dos Estados, parece ter tornado o uso da força militar, em casos extremos, para manutenção da paz e da segurança internacionais um costume internacional. Por fim, pode-se citar como exemplo a Resolução 1973 aprovada, em 2011, pelo Conselho de Segurança das Nações Unidas e que permitia o emprego de força militar na Líbia pela OTAN. O objetivo era impedir o massacre de civis por tropas do então ditador Muamar Kadafi e, assim, garantir a paz internacional. Existem também as *represálias*, que são um meio coercitivo de resolução de controvérsias. É um método de solução de controvérsias não amistosa que envolve a prática de ato danoso em prejuízo de um Estado, que previamente prejudicou o agora Estado violador. As medidas consideradas como represálias normalmente violam o direito internacional, todavia, não são consideradas ilícitas por serem uma reação contra o dano previamente sofrido; **2:** correta (art. 17 do Protocolo de Olivos). 🖼
Gabarito "1E, 2C"

(Procurador Federal – 2013 – CESPE) Julgue os itens que seguem de acordo com a sistemática jurídica dos conflitos internacionais.

(1) Princípios e regras provenientes de ordens jurídicas nacionais poderão ser aplicados pelo Tribunal Permanente de Arbitragem nos seus procedimentos de arbitragem internacional.

(2) O Órgão de Solução de Controvérsias da Organização Mundial do Comércio não admite a participação de indivíduos como *amici curiae* nos procedimentos do contencioso internacional.

1: certo. Existe a citada possibilidade (art. 35, ponto 1, do Regulamento de Arbitragem da CPA ou TPA); **2:** errado, pois existe essa possibilidade nos procedimentos do contencioso internacional que tomam corpo no seio da Órgão de Solução de Controvérsias da OMC (art. 13 do Entendimento Relativo às Normas e Procedimentos sobre Solução de Controvérsias - ESC).
Gabarito 1C, 2E

(Procurador Federal – 2010 – CESPE) O Estado B deslocou tropas e anunciou que invadiria, com o uso da força, o Estado C em um mês. Findo o período, o Estado B concretizou seu anúncio e anexou o território do Estado C ao seu. O Conselho de Segurança da ONU, em reunião extraordinária, impôs, então, embargo econômico ao Estado B. O Estado D, por considerar as medidas contra o Estado B ilícitas, declarou-se neutro no conflito e decidiu romper o embargo e praticar normalmente seu comércio exterior com B. Com base nessa situação hipotética, julgue os itens subsequentes.

(1) A licitude das resoluções do Conselho de Segurança somente pode ser julgada pela Corte Internacional de Justiça, órgão judicial da ONU.

(2) O embargo econômico imposto pelo Conselho de Segurança classifica-se como uma contramedida.

(3) A anexação, por meio da utilização da força, é uma forma de aquisição de território proibida pelo direito

da segurança internacionais.

internacional.

(4) O deslocamento de tropas e o anúncio da futura invasão do Estado C já constituem, por si, violação à Carta da ONU.

1: errada, pois as resoluções do Conselho de Segurança podem ser questionadas em outros foros, como o Tribunal Penal Internacional (vide caso Tadic); **2:** errada, pois o embargo econômico é um meio coercitivo de solução de controvérsias. Por sua vez, a contramedida é uma excludente de responsabilidade internacional (artigos 20 a 26 do Projeto de Convenção da Comissão de Direito Internacional das Nações Unidas sobre a Responsabilidade dos Estados por Danos Transfronteiriços); **3 e 4:** certas, pois o art. 2°, ponto 4, da Carta das Nações Unidas assim dispõe: "Todos os Membros deverão evitar em suas relações internacionais a *ameaça ou o uso da força* contra a integridade territorial ou a dependência política de qualquer Estado, ou qualquer outra ação incompatível com os Propósitos das Nações Unidas".
Gabarito 1E, 2E, 3C, 4C

(Advogado da União/AGU – CESPE – 2009) No Direito Internacional, há necessidade de previsões normativas para os períodos pacíficos e para os períodos turbulentos de conflitos e litígios. A Carta das Nações Unidas e outras convenções internacionais procuram tratar dos mecanismos de resolução de conflitos, bem como disciplinam a ética dos conflitos bélicos e a efetiva proteção dos direitos humanos em ocasiões de conflitos externos ou internos. Acerca desse assunto, julgue os itens a seguir, relativos à jurisdição internacional, aos conflitos internacionais e ao direito penal internacional.

(1) Na Carta das Nações Unidas (Carta de São Francisco), admite-se que qualquer litígio seja resolvido por meio de conflitos armados, desde que autorizado pelo Conselho de Segurança da ONU.

(2) No Direito Internacional, há muito tempo, existem as cortes que atuam para a solução de conflitos entre os Estados, como é o caso da Corte Internacional de Justiça. Entretanto, há fato inédito, no Direito Internacional, quanto à criminalização supranacional de determinadas condutas, com a criação do TPI, tribunal *ad hoc* destinado à punição de pessoas que pratiquem, em período de paz ou de guerra, qualquer crime contra indivíduos.

(3) A ONU deve exercer papel relevante na resolução de conflitos, podendo, inclusive, praticar ação coercitiva para a busca da paz.

1: errada, pois a Carta da ONU proíbe o uso da força contra outros Estados – art. 2°, ponto 4, da Carta da ONU. Em seus estritos termos, todos os Membros deverão evitar em suas relações internacionais a ameaça ou o uso da força contra a integridade territorial ou a independência política de qualquer Estado, ou qualquer outra ação incompatível com os Propósitos das Nações Unidas. Ademais, pode-se apontar alguns dos principais princípios gerais do direito internacional que corroboram tal proibição: princípio da não agressão; princípio da solução pacífica dos litígios; princípio da não intervenção em assuntos domésticos dos estados; *princípio da proibição de ameaça ou emprego de força*; princípio do respeito universal e observância dos direitos humanos e das liberdades fundamentais para todos; **2:** errada, pois o TPI não é *ad hoc*, mas sim tribunal permanente – art. 1° do Estatuto de Roma. Ademais, sua competência não se refere a qualquer crime contra indivíduos, mas apenas aos mais graves, que afetam a comunidade internacional no seu conjunto, quais sejam, os crimes (i) de genocídio, (ii) contra a humanidade; (iii) de guerra e (iv) de agressão – art. 5° do Estatuto de Roma. No caso da agressão, a definição do crime e as condições para que o TPI exerça a competência foram fixadas apenas recentemente, na Conferência de Revisão do Estatuto de Roma – Kampala/Uganda, em 2010; **3**: certa. A ONU é uma organização internacional que tem por objetivo facilitar a cooperação em matéria de direito internacional, segurança internacional, desenvolvimento econômico, progresso social, direitos humanos e a realização da paz mundial. Por isso, diz-se que é uma organização internacional de vocação universal. Conforme se depreende do conceito, os propósitos da ONU são: a) manter a paz e a segurança internacionais; b) desenvolver relações amistosas entre as nações; c) realizar a cooperação internacional para resolver os problemas mundiais de caráter econômico, social, cultural e humanitário, promovendo o respeito aos direitos humanos e às liberdades fundamentais; e d) ser um centro destinado a harmonizar a ação dos povos para a consecução desses objetivos comuns. E os princípios são: a) da igualdade soberana de todos seus membros; b) da boa-fé no cumprimento dos compromissos da Carta; c) da solução de controvérsias por meios pacíficos; d) da proibição de recorrer à ameaça ou ao emprego da força contra outros estados; e) da assistência às Nações Unidas; f) da não intervenção em assuntos essencialmente nacionais. A ONU reúne quase a totalidade dos estados existentes. Entre estes, existem os membros originários e os eleitos. Estes últimos são admitidos pela Assembleia Geral mediante recomendação do Conselho de Segurança. E só poderão ser admitidos os estados "amantes da paz" que aceitarem as obrigações impostas pela Carta e que forem aceitos como capazes de cumprir tais obrigações. Importante sublinhar que apenas o Conselho de Segurança tem competência para agir preventiva ou corretivamente, utilizando-se até mesmo de força militar – mantida à sua disposição por membros das Nações Unidas – contra Estado ou movimento armado no interior de algum país (arts. 42 a 47 da Carta das Nações Unidas). O emprego de força militar suscita considerações à respeito da sua legitimidade[7], entretanto, o art. 24, ponto 1, da Carta das Nações Unidas parece resolver essa questão: "A fim de assegurar uma ação pronta e eficaz por parte das Nações Unidas, os seus membros conferem ao Conselho de Segurança a principal responsabilidade na manutenção da paz e da segurança internacionais e concordam em que, no cumprimento dos deveres impostos por essa responsabilidade, o Conselho de Segurança aja em nome deles". Ou seja, todos os estados-membros da ONU transferiram ao Conselho de Segurança a responsabilidade no que tange à manutenção da paz e da segurança internacionais. E também as decisões de uso de força militar tomadas nos últimos anos, com grande acolhida da maioria dos estados, parece ter tornado o uso da força militar, em casos extremos, para manutenção da paz e da segurança internacionais em costume internacional. Por fim, pode-se citar como exemplo recente a Resolução 1973 aprovada, em 2011, pelo Conselho de Segurança das Nações Unidas e que permitia o emprego de força militar na Líbia pela OTAN. O objetivo era impedir o massacre de civis por tropas do então ditador Muamar Kadafi e, assim, garantir a paz internacional.

Gabarito 1E, 2E, 3C

(ADVOGADO – CEF – 2012 – CESGRANRIO) Uma controvérsia entre Brasil e Argentina teve início por conta de restrições impostas pelo governo brasileiro à entrada de certos produtos argentinos no mercado nacional. Concluída a etapa de negociação sem que se chegasse a um acordo, o governo argentino iniciou o procedimento arbitral *ad hoc* e teve ganho de causa. Se o Brasil pretender recorrer da decisão, deverá ajuizar o recurso perante a(o)

(A) Corte Internacional de Justiça

(B) Corte Permanente de Justiça Internacional

(C) Organização Mundial do Comércio (OMC)

(D) Centro de Solução de Disputas (ICSID) do Banco Mundial

---

7. Pois o grande objetivo da ONU é a manutenção da paz e da segurança internacionais.

(E) Tribunal Permanente de Revisão do Mercosul (TPR)

O Protocolo de Olivos reorganizou o sistema de solução de controvérsias do Mercosul. Sua maior inovação foi a criação de um Tribunal Permanente de Revisão, o qual ficará encarregado de julgar, em grau de recurso, as decisões proferidas pelos tribunais arbitrais *ad hoc*. Lembrando que o recurso estará limitado a questões de direito tratadas na controvérsia e às interpretações jurídicas desenvolvidas no laudo do Tribunal Arbitral *Ad Hoc* (art. 17, ponto 2, do Protocolo de Olivos). A título de sistematização, quando surgir alguma contenda envolvendo os países do bloco, o primeiro passo é aplicar as negociações diretas. Com o fracasso dessas, passa-se ao tribunal arbitral *ad hoc* – funciona como primeira instância. Lembrando que antes das partes submeterem o caso ao tribunal arbitral *ad hoc*, podem escolher (ou seja, é facultativa) a etapa intermediária, que toma corpo com o envio da contenda para o Grupo Mercado Comum, que promoverá estudos sobre a disputa e formulará recomendações não cogentes. Depois, com a provocação das partes, exerce-se o duplo grau de jurisdição mediante a análise da decisão do tribunal arbitral *ad hoc* pelo Tribunal Permanente de Revisão. Entretanto, pode-se passar diretamente das negociações diretas malsucedidas para o Tribunal Permanente de Revisão. Neste último caso, o tribunal vai julgar a demanda de forma definitiva. Assim, o procedimento compreende duas etapas: a fase diplomática e a jurisdicional. A fase diplomática poderá começar por iniciativa dos estados ou dos particulares, já a jurisdicional somente toma curso por iniciativa dos estados. O Tribunal Permanente é composto por cinco árbitros e tem sede permanente em Assunção no Paraguai. Cada estado-membro envia um titular e um suplente por um período de dois anos, renovável por no máximo dois períodos consecutivos. Já o quinto árbitro será designado por um período de três anos não renovável e será escolhido, por unanimidade ou por critério definido por unanimidade, numa lista de oito nomes. Esse árbitro tem que ter a nacionalidade de algum dos estados-membros. Diante de controvérsia entre dois estados-partes, o Tribunal funcionará com três árbitros, sendo dois destes nacionais dos estados em litígio e o terceiro, que será o presidente, designado por sorteio, organizado pelo Diretor da Secretaria Administrativa, entre os outros árbitros do tribunal. Agora quando a controvérsia envolver três ou mais estados, o Tribunal funcionará com todos os seus cinco membros. Dentre suas funções pode-se destacar: a) rever as decisões dos tribunais arbitrais *ad hoc* do Mercosul (os laudos emitidos *ex aequo et bono* não são suscetíveis de revisão); b) decidir como instância única quando as partes assim decidirem; c) pronunciar-se como instância única consultiva[8]. Por fim, Os laudos do Tribunal *Ad Hoc* ou os do Tribunal Permanente de Revisão, conforme o caso, deverão ser cumpridos no prazo que os respectivos Tribunais estabelecerem. Se não for estabelecido um prazo, os laudos deverão ser cumpridos no prazo de trinta dias seguintes à data de sua notificação. Mas se um estado-parte na controvérsia não cumprir total ou parcialmente o laudo do Tribunal Arbitral, a outra parte na controvérsia terá a faculdade, dentro do prazo de um ano, contado a partir do dia seguinte ao término do prazo de trinta dias ou de outro que o Tribunal estabelecer, de iniciar a aplicação de medidas compensatórias temporárias, tais como a suspensão de concessões ou outras obrigações equivalentes, com vistas a obter o cumprimento do laudo.

Gabarito "E"

(ADVOGADO – PETROBRÁS – 2012 – CESGRANRIO) Empresas brasileiras firmam contratos de fornecimento de gás natural, proveniente da Bolívia. Tais contratos estabelecem um determinado valor pelo metro cúbico fornecido e os parâmetros para reajuste de preço. Em um determinado momento, as empresas brasileiras foram notificadas

---

8. A Emenda Regimental nº 48 do STF disciplinou o acesso dos magistrados brasileiros, e também das partes nos processos, às opiniões consultivas do Tribunal Permanente de Revisão, que funcionam como pareceres sobre casos concretos e situações específicas em causas que envolvam direito internacional do bloco.

17. DIREITO INTERNACIONAL PÚBLICO E PRIVADO | 705

oficialmente de que os valores devidos pelo gás natural sofreriam uma majoração acima dos limites previstos no contrato. As empresas que não concordassem com o novo valor a pagar poderiam solucionar a disputa por arbitragem junto ao Tribunal Permanente de Revisão do Mercosul?

(A) Sim, porque o Protocolo de Olivos permite o acesso direto a particulares.

(B) Sim, se a OMC não se declarar competente para julgar a lide.

(C) Sim, mas, primeiramente, precisariam esgotar os recursos judiciais internos.

(D) Não, porque a Bolívia é Estado-associado do Mercosul.

(E) Não, porque o sistema de solução de controvérsias do Mercosul é apenas para Estados.

Quando surgir alguma contenda envolvendo os países do Mercosul, o primeiro passo é aplicar as negociações diretas. Com o fracasso dessas, passa-se ao tribunal arbitral *ad hoc* – funciona como primeira instância. Lembrando que antes das partes submeterem o caso ao tribunal arbitral *ad hoc*, podem escolher (ou seja, é facultativa) a etapa intermediária, que toma corpo com o envio da contenda para o Grupo Mercado Comum, que promoverá estudos sobre a disputa e formulará recomendações não cogentes. Depois, com a provocação das partes, exerce-se o duplo grau de jurisdição mediante a análise da decisão do tribunal arbitral *ad hoc* pelo Tribunal Permanente de Revisão. Entretanto, pode-se passar diretamente das negociações diretas malsucedidas para o Tribunal Permanente de Revisão. Neste último caso, o tribunal vai julgar a demanda de forma definitiva. *Assim, o procedimento compreende duas etapas: a fase diplomática e a jurisdicional. A fase diplomática poderá começar por iniciativa dos estados ou dos particulares, já a jurisdicional somente toma curso por iniciativa dos estados.*

Gabarito "E".

1.9. DIREITO COMUNITÁRIO E DA INTEGRAÇÃO

(Procurador – PGFN – ESAF – 2015) Sobre o Mercado Comum do Sul (MERCOSUL), assinale a opção incorreta.

(A) As decisões dos órgãos do MERCOSUL são tomadas por consenso e com a presença de todos os Estados Partes.

(B) Os órgãos com capacidade decisória na estrutura do MERCOSUL são o Conselho do Mercado Comum (CMC), o Grupo Mercado Comum (GMC) e a Comissão Social Parlamentar (CSP).

(C) As normas emanadas dos órgãos do MERCOSUL dependem de incorporação nos ordenamentos jurídicos de cada Estado Parte, de acordo com as disposições constitucionais de cada um.

(D) O Tratado de Assunção, seus protocolos e os instrumentos adicionais ou complementares são fontes jurídicas do MERCOSUL.

(E) O Conselho do Mercado Comum (CMC) manifesta-se por meio de Decisões, que são obrigatórias para os Estados Partes.

Todas as assertivas estão corretas, com exceção da assertiva "B". Os principais órgãos do Mercosul com capacidade decisória e natureza intergovernamental são: Conselho do Mercado Comum, Grupo Mercado Comum e Comissão de Comércio. Enquanto os principais de caráter consultivo são: Parlamento, Secretaria Administrativa e Foro Consultivo

Econômico e Social. RF

Gabarito "B".

(Advogado da União/AGU – CESPE – 2009) Pode-se fazer um paralelo entre a União Europeia e o MERCOSUL. Ambas as comunidades originam-se de processos de integração e buscam normatizar as suas relações por meio de um direito de integração. Entretanto, há enormes diferenças entre o direito regional do MERCOSUL e o direito comunitário europeu. Acerca desse tema, julgue os itens subsequentes, relativos ao direito de integração e ao MERCOSUL.

(1) O MERCOSUL garante, de forma semelhante à União Europeia, uma união econômica, monetária e política entre países.

(2) A adoção de uma política comercial comum em relação a terceiros Estados é um dos objetivos da criação do MERCOSUL.

1: errada. Os sistemas institucionais do Mercosul (união aduaneira) e da União Europeia (união econômica e monetária) são formal e materialmente muito distintos. Para clarificar este hiato vamos fazer algumas comparações: 1. *Finalidade Política*: a) União Europeia: projeto de integração política que utiliza mecanismos econômicos como instrumento para sua evolução; b) Mercosul: não visa uma integração política; c) balanço: na UE o mercado comum é o meio, já no Mercosul é a finalidade; 2. *Integração X Cooperação*: a) União Europeia: existe concessão de poderes soberanos dos estados para os órgãos de integração. Assim, ocorre a substituição dos interesses nacionais pelos interesses comuns; b) Mercosul: não existe concessão de poderes soberanos dos estados para os órgãos de integração. Assim, ocorre a preponderância dos interesses nacionais; c) balanço: na UE tem-se integração e no Mercosul tem-se cooperação; 3. *Autonomia Institucional*: a) União Europeia: seus funcionários representam o interesse geral comunitário. Para se ter uma ideia, na UE, quatro de suas cinco instituições são compostas por funcionários "neutros" (Comissão, Parlamento, Corte de Justiça e Tribunal de Contas). No quinto órgão, o Conselho, apesar de seus integrantes serem funcionários dos estados-membros, eles estão obrigados a funcionar segundo as regras do sistema comunitário, ou seja, não podem deixar de lado o interesse do sistema comunitário; b) Mercosul: seus funcionários representam o interesse dos seus respectivos estados; c) balanço: na UE tem-se autonomia institucional, já no Mercosul não se tem autonomia institucional; 4. *Autonomia Legal*: a) União Europeia: as normas confeccionadas por suas instituições têm aplicação imediata e direta, além de ter prevalência sobre o direito nacional dos estados-membros e pode ser aplicada pelos juízes nacionais ordinários; b) Mercosul: as normas confeccionadas por suas instituições não têm aplicação imediata e direta, além de não terem prevalência sobre o direito nacional dos estados-membros e não poderem ser aplicadas pelos juízes ordinários nacionais. Ou seja, as normas confeccionadas no seio do Mercosul só obrigam os estados-membros e dependem de incorporação para ter vigência na ordem jurídica interna dos estados-membros, ademais de só serem aplicadas pelos tribunais arbitrais *ad hoc* previstos no sistema do Mercosul; c) balanço: na UE tem-se autonomia legal, já no Mercosul não se tem autonomia legal; **2**: certa. O Mercosul é uma união aduaneira, portanto, além dos países do bloco eliminarem as tarifas alfandegárias ou não alfandegárias entre eles, estabelecem as mesmas tarifas de importação (TEC – Tarifa Externa Comum) para o comércio internacional fora do bloco. Nesse sentido é a redação de um dos objetivos do Mercosul estabelecidos no art. 1º do Tratado de Assunção: "O estabelecimento de uma tarifa externa comum e a adoção de uma política comercial comum em relação a terceiros Estados ou agrupamentos de Estados e a coordenação de posições em foros econômico-comerciais regionais e internacionais".

1.10. Direito Econômico e do Comércio Internacional

(Procurador Federal – 2010 – CESPE – adaptada) A respeito do MER-COSUL e OMC, julgue os itens que se seguem.

(1) O Órgão de Apelação da OMC é composto de juízes eleitos por tempo determinado.

(2) O Protocolo de Olivos dispõe sobre a solução de controvérsias no âmbito do MERCOSUL.

1: certa, pois os integrantes do Órgão de Apelação são nomeados pelo Órgão de Solução de Controvérsias – OSC, para períodos de quatro anos, permitida uma renovação – art. 17, § 2º, do Acordo sobre Normas e Procedimentos para Solução de Disputas. Discordamos do gabarito oficial, que indicava a questão como incorreta. Aproveito para discorrer sobre o sistema de solução de controvérsias da OMC. O sistema de solução de controvérsias da OMC tem a função de dirimir as disputas comerciais entre os estados-membros e é basicamente dividido em cinco fases: consultas, painéis, apelação, implementação e retaliação. Cabe dizer que o sistema é fruto das normas, procedimentos e práticas elaborados desde o surgimento do GATT de 1947. Antes de analisar cada etapa, importante destacar a mudança da regra do consenso positivo, vigente no GATT, para a regra do consenso negativo ou invertido, norteadora do sistema de solução de controvérsias da OMC. Pela regra antiga era necessário um consenso de todos os membros do GATT, inclusive o reclamado, para que um painel fosse instalado, um parecer técnico aprovado e retaliações comerciais fossem levadas a cabo pelo reclamente. Não precisa nem dizer a dificuldade desse sistema em funcionar, pois quase sempre o reclamado votava contra essas medidas que o prejudicariam, assim a regra antiga do consenso positivo impossibilitava, por razões políticas, o manuseio do importante sistema de solução de controvérsias da OMC. Por outro lado, todas essas etapas se tornaram praticamente automáticas com a regra do consenso negativo ou invertido, pois o painel só não será instalado se todos os estados-membros da OMC, incluído o reclamante, forem contra. O mesmo se aplica para aprovação do parecer técnico e para permissão de adoção de retaliações comerciais. E essa automatização das etapas permite a prevalências das decisões jurídicas sobre as decisões políticas no seio da OMC. Outro ponto importante antes de adentrarmos a análise das etapas componentes do sistema de solução de controvérsias é a limitação *ratione personae*, ou seja, apenas os estados podem iniciar uma disputa na OMC, nunca os atores privados. As etapas processuais são as seguintes: a) etapa de consultas: antes de solicitar a criação de um painel junto à OMC, as partes em desacordo devem utilizar as consultas bilaterais – bons ofícios, conciliação e media-ção – por provocação do reclamante. A etapa de consultas é obrigatória e deve durar 60 dias; b) etapa de painéis: se as consultas bilaterais não funcionarem, o reclamante pode solicitar, por escrito, a criação de um painel junto à OMC, mas cabe lembrar que o reclamado tem o direito de impedir a instauração do painel na primeira reunião. O painel é formado a cada caso e é composto normalmente por três indivíduos indepen-dentes e altamente qualificados, que possuem a missão de apreciar objetivamente a questão colocada e elaborar um parecer com o objetivo de aclarar se o reclamado descumpriu ou não as regras do comércio internacional estabelecidas pela OMC. O parecer deverá ser entregue às partes no prazo de seis meses contado da formação do painel e ao Órgão de Solução de Controvérsias no prazo de nove meses contado também da formação do painel. Importante dizer que os especialistas em direito e comércio internacional serão indicados por cada estado-membro e deverão ser aprovados pelo Órgão de Solução de Controvérsias; c)

etapa de painéis II: com o recebimento do parecer e sem a interposição do recurso de apelação, o Órgão de Solução de Controvérsias deve adotar o parecer no prazo de 60 dias – respeitando a regra do consenso negativo; d) etapa da apelação: qualquer parte pode notificar o Órgão de Solução de Controvérsias da sua decisão de recorrer. O exercício do direito de recorrer fica condicionado ao respeito do prazo temporal, qual seja, 60 dias contados do recebimento do parecer elaborado pelo Órgão de Solução de Controvérsias. Nesse caso, o Órgão de Apelação terá o prazo de 60 dias para confeccionar um parecer sobre questões de direito da contenda comercial, lembrando que o Órgão de Apelação é um colegiado permanente que emite pareceres em sede de revisão e possui composição fixa (mandato de quatro anos, permitida uma reeleição), a qual é escolhida por consenso entre todos os membros da OMC. Os relatórios do Órgão de Apelação são adotados pelo Órgão de Solução de Controvérsias e aceitos incondicionalmente pelas partes em litígio, salvo se o Órgão de Solução de Controvérsias decidir por consenso, incluindo o reclamante e o reclamado, não adotar o relatório confeccionado pelo Órgão de Apelação; e) etapa da implementação: sendo aceita a reclamação, o reclamado apontado como infrator deve tomar as medidas necessárias para modificar a conduta censurada pelas regras da OMC, consoante determinado no parecer do painel ou do Órgão de Apelação. As medidas devem ser tomadas dentro de um prazo razoável, que não pode exceder 15 meses contados da adoção pelo Órgão de Solução de Controvérsias do parecer confeccionado pelo painel ou pelo Órgão de Apelação. Entretanto, o supracitado prazo pode ser prorrogado por decisão das partes; f) etapa da retaliação: caso o estado-membro reclamado não cumprir a decisão do Órgão de Solução de Controvérsias após transcorrido 30 dias contados do final do prazo razoável, o estado reclamante pode solicitar a permissão para adotar retaliações comerciais em desfavor do reclamado para, assim, buscar a compensação dos prejuízos sofridos. O termo técnico é suspensão de concessões. E "essa suspensão de concessões é uma autorização para o membro reclamante deixar de cumprir, em relação ao reclamado, obrigações decorrentes dos compromissos assumidos na OMC, em grau equivalente aos prejuízos decorrentes da infração às regras cometida pelo reclamado. Na prática, é uma autorização para impor retaliações comerciais";[9]; **2:** certa. O Protocolo de Olivos reor-ganizou o sistema de solução de controvérsias do Mercosul. Sua maior inovação foi a criação de um Tribunal Permanente de Revisão, o qual ficará encarregado de julgar, em grau de recurso, as decisões proferidas pelos tribunais arbitrais *ad hoc*. A título de sistematização, quando surgir alguma contenda envolvendo os países do bloco, o primeiro passo é aplicar as negociações diretas. Com o fracasso dessas, passa-se ao tribunal arbitral *ad hoc* – funciona como primeira instância. Lembrando que antes de as partes submeterem o caso ao tribunal arbitral *ad hoc*, podem escolher (ou seja, é facultativa) a etapa intermediária, que toma corpo com o envio da contenda para o Grupo Mercado Comum, que promoverá estudos sobre a disputa e formulará recomendações não cogentes. Depois, com a provocação das partes, exerce-se o duplo grau de jurisdição mediante a análise da decisão do tribunal arbitral *ad hoc* pelo Tribunal Permanente de Revisão. Entretanto, pode-se passar diretamente das negociações diretas malsucedidas para o Tribunal Permanente de Revisão. Neste último caso, o tribunal vai julgar a demanda de forma definitiva. Assim, o procedimento compreende duas etapas: a fase diplomática e a jurisdicional. A fase diplomática poderá começar por iniciativa dos estados ou dos particulares, já a jurisdicional somente toma curso por iniciativa dos estados.

1.11. COMPETÊNCIA NA CONSTITUIÇÃO

(Procurador do Município/São José dos Campos-SP – 2012 – VUNESP) Segundo as regras constitucionais de competência do Poder Judiciário, uma causa em que forem partes Estado

---

9. TIMM, Luciano Benetti; RIBEIRO, Rafael Pellegrini; ESTRELLA, Angela T. Gobbi. **Direito do Comércio Internacio-nal**, Ed. FGV, 2009. pág. 123.

17. DIREITO INTERNACIONAL PÚBLICO E PRIVADO   707

estrangeiro ou organismo internacional, de um lado, e, do outro, Município, a competência para julgamento será do

(A) Supremo Tribunal Federal, originariamente.

(B) Supremo Tribunal Federal, em recurso extraordinário.

(C) Superior Tribunal de Justiça, em recurso ordinário.

(D) Superior Tribunal de Justiça, em recurso especial.

(E) Tribunal Regional Federal, em recurso ordinário.

A competência será do STJ via recurso ordinário (art. 105, II, *c*, da CF). Gabarito *"C"*.

1.12. COMBINADAS E OUTROS TEMAS

(Advogado da União/AGU – CESPE – 2012) No que se refere à responsabilidade internacional dos Estados e às fontes do direito internacional e sua relação com o direito interno brasileiro, julgue os itens a seguir.

(1) Na Convenção de Viena sobre Direito dos Tratados, o dispositivo que versa sobre a aplicação provisória de tratados foi objeto de reserva por parte do Estado brasileiro.

(2) Por decisão do STF, os costumes e tratados de direitos humanos adotados pelo Brasil antes da edição da Emenda Constitucional n.º 45/2004 adquiriram, no direito brasileiro, estatuto de normas supralegais.

(3) O texto final do projeto sobre responsabilidade internacional dos Estados, aprovado pela Comissão de Direito Internacional da ONU, prevê um sistema agravado de responsabilidade, por violação de normas peremptórias de direito internacional geral.

(4) De acordo com o projeto da Comissão de Direito Internacional da ONU sobre responsabilidade internacional dos Estados, as garantias de não repetição são consequências possíveis de um ilícito internacional.

1: correta. A Convenção de Viena sobre Direito dos Tratados entrou em vigor internacional em 27 de janeiro de 1980 e só foi promulgada no Brasil pelo Decreto n. 7.030 de 14 de dezembro de 2009. A ratificação não só demorou, mas veio com reserva aos arts. 25 e 66. O art. 25 cuida da aplicação provisória de um tratado e determina que, se for assim disposto ou acordado pelas partes, o tratado pode obter uma vigência provisória mesmo sem ter sido objeto de ratificação – o Brasil não aceita esta prática, já que, em regra, a ratificação dos tratados depende de um procedimento complexo, no qual o Congresso Nacional tem que aprovar o texto do tratado, e o fará por meio de um decreto legislativo promulgado pelo Presidente do Senado e publicado no Diário Oficial da União. Assim, a regra é que os tratados celebrados pelo Presidente da República sejam apreciados pelo Congresso Nacional (art. 84, VIII, da CF). Já o art. 66 discorre sobre o processo de solução judicial, de arbitragem e de conciliação e determina a competência obrigatória da Corte Internacional de Justiça quando houver conflito ou superveniência de norma imperativa de direito internacional (*jus cogens*) – este artigo não foi aceito pelo Brasil, lembrando que o país não está vinculado ao art. 36 do Estatuto da Corte Internacional de Justiça que disciplina a "cláusula facultativa de jurisdição obrigatória"; 2: errada, pois apenas os tratados de direitos humanos adotados antes da edição da Emenda Constitucional n.º 45/2004 adquiriram *status* de normas supralegais (RE 466.343-SP STF); 3: certa, pois os arts. 40 e 41 do Projeto sobre Responsabilidade Internacional dos Estados cuidam das violações graves de obrigações decorrentes de normas imperativas de direito internacional geral; 4: certa, pois em consonância com a redação do art. 30 do Projeto sobre Responsabilidade Internacional dos Estados. Gabarito 1C, 2E, 3C, 4C

(Advogado da União/AGU – CESPE – 2012) Julgue os próximos itens, referentes a solução pacífica de controvérsias, direito internacional do mar, segurança internacional coletiva e manutenção da paz.

(1) De acordo com a Convenção das Nações Unidas sobre Direito do Mar, baixios a descoberto que se encontrem, parcialmente, a uma distância do continente que não exceda a largura do mar territorial podem ser utilizados como parâmetro para medir a largura do mar territorial.

(2) Em 2011, o órgão de solução de controvérsias da Organização Mundial do Comércio estabeleceu a ação de reenvio prejudicial, de modo que a Corte Internacional de Justiça pudesse decidir sobre a competência do órgão para julgamento de questões de direitos humanos relacionadas ao comércio internacional.

(3) O Tratado sobre a Não Proliferação de Armas Nucleares estabelece a prevalência de seus dispositivos sobre quaisquer tratados regionais, de forma a assegurar a ausência total de armas nucleares nos territórios dos Estados signatários.

1: certa, pois reproduz a redação do art. 13, ponto 1, da Convenção das Nações Unidas sobre Direito do Mar; 2: errada, pois a informação dada na assertiva não procede; 3: errada, pois o art. 7º do Tratado sobre a Não Proliferação de Armas Nucleares assim dispõe: "Nenhuma cláusula deste Tratado afeta o direito de qualquer grupo de Estados de concluir tratados regionais para assegurar a ausência total de armas nucleares em seus respectivos territórios". Gabarito 1C, 2E, 3E

Texto motivador para a questão.

"(...) a grande nota característica do Direito Internacional Público, na atualidade, é sua enorme expansão, tanto no referente à extensão de assuntos sob seu império (a mencionada globalização horizontal), quanto a seu vigor em direção a maior eficácia (uma das consequências da citada globalização vertical). Nesse particular, digno de nota, em comparação com os séculos anteriores, é a extraordinária multiplicação de suas fontes: o crescimento exponencial de tratados multilaterais, sobre os mais variados temas, a proliferação de organizações intergovernamentais, com seus poderes normativos próprios, e, no campo doutrinário, a emergência de obras coletivas, reunidas por um editor de talento ou sob a égide de organizações científicas nacionais ou internacionais, onde temas tópicos são versados com a mais alta competência e especialidade. Para completar o rol das fontes do Direito Internacional Público, neste início do século XXI, têm crescido em número e importância as decisões de tribunais internacionais, fato que confere à jurisprudência um papel da mais alta relevância, como forma de revelação das normas desse Direito, sem ter a possibilidade de descobrir qualquer paralelismo, com tal vigor, nos tempos passados da história das relações internacionais." (*in* SOARES, Guido Fernando Silva. *Curso de Direito Internacional Público*. São Paulo: Atlas, 2002. vol. 1, p. 34).

(ADVOGADO – CEF – 2010 – CESPE) Assinale a opção correta a respeito da atuação das cortes internacionais e dos sistemas de solução de controvérsias entre Estados.

(A) A Corte Internacional de Justiça de Haia, como verdadeira corte mundial, é dotada de jurisdição obrigatória, de modo que todos os membros da ONU, se acionados em um caso concreto por outro membro, não se podem furtar ao julgamento daquela entidade.

(B) Devido ao princípio constitucional de não intervenção, o Brasil não reconhece a jurisdição do Tribunal Penal Internacional, que prevê a entrega de nacionais para julgamento perante essa corte.

(C) O Órgão de Apelação da OMC foi estabelecido na década passada pelo Acordo de Marraqueche, que criou aquela organização. O sistema de solução de controvérsias do antigo GATT possuía apenas uma etapa de painéis, de cujas decisões não cabia recurso.

(D) Como órgão de instância regional, o Tribunal Permanente de Revisão do MERCOSUL está subordinado ao Órgão de Apelação da OMC, como pôde ser verificado na disputa "Argentina – Medidas *antidumping* às importações de frangos do Brasil".

(E) Indivíduos e empresas podem acionar diretamente os tribunais arbitrais *ad hoc* do MERCOSUL, mas não o seu Tribunal Permanente de Revisão.

A: incorreta. Inclusive o Brasil não está vinculado ao art. 36 do Estatuto da Corte Internacional de Justiça, que disciplina a "cláusula facultativa de jurisdição obrigatória"; **B:** incorreta, pois o Brasil reconhece a jurisdição do TPI (art. 5º, § 4º, da CF); **C:** correta. O antigo Acordo Geral de Tarifas e Comércio (GATT, 1947) não era uma organização internacional, mas sim um acordo temporário que teve vigência de 1948 a 1994, ano em que foi absorvido pelo conjunto institucional mais amplo e mais estruturado que é a OMC. Tal acontecimento se deu na Rodada Uruguai de negociações do GATT e tomou corpo mediante a Reunião Ministerial de Marrakech, entrando em vigor em 1º de janeiro de 1995 com a sua ratificação. Sua estrutura comporta um acordo-base (instituidor da OMC), três anexos disciplinando acordos obrigatórios (entre eles a submissão do estado-membro ao sistema de solução de controvérsias) e um anexo cuidando de um facultativo. Importante saber que no âmbito da OMC vige a regra do *single undertaking*, ou seja, os países que aderirem à OMC automaticamente adotam os Anexos 1, 2 (Entendimento Relativo às Normas e Procedimentos sobre Solução de Controvérsias) e 3 (Mecanismo de Exame de Políticas Comerciais) do Acordo Constitutivo da OMC – o Anexo 4 (Acordos Plurilaterais[10]) é opcional. Lembrando que o Anexo 1A cuida dos Acordos Multilaterais sobre Comércio de Bens, o Anexo 1B regula o Acordo Geral sobre o Comércio de Serviços – Gats – e o Anexo 1C disciplina o Acordo sobre Aspectos dos Direitos de Propriedade Intelectual. O sistema de solução de controvérsias da OMC tem a função de dirimir as disputas comerciais entre os estados-membros e é basicamente dividido em cinco fases: consultas, painéis, apelação, implementação e retaliação. Cabe dizer que o sistema é fruto das normas, procedimentos e práticas elaboradas desde o surgimento do GATT de 1947 (cabe recordar que o sistema de solução de controvérsias do antigo GATT possuía apenas uma etapa de painéis, de cujas decisões não cabia recurso.) Antes de analisar cada etapa, importante destacar a mudança da regra do consenso positivo, vigente no GATT, para a regra do consenso negativo ou invertido, norteadora do sistema de solução de controvérsias da OMC. Pela regra antiga era necessário um consenso de todos os membros do GATT, inclusive o reclamado, para que um painel fosse instalado, um parecer técnico aprovado e retaliações comerciais fossem levadas a cabo pelo reclamante. Não precisa nem dizer a dificuldade desse sistema em funcionar, pois quase sempre o reclamado votava contra essas medidas que o

prejudicariam, assim a regra antiga do consenso positivo impossibilitava, por razões políticas, o manuseio do importante sistema de solução de controvérsias da OMC. Por outro lado, todas essas etapas se tornaram praticamente automáticas com a regra do consenso negativo ou invertido, pois o painel só não será instalado se todos os estados-membros da OMC, incluído o reclamante, forem contra. O mesmo se aplica para aprovação do parecer técnico e para permissão de adoção de retaliações comerciais. E essa automatização das etapas permite a prevalências das decisões jurídicas sobre as decisões políticas no seio da OMC. Outro ponto importante antes de adentrarmos a análise das etapas componentes do sistema de solução de controvérsias é a limitação *ratione personae*, ou seja, apenas os estados podem iniciar uma disputa na OMC, nunca os atores privados. As etapas processuais são as seguintes: a) etapa de consultas: antes de solicitar a criação de um painel junto à OMC, as partes em desacordo devem utilizar as consultas bilaterais – bons ofícios, conciliação e mediação – por provocação do reclamante. A etapa de consultas é obrigatória e deve durar 60 dias; b) etapa de painéis: se as consultas bilaterais não funcionarem, o reclamante pode solicitar, por escrito, a criação de um painel junto à OMC, mas cabe lembrar que o reclamado tem o direito de impedir a instauração do painel na primeira reunião. O painel é formado a cada caso e é composto normalmente por três indivíduos independentes e altamente qualificados, que possuem a missão de apreciar objetivamente a questão colocada e elaborar um parecer com o objetivo de aclarar se o reclamado descumpriu ou não as regras do comércio internacional estabelecidas pela OMC. O parecer deverá ser entregue às partes no prazo de seis meses contado da formação do painel e ao Órgão de Solução de Controvérsias no prazo de nove meses contado também da formação do painel. Importante dizer que os especialistas em direito e comércio internacional serão indicados por cada estado-membro e deverão ser aprovados pelo Órgão de Solução de Controvérsias; c) etapa de painéis II: com o recebimento do parecer e sem a interposição do recurso de apelação, o Órgão de Solução de Controvérsias deve adotar o parecer no prazo de 60 dias – respeitando a regra do consenso negativo; d) etapa da apelação: qualquer parte pode notificar o Órgão de Solução de Controvérsias da sua decisão de recorrer. O exercício do direito de recorrer fica condicionado ao respeito do prazo temporal, qual seja, 60 dias contados do recebimento do parecer elaborado pelo Órgão de Solução de Controvérsias. Nesse caso, o Órgão de Apelação terá o prazo de 60 dias para confeccionar um parecer sobre questões de direito da contenda comercial, lembrando que o Órgão de Apelação é um colegiado permanente que emite pareceres em sede de revisão e possui composição fixa (mandato de quatro anos, permitida uma reeleição[11]), a qual é escolhida por consenso entre todos os membros da OMC. Os relatórios do Órgão de Apelação são adotados pelo Órgão de Solução de Controvérsias e aceitos incondicionalmente pelas partes em litígio, salvo se o Órgão de Solução de Controvérsias decidir por consenso, incluindo o reclamante e o reclamado, não adotar o relatório confeccionado pelo Órgão de Apelação; e) etapa da implementação: sendo aceita a reclamação, o reclamado apontado como infrator deve tomar as medidas necessárias para modificar a conduta censurada pelas regras da OMC, consoante determinado no parecer do painel ou do Órgão de Apelação. As medidas devem ser tomadas dentro de um prazo razoável, que não pode exceder 15 meses contados da adoção pelo Órgão de Solução de Controvérsias do parecer confeccionado pelo painel ou pelo Órgão de Apelação. Entretanto, o supracitado prazo pode ser prorrogado por decisão das partes; f) etapa da retaliação: caso o estado-membro reclamado não cumprir a decisão do Órgão de Solução de Controvérsias após transcorrido 30 dias contados do final do prazo razoável, o estado reclamante pode solicitar a permissão para adotar retaliações comerciais em desfavor do reclamado para, assim, buscar a compensação dos prejuízos sofridos. O termo técnico é suspensão de concessões. E "essa suspensão de concessões é uma autorização para o membro reclamante deixar de cumprir, em relação ao reclamado, obrigações decorrentes dos compromissos

---

10. Anexo 4A – Acordo sobre Comércio de Aeronaves Civis; Anexo 4B – Acordo sobre Compras Governamentais; Anexo 4C – Acordo Internacional de Produtos Lácteos; Anexo 4D – Acordo Internacional sobre Carne Bovina.

---

11. Art. 17, ponto 2, do Acordo sobre Normas e Procedimentos para Solução de Disputas.

17. DIREITO INTERNACIONAL PÚBLICO E PRIVADO

assumidos na OMC, em grau equivalente aos prejuízos decorrentes da infração às regras cometida pelo reclamado. Na prática, é uma autorização para impor retaliações comerciais[12"];**D:** incorreta, pois não existe a citada subordinação; **E:** incorreta. Quando surgir alguma contenda envolvendo os países do Mercosul, o primeiro passo é aplicar as negociações diretas. Com o fracasso dessas, passa-se ao tribunal arbitral *ad hoc* – funciona como primeira instância. Lembrando que antes das partes submeterem o caso ao tribunal arbitral *ad hoc*, podem escolher (ou seja, é facultativa) a etapa intermediária, que toma corpo com o envio da contenda para o Grupo Mercado Comum, que promoverá estudos sobre a disputa e formulará recomendações não cogentes. Depois, com a provocação das partes, exerce-se o duplo grau de jurisdição mediante a análise da decisão do tribunal arbitral *ad hoc* pelo Tribunal Permanente de Revisão. Entretanto, pode-se passar diretamente das negociações diretas malsucedidas para o Tribunal Permanente de Revisão. Neste último caso, o tribunal vai julgar a demanda de forma definitiva. Assim, o procedimento compreende duas etapas: a fase diplomática e a jurisdicional. A fase diplomática poderá começar por iniciativa dos estados ou dos particulares, já a jurisdicional somente toma curso por iniciativa dos estados.

Gabarito "C".

2. DIREITO INTERNACIONAL PRIVADO

2.1. Teoria geral – Fontes

(ADVOGADO – CEF – 2010 – CESPE) As fontes de direito internacional privado no Brasil não incluem

(A) o Código de Bustamante, de 1928.

(B) os contratos internacionais privados.

(C) a Lei de Introdução ao Código Civil, de 1942.

(D) a doutrina.

(E) a jurisprudência.

O artigo 38 do Estatuto da Corte Internacional de Justiça (CIJ) determina que a função da Corte é decidir as controvérsias que lhe forem submetidas com base no direito internacional. Ademais, indica as fontes que serão utilizadas pelos juízes na confecção de suas decisões, a saber: a) as convenções internacionais; b) o costume internacional; c) os princípios gerais do direito; d) as decisões judiciárias e a doutrina dos juristas mais qualificados das diferentes nações. Por fim, ainda aponta a possibilidade de a Corte decidir por equidade (*ex aequo et bono*), desde que convenha às partes. Mesmo não constando do rol do art. 38, pode-se indicar também como fonte do direito internacional tanto as resoluções emanadas das organizações internacionais como os atos unilaterais dos estados. Até aqui conserva semelhança com as fontes do Direito Internacional Público, todavia, a fonte por excelência do Direito Internacional Privado é a lei interna, ou seja, cada estado tem competência para legislar sobre direito internacional privado ("direito internacional privado autônomo"). Mas a grande característica da matéria na atualidade é a busca de harmonização e de uniformização mediante a produção convencional internacional ("direito internacional privado convencional e institucional"), e até mesmo pela dita *soft law*. Cabe apontar também o direito uniforme espontâneo, que refere-se à natural coincidência de normas jurídicas primárias, seja por conta de influência comum ou por adoção unilateral do direito positivo de um estado por outro. Com ímpeto meramente classificatório, o direito internacional privado convencional é aquele que provém de tratados e convenções, e o direito internacional privado institucional é aquele que provém da produção normativa de blocos regionais de integração como a União Europeia e o Mercosul. E *soft law* indica as fontes que não são obrigatórias, mas que têm importante papel referencial para o juiz nacional como também influencia a confecção de regras tanto

---

12.TIMM, Luciano Benetti; RIBEIRO, Rafael Pellegrini; ESTRELLA, Angela T. Gobbi. **Direito do Comércio Internacional**, Ed. FGV, 2009. p. 123.

a nível convencional internacional como a nível autônomo nacional. Como exemplo pode-se citar os princípios, códigos de conduta, recomendações, diretrizes, convenções não ratificadas etc. Percebe-se que algumas das fontes elencadas no art. 38 da CIJ caberiam no conceito de *soft law*. No Brasil, a principal fonte do DIPr é a Lei de Introdução às normas do Direito Brasileiro (Decreto 4.657/1942), a qual trata do DIPr nos seus arts. 7º a 17. Além da LINDB, é possível identificar na legislação nacional outros diplomas que tratam de assuntos de interesse do DIPr, tais como: a) a CF trata da sucessão internacional no seu art. 5º, XXXI, e da competência do STJ em temas de cooperação judiciária internacional no seu art. 105, I, *i*; b) o Código de Processo Civil trata da competência internacional do juiz brasileiro nos arts. 88 a 90 (arts. 21, 23 e 24 do NCPC); das cartas rogatórias nos arts. 236, 268, 260, 261, 262, 263 do NCPC; da prova do direito estrangeiro no art. 376 do NCPC; e, por fim, das sentenças estrangeiras nos arts. 960, § 2º, 961 e 965 do NCPC). Já o Código de Bustamante é o tratado mais antigo no campo do DIPr ratificado pelo Brasil, e ainda encontra-se em vigor. O Código Bustamante é a denominação dada à Convenção de Havana de Direito Internacional Privado de 1928. Esta Convenção foi aprovada no seio da Conferência Panamericana realizada em Havana no ano de 1928. Na prática, funciona como um código internacional de DIPr, logo, obra do direito internacional privado convencional. Cuida de inúmeras matérias, mas encontra séria resistência, dos magistrados brasileiros, para sua aplicação. Um ponto que suscita muitas dúvidas é o fato de o Código ser de aplicação universal ou com incidência limitada aos casos que envolvam pessoas ligadas (por domicílio ou pela nacionalidade) aos estados-membros.

Gabarito "B".

2.2. Regras de conexão

(Advogado União – AGU – CESPE – 2015) Com relação a reenvio, fontes do direito internacional privado e regras de conexão, julgue os itens subsecutivos.

(1) Regras de conexão são normas que indicam o direito aplicável a situações jurídicas que digam respeito a mais de um ordenamento jurídico.

(2) No que se refere ao reenvio, a teoria da subsidiariedade estabelece que o Estado, ainda que tenha direito de legislar unilateralmente sobre temas relativos a conflito de leis, deve observar outros sistemas jurídicos, a fim de evitar que obrigações contraditórias sejam atribuídas a uma mesma pessoa.

(3) Para que uma norma costumeira internacional torne-se obrigatória no âmbito do direito internacional privado, são necessários a aceitação e o reconhecimento unânimes dos Estados na formação do elemento material que componha essa norma.

1: correta. As regras de conexão do DIPr são indiretas, pois não resolvem os problemas materiais nem as questões processuais, apenas o conflito de leis no espaço. Melhor dizendo, não solucionam o caso, apenas indicam a solução, isto é, a(s) norma(s) jurídicas a ser(em) aplicada(s) para resolvê-lo. As normas diretas preveem fatos e apontam soluções (resolvem diretamente o problema); já as indiretas não preveem fatos, mas indicam a lei a ser aplicada (resolvem indiretamente o problema). Por fim, é premente observar que as regras de conexão são utilizadas nos casos que envolvem relação jurídica ou fato dotados de elemento estrangeiro, isto é, relações jurídicas que gerem efeitos em dois ou mais ordenamentos jurídicos (leia-se Estados); **2:** incorreta. O reenvio funciona como se a solução fosse enviada para o direito de certo país e o direito desse país a reenviasse (de volta ou para outro país). Em outras palavras, o reenvio é uma interpretação que despreza a norma material indicada pela regra de conexão e aplica DIPr estrangeiro para chegar a outra norma material, geralmente de índole nacional. Dentro desse quadro, ergue-se o art. 16 da LINDB e proíbe o juiz nacional de utilizar-se do reenvio. O juiz aplica o DIPr brasileiro para determinar o direito material aplicável, e, se este for estrangeiro, caberá ao magistrado aplicá-lo. Portanto, não existe aplicação da teoria da subsidiariedade mencionada na questão; **3**: incorreta. Para ser considerado costume internacional, é necessário que a prática seja geral e reiterada (elemento objetivo ou material), e aceita como o Direito (elemento subjetivo ou psicológico). A Corte Internacional de Justiça definiu o que é o costume no conhecido julgamento do caso da Plataforma Continental do Mar do Norte, em 1969, descrevendo o conceito como "(...) a prática reiterada, acompanhada da convicção quanto a ser obrigatória essa prática, por tratar-se de norma jurídica". Em razão dessas características, o costume dispensa qualquer forma de reconhecimento formal para poder ser utilizado.

Gabarito "1C, 2E, 3E"

(ADVOGADO – CEF – 2012 – CESGRANRIO) Um contrato de financiamento, entre uma empresa brasileira e um Banco comercial holandês com filial em Londres, acaba de ser assinado pelos representantes legais das partes em Londres. Como garantia, a empresa brasileira deu em hipoteca dois imóveis situados no Brasil. O contrato nada dispõe sobre a lei aplicável ao mesmo, limitando-se a indicar Londres como foro competente para as disputas que vierem a surgir entre as partes. Segundo o disposto na legislação brasileira, a lei aplicável a esse contrato é a

(A) de Londres, em razão da cláusula de foro.

(B) de Londres, por ser o local em que o contrato foi concluído.

(C) da Holanda, por ser a sede do proponente.

(D) brasileira, porque as garantias contratuais estão no Brasil.

(E) brasileira, por ser o domicílio do devedor.

O art. 9º da LINDB trata da regra de conexão *locus regit actum* no que tange à qualificação e à regulação das obrigações (leia-se seus aspectos extrínsecos). Ou seja, é a lei do local em que as obrigações foram constituídas que vai regulá-las. É importante apontar que as obrigações surgem dos contratos, dos delitos e dos quase delitos (crimes praticados com culpa – negligência, imprudência e imperícia). Mas em função do comércio internacional, os contratos adquirem grande destaque nas discussões do DIPr.. Portanto, a lei aplicável ao contrato é a de Londres, por ser o local onde o contrato foi concluído.

Gabarito "B"

(ADVOGADO – BNDES – 2010 – CESGRANRIO) Um contrato de financiamento internacional, regido pela Lei das Ilhas Cayman, foi repactuado por aditivo, assinado pelas partes, ao final de longa negociação, em Nova York. A empresa devedora ofereceu como reforço de garantia uma hipoteca naval sobre embarcação atualmente em uso em navegação de cabotagem no Brasil. Essa garantia

(A) é regida pela Lei das Ilhas Cayman, escolhida pelas partes.

(B) é regida pela Lei brasileira, local de situação do bem.

(C) é regida pela Lei de Nova York, local da assinatura do aditivo contratual.

(D) é regida pela Lei de incorporação da devedora se for pessoa jurídica.

(E) não terá validade no Brasil porque o contrato é internacional.

Aeronaves, navios e embarcações são bens móveis considerados de natureza especial, pois têm por característica a intensa circulação transfronteiriça e a pouca fixação em determinado território. Assim, são

regrados pela lei de matrícula ou de seu abandeiramento, ou seja, a lei do país onde forem registrados por seu proprietário os regulará no que tange à qualificação e às relações a eles concernentes. Essa regra de conexão não tem previsão na Lei de Introdução às normas do Direito Brasileiro, mas é oriunda dos arts. 274 a 284 do Código Bustamante.

Gabarito "B"

(ADVOGADO – PETROBRÁS BIO. – 2010 – CESGRANRIO) Uma empresa brasileira e uma empresa norte-americana assinam um contrato de prestação de serviços de engenharia, por meio do qual a empresa norte-americana, com sede em Houston, Texas (Estados Unidos), prestará serviços para atualizar tecnologicamente uma fábrica da empresa brasileira no interior de São Paulo. O contrato previu Houston como foro do contrato. No tocante à lei aplicável ao contrato, este será regido pela(os)

(A) lei norte-americana, foro do contrato.

(B) lei norte-americana, sede da empresa contratada.

(C) lei brasileira se o contrato tiver sido assinado no Brasil.

(D) lei brasileira, local do cumprimento da obrigação principal.

(E) tratados internacionais, que prevalecem sobre lei interna.

O art. 9º da LINDB traz a regra de conexão *locus regit actum* no que tange à qualificação e à regulação das obrigações (leia-se seus aspectos extrínsecos). Ou seja, é a lei do local em que as obrigações foram constituídas que vai regulá-las. É importante apontar que as obrigações surgem dos contratos, dos delitos e dos quase delitos (crimes praticados com culpa – negligência, imprudência e imperícia).

Gabarito "C"

(ADVOGADO – PETROBRÁS DISTRIB. – 2010 – CESGRANRIO) Um contrato de compra e venda entre uma empresa brasileira e uma empresa norte-americana contém cláusula indicando como foro competente o Rio de Janeiro, e outra cláusula indicando as leis das Ilhas Cayman como aplicáveis ao mesmo. O contrato foi assinado nos Estados Unidos, em um estado onde há plena autonomia da vontade para escolha da lei aplicável. Caso o contrato seja objeto de uma disputa judicial no foro escolhido, a cláusula de lei aplicável

(A) será considerada inválida, porque as Ilhas Cayman não guardam suficientes vínculos com o contrato para justificar a escolha da lei desse país.

(B) não será considerada válida no Brasil, pois o artigo 9º da Lei de Introdução ao Código Civil tem caráter imperativo.

(C) será considerada válida porque, nos termos do artigo 9º o da Lei de Introdução ao Código Civil, a lei aplicável ao contrato é a do local da sua constituição.

(D) não será válida no Brasil, pois a cláusula de lei aplicável deve sempre seguir a cláusula de foro.

(E) será considerada inválida no Brasil, tendo em vista que o contrato foi firmado entre duas empresas que não têm sede nas Ilhas Cayman.

o art. 9º da LINDB traz a regra de conexão *locus regit actum* no que tange à qualificação e à regulação das obrigações (leia-se seus aspectos extrínsecos). Ou seja, é a lei do local em que as obrigações foram constituídas que vai regulá-las. É importante apontar que as obrigações surgem dos contratos, dos delitos e dos quase delitos (crimes praticados com culpa – negligência, imprudência e imperícia). A autonomia da vontade como regra de conexão no tocante aos contratos

17. DIREITO INTERNACIONAL PÚBLICO E PRIVADO 711

é adotada na maioria dos países na atualidade. Tal regra privilegia a flexibilidade e promove um ambiente propício aos negócios. A título de exemplo, tal regra encontra-se insculpida na Convenção de Roma de 1980 e na Convenção Interamericana sobre Direito Aplicável aos Contratos Internacionais de 1994. A autonomia da vontade apenas teria limitações ditadas pela ordem pública do país no qual o contrato vai ser executado. Isto é, faz-se necessário que a lei escolhida para reger o contrato não desrespeite a ordem pública do país sede da execução do contrato. Leia-se aqui ordem pública como o conjunto de regras e princípios basilares de certo ordenamento jurídico. O art. 9º da LINDB funciona como um limitador da autonomia da vontade, na medida em que determina que as obrigações serão reguladas pela lei do país onde forem constituídas. Ora, em tal quadro as partes não podem escolher a lei aplicável ao contrato constituído. Todavia, se a lei do país onde a obrigação foi constituída permitir a autonomia da vontade sobre a escolha da lei incidente ao contrato, permitida estará a escolha da lei aplicável pelas partes, sendo limitada apenas pela ordem pública do país sede da execução do contrato. Assim, será aplicada a lei estadunidense (local onde o contrato foi assinado) e como no citado estado existe plena autonomia da vontade para escolha da lei aplicável, o contrato será regulado validamente pelas leis das Ilhas Cayman.

Gabarito "C".

2.3. Competência internacional

(ADVOGADO – BNDES – 2010 – CESGRANRIO) Um contrato internacional, assinado em Nova York, é garantido por fiança pessoal de dois acionistas brasileiros da empresa, domiciliados em São Paulo. Iniciada a execução por falta de pagamento no Brasil, os fiadores alegam a incompetência da justiça brasileira. Nesse caso, a justiça brasileira

(A) é competente em razão da nacionalidade brasileira dos fiadores.

(B) é competente por serem os devedores domiciliados no Brasil.

(C) será competente apenas se a obrigação principal tiver que ser cumprida no Brasil.

(D) não tem competência sobre contratos internacionais regidos por regras de direito alienígena.

(E) não tem competência porque o contrato não foi assinado no Brasil.

Uma das hipóteses de competência concorrente é aquela da ação ajuizada contra réu domiciliado no Brasil. O princípio informador dessa regra é o *actios equitor forum rei.* Em outras palavras, a competência do juiz nacional é determinada pelo critério domiciliar, não importando a condição de estrangeiro do réu. Ademais, reputa-se domiciliada no Brasil a pessoa jurídica estrangeira que aqui tiver agência, filial ou sucursal (art. 21, parágrafo único, do NCPC). Como o critério eleito para definir a competência é o domiciliar, cabe ao juiz bem definir domicílio. Em tal tarefa, lançará mão dos arts. 70 e 71 do CC/2002.

Gabarito "B".

2.4. Cooperação judiciária internacional – cartas rogatórias

(Advogado União – AGU – CESPE – 2015) No que diz respeito à cooperação jurídica internacional e às competências da AGU nessa matéria, julgue os próximos itens.

(1) A dupla incriminação tem sido considerada requisito dispensável em certos acordos de cooperação jurídica em matéria penal celebrados pelo Brasil.

(2) A AGU é a autoridade central federal que deve dar cumprimento às obrigações impostas pela Convenção Relativa à Proteção das Crianças e à Cooperação em Matéria de Adoção Internacional.

(3) A autoridade judiciária brasileira é competente, com exclusão de qualquer outra autoridade, para conhecer de ações relativas a imóveis situados no Brasil.

1: correta, pois, de fato, em alguns acordos recentes sobre o tema foi determinada de forma expressa, a dispensa do princípio da "dupla incriminação", como é o caso do acordo firmado com a Espanha (Decreto 6.747/09); **2:** incorreta. Conforme a Convenção de Haia de 1993, relativa à Proteção das Crianças e à Cooperação em Matéria de Adoção Internacional e de acordo com o Estatuto da Criança e do Adolescente (ECA), a adoção internacional é aquela realizada por pretendente residente em país diferente daquele da criança a ser adotada. Entretanto, a Convenção, ratificada pelo país em 21 de junho de 1999, se aplica apenas às adoções realizadas entre países ratificantes. No Brasil, de acordo com o Decreto 3.174, de 16 de setembro de 1999, o processamento das adoções de crianças brasileiras para o exterior, bem como a habilitação de residente no Brasil para adoção no exterior, é de responsabilidade das Autoridades Centrais dos Estados e do Distrito Federal (Comissões Estaduais Judiciárias de Adoção / Adoção Internacional). A Autoridade Central Administrativa Federal (ACAF) é órgão federal que tem como competência o credenciamento dos organismos nacionais e estrangeiros de adoção internacional, bem como o acompanhamento pós-adotivo e a cooperação jurídica com as Autoridades Centrais estrangeiras. Além disso, à ACAF compete atuar como secretária executiva para o Conselho das Autoridades Centrais Brasileiras (fonte: www.sdh.gov.br); **3:** correta. O juiz brasileiro terá competência exclusiva para conhecer das ações relativas a imóveis situados no Brasil. Essa competência exclusiva significa que nenhuma outra jurisdição poderá conhecer de ação que envolva bem imóvel situado no Brasil. Assim, por exemplo, sentença estrangeira sobre bem imóvel situado no Brasil nunca será reconhecida no Brasil, isto é, nunca irradiará efeitos em território nacional. A regra *forum rei sitae* aparece no art. 12, § 1º, da LINDB e no art. 23, I, no NCPC. Porém, cabe destacar que no Informativo 586 do STJ foi definido que é possível a homologação de sentença penal estrangeira que determine o perdimento de imóvel situado no Brasil em razão de o bem ser produto do crime de lavagem de dinheiro. **RF**

Gabarito "1C, 2E, 3E".

(Advogado da União/AGU – CESPE – 2012) Julgue os itens subsequentes, relativos a cooperação internacional, sequestro internacional de crianças e atribuições da AGU em matéria internacional.

(1) Compete ao Departamento Internacional da AGU, entre outras funções, auxiliar o consultor-geral da União no assessoramento ao AGU em processo de celebração de tratados.

(2) O Protocolo de Las Leñas sobre Cooperação e Assistência Jurisdicional em Matéria Civil, Comercial, Trabalhista e Administrativa estabelece, no que se refere ao cumprimento de cartas rogatórias, procedimento uniforme para todos os Estados-partes.

(3) De acordo com a Convenção sobre os Aspectos Civis do Sequestro Internacional de Crianças, o retorno da criança pode ser recusado pela autoridade judicial ou administrativa se a criança, tendo idade e grau de maturidade suficientes para decidir, se opuser ao retorno.

1: errada. Compete ao Departamento Internacional, em conformidade com o art. 8º do Ato Regimental nº 5/2002 (conforme redação alterada pelo Ato Regimental nº 1, de 1º de abril de 2005), *auxiliar o Procurador-Geral no assessoramento ao Advogado-Geral da União nas questões de Direito Internacional,* inclusive no processo de celebração de tratados, acordos e ajustes internacionais, bem assim na representação judicial e extrajudicial da União nas causas ou controvérsias em foro estrangeiro e em processos judiciais perante os órgãos judiciários brasileiros, decorrentes de tratados, acordos ou ajustes internacionais ou em execução dos pedidos de cooperação judiciária internacional; **2:** errada, pois o art. 12 do Protocolo de Las Leñas sobre Cooperação e Assistência Jurisdicional em Matéria Civil, Comercial, Trabalhista e Administrativa assim dispõe: *"A autoridade jurisdicional encarregada do cumprimento de uma carta rogatória aplicará sua lei interna no que se refere aos procedimentos".* Ou seja, dentro do sistema regional de cooperação judicial criado pelo Protocolo, a carta rogatória deve respeitar a lei do país em que será cumprida (*lex fori* do juiz rogado).; **3:** correta, pois reflete parte do art. 13 da Convenção sobre os Aspectos Civis do Sequestro Internacional de Crianças.

Gabarito 1E, 2E, 3C.

2.5. HOMOLOGAÇÃO DE SENTENÇA E LAUDO ARBITRAL ESTRANGEIROS

(ADVOGADO – PETROBRÁS – 2012 – CESGRANRIO) Uma empresa brasileira acaba de ser condenada a pagar uma indenização a outra empresa brasileira, em razão de um laudo arbitral proferido no exterior. A arbitragem foi realizada segundo as regras da Câmara de Comércio Internacional (CCI), em um país signatário da Convenção de Nova York. Esse laudo arbitral

(A) dispensa homologação, porque ambas as empresas são brasileiras.

(B) dispensa homologação, porque o Brasil ratificou a Convenção de Nova York.

(C) precisa ser homologado no país-sede da arbitragem e depois pelo STJ.

(D) precisa ser homologado pelo STJ, por ser laudo arbitral estrangeiro.

(E) não precisa ser homologado, nos termos do Protocolo de Las Leñas.

A sentença judicial é um ato soberano, a qual é confeccionada pela autoridade judicial de um determinado estado. Por ser um ato de soberania, a sentença, como todo ato soberano, incide apenas dentro do território nacional, e, destarte, é endereçada à população deste estado – o dito aqui pode ser aplicado integralmente à disciplina dos laudos arbitrais. Todavia, como vimos, alguns fatos ou relações jurídicas interessam a mais de um país. Assim, o juiz de um destes estados exercerá sua competência e aplicará o direito material indicado por seu Direito Internacional Privado, mas, como dito, esta decisão só valerá no território nacional do juiz prolator, apesar do interesse de outras jurisdições. É neste contexto que surge a figura da homologação de sentença estrangeira. Após a homologação pela autoridade competente, a sentença ou laudo arbitral, já apto a produzir efeitos no país prolator, passa a produzir efeitos em outra jurisdição também.[13] No Brasil, a competência para homologar sentenças ou laudos arbitrais estrangeiros era do STF, mas depois da EC n. 45 esta competência passou para o STJ (art. 105, I, *i*, da CF.

Gabarito "D".

(ADVOGADO – PETROBRÁS DISTRIB. – 2010 – CESGRANRIO) Duas empresas brasileiras estabelecem, em um contrato internacional, a via arbitral para solução dos conflitos, devendo a dita arbitragem ocorrer no Uruguai. Surgiu uma controvérsia entre as partes quanto à forma de cumprimento de uma obrigação contratual, e uma das partes propõe a instauração da arbitragem, conforme previsto no contrato. O laudo arbitral que deu ganho de causa a uma das partes

(A) somente pode ser executado no Uruguai, sede da arbitragem, porque o Brasil não ratificou a Convenção de Nova York.

(B) não precisa ser homologado, porque a Convenção de Nova York dispensa a homologação judicial dos laudos arbitrais.

(C) prescinde de homologação, porque o Protocolo de Las Leñas permite a execução direta dos laudos arbitrais do Mercosul.

(D) precisa ser homologado pelo Supremo Tribunal Federal, mesmo sendo um laudo arbitral proveniente de país membro do Mercosul.

(E) precisa ser submetido ao processo de homologação pelo Superior Tribunal de Justiça para poder ser executado no Brasil.

A: incorreta. O Brasil ratificou a Convenção de Nova York (vide Decreto 4.311/2002); **B:** incorreta, pois a Convenção de Nova York não dispensa a homologação; **C:** incorreta. O Protocolo de Las Leñas criou um procedimento mais célere e simples para que as sentenças e os laudos arbitrais prolatados em um país-membro do Mercosul irradiem seus efeitos nos outros países-membros. O procedimento regional encontra-se disciplinado nos arts. 18 a 24 do Protocolo. E a sua grande característica é o fato de as sentenças irradiarem seus efeitos nos outros estados-membros após seguirem o procedimento adotado para o *exequatur* das cartas rogatórias. Ou seja, não é necessária a homologação da sentença prolatada por um estado-membro do Mercosul. O art. 20 do Protocolo disciplina os requisitos para concessão de *exequatur*, os quais são: a) que venham revestidos das formalidades externas necessárias para que sejam considerados autênticos nos estados de origem; b) que estejam, assim como os documentos anexos necessários, devidamente traduzidos para o idioma oficial do estado em que se solicita seu reconhecimento e execução; c) que emanem de um órgão jurisdicional ou arbitral; d) que a parte contra a qual se pretende executar a decisão tenha sido devidamente citada e tenha garantido o exercício de seu direito de defesa; e) que a decisão tenha força de coisa julgada e/ou executória no estado em que foi ditada; f) que claramente não contrariem os princípios de ordem pública do estado em que se solicita seu reconhecimento e/ou execução. A parte interessada na execução da sentença em outro estado-membro também poderá utilizar-se da figura da autoridade central; **D** e **E:** a sentença judicial é um ato soberano, a qual é confeccionada pela autoridade judicial de um determinado estado. Por ser um ato de soberania, a sentença, como todo ato soberano, incide apenas dentro do território nacional, e, destarte, é endereçada à população deste estado – o dito aqui pode ser aplicado integralmente à disciplina dos laudos arbitrais. Todavia, como vimos, alguns fatos ou relações jurídicas interessam a mais de um país. Assim, o juiz de um destes estados exercerá sua competência e aplicará o direito material indicado por seu Direito Internacional Privado, mas, como dito, esta decisão só valerá no território nacional do juiz prolator, apesar do interesse de outras jurisdições. É neste contexto que surge a figura da homologação de sentença estrangeira. Após a homologação pela autoridade competente, a sentença ou laudo arbitral, já apto a produzir efeitos no país prolator, passa a produzir efeitos em outra jurisdição também.[14] No Brasil, a competência para homologar sentenças ou laudos arbitrais estrangeiros era do STF, mas depois da

---

13. Art. 483 do CPC: "A sentença proferida por tribunal estrangeiro não terá eficácia no Brasil senão depois de homologada pelo *Superior Tribunal de Justiça*" (atualizada por nós). A sentença estrangeira homologada pelo STJ é título executivo judicial (art. 475-N, VI, do CPC).

14. Art. 483 do CPC: "A sentença proferida por tribunal estrangeiro não terá eficácia no Brasil senão depois de homologada pelo *Superior Tribunal de Justiça*" (atualizada por nós). A sentença estrangeira homologada pelo STJ é título executivo judicial (art. 475-N, VI, do CPC).

17. DIREITO INTERNACIONAL PÚBLICO E PRIVADO

EC n. 45 esta competência passou para o STJ (art. 105, I, *i*, da CF).

Gabarito "E".

2.6. CONTRATOS INTERNACIONAIS

(ADVOGADO – BNDES – 2010 – CESGRANRIO) Entre as cláusulas contratuais tipicamente encontradas nos contratos internacionais de financiamento, NÃO figura a cláusula de

(A) *cross-default* (inadimplemento cruzado).

(B) *force majeure* (força maior).

(C) eleição de foro.

(D) escolha da Lei aplicável.

(E) *buy-or-sell* (compra ou venda).

Das cláusulas citadas, a única que não figura nos contratos internacionais de financiamento é a cláusula *buy-or-sell* (compra ou venda).

Gabarito "E".

2.7. INCOTERMS

(ADVOGADO – PETROBRÁS – 2012 – CESGRANRIO) Ao pedir uma proposta para importação de Gás Liquefeito de Petróleo (GLP), o fornecedor indica o preço do produto em dólares norte-americanos, *FOB* no porto de embarque a ser indicado pela compradora. Em uma compra e venda *FOB*, segundo os *Incoterms*, o(a)

(A) frete está incluído no preço da mercadoria.

(B) frete será pago a bordo, após confirmado o embarque.

(C) preço inclui um frete exclusivo para o Brasil.

(D) preço da mercadoria não inclui o frete.

(E) cotação inclui o frete e os custos de embarque.

Segundo o art. 2º, I, da Resolução 21/2011 da Camex, em uma compra e venda *free on board* (FOB) ou livre a bordo, o vendedor encerra suas obrigações e responsabilidades quando a mercadoria, desembaraçada para a exportação, é entregue, arrumada, a bordo do navio no porto de embarque, ambos indicados pelo comprador, na data ou dentro do período acordado. Utilizável exclusivamente no transporte aquaviário (marítimo ou hidroviário interior). Lembrando que os *incoterms* são termos internacionais de comércio, propostos pela Câmara de Comércio Internacional – CCI, com o objetivo de facilitar o comércio entre vendedores e compradores de diferentes países.

Gabarito "D".

(ADVOGADO – PETROBRÁS DISTRIB. – 2010 – CESGRANRIO) Um contrato de compra e venda internacional de mercadorias estabelece o preço da mercadoria em dólares norte-americanos FOB Porto do Rio de Janeiro, conforme os *INCOTERMS*. Os Termos Internacionais de Comércio (*INCOTERMS*)

(A) não integram o contrato, pois o Brasil não ratificou a Convenção de Viena sobre Compra e Venda Internacional de Mercadorias.

(B) integram o contrato, como cláusulas contratuais padronizadas, desde que as partes especifiquem que o contrato se regerá pelos *INCOTERMS* 2000 da CCI.

(C) são parte integrante do contrato, pois estão previstos em normas imperativas do Tratado de Paris, do qual o Brasil é parte.

(D) são aplicáveis ao contrato, subsidiariamente, para determinar a lei aplicável e o foro do contrato no silêncio das partes.

(E) estabelecem a submissão obrigatória do contrato à arbitragem junto à Câmara de Comércio Internacional de Paris.

Os *incoterms* são termos internacionais de comércio, propostos pela Câmara de Comércio Internacional – CCI, com o objetivo de facilitar o comércio entre vendedores e compradores de diferentes países. Na prática, integram o contrato, como cláusulas contratuais padronizadas, desde que as partes abertamente especifiquem que o contrato se regerá pelos *incoterms* da CCI. A primeira edição dos *incoterms* foi em 1936 e, de tempos em tempos, a CCI publica novas versões, de modo a refletir as mudanças nas práticas de comércio. A mais recente publicação é de 2010, que começou a vigorar em 1º de janeiro de 2011. Atualmente existem 11 termos, divididos em dois grupos: termos para utilização em operações que serão transportadas pelos modais aquaviários (marítimo, fluvial ou lacustre) e termos para operações transportadas em qualquer modal de transporte, inclusive transporte multimodal.

Gabarito "B".

2.8. Arbitragem

(ADVOGADO – PETROBRÁS – 2012 – CESGRANRIO) Empresa brasileira está negociando com uma empresa estrangeira um contrato de compra de subprodutos de petróleo. A vendedora do produto insiste em incluir uma cláusula prevendo que o contrato será regido pelas leis uruguaias.

Se o contrato vier a ser assinado no Brasil, essa cláusula seria válida?

(A) Sim, por se tratar de um contrato internacional.

(B) Sim, por ser um contrato entre empresas do Mercosul.

(C) Sim, se a solução de controvérsias for feita por arbitragem.

(D) Sim, desde que obtido o referendo do Congresso Nacional.

(E) Não, pois o contrato feito no Brasil não será internacional.

a arbitragem está regulada no Brasil pela Lei n. 9.307/1996. E o seu art. 2º, § 1º, permite que as partes escolham livremente as regras de direito que serão aplicadas na arbitragem, desde que não haja violação aos bons costumes e à ordem pública. Tal possibilidade de escolha da lei aplicável ao contrato não entra em confronto com o art. 9º da LINDB. Isso porque a possibilidade de escolha da lei que vai reger o contrato, uma das características marcantes da arbitragem, diz respeito àquelas matérias que podem ser objeto de arbitragem (direitos patrimoniais disponíveis). A título de elucidação cabe apontar que *arbitragem é uma forma alternativa de dirimir conflitos, mediante a qual as partes estabelecem em contrato ou simples acordo que vão utilizar o juízo arbitral para solucionar controvérsia existente ou eventual em vez de procurar o poder judiciário.* Claro está que o art. 9º da LINDB e o art. 2º, § 1º, da Lei n. 9.307/1996 se aplicam a situações distintas. Na primeira, o juiz nacional terá que decidir sobre a qual lei aplicável à relação obrigacional que tem elemento estrangeiro. Ao passo que, na segunda, o árbitro ou tribunal arbitral irá dirimir os conflitos oriundos da relação obrigacional com suporte nas regras indicadas pelas partes (quando houver indicação da lei reguladora pelas partes) ou terá que decidir sobre o conflito de leis no espaço oriundo da relação jurídica obrigacional.

Gabarito "C".

(ADVOGADO – PETROBRÁS – 2012 – CESGRANRIO) A cláusula arbitral de um contrato de fornecimento de óleo cru estabelece que todas as controvérsias entre as partes serão resolvidas por arbitragem, segundo as regras da Câmara de Comércio Internacional (CCI). Na negociação, a fornecedora, empresa norueguesa, concordou que a sede da arbitragem fosse o Brasil, muito embora o idioma escolhido fosse o inglês. Como contrapartida, incluiu, entre as controvérsias a serem decididas por arbitragem, a determinação da responsabilidade por danos ambientais resultantes do manuseio e da descarga no terminal. Na eventualidade de um acidente ambiental, o Tribunal

Arbitral a ser constituído no Brasil

(A) tem competência para determinar a responsabilidade pelo dano, pois estão presentes todos os requisitos previstos na lei brasileira.

(B) deverá proferir o laudo em português para que o mesmo seja passível de execução no Brasil.

(C) poderá decidir apenas sobre os danos materiais comprovados, por serem direitos patrimoniais.

(D) não poderá decidir a questão, porque a cláusula arbitral é nula.

(E) não poderá dispor sobre a responsabilidade ambiental das partes, por não ser matéria arbitrável.

Uma das características marcantes da arbitragem é a possibilidade de somente cuidar de certas matérias, notadamente, os direitos patrimoniais disponíveis. Logo, o Tribunal Arbitral não poderá dispor sobre responsabilidade ambiental – direito indisponível.
Gabarito "E".

(ADVOGADO – PETROBRÁS BIO. – 2010 – CESGRANRIO) Empresa brasileira, ao final de uma dura negociação de um contrato com uma empresa francesa, concorda em incluir no referido contrato uma cláusula arbitral. A sede da arbitragem será no Brasil, e as regras escolhidas são as da Câmara de Comércio Internacional – CCI. Poucas semanas depois da assinatura do contrato, a empresa brasileira descobre que algumas informações prestadas pela empresa francesa quanto à sua capacidade financeira, incluídas como exigências no contrato, não estavam corretas. Imediatamente, tem início uma ação na justiça brasileira contra a filial brasileira da empresa francesa contratante. O juiz a quem for distribuído o processo

(A) deve julgá-lo normalmente, pois há competência da justiça brasileira, nesse caso, à luz do artigo 88 do Código de Processo Civil.

(B) deve extinguir a causa sem julgamento do mérito, em razão da existência e da autonomia da cláusula arbitral.

(C) deve encaminhar o pedido à Câmara de Comércio Internacional de Paris, por meio de carta rogatória ativa.

(D) deve extinguir a causa sem julgamento do mérito, pois a filial da empresa francesa não é parte integrante do contrato.

(E) pode solicitar informações sobre a idoneidade da empresa francesa, por meio do auxílio direto, antes de decidir sobre a sua competência.

A convenção de arbitragem impede o conhecimento da causa pelo Judiciário,[15] constituindo o que a doutrina denominou de pressuposto processual negativo, que impedirá o juiz de resolver mérito da causa em função da autonomia da cláusula arbitral (art. 485, VII, do NCPC).
Gabarito "B".

(PROCURADOR – BANCO CENTRAL – 2009 – CESPE) No que se refere à arbitragem no direito internacional, assinale a opção correta.

(A) A primeira arbitragem moderna no direito internacio-

nal foi instalada na I Conferência de Paz da Haia para resolver controvérsias entre Reino Unido e França.

(B) Assim como os meios judiciários, a arbitragem possui o caráter de permanência.

(C) O tribunal de reclamações entre Irã e Estados Unidos da América é de natureza arbitral.

(D) Arbitragens mistas são aquelas em que mais de dois Estados figuram na causa.

(E) Decisões arbitrais são meramente recomendatórias.

A: incorreta, pois a informação dada na assertiva não procede; **B:** incorreta, pois a arbitragem é uma forma alternativa de dirimir conflitos, mediante a qual as partes estabelecem em contrato ou simples acordo que vão utilizar o juízo arbitral para solucionar controvérsia existente ou eventual em vez de procurar o poder judiciário. Ora, a arbitragem é constituída para solucionar uma situação determinada e não tem caráter de permanência. Na prática, a base jurídica da arbitragem pode ser tanto a cláusula arbitral ou compromissória que figura no corpo de um tratado qualquer, como o compromisso arbitral prévio ou posterior ao conflito. Deve-se apontar que a estipulação da cláusula arbitral não dispensa a celebração do compromisso arbitral quando for necessário dispor sobre todos os aspectos necessários para a instalação e o bom funcionamento do tribunal arbitral; **C:** correta, pois o citado tribunal tem natureza arbitral; **D:** incorreta, pois a arbitragem mista é verificada se árbitros basearem suas decisões em regras jurídicas e critério de equidade; **E:** incorreta. A sentença arbitral, que funciona como uma decisão jurídica, é obrigatória e definitiva. O fundamento dessa obrigatoriedade é o compromisso assumido pelas partes, onde se comprometeram em executar a sentença. Assim, em última análise, esse fundamento tem por base o princípio *pacta sunt servanda*. Mas o problema identificado é que a decisão arbitral tem que ser executada de boa-fé pelas partes, pois não existe a possibilidade de execução forçada, tal qual acontece no direito interno. Todavia, é importante esclarecer que o descumprimento da sentença arbitral configura ato ilícito internacional. Por fim, a sentença arbitral não é passível de recurso, ao menos que esteja previsto no compromisso arbitral e subordinado a descoberta de fatos novos, que não eram conhecidos a época em que a sentença arbitral foi proferida, que possam alterar a substância da decisão. Não obstante, é sempre possível que uma das partes entre com pedido de interpretação ou acuse de nulidade a sentença arbitral, desde que o árbitro incorra em falta grave, como, por exemplo, dolo, corrupção ou abuso ou desvio de poder.
Gabarito "C".

2.9. Combinadas e outros temas

(Advogado da União/AGU – CESPE – 2012) No que se refere à história dos conflitos de leis, a elementos de conexão e a reenvio, julgue os itens seguintes.

(1) O reenvio é proibido pela Lei de Introdução às Normas do Direito Brasileiro.

(2) A aquisição e a exploração comercial de navios e aeronaves regem-se pela lei do local onde tenha sido efetuado o registro dos direitos de propriedade sobre a coisa.

1: certa. O direito indicado pela regra de conexão e que incidirá no fato ou na relação jurídica com elemento estrangeiro é o direito material, tanto nacional como internacional. Todavia, juízes de alguns países aplicavam não o direito material do país estrangeiro, mas sim seu DIPr, o que possibilitava em algumas situações o reenvio, ou seja, a regra de conexão estrangeira indicava a *lex fori* como apta para resolver o caso misto. Funciona como se a solução fosse

---

15. Uma vez que o tribunal arbitral esteja formado, o Poder Judiciário se torna incompetente até mesmo para julgar ação em caráter cautelar. Esse foi o entendimento adotado pela 3.ª Turma do Superior Tribunal de Justiça (STJ) no julgamento do REsp 1297974.

17. DIREITO INTERNACIONAL PÚBLICO E PRIVADO   715

enviada para o direito de certo país e o direito deste país a reenviasse (de volta ou para outro país). Em outras palavras, o *reenvio é uma interpretação que despreza a norma material indicada pela regra de conexão e aplica DIPr estrangeiro para se chegar a outra norma material; geralmente de índole nacional.* E o reenvio pode ser de distintos graus, a saber: a) reenvio de 1º grau: refere-se a dois países, isto é, a legislação do país A remete à do país B, que reenvia para A; b) reenvio de 2º grau: refere-se a três países, situação em que a legislação de A remete à de B, que reenvia para C; c) e reenvio de 3º grau: refere-se a quatro países, situação esta similar a do reenvio de 2º grau, com a diferença de que nesta a legislação de C remete à do país D. Dentro deste quadro, ergue-se o art. 16 da Lei de Introdução às normas do Direito Brasileiro e proíbe o juiz nacional de utilizar-se do reenvio. O juiz aplica o DIPr brasileiro para determinar o direito material aplicável, e se este for estrangeiro, caberá ao magistrado aplicá-lo. Interessante é perceber que o instituto do reenvio é um desfigurador das regras de conexão, pois a estas cabem solucionar os conflitos de leis no espaço, e a partir do momento em que o DIPr brasileiro indica o DIPr estrangeiro, ele não estará cumprindo com sua função; **2:** certa. Os navios, aeronaves e embarcações são considerados bens móveis de natureza especial, pois têm por característica a intensa circulação transfronteiriça e a pouca fixação em determinado território. Assim, são regrados pela lei de matrícula ou de seu abandeiramento, ou seja, a lei do país onde forem registrados por seu proprietário os regulará no que tange à qualificação e às relações a eles concernentes. Essa regra de conexão não tem previsão na Lei de Introdução às normas do Direito Brasileiro, mas é oriunda dos arts. 274 a 284 do Código Bustamante.

Gabarito 1C, 2C

(Procurador do Estado/GO – 2010) Assinale a alternativa INCORRETA:

(A) Como regra geral, a lei entra em vigor, no estrangeiro, quando admitida, três meses depois da publicação, e no país, 45 dias depois de publicada, se não contiver disposição expressa referente ao início de sua vigência.

(B) A sucessão por morte ou por ausência obedece à lei do país em que era domiciliado o defunto ou o desaparecido, qualquer que seja a natureza e a situação dos bens.

(C) A prova dos fatos ocorridos em país estrangeiro rege-se pela lei que nele vigorar, quanto ao ônus e aos meios de produzir-se, não admitindo os tribunais brasileiros provas que a lei brasileira desconheça.

(D) Somente à autoridade judiciária brasileira compete conhecer das ações relativas a imóveis situados no Brasil.

(E) Quando a lei for omissa, o juiz decidirá o caso de acordo com a analogia, os costumes, os princípios gerais de direito e a equidade.

A: correta. O artigo 1º da Lei de Introdução às Normas do Direito Brasileiro (LINDB) assim dispõe: "Salvo disposição contrária, a lei começa a vigorar em todo o país quarenta e cinco dias depois de oficialmente publicada". E o § 1º do mesmo artigo determina que "nos Estados estrangeiros, a obrigatoriedade da lei brasileira, quando admitida, se inicia três meses depois de oficialmente publicada"; **B:** correta. O art. 10 da LINDB traz como regra de conexão a lei do país de último domicílio do defunto ou do desaparecido (*lex domicilii* do defunto ou do desaparecido) no que tange à regulação da sucessão por morte ou por ausência, qualquer que seja a natureza e a situação dos bens. Resta clara a concepção unitarista da sucessão, tal qual adotada nos países de tradição jurídica romano-germânica. O contraponto seria a concepção pluralista da sucessão, a qual é adotada

nos países de tradição jurídica *common law.* A título explicativo, a pluralidade sucessória prega que cada bem, individualmente considerado, deve ser regulado pela lei de sua localização (*lex rei sitae*). Importante, a regra de conexão *lex domicilii* do defunto ou do desaparecido diz respeito aos aspectos intrínsecos do testamento, como, por exemplo, o conteúdo das disposições de última vontade, sua admissibilidade e os efeitos dela decorrentes. Por outro lado, os aspectos extrínsecos do testamento teriam como regra de conexão a *locus regit actum* (lei do local onde o negócio jurídico tenha se constituído). Como exemplo de aspectos extrínsecos podem-se apontar o respeito à forma legal e se o ato foi lavrado pela autoridade competente. A Lei de Introdução às Normas do Direito Brasileiro não cuidou da comoriência,[16], portanto, é imperioso lançar mão do art. 29 do Código Bustamante, o qual assim determina: "As presunções de sobrevivência ou de morte simultânea, na falta de prova, serão reguladas pela lei pessoal de cada um dos falecidos em relação a sua respectiva sucessão". Ou seja, sem a existência de provas será aplicada a lei de domicílio do *de cujus* para regular a comoriência.[17] Por fim, se a sucessão for regulada pela lei brasileira, cabe saber que a sucessão abre-se no lugar do último domicílio do falecido (art. 1.785 do CC); **C:** correta. A prova dos fatos ou atos ocorridos no estrangeiro deverá ser feita com base na *lex loci*. É a lei do país onde ocorreu o fato ou o ato que vai regular o procedimento probatório (*locus regit actum*). O mencionado acima transmite uma parte da regra disposta no art. 13 da Lei de Introdução às normas do Direito Brasileiro. A outra parte que funciona como ressalva, dispõe que o juiz não poderá se valer das provas *não admitidas* pelo direito brasileiro. Não admitidas aparece sublinhada no trecho anterior como forma de contrastar com o texto literal do art. 13, que se refere às provas que a lei brasileira *não conheça*. Se prevalecesse o texto literal, teríamos uma mitigação do direito da parte de defender-se por meio de todas as provas em direito admitidas. Portanto, deve ser aceito qualquer meio de prova, desde que lícito conforme os ditames do ordenamento jurídico brasileiro e não violar a ordem pública (art. 17 da LINDB). Ademais, o art. 369 do NCPC dispõe nesse sentido: "As partes têm o direito de empregar todos os meios legais, bem como os moralmente legítimos, ainda que não especificados neste Código, para provar a verdade dos fatos em que se funda o pedido ou a defesa e influir eficazmente na convicção do juiz.". Por todo o dito, percebe-se que apesar da assertiva ser considerada correta pela banca por tratar-se de texto literal da lei, a nossa análise demonstrou que essa não é a melhor interpretação do art. 13 da LINDB. Em provas objetivas cabe assinalar a assertiva como correta, mas nas subjetivas o ideal é fazer a releitura do art. 13 da LINDB tendo por base os valores que irradiam do nosso ordenamento jurídico, notadamente o princípio da ampla defesa; **D:** correta. O juiz brasileiro terá competência exclusiva para conhecer das ações relativas a imóveis situados no Brasil. Essa competência exclusiva significa que nenhuma outra jurisdição poderá conhecer de ação que envolva bem imóvel situado no Brasil. Assim, por exemplo, sentença estrangeira sobre bem imóvel situado no Brasil nunca será reconhecida no Brasil, isto é, nunca irradiará efeitos em território nacional. A regra *forum rei sitae* aparece no art. 12, § 1º, da LINDB e no art. 23, I, no NCPC. Porém, cabe destacar que no Informativo 586 do STJ foi definido que é possível a homologação de sentença penal estrangeira que determine o perdimento de imóvel situado no Brasil em razão de o bem ser produto do crime de lavagem de dinheiro;**E:** incorreta, pois em contraste com o art. 4º da LINDB, que nesse sentido dispõe: "Quando a lei for omissa,

16.Presunção jurídica de que duas ou mais pessoas morreram ao mesmo tempo em função de contexto fático marcado pela simultaneidade.

17.No Brasil, o art 8º do CC assim disciplina a comoriência: "Se dois ou mais indivíduos falecerem na mesma ocasião, não se podendo averiguar se algum dos comorientes precedeu aos outros, presumir-se-ão simultaneamente mortos".

o juiz decidirá o caso de acordo com a analogia, os costumes e os
princípios gerais de direito".

Gabarito "E".

18. DIREITOS HUMANOS

Renan Flumian

1. TEORIA GERAL

(Procurador do Município/Cubatão-SP – 2012 – VUNESP) Leia as afirmativas a seguir.

I. O fato de que um Estado se encontra em uma situação de conflito armado, distúrbios e tensões internos ou em estado declarado de emergência, livra-o da obrigação de assegurar os direitos e liberdades fundamentais.

II. Além dos poderes de captura, de detenção e do emprego de força, os encarregados da aplicação da lei são investidos de vários outros poderes para o cumprimento eficaz de seus deveres e funções, como, por exemplo, para busca e apreensão, nos termos da lei.

III. A aplicação da lei nos Estados Democráticos implica que o poder ou a autoridade utilizados em uma determinada situação devam ter fundamento na legislação, sejam exercidos na medida estritamente necessária, proporcional à seriedade do delito e ao objetivo legítimo de aplicação da lei a ser alcançado.

IV. O fator humano na aplicação da lei se sobrepõe à necessidade de legalidade e à ausência de arbitrariedade.

São corretas somente as afirmativas

(A) I e II.

(B) I e IV.

(C) II e III.

(D) II e IV.

(E) III e IV.

I: incorreta, pois a obrigação do Estado de respeitar os direitos e liberdades fundamentais permanece mesmo em momentos atípicos, como, por exemplo, no decorrer de um estado de emergência. Sobre o tema é interessante a análise do art. 4º do Pacto Internacional de Direitos Civis e Políticos: 1. Quando situações excepcionais ameacem a existência da nação e sejam proclamadas oficialmente, os Estados partes do presente Pacto podem adotar, na estrita medida exigida pela situação, medidas que suspendam as obrigações decorrentes do presente Pacto, desde que tais medidas não sejam incompatíveis com as demais obrigações que lhes sejam impostas pelo Direito Internacional e não acarretem discriminação alguma apenas por motivo de raça, cor, sexo, língua, religião ou origem social; 2. A disposição precedente não autoriza qualquer suspensão dos artigos 6º (direito à vida), 7º (não tortura), 8º, §§ 1º e 2º (não escravidão e servidão), 11 (não prisão por descumprimento de obrigação contratual), 15 (anterioridade penal), 16 (reconhecimento da personalidade jurídica) e 18 (liberdade de pensamento, de consciência e de religião); 3. Os Estados Partes do presente pacto que fizerem uso do direito de suspensão devem comunicar imediatamente aos outros Estados Partes do Presente Pacto, por intermédio do Secretário-Geral das Nações Unidas, as disposições que tenham suspenso, bem como os motivos de tal suspensão. Os Estados Partes deverão fazer uma

nova comunicação, igualmente por intermédio do Secretário-Geral da Organização das Nações Unidas, na data em que terminar tal suspensão. Percebe-se que a suspensão das obrigações é de difícil configuração e com muitas limitações, isto é, a maioria dos direitos fundamentais continuam sendo assegurados. A título de curiosidade, importante destacar que a Carta Africana dos Direitos Humanos e dos Povos de 1981 não prevê a cláusula geral de derrogação (comum nos tratados de direitos humanos), que permite ao estado se desobrigar dos compromissos, assumidos por meio de tratado, em tempos de "emergência"; II: correta, pois, de fato, os encarregados da aplicação da lei possuem os poderes indicados; III: correta, pois descreve como a lei deve ser aplicada nos Estados Democráticos; IV: incorreta, pois o princípio da legalidade deve sempre ser respeitado (art. 9º da Convenção Americana de Direitos Humanos).

Gabarito "C".

(Procurador do Estado/PA – 2011) Quanto à dignidade da pessoa humana, analise as proposições abaixo e assinale a alternativa CORRETA:

I. É a ideia que informa a segunda formulação do imperativo categórico kantiano, segundo a qual cada indivíduo deve ser sempre tratado como um fim em si mesmo, e não apenas como um meio, exceto para a produção de consequências que promovam o bem-estar e atendam ao interesse da maioria.

II. Ante o choque das atrocidades cometidas contra a humanidade durante a Segunda Guerra Mundial, passou a figurar em documentos internacionais como a Declaração Universal de Direitos Humanos (1948), o Pacto Internacional dos Direitos Civis e Políticos (1966) e o Pacto Internacional dos Direitos Econômicos, Sociais e Culturais (1966).

III. A Constituição brasileira de 1988 foi inovadora, ao ser a primeira, no âmbito mundial, a incorporá-la em seu texto normativo.

IV. No paradigmático caso *Morsang-sur-Orge,* o Conselho de Estado francês, com fundamento na dimensão objetiva da dignidade humana ("o respeito à dignidade humana é um dos componentes da ordem pública"), manteve ato administrativo que interditou a atividade conhecida como *lancer de nain* (lançamento de anão), apesar de recurso do próprio arremessado e da casa noturna que o empregava.

V. Expressa um conjunto de valores civilizatórios, incorporado ao ordenamento jurídico brasileiro com força vinculante para todos os órgãos do Poder Público, apesar das violações cotidianas ao seu conteúdo.

(A) Apenas as proposições I, III e IV estão corretas.

(B) Apenas as proposições III, IV e V estão corretas.

(C) Apenas as proposições II, IV e V estão corretas.

(D) Todas as proposições estão corretas.

RF questões comentadas por: **Renan Flumian**

(E) Apenas as proposições I, II e V estão corretas.

Os Direitos Humanos são compostos por princípios e regras, estas sendo positivadas ou costumeiras, que têm como função proteger a dignidade da pessoa humana. E a dignidade da pessoa humana se traduz na situação de mínimo gozo garantido dos direitos pessoais, civis, políticos, judiciais, de subsistência, econômicos, sociais e culturais. I: incorreta. O imperativo categórico é sintético e a priori. E Kant confecciona três fórmulas para exteriorizá-lo, todas partindo da seguinte fórmula geral: agir segundo a máxima, para que ela se torne lei universal. A primeira fórmula é a da equiparação da máxima à universalidade da lei da natureza. A segunda fórmula predica a consideração da pessoa com um fim em si mesma (fórmula da humanidade). E a terceira fórmula traz a liberdade positiva no reino dos fins. Pelo dito percebe-se que o imperativo categórico aponta o que deve acontecer e não explica o que acontece e que a assertiva está incorreta, pois a segunda fórmula kantiana do imperativo categórico não prevê a ressalva pretendida pela assertiva; II: correta. Abalados pelas barbáries deflagradas nas duas Grandes Guerras e ensejosos de construir um mundo sob novos alicerces ideológicos, os dirigentes das nações que emergiram como potências no período pós-guerra, liderados por URSS e Estados Unidos, estabeleceram na Conferência de Yalta, na Ucrânia, em 1945, as bases de uma futura "paz". Para isso, definiram as áreas de influência das potências e acertaram a criação de uma organização multilateral que promovesse negociações sobre conflitos internacionais, com o objetivo de evitar guerras, construir a paz e a democracia, além de fortalecer os direitos humanos. Teve aí sua origem a Organização das Nações Unidas. A ONU é uma organização internacional que tem por objetivo facilitar a cooperação em matéria de direito internacional, segurança internacional, desenvolvimento econômico, progresso social, direitos humanos e a realização da paz mundial. Por isso, diz-se que é uma organização internacional de vocação universal. Sua lei básica é a Carta das Nações Unidas, elaborada em São Francisco de 25 de abril a 26 de junho de 1945. Esta Carta tem como anexo o Estatuto da Corte Internacional de Justiça. Percebe-se que uma das preocupações da ONU é a proteção dos direitos humanos mediante a cooperação internacional. A Carta das Nações Unidas é o exemplo mais emblemático do processo de internacionalização dos direitos humanos ocorridos no Pós-Guerra. Aliás, conforme dito no capítulo introdutório, é importante lembrar que este processo recente de internacionalização da tutela da dignidade da pessoa humana é fruto da ressaca moral da humanidade ocasionada pelo excesso de violações de direitos humanos perpetradas pelo nazi-fascismo. O problema identificado na Carta das Nações Unidas é que ela não definia o conteúdo dos direitos humanos. Assim, em 1948, foi proclamada a Declaração Universal dos Direitos Humanos com a função de bem definir o conteúdo dos direitos humanos. A Declaração Universal dos Direitos Humanos foi aprovada pela Resolução n. 217 A (III) da Assembleia Geral da ONU, em 10 de dezembro de 1948, por 48 votos a zero e oito abstenções[1]. E em conjunto com os dois Pactos Internacionais, sobre Direitos Civis e Políticos e sobre Direitos Econômicos, Sociais e Culturais, constituem a denominada "Carta Internacional de Direitos Humanos" ou "International Bill of Rights"; III: incorreta, pois antes de 1988 a dignidade da pessoa humana já figurava em muitas constituições políticas, sobretudo após a promulgação da Declaração Universal dos Direitos Humanos; IV: correta, pois o conhecido caso corrobora a característica de irrenunciabilidade que os direitos humanos possuem. Por serem direitos adstritos à condição humana, estes não podem ser renunciáveis, pois formam o indivíduo na sua plenitude. Assim, são indisponíveis tanto pelo estado como pelo particular. Tal característica se confirma pelo fato de os direitos humanos fazerem parte do jus cogens, isto é, inderrogáveis por ato volitivo; V: correta. Pois apesar do dado triste, mas verdadeiro, das violações cotidianas da dignidade da pessoa humana, é nítido que a nossa CF/88 lançou a dignidade da pessoa como fundamento de existência da república brasileira, além de também ser vetor para o estabelecimento da

política nacional e da externa. Da análise do art. 5º da CF percebe-se que o legislador constituinte regrou direitos civis e políticos, como também os econômicos, sociais e culturais como fundamentais. A Constituição ainda traçou certos direitos coletivos e difusos como fundamentais. É importante frisar que a doutrina atual, principalmente a alemã, considera os direitos fundamentais como os valores éticos sobre os quais se constrói determinado sistema jurídico nacional, ao passo que os direitos humanos existem mesmo sem o reconhecimento da ordem jurídica interna de um país, pois estes possuem vigência universal. Mas, na maioria das vezes os direitos humanos são reconhecidos internamente pelos sistemas jurídicos nacionais, situação que os tornam também direitos fundamentais, ou seja, os direitos humanos previstos na constituição de um país são denominados direitos fundamentais. Ponto relevante do aqui discutido é a determinação de que as normas definidoras dos direitos e garantias fundamentais têm aplicação imediata (art. 5, § 1º, da CF). Isto é, o juiz pode aplicar diretamente os direitos fundamentais, sem a necessidade de qualquer lei que os regulamente. Tal regra tem por base o princípio da força normativa da constituição idealizado por Konrad Hesse e "a ideia de que os direitos individuais devem ter eficácia imediata ressalta a vinculação direta dos órgãos estatais a esses direitos e o seu dever de guardar-lhes estrita observância" (Mendes, Gilmar Ferreira. Curso de Direito Constitucional, pág. 671. Editora Saraiva, 6º ed., 2011). Gabarito "C".

2. SISTEMA GLOBAL DE PROTEÇÃO DOS DIREITOS HUMANOS

(Procurador do Município/Cubatão-SP – 2012 – VUNESP) Assinale a alternativa correta.

(A) A internacionalização dos direitos humanos constitui um movimento extremamente recente na história, que surgiu a partir do pós-guerra, como resposta às atrocidades e aos horrores cometidos durante o nazismo.

(B) O movimento do Direito Internacional dos Direitos Humanos é baseado na concepção de que toda nação tem a obrigação de respeitar os direitos humanos de seus cidadãos, mas a comunidade internacional não tem o direito e a responsabilidade de protestar, se um Estado não cumprir suas obrigações.

(C) A Declaração Universal dos Direitos Humanos (1948) foi o documento fundante da Organização das Nações Unidas – ONU, e se constitui no primeiro instrumento normativo do Direito Internacional dos Direitos Humanos.

(D) A Carta das Nações Unidas (1945) compreende um conjunto de direitos e faculdades sem as quais o ser humano não pode desenvolver sua personalidade física, moral e intelectual. Além disso, tem caráter universal: é aplicável a todas as pessoas de todos os países, raças, religiões e sexos, seja qual for o regime político dos territórios nos quais incide.

(E) Desde os horrores da Primeira Guerra Mundial, a comunidade internacional traçou a meta de preservar as gerações vindouras do flagelo da guerra, que deveria ser alcançada por meio de um sistema de segurança coletiva, para o qual todos os Estados-membros deveriam cooperar estreitamente.

A: correta, pois o marco recente ou a concepção contemporânea dos direitos humanos foi inaugurado, sem dúvida, pela Declaração Universal dos Direitos Humanos de 1948 e reforçado pela Declaração de Direitos Humanos de Viena de 1993. Com importância neste processo pode-se também citar a Declaração de Direitos Francesa, impulsionada pela Revolução Francesa de 1789, e a Declaração de Direitos Americana, conhecida como Declaração de Direitos do Bom Povo da Virgínia,

---

1. Os países que se abstiveram foram: Arábia Saudita, África do Sul, União Soviética, Ucrânia, Bielorrússia, Polônia, Iugoslávia e Tchecoslováquia.

ambas do século XVIII. A ONU e a Declaração Universal dos Direitos Humanos criam um verdadeiro sistema de proteção global da dignidade humana. É importante ter em mente que este processo recente de internacionalização dos direitos humanos é fruto do Pós-Guerra e da ressaca moral da humanidade ocasionada pelo excesso de violações de direitos humanos perpetradas pelo nazifascismo. Cada estado estabelece suas próprias regras de direitos humanos ("direitos fundamentais") e executa sua própria política de proteção e efetivação dos direitos humanos. Todavia, o que se percebe é a mitigação da soberania dos estados em função da característica de universalidade dos direitos humanos. Isto é, a comunidade internacional fiscaliza e opina sobre a situação dos direitos humanos em cada país, podendo até sancionar em determinadas situações; **B**: incorreta (reler o comentário sobre a assertiva anterior); **C**: incorreta. Abalados pelas barbáries deflagradas nas duas Grandes Guerras e ensejosos de construir um mundo sob novos alicerces ideológicos, os dirigentes das nações que emergiram como potências no período Pós-Guerra, liderados por URSS e Estados Unidos, estabeleceram na Conferência de Yalta, na Ucrânia, em 1945, as bases de uma futura "paz". Para isso, definiram as áreas de influência das potências e acertaram a criação de uma organização multilateral que promovesse negociações sobre conflitos internacionais, com o objetivo de evitar guerras, construir a paz e a democracia, além de fortalecer os direitos humanos. Teve aí sua origem a Organização das Nações Unidas. *A ONU é uma organização internacional que tem por objetivo facilitar a cooperação em matéria de direito internacional, segurança internacional, desenvolvimento econômico, progresso social, direitos humanos e a realização da paz mundial. Por isso, diz-se que é uma organização internacional de vocação universal.* Sua lei básica é a Carta das Nações Unidas, elaborada em São Francisco de 25 de abril a 26 de junho de 1945. Esta Carta tem como anexo o Estatuto da Corte Internacional de Justiça. E a Declaração Universal dos Direitos Humanos também não foi o primeiro instrumento normativo de proteção internacional dos direitos humanos, pois a Declaração Americana dos Direitos e Deveres do Homem foi o primeiro acordo internacional sobre direitos humanos, antecipando a Declaração Universal dos Direitos Humanos, escrita seis meses depois; **D**: incorreta, pois a questão faz menção erroneamente a Carta das Nações Unidas. A assertiva cuida das características da Declaração Universal dos Direitos Humanos de 1948; **E**: incorreta. Com o fim da Primeira Guerra Mundial, os aliados (vencedores) se reuniram em Paris e firmaram um tratado de paz, conhecido como Tratado de Versalhes. Um dos objetivos do Tratado de Versalhes era a criação de um organismo internacional (Liga das Nações) que tivesse como missão assegurar a paz num mundo traumatizado pela guerra que se encerrara. O problema foi que o Tratado impôs a necessidade dos países do Eixo (perdedores) pagarem pesadas indenizações financeiras aos ganhadores e ainda traçou outras limitações. Esse fato causou um sentimento de forte humilhação nos países perdedores e foi, como aponta inúmeros historiadores, o motivador psicossocial para o florescimento do nazismo na Alemanha, país que foi o grande derrotado da Primeira Guerra Mundial. A corrida armamentista que se iniciou na década de 30 e a própria Segunda Guerra Mundial demonstram o fracasso da Liga das Nações. Por todo o dito, percebe-se que o Tratado de Versalhes estabeleceu obrigações distintas aos Estados, portanto, a afirmação de que os estados deveriam cooperar estreitamente não é correta. **Gabarito "A".**

3. SISTEMA INTERAMERICANO DE PROTEÇÃO DOS DIREITOS HUMANOS

3.1. Convenção Americana Sobre Direitos Humanos (Pacto de São José da Costa Rica)

(Procurador do Estado/BA – 2014 – CESPE) No que se refere aos tratados e convenções internacionais sobre direitos humanos de que o Brasil seja signatário, julgue os itens seguintes.

(1) A Corte Interamericana de Direitos Humanos, composta de sete juízes, detém, além de competência contenciosa, de caráter jurisdicional, competência consultiva.

(2) Suponha que a Corte Interamericana de Direitos Humanos tenha determinado ao Estado brasileiro o pagamento de indenização a determinado cidadão brasileiro, em decorrência de sistemáticas torturas que este sofrera de agentes policiais estaduais. Nesse caso, a sentença da Corte deverá ser executada de acordo com o procedimento vigente no Brasil.

(3) O Pacto Internacional sobre Direitos Civis e Políticos de 1966, juntamente com a Convenção Americana sobre Direitos Humanos de 1969 e outros atos internacionais compõem o denominado Sistema Regional Interamericano de Proteção dos Direitos Humanos.

1: correta. A Corte é o órgão jurisdicional do sistema regional de proteção americano. Sua composição é de sete juízes, os quais são nacionais dos países-membros da OEA e escolhidos pelos Estados-partes da Convenção. Vale sublinhar que essa escolha é realizada a título pessoal entre juristas da mais alta autoridade moral, de reconhecida competência em matéria de Direitos Humanos e que reúnam as condições requeridas para o exercício das mais elevadas funções judiciais, de acordo com a lei do Estado do qual sejam nacionais ou do Estado que os propuser como candidatos. Não deve haver dois juízes da mesma nacionalidade. No que se refere à sua competência, identifica-se uma atuação *consultiva* e *contenciosa*. A competência consultiva da Corte é marcada por sua grande finalidade de uniformizar a interpretação da Convenção Americana de Direitos Humanos e dos tratados de direitos humanos confeccionados no âmbito da OEA. Dentro dessa competência, qualquer Estado-membro ou órgão[2] da OEA pode pedir que a Corte emita parecer que indique a correta interpretação da Convenção e dos tratados concernentes à proteção dos Direitos Humanos nos Estados Americanos (artigo 64, ponto 1, da Convenção Americana de Direitos Humanos). Os órgãos da OEA também desfrutam o direito de solicitar opiniões consultivas, mas somente em suas esferas de competência. Assim, enquanto os Estados-membros da OEA têm direito absoluto a pedir opiniões consultivas, os órgãos apenas podem fazê-lo dentro dos limites de sua competência. O direito dos órgãos de pedir opiniões consultivas está restrito a assuntos em que tenham um legítimo interesse institucional[3]. Ademais, a Corte pode fazer análise de compatibilidade entre a legislação doméstica de um País-membro da OEA e o sistema protetivo americano, com o intuito de harmonizá-los. Sintetizando, "na jurisdição consultiva não há partes, no seu sentido material, pois não há Estados requeridos e nem uma sanção judicial é prevista".[4] Já a competência contenciosa só será exercida em relação aos Estados-partes da Convenção que expressem e, inequivocamente, tenham aceitado essa competência da Corte (artigo 62 da Convenção Americana de Direitos Humanos). A declaração de aceite da competência da Corte pode ser feita incondicionalmente ou sob condição de reciprocidade, por prazo determinado ou ainda somente para casos específicos; **2**: correta. O cumprimento da sentença da Corte se dá geralmente de maneira voluntária pelos Estados. Caso isso não ocorra, por exemplo, no Brasil, o cumprimento se dará mediante execução da sentença, como título executivo judicial, perante a Justiça Federal, consoante disposto no art. 109, I, da CF/1988. Mas deve-se saber que os Estados-partes da Convenção se comprometem a cumprir a decisão da Corte em todos os casos em que forem partes (artigo 68 da Convenção Americana de Direitos Humanos). Ademais, caso o Estado levante óbices jurídicos para viabilizar a execução da

---

2. Os órgãos estão elencados no Capítulo X da Carta da Organização dos Estados Americanos.

3. Conforme ponto 14 da Opinião Consultiva 02/82 da Corte Interamericana de Direitos Humanos.

4. RAMOS, André de Carvalho. **Teoria geral dos direitos humanos na ordem internacional**. 2. ed. São Paulo: Saraiva, 2012. p. 242.

RENAN FLUMIAN

sentença, em conformidade com o processo interno vigente, estará incorrendo em violação adicional da CADH (artigo 2º), por não adotar providências no sentido de adequar o seu direito interno às obrigações internacionalmente assumidas; **3**: incorreta. O Pacto Internacional sobre Direitos Civis e Políticos de 1966 faz parte do sistema global de proteção dos direitos humanos, alicerçado na ONU.

Gabarito 1C, 2C, 3E

(Procurador do Estado/PA – 2011) Com relação à jurisprudência consolidada do Supremo Tribunal Federal quanto à prisão civil no ordenamento jurídico brasileiro, assinale a alternativa CORRETA:

(A) De conformidade ao disposto na Convenção Americana de Direitos Humanos, é lícita no caso do depositário infiel, mas somente para o depositário judicial.

(B) Em desacordo ao disposto na Convenção Americana de Direitos Humanos, é lícita no caso do devedor de alimentos e no caso do depositário infiel, mas apenas em alienação fiduciária.

(C) De conformidade ao disposto na Convenção Americana de Direitos Humanos, é lícita no caso do devedor de alimentos.

(D) De conformidade ao disposto na Convenção Americana de Direitos Humanos, é lícita no caso do depositário infiel, em qualquer modalidade de depósito. 7

(E) Em desacordo com o disposto na Convenção Americana de Direitos Humanos, é ilícita no caso do devedor de alimentos e ilícita no caso do depositário infiel, em qualquer modalidade.

O artigo 7º da Convenção Americana de Direitos Humanos ou Pacto de São José da Costa Rica cuida do direito à liberdade pessoal. As especificações desse importante direito são: **a)** ninguém pode ser privado de sua liberdade física, salvo pelas causas e nas condições previamente fixadas pelas Constituições políticas dos Estados-partes ou pelas leis de acordo com elas promulgadas; **b)** ninguém pode ser submetido a detenção ou encarceramento arbitrários; **c)** toda pessoa detida ou retida deve ser informada das razões da detenção e notificada, sem demora, da acusação ou das acusações formuladas contra ela; **d)** toda pessoa presa, detida ou retida deve ser conduzida, sem demora, à presença de um juiz ou outra autoridade autorizada por lei a exercer funções judiciais e tem o direito de ser julgada em prazo razoável ou de ser posta em liberdade, sem prejuízo de que prossiga o processo. Sua liberdade pode ser condicionada a garantias que assegurem o seu comparecimento em juízo; **e)** toda pessoa privada da liberdade tem direito a recorrer a um juiz ou tribunal competente, a fim de que este decida, sem demora, sobre a legalidade de sua prisão ou detenção e ordene sua soltura, se a prisão ou a detenção forem ilegais. Nos Estados-partes cujas leis preveem que toda pessoa que se vir ameaçada de ser privada de sua liberdade tem direito a recorrer a um juiz ou tribunal competente, a fim de que este decida sobre a legalidade de tal ameaça, tal recurso não pode ser restringido nem abolido. O recurso pode ser interposto pela própria pessoa ou por outra pessoa; **f) é no ponto 7 deste artigo que aparece o princípio da proibição da detenção por dívidas e a sua correlata exceção somente em virtude de inadimplemento de obrigação alimentar.** E seu reflexo no Brasil foi, depois de muitas decisões, a Súmula Vinculante nº 25 do STF: "É ilícita a prisão civil de depositário infiel, qualquer que seja a modalidade do depósito".

Gabarito "C"

Segue, para conhecimento, a lista dos direitos humanos protegidos na Convenção Americana de Direitos Humanos e a lista dos protegidos no Protocolo de São Salvador:

Os direitos humanos protegidos na Convenção Americana de Direitos Humanos são:

(A) direito ao reconhecimento da personalidade jurídica (art. 3º);

(B) direito à vida (art. 4º). É importante apontar que a Convenção determina que, em geral, este direito deve ser protegido desde o momento da concepção;

(C) direito à integridade pessoal (art. 5º). Leia-se integridade física, psíquica e moral;

(D) proibição da escravidão e da servidão (art. 6º). O tráfico de escravos e o tráfico de mulheres também são proibidos em todas as suas formas;

(E) direito à liberdade pessoal (artigo 7º). É no ponto 7 deste artigo que aparece o princípio da proibição da detenção por dívidas e sua correlata exceção somente em virtude de inadimplemento de obrigação alimentar. E seu reflexo no Brasil foi, depois de muitas decisões, a Súmula Vinculante 25 do STF;

(F) garantias judiciais (art. 8º). É neste artigo que aparece o princípio da celeridade dos atos processuais;

(G) princípio da legalidade e da retroatividade da lei penal mais benéfica (art. 9º);

(H) direito à indenização por erro judiciário (art. 10). O artigo dispõe ser necessário o trânsito em julgado da condenação;

(I) proteção da honra e da dignidade (art. 11);

(J) liberdade de consciência e de religião (art. 12);

(K) liberdade de pensamento e de expressão (art. 13);

(L) direito de retificação ou resposta (art. 14). Direito a ser utilizado quando as informações inexatas ou ofensivas forem emitidas, em seu prejuízo, por meios de difusão legalmente regulamentados e que se dirijam ao público em geral;

(M) direito de reunião (art. 15). Desde que pacífica e sem armas;

(N) liberdade de associação (art. 16);

(O) proteção da família (art. 17);

(P) direito ao nome (art. 18);

(Q) direitos da criança (art. 19);

(R) direito à nacionalidade (art. 20). Este artigo traz a importante regra de que toda pessoa tem direito à nacionalidade do Estado em cujo território houver nascido, se não tiver direito a outra;

(S) direito à propriedade privada (art. 21);

(T) direito de circulação e de residência (art 22). Tal artigo traz duas regras importantes, a primeira, constante do ponto 7 do artigo, é a de que toda pessoa tem o direito de buscar e receber asilo em território estrangeiro, em caso de perseguição por delitos políticos ou comuns conexos com delitos políticos e a segunda, constante do ponto 8 do artigo, é a de que em nenhum caso o estrangeiro pode ser expulso ou entregue a outro país, seja ou não de origem, onde seu direito à vida ou à liberdade pessoal esteja em risco de violação em virtude de sua raça, nacionalidade, religião, condição social ou de suas opiniões políticas;

(U) direitos políticos (art. 23);

(V) igualdade perante a lei (art. 24);

(W) proteção judicial (art. 25).

Os direitos humanos protegidos no Protocolo San Salvador são:

(A) direito ao trabalho (art. 6º);

(B) condições justas, equitativas e satisfatórias de trabalho (art. 7º);

(C) direitos sindicais (art. 8º);

(D) direito à seguridade social (art. 9º);

(E) direito à saúde (art. 10);

(F) direito a um meio ambiente sadio (art. 11);

(G) direito à alimentação (art. 12);

(H) direito à educação (art. 13);

(I) direito de receber os benefícios da cultura (art. 14);

(J) direito à constituição e à proteção da família (art. 15);

(K) direitos da criança (art. 16);

(L) proteção dos idosos (art. 17);

(M) proteção dos deficientes (art. 18).

3.2. Corte Interamericana de direitos humanos

(Advogado da União/AGU – CESPE – 2012) No que concerne aos direitos humanos no âmbito do direito internacional, julgue os itens que se seguem.

(1) De acordo com a Corte Internacional de Justiça, as disposições da Declaração Universal dos Direitos Humanos, de caráter costumeiro, estabelecem obrigações *erga omnes*.

(2) Na sentença do caso Gomes Lund *versus* Brasil, a Corte Interamericana de Direitos Humanos estabeleceu que o dever de investigar e punir os responsáveis pela prática de desaparecimentos forçados possui caráter de *jus cogens*.

(3) Em casos que envolvam a prática de tortura sistemática, a Convenção Americana de Direitos Humanos permite o acesso direto do indivíduo à Corte Interamericana de Direitos Humanos.

1: errado, pois a Corte Internacional de Justiça não assumiu tal posição, apesar da assertiva poder ser considerada como correta, pois as disposições da DUDH que possuem caráter costumeiro irradiam obrigações *erga omnes*. Nesse sentido: "Em resumo, é possível afirmar que um núcleo de direitos da Declaração Universal dos Direitos Humanos tem fundamento vinculante no direito internacional costumeiro. Já com relação a outros, é fato, porém, que o consenso sobre sua aceitação como norma jurídica direcionada à proteção obrigatória pelos estados ainda não se acha consolidado, por mais que em foros internacionais se afirme recorrentemente o caráter universalista da declaração[5]". Importante recordar que, para ser considerado costume internacional, é necessário que a prática seja geral e reiterada (elemento objetivo ou material) e aceita como o direito[6] (elemento subjetivo ou psicológico). A Corte Internacional de Justiça definiu o que é o costume no conhecido julgamento do caso da Plataforma Continental do Mar do Norte, em 1969, descrevendo o conceito como "a prática reiterada, acompanhada da convicção quanto a ser obrigatória essa prática, por tratar-se de norma jurídica". Trata-se do costume qualificado pela *opinio juris*[7]; 2: certo.

5. Aragão, Eugênio José Guilherme. **Revista Eletrônica do Ministério Público Federal**, ANO 1, Número 1, 2009, págs. 8/9.

6. Prática necessária, justa e correta.

7. "A *opinion juris* (convicção do direito não é apenas um acordo tácito ou abstrato de vontades (como pretendem os voluntaristas), mas sim a crença premature dos atores da sociedade

No caso Gomes Lund e outros (Guerrilha do Araguaia) *versus* Brasil, a Corte prolatou uma sentença (de 24 de novembro de 2010) que resolve as exceções preliminares, o mérito e as reparações e custas. A Corte foi acionada pela Comissão Interamericana de Direitos Humanos, a qual havia recebido anteriormente uma petição apresentada pelo Centro pela Justiça e o Direito Internacional (CEJIL) e pela *Human Rights Watch/Americas*, em nome de pessoas desaparecidas no contexto da Guerrilha do Araguaia e seus familiares. Esta demanda se refere à alegada responsabilidade do Brasil pela detenção arbitrária, tortura e desaparecimento forçado de 62 pessoas, entre membros do Partido Comunista do Brasil e camponeses da região, resultado de operações do Exército brasileiro empreendidas entre 1972 e 1975 com o objetivo de erradicar a Guerrilha do Araguaia, no contexto da ditadura militar do Brasil (1964–1985). E, assim, foi apresentada para que a Corte decidisse se o Brasil é responsável pela violação dos direitos estabelecidos nos artigos 3º (direito ao reconhecimento da personalidade jurídica), 4º (direito à vida), 5º (direito à integridade pessoal), 7º (direito à liberdade pessoal), 8º (garantias judiciais), 13 (liberdade de pensamento e expressão) e 25 (proteção judicial), da Convenção Americana sobre Direitos Humanos, em conexão com as obrigações previstas nos artigos 1º, ponto 1, (obrigação geral de respeito e garantia dos direitos humanos) e 2º (dever de adotar disposições de direito interno) da mesma Convenção. O Brasil interpôs quatro exceções preliminares e a Corte admitiu parcialmente a exceção preliminar de falta de competência temporal da Corte para examinar supostas violações ocorridas antes do reconhecimento de sua competência pelo Brasil e não aceitou as outras. Antes de comentarmos a decisão sobre o mérito, cabe apontar que o caráter contínuo ou permanente do desaparecimento forçado de pessoas foi reconhecido de maneira reiterada pelo Direito Internacional dos Direitos Humanos, no qual o ato de desaparecimento e sua execução se iniciam com a privação da liberdade da pessoa e a subsequente falta de informação sobre seu destino, e permanecem até quando não se conheça o paradeiro da pessoa desaparecida e os fatos não tenham sido esclarecidos. A Corte, portanto, é competente para analisar os alegados desaparecimentos forçados das supostas vítimas a partir do reconhecimento de sua competência contenciosa efetuado pelo Brasil, só não será em relação à alegada execução extrajudicial da senhora Maria Lúcia Petit da Silva, cujos restos mortais foram identificados em 1996, ou seja, dois anos antes de o Brasil reconhecer a competência contenciosa da Corte. No mérito, a Corte decidiu, por unanimidade, que as disposições da Lei de Anistia brasileira (Lei 6.683/79) que impedem a investigação e sanção de graves violações de direitos humanos são incompatíveis com a Convenção Americana, como também que o Brasil é responsável pelo desaparecimento forçado e, portanto, pela violação dos direitos ao reconhecimento da personalidade jurídica, à vida, à integridade pessoal e à liberdade pessoal em relação com o artigo 1º, ponto 1, desse instrumento. Ademais, decidiu que o Brasil descumpriu a obrigação de adequar seu direito interno à Convenção Americana sobre Direitos Humanos, contida em seu artigo 2º, em relação aos artigos 8º, ponto 1, 25 e 1º, ponto 1, do mesmo instrumento. E ainda declarou o Brasil responsável pela violação do direito à liberdade de pensamento e de expressão consagrado no artigo 13 da Convenção, em relação com os artigos 1º, ponto 1, 8º, ponto 1 e 25 desse instrumento. Também foi declarada a responsabilidade do Brasil pela violação do direito à integridade pessoal, consagrado no artigo 5º, ponto 1, da Convenção, em relação com o artigo 1º, ponto 1, desse mesmo instrumento, em prejuízo dos familiares. Por fim, cabe sublinhar que nessa decisão a Corte definiu que o dever de investigar e punir os responsáveis pela prática de desaparecimentos forçados possui caráter de *jus cogens*; 3: errado, pois o indivíduo não tem acesso direto à Corte Interamericana de Direitos Humanos (art. 61 da Convenção Interamericana de Direitos Humanos). *Gabarito 1E, 2C, 3E*

internacional (criadores daqueles "precedentes" já referidos) de que aquilo que se pratica reiteradamente se estima obrigatório pelo fato de ser justo e pertencente ao universo do Direito" (Mazzuoli, Valerio de Oliveira. **Curso de Direito Internacional Público**, p. 124. Ed. RT, 6º edição, 2012).

RENAN FLUMIAN

3.3. Comissão interamericana de direitos humanos

(Procurador do Município/Cubatão-SP – 2012 – VUNESP) Sobre a Comissão Interamericana de Direitos Humanos, prevista no Sistema Interamericano de Direitos Humanos, é correto afirmar que

(A) a Comissão não possui a função consultiva, ou seja, de emissão de opiniões consultivas em relação à interpretação da Convenção ou de outros Tratados de Proteção aos Direitos Humanos.

(B) os membros que a compõem são eleitos pela Assembleia Geral da Organização dos Estados Americanos para um período de 2 (dois) anos, podendo ser reeleitos apenas uma vez.

(C) a Comissão tem o poder de coagir os Estados-Membros à adoção de medidas cabíveis e necessárias a sanar violações de direitos humanos que lhe foram relatadas e comprovadas.

(D) qualquer pessoa, em representação pessoal ou de terceiros, bem como as organizações não governamentais possuem legitimidade para peticionar perante a Comissão.

(E) a apresentação do caso à Comissão deve ser feita dentro de 12 (doze) meses, a partir da data em que o presumido prejudicado em seus direitos tenha sido notificado da decisão definitiva.

A: incorreta, pois a Comissão possui, sim, função consultiva; **B:** incorreta. A Comissão Interamericana de Direitos Humanos é o órgão administrativo do sistema regional de proteção americano. Sua composição é de sete membros, que deverão ser pessoas de alta autoridade moral e de reconhecido saber em matéria de direitos humanos (art. 34 da Convenção Americana de Direitos Humanos). Os membros da Comissão serão eleitos, a título pessoal, pela Assembleia Geral da Organização dos Estados Americanos, a partir de uma lista de candidatos propostos pelos governos dos estados-membros e terão mandato de quatro anos, com a possibilidade de uma reeleição. Vale lembrar que não pode fazer parte da Comissão mais de um nacional de um mesmo país (arts. 36 e 37 da referida Convenção); **C:** incorreta. A principal função da Comissão Interamericana de Direitos Humanos é promover o respeito aos direitos humanos no continente americano. Destarte, tem competência para enviar recomendações aos estados partes da Convenção Americana de Direitos Humanos, ou até mesmo para os estados-membros da OEA. Em sua competência insere-se também a possibilidade de realizar estudos, solicitar informações aos estados no que tange à implementação dos direitos humanos insculpidos na Convenção, como também confeccionar um relatório anual para ser submetido à Assembleia Geral da Organização dos Estados Americanos. Cabe lembrar que as recomendações e os relatórios (tanto o anual e o alicerçado em alguma acusação[8]) da Comissão não têm poder vinculante, isto é, não vinculam os estados destinatários; **D:** correta. Um aspecto importante da competência da Comissão Interamericana de Direitos Humanos é a possibilidade de receber petições do indivíduo "lesionado", de terceiras pessoas ou de organizações não governamentais legalmente reconhecidas em um ou mais estados-membros da OEA que representem o indivíduo lesionado[9]. Entrementes, esta competência só poderá ser exercida se o estado violador aderiu à Convenção Americana de Direitos Humanos. Percebe-se que não é necessária a expressa aceitação da competência da Comissão para receber petições, bastando que o estado tenha aderido à Convenção; **E:** incorreta. Só serão aceitas as petições ou as comunicações interestatais que comprovarem a inexistência de litispendência internacional e

---

8. A acusação será feita mediante petição individual ou comunicação interestatal.

9. Como exemplo pode-se citar o conhecido caso Maria da Penha.

---

o esgotamento de todos os recursos internos disponíveis. Ademais, **o art. 46 da Convenção Americana de Direitos Humanos também exige que a petição ou a comunicação seja apresentada dentro do prazo de seis meses, a partir da data em que o presumido prejudicado em seus direitos tenha sido notificado da decisão definitiva exarada no sistema protetivo nacional.** E o sistema americano impõe a mesma ideia de ressalva existente no sistema global de proteção dos direitos humanos. As regras de esgotamento de todos os recursos internos disponíveis e a do prazo de seis meses para a apresentação da petição ou comunicação não serão aplicadas quando o indivíduo for privado de seu direito de ação pela jurisdição doméstica, ou lhe forem ceifadas as garantias do devido processo legal ou, ainda, se os processos internos forem excessivamente demorados.

Gabarito "D".

3.3. Combinadas

(Advogado União – AGU – CESPE – 2015) Com relação ao sistema interamericano de proteção dos direitos humanos, julgue os seguintes itens.

(1) Sem prejuízo do direito de os Estados-partes da Convenção Americana sobre Direitos Humanos submeterem-se voluntariamente à Corte Interamericana de Direitos Humanos, nos termos da cláusula facultativa de jurisdição obrigatória constante do Pacto de San José da Costa Rica, o referido tribunal internacional tem a faculdade, inerente às suas atribuições, de determinar o alcance de sua própria competência — compétence de la compétence.

(2) As sentenças prolatadas pela Corte Interamericana de Direitos Humanos podem, após homologação pelo STJ, ser regularmente executadas em território brasileiro.

(3) A Comissão Interamericana de Direitos Humanos — órgão autônomo da Organização dos Estados Americanos encarregado de promover e proteger os direitos humanos no continente americano — detém, juntamente com os Estados-partes do Pacto de San José da Costa Rica, competência exclusiva para a propositura de ações perante a Corte Interamericana de Direitos Humanos.

1: correta. No seu voto concorrente na Opinião Consultiva 15/1997 da Corte Interamericana, o juiz brasileiro Antônio Augusto Cançado Trindade ponderou que um tribunal internacional não pode *ex officio* emitir uma opinião consultiva, pois isso equivaleria a transformá-lo, *ultra vires*, em um legislador internacional. Sem embargo, um tribunal como a Corte Interamericana, uma vez consultado por um Estado ou órgão internacional, assume jurisdição internacional sobre o assunto e pode e deve determinar *ex officio* se emitirá ou não a opinião consultiva solicitada, embora a solicitação tenha sido retirada. O tribunal internacional tem a *Kompetenz-Kompetenz* (*compétence de la compétence*), cujo exercício corresponde a um juízo de discricionariedade (conhecido como *judicial propriety*) inteiramente distinto da questão de competência original para emitir a opinião consultiva. Nesse sentido, na OC 15/97, a Corte manteve corretamente sua jurisdição e determinou o alcance de sua competência, apesar de o pedido ter sido retirado; da mesma forma, o caso em consideração manteve seu caráter jurídico e importância prática para todos os Estados-partes da Convenção e dos dois órgãos de supervisão da Convenção, apesar de o pedido ter sido retirado. Consequentemente, a retirada do pedido não produziu efeitos jurídicos, e a Corte, com toda propriedade e tendo por base o art. 63 de seu regulamento, entendeu que tinha a faculdade e o dever de pronunciar-se sobre a matéria submetida a seu conhecimento, no exercício da função consultiva que lhe foi atribuída pelo art. 64 da Convenção Americana. Portanto, como todo órgão com funções jurisdicionais, a Corte tem o poder inerente a suas atribuições para determinar o alcance de sua própria competência (*compétence de*

18. DIREITOS HUMANOS

la compétence). Para fazer esta determinação, a Corte deve ter em consideração que os instrumentos de reconhecimento da cláusula facultativa da jurisdição obrigatória (art. 62, ponto 1, da Convenção) pressupõem a admissão, pelos Estados que a apresentam, do direito da Corte a resolver qualquer controvérsia relativa à sua jurisdição (Caso Acevedo Buendía e Outros Vs. Peru, 2009).; **2**: incorreta. O cumprimento da sentença da Corte se dá geralmente de maneira voluntária pelos Estados. Caso isso não ocorra, por exemplo, no Brasil, o cumprimento se dará mediante execução da sentença, como título executivo judicial, perante a Justiça Federal, consoante disposto no art. 109, I, da CF. Mas deve-se saber que os Estados-partes da Convenção se comprometem a cumprir a decisão da Corte em todo caso em que forem parte (art. 68 da Convenção Americana de Direitos Humanos). E para afastar qualquer dúvida possível, cabe esclarecer que a sentença internacional, aquela prolatada por Corte Internacional (como a Corte Interamericana), não precisa de homologação para ser executada no Brasil (são autoexecutáveis). Já a sentença estrangeira, expedida por autoridade de outro país, exige homologação para poder ser executada no Brasil; **3**: Correta (art. 61, ponto 1, da Convenção Americana sobre Direitos Humanos). [✓]

Gabarito: 1C, 2E, 3C.

4. DIREITOS HUMANOS NO BRASIL

4.1. Direitos fundamentais

(PROCURADOR DO ESTADO/MG – FUMARC – 2012) Sobre Direitos e Garantias Fundamentais, analise as frases abaixo descritas e assinale a alternativa correta:

I. Os direitos fundamentais não são absolutos, mesmo porque, na prática, há colidência entre os direitos de uma e outra pessoa. Conjugar a máxima aplicabilidade de cada um e a mínima restrição é uma regra de hermenêutica jurídica essencial para o desenvolvimento de uma cultura pela dignidade da pessoa humana no Brasil;

II. Pela Reforma do Judiciário, o Brasil federalizou a competência para o julgamento de causas relativas aos Direitos Humanos, tornando a Justiça Federal a competente originária para o julgamento de lides que versam sobre o descumprimento direito fundamental oriundo de tratado internacional recepcionado pelo ordenamento jurídico brasileiro;

III. O Direito Constitucional Brasileiro resguardou uma área específica da Carta Magna para tratar dos Direitos Fundamentais, mas disseminou normas, valores e princípios em diversos pontos de nossa Constituição, revelando a verdadeira vocação da nova ordem política nacional, compromissada com a construção de uma realidade mais digna para a pessoa humana.

ALTERNATIVAS

(A) As afirmativas I, II e III estão corretas.

(B) Apenas as afirmativas I e III estão corretas.

(C) Apenas as afirmativas I e II estão corretas.

(D) Apenas as afirmativas II e III estão corretas.

(E) As afirmativas I, II e III estão incorretas.

I: correta. A doutrina denomina colisão de direitos em sentido estrito quando o conflito é dado entre direitos fundamentais. Já a colisão de direitos em sentido amplo coloca os direitos fundamentais de um lado e do outro princípios e valores que tutelam os interesses da comunidade. A regra hermenêutica da ponderação ou sopesamento não pode levar ao esvaziamento do núcleo essencial de algum dos direitos fundamentais conflitantes. "Haveria, então, a necessidade de uma dupla garantia: em primeiro lugar, os direitos em jogo deveriam ser ponderados; mas o resultado dessa ponderação só pode ser aceitável se respeitar a condição

de não esvaziamento do conteúdo essencial daqueles direitos[10]". Importante transcrever a lição de Gilmar Mendes: "Embora o texto constitucional brasileiro não tenha privilegiado especificamente determinado direito, na fixação das cláusulas pétreas (CF, art. 60, § 4°), não há dúvida de que, também entre nós, os valores vinculados ao princípio da dignidade da pessoa humana assumem peculiar relevo (CF, art. 1°, III). Assim, devem ser levados em conta, em eventual juízo de ponderação, os valores que constituem inequívoca expressão desse princípio (*inviolabilidade de pessoa humana, respeito à integridade física e moral, inviolabilidade do direito de imagem e da intimidade*)[11]";**II**: incorreta. O § 5° do art. 109 da CF, que foi acrescentado pela EC n° 45 de 2004, assim disciplina: "Nas hipóteses de grave violação de direitos humanos, o Procurador-Geral da República, com a finalidade de assegurar o cumprimento de obrigações decorrentes de tratados internacionais de direitos humanos dos quais o Brasil seja parte, poderá suscitar, perante o Superior Tribunal de Justiça, em qualquer fase do inquérito ou processo, incidente de deslocamento de competência para a Justiça Federal". É a denominada *federalização* dos crimes contra os direitos humanos e um caso conhecido é o IDC 2-DF/STJ de relatoria da Min. Laurita Vaz, pois o caso tinha como pano de fundo a atuação de um grupo de extermínio e o incidente de deslocamento de competência foi parcialmente acolhido[12]. Importante asseverar, com base na jurisprudência do STJ, que o incidente de deslocamento só será provido se ficar comprovado que a justiça estadual constitui verdadeira barreira ao cumprimento dos compromissos internacionais de proteção dos direitos humanos assumidos pelo Brasil; **III**: correta. Fruto da redemocratização, a Constituição de 1988 torna a dignidade da pessoa humana um dos fundamentos da República Federativa do Brasil (art. 1°, III, da CF). Outros fundamentos que reforçam o *status* dos direitos humanos no Brasil são a cidadania, os valores sociais do trabalho e o pluralismo político (respectivamente art. 1°, II, IV e V, da CF). O parágrafo único do art. 1° da CF aponta que o regime de governo, no Brasil, será uma democracia, pois todo o poder emana do povo (soberania popular) e este poderá exercê-lo indiretamente por meio de seus representantes ou diretamente. Os mecanismos de democracia direta encontram-se listados no art. 14, I, II e III da CF (plebiscito, referendo e iniciativa popular). "Ademais, a Constituição de 1988 conferiu significado ímpar ao direito de acesso à justiça e criou mecanismos especiais de controle da omissão legislativa (ação direta por omissão e mandado de injunção), destinados a colmatar eventuais lacunas na realização de direitos, especialmente na formulação de políticas públicas destinadas a atender às determinações constitucionais[13]". Ainda, um dos objetivos fundamentais do Brasil, segundo a CF, é a promoção do bem de todos, sem preconceitos de origem, raça, sexo, cor, idade e quaisquer outras formas de discriminação (art. 3°, IV). Outro objetivo que posiciona nuclearmente os direitos humanos no Brasil é o que determina a erradicação da pobreza e da marginalização e a redução das desigualdades sociais e regionais (art. 3°, III). E ainda o Brasil tem por objetivo a construção de uma sociedade livre, justa, solidária (art. 3°, I) e desenvolvida economicamente (art. 3°, II). E o outro fator que sacramenta a nuclearidade dos direitos humanos no Brasil é o que dispõe o art. 4°, II, da CF. Ou seja, as relações internacionais do Brasil serão regidas, dentre outros, pelo *princípio da prevalência dos direitos humanos*. Outros incisos

---

10. DA SILVA, Virgílio Afonso. O Conteúdo Essencial dos Direitos Fundamentais e a Eficácia das Normas Constitucionais, pág. 44. **Revista de Direito do Estado** 4, 2006.

11. MENDES, Gilmar Ferreira. **Curso de Direito Constitucional**, págs. 271/272. Editora Saraiva, 6° ed., 2011

12. IDC 2-DF, Rel. Min. Laurita Vaz, julgado em 27/10/2010. (Inform. STJ 453)

13. MENDES, Gilmar Ferreira. **Curso de Direito Constitucional**, pág. 681. Editora Saraiva, 6° ed., 2011. Também "A Constituição de 1988 é a primeira Carta brasileira a consagrar o direito fundamental de proteção à saúde. Textos constitucionais anteriores possuíam apenas disposições esparsas sobre a questão, como a Constituição de 1824, que fazia referência à proteção de socorros públicos (art. 179, XXXI)" (Mendes, Gilmar Ferreira. Curso de Direito Constitucional, pág. 685. Editora Saraiva, 6° ed., 2011).

do art. 4º da CF que corroboram a dita nuclearidade dos direitos humanos são: a) repúdio ao terrorismo e ao racismo (inc. VIII); b) cooperação entre os povos para o progresso da humanidade (inc. IX); e c) concessão de asilo político (inc. X). Ora, além dos direitos humanos fundamentarem a existência da república brasileira, estes são também vetores para o estabelecimento da política nacional e da externa. Ademais, pode-se considerar os direitos humanos até como limitadores do poder constituinte originário: "É fora de dúvida que o poder constituinte é um fato político, uma força material e social, que não está subordinado ao Direito positivo preexistente. Não se trata, porém, de um poder ilimitado ou incondicionado. Pelo contrário, seu exercício e sua obra são pautados tanto pela realidade fática como pelo Direito, âmbito no qual a dogmática pós-positivista situa os valores civilizatórios, os direitos humanos e a justiça[14]". Outro ponto de destaque é a inclusão dos direitos da pessoa humana na lista dos princípios sensíveis da Constituição (art. 34, VII, *b*, da CF), os quais autorizam, diante de suas violações, a medida extrema da intervenção[15]. Isso significa que se um estado federado incidir em grave violação dos direitos humanos e nada fazer para mudar essa situação lamentável, a União intervirá nessa unidade federada para reestabelecer o respeito integral dos direitos da pessoa humana. Cabe também mencionar a obrigação, preponderantemente atribuída ao Legislativo brasileiro, que o inciso XLI do art. 5º da CF criou: "a lei punirá qualquer discriminação atentatória dos direitos e liberdades fundamentais". Sem contar o art. 5º da CF, local onde o legislador constituinte regrou direitos civis e políticos, como também os econômicos, sociais e culturais como fundamentais. A Constituição ainda traçou certos direitos coletivos e difusos como fundamentais. Para corroborar a importância de tudo o que foi dito, é mister asseverar que é regra básica da hermenêutica jurídica aquela que determina que a aplicação da lei deverá levar em conta os valores constitucionais que irradiam sobre todo o ordenamento jurídico. Vimos que os direitos humanos ocupam lugar central na CF (logo, direitos fundamentais), destarte, toda interpretação e aplicação de alguma norma do ordenamento jurídico brasileiro deverá ser balizada pela dignidade da pessoa humana. Assim, a interpretação que violar a dignidade da pessoa humana não é válida, ou melhor, é inconstitucional.

Gabarito "B".

(Procurador do Município/Recife-PE – 2008 – FCC) Relativamente aos tratados internacionais em matéria de direitos fundamentais, estabelece a Constituição da República que

(A) poderá o Procurador-Geral da República suscitar incidente de deslocamento de competência para a Justiça Federal, perante o Supremo Tribunal Federal, nos casos de grave violação de direitos resguardados em tratados internacionais.

(B) a República Federativa do Brasil não se submete à jurisdição de Tribunal Penal Internacional, ainda que tenha manifestado adesão à sua criação.

(C) os direitos e garantias expressos no texto constitucional não excluem outros decorrentes de tratados internacionais, desde que celebrados posteriormente à promulgação da Constituição.

(D) serão equivalentes às emendas constitucionais os tratados internacionais aprovados, em cada casa do Congresso Nacional, em dois turnos, por três quintos dos votos dos respectivos membros.

---

14. BARROSO, Luís Roberto. **Curso de Direito Constitucional Contemporâneo**, pág. 110. Editora Saraiva, 1ª ed, 2009.

15. "A intervenção federal pelo inciso VII do art. 34 busca resguardar a observância dos chamados princípios constitucionais sensíveis. Esses princípios visam assegurar uma unidade de princípios organizatórios tido como indispensável para a identidade jurídica da federação, não obstante a autonomia dos Estados-membros para se auto-organizarem" (MENDES, Gilmar Ferreira. **Curso de Direito Constitucional**, pág. 835. Editora Saraiva, 6º ed., 2011).

(E) os tratados internacionais que versem sobre direitos fundamentais não se submetem aos limites materiais aplicáveis as emendas à Constituição.

A: incorreta, pois o incidente de deslocamento de competência para a Justiça Federal (*federalização* dos crimes contra os direitos humanos) é suscitado perante o Superior Tribunal de Justiça (art. 109, 5º, da CF); **B:** incorreta, pois o Brasil submete-se à jurisdição do TPI (art. 5º, § 4º, da CF); **C:** incorreta, pois não condiz com o texto do art. 5º, § 2º, da CF: "Os direitos e garantias expressos nesta Constituição não excluem outros decorrentes do regime e dos princípios por ela adotados, ou dos tratados internacionais em que a República Federativa do Brasil seja parte"; **D:** correta, pois reproduz o texto do art. 5º, § 3º, da CF: "Os tratados e convenções internacionais sobre direitos humanos que forem aprovados, em cada Casa do Congresso Nacional, em dois turnos, por três quintos dos votos dos respectivos membros, serão equivalentes às emendas constitucionais"; **E:** incorreta, pois os tratados internacionais também se submetem aos limites materiais (art. 60, § 4º, da CF) aplicáveis as emendas à Constituição.

Gabarito "D".

4.2. Incorporação de tratados

(Procurador do Estado/PA – 2011) Marque a alternativa CORRETA. Os Tratados Internacionais de proteção dos direitos humanos:

(A) são incorporados automaticamente pelo ordenamento jurídico brasileiro, no momento de sua assinatura pelo Presidente da República, com *status* de norma infraconstitucional, mas supralegal.

(B) aplicam-se a todos os Estados, inclusive os que não consentiram expressamente em sua adoção, em virtude da força cogente do princípio da dignidade da pessoa humana.

(C) podem admitir a formulação de reservas.

(D) com fundamento no princípio da boa-fé, sempre admitem que os Estados-partes invoquem disposições de seu direito interno como justificativa para o não cumprimento do tratado.

(E) são incorporados automaticamente pelo ordenamento jurídico brasileiro, no momento de sua assinatura pelo Presidente da República, com *status* de norma material e formalmente constitucional.

A e E: incorretas. Segundo a tese monista, o direito internacional e o nacional fazem parte do mesmo sistema jurídico, ou seja, incidem sobre o mesmo espaço. Pelo contrário, a tese dualista advoga que cada um pertence a um sistema distinto e, por assim dizer, incidem sobre espaços diversos. A tese monista ainda subdivide-se: **a)** *monismo radical: prega a preferência pelo direito internacional em detrimento do direito nacional; e **b)** monismo moderado: prega a equivalência entre o direito internacional e o direito nacional.* É importante apontar que a jurisprudência internacional aplica o monismo radical, tal escolha é respaldada pelo artigo 27 da Convenção de Viena sobre Direito dos Tratados: "Uma parte não pode invocar as disposições de seu direito interno para justificar o inadimplemento de um tratado". O dualismo também se subdivide: **a)** *dualismo radical: impõe a edição de uma lei distinta para incorporação do tratado; e **b)** dualismo moderado: não exige lei para incorporação do tratado, apenas se exige um procedimento formal.* No Brasil, o procedimento é complexo, tomando corpo com a aprovação do Congresso e a promulgação do Executivo. A Constituição Federal silenciou neste aspecto, e em virtude da omissão constitucional a doutrina defende, como já salientado, que o Brasil adotou a corrente dualista, ou, melhor dizendo, a corrente dualista moderada. **Isto porque o tratado só passará a ter validade interna após ter sido aprovado pelo Congresso Nacional e ratificado e promulgado pelo Presidente da República. Devemos Lembrar que a promulgação é efetuada**

18. DIREITOS HUMANOS 725

mediante decreto presidencial. Depois de internalizado, o tratado é equiparado hierarquicamente à norma ordinária infraconstitucional[16]. Assim, as normas infraconstitucionais preexistentes ao tratado serão derrogadas quando com ele colidirem, mas resta a dúvida quando uma lei posterior ao tratado com ele colidir. Tal dúvida não existe em matéria tributária, isto porque o artigo 98 do CTN adotou a prevalência do tratado sobre o direito interno, determinando que a legislação tributária posterior ao tratado lhe deve obediência. Com a edição da Emenda Constitucional n. 45, os tratados de direitos humanos que forem aprovados, em cada Casa do Congresso Nacional, em dois turnos, por três quintos dos votos dos respectivos membros, serão equivalentes às emendas constitucionais – conforme ao que determina o artigo 5º, § 3º, da CF. Ou seja, tais tratados terão hierarquia constitucional. Muito se discutiu em relação à hierarquia dos tratados de direitos humanos que foram internalizados anteriormente à edição da EC n. 45. Mas, em 3 de dezembro de 2008, o Min. Gilmar Mendes, no *RE* 466.343-SP, defendeu a tese da supralegalidade de tais tratados, ou seja, superior às normas infraconstitucionais e inferior às normas constitucionais. O voto do Min. Gilmar Mendes foi acompanhado pela maioria (posição atual do STF). Todavia, tal assunto desperta calorosas discussões, tome de exemplo que, no mesmo recurso extraordinário em que foi exarada a tese da supralegalidade, o Min. Celso de Mello defendeu o caráter constitucional dos tratados de direitos humanos independentemente do quórum de aprovação. Apesar de a tese da supralegalidade ser um avanço da jurisprudência brasileira, deve-se apontar que uma leitura mais acurada da CF já permitiria apontar que os tratados de direitos humanos internalizados sem o procedimento especial teriam *status* constitucional, isto porque o § 2º do artigo 5º da CF inclui os direitos humanos provenientes de tratados dentre os seus direitos protegidos, ampliando o seu bloco de constitucionalidade, o qual é composto por todas as normas do ordenamento jurídico que possuem *status* constitucional; **B**: incorreta, pois, infelizmente, a corrente voluntarista, que tem por fundamento a própria vontade dos Estados, ainda tem primazia no direito internacional público. Num paralelo, seria como o direito positivo. Ou seja, os estados pactuam, por exemplo, firmando um tratado, e desta maneira criam direitos e obrigações entre eles baseado na reciprocidade. É nesta corrente que aparece o princípio do *pacta sunt servanda*. Vale lembrar que a máxima *pacta sunt servanda* é a base do direito dos tratados e diz respeito somente aos estados que pactuaram livremente, isto é, o terceiro estado que não é parte do tratado não poderá ser obrigado por este (art. 26 da Convenção de Viena sobre Direito dos Tratados assim dispõe: "Todo tratado em vigor obriga as partes e deve ser cumprido por elas de boa fé"). Importante apontar que cada vez mais a corrente naturalista (*jus cogens*) ganha espaço; **C**: correta. A reserva é um condicionante do consentimento. Ou seja, é a declaração unilateral do estado aceitando o tratado, mas sob a condição de que certas disposições não valerão para ele. A reserva pode aparecer tanto no momento da assinatura do tratado, como no da ratificação ou da adesão, momento em que o Congresso Nacional pode fazer ressalvas sobre o texto do tratado e até mesmo desabonar as reservas feitas por ocasião da assinatura do tratado. No primeiro caso, as ressalvas serão traduzidas em reservas no momento da ratificação pelo Presidente da República e, no segundo caso, o Presidente da República fica impedido de confirmar as reservas previamente feitas. E por razões óbvias, a reserva é fenômeno incidente sobre os tratados multilaterais. **Cabe ressaltar que, de acordo com a Convenção de Viena sobre Direito dos Tratados, um tratado pode proibir expressamente a formulação de reservas[17] (art. 19, *a*, da Convenção de Viena sobre o Direito dos**

Tratados) **e que, se ele nada dispuser sobre o assunto, entende-se que as reservas a um tratado internacional são possíveis, a não ser que sejam incompatíveis com seu objeto e sua finalidade (art. 19, *c*, da Convenção de Viena sobre o Direito dos Tratados).** Por fim, a Convenção de Viena sobre Direito dos Tratados também traz um conceito de reserva no seu art. 2º, I, *d*: "*reserva* significa uma declaração unilateral, qualquer que seja a sua redação ou denominação, feita por um Estado ao assinar, ratificar, aceitar ou aprovar um tratado, ou a ele aderir, com o objetivo de excluir ou modificar o efeito jurídico de certas disposições do tratado em sua aplicação a esse Estado"; **D**: incorreta, pois como já dito no comentário sobre as assertivas **A** e **E**, a jurisprudência internacional aplica o monismo radical, tal escolha é respaldada pelo artigo 27 da Convenção de Viena sobre Direito dos Tratados: "Uma parte não pode invocar as disposições de seu direito interno para justificar o inadimplemento de um tratado".

Gabarito "C".

4.3. Competência na Constituição Federal

(Procurador do Estado/SP – VUNESP – 2005) De acordo com a nova sistemática constitucional, a competência para processar e julgar os crimes contra os direitos humanos

(A) continua sendo da Justiça Estadual, nas causas de sua competência, mas, atendidos certos requisitos, o Procurador-Geral da República poderá suscitar perante o STJ o incidente de deslocamento de competência para a Justiça Federal.

(B) passou a ser dos juízes federais, tendo sido cessada totalmente a competência dos juízes estaduais nesta matéria, mas pelo incidente de deslocamento de competência, o respectivo processo poderá ser remetido ao STJ, a pedido do Procurador-Geral da República.

(C) pertence agora à Justiça Federal e, em caso de grave violação dos direitos humanos, a competência poderá ser deslocada para a Justiça do Estado onde o crime aconteceu.

(D) continua sendo da Justiça Estadual, mas os juízes federais, por força da federalização dos crimes contra os direitos humanos, podem avocar o respectivo processo, com a finalidade de assegurar o cumprimento de obrigações decorrentes de tratados internacionais de direitos humanos dos quais o Brasil seja parte.

(E) passou a ser compartilhada entre as Justiças Estadual e Federal e, em casos de grave violação dos direitos humanos, o processo poderá ser avocado pelo STJ, com a finalidade de assegurar o cumprimento de tratados internacionais de direitos humanos dos quais o Brasil seja parte.

A Justiça Estadual possui competência para julgar os crimes contra os direitos humanos, pois tais não estão elencados no rol do art. 109 da CF, que dispõe sobre a competência do juízes federais. Mas o § 5º do art. 109 da CF, que foi acrescentado pela EC nº 45 de 2004, assim dispõe: "Nas hipóteses de grave violação de direitos humanos, o Procurador-Geral da República, com a finalidade de assegurar o cumprimento de obrigações decorrentes de tratados internacionais de direitos humanos dos quais o Brasil seja parte, poderá suscitar, perante o Superior Tribunal de Justiça, em qualquer fase do inquérito ou processo, incidente de deslocamento de competência para a Justiça Federal". É a denominada *federalização* dos crimes contra os direitos humanos e um caso conhecido é o IDC 2-DF/STJ de relatoria da Min. Laurita Vaz, pois o caso tinha como pano de fundo a atuação de um grupo de extermínio e o incidente de deslocamento de competência foi parcialmente acolhido[18]. Importante asseverar, com

---

16. Os tratados e as convenções de direitos humanos não poderão ter *status* de lei complementar pela simples escolha do rito adotado para sua incorporação no direito brasileiro, isso porque a Constituição explicitamente elencou quais as matérias que devem ser exclusivamente tratadas por via de Lei Complementar.

17. O Tribunal Penal Internacional (TPI) foi constituído na Conferência de Roma, em 17 de julho de 1998, onde se aprovou o Estatuto de Roma - tratado que não admite a apresentação de reservas.

---

18. IDC 2-DF, Rel. Min. Laurita Vaz, julgado em 27/10/2010. (**Inform. STJ** 453)

726 RENAN FLUMIAN

base na jurisprudência do STJ, que o incidente de deslocamento só será provido se ficar comprovado que a justiça estadual constitui verdadeira barreira ao cumprimento dos compromissos internacionais de proteção dos direitos humanos assumidos pelo Brasil.

Gabarito "A".

4.4. Conselho de Defesa dos Direitos da Pessoa Humana

(Procurador do Município/Cubatão-SP – 2012 – VUNESP) Compete ao Conselho de Defesa dos Direitos da Pessoa Humana, instituído pela Lei Federal n.º 4.319/1964,

(A) promover inquéritos, investigações e estudos acerca da eficácia das normas asseguradoras dos direitos da pessoa humana, inscritos na Constituição Federal, na Declaração Americana dos Direitos e Deveres Fundamentais do Homem (1948) e na Declaração Universal dos Direitos Humanos (1948).

(B) recomendar à União, aos Estados, aos Municípios e ao Distrito Federal, a eliminação, do quadro dos seus serviços civis e militares, de todos os seus agentes que se revelem reincidentes na prática de atos violadores dos direitos da pessoa humana.

(C) representar pela intervenção em Estados ou Municípios cujas autoridades administrativas ou policiais se revelem, no todo ou em parte, incapazes de assegurar a proteção dos direitos da pessoa humana.

(D) receber representações que contenham denúncias de violações dos direitos da pessoa humana, apurar sua procedência e determinar providências às autoridades competentes, capazes de fazer cessar os abusos, com caráter vinculante.

(E) estudar e propor ao Poder Judiciário a organização de uma divisão por órgãos regionais, para a eficiente proteção dos direitos da pessoa humana.

A questão ficou prejudicada porque a lei no 12.986/14 transformou o Conselho de Defesa dos Direitos da Pessoa Humana – CDDPH – em Conselho Nacional dos Direitos Humanos. O Conselho é um órgão colegiado[19] com representantes de setores representativos ligados aos Direitos Humanos e com importância fundamental na promoção e defesa desses no País. Cabe destacar a redação do §1o do artigo 2o: "Constituem direitos humanos sob a proteção do CNDH os direitos e garantias fundamentais, individuais, coletivos ou sociais previstos na Constituição Federal ou nos tratados e atos internacionais celebrados pela República Federativa do Brasil". O CNDH, segundo o artigo 4o, é o órgão incumbido de velar pelo efetivo respeito aos direitos humanos por parte dos poderes públicos, dos serviços de relevância pública e dos particulares, competindo-lhe:

a) promover medidas necessárias à prevenção, repressão, sanção e reparação de condutas e situações contrárias aos direitos humanos, inclusive os previstos em tratados e atos internacionais ratificados no País, e apurar as respectivas responsabilidades;

b) fiscalizar a política nacional de direitos humanos, podendo sugerir e recomendar diretrizes para a sua efetivação;

c) receber representações ou denúncias de condutas ou situações contrárias aos direitos humanos e apurar as respectivas responsabilidades;

d) expedir recomendações a entidades públicas e privadas envolvidas com a proteção dos direitos humanos, fixando prazo razoável para o seu atendimento ou para justificar a impossibilidade de fazê-lo;

e) articular-se com órgãos federais, estaduais, do Distrito Federal e municipais encarregados da proteção e defesa dos direitos humanos;

f) manter intercâmbio e cooperação com entidades públicas ou privadas,

nacionais ou internacionais, com o objetivo de dar proteção aos direitos humanos e demais finalidades previstas neste artigo;

g) acompanhar o desempenho das obrigações relativas à defesa dos direitos humanos resultantes de acordos internacionais, produzindo relatórios e prestando a colaboração que for necessária ao Ministério das Relações Exteriores;

h) opinar sobre atos normativos, administrativos e legislativos de interesse da política nacional de direitos humanos e elaborar propostas legislativas e atos normativos relacionados com matéria de sua competência;

i) realizar estudos e pesquisas sobre direitos humanos e promover ações visando à divulgação da importância do respeito a esses direitos;

j) recomendar a inclusão de matéria específica de direitos humanos nos currículos escolares, especialmente nos cursos de formação das polícias e dos órgãos de defesa do Estado e das instituições democráticas;

l) dar especial atenção às áreas de maior ocorrência de violações de direitos humanos, podendo nelas promover a instalação de representações do CNDH pelo tempo que for necessário; **m)** realizar procedimentos apuratórios de condutas e situações contrárias aos direitos humanos e aplicar sanções de sua competência;

n) pronunciar-se, por deliberação expressa da maioria absoluta de seus conselheiros, sobre crimes que devam ser considerados, por suas características e repercussão, como violações a direitos humanos de excepcional gravidade, para fins de acompanhamento das providências necessárias a sua apuração, processo e julgamento.

Como também poderá representar:

a) à autoridade competente para a instauração de inquérito policial ou procedimento administrativo, visando à apuração da responsabilidade por violações aos direitos humanos ou por descumprimento de sua promoção, inclusive o estabelecido no inciso XI, e aplicação das respectivas penalidades;

b) ao Ministério Público para, no exercício de suas atribuições, promover medidas relacionadas com a defesa de direitos humanos ameaçados ou violados;

c) ao Procurador-Geral da República para fins de intervenção federal, na situação prevista na alínea *b* do inciso VII do art. 34 da Constituição Federal;

d) ao Congresso Nacional, visando a tornar efetivo o exercício das competências de suas Casas e Comissões sobre matéria relativa a direitos humanos.

Por fim, O CNDH, quando verificado violações aos direitos humanos, poderá aplicar as seguintes sanções: (i) advertência; (ii) censura pública; (iii) recomendação de afastamento de cargo, função ou emprego na administração pública direta, indireta ou fundacional da União, Estados, Distrito Federal, Territórios e Municípios do responsável por conduta ou situações contrárias aos direitos humanos; e (iv) recomendação de que não sejam concedidos verbas, auxílios ou subvenções a entidades comprovadamente responsáveis por condutas ou situações contrárias aos direitos humanos (artigo 6o da Lei no 12.986/14). As sanções podem ser aplicadas isoladas ou cumulativamente, como também possuem caráter autônomo, ou seja, deverão ser aplicadas independentemente de outras sanções de natureza penal, financeira, política, administrativa ou civil previstas em lei.

Gabarito "A".

5. DIREITO HUMANITÁRIO

(Procurador do Município/Cubatão-SP – 2012 – VUNESP) O Direito Internacional Humanitário

(A) prevê que os feridos e doentes devem ser recolhidos e tratados pela parte no conflito que causou tal resultado, sendo que a proteção cobre igualmente o pessoal sanitário, os estabelecimentos, os meios de transporte e o material sanitário.

(B) é um ramo do Direito Internacional Público constituído por todas as normas convencionais, ou de origem consuetudinária, especificamente destinadas

---

19. Seus integrantes estão elencados no artigo 3o da Lei no 12.986/14.

18. DIREITOS HUMANOS

a regulamentar os problemas que surgem em períodos de conflito armado.

(C) estabelece que as partes num conflito e os membros das suas forças armadas possuem um direito ilimitado na escolha dos métodos e meios de guerra, mesmo que suscetíveis de causar perdas ou sofrimentos excessivos.

(D) dispõe que os combatentes capturados e os civis que se encontrem sob a autoridade da parte adversa têm direito ao respeito da sua vida, da sua dignidade, dos seus direitos pessoais e das suas convicções, mas não têm direito a trocar notícias com as suas famílias e a receber socorros.

(E) tem como objeto a proteção do ser humano em situação de conflito armado, não possuindo qualquer disposição voltada à proteção de bens culturais, ou seja, bens móveis ou imóveis, que apresentem uma grande importância para o patrimônio cultural dos povos.

O Direito Humanitário é composto por princípios e regras, estas sendo positivadas ou costumeiras, que tem como função, por questões humanitárias, limitar os efeitos do conflito armado. Mais especificamente, o Direito Humanitário protege as pessoas que não participam ou não mais participam das hostilidades e restringe os meios e os métodos de guerra. Tal conceito permite-nos encará-lo como Direito Internacional dos Conflitos Armados ou Direito da Guerra. É considerado, por muitos, a primeira limitação internacional que os estados sofreram na sua soberania[20], pois, na hipótese de conflito armado, os estados teriam que respeitar certas regras que visam proteger as vítimas civis e os militares fora de combate. Assim, tem-se início o processo de internacionalização dos direitos humanos. O Direito Internacional Humanitário é principalmente fruto das quatro Convenções de Genebra de 1949 (em 1949 foram revistas as três Convenções anteriores – 1864, 1906 e 1929 – e criada uma quarta, relativa à proteção dos civis em período de Guerra) e seus Protocolos Adicionais, os quais formam o conjunto de leis para reger os conflitos armados e busca limitar seus efeitos (Direito de Genebra). A proteção recai sobre as pessoas que não participam dos conflitos (civis, profissionais de saúde e de socorro) e os que não mais participam das hostilidades (soldados feridos, doentes, náufragos e prisioneiros de guerra). As Convenções e seus Protocolos apelam para que sejam tomadas medidas para evitar ou para acabar com todas as violações. Eles contêm regras rigorosas para lidar com as chamadas "violações graves". Os responsáveis pelas violações graves devem ser julgados ou extraditados, independentemente de suas nacionalidades. A primeira Convenção de Genebra protege feridos e enfermos das forças armadas em campanha. E contém 64 artigos que protegem não só os feridos e os enfermos, mas também o pessoal médico e religioso, as unidades e os transportes médicos. A Convenção também reconhece os emblemas distintivos. A segunda Convenção de Genebra protege feridos, enfermos e náufragos das forças armadas no mar. Esta Convenção substitui a Convenção de Haia de 1907 sobre a Adaptação dos Princípios da Convenção de Genebra de 1864 a Guerras Marítimas. Segue as disposições da Primeira Convenção de Genebra em termos de estrutura e conteúdo. Contém 63 artigos que se aplicam especificamente a guerras marítimas. Por exemplo, protege os navios-hospitais. A terceira Convenção de Genebra se aplica aos prisioneiros de Guerra. Esta Convenção substitui a Convenção sobre Prisioneiros de Guerra de 1929. Contém 143 artigos, enquanto a de 1929 continha apenas 97. As categorias de pessoas com direito ao *status* de prisioneiro de guerra foram ampliadas. As condições e os locais de cativeiro também foram definidos com mais precisão, em particular com relação ao trabalho de prisioneiros de guerra, seus recursos pecuniários, o socorro que recebem e os processos judiciais contra eles. A Convenção estabelece o princípio de que os prisioneiros de guerra devem ser liberados e repatriados sem demora após o término das hostilidades

ativas. A quarta Convenção de Genebra protege os civis, inclusive em territórios ocupados. As Convenções de Genebra, adotadas antes de 1949, preocupavam-se apenas com os combatentes, mas não com os civis. Os eventos da II Guerra Mundial mostraram as consequências desastrosas da ausência de uma convenção para proteger os civis em tempos de guerra. A Convenção adotada em 1949 leva em consideração as experiências da II Guerra Mundial. É composta por 159 artigos e contém uma pequena seção referente à proteção geral das populações contra certas consequências da guerra, sem tratar da conduta das operações militares, que foi examinada depois nos Protocolos Adicionais de 1977. Ademais, a quarta Convenção esclarece as obrigações da Potência Ocupante com relação à população civil e contém disposições detalhadas sobre o socorro humanitário em território ocupado. Merece destaque o art. 3º, que é comum às quatro Convenções de Genebra e marcou um avanço ao disciplinar, pela primeira vez, os conflitos armados não internacionais. Esses tipos de conflito variam muito. Eles incluem guerras civis tradicionais, conflitos armados internos que se expandem para outros estados ou conflitos internos nos quais um terceiro estado ou uma força multinacional intervém junto com o governo. O art. 3º Comum estabelece regras fundamentais que não podem ser derrogadas e funciona como uma miniconvenção dentro das Convenções, pois contém as regras essenciais das Convenções de Genebra em um formato condensado e as torna aplicáveis aos conflitos de caráter não internacional. Por fim, nas duas décadas após a adoção das Convenções de Genebra, o mundo testemunhou um aumento no número de conflitos armados não internacionais e de guerras por independência. Em resposta a isso, foram adotados em 1977 dois Protocolos Adicionais às Convenções de Genebra de 1949. Eles fortalecem a proteção das vítimas de conflitos armados internacionais (Protocolo I) e não internacionais (Protocolo II) e determinam limites aos métodos de guerra. O Protocolo II foi o primeiro tratado internacional exclusivamente dedicado às situações de conflitos armados não internacionais. Em 2007, um terceiro Protocolo Adicional foi adotado criando um emblema adicional, o Cristal Vermelho, que tem o mesmo *status* internacional dos emblemas da Cruz Vermelha e do Crescente Vermelho. A outra parte das regras do Direito Internacional Humanitário provém do Direito de Haia (Convenções de Haia de 1899 e de 1907), as quais regulam especificamente o meio e os métodos utilizados na guerra, ou, em outras palavras, a condução das hostilidades pelos beligerantes e as Regras de Nova Iorque[21], que cuidam da proteção dos direitos humanos em período de conflito armado. Pode-se apontar ainda o Tribunal Penal Internacional como um dos destaques na tutela do Direito Internacional Humanitário. Existem três princípios norteadores do Direito de Haia quais são: a) princípio da humanidade: combatentes devem usar armamento que permita o menor sofrimento possível; b) princípio da necessidade: toda ataque armado deve destinar-se à execução de um objetivo militar; e c) princípio da proporcionalidade: ataque armado não pode causar danos desproporcionais à vantagem obtida. Por fim, o objetivo do Direito Humanitário é a tutela da pessoa humana, entretanto, numa situação mais específica, qual seja, pessoa humana como vítima de conflito armado nacional ou internacional. Cabe também destacar o papel do Direito Humanitário na proteção dos bens culturais. Os bens culturais, que nada mais são que bens civis, são protegidos de uma forma geral pela tutela do Direito Humanitário quando no contexto de Guerra. Mas também possuem uma proteção específica: Convenção da Haia para a Proteção de Bens Culturais durante os Conflitos Armados de 1954. Essa Convenção tem por base o reconhecimento da herança cultural de todos os povos. Posteriormente, a tutela dos bens culturais foi complementada pelos Protocolos Adicionais às Convenções de Genebra de 1977[22] e pelo Protocolo Adicional à Convenção da Haia para a Proteção de Bens Culturais durante os Conflitos Armados de 1999. Interessante também notar que o grande motivador dessa Convenção foi a destruição de inúmeros bens culturais durante a Segunda Guerra Mundial, situação que levou a comunidade internacional

---

20. A Liga das Nações e a Organização Internacional do Trabalho são indicados como os outros exemplos dessa primeira limitação, oriunda da comunidade internacional, que os estados sofrerem em sua inabalável soberania.

---

21. Resolução 2.444 (XXIII) adotada em 1968 pela Assembleia Geral das Nações Unidas.

22. Mais especificamente o art. 53 do Protocolo I Adicional às Convenções de Genebra e o art. 16 do Protocolo II Adicional às Convenções de Genebra.

a se conscientizar e prever proteção jurídica específica. De acordo com a Convenção da Haia, de 1954, cada Estado deverá agir para salvaguardar seus próprios bens culturais contra ataques armados. Isso pode ser feito, por exemplo, ao remover os bens para longe da ação militar potencial ou real e, no caso de sítios históricos, ao evitar colocar objetivos militares nas suas proximidades. As partes de um conflito armado não têm permissão para dirigir hostilidades contra os bens culturais, devendo evitar causar-lhes danos acidentais. A Convenção da Haia, contudo, reconhece as situações em que um ataque contra bens culturais pode ser lícito, especialmente se o bem tiver sido convertido em objetivo militar e um ataque seria necessário devido a uma *imperiosa necessidade militar*. As potências ocupantes deverão proteger os bens culturais sob seu controle contra roubos, pilhagem ou apropriação indevida. Se um bem cultural for removido do território ocupado para sua própria proteção, deverá ser devolvido ao final das hostilidades. E outra consequência da Segunda Guerra Mundial foi o impedimento de se utilizar da destruição dos bens culturais como uma forma de intimar as pessoas sob ocupação ou como represália. As Partes da Convenção da Haia são responsáveis por implementar as disposições e incorporar a proteção dos bens culturais na sua legislação interna. Também devem reforçar as disposições em caso de violação das normas. No âmbito internacional, a UNESCO possui a responsabilidade particular de monitorar o respeito e de ajudar a proteger e preservar os bens culturais.

Gabarito "B".

6. DIREITO DOS REFUGIADOS

(Procurador do Município/Cubatão-SP – 2012 – VUNESP) O Direito Internacional dos Direitos Humanos volta-se, entre vários enfoques, à aplicação da lei de forma a serem assegurados os direitos humanos de grupos vulneráveis, como mulheres e crianças. Nesse sentido, a pessoa que, devido a fundados temores de perseguição por motivo de raça, religião, nacionalidade, grupo social ou opinião política, encontre-se fora do país de sua nacionalidade e não possa ou não queira acolher-se à proteção desse país é identificada como pertencente ao grupo vulnerável de

(A) deslocados internos.

(B) migrantes.

(C) imigrantes.

(D) emigrantes.

(E) refugiados.

O Direito dos Refugiados é composto por princípios e regras, estas sendo positivadas ou costumeiras, que tem como função proteger e auxiliar o indivíduo considerado refugiado. E refugiado é o indivíduo perseguido devido a sua raça, religião, nacionalidade, opinião política ou por sua ligação com certo grupo social, que se encontre fora de seu país de nacionalidade e não possa ou não queira, por temor, regressar ao seu país, ou o que, não tendo nacionalidade e estando fora do país onde antes teve sua residência habitual, não possa ou não queira regressar a ele, em função das circunstâncias já descritas. Ainda, é possível considerar refugiado todo aquele que for vítima de grave e generalizada violação de direitos humanos. Lembrando que apátrida é a condição de indivíduo que não possui qualquer nacionalidade. Os efeitos da condição do *status* de refugiado serão extensivos ao cônjuge, aos ascendentes e descendentes, assim como aos demais membros do grupo familiar que do refugiado dependerem economicamente, desde que se encontrem em território nacional. Em 1951, foi convocada uma Conferência de Plenipotenciários das Nações Unidas para Genebra com o objetivo de redigir uma Convenção regulatória do *status* legal dos refugiados. Como resultado, a Convenção das Nações Unidas relativa ao Estatuto dos Refugiados foi adotada em 28 de julho de 1951, entrando em vigor em 22 de abril de 1954. No Brasil, foi promulgada por meio do Decreto nº 50.215, de 28 de janeiro de 1961. A Convenção deve ser aplicada sem discriminação por raça, religião, sexo e país de origem. Além disso, estabelece cláusulas consideradas essenciais às quais nenhuma reserva pode ser apresentada. Entre essas cláusulas, incluem-se a definição do termo "refugiado" e o **princípio de *non-refoulement*** ("não devolução"), disciplinado no art. 33 da Convenção de 1951, o qual define que nenhum país deve expulsar ou "devolver" (*refouler*) um refugiado, contra a vontade do mesmo, em quaisquer ocasiões, para um território onde ele ou ela sofra perseguição. Ainda, estabelece providências para a disponibilização de documentos, como os documentos de viagem específicos para refugiados na forma de um "passaporte". A definição do termo "refugiado" no art. 1º engloba um grande número de pessoas. No entanto, a Convenção só é aplicada a fatos ocorridos antes de 1º de janeiro de 1951. Com o tempo e a emergência de novas situações geradoras de conflitos e perseguições, tornou-se crescente a necessidade de providências que colocassem os novos fluxos de refugiados sob a proteção das provisões da Convenção. Assim, um Protocolo relativo ao Estatuto dos Refugiados foi preparado e submetido à Assembleia Geral das Nações Unidas em 1966. O Protocolo foi assinado pelo Presidente da Assembleia Geral e o Secretário-Geral no dia 31 de janeiro de 1967 e transmitido aos governos. Entrou em vigor internacional em 4 de outubro de 1967 e foi promulgado no Brasil em sete de agosto de 1972 pelo Decreto nº 70.946. Com a ratificação do Protocolo, os países foram levados a aplicar as provisões da Convenção de 1951 para todos os refugiados enquadrados na definição da carta, **mas sem limite de datas e de espaço geográfico**. Embora relacionado com a Convenção, o Protocolo é um instrumento independente cuja ratificação não é restrita aos Estados signatários da Convenção de 1951 (os EUA só assinaram o Protocolo de 1967). A Convenção e o Protocolo são os principais instrumentos internacionais estabelecidos para a proteção dos refugiados. Ao ratificar a Convenção e/ou o Protocolo, os Estados signatários aceitam cooperar com o Alto Comissariado das Nações Unidas para os Refugiados (ACNUR) no desenvolvimento de suas funções e, em particular, a facilitar a função específica de supervisionar a aplicação das provisões desses instrumentos. A Convenção de 1951 e o Protocolo de 1967, por fim, são os meios através dos quais é assegurado que qualquer pessoa, em caso de necessidade, possa exercer o direito de procurar e de gozar de refúgio em outro país. E lembrando que refúgio é o acolhimento, pelo estado, em seu território, de indivíduo perseguido por motivos de raça, religião, nacionalidade, grupo social ou opiniões políticas.

Gabarito "E".

19. DIREITO EDUCACIONAL

Robinson Barreirinhas, Henrique Subi e Wander Garcia

1. NORMAS CONSTITUCIONAIS

(Procurador Federal – 2010 – CESPE) Com base na legislação que trata de ensino, julgue o seguinte item.

(1) A educação infantil, por qualificar-se como direito fundamental de toda criança, não se expõe, em seu processo de concretização, a avaliações meramente discricionárias da administração pública, nem se subordina a razões de puro pragmatismo governamental.

Assertiva correta, pois a garantia de educação básica obrigatória e gratuita dos 4 aos 17 anos de idade, inclusive a educação infantil, implica vinculação para a autoridade competente, não discricionariedade, sob pena de responsabilidade em caso de não oferecimento ou de oferta irregular – 208, I e IV, e § 2º, da CF e arts. 5º, § 4º e 21, I, da LDB. Perceba que o atendimento de crianças de até 5 anos em creches ou pré-escolas (educação infantil), garantida pelo art. 208, IV, da CF, corresponde a direito subjetivo público, possibilitando inclusive a intervenção do Poder Judiciário – ver RE 554.075 AgR/SC.

Gabarito 1C

(Procuradoria Federal – 2007 – CESPE) A CF estabelece que a educação é direito de todos e dever do Estado e da família, a ser promovida e incentivada com a colaboração da sociedade, tendo por finalidade o pleno desenvolvimento da pessoa, seu preparo para o exercício da cidadania e sua qualificação para o trabalho. Ela enfatiza a obrigatoriedade do ensino fundamental e sua gratuidade nos estabelecimentos da rede escolar pública, inclusive para os que a ele não tiveram acesso na idade própria. Quanto à educação superior, a CF define as universidades como instituições dotadas de autonomia didático-científica, administrativa e de gestão financeira e patrimonial, subordinadas ao princípio da indissociabilidade entre ensino, pesquisa e extensão. Depois de prolongada e complexa tramitação no Congresso Nacional, a Lei de Diretrizes e Bases da Educação Nacional (LDB) foi finalmente aprovada e sancionada em dezembro de 1996. Uma das características marcantes dessa lei é a margem de autonomia que confere aos sistemas de ensino e às próprias escolas, chegando a oferecer alternativas para a organização das atividades escolares. Tendo as informações acima como referência inicial e considerando aspectos legais concernentes à educação brasileira, julgue os itens que se seguem.

(1) Programas como o de transporte e o de alimentação escolar (merenda), bem como o do livro didático, são políticas públicas respaldadas pela CF, que identifica como dever do Estado com a educação o atendimento ao educando, no ensino fundamental, por meio de programas suplementares.

(2) Embora juridicamente obrigatório, o acesso à educação básica está ainda bem distante do ideal de universalização, fato que se explica pela insuficiente oferta de vagas nas escolas da rede pública e pela precariedade das instalações físicas dessas escolas.

(3) A progressão continuada dos estudos, mais conhecida como aprovação automática, adotada em vários sistemas de ensino e em várias escolas, consiste na não reprovação de aluno nas séries do ensino fundamental e está respaldada pela própria CF quando esta afirma que o acesso ao ensino obrigatório e gratuito é direito público subjetivo.

(4) A autonomia universitária a que se refere o texto constitucional, reiterada na LDB, aplica-se ao conjunto das instituições de educação superior mantidas pelo poder público (União, estados, municípios e DF), situação que não se aplica às universidades privadas.

(5) Tanto a CF quanto a LDB determinam a destinação de recursos públicos para as escolas públicas, permitindo, contudo, que esses recursos também sejam endereçados a escolas comunitárias, confessionais ou filantrópicas.

1: assertiva correta, em conformidade com a garantia prevista no art. 208, VII, da CF, de atendimento ao educando, em todas as etapas da educação básica, por meio de programas suplementares de material didático, escolar, transporte, alimentação e assistência à saúde; **2**: incorreta, pois a oferta de vagas para a educação básica no Brasil aproxima-se da universalização; **3**: incorreta, pois o regime de progressão continuada para o ensino fundamental não decorre do direito subjetivo ao acesso ao ensino obrigatório e gratuito. Importante salientar que a adoção do regime de progressão continuada não é obrigatória para as entidades de ensino – art. 32, § 2º, da LDB e art. 208, § 1º, da CF; **4**: incorreta, pois a autonomia universitária abrange as entidades privadas – art. 207 da CF e art. 53 da LDB; **5**: assertiva correta, conforme o art. 213 da CF e o art. 77 da LDB.

Gabarito 1C, 2E, 3E, 4E, 5C

(Procurador Federal – 2010 – CESPE) A respeito da autonomia universitária, julgue os itens seguintes.

(1) Considere a seguinte situação hipotética. Antônio, militar do Exército brasileiro, foi transferido de ofício do Rio de Janeiro para Salvador, razão pela qual sua esposa e dependente, Maria, obteve vaga na Universidade Federal da Bahia no curso superior que frequentava em universidade particular carioca. Antes do término desse curso, Antônio foi novamente transferido, no interesse da administração, para o Distrito Federal, motivo pelo qual Maria pleiteou vaga na Universidade de Brasília. Nessa situação, o novo pleito de Maria não deve ser negado, independentemente de haver vaga ou da época do ano em que ocorreu, com fundamento na natureza da universidade particular de origem, pois se trata de fato irrelevante.

(2) Considere que determinado estudante tenha impetrado mandado de segurança contra ato omissivo do ministro da Educação em razão de seu diploma não ter sido expedido porque o curso de pós-graduação que esse estudante frequentou não estava credenciado no MEC. Nessa situação, o ministro não é autoridade competente para determinar a expedição do diploma, não detendo legitimidade passiva para a mencionada ação; a universidade tem autonomia específica para a prática desse ato.

(3) As universidades públicas federais, entidades da administração indireta, são constituídas sob a forma de autarquias ou fundações públicas. Seus atos, além de sofrerem a fiscalização do TCU, submetem-se ao controle interno exercido pelo MEC, porque tais universidades são subordinadas a esse ministério.

(4) A jurisprudência pátria, na hipótese em que houver conclusão de curso superior antes do trânsito em julgado da decisão em que se discuta a idoneidade do ato de matrícula do aluno, manifesta-se pela inaplicabilidade da teoria do fato consumado, uma vez que os requisitos legais devem ser analisados de forma definitiva pelo Poder Judiciário.

1: assertiva correta. O servidor federal estudante, civil ou militar, que for transferido de ofício, no interesse da administração (não a pedido, por interesse próprio), tem direito à matrícula em instituição de ensino congênere no local da nova residência, em qualquer época, independentemente de vaga. A mesma regra vale para cônjuge, companheiro, filhos, enteados e menores sob a guarda do servidor, com autorização judicial, que vivam com ele – art. 99 da Lei 8.112/1990 e art. 1º da Lei 9.536/1997. A regra das instituições congêneres implica transferência de entidade de ensino pública para outra pública ou de privada para outra privada, exceto se não houver no local da nova residência – ver ADI 3.324/DF e AgRg no REsp 1.103.539/PB. No caso descrito, a esposa do militar a ser transferido de ofício está matriculada em uma universidade pública (Federal da Bahia), de modo que tem direito a ingressar em outra universidade pública (= congênere) no local da nova residência, independentemente da existência de vaga. O fato de ela ter cursado, originariamente, universidade privada é, nesse contexto, irrelevante – ver REsp 877.060/DF, em que se tratou exatamente dessa situação (transferência da UFBA para a UNB, sendo que, originariamente, a aluna estudava em entidade privada); **2:** assertiva correta, conforme a interpretação dada pelo STF ao caso – ver RMS 26.369/DF; **3:** assertiva incorreta, no que se refere à subordinação. Embora vinculadas ao MEC, as universidades públicas federais não se subordinam ao Ministério, pois têm autonomia didático científica, administrativa e de gestão financeira e patrimonial – art. 207, *caput*, da CF. No mais, a assertiva é correta – art. 3º da Lei 7.596/1987, ver RMS 22.047 AgR/DF que trata exatamente dessa situação; **4:** incorreta, pois o STF adota a teoria do fato consumado, no caso – ver RE 429.906 AgR/SC.

Gabarito 1C, 2C, 3E, 4E

(Procurador Federal – 2010 – CESPE) Com base na legislação que trata de ensino, julgue o seguinte item.

(1) A cobrança de matrícula como requisito para que o estudante possa cursar universidade federal viola disposto da CF, pois, embora configure ato burocrático, a matrícula constitui formalidade essencial para que o aluno tenha acesso à educação superior.

1: Assertiva correta. A Súmula Vinculante 12 do STF dispõe que a cobrança de taxa de matrícula nas universidades públicas viola o disposto no art. 206, IV, da Constituição Federal.

Gabarito 1C

(Procurador Federal – 2010 – CESPE) Com base na legislação que trata de ensino, julgue o seguinte item.

(1) A jurisprudência do STF firmou-se no sentido da existência de direito subjetivo público de crianças de até cinco anos de idade ao atendimento em creches e pré-escolas.

A referida corte consolidou, ainda, o entendimento de que é possível a intervenção do Poder Judiciário visando à efetivação desse direito constitucional.

1: Correta, pois é essa a jurisprudência do STF – ver RE 554.075 AgR/SC.

Gabarito 1C

(Procurador do Município/Boa Vista-RR – 2010 – CESPE) Considerando as disposições da CF quanto à matéria da educação, julgue os itens subsequentes.

(1) A CF dispõe que é direito público subjetivo o acesso ao ensino obrigatório e gratuito, sendo que a sua oferta irregular ou o não oferecimento pelo poder público é responsabilidade da autoridade competente.

(2) Em relação à organização da educação brasileira, a CF estabelece que a União, os estados, o DF e os municípios organizarão seus sistemas de ensino em regime de colaboração, cabendo aos municípios atuar, prioritariamente, no ensino fundamental e na educação infantil.

1: assertiva correta, pois reflete o disposto no art. 208, §§ 1º e 2º, da CF. A rigor, o não oferecimento ou a oferta irregular do ensino obrigatório pelo poder público **importa** responsabilidade da autoridade competente; **2:** correta, conforme o art. 211, *caput*, e § 2º, da CF.

Gabarito 1C, 2C

---

2. LEI DE DIRETRIZES E BASES DA EDUCAÇÃO

(Procurador Federal – 2013 – CESPE) À luz da CF e do entendimento do STF a respeito, julgue os itens a seguir, relativos ao direito à educação.

(1) A cobrança do salário-educação como adicional de financiamento para educação básica é inconstitucional.

(2) Segundo o entendimento do STF, é direito subjetivo público de crianças com até cinco anos de idade o atendimento em creches e pré-escolas, sendo possível a intervenção do Poder Judiciário para efetivá-lo.

1: incorreta. A Súmula 732 do STF afirma a constitucionalidade do salário-educação (É constitucional a cobrança da contribuição do salário-educação, seja sob a Carta de 1969, seja sob a Constituição Federal de 1988, e no regime da Lei 9.424/96); **2:** correta, conforme o julgamento do RE 554075 AgR/SC, DJ 21/08/2009.

Gabarito 1E, 2C

(Procurador Federal – 2013 – CESPE) Julgue os próximos itens de acordo com a Lei de Diretrizes e Bases da Educação Nacional.

(1) A educação básica obrigatória e gratuita se inicia na pré-escola e termina no ensino fundamental.

(2) Se determinada instituição de ensino superior da rede privada pretender ofertar programas de educação a distância, seu credenciamento pela União será requisito indispensável.

1: incorreta. Nos termos do art. 4º, I, da Lei 9.394/1996 (Lei de Diretrizes e Bases da Educação Nacional – LDB), a educação básica obrigatória vai dos 4 aos 17 anos de idade e abrange da pré-escola ao ensino médio; **2:** correta, nos termos do art. 80, § 1º, da LDB.

Gabarito 1E, 2C

(Procurador Federal – 2013 – CESPE) No que diz respeito à revalidação de diploma obtido no estrangeiro e à cobrança de taxas em estabelecimentos públicos de ensino, julgue o item a seguir.

19. DIREITO EDUCACIONAL   731

(1) Tendo em vista que, de acordo com súmula vinculante editada pelo STF, a cobrança de taxa de matrícula nas universidades públicas viola dispositivo da CF, é correto concluir que a cobrança, por instituição pública de ensino superior, de taxa para revalidar diploma de graduação obtido no exterior é inconstitucional.

1: incorreta. A jurisprudência dos Tribunais Regionais Federais é pacífica no sentido de que o princípio da gratuidade do ensino público não impede a cobrança de taxa de revalidação de diploma, desde que seu valor corresponda ao custo do serviço (veja, por exemplo, TRF 1ª Região, AMS 2008.32.00.002049-1/AM, DJ 27/07/2009).
Gabarito 1E

(Procurador Federal – 2010 – CESPE) Em relação à Lei de Diretrizes e Bases da Educação Nacional (LDB), julgue o item seguinte.

(1) Os diplomas de mestrado e de doutorado expedidos por universidades estrangeiras só poderão ser reconhecidos por universidades brasileiras que possuam cursos de mestrado e doutorado, reconhecidos e avaliados, ainda que não seja na mesma área de conhecimento.

1: Incorreta, pois a universidade que irá reconhecer o diploma estrangeiro deve possuir cursos de pós-graduação reconhecidos e avaliados, na **mesma** área de conhecimento e em nível equivalente ou superior – art. 48, § 3º, da LDB.
Gabarito 1E

(Procurador Federal – 2010 – CESPE) Em relação à Lei de Diretrizes e Bases da Educação Nacional (LDB), julgue o item seguinte.

(1) Para efeitos de aposentadoria com redução de idade e tempo de contribuição garantida pela CF aos profissionais de educação, são consideradas funções de magistério as exercidas por professores e especialistas em educação no desempenho de atividades educativas, quando exercidas em estabelecimento de educação básica em seus diversos níveis e modalidades, incluídas, além do exercício da docência, as de direção de unidade escolar e as de coordenação e assessoramento pedagógico.

1: A assertiva é incorreta no que se refere aos profissionais vinculados ao regime geral da previdência social. Nesse caso, a redução de idade refere-se apenas ao tempo de contribuição, e não à idade do segurado – art. 201, § 8º c/c § 7º, I, da CF. No mais, a assertiva é correta – art. 67, § 2º, da LDB, art. 40, § 5º, da CF, ver ADI 3.772/DF, sendo inaplicável ao caso o disposto na Súmula 726/ STF.
Gabarito 1E

(Procurador Federal – 2010 – CESPE) Em relação à Lei de Diretrizes e Bases da Educação Nacional (LDB), julgue o item seguinte.

(1) A LDB preceitua que os alunos dos níveis fundamental e médio têm direito a um ano com, no mínimo, 200 dias letivos e 800 horas aula. De acordo com a jurisprudência do STJ, essa matéria não pode ser objeto de regulamentação por ato infralegal, na medida em que representa uma garantia dos estudantes.

1: Incorreta, pois o STJ reconheceu a validade de regulamentação infralegal das atividades dos professores (capacitação profissional e eventos de cunho educacional ou sindical), exatamente para garantir eficácia ao direito dos estudantes a essa carga horária mínima anual – RMS 29.183/RS, ver art. 24, I, da LDB.
Gabarito 1E

(Procurador do Município/Boa Vista-RR – 2010 – CESPE) Tendo como referência a Lei de Diretrizes e Bases da Educação Nacional (LDB) em vigor — Lei nº 9.394/1996 —, julgue os itens que se seguem.

(1) A LDB dispõe que os sistemas municipais de ensino compreendem as instituições de ensino fundamental, médio e de educação infantil mantidas pelo poder público municipal; as instituições de educação infantil criadas e mantidas pela iniciativa privada; e os órgãos municipais de educação.

(2) O dever do Estado com a educação escolar pública, de acordo com a LDB, será efetivado mediante algumas garantias, entre as quais se explicita a garantia de vaga em escola pública de educação infantil ou de ensino fundamental mais próxima da residência de toda criança a partir do dia em que completar quatro anos de idade.

1: assertiva correta, nos termos do art. 18 da LDB; **2:** correta, conforme o art. 4º, X, da LDB.
Gabarito 1C, 2C

3. SISTEMA DE COTAS

(Procurador Federal – 2013 – CESPE) A respeito das políticas de cotas e ações afirmativas, julgue o item a seguir.

(1) Considere a seguinte situação hipotética. Lúcio, Pedro e Vera são estudantes de ensino médio que pretendem ingressar na mesma instituição federal de ensino superior. Lúcio, autodeclarado preto, com renda familiar de dez salários mínimos, cursou todo o ensino fundamental e o médio na rede privada de ensino, juntamente com seus três irmãos. Pedro, autodeclarado pardo, filho único, com renda familiar de sessenta salários mínimos, cursou o ensino fundamental na rede privada e o ensino médio na rede pública de ensino. Vera, branca, filha única, com renda familiar de cinquenta salários mínimos, cursou o ensino fundamental e o médio na rede pública de ensino. Nessa situação, com base na lei que dispõe sobre o ingresso nas universidades federais e nas instituições federais de ensino técnico, apenas Pedro e Vera terão o direito a concorrer a uma vaga pelo sistema de cotas.

1: correta. As vagas reservadas pelo sistema de cotas são asseguradas àqueles que tenham cursado integralmente o ensino médio na rede pública de ensino (caso de Pedro e Vera). O fato de Lúcio ser autodeclarado preto não garante o acesso por meio da ação afirmativa, porque cursou o ensino médio na iniciativa privada (art. 1º da Lei 12.711/2012).
Gabarito 1C

4. CRÉDITO ESTUDANTIL

(Procurador Federal – 2013 – CESPE) A respeito do crédito estudantil e dos contratos de empréstimo, julgue os itens a seguir.

(1) Para que um estudante universitário do curso de matemática consiga financiar sua graduação pelo FIES, basta que ele esteja regularmente matriculado nas disciplinas de seu curso, independentemente da instituição de ensino a que pertença.

(2) Considere a seguinte situação hipotética. Ana, que concluiu curso superior de pedagogia com financiamento do FIES, e Joana, que está inadimplente com o Programa de Crédito Educativo (PCE/CREDUC), pretendem inscrever-se junto ao FIES para custear seus estudos em novos cursos superiores. Nessa situação, ambas as inscrições deverão ser vedadas.

1: incorreta. O acesso ao FIES é garantido somente aos estudantes regularmente matriculados em estabelecimentos de ensino não gratuitos e com avaliação positiva nos processos conduzidos pelo Ministério da Educação (art. 1º da Lei 10.260/2001); **2:** correta. Nos termos do art. 1º, §1º, da Resolução Normativa MEC 10/2010 e do art. 1º, § 6º, da Lei 10.260/2001, respectivamente.

Gabarito 1E, 2C

20. Recursos Hídricos

Ana Paula Garcia, Ivo Shigueru Tomita, Fabiano Melo, Luiz Felipe Nobre Braga e Fernanda Camargo Penteado

(Procurador do Município/Manaus – 2018 – CESPE) Julgue os próximos itens, relativos a recursos hídricos e florestais.

(1) Valores arrecadados com a cobrança pelo uso de recursos hídricos podem ser aplicados em bacia hidrográfica distinta daquela em que forem gerados tais valores.

(2) É vedado qualquer tipo de queima de vegetação no interior de unidades de conservação.

(3) Os serviços florestais são considerados como um tipo de produto florestal.

1: Correto, pois de acordo com a Lei 9.433/1997, art. 22, os valores arrecadados com a cobrança pelo uso de recursos hídricos serão aplicados prioritariamente (e não exclusivamente) na bacia hidrográfica em que foram gerados. **2:** Errado, pois de acordo com a Lei 12.651/2012, art. 38, II, é proibido o uso de fogo na vegetação, exceto, dentre outras, na situação de emprego da queima controlada em Unidades de Conservação, em conformidade com o respectivo plano de manejo e mediante prévia aprovação do órgão gestor da Unidade de Conservação, visando ao manejo conservacionista da vegetação nativa, cujas características ecológicas estejam associadas evolutivamente à ocorrência do fogo. **3:** Errado, pois de acordo com a Lei 11.284/2006, art. 3º, IV, consideram-se serviços florestais: turismo e outras ações ou benefícios decorrentes do manejo e conservação da floresta, não caracterizados como produtos florestais. FM/LF

Gabarito 1C, 2E, 3E

(Procurador Municipal – Sertãozinho/SP – VUNESP – 2016) A água é recurso essencial para a humanidade. No Brasil, a Lei 9.433/97 instituiu a Política Nacional dos Recursos Hídricos. Sobre as infrações e penalidades previstas a quem desrespeita as regras previstas nessa legislação, é correto afirmar que

(A) há previsão de aplicação de pena privativa de liberdade, dentre outras punições, para quem se enquadrar em qualquer dos tipos penais descritos na norma.

(B) quando a infração constituir-se em perfurar poços para extração de água sem autorização, a única penalidade prevista na norma é a de embargos definitivos da obra.

(C) fraudar as medições dos volumes de água utilizados ou declarar valores diferentes dos medidos é considerado infração às normas de utilização de recursos hídricos, sendo que competirá à autoridade competente aplicar uma das penalidades previstas na lei.

(D) sempre que da infração cometida resultar prejuízo ao serviço público de abastecimento de água, riscos à saúde ou à vida, perecimento de bens ou animais, ou prejuízos de qualquer natureza a terceiros, a multa a ser aplicada nunca será superior à metade do valor máximo cominado em abstrato.

(E) contra a aplicação das sanções previstas na lei não caberá recurso à autoridade administrativa competente, sendo que para tais casos o Poder Judiciário poderá ser acionado. Frisa-se, ainda, que em caso de reincidência, aplicando-se a multa como primeira punição, esta será aplicada em triplo.

A: Incorreta. Ao contrário do que prevê a alternativa, não há previsão de pena privativa de liberdade. As penas previstas no art. 50, da Lei 9.433/1997, são: advertência por escrito, multa simples ou diária, embargo provisório e embargo definitivo; **B:** Incorreta. Perfurar poços para a extração de água subterrânea constitui infração as normas de utilização de recursos hídricos (art. 49, V, da Lei 9.433/1997), ficando sujeito o infrator a quaisquer das penalidades descritas nos incisos do art. 50, da Lei 9.433/1997, independentemente de sua ordem de enumeração, quais sejam: advertência por escrito, multa simples ou diária, embargo provisório e embargo definitivo; **C:** Correta. Nos termos do art. 49, VI, cumulado com o art. 50, da Lei 9.433/1997; **D:** Incorreta. Dispõe o art. 50, § 1º, da Lei 9.433/1997: "Sempre que a infração cometida resultar prejuízo a serviço público de abastecimento de água, riscos à saúde ou à vida, perecimento de bens ou animais, ou prejuízos de qualquer natureza a terceiros, a multa a ser aplicada nunca será inferior à metade do valor máximo cominado em abstrato"; **E:** Incorreta. Da aplicação das sanções previstas às infrações das normas de utilização de recursos hídricos, caberá recurso à autoridade administrativa competente (art. 50, § 3º, da Lei 9.433/1997) e em caso de reincidência, a multa será aplicada em dobro e não em triplo conforme previsto na alternativa (art. 50, § 4º, da Lei 9.433/1997). FM-FCP

Gabarito "C"

(Procurador – IPSMI/SP – VUNESP – 2016) Constitui diretriz geral de ação para implementação da Política Nacional de Recursos Hídricos:

(A) a gestão sistemática dos recursos hídricos, com dissociação dos aspectos de quantidade e qualidade.

(B) a adequação da gestão de recursos hídricos às diversidades físicas, bióticas, demográficas, econômicas, sociais e culturais das diversas regiões do País.

(C) a integração da gestão de recursos hídricos com a gestão ambiental, social, econômica e do patrimônio histórico.

(D) a articulação da gestão de recursos hídricos com a de recursos minerais, vegetais e animais.

APG questões comentadas por: **Ana Paula Garcia**

IT questões comentadas por: **Ivo Shigueru Tomita**

FM questões comentadas por: **Fabiano Melo**

FCP questões comentadas por: **Fernanda Camargo Penteado**

LF questões comentadas por: **Luiz Felipe Nobre Braga**

(E) a integração da gestão das bacias hidrográficas com a dos sistemas estuarinos, zonas costeiras e de encostas de morro.

A: Incorreta. A gestão sistemática dos recursos hídricos, sem dissociação dos aspectos de quantidade e qualidade, que constitui diretriz geral para a implementação da Política Nacional de Recursos Hídricos, e não com dissociação, conforme disposto (art. 3º, I, da Lei 9.433/1997). **B:** Correta. Vide art. 3º, II, da Lei 9.433/1997. **C:** Incorreta. Nos termos do art. 3º, III, da Lei 9.433/1997, constitui diretriz geral da ação para a implementação da Política Nacional de Recursos Hídricos a integração da gestão de recursos hídricos com a gestão ambiental. **D:** Incorreta. Constitui diretriz geral da ação à implementação da Política Nacional de Recursos Hídricos a articulação da gestão de recursos hídricos com a do uso do solo (art. 3º, V, da Lei 9.433/1997). **E:** Incorreta. As encostas de morro não fazem parte da integração, conforme dispõe o art. 3º, VI, da Lei 9.433/1997. FM-FCP

Gabarito "B".

(Procurador do Estado – PGE/PA – UEPA – 2015) A respeito da Política Nacional de Recursos Hídricos, julgue as afirmativas abaixo.

I. Submete-se ao regime de outorga pelo Poder Público os direitos de uso de recursos hídricos que envolvam captação de parcela da água existente em um corpo de água para consumo final, inclusive abastecimento público, exceto se o abastecimento público se der por meio de empresa pública ou por ente da Administração direta.

II. Submete-se ao regime de outorga pelo Poder Público os direitos de uso de recursos hídricos que envolvam extração de água de aquífero subterrâneo para consumo final ou insumo de processo produtivo; bem como o lançamento em corpo de água de esgotos e demais resíduos líquidos ou gasosos, tratados ou não, com o fim de sua diluição, transporte ou disposição final.

III. Submete-se ao regime de outorga pelo Poder Público os direitos de uso de recursos hídricos que envolvam aproveitamento dos potenciais hidrelétricos e outros usos que alterem o regime, a quantidade ou a qualidade da água existente em um corpo de água.

IV. Submete-se ao regime de outorga pelo Poder Público, o uso de recursos hídricos para a satisfação das necessidades de pequenos núcleos populacionais, distribuídos no meio rural; as derivações, captações e lançamentos considerados insignificantes e as acumulações de volumes de água consideradas insignificantes.

V. A outorga de direito de uso de recursos hídricos, cujo prazo não poderá exceder 35 anos, renovável, poderá ser suspensa parcial ou totalmente, em definitivo ou por prazo determinado, se demonstrada a ausência de uso por três anos consecutivos ou a necessidade premente de água para atender a situações de calamidade, inclusive as decorrentes de condições climáticas adversas.

A alternativa que contém todas as afirmativas corretas é:

(A) I, II e III

(B) I, III e IV

(C) II, IV e V

(D) II, III e IV

(E) II, III e V

I: incorreta (art. 12, I, da Lei 9.433/1997); **II:** correta (art. 12, II e III, da Lei 9.433/1997); **III:** correta (art. 12, IV e V, da Lei 9.433/1997); **IV:** incorreta, pois nos termos do art. 12, § 1º, as situações apontadas na assertiva independem de outorga do Poder Público; **V:** correta (art.16 e art. 15, II e III, da Lei 9.433/1997). FM – FCP

Gabarito "E".

(Procurador do Estado/BA – CESPE – 2014) No que se refere ao direito ambiental, julgue o item a seguir.

(1) Os comitês de bacia hidrográfica são constituídos por usuários das águas e por entidades civis de recursos hídricos com atuação comprovada na bacia, entre outros membros, conforme dispõe a Lei n.º 9.433/1997.

1: Correta. O art. 39 da Lei 9.433/1997 prevê que os Comitês de Bacia Hidrográfica são compostos por representantes "da União; dos Estados e do Distrito Federal cujos territórios se situem, ainda que parcialmente, em suas respectivas áreas de atuação; dos Municípios situados, no todo ou em parte, em sua área de atuação; *dos usuários das águas de sua área de atuação*; e das *entidades civis de recursos hídricos com atuação comprovada na bacia*" (art. 39, I a V, da Lei 9.433/1997).

Gabarito "1C".

(Procurador do Estado/AC – FMP – 2012) Com base no disposto na Lei Federal n.º 9.433/97, analise as assertivas que seguem.

I. Para os fins da Política Nacional de Recursos Hídricos, em situações de escassez, o uso prioritário dos recursos hídricos é o consumo humano e a dessedentação de animais.

II. Bacia hidrográfica é a unidade territorial para implementação da Política Nacional de Recursos Hídricos e atuação do Sistema Nacional de Gerenciamento de Recursos Hídricos.

III. A gestão dos recursos hídricos deve ser descentralizada e contar com a participação do Poder Público, dos usuários e das comunidades.

Quais delas são **corretas**?

(A) Apenas a I e a II.

(B) Apenas a I e a III.

(C) Apenas a II e a III.

(D) Todas estão corretas.

I: correta, pois reflete o disposto no art. 1º, III, da Lei 9.433/97; **II:** correta, pois reflete o disposto no art. 1º, V, da Lei 9.433/97; **III:** correta, pois reflete o disposto no art. 1º, VI, da Lei 9.433/97.

Gabarito "D".

(Procurador do Estado/PA – 2011) Assinale a alternativa INCORRETA:

(A) O Município tem competência para fiscalizar a exploração de recursos hídricos, superficiais e subterrâneos, em seu território, o que lhe permite também coibir a perfuração e exploração de poços artesianos, no exercício legítimo de seu poder de polícia urbanístico, ambiental, sanitário e de consumo.

(B) As águas subterrâneas são passíveis de apropriação particular, cabendo ao Município fiscalizar apenas as condições de higiene e saúde na utilização de tais recursos hídricos.

(C) Na visão do Superior Tribunal de Justiça, a Constituição Federal aboliu expressamente a dominialidade privada dos cursos de água, terrenos reservados e terrenos marginais, ao tratar do assunto em seu art. 20,

20. RECURSOS HÍDRICOS   735

inciso III. Desse modo, a interpretação a ser conferida ao art. 11, *caput*, do Código de Águas ("ou por algum título legítimo não pertencerem ao domínio particular"), que, teoricamente, coaduna-se com o sistema constitucional vigente e com a Lei da Política Nacional de Recursos Hídricos (Lei 9.433/1997), é a de que, no que tange a rios federais e estaduais, o título legítimo em favor do particular que afastaria o domínio pleno da União seria somente o decorrente de enfiteuse ou concessão, este último de natureza pessoal, e não real, admitindo-se a indenização advinda de eventuais benefícios econômicos que o particular retiraria da sua contratação com o Poder Público.

(D) A Lei da Política Nacional de Recursos Hídricos apoia-se em uma série de princípios fundamentais, dentre eles o princípio da dominialidade pública (a água, dispõe a lei expressamente, é bem de domínio público), o princípio da finitude (a água é recurso natural limitado) e o princípio da gestão descentralizada e democrática.

(E) São objetivos dorsais da Lei da Política Nacional de Recursos Hídricos (Lei 9.433/97): a preservação da disponibilidade quantitativa e qualitativa de água, para as presentes e futuras gerações; a sustentabilidade dos usos da água, admitidos somente os de cunho racional; e a proteção das pessoas e do meio ambiente contra os eventos hidrológicos críticos.

A: correta, pois a afirmativa reflete o disposto no art. 23, XI, da CF. Além disso, a Segunda Turma do E. STJ discutiu (REsp 994.120) os limites da competência fiscalizatória municipal relacionada à perfuração de poço artesiano e sua exploração por particular. A questão teve início quando o município de Erechim (RS) autuou um condomínio e lacrou o poço artesiano. O condomínio recorreu ao Judiciário, e o tribunal estadual entendeu que a competência do município para fiscalizar referia-se, exclusivamente, à proteção da saúde pública. No recurso ao STJ, o Ministério Público estadual afirmou ser legal o ato da prefeitura. A Segunda Turma concordou que o município tem competência para fiscalizar a exploração de recursos hídricos, podendo, portanto, coibir a perfuração e exploração de poços artesianos, no exercício legítimo de seu poder de polícia urbanístico, ambiental, sanitário e de consumo. "A Lei da Política Nacional de Recursos Hídricos significou notável avanço na proteção das águas no Brasil e deve ser interpretada segundo seus objetivos e princípios", considerou o ministro Herman Benjamin ao votar; **B**: incorreta, pois as águas subterrâneas são bens dos Estados Federados e sua exploração está sujeita a outorga pelo Poder Público (art. 12, II, da Lei 9.433/97); **C**: correta, pois esse é o entendimento atual do E. STJ (*vide* REsp 508.377); **D**: correta, pois a afirmativa reflete o disposto no art. 1º, I, II e VI, da Lei 9.433/97); **E**: correta, pois a afirmativa reflete o disposto no art. 2º, I, II e III, da Lei 9.433/97).

Gabarito "B".

(Procurador do Estado/PA – 2011) Analise as proposições abaixo, que se referem ao regime de outorga estabelecido pela Lei Nacional de Recursos Hídricos e assinale a alternativa CORRETA:

I. A derivação ou captação de parcela da água existente em um corpo de água para consumo final, inclusive abastecimento público, ou insumo de processo produtivo, depende de outorga;

II. Depende de outorga o lançamento em corpo de água de esgotos e demais resíduos líquidos ou gasosos, tratados ou não, com o fim de sua diluição, transporte ou disposição final

III. O aproveitamento dos potenciais hidrelétricos inde-

pende de outorga da Agência Nacional de Águas, bastando a autorização concedida pela ANEEL, por se tratar de uso específico.

IV. A extração de água de aquífero subterrâneo para consumo final ou insumo de processo produtivo independe de outorga.

V. O uso de recursos hídricos para a satisfação das necessidades de pequenos núcleos populacionais, distribuídos no meio rural, independe de outorga.

(A) Apenas as proposições I e III estão corretas.

(B) Apenas a proposição IV está correta.

(C) Apenas as proposições I, II e V estão corretas.

(D) Todas as proposições estão corretas.

(E) Apenas as proposições II, III e V estão corretas.

I: correta, pois a afirmativa reflete o disposto no art. 12, I, da Lei 9.433/97; **II**: correta, pois a afirmativa reflete o disposto no art. 12, III, da Lei 9.433/97; **III**: incorreta, pois são bens da União os potenciais de energia hidráulica (art. 20, VIII, da CF) e de acordo com o disposto no art. 4º, IV, da Lei 9.984/2000 (ANA) coloca como sendo de competência da Agência Nacional de Águas a outorga do direito de uso de recursos hídricos em corpos de água de domínio da União; **IV**: incorreta, pois a extração de água de aquífero subterrâneo para consumo final ou insumo de processo produtivo depende de outorga (art. 12, I, da Lei 9.433/97); **V**: correta, pois reflete o disposto no art. 12, § 1º, I, da Lei 9.433/97.

Gabarito "C".

(Procurador do Estado/PR – UEL-COPS – 2011) Nos termos da Lei nº 9.433, de 1997, que instituiu a Política Nacional de Recursos Hídricos, a gestão de recursos hídricos deve sempre proporcionar o uso múltiplo das águas. Desse modo, pode-se afirmar que:

(A) o órgão gestor deve conceder outorga de direito de uso de recursos hídricos para qualquer finalidade, na medida em que deve sempre proporcionar todos os usos possíveis em determinado corpo d'água;

(B) apesar de o princípio do uso múltiplo ser um dos fundamentos da Política Nacional de Recursos Hídricos, somente os usos mais restritivos devem ser outorgados, não sendo passível de outorga, por exemplo, o lançamento de esgoto;

(C) a outorga de direito de uso de recursos hídricos, pautada pelo princípio do uso múltiplo, deve considerar as prioridades estabelecidas nos planos de recursos hídricos, o respectivo enquadramento do corpo d'água e a manutenção de condições adequadas ao transporte aquaviário, quando for o caso, o que acaba limitando, em certa medida, os usos passíveis de outorga;

(D) o órgão gestor, em razão do princípio do uso múltiplo, deverá sempre conceder a outorga de direito de uso de recursos hídricos requerida, exceto em situações de escassez, quando deverá ser privilegiado o consumo humano e a dessedentação de animais;

(E) o princípio do uso múltiplo dos recursos hídricos significa que todos os usos requeridos para determinado curso d'água deverão ser outorgados, desde que por prazo não superior a 35 anos, estando as outorgas sujeitas a suspensão parcial ou definitiva.

A: incorreta, pois a outorga de direito de uso de recursos hídricos está subordinada ao Plano Nacional de Recursos Hídricos, aprovado na forma do disposto no art. 35 da Lei, obedecida a disciplina da legislação setorial específica (art. 12, § 2º, da Lei 9.433/97); **B**:

incorreta, pois o lançamento de esgoto é passível de outorga, conforme disposto no art. 12, III, da Lei 9.433/97; **C**: correta, pois a afirmativa reflete o disposto no art. 13 da Lei 9.433/97; **D** e **E**: incorretas, pois a outorga está sempre condicionada às prioridades de uso estabelecidas nos Planos de Recursos Hídricos e deverá respeitar a classe em que o corpo de água estiver enquadrado e a manutenção de condições adequadas ao transporte aquaviário, quando for o caso (art. 13 da Lei 9.433/97).

Gabarito "C".

(Procurador do Município/Natal-RN – 2008 – CESPE) A lei que institui a Política Nacional de Recursos Hídricos enuncia que a água é um bem de domínio público. Acerca desse assunto, assinale a opção correta.

(A) Como a água é um dos elementos do meio ambiente, aplica-se a ela o enunciado da CF que qualifica o meio ambiente ecologicamente equilibrado como bem de uso comum do povo.

(B) A água é um bem dominical do poder público e sua outorga implica a sua alienação parcial, para que seja exercido o direito de uso.

(C) Os recursos hídricos abrangem as águas superficiais – aquelas que são encontradas na superfície da terra (fluente, emergente e em depósito) –, mas não, as águas subterrâneas, que são as águas originadas do interior do solo (lençol freático).

(D) As águas pluviais, que procedem imediatamente das chuvas, pertencem ao dono do prédio onde caírem diretamente, sendo, no entanto, vetado o seu armazenamento, salvo se caírem em lugares ou terrenos públicos de uso comum.

A: correta (art. 1º, I, da Lei 9.433/97 e art. 225, *caput*, da CF); **B**: incorreta, pois a água é um bem de domínio público, mas a sua outorga não implica alienação parcial; **C**: incorreta, pois os recursos hídricos abrangem também as águas subterrâneas (Lei 9.433/97); **D**: incorreta, pois embora as águas pluviais procedam das chuvas, seu armazenamento não é vetado. Inclusive há um forte movimento no sentido de se incentivar projetos que contemplem a reutilização das águas pluviais (*vide* Projeto de Lei do Senado nº 411/2007).

Gabarito "A".

(Procurador do Município/Recife-PE – 2008 – FCC)

I. O enquadramento dos corpos d'água em classes, de acordo com a Lei nº 9.433/97, objetiva não só definir os usos preponderantes e assegurar qualidade de água com eles compatível, como também diminuir o custo do combate à poluição.

II. Os padrões de qualidade inerentes a cada uma das classes de águas são previamente definidos em resolução do CONAMA, cabendo aos conselhos de recursos hídricos competentes o efetivo enquadramento de cada corpo d'água em uma das classes.

III. O enquadramento dos corpos d'água em classes, de acordo com a Lei nº 9.433/97, tem como consequência o estabelecimento de base de cálculo para a cobrança da outorga pelo uso dos recursos hídricos correspondentes.

(A) Somente a afirmativa I está correta.

(B) Somente a afirmativa II está correta.

(C) Somente as afirmativas I e II estão corretas.

(D) Somente as afirmativas I e III estão corretas.

(E) Somente as afirmativas II e III estão corretas.

I: correta (art. 9º, I e II, da Lei 9.433/97); **II**: correta, pois a afirmativa reflete o disposto nos arts. 7º e 38 da Resolução 357/2005 do CONAMA; **III**: incorreta, pois o enquadramento dos corpos de água em classes, segundo os usos preponderantes da água, visa a assegurar às águas qualidade compatível com os usos mais exigentes a que forem destinadas e diminuir os custos de combate à poluição das águas, mediante ações preventivas permanentes (art. 9º, I e II, da Lei 9.433/97).

Gabarito "C".

(Procurador do Estado/SP – FCC – 2009) De acordo com a Lei Federal nº 9.433/97, que instituiu a Política Nacional de Recursos Hídricos, é correto afirmar que

(A) na fixação dos valores a serem cobrados pelo uso dos recursos hídricos nos lançamentos de esgotos não devem ser observadas as características de toxidade do afluente.

(B) os Municípios são a unidade territorial para implementação da Política Nacional de Recursos Hídricos.

(C) é vedada a delegação de outorga de direito de uso de recurso hídrico da União para os Estados e Distrito Federal.

(D) a gestão dos recursos hídricos deve ser implementada de forma centralizada.

(E) compete aos Comitês de Bacia Hidrográfica, no âmbito de sua área de atuação, estabelecer os mecanismos de cobrança pelo uso de recursos hídricos.

A: incorreta (art. 21, II, da Lei 9.433/97); **B**: incorreta, pois a *bacia hidrográfica* é a unidade territorial para a implantação da PNRH (art. 1º, V, da Lei 9.433/97); **C**: incorreta (art. 14, § 1º, da Lei 9.433/97); **D**: incorreta (art. 1º, VI, da Lei 9.433/97); **E**: correta (art. 38, VI, da Lei 9.433/97).

Gabarito "E".

21. DIREITO AGRÁRIO

Wander Garcia e Henrique Subi

1. CONCEITOS E PRINCÍPIOS DO DIREITO AGRÁRIO

(Procurador do Estado – PGE/MT – FCC – 2016) O direito de propriedade de bem imóvel rural:

(A) é absoluto, não se submetendo a qualquer tipo de controle estatal.

(B) deve ser exercido de acordo com sua função social, que se traduz na obrigação de repartição do ganho auferido com a produção do imóvel rural.

(C) não se relaciona com a função social da propriedade rural.

(D) encontra seu contorno jurídico estabelecido pela função social da propriedade.

(E) deve priorizar a propriedade coletiva.

A: incorreta. Toda propriedade deve atender a sua função social (art. 5º, XXIII, da CF). No caso dos imóveis rurais, isso implica o atendimento de padrões mínimos, dentre outros, de produtividade e respeito ao meio ambiente (art. 186 da CF); **B:** incorreta. Tal preceito não se inclui dentre aqueles listados como parte da função social da propriedade rural no art. 186 da CF; **C:** incorreta, nos termos do comentário à alternativa "A"; **D:** correta, nos termos dos arts. 5º, XXIII, e 186 da CF; **E:** incorreta. Não há qualquer determinação legal ou constitucional nesse sentido. HS
Gabarito "D".

(Procurador do Estado – PGE/BA – CESPE – 2014) No que se refere aos princípios do direito agrário e da formação histórica do domínio público e privado no Brasil, julgue os itens a seguir.

(1) A Lei nº 601/1850, conhecida como Lei de Terras, foi editada para que se combatesse a situação fundiária caótica existente à época e se permitisse o ordenamento do espaço territorial brasileiro.

(2) Consoante o princípio de acesso e distribuição da terra ao cultivador direto e pessoal, deve-se oferecer a possibilidade de acesso à terra a quem não tenha condições de tê-la a título oneroso.

1: correta. Até a edição da Lei de Terras, vigorava no país, no campo da propriedade imobiliária, o período conhecido como **Império da Posse:** diante da ausência de legislação regulamentadora, *era a posse direta que determinava o domínio sobre a terra*, o que, naturalmente, ensejava inúmeras contestações sobre o exercício da condição de proprietário; **2:** correta. É o princípio de Direito Agrário que fundamenta a política pública de reforma agrária. HS
Gabarito "1C, 2C".

(Procurador do Estado/BA – 2014 – CESPE) No que se refere aos princípios do direito agrário e da formação histórica do domínio público e privado no Brasil, julgue os itens a seguir.

(1) A Lei nº 601/1850, conhecida como Lei de Terras, foi editada para que se combatesse a situação fundiária caótica existente à época e se permitisse o ordenamento do espaço territorial brasileiro.

(2) Consoante o princípio de acesso e distribuição da terra ao cultivador direto e pessoal, deve-se oferecer a possibilidade de acesso à terra a quem não tenha condições de tê-la a título oneroso.

1: correta. Na verdade, a Lei nº 601/1850 tinha por objeto a regulamentação da exploração das terras devolutas. Ainda assim, é considerada como o marco inicial do Direito Agrário no Brasil; **2:** correta. A enunciação do princípio contempla sua exata extensão.
Gabarito "1C, 2C".

(Procurador Federal – 2013 – CESPE) A respeito de conceitos e princípios aplicados ao direito agrário, julgue os itens subsequentes.

(1) O direito agrário caracteriza-se pela imperatividade de suas regras, com forte intervenção do Estado nas relações agrárias, e pelo caráter social dessas regras, com nítida proteção jurídica e social ao trabalhador, o que as diferencia das normas do direito civil, que buscam manter o equilíbrio entre as partes e o predomínio da autonomia de vontades.

(2) São princípios do direito agrário a utilização da terra sobreposta à titulação dominial, a garantia da propriedade da terra condicionada ao cumprimento da função social, a primazia do interesse coletivo sobre o interesse individual, o combate ao latifúndio, ao minifúndio, ao êxodo rural, à exploração predatória e aos mercenários da terra.

(3) O princípio da função social da propriedade, aplicado ao direito agrário, atribui ao proprietário o direito de usar, gozar e dispor da coisa como melhor lhe aprouver.

1: correta. Tal proteção pode ser encontrada, especialmente, nos princípios da primazia do uso sobre o título, do acesso à terra e da proteção ao pequeno produtor rural; **2:** correta. Trata-se de princípios reconhecidos pela doutrina mais autorizada; **3:** incorreta. Ao contrário, a função social é o moderador dos direitos de propriedade, determinando que seu uso seja dado da forma mais útil para a sociedade.
Gabarito 1C, 2C, 3E

WG questões comentadas por: **Wander Garcia**

HS questões comentadas por: **Henrique Subi**

(Procurador do Estado/PI – 2008 – CESPE) Acerca das classificações legais aplicáveis ao imóvel rural, é correto afirmar que o conceito de

(A) propriedade familiar é basilar ao direito agrário, sendo sua extensão fixada por pluralidade de módulos rurais para cada região econômica.

(B) média propriedade rural se refere a imóveis com extensão de seis a quinze módulos rurais.

(C) pequena propriedade rural está compreendido entre um e quatro módulos rurais

(D) minifúndio se refere a imóvel de extensão inferior à propriedade familiar.

(E) latifúndio se define pelos imóveis com extensão superior à média propriedade rural.

A: incorreta, pois sua extensão é fixada em função da região e do *tipo de exploração* (art. 4º, II, da Lei 4.504/64); **B:** incorreta, pois a média propriedade rural tem entre 4 e 15 módulos *fiscais* (art. 4º, III, da Lei 8.629/93); **C:** incorreta, pois a pequena propriedade rural tem entre 1 e 4 módulos *fiscais* (art. 4º, II, da Lei 8.629/93); **D:** correta (art. 4º, IV, da Lei 4.504/64); **E:** incorreta (art. 4º, V, *b*, da Lei 4.504/64).
Gabarito "D".

2. USUCAPIÃO ESPECIAL RURAL

(Procurador do Estado – PGE/BA – CESPE – 2014) Julgue os itens a seguir, relativos à usucapião agrária.

(1) A usucapião especial rural poderá ocorrer nas áreas de interesse ecológico, desde que preenchidos os requisitos legais previstos.

(2) Segundo a jurisprudência do STJ, em ação de usucapião movida por particular em face de estado-membro, cabe a este a prova de que o imóvel usucapiendo é bem dominical insuscetível de ser usucapido.

1: Incorreta. A usucapião, nesse caso, é proibida pelo art. 3º da Lei 6.969/1981; **2:** correta, conforme a decisão adotada no REsp 964.223. A inexistência de registro imobiliário do bem objeto de ação de usucapião não induz presunção de que o imóvel seja público (terras devolutas), cabendo ao Estado provar a titularidade do terreno como óbice ao reconhecimento da prescrição aquisitiva. HS
Gabarito "1E, 2C".

(Procurador do Estado/BA – 2014 – CESPE) Julgue os itens a seguir, relativos à usucapião agrária.

(1) A usucapião especial rural poderá ocorrer nas áreas de interesse ecológico, desde que preenchidos os requisitos legais previstos.

(2) Segundo a jurisprudência do STJ, em ação de usucapião movida por particular em face de estado-membro, cabe a este a prova de que o imóvel usucapiendo é bem dominical insuscetível de ser usucapido.

1: incorreta. O art. 3º da Lei nº 6.969/1981 veda a usucapião em imóveis de interesse ecológico; **2:** correta, conforme julgado no REsp 73518/RS, DJ 21/02/2000.
Gabarito "1E, 2C".

(Procurador do Estado/MT – FCC – 2011) Sobre a usucapião especial rural prevista no artigo 191 da Constituição Federal, é correto afirmar:

(A) É modo derivado de aquisição da propriedade rural.

(B) É modo originário de aquisição da propriedade rural

não superior a 50 hectares, bastando transcurso de lapso temporal ininterrupto de 5 anos, justo título e boa-fé.

(C) É modo derivado de aquisição da propriedade rural não superior a 50 hectares, bastando transcurso de lapso temporal ininterrupto de 5 anos, justo título e boa-fé.

(D) É modo originário de aquisição da propriedade rural não superior a 50 hectares, bastando transcurso de lapso temporal ininterruptos de 5 anos sem oposição.

(E) É modo originário de aquisição da propriedade rural não superior a 50 hectares, bastando o exercício de posse ininterrupta e sem oposição por 5 anos, tornando a área produtiva por seu trabalho ou de sua família, tendo nela sua moradia e não sendo proprietário de imóvel rural ou urbano.

A: incorreta, pois a usucapião é modo originário de aquisição de propriedade; **B** a **D:** incorretas; **E:** correta (art. 191 da CF).
Gabarito "E".

(Procurador Federal – 2010 – CESPE) Julgue o item a seguir com base nas normas de direito agrário.

(1) Para que seja deferido o usucapião pro labore, exige-se apenas que o indivíduo, não sendo proprietário de outro imóvel rural, possua como sua, por cinco anos ininterruptos, sem oposição, área de terra rural não superior a cinquenta hectares e nela resida, tornando-a produtiva por seu trabalho ou de sua família.

1: incorreta, pois também é requisito dessa usucapião tratar-se de imóvel privado (art. 191, parágrafo único, da CF).
Gabarito "1E".

3. AQUISIÇÃO E USO DA PROPRIEDADE E DA POSSE RURAL

(Procurador do Estado – PGE/PA – UEPA – 2015) A respeito das regras constitucionais sobre aquisição e arrendamento de imóvel rural, julgue as afirmativas abaixo.

I. A alienação ou a concessão, a qualquer título, de terras públicas com área superior a dois mil e quinhentos hectares a pessoa física ou jurídica, ainda que por interposta pessoa, dependerá de prévia aprovação do Congresso Nacional, exceto quando destinada a reforma agrária.

II. O título de domínio ou de concessão de uso referente a imóvel rural decorrente de reforma agrária será inegociável pelo prazo de dez anos.

III. O título de domínio e a concessão de uso será conferido ao homem ou à mulher, ou a ambos, independentemente do estado civil, nos termos e condições previstos em lei, demonstrada a convivência por prazo superior a doze meses.

IV. A aquisição ou o arrendamento de propriedade rural por pessoa física ou jurídica estrangeira será estabelecida em lei complementar e, em qualquer hipótese, dependerá de autorização do Congresso Nacional.

A alternativa que contém todas as afirmativas corretas é:

(A) I e III.

(B) II e III.

(C) III e IV.

21. DIREITO AGRÁRIO — 739

(D) I e IV.

(E) I e II.

I: correta, nos termos do art. 188, § 1º, da CF; **II:** correta, nos termos do art. 189 da CF; **III:** incorreta. Não há exigência de prazo na convivência (art. 189, parágrafo único, da CF); **IV:** incorreta. Somente dependem de autorização do Congresso Nacional os casos estabelecidos na lei, que não precisa ser lei complementar (art. 190 da CF). **HS**

Gabarito "E."

(Procurador do Estado – PGE/BA – CESPE – 2014) A respeito da matrícula e do registro de imóveis rurais, julgue os próximos itens.

(1) Em se tratando de ações judiciais que envolvam a transferência de terras públicas rurais, o prazo para o ajuizamento de ação rescisória é de oito anos, contado do trânsito em julgado da decisão.

(2) Segundo a jurisprudência do STF, o registro paroquial confere direito de propriedade ao possuidor.

(3) Suponha que uma matrícula relativa a imóvel rural tenha sido aberta por oficial de registro com base em título nulo de pleno direito. Nesse caso, somente é possível cancelar a referida matrícula mediante ação judicial.

(4) Os títulos de posse ou quaisquer documentos de ocupação legitimamente outorgados por órgãos de terras de estado – membro são válidos e continuarão a produzir os efeitos atribuídos pela legislação vigente à época de suas expedições, configurando-se situação jurídica consolidada.

1: correta, nos termos do art. 8º-C da Lei 6.739/1979; **2:** incorreta. O STF não reconhece a propriedade com base no registro paroquial, apenas o aceita como prova da posse (STF, RE 79.828); **3:** incorreta. O cancelamento da matrícula pode ser solicitado e deferido diretamente pelo Corregedor-Geral da Justiça – ou seja, no âmbito administrativo (art. 1º da Lei 6.739/1979); **4:** correta, nos termos do art. 7º da Lei 6.739/1979. **HS**

Gabarito "1C, 2E, 3E, 4C."

(Procurador do Estado – PGE/BA – CESPE – 2014) Com relação à aquisição de imóveis rurais por pessoas físicas ou jurídicas estrangeiras, julgue os itens seguintes.

(1) A aquisição de imóvel rural por pessoas físicas ou jurídicas estrangeiras sem a observância dos requisitos legais enseja nulidade relativa do ato praticado.

(2) Com o propósito de defender o território nacional, o legislador constituinte fez constar expressamente na CF vedação à aquisição de imóveis rurais por pessoas físicas ou jurídicas estrangeiras em áreas situadas em faixa de fronteira.

(3) A soma das áreas dos imóveis rurais pertencentes a pessoas físicas ou jurídicas estrangeiras não poderá ultrapassar um quarto da superfície dos municípios em que se situem.

1: incorreta. A aquisição de imóvel rural em desrespeito às normas vigentes é nula de pleno direito (art. 15 da Lei 5.709/1971); **2:** incorreta. A Constituição não estabeleceu regras específicas sobre a aquisição de terras por estrangeiros, mas apenas determinou, em seu art. 190, que fosse editada lei que regulasse a matéria. O mencionado artigo constitucional recepcionou, portanto, a Lei 5.709/1971; **3:** correta, nos termos do art. 12 da Lei 5.709/1971. **HS**

Gabarito "1E, 2E, 3E."

(Procurador do Estado/BA – 2014 – CESPE) A respeito da matrícula e do registro de imóveis rurais, julgue os próximos itens.

(1) Em se tratando de ações judiciais que envolvam a transferência de terras públicas rurais, o prazo para o ajuizamento de ação rescisória é de oito anos, contado do trânsito em julgado da decisão.

(2) Segundo a jurisprudência do STF, o registro paroquial confere direito de propriedade ao possuidor.

(3) Suponha que uma matrícula relativa a imóvel rural tenha sido aberta por oficial de registro com base em título nulo de pleno direito. Nesse caso, somente é possível cancelar a referida matrícula mediante ação judicial.

(4) Os títulos de posse ou quaisquer documentos de ocupação legitimamente outorgados por órgãos de terras de estado-membro são válidos e continuarão a produzir os efeitos atribuídos pela legislação vigente à época de suas expedições, configurando-se situação jurídica consolidada.

1: correta, nos termos do art. 8º-C da Lei nº 6.739/1979; **2:** incorreta. A jurisprudência do STF nega a indução da propriedade pelo registro paroquial, reconhecendo-o apenas como indicativo da posse (RE 79.828/GO, DJ 08/06/1990); **3:** incorreta. Tal cancelamento pode decorrer de ato do Corregedor-Geral de Justiça mediante requerimento do interessado (art. 1º da Lei nº 6.739/1979); **4:** correta, nos termos do art. 7º da Lei nº 6.739/1979.

Gabarito "1C, 2E, 3E, 4C."

(Procurador do Estado/BA – 2014 – CESPE) Com relação à aquisição de imóveis rurais por pessoas físicas ou jurídicas estrangeiras, julgue os itens seguintes.

(1) A aquisição de imóvel rural por pessoas físicas ou jurídicas estrangeiras sem a observância dos requisitos legais enseja nulidade relativa do ato praticado.

(2) Com o propósito de defender o território nacional, o legislador constituinte fez constar expressamente na CF vedação à aquisição de imóveis rurais por pessoas físicas ou jurídicas estrangeiras em áreas situadas em faixa de fronteira.

(3) A soma das áreas dos imóveis rurais pertencentes a pessoas físicas ou jurídicas estrangeiras não poderá ultrapassar um quarto da superfície dos municípios em que se situem.

1: incorreta. O art. 15 da Lei nº 5.709/1971 impõe a nulidade de pleno direito da aquisição; **2:** incorreta. O art. 20, § 2º, da Constituição Federal apenas determina que as faixas de fronteira tenham sua utilização regulada por lei. Nada diz, especificamente, sobre sua aquisição por estrangeiros; **3:** correta, nos termos do art. 12 da Lei nº 5.709/1971.

Gabarito "1E, 2E, 3C."

(Procurador do Estado/MT – FCC – 2011) É correto afirmar sobre a aquisição de imóvel rural no território nacional por estrangeiros:

(A) Os portugueses não possuem igualdade de condições com os brasileiros no que tange à aquisição de terras no território nacional.

(B) Apenas as terras de fronteira possuem restrições para a aquisição por estrangeiros.

(C) Os estrangeiros residentes no Brasil e as pessoas jurídicas estrangeiras autorizadas a funcionar no Brasil podem adquirir terras no território nacional.

(D) As restrições impostas ao estrangeiro com relação aos bens imóveis referem-se apenas a sua aquisição.

(E) A aquisição de imóvel rural por estrangeiros far-se-á por instrumento diverso da escritura pública.

A: incorreta, pois aos portugueses com residência no país, se houver reciprocidade em favor de brasileiros, serão atribuídos os direitos inerentes ao brasileiro, salvo os casos previstos na Constituição Federal (art. 12, § 1º, da CF); **B:** incorreta, pois essa restrição não se limita às terras de fronteiras (art. 1º, *caput*, da Lei 5.709/71); **C:** correta, pois a afirmativa reflete o disposto na Lei 5.709/71; **D:** incorreta, pois as restrições referem-se à aquisição e arrendamento; **E:** incorreta, pois a aquisição far-se-á necessariamente por escritura pública (art. 8º da Lei 5.709/71).
Gabarito "C".

(Procurador do Estado/PA – 2011) Analise as assertivas abaixo e assinale a alternativa CORRETA:

(A) A aquisição da propriedade mediante usucapião de imóvel rural, não superior a cinquenta hectares, além da posse por cinco anos ininterruptos, sem oposição, depende da existência de justo título e da destinação do bem à moradia familiar.

(B) A pequena e média propriedade rural é insuscetível de desapropriação para os fins de reforma agrária, ainda que o seu proprietário seja possuidor de outra.

(C) Sendo o imóvel rural possuído superior a cinquenta hectares, poderá o possuidor adquirir a propriedade via usucapião especial somente sobre a parte do bem que atender aos parâmetros constitucionais.

(D) São isentas de impostos federais, estaduais e municipais as operações de transferência de imóveis desapropriados para os fins de reforma agrária.

(E) A implementação de atividade produtiva em imóvel rural, por si só, assegura o cumprimento da função social da propriedade.

A: incorreta, pois a usucapião de imóvel rural não superior a cinquenta hectares independe da existência de justo título (art. 191 da CF); **B:** incorreta, pois a pequena e média propriedade rural são insuscetíveis de desapropriação para fins de reforma agrária, desde que o seu proprietário não possua outra (art. 185, I, da CF); **C:** incorreta, pois para o usucapião especial rural o imóvel possuído não pode ser maior que 50 hectares (art. 191 da CF); **D:** correta (art. 184, § 5º, da CF); **E:** incorreta, pois a função social da propriedade é cumprida quando a propriedade rural atende, simultaneamente, segundo critérios e graus de exigência estabelecidos em lei, aos requisitos descritos no art. 186 da CF.
Gabarito "D".

4. DESAPROPRIAÇÃO PARA A REFORMA AGRÁRIA

(Procurador do Estado – PGE/PA – UEPA – 2015) Sobre reforma agrária, é correto afirmar que:

(A) a legislação estadual pode estabelecer modelos próprios de assentamento rural, a serem criados com base na desapropriação por interesse social, para fins de reforma agrária, prevista no artigo 184 da Constituição Federal.

(B) a falta de identidade entre a área declarada de interesse social para fins de desapropriação para reforma agrária e a área onde residem as famílias a serem beneficiadas pelo assentamento impede a desapropriação.

(C) a vistoria prévia prevista no artigo 2º, § 2º, da Lei 8629/1993, decorrência do devido processo legal, incide em qualquer desapropriação que venha a ser intentada pela autarquia agrária, mesmo nos casos de desapropriação por necessidade ou utilidade pública.

(D) a invasão de imóvel rural de domínio particular, após regularmente realizada a vistoria prévia pela autarquia agrária, não impede a desapropriação para fins de reforma agrária.

(E) para fins do disposto no artigo 2º, § 2º, da Lei 8629/1993, entende-se regular e eficaz a notificação recebida diretamente pelo proprietário do imóvel, sendo mera irregularidade a ausência da indicação da data do recebimento.

A: incorreta. O STF, no julgamento do RE 496.861 AgR, afastou a competência dos Estados nesta hipótese; **B:** incorreta. No julgamento do MS 26.192, o STF assentou o entendimento que a falta de identidade entre a área declarada de interesse social e a área onde residem as famílias não impede a iniciativa estatal; **C:** incorreta. No mesmo julgamento mencionado no comentário à alternativa anterior, o STF atestou que a vistoria prévia é dispensada nas desapropriações por interesse, necessidade ou utilidade públicos; **D:** correta, nos termos do entendimento do STF consagrado no MS 24.136; **E:** incorreta. Não há disposição legal ou precedente judicial nesse sentido. **HS**
Gabarito "D".

(Procurador Federal – 2013 – CESPE) Acerca do processo de desapropriação para a reforma agrária, de títulos da dívida agrária e da usucapião especial rural, julgue os próximos itens.

(1) Considere a seguinte situação hipotética. Em agosto de 2013, Pedro e Maria, casados sob o regime de comunhão parcial de bens, propuseram ação de usucapião especial rural, demonstrando que possuem como seu, há pelo menos dez anos, de forma ininterrupta, o imóvel rural X, de cinquenta e cinco hectares, onde residem com os filhos e produzem com o seu trabalho. Em julho de 2013, João propôs demanda na justiça, em que contesta a posse do imóvel X por Pedro e Maria e atesta que tal imóvel integra herança deixada por seu avô paterno. Nessa situação, a justiça deve indeferir a demanda de João e conceder a Pedro e Maria a propriedade do referido imóvel, bem como o direito de se manterem na posse do terreno rural, haja vista o cumprimento dos requisitos constitucionais.

(2) Em caso de desapropriação de imóvel rural, por interesse social, para fins de reforma agrária, o expropriante, por ordem do juízo, estabelecida por sentença, deverá depositar o valor da indenização, em espécie, corrigido monetariamente, para as benfeitorias, sendo que, para a parcela correspondente à terra nua, esse valor deve ser depositado em títulos da dívida agrária.

1: incorreta. A usucapião especial rural somente será concedida para imóveis de até 50ha (art. 191 da Constituição Federal); **2:** incorreta. Apenas as benfeitorias úteis e necessárias são indenizadas em dinheiro (art. 184, § 1º, da Constituição Federal).
Gabarito 1E, 2E

21. DIREITO AGRÁRIO 741

(Procurador do Estado/PA – 2011) Analise as proposições abaixo e assinale a alternativa INCORRETA:

(A) Na desapropriação por necessidade ou utilidade pública e interesse social, inclusive para fins de reforma agrária, havendo divergência entre o preço ofertado em juízo e o valor do bem, fixado na sentença, expressos em termos reais, incidirão juros compensatórios sobre o valor da diferença eventualmente apurada, a contar da imissão na posse, vedado o cálculo de juros composto.

(B) Ao arbitrar a indenização devida, o juiz indicará na sentença os fatos que motivaram o seu convencimento e deverá atender, especialmente, à estimação dos bens para efeitos fiscais; ao preço de aquisição e interesse que deles aufere o proprietário; à sua situação, estado de conservação e segurança; ao valor venal dos da mesma espécie, nos últimos cinco anos, e à valorização ou depreciação de área remanescente, pertencente ao expropriado.

(C) Os juros moratórios, na desapropriação direta ou indireta, contam-se desde o trânsito em julgado da sentença.

(D) Existindo diferença entre a indenização arbitrada judicialmente e o valor ofertado pelo expropriante, haverá condenação em honorários advocatícios, de acordo com as regras estipuladas no Código de Processo Civil, que serão fixados entre meio e 15 por cento do valor da diferença.

(E) Os concessionários de serviços públicos e os estabelecimentos de caráter público ou que exerçam funções delegadas de poder público poderão promover desapropriações mediante autorização expressa, constante de lei ou contrato.

A: correta (art. 15-A, *caput*, do Decreto-lei 3.365/41); **B:** correta (art. 27 do Decreto-lei 3.365/41); **C:** correta (Súmula 70 do STJ); **D:** incorreta, pois os honorários serão fixados entre meio e cinco por cento do valor da diferença (art. 27, § 1º, do Decreto-lei 3.365/41); **E:** correta (art. 3º do Decreto-lei 3.365/41).
Gabarito "D".

(Procurador do Estado/MT – FCC – 2011) Em relação à reforma agrária é INCORRETO afirmar:

(A) Toda pequena e média propriedade rural são insuscetíveis de desapropriação para fins de reforma agrária.

(B) A propriedade rural improdutiva que não cumprir sua função social poderá ser desapropriada para fins de reforma agrária.

(C) A competência para desapropriar para fins de reforma agrária é exclusiva da União.

(D) Na desapropriação para fins de reforma agrária, a indenização será prévia e justa em títulos da dívida agrária, com cláusula de preservação do valor real, resgatáveis no prazo de até 20 anos, a partir do segundo ano de sua emissão.

(E) As benfeitorias úteis e necessárias serão indenizadas em dinheiro.

A: incorreta, pois são insuscetíveis de desapropriação para fins de reforma agrária toda pequena e média propriedade rural, *desde que o proprietário não possua outra* (art. 185, I, da CF); **B:** correta (art. 184, *caput*, e 185, II, ambos da CF); **C:** correta (art. 184, *caput*, da CF); **D:** correta (art. 184, *caput*, da CF); **E:** correta (art. 184, § 1º, da CF).
Gabarito "A".

(Procurador do Estado/PA – 2011) Analise as assertivas abaixo e assinale a alternativa INCORRETA:

(A) Na forma da lei, considera-se Reforma Agrária o conjunto de medidas que visem a promover melhor distribuição da terra, mediante modificações no regime de sua posse e uso, a fim de atender aos princípios de justiça social e ao aumento de produtividade.

(B) Tendo sido celebrado contrato de arrendamento de imóvel rural, terá o arrendatário preferência para adquirir o bem arrendado, em igualdade de condições, devendo o proprietário dar-lhe conhecimento da venda, a fim de que possa exercitar o direito de perempção dentro de trinta dias, a contar da notificação judicial ou comprovadamente efetuada, mediante recibo.

(C) A alienação ou constituição de ônus real sobre o imóvel rural arrendado afeta a vigência do arrendamento, ensejando a rescisão da relação contratual.

(D) Os Títulos da Dívida Agrária podem ser utilizados para os fins de pagamento de parte do Imposto Territorial Rural e adimplemento de preço de terras públicas, bem ainda como caução para a garantia de contratos administrativos.

(E) A Reforma Agrária deve ser realizada por meio de planos periódicos, nacionais e regionais, com prazos e objetivos determinados, de acordo com projetos específicos.

A: correta (art. 1º, § 1º, do Estatuto da Terra – Lei 4.504/64); **B:** correta (art. 92, § 3º, do Estatuto da Terra); **C:** incorreta, pois o art. 92, § 5º, do Estatuto da Terra dispõe que a alienação ou a imposição de ônus real ao imóvel não interrompe a vigência dos contratos de arrendamento ou de parceria ficando o adquirente sub-rogado nos direitos e obrigações do alienante; **D:** correta (art. 105, § 1º, a, b e c, do Estatuto da Terra); **E:** correta (art. 33 do Estatuto da Terra).
Gabarito "C".

(Procurador Federal – 2010 – CESPE) No que concerne ao direito agrário, julgue os próximos itens.

(1) Ao assegurar que são insuscetíveis de desapropriação para fins de reforma agrária a pequena e a média propriedade rural, assim definida em lei, desde que seu proprietário não possua outra propriedade, a CF estabeleceu a presunção *juris tantum* de que as referidas propriedades cumprem sua função social.

(2) Haverá retrocessão, autorizando o expropriado a exercer o direito de pedir a devolução do imóvel ou eventual indenização, quando configurada a tredestinação ilícita.

(3) É cabível ação reivindicatória que verse sobre imóvel rural desapropriado para fins de reforma agrária e registrado em nome do expropriante.

(4) A função social da propriedade caracteriza-se pelo fato de o proprietário condicionar o uso e a exploração do imóvel não só aos seus interesses particulares, mas, também, à satisfação de objetivos para com a sociedade, como a obtenção de determinado grau de produtividade, o respeito ao meio ambiente e o pagamento de impostos.

1: incorreta, pois não há presunção nesse sentido, mas sim um benefício a quem se encontra nessa situação (art. 185, I, da CF); aliás, se houvesse tal presunção, esta seria absoluta, pois não admitiria prova em contrário; **2:** correta, pois quando se desapropria para um fim, mas acaba-se destinando a coisa desapropriada para outro fim, que não é de interesse público, tem-se a chamada tredestinação ilícita, que faz nascer o direito de retrocessão, que autoriza que o prejudicado peça a devolução da coisa ou eventual indenização; **3:** incorreta, pois a desapropriação é forma de aquisição originária da propriedade, não podendo o bem desapropriado ser reivindicado por terceiros; **4:** correta (art. 186 da CF).

Gabarito 1E, 2C, 3E, 4C

(Procurador Federal – 2010 – CESPE) Julgue os itens a seguir com base nas normas de direito agrário.

(1) A sentença homologatória de acordo firmado entre as partes, em sede de processo de desapropriação, não pode ser anulada por meio de ação popular, mesmo que caracterizado o desvio de finalidade.

(2) Os juros compensatórios, na desapropriação para fins de reforma agrária, fluem desde a imissão na posse.

(3) O desmembramento do imóvel rural, para caracterizar as frações desmembradas como média propriedade rural, tudo devidamente averbado no registro imobiliário, a atrair a vedação contida no art. 185, inciso I, da CF, poderá ser efetivado mesmo após a realização da vistoria para fins expropriatórios, mas antes do decreto presidencial.

1: incorreta, pois, havendo violação ao princípio da moralidade, cabe ação popular, não podendo ser subtraída da apreciação do Judiciário uma conduta dessa natureza; **2:** correta, pois tais juros sempre são computados da imissão na posse, quando o expropriado perde o direito de explorar a coisa expropriada, sem ter recebido ainda o total devido a título de indenização, daí incidir juros compensatórios sobre a diferença entre o valor final da indenização e a quantia que tiver sido levantada quando da imissão na posse; **3:** correta, desde que respeitado o disposto no art. 2º, § 4º, da Lei 8.629/93.

Gabarito 1E, 2C, 3C

5. CONTRATOS AGRÁRIOS

(Procurador do Estado – PGE/MT – FCC – 2016) Os contratos agrários, segundo a Lei Federal nº 4.947, de 06 de abril de 1966,

(A) regulam-se pelos princípios gerais que regem os contratos administrativos.

(B) estabelecem proteção social e econômica aos arrendantes.

(C) regulam-se pelos princípios gerais que regem os contratos de direito comum no que concerne ao acordo de vontade e ao objeto.

(D) admitem a renúncia do arrendatário ou do parceiro não proprietário de direitos ou vantagens estabelecidos em leis ou regulamentos.

(E) são considerados, por si só, títulos executivos extrajudiciais dotados de preferência executória.

A: incorreta. Os princípios aplicáveis aos contratos agrários são os mesmos do direito privado (art. 13 da Lei 4.947/1966); **B:** incorreta. As normas visam a proteger os arrendatários (art. 13, V, da Lei 4.947/1966); **C:** correta, nos termos do art. 13, "caput", da Lei 4.947/1966; **D:** incorreta. A proibição à renúncia de direitos pelos arrendatários e parceiros está expressa no art. 13, IV, da Lei 4.947/1966; **E:** incorreta. Não há qualquer preferência prevista na legislação.

Gabarito "C"

(Procurador Federal – 2013 – CESPE) No que concerne aos contratos agrários, julgue o item a seguir.

(1) Se, por hipótese, João tiver firmado acordo com José para que este, pelo período de dois anos, exerça atividade de exploração agrícola em parte de sua propriedade rural, considera-se que foi firmado entre eles um contrato agrário, cuja finalidade é a de regulamentar as relações de uso ou posse temporária do imóvel rural para a implementação de atividade agrícola ou pecuária.

1: incorreta. O contrato agrário pode ter por objeto, também, atividades agroindustriais, extrativas ou mistas.

Gabarito 1E

6. TERRAS DEVOLUTAS

(Procurador do Estado/MT – FCC – 2011) É correto afirmar sobre discriminação de terras devolutas:

(A) Apenas pode ser feita por meio judicial.

(B) Seu fundamento jurídico é o domínio eminente que o Estado detém sobre todas as terras que estão situadas no território nacional, originariamente públicas, fato este que lhe outorga o poder de identificar suas terras devolutas.

(C) A ação discriminatória não pode ser realizada de maneira generalizada em determinadas regiões previamente selecionadas ou em Municípios.

(D) Compete exclusivamente à União promover ação discriminatória.

(E) Depois de verificada a condição de terra devoluta na ação discriminatória, o autor deverá ajuizar ação demarcatória.

A: incorreta. O processo discriminatório poderá ser administrativo ou judicial, nos termos do art. 1º, parágrafo único, da Lei nº 6.383/76; **B:** correta. São terras devolutas, nos termos do art. 5º do Decreto-lei nº 9.760/46, os imóveis rústicos de natureza pública sem destinação específica, que nunca integraram o patrimônio particular ou foram devolvidas ao Estado; **C:** incorreta. É possível a medida generalizada em determinadas regiões previamente selecionadas; **D:** incorreta. No âmbito estadual, as ações discriminatórias serão propostas pelo órgão indicativo nas respectivas leis de organização judiciária; **E:** incorreta. A ação discriminatória abrange a demarcação das terras (art. 22 da Lei nº 6.383/76).

Gabarito "B".

7. TERRAS INDÍGENAS E QUILOMBOLAS

(Procurador do Estado – PGE/MT – FCC – 2016) São terras tradicionalmente ocupadas pelos índios:

(A) as por eles habitadas em caráter permanente, as utilizadas para suas atividades produtivas, as imprescindíveis à preservação dos recursos ambientais necessários a seu bem-estar e as necessárias à sua reprodução física e cultural, segundo seus usos, costumes e tradições.

(B) as por eles habitadas em caráter permanente ou provisório, as utilizadas para suas atividades produtivas, as imprescindíveis à preservação dos recursos ambientais necessários a seu bem-estar e as necessárias à sua reprodução física e cultural, segundo seus usos, costumes e tradições.

21. DIREITO AGRÁRIO 743

(C) apenas aquelas por eles utilizadas para suas atividades produtivas e para moradia.

(D) as por eles habitadas em caráter provisório e as utilizadas para suas atividades produtivas.

(E) as terras declaradas por portaria da Fundação Nacional do Índio.

Nos termos do art. 231, § 1º, da CF, são terras tradicionalmente ocupadas pelos índios "as por eles habitadas em caráter permanente, as utilizadas para suas atividades produtivas, as imprescindíveis à preservação dos recursos ambientais necessários a seu bem-estar e as necessárias a sua reprodução física e cultural, segundo seus usos, costumes e tradições." HS
Gabarito "A".

(Procurador do Estado – PGE/MT – FCC – 2016) Aos remanescentes das comunidades dos quilombos que estejam ocupando suas terras é:

(A) reconhecida a posse definitiva, devendo o Estado emitir-lhes os títulos respectivos.

(B) reconhecida a propriedade definitiva, devendo o Estado emitir-lhes os títulos respectivos.

(C) reconhecida a propriedade individual de cada família, devendo o Estado criar programas de incentivo para a aquisição onerosa do título de propriedade.

(D) reconhecida a propriedade, impondo-se às famílias a criação de uma associação para promover a aquisição, a título oneroso, do território.

(E) assegurado o direito de preferência na aquisição do território.

O art. 68 do ADCT garante aos remanescentes dos antigos quilombos que estejam ocupando suas terras a propriedade definitiva, cabendo ao Estado emitir-lhes os respectivos títulos. HS
Gabarito "B".

(Procurador do Estado – PGE/PA – UEPA – 2015) A respeito de demarcação de terras indígenas, julgue as afirmativas abaixo.

I. O STF, quanto ao alcance da decisão proferida no julgamento do caso Raposa Serra do Sol e a aplicação das condicionantes ali fixadas, firmou o entendimento de que a decisão é dotada de força vinculante, em sentido técnico e, assim, os fundamentos adotados pela Corte se estendem, de forma automática, a outros processos em que se discuta matéria similar.

II. O STF entende que o marco temporal previsto no art. 67 do ADCT, ao estabelecer o prazo de cinco anos para demarcação das terras indígenas, é decadencial, por se tratar de um prazo programático para conclusão de demarcações de terras indígenas dentro de um período razoável.

III. No entendimento do STF, a demarcação administrativa, homologada pelo Presidente da República, é ato estatal que se reveste da presunção relativa de legitimidade e de veracidade, revestida de natureza declaratória e força autoexecutória

IV. Entende o STF que a atuação complementar de Estados e Municípios em terras já demarcadas como indígenas será feita em cooperação com a União, mas sob a liderança desta, coadjuvado pelos próprios índios, suas comunidades e organizações.

A alternativa que contém todas as afirmativas corretas é:

(A) I e III.

(B) II e III.

(C) III e IV.

(D) I e IV.

(E) I e II.

I: incorreta. O STF rechaçou a força vinculante da decisão adotada na Petição 3388 no julgamento de um dos embargos de declaração contra ela opostos; II: incorreta. Trata-se, segundo o STF, de "prazo programático para conclusão de demarcações de terras indígenas dentro de um período razoável" (RMS 26.212); III: correta, nos termos do item 3.3 do acórdão da Petição 3388 (Raposa Serra do Sol), replicando o antes já publicado aresto do RE 183.188); IV: correta, nos termos do item 6 do acórdão da Petição 3388. HS
Gabarito "C".

(Procurador do Estado – PGE/PA – UEPA – 2015) A respeito de demarcação de terras indígenas, julgue as afirmativas a seguir, segundo a jurisprudência do Supremo Tribunal Federal.

I. A data da promulgação da Constituição Federal é referencial do marco temporal para verificação da existência da comunidade indígena, bem como da efetiva e formal ocupação fundiária pelos índios e que não se perde onde, em 5 de outubro de 1988, a reocupação apenas não ocorreu por efeito de renitente esbulho por parte de não índios.

II. Há compatibilidade entre o usufruto de terras indígenas e faixa de fronteira, o que permite a instalação de equipamentos públicos, tais como postos de vigilância, batalhões, companhias e agentes da Polícia Federal ou das Forças Armadas, sem precisar de licença de quem quer que seja para fazê-lo.

III. A configuração de terras tradicionalmente ocupadas pelos índios, nos termos do art. 231, § 1º, da Constituição Federal, já foi pacificada pelo Supremo Tribunal Federal, com a edição da Súmula 650, que dispõe: os incisos I e XI do art. 20 da Constituição Federal não alcançam terras de aldeamentos extintos, ainda que ocupadas por indígenas em passado remoto.

IV. Pode a União, para ampliação de terra indígena, efetuar a desapropriação de imóveis particulares, com o pagamento de justa e prévia indenização ao seu legítimo proprietário.

V. A ampliação de área indígena já demarcada será possível, sem necessidade de desapropriação, desde que comprovado que o espaço geográfico objeto da ampliação constituía terra tradicionalmente ocupada pelos índios quando da promulgação da Constituição Federal de 1988.

A alternativa que contém todas as afirmativas corretas é:

(A) I, II, III, IV e V.

(B) II , III e IV.

(C) III, IV e V.

(D) I, II e IV.

(E) I, II e V.

I: correta, nos termos do item 11.2 do acórdão da Petição 3388 (Raposa Serra do Sol); II: correta, nos termos do item 17 do mesmo julgado; III: correta, nos termos da Súmula 650 do STF; IV: correta, nos termos do acórdão do RMS 29.087; V: correta, nos termos do item 12 do acórdão da ACO 312. HS
Gabarito "A".

744 WANDER GARCIA E HENRIQUE SUBI

(Procurador do Estado – PGE/BA – CESPE – 2014) No que concerne às terras indígenas, julgue os itens a seguir.

(1) São nulos e extintos, não produzindo efeitos jurídicos, os atos que objetivem a ocupação, o domínio e a posse de terras indígenas, ou a exploração das riquezas naturais do solo, dos rios e dos lagos nelas existentes, ressalvado relevante interesse público da União, segundo o que dispuser lei complementar, não gerando a nulidade e a extinção direito a indenização ou a ações contra a União, salvo, na forma da lei, quanto às benfeitorias derivadas da ocupação de boa-fé.

(2) A CF assegura expressamente aos estados-membros a propriedade das terras indígenas não situadas em área de domínio da União.

(3) Pelo instituto jurídico do indigenato, título congênito conferido ao índio, o ordenamento jurídico brasileiro reconhece o direito dos índios de terem a sua organização social, costumes, línguas, crenças e tradições, bem como os direitos originários sobre as terras que tradicionalmente ocupam, competindo à União demarcá-las bem como proteger e fazer respeitar todos os seus bens.

1: correta, nos termos do art. 231, § 6º, da CF; **2:** incorreta. As terras ocupadas pelos índios são todas de propriedade da União, cabendo aos índios a proteção de sua posse permanente e da exploração dos recursos naturais disponíveis com vistas à sua sobrevivência e manutenção de sua cultura (art. 22 da Lei 6.001/1973). Para o STF, *"a Carta Política, com a outorga dominial atribuída à União, criou, para esta, uma **propriedade vinculada ou reservada**, que se destina a garantir aos índios o exercício dos direitos que lhes foram reconhecidos constitucionalmente"* (RE 183.188, DJ 14.02.1997, grifo nosso).; **3:** correta, nos termos do art. 231, "caput", da CF. **HS**
Gabarito "1C, 2E, 3C."

(Procurador do Estado/BA – 2014 – CESPE) No que concerne às terras indígenas, julgue os itens a seguir.

(1) São nulos e extintos, não produzindo efeitos jurídicos, os atos que objetivem a ocupação, o domínio e a posse de terras indígenas, ou a exploração das riquezas naturais do solo, dos rios e dos lagos nelas existentes, ressalvado relevante interesse público da União, segundo o que dispuser lei complementar, não gerando a nulidade e a extinção direito a indenização ou a ações contra a União, salvo, na forma da lei, quanto às benfeitorias derivadas da ocupação de boa-fé.

(2) A CF assegura expressamente aos estados-membros a propriedade das terras indígenas não situadas em área de domínio da União.

(3) Pelo instituto jurídico do indigenato, título congênito conferido ao índio, o ordenamento jurídico brasileiro reconhece o direito dos índios de terem a sua organização social, costumes, línguas, crenças e tradições, bem como os direitos originários sobre as terras que tradicionalmente ocupam, competindo à União demarcá-las bem como proteger e fazer respeitar todos os seus bens.

1: correta, nos termos do art. 231, § 6º, da Constituição Federal; **2:** incorreta. As terras tradicionalmente ocupadas pelos índios pertencem à União indistintamente (art. 20, XI, da Constituição Federal); **3:** correta, nos termos do art. 1º, parágrafo único, da Lei nº 6.001/1973 e art. 231, *caput*, da Constituição Federal.
Gabarito 1C, 2E, 3C

(Procurador Federal – 2013 – CESPE) Julgue os itens seguintes, a respeito da demarcação e titulação de terras ocupadas por remanescentes das comunidades dos quilombos.

(1) São considerados remanescentes das comunidades dos quilombos os grupos étnico-raciais que, além de assim se autodefinirem no âmbito da própria comunidade, contem com trajetória histórica própria, relações territoriais específicas e presunção de ancestralidade negra relacionada com a resistência à opressão histórica sofrida.

(2) É da competência exclusiva da União, por meio do Instituto Nacional de Colonização e Reforma Agrária, identificar, reconhecer, delimitar, demarcar e titular as terras ocupadas por remanescentes das comunidades dos quilombos.

1: correta, nos termos do art. 2º do Decreto nº 4.887/2003; **2:** incorreta. A competência não é exclusiva da União, mas concorrente a ela, aos Estados, DF e Municípios (art. 3º do Decreto nº 4.887/2003).
Gabarito 1C, 2E

(Procurador do Estado/MT – FCC – 2011) Assinale a alternativa correta sobre as terras tradicionalmente ocupadas pelos índios.

(A) São de domínio da União.

(B) As riquezas do solo são de usufruto da FUNAI, que possui a obrigação legal de reparti-las.

(C) É vedado o aproveitamento do potencial energético em terra indígena.

(D) É permitida a remoção definitiva dos grupos indígenas de suas terras, desde que haja autorização do Congresso Nacional, em caso de relevante interesse público.

(E) É válida a alienação de terras indígenas, desde que o grupo esteja adaptado à cultura branca e assistido pela FUNAI.

A: correta (art. 20, XI, da CF); **B:** incorreta, pois as riquezas do solo das terras tradicionalmente ocupadas pelos índios são de usufruto exclusivo dos índios (art. 231, § 2º, da CF); **C:** incorreta, pois não é vedado o aproveitamento do potencial energético em terra indígena (art. 231, § 3º, da CF); **D:** incorreta, pois é vedada a remoção dos grupos indígenas de suas terras, salvo, "ad referendum" do Congresso Nacional, em caso de catástrofe ou epidemia que ponha em risco sua população, ou no interesse da soberania do País, após deliberação do Congresso Nacional, garantido, em qualquer hipótese, o retorno imediato logo que cesse o risco (art. 231, § 5º, da CF); **E:** incorreta, pois as terras ocupadas tradicionalmente pelos índios são inalienáveis (art. 231, § 4º, da CF).
Gabarito "A".

(Procurador do Estado/PA – 2011) Analise as proposições abaixo e assinale a alternativa INCORRETA:

(A) Aos remanescentes das comunidades dos quilombos que estejam ocupando suas terras é reconhecida a propriedade definitiva, devendo o Estado emitir-lhes os títulos respectivos.

(B) Consideram-se remanescentes das comunidades dos quilombos, para os fins deste Decreto, os grupos étnico-raciais, segundo critérios de autoatribuição, com trajetória histórica própria, dotados de relações territoriais específicas, com presunção de ancestralidade negra relacionada com a resistência à opressão histórica sofrida.

(C) A titulação relativa às terras remanescentes de quilombos será registrada mediante a outorga de título

21. DIREITO AGRÁRIO 745

de propriedade individual, podendo ser desmembrado pelos membros da comunidade.

(D) Para os fins de política agrícola e agrária, os remanescentes das comunidades dos quilombos receberão dos órgãos competentes tratamento preferencial, assistência técnica e linhas especiais de financiamento, destinados à realização de suas atividades produtivas e de infraestrutura.

(E) São terras ocupadas por remanescentes das comunidades dos quilombos as utilizadas para a garantia de sua reprodução física, social, econômica e cultural.

A: correta (art. 68 do ADCT); **B:** correta (art. 2º, *caput*, do Decreto 4.887, de 20 de novembro de 2003); **C:** incorreta, pois a titulação será reconhecida e registrada mediante outorga de título coletivo e pró-indiviso às comunidades dos quilombos, com obrigatória inserção de cláusula de inalienabilidade, imprescritibilidade e de impenhorabilidade (art. 17 do Decreto 4.887, de 20 de novembro de 2003); **D:** correta (art. 20 do Decreto 4.887, de 20 de novembro de 2003); **E:** correta (art. 2º, § 2º, do Decreto 4.887, de 20 de novembro de 2003).
Gabarito "C."

8. OUTROS TEMAS E TEMAS COMBINADOS

(Procurador do Estado – PGE/MT – FCC – 2016) A posse agrária originária:

(A) está presente nos contratos agrários de arrendamento.

(B) está presente nos contratos agrários de parceria.

(C) não se diferencia da posse civil.

(D) acarretará a perda da propriedade pela desapropriação para fins de reforma agrária, se exercida com um dos vícios da posse.

(E) gera a aquisição da propriedade por meio da usucapião especial rural.

A e B: incorretas. Posse agrária originária é aquela que não decorre de outra anterior, como na usucapião. Posses adquiridas por meio de contratos são classificadas como derivadas; **C:** incorreta. A posse civil tem caráter individual, bastando o exercício de qualquer dos poderes inerentes ao domínio (art. 1.196 do CC). Já a posse agrária tem caráter social e econômico, porque demanda o exercício de atividades agrárias na propriedade, assim entendidas como aquelas destinadas a aumentar seu aproveitamento econômico; **D:** incorreta. Como já dito, a posse agrária originária é aquela que não decorre de outra, pela qual o possuidor exerce atividade agrária na propriedade. Se há aproveitamento racional e adequado do imóvel rural, não há que se falar em desapropriação para fins de reforma agrária; **E:** correta, consoante todos os comentários anteriores. HS
Gabarito "E."

(Procurador do Estado – PGE/BA – CESPE – 2014) Acerca da regulação da política fundiária e agrícola segundo a Constituição do Estado da Bahia, julgue os itens que se seguem.

(1) As terras públicas destinadas à irrigação não podem ser objeto de concessão de direito real de uso.

(2) A dignidade da pessoa humana é um dos princípios fundamentais da política agrícola e fundiária.

(3) Lei ordinária estadual é o instrumento normativo utilizado para fixar, para as diversas regiões do estado da Bahia, até o limite de quinhentos hectares, a área máxima de terras devolutas que os particulares podem ocupar, visando a torná-las produtivas, sem permissão ou autorização do poder público.

1: incorreta. O art. 179 da Constituição do Estado da Bahia determina que tais terras sejam sempre destinadas à concessão de direito real de uso; **2:** correta, nos termos do art. 171, I, da Constituição do Estado da Bahia; **3:** incorreta. O instrumento previsto para tal fim é o decreto (art. 174 da Constituição do Estado da Bahia). HS
Gabarito "1E, 2C, 3E."

(Procurador do Estado/BA – 2014 – CESPE) Acerca da regulação da política fundiária e agrícola segundo a Constituição do Estado da Bahia, julgue os itens que se seguem.

(1) As terras públicas destinadas à irrigação não podem ser objeto de concessão de direito real de uso.

(2) A dignidade da pessoa humana é um dos princípios fundamentais da política agrícola e fundiária.

(3) Lei ordinária estadual é o instrumento normativo utilizado para fixar, para as diversas regiões do estado da Bahia, até o limite de quinhentos hectares, a área máxima de terras devolutas que os particulares podem ocupar, visando a torná-las produtivas, sem permissão ou autorização do poder público.

1: incorreta. Tais terras, inclusive as devolutas, serão sempre objeto de concessão de direito real de uso (art. 179 da Constituição do Estado da Bahia); **2:** correta, nos termos do art. 171, I, da Constituição do Estado da Bahia; **3:** incorreta. Tal regulamentação será feita por decreto (art. 174 da Constituição do Estado da Bahia).
Gabarito 1E, 2C, 3E

(Procurador do Estado/PA – 2011) Analise as alternativas e assinale a alternativa CORRETA:

(A) Em face da regra contida no art. 2.038 do Código Civil, pode-se afirmar que a partir de sua vigência, foi proibida a constituição e enfiteuses e subenfiteuses no ordenamento brasileiro, abrangendo os terrenos de marinha e acrescidos.

(B) A demarcação dos terrenos de marinha, com base nas linhas do preamar médio do ano de 1831 e da média das enchentes ordinárias, de acordo com a jurisprudência do Tribunais Superiores, exige a intimação pessoal de todos os interessados certos, em consonância com os princípios constitucionais pertinentes.

(C) Os térreos de marinha contemplam as áreas que bordejam mar, rios ou lagoas, ainda que não sofram influência das marés.

(D) São terrenos acrescidos de marinha os que se tiverem formado naturalmente para o lado do mar ou dos rios e lagoas, em seguimento aos terrenos de marinha, não abrangendo nesse conceito os acréscimos formados artificialmente.

(E) Face ao regime jurídico da enfiteuse, o foreiro poderá efetuar o pagamento do resgate e consolidar o domínio de terreno de marinha objeto de aforamento.

A: incorreta. A instituição de enfiteuses sobre terrenos de marinha e acrescidos continua regulada por lei especial (art. 2.038, § 2º, do CC); **B:** correta. A assertiva reflete a posição do STF estampada no julgamento da ADI nº 4264, DJ 16/03/2011; **C:** incorreta. Nos termos do art. 2º, "a", do Decreto-lei nº 9.760/46, a conceituação dos terrenos de marinha abrange apenas aqueles onde se façam sentir os efeitos da maré; **D:** incorreta. O conceito trazido pelo art. 3º do Decreto-lei nº 9.760/46 abrange os acréscimos artificiais; **E:** incorreta. A possibilidade de remissão da enfiteuse não se aplica aos terrenos de marinha (art. 49 do ADCT).
Gabarito "B."

22. Língua Portuguesa

Henrique Subi

A sociedade contemporânea se assenta, segundo vários pensadores das ciências humanas, por uma polaridade: de um lado o excesso, de outro a falta. No entanto, há muitos anos a psicanálise nos ensina: todo excesso esconde uma falta. Vivemos um momento sócio-histórico de excessos de trabalho, compromissos, desejos, expectativas e estímulos que atingem indistintamente crianças, adolescentes e adultos.

Vivemos ocupados, com agendas cheias de cursos, reuniões, compromissos e atividades extracurriculares. Não há tempo a perder e nunca antes tivemos tanto a sensação de estarmos correndo em busca do tempo perdido. A excelência de desempenho acompanha a todos na escola, no trabalho, nos demais ambientes em que estamos inseridos. Estamos conectados permanentemente e devemos estar disponíveis todo o tempo.

Esse ambiente de estimulação e exigências constantes, no qual às vezes damos conta das demandas que nos são impostas por nós mesmos ou pelo outro, e outras vezes não, tem uma única consequência a todos: a exaustão.

Exaustos, ao chegarmos a casa, só queremos ficar mergulhados no nosso mundo, para de certa forma termos (ainda que na nossa fantasia) uma compensação pelas frustrações enfrentadas ao longo do dia. E é nesse ponto que começamos a nos distanciar do nosso parceiro e dos nossos filhos, porque passamos a nos tornar indisponíveis ao outro.

Educar filhos, formá-los, é tarefa para a vida inteira e exige disposição, tempo, vitalidade e dedicação, e o fato é que, embora na teoria estejamos todos comprometidos com isso, na prática nem sempre estamos dispostos. Terceirizamos essas tarefas para professores, psicólogos, avós e babás. E, quando não temos essas pessoas à disposição, silenciamos as crianças dando-lhes a possibilidade de passar horas diante de alguma telinha: se antes era a televisão, hoje vemos crianças em idades cada vez mais precoces com um Ipad na mão. Não queremos ser perturbados no nosso mundo, no nosso silêncio e, sem percebermos, vamos criando abismos nas nossas relações.

(Valdeli Vieira *Pais e filhos: tão perto, tão longe* (adaptado) *REVISTA E:* https://www.sescsp.org.br/online/artigo/13291_PAI-SEFILHOS. Acesso 10.06.2019)

(Procurador do Município – S.J. Rio Preto/SP – 2019 – VUNESP) Para a psicanalista Valdeli Vieira, autora do texto,

(A) pais que trabalham fora devem ter espaço individualizado de descanso em casa, já que a sociedade contemporânea é exaustiva e frustrante.

(B) estudantes e trabalhadores devem estar conectados permanentemente para realizarem suas atividades em um nível de excelência.

(C) na sociedade contemporânea, a educação dos filhos passou a ser delegada a profissionais e parentes próximos.

(D) a terceirização da educação dos filhos agilizou o dia a dia, liberando os pais para exercerem suas atividades com mais qualidade.

(E) na sociedade contemporânea, a tecnologia tem se apropriado da formação dos filhos, beneficiando pais que trabalham fora.

O texto tece críticas à sociedade contemporânea, na qual as exigências por excelência nos estudos e no trabalho tiraram o tempo para se dedicar às relações familiares. Um dos efeitos disso é a delegação da educação dos filhos a profissionais e parentes.
Gabarito "C".

(Procurador do Município – S.J. Rio Preto/SP – 2019 – VUNESP) É correto afirmar que no trecho – E é nesse ponto que começamos a nos distanciar do nosso parceiro e dos nossos filhos, porque passamos a nos tornar indisponíveis ao outro. –, a autora expressa

(A) assentimento em relação à postura afetiva que estabelecemos com nossos familiares mais próximos, atualmente.

(B) contrariedade quanto ao modo como estabelecemos relações familiares na contemporaneidade.

(C) complacência quanto às atividades profissionais de excelência exercidas pelos pais de crianças e adolescentes.

(D) desconfiança em relação aos profissionais da educação e aos parentes próximos.

(E) intransigência quanto ao excesso de atividades exercidas na sociedade contemporânea.

O texto denota a crítica da autora ao modo como estamos nos relacionando nos dias de hoje. É, portanto, uma relação de contrariedade.
Gabarito "B".

(Procurador do Município – S.J. Rio Preto/SP – 2019 – VUNESP) Na passagem – **Não** há tempo a perder e **nunca** antes tivemos tanto a sensação de estarmos correndo em busca do tempo perdido. A excelência de desempenho acompanha a todos na escola, no trabalho, nos demais ambientes em que estamos inseridos. Estamos conectados **permanentemente** e devemos estar disponíveis todo o tempo. –, os termos destacados introduzem no contexto, respectivamente, as circunstâncias de

(A) negação, dúvida e intensidade.

(B) intensidade, modo e tempo.

(C) dúvida, intensidade e afirmação.

(D) negação, tempo e modo.

(E) intensidade, negação e tempo.

O trecho destaca três advérbios: um de negação (não), um de tempo (nunca) e um de modo (permanentemente).

Gabarito "D".

(Procurador do Município – S.J. Rio Preto/SP – 2019 – VUNESP) Assinale a alternativa em que há palavra ou expressão em sentido figurado.

(A) … hoje vemos crianças em idades cada vez mais precoces com um Ipad na mão.

(B) … uma compensação pelas frustrações enfrentadas ao longo do dia.

(C) … é tarefa para a vida inteira e exige disposição, tempo, vitalidade e dedicação…

(D) … porque passamos a nos tornar indisponíveis ao outro.

(E) Exaustos, ao chegarmos a casa, só queremos ficar mergulhados no nosso mundo…

Sentido figurado ocorre quando usamos uma palavra em sentido diferente daquele que lhe prevê o dicionário (chamado de sentido denotativo). Nas alternativas, a única vez que isso ocorre é na letra "E", que deve ser assinalada, com a expressão "ficar mergulhados": em sentido denotativo, "mergulhar" significa pular dentro d'água. No sentido figurado utilizado, significa que ficamos fechados em nossos pensamentos, sem dar atenção ao outro, sem ouvi-lo, exatamente como seria se estivéssemos dentro d'água.
Gabarito "E".

(Procurador do Município – S.J. Rio Preto/SP – 2019 – VUNESP) A alternativa que apresenta o trecho reescrito preservando o sentido das reflexões da autora e o respeito à norma-padrão de emprego da pontuação é:

(A) Segundo vários pensadores das ciências humanas a sociedade contemporânea se assenta por uma polaridade que vai, do excesso à falta.

(B) Educar filhos e formá-los são tarefas para a vida inteira e exigem disposição, tempo, vitalidade e dedicação.

(C) Ao chegarmos, em casa, exaustos, só queremos ficar mergulhados no nosso mundo: uma forma de, ao longo do dia, compensar as frustrações enfrentadas.

(D) Esse ambiente de estimulação e exigências constantes, gera uma única consequência a todos: a exaustão.

(E) Não queremos ser perturbados no nosso mundo e no nosso silêncio sem percebermos criamos abismos nas nossas relações.

A: incorreta. Não há vírgula depois de "vai"; B: correta. A nova redação preserva o sentido do texto e atende a todas as normas gramaticais; C: incorreta. O adjunto adverbial "em casa" não deveria estar entre vírgulas e há prejuízo grave à coerência com o deslocamento do adjunto adverbial "ao longo do dia" para a ordem indireta do período; D: incorreta. Não há vírgula após "constantes"; E: incorreta. Deveria haver ponto e vírgula após "silêncio".
Gabarito "B".

(Procurador do Município – S.J. Rio Preto/SP – 2019 – VUNESP) Assinale a alternativa que apresenta livre reescrita de um trecho do texto de acordo com a norma-padrão de emprego e de colocação de pronome.

(A) Se trata de um momento sócio-histórico de excessos de trabalho, compromissos, desejos, expectativas e estímulos.

(B) Quanto às crianças, é preciso entender esse momento sócio-histórico que atinge-as, indistintamente.

(C) Estarmos conectados permanentemente auxiliaría-nos, se pudéssemos estar disponíveis todo o tempo.

(D) Nesse ambiente de estimulação e exigências constantes, às vezes não damo-nos conta das demandas a nós impostas.

(E) Poderá alguém os formar, mesmo que não os próprios pais, mas será tarefa para a vida inteira.

A: incorreta. Próclise não inicia oração; B: incorreta. O pronome relativo "que" determina a próclise; C: incorreta. Pela norma culta, o futuro do pretérito do indicativo exige mesóclise (auxiliar-nos-ia); D: incorreta. O advérbio de negação "não" determina a próclise; E: correta. Todas as normas de colocação pronominal foram respeitadas.
Gabarito "E".

(Procurador do Município – S.J. Rio Preto/SP – 2019 – VUNESP) Assinale a alternativa que, mantendo o sentido original do texto, reescreve a passagem de acordo com a norma-padrão de regência.

(A) Professores, psicólogos, avós e babás, quando indisponíveis, nos levam a largar as crianças por horas em companhia com alguma tecnologia.

(B) Se hoje vemos crianças em idades cada vez mais precoces com um Ipad na mão, isso se deve à dependência sobre as telinhas.

(C) Paralela a compromissos, cursos, reuniões e atividades extracurriculares, ainda temos a tarefa de educar os filhos.

(D) É preciso ter tempo, vitalidade, dedicação e disposição em educar os filhos e formá-los, já que é tarefa para a vida inteira.

(E) Em casa, só queremos mergulhar em nosso mundo, para nos sentirmos compensados com as frustrações acumuladas ao longo do dia.

A: incorreta. O substantivo "companhia" rege a preposição "de"; B: incorreta. O substantivo "dependência" rege a preposição "de"; C: correta. As normas de regência foram integralmente respeitadas no trecho; D: incorreta. O substantivo "disposição" rege a preposição "para"; E: incorreta. O particípio "compensados" rege a preposição "de".
Gabarito "C".

Leia o texto para responder às questões a seguir.

O cemitério dos vivos: testemunho e ficção

Alfredo Bosi

Perplexo, o intelectual crítico Lima Barreto, cuja obra toda fora uma denúncia da mentira social, teme que os médicos do Hospício o tratem de maneira cega ou arbitrária. Teme principalmente que a ciência livresca que seguem, avessa à ideia mesma de enigma, não lhes permita ter dúvidas, nem lhes faça ver pessoas, mas apenas casos exemplares devidamente catalogados e passíveis das terapias reificadas nos manuais de psiquiatria.

A impotência do internado, que sofrera o arbítrio dos policiais com seus preconceitos de cor e classe, vê-se, de repente, confrontada com a onipotência do médico. A assimetria é brutal e, embora Lima tenha escapado ao risco de virar cobaia de alienistas enrijecidos ou precipitados, a sua crítica guarda um potencial de verdade ainda hoje ameaçador:

22. LÍNGUA PORTUGUESA 749

O terrível nessa coisa de hospital é ter-se de receber um médico que nos é imposto e muitas vezes não é da nossa confiança. Além disso, o médico que tem em sua frente um doente, de que a polícia é tutor e a impersonalidade da lei, curador, por melhor que seja, não o tem mais na conta de gente, é um náufrago, um rebotalho da sociedade, a sua infelicidade e desgraça podem ainda ser úteis à salvação dos outros, e a sua teima em não querer prestar esse serviço aparece aos olhos do facultativo como a revolta de um detento, em nome da Constituição, aos olhos de um delegado de polícia. (Lima Barreto, p.34)

(BOSI, Alfredo. *O cemitério dos vivos: testemunho e ficção.* Prefácio (adaptado) em *Diário do hospício e O cemitério dos vivos,*

Lima Barreto. São Paulo: Cosac Naify, 2010)

(Procurador do Município – S.J. Rio Preto/SP – 2019 – VUNESP) Assinale a alternativa que apresenta, respectivamente, sinônimos para os termos destacados na sequência de Lima Barreto, adequados ao contexto estabelecido pelo crítico e historiador Alfredo Bosi.

Além disso, o médico que tem em sua frente um doente, de que a polícia é tutor e a impersonalidade da lei, **curador**, por melhor que seja, não o tem mais na conta de gente, é um **náufrago**, um **rebotalho** da sociedade, a sua infelicidade e desgraça podem ainda ser úteis à salvação dos outros, e a sua teima em não querer prestar esse serviço aparece aos olhos do **facultativo** como a revolta de um detento...

(A) Conselheiro, isolado, qualquer, administrador.

(B) Responsável, desaparecido, marginal, comissário.

(C) Defensor, fracassado, resíduo, médico.

(D) Protetor, malsucedido, arruinado, juiz.

(E) Vigário, degradado, vulgo, advogado.

"Curador" é sinônimo de "defensor", "protetor", "cuidador"; "náufrago" é sinônimo de "isolado", "perdido", "fracassado", "malsucedido"; "rebotalho" é sinônimo de "resíduo", "resto"; "facultativo" é sinônimo de "médico", pouquíssimo utilizado nos dias atuais.

Gabarito "C".

(Procurador do Município – S.J. Rio Preto/SP – 2019 – VUNESP) No trecho – Perplexo, o intelectual crítico Lima Barreto, cuja obra toda fora uma denúncia da mentira social, teme **que os médicos do Hospício o tratem de maneira cega**

ou arbitrária. –, a oração em destaque exerce função sintática com o mesmo valor da expressão destacada em:

(A) ... a sua crítica guarda **um potencial de verdade**...

(B) ... podem ainda ser úteis **à salvação dos outros**...

(C) ... embora Lima tenha escapado **ao risco** de virar cobaia...

(D) ... que a ciência livresca **que seguem**, avessa à ideia mesma de enigma...

(E) ... A impotência do internado, **que sofrera** o arbítrio dos policiais...

A oração destacada no trecho do enunciado classifica-se como oração subordinada substantiva objetiva direta, porque exerce a função de objeto direto do verbo "ter". Isso também ocorre na letra "A", que deve ser assinalada, na qual a oração em destaque é objeto direto do verbo "guardar".

Gabarito "A".

(Procurador do Município – S.J. Rio Preto/SP – 2019 – VUNESP) Assinale a alternativa que conduz uma leitura do texto em pleno acordo com a norma-padrão quanto à concordância verbal.

(A) A consolidação de certas terapias nos manuais de psiquiatria faziam com que Lima Barreto temesse ser tratado como um dos casos catalogados.

(B) Lima Barreto temia que os médicos do Hospício o maltratassem, como é possível deduzir por sua obra que, faziam muitas décadas, já denunciava a mentira social.

(C) Lima Barreto temia que os responsáveis por sua internação, ao promover estudo de caso, constatasse nele apenas um detento revoltado.

(D) O internado, que já houvera sofrido o arbítrio de policiais preconceituosos, deparou-se com a onipotência do médico.

(E) Despertados pelas condições de internação haviam muitos temores, depois registrados pelo intelectual em suas obras de ficção.

A: incorreta. O verbo "fazer" deveria estar no singular para concordar com "consolidação"; **B:** incorreta. O verbo "fazer", com sentido de tempo, é impessoal, portanto não se flexiona em número – "fazia muitas décadas"; **C:** incorreta. O verbo "constatar" deveria estar no plural para concordar com "os responsáveis"; **D:** correta. Todas as normas de concordância verbal foram respeitadas no trecho; **E:** incorreta. O verbo "haver", no sentido de "existir", é impessoal, portanto não se flexiona em número – "havia muitos temores".

Gabarito "D".

Texto CB1A1-I

1 O preconceito é um fenômeno que se verifica quando um sujeito discrimina ou exclui outro, a partir de concepções equivocadas, oriundas de hábitos, costumes, sentimentos ou

4 impressões. O preconceito decorre de incompatibilidades entre a pessoa e o ato que ela executa. Isso quer dizer que, se houver uma ideia favorável de uma pessoa, tudo o que ela fizer ou

7 disser pode ser aceito, mesmo que o que disser ou fizer seja errado, falso ou impreciso. Inversamente, se houver uma ideia desfavorável sobre alguém, tudo o que essa pessoa disser ou

10 fizer pode ser rejeitado, mesmo que diga verdades ou se comporte corretamente. A ideia favorável ou desfavorável sobre a pessoa vem

13 de fatos exteriores, e isso afeta, positiva ou negativamente, no caso do comportamento preconceituoso, o julgamento sobre a pessoa ou seus atos. O preconceito, portanto, pode ser positivo

16 ou negativo. Preconceito positivo acontece quando características consideradas positivas da pessoa se estendem para seus atos, ou vice-versa, mesmo quando não são corretos.

19 Em geral, o preconceito positivo não é percebido pela sociedade (ou pelo menos não provoca reações). O que incomoda é o preconceito negativo, acompanhado de reação

22 discriminatória.

Marli Quadros Leite. Preconceito e intolerância na linguagem. São Paulo: Contexto, 2012, p. 27-9 (com adaptações).

(Procurador do Município – Boa Vista/RR – 2019 – CESPE/CEBRASPE)
Com relação às ideias do texto CB1A1-I, julgue os itens subsequentes.

(1) O preconceito baseia-se em uma visão errônea de alguém, construída a partir de elementos de natureza social ou de natureza pessoal.

(2) Subentende-se do texto que o preconceito positivo, por ter origem em uma ideia favorável a determinada pessoa, não resulta em discriminação ou segregação.

(3) Por ser calcado em fatos exteriores, o preconceito constrói-se como um fenômeno social externo às pessoas, as quais, conscientemente, internalizam, ou não, práticas preconceituosas.

(4) Levando-se em conta o mecanismo do preconceito, conclui-se que ideias favoráveis a uma pessoa levam à aceitação irrestrita de seus atos pelo outro, ao passo que ideias desfavoráveis induzem à rejeição sumária de suas ações por parte do outro.

1: correta. Esta é a ideia central do primeiro parágrafo do texto; **2:** correta. O último parágrafo do texto expõe essa distinção entre preconceito positivo e preconceito negativo; **3:** incorreta. O preconceito é um fenômeno interno ao sujeito, que constrói para si as concepções sobre os outros, sejam elas favoráveis ou desfavoráveis; **4:** incorreta. Não se pode depreender do texto que a aceitação seja "irrestrita" ou a rejeição "sumária", mas sim que tais sentimentos sejam a tendência de ação daqueles que carregam o preconceito dentro de si.
Gabarito: 1C, 2C, 3E, 4E

(Procurador do Município – Boa Vista/RR – 2019 – CESPE/CEBRASPE)
Julgue os próximos itens, relativos a aspectos linguísticos do texto CB1A1-I.

(1) O pronome "Isso" (L.5) remete a toda a ideia expressa no período anterior.

(2) Seria prejudicada a correção gramatical do texto caso a forma verbal "seja" (L.7) fosse substituída por **for**.

(3) Na linha 15, a conjunção "portanto" encerra uma ideia de conclusão em relação ao que se afirma no período anterior.

(4) No trecho "o ato que ela executa" (L.5), o pronome "que" é empregado tanto como conectivo, já que liga duas orações, quanto como elemento referencial, ao retomar o antecedente "o ato".

(5) A correção gramatical do texto seria mantida caso o trecho "tudo o que essa pessoa disser ou fizer pode ser rejeitado" (L. 9 e 10) fosse reescrito da seguinte forma: tudo o que essa pessoa dizer ou fazer pode ser rejeitado.

(6) Seriam mantidos a correção gramatical e o sentido original do texto caso o trecho "Em geral, o preconceito positivo não é percebido pela sociedade" (L. 19 e 20) fosse assim reescrito: Não se percebe o preconceito positivo, em geral, pela sociedade.

1: correta. O pronome demonstrativo foi usado como elemento de coesão, para prosseguir no desenvolvimento do tema a partir do resgate da ideia defendida no parágrafo anterior; **2:** correta. A construção do período exige a conjugação do verbo no subjuntivo, de forma que sua substituição por tempo verbal do indicativo causaria prejuízo à correção gramatical; **3:** correta. A conjunção "portanto" realmente tem valor conclusivo, assim como "logo", "pois" (desde que posposto ao verbo), entre outras; **4:** correta. A palavra "que", nesse caso, é tanto conjunção integrante quanto pronome relativo; **5:** incorreta. A construção do período exige a conjugação do verbo no subjuntivo, de forma que sua substituição pela forma do infinitivo causaria prejuízo à correção gramatical; **6:** incorreta. Houve alteração de sentido com a alteração da ordem dos elementos. Ao deslocar "pela sociedade" para o final, surge a ideia de que não haveria preconceito positivo espalhado pela sociedade.
Gabarito: 1C, 2C, 3C, 4C, 5E, 6E

22. LÍNGUA PORTUGUESA   751

Texto CB1A1-II

1   A cultura brasileira sempre se viu como uma cultura
da mistura. Louva-se a tendência brasileira à assimilação do
que é significativo e importante das outras culturas. O Brasil
4   celebra a mistura da contribuição de brancos, negros e índios
na formação da nacionalidade, exaltando o enriquecimento
cultural e a ausência de fronteiras de nossa cultura. De nosso
7   ponto de vista, o misturado é completo; o puro é incompleto.
Trata-se evidentemente de uma autodescrição da cultura
brasileira. Há então todo um culto à mulata, representante por
10   excelência da raça brasileira; do sincretismo religioso, sinal de
tolerância; do convívio harmônico de culturas que se digladiam
em outras partes do mundo. A identidade nacional está
13   inextricavelmente vinculada à mistura racial.
No entanto, a decantada mistura brasileira não é
indiscriminada, ela é seletiva. Há sistemas que não são aceitos
16   na mistura. No primeiro período de construção da identidade
nacional, não há a ideia da mistura das três raças, que hoje se
consideram constitutivas da nacionalidade, mas somente dos
19   índios e brancos. Os negros estavam excluídos. Essa mistura
não era desejável, pois se tratava de escravos.

José Luiz Fiorin. Identidade nacional e exclusão racial. *In*: Cadernos de estudos linguísticos,
v. 58, n.º 1, 2016, p. 64-5 (com adaptações).

(Procurador do Município – Boa Vista/RR – 2019 – CESPE/CEBRASPE)
Acerca das ideias e dos sentidos do texto CB1A1-II, julgue os itens a seguir.

(1) A exaltação da mistura de raças que forjou a cultura brasileira fundamentou-se na oposição entre a pureza das raças e a mistura de raças.

(2) Apesar de rejeitada no início da construção da identidade nacional, a contribuição da raça negra foi reconhecida como parte de um movimento de retomada da história nacional.

(3) A seletividade que excluiu a raça negra do rol das raças que se misturaram para a constituição da cultura brasileira foi orientada por uma visão preconceituosa em relação ao papel social dos negros na sociedade brasileira.

(4) Na linha 13, o advérbio "inextricavelmente" tem o significado de **inexoravelmente**.

1: correta. Essa ideia está contida na oração: "de nosso ponto de vista, o misturado é completo; o puro é incompleto"; **2**: incorreta. Não se pode depreender do texto que a cultura regra foi reconhecida posteriormente. O último parágrafo apenas assinala sua segregação; **3**: correta. Isso pode ser inferido do último período do texto; **4**: incorreta. "Inextricável" é aquilo que não pode ser separado; "inexorável" é aquilo que não pode ser evitado. Os termos não são sinônimos.
Gabarito 1C, 2E, 3C, 4E

(Procurador do Município – Boa Vista/RR – 2019 – CESPE/CEBRASPE)
A respeito dos aspectos linguísticos do texto CB1A1-II, julgue os itens subsecutivos.

(1) O uso do acento grave em "à mistura racial" (L.13) é facultativo.

(2) O sujeito da oração iniciada por "Louva-se" (L.2) é indeterminado.

(3) Sem prejuízo para a correção gramatical do texto, as vírgulas que isolam a oração "que hoje se consideram constitutivas da nacionalidade" (L. 17 e 18) poderiam ser suprimidas.

(4) Os termos "da contribuição de brancos, negros e índios" (L.4) e "de escravos" (L.20) desempenham a mesma função sintática nos períodos em que ocorrem.

1: incorreta. O acento grave decorre da crase ocorrida pela presença da preposição "a" regida pelo verbo "vincular" antes de palavra feminina, logo é de uso obrigatório; **2**: incorreta. Trata-se de oração na voz passiva sintética. O sujeito paciente é "a tendência brasileira" – "A tendência brasileira é louvada (...)"; **3**: incorreta. Se as vírgulas fossem suprimidas, a oração subordinada adjetiva deixaria de ter sentido explicativo para ter sentido restritivo, logo haveria erro gramatical; **4**: incorreta. Na primeira passagem, estamos diante de complemento nominal; na segunda, de objeto indireto.
Gabarito 1E, 2E, 3E, 4E

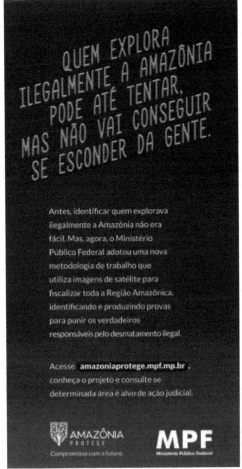

(Procurador do Município – Boa Vista/RR – 2019 – CESPE/CEBRASPE) Julgue o seguinte item, considerando os aspectos textuais e gramaticais do cartaz precedente veiculado pelo Ministério Público Federal, no âmbito do projeto Amazônia Protege.
(1) As formas verbais "Acesse", "conheça" e "consulte" caracterizam-se por uma uniformidade na flexão de modo e de pessoa.

1: correta. Todas as formas verbais estão na terceira pessoa do singular do modo imperativo.
Gabarito 1C

(Procurador do Estado – PGE/RS – Fundatec – 2015) Instrução: As questões 01 a 04 referem-se ao texto abaixo.

Texto 01

1 – Você pensou bem no que vai fazer, Paulo?
2 – Pensei. Já estou decidido. Agora não volto atrás.
3 – Olhe lá, hein, rapaz...
4 Paulo está ao mesmo tempo comovido e surpreso com os três amigos. Assim que souberam do seu
5 divórcio iminente, correram para visitá-lo no hotel. A solidariedade lhe faz bem. Mas não entende aquela
6 insistência deles em dissuadi-lo. Afinal, todos sabiam que ele não andava muito contente com seu
7 relacionamento.
8 – Pense um pouco mais, Paulo. Reflita. Essas decisões súbitas...
9 – Mas que súbitas? Estamos praticamente separados há um ano!
10 – Dê outra chance ao seu casamento, Paulo.
11 – A Margarida é uma ótima mulher.
12 – Espera um pouquinho. Você mesmo deixou de frequentar nossa casa por causa da Margarida, depois
13 que ela chamou vocês de bêbados e quase expulsou todo mundo.

22. LÍNGUA PORTUGUESA   753

14 – E fez muito bem. Nós estávamos bêbados e tínhamos que ser expulsos.
15 – Outra coisa, Paulo. O divórcio. Sei lá.
16 – Eu não entendo mais nada. Você sempre defendeu o divórcio!
17 – É. Mas quando acontece com um amigo...
18 – Olha, Paulo. Eu não sou moralista. Mas acho a família uma coisa importantíssima. Acho que a família
19 merece qualquer sacrifício.
20 – Pense nas crianças, Paulo. No trauma.
21 – Mas nós não temos filhos!
22 – Nos filhos dos outros, então. No mau exemplo.
23 – Mas isto é um absurdo! Vocês estão falando como se fosse o fim do mundo. Hoje, o divórcio é uma
24 coisa comum. Não vai mudar nada.
25 – Como, não muda nada?
26 – Muda tudo!
27 – Você não sabe o que está dizendo, Paulo Muda tudo.
28 – Muda o quê?
29 – Bom, pra começar, você não vai poder mais frequentar as nossas casas.
30 – As mulheres não vão tolerar.
31 – Você se transformará num pária social, Paulo.
32 – Como é que é?
33 – Fora de brincadeira. Um reprobo.
34 – Puxa. Eu nunca pensei que vocês...
35 – Pense bem, Paulo. Dê tempo ao tempo.
36 – Deixe pra decidir depois. Passado o verão.
37 – Reflita, Paulo. É uma decisão seriíssima. Deixe para mais tarde.
38 – Está bem. Se vocês insistem...
39 Na saída, os três amigos conversam:
40 – Será que ele se convenceu?
41 – Acho que sim. Pelo menos vai adiar.
42 – E no "solteiros contra casados" da praia, neste ano, ainda teremos ele no gol.
43 – Também, a ideia dele. Largar o gol dos casados logo agora. Em cima da hora. Quando não dava mais
44 para arranjar substituto.
45 – Os casados nunca terão um goleiro como ele.
46 – Se insistirmos bastante, ele desiste definitivamente do divórcio.
47 – Vai aguentar a Margarida pelo resto da vida.
48 – Pelo time dos casados, qualquer sacrifício serve.
49 – Me diz uma coisa. Como divorciado, ele podia jogar no time dos solteiros?
50 – Podia.
51 – Impensável.
52 – É.
53 – Outra coisa.
54 – Fala.
55 – Não é reprobo. É réprobo. Acento no "e".
56 – Mas funcionou, não funcionou?

Adaptado de VERISSIMO, Luis Fernando. "Os Moralistas".
Disponível em www.releituras.com/lfverissimo_moralistas.asp. Acessado em 12 de novembro de 2014.

(Procurador do Estado – PGE/RS – Fundatec – 2015) Assinale a alternativa que apresenta sinônimos para as palavras *iminente* (linha 05), *pária* (linha 31) e *réprobo* (linha 55), respectivamente, tal como foram empregadas no texto.

(A) inesperado – excluso – insensível.

(B) impensado – exilado – reprovado.

(C) impendente – excluído – infame.

(D) próximo – mau exemplo – retrógrado.

(E) rápido – expulso – solteirão.

Iminente é sinônimo de impendente, imediato, próximo, urgente; pária é sinônimo de excluído, marginal, proscrito, exilado; réprobo é sinônimo de infame, execrado, perverso, odiado. HS

Gabarito "C".

(Procurador do Estado – PGE/RS – Fundatec – 2015) Assinale a alternativa que apresenta uma versão modificada da frase *Você mesmo deixou de frequentar nossa casa por causa da Margarida, depois que ela chamou vocês de bêbados e quase expulsou todo mundo* (linhas 12-13), sem alteração significativa de sentido dos termos e de suas funções sintáticas.

(A) Mesmo você deixou de frequentar nossa casa por causa da Margarida, depois que ela chamou vocês de bêbados e quase expulsou todo mundo.

(B) Até você deixou de frequentar nossa casa por causa da Margarida, depois que ela chamou vocês de bêbados e expulsou quase todo mundo.

(C) Você até deixou de frequentar nossa casa por causa da Margarida, depois que ela chamou vocês de bêbados e quase expulsou todo mundo.

(D) Depois que a Margarida chamou vocês de bêbados e quase expulsou todo mundo, você próprio deixou de frequentar nossa casa por causa dela.

(E) Depois que a Margarida chamou vocês de bêbados e expulsou todo mundo, você mesmo quase deixou de frequentar nossa casa por causa dela.

A, B e C: incorretas. As alterações nas colocações dos termos alteram o sentido do período, passando a transparecer que as condutas não eram esperadas do amigo; **D:** correta. Houve apenas a inversão das orações e a substituição de "mesmo" por "próprio", que, nesse caso, atuam como sinônimos; **E:** incorreta. A nova colocação do advérbio "quase" faz com que ele deixe de se referir a "expulsar" e passe a alterar o sentido de "deixar". HS

Gabarito "D".

(Procurador do Estado – PGE/RS – Fundatec – 2015) Assinale V, se verdadeiras, ou F, se falsas nas afirmações a seguir:

( ) A palavra *decidido* (linha 02) está sendo empregada como adjetivo.

( ) A palavra *absurdo* (linha 23) está sendo empregada como adjetivo.

( ) A palavra *bem* (linha 35) está sendo usada como um substantivo.

( ) A palavra *ano* (linha 42) está sendo usada como advérbio.

A sequência correta de preenchimento dos parênteses, de cima para baixo, é:

(A) F – F – V – V.

(B) F – V – V – V.

(C) V – F – F – F.

(D) V – V – V – F.

(E) V – F – F – V.

I: verdadeira. É adjetivo que atua como predicativo do sujeito oculto "eu"; **II:** falsa. Na oração, o termo "absurdo" tem valor de substantivo; **III:** falsa. É advérbio que interage com o verbo "pensar"; **IV:** falsa. É substantivo. HS

Gabarito "C".

(Procurador do Estado – PGE/RS – Fundatec – 2015) Assinale a alternativa que apresenta a versão INCORRETA de uma das falas dos amigos de Paulo, caso estivesse escrita em discurso indireto.

(A) O amigo de Paulo perguntou a ele se ele tinha pensado bem no que iria fazer (linha 01).

(B) O amigo de Paulo pediu para que Paulo desse outra chance ao seu casamento (linha 10).

(C) O amigo de Paulo disse que Margarida era uma ótima mulher (linha 11).

(D) O amigo de Paulo disse que os casados nunca teriam um goleiro como ele (linha 45).

(E) O amigo de Paulo disse que se insistirmos bastante, ele desiste definitivamente do divórcio (linha 46).

Todas as alternativas transpuseram corretamente o texto para o discurso indireto, com exceção da letra "E", que deve ser assinalada. O uso do verbo na primeira pessoa do plural ("insistirmos") não mantém o sentido do texto. Deveria constar "insistissem". HS

Gabarito "E".

(Procurador do Estado – PGE/RS – Fundatec – 2015) Instrução: As questões 05 a 12 referem-se ao texto abaixo.

Texto 02

1   Qual a situação política .... se defrontava Jango com a retomada do regime
2   presidencialista, com o fim do parlamentarismo em 1963? O fundamental é que a política de compromisso
3   se tornava cada vez mais difícil. De cada extremo do espectro, grupos radicais insistiam em soluções
4   antidemocráticas, compartilhando a crença de que cada um estava em condições de ganhar mais com o
5   desmoronamento da democracia.
6   À direita, o grupo mais importante era o dos antigetulistas tradicionais. Chocados pela súbita
7   renúncia de Jânio em 1961, mas impossibilitados de impedir a posse de Jango, caíram num desespero que
8   lembrava seu mal-estar após a eleição de Juscelino em 1955. Estavam, no entanto, melhor organizados e
9   mais decididos. As manobras populistas de Jango, em 1962, para obter a antecipação do plebiscito sobre o
10   regime de governo .... de que estavam tratando com o mesmo Jango .... renúncia os
11   coronéis forçaram em 1954. Em princípios de 1962, começaram a conspirar para derrubar o presidente.
12   Entre seus líderes militares estavam o marechal Odílio Denys e o almirante Sílvio Heck, ex-ministros de
13   Jânio. O principal chefe civil era Júlio de Mesquita Filho, proprietário do influente jornal O Estado de S.
14   Paulo.
15   Os radicais anti-Jango dispunham de uma conhecida reserva de doutrinas antidemocráticas. Como
16   em 1950 e em 1955, alegavam que não se podia confiar no eleitorado brasileiro. Somente sob uma
17   cuidadosa tutela poderia ser impedido de cair nas malhas de políticos "demagógicos" novamente. A
18   moralidade e o anticomunismo eram suas palavras de ordem. Contavam, ainda, com o apoio de um bem
19   financiado movimento de homens de negócio paulistas, que tinha como centro o Instituto de Pesquisas e
20   Estudos Sociais (IPES), fundado em 1961.

22. LÍNGUA PORTUGUESA   755

21   À esquerda, os radicalizantes tentavam capitalizar qualquer crise política .... fim de provocar uma
22   abrupta transferência de poder. Seu propósito era influenciar a opinião pública, até o ponto em que os
23   árbitros estabelecidos do poder fossem desacreditados ou vencidos. A esquerda radical incluía grupos
24   operários como o Pacto Sindical de Unidade de Ação (PUA) e o Comando Geral dos Trabalhadores (CGT),
25   e organizações populares como as Ligas Camponesas e a União Nacional de Estudantes (UNE). O Partido
26   Comunista Brasileiro trabalhava para forçar um governo mais "nacionalista e democrático", dentro da
27   estrutura existente. O líder político mais preeminente da esquerda radical era Leonel Brizola, agora
28   deputado federal pelo PTB da Guanabara. Brizola era dado ao uso de linguagem violenta contra os inimigos;
29   frequentemente ameaçava recorrer à ação extraparlamentar – por exemplo, incentivar greves generalizadas,
30   como na crise de 19 para obter concessões do Congresso. É importante notar aqui a ênfase nos
31   métodos diretos para combater "golpistas", "entreguistas" e "reacionários". Nenhum desses grupos de
32   esquerda era francamente revolucionário por volta de fins de 1962; mas todos tinham sérias dúvidas quanto
33   .... possibilidade de satisfazer seus desejos de mudanças radicais dentro da estrutura constitucional
34   existente.
35   A despeito do crescimento da opinião extremista, em princípios de 1963 a maioria dos brasileiros
36   ainda se encontrava no centro. Pró-democráticos, preferiam uma economia mista que utilizasse o capital
37   estrangeiro sob cuidadoso controle nacional. A opinião do centro aceitava ampliar o sistema político, mas
38   somente com cautela. Sua base social era primordialmente liberal, mas também reconhecia a necessidade
39   da industrialização, conquanto resistisse .... qualquer ideologia definida com relação ao processo de
40   industrialização. Contudo, estes pontos-de-vista cautelosos não eram claramente formulados, e na verdade
41   continham seu próprio espectro de opinião – desde a "esquerda positiva" até os "industrialistas
42   esclarecidos".

Adaptado de: Thomas Skidmore, "O Espectro Político e os Extremistas", in *Brasil: de Getúlio a Castelo*, 4ª ed., trad. coord. por I. T. Dantas, p.273-279. Rio de Janeiro: Paz e Terra, 1975.

(Procurador do Estado – PGE/RS – Fundatec – 2015) Assinale a alternativa que preenche, correta e respectivamente, a lacuna da linha 01, bem como a primeira e a segunda lacunas da linha 10.

(A) que – convencera-os – a cuja.

(B) com que – convenceram-nos – cuja.

(C) que – convenceram-nos – cuja.

(D) com que – convencera-os – cuja.

(E) com que – convenceram-nos – a cuja.

O verbo pronominal "defrontar-se" rege a preposição "com" (quem se defronta, defronta-se com alguma coisa). Na primeira lacuna da linha 10, o verbo "convencer" deve ser conjugado na terceira pessoa do plural para concordar com "manobras"; por fim, a última lacuna deve ser preenchida por "cuja", para concordar com "renúncia", não havendo qualquer palavra que determine a presença da preposição "a". **HS**
Gabarito "B".

(Procurador do Estado – PGE/RS – Fundatec – 2015) Assinale a alternativa que preenche, correta e respectivamente, as lacunas das linhas 21, 33 e 39.

(A) à – a – à.

(B) a – à – à.

(C) à – à – a.

(D) a – à – a.

(E) à – à – à.

Na linha 21, não ocorre crase na expressão "a fim de", pois é locução adverbial formada por palavra masculina; na linha 33, ocorre crase, pela regência da preposição "a" (quanto a alguma coisa) antes de palavra definida feminina; por fim, na linha 39, não ocorre crase antes de pronome indefinido. **HS**
Gabarito "D".

(Procurador do Estado – PGE/RS – Fundatec – 2015) Assinale a alternativa que contém um acontecimento histórico que NÃO ocorreu no período de 1962-1963, segundo o texto.

(A) Manobras de Jango para obter a aprovação do plebiscito sobre o regime de governo.

(B) Ação extraparlamentar da esquerda radical para obter concessões do Congresso.

(C) Retorno do regime presidencialista de governo.

(D) Obtenção da renúncia de Jango por parte de militares.

(E) Início da conspiração de direita cujo objetivo era a derrubada de Jango da presidência.

Todas as alternativas mencionam fatos históricos ocorridos no período de 1962-63, com exceção da letra "D", que deve ser assinalada. Com efeito, a renúncia de Jango ocorreu em 1954 (linha 11). **HS**
Gabarito "D".

(Procurador do Estado – PGE/RS – Fundatec – 2015) Assinale a alternativa que está de acordo com o texto.

(A) Quando acontece a retomada do regime presidencialista, Jango passa a enfrentar dificuldades porque grupos radicais exigem medidas antidemocráticas em troca de apoio no Congresso.

(B) Embora já esperassem pela renúncia de Jango e estivessem melhor preparados, os radicais antigetulistas não conseguiram impedir a posse de Jango em 1961 porque estavam indecisos.

(C) Os radicais de direita que planejavam derrubar Jango eram liderados por ex-ministros militares e por lideranças civis que incluíam gente ligada à imprensa nacional bem como parlamentares com muita influência no Congresso.

(D) O propósito dos radicais de esquerda era influenciar a opinião pública e desacreditar os árbitros estabelecidos do poder, buscando criar condições para desencadear um processo revolucionário.

(E) Em princípios de 1963, a maioria dos brasileiros tinha uma posição de centro, a favor da democracia e da economia mista sob controle do estado, e, ainda que cautelosamente, admitia alterações no sistema político vigente.

A: incorreta. O texto não afirma a razão pela qual os extremistas exigiam as medidas antidemocráticas; **B:** incorreta. O texto afirma, ao contrário, que estavam "melhor organizados e mais decididos"; **C:** incorreta. O texto não menciona parlamentares neste grupo; **D:** incorreta. Segundo o texto, nenhum movimento de esquerda era propriamente revolucionário nesta época; **E:** correta. A alternativa resume com precisão uma das ideias centrais do texto. HS
Gabarito "E".

(Procurador do Estado – PGE/RS – Fundatec – 2015) As alternativas abaixo apresentam relações de referência entre um elemento anafórico e aquilo a que se refere no texto. Qual alternativa contém a relação correta?

(A) sujeito oculto de *começaram a conspirar* (l.11) – coronéis (l.11).

(B) sujeito oculto de *poderia ser impedido* (l.17) – sujeito de *não se podia confiar* (l.16).

(C) *suas* (l.18) – políticos "demagógicos" (l.17).

(D) *sua* (l.38) – sistema político (l.37).

(E) *seu próprio* (l.41) – pontos de vista cautelosos (l.40).

Elemento anafórico é aquele que resgata um termo que foi utilizado antes dele no texto. **A:** incorreta. O sujeito oculto de "começaram a conspirar" se refere a "antigetulilstas tradicionais"; **B:** incorreta. O sujeito oculto de "poderia ser impedido" se refere a "eleitorado brasileiro"; **C:** incorreta. "Suas" se refere a "radicais anti-Jango"; **D:** incorreta. "Sua" se refere a "maioria dos brasileiros"; **E:** correta. A correlação entre os termos é exatamente a que ocorre no texto. HS
Gabarito "E".

(Procurador do Estado – PGE/RS – Fundatec – 2015) As alternativas abaixo apresentam substituições para os segmentos *cada um estava* (l.04), *não se podia* (l.16) e *conquanto resistisse* (l.39), respectivamente. Assinale a alternativa que contém as substituições adequadas ao sentido do texto.

(A) todos os lados estavam – não era possível – mesmo resistindo.

(B) seu próprio lado estava – não podiam – até mesmo resistindo.

(C) seu próprio lado estava – não era possível – mesmo resistindo.

(D) todos os lados estavam – não podiam – mesmo resistindo.

(E) seu próprio lado estava – não podiam – até mesmo resistindo.

No primeiro caso, "todos os lados estavam" alteraria o sentido do texto, que pretende reforçar a posição de cada um dos lados da polarização política. Assim, não se pode reuni-los sob uma única expressão. No segundo caso, o uso do sujeito indeterminado em "não se podia" implica o afastamento entre a opinião expressada e a pessoa que a expressou – logo, não se pode substituir por "não podiam" diante da alteração de sentido (ficaria evidente que os "radicais anti-Jango **não podiam** confiar no eleitorado). No terceiro caso, "conquanto" é conjunção concessiva, sinônimo de "mesmo", "embora". HS
Gabarito "C".

(Procurador do Estado – PGE/RS – Fundatec – 2015) Considere as seguintes propostas de alteração de períodos do texto (com os devidos ajustes de maiúsculas e minúsculas):

I. Substituição de *compartilhando* (l.04) por pois compartilhavam.

II. Substituição do ponto da linha 22 por ponto e vírgula, seguido de por isso e vírgula.

III. Inserção de Embora imediatamente antes de Nenhum (l.31); substituição de *era* (l.32) por fosse; substituição do ponto e vírgula (l.32) por vírgula; e eliminação de mas (l.32).

Quais propostas são corretas e NÃO alteram o significado original do texto?

(A) Apenas I.

(B) Apenas II.

(C) Apenas I e II.

(D) Apenas I e III.

(E) I, II e III.

I: não há alteração de sentido, porque se trata apenas do desenvolvimento da oração reduzida de gerúndio; **II:** indicada como incorreta pelo gabarito oficial, porque haveria alteração de sentido, com o que não concordamos. O texto original fica com melhor técnica e clareza do que a redação substituta, mas não há alteração de sentido. Note: o objetivo da esquerda era provocar uma abrupta transferência de poder, **por isso** seu propósito era influenciar a opinião pública para desacreditar os árbitros estabelecidos. É exatamente a mesma mensagem; **III:** não há alteração de sentido, apenas maior ênfase em algumas ideias. HS
Gabarito "D".

(Procurador do Estado – PGE/RS – Fundatec – 2015) Assinale a alternativa que contém um adjetivo cuja eliminação NÃO é possível no texto, pois alteraria as relações entre referentes designados pelos substantivos do trecho correspondente.

(A) *súbita* (l.06).

(B) *civil* (l.13).

(C) *influente* (l.13).

(D) *sérias* (l.32).

(E) *cuidadoso* (l.37).

Todas as alternativas apresentam adjetivos que, se excluídos, não alterariam o sentido do texto, com exceção da letra "B", que deve ser assinalada. "Civil", nesse caso, é essencial para que se entenda que Júlio de Mesquita Filho não era militar e destacar que o movimento de extrema direita contava com apoiadores influentes nos dois grupos (civis e militares). HS
Gabarito "B".

22. LÍNGUA PORTUGUESA 757

(Procurador do Estado – PGE/RS – Fundatec – 2015) Instrução: As questões 13 a 20 referem-se ao texto abaixo.

Texto 03

1   O trem que naquela tarde de dezembro de 1909 trazia de volta a Santa Fé o dr. Rodrigo Terra
2   Cambará passava agora, apitando, pela frente do cemitério da cidade. Com a cabeça para fora da janela, o
3   rapaz olhava para aqueles velhos paredões, imaginando, entre emocionado e divertido, que os mortos, toda
4   vez que ouviam o apito da locomotiva, corriam a espiar o trem por cima dos muros do cemitério. Imaginava
5   que ali estavam sua mãe, o capitão Rodrigo, a velha Bibiana, outros parentes e amigos. Sorriam, e era-lhe
6   agradável pensar que o saudavam: "Bem-vindo sejas, Rodrigo Temos esperanças em ti!" Havia apenas um
7   que não sorria. Era o Tito Chaves, que Rodrigo vira pela última vez estendido sem vida no barro da rua, na
8   frente do Sobrado, o peito ensanguentado, os olhos vidrados. Corria à boca miúda que fora o coronel
9   Trindade quem o mandara matar por questões de política, mas ninguém tinha coragem de dizer isso em voz
10   alta. E agora ali estava Tito encarapitado no muro do cemitério, a bradar: "Vai e me vinga, Rodrigo. És moço,
11   és culto, tens coragem e ideais! Em Santa Fé todo o mundo tem medo do coronel Trindade. Não há mais
12   justiça. Não há mais liberdade. Vai e me vinga!"
13   O trem ainda apitava tremulamente, como se estivesse chorando. Mas quem, enternecido,
14   chorava de verdade era Rodrigo. As lágrimas lhe escorriam pelo rosto, a que a poeira dava uma cor de tijolo.
15   Maneco Vieira tocou-.......... o braço. "Que foi que houve, moço?", perguntou, com um jeito protetor. Rodrigo
16   levou o lenço aos olhos, dissimulando: "Esta maldita poeira..."
17   No vagão agora os passageiros começavam a arrumar suas coisas, erguiam-se, baixavam as
18   malas dos gabaritos, numa alegria alvoroçada de fim de viagem. Rodrigo foi até o lavatório, tirou o chapéu,
19   lavou o rosto, enxugou-.......... com o lenço e por fim penteou-se com esmero. Observou, contrariado, que
20   tinha os olhos injetados, o que lhe dava um ar de bêbedo ou libertino. Não queria logo de chegada causar
21   má impressão aos que o esperavam. Piscou muitas vezes, revirou os olhos, umedeceu o lenço e tornou a
22   passá-lo pelo rosto. Pôs a língua para fora e quedou-se por algum tempo a examiná-la. Ajeitou a gravata,
23   tornou a botar o chapéu, recuou um passo, lançou um olhar demorado para o espelho e, satisfeito, voltou
24   para seu lugar. Maneco Vieira sorriu, dizendo-lhe: "Enfim chegamos, com a graça de Deus... e do
25   maquinista."
26   O trem diminuiu a marcha ao entrar nos subúrbios de Santa Fé. Rodrigo sentou-se de novo junto à
27   janela e logo viu, surpreso, os casebres miseráveis do Purgatório e suas tortuosas ruas de terra vermelha.
28   Aqueles ranchos de madeira apodrecida, cobertos de palha; aquela mistura desordenada e sórdida de
29   molambos, panelas, gaiolas, gamelas, lixo; aquela confusão de cercas de taquara, becos, barrancos e
30   quintais bravios – lembraram-.......... uma fotografia do reduto de Canudos que vira estampada numa revista.
31   Na frente de algumas das choupanas viam-se mulheres – chinocas brancas, pretas, mulatas, cafuzas – a
32   acenar para o trem; muitas delas tinham um filho pequeno nos braços e outro no ventre. Crianças seminuas
33   e sujas brincavam na terra no meio de galinhas, cachorros e ossos de rês. Lá embaixo, no fundo dum
34   barranco, corria o riacho, a cuja beira uma cabocla batia roupa numa tábua, com o vestido arregaçado acima
35   dos joelhos. Em todas as caras Rodrigo vislumbrava algo de terroso e doentio, uma lividez encardida que a
36   luz meridiana tornava ainda mais acentuada. "Quanta miséria!", murmurou desolado.

Adaptado de: Érico Veríssimo, *O Tempo e o Vento, Parte II: o Retrato, vol. I*. 3ª ed. São Paulo: Companhia das Letras, 2004. p.92-93.

(Procurador do Estado – PGE/RS – Fundatec – 2015) Assinale a alternativa que preenche, correta e respectivamente, as lacunas das linhas 15, 19 e 30.

(A) lhe – o – lhe.

(B) lhe – lhe – no.

(C) lhe – o – no.

(D) o – o – lhe.

(E) o – lhe – no.

Na linha 15, o verbo "tocar" é transitivo direto e indireto, devendo ser complementado pelo pronome oblíquo próprio dos objetos preposicionados, "lhe". Na linha 19, "enxugar" é verbo transitivo direto, complementado, portanto, por "o", elemento de coesão para o termo "rosto". Por fim, na linha 30, temos também "lhe", por se tratar de objeto indireto. **HS**
Gabarito "A".

(Procurador do Estado – PGE/RS – Fundatec – 2015) Considere as afirmações abaixo, acerca dos estados e características de alma do personagem Rodrigo Cambará, tal como se apresentam no texto.

I. Quando chega a Santa Fé, e o trem passa pelo cemitério, está alegre e fica comovido.

II. É homem que possui autoestima, mas preocupa-se com o que se possa pensar dele.

III. Quando o trem passa pelos subúrbios de Santa Fé, fica abalado e triste.

Quais estão corretas?

(A) Apenas I.

(B) Apenas II.

(C) Apenas I e II.

(D) Apenas II e III.

(E) I, II e III.

I: correta. O personagem inicia sua mirada ao cemitério "entre emocionado e divertido" (linha 3) e termina chorando (linha 14); II: correta. É o que se pode deduzir pelas palavras que o personagem imagina que o falecido falaria dele (linhas 10-12); III: correta. A descrição da paisagem demonstra o estado de espírito que se instala no personagem, que termina triste pela miséria que vê. **HS**
Gabarito "E".

(Procurador do Estado – PGE/RS – Fundatec – 2015) Considere as seguintes afirmações, relativas a propostas de alteração no texto:

I. A substituição de **dava** (l.14) por **cobria com** não exigiria qualquer outra alteração no mesmo período.
II. A substituição de **o que** (l.20) pelo pronome **que** exigiria a alteração do pronome **lhe** para **lhes** no mesmo período.
III. A substituição de **a cuja beira** (l.34) por **à beira do qual** não exigiria qualquer outra alteração no mesmo período.

Quais afirmações são corretas?

(A) Apenas I.
(B) Apenas II.
(C) Apenas III.
(D) Apenas I e II.
(E) Apenas II e III.

I: incorreta. Seria necessário substituir "a que" por "que"; II: incorreta. Seria necessário, na verdade, passar o verbo "dar" para o plural; III: correta, pois a estrutura sintática se manteria a mesma. HS
Gabarito "C."

(Procurador do Estado – PGE/RS – Fundatec – 2015) Considere o trecho abaixo, extraído e adaptado das linhas 06 a 09, e sua conversão temporal tendo o presente como referência.

Havia apenas um que não sorria. Era o Tito Chaves, o moço que Rodrigo vira estendido sem vida no barro da rua, na frente do Sobrado. Corria à boca miúda que o coronel Trindade o mandara matar por questões de política.

Há apenas um que não sorri. .... o Tito Chaves, o moço que Rodrigo .... estendido sem vida no barro da rua, na frente do Sobrado. .... à boca miúda que o coronel Trindade o .... matar por questões de política.

Assinale a alternativa que preenche correta e respectivamente as lacunas do trecho acima, conservando a ordem temporal das ações.

(A) É – vira – Corria – mandara.
(B) É – viu – Corre – mandou.
(C) É – viu – Corre – mandara.
(D) Foi – vira – Corria – mandara.
(E) Foi – vira – Corria – mandou.

Para passar o trecho para o tempo presente, precisamos substituir os verbos no pretérito imperfeito pelos seus correspondentes do presente e os verbos no pretérito mais-que-perfeito pelo pretérito perfeito (todos do modo indicativo). Portanto, "era" vira "é", "vira" vira "viu", "corria" vira "corre" e "mandara" vira "mandou". HS
Gabarito "B."

(Procurador do Estado – PGE/RS – Fundatec – 2015) As alternativas abaixo apresentam substituições para as palavras **vidrados** (l.08), **encarapitado** (l.10) e **sórdida** (l.28), respectivamente. Assinale a alternativa que contém as substituições mais adequadas para elas no texto.

(A) sem brilho – empoleirado – imunda.
(B) fixo – encolhido – imunda.
(C) sem brilho – encolhido – torpe.
(D) fixo – encolhido – torpe.

(E) sem brilho – empoleirado – torpe.

Note que, se soubermos que "encarapitado" é sinônimo de "empoleirado", "debruçado", só precisamos nos preocupar com o sinônimo de "sórdida", porque automaticamente está respondido que "vidrados" equivale a "sem brilho" ("fixos" também está correto, mas daí não há alternativa que substitua corretamente as demais palavras). "Sórdida", no caso, foi usado no sentido de "imunda", "suja", porque se refere ao cenário da pobreza da periferia ("sórdida" também pode ser sinônimo de "torpe", "mesquinho", mas não é o caso aqui). HS
Gabarito "A."

(Procurador do Estado – PGE/RS – Fundatec – 2015) Considere as propostas abaixo de alteração de sinais de pontuação do texto (com os devidos ajustes de maiúsculas e minúsculas):

I. Substituição do ponto final da linha 19 por ponto e vírgula seguido da conjunção **mas**.
II. Substituição do ponto final da linha 21 por vírgula, com introdução da conjunção **Como** antes de **Não queria** (l.20).
III. Substituição do segundo ponto final da linha 22 por dois-pontos.

Quais propostas são corretas e preservam o sentido do texto?

(A) Apenas I.
(B) Apenas I e II.
(C) Apenas I e III.
(D) Apenas II e III.
(E) I, II e III.

I: correta. O adjetivo "contrariado" demonstra que o uso da conjunção adversativa "mas" não iria alterar o sentido do texto; II: correta. A alteração mantém o sentido e a correção gramatical do texto; III: incorreta. Os dois-pontos introduziriam uma oração explicativa ou um aposto, o que não é o caso do texto. HS
Gabarito "B."

(Procurador do Estado – PGE/RS – Fundatec – 2015) Considere o seguinte período, extraído e adaptado das linhas 10 a 11:

E agora lá estava Tito a bradar: "Vai e me vinga, Rodrigo. És moço, tens coragem e ideais."

Qual das alternativas completa a frase abaixo, convertendo adequadamente o período para o discurso indireto?

E então lá estava Tito a bradar para Rodrigo...

(A) que vá e o vingue; que seja moço, tenha coragem e ideais.
(B) que vá e o vingue; que é moço, tem coragem e ideais.
(C) que vá e o vingue; que era moço, tinha coragem e ideais.
(D) que fosse e o vingasse; que era moço, tinha coragem e ideais.
(E) que fosse e o vingasse; que fosse moço, tivesse coragem e ideais.

A transição para o discurso indireto demanda atenção para o tempo verbal empregado na oração principal. No caso, temos "estava a bradar", ou seja, o pretérito imperfeito do indicativo, que deve ser seguido na segunda parte do período. Assim, "vai" e "vinga" são transportados para o pretérito imperfeito do subjuntivo ("fosse" e "vingasse"), enquanto "és" vai para o pretérito imperfeito do indicativo ("era"). HS
Gabarito "D."

22. LÍNGUA PORTUGUESA — 759

(Procurador do Estado – PGE/RS – Fundatec – 2015) Associe a Coluna 1 à Coluna 2 de acordo com a função que as ocorrências do pronome *lhe* possuem no texto:

Coluna 1

1. Objeto indireto de verbo.
2. Complemento nominal de adjetivo.
3. Pronome com valor possessivo.

Coluna 2

( ) *lhe* (l.05)

( ) *lhe* (l.14)

( ) *lhe* (l.20)

( ) *lhe* (l.24)

Assinalealternativa que preenche, correta e respectivamente, os parênteses, de cima para baixo:

(A) 2 – 2 – 3 – 1.

(B) 2 – 3 – 2 – 2.

(C) 2 – 3 – 1 – 1.

(D) 1 – 2 – 2 – 3.

(E) 1 – 2 – 3 – 2.

Linha 5: a partícula "lhe" tem função de complemento nominal do adjetivo "agradável"; Linha 14: é pronome com valor possessivo, porque equivale a "seu rosto"; Linha 20: é objeto indireto do verbo "dar" (equivale a "a ele"); Linha 24: idem (equivale a "a ele" também). HS

Gabarito "C."

ANOTAÇÕES